Dicionário escolar WMF
Francês-Português
Português-Francês

Dicionário escolar WMF
Francês-Português
Português-Francês

wmf **martinsfontes**

SÃO PAULO 2018

A série Dicionário Escolar WMF foi realizada com base na série
Vox Diccionario Esencial
Publicada por Larousse Editorial
Copyright © Larousse Editorial para a edição espanhola
Carrer Mallorca 45.08029 Barcelona.
Copyright © 2012 Editora WMF Martins Fontes Ltda.,
São Paulo, para a presente edição.

1ª edição 2012
De acordo com a nova ortografia
4ª tiragem 2018

Francês-português
Tradução
Maria José Perillo Isaac
Ivone Castilho Benedetti
Coordenação da tradução
Ivone Castilho Benedetti

Português-francês
Tradução
Alain François
Claudia Abigail Laux
Revisão da tradução
Marie-Hélène Catherine Torres
Coordenação da tradução
Ivone Castilho Benedetti

Acompanhamento editorial
Luzia Aparecida dos Santos
Revisões gráficas
Marisa Rosa Teixeira
Luzia Aparecida dos Santos
Renato da Rocha Carlos
Produção gráfica
Geraldo Alves
Paginação
Studio 3 Desenvolvimento Editorial

Dados Internacionais de Catalogação na Publicação (CIP)
(Câmara Brasileira do Livro, SP, Brasil)

Dicionário escolar WMF : francês-português, português--francês / [coordenação e revisão da tradução Ivone Castilho Benedetti]. – São Paulo : Editora WMF Martins Fontes, 2012.

ISBN 978-85-7827-508-2

1. Francês – Dicionários – Português 2. Português – Dicionários – Francês I. Benedetti, Ivone Castilho.

	CDD-443.69
11-14570	-469.36

Índices para catálogo sistemático:
1. Francês : Português : Dicionários   443.69
2. Português : Espanhol : Dicionários   469.36

Todos os direitos desta edição reservados à
Editora WMF Martins Fontes Ltda.
Rua Prof. Laerte Ramos de Carvalho, 133 01325.030 São Paulo SP Brasil
Tel. (11) 3293.8150 Fax (11) 3101.1042
e-mail: info@wmfmartinsfontes.com.br http://www.wmfmartinsfontes.com.br

ÍNDICE

Prólogo	VII
Abreviaturas usadas no dicionário	IX
Símbolos das transcrições fonéticas do francês	XI
A conjugação francesa	XIII
Dicionário francês-português	1
Dicionário português-francês	1

PRÓLOGO

Este dicionário bilíngue francês-português/português-francês é dirigido sobretudo aos estudantes de francês, mas também a turistas e pessoas de negócios que, nas viagens e no trabalho, necessitam comunicar-se nesse idioma.

Seu formato e a estrutura clara de seus verbetes fazem dele uma obra muito prática, fácil de manusear e de consultar. Na seleção das entradas levaram-se em conta o vocabulário atual das novas tecnologias e, também, as abreviaturas e siglas mais habituais. O usuário é orientado para a tradução mais apropriada por meio de indicadores de contexto e, quando necessário, são introduzidos exemplos de uso. Em todos os verbetes do francês foi incluída uma transcrição fonética com os símbolos universais reconhecidos pela AFI (Associação Fonética Internacional).

Além disso, os verbos e sua conjugação tiveram um tratamento privilegiado: um número associado a cada entrada verbal remete à seção "A conjugação francesa" (p. XIII), onde se encontram os modelos de conjugação.

Estamos certos de que os usuários encontrarão nas mais de setecentas páginas do *Dicionário escolar WMF* uma informação prática, ampla e atualizada que satisfaz plenamente às exigências do século XXI.

Os Editores

ABREVIATURAS USADAS NO DICIONÁRIO

Français	Abr.	Português
Abréviation	*abr*	abreviatura
Adjectif	*adj*	adjetivo
Adverbe	*adv*	advérbio
Anatomie	ANAT	anatomia
	ant	antiquado
architecture	ARCHIT/ARQ	arquitetura
article	*art*	artigo
auxiliaire	*aux*	auxiliar
biologie	BIOL	biologia
botanique	BOT	botânica
chimie	CHIM/QUÍM	química
commerce	COMM/COM	comércio
conjonction	*conj*	conjunção
contraction	*contr*	contração
cuisine	CUIS	
démonstratif	*dém/dem*	demonstrativo
déterminant	*dec*	determinante
droit	DR/DIR	direito
économie	ÉCON/ECON	economia
féminin	*f*	feminino
familier	*fam*	familiar
usage figuré	*fig*	uso figurado
soutenu	*fml*	formal
géographie	GÉOG/GEOG	geografia
histoire	HIST	história
impersonnel	*impers/imp*	impessoal
indicatif	*ind*	indicativo
indéfini	*indéf/indef*	indefinido
informatique	INFORM	informática
interjection	*interj*	interjeição
interrogatif	*interr*	interrogativo
invariable	*inv*	invariável
ironique	*iron/irôn*	irônico
masculin	*m*	masculino
mathématiques	MATH/MAT	matemática
médecine	MÉD/MED	medicina
musique	MUS/MÚS	música
nom	*n/s*	substantivo
nom féminin	*nf/sf*	substantivo feminino
nom masculin	*nm/sm*	substantivo masculino
nom masc. et fém.	*nmf/smf*	subst. masc. e fem.
nom masc. et nom fém.	*nm,f/sm,f*	subst. masc. e subst. fem.

nom masc. ou fém.	*nm & nf/sm & sf*	gênero ambíguo
nom propre	*n pr*	nome próprio
numéral	*num*	numeral
personnel	*pers/pes*	pessoal
péjoratif	*péj/pej*	pejorativo
pluriel	*pl*	plural
physique	PHYS/FÍS	
populaire	*pop*	popular
possessif	*poss/pos*	possessivo
participe passé	*pp*	
préposition	*prép/prep*	preposição
pronom	*pron*	pronome
quelque chose	QQCH	
quelqu'un	QQN	
	QUÍM	química
relatif	*rel*	relativo
religion	REL/RELIG	religião
singulier	*sing*	singular
verbe	*v*	verbo
verbe intransitif	*vi*	verbo intransitivo
verbe pronominal	*vpr*	verbo pronominal
verbe transitif	*vt*	verbo transitivo
vieilli	*vieil*	
zoologie	ZOOL	zoologia
marque déposée	®	marca registrada

SÍMBOLOS DAS TRANSCRIÇÕES FONÉTICAS DO FRANCÊS

Consoantes
- [p] **p**ain, dra**p**eau
- [b] **b**eurre, sa**b**ot
- [t] **t**arte, voi**t**ure, **th**é
- [d] **d**octeur, ma**d**ame
- [k] **c**o**q**, **k**iwi, **qu**artier
- [g] **g**are, ba**gu**e
- [ʃ] **ch**at, va**ch**e
- [ʒ] **j**e, pa**g**e
- [f] **f**amille, coi**ff**eur, **ph**rase
- [v] **v**ache, grè**v**e
- [s] **s**ac, mou**ss**e, **ç**a, pa**t**ience
- [z] **z**one, mai**s**on
- [m] **m**oi, ho**mm**e
- [n] **n**otre, do**nn**er, â**n**e
- [ɲ] champa**gn**e, épar**gn**e
- [l] **l**ivre, co**ll**er, mi**ll**e
- [ʀ] **r**adio, ve**rr**e

Semiconsoantes
- [j] h**i**er, ca**ill**ou, fam**ill**e
- [w] **ou**est, **ou**i, k**i**wi
- [ʊ] h**u**ître, j**u**illet, rem**u**er

Vogais
- [a] **a**bbé, ren**a**rd
- [ɑ] **â**cre, p**â**te
- [e] **é**lève, félicit**er**
- [ɛ] él**è**ve, gr**e**ffe
- [ə] gr**e**nouille, n**e**veu
- [i] h**i**ver, f**i**celle, calor**i**e
- [o] **eau**, h**ô**pital, can**o**t
- [ɔ] h**o**mme, imp**o**rtant
- [œ] h**eu**reux, b**eu**rre
- [ø] h**eu**reux, tond**eu**se
- [y] **u**niforme, tr**u**c, r**u**e
- [ɑ̃] **An**toine, d**an**s, enf**an**t
- [ɛ̃] **im**possible, en**fin**
- [ɔ̃] **on**cle, pantal**on**
- [œ̃] **lun**di, com**un**
- [u] f**ou**r, c**oû**ter

Nas palavras francesas que começam por *h*, o símbolo ['] diante da transcrição fonética indica que não se faz a *liaison* nem se substituem por apóstrofe as vogais dos artigos *le* e *la* nem da preposição *de*.
haricot ['ariko] *un plat de haricots, le haricot*

A CONJUGAÇÃO FRANCESA

Modelos de conjugação de verbos franceses

1 DONNER
INDICATIF
Présent: je donne, du donnes, il/elle donne, nous donnons, vous donnez, ils/elles donnent
Imparfait: je donnais, tu donnais, il/elle donnait, nous donnions, vous donniez, ils/elles donnaient
Passé simple: je donnai, tu donnas, il/elle donna, nous donnâmes, donnâtes, ils/elles donnèrent
Futur simple: je donnerai, tu donneras, il/elle donnera, nous donnerons, vous donnerez, ils/elles donneront
SUBJONCTIF
Présent: que je donne, que tu donnes, qu'il/elle donne, que nous donnions, que vous donniez, qu'ils/elles donnent
Imparfait: que je donnasse, que tu donnasses, qu'il/elle donnât, que nous donnassions, que vous donnassiez, qu'ils/elles donnassent
IMPERATIF
Présent: donne, donnons, donnez
CONDITIONNEL
Présent: je donnerais, tu donnerais, il/elle donnerait, nous donnerions, vous donneriez, ils/elles donneraient
PARTICIPE
Présent: donnant
Passé: donné, donnée

2 CONJUGUER
INDICATIF
Présent: je conjugue, tu conjugues, il/elle conjugue, nous conjuguons, vous conjuguez, ils/elles conjuguent
Imparfait: je conjuguais, tu conjuguais, il/elle conjuguait, nous conjuguions, vous conjuguiez, ils/elles conjuguaient
Passé simple: je conjuguai, tu conjuguas, il/elle conjugua, nous conjuguâmes, vous conjuguâtes, ils/elles conjuguèrent
Futur simple: je conjuguerai, tu conjugueras, il/elle conjuguera, nous conjuguerons, vous conjuguerez, ils/elles conjugueront
SUBJONCTIF
Présent: que je conjugue, que tu conjugues, qu'il/elle conjugue, que nous conjuguions, que vous conjuguiez, qu'ils/elles conjuguent
Imparfait: que je conjuguasse, que tu conjuguasses, qu'il/elle conjuguât, que nous conjuguassions, que vous conjuguassiez, qu'ils/elles conjuguassent
IMPERATIF
Présent: conjugue, conjuguons, conjuguez
CONDITIONNEL
Présent: je conjuguerais, tu conjuguerais, il/elle conjuguerait, nous conjuguerions, vous conjugueriez, ils/elles conjugueraient
PARTICIPE
Présent: conjuguant
Passé: conjugué, conjuguée

3 AVANCER
INDICATIF
Présent: j'avance, tu avances, il/elle avance, nous avançons, vous avancez, ils/elles avancent
Imparfait: j'avançais, tu avançais, il/elle avançait, nous avancions, vous avanciez, ils/elles avançaient
Passé simple: j'avançai, tu avanças, il/elle avança, nous avançâmes, vous avançâtes, ils/elles avancèrent
Futur simple: j'avancerai, tu avanceras, il/elle avancera, nous avancerons, vous avancerez, ils/elles avanceront
SUBJONCTIF
Présent: que j'avance, que tu avances, qu'il/elle avance, que nous avancions, que vous avanciez, qu'ils/elles avancent
Imparfait: que j'avançasse, que tu avançasses, qu'il/elle avançât, que nous avançassions, que vous avançassiez, qu'ils/elles avançassent
IMPERATIF
Présent: avance, avançons, avancez
CONDITIONNEL
Présent: j'avancerais, tu avancerais, il/elle avancerait, nous avancerions, vous avanceriez, ils/elles avanceraient
PARTICIPE
Présent: avançant
Passé: avancé, avancée

4 MANGER
INDICATIF
Présent: je mange, tu manges, il/elle mange, nous mangeons, vous mangez, ils/elles mangent
Imparfait: je mangeais, tu mangeais, il/elle mangeait, nous mangions, vous mangiez, ils/elles mangeaient
Passé simple: je mangeai, tu mangeas, il/elle mangea, nous mangeâmes, vous mangeâtes, ils/elles mangèrent
Futur simple: je mangerai, tu mangeras, il/elle mangera, nous mangerons, vous mangerez, ils/elles mangeront
SUBJONCTIF
Présent: que je mange, que tu manges, qu'il/elle mangera, que nous mangions, que vous mangiez, qu'ils/elles mangent
Imparfait: que je mangeasse, que tu mangeasses, qu'il/elle mangeât, que nous mangeassions, que vous mangeassiez, qu'ils/elles mangeassent
IMPERATIF
Présent: mange, mangeons, mangez
CONDITIONNEL
Présent: je mangerais, tu mangerais, il/elle mangerait, nous mangerions, vous mangeriez, ils/elles mangeraient
PARTICIPE
Présent: mangeant
Passé: mangé, mangée

5 APPELER
INDICATIF
Présent: j'appelle, tu appelles, il/elle appelle, nous appelons, vous appelez, ils/elles appellent

Imparfait: j'appelais, tu appelais, il/elle appelait, nous appelions, vous appeliez, ils/elles appelaient

Passé simple: j'appelai, tu appelas, il/elle appela, nous appelâmes, vous appelâtes, ils/elles appelèrent

Futur simple: j'appellerai, tu appelleras, il/elle appellera, nous appellerons, vous appellerez, ils/elles appelleront

SUBJONCTIF

Présent: que j'appelle, que tu appelles, qu'il/elle appelle, que nous appelions, que vous appeliez, q'ils/elles appellent

Imparfait: que j'appelasse, que tu appelasses, qu'il/elle appelât, que nous appelassions, que vous appelassiez, qu'ils/elles appelassent

IMPERATIF

Présent: appelle, appelons, appelez

CONDITIONNEL

Présent: j'appellerais, tu appellerais, il/elle appellerait, nous appellerions, vous appelleriez, ils/elles appelleraient

PARTICIPE

Présent: appelant

Passé: appelé, appelée

6 JETER

INDICATIF

Présent: je jette, tu jettes, il/elle jette, nous jetons, vous jetez, ils/elles jettent

Imparfait: je jetais, tu jetais, il/elle jetait, nous jetions, vous jetiez, ils/elles jetaient

Passé simple: je jetai, tu jetas, il/elle jeta, nous jetâmes, vous jetâtes, ils/elles jetèrent

Futur simple: je jetterai, tu jetteras, il/elle jettera, nous jetterons, vous jetterez, ils/elles jetteront

SUBJONCTIF

Présent: que je jette, que tu jettes, qui'il/elle jette, que nous jetions, que vous jetiez, qu'ils/elles jettent

Imparfait: que je jetasse, que tu jetasses, qu'il/elle jetât, que nous jetassions, que vous jetassiez, qu'ils/elles jetassent

IMPERATIF

Présent: jette, jetons, jetez

CONDITIONNEL

Présent: je jetterais, il/elle jetterait, nous jetterions, vous jetteriez, ils/elles jetteraient

PARTICIPE

Présent: jetant

Passé: jeté, jetée

7 LEVER

INDICATIF

Présent: je lêve, tu lèves, il/elle lève, nous levons, vous levez, ils/elles lèvent

Imparfait: je levais, tu levais, il/elle levait, nous levions, vous leviez, ils/elles levaient

Passé simple: je levai, tu levas, il/elle leva, nous levâmes, vous levâtes, ils/elles levèrent

Futur simple: je lèverai, tu lèveras, il/elle lèvera, nous lèverons, vous lèverez, ils/elles lèveront

SUBJONCTIF
Présent: que je lève, que tu lèves, qu'il/elle lève, que nous levions, que vous leviez, qu'ils/elles lèvent
Imparfait: que je levasse, que tu levasses, qu'il/elle levât, que nous levassions, que vous levassiez, qu'ils/elles levassent
IMPERATIF
Présent: lève, levons, levez
CONDITIONNEL
Présent: je lèverais, tu lèverais, il/elle lèverait, nous lèverions, vous lèveriez, ils/elles lèveraient
PARTICIPE
Présent: levant
Passé: levé, levée

8 ACHETER
INDICATIF
Présent: j'achète, tu achètes, il/elle achète, nous achetons, vous achetez, ils/elles achètent
Imparfait: j'achetais, tu achetais, il/elle achetait, nous achetions, vous achetiez, ils/elles achetaient
Passé simple: j'achetai, tu achetas, il/elle acheta, nous achetâmes, vous achetâtes, ils/elles achetèrent
Futur simple: j'achèterai, tu achèteras, il/elle achètera, nous achèterons, vous achèterez, ils/elles achèteront
SUBJONCTIF
Présent: que j'a achète, que tu achètes, qu'il/elle achète, que nous achetions, que vous achetiez, qu'ils/elles achètent
Imparfait: que j'achetasse, que tu achetasses, qu'il/elle achetât, que nous achetassions, que vous achetassiez, qu'ils/elles achetassent
IMPERATIF
Présent: achète, achetons, achetez
CONDITIONNEL
Présent: j'achèterais, tu achèterais, il/elle achèterait, nous achèterions, vous achèteriez, ils/elles achèteraient
PARTICIPE
Présent: achetant
Passé: acheté, achetée

9 GELER
INDICATIF
Présent: je gèle, tu gèles, il/elle gèle, nous gelons, vous gelez, ils/elles gèlent
Imparfait: je gelais, tu gelais, il/elle gelait, nous gelions, vous geliez, ils/elles gelaient
Passé simple: je gelai, tu gelas, il/elle gela, nous gelâmes, vous gelâtes, ils/elles gelèrent
Futur simple: je gèlerai, tu gèleras, il/elle gèlera, nous gèlerons, vous gèlerez, ils/elles gèleront
SUBJONCTIF
Présent: que je gèle, que tu gèles, qu'il/elle gèle, que nous gelions, que vous geliez, qu'ils/elles gèlent
Imparfait: que je gelasse, que tu gelasses, qu'il/elle gelât, que nous gelassions, que vous gelassiez, qu'il/elles gelassent

IMPERATIF
Présent: gèle, gelons, gelez
CONDITIONNEL
Présent: je gèlerais, tu gèlerais, il/elle gèlerait, nous gèlerions, vous gèleriez, ils/elle gèleraient
PARTICIPE
Présent: gelant
Passé: gelé, gelée

10 ESPÉRER
INDICATIF
Présent: j'espère, tu espères, il/elle espère, nous espérons, vous espérez, ils/elles espèrent
Imparfait: j'espérais, tu espérais, il/ell espérait, nous espérions, vous espériez, ils/elles espéraient
Passé simple: j'espérai, tu espéras, il/elle espéra, nous espérâmes, vous espérâtes, ils/elles espérèrent
Futur simple: j'espérerai, tu espéreras, il/elle espérera, nous espérerons, vous espérerez, ils/elles espéreront
SUBJONCTIF
Présent: que j'espère, que tu espères, qu'il/elle espère, que nous espérons, que vous espériez, qu'ils/elles espèrent
Imparfait: que j'espérasse, que tu espérasses, qu'il/elle espérât, que nous espérassions, que vous espérassiez, qu'ils/elles espérassent
IMPERATIF
Présent: espère, espérons, espérez
CONDITIONNEL
Présent: j'espérais, tu espérais, il/elle espérait, nous espérions, vous espériez, ils/elles espéraient
PARTICIPE
Présent: espérant
Passé: espéré, espérée

11 PROTÉGER
INDICATIF
Présent: je protège, tu protèges, il/elle protège, nous protégeons, vous protégez, ils/elles protègent
Imparfait: je protégeais, tu protégeais, il/elle protégeait, nous protégions, vous protégiez, ils/elles protégeaient
Passé simple: je protégeai, tu protégeas, il/elle protégea, nous protégeâmes, vous protégeâtes, ils/elles protégèrent
Futur simple: je protégerai, tu protégeras, il/elle protégera, nous protégerons, vous protégerez, ils/elles protégeront
SUBJONCTIF
Présent: que je protège, que tu protèges, qu'il/elle protège, que nous protégions, que vous protégiez, qu'ils/elles protègent
Imparfait: que je protégeasse, que tu protégeasses, qu'il/elle protégeât, que nous protégeassions, que vous protégeassiez, qu'ils/elles protégeassent
IMPERATIF
Présent: protège, protégeons, protégez

CONDITIONNEL
Présent: je protégerais, tu protégerais, il/elle protégerait, nous protégerions, vous protégeriez, ils/elles protégeraient
PARTICIPE
Présent: protégeant
Passé: protégé, protégée

12 ÉTUDIER
INDICATIF
Présent: j'étudie, tu étudies, il/elle étudie, nous étudions, vous étudiez, ils/elles étudient
Imparfait: j'étudiais, tu étudiais, il/elle étudiait, nous étudiions, vous étudiiez, ils/elles étudiaient
Passé simple: j'étudiai, tu étudias, il/elle étudia, nous étudiâmes, vous étudiâtes, ils/elles étudièrent
Futur simple: j'étudierai, tu étudieras, il/elle étudiera, nous étudierons, vous étudierez, ils/elles étudieront
SUBJONCTIF
Présent: que j'étudie, que tu étudies, qu'il/elle étudie, que nous étudiions, que vous étudiiez, qu'ils/elles étudient
Imparfait: que j'étudiasse, que tu étudiasses, qu'il/elle étudiât, que nous étudiassions, que vous étudiassiez, qu'ils/elles étudiassent
IMPERATIF
Présent: étudie, étudions, étudiez
CONDITIONNEL
Présent: j'étudierais, tu étudierais, il/elle étudierait, nous étudierions, vous étudieriez, ils/elles étudieraient
PARTICIPE
Présent: étudiant
Passé: étudié, étudiée

13 CRIER
INDICATIF
Présent: je crie, tu cries, il/elle crie, nous crions, vous criez, ils/elles crient
Imparfait: je criais, tu criais, il/elle criait, nous criions, vous criiez, ils/elles criaient
Passé simple: je criai, tu criais, il/elle cria, nous criâmes, vous criâtes, ils/elles crièrent
Futur simple: je crierai, tu crieras, il/elle criera, nous crierons, vous crierez, ils/elles crieront
SUBJONCTIF
Présent: que je crie, que tu cries, qu'il/elle crie, que nous criions, que vous criiez, qu'ils/elles crient
Imparfait: que je criasse, que tu criasses, qu'il/elle criât, que nous criassions, que vous criassiez, qu'ils/elles criassent
IMPERATIF
Présent: crie, crions, criez
CONDITIONNEL
Présent: je crierais, tu crierais, il/elle crierait, nous crierions, vous crieriez, ils/elles crieraient

PARTICIPE
Présent: criant
Passé: crié, criée

14 CRÉER
INDICATIF
Présent: je crée, tu crées, il/elle crée, nous créons, vous créez, ils/elles créent
Imparfait: je créais, tu créais, il/elle créait, nous créions, vous créiez, ils/elles créaient
Passé simple: je créai, tu créas, il/elle créa, nous créâmes, vous créâtes, ils/elles créèrent
Futur simple: je créerai, tu créeras, il/elle créera, nous créerons, vous créerez, ils/elles créeront
SUBJONCTIF
Présent: que je crée, que tu crées, qu'il/elle crée, que nous créions, que vous créiez, qu'ils/elles créent
Imparfait: que je créasse, que tu créasses, qu'il/elle créât, que nous créassions, que vous créassiez, qu'ils/elles créassent
IMPERATIF
Présent: crée, créons, créez
CONDITIONNEL
Présent: je créerais, tu créerais, il/elle créerait, nous créerions, vous créeriez, ils/elles créeraient
PARTICIPE
Présent: créant
Passé: crée, créée

15 APPUYER
INDICATIF
Présent: j'appuie, tu appuies, il/elle appuie, nous appuyons, vous appuyez, ils/elles appuient
Imparfait: j'appuyais, tu appuyais, il/elle appuyait, nous appuyions, vous appuyiez, ils/elles appuyaient
Passé simple: j'appuyai, tu appuyas, il/elle appuya, nous appuyâmes, vous appuyâtes, ils/elles appuyèrent
Futur simple: j'appuierai, tu appuieras, il/elle appuiera, nous appuierons, vous appuierez, ils/elles appuieront
SUBJONCTIF
Présent: que j'appuie, que tu appuies, qu'il/elle appuie, que nous appuyions, que vous appuyiez, qu'ils/elles appuient
Imparfait: que j'appuyasse, que tu appuyasses, qu'il/elle appuyât, que nous appuyassions, que vous appuyassiez, qu'ils/elles appuyassent
IMPERATIF
Présent: appuie, appuyons, appuyez
CONDITIONNEL
Présent: j'appuierais, tu appuierais, il/elle appuierait, nous appuierions, vous appuieriez, ils/elles appuieraient
PARTICIPE
Présent: appuyant
Passé: appuyé, appuyée

16 NETTOYER
INDICATIF
Présent: je nettoie, tu nettoies, il/elle nettoie, nous nettoyons, vous nettoyez, ils/elles nettoient
Imparfait: je nettoyais, tu nettoyais, il/elle nettoyait, nous nettoyions, vous nettoyiez, ils/elles nettoyaient
Passé simple: je nettoyai, tu nettoyas, il/elle nettoya, nous nettoyâmes, vous nettoyâtes, ils/elles nettoyèrent
Futur simple: je nettoierai, tu nettoieras, il/elle nettoiera, nous nettoierons, vous nettoierez, ils/elles nettoieront
SUBJONCTIF
Présent: que je nettoie, que tu nettoies, qu'il/elle nettoie, que nous nettoyions, que vous nettoyiez, qu'ils/elles nettoient
Imparfait: que je nettoyasse, que tu nettoyasses, qu'il/elle nettoyât, que nous nettoyassions, que vous nettoyassiez, qu'ils/elles nettoyassent
IMPERATIF
Présent: nettoie, nettoyons, nettoyez
CONDITIONNEL
Présent: je nettoierais, tu nettoierais, il/elle nettoierait, nous nettoierions, vous nettoieriez, ils/elles nettoieraient
PARTICIPE
Présent: nettoyant
Passé: nettoyé, nettoyée

17 ENVOYER
INDICATIF
Présent: j'envoie, tu envoies, il/elle envoie, nous envoyons, vous envoyez, ils/elles envoient
Imparfait: j'envoyais, tu envoyais, il/elle envoyait, nous envoyions, vous envoyiez, ils/elles envoyaient
Passé simple: j'envoyai, tu envoyas, il/elle envoya, nous envoyâmes, vous envoyâtes, ils/elles envoyèrent
Futur simple: j'enverrai, tu enverras, il/elle enverra, nous enverrons, vous enverrez, ils/elles enverront
SUBJONCTIF
Présent: que j'envoie, que tu envoies, qu'il/elle envoie, que nous envoyions, que vous envoyiez, qu'ils/elles envoient
Imparfait: que j'envoyasse, que tu envoyasses, qu'il/elle envoyât, que nous envoyassions, que vous envoyassiez, qu'ils/elles envoyassent
IMPERATIF
Présent: envoie, envoyons, envoyez
CONDITIONNEL
Présent: j'enverrais, tu enverrais, il/elle enverrait, nous enverrions, vous enverriez, ils/elles enverraient
PARTICIPE
Présent: envoyant
Passé: envoyé, envoyée

18 PAYER
INDICATIF
Présent: je paye, tu payes, il/elle paye, nous payons, vous payez, ils/elles payent

Imparfait: je payais, tu payais, il/elle payait, nous payions, vous payiez, ils/elles payaient
Passé simple: je payai, tu payas, il/elle paya, nous payâmes, vous payâtes, ils/elles payèrent
Futur simple: je payerai, tu payeras, il/elle payera, nous payerons, vous payerez, ils/elles payeront
SUBJONCTIF
Présent: que je paye, que tu payes, qu'il/elle paye, que nous payions, que vous payiez, qu'ils/elles payent
Imparfait: que je payasse, que tu payasses, qu'il/elle payât, que nous payassions, que vous payassiez, qu'ils/elles payassent
IMPERATIF
Présent: paye, payons, payez
CONDITIONNEL
Présent: je payerais, tu payerais, il/elle payerait, nous payerions, vous payeriez, ils/elles payeraient
PARTICIPE
Présent: payant
Passé: payé, payée

19 ALLER
INDICATIF
Présent: je vais, tu vais, il/elle va, nous allons, vous allez, ils/elles vont
Imparfait: j'allais, tu allais, il/elle allait, nous allions, vous alliez, ils/elles allaient
Passé simple: j'allai, tu allas, il/elle alla, nous allâmes, vous allâtes, ils/elles allèrent
Futur simple: j'irai, tu iras, il/elle ira, nous irons, vous irez, ils/elles iront
SUBJONCTIF
Présent: que j'aille, que tu ailles, qu'il/elle aille, que nous allions, que vous alliez, qu'ils/elles aillent
Imparfait: que j'allasse, que tu allasses, qu'il/elle allât, que nous allassions, que vous allassiez, qu'ils/elles allassent
IMPERATIF
Présent: va, allons, allez
CONDITIONNEL
Présent: j'irais, tu irais, il/elle irait, nous irions, vous iriez, ils/elles iraient
PARTICIPE
Présent: allant
Passé: allé, allée

20 FINIR
INDICATIF
Présent: je finis, tu finis, il/elle finit, nous finissons, vous finissez, ils/elles finissent
Imparfait: je finissais, tu finissais, il/elle finissait, nous finissions, vous finissiez, ils/elles finissaient
Passé simple: je finis, tu finis, il/elle finit, nous finîmes, vous finîtes, ils/elles finirent
Futur simple: je finirai, tu finiras, il/elle finira, nous finirons, vous finirez, ils/elles finiront

SUBJONCTIF
Présent: que je finisse, que tu finisses, qu'il/elle finisse, que nous finissions, que vous finissiez, qu'ils/elles finissent
Imparfait: que je finisse, que tu finisses, qu'il/elle finît, que nous finissions, que vous finissiez, qu'ils/elles finissent
IMPERATIF
Présent: finis, finissons, finissez
CONDITIONNEL
Présent: je finirais, tu finirais, il/elle finirait, nous finirions, vous finiriez, ils/elles finiraient
PARTICIPE
Présent: finissant
Passé: fini, finie

21 OUVRIR
INDICATIF
Présent: j'ouvre, tu ouvres, il/elle ouvre, nous ouvrons, vous ouvrez, ils/elles ouvrent
Imparfait: j'ouvrais, tu ouvrais, il/elle ouvrait, nous ouvrions, vous ouvriez, ils/elles ouvraient
Passé simple: j'ouvris, tu ouvris, il/elle ouvrit, nous ouvrîmes, vous ouvrîtes, ils/elles ouvrirent
Futur simple: j'ouvrirai, tu ouvriras, il/elle ouvrira, nous ouvrirons, vous ouvrirez, ils/elles ouvriront
SUBJONCTIF
Présent: que j'ouvre, que tu ouvres, qu'il/elle ouvre, que nous ouvrions, que vous ouvriez, qu'ils/elles ouvrent
Imparfait: que j'ouvrisse, que tu ouvrisses, qu'il/elle ouvrît, que nous ouvrissions, que vous ouvrissiez, qu'ils/elles ouvrissent
IMPERATIF
Présent: ouvre, ouvrons, ouvrez
CONDITIONNEL
Présent: j'ouvrirais, tu ouvrirais, il/elle ouvrirait, nous ouvririons, vous ouvririez, ils/elles ouvriraient
PARTICIPE
Présent: ouvrant
Passé: ouvert, ouverte

22 HAÏR
INDICATIF
Présent: je hais, tu hais, il/elle hait, nous haïssons, vous haïssez, ils/elles haïssent
Imparfait: je haïssais, tu haïssais, il/elle haïssait, nous haïssions, vous haïssiez, ils/elles haïssaient
Passé simple: je haïs, tu haïs, il/elle haït, nous haïmes, vous haïtes, ils/elles haïrent
Futur simple: je haïrai, tu haïras, il/elle haïra, nous haïrons, vous haïrez, ils/elles haïront
SUBJONCTIF
Présent: que je haïsse, que tu haïsses, qu'il/elle haïsse, que nous haïssions, que vous haïssiez, qu'ils/elles haïssent

Imparfait: que je haïsse, que tu haïsses, qu'il/elle haït, que nous haïssions, que vous haïssiez, qu'ils/elles haïssent
IMPERATIF
Présent: hais, haïssons, haïssez
CONDITIONNEL
Présent: je haïrais, tu haïrais, il/elle haïrait, nous haïrions, vous haïriez, ils/elles haïraient
PARTICIPE
Présent: haïssant
Passé: haï, haïe

23 OUÏR
INDICATIF
Présent: j'ois, tu ois, il/elle oit, nous oyons, vous oyez, ils/elles oient
Imparfait: j'oyais, tu oyais, il/elle oyait, nous oyions, vous oyiez, ils/elles oyaient
Passé simple: j'ouïs, tu ouïs, il/elle ouït, nous ouïmes, vous ouïtes, ils/elles ouïrent
Futur simple: j'ouïrai, tu ouïras, il/elle ouïra, nous ouïrons, vous ouïrez, ils/elles ouïront
SUBJONCTIF
Présent: que j'oie, que tu oies, qu'il/elle oie, que nous oyions, que vous oyiez, qu'ils/elles oient
Imparfait: que j'ouïsse, que tu ouïsses, qu'il/elle ouït, que nous ouïssions, que vous ouïssiez, qu'ils/elles ouïssent
IMPERATIF
Présent: oïs, oyons, oyez
CONDITIONNEL
Présent: j'ouïrais, tu ouïrais, il/elle ouïrait, nous ouïrions, vous ouïriez, ils/elles ouïraient
PARTICIPE
Présent: oyant
Passé: ouï, ouïe

24 COURIR
INDICATIF
Présent: je cours, tu cours, il/elle court, nous courons, vous courez, ils/elles courent
Imparfait: je courais, tu courais, il/elle courait, nous courions, vous couriez, ils/elles couraient
Passé simple: je courus, tu courus, il/elle courut, nous courûmes, vous courûtes, ils/elles coururent
Futur simple: je courrai, tu courras, il/elle courra, nous courrons, vous courrez, ils/elles courront
SUBJONCTIF
Présent: que je coure, que tu coures, qu'il/elle coure, que nous courions, que vous couriez, qu'ils/elles courent
Imparfait: que je courusse, que tu courusses, qu'il/elle courût, que nous courussions, que vous courussiez, qu'ils/elles courussent
IMPERATIF
Présent: cours, courons, courez

CONDITIONNEL
Présent: je courrais, tu courrais, il/elle courrait, nous courrions, vous courriez, ils/elles courraient
PARTICIPE
Présent: courant
Passé: couru, courue

25 CUEILLIR
INDICATIF
Présent: je cueille, tu cueilles, il/elle cueille, nous cueillons, vous cueillez, ils/elles cueillent
Imparfait: je cueillais, tu cueillais, il/elle cueillait, nous cueillions, vous cueilliez, ils/elles cueillaient
Passé simple: je cueillis, tu cueillis, il/elle cueillit, nous cueillîmes, vous cueillîtes, ils/elles cueillirent
Futur simple: je cueilleai, tu cueilleras, il/elle cueillera, nous cueillerons, vous cueillerez, ils/elles cueilleront
SUBJONCTIF
Présent: que je cueillee, que tu cueilles, qu'il/elle cueille, que nous cueillions, que vous cueilliez, qu'ils/elles cueillent
Imparfait: que je cueillisse, que tu cueillisses, qu'il/elle cueillît, que nous cueillissions, que vous cueillissiez, qu'ils/elles cueillissent
IMPERATIF
Présent: cueille, cueillons, cueillez
CONDITIONNEL
Présent: je cueillerais, tu cueillerais, il/elle cueillerait, nous cueillerions, vous cueilleriez, ils/elles cueilleraient
PARTICIPE
Présent: cueillant
Passé: cueilli, cueillie

26 BOUILLIR
INDICATIF
Présent: je bous, tu bous, il/elle bout, nous bouillons, vous bouillez, ils/elles bouillent
Imparfait: je bouillais, tu bouillais, il/elle bouillait, nous bouillions, vous bouilliez, ils/elles bouillaient
Passé simple: je bouillis, tu bouillis, il/elle bouillit, nous bouillîmes, vous bouillîtes, ils/elles bouillirent
Futur simple: je bouillirai, tu bouilliras, il/elle bouillira, nous bouillirons, vous bouillirez, ils/elles bouilliront
SUBJONCTIF
Présent: que je bouille, que tu bouilles, qu'il/elle bouille, que nous bouillions, que vous bouilliez, qu'ils/elles bouillent
Imparfait: que je bouillisse, que tu bouillisses, qu'il/elle bouillît, que nous bouillissions, que vous bouillissiez, qu'ils/elles bouillissent
IMPERATIF
Présent: bous, bouillons, bouillez
CONDITIONNEL
Présent: je bouillirais, tu bouillirais, il/elle bouillirait, nous bouillirions, vous bouilliriez, ils/elles bouilliraient

PARTICIPE
Présent: bouillant
Passé: bouilli, bouillie

27 ASSAILLIR
INDICATIF
Présent: j'assaille, tu assailles, il/elle assaille, nous assaillons, vous assaillez, ils/elles assaillent
Imparfait: j'assaillais, tu assaillais, il/elle assaillait, nous assaillions, vous assailliez, ils/elles assaillaient
Passé simple: j'assaillis, tu assaillis, il/elle assaillit, nous assaillîmes, vous assaillîtes, ils/elles assaillirent
Futur simple: j'assaillirai, tu assailliras, il/elle assaillira, nous assaillirons, vous assaillirez, ils/elles assailliront
SUBJONCTIF
Présent: que j'assaille, que tu assailles, qu'il/elle assaille, que nous assaillions, que vous assailliez, qu'ils/elles assaillent
Imparfait: que j'assaillisse, que tu assaillisses, qu'il/elle assaillît, que nous assaillissions, que vous assaillissiez, qu'ils/elles assaillissent
IMPERATIF
Présent: assaille, assaillons, assaillez
CONDITIONNEL
Présent: j'assaillirais, tu assaillirais, il/elle assaillirait, nous assaillirions, vous assailliriez, ils/elles assailliraient
PARTICIPE
Présent: assaillant
Passé: assailli, assaillie

28 PARTIR
INDICATIF
Présent: je pars, tu pars, il/elle part, nous partons, vous partez, ils/elles partent
Imparfait: je partais, tu partais, il/elle partait, nous partions, vous partiez, ils/elles partaient
Passé simple: je partis, tu partis, il/elle partit, nous partîmes, vous partîtes, ils/elles partirent
Futur simple: je partirai, tu partiras, il/elle partira, nous partirons, vous partirez, ils/elles partiront
SUBJONCTIF
Présent: que je parte, que tu partes, qu'il/elle parte, que nous partions, que vous partiez, qu'ils/elles partent
Imparfait: que je partisse, que tu partisses, qu'il/elle partît, que nous partissions, que vous partissiez, qu'ils/elles partissent
IMPERATIF
Présent: pars, partons, partez
CONDITIONNEL
Présent: je partirais, tu partirais, il/elle partirait, nous partirions, vous partiriez, ils/elles partiraient
PARTICIPE
Présent: partant
Passé: parti, partie

29 SERVIR
INDICATIF
Présent: je sers, tu sers, il/elle sert, nous servons, vous servez, ils/elles servent
Imparfait: je servais, tu servais, il/elle servait, nous servions, vous serviez, ils/elles servaient
Passé simple: je servis, tu servis, il/elle servit, nous servîmes, vous servîtes, ils/elles servirent
Futur simple: je servirai, tu serviras, il/elle servira, nous servirons, vous servirez, ils/elles serviront
SUBJONCTIF
Présent: que je serve, que tu serves, qu'il/elle serve, que nous servions, que vous serviez, qu'ils/elles servent
Imparfait: que je servisse, que tu servisses, qu'il/elle servît, que nous servissions, que vous servissiez, qu'ils/elles servissent
IMPERATIF
Présent: sers, servons, servez
CONDITIONNEL
Présent: je servirais, tu servirais, il/elle servirait, nous servirions, vous serviriez, ils/elles serviraient
PARTICIPE
Présent: servant
Passé: servi, servie

30 DORMIR
INDICATIF
Présent: je dors, tu dors, il/elle dort, nous dormons, vous dormez, ils/elles dorment
Imparfait: je dormais, tu dormais, il/elle dormait, nous dormions, vous dormiez, ils/elles dormaient
Passé simple: je dormis, tu dormis, il/elle dormit, nous dormîmes, vous dormîtes, ils/elles dormirent
Futur simple: je dormirai, tu dormiras, il/elle dormira, nous dormirons, vous dormirez, ils/elles dormiront
SUBJONCTIF
Présent: que je dorme, que tu dormes, qu'il/elle dorme, que nous dormions, que vous dormiez, qu'ils/elles dorment
Imparfait: que je dormisse, que tu dormisses, qu'il/elle dormît, que nous dormissions, que vous dormissiez, qu'ils/elles dormissent
IMPERATIF
Présent: dors, dormons, dormez
CONDITIONNEL
Présent: je dormirais, tu dormirais, il/elle dormirait, nous dormirions, vous dormiriez, ils/elles dormiraient
PARTICIPE
Présent: dormant
Passé: dormi, dormie

31 FUIR
INDICATIF
Présent: je fuis, tu fuis, il/elle fuit, nous fuyons, vous fuyez, ils/elles fuient
Imparfait: je fuyais, tu fuyais, il/elle fuyait, nous fuyions, vous fuyiez, ils/elles fuyaient

A CONJUGAÇÃO FRANCESA

Passé simple: je fuis, tu fuis, il/elle fuit, nous fuîmes, vous fuîtes, ils/elles fuirent

Futur simple: je fuirai, tu fuiras, il/elle fuira, nous fuirons, vous fuirez, ils/elles fuiront

SUBJONCTIF

Présent: que je fuie, que tu fuies, qu'il/elle fuie, que nous fuyions, que vous fuyiez, qu'ils/elles fuient

Imparfait: que je fuisse, que tu fuisses, qu'il/elle fuît, que nous fuissions, que vous fuissiez, qu'ils/elles fuissent

IMPERATIF

Présent: fuis, fuyons, fuyez

CONDITIONNEL

Présent: je fuirais, tu fuirais, il/elle fuirait, nous fuirions, vous fuiriez, ils/elles fuiraient

PARTICIPE

Présent: fuyant

Passé: fui, fuie

32 MOURIR

INDICATIF

Présent: je meurs, tu meurs, il/elle meurt, nous mourons, vous mourez, ils/elles meurent

Imparfait: je mourais, tu mourais, il/elle mourait, nous mourions, vous mouriez, ils/elles mouraient

Passé simple: je mourus, tu mourus, il/elle mourut, nous mourûmes, vous mourûtes, ils/elles moururent

Futur simple: je mourrai, tu mourras, il/elle mourra, nous mourrons, vous mourrez, ils/elles mourront

SUBJONCTIF

Présent: que je meure, que tu meures, qu'il/elle meure, que nous mourions, que vous mouriez, qu'ils/elles meurent

Imparfait: que je mourusse, que tu mourusses, qu'il/elle mourût, que nous mourussions, que vous mourussiez, qu'ils/elles mourussent

IMPERATIF

Présent: meurs, mourons, mourez

CONDITIONNEL

Présent: je mourrais, tu mourrais, il/elle mourrait, nous mourrions, vous mourriez, ils/elles mourraient

PARTICIPE

Présent: mourant

Passé: mort, morte

33 VÊTIR

INDICATIF

Présent: je vêts, tu vêts, il/elle vêt, nous vêtons, vous vêtez, ils/elles vêtent

Imparfait: je vêtais, tu vêtais, il/elle vêtait, nous vêtions, vous vêtiez, ils/elles vêtaient

Passé simple: je vêtis, tu vêtis, il/elle vêtit, nous vêtîmes, vous vêtîtes, ils/elles vêtirent

Futur simple: je vêtirai, tu vêtiras, il/elle vêtira, nous vêtirons, vous vêtirez, ils/elles vêtiront

SUBJONCTIF
Présent: que je vête, que tu vêtes, qu'il/elle vête, que nous vêtions, que vous vêtiez, qu'ils/elles vêtent
Imparfait: que je vêtisse, que tu vêtisses, qu'il/elle vêtît, que nous vêtissions, que vous vêtissiez, qu'ils/elles vêtissent
IMPERATIF
Présent: vêts, vêtons, vêtez
CONDITIONNEL
Présent: je vêtirais, tu vêtirais, il/elle vêtirait, nous vêtirions, vous vêtiriez, ils/elles vêtiraient
PARTICIPE
Présent: vêtant
Passé: vêtu, vêtue

34 ACQUÉRIR
INDICATIF
Présent: j'acquiers, tu acquiers, il/elle acquiert, nous acquérons, vous acquérez, ils/elles acquièrent
Imparfait: j'acquérais, tu acquérais, il/elle acquérait, nous acquérions, vous acquériez, ils/elles acquéraient
Passé simple: j'acquis, tu acquis, il/elle acquit, nous acquîmes, vous acquîtes, ils/elles acquirent
Futur simple: j'acquerrai, tu acquerras, il/elle acquerra, nous acquerrons, vous acquerrez, ils/elles acquerront
SUBJONCTIF
Présent: que j'acquière, que tu acquières, qu'il/elle acquière, que nous acquérions, que vous acquériez, qu'ils/elles acquièrent
Imparfait: que j'acquisse, que tu acquisses, qu'il/elle acquît, que nous acquissions, que vous acquissiez, qu'ils/elles acquissent
IMPERATIF
Présent: acquiers, acquérons, acquérez
CONDITIONNEL
Présent: j'acquerrais, tu acquerrais, il/elle acquerrait, nous acquerrions, vous acquerriez, ils/elles acquerraient
PARTICIPE
Présent: acquérant
Passé: acquis, acquise

35 VENIR
INDICATIF
Présent: je viens, tu viens, il/elle vient, nous venons, vous venez, ils/elles viennent
Imparfait: je venais, tu venais, il/elle venait, nous venions, vous veniez, ils/elles venaient
Passé simple: je vins, tu vins, il/elle vint, nous vînmes, vous vîntes, ils/elles vinrent
Futur simple: je viendrai, tu viendras, il/elle viendra, nous viendrons, vous viendrez, ils/elles viendront
SUBJONCTIF
Présent: que je vienne, que tu viennes, qu'il/elle vienne, que nous venions, que vous veniez, qu'ils/elles viennent

Imparfait: que je vinsse, que tu vinsses, qu'il/elle vînt, que nous vinssions, que vous vinssiez, qu'ils/elles vinssent
IMPERATIF
Présent: viens, venons, venez
CONDITIONNEL
Présent: je viendrais, tu viendrais, il/elle viendrait, nous viendrions, vous viendriez, ils/elles viendraient
PARTICIPE
Présent: venant
Passé: venu, venue

36 GÉSIR
INDICATIF
Présent: je gis, tu gis, il/elle gît, nous gisons, vous gisez, ils/elles gisent
Imparfait: je gisais, tu gisais, il/elle gisait, nous gisions, vous gisiez, ils/elles gisaient
PARTICIPE
Présent: gisant

37 PLEUVOIR
INDICATIF
Présent: il pleut, ils pleuvent
Imparfait: il pleuvait, ils pleuvaient
Passé simple: il plut, ils plurent
Futur simple: il pleuvra, ils pleuvront
SUBJONCTIF
Présent: qu'il pleuve, qu'ils pleuvent
Imparfait: qu'il plût, qu'ils plussent
IMPERATIF
Présent: inusité
CONDITIONNEL
Présent: il pleuvrait, ils pleuvraient
PARTICIPE
Présent: pleuvant
Passé: plu

38 PRÉVOIR
INDICATIF
Présent: je prévois, tu prévois, il/elle prévoit, nous prévoyons, vous prévoyez, ils/elles prévoient
Imparfait: je prévoyais, tu prévoyais, il/elle prévoyait, nous prévoyions, vous prévoyiez, ils/elles prévoyaient
Passé simple: je prévis, tu prévis, il/elle prévit, nous prévîmes, vous prévîtes, ils/elles prévirent
Futur simple: je prévoirai, tu prévoiras, il/elle prévoira, nous prévoirons, vous prévoirez, ils/elles prévoiront
SUBJONCTIF
Présent: que je prévoie, que tu prévoies, qu'il/elle prévoie, que nous prévoyons, que vous prévoyez, qu'ils/elles prévoient
Imparfait: que je prévisse, que tu prévisses, qu'il/elle prévît, que nous prévissions, que vous prévissiez, qu'ils/elles prévissent

IMPERATIF
Présent: prévois, prévoyons, prévoyez
CONDITIONNEL
Présent: je prévoirais, tu prévoirais, il/elle prévoirait, nous prévoirions, vous prévoiriez, ils/elles prévoiraient
PARTICIPE
Présent: prévoyant
Passé: prévu, prévue

39 POURVOIR

INDICATIF
Présent: je pourvois, tu pourvois, il/elle pourvoit, nous pourvoyons, vous pourvoyez, ils/elles pourvoient
Imparfait: je pourvoyais, tu pourvoyais, il/elle pourvoyait, nous pourvoyions, vous pourvoyiez, ils/elles pourvoyaient
Passé simple: je pourvus, tu pourvus, il/elle pourvut, nous pourvûmes, vous pourvûtes, ils/elles pourvurent
Futur simple: je pourvoirai, tu pourvoiras, il/elle pourvoira, nous pourvoirons, vous pourvoirez, ils/elles pourvoiront
SUBJONCTIF
Présent: que je pourvoie, que tu pourvoies, qu'il/elle pourvoie, que nous pourvoyions, que vous pourvoyiez, qu'ils/elles pourvoient
Imparfait: que je pourvusse, que tu pourvusses, qu'il/elle pourvût, que nous pourvussions, que vous pourvussiez, qu'ils/elles pourvussent
IMPERATIF
Présent: pourvois, pourvoyions, pourvoyiez
CONDITIONNEL
Présent: je pourvoirais, tu pourvoirais, il/elle pourvoirait, nous pourvoirions, vous pourvoiriez, ils/elles pourvoiraient
PARTICIPE
Présent: pourvoyant
Passé: pourvu, pourvue

40 ASSEOIR

INDICATIF
Présent: j'assieds, tu assieds, il/elle assied, nous asseyons, vous asseyez, ils/elles asseyent, *ou*, j'assois, tu assois, il/elle assoit, nous assoyons, vous assoyez, ils/elles assoyent
Imparfait: j'asseyais, tu asseyais, il/elle asseyait, nous asseyions, vous asseyiez, ils/elles asseyaient, *ou*, j'assoyais, tu assoyais, il/elle assoyait, nous assoyions, vous assoyies, ils/elles assoyaient
Passé simple: j'assis, tu assis, il/elle assit, nous assîmes, vous assîtes, ils/elles assirent
Futur simple: j'assiérai, tu assiéras, il/elle assiéra, nous assiérons, vous assiérez, ils/elles assiéront, *ou*, j'assoirai, tu assoiras, il/elle assoira, nous assoirons, vous assoirez, ils/elles assoiront
SUBJONCTIF
Présent: que j'asseye, que tu asseyes, qu'il/elle asseye, que nous asseyions, que vous asseyiez, qu'ils/elles asseyent, *ou*, que j'assoie, que tu assoies, qu'il/elle assoie, que nous assoyons, que vous assoyez, qu'ils/elles assoient

Imparfait: que j'assisse, que tu assisses, qu'il/elle assît, que nous assissions, que vous assissiez, qu'ils/elles assissent

IMPERATIF
Présent: assieds *ou* assois, asseyons *ou* assoyons, asseyez *ou* assoyez

CONDITIONNEL
Présent: j'assiérais, tu assiérais, il/elle assiérait, nous assiérions, vous assiériez, ils/elles assiéraient, *ou*, j'assoirais, tu assoirais, il/elle assoirait, nous assoirions, vous assoiriez, ils/elles assoiraient

PARTICIPE
Présent: asseyant *ou* assoyant
Passé: assis, assise

41 MOUVOIR

INDICATIF
Présent: je meus, tu meus, il/elle meut, nous mouvons, vous mouvez, ils/elles meuvent
Imparfait: je mouvais, tu mouvais, il/elle mouvait, nous mouvions, vous mouviez, ils/elles mouvaient
Passé simple: je mus, tu mus, il/elle mut, nous mûmes, vous mûtes, ils/elles murent
Futur simple: je mouvrai, tu mouvras, il/elle mouvra, nous mouvrons, vous mouvrez, ils/elles mouvront

SUBJONCTIF
Présent: que je meuve, que tu meuves, qu'il/elle meuve, que nous mouvions, que vous mouviez, qu'ils/elles meuvent
Imparfait: que je musse, que tu musses, qu'il/elle mût, que nous mussions, que vous mussiez, qu'ils/elles mussent

IMPERATIF
Présent: meus, mouvons, mouvez

CONDITIONNEL
Présent: je mouvrais, tu mouvrais, il/elle mouvrait, nous mouvrions, vous mouvriez, ils/elles mouvraient

PARTICIPE
Présent: mouvant
Passé: mû, mue

42 RECEVOIR

INDICATIF
Présent: je reçois, tu reçois, il/elle reçoit, nous recevons, vous recevez, ils/elles reçoivent
Imparfait: je recevais, tu recevais, il/elle recevait, nous recevions, vous receviez, ils/elles recevaient
Passé simple: je reçus, tu reçus, il/elle reçut, nous reçûmes, vous reçûtes, ils/elles reçurent
Futur simple: je recevrai, tu recevras, il/elle recevra, nous recevrons, vous recevrez, ils/elles recevront

SUBJONCTIF
Présent: que je reçoive, que tu reçoives, qu'il/elle reçoive, que nous recevions, que vous receviez, qu'ils/elles reçoivent
Imparfait: que je reçusse, que tu reçusses, qu'il/elle reçût, que nous reçussions, que vous reçussiez, qu'ils/elles reçussent

IMPERATIF
Présent: reçois, recevons, recevez
CONDITIONNEL
Présent: je recevrais, tu recevrais, il/elle recevrait, nous recevrions, vous recevriez, ils/elles recevraient
PARTICIPE
Présent: recevant
Passé: reçu, recue

43 DEVOIR
INDICATIF
Présent: je dois, tu dois, il/elle doit, nous devons, vous devez, ils/elles doivent
Imparfait: je devais, tu devais, il/elle devait, nous devions, vous deviez, ils/elles devaient
Passé simple: je dus, tu dus, il/elle dut, nous dûmes, vous dûtes, ils/elles durent
Futur simple: je devrai, tu devras, il/elle devra, nous devrons, vous devrez, ils/elles devront
SUBJONCTIF
Présent: que je doive, que tu doives, qu'il/elle doive, que nous devions, que vous deviez, qu'ils/elles doivent
Imparfait: que je dusse, que tu dusses, qu'il/elle dût, que nous dussions, que vous dussiez, qu'ils/elles dussent
IMPERATIF
Présent: dois, devons, devez
CONDITIONNEL
Présent: je devrais, tu devrais, il/elle devrait, nous devrions, vous devriez, ils/elles devraient
PARTICIPE
Présent: devant
Passé: dû, due

44 VALOIR
INDICATIF
Présent: je vaux, tu vaux, il/elle vaut, nous valons, vous valez, ils/elles valent
Imparfait: je valais, tu valais, il/elle valait, nous valions, vous valiez, ils/elles valaient
Passé simple: je valus, tu valus, il/elle valut, nous valûmes, vous valûtes, ils/elles valurent
Futur simple: je vaudrai, tu vaudras, il/elle vaudra, nous vaudrons, vous vaudrez, ils/elles vaudront
SUBJONCTIF
Présent: que je vaille, que tu vailles, qu'il/elle vaille, que nous valions, que vous valiez, qu'ils/elles vaillent
Imparfait: que je valusse, que tu valusses, qu'il/elle valût, que nous valussions, que vous valussiez, qu'ils/elles valussent
IMPERATIF
Présent: vaux, valons, valez
CONDITIONNEL
Présent: je vaudrais, tu vaudrais, il/elle vaudrait, nous vaudrions, vous vaudriez, ils/elles vaudraient

A CONJUGAÇÃO FRANCESA

PARTICIPE
Présent: valant
Passé: valu, value

45 FALLOIR
INDICATIF
Présent: il faut
Imparfait: il fallait
Passé simple: il fallut
Futur simple: il faudra
SUBJONCTIF
Présent: qu'il faille
Imparfait: qu'il fallût
CONDITIONNEL
Présent: il faudrait

46 VOIR
INDICATIF
Présent: je vois, tu vois, il/elle voit, nous voyons, vous voyez, ils/elles voient
Imparfait: je voyais, tu voyais, il/elle voyait, nous voyions, vous voyiez, ils/elles voyaient
Passé simple: je vis, tu vis, il/elle vit, nous vîmes, vous vîtes, ils/elles virent
Futur simple: je verrai, tu verras, il/elle verra, nous verrons, vous verrez, ils/elles verront
SUBJONCTIF
Présent: que je voie, que tu voies, qu'il/elle voie, que nous voyions, que vous voyiez, qu'ils/elles voient
Imparfait: que je visse, que tu visses, qu'il/elle vît, que nous vissions, que vous vissiez, qu'ils/elles vissent
IMPERATIF
Présent: vois, voyons, voyez
CONDITIONNEL
Présent: je verrais, tu verrais, il/elle verrait, nous verrions, vous verriez, ils/elles verraient
PARTICIPE
Présent: voyant
Passé: vu, vue

47 VOULOIR
INDICATIF
Présent: je veux, tu veux, il/elle veut, nous voulons, vous voulez, ils/elles veulent
Imparfait: je voulais, tu voulais, il/elle voulait, nous voulions, vous vouliez, ils/elles voulaient
Passé simple: je voulus, tu voulus, il/elle voulut, nous voulûmes, vous voulûtes, ils/elles voulurent
Futur simple: je voudrai, tu voudras, il/elle voudra, nous voudrons, vous voudrez, ils/elles voudront
SUBJONCTIF
Présent: que je veuille, que tu veuilles, qu'il/elle veuille, que nous voulions, que vous vouliez, qu'ils/elles veuillent

Imparfait: que je voulusse, que tu voulusses, qu'il/elle voulût, que nous voulussions, que vous voulussiez, qu'ils/elles voulussent
IMPERATIF
Présent: veux (veuille), voulons, voulez (veuillez)
CONDITIONNEL
Présent: je voudrais, tu voudrais, il/elle voudrait, nous voudrions, vous voudriez, ils/elles voudraient
PARTICIPE
Présent: voulant
Passé: voulu, voulue

48 SAVOIR
INDICATIF
Présent: je sais, tu sais, il/elle sait, nous savons, vous savez, ils/elles savent
Imparfait: je savais, tu savais, il/elle savait, nous savions, vous saviez, ils/elles savaient
Passé simple: je sus, tu sus, il/elle sut, nous sûmes, vous sûtes, ils/elles surent
Futur simple: je saurai, tu sauras, il/elle saura, nous saurons, vous saurez, ils/elles sauront
SUBJONCTIF
Présent: que je sache, que tu saches, qu'il/elle sache, que nous sachions, que vous sachiez, qu'ils/elles sachent
Imparfait: que je susse, que tu susses, qu'il/elle sût, que nous sussions, que vous sussiez, qu'ils/elles sussent
IMPERATIF
Présent: sache, sachons, sachez
CONDITIONNEL
Présent: je saurais, tu saurais, il/elle saurait, nous saurions, vous sauriez, ils/elles sauraient
PARTICIPE
Présent: sachant
Passé: su, sue

49 POUVOIR
INDICATIF
Présent: je peux (puis), tu peux, il/elle peut, nous pouvons, vous pouvez, ils/elles peuvent
Imparfait: je pouvais, tu pouvais, il/elle pouvait, nous pouvions, vous pouviez, ils/elles pouvaient
Passé simple: je pus, tu pus, il/elle put, nous pûmes, vous pûtes, ils/elles purent
Futur simple: je pourrai, tu pourras, il/elle pourra, nous pourrons, vous pourrez, ils/elles pourront
SUBJONCTIF
Présent: que je puisse, que tu puisses, qu'il/elle puisse, que nous puissions, que vous puissiez, qu'ils/elles puissent
Imparfait: que je pusse, que tu pusses, qu'il/elle pût, que nous pussions, que vous pussiez, qu'ils/elles pussent
IMPERATIF
Présent: pas d'impératif

CONDITIONNEL
Présent: je pourrais, tu pourrais, il/elle pourrait, nous pourrions, vous pourriez, ils/elles pourraient
PARTICIPE
Présent: pouvant
Passé: pu

50 DÉCHOIR
INDICATIF
Présent: je déchois, tu déchois, il/elle déchoit, nous déchoyons, vous déchoyez, ils/elles déchoient
Imparfait: inusité
Passé simple: je déchus, tu déchus, il/elle déchut, nous déchûmes, vous déchûtes, ils/elles déchurent
Futur simple: je déchoirai, tu déchoiras, il/elle déchoira, nous déchoirons, vous déchoirez, ils/elles déchoiront
SUBJONCTIF
Présent: que je déchoie, que tu déchoies, qu'il/elle déchoie, que nous déchoyions, que vous déchoyiez, qu'ils/elles déchoient
Imparfait: que je déchusse, que tu déchusses, qu'il/elle déchût, que nous déchussions, que vous déchussiez, qu'ils/elles déchussent
IMPERATIF
Présent: inusité
CONDITIONNEL
Présent: je déchoirais, tu déchoirais, il/elle déchoirait, nous déchoirions, vous déchoiriez, ils/elles déchoiraient
PARTICIPE
Passé: déchu

51 AVOIR
INDICATIF
Présent: j'ai, tu as, il/elle a, nous avons, vous avez, ils/elles ont
Imparfait: j'avais, tu avais, il/elle avait, nous avions, vous aviez, ils/elles avaient
Passé simple: j'eus, tu eus, il/elle eut, nous eûmes, vous eûtes, ils/elles eurent
Futur simple: j'aurai, tu auras, il/elle aura, nous aurons, vous aurez, ils/elles auront
SUBJONCTIF
Présent: que j'aie, que tu aies, qu'il/elle ait, que nous ayons, que vous ayez, qu'ils/elles aient
Imparfait: que j'eusse, que tu eusses, il/elle qu'eût, que nous eussions, que vous eussiez, qu'ils/elles eussent
IMPERATIF
Présent: aie, ayons, ayez
CONDITIONNEL
Présent: j'aurais, tu aurais, il/elle aurait, nous aurions, vous auriez, ils/elles auraient
PARTICIPE
Présent: ayant
Passé: eu, eue

52 CONCLURE
INDICATIF
Présent: je conclus, tu conclus, il/elle conclut, nous concluons, vous concluez, ils/elles concluent
Imparfait: je concluais, tu concluais, il/elle concluait, nous concluions, vous concluiez, ils/elles concluaient
Passé simple: je conclus, tu conclus, il/elle conclut, nous conclûmes, vous conclûtes, ils/elles conclurent
Futur simple: je conclurai, tu concluras, il/elle conclura, nous conclurons, vous conclurez, ils/elles concluront
SUBJONCTIF
Présent: que je conclue, que tu conclues, qu'il/elle conclue, que nous concluions, que vous concluiez, qu'ils/elles concluent
Imparfait: que je conclusse, que tu conclusses, qu'il/elle conclût, que nous conclussions, que vous conclussiez, qu'ils/elles conclussent
IMPERATIF
Présent: conclus, concluons, concluez
CONDITIONNEL
Présent: je conclurais, tu conclurais, il/elle conclurait, nous conclurions, vous concluriez, ils/elles concluraient
PARTICIPE
Présent: concluant
Passé: conclu, conclue

53 RIRE
INDICATIF
Présent: je ris, tu ris, il/elle rit, nous rions, vous riez, ils/elles rient
Imparfait: je riais, tu riais, il/elle riait, nous rions, vous riez, ils/elles riaient
Passé simple: je ris, tu ris, il/elle rit, nous rîmes, vous rîtes, ils/elles rirent
Futur simple: je rirai, tu riras, il/elle rira, nous rirons, vous rirez, ils/elles riront
SUBJONCTIF
Présent: que je rie, que tu ries, qu'il/elle rie, que nous riions, que vous riiez, qu'ils/elles rient
Imparfait: que je risse, que tu risses, qu'il/elle rît, que nous rissions, que vous rissiez, qu'ils/elles rissent
IMPERATIF
Présent: ris, rions, riez
CONDITIONNEL
Présent: je rirais, tu rirais, il/elle rirait, nous ririons, vous ririez, ils/elles riraient
PARTICIPE
Présent: riant
Passé: ri

54 DIRE
INDICATIF
Présent: je dis, tu dis, il/elle dit, nous disons, vous dites, ils/elles disent
Imparfait: je disais, tu disais, il/elle disait, nous disions, vous disiez, ils/elles disaient

Passé simple: je dis, tu dis, il/elle dit, nous dîmes, vous dîtes, ils/elles dirent
Futur simple: je dirai, tu diras, il/elle dira, nous dirons, vous direz, ils/elles diront
SUBJONCTIF
Présent: que je dise, que tu dises, qu'il/elle dise, que nous disions, que vous disiez, qu'ils/elles disent
Imparfait: que je disse, que tu disses, qu'il/elle dît, que nous dissions, que vous dissiez, qu'ils/elles dissent
IMPERATIF
Présent: dis, disons, dites
CONDITIONNEL
Présent: je dirais, tu dirais, il/elle dirait, nous dirions, vous diriez, ils/elles diraient
PARTICIPE
Présent: disant
Passé: dit, dite

55 INTERDIRE
INDICATIF
Présent: j'interdis, tu interdis, il/elle interdit, nous interdisons, vous interdisez, ils/elles interdisent
Imparfait: j' interdisais, tu interdisais, il/elle interdisait, nous interdisions, vous interdisiez, ils/elles interdisaient
Passé simple: j'interdis, tu interdis, il/elle interdit, nous interdîmes, vous interdîtes, ils/elles interdirent
Futur simple: j'interdirai, tu interdiras, il/elle interdira, nous interdirons, vous interdirez, ils/elles interdiront
SUBJONCTIF
Présent: que j'interdise, que tu interdises, qu'il/elle interdise, que nous interdisions, que vous interdisiez, qu'ils/elles interdisent
Imparfait: que j'interdisse, que tu interdisses, qu'il/elle interdît, que nous interdissions, que vous interdissiez, qu'ils/elles interdissent
IMPERATIF
Présent: interdis, interdisons, interdites
CONDITIONNEL
Présent: j'interdirais, tu interdirais, il/elle interdirait, nous interdirions, vous interdiriez, ils/elles interdiraient
PARTICIPE
Présent: interdisant
Passé: interdit, interdite

56 MAUDIRE
INDICATIF
Présent: je maudis, tu maudis, il/elle maudit, nous maudissons, vous maudissez, ils/elles maudissent
Imparfait: je maudissais, tu maudissais, il/elle maudissait, nous maudissions, vous maudissiez, ils/elles maudissaient
Passé simple: je maudis, tu maudis, il/elle maudit, nous maudîmes, vous maudîtes, ils/elles maudirent
Futur simple: je maudirai, tu maudiras, il/elle maudira, nous maudirons, vous maudirez, ils/elles maudiront

SUBJONCTIF

Présent: que je maudisse, que tu maudisses, qu'il/elle maudisse, que nous maudissions, que vous maudissiez, qu'ils/elles maudissent

Imparfait: que je maudisse, que tu maudisses, qu'il/elle maudît, que nous maudissions, que vous maudissiez, qu'ils/elles maudissent

IMPERATIF

Présent: maudis, maudissons, maudissez

CONDITIONNEL

Présent: je maudirais, tu maudirais, il/elle maudirait, nous maudirions, vous maudiriez, ils/elles maudiraient

PARTICIPE

Présent: maudissant

Passé: maudit, maudite

57 SUFFIRE

INDICATIF

Présent: je suffis, tu suffis, il/elle suffit, nous suffisons, vous suffisez, ils/elles suffisent

Imparfait: je suffisais, tu suffisais, il/elle suffisait, nous suffisions, vous suffisiez, ils/elles suffisaient

Passé simple: je suffis, tu suffis, il/elle suffit, nous suffîmes, vous suffîtes, ils/elles suffirent

Futur simple: je suffirai, tu suffiras, il/elle suffira, nous suffirons, vous suffirez, ils/elles suffiront

SUBJONCTIF

Présent: que je suffise, que tu suffises, qu'il/elle suffise, que nous suffisions, que vous suffissiez, qu'ils/elles suffissent

Imparfait: que je suffisse, que tu suffisses, qu'il/elle suffît, que nous suffissions, que vous suffissiez, qu'ils/elles suffissent

IMPERATIF

Présent: suffis, suffisons, suffisez

CONDITIONNEL

Présent: je suffirais, tu suffirais, il/elle suffirait, nous suffirions, vous suffiriez, ils/elles suffiraient

PARTICIPE

Présent: suffisant

Passé: suffi

58 CONDUIRE

INDICATIF

Présent: je conduis, tu conduis, il/elle conduit, nous conduisons, vous conduisez, ils/elles conduisent

Imparfait: je conduisais, tu conduisais, il/elle conduisait, nous conduisions, vous conduisiez, ils/elles conduisaient

Passé simple: je conduisis, tu conduisis, il/elle conduisit, nous conduisîmes, vous conduisîtes, ils/elles conduisirent

Futur simple: je conduirai, tu conduiras, il/elle conduira, nous conduirons, vous conduirez, ils/elles conduiront

SUBJONCTIF

Présent: que je conduise, que tu conduises, qu'il/elle conduise, que nous conduisions, que vous conduisiez, qu'ils/elles conduisent

Imparfait: que je conduisisse, que tu conduisisses, qu'il/elle conduisît, que nous conduisissions, que vous conduisissiez, qu'ils/elles conduisissent
IMPERATIF
Présent: conduis, conduisons, conduisez
CONDITIONNEL
Présent: je conduirais, tu conduirais, il/elle conduirait, nous conduirions, vous conduiriez, ils/elles conduiraient
PARTICIPE
Présent: conduisant
Passé: conduit, conduite

59 NUIRE
INDICATIF
Présent: je nuis, tu nuis, il/elle nuit, nous nuisons, vous nuisez, ils/elles nuisent
Imparfait: je nuisais, tu nuisais, il/elle nuisait, nous nuisions, vous nuisiez, ils/elles nuisaient
Passé simple: je nuisis, tu nuisis, il/elle nuisit, nous nuisîmes, vous nuisîtes, ils/elles nuisirent
Futur simple: je nuirai, tu nuiras, il/elle nuira, nous nuirons, vous nuirez, ils/elles nuiront
SUBJONCTIF
Présent: que je nuise, que tu nuises, qu'il/elle nuise, que nous nuisions, que vous nuisiez, qu'ils/elles nuisent
Imparfait: que je nuisisse, que tu nuisisses, qu'il/elle nuisît, que nous nuisissions, que vous nuisissiez, qu'ils/elles nuisissent
IMPERATIF
Présent: nuis, nuisons, nuisez
CONDITIONNEL
Présent: je nuirais, tu nuirais, il/elle nuirait, nous nuirions, vous nuiriez, ils/elles nuiraient
PARTICIPE
Présent: nuisant
Passé: nui

60 ÉCRIRE
INDICATIF
Présent: j'écris, tu écris, il/elle écrit, nous écrivons, vous écrivez, ils/elles écrivent
Imparfait: j'écrivais, tu écrivais, il/elle écrivait, nous écrivions, vous écriviez, ils/elles écrivaient
Passé simple: j'écrivis, tu écrivis, il/elle écrivit, nous écrivîmes, vous écrivîtes, ils/elles écrivirent
Futur simple: j'écrirai, tu écriras, il/elle écrira, nous écrirons, vous écrirez, ils/elles écriront
SUBJONCTIF
Présent: que j'écrive, que tu écrives, qu'il/elle écrive, que nous écrivions, que vous écriviez, qu'ils/elles écrivent
Imparfait: que j'écrivisse, que tu écrivisses, qu'il/elle écrivît, que nous écrivissions, que vous écrivissiez, qu'ils/elles écrivissent

IMPERATIF
Présent: écris, écrivons, écrivez
CONDITIONNEL
Présent: j'écrirais, tu écrirais, il/elle écrirait, nous écririons, vous écririez, ils/elles écriraient
PARTICIPE
Présent: écrivant
Passé: écrit, écrite

61 SUIVRE
INDICATIF
Présent: je suis, tu suis, il/elle suit, nous suivons, vous suivez, ils/elles suivent
Imparfait: je suivais, tu suivais, il/elle suivait, nous suivions, vous suiviez, ils/elles suivaient
Passé simple: je suivis, tu suivis, il/elle suivit, nous suivîmes, vous suivîtes, ils/elles suivirent
Futur simple: je suivrai, tu suivras, il/elle suivra, nous suivrons, vous suivrez, ils/elles suivront
SUBJONCTIF
Présent: que je suive, que tu suives, qu'il/elle suive, que nous suivions, que vous suiviez, qu'ils/elles suivent
Imparfait: que je suivisse, que tu suivisses, qu'il/elle suivît, que nous suivissions, que vous suivissiez, qu'ils/elles suivissent
IMPERATIF
Présent: suis, suivons, suivez
CONDITIONNEL
Présent: je suivrais, tu suivrais, il/elle suivrait, nous suivrions, vous suivriez, ils/elles suivraient
PARTICIPE
Présent: suivant
Passé: suivi, suivie

62 VENDRE
INDICATIF
Présent: je vends, tu vends, il/elle vend, nous vendons, vous vendez, ils/elles vendent
Imparfait: je vendais, tu vendais, il/elle vendait, nous vendions, vous vendiez, ils/elles vendaient
Passé simple: je vendis, tu vendis, il/elle vendit, nous vendîmes, vous vendîtes, ils/elles vendirent
Futur simple: je vendrai, tu vendras, il/elle vendra, nous vendrons, vous vendrez, ils/elles vendront
SUBJONCTIF
Présent: que je vende, que tu vendes, qu'il/elle vende, que nous vendions, que vous vendiez, qu'ils/elles vendent
Imparfait: que je vendisse, que tu vendisses, qu'il/elle vendît, que nous vendissions, que vous vendissiez, qu'ils/elles vendissent
IMPERATIF
Présent: vends, vendons, vendez

CONDITIONNEL
Présent: je vendrais, tu vendrais, il/elle vendrait, nous vendrions, vous vendriez, ils/elles vendraient
PARTICIPE
Présent: vendant
Passé: vendu, vendue

63 ROMPRE
INDICATIF
Présent: je romps, tu romps, il/elle rompt, nous rompons, vous rompez, ils/elles rompent
Imparfait: je rompais, tu rompais, il/elle rompait, nous rompions, vous rompiez, ils/elles rompaient
Passé simple: je rompis, tu rompis, il/elle rompit, nous rompîmes, vous rompîtes, ils/elles rompirent
Futur simple: je romprai, tu rompras, il/elle rompra, nous romprons, vous romprez, ils/elles rompront
SUBJONCTIF
Présent: que je rompe, que tu rompes, qu'il/elle rompe, que nous rompions, que vous rompiez, qu'ils/elles rompent
Imparfait: que je rompisse, que tu rompisses, qu'il/elle rompît, que nous rompissions, que vous rompissiez, qu'ils/elles rompissent
IMPERATIF
Présent: romps, rompons, rompez
CONDITIONNEL
Présent: je romprais, tu romprais, il/elle romprait, nous romprions, vous rompriez, ils/elles rompraient
PARTICIPE
Présent: rompant
Passé: rompu, rompue

64 BATTRE
INDICATIF
Présent: je bats, tu bats, il/elle bat, nous battons, vous battez, ils/elles battent
Imparfait: je battais, tu battais, il/elle battait, nous battions, vous battiez, ils/elles battaient
Passé simple: je battis, tu battis, il/elle battit, nous battîmes, vous battîtes, ils/elles battirent
Futur simple: je battrai, tu battras, il/elle battra, nous battrons, vous battrez, ils/elles battront
SUBJONCTIF
Présent: que je batte, que tu battes, qu'il/elle batte, que nous battions, que vous battiez, qu'ils/elles battent
Imparfait: que je battisse, que tu battisses, qu'il/elle battît, que nous battissions, que vous battissiez, qu'ils/elles battissent
IMPERATIF
Présent: bats, battons, battez
CONDITIONNEL
Présent: je battrais, tu battrais, il/elle battrait, nous battrions, vous battriez, ils/elles battraient

PARTICIPE
Présent: battant
Passé: battu, battue

65 VAINCRE
INDICATIF
Présent: je vaincs, tu vaincs, il/elle vainc, nous vainquons, vous vainquez, ils/elles vainquent
Imparfait: je vainquais, tu vainquais, il/elle vainquait, nous vainquions, vous vainquiez, ils/elles vainquaient
Passé simple: je vainquis, tu vainquis, il/elle vainquit, nous vainquîmes, vous vainquîtes, ils/elles vainquirent
Futur simple: je vaincrai, tu vaincras, il/elle vaincra, nous vaincrons, vous vaincrez, ils/elles vaincront
SUBJONCTIF
Présent: que je vainque, que tu vainques, qu'il/elle vainque, que nous vainquions, que vous vainquiez, qu'ils/elles vainquent
Imparfait: que je vainquisse, que tu vainquisses, qu'il/elle vainquît, que nous vainquissions, que vous vainquissiez, qu'ils/elles vainquissent
IMPERATIF
Présent: vaincs, vainquons, vainquez
CONDITIONNEL
Présent: je vaincrais, tu vaincrais, il/elle vaincrait, nous vaincrions, vous vaincriez, ils/elles vaincraient
PARTICIPE
Présent: vainquant
Passé: vaincu, vaincue

66 LIRE
INDICATIF
Présent: je lis, tu lis, il/elle lit, nous lisons, vous lisez, ils/elles lisent
Imparfait: je lisais, tu lisais, il/elle lisait, nous lisions, vous lisiez, ils/elles lisaient
Passé simple: je lus, tu lus, il/elle lut, nous lûmes, vous lûtes, ils/elles lurent
Futur simple: je lirai, tu liras, il/elle lira, nous lirons, vous lirez, ils/elles liront
SUBJONCTIF
Présent: que je lise, que tu lises, qu'il/elle lise, que nous lisions, que vous lisiez, qu'ils/elles lisent
Imparfait: que je lusse, que tu lusses, qu'il/elle lût, que nous lussions, que vous lussiez, qu'ils/elles lussent
IMPERATIF
Présent: lis, lisons, lisez
CONDITIONNEL
Présent: je lirais, tu lirais, il/elle lirait, nous lirions, vous liriez, ils/elles liraient
PARTICIPE
Présent: lisant
Passé: lu, lue

67 CROIRE
INDICATIF
Présent: je crois, tu crois, il/elle croit, nous croyons, vous croyez, ils/elles croient
Imparfait: je croyais, tu croyais, il/elle croyait, nous croyions, vous croyiez, ils/elles croyaient
Passé simple: je crus, tu crus, il/elle crut, nous crûmes, vous crûtes, ils/elles crurent
Futur simple: je croirai, tu croiras, il/elle croira, nous croirons, vous croirez, ils/elles croiront
SUBJONCTIF
Présent: que je croie, que tu croies, qu'il/elle croie, que nous croyions, que vous croyiez, qu'ils/elles croient
Imparfait: que je crusse, que tu crusses, qu'il/elle crût, que nous crussions, que vous crussiez, qu'ils/elles crussent
IMPERATIF
Présent: crois, croyons, croyez
CONDITIONNEL
Présent: je croirais, tu croirais, il/elle croirait, nous croirions, vous croiriez, ils/elles croiraient
PARTICIPE
Présent: croyant
Passé: cru, crue

68 CLORE
INDICATIF
Présent: je clos, tu clos, il/elle clôt, inusité, inusité, inusité
Imparfait: inusité
Passé simple: inusité
Futur simple: je clorai, tu cloras, il/elle clora, nous clorons, vous clorez, ils/elles cloront
SUBJONCTIF
Présent: que je close, que tu closes, qu'il/elle close, que nous closions, que vous closiez, qu'ils/elles closent
Imparfait: inusité
IMPERATIF
Présent: inusité
CONDITIONNEL
Présent: je clorais, tu clorais, il/elle clorait, nous clorions, vous cloriez, ils/elles cloraient
PARTICIPE
Présent: inusité
Passé: clos, close

69 VIVRE
INDICATIF
Présent: je vis, tu vis, il/elle vit, nous vivons, vous vivez, ils/elles vivent
Imparfait: je vivais, tu vivais, il/elle vivait, nous vivions, vous viviez, ils/elles vivaient
Passé simple: je vécus, tu vécus, il/elle vécut, nous vécûmes, vous vécûtes, ils/elles vécurent

Futur simple: je vivrai, tu vivras, il/elle vivra, nous vivrons, vous vivrez, ils/elles vivront
SUBJONCTIF
Présent: que je vive, que tu vives, qu'il/elle vive, que nous vivions, que vous viviez, qu'ils/elles vivent
Imparfait: que je vécusse, que tu vécusses, qu'il/elle vécût, que nous vécussions, que vous vécussiez, qu'ils/elles vécussent
IMPERATIF
Présent: vis, vivons, vivez
CONDITIONNEL
Présent: je vivrais, tu vivrais, il/elle vivrait, nous vivrions, vous vivriez, ils/elles vivraient
PARTICIPE
Présent: vivant
Passé: vécu

70 MOUDRE
INDICATIF
Présent: je mouds, tu mouds, il/elle moud, nous moulons, vous moulez, ils/elles moulent
Imparfait: je moulais, tu moulais, il/elle moulait, nous moulions, vous mouliez, ils/elles moulaient
Passé simple: je moulus, tu moulus, il/elle moulut, nous moulûmes, vous moulûtes, ils/elles moulurent
Futur simple: je moudrai, tu moudras, il/elle moudra, nous moudrons, vous moudrez, ils/elles moudront
SUBJONCTIF
Présent: que je moule, que tu moules, qu'il/elle moule, que nous moulions, que vous mouliez, qu'ils/elles moulent
Imparfait: que je moulusse, que tu moulusses, qu'il/elle moulût, que nous moulussions, que vous moulussiez, qu'ils/elles moulussent
IMPERATIF
Présent: mous, moulons, moulez
CONDITIONNEL
Présent: je moudrais, tu moudrais, il/elle moudrait, nous moudrions, vous moudriez, ils/elles moudraient
PARTICIPE
Présent: moulant
Passé: moulu, moulue

71 COUDRE
INDICATIF
Présent: je couds, tu couds, il/elle coud, nous cousons, vous cousez, ils/elles cousent
Imparfait: je cousais, tu cousais, il/elle cousait, nous cousions, vous cousiez, ils/elles cousaient
Passé simple: je cousis, tu cousis, il/elle cousit, nous cousîmes, vous cousîtes, ils/elles cousirent
Futur simple: je coudrai, tu coudras, il/elle coudra, nous coudrons, vous coudrez, ils/elles coudront

SUBJONCTIF

Présent: que je couse, que tu couses, qu'il/elle couse, que nous cousions, que vous cousiez, qu'ils/elles cousent

Imparfait: que je cousisse, que tu cousisses, qu'il/elle cousît, que nous cousissions, que vous cousissiez, qu'ils/elles cousissent

IMPERATIF

Présent: couds, cousons, cousez

CONDITIONNEL

Présent: je coudrais, tu coudrais, il/elle coudrait, nous coudrions, vous coudriez, ils/elles coudraient

PARTICIPE

Présent: cousant
Passé: cousu, cousue

72 JOINDRE

INDICATIF

Présent: je joins, tu joins, il/elle joint, nous joignons, vous joignez, ils/elles joignent

Imparfait: je joignais, tu joignais, il/elle joignait, nous joignions, vous joigniez, ils/elles joignaient

Passé simple: je joignis, tu joignis, il/elle joignit, nous joignîmes, vous joignîtes, ils/elles joignirent

Futur simple: je joindrai, tu joindras, il/elle joindra, nous joindrons, vous joindrez, ils/elles joindront

SUBJONCTIF

Présent: que je joigne, que tu joignes, qu'il/elle joigne, que nous joignions, que vous joigniez, qu'ils/elles joignent

Imparfait: que je joignisse, que tu joignisses, qu'il/elle joignît, que nous joignissions, que vous joignissiez, qu'ils/elles joignissent

IMPERATIF

Présent: joins, joignons, joignez

CONDITIONNEL

Présent: je joindrais, tu joindrais, il/elle joindrait, nous joindrions, vous joindriez, ils/elles joindraient

PARTICIPE

Présent: joignant
Passé: joint, jointe

73 DISTRAIRE

INDICATIF

Présent: je distrais, tu distrais, il/elle distrait, nous distrayons, vous distrayez, ils/elles distraient

Imparfait: je distrayais, tu distrayais, il/elle distrayait, nous distrayions, vous distrayiez, ils/elles distrayaient

Passé simple: inusité

Futur simple: je distrairai, tu distrairas, il/elle distraira, nous distrairons, vous distrairez, ils/elles distrairont

SUBJONCTIF

Présent: que je distraie, que tu distraies, qu'il/elle distraie, que nous distrayions, que vous distrayiez, qu'ils/elles distraient

Imparfait: inusité

IMPERATIF
Présent: distrais, distrayons, distrayez
CONDITIONNEL
Présent: je distrairais, tu distrairais, il/elle distrairait, nous distrairions, vous distrairiez, ils/elles distrairaient
PARTICIPE
Présent: distrayant
Passé: distrait, distraite

74 RÉSOUDRE
INDICATIF
Présent: je résous, tu résous, il/elle résout, nous résolvons, vous résolvez, ils/elles résolvent
Imparfait: je résolvais, tu résolvais, il/elle résolvait, nous résolvions, vous résolviez, ils/elles résolvaient
Passé simple: je résolus, tu résolus, il/elle résolut, nous résolûmes, vous résolûtes, ils/elles résolurent
Futur simple: je résoudrai, tu résoudras, il/elle résoudra, nous résoudrons, vous résoudrez, ils/elles résoudront
SUBJONCTIF
Présent: que je résolve, que tu résolves, qu'il/elle résolve, que nous résolvions, que vous résolviez, qu'ils/elles résolvent
Imparfait: que je résolusse, que tu résolusses, qu'il/elle résolût, que nous résolussions, que vous résolussiez, qu'ils/elles résolussent
IMPERATIF
Présent: résous, résolvons, résolvez
CONDITIONNEL
Présent: je résoudrais, tu résoudrais, il/elle résoudrait, nous résoudrions, vous résoudriez, ils/elles résoudraient
PARTICIPE
Présent: résolvant
Passé: résolu, résolue

75 CRAINDRE
INDICATIF
Présent: je crains, tu crains, il/elle craint, nous craignons, vous craignez, ils/elles craignent
Imparfait: je craignais, tu craignais, il/elle craignait, nous craignions, vous craigniez, ils/elles craignaient
Passé simple: je craignis, tu craignis, il/elle craignit, nous craignîmes, vous craignîtes, ils/elles craignirent
Futur simple: je craindrai, tu craindras, il/elle craindra, nous craindrons, vous craindrez, ils/elles craindront
SUBJONCTIF
Présent: que je craigne, que tu craignes, qu'il/elle craigne, que nous craignions, que vous craigniez, qu'ils/elles craignent
Imparfait: que je craignisse, que tu craignisses, qu'il/elle craignît, que nous craignissions, que vous craignissiez, qu'ils/elles craignissent
IMPERATIF
Présent: crains, craignons, craignez

A CONJUGAÇÃO FRANCESA   XLVIII

CONDITIONNEL
Présent: je craindrais, tu craindrais, il/elle craindrait, nous craindrions, vous craindriez, ils/elles craindraient
PARTICIPE
Présent: craignant
Passé: craint, crainte

76 PEINDRE
INDICATIF
Présent: je peins, tu peins, il/elle peint, nous peignons, vous peignez, ils/elles peignent
Imparfait: je peignais, tu peignais, il/elle peignait, nous peignions, vous peigniez, ils/elles peignaient
Passé simple: je peignis, tu peignis, il/elle peignit, nous peignîmes, vous peignîtes, ils/elles peignirent
Futur simple: je peindrai, tu peindras, il/elle peindra, nous peindrons, vous peindrez, ils/elles peindront
SUBJONCTIF
Présent: que je peigne, que tu peignes, qu'il/elle peigne, que nous peignions, que vous peigniez, qu'ils/elles peignent
Imparfait: que je peignisse, que tu peignisses, qu'il/elle peignît, que nous peignissions, que vous peignissiez, qu'ils/elles peignissent
IMPERATIF
Présent: peins, peignons, peignez
CONDITIONNEL
Présent: je peindrais, tu peindrais, il/elle peindrait, nous peindrions, vous peindriez, ils/elles peindraient
PARTICIPE
Présent: peignant
Passé: peint, peinte

77 BOIRE
INDICATIF
Présent: je bois, tu bois, il/elle boit, nous buivons, vous buivez, ils/elles boivent
Imparfait: je buvais, tu buvais, il/elle buvait, nous buvions, vous buviez, ils/elles buvaient
Passé simple: je bus, tu bus, il/elle but, nous bûmes, vous bûtes, ils/elles burent
Futur simple: je boirai, tu boiras, il/elle boira, nous boirons, vous boirez, ils/elles boiront
SUBJONCTIF
Présent: que je boive, que tu boives, qu'il/elle boive, que nous buvions, que vous buviez, qu'ils/elles boivent
Imparfait: que je busse, que tu busses, qu'il/elle bût, que nous bussions, que vous bussiez, qu'ils/elles bussent
IMPERATIF
Présent: bois, buvons, buvez
CONDITIONNEL
Présent: je boirais, tu boirais, il/elle boirait, nous boirions, vous boiriez, ils/elles boiraient

PARTICIPE
Présent: buvant
Passé: bu, bue

78 PLAIRE
INDICATIF
Présent: je plais, tu plais, il/elle plaît, nous plaisons, vous plaisez, ils/elles plaisent
Imparfait: je plaisais, tu plaisais, il/elle plaisait, nous plaisions, vous plaisiez, ils/elles plaisaient
Passé simple: je plus, tu plus, il/elle plut, nous plûmes, vous plûtes, ils/elles plurent
Futur simple: je plairai, tu plairas, il/elle plaira, nous plairons, vous plairez, ils/elles plairont
SUBJONCTIF
Présent: que je plaise, que tu plaises, qu'il/elle plaise, que nous plaisions, que vous plaisiez, qu'ils/elles plaisent
Imparfait: que je plusse, que tu plusses, qu'il/elle plût, que nous plussions, que vous plussiez, qu'ils/elles plussent
IMPERATIF
Présent: plais, plaisons, plaisez
CONDITIONNEL
Présent: je plairais, tu plairais, il/elle plairait, nous plairions, vous plairiez, ils/elles plairaient
PARTICIPE
Présent: plaisant
Passé: plu

79 CROÎTRE
INDICATIF
Présent: je croîs, tu croîs, il/elle croît, nous croissons, vous croissez, ils/elles croissent
Imparfait: je croissais, tu croissais, il/elle croissait, nous croissions, vous croissiez, ils/elles croissaient
Passé simple: je crûs, tu crûs, il/elle crût, nous crûmes, vous crûtes, ils/elles crûrent
Futur simple: je croîtrai, tu croîtras, il/elle croîtra, nous croîtrons, vous croîtrez, ils/elles croîtront
SUBJONCTIF
Présent: que je croisse, que tu croisses, qu'il/elle croisse, que nous croissions, que vous croissiez, qu'ils/elles croissent
Imparfait: que je crûsse, que tu crûsses, qu'il/elle crût, que nous crûssions, que vous crûssiez, qu'ils/elles crûssent
IMPERATIF
Présent: croîs, croissons, croissez
CONDITIONNEL
Présent: je croîtrais, tu croîtrais, il/elle croîtrait, nous croîtrions, vous croîtriez, ils/elles croîtraient
PARTICIPE
Présent: croissant
Passé: crû, crue

80 ACCROÎTRE
INDICATIF
Présent: j'accrois, tu accrois, il/elle accroît, nous accroissons, vous accroissez, ils/elles accroissent
Imparfait: j' accroissais, tu accroissais, il/elle accroissait, nous accroissions, vous accroissiez, ils/elles accroissaient
Passé simple: j'accrus, tu accrus, il/elle accrut, nous accrûmes, vous accrûtes, ils/elles accrurent
Futur simple: j'accroîtrai, tu accroîtras, il/elle accroîtra, nous accroîtrons, vous accroîtrez, ils/elles accroîtront
SUBJONCTIF
Présent: que j'accroisse, que tu accroisses, qu'il/elle accroisse, que nous accroissions, que vous accroissiez, qu'ils/elles accroissent
Imparfait: que j'accrusse, que tu accrusses, qu'il/elle accrût, que nous accrussions, que vous accrussiez, qu'ils/elles accrussent
IMPERATIF
Présent: accrois, accroissons, accroissez
CONDITIONNEL
Présent: j'accroîtrais, tu accroîtrais, il/elle accroîtrait, nous accroîtrions, vous accroîtriez, ils/elles accroîtraient
PARTICIPE
Présent: accroissant
Passé: accru, accrue

81 METTRE
INDICATIF
Présent: je mets, tu mets, il/elle met, nous mettons, vous mettez, ils/elles mettent
Imparfait: je mettais, tu mettais, il/elle mettait, nous mettions, vous mettiez, ils/elles mettaient
Passé simple: je mis, tu mis, il/elle mit, nous mîmes, vous mîtes, ils/elles mirent
Futur simple: je mettrai, tu mettras, il/elle mettra, nous mettrons, vous mettrez, ils/elles mettront
SUBJONCTIF
Présent: que je mette, que tu mettes, qu'il/elle mette, que nous mettions, que vous mettiez, qu'ils/elles mettent
Imparfait: que je misse, que tu misses, qu'il/elle mît, que nous missions, que vous missiez, qu'ils/elles missent
IMPERATIF
Présent: mets, mettons, mettez
CONDITIONNEL
Présent: je mettrais, tu mettrais, il/elle mettrait, nous mettrions, vous mettriez, ils/elles mettraient
PARTICIPE
Présent: mettant
Passé: mis, mise

82 CONNAÎTRE
INDICATIF
Présent: je connais, tu connais, il/elle connaît, nous connaissons, vous connaissez, ils/elles connaissent

Imparfait: je connaissais, tu connaissais, il/elle connaissait, nous connaissions, vous connaissiez, ils/elles connaissaient
Passé simple: je connus, tu connus, il/elle connut, nous connûmes, vous connûtes, ils/elles connurent
Futur simple: je connaîtrai, tu connaîtras, il/elle connaîtra, nous connaîtrons, vous connaîtrez, ils/elles connaîtront
SUBJONCTIF
Présent: que je connaisse, que tu connaisses, qu'il/elle connaisse, que nous connaissions, que vous connaissiez, qu'ils/elles connaissent
Imparfait: que je connusse, que tu connusses, qu'il/elle connût, que nous connussions, que vous connussiez, qu'ils/elles connussent
IMPERATIF
Présent: connais, connaissons, connaissez
CONDITIONNEL
Présent: je connaîtrais, tu connaîtrais, il/elle connaîtrait, nous connaîtrions, vous connaîtriez, ils/elles connaîtraient
PARTICIPE
Présent: connaissant
Passé: connu, connue

83 PRENDRE
INDICATIF
Présent: je prends, tu prends, il/elle prend, nous prenons, vous prenez, ils/elles prennent
Imparfait: je prenais, tu prenais, il/elle prenait, nous prenions, vous preniez, ils/elles prenaient
Passé simple: je pris, tu pris, il/elle prit, nous prîmes, vous prîtes, ils/elles prirent
Futur simple: je prendrai, tu prendras, il/elle prendra, nous prendrons, vous prendrez, ils/elles prendront
SUBJONCTIF
Présent: que je prenne, que tu prennes, qu'il/elle prenne, que nous prenions, que vous preniez, qu'ils/elles prennent
Imparfait: que je prisse, que tu prisses, qu'il/elle prît, que nous prissions, que vous prissiez, qu'ils/elles prissent
IMPERATIF
Présent: prends, prenons, prenez
CONDITIONNEL
Présent: je prendrais, tu prendrais, il/elle prendrait, nous prendrions, vous prendriez, ils/elles prendraient
PARTICIPE
Présent: prenant
Passé: pris, prise

84 NAÎTRE
INDICATIF
Présent: je nais, tu nais, il/elle naît, nous naissons, vous naissez, ils/elles naissent
Imparfait: je naissais, tu naissais, il/elle naissait, nous naissions, vous naissiez, ils/elles naissaient
Passé simple: je naquis, tu naquis, il/elle naquit, nous naquîmes, vous naquîtes, ils/elles naquirent

Futur simple: je naîtrai, tu naîtras, il/elle naîtra, nous naîtrons, vous naîtrez, ils/elles naîtront

SUBJONCTIF

Présent: que je naisse, que tu naisses, qu'il/elle naisse, que nous naissions, que vous naissiez, qu'ils/elles naissent

Imparfait: que je naquisse, que tu naquisses, qu'il/elle naquît, que nous naquissions, que vous naquissiez, qu'ils/elles naquissent

IMPERATIF

Présent: nais, naissons, naissez

CONDITIONNEL

Présent: je naîtrais, tu naîtrais, il/elle naîtrait, nous naîtrions, vous naîtriez, ils/elles naîtraient

PARTICIPE

Présent: naissant

Passé: né, née

85 FAIRE

INDICATIF

Présent: je fais, tu fais, il/elle fait, nous faisons, vous faites, ils/elles font

Imparfait: je faisais, tu faisais, il/elle faisait, nous faisions, vous faisiez, ils/elles faisaient

Passé simple: je fis, tu fis, il/elle fit, nous fîmes, vous fîtes, ils/elles firent

Futur simple: je ferai, tu feras, il/elle fera, nous ferons, vous ferez, ils/elles feront

SUBJONCTIF

Présent: que je fasse, que tu fasses, qu'il/elle fasse, que nous fassions, que vous fassiez, qu'ils/elles fassent

Imparfait: que je fisse, que tu fisses, qu'il/elle fît, que nous fissions, que vous fissiez, qu'ils/elles fissent

IMPERATIF

Présent: fais, faisons, faites

CONDITIONNEL

Présent: je ferais, tu ferais, il/elle ferait, nous ferions, vous feriez, ils/elles feraient

PARTICIPE

Présent: faisant

Passé: fait, faite

86 ÊTRE

INDICATIF

Présent: je suis, tu es, il/elle est, nous sommes, vous êtes, ils/elles sont

Imparfait: j'étais, tu étais, il/elle était, nous étions, vous étiez, ils/elles étaient

Passé simple: je fus, tu fus, il/elle fut, nous fûmes, vous fûtes, ils/elles furent

Futur simple: je serai, tu seras, il/elle sera, nous serons, vous serez, ils/elles seront

SUBJONCTIF

Présent: que je sois, que tu sois, qu'il/elle soit, que nous soyons, que vous soyez, qu'ils/elles soient

Imparfait: que je fusse, que tu fusses, qu'il/elle fût, que nous fussions, que vous fussiez, qu'ils/elles fussent

IMPERATIF
Présent: sois, soyons, soyez
CONDITIONNEL
Présent: je serais, tu serais, il/elle serait, nous serions, vous seriez, ils/elles seraient
PARTICIPE
Présent: étant
Passé: été

87 FOUTRE
INDICATIF
Présent: je fous, tu fous, il/elle fout, nous foutons, vous foutez, ils/elles foutent
Imparfait: je foutais, tu foutais, il/elle foutait, nous foutions, vous foutiez, ils/elles foutaient
Passé simple: inusité
Futur simple: je foutrai, tu foutras, il/elle foutra, nous foutrons, vous foutrez, ils/elles foutront
SUBJONCTIF
Présent: que je foute, que tu foutes, qu'il/elle foute, que nous foutions, que vous foutiez, qu'ils/elles foutent
Imparfait: inusité
IMPERATIF
Présent: fous, foutons, foutez
CONDITIONNEL
Présent: je foutrais, tu foutrais, il/elle foutrait, nous foutrions, vous foutriez, ils/elles foutraient
PARTICIPE
Présent: foutrant
Passé: foutu

Dicionário
Francês – Português

A

à [a] (à + le = **au**; à + les = **aux**) *prép* **1** *(complément indirect)* a: *j'écris à mon père* escrevo/estou escrevendo a meu pai **2** *(temps)* a, até: *sa tante est venue à 4 heures* sua tia veio às quatro horas; *à mercredi!* até quarta-feira! **3** *(espace)* em: *il habite à Londres* ele mora em Londres; *j'ai une maison à la montagne* tenho uma casa na montanha **4** *(direction, destination)* a, em: *elle ira à Paris* ela irá a Paris; *il va acheter des croissants à la boulangerie* ele vai comprar *croissants* na padaria **5** *(manière, moyen, instrument)* a: *taper à la machine* escrever à máquina; *traverser la rivière à la nage* atravessar o rio a nado; *acheter à crédit* comprar a crédito **6** *(finalité)* para, de: *porter une montre à réparer* levar um relógio para consertar; *une assiette à dessert* um prato de sobremesa **7** *(combinaison, mélange)* com: *café au lait* café com leite; *lapin aux pommes de terre* coelho com batatas **8** *(chiffre, prix)* de: *un timbre à un euro* um selo de um euro **9** *(appartenance)* meu(s), teu(s), seu(s), dele(s), dela(s) nosso(s), nossa(s) etc.: *cette voiture est à moi* esse carro é meu **10** *(distribution)* a, por: *vendre à la douzaine* vender à dúzia; *cent km à l'heure* cem quilômetros por hora; *tout est à faire* tudo está por fazer

abaisser [1] [abese] *vt* **1** *(gén)* abaixar, baixar **2** *(prix)* baixar, reduzir
▶ *vpr* **s'abaisser 1** *(terrain)* baixar, descer **2** *(s'humilier)* rebaixar-se, humilhar-se

abandon [abɑ̃dɔ̃] *nm* **1** *(gén)* abandono **2** *(action de cesser de s'occuper)* desistência *f*,
• **à l'abandon** abandonado, -da

abandonner [1] [abɑ̃dɔne] *vt* **1** *(gén)* abandonar **2** *(s'abstenir de)* desistir de
▶ *vpr* **s'abandonner 1** *(gén)* abandonar-se **2** *(se livrer)* entregar-se: *s'abandonner au désespoir* entregar-se ao desespero

abasourdi, -e [abazurdi] *adj* **1** *(étourdi)* aturdido, -da **2** *(étonné)* atônito, -ta, estupefato, -ta

abat-jour [abaʒuʀ] *nm inv (de lampe)* abajur

abats [aba] *nm pl (de bétail, de volaille)* miúdos

abattage [abataʒ] *nm* **1** *(d'arbres)* derrubada *f* **2** *(d'animaux)* abate, matança *f*

abattement [abatmɑ̃] *nm (physique, moral; fiscal)* abatimento

abattoir [abatwaʀ] *nm* abatedouro, matadouro

abattre [64] [abatʀ] *vt* **1** *(avion, statue)* abater, derrubar **2** *(animal, personne)* matar **3** *(arbre)* cortar, derrubar **4** *(fatiguer)* debilitar, abater: *la maladie l'a abattu* a doença o debilitou
▶ *vpr* **s'abattre 1** *(tomber)* cair **2** *(aigle)* lançar-se **3** *(problèmes)* precipitar-se: *les ennuis se sont abattus sur son entreprise* os contratempos precipitaram-se sobre seu empreendimento

abbaye [abei] *nf* abadia

abbé [abe] *nm* **1** *(gén)* padre, cura **2** *(de couvent)* abade

abbesse [abɛs] *nf* abadessa

abcès [apsɛ] *nm* abscesso

abdiquer [2] [abdike] *vi* **1** *(roi)* abdicar **2** *(abandonner)* renunciar, desistir

abdomen [abdɔmɛn] *nm* abdome

abdominal, -e [abdɔminal] *adj* abdominal
▶ *nm pl* **abdominaux** (*exercices*) abdominais

abeille [abɛj] *nf* abelha

abîme [abim] *nm* abismo

abîmer [1] [abime] *vt* **1** (*objet*) quebrar, estragar **2** *fam* (*personnes*) bater, machucar
▶ *vpr* **s'abîmer 1** (*se gâter*) estragar-se **2** (*plonger*) mergulhar

abject, -e [abzɛkt] *adj* abjeto, -ta

abjurer [1] [abʒyʀe] *vt* abjurar

aboiement [abwamɑ̃] *nm* latido, ladrido

abominable [abɔminabl] *adj* abominável

abondance [abɔ̃dɑ̃s] *nf* abundância
• **en abondance** abundantemente, em profusão

abondant, -e [abɔ̃dɑ̃, -ɑ̃t] *adj* **1** (*gén*) abundante **2** (*végétation*) exuberante

abonder [1] [abɔ̃de] *vi* abundar
• **abonder dans le sens de qqn** estar totalmente de acordo com alguém
• **abonder en** ser rico em

abonné, -e [abɔne] *adj-nm,f* **1** (*au gaz*) usuário, -a **2** (*au théâtre, à un journal*) assinante

abonnement [abɔnmɑ̃] *nm* (*à un journal, à un théâtre*) assinatura *f*

abonner [1] [abɔne] *vt* (*journal, théâtre*) assinar
▶ *vpr* **s'abonner** (*journal, théâtre*) assinar, fazer uma assinatura

abord [abɔʀ] *nm* abordagem *f*
▶ *nm pl* **abords** arredores, imediações *f pl*
• **au premier abord** à primeira vista, de imediato
• **d'abord** primeiro, em primeiro lugar, primeiramente
• **tout d'abord** em primeiro lugar, antes de tudo, antes de mais nada

abordable [abɔʀdabl] *adj* **1** (*lieu; prix*) acessível **2** (*personne*) sociável, tratável

aborder [1] [abɔʀde] *vt* abordar

aborigène [abɔʀiʒɛn] *adj-nmf* aborígene

aboutir [20] [abutiʀ] *vi* **1** (*rue*) desembocar, terminar (**à/dans**, em) **2** (*mener*) levar (**à**, a), redundar (**à**, em) **3** (*accord, négociation*) dar bom resultado, concretizar-se, efetivar-se

aboyer [16] [abwaje] *vi* **1** (*le chien*) latir **2** (*injurier*) xingar (**après/contre**, -)

abrasif, -ive [abʀazif, -iv] *adj* abrasivo, -va
▶ *nm* **abrasif** abrasivo *m*

abréger [11] [abʀeʒe] *vt* **1** (*gén*) abreviar **2** (*un texte*) resumir **3** (*vacances*) interromper

abreuver [1] [abʀœve] *vt* **1** (*de liquide*) dar de beber **2** (*d'injures, de louanges*) cobrir, cumular (**de**, de)
▶ *vpr* **s'abreuver 1** beber **2** *fig* abeberar-se

abreuvoir [abʀœvwaʀ] *nm* bebedouro

abréviation [abʀevjasjɔ̃] *nf* **1** (*sigle*) abreviatura **2** (*réduction*) abreviação

abri [abʀi] *nm* abrigo
• **à l'abri** a salvo
• **à l'abri de** ao abrigo de, protegido de

abricot [abʀiko] *nm* BOT damasco, abricó

abricotier [abʀikɔtje] *nm* BOT damasqueiro

abriter [1] [abʀite] *vt* **1** (*des intempéries*) abrigar, proteger **2** (*hôtel*) alojar
▶ *vpr* **s'abriter** proteger-se: **s'abriter de la pluie** proteger-se da chuva

abroger [4] [abʀɔʒe] *vt* revogar

abrupt, -e [abʀypt] *adj* abrupto, -ta

abruti, -e [abʀyti] *nm,f fam* tonto, -ta, idiota, imbecil

abrutir [20] [abʀytiʀ] *vt* atordoar

absence [apsɑ̃s] *nf* **1** (*gén*) ausência **2** (*manque*) falta
• **en l'absence de** na ausência de, na falta de

absent, -e [apsɑ̃, -ɑ̃t] *adj-nm,f* ausente

absenter (s') [1] [apsɑ̃te] *vpr* ausentar-se

absinthe [apsɛ̃t] *nf* BOT losna, absinto *m*

absolu, -e [apsɔly] *adj* absoluto, -ta
▶ *nm* **absolu** absoluto

absolument [apsɔlymɑ̃] *adv* **1** (*gén*) absolutamente: **cela n'a absolument rien à voir** isso não tem absolutamente nada a ver **2** (*nécessairement*) infalivelmente, de qualquer maneira: **il faut absolument y aller** é preciso ir de qualquer maneira

absorbant, -e [apsɔʀbɑ̃, -ɑ̃t] *adj* absorvente
▶ *nm* **absorbant** absorvente

absorber [1] [apsɔʀbe] *vt* **1** *(gén)* absorver **2** *(boisson, aliment)* tomar, consumir, ingerir

abstenir (s') [35] [apstəniʀ] *vpr* abster-se (**de**, de)

abstention [apstɑ̃sjɔ̃] *nf* abstenção

abstinence [apstinɑ̃s] *nf* abstinência

abstrait, -e [apstʀɛ, -ɛt] *adj* abstrato, -ta

absurde [apsyʀd] *adj* absurdo, -da

abus [aby] *nm* abuso
■ **abus de pouvoir** abuso de poder

abuser [1] [abyze] *vi* *(situation, alcool)* abusar (**de**, de)
▶ *vt* *(tromper)* enganar

abusif, -ive [abyzif, -iv] *adj* abusivo, -va

acabit [akabi] *nm loc* **du même acabit** do mesmo naipe, da mesma laia

acacia [akasja] *nm* BOT acácia *f*

académicien, -enne [akademisjɛ̃, -ɛn] *nm,f* acadêmico, -ca

académie [akademi] *nf* **1** *(gén)* academia **2** *(circonscription)* circunscrição do ensino

académique [akademik] *adj* acadêmico, -ca

acajou [akaʒu] *nm* BOT acaju, mogno

accabler [1] [akable] *vt* **1** *(travail, reproches)* sobrecarregar (**de**, de), assoberbar (**de**, de) **2** *fig (cadeaux, conseils)* cumular, cobrir (**de**, de)

accalmie [akalmi] *nf* calmaria

accaparer [1] [akapaʀe] *vt* **1** *(monopoliser)* monopolizar **2** *(s'emparer de)* apoderar-se de

accéder [10] [aksede] *vt* **1** *(lieu)* entrar (**à**, em), ter acesso (**à**, a) **2** *(demande, objectif)* consentir (**à**, em)

accélérateur [akseleʀatœʀ] *nm* acelerador

accélérer [10] [akseleʀe] *vt-vi* acelerar

accent [aksɑ̃] *nm* **1** *(accentuation)* acento **2** *(prononciation)* sotaque **3** *(inflexion)* inflexão *f* **4** *(emphase)* ênfase *f*, tônica *f*
• **mettre l'accent sur** realçar, enfatizar, dar destaque a

■ **accent aigu** acento agudo
■ **accent circonflexe** acento circunflexo
■ **accent grave** acento grave

accentuer [1] [aksɑ̃tɥe] *vt* acentuar
▶ *vpr* **s'accentuer** acentuar-se

acceptable [akseptabl] *adj* aceitável

accepter [1] [aksepte] *vt* aceitar
• **accepter de + inf** *(consentir)* concordar em + *inf*: *il a accepté de tout raconter* concordou em contar tudo

accès [aksɛ] *nm* acesso

accessible [aksesibl] *adj* acessível

accessoire [akseswaʀ] *adj* acessório, -a
▶ *nm* acessório
▶ *nm pl* **accessoires** *(au théâtre)* acessórios

accident [aksidɑ̃] *nm* acidente
• **par accident** acidentalmente, por acaso
■ **accident de la route** acidente de trânsito
■ **accident de travail** acidente de trabalho

accidenté, -e [aksidɑ̃te] *nm,f* **1** *(terrain; véhicule)* acidentado, -da **2** *(personne)* vítima de acidente

acclamation [aklamasjɔ̃] *nf* aclamação

acclamer [1] [aklame] *vt* aclamar

acclimater [1] [aklimate] *vt* aclimatar (**à**, a)
▶ *vpr* **s'acclimater** aclimatar-se (**à**, a)

accolade [akɔlad] *nf* **1** *(embrassade)* abraço *m* **2** *(signe)* chave

accommoder [1] [akɔmɔde] *vt* **1** *(adapter)* acomodar, adaptar **2** CUIS preparar
▶ *vpr* **s'accommoder 1** *(s'adapter)* acomodar-se, adaptar-se (**à**, a) **2** *(se contenter)* conformar-se (**de**, com)

accompagnateur, -trice [akɔ̃paɲatœʀ, -tʀis] *nm,f* acompanhante

accompagner [1] [akɔ̃paɲe] *vt* acompanhar
• **s'accompagner de qqch** vir acompanhado de algo

accomplir [20] [akɔ̃pliʀ] *vt* **1** *(tâche)* realizar, executar **2** *(devoir)* cumprir
▶ *vpr* **s'accomplir** realizar-se, ocorrer

accord [akɔʀ] *nm* **1** *(gén)* acordo, concordância *f* **2** *(assentiment)* aprovação, anuência, consentimento: *demander*

l'accord de son supérieur pedir a aprovação do superior **3** MUS acorde
• **d'accord** de acordo, concordo, certo
• **se mettre d'accord** entender-se, entrar em acordo

accordéon [akɔʀdeɔ̃] *nm* MUS acordeão

accorder [1] [akɔʀde] *vt* **1** *(faveur)* conceder, fazer **2** *(chose, idée, couleur)* combinar, harmonizar **3** *(verbe)* fazer concordar **4** MUS afinar
▶ *vpr* **s'accorder** **1** *(être d'accord)* estar de acordo, concordar **2** *(verbe)* concordar: *le verbe s'accorde avec le sujet* o verbo concorda com o sujeito

accoster [1] [akɔste] *vt* **1** *(personne)* abordar, aproximar-se de **2** *(bateau)* atracar

accotement [akɔtmɑ̃] *nm* acostamento

accouchement [akuʃmɑ̃] *nm* parto

accoucher [1] [akuʃe] *vi* **1** *(enfant)* dar à luz, parir **2** *fam (parler)* falar, desembuchar: *accouche!* desembuche!
▶ *vt* *(le médecin)* fazer o parto de

accouder [1] [akude] *vpr* acotovelar-se

accoudoir [akudwaʀ] *nm (de fauteuil)* braço

accoupler [1] [akuple] *vt* **1** *(choses)* ligar, unir, acoplar **2** *(animaux)* cruzar, acasalar
▶ *vpr* **s'accoupler** acasalar-se

accourir [24] [akuʀiʀ] *vi* acorrer, acudir

accoutumer [1] [akutyme] *vt* acostumar, habituar **(à,** a**)**
▶ *vpr* **s'accoutumer** acostumar-se, habituar-se **(à,** a, com**)**

accréditer [1] [akʀedite] *vt* **1** *(autoriser)* credenciar **2** *(rumeur)* dar crédito a **3** *(recommander qqn)* recomendar

accro [akʀo] *adj-nmf* **1** *fam (à la musique, aux sports)* fanático, aficionado, vidrado: *être accro au jazz* ser fanático por jazz **2** *fam (à la drogue)* dependente (de), viciado (em)

accrochage [akʀɔʃaʒ] *nm* **1** *(accident)* choque, colisão *f*, batida *f* **2** *fam (entre personnes)* bate-boca, briga *f*

accrocher [1] [akʀɔʃe] *vt* **1** *(tableau, veste)* pendurar **2** *(retenir)* prender **3** enganchar: *j'ai accroché mon collant avec mon ongle* enganchei a unha na meia **4** atrair, prender a atenção

▶ *vpr* **s'accrocher** **1** *(se retenir)* agarrar-se **(à,** a**)** **2** *fam (personnes)* brigar, bater boca **3** *(s'attacher)* interessar-se muito **(à,** por**)** **4** *(deux voitures)* bater, colidir

accroître [79] [akʀwatʀ] *vt* aumentar
▶ *vpr* **s'accroître** crescer, aumentar

accroupir (s') [20] [akʀupiʀ] *vpr* acocorar-se

accueil [akœj] *nm* **1** *(gén)* acolhida *f*, acolhimento **2** *(lieu)* recepção *f*

accueillant, -e [akœjɑ̃, -ɑ̃t] *adj* acolhedor, -ra

accueillir [25] [akœjiʀ] *vt* **1** *(une personne)* acolher, receber, alojar **2** *(nouvelle)* receber

acculer [1] [akyle] *vt* acuar, encurralar

accumuler [1] [akymyle] *vt* acumular
▶ *vpr* **s'accumuler** acumular-se

accusatif [akyzatif] *nm* acusativo

accusation [akyzasjɔ̃] *nf* acusação

accusé, -e [akyze] *adj-nm,f* réu, ré, acusado, -da
■ **accusé de réception** aviso de recebimento

accuser [1] [akyze] *vt* acusar: *accuser réception de* acusar recebimento de; *elle a accusé son voisin de vol* acusou o vizinho de roubo
▶ *vpr* **s'accuser** recriminar-se

acharné, -e [aʃaʀne] *adj* **1** *(fait avec ardeur)* encarniçado, -da: *une lutte acharnée* uma luta encarniçada **2** *(tenace)* incansável, tenaz, obstinado: *c'est un défenseur acharné des droits de l'homme* é um defensor tenaz dos direitos humanos **3** *(joueur)* empedernido, -da, inveterado, -da **4** *(travail)* árduo, -a, insano, -na

acharner (s') [1] [aʃaʀne] *vpr* **1** *(victime, proie)* encarniçar-se, enfurecer-se **(sur/contre,** contra**)** **2** *(s'obstiner)* obstinar-se **(à,** em**)**

achat [aʃa] *nm* compra *f*, aquisição *f*

acheminer [1] [aʃmine] *vt* encaminhar, enviar
▶ *vpr* **s'acheminer** encaminhar-se, dirigir-se **(vers,** para**)**

acheter [8] [aʃte] *vt* comprar, adquirir

achever [7] [aʃve] *vt* **1** *(gén)* acabar, terminar, finalizar, concluir, **2** *(un animal malade)* sacrificar
▶ *vpr* **s'achever** acabar-se

acide [asid] *adj* ácido, -da, azedo, -da
▶ *nm* ácido *m*

acidité [asidite] *nf* acidez, azedume

acier [asje] *nm* aço
■ **acier inoxydable** aço inoxidável

acné [akne] *nf* espinha, acne

acolyte [akɔlit] *nm* **1** *(serviteur)* acólito **2** *(complice)* cúmplice

acompte [akɔ̃t] *nm* **1** *(avance sur une commande, des travaux)* entrada **2** *(un salaire)* adiantamento **3** *(un loyer)* depósito

à-coup [aku] *(pl* **à-coups***) nm* solavanco, tranco, sacudida *f*
• **par à-coups** aos trancos e barrancos

acoustique [akustik] *adj* acústico, -ca
▶ *nf* acústica

acquérir [34] [akeʀiʀ] *vt* adquirir

acquiescer [3] [akjese] *vi fml (dire oui)* concordar, aquiescer
▶ *vt fml (consentir)* consentir (**à**, em)

acquis, -e [aki, -iz] *adj (gén)* adquirido, -da
▶ *nm* **acquis** experiência *f*, conquista *f*, bagagem *f*

acquisition [akizisjɔ̃] *nf* aquisição

acquit [aki] *nm* recibo,
• **pour acquit** COMM pago
• **par acquit de conscience** por desencargo de consciência

acquittement [akitmɑ̃] *nm* **1** *(de dette)* quitação *f*, liquidação *f* **2** *(d'un accusé)* absolvição *f*

acquitter [1] [akite] *vt* **1** *(dette)* quitar, liquidar **2** *(accusé)* absolver
▶ *vpr* **s'acquitter 1** *(dette)* pagar, liquidar (**de**, -) **2** *(obligation)* desobrigar-se, desonerar-se (**de**, de)

âcre [akʀ] *adj* azedo, acre

acrobate [akʀɔbat] *nmf* acrobata

acropole [akʀɔpɔl] *nf* acrópole

acrylique [akʀilik] *adj* acrílico, -ca
▶ *nm* acrílico

acte [akt] *nm* **1** *(gén)* ato, ação *f* **2** documento, certidão *f*, certificado, registro **3** THÉÂTRE ato **5** *(contrat)* contrato
▶ *nf pl* **actes** atos, feitos
• **faire acte de** dar mostras de, demonstrar
• **faire acte de présence** marcar presença
• **prendre acte de** *(faire constater)* fazer constar *(noter)* tomar nota de, registrar, constatar
■ **acte de mariage** registro de casamento
■ **acte de naissance** registro de nascimento

acteur, -trice [aktœʀ, -tʀis] *nm,f* ator, atriz

actif, -ive [aktif, -iv] *adj* ativo, -va
▶ *nm* **actif** COMM ativo

action [aksjɔ̃] *nf* ação
• **faire une bonne/mauvaise action** fazer uma boa/má ação
• **passer à l'action** agir, entrar em ação

actionnaire [aksjɔnɛʀ] *nmf* acionista

actionner [1] [aksjɔne] *vt* acionar

activer [1] [aktive] *vt* **1** *(travaux)* ativar, acelerar **2** *(feu)* avivar, atiçar
▶ *vpr* **s'activer** ativar-se, apressar-se

activiste [aktivist] *nmf* ativista

activité [aktivite] *nf* atividade

actualisation [aktualizasjɔ̃] *nf* atualização

actualiser [1] [aktualize] *vt* atualizar
▶ *vpr* **s'actualiser** atualizar-se

actualité [aktualite] *nf* atualidade
▶ *nf pl* **actualités** atualidades, informações, notícias, noticiário

actuel, -elle [aktuɛl] *adj* atual

acuité [akuite] *nf* acuidade, agudeza

acuponcture [akypɔ̃ktyʀ] *nf* acupuntura

adaptateur [adaptatœʀ] *adj nm* adaptador

adaptation [adaptasjɔ̃] *nf* adaptação

adapter [1] [adapte] *vt* adaptar, adequar, ajustar
▶ *vpr* **s'adapter** adaptar-se, adequar-se, ajustar-se (**à**, a)

additif [aditif] *adj nm* aditivo

addition [adisjɔ̃] *nf* **1** *(ajout)* adição, acréscimo *m* **2** *(au restaurant)* conta *f* **3** MATH soma, adição

additionnel, -elle [adisjɔnɛl] *adj* adicional

additionner [1] [adisjɔne] *vt* adicionar, acrescentar

adepte [adɛpt] *nmf* adepto, -ta, partidário, -a, seguidor, -ra

adéquat, -e [adekwa, -at] *adj* adequado, -da

adhérence [aderɑ̃s] *nf* aderência

adhérent, -e [aderɑ̃, -ɑ̃t] *adj* aderente
▶ *nm,f* membro, afiliado, -da, associado, -da

adhérer [10] [adere] *vt* **1** *(coller)* aderir, colar (à, a) **2** *(idée, opinion)* aderir (à, a), abraçar **3** *(association)* associar-se (à, a) **4** *(parti)* afiliar-se (à, a)

adhésif, -ive [adezif, -iv] *adj* adesivo, -va, aderente
▶ *nm* **adhésif** adesivo

adhésion [adezjɔ̃] *nf* adesão

adieu [adjø] *nm* adeus, despedida *f*
▶ *interj* **adieu!** adeus!
• **faire ses adieux** despedir-se

adipeux, -euse [adipø, -øz] *adj* adiposo, -sa

adjacent, -e [adʒasɑ̃, -ɑ̃t] *adj* adjacente

adjectif, -ive [adʒɛktif, -iv] *adj* adjetivo, -va
▶ *nm* **adjectif** adjetivo

adjoint, -e [adʒwɛ̃, -ɛ̃t] *adj* adjunto, -ta
▶ *nm,f* adjunto, assistente, suplente
■ **adjoint, -e au maire** vice-prefeito, -ta

adjuger [4] [adʒyʒe] *vt* adjudicar

admettre [81] [admɛtr] *vt* **1** *(gén)* admitir **2** *(à un examen)* aprovar: *il a été admis à l'agrégation* foi aprovado no concurso para professor universitário

administrateur, -trice [administratœr, -tris] *nm,f* administrador, -ra
■ **administrateur judiciaire** depositário de bens

administratif, -ive [administratif, -iv] *adj* administrativo, -va

administration [administrasjɔ̃] *nf* administração

administrer [1] [administre] *vt* **1** *(médicament)* ministrar, administrar **2** *(ville)* governar **3** *fam (des coups)* dar, assentar

admirable [admirabl] *adj* admirável

admiration [admirasjɔ̃] *nf* admiração

admirer [1] [admire] *vt* admirar

admis, -e [admi, -iz] *adj* **1** *(accepté)* admitido, -da, aceito, -ta **2** *(à un examen)* aprovado, -da

admission [admisjɔ̃] *nf* admissão

ADN [adeɛn] *abr (acide désoxyribonucléique)* DNA, ADN

adolescence [adolesɑ̃s] *nf* adolescência *f*

adolescent, -e [adolesɑ̃, -ɑ̃t] *adj-nm,f* adolescente

adonner (s') [1] [adone] *vpr* **1** *(activité)* dedicar-se, aplicar-se (à, a) **2** *(vice)* entregar-se (à, a)

adopter [1] [adopte] *vt* **1** *(enfant)* adotar **2** *(loi)* aprovar

adoptif, -ive [adoptif, -iv] *adj* adotivo, -va

adoption [adopsjɔ̃] *nf* adoção: *pays d'adoption* país de adoção

adorable [adorabl] *adj* adorável

adoration [adorasjɔ̃] *nf* adoração

adorer [1] [adore] *vt* adorar

adosser [1] [adose] *vt* apoiar (**à/contre**, a), encostar (**à/contre**, em/a/contra)
▶ *vpr* **s'adosser** apoiar-se (**à/contre**, a), encostar-se (**à/contre**, em/a/contra)

adoucir [20] [adusir] *vt (visage, voix)* suavizar
▶ *vpr* **s'adoucir** suavizar-se, amenizar-se

adoucissant, -e [adusisɑ̃, -ɑ̃t] *adj* **1** *(qui calme la douleur)* calmante **2** *(tech)* emoliente
▶ *nm* **adoucissant** amaciante (de roupa)

adresse [adrɛs] *nf* **1** *(domicile)* endereço *m* **2** *(habileté)* destreza, habilidade **3** *(astuce)* fineza, tato
• **à l'adresse de** para, a, voltado para
■ **adresse électronique** endereço eletrônico

adresser [1] [adrese] *vt* **1** *(lettre)* endereçar, destinar **2** *(parole)* dirigir
▶ *vpr* **s'adresser** dirigir-se (à, a)

adroit, -e [adrwa, -at] *adj* hábil, destro, -tra, engenhoso, -sa

ADSL [adeɛsɛl] *abr* INFORM *(asymmetric digital subscriber line)* ADSL

aduler [1] [adyle] *vt* adular, bajular

adulte [adylt] *adj-nmf* adulto, -ta

adultère [adyltɛr] *adj-nmf* adúltero, -ra
▶ *nm* adultério

advenir [35] [advənir] *v impers* acontecer, ocorrer

- **qu'est-il advenu de?** o que houve com, o que é feito de?

adverbe [advɛʀb] *nm* advérbio

adversaire [advɛʀsɛʀ] *nmf* adversário, -a

adversité [advɛʀsite] *nf* adversidade

aération [aeʀasjɔ̃] *nf* ventilação, arejamento

aérer [10] [aeʀe] *vt* ventilar, arejar

aérien, -enne [aeʀjɛ̃, -ɛn] *adj* aéreo, -a

aérobic [aeʀɔbik] *nf* aeróbica

aérodrome [aeʀɔdʀom] *nm* aeródromo

aérodynamique [aeʀɔdinamik] *adj* aerodinâmico, -ca

aérogare [aeʀɔɡaʀ] *nf* terminal (de aeroporto)

aéronautique [aeʀɔnotik] *nf* aeronáutica
▶ *adj* aeronáutico, -ca

aérophagie [aeʀɔfaʒi] *nf* aerofagia

aéroplane [aeʀɔplan] *nm* aeroplano

aéroport [aeʀɔpɔʀ] *nm* aeroporto

aérosol [aeʀɔsɔl] *nm* aerossol

aérospatial, -e [aeʀɔspasjal] *adj* aeroespacial

aérostat [aeʀɔsta] *nm* aeróstato

affaiblir [20] [afeblir] *vt* enfraquecer
▶ *vpr* **s'affaiblir** enfraquecer-se

affaire [afɛʀ] *nf* **1** (*gén*) assunto *m* **2** (*question*) questão *f*: *c'est une affaire de goût* é uma questão de gosto **3** COMM negócio *m* **4** DR caso *m*: *l'affaire Dreyfus* o caso Dreyfus **5** (*marché avantageux*) pechincha, bom negócio: *achète-le, c'est une affaire* compre, é um bom negócio
▶ *nf pl* **affaires 1** (*objets personnels*) coisas **2** COMM negócios *m pl*: *homme d'affaires* homem de negócios
- **avoir affaire à qqn** haver-se com alguém, lidar com alguém
- **c'est mon affaire** é assunto meu
- **se tirer d'affaire** safar-se, livrar-se de uma dificuldade

affaisser (s') [1] [afese] *vpr* **1** (*terrain*) afundar, ceder **2** (*bâtiment*) desmoronar **3** (*personne*) atirar-se em, desabar sobre, cair

affaler (s') [1] [afale] *vpr* arriar, cair: *il a passé toute la soirée affalé sur le canapé* passou a tarde toda arriado no sofá

affamé, -e [afame] *adj* faminto, -ta, esfomeado, -da

affecter [1] [afɛkte] *vt* **1** (*assigner*) destinar, atribuir **2** (*sentiment*) fingir: *inutile d'affecter la compassion* é inútil fingir compaixão **3** (*émouvoir*) afetar: *la mort de son père l'a beaucoup affecté* a morte do pai o afetou muito

affectif, -ive [afɛktif, -iv] *adj* afetivo, -va

affection [afɛksjɔ̃] *nf* **1** (*amour*) afeição, afeto *m* **2** (*maladie*) afecção

affectionner [1] [afɛksjɔne] *vt* gostar de

affectueux, -euse [afɛktɥø, -øz] *adj* afetuoso, -sa

affichage [afiʃaʒ] *nm* **1** (*d'affiches, posters*) afixação *f* **2** (*à l'écran*) exibição *f*, apresentação *f*
- **"Affichage interdit"** "Proibido colar cartazes"

affiche [afiʃ] *nf* **1** (*placard*) cartaz **2** (*avis*) aviso **3** (*annonce*) edital
- **être à l'affiche** estar em cartaz

afficher [1] [afiʃe] *vt* **1** (*poster*) afixar **2** (*sentiment, opinion*) demonstrar, manifestar **3** (*à l'écran*) exibir
▶ *vpr* **s'afficher** (*à l'écran*) aparecer

affilée [afile] *nf loc* **d'affilée** de uma tirada, a fio, seguido: *il a lu le livre d'affilée* leu o livro de uma tirada; *trois jours d'affilée* três dias a fio

affiler [1] [afile] *vt* afiar, amolar

affilier (s') [13] [afilje] *vpr* afiliar-se, filiar-se (**à**, a)

affiner [1] [afine] *vt* refinar, apurar
▶ *vpr* **s'affiner** refinar-se, apurar-se

affinité [afinite] *nf* afinidade

affirmatif, -ive [afiʀmatif, -iv] *adj* afirmativo, -va

affirmation [afiʀmasjɔ̃] *nf* afirmação

affirmer [1] [afiʀme] *vt* afirmar
▶ *vpr* **s'affirmer** afirmar-se

affleurer [1] [aflœʀe] *vi* aflorar

affliger [4] [afliʒe] *vt* afligir
▶ *vpr* **s'affliger** afligir-se

affluence [aflyɑ̃s] *nf* afluência

affluent [aflyɑ̃] *nm* afluente

afflux [afly] *nm* **1** (*de personnes*) afluência *f* **2** MÉD afluxo

affolement [afɔlmɑ̃] *nm* **1** (*trouble*) agitação *f*, transtorno **2** (*panique*) medo, pavor

affoler [1] [afɔle] *vt* **1** (*rendre comme fou*) enlouquecer **2** (*faire perdre la tête*) transtornar
▸ *vpr* **s'affoler** apavorar-se: *ne nous affolons pas, ce n'est pas grave* não nos apavoremos, não foi nada

affranchir [20] [afʀɑ̃ʃiʀ] *vt* **1** (*lettre*) franquear **2** (*esclaves*) libertar **3** (*débarrasser*) livrar

affréter [10] [afʀete] *vt* fretar

affreux, -euse [afʀø, -øz] *adj* horrível, medonho, -nha, pavoroso, -sa

affriolant, -e [afʀijɔlɑ̃, -ɑ̃t] *adj* provocante, atraente, sedutor, -ra

affrontement [afʀɔ̃tmɑ̃] *nm* confronto, enfrentamento, defrontação *f*

affronter [1] [afʀɔ̃te] *vt* enfrentar
▸ *vpr* **s'affronter** confrontar-se, defrontar-se (à, com)

affubler [1] [afyble] *vt* **1** (*gén*) ataviar, vestir de modo ridículo **2** *fig* dar, pôr, impingir: *elle l'a affublé d'un surnom amusant* ela lhe pôs um apelido engraçado

affût [afy] *nm* espreita (*de caça*)
• **être à l'affût** estar à espreita

afghan, -e [afgɑ̃, -an] *adj* afegão, -ã
▸ *nm,f* **Afghan, -e** afegão, -ã
▸ *nm* **afghan** (*langue*) afegão

Afghanistan [afganistɑ̃] *nm* Afeganistão

afin [afɛ̃]
• **afin de** a fim de, para: *elle économise afin de partir en voyage* economiza a fim de viajar
• **afin que + subjonctif** a fim de que + *subjuntivo*, para que + *subjuntivo*: *elle répète trois fois l'adresse afin qu'il comprenne* ela repete três vezes o endereço para que ele compreenda

africain, -e [afʀikɛ̃, -ɛn] *adj* africano, -na
▸ *nm,f* **Africain, -e** africano, -na

Afrique [afʀik] *nf* África

■ **Afrique du Sud** África do Sul

agaçant, -e [agasɑ̃, -ɑ̃t] *adj* irritante

agacer [3] [agase] *vt* irritar

agate [agat] *nf* ágata

âge [aʒ] *nm* idade *f*: *il est mort à l'âge de 58 ans* morreu com 58 anos de idade; *quel âge avez-vous?* qual é sua idade?
• **prendre de l'âge** envelhecer
■ **âge de raison** idade da razão
■ **l'âge ingrat** idade difícil, puberdade
■ **le troisième âge** terceira idade

âgé, -e [aʒe] *adj* de idade: *il est âgé de 20 ans* ele tem 20 anos (*de idade*)
■ **les personnes âgées** os idosos, os velhos

agence [aʒɑ̃s] *nf* agência
■ **agence de voyages** agência de viagens

agencer [3] [aʒɑ̃se] *vt* arrumar, ordenar, dispor

agenda [aʒɛ̃da] *nm* agenda *f*

agenouiller (s') [1] [aʒ(ə)nuje] *vpr* ajoelhar-se

agent [aʒɑ̃] *nm* agente *mf*
■ **agent de change** agente de câmbio
■ **agent de police** policial

agglomération [aglɔmeʀasjɔ̃] *nf* aglomeração

aggraver [1] [agʀave] *vt* agravar, piorar
▸ *vpr* **s'aggraver** agravar-se

agile [aʒil] *adj* ágil

agilité [aʒilite] *nf* agilidade

agir [20] [aʒiʀ] *vi* agir
▸ *vpr* **s'agir** tratar-se (de, de): *de quoi s'agit-il?* de que se trata?; *il s'agit de son père* trata-se de seu pai

agitateur, -trice [aʒitatœʀ, -tʀis] *nm,f* agitador, -a

agitation [aʒitasjɔ̃] *nf* agitação

agiter [1] [aʒite] *vt* agitar
▸ *vpr* **s'agiter** agitar-se

agneau [aɲo] *nm* **1** (*animal, chair*) cordeiro **2** (*fourrure*) velocino

agonie [agɔni] *nf* agonia

agoniser [1] [agɔnize] *vi* agonizar

agrafe [agʀaf] *nf* **1** (*pour papier*) grampo *m* **2** (*pour vêtements*) colchete *m*

agrafer [1] [agʀafe] *vt* **1** *(papiers)* grampear **2** *(vêtements)* abotoar, acolchetar

agrafeuse [agʀaføz] *nf* grampeador *m*

agraire [agʀɛʀ] *adj* agrário, -a

agrandir [20] [agʀɑ̃diʀ] *vt* aumentar, ampliar: *agrandir une photo* ampliar una foto
▸ *vpr* **s'agrandir** crescer, aumentar

agrandissement [agʀɑ̃dismɑ̃] *nm* **1** *(augmentation)* crescimento, aumento **2** *(amplification)* ampliação *f*

agréable [agʀeabl] *adj* agradável

agréer [14] [agʀee] *vt* aceitar, aprovar
• **veuillez agréer mes salutations distinguées** *(dans une lettre)* atenciosamente

agrégation [agʀegasjɔ̃] *nf* concurso de ingresso para o cargo de professor universitário

agrégé, -e [agʀeʒe] *nm,f* professor, -ra catedrático, -ca

agrémenter [1] [agʀemɑ̃te] *vt fml* enfeitar, ornamentar, adornar

agresser [1] [agʀese] *vt* agredir

agresseur [agʀesœʀ] *nm* agressor, -ra

agressif, -ive [agʀesif, -iv] *adj* agressivo, -va

agression [agʀesjɔ̃] *nf* agressão

agressivité [agʀesivite] *nf* agressividade

agricole [agʀikɔl] *adj* agrícola

agriculteur, -trice [agʀikyltœʀ, -tʀis] *nm,f* agricultor, -ra

agriculture [agʀikyltyʀ] *nf* agricultura
■ **agriculture biologique** agricultura orgânica

agripper [1] [agʀipe] *vt* agarrar, segurar
▸ *vpr* **s'agripper** agarrar-se, segurar-se

agronomie [agʀɔnɔmi] *nf* agronomia

agrume [agʀym] *adj-nm* cítrico

aguets [agɛ] *nm pl loc* **être aux aguets** estar de tocaia, estar à espreita

ah! [a] *interj* ah!

ahuri, -e [ayʀi] *adj* boquiaberto, -ta, pasmo, -ma
▸ *nm,f* basbaque

ahurissant, -e [ayʀisɑ̃, -ɑ̃t] *adj* surpreendente, espantoso, -sa

aide [ɛd] *nf* ajuda, auxílio *m*
▸ *nmf* ajudante
• **à l'aide!** socorro!
• **à l'aide de** com, com o uso de
• **appeler à l'aide** pedir ajuda
• **venir en aide à qqn** acudir alguém
■ **aide** *m* **de camp** ajudante de ordens
■ **aide ménagère** assistente social em domicílio
■ **aide sociale** assistência social

aider [1] [ede] *vt* ajudar, auxiliar
▸ *vpr* **s'aider** ajudar-se mutuamente
• **s'aider de qqch** *(utiliser)* usar/valer-se de/utilizar algo

aïeul, -e [ajœl] *nm,f (pl* **aïeuls** ou **aïeules**) avô, -vó

aïeux [ajø] *nm pl* antepassados

aigle [ɛgl] *nm* ZOOL águia

aigre [ɛgʀ] *adj* azedo, -da, ácido, -da

aigre-doux, -douce [ɛgʀədu, -dus] *adj* agridoce

aigreur [ɛgʀœʀ] *nf* **1** *(des aliments)* acidez **2** *(des propos)* azedume *m*
▸ *nf pl* **aigreurs** MÉD *(d'estomac)* azia *f sing*

aigu, -uë [egy] *adj* agudo, -da

aigue-marine [ɛgmaʀin] *nf (pl* **aigues-marines**) água-marinha

aiguillage [eɡɥijaʒ] *nm* manobra das agulhas de uma ferrovia

aiguille [eɡɥij] *nf* agulha

aiguilleur [eɡɥijœʀ] *nm* guarda-chaves
■ **aiguilleur du ciel** controlador, -ra de voo

aiguillon [eɡɥijɔ̃] *nm* **1** *(gén)* aguilhão **2** BOT espinho **3** ZOOL ferrão

aiguiser [1] [egize] *vt* **1** *(couteau)* afiar, amolar **2** *(appétit)* aguçar, estimular

ail [aj] *nm (pl* **ails** ou **aulx**) alho

aile [ɛl] *nf* **1** *(d'oiseau, d'avion)* asa **2** *(de moulin)* braço *m* **3** *(du nez)* aleta

aileron [ɛlʀɔ̃] *nm* **1** *(d'avion)* elerão, *aileron* **2** *(de requin)* nadadeira *f*

ailier [elje] *nm (en basket)* ala *f*, lateral *mf*

ailleurs [ajœʀ] *adv* alhures, em outro lugar, em outra parte
• **d'ailleurs** aliás
• **par ailleurs** por outro lado, outrossim

aimable [εmabl] *adj* amável

aimant¹ [εmã] *nm* ímã

aimant, -e² [εmã, -ãt] *adj* amoroso, -sa, terno, -na, afetuoso, -sa

aimer [1] [eme] *vt* **1** gostar: *elle aime beaucoup son frère* ela gosta muito do irmão; *j'aime la musique classique* gosto de música clássica; *elle aime qu'on fasse attention à elle* ela gosta que lhe deem atenção **2** amar: *aimer Dieu* amar a Deus; *elle aime son mari* ela ama o marido
▸ *vpr* **s'aimer 1** gostar-se **2** amar-se
• **aimer bien** gostar
• **aimer mieux** preferir

aine [εn] *nf* ANAT virilha

aîné, -e [ene] *adj-nm,f* **1** (*premier-né*) (o, a) mais velho, -lha **2** (*plus âgé*) mais velho, -lha: *il est mon aîné de trois ans* ele é três anos mais velho que eu

ainsi [ẽsi] *adv* **1** assim: *tout s'est passé ainsi* tudo aconteceu assim **2** então: *ainsi, tu lui as parlé?* então, falou com ele?
• **ainsi que** (*comme*) como, conforme (*et*) assim como, bem como
• **ainsi soit-il** assim seja
• **et ainsi de suite** e assim por diante
• **pour ainsi dire** por assim dizer, praticamente

air [εR] *nm* **1** (*gén*) ar **2** (*allure*) ar, aspecto, jeito **3** MUS ária *f* **4** MUS melodia *f*
• **au grand air** ao ar livre
• **avoir l'air** parecer
• **en l'air** no ar
• **en plein air** ao ar livre
• **n'avoir l'air de rien** (*travail, problème*) parecer fácil (*personne*) como quem não quer nada
• **prendre des grands airs** dar-se ares de muita coisa
■ **air comprimé** ar comprimido
■ **air conditionné** ar condicionado

airbag® [εRbag] *nm* air bag

aire [εR] *nf* **1** (*gén*) área **2** (*de rapace*) ninho *m*
■ **aire de repos** área de descanso
■ **aire de stationnement** zona, área de estacionamento

aisance [εzãs] *nf* **1** (*facilité*) desembaraço *m*, facilidade, destreza **2** (*richesse*) folga, desafogo *m*: *ils vivent dans l'aisance* vivem folgadamente

aise [εz] *nf* comodidade, satisfação, bem-estar *m*
• **être à l'aise** estar à vontade
• **mettez-vous à l'aise** fique à vontade
• **mettre qqn mal à l'aise** constranger /embaraçar alguém

aisé, -e [eze] *adj* **1** (*style*) natural, fácil **2** (*personne*) rico, -ca, abastado, -da

aisselle [εsεl] *nf* ANAT axila

ajourner [1] [aʒuRne] *vt* **1** (*réunion, décision*) adiar, prorrogar **2** (*examen*) reprovar

ajouter [1] [aʒute] *vt* acrescentar, adicionar, somar
▸ *vpr* **s'ajouter** somar-se (**à**, a)

ajuster [1] [aʒyste] *vt* ajustar, regular

alambic [alãbik] *nm* alambique

alarmant, -e [alaRmã, -ãt] *adj* alarmante

alarme [alaRm] *nf* alarme *m*
• **donner l'alarme** dar o alarme

alarmer [1] [alaRme] *vt* alarmar
▸ *vpr* **s'alarmer** alarmar-se

albanais, -e [albane, -ez] *adj* albanês, -esa
▸ *nm,f* **Albanais, -e** albanes, -esa
▸ *nm* **albanais** (*langue*) albanês *m*

Albanie [albani] *nf* Albânia

albâtre [albatR] *nm* alabastro

albatros [albatRos] *nm* ZOOL albatroz

albinos [albinos] *adj-nmf* albino, -na

album [albɔm] *nm* álbum

alcalin, -e [alkalẽ, -in] *adj* alcalino, -na

alcool [alkɔl] *nm* álcool *m*
■ **alcool à brûler** álcool combustível

alcoolique [alkɔlik] *adj* alcoólico, -ca
▸ *nmf* alcoólatra

alcootest® [alkɔtεst] *nm* bafômetro

alcôve [alkov] *nf* alcova

aléatoire [aleatwaR] *adj* aleatório, -a

alentour [alãtuR] *adv* ao redor
▸ *nm pl* **alentours** arredores, proximidades *f*, vizinhanças *f*, cercanias *f*: *la ferme se trouve aux alentours du village* a fazenda se encontra nas cercanias do povoado

alerte [alɛʀt] *adj* vivo, -va, vivaz
▸ *nf* alerta *m*
• **donner l'alerte** soar o alarme
■ **alerte à la bombe** alarme *m* de bomba
■ **fausse alerte** alarme falso

algèbre [alʒɛbʀ] *nf* álgebra

Algérie [alʒeʀi] *nf* Argélia

algérien, -enne [alʒeʀjɛ̃, -ɛn] *adj* argelino, -na
▸ *nm,f* **Algérien, -enne** argelino, -na

algorithme [algɔʀitm] *nf* MATH algoritmo *m*

algue [alg] *nf* alga

alibi [alibi] *nm* álibi

aliénation [aljenasjɔ̃] *nf* alienação

aliéné, -e [aljene] *nm,f* alienado, -da

aliéner [10] [aljene] *vt* alienar

aligner [1] [aliɲe] *vt* alinhar (**sur**, com, a)
▸ *vpr* **s'aligner** alinhar-se (**sur**, com, a)

aliment [alimɑ̃] *nm* alimento

alimentaire [alimɑ̃tɛʀ] *adj* **1** (*de l'alimentation*) alimentício, -a, alimentar **2** (*travail*) como ganha-pão

alimentation [alimɑ̃tasjɔ̃] *nf* alimentação

alimenter [1] [alimɑ̃te] *vt* **1** (*nourrir*) alimentar **2** (*approvisionner*) abastecer
▸ *vpr* **s'alimenter** alimentar-se

aliter [1] [alite] *vt* acamar, pôr de cama, deixar de cama
▸ *vpr* **s'aliter** acamar-se, ficar de cama

allaiter [1] [alete] *vt* amamentar, aleitar

alléchant, -e [aleʃɑ̃, -ɑ̃t] *adj* **1** (*gâteau*) apetitoso, -sa, de dar água na boca **2** *fig* (*proposition*) tentador, -ra, sedutor, -ra

allée [ale] *nf* **1** (*de parc, de jardin*) aleia, caminho *m* **2** (*en ville*) avenida, alameda **3** corredor *m*
■ **allées et venues** idas e vindas *f pl*

alléger [11] [aleʒe] *vt* **1** (*poids*) tornar mais leve **2** (*douleur*) aliviar

allégorie [alegɔʀi] *nf* alegoria

allègre [alɛgʀ] *adj* ágil, animado, -da, lépido, -da

alléguer [10] [alege] *vt* alegar

Allemagne [almaɲ] *nf* Alemanha

allemand, -e [almɑ̃, -ɑ̃d] *adj* alemão, -mã
▸ *nm,f* **Allemand, -e** alemão, -ã
▸ *nm* **allemand** (*langue*) alemão

aller¹ [19] [ale] *vi* **1** (*gén*) ir: **nous irons en Italie** iremos para a Itália; **ils vont à l'école en bus** eles vão para a escola de ônibus; **il va sur ses cinquante ans** vai para os cinquenta anos; **allons-y!** vamos!, vamos lá! **2** (*fonctionner*) funcionar, andar: **ça va la nouvelle télé?** o novo televisor está funcionando? **3** (*vêtement*) cair: **ce costume lui va bien** essa roupa lhe cai bem **4** (*être adapté*) convir, servir, ser bom, estar bem: **cet horaire me va** esse horário me convém; **on s'appelle demain, ça te va?** a gente se liga amanhã, está bom? **5** (*état*) ir, passar: **comment ça va?** como vai?; **elle ne va pas bien depuis deux jours** ela não está passando bem há dois dias
▸ *aux* **aller** *inf* (*être sur le point de*) ir: **je vais dormir** vou dormir
▸ *vpr* **s'en aller 1** ir embora: **va-t'en!** vá embora! **2** desaparecer, sumir: **ce bouton ne s'en va pas** essa espinha não desaparece
• **aller de soi** ser evidente, estar claro
• **allez! 1** que é isso! **2** coragem!, força!
• **allons! 1** vamos! **2** calma! **3** ora essa!
• **y aller fort** *fam* exagerar

aller² [ale] *nm* ida *f*
• **aller (et) retour** ida e volta/passagem de ida e volta

allergène [alɛʀʒɛn] *nm* alérgeno

allergie [alɛʀʒi] *nf* alergia

alliage [aljaʒ] *nm* liga *f* (*de metais*)

alliance [aljɑ̃s] *nf* **1** (*entre deux pays*) aliança, coalizão, pacto *m* **2** (*mariage*) afinidade: **c'est mon cousin par alliance** é meu primo por afinidade **3** (*anneau*) aliança

allié, -e [alje] *adj-nm,f* aliado, -da

alligator [aligatɔʀ] *nm* ZOOL crocodilo

allô! [alo] *interj* alô!, pronto!

allocation [alɔkasjɔ̃] *nf* alocação
■ **allocations familiales** abono de família, salário-família

allocution [alɔkysjɔ̃] *nf* alocução

allonger [4] [alɔ̃ʒe] *vt* **1** (*rendre plus long*) alongar, encompridar **2** (*dans le temps*) prolongar **3** (*le bras*) estender, esticar

▶ vi alongar-se, ficar mais longo/mais comprido: **les jours allongent** os dias estão ficando mais longos
▶ vpr **s'allonger** 1 (*devenir plus long*) alongar-se, estender-se, encompridar-se 2 prolongar-se 3 (*sur un lit*) deitar-se 4 *fam* (*avouer*) confessar, abrir o bico

allouer [1] [alwe] *vt fml* conceder, dar

allume-cigares [alymsigaʀ] *nm inv* acendedor de cigarros (para automóveis)

allume-gaz [alymgaz] *nm inv* acendedor de fogão

allumer [1] [alyme] *vt* 1 (*gén*) acender, ligar (*aparelhos elétricos*): **allume la radio** ligue o rádio 2 *fam* (*personne*) excitar, inflamar

allumette [alymɛt] *nf* fósforo *m*

allure [alyʀ] *nf* 1 (*vitesse*) velocidade, marcha 2 (*apparence*) atitude, comportamento *m* maneira, aspecto *m*
• **à toute allure** a toda velocidade
• **avoir de l'allure** ter classe, ter porte, ser chique

allusion [alyzjɔ̃] *nf* alusão

almanach [almana] *nm* almanaque

aloi [alwa] *nm loc* **de bon/mauvais aloi** de boa/má qualidade, de/sem valor

alors [alɔʀ] *adv* 1 (*gén*) então, nesse/naquele momento: **il était alors âgé de 30 ans** ele tinha então 30 anos 2 (*conséquence*) então, nesse caso: **alors, je ne viendrai pas** nesse caso não virei
▶ **alors que** 1 (*opposition*) apesar de, mesmo: **il n'a pas pu rentrer alors qu'il avait les clés** não pôde entrar, apesar de estar com as chaves 2 (*temps*) quando, enquanto: **elle a appelé alors que j'étais sous la douche** ela ligou quando eu estava no chuveiro
• **ça alors!** essa é boa!/puxa!/quem diria!
• **et alors?** e aí?/e daí?
• **jusqu'alors** até então

alouette [alwɛt] *nf* ZOOL cotovia

alourdir [20] [aluʀdiʀ] *vt* 1 (*rendre plus lourd*) tornar pesado 2 (*mouvements*) embotar, entorpecer 3 (*impôts*) aumentar

alpaga [alpaga] *nm* alpaca *f*

alphabet [alfabɛ] *nm* alfabeto

alphabétique [alfabetik] *adj* alfabético, -ca

alphanumérique [alfanymeʀik] *adj* alfanumérico, -ca

alpinisme [alpinism] *nm* alpinismo

alpiniste [alpinist] *nmf* alpinista

altération [alteʀasjɔ̃] *nf* alteração

altérer [10] [alteʀe] *vt* 1 (*changer*) alterar, modificar 2 (*détériorer*) deteriorar, estragar

alternance [altɛʀnɑ̃s] *nf* alternância

alternatif, -ive [altɛʀnatif, -iv] *adj* alternativo, -va
■ **courant** *m* **alternatif** corrente *f* alternada

alterner [1] [altɛʀne] *vt* alternar

altitude [altityd] *nf* altitude

altruiste [altʀuist] *adj-nmf* altruísta

aluminium [alyminjɔm] *nm* alumínio

alvéole [alveɔl] *nf* alvéolo *m*

amabilité [amabilite] *nf* amabilidade

amaigrissant, -e [amegʀisɑ̃, -ɑ̃t] *adj* emagrecedor, -ra

amaigrissement [amegʀismɑ̃] *nm* emagrecimento

amalgame [amalgam] *nm* amálgama

amande [amɑ̃d] *nf* BOT amêndoa

amandier [amɑ̃dje] *nm* BOT amendoeira *f*

amant [amɑ̃] *nm* (*homme*) amante

amarre [amaʀ] *nf* amarra
• **larguer les amarres** soltar as amarras

amarrer [1] [amaʀe] *vt* amarrar

amas [ama] *nm* monte, montão, amontoado

amasser [1] [amase] *vt* 1 (*gén*) amontoar, acumular 2 (*argent*) juntar
▶ *vpr* **s'amasser** amontoar-se, acumular-se

amateur [amatœʀ] *adj-nm* 1 (**de**, a) apreciador, -ra, amante, entusiasta: **elle est amateur de musique** ela é apreciadora de música 2 amador, -ra, diletante: **un photographe amateur** um fotógrafo amador
• **en amateur** como amador

amazone [amazon] *nf* amazona

ambassade [ɑ̃basad] *nf* embaixada

ambassadeur, -drice [ɑ̃basadœʀ, -dʀis] *nm,f* embaixador, -ra, -triz

> **embaixadora**: mulher que exerce o cargo de embaixador; **embaixatriz**: mulher de embaixador

ambiance [ɑ̃bjɑ̃s] *nf* ambiente *m*, clima, *m*, meio *m*

ambiant, -e [ɑ̃bjɑ̃, -ɑ̃t] *adj* ambiente: *la température ambiante est de 30 degrés* a temperatura ambiente é de 30 graus

ambigu, -uë [ɑ̃bigy] *adj* ambíguo, -a

ambitieux, -euse [ɑ̃bisjø, -øz] *adj- -nm,f* ambicioso, -sa

ambition [ɑ̃bisjɔ̃] *nf* ambição

ambre [ɑ̃bʀ] *nm* âmbar

ambulance [ɑ̃bylɑ̃s] *nf* ambulância

ambulant, -e [ɑ̃bylɑ̃, -ɑ̃t] *adj* ambulante

âme [am] *nf* 1 (*gén*) alma 2 *fig* habitante, alma: *une ville de 10 000 âmes* uma cidade de 10 000 habitantes
- **âme sœur** alma irmã, alma gêmea

amélioration [ameljɔʀasjɔ̃] *nf* melhora

améliorer [1] [ameljɔʀe] *vt* melhorar
▸ *vpr* **s'améliorer** melhorar

amen [amɛn] *adv* amém

aménagement [amenaʒmɑ̃] *nm* 1 (*de lieu*) arranjo, disposição *f*, arrumação *f*, ordenação *f* 2 (*d'horaire*) planejamento, programação *f*
- **aménagement du territoire** planejamento/manejo territorial **aménager** [4] [amenaʒe] *vt* 1 (*local*) arrumar, ordenar, ajeitar 2 (*equiper*) equipar 3 (*installer*) instalar 4 (*horaire*) planejar

amende [amɑ̃d] *nf* multa
• **faire amende honorable** reconhecer a própria culpa, retratar-se, pedir perdão

amender [1] [amɑ̃de] *vt* corrigir
▸ *vpr* **s'amender** *fml* emendar-se, corrigir-se

amener [7] [amne] *vt* 1 (*porter vers*) levar: *il amène sa fille au théâtre* ele leva a filha ao teatro 2 (*faire venir avec soi*) trazer: *elle m'a amené un gâteau* trouxe-me um bolo 3 (*entraîner*) ocasionar, acarretar

▸ *vpr* **s'amener** *fam* 1 chegar 2 aparecer, vir 3 achegar-se, aproximar-se: *allez!, amène-toi!* vamos, achegue-se!

amer, -ère [amɛʀ] *adj* amargo, -ga

américain, -e [ameʀikɛ̃, -ɛn] *adj* americano, -na
▸ *nm,f* **Américain, -e** americano, -na

Amérique [ameʀik] *nf* América
- **Amérique centrale** América Central
- **Amérique du Nord** América do Norte
- **Amérique du Sud** América do Sul
- **Amérique latine** América Latina

amerrir [20] [ameʀiʀ] *vi* amarar, amerissar

amertume [amɛʀtym] *nf* amargor *m*, amargura

améthyste [ametist] *nf* ametista

ameublement [amœbləmɑ̃] *nm* mobília *f*, mobiliario, móveis *pl*

ameuter [1] [amøte] *vt* amotinar, sublevar

ami, -e [ami] *adj-nm,f* amigo, -ga
- **faux ami** falso amigo
- **petit ami** namorado
- **petite amie** namorada

amiable [amjabl] *adj* amigável
• **à l'amiable** de forma amigável, amigavelmente

amiante [amjɑ̃t] *nm* amianto

amical, -e [amikal] *adj* amigável, amistoso, -sa

amidon [amidɔ̃] *nm* amido

amincissant, -e [amɛ̃sisɑ̃, -ɑ̃t] *adj* emagrecedor, de emagrecimento: *régime amincissant* regime de emagrecimento

amiral [amiʀal] *nm* almirante

amitié [amitje] *nf* amizade
▸ *nf pl* **amitiés** lembranças, recomendações: *faites mes amitiés à votre sœur* recomendações/lembranças à sua irmã

ammoniaque [amɔnjak] *nf* amoníaco

amnésie [amnezi] *nf* amnésia

amniocentèse [amnjɔsɛ̃tɛz] *nf* MÉD amniocentese

amnistie [amnisti] *nf* anistia

amocher [1] [amɔʃe] *vt* 1 (*abîmer*) estragar, quebrar 2 (*blesser*) machucar 3 (*voiture*) amassar

amoindrir [20] [amwɛ̃dʀiʀ] *vt* diminuir, reduzir

▸ *vpr* **s'amoindrir** diminuir, reduzir-se

amonceler [5] [amɔ̃sle] *vt* amontoar
▸ *vpr* **s'amonceler** amontoar-se

amont [amɔ̃] *nm loc* **en amont (de) 1** (*rivière*) a montante, rio acima **2** (*avant*) antes, anteriormente

amoral, -e [amɔʀal] *adj* amoral

amorce [amɔʀs] *nf* **1** (*de cartouche*) escorva, espoleta **2** (*pour pêcher*) isca **3** (*commencement*) início *m*

amorcer [3] [amɔʀse] *vt* **1** (*hameçon*) iscar, pôr isca **2** (*explosif*) escorvar **3** (*travail, geste*) iniciar

amorphe [amɔʀf] *adj* **1** (*personne*) inconsistente, indeciso, -sa CHIM amorfo, -fa

amortir [20] [amɔʀtiʀ] *vt* **1** (*choc*) amortecer **2** (*bruit*) abafar **3** ÉCON amortizar

amortisseur [amɔʀtisœʀ] *nm* amortecedor

amour [amuʀ] *nm* amor: *l'amour du prochain* amor ao próximo
• **être un amour** ser um amor
• **faire l'amour** fazer amor
• **un amour de** um amor de, uma beleza de: *j'ai acheté un amour de tableau* comprei uma beleza de quadro

amoureux, -euse [amuʀø, -øz] *adj* -*nm,f* apaixonado, -da, enamorado, -da
• **tomber amoureux de qqn** apaixonar-se por alguém

amour-propre [amuʀpʀɔpʀ] (*pl* **amours-propres**) *nm* amor-próprio

amovible [amɔvibl] *adj* removível

ampère [ɑ̃pɛʀ] *nm* ampere

amphétamine [ɑ̃fetamin] *nf* anfetamina

amphi [ɑ̃fi] *nm fam* aula *f* de anfiteatro

amphibie [ɑ̃fibi] *adj* anfíbio, -a
▸ *nm* anfíbio

amphithéâtre [ɑ̃fiteatʀ] *nm* anfiteatro

amphitryon [ɑ̃fitʀijɔ̃] *nm fml* anfitrião, -ã

ample [ɑ̃pl] *adj* amplo, -pla

amplement [ɑ̃pləmɑ̃] *adv* amplamente, abundantemente
• **c'est amplement suffisant** é mais que suficiente

ampleur [ɑ̃plœʀ] *nf* amplitude

amplification [ɑ̃plifikasjɔ̃] *nf* amplificação

amplifier [12] [ɑ̃plifje] *vt* **1** (*taille*) ampliar, aumentar **2** (*son*) amplificar **3** *fig* (*propos*) exagerar
▸ *vpr* **s'amplifier** aumentar

amplitude [ɑ̃plityd] *nf* amplitude

ampoule [ɑ̃pul] *nf* **1** (*électrique*) lâmpada **2** (*sur la peau*) bolha **3** (*tube*) ampola

amputer [1] [ɑ̃pyte] *vt* amputar

amulette [amylɛt] *nf* amuleto *m*

amusant, -e [amyzɑ̃, -ɑ̃t] *adj* divertido, -da, engraçado, -da

amuse-gueule [amyzgœl] *nm inv* tira-gosto, aperitivo

amusement [amyzmɑ̃] *nm* diversão *f*, divertimento, entretenimento, recreação *f*

amuser [1] [amyze] *vt* divertir
▸ *vpr* **s'amuser** divertir-se, brincar
• **s'amuser à + inf** (*perdre du temps*) distrair-se a

amygdale [ami(g)dal] *nf* amígdala, amídala, tonsila

an [ɑ̃] *nm* ano: *il a dix ans* tem dez anos; *il y a deux ans* faz dois anos
• **l'an dernier** o/no ano passado
• **l'an prochain** o/no ano que vem
▪ **le jour de l'an** dia de Ano-Novo
▪ **le nouvel an** ano novo

anachronisme [anakʀɔnism] *nm* anacronismo

anagramme [anagʀam] *nf* anagrama

anal, -e [anal] *adj* anal

analgésique [analʒezik] *adj* analgésico, -ca
▸ *nm* analgésico

analogique [analɔʒik] *adj* analógico, -ca

analogue [analɔg] *adj* análogo, -ga

analphabète [analfabɛt] *adj-nmf* analfabeto, -ta

analphabétisme [analfabetism] *nm* analfabetismo

analyse [analiz] *nf* análise

analyser [1] [analize] *vt* analisar

analyste [analist] *nmf* analista

ananas [anana(s)] *nm* BOT abacaxi

anarchie [anaʀʃi] *nf* anarquia

anarchiste [anaʀʃist] *adj-nmf* anarquista

anatomie [anatɔmi] *nf* anatomia

ancestral, -e, aux [ɑ̃sɛstʀal] *adj* ancestral

ancêtre [ɑ̃sɛtʀ] *nm* 1 *(parent)* antepassado, ancestral 2 *(initiateur)* precursor, pioneiro

anchois [ɑ̃ʃwa] *nm* anchova *f*

ancien, -enne [ɑ̃sjɛ̃, -ɛn] *adj* 1 antigo, -ga 2 *(fonction)* ex-: *l'ancien directeur* ex-diretor

ancienneté [ɑ̃sjɛnte] *nf* antiguidade

ancre [ɑ̃kʀ] *nf* âncora
- **jeter l'ancre** lançar âncora, fundear
- **lever l'ancre** levantar âncora

ancrer [1] [ɑ̃kʀe] *vt* 1 *(bateau)* ancorar 2 *(dans l'esprit)* enraizar, implantar

Andorre [ɑ̃dɔʀ] *nf* Andorra

andouille [ɑ̃duj] *nf* 1 *(aliment)* linguiça defumada 2 *fam (personne)* palerma

androgyne [ɑ̃dʀɔʒin] *adj-nmf* andrógino, -na

âne [an] *nm* 1 *(animal)* asno, burro 2 *fam fig (personne)* burro, -ra, ignorante

anéantir [20] [aneɑ̃tiʀ] *vt* 1 *(peuple, armée)* aniquilar 2 *(effort)* extenuar 3 *(nouvelle)* abater
▸ *vpr* **s'anéantir** aniquilar-se, dissipar-se: *ses espoirs se sont anéantis* suas esperanças se dissiparam

anecdote [anɛkdɔt] *nf* anedota *f*

anémie [anemi] *nf* anemia

anémone [anemɔn] *nf* BOT anêmona

ânerie [anʀi] *nf fam* asneira, burrada

ânesse [anɛs] *nf* asna, burra

anesthésie [anɛstezi] *nf* anestesia

anesthésier [13] [anɛstezje] *vt* anestesiar

ange [ɑ̃ʒ] *nm* anjo
- **être aux anges** estar extasiado, estar enlevado
■ **ange gardien** anjo da guarda

angélique [ɑ̃ʒelik] *adj* angélico, -ca, angelical

angélus [ɑ̃ʒelys] *nm* ângelus

angine [ɑ̃ʒin] *nf* dor de garganta
■ **angine de poitrine** angina do peito, *angina pectoris*

anglais, -e [ɑ̃glɛ, -ɛz] *adj* inglês, -esa
▸ *nm,f* **Anglais, -e** inglês, -esa
▸ *nm* **anglais** *(langue)* inglês
▸ *nf pl* **anglaises** *(cheveux)* cachos *m pl*
- **filer à l'anglaise** sair à francesa

angle [ɑ̃gl] *nm* 1 *(en géométrie)* ângulo 2 *(de rue)* esquina *f*
■ **angle droit** ângulo reto
■ **angle mort** ponto cego

Angleterre [ɑ̃glətɛʀ] *nf* Inglaterra

anglicisme [ɑ̃glisism] *nm* anglicismo

anglophone [ɑ̃glɔfɔn] *adj-nmf* anglófono, -na

angoisse [ɑ̃gwas] *nf* angústia

angoisser [1] [ɑ̃gwase] *vt* angustiar
▸ *vpr* **s'angoisser** angustiar-se

angora [ɑ̃gɔʀa] *adj-nf* angorá

anguille [ɑ̃gij] *nf* ZOOL enguia

angulaire [ɑ̃gylɛʀ] *adj* angular

anguleux, -euse [ɑ̃gylø, -øz] *adj* anguloso, -sa

animal, -e [animal] *adj* animal: *règne anima* reino animal
▸ *nm* **animal** animal
■ **animaux sauvages** animais selvagens

animateur, -trice [animatœʀ, -tʀis] *nm,f* 1 *(gén)* incentivador, -ra 2 *(radio, TV)* apresentador, -ra, animador, -ra

animation [animasjɔ̃] *nf* animação

animé, -e [anime] *adj* animado, -da: *dessins animés* desenhos animados

animer [1] [anime] *vt* 1 *(donner vie; exciter)* animar 2 *(mouvoir)* movimentar 3 *(stimuler)* estimular, incitar
▸ *vpr* **s'animer** animar-se

animosité [animozite] *nf* animosidade

anis [ani(s)] *nm* BOT anis

ankyloser [1] [ɑ̃kiloze] *vt* anquilosar

annales [anal] *nf pl* anais *m pl*

anneau [ano] *nm* 1 *(de rideaux)* argola *f* 2 *(bague)* anel 3 *(d'un ver, de Saturne)* anel
▸ *nm pl* **anneaux** SPORT argolas *f pl*

année [ane] *nf* ano *m*
- **à des années-lumière** a anos-luz
- **souhaiter la bonne année** desejar feliz Ano-Novo
■ **année bissextile** ano *m* bissexto
■ **année sabbatique** ano *m* sabático
■ **année scolaire** ano *m* escolar, ano letivo

annexe [anɛks] *adj* anexo, -xa
▶ *nf* anexo

anniversaire [anivɛʀsɛʀ] *nm* aniversário
- **joyeux anniversaire!** feliz aniversário!

annonce [anɔ̃s] *nf* anúncio *m*
■ **petites annonces** anúncios classificados

annoncer [3] [anɔ̃se] *vt* **1** anunciar **2** prenunciar
▶ *vpr* **s'annoncer** anunciar-se

annonceur [anɔ̃sœʀ] *nm* anunciante

annonciation [anɔ̃sjasjɔ̃] *nf* REL anunciação

annoter [1] [anɔte] *vt* anotar

annuaire [anɥɛʀ] *nm* anuário
■ **annuaire téléphonique** lista *f* telefônica

annuel, -elle [anɥɛl] *adj* anual

annuité [anɥite] *nf* **1** *(paiement)* anuidade *f* **2** *(année de service)* ano *m* de serviço

annulaire [anylɛʀ] *nm* (dedo) anular

annulation [anylasjɔ̃] *nf* anulação

annuler [1] [anyle] *vt* anular
▶ *vpr* **s'annuler** anular-se

anodin, -e [anɔdɛ̃, -in] *adj* **1** *(sans intérêt)* banal **2** *(sans gravité)* inofensivo

anomalie [anɔmali] *nf* anomalia

ânon [anɔ̃] *nm* burrinho, burrico

ânonner [1] [anɔne] *vi* ler mal, ler gaguejando

anonyme [anɔnim] *adj* anônimo, -ma
■ **société** *f* **anonyme** sociedade anônima

anorak [anɔrak] *nm* anoraque

anorexie [anɔrɛksi] *nf* anorexia

anormal, -e [anɔrmal] *adj-nm,f* anormal

anse [ɑ̃s] *nf* **1** *(de vase, de panier)* asa, alça **2** GÉOG enseada, baía

antagoniste [ɑ̃tagɔnist] *adj-nmf* antagonista

antarctique [ɑ̃taʀktik] *adj* antártico, -ca

antécédent, -e [ɑ̃tesedɑ̃, ɑ̃t] *adj-nm* antecedente

antenne [ɑ̃tɛn] *nf* **1** *(d'insecte, de télévision)* antena **2** *(succursale)* sucursal, posto *m*, unidade, agência
■ **antenne parabolique** antena parabólica

antérieur, -e [ɑ̃teʀjœʀ] *adj* anterior

anthologie [ɑ̃tɔlɔʒi] *nf* antologia

anthracite [ɑ̃tʀasit] *nm* antracito, antracite *f*

anthrax [ɑ̃tʀaks] *nm* MÉD carbúnculo, antraz

anthropologie [ɑ̃tʀɔpɔlɔʒi] *nf* antropologia

anthropophage [ɑ̃tʀɔpɔfaʒ] *adj-nmf* antropófago, -ga

antiadhésif, -ive [ɑ̃tiadezif, -iv] *adj-nmf* antiaderente

antibiotique [ɑ̃tibjɔtik] *adj* antibiótico, -ca
▶ *nm* antibiótico

antibrouillard [ɑ̃tibʀujaʀ] *adj inv* antineblina
■ **phares** *m pl* **antibrouillard** faróis antineblina

antichambre [ɑ̃tiʃɑ̃bʀ] *nf* antecâmara

anticipation [ɑ̃tisipasjɔ̃] *nf* **1** *(avant le moment prévu)* antecipação **2** *(prévision)* previsão
- **par anticipation** antecipadamente
■ **roman** *m* **d'anticipation** romance de ficção científica

anticiper [1] [ɑ̃tisipe] *vt* **1** *(avant le moment prévu)* antecipar **2** *(prévoir)* prever, antever
▶ *vi* **anticiper sur** antecipar-se a

anticléricalisme [ɑ̃tiklerikalism] *nm* anticlericalismo

anticonformiste [ɑ̃tikɔ̃fɔʀmist] *adj-nmf* inconformista

anticonstitutionnel, -elle [ɑ̃tikɔ̃stitysjɔnɛl] *adj* anticonstitucional

anticorps [ɑ̃tikɔʀ] *nm* anticorpo

anticyclone [ɑ̃tisiklon] *nm* anticiclone

antidépresseur [ɑ̃tidepʀesœʀ] *adj* antidepressivo, -va
▶ *nm* antidepressivo

antidote [ɑ̃tidɔt] *nm* antídoto

antigel [ɑ̃tiʒel] *nm* anticongelante

anti-inflammatoire [ɑ̃tiɛ̃flamatwaʀ] *adj* anti-inflamatório, -a
▶ *nm* anti-inflamatório

antilope [ɑ̃tilɔp] *nf* ZOOL antílope

antipathie [ɑ̃tipati] *nf* antipatia

antipathique [ɑ̃tipatik] *adj* antipático, -ca

antipelliculaire [ɑ̃tipelikylɛʀ] *adj* anticaspa

antipode [ɑ̃tipɔd] *nm* antípoda
• **être aux antipodes de** estar diametralmente oposto, -ta a

antiquaire [ɑ̃tikɛʀ] *nmf* antiquário, -a

antique [ɑ̃tik] *adj* 1 (*de l'Antiquité*) antigo, -ga 2 (*démodé*) antiquado, -da, ultrapassado, -da

antiquité [ɑ̃tikite] *nf* antiguidade
▶ *nf pl* **antiquités** antiguidades

antirides [ɑ̃tiʀid] *adj* antirrugas

antirouille [ɑ̃tiʀuj] *adj inv* antiferrugem

antisèche [ɑ̃tisɛʃ] *nf fam* (*pour un examen*) cola

antisémitisme [ɑ̃tisemitism] *nm* antissemitismo *m*

antiseptique [ɑ̃tiseptik] *adj* antisséptico, -ca
▶ *nm* antisséptico *m*

antithèse [ɑ̃titɛz] *nf* antítese

antivirus [ɑ̃tivirys] *adj-nm* INFORM antivírus

antivol [ɑ̃tivɔl] *adj inv-nm* antirroubo, antifurto

antre [ɑ̃tʀ] *nm* antro

anus [anys] *nm* ânus *m*

anxiété [ɑ̃ksjete] *nf* ansiedade

anxieux, -euse [ɑ̃ksjø, -øz] *adj-nm,f* ansioso, -sa
• **être anxieux de** estar ansioso por, não ver a hora de

AOC [aɔk] *abr* (**appellation d'origine contrôlée**) DOC (*denominação de origem controlada*)

aorte [aɔʀt] *nf* aorta

août [u(t)] *nm* agosto

apaiser [1] [apeze] *vt* 1 (*personne, animal*) tranquilizar, acalmar 2 (*peur, colère*) aplacar, serenar 3 (*douleur*) aliviar, abrandar
▶ *vpr* **s'apaiser** 1 (*personne*) tranquilizar-se, acalmar-se, aquietar-se 2 (*tempête*) amainar, serenar, abrandar 3 (*douleur*) acalmar-se, abrandar-se

apartheid [apaʀtɛd] *nm* apartheid

apathie [apati] *nf* apatia

apatride [apatʀid] *nmf* apátrida

apercevoir [42] [apɛʀsəvwaʀ] *vt* avistar
▶ *vpr* **s'apercevoir** perceber: *je ne m'en étais pas aperçu* eu não tinha percebido

aperçu [apɛʀsy] *nm* apanhado, resumo, síntese *f*: *on nous a présenté un aperçu du projet* apresentaram-nos um apanhado do projeto

apéritif [apeʀitif] *nm* aperitivo
• **prendre l'apéritif** tomar o aperitivo

apesanteur [apəzɑ̃tœʀ] *nf* ausência de gravidade

à-peu-près [apøpʀɛ] *nm* aproximação *f* grosseira

apeuré, -e [apœʀe] *adj* atemorizado, -da, amedrontado, -da, assustado, -da

aphone [afɔn] *adj* afônico, -ca

aphrodisiaque [afʀɔdizjak] *adj* afrodisíaco, -ca
▶ *nm* afrodisíaco

apiculture [apikyltyʀ] *nf* apicultura

apitoyer [16] [apitwaje] *vt* comover, apiedar
▶ *vpr* **s'apitoyer** apiedar-se, ter pena, ter dó (**sur**, de): *il ne mérite pas qu'on s'apitoie sur son sort* não merece que se tenha dó de sua sorte

aplanir [20] [aplaniʀ] *vt* aplainar, aplanar, nivelar

aplatir [20] [aplatiʀ] *vt* 1 (*rendre plus plat*) achatar 2 (*cheveux*) alisar
▶ *vpr* **s'aplatir** 1 (*gén*) achatar-se 2 *fam* (*s'allonger*) deitar-se, estender-se 3 *fam* (*agir servilement*) rebaixar-se, humilhar-se

aplomb [aplɔ̃] *nm* 1 (*stabilité*) prumo, alinhamento 2 (*assurance*) autoconfiança *f*, segurança *f* 3 (*audace*) ousadia *f*, atrevimento

- **avoir de l'aplomb** ter autoconfiança
- **être d'aplomb** *(vertical)* estar a prumo, estar na vertical *(fig)* estar em boa forma

apocalypse [apɔkalips] *nf* apocalipse *m*

apocope [apɔkɔp] *nf* apócope

apogée [apɔʒe] *nm* apogeu

apologie [apɔlɔʒi] *nf* apologia

apostolique [apɔstɔlik] *adj* apostólico, -ca

apostrophe [apɔstʀɔf] *nf* **1** *(signe)* apóstrofo *m* **2** *(interpellation)* apóstrofe *mf*

apostropher [1] [apɔstʀɔfe] *vt* apostrofar, censurar, repreender

apothéose [apɔteoz] *nf* apoteose

apôtre [apotʀ] *nm* apóstolo

apparaître [82] [apaʀɛtʀ] *vi* **1** *(se montrer)* aparecer, mostrar-se **2** *(se dévoiler)* manifestar-se, revelar-se
- **il apparaît que** está claro que

apparat [apaʀa] *nm* aparato
- **d'apparat** formal, solene

appareil [apaʀɛj] *nm* aparelho
- **appareil digestif** aparelho digestivo
- **appareil photo** máquina *f* fotográfica
- **appareil photo numérique** câmera *f* digital

appareiller [1] [apaʀeje] *vt (assortir)* emparelhar, combinar, formar par
▶ *vi (bateau)* levantar âncoras, zarpar

apparemment [apaʀamɑ̃] *adv* aparentemente, ao que tudo indica

apparence [apaʀɑ̃s] *nf* aparência
- **malgré les apparences** apesar das aparências

apparent, -e [apaʀɑ̃, -ɑ̃t] *adj* **1** *(gén)* aparente **2** *(poutre)* à vista, aparente

apparenté, -e [apaʀɑ̃te] *adj* aparentado, -da (à, a)

apparition [apaʀisjɔ̃] *nf* aparição

appartement [apaʀtəmɑ̃] *nm* apartamento

appartenance [apaʀtənɑ̃s] *nf* pertença, dependência, filiação

appartenir [35] [apaʀtəniʀ] *vi (gén)* pertencer (a, a): *ce château appartient à sa famille* esse castelo pertence à família dele/dela
▶ *v impers (être du devoir)* caber, competir: *il ne vous appartient pas de décider* não lhe compete decidir

appât [apa] *nm* **1** *(pour pêcher)* isca *f* **2** *(ce qui attire)* chamariz, atrativo
- **l'appât du gain** o fascínio do dinheiro

appâter [1] [apate] *vt* **1** *(poisson)* cevar, engodar **2** *fig (personne)* seduzir, atrair

appauvrir [20] [apovʀiʀ] *vt* empobrecer
▶ *vpr* **s'appauvrir** empobrecer(-se)

appeau [apo] *nm* reclamo, chamariz

appel [apɛl] *nm* **1** *(gén)* apelo **2** *(convocation)* conclamação *m* **3** *(action d'appeler)* chamada *f*, chamamento **4** *(au téléphone)* ligação *f* **5** DR recurso
- **faire appel** DR recorrer
- **faire appel à qqn/qqch** recorrer a alguém/algo
- **faire l'appel** *(à l'école)* fazer a chamada
- **sans appel** sem apelação, inapelavelmente
- **appel au secours** pedido de socorro
- **appel en PCV** ligação a cobrar
- **appel téléphonique** telefonema, ligação

appeler [5] [aple] *vt* **1** *(gén)* chamar **2** ligar, telefonar: *appelle-moi ce soir* ligue-me hoje à noite **2** DR citar
▶ *vpr* **s'appeler** chamar-se
- **comment tu t'appelles?** como você se chama?/qual é seu nome?

appellation [apelasjɔ̃] *nf* denominação
- **appellation d'origine contrôlée** denominação de origem controlada

appendice [apɛ̃dis] *nm* apêndice

appendicite [apɛ̃disit] *nf* MÉD apendicite

appétissant, -e [apetisɑ̃, -ɑ̃t] *adj* **1** *(gâteau)* apetitoso, -sa **2** *fam (personne)* atraente, sedutor, -ra

appétit [apeti] *nm* apetite
- **bon appétit!** bom apetite!
- **couper l'appétit à qqn** tirar o apetite de alguém

applaudir [20] [aplodiʀ] *vt-vi* aplaudir
▶ *vpr* **s'applaudir** ter autossatisfação, comprazer-se

applaudissements [aplodismã] *nm pl* aplausos

applicable [aplikabl] *adj* aplicável

application [aplikasjɔ̃] *nf* aplicação

applique [aplik] *nf* aplique *m*

appliquer [2] [aplike] *vt* **1** (*gén*) aplicar **2** (*sanction*) infligir, impor **3** (*flanquer*) dar, assentar
▶ *vpr* **s'appliquer 1** (*se poser*) aplicar-se, ser aplicável **2** (*avec zèle*) aplicar-se, esforçar-se: *elle s'appliquait à comprendre* esforçava-se por entender

appoint [apwɛ̃] *nm* **1** (*d'une somme*) saldo **2** (*supplément*) complemento, acessório **3** (*appui*) contribuição *f*, colaboração *f*
• **d'appoint** extra, complementar
• **faire l'appoint** pagar em trocados

apport [apɔʀ] *nm* aporte, contribuição *f*

apporter [1] [apɔʀte] *vt* **1** (*gén*) trazer **2** (*donner*) dar, conferir: *il apporte de la gaieté dans la maison* ele dá alegria à casa **3** (*être la cause*) ocasionar, produzir, causar: *cette mesure a apporté une grande amélioration* essa medida produziu grande melhoria

apposer [1] [apoze] *vt* apor, colocar, pôr
• **apposer sa signature** assinar, apor a assinatura

apposition [apozisjɔ̃] *nf* **1** (*action d'apposer*) aposição **2** GRAMM aposto *m*

appréciable [apʀesjabl] *adj* **1** (*avec les sens*) perceptível **2** (*quantité*) apreciável, considerável

appréciation [apʀesjasjɔ̃] *nf* **1** (*de la valeur*) estimativa, avaliação **2** (*opinion*) apreciação

apprécier [13] [apʀesje] *vt* **1** (*valeur, importance*) avaliar **2** (*aimer*) apreciar, gostar: *je n'apprécie pas son attitude* não gosto de sua atitude

appréhender [1] [apʀeɑ̃de] *vt* **1** (*craindre*) temer, recear **2** (*voleur*) deter, prender **3** (*saisir par l'esprit*) apreender, compreender

appréhension [apʀeɑ̃sjɔ̃] *nf* apreensão

apprendre [83] [apʀɑ̃dʀ] *vt* **1** (*gén*) aprender **2** (*enseigner*) ensinar: *il lui a appris à lire* ensinou-o a ler **3** (*faire savoir*) informar, dizer, dar: *je vais vous apprendre une bonne nouvelle* vou lhe dar uma boa notícia **4** (*être informé*) ficar sabendo, ser informado, -da de: *j'ai appris que ton frère a déménagé* fiquei sabendo que seu irmão se mudou

apprenti, -e [apʀɑ̃ti] *nm,f* aprendiz

apprentissage [apʀɑ̃tisaʒ] *nm* aprendizagem *f*, aprendizado

apprêter [1] [apʀete] *vt* preparar, arrumar, aprontar
▶ *vpr* **s'apprêter** preparar-se, dispor-se, estar preparado (**à**, a/para): *l'avion s'apprête à décoller* o avião está se preparando para decolar

apprivoiser [1] [apʀivwaze] *vt* domesticar, domar

approbation [apʀɔbasjɔ̃] *nf* aprovação

approche [apʀɔʃ] *nf* **1** (*d'événement*) aproximação **2** (*de personne*) abordagem, acesso **3** (*perspective*) enfoque *m*, abordagem
• **à l'approche de** com a aproximação de, perto de, na época de

approcher [1] [apʀɔʃe] *vt* **1** (*gén*) aproximar: *il m'a approché la chaise* aproximou a cadeira de mim **2 approcher de** (*être près de*) aproximar-se, estar perto, estar próximo: *il approche de la cinquantaine* está perto dos cinquenta **3** *fig* assemelhar-se (**de**, de/a)
▶ *vi* (*être près*) aproximar-se, estar chegando: *l'hiver approche* o inverno está chegando
▶ *vpr* **s'approcher** aproximar-se (**de**, de/a)

approfondir [20] [apʀɔfɔ̃diʀ] *vt* **1** (*puits, trou*) afundar **2** (*question, sujet*) aprofundar

approprier [13] [apʀɔpʀije] *vt* apropriar, adaptar, adequar
▶ *vpr* **s'approprier** apropriar-se de

approuver [1] [apʀuve] *vt* aprovar

approvisionner [1] [apʀɔvizjɔne] *vt* fornecer, abastecer de
▶ *vpr* **s'approvisionner** abastecer-se, munir-se (**en**, de)

approximatif, -ve [apʀɔksimatif, -iv] *adj* aproximado, -da, aproximativo, -va

appui [apɥi] *nm* **1** apoio, suporte **2** (*d'une fenêtre*) peitoril, parapeito **3** *fig* apoio

appuie-tête [apyitɛt] *nm* (*pl* **appuis-tête**) encosto de cabeça

appuyer [15] [apɥije] *vt* (*gén*) apoiar
▶ *vi* **1** (*presser sur*) pressionar, apertar (**sur**, -): *appuyer sur la détente* apertar o gatilho **2** pisar (**sur**, em): *il appuie sur la pédale de frein* ele está pisando no freio **3** (*insister*) insistir (**sur**, em): *il a appuyé sur l'importance de la question* ele insistiu na importância da questão
▶ *vpr* **s'appuyer 1** (*se tenir*) apoiar-se (**sur**, contra/em) **2** (*se baser*) basear-se (**sur**, em) **3** (*confier*) contar (**sur**, com)

âpre [apʀ] *adj* **1** (*goût*) azedo, acre **2** (*épreuve*) duro, -ra, árduo, -a, penoso, -sa **3** (*discussion*) violento, -ta, áspero, -ra

après [apʀɛ] *prép* **1** (*gén*) depois de/que: *elle a téléphoné après ton arrivée* ela ligou depois que você chegou/depois de sua chegada **2** (*persécution*) atrás de: *elle court après le bus* ela está correndo atrás do ônibus **3** (*contre*) com, contra: *il s'est fâché après moi* ele se zangou comigo; *s'acharner après qqn* investir contra alguém
▶ *adv* **1** (*temps*) depois: *je le verrai après* verei isso depois; *peu de temps après* pouco tempo depois **2** (*lieu*) seguinte: *l'immeuble d'après* o prédio seguinte **3** (*dans un ordre*) atrás: *celui qui se trouve après* aquele que está atrás

• **après coup** depois, depois do ocorrido, posteriormente

• **après que** depois de + *inf*/depois que + *ind*

• **après quoi** depois do que

• **après tout** afinal, no fundo

• **d'après lui/moi...** segundo ele/na sua, na minha opinião

• **être après qqn** colar em alguém, não sair de trás de alguém

après-demain [apʀɛdmɛ̃] *adv* depois de amanhã

après-guerre [apʀegɛʀ] (*pl* **après-guerres**) *nm* pós-guerra

après-midi [apʀɛmidi] *nm & nf inv* tarde *f*: *il est venu dans l'après-midi* veio à tarde

après-rasage [apʀɛʀazaʒ] *adj-nm inv* após barba

après-ski [apʀɛski] *nm* (*pl* **après-skis**) (*chaussure*) calçados confortáveis usados após esquiar

après-soleil [apʀɛsɔlɛj] *adj- nm inv* (*creme*) hidratante pós-sol

après-vente [apʀɛvɑ̃t] *adj inv* pós-venda

apte [apt] *adj* apto, -ta, habilitado, -da (**à**, a)

aptitude [aptityd] *nf* aptidão

aquarelle [akwaʀɛl] *nf* aquarela

aquarium [akwaʀjɔm] *nm* aquário

aquatique [akwatik] *adj* aquático, -ca

aqueduc [akdyk] *nm* aqueduto

aqueux, -euse [akø, -øz] *adj* aquoso, -sa

arabe [aʀab] *adj* árabe
▶ *nmf* **Arabe** árabe
▶ *nm* (*langue*) árabe *m*

Arabie [aʀabi] *nf* Arábia
■ **Arabie saoudite** Arábia Saudita

arachide [aʀaʃid] *nf* BOT amendoim *m*

araignée [aʀɛɲe] *nf* ZOOL aranha
■ **araignée de mer** caranguejo-aranha *m*, santola

arbalète [aʀbalɛt] *nf* besta, balesta

arbitrage [aʀbitʀaʒ] *nm* arbitragem *f*

arbitraire [aʀbitʀɛʀ] *adj* arbitrário, -ra
▶ *nm* **arbitraire** arbitrariedade *f*

arbitre [aʀbitʀ] *nm* **1** (*juge*) árbitro, -tra **2** (*volonté*) arbítrio
■ **libre arbitre** livre-arbítrio

arboriculture [aʀbɔʀikyltyʀ] *nf* arboricultura

arbre [aʀbʀ] *nm* **1** (*gén*) árvore *f* **2** (*de transmission*) eixo *m*

arbuste [aʀbyst] *nm* arbusto

arc [aʀk] *nm* arco
• **avoir plusieurs cordes à son arc** poder contar com vários trunfos

arcade [aʀkad] *nf* ARCHIT arcada
■ **arcade sourcilière** sobrancelha, supercílio *m*

arc-boutant [aʀkbutɑ̃] *nm* (*pl* **arcs-boutants**) ARCHIT arcobotante

arceau [aʀso] *nm* **1** (*objet*) aro *m* **2** ARCHIT arco de abóbada

arc-en-ciel [aʀkɑ̃sjɛl] *nm* (*pl* **arcs-en-ciel**) arco-íris

archaïque [aʀkaik] *adj* arcaico, -ca
archaïsme [aʀkaism] *nm* arcaísmo
archange [aʀkɑ̃ʒ] *nm* arcanjo
arche [aʀʃ] *nf* **1** ARCHIT arco *m* **2** (*de Noé, d'alliance*) arca
archéologie [aʀkeɔlɔʒi] *nf* arqueologia
archéologue [aʀkeɔlɔg] *nmf* arqueólogo, -ga
archer [aʀʃe] *nm* arqueiro
archevêque [aʀʃəvɛk] *nm* arcebispo
archipel [aʀʃipɛl] *nm* arquipélago
architecte [aʀʃitɛkt] *nmf* arquiteto, -ta
architecture [aʀʃitɛktyʀ] *nf* arquitetura
archives [aʀʃiv] *nf pl* arquivo *m sing*
arctique [aʀktik] *adj* ártico, -ca
ardent, -e [aʀdɑ̃, -ɑ̃t] *adj* **1** (*gén*) ardente **2** (*soleil*) abrasador, -ra **3** *fig* (*personne*) ardoroso, -sa
ardeur [aʀdœʀ] *nf* **1** (*gén*) ardor *m fig* (*énergie*) ardor *m*, entusiasmo *m*
ardoise [aʀdwaz] *nf* **1** (*pierre*) ardósia **2** *fam* (*crédit*) conta, compra fiada
• **avoir une ardoise** estar devendo/ter uma conta / comprar fiado
ardu, -e [aʀdy] *adj* árduo, -a, difícil, penoso, -sa
are [aʀ] *nm* are (100 m²)
arène [aʀɛn] *nf* arena
▸ *nf pl* **arènes** arena *sing*
arête [aʀɛt] *nf* **1** (*de poisson*) espinha **2** (*de montagnes*) crista **3** (*d'un cube*) aresta
argent [aʀʒɑ̃] *nm* **1** (*métal*) prata *f* **2** (*monnaie*) dinheiro
• **jeter l'argent par les fenêtres** jogar dinheiro fora
■ **argent de poche** dinheiro para despesas miúdas
■ **argent liquide** dinheiro vivo
argenté, -e [aʀʒɑ̃te] *adj* prateado, -da
argenterie [aʀʒɑ̃tʀi] *nf* (*vaisselle*) prataria
argentin, -e [aʀʒɑ̃tɛ̃, -in] *adj* argentino, -na
▸ *nm,f* **Argentin, -e** argentino, -na
Argentine [aʀʒɑ̃tin] *nf* Argentina
argile [aʀʒil] *nf* argila

argot [aʀgo] *nm* **1** (*langue populaire*) gíria *f* **2** (*jargon*) jargão
arguer [2] [aʀgɥe] *vt* alegar, pretextar (**de**, -)
argument [aʀgymɑ̃] *nm* argumento
argumenter [1] [aʀgymɑ̃te] *vi* argumentar
aride [aʀid] *adj* árido, -da
aristocrate [aʀistɔkʀat] *nmf* aristocrata
aristocratie [aʀistɔkʀasi] *nf* aristocracia
arithmétique [aʀitmetik] *adj* aritmético, -ca
▸ *nf* aritmética
arlequin [aʀləkɛ̃] *nm* arlequim
armateur [aʀmatœʀ] *nm* armador
armature [aʀmatyʀ] *nf* **1** (*carcasse*) armação, arcabouço *m* **2** (*base*) fundamento *m*, base
arme [aʀm] *nf* arma
▸ *nf pl* **armes** (*d'une famille*) armas, brasão *m*
• **passer l'arme à gauche** *fig* passar desta para melhor
■ **arme à feu** arma de fogo
■ **arme blanche** arma branca
armée [aʀme] *nf* exército *m*
• **faire l'armée** fazer o serviço militar
■ **armée de l'air** força aérea, Aeronáutica
■ **armée de terre** exército
■ **armée navale** marinha de guerra
■ **Armée du Salut** Exército da Salvação
armement [aʀməmɑ̃] *nm* armamento
armer [1] [aʀme] *vt* **1** (*munir d'armes*) armar **2** (*-un navire*) armar, equipar
▸ *vpr* **s'armer 1** armar-se **2** *fig* armar-se, munir-se (**de**, de): *il faudra t'armer de patience* você terá de se armar de paciência
armistice [aʀmistis] *nm* armistício
armoire [aʀmwaʀ] *nf* armário *m*
■ **armoire à pharmacie** armário *m* de remédios
armoiries [aʀmwaʀi] *nf pl* armas, brasão *m*, escudo *m* de armas
armure [aʀmyʀ] *nf* armadura
armurerie [aʀmyʀʀi] *nf* **1** (*commerce*) loja de armas **2** (*fabrication*) indústria de armas

ARN [aɛʀɛn] *abr* (*acide ribonucléique*) RNA, ARN (ácido ribonucleico)

arnaque [aʀnak] *nf fam* falcatrua, cambalacho *m*

arnaquer [2] [aʀnake] *vt fam* engrupir, enganar, tapear

aromatique [aʀɔmatik] *adj* aromático, -ca

aromatiser [1] [aʀɔmatize] *vt* aromatizar

arôme [aʀom] *nm* aroma

arpège [aʀpɛʒ] *nm* MUS arpejo

arpenter [1] [aʀpɑ̃te] *vt* **1** (*marcher*) percorrer a passos largos **2** (*un terrain*) medir

arqué, -e [aʀke] *adj* **1** (*sourcils*) arqueado, -da **2** (*dos*) encurvado, -da

arracher [1] [aʀaʃe] *vt* arrancar
▶ *vpr* **s'arracher 1** (*cheveux*) arrancar-se **2** (*se disputer*) disputar: *les places de ce spectacle si sont arrachées* os lugares para este espetáculo foram muito disputados

arrangeant, -e [aʀɑ̃ʒɑ̃, -ɑ̃t] *adj* conciliador, -ra, cordato, -ta

arranger [4] [aʀɑ̃ʒe] *vt* **1** (*mettre dans l'ordre*) arrumar **2** (*réparer*) consertar **3** (*organiser*) organizar **4** (*accommoder*) acertar, resolver **5** (*convenir*) ser bom, ser ótimo, agradar, convir: *cela m'arrangerait si tu venais* seria ótimo se você viesse **6** *fam* (*maltraiter*) desancar
▶ *vpr* **s'arranger 1** (*vêtements, coiffure*) arrumar-se **2** (*s'accorder*) entrar em acordo, entender-se **3** (*se débrouiller*) arranjar-se, virar-se, dar um jeito: *je me suis arrangée pour pouvoir venir* dei um jeito de vir

arrestation [aʀɛstasjɔ̃] *nf* detenção, apreensão, captura

arrêt [aʀɛ] *nm* **1** (*action d'arrêter*) parada *f* **2** (*pause*) pausa *f*, interrupção *f* **3** DR sentença *f*, decisão *f*, acórdão
• **sans arrêt** sem parar, incessantemente
▪ **arrêt cardiaque** parada cardíaca
▪ **arrêt de bus** ponto de ônibus
▪ **arrêt maladie** afastamento por doença
▪ **mandat d'arrêt** mandado de prisão

arrêter [1] [aʀete] *vt* **1** (*gén*) parar, deter **2** (*date, regard*) marcar, fixar: *arrêter le jour d'un rendez-vous* marcar o dia de um encontro **3** (*voleur*) prender, deter
▶ *vi* (*ne plus avancer*) parar: *je vous ai déjà dit d'arrêter!* já lhe disse que parasse!
▶ *vpr* **s'arrêter 1** (*interrompre*) parar: *ma montre s'est arrêtée* meu relógio parou **2** **s'arrêter de** (*cesser*) parar de
• **arrêter de + inf** (*cesser de*) parar de + inf: *il n'arrête pas de parler* ele não para de falar

arrhes [aʀ] *nf pl* sinal (*em dinheiro*)

arrière [aʀjɛʀ] *adv* (*gén*) atrás, para trás
▶ *adj inv* traseiro, -ra: *les roues arrière* as rodas traseiras
▶ *nm* **1** (*d'un véhicule*) parte *f* traseira, costas *f pl*, popa *f* (*de navio*) **2** SPORT defesa *f*, retaguarda *f*
• **à l'arrière** atrás, na parte de trás
• **en arrière** para trás
• **marche arrière** marcha a ré
• **rester en arrière** ficar atrás/para trás

arriéré, -e [aʀjeʀe] *adj* **1** (*pays, région*) atrasado, -da **2** (*personne*) retardado, -da **3** (*mœurs, idées*) antiquado, -da, retrógrado, -da, ultrapassado, -da
▶ *nm,f* (*mental*) retardado, -da
• **un arriéré de sommeil** sono atrasado

arrière-boutique [aʀjɛʀbutik] *nf* (*pl* **arrière-boutiques**) fundos de uma loja

arrière-garde [aʀjɛʀgaʀd] *nf* (*pl* **arrière-gardes**) retaguarda

arrière-goût [aʀjɛʀgu] *nm* (*pl* **arrière-goûts**) ressaibo

arrière-grand-mère [aʀjɛʀgʀɑ̃mɛʀ] *nf* (*pl* **arrière-grands-mères**) bisavó

arrière-grands-parents [aʀjɛʀgʀɑ̃paʀɑ̃] *nm pl* bisavós

arrière-grand-père [aʀjɛʀgʀɑ̃pɛʀ] *nm* (*pl* **arrière-grands-pères**) bisavô

arrière-pays [aʀjɛʀpei] *nm inv* interior

arrière-pensée [aʀjɛʀpɑ̃se] *nf* (*pl* **arrière-pensées**) segundas intenções

arrière-petite-fille [aʀjɛʀp(ə)titfij] *nf* (*pl* **arrière-petites-filles**) bisneta

arrière-petit-fils [aʀjɛʀp(ə)tifis] *nm* (*pl* **arrière-petits-fils**) bisneto

arrière-petits-enfants [aʀjɛʀp(ə)tizɑ̃fɑ̃] *nm pl* bisnetos

arrière-plan [aRjɛRplɑ̃] *nm* (*pl* **arrière-plans**) segundo plano

arrière-saison [aRjɛRsɛzɔ̃] *nf* (*pl* **arrière-saisons**) final do outono

arrière-train [aRjɛRtRɛ̃] *nm* (*pl* **arrière-trains**) traseiro (de animal)

arrimer [1] [aRime] *vt* amarrar, atar

arrivée [aRive] *nf* **1** (*action*) chegada, vinda **2** (*d'air, d'essence*) entrada

arriver [1] [aRive] *vi* **1** (*gén*) chegar: *il lui arrive à l'épaule* ele lhe chega ao ombro; *le train vient d'arriver* o trem acaba de chegar; *l'hiver arrive* o inverno está chegando **2** (*parvenir*) conseguir (*à, -*): *je n'arrive pas à comprendre* não consigo entender; *j'y suis finalement arrivé* finalmente consegui
▶ *v impers* (*se produire*) ocorrer, acontecer: *cela arrive parfois* isso às vezes acontece; *il est arrivé un accident* ocorreu um acidente
• **arriver à ses fins** conseguir o que quer

arriviste [aRivist] *nmf* oportunista, ambicioso, -sa

arrogance [aRɔgɑ̃s] *nf* arrogância

arrogant, -e [aRɔgɑ̃, -ɑ̃t] *adj* arrogante

arroger (s') [4] [aRɔʒe] *vpr* arrogar-se

arrondir [20] [aRɔ̃diR] *vt* arredondar

arrondissement [aRɔ̃dismɑ̃] *nm* **1** (*division administrative*) distrito, circunscrição *f* administrativa **2** (*d'une somme*) arredondamento

arrosage [aRozaʒ] *nm* irrigação *f*, rega *f*

arroser [1] [aRoze] *vt* irrigar, regar

arrosoir [aRozwaR] *nm* regador

arsenal [aRsənal] *nm* arsenal

arsenic [aRsənik] *nm* CHIM arsênico

art [aR] *nm* arte *f*
▪ **art moderne** arte moderna
▪ **arts et métiers** artes e ofícios
▪ **arts plastiques** artes plásticas
▪ **les beaux-arts** belas-artes
▪ **le septième art** sétima arte

artère [aRtɛR] *nf* artéria

artériel, -elle [aRteRjɛl] *adj* arterial

arthrite [aRtRit] *nf* MÉD artrite

arthrose [aRtRoz] *nf* MÉD artrose

artichaut [aRtiʃo] *nm* BOT alcachofra *f*

article [aRtikl] *nm* artigo
▪ **article défini** artigo definido
▪ **article indéfini** artigo indefinido

articulation [aRtikylasjɔ̃] *nf* articulação

articuler [1] [aRtikyle] *vt* articular
▶ *vpr* **s'articuler** articular-se

artifice [aRtifis] *nm* **1** (*gén*) artifício *m* **2** (*ruse*) artimanha, ardil

artificiel, -elle [aRtifisjɛl] *adj* artificial

artillerie [aRtijRi] *nf* artilharia

artilleur [aRtijœR] *nm* artilheiro

artisan, -e [aRtizɑ̃, -an] *nm,f* artesão, -sã

artisanat [aRtizana] *nm* artesanato

artiste [aRtist] *nmf* artista

artistique [aRtistik] *adj* artístico, -ca

as [as] *nm* ás

ascendance [asɑ̃dɑ̃s] *nf* ascendência

ascendant, -e [asɑ̃dɑ̃, -ɑ̃t] *adj-nm* ascendente

ascenseur [asɑ̃sœR] *nm* elevador

ascension [asɑ̃sjɔ̃] *nf* ascensão

ascète [asɛt] *nmf* asceta

asepsie [asɛpsi] *nf* MÉD assepsia *f*

aseptisé, -e [asɛptize] *adj* asséptico, -ca

asiatique [azjatik] *adj* asiático, -ca
▶ *nmf* **Asiatique** asiático, -ca

Asie [azi] *nf* Ásia

asile [azil] *nm* asilo
▪ **asile politique** asilo político

aspect [aspɛ] *nm* aspecto

asperge [aspɛRʒ] *nf* BOT aspargo *m*

asperger [4] [aspɛRʒe] *vt* aspergir, salpicar, borrifar

aspérité [aspeRite] *nf* aspereza

asphalte [asfalt] *nm* asfalto

asphyxiant, -e [asfiksjɑ̃, -ɑ̃t] *adj* asfixiante, sufocante

asphyxie [asfiksi] *nf* asfixia

asphyxier [12] [asfiksje] *vt* asfixiar
▶ *vpr* **s'asphyxier** asfixiar-se

aspic [aspik] *nm* **1** ZOOL naja *f* **2** BOT alfazema *f*

aspirateur [aspiRatœR] *nm* aspirador

aspiration [aspiRasjɔ̃] *nf* aspiração

aspirer [1] [aspiʀe] vt **1** (*gén*) aspirar, inalar **2** (*désirer*) aspirar (**à**, a)

aspirine [aspiʀin] nf aspirina

assagir [20] [asaʒiʀ] vt tornar sensato, moderar, acalmar
▶ vpr **s'assagir** tornar-se sensato, moderar-se, assentar-se

assaillir [27] [asajiʀ] vt **1** (*gén*) assaltar, atacar, investir **2** *fig* (*harceler*) crivar, cobrir, importunar com: *il l'a assailli de questions* ele o crivou de perguntas

assainir [20] [aseniʀ] vt sanear

assaisonnement [asɛzɔnmɑ̃] nm **1** (*action d'assaisonner*) condimentação **2** (*ingrédient*) tempero, condimento

assaisonner [1] [asɛzɔne] vt temperar, condimentar

assassin, -e [asasɛ̃, -in] adj assassino, -na
▶ nm **assassin** assassino, -na, homicida

assassinat [asasina] nm assassinato, assassínio, homicídio

assassiner [1] [asasine] vt assassinar

assaut [aso] nm assalto, ataque

assécher [10] [aseʃe] vt **1** (*gén*) drenar **2** (*un réservoir*) esvaziar, esgotar

ASSEDIC [asedik] abr (**Association pour l'emploi dans l'industrie et le commerce**) Associação para o Emprego na Indústria e no Comércio
• **toucher les** ASSEDIC receber seguro-desemprego

assemblée [asɑ̃ble] nf assembleia

assembler [1] [asɑ̃ble] vt **1** (*monter*) montar **2** (*unir*) unir, juntar **3** (*personnes*) reunir **4** (*pièces*) encaixar
▶ vpr **s'assembler** reunir-se

assentiment [asɑ̃timɑ̃] nm concordância f, assentimento

asseoir [40] [aswaʀ] vt **1** (*gén*) sentar **2** (*les bases*) assentar
▶ vpr **s'asseoir** sentar-se

assermenté, -e [asɛʀmɑ̃te] adj juramentado, -da

assez [ase] adv **1** (*plutôt*) bastante, bem: *c'est assez simple* é bem simples **2** (*quantité*) suficiente, bastante: *il n'y a pas assez d'espace* não há espaço suficiente
▶ interj **assez!** chega!

• **en avoir assez** estar cheio de, estar farto de

assiduité [asiduite] nf assiduidade

assiégé, -e [asjeʒe] adj-nm, f sitiado, -da, cercado, -da

assiéger [11] [asjeʒe] vt sitiar, cercar

assiette [asjɛt] nf **1** (*pièce de vaisselle*) prato m **2** (*d'impôt, de cotisation*) base de cálculo
• **ne pas être dans son assiette** não se sentir muito bem
■ **assiette anglaise** prato m de frios
■ **assiette creuse** prato fundo
■ **assiette à dessert** prato de sobremesa
■ **assiette à soupe** prato fundo, prato para sopa

assigner [1] [asiɲe] vt **1** (*tâche*) atribuir **2** (*à un poste*) designar, lotar **3** DR citar, intimar (a comparecer em juízo)
• **assigner qqn en justice** intimar alguém a comparecer em juízo

assimilation [asimilasjɔ̃] nf **1** (*gén*) assimilação **2** (*rapprochement*) equiparação, comparação

assimiler [1] [asimile] vt **1** (*gén*) assimilar **2** (*rapprocher*) equiparar, comparar
▶ vpr **s'assimiler** **1** (*aliments*) ser assimilado **2** (*à une personne*) equiparar-se (**à**, a) **3** (*à une culture*) ser assimilado, integrar-se (**à**, a)

assistance [asistɑ̃s] nf **1** (*aide*) assistência, ajuda **2** (*public*) público m

assistant, -e [asistɑ̃, -ɑ̃t] nm,f **1** (*auxiliaire*) assistente, auxiliar, ajudante **2** (*à une conférence, un spectacle*) assistente, presente

assister [1] [asiste] vi assistir, presenciar (**à**, a): *il n'a pas assisté à la réunion* não assistiu à reunião
▶ vt assistir, ajudar

association [asɔsjasjɔ̃] nf associação

associé, -e [asɔsje] adj associado, -da
▶ nm,f sócio, -a

associer [12] [asɔsje] vt associar
▶ vpr **s'associer 1** (*personnes*) associar-se (**à**, a): *ils se sont associés pour créer une entreprise* associaram-se para criar uma empresa **2** (*couleurs, mots*) combinar-se (**à**, com)

assoiffé, -e [aswafe] adj **1** (*d'eau*) sedento, -ta **2** (*d'argent, de pouvoir*) ávido, -da

assombrir [20] [asɔ̃bRiR] *vt* **1** *(ciel, pièce)* escurecer **2** *(visage)* anuviar **3** *(avenir)* tornar sombrio
▸ *vpr* **s'assombrir 1** *(ciel)* escurecer(-se), nublar-se **2** *(regard, visage)* anuviar-se

assommant, -e [asɔmɑ̃, -ɑ̃t] *adj fam* massacrante, chato, -ta

assommer [1] [asɔme] *vt* **1** *(d'un coup)* abater, matar **2** *fam (ennuyer)* massacrar, amolar

assomption [asɔ̃psjɔ̃] *nf* **1** REL assunção **2** *(acte d'assumer)* ato de assumir **3** *(hypothèse)* hipótese

assorti, -e [asɔRti] *adj* **1** *(couleurs)* combinado, -da **2** *(personnes)* que combinam, que se dão: *c'est un couple bien assorti* um casal que se dá bem

assortiment [asɔRtimɑ̃] *nm* **1** *(gén)* combinação *f*, composição *f*, arranjo **2** *(d'aliments)* sortimento, sortido, variedade *f*

assortir [20] [asɔRtiR] *vt* combinar
▸ *vpr* **s'assortir** combinar(se)

assoupir [20] [asupiR] *vt* **1** *(endormir)* adormecer **2** *(atténuer)* atenuar, abrandar
▸ *vpr* **s'assoupir 1** *(s'endormir)* adormecer(-se) **2** *(s'affaiblir)* atenuar-se, abrandar-se

assouplir [20] [asupliR] *vt* **1** *(corps)* tornar flexível **2** *(matière)* amaciar **3** *(caractère)* suavizar, tornar maleável
▸ *vpr* **s'assouplir 1** *(matière)* tornar flexível **2** *(caractère)* suavizar-se, moderar-se, tornar-se maleável

assouplissant [suplisɑ̃] *nm* amaciante

assourdir [20] [asuRdiR] *vt* **1** *(gén)* ensurdecer **2** *(amortir)* abafar, amortecer **3** *fig (par des paroles, des cris)* atordoar, enervar

assouvir [20] [asuviR] *vt* **1** *(appétit)* saciar **2** *(passion)* satisfazer

assujettir [20] [asyzetiR] *vt* **1** *(animal, membre)* imobilizar **2** *(sous l'autorité)* submeter, sujeitar, subjugar
▸ *vpr* **s'assujettir** submeter-se, sujeitar-se

assumer [1] [asyme] *vt* assumir

assurance [asyRɑ̃s] *nf* **1** *(gén)* garantia **2** *(confiance)* segurança, autoconfiança **3** *(sûreté)* certeza **4** *(contrat)* seguro *m*
▪ **assurance maladie** seguro-saúde
▪ **assurance tous risques** seguro total

assurance-vie [asyRɑ̃svi] *nf (pl* **assurances-vie)** seguro *m* de vida

assuré, -e [asyRe] *adj-nm,f* segurado, -da
▪ **assuré, -e social** segurado social

assurément [asyRemɑ̃] *adv* incontestavelmente

assurer [1] [asyRe] *vt* **1** *(gén)* garantir: *je t'assure que c'est vrai* garanto que é verdade **2** *(certifier)* afirmar, dar garantias de, afiançar **3** *(garantir par un contrat)* segurar, pôr no seguro **4** *(affirmer)* afirmar, assegurar **5** *(procurer)* propiciar, oferecer
▸ *vpr* **s'assurer** assegurar-se, certificar-se

assureur [asyRœR] *nm* segurador, agente de seguros

astérisque [asterisk] *nm* asterisco

astéroïde [asteRɔid] *nm* asteroide

asthme [asm] *nm* MÉD asma *f*

asticot [astiko] *nm* larva *f*

astiquer [2] [astike] *vt* polir, encerar, dar brilho a

astre [astR] *nm* astro

astreindre [76] [astRɛ̃dR] *vt* forçar, obrigar, coagir
vpr **s'astreindre** obrigar-se, submeter-se (**à**, a)

astrologie [astRɔlɔʒi] *nf* astrologia

astrologue [astRɔlɔg] *nmf* astrólogo, -ga

astronaute [astRɔnot] *nmf* astronauta

astronome [astRɔnɔm] *nmf* astrônomo, -ma

astronomie [astRɔnɔmi] *nf* astronomia

astronomique [astRɔnɔmik] *adj* astronômico, -ca

astuce [astys] *nf* **1** *(ingéniosité)* astúcia *f* **2** *(ruse)* ardil *m*, artimanha

astucieux, -euse [astysjø, -øz] *adj* astucioso, -sa, astuto, -ta

asymétrique [asimetRik] *adj* assimétrico, -ca

atavisme [atavism] *nm* atavismo

atelier [atəlje] *nm* **1** *(d'un artisan)* ateliê **2** *(de photographie)* estúdio **2** *(des ouvriers)* oficina *f*

athée [ate] *adj-nmf* ateu, -eia

Athènes [atɛn] *nf* Atenas

athlète [atlɛt] *nmf* atleta

athlétisme [atletism] *nm* atletismo

atlantique [atlɑ̃tik] *adj* atlântico, -ca

atlas [atlas] *nm* atlas

atmosphère [atmɔsfɛʀ] *nf* 1 (*gén*) atmosfera 2 *fig* (*ambiance*) ambiente *m*, clima *m*

atmosphérique [atmɔsfeʀik] *adj* atmosférico, -ca

atoll [atɔl] *nm* atol

atome [atom] *nm* átomo

atomique [atɔmik] *adj* atômico, -ca

atone [atɔn] *adj* 1 (*voyelle*) átono, -na 2 (*personne*) inexpressivo, -va

atout [atu] *nm* 1 (*carte*) trunfo 2 (*ressource*) trunfo, vantagem *f*

âtre [atʀ] *nm* (*de cheminée*) lareira *f*

atroce [atʀɔs] *adj* 1 (*crime*) atroz, hediondo 2 *fam* (*très mauvais*) atroz, infame, horrível

atrophier [13] [atʀɔfje] *vt* atrofiar
▸ *vpr* **s'atrophier** atrofiar-se

attabler (s') [1] [atable] *vpr* sentar-se à mesa

attachant, -e [ataʃɑ̃, -ɑ̃t] *adj* cativante, sedutor, -ra

attache [ataʃ] *nf* 1 (*gén*) presilha, fecho *m* 2 (*cordon*) cordão *m*, cadarço *m* 3 (*pour papiers*) clipe *m* 4 (*pince*) grampo *m*, prendedor *m*

attaché, -e [ataʃe] *adj* apegado, -da: *il est très attaché à sa grand-mère* ele é muito apegado à avó
▸ *nm,f* adido, -da: *attaché culturel* adido cultural
■ **attaché, -e de presse** assessor de imprensa

attaché-case [ataʃekɛz] *nm* (*pl* **attachés-cases**) pasta *f*, maleta *f*

attachement [ataʃmɑ̃] *nm* apego, afeição *f*, afeto

attacher [1] [ataʃe] *vt* 1 (*gén*) amarrar, atar, prender 2 (*ceinture*) fechar 3 (*bouton*) abotoar 4 (*à un service*) destinar 5 (*importance*) atribuir, dar 6 vincular, atribuir

▸ *vi* (*poêle etc.*) aderir: *cette poêle n'attache pas* esta frigideira não adere
▸ *vpr* **s'attacher** 1 (*collier*) fechar-se 2 (*robe*) fechar-se, abotoar-se 3 (*avoir de l'affection pour*) apegar-se, afeiçoar-se (**à**, a) 4 (*un travail*) dedicar-se (**à**, a) 5 prender-se

attaquant, -e [atakɑ̃, -ɑ̃t] *nm,f* atacante

attaque [atak] *nf* ataque *m*

attaquer [1] [atake] *vt* 1 (*gén*) atacar 2 (*sujet, problème*) abordar, atacar
▸ *vpr* **s'attaquer** 1 (*combattre*) atacar (**à**, -) 2 (*problème*) enfrentar, encarar

attarder [1] [ataʀde] *vt* atrasar
▸ *vpr* **s'attarder** atrasar-se, demorar-se: *s'attarder en chemin* demorar-se pelo caminho

atteindre [76] [atɛ̃dʀ] *vt* 1 (*objectif*) atingir, alcançar 2 (*malheur*) atingir, afetar 3 (*arriver à*) chegar a

atteint, -e [atɛ̃, -ɛ̃t] *adj* afetado, -da, atingido, -da
▸ *nf* **atteinte** (*dommage*) atentado *m*
• **être atteint d'une maladie** sofrer de uma doença
• **hors d'atteinte** fora de alcance
• **porter atteinte à** atentar contra
■ **atteinte à la vie privée** desrespeito à privacidade

attelage [atlaʒ] *nm* 1 (*de chevaux*) tiro, parelha *f* 2 (*de bœufs*) junta *f*

atteler [5] [atle] *vt* 1 (*voiture*) engatar 2 (*animal*) atrelar
▸ *vpr* **s'atteler** aplicar-se, dedicar-se, entregar-se (**à**, a)

attendre [62] [atɑ̃dʀ] *vt* esperar
▸ *vpr* **s'attendre à (ce que)** esperar (que): *elle s'attend à ce qu'il vienne la chercher* ela espera que ele venha procurá-la
• **au moment où l'on s'y attend le moins** quando menos se espera
• **en attendant** enquanto isso

attendrir [20] [atɑ̃dʀiʀ] *vt* 1 (*aliments*) amaciar, amolecer 2 (*le cœur*) enternecer, comover
▸ *vpr* **s'attendrir** enternecer-se

attendrissant, -e [atɑ̃dʀisɑ̃, -ɑ̃t] *adj* enternecedor, -ra, comovente, tocante

attendu, -e [atɑ̃dy] *adj* esperado, -da, previsto, -ta
▸ *prép* **attendu** em vista de
• **attendu que** uma vez que, considerando que

attentat [atɑ̃ta] *nm* atentado

attente [atɑ̃t] *nf* **1** *(gén)* espera **2** *(espoir)* expectativa, esperança
■ **salle** *f* **d'attente** sala de espera

attenter [1] [atɑ̃te] *vi* atentar (**à**, contra)

attentif, -ive [atɑ̃tif, -iv] *adj* atento, -ta

attention [atɑ̃sjɔ̃] *nf* **1** *(concentration)* atenção **2** *(alerte)* cuidado *m*: **fais attention aux voitures** *(tome)* cuidado com os carros
▸ *interj* **attention**! atenção! cuidado!
• **à l'attention de** à atenção de

attentionné, -e [atɑ̃sjɔne] *adj* atencioso, -sa, amável

atténuer [1] [atenɥe] *vt* atenuar

atterrir [20] [ateʀiʀ] *vi* aterrissar

atterrissage [ateʀisaʒ] *nm* aterrissagem *f*, pouso
■ **atterrissage forcé** pouso forçado

attestation [atɛstasjɔ̃] *nf* **1** *(certificat)* atestado *m*, certificado *m*, certidão **2** *(acte)* prova, demonstração

attester [1] [atɛste] *vt* **1** *(assurer)* declarar, afirmar, assegurar **2** *(prouver)* comprovar demonstrar, provar

attirail [atiʀaj] *nm* **1** equipamento, acessórios **2** *fam* parafernália, tralha

attirant, -e [atiʀɑ̃, -ɑ̃t] *adj* atraente

attirer [1] [atiʀe] *vt* **1** *(gén)* atrair **2** *(ennuis)* causar, ocasionar, acarretar
▸ *vpr* **s'attirer** **1** *(avoir une attirance)* atrair-se mutuamente **2** *(ennemis, sympathie)* granjear, arranjar: **tu vas t'attirer des ennuis** você vai arranjar problemas

attiser [1] [atize] *vt* atiçar, avivar, excitar

attitré, -e [atitʀe] *adj* **1** *(représentant)* credenciado, -da **2** *(coutumier)* habitual, regular: **c'est son fournisseur attitré depuis 20 ans** é seu fornecedor regular há 20 anos

attitude [atityd] *nf* **1** *(mentale)* atitude **2** *(physique)* postura, posição

attraction [atʀaksjɔ̃] *nf* atração

attrait [atʀɛ] *nm* atrativo
▸ *nm pl* **attraits** atrativos, encantos

attraper [1] [atʀape] *vt* **1** *(objet)* agarrar **2** *(grippe)* pegar, contrair **3** *(dans un piège)* apanhar **4** *(surprendre)* pegar, pilhar, flagrar **5** *fam (gronder)* dar bronca **6** *(train, aubobus)* alcançar
• **se faire attraper par qqn** levar uma bronca de alguém

attrayant, -e [atʀɛjɑ̃, -ɑ̃t] *adj* atraente, agradável

attribuer [1] [atʀibɥe] *vt* **1** *(défaut, mérite)* atribuir, imputar **2** *(privilège)* outorgar, conferir, conceder
▸ *vpr* **s'attribuer** atribuir-se

attribut [atʀiby] *nm* atributo

attribution [atʀibysjɔ̃] *nf* atribuição
▸ *nf pl* **attributions** atribuições

attrister [1] [atʀiste] *vt* entristecer, magoar, afligir
▸ *vpr* **s'attrister** entristecer-se

attroupement [atʀupmɑ̃] *nm (de personnes)* aglomeração *f*, ajuntamento

attrouper [1] [atʀupe] *vt* aglomerar
▸ *vpr* **s'attrouper** aglomerar-se, juntar-se

au [o] *(contr* **à** + **le**) ao: **elle est allée au marché** ela foi ao mercado; **il est allé au bureau** ele foi ao escritório

aubaine [obɛn] *nf* bom negócio *m*, boa oportunidade

aube [ob] *nf* **1** *(gén)* aurora **2** *fml (commencement)* aurora, primórdio *m*

aubépine [obepin] *nf* BOT espinheiro--alvar *m*

auberge [obɛʀʒ] *nf* albergue *m*, hospedaria
■ **auberge de jeunesse** albergue *m* da juventude

aubergine [obɛʀʒin] *nf* BOT berinjela

aubergiste [obɛʀʒist] *nmf* hoteleiro, -ra

aucun, -e [okœ̃, -yn] *adj* (com a partícula negativa **ne** ou precedido de **sans**) *(sens négatif)* nenhum, -ma, algum, -ma: **il n'y a aucune raison d'y aller** não há razão alguma para ir; **sans aucun espoir de réussite** sem nenhuma esperança de sucesso; **sans aucun doute** sem dúvida alguma
▸ *pron* **1 aucun de** *(sens négatif)* nenhum, -ma de: **aucun d'entre nous n'a**

appelé nenhum de nós telefonou **2 aucun de** (*sens positif*) qualquer um de: *il parle mieux l'anglais qu'aucun d'entre nous* ele fala inglês melhor que qualquer um de nós **3** (*personne*) ninguém: *aucun n'est content* ninguém está contente
- **d'aucuns** *fml* alguns

audace [odas] *nf* **1** (*gén*) audácia **2** (*insolence*) atrevimento *m*, ousadia

audacieux, -euse [odasjø, -øz] *adj* **1** (*hardi*) audacioso, -sa, audaz **2** (*insolent*) atrevido, -da, ousado, -da

au-dedans [odədɑ̃] *prép* dentro, por dentro
- **au-dedans de** dentro de, por dentro de

au-dehors [odəɔʀ] *prép* fora, por fora, para fora
- **au-dehors de** fora de, por fora de

au-delà [odəla] *prép* além, mais além, para além
▶ *nm* **l'au-delà** o além
- **au-delà de** além de

au-dessous [odəsu] *prép* sob, debaixo, embaixo
- **au-dessous de** abaixo de

au-dessus [odəsy] *prép* sobre, em cima, por cima
- **au-dessus de** acima de

audience [odjɑ̃s] *nf* audiência

audiovisuel, -elle [odjɔvizɥɛl] *adj- -nm* audiovisual

audit [odit] *nf* auditoria

auditeur, -trice [oditœʀ, -tʀis] *nm,f* **1** (*gén*) ouvinte **2** (*de conférence*) (*pessoa*) presente
▶ *nm* **auditeur** COMM auditor, -ra
■ **auditeur libre** (*à l'université*) ouvinte

audition [odisjɔ̃] *nf* audição

auditoire [oditwaʀ] *nm* auditório

augmentation [ɔgmɑ̃tasjɔ̃] *nf* aumento *m*

augmenter [1] [ɔgmɑ̃te] *vt* aumentar

augurer [1] [ɔgyʀe] *vt* augurar

aujourd'hui [oʒuʀdɥi] *adv* hoje

aumône [omon] *nf* esmola

auparavant [opaʀavɑ̃] *adv* antes: *une semaine auparavant, il était parti* uma semana antes, tinha ido embora

auprès [opʀɛ] *adv loc* **auprès de 1** perto de, junto a, ao lado de **2** (*comparaison*) em comparação com, perto de: *ce n'est rien auprès de ce qui t'attend* isso não é nada perto do que te espera **3** (*organisme*) em: *retirer le dossier auprès du rectorat* retirar a documentação na reitoria

auquel [okɛl] *contr* (**à + lequel**) ao qual, no qual

auréole [oʀeɔl] *nf* auréola

auriculaire [oʀikylɛʀ] *adj* auricular
▶ *nm* (*doigt*) dedo mínimo, mindinho

aurore [oʀɔʀ] *nf* aurora

ausculter [1] [oskylte] *vt* auscultar

aussi [osi] *adv* **1** (*égalité*) também: *moi aussi j'en veux* eu também quero **2 aussi... que** (*comparaison*) tão... como/quanto: *elle est aussi grande que lui* ela é tão alta quanto ele **3** (*intensité*) tão: *je n'ai jamais rien vu d'aussi drôle* nunca vi nada tão engraçado
▶ *conj* por isso: *il était fatigué, aussi s'est-il couché* estava cansado, por isso se deitou
- **aussi bien que** tanto quanto: *tu le sais aussi bien que moi* você sabe disso tanto quanto eu

aussitôt [osito] *adv* logo, imediatamente: *il est parti aussitôt* foi-se embora imediatamente
- **aussitôt après** logo depois
- **aussitôt que** logo que, assim que

austérité [osteʀite] *nf* austeridade

Australie [ostʀali] *nf* Austrália

australien, -enne [ostʀaljɛ̃, -ɛn] *adj* australiano, -na
▶ *nm,f* **Australien, -enne** australiano, -na

autant [otɑ̃] *adv* **1** (*quantité*) tanto: *je n'ai jamais vu quelqu'un dormir autant* nunca vi ninguém dormir tanto **2** (*de préférence*) melhor: *autant lui dire la vérité* é melhor dizer-lhe a verdade
▶ *loc* **1 autant... que** tanto... quanto/como: *il travaille autant que vous* ele trabalha tanto quanto vocês **2 autant de... que** tanto, -ta... quanto, -ta: *il y a autant de chaises que de personnes* há tantas cadeiras quantas são as pessoas **3** (**pour**) **autant que** pelo que: *pour autant que je sache* pelo que sei

- **d'autant mieux** muito melhor
- **d'autant moins que** menos ainda porque
- **d'autant plus que** principalmente porque

autarcie [otaʀsi] *nf* autarquia

autel [otɛl] *nm* altar

auteur [otœʀ] *nm* autor, -ra

authenticité [otɑ̃tisite] *nf* autenticidade

authentique [otɑ̃tik] *adj* autêntico, -ca

auto [oto] *nf* carro *m*

autobiographie [otɔbjɔgʀafi] *nf* autobiografia

autobus [otɔbys] *nm* ônibus urbano

autocar [otɔkaʀ] *nm* ônibus interurbano

autochtone [otɔktɔn] *adj-nmf* autóctone

autocollant, -e [otɔkɔlɑ̃, -ɑ̃t] *adj* adesivo, -va
▶ *nm* **autocollant** adesivo

autocritique [otokʀitik] *nf* autocrítica

autocuiseur [atɔkɥizœʀ] *nm* panela *f* de pressão

autodéfense [otɔdefɑ̃s] *nf* autodefesa

autodétermination [otɔdetɛʀminasjɔ̃] *nf* autodeterminação

autodidacte [otɔdidakt] *adj-nmf* autodidata

auto-école [otoekɔl] *nf* (*pl* **auto-écoles**) autoescola

autographe [otɔgʀaf] *adj* autógrafo, -fa
▶ *nm* autógrafo *m*

automate [otɔmat] *nm* autômato

automatique [otɔmatik] *adj* automático, -ca

automatisation [otɔmatizasjɔ̃] *nf* automatização

automnal, -e [otɔnal] *adj* outonal

automne [otɔn] *nm* outono

automobile [otɔmɔbil] *nf* automóvel *m*, carro *m*
▶ *adj* automotor

automobiliste [otɔmɔbilist] *nmf* automobilista

autonome [otɔnɔm] *adj* autônomo, -ma

autonomie [otɔnɔmi] *nf* autonomia

autoportrait [otɔpɔʀtʀɛ] *nm* autorretrato

autopsie [otɔpsi] *nf* autópsia

autoradio [otɔʀadjo] *nm* autorrádio

autorisation [otɔʀizasjɔ̃] *nf* autorização *f*: *je n'ai pas l'autorisation de vous laisser passer* não tenho autorização para deixá-lo passar

autoriser [1] [otɔʀize] *vt* autorizar

autoritaire [otɔʀitɛʀ] *adj* autoritário, -ria

autorité [otɔʀite] *nf* autoridade

autoroute [otɔʀut] *nf* rodovia, autoestrada
■ **autoroute de l'information** infovia

auto-stop [otostɔp] *nm* carona *f*
- **faire de l'auto-stop** pedir carona

autour [otuʀ] *adv* ao redor, em torno
- **tout autour** por todos os lados

autre [otʀ] *adj indéf* outro, -tra: *il a une autre maison* ele tem outra casa; *il y avait autre chose* havia outra coisa
▶ *pron* outro, -tra: *l'un écrit, l'autre parle* um escreve, o outro fala; *va avec les autres* vá com os outros
- **aucun autre** ninguém mais
- **entre autres** entre outras coisas
- **l'un, -e et l'autre** ambos, -bas, os/as dois/duas
- **l'un l'autre** um ao outro
- **quelqu'un d'autre** outra pessoa
- **rien d'autre** nada mais

autrefois [otʀəfwa] *adv* outrora, antigamente

autrement [otʀəmɑ̃] *adv* **1** (*différemment*) de outro modo, diferentemente: *je n'ai pas pu faire autrement* não pude agir de outro modo **2** (*sinon*) senão, ao contrário: *travaille, autrement tu n'auras pas ton examen* estude, senão você não passa
- **autrement dit** em outras palavras

Autriche [otʀiʃ] *nf* Áustria

autrichien, -enne [otʀiʃjɛ̃, -ɛn] *adj* austríaco, -ca
▶ *nm,f* **Autrichien, -enne** austríaco, -ca

autruche [otʀyʃ] *nf* ZOOL avestruz *m*

autrui [otʀɥi] *pron* outro, outra pessoa, outrem, os outros: *je travaille pour le compte d'autrui* trabalho para os outros

auxiliaire [oksiljɛʀ] *adj-nmf* auxiliar

auxquels, -quelles [okɛl] *contr* (à + **lesquels, -quelles**) aos quais, às quais

avachi, -e [avaʃi] *adj* **1** (*vêtement, chaussures*) deformado, -da **2** (*personne*) fraco, -ca, frouxo, -xa

aval [aval] *nm* COMM (*garantie*) aval, garantia *m*

▸ *loc* **en aval (de) 1** (*rivière*) rio abaixo, a jusante, **2** (*après*) depois, posteriormente

■ **aval bancaire** aval bancário

avalanche [avalɑ̃ʃ] *nf* avalanche, avalancha

avaler [1] [avale] *vt* **1** (*gén*) engolir, ingerir **2** *fam* (*croire*) engolir

avance [avɑ̃s] *nf* **1** (*dans le temps*) adiantamento *m* **2** (*dans l'espace*) dianteira, vantagem: *le coureur cycliste a une avance de deux mètres* o ciclista tem uma vantagem de dois metros **3** (*d'argent*) adiantamento *m* **4** (*progression*) progresso *m*, avanço *m*

• **à l'avance** antecipadamente, antes, previamente

• **d'avance** [paiement; temps] adiantado [dans un approvisionnement] a mais, de sobra

• **en avance** adiantado

• **par avance** de antemão, antecipadamente

avancement [avɑ̃smɑ̃] *nm* **1** (*développement*) avanço, progresso **2** (*promotion*) promoção *f*

avancer [3] [avɑ̃se] *vt* **1** (*dans l'espace, le temps*) adiantar, antecipar: *il a avancé la date de ses vacances* adiantou a data de suas férias **2** (*approcher*) aproximar, estender, pôr perto: *avance-lui une chaise* estenda uma cadeira para ele **3** (*proposer*) propor: *il a avancé une théorie* propôs uma teoria **4** (*de l'argent*) adiantar

▸ *vi* **1** (*progresser*) avançar, ir em frente, adiantar-se **2** (*montre*) adiantar

▸ *vpr* **s'avancer 1** (*dans l'espace*) avançar, adiantar-se **2** (*le temps*) aproximar-se: *la nuit s'avance* a noite está se aproximando **3** (*s'engager*) arriscar-se, comprometer-se

• **allez, avance!** vamos, mexa-se!

avant [avɑ̃] *prép* antes de: *je suis arrivé avant lui* cheguei antes dele; *avant le week-end* antes do fim de semana

▸ *adv* antes: *ça s'est passé deux jours avant* aconteceu dois dias antes

▸ *nm* **1** parte *f* dianteira, frente *f* **2** SPORT atacante

▸ *adj inv* dianteiro, -ra, da frente: *les roues avant* as rodas da frente

▸ *loc* **1 avant de + inf** antes de + *inf*: *il nous appellera avant de partir* ele vai nos ligar antes de sair **2 avant que + subj** antes que + *subj*; antes de + *inf*: *je dois terminer avant qu'il n'arrive* preciso acabar antes que ele chegue

• **en avant!** em frente!, avante!

• **avant tout** antes de tudo, antes de mais nada

• **en avant** para a frente

avantage [avɑ̃taʒ] *nm* vantagem *f*, proveito

• **à l'avantage de** em proveito de, em benefício de, em prol de

• **prendre l'avantage sur** levar vantagem sobre

• **se montrer à son avantage** estar em melhor forma

• **tirer avantage de** tirar vantagem de

■ **avantages sociaux** benefícios sociais

avantager [4] [avɑ̃taʒe] *vt* **1** (*donner des avantages*) favorecer, beneficiar **2** (*mettre en valeur*) realçar, embelezar

avantageux, -euse [avtaʒø, -øz] *adj* **1** (*favorable*) vantajoso, -sa, proveitoso, -sa **2** fanfarrão, -ona, presunçoso, -sa

avant-bras [avɑ̃bʀa] *nm inv* ANAT antebraço

avant-centre [avɑ̃sɑ̃tʀ] *nm* (*pl* **avant-centres**) SPORT centroavante, centroatacante

avant-dernier, -ère [avɑ̃dɛʀnje, -ɛʀ] *adj-nm,f* (*pl* **avant-derniers, -ères**) penúltimo, -ma

avant-garde [avɑ̃gaʀd] *nf* (*pl* **avant-gardes**) vanguarda

avant-goût [avɑ̃gu] *nm* (*pl* **avant-goûts**) antegozo

avant-hier [avɑ̃tjɛʀ] *adv* anteontem, antes de ontem

avant-première [avɑ̃pʀəmjɛʀ] *nf* (*pl* **avant-premières**) pré-estreia

avant-propos [avɑ̃pʀopo] *nm inv* prólogo, preâmbulo, introdução *f*

avant-veille [avɑ̃vɛj] *nf* (*pl* **avant-veilles**) antevéspera

avare [avaʀ] *adj* **1** (*d'argent*) avaro, -ra, avarento, -ta **2** (*mots, faits*) parcimonioso, -sa, comedido, -da (**de**, em)
▸ *nmf* avarento, -ta

avarice [avaʀis] *nf* avareza

avarie [avaʀi] *nf* avaria

avatar [avataʀ] *nm* (*transformation*) avatar, metamorfose *f*
▸ *pl* (*mésaventure*) vicissitudes *f*, contratempos *m*

avec [avɛk] *prép* com: *il la regarda avec tendresse* olhou-a com ternura; *elle déjeuna avec son frère* ela almoçou com o irmão
▸ *adv* com ele, com ela: *il a pris son sac et il est parti avec* pegou a bolsa e foi embora com ela
▸ *loc* **avec cela** mesmo assim, apesar disso: *on avait tout nettoyé et avec cela il restait de la poussière* limpamos tudo, mas mesmo assim ainda havia pó
• **et avec cela?** mais alguma coisa?/algo mais?/só isso?

avenant, -e [avnɑ̃, -ɑ̃t] *adj* agradável, afável, amável
▸ *nm* **avenant** DR cláusula *f* adicional, adendo
▸ *loc* **à l'avenant** no mesmo estilo, do mesmo jeito: *l'acte I était ennuyeux, et le reste de la pièce à l'avenant* o primeiro era chato, e o resto da peça, do mesmo estilo

avènement [avɛnmɑ̃] *nm* **1** (*d'un roi*) ascensão *f*, elevação *f*, subida *f* ao trono **2** (*arrivée*) advento, chegada *f* **3** REL advento

avenir [avniʀ] *nm* futuro
• **à l'avenir** doravante, daqui em diante, no futuro

aventure [avɑ̃tyʀ] *nf* aventura
• **à l'aventure** ao acaso
• **d'aventure** por acaso, por casualidade
• **dire la bonne aventure** ler a sorte
• **par aventure** por casualidade

aventurer [1] [avɑ̃tyʀe] *vt* aventurar, arriscar, ousar
▸ *vpr* **s'aventurer** aventurar-se, arriscar-se (**à**, a)

aventureux, -euse [avɑ̃tyʀø, -øz] *adj* **1** (*personne*) aventureiro, -ra: *il avait un esprit aventureux* tinha um temperamento aventureiro **2** (*plein de risques*) arriscado, -da, ousado, -da, audacioso, -sa **3** (*plein d'aventures*) aventuresco, -ca, aventuroso, -sa, arriscado, -da: *il mena une existence aventureuse* levou uma vida aventuresca

aventurier, -ère [avɑ̃tyʀje, -ɛʀ] *nm,f* aventureiro, -ra

avenue [avny] *nf* avenida

avérer (s') [1] [aveʀe] *vpr* revelar-se, mostrar-se: *la rumeur s'avéra être vraie* o boato revelou-se verdadeiro

averse [avɛʀs] *nf* aguaceiro *m*, chuvarada, pé-d'água

aversion [avɛʀsjɔ̃] *nf* aversão: *elle avait son chef en aversion* tinha aversão pelo chefe

averti, -e [avɛʀti] *adj* **1** (*prévenu*) prevenido, -da, precavido, -da **2** (*compétent*) bem informado, -da

avertir [20] [avɛʀtiʀ] *vt* **1** (*attirer l'attention*) avisar **2** (*blâmer*) advertir

avertissement [avɛʀtismɑ̃] *nm* **1** (*gén*) aviso **2** (*réprimande*) advertência *f* **3** (*d'un livre*) introdução *f*, nota *f* introdutória **4** SPORT cartão amarelo

avertisseur [avɛʀtisœʀ] *nm* **1** (*timbre*) alarme, sinal, campainha *f* **2** (*klaxon*) buzina *f*

aveu [avø] *nm* confissão *f*
• **de l'aveu de** de acordo com
• **passer aux aveux** confessar a culpa

aveuglant, -e [avœglɑ̃, -ɑ̃t] *adj* ofuscante

aveugle [avœgl] *adj-nmf* cego, -ga
• **au royaume des aveugles les borgnes sont rois** em terra de cego quem tem um olho é rei
• **en aveugle** às cegas

aveuglement [avœgləmɑ̃] *nm* cegueira *f*

aveugler [1] [avœgle] *vt* **1** (*la lumière*) cegar **2** (*le soleil*) ofuscar **3** (*la passion, la colère*) cegar
▸ *vpr* **s'aveugler** **1** ficar cego **2** iludir-se

aveuglette [avœglɛt] *nm loc* **à l'aveuglette** às cegas

aviateur, -trice [avjatœʀ, -tʀis] *nm,f* aviador, -ra

aviation [avjasjɔ̃] *nf* aviação

avide [avid] *adj* ávido, -da

avidité [avidite] *nf* avidez

avilir [20] [aviliʀ] *vt* **1** *(rendre vil)* aviltar **2** *(déprécier)* desvalorizar, depreciar
▸ *vpr* **s'avilir** aviltar-se

avion [avjɔ̃] *nm* avião, aeronave *f*
▪ **avion à réaction** avião a jato

aviron [avirɔ̃] *nm* remo

avis [avi] *nm* **1** *(pensée, sentiment)* opinião *f*, parecer **2** *(avertissement)* aviso, comunicação *f*, informação *f*, nota *f*, ordem *f*
• **à mon avis** na minha opinião
• **de l'avis de** conforme a opinião de
• **sauf avis contraire** salvo ordem em contrário

avisé, -e [avize] *adj* sensato, -ta, ajuizado, -da

aviser [1] [avize] *vt fml (voir)* avistar, enxergar
▸ *vpr* **s'aviser 1** perceber (**de**, -): *il s'avisa de son erreur* ele percebeu o erro **2** *(avoir l'idée)* ter a ideia (**de**, de): *il s'avisa de sortir sous la pluie* teve a ideia de sair debaixo de chuva **3** *(oser)* atrever-se (**de**, a): *ne t'avise pas de me mentir* não se atreva a mentir para mim

aviver [1] [avive] *vt* avivar

avocat, -e[1] [avɔka, -at] *nm,f (personne)* advogado, -da
▪ **avocat commis d'office** advogado dativo
▪ **avocat du diable** advogado do diabo

avocat[2] [avɔka] *nm* BOT abacate

avoine [avwan] *nf* BOT aveia

avoir[1] [51] [avwaʀ] *aux*: *j'ai bu* bebi
▸ *vt* **1** *(posséder)* ter: *j'ai une maison* tenho uma casa; *nous avons le temps* temos tempo; *il a de beaux yeux* ele tem olhos bonitos **2** *(obtenir)* conseguir: *je l'ai eu pas cher* consegui por bom preço **3** *(gagner, recevoir)*: *il aura le prix* ele vai ganhar o prêmio **4** *(ressentir)* sentir: *avoir soif* sentir sede; *avoir peur* ter medo **5** *(dimension)* ter, medir: *la piscine a cent mètres de long* a piscina tem cem metros de comprimento **6** *fam (vaincre)* ganhar, vencer: *je l'ai eu!* ganhei! **7** *fam (tromper)* enganar: *je t'ai eue!* te enganei! **8** *(éprouver)* ter, haver: *qu'as-tu?* o que você tem?/o que há com você?
▸ *vi* **avoir à** inf *(devoir)* ter de + inf, precisar + inf: *j'ai à travailler* preciso trabalhar; *tu n'as qu'à lui demander pardon* você só tem de lhe pedir desculpas
▸ *v impers* **il y a 1** *(gén)* há: *il y a beaucoup de travail* há muito trabalho; *il n'y a pas de quoi* não há de quê **2** *(temps passé)* há, faz: *il y a une semaine* há/faz uma semana

▸ *loc* **en avoir pour 1** *(argent)* custar: *il en a eu pour dix euros* custou-lhe dez euros **2** *(temps)* demorar: *j'en ai pour une heure* vou demorar uma hora
• **avoir à cœur** fazer questão de
• **en avoir après/contre qqn** estar zangado com alguém/estar sentido com alguém
• **en avoir assez de** estar farto/cheio de
• **se faire avoir** *fam* deixar-se enganar/ser tapeado

avoir[2] [avwaʀ] *nm* **1** *(en comptabilité)* haver **2** *(biens)* haveres *m pl*, bens *m pl*, posses *f pl*

avoisinant, -e [avwazinã, -ãt] *adj* **1** *(proche)* próximo, -ma, vizinho, -nha **2** *(semblable)* parecido, -da, semelhante

avoisiner [1] [avwazine] *vt* beirar, assemelhar-se a

avortement [avɔʀtəmã] *nm* aborto, abortamento

avorter [1] [avɔʀte] *vi* **1** *(d'un fœtus)* abortar **2** *(projet, entreprise)* fracassar, malograr

avorton [avɔʀtɔ̃] *nm péj* monstrengo

avouer [1] [avwe] *vt* **1** *(faute, fait)* reconhecer, admitir **2** *(culpabilité)* confessar
▸ *vpr* **s'avouer** declarar-se, confessar-se: *il s'avoua coupable* declarou-se culpado

avril [avʀil] *nm* abril

axe [aks] *nm* eixo
• **dans l'axe de** em linha com

axer [1] [akse] *vt* centrar (**sur**, em)

axiome [aksjom] *nm* axioma

azalée [azale] *nf* BOT azaleia

azimut [azimyt] *nm* azimute
• **tous azimuts** para todos os lados

azote [azɔt] *nm* CHIM nitrogênio

B

baba [baba] *nm* (*gâteau*) babá, babá ao rum
▶ *adj inv fam* embasbacado, -da: *il resta baba devant son cadeau* ficou embasbacado com o presente
■ **baba cool** *mf fam*, hippie, bicho-grilo *m*

babillage [babijaʒ] *nm* tagarelice *f*

babines [babin] *nf pl* beiços *m*
• **s'en lécher les babines** lamber os beiços

babiole [babjɔl] *nf fam* quinquilharia, bugiganga

bâbord [babɔʀ] *nm* bombordo

babouche [babuʃ] *nf* babucha

baby-foot [babifut] *nm inv* pebolim

baby-sitter [babisitœʀ] *nmf* (*pl* **baby-sitters**) baby-sitter

bac¹ [bak] *nm* 1 (*bateau*) barcaça *f*, balsa *f* 2 (*pour plantes*) vaso (para plantar) 3 (*récipient*) balde

bac² [bak] *abr fam* (**baccalauréat**) → baccalauréat
• **passer son bac** *fam* terminar os estudos de ensino médio

baccalauréat [bakalɔʀea] *nm* grau obtido pelo estudante que conclui os estudos de ensino médio

bâche [baʃ] *nf* lona

bachelier, -ère [baʃəlje, -ɛʀ] *nm,f* estudante que concluiu os estudos de segundo grau

bacille [basil] *nm* bacilo

bâcler [1] [bakle] *vt fam* matar, atamancar: *il bâcla son travail pour finir le plus tôt possible* matou o serviço para acabar o mais depressa possível

bacon [bekɔn] *nm bacon*, toucinho defumado

bactérie [bakteʀi] *nf* bactéria

bactériologie [bakteʀiɔlɔʒi] *nf* bacteriologia

badaud, -e [bado, -od] *adj-nm,f* curioso, -sa, xereta *mf*

badge [badʒ] *nm* distintivo, bóton, crachá

badigeonner [1] [badiʒɔne] *vt* 1 (*de chaux*) caiar 2 (*de liquide, substance*) passar, espalhar: *elle se badigeonna la figure avec la lotion* ela passou loção no rosto

badiner [1] [badine] *vi* brincar, gracejar

badminton [badmintɔn] *nm* badminton

baffe [baf] *nf fam* tapa, bofetada, bofetão

baffle [bafl] *nf* caixa acústica

bafouer [1] [bafwe] *vt* ridicularizar

bafouiller [1] [bafuje] *vt-vi* gaguejar, tartamudear

bâfrer [1] [bafʀe] *vt-vi fam* comer, devorar, fartar-se

bagage [bagaʒ] *nm* (*en voyage; intellectuel*) bagagem *f*
• **faire ses bagages** fazer as malas
• **plier bagage** *fam fig* arrumar as trouxas, ir-se embora

bagagiste [bagaʒist] *nmf* carregador

bagarre [bagaʀ] *nf* briga, luta, pega-pega *m*
• **chercher la bagarre** *fam* procurar briga, procurar confusão

bagarrer [1] [bagaʀe] *vi* brigar, lutar, combater

▶ *vpr* **se bagarrer** atracar-se, engalfinhar-se

bagatelle [bagatɛl] *nf* 1 (*objet*) ninharia 2 (*argent*) bagatela: *je l'ai acheté pour une bagatelle* comprei por uma bagatela; *ça m'a coûté la bagatelle de 100 euros* isso me custou a bagatela de 100 euros

bagnard [baɲaʀ] *nm* presidiário, preso

bagne [baɲ] *nm* 1 (*gén*) prisão *f*, presídio, penitenciária *f* 2 (*galère*) galés *f pl* colônia *f* penal

bagnole [baɲɔl] *nf fam* carro *m*, carango *m*, calhambeque *m*

bagou [bagu] *nm fam* lábia *f*

bague [bag] *nf* 1 (*bijou*) anel *m* 2 (*de cigare*) anel 3 (*en métal*) aro *m*
■ **bague de fiançailles** anel *m* de noivado

baguette [bagɛt] *nf* 1 (*pain*) baguete 2 (*bâton*) vareta, varinha 3 (*de tambour*) baqueta 4 (*de chef d'orchestre*) batuta 5 (*pour manger*) hashi *m*, pauzinhos *m pl* 6 (*de fusil*) baqueta
■ **baguette magique** varinha de condão

bahut [bay] *nm* 1 (*meuble*) baú, arca *f* 2 *fam* (*école*) colégio, instituto

baie [bɛ] *nf* 1 GÉOG baía 2 (*sur une façade*) vão *m* 3 (*fruit*) baga
■ **baie vitrée** bay window

baignade [bɛɲad] *nf* banho (de mar, lago, rio etc.)
• **"Baignade interdite"** "Proibido nadar"

baigner [1] [beɲe] *vt* 1 (*gén*) banhar, dar banho 2 (*un liquide, une substance*) molhar, banhar, umedecer
▶ *vi* (*recouvrir*) estar mergulhado, estar imerso: *la viande baignait dans la sauce* a carne estava imersa no molho
▶ *vpr* **se baigner** tomar banho
• **baigner dans son sang** estar ensanguentado
• **ça baigne!** *fam* tudo ótimo!

baigneur, -euse [bɛɲœʀ, -øz] *nm,f* banhista
▶ *nm* **baigneur** boneco de borracha

baignoire [bɛɲwaʀ] *nf* 1 (*de salle de bains*) banheira 2 (*de théâtre*) frisa

bail [bai] *nm* (*pl* **baux**) arrendamento, aluguel

• **il y a un bail!** *fam* faz uma data!
■ **bail commercial** aluguel comercial, ponto comercial

bâillement [bajmã] *nm* bocejo

bâiller [1] [baje] *vi* 1 (*de sommeil*) bocejar 2 (*volet, porte*) estar entreaberto, -ta

bailleur, -eresse [bajœʀ, -ʀɛs] *nm,f* (*loyer*) locador, -ra, arrendador, -ra
■ **bailleur, -eresse de fonds** ÉCON financiador, -ra, patrocinador, -ra

bâillon [bajɔ̃] *nm* mordaça *m*

bâillonner [1] [bajɔne] *vt* 1 (*gén*) amordaçar 2 (*rumeur, information*) silenciar, abafar

bain [bɛ̃] *nm* banho
▶ *nm pl* **bains** balneário, banhos *m pl*
• **faire couler un bain** encher a banheira
• **prendre un bain** tomar um banho
■ **bain de bouche** bochecho
■ **bain de foule** contato com as massas
■ **bain de soleil** banho de sol

bain-marie [bɛ̃maʀi] *nm* (*pl* **bains-marie**) banho-maria

baïonnette [bajɔnɛt] *nf* baioneta

baiser¹ [1] [beze] *vt* 1 (Deve-se usar *embrasser* em vez de *baiser*) (*faire une bise*) beijar, dar um beijinho 2 *vulg* (*relations sexuelles*) transar, fazer amor

baiser² [beze] *nm* beijo

baisse [bɛs] *nf* 1 (*gén*) baixa, diminuição 2 (*de niveau*) baixa, queda
• **jouer à la baisse** especular na baixa das ações

baisser [1] [bese] *vt* 1 (*mouvement*) baixar, abaixar, inclinar: *baisser les yeux* baixar os olhos 2 (*la hauteur*) abaixar, rebaixar: *baisser un mur* rebaixar uma parede 3 (*d'intensité*) baixar, diminuir, reduzir: *baisser la voix* baixar a voz
▶ *vi* (*la valeur, le prix*) baixar, diminuir, reduzir
▶ *vpr* **se baisser** (*se courber*) abaixar-se

bajoue [baʒu] *nf* 1 (*d'animal*) faceira, bochecha 2 (*de personne*) papada

bal [bal] *nm* baile
■ **bal masqué** baile de máscaras
■ **bal populaire** baile popular, dança ao ar livre

balade [balad] *nf fam* passeio *m*

balader [1] [balade] *vt fam* passear
▶ *vpr* **se balader** passear
• **envoyer balader qqn** *fam* mandar alguém passear, mandar alguém às favas

baladeur [baladœʀ] *nm* Walkman®

balafre [balafʀ] *nf* **1** corte *m*, facada **2** *(cicatrice)* cicatriz de corte

balai [balɛ] *nm* **1** *(pour nettoyer)* vassoura *f* **2** *fam (âge)* ano: *j'ai 40 balais* tenho 40 anos
• **donner un coup de balai** *(balayer)* dar uma varridinha *(licencier)* despedir, demitir, mandar embora
■ **balai d'essuie-glace** palheta de limpador de para-brisas
■ **balai mécanique** vassoura mágica

balance [balɑ̃s] *nf* **1** *(pour peser)* balança **2** *(pour pêcher)* puçá *m* **3** COMM balanço, balança
• **mettre en balance** pesar os prós e os contras
■ **balance des paiements** ÉCON balança de pagamentos

balancement [balɑ̃smɑ̃] *nm* balanço, oscilação *f*

balancer [3] [balɑ̃se] *vt* **1** *(mouvoir)* balançar, embalar **2** *fam (objet)* jogar fora, atirar longe **3** *fam (employé)* demitir, mandar embora: *balancer sa secrétaire* mandar embora a secretária
▶ *vpr* **se balancer** *(se mouvoir)* oscilar, balançar-se
• **se balancer de qqch/qqn** *fam* não fazer caso de algo/alguém
• **je m'en balance** não estou nem aí

balancier [balɑ̃sje] *nm* **1** *(mécanique)* pêndulo **2** *(d'un acrobate)* vara *f* de equilíbrio

balançoire [balɑ̃swaʀ] *nf* **1** *(siège suspendu)* balanço *m* (suspenso) **2** *(à bascule)* gangorra

balayage [balɛjaʒ] *nm* **1** INFORM escaneamento **2** varredura *f*

balayer [18] [baleje] *vt* **1** *(avec un balai)* varrer **2** *(chasser)* varrer, expulsar **3** INFORM escanear **4** ÉLECTR varrer

balayeur, -euse [balɛjœʀ, -øz] *nm,f* varredor, -ra
▶ *nf* **balayeuse** *(machine)* varredeira *(mecânica)*

balbutier [13] [balbysje] *vi (en parlant)* balbuciar
▶ *vt (compliment, insulte)* balbuciar

balcon [balkɔ̃] *nm* ARCHIT THÉÂTRE balcão

baleine [balɛn] *nf* ZOOL baleia

baleineau [balɛno] *nm* ZOOL baleote

balise [baliz] *nf* baliza

baliser [1] [balize] *vt* **1** *(gén)* balizar, demarcar com balizas **2** *(trajet)* sinalizar com estacas

balivernes [balivɛʀn] *nf pl* **1** *(propos futiles ou erronés)* asneiras **2** *(bagatelles)* banalidades

ballade [balad] *nf* balada

balle [bal] *nf* **1** *(pour jouer)* bola **2** *(d'arme)* bala **3** *fam (monnaie)* paus *m*, pilas, balas: *ça coûte cent balles* custa cem paus **4** *(marchandise)* fardo *m*
• **renvoyer la balle** [répliquer avec vivacité] dar o troco [se décharger sur qqun d'une obligation] livrar-se do rojão
■ **balle perdue** bala perdida

ballerine [balʀin] *nf* **1** *(gén)* bailarina **2** *(chaussures)* sapatilha

ballet [balɛ] *nm* balé

ballon [balɔ̃] *nm* **1** *(pour jouer)* bola *f* **2** *(aérostatique)* balão **3** *(verre)* taça *f*
■ **ballon d'oxygène** balão de oxigênio

ballonné, -e [balɔne] *adj* inchado, -da, inflado, -da, abaulado, -da

ballot [balo] *nm* **1** *(objet)* fardo, pacote, trouxa *f* **2** *fam (insulte)* bobo, -ba, trouxa *mf*

ballottage [balɔtaʒ] *nm* segundo turno de eleição

ballotter [1] [balɔte] *vt* **1** sacudir, balançar, chacoalhar **2** *fig* estar indeciso, balançar, hesitar
▶ *vi* sacudir, chacoalhar

balnéaire [balneɛʀ] *adj* balneário, -a
■ **station f balnéaire** estância balneária

balustrade [balystʀad] *nf* **1** ARCHIT balaustrada **2** *(appui)* parapeito *m*

bambin, -e [bɑ̃bɛ̃, -in] *nm,f* criancinha

bambou [bɑ̃bu] *nm* BOT bambu

ban [bɑ̃] *nm* **1** *(édit)* pregão, anúncio, proclama, edital **2** *(de tambour)* rufar **3** *(applaudissement)* aplauso, salva *f* de palmas

▶ nm pl **bans** *(de mariage)* proclamas
• **convoquer le ban et l'arrière-ban** apelar para Deus e o mundo
• **mettre qqn au ban de la société** banir alguém da sociedade

banal, -e [banal] *adj* (*pl* **banals**) banal

banalité [banalite] *nf* banalidade

banane [banan] *nf* **1** *(fruit)* banana **2** *(sac)* pochete **3** *(coiffure)* topete *m*

bananier [bananje] *nm* BOT bananeira *f*

banc [bã] *nm* banco
• **être sur les bancs de l'école** *fam* ser estudante
■ **banc de poissons** cardume
■ **banc de sable** banco de areia
■ **banc d'essais** bancada de testes
■ **banc des accusés** banco dos réus

bancaire [bãkɛʀ] *adj* bancário, -a

bancal, -e [bãkal] *adj* (*pl* **bancals**) **1** *(personne)* manco, -ca **2** *(meuble)* cambeta, capenga

bandage [bãdaʒ] *nm* **1** *(pansement)* bandagem *f* **2** *(de roue)* banda de rodagem

bande [bãd] *nf* **1** *(gén)* banda **2** *(ruban)* fita **3** *(de papier, de tissu)* tira **4** *(pour entourer)* faixa, cinta **5** *(médicale)* faixa, bandagem **6** *(film)* filme *m*, fita **7** *(partie d'une route)* pista, faixa **8** *(au billard)* tabela **9** *(de personnes; de malfaiteurs; d'animaux)* bando **10** *(de musiciens)* banda **11** *(nautique)* inclinação, adernação
• **faire bande à part** destacar-se de um grupo
■ **bande dessinée** história em quadrinhos
■ **bande magnétique** fita magnética
■ **bande originale** trilha sonora original
■ **bande vidéo** fita de vídeo

bande-annonce [bãdanɔ̃s] *nf* (*pl* **bandes-annonces**) *trailer m*

bandeau [bãdo] *nm* **1** *(pour les cheveux)* fita *f*, faixa *f* **2** *(pour les yeux)* venda *f*
• **arracher le bandeau des yeux** *fig* abrir os olhos
■ **bandeau publicitaire** INFORM banner

bander [1] [bãde] *vt* **1** *(entourer d'une bande)* enfaixar **2** *(tendre)* estirar, distender, retesar
▶ *vi vulg* *(avoir une érection)* estar em ereção

banderole [bãdʀɔl] *nf* bandeirola

bande-son [bãdsɔ̃] *nf* (*pl* **bandes-son**) trilha sonora

bandit [bãdi] *nm* bandido, -da

bandoulière [bãduljɛʀ] *nf* tiracolo *m*
• **en bandoulière** a tiracolo

banlieue [bãljø] *nf* subúrbio *m*
■ **proche banlieue** arredores, periferia

banlieusard, -e [bãljøzaʀ, -aʀd] *nm,f fam* suburbano, -na

bannière [banjɛʀ] *nf* **1** *(étendard)* bandeira, estandarte *m* **2** INFORM banner *m*

bannir [20] [baniʀ] *vt* **1** *(exiler)* banir **2** *fig (rejeter)* banir, afastar, excluir: *bannir toute crainte* banir o medo

banque [bãk] *nf* **1** *(établissement)* banco *m* **2** *(commerce de l'argent)* setor *m* bancário **3** *(au jeu)* banca **4** *(d'organes)* banco *m*: *banque des yeux/du sang* banco de olhos/de sangue
■ **banque de données** INFORM banco de dados, base de dados

banqueroute [bãkʀut] *nf* falência, bancarrota
• **faire banqueroute** falir

banquet [bãkɛ] *nm* banquete

banquette [bãkɛt] *nf* banqueta, banquinho *m*

banquier, -ère [bãkje, -ɛʀ] *nm,f* banqueiro, -ra

banquise [bãkiz] *nf* banquisa

baobab [baɔbab] *nm* BOT baobá

baptême [batɛm] *nm* **1** *(sacrement)* batismo **2** *(cérémonie)* batizado
■ **baptême de l'air** batismo do ar

baptiser [1] [batize] *vt* batizar

baptismal, -e [batismal] *adj* batismal

baquet [bakɛ] *nm* tina *f*

bar [baʀ] *nm* **1** *(établissement)* bar, botequim **2** *(poisson)* robalo **3** *(unité)* bar

baragouiner [1] [baʀagwine] *vt-vi* **1** *fam (une langue étrangère)* estropiar **2** *fam (bredouiller)* gaguejar

baraque [baʀak] *nf* **1** *(de foire)* barraca **2** *(de chantier)* barracão *m* **3** *(construction rudimentaire)* barraco *m*, choupana **4** *fam (logement)* casa

baraqué, -e [baʀake] *adj fam* encorpado, -da

barbare [baʀbaʀ] *adj-nmf* bárbaro, -ra

barbarie [baʀbaʀi] *nf* barbárie

barbarisme [baʀbaʀism] *nm* barbarismo

barbe [baʀb] *nf* 1 barba 2 *fam (ennui)* chatice, amolação
- **la barbe!** chega!
- **quelle barbe!** que chatice!
- **rire dans sa barbe** *fam* rir por dentro, rir à socapa
■ **barbe à papa** algodão-doce

barbelé, -e [baʀble] *adj* farpado
▸ *nm* **barbelé** arame farpado

barbiche [baʀbiʃ] *nf* barbicha

barbiturique [baʀbityʀik] *nm* barbitúrico

barboter [1] [baʀbɔte] *vi* 1 *(dans l'eau)* chapinar, chafurdar, patinhar 2 *(un gaz)* borbulhar

barbouiller [1] [baʀbuje] *vt* 1 *(salir)* lambuzar 2 *(peindre grossièrement)* borrar 3 *(écriture)* rabiscar, garatujar
- **avoir l'estomac barbouillé** estar de estômago virado
- **barbouiller du papier** escrevinhar

barbu, -e [baʀby] *adj* barbudo, -da
▸ *nm* **barbu** barbudo

barde [baʀd] *nf* CUIS tira de toucinho, fatia de toucinho

barder [1] [baʀde] *vt* CUIS envolver em fatias de toucinho
- **ça va barder** *fam* vai dar confusão

barème [baʀɛm] *nm* tabela *f*

baril [baʀil] *nm* barril

barillet [baʀijɛ] *nm* cilindro, tambor

bariolé, -e [baʀjɔle] *adj* variegado, -da

barmaid [baʀmɛd] *nf* garçonete

barman [baʀman] *nm* (*pl* **barmans** ou **barmen**) *barman*

baromètre [baʀɔmɛtʀ] *nm* barômetro

baron, -onne [baʀɔ̃, -ɔn] *nm,f* barão, -onesa

baroque [baʀɔk] *adj* barroco, -ca

barque [baʀk] *nf* barco, canoa *f*
- **bien mener sa barque** saber cuidar da vida

barquette [baʀkɛt] *nf* 1 CUIS barquete 2 *(récipient)* pequena cesta em forma de barco

barrage [baʀaʒ] *nm* 1 *(obstacle)* barreira *f* 2 *(hydraulique)* barragem *f*, represa *f*

barre [baʀ] *nf* 1 *(gén)* barra 2 *(de métal)* barra, lingote *m* 3 *(d'un tribunal)* barra, cancelo 4 *(du gouvernail)* leme
- **avoir le coup de barre** *fam* estar quebrado, -da, cansado, -da
■ **barre de menu** INFORM barra de menu
■ **barre d'espacement** barra de espaço
■ **barre fixe** SPORT barra fixa
■ **barres parallèles** SPORT barras paralelas

barreau [baʀo] *nm* 1 *(petite barre)* travessa *f* 2 *(de fenêtre)* grade *f* 3 *(profession d'avocat)* advocacia *f* 4 *(ordre des avocats)* ordem *f* dos advogados

barrer [1] [baʀe] *vt* 1 *(gén)* barrar, impedir a passagem 2 *(écrit, texte)* riscar, rasurar 3 *(chèque)* cruzar 4 *(embarcation)* governar, pilotar
▸ *vpr* **se barrer** *fam (s'en aller)* dar o fora

barrette [baʀɛt] *nf (pour les cheveux)* presilha, fivela

barricade [baʀikad] *nf* barricada

barrière [baʀjɛʀ] *nf* barreira

barrique [baʀik] *nf* barrica

barrir [20] [baʀiʀ] *vi* barrir

bar-tabac [baʀtaba] *nm* (*pl* **bars-tabac**) bar

baryton [baʀitɔ̃] *nm* MUS barítono

bas, basse [ba, bas] *adj* 1 *(gén)* baixo, -xa 2 *(ignoble)* baixo, vil
▸ *nm* **bas** 1 *(partie inférieure)* parte *f* de baixo, parte *f* inferior: *le bas du visage* a parte inferior do rosto 2 *(d'une page)* rodapé, pé 3 *(vêtement)* meia (*longa*) *f*
▸ *adv* baixo: *parler tout bas* falar baixinho
- **à bas!** abaixo!
- **au bas de** ao pé de, na parte inferior de,
- **en bas** embaixo
- **par en bas** por baixo
- **mettre bas** *(animaux)* parir, dar cria
■ **bas âge** primeira infância, pouca idade *f*
■ **bas de laine** *fam* pé-de-meia, economias

basané, -e [bazane] *adj* moreno, -na, bronzeado, -da, trigueiro, -ra

bas-côté [bakote] *nm* (*pl* **bas-côtés**) 1 *(de route)* acostamento 2 *(d'église)* nave *f* lateral

bascule [baskyl] *nf* **1** (*pour peser*) balança **2** (*pour se balancer*) balanço *m*

basculer [1] [baskyle] *vi* **1** (*avec mouvement de bascule*) oscilar, balançar **2** (*perdre l'équilibre*) cambalear
▶ *vt* (*renverser*) emborcar, bascular, fazer bascular

base [baz] *nf* base
• **jeter les bases** lançar as bases
■ **base de données** INFORM banco *m* de dados, base de dados

base-ball [bɛzbol] *nm* (*pl* **base-balls**) beisebol

baser [1] [baze] *vt* basear, fundamentar
▶ *vpr* **se baser** basear-se, fundamentar-se

bas-fond [bafɔ̃] *nm* (*pl* **bas-fonds**) **1** (*terrain*) depressão *f* **2** (*de mer, fleuve*) baixio
▶ *nm pl* **bas-fonds 1** (*de la société*) submundo **2** (*pègre*) ralé *f*, escória *f* **3** (*quartiers*) bairro mal-afamado, zona *f*

basilic [bazilik] *nm* **1** ZOOL basilisco **2** BOT manjericão

basilique [bazilik] *nf* basílica

basique [bazik] *adj* CHIM básico, -ca, alcalino, -na

basket [baskɛt] *nm* (*sport*) basquete, basquetebol
▶ *nm & nf* (*chaussure*) tênis
• **lâche-moi les baskets!** me deixe em paz!, largue do meu pé!

basket-ball [baskɛtbol] *nm* basquete, basquetebol

bas-relief [baʀəljɛf] *nm* (*pl* **bas-reliefs**) baixo-relevo

basse [bas] *nf* MUS baixo *m*

basse-cour [baskuʀ] *nf* (*pl* **basses-cours**) **1** (*lieu*) galinheiro *m* **2** (*animaux*) aves *f pl* domésticas

bassesse [basɛs] *nf* baixeza

bassin [basɛ̃] *nm* **1** (*récipient*) bacia *f* **2** (*pièce d'eau*) lago **3** (*piscine*) piscina *f* **4** ANAT pelve *f*, bacia *f* **5** GÉOG bacia *f* **6** (*d'un port*) doca *f*
■ **grand bassin** parte da piscina para adultos
■ **petit bassin** parte da piscina para crianças

bassine [basin] *nf* tacho *m*

bassiner [1] [basine] *vt* **1** (*le lit*) aquecer **2** (*une plante*) umedecer **3** *fam* (*ennuyer*) amolar, aborrecer

bassiste [basist] *nmf* **1** (*de rock*) baixista, baixo **2** (*d'orchestre*) contrabaixo

basson [basɔ̃] *nm* MUS fagote

bas-ventre [bavɑ̃tʀ] *nm* (*pl* **bas-ventres**) baixo-ventre

bât [ba] *nm* albarda *f*, sela *f*

bataclan [bataklɑ̃] *nm fam* tralha *f*, cacarecos *pl*

bataille [bataj] *nf* **1** (*guerre*) batalha **2** *fig* (*bagarre*) briga, peleja
• **en bataille** (*cheveux*) desgrenhado

bataillon [batajɔ̃] *nm* batalhão

bâtard, -e [bataʀ, -aʀd] *adj* bastardo, -da
▶ *nm,f* **1** (*personne*) bastardo, -da **2** (*chien*) vira-lata
▶ *nm* **bâtard** (*pain*) pão bastardo (pão especial de 250 g)

bateau [bato] *nm* **1** (*embarcation*) embarcação *f*, barco, navio **2** (*devant un garage*) guia *f* rebaixada
• **mener qqn en bateau** *fig* passar um trote em alguém, pregar uma peça em alguém
■ **bateau à moteur** barco a motor
■ **bateau à voile** barco a vela
■ **bateau de plaisance** iate, barco de recreio

bateau-mouche [batomuʃ] *nm* (*pl* **bateaux-mouches**) *bateau-mouche*

bateleur, -euse [batlœʀ, -øz] *nm,f* malabarista, saltimbanco

batelier, -ère [batlje, -ɛʀ] *nm,f* barqueiro, -ra

bâti [bati] *nm* **1** (*de menuiserie*) armação *f*, padrão, gabarito **2** (*d'une porte*) batente, ombreira *f* **3** (*couture*) alinhavo *m*

batifoler [1] [batifɔle] *vi fam* brincar, divertir-se

bâtiment [batimɑ̃] *nm* **1** (*maison*) edifício, prédio **2** (*industrie*) construção *f* **3** (*embarcation*) navio, embarcação *f*

bâtir [20] [batiʀ] *vt* **1** (*bâtiment*) construir **2** *fig* (*idée, théorie*) construir, elaborar, desenvolver **3** (*vêtement*) alinhavar (*para prova*)

• **bâtir des châteaux en Espagne** *fig* construir castelos no ar

bâtisseur, -euse [batisœʀ, -øz] *nm,f* **1** *(d'un bâtiment)* construtor, -ra **2** *(d'une entreprise)* fundador, -ra

bâton [batɔ̃] *nm* **1** *(gén)* pau, bastão **2** *(petit objet)* bastão, bastonete, barra *f*: **bâton de cire à cacheter** bastão de lacre **3** *(écriture)* traço, haste, pauzinho **4** *(d'une dignité)* bastão: **bâton de maréchal** bastão de marechal **5** *(de la police)* cassetete

• **à bâtons rompus** *(falar)* à toa
• **mettre des bâtons dans les roues** *fig* entravar, criar dificuldades

battage [bataʒ] *nm* **1** *(récolte)* debulha *f* **2** *fam fig (publicité)* publicidade *f* espalhafatosa

battant, -e [batɑ̃, -ɑ̃t] *adj* batente, que bate
▸ *nm* **1** *(de porte, fenêtre)* folha *f* de porta **2** *(de cloche)* badalo
• **battant neuf** novo em folha
• **sous une pluie battante** debaixo de um aguaceiro

battement [batmɑ̃] *nm* **1** *(action de battre)* batida *f* **2** *(du cœur)* batida *f*, batimento **3** *(délai)* intervalo, pausa *m*: **dix minutes de battement** dez minutos de intervalo
■ **battement d'ailes** bater de asas
■ **battement de mains** palmas *f pl*
■ **battement de paupières** piscadela *f*, piscada *f*

batterie [batʀi] *nf* bateria
• **recharger ses batteries** *fig* recarregar as baterias

batteur [batœʀ] *nm* **1** MUS baterista *mf*, percussionista *mf* **2** *(de base-ball)* rebatedor, -ra **3** *(appareil ménager)* batedor, batedeira *f*

battre [64] [batʀ] *vt* **1** *(gén)* bater, surrar **2** *(avec un instrument)* bater: **battre les œufs** bater ovos **3** *(vaincre)* vencer, derrotar **4** *(record)* bater **5** *(heurter)* açoitar, golpear: **le vent bat les branches** o vento açoita os ramos
▸ *vi* **1** *(gén)* bater: **une porte qui bat** uma porta batendo **2** *(produire des mouvements répétés)* bater, palpitar
▸ *vpr* **se battre** lutar, bater-se
• **battre des ailes** bater asas
• **battre des mains** bater palmas
• **battre en retraite** bater em retirada
• **battre la mesure** marcar o ritmo

battu, -e [baty] *adj* **1** *(qui a reçu des coups)* espancado, -da **2** *(vaincu)* derrotado, -da, vencido, -da **3** *(sol, chemin)* batido, -da, trilhado, -da
▸ *nf* **battue** *(chasse)* batida
• **se tenir pour battu** dar-se por vencido
■ **yeux battus** com olheiras
■ **terre battue** *(tennis)* terra batida

baume [bom] *nm* bálsamo
• **mettre du baume au cœur** *fig* aliviar as aflições, consolar

bavard, -e [bavaʀ, -aʀd] *adj-nm,f* tagarela *mf*

bavardage [bavaʀdaʒ] *nm* **1** *(conversation)* bate-papo **2** *gén pl (choses insignifiantes)* conversa *f* fiada, palavrório **3** fofoca *f*, mexerico

bavarder [1] [bavaʀde] *vi* **1** *(parler)* tagarelar **2** *(être indiscret)* fofocar, mexericar

bave [bav] *nf* baba

baver [1] [bave] *vi* babar
• **en baver** *fam* passar um mau pedaço, penar

bavette [bavɛt] *nf* **1** *(de bébé)* babadouro *m* **2** *(viande)* fraldinha
• **tailler une bavette** *fam* bater papo, prosear

baveux, -euse [bavø, -øz] *adj* **1** *(personne)* babão, -ona **2** *(lettre)* borrado, -da
■ **omelette baveuse** omelete mal cozida

bavoir [bavwaʀ] *nm* babadouro

bavure [bavyʀ] *nf* **1** *(d'encre)* mancha, borrão *m* **2** *(erreur)* mancada, erro *m*, tropeço *m*
• **sans bavures** perfeito, -ta, impecável

bazar [bazaʀ] *nm* **1** *(marché)* bazar **2** *fam (désordre)* bagunça *f*, desordem *f* **3** *fam (vêtements, mobilier)* trastes, tralha *f*

BD [bede] *abr* **(bande dessinée)** HQ, história em quadrinhos

béant, -e [beɑ̃, -ɑ̃t] *adj* **1** *(ouvert)* aberto, -ta **2** *fig (surpris)* boquiaberto, -ta, embasbacado, -da

béat, -e [bea, -at] *nm,f* **1** *(calme)* calmo, -ma, plácido, -da **2** *(content de soi)* embevecido, -da, contente

béatification [beatifikasjɔ̃] *nf* beatificação

béatitude [beatityd] *nf* **1** REL beatitude, bem-aventurança **2** (*bonheur*) felicidade
▶ *nf pl* **béatitudes** REL bem-aventuranças

beau, belle [bo, bɛl] *adj* (diante de palavra masculina que comece com vocal ou h mudo, usa-se **bel**) **1** (*gén*) belo, -la, bonito, -ta: *quelle belle femme!* que mulher bonita! **2** (*avantageux*) belo, -la, bom, -boa, ótimo, -ma: *c'est une belle occasion* é uma bela ocasião **3** (*bienséant*) bonito, -ta: *cela n'est pas beau* isso não é bonito **4** (*qualité; intensité*) grande: *un beau talent* um grande talento; *ils organisèrent un beau chahut* armaram um grande rebuliço **5** (*agréable*) agradável, ótimo, -ma: *on a passé une belle journée* passamos um ótimo dia **6** iron (*désavantageux*) belo, -la: *la belle affaire!* que belo negócio!/que bela coisa! **7** (*sens intensif*) belo, -la: *un beau jour il a changé d'opinion* um belo dia, ele mudou de opinião **8** bom, -boa: *elle a de beaux sentiments* ela tem bons sentimentos
▶ *nm* **beau** belo
▶ *adv* (*temps*) bom, -boa, bonito, -ta, lindo, -da: *il fait très beau* o tempo está lindo
• **avoir beau + inf** por mais que + *inf*: *il a beau faire, il ne maigrit pas* por mais que faça, não emagrece
• **bel et bien** mesmo, de fato, no duro
• **faire le beau** mostrar-se, exibir-se
• **tout beau** calma!/devagar!
▪ **bel âge** juventude *f*
▪ **le beau monde** alta sociedade
▪ **le beau sexe** o sexo fraco

beaucoup [buku] *adv* muito: *il a beaucoup travaillé* ele trabalhou muito
▶ *loc* **beaucoup de** muito, -ta: *il possédait beaucoup de livres* ele tinha muitos livros
▶ *pron* (*un grand nombre de personnes*) muitos, -tas: *beaucoup disaient qu'il se trompait* muitos diziam que ele se enganava
• **beaucoup trop** demais
• **de beaucoup** em muito

beau-fils [bofis] *nm* (*pl* **beaux-fils**) **1** (*gendre*) genro **2** (*de remariage*) enteado

beau-frère [bofʀɛʀ] *nm* (*pl* **beaux-frères**) cunhado

beau-père [bopɛʀ] *nm* (*pl* **beaux-pères**) **1** (*père du conjoint*) sogro **2** (*de remariage*) padrasto

beauté [bote] *nf* beleza
• **en beauté** magnificamente
• **se faire une beauté** arrumar-se, embelezar-se

beaux-arts [bozaʀ] *nm pl* belas-artes *f pl*

beaux-parents [bopaʀɑ̃] *nm pl* sogros

bébé [bebe] *nm* **1** (*nouveau-né*) bebê **2** (*animal*) filhote

bébé-éprouvette [bebeepʀuvɛt] *nm* (*pl* **bébés-éprouvette**) bebê de proveta

bec [bɛk] *nm* **1** (*d'oiseau*) bico *m* **2** *fam* (*de personne*) bico, boca *f* **3** *fam* (*langage*) lábia *f* **4** (*lampe*) lampião, bico de gás **5** (*d'une plume; d'une cruche*) bico **6** (*d'un instrument musical*) bocal
• **clouer le bec à qqn** *fam* calar o bico de alguém
• **être un bec fin** *fam* ser *gourmet*
• **ferme ton bec!** cale o bico!/bico calado!
• **tomber sur un bec** *fam* topar com uma dificuldade

bécane [bekan] *nf* **1** *fam* (*véhicule-vélo*) bicicleta *f* **2** (*moto*) moto, motoca *f* **3** *fam* (*ordinateur*) computador *m*, micro *m*

bécasse [bekas] *nf* **1** (*oiseau*) maçarico *m*, jaçanã **2** *fam* (*femme*) tola, simplória

bec-de-cane [bɛkdəkan] *nm* (*pl* **becs-de-cane**) trinco

bec-de-lièvre [bɛkdəljɛvʀ] *nm* (*pl* **becs-de-lièvre**) lábio leporino

bécoter [1] [bekɔte] *vt* dar bicotas, beijocar
▶ *vpr* **se bécoter** beijocar-se

becqueter [6] [bɛkte] *vt* **1** (*avec le bec*) bicar **2** *fam* (*de la nourriture*) comer, beliscar

bedaine [bədɛn] *nf fam* pança, barriga

bédé [bede] *nf* história em quadrinhos, HQ

bedon [bədɔ̃] *nm fam* pança *f*, barriga *f*

bedonnant, -e [bədɔnɑ̃, -ɑ̃t] *adj* barrigudo, -da, pançudo, -da

bée [be] *adj loc* **bouche bée** boquiaberto, -ta, embasbacado, -da

bégaiement [begɛmã] *nm* gagueira *f*

bégayement [begɛmã] *nm* gagueira *f*

bégayer [18] [begeje] *vi* gaguejar
▶ *vt* (*explication, excuse*) balbuciar

bégonia [begɔnja] *nm* BOT begônia *f*

bègue [bɛg] *adj-nmf* gago, -ga

beige [bɛʒ] *adj-nm* bege

beignet [bɛɲe] *nm* bolinho

bel [bɛl] *adj* → **beau, belle**

bêlement [bɛlmã] *nm* balido

bêler [1] [bele] *vi* balir

belette [bəlɛt] *nf* ZOOL doninha

belge [bɛlʒ] *adj* belga
▶ *nmf* **Belge** belga

Belgique [bɛlʒik] *nf* Bélgica

bélier [belje] *nm* **1** ZOOL carneiro **2** (*machine de guerre*) aríete

belle [bɛl] *adj* → **beau, belle**
▶ *nf* **1** (*amie*) amada, amante, namorada **2** (*dans une compétition*) negra
• **de plus belle** com força redobrada
• **en faire/en dire de belles** fazer/dizer coisas do arco-da-velha

belle-famille [bɛlfamij] *nf* (*pl* **belles-familles**) família por afinidade, família afim

belle-fille [bɛlfij] *nf* (*pl* **belles-filles**) **1** (*femme du fils*) nora **2** (*de remariage*) enteada

belle-mère [bɛlmɛʀ] *nf* (*pl* **belles-mères**) **1** (*mère du conjoint*) sogra **2** (*de remariage*) madrasta

belle-sœur [bɛlsœʀ] *nf* (*pl* **belles-sœurs**) (*sœur du conjoint*) cunhada

belligérant, -e [beliʒeʀã, -ãt] *adj-nm,f* beligerante

belliqueux, -euse [belikø, -øz] *adj* **1** (*gén*) belicoso, -sa **2** (*caractère*) agressivo, -va

bémol [bemɔl] *adj-nm* MUS bemol

bénédiction [benediksjɔ̃] *nf* bênção

bénéfice [benefis] *nm* benefício, vantagem
• **sous bénéfice d'inventaire** *fig* com ressalvas/até verificação

bénéficiaire [benefisjɛʀ] *adj-nmf* beneficiário, -a

bénéficier [12] [benefisje] *vt* beneficiar-se, gozar (**de**, de): *bénéficier d'une aide sociale* gozar de benefício social

bénéfique [benefik] *adj* benéfico, -ca

benêt [bənɛ] *adj-nm* simplório, -a, ingênuo, -a

bénévole [benevɔl] *adj* (*aide, collaboration*) desinteressado, -da, gratuito, -ta, filantrópico, -ca
▶ *nmf* (*personne*) voluntário, -a

bénin, -igne [benɛ̃, -iɲ] *adj* benigno, -na: *tumeur bénigne* tumor benigno

bénir [20] [beniʀ] *vt* abençoar, benzer, bendizer

bénit, -e [beni, -it] *adj* bento, -ta, benzido, -da, bendito, -ta

bénitier [benitje] *nm* **1** (*d'église*) pia *f* de água benta **2** (*mollusque*) tridacna *f*

benjamin, -e [bɛ̃ʒamɛ̃] *adj-nm,f* caçula

benne [bɛn] *nf* **1** (*d'une mine*) vagoneta, vagonete *m*, trole *m* **2** (*d'un camion; d'une grue*) caçamba

béquille [bekij] *nf* **1** (*pour marcher*) muleta **2** (*de moto, vélo*) cavalete *m*

berceau [bɛʀso] *nm* berço

bercer [3] [bɛʀse] *vt* **1** (*balancer-bébé*) embalar, acalentar **2** (*bateau*) balançar **3** (*par un chant, une musique*) embalar **4** *fig* (*douleur, chagrin*) aliviar

berceuse [bɛʀsøz] *nf* acalanto *m*, cantiga de ninar

béret [beʀe] *nm* boina *f*

berge [bɛʀʒ] *nf* **1** (*d'un cours d'eau*) margem, beira, borda **2** *fam* (*année*) ano *m*: *j'ai 40 berges* tenho 40 anos

berger, -ère [bɛʀʒe, -ɛʀ] *nm,f* pastor, -ra
▶ *nm* **berger** (*chien*) pastor, cão pastor
■ **berger allemand** pastor-alemão

bergerie [bɛʀʒəʀi] *nf* redil *m*, aprisco *m*

Berlin [bɛʀlɛ̃] *n pr* Berlim

berline [bɛʀlin] *nf* berlinda

bermuda [bɛʀmyda] *nm* bermudas *f pl*

berne [bɛʀn] *loc adv* **en berne** a meio pau

berner [1] [bɛʀne] *vt* caçoar de, escarnecer de

besace [bəzas] nf alforje m

besogne [bəzɔɲ] nf tarefa, trabalho m, serviço m

besoin [bəzwɛ̃] nm necessidade f
▶ nm pl **besoins** necessidades f pl
• **au besoin** em caso de necessidade, se necessário
• **avoir besoin de** precisar de
• **être dans le besoin** estar passando necessidades
• **faire ses besoins** fazer suas necessidades
• **si besoin est** se necessário

bestial, -e [bɛstjal] adj bestial

bestiaux [bɛstjo] nm pl gado, animais

bestiole [bɛstjɔl] nf bicho m, bichinho m, animalzinho m

bétail [betaj] nm gado

bête [bɛt] nf 1 (animal) animal m, bicho m 2 (petit animal, insecte) bicho m, bichinho m
▶ adj (personne) tonto, -ta, burro, -ra
• **être la bête noire de** ser o pesadelo de/ser a bête noire de
• **faire la bête** fazer-se de besta/fazer-se de tonto
• **que c'est bête!** que idiotice!
■ **bête à Bon Dieu** joaninha
■ **bête de somme** animal de carga
■ **bête de trait** animal de tiro

bêtise [betiz] nf besteira, bobagem, asneira

béton [betɔ̃] nm 1 (matériau) concreto 2 fam (au football) retranca f
■ **béton armé** concreto armado

bétonnière [betɔnjɛʀ] nf betoneira

betterave [bɛtʀav] nf BOT beterraba
■ **betterave à sucre** beterraba de açúcar
■ **betterave fourragère** beterraba forrageira

beuglement [bøgləmɑ̃] nm 1 (de bovidés) berro, mugido 2 (de taureau) urro

beur [bœʀ] nmf jovem de origem magrebina nascido na França

beurre [bœʀ] nm manteiga f
• **avoir un œil au beurre noir** fig estar com um olho roxo
• **faire son beurre** fig ganhar dinheiro
• **mettre du beurre dans les épinards** fig melhorar de vida
■ **beurre de cacao** manteiga f de cacau

beurrer [1] [bœʀe] vt passar manteiga, untar com manteiga

bévue [bevy] nf engano m, mancada, rata

biais [bjɛ] nm 1 (gén) viés: *tailler un tissu dans le biais* cortar um tecido ao viés 2 esguelha: *regarder de biais* olhar de esguelha 3 fig viés
• **de biais** obliquamente, de viés
• **par le biais de** por meio de, pelo expediente de

biaiser [1] [bjeze] vi usar artifícios, usar de esperteza

bibelot [biblo] nm bibelô

biberon [bibʀɔ̃] nm mamadeira f

bible [bibl] nf bíblia

bibliographie [biblijɔgʀafi] nf bibliografia

bibliothécaire [biblijɔtekɛʀ] nmf bibliotecário, -a

bibliothèque [biblijɔtɛk] nf biblioteca

biblique [biblik] adj bíblico, -ca

bicarbonate [bikaʀbɔnat] nm CHIM bicarbonato

biceps [bisɛps] nm ANAT bíceps m
• **avoir des biceps** fam ter muque, ser muito forte

biche [biʃ] nf cerva, corça
• **ma biche!** minha queridinha!

bicolore [bikɔlɔʀ] adj bicolor

bicoque [bikɔk] nf fam casinha, casebre m, barraco m

bicyclette [bisiklɛt] nf bicicleta

bide [bid] nm 1 fam (ventre) bucho, barriga f 2 fam (échec) fracasso, fiasco

bidet [bidɛ] nm bidê, bidé

bidon [bidɔ̃] nm 1 (récipient) lata f, galão 2 fam (ventre) barrigão
• **c'est du bidon** fam é lorota

bidonville [bidɔ̃vil] nm favela f

bidouillage [biduja3] nm fam trapaça f, falcatrua f, falsificação f

bidouiller [1] [biduje] vt fam trapacear, falsificar

bielle [bjɛl] nf biela

bien [bjɛ̃] adj bem: *c'est très bien* está muito bem; *les gens bien* a gente bem

▶ *adv* **1** *(avantageusement)* bem: ***se porter bien*** passar bem **2** *(très, beaucoup)* muito, bem: ***il est bien content*** ele está muito contente; ***bien mieux*** bem melhor **3** *(approximativement)* bem, uns/umas: ***il est parti il y a bien trois heures*** ele saiu faz umas três horas **4** *(pour commencer à parler)* bem, bom: ***bien, comme je disais avant*** bom, como eu estava dizendo **5** *(comme intensif)* sim: ***c'est bien ma place*** este é meu lugar, sim
▶ *nm* bem: ***faire le bien*** fazer o bem
▶ *nm pl* **biens** bens: ***il possède de nombreux biens*** ele possui muitos bens
▶ *interj* **eh bien!** pois bem!
• **bien de** muito, -ta
• **bien entendu** claro/evidentemente
• **bien que + subj** embora/ainda que + *subj*
• **bien souvent** com muita frequência
• **bien sûr** claro/lógico/naturalmente
• **bien vouloir** querer, aceitar
• **dire du bien de qqn** falar bem de alguém
• **mener à bien** levar a bom termo
• **si bien que** de modo que
■ **biens de consommation** bens de consumo
■ **biens immeubles** bens imóveis
■ **biens meubles** bens móveis

bien-aimé, -e [bjɛ̃neme] *adj-nm,f* (*pl* **bien-aimés, -es**) bem-amado, -da, querido, -da

bien-être [bjɛ̃nɛtʀ] *nm inv* bem-estar

bienfaisance [bjɛ̃fəzɑ̃s] *nf* beneficência

bienfaisant, -e [bjɛ̃fəzɑ̃, -ɑ̃t] *adj* **1** *(bénéfique)* benfazejo, -ja, benéfico, -ca **2** *(qui pratique le bien)* beneficente

bienfait [bjɛ̃fɛ] *nm* **1** *(acte de générosité)* benefício, favor: ***combler de bienfaits*** cumular de favores **2** *(utilité)* benefício, vantagem *f*: ***les bienfaits de la civilisation*** os benefícios da civilização

bienfaiteur, -trice [bjɛ̃fɛtœʀ, -tʀis] *adj-nm,f* benfeitor, -ra

bienheureux, -euse [bjɛ̃nœʀø, -øz] *adj fml (plein de bonheur)* venturoso, -sa, bem-aventurado, -da
▶ *nm,f* REL bem-aventurado, -da, beato, -ta

bienséance [bjɛ̃seɑ̃s] *nf fml* decoro *m*, correção, decência

bientôt [bjɛ̃to] *adv* **1** *(dans peu de temps)* logo, em breve **2** *fml (vite)* rapidamente, depressa
• **à bientôt** até breve/até logo
• **cela est bientôt dit** é mais fácil dizer que fazer

bienveillance [bjɛ̃vɛjɑ̃s] *nf* benevolência

bienveillant, -e [bjɛ̃vɛjɑ̃, -ɑ̃t] *adj* benevolente, benévolo, -la

bienvenu, -e [bjɛ̃vny] *adj-nm,f* bem-vindo, -da: ***soyez les bienvenus!*** sejam bem-vindos!
▶ *nf* **bienvenue** boas-vindas
• **souhaiter la bienvenue à qqn** dar as boas-vindas a alguém

bière [bjɛʀ] *nf* **1** *(boisson)* cerveja **2** *(cercueil)* ataúde *m*, caixão *m*
■ **bière à la pression** chope *m*
■ **bière blonde** cerveja clara
■ **bière brune** cerveja preta

biffer [1] [bife] *vt* riscar, cancelar, suprimir

bifteck [biftɛk] *nm* bife

bifurcation [bifyʀkasjɔ̃] *nf* bifurcação

bigame [bigam] *adj-nm,f* bígamo, -ma

bigamie [bigami] *nf* bigamia

bigarré, -e [bigaʀe] *adj* pintalgado, -da, sarapintado, -da

bigot, -e [bigo, -ɔt] *adj-nm,f* santarrão, -ona, carola *mf*, beato, -ta

bijou [biʒu] *nm* **1** *(joyau)* joia *f* **2** *fig (quelqu'un, quelque chose)* preciosidade *f*, joia *f*, primor *f*: ***ma nièce est un vrai bijou*** minha sobrinha é uma verdadeira joia
■ **bijou fantaisie** bijuteria

bijouterie [biʒutʀi] *nf* **1** *(commerce)* joalheria *f* **2** *(objets)* joias

bikini® [bikini] *nm* biquíni

bilan [bilɑ̃] *nm* **1** balanço **2** *fig* análise *f*
• **déposer son bilan** COMM declarar falência
• **faire le bilan (de)** fazer o balanço (de)/fazer a análise de
■ **bilan de santé** checkup

bilatéral, -e [bilateʀal] *adj* **1** *(gén)* bilateral **2** *(stationnement)* nos dois lados da rua

bilboquet [bilbɔkɛ] nm bilboquê

bile [bil] nf bile
• **se faire de la bile** fig aborrecer-se

bilingue [bilɛ̃g] adj-nmf bilíngue

billard [bijaʀ] nm **1** (jeu) bilhar **2** (table) mesa f de bilhar **3** fam (d'opération) mesa f de operações
• **passer sur le billard** fam passar por uma cirurgia

bille [bij] nf **1** (de billard) bola de bilhar **2** (petite boule) bolinha de gude, gude m **3** fam (visage) cara, rosto m **4** (mécanique) esfera de rolamento, bolinha de rolimã

billet [bijɛ] nm **1** (gén) bilhete **2** (d'entrée) ingresso **3** (ticket) tíquete **4** (de transport) passagem f **5** (de loterie) bilhete de loteria **6** (papier-monnaie) cédula f, papel-moeda
■ **billet à ordre** COMM promissória f, título, letra f de câmbio, vale
■ **billet de banque** nota f
■ **billet doux** carta f de amor

billetterie [bijɛtʀi] nf **1** (de gare, d'aéroport) bilheteria **2** (de banque) caixa m eletrônico, caixa m automático

billion [biljɔ̃] nm trilhão

bimensuel, -elle [bimɑ̃sɥɛl] adj bimensal, quinzenal

binaire [binɛʀ] adj binário, -a

binocle [binɔkl] nm pincenê
▸ nm pl **binocles** fam óculos

binôme [binom] nm MATH binômio

biodégradable [bjodegʀadabl] adj biodegradável

biodiversité [bjɔdivɛʀsite] nf biodiversidade

biographie [bjɔgʀafi] nf biografia

biologie [bjɔlɔʒi] nf biologia

biologique [bjɔlɔʒik] adj biológico, -ca

bip [bip] nm **1** (signal) bipe **2** (appareil) bipe, bíper, pager
• **"Parlez après le bip sonore"** "Deixe seu recado após o bipe"

bipède [bipɛd] adj-nm bípede

bique [bik] nf fam lambisgoia

bis [bis] adv (numéro de rue) bis
▸ nm (spectacle) bis

• **crier bis** pedir bis

bisaïeul, -e [bizajœl] nm,f bisavô, -vó

bisannuel, -elle [bizanɥɛl] adj bianual, bienal

biscornu, -e [biskɔʀny] adj **1** (forme) irregular, disforme **2** fam (idées, esprit) estapafúrdio, -a

biscotte [biskɔt] nf torrada

biscuit [biskɥi] nm bolacha f, biscoito

bise [biz] nf **1** (vent) nortada, vento m frio **2** (sur la joue) beijo m, beijoca, beijinho m
• **faire une bise** dar um beijo, dar um beijinho

biseau [bizo] nm chanfro, chanfradura f
• **en biseau** chanfrado, -da

bison [bizɔ̃] nm bisão, bisonte

bisou [bizu] nm fam beijinho

bissextile [bisɛkstil] adj bissexto
▸ nf ano m bissexto

bistouri [bisturi] nm bisturi

bistrot [bistʀo] nm fam bistrô

bit [bit] nm INFORM bit

bitume [bitym] nm **1** (gén) betume **2** (asphalte) asfalto

bivouac [bivwak] nm bivaque

bivouaquer [2] [bivwake] vi acampar

bizarre [bizaʀ] adj **1** (étrange) estranho, -nha, esquisito, -ta, insólito, -ta **2** (extravagant) extravagante

bizarrerie [bizaʀəʀi] nf excentricidade, esquisitice

blafard, -e [blafaʀ, -aʀd] adj pálido, -da, descolorido, -da

blague [blag] nf **1** (plaisanterie) piada **2** (farce) brincadeira, blefe m **3** (à tabac) tabaqueira
• **sans blague!** sério!/fora de brincadeira!

blaguer [2] [blage] vi fam brincar

blagueur, -euse [blagœʀ, -øz] adj-nm,f gozador, -ra, brincalhão, -ona

blaireau [blɛʀo] nm **1** ZOOL texugo **2** (pour se raser) pincel de barba

blâme [blam] nm **1** (désapprobation) censura f, reprovação f **2** (sanction) sanção f disciplinar, penalidade f

blâmer [1] [blame] vt **1** (désapprouver)

censurar, reprovar, repreender 2 (*punir*) sancionar, penalizar

blanc, blanche [blɑ̃, blɑ̃ʃ] *adj* branco, -ca
▸ *nm* **blanc 1** (*gén*) branco *m* **2** (*dans une conversation*) pausa, silêncio *m*
• **chauffé à blanc** incandescente
• **en blanc** em branco
• **être blanc de peur** *fig* estar lívido de medo
■ **blanc de poulet** peito de frango (*carne branca*)
■ **blanc (d'œuf)** clara *f* (*de ovo*)
■ **cheveux** *m pl* **blancs** cabelos brancos

blanchâtre [blɑ̃ʃatʀ] *adj* esbranquiçado, -da

blanche [blɑ̃ʃ] *nf* MUS mínima

blancheur [blɑ̃ʃœʀ] *nf* brancura

blanchir [20] [blɑ̃ʃiʀ] *vt* **1** (*gén*) caiar **2** (*linge*) alvejar **3** (*légumes*) escaldar, aferventar **4** *fig* (*accusé*) inocentar
▸ *vi* **1** (*personne*) empalidecer **2** (*cheveux*) embranquecer, encanecer, ficar branco

blanchissage [blɑ̃ʃisaʒ] *nm* lavagem *f* de roupa

blanchisserie [blɑ̃ʃisʀi] *nf* lavandaria, tinturaria

blanquette [blɑ̃kɛt] *nf* guisado *m* de carnes brancas

blasé, -e [blaze] *adj-nmf* blasé, indiferente

blason [blazɔ̃] *nm* brasão

blasphème [blasfɛm] *nm* blasfêmia *f*

blatte [blat] *nf* barata

blazer [blazɛʀ] *nm* blazer

blé [ble] *nm* **1** (*céréale*) trigo **2** *fam* (*argent*) grana *f*

blême [blɛm] *adj* pálido, -da, lívido, -da

blêmir [20] [blemiʀ] *vi* empalidecer

blessant, -e [blesɑ̃, -ɑ̃t] *adj* ofensivo, -va, injurioso, -sa

blesser [1] [blese] *vt* **1** (*frapper d'un coup*) ferir **2** (*faire mal*) magoar **3** *fig* (*vexer*) ofender, vexar
▸ *vpr* **se blesser** ferir-se, machucar-se, contundir-se

blessure [blesyʀ] *nf* ferida, ferimento *m*, lesão

blet, blette [blɛ, blɛt] *adj* passado, -da, maduro, -ra demais

bleu, -e [blø] *adj* **1** (*couleur*) azul **2** (*viande*) muito malpassado, -da
▸ *nm* **bleu 1** (*couleur*) azul *m* **2** (*après un coup*) equimose *f* **3** *fam* (*nouvel élève*) novato, -ta, calouro, -ra **4** (*fromage*) queijo semelhante ao gorgonzola
■ **bleu ciel** azul-celeste
■ **bleu de travail** macacão de trabalho
■ **bleu marine** azul-marinho

bleuâtre [bløatʀ] *adj* azulado, -da

bleuet [bløɛ] *nm* BOT mirtilo

bleuté, -e [bløte] *adj* azulado, -da

blindé, -e [blɛ̃de] *adj* blindado, -da
▸ *nm* **blindé** (*veículo*) blindado

blinder [1] [blɛ̃de] *vt* **1** (*porte, véhicule*) blindar **2** *fam fig* (*personne*) calejar, endurecer, empedernir

bloc [blɔk] *nm* bloco
• **à bloc** *fam* o máximo possível
• **en bloc** em bloco
• **faire bloc** unir-se, agrupar-se
■ **bloc opératoire** centro cirúrgico

blocage [blɔkaʒ] *nm* bloqueio

blockhaus [blɔkos] *nm* blocaus, blocause, blockhaus

bloc-notes [blɔknɔt] *nm* (*pl* **blocs-notes**) bloco de notas

blocus [blɔkys] *nm* bloqueio

blond, blonde [blɔ̃, blɔ̃d] *adj-nm,f* loiro, -ra, louro, -ra
▸ *nm* **blond** loiro
▸ *nf* **blonde 1** [cigarette] cigarro de fumo claro **2** (*bière*) clara, loira
■ **blond platine** louro platinado

bloquer [2] [blɔke] *vt* **1** (*gén*) bloquear **2** (*salaire*) congelar

blottir (se) [20] [blɔtiʀ] *vpr* encolher-se, acaçapar-se

blouse [bluz] *nf* **1** (*de travail, d'écolier*) jaleco *m*, bata **2** (*de femme*) blusa

blouser [1] [bluze] *vt fam* enganar, engrupir

blouson [bluzɔ̃] *nm* jaquetão

blue-jean [bludzin] *nm* (*pl* **blue-jeans**) *m pl* jeans

blues [bluz] *nm* **1** MUS blues *m* **2** *fam* (*mélancolie*) tristeza *f*, fossa *f*

bluff [blœf] *nm* blefe

blush [blœʃ] *nm* blush, ruge

boa [bɔa] *nm* ZOOL jiboia *f*

bobard [bɔbaʀ] *nm fam* mentira *f*, lorota *f*, balela *f*

bobine [bɔbin] *nf* 1 (*gén*) bobina 2 (*de fil à coudre*) carretel *f* 3 (*d'appareil photo*) carretel *m*, bobina

bobo [bobo] *nm fam* dodói

bocal [bɔkal] *nm* pote

bœuf [bœf, *pl* bø] *nm* 1 (*animal*) boi 2 (*viande*) carne *f* (*de boi*)

bof! [bɔf] *interj* puh!

bogue [bɔg] *nm* INFORM bug

bohème [bɔɛm] *adj-nmf* boêmio, -a

bohémien, -enne [bɔemjɛ̃, -ɛn] *adj-nm,f* boêmio, -a

boire [77] [bwaʀ] *vt-vi* beber, tomar

bois [bwa] *nm* 1 (*forêt*) bosque 2 (*matériau*) madeira *f*, pau 3 (*de chauffage*) lenha *f*
▶ *nm pl* 1 (*du cerf*) galhos, chifres 2 (*instruments*) madeiras *f*

boisée, -e [bwaze] *adj* arborizado, -da

boîte [bwat] *nf* 1 (*récipient*) caixa 2 (*de conserves*) lata 3 *fam* (*pour danser*) boate, boîte 4 *fam* (*entreprise*) lugar de trabalho *m*, serviço *m*
■ **boîte à gants** porta-luvas
■ **boîte à musique** caixa de música
■ **boîte à outils** caixa de ferramentas
■ **boîte aux lettres** caixa de correio
■ **boîte de réception** INFORM caixa de entrada
■ **boîte de vitesses** caixa de câmbio
■ **boîte noire** caixa-preta
■ **boîte postale** caixa postal

boiter [1] [bwate] *vi* mancar, claudicar

boiteux, -euse [bwatø, -øz] *adj-nm,f* manco, -ca, coxo, -xa

boîtier [bwatje] *nm* 1 caixa *f*, caixote 2 INFORM gabinete

bol [bɔl] *nm* 1 tigela *f* 2 *fam* (*chance*) sorte
• **avoir du bol** *fam* ter sorte, ser sortudo
• **en avoir ras le bol** *fam* estar de saco cheio

bolet [bɔlɛ] *nm* BOT boleto (*cogumelo*)

bolide [bɔlid] *nm* bólido

Bolivie [bɔlivi] *nf* Bolívia

bolivien, -enne [bɔliviɛ̃, -ɛn] *adj* boliviano, -na
▶ *nm,f* **Bolivien, -enne** boliviano, -na

bombardement [bɔ̃baʀdəmɑ̃] *nm* bombardeio

bombarder [1] [bɔ̃baʀde] *vt* (*avec des projectiles*) bombardear
• **bombarder de questions** bombardear com perguntas

bombe [bɔ̃b] *nf* 1 (*projectile*) bomba 2 (*aérosol*) frasco *m* atomizador, spray *m* 3 (*pour l'équitation*) boné *m*
■ **bombe à retardement** bomba-relógio

bombé, -e [bɔ̃be] *adj* abaulado, -da

bon, bonne [bɔ̃, bɔn] *adj* 1 (*gén*) bom, boa: *c'est un bon professeur* é um bom professor; *le gâteau est très bon* o bolo está muito bom; *elle est bien bonne, celle-là!* essa, sim, é boa! 2 (*expression d'un souhait*) bom, feliz: *bonne année!* bom ano-novo! 3 (*réponse*) certo, -ta, correto, -ta: *c'est bom* está certo
▶ *adv* **bon** bem: *le linge sent bon* a roupa está cheirando bem
▶ *nm* 1 COMM bônus: *bon du Trésor* bônus do Tesouro 2 (*coupon*) vale *m*: *bon pour 30 euros d'achats* vale de 30 euros
▶ *interj* **bon!** bom!
• **à quoi bon?** para quê?
• **être bon à** ser bom para, servir para
• **être bon pour** não escapar de
• **être un bon à rien** ser um inútil
• **faire bon** estar bonito (*o tempo*)
• **pour de bon** de verdade, no duro
■ **bon de commande** pedido (*formulário*)

bonbon [bɔ̃bɔ̃] *nm* 1 (*gén*) bala *f*, drope 2 (*au chocolat*) bombom
• **coûter bonbon** *fam* custar uma nota preta

bonbonne [bɔ̃bɔn] *nf* garrafão *m*

bonbonnière [bɔ̃bɔnjɛʀ] *nf* bomboneira

bond [bɔ̃] *nm* pulo, salto
• **faire un bond** dar um pulo
• **faire faux bond à qqn** dar o cano em alguém
• **prendre, saisir la balle au bond** não deixar passar a oportunidade

bonde [bɔ̃d] *nf* **1** *(d'évier)* ralo *m* **2** *(de tonneau)* boca **3** *(bouchon)* rolha

bondé, -e [bɔ̃de] *adj* abarrotado, -da, lotado, -da, apinhado, -da

bondir [20] [bɔ̃diʀ] *vi* **1** *(sauter)* pular, saltar **2 bondir sur** *(s'élancer)* lançar-se sobre, precipitar-se sobre
• **cela me fait bondir** isso me deixa furioso

bonheur [bɔnœʀ] *nm* **1** *(gén)* felicidade *f* **2** *(chance)* sorte *f*
• **par bonheur** por sorte

bonhomme [bɔnɔm] *nm (pl* bonshommes*)* **1** *fam* cara, tipo, sujeito: *quel drôle de bonhomme!* que tipo mais estranho **2** *(petit garçon)* garoto, menino **3** *(figure humaine)* boneco
■ **bonhomme de neige** boneco de neve

boniment [bɔnimɑ̃] *nm* lábia *f*

bonjour [bɔ̃ʒuʀ] *nm* **1** *(gén)* alô, olá, oi **2** *(le matin)* bom-dia **3** *(l'après-midi)* boa-tarde

bonne [bɔn] *nf* empregada

bonnet [bɔnɛ] *nm* **1** *(coiffure)* boné, boina *f* **2** *(de soutien-gorge)* taça *f*
■ **bonnet de bain** touca de banho
■ **gros bonnet** mandachuva, figurão

bonsoir [bɔ̃swaʀ] *nm* boa-noite

bonté [bɔ̃te] *nf* bondade

bonus [bɔnys] *nm* bônus

boom [bum] *nm* boom

bord [bɔʀ] *nm* **1** *(extrémité, côté)* borda *f*, beira *f*, beirada *f* **2** *(de mer, fleuve)* margem *f* **3** *(de chemin)* beira *f* **4** *(bordure-de vêtement)* barra *f*, orla *f* **5** *(- de chapeau)* aba *f* **6** *(parti, opinion)* ala *f*, facção *f*
• **à bord de** a bordo de
• **à ras bord(s)** até a borda
• **être au bord de** *(dans l'espace)* estar à beira de *(dans le temps)* estar a ponto de
• **passer par-dessus bord** cair no mar

bordeaux [bɔʀdo] *adj-nm* bordeaux

bordel [bɔʀdɛl] *nm* **1** *(maison close)* bordel, prostíbulo **2** *fam (désordre)* bagunça *f*, zona *f*

border [1] [bɔʀde] *vt* **1** *(occuper le bord)* ladear, margear **2** *(vêtement)* orlar, guarnecer **3** *(lit)* cobrir

bordereau [bɔʀdəʀo] *nm* borderô

bordure [bɔʀdyʀ] *nf* **1** *(bord)* orla **2** *(d'un vêtement)* guarnição, debrum *m* **3** *(d'un bois)* beira, limite *m*

borgne [bɔʀɲ] *adj-nmf* **1** caolho, -lha **2** *fig* suspeito, -ta, mal-afamado, -da

borne [bɔʀn] *nf* **1** *(sur la route)* marco *m*, baliza, limite *m* **2** *(kilomètre)* quilômetro *m* **3** *(de circuit électrique)* terminal *m*, borne *m*, polo *m* **4** *fig (limite)* limite *m*, fronteira
• **dépasser les bornes** ultrapassar os limites, exagerar

borné, -e [bɔʀne] *adj* limitado, -da

borner [1] [bɔʀne] *vt* limitar
▶ *vpr* **se borner à** limitar-se a, restringir-se a

bosse [bɔs] *nf* **1** *(après un coup)* galo *m*, calombo *m* **2** *(dans le dos)* corcunda **3** *(de terrain)* elevação
• **avoir la bosse de** *fam fig* ter talento, ter jeito, ter bossa

bossu, -e [bɔsy] *adj-nm,f* corcunda *mf*

botanique [bɔtanik] *adj* botânico, -ca
▶ *nf* botânica

botte [bɔt] *nf* **1** *(chaussure)* bota, botina **2** *(de légumes)* feixe *m*, maço *m* **3** *(en escrime)* estocada
• **lécher les bottes de qqn** *fam* lamber as botas de alguém

Bottin® [bɔtɛ̃] *nm* lista *f* telefônica

bottine [bɔtin] *nf* botina

bouc [buk] *nm* **1** ZOOL bode **2** *(barbe)* barbicha *f*, cavanhaque
■ **bouc émissaire** bode expiatório

boucan [bukɑ̃] *nm fam* algazarra *f*, zoada *f*

bouche [buʃ] *nf* boca
• **bouche cousue!** boca de siri!
• **de bouche à oreille** de boca a boca
• **faire la fine bouche** ser exigente para comer, ser enjoado, -da
• **rester bouche bée** ficar boquiaberto, -ta
■ **bouche d'égout** bueiro, boca de lobo
■ **bouche de métro** entrada de metrô
■ **bouche d'incendie** hidrante

bouché, -e [buʃe] *adj* **1** *(obstrué)* fechado, -da, obstruído, -da, tapado, -da

2 entupido, -da 3 (*vin, cidre*) engarrafado, -da 4 *fam* (*personne*) tapado, -da, obtuso, -sa

bouche-à-bouche [buʃabuʃ] *nm inv* boca a boca (*respiração*)

bouchée [buʃe] *nf* bocado *m*
• **mettre les bouchées doubles** acelerar o trabalho

boucher[1] [buʃe] *vt* 1 (*un trou*) tapar 2 (*une bouteille*) tapar, tampar 3 (*obstruer*) obstruir
▸ *vpr* **se boucher** entupir(-se)

boucher, -ère[2] [buʃe, -ɛʀ] *nm,f* açougueiro, -ra

boucherie [buʃʀi] *nf* açougue *m*

bouchon [buʃɔ̃] *nm* 1 (*gén*) tampa *f* 2 (*en liège*) rolha *f* 3 (*de circulation*) engarrafamento, congestionamento 4 (*de canne à pêche*) cortiça *f*, boia *f*

boucle [bukl] *nf* 1 (*anneau*) aro *m*, anel *m* 2 (*de ceinture, chaussure*) fivela 3 (*de cheveux*) anel *m*, caracol *m*
▪ **boucle d'oreille** brinco *m*

boucler [1] [bukle] *vt* 1 (*ceinture*) afivelar 2 *fig* (*valise, affaire*) fechar 3 (*zone*) fechar, circundar 4 (*cheveux*) encaracolar
▸ *vpr* **se boucler** fechar-se, encerrar-se
• **la boucler** *fam* calar a boca

bouclier [buklje] *nm* escudo

bouddhisme [budism] *nm* budismo

bouder [1] [bude] *vt* não querer saber de, evitar, fugir: ***depuis quelque temps, il boude ses études*** faz algum tempo não quer saber de estudar
▸ *vi* emburrar, amuar-se

bouderie [budʀi] *nf* mau humor *m*

boudin [budɛ̃] *nm* 1 CUIS chouriço 2 *fam péj* (*personne*) bucho *m*, feioso, -sa

boue [bu] *nf* barro *m*, lama, lodo *m*

bouée [bwe] *nf* boia
▪ **bouée de sauvetage** boia salva-vidas, salva-vidas *m*

boueux, -euse [buø, -øz] *adj* lamacento, -ta, barrento, -ta
▸ *nm* **boueux** *fam* lixeiro, -ra

bouffe [buf] *nf fam* rango *m*, comida
• **se faire une bouffe** comer juntos

bouffée [bufe] *nf* 1 (*d'air, de vent*) lufada 2 (*de cigarette*) baforada
▪ **bouffée de chaleur** fogacho *m*

bouffer [1] [bufe] *vi* (*vêtement*) afofar-se, tornar-se bufante
▸ *vt* 1 *fam* comer, consumir: ***il a bouffé tout son fric*** ele consumiu toda a grana que tinha 2 (*absorber*) absorver: ***son travail le bouffe entièrement*** o trabalho o absorve totalmente

bouffi, -e [bufi] *adj* inchado, -da

bouffon, -onne [bufɔ̃, -ɔn] *adj* cômico, -ca, bufo, -fa
▸ *nm* **bouffon** 1 (*d'un roi*) bufão, bobo 2 (*pitre*) palhaço

bouge [buʒ] *nm* espelunca *f*

bougeoir [buʒwaʀ] *nm* castiçal

bouger [4] [buʒe] *vt* mover-se, mexer-se
▸ *vi* 1 (*gén*) movimentar-se, deslocar-se, sair do lugar 2 (*changer*) variar, mudar, alterar-se 3 (*remuer*) mexer-se, mover-se, movimentar-se

bougie [buʒi] *nf* (*pour éclairer; de voiture*) vela

bougonner [1] [bugɔne] *vi* murmurar, resmungar

bougrement [bugʀəmɑ̃] *adv fam* terrivelmente, demasiadamente

bouillabaisse [bujabɛs] *nf* CUIS bouillabaisse, caldeirada

bouillant, -e [bujɑ̃, -ɑ̃t] *adj* 1 (*liquide*) fervente 2 *fig* (*personne*) ardente, apaixonado, -da

bouillie [buji] *nf* papinha, mingau *m*
• **réduire en bouillie** esmagar

bouillir [26] [bujiʀ] *vi* 1 (*liquide*) ferver 2 *fig* (*personne*) exasperar-se, arder, ferver: ***elle bout d'impatience*** ela está fervendo de impaciência

bouilloire [bujwaʀ] *nf* chaleira

bouillon [bujɔ̃] *nm* 1 (*soupe*) caldo, sopa *f* 2 (*d'un liquide qui bout*) borbulha *f*, borbotão
▪ **bouillon de culture** caldo de cultura

bouillonner [1] [bujɔne] *vi* 1 (*liquide*) borbulhar 2 *fig* (*personne*) ferver, arder

bouillotte [bujɔt] *nf* bolsa de água quente

boulanger, -ère [bulɑ̃ʒe, -ɛʀ] *adj-nm,f* padeiro, -ra

boulangerie [bulɑ̃ʒʀi] *nf* padaria

boule [bul] *nf* **1** *(de billard, pétanque)* bola *f* **2** *fam fig (tête)* cabeça, coco *m*, cuca
• **avoir les boules** *fam fig* estar de saco cheio
• **perdre la boule** *fam* perder a cabeça
• **se mettre en boule** *fam fig* ficar furioso
▪ **boule de neige** bola de neve

bouleau [bulo] *nm* BOT bétula *f*

boulet [bulɛ] *nm (de canon)* bala *f* de canhão

boulette [bulɛt] *nf* **1** *(petite boule)* bolinha **2** CUIS almôndega

boulevard [bulvaʀ] *nm* bulevar

bouleversement [bulvɛʀsəmɑ̃] *nm* **1** *(changement)* subversão *f*, transformação *f*, reviravolta *f* **2** *(d'une personne)* comoção *f*, perturbação *f*, transtorno

bouleverser [1] [bulvɛʀse] *vt* **1** *(mettre en désordre)* subverter **2** *(changer)* revolucionar, transformar **3** *(personne)* perturbar, emocionar, abalar, transtornar

boulimie [bulimi] *nf* bulimia

boulon [bulɔ̃] *nm* parafuso de porca

boulot [bulo] *nm fam* trampo, serviço, trabalho
• **au boulot!** ao trabalho!

boum [bum] *nf vieil* festa surpresa

bouquet [bukɛ] *nm* **1** *(de fleurs)* buquê, ramalhete **2** *(du vin)* buquê, aroma **3** *(de feu d'artifice)* girândola *f* final
• **c'est le bouquet!** é o cúmulo!

bouquin [bukɛ̃] *nm fam* livro, livro usado

bouquiner [1] [bukine] *vt fam* ler

bouquiniste [bukinist] *nmf* dono de sebo

bourbeux, -euse [buʀbø, -øz] *adj* lamacento, -ta

bourbier [buʀbje] *nm* **1** *(lieu)* lamaçal, lodaçal **2** *fig (situation difficile)* atoleiro, aperto

bourde [buʀd] *nf* **1** *(mensonge)* lorota **2** *fam (faute)* besteira, asneira, mancada
• **faire une bourde** *fam* fazer uma asneira

bourdon [buʀdɔ̃] *nm* ZOOL zangão
• **avoir le bourdon** *fam* estar na fossa

bourdonnement [buʀdɔnmɑ̃] *nm* **1** *(d'insecte)* zumbido **2** *(de voix)* murmúrio, murmurinho

bourdonner [1] [buʀdɔne] *vi* zumbir

bourg [buʀ] *nm* burgo

bourgeois, -e [buʀʒwa, -az] *adj-sm,f* burguês, -esa

bourgeoisie [buʀʒwazi] *nf* burguesia

bourgeon [buʀʒɔ̃] *nm* BOT gema *f*, broto

bourgeonner [1] [buʀʒɔne] *vi* BOT brotar

bourrade [buʀad] *nf* **1** *(poussée)* empurrão *m* **2** *(du coude)* cotovelada

bourrage [buʀaʒ] *nm* **1** *(de coussin)* enchimento, recheio **2** INFORM atolamento
▪ **bourrage de crâne** *(pour un examen)* estudo intensivo, racha *(propagande)* lavagem cerebral
▪ **bourrage papier** INFORM papel atolado (na impressora)

bourrasque [buʀask] *nf* tempestade, temporal *m*

bourratif, -ive [buʀatif, -iv] *adj fam (aliment)* pesado, -da, indigesto, -ta

bourre [buʀ] *nf* borra *(de lã)*
• **être à la bourre** *fam* estar atrasado, -da

bourré, -e [buʀe] *adj* empanturrado, -da

bourreau [buʀo] *nm* carrasco
▪ **bourreau de travail** pé de boi, caxias

bourrelet [buʀlɛ] *nm* **1** *(de porte)* vedação *f*, chouriça *f* **2** *(de graisse)* protuberância *f* adiposa

bourrer [1] [buʀe] *vt* **1** *(coussin, matelas)* encher, rechear **2** *(entasser)* amontoar, abarrotar, atulhar **3** *(fusil, pipe)* socar (ao carregar) **4** *fam (de nourriture)* empanturrar
▸ *vpr* **se bourrer** **1** *fam (de nourriture)* empanturrar-se **2** *fam (d'alcool)* encher a cara, encharcar-se

bourrique [buʀik] *nf* **1** ZOOL burrico *m* **2** *fig (personne)* burro, -ra

bourru, -e [buʀy] *adj fig* rude, ríspido, -da

bourse [buʀs] *nf* **1** *(pour l'argent)* porta-moedas *m*, porta-níqueis *m* **2** *(pour*

boursier, -ère [buʀsje, -jɛʀ] *adj-nm,f* **1** (*étudiant*) bolsista **2** ÉCON operador, -ra em bolsa

boursouflé, -e [buʀsufle] *adj* inchado, -da, inflado, -da

bousculade [buskylad] *nf* **1** (*cohue*) empurra-empurra *m* **2** (*précipitation*) pressa, correria

bousculer [1] [buskyle] *vt* **1** (*pousser*) empurrar, esbarrar **2** (*presser*) apressar
▶ *vpr* **se bousculer** empurrar-se, acotovelar-se

bouse [buz] *nf* excremento *m*, bosta de vaca

bousiller [1] [buzije] *vt* **1** *fam* (*travail*) matar (*o serviço*) **2** *fam* (*appareil, voiture*) estragar, destruir

boussole [busɔl] *nf* bússola

bout [bu] *nm* **1** (*extrémité*) ponta *f*, extremidade *f* **2** (*limite*) fim, final **3** (*morceau*) pedaço
• **à bout de souffle** sem fôlego
• **à bout portant** à queima-roupa
• **au bout de** (*espace*) no final de (*durée*) ao fim de/ao cabo de
• **au bout du compte** no fim e ao cabo
• **d'un bout à l'autre** de cabo a rabo/de ponta a ponta
• **du bout des lèvres** com desdém/com relutância
• **être à bout** não aguentar mais
• **être à bout d'arguments** ficar sem argumentos
• **pousser qqn à bout** tirar alguém do sério
• **savoir sur le bout du doigt** saber de cor
• **venir à bout de** acabar com

boutade [butad] *nf* brincadeira, tirada, dito *m* jocoso

boute-en-train [butɑ̃trɛ̃] *nm inv* (*d'une fête*) animador

bouteille [butɛj] *nf* garrafa
■ **bouteille de gaz** botijão *m* de gás

boutique [butik] *nf* loja, butique

bouton [butɔ̃] *nm* **1** (*de vêtement, de machine*) botão **2** (*sur la peau*) espinha *f*, acne *f* **3** (*de porte*) maçaneta *f*, puxador **4** BOT botão
■ **bouton de manchette** abotoadura

boutonner [1] [butɔne] *vt* abotoar
▶ *vpr* **se boutonner** abotoar-se

boutonnière [butɔnjɛʀ] *nf* casa, botoeira

bouton-pression [butɔ̃pʀesjɔ̃] *nm* (*pl* **boutons-pression**) colchete de pressão

bouture [butyʀ] *nf* BOT muda

bouvreuil [buvʀœj] *nm* ZOOL pisco-chilreiro, dom-fafe

bovin, -e [bɔvɛ̃, -in] *adj* bovino, -na
▶ *nm* **bovin** bovino *m*

bowling [buliŋ] *nm* boliche

box [bɔks] *nm* boxe
■ **box des accusés** banco dos réus

boxe [bɔks] *nf* boxe *m*, pugilismo *m*

boxer [1] [bɔkse] *vt-vi* lutar boxe

boxeur [bɔksœʀ] *nm* boxeador, pugilista

boyau [bwajo] *nm* **1** (*intestin*) tripa *f*, intestino **2** (*de raquette*) corda *f* **3** (*de bicyclette*) pneu tubular

boycott [bɔjkɔt] *nm* boicote

boycotter [1] [bɔjkɔte] *vt* boicotar

bracelet [bʀaslɛ] *nm* **1** (*bijou*) bracelete, pulseira *f* **2** (*de montre*) pulseira *f*, correia *f*

bracelet-montre [bʀaslɛmɔ̃tʀ] *nm* relógio de pulso

braconnier [bʀakɔnje] *nm* caçador/pescador clandestino

brader [1] [bʀade] *vt* liquidar (*vendas*)

braguette [bʀagɛt] *nf* braguilha, bragueta

braille [bʀaj] *nm* braille, braile

brailler [1] [bʀaje] *vi fam* gritar, berrar

braire [73] [bʀɛʀ] *vi* zurrar, ornear

braise [bʀɛz] *nf* brasa

bramer [1] [bʀame] *vi* berrar

brancard [bʀɑ̃kaʀ] *nm* **1** (*pour blessés*) maca *f*, padiola *f* **2** (*de charrette*) varal

brancardier, -ère [bʀɑ̃kaʀdje, -ɛʀ] *nm,f* padioleiro, -ra

branchage [bʀɑ̃ʃaʒ] *nm* ramagem *f*, ramada *f*, rama *f*

branche [bʀɑ̃ʃ] *nf* **1** (*d'arbre*) ramo *m*, galho *m* **2** (*de lunettes*) haste **3** MÉD (*d'un*

branché, -e [bʀɑ̃ʃ] adj 1 (câble) plugado, -da, conectado, -da, ligado, -da 2 fam (à la mode) moderno, -na, antenado, -da, plugado, -da

branchement [bʀɑ̃ʃmɑ̃] nm conexão f, ligação f

brancher [1] [bʀɑ̃ʃe] vt 1 (câble, appareil) ligar, conectar 2 (conversation) orientar (**sur**, para) 3 fam (plaire) agradar, interessar

branchies [bʀɑ̃ʃi] nf pl brânquias, guelras

brandir [20] [bʀɑ̃diʀ] vt brandir

branlant, -e [bʀɑ̃lɑ̃, -ɑ̃t] adj (meuble) manco, -ca, bambo, -ba, instável

branle-bas [bʀɑ̃lba] nm inv fig agitação f, alvoroço, tumulto
- **branle-bas de combat** toque de combate

branler [1] [bʀɑ̃le] vt balançar, sacudir
▸ vi oscilar, vacilar, cambalear

braquer [2] [bʀake] vt 1 (diriger-arme) apontar 2 (- longue-vue) focalizar 3 (- regard) fixar 4 fam (une banque) assaltar
▸ vpr **se braquer** ficar bravo, zangar-se (**contre**, com)

bras [bʀa] nm braço
• **à tour de bras** com toda a força
• **aller bras dessus, bras dessous** andar/ir de braços dados
• **avoir le bras long** fig ter influência, ter prestígio
• **être le bras droit de qqn** fig ser o braço direito de alguém
• **faire un bras d'honneur à qqn** fazer uma banana para alguém
- **bras de fer** queda de braço
- **bras de mer** braço de mar

brasier [bʀazje] nm braseiro

bras-le-corps [bʀalkɔʀ] loc adv **à bras-le-corps** pela cintura

brassard [bʀasaʀ] nm braçadeira f

brasse [bʀas] nf 1 (mesure) braça 2 (du nageur) braçada

brassée [bʀase] nf braçada

brasser [1] [bʀase] vt 1 (mêler) mexer, misturar 2 (bière) fabricar 3 fig (affaires) manejar, lidar com, tratar com

brasserie [bʀasʀi] nf 1 (usine) cervejaria 2 (secteur) indústria cervejeira 3 (bar) brasserie, cervejaria, choperia

brave [bʀav] adj 1 (qui a du courage) bravo, -va, valente, corajoso, -sa 2 (caractère) bom, -boa, honrado, -da, honesto, -ta

braver [1] [bʀave] vi 1 (personne) desafiar, provocar 2 (danger) enfrentar, encarar

bravo [bʀavo] nm bravo
▸ interj **bravo!** muito bem!/bravo!

bravoure [bʀavuʀ] nf bravura, coragem

brebis [bʀəbi] nf ZOOL ovelha
- **brebis galeuse** ovelha negra

brèche [bʀɛʃ] nf brecha

bredouille [bʀəduj] adj loc **rentrer bredouille** voltar de mãos vazias/abanando

bredouiller [1] [bʀəduje] vi tartamudear, gaguejar, murmurar

bref, brève [bʀɛf, bʀɛv] adj breve
▸ adv **bref** em resumo/em suma
• **en bref** em poucas palavras, resumidamente

Brésil [bʀezil] nm Brasil

brésilien, -enne [bʀeziljɛ̃, -ɛn] adj brasileiro, -ra
▸ nm,f **Brésilien, -enne** brasileiro, -ra

bretelle [bʀətɛl] nf 1 (d'autoroute) alça de acesso 2 (de fusil) correia
▸ nf pl **bretelles** 1 (gén) alças 2 (du vêtement masculin) suspensórios m

breuvage [bʀœvaʒ] nm beberagem, bebida

brevet [bʀəvɛ] nm 1 (d'invention) patente f 2 (d'études) diploma 3 (d'aptitudes) certificado

breveter [6] [bʀəvte] vt patentear

bréviaire [bʀevjɛʀ] nm breviário

bribe [bʀib] nf (de conversation, souvenir) fragmento m, pedaço m, trecho, m
▸ nf pl **bribes** (de repas) restos m, migalhas

bric-à-brac [bʀikabʀak] nm inv bricabraque

bricolage [bʀikɔlaʒ] nm 1 (gén) bricolagem f 2 péj (travail mal fait) lambança, trabalho malfeito

bricoler [1] [bʀikɔle] vi 1 *(chez soi)* fazer bricolagem 2 *(faire divers petits métiers)* fazer um pouco de tudo
▶ vt *(aménager)* arrumar, instalar, consertar

bride [bʀid] nf 1 *(gén)* rédea 2 *(couture)* aselha
• **à bride abattue** *fig* à rédea solta

brider [1] [bʀide] vt 1 *(cheval)* arrear 2 *fig (un sentiment)* refrear, conter

bridge [bʀidʒ] nm 1 *(jeu)* bridge 2 *(dentaire)* ponte f

briefing [bʀifiŋ] nm briefing

brièveté [bʀijɛvte] nf brevidade

brigade [bʀigad] nf brigada

brigadier [bʀigadje] nm 1 *(de l'armée)* cabo 2 *(de la police)* sargento

brigand [bʀigɑ̃] nm 1 *(voleur)* bandido 2 *fam (coquin)* malandro, maroto

brillant, -e [bʀijɑ̃, -ɑ̃t] adj brilhante
▶ nm **brillant** 1 *(éclat)* brilho, clarão 2 *(diamant)* brilhante

briller [1] [bʀije] vi brilhar
• **briller par son absence** *fam* ser um ilustre ausente

brimade [bʀimad] nf trote m (a calouros)

brin [bʀɛ̃] nm *(d'herbe)* galhinho, graveto
• **un brin (de)** uma pitada *(de)*
• **un brin de causette** dois dedos de prosa

brindille [bʀɛ̃dij] nf raminho m, palhinha

brioche [bʀijɔʃ] nf 1 *(pâtisserie)* brioche m 2 *fam (ventre)* barriga

brique [bʀik] nf 1 *(pierre)* tijolo m 2 *(emballage)* tetrabrik®, caixa

briquet [bʀike] nm isqueiro

brisant [bʀizɑ̃] nm rebentação f

brise [bʀiz] nf brisa

brise-glace [bʀizglas] nm inv quebra-gelo

brise-lames [bʀizlam] nm inv quebra-mar

briser [1] [bʀize] vt 1 *(objet)* quebrar 2 *fig (volonté, charme)* quebrantar, vencer, dominar 3 *(amitié)* romper, desfazer 4 *(carrière)* interromper
▶ vpr **se briser** 1 *(verre, vagues)* quebrar-se 2 *fig (courage, espoir)* esmorecer

britannique [bʀitanik] adj britânico, -ca
▶ nmf **Britannique** britânico, -ca

broche [bʀɔʃ] nf 1 *(bijou)* broche m 2 CUIS espeto m 3 *(connexion électrique)* (conector, conexão) macho m

brochet [bʀɔʃe] nm ZOOL lúcio

brochette [bʀɔʃɛt] nf 1 CUIS *(de viande)* brochette, espetinho m 2 *fig (de personnes)* turma, grupo m

brochure [bʀɔʃyʀ] nf brochura

broder [1] [bʀɔde] vt bordar
▶ vi *fig* exagerar, fantasiar

broderie [bʀɔdʀi] nf bordado m

bronche [bʀɔ̃ʃ] nf ANAT brônquio m

broncher [1] [bʀɔ̃ʃe] vi reagir, resistir, conservar-se firme
• **sans broncher** impassível, sem esboçar reação

bronchite [bʀɔ̃ʃit] nf MÉD bronquite

bronzage [bʀɔ̃zaʒ] nm bronzeamento

bronzant, -e [bʀɔ̃zɑ̃, -ɑ̃t] adj bronzeador, -ra

bronze [bʀɔ̃z] nm bronze

bronzé, -e [bʀɔ̃ze] adj bronzeado, -da, moreno, -na

bronzer [1] [bʀɔ̃ze] vi bronzear, bronzear-se

brosse [bʀɔs] nf 1 *(gén)* escova 2 *(pour peindre)* pincel m, brocha
■ **brosse à cheveux** escova de cabelo
■ **brosse à dents** escova de dentes

brosser [1] [bʀɔse] vt 1 *(cheveux, vêtements)* escovar: **se brosser les dents** escovar os dentes 2 *(portrait)* esboçar

brouette [bʀuɛt] nf carrinho m de mão

brouhaha [bʀuaa] nm zunzum, vozerio, vozeio

brouillard [bʀujaʀ] nm neblina f, nevoeiro, cerração f

brouille [bʀuj] nf rusga, desentendimento m

brouiller [1] [bʀuje] vt 1 *(mêler)* misturar, embaralhar 2 *(rendre trouble-la vue)* turvar, embaçar, embaciar 3 *(le teint)* alterar 4 *(radio)* interferir 5 *fig*

(*l'esprit, les idées*) transtornar, embaralhar, confundir **6** (*amis, famille*) desunir, criar discórdia
▸ *vpr* **se brouiller 1** (*liquide*) turvar-se **2** (*ciel*) anuviar-se, nublar-se **3** (*idées*) confundir-se, embaralhar-se
• **se brouiller avec qqn** brigar, desentender-se com alguém

brouillon, -onne [bʀujɔ̃, -ɔn] *adj* confuso, -sa, desorganizado, -da
▸ *nm* **brouillon** rascunho

broussaille [bʀusaj] *nf* mato *m*, capoeira
• **en broussaille** (*cheveux*) emaranhados, desgrenhados

brousse [bʀus] *nf* savana

brouter [1] [bʀute] *vt-vi* pastar

broutille [bʀutij] *nf* bugiganga, quinquilharia, mixaria

broyer [16] [bʀwaje] *vt* moer, esmagar, triturar
• **broyer du noir** *fig* ficar deprimido

bru [bʀy] *nf fml* nora

bruine [bʀɥin] *nf* garoa, chuvisco *m*

bruiner [1] [bʀɥine] *v impers* garoar, chuviscar

bruit [bʀɥi] *nm* **1** (*gén*) ruído, barulho, som **2** (*rumeur*) rumor, boato **3** (*retentissement*) ressonância *f*, eco, repercussão *f*: **cette affaire va faire du bruit** este caso vai ter grande repercussão
• **sans bruit** silenciosamente, na surdina

bruitage [bʀɥitaʒ] *nm* efeitos *pl* sonoros especiais

brûlant, -e [bʀylɑ̃, -ɑ̃t] *adj* **1** (*gén*) ardente **2** (*soleil*) abrasador, -ra **3** *fig* (*question*) candente

brûle-pourpoint [bʀylpuʀpwɛ̃] *loc adv* **à brûle-pourpoint** à queima-roupa, de chofre, de supetão

brûler [1] [bʀyle] *vt* **1** (*gén*) queimar **2** (*café*) torrar **3** (*feu rouge, un stop*) passar, atravessar **4** (*étape*) queimar
▸ *vi* **1** (*gén*) arder, queimar: **le bois brûle** a lenha está ardendo/queimando **2** (*être brûlant*) queimar: **ne touche pas, ça brûle** não ponha a mão, que queima
▸ *vpr* **se brûler** queimar-se
• **brûler de + inf** querer muito, não ver a hora de + *inf*

• **brûler d'impatience** estar morrendo de impaciência

brûleur [bʀylœʀ] *nm* queimador

brûloir [bʀylwaʀ] *nm* torrador (*de café*)

brûlure [bʀylyʀ] *nf* queimadura
■ **brûlures d'estomac** azia

brume [bʀym] *nf* bruma, névoa, nevoeiro, neblina

brumeux, -euse [bʀymø, -øz] *adj* **1** (*ciel, temps*) enevoado, -da, anuviado, -da **2** (*pensée*) nebuloso, -sa

brun, -e [bʀœ̃, bʀyn] *adj* **1** (*couleur*) pardo, -da, castanho, -nha **2** (*teint, cheveux*) moreno, -na **3** (*bière*) preto, -ta **4** (*tabac*) tostado
▸ *nmf* moreno, -na
▸ *nm* **brun** (*couleur*) castanho
▸ *nf* **brune** (*cigarette*) cigarro *m* de tabaco escuro

brunir [20] [bʀyniʀ] *vt* **1** (*peau*) amorenar, bronzear **2** (*métal*) brunir

brushing® [bʀœʃiŋ] *nm* brushing, escova *f*

brusque [bʀysk] *adj* brusco, -ca

brusquer [2] [bʀyske] *vt* **1** (*personne*) tratar com brusquidão **2** (*décision, voyage*) precipitar, apressar

brusquerie [bʀyskəʀi] *nf* brusquidão

brut, -e [bʀyt] *adj* **1** (*diamant*) bruto **2** (*personne*) bruto, -ta, grosseiro, -ra **3** (*pétrole*) bruto, -ta **4** (*champagne*) seco, -ca
▸ *nf* **brute** (*personne*) bruto *m*

brutal, -e [bʀytal] *adj* **1** (*violent*) brutal **2** (*soudain*) brusco, -ca, súbito, -ta

brutalité [bʀytalite] *nf* brutalidade

bruyant, -e [bʀɥijɑ̃, -ɑ̃t] *adj* ruidoso, -sa

bruyère [bʀyjɛʀ] *nf* **1** BOT urze **2** (*lieu*) charneca

buanderie [bɥɑ̃dʀi] *nf* lavanderia

buccal, -e [bykal] *adj* bucal, oral

bûche [byʃ] *nf* **1** (*d'arbre*) lenha **2** *fam* (*chute*) queda, tombo *m*
• **(se) prendre une bûche** *fam* levar um tombo
■ **bûche de Noël** rocambole de Natal confeitado em forma de tronco

bûcher[1] [byʃe] *nm* fogueira *f*

bûcher² [1] [byʃe] *vt-vi fam* rachar de trabalhar, de estudar

bûcheron, -onne [byʃRɔ̃, -ɔn] *nm,f* lenhador, -ra

bucolique [bykɔlik] *adj* bucólico, -ca

budget [bydʒɛ] *nm* orçamento

budgétaire [bydʒetɛR] *adj* orçamentário, -a

buée [bue] *nf* vapor *m*

buffet [byfɛ] *nm* 1 (*meuble*) aparador, bufê 2 (*réception*) bufê

buffle [byfl] *nm* ZOOL búfalo

buisson [buisɔ̃] *nm* moita *f*, arbusto

buissonnière [buisɔnjɛR] *nf loc* **faire l'école buissonnière** matar aula/cabular

bulbe [bylb] *nm* bulbo

bulgare [bylgaR] *adj* búlgaro, -ra
▶ *nmf* **Bulgare** búlgaro, -ra *m,f*
▶ *nm* **bulgare** (*langue*) búlgaro

bulldozer [byldozɛR] *nm* buldôzer, trator de lâmina

bulle [byl] *nf* 1 (*d'air, de savon*) bolha 2 (*de bande dessinée*) balão *m* 3 REL bula

bulletin [byltɛ̃] *nm* 1 (*gén*) boletim 2 (*certificat*) recibo, conhecimento, bilhete
■ **bulletin de salaire** contracheque, holerite
■ **bulletin de vote** voto, cédula
■ **bulletin météorologique** boletim meteorológico

buraliste [byRalist] *nmf* dono de tabacaria

bureau [byRo] *nm* 1 (*meuble*) escrivaninha *f* 2 (*pièce*) escritório 3 (*lieu de travail*) escritório, trabalho
■ **bureau de poste** agência *f* de correios
■ **bureau de tabac** tabacaria *f*, charutaria *f*
■ **bureau de vote** junta *f* eleitoral **bureaucratie** [byRokRasi] *nf* burocracia

bureautique [byRotik] *nf* automação de escritório

burette [byRɛt] *nf* 1 (*pour l'huile*) galheta 2 (*de chimie*) bureta

burin [byRɛ̃] *nm* buril

burlesque [byRlɛsk] *adj* burlesco, -ca
▶ *nm* burlesco

burnous [byRnus] *nm* capa com capuz

bus [bys] *nm* ônibus

buse [byz] *nf* 1 ZOOL búteo 2 *fam fig* (*personne*) imbecil, ignorante 3 (*tuyau*) tubo *m*, conduto *m*

buste [byst] *nm* busto

but [byt] *nm* 1 (*gén*) objetivo, fim, finalidade *f* 2 (*de voyage, promenade*) destino, destinação *f* 3 SPORT gol *m*: *gagner par quatre buts à zéro* ganhar por quatro (gols) a zero
• **à but non lucratif** sem fins lucrativos
• **aller droit au but** ir direto ao ponto
• **dans le but de** com o fim de, a fim de
• **de but en blanc** de chofre

butane [bytan] *nm* CHIM butano

buté, -e [byte] *adj* obstinado, -da, teimoso, -sa

buter [1] [byte] *vi* (*obstacle, difficulté*) tropeçar, esbarrar (**contre**, em)
▶ *vt* 1 (*mur, voûte*) escorar, fixar, apoiar 2 (*braquer*) contrariar 3 *fam* (*tuer*) liquidar, exterminar
▶ *vpr* **se buter** 1 (*s'entêter*) obstinar-se, teimar, cismar 2 (*contre un obstacle, une difficulté*) topar (**à/contre**, em)

butin [bytɛ̃] *nm* butim

butiner [1] [bytine] *vt-vi* libar, sugar (néctar)

butoir [bytwaR] *nm* batente (*de portão*)

butte [byt] *nf* morro *m*
• **être en butte à** ser alvo de/estar exposto a

buvable [byvabl] *adj* potável

buvard [byvaR] *adj* mata-borrão

buvette [byvɛt] *nf* lanchonete, cafeteria

buveur, -euse [byvœR, -øz] *nm,f* bebedor, -ra

C

c' [se] *pron dém* → ce

ça [sa] *pron dém* **1** *(gén)* isto, isso: *il ne manquait plus que ça* só faltava isso; *apporte-moi ça* traga-me isso aí **2** *(indéterminé)* isso: *rien que ça* só isso
- **ça alors!** não diga!/quem diria!
- **ça y est** aí está
- **c'est ça!** é isso!
- **c'est comme ça** é assim/assim é
- **comment ça va?** como vai?

çà [sa] *adv* aqui
- **çà et là** aqui e ali, de um lado e de outro

caban [kabã] *nm* jaquetão, japona *f*

cabane [kaban] *nf* **1** *(abri)* cabana **2** *(à lapins) fig* pardieiro *m*, cortiço *m* **3** *fam (prison)* cana, xadrez *m*
- **cabane à outils** quarto *m* de ferramentas

cabaret [kabaʀɛ] *nm* cabaré

cabas [kaba] *nm* cesto, cesta *f*, sacola *f*

cabestan [kabɛstã] *nm* cabrestante

cabillaud [kabijo] *nm* bacalhau fresco

cabine [kabin] *nf* **1** *(de navire)* cabina, camarote *m* **2** *(d'ascenseur, d'interprète)* cabina **3** *(de véhicule)* cabine
- **cabine d'essayage** provador *m*
- **cabine téléphonique** cabina telefónica

cabinet [kabinɛ] *nm* **1** *(petite pièce)* quartinho, quarto, saleta *f* **2** *(de médecin)* consultório **3** *(d'avocat)* escritório *m* **4** *(de ministre)* gabinete
- **cabinet de toilette** toalete, banheiro

câble [kabl] *nm* **1** *(cordage)* cabo, fio **2** *(message)* cabograma

câbler [1] [kable] *vt* **1** *(fils métalliques)* trançar um cabo, formar um cabo **2** *(une dépêche)* enviar um cabograma, telegrafar

cabochard, -e [kabɔʃaʀ, -aʀd] *adj-nm,f fam* cabeçudo, -da, teimoso, -sa, turrão, -ona

cabosser [1] [kabɔse] *vt* amassar, deformar

cabrer [1] [kabʀe] *vpr* **se cabrer 1** *(cheval)* empinar-se, encabritar-se **2** *fig (se révolter)* indignar-se, revoltar-se

cabri [kabʀi] *nm* ZOOL cabrito

cabriole [kabʀijɔl] *nf* cambalhota, cabriola, pirueta

cabriolet [kabʀijɔlɛ] *nm* cabriolé

caca [kaka] *nm fam* caca *f*, cocô

cacahouète [kakawɛt] *nf* BOT amendoim *m*

cacahuète [kakawɛt] *nf* → cacahouète

cacao [kakao] *nm* cacau

cacaoyer [kakaɔje] *nm (arbre)* cacaueiro

cacatoès [kakatɔɛs] *nm* ZOOL cacatua *f*

cachalot [kaʃalo] *nm* ZOOL cachalote

cache [kaʃ] *nf (lieu)* esconderijo *m*

cache-cache [kaʃkaʃ] *nm inv (jeu)* esconde-esconde

cachemire [kaʃmiʀ] *nm* caxemira *f*, *cashmere m*

cache-nez [kaʃne] *nm inv* cachenê, cachecol

cache-pot [kaʃpo] *nm inv* cachepô

cacher [1] [kaʃe] *vt* **1** *(gén)* esconder **2** *(masquer)* ocultar, encobrir
▶ *vpr* **se cacher** esconder-se, ocultar-se

cachet [kaʃɛ] *nm* **1** *(sceau)* sinete, cunho, selo **2** *(médicament)* comprimido **3** *(rétribution)* cachê

- **cachet de la poste** carimbo do correio

cacheter [6] [kaʃte] *vt* **1** *(enveloppe)* fechar, colar **2** *(à la cire)* lacrar

cachette [kaʃɛt] *nf* esconderijo *m*
- **en cachette** às escondidas, secretamente, furtivamente

cachot [kaʃo] *nm* calabouço, cárcere, masmorra *f*

cachotterie [kaʃɔtʀi] *nf fam* segredinho *m*, mistério *m*

cacophonie [kakɔfɔni] *nf* cacofonia

cactus [kaktys] *nm* cacto, cáctus

cadastre [kadastʀ] *nm* cadastro

cadavre [kadavʀ] *nm* cadáver

caddie® [kadi] *nm (au supermarché)* carrinho

cadeau [kado] *nm* presente, brinde

cadenas [kadna] *nm* cadeado

cadenasser [1] [kadnase] *vt* fechar com cadeado

cadence [kadɑ̃s] *nf* **1** *(en musique)* cadência *f* **2** *(de travail)* ritmo *m*
- **en cadence** na cadência

cadet, -ette [kade, -ɛt] *adj* menor, mais novo, caçula: *frère cadet* irmão menor
▶ *nm,f* menor, mais novo: *il est mon cadet d'un an* é um ano mais novo que eu; *elle est la cadette du groupe* é a mais nova do grupo

cadran [kadʀɑ̃] *nm (de montre)* mostrador
- **cadran solaire** relógio de sol

cadre [kadʀ] *nm* **1** *(de tableau)* moldura *f* **2** *(de porte)* caixilho **3** *(de bicyclette)* quadro **4** *(châssis)* bastidor **5** *(d'entreprise)* executivo **6** *fig (entourage)* quadro, contexto, âmbito **7** *(sur formulaire)* quadro
- **dans le cadre de** no âmbito/contexto de
- **cadre moyen** gerente/supervisor
- **cadre supérieur** executivo sênior/dirigente

cadrer [1] [kadʀe] *vi* bater, corresponder, conferir
▶ *vt (une image)* enquadrar

caduc, -uque [kadyk] *adj* **1** BOT caduco, -ca **2** *(démodé)* caduco, -ca, obsoleto, -ta

caducité [kadysite] *nf* caducidade

cafard [kafaʀ] *nm* **1** *(insecte)* barata *f* **2** *fam (tristesse)* fossa *f*, baixo-astral **3** *(dénonciateur)* delator, dedo-duro
- **avoir le cafard** *fam* estar na fossa

cafarder [1] [kafaʀde] *vt fam* dedar, dedurar
▶ *vi* estar na fossa

café [kafe] *nm* **1** *(boisson)* café **2** *(local)* bar, café
▶ *adj inv (couleur)* café
- **café au lait** café com leite
- **café noir** café preto, café puro
- **café crème** café com creme

caféine [kafein] *nf* cafeína

cafétéria [kafeteʀja] *nf* cafeteria

cafetière [kaftjɛʀ] *nf* cafeteira

cage [kaʒ] *nf* **1** *(pour bêtes sauvages)* jaula **2** *(pour oiseaux)* gaiola **3** *(d'escalier)* caixa **4** *(d'ascenseur)* caixa, poço *m* **5** ANAT caixa
- **cage thoracique** caixa torácica

cagibi [kaʒibi] *nm fam* quartinho, quarto de despejo

cagnotte [kaɲɔt] *nf* pé-de-meia, economias *pl*

cagoule [kagul] *nf* **1** *(contre le froid)* capuz *m*, balaclava **2** *(de moine)* cogula

cahier [kaje] *nm* caderno
- **cahier des charges** especificações (documento que as contém)

cahin-caha [kaɛ̃kaa] *adv fam* aos trancos e barrancos, a duras penas

cahot [kao] *nm* solavanco, solanco, tranco

cahute [kayt] *nf* choça, choupana, casebre

caille [kaj] *nf* ZOOL codorna, codorniz

caillé, -e [kaje] *adj* **1** *(lait)* coalhado, -da **2** *(sang)* coagulado, -da
▶ *nm* **caillé** coalhada *f*

cailler [1] [kaje] *vt* **1** *(lait)* coalhar **2** *(sang)* coagular
▶ *vi fam (avoir froid)* gelar: *ça caille ici!* está de gelar!

caillot [kajo] *nm* coágulo

caillou [kaju] *nm* seixo

caïman [kaimɑ̃] *nm* ZOOL jacaré

caisse [kɛs] *nf* caixa

- **caisse à outils** caixa de ferramentas
- **caisse d'épargne** caixa econômica
- **caisse enregistreuse** caixa registradora
- **grosse caisse** bombo m

caissier, -ère [kesje, -ɛʀ] nm,f caixa m

cajoler [1] [kaʒɔle] vt mimar

cake [kɛk] nm bolo

cal [kal] nm calo

calamar [kalamaʀ] nm ZOOL lula f, calamar

calamité [kalamite] nf calamidade, catástrofe

calamiteux, -euse [kalamitø, -øz] adj calamitoso, -sa, desastroso, -sa

calandre [kalɑ̃dʀ] nf calandra

calcaire [kalkɛʀ] adj calcário, -a
▶ nm calcário

calciner [1] [kalsine] vt calcinar

calcium [kalsjɔm] nm CHIM cálcio

calcul [kalkyl] nm cálculo
- **calcul mental** cálculo mental
- **calcul rénal** cálculo renal

calculateur, -trice [kalkylatœʀ, -tʀis] adj-nm,f calculador, -ra

calculatrice [kalkylatʀis] nf (machine) calculadora

calculer [1] [kalkyle] vt calcular

calculette [kalkylɛt] nf calculadora de bolso

cale [kal] nf 1 (pour bloquer) calço m, cunha 2 (d'un navire) porão m, estiva

calé, -e [kale] adj 1 fam fig (personne) entendido, fera, craque: *il est calé en histoire* ele é fera em história 2 (problème) difícil, complicado, -da

calebasse [kalbas] nf calabaça, cabaça

calèche [kalɛʃ] nf caleche, caleça

caleçon [kalsɔ̃] nm 1 (d'homme) ceroulas, cuecas (samba-canção) f pl 2 (de femme) fuseau

calembour [kalɑ̃buʀ] nm trocadilho

calendrier [kalɑ̃dʀije] nm calendário

cale-pied [kalpje] nm (pl **cale-pieds**) firma-pé (em pedais)

calepin [kalpɛ̃] nm caderno de anotações, caderneta f

caler [1] [kale] vt (roue, meuble) calçar
▶ vi 1 fam (devant l'adversaire) ceder 2 fam (devant la nourriture) estar satisfeito, -ta 3 (moteur, voiture) enguiçar
▶ vpr **se caler** (dans un fauteuil) refestelar-se

calfeutrer [1] [kalføtʀe] vt calafetar
▶ vpr **se calfeutrer** fechar-se, trancar-se, enclausurar-se

calibre [kalibʀ] nm 1 (diamètre) calibre (importance) calibre, quilate, envergadura f 2 (appareil) calibrador, calibre

califat [kalifa] nm califado

califourchon [kalifuʀʃɔ̃] nm loc **à califourchon** montado, -da, escanchado, -da

câlin, -e [kalɛ̃, -in] adj carinhoso, -sa, afetuoso, -sa
▶ nm **câlin** carinho, afago

calleux, -euse [kalø, -øz] adj caloso, -sa

calligraphie [kaligʀafi] nf caligrafia

callosité [kalozite] nf calosidade

calmant, -e [kalmɑ̃, -ɑ̃t] adj 1 (médicament) calmante, sedativo, -va 2 (personne) confortante, tranquilizador, -ra
▶ nm **calmant** 1 (de douleur physique) analgésico 2 (d'anxiété) calmante, sedativo

calmar [kalmaʀ] nm V. calamar

calme [kalm] adj calmo, -ma
▶ nm calma f

calmer [1] [kalme] vt acalmar
▶ vpr **se calmer** acalmar-se

calomnie [kalɔmni] nf calúnia

calomnier [12] [kalɔmnie] vt caluniar

calorie [kalɔʀi] nf caloria

calorifique [kalɔʀifik] adj calorífico, -ca

calotte [kalɔt] nf 1 fam (sur la joue) bofetada, bofetão m 2 (glaciaire) calota 3 (coiffure ecclésiastique) solidéu m

calquer [2] [kalke] vt decalcar, calcar

calvaire [kalvɛʀ] nm calvário

calvitie [kalvisi] nf calvície

camarade [kamaʀad] nmf 1 (de classe) colega 2 (de parti) camarada, companheiro, -ra

camaraderie [kamʀadʀi] nf 1 (solidarité) amizade, camaradagem, companheirismo m 2 (entente) coleguismo m

cambrer [1] [kɑ̃bʀe] *vt* arquear, curvar
▶ *vpr* **se cambrer** curvar-se

cambriolage [kɑ̃bʀijɔlaʒ] *nm* roubo com arrombamento

cambrioler [1] [kɑ̃bʀijɔle] *vt* arrombar para roubar

cambrioleur, -euse [kɑ̃bʀijɔlœʀ, -øz] *nm,f* arrombador, -ra

cambuse [kɑ̃byz] *nf fam* espelunca, pocilga

cameé [kame] *nm* camafeu

caméléon [kameleɔ̃] *nm* ZOOL camaleão

camélia [kamelja] *nm* BOT camélia *f*

camelot [kamlo] *nm* camelô

camelote [kamlɔt] *nf* **1** *(marchandise)* mercadoria **2** *(marchandise volée)* muamba

caméra [kameʀa] *nf* câmara, câmera

cameraman [kameʀaman] *nm (pl* **cameramans** ou **cameramen**) cameraman, operador de câmara

caméscope® [kameskɔp] *nf* filmadora, videocâmara

camion [kamjɔ̃] *nm* caminhão

camionnette [kamjɔnɛt] *nf* caminhonete

camionneur [kamjɔnœʀ] *nm* **1** *(conducteur)* caminhoneiro, -ra **2** *(entrepreneur)* proprietário de transportadora

camisole [kamizɔl] *nf loc* **camisole de force** camisa de força

camomille [kamɔmij] *nf* BOT camomila

camouflage [kamuflaʒ] *nm* **1** *(des militaires)* camuflagem *f* **2** *fig (d'une intention)* disfarce, dissimulação *f*

camoufler [1] [kamufle] *vt* camuflar

camp [kɑ̃] *nm* acampamento
• **lever le camp** levantar acampamento
• **ficher le camp** *fam* cair fora
■ **camp de concentration** campo de concentração

campagnard, -e [kɑ̃paɲaʀ, -aʀd] *adj-nm,f* camponês, -esa

campagne [kɑ̃paɲ] *nf* **1** *(région)* campo *m*, roça **2** *(politique, commerciale)* campanha
■ **campagne électorale** campanha eleitoral
■ **campagne publicitaire** campanha publicitária

campement [kɑ̃pmɑ̃] *nm* acampamento

camper [1] [kɑ̃pe] *vi* **1** *(faire du camping)* acampar **2** *fig (s'installer)* instalar-se, alojar-se
▶ *vt fig (paysage, personnage)* descrever, desenhar
▶ *vpr* **se camper** plantar-se, postar-se, ficar: *il s'est campé devant eux* plantou-se diante deles

campeur, -euse [kɑ̃pœʀ, -øz] *nm,f* campista

camphre [kɑ̃fʀ] *nm* CHIM cânfora

camping [kɑ̃piɛ] *nm* camping

campus [kɑ̃pys] *nm* campus

Canada [kanada] *nm* Canadá

canadien, -enne [kanadjɛ̃, -ɛn] *adj* canadense
▶ *nm,f* **Canadien, -enne** canadense

canaille [kanaj] *adj-smf* canalha

canal [kanal] *nm* canal

canalisation [kanalizasjɔ̃] *nf* canalização

canaliser [1] [kanalize] *vt* canalizar

canapé [kanape] *nm* **1** *(meuble)* canapé, sofá **2** *(à manger)* canapé

canapé-lit [kanapeli] *nm (pl* **canapés-lits**) sofá-cama

canard [kanaʀ] *nm* **1** ZOOL pato **2** *fam (journal)* jornaleco, pasquim

canari [kanaʀi] *nm* ZOOL canário

cancan [kɑ̃kɑ̃] *nm* **1** *(bavardage)* falatório, mexerico **2** *(danse)* cancã

cancanier, -ère [kɑ̃kanje, -ɛʀ] *adj-nm,f* fofoqueiro, -ra, mexeriqueiro, -ra, fuxiqueiro, -ra

cancer [kɑ̃sɛʀ] *nm* câncer

cancéreux, -euse [kɑ̃seʀø, -øz] *adj-nm,f* canceroso, -sa

cancérigène [kɑ̃seʀiʒɛn] *adj* cancerígeno, -na

cancre [kɑ̃kʀ] *nm fam fig* mau estudante

cancrelat [kɑ̃kʀəla] *nm* barata *f*

candeur [kɑ̃dœʀ] *nf* candura

candi [kɑ̃di] *adj* cande: *sucre candi* açúcar-cande

candidat, -e [kɑ̃dida, -at] *nm,f* candidato, -ta

candidature [kɑ̃didatyʀ] *nf* candidatura

candide [kɑ̃did] *adj* cândido, -da

cane [kan] *nf* ZOOL pata, marreca

caneton [kantɔ̃] *nm* ZOOL patinho

canette [kanɛt] *nf* **1** ZOOL patinha, pata nova **2** *(de fil)* bobina **3** *(de bière)* garrafinha, lata

canevas [kanva] *nm* **1** *(toile)* tela *f* **2** *(plan)* plano, roteiro

canicule [kanikyl] *nf* canícula

canif [kanif] *nm* canivete

canin, -e [kanɛ̃, -in] *adj* canino, -na

canine [kanin] *nf* **1** *(dent)* canino *m* **2** *(des carnivores)* presa

caniveau [kanivo] *nm* sarjeta *f*

canne [kan] *nf* **1** *(pour marcher)* bengala **2** BOT cana
■ **canne à pêche** caniço, vara de pescar
■ **canne à sucre** cana-de-açúcar

cannelle [kanɛl] *nf* BOT CUIS canela

cannibale [kanibal] *adj-nmf* canibal

cannibalisme [kanibalism] *nm* canibalismo

canoë [kanɔe] *nm* canoa *f*

canoë-kayak [kanɔekajak] *(pl* **canoës- -kayaks**) *nm* caiaque

canon [kanɔ̃] *nm* **1** *(pour obus)* canhão **2** *(d'arme)* cano **3** *(règle)* cânone **4** *fam (de vin)* copo, taça *f*

canonique [kanɔnik] *adj* canônico, -ca

canoniser [1] [kanɔnize] *vt* canonizar

canot [kano] *nm* bote, barco
■ **canot pneumatique** bote inflável
■ **canot de sauvetage** bote salva-vidas

canotage [kanɔtaʒ] *nm* SPORT canoagem *f*, remo

cantate [kɑ̃tat] *nf* cantata

cantatrice [kɑ̃tatʀis] *nf* cantora (de ópera)

cantine [kɑ̃tin] *nf* **1** *(dans une école, une entreprise)* refeitório *m*, cantina, restaurante *m* **2** *(de voyage)* baú *m*

cantique [kɑ̃tik] *nm* cântico

canton [kɑ̃tɔ̃] *nm* cantão

cantonner [1] [kɑ̃tɔne] *vt (troupes)* acantonar
▶ *vpr* **se cantonner 1** *(sans sortir)* confinar-se, fechar-se, isolar-se **2** *fig (se borner)* limitar-se, restringir-se

cantonnier [kɑ̃tɔnje] *nm* **1** *(agent des voies ferrées)* guarda-linha **2** *(des routes)* operário de manutenção de estradas

canular [kanylaʀ] *nm fam* peça *f*, trote

caoutchouc [kautʃu] *nm* borracha *f*

cap [kap] *nm* **1** GÉOG cabo **2** *(direction)* rumo, sentido, direção *f*
• **doubler le cap de qqch** superar, ultrapassar, transpor algo
• **mettre le cap sur** rumar para
• **changer de cap** mudar de rumo

capable [kapabl] *adj* capaz, competente

capacité [kapasite] *nf* capacidade

cape [kap] *nf* capa *(pelerine)*
• **sous cape** *fig* às escondidas, em segredo
• **rire sous cape** *fig* rir à socapa, rir entre os dentes

capeline [kaplin] *nf* capelina, chapéu *m* feminino

capillaire [kapilɛʀ] *adj-nm* capilar

capitaine [kapitɛn] *nm* capitão

capital, -e [kapital] *adj* capital
▶ *nm* **capital** *(argent)* capital

capitale [kapital] *nf* **1** *(ville)* capital *f* **2** *(lettre)* maiúscula

capitaliser [1] [kapitalize] *vt* capitalizar

capitalisme [kapitalism] *nm* capitalismo

capitaliste [kapitalist] *adj-nmf* capitalista

capiteux, -euse [kapitø, -øz] *adj* **1** *(parfum, vin)* inebriante **2** *(charme)* sedutor, -ra, sensual

capitonner [1] [kapitɔne] *vt* acolchoar, almofadar

capitulation [kapitylasjɔ̃] *nf* capitulação

capituler [1] [kapityle] *vi* capitular

caporal [kapɔʀal] *nm* **1** *(grade)* cabo **2** *(tabac)* fumo caporal

capot [kapo] *nm* capô

capote [kapɔt] *nf* **1** *(manteau)* capote *m*, casacão *m* **2** *(de voiture)* capota **3** *fam (préservatif)* camisinha

câpre [kapʀ] *nf* BOT alcaparra *f*

capricieux, -euse [kapʀisjø, -øz] *adj* **1** *(enfant)* caprichoso, -sa, birrento, -ta, pirracento, -ta **2** *(temps)* instável, variável ▶ *nm,f* caprichoso, -sa

capsule [kapsyl] *nf* cápsula

capter [1] [kapte] *vt* captar

captif, -ive [kaptif, -iv] *adj-nm,f* cativo, -va, prisioneiro, -ra

captivant, -e [kaptivɑ̃, -ɑ̃t] *adj* cativante

captivité [kaptivite] *nf* cativeiro *m*

capture [kaptyʀ] *nf* captura

capturer [1] [kaptyʀe] *vt* capturar

capuche [kapyʃ] *nf* capuz *m*

capuchon [kapyʃɔ̃] *nm* capuz *m*

capucine [kapysin] *nf* BOT capuchinha

caquet [kakɛ] *nm* **1** *(de la poule)* cacarejo **2** *(bavardage)* falatório, tagarelagem *f*
• **rabattre le caquet de qqn** calar o bico de alguém

caqueter [6] [kakte] *vi* **1** *(la poule)* cacarejar **2** *(une personne)* tagarelar, mexericar

car[1] [kaʀ] *conj* porque, pois: *il ne viendra pas car il est fatigué* não virá, pois está cansado; *je n'irai pas voir ce film car je l'ai déjà vu* não vou assistir àquele filme porque já o vi

car[2] [kaʀ] *nm* ônibus *(para transporte rodoviário)*

carabine [kaʀabin] *nf* carabina

caracoler [1] [kaʀakɔle] *vi* caracolar

caractère [kaʀaktɛʀ] *nm* **1** *(de personne)* caráter **2** *(caractéristique)* caráter, cunho, característica **3** *(d'imprimerie)* tipo, letra *f*
• **avoir mauvais caractère** ser temperamental, ser genioso, -sa
■ **caractère d'imprimerie** letra de imprensa

caractériser [1] [kaʀakteʀize] *vt* caracterizar

caractéristique [kaʀakteʀistik] *adj* característico, -ca
▶ *nf* característica

carafe [kaʀaf] *nf* jarra

carambolage [kaʀɑ̃bɔlaʒ] *nm fam* engavetamento de carros

caramel [kaʀamɛl] *nm* caramelo

carapace [kaʀapas] *nf* carapaça, couraça

carat [kaʀa] *nm* quilate

caravane [kaʀavan] *nf* **1** *(gén)* caravana **2** *(roulotte)* reboque *m*, trailer *m*

caravelle [kaʀavɛl] *nf* caravela

carbonate [kaʀbɔnat] *nm* CHIM carbonato

carbone [kaʀbɔn] *nm* carbono: *papier carbone* papel-carbono

carbonique [kaʀbɔnik] *adj* carbônico, -ca: *gaz carbonique* gás carbônico

carboniser [1] [kaʀbɔnize] *vt* carbonizar

carburant [kaʀbyʀɑ̃] *nm* combustível

carburateur [kaʀbyʀatœʀ] *nm* carburador

carcan [kaʀkɑ̃] *nm fig* jugo, opressão *f*, sujeição *f*

carcasse [kaʀkas] *nf* **1** *(d'animal)* carcaça **2** *(de bateau, d'immeuble)* esqueleto *m*, armação, arcabouço *m*, estrutura **3** *fam (corps humain)* carcaça
• **sauver sa carcasse** salvar a pele

cardiaque [kaʀdjak] *adj-nmf* cardíaco, -ca

cardigan [kaʀdigɑ̃] *nm* cardigã

cardinal, -e [kaʀdinal] *adj* **1** MATH cardinal **2** GÉOG cardeal
▶ *nm* **cardinal** cardeal

cardiologue [kaʀdjɔlɔg] *nmf* cardiologista

cardiovasculaire [kaʀdjɔvaskylɛʀ] *adj* cardiovascular

cardon [kaʀdɔ̃] *nm* BOT alcachofra-brava *f*

Carême [kaʀɛm] *nm* REL Quaresma *f*

carence [kaʀɑ̃s] *nf* **1** *(d'un débiteur)* insolvência **2** *(d'un gouvernement)* incompetência, deficiência **3** *(en fer, calcium)* carência

caréner [10] [kaʀene] *vt* conferir aerodinâmica *(a um carro)*

caresse [kaʀɛs] *nf* carícia, afago *m*

caresser [1] [kaʀese] *vt* **1** *(gén)* acariciar, afagar **2** *fig (espoir)* acalentar

cargaison [kaʀgɛzɔ̃] *nf* **1** *(marchandises)* carga, carregamento *m* **2** *fam fig (grande quantité)* monte *m*, pá, carrada

caricature [kaʀikatyʀ] *nf* caricatura

carie [kaʀi] *nf* cárie

carié, -e [kaʀje] *adj* cariado, -da

carillon [kaʀijɔ̃] *nm* **1** (*horloge*) carrilhão **2** (*de porte*) sineta *f* tipo carrilhão

carlingue [kaʀlɛ̃g] *nf* carlinga

carmin [kaʀmɛ̃] *nm* carmim

carnage [kaʀnaʒ] *nm* **1** carnificina *f*, chacina *f*, massacre **2** *fig fam* massacre

carnassier, -ère [kaʀnasje, -ɛʀ] *adj* ZOOL carnívoro, -ra
▸ *nm* **carnassier** carnívoro

carnaval [kaʀnaval] *nm* carnaval

carnet [kaʀnɛ] *nm* caderneta *f*, caderninho
■ **carnet d'adresses** caderneta *f* de endereços
■ **carnet de chèques** (*de cheques*) talão de cheques

carnivore [kaʀnivɔʀ] *adj* carnívoro, -ra
▸ *nm* carnívoro

carotide [kaʀɔtid] *adj-nf* ANAT carótida

carotte [kaʀɔt] *nf* BOT cenoura

caroube [kaʀub] *nf* BOT alfarroba

caroubier [kaʀubje] *nm* alfarrobeira *f*

carpe [kaʀp] *nf* (*poisson*) carpa
▸ *nm* ANAT carpo *m*

carré, -e [kaʀe] *adj* **1** (*gén*) quadrado, -da: *racine carrée* raiz quadrada; *dix mètres carrés* dez metros quadrados **2** *fig* (*sincère*) direto, -ta, franco, -ca
▸ *nm* **1** (*forme*) quadrado, quadrilátero **2** (*aux cartes*) quadra *f*, four

carreau [kaʀo] *nm* **1** (*au sol*) lajota *f*, ladrilho **2** (*en faïence*) azulejo, ladrilho **3** (*d'une fenêtre*) vidro, vidraça *f* **4** (*motif géométrique*) xadrez: *une jupe à carreaux* uma saia xadrez **5** (*jeu de cartes*) ouros

carrefour [kaʀfuʀ] *nm* **1** (*de rues*) cruzamento **2** *fig* (*situation*) encruzilhada *f*, dilema

carrelage [kaʀlaʒ] *nm* **1** (*action*) ladrilhagem *f* **2** (*surface*) ladrilhado *m*

carrément [kaʀmɑ̃] *adv* **1** (*catégoriquement*) categoricamente **2** (*complètement*) totalmente

carrière [kaʀjɛʀ] *nf* **1** (*de pierre*) pedreira, mina a céu aberto **2** (*professionnelle*) carreira

carriole [kaʀjɔl] *nf* charrete

carrossable [kaʀɔsabl] *adj* carroçável

carrosse [kaʀɔs] *nm* carruagem *f*

carrosserie [kaʀɔsʀi] *nf* carroceria, carroçaria

carrousel [kaʀuzɛl] *nm* carrossel

carrure [kaʀyʀ] *nf* **1** (*de personne*) compleição, constituição física **2** (*de vêtement*) largura dos ombros **3** (*force, valeur*) envergadura, estatura, calibre *m*

cartable [kaʀtabl] *nm* pasta *f*, maleta *f*, mochila *f*

carte [kaʀt] *nf* **1** (*document*) cartão *m*, carteira **2** (*de jeu*) carta **3** (*pour s'orienter*) mapa *m* **4** (*au restaurant*) cardápio *m*, menu *m*
• **donner carte blanche à qqn** dar carta branca a alguém
• **jouer cartes sur table** *fig* pôr as cartas na mesa, abrir o jogo
■ **carte bancaire** cartão de banco
■ **carte bleue** cartão de débito
■ **carte de crédit** cartão de crédito
■ **carte d'étudiant** carteira de estudante
■ **carte des vins** carta de vinhos
■ **carte de séjour** carteira de residência
■ **carte d'identité** carteira de identidade
■ **carte du trésor** mapa do tesouro
■ **carte graphique** INFORM placa de vídeo
■ **carte postale** cartão *m* postal
■ **carte son** INFORM placa de som

carter [kaʀtɛʀ] *nm* cárter

cartilage [kaʀtilaʒ] *nm* ANAT cartilagem *f*

cartographie [kaʀtɔgʀafi] *nf* cartografia

cartomancie [kaʀtɔmɑ̃si] *nf* cartomancia

carton [kaʀtɔ̃] *nm* **1** (*matière*) papelão **2** (*emballage*) caixa *f* de papelão **3** (*d'invitation*) convite **4** (*de sanction*) cartão **5** (*cible*) alvo (*tiro, seta*)
• **faire un carton** acertar na mosca/ter sucesso
■ **carton à dessin** portfólio
■ **carton jaune** SPORT cartão amarelo
■ **carton rouge** SPORT cartão vermelho

cartonner [1] [kaʀtɔne] *vi fam* tirar a sorte grande

cartouche [kaʀtuʃ] *nf* **1** (*d'arme, d'encre*) cartucho *m* **2** (*de cigarettes*) pacote *m* **3** (*de stylo, de briquet*) recarga

cas [ka] *nm* caso
- **au cas où** em caso de, supondo-se que
- **en tout cas** em todo caso
- **le cas échéant** nesse caso, se for o caso
- **cas de conscience** questão de consciência

casanier, -ère [kazanje, -ɛʀ] *adj-nm,f* caseiro, -ra

casaque [kazak] *nf* jaqueta (de jóqueis)
- **tourner casaque** virar a casaca

cascade [kaskad] *nf* 1 (*d'eau*) cascata, cachoeira, queda-d'água 2 (*au cinéma*) cena perigosa

cascadeur, -euse [kaskadœʀ, -øz] *nm,f* dublê

case [kaz] *nf* 1 (*maison*) choupana 2 (*d'un damier, d'un formulaire*) casa 3 (*d'un tiroir*) divisão, compartimento *m*
- **retourner à la case départ** voltar à estaca zero

caser [1] [kaze] *vt fam* (*placer*) colocar, alojar, instalar
▶ *vpr* **se caser** 1 *fam* (*trouver-un emploi*) colocar-se 2 (*un logement*) instalar-se, alojar-se 3 (*se marier*) casar-se

caserne [kazɛʀn] *nf* caserna, quartel *m*

cash [kaʃ] *adv* à vista
▶ *nm* dinheiro vivo, *cash*

casier [kazje] *nm* estante *f* com divisórias, com escaninhos
- **casier judiciaire** ficha *f* de antecedentes
- **un casier judiciaire vierge** ficha limpa

casino [kazino] *nm* cassino

casque [kask] *nm* capacete
- **casque audio** fones de ouvido
- **casque intégral** capacete fechado (*de motociclista*)
- **casques bleus** boinas azuis

casquette [kaskɛt] *nf* casquete *m*, boné *m*, quepe *m*

cassant, -e [kasɑ̃, -ɑ̃t] *adj* 1 (*matière*) quebradiço, -ça, quebrável, frágil 2 *fig* (*ton*) seco, -ca, ríspido, -da

casse [kas] *nm fam* (*cambriolage*) roubo
▶ *nf* 1 (*dommages*) avaria, quebra 2 (*de voitures*) desmanche *m*, desmonte *m* 3 (*typographie*) caixa (*de tipos*)

cassé, -e [kase] *adj* quebrado, -da

casse-cou [kasku] *nm inv* 1 (*endroit*) precipício, barranqueira *f* 2 (*personne*) imprudente, temerário, -ria

casse-croûte [kaskʀut] *nm inv* lanche, merenda *f*, refeição *f* rápida

casse-noisettes [kasnwazɛt] *nm inv* quebra-nozes

casse-pieds [kaspje] *nmf inv fam* pessoa maçante, chato, -ta

casser [1] [kase] *vt* 1 (*gén*) quebrar, romper 2 DR revogar, anular
▶ *vpr* **se casser** 1 (*objet*) quebrar-se, romper-se 2 *fam* (*partir*) dar no pé, se mandar
- **ça ne casse rien** *fam* não é nada demais
- **casser la figure à qqn** quebrar a cara de alguém
- **casser les pieds à qqn** *fam* amolar alguém/encher o saco de alguém
- **se casser la tête** quebrar a cabeça/fundir a cuca

casserole [kasʀɔl] *nf* caçarola, panela

casse-tête [kastɛt] *nm inv* quebra-cabeça *m*

cassette [kasɛt] *nf* 1 (*de magnétophone*) fita cassete 2 (*coffret*) cofre *m*, estojo *m*, porta-joias *m*
- **cassette vidéo** videocassete *m*

casseur, -euse [kasœʀ, -øz] *nm,f* vândalo, -la, destruidor, -ra

cassis [kasis] *nm* 1 (*fruit*) cassis 2 (*arbre*) cassis, groselha *f* preta

cassoulet [kasulɛ] *nm* CUIS cassolé, *cassoulet*

cassure [kasyʀ] *nf* 1 (*d'un objet*) quebra, ruptura 2 (*dans une roche*) falha, fenda 3 *fig* (*dans une amitié*) ruptura, corte *m*, rompimento *m*

castagnettes [kastaɲɛt] *nf pl* castanholas

caste [kast] *nf* casta

casting [kastiŋ] *nm* escalação *f* de elenco, *casting*

castor [kastɔʀ] *nm* ZOOL castor

castration [kastʀasjɔ̃] *nf* castração

castrer [1] [kastʀe] *vt* castrar

casuel, -elle [kazɥɛl] *adj* casual

cataclysme [kataklism] *nm* cataclismo

catacombes [katakɔ̃b] *nf pl* catacumbas, ossuário *m*

catalogue [katalɔg] *nm* catálogo

cataloguer [2] [katalɔge] *vt* catalogar

catalyseur [katalizœr] *nm* catalisador

catamaran [katamarɑ̃] *nm* catamarã

cataplasme [kataplasm] *nm* cataplasma

catapulter [1] [katapylte] *vt* catapultar

cataracte [katarakt] *nf* **1** catarata, cascata, cachoeira **2** MED catarata

catastrophe [katastrɔf] *nf* catástrofe, calamidade, desastre *m*
• **en catastrophe** correndo, na pressa/ com urgência/em condições de emergência

catastrophé, -e [katastrɔfe] *adj* muito abalado, -da, devastado, -da

catastrophique [katastrɔfik] *adj* catastrófico, -ca

catch [katʃ] *nm* SPORT luta *f* livre, catch

catéchisme [kateʃism] *nm* catecismo

catégorie [kategɔri] *nf* categoria

catégorique [kategɔrik] *adj* categórico, -ca

cathédrale [katedral] *nf* catedral

catholicisme [katɔlisism] *nm* catolicismo

catholique [katɔlik] *adj-nmf* católico, -ca *m,f*

cauchemar [koʃmar] *nm* pesadelo

causal, -e [kozal] *adj* causal

cause [koz] *nf* causa, motivo *m*
• **à cause de** por causa de
• **être en cause** estar em questão
• **remettre en cause** questionar, discutir

causer [1] [koze] *vt* causar, motivar, ocasionar
▶ *vi* conversar

causerie [kozri] *nf* conversa, bate-papo *m*

caustique [kostik] *adj* cáustico, -ca

cautériser [1] [koterize] *vt* cauterizar

caution [kosjɔ̃] *nf* **1** (*garantie*) caução, garantia **2** (- *d'un achat*) sinal *m* **3** (- *morale*) garantia **4** (*personne*) fiador, -ra, avalista

cautionner [1] [kosjɔne] *vt* ser fiador, avalizar

cavalcade [kavalkad] *nf* **1** (*défilé*) cavalgada **2** *fam* (*de personnes*) tropel *m*, tropelia

cavalerie [kavalri] *nf* cavalaria

cavalier, -ère [kavalje, -ɛr] *adj* **1** (*personne hautaine*) altivo, -va, brusco, -ca, soberbo, -ba **2** (*réponse*) insolente
▶ *nm,f* **1** (*à cheval*) cavaleiro, cavalariano **2** (*au féminin*) amazona **3** (*de danse*) cavalheiro
▶ *nm* **cavalier** (*aux échecs*) cavalo
• **faire cavalier seul** agir por conta própria

cave [kav] *adj* **1** (*creux*) cavado, -da, fundo, -da **2** ANAT cava: *veine cave* veia cava
▶ *nf* **1** (*d'une maison*) porão *m* **2** (*à vin*) adega, cave

caveau [kavo] *nm* **1** (*à vin*) adega *f* **2** (*sépulture*) jazigo

caverne [kavɛrn] *nf* caverna

caverneux, -euse [kavɛrnø, -øz] *adj* (*son, voix*) cavernoso, -sa

caviar [kavjar] *nm* CUIS caviar

cavité [kavite] *nf* cavidade

CD [sede] *abr* (**Compact Disc**) CD

CD-ROM [sederɔm] *abr* (**Compact Disc Read-Only Memory**) CD-ROM

ce¹ [sə] (**c'** diante de e) *pron dém* **1** (*avec le verbe être*) ∅: *c'est bien* está bem/bom; *c'est moi* sou eu; *ce sont mes livres* são meus livros; *ce n'est pas vrai!* não é verdade! **2** (*devant un relatif*) o, aquilo, isso: *fais ce que tu veux* faça o que quiser; *ce dont je vous parle est très important* isso de que estou falando é muito importante; *ce qui l'intéresse, c'est la musique* o que o interessa é a música **3** (*dans une interrogation*) ∅, isso: *qu'est-ce c'est?* o que é?/o que é isso?; *qu'est-ce qu'il dit?* o que ele está dizendo? **4** *fam* (*dans une exclamation*) ∅: *ce qu'il est drôle!* que engraçado!
• **c'est à moi de** cabe a mim
• **c'est pourquoi** é por isso
• **qu'est ce qui?** o que (é que)?
• **qui est-ce qui?** quem (é que)?

ce², cette [sə, sɛt] (**cet** diante de *masc* iniciado por vogal ou *h* mudo) *adj dém*

1 (*proche*) este, -ta; (*éloigné*) esse, -sa; (*plus éloigné*), aquele, -la: *cet arbre-là* essa/aquela árvore; *il fait beau cette semaine* o tempo está bonito esta semana; *cette année-là* naquele ano **2** *fam* (*pour intensifier*) daqueles, -las: *j'ai une de ces faims!* estou com uma fome daquelas!

ceci [səsi] *pron dém* isto: *s'il te plaît, donne ceci à ton frère* por favor, dê isto a seu irmão; *n'oubliez pas ceci* não se esqueça disto

cécité [sesite] *nf* cegueira

céder [10] [sede] *vt* **1** (*gén*) ceder **2** (*local*) transferir, transmitir
• **céder à la tentation** cair na tentação
• **"Cédez le passage"** "Dê a preferência" (placa de trânsito)

CEDEX [sedɛks] *abr* (***courrier d'entreprise à distribution exceptionnelle***) sistema de correio empresarial

cédille [sedij] *nf* cedilha

cèdre [sɛdʀ] *nm* BOT cedro

ceindre [76] [sɛ̃dʀ] *vt* cingir, rodear, circundar

ceinture [sɛ̃tyʀ] *nf* **1** (*de jupe, de pantalon*) cinto *m*, cinta **2** (*du corps*) cintura
▪ **ceinture de sécurité** cinto de segurança

ceinturer [1] [sɛ̃tyʀe] *vt* **1** (*personne*) agarrar pela cintura **2** (*ville, espace*) cercar, rodear, contornar

ceinturon [sɛ̃tyʀɔ̃] *nm* cinturão

cela [səla] *pron dém* (*éloigné*) isso (*plus éloigné*) aquilo: *prends cela* pegue aquilo; *ne dis pas cela* não diga isso

célébration [selebʀasjɔ̃] *nf* celebração

célèbre [selɛbʀ] *adj* célebre, famoso, -sa

célébrer [10] [selebʀe] *vt* celebrar, comemorar

célébrité [selebʀite] *nf* celebridade

céleri [sɛlʀi] *nm* BOT aipo, salsão

célérité [seleʀite] *nf* rapidez, velocidade

célibataire [selibatɛʀ] *adj-nmf* solteiro, -ra

celle [sɛl] *pron dém* → celui

celle-ci [sɛlsi] *pron dém* → celui-ci

celle-là [sɛlla] *pron dém* → celui-là

cellier [selje] *nm* adega *f*

cellophane® [selɔfan] *nf* celofane *m*, papel *m* celofane

cellulaire [selylɛʀ] *adj* celular

cellule [selyl] *nf* **1** (*de prison, de couvent*) cela **2** BIOL célula **3** (*des abeilles*) alvéolo *m*

cellulite [selylit] *nf* celulite

cellulose [selyloz] *nf* celulose

celui, celle [səlɥi, sɛl] *pron dém* (*pl* **ceux, celles**) **1 celui + que/qui/dont** o que, a que, aquele, -la que: *celle que je te montre* a que estou mostrando; *ceux que tu as lus* os que você leu; *j'ai visité le studio, celui dont nous avons parlé* fui ver o apartamento, aquele de que falamos **2 celui + de** o de, a de: *de tous mes livres, je préfère celui de Camus* de todos os meus livros, prefiro o de Camus; *ceux de devant* os da frente

celui-ci, celle-ci [səlɥisi, sɛlsi] *pron dém* (*pl* **ceux-ci, celles-ci**) este, -ta: *ceux-ci sont plus petits* estes são menores; *j'aime bien cette jupe, mais je préfère celle-ci* gosto muito dessa/daquela saia, mas prefiro esta

celui-là, celle-là [səlɥila, sɛlla] *pron dém* (*pl* **ceux-là, celles-là**) aquele, -la: *tu as vu celui-là?* você viu aquele?; *prends plutôt celles-là* é melhor ficar com aquelas

cendre [sɑ̃dʀ] *nf* cinza

cendrier [sɑ̃dʀije] *nm* cinzeiro

censé, -e [sɑ̃se] *adj loc* **être censé, -e + inf 1** supostamente, ser de supor, dever (ocorrer): *elle est censée arriver demain* ela deve chegar amanhã **2** esperar-se, pressupor-se: *tu n'es pas censé le savoir* ninguém espera que você saiba disso

censeur [sɑ̃sœʀ] *nm* **1** (*qui censure*) censor, -ra **2** (*d'un lycée*) coordenador pedagógico / orientador educacional

censure [sɑ̃syʀ] *nf* censura

censurer [1] [sɑ̃syʀe] *vt* censurar

cent [sɑ̃] *num* cem, cento: *ça coûte cent euros* custa cem euros; *cent dix* cento e dez
▸ *nm* cem *m*
• **cent pour cent** cem por cento
• **pour cent** por cento

centaine [sɑ̃tɛn] *nf* centena
• **par centaines** às centenas, aos montes

centenaire [sɑ̃tnɛʀ] *adj-nmf* centenário, -a, secular
▸ *nm (anniversaire)* centenário

centésimal, -e [sɑ̃tezimal] *adj* centesimal

centième [sɑ̃tjɛm] *num* centésimo, -ma
▸ *nm* centésimo, a centésima parte

centigrade [sɑ̃tigʀad] *adj* centígrado, célsius
▸ *nm* centigrado

centigramme [sɑ̃tigʀam] *nm* centigrama

centilitre [sɑ̃tilitʀ] *nm* centilitro

centime [sɑ̃tim] *nm* cêntimo, centavo

centimètre [sɑ̃timɛtʀ] *nm* **1** *(mesure)* centímetro **2** *(ruban)* fita *f* métrica

central, -e [sɑ̃tʀal] *adj* central
▸ *nm* **central** central *f*: *un central téléphonique* uma central telefônica

centrale [sɑ̃tʀal] *nf* central
■ **centrale d'achat** central de compras
■ **centrale nucléaire** central nuclear

centraliser [1] [sɑ̃tʀalize] *vt* centralizar

centre [sɑ̃tʀ] *nm* centro
■ **centre commercial** centro comercial
■ **centre de gravité** centro de gravidade
■ **centre hospitalier** centro hospitalar

centrer [1] [sɑ̃tʀe] *vt* centrar, centralizar

centre-ville [sɑ̃tʀəvil] *nm (pl* **centres-villes***)* centro da cidade, centro

centrifuge [sɑ̃tʀifyʒ] *adj* centrífugo, -ga

centrifugeuse [sɑ̃tʀifyʒøz] *nf* **1** *(gén)* centrifugador, -ra *f* **2** *(pour faire des jus)* centrífuga

centuple [sɑ̃typl] *adj* centúplice
▸ *nm* cêntuplo *m*

cep [sɛp] *nm (de vigne)* cepa *f*

cèpe [sɛp] *nm* BOT boleto (cogumelo comestível)

cependant [səpɑ̃dɑ̃] *conj* no entanto, contudo: *il est cependant trop petit* no entanto, é pequeno demais

céramique [seʀamik] *nf* cerâmica

cerceau [sɛʀso] *nm* arco

cercle [sɛʀkl] *nm* círculo
■ **cercle vicieux** círculo vicioso

cercueil [sɛʀkœj] *nm* caixão, ataúde

céréale [seʀeal] *nf* cereal *m*

cérébral, -e [seʀebʀal] *adj* cerebral

cérémonie [seʀemɔni] *nf* cerimônia

cérémonieux, -euse [seʀemɔnjø, -øz] *adj* cerimonioso, -sa

cerf [sɛʀ] *nm* ZOOL cervo, veado

cerf-volant [sɛʀvɔlɑ̃] *nm (pl* **cerfs-volants***)* **1** *(jouet)* pipa *f*, papagaio **2** *(insecte)* cervo-voador, vaca-loira *f*

cerise [səʀiz] *nf* BOT cereja

cerisier [səʀizje] *nm* BOT cerejeira *f*

cerne [sɛʀn] *nm (des yeux)* olheira *f*

cerné, -e [sɛʀne] *adj* com olheiras
• *il a les yeux cernés* ele tem olheiras

cerner [1] [sɛʀne] *vt* **1** *(entourer)* rodear, circundar, envolver **2** *fig (question)* delimitar, circunscrever

certain, -e [sɛʀtɛ̃, -ɛn] *adj* **être certain de** ter certeza: *je suis absolument certain de l'avoir vu* tenho absoluta certeza de que o vi
▸ *adj (anteposto ao substantivo)* **1** *(quantité, moment)* algum, -ma, certo, -ta: *elle est venue il y a un certain temps* ela veio faz algum tempo; *dans une certaine mesure* em certa medida **2 un, -e certain, -e** *(devant un nom de personne)* certo, -ta, um, uma tal: *un certain Pierre Martin vous a téléphoné* um tal de Pierre Martin lhe telefonou
▸ *adj indéf pl* **certains, -nes** certos, -tas, alguns, -mas: *dans certains cas* em alguns casos
▸ *pron indéf pl* **certains, -nes** uns, umas, alguns, -mas: *certains voulaient aller au cinéma, d'autres non* uns queriam ir ao cinema, outros não

certainement [sɛʀtɛnmɑ̃] *adv* **1** *(pour renforcer une affirmation)* certamente, com certeza **2** *(sûrement)* sem dúvida

certes [sɛʀt] *adv* **1** *(concession)* está certo **2** *(en vérité)* na verdade

certificat [sɛʀtifika] *nm* certificado, atestado
■ **certificat médical** atestado médico

certification [sɛʀtifikasjɔ̃] *nf* certificação, autenticação

certifier [12] [sɛʀtifje] *vt* 1 (*affirmer*) afirmar, assegurar, garantir 2 (*document, signature*) autenticar, certificar

certitude [sɛʀtityd] *nf* certeza

cerveau [sɛʀvo] *nm* ANAT cérebro

cervelet [sɛʀvəle] *nm* ANAT cerebelo

cervelle [sɛʀvɛl] *nf* 1 ANAT cérebro *m* 2 CULS miolo *m* 3 *fig* (*facultés*) tutano *m*, cabeça

cervical [sɛʀvikal] *adj* ANAT cervical

ces [se] *adj dém* → ce, cette

césarienne [sezaʀjɛn] *nf* cesariana, cesárea

cessation [sɛsasjɔ̃] *nf* cessação, parada

cesse [sɛs] *nf loc* **sans cesse** sem cessar, sem parar, incessantemente

cesser [1] [sese] *vi* (*prendre fin*) cessar, parar: *la pluie a cessé* a chuva parou
▸ *vt* **cesser de** (*arrêter*) parar de, deixar de: *elle ne cesse pas de penser à lui* ela não para de pensar nele

cession [sɛsjɔ̃] *nf* 1 (*de biens*) cessão 2 (*d'un local*) transferência

c'est-à-dire [sɛtadiʀ] *conj* isto é, ou seja

cet [sɛt] *adj dém* → ce, cette

cétacé [setase] *nm* ZOOL cetáceo

cette [sɛt] *adj dém* → ce, cette

ceux [sø] *pron dém* → celui

ceux-ci [søsi] *pron dém* → celui

ceux-là [søla] *pron dém* → celui-là

chacal [ʃakal] *nm* ZOOL chacal

chacun, -e [ʃakœ̃, -yn] *pron indéf* cada um, -a, cada qual: *chacun de vous doit faire l'exercice* cada um de vocês tem de fazer o exercício
• **chacun pour soi** cada um por si

chagrin, -e [ʃagʀɛ̃, -in] *adj* triste, tristonho, -nha
▸ *nm* **chagrin** tristeza *f*
• **avoir du chagrin** estar triste

chahut [ʃay] *nm fam* balbúrdia *f*, rebuliço, bafafá
• **faire du chahut** armar uma balbúrdia

chaîne [ʃɛn] *nf* 1 (*gén*) corrente, cadeia 2 (*appareil*) aparelhagem *m*, aparelho *m* (*de som*) 3 linha de montagem

▸ *nf pl* **chaînes** 1 (*de pneus, de prisonnier*) correntes 2 (*liens d'affection*) laços *m pl*, vínculos *m pl*
• **à la chaîne** na linha de montagem
■ **chaîne de montagnes** cordilheira, cadeia
■ **chaîne de télévision** canal *m* de televisão
■ **chaîne hi-fi** aparelho *m* de som

chaînon [ʃɛnɔ̃] *nm* elo

chair [ʃɛʀ] *nf* carne

chaire [ʃɛʀ] *nf* 1 (*d'un professeur*) cadeira, cátedra 2 (*d'un prédicateur*) púlpito *m* 3 (*poste*) cátedra

chaise [ʃɛz] *nf* cadeira
■ **chaise longue** espreguiçadeira
■ **chaise roulante** cadeira de rodas

châle [ʃal] *nm* xale

chalet [ʃalɛ] *nm* chalé

chaleur [ʃalœʀ] *nf* 1 (*température*) calor *m* 2 (*des animaux*) cio *m* 3 *fig* (*ardeur*) calor *m*, ardor *m*

chaleureux, -euse [ʃalœʀø, -øz] *adj* caloroso, -sa

challenge [ʃalɑ̃ʒ] *nm* 1 SPORT competição *f*, certame, campeonato 2 (*défi*) desafio

chaloupe [ʃalup] *nf* bote

chalumeau [ʃalymo] *nm* 1 (*pour boire*) canudo, canudinho 2 (*outil*) maçarico

chamailler(se) [1] [ʃamaje] *vpr* brigar, bater boca

chambellan [ʃɑ̃bɛlɑ̃] *nm* camarista, camareiro real

chambre [ʃɑ̃bʀ] *nf* 1 (*pour dormir*) quarto *m*, dormitório *m* 2 (*pour un usage précis*) câmara 3 (*d'un tribunal*) sala
■ **chambre à air** câmara de ar
■ **chambre à coucher** quarto *m*, dormitório *m*
■ **chambre de commerce** câmara de comércio
■ **chambre des députés** câmara dos deputados
■ **chambre double** quarto *m* de casal (em hotéis)
■ **chambre forte** cofre-forte
■ **chambre simple** quarto individual

chambrer [1] [ʃɑ̃bʀe] *vt* 1 (*vin*) fazer ficar na temperatura ambiente 2 (*se moquer*) caçoar

chameau [ʃamo] nm ZOOL camelo

chamois [ʃamwa] nm camurça f

champ [ʃɑ̃] nm 1 (gén) campo 2 (cultivé) plantação f
• **à travers champs** (cortar por um) atalho
• **sur-le-champ** imediatamente, logo em seguida, sem demora
▪ **champ de bataille** campo de batalha
▪ **champ de courses** hipódromo

champagne [ʃɑ̃paɲ] nm champanha f, champanhe f

champêtre [ʃɑ̃pɛtʀ] adj campestre, rural

champignon [ʃɑ̃piɲɔ̃] nm 1 (comestible) cogumelo, champignon 2 (sur la peau) fungo, micose f

champion, -onne [ʃɑ̃pjɔ̃, -ɔn] adj-nm,f campeão, -ã

championnat [ʃɑ̃pjɔna] nm campeonato

chance [ʃɑ̃s] nf 1 (sort) sorte 2 (probabilité) chance, possibilidade: *il a peu de chances d'y arriver* ele tem poucas chances de conseguir
• **avoir de la chance** ter sorte
• **bonne chance!** boa sorte!
• **porter chance** dar sorte

chancelant, -e [ʃɑ̃slɑ̃, -ɑ̃t] adj vacilante, oscilante, cambaleante

chancelier [ʃɑ̃səlje] nm chanceler

chancellerie [ʃɑ̃sɛlʀi] nf chancelaria

chanceux, -euse [ʃɑ̃sø, -øz] adj felizardo, -da, sortudo, -da

chandail [ʃɑ̃daj] nm pulôver, suéter, malha f

chandelier [ʃɑ̃dəlje] nm candelabro, castiçal

chandelle [ʃɑ̃dɛl] nf vela
• **voir trente-six chandelles** fig ver estrelas

change [ʃɑ̃ʒ] nm 1 (gén) câmbio, troca f, mudança f 2 (de bébé) fralda f descartável
• **donner le change** fam enganar, iludir, ludibriar

changeant, -e [ʃɑ̃ʒɑ̃, -ɑ̃t] adj 1 (variable-temps) instável 2 (- humeur) inconstante, variável

changement [ʃɑ̃ʒmɑ̃] nm 1 (gén) mudança f, modificação f 2 (métro, bus) baldeação f

changer [4] [ʃɑ̃ʒe] vt 1 (gén) mudar, modificar 2 **changer en** (transformer) transformar em, converter em: *il peut changer le plomb en or* ele consegue transformar chumbo em ouro 3 (d'endroit) mudar
▸ vi 1 **changer (de)** (gén) mudar (de): *nous avons changé de place* mudamos de lugar; *le gouvernement va changer* o governo vai mudar 2 (apporter un changement) variar
▸ vpr **se changer** trocar de roupa
• **pour changer** iron para variar

chanson [ʃɑ̃sɔ̃] nf canção
• **c'est toujours la même chanson** é sempre a mesma cantilena

chansonnier, -ère [ʃɑ̃sɔnje] nm,f humorista

chant [ʃɑ̃] nm canto

chantage [ʃɑ̃taʒ] nm chantagem f
• **faire du chantage** fazer chantagem, chantagear

chanter [1] [ʃɑ̃te] vt-vi 1 (gén) cantar 2 fam (raconter) contar
• **faire chanter qqn** chantagear alguém
• **si ça lui chante** se for do seu agrado, se lhe convier

chanteur, -euse [ʃɑ̃tœʀ, -øz] nm,f cantor, -ra

chantier [ʃɑ̃tje] nm 1 (de construction) canteiro de obras 2 fam (désordre) bagunça f, desordem f, zona f
▪ **chantier naval** estaleiro

chantilly [ʃɑ̃tiji] nf chantili m

chantonner [1] [ʃɑ̃tɔne] vt-vi cantarolar

chanvre [ʃɑ̃vʀ] nm cânhamo m

chaos [kao] nm caos

chaotique [kaɔtik] adj caótico, -ca

chapeau [ʃapo] nm 1 (coiffure) chapéu 2 (de journal) cabeçalho
▸ interj **chapeau!** bravo!
▪ **chapeau melon** chapéu-coco

chapelet [ʃaplɛ] nm 1 (pour prier) rosário 2 (d'oignons, d'ail) réstia f 3 fig (d'injures) rosário, enfiada f, série f

chapelle [ʃapɛl] nf capela

chapelure [ʃaplyʀ] nf farinha de rosca, pão m ralado

chaperon [ʃapʀɔ̃] nm 1 (*gorro*) capa com capuz 2 *fig* (*qui accompagne*) pajem, vela, acompanhante
■ **le Petit Chaperon rouge** Chapeuzinho Vermelho

chapiteau [ʃapito] nm 1 (*de cirque*) lona f, circo 2 ARCHIT capitel

chapitre [ʃapitʀ] nm 1 (*d'un livre*) capítulo 2 (*sujet*) questão f, assunto, tema

chapon [ʃapɔ̃] nm capão, frango capão

chaque [ʃak] *adj indéf* cada, todo, -da: **chaque fois, c'est la même chose**, toda vez é a mesma coisa

char [ʃaʀ] nm 1 (*de l'armée*) tanque 2 (*de carnaval*) carro alegórico

charabia [ʃaʀabja] nm algaravia f

charade [ʃaʀad] nf charada

charançon [ʃaʀɑ̃sɔ̃] nm caruncho

charbon [ʃaʀbɔ̃] nm 1 (*combustible*) carvão 2 (*pour dessiner*) carvão, lápis a carvão 3 MÉD carbúnculo
■ **charbon de bois** carvão vegetal

charcuterie [ʃaʀkytʀi] nf 1 (*magasin*) salsicharia 2 (*produits*) embutidos m pl, frios m pl

charcutier, -ère [ʃaʀkytje, -ɛʀ] nm,f charcuteiro, -ra

chardon [ʃaʀdɔ̃] nm BOT cardo

charge [ʃaʀʒ] nf 1 (*gén*) carga 2 (*gêne*) peso m, fardo m, ônus m 3 (*fonction*) cargo m 4 (*obligation*) encargo m 5 (*caricature*) carga, caricatura 6 (*attaque*) ataque m, assalto m 7 (*accusation*) acusação
▶ nf pl **charges** (*d'un appartement*) taxa de condomínio
• **charges comprises** despesas e taxas inclusas
• **prendre en charge** encarregar-se de
• **revenir à la charge** *fig* voltar à carga

chargé, -e [ʃaʀʒe] adj 1 (*gén*) carregado, -da 2 (*responsable*) encarregado, -da
▶ nm,f encarregado, -da
■ **chargé d'affaires** encarregado de negócios (*agente diplomático*)
■ **chargé de mission** delegado, comissário, representante

chargement [ʃaʀʒəmɑ̃] nm 1 (*de marchandises*) carregamento, carga f 2 (*d'arme, d'appareil photo*) carga f

charger [4] [ʃaʀʒe] vt 1 (*gén*) carregar 2 (*garnir avec excès*) encher, atulhar 3 (*d'une mission*) encarregar 4 ÉCON gravar, onerar
▶ vpr **se charger** 1 (*porter une charge*) carregar-se 2 **se charger de** (*s'occuper de-personne, affaire*) encarregar-se de
• **chargez!** atacar!

chargeur [ʃaʀʒœʀ] nm carregador

chariot [ʃaʀjo] nm 1 (*voiture*) carrinho 2 (*de machine à écrire*) carro

charisme [kaʀism] nm carisma

charitable [ʃaʀitabl] adj caridoso, -sa, caritativo, -va

charité [ʃaʀite] nf 1 (*aumône, vertu*) caridade 2 (*bonté*) bondade

charlatan [ʃaʀlatɑ̃] nm charlatão, -ã

charmant, -e [ʃaʀmɑ̃, -ɑ̃t] adj encantador, -ra

charme [ʃaʀm] nm 1 (*attrait*) encanto: **le charme du paysage** o encanto da paisagem 2 (*arbre*) carpa f, carpino
▶ nm pl **charmes** encantos m pl
• **faire du charme à qqn** fazer charme para alguém

charmer [1] [ʃaʀme] vt encantar, fascinar, cativar

charnel, -elle [ʃaʀnɛl] adj carnal

charnier [ʃaʀnje] nm 1 (*ossuaire*) ossuário 2 (*fosse*) vala f comum

charnière [ʃaʀnjɛʀ] nf 1 (*assemblage de métal*) dobradiça 2 (*articulation*) articulação, ponto de junção 3 (*transition*) transição
▶ adj inv de transição

charnu, -e [ʃaʀny] adj carnudo, -da, carnoso, -sa

charogne [ʃaʀɔɲ] nf 1 (*d'animal*) carniça 2 *fam* (*personne*) canalha mf, crápula mf

charpente [ʃaʀpɑ̃t] nf 1 (*d'immeuble*) armação, madeiramento m 2 *fig* (*de personne*) esqueleto m, ossatura

charpentier [ʃaʀpɑ̃tje] nm carpinteiro, -ra

charrette [ʃaʀɛt] nf carroça

charrier [12] [ʃaʀje] vt 1 (*pierres, sable*) transportar, carregar 2 (*porter en charrette*) transportar 3 *fam* (*blaguer*) zombar de, gozar de
▶ vi *fam* (*exagérer*) exagerar

charrue [ʃary] *nf* arado *m*

charte [ʃaʀt] *nf* carta, título *m*, documento *m*, alvará *m*
- **grande charte** Carta Magna

charter [ʃaʀtɛʀ] *nm* chárter (avião, voo)

chartreuse [ʃaʀtʀøz] *nf* cartuxa

chas [ʃa] *nm* (d'aiguille) fundo, orifício, enfiadura *f*

chasse [ʃas] *nf* **1** (gén) caça, caçada *f* **2** (terrain) terreno *m* de caça
• **prendre qqn en chasse** perseguir/caçar alguém
- **chasse (d'eau)** válvula de descarga
- **chasse gardée** terreno de caça privativo

chassé-croisé [ʃasekʀwaze] *nm* (*pl* **chassés-croisés**) **1** chassé-croisé (passo de balé) **2** *fig* vai e vém

chasse-neige [ʃasnɛʒ] *nm inv* máquina *f* de limpar neve

chasser [1] [ʃase] *vt* **1** (un animal) caçar **2** (mettre dehors) expulsar **3** (employé) despedir, demitir, mandar embora **4** (odeur, brouillard) dissipar
▶ *vi* caçar

chasseur, -euse [ʃasœʀ, -øz] *nm,f* caçador, -ra
▶ *nm* **chasseur 1** (d'un hôtel) mensageiro, carregador **2** (avion) caça
- **chasseur, -euse de têtes** caçador, -ra de talentos

châssis [ʃasi] *nm* **1** (de fenêtre) caixilho **2** (de tableau, de véhicule) chassi

chaste [ʃast] *adj* casto, -ta

chasteté [ʃastəte] *nf* castidade

chat, chatte [ʃa, ʃat] *nmf* gato, -ta
• **ne pas y avoir un chat** não haver ninguém, não haver vivalma
• **il n'y a pas de quoi fouetter un chat** não é tão grave assim, não é para tanto

châtaigne [ʃatɛɲ] *nf* BOT castanha

châtaignier [ʃatɛɲe] *nm* BOT castanheira *f*, castanheiro

châtain [ʃatɛ̃] *adj* castanho, -nha
▶ *nm* (couleur) castanho

château [ʃato] *nm* **1** (forteresse) castelo **2** (résidence des seigneurs) palácio
• **faire des châteaux en Espagne** *fig* fazer castelos no ar
- **château d'eau** caixa-d'água (em forma de torre)
- **château de sable** castelo de areia
- **château fort** fortaleza, fortificação

châtier [12] [ʃatje] *vt* **1** *fml* (punir) castigar, punir **2** *fml* (langage, style) aperfeiçoar, aprimorar, burilar

châtiment [ʃatimɑ̃] *nm* castigo, punição *f*

chaton [ʃatɔ̃] *nm* **1** gatinho **2** BOT amento, amentilho

chatouiller [1] [ʃatuje] *vt* **1** (en touchant légèrement) fazer cócegas **2** *fig* (flatter) lisonjear

chatouilles [ʃatuj] *nf pl* cócegas *f pl*

chatoyant, -e [ʃatwajɑ̃, -ɑ̃t] *adj* cambiante, furta-cor

châtrer [1] [ʃatʀe] *vt* castrar, capar

chaud, chaude [ʃo, ʃod] *adj* **1** (eau, chose, temps) quente **2** (voix) cálido, -da **3** *fig* (discussion) acalorado, -da, animado, -da **4** (partant) entusiasmado, -da, animado, -da: **il n'est pas très chaud pour aller au théâtre** não está muito animado para ir ao teatro
▶ *nm* **chaud** calor *m*
▶ *adv* quente: **boire chaud** beber quente
• **avoir chaud** estar com calor
• **elle a eu chaud!** escapou por pouco!
• **faire chaud** fazer calor

chaudement [ʃodmɑ̃] *adv* **1** (pour avoir chaud) com roupa quente, bem agasalhado: **habille-toi chaudement, il fait froid** agasalhe-se bem, está fazendo frio **2** *fig* (accueillir, féliciter) calorosamente

chaudière [ʃodjɛʀ] *nf* caldeira

chaudron [ʃodʀɔ̃] *nm* caldeirão

chauffage [ʃofaʒ] *nm* calefação *f*, aquecimento
- **chauffage central** aquecimento central

chauffard [ʃofaʀ] *nm péj* barbeiro (motorista), pé de chumbo

chauffe-eau [ʃofo] *nm inv* aquecedor *m* (de água)

chauffer [1] [ʃofe] *vt* aquecer, esquentar
▶ *vi* (devenir chaud) esquentar: **le café chauffe** o café está esquentando
▶ *vpr* **se chauffer** aquecer-se: **se chauffer au soleil** aquecer-se ao sol

• **ça va chauffer!** a coisa vai esquentar!/o bicho vai pegar!

chauffeur [ʃofœʀ] *nm* motorista
- **chauffeur de taxi** taxista, motorista de táxi

chaumière [ʃomjɛʀ] *nf* palhoça, choça

chaussée [ʃose] *nf* leito *m* de rua, pista
• **"Chaussée glissante"** "Pista escorregadia" *(sinal de trânsito)*

chausse-pied [ʃospje] *nm (pl* **chausse-pieds**) calçadeira *f*

chausser [1] [ʃose] *vt* 1 *(mettre-chaussures)* calçar, pôr 2 *(- lunettes)* pôr
▸ *vi (personne)* calçar número... (**du**, -): **elle chausse du 38** ela calça 38; **tu chausses du combien?** que número você calça?
▸ *vpr* **se chausser** calçar-se, pôr os sapatos

chaussette [ʃosɛt] *nf* meia soquete

chausson [ʃosɔ̃] *nm* 1 *(de danse)* sapatilha *f* 2 *(pantoufle)* chinelo, pantufa *f* 3 *(de bébé)* sapatinho de tricô 4 CUIS *(pâtisserie)* calzone *(espécie de torta)*

chaussure [ʃosyʀ] *nf* 1 *(pour le pied)* calçado *m*, sapato *m* 2 *(industrie)* indústria de sapatos 3 *(commerce)* sapataria
- **chaussure de ski** bota de esquiar

chauve [ʃov] *adj-nmf* careca, calvo, -va

chauve-souris [ʃovsuʀi] *nf (pl* **chauves-souris**) morcego *m*

chauvinisme [ʃovinism] *nm* chauvinismo

chaux [ʃo] *nf* cal

chavirer [1] [ʃaviʀe] *vi* 1 *(bateau)* virar, soçobrar 2 *(véhicule)* capotar
▸ *vt* 1 *(meuble, objet)* emborcar, virar 2 *fig (perturber)* pôr de pernas para o ar

chef [ʃɛf] *nm* 1 *(gén)* chefe, cabeça, líder, diretor 2 *(de cuisine)* chef
- **chef d'accusation** DR acusação
- **chef de famille** chefe de família
- **chef de gare** chefe de estação
- **chef d'orchestre** maestro, regente

chef-d'œuvre [ʃɛdœvʀ] *nm (pl* **chefs-d'œuvre**) obra-prima *f*

chef-lieu [ʃɛfljø] *nm (pl* **chefs-lieux**) *(d'un département)* capital

cheik [ʃɛk] *nm* xeique, xeque

chemin [ʃəmɛ̃] *nm* caminho
• **rebrousser chemin** dar meia-volta, voltar atrás
- **chemin de fer** ferrovia *f*
- **chemin de croix** via sacra *f*, via-crúcis *f*

cheminée [ʃəmine] *nf* 1 *(foyer)* lareira 2 *(endroit par où s'échappe la fumée)* chaminé

cheminer [1] [ʃəmine] *vi* caminhar, andar

cheminot [ʃəmino] *nm* ferroviário

chemise [ʃəmiz] *nf* 1 *(vêtement)* camisa, blusa 2 *(de documents)* pasta
- **chemise de nuit** camisola

chemisier [ʃəmizje] *nm* blusa *f*

chenapan [ʃənapɑ̃] *nm* bandido, malandro

chêne [ʃɛn] *nm* BOT carvalho

chéneau [ʃeno] *nm* ARCHIT calha *f*

chenil [ʃənil] *nm* canil

chenille [ʃənij] *nf* ZOOL lagarta *f*

cheptel [ʃɛptɛl] *nm* gado, plantel

chèque [ʃɛk] *nm* cheque
- **chèque au porteur** cheque ao portador
- **chèque de voyage** cheque de viagem, *traveler's check*
- **chèque sans provision** cheque sem fundos

chèque-repas [ʃɛkʀəpa] *nm (pl* **chèques-repas**) tíquete-refeição, vale-refeição

chèque-restaurant [ʃɛkʀɛstɔʀɑ̃] *nm (pl* **chèques-restaurant**) tíquete-restaurante

chéquier [ʃekje] *nm* talão, talonário de cheques

cher, chère [ʃɛʀ] *adj* 1 *(aimé)* querido, -da, caro, -ra: **cher ami** querido/caro amigo 2 *(coûteux)* caro, -ra
▸ *adv* **cher** caro: **ça coûte trop cher** custa caro demais

chercher [1] [ʃɛʀʃe] *vt* 1 *(gén)* procurar 2 **chercher à** + *inf (tenter)* tentar, procurar + *inf*: **je cherche à savoir pourquoi...** estou tentando saber por que...

chercheur, -euse [ʃɛʀʃœʀ, -øz] *adj (esprit)* curioso, -sa, investigativo, -va
▸ *nm,f (scientifique)* pesquisador, -ra

- **chercheur d'or** garimpeiro

chèrement [ʃɛRmɑ̃] *adv* caro: *il a payé chèrement son erreur* pagou caro por seu erro

chéri, -e [ʃeRi] *adj-nm,f* querido, -da

chérir [20] [ʃeRiR] *vt* 1 *(avec tendresse)* gostar, amar 2 *(être attaché)* prezar, apreciar

chétif, -ive [ʃetif, -iv] *adj* 1 *(personne)* franzino, -na, frágil 2 *(arbre)* mirrado, -da

cheval [ʃəval] *nm* cavalo
- **à cheval** 1 *(sur un cheval)* a cavalo 2 *(façon de s'asseoir)* montado, -da, escarranchado, -da
- **être à cheval sur** *fig* ser exigente/meticuloso com
- **faire du cheval** montar, andar a cavalo, praticar equitação
- **chevaux de bois** carrossel

cheval-d'arçons [səvaldaRsɔ̃] *nm inv* cavalo (para ginástica olímpica)

chevalerie [ʃəvalRi] *nf* cavalaria

chevalet [ʃəvalɛ] *nm* 1 *(de peintre)* cavalete *m* 2 *(de menuisier)* cavalete, banca

chevalier [ʃəvalje] *nm* cavaleiro

chevalière [ʃəvaljɛR] *nf* anel *f* com sinete

chevauchée [ʃəvoʃe] *nf* cavalgada

chevaucher [1] [ʃəvoʃe] *vi* cavalgar
▸ *vpr* **se chevaucher** sobrepor-se, encavalar-se

chevelure [ʃəvlyR] *nf* cabeleira

chevet [ʃəvɛ] *nm* cabeceira *f*

cheveu [ʃəvø] *nm* cabelo: *il a les cheveux longs* ele tem cabelos longos
- **cheveux blancs** cabelos brancos

cheville [ʃəvij] *nf* 1 ANAT tornozelo *m* 2 *(de fixation)* cavilha

chèvre [ʃɛvR] *nf (animal)* cabra
▸ *nm (fromage)* queijo de cabra

chevreau [ʃəvRo] *nm* 1 *(animal)* cabrito 2 *(peau)* pelica *f*

chèvrefeuille [ʃɛvRəfœj] *nm* BOT madressilva *f*

chevreuil [ʃəvRœj] *nm* 1 *(animal)* cervo, veado 2 CUIS carne de veado

chevronné, -e [ʃəvRɔne] *adj* experiente, tarimbado, -da

chevrotement [ʃəvRɔtmɑ̃] *nm* tremor da voz

chewing-gum [ʃwiŋɡɔm] *nm* (*pl* **chewing-gums**) goma *f* de mascar, chiclete

chez [ʃe] *prép* 1 *(domicile)* em casa de: *chez mon frère* em casa de meu irmão; *chez moi* em minha casa 2 ao, à: *je vais chez le médecin* vou ao médico 3 *(époque, pays)* entre: *chez les Romains* entre os romanos; *chez les Italiens* entre os italianos/na Itália 4 *(caractère; auteur)* em: *c'est une manie chez lui* é uma mania nele; *il y a de longues descriptions chez Zola* há longas descrições em Zola

chez-soi [ʃeswa] *nm inv* em casa

chiant, -e [ʃjɑ̃, -ɑ̃t] *adj fam* irritante, chato, -ta

chic [ʃik] *adj* 1 *(élégant)* chique 2 *(sympathique)* simpático
▸ *nm* elegância *f*, classe *f*
▸ *interj* **chic!** *fam* legal!

chiche [ʃiʃ] *adj fig (de conseils, compliments)* parcimonioso, -sa
▸ *interj* **chiche!** *fam* duvida que...?/ aposta que...?; *chiche que je mange tout!* quer apostar que como tudo?

chicorée [ʃikɔRe] *nf* BOT chicória

chien, chienne [ʃjɛ̃, -ʃjɛn] *nm,f (animal)* cão, -cadela, cachorro, -ra
▸ *nm* **chien** *(d'arme à feu)* cão
- **avoir du chien** ter charme, ter tchã
- **avoir un mal de chien, -enne à + inf** ter enorme dificuldade para + *inf*
- **de chien** do cão, péssimo
- **en chien de fusil** encolhido, -da
- **chien de garde** cão de guarda

chier [12] [ʃje] *vi fam* cagar
- **faire chier qqn** *fam* encher o saco de alguém

chiffon [ʃifɔ̃] *nm* trapo, pano velho

chiffonner [1] [ʃifɔne] *vt* 1 *(vêtements)* amarrotar, enrugar 2 *(contrarier)* preocupar, amofinar

chiffonnier, -ère [ʃifɔnje, -ɛR] *nm,f* trapeiro, -ra

chiffre [ʃifR] *nm* 1 *(caractère)* algarismo 2 *(quantité)* número 3 *(total)* cifra, soma, total
- **chiffre d'affaires** volume de negócios
- **chiffre rond** número redondo

chiffrer [1] [ʃifʀe] vt 1 (*page*) numerar 2 (*revenus*) calcular, estimar 3 (*message*) cifrar

chignon [ʃiɲɔ̃] nm coque

Chili [ʃili] nm Chile

chilien, -enne [ʃiljɛ̃, -ɛn] adj chileno, -na
▸ nm,f **Chilien, -enne** chileno, -na

chimère [ʃimɛʀ] nf quimera

chimérique [ʃimeʀik] adj quimérico, -ca

chimie [ʃimi] nf química

chimique [ʃimik] adj químico, -ca

chimiste [ʃimist] nmf químico, -ca

chimpanzé [ʃɛ̃pɑ̃ze] nm chimpanzé

Chine [ʃin] nf China

chiner [1] [ʃine] vi negociar objetos de segunda mão

chinois, -e [ʃinwa, -az] adj chinês, -esa
▸ nm,f **Chinois, -e** chinês, -esa
▸ nm **chinois** (*langue*) chinês

chiot [ʃjo] nm cãozinho, cachorrinho

chiper [1] [ʃipe] vt *fam* surrupiar, afanar

chips [ʃips] nf pl batatas fritas

chiquenaude [ʃiknod] nf piparote m

chiromancie [kiʀɔmɑ̃si] nf quiromancia

chirurgie [ʃiʀyʀʒi] nf cirurgia

chirurgien, -enne [ʃiʀyʀʒjɛ̃, -ɛn] nm,f cirurgião, -ã

chlore [klɔʀ] nm CHIM cloro

chloroforme [klɔʀɔfɔʀm] nm CHIM clorofórmio

chlorophylle [klɔʀɔfil] nf clorofila

chlorure [klɔʀyʀ] nm CHIM cloreto

choc [ʃɔk] nm 1 (*gén*) choque, colisão f 2 MÉD choque, abalo 3 *fig* (*d'opinions, de caractères*) conflito m
• **prix choc** preço de oferta

chocolat [ʃɔkɔla] nm 1 (*cacao, boisson*) chocolate 2 (*bonbon*) bombom
▪ **chocolat au lait** chocolate ao leite
▪ **chocolat noir** chocolate escuro

chocolatier, -ère [ʃɔkɔlatje, -ɛʀ] adj-nm,f (*pâtissier*) chocolateiro, -ra

chocolatière [ʃɔkɔlatjɛʀ] nf (*récipient*) chocolateira

chœur [kœʀ] nm coro
• **en cœur** em coro

choir [50] [ʃwaʀ] vi *fml* cair
• **laisser choir** *fam* abandonar, desistir

choisir [20] [ʃwaziʀ] vt escolher

choix [ʃwa] nm 1 (*gén*) escolha f 2 (*liberté*) opção f 3 (*de produits, de choses etc.*) sortimento, seleção f
• **au choix** à escolha
• **de choix** de qualidade/selecionado, -da

choléra [kɔleʀa] nm MÉD cólera m,f

cholestérol [kɔlɛstɛʀɔl] nm colesterol

chômage [ʃomaʒ] nm desemprego
• **être au chômage** estar desempregado, -da

chômeur, -euse [ʃomœʀ, -øz] nm,f desempregado, -da

chope [ʃɔp] nf caneco

choquant, -e [ʃɔkɑ̃, -ɑ̃t] adj chocante

choquer [2] [ʃɔke] vt 1 (*heurter*) chocar com, colidir com 2 *fig* (*offenser*) ofender, chocar 3 (*mots, attitudes*) chocar, desagradar 4 (*couleurs*) ferir a vista, ser berrante

choral, -e [kɔʀal] adj (pl **chorals** ou **choraux**) (*musique*) coral
▸ nm **choral** (pl **chorals**) (*composition*) coral

chorale [kɔʀal] nf (*groupe*) coral m

chorégraphie [kɔʀegʀafi] nf coreografia

choriste [kɔʀist] nmf corista

chose [ʃoz] nf coisa
• **à peu de chose près** com pouca diferença, quase
• **être tout chose** *fam* estar esquisito, -ta
• **pas grand chose** pouca coisa, não muito, nada de importante
• **quelque chose** algo, alguma coisa

chou [ʃu] nm 1 (*légume*) couve, repolho 2 (*pâtisserie*) bomba f
• **aller planter ses choux** *fam* ir morar no campo
• **mon (petit) chou** *fig* meu queridinho
▪ **chou à la crème** bomba f de creme
▪ **chou de Bruxelles** couve-de-bruxelas

choucroute [ʃukʀut] nf chucrute m

chouette [ʃwɛt] *nf* ZOOL coruja
▶ *adj* **1** *fam* (*génial*) genial, fantástico, -ca, estupendo, -da **2** *fam* (*joli*) bonito, -ta, gracioso, -sa

chou-fleur [ʃuflœʀ] *nm* (*pl* **choux-fleurs**) BOT couve-flor *f*

choyer [16] [ʃwaje] *vt fml* mimar

chrétien, -enne [kʀetjɛ̃, -ɛn] *adj-nm,f* cristão, -ã

christianisme [kʀistjanism] *nm* cristianismo

chromatique [kʀɔmatik] *adj* cromático, -ca

chrome [kʀom] *nm* cromo

chromosome [kʀomozom] *nm* cromossomo

chronique [kʀɔnik] *adj* crônico, -ca
▶ *nf* **1** (*littérature*) crônica **2** (*presse*) rubrica, coluna
• **défrayer la chronique** ser o assunto do momento

chronologie [kʀɔnɔlɔʒi] *nf* cronologia

chronomètre [kʀɔnɔmɛtʀ] *nm* cronômetro

chronométrer [10] [kʀɔnɔmetʀe] *vt* cronometrar

chrysanthème [kʀizɑ̃tɛm] *nm* BOT crisântemo

chuchotement [ʃyʃɔtmɑ̃] *nm* cochicho, sussurro

chuchoter [1] [ʃyʃɔte] *vi* cochichar, sussurrar

chute [ʃyt] *nf* **1** (*d'un objet*) queda, tombo *m* **2** (*péché*) queda **3** *fig* (*d'une époque, d'un empire*) queda, derrocada **4** (*de tissu*) retalho **5** (*de papier etc.*) aparas
■ **chute d'eau** queda-d'água
■ **chute de neige** nevasca

chuter [1] [ʃyte] *vi fam* cair

ci [si] *adv* (depois de substantivo, com hífen) este, -ta: *ce jour-ci* este dia; *cette personne-ci* esta pessoa
• **ci-après** a seguir, adiante
• **ci-contre** ao lado
• **ci-dessous** abaixo
• **ci-dessus** acima
• **ci-gît** aqui jaz
• **ci-inclus, -e** anexo, -xa
• **ci-joint, -e** anexo, -xa
• **de-ci de-là** aqui e ali
• **par-ci par-là** por todos os lados

cible [sibl] *nf* **1** (*du tir*) alvo *m* **2** (*but*) meta, fim *m*, objetivo *m*

ciboulette [sibulɛt] *nf* BOT cebolinha

cicatrice [sikatʀis] *nf* cicatriz

cicatriser [1] [sikatʀize] *vt* cicatrizar
▶ *vpr* **se cicatriser** cicatrizar-se

cidre [sidʀ] *nm* sidra *f*

ciel [sjɛl] (o *pl* é **cieux** quando se trata do firmamento ou do céu com sentido religioso e **ciels** quando se trata do aspecto do céu em relação ao tempo, do céu de uma pintura, do céu de um leito – baldaquino –, ou da abóbada de escavações, minas ou pedreiras) *nm* céu
• **à ciel ouvert** a céu aberto
• **être au septième ciel** estar no sétimo céu
• **remuer ciel et terre** mover céus e terras
• **tomber du ciel** cair do céu

cierge [sjɛʀʒ] *nm* vela *f* (*votiva*)

cigale [sigal] *nf* ZOOL cigarra

cigare [sigaʀ] *nm* charuto

cigarette [sigaʀɛt] *nf* cigarro *m*

cigogne [sigɔɲ] *nf* ZOOL cegonha

ciguë [sigy] *nf* cicuta

cil [sil] *nm* cílio

cime [sim] *nf* **1** (*de montagne, d'arbre etc.*) cume *m*, topo *m* **2** (*d'œuvre, de style*) ápice

ciment [simɑ̃] *nm* cimento
■ **ciment armé** cimento armado, concreto armado

cimenter [1] [simɑ̃te] *vt* **1** (*bâtiment*) cimentar **2** *fig* (*affermir*) firmar, consolidar

cimetière [simtjɛʀ] *nm* cemitério

ciné [sine] *nm fam* cine, cinema

cinéaste [sineast] *nmf* cineasta

ciné-club [sineklœb] *nm* (*pl* **ciné-clubs**) cineclube

cinéma [sinema] *nm* cinema
• **faire du cinéma** *fig* fazer cena
• **se faire du cinéma** *fig* fantasiar, imaginar quimeras

cinématographe [sinematɔgʀaf] *nm* cinematógrafo

cinéphile [sinefil] *nmf* cinéfilo, -la

cinglant, -e [sɛ̃glɑ̃, -ɑ̃t] *adj fig* contundente, duro, -ra, áspero, -ra

cinglé, -e [sɛ̃gle] *adj fam* maluco, -ca

cingler [1] [sɛ̃gle] *vt* **1** *(fouetter)* fustigar, chicotear **2** *(le fer)* malhar **3** *fig (blesser)* ferir, ofender, vexar

cinq [sɛ̃k] *num* cinco
- **cinq cents** quinhentos, -tas

cinquantaine [sɛ̃kɑ̃tɛn] *nf* cinquenta, cerca de cinquenta

cinquante [sɛ̃kɑ̃t] *num* cinquenta

cinquantième [sɛ̃kɑ̃tjɛm] *num* quinquagésimo, -ma

cinquième [sɛ̃kjɛm] *num* quinto, -ta

cintre [sɛ̃tʀ] *nm* **1** *(d'un bâtiment)* arco de abóbada **2** *(échafaudage)* cimbre, armação **3** *(à vêtements)* cabide
- **plein cintre** arco em semicírculo

cirage [siʀaʒ] *nm* graxa *f (de sapato)*

circoncision [siʀkɔ̃sizjɔ̃] *nf* circuncisão

circonférence [siʀkɔ̃feʀɑ̃s] *nf* circunferência

circonflexe [siʀkɔ̃flɛks] *adj* circunflexo, -xa: **accent circonflexe** acento circunflexo

circonscription [siʀkɔ̃skʀiptjɔ̃] *nf* circunscrição

circonspection [siʀkɔ̃spɛksjɔ̃] *nf* circunspecção, prudência, ponderação

circonstance [siʀkɔ̃stɑ̃s] *nf* circunstância
• **se plier aux circonstances** amoldar-se às circunstâncias
- **circonstances atténuantes** circunstâncias atenuantes

circonstanciel, -elle [siʀkɔ̃stɑ̃sjɛl] *adj* circunstancial

circuit [siʀkɥi] *nm* circuito
- **circuit automobile** circuito automobilístico
- **circuit fermé** circuito fechado

circulaire [siʀkylɛʀ] *adj (forme)* circular
▶ *nf (lettre)* circular

circulation [siʀkylasjɔ̃] *nf* **1** *(du sang)* circulação **2** *(des véhicules)* trânsito *m*, tráfego *m*
- **circulation routière** tráfego viário

circulatoire [siʀkylatwaʀ] *adj* MÉD circulatório, -a

circuler [1] [siʀkyle] *vi* circular

cire [siʀ] *nf* cera
- **cire à cacheter** lacre *m*
- **cire vierge** cera virgem

ciré, -e [siʀe] *adj* encerado, -da, engraxado, -da
▶ *nm* **ciré** impermeável, capa de chuva

cirer [1] [siʀe] *vt* **1** *(parquet, meubles etc.)* encerar, lustrar **2** *(souliers)* engraxar, lustrar

cirque [siʀk] *nm* circo

cirrhose [siʀoz] *nf* cirrose

cisailler [1] [sizaje] *vt* cortar

ciseau [sizo] *nm* **1** *(lame)* cinzel **2** SPORT tesoura *f*
▶ *nm pl* **ciseaux** tesoura *f sing*

ciseler [9] [sizle] *vt* **1** *(sculpture)* cinzelar **2** *(découper)* cortar, recortar **3** *fig* burilar, aprimorar

citadelle [sitadɛl] *nf* cidadela

citadin, -e [sitadɛ̃, -in] *adj-nm,f* urbano, -na, citadino, -na

citation [sitasjɔ̃] *nf (d'un auteur; d'un tribunal)* citação

cité [site] *nf* **1** *(ville)* cidade **2** *(quartier)* centro *m* antigo da cidade
- **cité ouvrière** cidade operária, centro *m* operário
- **cité universitaire** cidade universitária

citer [1] [site] *vt* citar

citerne [sitɛʀn] *nf* cisterna

cithare [sitaʀ] *nf* MUS cítara

citoyen, -enne [sitwajɛ̃, -ɛn] *nm,f* cidadão, -ã

citrique [sitʀik] *adj* CHIM cítrico, -ca

citron [sitʀɔ̃] *nm* BOT limão

citronnade [sitʀɔnad] *nf* limonada

citronnier [sitʀɔnje] *nm* BOT limoeiro

citrouille [sitʀuj] *nf* BOT moranga, abóbora-moranga

civet [sivɛ] *nm* CUIS guisado de caça feito com vinho tinto e cebola

civière [sivjɛʀ] *nf* maca, padiola

civil, -e [sivil] *adj* **1** *(des citoyens)* civil **2** *(poli)* sociável, educado, -da, cortês
▶ *nm* **civil** **1** *(non soldat, ni prêtre)* civil **2** *(non prêtre)* leigo, -ga
• **au civil** DR no cível
• **en civil** à paisana

civilisation [sivilizasjɔ̃] *nf* civilização
civiliser [1] [sivilize] *vt* civilizar
civique [sivik] *adj* cívico, -ca
civisme [sivism] *nm* civismo
clair, -e [klɛʀ] *adj* claro, -ra
▶ *nm* **clair** claridade *f*
▶ *adv* claro, claramente
• **en clair** (*télévision*) aberta
• **mettre au clair** esclarecer, tirar a limpo
■ **clair de lune** luar

claire-voie [klɛʀvwa] *nf* (*pl* **claires-voies**) **1** (*barrière*) treliça, gelosia **2** (*d'une église*) claraboia
• **à claire-voie** com aberturas, com espaços abertos

clairière [klɛʀjɛʀ] *nf* clareira
clairon [klɛʀɔ̃] *nm* clarim
clairsemé, -e [klɛʀsəme] *adj* **1** (*épars*) disperso, -sa, esparso, -sa **2** ralo, -la: *cheveux clairsemés* cabelo ralos

clairvoyance [klɛʀvwajɑ̃s] *nf* clarividência

clamer [1] [klame] *vt* clamar
clameur [klamœʀ] *nf* clamor *m*
clan [klɑ̃] *nm* clã
clandestin, -e [klɑ̃dɛstɛ̃, -in] *adj* clandestino, -na
▶ *nm,f* **1** (*passager*) clandestino **2** (*immigré*) imigrante ilegal

clapet [klapɛ] *nm* **1** (*soupape*) válvula *f* **2** *fam* (*bouche*) boca *f*, matraca *f*

clapier [klapje] *nm fig* pocilga *f*, chiqueiro, espelunca *f*

clapper [1] [klape] *vi* estalar a língua
claque [klak] *nf* **1** (*gifle*) palmada, tapa **2** (*au théâtre*) claque

claquer [2] [klake] *vi* **1** (*faire un bruit sec*) estalar: *claquer des doigts* estalar os dedos **2** (*volet, porte etc.*) bater **3** *fam* (*mourir*) bater as botas
▶ *vt* **1** (*porte, volet etc.*) bater **2** (*gifler*) esbofetear **3** *fam* (*fatiguer*) cansar **4** *fam* (*argent*) gastar, esbanjar
• **claquer la porte** bater a porta

claquette [klakɛt] *nf* claquete
▶ *nf pl* **claquettes** sapateado

clarifier [12] [klaʀifje] *vt* **1** (*liquide*) clarificar **2** (*substance*) purificar **3** *fig* (*situation, idée*) aclarar, esclarecer, elucidar

clarinette [klaʀinɛt] *nf* MUS clarineta, clarinete *m*

clarté [klaʀte] *nf* **1** (*luminosité*) claridade, luminosidade **2** (*intelligibilité*) clareza, nitidez

classe [klas] *nf* **1** (*gén*) classe: *la classe ouvrière* classe operária; *c'est du cuir de première classe* é couro de primeira classe; *il est le plus grand de sa classe* ele é o mais alto da classe **2** (*armée*) leva, contingente

classement [klasmɑ̃] *nm* classificação *f*
classer [1] [klase] *vt* classificar
▶ *vpr* **se classer** classificar-se
• **classer une affaire** DR arquivar um processo (*fig*) dar o assunto por encerrado

classeur [klasœʀ] *nm* **1** (*chemise*) pasta *f*, fichário **2** (*meuble*) arquivo

classification [klasifikasjɔ̃] *nf* classificação

classifier [12] [klasifje] *vt* classificar
classique [klasik] *adj* clássico, -ca
▶ *nm* clássico

clause [kloz] *nf* cláusula
claustrophobie [klostʀɔfɔbi] *nf* claustrofobia

clavecin [klavsɛ̃] *nm* MUS cravo
clavicule [klavikyl] *nf* ANAT clavícula
clavier [klavje] *nm* teclado
clé [kle] *nf* → clef
■ **clé de contact** chave de contato

clef [kle] *nf* **1** (*de la porte*) chave **2** MUS clave **3** *fig* (*rôle capital*) chave: *c'est la clef du problème* é a chave do problema
▶ *adj* (*essentiel*) chave: *une position clef* uma posição-chave
■ **clef à molette** chave inglesa
■ **clef anglaise** chave de grifa

clématite [klematit] *nf* BOT clematite
clément, -e [klemɑ̃, -ɑ̃t] *adj* **1** (*personne*) clemente **2** (*climat*) ameno, -na
clémentine [klemɑ̃tin] *nf* BOT tangerina
cleptomanie [klɛptɔmani] *nf* cleptomania

clerc [klɛʀ] *nm* **1** (*religieux*) clérigo **2** *iron* (*personne instruite*) sabichão, -ona, intelectual **3** (*employé*) escriturário, -a, amanuense

clergé [klɛʀʒe] nm clero

clic [klik] nm INFORM clique

cliché [kliʃe] nm 1 (gén) clichê 2 (photographie) negativo

client, -e [klijã, -ãt] nm,f cliente, freguês, -esa

clientèle [kliãtɛl] nf clientela, freguesia

cligner [1] [kliɲe] vi (yeux) pestanejar, piscar
• **cligner de l'œil** piscar, dar uma piscadela

clignotant [kliɲɔtã] nm pisca-pisca

clignoter [1] [kliɲɔte] vi (yeux; lumière) piscar

climat [klima] nm clima

climatiser [1] [klimatize] vt climatizar

clin [klɛ̃] nenhum loc **clin d'œil** piscada, piscadela
• **en un clin d'œil** num piscar de olhos

clinique [klinik] adj clínico, -ca
▸ nf clínica

clinquant, -e [klɛ̃kã, -ãt] adj (brillant) brilhante, reluzente
▸ nm **clinquant** 1 (broderie, dentelle) lantejoula, paetê 2 fig (faux brillant) falso brilho

clip [klip] nm videoclipe

clique [klik] nf 1 péj (groupe) súcia, cambada, corja 2 (musiciens) fanfarra, banda

cliquer [2] [klike] vi INFORM clicar

cliqueter [6] [klikte] vi tinir, tilintar

clitoris [klitɔʀis] nm ANAT clitóris

clochard, -e [klɔʃaʀ] nm,f mendigo, -ga

cloche [klɔʃ] nf 1 (objet) sino m 2 fam (idiot) tonto, -ta, bobo, -ba
■ **cloche à fromage** queijeira

cloche-pied [klɔʃpje] loc **à cloche-pied** num pé só

clocher¹ [klɔʃe] nm 1 (d'une église) campanário 2 fig (d'une personne) terra natal

clocher² [1] [klɔʃe] vi fam não estar certo, estar errado: *il y a quelque chose qui cloche* alguma coisa está errada

clochette [klɔʃɛt] nf sineta

cloison [klwazõ] nf tabique m, divisória

cloisonner [1] [klwazɔne] vt dividir, separar com tabiques

cloître [klwatʀ] nm claustro, clausura f

clonage [klɔnaʒ] nm clonagem f

clone [klɔn] nm clone

cloner [1] [klɔne] vt clonar

clopin-clopant [klɔpɛ̃klɔpã] loc **aller clopin-clopant** fam ir aos trancos e barrancos

cloporte [klɔpɔʀt] nm ZOOL tatuzinho, bicho-de-conta

cloque [klɔk] nf bolha

clore [68] [klɔʀ] vt 1 (fermer) fechar, encerrar 2 (entourer) cercar, rodear 3 fig (discussion, compte etc.) encerrar, concluir 4 (séance, débat etc.) encerrar

clos, close [ko, kloz] adj 1 (fermé) fechado, -da 2 (entouré) cercado, -da, rodeado, -da
▸ nm **clos** (terrain) cercado

clôture [klotyʀ] nf 1 (d'un terrain) cerca 2 (d'une séance) encerramento m 3 (d'un compte) encerramento m, fechamento m

clôturer [1] [klotyʀe] vt 1 (terrain) cercar 2 fig (séance, débat etc.) encerrar

clou [klu] nm 1 (objet) prego 2 fam (furoncle) furúnculo 3 fig (attraction principale) atração f principal: *être le clou de la fête* ser a atração da festa 4 fam (machine) calhambeque, lata-velha
• **être maigre comme un clou** fam ser magro como um palito
■ **clou de girofle** cravo-da-índia

clouer [1] [klue] vt (fixer) pregar
• **clouer le bec à qqn** fam calar o bico de alguém
• **rester cloué sur place** ficar petrificado, -da

clouter [1] [klute] vt cravejar, guarnecer de pregos

clovisse [klɔvis] nf marisco

clown [klun] nm palhaço

club [klœb] nm 1 (association) clube 2 SPORT (de golf) taco

coaguler [1] [kɔagyle] vt coagular

coalition [kɔalisjõ] nf coalizão, coligação

coasser [1] [kɔase] vi coaxar

cobalt [kɔbalt] nm cobalto

cobaye [kɔbaj] nm ZOOL cobaia mf

cobra [kɔbʀa] *nm* ZOOL naja *f*, cobra-de-capelo *f*

cocagne [kɔkaɲ] *nf loc* **pays de cocagne** país de cocanha, terra da fartura
■ **mât de cocagne** pau de sebo

cocaïne [kɔkain] *nf* cocaína

cocarde [kɔkaʀd] *nf* cocar

cocasse [kɔkas] *adj* cômico, -ca

coccinelle [kɔksinɛl] *nf* ZOOL joaninha

coccyx [kɔksis] *nm* ANAT cóccix

coche [kɔʃ] *nf* (*marque*) entalhe *m*, chanfro *m*

cocher¹ [kɔʃe] *nm* cocheiro

cocher² [1] [kɔʃe] *vt* marcar, ticar

cochère [kɔʃɛʀ] *adj-nf* portão de garagem

cochon, -onne [kɔʃɔ̃, -ɔn] *adj-nm,f péj* (*malpropre*) sujo, -ja, porco, -ca
▶ *nm* **cochon 1** (*animal*) porco, -ca **2** (*viande*) carne *f* de porco
■ **cochon d'Inde** porquinho-da-índia
■ **cochon de mer** porco-do-mar

cochonnerie [kɔʃɔnʀi] *nf fam* porcaria, imundície

cochonet [kɔʃɔnɛ] *nm* **1** (*animal*) leitão **2** (*de jeu de boules*) bolinha *f* do jogo de "pétanque"

cocktail [kɔktɛl] *nm* coquetel

coco [koko] *nm* **1** *fam* (*individu*) cara, sujeito **2** *fam* (*chéri*) queridinho, benzinho
▶ *nf fam* (*drogue*) coca (*cocaína*)
■ **noix de coco** coco

cocon [kɔkɔ̃] *nm* casulo

cocotier [kɔkɔtje] *nm* coqueiro

cocotte [kɔkɔt] *nf* **1** (*marmite*) panela, caçarola **2** *fam* (*poule*) galinha *f* **3** *fam* (*chérie*) queridinha, benzinho **4** *fam* (*femme*) galinha, biscate

cocotte-minute® [kɔkɔtminyt] *nf* panela de pressão

cocu, -e [kɔky] *adj fam* cornudo, -da

code [kɔd] *nm* código: **le code civil** código civil
▶ *nm pl* **codes** luz *f* baixa (*carro*)
■ **code à barres** código de barras
■ **code de la route** código de trânsito
■ **code postal** código postal

codifier [12] [kɔdifje] *vt* codificar

coefficient [kɔefisjɑ̃] *nm* coeficiente

cœur [kœʀ] *nm* **1** (*gén*) coração **2** (*poitrine*) peito: **serrer quelqu'un contre son cœur** estreitar alguém contra o peito **3** *fig* (*courage*) coragem *f* **4** (*de laitue*) miolo
• **à cœur ouvert** (*opération*) a céu aberto (*franchement*) de coração aberto
• **aller droit au cœur** comover
• **au cœur de** no coração de
• **avoir le cœur gros** estar tristonho, -nha
• **avoir mal au cœur** estar com o estômago virado
• **de bon cœur** com muito gosto
• **par cœur** de cor
• **s'en donner a cœur joie** tirar a barriga da miséria
• **si le cœur vous en dit** se é isso o que você quer
• **soulever le cœur** virar o estômago

coexister [1] [kɔɛgziste] *vi* coexistir

coffre [kɔfʀ] *nm* **1** (*meuble*) baú, arca *f* **2** (*pour l'argent*) cofre **3** (*d'une voiture*) porta-malas

coffre-fort [kɔfʀəfɔʀ] *nm* (*pl* **coffres-forts**) cofre-forte

coffrer [1] [kɔfʀe] *vt* **1** (*bâtiment*) fazer cofragem **2** *fam* (*emprisonner*) pôr na cadeia, prender

coffret [kɔfʀɛ] *nm* (*boîte*) cofre, estojo
■ **coffret à bijoux** porta-joias

cognac [kɔɲak] *nm* conhaque

cogner [1] [kɔɲe] *vt* (*frapper*) bater, esbarrar
▶ *vi* **cogner (à) 1** (*porte*) bater em **2** (*frapper*) bater em, dar encontrão em, dar esbarrão em **3** (*un moteur*) bater pino
▶ *vpr* **se cogner** (*se heurter*) chocar-se

cohabitation [koabitasjɔ̃] *nf* coabitação

cohérence [kɔeʀɑ̃s] *nf* coerência

cohérent, -e [kɔeʀɑ̃, -ɑ̃t] *adj* coerente

cohésion [kɔezjɔ̃] *nf* coesão

cohue [kɔy] *nf* **1** (*foule*) multidão, povaréu *m* **2** (*désordre*) correria, corre-corre *m*

coi, coite [kwa, kwat] *adj* quieto, -ta, silencioso, -sa, calado, -da

coiffe [kwaf] *nf* 1 (*régionale*) coifa, touca 2 (*de religieuse*) touca

coiffer [1] [kwafe] *vt* 1 (*les cheveux*) pentear 2 (*la tête*) cobrir, pôr chapéu 3 (*être à la tête de*) encabeçar
▸ *vpr* **se coiffer** 1 (*les cheveux*) pentear-se 2 (*d'un chapeau*) cobrir-se, pôr chapéu

coiffeur, -euse [kwafœR, -øz] *nm,f* (*professionnel*) cabeleireiro, -ra

coiffeuse [kwaføz] *nf* (*meuble*) penteadeira

coiffure [kwafyR] *nf* 1 (*cheveux*) penteado *m* 2 (*couvre-chef*) chapéu *m*, boné *m*, boina etc.

coin [kwɛ̃] *nm* 1 (*angle*) esquina *f*, canto, quina *f* 2 (*rentrant*) ângulo reentrante, canto 3 (*endroit*) lugar, recanto 4 (*pour fendre le bois*) cunha *f* 5 (*poinçon*) cunho 6 (*de reliure*) cantoneira *f*
• **du coin de l'œil** com o rabo dos olhos
▪ **coin de la bouche** canto da boca
▪ **coin de l'œil** canto do olho

coincer [3] [kwɛ̃se] *vt* 1 (*immobiliser*) fixar, prender, travar 2 (*mettre en difficulté*) acuar, encurralar 3 (*avec un coin*) acunhar
▸ *vpr* **se coincer** (*se bloquer*) emperrar

coïncidence [kɔɛ̃sidɑ̃s] *nf* coincidência

coing [kwɛ̃] *nm* BOT marmelo

coït [kɔit] *nm* coito

coite [kwat] *adj-nf* → coi, coite

col [kɔl] *nm* 1 (*d'un vêtement*) colarinho, gola *f* 2 (*d'une montagne*) garganta *f*, desfiladeiro 3 (*d'une bouteille*) gargalo
▪ **col de l'utérus** ANAT colo do útero
▪ **col du fémur** ANAT colo do fêmur
▪ **col roulé** gola rulê

coléoptère [kɔleɔptɛR] *nm* coleóptero

colère [kɔlɛR] *nf* raiva, cólera, ira
• **être en colère** estar com raiva/estar nervoso, -sa
• **se mettre en colère** ficar com raiva/ficar nervoso, -sa

colimaçon [kɔlimasɔ̃] *nm* 1 ZOOL caracol 2 ANAT cóclea
• **en colimaçon** em espiral, em caracol

colin [kɔlɛ̃] *nm* ZOOL pescada

colin-maillard [kɔlɛ̃majaR] *nm* (*pl* **colin-maillards**) cabra-cega

colique [kɔlik] *nf* 1 MÉD cólica 2 *fam* diarreia, dor de barriga
▪ **colique néphrétique** cólica renal

colis [kɔli] *nm* pacote, volume, caixa
▪ **colis postal** colis postal

collaborateur, -trice [kɔlabɔRatœR, -tRis] *nm,f* colaborador, -ra

collaboration [kɔlabɔRasjɔ̃] *nf* colaboração

collaborer [1] [kɔlabɔRe] *vi* colaborar

collage [kɔlaʒ] *nm* 1 (*gén*) colagem *f*, ato de colar 2 (*du papier*) encolamento 3 (*tableau*) colagem *f*

collant, -e [kɔlɑ̃, -ɑ̃t] *adj* 1 (*qui colle*) colante, adesivo, -va, grudento, -ta 2 (*ajusté*) colante, justo, -ta 3 *fam* (*importun*) pegajoso, -sa, importuno, -na, grude
▸ *nm* **collant** (*vêtement*) meia-calça

collation [kɔlasjɔ̃] *nf* (*repas*) lanche *m*

colle [kɔl] *nf* 1 (*adhésif*) cola 2 *fam* (*à l'école*) castigo *m*
• **poser une colle** *fam* fazer uma pergunta difícil
▪ **colle de pâte** grude *m*, cola de farinha
▪ **colle forte** cola forte, cola de carpinteiro

collecte [kɔlɛkt] *nf* coleta

collecteur, -trice [kɔlɛktœR, -tRis] *nm,f* arrecadador, -ra, cobrador, -ra

collectif, -ive [kɔlɛktif, -iv] *adj* coletivo, -va
▸ *nm* **collectif** 1 GRAMM coletivo 2 (*équipe*) equipe *f*

collection [kɔlɛksjɔ̃] *nf* coleção

collectionner [1] [kɔlɛksjɔne] *vt* colecionar

collectionneur, -euse [kɔlɛksjɔnœR, -øz] *nm,f* colecionador, -ra

collectivité [kɔlɛktivite] *nf* coletividade
▪ **collectivités locales** administrações locais/circunscrições administrativas

collège [kɔlɛʒ] *nm* colégio
▪ **collège électoral** colégio eleitoral

collégial, -e [kɔleʒjal] *adj* colegial

collégien, -enne [kɔleʒjɛ̃, -ɛn] *nm,f* colegial

collègue [kɔlɛg] *nmf* colega

coller [1] [kɔle] *vt* **1** *(avec de la colle)* colar, grudar **2** *(approcher)* colar, encostar: *il a collé l'oreille contre la porte* encostou a orelha na porta **3** *fam (donner)* dar, aplicar, sentar: *il lui a collé une gifle* sentou-lhe uma bofetada **4** *fam (à un examen)* reprovar **5** *fam (punir)* castigar
▸ *vi* **1** *(adhérer)* colar, grudar, aderir **2** *(vêtement)* colar, ajustar-se

collet [kɔlɛ] *nm* **1** *(de vêtement)* colarinho **2** *(pour chasser)* laço **3** *(d'une dent)* colo
• **être collet monté** ser puritano, -na, careta
• **prendre au collet** pegar pelo colarinho

collier [kɔlje] *nm* **1** *(bijou)* colar **2** *(harnais)* coleira *f* **3** *(cercle métallique)* abraçadeira *f*, colar

colline [kɔlin] *nf* colina, morro *m*

collision [kɔlizjɔ̃] *nf* colisão

colloque [kɔlɔk] *nm* colóquio

colombe [kɔlɔ̃b] *nf* ZOOL pomba

Colombie [kɔlɔ̃bi] *nf* Colômbia

colombien, -enne [kɔlɔ̃bjɛ̃, -ɛn] *adj* colombiano, -na
▸ *nm,f* **Colombien, -enne** colombiano, -na

colombier [kɔlɔ̃bje] *nm* pombal

colon [kɔlɔ̃] *nm* colono

côlon [kolɔ̃] *nm* ANAT cólon

colonel [kɔlɔnɛl] *nm* coronel

colonial, -e [kɔlɔnjal] *adj* colonial

colonie [kɔlɔni] *nf* colônia
■ **colonie de vacances** colônia de férias

colonisation [kɔlɔnizasjɔ̃] *nf* colonização

coloniser [1] [kɔlɔnize] *vt* colonizar

colonne [kɔlɔn] *nf* **1** *(gén)* coluna **2** *fig (soutien)* esteio *m*, pilar *m*
■ **colonne vertébrale** ANAT coluna vertebral

colorant, -e [kɔlɔrɑ̃, -ɑ̃t] *adj-nm* corante

coloration [kɔlɔrasjɔ̃] *nf* coloração

colorer [1] [kɔlɔre] *vt* colorir

colorier [12] [kɔlɔrje] *vt* colorir, pintar

coloris [kɔlɔri] *nm* cor *f*, tom, tonalidade *f*

colossal, -e [kɔlɔsal] *adj* colossal

colporteur, -euse [kɔlpɔrtœr, -øz] *nm,f* **1** *(marchand)* vendedor, -ra ambulante, mascate **2** *fig (de nouvelles)* divulgador, -ra

coma [koma] *nm* MÉD coma

combat [kɔ̃ba] *nm* **1** MIL combate, luta *f* **2** *(lutte physique)* briga *f*

combatif, -ive [kɔ̃batif, -iv] *adj* combativo, -va

combattant, -e [kɔ̃batɑ̃, -ɑ̃t] *adj-nm* combatente
■ **ancien combattant** ex-combatente

combattre [64] [kɔ̃batr] *vt* lutar, combater: *combattre ses adversaires* lutar contra os adversários
▸ *vi* lutar, batalhar

combien [kɔ̃bjɛ̃] *adv* **1** *(gén)* quanto: *combien d'argent as-tu?* quanto dinheiro você tem?; *combien mesure la pièce?* quanto mede o aposento?; *combien ça coûte?* quanto custa? **2** *(à quel point)* como: *combien il est avare!* como é avarento!
▸ *nm inv (date, fréquence)* quantas, que dia: *le combien sommes-nous?* a quantas estamos?; *il vient tous les combien?* ele vem em quais dias?

combinaison [kɔ̃binɛzɔ̃] *nf* **1** *(assemblage)* combinação, composição **2** *(vêtement de travail)* macacão **3** *(sous-vêtement)* combinação

combine [kɔ̃bin] *nf (fam)* truque *m*, jeitinho *m*, macete *m*

combiné [kɔ̃bine] *nm* fone

combiner [1] [kɔ̃bine] *vt* combinar, compor

comble [kɔ̃bl] *adj (plein)* repleto, -ta, abarrotado, -da
▸ *nm* **1** *(mesure)* máximo **2** (geralmente no *pl*) *(d'un bâtiment)* forro **3** *fig (degré)* cúmulo, máximo, suprassumo
• **c'est un comble!** é o cúmulo!
• **de fond en comble** de cima abaixo, completamente
• **pour comble de malheur** para cúmulo da desgraça

combler [1] [kɔ̃ble] *vt* **1** *(vide, creux)* preencher, encher **2** *fig (satisfaire)* cumular, cobrir, encher

- **combler de bienfaits** cumular de favores

combustible [kɔ̃bystibl] *nm* combustível

combustion [kɔ̃bystjɔ̃] *nf* combustão

comédie [kɔmedi] *nf* comédia
- **jouer la comédie** *fig* fazer drama/fazer cena

comédien, -enne [kɔmedjɛ̃, -ɛn] *nm,f* ator, atriz

comestible [kɔmɛstibl] *adj* comestível
▸ *nm pl* **comestibles** comestíveis

comète [kɔmɛt] *nf* cometa *m*

comique [kɔmik] *adj* cômico, -ca
▸ *nm* **1** *(situation)* comicidade **2** *(acteur)* cômico, comediante

comité [kɔmite] *nm* comitê, comissão *f*
- **en petit comité** na intimidade/entre amigos
■ **comité d'entreprise** comitê de empresa

commandant [kɔmɑ̃dɑ̃] *nm* comandante

commande [kɔmɑ̃d] *nf* **1** *(de marchandises)* pedido *m*, encomenda **2** *(d'un mécanisme)* comando *m* **3** INFORM comando *m*
- **passer une commande** fazer um pedido/uma encomenda
- **sur commande** por encomenda

commandement [kɔmɑ̃dmɑ̃] *nm* **1** *(ordre)* comando, ordem *f* **2** *(pouvoir)* mando, comando, autoridade *f* **3** *(loi, précepte)* mandamento **4** *(d'un juge)* intimação *f*, citação *f*

commander [1] [kɔmɑ̃de] *vt* **1** *(ordonner)* mandar, ordenar **2** *(marchandises)* pedir, encomendar **3** *(respect)* exigir, impor **4** *(machine)* acionar, controlar
▸ *vi* **commander à** *(maîtriser)* dominar: *commander à ses passions* dominar as paixões
▸ *vpr* **se commander** *(sentiments, passions)* impor-se

commando [kɔmɑ̃do] *nm* comando, destacamento (grupo de combate)

comme [kɔm] *adv* **1** como: *il parle comme un perroquet* fala como um papagaio; *comme il s'ennuyait il rentra chez lui* como se entediou, voltou para casa; *blanc comme neige* branco como a neve **2** como, conforme: *ils se brouillèrent comme je l'espérais* brigaram, conforme eu previa **3** como que: *il était comme absent* ele estava como que ausente **4** *(indique le moment)* quando: *j'allais sortir comme il arriva* eu ia sair quando ele chegou
▸ *adv (admiration)* como!, quê!: *comme il est beau!* como é bonito!
- **comme ça** assim
- **comme ci, comme ça** regular/mais ou menos
- **être comme il faut** ser como se deve
- **tout comme** assim como/tal como

commémoration [kɔmemɔRasjɔ̃] *nf* comemoração

commémorer [1] [kɔmemɔRe] *vt* comemorar

commencement [kɔmɑ̃smɑ̃] *nm* começo, princípio, início

commencer [3] [kɔmɑ̃se] *vt-vi* começar, iniciar, principiar, dar início a

comment [kɔmɑ̃] *adv* **1** *(de quelle manière)* como: *comment es-tu arrivé?* como chegou aqui? **2** *(pourquoi)* como, por que: *comment s'est-il fâché?* por que ficou zangado?
▸ *interj (surprise, indignation)* como!
- **comment?** como?, o quê?
- **comment ça va?** como vai?
- **et comment!** e como!

commentaire [kɔmɑ̃tɛR] *nm* comentário
- **sans commentaires** sem comentários
■ **commentaire de texte** análise de texto

commentateur, trice [kɔmɑ̃tatœR, -tRis] *nm,f* **1** *(de textes)* comentador, -ra **2** *(à la radio, à la télévision)* comentarista

commenter [1] [kɔmɑ̃te] *vt* comentar

commerçant, -e [kɔmɛRsɑ̃, -ɑ̃t] *adj* comercial (senso, espírito)
▸ *nm,f* comerciante, negociante

commerce [kɔmɛRs] *nm* **1** *(gén)* comércio **2** *fml (comportement)* trato, comércio **3** *(établissement)* loja *f*, venda *f*, mercado etc.
■ **commerce électronique** comércio eletrônico

commercial, -e [kɔmɛRsjal] *adj* comercial

commercialisation [kɔmɛʀsjalizasjɔ̃] nf comercialização

commercialiser [1] [kɔmɛʀsjalize] vt comercializar

commère [kɔmɛʀ] nf comadre, fofoqueira, mexeriqueira

commettre [81] [kɔmɛtʀ] vt cometer: *commettre une erreur* cometer um erro

commis [kɔmi] nm 1 (*de magasin*) balconista 2 (*de bureau*) escriturário, -a
■ **commis voyageur** vendedor

commisération [kɔmizeʀasjɔ̃] nf comiseração

commissaire [kɔmisɛʀ] nm comissário, delegado

commissariat [kɔmisaʀja] nm 1 (*fonction*) comissariado 2 (*de police*) delegacia f

commission [kɔmisjɔ̃] nf 1 (*groupe de personnes, argent*) comissão 2 (*message*) recado m
▶ nf pl **commissions** compras
■ **commission rogatoire** carta rogatória

commissionnaire [kɔmisjɔnɛʀ] nm COMM corretor

commissure [kɔmisyʀ] nf comissura

commode [kɔmɔd] adj 1 (*d'usage*) cômodo, -da, prático, -ca 2 (*de caractère*) fácil, cordato, -ta
▶ nf (*meuble*) cômoda

commodité [kɔmɔdite] nf comodidade
• **à votre commodité** segundo sua preferência

commotion [kɔmosjɔ̃] nf comoção

commun, -e [kɔmœ̃, -yn] adj 1 (*qui appartient à tous*) comum: *des intérêts communs* interesses comuns 2 (*ordinaire*) comum, ordinário, -a, corriqueiro, -ra 3 (*répandu*) comum, frequente
▶ nm **commun** 1 (*la plupart*) comum: *le commun des mortels* o comum dos mortais 2 (*populace*) o povo
• **en commun** em comum

communal, -e [kɔmynal] adj (*de la commune*) municipal, comunal
▶ nm pl **communaux** (*biens*) terrenos comunais

communauté [kɔmynote] nf 1 (*gén*) comunidade 2 (*régime matrimonial*) comunhão de bens
■ **communauté de vues** comunhão de ideias

commune [kɔmyn] nf comuna

communicatif, -ive [kɔmynikatif, -iv] adj comunicativo, -va

communication [kɔmynikasjɔ̃] nf 1 (*gén*) comunicação 2 (*au téléphone*) ligação 3 (*de maladie*) transmissão, contágio m
• **être en communication avec qqn** estar falando com alguém (*pelo telefone*)

communier [12] [kɔmynje] vi REL comungar

communion [kɔmynjɔ̃] nf comunhão

communiqué [kɔmynike] nm comunicado, aviso, anúncio
■ **communiqué de presse** comunicado à imprensa

communiquer [2] [kɔmynike] vt comunicar, transmitir
▶ vi (*être en rapport*) comunicar-se

communisme [kɔmynism] nm comunismo

communiste [kɔmynist] adj-nmf comunista

commutateur [kɔmytatœʀ] nm comutador, interruptor

compact, -e [kɔ̃pakt] adj compacto, -ta
▶ nm **compact** disco compacto, compacto

compagne [kɔ̃paɲ] nf companheira

compagnie [kɔ̃paɲi] nf companhia
■ **compagnie aérienne** companhia aérea
■ **compagnie d'assurances** seguradora

compagnon [kɔ̃paɲɔ̃] nm 1 (*ami*) companheiro 2 (*artisan*) oficial

comparaison [kɔ̃paʀɛzɔ̃] nf comparação
• **en comparaison de** relativamente a, diante de
• **par comparaison à** em comparação com, comparativamente a

comparaître [82] [kɔ̃paʀɛtʀ] vi comparecer (perante um tribunal)

comparatif, -ive [kɔ̃paʀatif, -iv] adj comparativo, -va

comparer [1] [kɔ̃paʀe] vt comparar

comparse [kɔ̃paʀs] nmf comparsa

compartiment [kɔ̃paʀtimɑ̃] nm compartimento

compas [kɔ̃pa] nm compasso
• **avoir le compas dans l'œil** ter olho clínico

compassé, -e [kɔ̃pase] adj formal, cerimonioso, -sa

compassion [kɔ̃pasjɔ̃] nf compaixão

compatible [kɔ̃patibl] adj compatível

compatir [20] [kɔ̃patiʀ] vi **compatir (à)** compadecer-se (de), apiedar-se (de), condoer-se (de)

compatriote [kɔ̃patʀjɔt] nmf compatriota

compensation [kɔ̃pɑ̃sasjɔ̃] nf 1 (gén) compensação 2 (dédommagement) indenização, ressarcimento m, reparação

compenser [1] [kɔ̃pɑ̃se] vt 1 (gén) compensar 2 (dédommager) compensar, indenizar, ressarcir

compère [kɔ̃pɛʀ] nm 1 vieil (camarade) amigo, compadre 2 (complice) comparsa, cúmplice
• **compère loriot** terçol

compétence [kɔ̃petɑ̃s] nf 1 (aptitude) competência 2 (d'un tribunal) competência, alçada

compétent, -e [kɔ̃petɑ̃, -ɑ̃t] adj competente

compétitif, -ive [kɔ̃petitif, -iv] adj competitivo, -va

compétition [kɔ̃petisjɔ̃] nf competição

compiler [1] [kɔ̃pile] vt compilar

complaisance [kɔ̃plɛzɑ̃s] nf complacência, condescendência
• **de complaisance** de imitação, falso

complaisant, -e [kɔ̃plɛzɑ̃, -ɑ̃t] adj complacente, condescendente

complément [kɔ̃plemɑ̃] nm complemento

complet, -ète [kɔ̃plɛ, -ɛt] adj completo, -ta
▸ nm **complet** (costume) terno
• **au complet** totalmente, integralmente, por extenso
• **c'est complet!** só faltava isso!, era o que faltava!

compléter [10] [kɔ̃plete] vt completar

▸ vpr **se compléter** completar-se

complexe [kɔ̃plɛks] adj complexo, -xa
▸ nm complexo

complexé, -e [kɔ̃plɛkse] adj complexado, -da

complexion [kɔ̃plɛksjɔ̃] nf fml compleição, constituição física

complexité [kɔ̃plɛksite] nf complexidade

complication [kɔ̃plikasjɔ̃] nf complicação

complice [kɔ̃plis] adj-nmf cúmplice

complicité [kɔ̃plisite] nf cumplicidade

compliment [kɔ̃plimɑ̃] nm (parole élogieuse) cumprimento, elogio
▸ nm pl **compliments** (félicitations) parabéns, congratulações
• **présenter ses compliments** dar os parabéns

complimenter [1] [kɔ̃plimɑ̃te] vt parabenizar, felicitar, dar os parabéns

compliquer [2] [kɔ̃plike] vt complicar
▸ vpr **se compliquer** complicar-se

complot [kɔ̃plo] nm complô, conspiração f

comploter [1] [kɔ̃plɔte] vt (une intrigue) tramar, urdir
▸ vi conspirar

comportement [kɔ̃pɔʀtəmɑ̃] nm comportamento

comporter [1] [kɔ̃pɔʀte] vt 1 (inclure) incluir, encerrar, conter 2 (admettre) comportar, implicar: *cette situation comporte des avantages* esta situação comporta vantagens
▸ vpr **se comporter** (se conduire) comportar-se, portar-se

composant, -e [kɔ̃pozɑ̃, -ɑ̃t] adj componente, constituinte
▸ nf **composante** componente m
▸ nm **composant** elemento, componente

composé, -e [kɔ̃poze] adj composto, -ta
▸ nm **composé** composto

composer [1] [kɔ̃poze] vt 1 (former un tout) compor 2 (créer) compor, criar
▸ vi **composer avec** (céder) transigir com, entrar em acordo com: *il composa avec son rival* ele entrou em acordo com o rival

compositeur, -trice [kɔ̃pozitœʀ, -tʀis] *nm,f* compositor, -ra

composition [kɔ̃pozisjɔ̃] *nf* **1** (*gén*) composição **2** (*examen*) prova, exame *m*
- **être de bonne composition** ser cordato, -ta

compost [kɔ̃pɔst] *nm* adubo composto

composter [1] [kɔ̃pɔste] *vt* **1** (*billets*) perfurar, validar **2** (*la terre*) adubar com composto, fazer compostagem

compote [kɔ̃pɔt] *nf* compota
- **être en compote** *fam* estar em frangalhos

compréhensible [kɔ̃pʀeɑ̃sibl] *adj* compreensível

compréhension [kɔ̃pʀeɑ̃sjɔ̃] *nf* compreensão

comprendre [83] [kɔ̃pʀɑ̃dʀ] *vt* **1** (*renfermer*) compreender, conter, comportar: *l'étage comprend les six chambres* este andar contém os seis quartos **2** (*incorporer*) incluir: *prix tout compris* preços com tudo incluído **3** (*saisir*) compreender, entender

compresse [kɔ̃pʀɛs] *nf* compressa

compression [kɔ̃pʀesjɔ̃] *nf* **1** (*gén*) compressão **2** *fig* (*de personnel*) redução, corte *m* **3** *fig* (*du budget etc.*) contenção

comprimer [1] [kɔ̃pʀime] *vt* **1** (*réduire*) comprimir **2** *fig* (*réprimer*) conter, reprimir

compris, -e [kɔ̃pʀi, -iz] *adj* compreendido, -da, incluído, -da, incluso, -sa
- **non compris** não incluído, -da
- **y compris** inclusive

compromettant, -e [kɔ̃pʀɔmetɑ̃, -ɑ̃t] *adj* comprometedor, -ra

compromettre [81] [kɔ̃pʀɔmɛtʀ] *vt* comprometer: *compromettre sa santé* comprometer a saúde

compromis [kɔ̃pʀɔmi] *nm* composição *f*, acordo, conciliação *f*

comptabilité [kɔ̃tabilite] *nf* contabilidade

comptable [kɔ̃tabl] *adj* contábil
▶ *nm* contador
- **être comptable de** ser responsável por, dever contas de algo a alguém

comptant [kɔ̃tɑ̃] *adj* em espécie
- **au comptant** em dinheiro vivo, em espécie
- **payer comptant** pagar à vista

compte [kɔ̃t] *nm* **1** (*gén*) conta *f*, cômputo **2** *fig* (*profit*) proveito, vantagem *f*
- **à bon compte** barato, por bom preço
- **à ce compte** nesse caso, sendo assim
- **donner son compte à qqn** despedir alguém, dar as contas a alguém
- **pour le compte de** por conta de, em nome de
- **régler son compte à qqn** acertar, ajustar as contas com alguém
- **rendre compte** expor, explicar, relatar
- **rendre des comptes à qqn** prestar contas a alguém
- **se rendre compte** dar-se conta de, perceber
- **tenir compte de** levar em conta, tomar em consideração
- **travailler à son compte** trabalhar por conta própria
- **compte à rebours** contagem regressiva
- **compte courant** conta-corrente
- **compte d'épargne** caderneta de poupança

compte-gouttes [kɔ̃tgut] *nm inv* conta-gotas
- **au compte-gouttes** *fig* em doses homeopáticas, aos poucos

compter [1] [kɔ̃te] *vt* **1** (*gén*) contar, calcular **2** (*contenir*) conter, ter, comportar **3** (*comprendre*) compreender, comportar, englobar
▶ *vi* **1** (*calculer*) contar **2** (*se proposer*) contar, esperar, tencionar
- **à compter de** a partir de
- **compter avec** incluir, levar em conta
- **compter sur** contar com, confiar em
- **sans compter que** sem mencionar que

compte-rendu [kɔ̃tʀɑ̃dy] *nm* (*pl* comptes-rendus) **1** (*gén*) relatório **2** (*d'un livre, d'un spectacle*) resenha *f*

compteur [kɔ̃tœʀ] *nm* medidor (*taxímetro, hidrômetro etc.*)

comptine [kɔ̃tin] *nf* parlenda, cantiga infantil

comptoir [kɔ̃twaʀ] *nm* (*d'un magasin, d'un bar*) balcão

compulser [1] [kɔ̃pylse] *vt* compulsar, examinar

comte [kɔ̃t] *nm* conde

comté [kɔ̃te] *nm* condado

comtesse [kɔ̃tɛs] *nf* condessa

con, conne [kɔ̃, kɔn] *adj-nmf fam* imbecil, idiota, cretino, -na

concave [kɔ̃kav] *adj* côncavo, -va

concéder [10] [kɔ̃sede] *vt* 1 (*accorder*) conceder 2 (*admettre*) admitir, convir 3 (*but*) tomar, levar (gol)

concentration [kɔ̃sɑ̃tʀasjɔ̃] *nf* concentração

concentrer [1] [kɔ̃sɑ̃tʀe] *vt* concentrar
▶ *vpr* **se concentrer** concentrar-se

concentrique [kɔ̃sɑ̃tʀik] *adj* concêntrico, -ca

concept [kɔ̃sɛpt] *nm* conceito

conception [kɔ̃sɛpsjɔ̃] *nf* 1 (*notion*) concepção 2 (*élaboration*) design *m*, projeto *m*

■ **conception assistée par ordinateur** *design* auxiliado por computador, projeto computadorizado

concerner [1] [kɔ̃sɛʀne] *vt* concernir a, dizer respeito a
• **en ce qui me concerne** no que me diz respeito

concert [kɔ̃sɛʀ] *nm* 1 (*classique*) concerto 2 (*chanson*) show, audição *f*, concerto
• **de concert** de comum acordo

concerter [1] [kɔ̃sɛʀte] *vt* harmonizar, combinar
▶ *vpr* **se concerter** pôr-se de acordo, entender-se

concession [kɔ̃sesjɔ̃] *nf* concessão

concessionnaire [kɔ̃sesjɔnɛʀ] *adj-nmf* concessionário, -ria

concevable [kɔ̃səvabl] *adj* concebível

concevoir [42] [kɔ̃səvwaʀ] *vt* conceber

concierge [kɔ̃sjɛʀʒ] *nmf* 1 (*gén*) porteiro, -ra 2 (*gardien d'immeuble*) zelador, -ra 3 (*d'hôtel*) recepcionista

concile [kɔ̃sil] *nm* concílio

conciliabule [kɔ̃siljabyl] *nm* conciliábulo

conciliation [kɔ̃siljasjɔ̃] *nf* conciliação

concilier [12] [kɔ̃silje] *vt* conciliar

concis, -e [kɔ̃si, -iz] *adj* conciso, -sa

concision [kɔ̃sizjɔ̃] *nf* concisão

concitoyen, -enne [kɔ̃sitwajɛ̃, -ɛn] *nm,f* concidadão, -ã

concluant, -e [kɔ̃klyɑ̃, -ɑ̃t] *adj* concludente, conclusivo, -va

conclure [52] [kɔ̃klyʀ] *vt* 1 (*achever*) acabar, concluir, terminar 2 (*accord, affaire*) fazer, firmar, ajustar 3 (*conséquence*) concluir, tirar conclusão
▶ *vi* 1 (*donner ses conclusions*) depor, pronunciar-se (contra, a favor) 2 **conclure à** (*déduire*) chegar à conclusão de que, concluir que

conclusion [kɔ̃klyzjɔ̃] *nf* conclusão

concombre [kɔ̃kɔ̃bʀ] *nm* BOT pepino

concomitant, -e [kɔ̃kɔmitɑ̃, -ɑ̃t] *adj* concomitante, simultâneo, -a

concordance [kɔ̃kɔʀdɑ̃s] *nf* concordância

concorde [kɔ̃kɔʀd] *nf* concórdia

concorder [1] [kɔ̃kɔʀde] *vi* estar em concordância com, estar de acordo com (**à/avec**, com)

concourir [24] [kɔ̃kuʀiʀ] *vi* 1 (*contribuer*) contribuir (**à**, para) 2 (*être en concurrence*) concorrer, competir (**avec**, com) 3 (*passer un concours*) concorrer (**dans**, em) 4 MATH convergir (**en**, para)

concours [kɔ̃kuʀ] *nm* 1 (*épreuve*) concurso, competição *f* 2 (*examen*) concurso 3 (*aide*) ajuda *f*, participação *f*
■ **concours de circonstances** coincidência

concret, -ète [kɔ̃kʀɛ, -ɛt] *adj* concreto, -ta

concrétiser [1] [kɔ̃kʀetize] *vt* (*un concept*) concretizar
▶ *vpr* **se concrétiser** (*se matérialiser*) concretizar-se

concubin, -e [kɔ̃kybɛ̃] *adj-nm,f* concubino, -na

concubinage [kɔ̃kybinaʒ] *nm* concubinato

concupiscence [kɔ̃kypisɑ̃s] *nf* concupiscência

concurrence [kɔ̃kyʀɑ̃s] *nf* concorrência
• **faire concurrence à** fazer concorrência a
• **jusqu'à concurrence de** até, até o limite de

concurrent, -ente [kɔ̃kyrɑ̃, -ɑ̃t] *adj -nm,f* concorrente

condamnation [kɔ̃danasjɔ̃] *nf* condenação

condamner [1] [kɔ̃dane] *vt* **1** (*coupable*) condenar **2** (*blâmer*) condenar, reprovar, censurar **3** (*malade*) condenar, desenganar **4** (*porte*) fechar, interditar, vedar

condensation [kɔ̃dɑ̃sasjɔ̃] *nf* condensação

condenser [1] [kɔ̃dɑ̃se] *vt* condensar

condescendance [kɔ̃desɑ̃dɑ̃s] *nf* ar de superioridade, altivez

condescendre [62] [kɔ̃desɑ̃dʀ] *vi* condescender

condiment [kɔ̃dimɑ̃] *nm* condimento

condisciple [kɔ̃disipl] *nmf* condiscípulo, -la, colega

condition [kɔ̃disjɔ̃] *nf* **1** (*gén*) condição **2** (*forme physique*) condições *pl*, forma, estado *f*
• **à condition de** com a condição de
• **à condition que** + *subj* desde que, contanto que + *subj*
• **sans conditions** incondicionalmente

conditionnel, -elle [kɔ̃disjɔnɛl] *adj* condicional
▶ *nm* **conditionnel** condicional *m*, futuro do pretérito

conditionnement [kɔ̃disjɔnmɑ̃] *nm* **1** (*emballage*) acondicionamento, embalagem *f* **2** PSIC condicionamento

conditionner [1] [kɔ̃disjɔne] *vt* **1** (*fait*) condicionar, impor como condição **2** (*l'air*) condicionar **3** (*produit, marchandise*) acondicionar, embalar

condoléances [kɔ̃dɔleɑ̃s] *nf pl* condolências, pêsames *m*

conducteur, -trice [kɔ̃dyktœʀ, -tʀis] *adj* condutor, -ra
▶ *nm,f* **1** (*chauffeur*) motorista **2** (*d'une machine*) operador, -ra
▶ *nm* **conducteur** (*de la chaleur, de l'électricité*) condutor
■ **conducteur des travaux** mestre de obras

conduire [58] [kɔ̃dɥiʀ] *vt* **1** (*gén*) levar, conduzir: *rue qui conduit à la place* rua que leva à praça; *cette attitude ne conduit à rien* essa atitude não leva a nada **2** (*accompagner*) acompanhar, conduzir: *conduire les invités au jardin* acompanhar os convidados ao jardim **3** (*commander*) comandar, dirigir: *conduire une armée* comandar um exército **4** (*guiar*) dirigir: *conduire une voiture* dirigir um carro
▶ *vpr* **se conduire** (*se comporter*) comportar-se

conduit [kɔ̃dɥi] *nm* **1** (*gén*) tubo, tubulação *f* **2** ANAT ducto, canal

conduite [kɔ̃dɥit] *nf* **1** (*comportement*) conduta, comportamento *m* **2** (*de voiture*) direção **3** (*commandement*) direção, comando *m*

cône [kon] *nm* **1** (*forme*) cone **2** BOT pinha *f*

confection [kɔ̃fɛksjɔ̃] *nf* confecção

confectionner [1] [kɔ̃fɛksjɔne] *vt* confeccionar

confédération [kɔ̃federasjɔ̃] *nf* confederação

conférence [kɔ̃feʀɑ̃s] *nf* conferência
■ **conférence de presse** entrevista coletiva

conférencier, -ère [kɔ̃feʀɑ̃sje, -ɛʀ] *nm,f* conferencista

conférer [10] [kɔ̃feʀe] *vt* (*donner*) conferir, dar
▶ *vi* (*discuter*) conversar, conferenciar: *conférer avec ses employés* conversar com os empregados

confesser [1] [kɔ̃fese] *vt* confessar
▶ *vpr* **se confesser** confessar-se

confesseur [kɔ̃fesœʀ] *nm* confessor

confession [kɔ̃fesjɔ̃] *nf* confissão
• **entendre en confession** ouvir em confissão

confetti [kɔ̃feti] *nm* confete

confiance [kɔ̃fjɑ̃s] *nf* confiança
• **de confiance** de confiança
• **faire confiance à** confiar em

confiant, -e [kɔ̃fjɑ̃, -ɑ̃t] *adj* confiante

confidence [kɔ̃fidɑ̃s] *nf* confidência
• **en confidence** confidencialmente

confident, -e [kɔ̃fidɑ̃, -ɑ̃t] *nm,f* confidente

confidentiel, -elle [kɔ̃fidɑ̃sjɛl] *adj* confidencial

confier [12] [kɔ̃fje] *vt* **1** *(abandonner, laisser)* entregar **2** *(secret)* contar
▶ *vpr* **se confier** fazer confidências

configuration [kɔ̃figyRasjɔ̃] *nf* configuração

configurer [1] [kɔ̃figyRe] *vt* configurar

confins [kɔ̃fɛ̃] *nm pl* confins, fronteiras *f*
• **aux confins de** nos confins de, na fronteira de

confirmation [kɔ̃fiRmasjɔ̃] *nf* confirmação

confirmer [1] [kɔ̃fiRme] *vt* confirmar

confiserie [kɔ̃fizRi] *nf* **1** *(commerce)* confeitaria **2** *(friandise)* confeitos *m*, doces *m*

confisquer [2] [kɔ̃fiske] *vt* confiscar

confit, -e [kɔ̃fi, -it] *adj* **1** *(dans du sucre)* confeitado, -da, cristalizado, -da **2** *(dans du vinaigre)* em conserva de vinagre, picles **3** *(dans de la graisse)* em conserva de banha
▶ *nm* **confit** carne em conserva
■ **confit de canard** pato em conserva

confiture [kɔ̃fityR] *nf* geleia, doce *m*

conflit [kɔ̃fli] *nm* conflito
■ **conflit d'intérêts** conflito de interesses

confluent [kɔ̃flyɑ̃] *nm* confluência *f*

confondre [63] [kɔ̃fɔ̃dR] *vt* **1** *(mêler)* confundir **2** *(démasquer)* desmascarar
▶ *vpr* **se confondre 1** *(être embrouillé)* confundir-se **2** *(formes, couleurs)* fundir-se
• **se confondre en excuses** *fml* desmanchar-se em desculpas

conforme [kɔ̃fɔRm] *adj* conforme a, condizente com

conformément [kɔ̃fɔRmemɑ̃] *adv* em conformidade com

conformer [1] [kɔ̃fɔRme] *vt (adapter)* adaptar, adequar
▶ *vpr* **se conformer** *(s'accommoder)* conformar-se (à, a)

conformiste [kɔ̃fɔRmist] *adj-nmf* conformista

conformité [kɔ̃fɔRmite] *nf* conformidade

confort [kɔ̃fɔR] *nm (bien-être)* conforto
• **tout confort** conforto total

confortable [kɔ̃fɔRtabl] *adj* confortável

confrère [kɔ̃fRɛR] *nm* **1** *(d'une confrérie)* confrade *f* **2** *(de profession)* colega

confronter [1] [kɔ̃fRɔ̃te] *vt* **1** *(comparer)* confrontar, comparar **2** *(témoins, accusés)* acarear

confus, -e [kɔ̃fy, -yz] *adj* confuso, -sa
• **être confus de qqch** estar envergonhado/constrangido com algo

confusion [kɔ̃fyzjɔ̃] *nf* **1** *(méprise; désordre)* confusão **2** *(honte)* constrangimento *m*, acanhamento *m*

congé [kɔ̃ʒe] *nm* **1** *(autorisation)* licença *f* **2** *(vacances)* férias *f pl* **3** *(de courte durée)* feriado, folga *f*
• **donner congé** despedir
• **prendre congé** *fml* despedir-se
■ **congé de maladie** licença de saúde
■ **congé de maternité** licença-maternidade
■ **congés payés** férias remuneradas

congédier [12] [kɔ̃ʒedje] *vt* despedir

congélateur [kɔ̃ʒelatœR] *nm* congelador

congélation [kɔ̃ʒelasjɔ̃] *nf* congelamento *m*

congeler [9] [kɔ̃ʒle] *vt* congelar
▶ *vpr* **se congeler** congelar-se

congénital, -e [kɔ̃ʒenital] *adj* congênito, -ta

congestion [kɔ̃ʒɛstjɔ̃] *nf* MÉD congestão

congestionner [1] [kɔ̃ʒɛstjɔne] *vt* congestionar

conglomérat [kɔ̃glɔmeRa] *nm* conglomerado

congrégation [kɔ̃gRegasjɔ̃] *nf* congregação

congrès [kɔ̃gRɛ] *nm* congresso

congressiste [kɔ̃gResist] *nmf* congressista

conifère [kɔnifɛR] *nm* BOT conífera *f*

conique [kɔnik] *adj* cônico, -ca

conjecture [kɔ̃ʒɛktyR] *nf* conjectura

conjoint, -e [kɔ̃ʒwɛ̃, -ɛ̃t] *adj* conjunto, -ta, unido, -da
▶ *nm,f* cônjuge

conjonctif, -ive [kɔ̃ʒɔ̃ktif, -iv] *adj* conjuntivo, -va

conjonction [kɔ̃ʒɔ̃ksjɔ̃] *nf* **1** (*gén*) conjunção, união **2** GRAMM conjunção

conjonctivite [kɔ̃ʒɔ̃ktivit] *nf* MÉD conjuntivite *f*

conjoncture [kɔ̃ʒɔ̃ktyʀ] *nf* conjuntura

conjugaison [kɔ̃ʒygɛsɔ̃] *nf* conjugação

conjugal, -e [kɔ̃ʒygal] *adj* conjugal

conjuguer [2] [kɔ̃ʒyge] *vt* conjugar

conjuration [kɔ̃ʒyʀasjɔ̃] *nf* **1** (*politique*) conspiração, conjuração **2** (*magique*) conjuro *m*, esconjuro *m*, exorcismo *m*

conjurer [1] [kɔ̃ʒyʀe] *vt* **1** (*gén*) conspirar, conjurar **2** (*implorer*) suplicar, implorar
▸ *vpr* **se conjurer** *fml* (*s'unir*) aliar-se, mancomunar-se

connaissance [kɔnɛsɑ̃s] *nf* **1** (*savoir*) conhecimento *m* **2** (*société*) conhecido, -da
• **à ma connaissance** pelo que sei
• **faire connaissance de** ficar conhecendo, travar conhecimento com
• **perdre connaissance** perder os sentidos
• **prendre connaissance de** tomar conhecimento de, inteirar-se de
• **reprendre connaissance** recobrar os sentidos

connaisseur, -euse [kɔnɛsœʀ, -øz] *adj-nm,f* conhecedor, -ra, entendido, -da

connaître [82] [kɔnɛtʀ] *vt* conhecer, saber
▸ *vpr* **se connaître** conhecer-se
• **se faire connaître** dar-se a conhecer
• **s'y connaître en** ser versado em, entender de

connecter [1] [kɔnɛkte] *vt* conectar

connexe [kɔnɛks] *adj* conexo, -xa

connexion [kɔnɛksjɔ̃] *nf* conexão

connivence [kɔnivɑ̃s] *nf* conivência

connu, -e [kɔny] *adj* **1** (*gén*) conhecido, -da **2** (*bien su*) sabido, -da, notório, -a

conquérant, -e [kɔ̃keʀɑ̃, -ɑ̃t] *adj-nm,f* conquistador, -ra

conquérir [34] [kɔ̃keʀiʀ] *vt* conquistar

conquête [kɔ̃kɛt] *nf* conquista

conquis, -e [kɔ̃ki, -iz] *adj* conquistado, -da

consacrer [1] [kɔ̃sakʀe] *vt* **1** REL consagrar **2** (*employer*) dedicar
▸ *vpr* **se consacrer** dedicar-se (**à**, a)

consanguin, -e [kɔ̃sɑ̃gɛ̃, -in] *adj* sanguíneo, -a

conscience [kɔ̃sjɑ̃s] *nf* consciência
■ **conscience professionnelle** profissionalismo *m*

consciencieux, -euse [kɔ̃sjɑ̃sjø, -øz] *adj* conscencioso, -sa

conscient, -e [kɔ̃sjɑ̃, -ɑ̃t] *adj* consciente

conscription [kɔ̃skʀipsjɔ̃] *nf* convocação, recrutamento *m*

conscrit [kɔ̃skʀi] *nm* recruta

consécration [kɔ̃sekʀasjɔ̃] *nf* consagração

consécutif, -ive [kɔ̃sekytif, -iv] *adj* (*qui se suit*) consecutivo, -va
• **consécutif, -ive à** resultante/consequente de

conseil [kɔ̃sɛl] *nm* **1** (*gén*) conselho **2** (*personne*) conselheiro, -ra, consultor, -ra
• **être de bon conseil** ser bom conselheiro
■ **conseil d'administration** conselho de administração
■ **conseil des ministres** conselho de ministros
■ **conseil municipal** câmara *f* municipal

conseiller[1] [1] [kɔ̃seje] *vt* aconselhar

conseiller, -ère[2] [kɔ̃seje, -ɛʀ] *nm,f* conselheiro, -ra
■ **conseiller, -ère municipal, -e** vereador, -ra

consensus [kɔ̃sɑ̃sys] *nm* consenso

consentement [kɔ̃sɑ̃tmɑ̃] *nm* consentimento, permissão *f*

consentir [28] [kɔ̃sɑ̃tiʀ] *vi* consentir (**à**, em)

conséquence [kɔ̃sekɑ̃s] *nf* consequência
• **en conséquence** consequentemente

conséquent, -e [kɔ̃sekɑ̃, -ɑ̃t] *adj* **1** (*personne, raisonnement etc.*) consequente, coerente, lógico, -ca **2** *fam* (*important*) considerável
• **par conséquent** por conseguinte, consequentemente

conservateur, -trice [kɔ̃sɛʀvatœʀ, -tʀis] *adj-nm,f* conservador, -ra

conservation [kɔ̃sɛʀvasjɔ̃] *nf* conservação

conservatoire [kɔ̃sɛʀvatwaʀ] *nm* conservatório

conserve [kɔ̃sɛʀv] *nf* conserva

conserver [1] [kɔ̃sɛʀve] *vt* conservar, manter
▶ *vpr* **se conserver** conservar-se, manter-se

considérable [kɔ̃siderabl] *adj* considerável

considération [kɔ̃siderasjɔ̃] *nf* consideração
• **prendre en considération** considerar, levar em consideração

considérer [10] [kɔ̃sidere] *vt* **1** (*examiner*) considerar, examinar **2** (*estimer*) considerar, estimar: *ses amis le considéraient beaucoup* os amigos o consideravam muito

consigne [kɔ̃siɲ] *nf* **1** (geralmente no pl) (*instruction*) instrução, ordem **2** (*pour les bagages*) guarda-volumes *m* **3** (*d'argent*) depósito *m*

consigner [1] [kɔ̃siɲe] *vt* **1** (*noter*) consignar, registrar **2** (*bagages*) depositar em guarda-volumes **3** (*élève, soldat*) ficar preso em quartel

consistance [kɔ̃sistɑ̃s] *nf* consistência

consistant, -e [kɔ̃sistɑ̃, -ɑ̃t] *adj* consistente

consister [1] [kɔ̃siste] *vi* consistir

consœur [kɔ̃sœʀ] *nf* colega

consolateur, -trice [kɔ̃sɔlatœʀ, -tʀis] *adj-nm,f* consolador, -ra, confortador, -ra

consolation [kɔ̃sɔlasjɔ̃] *nf* consolação, consolo *m*, alívio *m*, conforto *m*

console [kɔ̃sɔl] *nf* **1** (*meuble*) console *m* **2** (*d'un bâtiment*) mísula *f*, consola *f*
■ **console de jeux** videogame

consoler [1] [kɔ̃sɔle] *vt* consolar, confortar
▶ *vpr* **se consoler** consolar-se

consolider [1] [kɔ̃sɔlide] *vt* consolidar

consommateur, -trice [kɔ̃sɔmatœʀ, -tʀis] *nm,f* consumidor, -ra

consommation [kɔ̃sɔmasjɔ̃] *nf* **1** (*d'aliments, de combustible etc.*) consumo *m* **2** (*dans un café etc.*) consumação **3** (*d'un fait*) consumação

consommé, -e [kɔ̃sɔme] *adj* consumado, -da, acabado, -da
▶ *nm* **consommé** *consommé*, consomê

consommer [1] [kɔ̃sɔme] *vt* **1** (*gén*) consumir **2** *fml* (*achever*) consumar

consonance [kɔ̃sɔnɑ̃s] *nf* consonância

consonne [kɔ̃sɔn] *nf* consoante

consort [kɔ̃sɔʀ] *adj-nmf* consorte, cônjuge

conspiration [kɔ̃spiʀasjɔ̃] *nf* conspiração

conspirer [1] [kɔ̃spiʀe] *vt-vi* conspirar

conspuer [1] [kɔ̃spɥe] *vt* vaiar, apupar

constamment [kɔ̃stamɑ̃] *adv* constantemente

constance [kɔ̃stɑ̃s] *nf* constância

constant, -e [kɔ̃stɑ̃, -ɑ̃t] *adj* constante

constante [kɔ̃stɑ̃t] *nf* MATH constante

constat [kɔ̃sta] *nm* **1** (*procès-verbal*) ≅ boletim de ocorrência **2** (*analyse*) constatação
• **faire un constat** ≅ preencher um boletim de ocorrência

constatation [kɔ̃statasjɔ̃] *nf* **1** (*action de constater*) constatação **2** (*preuve*) comprovante *m*, certidão, certificado *m*

constater [1] [kɔ̃state] *vt* **1** (*vérifier; prendre connaissance*) constatar **2** (*par écrit*) atestar, fazer constar, certificar, avaliar

constellation [kɔ̃stelasjɔ̃] *nf* constelação

consternation [kɔ̃stɛʀnasjɔ̃] *nf* consternação

consterner [1] [kɔ̃stɛʀne] *vt* consternar

constipation [kɔ̃stipasjɔ̃] *nf* constipação, prisão de ventre

constipé, -e [kɔ̃stipe] *adj* constipado, -da, com prisão de ventre

constituant, -e [kɔ̃stitɥɑ̃, -ɑ̃t] *adj* constituinte, constitutivo, -va
▶ *adj-nm,f* constituinte

constituer [1] [kɔ̃stitɥe] *vt* **1** (*gén*) constituir **2** (*une somme*) fixar, estabelecer
▶ *vpr* **se constituer** constituir-se

constitution [kɔ̃stitysjɔ̃] *nf* constituição

constitutionnel, -elle [kɔ̃stitysjɔnɛl] *adj* constitucional

constructeur, -trice [kɔ̃stʀyktœʀ, -tʀis] *adj-nm,f* construtor, -ra

construction [kɔ̃stʀyksjɔ̃] *nf* construção

construire [58] [kɔ̃stʀɥiʀ] *vt* construir

consul [kɔ̃syl] *nm* cônsul

consulaire [kɔ̃sylɛʀ] *adj* consular

consulat [kɔ̃syla] *nm* consulado

consultation [kɔ̃syltasjɔ̃] *nf* consulta

consulter [1] [kɔ̃sylte] *vt* consultar
▶ *vi* **1** *(le médecin, avec un confrère)* reunir-se em junta **2** *(le médecin ou l'avocat)* dar consulta, atender

consumer [1] [kɔ̃syme] *vt* consumir
▶ *vpr* **se consumer** consumir-se

contact [kɔ̃takt] *nm* contato
• **être en contact avec qqn** estar em contato com alguém
• **mettre le contact** ligar (eletricidade, carro)

contacter [1] [kɔ̃takte] *vt* entrar em contato, contatar

contagieux, -euse [kɔ̃taʒjø, -øz] *adj* contagioso, -sa

contagion [kɔ̃taʒjɔ̃] *nf* contágio *m*

container [kɔ̃tenɛʀ] *nm* contêiner

contamination [kɔ̃taminasjɔ̃] *nf* contaminação

contaminer [1] [kɔ̃tamine] *vt* contaminar

conte [kɔ̃t] *nm* conto

contemplation [kɔ̃tɑ̃plasjɔ̃] *nf* contemplação

contempler [1] [kɔ̃tɑ̃ple] *vt* contemplar

contemporain, -e [kɔ̃tɑ̃pɔʀɛ̃, -ɛn] *adj- nm,f* contemporâneo, -a

contenance [kɔ̃tnɑ̃s] *nf* **1** *(d'un récipient)* capacidade, volume *m* **2** *(attitude)* porte *m*, atitude, compostura **3** *(d'une superficie)* área
• **perdre contenance** ficar sem jeito, ficar desconcertado

contenant [kɔ̃tnɑ̃] *nm* recipiente

conteneur [kɔtənœʀ] *nm* contêiner

contenir [35] [kɔ̃tniʀ] *vt* conter
▶ *vpr* **se contenir** *fig* conter-se

content, -e [kɔ̃tɑ̃, -ɑ̃t] *adj* contente

• **avoir son content de qqch** saciar-se com algo
• **être content de soi** estar satisfeito, -ta consigo

contentement [kɔ̃tɑ̃tmɑ̃] *nm* contentamento

contenter [1] [kɔ̃tɑ̃te] *vt* contentar
▶ *vpr* **se contenter 1** *(s'accommoder de)* contentar-se, satisfazer-se (**de**, com) **2** *(se borner à)* limitar-se (**de**, a)

contenu [kɔ̃tny] *nm* conteúdo

conter [1] [kɔ̃te] *vt* contar, narrar, relatar
• **en conter à qqn** *fam* enganar, iludir alguém
• **en conter de belles** *fam* contar coisas incríveis
• **s'en laisser conter** *fam* deixar-se enganar, dar ouvidos

contestation [kɔ̃tɛstasjɔ̃] *nf* **1** *(conflit)* contestação **2** *(débat)* controvérsia, debate *m*
• **mettre en contestation** contestar, pôr em dúvida

contester [1] [kɔ̃tɛste] *vt* **1** *(refuser)* contestar **2** *(mettre en question)* questionar

conteur, -euse [kɔ̃tœʀ, -øz] *nm,f* **1** *(persone qui conte)* contador, -ra, narrador, -ra **2** *(auteur)* contista

contexte [kɔ̃tɛkst] *nm* contexto

contigu, -uë [kɔ̃tigy] *adj* contíguo, -a

continence [kɔ̃tinɑ̃s] *nf* continência, abstinência, sobriedade

continent [kɔ̃tinɑ̃] *nm* continente

contingence [kɔ̃tɛ̃ʒɑ̃s] *nf* contingência

contingent [kɔ̃tɛ̃ʒɑ̃] *nm* contingente

continu, -e [kɔ̃tiny] *adj* contínuo, -a

continuation [kɔ̃tinɥasjɔ̃] *nf* continuação
• **bonne continuation!** bom trabalho!, vá em frente!

continuel, -elle [kɔ̃tinɥɛl] *adj* contínuo, -a

continuer [1] [kɔ̃tinɥe] *vt* continuar, prosseguir
▶ *vi* continuar: *elle continue à étudier* ela continua estudando

continuité [kɔ̃tinɥite] *nf* continuidade

contondant, -e [kɔ̃tɔ̃dɑ̃, -ɑ̃t] *adj* contundente

contour [kɔ̃tuʀ] *nm* contorno, perfil

contourner [1] [kɔ̃tuʀne] *vt* **1** *(faire le tour)* contornar **2** *fig (difficulté)* evitar, esquivar-se de

contraceptif, -ive [kɔ̃tʀasɛptif] *adj* contraceptivo, -va, anticoncepcional
▸ *nm* **contraceptif** contraceptivo, anticoncepcional

contraception [kɔ̃tʀasɛpsjɔ̃] *nf* contracepção

contracté, -e [kɔ̃tʀakte] *adj* contraído, -da, crispado, -da, tenso, -sa

contracter [1] [kɔ̃tʀakte] *vt* contrair
▸ *vpr* **se contracter** contrair-se

contraction [kɔ̃tʀaksjɔ̃] *nf* contração

contractuel, -elle [kɔ̃tʀaktɥɛl] *adj* contratual

contradiction [kɔ̃tʀadiksjɔ̃] *nf* contradição

contradictoire [kɔ̃tʀadiktwaʀ] *adj* contraditório, -a

contraignant, -e [kɔ̃tʀɛɲɑ̃, -ɑ̃t] *adj* **1** *(gén)* constrangedor, -ra **2** restritivo, -va: *il a des horaires très contraignants* ele tem horários muito restritivos

contraindre [75] [kɔ̃tʀɛ̃dʀ] *vt* **1** *(obliger)* obrigar, forçar (*qqn à qc*, alguém a algo) **2** DR constranger, coagir

contraint, -e [kɔ̃tʀɛ̃, -ɛ̃t] *adj* **1** *(forcé)* forçado, -da, obrigado, -da, coagido, -da constrangido, -da **2** *(artificiel)* forçado, -da, artificial

contrainte [kɔ̃tʀɛ̃t] *nf* **1** *(devoir)* obrigação **2** *(coercition)* coerção, injunção, pressão **3** *(gêne)* constrangimento *m*

contraire [kɔ̃tʀɛʀ] *adj* contrário, -a
▸ *nm* **le contraire** o contrário, o inverso
• **au contraire** ao contrário

contrairement [kɔ̃tʀɛʀmɑ̃] *adv* contrariamente (**à**, a)

contrarier [12] [kɔ̃tʀaʀje] *vt* **1** *(contrecarrer)* impedir, opor-se a **2** *(blesser)* contrariar, desgostar

contrariété [kɔ̃tʀaʀjete] *nf* contrariedade

contraste [kɔ̃tʀast] *nm* contraste

contraster [1] [kɔ̃tʀaste] *vi* contrastar

contrat [kɔ̃tʀa] *nm* contrato
■ **contrat à durée déterminée** contrato por prazo determinado
■ **contrat à durée indéterminée** contrato por prazo indeterminado

contravention [kɔ̃tʀavɑ̃sjɔ̃] *nf* **1** *(amende)* multa de trânsito **2** *(infration)* contravenção, infração
• **dresser une contravention** aplicar multa, multar

contre [kɔ̃tʀ] *prép* **1** *(gén)* contra: *pousse le lit contre le mur* empurre a cama contra a parede **2** *(opposition)* contra, com: *il est en colère contre moi* ele está nervoso comigo; *nous y sommes allés contre notre volonté* fomos lá contra a vontade **3** *(protection)* contra, para: *j'ai pris une assurance contre les catastrophes naturelles* fiz um seguro contra catástrofes naturais; *tu as pris tes médicaments contre l'hypertension?* você tomou os remédios para a hipertensão? **4** *(échange)* por, contra: *elle a échangé sa jupe contre un pull* ela trocou a saia por um pulôver; *envoi contre remboursement* remessa contra reembolso
▸ *adv* contra: *je suis pour et il est contre* sou a favor e ele é contra
▸ *nm* contra: *le pour et le contre* o pró e o contra/os prós e os contras
• **par contre** em compensação/em contrapartida
• **tout contre** pertinho, bem perto

contre-attaque [kɔ̃tʀatak] *nf* (*pl* **contre-attaques**) contra-ataque

contrebalancer [3] [kɔ̃tʀəbalɑ̃se] *vt* contrabalançar, compensar

contrebande [kɔ̃tʀəbɑ̃d] *nf* contrabando *m*

contrebandier, -ère [kɔ̃tʀəbɑ̃dje, -ɛʀ] *nm,f* contrabandista

contrebasse [kɔ̃tʀəbas] *nf* contrabaixo *m*

contrecarrer [1] [kɔ̃tʀəkaʀe] *vt* contrariar, frustrar, impedir

contrecœur [kɔ̃tʀəkœʀ] *nm loc* **à contrecœur** a contragosto, contra a vontade

contrecoup [kɔ̃tʀəku] *nm* **1** contragolpe, reação *f* **2** *fig* repercussão *f*, efeito, reação *f*

contre-courant [kɔ̃tʀəkuʀɑ̃] *nm loc* **à contre-courant** na contracorrente

contredire [55] [kɔ̃tʀədiʀ] *vt* contradizer, desmentir

▶ *vpr* **se contredire** contradizer-se, desmentir-se

contrée [kɔ̃tʀe] *nf* região

contre-expertise [kɔ̃tʀekspɛʀtiz] *nf* (*pl* **contre-expertises**) segunda vistoria, contraprova

contrefaçon [kɔ̃tʀəfasɔ̃] *nf* falsificação, contrafação

contrefaire [85] [kɔ̃tʀəfɛʀ] *vt* **1** (*manies, attitude*) imitar, arremedar **2** (*monnaie, signature*) falsificar

contrefort [kɔ̃tʀəfɔʀ] *nm* ARCHIT contraforte

contre-indication [kɔ̃tʀɛ̃dikasjɔ̃] *nf* (*pl* **contre-indications**) contraindicação

contre-jour [kɔ̃tʀəʒuʀ] *nm* (*pl* **contre-jours**) contraluz *f*

contremaître, -esse [kɔ̃tʀəmɛtʀ, -ɛs] *nm,f* contramestre, -tra

contre-offensive [kɔ̃tʀɔfɛ̃siv] *nf* (*pl* **contre-offensives**) contraofensiva

contrepartie [kɔ̃tʀəpaʀti] *nf* contrapartida
• **en contrepartie** em contrapartida

contre-performance [kɔ̃tʀəpɛʀfɔʀmɑ̃s] *nf* (*pl* **contre-performances**) mau desempenho *m*, mau resultado *m*

contre-pied [kɔ̃tʀəpje] *nm* (*pl* **contre-pieds**) **1** direção *f* contrária **2** SPORT contrapé
• **prendre le contre-pied de qqch** opor-se/contrapor-se a algo

contreplaqué [kɔ̃tʀəplake] *nm* compensado (de madeira)

contrepoids [kɔ̃tʀəpwa] *nm* contrapeso

contrer [1] [kɔ̃tʀe] *vt* **1** (*s'opposer*) opor-se a **2** (*au bridge, à la manille*) dobrar

contresens [kɔ̃tʀəsɑ̃s] *nm* **1** (*sens inverse*) sentido contrário **2** (*erreur*) interpretação *f* errônea, erro **3** (*absurdité*) contrassenso
• **à contresens** em sentido inverso/na contramão

contretemps [kɔ̃tʀətɑ̃] *nm* contratempo
• **à contretemps** MUS (*procédé rythmique*) no contratempo (*en décalage*) fora do tempo (*fig*) em má hora, em momento inoportuno

contrevenant, -e [kɔ̃tʀəvnɑ̃, -ɑ̃t] *nm,f* contraventor, -ra

contrevenir [1] [kɔ̃tʀəvniʀ] *vi* infringir, transgredir (à, -)

contribuable [kɔ̃tʀibɥabl] *nmf* contribuinte

contribuer [1] [kɔ̃tʀibɥe] *vi* contribuir

contribution [kɔ̃tʀibysjɔ̃] *nf* **1** (*d'argent*) contribuição, cota **2** (*impôt*) taxa *m*, imposto *m*, contribuição **3** (*aide*) contribuição, ajuda, colaboração

contrit, -e [kɔ̃tʀi, -it] *adj* arrependido, -da, pesaroso, -sa, contrito, -ta

contrôle [kɔ̃tʀol] *nm* controle
■ **contrôle des naissances** controle de natalidade

contrôler [1] [kɔ̃tʀole] *vt* **1** (*gén*) controlar **2** (*vérifier*) verificar, fiscalizar

contrôleur, -euse [kɔ̃tʀolœʀ, -øz] *nm,f* **1** (*gén*) controlador, -ra **2** (*de train, autobus*) fiscal
■ **contrôleur aérien** controlador de voo

contrordre [kɔ̃tʀɔʀdʀ] *nm* contraordem *f*, segunda ordem *f*

controverse [kɔ̃tʀɔvɛʀs] *nf* controvérsia

contusion [kɔ̃tyzjɔ̃] *nf* contusão

convaincant, -e [kɔ̃vɛ̃kɑ̃, -ɑ̃t] *adj* convincente

convaincre [65] [kɔ̃vɛ̃kʀ] *vt* convencer, persuadir
• **convaincre qqn de vol, de crime etc.** DR considerar alguém culpado de roubo, de um crime etc.

convaincu, -e [kɔ̃vɛ̃ky] *adj* convicto, -ta
• **convaincu de vol, de crime etc.** considerado culpado de roubo, crime etc.

convalescence [kɔ̃valesɑ̃s] *nf* convalescença

convalescent [kɔ̃valesɑ̃, -ɑ̃t] *adj-nmf* convalescente

convenable [kɔ̃vnabl] *adj* **1** (*approprié*) conveniente, adequado, -da **2** (*salaire, prix*) razoável, aceitável, decente

convenir [35] [kɔ̃vniʀ] *vi* **1 convenir de** (*s'entendre*) combinar, entrar em acordo sobre, acertar **2 convenir à** (*correspondre*) convir a, ser conveniente a
• **il convient de + inf** convém + *inf*, é conveniente + *inf*

convention [kɔ̃vɑ̃sjɔ̃] *nf* **1** (*accord*) acordo *m*, convenção **2** (*assemblée*) convenção
▶ *nf pl* **conventions** convenções

conventionnel, -elle [kɔ̃vɑ̃sjɔnɛl] *adj* convencional

convenu, -e [kɔ̃vny] *adj* combinado, -da, acertado, -da, convencionado, -da
• **comme convenu** conforme combinado

converger [4] [kɔ̃vɛʀʒe] *vi* convergir

conversation [kɔ̃vɛʀsasjɔ̃] *nf* conversa, conversação

converser [1] [kɔ̃vɛʀse] *vi* conversar

conversion [kɔ̃vɛʀsjɔ̃] *nf* conversão

convertible [kɔ̃vɛʀtibl] *adj* conversível, transformável
▶ *nm* sofá-cama

convertir [20] [kɔ̃vɛʀtiʀ] *vt* converter, transformar (**à**, em)
▶ *vpr* **se convertir 1** (*religion, opinion etc.*) converter-se (**à**, a) **2** (*se transformer*) transformar-se, converter-se (**à**, em)

convexe [kɔ̃vɛks] *adj* convexo, -xa

conviction [kɔ̃viksjɔ̃] *nf* convicção

convier [12] [kɔ̃vje] *vt* **1** (*faire venir*) convidar **2** (*inciter*) incitar, induzir

convivial, -e [kɔ̃vivjal] *adj* **1** (*réunion*) de confraternização **2** INFORM (*interface*) amigável, fácil de usar

convocation [kɔ̃vɔkasjɔ̃] *nf* convocação

convoi [kɔ̃vwa] *nm* **1** (*de train, de véhicules*) comboio **2** (*funèbre*) cortejo

convoiter [1] [kɔ̃vwate] *vt* cobiçar, ambicionar, desejar

convoitise [kɔ̃vwatiz] *nf* cobiça, ambição

convoquer [2] [kɔ̃vɔke] *vt* convocar

convoyer [16] [kɔ̃vwaje] *vt* comboiar, escoltar

convulsion [kɔ̃vylsjɔ̃] *nf* convulsão

coopération [kɔɔpeʀasjɔ̃] *nf* cooperação

coopérer [10] [kɔɔpeʀe] *vi* cooperar

coordination [kɔɔʀdinasjɔ̃] *nf* coordenação

coordonné, -e [kɔɔʀdɔne] *adj* coordenado, -da

coordonnée [kɔɔʀdɔne] *nf* coordenada
▶ *nf pl* **coordonnées 1** GÉOG MATH coordenadas **2** (*adresse*) dados *m pl* pessoais (nome, endereço, telefone etc.)

coordonner [1] [kɔɔʀdɔne] *vt* coordenar

copain, -ine [kɔpɛ̃, -pin] *nm,f fam* **1** (*ami*) amigo, -ga **2** (*amoureux*) namorado, -da

copeau [kɔpo] *nm* apara *f*, lasca *f*

copie [kɔpi] *nf* **1** (*gén*) cópia **2** (*d'examen, de devoir*) folha

copier [12] [kɔpje] *vt* copiar
▶ *vi* copiar (**sur**, de)

copieux, -euse [kɔpjø, -øz] *adj* copioso, -sa, abundante

copilote [kɔpilɔt] *nmf* copiloto

copine [kɔpin] *nf* → **copain, -ine**

coprocesseur [kɔpʀɔsesœʀ] *nm* INFORM coprocessador

coproduction [kɔpʀɔdyksjɔ̃] *nf* coprodução

copropriété [kɔpʀɔpʀijete] *nf* condomínio *m*: *appartements en copropriété* apartamentos em condomínio

coq [kɔk] *nm* galo
• **passer du coq à l'âne** passar de um assunto a outro, pular de alhos para bugalhos
■ **coq de bruyère** tetraz, galo-da-floresta

coque [kɔk] *nf* **1** (*de fruits secs*) casca **2** (*d'un bateau*) casco *m* **3** (*coquillage*) berbigão *m*

coquelicot [kɔkliko] *nm* BOT papoula *f*

coqueluche [kɔklyʃ] *nf* MÉD coqueluche

coquet, -ette [kɔkɛ, -ɛt] *adj* **1** (*élégant*) coquete **2** (*somme d'argent*) gordo, -da, polpudo, -da: *cela vous coûtera la coquette somme de 100 euros* isso vai lhe custar a polpuda soma de 100 euros

coquetier [kɔktje] *nm* oveiro (*recipiente para ovo quente*)

coquetterie [kɔkɛtʀi] *nf* coqueteria, coquetismo *m*, faceirice

coquillage [kɔkijaʒ] *nm* **1** (*mollusque*) marisco **2** (*coquille*) concha *f*

coquille [kɔkij] *nf* **1** *(de mollusque)* concha **2** *(d'œuf, de fruit)* casca **3** *(dans un texte)* erro *m*, gato *m*

coquin, -e [kɔkɛ̃, -in] *adj-nm,f* malandro, -dra, peralta

cor [kɔʀ] *nm* **1** *(instrument)* trompa *f* **2** *(au pied)* calo
• **à cor et à cri** com estardalhaço

corail [kɔʀaj] *nm (pl* **coraux)** coral

coran [kɔʀɑ̃] *nm* Alcorão

corbeau [kɔʀbo] *nm* **1** *(oiseau)* corvo **2** *(personne)* autor, -ra de mensagens anônimas

corbeille [kɔʀbɛj] *nf* **1** *(panier)* cesta, cesto *f* **2** *(au théâtre)* balcão *m* **3** *(à la Bourse)* pregão *(local)*
■ **corbeille à papier** cesto *m* de papéis
■ **corbeille de pain** cesto *m* de pão

corbillard [kɔʀbijaʀ] *nm* carro funerário, rabecão

cordage [kɔʀdaʒ] *nm* cordame

corde [kɔʀd] *nf* corda
• **avoir plusieurs cordes à son arc** ter várias cartas na manga
• **pleuvoir des cordes** *fig* chover canivetes, chover a cântaros
■ **cordes vocales** cordas/pregas vocais

cordée [kɔʀde] *nf* cordada *(de alpinistas)*

cordial, -e [kɔʀdjal] *adj* cordial

cordon [kɔʀdɔ̃] *nm* cordão
■ **cordon de police** cordão de isolamento
■ **cordon ombilical** cordão umbilical

cordon-bleu [kɔʀdɔ̃blø] *nm (pl* **cordons-bleus)** *cordon-bleu*

cordonnerie [kɔʀdɔnʀi] *nf* sapataria

cordonnier, -ère [kɔʀdɔnje, -ɛʀ] *nm,f* sapateiro, -ra

Corée [kɔʀe] *nf* Coreia
■ **Corée du Nord** Coreia do Norte
■ **Corée du Sud** Coreia do Sul

coréen, -enne [kɔʀeɛ̃, -ɛn] *adj* coreano, -na
▶ *nm,f* **Coréen, -enne** coreano, -na
▶ *nm* **coréen** *(langue)* coreano

coriace [kɔʀjas] *adj (steak)* duro, -ra

corne [kɔʀn] *nf* **1** *(des animaux)* chifre *m* **2** *(de la peau)* calosidade

■ **corne d'abondance** *fig* cornucópia

cornée [kɔʀne] *nmf* ANAT córnea

corneille [kɔʀnɛj] *nf* ZOOL gralha

cornemuse [kɔʀnəmyz] *nf* gaita de foles

corner[1] [kɔʀnɛʀ] *nm* SPORT escanteio, córner

corner[2] [1] [kɔʀne] *vt* **1** *(page)* dobrar (o canto), fazer orelha em **2** *(crier)* gritar, berrar

cornet [kɔʀnɛ] *nm* **1** *(de papier)* cartucho *f* **2** *(de glace)* casquinha *f*, copinho **3** *(à dés)* copo

cornette [kɔʀnɛt] *nf (de religieuse)* touca

corniche [kɔʀniʃ] *nf* ARCHIT cornija

cornichon [kɔʀniʃɔ̃] *nm* **1** *(plante, fruit)* pepino **2** *fam fig (imbécile)* boboca

cornu, -e [kɔʀny] *adj* cornudo, -da, chifrudo, -da

corolle [kɔʀɔl] *nf* BOT corola

corporation [kɔʀpɔʀasjɔ̃] *nf* corporação

corporel, -elle [kɔʀpɔʀɛl] *adj* corporal, corpóreo, -a

corps [kɔʀ] *nm* corpo
■ **corps diplomatique** corpo diplomático

corpulent, -e [kɔʀpylɑ̃, -ɑ̃t] *adj* corpulento, -ta

correct, -e [kɔʀɛkt] *adj* correto, -ta

correcteur, -trice [kɔʀɛktœʀ, -tʀis] *adj-nm,f* corretor, -ra, corretivo, -va

correction [kɔʀɛksjɔ̃] *nf* correção

corrélatif, -ive [kɔʀelatif, -iv] *adj* correlativo, -va, correlato, -ta

correspondance [kɔʀɛspɔ̃dɑ̃s] *nf* **1** *(relation, courrier)* correspondência **2** *(train)* conexão, baldeação **3** *(avion)* conexão, escala
• **par correspondance** por correspondência

correspondant, -e [kɔʀɛspɔ̃dɑ̃, -ɑ̃t] *adj* correspondente
▶ *nm,f* **1** *(d'un journal)* correspondente **2** *(au téléphone)* interlocutor, -ra **3** *(par courrier)* correspondente

correspondre [62] [kɔʀɛspɔ̃dʀ] *vi* **1** *(rapport de conformité)* corresponder (**à**, a) **2** *(par courrier)* corresponder-se (**avec**, com)

corridor [kɔʀidɔʀ] *nm* corredor

corrigé [kɔʀiʒe] *nm* versão *f* corrigida

corriger [4] [kɔʀiʒe] *vt* corrigir

corroborer [1] [kɔʀɔbɔʀe] *vt* corroborar

corrompre [63] [kɔʀɔ̃pʀ] *vt* corromper

corrosif, -ive [kɔʀozif, -iv] *adj* corrosivo, -va

corrosion [kɔʀozjɔ̃] *nf* corrosão

corruption [kɔʀypsjɔ̃] *nf* 1 *(vénalité)* corrupção 2 *(putréfaction)* putrefação

corsage [kɔʀsaʒ] *nm* 1 *(blouse)* blusa *f*, camiseta *f* 2 *(d'une robe)* corpete

corsaire [kɔʀsɛʀ] *nm* 1 *(pirate)* corsário 2 *(vêtement)* calça-corsário, calça-pescador

corsé, -e [kɔʀse] *adj* 1 *(aliments)* suculento, -ta 2 *(sauce)* condimentado, -da 3 *(vin, café)* forte 4 *(complexe)* difícil, cabeludo, -da

corser [1] [kɔʀse] *vt* 1 *(aliments)* condimentar 2 *(café)* encorpar 3 *(récit, roman)* tornar interessante
▸ *vpr* **se corser** complicar-se

corset [kɔʀsɛ] *nm* corpete

cortège [kɔʀtɛʒ] *nm* cortejo

corvée [kɔʀve] *nf* 1 *(activité pénible)* trabalheira, serviço pesado 2 MIL faxina 3 HIST corveia

cosmétique [kɔsmetik] *adj* cosmético, -ca
▸ *nm* cosmético

cosmique [kɔsmik] *adj* cósmico, -ca

cosmonaute [kɔsmɔnot] *nmf* cosmonauta, astronauta

cosmopolite [kɔsmɔpɔlit] *adj* cosmopolita

cosmos [kɔsmos] *nm* cosmo, cosmos

cosse [kɔs] *nf (de légumes)* vagem

Costa Rica [kɔstaʀika] *nm* Costa Rica

costaricien, -enne [kɔstaʀisjɛ̃, -ɛn] *adj* costarriquenho, -nha
▸ *nm,f* **Costaricien, -enne** costarriquenho, -nha

cossu, -e [kɔsy] *adj* 1 *(personne)* rico, -ca, endinheirado, -da 2 *(immeuble)* luxuoso, -sa

costume [kɔstym] *nm* 1 *(d'homme)* terno 2 *(au théâtre)* guarda-roupa

cotation [kɔtasjɔ̃] *nf* cotação

cote [kɔt] *nf* 1 GÉOG altitude 2 *(niveau)* nível 3 *(quote-part)* cota, cota-parte 4 *(en Bourse)* cotação

■ **cote d'alerte** [de rivière] nível de alerta *(fig)* ponto *m* crítico

■ **cote de popularité** índice de popularidade

côte [kot] *nf* 1 ANAT costela 2 CUIS costeleta 3 *(du terrain)* encosta 4 *(littoral)* costa

• **côte à côte** ombro a ombro, lado a lado

côté [kote] *nm* 1 *(gén)* lado, parte *f* 2 *(du corps)* lado: **il est allongé sur le côté** está deitado de lado

• **à côté de** ao lado de

• **de mon côté** de minha parte, quanto a mim

• **de tous côtés** por todos os lados

• **du côté de** *(direction)* na direção de, para os lados de *(près)* nas imediações de, perto de *fam* em termos de, em se tratando de

• **laisser de côté** *fig* deixar de lado

• **les bons/mauvais côtés de qqch/qqn** o lado bom/ruim de algo/alguém

• **mettre de côté** guardar, reservar

coteau [kɔto] *nm* 1 *(petite colline)* morro 2 *(versant)* ladeira *f*, declive

côtelette [kotlɛt] *nf* costela, costeleta

coter [1] [kɔte] *vt* 1 *(document)* numerar, classificar 2 *(marchandise, valeur)* avaliar, estimar 3 *(un devoir)* avaliar, dar nota
▸ *vi (valeur)* valer

côtier, -ère [kotje, -ɛʀ] *adj* costeiro, -ra, litorâneo, -a

cotisation [kɔtizasjɔ̃] *nf* 1 *(somme à verser-à un club)* cota, cota-parte 2 *(à la sécurité sociale)* contribuição

cotiser [1] [kɔtize] *vi* 1 *(club)* pagar cota (à, de) 2 *(sécurité sociale)* contribuir (à, com)
▸ *vpr* **se cotiser** cotizar-se

coton [kɔtɔ̃] *nm* algodão

■ **coton hydrophile** algodão hidrófilo

cotonnier [kɔtɔnje] *nm* BOT algodoeiro

coton-tige® [kɔtɔ̃tiʒ] *nm* cotonete

côtoyer [16] [kotwaje] *vt* 1 *(longer)* ladear, costear 2 *(personne)* conviver com

cou [ku] *nm* pescoço
• **se casser le cou** *fig* dar-se mal, quebrar a cara

couchant [kuʃɑ̃] *nm* poente

couche [kuʃ] *nf* **1** *(de peinture)* camada **2** *(pour les bébés)* fralda **3** *(social)* estrato *m*, camada
▶ *nf pl* **couches** parto *sing*
■ **fausse couche** aborto *m* espontâneo

couche-culotte [kuʃkylɔt] *nf* (*pl* **couches-culottes**) fralda descartável

coucher¹ [kuʃe] *nm* deitada *f*, ato de deitar-se
■ **coucher de soleil** pôr do sol

coucher² [1] [kuʃe] *vt* **1** *(dans un lit)* deitar, pôr na cama **2** *(sur le sol)* deitar
▶ *vi* **1** *(dormir)* ir dormir, ir para a cama **2 coucher avec** *fam (faire l'amour)* transar com, dormir com
▶ *vpr* **se coucher 1** *(s'allonger)* deitar-se, estender-se **2** *(au lit)* deitar-se, ir dormir **3** *(soleil)* pôr-se

couchette [kuʃɛt] *nf* beliche *m*, leito *m* (em trem ou embarcação)

coucou [kuku] *nm (oiseau, horloge)* cuco

coude [kud] *nm (du bras, d'un tuyau)* cotovelo

cou-de-pied [kudpje] *nm* (*pl* **cous-de-pied**) peito do pé, dorso do pé

coudre [71] [kudʀ] *vt* costurar, coser

couette [kwɛt] *nf* **1** *(édredon)* edredom *m*, acolchoado *m* **2** *(cheveux)* maria-chiquinha

couffin [kufɛ̃] *nm (pour bébé)* moisés

couille [kuj] *nf vulg* colhão *m*, ovo *m*

coulant, -e [kulɑ̃, -ɑ̃t] *adj* **1** *(style)* fluente, natural, espontâneo **2** *(substance)* fluido, -da **3** *(nœud)* corrediço, -ça, corredio, -a

coulée [kule] *nf* **1** *(de lave)* torrente **2** *(de métal)* vazamento *m* **3** *(de boue)* enxurrada

couler [1] [kule] *vt* **1** *(métal; statue)* vazar **2** *(bateau, entreprise, personne)* afundar, pôr a pique
▶ *vi* **1** *(liquide)* escorrer **2** *(récipient)* vazar, gotejar **3** *(bateau, entreprise, personne)* naufragar, afundar, ir a pique
▶ *vpr* **se couler** resvalar, esgueirar-se

• **couler à pic** ir a pique
• **se la couler douce** *fam* levar vida mansa

couleur [kulœʀ] *nf* **1** *(gén)* cor **2** *(cartes)* naipe *m*
• **en couleurs** em cores

couleuvre [kulœvʀ] *nf* cobra (não venenosa)

coulisse [kulis] *nf (d'une porte)* corrediça
▶ *nf pl* **coulisses 1** *(au théâtre)* bastidores *m* **2** *fig (secrets)* bastidores *m*
• **à coulisse** corrediço, -ça

couloir [kulwaʀ] *nm* corredor

coup [ku] *nm* **1** *(gén)* golpe, batida *f*, pancada *f* **2** *(d'arme à feu)* disparo **3** *fam (quantité bue en une fois)* gole, trago **4** *(fois)* vez *f* **5** *(d'une maladie, de colère)* acesso, ataque
• **à coup sûr** sem a menor dúvida
• **donner un coup de main** dar uma ajuda/mãozinha
• **donner un coup de téléphone** dar um telefonema, ligar
• **du coup** por isso, motivo pelo qual
• **manquer son coup** falhar
• **sur le coup** no ato
• **tout à coup** de repente
■ **coup de balai** varrida *f*
■ **coup d'État** golpe de Estado
■ **coup de foudre** amor à primeira vista
■ **coup de fil** chamada *f*, telefonema
■ **coup de fouet** chicotada
■ **coup d'œil** olhada *f*, vista-d'olhos *f*
■ **coup de pied** chute, pontapé
■ **coup de poing** murro, soco
■ **coup de soleil** sol *(tomar)*

coupable [kupabl] *adj-nmf* culpado, -da

coupant, -e [kupɑ̃, -ɑ̃t] *adj* cortante

coupe [kup] *nf* **1** *(verre, trophée)* taça **2** *(de cheveux, de vêtements)* corte *m* **3** *(d'arbres)* corte *m*, abate *m* **4** *(plan)* corte, seção *f*

coupé [kupe] *nm* cupê

coupe-gorge [kupgɔʀʒ] *nm inv* lugar perigoso

coupe-ongles [kupɔ̃gl] *nm inv* cortador de unhas

coupe-papier [kuppapje] *nm* (*pl* **coupe-papier** ou **coupe-papiers**) espátula *f (para cortar papel)*

couper [1] [kupe] *vt* **1** (*gén*) cortar **2** (*arbres*) cortar, derrubar **3** (*céréales*) ceifar
▸ *vi* **1** (*gén*) cortar **2** (*prendre un chemin plus court*) cortar, pegar atalho
▸ *vpr* **se couper** cortar-se

couper-coller [kupekɔle] *nm* INFORM cortar e colar

couperet [kupʀɛ] *nm* **1** (*d'une guillotine*) lâmina *f*, faca *f* **2** (*à viande*) cutelo (*de açougueiro*)

couple [kupl] *nm* **1** (*de personnes*) casal **2** (*d'animaux*) par, parelha *f*, dupla *f* **3** MATH PHYS par

couplet [kuplɛ] *nm* estrofe *f*

coupole [kupɔl] *nf* cúpula, domo *m*

coupon [kupɔ̃] *nm* **1** (*de tissu*) retalho **2** (*billet*) cupom, cupão

coupon-réponse [kupɔ̃repɔ̃s] *nm* (*pl* **coupons-réponse**) cartão-resposta

coupure [kupyʀ] *nf* **1** (*blessure, suppression*) corte *m* **2** (*argent*) nota, cédula **3** (*de journaux*) recorte *m*
▪ **coupure de courant** corte *m* de energia

cour [kuʀ] *nf* **1** (*de maison*) quintal *m* **2** (*de ferme*) pátio *m* **3** (*d'un roi*) corte **4** (*de justice*) corte *f*, tribunal *m*
• **faire la cour à qqn** cortejar, fazer a corte a alguém
▪ **cour de cassation** supremo tribunal, corte de cassação
▪ **cour de récréation** pátio de recreio

courage [kuʀaʒ] *nm* coragem *f*
• **bon courage!** ânimo!, coragem!

courageux, -euse [kuʀaʒø, -øz] *adj* corajoso, -sa

couramment [kuʀamɑ̃] *adv* **1** (*lire, parler*) correntemente, fluentemente **2** (*d'habitude*) geralmente, normalmente

courant, -e [kuʀɑ̃, -ɑ̃t] *adj* corrente
▸ *nm* **courant 1** (*gén*) corrente *f* **2** (*durée*) transcurso, decurso: **dans le courant du mois** no transcurso do mês **3** (*tendance*) tendência *f* **4** (*déplacement*) movimento, migração *f*
• **être au courant** estar a par
• **tenir au courant** manter a par, manter informado, -da
▪ **courant d'air** corrente de ar
▪ **courant électrique** corrente elétrica

courbature [kuʀbatyʀ] *nf* esfalfamento *m*, fadiga

courbe [kuʀb] *nf* curva, curvatura

courber [1] [kuʀbe] *vt* **1** (*plier*) curvar, encurvar, arquear, dobrar **2** (*genoux*) dobrar **3** (*tête*) inclinar
▸ *vi* curvar-se, inclinar-se, dobrar-se
▸ *vpr* **se courber 1** (*tige, objet*) curvar-se **2** (*personne*) inclinar-se

coureur, -euse [kuʀœʀ, -øz] *nm,f* corredor, -ra
▪ **coureur, -euse cycliste** ciclista
▪ **coureur de jupons** mulherengo

courge [kuʀʒ] *nf* **1** BOT abóbora **2** *fam* (*imbécile*) bobo, -ba, idiota, imbecil

courgette [kuʀʒɛt] *nf* BOT abobrinha

courir [24] [kuʀiʀ] *vi* correr
▸ *vt* **1** (*course, risque*) correr **2** (*un lieu*) percorrer **3** (*animal*) perseguir

couronne [kuʀɔn] *nf* coroa

couronnement [kuʀɔnmɑ̃] *nm* coroação *f*

couronner [1] [kuʀɔne] *vt* coroar

courrier [kuʀje] *nm* correio, correspondência *f*
▪ **courrier du cœur** correio sentimental
▪ **courrier électronique** correio eletrônico

courroie [kuʀwa] *nf* correia

courroux [kuʀu] *nm* furor, ira *f*, cólera *f*

cours [kuʀ] *nm* **1** (*d'eau*) curso **2** (*du temps*) decurso, transcurso **3** (*de monnaie*) cotação *f* **4** (*niveau d'études*) curso **5** (*leçon*) aula *f*: **cours de physique** aula de física; **cours particuliers** aulas particulares **6** (*notes*) apontamentos *pl* de classe, caderno *f* **7** (*rue*) avenida *f*, bulevar
• **au cours de** durante
• **avoir cours** estar em uso, ser vigente
• **donner des cours de** dar aulas de
• **donner libre cours à** dar livre curso a
• **en cours** (*année*) corrente, atual, em curso (*affaire*) em andamento
• **en cours de route** durante a viagem
▪ **cours d'eau** córrego

course [kuʀs] *nf* **1** (*action, compétition*) corrida **2** (*trajet*) trajeto *m*, percurso *m*, trajetória
▸ *nf pl* **courses** compras
• **faire les courses** fazer compras

coursier, -ère [kuʀsje, -ɛʀ] *nm,f* mensageiro, -ra, portador, -ra

court, -e [kuʀ, kuʀt] *adj* curto, -ta
▶ *adv* **court** curto
▶ *nm* SPORT quadra *f* de tênis
• **être à court de** estar com falta de, ter pouco, -ca
• **prendre de court** pegar desprevenido
• **tourner court** mudar abruptamente de direção/parar de repente
• **tout court** pura e simplesmente, *tout court*

court-bouillon [kuʀbujɔ̃] *nm* (*pl* **courts-bouillons**) escabeche

court-circuit [kuʀsiʀkɥi] *nm* (*pl* **courts-circuits**) curto-circuito

courtier, -ère [kuʀtje, -ɛʀ] *nm,f* corretor, -ra

courtisan, -e [kuʀtizɑ̃] *nm,f* **1** (*d'un roi, d'un prince*) cortesão, -sã **2** *fig, péj* adulador, -ra

courtiser [1] [kuʀtize] *vt* bajular, adular,

court-métrage [kuʀmetʀaʒ] *nm* (*pl* **courts-métrages**) curta-metragem

courtois, -e [kuʀtwa, -waz] *adj* cortês

couscous [kuskus] *nm* cuscuz

cousin, -e [kuzɛ̃, -in] *nm,f* primo, -ma

coussin [kusɛ̃] *nm* **1** (*de siège, de meuble*) almofada *f* **2** (*oreiller*) travesseiro

coussinet [kusinɛ] *nm* **1** (*gén*) almofadinha **2** MÉC coxim

cousu, -e [kuzy] *adj* costurado, -da

coût [ku] *nm* custo

couteau [kuto] *nm* **1** (*instrument*) faca, canivete **2** (*coquillage*) navalha (*tipo de molusco*)

coutellerie [kutɛlʀi] *nf* cutelaria

coûter [1] [kute] *vt-vi* custar
• **coûte que coûte** custe o que custar

coûteux, -euse [kutø, -øz] *adj* caro, -ra, custoso, -sa

coutume [kutym] *nf* costume *m*
• **avoir coutume de** ter o costume de

couture [kutyʀ] *nf* costura
▪ **haute couture** alta-costura

couturier [kutyʀje] *nm* costureiro, estilista

couturière [kutyʀjɛʀ] *nf* costureira, modista

couvée [kuve] *nf* ninhada

couvent [kuvɑ̃] *nm* convento

couver [1] [kuve] *vt* **1** (*œuf*) incubar, chocar **2** (*grippe*) incubar **3** *fig* (*enfant*) mimar
▶ *vi fig* estar latente, em estado de latência

couvercle [kuvɛʀkl] *nm* tampa *f*

couvert, -e [kuvɛʀ, -ɛʀt] *adj* **1** (*ciel*) encoberto, -ta, nublado, -da **2** (*vêtement*) abrigado, -da, agasalhado, -da **3** (*plein*) coberto, -ta, cheio, -a: *son visage était couvert de boutons* seu rosto estava coberto de espinhas
▶ *nm* **couvert** (*à table*) talher
• **mettre le couvert** pôr a mesa
• **se mettre à couvert** abrigar-se, proteger-se

couverture [kuvɛʀtyʀ] *nf* **1** (*de maison*) telhado *m* **2** (*de lit*) capa **3** (*de lit*) colcha, coberta **4** (*d'un magazine*) capa **5** (*de portable*) protetor *m*, capa **6** (*d'assurance*) cobertura, garantia

couveuse [kuvøz] *nf* **1** (*poule*) galinha choca **2** (*machine*) incubadora, chocadeira **3** (*à l'hôpital*) incubadora

couvre-feu [kuvʀəfø] *nm* (*pl* **couvre-feux**) toque de recolher

couvre-lit [kuvʀəli] *nm* (*pl* **couvre-lits**) acolchoado, coberta *f*, colcha *f*

couvrir [21] [kuvʀiʀ] *vt* **1** (*gén*) cobrir **2** (*avec un couvercle*) tampar **3** (*avec un vêtement*) cobrir, vestir, abrigar, agasalhar **4** (*un livre*) encapar
▶ *vpr* **se couvrir 1** (*gén*) cobrir-se **2** (*avec un vêtement*) vestir-se, abrigar-se, agasalhar-se

crabe [kʀab] *nm* ZOOL caranguejo, siri

cracher [1] [kʀaʃe] *vt-vi* cuspir, escarrar

crachoir [kʀaʃwaʀ] *nm* cuspideira *f*, escarradeira *f*

craie [kʀɛ] *nf* **1** (*roche*) greda branca **2** (*pour écrire*) giz *m*

craindre [75] [kʀɛ̃dʀ] *vt* **1** (*gén*) temer, recear: *il ne craint pas la mort* ele não teme a morte **2 craindre que** + *subj* (*considérer probable*) recear que + *subj*: *je crains qu'il ne perde* receio que ele perca **3 craindre de** + *inf* (*avoir peur*) ter medo de + *inf*: *il craint d'échouer* ele tem medo de fracassar

crainte [kʀɛ̃t] *nf* temor *m*, medo *m*, receio *m*
- **de crainte que + subj** para que não + *subj*
- **par crainte de** por medo de

craintif, -ive [kʀɛ̃tif, -iv] *adj* tímido, -da, amedrontado, -da

cramoisi, -e [kʀamwazi] *adj* carmesim

crampe [kʀɑ̃p] *nf* câimbra

cramponner [1] [kʀɑ̃pɔne] *vt* enganchar, prender
▶ *vpr* **se cramponner** **1** (*objet, personne*) agarrar-se, segurar-se (**à**, a) **2** *fig* (*idée, espoir*) aferrar-se, agarrar-se (**à**, a)

cran [kʀɑ̃] *nm* **1** (*entaille*) entalhe, chanfro **2** (*trou d'une ceinture*) furo **3** (*degré*) grau, dente **4** *fam* (*audace*) audácia *f*, ousadia *f*, garra *f*
- **avoir du cran** *fam* ter peito
- **baisser d'un cran** baixar um ponto
- **cran d'arrêt** canivete automático

crâne [kʀɑn] *nm* ANAT crânio
- **ne rien avoir dans le crâne** *fig* ter a cabeça oca, ser desmiolado, -da

crânien, -enne [kʀɑnjɛ̃, -ɛn] *adj* craniano, -na

crapaud [kʀapo] *nm* ZOOL sapo

crapule [kʀapyl] *nf* crápula *mf*

craqueler [5] [kʀakle] *vt* trincar, fender, rachar

craquelure [kʀaklyʀ] *nf* fenda, rachadura, trinca

craquer [2] [kʀake] *vi* **1** (*faire un bruit sec*) estalar, crepitar **2** (*cuir, soulier*) ranger, chiar **3** (*vêtement*) descosturar, rasgar **4** (*entreprise, projet*) fracassar, afundar **5** (*nerveusement*) sucumbir, desabar **6** *fam* (*céder à une envie*) ceder, desistir, sucumbir: *au bout de deux semaines de régime, elle a craqué* depois de duas semanas de regime, ela sucumbiu
- **plein à craquer** abarrotado, -da, atulhado, -da

crasse [kʀas] *nf* **1** (*saleté*) cascão *m*, crosta de sujeira **2** *fam* (*méchanceté*) maldade, sujeira, safadeza

crasseux, -euse [kʀasø, -øz] *adj* sujo, -ja, imundo, -da

cratère [kʀatɛʀ] *nm* cratera *f*

cravache [kʀavaʃ] *nf* chibata, chicote *m*

cravate [kʀavat] *nf* gravata

crawl [kʀol] *nm* crawl, nado *crawl*

crayon [kʀɛjɔ̃] *nm* lápis
- **crayon optique** lápis luminoso

créancier, -ère [kʀeɑ̃sje, -ɛʀ] *nm,f* credor, -ra

créateur, -trice [kʀeatœʀ, -tʀis] *adj* -*nm,f* criador, -ra

créatif, -ive [kʀeatif, -iv] *adj* criativo, -va

création [kʀeasjɔ̃] *nf* criação

créativité [kʀeativite] *nf* criatividade

créature [kʀeatyʀ] *nf* criatura

crèche [kʀɛʃ] *nf* **1** (*pour enfants*) creche, escola maternal **2** (*de Noël*) presépio *m*

crédit [kʀedi] *nm* crédito
- **à crédit** a crédito
- **faire crédit à qqn** dar crédito a alguém

crédit-bail [kʀedibaj] *nm* (*pl* **crédits-bails**) *leasing*

créditer [1] [kʀedite] *vt* creditar

créditeur, -trice [kʀeditœʀ, -tʀis] *adj* -*nm,f* credor, -ra

crédule [kʀedyl] *adj* crédulo, -la

crédulité [kʀedylite] *nf* credulidade

créer [14] [kʀee] *vt* criar

crémaillère [kʀemajɛʀ] *nf* cremalheira
- **pendre la crémaillère** *fig* dar recepção para inaugurar nova casa

crématoire [kʀematwaʀ] *adj* crematório, -a

crématorium [kʀematɔʀjɔm] *nm* crematório

crème [kʀɛm] *adj* (*couleur*) creme
▶ *nf* **1** (*du lait*) nata, creme *m* **2** (*dessert, cosmétique*) creme *m*
- **crème anglaise** creme inglês
- **crème à raser** creme de barbear
- **crème fouettée** creme chantili
- **crème fraîche** creme de leite fresco
- **crème glacée** sorvete *m*
- **crème hydratante** creme hidratante

crémerie [kʀemʀi] *nf* leiteria

crémeux, -euse [kʀemø, -øz] *adj* cremoso, -sa

créneau [kʀeno] *nm* **1** (*de château*) ameia *f* **2** (*pour la voiture*) baliza *f*: *il a*

bien réussi son créneau ele conseguiu fazer bem a baliza **3** (*dans l'emploi du temps*) tempo vago, intervalo **4** COMM nicho, segmento de mercado

créole [kʀeɔl] *adj-nmf* crioulo, -la
▸ *nm* (*langue*) crioulo

crêpe [kʀɛp] *nf* CUIS crepe *m*, panqueca
▸ *nm* (*tissu*) crepe

crêperie [kʀɛpʀi] *nf* creperia

crépi [kʀepi] *nm* reboco grosso

crépitement [kʀepitmã] *nm* crepitação *f*

crépon [kʀepɔ̃] *nm* crepom

crépu, -e [kʀepy] *adj* encarapinhado, -da, pixaim

crépuscule [kʀepyskyl] *nm* **1** (*tombée du jour*) crepúsculo **2** *fig* (*déclin*) crepúsculo, declínio, decadência *f*

cresson [kʀesɔ̃] *nm* BOT agrião

crête [kʀɛt] *nf* crista

crétin, -e [kʀetɛ̃, -in] *adj-nm,f fam* cretino, -na, idiota, imbecil

creuser [1] [kʀøze] *vt* **1** (*trou, tunnel*) cavar, escavar **2** (*idée, sujet*) aprofundar
▸ *vpr* **se creuser** (*devenir creux*) ficar oco, -ca **2** (*s'approfondir*) aprofundar-se, aumentar, abrir-se **3** *fam fig* (*réfléchir*) empenhar-se, esforçar-se: *tu ne t'es pas trop creusé!* você não se empenhou como deveria
• **se creuser la cervelle** quebrar a cabeça, fundir a cuca

creuset [kʀøzɛ] *nm* cadinho, crisol

creux, creuse [kʀø, kʀøz] *adj* **1** (*vide*) oco, -ca, vazio, -a **2** (*assiette*) fundo, -da **3** (*période, heures*) de calma, de pouco movimento **4** *fig* (*paroles, discours*) oco, -ca, vazio, -a, fútil
▸ *nm* **creux** oco, vazio, concavidade *f*

crevaison [kʀəvɛzɔ̃] *nf* furo *m*, estouro *m* de pneu

crevasse [kʀavas] *nf* greta, fenda, fissura

crevé, -e [kʀəve] *adj fam* rebentado, -da, esbodegado, -da, estafado, -da

crever [7] [kʀəve] *vt* **1** (*ballon, bulle*) estourar, rebentar, furar **2** *fam* (*fatiguer*) estafar, esbodegar
▸ *vi* **1** (*ballon, pneu*) estourar, furar **2** *fam* (*personne*) morrer

▸ *vpr* **se crever** *fam* (*se fatiguer*) matar-se, esfalfar-se
• **crever de faim** *fig* morrer de fome

crevette [kʀəvɛt] *nf* ZOOL camarão *m*
■ **crevette grise** camarão-d'água-doce
■ **crevette rose** camarão-rosa *m*

cri [kʀi] *nm* **1** (*gén*) grito **2** (*appel*) apelo *f*
• **pousser un cri** dar um grito, gritar
■ **dernier cri** *fig dernier cri*, última moda

criant, -e [kʀijã, -ãt] *adj fig* gritante, evidente, flagrante

criard, -e [kʀijaʀ, -aʀd] *adj* gritador, -ra, gritalhão, -ona,

crible [kʀibl] *nm* crivo, peneira *f*
• **passer qqc. au crible** *fig* passar algo pelo crivo, selecionar algo

cribler [1] [kʀible] *vt* **1** (*tamiser*) peneirar **2** (*percer*) crivar: *cribler de questions* crivar de perguntas

cric [kʀik] *nm* AUTO macaco

cricket [kʀikɛt] *nm* SPORT críquete

crier [13] [kʀije] *vt-vi* gritar, berrar, chorar

crime [kʀim] *nm* crime

criminel, -elle [kʀiminɛl] *adj-nm,f* criminoso, -sa
▸ *adj* DR criminal, penal

crin [kʀɛ̃] *nm* crina *f*

crinière [kʀinjɛʀ] *nf* **1** (*du cheval*) crineira, crina *f* **2** (*du lion*) juba

crique [kʀik] *nf* enseada

criquet [kʀikɛ] *nm* ZOOL grilo

crise [kʀiz] *nf* crise
■ **crise cardiaque** ataque cardíaco
■ **crise de nerfs** crise de nervos
■ **crise économique** crise econômica

crisper [1] [kʀispe] *vt* **1** (*visage*) crispar, franzir, contrair **2** (*personne*) irritar
▸ *vpr* **se crisper** crispar-se, franzir-se, contrair-se

crisser [1] [kʀise] *vi* **1** (*pneus*) cantar **2** (*cuir*) ranger **3** (*étoffe, papier*) farfalhar, roçagar **4** (*scie*) estridular **5** (*dents, craie*) rilhar

cristal [kʀistal] *nm* cristal

cristallin, -e [kʀistalɛ̃, -in] *adj* cristalino, -na
▸ *nm* **cristallin** ANAT lente *f*, cristalino

critère [kritɛʀ] *nm* critério

critique [kʀitik] *adj* crítico, -ca
▶ *nm* crítico
▶ *nf* crítica

critiquer [2] [kʀitike] *vt* criticar

croasser [1] [kʀɔase] *vi* grasnar, crocitar

croate [kʀɔat] *adj* croata
▶ *nmf* **Croate** croata

Croatie [kʀɔasi] *nf* Croácia

croc [kʀo] *nm* 1 (*crochet*) gancho 2 (*dent*) presa *f*, canino

croche [kʀɔʃ] *nf* MUS colcheia

croche-pied [kʀɔʃpje] *nm* (*pl* **croche-pieds**) rasteira *f*
• **faire un croche-pied** dar/passar uma rasteira

crochet [kʀɔʃɛ] *nm* 1 (*attache*) gancho 2 (*pour tricoter*) agulha *f* de crochê 3 (*signe graphique*) colchete 4 (*rue*) curva *f* fechada 5 (*détour*) desvio 6 SPORT gancho
• **vivre aux crochets de qqn** *fam* viver à custa de alguém

crochu, -e [kʀɔʃy] *adj* curvo, -va, recurvado, -da, adunco, -ca

crocodile [kʀɔkɔdil] *nm* ZOOL crocodilo

croire [67] [kʀwaʀ] *vt* crer em, acreditar em: *tu as cru son histoire?* você acreditou na história dele?; *vous pouvez croire cette femme* podem acreditar nessa mulher
▶ *vi* 1 (*gén*) crer, acreditar 2 **croire à** (*quelque chose*) crer em, acreditar em: *je ne crois pas à la réincarnation* não creio em reencarnação 3 **croire en** (*personne*) acreditar
▶ *vpr* **se croire** acreditar-se, achar-se, julgar-se: *il se croit intelligent* ele se acha inteligente

croisade [kʀwazad] *nf* cruzada

croisée [kʀwaze] *nf* 1 (*point d'intersection*) cruzamento *m*, intersecção 2 (*fenêtre*) janela de batente

croisement [kʀwazmɑ̃] *nm* 1 (*de routes*) cruzamento 2 (*de races*) cruzamento, mestiçagem *f*

croiser [1] [kʀwaze] *vt* 1 (*gén*) cruzar 2 (*passer à côté*) cruzar com, passar ao lado de
▶ *vpr* **se croiser** cruzar-se
• **se croiser les bras** cruzar os braços

croisière [kʀwazjɛʀ] *nf* cruzeiro *m*

croissance [kʀwasɑ̃s] *nf* crescimento *m*

croissant, -e [kʀwasɑ̃, -ɑ̃t] *adj* crescente
▶ *nm* **croissant** 1 (*lune*) crescente, quarto crescente 2 CUIS *croissant*

croître [79] [kʀwatʀ] *vi* crescer

croix [kʀwa] *nf* cruz
• **faire une croix sur qqch** pôr uma pedra em cima de algo

croquant, -e [kʀɔkɑ̃, -ɑ̃t] *adj* crocante

croque-mitaine [kʀɔkmitɛn] *nm* (*pl* **croque-mitaines**) bicho-papão

croque-monsieur [kʀɔkməsjø] *nm inv* misto-quente

croque-mort [kʀɔkmɔʀ] *nm* (*pl* **croque-morts**) *fam* papa-defunto, agente funerário

croquer [2] [kʀɔke] *vt* 1 (*pomme, biscotte*) morder, trincar 2 (*paysage, personnage*) esboçar, bosquejar, delinear
▶ *vi* ser crocante

croquette [kʀɔkɛt] *nf* CUIS croquete

croquis [kʀɔki] *nm* croqui, *croquis*

cross [kʀɔs] *nm* SPORT cross

crosse [kʀɔs] *nf* 1 (*d'évêque*) báculo *m* 2 (*de fusil*) coronha 3 (*de golf, de cricket*) taco *m*

crotale [kʀɔtal] *nm* ZOOL cascavel *f*

crotte [kʀɔt] *nf fam* caca

crottin [kʀɔtɛ̃] *nm* bosta *f* (de cavalo)

crouler [1] [kʀule] *vi* 1 (*édifice*) desabar, desmoronar 2 (*s'affaisser*) ceder, vergar(-se): *il croule sous le poids des ans* está vergando sob o peso dos anos 3 *fig* ser sacudido, -da, vir abaixo: *la salle croulait sous les applaudissements* a sala era sacudida pelos aplausos

croupe [kʀup] *nf* garupa

croupier [kʀupje] *nm* crupiê

croupir [20] [kʀupiʀ] *vi* 1 (*les eaux*) empoçar, estagnar-se 2 **croupir dans** *fig* (*personne*) mofar, apodrecer

croustillant, -e [kʀustijɑ̃, -ɑ̃t] *adj* 1 (*pain*) crocante 2 *fig* (*commentaire*) picante, apimentado, -da

croûte [kʀut] *nf* 1 (*de pain, de fromage*) casca, côdea 2 (*de blessure*) crosta, casca
■ **croûte terrestre** crosta terrestre

croûton [kʀutɔ̃] *nm* 1 (*de pain*) cubinho de pão torrado 2 (*pain frit*) pão frito com alho

croyance [kʀwajɑ̃s] *nf* crença

croyant, -e [kʀwajɑ̃, -ɑ̃t] *adj-nm,f* crente

cru, -e [kʀy] *adj* 1 (*gén*) cru, -a 2 (*couleur*) vivo, -va, berrante
▸ *nm* **cru** 1 (*vignoble*) vinhedo 2 (*vin*) vinho: **un grand cru** um grande vinho
• **de son cru** *fig* de sua lavra

cruauté [kʀyote] *nf* crueldade

cruche [kʀyʃ] *nf* 1 (*récipient*) cântaro *m*, bilha 2 *fam* (*personne*) imbecil, ignorante

crucial, -e [kʀysjal] *adj* crucial

crucifier [12] [kʀysifje] *vt* crucificar

crucifix [kʀysifi] *nm* crucifixo

crudité [kʀydite] *nf* crueza
▸ *nf pl* **crudités** verduras *f pl* cruas

crue [kʀy] *nf* 1 (*inondation*) enchente 2 (*élévation de niveau*) cheia

cruel, -elle [kʀyɛl] *adj* cruel

crustacé [kʀystase] *nm* crustáceo

crypte [kʀipt] *nf* cripta

Cuba [kyba] *n pr* Cuba

cubain, -e [kybɛ̃, -ɛn] *adj* cubano, -na
▸ *nm,f* **Cubain, -e** cubano, -na

cube [kyb] *adj* cúbico, -ca: **mètre cube** metro cúbico
▸ *nm* cubo
• **au cube** ao cubo

cubique [kybik] *adj* cúbico, -ca

cubisme [kybism] *nm* cubismo

cueillette [kœjɛt] *nf* colheita

cueillir [25] [kœjiʀ] *vt* 1 (*fruits, fleurs, plantes*) colher, apanhar 2 *fam* (*un voleur*) apanhar, prender

cuiller [kɥijɛʀ] *nf* colher

cuillère [kɥijɛʀ] *nf* colher
■ **cuillère à café** colher de café
■ **cuillère à dessert** colher de sobremesa
■ **cuillère à soupe** colher de sopa

cuillerée [kɥijʀe] *nf* colherada

cuir [kɥiʀ] *nm* 1 (*gén*) couro 2 (*peau tannée*) couro, pele *f*: **elle a acheté une veste en cuir** comprou um casaco de couro
■ **cuir chevelu** couro cabeludo

cuirasse [kɥiʀas] *nf* couraça

cuirassé, -e [kɥiʀase] *adj* couraçado, -da, encouraçado, -da
▸ *nm* **cuirassé** couraçado, encouraçado

cuire [58] [kɥiʀ] *vt* 1 (*dans un liquide*) cozer, cozinhar 2 (*pain*) assar 3 *fam fig* (*la peau*) queimar
▸ *vi* cozer-se, cozinhar(-se)

cuisant, -e [kɥizɑ̃, -ɑ̃t] *adj* 1 (*douleur*) pungente 2 (*défaite*) amargo, -ga, doloroso, -sa

cuisine [kɥizin] *nf* cozinha

cuisiner [1] [kɥizine] *vt* 1 (*aliments*) cozinhar 2 *fam* (*une personne*) interrogar

cuisinier, -ère [kɥizinje, -ɛʀ] *nm,f* cozinheiro, -ra

cuisinière [kɥizinjɛʀ] *nf* (*appareil*) fogão *m*

cuisse [kɥis] *nf* ANAT coxa

cuisson [kɥisɔ̃] *nf* cozimento *m*, cocção

cuit, -e [kɥi, -it] *adj* cozido, -da
• **un steak bien cuit** um bife bem passado

cuite [kɥit] *nf fam* bebedeira, pileque *m*

cuivre [kɥivʀ] *nm* cobre

cul [ky] *nm fam* cu

culasse [kylas] *nf* culatra

culbute [kylbyt] *nf* 1 (*cabriole*) cambalhota 2 (*chute*) tombo *m*

cul-de-sac [kydsak] *nm* (*pl* **culs-de-sac**) rua *f* sem saída, beco sem saída

culinaire [kylinɛʀ] *adj* culinário, -a

culminant, -e [kylminɑ̃, -ɑ̃t] *adj* culminante

culot [kylo] *nm* 1 (*d'ampoule, de cartouche*) fundo 2 *fam* topete, caradura *f*
• **avoir du culot** ter cara de pau

culotte [kylɔt] *nf* 1 (*de femme*) calcinha 2 (*de petit garçon*) calção
■ **culottes courtes** calças curtas

culotté, -e [kylɔte] *adj fam* atrevido, -da, insolente

culpabilité [kylpabilite] *nf* culpa, culpabilidade

culte [kylt] *nm* culto

cultivateur, -trice [kyltivatœʀ, -tʀis] *nm,f* agricultor, -ra

cultivé, -e [kyltive] *adj* **1** *(champ)* cultivado, -da **2** *(personne)* culto, -ta

cultiver [1] [kyltive] *vt* cultivar

culture [kyltyʀ] *nf* **1** *(de la terre)* cultivo *m* **2** *(production agricole; savoir)* cultura
- **culture physique** educação física

culturel, -elle [kyltyʀɛl] *adj* cultural

culturisme [kyltyʀism] *nm* cultura *f* física

cumin [kymɛ̃] *nm* BOT cominho

cumul [kymyl] *nm* acúmulo
- **cumul d'emplois** acúmulo de funções

cumuler [1] [kymyle] *vt* acumular

cupide [kypid] *adj* cúpido, -da, cobiçoso, -sa

cure [kyʀ] *nf* tratamento
- **cure thermale** tratamento termal

curé [kyʀe] *nm* cura, padre, vigário, pároco

cure-dents [kyʀdɑ̃] *nm inv* palito de dentes

curer [1] [kyʀe] *vt* limpar

curieux, -euse [kyʀjø, -øz] *adj-nm,f* curioso, -sa

curiosité [kyʀjozite] *nf* curiosidade

curriculum vitae [kyʀikylɔm vite] *nm curriculum vitae*, currículo

curseur [kyʀsœʀ] *nm* cursor

cursus [kyʀsys] *nm* currículo universitário

cutané, -e [kytane] *adj* cutâneo, -a

cutter [kœtœʀ] *nm* estilete (com lâminas avulsas)

cuve [kyv] *nf* cuba, tina

cuvée [kyve] *nf* safra

cuver [1] [kyve] *vi (vin)* fermentar
- **cuver son vin** *fam* curtir a bebedeira

cuvette [kyvɛt] *nf* **1** *(pour la toilette)* bacia **2** *(de WC)* vaso sanitário *m* **3** GÉOG bacia

cyanure [sjanyʀ] *nm* cianureto, cianeto

cybercafé [sibɛʀkafe] *nm* cibercafé

cyberespace [sibɛʀɛspas] *nm* ciberespaço

cybernaute [sibɛʀnot] *nm* internauta

cyclamen [siklamɛn] *nm* cíclame

cycle [sikl] *nm* ciclo

cyclique [siklik] *adj* cíclico

cyclisme [siklism] *nm* ciclismo

cycliste [siklist] *adj-nmf* ciclista

cyclone [siklon] *nm* ciclone

cygne [siɲ] *nm* ZOOL cisne

cylindre [silɛ̃dʀ] *nm* cilindro

cymbale [sɛ̃bal] *nf* MUS prato *m*

cynique [sinik] *adj-nmf* cínico, -ca

cynisme [sinism] *nm* cinismo

cyprès [sipʀɛ] *nm* cipreste

D

d' [de] *prép* → de

d'abord [dabɔʀ] *adv* → abord

d'accord [dakɔʀ] *adv* → accord

dactylo [daktilo] *nmf* datilógrafo, -fa
▶ *nf* datilografia

dactylographie [daktilɔgʀafi] *nf* datilografia

dada [dada] *nm* **1** (*animal*) cavalo **2** *fam* (*occupation*) hobby, passatempo

dahlia [dalja] *nm* BOT dália *f*

daigner [1] [deɲe] *vt* dignar-se

daim [dɛ̃] *nm* **1** ZOOL gamo **2** (*peau*) camurça *f*

dalle [dal] *nf* laje, lajota

daltonien, -enne [daltɔnjɛ̃, -ɛn] *adj-nm,f* daltônico, -ca

daltonisme [daltɔnism] *nm* MÉD daltonismo

dame [dam] *nf* **1** (*gén*) senhora, dama **2** (*aux échecs*) rainha, dama **3** (*cartes*) dama
▶ *nf pl* **dames** (*jeu*) damas

damier [damje] *nm* tabuleiro
• **à damier** quadriculado, xadrez

damné, -e [dane] *adj-nm,f fam* desgraçado, -da, maldito, -ta

damner [1] [dane] *vt* condenar, danar

dandiner (se) [1] [dɑ̃dine] *vpr* gingar

Danemark [danmark] *nm* Dinamarca

danger [dɑ̃ʒe] *nm* perigo
• **être en danger** estar em perigo, correr perigo

dangereux, -euse [dɑ̃ʒʀø, -øz] *adj* perigoso, -sa

danois, -e [danwa, -az] *adj* dinamarquês, -esa
▶ *nm,f* **Danois, -e** dinamarquês, -esa
▶ *nm* **danois** (*langue*) dinamarquês

dans [dɑ̃] *prép* **1** (*lieu*) em: **il y a une boucherie dans la rue voisine** há um açougue na outra rua **2** (*avec mouvement*) por, em: **je me promène dans le parc** estou passeando no/pelo parque **3** (*manière*) com, a: **je l'ai dit dans l'idée de l'aider** disse aquilo com a intenção de ajudá-lo; **dans l'attente de vos nouvelles** à espera de suas notícias **4** (*temps*) dentro de, em, a: **nous revenons dans une semaine** voltaremos dentro de uma semana; **j'arrive dans deux minutes** chegarei em dois minutos; **elle arrivera dans l'après-midi** ela chegará à tarde **5** (*évaluation approximative*) em torno de: **ce livre coûte dans les vingt euros** esse livro custa em torno de vinte euros

dansant, -e [dɑ̃sɑ̃, -ɑ̃t] *adj* dançante

danse [dɑ̃s] *nf* dança

danser [1] [dɑ̃se] *vi-vt* dançar

danseur, -euse [dɑ̃sœʀ, -øz] *nm,f* **1** (*occasionnel*) dançarino, -na **2** (*professionnel*) bailarino, -na

dard [daʀ] *nm* (*gén*) dardo **2** (*d'insecte*) ferrão

date [dat] *nf* data
• **de longue date** de longa data
■ **date de naissance** data de nascimento
■ **date limite de vente** prazo de validade

dater [1] [date] *vt* datar
▶ *vi* datar (**de**, de): **ce palais date de la Renaissance** este palácio data do Renascimento
• **à dater de** a partir de

datif [datif] *nm* dativo

datte [dat] *nf* BOT tâmara

daube [dob] *nf* CUIS estufado

dauphin [dofɛ̃] *nm* **1** *(fils du roi)* delfim **2** ZOOL golfinho

daurade [dɔrad] *nf* ZOOL dourada

davantage [davɑ̃taʒ] *adv* mais: *je ne veux pas en savoir davantage* não quero saber mais a respeito

de [də] (de + le = **du**; de + les = **des**; **d'** diante de palavra iniciada por vogal ou h mudo) *prép* **1** *(provenance)* de: *il vient de la campagne* ele está chegando do campo **2** *(appartenance)* de: *la voiture de mon frère* o carro de meu irmão; *les gens du pays* o povo da terra; *les pages du magazine* as páginas da revista **3** *(caractéristique, contenu, matière)* de: *un verre d'eau* um copo de água; *couteau de cuisine* faca de cozinha; *une barre de* uma barra de ferro **4** *(cause)* de: *pleurer de joie* chorar de alegria **5** *(temps)* durante, a: *elle n'a pas parlé de toute l'après-midi* ela não falou durante toda a tarde; *ils ont voyagé de nuit* eles viajaram à noite **6** *(manière, moyen)* com: *manger de bon appétit* comer com apetite **7** *(mesure)* ∅, por: *retarder de dix minutes* atrasar dez minutos; *la location coûte 30 euros de l'heure* o aluguel é de 30 euros a/por hora

▶ *det (partitif)* ∅: *je veux de l'eau* quero água; *tu prendras du café?* você vai tomar café?; *elle n'achète jamais de confiture* ela nunca compra doce

dé [de] *nm* **1** *(pour jouer)* dado **2** *(à coudre)* dedal

dealer [dilœr] *nm fam* traficante de drogas

déambuler [1] [deɑ̃byle] *vi* perambular

débâcle [debakl] *nf* derrocada, ruína

déballer [1] [debale] *vt* **1** *(paquet)* desembrulhar **2** *fam (avouer)* desabafar, desembuchar

débandade [debɑ̃dad] *nf* debandada

débarbouiller [1] [debarbuje] *vt* lavar
▶ *vpr* **se débarbouiller** lavar-se o rosto

débarcadère [debarkadɛr] *nm* desembarcadouro

débarquement [debarkəmɛ̃] *nm* desembarque

débarquer [2] [debarke] *vt (marchandises)* desembarcar
▶ *vi* **1** *(passagers)* desembarcar **2** *fam (à l'improviste)* aparecer de supetão

débarras [debara] *nm (pièce)* despejo, quarto de despejo

débarrasser [1] [debarase] *vt* **1** *(pièce)* desocupar **2** *(personne)* livrar
▶ *vpr* **se débarrasser de** livrar-se de

débat [deba] *nm* debate

débattre [64] [debatr] *vt* debater
▶ *vpr* **se débattre** debater-se

débauché, -e [deboʃe] *adj* devasso, -sa, libertino, -na, dissoluto, -ta

débauche [deboʃ] *nf* libertinagem, devassidão

débaucher [1] [deboʃe] *vt* **1** *(renvoyer)* despedir, demitir, mandar embora **2** *fam (détourner de son travail)* incitar à greve **3** *(détourner de ses devoirs)* desencaminhar, tentar

débile [debil] *adj-nmf* **1** débil, frágil **2** *fam* débil mental
■ **débile mental** débil mental

débiner [1] [debine] *vt fam* criticar, falar mal de
▶ *vpr* **se débiner** *fam* ir embora, dar no pé

débit [debi] *nm* **1** *(vente)* venda *f*, bar **2** *(du bois)* corte **3** *(d'un fleuve, d'une source)* vazão *f* **4** COMM *(de compte bancaire)* débito

débiter [1] [debite] *vt* **1** *(arbre)* serrar, aparelhar **2** *(bœuf)* cortar **3** *(marchandises)* vender **4** *fam (dire à la suite)* dizer, soltar, despejar **5** COMM debitar, lançar no débito

débiteur, -trice [debitœr, -tris] *adj-nm,f* devedor, -ra

déblayer [18] [debleje] *vt* desentulhar
• **déblayer le terrain** *fig* remover os obstáculos

débloquer [2] [debloke] *vt* desbloquear

déboires [debwar] *nm pl* dissabores, aborrecimentos

déboiser [1] [debwaze] *vt* desmatar, desflorestar

déboîter [1] [debwate] *vt* **1** *(épaule)* deslocar, destroncar, luxar **2** *(porte)* desencaixar, desengonçar

▶ vi (voiture) sair da fila, mudar de faixa
▶ vpr **se déboîter 1** (porte) desencaixar-se **2** (épaule) deslocar-se

débonnaire [debɔnɛʀ] adj bonachão, -ona

débordant, -e [debɔʀdɑ̃, -ɑ̃t] adj repleto, -ta, transbordante

déborder [1] [debɔʀde] vi **1** (gén) transbordar **2** (sentiment) estar cheio de, não caber em si: *déborder de joie* não caber em si de alegria
▶ vt (s'étendre au-delà) ultrapassar, passar além de

débouché [debuʃe] nm **1** (de rue, chemin) saída f **2** (geralmente no pl) (des ventes) saída f, vendagem f **3** (de l'avenir) perspectivas f pl

déboucher [1] [debuʃe] vt **1** (bouteille) destapar **2** (conduit) desentupir
▶ vi desembocar, dar em
• **déboucher sur qqch** desembocar/dar em algo

débourser [1] [debuʀse] vt desembolsar

debout [dəbu] adv **1** (vertical) de pé, em pé, direito, -ta, ereto, -ta **2** (réveillé) em pé, levantado, -da
▶ interj **debout!** levante-se!
• **se mettre debout** levantar-se
• **ne pas tenir debout** não parar em pé

déboutonner [1] [debutɔne] vt desabotoar

débraillé, -e [debʀaje] adj desmazelado, -da

débrancher [1] [debʀɑ̃ʃe] vt-vi desconectar, desligar

débrayer [18] [debʀeje] vt desembrear

débris [debʀi] (gen en pl) nm **1** (d'une chose brisée) caco, fragmento, pedaço **2** (d'un repas) resto, sobra f **3** (d'une armée) destroços **4** (fortune) destroços, escombros

débrouillard, -e [debʀujaʀ, -aʀd] adj-nm,f fam despachado, -da, atirado, -da

débrouiller [1] [debʀuje] vt **1** (fils) desenredar, desembaraçar **2** fig (affaire) esclarecer, elucidar
▶ vpr **se débrouiller** fam arranjar-se, virar-se: *débrouille-toi tout seul!* arranje-se sozinho!, vire-se!

débroussailler [1] [debʀusaje] vt limpar o terreno

début [deby] nm princípio, início, começo
▶ nm pl **débuts 1** (d'un artiste) estreia f sing, começo da carreira **2** (première période) primórdios
• **au début** no início

débutant, -e [debytɑ̃, -ɑ̃t] adj-nm,f principiante, iniciante, novato, -ta

débuter [1] [debyte] vi **1** (artiste) estrear **2** (commencer) iniciar, começar, principiar

déca [deka] nm fam café descafeinado

deçà [dəsa] loc **en deçà de 1** (de ce côté-ci) do lado de cá, aquém de: *en deçà des Pyrénées* do lado de cá dos Pireneus **2** (au-dessous) abaixo: *les actions plongent en deçà de la barrière des 20 euros* as ações estão caindo abaixo da barreira dos 20 euros

décacheter [6] [dekaʃte] vt tirar o lacre, abrir

décade [dekad] nf dez dias m

décadence [dekadɑ̃s] nf decadência

décadent, -e [dekadɑ̃, -ɑ̃t] adj decadente

décaféiné, -e [dekafeine] adj descafeinado, -da
▶ nm **décaféiné** café descafeinado

décalage [dekalaʒ] nm **1** (spatial) diferença f, desnível **2** (temporel) intervalo, falta de sincronia **3** fig defasagem f, discrepância f
■ **décalage horaire** diferença de fuso horário

décalcomanie [dekalkɔmani] nf decalcomania

décaler [1] [dekale] vt **1** (dans l'espace) deslocar, desnivelar, desalinhar **2** (dans le temps) atrasar, adiantar

décalquer [2] [dekalke] vt decalcar, calcar

décamper [1] [dekɑ̃pe] vi fam dar no pé, mandar-se

décanter [1] [dekɑ̃te] vt decantar

décapiter [1] [dekapite] vt decapitar

décapotable [dekapɔtabl] adj-nf conversível m (veículo)

DÉCAPSULER

décapsuler [1] [dekapsyle] *vt* abrir, destapar

décapsuleur [dekapsylœʀ] *nm* abridor de garrafas

décathlon [dekatlɔ̃] *nm* SPORT decatlo, decátlon

décéder [10] [desede] *vi* falecer, morrer

déceler [9] [desle] *vt* **1** (*détecter*) detectar **2** (*indiquer*) revelar, mostrar

décembre [desɑ̃bʀ] *nm* dezembro

décence [desɑ̃s] *nf* decência

décennie [deseni] *nf* decênio *m*, década

décent, -e [desɑ̃, -ɑ̃t] *adj* decente

décentralisation [desɑ̃tʀalizasjɔ̃] *nf* descentralização

décentraliser [1] [desɑ̃tʀalize] *vt* descentralizar

décentrer [1] [desɑ̃tʀe] *vt* descentrar, descentralizar

déception [desɛpsjɔ̃] *nf* decepção

décerner [1] [desɛʀne] *vt* conceder, outorgar, atribuir

décès [desɛ] *nm* falecimento, óbito, morte *f*

décevant, -e [desəvɑ̃, -ɑ̃t] *adj* decepcionante, frustrante

décevoir [42] [desəvwaʀ] *vt* **1** (*personne*) decepcionar, desapontar **2** (*confiance*) trair **3** (*attente*) frustrar

déchaîner [1] [deʃene] *vt* desencadear
▸ *vpr* **se déchaîner 1** (*tempête*) cair, desabar **2** (*personne*) explodir, enfurecer-se

déchanter [1] [deʃɑ̃te] *vi* desencantar-se, desiludir-se

décharge [deʃaʀʒ] *nf* **1** (*gén*) descarga *f* **2** (*des poubelles*) depósito *m* de lixo **3** DR quitação

déchargement [deʃaʀʒəmɑ̃] *nm* (*de marchandises*) descarga *f*, descarregamento

décharger [4] [deʃaʀʒe] *vt* **1** (*gén*) descarregar **2** (*soulager*) aliviar **3** (*disculper*) inocentar
▸ *vpr* **se décharger** liberar-se, desembaraçar-se

décharné, -e [deʃaʀne] *adj* descarnado, -da, magro, -gra, esquelético, -ca

déchausser [1] [deʃose] *vt* descalçar, tirar os sapatos
▸ *vpr* **se déchausser 1** (*personne*) descalçar-se, tirar-se os sapatos **2** (*dent*) retrair-se a gengiva

dèche [dɛʃ] *nf fam* miséria, miserê, pindaíba

déchéance [deʃeɑ̃s] *nf* **1** (*morale; physique*) decadência **2** DR perda **3** POL deposição

déchet [deʃɛ] *nm* (*perte*) perda *f*, desperdício
▸ *nm pl* **déchets** resíduos, detritos, dejetos

déchetterie [deʃɛtʀi] *nf* depósito de resíduos recicláveis

déchiffrer [1] [deʃifʀe] *vt* (*message, énigme*) decifrar, decodificar

déchiqueter [6] [deʃikte] *vt* despedaçar, picar, rasgar

déchirant, -e [deʃiʀɑ̃, -ɑ̃t] *adj* dilacerante, torturante

déchirer [1] [deʃiʀe] *vt-vi* **1** (*étoffe, papier*) rasgar **2** (*silence*) romper, quebrar **3** (*moralement*) dilacerar, atormentar
▸ *vpr* **se déchirer 1** (*papier*) rasgar-se **2** (*personnes*) insultar-se, enxovalhar-se

déchirure [deʃiʀyʀ] *nf* (*rupture*) rasgão, ruptura, rompimento *m*
■ **déchirure musculaire** ruptura muscular

déchu, -e [deʃy] *adj* **1** (*ange*) caído, -da, decaído, -da **2** (*roi*) destronado, -da, deposto, -ta

décibel [desibɛl] *nm* decibel

décidé, -e [deside] *adj* decidido, -da

décider [1] [deside] *vt* **1** (*gén*) decidir, resolver **2** (*convaincre*) convencer, persuadir
▸ *vi* decidir
▸ *vpr* **se décider** decidir-se
• **décider de qqch** decidir algo, tomar decisão sobre algo

décilitre [desilitʀ] *nm* decilitro

décimal, -e [desimal] *adj* decimal

décimale [desimal] *nf* decimal *m*

décimer [1] [desime] *vt* dizimar

décimètre [desimɛtʀ] *nm* decímetro

décisif, -ive [desizif, -iv] *adj* decisivo, -va

décision [desizjɔ̃] *nf* decisão

déclamer [1] [deklame] *vt-vi* declamar, recitar

déclaration [deklaʀasjɔ̃] *nf* declaração
- **déclaration d'impôts** declaração de renda

déclarer [1] [deklaʀe] *vt* declarar, afirmar, manifestar
▶ *vpr* **se déclarer** declarar-se

déclenchement [deklɑ̃ʃmɑ̃] *nm* **1** *(de mécanisme)* disparo **2** *(de conflit, événement)* desencadeamento

déclencher [1] [deklɑ̃ʃe] *vt* **1** *(mécanisme)* disparar **2** *(conflit, événement)* desencadear, provocar
▶ *vpr* **se déclencher** **1** *(mécanisme)* disparar **2** *(conflit, crise)* desencadear-se, irromper

déclic [deklik] *nm* **1** *(de mécanisme)* disparador **2** *fam (psychologique)* estalo, luz

déclin [deklɛ̃] *nm* declínio

déclinaison [deklinɛzɔ̃] *nf* declinação

décliner [1] [dekline] *vi* **1** *(forces)* declinar, baixar, diminuir **2** *(jour)* declinar
▶ *vt* **1** *(nom, adjectif)* flexionar **2** *(latin)* declinar **3** *(invitation)* declinar, recusar
▶ *vpr* **se décliner** *(nom, adjectif)* flexionar-se

décocher [1] [dekɔʃe] *vt* **1** *(flèche)* lançar, disparar, desfechar **2** *(coup de poing)* desferir **3** *(regard)* lançar

décoder [1] [dekɔde] *vt* decodificar, descodificar

décodeur [dekɔdœʀ] *nm* decodificador, descodificador

décoiffer [1] [dekwafe] *vt* despentear

décoincer [3] [dekwɛ̃se] *vt* desemperrar, destravar
▶ *vpr* **se décoincer** destravar(-se)

décollage [dekɔlaʒ] *nm* decolagem *f*

décoller [1] [dekɔle] *vt-vi* decolar

décolleté, -e [dekɔlte] *adj* decotado, -da
▶ *nm* **décolleté** decote

décolorer [1] [dekɔlɔʀe] *vt* descolorir

décombres [dekɔ̃bʀ] *nm pl* escombros, destroços, entulho

décommander [1] [dekɔmɑ̃de] *vt (commande, invitation)* cancelar

décomposé, -e [dekɔ̃poze] *adj* decomposto, -ta

décomposer [1] [dekɔ̃poze] *vt* decompor
▶ *vpr* **se décomposer** decompor-se

décomposition [dekɔ̃pozisjɔ̃] *nf* decomposição

décompression [dekɔ̃pʀesjɔ̃] *nf* descompressão

décompte [dekɔ̃t] *nm* **1** *(calcul)* cálculo, contagem *f*, cômputo **2** *(déduction)* desconto *f*, dedução *f*, redução *f*

décompter [1] [dekɔ̃te] *vt* **1** *(dénombrer)* contar **2** *(déduire)* descontar, deduzir, abater
▶ *vi (horloge)* soar a hora errada

déconcentrer [1] [dekɔ̃sɑ̃tʀe] *vt* desconcentrar
▶ *vpr* **se déconcentrer** desconcentrar-se

déconcerter [1] [dekɔ̃sɛʀte] *vt* desconcertar

déconfiture [dekɔ̃fityʀ] *nf fam* fracasso *m*, ruína

décongeler [9] [dekɔ̃ʒle] *vt* descongelar

déconnecter [1] [dekɔnɛkte] *vt* desconectar, desligar

déconner [1] [dekɔne] *vi fam* **1** *(dire des bêtises)* disparatar **2** *(faire des bêtises)* desatinar **3** *(s'amuser)* divertir-se **4** *(mal fonctionner)* não funcionar direito

déconnexion [dekɔnɛksjɔ̃] *nf* desconexão

déconseiller [1] [dekɔ̃seje] *vt* desaconselhar, dissuadir, contraindicar

déconsidérer [10] [dekɔ̃sideʀe] *vt* desabonar, deixar desacreditado

décontaminer [1] [dekɔ̃tamine] *vt* descontaminar

décontenancer [3] [dekɔ̃tnɑ̃se] *vt* desconcertar, desorientar

décontracté, -e [dekɔ̃tʀakte] *adj* descontraído, -da, relaxado, -da

décontracter [1] [dekɔ̃tʀakte] *vt* descontrair, relaxar
▶ *vpr* **se décontracter** descontrair-se, relaxar-se

déconvenue [dekɔ̃vyn] *nf* contrariedade, decepção, desapontamento *m*

décor [dekɔʀ] *nm* **1** *(d'une maison)* decoração *f* **2** *(de cinéma, théâtre)* cenário

décorateur, -trice [dekɔRatœR, -tRis] *nm,f* **1** *(d'une maison)* decorador, -ra **2** *(de cinéma, théâtre)* cenarista
- **décorateur, -trice d'intérieur** decorador

décoration [dekɔRasjɔ̃] *nf* **1** *(d'un appartement)* decoração **2** *(insigne)* condecoração

décorer [1] [dekɔRe] *vt* **1** *(appartement)* decorar **2** *(militaire)* condecorar

décortiquer [2] [dekɔRtike] *vt* **1** *(fruits, riz)* descascar **2** *fig (texte, discours)* esmiuçar, dissecar

découcher [1] [dekuʃe] *vi* passar a noite fora

découdre [71] [dekudR] *vt* descosturar

découler [1] [dekule] *vi* decorrer, provir, resultar (**de**, de)

découpage [dekupaʒ] *nm* **1** *(action)* recorte, corte **2** *(jeu d'enfants)* recorte
- **découpage électoral** zoneamento eleitoral

découper [1] [dekupe] *vt* **1** *(gén)* cortar, recortar **2** *(article de journal)* recortar

décourageant, -e [dekuRaʒɑ̃, -ɑ̃t] *adj* desanimador, -ra, desalentador, -ra

décourager [4] [dekuRaʒe] *vt* **1** *(démoraliser)* desanimar, desencorajar **2** *(dissuader)* dissuadir, demover (**de**, de)
▸ *vpr* **se décourager** desanimar, desencorajar-se

décousu, -e [dekuzy] *adj* **1** *(gén)* descosturado, -da **2** *(conversation)* desconexo, -xa, desalinhavado, -da

découvert, -e [dekuvɛR, -ɛRt] *adj* descoberto, -ta
▸ *nm* **découvert** *(à la banque)* falta *f* de fundos
- **être à découvert (de)** estar a descoberto

découverte [dekuvɛRt] *nf* **1** *(gén)* descoberta **2** *(de l'Amérique)* descobrimento *m*

découvrir [21] [dekuvRiR] *vt* **1** *(trouver)* descobrir **2** *(faire connaître)* revelar **3** *(apercevoir)* enxergar, avistar, perceber
▸ *vpr* **se découvrir 1** *(gén)* descobrir-se **2** *(enlever des vêtements)* desvestir-se **3** *(le ciel)* abrir-se

décrasser [1] [dekRase] *vt* **1** *(gén)* limpar, lavar **2** *(poêle, casserole)* arear

décrépit, -e [dekRepi, -it] *adj* decrépito, -ta

décret [dekRɛ] *nm* decreto

décréter [10] [dekRete] *vt* decretar
- **décréter que** decidir que

décrire [60] [dekRiR] *vt* descrever

décrocher [1] [dekRɔʃe] *vt* **1** *(tableau)* retirar, desenganchar **2** *(téléphone)* tirar do gancho, tirar da base **3** *fam (travail, rôle)* descolar, arranjar, conseguir
▸ *vi* **1** *(gén)* desligar-se de **2** *fam (abandonner)* desistir de, abandonar **3** *fam (cesser de s'intéresser)* desinteressar-se de

décroissant, -e [dekRwasɑ̃, -ɑ̃t] *adj* decrescente

décroître [79] [dekRwatR] *vi* decrescer, diminuir

décrue [dekRy] *nf (des eaux)* baixa, descida, refluxo *m*

décrypter [1] [dekRipte] *vt* decriptar, decifrar, decodificar

déçu, -e [desy] *adj* **1** *(personne)* decepcionado, -da, desapontado, -da **2** *(désir)* frustrado, -da

dédaigner [1] [dedeɲe] *vt* desdenhar, desprezar
▸ *vi fml* negar-se, não se dignar (**de**, a)

dédaigneux, -euse [dedɛɲø, -øz] *adj* desdenhoso, -sa

dédain [dedɛ̃] *nm* desdém, desprezo, menosprezo

dédale [dedal] *nm* labirinto

dedans [dədɑ̃] *adv* dentro: *il reste quelqu'un dedans?* ficou alguém lá dentro?
▸ *nm* interior
- **de dedans** de dentro: *le bruit vient de dedans* o ruído vem de dentro
- **en dedans** por dentro

dédicace [dedikas] *nf* dedicatória

dédicacer [3] [dedikase] *vt* dedicar, pôr dedicatória em

dédier [12] [dedje] *vt* dedicar

dédire (se) [55] [dediR] *vpr* desdizer-se, retratar-se, contradizer-se

dédommager [4] [dedɔmaʒe] *vt* **1** *(d'un dommage)* indenizar, ressarcir **2** *(remercier)* compensar, retribuir, agradecer

dédoubler [1] [deduble] *vt* **1** *(déplier)* desdobrar **2** *(diviser)* dividir, separar

▶ *vpr* **se dédoubler 1** desdobrar-se **2** *fig* estar em dois lugares ao mesmo tempo

déduction [dedyksjɔ̃] *nf* dedução

déduire [58] [dedɥiʀ] *vt* deduzir

déesse [deɛs] *nf* deusa

défaillance [defajɑ̃s] *nf* **1** (*état de malaise*) fraqueza, mal-estar *m* **2** (*de la volonté*) debilidade, incapacidade **3** (*de machine*) falha, defeito *m*

défaillant, -e [defajɑ̃, -ɑ̃t] *adj* **1** (*machine*) defeituoso, -sa **2** (*personne*) abatido, -da, enfraquecido, -da, debilitado, -da

défaillir [27] [defajiʀ] *vi* **1** (*s'évanouir*) desmaiar, desfalecer **2** (*mémoire, forces*) falhar

défaire [85] [defɛʀ] *vt* desfazer, desmanchar, desmontar
▶ *vpr* **se défaire** desfazer-se, desmanchar-se
• **se défaire de qqch/qqn** desfazer-se de algo/alguém

défaite [defɛt] *nf* derrota

défaitiste [defetist] *adj-nmf* derrotista

défaut [defo] *nm* **1** (*imperfection*) defeito, imperfeição *f* **2** (*manque*) falta *f*, carência *f*
• **à défaut de** na falta de, na ausência de
• **par défaut** [MATH] a menor [DR] à revelia

défavorable [defavɔʀabl] *adj* desfavorável

défavorisé, -e [defavɔʀize] *adj* desfavorecido, -da

défavoriser [1] [defavɔʀize] *vt* desfavorecer

défection [defɛksjɔ̃] *nf* defecção, deserção

défectueux, -euse [defɛktɥø, -øz] *adj* defeituoso, -sa

défendeur, -eresse [defɑ̃dœʀ, -ʀɛs] *nm,f* réu, ré, acusado, -da, indiciado, -da, parte passiva

défendre [62] [defɑ̃dʀ] *vt* **1** (*protéger*) defender, proteger **2** (*interdire*) proibir, vedar: *je te défends d'y aller* proíbo-te de ir
▶ *vpr* **se défendre** defender-se: *il se défend bien en mathématiques* ele se defende bem em matemática

• **se défendre de** recusar-se a

défense [defɑ̃s] *nf* **1** (*protection, d'un accusé*) defesa **2** (*interdiction*) proibição **3** (*d'éléphant*) presa
• **"Défense d'afficher"** "É proibido colocar cartazes"
• **"Défense de fumer"** "É proibido fumar"

défenseur [defɑ̃sœʀ] *nm* defensor, -ra

défensif, -ive [defɑ̃sif, -iv] *adj* defensivo, -va

defensive [defɑ̃siv] *nf* defensiva
• **sur la défensive** na defensiva

déférence [defeʀɑ̃s] *nf* deferência

déferler [1] [defɛʀle] *vi* **1** (*vagues*) quebrar, arrebentar **2** (*foule*) afluir

défi [defi] *nm* desafio, provocação *m*
• **relever un défi** aceitar um desafio

défiance [defjɑ̃s] *nf* desconfiança

déficience [defisjɑ̃s] *nf* deficiência

déficient, -e [defisjɑ̃, -ɑ̃t] *adj* deficiente
▶ *nm f* deficiente

déficit [defisit] *nm* déficit

déficitaire [defisitɛʀ] *adj* deficitário, -a

défier [12] [defje] *vt* desafiar, provocar

défigurer [1] [defigyʀe] *vt* desfigurar

défilé [defile] *nm* **1** (*de troupes, chars*) desfile, passeata *f* **2** GÉOG desfiladeiro

défiler [1] [defile] *vi* **1** (*troupes, cortège*) desfilar **2** (*se succéder*) desfilar, suceder-se, passar: *le paysage défile devant nos yeux* a paisagem desfila diante de nossos olhos
▶ *vpr* **se défiler** *fam* cair fora

défini, -e [defini] *adj* definido, -da

définir [20] [definiʀ] *vt* definir
▶ *vpr* **se définir** definir-se

définitif, -ive [definitif, -iv] *adj* definitivo, -va
• **en définitive** definitivamente, afinal, finalmente

définition [definisjɔ̃] *nf* definição

déflagration [deflagʀasjɔ̃] *nm* deflagração

déflorer [1] [deflɔʀe] *vt* deflorar

défoncer [3] [defɔ̃se] *vt* **1** (*ôter le fond de*) tirar o fundo **2** (*mur*) demolir, derrubar **3** (*route*) esburacar **4** (*porte*) arrombar

▶ *vpr* **se défoncer** 1 *fam (avec des drogues)* ficar chapado (à, com) 2 *fam (au travail)* matar-se

déformation [defɔʀmasjɔ̃] *nf* deformação

■ **déformation professionnelle** deformação profissional

déformer [1] [defɔʀme] *vt* deformar
▶ *vpr* **se déformer** deformar-se

défouler (se) [1] [defule] *vpr fam* relaxar, descontrair: *il s'est défoulé en allant faire du sport* descontraiu-se praticando esporte

défrayer [18] [defʀeje] *vt fml* pagar, reembolsar
• **défrayer la chronique** ser o assunto do dia

défricher [1] [defʀiʃe] *vt* desbravar

défriser [1] [defʀize] *vt (les cheveux)* alisar

défunt, -e [defœ̃, -œ̃t] *adj-nm,f* falecido, -da, finado, -da

dégagé, -e [degaʒe] *adj* 1 *(ciel)* desanuviado, -da, limpo, -pa 2 *(front)* descoberto, -ta 3 *fig (air, allure)* desenvolto, -ta, solto, -ta

dégager [4] [degaʒe] *vt* 1 *(odeur, gaz)* desprender, emanar, exalar 2 *(table, voie, balle)* limpar, liberar, desimpedir 3 *(libérer)* liberar, desvincular (**de**, de) 4 *(idées)* depreender, extrair 5 *(argent)* liberar
▶ *vpr* **se dégager** 1 *(de ce qui gêne, d'un engagement)* libertar-se, desvencilhar-se (**de**, de) 2 *(ciel)* abrir-se, desanuviar-se

dégaine [degɛn] *nf fam* jeitão, pinta

dégainer [1] [degene] *vt* 1 *(épée)* desembainhar 2 *(revolver)* sacar

dégarnir [20] [degaʀniʀ] *vt* 1 *(gén)* desguarnecer, despojar, desprover 2 *(maison)* desmobiliar
▶ *vpr* **se dégarnir** *(front, crâne)* perder os cabelos, ficar careca

dégât [dega] *nm* estrago, dano
• **faire des dégâts** causar estragos, danificar
• **limiter les dégâts** *fig* evitar danos maiores

dégel [deʒɛl] *nm* degelo

dégeler [9] [deʒle] *vt* 1 *(gén)* degelar, descongelar 2 *fig* descontrair, deixar à vontade
▶ *vi* degelar-se

dégénérer [10] [deʒeneʀe] *vi* degenerar

dégivrer [1] [deʒivʀe] *vt* livrar do gelo, da geada

déglutition [deglytisjɔ̃] *nf* deglutição

dégonfler [1] [degɔ̃fle] *vt* desinflar, desinchar
▶ *vi* desinflar-se, desinchar
▶ *vpr* **se dégonfler** 1 *(ballon, pneu)* murchar 2 *fam (personne)* dar para trás, amarelar

dégouliner [1] [deguline] *vi* gotejar, pingar

dégourdi, -e [deguʀdi] *adj* esperto, -ta, desembaraçado, -da

dégourdir [20] [deguʀdiʀ] *vt* 1 *(jambes, doigts)* desentorpecer 2 *fig (personne)* desinibir, desembaraçar
▶ *vpr* **se dégourdir** 1 *(le corps, les jambes)* desentorpecer-se 2 *fig (personne)* desinibir-se

dégoût [degu] *nm* 1 *(aversion)* aversão *f*, repugnância *f*, nojo, asco 2 *(désintérêt)* desinteresse, desencanto
• **avoir du dégoût pour qqch** ter repugnância por algo

dégoûtant, -e [degutɑ̃, -ɑ̃t] *adj* repugnante, nojento, -ta, asqueroso, -sa

dégoûter [1] [degute] *vt* enojar, repugnar, causar aversão
▶ *vpr* **se dégoûter** enjoar, aborrecer-se (**de**, de)

dégradant, -e [degʀadɑ̃, -ɑ̃t] *adj* degradante

dégradation [degʀadasjɔ̃] *nf* 1 *(de personne, situation)* degradação 2 *(d'édifice)* deterioração

dégradé, -e [degʀade] *adj-nm* dégradé
• **en dégradé** em *dégradé*

dégrader [1] [degʀade] *vt* 1 *(personne, officier)* rebaixar, degradar 2 *(immeuble, objet)* deteriorar
▶ *vpr* **se dégrader** *(personne; situation)* degradar-se

dégrafer [1] [degʀafe] *vt* 1 *(robe, col)* abrir, desacolchetar 2 *(ceinture)* desapertar 3 *(papiers)* tirar grampos

dégraisser [1] [degʀese] *vt* desengordurar

degré [degʀe] *nm* **1** (*gén*) grau **2** *fig* (*niveau*) grau, nível

dégressif, -ive [degʀesif, -iv] *adj* (*impôt*) regressivo, -va

dégrèvement [degʀɛvmɑ̃] *nm* desoneração *f*, redução *f* de impostos

dégrever [7] [degʀəve] *vt* desonerar, reduzir impostos ou encargos

dégringoler [1] [degʀɛ̃gɔle] *vi* **1** (*d'un toit*) desabar **2** (*dans l'escalier*) cair, rolar **3** (*prix*) desabar **4** *fig* (*entreprise*) degringolar, descambar

déguenillé, -e [degənije] *adj* maltrapilho, -lha

déguerpir [20] [degɛʀpiʀ] *vi* mandar-se, dar no pé, cair fora

dégueulasse [degœlas] *adj* **1** *fam* (*dégoûtant*) nojento, -ta **2** infame, sujo, -ja: *c'est vraiment dégueulasse ce qu'elle t'a fai* o que ela te fez foi infame mesmo **3** *fam* (*temps*) péssimo, -ma, horrível
▸ *nmf fam* porco, -ca, asqueroso, -sa, canalha, sacana

dégueuler [1] [degœle] *vi vulg* vomitar, destripar o mico

déguisement [degizmɑ̃] *nm* **1** (*gén*) disfarce **2** (*pour une fête*) fantasia *f*, máscara *f*

déguiser [1] [degize] *vt* **1** (*gén*) disfarçar **2** (*pour une fête*) fantasiar
▸ *vpr* **se déguiser 1** (*gén*) disfarçar-se **2** (*pour une fête*) fantasiar-se

dégustation [degystasjɔ̃] *nf* degustação

déguster [1] [degyste] *vt* **1** (*goûter*) provar, degustar **2** (*un aliment très bon*) saborear **3** *fam* (*des coups*) levar, ganhar

déhancher (se) [1] [deɑ̃ʃe] *vpr* rebolar, requebrar

dehors [dəɔʀ] *adv* fora, para fora: *il fait froid dehors* está fazendo frio lá fora
▸ *nm* exterior, o lado de fora
• **dehors!** fora!
• **en dehors de ça** afora isso
• **mettre qqn dehors** mandar embora

déjà [deʒa] *adv* **1** (*gén*) já: *tu es déjà là!* você já está aí! **2** *fam* (*au fait*) mesmo, a propósito, aliás: *tu m'as dit à quelle heure, déjà?* a que horas você disse mesmo?

déjeuner[1] [deʒœne] *nm* (*de midi*) almoço

déjeuner[2] [1] [deʒœne] *vi* **1** (*le matin*) tomar o café da manhã **2** (*à midi*) almoçar

déjouer [1] [deʒwe] *vt* burlar, frustrar

delà [dəla] *prép* → au-delà

délabré, -e [delabʀe] *adj* **1** (*gén*) deteriorado, -da, degradado, -da **2** (*réputation*) arranhado, -da

délacer [3] [delase] *vt* desatar, desamarrar, desapertar

délai [delɛ] *nm* **1** (*gén*) prazo, demora *f*, espera *f* **2** (*sursis*) prorrogação
• **sans délai** imediatamente, sem demora
▪ **délai de livraison** prazo de entrega

délaisser [1] [delese] *vt* abandonar, deixar, largar

délasser [1] [delase] *vt* descansar, relaxar, distrair
▸ *vpr* **se délasser** descansar, distrair-se, relaxar

délation [delasjɔ̃] *nf* delação, denúncia

délavé, -e [delave] *adj* descolorido, -da, desbotado, -da, descorado, -da

délayer [18] [deleje] *vt* diluir, dissolver

délectable [delɛktabl] *adj fml* delicioso, -sa, deleitável

délecter (se) [1] [delɛkte] *vpr* deleitar-se, deliciar-se

délégation [delegasjɔ̃] *nf* delegação

délégué, -e [delege] *adj-nm,f* delegado, -da, representante

déléguer [10] [delege] *vt* delegar

délester [1] [delɛste] *vt* **1** (*voitures*) descarregar **2** *fam iron* (*voler*) aliviar (**de**, de), roubar (**de**, -)

délibération [deliberasjɔ̃] *nf* deliberação

délibéré, -e [delibeʀe] *adj* **1** (*volontaire*) deliberado, -da, premeditado, -da **2** (*air*) resoluto, -ta, decidido, -da

délibérer [10] [delibeʀe] *vi* deliberar

délicat, -e [delika, -at] *adj* **1** (*gén*) delicado, -da **2** (*difficile*) difícil, espinhoso, -sa **3** (*personnes*) luxento, -ta
• **faire le délicat** ser cheio de nove-horas

délicatesse [delikatɛs] *nf* delicadeza

délice [delis] *nm* delícia *f*

délicieux, -euse [delisjø, -øz] *adj* delicioso, -sa

délier [12] [delje] *vt* 1 (*détacher*) desatar, desligar, desamarrar 2 *fig* (*d'un serment*) liberar, desvincular

délimiter [1] [delimite] *vt* delimitar

délinquance [delɛ̃kɑ̃s] *nf* delinquência

délinquant, -e [delɛ̃kɑ̃, -ɑ̃t] *adj-nm,f* delinquente

délirant, -e [delirɑ̃, -ɑ̃t] *adj* delirante
• **c'est délirant** é uma loucura!

délire [delir] *nm* delírio

délirer [1] [delire] *vi* delirar

délit [deli] *nm* delito

délivrance [delivrɑ̃s] *nf* 1 (*d'un prisonnier, d'un pays*) libertação 2 (*d'un document*) expedição 3 (*d'un permis*) concessão 4 (*d'un bébé*) parto *m*

délivrer [1] [delivre] *vt* 1 (*prisonnier*) libertar, soltar 2 (*pays*) libertar 3 (*document*) expedir 4 (*marchandise*) entregar
▸ *vpr* **se délivrer** 1 libertar-se, livrar-se (**de**, de) 2 *fig* livrar-se, aliviar-se

déloger [4] [deloʒe] *vt* despejar

déloyal, -e [delwajal] *adj* desleal

delta [dɛlta] *nm* delta

deltaplane [dɛltaplan] *nm* asa-delta

déluge [delyʒ] *nm* dilúvio

déluré, -e [delyre] *adj* 1 (*éveillé*) esperto, -ta, ativo, -va 2 (*fripon*) atrevido, -da

démagogie [demagoʒi] *nf* demagogia

démagogue [demagog] *nmf* demagogo, -ga

demain [dəmɛ̃] *adv* amanhã: ***demain matin*** amanhã de manhã
• **à demain!** até amanhã!

demande [dəmɑ̃d] *nf* 1 (*souhait*) pedido *m*, solicitação 2 (*démarche*) requerimento *m* 3 (*question*) pergunta 4 COMM encomenda, pedido *m* 5 DR demanda, questão judicial, litígio *m* 6 ÉCON demanda, procura
• **à la demande de qqn** a pedido de alguém

demander [1] [dəmɑ̃de] *vt* 1 (*gén*) pedir: ***il lui a demandé de le faire*** pediu-lhe que o fizesse 2 (*questionner*) perguntar 3 (*nécessiter*) demandar, exigir, requerer: ***ta proposition demande réflexion*** sua proposta exige reflexão
▸ *vpr* **se demander** perguntar-se: ***je me demande quelle heure il peut être*** eu me pergunto que horas serão
• **demander après qqn** perguntar por alguém
• **ne pas demander mieux (que)** não desejar nada além (*de*)

demandeur, -euse [dəmɑ̃dœr, -øz] *nm,f* solicitante
■ **demandeur, -euse d'emploi** solicitante de emprego, desempregado

démangeaison [demɑ̃ʒɛzɔ̃] *nf* 1 (*de la peau*) prurido *m*, coceira 2 *fig* (*envie*) comichão *m*, tentação, desejo *m*

démanger [4] [demɑ̃ʒe] *vt* 1 (*plaie, corps*) dar coceira 2 *fig* (*avoir envie*) querer muito, morrer de vontade: ***ça me démange de le lui dire*** estou morrendo de vontade de lhe dizer isso

démanteler [9] [demɑ̃tle] *vt* desmantelar

démaquillant, -e [demakijɑ̃, -ɑ̃t] *adj* desmaquilante, demaquilante
▸ *nm* **démaquillant** desmaquilante, removedor de maquilagem

démaquiller (se) [1] [demakije] *vpr* desmaquilar-se, tirar a maquilagem

démarcation [demarkasjɔ̃] *nf* 1 (*de région, pays*) demarcação 2 *fig* (*limite*) limite *m*

démarchage [demarʃaʒ] *nm* venda *f* de porta em porta

démarche [demarʃ] *nf* 1 (*allure*) andar *m*, passo *m*, marcha 2 atitude, comportamento *m*, conduta 3 (*requête*) diligência, providência 4 (*raisonnement*) enfoque *m*, abordagem, método *m*

démarcher [1] [demarʃe] *vt* visitar cliente

démarquer (se) [2] [demarke] *vpr* distinguir-se

démarrage [demaraʒ] *nm* 1 (*gén*) arranque, partida *f* 2 SPORT largada *f*, saída *f* 3 INFORM boot, iniciação

démarrer [1] [demare] *vt* (*projet*) começar, ter início
▸ *vi* 1 (*se mettre à fonctionner-véhicule*) pegar 2 (*s'éloigner*) arrancar, partir 3 (*éco-*

nomie, entreprise) deslanchar, decolar **4** SPORT acelerar, tomar a dianteira

démarreur [demaʀœʀ] *nm* motor de arranque

démasquer [2] [demaske] *vt* desmascarar

démêlant, -e [demelɑ̃, -ɑ̃t] *adj* condicionador, -ra capilar
▶ *nm* **démêlant** condicionador capilar

démêlé [demele] *nm* briga *f*, desentendimento

démêler [1] [demele] *vt* **1** (*cheveux*) desembaraçar **2** *fig* (*affaire, mystère*) esclarecer, desvendar
▶ *vpr* **se démêler** (*cheveux*) desembaraçar-se

démembrer [1] [demɑ̃bʀe] *vt* desmembrar

déménagement [demenaʒmɑ̃] *nm* mudança *f* de casa

déménager [4] [demenaʒe] *vt* (*meubles*) mudar, transportar
▶ *vi* mudar-se

démence [demɑ̃s] *nf* **1** (*trouble mental*) demência **2** (*bêtise*) loucura, insensatez

démener (se) [7] [demne] *vpr* **1** (*se débattre*) debater-se **2** *fig* (*pour réussir*) lutar, labutar

dément, -e [demɑ̃, -ɑ̃t] *adj-nm,f* demente

démenti [demɑ̃ti] *nm* desmentido

démentir [28] [demɑ̃tiʀ] *vt* desmentir

démerder (se) [1] [demɛʀde] *vpr fam* arranjar-se, virar-se

démériter [1] [demeʀite] *vi* desmerecer

démesuré, -e [demezyʀe] *adj* desmedido, -da, exagerado, -da, excessivo, -va

démettre [81] [demɛtʀ] *vt* **1** (*os*) deslocar, luxar, destroncar **2** (*de ses fonctions*) destituir (**de**, de)
▶ *vpr* **se démettre** **1** (*épaule*) deslocar-se, luxar-se **2** (*renoncer*) demitir-se (**de**, de)

demeure [dəmœʀ] *nf fml* **1** (*domicile*) domicílio *m* **2** (*maison*) casa, morada
• **à demeure** definitivamente, para sempre

demeuré, -e [dəmœʀe] *adj-nm,f* retardado, -da

demeurer [1] [dəmœʀe] *vi* **1** (*habiter*) residir, morar **2** (*dans un état*) permanecer, ficar, persistir

demi, -e [dəmi] *adj inv* (com hífen, antes de substantivo) meio, -a, semi(-): *il est trois heures et demie* são três e meia; *il y a une demi-heure* faz meia hora; *la salle est demi-vide* a sala está meio vazia; *demi-nu* seminu
▶ *nm* **demi 1** (*de bière*) caneca *f* de meio litro **2** SPORT (*au football*) meia-direita, meia-esquerda
• **faire les choses à demi** fazer as coisas pela metade

demi-cercle [dəmisɛʀkl] *nm* (*pl* **demi-cercles**) semicírculo

demi-douzaine [dəmiduzɛn] *nf* (*pl* **demi-douzaines**) meia dúzia

demi-écrémé, -e [dəmiekʀeme] *adj* (*pl* **demi-écrémés, -ées**) semidesnatado, -da

demi-finale [dəmifinal] *nf* (*pl* **demi-finales**) semifinal

demi-frère [dəmifʀɛʀ] *nm* (*pl* **demi-frères**) meio-irmão

demi-heure [dəmijœʀ] *nf* (*pl* **demi-heures**) meia hora

demi-journée [dəmiʒuʀne] *nf* (*pl* **demi-journées**) meio-dia *m*, meia jornada

démilitariser [1] [demilitaʀize] *vt* desmilitarizar

demi-litre [dəmilitʀ] *nm* (*pl* **demi-litres**) meio litro

demi-mesure [dəmiməzyʀ] *nf fig* medidas paliativas

demi-mot [dəmimo] *nm* eufemismo, subentendido
• **comprendre à demi-mot** ser bom entendedor, entender meias palavras

déminer [1] [demine] *vt* destruir minas

demi-pension [dəmipɑ̃sjɔ̃] *nf* (*pl* **demi-pensions**) meia pensão

démis, -e [demi, -iz] *adj* deslocado, -da, luxado, -da

demi-saison [dəmisɛzɔ̃] *nf* (*pl* **demi-saisons**) meia-estação

demi-sœur [dəmi] *nf* (*pl* **demi-sœurs**) meia-irmã

démission [demisjɔ̃] *nf* demissão
• **donner sa démission** pedir demissão, demitir-se

démissionner [1] [demisjɔne] *vt* demitir
▶ *vi* demitir-se

demi-tarif [dəmitaʀif] *nm* (*pl* **demi-tarifs**) meia tarifa *f*, meia *f*

demi-ton [dəmitɔ̃] *nm* (*pl* **demi-tons**) MUS semitom

demi-tour [dəmituʀ] *nm* (*pl* **demi-tours**) meia-volta *f*
• **faire demi-tour** dar meia-volta

démobiliser [1] [demɔbilize] *vt* desmobilizar

démocrate [demɔkʀat] *adj-nmf* democrata

démocratie [demɔkʀasi] *nf* democracia

démocratique [demɔkʀatik] *adj* democrático, -ca

démocratiser [1] [demɔkʀatize] *vt* democratizar

démodé, -e [demɔde] *adj* démodé, fora de moda

démoder (se) [1] [demɔde] *vpr* sair de moda, cair de moda

démographie [demɔgʀafi] *nf* demografia

démographique [demɔgʀafik] *adj* demográfico, -ca

demoiselle [dəmwazɛl] *nf* senhorita
■ **demoiselle d'honneur** dama de honra

démolir [20] [demɔliʀ] *vt* **1** (*immeuble*) demolir **2** (*mettre en pièces*) destruir, destroçar, desmantelar **3** *fig* (*réputation, théorie*) arruinar, destruir

démolition [demɔlisjɔ̃] *nf* demolição

démon [demɔ̃] *nm* demônio

démoniaque [demɔnjak] *adj-nmf* demoníaco, -ca

démonstratif, -ive [demɔ̃stʀatif, -iv] *adj* (*gén*) demonstrativo, -va **2** (*personnes*) expansivo, -va

démonstration [demɔ̃stʀasjɔ̃] *nf* demonstração

démonter [1] [demɔ̃te] *vt* **1** (*machine*) desmontar **2** *fig* (*troubler*) desconcertar, embaraçar
▶ *vpr* **se démonter 1** (*machine, mécanisme*) ser desmontável **2** *fig* (*personne*) desconcertar-se, perder o sangue-frio: *il ne s'est pas démonté et lui a demandé une augmentation* não perdeu o sangue-frio e pediu aumento

démontrer [1] [demɔ̃tʀe] *vt* demonstrar

démoralisant, -e [demɔʀalizɑ̃, -ɑ̃t] *adj* desanimador, -ra, deprimente

démoraliser [1] [demɔʀalize] *vt* abater, desanimar, deprimir
▶ *vpr* **se démoraliser** abater-se, desanimar, deprimir-se

démordre [62] [demɔʀdʀ] *vt* **démordre de** desistir de
• **démordre de ses principes** renegar seus princípios
• **ne pas démordre de son erreur** não reconhecer o erro, não dar o braço a torcer

démuni, -e [demyni] *adj* **1** (*gén*) desprovido, -da **2** (*pauvre*) sem recursos

dénaturer [1] [denatyʀe] *vt* **1** (*goût*) alterar, adulterar **2** (*pensée, paroles*) deturpar, falsear

dénégation [denegasjɔ̃] *nf* denegação, negação, negativa

dénicher [1] [deniʃe] *vt* **1** (*livre, objet rare*) desencavar, cavar, desenterrar **2** *fig* (*faire sortir*) desalojar, fazer sair

dénigrer [1] [denigʀe] *vt* denegrir

déniveler [5] [denivle] *vt* desnivelar

dénivellation [denivelasjɔ̃] *nf* desnivelamento *m*, desnível *m*

dénombrer [1] [denɔ̃bʀe] *vt* **1** (*choses*) enumerar **2** (*habitants*) recensear

dénominateur [denɔminatœʀ] *nm* denominador

dénomination [denɔminasjɔ̃] *nf* denominação

dénommée [denɔme] *adj* **un, -e dénommé, -e** um, -uma tal, certo, -ta: *un dénommé Marc* um tal Marc

dénoncer [3] [denɔ̃se] *vt* **1** (*crime, complice*) denunciar **2** (*dévoiler*) revelar

dénonciation [denɔ̃sjasjɔ̃] *nf* denúncia

dénoter [1] [denɔte] *vt* denotar

dénouement [denumɑ̃] *nm* desenlace, desfecho

dénouer [1] [denwe] *vt* **1** (*nœud*) desatar, soltar **2** (*affaire*) desenredar, resolver

dénoyauter [1] [denwajɔte] vt descaroçar

denrée [dɑ̃ʀe] nf gênero m alimentício, mercadoria
- **denrées comestibles** gêneros m pl alimentícios

dense [dɑ̃s] adj denso, -sa

densité [dɑ̃site] nf densidade

dent [dɑ̃] nf dente m
• **claquer des dents** bater o dentes
• **faire ses dents** (bébé) nascerem os dentes
• **n'avoir rien à se mettre sous la dent** não ter nada para comer
• **montrer les dents** mostrar os dentes, ameaçar
• **parler entre ses dents** falar entre dentes
- **dent de lait** dente de leite
- **dent de sagesse** dente do siso

dentaire [dɑ̃tɛʀ] adj dental, dentário, -a

dental, -e [dɑ̃tal] adj dental, dentário, -a

denté, -e [dɑ̃te] adj dentado, -da, denteado, -da

dentelé, -e [dɑ̃tle] adj dentado, -da, denteado, -da, recortado, -da

dentelle [dɑ̃tɛl] nf (tissu) renda

dentier [dɑ̃tje] nm dentadura f, prótese f dentária

dentifrice [dɑ̃tifʀis] nm dentifrício, pasta f de dentes, creme dental

dentiste [dɑ̃tist] nmf dentista

denture [dɑ̃tyʀ] nf 1 (d'une personne) dentadura, dentição 2 (d'une roue) dentes m pl

dénuder [1] [denyde] vt 1 (corps) despir, desvestir 2 (fil électrique) descobrir, desencapar
▸ vpr **se dénuder** despir-se, desvestir-se

dénué, -e [denɥe] adj desprovido, -da, privado, -da

dénuement [denymɑ̃] nm indigência f, pobreza f, penúria f

dénutrition [denytʀisjɔ̃] nf desnutrição

déodorant, -e [deɔdɔʀɑ̃, -ɑ̃t] adj desodorante, desodorizante
▸ nm **déodorant** desodorante

déontologie [deɔ̃tɔlɔʒi] nf deontologia

dépannage [depanaʒ] nm 1 (réparation) conserto 2 (aide) socorro (mecânico)

dépanner [1] [depane] vt 1 (voiture) consertar 2 (aider) prestar socorro mecânico 3 fam fig (personne) socorrer, tirar do aperto

dépanneur, -euse [depanœʀ, -øz] nm,f 1 (gén) técnico, -ca 2 (de voitures) mecânico, -ca

dépanneuse [depanøz] nf socorro m mecânico, guincho m

dépareillé, -e [depaʀeje] adj (chaussettes, gants) sem par

départ [depaʀ] nm 1 (de personne, train, avion) partida f 2 (de course) largada f 3 (début) início, começo, ponto de partida
• **au départ** no início

départager [4] [depaʀtaʒe] vt desempatar

département [depaʀtəmɑ̃] nm departamento

départemental, -e [depaʀtəmɑ̃tal] adj departamental

départementale [depaʀtəmɑ̃tal] nf (route) rodovia departamental

dépassé, -e [depase] adj 1 (démodé) fora de moda 2 (par les événements) superado, -da, ultrapassado, -da

dépassement [depasmɑ̃] nm 1 (voiture) ultrapassagem f 2 (excès) excedente, excesso 3 (surpassement) superação f

dépasser [1] [depase] vt 1 (voiture) ultrapassar 2 (limite, quantité) exceder 3 (en hauteur) exceder, superar 4 (prévision, attente) superar
▸ vi sobressair (**de**, de)
• **cela me dépasse** fam isso é demais para mim

dépayser [1] [depeize] vt 1 (troubler) desorientar, desnortear 2 (changer) mudar de ambiente

dépecer [7] [depəse] vt despedaçar

dépêche [depɛʃ] nf 1 (diplomatique) despacho m 2 (information) notícia 3 (télégraphique) telegrama m

dépêcher (se) [1] [depeʃe] vpr apressar-se
• **se dépêcher de faire qqch** apressar-se a fazer algo

dépeigné, -e [depeɲe] *adj* despenteado, -da

dépeindre [76] [depɛ̃dʀ] *vt* descrever, pintar

dépénaliser [1] [depenalize] *vt* descriminalizar, descriminar

dépendance [depɑ̃dɑ̃s] *nf* dependência
▸ *nf pl* **dépendances** anexo *m*

dépendant, -e [depɑ̃dɑ̃, -ɑ̃t] *adj* dependente

dépendre [62] [depɑ̃dʀ] *vi* depender (**de**, de)
▸ *v impers* depender: **il dépend de vous que ce projet se concrétise** a concretização desse projeto depende de você/do senhor/da senhora
▸ *vt* (*tableau*) retirar da parede
• **ça dépend** depende

dépens [depɑ̃] *nm pl* DR custas *f pl*
• **aux dépens de qqn** *fig* à(s) custa(s) de alguém

dépense [depɑ̃s] *nf* despesa, custo *m*

dépenser [1] [depɑ̃se] *vt* **1** (*argent*) gastar **2** (*efforts, temps*) despender
▸ *vpr* **se dépenser** esgotar-se, cansar-se

dépensier, -ère [depɑ̃sje, -ɛʀ] *adj-nm,f* gastador, -ra, perdulário, -a

dépérir [20] [depeʀiʀ] *vi* **1** (*personne*) debilitar-se, enfraquecer, definhar **2** *fig* (*affaire, entreprise*) decair

dépêtrer (se) [1] [depetʀe] *vpr* livrar-se, desvencilhar-se, desfazer-se (**de**, de)

dépeupler (se) [1] [depœple] *vpr* despovoar-se

déphasé, -e [defaze] *adj* defasado, -da

dépilatoire [depilatwaʀ] *adj* depilatório, -a

dépistage [depistaʒ] *nm* (*d'une maladie*) detecção *f*
■ **dépistage du SIDA** teste de detecção da AIDS

dépit [depi] *nm* despeito
• **en dépit de** apesar de, a despeito de

dépité, -e [depite] *adj* despeitado, -da

déplacé, -e [deplase] *adj* **1** (*remarque*) inoportuno, -na, inconveniente **2** (*personne*) deslocado, -da

déplacement [deplasmɑ̃] *nm* deslocamento

déplacer [3] [deplase] *vt* **1** (*une chose*) deslocar, mudar de lugar **2** (*un employé*) transferir, remover **3** *fig* (*problème, conversation*) mudar de, desviar **4** (*faire venir-médecin, dépanneur*) chamar **5** (*dans le temps*) mudar, transferir
▸ *vpr* **se déplacer** **1** (*gén*) mover-se, movimentar-se, deslocar-se **2** (*marcher*) locomover-se **3** (*voyager*) viajar

déplaire [78] [deplɛʀ] *vi* desagradar

déplaisant, -e [deplɛzɑ̃, -ɑ̃t] *adj* desagradável

dépliant [deplijɑ̃] *nm* folheto, prospecto

déplier [12] [deplije] *vt* desdobrar, estender, abrir

déploiement [deplwamɑ̃] *nm* **1** (*gén*) desdobramento **2** (*des ailes*) abertura *f* **3** (*des drapeaux*) desfraldamento **4** (*démonstration*) demonstração *f*, ostentação *f*, exibição *f* **5** (*développement*) desenvolvimento

déplorable [deplɔʀabl] *adj* deplorável

déplorer [1] [deplɔʀe] *vt* deplorar

déployer [16] [deplwaje] *vt* **1** (*troupes*) pôr em formação de combate **2** (*ailes, voile*) abrir **3** *fig* (*richesse*) exibir, ostentar **4** (*courage*) manifestar, demonstrar

déplumer [1] [deplyme] *vt* depenar

dépopulation [depɔpylasjɔ̃] *nf* despovoamento *m*

déportation [depɔʀtasjɔ̃] *nf* deportação

déporter [1] [depɔʀte] *vt* **1** (*personne*) deportar **2** (*de la direction*) desviar, afastar

déposé, -e [depoze] *adj* registrado, -da (*marca*)

déposer [1] [depoze] *vt* **1** (*argent, sédiments*) depositar **2** (*accompagner*) deixar: **je te déposerai chez toi après le cinéma** depois do cinema, te deixo em casa **3** DR (*plainte*) apresentar (*queixa*), mover (*ação*)
▸ *vi* **1** (*liquide*) depositar-se **2** DR depor
▸ *vpr* **se déposer** (*poussière*) depositar-se, pousar, baixar

dépositaire [depoziteʀ] *nmf* depositário, -a

déposition [depozisjɔ̃] *nf* DR depoimento *m*

déposséder [10] [depɔsede] vt desapossar, despojar, espoliar

dépôt [depo] nm depósito
- **dépôt d'autobus** garagem
- **dépôt d'ordures** depósito de lixo
- **dépôt légal** depósito legal

dépotoir [depotwaʀ] nm 1 (*usine*) estação f de tratamento de resíduos 2 (*lieu*) depósito de lixo

dépouille [depuj] nf 1 (*d'animal*) pele, despojo m 2 (*d'être humain*) restos mortais m pl, despojos m pl

dépouillement [depujmã] nm 1 (*sobriété*) austeridade f, sobriedade f 2 (*des votes*) contagem f, escrutínio

dépouiller [1] [depuje] vt 1 (*enlever*) tirar a pele, despelar 2 (*des biens*) despojar 3 (*examiner*) examinar, analisar
▶ vpr **se dépouiller** 1 (*serpent*) trocar de pele 2 (*perdre, renoncer à*) despojar-se (**de**, de)
• **dépouiller un scrutin** contar os votos

dépourvu, -e [depuʀvy] adj desprovido, -da (**de**, de)
• **au dépourvu** de improviso, de surpresa, de supetão

dépoussiérer [10] [depusjere] vt tirar o pó

dépravé, -e [depʀave] adj-nm,f depravado, -da

déprécier [12] [depʀesje] vt 1 (*valeur*) depreciar, desvalorizar 2 (*personne*) desprezar, menosprezar

dépressif, -ive [depʀesif, -iv] adj-nm,f depressivo, -va

dépression [depʀesjɔ̃] nf depressão

déprimant, -e [depʀimã, -ãt] adj deprimente, depressivo, -va

déprime [depʀim] nf fam fossa, depressão
• **faire une déprime** fam ficar na fossa

déprimé, -e [depʀime] adj deprimido, -da

déprimer [1] [depʀime] vt deprimir
▶ vi fam ficar deprimido

depuis [dəpɥi] prép 1 (*temps*) desde: **je n'ai rien mangé depuis hier** não comi nada desde ontem 2 (*durée*) há, faz: **il est à Paris depuis un mois** está em Paris há um mês; **depuis combien de temps êtes-vous arrivé?** faz quanto tempo que você chegou? 3 (*espace*) desde, de: **la ville s'étend depuis la montagne jusqu'au fleuve** a cidade se estende da montanha ao rio
▶ adv desde então: **elle s'est mariée et je ne l'ai pas revue depuis** ela se casou, e não a vi desde então
• **depuis que** desde que

député [depyte] nm 1 POL deputado, -da 2 (*représentant*) representante
- **député européen** eurodeputado, -da

déraciner [1] [deʀasine] vt 1 (*arbre*) arrancar pela raiz 2 fig (*personne*) desarraigar, desenraizar

déraillement [deʀajmã] nm descarrilamento

dérailler [1] [deʀaje] vi 1 (*train*) descarrilar 2 (*mécanisme*) falhar, funcionar mal 3 fam fig (*personne*) desatinar, desvairar

dérailleur [deʀajœʀ] nm câmbio (de bicicleta)

déraisonnable [deʀɛzɔnabl] adj disparatado, -da, insensato, -ta

dérangement [deʀɑ̃ʒmã] nm 1 (*gêne*) perturbação f, incômodo 2 (*déplacement*) viagem m: **ça valait le dérangement** merecia a viagem
• **en dérangement** não funciona

déranger [4] [deʀɑ̃ʒe] vt 1 (*mettre en désordre*) desarrumar 2 (*personne*) perturbar, incomodar, importunar: **ça vous dérange si j'ouvre la fenêtre?** incomoda-se se eu abrir a janela?
▶ vpr **se déranger** incomodar-se: **ne vous dérangez pas pour moi** não se incomode por minha causa

dérapage [deʀapaʒ] nm 1 (*sur le sol*) derrapagem f 2 (*erreur*) deslize

déraper [1] [deʀape] vi 1 (*sur le sol*) derrapar 2 fig (*prix*) descontrolar-se

dérégler [10] [deʀegle] vt 1 (*mécanisme*) estragar, desarranjar 2 (*perturber*) perturbar 3 (*conduite*) desregrar

déréguler [1] [deʀegyle] vt desregular

dérider [1] [deʀide] vt alegrar, fazer sorrir

dérision [deʀizjɔ̃] nf zombaria
• **tourner en dérision** caçoar de, zombar de

dérisoire [deʀizwaʀ] *adj* irrisório, -a, ridículo, -la

dérivation [deʀivasjɔ̃] *nf* derivação

dérive [deʀiv] *nf* deriva
• **aller à la dérive** ficar à deriva, perder o rumo

dérivé [deʀive] *nm* derivado

dériver [1] [deʀive] *vi* **1** *(bateau, avion)* ficar à deriva, sair da rota **2** *(provenir)* derivar (**de**, de)

dériveur [deʀivœʀ] *nm* balandra *f*

dermatologie [dɛʀmatɔlɔʒi] *nf* dermatologia

dermatologue [dɛʀmatɔlɔg] *nmf* dermatologista

dernier, -ère [dɛʀnje, -ɛʀ] *adj* **1** *(gén)* último, -ma **2** *(antérieur)* passado, -da: **le mois dernier** o mês passado
▶ *nm,f* último, -ma
• **en dernier** por último, em último lugar

dernier-né [dɛʀnjene] *nm* filho menor, caçula

dernière-née [dɛʀnjɛʀne] *nf* filha menor, caçula

dérober [1] [deʀɔbe] *vt* furtar, roubar
▶ *vpr* **se dérober 1** *(le sol)* faltar **2** *(devoir, obligation)* esquivar-se, furtar-se (**à**, a)

dérogation [deʀɔgasjɔ̃] *nf* **1** DR derrogação **2** *(exception)* violação, exceção, desvio *m* (em relação a uma norma)

déroulement [deʀulmɑ̃] *nm* **1** *(des événements)* desenrolar (subst.), curso **2** *(action)* desenvolvimento

dérouler [1] [deʀule] *vt* *(bobine, rouleau de papier)* desenrolar
▶ *vpr* **se dérouler** *(événement)* desenrolar-se

déroutant, -e [deʀutɑ̃, -ɑ̃t] *adj* desconcertante

déroute [deʀut] *nf* **1** *(fuite)* debandada **2** *fig (confusion)* desordem, confusão

dérouter [1] [deʀute] *vt* **1** *(faire changer de route)* desviar **2** *(déconcerter)* desconcertar, desnortear, desorientar

derrière [dɛʀjɛʀ] *prép* atrás de: **l'hôtel est situé derrière la mairie** o hotel fica atrás da prefeitura
▶ *adv* detrás, atrás, para trás: **elle est restée derrière** ela ficou para trás
▶ *nm* **1** *(partie arrière)* parte *f* de trás, traseira *f*: **il a reçu un coup sur le derrière de la tête** recebeu uma pancada na parte de trás da cabeça **2** *(partie du corps)* traseiro

des [de] *contr* (**de** + **les**) uns, -mas, alguns, -mas, ∅: **il y a des mois que je ne suis pas allé en France** há (alguns) meses não vou para a França
▶ *det* **1** *(gén)* dos, das: **il vient des États-Unis** está chegando dos Estados Unidos; **les raquettes des joueurs** as raquetes dos jogadores **2** *(manière, moyen)* com: **dévorer des yeux** devorar com os olhos **3** *(partitif)* ∅: **manger des pommes** comer maçãs

dès [dɛ] *prép* **1** desde, a partir de: **il l'a aimée dès le premier jour** amou-a desde o primeiro dia **2** assim que: **je te téléphonerai dès mon arrivée** telefono-lhe assim que chegar
• **dès lors** desde então *(fig)* então, portanto, por conseguinte
• **dès maintenant** a partir de agora, de agora em diante, doravante
• **dès que** logo que, assim que
• **dès lors que** uma vez que

désabusé, -e [dezabyze] *adj* desencantado, -da, desiludido, -da

désaccord [dezakɔʀ] *nm* **1** *(personnes)* desacordo **2** *(choses)* desacordo, discordância

désaccordé, -e [dezakɔʀde] *adj* desafinado, -da

désactiver [1] [dezaktive] *vt* desativar

désaffecté, -e [dezafɛkte] *adj* sem uso, fora de uso

désagréable [dezagʀeabl] *adj* desagradável

désagréger (se) [11] [dezagʀeʒe] *vpr* desagregar-se

désagrément [dezagʀemɑ̃] *nm* contrariedade *f*

désaltérant, -e [dezaltɛʀɑ̃, -ɑ̃t] *adj* refrescante

désaltérer (se) [10] [dezaltere] *vpr* matar a sede

désamorcer [3] [dezamɔʀse] *vt* **1** *(bombe)* desarmar **2** *(conflit)* debelar

désappointé, -e [dezapwɛ̃te] *adj* desapontado, -da, decepcionado, -da

désapprobation [dezapʀɔbasjɔ̃] *nf* desaprovação, reprovação

désapprouver [1] [dezapʀuve] *vt* desaprovar, reprovar

désarmement [dezaʀməmɑ̃] *nm* desarmamento

désarmer [1] [dezaʀme] *vt* desarmar

désarroi [dezaʀwa] *nm* confusão *f*, perplexidade *f*, desorientação *f*

désarticuler [1] [dezaʀtikyle] *vt* desarticular

désastre [dezastʀ] *nm* desastre, catástrofe *f*

désastreux, -euse [dezastʀø, -øz] *adj* desastroso, -sa, catastrófico, -ca

désavantage [desavɑ̃taʒ] *nm* desvantagem *f*

désavantager [4] [dezavɑ̃taʒe] *vt* prejudicar, pôr em desvantagem

désavouer [1] [dezavwe] *vt* 1 (*refuser de reconnaître*) negar, renegar, não reconhecer: *désavouer son fils* negar-se a reconhecer o filho 2 (*nier une autorisation*) negar autorização, desautorizar: *désavouer son avocat* desautorizar seu advogado 3 (*rétracter*) retratar-se de, contradizer, desdizer: *désavouer une affirmation* retratar-se de uma afirmação 4 (*condamner*) condenar, desaprovar, reprovar: *désavouer une attitude* condenar uma atitude

désaxé, -e [dezakse] *adj-nm,f* 1 MÉC desalinhado, -da 2 (*personne*) desequilibrado, -da

descendance [desɑ̃dɑ̃s] *nf* (*lignée*) descendência, prole

descendant, -e [desɑ̃dɑ̃, -ɑ̃t] *nm,f* descendente

descendre [62] [desɑ̃dʀ] *vi* 1 (*gén*) descer 2 (*séjourner*) hospedar-se: *descendre à l'hôtel* hospedar-se no hotel 3 (*juge, police*) comparecer perante, apresentar-se 4 (*d'une lignée*) descender (**de**, de)
▶ *vt* 1 (*porter vers le bas*) descer, baixar: *descendre un meuble* descer um móvel 2 (*l'escalier, une montagne*) descer 3 (*déposer*) deixar: *l'autobus vous descend à la plage* o ônibus o deixa na praia 3 *fam* (*homme*) matar 4 (*avion*) abater, derrubar

descente [desɑ̃t] *nf* 1 (*action*) descida 2 (*d'un vaisseau*) desembarque *m* 3 (*de la police*) devassa, batida 4 (*pente, chemin*) descida, ladeira, declive *m*
■ **descente de croix** descida da cruz
■ **descente de lit** tapete *m* de cama

descriptif, -ive [dɛskʀiptif, -iv] *adj* descritivo, -va

description [dɛɛskʀipsjɔ̃] *nf* descrição

désemparé, -e [dezɑ̃paʀe] *adj* desamparado, -da

désemparer [1] [dezɑ̃paʀe] *loc* **sans désemparer** ininterruptamente, sem parar

désenchanter [1] [dezɑ̃ʃɑ̃te] *vt* desencantar, desiludir, decepcionar

désenfler [1] [dezɑ̃fle] *vi* desinchar

désengager (se) [4] [dezɑ̃gaʒe] *vpr* desobrigar-se, liberar-se de um compromisso

désensibiliser [1] [desɑ̃sibilize] *vt* dessensibilizar

déséquilibre [dezekilibʀ] *nm* desequilíbrio

déséquilibré, -e [dezekilibʀe] *adj-nm,f* desequilibrado, -da

déséquilibrer [1] [dezekilibʀe] *vt* desequilibrar

désert, -e [dezɛʀ, -ɛʀt] *adj* deserto, -ta
▶ *nm* **désert** deserto

déserter [1] [dezɛʀte] *vt* 1 (*un lieu*) deixar, abandonar 2 *fig* (*une cause*) abandonar
▶ *vi* (*l'armée*) desertar

déserteur [dezɛʀtœʀ] *nm* desertor

désertification [dezɛʀtifikasjɔ̃] *nf* desertificação

désertion [dezɛʀsjɔ̃] *nf* deserção

désertique [dezɛʀtik] *adj* desértico, -ca

désespérant [dezɛspeʀɑ̃] *adj* desesperador, -ra

désespéré, -e [dezɛspere] *adj-nm,f* desesperado, -da

désespérer [10] [dezɛspeʀe] *vt* (*décourager*) desesperar
▶ *vi* (*manquer d'espoir*) não ter esperança (**de**, em): *je désespère de lui* não tenho esperança nele
▶ *vpr* **se désespérer** (*se tourmenter*) desesperar(-se)

• **désespérer que** ter pouca esperança de que, perder a esperança de que
désespoir [dezɛspwaʀ] *nm* desespero, desesperança *f*
• **en désespoir de cause** em desespero de causa, como último recurso
déshabiller [1] [dezabije] *vt* desvestir, despir
▸ *vpr* **se déshabiller** desvestir-se, despir-se
déshabituer [1] [dezabitɥe] *vt* desacostumar, desabituar
désherbant [dezɛʀbɑ̃] *nm* herbicida
déshérité, -e [dezeʀite] *adj-nm,f* deserdado, -da
déshériter [1] [dezeʀite] *vt* deserdar
déshonneur [dezɔnœʀ] *nm* desonra *f*
déshonorer [1] [dezɔnɔʀe] *vt* desonrar
déshydratation [dezidʀatasjɔ̃] *nf* desidratação
déshydrater [1] [dezidʀate] *vi* (*priver d'eau*) desidratar, dessecar, secar
▸ *vpr* **se déshydrater** (*perdre son eau*) desidratar-se
design [dizajn] *nm* design
▸ *adj* com bom *design*, funcional
désignation [deziɲasjɔ̃] *nf* designação
désigner [1] [deziɲe] *vt* **1** (*signaler*) designar, indicar, mostrar **2** (*nommer*) designar, nomear **3** (*langue, symbole*) significar, representar
• **être tout désigné pour** ser o mais indicado para
désillusion [dezilyzjɔ̃] *nf* desilusão
désinence [dezinɑ̃s] *nf* desinência
désinfectant, -e [dezɛ̃fɛktɑ̃, -ɑ̃t] *adj* desinfetante
▸ *nm* **désinfectant** desinfetante
désinfecter [1] [dezɛ̃fɛkte] *vt* desinfetar
désinformation [dezɛ̃fɔʀmasjɔ̃] *nf* desinformação
désintégration [dezɛ̃tegʀasjɔ̃] *nf* desintegração
désintégrer [10] [dezɛ̃tegʀe] *vt* desintegrar
▸ *vpr* **se désintégrer** desintegrar-se
désintéressé, -e [dezɛ̃teʀese] *adj* **1** (*généreux*) desinteressado, -da, não interesseiro, -ra **2** (*indiférent*) desinteressado, -da, indiferente
désintéresser (se) [1] [dezɛ̃teʀese] *vpr* desinteressar-se (**de**, de)
désintoxication [dezɛ̃tɔksikasjɔ̃] *nf* desintoxicação
désinvolte [dezɛ̃vɔlt] *adj* **1** (*naturel*) desenvolto, -ta, desembaraçado, -da **2** (*impertinent*) insolente, atrevido, -da
désinvolture [dezɛ̃vɔltyʀ] *nf* **1** (*liberté*) desenvoltura **2** (*impertinence*) impertinência, atrevimento *m*
désir [deziʀ] *nm* desejo
désirable [deziʀabl] *adj* desejável
désirer [1] [deziʀe] *vt* (*vouloir*) desejar
• **laisser à désirer** deixar a desejar
• **se faire désirer** fazer-se esperar, fazer-se de rogado
• **vous désirez?** deseja alguma coisa? posso ajudar?
désireux, -euse [deziʀø, -øz] *adj* desejoso, -sa
désister (se) [1] [deziste] *vpr* renunciar a
désobéir [20] [dezɔbeiʀ] *vi* desobedecer
désobéissant, -e [dezɔbeisɑ̃, -ɑ̃t] *adj* desobediente
désobligeant, -e [dezɔbliʒɑ̃, -ɑ̃t] *adj* descortês
désodorisant, -e [dezɔdɔʀizɑ̃, -ɑ̃t] *adj* desodorizante
▸ *nm* **désodorisant 1** (*pour la toilette*) desodorante **2** (*contre les odeurs domestiques*) desodorizante
désœuvré, -e [dezœvʀe] *adj-nm,f* desocupado, -da, ocioso, -sa
désolant, -e [dezɔlɑ̃, -ɑ̃t] *adj* **1** (*affligeant*) lamentável, lastimável, desolador, -ra **2** (*fâcheux*) desagradável, insuportável
désolé, -e [dezɔle] *adj* desolado, -da
• **je suis désolé, -e** sinto muito, lamento
désoler [1] [dezɔle] *vt* **1** (*causer une affliction*) afligir, entristecer, desconsolar **2** (*ravager*) assolar, devastar
▸ *vpr* **se désoler** (*se désespérer*) desesperar, entristecer-se
désopilant, -e [dezɔpilɑ̃, -ɑ̃t] *adj* cômico, -ca, divertido, -da

désordonné, -e [dezɔʀdɔne] *adj* desordenado, -da, desorganizado, -da

désordre [dezɔʀdʀ] *nm* desordem *f*
▶ *nm pl* **désordres** desordens *f pl*, agitação *f*, tumulto
• **en désordre** desarrumado, -da, em desordem

désorganiser [1] [dezɔʀɡanize] *vt* desorganizar

désorienter [1] [dezɔʀjɑ̃te] *vt* desorientar

désormais [dezɔʀmɛ] *adv* agora, de agora em diante

désosser [1] [dezɔse] *vt* desossar

despote [dɛspɔt] *nm* déspota

despotisme [dɛspɔtism] *nm* despotismo

desquels, -quelles [dekɛl] *pron rel* → lequel, -quelle

dessaler [1] [desale] *vt* dessalgar
▶ *vpr* **se dessaler** *fam* ficar mais esperto, -ta, desacanhar-se

dessécher [10] [deseʃe] *vt* 1 (*rendre sec*) ressequir, ressecar 2 (*mettre à sec*) drenar 3 (*amaigrir*) emagrecer, secar 4 *fig* (*rendre insensible*) endurecer, insensibilizar
▶ *vpr* **se dessécher** secar(-se), ressecar(-se)

dessein [desɛ̃] *nm fml* propósito, desígnio, intenção *f*
• **à dessein** de propósito, deliberadamente

desserrer [1] [deseʀe] *vt* desapertar

dessert [desɛʀ] *nm* sobremesa *f*

desserte [desɛʀt] *nf* 1 (*table*) aparador *m* 2 (*transports*) serviço *m* de transporte

desservir [29] [desɛʀviʀ] *vt* 1 (*table*) tirar a mesa 2 (*trajet*) passar, cobrir, servir 3 *fig* (*personne*) prejudicar, prestar um desserviço

dessin [desɛ̃] *nm* 1 (*gén*) desenho 2 (*d'un bâtiment*) projeto 3 (*d'un objet, d'une personne*) contorno
■ **dessin animé** desenho animado

dessinateur, -trice [desinatœʀ, -tʀis] *nm,f* desenhista

dessiner [1] [desine] *vt* 1 (*gén*) desenhar 2 (*faire ressortir*) destacar, realçar, ressaltar: **la robe dessinait sa taille** o vestido realçava suas formas
▶ *vpr* **se dessiner** 1 (*forme*) desenhar-se 2 *fig* (*intention, projet*) tomar forma

dessoûler [1] [desule] *vt* curar a bebedeira
▶ *vi* ficar sóbrio

dessous[1] [dəsu] *adv* debaixo, sob: **il est dessous la table** está debaixo da mesa
▶ *nm* 1 (*partie inférieure*) fundo, parte *f* inferior, parte *f* de baixo 2 (*d'un tissu*) avesso 3 *fig* (*ce qui est secret*) o lado oculto
▶ *nm pl* (*lingerie*) roupa *f* íntima, roupa *f* de baixo
• **avoir le dessous** estar em desvantagem, em inferioridade
• **en dessous** debaixo, por baixo, embaixo

dessous-de plat [dəsudpla] *nm inv* descanso de prato

dessous-de-table [dəsudtabl] *nm inv* suborno, propina *f*

dessus[1] [dəsy] *adv* sobre, em cima, por cima
▶ *nm* 1 (*partie supérieure*) parte *f* de cima, parte *f* superior 2 MUS soprano *mf*, tenor
• **au dessus de** acima de, em cima de, sobre
• **avoir le dessus** estar em superioridade, levar vantagem
• **en dessus** sobre, em cima, por cima
• **par dessus tout** acima de tudo, antes de tudo
• **reprendre le dessus** recompor-se, restabelecer-se, recuperar-se

dessus-de-lit [dəsydli] *nm inv* colcha *f*

déstabiliser [1] [destabilize] *vt* desestabilizar

destin [dɛstɛ̃] *nm* destino

destinataire [dɛstinatɛʀ] *nmf* destinatário, -a

destination [dɛstinasjɔ̃] *nf* destino *m*, destinação
• **à destination de** com destino a

destinée [dɛstine] *nf* destino *m*, sina

destiner [1] [dɛstine] *vt* destinar (**à**, a, para)
▶ *vpr* **se destiner** destinar-se (**à**, a)

destituer [1] [dɛstitɥe] vt destituir

destructeur, -trice [dɛstryktœR, -tRis] adj-nm,f destruidor, -ra

destruction [dɛstryksjɔ̃] nf destruição

désuet, -ète [dezɥɛ, -ɛt] adj desusado, -da, obsoleto, -ta, ultrapassado, -da

désuétude [desɥetyd] nf desuso m
• **tomber en désuétude** cair em desuso

détachable [detaʃabl] adj destacável, separável

détachant, -e [detaʃɑ̃, -ɑ̃t] adj tira-manchas, limpador, -ra
▸ nm **détachant** tira-manchas

détachement [detaʃmɑ̃] nm 1 (*indifférence*) desinteresse, desapego 2 (*poste*) comissionamento m 3 (*de soldats*) destacamento m

détacher [1] [detaʃe] vt 1 (*nettoyer*) limpar, tirar manchas 2 (*délier*) destacar, separar 3 (*éloigner*) afastar, distanciar 4 (*avec des couleurs*) destacar, realçar 5 (*affecter un fonctionnaire*) comissionar
▸ vpr **se détacher** 1 destacar-se, afastar-se 2 (*des liens*) soltar-se, desatar-se 3 (*se désintéresser*) desprender-se, desinteressar-se

détail [detaj] nm 1 (*gén*) detalhe, pormenor 2 COMM varejo
• **au détail** a varejo, no varejo
• **en détail** detalhadamente, pormenorizadamente
• **raconter dans ses moindres détails** contar tintim por tintim

détaillant, -e [detajɑ̃, -ɑ̃t] nm,f varejista

détaillé, -e [detaje] adj detalhado, -da, pormenorizado, -da

détailler [1] [detaje] vt 1 COMM vender a varejo 2 (*couper*) cortar 3 (*raconter*) detalhar, pormenorizar

détaler [1] [detale] vi *fam* dar no pé, mandar-se, cair fora

détartrant, -e [detaRtRɑ̃, -ɑ̃t] adj (*limpador*) concentrado

détaxe [detaks] nf 1 (*suppression ou réduction des taxes*) isenção ou redução de impostos 2 (*remboursement*) restituição de imposto ou taxa

détaxer [1] [detakse] vt 1 (*supprimer ou réduire une taxe*) abolir ou reduzir imposto 2 (*rembourser*) restituir imposto ou taxa

détecter [1] [detɛkte] vt detectar

détecteur, -trice [detɛktœR, -tRis] adj detector, -ra
▸ nm **détecteur** detector

détection [detɛksjɔ̃] nf detecção

détective [detɛktiv] nm detetive
■ **détective privé** detetive particular

déteindre [76] [detɛ̃dR] vt (*couleur*) descolorir
▸ vi (*couleur*) desbotar
• **déteindre sur qqn** influenciar alguém, sugestionar alguém

dételer [5] [detle] vt (*animaux*) desatrelar
▸ vi *fam* (*faire une pause*) parar, descansar, relaxar

détendre [62] [detɑ̃dR] vt 1 (*ce qui est tendu*) afrouxar, soltar, distender 2 (*gaz*) despressurizar 3 *fig* (*tension*) relaxar, descontrair
▸ vpr **se détendre** 1 (*se calmer*) relaxar, descontrair-se 2 (*se distraire*) distrair-se, espairecer

détendu, -e [detɑ̃dy] adj 1 (*lâche*) solto, -ta, frouxo, -xa 2 (*calme*) descontraído, -da, calmo, -ma, sereno, -na

détenir [35] [detniR] vt 1 (*avoir*) ter, possuir 2 (*retenir*) reter, deter

détente [detɑ̃t] nf 1 (*d'arme*) gatilho m 2 (*distraction*) descanso m, descontração, relaxamento m 3 (*en politique*) distensão 4 (*musculaire*) distensão, estiramento m

détenteur, -trice [detɑ̃tœR, -tRis] nm,f detentor, -ra, possuidor, -ra, proprietário, -a

détention [detɑ̃sjɔ̃] nf 1 (*possession*) posse 2 (*emprisonnement*) detenção, prisão
■ **détention d'armes** porte ilegal de armas
■ **détention préventive** prisão f preventiva

détenu, -e [detny] adj preso, -sa, detido, -da
▸ nm,f (*incarcéré*) preso, -sa, detento, -ta

détergent [detɛRʒɑ̃] nm detergente

détérioration [deteRjɔRasjɔ̃] nf deterioração

détériorer [1] [deteʀjɔʀe] *vt* deteriorar
▸ *vpr* **se détériorer** deteriorar-se

déterminant, -e [detɛʀminã, -ãt] *adj* determinante
▸ *nm* **déterminant** determinante

détermination [detɛʀminasjõ] *nf* determinação

déterminé, -e [detɛʀmine] *adj* determinado, -da

déterminer [1] [detɛʀmine] *vt* **1** (*indiquer*) determinar, caracterizar **2** (*provoquer*) determinar, causar, provocar: *la discussion détermina leur rupture* a discussão provocou o rompimento entre eles **3** (*décider*) decidir: *les événements l'ont déterminé à travailler* os acontecimentos o decidiram a trabalhar

déterrer [1] [detere] *vt* **1** (*os, trésor etc.*) desenterrar **2** (*exhumer*) exumar

détestable [detɛstabl] *adj* detestável

détester [1] [detɛste] *vt* detestar

détonation [detɔnasjõ] *nf* detonação

détoner [1] [detɔne] *vi* detonar

détonner [1] [detɔne] *vi* **1** MUS sair do tom, desafinar **2** *fig* destoar

détour [detuʀ] *nm* **1** (*gén*) desvio **2** (*virage*) curva *f*, volta *f*, sinuosidade *f* **3** (*biais*) rodeio, circunlóquio

détournement [detuʀnəmã] *nm* **1** (*de rue, de route*) desvio **2** (*d'argent, de fonds*) desvio, desfalque
■ **détournement d'avion** desvio de rota, sequestro aéreo
■ **détournement de mineur** corrupção *f* de menores

détourner [1] [detuʀne] *vt* **1** (*cours d'eau, conversation*) desviar **2** (*éloigner*) afastar **3** (*tourner d'un autre côté*) voltar, virar: *détourner la tête* virar a cabeça **4** (*fonds*) desviar, desfalcar **5** (*avion*) desviar, sequestrar **6** (*mineur*) corromper, perverter **7** (*dissuader*) dissuadir, demover (**de**, de): *il le détourna de son projet* ele o demoveu de seu projeto

détracteur, -trice [detʀaktœʀ, -tʀis] *adj-nm,f* detrator, -ra

détraqué, -e [detʀake] *adj-nm,f* **1** (*cassé*) quebrado, -da, avariado, -da, danificado, -da **2** (*désaxé*) desequilibrado, -da, louco, -ca

détraquer [2] [detʀake] *vt* estragar, quebrar, avariar

détremper [1] [detʀãpe] *vt* **1** (*delayer*) diluir, dissolver **2** (*tremper*) ensopar, encharcar

détresse [detʀɛs] *nf* **1** (*angoisse*) angústia, aflição, desespero *m* **2** (*misère*) miséria **3** (*danger*) perigo *m*
• **en détresse** em perigo, precisando de socorro

détriment [detʀimã] *nm* detrimento
• **au détriment de** em detrimento de

détritus [detʀitys] *nm* detrito, resíduo, dejeto

détroit [detʀwa] *nm* GÉOG estreito

détromper (se) [1] [detʀõpe] *vpr* desenganar-se, desiludir-se

détrôner [1] [detʀone] *vt* destronar, depor, destituir

détrousseur, -euse [detʀusœʀ, -øz] *adj-nm* ladrão, ladra

détruire [58] [detʀɥiʀ] *vt* destruir

dette [dɛt] *nf* dívida
■ **dette publique** dívida pública

deuil [dœj] *nm* **1** (*moral*) dor, sofrimento, perda *f* **2** (*vêtement*) luto
• **faire son deuil de qqch** despedir-se de algo, resignar-se a uma perda

deux [dø] *num* dois, duas
• **à deux** a dois
• **deux à deux** dois, duas a dois, duas
• **tous (les) deux** ambos, -bas

deuxième [døzjɛm] *num* segundo, -da

deuxièmement [døzjɛmmã] *adv* em segundo lugar

deux-pièces [døpjɛs] *nm inv* **1** (*maillot*) duas-peças, biquíni *m* **2** (*vêtement*) conjunto, duas-peças

deux-points [døpwɛ̃] *nm inv* dois-pontos

deux-roues [døʀu] *nm inv* veículo de duas rodas

dévaler [1] [devale] *vt-vi* vir abaixo, despencar

dévaliser [1] [devalize] *vt* assaltar, roubar

dévaloriser [1] [devalɔʀize] *vt* desvalorizar

dévaluation [devaluasjɔ̃] *nf* desvalorização

dévaluer [1] [devalue] *vt* desvalorizar
▶ *vpr* **se dévaluer** desvalorizar-se

devancer [3] [dəvɑ̃se] *vt* **1** (*gén*) adiantar-se a, antecipar-se a **2** (*surpasser*) superar, ultrapassar: ***devancer ses collègues*** superar os colegas **3** (*dans le temps*) preceder, chegar antes: ***l'été devance l'automne*** o verão precede o outono

devant [dəvɑ̃] *prép* (*en face de*) diante de, em frente a, na frente de
▶ *adv* adiante de, na frente de
▶ *nm* (*partie antérieure*) frente *f*, dianteira *f*
• **de devant** dianteiro, -ra
• **prendre les devants** adiantar-se, antecipar-se, tomar a iniciativa

devanture [dəvɑ̃tyʀ] *nf* **1** (*vitrine*) vitrina **2** (*façade*) fachada

dévastation [devastasjɔ̃] *nf* devastação

dévaster [1] [devaste] *vt* devastar

déveine [devɛn] *nf fam* azar *m*, má sorte

développement [devlɔpmɑ̃] *nm* **1** (*gén*) desenvolvimento **2** (*de photographie*) revelação *m*
• **en voie de développement** em desenvolvimento
■ **développement durable** desenvolvimento sustentável

développer [1] [devlɔpe] *vt* **1** (*gén*) desenvolver **2** (*augmenter*) ampliar, expandir **3** (*paquet*) desembrulhar **4** (*photos*) revelar

devenir [35] [dəvniʀ] *vi* **1** (*commencer à être*) tornar-se, ficar, vir a ser: ***il est devenu riche*** ele ficou rico; ***il est devenu un homme respectable*** ele tornou-se um homem respeitável **2** (*avoir tel sort*) parar, andar, ser feito: ***que devient-il?*** o que é feito dele?

dévergondé, -e [devɛʀgɔ̃de] *adj-nm,f* desavergonhado, -da, sem-vergonha

déverrouiller [1] [devɛʀuje] *vt* **1** (*armement*) destravar **2** (*porte*) destrancar

déverser [1] [devɛʀse] *vt* **1** (*liquide*) derramar, despejar, verter **2** (*colère, rancune etc.*) desafogar, despejar: ***il a déversé sa colère contre moi*** ele despejou toda sua raiva em mim
▶ *vpr* **se déverser** (*se répandre*) espalhar-se, derramar-se, transbordar

dévêtir [33] [devetiʀ] *vt fml* desvestir, despir
▶ *vpr* **se dévêtir** *fml* desvestir-se, despir-se

déviation [devjasjɔ̃] *nf* desvio *m*
■ **déviation de la colonne vertébrale** desvio da coluna vertebral

dévider [1] [devide] *vt* desenrolar
• **devider son rosaire** desfiar o rosário

dévier [12] [devje] *vt* desviar
▶ *vi* desviar, derivar

devin [dəvɛ̃] *nm* adivinho

deviner [1] [dəvine] *vt* adivinhar

devineresse [dəvinʀɛs] *nf* adivinha

devinette [dəvinɛt] *nf* adivinhação

devis [dəvi] *nm* **1** (*état détaillé des travaux*) orçamento **2** (*estimation*) estimativa *f*, avaliação *f*

dévisager [4] [devizaʒe] *vt* encarar, olhar de frente

devise [dəviz] *nf* **1** (*maxime*) divisa, lema *m* **2** FIN moeda estrangeira, divisas *pl*

dévisser [1] [devise] *vt* desparafusar
▶ *vi* (*en alpinisme*) cair

dévoiler [1] [devwale] *vt* **1** (*gén*) revelar, mostrar, desvelar **2** (*roue*) endireitar, desempenar

devoir¹ [43] [dəvwaʀ] *vt* **1** (*argent*) dever: ***il me doit 100 euros*** ele me deve 100 euros **2** (*obligation*) precisar, ter de: ***je dois finir le travail*** preciso acabar o trabalho **3** (*probabilité*) dever: ***elle doit être partie*** ela deve ter ido embora
▶ *vpr* **se devoir** (*à la patrie, à ses enfants*) dedicar-se, devotar-se (**a**, a)
• **comme il se doit** como deve ser
• **on doit** deve-se, é preciso
• **se devoir de + inf** dever, ter a obrigação de + *inf*

devoir² [dəvwaʀ] *nm* **1** (*obligation*) dever **2** (*d'un écolier*) dever, tarefa *f*, lição *f* de casa
▶ *nm pl* **devoirs** *fml* respeitos, homenagens *f*
• **rendre ses devoirs à qqn** *fml* enviar seus respeitos a alguém

dévorer [1] [devɔʀe] *vt* **1** (*manger*) devorar **2** (*détruire*) destruir, dissipar
• **dévorer des yeux** devorar com os olhos, cobiçar

dévot, -e [devo, -ɔt] *adj-nm,f* devoto, -ta

dévotion [devosjɔ̃] *nf* devoção
• **être à la dévotion de qqn** estar ao inteiro dispor de alguém

dévouement [devumɑ̃] *nm* dedicação *f*, devotamento

dévouer (se) [1] [devwe] *vpr* devotar-se (**à**, a), dedicar-se (**à**, a), consagrar-se (**à**, a)

dextérité [dɛksteʀite] *nf* destreza, habilidade

diabète [djabɛt] *nm* diabetes *m,f*, diabete *m,f*

diabétique [djabetik] *adj-nmf* diabético, -ca

diable [djabl] *nm* **1** (*démon*) diabo **2** (*petit chariot*) carreta *f* de duas rodas, carrinho
• **au diable!** vá para o diabo!
• **avoir le diable au corps** ser um azougue
• **en diable** como o diabo, pra burro, demais

diabolique [djabɔlik] *adj* diabólico, -ca

diabolo [djabɔlo] *nm* **1** (*jouet*) diabolô **2** (*boisson*) soda com xarope de frutas

diadème [djadɛm] *nm* diadema

diagnostic [djagnɔstik] *nm* diagnóstico

diagnostiquer [2] [djagnɔstike] *vt* diagnosticar

diagonal, -e [djagɔnal] *adj* diagonal

diagonale [djagɔnal] *nf* diagonal
• **en diagonale** na diagonal

diagramme [djagʀam] *nm* diagrama

dialecte [djalɛkt] *nm* dialeto

dialogue [djalɔg] *nm* diálogo
• **engager le dialogue** entabular conversa

dialoguer [2] [djalɔge] *vi-vt* dialogar

dialyse [djaliz] *nf* MÉD diálise, hemodiálise

diamant [djamɑ̃] *nm* diamante

diamètre [djamɛtʀ] *nm* diâmetro

diapason [djapazɔ̃] *nm* diapasão

diaphragme [djafʀagm] *nm* diafragma

diapositive [djapozitiv] *nf* diapositivo *m*, slide *m*

diarrhée [djaʀe] *nf* diarreia

dictateur [diktatœʀ] *nm* ditador

dictature [diktatyʀ] *nf* ditadura

dictée [dikte] *nf* ditado *m*

dicter [1] [dikte] *vt* **1** (*lettre, ordre*) ditar **2** (*œuvre, action etc.*) inspirar, sugerir

diction [diksjɔ̃] *nf* dicção

dictionnaire [diksjɔnɛʀ] *nm* dicionário
• **être un dictionnaire vivant** ser uma enciclopédia ambulante

dicton [diktɔ̃] *nm* ditado, provérbio

didacticiel [didaktisjɛl] *nm* INFORM aplicativo educacional

didactique [didaktik] *adj* didático, -ca

dièse [djɛz] *adj-nm* MUS sustenido

diesel [djezɛl] *adj inv* a diesel
▶ *nm* diesel

diète[1] [djɛt] *nf* (*assemblée*) dieta

diète[2] [djɛt] *nf* (*régime*) dieta, regime
• **mettre à la diète** prescrever dieta

diététicien, -enne [djetetisjɛ̃, -ɛn] *nm,f* dietetista, nutricionista

diététique [djetetik] *adj* dietético, -ca
▶ *nf* dietética

dieu [djø] *nm* deus
• **Dieu merci!** graças a Deus!
• **Dieu soit loué!** louvado seja Deus!
• **Dieu vous le rende!** Deus lhe pague!
• **jurer ses grands dieux** jurar por todos os santos
• **pour l'amour de Dieu!** pelo amor de Deus!
• **recevoir le bon Dieu** comungar

diffamation [difamasjɔ̃] *nf* difamação

différé, -e [difeʀe] *adj* adiado, -da, prorrogado, -da
• **en différé** gravado (*programa*)

différence [difeʀɑ̃s] *nf* diferença
• **à la différence de** diferentemente de

différencier [13] [difeʀɑ̃sje] *vt* diferenciar, diferençar, distinguir

différend [difeʀɑ̃] *nm* desavença *f*, desacordo

différent, -e [difeʀɑ̃, -ɑ̃t] *adj* diferente

différer [10] [difeʀe] *vt (dans le temps)* adiar, prorrogar
▸ *vi* **1** *(être différent)* diferir, ser diferente **2** *(ne pas être du même avis)* divergir, discordar

difficile [difisil] *adj* difícil

difficulté [difikylte] *nf* dificuldade
• **avoir des difficultés avec qqn** ter problemas com alguém

difformité [difɔʀmite] *nf* deformidade

diffus, -e [dify, -yz] *adj* difuso, -sa, disseminado, -da

diffuser [1] [difyze] *vt* **1** *(répandre)* difundir, disseminar, espalhar **2** *(émettre)* transmitir, difundir

diffusion [difyzjɔ̃] *nf* **1** *(gén)* difusão, propagação **2** MÉD disseminação RADIO TV transmissão **3** *(livre, disque etc.)* distribuição, divulgação

digérer [10] [diʒeʀe] *vt* **1** *(nourriture)* digerir **2** *fig (nouvelle, fait etc.)* assimilar, entender

digestif, -ive [diʒɛstif, -iv] *adj* digestivo, -va
▸ *nm* **digestif** licor digestivo

digestion [diʒɛstjɔ̃] *nf* digestão

digicode [diʒikɔd] *nm* INFORM *(aparelho de)* código numérico *(para entrar em edifício)*

digital, -e [diʒital] *adj* digital

digitale [diʒital] *nf (plante)* digital, dedaleira

digne [diɲ] *adj* digno, -na
• **être digne de** ser digno de

dignitaire [diɲitɛʀ] *nm* dignitário

dignité [diɲite] *nf* dignidade

digression [digʀesjɔ̃] *nf* digressão

digue [dig] *nf* dique *m*

dilapider [1] [dilapide] *vt* dilapidar, desperdiçar, esbanjar

dilatation [dilatasjɔ̃] *nf* dilatação

dilater [1] [dilate] *vt* dilatar
▸ *vpr* **se dilater** dilatar-se

dilemme [dilɛm] *nm* dilema

diligence [diliʒɑ̃s] *nf* diligência

diligent, -e [diliʒɑ̃, -ɑ̃t] *adj fml* diligente

diluer [1] [dilɥe] *vt* **1** *(liquide)* diluir, dissolver **2** *(douleur, souvenir etc.)* atenuar, abrandar

diluvien, -enne [dilyvjɛ̃, -ɛn] *adj* diluviano, -na

dimanche [dimɑ̃ʃ] *nm* domingo

dimension [dimɑ̃sjɔ̃] *nf* dimensão
▸ *nf pl* **dimensions** dimensões

diminuer [1] [diminɥe] *vt (gén)* diminuir, reduzir
▸ *vi* diminuir, reduzir-se

diminutif, -ive [diminytif, -iv] *adj* diminutivo, -va
▸ *nm* **diminutif** diminutivo

diminution [diminysjɔ̃] *nf* **1** *(gén)* diminuição, redução **2** *(sur un prix)* redução, abatimento *m*, desconto *m*

dinde [dɛ̃d] *nf* **1** ZOOL perua **2** *(plat, rôti)* peru

dindon [dɛ̃dɔ̃] *nm* ZOOL peru
• **être le dindon de la farce** ser o palhaço da história

dîner [1] [dine] *vi* jantar
▸ *nm* jantar

dingue [dɛ̃g] *adj* **1** *fam (personne)* doido, -da, maluco, -ca **2** *fam (histoire)* absurdo, -da, mirabolante, incrível, extraordinário, -a
▸ *nmf* maluco, -ca, pirado, -da

dinosaure [dinozɔʀ] *nm* dinossauro

diocèse [djɔsɛz] *nm* diocese

dioptrie [djɔptʀi] *nf* dioptria

diphtongue [diftɔ̃g] *nf* ditongo *m*

diplomate [diplɔmat] *nmf* diplomata

diplomatie [diplɔmasi] *nf* diplomacia

diplomatique [diplɔmatik] *adj* diplomático, -ca
▸ *nf* diplomática

diplôme [diplom] *nm* diploma

diplômé, -e [diplome] *adj-nm,f* qualificado, -da, com curso superior

dire [55] [diʀ] *vt* **1** *(parler)* dizer **2** *(raconter)* dizer, contar **3** *(plaire)* gostar, topar: *ça te dirait d'aller au cinéma?* topa ir ao cinema? **4** *(rappeler)* lembrar: *ça me dit quelque chose* isso me lembra alguma coisa
▸ *vpr* **se dire** dizer-se
• **à vrai dire** na verdade, para dizer a verdade

- **cela dit** dito isso
- **cela va sans dire** é evidente, nem é preciso dizer
- **c'est beaucoup dire** é exagero, não é tanto assim
- **c'est vite dit** calma!; é cedo para dizer isso
- **dis donc!** e aí?; é mesmo?
- **on dirait que** parece que
- **pour ainsi dire** digamos, por assim dizer

direct, -e [diʀɛkt] *adj* direto, -ta
▸ *nm* direto (boxe)
- **en direct** ao vivo

directeur, -trice [diʀɛktœʀ, -tʀis] *adj-nm,f (qui dirige)* diretor, -ra

direction [diʀɛksjɔ̃] *nf* **1** *(gén)* direção **2** *(organisation-de travaux)* supervisão **3** *(bureau)* diretoria
- **en direction de** na direção de
- **sous la direction de** sob a direção de
■ **direction assistée** direção hidráulica

directive [diʀɛktiv] *nf* diretiva, diretriz

directrice [diʀɛktʀis] *nf* GÉOM diretriz

dirigeable [diʀiʒabl] *adj-nm* dirigível

dirigeant, -e [diʀiʒɑ̃, -ɑ̃t] *adj-nm,f* dirigente

diriger [4] [diʀiʒe] *vt* dirigir

discernement [disɛʀnəmɑ̃] *nm* discernimento

discerner [20] [disɛʀne] *vt* discernir

disciple [disipl] *nmf* discípulo, -la

discipline [disiplin] *nf* disciplina

discipliné, -e [disipline] *adj* disciplinado, -da

disco [disko] *nf* danceteria, discoteca

discontinu, -e [diskɔ̃tiny] *adj* descontínuo, -a

discordant, -e [diskɔʀdɑ̃, -ɑ̃t] *adj* **1** *(gén)* discordante **2** MUS dissonante

discorde [diskɔʀd] *nf* discórdia

discothèque [diskɔtɛk] *nf* **1** *(collection)* discoteca **2** *(lieu)* discoteca, danceteria

discourir [24] [diskuʀiʀ] *vi* discorrer

discours [diskuʀ] *nm* discurso

discourtois, -e [diskuʀtwa, -az] *adj* descortês

discrédit [diskʀedi] *nm* descrédito

discréditer [1] [diskʀedite] *vt* desacreditar, desabonar, denegrir

discret, -ète [diskʀɛ, -ɛt] *adj* discreto, -ta

discrétion [diskʀesjɔ̃] *nf* discrição
- **à discrétion** à vontade

discrimination [diskʀiminasjɔ̃] *nf* discriminação

discriminatoire [diskʀiminatwaʀ] *adj* discriminatório, -a

disculper [1] [diskylpe] *vt* inocentar
▸ *vpr* **se disculper** justificar-se, desculpar-se

discussion [diskysjɔ̃] *nf* discussão
- **sans discussion** sem discussão, nada de discussão

discuter [1] [diskyte] *vt-vi* discutir

disgrâce [disgʀas] *nf* desgraça
- **tomber en disgrâce** cair em desgraça

disjoncteur [disʒɔ̃ktœʀ] *nm* disjuntor

disjonctif, -ive [disʒɔ̃ktif, -iv] *adj* disjuntivo, -va

dislocation [dislɔkasjɔ̃] *nf* **1** MÉD deslocamento *m*, luxação **2** *(désagrégation)* desagregação, desintegração **3** *(démembrement)* desmembramento *m*

disloquer (se) [2] [dislɔke] *vpr* **1** MÉD luxar-se **2** *(se désagréger)* desintegrar-se, desagregar-se **3** *(se désassembler)* desmembrar-se

disparaître [82] [dispaʀɛtʀ] *vi* desaparecer, sumir
- **faire disparaître** dar sumiço a

disparité [dispaʀite] *nf* disparidade

disparition [dispaʀisjɔ̃] *nf* desaparecimento *m*
- **en voie de disparition** en via de extinção

dispatcher [1] [dispatʃe] *vt* distribuir, repartir

dispensaire [dispɑ̃sɛʀ] *nm* dispensário

dispense [dispɑ̃s] *nf* dispensa

dispenser [1] [dispɑ̃se] *vt fml* dispensar

disperser [1] [dispɛʀse] *vt* dispersar
▸ *vpr* **se disperser** dispersar-se

disponibilité [disponibilite] *nf* disponibilidade
- **en disponibilité** [fonctionnaire] em disponibilidade

disponible [disponibl] *adj* disponível

dispos, -e [dispo, -oz] *adj fam* em forma, bem-disposto, -ta

disposé, -e [dispoze] *adj* disposto, -ta, arrumado, -da, organizado, -da
• **être bien disposé** estar de bom humor

disposer [1] [dispoze] *vt-vi* dispor, arrumar
▸ *vpr* **se disposer** dispor-se a, preparar-se para

dispositif [dispozitif] *nm* dispositivo

disposition [dispozisjɔ̃] *nf* disposição

disproportionné, -e [dispʀopoʀsjone] *adj* desproporcionado, -da

dispute [dispyt] *nf* discussão, briga

disputer [1] [dispyte] *vt* **1** (*lutte, compétition*) disputar: **disputer un prix** disputar um prêmio **2** *fam* (*réprimander*) dar bronca
▸ *vi* (*rivaliser*) rivalizar com, equiparar-se a
▸ *vpr* **se disputer 1** (*se quereller*) discutir, brigar **2** (*compétition*) disputar

disquaire [diskɛʀ] *nm fam* loja de discos

disqualifier [12] [diskalifje] *vt* **1** (*gén*) desabonar, desacreditar **2** SPORT desclassificar
▸ *vpr* **se disqualifier** perder a credibilidade

disque [disk] *nm* disco
▪ **disque compact** disco compacto, CD
▪ **disque dur** disco rígido

disquette [diskɛt] *nf* disquete *m*, disco *m* flexível

dissection [disɛksjɔ̃] *nf* dissecção, dissecação

disséminer [1] [disemine] *vt* disseminar
▸ *vpr* **se disséminer** disseminar-se

disséquer [10] [diseke] *vt* **1** (*animal*) dissecar **2** (*roman*) dissecar, analisar, esmiuçar

dissertation [disɛʀtasjɔ̃] *nf* dissertação

dissident, -e [disidɑ̃, -ɑ̃t] *adj-nm,f* dissidente

dissimuler [1] [disimyle] *vt* dissimular
▸ *vpr* **se dissimuler** (*se cacher*) dissimular-se, esconder-se

dissipation [disipasjɔ̃] *nf* **1** (*gén*) dissipação **2** (*d'un élève*) mau comportamento *m*, indisciplina

dissiper [1] [disipe] *vt* **1** (*faire cesser*) dissipar **2** (*élève*) estragar, tornar mal comportado
▸ *vpr* **se dissiper 1** (*brouillard*) dissipar-se, dispersar-se **2** (*élève*) tornar-se mal comportado, -da, indisciplinado, -da

dissocier [12] [disosje] *vt* dissociar

dissolu, -e [disoly] *adj* dissoluto, -ta

dissolution [disolysjɔ̃] *nf* dissolução

dissolvant, -e [disolvɑ̃, -ɑ̃t] *adj* solvente
▸ *nm* **dissolvant** solvente

dissoudre [74] [disudʀ] *vt* dissolver
▸ *vpr* **se dissoudre** dissolver-se

dissuader [1] [disɥade] *vt* dissuadir, demover

dissuasif, -ive [disɥazif, -iv] *adj* dissuasivo, -va, dissuasório, -a

dissuasion [disɥazjɔ̃] *nf* dissuasão

distance [distɑ̃s] *nf* **1** (*écart*) distância **2** (*différence*) diferença
• **à distance** a distância
• **tenir à distance** manter distância

distancer [3] [distɑ̃se] *vt* **1** (*devancer*) adiantar-se a **2** (*surpasser*) ultrapassar, deixar para trás

distancier (se) [12] [distɑ̃sje] *vpr* distanciar-se (**de**, de)

distant, -e [distɑ̃, -ɑ̃t] *adj* distante

distendre [62] [distɑ̃dʀ] *vt* distender
▸ *vpr* **se distendre** distender-se

distiller [1] [distile] *vt* destilar

distillerie [distilʀi] *nf* destilaria

distinct, -e [distɛ̃, -ɛ̃kt] *adj* **1** (*différent*) distinto, -ta, diferente **2** (*clair*) distinto, -ta, claro, -ra, nítido, -da

distinction [distɛ̃ksjɔ̃] *nf* distinção

distingué, -e [distɛ̃ge] *adj* distinto, -ta: **une femme distinguée** uma mulher distinta

distinguer [2] [distɛ̃ge] *vt* **1** (*gén*) distinguir **2** (*choisir*) escolher, mostrar preferência
▸ *vpr* **se distinguer** (*se signaler*) distinguir-se

distraction [distʀaksjɔ̃] *nf* distração

distraire [73] [distʀɛʀ] vt distrair
▶ vpr **se distraire** distrair-se

distrait, -e [distʀɛ, -ɛt] adj distraído, -da

distribuer [1] [distʀibɥe] vt 1 (remettre) distribuir, repartir, dividir 2 (film) distribuir 3 (service) atribuir, designar

distributeur, -trice [distʀibytœʀ, -tʀis] adj-nm,f (personne; entreprise) distribuidor, -ra
▶ nm **distributeur** (machine) distribuidor, máquina distribuidora
■ **distributeur (automatique) de billets** caixa eletrônico

distribution [distʀibysjɔ̃] nf distribuição

dit, dite [di, dit] adj 1 (gén) dito, -ta 2 (surnom) dito, -ta, chamado, -da, apelidado, -da 3 (convenu) fixado, -da, combinado, -da
▶ nm **dit** (maxime) dito, ditado
• **autrement dit** em outras palavras, em outros termos

diurétique [djyʀetik] adj diurético, -ca
▶ nm diurético

diurne [djyʀn] adj diurno, -na

divagation [divagasjɔ̃] nf divagação

divaguer [2] [divage] vi divagar

divan [divã] nm divã

divergence [divɛʀʒɑ̃s] nf divergência

divers, -e [divɛʀ, -ɛʀs] adj diverso, -sa

diversifier [12] [divɛʀsifje] vt diversificar

diversion [divɛʀsjɔ̃] nf 1 diversão 2 MIL tática diversiva

diversité [divɛʀsite] nf diversidade

divertir [20] [divɛʀtiʀ] vt divertir
▶ vpr **se divertir** divertir-se

divertissant, -e [divɛʀtisɑ̃, -ɑ̃t] adj divertido, -da, engraçado, -da

divertissement [divɛʀtismɑ̃] nm diversão f, divertimento

dividende [dividɑ̃d] nm dividendo

divin, -e [divɛ̃, -in] adj divino, -na

divinité [divinite] nf divindade

diviser [1] [divize] vt dividir
▶ vpr **se diviser** dividir-se

division [divizjɔ̃] nf divisão

divorce [divɔʀs] nm divórcio

divorcé, -e [divɔʀse] adj-nm,f divorciado, -da

divorcer [3] [divɔʀse] vi 1 (couple) divorciar-se 2 (amis, associés etc.) afastar-se, desunir-se

divulguer [2] [divylge] vt divulgar

dix [dis] num dez

dix-huit [dizɥit] num dezoito

dix-huitième [dizɥitjɛm] adj-nmf (ordinal) décimo, -ma, oitavo, -va
▶ nm (partie) décima oitava parte, um dezoito avos

dixième [dizjɛm] num (ordinal) décimo, -ma
▶ nm (partie) décima parte f, décimo

dix-neuf [diznœf] num dezenove

dix-neuvième [disnœvjɔm] adj-nmf (ordinal) décimo, -ma, nono, -na
▶ nm (partie) décima nona parte f, um dezenove avos

dix-sept [disɛt] num dezessete

dix-septième [disɛtjɛm] num (ordinal) décimo sétimo, -ma
▶ nm (partie) decima sétima parte f, um dezessete avos

dizaine [dizɛn] nf 1 dezena 2 (environ) cerca de dez

do [do] nm inv MUS dó

docile [dɔsil] adj dócil

docilité [dɔsilite] nf docilidade

dock [dɔk] nm doca f
■ **dock flottant** doca flutuante

docker [dɔkɛʀ] nm estivador

docte [dɔkt] adj fml douto, -ta

docteur [dɔktœʀ] nm 1 (gén) doutor, -ra 2 (médecin) médico, -ca
■ **docteur ès lettres** doutor em letras
■ **docteur ès sciences** doutor em ciências

doctorat [dɔktɔʀa] nm doutorado

doctrine [dɔktʀin] nf doutrina

document [dɔkymɑ̃] nm documento

documentaire [dɔkymɑ̃tɛʀ] adj documental, documentário, -a
▶ nm documentário

documentaliste [dɔkymɑ̃talist] nmf arquivista

documentariste [dɔkymɑ̃talist] nmf documentarista

documentation [dɔkymɑ̃tasjɔ̃] *nf* documentação

documenter [1] [dɔkymɑ̃te] *vt* documentar

▸ *vpr* **se documenter** documentar-se

dodeliner [1] [dɔdline] *vt* balançar, sacudir, mover (**de**, -): *dodeliner de la tête* balançar a cabeça

dodo [dɔdo] *nm fam* cama: *aller au dodo* ir para a cama

• **faire dodo** *fam* nanar, fazer naninha

dodu, -e [dɔdy] *adj* rechonchudo, -da, gorducho, -cha

dogmatique [dɔgmatik] *adj-nmf* dogmático, -ca

dogme [dɔgm] *nm* dogma

doigt [dwa] *nm* dedo

• **mettre le doigt dessus** *fig* pôr o dedo na ferida, tocar no ponto exato
• **montrer qqn du doigt** apontar para alguém
• **se lécher les doigts** lamber os dedos
• **se mettre le doigt dans l'œil** *fig* enganar-se redondamente
• **se mordre les doigts** *fig* arrepender-se
• **un doigt de** um dedo de, um pouco de
▪ **doigt de pied** dedo do pé
▪ **petit doigt** dedo mínimo, mindinho

doigté [dwate] *nm* **1** MUS dedilhado **2** *fig (adresse)* habilidade *f* **3** *fig (tact)* tato, diplomacia *f*

doit [dwa] *nm* COMM débito

dollar [dɔlaʀ] *nm* dólar

domaine [dɔmɛn] *nm* **1** *(propriété)* domínio, propriedade *f* **2** *(d'un art, d'une science etc.)* campo, âmbito, esfera *f* **3** *(spécialité)* ramo, especialidade *f*

dôme [dom] *nm* ARCHIT GÉOG domo

domestique [dɔmɛstik] *adj (de la maison)* doméstico, -ca

▸ *nmf (employé)* empregado, -da doméstico, -ca

domestiquer [2] [dɔmɛstike] *vt* **1** *(un animal)* domesticar, domar **2** *(un peuple)* submeter, sujeitar, dominar

domicile [dɔmisil] *nm* domicílio

• **à domicile** em domicílio
• **sans domicile fixe** sem domicílio fixo

domicilier [12] [dɔmisilje] *vt (gén)* domiciliar

▸ *vpr* **se domicilier** *(habiter)* domiciliar-se, residir

• **être domicilié à** estar domiciliado em

dominant, -e [dɔminɑ̃, -ɑ̃t] *adj* dominante

dominante [dɔminɑ̃t] *nf* dominante

domination [dɔminasjɔ̃] *nf* **1** *(autorité)* dominação **2** *(influence)* influência, ascendência, domínio *m*

dominer [1] [dɔmine] *vi-vt* dominar

▸ *vpr* **se dominer** dominar-se

dominicain, -e [dɔminikɛ̃, -ɛn] *adj* dominicano, -na

▸ *nm,f* **Dominicain, -e** dominicano, -na, da República Dominicana

dominical, -e [dɔminikal] *adj* dominical

domino [dɔmino] *nm* dominó

dommage [dɔmaʒ] *nm* **1** *(dégât)* dano, estrago, avaria *f* **2** *(préjudice)* prejuízo, dano

• **c'est dommage** é pena
• **quel dommage!** que pena!
▪ **dommages et intérêts** indenização por perdas e danos

dompter [1] [dɔ̃te] *vt* **1** *(animal)* domar **2** *(instincts)* dominar, refrear

dompteur, -euse [dɔ̃tœʀ, -øz] *nm,f* domador, -ra

DOM-TOM [dɔmtɔm] *abr (départements d'outre-mer et territoires d'outre-mer)* departamentos ultramarinos

don [dɔ̃] *nm* **1** *(talent)* dom, talento **2** *(donation)* doação *f*

donateur, -trice [dɔnatœʀ, -tʀis] *nm,f* doador, -ra

donation [dɔnasjɔ̃] *nf* doação

donc [dɔ̃k] *conj* **1** *(conséquence)* logo, pois, portanto: *je pense, donc je suis* penso, logo existo **2** *(pour reprendre un récit)* então: *je vous disais donc que* então, estava lhe dizendo que

• **allons donc!** que nada!, qual!
• **qu'as-tu donc?** mas o que é que você tem?

donjon [dɔ̃ʒɔ̃] *nm* **1** *(de château)* torreão, torre *f* principal **2** *(de cuirassé)* torreta *f*

donne [dɔn] *nf (cartes)* ato de dar as cartas

■ **la nouvelle donne mondiale** a nova ordem mundial

donnée [dɔne] *nf* dado *m*, elemento *m*

donner [1] [dɔne] *vt* 1 (*gén*) dar, fornecer 2 (*joie, inquiétude*) provocar, causar, trazer 3 (*permission, raison*) dar 4 (*vie, temps*) dar, dedicar, devotar 5 (*âge*) dar, atribuir: *quel âge lui donnes-tu?* quantos anos lhe dá?
▶ *vi* 1 (*luxe, dépravation*) entregar-se, ceder (**dans**, a) 2 (*avoir vue*) dar (**sur**, para)
▶ *vpr* **se donner** (*se livrer*) dar-se, entregar-se
• **étant donné que** considerando que, visto que
• **se donner du bon temps** passar bons momentos, divertir-se

donneur, -euse [dɔnœʀ, -øz] *adj-nm,f* 1 (*de sang, d'organe*) doador, -ra 2 (*de cartes*) quem dá cartas

dont [dɔ̃] *pron rel* 1 (*complément du verbe ou de l'adjectif*) de quem, do/da qual: *l'homme dont je t'ai parlé* o homem de quem lhe falei; *l'ami dont il est jaloux* o amigo de quem ele tem ciúmes 2 (*complément du nom ou de pronom*) cujo, -ja: *c'est quelqu'un dont on ne connaît pas le passé* é alguém cujo passado não se conhece; *la maison dont les fenêtres sont vertes* a casa cujas janelas são verdes 3 (*complément circonstanciel*) de onde, do/da qual: *la ville dont il vient est très grande* a cidade de onde ele vem é muito grande 4 (*parmi lesquels*) entre os/as quais: *il ont choisi dix personnes, dont moi* escolheram dez pessoas, entre as quais, eu

dopage [dɔpaʒ] *nm* doping

doper [1] [dɔpe] *vt* dopar
▶ *vpr* **se doper** 1 dopar-se 2 drogar-se

dorade [dɔʀad] *nf* → daurade

doré, -e [dɔʀe] *adj* dourado, -da

dorénavant [dɔʀenavɑ̃] *adv* doravante, de agora em diante, daqui por diante

dorer [1] [dɔʀe] *vt* dourar
• **dorer la pilule** dourar a pílula

dorloter [1] [dɔʀlɔte] *vt* mimar

dormant, -e [dɔʀmɑ̃, -ɑ̃t] *adj* 1 (*gén*) adormecido, -da 2 (*eau*) parado, -da 3 (*latent*) latente 4 (*immobile*) fixo, -xa

dormeur, -euse [dɔʀmœʀ, -øz] *adj--nm,f* 1 (*qui dort*) quem dorme, adormecido, -da 2 (*qui aime dormir*) dorminhoco, -ca

dormir [28] [dɔʀmiʀ] *vi* dormir
• **à dormir debout** incrível
• **dormir à la belle étoile** dormir ao relento
• **dormir sur ses deux oreilles** dormir despreocupado, -da

dortoir [dɔʀtwaʀ] *nm* dormitório

dos [do] *nm* 1 (*de personne*) costas *f pl* 2 (*d'animal*) lombo 3 (*de main*) dorso, costas *f pl* 4 (*de page*) verso 5 (*de livre*) lombada *f* 6 (*de chaise*) encosto, respaldo, espaldar
• **avoir bon dos** ter costas largas
• **de dos** de costas, pelas costas
• **dos à dos** de costas um para o outro
• **en avoir plein le dos de** *fam* estar farto, -ta de, estar saturado, -da
• **mettre qqch sur le dos de qqn** pôr a culpa de algo em alguém
• **sur le dos de** de costas
• **tourner le dos à** dar as costas a
• **"Voir au dos"** "Vide verso"

dosage [dozaʒ] *nm* dosagem *f*

dos-d'âne [dodɑn] *nm inv* lombada *f*, quebra-molas

dose [doz] *nf* dose
• **forcer la dose** *fam* exagerar, forçar a barra

doser [1] [doze] *vt* dosar, dosear, dosificar

doseur [dozœʀ] *nm* dosador

dossard [dosaʀ] *nm* SPORT número de identificação do atleta (nas costas)

dossier [dosje] *nm* 1 (*d'un siège*) costas *f pl*, espaldar 2 (*papiers*) dossiê

dot [dɔt] *nf* dote *m*

dotation [dɔtasjɔ̃] *nf* dotação

doter [1] [dɔte] *vt* dotar

douane [dwan] *nf* alfândega

douanier, -ère [dwanje, -ɛʀ] *adj-nm,f* alfandegário, -a, aduaneiro, -ra

doublage [dublaʒ] *nm* 1 (*garnissage*) forro, revestimento 2 (*d'un film*) dublagem *f*

double [dubl] *adj* duplo, -pla

▶ nm 1 (chiffre, nombre) dobro, duplo 2 (duplicata) duplicata f, cópia f 3 (sosie) duplo, sósia 4 SPORT (de tennis) dupla
• **en double** em dobro, duplicado, -da
• **varier du simple au double** dobrar, duplicar
• **voir double** enxergar em dobro

doubler [1] [duble] vt 1 (multiplier par deux) duplicar, dobrar 2 (plier) dobrar 3 (vêtement) forrar 4 (film) dublar 5 (véhicule) ultrapassar 6 (acteur) substituir, servir de dublê 7 (cap) dobrar
▶ vi 1 (devenir double) dobrar, duplicar-se 2 (véhicule) ultrapassar
• **doubler le pas** acelerar, apertar o passo

doublure [dublyʀ] nf 1 (de vêtement) forro m 2 (au cinéma) dublê mf, substituto, -ta

douce [dus] adj → doux, douce

douceâtre [dusatʀ] adj adocicado, -da

doucement [dusmã] adv 1 (sans brutalité) delicadamente 2 (lentement) lentamente, devagar, devagarinho 3 (ton, volume) baixo, baixinho: *parlez doucement* fale baixinho

douceur [dusœʀ] nf 1 (gén) doçura 2 (tact) suavidade, maciez 3 (climat) amenidade 4 (tranquillité) paz, tranquilidade
▶ nf pl **douceurs** (friandises) doces m, guloseimas
• **en douceur** 1 (petit à petit) devagar, aos poucos 2 (de façon douce) suavemente, com calma, de mansinho

douche [duʃ] nf 1 (gén) ducha, chuveiro m 2 (bain) banho m (de chuveiro) 3 fam fig (déception) ducha de água fria 4 fam fig (réprimande) bronca
■ **douche écossaise** fig balde de água fria

doucher [1] [duʃe] vt dar banho (de chuveiro)
▶ vpr **se doucher** tomar banho (de chuveiro)

doué, -e [dwe] adj dotado, -da

douer [1] [dwe] vt dotar

douillet, -ette [dujɛ, -ɛt] adj 1 (lit, canapé) fofo, -fa, macio, -a, aconchegante 2 (personne) delicado, -da, sensível

douleur [dulœʀ] nf dor

douloureux, -euse [duluʀø, -øz] adj 1 (affligeant) doloroso, -sa 2 (qui fait mal) dolorido, -da

doute [dut] nm dúvida f
• **mettre en doute** pôr em dúvida
• **sans aucun doute** sem dúvida alguma
• **sans doute** provavelmente, decerto

douter [1] [dute] vi 1 (gén) duvidar (**de**, de) 2 (se méfier) desconfiar (**de**, de)
▶ vpr **se douter de** (soupçonner) desconfiar

douteux, -euse [dutø, -øz] adj duvidoso, -sa

doux, douce [du, dus] adj 1 (saveur) doce 2 (tact) macio, -a, suave 3 fig (caractère) terno, -na, meigo, -ga, amável 4 (climat) ameno, -na, aprazível
• **en douce** discretamente, na surdina

douzaine [duzɛn] nf dúzia

douze [duz] num doze

douzième [duzjɛm] num (ordinal) décimo, -ma, segundo, -da, duodécimo, -ma
▶ nm (partie) duodécima parte f, um doze avos

doyen, -enne [dwajɛ̃, -ɛn] nm,f decano, -na, deão, -ã

draconien, -enne [dʀakɔnjɛ̃, -ɛn] adj draconiano, -na

dragée [dʀaʒe] nf 1 (bonbon) drágea (amêndoa recoberta com açúcar endurecido) 2 (pilule) drágea
• **tenir la dragée haute à qqn** fam não dar colher de chá a alguém

dragon [dʀagɔ̃] nm dragão

draguer [2] [dʀage] vt 1 (port, fleuve) dragar 2 fam (flirter) flertar, paquerar

dragueur, -euse [dʀagœʀ, -øz] nm,f fam paquerador, -ra, paquera

drainage [dʀɛnaʒ] nm drenagem f

drainer [1] [dʀɛne] vt 1 (terrain, plaie) drenar 2 fig (attirer) atrair: *drainer des investissements* atrair investimentos

dramatique [dʀamatik] adj dramático, -ca

dramatiser [1] [dʀamatize] vt dramatizar

dramaturge [dʀamatyʀʒ] nm dramaturgo, -ga

drame [dʀam] nm drama

drap [dʀa] *nm* **1** (*tissu*) pano, tecido **2** (*du lit*) lençol
- **être dans de beaux draps** *fig* estar em maus lençóis

drapeau [dʀapo] *nm* bandeira *f*, estandarte
- **être sous les drapeaux** servir (*como militar*)
- **se ranger sous le drapeau de qqn** abraçar a causa de alguém

draper [1] [dʀape] *vt* **1** (*couvrir*) cobrir (com pano) **2** (*disposer en plis*) drapejar, drapear
▶ *vpr* **se draper 1** (*s'envelopper*) envolver-se, embrulhar-se **2** *fig* (*dans sa dignité, sa vertu etc.*) prevalecer-se de

drap-housse [dʀahus] *nm* (*pl* **draps-housses**) lençol com elástico

dressage [dʀesaʒ] *nm* adestramento, amestramento, treino

dresser [1] [dʀese] *vt* **1** (*lever*) levantar, erguer **2** (*relever*) endireitar **3** (*construire*) elevar, erigir, levantar: *dresser une statue* erigir uma estátua **4** (*lit, tente etc.*) montar, armar **5** (*rapport*) fazer, elaborar, redigir **6** (*plans, projets*) traçar, elaborar **7** (*animaux*) adestrar, amestrar, treinar
▶ *vpr* **se dresser 1** (*se lever*) levantar-se, erguer-se **2** *fig* (*manifester l'opposition*) erguer-se, insurgir-se (**contre**, contra) **3** (*poils*) eriçar-se, arrepiar-se
- **être bien dressé, -e** estar bem-educado, -da, bem treinado, -da
- **dresser l'oreille** levantar as orelhas, escutar atentamente

dribbler [1] [dʀible] *vt-vi* SPORT driblar

drogue [dʀɔg] *nf* droga

drogué, -e [dʀɔge] *adj* drogado, -da
▶ *nm,f* toxicômano, -na

droguer [2] [dʀɔge] *vt* drogar
▶ *vpr* **se droguer** drogar-se

droguerie [dʀɔgʀi] *nf* drogaria

droit, -e [dʀwa, -at] *adj* **1** (*rectiligne*) reto, -ta **2** (*sensé*) correto, -ta, sensato, -ta **3** (*vertical*) direito, -ta, reto, -ta **4** (*à droite*) direito, -ta
▶ *adv* **droit 1** (*par le plus court chemin*) direto **2** (*sans détours*) reto
▶ *nm* direito **droit canon/commercial** direito canônico/comercial
- **aller droit au but** ir direto ao assunto
- **à qui de droit** a quem de direito
- **avoir droit à** ter direito a
- **de plein droit** de pleno direito
- **de quel droit?** com que direito?
- **tout droit** diretamente, em linha reta

droite [dʀwat] *nf* direita
- **à droite** à direita
- **de droite** de direita
- **"Serrer à droite"** "Manter-se à direita"

droitier, -ère [dʀwatje, -ɛʀ] *adj-nm,f* destro, -tra

drôle [dʀol] *adj* (*amusant*) engraçado, -da
- **ce n'est pas drôle** não é brincadeira, não está para brincadeira
- **drôle de + nom 1** (*bizarre*) estranho, -nha, esquisito, -ta: *il a un drôle d'air* tem um jeito esquisito **2** (*remarquable*) tremendo, -da: *drôle d'exemple qu'il nous a donné* tremendo exemplo ele nos deu

dromadaire [dʀɔmadɛʀ] *nm* ZOOL dromedário

drugstore [dʀœgstɔʀ] *nm* pequeno *shopping*

du [dy] *contr* (**de + le**) do

dû, due [dy] *adj* devido, -da
▶ *nm* **dû** dívida *f*, o que é devido: *il a réclamé son dû* reclamou o que lhe era devido
- **il a eu son dû** teve o que merecia

dubitatif, -ive [dybitatif, -iv] *adj* dubitativo, -va

duc [dyk] *nm* duque

duchesse [dyʃɛs] *nf* duquesa

duel [dyɛl] *nm* duelo

dûment [dymɑ̃] *adv* devidamente

dune [dyn] *nf* duna

duo [dʊo] *nm* duo, dueto

dupe [dyp] *adj* crédulo, -la
▶ *nf* otário, -a, trouxa *mf*
- **être la dupe de qqn** ser vítima de alguém, ser enganado por alguém

duper [1] [dype] *vt fml* enganar, lograr

duplex [dyplɛks] *nm* duplex

duplicata [dyplikata] *nf inv* réplica, cópia

duplicité [dyplisite] *nf* duplicidade

duquel [dykɛl] *contr* (**de** + **lequel**) (*pl* **desquels**) do qual

dur, -e [dyʀ] *adj* duro, -ra
▸ *adv* **1** (*avec force*) forte, com força **2** (*avec énergie*) intensamente
• **à la dure** rigidamente, com rigidez
• **avoir le cœur dur** ter coração duro, não ter coração
• **coucher sur la dure** dormir no chão
• **être dur d'oreille** ouvir mal

durable [dyʀabl] *adj* **1** (*gén*) durável, duradouro, -ra **2** (*développement*) sustentável, durável

durant [dyʀɑ̃] *prép* **1** (*avant le nom*) durante **2** (*après le nom*) inteiro, -ra

durcir [20] [dyʀsiʀ] *vt* endurecer
▸ *vpr* **se durcir** endurecer(-se)

durcissement [dyʀsismɑ̃] *nm* endurecimento, enrijecimento

durée [dyʀe] *nf* duração

durer [1] [dyʀe] *vi* **1** (*gén*) durar: *leur association dura trente ans* a sociedade deles durou trinta anos **2** (*se conserver*) durar, perdurar: *son souvenir durera* sua lembrança vai perdurar

dureté [dyʀte] *nf* dureza

durillon [dyʀijɔ̃] *nm* calo, calosidade *f*

duvet [dyvɛ] *nm* **1** (*des oiseaux; des fruits*) penugem *f* **2** (*de la peau*) pelugem *f* **3** (*couette*) edredom **4** (*sac de couchage*) saco de dormir

DVD [devede] *abr* (**digital versatile disk**) DVD

dynamique [dinamik] *adj* dinâmico, -ca
▸ *nf* dinâmica

dynamiser [1] [dinamize] *vt* dinamizar

dynamisme [dinamism] *nm* dinamismo

dynamite [dinamit] *nf* dinamite

dynamo [dinamo] *nf* **1** gerador **2** (*auto*) dínamo

dynastie [dinasti] *nf* dinastia

dyslexie [dislɛksi] *nf* dislexia

dyslexique [dislɛksik] *adj-nmf* disléxico, -ca

E

eau [o] *nf* **1** (*gén*) água **2** (*pluie*) chuva
▶ *nf pl* **eaux** (*bains*) águas, termas, balneário *m*

• **de la plus belle eau** da melhor qualidade (*péj*) de marca maior

• **mettre de l'eau dans son vin** batizar o vinho (*fig*) pôr água na fervura, moderar

• **prendre les eaux** tratar-se numa estação termal

• **tomber à l'eau** ir por água abaixo

- **eau courante** água corrente
- **eau de Cologne** água de Colônia
- **eau de javel** água sanitária
- **eau de toilette** água-de-colônia
- **eau douce** água doce
- **eau gazeuse** água com gás
- **eau minérale** água mineral
- **eau plate** água sem gás
- **eau potable** água potável
- **eau salée** água salgada

eau-de-vie [odvi] *nf* (*pl* **eaux-de-vie**) aguardente

eau-forte [ofɔʀt] *nf* (*pl* **eaux-fortes**) água-forte

ébahi, -e [ebai] *adj* pasmado, -da, atônito, -ta, boquiaberto, -ta

ébauche [eboʃ] *nf* **1** (*d'œuvre d'art, sourire*) esboço *m*, bosquejo *m* **2** (*d'action, projet*) esboço *m*, ensaio *m*

ébaucher [1] [eboʃe] *vt* esboçar, delinear

ébène [ebɛn] *nf* ébano *m*

ébéniste [ebenist] *nmf* marceneiro, -ra

éberlué, -e [ebɛʀlɥe] *adj* embasbacado, -da

éblouir [20] [ebluiʀ] *vt* deslumbrar

éblouissant, -e [ebluisɑ̃, -ɑ̃t] *adj* **1** (*lumière*) ofuscante **2** (*fascinant*) deslumbrante

éblouissement [ebluismɑ̃] *nm* **1** (*gén*) ofuscação *f* **2** (*émerveillement*) deslumbramento

éborgner [1] [ebɔʀɲe] *vt* furar, vazar um olho

éboueur, -euse [ebwœʀ] *nm,f* lixeiro, -ra

ébouillanter [1] [ebujɑ̃te] *vt* escaldar
▶ *vpr* **s'ébouillanter** queimar-se com água fervente

éboulement [ebulmɑ̃] *nm* **1** (*chute*) desmoronamento **2** (*de terre*) deslizamento

ébouler (s') [1] [ebule] *vpr* **1** (*gén*) desmoronar, desabar **2** (*terrain*) deslizar

ébouriffer [1] [eburife] *vt* **1** (*les cheveux*) despentear, descabelar **2** *fam fig* (*ébahir*) pasmar, assombrar, espantar

ébranler [1] [ebrɑ̃le] *vt* **1** (*gén*) sacudir, agitar, fazer estremecer **2** (*moral, convictions etc.*) abalar **3** (*santé*) abalar, debilitar
▶ *vpr* **s'ébranler** (*bouger*) pôr-se em marcha, movimentar-se

ébrécher [10] [ebreʃe] *vt* **1** (*endommager*) rachar, trincar, fender, lascar **2** *fig* (*diminuer*) desfalcar

ébriété [ebrijete] *nf* embriaguez

ébrouer (s') [1] [ebrue] *vpr* **1** (*cheval*) refolegar **2** (*s'agiter*) sacudir-se

ébruiter [1] [ebrɥite] *vt* espalhar, divulgar

ébullition [ebylisjɔ̃] *nf* ebulição

• **en ébullition** em ebulição

• **porter à ébullition** levar ao ponto de ebulição

écaille [ekaj] *nf* **1** (*des poissons, des serpents*) escama **2** (*des tortues*) carapaça
• **en écaille** de tartaruga

écailler [1] [ekaje] *vt* **1** (*poisson*) tirar a escama **2** (*huîtres*) abrir
▶ *vpr* **s'écailler** (*peinture*) descascar(-se)

écarlate [ekaʀlat] *adj* escarlate

écart [ekaʀ] *nm* **1** (*distance*) distância *f*, afastamento, distanciamento **2** (*dans le temps*) intervalo, espaço **3** (*différence*) diferença *f*, variação *f*: *écart entre les coûts* diferença entre os custos **4** (*de conduite*) desvio, desatino: *les écarts de la jeunesse* os desatinos da juventude
• **à l'écart** à parte, afastado, -da
• **à l'écart de** longe de
• **faire le grand écart (en gymnastique)** fazer um espacato

écarté, -e [ekaʀte] *adj* (*endroit*) afastado, -da, isolado, -da

écartement [ekaʀtəmɑ̃] *nm* afastamento, separação *f*

écarteler [9] [ekaʀtəle] *vt* esquartejar

écarter [1] [ekaʀte] *vt* **1** (*éloigner*) separar, apartar, afastar **2** (*détourner*) desviar, afastar: *écarter du droit chemin* afastar do bom caminho
▶ *vpr* **s'écarter** (*s'éloigner*) afastar-se (**de**, de)

ecchymose [ekimoz] *nf* MÉD equimose

ecclésiastique [eklezjastik] *adj* eclesiástico, -ca
▶ *nm* eclesiástico, sacerdote

écervelé, -e [esɛʀvəle] *adj-nm,f* (*étourdi*) descabeçado, -da, desajuizado, -da

échafaud [eʃafo] *nm* **1** (*gén*) cadafalso, patíbulo **2** (*exécution*) pena *f* de morte

échafaudage [eʃafodaʒ] *nm* **1** (*de bâtiment*) andaimes *pl* **2** (*amoncellement*) pilha *f*, amontoado **3** *fig* (*de fortune, de théorie*) construção *f*, estruturação *f*, elaboração *f*

échalote [eʃalɔt] *nf* BOT chalota

échancrure [eʃɑ̃kʀyʀ] *nf* **1** (*de corsage, de robe*) decote *m* **2** (*partie entaillée*) chanfradura

échange [eʃɑ̃ʒ] *nm* **1** (*commerce*) troca *f* **2** (*communication*) intercâmbio
• **en échange** em contrapartida, em compensação
• **en échange de** em troca de

échanger [4] [eʃɑ̃ʒe] *vt* **1** (*troquer*) trocar, permutar: *échanger un livre contre des timbres* trocar um livro por selos **2** (*sourires, paroles*) trocar

échangeur [eʃɑ̃ʒœʀ] *nm* complexo viário, distribuidor de trânsito

échantillon [eʃɑ̃tijɔ̃] *nm* amostra *f*

échappatoire [eʃapatwaʀ] *nf* escapatória

échappée [eʃape] *nf* **1** (*course*) dianteira, distância **2** (*paysage*) espaço *m* livre, vista *f*: *une belle échappée sur l'océan* uma bonita vista sobre o oceano

échappement [eʃapmɑ̃] *nm* **1** (*gén*) escape **2** AUTO escapamento
• **pot d'échappement** silencioso

échapper [1] [eʃape] *vi* **1** (*fuir*) escapar, fugir: *échapper au danger* escapar do perigo **2** (*oublier*) escapar, deixar de lembrar-se: *votre nom m'échappe* não lembro o seu nome/seu nome me escapa **3** (*ne pas être remarqué*) passar despercebido
▶ *vpr* **s'échapper 1** (*fuir*) fugir **2** (*liquide, gaz*) escapar, sair
• **laisser échapper** deixar escapar, soltar
• **l'échapper belle** escapar por um triz, escapar de boa

écharde [eʃaʀd] *nf* lasca

écharpe [eʃaʀp] *nf* **1** (*foulard*) echarpe, cachecol *m* **2** (*bandeau*) faixa **3** (*bandage*) tipoia
• **en écharpe** de viés, obliquamente

écharper [1] [eʃaʀpe] *vt* **1** retalhar **2** *fig* massacrar

échasse [eʃɑs] *nf* **1** (*gén*) perna de pau **2** (*oiseau*) maçarico

échauder [1] [eʃode] *vt* **1** escaldar, aferventar **2** *fig* escarmentar, desiludir

échauffement [eʃofmɑ̃] *nm* aquecimento

échauffer [1] [eʃofe] *vt* **1** (*gén*) aquecer, esquentar **2** *fig* (*les émotions*) acalorar, inflamar
▶ *vpr* **s'échauffer** (*s'exciter*) acalorar-se, inflamar-se

échauffourée [eʃofuʀe] *nf* briga, escaramuça

échéance [eʃeɑ̃s] *nf* **1** (*délai*) prazo *m* **2** (*date*) data, data de pagamento, data de vencimento
• **à courte échéance** a curto prazo
• **à longue échéance** a longo prazo
• **arriver à échéance** vencer (*chegar à data de vencimento*)

échéant, -e [eʃeɑ̃, -ɑ̃t] *adj* (*limite*) vincendo, -da, que está vencendo
• **le cas échéant** se for o caso

échec [eʃɛk] *nm* **1** (*gén*) fracasso **2** (*situation de jeu*) xeque
▸ *nm pl* **échecs** (*jeu*) xadrez
• **être échec** (*jeu*) estar em xeque
• **mettre en échec** pôr em xeque
■ **échec et mat** xeque-mate

échelle [eʃɛl] *nf* **1** (*gén*) escada (de mão) **2** (*ordre de grandeur*) escala **3** MUS escala *f*
• **à l'échelle** em escala
• **faire la courte échelle** fazer escadinha, ajudar a subir

échelon [eʃlɔ̃] *nm* **1** (*niveau*) escalão **2** (*barreau*) degrau (de escada de mão)

échelonner [1] [eʃlɔne] *vt* escalonar

écheveau [eʃvo] *nm* **1** meada *f* **2** (*fig*) embrulhada *f*, confusão *f*

échevelé, -e [eʃəvle] *adj* **1** (*cheveux*) descabelado, -da, despenteado, -da **2** (*sans mesure*) desenfreado, -da, desordenado, -da

échine [eʃin] *nf fam* espinha dorsal, espinhaço *m*

échiner (s') [1] [eʃine] *vpr* esfalfar-se, matar-se

échiquier [eʃikje] *nm* **1** (*de jeu*) tabuleiro **2** *fig* (*politique, d'actualité*) quadro, cenário: **l'échiquier politique** cenário político

écho [eko] *nm* (*gén*) eco
• **se faire l'écho de** repetir, propagar

échographie [ekɔgʁafi] *nf* MÉD ultrassom *m*

échoir [50] [eʃwaʁ] *vi* **1** (*prix, lot etc.*) caber a, tocar a **2** (*délai*) vencer, expirar

échoppe [eʃɔp] *nf* barraca (de venda, na rua)

échouer [1] [eʃwe] *vi* **1** (*navire*) encalhar **2** *fig* (*projet*) fracassar, abortar
▸ *vpr* **s'échouer** (*toucher le fond*) encalhar

éclabousser [1] [eklabuse] *vt* **1** (*boue, saleté*) respingar **2** *fig* (*réputation*) manchar

éclair [eklɛʁ] *nm* **1** (*lueur*) relâmpago, raio **2** *fig* (*de génie etc.*) lampejo **3** (*gâteau*) bomba *f*
▸ *adj* (*très rapide*) relâmpago: **guerre éclair** guerra relâmpago

éclairage [eklɛʁaʒ] *nm* **1** (*lumière*) iluminação *f* **2** *fig* (*point de vue*) enfoque, ponto *m* de vista, aspecto

éclaircie [eklɛʁsi] *nf* **1** (*de forêt*) clareira **2** (*du temps*) melhora

éclaircir [20] [eklɛʁsiʁ] *vt* (*gén*) clarear
▸ *vpr* **s'éclaircir** (*le temps*) clarear

éclaircissement [eklɛʁsismɑ̃] *nm* esclarecimento

éclairer [1] [eklɛʁe] *vt* **1** (*de lumière*) iluminar, clarear **2** *fig* (*instruire*) elucidar **3** (*expliquer*) esclarecer
▸ *vi* (*briller*) cintilar, brilhar, luzir
▸ *vpr* **s'éclairer** (*s'illuminer*) luminar-se

éclaireur, -euse [eklɛʁœʁ, -øz] *nm,f* batedor, -ra

éclat [ekla] *nm* **1** (*fragment*) lasca *f*, estilhaço **2** (*bruit violent*) estampido, explosão *f* **3** (*lumière vive*) fulgor, brilho, resplendor **4** *fig* (*splendeur*) esplendor, luxo, magnificência *f* **5** *fig* (*scandale*) escândalo
• **rire aux éclats** gargalhar
■ **éclat de rire** gargalhada *f*
■ **éclat de voix** gritaria *f*

éclatant, -e [eklatɑ̃, -ɑ̃t] *adj* **1** (*éblouissant*) brilhante, resplandecente **2** (*son etc.*) estrepitoso, -sa, sonoro, -ra, ruidoso, -sa **3** (*succès*) clamoroso, -sa, retumbante, espetacular

éclater [1] [eklate] *vi* **1** (*obus, pneu etc.*) estourar, explodir, rebentar **2** (*briller*) brilhar, resplandecer **3** irromper: **la joie éclata parmi les vainqueurs** a alegria irrompeu entre os vencedores **4** (*se produire*) estourar: **le scandale éclata** estourou o escândalo
▸ *vpr* **s'éclater** *fam* (*s'amuser*) esbaldar-se

éclectique [eklɛktik] *adj* eclético, -ca

éclipse [eklips] *nf* eclipse *m*

éclipser [1] [eklipse] *vt* eclipsar
▸ *vpr* **s'éclipser** *fam* sair de fininho

éclore [68] [eklɔʀ] vi eclodir

éclosion [eklozjɔ̃] nf eclosão

écluse [eklyz] nf eclusa

écœurant, -e [ekœʀɑ̃, -ɑ̃t] adj 1 (gén) repugnante, asqueroso, -sa, nojento, -ta 2 (décourageant) desanimador, -ra, desalentador, -ra

écœurer [1] [ekœʀe] vt 1 (causer dégoût) enojar, repugnar 2 (décourager) desanimar, desalentar

école [ekɔl] nf escola
• **faire école** fazer escola
• **faire l'école buissonnière** matar aula
■ **école maternelle** escola maternal
■ **école primaire** escola primária, escola fundamental

écolier, -ère [ekɔlje, -ɛʀ] nm,f escolar, estudante, aluno, -na

écolo [ekɔlo] nmf fam ecologista, ambientalista

écologie [ekɔlɔʒi] nf ecologia

écologique [ekɔlɔʒik] adj ecológico, -ca

écologiste [ekɔlɔʒist] nmf ecologista, ambientalista

éconduire [58] [ekɔ̃dɥiʀ] vt repelir, livrar-se de

économe [ekɔnɔm] adj econômico, -ca

économie [ekɔnɔmi] nf economia
▶ pl **pécule** poupança, economias
• **faire des économies** economizar, poupar

économique [ekɔnɔmik] adj 1 (gén) econômico, -ca 2 (pas cher) barato, -ta

économiser [1] [ekɔnɔmize] vt economizar, poupar

économiste [ekɔnɔmist] nmf economista

écoper [1] [ekɔpe] vt 1 (eau) esgotar 2 fam (sanction, peine) sofrer, levar
▶ vi **écoper de** fam (sanction, peine) pegar: **il a écopé de trois ans de prison** pegou três anos de cadeia

écoproduit [ekɔpʀɔdɥi] nm produto orgânico

écorce [ekɔʀs] nf 1 (d'un arbre) casca 2 (des fruits) pele, casca
■ **écorce terrestre** crosta terrestre

écorcer [3] [ekɔʀse] vt descascar

écorcher [1] [ekɔʀʃe] vt 1 (animal) esfolar, tirar a pele 2 (érafler) arranhar, escoriar 3 fig (langue) assassinar 4 fig (mot) pronunciar errado

écosser [1] [ekɔse] vt debulhar

écosystème [ekɔsistɛm] nm ecossistema

écouler [1] [ekule] vt (marchandises) vender
▶ vpr **s'écouler** 1 (liquide) escorrer, escoar 2 (temps) passar, correr, transcorrer

écourter [1] [ekuʀte] vt encurtar, diminuir

écouter [1] [ekute] vt 1 (prêter l'oreille) escutar, ouvir 2 (porter attention) dar atenção a, dar ouvidos a
▶ vpr **s'écouter** 1 (suivre son inspiration) seguir suas próprias ideias, seguir sua intuição 2 (être hypocondriaque) ser hipocondríaco, -ca

écouteur [ekutœʀ] nm (de téléphone) fone
▶ nm pl **écouteurs** fones de ouvido

écoutille [ekutij] nf escotilha

écrabouiller [1] [ekʀabuje] vt fam esmagar

écran [ekʀɑ̃] nm 1 (cinéma, télé) tela f 2 (protection) anteparo, proteção f 3 INFORM monitor
■ **écran solaire** protetor solar, filtro solar
■ **écran tactile** tela sensível ao toque
■ **le grand écran** (cinéma) cinema, telona
■ **le petit écran** (télévision) tevê, telinha

écrasant, -e [ekʀazɑ̃, -ɑ̃t] adj esmagador, -ra: **une victoire écrasante** uma vitória esmagadora

écraser [1] [ekʀaze] vt 1 (insecte, fruit, ennemi) esmagar 2 (un véhicule) atropelar: **le lapin s'est fait écraser par une voiture** o coelho foi atropelado por um carro 3 fig (travail, responsabilité) sobrecarregar, assoberbar
▶ vpr **s'écraser** 1 (sur le sol, contre un mur) estatelar-se, esborrachar-se 2 fam fig (se faire petit) calar a boca, pôr-se no seu lugar: **n'insiste pas, écrase-toi!** não insista, ponha-se no seu lugar! 3 fig anular-se

écrémé, -e [ekʀeme] adj desnatado, -da

écrémer [10] [ekreme] *vt* **1** *(lait)* desnatar **2** *fig (sélectionner)* selecionar, escolher o melhor

écrevisse [ekrəvis] *nf* ZOOL camarão-de-água-doce, pitu

écrier (s') [13] [ekrije] *vpr* exclamar

écrire [60] [ekrir] *vt* escrever
▶ *vpr* **s'écrire** escrever-se: *comment s'écrit "apparaître"?* como se escreve "aparecer"?

écrit, -e [ekri] *adj* escrito, -ta
▶ *nm* **écrit** escrito, texto
• **par écrit** por escrito

écriteau [ekrito] *nm* placa *f*, tabuleta *f*, letreiro

écriture [ekrityr] *nf* **1** *(caractères)* escrita, escritura **2** *(façon d'écrire)* caligrafia: *je reconnais son écriture* estou reconhecendo a caligrafia dele/dela
▶ *nf pl* **écritures** COMM escrituração

écrivain [ekrivɛ̃] *nm* escritor, -ra

écrou [ekru] *nm* **1** *(pièce)* porca *f (para prender parafuso)* **2** DR auto de prisão

écrouer [1] [ekrue] *vt* prender, encarcerar

écrouler (s') [1] [ekrule] *vpr* desabar, desmoronar

écru, -e [ekry] *adj (couleur)* cru, -a, não alvejado, -da

écu [eky] *nm* escudo

écueil [ekœj] *nm* escolho

écuelle [ekɥɛl] *nf* tigela, gamela

écume [ekym] *nf* espuma, escuma

écumoire [ekymwar] *nf* espumadeira, escumadeira

écureuil [ekyrœj] *nm* ZOOL esquilo

écurie [ekyri] *nf* **1** *(bâtiment, de chevaux)* cavalariça, estrebaria **2** *(de voitures de course)* escuderia

écusson [ekysɔ̃] *nm* **1** *(d'armoiries)* escudo, brasão **2** *(d'un soldat)* distintivo

écuyer, -ère [ekɥije] *nm,f* **1** *(homme)* cavaleiro **2** *(femme)* amazona
▶ *nm* **écuyer** *(d'un chevalier)* escudeiro

eczéma [ɛgzema] *nm* MÉD eczema

édenté, -e [edɑ̃te] *adj-nm,f* desdentado, -da, banguela

édifice [edifis] *nm* edifício, imóvel

édifier [12] [edifje] *vt* edificar, construir

édit [edi] *nm* edito

éditer [1] [edite] *vt* editar, publicar

éditeur, -trice [editœr, -tris] *nm,f* editor, -ra

édition [edisjɔ̃] *nf* edição, publicação
■ **maison d'édition** editora

éditorial [editɔrjal] *nm (dans un journal)* editorial

édredon [edrədɔ̃] *nm* edredom, acolchoado

éducateur, -trice [edykatœr, -tris] *nm,f* educador, -ra

éducatif, -ive [edykatif, -iv] *adj* educativo, -va, educacional

éducation [edykɑsjɔ̃] *nf* educação
■ **éducation civique** educação cívica
■ **éducation physique** educação física

édulcorant, -e [edylkɔrɑ̃] *adj* adoçante
▶ *nm* **édulcorant** adoçante

éduquer [2] [edyke] *vt* educar

effacer [3] [efase] *vt* **1** *(gén)* apagar **2** *(réussite)* eclipsar, ofuscar
▶ *vpr* **s'effacer 1** *(souvenir)* apagar-se, dissipar-se **2** *fml (pour laisser passer)* afastar-se, dar passagem

effarant, -e [efarɑ̃, -ɑ̃t] *adj* espantoso, -sa, assombroso, -sa

effarer [1] [efare] *vt* assustar, assombrar

effaroucher [1] [efaruʃe] *vt* assustar
▶ *vpr* **s'effaroucher** assustar-se

effectif, -ive [efɛktif, -iv] *adj* efetivo, -va
▶ *nm pl* **effectifs** *(de l'armée)* efetivo

effectivement [efɛktivmɑ̃] *adv* efetivamente, realmente

effectuer [1] [efɛktɥe] *vt* efetuar
▶ *vpr* **s'effectuer** efetuar-se, realizar-se

efféminé, -e [efemine] *adj* afeminado, -da, efeminado, -da

effervescent, -e [efɛrvesɑ̃, -ɑ̃t] *adj* efervescente

effet [efɛ] *nm* efeito
▶ *pl* **effets** pertences, haveres
• **à cet effet** para tanto
• **en effet** de fato, realmente, com efeito

- **sous l'effet de** sob o efeito de
- **effet de serre** efeito estufa
- **effets spéciaux** efeitos especiais

effeuiller [1] [efœje] vt 1 (*arbre*) desfolhar 2 (*fleur*) despetalar

efficace [efikas] adj 1 (*mesure*) eficaz 2 (*personne*) eficiente, competente

efficacité [efikasite] nf 1 (*pouvoir*) eficácia 2 (*efficience*) eficiência

effigie [efiʒi] nf efígie, imagem

effilé, -e [efile] adj 1 (*doigt, taille*) afilado, -da, fino, -na 2 (*tissu*) desfiado, -da, esgarçado, -da

effilocher [1] [efilɔʃe] vt desfiar
▶ vpr **s'effilocher** desfiar(-se)

effleurer [1] [eflœʀe] vt 1 (*surface, visage*) roçar 2 (*sujet*) tocar em, aflorar

effluve [eflyv] nm eflúvio

effondrement [efɔ̃dʀəmɑ̃] nm 1 (*de toit, projet*) desmoronamento, desabamento 2 (*de personne*) abatimento, acabrunhamento, prostração f

effondrer (s') [1] [efɔ̃dʀe] vpr 1 (*plancher, toit*) desabar, ruir 2 fig (*de chagrin, physiquement*) abater-se, acabrunhar-se

efforcer (s') [3] [efɔʀse] vpr esforçar-se

effort [efɔʀ] nm esforço
- **sans effort** facilmente, sem esforço

effraction [efʀaksjɔ̃] nf DR arrombamento

effrayant, -e [efʀejɑ̃, -ɑ̃t] adj amedrontador, -ra, assustador, -ra

effrayer [18] [efʀeje] vt amedrontar, assustar, apavorar
▶ vpr **s'effrayer** assustar-se, apavorar-se

effréné, -e [efʀene] adj desenfreado, -da

effriter [1] [efʀite] vt 1 esmigalhar, esfarelar 2 fig debilitar, enfraquecer
▶ vpr **s'effriter** desagregar-se, pulverizar-se, esboroar-se

effroi [efʀwa] nm pavor, medo, terror

effronté, -e [efʀɔ̃te] adj-nm,f descarado, -da

effronterie [efʀɔ̃təʀi] nf descaramento m, atrevimento m, petulância

effroyable [efʀwajabl] adj pavoroso, -sa, aterrorizante, horrível

effusion [efyzjɔ̃] nf efusão

égal, -e [egal] adj 1 (*gén*) igual 2 (*uniforme*) regular, uniforme
▶ nm, f igual, par
- **ça m'est égal** tanto faz, é indiferente
- **sans égal** sem igual, sem par

également [egalmɑ̃] adv 1 (*au même degré*) igualmente 2 (*aussi*) também

égaler [1] [egale] vt igualar

égaliser [1] [egalize] vt igualar, nivelar
▶ vi SPORT empatar

égalitaire [egalitɛʀ] adj igualitário

égalité [egalite] nf (*gén*) igualdade
- **être à égalité** empatar

égard [egaʀ] nm respeito, consideração f
- **à cet égard** a esse respeito, nesse aspecto
- **à l'égard de** em relação a, para, para com

égarer [1] [egaʀe] vt 1 (*objet*) perder, extraviar 2 (*personne*) enganar, induzir em erro 3 (*jeunesse*) transviar, perverter
▶ vpr **s'égarer** 1 (*objet*) extraviar-se 2 (*personne*) perder-se, desgarrar-se 3 fig (*dans une discussion*) divagar, fugir do assunto

égayer [18] [egeje] vt alegrar, divertir, distrair

égide [eʒid] nf égide
- **sous l'égide de** fml sob a égide de

églantine [eglɑ̃tin] nf BOT rosa-canina

église [egliz] nf igreja

égoïsme [egɔism] nm egoísmo

égoïste [egɔist] adj-nmf egoísta

égorger [4] [egɔʀʒe] vt 1 (*trancher la gorge*) degolar 2 (*tuer*) assassinar

égosiller (s') [1] [egozije] vpr esganiçar-se

égout [egu] nm 1 (*canalisation*) esgoto 2 (*du toit*) calha

égoutter [1] [egute] vt deixar escorrer
▶ vpr **s'égoutter** escorrer

égouttoir [egutwaʀ] nm escorredor

égratigner [1] [egʀatiɲe] vt 1 arranhar, esfolar 2 fig ferir, magoar
▶ vpr **s'égratigner** arranhar-se

égratignure [egʀatiɲyʀ] nf arranhão m

égrener [7] [egʀəne] vt debulhar, desbagoar, esbagoar

Égypte [eʒipt] *nf* Egito *m*

égyptien, -enne [eʒipsjɛ̃, -ɛn] *adj* egípcio, -a
▸ *nm,f* **Égyptien, -enne** egípcio, -a

éhonté, -e [eɔ̃te] *adj* desavergonhado, -da

éjaculer [1] [eʒakyle] *vt* ejacular

éjectable [eʒɛktabl] *adj* ejetável

élaboration [elabɔʀasjɔ̃] *nf* elaboração

élaboré, -e [elabɔʀe] *adj* elaborado, -da

élaborer [1] [elabɔʀe] *vt* elaborar

élaguer [2] [elage] *vt* podar

élan[1] [elɑ̃] *nm* **1** (*mouvement*) impulso **2** *fig* arroubo, ímpeto, elã
• **prendre de l'élan** tomar impulso

élan[2] [elɑ̃] *nm* (*animal*) alce

élancé, -e [elɑ̃se] *adj* esbelto, -ta, esguio, -a

élancement [elɑ̃smɑ̃] *nm* (*douleur*) pontada *f*, dor *f* aguda

élancer (s') [3] [elɑ̃se] *vpr* lançar-se, arremessar-se, arremeter

élargir [20] [elaʀʒiʀ] *vt* **1** (*route, vêtement*) alargar **2** *fig* (*connaissances*) ampliar, estender
▸ *vpr* **s'élargir 1** (*route*) alargar-se **2** (*connaissances*) ampliar-se

élasticité [elastisite] *nf* elasticidade

élastique [elastik] *adj* elástico, -ca
▸ *nm* elástico

électeur, -trice [elɛktœʀ, -tʀis] *nm,f* eleitor, -ra

élection [elɛksjɔ̃] *nf* eleição
■ **élection présidentielle** eleição presidencial

électoral, -e [elɛktɔʀal] *adj* eleitoral

électorat [elɛktɔʀa] *nm* eleitorado

électricien, -enne [elɛktʀisjɛ̃, -ɛn] *nm,f* eletricista

électricité [elɛktʀisite] *nf* eletricidade

électrifier [12] [elɛktʀifje] *vt* instalar energia elétrica, eletrificar

électrique [elɛktʀik] *adj* elétrico, -ca

électrocardiogramme [elɛktʀɔkaʀdjɔgʀam] *nm* MÉD eletrocardiograma

électrochoc [elɛktʀɔʃɔk] *nm* MÉD eletrochoque

électrocuter (s') [1] [elɛktʀɔkyte] *vpr* receber forte descarga elétrica

électrode [elɛktʀɔd] *nf* eletrodo *m*

électroencéphalogramme [elɛktʀɔɑ̃sefalɔgʀam] *nm* MÉD eletroencefalograma

électrogène [elɛktʀɔʒɛn] *adj* gerador, -ra de eletricidade

électromagnétique [elɛktʀɔmanetik] *adj* eletromagnético, -ca

électroménager [elɛktʀɔmenaʒe] *adj* eletrodoméstico, -ca
▸ *nm* eletrodoméstico

electron [elegtʀɔ̃] *nm* elétron

électronique [elɛktʀɔnik] *adj* eletrônico, -ca
▸ *nf* eletrônica

électrophone [elɛktʀɔfɔn] *nm* toca-discos

élégance [elegɑ̃s] *nf* elegância

élégant, -e [elegɑ̃, -ɑ̃t] *adj* elegante

élément [elemɑ̃] *nm* elemento
▸ *pl* rudimentos, noções *f*
• **être dans son élément** estar em seu meio

élémentaire [elemɑ̃tɛʀ] *adj* elementar

éléphant [elefɑ̃] *nm* ZOOL elefante

élevage [ɛlvaʒ] *nm* **1** (*action*) criação *f* de animais **2** (*exploitation*) pecuária *f*, avicultura *f* etc. **3** (*installation*) curral, granja *f* etc.

élève [elɛv] *nmf* aluno, -na, estudante

élevé, -e [ɛlve] *adj* **1** (*en hauteur*) elevado, -da, alto, -ta **2** (*enfant*) educado, -da: *il est vraiment mal élevé!* é mal-educado mesmo!

élever [7] [ɛlve] *vt* **1** (*monument*) erigir, erguer **2** (*protestations*) manifestar, fazer **3** (*enfants*) criar, educar **4** (*animaux*) criar **5** (*voix, ton*) levantar, elevar
▸ *vpr* **s'élever 1** (*prendre de la hauteur*) elevar-se, subir, erguer-se **2** (*température*) subir, elevar-se **3** (*monter à*) montar a, chegar a: *la facture s'élève à cent euros* a fatura chega a cem euros **4** (*protester*) insurgir-se, erguer-se (**contre**, contra)

éleveur, -euse [ɛlvœʀ, -øz] *nm,f* criador, -ra

éligible [eliʒibl] *adj* elegível

élimination [eliminasjɔ̃] *nf* eliminação

éliminatoire [eliminatwaʀ] *adj* eliminatório, -a
▸ *nf* eliminatória

éliminer [1] [elimine] *vt* eliminar

élire [66] [eliʀ] *vt* eleger
• **élire domicile** fixar domicílio

élision [elizjɔ̃] *nf* elisão

élite [elit] *nf* elite

élitiste [elitist] *nmf* elitista

élixir [eliksiʀ] *nm* elixir

elle [ɛl] *pron pers* ela: *elle ne le connaît pas* ela não o conhece; *ce livre est à elle* este livro é dela; *ce sont elles qui ont téléphoné* foram elas que telefonaram

elle-même [ɛlmɛm] *pron pers* ela mesma, ela própria, si mesma

ellipse [elips] *nf* elipse

elliptique [eliptik] *adj* elíptico, -ca

élocution [elɔkysjɔ̃] *nf* **1** *(diction)* pronúncia, articulação de palavras **2** *(débit)* elocução

éloge [elɔʒ] *nm* elogio
• **faire l'éloge** elogiar

éloigné, -e [elwaɲe] *adj* **1** *(dans l'espace)* distante, afastado, -da **2** *(dans le temps)* remoto, -ta

éloigner [1] [elwaɲe] *vt* afastar, distanciar, apartar
▸ *vpr* **s'éloigner** afastar-se, distanciar-se, apartar-se

élongation [elɔ̃gasjɔ̃] *nf* MÉD distensão, estiramento *m*

éloquence [elɔkɑ̃s] *nf* eloquência

éloquent, -e [elɔkɑ̃, -ɑ̃t] *adj* eloquente

élu, -e [ely] *adj* eleito, -ta
▸ *nm,f* deputado, -da, representante

élucider [1] [elyside] *vt* elucidar, esclarecer

éluder [1] [elyde] *vt* evitar, esquivar-se de, escapar a

émacié, -e [emasje] *adj* emaciado, -da, magro, -gra, esquelético, -ca

e-mail [imɛl] *nm* (*pl* **e-mails**) e-mail, correio eletrônico

émail [emaj] *nm* esmalte

émanation [emanasjɔ̃] *nf* emanação

émancipation [emɑ̃sipasjɔ̃] *nf* emancipação

émanciper [1] [emɑ̃sipe] *vt* emancipar
▸ *vpr* **s'émanciper** emancipar-se

émaner [1] [emane] *vi* emanar

emballage [ɑ̃balaʒ] *nm* **1** *(gén)* embalagem *f* **2** *(pour liquides)* recipiente, casco

emballer [1] [ɑ̃bale] *vt* **1** *(faire un paquet)* embalar, empacotar, acondicionar **2** *(un moteur)* embalar **3** *fam fig (plaire)* entusiasmar
▸ *vpr* **s'emballer** *fam fig* entusiasmar-se

embarcadère [ɑ̃baʀkadɛʀ] *nm* embarcadouro, cais

embarcation [ɑ̃baʀkasjɔ̃] *nf* embarcação

embardée [ɑ̃baʀde] *nf (d'une voiture)* guinada, cavalo de pau *m*
• **faire une embardée** fazer um cavalo de pau

embargo [ɑ̃baʀgo] *nm* embargo

embarquement [ɑ̃baʀkəmɑ̃] *nm* embarque
• **"Embarquement immédiat"** "Embarque imediato"

embarquer [2] [ɑ̃baʀke] *vt* **1** *(passagers, marchandises)* embarcar **2** *fig (dans une affaire)* embarcar, entrar **3** *fam fig (emporter)* levar para, meter em
▸ *vpr* **s'embarquer 1** *(sur un bateau)* embarcar **2** *fig (dans une affaire)* embarcar, entrar, meter-se

embarras [ɑ̃baʀa] *nm* **1** *(situation difficile)* dificuldade *f*, apuro **2** *(souci)* problema, preocupação *f* **3** *(gêne)* embaraço, constrangimento
• **avoir l'embarras du choix** não saber o que escolher
• **être dans l'embarras** estar em apuro, em situação difícil
• **mettre dans l'embarras** deixar embaraçado, -da

embarrassant, -e [ɑ̃baʀasɑ̃, -ɑ̃t] *adj* embaraçoso, -sa, difícil

embarrassé, -e [ɑ̃baʀase] *adj* **1** *(pièce, bureau)* abarrotado, -da, atravancado, -da **2** *(gêné)* embaraçado, -da, constrangido, -da **3** *(confus)* confuso, -sa

embarrasser [1] [ɑ̃baʀase] *vt* **1** *(gêner)* embaraçar, estorvar, incomodar **2** *(troubler)* embaraçar, desconcertar, constranger

▶ *vpr* **s'embarrasser 1** *(s'encombrer)* embaraçar-se, enlear-se, confundir-se (**de**, com): *il s'est embarrassé de trois paquets* embaraçou-se com três pacotes **2** *(se soucier)* preocupar-se, inquietar-se (**de**, com)

embauche [ãboʃ] *nf* contratação

embaucher [1] [ãboʃe] *vt* contratar, admitir, empregar

embaumer [1] [ãbome] *vt (cadavre)* embalsamar
▶ *vi (parfumer)* perfumar

embellir [20] [ãbeliʀ] *vt* **1** *(visage)* embelezar **2** *(objet, pièce)* adornar, enfeitar
▶ *vi* embelezar-se

embêtant, -e [ãbɛtã, -ãt] *adj fam* chato, -ta

embêtement [ãbɛtmã] *nm fam* problema, dor de cabeça

embêter [1] [ãbete] *vt* **1** *fam (contrarier)* aborrecer **2** *fam (ennuyer)* chatear, aborrecer
▶ *vpr* **s'embêter** *fam* chatear-se, aborrecer-se

emblée [ãble] *loc* **d'emblée** de saída, de cara, para começar

emblème [ãblɛm] *nm* emblema

emboîter [1] [ãbwate] *vt* encaixar, ajustar, adequar
▶ *vpr* **s'emboîter** encaixar-se (**dans**, em)

embolie [ãbɔli] *nf* MÉD embolia

embonpoint [ãbɔ̃pwɛ̃] *nm* corpulência *f*

embouchure [ãbuʃyʀ] *nf* desembocadura, foz

embourber (s') [1] [ãbuʀbe] *vpr* **1** *(voiture)* atolar **2** *fig (dans des explications)* embrulhar-se, atrapalhar-se

embout [ãbu] *nm* **1** *(d'un parapluie)* ponteira *f* **2** *(d'un tuyau)* esguicho

embouteillage [ãbutɛjaʒ] *nm* **1** *(mise en bouteille)* engarrafamento **2** *(de véhicules)* engarrafamento, congestionamento

emboutir [20] [ãbutiʀ] *vt* **1** *(voiture)* colidir com, bater, dar uma trombada **2** *(métal)* estampar

embranchement [ãbʀãʃmã] *nm* **1** *(de chemins)* entroncamento, bifurcação *f*, ramal **2** *(de canalisations)* conexão

embraser [1] [ãbʀaze] *vt* **1** *(brûler)* abrasar, arder **2** *(éclairer)* iluminar
▶ *vpr* **s'embraser 1** *(s'éclairer)* iluminar-se **2** *fml fig (d'amour)* inflamar-se, abrasar-se

embrassade [ãbʀasad] *nf* beijo e abraço *m*

embrasser [1] [ãbʀase] *vt* **1** *(sur la joue)* beijar **2** *(religion, doctrine)* abraçar **3** *fig (du regard)* abarcar
▶ *vpr* **s'embrasser** beijar-se

embrasure [ãbʀazyʀ] *nf (de porte, fenêtre)* vão *m*

embrayage [ãbʀɛjaʒ] *nm* embreagem *f*

embrayer [18] [ãbʀeje] *vt-vi* embrear

embrocher [1] [ãbʀɔʃe] *vt* enfiar a carne no espeto

embrouiller [1] [ãbʀuje] *vt* **1** enredar, emaranhar **2** *fig* embrulhar, complicar

embrun [ãbʀœ̃] *(gen en pl) nm* respingo, borrifo *(das ondas)*

embryon [ãbʀijɔ̃] *nm* embrião

embryonnaire [ãbʀijɔnɛʀ] *adj* embrionário, -a

embûche [ãbyʃ] *nf* **1** *(difficulté)* dificuldade **2** *(piège)* cilada, armadilha

embuer [1] [ãbɥe] *vt* embaçar, embaciar
▶ *vpr* **s'embuer** embaçar-se, embaciar-se

embuscade [ãbyskad] *nf* emboscada

éméché, -e [emeʃe] *adj fam* alto, -ta, alegre, levemente embriagado, -da

émeraude [emʀod] *nf* esmeralda

émerger [4] [emɛʀʒe] *vi* **1** *(de l'eau)* emergir **2** *fam (se manifester)* surgir, aparecer **3** *fam (du sommeil)* despertar, acordar

émeri [emʀi] *nm* esmeril

émérite [emeʀit] *adj* emérito, -ta

émerveiller [1] [emɛʀveje] *vt* maravilhar
▶ *vpr* **s'émerveiller** maravilhar-se

émetteur, -trice [emetœʀ, -tʀis] *adj* **1** *(gén)* emissor, -ra **2** *(radio)* transmissor, -ra
▶ *nm* **émetteur 1** *(gén)* emissor **2** *(radio)* transmissor

émettre [81] [emɛtʀ] *vt* **1** *(gén)* emitir **2** *(radio)* transmitir

émeute [emøt] *nf* motim *m*, insurreição, revolta

émietter [1] [emjete] *vt* **1** *(réduire en miettes)* esmigalhar, fragmentar **2** *(disperser)* dispersar

émigrant, -e [emigʀɑ̃, -ɑ̃t] *adj-nm,f* emigrante, migrante

émigration [emigʀasjɔ̃] *nf* emigração, migração

émigré, -e [emigʀe] *adj-nm,f* emigrante

émigrer [1] [emigʀe] *vi* emigrar, migrar

émincer [3] [emɛ̃se] *vt* cortar em fatias finas

éminence [eminɑ̃s] *nf* eminência

éminent, -e [eminɑ̃, -ɑ̃t] *adj* eminente

émir [emiʀ] *nm* emir

émirat [emiʀa] *nm* emirado

émissaire [emisɛʀ] *nm* emissário, -a

émission [emisjɔ̃] *nf* **1** *(de son, chaleur, billets)* emissão **2** *(de télévision, radio)* programa *m*

emmagasiner [1] [ɑ̃magazine] *vt* armazenar, guardar, estocar

emmanchure [ɑ̃mɑ̃ʃyʀ] *nf* cava (de roupas)

emmêler [1] [ɑ̃mele] *vt* **1** *(fils)* enredar, emaranhar, embaraçar **2** *fig (idées)* embaralhar, confundir, embrulhar

emménager [4] [ɑ̃menaʒe] *vi* mudar-se

emmener [7] [ɑ̃mne] *vt* levar, conduzir consigo

emmerder [1] [ɑ̃mɛʀde] *vt vulg* amolar, chatear, encher o saco
▸ *vpr* **s'emmerder** *pop* encher-se, ficar de saco cheio

emmerdeur, -euse [ɑ̃mɛʀdœʀ, -øz] *nm,f fam* chato, -ta, pentelho, -lha

emmitoufler [1] [ɑ̃mitufle] *vt fam* agasalhar bem
▸ *vpr* **s'emmitoufler** *fam* agasalhar-se bem

émoi [emwa] *nm* agitação, comoção, emoção, excitação

émotif, -ive [emɔtif, -iv] *adj-nm,f* emotivo, -va

émotion [emosjɔ̃] *nf* emoção

émotionnel, -elle [emosjɔnɛl] *adj* emocional

émousser [1] [emuse] *vt* embotar

émoustiller [1] [emustije] *vt fam* excitar, animar, assanhar

émouvant, -e [emuvɑ̃, -ɑ̃t] *adj* comovente, emocionante

émouvoir [41] [emuvwaʀ] *vt* comover, emocionar
▸ *vpr* **s'émouvoir** comover-se, emocionar-se

empailler [1] [ɑ̃paje] *vt* empalhar

empaler [1] [ɑ̃pale] *vt* **1** *(supplicier)* empalar **2** *(embrocher)* pôr no espeto

empaqueter [6] [ɑ̃pakte] *vt* empacotar, embalar, embrulhar

emparer (s') [1] [ɑ̃paʀe] *vpr* apoderar-se, apossar-se (**de**, de)

empâter [1] [ɑ̃pate] *vt* empastar
▸ *vpr* **s'empâter** engordar

empêchement [ɑ̃pɛʃmɑ̃] *nm* impedimento, empecilho, obstáculo

empêcher [1] [ɑ̃peʃe] *vt* impedir: *je l'ai empêché de sauter* eu o impedi de saltar
▸ *vpr* **s'empêcher de** evitar, deixar de, abster-se de: *nous ne pouvions nous empêcher de crier* não podíamos deixar de gritar
• **il n'empêche que** o fato é que

empeigne [ɑ̃pɛɲ] *nf* gáspea, parte de cima do sapato

empereur [ɑ̃pʀœʀ] *nm* imperador

empeser [7] [ɑ̃pəze] *vt* engomar

empester [1] [ɑ̃pɛste] *vt* empestear
▸ *vi* feder

empêtrer [1] [ɑ̃pɛtʀe] *vt* atrapalhar, enlear, embaraçar: *je suis empêtré dans un tas de problèmes* estou enleado numa série de problemas
▸ *vpr* **s'empêtrer** embaraçar-se, atrapalhar-se

emphase [ɑ̃faz] *nf* **1** *(gén)* ênfase **2** *péj* pomposidade, empolação

emphatique [ɑ̃fatik] *adj* enfático, -ca

empiéter [10] [ɑ̃pjete] *vi* **empiéter sur** invadir: *la mer empiète sur le rivage* o mar invade a orla

empiffrer (s') [1] [ɑ̃pifʀe] *vpr fam* empanturrar-se, empanzinar-se

empiler [1] [ɑ̃pile] *vt* empilhar, amontoar
▸ *vpr* **s'empiler** empilhar-se, amontoar-se, apinhar-se

empire [ɑ̃piʀ] *nm* império

empirer [1] [ɑ̃piʀe] *vt-vi* piorar

empirisme [ɑ̃piʀism] *nm* empirismo

emplacement [ɑ̃plasmɑ̃] *nm* **1** (*position*) localização *f*, posição *f* **2** (*publicitaire*) espaço **3** (*pour véhicule*) vaga *f* (*em estacionamento*)

emplâtre [ɑ̃platʀ] *nm* emplastro

emplettes [ɑ̃plɛt] *nf pl* compras

emplir [20] [ɑ̃pliʀ] *vt fml* encher

emploi [ɑ̃plwa] *nm* **1** (*utilisation*) emprego *m*, uso *m*, utilização *f* **2** (*travail*) emprego
■ **emploi à mi-temps** emprego de meio período
■ **emploi à temps complet** emprego em período integral
■ **emploi du temps** horário, programação *f*, cronograma

employé, -e [ɑ̃plwaje] *adj-nm,f* funcionário, -a

employer [16] [ɑ̃plwaje] *vt* **1** (*utiliser*) empregar, usar, utilizar **2** (*un salarié*) empregar, admitir

employeur, -euse [ɑ̃plwajœʀ, -øz] *nm,f* empregador, -ra

empocher [1] [ɑ̃pɔʃe] *vt fam* embolsar, receber

empoigner [1] [ɑ̃pwaɲe] *vt* **1** (*avec la main*) empunhar, agarrar, segurar **2** *fig* (*émouvoir*) empolgar
▸ *vpr* **s'empoigner** atracar-se, engalfinhar-se

empoisonner [1] [ɑ̃pwazɔne] *vt* **1** (*avec du poison*) envenenar **2** *fam* (*ennuyer*) amolar, aborrecer

emportement [ɑ̃pɔʀtəmɑ̃] *nm* arrebatamento

emporter [1] [ɑ̃pɔʀte] *vt* levar, levar consigo, levar embora
▸ *vpr* **s'emporter** arrebatar-se, exaltar-se
• **l'emporter (sur)** prevalecer (*sobre*), vencer, sobrepujar
• **à emporter** para viagem

empoté, -e [ɑ̃pɔte] *adj-nm,f fam* desajeitado, -da, desastrado, -da

empreinte [ɑ̃pʀɛ̃t] *nf* impressão, marca
■ **empreintes digitales** impressões digitais

empressé, -e [ɑ̃pʀese] *adj-nm,f* solícito, -ta, atencioso, -sa

empressement [ɑ̃pʀɛsmɑ̃] *nm* solicitude *f*

empresser (s') [1] [ɑ̃pʀese] *vpr* apressar-se (**de**, em/a)
• **s'empresser auprès de qqn** ser atencioso, ser solícito com alguém

emprise [ɑ̃pʀiz] *nf* domínio *m*, ascendência, influência
• **sous l'emprise de** sob a influência de

emprisonnement [ɑ̃pʀizɔnmɑ̃] *nm* detenção *f*, prisão *f*

emprisonner [1] [ɑ̃pʀizɔne] *vt* prender

emprunt [ɑ̃pʀœ̃] *nm* **1** (*gén*) empréstimo *m* **2** (*imitation*) empréstimo, cópia *f*, imitação *f*

emprunté, -e [ɑ̃pʀœ̃te] *adj* acanhado, -da, constrangido, -da, inibido, -da

emprunter [1] [ɑ̃pʀœ̃te] *vt* **1** (*livre, argent*) tomar/pedir emprestado, -da: *j'ai emprunté à Gilles son vélo* pedi a bicicleta de Gilles emprestada **2** (*route, chemin*) pegar, tomar, enveredar por: *nous allons emprunter la route nationale* vamos pegar a rodovia federal **3** *fig* (*mot*) tomar emprestado, -da, extrair: *beaucoup de mots français sont empruntés à l'anglais* muitas palavras francesas são tomadas de empréstimo ao inglês

ému, -e [emy] *adj* emocionado, -da, comovido, -da

émulation [emylasjɔ̃] *nf* emulação, competição, concorrência

émule [emyl] *nmf* êmulo, -la, rival, competidor, -ra

émulsion [emylsjɔ̃] *nf* emulsão

en¹ [ɑ̃] *prép* **1** (*lieu, temps*) em, ∅: *c'était en 1999* era 1999; *elle vit en Argentine* ela mora na Argentina **2** (*matière*) de: *un blouson en cuir* uma jaqueta de couro **3** (*domaine, point de vue*) em: *en théorie* na teoria **4** (*état, forme, manière*) de, em: *sucre en morceaux* açúcar em tabletes; *pays en guerre* país em guerra; *elle est en vacances* ela está de férias; *c'est écrit en anglais* está escrito em inglês **5** (*moyen*) de: *j'y vais en avion* vou de avião **6 en + p prés** enquanto, quan-

do, ao + inf, ∅: **en arrivant en Angleterre** ao chegar na Inglaterra; **il parle en dormant** ele fala dormindo
• **en avant** para a frente
• **en grand** em tamanho grande

en² [ã] *pron* **1** *(provenance)* de lá, daí, dali: **à la bibliothèque? j'en viens!** na biblioteca? estou vindo de lá **2** *(complément d'adjectif, nom, verbe)* disso, ∅: **que pensez-vous de cet accident? – ne m'en parlez pas** o que você acha desse acidente? – nem me fale (disso); **tu mets du sucre dans ton café? – oui, j'en mets** você põe açúcar no café? – ponho, sim
• **s'en aller** ir embora
• **s'en prendre à qqn** cismar com alguém, culpar alguém por algo

encadrement [ãkadRəmã] *nm* **1** *(de tableau)* moldura *f* **2** *(porte)* caixilho **3** *(responsables d'une entreprise)* executivos *pl*, chefia *f* **4** *(d'un groupe)* responsáveis *pl*, supervisores *pl*, chefes *pl*

encadrer [1] [ãkadRe] *vt* **1** *(tableau)* emoldurar **2** *(troupes)* comandar **3** *(personnel)* chefiar

encaissé, -e [ãkese] *adj* afundado, -da, no fundo de

encaisser [1] [ãkese] *vt* **1** *(de l'argent)* receber, embolsar **2** *fam (coup, critique)* levar, receber

encart [ãkaR] *nm* encarte

en-cas [ãka] *nm inv* lanche, merenda

encastrer [1] [ãkastRe] *vt* embutir
▸ *vpr* **s'encastrer** encravar-se, cravar-se

enceinte [ãsɛ̃t] *adj-nf* grávida, gestante
▸ *nf* **1** *(espace)* recinto *m* fechado **2** *(muraille)* muralha
■ **enceinte acoustique** caixa acústica

encens [ãsã] *nm* incenso

encenser [1] [ãsãse] *vt* incensar, lisonjear, elogiar

encéphalogramme [ãsefalogRam] *nm* MÉD encefalograma

encercler [1] [ãsɛRkle] *vt* cercar, rodear, circundar

enchaînement [ãʃɛnmã] *nm* **1** *(gén)* cadeia *f*, sucessão *f*, encadeamento *m* **2** *(liaison)* concatenação

enchaîner [1] [ãʃene] *vt* **1** acorrentar **2** *fig* concatenar, coordenar, ligar, interligar
▸ *vpr* **s'enchaîner** encadear-se, interligar-se, concatenar-se

enchanté, -e [ãʃãte] *adj* encantado, -da
• **enchanté, -e de faire votre connaissance** prazer em conhecê-lo, -la

enchantement [ãʃãtmã] *nm* **1** *(sortilège)* encantamento, feitiço **2** *(merveille)* encanto, deslumbramento
• **comme par enchantement** como por encanto

enchanter [1] [ãʃãte] *vt* **1** *(faire plaisir à)* encantar **2** *(par la magie)* enfeitiçar

enchère [ãʃɛR] *nf* **1** *(offre)* lance *m* em leilão **2** *(au jeu)* aposta
• **faire monter les enchères** aumentar os lances
• **mettre aux enchères** leiloar, pôr em leilão

enchevêtrer [1] [ãʃəvetRe] *vt* enredar, emaranhar

enclave [ãklav] *nf* enclave *m*, encravo *m*

enclencher [1] [ãklãʃe] *vt* **1** *(engrener)* engatar, engrenar **2** *(mettre en mouvement)* pôr em marcha
▸ *vpr* **s'enclencher** pôr-se em funcionamento

enclin, -e [ãklɛ̃, -in] *adj* inclinado, -da, propenso, -sa, tendente

enclos [ãklo] *nm* cercado, recinto fechado, cerca *f*

enclume [ãklym] *nf* bigorna

encoche [ãkɔʃ] *nf* entalhe *m*, ranhura

encoller [1] [ãkɔle] *vt* passar cola

encolure [ãkɔlyR] *nf* **1** *(de l'homme)* colo *m* **2** *(du cheval)* pescoço *m* **3** *(d'un vêtement)* gola, colarinho *m*

encombrant, -e [ãkɔ̃bRã, -ãt] *adj* **1** *(paquet)* volumoso, -sa, desajeitado, -da **2** *fig (personne)* importuno, -na, inconveniente

encombre [ãkɔ̃bR] *loc* **sans encombre** sem percalços, sem problemas

encombré, -e [ãkɔ̃bRe] *adj* atravancado, -da, atulhado, -da

encombrement [ãkɔ̃bRəmã] *nm* **1** *(d'un lieu)* confusão *f*, desordem *f* **2** *(d'un objet)* volume, tamanho **3** *(embouteillage)* engarrafamento, congestionamento **4** *(accumulation)* atulhamento, entulhamento

encombrer [1] [ãkɔ̃bʀe] *vt* **1** *(passage)* obstruir, atravancar **2** *(mémoire)* sobrecarregar
▸ *vpr* **s'encombrer de** *(prendre en charge)* sobrecarregar-se

encontre [ãkɔ̃tʀ] *loc* **à l'encontre de** de encontro a, em sentido oposto

encore [ãkɔʀ] *adv* **1** *(toujours)* ainda: *tu n'es pas encore parti?* você ainda não foi embora? **2** *(répétition)* de novo, outra vez, mais: *encore un peu de potage?* mais um pouco de sopa?; *elle s'est encore enrhumée* ela se resfriou outra vez; *il a encore menti* ele mentiu de novo **3** *(renforcement)* além disso, ainda por cima: *tu es en retard et encore, tu râles* você chega atrasado e ainda por cima reclama
• **encore mieux** melhor ainda
• **encore que** ainda que, embora
• **encore une fois** mais uma vez
• **mais encore?** que mais?
• **pas encore** ainda não
• **quoi encore?** e o que mais *(você quer)*?
• **si encore** se ao menos

encourageant, -e [ãkuʀaʒã, -ãt] *adj* animador, -ra, alentador, -ra

encouragement [ãkuʀaʒmã] *nm* estímulo, incentivo

encourager [4] [ãkuʀaʒe] *vt* **1** *(personne)* incentivar, encorajar **2** *(commerce, production)* fomentar, incentivar

encourir [24] [ãkuʀiʀ] *vt fml* incorrer em

encrasser (s') [1] [ãkʀase] *vpr* entupir(-se)

encre [ãkʀ] *nf* tinta *(para escrever)*

encrier [ãkʀje] *nm* tinteiro

encroûter (s') [1] [ãkʀute] *vpr* cair na rotina

encyclopédie [ãsiklɔpedi] *nf* enciclopédia

endémique [ãdemik] *adj* endêmico, -ca

endetter (s') [1] [ãdete] *vpr* endividar-se

endeuiller [1] [ãdœje] *vt* enlutar

endiablé, -e [ãdjable] *adj* **1** *(gén)* endiabrado, -da **2** *fig* frenético, -ca: *ils dansaient sur un rythme endiablé* dançavam em ritmo frenético

endiguer [2] [ãdige] *vt* **1** *(cours d'eau)* represar **2** *fig (révolution, épidémie)* debelar

endimancher (s') [1] [ãdimãʃe] *vpr* endomingar-se

endive [ãdiv] *nf* BOT endívia

endoctriner [1] [ãdɔktʀine] *vt* doutrinar

endolori, -e [ãdɔlɔʀi] *adj* dolorido, -da

endommager [4] [ãdɔmaʒe] *vt* danificar, estragar, prejudicar

endormir [28] [ãdɔʀmiʀ] *vt* adormecer
▸ *vpr* **s'endormir** adormecer, pegar no sono

endosser [1] [ãdose] *vt* **1** *(chèque)* endossar **2** *(vêtement)* vestir, pôr **3** *(responsabilité)* assumir

endroit [ãdʀwa] *nm* **1** *(lieu)* lugar, local, localidade *f* **2** *(d'un tissu)* direito
• **mettre à l'endroit** virar para o direito
• **par endroits** em alguns lugares
• **un endroit perdu** um lugarejo

enduire [58] [ãdɥiʀ] *vt* untar, besuntar

enduit [ãdɥi] *nm* **1** *(revêtement)* revestimento **2** *(couche)* camada *f*

endurance [ãdyʀãs] *nf* resistência

endurcir [20] [ãdyʀsiʀ] *vt* endurecer
▸ *vpr* **s'endurcir** endurecer(-se)

endurer [1] [ãdyʀe] *vt* sofrer, suportar, aguentar

énergétique [enɛʀʒetik] *adj* energético, -ca

énergie [ãnɛʀʒi] *nf* energia
■ **énergie éolienne** energia eólica
■ **énergie nucléaire** energia nuclear
■ **énergie renouvelable** energia renovável
■ **énergie solaire** energia solar

énergique [enɛʀʒik] *adj* enérgico, -ca

énergumène [enɛʀgymɛn] *nmf* energúmeno, -na

énervant, -e [enɛʀvã, -ãt] *adj* enervante, irritante

énerver [1] [enɛʀve] *vt* enervar, irritar
▸ *vpr* **s'énerver** enervar-se, irritar-se

enfance [ãfãs] *nf* infância

enfant [ãfã] *nmf* **1** *(de l'âge de l'enfance)* criança: *c'est un enfant gâté* é uma

criança mimada 2 *(fils ou fille)* filho, -lha: **ils ont trois enfants** eles têm três filhos
• **attendre un enfant** esperar um filho
• **bon enfant** bonachão, -ona, bonzinho, -nha
▪ **enfant adoptif** filho, -lha adotivo, -va
▪ **enfant de chœur** coroinha

enfanter [1] [ɑ̃fɑ̃te] *vt* **1** *fml (accoucher)* dar à luz, parir **2** *fml fig (œuvre d'art)* criar, produzir

enfantin, -e [ɑ̃fɑ̃tɛ̃, -in] *adj* **1** *(d'un enfant)* infantil **2** *(facile)* fácil, elementar

enfer [ɑ̃fɛʀ] *nm* inferno
• **d'enfer** infernal *(fig)* sensacional, genial

enfermer [1] [ɑ̃fɛʀme] *vt* fechar, encerrar
▶ *vpr* **s'enfermer** fechar-se, encerrar-se

enfiler [1] [ɑ̃file] *vt* **1** *(aiguille, perles)* enfiar **2** *(rue, chemin)* pegar **3** *(vêtement)* pôr, vestir

enfin [ɑ̃fɛ̃] *adv* **1** *(dans une liste)* finalmente **2** *(en dernier lieu)* por fim **3** *(pour récapituler)* enfim, em suma, afinal **4** *(pour rectifier)* enfim, ou pelo menos: ***ce sera ennuyeux, enfin, pas tellement intéressant*** vai ser chato, ou pelo menos não muito interessante
• **mais enfin!** mas afinal!

enflammer [1] [ɑ̃flame] *vt* **1** *(bois)* acender, atear fogo **2** *fig (esprit)* inflamar, exaltar
▶ *vpr* **s'enflammer 1** *(bois)* acender, pegar fogo **2** *fig (esprit)* inflamar-se, exaltar-se

enflé, -e [ɑ̃fle] *adj* **1** *(gén)* inchado, -da **2** *fig* exagerado, -da

enfler [1] [ɑ̃fle] *vt* **1** *(ballon)* encher, inflar **2** *(voix)* levantar, aumentar o volume
▶ *vi* **s'enfler** inchar(-se)

enfoncer [3] [ɑ̃fɔ̃se] *vt* **1** *(dans la terre, le sol)* enterrar, cravar **2** *(porte, mur)* arrombar **3** *fig (humilier)* esmagar
▶ *vpr* **s'enfoncer 1** *(l'eau)* afundar (**dans**, em) **2** *(ville)* penetrar, adentrar (**dans**, em) **3** *(bois)* embrenhar-se (**dans**, em) **4** *(l'erreur, l'ignorance)* afundar, mergulhar (**dans**, em)

enfouir [20] [ɑ̃fwiʀ] *vt* enterrar

enfourcher [1] [ɑ̃fuʀʃe] *vt* montar em: ***il enfourcha sa bicyclette*** montou na bicicleta

enfourner [1] [ɑ̃fuʀne] *vt* **1** *(pain)* enfornar, levar ao forno **2** *fam (avaler)* engolir, devorar

enfreindre [76] [ɑ̃fʀɛ̃dʀ] *vt* infringir

enfuir (s') [31] [ɑ̃fɥiʀ] *vpr* fugir

enfumé, -e [ɑ̃fyme] *adj* enfumaçado, -da

engagé, -e [ɑ̃gaʒe] *adj* **1** engajado, -da **2** MIL alistado, -da

engageant, -e [ɑ̃gaʒɑ̃, -ɑ̃t] *adj* atrativo, -va, atraente

engagement [ɑ̃gaʒmɑ̃] *nm* **1** *(gén)* engajamento **2** *(promesse)* compromisso **3** *(convention)* contrato, pacto **4** SPORT lance/chute inicial **5** *(de soldat)* alistamento

engager [4] [ɑ̃gaʒe] *vt* **1** *(sa parole)* empenhar **2** *(mettre en jeu)* exigir, pôr em jogo **3** *(à faire quelque chose)* aconselhar, recomendar **4** *(employé)* contratar **5** *(conversation)* entabular **6** *(négociation)* encetar, iniciar
▶ *vpr* **s'engager 1** *(par une promesse)* comprometer-se, empenhar-se: ***il s'est engagé à lui rendre son livre*** comprometeu-se a devolver-lhe o livro **2** *(dans un immeuble)* entrar, penetrar (**dans**, em) **3** *(commencer)* entrar, lançar-se (**dans**, em) **4** *(dans l'armée)* alistar-se **5** *(participer)* engajar-se

engelure [ɑ̃ʒlyʀ] *nmf* frieira

engendrer [1] [ɑ̃ʒɑ̃dʀe] *vt* engendrar

engin [ɑ̃ʒɛ̃] *nm* **1** *(outil)* aparelho, máquina *f* **2** *fam (objet sans nom)* treco, breguesso

englober [1] [ɑ̃glɔbe] *vt* englobar

engloutir [20] [ɑ̃glutiʀ] *vt* engolir

engorgement [ɑ̃gɔʀʒəmɑ̃] *nm* **1** *(d'un tuyau)* entupimento, obstrução *f* **2** *(du sol)* saturação *f*

engouement [ɑ̃gumɑ̃] *nm fig* admiração *f*, deslumbramento

engouffrer [1] [ɑ̃gufʀe] *vt* **1** *fam (manger)* devorar **2** *fig (fortune)* dilapidar, dissipar
▶ *vpr* **s'engouffrer 1** *(foule, personne)* meter-se, penetrar, enfiar-se (**dans**, em) **2** *(vent, mer)* engolfar-se (**dans**, em): ***le***

vent s'est engouffré dans le passage o vento se engolfou pelo corredor

engourdi, -e [ɑ̃guʀdi] *adj* entorpecido, -da

engourdir (s') [20] [ɑ̃guʀdiʀ] *vpr* entorpecer(-se)

engrais [ɑ̃gʀɛ] *nm* adubo, fertilizante

engraisser [1] [ɑ̃gʀese] *vt* **1** (*animal*) engordar, cevar **2** (*la terre*) adubar, fertilizar
▶ *vi* (*personne*) engordar

engrenage [ɑ̃gʀənaʒ] *nm* engrenagem *f*

engueuler [1] [ɑ̃gœle] *vt fam* xingar, gritar com
▶ *vpr* **s'engueuler** *fam* xingar-se, bater boca

enhardir [20] [ɑ̃aʀdiʀ] *vt* encorajar
▶ *vpr* **s'enhardir** criar coragem

énième [enjɛm] *adj-nmf* enésimo, -ma

énigmatique [enigmatik] *adj* enigmático, -ca

énigme [enigm] *nf* enigma *m*

enivrant, -e [ɑ̃nivʀɑ̃, -ɑ̃t] *adj* inebriante, embriagador, -ra

enivrer [1] [ɑ̃nivʀe] *vt* **1** embriagar, embebedar **2** *fig* inebriar
▶ *vpr* **s'enivrer** **1** embriagar-se, embebedar-se **2** *fig* inebriar-se

enjambée [ɑ̃ʒɑ̃be] *nf* pernada, passada larga

enjamber [1] [ɑ̃ʒɑ̃be] *vt* saltar, passar por cima de, transpor

enjeu [ɑ̃ʒø] *nm* **1** (*au jeu*) cacife, entrada *f* **2** (*économique, politique*) desafio, questão *f*, implicação *f*, o que está em jogo

enjoindre [72] [ɑ̃ʒwɛ̃dʀ] *vt fml* ordenar, prescrever

enjôler [1] [ɑ̃ʒole] *vt* induzir (com bajulação), seduzir, embair

enjoliver [1] [ɑ̃ʒɔlive] *vt* embelezar, adornar, enfeitar

enjoliveur [ɑ̃ʒɔlivœʀ] *nm* calota (de carro)

enjoué, -e [ɑ̃ʒwe] *adj* alegre, jovial

enlacer [3] [ɑ̃lase] *vt* **1** (*gén*) enlaçar **2** *fig* prender, unir **3** (*serrer dans les bras*) abraçar
▶ *vpr* **s'enlacer** **1** (*gén*) entrelaçar-se **2** *fig* (*s'étreindre*) abraçar-se, agarrar-se

enlaidir [20] [ɑ̃ledir] *vt* enfear
▶ *vi* **s'enlaidir** ficar feio, -a

enlèvement [ɑ̃lɛvmɑ̃] *nm* rapto, sequestro

enlever [7] [ɑ̃lve] *vt* **1** (*gén*) tirar, retirar, remover **2** (*un vêtement*) tirar **3** (*emporter*) levar, levar embora **4** (*kidnapper*) raptar, sequestrar

enliser [1] [ɑ̃lize] *vt* atolar
▶ *vpr* **s'enliser** **1** (*dans la boue*) atolar **2** *fig* (*dans une situation*) meter-se, afundar

enneigé, -e [ɑ̃neʒe] *adj* nevado, -da, coberto, -ta de neve

enneigement [ɑ̃nɛʒmɑ̃] *nm* quantidade de neve num local
• **bulletin d'enneigement** informativo sobre o estado das neves

ennemi, -e [ɛnmi] *adj-nm,f* inimigo, -ga

ennui [ɑ̃nɥi] *nm* **1** (*lassitude*) tédio **2** (*problème*) problema, contrariedade, aborrecimento
• **avoir des ennuis** ter problemas
• **s'attirer des ennuis** arranjar problemas

ennuyer [15] [ɑ̃nɥije] *vt* **1** (*lasser*) aborrecer, entediar **2** (*contrarier*) contrariar **3** (*inquiéter*) preocupar
▶ *vpr* **s'ennuyer** entediar-se, aborrecer-se

ennuyeux, -euse [ɑ̃nɥijø, -øz] *adj* **1** (*lassant*) aborrecido, -da, enfadonho, -nha **2** (*contrariant*) desagradável, irritante

énoncer [3] [enɔ̃se] *vt* enunciar

enorgueillir (s') [20] [ɑ̃nɔʀgœjiʀ] *vpr* orgulhar-se

énorme [enɔʀm] *adj* **1** (*très grand*) enorme **2** *fam fig* (*fantastique*) incrível, fantástico: *c'est énorme ce qu'il a fait pour nous* é incrível o que ele fez por nós

énormément [enɔʀmemɑ̃] *adv* muitíssimo, imensamente, uma infinidade: *il a énormément d'amis* ele tem uma infinidade de amigos

énormité [enɔʀmite] *nf* **1** (*d'une erreur, d'un effort*) enormidade *f* **2** (*sottise*) barbaridade, disparate *m*, gafe

enquête [ɑ̃kɛt] *nf* **1** *(d'opinion)* enquete, sondagem, pesquisa **2** *(de police)* investigação, inquérito *m*

enquêter [1] [ɑ̃kete] *vi* **1** *(la police)* investigar **2** *(sonder)* fazer uma sondagem, pesquisar

enraciner [1] [ɑ̃ʀasine] *vt* enraizar, arraigar
▶ *vpr* **s'enraciner** enraizar-se, radicar-se

enragé, -e [ɑ̃ʀaʒe] *adj* **1** *(chien)* raivoso, -sa, hidrófobo, -ba **2** *(passionné)* fanático, -ca

enrager [4] [ɑ̃ʀaʒe] *vi* estar/ficar furioso, -sa

enrayer [18] [ɑ̃ʀeje] *vt* **1** *(mécanisme)* travar, emperrar **2** *fig (épidémie)* debelar **3** *fig (crise économique, évolution)* deter, frear, bloquear
▶ *vpr* **s'enrayer** *(arme à feu)* travar, emperrar

enregistrement [ɑ̃ʀəʒistʀəmɑ̃] *nm* **1** *(de son, d'images)* gravação *f* **2** *(des bagages)* despacho, registro **3** *(d'un acte)* registro, assentamento

enregistrer [1] [ɑ̃ʀəʒistʀe] *vt* **1** *(disques, fichier)* gravar **2** *(bagages)* despachar **3** *(documents)* registrar, inscrever

enrhumé, -e [ɑ̃ʀyme] *adj* resfriado, -da

enrhumer [1] [ɑ̃ʀyme] *vt* resfriar
▶ *vpr* **s'enrhumer** resfriar-se, ficar resfriado, -da

enrichir [20] [ɑ̃ʀiʃiʀ] *vt* enriquecer
▶ *vpr* **s'enrichir** enriquecer(-se), ficar rico

enrobé, -e [ɑ̃ʀɔbe] *adj* **1** *fam (personne)* gordinho, -nha, rechonchudo, -da **2** *(bonbon)* coberto, -ta (**de**, de)

enrober [1] [ɑ̃ʀɔbe] *vt* **1** *(recouvrir)* envolver, recobrir **2** CULIN cobrir (**de**, de) **3** *fig (masquer)* mascarar, disfarçar

enrôler [1] [ɑ̃ʀole] *vt (dans un parti)* afiliar, inscrever
▶ *vpr* **s'enrôler 1** *(dans l'armée)* alistar-se **2** *fig (dans un parti)* afiliar-se, inscrever-se

enroué, -e [ɑ̃ʀwe] *adj* rouco, -ca

enrouler [1] [ɑ̃ʀule] *vt* enrolar
▶ *vpr* **s'enrouler 1** *(autour de quelque chose)* enrolar-se, enroscar-se **2** *(dans une couverture)* enrolar-se, envolver-se

ensabler (s') [1] [ɑ̃sable] *vpr* encalhar

ensanglanter [1] [ɑ̃sɑ̃glɑ̃te] *vt* ensanguentar

enseignant, -e [ɑ̃sɛɲɑ̃, -ɑ̃t] *adj* docente
▶ *nm,f* professor, -ra

enseigne [ɑ̃sɛɲ] *nf* **1** *(de magasin)* placa, letreiro *m* **2** *(des troupes)* bandeira, insígnia

enseignement [ɑ̃sɛɲmɑ̃] *nm* **1** ensino **2** *fig (leçon)* lição *f*, ensinamento
■ **enseignement primaire** ensino primário *(ensino fundamental)*
■ **enseignement secondaire** ensino secundário *(ensino médio)*

enseigner [1] [ɑ̃seɲe] *vt* ensinar, lecionar

ensemble [ɑ̃sɑ̃bl] *adv* **1** *(gén)* juntos, -tas: *nous avons travaillé ensemble sur ce projet* trabalhamos juntos neste projeto **2** *(en même temps)* ao mesmo tempo: *arrêtez de crier tous ensemble!* parem de gritar todos ao mesmo tempo!
▶ *nm* conjunto
• **dans l'ensemble** no conjunto, globalmente
■ **grand ensemble** conjunto habitacional, conjunto arquitetônico

ensemencer [3] [ɑ̃səmɑ̃se] *vt* semear

ensevelir [20] [ɑ̃səvliʀ] *vt* enterrar

ensoleillé, -e [ɑ̃sɔleje] *adj* ensolarado, -da

ensommeillé, -e [ɑ̃sɔmeje] *adj* sonolento, -ta

ensorceler [5] [ɑ̃sɔʀsəle] *vt* **1** *(jeter un sort)* enfeitiçar **2** *fig (captiver)* seduzir, cativar

ensuite [ɑ̃sɥit] *adv* **1** *(après, plus tard)* depois: *on pourrait aller au musée et ensuite au restaurant* poderíamos ir ao museu e depois ao restaurante **2** *(puis)* em seguida

ensuivre (s') [61] [ɑ̃sɥivʀ] *vpr* resultar, decorrer

entaille [ɑ̃taj] *nf* corte *m*, talho *m*

entailler [1] [ɑ̃taje] *vt* cortar, entalhar

entamer [1] [ɑ̃tame] *vt* **1** *(commencer)* começar **2** *(conversation)* entabular **3** *(partie du corps)* arranhar **4** *(réputation)* arranhar **5** *(foi)* abalar

entartrer (s') [1] [ɑ̃taʀtʀe] *vpr* cobrir--se de tártaro

entasser [1] [ɑ̃tase] *vt* amontoar
▸ *vpr* **s'entasser** amontoar-se

entendement [ɑ̃tɑ̃dmɑ̃] *nm* entendimento

entendre [62] [ɑ̃tɑ̃dʀ] *vt* **1** (*le sons*) ouvir **2** *fml* (*comprendre*) entender **3** (*vouloir*) pretender
▸ *vpr* **s'entendre 1** (*bruit, son*) ouvir-se **2** (*sympathiser*) entender-se, dar-se bem **3** (*convenir*) entender-se, entrar em acordo

entendu, -e [ɑ̃tɑ̃dy] *adj* (*compris*) entendido, -da, compreendido, -da
• **bien entendu** evidentemente

entente [ɑ̃tɑ̃t] *nf* acordo *m*, entendimento *m*

enterrement [ɑ̃tɛʀmɑ̃] *nm* enterro

enterrer [1] [ɑ̃teʀe] *vt* enterrar
• **enterrer sa vie de garçon** fazer a despedida de solteiro

en-tête [ɑ̃tɛt] *nm* (*pl* **en-têtes**) cabeçalho

entêté, -e [ɑ̃tete] *adj-nm,f* teimoso, -sa

entêter (s') [1] [ɑ̃tete] *vpr* teimar, obstinar-se (**à/dans**, em)

enthousiasme [ɑ̃tuzjasm] *nm* entusiasmo

enthousiasmer [1] [ɑ̃tuzjasme] *vt* entusiasmar
▸ *vpr* **s'enthousiasmer** entusiasmar-se

enthousiaste [ɑ̃tuzjaste] *adj* entusiasta

enticher (s') [1] [ɑ̃tiʃe] *vpr* apaixonar--se (**de**, por), deslumbrar-se (**de**, com)

entier, -ère [ɑ̃tje, -ɛʀ] *adj* inteiro, -ra, todo, -da, total, completo, -ta, integral

entièrement [ɑ̃tjɛʀmɑ̃] *adv* completamente, totalmente, inteiramente

entité [ɑ̃tite] *nf* entidade

entonner [1] [ɑ̃tɔne] *vt* **1** (*mélodie*) entoar **2** (*vin*) pôr em tonel

entonnoir [ɑ̃tɔnwaʀ] *nm* **1** (*ustensile*) funil **2** (*cavité*) cratera *f*

entorse [ɑ̃tɔʀs] *nf* **1** (*à la cheville*) entorse, luxação **2** *fig* (*à un règlement*) infração, exceção

entortiller [1] [ɑ̃tɔʀtije] *vt* enrolar, enroscar

entourage [ɑ̃tuʀaʒ] *nm* **1** (*clôture*) entorno **2** (*milieu*) círculo, roda *f*, *entourage*, circunstantes *pl*

entourer [1] [ɑ̃tuʀe] *vt* **1** (*gén*) rodear, cercar, circundar **2** *fig* (*soutenir*) cercar de atenção, apoiar
▸ *vpr* **s'entourer** rodear-se, cercar-se (**de**, de)

entourloupe [ɑ̃tuʀlup] *nf fam* falseta, deslealdade, sujeira

entracte [ɑ̃tʀakt] *nm* entreato

entraide [ɑ̃tʀɛd] *nf* ajuda mútua

entraider (s') [1] [ɑ̃tʀede] *vpr* ajudar--se, auxiliar-se mutuamente

entrailles [ɑ̃tʀaj] *nf pl* entranhas, vísceras

entrain [ɑ̃tʀɛ̃] *nm* energia *f*, garra *f*

entraînement [ɑ̃tʀɛnmɑ̃] *nm* **1** SPORT treinamento, treino **2** (*préparation*) prática *f*, exercício **3** (*de mécanisme*) transmissão

entraîner [1] [ɑ̃tʀene] *vt* **1** (*emmener*) arrastar, carregar, levar consigo **2** (*impliquer*) acarretar, ocasionar, provocar: **cela va entraîner de graves conséquences** isso vai acarretar graves consequências **3** SPORT treinar
▸ *vpr* **s'entraîner 1** (*se préparer*) praticar, exercitar-se **2** SPORT treinar

entraîneur, -euse [ɑ̃tʀenœʀ, -øz] *nm* treinador, -ra

entrave [ɑ̃tʀav] *nf* entrave *m*

entraver [1] [ɑ̃tʀave] *vt* **1** (*animal*) amarrar, pear **2** *fig* (*action*) entravar, dificultar

entre [ɑ̃tʀ] *prép* entre: **il n'y a rien entre nous** não há nada entre nós
• **entre autres** entre outras coisas, entre outros

entrebâiller [1] [ɑ̃tʀəbaje] *vt* entreabrir

entrecôte [ɑ̃tʀəkot] *nf* entrecosto *m*

entrecouper [1] [ɑ̃tʀəkupe] *vt* entrecortar

entre-deux [ɑ̃tʀədø] *nm inv* entremeio

entrée [ɑ̃tʀe] *nf* **1** (*gén*) entrada, ingresso *m* **2** (*d'un appartement*) portaria, recepção **3** (*d'un menu*) entrada
• **"Entrée interdite"** "Entrada proibida"
• **"Entrée libre"** "Entrada franca", "Entrada livre"

entrefaites [ɑ̃tRəfεt] *loc* **sur ces entrefaites** nesse ínterim, nesse meio-tempo

entrejambe [ɑ̃tRəʒɑ̃b] *nm* entrepernas *f*, gancho (de calças)

entrelacer [3] [ɑ̃tRəlase] *vt* entrelaçar
▸ *vpr* **s'entrelacer** entrelaçar-se

entremets [ɑ̃tRəmε] *nm* prato do meio

entremetteur, -euse [ɑ̃tRəmεtœR, -øz] *nm,f* mediador, -ra, alcoviteiro, -ra

entremise [ɑ̃tRəmiz] *nf* mediação, intervenção
• **par l'entremise de** por intermédio de

entreposer [1] [ɑ̃tRəpoze] *vt* depositar

entrepôt [ɑ̃tRəpo] *nm* entreposto, armazém

entreprendre [83] [ɑ̃tRəpRɑ̃dR] *vt* empreender, começar

entrepreneur, -euse [ɑ̃tRəpRənœR, -øz] *nm,f* empresário, -a
▸ *nm* **entrepreneur** (*en bâtiment*) empreiteiro, (*empresa*) empreiteira

entreprise [ɑ̃tRəpRiz] *nf* 1 (*initiative*) empreendimento *m* 2 (*société*) empresa

entrer [1] [ɑ̃tRe] *vi* 1 (*gén*) entrar 2 (*être admis*) entrar, ingressar (**à**, em) 3 (*affaires, enseignement*) ingressar (**à**, em)
▸ *vt* (*gén*) introduzir: *il a entré de l'alcool de contrebande en France* ele introduziu álcool contrabandeado na França
• **entrez!** pode entrar!, entre!

entre-temps [ɑ̃tRətɑ̃] *adv* nesse meio-tempo, enquanto isso

entretenir [35] [ɑ̃tRətniR] *vt* 1 (*maison, outils, conversation*) manter 2 (*feu*) alimentar, manter aceso 3 (*amitié*) cultivar
▸ *vpr* **s'entretenir** 1 (*se parler*) conversar 2 (*prendre soin de soi*) cuidar-se

entretien [ɑ̃tRətjɛ̃] *nm* 1 (*soins*) manutenção *f*: *les frais d'entretien sont à la charge du client* as despesas de manutenção ficam por conta do cliente 2 (*dialogue*) conversa *f* 3 (*de travail*) entrevista *f*

entretuer (s') [1] [ɑ̃tRətɥe] *vpr* matar-se um ao outro, entrematar-se

entrevoir [46] [ɑ̃tRəvwaR] *vt* entrever

entrevue [ɑ̃tRəvy] *nf* entrevista, encontro *m*, reunião

entrouvert, -e [ɑ̃tRuvεR] *adj* entreaberto, -ta

entrouvrir [21] [ɑ̃tRuvRiR] *vt* entreabrir
▸ *vpr* **s'entrouvrir** entreabrir-se

énumération [enymeRasjɔ̃] *nf* enumeração

énumérer [10] [enymeRe] *vt* enumerar

envahir [20] [ɑ̃vaiR] *vt* invadir

envahisseur [ɑ̃vaisœR] *nm* invasor

enveloppe [ɑ̃vlɔp] *nf* 1 (*d'emballage*) envoltório *m*, invólucro 2 (*de céréale*) bainha 3 (*de lettre*) envelope *m*

envelopper [1] [ɑ̃vlɔpe] *vt* 1 (*gén*) envolver 2 (*empaqueter*) embalar, enrolar, embrulhar, envelopar
▸ *vpr* **s'envelopper** envolver-se, embrulhar-se (**dans**, em)

envenimer [1] [ɑ̃vnime] *vt* (*blessure*) infectar, contaminar
▸ *vpr* **s'envenimer** 1 (*blessure*) infectar-se, inflamar 2 *fig* (*relations*) envenenar-se, deteriorar-se

envergure [ɑ̃vεRgyR] *nf* envergadura

envers [ɑ̃vεR] *prép* (*à l'égard de*) com, para com: *il fait preuve de gentillesse envers moi* mostra-se muito gentil comigo
▸ *nm* reverso, avesso: *l'envers d'une monnaie* o reverso de uma moeda
• **à l'envers** pelo avesso, ao contrário

envie [ɑ̃vi] *nf* 1 (*sentiment*) inveja 2 (*désir*) vontade
• **avoir envie de** ter vontade de

envier [12] [ɑ̃vje] *vt* invejar, cobiçar, desejar

envieux, -euse [ɑ̃vjø, -øz] *adj-nm,f* invejoso, -sa

environ [ɑ̃viRɔ̃] *adv* aproximadamente, cerca de, mais ou menos: *il y avait environ 500 personnes au concert* havia cerca de 500 pessoas no concerto

environnement [ɑ̃viRɔnmɑ̃] *nm* 1 (*nature*) meio, ambiente, meio ambiente 2 INFORM ambiente

environnemental, -e [ɑ̃viRɔnmɑ̃tal] *adj* ambiental

environner [1] [ɑ̃viRɔne] *vt* rodear, cercar, circundar

environs [ɑ̃viʀɔ̃] nm pl arredores, vizinhança

envisager [4] [ɑ̃vizaʒe] vt 1 (*tenir compte*) considerar 2 (*prévoir*) projetar, tencionar, pensar: **il envisage de faire des études de médecine** ele está pensando em estudar medicina

envoi [ɑ̃vwa] nm envio, remessa f
- **coup d'envoi** SPORT chute/saque inicial
- **envoi contre remboursement** envio mediante reembolso

envol [ɑ̃vɔl] nm 1 (*d'avion, d'économie*) decolagem f 2 (*d'oiseau*) voo m

envoler (s') [1] [ɑ̃vɔle] vpr 1 (*oiseau*) levantar voo 2 (*avion*) decolar, levantar voo 3 fam (*disparaître*) sumir, evaporar

envoûter [1] [ɑ̃vute] vt 1 (*jeter un sort*) enfeitiçar 2 fig (*charmer*) fascinar, encantar

envoyé, -e [ɑ̃vwaje] nm,f 1 (*gén*) enviado, -da 2 (*de presse*) correspondente

envoyer [17] [ɑ̃vwaje] vt 1 (*gén*) enviar, remeter, expedir, mandar 2 (*personne*) mandar: **elle l'a envoyé acheter du lait** mandou-o comprar leite
▸ vpr **s'envoyer** 1 fam (*boire*) entornar 2 fam (*travail*) atolar-se 3 pop (*coucher avec*) comer, faturar

éolien, -enne [eɔljɛ̃, -ɛn] adj eólico, -ca

épais, -aisse [epɛ, -ɛs] adj 1 (*chose*) grosso, -sa, espesso, -sa 2 (*blague*) grosseiro, -ra 3 (*brouillard*) denso, -sa, espesso, -sa, cerrado, -da 4 (*sauce*) espesso, -sa, encorpado, -da

épaisseur [epɛsœʀ] nf 1 (*gén*) espessura 2 fig (*consistance*) consistência, espessura

épaissir [20] [epesiʀ] vt espessar, engrossar, adensar
▸ vi 1 (*sauce*) engrossar, encorpar, espessar-se 2 (*taille*) engordar
▸ vpr **s'épaissir** 1 (*brouillard*) adensar-se 2 (*sauce*) engrossar, encorpar 3 (*personne*) engordar

épanchement [epɑ̃ʃmɑ̃] nm 1 fig (*abandon*) desabafo 2 MÉD derramamento

épanoui, -e [epanwi] adj 1 (*fleur*) aberto, -ta, desabrochado, -da 2 (*personne*) radiante

épanouir [20] [epanwiʀ] vt 1 (*fleur*) abrir, desabrochar 2 (*personne*) tornar feliz
▸ vpr **s'épanouir** 1 (*fleur*) abrir-se, desabrochar 2 (*visage*) iluminar-se, tornar-se radiante 3 (*personne*) realizar-se

épargnant [epaʀɲɑ̃] nmf econômico, -ca

épargne [epaʀɲ] nf economia, poupança
- **épargne logement** poupança-habitação

épargner [1] [epaʀɲe] vt 1 (*argent*) poupar, economizar 2 (*temps, peine*) poupar

éparpiller [1] [epaʀpije] vt dispersar, disseminar, espalhar
▸ vpr **s'éparpiller** dispersar-se

épars, -e [epaʀ, -aʀs] adj fml disperso, -sa, esparso, -sa, disseminado, -da

épatant, -e [epatɑ̃, -ɑ̃t] adj fam estupendo, -da, esplêndido, -da

épaté, -e [epate] adj 1 (*nez*) chato, -ta, achatado, -da 2 fam (*surpris*) pasmo, -ma, boquiaberto, -ta

épater [1] [epate] vt fam espantar, impressionar, chocar

épaule [epol] nf 1 (*d'être humain*) ombro m 2 CUIS (*de mouton, porc*) paleta

épauler [1] [epole] vt ajudar, apoiar, amparar

épaulette [epolɛt] nf 1 MIL dragona 2 (*bretelle*) alça 3 (*vêtement*) ombreira

épave [epav] nf 1 (*d'un bateau*) destroços m pl 2 (*voiture*) sucata 3 fig (*personne*) farrapo m

épée [epe] nf espada

épeler [5] [eple] vt soletrar

éperdu, -e [epɛʀdy] adj desvairado, -da
• **être éperdu, -e de** estar louco, -ca de

éperon [epʀɔ̃] nm 1 (*à la chaussure*) espora f 2 BOT esporão

éperonner [1] [epʀɔne] vt 1 (*gén*) esporear 2 fig espicaçar, estimular

épervier [epɛʀvje] nm ZOOL gavião

éphémère [efemɛʀ] adj efêmero, -ra

éphéméride [efemeʀid] nf 1 (*gén*) efeméride 2 (*calendrier*) calendário destacável, folhinha

épi [epi] *nm* **1** (*de blé; de maïs*) espiga *f* **2** (*de cheveux*) redemoinho

épice [epis] *nf* tempero *m*, condimento *m*

épicé, -e [epise] *adj* **1** (*plat*) temperado, -da, apimentado, -da **2** *fig* (*histoire*) picante, apimentado, -da

épicerie [episʀi] *nf* **1** (*magasin*) mercearia, empório, armazém **2** (*produits*) mantimentos *m pl*, secos e molhados *m pl*

épicier, -ère [episje, -ɛʀ] *nm,f* merceeiro, -ra, comerciante de alimentos

épidémie [epidemi] *nf* **1** (*de grippe*) epidemia **2** *fig* (*de violence*) epidemia, escalada, onda

épiderme [epidɛʀm] *nm* ANAT epiderme *f*

épier [12] [epje] *vt* espiar

épigraphe [epigʀaf] *nf* epígrafe

épilation [epilasjɔ̃] *nf* depilação

épilepsie [epilɛpsi] *nf* MÉD epilepsia

épiler [1] [epile] *vt* depilar, fazer depilação: *je vais me faire épiler dans cet institut* vou fazer depilação naquele instituto de beleza
▶ *vpr* **s'épiler** depilar-se

épilogue [epilɔg] *nm* **1** (*conclusion*) epílogo **2** *fig* (*d'une affaire*) desfecho

épinards [epinaʀ] *nm pl* BOT espinafre

épine [epin] *nf* **1** (*d'une rose*) espinho *m* **2** (*arbrisseau*) espinheiro *m*
■ **épine dorsale** espinha dorsal

épineux, -euse [epinø, -øz] *adj* espinhoso, -sa

épingle [epɛ̃gl] *nf* alfinete *m*
■ **épingle à cheveux** grampo *m*
■ **épingle à nourrice** alfinete *m* de segurança, alfinete *m* de fralda

épinière [epinjɛʀ] *adj* espinhal, espinal: *moelle épinière* medula espinhal

épique [epik] *adj* épico, -ca

épiscopal, -e [episkɔpal] *adj* episcopal

épisode [epizɔd] *nm* episódio

épisodique [epizɔdik] *adj* esporádico, -ca

épistolaire [epistɔlɛʀ] *adj* epistolar

épitaphe [epitaf] *nf* epitáfio

épithète [epitɛt] *nf* epíteto

épître [epitʀ] *nf* epístola, carta

éploré, -e [eplɔʀe] *adj* choroso, -sa, desconsolado, -da

épluche-légumes [eplyʃlegym] *nm inv* descascador de legumes

éplucher [1] [eplyʃe] *vt* **1** (*légumes*) descascar, limpar, debulhar **2** *fig* (*dossier, texte*) dissecar, esmiuçar

épluchure [eplyʃyʀ] *nf* limpadura, cascas *pl*

éponge [epɔ̃ʒ] *nf* esponja
• **jeter l'éponge** jogar a toalha
• **passer l'éponge** passar uma esponja sobre, apagar da memória

éponger [4] [epɔ̃ʒe] *vt* enxugar, secar, limpar
▶ *vpr* **s'éponger** (*visage, front*) enxugar-se, enxugar

épopée [epɔpe] *nf* epopeia

époque [epɔk] *nf* época

épouse [epuz] *nf* esposa

épouser [1] [epuze] *vt* **1** (*se marier*) casar-se com, desposar, esposar: *il a épousé ma sœur* casou-se com a minha irmã **2** *fig* (*idées, doctrines*) abraçar, esposar **3** (*une forme*) ajustar-se a

épousseter [6] [epuste] *vt* tirar o pó

époustouflant, -e [epustuflɑ̃, -ɑ̃t] *adj fam* espantoso, -sa, fantástico, -ca

épouvantable [epuvɑ̃tabl] *adj* pavoroso, -sa, assustador, -ra

épouvantail [epuvɑ̃taj] *nm* espantalho

épouvanter [1] [epuvɑ̃te] *vt* assustar, apavorar

époux [epu] *nm* esposo, marido
• **les futurs époux** os noivos

éprendre (s') [83] [epʀɑ̃dʀ] *vpr* apaixonar-se

épreuve [epʀœv] *nf* **1** (*essai*) prova, ensaio *m*, teste *m*, experiência *f* **2** (*d'un examen, concours*) prova, exame *m*
• **à l'épreuve de** à prova de
• **mettre à l'épreuve** pôr à prova, testar
■ **épreuve de force** prova de força

épris, -e [epʀi, -iz] *adj* **1** (*d'une personne*) enamorado, -da (**de**, de), apaixonado, -da (**de**, por) **2** (*très attaché*) ávido, -da, apaixonado, -da (**de**, por)

éprouvant, -e [epʀuvɑ̃, -ɑ̃t] *adj* árduo, -a, penoso, -sa, difícil

éprouver [1] [epʀuve] *vt* **1** *(tester)* provar, testar, experimentar **2** *(problème)* sofrer, passar por, suportar **3** *(sentiment)* ter, experimentar, sentir
• **éprouver de la joie** estar alegre

éprouvette [epʀuvɛt] *nf* proveta, tubo *m* de ensaio

épuisant, -e [epɥizɑ̃, -ɑ̃t] *adj* extenuante

épuisé, -e [epɥize] *adj* esgotado, -da

épuiser [1] [epɥize] *vt* esgotar
▶ *vpr* **s'épuiser** esgotar-se

épuisette [epɥizɛt] *nf* puçá *m*

épurer [1] [epyʀe] *vt* depurar, purificar, purgar

équateur [ekwatœʀ] *nm* equador

Équateur [ekwatœʀ] *nm* Equador

équation [ekwasjɔ̃] *nf* equação

équatorial, -e [ekwatɔʀjal] *adj* equatorial

équatorien, -enne [ekwatɔʀjɛ̃, -ɛn] *adj* equatoriano, -na
▶ *nm,f* **Équatorien, -enne** equatoriano, -na

équerre [ekɛʀ] *nf* esquadro *m*

équestre [ekɛstʀ] *adj* eqüestre

équidistant, -e [ekidistɑ̃, -ɑ̃t] *adj* equidistante

équilatéral, -e [ekilateʀal] *adj* equilátero, -ra

équilibre [ekilibʀ] *nm* equilíbrio

équilibrer [1] [ekilibʀe] *vt* equilibrar
▶ *vpr* **s'équilibrer** equilibrar-se

équilibriste [ekilibʀist] *nmf* equilibrista

équinoxe [ekinɔks] *nm* equinócio

équipage [ekipaʒ] *nm* tripulação *f*

équipe [ekip] *nf* equipe *m*
• **faire équipe avec** formar equipe com

équipement [ekipmɑ̃] *nm* **1** *(matériel)* equipamento **2** *(aménagement)* instalações *f pl*, infraestrutura *f*

équiper [1] [ekipe] *vt* equipar, aparelhar, munir
▶ *vpr* **s'équiper** equipar-se

équipier, -ère [ekipje, -ɛʀ] *nm,f* membro de equipe

équitable [ekitabl] *adj* equitativo, -va

équitation [ekitasjɔ̃] *nf* equitação

équité [ekite] *nf* equidade

équivalence [ekivalɑ̃s] *nf* **1** *(gén)* equivalência **2** *(de diplôme)* validação

équivalent, -e [ekivalɑ̃, -ɑ̃t] *adj* equivalente
▶ *nm* **équivalent** equivalente

équivaloir [44] [ekivalwaʀ] *vt* equivaler

équivoque [ekivɔk] *adj* equívoco, -ca, ambíguo, -a
▶ *nf* equívoco *m*
• **sans équivoque** inequívoco, -ca

érable [eʀabl] *nm* BOT bordo

éradication [eʀadikasjɔ̃] *nf* erradicação

érafler [1] [eʀafle] *vt* arranhar
▶ *vpr* **s'érafler** arranhar-se

éraflure [eʀaflyʀ] *nf* arranhão *m*, arranhadura

éraillé, -e [eʀaje] *adj* **1** *(rauque)* rouco, -ca **2** *(oeil)* injetado, -da

ère [ɛʀ] *nf* era, idade, período *m*

érection [eʀɛksjɔ̃] *nf* ereção

éreintant, -e [eʀɛ̃tɑ̃, -ɑ̃t] *adj* extenuante, estafante

éreinté, -e [eʀɛ̃te] *adj* extenuado, -da, esgotado, -da, estafado, -da

ergonomique [ɛʀgɔnɔmik] *adj* ergonômico, -ca

ergot [ɛʀgo] *nm* *(de coq)* esporão

ériger [4] [eʀiʒe] *vt* **1** *(monument)* erigir, erguer **2** *(immeuble)* construir
▶ *vpr* **s'ériger** erigir-se

ermite [ɛʀmit] *nm* eremita, ermitão

éroder [1] [eʀɔde] *vt* erodir

érogène [eʀɔʒɛn] *adj* erógeno, -na

érosion [eʀozjɔ̃] *nf* erosão

érotique [eʀɔtik] *adj* erótico, -ca

érotisme [eʀɔtism] *nm* erotismo

errant, -e [ɛʀɑ̃, -ɑ̃t] *adj* errante

erratum [aʀatɔm] *nm* (*pl* **errata**) errata *f sing*

errer [1] [ɛʀe] *vi* vagar, perambular

erreur [ɛʀœʀ] *nf* erro *m*, engano *m*
• **par erreur** por engano

erroné, -e [ɛʀɔne] *adj* errôneo, -a, errado, -da

éructer [1] [eʀykte] *vi* arrotar

érudit, -e [eRydi, -it] *adj-nm,f* erudito, -ta

érudition [eRydisjɔ̃] *nf* erudição

éruption [eRypsjɔ̃] *nf* erupção

escabeau [ɛskabo] *nm* **1** (*tabouret*) banco, tamborete **2** (*échelle*) escada de mão

escadrille [ɛskadRij] *nf* esquadrilha

escadron [ɛskadRɔ̃] *nm* esquadrão

escalade [ɛskalad] *nf* escalada

escalader [1] [ɛskalade] *vt* escalar

escalator [ɛskalatœR] *nm* escada *f* rolante

escale [ɛskal] *nf* escala
- **escale technique** escala técnica

escalier [ɛskalje] *nm* escada *f*
- **escalier mécanique/roulant** escada *f* rolante

escalope [ɛskalɔp] *nf* CUIS escalope *m*

escamotable [ɛskamɔtabl] *adj* **1** (*train d'atterrissage*) retrátil **2** (*meuble*) dobrável

escapade [ɛskapad] *nf* escapada

escargot [ɛskaRgo] *nm* **1** ZOOL lesma, caracol **2** CUIS escargot

escarmouche [ɛskaRmuʃ] *nf* escaramuça

escarpé, -e [ɛskaRpe] *adj* escarpado, -da, íngreme

escient [esjɑ̃] *loc*
- **à bon/mauvais escient** com/sem discernimento

esclaffer (s') [1] [ɛsklafe] *vpr* rachar de rir, gargalhar

esclandre [ɛsklɑ̃dR] *nm fml* escândalo, cena

esclavage [ɛsklavaʒ] *nm* escravidão *f*

esclave [ɛsklav] *adj-nmf* escravo, -va

escompte [ɛskɔ̃t] *nm* COMM desconto

escorte [ɛskɔRt] *nf* escolta

escorter [1] [ɛskɔRte] *vt* escoltar

escrime [ɛskRim] *nf* esgrima

escrimer (s') [1] [ɛskRime] *vpr* empenhar-se (à, em), aplicar-se (à, em), dedicar-se (à, a)

escroc [ɛskRo] *nm* escroque, estelionatário, -a

escroquer [2] [ɛskRɔke] *vt* fraudar, cometer estelionato

escroquerie [ɛskRɔkRi] *nf* estelionato *m*

espace [ɛspas] *nm* espaço
- **espace vert** área *f* verde

espacer [3] [ɛspase] *vt* espaçar

espadon [ɛspadɔ̃] *nm* ZOOL peixe-espada

espadrille [ɛspadRij] *nf* alpargata

Espagne [ɛspaɲ] *nf* Espanha

espagnol, -e [ɛspaɲɔl] *adj* espanhol, -la
▸ *nm,f* **Espagnol, -e** espanhol, -la
▸ *nm* **espagnol** (*langue*) espanhol, castelhano

espèce [ɛspɛs] *nf* **1** (*animale, végétale*) espécie **2** (*sorte*) espécie, tipo *m*
▸ *nf pl* **espèces** espécie, dinheiro *m* vivo
- **espèce d'idiot!** seu idiota!
- **payer en espèces** pagar em dinheiro

espérance [ɛspeRɑ̃s] *nf* esperança
- **espérance de vie** expectativa de vida

espérer [10] [ɛspeRe] *vt* esperar, ter esperança, contar com: *j'espère vous revoir bientôt* espero revê-lo/la em breve
▸ *vi* confiar (**en**, em)

espiègle [ɛspjɛgl] *adj* travesso, -sa, traquinas, malicioso, -sa

espion, -onne [ɛspjɔ̃, -ɔn] *nm,f* espião, -ã

espionnage [ɛspjɔnaʒ] *nm* espionagem *f*
- **espionnage industriel** espionagem industrial

espionner [1] [ɛspjɔne] *vt* espionar

esplanade [ɛsplanad] *nf* esplanada

espoir [ɛspwaR] *nm* esperança *f*

esprit [ɛspRi] *nm* **1** (*sens, fantôme*) espírito **2** (*entendement*) inteligência *f*, entendimento **3** (*faculté, cerveau*) cabeça *f*, mente *f*, juízo **4** (*humour*) presença *f* de espírito, espirituosidade *f*
- **reprendre ses esprits** recobrar os sentidos, voltar a si
- **venir à l'esprit** vir à mente
- **esprit de compétition** espírito competitivo
- **esprit critique** espírito crítico

esquimau, -aude [ɛskimo, -od] *adj* esquimó
▸ *nm,f* **Esquimau, -aude** esquimó
▸ *nm* **esquimau** (*langue*) esquimó *m*
▸ *nm* **Esquimau** (*glace*) picolé recoberto com chocolate

esquinter [1] [ɛskɛ̃te] *vt* **1** *fam (appareil)* escangalhar, quebrar **2** *(adversaire)* demolir
▶ *vpr* **s'esquinter** *fam* esfalfar-se, matar-se

esquisse [ɛskis] *nf* esboço *m*

esquisser [1] [ɛskise] *vt* esboçar

esquiver [1] [ɛskive] *vt* esquivar-(se) de, evitar

essai [ɛsɛ] *nm* **1** *(test)* prova *f*, teste, ensaio, experiência *f* **2** *(effort, tentative)* tentativa **3** *(d'un écrivain)* ensaio
• **à l'essai** em período de experiência
• **essai sur route** test drive

essaim [ɛsɛ̃] *nm* enxame

essayage [ɛsɛjaʒ] *nm (de vêtements)* prova *f*
■ **cabine d'essayage** provador

essayer [18] [eseje] *vt* **1** *(gén)* experimentar **2** *(un vêtement)* provar, experimentar
▶ *vi* tentar, esforçar-se por

essence [esɑ̃s] *nf* **1** *(nature)* essência **2** *(carburant)* gasolina
• **par essence** *fml* por essência, essencialmente

essentiel, -elle [esɑ̃sjɛl] *adj* essencial
▶ *nm* **essentiel** essencial, o mais importante: *tu es venu, c'est l'essentiel* você veio, é o mais importante

esseulé, -e [esœle] *adj fml* abandonado, -da, desamparado, -da

essieu [esjø] *nm* MÉC eixo

essor [esɔʀ] *nm* **1** *(envol)* voo **2** *fig (d'une entreprise)* expansão *f*, impulso

essorer [1] [esɔʀe] *vt* **1** *(le linge, à main)* torcer **2** *(à la machine)* centrifugar **3** *(la salade)* escorrer

essoreuse [esɔʀøz] *nf* **1** *(pour le linge)* centrífuga, secadora **2** *(pour la salade)* escorredor *m*

essouffler [1] [esufle] *vt* tirar o fôlego
▶ *vpr* **s'essouffler** **1** *(après un effort)* ofegar, ficar sem fôlego **2** *fig (économie)* desaquecer-se

essuie-glace [esɥiglas] *nm (pl* **essuie-glaces**) limpador de para-brisa

essuie-main [esɥimɛ̃] *nm inv* toalha *f* de mãos

essuie-tout [esɥitu] *nm inv* toalha de papel

essuyer [15] [esɥije] *vt* **1** *(mains, vaisselle)* enxugar, secar **2** *(poussière)* tirar, limpar **3** *fig (échec)* sofrer, suportar
▶ *vpr* **s'essuyer** secar-se, enxugar-se

est [ɛst] *nm* leste, este

estampe [ɛstɑ̃p] *nf* estampa

estamper [1] [ɛstɑ̃pe] *vt* estampar

esthète [ɛstɛt] *nmf* esteta

esthéticien, -enne [ɛstetisjɛ̃, -ɛn] *nm,f* esteticista

esthétique [ɛstetik] *adj* estético, -ca
▶ *nf* estética

estimation [ɛstimasjɔ̃] *nf* estimativa, avaliação, cálculo *m*

estime [ɛstim] *nf* estima

estimer [1] [ɛstime] *vt* **1** *(prix)* estimar, avaliar **2** *(nombre)* calcular **3** *(penser)* considerar, crer, achar **4** *(aimer, apprécier)* estimar, prezar
▶ *vpr* **s'estimer** considerar-se, dar-se por: *tu peux t'estimer heureux d'y avoir échappé!* pode dar-se por feliz por ter escapado!

estival, -e [ɛstival] *adj* do verão

estivant, -e [ɛstivɑ̃, -ɑ̃t] *nm,f* veranista

estocade [ɛstɔkad] *nf* estocada

estomac [ɛstɔma] *nm* estômago

estomaquer [12] [ɛstɔmake] *vt fam* chocar, escandalizar

estomper [1] [ɛstɔ̃pe] *vt* **1** *(dessin)* esfumar, esbater **2** *(douleur)* atenuar, abrandar
▶ *vpr* **s'estomper** **1** *(contour)* esfumar-se, desvanecer-se **2** *(sentiment)* atenuar-se, abrandar-se

Estonie [ɛstɔni] *nf* Estônia

estonien, -enne [ɛstɔnjɛ̃, -ɛn] *adj* estoniano, -na
▶ *nm,f* **Estonien, -enne** estoniano, -na
▶ *nm* **estonien** *(langue)* estoniano

estrade [ɛstʀad] *nf* estrado *m*

estragon [ɛstʀagɔ̃] *nm* BOT estragão

estropié, -e [ɛstʀɔpje] *adj-nm,f* estropiado, -da

estuaire [ɛstɥɛʀ] *nm* estuário

esturgeon [ɛstyʀʒɔ̃] *nm* ZOOL esturjão

et [e] *conj* e: *et toi? tu y vas?* e você, vai?; *ce livre est drôle et intéressant* este livro é divertido e interessante

étable [etabl] *nf* estábulo *m*, curral *m*

établi [etabli] *nm* (*de menuisier*) banco, banca *f*, bancada *f*

établir [20] [etabliʀ] *vt* estabelecer
▶ *vpr* **s'établir** estabelecer-se

établissement [etablismɑ̃] *nm* 1 (*gén*) estabelecimento 2 COMM firma *f*, empresa *f* 3 (*institution*) instituição *f*

étage [etaʒ] *nm* andar: *il habite au troisième étage* ele mora no terceiro andar
• **à l'étage** no andar de cima, no piso superior
• **de bas étage** inferior, ordinário, reles

étagère [etaʒɛʀ] *nf* 1 (*tablette*) prateleira 2 (*meuble*) estante

étain [etɛ̃] *nm* estanho

étal [etal] *nm* (*pl* **étals** ou **étaux**) 1 (*de marché*) banca *f*, barraca *f* 2 (*de boucherie*) cepo

étalage [etalaʒ] *nm* 1 (*de marchandises*) mostruário, estande 2 (*d'un magasin*) vitrina 3 (*ostentation*) exibição *f*, ostentação *f*
• **faire étalage de** alardear, ostentar

étalagiste [etalaʒist] *nmf* vitrinista

étaler [1] [etale] *vt* 1 (*exposer*) expor, exibir 2 (*journal, feuille de papier*) abrir, desdobrar 3 (*peinture, beurre*) espalhar 4 (*sur plusieurs années*) distribuir, dividir, estender 5 (*richesses, bijoux*) ostentar, exibir
▶ *vpr* **s'étaler** 1 (*beurre, peinture*) espalhar-se 2 (*dans le temps*) estender-se, prolongar-se 3 *fam* (*tomber*) estatelar-se

étalon [etalɔ̃] *nm* 1 (*mesure*) padrão 2 (*cheval*) garanhão

étanche [etɑ̃ʃ] *adj* 1 (*cloison*) estanque 2 (*montre*) à prova de água

étancher [1] [etɑ̃ʃe] *vt* 1 (*liquide*) estancar 2 (*soif*) saciar, matar

étang [etɑ̃] *nm* tanque, lago, lagoa *f*

étape [etap] *nf* etapa
• **brûler les étapes** queimar etapas
• **faire étape à** parar em, fazer escala em
▪ **étape reine** etapa eliminatória

état [eta] *nm* estado
• **"De son état"** "Por profissão"
• **en bon état** em bom estado
• **en état de marche** pronto para funcionar
• **en mauvais état** em mau estado
• **être dans tous ses états** estar agitadíssimo
• **être hors d'état de** estar sem condições de
• **remettre en état** reparar, consertar
▪ **état civil** cartório de registro civil
▪ **état d'âme** estado de espírito
▪ **état d'esprit** estado de espírito
▪ **état de santé** estado de saúde

état-major [etamaʒɔʀ] *nm* (*pl* **états-majors**) estado-maior

États-Unis [etazyni] *nm pl* Estados Unidos

étau [eto] *nm* torno

étayer [18] [eteje] *vt* 1 (*mur*) escorar 2 *fig* (*idée*) apoiar

etc. [ɛtsetera] *abr* (*et caetera*) etc.

été [ete] *nm* verão

éteindre [76] [etɛ̃dʀ] *vt* apagar, extinguir
▶ *vpr* **s'éteindre** apagar-se, extinguir-se

étendard [etɑ̃daʀ] *nm* estandarte

étendoir [etɑ̃dwaʀ] *nm* varal, corda *f*

étendre [62] [etɑ̃dʀ] *vt* 1 (*bras, aile*) abrir 2 (*linge*) estender 3 (*influence, pouvoir*) ampliar, expandir
▶ *vpr* **s'étendre** 1 (*personne*) deitar-se 2 (*paysage*) estender-se 3 (*épidémie*) propagar-se

étendue [etɑ̃dy] *nf* extensão

éternel, -elle [etɛʀnɛl] *adj* eterno, -na

éternité [etɛʀnite] *nf* eternidade

éternuement [etɛʀnymɑ̃] *nm* espirro

éternuer [1] [etɛʀnɥe] *vi* espirrar

éther [etɛʀ] *adj* éter

Éthiopie [etjɔpi] *nf* Etiópia

éthiopien, -enne [etjɔpjɛ̃, -ɛn] *adj* etíope
▶ *nm,f* **Éthiopien, -enne** etíope

éthique [etik] *adj* ético, -ca
▶ *nf* ética

ethnie [ɛtni] *nf* etnia

ethnique [ɛtnik] *adj* étnico, -ca

ethnologie [ɛtnɔlɔʒi] *nf* etnologia

étincelant, -e [etɛ̃slɑ̃, -ɑ̃t] *adj* cintilante

étinceler [5] [etɛ̃sle] vi brilhar, cintilar

étincelle [etɛ̃sɛl] nf **1** *(gén)* faísca, fagulha **2** *fig (d'intelligence)* centelha

étiqueter [6] [etikte] vt **1** *(article)* etiquetar **2** *fig (personne)* rotular

étiquette [etikɛt] nf etiqueta

étirer [1] [etiʀe] vt estirar, esticar
▸ *vpr* **s'étirer** estirar-se, estender-se, esticar-se

étoffe [etɔf] nf **1** *(tissu)* tecido *m*, pano *m*, fazenda **2** *fig (aptitude)* fibra: *il a l'étoffe d'un grand écrivain* tem a fibra do grande escritor

étoffer [1] [etɔfe] vt *(un récit)* enriquecer

étoile [etwal] nf estrela
• **dormir à la belle étoile** dormir ao relento
▪ **étoile filante** estrela cadente
▪ **étoile de mer** estrela-do-mar

étoilé, -e [etwale] adj estrelado, -da

étole [etɔl] nf estola

étonnant, -e [etɔnɑ̃, -ɑ̃t] adj surpreendente, espantoso, -sa

étonnement [etɔnmɑ̃] nm surpresa *f*, espanto, assombro

étonner [1] [etɔne] vt assombrar, surpreender, espantar
▸ *vpr* **s'étonner** surpreender-se, espantar-se, admirar-se
• **ça m'étonnerait** seria de admirar
• **ne s'étonner de rien** não se espantar com nada
• **s'étonner que** achar estranho que

étouffant, -e [etufɑ̃, -ɑ̃t] adj sufocante

étouffée [etufe] loc **à l'étouffée** CUIS estufado, -da

étouffer [1] [etufe] vt **1** *(asphyxier)* sufocar, asfixiar **2** *(son)* abafar, amortecer **3** *fig (scandale)* abafar
▸ *vi* sufocar, ficar sufocado
▸ *vpr* **s'étouffer 1** ficar sem ar **2** *(son)* amortecer-se, abafar-se

étourderie [etuʀdəʀi] nf **1** *(distraction)* distração, desatenção **2** *(acte irréfléchi)* asneira

étourdi, -e [etuʀdi] adj-nm,f **1** *(personne)* distraído, -da, desatento, -ta **2** *(irréfléchi)* impensado, -da, imprudente

étourdir [20] [etuʀdiʀ] vt atordoar

étourdissement [etuʀdismɑ̃] nm atordoamento

étourneau [etuʀno] nm ZOOL estorninho

étrange [etʀɑ̃ʒ] adj estranho, -nha

étranger, -ère [etʀɑ̃ʒe, -ɛʀ] adj **1** *(langue, personne)* estrangeiro, -ra **2** *(différent)* estranho, -nha **3** *(politique, affaires)* externo, -na, exterior **4** *(extérieur)* alheio, -a (**à**, a)
▸ *nm,f (d'un autre pays)* estrangeiro, -ra
▸ *nm* **étranger** exterior, estrangeiro
• **à l'étranger** no exterior
• **il m'est étranger** para mim, é estranho; não conheço

étrangeté [etʀɑ̃ʒte] nf estranheza

étrangler [1] [etʀɑ̃gle] vt **1** *(gén)* estrangular **2** *fig (ruiner)* sufocar, arruinar
▸ *vpr* **s'étrangler 1** *(s'étouffer)* engasgar-se **2** *(de colère)* sufocar

être[1] [86] [ɛtʀ] vi **1** *(exister, état permanent)* ser: *tu es bon* você é bom; *c'est en bois* é de madeira; *il est grand et mince* ele é alto e magro **2** *(état passager, lieu)* estar: *elle est malade* ela está doente; *je suis à Madrid* estou em Madri **3** *(propriété)* ser: *ce vélo est à moi* esta bicicleta é minha **4** *(provenance)* ser (**de**, de): *tu es de Paris?* você é de Paris? **5** *(façon d'être)* estar (**en**, com/de): *elle est en maillot de bain* ela está de maiô
▸ *v impers (temps)* é, são: *quelle heure est-il?* que horas são?; *il est neuf heures* são nove horas
▸ *aux* **1** *(forme passive)* ser: *nous avons été poursuivis* fomos perseguidos **2** *(dans les temps composés)* ∅: *il s'est couché à minuit* ele se deitou à meia-noite; *le train est arrivé en retard* o trem chegou atrasado
• **en être** andar, estar: *où en es-tu de ta rédaction?* em que parte da redação você está?
• **être à + inf** ser de se + *inf*, estar por + *inf*: *il est à désirer* é de se desejar; *ce travail est à faire* este trabalho está por fazer; *c'est à voir* é de ver
• **n'y être pour rien** não ter nada que ver, não ser culpado por

être[2] [ɛtʀ] nm ser
• **être vivant** ser vivo

étreindre [76] [etʀɛ̃dʀ] vt abraçar, estreitar

▶ *vpr* **s'étreindre** abraçar-se, estreitar-se

étrenner [1] [etʀene] *vt* estrear

étrennes [etʀɛn] *nf pl* **1** (*cadeau*) presente *m sing* de ano-novo **2** (*pourboire*) gratificação (*sing*) de ano-novo

étrier [etʀje] *nm* estribo

étriper [1] [etʀipe] *vt* destripar, estripar

étriqué, -e [etʀike] *adj* **1** (*pull, pantalon*) apertado, -da, estreito, -ta **2** *fig* (*esprit*) tacanho, -nha

étroit, -e [etʀwa, -wat] *adj* **1** (*gén*) estreito, -ta **2** (*acception, interprétation*) estrito, -ta
• **être à l'étroit** estar apertado, ter pouco espaço

étude [etyd] *nf* **1** (*gén*) estudo *m* **2** (*de notaire*) cartório **3** (*d'avocat*) escritório *m*
• **faire des études** estudar
■ **étude de marché** pesquisa de mercado

étudiant, -e [etydjɑ̃, -ɑ̃t] *adj-nm,f* estudante (universitário)

étudier [12] [etydje] *vt* estudar

étui [etɥi] *nm* estojo

étuve [etyv] *nf* estufa

étuvée [etyve] *loc* **à l'étuvée** CULIN estufado

étymologie [etimɔlɔʒi] *nf* etimologia

EU [ey] *abr* (***États-Unis***) EUA

eucalyptus [økaliptys] *nm* eucalipto

euh [ø] *interj* ah, ahn: ***qu'est-ce que tu fais là? – euh, j'arrive*** o que você está fazendo aí? ahn, já vou!

eunuque [ønyk] *nm* eunuco

euphémisme [øfemism] *nm* eufemismo

euphorie [øfɔʀi] *nf* euforia

euro [øʀo] *nm* euro

eurodéputé [øʀodepyte] *nm* eurodeputado, -da

Europe [øʀɔp] *nf* Europa

européen, -enne [øʀopeɛ̃, -ɛn] *adj* europeu, -éia
▶ *nm,f* **Européen, -enne** europeu, -éia

eurosceptique [øʀoseptik] *adj-nmf* cético, -ca (quanto ao futuro da União Europeia)

euthanasie [øtanazi] *nf* eutanásia

eux [ø] *pron pers* eles: ***nous sommes venus avec eux*** viemos com eles; ***cette voiture est à eux*** este carro é deles

eux-mêmes [ømɛm] *pron pers* eles mesmos, eles próprios, si mesmos

évacuation [evakɥasjɔ̃] *nf* evacuação

évacuer [1] [evakɥe] *vt* evacuar

évadé, -e [evade] *nm,f* fugitivo, -va

évader (s') [1] [evade] *vpr* fugir

évaluation [evalɥasjɔ̃] *nf* avaliação

évaluer [1] [evalɥe] *vt* **1** (*prix, valeur*) avaliar **2** (*par le calcul*) calcular

évangélique [evɑ̃ʒelik] *adj* evangélico, -ca

évangile [evɑ̃ʒil] *nm* evangelho

évanouir (s') [20] [evanwiʀ] *vpr* **1** (*personne*) desmaiar **2** (*dans l'air, la nuit*) desvanecer-se, dissipar-se

évanouissement [evanwismɑ̃] *nm* **1** (*personne*) desmaio, desfalecimento **2** (*dans l'air, la nuit*) desvanecimento

évaporation [evapɔʀasjɔ̃] *nf* evaporação

évaporer [1] [evapɔʀe] *vt* evaporar, vaporizar
▶ *vpr* **s'évaporer** **1** (*eau*) evaporar-se **2** *fam fig* (*disparaître*) evaporar, sumir

évasé, -e [evaze] *adj* evasê

évasif, -ive [evazif, -iv] *adj* evasivo, -va

évasion [evazjɔ̃] *nf* evasão, fuga

évêché [eveʃe] *nm* bispado, diocese *f*

éveil [evɛj] *nm* **1** despertar (*subst*) **2** (*alerte*) alarme (sinal)

éveillé, -e [eveje] *adj* desperto, -ta, acordado, -da

éveiller [1] [eveje] *vt* despertar, acordar

événement [evenmɑ̃] *nm* acontecimento

éventail [evɑ̃taj] *nm* leque

éventaire [evɑ̃tɛʀ] *nm* tabuleiro (*de vendedor*), banquinha

éventer [1] [evɑ̃te] *vt* **1** (*exposer à l'air*) arejar, ventilar **2** (*avec un éventail*) abanar **3** *fig* (*secret*) revelar, divulgar, ventilar
▶ *vpr* **s'éventer** abanar-se

éventrer [1] [evɑ̃tʀe] *vt* destripar

éventualité [evɑ̃tɥalite] *nf* eventualidade

éventuel, -elle [evɑ̃tɥɛl] *adj* eventual

éventuellement [evɑ̃tɥɛlmɑ̃] *adv* eventualmente

évêque [evɛk] *nm* bispo

évertuer (s') [1] [evɛRtɥe] *vpr* esmerar-se, empenhar-se (**à**, em)

évidemment [evidamɑ̃] *adv* evidentemente

évidence [evidɑ̃s] *nf* evidência
• **de toute évidence** sem a menor dúvida
• **mettre en évidence** evidenciar, pôr em evidência
• **se mettre en évidence** pôr-se em evidência
• **se rendre à l'évidence** render-se às evidências, dar o braço a torcer

évident, -e [evidɑ̃, -ɑ̃t] *adj* evidente

évider [1] [evide] *vt* escavar

évier [evje] *nm* pia *f* (de cozinha)

éviter [1] [evite] *vt* evitar

évocation [evɔkasjɔ̃] *nf* **1** (*rappel*) evocação **2** (*allusion*) menção

évolué, -e [evɔlɥe] *adj* evoluído, -da

évoluer [1] [evɔlɥe] *vi* evoluir

évolution [evɔlysjɔ̃] *nf* evolução

évoquer [2] [evɔke] *vt* **1** (*rappeler*) evocar **2** (*mentionner*) mencionar **3** (*fantôme, demon*) invocar

exacerber [1] [ɛgzasɛRbe] *vt* exacerbar

exact, -e [ɛgzakt] *adj* **1** (*gén*) exato, -ta **2** (*ponctuel*) pontual

exactitude [ɛgzaktityd] *nf* **1** (*gén*) exatidão **2** (*dans l'horaire*) pontualidade

ex æquo [ɛgzeko] *adv-adj inv* empatado, -da

exagération [ɛgzaʒeRasjɔ̃] *nf* exagero *m*

exagérer [10] [ɛgzaʒeRe] *vt* exagerar
▶ *vi fam* abusar, passar dos limites

exalté, -e [ɛgzalte] *adj-nm,f* exaltado, -da

exalter [1] [ɛgzalte] *vt* exaltar
▶ *vpr* **s'exalter** exaltar-se

examen [ɛgzamɛ̃] *nm* exame
■ **examen médical** exame médico

examinateur, -trice [ɛgzaminatœR, -tRis] *nm,f* examinador, -ra

examiner [1] [ɛgzamine] *vt* examinar

exaspération [ɛgzaspeRasjɔ̃] *nf* exasperação

exaspérer [10] [ɛgzaspeRe] *vt* exasperar

exaucer [3] [ɛgzose] *vt* atender: *son vœu a été exaucé* seu desejo foi atendido

excavation [ɛkskavasjɔ̃] *nf* escavação

excédent [ɛksedɑ̃] *nm* **1** excedente **2** (*de poids*) excesso **3** (*d'un budget*) superávit *m*
■ **excédent de bagages** excesso de bagagem

excéder [10] [ɛksede] *vt* **1** (*dépasser*) exceder, ultrapassar **2** (*énerver*) exasperar, irritar, enervar
• **être excédé** estar exasperado, irritado

excellence [ɛksɛlɑ̃s] *nf* excelência
• **par excellence** por excelência

excellent, -e [ɛksɛlɑ̃, -ɑ̃t] *adj* excelente

exceller [1] [ɛksele] *vi* destacar-se, ser exímio, -a (**en**, em)

excentré, -e [ɛksɑ̃tRe] *adj* **1** (*gén*) descentrado, -da **2** (*quartier*) afastado, -da

excentrique [ɛksɑ̃tRik] *adj-nmf* excêntrico, -ca

excepté [ɛksɛpte] *prép* exceto: *cet autobus circule tous les jours, excepté les jours fériés* este ônibus circula todos os dias, exceto nos feriados

excepter [1] [ɛksɛpte] *vt* excetuar

exception [ɛksɛpsjɔ̃] *nf* exceção
• **à l'exception de** com exceção de

exceptionnel, -elle [ɛksɛpsjɔnɛl] *adj* excepcional

excès [ɛksɛ] *nm* excesso
• **à l'excès** em excesso
■ **excès de vitesse** excesso de velocidade

excessif, -ive [ɛksesif, -iv] *adj* excessivo, -va

excitant, -e [ɛksitɑ̃, -ɑ̃t] *adj* excitante
▶ *nm* **excitant** estimulante

excitation [ɛksitasjɔ̃] *nf* excitação

exciter [1] [ɛksite] *vt* excitar
▶ *vpr* **s'exciter** excitar-se

exclamation [ɛksklamasjɔ̃] *nf* exclamação

exclamer (s') [1] [ɛksklame] *vpr* exclamar

exclure [52] [ɛksklyʀ] *vt* excluir

exclusif, -ive [ɛksklyzif, -iv] *adj* exclusivo, -va

exclusion [ɛksklyzjɔ̃] *nf* exclusão

exclusivité [ɛksklyzivite] *nf* exclusividade
• **en exclusivité** com exclusividade

excommunier [12] [ɛkskɔmynje] *vt* excomungar

excrément [ɛkskʀemɑ̃] *nm* excremento

excroissance [ɛkskʀwasɑ̃s] *nf* MÉD excrescência

excursion [ɛkskyʀsjɔ̃] *nf* excursão

excuse [ɛkskyz] *nf* desculpa
• **faire des excuses** desculpar-se, pedir desculpas

excuser [1] [ɛkskyze] *vt* desculpar, escusar
▶ *vpr* **s'excuser** desculpar-se (**de**, por)
• **excusez-moi** desculpe

exécrable [ɛgzekʀabl] *adj* execrável

exécuter [1] [ɛgzekyte] *vt* **1** (*projet, programme*) realizar, cumprir **2** (*musique, prisonnier*) executar
▶ *vpr* **s'exécuter** atender, obedecer

exécutif, -ive [ɛgzekytif, -iv] *adj* executivo, -va
▶ *nm* **exécutif** executivo (*poder*)

exécution [ɛgzekysjɔ̃] *nf* **1** (*gén*) execução **2** (*de promesse*) cumprimento *m*, realização

exemplaire [ɛgzɑ̃plɛʀ] *adj-nm* exemplar

exemple [ɛgzɑ̃pl] *nm* exemplo
• **par exemple** por exemplo

exempté, -e [ɛgzɑ̃te] *adj-nm,f* isento, -ta

exemption [ɛgzɑ̃psjɔ̃] *nf* isenção

exercer [3] [ɛgzɛʀse] *vt* **1** (*gén*) exercitar **2** (*activité, profession*) exercer
▶ *vpr* exercitar-se (**à**, em)

exercice [ɛgzɛʀsis] *nm* exercício
• **en exercice** em exercício

exhaler [1] [ɛgzale] *vt* **1** (*odeur, soupir*) exalar **2** *fig* (*sentiment*) irradiar
▶ *vpr* **s'exhaler** (*odeur*) desprender-se

exhaustif, -ive [ɛgzostif, -iv] *adj* exaustivo, -va

exhiber [1] [ɛgzibe] *vt* exibir
▶ *vpr* **s'exhiber** exibir-se

exhibition [ɛgzibisjɔ̃] *nf* exibição

exhibitionniste [ɛgzibisjɔnist] *adj-nmf* exibicionista

exhorter [1] [ɛgzɔʀte] *vt* exortar

exhumer [1] [ɛgzyme] *vt* exumar

exigeant [ɛgziʒɑ̃] *adj* exigente

exigence [ɛgziʒɑ̃s] *nf* exigência

exiger [4] [ɛgziʒe] *vt* exigir

exil [ɛgzil] *nm* exílio

exilé, -e [ɛgzile] *nm,f* exilado, -da

exiler [1] [ɛgzile] *vt* exilar
▶ *vpr* **s'exiler 1** (*quitter son pays*) exilar-se **2** (*se retirer*) retirar-se, isolar-se

existant, -e [ɛgzistɑ̃, -ɑ̃t] *adj* existente

existence [ɛgzistɑ̃s] *nf* existência

exister [1] [ɛgsiste] *vi* existir

exode [ɛgzɔd] *nm* êxodo

exonérer [10] [ɛgzɔneʀe] *vt* **1** (*gén*) exonerar, dispensar **2** (*exempter*) isentar

exorbitant, -e [ɛgzɔʀbitɑ̃, -ɑ̃t] *adj* exorbitante

exorcisme [ɛgzɔʀsism] *nm* exorcismo

exotique [ɛgzɔtik] *adj* exótico, -ca

expansif, -ive [ɛkspɑ̃sif, -iv] *adj* expansivo, -va

expansion [ɛkspɑ̃sjɔ̃] *nf* expansão

expatrié, -e [ɛkspatʀije] *adj-nm,f* expatriado, -da

expatrier [12] [ɛkspatʀije] *vt* expatriar

expédier [12] [ɛkspedje] *vt* **1** (*lettre, marchandise*) expedir **2** *fam* (*personne*) despedir, despachar **3** (*affaires, travail*) despachar

expéditeur, -trice [ɛkspeditœʀ, -tʀis] *nm,f* remetente

expéditif, -ive [ɛkspeditif, -iv] *adj* expedito, -ta, ativo, -va

expédition [ɛkspedisjɔ̃] *nf* expedição

expérience [ɛkspeʀjɑ̃s] *nf* **1** (*gén*) experiência **2** (*de physique*) experimento *m*, ensaio *m*, experiência
• **avoir de l'expérience** ter experiência

expérimental, -e [ɛkspeʀimɑ̃tal] *adj* experimental

expérimenté, -e [ɛksperimɑ̃te] *adj* experimentado, -da, experiente

expérimenter [1] [ɛksperimɑ̃te] *vt* experimentar

expert, -e [ɛkspɛʀ, -ɛʀt] *adj* exímio, -mia, versado, -da
▸ *nm* **expert 1** (*connaisseur*) especialista **2** (*chargé d'expertise*) perito

expert-comptable [ɛkspɛʀkɔ̃tabl] *nm* (*pl* **experts-comptables**) perito-contador

expertise [ɛkspɛʀtiz] *nf* **1** (*examen*) perícia, vistoria, avaliação **2** (*fait*) competência

expertiser [1] [ɛkspɛʀtize] *vt* avaliar, fazer perícia, vistoriar

expier [12] [ɛkspje] *vt* expiar

expiration [ɛkspiʀasjɔ̃] *nf* **1** (*d'air*) expiração **2** (*d'un délai, contrat*) vencimento *m*

expirer [1] [ɛkspiʀe] *vt* (*de l'air*) expirar
▸ *vi* **1** (*mourir*) expirar **2** (*délai, contrat*) expirar, vencer

explication [ɛksplikasjɔ̃] *nf* explicação

explicite [ɛksplisit] *adj* explícito, -ta

expliquer [2] [ɛksplike] *vt* explicar
▸ *vpr* **s'expliquer 1** (*personnes*) explicar-se **2** (*devenir compréhensible*) esclarecer-se

exploit [ɛksplwa] *nm* façanha *f*, proeza, feito

exploitation [ɛksplwatasjɔ̃] *nf* **1** (*gén*) exploração **2** (*entreprise*) empresa, propriedade, fazenda

exploiter [1] [ɛksplwate] *vt* **1** (*utiliser*) explorar, utilizar **2** (*personnes*) explorar, abusar **3** (*entreprise*) dirigir, administrar, tocar

explorateur, -trice [ɛksplɔʀatœʀ, -tʀis] *nm,f* explorador, -ra

exploration [ɛksplɔʀasjɔ̃] *nf* exploração, análise, exame *m*

explorer [1] [ɛksplɔʀe] *vt* explorar, pesquisar, investigar

exploser [1] [ɛksploze] *vi* explodir

explosif, -ive [ɛksplozif, -iv] *adj* explosivo, -va
▸ *nm* **explosif** explosivo

explosion [ɛksplozjɔ̃] *nf* explosão

exportateur, -trice [ɛkspɔʀtatœʀ, -tʀis] *adj-nm,f* exportador, -ra

exportation [ɛkspɔʀtasjɔ̃] *nf* exportação

exporter [1] [ɛkspɔʀte] *vt* exportar

exposant, -e [ɛkspozɑ̃, -ɑ̃t] *nm,f* expositor, -ra
▸ *nm* **exposant** MATH expoente

exposé, -e [ɛkspoze] *adj* exposto, -ta
▸ *nm* **exposé 1** (*rapport*) informe, relatório **2** (*d'un élève*) exposição *f*, seminário

exposer [1] [ɛkspoze] *vt* **1** (*gén*) expor **2** (*dans une direction*) orientar
▸ *vpr* **s'exposer** expor-se: *en agissant ainsi, il s'expose aux critiques* agindo assim, ele se expõe às críticas

exposition [ɛkspozisjɔ̃] *nf* exposição

exprès[1] [ɛkspʀɛ] *adv* de propósito, intencionalmente
• **faire qqch exprès** fazer algo de propósito

exprès, -esse[2] [ɛkspʀɛs] *adj* (*ordre*) expresso, -sa
▸ *adj inv* **exprès** expresso, -sa: *lettre exprès* carta expressa

express [ɛkspʀɛs] *adj inv* (*train, voie*) expresso, -sa
▸ *nm inv* (*café, train*) expresso

expressif, -ive [ɛkspʀesif, -iv] *adj* expressivo, -va

expression [ɛkspʀesjɔ̃] *nf* expressão

exprimer [1] [ɛkspʀime] *vt* **1** (*dire*) expressar, exprimir **2** (*le jus*) espremer
▸ *vpr* **s'exprimer** expressar-se, exprimir-se

exproprier [13] [ɛkspʀɔpʀije] *vt* desapropriar

expulser [1] [ɛkspylse] *vt* expulsar

expulsion [ɛkspylsjɔ̃] *nf* expulsão

exquis, -e [ɛkski, -iz] *adj* **1** (*gén*) refinado, -da **2** (*saveur*) delicioso, -sa

extase [ɛkstaz] *nf* êxtase *m*

extasier (s') [12] [ɛkstazje] *vpr* extasiar-se

extensible [ɛkstɑ̃sibl] *adj* esticável, maleável, elástico, -ca

extensif, -ive [ɛkstɑ̃sif, -iv] *adj* extensivo, -va, extensível

extension [ɛkstɑ̃sjɔ̃] *nf* extensão

exténuant, -e [ɛkstenɥɑ̃, -ɑ̃t] *adj* extenuante

exténuer [1] [ɛkstenɥe] *vt* extenuar, esgotar, exaurir

extérieur, -e [ɛksterjœr] *adj* exterior, externo, -na
▶ *nm* **extérieur** exterior, estrangeiro
• **à l'extérieur** fora, no exterior

extérioriser [1] [ɛksterjɔrize] *vt* exteriorizar, externar

exterminer [1] [ɛkstɛrmine] *vt* exterminar

externe [ɛkstɛrn] *adj-nmf* externo, -na, exterior

extincteur [ɛkstɛ̃ktœr] *nm* extintor

extinction [ɛkstɛ̃ksjɔ̃] *nf* extinção
■ **extinction de voix** MÉD afonia

extirper [1] [ɛkstirpe] *vt* extirpar

extorquer [2] [ɛkstɔrke] *vt* (*aveux, promesse*) arrancar, extorquir

extra [ɛkstra] *adj* **1** (*de bonne qualité*) extra **2** *fam* (*super*) genial, sensacional
▶ *nm* extra

extraction [ɛkstraksjɔ̃] *nf* extração

extradition [ɛkstradisjɔ̃] *nf* extradição

extraire [73] [ɛkstrɛr] *vt* extrair

extrait [ɛkstrɛ] *nm* **1** (*gén*) extrato **2** (*d'un texte*) excerto

■ **extrait de naissance** certidão *f* de nascimento

extraordinaire [ɛkstraɔrdinɛr] *adj* extraordinário, -a

extraterrestre [ɛkstratɛrɛstr] *adj-nmf* extraterrestre

extravagance [ɛkstravagɑ̃s] *nf* extravagância

extravagant, -e [ɛkstravagɑ̃, -ɑ̃t] *adj* extravagante

extraverti, -e [ɛkstravɛrti] *adj* extrovertido, -da

extrême [ɛkstrɛm] *adj* extremo, -ma
▶ *nm* extremo, extremidade
• **à l'extrême** em extremo
• **d'un extrême à l'autre** de um extremo a outro

extrémiste [ɛkstremist] *adj-nmf* extremista

extrême-onction [ɛkstrɛmɔ̃ksjɔ̃] *nf* (*pl* **extrêmes-onctions**) extrema-unção

extrémité [ɛkstremite] *nf* **1** (*bout*) extremidade **2** (*situation critique*) extremo *m*
▶ *nf pl* **extrémités** (*pieds, mains*) membros *m pl*

exubérance [ɛgzyberɑ̃s] *nf* exuberância

exubérant, -e [ɛgzyberɑ̃, -ɑ̃t] *adj* exuberante

exulter [1] [ɛgzylte] *vi* exultar

F

fa [fa] *nm inv* MUS fá

fable [fabl] *nf* fábula

fabricant, -e [fabʀikɑ̃, -ɑ̃t] *nm,f* fabricante

fabrication [fabʀikasjɔ̃] *nf* fabricação

fabrique [fabʀik] *nf* fábrica

fabriquer [2] [fabʀike] *vt* **1** (*produire*) fabricar **2** *fam* (*faire*) fazer: **il en met du temps! qu'est-ce qu'il fabrique?** como está demorando! o que estará fazendo?

fabuleux, -euse [fabylø, -øz] *adj* fabuloso, -sa

fac [fak] *nf fam* faculdade

façade [fasad] *nf* fachada

face [fas] *nf* **1** (*de personne*) cara, face **2** (*pièce de monnaie*) cara **3** *fig* (*aspect*) face, aspecto *m*, rosto *m*, fisionomia
- **de face** de frente
- **en face (de)** em frente (a)
- **face à** ante, diante de
- **face à face** cara a cara
- **faire face à** fazer face a

face-à-face [fasafas] *nm inv* debate

facette [fasɛt] *nf* faceta

fâché, -e [fɑʃe] *adj* **1** (*en colère*) zangado, -da, irritado, -da **2** (*contrarié*) contrariado, -da

fâcher [1] [fɑʃe] *vt* zangar, irritar
▸ *vpr* **se fâcher** zangar-se, irritar-se
- **se fâcher avec/contre qqn** zangar-se com alguém

fâcheux, -euse [fɑʃø, -øz] *adj* desagradável

facial, -e [fasjal] *adj* facial

facile [fasil] *adj* **1** fácil: *c'est facile à faire* é fácil de fazer **2** (*personnes*) dócil, cordato, -ta

facilité [fasilite] *nf* facilidade
- **facilités de paiement** facilidades de pagamento

faciliter [1] [fasilite] *vt* facilitar

façon [fasɔ̃] *nf* **1** (*manière*) maneira, modo *m*, jeito *m* **2** (*de l'artisan*) trabalho *m*, confecção, feitura
▸ *nf pl* **façons** modos *m*, maneiras
- **de façon à** de tal modo que, com o fim de
- **de façon que + subj** de maneira que + *subj*
- **de toute façon** de qualquer maneira

façonner [1] [fasɔne] *vt* modelar, dar forma a

fac-similé [faksimile] *nm* (*pl* **fac-similés**) **1** (*reproduction*) fac-símile **2** (*télécopieur*) fax

facteur, -trice [faktœʀ, -tʀis] *nm,f* carteiro, -ra
▸ *nm* **facteur** fator: *le facteur temps* o fator tempo

faction [faksjɔ̃] *nf* **1** (*groupe*) facção **2** (*d'un soldat*) guarda, sentinela
- **être en/de faction** estar de guarda, estar de sentinela

facturation [faktyʀasjɔ̃] *nf* faturamento *m*

facture [faktyʀ] *nf* fatura

facturer [1] [faktyʀe] *vt* faturar

facturette [faktyʀɛt] *nf* (*de carte de crédit*) comprovante *m*

facultatif, -ive [fakyltatif, -iv] *adj* facultativo, -va

faculté [fakylte] *nf* faculdade
▸ *nf pl* **facultés** (*aptitudes*) faculdades

fadaises [fadɛz] *nf pl* bobagens

fade [fad] *adj* insosso, -sa, insípido, -da, monótono, -na

fagot [fago] *nm* feixe

faible [fɛbl] *adj* 1 *(gén)* fraco, -ca, débil, frágil: *son point faible, ce sont les sciences* seu ponto fraco são as ciências 2 *(élève)* fraco, -ca 3 *(quantité)* pequeno, -na, escasso, -ssa 4 *(prix)* baixo, -xa
▸ *nmf* fraco, -ca, indefeso, -sa
▸ *nm* fraco, inclinação *f*: *il a un faible pour son neveu* tem um fraco pelo sobrinho
• **faible d'esprit** simplório, -a

faiblesse [fɛbles] *nf* 1 *(gén)* fraqueza, fragilidade, debilidade 2 *(insignifiance)* escassez, insuficiência 3 *(médiocrité)* mediocridade

faiblir [20] [fɛbliʀ] *vi* 1 *(personne, forces)* enfraquecer, debilitar-se 2 *(courage)* fraquejar 3 *(vent)* amainar

faïence [fajɑ̃s] *nf* faiança, louça

faille [faj] *nf* 1 *(défaut)* defeito *m*, falha 2 *(de terrain)* falha, fenda

faillible [fajibl] *adj* falível

faillir [27] [fajiʀ] *vi* 1 *(être sur le point de)* … quase + verbo, por um triz não: *il a failli manquer le train* ele quase perdeu o trem 2 *fml* faltar (à, a): *elle a failli à sa promesse* ela faltou à promessa

faillite [fajit] *nf* 1 COMM falência 2 *fig (d'un projet)* fracasso *m*
• **en faillite** falindo
• **faire faillite** falir

faim [fɛ̃] *nf* 1 *(besoin de manger)* fome 2 *(de gloire, de richesses)* avidez
• **avoir faim** ter fome, estar com fome
• **rester sur sa faim** continuar com fome *(fig)* ficar insatisfeito

fainéant, -e [fɛneɑ̃, -ɑ̃t] *adj-nm,f* preguiçoso, -sa

faire [85] [fɛʀ] *vt* 1 *(gén)* fazer: *ils ont fait la paix* fizeram as pazes; *elle fait les courses* ela está fazendo compras; *il a fait ce meuble lui-même* foi ele que fez este móvel 2 *(erreur)* cometer 3 *(quantité, mesure)* pesar, medir, ter: *ça fait un kilo* pesa um quilo; *il fait un mètre quatre-vingt-dix* ele mede/tem um metro e noventa 4 *(distance; vitesse)* fazer: *on a fait 8 kilomètres depuis ce matin* fizemos 8 quilômetros desde hoje de manhã; *on a fait du 160 sur l'autoroute* fizemos 160 por hora na estrada 5 *(pitié; une promenade)* dar 6 *(cauchemar, dépression)* ter 7 *(imiter)* fazer, ser: *je fais le voleur et toi le gendarme* eu sou o ladrão, e você, a polícia 8 *(représenter)* representar
▸ *vi* 1 fazer: *je fais pour le mieux* faço o possível 2 ficar: *ça fait bien* fica bem
▸ *v impers* 1 *(climat, temps)* fazer, ser: *il fait froid* faz frio; *il fait nuit* é noite 2 *(durée, distance)* fazer, haver: *ça fait presque 6 mois que je ne l'ai pas vu* faz quase 6 meses que o vi
▸ *aux* 1 *(actif)* fazer: *j'ai réussi à faire démarrer mon ordinateur* consegui fazer meu computador ligar 2 *(passif)* mandar, ∅: *je vais faire réparer mon grille-pain* vou mandar consertar minha torradeira; *j'ai fait construire une maison* mandei construir/construí uma casa; *se faire couper les cheveux* (ir) cortar o cabelo
▸ *vpr* **se faire** 1 *(gén)* tornar-se, virar: *il s'est fait avocat* tornou-se advogado 2 ter, alimentar: *ne te fais pas d'illusions* não alimente ilusões 3 **se faire à** *(s'habituer)* acostumar-se a: *il faudra bien t'y faire* você vai precisar se acostumar 4 *(être à la mode)* usar-se, estar na moda
• **faire mal** machucar: *il m'a fait mal au genou* ele me machucou o joelho; *je me suis fait mal* eu me machuquei
• **ne faire que** 1 *(sans cesse)* não parar de: *il ne fait que crier* ele não para de gritar 2 *(seulement)* só, apenas: *je ne fais que passer* só estou de passagem
• **s'en faire** preocupar-se: *ne t'en fais pas* não se preocupe
• **ça ne fait rien** não faz mal, não tem importância
• **comment se fait-il?** como é que?
• **se faire beau/belle** arrumar-se

faire-part [fɛʀpaʀ] *nm inv* 1 *(de mariage)* convite 2 *(de décès)* participação *f*, comunicação *f*

faisable [fəzabl] *adj* factível, possível

faisan [fəzɑ̃] *nm* ZOOL faisão

faisceau [fɛso] *nm* feixe

fait, -e [fɛ, fɛt] *adj* feito, -ta: *elle est faite pour être journaliste* ela é feita para ser jornalista

▶ *nm* **fait 1** (*événement*) fato (*action*) **2** feito
• **au fait** a propósito
• **c'est bien fait pour toi!** bem-feito!
• **en fait** de fato
• **prendre qqn sur le fait** apanhar alguém em flagrante
• **se trouver devant le fait accompli** estar diante do fato consumado
• **tout à fait** (*complètement*) completamente (*en réponse*) exatamente
■ **faits divers** notícias

falaise [falɛz] *nf* falésia

falloir [45] [falwaʀ] *v impers* **1** (*nécessité*) precisar: *il lui faut du repos* ele precisa de descanso **2** (*obligation impersonnelle*) ser preciso: *il faut y aller* é preciso ir **3** (*obligation personnelle*) precisar, ter de: *il faut que vous preniez le train de 18h* vocês têm de pegar o trem das 6 **4** (*supposition*) só poder, dever: *il faut qu'il soit fou pour refuser ton offre* ele só pode estar louco para recusar sua oferta
• **comme il faut** como convém
• **s'en falloir peu/beaucoup que** faltar pouco/muito para

falsification [falsifikasjɔ̃] *nf* falsificação

falsifier [12] [falsifje] *vt* falsificar

famé, -e [fame] *loc* **mal famé, -e** mal-afamado

famélique [famelik] *adj* faminto, -ta, esfomeado, -da

fameux, -euse [famø, -øz] *adj* **1** (*personne*) famoso, -sa **2** *fam* (*bon*) muito bom, boa, excelente: *ses notes ne sont pas fameuses* suas notas não são lá muito boas/não são lá essas coisas

familial, -e [familjal] *adj* familiar
▶ *nf* **familiale** minivan (*com mais de 5 lugares*)

familiariser [1] [familjaʀize] *vt* familiarizar
▶ *vpr* **se familiariser** familiarizar-se

familier, -ère [familje, -ɛʀ] *adj* familiar
▶ *nm* **familier** (*client*) frequentador

famille [famij] *nf* família
■ **famille d'accueil** família substituta
■ **famille nombreuse** família grande

famine [famin] *nf* miséria, fome, escassez *m* de alimentos

fan [fã] *nmf* fã

fanatique [fanatik] *adj-nmf* fanático, -ca

fanatisme [fanatism] *nm* fanatismo

fane [fan] *nf* folha seca

faner [1] [fane] *vt* **1** (*faire sécher*) pôr para secar, secar **2** (*couleur*) descolorir
▶ *vpr* **se faner 1** (*fleur*) murchar(-se), fenecer **2** (*couleur, personne*) descorar(-se), desbotar

fanfare [fɑ̃faʀ] *nf* **1** banda, fanfarra **2** *fig* estardalhaço *m*

fanfaron, -onne [fɑ̃faʀɔ̃, -ɔn] *adj-nm,f* fanfarrão, -ona

fange [fɑ̃ʒ] *nf fml* lama, lodo *m*

fantaisie [fɑ̃tezi] *nf* **1** (*gén*) fantasia **2** (*désir*) capricho *m*
▶ *adj* de fantasia, de imitação

fantasme [fɑ̃tasm] *nm* **1** (*gén*) fantasia **2** (*psychanalyse*) fantasma, fantasia

fantasmer [1] [fɑ̃tasme] *vi* fantasiar

fantasque [fɑ̃task] *adj* fantasioso, -sa

fantastique [fɑ̃tastik] *adj* fantástico, -ca

fantôme [fɑ̃tom] *nm* fantasma

faon [fã] *nm* (*petit cerf*) ZOOL veado novo, corça

farandole [faʀɑ̃dɔl] *nf* farândola, ciranda

farce [faʀs] *nf* **1** CUIS recheio *m* **2** (*plaisanterie*) gozação, zombaria **3** (*au théâtre*) farsa
■ **farces et attrapes** truques e pegadinhas

farceur, -euse [faʀsœʀ, -øz] *nm,f* **1** (*blagueur*) farsante **2** (*espiègle*) maroto, -ta

farcir [20] [faʀsiʀ] *vt* **1** CUIS rechear **2** (*remplir*) encher
▶ *vpr* **se farcir 1** *fam* (*manger*) encher a barriga **2** *fam* (*travail*) sobrecarregar-se **3** *fam péj* (*personne*) aguentar, engolir: *avec son sale caractère, il faut se le farcir!* com aquele gênio, não há quem aguente!

fard [faʀ] *nm* maquilagem *f*, maquiagem *f*
■ **fard à joues** ruge, *blush*
■ **fard à paupières** sombra para os olhos

fardeau [faʀdo] *nm* fardo

farder [1] [faʀde] *vt* maquilar, maquiar
▶ *vpr* **se farder** maquilar-se, maquiar-se

farfelu [faʀfəly] *adj fam* estapafúrdio, -a, maluco, -ca

farfouiller [1] [faʀfuje] *vi fam* remexer, fuçar, vasculhar

farine [faʀin] *nf* farinha

farouche [faʀuʃ] *adj* 1 (*animal*) feroz 2 (*personne*) esquivo, -va, arisco, -ca, insociável

fascicule [fasikyl] *nm* fascículo

fascinant, -e [fasinã, -ãt] *adj* fascinante

fascination [fasinasjõ] *nf* fascinação, fascínio *m*

fasciner [1] [fasine] *vt* fascinar

fascisme [faʃism] *nm* fascismo

fasciste [faʃist] *adj-nmf* fascista

faste [fast] *adj* (*jour*) feliz, de sorte
▶ *nm* fausto, luxo

fast-food [fastfud] *nm* (*pl* **fast-foods**) fast-food

fastidieux, -euse [fastidjø, -øz] *adj* enfadonho, -nha

fastueux, -euse [fastɥø, -øz] *adj* luxuoso, -sa

fatal, -e [fatal] *adj* fatal

fatalité [fatalite] *nf* fatalidade

fatidique [fatidik] *adj* fatídico, -ca

fatigant, -e [fatigã, -ãt] *adj* 1 (*gén*) cansativo, -va 2 (*ennuyeux*) aborrecido, -da

fatigue [fatig] *nf* cansaço *m*, fadiga

fatiguer [2] [fatige] *vt* 1 (*gén*) cansar 2 (*importuner*) cansar, amolar: **il me fatigue avec ses plaintes** ele me cansa com suas lamentações
▶ *vpr* **se fatiguer** cansar-se

fatras [fatʀa] *nm* 1 (*désordre*) bagunça *f* 2 (*ensemble confus*) amontoado, mixórdia *f*

faubourg [fobuʀ] *nm* subúrbio

fauché, -e [foʃe] *adj fam* sem dinheiro, duro
• **être fauché** *fam* estar na pindaíba, estar duro

faucher [1] [foʃe] *vt* 1 (*avec une faux*) ceifar 2 *fam* (*voler*) afanar

faucille [fosij] *nf* foice

faucon [fokõ] *nm* ZOOL falcão

faufiler (se) [1] [fofile] *vpr* insinuar-se, introduzir-se

faune [fon] *nf* fauna
▶ *nm* fauno

faussaire [foseʀ] *nmf* falsário, -a, falsificador, -ra

fausser [1] [fose] *vt* 1 (*altérer*) falsear, distorcer: **fausser l'esprit des lois** distorcer o espírito das leis 2 (*déformer*) deformar: **fausser une clé** deformar uma chave
• **fausser compagnie** sair sorrateiramente; deixar falando sozinho, -nha

fausseté [foste] *nf* falsidade

faute [fot] *nf* 1 (*gén*) falta 2 (*erreur*) erro *m* 3 (*responsabilité*) culpa *f*: **c'est de ma faute** é minha culpa
• **faute de** na falta de
• **faute de mieux** na falta de coisa melhor
• **sans faute** sem falta
■ **faute de frappe** erro de datilografia/digitação
■ **faute d'orthographe** erro de ortografia

fauteuil [fotœj] *nm* poltrona *f*, sofá
■ **fauteuil à bascule** cadeira *f* de balanço
■ **fauteuil roulant** cadeira *f* de rodas

fautif, -ive [fotif, -iv] *adj* 1 (*responsable*) culpado, -da 2 (*erroné*) errado, -da, errôneo, -a

fauve [fov] *adj* 1 (*animal*) feroz 2 (*couleur*) amarelado, -da, fulvo, -va
▶ *nm* 1 (*animal*) fera *f* 2 (*peintre*) fauvista, fovista

fauvette [fovɛt] *nf* ZOOL toutinegra

faux¹ [fo] *nf* foice

faux², fausse [fo, fos] *adj* 1 (*erroné*) falso, -sa 2 (*postiche*) postiço, -ça, falso, -sa: **faux col** colarinho postiço
▶ *nm* **faux** 1 (*gén*) falso, falsidade *f* 2 (*imitation*) falsificação *f*
▶ *adv* (*musique*) desafinado
• **accuser à faux** acusar injustamente
• **chanter faux** desafinar
• **porter à faux** estar em falso
■ **faux jeton** hipócrita
■ **faux titre** (*d'un livre*) falsa folha de rosto

faux-filet [fofilɛ] *nm* (*pl* **faux-filets**) contrafilé

faux-fuyant [fofɥijɑ̃] *nm* (*pl* **faux-fuyants**) pretexto, subterfúgio

faux-monnayeur [fomɔnɛjœʀ] *nm* (*pl* **faux-monnayeurs**) falsário, -a

faveur [favœʀ] *nf* favor *m*
• **à la faveur de** graças a
• **en faveur de** a/em favor de

favorable [favɔʀabl] *adj* favorável

favori, -ite [favɔʀi, -it] *adj-nm,f* favorito, -ta, predileto, -ta

favoriser [1] [favɔʀize] *vt* favorecer

favoritisme [favɔʀitism] *nm* favoritismo

fax [faks] *nm* fax

faxer [1] [fakse] *vt* enviar por fax, mandar fax

fébrile [febʀil] *adj* febril

fécal, -e [fekal] *adj* fecal

fécond, -e [fekɔ̃, -ɔ̃d] *adj* fecundo, -da, fértil

fécondation [fekɔ̃dasjɔ̃] *nf* fecundação, fertilização
■ **fécondation in vitro** fecundação *in vitro*

féconder [1] [fekɔ̃de] *vt* fecundar

fécondité [fekɔ̃dite] *nf* fecundidade, fertilidade

fécule [fekyl] *nf* fécula

féculent, -e [fekylɑ̃, -ɑ̃t] *adj* feculento, -ta

fédéral, -e [fedeʀal] *adj* federal

fédéralisme [fedeʀalism] *nm* federalismo

fédération [fedeʀasjɔ̃] *nf* federação

fée [fe] *nf* fada
■ **fée du logis** fada do lar, dona de casa muito prendada

féerique [feʀik] *adj* feérico, -ca

feignant, -e [fɛɲɑ̃, -ɑ̃t] *adj-nm,f fam* vadio, -a vagabundo, -da

feindre [76] [fɛ̃dʀ] *vt* fingir: **feindre l'indifférence** fingir indiferença
• **feindre de + inf** fingir que, fazer de conta que: **il feint de ne pas entendre** ele faz de conta que não está ouvindo

feint, -e [fɛ̃, -ɛ̃t] *adj* **1** (*simulé*) fingido, -da, falso, -sa **2** (*postiche*) artificial, postiço, -ça

feinte [fɛ̃t] *nf* **1** (*simulation*) fingimento *m* **2** SPORT finta, drible *m* **3** *fam* (*piège*) cilada

fêler [1] [fele] *vt* (*objet*) rachar
• **avoir le cerveau fêlé** *fam* ter um parafuso solto

félicitations [felisitasjɔ̃] *nf pl* felicitações, parabéns *m*

féliciter [1] [felisite] *vt* felicitar, parabenizar
▶ *vpr* **se féliciter** alegrar-se por

félin, -e [felɛ̃, -in] *adj* felino, -na
▶ *nm* **félin** felino

fêlure [felyʀ] *nf* rachadura

femelle [fəmɛl] *adj-nf* fêmea

féminin, -e [feminɛ̃, -in] *adj* feminino, -na
▶ *nm* **féminin** feminino

féminisme [feminism] *nm* feminismo

féministe [feminist] *adj-nmf* feminista

femme [fam] *nf* **1** (*gén*) mulher **2** (*épouse*) mulher, esposa
■ **bonne femme** *fam* mulher, senhora
■ **femme de chambre** (*d'hôtel*) camareira
■ **femme de ménage** faxineira, diarista

fémur [femyʀ] *nm* ANAT fêmur

fendiller [1] [fɑ̃dije] *vt* trincar
▶ *vpr* **se fendiller** trincar-se

fendre [62] [fɑ̃dʀ] *vt* **1** (*gén*) fender **2** (*du bois*) rachar **3** (*une foule*) abrir caminho por **4** (*l'air*) atravessar **5** (*l'eau*) sulcar
▶ *vpr* **se fendre 1** (*se fêler*) fender-se **2** *fam* (*donner*) soltar, desembolsar: **il s'est fendu de 100 euros** ele soltou 100 euros
• **fendre le cœur** *fig* partir o coração

fenêtre [fənɛtʀ] *nf* janela

fenouil [fənuj] *nm* BOT erva-doce *f*

fente [fɑ̃t] *nf* **1** (*fissure*) fenda **2** (*ouverture*) fresta

féodalisme [feɔdalism] *nm* feudalismo

fer [fɛʀ] *nm* **1** (*métal*) ferro **2** *fig* (*arme*) arma *f* branca **3** (*épée*) espada *f* **4** (*d'un cheval*) ferradura *f*
▶ *nm pl* **fers 1** (*du bagnard*) grades *f*, correntes *f*, algemas *f* **2** MÉD fórceps *sing*
• **tomber les quatre fers en l'air** cair de costas
■ **fer à friser** modelador (*de cabelos*)

■ **fer à repasser** ferro (*de passar*)
■ **fer forgé** ferro forjado

fer-blanc [fɛrblɑ̃] *nm* (*pl* **fers-blancs**) lata *f*, folha de flandres *f*

férié, -e [ferje] *adj* feriado, -da

ferme[1] [fɛrm] *nf* fazenda

ferme[2] [fɛrm] *adj* **1** (*solide*) firme: *terrain ferme* terreno firme, terra firme **2** (*assuré*) firme, decidido, -da: *ton ferme* tom decidido **3** (*énergique*) enérgico, -ca: *caractère ferme* caráter enérgico **4** (*opération commerciale*) firme: *vente ferme* venda firme
▸ *adv* **1** (*avec assurance*) firme, com firmeza **2** (*beaucoup*) muito, duro: *travailler ferme* trabalhar duro

fermentation [fɛrmɑ̃tasjɔ̃] *nf* fermentação

fermer [1] [fɛrme] *vt* **1** (*gén*) fechar: *ferme la fenêtre!* feche a janela!; *fermer les frontières* fechar as fronteiras; *fermer le gaz* fechar o gás; *il a fermé les yeux* ele fechou os olhos **2** (*appareil*) desligar: *fermer la radio* desligar o rádio
▸ *vi* fechar, não abrir: *ce magasin ferme le lundi* esta loja não abre às segundas-feiras
▸ *vpr* **se fermer** fechar-se
• **fermer les yeux** fechar os olhos, fazer vista grossa
• **la ferme!** cale a boca!

fermeté [fɛrməte] *nf* firmeza

fermeture [fɛrmətyr] *nf* **1** (*gén*) fechamento *m* **2** (*d'un vêtement*) fecho *m* **3** (*chasse, pêche*) interdição, proibição
■ **fermeture à glissière** zíper, fecho ecler
■ **fermeture éclair** ziper, fecho ecler

fermier, -ère [fɛrmje, -ɛr] *nm,f* fazendeiro, -ra

fermoir [fɛrmwar] *nm* fecho, fivela *f*

féroce [ferɔs] *adj* feroz

ferraille [fɛraj] *nf* ferro-velho *m*, sucata

ferrer [1] [fɛre] *vt* **1** (*cheval*) ferrar **2** (*objet*) guarnecer de metal

ferroviaire [fɛrɔvjɛr] *adj* ferroviário, -a

ferry-boat [fɛribot] *nm* (*pl* **ferry-boats**) ferryboat

fertile [fɛrtil] *adj* fértil

fertilisant, -e [fɛrtilizɑ̃, -ɑ̃t] *adj-nm* fertilizante

fertiliser [1] [fɛrtilize] *vt* fertilizar

fertilité [fɛrtilite] *nf* fertilidade

fervent, -e [fɛrvɑ̃, -ɑ̃t] *adj* fervoroso, -sa

ferveur [fɛrvœr] *nf* fervor *m*

fesse [fɛs] (gen en *pl*) *nf* nádega, traseiro *m*

fessée [fese] *nf* palmada nas nádegas

festin [fɛstɛ̃] *nm* festim, banquete

festival [fɛstival] *nm* festival

festivités [fɛstivite] *nf pl* festividades, festas

feston [fɛstɔ̃] *nm* festão, guirlanda *f*

fête [fɛt] *nf* **1** (*gén*) festa **2** (*jour*) dia: *fête des mères/des morts* dia das mães/dia de finados
• **faire la fête** farrear, divertir-se
• **troubler la fête** estragar a festa

fêter [1] [fete] *vt* **1** (*quelqu'un*) acolher com alegria **2** (*quelque chose*) festejar, celebrar, comemorar

fétiche [fetiʃ] *nm* fetiche

fétichisme [fetiʃism] *nm* fetichismo

fétide [fetid] *adj* fétido, -da

feu, feue[2] [fø] *adj* finado, -da

feu[1] [fø] *nm* **1** (*gén*) fogo: *avez-vous du feu?* tem fogo? **2** (*flamme*) chama *f*, labareda *f* **3** (*foyer*) lareira *f* **4** (*lumière*) luz *f* **5** (*signal*) sinal luminoso **6** (*tir*) fogo, tiro **7** (*de signalisation*) sinal, semáforo
▸ *nm pl* **feux 1** (*bougies*) velas *f* **2** *fig* (*ferveur*) ardor, exaltação *f*
• **à petit feu** em fogo lento
• **entre deux feux** entre dois fogos
• **être tout feu tout flamme** estar cheio de entusiasmo
• **faire feu** disparar, atirar
• **faire feu de tout bois** queimar todos os cartuchos
• **mettre le feu** atear fogo
• **ne pas faire long feu** não durar muito
■ **feu d'artifice** fogos de artifício
■ **feu de joie** fogueira *f*
■ **feu rouge** sinal vermelho
■ **feu vert** sinal verde
■ **feux de croisement** farol baixo
■ **feux de position** lanternas laterais
■ **feux de route** farol alto

feuillage [fœjaʒ] *nm* folhagem *f*

feuille [fœj] *nf* 1 (*gén*) folha 2 (*d'une fleur*) pétala

■ **feuille de chou** *fam* jornaleco, pasquim

■ **feuille de paye** demonstrativo *m* de vencimentos

■ **feuille de route** guia de marcha

■ **feuille morte** folha seca, folha morta

feuilleté, -e [fœjte] *adj* CUIS folhada (massa)

feuilleter [6] [fœjte] *vt* 1 (*livre*) folhear 2 CUIS folhar

feuilleton [fœjtɔ̃] *nm* 1 (*dans un journal*) folhetim 2 (*à la télé*) novela *f*, seriado

feutre [føtR] *nm* 1 (*tissu*) feltro 2 (*stylo*) caneta *f* hidrográfica 3 (*chapeau*) chapéu de feltro

fève [fɛv] *nf* BOT fava

février [fevRije] *nm* fevereiro

fiable [fjabl] *adj* confiável

fiançailles [fjɑ̃saj] *nf pl* 1 (*promesse de mariage*) noivado *m sing* 2 (*période*) noivado *m sing*

fiancé, -e [fjɑ̃se] *nm,f* noivo, -va

fiancer (se) [3] [fjɑ̃se] *vpr* ficar noivo, -va

fiasco [fjasko] *nm* fiasco

fibre [fibR] *nf* 1 (*matière*) fibra 2 *fig* (*disposition*) fibra, garra

• **avoir la fibre sensible** ser muito sensível

ficeler [5] [fisle] *vt* (*lier*) amarrar

ficelle [fisɛl] *nf* 1 (*petite corde*) barbante *m* 2 *fig* (*ruse*) truque, macete

• **tirer les ficelles** *fig* mexer os pauzinhos

fiche [fiʃ] *nf* 1 (*gén*) ficha 2 (*électrique*) pino *m*, plugue *m*

■ **fiche de paye** comprovante *f* de pagamento

ficher [1] [fiʃe] *vt* 1 (*planter*) fincar, cravar 2 (*mettre sur fiche*) fichar 3 *fam* (*jeter*) jogar fora 4 *fam* (*donner*) dar, assentar: *ficher une gifle* dar uma bofetada 5 *fam* (*faire*) fazer: *je ne fiche rien* não estou fazendo nada; *qu'est-ce que tu fiches?* o que você está fazendo?

▶ *vpr* **se ficher** 1 *fam* (*se moquer*) brincar (**de**, com), gozar (**de**, de) 2 não ligar: *se ficher de tout* não ligar para nada

• **fiche moi la paix!** me deixa em paz!

• **ficher le camp** dar no pé, dar o fora

• **ficher qqn à la porte** botar alguém no olho da rua

fichier [fiʃje] *nm* 1 fichário 2 INFORM arquivo

fichu, -e [fiʃy] *adj* 1 *fam* (*mal fait*) malfeito, -ta, feio, -a: *quel fichu nez!* que nariz mais feio! 2 *fam* (*détestable*) horrível: *il a un fichu caractère* ele tem um gênio horrível 3 *fam* (*ruiné*) perdido, -da, frito, -ta: *il est fichu* ele está frito

• **être mal fichu, -e** *fam* estar péssimo, -ma

• **n'être pas fichu, -e de** *fam* não ser capaz de

fictif, -ive [fiktif, -iv] *adj* fictício, -a

fiction [fiksjɔ̃] *nf* ficção

fidèle [fidɛl] *adj* fiel

▶ *nmf* 1 REL fiel, devoto, -ta 2 (*client*) cliente, frequentador assíduo 3 (*adepte*) adepto, -ta, seguidor, -ra

fidéliser [1] [fidelize] *vt* fidelizar

fidélité [fidelite] *nf* fidelidade

■ **haute fidélité** alta fidelidade

fier (se) [12] [fje] *vpr* confiar (**à**, em)

fier, fière [fjɛR] *adj* 1 (*hautain*) altivo, -va 2 (*orgueilleux*) orgulhoso, -sa: *il est fier de sa maison* ele está orgulhoso de sua casa 3 *fam* (*grand*) tremendo, -da: *c'est un fier ignorant* é um tremendo ignorante 4 (*noble*) nobre, elevado, -da: *elle possédait une âme fière* tinha uma alma nobre

fierté [fjɛRte] *nf* orgulho *m*

fièvre [fjɛvR] *nf* 1 MÉD febre 2 *fig* (*agitation*) efervescência, agitação

fiévreux, -euse [fjevRø, -øz] *adj* febril

figer [4] [fiʒe] *vt* 1 (*épaissir*) coalhar, coagular 2 *fig* (*immobiliser*) paralisar, imobilizar, congelar

▶ *vpr* **se figer** (*se condenser*) coagular-se, coalhar-se

figue *fig nf* BOT figo *m*

• **mi-figue, mi-raisin** meio lá, meio cá

■ **figue de Barbarie** figo-da-índia *m*

figuier [figje] *nm* BOT (*arbre*) figueira *f*

figurant, -e [figyRɑ̃, -ɑ̃t] *nm,f* figurante, extra

figure [figyʀ] *nf* **1** *(forme)* figura **2** *(visage)* cara
- **faire figure de** passar por, ser tido como
- **prendre figure** tomar forma

figuré, -e [figyʀe] *adj* figurado, -da
- **au sens propre et au sens figuré** em sentido próprio e figurado

figurer [1] [figyʀe] *vt* figurar, representar, simbolizar
▸ *vi (apparaître)* figurar, constar
▸ *vpr* **se figurer** *(s'imaginer)* imaginar

fil [fil] *nm* **1** *(textile)* fio, linha *f* **2** *(de métal)* arame *f* **3** *(à plomb)* fio de prumo, prumo **4** *(tranchant)* fio, corte, gume **5** *fig (d'un discours etc.)* fio **6** *(d'une rivière)* curso, corrente *f*
- **au fil de** ao longo de
- **de fil en aiguille** pouco a pouco, sem sentir
- **donner du fil à retordre** *fam* dar o que fazer, dar pano pra manga
- **donner un coup de fil** *fam* telefonar
- **perdre le fil** perder o fio da meada
■ **fil de fer** arame
■ **fil de fer barbelé** arame farpado

filament [filamã] *nm* filamento

filature [filatyʀ] *nf* **1** *(usine; action de filer)* fiação **2** *(surveillance)* perseguição dissimulada, espreita

file [fil] *nf* fila
- **à la file** em fila
■ **double file** fila dupla
■ **file d'attente** fila de espera

filer [1] [file] *vt* **1** *(gén)* fiar **2** *(araignée)* tecer **3** *(quelqu'un)* seguir **4** *fam (donner)* dar, passar: *file-moi dix euros* me passa dez euros
▸ *vi* **1** *(liquide)* correr, escorrer **2** *(matière visqueuse)* formar fios **3** *(bas)* desfiar **4** *(aller vite)* correr, voar **5** *fam (l'argent)* escorrer entre os dedos
- **filer à l'anglaise** sair de fininho, sair à francesa
- **filer doux** *fam* ser bem-comportado, -da

filet [filɛ] *nm* **1** *(tissu)* rede *f* **2** *(à cheveux)* rede *f* **3** *(d'un liquide)* filete, fio **4** *(d'imprimerie)* filete, friso **5** *(de viande, de poisson)* filé **6** *(de bœuf)* contrafilé **7** *(de porc)* lombo
■ **faux filet** contrafilé
■ **filet de voix** fio de voz

filial, -e [filjal] *adj* filial
▸ *nf* **filiale** filial

filiation [filjasjɔ̃] *nf* filiação

filière [filjɛʀ] *nf* **1** *(de criminels)* rede **2** *(formalités)* trâmites *m pl* **3** *(des insectes)* fiandeira

fille [fij] *nf* **1** *(descendant)* filha: *fille adoptive* filha adotiva **2** *(jeune femme)* moça, jovem
■ **fille-mère** mãe solteira
■ **jeune fille** moça
■ **petite fille** menina
■ **vieille fille** solteirona

fillette [fijɛt] *nf* menina, menininha

filleul, -e [fijœl] *nm,f* afilhado, -da

film [film] *nm* **1** *(gén)* filme *m* **2** *(d'un liquide)* camada fina, película
- **tourner un film** rodar um filme, filmar
■ **film d'épouvante** filme de terror

filmer [1] [filme] *vt* filmar

filon [filɔ̃] *nm* **1** filão, veio **2** *fig* mina *f* de ouro

filou [filu] *nm fam* malandro

fils [fis] *nm* filho
■ **fils à papa** *fam* filhinho de papai
■ **tel père tel fils** tal pai tal filho

filtre [filtʀ] *nm* filtro

filtrer [1] [filtʀe] *vt* filtrar
▸ *vi* filtrar-se

fin¹ [fɛ̃] *nf* **1** *(gén)* fim *m*, final *m*: *mes vacances commencent fin juin* minhas férias começam no final de junho **2** *(but)* fim *m*, finalidade **3** *(mort)* fim *m*, morte
- **à la fin** no fim, no final
- **en fin de** no fim de
- **mener qqch à bonne fin** levar algo a termo
- **mettre fin à** pôr fim a
- **prendre fin** acabar-se, findar
- **sans fin** sem fim
- **tirer/toucher à sa fin** estar quase terminando
■ **être la fin de tout** estar tudo acabado
■ **fin de série** sobras *pl*, restos *m pl*

fin, fine² [fɛ̃, fin] *adj* **1** *(gén)* fino, -na **2** *(habile)* esperto, -ta, astuto, -ta, finório, -a
- **au fin fond** nos confins

- **avoir le nez fin** ter faro
- **être fin prêt** estar prontinho

final, -e [final] *adj* (*pl* **finals** ou **finaux**) final

finale [final] *nf* (*sports*) final

finaliste [finalist] *adj-nmf* finalista

finance [finɑ̃s] *nf* (*gén*) finanças *pl*
■ **Finances publiques** Tesouro *m* Público, erário

financement [finɑ̃smɑ̃] *nm* financiamento

financer [3] [finɑ̃se] *vt* financiar

financier, -ère [finɑ̃sje, -ɛʀ] *adj* financeiro, -ra
▸ *nm* **financier** investidor, -ra, capitalista

finaud, -e [fino, -od] *adj-nm,f* finório, -a, astuto, -ta, ladino, -na

finesse [fines] *nf* 1 (*gén*) finura, fineza 2 *fig* (*d'esprit*) sutileza, agudeza 3 (*de l'ouïe*) acuidade 4 (*ruse*) ardil *m*

fini, -e [fini] *adj péj* (*parfait en son genre*) consumado, -da, rematado, -da: *c'est un idiot fini* é um rematado idiota
▸ *nm* **fini** finito

finir [20] [finiʀ] *vt* (*gén*) terminar, acabar, concluir, finalizar
▸ *vi* 1 (*être terminé*) acabar, terminar: *finir en pointe* acabar em ponta 2 (*mourir*) morrer
- **en finir** acabar de uma vez
- **finir par** acabar por

finition [finisjɔ̃] *nf* acabamento *m*

finlandais, -e [fɛ̃lɑ̃dɛ, -ɛz] *adj* finlandês, -esa
▸ *nm,f* **Finlandais, -e** finlandês, -esa
▸ *nm* **finlandais** (*langue*) finlandês

Finlande [fɛ̃lɑ̃d] *nf* Finlândia

finnois, -e [finwa, -az] *adj* finês, -esa
▸ *nm,f* **Finnois, -e** finês, -esa
▸ *nm* **finnois** (*langue*) finês

fiole [fjɔl] *nf* frasco *m*

fioul [fjul] *nm* diesel, óleo diesel

firmament [fiʀmamɑ̃] *nm* firmamento

firme [fiʀm] *nf* firma, empresa

fisc [fisk] *nm* fisco

fiscal, -e [fiskal] *adj* fiscal, tributário, -a

fission [fisjɔ̃] *nf* fissão

fissure [fisyʀ] *nf* fissura

fissurer (se) [1] [fisyʀe] *vpr* fender-se

fiston [fistɔ̃] *nm fam* filho, filhinho, filhote

fixation [fiksasjɔ̃] *nf* fixação

fixe [fiks] *adj* fixo, -xa
▸ *interj* **fixe!** (*militaire*) sentido!

fixer [1] [fikse] *vt* 1 (*gén*) fixar, prender, pregar: *fixer une glace sur un mur* pregar um espelho numa parede 2 (*le regard*) fixar: *fixer quelqu'un* fixar alguém 3 (*établir*) marcar, fixar, estabelecer: *fixer un prix* estabelecer um preço
▸ *vpr* **se fixer** (*s'établir*) estabelecer-se, fixar-se: *il se fixa dans le nord* ele se estabeleceu no norte

fjord [fjɔʀd] *nm* GÉOG fiorde

flacon [flakɔ̃] *nm* frasco, vidro

flageller [1] [flaʒele] *vt* flagelar

flageolet [flaʒɔle] *nm* 1 MUS flajolé 2 (*haricot*) feijão-branco

flagrant, -e [flagʀɑ̃, -ɑ̃t] *adj* flagrante
- **en flagrant délit** em flagrante

flair [flɛʀ] *nm* 1 faro, olfato 2 *fig* faro, intuição *f*

flairer [1] [fleʀe] *vt* 1 (*sentir*) cheirar, farejar 2 *fig* (*pressentir*) farejar, intuir, pressentir

flamant [flamɑ̃] *nm* ZOOL flamingo

flambant, -e [flɑ̃bɑ̃, -ɑ̃t] *adj* flamejante
- **flambant neuf** novinho em folha

flambeau [flɑ̃bo] *nm* 1 (*torche*) tocha *f* 2 (*chandelier*) candelabro

flambée [flɑ̃be] *nf* 1 (*feu*) fogueira, fogaréu *m* 2 *fig* (*augmentation*) elevação, subida, grande alta: *la flambée des prix* a grande alta dos preços

flamber [1] [flɑ̃be] *vt* CUIS flambar
▸ *vi* arder, chamejar
- **être flambé** *fam* estar perdido, arruinado

flamboyant, -e [flɑ̃bwajɑ̃, -ɑ̃t] *adj* 1 (*feu*) flamejante, chamejante 2 (*brillant*) resplandecente 3 ARCHIT flamejante

flamme [flam] *nf* chama

flan [flɑ̃] *nm* 1 (*dessert*) flã 2 *fam* (*plaisanterie*) gozação, brincadeira *f*
- **au flan** ao acaso, à toa

flanc [flã] *nm* **1** *(du corps)* flanco **2** *(d'une chose)* lado **3** *(d'une montagne)* encosta *f*, vertente *f* **4** *(d'une armée)* flanco

flanelle [flanɛl] *nf* flanela

flâner [1] [flane] *vi* zanzar, flanar

flanquer [1] [flɑ̃ke] *vt* **1** *(être de part et d'autre)* flanquear, ladear **2** *fam (lancer)* atirar, jogar: ***flanquer quelque chose par terre*** jogar algo no chão **3** *fam (donner)* dar: ***flanquer la trouille à quelqu'un*** meter medo em alguém; ***je lui ai flanqué une gifle*** dei-lhe uma bofetada
• **flanquer qqn à la porte** botar alguém no olho da rua

flaque [flak] *nf* poça

flash [flaʃ] *nm* flash
■ **flash d'information** interrupção *f* para notícia urgente

flasher [1] [flaʃe] *vi fam* gamar **(sur**, por)

flasque [flask] *adj (mou)* flácido, -da, murcho, -cha
▸ *nm (d'une roue)* aro
▸ *nf* frasco *m* de bolso

flatter [1] [flate] *vt* **1** *(louer)* lisonjear, bajular, adular **2** *(caresser)* afagar, acariciar **3** *(charmer)* lisonjear, deleitar, encantar **4** *(avantager)* favorecer
▸ *vpr* **se flatter** gabar-se: ***se flatter d'être une bonne cuisinière*** gabar-se de ser uma boa cozinheira

flatterie [flatʀi] *nf* **1** *(louange)* lisonja **2** *(adulation)* adulação

flatteur, -euse [flatœʀ, -øz] *adj* lisonjeiro, -ra
▸ *nm,f* lisonjeador, -ra, adulador, -ra

flatulence [flatylɑ̃s] *nf* flatulência

fléau [fleo] *nm* **1** *(pour le blé)* mangual **2** *(d'une balance)* travessão **3** *fig (catastrophe)* flagelo, calamidade *f*

flèche [flɛʃ] *nf* **1** *(projectile)* flecha, seta **2** *(d'un clocher)* flecha, agulha **3** *(critique)* farpa, alfinetada
• **faire flèche de tout bois** usar de todos os recursos
• **monter en flèche** *fig* disparar
• **flèche de lard** tira longa de toucinho

fléchette [fleʃɛt] *nf* seta
▸ *nf pl* **fléchettes** jogo *m* de dardos

fléchir [20] [fleʃiʀ] *vt* **1** *(ployer)* dobrar, flexionar: ***fléchir le genou*** dobrar o joelho **2** *fig (attendrir)* dobrar, enternecer
▸ *vi* **1** *(se plier)* dobrar-se, curvar-se **2** *(faiblir)* ceder **3** *(diminuer)* baixar, diminuir

flegmatique [flɛgmatik] *adj* fleumático, -ca

flegme [flɛgme] *nm* fleuma *f*

flemmard, -e [flemaʀ, -aʀd] *adj-nm,f* preguiçoso, -sa

flemme [flɛm] *nf* preguiça: ***j'ai la flemme de travailler*** estou com preguiça de trabalhar

flétrir (se) [20] [fletʀiʀ] *vpr* murchar, fenecer

fleur [flœʀ] *nf* flor
• **à fleur de peau** à flor da pele
• **à fleurs** de flores, com flores
• **comme une fleur** numa boa, facilmente
• **être fleur bleue** ser sentimental, ser meloso
• **faire une fleur à qqn** fazer um favor a alguém
■ **fleur de farine** flor da farinha
■ **fleur de lis** flor-de-lis
■ **la fine fleur** a fina flor, a nata
■ **la fleur de la vie** a flor da vida

fleuret [flœʀɛ] *nm* florete

fleurir [20] [flœʀiʀ] *vi* florir, florescer
▸ *vt* adornar com flores

fleuriste [flœʀist] *nmf* **1** *(commerçant)* florista **2** *(jardinier)* floricultor, -ra

fleuve [flœv] *nm* rio (que deságua no mar)

flexibilité [flɛksibilite] *nf* flexibilidade

flexible [flɛksibl] *adj* flexível

flexion [flɛksjɔ̃] *nf* flexão

flic [flik] *nm fam* tira, polícia

flingue [flɛ̃g] *nm fam* revólver, berro

flinguer [2] [flɛ̃ge] *vt fam* matar a tiros, queimar
▸ *vpr* **se flinguer** *fam* dar-se um tiro

flipper [flipœʀ] *nm* flíper, fliperama

flirt [flœʀt] *nm* flerte

flirter [1] [flœʀte] *vi* flertar

flocon [flɔkɔ̃] *nm* floco
■ **flocon de neige** floco de neve

floraison [flɔʀezɔ̃] *nf* floração, florada

flore [flɔʀ] *nf* flora

florissant, -e [flɔʀisɑ̃, -ɑ̃t] *adj* florescente, próspero, -ra

flot [flo] *nm* **1** (geralmente no *pl*) *fml* (*mer agitée*) vaga *f*, vagalhão **2** (*marée haute*) maré *f* alta **3** *fig* (*grande quantité*) torrente *f*, dilúvio
• **à flots** em abundância
• **être à flot** estar numa situação tranquila
• **remettre à flot** salvar das dificuldades

flottaison [flɔtezɔ̃] *nf* flutuação

flottant, -e [flɔtɑ̃, -ɑ̃t] *adj* **1** (*gén*) flutuante **2** (*robe*) largo, -ga, folgado, -da

flotte [flɔt] *nf* **1** (*de bateaux, d'avions*) frota **2** *fam* (*pluie*) chuva

flotter [1] [flɔte] *vi* **1** (*gén*) flutuar **2** (*ondoyer*) ondear, ondular **3** *fig* (*être indécis*) hesitar

flotteur [flɔtœʀ] *nm* flutuador

flottille [flɔtij] *nf* flotilha, esquadrilha

flou, -e [flu] *adj* **1** (*dessin*) impreciso, -sa, difuso, -sa **2** (*photographie*) desfocado, -da, tremido, -da **3** (*vêtement*) vaporoso, -sa **4** *fig* (*idée, argument*) impreciso, -sa, vago, -ga

fluctuation [flyktɥasjɔ̃] *nf* flutuação

fluctuer [1] [flyktɥe] *vi* flutuar

fluet, -ette [flyɛ, -ɛt] *adj* **1** (*mince*) esguio, -a **2** (*faible*) frágil, débil

fluide [flɥid] *adj* fluido, -da
▶ *nm* fluido

fluidité [flɥidite] *nf* fluidez

fluor [flyɔʀ] *nm* flúor

fluorescent, -e [flyɔʀesɑ̃, -ɑ̃t] *adj* fluorescente

flûte [flyt] *nf* **1** MUS flauta **2** (*pain*) baguete fina **3** (*verre*) taça fina e alongada
▶ *nf pl* **flûtes** *fam* (*jambes*) cambitos *m*
▶ *interj* **flûte!** caramba!, puxa!
• **jouer des flûtes** *fam* dar no pé
■ **petite flûte** flautim *m*

flûtiste [flytist] *nmf* flautista

fluvial, -e [flyvjal] *adj* fluvial

flux [fly] *nm* fluxo

FMI [ɛfɛmi] *abr* (*Fonds monétaire international*) FMI (*Fundo monetário internacional*)

focal, -e [fɔkal] *adj* focal

fœtus [fetys] *nm* feto

foi [fwa] *nf* **1** REL fé **2** (*confiance*) fé, confiança **3** (*loyauté*) lealdade
• **ajouter foi à** dar crédito a
• **ma foi** no duro; mesmo
■ **bonne foi** boa-fé
■ **mauvaise foi** má-fé

foie [fwa] *nm* ANAT fígado

foin [fwɛ̃] *nm* feno
• **avoir du foin dans ses bottes** estar cheio da grana

foire [fwaʀ] *nf* **1** (*gén*) feira, exposição, salão **2** *fam* (*brouhaha*) zona, bagunça

fois [fwa] *nf* **1** vez: *elle a crié trois fois* ela gritou três vezes **2** MATH vez, multiplicado por: *deux fois quatre font huit* duas vezes quatro são oito
• **à la fois** ao mesmo tempo
• **des fois** às vezes
• **il était une fois** era uma vez
• **une fois pour toutes** de uma vez por todas
• **une fois que** uma vez que

foison [fwazɔ̃] *loc* **à foison** em abundância, em profusão

fol [fɔl] *adj* → fou, folle

folâtre [fɔlatʀ] *adj* brincalhão, -ona

folie [fɔli] *nf* **1** (*démence*) loucura **2** (*extravagance*) mania
• **à la folie** loucamente
■ **folie de la persécution** mania de perseguição
■ **folie des grandeurs** mania de grandeza

folklore [fɔlklɔʀ] *nm* folclore

folle [fɔl] *adj f-f* → fou, folle

fomenter [1] [fɔmɑ̃te] *vt* fomentar

foncé, -e [fɔ̃se] *adj* escuro, -ra (*cor*)

foncer [3] [fɔ̃se] *vt* (*couleur*) escurecer
▶ *vi* **1** (*se précipiter*) arremeter: *foncer sur l'ennemi* arremeter contra o inimigo **2** *fam* (*aller très vite*) correr

foncier, -ère [fɔ̃sje, -ɛʀ] *adj* **1** (*gén*) imobiliário, -a, predial, fundiário, -a: *il possède un vaste patrimoine foncier* possui um grande patrimônio em bens imóveis *f pl* **2** *fig* (*inné*) inato, -ta, natural: *des qualités foncières* qualidades inatas **3** (*fondamental*) fundamental, básico, -ca

fonction [fɔ̃ksjɔ̃] *nf* função
• **en fonction de** em função de
• **être fonction de** ser função de
• **faire fonction de** exercer a função de, atuar como

fonctionnaire [fɔksjɔnɛʀ] *nmf* funcionário, -a público, -ca

fonctionnel, -elle [fɔ̃ksjɔnɛl] *adj* funcional

fonctionnement [fɔ̃ksjɔnmɑ̃] *nm* funcionamento

fonctionner [1] [fɔ̃ksjɔne] *vi* funcionar

fond [fɔ̃] *nm* **1** *(gén)* fundo **2** *(hauteur d'eau)* profundidade
• **à fond** a fundo
• **au fin fond de** nos confins
• **au fond** no fundo
• **dans le fond** no fundo, na realidade
• **de fond** *(de profondeur)* de profundidade *(analyse, remarque)* fundamental, essencial
• **de fond en comble** de alto a baixo
• **sans fond** sem fundo
■ **fond d'artichaut** coração de alcachofra
■ **fond de teint** base para maquiagem

fondamental, -e [fɔ̃damɑ̃tal] *adj* fundamental

fondamentaliste [fɔ̃damɑ̃talist] *adj- -nmf* fundamentalista

fondant, -e [fɔ̃dɑ̃, -ɑ̃t] *adj* que derrete na boca
▸ *nm* **fondant** *fondant*

fondateur, -trice [fɔ̃datœʀ, -tʀis] *nm,f* fundador, -ra

fondation [fɔ̃dasjɔ̃] *nf* fundação
▸ *nf pl* **fondations** alicerces *m*

fondé, -e [fɔ̃de] *adj (gén)* fundamentado, -da
■ **fondé de pouvoir** procurador, -ra

fondement [fɔ̃dmɑ̃] *nm* **1** *(d'un bâtiment)* alicerce, fundação *f* **2** *(base)* fundamento **3** *(cause)* causa *f*, razão *f*
• **sans fondement** sem fundamento

fonder [1] [fɔ̃de] *vt* **1** *(gén)* fundar **2** *fig (appuyer des raisons)* fundamentar

fondre [62] [fɔ̃dʀ] *vt* **1** *(gén)* fundir **2** *(neige etc.)* derreter **3** *(dans un moule)* fundir, vazar
▸ *vi* **1** *(gén)* derreter(-se), desfazer-se **2** *fig (personne)* emagrecer
▸ *vpr* **se fondre** *(gén)* fundir-se
• **fondre en pleurs/en larmes** debulhar-se em lágrimas

fonds [fɔ̃] *nm* **1** *(propriété)* bem imóvel, propriedade *f* **2** *(établissement)* estabelecimento comercial **3** *(capital)* fundo, capital
▸ *nm pl (argent)* fundos
■ **fonds de commerce** fundo de comércio
■ **fonds publics** fundos públicos

fondue [fɔ̃dy] *nf* CUIS *fondue mf*

fontaine [fɔ̃tɛn] *nf* nascente

fonte [fɔ̃t] *nf* **1** *(gén)* fusão **2** *(d'un métal)* fundição *f* **3** *(alliage)* fundição, ferro *m* fundido **4** *(des glaces)* derretimento *m* **5** *(d'une cloche, d'une statue)* vazamento *m*, fundição

fonts [fɔ̃] *nm pl* pia *f* batismal *sing*

foot [fut] *nm fam* futebol

football [futbol] *nm* futebol
• **jouer au football** jogar futebol

footballeur, -euse [futbolœʀ, -øz] *nm,f* jogador, -ra de futebol

footing [futiŋ] *nm* footing
• **faire du footing** fazer *footing*

for [fɔʀ] *loc* **dans son for intérieur** em seu foro íntimo

forage [fɔʀaʒ] *nm* perfuração *f*

forain, -e [fɔʀɛ̃, -ɛn] *adj (de la foire)* da feira
▸ *nm* **forain** feirante

force [fɔʀs] *nf* **1** *(gén)* força **2** *(habileté)* capacidade
▸ *nf pl* **forces** *(militaires)* forças
▸ *adv (beaucoup)* muito, -ta: *il reçut force moqueries* foi alvo de muitas zombarias
• **à force de** à força de, de tanto
• **de force** à força
• **de gré ou de force** por bem ou por mal
• **de vive force** com violência
■ **force de frappe** força de ataque
■ **force majeure** força maior

forcé, -e [fɔʀse] *adj* **1** *(gén)* forçado, -da: *un rire forcé* um riso forçado **2** *(inévitable)* forçoso, -sa, obrigatório, -a: *paiement forcé* pagamento obrigatório
• **c'est forcé!** é claro!

forcément [fɔʀsemɑ̃] *adv* forçosamente, necessariamente

forcené, -e [fɔʀsəne] *adj* **1** (*hors de soi*) desvairado, -da **2** (*acharné*) apaixonado, -da, obstinado, -da
▸ *nm,f* maluco, -ca, louco, -ca

forceps [fɔʀsɛps] *nm* MÉD fórceps *m*

forcer [3] [fɔʀse] *vt* (*gén*) forçar
▸ *vi* (*faire un effort*) fazer um grande esforço
▸ *vpr* **se forcer** (*s'obliger à*) forçar-se, obrigar-se
• **forcer la dose** *fig* exagerar

forcir [20] [fɔʀsiʀ] *vi* crescer, ficar grande

forer [1] [fɔʀe] *vt* perfurar

forestier, -ère [fɔʀɛstje, -ɛʀ] *adj* florestal
▸ *nm* **forestier** guarda-florestal

forêt [fɔʀɛ] *nf* floresta
■ **forêt vierge** floresta virgem

foret [fɔʀɛ] *nm* broca *f*

forfait[1] [fɔʀfɛ] *nm fml* (*crime*) crime, delito

forfait[2] [fɔʀfɛ] *nm* **1** (*somme fixée*) preço prefixado **2** (*des prestations diverses*) pacote (de viagem etc.) **3** (*dans une station de ski*) abandono da prova
• **à forfait** por empreitada
• **déclarer forfait** SPORT retirar-se, abandonar o torneio
• **travailler à forfait** trabalhar por empreitada

forfaitaire [fɔʀfɛtɛʀ] *adj* (por preço) prefixado, -da
• **voyage à prix forfaitaire** pacote de viagem

forge [fɔʀʒ] *nf* **1** (*établissement*) forja, ferraria **2** (*fourneau*) forno *m*, fornalha

forger [4] [fɔʀʒe] *vt* forjar

forgeron [fɔʀʒəʀɔ̃] *nm* ferreiro

formaliser [1] [fɔʀmalize] *vt* formalizar

formalisme [fɔʀmalism] *nm* formalismo

formalité [fɔʀmalite] *nf* formalidade
• **remplir des formalités** cumprir as formalidades

format [fɔʀma] *nm* formato
■ **petit format** tamanho pequeno

formatage [fɔʀmataʒ] *nm* INFORM formatação *f*

formater [1] [fɔʀmate] *vt* INFORM formatar

formation [fɔʀmasjɔ̃] *nf* **1** (*gén*) formação **2** (*groupe*) grupo *m*
■ **formation permanente** formação permanente
■ **formation sur le tas** formação no trabalho

forme [fɔʀm] *nf* **1** (*gén*) forma **2** (*pour chaussures, chapeaux*) forma *f* **3** SPORT forma *f* física **4** (*pour le fromage*) forma
• **en bonne et due forme** segundo as devidas formalidades
• **en forme** em forma
• **en forme de** em forma de
• **être au mieux de sa forme** estar em excelente forma
• **pour la forme** pró-forma

formel, -elle [fɔʀmɛl] *adj* formal

former [1] [fɔʀme] *vt* **1** (*façonner, éduquer; constituer*) formar **2** (*concevoir*) conceber
▸ *vpr* **se former** formar-se

formidable [fɔʀmidabl] *adj* formidável

formulaire [fɔʀmylɛʀ] *nm* formulário

formule [fɔʀmyl] *nf* fórmula
■ **formule de politesse** fórmula de cortesia
■ **formule 1** SPORT fórmula 1

formuler [1] [fɔʀmyle] *vt* **1** (*exprimer*) formular **2** MÉD receitar, prescrever

fort[1] [fɔʀ] *nm* **1** (*forteresse*) forte, fortaleza *f*, fortificação *f* **2** (*habileté*) forte **le sport n'est pas mon fort** esporte não é o meu forte

fort, forte[2] [fɔʀ, fɔʀt] *adj* **1** (*gén*) forte: *il est très fort, il peut soulever plus de 200 kilos* ele é muito forte, consegue levantar mais de 200 quilos; *lumière forte* luz forte **2** (*expérimenté*) forte, bom, boa: *être fort en mathématiques* ser forte em matemática **3** (*excessif*) exagerado, -da **4** (*influence*) forte, poderoso, -sa
▸ *adv* **fort 1** (*extrêmement*) muito: *c'est fort joli* é muito bonito **2** (*vigoureusement*) forte, fortemente, alto: *parler fort* falar alto
• **c'est plus fort que moi!** é mais forte que eu!
• **c'est trop fort!** essa já é demais!

• **se faire fort de** gabar-se de, fazer alarde de

forteresse [fɔʀtəʀɛs] *nf* fortaleza

fortifier [12] [fɔʀtifje] *vt* **1** (*gén*) fortificar, reforçar **2** (*donner de la force*) fortalecer, revigorar

fortuit, -e [fɔʀtɥi, -it] *adj* fortuito, -ta

fortune [fɔʀtyn] *nf* fortuna
• **faire fortune** fazer fortuna
• **tenter fortune** tentar a sorte

fortuné, -e [fɔʀtyne] *adj* **1** (*riche*) rico, -ca **2** (*chanceux*) afortunado, -da, sortudo, -da

forum [fɔʀɔm] *nm* (*pl* **forums**) fórum

fosse [fos] *nf* **1** (*gén*) fossa **2** (*des morts; pour planter un arbre*) cova **3** (*de l'orchestre*) poço *m*
  ▪ **fosse commune** vala comum
  ▪ **fosse d'aisances** latrina
  ▪ **fosse septique** fossa séptica

fossé [fose] *nm* **1** (*dans la terre*) fosso *m* **2** (*au bord d'une route*) valeta *f*

fossette [fosɛt] *nf* covinha

fossile [fɔsil] *adj-nm* fóssil

fossoyeur, -euse [foswajœʀ, -øz] *nm,f* coveiro, -ra

fou, folle [fu, fɔl] *adj* (diante de vogal ou *h* mudo, usa-se **fol**) **1** (*gén*) louco, -ca: *être fou de joie* estar louco de alegria; *elle est folle de lui* ela é louca por ele **2** (*insensé*) insensato, -ta, maluco, -ca **3** (*excessif*) louco, -ca, enorme: *il a un succès fou* tem um sucesso louco
  ▶ *nm,f* **1** louco, -ca **2** (*passioné*) louco, -ca, fanático, -ca: *c'est un fou du blues* é louco por blues
  ▶ *nm* **fou 1** (*au jeu d'échecs*) bispo **2** (*oiseau*) ganso-patola
• **faire le fou** fazer loucuras
• **devenir fou** enlouquecer, ficar louco
• **rendre qqn fou** enlouquecer alguém, deixar alguém louco
  ▪ **fou rire** ataque de riso

foudre [fudʀ] *nf* raio *m*, relâmpago *m*

foudroyant, -e [fudʀwajɑ̃, -ɑ̃t] *adj* fulminante

fouet [fwɛ] *nm* **1** (*gén*) chicote **2** CUIS batedor

fouetter [1] [fwete] *vt* **1** (*gén*) chicotear **2** CUIS bater **3** *fig* (*les sentiments*) fustigar

fougère [fuʒɛʀ] *nf* BOT samambaia

fougueux, -euse [fugø, -øz] *adj* fogoso, -sa

fouille [fuj] *nf* **1** (*du sol*) escavação **2** (*des bagages; de personne*) revista

fouiller [1] [fuje] *vt* **1** (*terrain*) escavar **2** (*personne, maison*) revistar **3** (*quartier*) investigar, devassar **4** (*explorer*) escarafunchar, esquadrinhar

fouillis [fuji] *nm* desordem *f*, confusão *f*, bagunça *f*

fouiner [1] [fwine] *vi* fuçar, bisbilhotar, xeretar

foulard [fulaʀ] *nm* fulard, echarpe *f*

foule [ful] *nf* **1** (*gén*) multidão **2** (*le commun*) povo *m* **3** (*multitude*) monte *m*, montão *m*: *j'ai une foule de choses à faire* tenho um monte de coisas para fazer
• **en foule** em massa

foulée [fule] *nf* passo *m*, passada
• **faire qqch dans la foulée** aproveitar (a ocasião) para fazer algo

fouler [1] [fule] *vt* **1** (*marcher*) pisar, pisotear **2** (*le raisin*) pisar, esmagar
  ▶ *vpr* **se fouler** (*cheville*) torcer, virar (o pé)
• **fouler aux pieds** espezinhar

foulure [fulyʀ] *nf* torção, entorse

four [fuʀ] *nm* **1** (*gén*) forno: *four de boulanger* forno de padeiro **2** (*échec*) fracasso, fiasco
  ▪ **four à micro-ondes** forno de micro-ondas

fourbu, -e [fuʀby] *adj* exausto, -ta, esfalfado, -da

fourche [fuʀʃ] *nf* **1** (*gén*) forcado *m*, forquilha **2** (*de bicyclette*) garfo *m* **3** (*de chemin*) bifurcação

fourchette [fuʀʃɛt] *nf* **1** (*gén*) garfo *m* **2** (*mécanique*) forquilha **3** (*d'oiseau*) fúrcula
  ▪ **belle fourchette** bom garfo, comilão

fourgon [fuʀgɔ̃] *nm* furgão

fourgonnette [fuʀgɔnɛt] *nf* furgãozinho *m*

fourmi [fuʀmi] *nf* ZOOL formiga
• **avoir des fourmis dans les jambes** ter formigamento nas pernas

fourmilière [fuʀmiljeʀ] *nf* formigueiro *m*

fourmillement [fuʀmijmɑ̃] *nm* formigamento

fourmiller [1] [fuʀmije] *vi* pulular, fervilhar

fourneau [fuʀno] *nm* 1 (*gén*) forno, fornalha *f* 2 (*de cuisine*) fogão 3 (*de la pipe*) fornilho
- **haut fourneau** alto-forno

fournée [fuʀne] *nf* fornada

fourni, -e [fuʀni] *adj* 1 (*gén*) fornido, -da, provido, -da 2 (*dense*) espesso, -sa, cerrado, -da, basto, -ta: *cheveux fournis* basta cabeleira

fournir [20] [fuʀniʀ] *vt* 1 (*approvisionner*) fornecer, prover 2 (*procurer*) proporcionar, dar, oferecer 3 (*réaliser*) fazer: *fournir un effort* fazer um esforço
▸ *vi* (*approvisionner*) abastecer
▸ *vpr* **se fournir** (*s'approvisionner*) prover-se, munir-se, abastecer-se

fournisseur, -euse [fuʀnisœʀ, -øz] *nm,f* fornecedor, -ra

fourniture [fuʀnityʀ] *nf* fornecimento *m*, provisão
- **fournitures de bureau** material *m* de escritório
- **fournitures scolaires** material *m* escolar

fourrage [fuʀaʒ] *nm* forragem *f*

fourré, -e [fuʀe] *adj* 1 (*gâteau, bonbon*) recheado, -da 2 (*doublé de fourrure*) forrado, -da de pele
▸ *nm* **fourré** mato, moitas *f pl*

fourreau [fuʀo] *nm* 1 (*gaine*) bainha *f* 2 (*robe*) vestido justo, tubinho

fourrer [1] [fuʀe] *vt* 1 (*de fourrure*) forrar de pele 2 *fam* (*introduire*) enfiar, meter
▸ *vpr* **se fourrer** (*s'introduire*) meter-se, enfiar-se
• **fourrer son nez partout** *fam* meter o nariz em tudo

fourre-tout [fuʀtu] *nm inv* 1 (*pièce*) quarto de despejo 2 (*sac*) bolsa, sacola de viagem

fourreur [fuʀœʀ] *nm* peleteiro

fourrière [fuʀjɛʀ] *nf* 1 (*pour les chiens*) canil *m* 2 (*pour véhicules*) garagem

fourrure [fuʀyʀ] *nf* 1 (*gén*) pele: *manteau de fourrure* casaco de peles 2 (*d'un vêtement*) forro *m* de pele 3 (*d'un animal*) pele, pelagem

foutre [87] [futʀ] *vt* 1 *fam* (*faire*) fazer: *il ne fout rien de toute la journée* ele não faz nada o dia todo 2 *fam* (*mettre*) enfiar, pôr, guardar: *ne fous pas tes vêtements n'importe comment!* não enfie as roupas de qualquer jeito! 3 *fam* (*donner*) dar, sentar: *je vais te foutre une paire de claques!* vou te sentar uns tapas!
▸ *vpr* **se foutre** 1 *fam* (*railler*) gozar de, rir de 2 *fam* (*glisser*) escorregar
• **n'avoir rien à foutre de qqch** não ter nada a ver com alguma coisa
• **se foutre de qqch** fazer pouco de algo
• **va te faire foutre!** vai te catar!

foyer [fwaje] *nm* 1 (*cheminée*) lareira *f* 2 (*chez soi*) lar, casa *f* 3 *fig* (*d'un mouvement, d'une rébellion etc.*) foco 3 PHYS foco

fracas [fʀaka] *nm* estrépito, estrondo

fracasser [1] [fʀakase] *vt* rebentar, arrebentar: *les vagues se fracassent sur les rochers* as ondas rebentam nos rochedos

fraction [fʀaksjɔ̃] *nf* fração

fractionner [1] [fʀaksjɔne] *vt* fracionar

fracture [fʀaktyʀ] *nf* MÉD fratura

fracturer [1] [fʀaktyʀe] *vt* fraturar

fragile [fʀaʒil] *adj* frágil

fragilité [fʀaʒilite] *nf* fragilidade

fragment [fʀagmɑ̃] *nm* fragmento

fragmenter [1] [fʀagmɑ̃te] *vt* fragmentar

fraîche [fʀɛʃ] *adj f* → frais, fraîche

fraîcheur [fʀɛʃœʀ] *nf* 1 (*froid*) frescura, frescor *m* 2 (*éclat*) viço *m*, vigor *m*, brilho *m*

frais[1] [fʀɛ] *nm pl* gastos, despesas *f*, custo *m sing*
• **à grands frais** pagando caro, com altos custos
• **à peu de frais** pagando barato, sem muito custo
• **au frais de qqn** à custa de alguém
• **en être pour ses frais** perder tempo à toa

- **faux frais** gastos extraordinários

frais, fraîche² [fʀɛ, fʀɛʃ] *adj* **1** *(gén)* fresco, -ca **2** *(teint, mine)* fresco, -ca, viçoso, -sa **3** *(récent)* fresco, -ca, recente, novo, -va **4** *(aliment; pain)* fresco, -ca **5** *(attitude)* frio, -a
- *nm* **frais** *(fraîcheur)* fresca *f*: *prendre le frais* tomar a fresca
- *adv* **(récemment)** recém-: *fleur fraîche cueillie* flor recém-colhida
- **nous voilà frais!** estamos fritos!
- **"Servir frais"** "Servir gelado"

fraise [fʀɛz] *nf* **1** BOT morango *m* **2** *(collerette)* gorjeira **3** *(outil)* fresa *f* **4** *(de dentiste)* broca

fraiseuse [fʀɛzøz] *nf* fresadora

fraisier [fʀɛzje] *nm* BOT morangueiro

framboise [fʀɑ̃bwaz] *nf* BOT framboesa

franc, franche [fʀɑ̃, fʀɑ̃ʃ] *adj* **1** *(sincère)* franco, -ca **2** *(libre d'impôts)* franco, -ca, franqueado, -da, livre, isento, -ta: *produit franc de port* produto de porte franqueado **3** *(vrai)* rematado, -da, completo, -ta, consumado, -da: *c'est un franc prétentieux* é um rematado pretensioso
- *adv* **franc** *(sincèrement)* francamente, com franqueza

français, -e [fʀɑ̃sɛ, -ɛz] *adj* francês, -esa
- *nm,f* **Français, -e** francês, -esa
- *nm* **français** *(langue)* francês

France [fʀɑ̃s] *nf* França

franche [fʀɑ̃ʃ] *adj f* → franc, franche

franchir [20] [fʀɑ̃ʃiʀ] *vt* **1** *(porte, pont)* atravessar, transpor **2** *(obstacle; difficulté)* superar

franchise [fʀɑ̃ʃiz] *nf* **1** *(sincérité)* franqueza **2** *(d'un commerce, d'assurance)* franquia

franc-jeu [fʀɑ̃ʒø] *nm (pl* **francs-jeux**) jogo *m* limpo, honestidade

francophone [fʀɑ̃kɔfɔn] *adj-nmf* francófono, -na

franc-parler [fʀɑ̃paʀle] *loc* **avoir son franc-parler** falar com franqueza

franc-tireur [fʀɑ̃tiʀœʀ] *nm (pl* **francs- -tireurs**) **1** francoatirador **2** *fig* dissidente, independente

frange [fʀɑ̃ʒ] *nf* **1** *(passementerie)* franja, galão *m* **2** *(coiffure)* franja, franjinha

franquette [fʀɑ̃kɛt] *nf loc* **à la bonne franquette** sem-cerimônia, com simplicidade

frappant, -e [fʀapɑ̃, -ɑ̃t] *adj* **1** *(impressionnant)* impressionante: *il a une ressemblance frappante avec son père* é impressionante a semelhança dele com o pai **2** *(évident)* patente, evidente, inegável: *elle a présenté des preuves frappantes* ela apresentou provas inegáveis

frappe [fʀap] *nf* **1** *(d'une monnaie)* cunhagem **2** *(dactylographie)* batida, toque *m* **3** *(de ballon)* chute *m*, pontapé *m* **4** *(de coup de poing)* golpe *m*, soco *m*

frapper [1] [fʀape] *vt* **1** *(gén)* bater, golpear **2** *(monnaie)* cunhar **3** *(champagne)* gelar, resfriar **4** *(épater)* impressionar **5** *(faire impression)* chamar a atenção
- *vi* *(à une porte)* bater
- *vpr* **se frapper** *fig (s'inquiéter)* preocupar-se, afligir-se
- **frapper des mains** bater palmas, aplaudir
- **frapper des pieds** bater os pés

fraternel, -elle [fʀatɛʀnɛl] *adj* fraternal, fraterno, -na

fraternité [fʀatɛʀnite] *nf* fraternidade, irmandade

fratricide [fʀatʀisid] *adj-nmf* fratricida
- *nm (crime)* fratricídio

fraude [fʀod] *nf* fraude

frauder [1] [fʀode] *vt (arnaquer)* fraudar
- *vi (commettre une fraude)* cometer fraude

frauduleux, -euse [fʀodylø, -øz] *adj* fraudulento, -ta

frayer (se) [18] [fʀeje] *vpr* abrir: *se frayer un chemin* abrir caminho

frayeur [fʀejœʀ] *nf* pavor *m*, terror *m*

fredonner [1] [fʀədɔne] *vt* cantarolar

free-lance [fʀilɑ̃s] *adj-nmf* freelance

freezer [fʀizœʀ] *nm* congelador

frégate [fʀegat] *nf (navire)* fragata

frein [fʀɛ̃] *nm* **1** *(mécanique)* freio **2** ANAT freio, frênulo **3** *fig (limite)* freio, rédeas *f pl*
- **ronger son frein** suportar com impaciência
- **frein à main** freio de mão
- **frein moteur** freio-motor

freiner [1] [fʀene] *vi-vt* frear, brecar

frelater [1] [fʀəlate] *vt* falsificar, adulterar

frêle [fʀɛl] *adj* frágil, fraco, -ca, franzino, -na

frelon [fʀəlɔ̃] *nm* ZOOL vespão

frémir [20] [fʀemiʀ] *vi* estremecer

frémissant, -e [fʀemisɑ̃, -ɑ̃t] *adj* trêmulo, -la

frêne [fʀɛn] *nm* BOT freixo

frénésie [fʀenezi] *nf* frenesi *m*

frénétique [fʀenetik] *adj* frenético, -ca

fréquence [fʀekɑ̃s] *nf* frequência

fréquent, -e [fʀekɑ̃, -ɑ̃t] *adj* frequente

fréquentations [fʀekɑ̃tasjɔ̃] *nf pl* relações
• **avoir des mauvaises fréquentations** andar em más companhias

fréquenter [1] [fʀekɑ̃te] *vt* 1 (*lieu*) frequentar 2 (*personne*) relacionar-se com

frère [fʀɛʀ] *nm* 1 (*parent*) irmão 2 (*religieux*) irmão, frei, frade
▪ **frère de lait** irmão de leite

fresque [fʀɛsk] *nf* 1 (*peinture*) afresco *m* 2 *fig* (*composition*) quadro *m*

fret [fʀɛ] *nm* frete

fréter [10] [fʀete] *vt* 1 (*transport*) fretar 2 (*véhicule*) alugar

frétillant, -e [fʀetijɑ̃, -ɑ̃t] *adj* agitado, -da, buliçoso, -sa

friand, -e [fʀijɑ̃, -ɑ̃d] *adj* guloso, -sa de, louco, -ca por
▸ *nm* **friand** (*gâteau*) bolinho de massa de amêndoas
• **être friand, -e de qqch** ser louco por algo

friandise [fʀijɑ̃diz] *nf* guloseima, gulodice

fric [fʀik] *nm fam* grana *f*, dinheiro

fricassée [fʀikase] *nf* CUIS fricassé *m*, fricassê *m*

friche [fʀiʃ] *nf* terreno *m* inculto, terreno *m* baldio
• **en friche** inculto, coberto de mato

fricoter [1] [fʀikɔte] *vt* 1 CUIS guisar, refogar, preparar como ensopado 2 *fam* (*manigancer*) tramar, maquinar
▸ *vi fam* (*magouiller*) trambicar

friction [fʀiksjɔ̃] *nf* fricção, atrito

frictionner [1] [fʀiksjɔne] *vt* friccionar, esfregar

frigidaire® [fʀiʒidɛʀ] *nm* geladeira *f*, refrigerador

frigide [fʀiʒid] *adj* frígido, -da

frigo [fʀigo] *nm fam* geladeira *f*, refrigerador

frigorifié, -e [fʀigɔʀifje] *adj fam* enregelado, -da

frigorifique [fʀigɔʀifik] *adj* frigorífico, -ca

frileux, -euse [fʀilø, -øz] *adj* friorento, -ta

frimas [fʀima] *nm fml* geada *f*

frimer [1] [fʀime] *vi fam* exibir-se, mostrar-se

frimousse [fʀimus] *nf fam* carinha

fringant, -e [fʀɛ̃gɑ̃, -ɑ̃t] *adj* 1 (*personne*) vivo, -va, vivaz 2 (*cheval*) fogoso, -sa

fringues [fʀɛ̃g] *nm pl fam* (*vêtements*) roupas *f pl*, trapos

friper (se) [1] [fʀipe] *vpr* enrugar-se

fripes [fʀip] *nf pl* roupa usada

fripon, -onne [fʀipɔ̃, -ɔn] *adj-nm,f* sapeca

fripouille [fʀipuj] *nf fam* safado, -da *m,f*, pilantra *mf*

frire [57] [fʀiʀ] *vt-vi* fritar, frigir

frise [fʀiz] *nf* ARCHIT friso *m*

friser [1] [fʀize] *vt* 1 (*cheveux*) encrespar, enrolar, frisar 2 (*effleurer*) tocar, roçar 3 (*toucher à*) beirar: **il frise la quarantaine** está beirando os quarenta
▸ *vi* (*se boucler*) enrolar-se (os cabelos)

frisson [fʀisɔ̃] *nm* arrepio, calafrio

frissonner [1] [fʀisɔne] *vi* 1 (*trembler*) tremer 2 (*de fièvre*) ter calafrios, tiritar 3 (*s'agiter*) estremecer, agitar-se

frit, -e [fʀi, -it] *adj* frito, -ta

frite [fʀit] *nf* batata frita

friteuse [fʀitøz] *nf* frigideira

friture [fʀityʀ] *nf* CUIS fritura

frivole [fʀivɔl] *adj* frívolo, -la

frivolité [fʀivɔlite] *nf* 1 (*gén*) frivolidade 2 (*dentelle*) frivolité

froc [fʀɔk] *nm* 1 (*de moine*) hábito, batina *f* 2 *fam* (*vêtement*) calças *f pl*

- **jeter le froc aux orties** largar a batina

froid, -e [fʀwa, -ad] *adj* frio, -a
▶ *nm* **froid 1** frio: *aujourd'hui, il fait froid* hoje está fazendo frio **2** *(attitude)* frieza *f*
- **à froid** a frio
- **être en froid avec qqn** estar de relações estremecidas com alguém
- **jeter un froid** criar mal-estar
- **il fait un froid de canard** está fazendo um frio de rachar
- **n'avoir pas froid aux yeux** ser decidido, -da
- **prendre froid** resfriar-se, apanhar um resfriado

froideur [fʀwadœʀ] *nf* frieza

froisser [1] [fʀwase] *vt* **1** *(chiffonner)* amarrotar, amassar **2** *(meurtrir)* machucar **3** *fig (blesser)* ofender, ferir, magoar
▶ *vpr* **se froisser 1** *(vêtement)* amarrotar-se **2** *fig (personne)* ofender-se, melindrar-se, magoar-se

frôler [1] [fʀole] *vt* roçar, relar

fromage [fʀɔmaʒ] *nm* queijo

fromagerie [fʀɔmaʒʀi] *nf* queijaria

froment [fʀɔmɑ̃] *nm* trigo

froncer [3] [fʀɔ̃se] *vt* **1** *(sourcils)* franzir **2** *(vêtement)* franzir, preguear

frondaison [fʀɔ̃dɛzɔ̃] *nf* folhagem, ramagem

front [fʀɔ̃] *nm* **1** *(partie du visage)* testa *f* **2** *(façade)* fachada *f* **3** *(effronterie)* descaramento, atrevimento: *avoir le front de mentir* ter o descaramento de mentir **4** *(politique)* frente **5** *(militaire)* front
- **de front** de frente
- **faire front à** fazer frente a

frontal, -e [fʀɔ̃tal] *adj* frontal

frontière [fʀɔ̃tjɛʀ] *nf* fronteira
■ **frontière naturelle** fronteira natural

frontispice [fʀɔ̃tispis] *nm* frontispício

fronton [fʀɔ̃tɔ̃] *nm* ARCHIT frontão

frottement [fʀɔtmɑ̃] *nm* **1** *(gén)* esfregadura *f*, esfregação *f*, fricção *f* **2** *fig (mésentente)* atrito **3** *(mécanique)* fricção *f*

frotter [1] [fʀɔte] *vt* **1** *(gén)* esfregar, friccionar: *frotter ses yeux* esfregar os olhos **2** *(parquet)* esfregar, limpar
▶ *vi (effleurer)* roçar

▶ *vpr* **se frotter 1** *(gén)* esfregar-se, friccionar-se **2** *(fréquenter)* conviver (**à**, com), ficar perto (**à**, de) **3** *(attaquer)* provocar (**à**, -), desafiar (**à**, -)
- **se frotter à qqn** [s'attaquer à] provocar, meter-se com

frousse [fʀus] *nf fam* medo *m*

fructifier [12] [fʀyktifje] *vi* frutificar

fructose [fʀyktoz] *nf* frutose

fructueux, -euse [fʀyktuø, -øz] *adj* vantajoso, -sa, lucrativo, -va, rentável

frugal, -e [fʀygal] *adj* frugal

fruit [fʀɥi] *nm* **1** *(gén)* fruto: *les fruits de la terre* os frutos da terra **2** *(aliment)* fruta *f*: *la prune est un fruit* a ameixa é uma fruta **3** *fig (résultat)* fruto, produto, resultado: *le fruit d'une union* o fruto de uma união
▶ *nm pl* **fruits** *(bénéfices)* frutos, lucros, rendimentos
■ **fruit confit** fruta cristalizada
■ **fruit défendu** fruto proibido
■ **fruit sec** fruta seca
■ **fruits de mer** fruto do mar

fruité, -e [fʀɥite] *adj* frutado, -da

fruitier, -ère [fʀɥitje, -ɛʀ] *adj* frutífero, -ra: *arbres fruitiers* árvores frutíferas
▶ *nm,f (marchand)* quitandeiro, -ra
▶ *nm* **fruitier** *(récipient)* fruteira *f*

fruste [fʀyst] *adj* grosseiro, -ra, rude

frustration [fʀystʀasjɔ̃] *nf* frustração

frustré, -e [fʀystʀe] *adj-nm,f* frustrado, -da

frustrer [1] [fʀystʀe] *vt* **1** *(décevoir)* frustrar, decepcionar, desapontar **2** *(priver d'un bien)* privar (**de**, de)

fuchsia [fyʃja] *nm* BOT fúcsia, brinco-de-princesa

fuel [fjul] *nm* óleo combustível

fugace [fygas] *adj* fugaz, fugidio, -a

fugitif, -ive [fyʒitif, -iv] *adj-nm,f* **1** fugitivo, -va **2** *fig* fugaz

fugue [fyg] *nf* **1** *(fuite)* fuga, evasão **2** MUS fuga *f*

fuir [31] [fɥiʀ] *vi* **1** *(échapper)* fugir **2** *(d'un récipient)* vazar
▶ *vt (éviter)* evitar, esquivar-se de

fuite [fɥit] *nf* **1** *(fugue)* fuga **2** *(d'un gaz, d'un liquide)* vazamento *m* **3** *fam (indis-*

crétion) vazamento *m* (*de informações etc.*) **4** *fig* (*dérobade*) evasiva, escapatória
• **prendre la fuite** fugir
▪ **fuite des capitaux** evasão de capitais

fulgurant, -e [fylgyʀɑ̃, -ɑ̃t] *adj* fulgurante

fumant, -e [fymɑ̃, -ɑ̃t] *adj* **1** (*gén*) fumegante **2** *fam* (*génial*) genial

fumé, -e [fyme] *adj* CUIS defumado, -da

fume-cigarette [fymsigaʀɛt] *nm inv* piteira *f*

fumée [fyme] *nf* **1** (*gén*) fumaça **2** *fig* (*vanité*) vaidade, presunção
▸ *nf pl* **fumées** (*d'un liquide*) vapores *m*, emanações

fumer [1] [fyme] *vi* **1** (*gén*) fumegar **2** *fam fig* (*enrager*) enfurecer-se
▸ *vt* **1** (*gén*) fumar: *fumer une cigarette* fumar um cigarro **2** CUIS defumar **3** (*champ*) adubar, estercar

fumeur, -euse [fymœʀ, -øz] *nm,f* fumante

fumier [fymje] *nm* **1** (*engrais*) estequeira *f*, estrumeira *f* **2** *fam* (*homme vil*) canalha, escroto

funambule [fynɑ̃byl] *nmf* funâmbulo, -la, equilibrista

funèbre [fynɛbʀ] *adj* fúnebre

funérailles [fyneʀaj] *nf pl* (*cérémonie*) funerais *m*, exéquias

funéraire [fyneʀɛʀ] *adj* funerário, -a

funeste [fynɛst] *adj* funesto, -ta

funiculaire [fynikylɛʀ] *nm* funicular

fur [fyʀ] *loc* **1 au fur et à mesure** gradualmente, aos poucos **2 au fur et à mesure que** à medida que, conforme

furet [fyʀɛ] *nm* **1** ZOOL furão **2** (*jeu*) passa-anel **3** *fig* (*personne*) bisbilhoteiro, -ra, xereta *mf*

fureur [fyʀœʀ] *nf* furor *m*
• **être en fureur** estar enfurecido, -da
• **faire fureur** fazer furor

furieux, -euse [fyʀjø, -øz] *adj* **1** (*en rage*) furioso, -sa **2** (*impétueux*) impetuoso, -sa, exaltado, -da **3** *fig* (*extrême*) tremendo, -da, violento, -ta: *il lui donna un furieux coup de poing* deu-lhe um violento soco

furoncle [fyʀɔ̃kl] *nm* MÉD furúnculo

furtif, -ive [fyʀtif, -iv] *adj* furtivo, -va

fusain [fyzɛ̃] *nm* **1** BOT evônimo **2** (*pour dessiner, dessin*) fusain, carvão para desenho

fuseau [fyzo] *nm* **1** (*pour filer*) fuso **2** (*à dentelle*) bilro **3** (*pantalon*) fuseau (calça justa, de malha)
▪ **fuseau horaire** fuso horário

fusée [fyze] *nf* foguete *m*
• **fusée spatiale** foguete espacial

fuselage [fyzlaʒ] *nm* fuselagem *f*

fuselé, -e [fyzle] *adj* **1** (*qui s'amincit*) afilado, -da **2** (*fusiforme*) fusiforme

fuser [1] [fyze] *vi* **1** (*bougie*) derreter-se **2** (*poudre*) queimar crepitando **3** *fig* (*rires*) irromper **4** (*se répandre*) disseminar-se, difundir-se

fusible [fyzibl] *nm* fusível

fusil [fyzi] *nm* **1** (*de guerre*) fuzil **2** (*de chasse*) espingarda *f*
• **changer son fusil d'épaule** virar casaca

fusillade [fyzijad] *nf* **1** (*bruit*) fuzilaria, tiroteio *m* **2** (*exécution*) fuzilamento *m*

fusiller [1] [fyzije] *vt* fuzilar

fusil-mitrailleur [fyzimitʀajœʀ] *nm* (*pl* **fusils-mitrailleurs**) fuzil-metralhadora

fusion [fyzjɔ̃] *nf* fusão
▪ **fusion nucléaire** fusão nuclear

fusionner [1] [fyzjɔne] *vt* fundir

fût [fy] *nm* **1** (*d'arbre*) tronco **2** ARCHIT fuste **3** (*d'arme à feu*) culatra *f* **4** (*tonneau*) tonel, barril

futé, -e [fyte] *adj fam* (*rusé*) sagaz, esperto, -ta

futile [fytil] *adj* fútil

futon [fytɔ̃] *nm* futon (acolchoado japonês)

futur, -e [fytyʀ] *adj* futuro, -ra
▸ *nm* **futur** futuro

futuriste [fytyʀist] *adj* futurista

fuyant, -e [fɥijɑ̃, -ɑ̃t] *adj* **1** (*gén*) fugidio, -a, fugaz **2** (*incliné*) rebaixado, -da, retraído, -da: *front fuyant* testa retraída
▸ *nm* **fuyant** (*ligne*) fugente

fuyard, -e [fɥijaʀ, -aʀd] *nm,f* fugitivo, -va

G

gabardine [gabaʀdin] *nf* gabardine

gabarit [gabaʀi] *nm* **1** (*dimension*) medida *f*, tamanho **2** *fam* (*genre*) gabarito, categoria *f*

gâcher [1] [gaʃe] *vt* **1** (*gaspiller-argent*) gastar, esbanjar **2** (*vie, santé*) estragar **3** (*plaisir*) estragar, desmanchar **4** (*plâtre*) amassar, misturar

gâchette [gaʃɛt] *nf* gatilho *m*

gâchis [gaʃi] *nm* desperdício

gadget [gadʒɛt] *nm* treco, engenhoca *f*, aparelho

gaffe [gaf] *nf fam* gafe
- **faire gaffe** *fam* tomar cuidado

gaffer [1] [gafe] *vi fam* dar mancada, cometer gafe

gag [gag] *nm* gag *f*, gague *f*, piada *f*

gaga [gaga] *adj fam* gagá, caduco

gage [gaʒ] *nm* **1** (*dépôt, au jeu*) prenda **2** (*garantie*) penhor, garantia *f* **3** *fig* (*preuve*) penhor *f*, testemunho
- **en gage de** como prova de
- **laisser en gage** deixar como penhor, penhorar
- **mettre en gage** empenhar

gager [4] [gaʒe] *vt* apostar: *je gage qu'elle y arrivera* aposto que ela vai conseguir

gagnant, -e [gaɲɑ̃, -ɑ̃t] *adj-nm,f* ganhador, -ra

gagne-pain [gaɲpɛ̃] *nm inv* ganha-pão

gagner [1] [gaɲe] *vt* **1** (*gén*) ganhar: *il gagne bien sa vie* ele ganha bem a vida **2** (*sympathie*) conquistar, granjear **3** (*lieux*) pegar, entrar, enveredar por
▸ *vi* **1** (*s'améliorer*) melhorar: *ce vin gagne à vieillir* este vinho melhora quando envelhece **2** (*incendie*) avançar

gai, gaie [ge] *adj* alegre

gaieté [gete] *nf* alegria

gaillard, -e [gajaʀ, -aʀd] *adj* robusto, -ta, vigoroso, -sa
▸ *nm* **gaillard** *fam* grandalhão, -ona

gain [gɛ̃] *nm* ganho
- **avoir gain de cause** [dans une discussion] sair ganhando

gaine [gɛn] *nf* **1** (*étui*) estojo *m* **2** (*d'épée*) bainha **3** (*sous-vêtement*) cinta elástica

gala [gala] *nm* gala: *une soirée de gala* uma noite de gala

galant, -e [galɑ̃, -ɑ̃t] *adj* galante
▸ *nm* **galant** galã

galanterie [galɑ̃tʀi] *nf* galanteria

galaxie [galaksi] *nf* galáxia

gale [gal] *nf* MÉD sarna

galère [galɛʀ] *nf* **1** (*bateau*) galera, galé **2** *fam* (*situation*) enrascada, confusão: *je me suis mis dans une de ces galères!* me meti numa enrascada daquelas!

galerie [galʀi] *nf* **1** (*gén*) galeria **2** (*d'une voiture*) porta-bagagens *m*
▪ **galerie d'art** galeria de arte

galet [galɛ] *nm* seixo, pedregulho

galette [galɛt] *nf* **1** CUIS torta **2** *fam* (*argent*) grana
▪ **galette des Rois** torta de Reis

galipette [galipɛt] *nf* cambalhota

gallicisme [galisism] *nm* galicismo

gallon [galɔ̃] *nm* galão (*medida de capacidade*)

galon [galɔ̃] *nm* galão (*tira de tecido*)

galop [galo] *nm* galope
- **au galop** [cheval] a galope (*fig*) depressa, correndo

galoper [1] [galɔpe] vi galopar

galopin [galɔpɛ̃] nm fam moleque, pivete

galvaniser [1] [galvanize] vt **1** galvanizar **2** fig eletrizar

gambader [1] [gɑ̃bade] vi saltitar

gamelle [gamɛl] nf **1** (récipient) marmita **2** fam (chute) tombo

gamin, -e [gamɛ, -in] nm,f menino, -na, garoto, -ta

gamme [gam] nf **1** (de produits) gama **2** MUS escala

gang [gɑ̃g] nm gangue f

ganglion [gɑ̃glijɔ̃] nm ANAT gânglio

gangrène [gɑ̃gʀɛn] nf **1** MÉD gangrena **2** fig (morale, politique) flagelo, câncer

gangster [gɑ̃gstɛʀ] nm gângster

gant [gɑ̃] nm luva f
• **aller comme un gant** cair como luva
▪ **gant de toilette** luva de banho

garage [gaʀaʒ] nm **1** (abri) garagem f **2** (de réparations) oficina f mecânica

garagiste [gaʀaʒist] nmf mecânico, -ca

garant, -e [gaʀɑ̃, -t] nm,f fiador, -ra, avalista
• **se porter garant de** responder, ser responsável por

garantie [gaʀɑ̃ti] nf garantia

garantir [20] [gaʀɑ̃tiʀ] vt **1** (gén) garantir **2** (protéger) proteger (**de**, de/contra)

garce [gaʀs] nf fam péj biscate, bisca, vagabunda

garçon [gaʀsɔ̃] nm **1** (enfant) menino **2** (homme) rapaz, moço **3** (dans un bar) garçom
• **enterrer sa vie de garçon** fazer despedida de solteiro
▪ **vieux garçon** solteirão

garçonnière [gaʀsɔnjɛʀ] nf garçonnière

garde [gaʀd] nf guarda
▸ nmf **1** (d'un enfant) baby-sitter **2** (d'un malade) acompanhante
▸ nm guarda
• **être de garde** estar de guarda
• **être sur ses gardes** estar alerta, estar de sobreaviso
• **mettre en garde** alertar, prevenir
• **monter la garde** montar guarda
• **prendre garde** tomar cuidado

▪ **garde à vue** DR prisão f provisória
▪ **garde du corps** guarda-costas mf
▪ **garde forestier** guarda-florestal

garde-à-vous [gaʀdavu] nm inv sentido!
• **se mettre au garde-à-vous** ficar em posição de sentido

garde-boue [gaʀdəbu] nm inv para-lama

garde-fou [gaʀdəfu] nm (pl **garde-fous**) balaustrada f, parapeito, peitoril

garde-malade [gaʀdəmalad] nmf (pl **gardes-malades**) enfermeiro, -ra, acompanhante

garde-manger [gaʀdəmɑ̃ʒe] nm inv guarda-comida, despensa f

gardénia [gaʀdenja] nm BOT gardênia f

garder [1] [gaʀde] vt **1** (gén) guardar: *elle ne sait pas garder un secret* ela não sabe guardar segredo; *il garde le silence* ele está guardando silêncio **2** (malade, enfant) cuidar de, tomar conta de **3** (aliments) conservar
▸ vpr **se garder 1** (s'abstenir) abster-se (**de**, de) **2** (aliments) conservar-se

garderie [gaʀdəʀi] nf creche

garde-robe [gaʀdəʀɔb] nf (pl **garde-robes**) **1** (armoire) guarda-roupa m, roupeiro m **2** (vêtements) guarda-roupa m, vestuário m

gardien, -enne [gaʀdjɛ̃, -ɛn] nm,f **1** (gén) guarda, vigia **2** (d'immeuble) porteiro, -ra
▪ **gardien, -enne de but** goleiro, -ra
▪ **gardien, -enne de nuit** vigilante
▪ **gardien de la paix** guarda municipal

gare [gaʀ] nf estação
▪ **gare routière** estação de rodoviária

gare! [gaʀ] interj **1** (avertissement) cuidado! **2** (menace) olhe lá!

garer [1] [gaʀe] vt estacionar
▸ vpr **se garer 1** (en voiture) estacionar, parar **2** (s'écarter) afastar-se **3** (éviter) evitar (**de**, -)

gargarisme [gaʀgaʀism] nm gargarejo

gargouille [gaʀguj] nf gárgula, carranca de goteira

gargouiller [1] [gaʀguje] vi (intestins) gorgolejar

garnement [gaʀnəmɑ̃] *nm fam* moleque, pilantra, pestinha

garnir [20] [gaʀniʀ] *vt* 1 (*pourvoir d'éléments*) prover, equipar, guarnecer 2 (*orner*) guarnecer, adornar (**de**, de/com) 3 (*un espace*) encher

garnison [gaʀnizɔ̃] *nf* guarnição

garniture [gaʀnityʀ] *nf* 1 (*de vêtement*) enfeite *m*, acessório *m* 2 (*d'un plat*) guarnição

garrot [gaʀo] *nm* garrote

gars [ga] *nm fam* cara, tipo, sujeito

gas-oil [gazɔjl] *nm* óleo diesel

gaspillage [gaspijaʒ] *nm* desperdício

gaspiller [1] [gaspije] *vt nm* desperdiçar

gastrique [gastʀik] *adj* gástrico, -ca

gastro-entérite [gastʀoɑ̃teʀit] *nf* (*pl* **gastro-entérites**) MÉD gastroenterite

gastronome [gastʀɔnɔm] *nmf* gastrônomo, -ma

gastronomie [gastʀɔnɔmi] *nf* gastronomia

gastronomique [gastʀɔnɔmik] *adj* gastronômico, -ca

gâteau [gato] *nm* bolo, doce
• **c'est du gâteau** *fam* é sopa, é moleza
■ **gâteau sec** biscoito, bolacha doce

gâter [1] [gate] *vt* 1 (*avarier*) estragar 2 (*enfant*) mimar
▸ *vpr* **se gâter** 1 estragar-se 2 (*le temps*) virar, ficar feio
• **ça se gâte!** a coisa vai ficar feia!
• **je suis gâtée!** que sorte a minha! (*também irônico*)

gâteux, -euse [gatø, -øz] *adj-nm,f* gagá, caduco, -ca

gauche [goʃ] *adj* 1 (*côté*) esquerdo, -da 2 (*de travers*) torto, -ta, empenado, -da 3 *fig* (*maladroit*) desajeitado, -da, canhestro, -tra
▸ *nf* esquerda
• **à gauche** à esquerda
• **de gauche** de esquerda

gaucher, -ère [goʃe, -ɛʀ] *adj-nm,f* canhoto, -ta

gaufre [gofʀ] *nf* (*pâtisserie*) waffle *m*

gaufrette [gofʀɛt] *nf* bolacha *waffle*

gaulois, -e [golwa, -az] *adj* gaulês, -esa
▸ *nm,f* **Gaulois, -e** gaulês, -esa

gaver [1] [gave] *vt* 1 (*animaux*) cevar, engordar 2 *fig* (*de compliments*) encher
▸ *vpr* **se gaver** fartar-se

gaz [gaz] *nm* gás

gaze [gaz] *nf* gaze

gazelle [gazɛl] *nf* ZOOL gazela

gazer [1] [gaze] *vt* 1 asfixiar com gás 2 (*dans une chambre à gaz*) executar na câmara de gás
▸ *vi fam* correr, acelerar
• **ça gaze!** está tudo ótimo!

gazette [gazɛt] *nf* gazeta

gazeux, -euse [gazø, -øz] *adj* gasoso, -sa

gazoduc [gazɔdyk] *nm* gasoduto

gazole [gazɔl] *nm* óleo diesel

gazon [gazɔ̃] *nm* grama *f*, gramado

gazouiller [1] [gazuje] *vi* 1 (*oiseau*) gorjear 2 (*bébé*) balbuciar

geai [ʒɛ] *nm* ZOOL gaio

géant, -e [ʒeɑ̃, -ɑ̃t] *adj-nm,f* gigante

geindre [76] [ʒɛ̃dʀ] *vi* lastimar-se, gemer

gel [ʒɛl] *nm* 1 (*froid*) frio 2 ÉCON congelamento 3 (*suspension*) suspensão 4 (*pour cheveux, corps*) gel

gélatine [ʒelatin] *nf* gelatina

gelé, -e [ʒəle] *adj* gelado, -da

gelée [ʒəle] *nf* 1 (*de glace*) frio *m*, gelo *m*, geada 2 (*de fruits*) geleia 3 (*de viande*) gelatina
■ **gelée royale** geleia real

geler [9] [ʒəle] *vt* 1 (*gén*) gelar 2 *fig* (*projet*) suspender 3 *fig* (*salaire*) congelar
▸ *vi* gelar(-se)
▸ *v impers* estar um gelo, estar gelado: *il gèle ici!* está um gelo aqui!

gélule [ʒelyl] *nf* MÉD cápsula

gémir [20] [ʒemiʀ] *vi* gemer

gémissement [ʒemismɑ̃] *nm* gemido

gênant, -e [ʒɛnɑ̃, -ɑ̃t] *adj* incômodo, -da, desagradável

gencive [ʒɑ̃siv] *nf* ANAT gengiva

gendarme [ʒɑ̃daʀm] *nm* gendarme, policial

gendarmerie [ʒɑ̃daʀməʀi] *nf* gendarmaria, polícia

gendre [ʒɑ̃dʀ] *nm* genro

gène [ʒɛn] *nm* gene

gêne [ʒɛn] *nf* incômodo *m*, amolação, problema *m*
- **être sans gêne** ser sem-cerimônia

généalogie [ʒenealɔʒi] *nf* genealogia

généalogique [ʒenealɔʒik] *adj* genealógico, -ca

gêner [1] [ʒene] *vt* **1** (*embarrasser*) incomodar, aborrecer, desagradar: *si cela ne vous gêne pas* se não incomodar **2** (*encombrer*) estorvar, atravancar
▸ *vpr* **se gêner** incomodar-se: *ne vous gênez pas!* não se incomode!

général, -e [ʒeneʀal] *adj* geral
▸ *nm* **général** (*d'armée*) general

générale [ʒeneʀal] *nf* (*au théâtre*) ensaio *m* geral

généralement [ʒeneʀalmɑ̃] *adv* geralmente, em geral

généraliser [1] [ʒeneʀalize] *vt* generalizar
▸ *vpr* **se généraliser** generalizar-se

généraliste [ʒeneʀalist] *nmf* clínico geral, generalista

généralité [ʒeneʀalite] *nf* generalidade
▸ *nf pl* **généralités** generalidades

générateur, -trice [ʒeneʀatœʀ, -tʀis] *adj* gerador, -ra
▸ *nm* **générateur** gerador

génération [ʒeneʀasjɔ̃] *nf* geração

générer [10] [ʒeneʀe] *vt* gerar

généreux, -euse [ʒeneʀø, -øz] *adj* generoso, -sa

générique [ʒeneʀik] *adj* genérico, -ca
▸ *nm* **1** (*d'un film*) créditos *pl* **2** (*médicament*) genérico

générosité [ʒeneʀozite] *nf* generosidade

genèse [ʒənɛz] *nf* gênese

genêt [ʒəne] *nm* BOT giesta *f*

génétique [ʒenetik] *adj* genético, -ca
▸ *nf* genética

génial, -e [ʒenjal] *adj* genial

génie [ʒeni] *nm* **1** (*être*) gênio **2** (*aptitude innée*) talento: *elles ont le génie des affaires* elas têm talento para os negócios **3** (*technologie*) engenharia *f*
■ **génie génétique** engenharia *f* genética

genièvre [ʒənjɛvʀ] *nm* BOT junípero, zimbro

génisse [ʒenis] *nf* ZOOL bezerra, novilha

génital, -e [ʒenital] *adj* genital

génitif [ʒenitif] *nm* genitivo

génocide [ʒenɔsid] *nm* genocídio

genou [ʒənu] *nm* joelho
- **être sur les genoux** *fam* estar quebrado, -da, cansado, -da
- **se mettre à genoux** ajoelhar-se

genouillère [ʒənujɛʀ] *nf* joelheira

genre [ʒɑ̃ʀ] *nm* **1** (*gén*) gênero *m*: *genre humain* gênero humano **2** (*sorte*) espécie *f*, tipo **3** (*de personne*) estilo: *il a un genre, tout de même* seja como for, ele tem estilo

gens [ʒɑ̃] *nm pl* gente *f sing*, povo *sing*, pessoas *f*
- **les jeunes gens** os jovens

gentiane [ʒɑ̃sjan] *nf* BOT genciana

gentil, -ille [ʒɑ̃ti, -ij] *adj* gentil

gentilhomme [ʒɑ̃tijɔm] *nm* (*pl* **gentilshommes**) cavalheiro

gentillesse [ʒɑ̃tijɛs] *nf* gentileza

génuflexion [ʒenyflɛksjɔ̃] *nf* genuflexão

géographie [ʒeɔgʀafi] *nf* geografia

géographique [ʒeɔgʀafik] *adj* geográfico, -ca

geôlier, -ère [ʒolje, -ɛʀ] *nm,f* carcereiro, -ra

géologie [ʒeɔlɔʒi] *nf* geologia

géologique [ʒeɔlɔʒik] *adj* geológico, -ca

géométrie [ʒeɔmetʀi] *nf* geometria

géométrique [ʒeɔmetʀik] *adj* geométrico, -ca

gérance [ʒeʀɑ̃s] *nf* gerência, administração, gestão

géranium [ʒeʀanjɔm] *nm* BOT gerânio

gérant, -e [ʒeʀɑ̃, -t] *nm,f* gerente, administrador

gerbe [ʒɛʀb] *nf* **1** (*de fleurs*) buquê *m*, ramalhete *m* **2** (*de blé*) feixe *m* **3** (*d'eau*) jato *m*

gercé, -e [ʒɛʀse] *adj* rachado, -da, fendido, -da, trincado, -da

gérer [10] [ʒeʀe] *vt* gerir, administrar

gériatrie [ʒeRjatRi] *nf* geriatria

germain, -e [ʒɛRmɛ̃, -ɛn] *adj* irmão, -ã: *cousin germain* primo-irmão

germe [ʒɛRm] *nm* 1 (*gén*) germe 2 (*de pomme de terre*) olho, broto

germer [1] [ʒɛRme] *vi* germinar

germination [ʒɛRminasjɔ̃] *nf* germinação

gérondif [ʒeRɔ̃dif] *nm* gerúndio

gésier [ʒezje] *nm* moela

gésir [36] [ʒeziR] *vi fml* jazer

gestation [ʒɛstasjɔ̃] *nf* gestação

geste [ʒɛst] *nm* 1 (*mouvement*) gesto 2 (*action*) atitude *f*, ato, ação *f*

gesticuler [1] [ʒɛstikyle] *vi* gesticular

gestion [ʒɛstjɔ̃] *nf* gestão, administração

gestionnaire [ʒɛstjɔnɛR] *adj-nm* gestor, -ra, administrador, -ra
▶ *nm* INFORM gerenciador

geyser [ʒɛzɛR] *nm* geyser, gêiser

ghetto [geto] *nm* gueto

gibier [ʒibje] *nm* (*carne de*) caça *f*
■ **gros gibier** caça graúda

giboulée [ʒibule] *nf* aguaceiro *m*

gicler [1] [ʒikle] *vi* salpicar, respingar, espirrar

gifle [ʒifl] *nf* bofetada

gifler [1] [ʒifle] *vt* esbofetear

gigantesque [ʒigɑ̃tɛsk] *adj* gigantesco, -ca

gigolo [ʒigolo] *nm* gigolô

gigot [ʒigo] *nm* CUIS gigô, pernil

gigoter [1] [ʒigɔte] *vi* patear, remexer-se

gilet [ʒile] *nm* 1 (*sans manches*) colete 2 (*à manches*) jaqueta
■ **gilet de sauvetage** colete salva-vidas
■ **gilet pare-balles** colete à prova de balas

gin [dʒin] *nm* gim

gingembre [ʒɛ̃ʒɑ̃bR] *nm* BOT gengibre

girafe [ʒiRaf] *nf* ZOOL girafa

giratoire [ʒiRatwaR] *adj* giratório, -a

giroflée [ʒiRɔfle] *nf* BOT goivo *m*

giron [ʒiRɔ̃] *nm* colo, regaço

girouette [ʒiRwɛt] *nf* cata-vento *m*

gisement [ʒizmɑ̃] *nm* jazida *f*

gitan, -e [ʒitɑ̃, -an] *adj* cigano, -na
▶ *nm,f* **Gitan, -e** cigano, -na

gîte [ʒit] *nm* 1 (*logement*) abrigo, morada *f*, alojamento 2 (*d'animaux*) toca *f* 3 CUIS paleta *f*
■ **gîte rural** casa *f* de campo

givre [ʒivR] *nm* geada *f*, gelo

glace [glas] *nf* 1 (*eau congelée*) gelo *m* 2 CUIS sorvete *m*: *glace à la vanille* sorvete de baunilha 3 (*de fenêtre*) vidro *m*, vidraça 4 (*de voiture*) vidro *m*, para-brisa *m* 5 (*miroir*) espelho *m*
• **rompre la glace** quebrar o gelo

glacer [3] [glase] *vt* 1 (*gén*) gelar 2 *fig* gelar, paralisar: *sa petite phrase m'a glacé* suas palavras me fizeram gelar 3 CUIS glaçar 4 CUIS brunir (*cereais*)

glacial, -e [glasjal] *adj* glacial

glacier [glasje] *nm* 1 GÉOG geleira *f* 2 (*fabricant de glaces*) sorveteiro

glacière [glasjɛR] *nf* geladeira

glaçon [glasɔ̃] *nm* cubo de gelo

glaïeul [glajœl] *nm* BOT gladíolo, palma-de-santa-rita *f*

glaise [glɛz] *nf* argila

glaive [glɛv] *nm* espada *f*

gland [glɑ̃] *nm* 1 (*pompon*) pompom, bolota *f*, borla *f* 2 (*du chêne*) bolota *f* 3 ANAT glande *f*

glande [glɑ̃d] *nf* ANAT glândula

glaner [1] [glane] *vt* respigar, catar

glapir [20] [glapiR] *vi* ganir, latir

glas [gla] *nm* dobre fúnebre
• **sonner le glas** anunciar o fim de algo

glauque [glok] *adj* 1 (*eau, yeux*) esverdeado, -da 2 (*regard, air*) lúgubre 3 (*ambiance*) sórdido, -da

glissant, -e [glisɑ̃, -ɑ̃t] *adj* escorregadio, -a

glissement [glismɑ̃] *nm* deslizamento
■ **glissement de terrain** deslizamento de terra

glisser [1] [glise] *vi* 1 (*patineur, skieur*) deslizar 2 (*involontairement*) escorregar, resvalar 3 *fig* (*sujet*) tratar por cima, evitar (**sur**, -)
▶ *vt* 1 (*faire passer sous/sur*) passar, introduzir 2 (*donner*) dar, passar 3 (*des mots*) sussurrar, insinuar

▶ *vpr* **se glisser** insinuar-se, introduzir-se

glissière [glisjɛʀ] *nf (rainure dans une pièce)* trilho *m*
• **à glissière** corrediço, -ça
■ **glissière de sécurité** guard-rail

global, -e [glɔbal] *adj* global

globe [glɔb] *nm* globo
■ **globe terrestre** globo terrestre

globule [glɔbyl] *nm* glóbulo
■ **globule blanc** glóbulo branco
■ **globule rouge** glóbulo vermelho

gloire [glwaʀ] *nf* 1 *(renommée)* glória 2 *(mérite)* mérito *m*
• **à la gloire de** em honra de, em homenagem a

glorieux, -euse [glɔʀjø, -øz] *adj* glorioso, -sa

glorifier [12] [glɔʀifje] *vt* glorificar

glossaire [glɔsɛʀ] *nm* glossário

glotte [glɔt] *nf* ANAT glote

glousser [1] [gluse] *vi* 1 *(poule)* cacarejar 2 *péj (personne)* gargalhar

glouton, -onne [glutɔ̃, -ɔn] *nm,f* glutão, -ona

glu [gly] *nf* 1 *(colle)* visco *m* 2 *fam (personne)* grude *m*

gluant, -e [glyɑ̃, -ɑ̃t] *adj* pegajoso, -sa, viscoso, -sa

glucide [glysid] *nm* carboidrato

glucose [glykoz] *nm* glicose *f*

gluten [glytɛn] *nm* glúten

glycémie [glisemi] *nf* MÉD glicemia

glycérine [gliseʀin] *nf* glicerina

glycine [glisin] *nf* BOT glicínia

gnome [gnom] *nm* gnomo

go [go] *loc* **tout de go** de supetão

goal [gol] *nm* SPORT goleiro

gobelet [gɔblɛ] *nm* copo

gober [1] [gɔbe] *vt* 1 *(avaler)* engolir, sorver 2 *fig (croire)* acreditar, engolir: *il gobe tout ce que je lui dis* ele engole tudo o que lhe digo

godasse [gɔdas] *nf fam* sapato *m*, pisante *m*

goéland [gɔelɑ̃] *nm* ZOOL gaivota *f*

goélette [gɔelɛt] *nf* escuna

goguenard, -e [gɔgnaʀ, -d] *adj* zombeteiro, -ra, gozador, -ra

goinfre [gwɛ̃fʀ] *nmf fam* glutão, -ona

goitre [gwatʀ] *nm* bócio, papo

golf [gɔlf] *nm* SPORT golfe

golfe [gɔlf] *nm* GÉOG golfo

gomme [gɔm] *nf* 1 *(pour effacer)* borracha 2 *(bonbon)* bala de goma

gommer [1] [gɔme] *vt* apagar

gond [gɔ̃d] *nm* dobradiça *f*
• **sortir de ses gonds** perder as estribeiras

gondole [gɔ̃dɔl] *nf* gôndola

gondoler [1] [gɔ̃dɔle] *vi* empenar, curvar-se

gonflable [gɔ̃flabl] *adj* inflável

gonflé, -e [gɔ̃fle] *adj* 1 *(enflé)* inflado, -da, inchado, -da 2 *fam (culotté)* cara de pau, atrevido, -da: *il est vraiment gonflé!* é mesmo um cara de pau!

gonfler [1] [gɔ̃fle] *vt* 1 *(gén)* inflar, inchar 2 *fam* encher, irritar: *elle me gonfle!* ela me irrita!

gong [gɔ̃g] *nm* gongo

gonzesse [gɔ̃zɛs] *nf pop péj* moça, mina

gorge [gɔʀʒ] *nf* 1 *(gosier)* garganta 2 *(cou)* colo *m* 3 GÉOG garganta, desfiladeiro *m*

gorgée [gɔʀʒe] *nf* gole *m*, trago *m*

gorille [gɔʀij] *nm* ZOOL gorila

gosier [gozje] *nm* goela *f*, garganta *f*

gosse [gɔs] *nmf fam* criança, garoto, -ta

gothique [gɔtik] *adj* gótico, -ca
▶ *nm* gótico

gouache [gwaʃ] *nf* guache *m*

goudron [gudʀɔ̃] *nm* 1 *(substance)* alcatrão 2 *fam (bitume)* asfalto

goudronner [1] [gudʀɔne] *vt* asfaltar

gouffre [gufʀ] *nm* abismo, precipício, sumidouro

goujon [guʒɔ̃] *nm* pino

goulot [gulo] *nm* gargalo
• **boire au goulot** beber no gargalo

goulu, -e [guly] *adj-nm,f* comilão, -ona, guloso, -sa, voraz

gourde [guʀd] *nf* 1 *(récipient)* cantil *m* 2 *(courge)* cabaça

gourdin [guʀdɛ̃] *nm* porrete, cacete

gourer (se) [1] [guʀe] *vpr fam* enganar-se, errar

gourmand, -e [guʀmɑ̃, -ɑ̃d] *adj-nm,f* guloso, -sa

gourmandise [guʀmɑ̃diz] *nf* 1 *(défaut)* gula 2 *(friandise)* guloseima

gourmet [guʀmɛ] *nm* gourmet, gastrônomo

gousse [gus] *nf* BOT vagem
- **gousse d'ail** dente *m* de alho

goût [gu] *nm* gosto
- **avoir du goût** ter bom gosto
- **chacun ses goûts** gosto não se discute
- **de mauvais goût** de mau gosto

goûter¹ [gute] *nm* merenda *f*, lanche

goûter² [1] [gute] *vt* 1 *(aliment, boisson)* provar, experimentar, saborear 2 *(plaisir, musique)* desfrutar, saborear
▸ *vi* 1 *(à quatre heures)* lanchar, merendar 2 **goûter à** *(découvrir)* experimentar

goutte [gut] *nf* 1 *(gén)* gota 2 *fam (boisson)* gole *m*
▸ *nf pl* **gouttes** MÉD gota *sing*
- **ne goutte** *fml* nada, nem um pingo: *n'entendre goutte* não ouvir nada

goutte-à-goutte [gutagut] *nm inv* MÉD soro intravenoso

gouttière [gutjɛʀ] *nf* 1 *(de toit)* calha 2 MÉD tala

gouvernail [guvɛʀnaj] *nm* timão, leme

gouvernant, -e [guvɛʀnɑ̃, -ɑ̃t] *adj* governante

gouvernante [guvɛʀnɑ̃t] *nf* 1 *(d'une maison)* governanta 2 *(d'un enfant)* babá

gouvernement [guvɛʀnəmɑ̃] *nm* governo

gouverner [1] [guvɛʀne] *vt* governar

gouverneur [guvɛʀnœʀ] *nm* 1 *(gén)* governador, -ra 2 *(d'une banque)* presidente 3 MIL general-comandante

goyave [gɔjav] *nf* goiaba

grâce [gʀas] *nf* graça
- **de bonne grâce** de boa vontade
- **de grâce!** por favor!
- **de mauvaise grâce** de má vontade, a contragosto
- **grâce à** graças a

gracier [12] [gʀasje] *vt* indultar

gracieux, -euse [gʀasjø, -øz] *adj* gracioso, -sa

gracile [gʀasil] *adj* grácil, fino, -na, delicado, -da

gradation [gʀadasjɔ̃] *nf* gradação

grade [gʀad] *nm* grau
- **monter en grade** ser promovido, -da

gradin [gʀadɛ̃] *nm* 1 *(de stade)* arquibancada *f* 2 *(de terrain)* desnível

graduation [gʀaduasjɔ̃] *nf* graduação

graduel, -elle [gʀaduɛl] *adj* gradual, gradativo, -va

graduer [1] [gʀadue] *vt* graduar

graffiti [gʀafiti] *nm* grafite, grafito

grain [gʀɛ̃] *nm* 1 *(gén)* grão: *grain de blé* grão de trigo 2 *fig (petite quantité)* grão, pingo, gota *f*: *il n'a pas un grain de jugeote* não tem um pingo de juízo
- **grain de beauté** pinta, sinal

graine [gʀɛn] *nf* semente
- **être de la mauvaise graine** ser coisa ruim, não prometer boa coisa
- **monter en graine** espichar, crescer muito

graisse [gʀɛs] *nf* 1 *(gén)* gordura 2 MÉC graxa

graisser [1] [gʀese] *vt* 1 *(mécanisme)* engraxar 2 *(salir)* sujar, manchar de graxa

graisseux, -euse [gʀesø, -øz] *adj* 1 *(onctueux)* gorduroso, -sa 2 *(adipeux)* adiposo, -sa 3 *(huilé)* engordurado, -da

grammaire [gʀamɛʀ] *nf* gramática

grammatical, -e [gʀamatikal] *adj* gramatical

gramme [gʀam] *nm* grama

grand, -e [gʀɑ̃, gʀɑ̃d] *adj* 1 *(gén)* grande: *une grande chambre* um quarto grande; *c'était un grand peintre* era um grande pintor 2 *(en taille)* alto, -ta: *il est plus grand que moi, il mesure 1,85 m* ele é mais alto que eu, mede 1,85 m 3 *(en âge)* mais velho: *il est plus grand que moi, il a 27 ans* ele é mais velho que eu, tem 27 anos
▸ *nmf* 1 *(personne)* grande, adulto, -ta, maior, crescido, -da 2 *(célébrité)* grande personagem
▸ *adv* **grand** muito, bem, bastante
- **au grand air** ao ar livre
- **au grand jour** em pleno dia

• **en grand** completamente, de modo amplo

grand-angle [gʀɑ̃tɑ̃gl] *nm* (*pl* **grands-angles**) PHOTO grande-angular

grand-chose [gʀɑ̃ʃoz] *loc* **pas grand-chose** não muito, não grande coisa, quase nada: *je n'ai pas grand-chose à manger* não tenho quase nada para comer

Grande-Bretagne [gʀɑ̃dbʀətaɲ] *nf* Grã-Bretanha

grandeur [gʀɑ̃dœʀ] *nf* **1** (*taille*) tamanho *m*, dimensão **2** (*importance*) grandeza, magnitude **3** (*prestige*) grandeza, importância
• **grandeur nature** tamanho natural

grandiose [gʀɑ̃djoz] *adj* grandioso, -sa

grandir [20] [gʀɑ̃diʀ] *vt* **1** (*hausser*) aumentar, tornar mais alto, -ta: *ces chaussures la grandissent* estes sapatos a deixam mais alta **2** *fig* (*ennoblir*) engrandecer, elevar
▸ *vi* crescer, aumentar

grand-mère [gʀɑ̃mɛʀ] *nf* (*pl* **grand-mères** ou **grands-mères**) avó

grand-père [gʀɑ̃pɛʀ] *nm* (*pl* **grand-pères** ou **grands-pères**) avô

grands-parents [gʀɑ̃paʀɑ̃] *nm pl* avós

grange [gʀɑ̃ʒ] *nf* celeiro *m*

granit [gʀanit] *nm* granito

granite [gʀanit] *nm* granito

granulé, -e [gʀanyle] *adj* granulado, -da

graphique [gʀafik] *adj* gráfico, -ca
▸ *nm* gráfico, diagrama

graphisme [gʀafism] *nm* grafismo

graphologie [gʀafɔlɔʒi] *nf* grafologia

grappe [gʀap] *nf* BOT cacho *m*

grappiller [1] [gʀapije] *vt* **1** (*fruits*) colher, recolher **2** *fig* (*argent, informations*) arranjar, conseguir
▸ *vi fig* ganhar um dinheirinho

gras, grasse [gʀa, gʀas] *adj* **1** (*aliment*) gorduroso, -sa **2** (*surface*) engordurado, -da **3** (*volume*) grande, gordo, -da, grosso, -sa **3** (*personne, animal*) gordo, -da **4** (*plaisanterie*) vulgar, grosseiro, -ra
▸ *adv* **gras 1** com catarro: *tousser gras* tossir com catarro **2** com gordura: *elle cuisine trop gras* ela faz comida com muita gordura
▸ *nm* **gras** (*de la viande, du jambon*) gordura *f*
• **en gras** em negrito

grassouillet, -ette [gʀasujɛ, -ɛt] *adj* gorducho, -cha, rechonchudo, -da

gratifiant, -e [gʀatifjɑ̃, -ɑ̃t] *adj* gratificante

gratin [gʀatɛ̃] *nm* **1** CUIS gratinado **2** *fam* (*de la société*) nata *f*, fina flor *f*, elite *f*
• **au gratin** CUIS gratinado, -da

gratiné, -e [gʀatine] *adj* **1** CUIS gratinado, -da **2** *fam* (*examen*) difícil, de lascar

gratis [gʀatis] *adv* grátis

gratitude [gʀatityd] *nf* gratidão

gratte-ciel [gʀatsjɛl] *nm inv* arranha-céu

gratter [1] [gʀate] *vt* **1** (*surface*) raspar, arranhar, riscar **2** (*tâche*) raspar **3** (*vêtement*) pinicar, picar: *ce pull me gratte* esta malha está me pinicando
▸ *vi* **1** (*écrire*) riscar, rabiscar **2** *fam* (*travailler*) trabalhar **3** (*vêtement en laine*) picar, pinicar, dar coceira
▸ *vpr* **se gratter** coçar-se

gratuit, -e [gʀatyi, -it] *adj* gratuito, -ta, de graça

gratuitement [gʀatyitmɑ̃] *adv* grátis, gratuitamente

gravats [gʀava] *nm pl* entulho *sing*

grave [gʀav] *adj* grave: *un blessé grave* um ferido grave; *ce mot porte un accent grave* esta palavra tem acento grave
• **ce n'est pas grave** não tem importância, não faz mal

gravement [gʀavmɑ̃] *adv* **1** (*parler*) com gravidade, com solenidade **2** (*blesser*) gravemente

graver [1] [gʀave] *vt* gravar, entalhar

graveur, -euse [gʀavœʀ, -øz] *nm,f* (*personne*) gravador, -ra
▸ *nm* **graveur** (*machine*) gravador
■ **graveur de CD** gravador de CD

gravier [gʀavje] *nm* cascalho, pedregulho

gravillon [gʀavijɔ̃] *nm* brita *f*

gravir [20] [gʀaviʀ] *vt* **1** (*montagne*) escalar **2** (*dans une hiérarchie*) subir

gravité [gʀavite] *nf* gravidade

graviter [1] [gʀavite] vi gravitar

gravure [gʀavyʀ] nf gravura

gré [gʀe] nm loc **au gré de** à mercê de, ao sabor de
• **contre mon gré** contra minha vontade, a contragosto
• **de gré ou de force** por bem ou por mal, querendo ou não

grec, grecque [gʀɛk] adj grego, -ga
▶ nmf **Grec, Grecque** grego, -ga
▶ nm **grec** (langue) grego

Grèce [gʀɛs] nf Grécia

greffe [gʀɛf] nf MÉD BOT enxerto m

greffé, -e [gʀefe] nm,f transplantado, -da

greffer [1] [gʀefe] vt 1 MÉD transplantar 2 BOT enxertar
▶ vpr **se greffer** fig somar-se (**sur**, a)

grégaire [gʀegɛʀ] adj gregário, -a

grêle [gʀɛl] adj fino, -na, delgado, -da: *intestin grêle* intestino delgado
▶ nf 1 (pluie) granizo m 2 fig (d'injures, de questions) chuva, saraivada

grêler [1] [gʀele] v impers chover granizo, chover pedra: *il grêle* está chovendo pedra

grêlon [gʀɛlɔ̃] nm granizo, pedra f

grelot [gʀəlo] nm guizo

grelotter [1] [gʀəlɔte] vi tiritar: *elle grelotte de froid* está tiritando de frio

grenade [gʀənad] nf 1 granada 2 BOT romã

grenat [gʀəna] adj inv grená
▶ nm granada f, granate, rubi-da-califórnia

grenier [gʀənje] nm 1 (à grains) celeiro 2 (d'une maison) sótão

grenouille [gʀənuj] nf ZOOL rã

grès [gʀɛ] nm 1 (roche) grés, arenito 2 (poterie) barro, argila f

grésiller [1] [gʀezije] vi 1 (radio, téléphone) estalar 2 (grillon) estridular

grève [gʀɛv] nf 1 (protestation) greve 2 (rivage) praia
• **être en grève** estar em greve
• **faire la grève** fazer greve
■ **grève de la faim** greve de fome
■ **grève du zèle** operação padrão
■ **grève sur le tas** greve de braços cruzados

gréviste [gʀevist] nmf grevista

gribouiller [1] [gʀibuje] vt rabiscar, garatujar

grief [gʀijɛf] nm queixa

grièvement [gʀijɛvmɑ̃] adv gravemente

griffe [gʀif] nf (d'un animal) garra, unha
• **coup de griffe** unhada, patada

griffé, -e [gʀife] adj (vêtement) de grife, de marca

griffer [1] [gʀife] vt arranhar, unhar

griffonner [1] [gʀifɔne] vt garatujar, rabiscar

grignoter [1] [gʀiɲɔte] vt 1 (aliments) mordiscar, lambiscar 2 fam (fortune) corroer
▶ vi (aliments) lambiscar

gril [gʀil] nm grelha f

grillade [gʀijad] nf grelhado m, alimento m grelhado

grillage [gʀijaʒ] nm 1 (de fenêtre) tela f 2 (de jardin) alambrado

grille [gʀij] nf 1 (clôture) gradil m 2 (de portail; de fenêtre) grade 3 (du four) grelha 4 (des mots-croisés) grade 5 (de programmes) programação, grade de programas

grille-pain [gʀijpɛ̃] nm inv torradeira f

griller [1] [gʀije] vt 1 (viande, poisson) grelhar, assar 2 (café, pain) torrar 3 (arbres) pegar fogo 4 (personnes) queimar, assar 5 (appareils, ampoule) queimar: *la résistance électrique a grillé* a resistência queimou 6 fam (feu rouge) atravessar, passar 7 (étape) queimar 8 fam (concurrent) ultrapassar, deixar para trás
▶ vi 1 (viande) assar, grelhar 2 fig (désirer) morrer (**de**, de): *je grille d'envie de le voir* estou morrendo de vontade de vê-lo

grillon [gʀijɔ̃] nm ZOOL grilo

grimace [gʀimas] nf careta
• **faire des grimaces** fazer caretas
• **faire la grimace** fazer cara feia, fechar a cara

grimer [1] [gʀime] vt maquilar, maquiar (para efeito de cena)
▶ vpr **se grimer** maquilar-se, maquiar-se

grimper [1] [gʀɛ̃pe] vt subir, escalar

▶ vi **1** (*sur un arbre, sur une chaise*) subir, trepar (**sur**, em) **2** *fig* (*prix*) subir, elevar-se, aumentar

grincement [gʀɛ̃smɑ̃] *nm* rangido, chiado

grincer [3] [gʀɛ̃se] *vi* ranger, chiar
• **grincer des dents** ranger/rilhar os dentes

grincheux, -euse [gʀɛ̃ʃø, -øz] *adj-nm,f* rabugento, -ta, ranzinza

grippe [gʀip] *nf* gripe
• **prendre en grippe** *fam* pegar antipatia

gripper [1] [gʀipe] *vi* (*mécanisme*) emperrar, engripar
▶ *vpr* **se gripper** (*moteur*) emperrar, engripar(-se)

gris, -e [gʀi, gʀiz] *adj* **1** cinza, cinzento, -ta: *des tons gris* tons cinzentos **2** *fam* (*ivre*) alto, -ta, alegre, tocado, -da
▶ *nm* **gris** cinza, cinzento
• **faire grise mine** fazer cara de poucos amigos
• **il fait gris** está nublado

grisaille [gʀizaj] *nf* **1** (*du ciel*) cinzento *m* **2** *fig* (*de la vie*) monotonia, pasmaceira

grisant, -e [gʀizɑ̃, -ɑ̃t] *adj* embriagador, -ra, inebriante, excitante

grisâtre [gʀizatʀ] *adj* cinzento, -ta, acinzentado, -da

griser [1] [gʀize] *vt* embriagar, inebriar
▶ *vpr* **se griser** embriagar-se, inebriar-se

grisonner [1] [gʀizɔne] *vi* ficar grisalho, -lha

grive [gʀiv] *nf* ZOOL tordo *m*

grivois, -e [gʀivwa, -z] *adj-nm,f* (*hardi*) licencioso, -sa, picante

groggy [gʀɔgi] *adj inv* grogue, atordoado, -da

grognement [gʀɔɲmɑ̃] *nm* grunhido

grogner [1] [gʀɔɲe] *vi* grunhir

grognon, -onne [gʀɔɲɔ̃, -ɔn] *adj-nm,f* resmungão, -ona, rabugento, -ta, ranzinza

groin [gʀwɛ̃] *nm* focinho

grommeler [5] [gʀɔmle] *vi* resmungar, murmurar

grondement [gʀɔ̃dmɑ̃] *nm* **1** (*de tonnerre, torrent*) estrondo **2** (*d'animal*) rugido, bramido, rosnado **3** (*d'un moteur*) ronco

gronder [1] [gʀɔ̃de] *vi* **1** (*canon, tonnerre*) troar, ribombar **2** (*bruit*) retumbar **3** (*animal*) grunhir, rosnar
▶ *vt* (*réprimander*) repreender, ralhar com

groom [gʀum] *nm* mensageiro de hotel, carregador

gros, grosse [gʀo, gʀos] *adj* **1** (*choses*) grande **2** (*personnes*) gordo, -da **3** (*pour intensifier*) grande, -ão (*sufixo*): *c'est un gros dormeur* é um grande dorminhoco; *un gros bruit* um barulhão **4** (*volumineux*) grande, volumoso, -sa, grosso, -ssa, graúdo, -da **5** (*fièvre*) alto, -ta **6** (*voix*) grosso, -sa
▶ *adj f* grávida
▶ *nm* **gros 1** grosso: *le gros de l'armée* o grosso do exército **2** (*essence*) essencial
• **coûter gros** custar muito, custar uma fortuna
• **en gros** COMM por atacado (*sans entrer dans les détails*) em linhas gerais, *grosso modo*
• **parier gros** apostar alto
■ **le gros lot** a sorte grande

groseille [gʀozɛj] *nf* groselha

grossesse [gʀosɛs] *nf* gravidez, gestação

grosseur [gʀosœʀ] *nf* **1** (*taille*) tamanho *m* **2** (*épaisseur*) grossura, espessura **3** MÉD inchaço *m*, protuberância, intumescência

grossier, -ère [gʀosje, -ɛʀ] *adj* **1** (*personne*) grosseiro, -ra, rude **2** (*matériel*) grosseiro, -ra

grossièreté [gʀosjɛʀte] *nf* grosseria

grossir [20] [gʀosiʀ] *vi* **1** (*prendre du poids*) engordar **2** (*augmeter en intensité, en nombre*) crescer, aumentar
▶ *vt* **1** (*avec une loupe*) ampliar, aumentar **2** (*exagérer*) exagerar

grossissant, -e [gʀosisɑ̃, -ɑ̃t] *adj* de aumento

grossiste [gʀosist] *nmf* atacadista

grosso modo [gʀosomɔdo] *adv* grosso modo

grotesque [gʀɔtɛsk] *adj* grotesco, -ca

grotte [gʀɔt] *nf* gruta

grouiller [1] [gʀuje] vi 1 *(foule)* formigar, fervilhar 2 *(être plein)* estar cheio, -a (**de**, de)
▸ *vpr* **se grouiller** *fam* apressar-se, mexer-se

groupe [gʀup] *nm* grupo
■ **groupe sanguin** grupo sanguíneo

groupement [gʀupmɑ̃] *nm* 1 agrupamento, grupo 2 *(rassemblement)* reunião *f*

grouper [1] [gʀupe] *vt* agrupar
▸ *vpr* **se grouper** agrupar-se

grue [gʀy] *nf* 1 *(appareil)* guindaste *m*, grua 2 ZOOL grou, -ua

gruger [4] [gʀyʒe] *vt fam* trapacear, calotear

grumeau [gʀymo] *nm* grumo

gruyère [gʀyjɛʀ] *nm* gruyère, gruiere

Guatemala [gwatemala] *nm* Guatemala

guatémaltèque [gwatemaltɛk] *adj* guatemalteco, -ca
▸ *nmf* **Guatémaltèque** guatemalteco, -ca

gué [ge] *nm loc* **traverser à gué** atravessar a vau

guenilles [gənij] *nf* trapos *m*, farrapos *m*, andrajos *m*

guenon [gənɔ̃] *nf* ZOOL macaca

guépard [gepaʀ] *nm* ZOOL guepardo

guêpe [gɛp] *nf* ZOOL vespa

guêpier [gepje] *nm* vespeiro
• **aller se fourrer dans un guêpier** meter-se num vespeiro

guère [gɛʀ] *adv* não muito, quase não: *il n'y a guère longtemps* não faz muito tempo; *il n'a guère d'amis* quase não tem amigos

guérilla [geʀija] *nf* guerrilha

guérir [20] [geʀiʀ] *vt* curar
▸ *vi* curar-se, sarar

guérison [geʀizɔ̃] *nf* cura

guérisseur, -euse [geʀisœʀ, -øz] *nm,f* curandeiro, -ra

guerre [gɛʀ] *nf* guerra
• **de guerre lasse** desistindo, cedendo
• **faire la guerre à qqn** declarar guerra a alguém

guerrier, -ère [gɛʀje, -ɛʀ] *adj-nm,f* guerreiro, -ra

guet [gɛ] *nm* espreita *f*, tocaia *f*
• **faire le guet** espreitar, ficar à espreita

guet-apens [gɛtapɑ̃] *nm (pl* **guets-apens***)* emboscada *f*, tocaia *f*

guetter [1] [gete] *vt* espreitar, tocaiar, emboscar

gueule [gœl] *nf* 1 *(des animaux)* boca, goela 2 *fam (des personnes)* boca, beiço *m* 3 *fam (visage)* cara 4 *(aspect)* jeito *m*, aspecto *m*
• **avoir de la gueule** ser boa-pinta, ter charme
• **avoir la gueule de bois** *fam* estar de ressaca
• **faire la gueule** *fam* fazer cara feia
• **casser la gueule à qqn** *fam* quebrar a cara a alguém
• **ta gueule!** cale a boca!

gueuler [1] [gœle] *vi fam* gritar, esgoelar-se

gueuleton [gœltɔ̃] *nm fam* comilança *f*, festança *f*

gueux, gueuse [gø, gøz] *adj-nmf* mendigo, -ga

gui [gi] *nm* visco

guichet [giʃɛ] *nm* guichê

guide [gid] *nm* 1 *(personne)* guia *mf* 2 *(livre)* guia: *le guide des restaurants de Paris* o guia dos restaurantes de Paris

guider [1] [gide] *vt* guiar, dirigir, conduzir
▸ *vpr* **se guider** guiar-se

guidon [gidɔ̃] *nm* guidom, guidão

guignol [giɲɔl] *nm* 1 *(marionnette)* marionete *f* 2 *(théâtre)* guinhol

guillemet [gijmɛ] *nm* aspa *f*
• **entre guillemets** entre aspas

guillotine [gijɔtin] *nf* guilhotina

guimauve [gimov] *nf* 1 CUIS marshmallow *m* 2 BOT malvaísco *m*

guindé, -e [gɛ̃de] *adj* 1 *(attitude, personne)* afetado, -da 2 *(style)* empolado, -da

guirlande [giʀlɑ̃d] *nf* guirlanda

guise [giz] *nf loc* **à ma/ta guise** do meu/teu jeito; como me/te convém
• **en guise de** à guisa de

guitare [gitaʀ] *nf* violão *m*

• **guitare électrique** guitarra *(elétrica)*

guitariste [gitaʀist] *nmf* **1** violonista **2** *(qui joue de la guitare électrique)* guitarrista

gym [ʒim] *nf fam* ginástica

gymnase [ʒimnaz] *nm* ginásio

gymnaste [ʒimnast] *nmf* ginasta, atleta

gymnastique [ʒimnastik] *nf* ginástica, educação física

gynécologie [ʒinekɔlɔʒi] *nf* ginecologia

gynécologue [ʒinekɔlɔg] *nmf* ginecologista

gypse [ʒips] *nm* gesso

gyrophare [ʒiʀɔfaʀ] *nm* lanterna giratória, sinalizador giroflex

H

habile [abil] *adj* hábil
- **habile à** apropriado, -da para

habileté [abilte] *nf* habilidade

habiller [1] [abije] *vi* **1** *(gén)* vestir **2** *(fauteuil)* cobrir, forrar
▸ *vpr* **s'habiller** vestir-se, arrumar-se

habit [abi] *nm* **1** *(costume)* traje **2** *(vêtement masculin)* paletó **3** *(de religieux)* hábito
▸ *nm pl* **habits** roupa *f sing*: *il a lui a demandé d'ôter ses habits* pediu-lhe que tirasse a roupa
- **habit de ville** traje de passeio

habitable [abitabl] *adj* habitável

habitacle [abitakl] *nm* **1** *(d'un avion)* cabine *f*, cabina *f* **2** *(de voiture)* interior

habitant, -e [abitɑ̃, -ɑ̃t] *nm,f* habitante

habitat [abita] *nm* habitat

habitation [abitasjɔ̃] *nf* habitação, casa, morada

habiter [1] [abite] *vt-vi* habitar, morar, residir

habitude [abityd] *nf* costume *m*, hábito *m*
- **avoir l'habitude de** ter o costume de
- **comme d'habitude** como sempre, para variar
- **d'habitude** habitualmente, geralmente

habitué, -e [abitye] *adj* habituado, -da, acostumado, -da
▸ *nm,f (d'un café)* frequentador, -ra, freguês, -esa

habituel, -elle [abityɛl] *adj* habitual, costumeiro, -ra

habituer [1] [abitye] *vt* habituar, acostumar (**à**, a)
▸ *vpr* **s'habituer** habituar-se, acostumar-se (**à**, a)

hache [ˈaʃ] *nf* machado *m*

hacher [1] [ˈaʃe] *vt* **1** *(viande)* picar, moer **2** *(style)* entrecortar, interromper

hachis [ˈaʃi] *nm* CUIS carne *f* moída
- **hachis Parmentier** CUIS pastel *m* de carne moída

hachoir [ˈaʃwaʀ] *nm* **1** CUIS *(appareil)* moedor *m* **2** *(planche)* tábua *f* de picar carne

hagard, -e [ˈagaʀ, -aʀd] *adj* feroz, selvagem

haie [ˈɛ] *nf* **1** *(d'arbustes)* sebe, cerca viva **2** *(de personnes, soldats)* fila, fileira, cordão *m* **3** SPORT barreira, obstáculo: *le 110 mètres haies* 110 metros com barreiras

haillons [ˈajɔ̃] *nm pl* farrapos, andrajos

haine [ˈɛn] *nf* ódio *m*

haïr [22] [ˈaiʀ] *vt* odiar, detestar

haïssable [ˈaisabl] *adj* odioso, -sa, detestável

hâlé, -e [ˈale] *adj* bronzeado, -da

haleine [alɛn] *nf* hálito *m*, alento *m*, fôlego *m*
- **avoir mauvaise haleine** ter mau hálito
- **être hors d'haleine** estar sem fôlego
- **de longue haleine** de grande fôlego, de fôlego

haletant, -e [ˈaltɑ̃, -ɑ̃t] *adj* arquejante, ofegante

haleter [8] [ˈalte] *vi* arquejar, ofegar

hall [ˈol] *nm* saguão, vestíbulo, *hall*

halle [ˈal] *nf* mercado *m*

hallucination [alysinasjɔ̃] *nf* alucinação

hallucinogène [alysinɔʒɛn] *adj* alucinógeno, -na

▶ *nm* alucinógeno

halo ['alo] *nm* halo

halogène [alɔʒɛn] *adj* halogênico, -ca
▶ *nm* halógeno, halogênio

halte ['alt] *nf* **1** (*pause*) parada **2** (*étape*) etapa, estação, ponto f de parada
▶ *interj* **halte!** alto!, alto lá!
• **faire une halte** parar, fazer uma pausa

halte-garderie ['altəgaʀdəʀi] *nf* (*pl* **haltes-garderies**) berçário *m*, creche

haltère [altɛʀ] *nf* halter *m*, haltere *m*

haltérophilie [altɛʀɔfili] *nf* SPORT halterofilismo *m*

hamac ['amak] *nm* rede *f* (*para dormir*)

hamburger ['ɑ̃buʀgɛʀ] *nm* hambúrguer

hameau ['amo] *nm* casario, lugarejo, vila

hameçon [amsɔ̃] *nm* anzol
• **mordre à l'hameçon** morder a isca

hamster ['amstɛʀ] *nm* hamster

hanche ['ɑ̃ʃ] *nf* anca, quadril *m*

handball ['ɑ̃dbal] *nm* SPORT handball, handebol

handicap ['ɑ̃dikap] *nm* **1** (*infirmité*) deficiência *f* (física ou mental) **2** (*désavantage*) desvantagem *f* **3** SPORT handicap

handicapé, -e ['ɑ̃dikape] *adj-nm,f* deficiente (físico ou mental), incapacitado, -da

hangar ['ɑ̃gaʀ] *nm* **1** (*d'avions*) hangar **2** (*agricole*) telheiro, barracão, galpão

hanneton ['antɔ̃] *nm* ZOOL besouro

hanter [1] ['ɑ̃te] *vt* **1** (*fantôme*) assombrar **2** *fam* (*bar, quartier*) frequentar **3** *fig* (*idée*) obsedar, obcecar

hantise ['ɑ̃tiz] *nf* obsessão, mania

happer [1] ['ape] *vt* (*animaux*) abocanhar

harangue ['aʀɑ̃g] *nf* arenga

haranguer [2] ['aʀɑ̃ge] *vt* arengar, discursar, fazer sermão

haras ['aʀa] *nm* haras

harasser [1] ['aʀase] *vt* esgotar, extenuar, estafar

harceler [9] ['aʀsəle] *vt* fustigar, atormentar, espicaçar
• **harceler de questions** crivar de perguntas

hardi, -e ['aʀdi] *adj* ousado, -da, audacioso, -sa, audaz

hardiesse ['aʀdjɛs] *nf* ousadia, audácia

harem ['aʀɛm] *nm* harém

hareng ['aʀɑ̃] *nm* arenque

hargneux, -euse ['aʀɲø, -øz] *adj* intratável, irritadiço, -ça, ranheta

haricot ['aʀiko] *nm* feijão
■ **haricot blanc** feijão-branco
■ **haricot vert** vagem

harmonica [aʀmɔnika] *nm* MUS gaita de boca *f*

harmonie [aʀmɔni] *nf* harmonia

harmonieux, -euse [aʀmɔnjø, -øz] *adj* harmonioso, -sa

harmonique [aʀmɔnik] *adj* harmônico, -ca

harmoniser [1] [aʀmɔnize] *vt* harmonizar

harnacher [1] ['aʀnaʃe] *vt* arrear

harnais ['aʀnɛ] *nm* **1** (*d'un cheval*) arreio **2** (*équipement*) equipamento

harpe ['aʀp] *nf* MUS harpa

harpiste ['aʀpist] *nmf* harpista

harpon ['aʀpɔ̃] *nm* arpão

hasard ['azaʀ] *nm* **1** (*cause imprévisible*) acaso **2** (*coïncidence*) coincidência *f* **3** (*imprévu*) imprevisto, vicissitude *f*
• **à tout hasard** por via das dúvidas
• **au hasard** ao acaso, aleatoriamente
• **par hasard** por acaso
• **si par hasard** se por acaso, se porventura

hasarder [1] ['azaʀde] *vt* **1** (*opinion, idée*) aventurar, arriscar **2** *fml* (*exposer*) arriscar, expor ao perigo
▶ *vpr* **se hasarder** arriscar-se (à, a)

hasardeux, -euse ['azaʀdø, -øz] *adj* arriscado, -da

haschisch ['aʃiʃ] *nm* haxixe, maconha *f*

hâte ['at] *nf* pressa
• **à la hâte** às pressas
• **avoir hâte de** ter pressa de

hâter [1] ['ate] *vt* apressar
▶ *vpr* **se hâter** apressar-se

hausse ['os] *nf* aumento *m*, subida, alta, elevação: *il y a eu une hausse des températures* houve elevação das temperaturas

hausser [1] ['ose] *vt (ton, voix)* levantar, erguer, elevar
▶ *vpr* **se hausser** erguer-se
• **hausser les épaules** encolher os ombros, dar de ombros

haut, -e ['o, 'ot] *adj* alto, -ta, elevado, -da, grande
▶ *adv* **haut** alto: *il parle haut* ele fala alto; *haut les mains!* mãos ao alto!
▶ *nm* **1** *(dimension)* altura *f*: *la chambre fait deux mètres de haut* o quarto tem dois metros de altura **2** *(partie supérieure)* a parte de cima: *le haut du maillot de bain* a parte de cima do maiô
• **de haut en bas** de alto a baixo
• **du haut de** do alto de
• **en haut** em cima
• **en haut de** no alto de; em cima de
• **haut de gamme** excelente, de alto nível
• **haut, -e en couleur** muito colorido
• **le prendre de haut** agir com menosprezo

hautain, -e ['otɛ̃, -ɛn] *adj* altivo, -va, altaneiro, -ra, arrogante

hautbois ['obwa] *nm* MUS oboé

haute-fidélité [otfidelite] *nf (pl* **hautes-fidélités**) alta-fidelidade

hauteur ['otœR] *nf* **1** *(gén)* altura **2** *(altitude)* altitude **3** *(arrogance)* arrogância **4** *(lieu)* elevação, colina
• **ne pas être à la hauteur** não estar à altura

haut-le-cœur ['olkœR] *nf inv* náusea, enjoo *m*

haut-parleur ['oparlœR] *nm (pl* **haut-parleurs**) alto-falante

haut-relief ['oRəljef] *nm (pl* **hauts-reliefs**) alto-relevo

havane ['avan] *nm* havana

havre ['avR] *nm fml* porto, ancoradouro

hayon ['ajɔ̃] *nm (d'une voiture)* porta *f* traseira

hebdo [ɛbdo] *nm fam* publicação *f* semanal, semanário, hebdomadário

hebdomadaire [ɛbdɔmadɛR] *adj* semanal
▶ *nm (journal, revue)* semanário *m*, hebdomadário, publicação semanal

hébergement [ebɛRʒəmɑ̃] *nm* hospedagem *f*, alojamento

héberger [4] [ebɛRʒe] *vt* hospedar, receber, alojar

hébété, -e [ebete] *adj* estupefato, -ta, pasmado, -da

hébreu [ebRø] *adj* hebraico, -ca
▶ *nmf* **Hébreu** hebreu, -eia
▶ *nm* **hébreu** *(langue)* hebraico

hécatombe [ekatɔ̃b] *nf* hecatombe

hectare [ɛktaR] *nm* hectare

hectolitre [ɛktɔlitR] *nm* hectolitro

hectomètre [ɛktɔmɛtR] *nm* hectômetro

hégémonie [eʒemɔni] *nf* hegemonia

hein ['ɛ̃] *interj fam* hem!

hélas! ['elas] *interj* ai!, infelizmente!

héler [10] ['ele] *vt fml* chamar *(de longe)*

hélice [elis] *nf* hélice

hélicoptère [elikɔptɛR] *nm* helicóptero

hélium [eljɔm] *nm* CHIM hélio

hématome [ematom] *nm* MÉD hematoma

hémicycle [emisikl] *nm* semicírculo

hémiplégie [emipleʒi] *nf* MÉD hemiplegia

hémisphère [emisfɛR] *nm* hemisfério

hémoglobine [emɔglɔbin] *nf* hemoglobina

hémophile [emɔfil] *adj-nmf* hemofílico, -ca

hémorragie [emɔRaʒi] *nf* hemorragia

hémorroïde [emɔRɔid] *nf* MÉD hemorroida, hemorroide

henné ['ene] *nm* hena *f*, henê

hennir [20] ['eniR] *vi* relinchar

hépatite [epatit] *nf* MÉD hepatite

herbe [ɛRb] *nf* **1** *(gén)* erva, hortaliça **2** *(gazon)* grama, relva, capim *m*
• **couper l'herbe sous le pied de qqn** puxar o tapete de alguém
▪ **fines herbes** ervas finas
▪ **mauvaise herbe** erva daninha

herbicide [ɛRbisid] *nm* herbicida

herbier [ɛRbje] *nm* herbário

herbivore [ɛRbivɔR] *adj* herbívoro, -ra
▶ *nm* herbívoro

herboristerie [ɛRbɔRistəRi] *nf* herbanário *m*

héréditaire [eRediteR] *adj* hereditário, -a

hérédité [eRedite] *nf* hereditariedade

hérésie [eRezi] *nf* heresia

hérétique [eRetik] *adj* herético, -ca
▸ *nmf* herege

hérisser [1] ['eRise] *vt* eriçar, arrepiar, ouriçar
▸ *vpr* **s'hérisser 1** *(poil)* eriçar-se, arrepiar-se **2** *fam (personne)* irritar-se

hérisson ['eRisɔ̃] *nm* ZOOL ouriço, porco-espinho

héritage [eRitaʒ] *nm* herança *f*
• **en héritage** de herança

hériter [1] [eRite] *vi* herdar (**de**, de)
▸ *vt* herdar

héritier, -ère [eRitje, -ɛR] *nm,f* herdeiro, -ra

hermétique [ɛRmetik] *adj* hermético, -ca

hermine [ɛRmin] *nf* arminho *m*

hernie ['ɛRni] *nf* MÉD hérnia
■ **hernie discale** MÉD hérnia de disco

héroïne [eRɔin] *nf* heroína

héroïque [eRɔik] *adj* heroico, -ca

héroïsme [eRɔism] *nm* heroísmo

héron ['eRɔ̃] *nm* ZOOL garça *f*

héros ['eRo] *nm* herói

hertz ['ɛRts] *nm* hertz

hésitant, -e [ezitɑ̃, -ɑ̃t] *adj* hesitante

hésitation [ezitasjɔ̃] *nf* hesitação

hésiter [1] [ezite] *vi* hesitar
• **hésiter à faire qqch** hesitar em fazer algo

hétéroclite [eteRɔklit] *adj* heteróclito, -ta

hétérogène [eteRɔʒɛn] *adj* heterogêneo, -a

hétérosexuel, -elle [eteRɔsɛksɥɛl] *adj-nm,f* heterossexual

hêtre ['ɛtR] *nm* BOT faia *f*

heure [œR] *nf* hora: *à six heures* às seis horas; *quelle heure est-il?* que horas são?; *il est trois heures* são três horas; *cette voiture atteint les 250 kilomètres à l'heure* este carro chega a 250 quilômetros por hora
• **à la bonne heure!** ainda bem, ótimo
• **à l'heure actuelle** atualmente
• **à tout à l'heure** até logo, até já
• **à toute heure** a qualquer hora, a toda hora
• **de bonne heure** cedo
• **être à l'heure** *(personne)* ser pontual *(montre)* estar certo
• **tout à l'heure** *(dans un moment)* dentro em pouco, daqui a pouco *(il y a un moment) (agora)* há pouco
■ **heure d'été** horário de verão
■ **heure de pointe** horário de pico
■ **heure d'hiver** horário de inverno/normal
■ **heures de bureau** horário de expediente
■ **heure supplémentaire** hora extra

heureusement [œRøzmɑ̃] *adv* **1** *(avec bonheur)* bem, com sucesso **2** *(par chance)* felizmente: *heureusement qu'il n'est pas venu* felizmente ele não veio

heureux, -euse [œRø, -øz] *adj* feliz
• **encore heureux que** ainda bem que, sorte que
• **heureux, -euse de faire votre connaissance** prazer em conhecê-lo, -la

heurt ['œR] *nm* choque, colisão *f*

heurter [1] ['œRte] *vt* **1** *(rentrer dans)* chocar-se com, colidir com **2** *fig (sentiments)* chocar
▸ *vpr* **se heurter 1** chocar-se (**à**, contra), colidir (**à**, com), bater (**à**, em): *il s'est heurté à un poteau* ele bateu num poste **2** *(difficulté)* esbarrar (**contre**, em), topar (**contre**, com)

hexagonal [ɛgzagɔnal] *adj* **1** *(forme)* hexagonal **2** *(français)* francês, -esa *(da França, da Metrópole)*

hexagone [ɛgzagɔn] *nm* hexágono
■ **l'Hexagone** a França

hiatus [jatys] *nm* hiato

hiberner [1] [ibɛRne] *vi* hibernar

hibou ['ibu] *nm* ZOOL coruja *f*, mocho

hic ['ik] *nm fam* o x da questão

hideux, -euse ['idø, -øz] *adj* hediondo, -da, horrível

hier [jɛR] *adv* ontem
• **hier après-midi** ontem à tarde
• **hier matin** ontem de/pela manhã
• **hier soir** ontem à noite

hiérarchie ['jeRaRʃi] *nf* hierarquia

hiéroglyphe [jeʀɔglif] *nm* hieróglifo, hieroglifo

hilarant, -e [ilaʀɑ̃, -ɑ̃t] *adj* hilariante

hilarité [ilaʀite] *nf* hilaridade

hippie [ipi] *adj-nmf* hippie

hippique [ipik] *adj* hípico, -ca

hippocampe [ipɔkɑ̃p] *nm* ZOOL cavalo-marinho, hipocampo

hippodrome [ipɔdʀom] *nm* hipódromo

hippopotame [ipɔpɔtam] *nm* ZOOL hipopótamo

hippy [ipi] *adj-nmf* (*pl* **hippies**) hippy

hirondelle [iʀɔ̃dɛl] *nf* ZOOL andorinha

hirsute [iʀsyt] *adj* peludo, -da, hirsuto, -ta

hispanique [ispanik] *adj* hispânico, -ca
▸ *nmf* **Hispanique** hispânico, -ca

hispano-américain, -e [ispanoameʀikɛ̃, -ɛn] *adj* (*pl* **hispano-américains**) hispano-americano, -na
▸ *nm,f* **Hispano-Américain, -e** hispano-americano, -na

hisser [1] ['ise] *vt* **1** (*ancre*) içar **2** (*soulever*) levantar, erguer **3** (*à un poste*) alçar, elevar
▸ *vpr* **se hisser** subir, elevar-se, alçar-se

histoire [istwaʀ] *nf* **1** (*gén*) história **2** *fig* (*mensonge*) história, invenção, lorota: *il ne raconte que des histoires* ele só conta lorota **3** (*récit, épisode*) história, caso *m*: *c'est toute une histoire* é um caso complicado; *qu'est-ce que c'est que cette histoire de vélo?* que história é essa de bicicleta?
▸ *loc* **histoire de** só para, coisa de: *je vais y aller, histoire de m'amuser* vou só para me divertir
• **faire des histoires** fazer história, complicar as coisas
▪ **histoire à dormir debout** conversa mole para boi dormir
▪ **histoire sans fin** história sem fim

historien, -enne [istɔʀjɛ̃, -ɛn] *nm,f* historiador, -ra

historique [istɔʀik] *adj* histórico, -ca
▸ *nm* histórico

hiver [ivɛʀ] *nm* inverno

HLM [aʃɛlɛm] *abr* (**habitation à loyer modéré**) locação para pessoas de baixa renda

hobby ['ɔbi] *nm* (*pl* **hobbies** ou **hobbys**) hobby, passatempo

hocher [1] ['ɔʃe] *vt loc* **hocher la tête** acenar (*um sim ou um não*) com a cabeça

hochet ['ɔʃɛ] *nm* chocalho

hockey ['ɔkɛ] *nm* SPORT hóquei
▪ **hockey sur gazon** hóquei sobre grama
▪ **hockey sur glace** hóquei sobre gelo
▪ **hockey sur patins** hóquei sobre patins

hold-up ['ɔldœp] *nm inv* assalto a mão armada

hollandais, -e ['ɔllɑ̃dɛ, -ɛz] *adj* holandês, -esa
▸ *nm,f* **Hollandais, -e** holandês, -esa
▸ *nm* **hollandais** (*langue*) holandês *m*, neerlandês

Hollande ['ɔlɑ̃d] *nf* Holanda

holocauste [ɔlɔkost] *nm* holocausto

homard ['ɔmaʀ] *nm* ZOOL lagosta

homéopathie [ɔmeɔpati] *nf* homeopatia

homéopathique [ɔmeɔpatik] *adj* homeopático, -ca

homicide [ɔmisid] *adj-nmf* homicida, assassino, -na
▸ *nm* homicídio, assassínio, assassinato

hommage [ɔmaʒ] *nm* homenagem *f*
▸ *nm pl* **hommages** respeitos, homenagens *f*: *il lui a présenté ses hommages* apresentou-lhe seus respeitos
• **rendre hommage à qqn** prestar homenagem a alguém, homenagear alguém

homme [ɔm] *nm* **1** (*individu de sexe masculin*) homem **2** (*être humain*) ser humano, humanidade *f*
• **d'homme à homme** de homem para homem
▪ **homme d'affaires** homem de negócios
▪ **homme d'État** homem de Estado, estadista
▪ **homme de paille** testa de ferro
▪ **homme politique** político
▪ **jeune homme** moço, rapaz

homme-grenouille [ɔmgʀənuj] *nm* (*pl* **hommes-grenouilles**) homem-rã

homo [ɔmo] *adj-nmf fam* homossexual, gay

homogène [ɔmɔʒɛn] *adj* homogêneo, -a

homologue [ɔmɔlɔg] *adj-nmf* homólogo, -ga

homologuer [2] [ɔmɔlɔge] *vt* homologar

homonyme [ɔmɔnim] *adj* homônimo, -ma
▸ *nm* homônimo

homosexualité [omɔsɛksualite] *nf* homossexualidade

homosexuel, -elle [omɔsɛksuɛl] *adj-nmf* homossexual

Honduras ['ɔ̃dyʀas] *nm* Honduras

hondurien, -enne ['ɔ̃dyʀjɛ̃, -ɛn] *adj* hondurenho, -nha
▸ *nm,f* **Hondurien, -enne** hondurenho, -nha

Hongrie ['ɔ̃gʀi] *nf* Hungria

hongrois, -e ['ɔ̃gʀwa, -az] *adj* húngaro, -ra
▸ *nm,f* **Hongrois, -e** húngaro, -ra
▸ *nm* **hongrois** (*langue*) húngaro

honnête [ɔnɛt] *adj* 1 (*gén*) honesto, -ta 2 (*prix*) razoável, justo, -ta 3 (*résultat*) bom, boa, satisfatório, -a

honnêteté [ɔnɛtte] *nf* honestidade

honneur [ɔnœʀ] *nm* 1 (*gén*) honra *f* 2 (*marque de respect*) honraria *f*
▸ *nm pl* **honneurs** honras *f pl*
• **donner sa parole d'honneur** dar sua palavra de honra
• **en l'honneur de** em honra de
• **être à l'honneur** ter lugar de honra
• **faire honneur à** honrar

honoraire [ɔnɔʀɛʀ] *adj* honorário, -a
▸ *nm pl* **honoraires** honorários

honorer [1] [ɔnɔʀe] *vt* 1 (*gén*) honrar 2 (*dette*) honrar, pagar
▸ *vpr* **s'honorer** orgulhar-se (**de**, de)

honorifique [ɔnɔʀifik] *adj* honorífico, -ca

honte ['ɔ̃t] *nf* vergonha
• **avoir honte de qqn/qqch** ter vergonha de alguém/de algo
• **faire honte** ser uma vergonha para, envergonhar

honteux, -euse ['ɔ̃tø, -øz] *adj* 1 (*personne*) envergonhado, -da 2 (*situation*) vergonhoso, -sa: *c'est honteux!* é vergonhoso!/é uma vergonha!

hooligan ['uligan] *nm* hooligan

hôpital [opital] *nm* hospital
■ **hôpital de jour** hospital-dia

hoquet ['ɔkɛ] *nm* soluço
• **avoir le hoquet** estar com soluço

hoqueter [6] ['ɔkte] *vi* soluçar

horaire [ɔʀɛʀ] *adj* 1 (*gén*) horário, -a 2 (*prix*) por hora
▸ *nm* horário

horizon [ɔʀizɔ̃] *nm* horizonte

horizontal, -e [ɔʀizɔ̃tal] *adj* horizontal

horloge [ɔʀlɔʒ] *nf* relógio (*de edifícios públicos*)
■ **horloge parlante** serviço de hora certa (por telefone)

horlogerie [ɔʀlɔʒʀi] *nf* relojoaria

hormis ['ɔʀmi] *prép* exceto, salvo, fora

hormone [ɔʀmɔn] *nf* hormônio *m*

horodateur [ɔʀɔdatœʀ] *nm* 1 (*de parking*) parquímetro 2 (*administratif*) relógio de ponto

horoscope [ɔʀɔskɔp] *nm* horóscopo

horreur [ɔʀœʀ] *nf* horror *m*
• **avoir horreur de faire qqch** detestar fazer algo, ter horror a fazer algo
• **avoir qqch en horreur** ter horror a algo, detestar algo

horrible [ɔʀibl] *adj* horrível

horrifier [12] [ɔʀifje] *vt* horrorizar, aterrorizar

horripilant, -e [ɔʀipilɑ̃, -ɑ̃t] *adj* horripilante

hors ['ɔʀ] *prép* fora, fora de: *c'est hors de doute* está fora de dúvida
• **être hors de soi** estar fora de si
• **hors de combat** fora de combate
• **hors de prix** exorbitante, extremamente caro
• **hors du commun** fora do comum
• **hors pair** sem-par, inigualável
• **hors saison** fora de temporada

hors-bord ['ɔʀbɔʀ] *nm inv* (*moteur*) fora de bordo

hors-d'œuvre ['ɔʀdœvʀ] *nm inv* CUIS hors-d'oeuvre, aperitivo

hors-jeu ['ɔʀʒø] *nm inv* SPORT impedimento

hors-la-loi ['ɔʀlalwa] *nm inv* fora da lei

hors-piste ['ɔʀpist] *nm inv* esqui fora de pista

hortensia [ɔʀtɑ̃sja] *nm* BOT hortênsia *f*

horticulteur, -trice [ɔʀtikyltœʀ, -tʀis] *nm,f* horticultor, -ra

horticulture [ɔʀtikyltyʀ] *nf* horticultura

hospice [ɔspis] *nm* asilo

hospitalier, -ère [ɔspitalje, -ɛʀ] *adj* hospitaleiro, -ra

hospitalisation [ɔspitalizasjɔ̃] *nf* hospitalização

hospitaliser [1] [ɔspitalize] *vt* hospitalizar

hospitalité [ɔspitalite] *nf* hospitalidade

hostie [ɔsti] *nf* hóstia

hostilité [ɔstilite] *nf* hostilidade

hôte, hôtesse [ot, otɛs] *nm,f* **1** (*personne qui reçoit*) anfitrião, -ã **2** (*invité*) hóspede
▸ *nm* (*dans un hôtel*) **hôte** hóspede

hôtel [otɛl] *nm* **1** (*gén*) hotel **2** (*particulier*) palacete, mansão *f*
• **descendre à l'hôtel** hospedar-se num hotel
▪ **hôtel de ville** prefeitura *f*, paço municipal

hôtelier, -ère [otəlje, -ɛʀ] *adj-nm,f* hoteleiro, -ra

hôtesse [otɛs] *nf* recepcionista
▪ **hôtesse d'accueil** recepcionista de congressos
▪ **hôtesse de l'air** comissária de bordo, aeromoça

hotte ['ɔt] *nf* **1** (*panier*) cesta, cesto *m* **2** (*d'aération*) coifa, exaustor *m*

houblon ['ublɔ̃] *nm* lúpulo

houille ['uj] *nf* hulha, carvão *m* mineral

houle ['ul] *nf* marulho *m*

houleux, -euse ['ulø, -øz] *adj* (*mer*) agitado, -da

houligan ['uligan] *nm* hooligant

hourra! ['uʀa] *interj* hurra!

houspiller [1] ['uspije] *vt* criticar

housse ['us] *nf* cobertura, capa
▪ **housse de couette** capa para edredom

houx ['u] *nm* BOT azevinho

hublot ['yblo] *nm* **1** (*de bateau*) vigia *f* **2** (*d'avion*) janela *f*

huche ['yʃ] *nf* (*pour garder le pain*) arca

huer [1] ['ɥe] *vt* vaiar

huile [ɥil] *nf* **1** (*gén*) óleo *m*, azeite *m* **2** *fam* (*personnage*) VIP, medalhão *m*, figurão *m*
• **verser de l'huile sur le feu** botar lenha na fogueira
▪ **huile d'olive** azeite de oliva

huiler [1] [ɥile] *vt* lubrificar

huilier [ɥilje] *nm* galheteiro

huis [ɥi] *loc* **à huis clos** a portas fechadas, entre quatro paredes

huissier [ɥisje] *nm* **1** (*gardien*) porteiro **2** DR oficial de justiça

huit ['ɥit] *num* oito

huitième ['ɥitjɛm] *num* oitavo, -va
▪ **huitièmes de finale** SPORT oitavas de final

huître [ɥitʀ] *nf* ZOOL ostra

humain, -e [ymɛ̃, -ɛn] *adj* humano, -na
▸ *nm* **humain** ser humano

humanisme [ymanism] *nm* humanismo

humanitaire [ymanitɛʀ] *adj* humanitário, -ria: *l'aide humanitaire* ajuda humanitária

humanité [ymanite] *nf* humanidade

humble [œbl] *adj* humilde

humecter [1] [ymɛkte] *vt* umedecer
▸ *vpr* **s'humecter** umedecer-se

humer [1] [yme] *vt* aspirar

humérus [ymeʀys] *nm* ANAT úmero

humeur [ymœʀ] *nf* humor *m*, disposição
• **être de bonne humeur** estar de bom humor
• **être de mauvaise humeur** estar de mau humor
• **être d'humeur à** estar disposto a, estar inclinado para

humide [ymid] *adj* úmido, -da

humidité [ymidite] *nf* umidade

humiliant, -e [ymiljɑ̃, -ɑ̃t] *adj* humilhante

humilier [12] [ymilje] *vt* humilhar

▶ *vpr* **s'humilier** humilhar-se

humilité [ymilite] *nf* humildade

humoriste [ymɔʀist] *nmf* humorista

humoristique [ymɔʀistik] *adj* humorístico, -ca

humour [ymuʀ] *nm* humor, comicidade *f*
- **avoir le sens de l'humour** ter senso de humor
■ **humour noir** humor negro

huppé, -e ['ype] *adj* **1** (*oiseau*) com topete, com penacho **2** *fig* (*société*) da alta, de alto nível

hurlement ['yʀləmã] *nm* uivo

hurler [1] ['yʀle] *vi* **1** (*animal*) uivar **2** (*personne*) gritar, bradar
▶ *vt* gritar, berrar, vociferar: **il hurlait des injures** vociferava insultos

hurluberlu, -e [yʀlybɛʀly] *nm* abilolado, -da, amalucado, -da

hutte ['yt] *nf* choupana, choça, cabana

hybride [ibʀid] *adj* híbrido, -da
▶ *nm* híbrido

hydratant, -e [idʀatã, -ãt] *adj* hidratante

hydrater [1] [idʀate] *vt* hidratar

hydraulique [idʀolik] *adj* hidráulico, -ca
▶ *nf* hidráulica

hydravion [idʀavjɔ̃] *nm* hidroavião

hydrocarbure [idʀɔkaʀbyʀ] *nm* hidrocarboneto, hidrocarbureto

hydrogène [idʀɔʒɛn] *nm* hidrogênio

hydroglisseur [idʀɔglisœʀ] *nm* aerodeslizador

hydrolyse [idʀɔliz] *nf* CHIM hidrólise

hydrophile [idʀɔfil] *adj* hidrófilo, -la

hyène [jɛn] *nf* ZOOL hiena

hygiène [iʒjɛn] *nf* higiene

hygiénique [iʒjenik] *adj* higiênico, -ca

hymen [imɛn] *nm* hímen

hymne [imn] *nm* hino

hyperglycémie [ipɛʀglisemi] *nf* MÉD hiperglicemia

hypermarché [ipɛʀmaʀʃe] *nm* hipermercado

hypermétrope [ipɛʀmetʀɔp] *adj-nmf* MÉD hipermetrope, hiperope

hypertension [ipɛʀtãsjɔ̃] *nf* MÉD hipertensão, pressão alta

hypertexte [ipɛʀtɛkst] *nm* INFORM hipertexto

hypertrophie [ipɛʀtʀɔfi] *nf* MÉD hipertrofia

hypnose [ipnoz] *nf* hipnose

hypnotiser [1] [ipnɔtize] *vt* hipnotizar

hypocondriaque [ipɔkɔ̃dʀjak] *adj-nmf* hipocondríaco, -ca

hypocrisie [ipɔkʀizi] *nf* hipocrisia

hypocrite [ipɔkʀit] *adj-nmf* hipócrita

hypodermique [ipɔdɛʀmik] *adj* hipodérmico, -ca, subcutâneo, -a

hypoglycémie [ipɔglisemi] *nf* MÉD hipoglicemia

hypotension [ipɔtãsjɔ̃] *nf* MÉD hipotensão, pressão baixa

hypoténuse [ipɔtenyz] *nf* hipotenusa

hypothèque [ipɔtɛk] *nf* hipoteca

hypothèse [ipɔtɛz] *nf* hipótese

hystérie [isteʀi] *nf* histeria

hystérique [isteʀik] *adj-nmf* histérico, -ca

ibérique [iberik] *adj* ibérico, -ca

iceberg [ajsbɛʀg] *nm* iceberg

ici [isi] *adv* aqui: ***qu'est-ce que tu viens faire ici?*** o que veio fazer aqui?
- **d'ici là** até lá, até então
- **d'ici peu** daqui a pouco
- **par ici** por aqui

icône [ikon] *nf* ícone *m*

idéal, -e [ideal] *adj* ideal
▶ *nm* **idéal** ideal
- **dans l'idéal** o ideal seria...

idéalisme [idealism] *nm* idealismo

idée [ide] *nf* ideia
- **avoir dans l'idée que** ter a impressão de que, achar que
- **je n'en ai pas la moindre idée** não tenho/não faço a mínima ideia
- **se faire des idées** imaginar coisas
■ **idée reçue** ideia preconcebida, lugar--comum

identification [idɑ̃tifikasjɔ̃] *nf* identificação

identifier [13] [idɑ̃tifje] *vt* identificar
▶ *vpr* **s'identifier** identificar-se (**à**, com)

identique [idɑ̃tik] *adj* idêntico, -ca

identité [idɑ̃tite] *nf* identidade

idéologie [ideɔlɔʒi] *nf* ideologia

idéologique [ideɔlɔʒik] *adj* ideológico, -ca

idiomatique [idjɔmatik] *adj* idiomático, -ca

idiot, -e [idjo, -ɔt] *adj-nm,f* idiota
- **faire l'idiot** bancar o bobo, -ba

idolâtrer [1] [idɔlatʀe] *vt* idolatrar

idole [idɔl] *nf* ídolo *m*

idylle [idil] *nf* idílio *m*

idyllique [idilik] *adj* idílico, -ca

igloo [iglu] *nm* iglu

if [if] *nm* BOT teixo

igname [iɲam] *nf* BOT inhame *m*

ignare [iɲaʀ] *adj-nm* ignaro, -ra, ignorante

ignition [iɡnisjɔ̃] *nf* ignição

ignoble [iɲɔbl] *adj* ignóbil, vil, abjeto, -ta

ignorance [iɲɔʀɑ̃s] *nf* ignorância

ignorant, -e [iɲɔʀɑ̃, -ɑ̃t] *adj-nm,f* ignorante
- **ignorant, -e de qqch** desconhecedor, -ra de algo
- **faire l'ignorant** fazer de conta que não sabe, fazer-se de bobo, -ba

ignorer [1] [iɲɔʀe] *vt* ignorar, desconhecer

iguane [igwan] *nm* ZOOL iguana *f*

il [il] *pron pers* (*pl* **ils**) **1** (*objet, animal, personne*) ele: ***il est malade*** ele está doente **2** (*sujet de verbe impersonnel*) ∅: ***il pleut*** está chovendo; ***il y a une librairie sur la place*** há uma livraria na praça

île [il] *nf* ilha

illégal, -e [ilegal] *adj* ilegal

illégitime [ileʒitim] *adj* **1** (*enfant*) ilegítimo, -ma **2** (*peur, soupçon*) infundado, -da

illettré, -e [iletʀe] *adj-nm,f* analfabeto, -ta, iletrado, -da

illicite [ilisit] *adj* ilícito, -ta

illico [iliko] *adv fam* já, já, imediatamente

illimité, -e [ilimite] *adj* ilimitado, -da

illisible [ilizibl] *adj* ilegível

illogique [iloʒik] *adj* ilógico, -ca

illumination [ilyminasjɔ̃] *nf* iluminação

illuminer [1] [ilymine] *vt* iluminar
▶ *vpr* **s'illuminer** iluminar-se: *son visage s'est illuminé de joie* seu rosto se iluminou de alegria

illusion [ilyzjɔ̃] *nf* ilusão
• **se faire des illusions** iludir-se, ter ilusões

illusionniste [ilyzjɔnist] *nmf* ilusionista, prestidigitador, -ra

illusoire [ilyzwaʀ] *adj* ilusório, -a

illustration [ilystʀasjɔ̃] *nf* **1** (*gén*) ilustração **2** (*exemple*) exemplo *m*

illustre [ilystʀ] *adj* ilustre

illustrer [1] [ilystʀe] *vt* **1** (*gén*) ilustrar **2** (*exemplifier*) exemplificar
▶ *vpr* **s'illustrer** destacar-se, sobressair

îlot [ilo] *nm* **1** (*petite île*) ilhota *f* **2** (*de maisons*) bloco
■ **îlot de résistance** foco de resistência

ils [il] *pron pers* eles: *ils sont contents* eles estão contentes

image [imaʒ] *nf* imagem
• **être l'image de qqn** ser a imagem de alguém
■ **image de marque** imagem pública, reputação

imaginaire [imaʒinɛʀ] *adj* imaginário, -a

imagination [imaʒinasjɔ̃] *nf* imaginação
• **avoir de l'imagination** ter imaginação

imaginer [1] [imaʒine] *vt* **1** (*gén*) imaginar **2** (*plan*) imaginar, idear, traçar
▶ *vpr* **s'imaginer** imaginar-se

imam [imam] *nm* imame

imbattable [ɛ̃batabl] *adj* **1** (*champion*) invencível **2** (*record, prix*) insuperável, imbatível

imbécile [ɛ̃besil] *adj-nmf* imbecil

imberbe [ɛ̃bɛʀb] *adj* imberbe

imbiber [1] [ɛ̃bibe] *vt* embeber, encharcar, ensopar
▶ *vpr* **s'imbiber** encharcar-se

imbrication [ɛ̃bʀikasjɔ̃] *nf* imbricação

imbroglio [ɛ̃bʀɔljo] *nm* imbróglio, embrulhada *f*

imbu, -e [ɛ̃by] *adj* imbuído, -da
• **être imbu de soi-même** estar cheio de si

imbuvable [ɛ̃byvabl] *adj* intragável

imitateur, -trice [imitatœʀ, -tʀis] *nm,f* imitador, -ra

imitation [imitasjɔ̃] *nf* imitação

imiter [1] [imite] *vt* **1** (*gén*) imitar **2** (*signature*) falsificar

immaculé, -e [imakyle] *adj* imaculado, -da

immangeable [ɛ̃mɑ̃ʒabl] *adj* intragável

immanquable [ɛ̃mɑ̃kabl] *adj* infalível

immatériel, -elle [imateʀjɛl] *adj* imaterial

immatriculation [imatʀikylasjɔ̃] *nf* **1** (*gén*) matrícula, inscrição, registro *m* **2** (*d'un véhicule*) placa

immatriculer [1] [imatʀikyle] *vt* **1** (*gén*) matricular, inscrever **2** (*un véhicule*) licenciar

immédiat, -e [imedja, -at] *adj* imediato, -ta
• **dans l'immédiat** por ora, por enquanto, a curto prazo

immense [imɑ̃s] *adj* imenso, -sa

immensité [imɑ̃site] *nf* imensidade

immerger [4] [imɛʀʒe] *vt* imergir, submergir, mergulhar
▶ *vpr* **s'immerger** imergir, submergir

immersion [imɛʀsjɔ̃] *nf* imersão, submersão

immeuble [imœbl] *adj* imóvel
▶ *nm* edifício, prédio, imóvel

immigrant, -e [imigʀɑ̃, -ɑ̃t] *adj-nm,f* imigrante

immigration [imigʀasjɔ̃] *nf* imigração

immigré, -e [imigʀe] *adj-nm,f* imigrante

immigrer [1] [imigʀe] *vi* imigrar

imminent, -e [iminɑ̃, -ɑ̃t] *adj* iminente

immobile [imɔbil] *adj* imóvel, fixo, -xa

immobilier, -ère [imɔbilje, -ɛʀ] *adj* imobiliário, -a
▶ *nm* **immobilier** mercado imobiliário

immobiliser [1] [imɔbilize] *vt* imobilizar

immodéré, -e [imɔdeʀe] *adj* desmedido, -da

immoler [1] [imɔle] *vt* imolar, sacrificar
▸ *vpr* **s'immoler** sacrificar-se

immonde [imɔ̃d] *adj* imundo, -da

immondices [imɔ̃dis] *nf pl* lixo *m sing*

immoral, -e [imɔʀal] *adj* imoral

immortalité [imɔʀtalite] *nf* imortalidade

immortel, -elle [imɔʀtɛl] *adj* imortal

immuable [imɥabl] *adj* imutável

immuniser [1] [imynize] *vt* imunizar

immunité [imynite] *nf* imunidade
- **immunité diplomatique** imunidade diplomática
- **immunité parlementaire** imunidade parlamentar

immunodéficience [imynɔdefisjɑ̃s] *nf* imunodeficiência

impact [ɛ̃pakt] *nm* impacto

impair, -e [ɛ̃pɛʀ] *adj* ímpar
▸ *nm* **impair** *fig* gafe *f*, asneira *f*
• **commettre un impair** cometer uma gafe, dar um fora

imparable [ɛ̃paʀabl] *adj* indefensável

impardonnable [ɛ̃paʀdɔnabl] *adj* imperdoável

imparfait, -e [ɛ̃paʀfɛ, -ɛt] *adj* imperfeito, -ta
▸ *nm* **imparfait** *(conjugaison)* imperfeito

impartial, -e [ɛ̃paʀsjal] *adj* imparcial

impasse [ɛ̃pas] *nf* **1** rua sem saída **2** *fig* impasse *m*
• **être dans une impasse** estar num beco sem saída
- **impasse budgétaire** ÉCON déficit *m* orçamentário

impassible [ɛ̃pasibl] *adj* impassível

impatience [ɛ̃pasjɑ̃s] *nf* impaciência

impatient, -e [ɛ̃pasjɑ̃, -ɑ̃t] *adj* impaciente
• **être impatient de faire qqch** estar ansioso para fazer algo, não ver a hora de fazer algo

impatienter [ɛ̃pasjɑ̃te] *vt* irritar, fazer perder a paciência
▸ *vpr* **s'impatienter** perder a paciência, ficar impaciente

impayable [ɛ̃pɛjabl] *adj* **1** *(qui ne peut être payé)* impossível de pagar, exorbitante **2** *(amusant)* impagável

impayé, -e [ɛ̃peje] *adj* não pago, -ga, vencido, -da
▸ *nm* **impayé** valores pendentes

impeccable [ɛ̃pekabl] *adj* impecável

impénétrable [ɛ̃penetʀabl] *adj* impenetrável

impensable [ɛ̃pɑ̃sabl] *adj* impensável

impératif, -ive [ɛ̃peʀatif, -iv] *adj* imperativo, -va
▸ *nm* **impératif** imperativo

impératrice [ɛ̃peʀatʀis] *nf* imperatriz

imperceptible [ɛ̃pɛʀsɛptibl] *adj* imperceptível

imperfection [ɛ̃pɛʀfɛksjɔ̃] *nf* imperfeição

impérial, -e [ɛ̃peʀjal] *adj* imperial

impérialisme [ɛ̃peʀjalism] *nm* imperialismo

impérialiste [ɛ̃peʀjalist] *adj-nmf* imperialista

impérieux, -euse [ɛ̃peʀjø, -øz] *adj* imperioso, -sa

impérissable [ɛ̃peʀisabl] *adj* imperecível

imperméable [ɛ̃pɛʀmeabl] *adj* impermeável
▸ *nm* **imperméable** impermeável, capa de chuva

impersonnel, -elle [ɛ̃pɛʀsɔnɛl] *adj* impessoal

impertinence [ɛ̃pɛʀtinɑ̃s] *nf* impertinência

impertinent, -e [ɛ̃pɛʀtinɑ̃, -ɑ̃t] *adj-nm,f* impertinente

imperturbable [ɛ̃pɛʀtyʀbabl] *adj* imperturbável

impétueux, -euse [ɛ̃petɥø, -øz] *adj* impetuoso, -sa

impitoyable [ɛ̃pitwajabl] *adj* impiedoso, -sa

implacable [ɛ̃plakabl] *adj* implacável

implant [ɛ̃plɑ̃] *nm* implante

implanter [1] [ɛ̃plɑ̃te] *vt* implantar
▸ *vpr* **s'implanter** implantar-se, fixar-se, estabelecer-se

implication [ɛ̃plikasjɔ̃] *nf* implicação

implicite [ɛ̃plisit] *adj* implícito, -ta

impliquer [2] [ɛ̃plike] *vt* implicar

▶ *vpr* **s'impliquer** envolver-se

implorer [1] [ɛ̃plɔʀe] *vt* implorar

implosion [ɛ̃plozjɔ̃] *nf* implosão

impoli, -e [ɛ̃pɔli] *adj* descortês, mal-educado, -da

impondérable [ɛ̃pɔ̃deʀabl] *adj* **1** (*gén*) imponderável **2** (*qui ne peut être prévu*) imprevisível
▶ *nm pl* **impondérables** imprevistos

impopulaire [ɛ̃pɔpylɛʀ] *adj* impopular

impopularité [ɛ̃pɔpylaʀite] *nf* impopularidade

importance [ɛ̃pɔʀtɑ̃s] *nf* importância
• **attacher de l'importance à** dar importância a
• **avoir de l'importance** ter importância
• **sans importance** sem importância
• **se donner de l'importance** dar-se ares de importância

important, -e [ɛ̃pɔʀtɑ̃, -ɑ̃t] *adj* **1** (*gén*) importante **2** (*grand*) grande, considerável

importateur, -trice [ɛ̃pɔʀtatœʀ, -tʀis] *adj-nm,f* importador, -ra

importation [ɛ̃pɔʀtasjɔ̃] *nf* importação

importer[1] [1] [ɛ̃pɔʀte] *vt* importar: *importer des matières premières* importar matérias-primas

importer[2] [1] [ɛ̃pɔʀte] *vi* importar, ser importante: *c'est la seule chose qui importe* é a única coisa que importa
• **il importe que** é importante que
• **n'importe comment** de qualquer jeito
• **n'importe où** em qualquer lugar
• **n'importe quand** a qualquer momento
• **n'importe qui** qualquer pessoa, qualquer um
• **n'importe quoi** qualquer coisa
• **peu importe** pouco importa
• **qu'importe!** que importância tem?, que importa?

importun, -e [ɛ̃pɔʀtœ̃, yn] *adj-nm,f* importuno, -na

importuner [1] [ɛ̃pɔʀtyne] *vt* importunar

imposable [ɛ̃pozabl] *adj* tributável

imposant, -e [ɛ̃pozɑ̃, -ɑ̃t] *adj* imponente, majestoso, -sa

imposer [1] [ɛ̃poze] *vt* **1** (*gén*) impor: *il a imposé ses conditions* ele impôs suas condições **2** (*taxer*) taxar, tributar
▶ *vpr* **s'imposer 1** (*gén*) impor-se **2** (*obligation*) propor-se, sentir-se na obrigação: *il s'est imposé d'aller courir une heure par jour* ele se propôs correr uma hora por dia
• **en imposer à qqn** impressionar alguém

imposition [ɛ̃pozisjɔ̃] *nf* **1** (*impôt*) imposto *m* **2** (*injonction*) imposição

impossibilité [ɛ̃pɔsibilite] *nf* impossibilidade
• **être dans l'impossibilité de faire qqch** estar impossibilitado de fazer algo

impossible [ɛ̃pɔsibl] *adj* impossível
• **tenter l'impossible** tentar o impossível

imposteur [ɛ̃pɔstœʀ] *nm* impostor, -ra

impôt [ɛ̃po] *nm* imposto, tributo
■ **impôt sur le revenu** imposto de renda

impotent, -e [ɛ̃pɔtɑ̃, -ɑ̃t] *adj-nm,f* impotente

impraticable [ɛ̃pʀatikabl] *adj* impraticável

imprécis, -e [ɛ̃pʀesi, -iz] *adj* impreciso, -sa

imprégner [10] [ɛ̃pʀeɲe] *vt* impregnar
▶ *vpr* **s'imprégner** impregnar-se (**de**, de)

imprenable [ɛ̃pʀənabl] *adj* inexpugnável, inatingível

imprésario [ɛ̃pʀesaʀjo] *nm* agente, empresário (*de artista*)

impression [ɛ̃pʀesjɔ̃] *nf* **1** (*gén*) impressão **2** (*d'un tissu*) estampa, estampado *m*
• **avoir l'impression que** ter a impressão de que
• **faire bonne/mauvaise impression** causar boa/má impressão

impressionnant, -e [ɛ̃pʀesjɔnɑ̃, -ɑ̃t] *adj* impressionante

impressionner [1] [ɛ̃pʀesjɔne] *vt* impressionar

impressionnisme [ɛ̃pʀesjɔnism] *nm* impressionismo

impressionniste [ɛ̃pʀesjɔnist] *adj-nmf* impressionista

imprévisible [ɛ̃pʀevizibl] *adj* imprevisível

imprévu, -e [ɛ̃pʀevy] *adj* imprevisto, -ta
▶ *nm* **imprévu** imprevisto

imprimante [ɛ̃pʀimɑ̃t] *nf* impressora
■ **imprimante à jet d'encre** impressora a jato de tinta
■ **imprimante laser** impressora a *laser*

imprimé [ɛ̃pʀime] *nm* **1** (*de papier*) impresso **2** (*sur tissu*) estampa *f*, estampado

imprimer [1] [ɛ̃pʀime] *vt* **1** (*livre*) imprimir **2** (*tissu*) estampar **3** (*toile*) imprimar **4** (*transmettre*) imprimir, transmitir

imprimerie [ɛ̃pʀimʀi] *nf* **1** (*technique*) imprensa: **l'invention de l'imprimerie** a invenção da imprensa **2** (*établissement*) gráfica, tipografia **3** (*industrie*) indústria gráfica

improbable [ɛ̃pʀɔbabl] *adj* improvável

improductif, -ive [ɛ̃pʀɔdyktif, -iv] *adj* improdutivo, -va

impromptu, -e [ɛ̃pʀɔ̃pty] *adj* improvisado, -da
▶ *nm* **impromptu** MUS improviso

impropre [ɛ̃pʀɔpʀ] *adj* impróprio, -a

improvisation [ɛ̃pʀɔvizasjɔ̃] *nf* improvisação

improviser [1] [ɛ̃pʀɔvize] *vt-vi* improvisar
▶ *vpr* **s'improviser 1** (*gén*) improvisar-se **2** (*devenir*) improvisar-se em, fazer-se de: **il a voulu s'improviser peintre** quis fazer-se de pintor

improviste [ɛ̃pʀɔvist] *loc* **à l'improviste** de improviso

imprudence [ɛ̃pʀydɑ̃s] *nf* imprudência

imprudent, -e [ɛ̃pʀydɑ̃, -ɑ̃t] *adj-nm,f* imprudente

impudique [ɛ̃pydik] *adj* impudico, -ca, despudorado, -da

impuissant, -e [ɛ̃pɥisɑ̃, -ɑ̃t] *adj-nm* impotente

impulsif, -ive [ɛ̃pylsif, -iv] *adj-nm,f* impulsivo, -va

impulsion [ɛ̃pylsjɔ̃] *nf* impulso *m*
• **sous l'impulsion de** sob o efeito de, impelido, -da por

impunité [ɛ̃pynite] *nf* impunidade

impur, -e [ɛ̃pyʀ] *adj* impuro, -ra

impureté [ɛ̃pyʀte] *nf* impureza

imputer [1] [ɛ̃pyte] *vt* imputar

inabordable [inabɔʀdabl] *adj* **1** (*lieu, personne*) inabordável, inacessível **2** (*prix*) proibitivo, -va, exorbitante

inacceptable [inaksɛptabl] *adj* inaceitável

inaccessible [inaksesibl] *adj* inacessível

inaccoutumé, -e [inakutyme] *adj* **1** (*qui n'a pas coutume de se produire*) incomum, insólito, -ta **2** (*qui n'est pas accoutumé à qqch*) desacostumado, -da

inachevé, -e [inaʃve] *adj* inacabado, -da: **un roman inachevé** um romance inacabado

inactif, -ive [inaktif, -iv] *adj* inativo, -va

inaction [inaksjɔ̃] *nf* inação, inatividade, ociosidade

inactivité [inaktivite] *nf* inatividade

inadapté, -e [inadapte] *adj* **1** (*impropre*) inadequado, -da, impróprio, -a: **sa réaction est inadaptée à la situation** sua reação não é adequada à situação **2** (*personne*) desadaptado, -da
▶ *nm,f* desajustado, -da

inadmissible [inadmisibl] *adj* inadmissível

inadvertance [inadvɛʀtɑ̃s] *nf* inadvertência, distração, descuido *m*
• **par inadvertance** por distração

inaliénable [inaljenabl] *adj* inalienável

inaltérable [inalteʀabl] *adj* inalterável

inamovible [inamɔvibl] *adj* **1** DR inamovível **2** (*fixé*) imóvel, fixo, -xa **3** *fig* eterno, -na

inanimé, -e [inanime] *adj* inanimado, -da

inanition [inanisjɔ̃] *nf* inanição

inaperçu, -e [inapɛʀsy] *adj* despercebido, -da
• **passer inaperçu, -e** passar despercebido, -da

inappréciable [inapʀesjabl] *adj* **1** (*précieux*) inestimável, incalculável **2** (*difficile à évaluer*) imperceptível

inapte [inapt] *adj* inapto, -ta, incapaz, incompetente

• **être inapte à faire qqch** ser incapaz de fazer algo

inarticulé, -e [inaʀtikyle] *adj* inarticulado, -da

inassouvi, -e [inasuvi] *adj* insatisfeito, -ta

inattendu, -e [inatɑ̃dy] *adj* inesperado, -da

inattentif, -ive [inatɑ̃tif, -iv] *adj* desatento, -ta, distraído, -da

inaudible [inodibl] *adj* inaudível

inauguration [inogyʀasjɔ̃] *nf* inauguração

inaugurer [1] [inogyʀe] *vt* inaugurar

inavouable [inavwabl] *adj* inconfessável

incalculable [ɛ̃kalkylabl] *adj* incalculável

incandescence [ɛkɑ̃desɑ̃s] *nf* incandescência

incantation [ɛ̃kɑ̃tasjɔ̃] *nf* encantamento *m*

incapable [ɛ̃kapabl] *adj-nmf* incapaz

incapacité [ɛ̃kapasite] *nf* incapacidade (à, para)
■ **incapacité de travail** incapacidade para o trabalho

incarcérer [10] [ɛ̃kaʀseʀe] *vt* encarcerar, prender

incarner [1] [ɛ̃kaʀne] *vt* encarnar
▶ *vpr* **s'incarner** encarnar-se

incassable [ɛ̃kasabl] *adj* inquebrável

incendie [ɛ̃sɑ̃dj] *nm* incêndio

incendier [12] [ɛ̃sɑ̃dje] *vt* incendiar

incertain, -e [ɛ̃sɛʀtɛ̃, -ɛn] *adj* **1** *(réussite, durée)* incerto, -ta, duvidoso, -sa **2** *(personne)* inseguro, -ra, indeciso, -sa **3** *(climat)* instável, variável

incertitude [ɛ̃sɛʀtityd] *nf* incerteza

incessant, -e [ɛ̃sesɑ̃, -ɑ̃t] *adj* incessante

inceste [ɛ̃sɛst] *nm* incesto

incestueux, -euse [ɛ̃sɛstɥø, -øz] *adj* incestuoso, -sa

inchangé, -e [ɛ̃ʃɑ̃ʒe] *adj* inalterado, -da

incidence [ɛ̃sidɑ̃s] *nf* **1** *(en géométrie)* incidência **2** *fig (conséquence)* influência, efeito *m*, repercussão

incident, -e [ɛ̃sidɑ̃, -ɑ̃t] *adj* **1** *(rayon)* incidente **2** *(remarque)* incidental **3** *(proposition)* intercalada
▶ *nm* **incident** incidente
• **sans incidents** sem incidentes
■ **incident diplomatique** incidente diplomático

incinérer [10] [ɛ̃sineʀe] *vt* incinerar

incise [ɛ̃siz] *nf* **1** GRAMM oração intercalada **2** MUS inciso *m*

incisif, -ive [ɛ̃sizif, -iv] *adj* incisivo, -va

incision [ɛ̃sizjɔ̃] *nf* incisão

incisive [ɛ̃siziv] *nf (dent)* incisivo *m*

inciter [1] [ɛ̃site] *vt* incitar

inclassable [ɛ̃klasabl] *adj* inclassificável, inqualificável

inclinable [ɛ̃klinabl] *adj (siège)* reclinável

inclinaison [ɛ̃klinɛzɔ̃] *nf (d'un plan)* inclinação

inclination [ɛ̃klinasjɔ̃] *nf (tendance)* inclinação, propensão, tendência

incliner [1] [ɛ̃kline] *vt* inclinar
▶ *vi* incitar (**à**, a)
▶ *vpr* **s'incliner** **1** *(gén)* inclinar-se **2** *(se soumettre)* curvar-se (**devant**, diante)

inclure [52] [ɛ̃klyʀ] *vt* incluir

inclus, -e [ɛ̃kly, -yz] *adj* incluído, -da, incluso, -sa

inclusion [ɛ̃klyzjɔ̃] *nf* inclusão

incognito [ɛ̃kɔɲito] *adv* incógnito
▶ *nm* anonimato

incohérence [ɛ̃kɔeʀɑ̃s] *nf* incoerência

incohérent, -e [ɛ̃kɔeʀɑ̃, -ɑ̃t] *adj* incoerente

incollable [ɛ̃kɔlabl] *adj* **1** *fig* imbatível **2** *(riz)* que não empapa, solto

incolore [ɛ̃kɔlɔʀ] *adj* incolor

incomber [1] [ɛ̃kɔ̃be] *vi* incumbir (**à**, a), caber (**à**, a), competir (**à**, a)

incommensurable [ɛ̃kɔmɑ̃syʀabl] *adj* incomensurável

incommoder [1] [ɛ̃kɔmɔde] *vt* incomodar

incomparable [ɛ̃kɔ̃paʀabl] *adj* incomparável

incompatible [ɛ̃kɔ̃patibl] *adj* incompatível

incompétence [ɛ̃kɔ̃petɑ̃s] *nf* incompetência

incompétent, -e [ɛ̃kɔ̃petɑ̃, -ɑ̃t] *adj* incompetente

incomplet, -ète [ɛ̃kɔ̃plɛ, -ɛt] *adj* incompleto, -ta

incompréhensible [ɛ̃kɔ̃pReɑ̃sibl] *adj* incompreensível

incompris, -e [ɛ̃kɔ̃pRi, -iz] *adj-nm,f* incompreendido, -da

inconcevable [ɛ̃kɔ̃svabl] *adj* inconcebível

inconditionnel, -elle [ɛ̃kɔ̃disjɔnɛl] *adj-nm,f* incondicional

incongru, -e [ɛ̃kɔ̃gRy] *adj* incongruente

inconnu, -e [ɛ̃kɔny] *adj-nm,f* desconhecido, -da

inconsciemment [ɛ̃kɔ̃sjamɑ̃] *adv* inconscientemente

inconscient, -e [ɛ̃kɔ̃sjɑ̃, -ɑ̃t] *adj-nm,f* inconsciente
▶ *nm* **inconscient** inconsciente

inconséquent, -e [ɛ̃kɔ̃sekɑ̃, -ɑ̃t] *adj* inconsequente

inconsidéré, -e [ɛ̃kɔ̃sidere] *adj* imprudente

inconsistant, -e [ɛ̃kɔ̃sistɑ̃, -ɑ̃t] *adj* inconsistente

inconsolable [ɛ̃kɔ̃sɔlabl] *adj* inconsolável

incontestable [ɛ̃kɔ̃tɛstabl] *adj* incontestável

incontinence [ɛ̃kɔ̃tinɑ̃s] *nf* incontinência

incontournable [ɛ̃kɔ̃tuRnabl] *adj* incontornável, inevitável, inelutável

incontrôlable [ɛ̃kɔ̃tRolabl] *adj* incontrolável

inconvénient [ɛ̃kɔ̃venjɑ̃] *nm* inconveniente

incorporer [1] [ɛ̃kɔRpɔRe] *vt* incorporar
▶ *vpr* **s'incorporer** incorporar-se

incorrect, -e [ɛ̃kɔRɛkt, -ɛkt] *adj* incorreto, -ta

incorrection [ɛ̃kɔRɛksjɔ̃] *nf* incorreção

incorrigible [ɛ̃kɔRiʒibl] *adj* incorrigível

incorruptible [ɛ̃kɔRyptibl] *adj* incorruptível

incrédulité [ɛ̃kRedylite] *nf* incredulidade

increvable [ɛ̃kRəvabl] *adj* **1** *(pneu)* antifuro **2** *fam (personne)* incansável

incroyable [ɛ̃kRwajabl] *adj* incrível, inacreditável

incrustation [ɛ̃kRystasjɔ̃] *nf* incrustação

incruster [1] [ɛ̃kRyste] *vt* incrustar
▶ *vpr* **s'incruster 1** *(adhérer)* incrustar-se, aderir **2** *fig (quelqu'un)* grudar

incubation [ɛ̃kubasjɔ̃] *nf* incubação

inculper [1] [ɛ̃kylpe] *vt* acusar, incriminar

inculquer [2] [ɛ̃kylke] *vt* inculcar

inculte [ɛ̃kylt] *adj* **1** *(terrain)* inculto, -ta **2** *(personne)* inculto, -ta, ignorante

incurable [ɛ̃kyRabl] *adj* incurável

incursion [ɛ̃kyRsjɔ̃] *nf* incursão

Inde [ɛ̃d] *nf* Índia

indécent, -e [ɛ̃desɑ̃, -ɑ̃t] *adj* indecente

indéchiffrable [ɛ̃deʃifRabl] *adj* indecifrável

indécis, -e [ɛ̃desi, -iz] *adj* **1** *(gén)* indeciso, -sa **2** *(vague)* impreciso, -sa, vago, -ga
▶ *nm,f* indeciso, -sa

indéfini, -e [ɛ̃defini] *adj* indefinido, -da

indéfinissable [ɛ̃definisabl] *adj* indefinível

indélébile [ɛ̃delebil] *adj* indelével

indélicat, -e [ɛ̃delika, -at] *adj* indelicado, -da

indemne [ɛ̃dɛmn] *adj* ileso, -sa, incólume

indemniser [1] [ɛ̃dɛmnize] *vt* indenizar (**de**, por)

indemnité [ɛ̃dɛmnite] *nf* indenização
■ **indemnité de licenciement** indenização por motivo de demissão
■ **indemnité journalière** auxílio-doença

indémodable [ɛ̃demodabl] *adj* clássico, sempre na moda

indéniable [ɛ̃denjabl] *adj* inegável

indépendance [ɛ̃depɑ̃dɑ̃s] *nf* independência

indépendant, -e [ɛ̃depɑ̃dɑ̃, -ɑ̃t] *adj* independente

indescriptible [ɛ̃dɛskʀiptibl] *adj* indescritível

indésirable [ɛ̃deziʀabl] *adj-nmf* indesejável

indestructible [ɛ̃dɛstʀyktibl] *adj* indestrutível

indéterminé, -e [ɛ̃detɛʀmine] *adj* indeterminado, -da

index [ɛ̃dɛks] *nm* **1** (*doigt*) indicador **2** (*table alphabétique*) índice **3** (*de l'Eglise*) índex

indicateur, -trice [ɛ̃dikatœʀ, -tʀis] *adj* indicador, -ra, indicativo, -va
▸ *nm* **indicateur 1** (*livre*) guia **2** (*de la police*) informante **3** (*appareil, indice*) indicador
■ **indicateur de vitesse** velocímetro

indicatif, -ive [ɛ̃dikatif, -iv] *adj* indicativo, -va
▸ *nm* **indicatif 1** (*verbe*) indicativo **2** (*de radio, de télé*) prefixo, vinheta *f*
■ **indicatif téléphonique** prefixo

indication [ɛ̃dikasjɔ̃] *nf* **1** (*renseignement*) indicação **2** (*donnée*) indício *m*, sinal *m*

indice [ɛ̃dis] *nm* **1** (*signe*) indício **2** (*des prix*) índice
■ **indice des prix à la consommation** índice de preço ao consumidor
■ **indice du coût de la vie** índice do custo de vida

indien, -enne [ɛ̃djɛ̃, -ɛn] *adj* **1** (*de l'Inde*) indiano, -na **2** (*amérindien*) índio, -a
▸ *nm,f* **Indien, -enne 1** (*de l'Inde*) indiano, -na **2** (*amérindien*) índio, -a

indifférence [ɛ̃difeʀɑ̃s] *nf* indiferença

indifférent, -e [ɛ̃difeʀɑ̃, -ɑ̃t] *adj-nm,f* indiferente

indigence [ɛ̃diʒɑ̃s] *nf* indigência

indigène [ɛ̃diʒɛn] *adj-nmf* indígena

indigent, -e [ɛ̃diʒɑ̃, -ɑ̃t] *adj-nm,f* indigente

indigeste [ɛ̃diʒɛst] *adj* indigesto, -ta

indigestion [ɛ̃diʒɛstjɔ̃] *nf* indigestão
• **avoir une indigestion de qqch** não aguentar mais alguma coisa

indignation [ɛ̃diɲasjɔ̃] *nf* indignação

indigne [ɛ̃diɲ] *adj* indigno, -na

indigner [1] [ɛ̃diɲe] *vt* indignar
▸ *vpr* **s'indigner** indignar-se

indiquer [2] [ɛ̃dike] *vt* indicar

indirect, -e [ɛ̃diʀɛkt, -ɛkt] *adj* indireto, -ta

indiscipline [ɛ̃disiplin] *nf* indisciplina

indiscipliné, -e [ɛ̃disipline] *adj* indisciplinado, -da

indiscret, -ète [ɛ̃diskʀɛ, -ɛt] *adj-nm,f* indiscreto, -ta

indiscrétion [ɛ̃diskʀesjɔ̃] *nf* indiscrição

indiscutable [ɛ̃diskytabl] *adj* indiscutível

indispensable [ɛ̃dispɑ̃sabl] *adj* indispensável

indisposé, -e [ɛ̃dispoze] *adj fml* indisposto, -ta

indisposer [1] [ɛ̃dispoze] *vt fml* indispor

indistinct, -e [ɛ̃distɛ̃(kt), -ɛkt] *adj* indistinto, -ta

individu [ɛ̃dividy] *nm* indivíduo

individualisme [ɛ̃dividɥalism] *nm* individualismo

individualiste [ɛ̃dividɥalist] *adj-nmf* individualista

individuel, -elle [ɛ̃dividɥɛl] *adj* individual

indivisible [ɛ̃divizibl] *adj* indivisível

indolence [ɛ̃dɔlɑ̃s] *nf* indolência

indolent, -e [ɛ̃dɔlɑ̃-ɑ̃t] *adj* indolente

indolore [ɛ̃dɔlɔʀ] *adj* indolor

indomptable [ɛ̃dɔ̃tabl] *adj* indomável

Indonésie [ɛ̃dɔnezi] *nf* Indonésia

indonésien, -enne [ɛ̃dɔnezjɛ̃, -ɛn] *adj* indonésio, -a
▸ *nm,f* **Indonésien, -enne** indonésio, -a

indu, -e [ɛ̃dy] *adj* indevido, -da

indubitable [ɛ̃dybitabl] *adj* indubitável

induction [ɛ̃dyksjɔ̃] *nf* indução

induire [58] [ɛ̃dɥiʀ] *vt* **1** (*déduire*) deduzir, inferir **2** (*électricité*) induzir
• **en induire que** concluir que,
• **induire en erreur** induzir em erro

indulgence [ɛ̃dylʒɑ̃s] *nf* indulgência

indulgent, -e [ɛ̃dylʒɑ̃, -ɑ̃t] *adj* indulgente

industrialisé, -e [ɛ̃dystʀijalize] *adj* industrializado, -da

industrialiser [1] [ɛ̃dystʀijalize] *vt* industrializar
▸ *vpr* **s'industrialiser** industrializar-se

industrie [ɛ̃dystʀi] *nf* indústria
■ **industrie automobile** indústria automobilística

industriel, -elle [ɛ̃dystʀijɛl] *adj-nm* industrial

inébranlable [inebʀɑ̃labl] *adj* inabalável

inédit, -e [inedi, -it] *adj* inédito, -ta

inefficace [inefikas] *adj* ineficaz

inégal, -e [inegal] *adj* desigual

inégalé, -e [inegale] *adj* sem igual

inégalité [inegalite] *nf* desigualdade

inéluctable [inelyktabl] *adj* inelutável

inepte [inɛpt] *adj* inepto, -ta

inépuisable [inepɥizabl] *adj* inesgotável, inexaurível

inerte [inɛʀt] *adj* inerte

inertie [inɛʀsi] *nf* inércia

inespéré, -e [inɛspeʀe] *adj* inesperado, -da, imprevisto, -ta

inestimable [inɛstimabl] *adj* inestimável

inévitable [inevitabl] *adj* inevitável

inexactitude [inɛgzaktityd] *nf* **1** (*gén*) inexatidão, falta de exatidão **2** (*manque de ponctualité*) impontualidade

inexcusable [inɛkskyzabl] *adj* imperdoável, indesculpável

inexistant, -e [inɛgzistɑ̃, -ɑ̃t] *adj* inexistente

inexorable [inɛgzɔʀabl] *adj* inexorável

inexpérience [inɛkspeʀjɑ̃s] *nf* inexperiência

inexpérimenté, -e [inɛkspeʀimɑ̃te] *adj* **1** (*personne*) inexperiente **2** (*chose*) não experimentado, -da, não testado, -da

inexplicable [inɛksplikabl] *adj* inexplicável

inexploré, -e [inɛksplɔʀe] *adj* inexplorado, -da

inexpressif, -ive [inɛkspʀesif, -iv] *adj* inexpressivo, -va

inexprimable [inɛkspʀimabl] *adj* inexprimível

inexpugnable [inɛkspygnabl] *adj* inexpugnável

inextricable [inɛkstʀikabl] *adj* inextricável

infaillible [ɛ̃fajibl] *adj* infalível

infâme [ɛ̃fam] *adj* infame

infamie [ɛ̃fami] *nf* infâmia

infanterie [ɛ̃fɑ̃tʀi] *nf* infantaria

infanticide [ɛ̃fɑ̃tisid] *nmf* (*criminel*) infanticida
▸ *nm* (*crime*) infanticídio

infantile [ɛ̃fɑ̃til] *adj* **1** infantil **2** (*péj*) pueril

infarctus [ɛ̃faʀktys] *nm* MÉD infarto
■ **infarctus du myocarde** MÉD infarto do miocárdio

infatigable [ɛ̃fatigabl] *adj* incansável

infecter [1] [ɛ̃fɛkte] *vt* **1** (*contaminer*) contaminar, contagiar **2** (*plaie*) infeccionar **3** *fig* (*gâter*) corromper, perverter
▸ *vpr* **s'infecter** (*se contaminer*) ser contaminado, -da

infectieux, -euse [ɛ̃fɛksjø, -øz] *adj* infeccioso, -sa

infection [ɛ̃fɛksjɔ̃] *nf* **1** (*contamination*) contaminação, contágio *m* **2** (*puanteur*) fedor *m*

inférieur, -e [ɛ̃feʀjœʀ] *adj- nm,f* inferior

infériorité [ɛ̃feʀjɔʀite] *nf* inferioridade

infernal, -e [ɛ̃fɛʀnal] *adj* infernal

infester [1] [ɛ̃fɛste] *vt* infestar

infidèle [ɛ̃fidɛl] *adj* infiel

infidélité [ɛ̃fidelite] *nf* infidelidade

infiltrer (s') [1] [ɛ̃filtʀe] *vpr* infiltrar-se

infime [ɛ̃fim] *adj* ínfimo, -ma

infini, -e [ɛ̃fini] *adj* infinito, -ta
▸ *nm* **infini** infinito
• **à l'infini** infinitamente, ao infinito

infinité [ɛ̃finite] *nf* infinidade

infinitif, -ive [ɛ̃finitif, -iv] *adj* infinitivo, -va
▸ *nm* **infinitif** infinitivo

infirme [ɛ̃fiʀm] *adj-nmf* incapacitado, -da, inválido, -da, deficiente físico, -ca

infirmerie [ɛ̃fiʀməʀi] *nf* enfermaria

infirmier, -ère [ɛ̃fiʀmje, -ɛʀ] *nm,f* enfermeiro, -ra

infirmité [ɛ̃fiʀmite] *nf* invalidez

inflammable [ɛ̃flamabl] *adj* inflamável

inflammation [ɛ̃flamasjɔ̃] *nf* inflamação

inflation [ɛ̃flasjɔ̃] *nf* ÉCON inflação

inflexible [ɛ̃flɛksibl] *adj* inflexível

inflexion [ɛ̃flɛksjɔ̃] *nf* inflexão

infliger [4] [ɛ̃fliʒe] *vt* infligir

influence [ɛ̃flyɑ̃s] *nf* influência
- **avoir mauvaise influence** exercer má influência

influencer [3] [ɛ̃flyɑ̃se] *vt* influenciar

influent, -e [ɛ̃flyɑ̃, -ɑ̃t] *adj* influente

influer [1] [ɛ̃flye] *vi* influir, ter influência

infographie [ɛ̃fɔgʀafi] *nf* computação gráfica

informaticien, -enne [ɛ̃fɔʀmatisjɛ̃, -ɛn] *nm,f* especialista em informática

information [ɛ̃fɔʀmasjɔ̃] *nf* **1** (*gén*) informação **2** (*nouvelle*) notícia
▸ *nf pl* **informations** (*bulletin*) informativo *m sing*, noticiário *m sing*

informatique [ɛ̃fɔʀmatik] *adj* informático, -ca
▸ *nf* informática

informatiser [1] [ɛ̃fɔʀmatize] *vt* informatizar

informe [ɛ̃fɔʀm] *adj* informe, disforme

informel, -elle [ɛ̃fɔʀmɛl] *adj* informal

informer [1] [ɛ̃fɔʀme] *vt* informar
▸ *vpr* **s'informer** informar-se

infortuné, -e [ɛ̃fɔʀtyne] *adj-nm,f* **1** infeliz, desafortunado, -da **2** (*mari*) enganado

infos [ɛ̃fo] *nf pl fam* noticiário *m sing*

infraction [ɛ̃fʀaksjɔ̃] *nf* infração

infranchissable [ɛ̃fʀɑ̃ʃisabl] *adj* intransponível

infrarouge [ɛ̃fʀaʀuʒ] *adj* infravermelho, -lha
▸ *nm* infravermelho

infrastructure [ɛ̃fʀastʀyktyʀ] *nf* infraestrutura

infructueux, -euse [ɛ̃fʀyktyø, -øz] *adj* infrutífero, -ra

infusion [ɛ̃fyzjɔ̃] *nf* infusão

ingénier (s') [12] [ɛ̃ʒenje] *vpr* esforçar-se, aplicar-se (**à**, para): *s'ingénier à plaire* esforçar-se para ser agradável

ingénierie [ɛ̃ʒeniʀi] *nf* engenharia

ingénieur [ɛ̃ʒenjœʀ] *nm* engenheiro, -ra

ingénieux, -euse [ɛ̃ʒenjø, -øz] *adj* engenhoso, -sa

ingénuité [ɛ̃ʒenɥite] *nf* ingenuidade

ingérence [ɛ̃ʒeʀɑ̃s] *nf* ingerência

ingérer [10] [ɛ̃ʒeʀe] *vt* (*avaler*) ingerir, engolir
▸ *vpr* **s'ingérer** (*se mêler*) ingerir-se, intrometer-se

ingestion [ɛ̃ʒɛstjɔ̃] *nf* ingestão

ingrat, -e [ɛ̃gʀa, -at] *adj-nm,f* **1** (*gén*) ingrato, -ta **2** (*désagréable*) sem graça, sem atrativos: *il a un physique ingrat* ele tem um físico sem graça

ingratitude [ɛ̃gʀatityd] *nf* ingratidão

ingrédient [ɛ̃gʀedjɑ̃] *nm* ingrediente

ingurgiter [1] [ɛ̃gyʀʒite] *vt fam* engolir

inhabité, -e [inabite] *adj* desabitado, -da

inhabituel, -elle [inabitɥɛl] *adj* incomum

inhalation [inalasjɔ̃] *nf* inalação

inhaler [1] [inale] *vt* inalar

inhérent, -e [ineʀɑ̃, -ɑ̃t] *adj* inerente

inhibition [inibisjɔ̃] *nf* inibição

inhospitalier, -ère [inɔspitalje, -ɛʀ] *adj* **1** (*attitude*) inospitaleiro, -ra, não acolhedor, -ra **2** (*lieu*) inóspito, -ta

inhumain, -e [inymɛ̃, -ɛn] *adj* **1** (*qui n'est pas humain*) inumano, -na **2** (*cruel*) desumano, -na

inhumer [1] [inyme] *vt* enterrar, sepultar

inimaginable [inimaʒinabl] *adj* inimaginável

inimitable [inimitabl] *adj* inimitável

inimitié [inimitje] *nf* inimizade

inintelligible [inɛ̃teliʒibl] *adj* ininteligível

ininterrompu, -e [inɛ̃teʀɔ̃py] *adj* ininterrupto, -ta

initial, -e [inisjal] *adj* inicial

initiale [inisjal] *nf* inicial

initialisation [inisjalizasjɔ̃] *nf* INFORM inicialização

initialiser [1] [inisjalize] *vt* INFORM inicializar

initiation [inisjasjɔ̃] *nf* iniciação

initiative [inisjativ] *nf* iniciativa
- **avoir de l'initiative** ter iniciativa
- **prendre l'initiative** tomar a iniciativa

initié, -e [inisje] *adj-nm,f* iniciado, -da

initier [12] [inisje] *vt* iniciar
▶ *vpr* **s'initier** iniciar-se (à, em)

injecter [1] [ɛ̃ʒɛkte] *vt* injetar
▶ *vpr* **s'injecter** injetar-se

injection [ɛ̃ʒɛksjɔ̃] *nf* injeção

injoignable [ɛ̃ʒwaɲabl] *adj* inencontrável, impossível de contatar

injure [ɛ̃ʒyʀ] *nf* injúria
■ **les injures du temps** *fml* a devastação do tempo

injurier [1] [ɛ̃ʒyʀje] *vt* injuriar, insultar, ultrajar

injuste [ɛ̃ʒyst] *adj-nm* injusto, -ta

injustice [ɛ̃ʒystis] *nf* injustiça

injustifié, -e [ɛ̃ʒystifje] *adj* injustificado, -da

inlassable [ɛ̃lasabl] *adj* incansável

inné, -e [ine] *adj* inato, -ta

innocence [inɔsɑ̃s] *nf* inocência

innocent, -e [inɔsɑ̃, -ɑ̃t] *adj-nm,f* inocente

innocenter [1] [inɔsɑ̃te] *vt* **1** DR inocentar **2** (*excuser*) absolver, desculpar, perdoar

innombrable [inɔ̃bʀabl] *adj* inúmero, -ra, inumerável

innovation [inɔvasjɔ̃] *nf* inovação

innover [1] [inɔve] *vi* inovar

inoccupé, -e [inɔkype] *adj* desocupado, -da

inoculer [1] [inɔkyle] *vt* **1** (*virus, vaccin*) inocular **2** *fig* (*idée, doctrine*) incutir

inodore [inɔdɔʀ] *adj* inodoro, -ra

inoffensif, -ive [inɔfɑ̃sif, -iv] *adj* inofensivo, -va

inondation [inɔ̃dasjɔ̃] *nf* inundação

inonder [1] [inɔ̃de] *vt* inundar

inopiné, -e [inɔpine] *adj* inopinado, -da, inesperado, -da, imprevisto, -ta

inopportun, -e [inɔpɔʀt-, -yn] *adj* inoportuno, -na

inoubliable [inublijabl] *adj* inesquecível

inouï, -e [inwi] *adj* inaudito, -ta

inox® [inɔks] *nm* inox, aço inoxidável

inoxydable [inɔksidabl] *adj* inoxidável

inqualifiable [ɛ̃kalifjabl] *adj* inqualificável

inquiet, -ète [ɛ̃kjɛ, -ɛt] *adj* **1** (*agité*) inquieto, -ta **2** (*préoccupé*) preocupado, -da: *il est inquiet de l'état de santé de sa mère* está preocupado com a saúde da mãe

inquiétant, -e [ɛ̃kjetɑ̃, -ɑ̃t] *adj* preocupante

inquiéter [10] [ɛ̃kjete] *vt* preocupar
▶ *vpr* **s'inquiéter** preocupar-se: *ne vous inquiétez pas* não se preocupe

inquiétude [ɛ̃kjetyd] *nf* **1** (*préoccupation*) preocupação **2** (*agitation*) inquietude, inquietação

inquisiteur, -trice [ɛ̃kizitœʀ, -tʀis] *adj* inquiridor: *un regard inquisiteur* um olhar inquiridor

insaisissable [ɛ̃sezisabl] *adj* **1** (*gén*) inapreensível, inatingível **2** (*inappréciable*) impenetrável, indiscernível **3** (*bien, propriété*) impenhorável

insalubre [ɛ̃salybʀ] *adj* insalubre

insanité [ɛ̃sanite] *nf* loucura, insensatez, insanidade mental

insatiable [ɛ̃sasjabl] *adj* insaciável

insatisfait, -e [ɛ̃satisfɛ, -ɛt] *adj* insatisfeito, -ta

inscription [ɛ̃skʀipsjɔ̃] *nf* **1** (*gén*) inscrição **2** (*à l'université*) matrícula **3** (*sur un registre*) registro *m*, inscrição

inscrire [60] [ɛ̃skʀiʀ] *vt* **1** (*sur la pierre*) inscrever, gravar **2** (*sur une liste*) inscrever **3** SPORT (*but*) marcar
▶ *vpr* ■ **s'inscrire à 1** (*sur une liste*) inscrever-se **2** (*à l'université*) matricular-se
■ **s'inscrire dans** pertencer a, incluir-se em, inserir-se em, fazer parte de
- **s'inscrire en faux** DR impugnar (*fig*) desmentir, contestar

insecte [ɛ̃sɛkt] *nm* inseto

insecticide [ɛ̃sɛktisid] *adj-nm* inseticida

insécurité [ɛ̃sekyRite] *nf* insegurança

insémination [ɛ̃seminasjɔ̃] *nf* inseminação
- **insémination artificielle** inseminação artificial

insensé, -e [ɛ̃sɑ̃se] *adj-nm,f* **1** (*personne*) insensato, -ta **2** (*incroyable*) incrível

insensible [ɛ̃sɑ̃sibl] *adj* insensível

inséparable [ɛ̃sepaRabl] *adj* inseparável

insertion [ɛ̃sɛRsjɔ̃] *nf* **1** inserção **2** (*sociale*) inclusão, integração

insidieux, -euse [ɛ̃sidjø, -øz] *adj* insidioso, -sa

insigne [ɛ̃siɲ] *adj* (*remarquable*) insigne
▶ *nm* (*signe distinctif*) insígnia *f*

insignifiant, -e [ɛ̃siɲifjɑ̃, -ɑ̃t] *adj* insignificante

insinuer [1] [ɛ̃sinɥe] *vt* insinuar
▶ *vpr* **s'insinuer** insinuar-se

insipide [ɛ̃sipid] *adj* insípido, -da

insistance [ɛ̃sistɑ̃s] *nf* insistência

insister [1] [ɛ̃siste] *vi* insistir
- **insister sur** insistir em

insolation [ɛ̃sɔlasjɔ̃] *nf* **1** MÉD insolação **2** (*exposition aux rayons du soleil*) exposição ao sol

insolence [ɛ̃sɔlɑ̃s] *nf* insolência

insolent, -e [ɛ̃sɔlɑ̃, -ɑ̃t] *adj-nm,f* insolente

insolite [ɛ̃sɔlit] *adj* insólito, -ta

insoluble [ɛ̃sɔlybl] *adj* insolúvel

insolvable [ɛ̃sɔlvabl] *adj* insolvente, inadimplente

insomnie [ɛ̃sɔmni] *nf* insônia

insondable [ɛ̃sɔ̃dabl] *adj* insondável

insonorisé, -e [ɛ̃sɔnɔRize] *adj* com isolamento acústico

insouciance [ɛ̃susjɑ̃s] *nf* despreocupação

insouciant, -e [ɛ̃susjɑ̃, -ɑ̃t] *adj* despreocupado, -da

insoumis, -e [ɛ̃sumi, -iz] *adj* insubmisso, -sa
▶ *nm* **insoumis** insubmisso

insoutenable [ɛ̃sutnabl] *adj* **1** (*argument, opinion*) insustentável, indefensável **2** (*situation, douleur*) insuportável, intolerável

inspecteur, -trice [ɛ̃spɛtœR, -tRis] *nm,f* inspetor, -ra

inspection [ɛ̃spɛksjɔ̃] *nf* inspeção, exame *m*, vistoria

inspiration [ɛ̃spiRasjɔ̃] *nf* inspiração

inspirer [1] [ɛ̃spiRe] *vt* **1** (*gén*) inspirar **2** (*pensée, sentiment etc.*) inspirar, infundir: **inspirer le respect** inspirar respeito
▶ *vpr* **s'inspirer** inspirar-se (**de**, em): **s'inspirer d'un poème** inspirar-se num poema

instable [ɛ̃stabl] *adj* instável

installation [ɛ̃stalasjɔ̃] *nf* instalação

installer [1] [ɛ̃stale] *vt* **1** (*mettre en place*) instalar, colocar, estabelecer **2** (*fonctionnaire*) empossar
▶ *vpr* **s'installer** (*se placer*) instalar-se, estabelecer-se

instamment [ɛ̃stamɑ̃] *adv* insistentemente

instance [ɛ̃stɑ̃s] *nf* **1** (*sollicitation*) insistência **2** (*procédure*) processo *m* **3** (*juridiction*) instância
- **être en instance de** estar para, estar prestes a

instant [ɛ̃stɑ̃] *nm* instante, momento
- **à chaque instant** a cada instante
- **à l'instant** imediatamente, na mesma hora
- **à tout instant** (*en permanence*) a todo momento, a toda hora (*d'un moment à l'autre*) a qualquer momento
- **dans un instant** já mesmo, num instante
- **pour l'instant** por ora

instantané, -e [ɛ̃stɑ̃tane] *adj* instantâneo, -a
▶ *nm* **instantané** (*photo*) instantâneo

instar [ɛ̃staR] *loc* **à l'instar de** *fml* a exemplo de

instaurer [1] [ɛ̃stɔRe] *vt* instaurar

instigateur, -trice [ɛ̃stigatœR, -tRis] *nm,f* instigador, -ra

instinct [ɛ̃stɛ̃] *nm* instinto
- **par instinct** por instinto

instinctif, -ive [ɛ̃stɛ̃ktif, -iv] *adj* instintivo, -va

instituer [1] [ɛ̃stitɥe] *vt* instituir

institut [ɛ̃stity] *nm* instituto
- **institut de beauté** instituto de beleza

instituteur, -trice [ɛ̃stitytœR, -tRis] *nm,f* professor, -ra (do ensino fundamental)

institution [ɛ̃stitysjɔ̃] *nf* **1** *(gén)* instituição **2** *(d'un héritier)* designação

institutionnel [ɛ̃stitysjɔnɛl] *adj* institucional

institutrice [ɛ̃stitytRis] *nf* *(à domicile)* preceptora

instructif, -ive [ɛ̃stRyktif, -iv] *adj* instrutivo, -va

instruction [ɛ̃stRyksjɔ̃] *nf* **1** *(gén)* instrução **2** *(formation)* educação, ensino *m*
▸ *nf pl* **instructions** instruções
- **avoir de l'instruction** ter instrução

instruire [58] [ɛ̃stRɥiR] *vt* **1** *(former)* instruir, educar, formar **2** *(informer)* informar, pôr a par
▸ *vpr* **s'instruire** instruir-se
- **s'instruire de qqc** obter informações sobre algo

instrument [ɛ̃stRymɑ̃] *nm* instrumento
- **instrument de musique** instrumento musical

insu [ɛ̃sy] *loc* **à l'insu de** sem o conhecimento de, à revelia de: **ils se sont mariés à l'insu de tou** casaram-se sem o conhecimento de ninguém/sem que ninguém soubesse

insuffisance [ɛ̃syfizɑ̃s] *nf* insuficiência

insuffisant, -e [ɛ̃syfizɑ̃, -ɑ̃t] *adj* insuficiente
▸ *nm (avec un adj.)* MÉD portador de insuficiência

insuffler [1] [ɛ̃syfle] *vt* insuflar

insulaire [ɛ̃sylɛR] *adj* insular
▸ *nmf* ilhéu, -oa

insuline [ɛ̃sylin] *nf* insulina

insultant, -e [ɛ̃syltɑ̃, -ɑ̃t] *adj* injurioso, -sa, ofensivo, -va

insulte [ɛ̃sylt] *nm* insulto, injúria *f*, afronta *f*

insulter [1] [ɛ̃sylte] *vt-vi* insultar, ultrajar

insupportable [ɛ̃sypɔRtabl] *adj* insuportável

insurgé, -e [ɛ̃syRʒe] *adj* insurgente, insurrecto, -ta, rebelde

insurger (s') [4] [ɛ̃syRʒe] *vpr* insurgir-se, rebelar-se, sublevar-se

insurmontable [ɛ̃syRmɔ̃tabl] *adj* insuperável, invencível

insurrection [ɛ̃syRɛksjɔ̃] *nf* insurreição

intact, -e [ɛ̃takt, -akt] *adj* intacto, -ta

intarissable [ɛ̃taRisabl] *adj* inesgotável

intégral, -e [ɛ̃tegRal] *adj* **1** *(complet)* integral, total **2** MATH integral

intégrale [ɛ̃tegRal] *nf* MATH integral

intégralement [ɛ̃tegRalmɑ̃] *adv* integralmente

intégralité [ɛ̃tegRalite] *nf* integridade, totalidade

intégration [ɛ̃tegRasjɔ̃] *nf* integração

intègre [ɛ̃tegR] *adj* íntegro, -gra

intégrer [10] [ɛ̃tegRe] *vt* **1** *(faire entrer)* integrar, incorporar **2** MATH integrar

intégriste [ɛ̃tegRist] *adj-nmf* fundamentalista, integrista

intégrité [ɛ̃tegRite] *nf* integridade

intellectuel, -elle [ɛ̃telɛktɥɛl] *adj-nm,f* intelectual

intelligence [ɛ̃teliʒɑ̃s] *nf* **1** *(gén)* inteligência **2** *(compréhension)* entendimento *m*
- **être d'intelligence avec qqn** estar conivente com alguém
- **vivre en parfaite intelligence** viver em perfeita harmonia
- **intelligence artificielle** inteligência artificial

intelligent, -e [ɛ̃teliʒɑ̃, -ɑ̃t] *adj* inteligente

intelligible [ɛ̃teliʒibl] *adj* inteligível

intello [ɛ̃telo] *adj inv-nmf* *(péj)* intelectualoide

intempéries [ɛ̃tɑ̃peRi] *nf pl* intempéries

intempestif, -ive [ɛ̃tɑ̃pɛstif, -iv] *adj* intempestivo, -va, inoportuno, -na

intenable [ɛ̃tnabl] *adj* **1** *(insupportable)* intolerável, insuportável **2** *(non défendable)* indefensável

intendance [ɛ̃tɑ̃dɑ̃s] *nf* **1** MIL intendência **2** *(gestion)* administração

intense [ɛ̃tɑ̃s] *adj* intenso, -sa

intensif, -ive [ɛ̃tɑ̃sif, -iv] *adj* intensivo, -va

intensifier [12] [ɛ̃tɑ̃sifje] *vt* intensificar

intensité [ɛ̃tɑ̃site] *nf* intensidade

intention [ɛ̃tɑ̃sjɔ̃] *nf* intenção
- **à l'intention de qqn** em intenção de; voltado, -da para
- **avoir l'intention de** ter a intenção de, tencionar

intentionné, -e [ɛ̃tɑ̃sjɔne] *loc* **bien/mal intentionné, -e** bem-intencionado, -da / mal-intencionado, -da

intentionnel, -elle [ɛ̃tɑ̃sjɔnɛl] *adj* intencional

interactif, -ive [ɛ̃teraktif, -iv] *adj* interativo, -va

intercaler [1] [ɛ̃tɛrkale] *vt* intercalar

intercéder [10] [ɛ̃tɛrsede] *vi* interceder (**pour**, por)
- **intercéder en faveur de qqn** interceder em favor de alguém

intercepter [1] [ɛ̃tɛrsɛpte] *vt* interceptar

intercession [ɛ̃tɛrsesjɔ̃] *nf* intercessão

interchangeable [ɛ̃tɛrʃɑ̃ʒabl] *adj* intercambiável, permutável

interclasse [ɛ̃tɛrklas] *nm* intervalo (entre aulas)

interdiction [ɛ̃tɛrdiksjɔ̃] *nf* **1** *(défense de)* proibição **2** DR interdição **3** *(d'un fonctionnaire)* suspensão **4** *(d'un prêtre)* interdito *m*
- **"Interdiction de stationner"** "Proibido estacionar"

■ **interdiction de séjour** proibição de permanecer em determinado lugar; banimento *m*

interdire [55] [ɛ̃tɛrdir] *vt* **1** *(gén)* proibir **2** *(empêcher)* impedir **3** *(fonctionnaire)* suspender **4** *(prêtre)* interdizer **5** DR interditar

interdit, -e [ɛ̃tɛrdi, -it] *adj* **1** *(gén)* proibido, -da, vedado, -da **2** *(qui perd contenance)* estupefato, -ta, pasmado, -da
- **"Film interdit aux moins de 18 ans"** "Filme proibido para menores de 18 anos"
- **rester interdit, -e** ficar estupefato, -ta

intéressant, -e [ɛ̃terɛsɑ̃, -ɑ̃t] *adj* interessante
- **faire l'intéressant** exibir-se

intéressé, -e [ɛ̃terese] *adj* interessado, -da

▸ *adj-nm,f* interesseiro, -ra

intéresser [1] [ɛ̃terese] *vt* interessar
▸ *vpr* **s'intéresser** interessar-se (**à**, por)

intérêt [ɛ̃terɛ] *nm* **1** interesse **2** ÉCON juro; **à 10% d'intérêt** com juros de 10%
- **avoir de l'intérêt pour** estar interessado em, ter interesse em/por
- **l'intérêt de** o interessante de

interface [ɛ̃tɛrfas] *nf* INFORM interface

interférence [ɛ̃tɛrferɑ̃s] *nf* interferência

interférer [10] [ɛ̃tɛrfere] *vi* interferir

intérieur, -e [ɛ̃terjœr] *adj* interior, interno, -na
▸ *nm* **intérieur 1** *(gén)* interior, parte *f* interna **2** *(foyer, maison)* lar, casa *f* **3** SPORT meio-campista
- **à l'intérieur** dentro, no interior

intérim [ɛ̃terim] *nm* **1** *(période)* ínterim **2** *(remplacement)* substituição *f* **3** *(emploi)* trabalho temporário
- **par intérim** interino, interinamente

intérimaire [ɛ̃terimɛr] *adj* **1** *(dirigeant, ministre)* interino, -na, substituto, -ta **2** *(employé)* temporário, -a
▸ *nmf* trabalhador, -ra temporário, -a

interjection [ɛ̃tɛrʒɛksjɔ̃] *nf* interjeição

interligne [ɛ̃tɛrliɲ] *nm* **1** entrelinha *f* **2** MUS espaço

interlocuteur, -trice [ɛ̃tɛrlɔkytœr, -tris] *nm,f* interlocutor, -ra

intermède [ɛ̃tɛrmɛd] *nm* **1** *(temps)* intervalo **2** *(au théâtre)* interlúdio, *intermezzo*

intermédiaire [ɛ̃tɛrmedjɛr] *adj* intermediário, -a
▸ *nmf* intermediário, -a, mediador, -ra
- **par l'intermédiaire de** por intermédio de, por meio de
- **sans intermédiaire** COMM diretamente

interminable [ɛ̃tɛrminabl] *adj* interminável

intermittent, -e [ɛ̃tɛrmitɑ̃, -ɑ̃t] *adj* intermitente

internat [ɛ̃tɛʀna] *nm* internato, pensionato

international, -e [ɛ̃tɛʀnasjɔnal] *adj* internacional

internaute [ɛ̃tɛʀnot] *nmf* internauta

interne [ɛ̃tɛʀn] *adj* interno, -na, interior
▸ *nmf* interno, -na
■ **interne des hôpitaux** médico, -ca-residente

interner [1] [ɛ̃tɛʀne] *vt* **1** MÉD internar **2** POL confinar **3** (*emprisonner*) prender

Internet [ɛ̃tɛʀnɛt] *nm* internet f

interpeller [1] [ɛ̃tɛʀpəle] *vt* **1** (*adresser la parole*) interpelar **2** (*concerner*) interessar **3** (*procéder à un contrôle*) interpelar, intimar a alguém a identificar-se

interphone® [ɛ̃tɛʀfɔn] *nm* interfone

interposer [1] [ɛ̃tɛʀpoze] *vt* **1** (*placer entre*) intercalar **2** (*faire intervenir*) interpor
▸ *vpr* **s'interposer** **1** (*se mettre entre*) interpor-se **2** (*comme médiateur*) intermediar

interprétation [ɛ̃tɛʀpretasjɔ̃] *nf* interpretação

interprète [ɛ̃tɛʀpʀɛt] *nmf* intérprete

interpréter [10] [ɛ̃tɛʀpʀete] *vt* interpretar

interrogatif, -ive [ɛ̃teʀɔgatif, -iv] *adj* interrogativo, -va

interrogation [ɛ̃teʀɔgasjɔ̃] *nf* **1** (*question*) interrogação, pergunta **2** (*examen*) exame m

interrogatoire [ɛ̃teʀɔgatwaʀ] *nm* interrogatório

interroger [4] [ɛ̃teʀɔʒe] *vt* **1** (*questionner*) interrogar **2** (*examiner*) examinar
▸ *vpr* **s'interroger** perguntar-se (**sur**, sobre)

interrompre [63] [ɛ̃teʀɔ̃pʀ] *vt* interromper
▸ *vpr* **s'interrompre** interromper-se

interrupteur [ɛ̃teʀyptœʀ] *nm* interruptor, comutador

interruption [ɛ̃teʀypsjɔ̃] *nf* interrupção
• **sans interruption** sem interrupção, ininterruptamente
■ **interruption volontaire de grossesse** interrupção voluntária da gravidez, aborto

intersection [ɛ̃tɛʀsɛksjɔ̃] *nf* intersecção

interstice [ɛ̃tɛʀstis] *nm* interstício

interurbain, -e [ɛ̃teʀyʀbɛ̃, -ɛn] *adj* interurbano, -na

intervalle [ɛ̃tɛʀval] *nm* intervalo
• **dans l'intervalle** nesse ínterim, enquanto isso
• **par intervalles** de vez em quando, intermitentemente

intervenir [35] [ɛ̃tɛʀvənʀ] *vi* **1** (*gén*) intervir **2** MÉD operar **3** (*prendre la parole*) falar, pronunciar-se, fazer um pronunciamento **4** (*jouer un rôle*) influenciar, influir **5** (*survenir*) ocorrer

intervention [ɛ̃tɛʀvɑ̃sjɔ̃] *nf* **1** (*gén*) intervenção **2** (*discours*) discurso, pronunciamento **3** MÉD intervenção cirúrgica, operação

intervertir [20] [ɛ̃tɛʀvɛʀtiʀ] *vt* inverter

interview [ɛ̃tɛʀvju] *nf* entrevista

interviewer [1] [ɛ̃tɛʀvjuve] *vt* entrevistar

intestin, -e [ɛ̃tɛstɛ̃, -in] *adj* intestino, -na, interno, -na
▸ *nm* **intestin** ANAT intestino
■ **gros intestin** intestino grosso
■ **intestin grêle** intestino delgado

intestinal, -e [ɛ̃tɛstinal] *adj* intestinal

intime [ɛ̃tim] *adj-nmf* íntimo, -ma

intimider [1] [ɛ̃timide] *vt* intimidar

intimité [ɛ̃timite] *nf* intimidade

intituler [1] [ɛ̃tityle] *vt* intitular
▸ *vpr* **s'intituler** intitular-se

intolérable [ɛ̃tɔleʀabl] *adj* intolerável

intolérance [ɛ̃tɔleʀɑ̃s] *nf* intolerância

intolérant, -e [ɛ̃tɔleʀɑ̃, -ɑ̃t] *adj* intolerante

intonation [ɛ̃tɔnasjɔ̃] *nf* entonação

intoxication [ɛ̃tɔksikasjɔ̃] *nf* intoxicação

intoxiquer [2] [ɛ̃tɔksike] *vt* intoxicar
▸ *vpr* **s'intoxiquer** intoxicar-se

intraitable [ɛ̃tʀɛtabl] *adj* **1** (*caractère*) intratável **2** (*exigeant*) inflexível, intransigente

intramusculaire [ɛ̃tʀamyskylɛʀ] *adj* MÉD intramuscular

intransigeance [ɛ̃tʀɑ̃ziʒɑ̃s] *nf* intransigência

intransigeant, -e [ɛ̃tʀɑ̃ziʒɑ̃, -ɑ̃t] *adj* intransigente

intransitif, -ive [ɛ̃tʀɑ̃zitif, -iv] *adj* intransitivo, -va

intraveineux, -euse [ɛ̃tʀavenø, -øz] *adj* MÉD intravenoso, -sa

intrépide [ɛ̃tʀepid] *adj* intrépido, -da

intrigue [ɛ̃tʀig] *nf* **1** (*complot*) intriga **2** (*scénario*) enredo *m*, trama, roteiro *m*
■ **intrigue amoureuse** aventura amorosa, caso *m*

intriguer [2] [ɛ̃tʀige] *vi* fazer intriga, fazer mexerico
▸ *vt* (*exciter la curiosité*) intrigar

introduction [ɛ̃tʀɔdyksjɔ̃] *nf* introdução

introduire [58] [ɛ̃tʀɔdɥiʀ] *vt* introduzir
▸ *vpr* **s'introduire** introduzir-se

introverti, -e [ɛ̃tʀɔvɛʀti] *adj* introvertido, -da

intrus, -e [ɛ̃tʀy, -yz] *adj-nm,f* intruso, -sa

intrusion [ɛ̃tʀyzjɔ̃] *nf* intrusão

intuitif, -ive [ɛ̃tɥitif, -iv] *adj* intuitivo, -va

intuition [ɛ̃tɥisjɔ̃] *nf* intuição

inusable [inyzabl] *adj* resistente, que não se desgasta

inusité, -e [inyzite] *adj* inabitual, insólito, -ta, incomum

inutile [inytil] *adj-nmf* **1** inútil **2** (*superflu*) supérfluo, -a

inutilité [inytilite] *nf* inutilidade

invaincu, -e [ɛ̃vɛ̃ky] *adj* invicto, -ta

invalide [ɛ̃valid] *adj-nmf* inválido, -da
■ **invalide du travail** inválido, -da por acidente de trabalho

invalidité [ɛ̃validite] *nf* invalidez

invariable [ɛ̃vaʀjabl] *adj* invariável

invasion [ɛ̃vazjɔ̃] *nf* invasão

invendable [ɛ̃vɑ̃dabl] *adj* invendável

invendu, -e [ɛ̃vɑ̃dy] *adj* não vendido
▸ *nm* **invendu** encalhe

inventaire [ɛ̃vɑ̃tɛʀ] *nm* inventário
• **par/sous bénéfice d'inventaire** sujeito a verificação

inventer [1] [ɛ̃vɑ̃te] *vt* inventar

inventeur, -trice [ɛ̃vɑ̃tœʀ, -tʀis] *nm,f* **1** (*qui invente*) inventor, -ra **2** (*qui découvre*) descobridor, -ra

invention [ɛ̃vɑ̃sjɔ̃] *nf* **1** (*action de créer*) invenção **2** (*chose inventée*) invento *m*, invenção

inventorier [12] [ɛ̃vɑ̃tɔʀje] *vt* inventariar

inverse [ɛ̃vɛʀs] *adj* inverso, -sa, invertido, -da
▸ *nm* inverso
• **à l'inverse** ao contrário
• **dans le sens inverse (de)** no sentido contrário (a), no sentido oposto (a)
• **en sens inverse** em sentido inverso, em sentido contrário

inverser [1] [ɛ̃vɛʀse] *vt* inverter

inversion [ɛ̃vɛʀsjɔ̃] *nf* inversão

invertébré, -e [ɛ̃vɛʀtebʀe] *adj* (*animal*) invertebrado, -da
▸ *nm* **invertébré** invertebrado

investigation [ɛ̃vɛstigasjɔ̃] *nf* investigação

investir [20] [ɛ̃vɛstiʀ] *vt* **1** (*d'un pouvoir*) investir, empossar **2** (*armée*) cercar, assediar, sitiar **3** (*argent, énergie*) investir, aplicar

investissement [ɛ̃vɛstismɑ̃] *nm* investimento

investisseur, -euse [ɛ̃vɛstisœʀ, -øz] *adj-nm,f* investidor, -ra

invétéré, -e [ɛ̃veteʀe] *adj* inveterado, -da

invincible [ɛ̃vɛ̃sibl] *adj* invencível

inviolable [ɛ̃vjɔlabl] *adj* inviolável

invisible [ɛ̃vizibl] *adj* invisível

invitation [ɛ̃vitasjɔ̃] *nf* convite *m*
• **décliner une invitation** recusar um convite, declinar de um convite
• **sur invitation** a convite

invité, -e [ɛ̃vite] *adj-nm,f* convidado, -da

inviter [1] [ɛ̃vite] *vt* convidar

invivable [ɛ̃vivabl] *adj* insuportável, impraticável

invocation [ɛ̃vɔkasjɔ̃] *nf* invocação

involontaire [ɛ̃vɔlɔ̃tɛʀ] *adj* involuntário, -a

invoquer [2] [ɛ̃vɔke] *vt* invocar

invraisemblable [ɛ̃vʀɛsɑ̃blabl] *adj* inverossímil

invulnérable [ɛ̃vylneʀabl] *adj* invulnerável

iode [jɔd] *nm* CHIM iodo

ion [jɔ̃] *nm* CHIM íon

Irak [iʀak] *nm* Iraque

irakien, -enne [iʀakjɛ̃, -ɛn] *adj* iraquiano, -na
▶ *nm,f* **Irakien, -enne** iraquiano, -na

Iran [iʀɑ̃] *nm* Irã

iranien, -enne [iʀanjɛ̃, -ɛn] *adj* iraniano, -na
▶ *nm,f* **Iranien, -enne** iraniano, -na

Iraq [iʀak] *nm* Iraque

iraquien, -enne [iʀakjɛ̃, -ɛn] *adj* iraquiano, -na
▶ *nm,f* **Iraquien, -enne** iraquiano, -na

irascible [iʀasibl] *adj* irascível

iris [iʀis] *nm* **1** ANAT BOT íris *f* **2** PHOTO diafragma

irlandais, -e [iʀlɑ̃dɛ, -ɛz] *adj* irlandês, -esa
▶ *nm,f* **Irlandais, -e** irlandês, -esa

Irlande [iʀlɑ̃d] *nf* Irlanda
■ **Irlande du Nord** Irlanda do Norte

ironie [iʀɔni] *nf* ironia

ironique [iʀɔnik] *adj* irônico, -ca

irradier [12] [iʀadje] *vi-vt* irradiar

irraisonné, -e [iʀɛzɔne] *adj* insensato, -ta, irracional

irrationnel, -elle [iʀasjɔnɛl] *adj* irracional

irréalisable [iʀealizabl] *adj* irrealizável

irréalité [iʀealite] *nf* irrealidade

irrécupérable [iʀekypeʀabl] *adj* irrecuperável

irréductible [iʀedyktibl] *adj* irredutível

irréel, -elle [iʀeɛl] *adj* irreal

irréfléchi, -e [iʀefleʃi] *adj* irrefletido, -da

irréfutable [iʀefytabl] *adj* irrefutável

irrégularité [iʀegylaʀite] *nf* irregularidade

irrégulier, -ère [iʀegylje, -ɛʀ] *adj* irregular

irrémédiable [iʀemedjabl] *adj* irremediável

irremplaçable [iʀɑ̃plasabl] *adj* insubstituível

irréparable [iʀepaʀabl] *adj* irreparável

irréprochable [iʀepʀɔʃabl] *adj* irrepreensível

irrésistible [iʀezistibl] *adj* irresistível

irrespirable [iʀɛspiʀabl] *adj* irrespirável

irresponsable [iʀɛspɔ̃sabl] *adj-nmf* irresponsável

irréversible [iʀevɛʀsibl] *adj* irreversível

irrévocable [iʀevɔkabl] *adj* irrevogável

irrigation [iʀigasjɔ̃] *nf* irrigação

irritant, -e [iʀitɑ̃, -ɑ̃t] *adj* irritante

irritation [iʀitasjɔ̃] *nf* irritação

irriter [1] [iʀite] *vt* irritar
▶ *vpr* **s'irriter** irritar-se

irruption [iʀypsjɔ̃] *nf* irrupção

islam [islam] *nm* islã, islamismo

islamisme [islamism] *nm* islamismo

islamiste [islamist] *adj-nmf* islamita

islandais, -e [islɑ̃dɛ, -ɛz] *adj* islandês, -esa
▶ *nm,f* **Islandais, -e** islandês, -esa
▶ *nm* **islandais** (*langue*) islandês

Islande [islɑ̃d] *nf* Islândia

isocèle [izɔsɛl] *adj* isósceles: *triangle isocèle* triângulo isósceles

isolant, -e [izɔlɑ̃, -ɑ̃t] *adj* isolante
▶ *nm* **isolant** isolante

isolation [izɔlasjɔ̃] *nf* isolamento *m*

isoler [1] [izɔle] *vt* isolar
▶ *vpr* **s'isoler** isolar-se

isoloir [izɔlwaʀ] *nm* cabine *f* indevassável (*em eleições*)

isotherme [izotɛʀm] *adj* **1** GÉOG isotérmico, -ca **2** (*wagon*) com temperatura controlada

Israël [isʀaɛl] *n pr* Israel

israélien, -enne [isʀaeljɛ̃, -ɛn] *adj* israelense
▶ *nm,f* **Israélien, -enne** israelense

israélite [isʀaelit] *adj* HIST israelita
▶ *nmf* **Israélite** HIST israelita

issu, -e [isy] *adj* **1** (*né*) descendente, oriundo, -da (**de**, de), **2** (*sorti*) decorrente, proveniente (**de**, de)

issue [isy] *nf* **1** (*sortie*) saída **2** (*résultat*) resultado *m*, desenlace *m*

- **à l'issue de** ao final de
- **sans issue** sem saída
- **se ménager une issue** arranjar uma saída
- **heureuse issue** bom resultado, final feliz
- **issue de secours** saída de emergência

isthme [ism] *nm* GÉOG istmo *m*

Italie [itali] *nf* Itália

italien, -enne [italjɛ̃, -ɛn] *adj* italiano, -na
▶ *nm,f* **Italien, -enne** italiano, -na
▶ *nm* **italien** (*langue*) italiano

italique [italik] *nf* (*lettre*) itálico *m*

itinéraire [itineʀɛʀ] *adj* itinerário, -a
▶ *nm* itinerário

itinérant, -e [itineʀɑ̃, -ɑ̃t] *adj* itinerante

ivoire [ivwaʀ] *nm* **1** (*matière*) marfim **2** (*décoration*) objeto de marfim

ivraie [ivʀɛ] *nf* BOT joio *m*

ivre [ivʀ] *adj* bêbado, -da
- **ivre mort** bêbado de cair

ivresse [ivʀɛs] *nf* **1** (*par excès d'alcool*) embriaguez, bebedeira **2** *fig* (*excitation*) euforia

ivrogne [ivʀɔɲ] *adj-nmf* bêbado, -da

J

j' [ʒ] *pron pers* → je

jabot [ʒabo] *nm* **1** (*d'oiseaux*) papo **2** (*de chemise*) jabô

jacasser [1] [ʒakase] *vi* papaguear, tagarelar

jachère [ʒaʃɛʀ] *nf* pousio *m*

jacinthe [ʒasɛ̃t] *nf* BOT jacinto *m*

jacuzzi® [ʒakuzi] *nm* hidromassagem *f*

jade [ʒad] *nm* jade

jadis [ʒadis] *adv* antigamente, outrora
- **au temps jadis** antigamente

jaguar [ʒagwaʀ] *nm* ZOOL jaguar, onça-pintada *f*

jaillir [20] [ʒajiʀ] *vi* **1** (*liquide*) jorrar, esguichar, borbotar **2** (*gaz*) sair, brotar **3** (*apparaître brusquement*) despontar, surgir, irromper

jais [ʒɛ] *nm* azeviche

jalon [ʒalɔ̃] *nm* **1** (*piquet*) piquete, baliza *f* **2** (*repère*) marco, referência *f*
- **poser les jalons** preparar o terreno

jalonner [1] [ʒalɔne] *vi-vt* **1** balizar **2** *fig* marcar, demarcar

jalousie [ʒaluzi] *nf* **1** (*envie*) inveja **2** (*en amour*) ciúme *m* **3** (*store*) treliça, gelosia

jaloux, -ouse [ʒalu, -uz] *adj-nm,f* **1** (*envieux*) invejoso, -sa **2** (*en amour*) ciumento, -ta, enciumado, -da

jamais [ʒamɛ] *adv* **1** nunca, jamais: *je ne l'ai jamais vu* nunca o vi **2** (*éventuellement*) acaso, por acaso: *si jamais tu le vois* se por acaso você o vir
- **à jamais** para sempre
- **plus jamais** nunca mais
- **plus que jamais** mais que nunca

jambe [ʒɑ̃b] *nf* perna
- **à toutes jambes** a toda pressa
- **tenir la jambe à qqn** reter alguém com conversa mole
- **traiter qqn par-dessus la jambe** tratar alguém com descaso

jambon [ʒɑ̃bɔ̃] *nm* CUIS presunto
- **jambon blanc** presunto cozido
- **jambon cru** presunto cru

jambonneau [ʒɑ̃bɔno] *nm* joelho de porco defumado

jante [ʒɑ̃t] *nf* aro *m* de roda

janvier [ʒɑ̃vje] *nm* janeiro

Japon [ʒapɔ̃] *nm* Japão

japonais, -e [ʒapɔnɛ, -ɛz] *adj* japonês, -esa
▸ *nm,f* **Japonais, -e** japonês, -esa
▸ *nm* **japonais** (*langue*) japonês

japper [1] [ʒape] *vi* latir

jaquette [ʒakɛt] *nf* **1** (*d'homme*) fraque *m* **2** (*de femme*) paletó *m* **3** (*prothèse dentaire*) jaqueta **4** (*de livre*) sobrecapa

jardin [ʒaʀdɛ̃] *nm* jardim
- **jardin d'enfants** jardim de infância
- **jardin des plantes** jardim botânico
- **jardin d'hiver** jardim de inverno
- **jardin potager** horta
- **jardin public** parque público

jardinage [ʒaʀdinaʒ] *nm* jardinagem *f*

jardiner [1] [ʒaʀdine] *vi* praticar jardinagem

jardinier, -ère [ʒaʀdinje, -ɛʀ] *nm,f* jardineiro, -a

jardinière [ʒaʀdinjɛʀ] *nf* **1** (*bac à fleurs*) floreira, jardineira **2** (*mets*) jardineira **3** (*insecte*) besouro *m* dourado

jargon [ʒaʀgɔ̃] *nm* jargão: *le jargon médical* jargão médico

jarret [ʒaʀɛ] nm jarrete
jarretelle [ʒaʀtɛl] nf cinta-liga
jarretière [ʒaʀtjɛʀ] nf 1 (*pour les bas*) liga 2 (*ordre*) jarreteira
jars [ʒaʀ] nm ZOOL ganso (*macho*)
jaser [1] [ʒaze] vi 1 (*l'enfant, les oiseaux*) galrear 2 (*médire*) fofocar, bisbilhotar
jasmin [ʒasmɛ̃] nm BOT jasmim
jaspe [ʒasp] nm jaspe
jatte [ʒat] nf tigela
jaunâtre [ʒonatʀ] adj amarelado, -da
jaune [ʒon] adj amarelo, -la
▶ nm 1 (*couleur*) amarelo 2 fig (*dans une grève*) fura-greve
• **rire jaune** sorrir amarelo, sorriso amarelo
▪ **jaune d'œuf** gema f de ovo
jaunir [20] [ʒoniʀ] vt (*teindre*) amarelar, tingir de amarelo
▶ vi (*devenir jaune*) amarelar, ficar amarelo
jaunisse [ʒonis] nf MÉD icterícia
Javel [ʒavɛl] nf loc **eau de Javel** água sanitária, água de lavadeira
javelot [ʒavlo] nm dardo
jazz [dʒaz] nm jazz
je [ʒə] (antes de vogal e h mudo, usa-se **j'**) pron pers eu: **je suis malade** (eu) estou doente; **j'adore ce gâteau** (eu) adoro esse doce
jean [dʒin] nm jean, jeans
jeans [dʒins] nm jeans
Jeep® [dʒip] nf jipe m
jerrican [dʒeʀikan] nm bujão, botijão
jerrycan [(d)ʒeʀikan] nm bujão, botijão
jersey [ʒɛʀzɛ] nm jérsei
jet¹ [ʒɛ] nm 1 (*action*) arremesso, lançamento: **armes de jet** armas de arremesso 2 (*d'un fluide*) jato, jorro, esguicho 3 (*de lumière*) raio, feixe
▪ **jet d'eau** fonte f, repuxo
▪ **premier jet** esboço, delineamento
jet² [dʒɛt] nm (*avion*) jato
jetable [ʒətabl] adj descartável
jetée [ʒəte] nf quebra-mar m
jeter [6] [ʒəte] vt 1 (*lancer*) atirar, lançar, arremessar: **jeter une pierre** atirar uma pedra 2 (*pousser*) atirar, jogar: **jeter par terre** jogar ao chão 3 (*se débarrasser*) jogar, jogar fora: **jeter à la poubelle** jogar no lixo 4 (*pont*) lançar 5 (*son*) emitir, dar, soltar: **jeter un cri** dar um grito
▶ vpr **se jeter** 1 (*gén*) lançar-se, atirar-se, jogar-se 2 (*fleuve*) lançar-se, desaguar
• **jeter en prison** meter na prisão
• **jeter l'ancre** largar âncora
• **jeter les fondements** lançar os alicerces
• **jeter son argent par les fenêtres** jogar dinheiro pela janela
• **jeter un coup d'œil** dar uma olhada
• **jeter un regard** lançar, dirigir um olhar
• **se jeter à l'eau** [fig] não pensar duas vezes
jeton [ʒətɔ̃] nm 1 ficha (*de jogo, de telefone*) 2 (*de présence*) jetom
• **avoir les jetons** fam estar morrendo de medo
▪ **faux jeton** hipócrita
jeu [ʒø] nm 1 (*gén*) jogo 2 (*amusement*) brincadeira f: **les enfants adorent le jeu** as crianças adoram brincadeiras/adoram brincar 3 (*ensemble de pièces*) jogo, conjunto: **un jeu de clefs** um jogo de chaves 4 (*pari*) aposta f, jogo, jogada f 5 MUS interpretação f, execução f 6 (*théâtre*) interpretação f, representação f 7 (*ensemble de cartes*) baralho 8 (*mouvement aisé*) movimento, funcionamento
• **avoir du jeu** dar as cartas; ter o jogo na mão
• **calmer le jeu** acalmar os ânimos
• **ce n'est pas de jeu** não está certo, não é justo
• **d'entrée de jeu** desde o início
• **faites vos jeux** façam suas apostas
• **jouer le jeu** entrar no jogo
• **par jeu** por brincadeira, por divertimento
▪ **jeu d'échecs** jogo de xadrez
▪ **jeu d'enfant** brincadeira f de criança
▪ **jeu de mots** trocadilho, jogo de palavras
▪ **Jeux olympiques** Jogos olímpicos
▪ **jeu vidéo** videogame
jeudi [ʒødi] nm quinta-feira f
jeun [ʒœ̃] loc **à jeun** em jejum
jeune [ʒœn] adj 1 (*peu avancé en âge*) jovem 2 (*qui a l'aspect de la jeunesse*) moço, -ça, novo, -va 3 (*benjamin*) mais

novo, -va, menor: *son jeune frère* seu irmão menor **4** (*de la jeunesse*) juvenil, jovem: *s'habiller jeune* usar moda jovem **5** (*récent*) recém-: *jeunes mariés* recém-casados
▶ *nmf* (*personne jeune*) jovem
• *c'est un peu jeune!* é pouco!
■ **jeune fille** moça, jovem, mocinha
■ **jeune homme** moço, jovem, rapaz
■ **jeunes gens** jovens

jeûne [ʒøn] *nf* jejum *m*

jeûner [1] [ʒøne] *vi* jejuar, fazer jejum

jeunesse [ʒœnɛs] *nf* juventude, mocidade

joaillerie [ʒɔajʀi] *nf* joalheria

job [dʒɔb] *nm fam* trabalho, emprego

jobard, -e [ʒɔbaʀ, -aʀd] *adj-nm,f fam* bobo, -ba, simplório, -a

jockey [ʒɔkɛ] *nm* SPORT jóquei

jogging [dʒɔgiŋ] *nm* SPORT corrida *f*, jogging

joie [ʒwa] *nf* **1** (*allégresse*) alegria: *être fou de joie* não caber em si de alegria **2** (*très vive*) prazer *m*
• *se faire une joie de* ficar feliz em/com

joindre [72] [ʒwɛ̃dʀ] *vt* **1** (*deux choses*) juntar, unir: *il joignit les mains* juntou as mãos **2** (*ajouter*) somar, unir: *joindre l'utile à l'agréable* unir o útil ao agradável **3** (*contacter quelqu'un*) encontrar: *je n'arrive pas à le joindre* não consigo encontrá-lo
▶ *vi* (*être en contact*) ajustar-se: *ces portes joignent mal* estas portas não se ajustam bem
▶ *vpr* **se joindre 1** (*adhérer*) unir-se, reunir-se (*à*, a): *se joindre à un groupe* unir-se a um grupo **2** (*se retrouver*) reunir-se: *ils ont pu se joindre* eles conseguiram reunir-se

joint, -e [ʒwɛ̃, -ɛ̃t] *adj* junto, -ta
▶ *nm* **joint 1** (*assemblage*) junta *f*, articulação *f* **2** *fam* (*drogue*) baseado
• **trouver le joint** achar um jeito

joker [dʒɔkɛʀ] *nm* curinga, coringa

joli, -e [ʒɔli] *adj* bonito, -ta
• *c'est du joli!* bonito, hem! (*irônico*)

jonc [ʒɔ̃] *nm* junco

joncher [1] [ʒɔ̃ʃe] *vt* juncar, espalhar-se por

jonction [ʒɔ̃ksjɔ̃] *nf* junção

jongler [1] [ʒɔ̃gle] *vi* fazer malabarismos

jongleur, -euse [ʒɔ̃glœʀ, -øz] *nm,f* malabarista

jonquille [ʒɔ̃kij] *nf* BOT junquilho *m*

joue [ʒu] *nf* face, bochecha
• *mettre en joue* mirar, ter em mira

jouer [1] [ʒwe] *vi* **1** (*se divertir*) brincar, divertir-se **2** (*prendre à la légère*) levar na brincadeira, brincar com **3** (*acteur*) representar, interpretar **4** (*d'un instrument*) tocar: *jouer du piano* tocar piano **5** (*appareil*) funcionar
▶ *vt* **1** (*gén*) jogar **2** (*risquer*) jogar, apostar, arriscar **3** (*duper*) iludir, enganar, burlar
▶ *vpr* **se jouer 1** (*gén*) estar/ser posto, -ta em jogo **2** (*film*) ser apresentado, -da, ser exibido, -da **3** (*pièce*) ser representado, -da **4** (*musique*) ser tocado, -da, ser executado, -da **5** (*se moquer*) zombar, rir (*de*, de), menosprezar: *se jouer des difficultés* menosprezar as dificuldades
• **jouer de malchance** estar com azar
• **jouer des coudes** abrir caminho com os cotovelos
• **jouer le tout pour le tout** arriscar tudo
• **jouer un rôle** desempenhar/representar um papel

jouet [ʒwɛ] *nm* brinquedo
• *être le jouet de* ser joguete de

joueur, -euse [ʒwœʀ, -øz] *nm,f* **1** (*gén*) jogador, -ra **2** (*d'un instrument*) instrumentista, tocador, -ra
▶ *adj* (*enfant*) brincalhão, -ona
• *être beau/mauvais joueur* ser bom/mau perdedor

joufflu, -e [ʒufly] *adj* bochechudo, -da

joug [ʒu] *nm* jugo, canga *f*
• *sous le joug de* sob o jugo de

jouir [20] [ʒwiʀ] *vi* gozar, desfrutar, usufruir: *jouir d'une bonne santé* gozar de boa saúde

jouissance [ʒwisɑ̃s] *nf* gozo *m*, prazer *m*

joujou [ʒuʒu] *nm fam* brinquedo
• *faire joujou* brincar

jour [ʒuʀ] *nm* **1** (*journée*) dia: *elle est partie pour trois jours* ela viajou por

três dias; **le jour se lève** o dia está nascendo 2 *(aspect)* luz, aspecto, faceta *f*: **se présenter sous un jour favorable** mostrar-se sob uma luz favorável 3 *(ouverture)* abertura *f*, furo, perfuração *f*, vão 4 *(broderie)* ponto *à jour*, ajur
▸ *nm pl* **jours** *(temps de vie)* dias *m pl*
• **au grand jour** à luz do dia; abertamente
• **au jour le jour** sem se preocupar com o amanhã [précairement] precariamente
• **au petit jour** de manhãzinha; de madrugada
• **de jour en jour** dia a dia
• **de nos jours** atualmente, hoje em dia
• **donner le jour** dar à luz
• **du jour au lendemain** de um dia para outro
• **faire jour** ser de dia
• **se mettre à jour** pôr-se em dia
• **un beau jour** um belo dia
■ **jour férié** feriado
■ **jour ouvrable** dia útil
■ **sous un faux jour** sob falsa aparência *f*

journal [ʒuRnal] *nm* 1 *(écrit)* diário 2 *(publication)* jornal, periódico 3 *(à la télé)* telejornal, noticiário
■ **journal officiel** diário oficial

journalier, -ère [ʒuRnalje, -ɛR] *adj* diário, -a
▸ *nm* **journalier** diarista

journalisme [ʒuRnalism] *nm* jornalismo

journaliste [ʒuRnalist] *nmf* jornalista

journée [ʒuRne] *nf* 1 *(espace de temps)* dia *m*, jornada 2 *(paye)* diária

jovial, -e [ʒɔvjal] *adj* jovial

jovialité [ʒɔvjalite] *nf* jovialidade

joyau [ʒwajo] *nm* joia *f*

joyeux, -euse [ʒwajø, -øz] *adj* 1 *(gai)* alegre, jovial 2 *(heureux)* feliz: *joyeux Noël!* feliz Natal!

jubiler [1] [ʒybile] *vi fam* estar exultante

jucher (se) [1] [ʒyʃe] *vpr* empoleirar-se, encarapitar-se

judaïsme [ʒydaism] *nm* judaísmo

judas [ʒyda] *nm* 1 *(traître)* judas, traidor 2 *(d'une porte)* vigia *f*

judiciaire [ʒydisjɛR] *adj* judiciário

judo [ʒydo] *nm* judô

juge [ʒyʒ] *nm* juiz
■ **juge d'instruction** DR juiz instrutor, juiz de instrução
■ **juge de ligne** SPORT bandeirinha

jugé [ʒyʒe] *loc* **au jugé** a olho

jugement [ʒyʒmɑ̃] *nm* 1 *(faculté de l'entendement)* juízo, discernimento, entendimento 2 *(bon sens)* juízo 3 DR julgamento, sentença *f* 4 *(opinion)* juízo, opinião *f*, ideia *f*
• **prononcer un jugement** DR sentenciar
■ **le jugement dernier** juízo final

jugeote [ʒyʒɔt] *nf fam* juízo *m*
• **manquer de jugeote** não ter juízo

juger [4] [ʒyʒe] *vt* 1 *(gén)* julgar: *juger un accusé* julgar um acusado 2 *(estimer)* considerar, julgar, achar 3 *(imaginer)* imaginar: *jugez de ma déception* imagine a minha decepção
• **à en juger d'après** a julgar por
• **au juger** a olho

jugulaire [ʒygylɛR] *adj-nf* ANAT jugular

juif, -ive [ʒɥif, -iv] *adj* judaico, -ca
▸ *nm,f* **Juif, -ive** judeu, -ia

juillet [ʒɥije] *nm* julho

juin [ʒɥɛ̃] *nm* junho

jumeau, -elle [ʒymo, -ɛl] *adj-nm,f (frère)* gêmeo, -a
▸ *nm* **jumeau** ANAT gêmeo

jumelé, -e [ʒymle] *adj (maisons)* geminado, -da
• **villes jumelées** cidades irmãs

jumelles [ʒymɛl] *nf pl* binóculos *m*

jument [ʒymɑ̃] *nf* ZOOL égua

jungle [ʒœ̃gl] *nf* selva

junior [ʒynjɔR] *nmf* júnior

jupe [ʒyp] *nf* saia

jupe-culotte [ʒypkylɔt] *nf (pl* **jupes-culottes***)* saia-calça

jupon [ʒypɔ̃] *nm* anágua *f*, saiote

juré [ʒyRe] *nm* jurado

jurer [1] [ʒyRe] *vt* jurar: *jurer fidélité* jurar
▸ *vi* 1 *(dire des jurons)* blasfemar, praguejar 2 *(aller mal ensemble)* destoar, não combinar: *son chemisier jurait avec sa jupe* a blusa destoava da saia

- *vpr* **se jurer** jurar que
- **je vous jure!** juro!

juridiction [ʒyʀidiksjɔ̃] *nf* jurisdição
juridique [ʒyʀidik] *adj* jurídico, -ca
jurisprudence [ʒyʀispʀydɑ̃s] *nf* jurisprudência
juriste [ʒyʀist] *nmf* jurista
juron [ʒyʀɔ̃] *nm* blasfêmia *f*, praga *f*
jury [ʒyʀi] *nm* 1 DR júri 2 (*d'examen*) banca *f* examinadora
jus [ʒy] *nm* 1 (*gén*) suco, sumo 2 (*liquide*) caldo 3 *fam* café 4 *fam* (*électricité*) corrente *f* elétrica, luz *f*, força *f*
- **jus de raisin** suco de uva

jusque [ʒysk] (diante de vogal e h mudo usa-se **jusqu'**) *prép* até
- **en avoir jusque là** estar farto, -ta, estar cheio, -a
- **jusqu'à maintenant** até agora
- **jusqu'à présent** até agora, até o momento
- **jusqu'ici** até aqui

justaucorps [ʒystokɔʀ] *nm* malha *f*, collant
juste [ʒyst] *adj* 1 (*équitable*) justo, -ta 2 (*exact*) certo, -ta, exato, -ta 3 (*étroit*) justo, -ta, estreito, -ta 4 (*peu abondant*) justo, -ta 5 (*voix, instrument*) afinado, -da
▶ *adv* 1 (*correct*) justamente 2 (*exact*) exatamente, precisamente 3 (*chanter, jouer*) afinado
▶ *loc* **tout juste** 1 justamente 2 (+ *inf*) acabar de: *elle vient tout juste de téléphoner* ela acabou de telefonar 3 só, simplesmente, somente: *j'ai tout juste dit que peut-être* eu só disse talvez...
- **au juste** exatamente, ao certo
- **frapper juste** acertar no alvo

justesse [ʒystɛs] *nf* 1 (*gén*) exatidão, justeza 2 (*du jugement, des actions*) retidão
- **de justesse** por pouco, por um fio

justice [ʒystis] *nf* justiça
- **faire justice à qqn** fazer justiça a alguém
- **rendre justice** fazer justiça
- **passer en justice** ir a juízo
- **poursuivre en justice** acionar, mover ação contra
- **traduire en justice** citar (*em juízo*)

justicier, -ère [ʒystisje, -ɛʀ] *adj-nm,f* justiceiro, -ra
justification [ʒystifikasjɔ̃] *nf* justificação
justifier [12] [ʒystifje] *vt* justificar
▶ *vpr* **se justifier** justificar-se
jute [ʒyt] *nm* juta *f*
juteux, -euse [ʒytø, -øz] *adj* suculento, -ta
juvénile [ʒyvenil] *adj* juvenil
juxtaposition [ʒykstapozisjɔ̃] *nf* justaposição

K

K7 [kasɛt] *nf* cassete

kaki [kaki] *adj inv (couleur)* cáqui
▶ *nm (fruit, couleur)* caqui

kaléidoscope [kaleidɔskɔp] *nm* caleidoscópio

kamikaze [kamikaz] *nm* camicase, camicaze

kangourou [kɑ̃guʀu] *nm* ZOOL canguru

karaoké [kaʀaɔke] *nm* caraoquê

karaté [kaʀate] *nm* caratê

kart [kaʀt] *nm* carte, *kart*

kayak [kajak] *nm* caiaque, caíque

Kenya [kenja] *nm* Quênia

kenyan, -e [kenjɑ̃, -an] *adj* queniano, -na
▶ *nm,f* **Kenyan, -e** queniano, -na

képi [kepi] *nm* quepe

kermesse [kɛʀmɛs] *nf* quermesse

kérosène [keʀozɛn] *nm* querosene

ketchup [kɛtʃœp] *nm* ketchup

keuf [kœf] *nm fam* policial, polícia

kidnapper [1] [kidnape] *vt* sequestrar

kidnappeur, -euse [kidnapœʀ, -øz] *nm,f* sequestrador, -ra

kidnapping [kidnapiŋ] *nm* sequestro

kif-kif [kifkif] *loc* **c'est kif-kif** dá tudo na mesma

kilo [kilo] *nm* quilo

kilogramme [kilɔgʀam] *nm* quilograma

kilométrage [kilɔmetʀaʒ] *nm* quilometragem *f*

kilomètre [kilɔmɛtʀ] *nm* quilômetro

kilo-octet [kilɔɔktɛt] *nm* INFORM quilobyte

kilowatt [kilɔwat] *nm* quilowatt

kilt [kilt] *nm* kilt, saia *f* escocesa

kimono [kimɔno] *nm* quimono

kinésithérapeute [kineziteʀapøt] *nmf* fisioterapeuta

kiosque [kjɔsk] *nm* **1** *(dans un jardin)* quiosque **2** *(à fleurs, à journaux)* banca *f*
• **kiosque à musique** coreto

kirsch [kiʀʃ] *nm* quirche, *kirsch*

kit [kit] *nm* kit

kitchenette [kitʃənɛt] *nf* kitchenette, quitinete

kiwi [kiwi] *nm* quiuí, *kiwi*, quivi

klaxon® [klaksɔn] *nm* buzina *f*

klaxonner [1] [klaksɔne] *vi* buzinar

kleenex® [klinɛks] *nm* lenço de papel

kleptomane [klɛptɔman] *nmf* cleptomaníaco, -ca

K-O [kao] *adj-nm* nocaute
• **mettre K-O** nocautear

koala [kɔala] *nm* coala

krach [kʀak] *nm* craque, *crash*

kung-fu [kuŋfu] *nm* kung fu

k-way® [kawe] *nm inv* jaqueta *f* de náilon

kyrielle [kiʀjɛl] *nf fam* ladainha, lenga-lenga

kyste [kist] *nf* MÉD cisto *m*, quisto *m*

L

l' [l] *det-pron pers* → le, la

la¹ [la] (**l'** diante de vogal e *h* mudo) *det* a: ***la chanson*** a canção
▶ *pron pers* a: ***tu la vois?*** você a vê?

la² [la] *nm* MUS lá *m*

là [la] *adv* **1** (*loin, indéterminé*) ali, aí: ***restez là*** fique aí; ***c'est là qu'il s'est marié*** foi aí que ele se casou **2** (*proximité*) aqui, cá: ***viens là!*** venha cá!
▶ **nom + -là** aquele, -la: ***cet homme-là*** aquele homem
• **ça et là** aqui e acolá
• **en rester là** ficar nisso
• **il faut en passer par là** não há alternativa

là-bas [laba] *adv* lá

label [labɛl] *nm* etiqueta *f*, selo, rótulo

labial, -e [labjal] *adj* labial

labo [labo] *nm fam* laboratório

laboratoire [labɔratwaʀ] *nm* laboratório

laborieux, -euse [labɔrjø, -øz] *adj* **1** (*industrieux*) laborioso, -sa, trabalhador, -eira **2** (*long et difficile*) penoso, -sa, árduo, -a

labourer [1] [labuʀe] *vt* lavrar

labyrinthe [labiʀɛ̃t] *nm* labirinto

lac [lak] *nm* lago

lacer [3] [lase] *vt* amarrar, atar

lacérer [10] [laseʀe] *vt* **1** (*papier, vêtements*) rasgar **2** (*corps*) lacerar, dilacerar

lacet [lase] *nm* **1** (*de chaussure*) cordão, cadarço **2** (*d'une route*) curva *f* fechada: ***route en lacets*** estrada cheia de curvas/sinuosa **3** (*piège*) laço, armadilha *f*

lâche [laʃ] *adj* **1** (*action*) vil, infame **2** (*nœud*) frouxo, -xa
▶ *adj-nmf* (*personne*) covarde

lâcher [1] [laʃe] *vt* **1** (*gén*) soltar, largar: ***il a lâché un juron*** soltou uma praga **2** (*détendre*) afrouxar **3** *fam* (*un ami*) largar
▶ *vi* soltar-se
• **lâcher prise** *fig* ceder, largar, abrir mão de, desistir
• **lâcher la bride** soltar as rédeas

lâcheté [laʃte] *nf* **1** (*manque de courage*) covardia **2** (*action*) infâmia

laconique [lakɔnik] *adj* lacônico, -ca

lacrymal, -e [lakʀimal] *adj* lacrimal

lacrymogène [lakʀimɔʒɛn] *adj* lacrimogêneo, -a

lactique [laktik] *adj* láctico, -ca, lático, -ca

lacune [lakyn] *nf* lacuna

lacustre [lakystʀ] *adj* lacustre

là-dedans [ladədɑ̃] *adv* **1** (*lieu*) aí dentro **2** (*affaire*) nisso: ***il n'y a rien de difficile là-dedans*** não há nada difícil nisso

là-dessous [ladsu] *adv* **1** (*lieu*) ali embaixo **2** (*au-delà*) por trás disso: ***il y a quelque chose là-dessous*** há alguma coisa por detrás disso

là-dessus [ladsy] *adv* **1** (*sur ce*) então, nisso, nesse momento: ***là-dessus, il se mit à rire*** nisso, ele começou a rir **2** (*sur le sujet*) sobre isso, a esse respeito: ***tu ne vas pas encore revenir là-dessus!*** você não vai tornar a falar sobre isso!

lagon [lagɔ̃] *nm* laguna *f*

lagune [lagyn] *nf* laguna

là-haut [lao] *adv* **1** lá em cima **2** (*aux cieux*) no Céu, no Alto

laïc, laïque [laik] *adj* leigo, -ga, laico, -ca

laid, -e [lɛ, -ɛd] *adj* feio, -a

laideur [lɛdœʀ] *nf* feiura, fealdade

laie [lɛ] *nf* ZOOL javalina

lainage [lɛnaʒ] *nm* 1 (*matière*) lã *f*, tecido de lã 2 (*vêtement*) roupa *f* de lã

laine [lɛn] *nf* lã

laïque [laik] *adj* → laïc

laisse [lɛs] *nf* correia
• **tenir en laisse** segurar pela guia, levar preso na guia

laisser [1] [lese] *vt* (*gén*) deixar: *il l'a laissé faire* deixou-o fazer o que queria; *laissez-moi tranquille* deixe-me em paz
▶ *vpr* **se laisser** deixar-se: *il s'est laissé aller* deixou-se levar
• **laisse tomber!** deixe pra lá!, desista!
• **se laisser faire** submeter-se, sujeitar-se

laisser-aller [leseale] *nm inv* 1 (*désinvolture*) desenvoltura *f*, naturalidade *f* 2 (*négligence*) negligência *f*

laissez-passer [lesepase] *nm inv* passaporte, salvo-conduto

lait [lɛ] *nm* leite
■ **lait concentré** leite condensado
■ **lait démaquillant** leite de limpeza
■ **lait écrémé** leite desnatado
■ **lait en poudre** leite em pó
■ **lait entier** leite integral

laitage [lɛtaʒ] *nm* laticínio

laiterie [lɛtʀi] *nf* (*usine; magasin*) leiteria

laiteux, -euse [lɛtø, -øz] *adj* leitoso, -sa

laitier, -ère [lɛtje, -ɛʀ] *adj-nm,f* leiteiro, -ra

laiton [lɛtɔ̃] *nm* latão

laitue [lety] *nf* BOT alface

lama [lama] *nm* 1 REL lama 2 ZOOL lhama *f*

lambeau [lɑ̃bo] *nm* 1 (*morceau*) retalho 2 *fig* (*de conversation*) fragmento, trecho
• **en lambeaux** em pedaços

lambiner [1] [lɑ̃bine] *vi fam* fazer hora, perder tempo

lambris [lɑ̃bʀi] *nm* lambri, lambril

lame [lam] *nf* 1 (*de métal*) lâmina 2 (*de parquet*) tábua, taco *m* 3 (*d'instrument coupant*) lâmina 4 (*vague*) onda, vaga

■ **lame de rasoir** lâmina de barbear, gilete

lamelle [lamɛl] *nf* 1 lâmina, lamela 2 (*de fromage, de pomme*) fatia fina
• **en lamelles** em fatias finas

lamentable [lamɑ̃tabl] *adj* lamentável

lamenter (se) [1] [lamɑ̃te] *vpr* lamentar-se, lastimar-se

lampadaire [lɑ̃padɛʀ] *nm* 1 (*de rue*) poste 2 (*d'intérieur*) luminária *f*

lampe [lɑ̃p] *nf* luminária, abajur *m*
■ **lampe de chevet** abajur *m* de cabeceira
■ **lampe de poche** lanterna, farolete *m*

lampion [lɑ̃pjɔ̃] *nm* lanterna *f* chinesa

lance [lɑ̃s] *nf* lança
■ **lance d'incendie** extintor de incêndio

lancement [lɑ̃smɑ̃] *nm* 1 (*gén*) lançamento 2 (*d'un bateau*) lançamento, bota-fora

lance-pierre [lɑ̃spjɛʀ] *nm* (*pl* **lance-pierres**) estilingue, atiradeira *f*

lancer [3] [lɑ̃se] *vt* 1 (*gén*) lançar 2 (*coup, injures*) soltar, proferir 3 (*moteur*) ligar, dar a partida em 4 (*ordinateur*) ligar, iniciar 5 (*mettre en mouvement*) pôr em movimento 6 (*bateau*) lançar ao mar,
▶ *vpr* **se lancer** lançar-se (**dans**, em): *il s'est lancé dans la chanson* lançou-se na música popular

landau [lɑ̃do] *nm* carrinho de bebê

lande [lɑ̃d] *nf* pântano *m*, charco *m*

langage [lɑ̃gaʒ] *nm* linguagem *f*

lange [lɑ̃ʒ] *nm* cueiro

langoureux, -euse [lɑ̃guʀø, -øz] *adj* lânguido, -da, langoroso, -sa

langouste [lɑ̃gust] *nf* ZOOL lagosta

langoustine [lɑ̃gustin] *nf* ZOOL lagostim *m*

langue [lɑ̃g] *nf* 1 (*gén*) língua 2 (*style*) linguagem
• **avoir la langue bien pendue** falar pelos cotovelos
• **ne pas savoir tenir sa langue** não guardar segredo
■ **langue maternelle** língua materna

languette [lɑ̃gɛt] *nf* lingueta

languir [20] [lɑ̃giʀ] *vi* 1 *fml* languescer, sofrer 2 (*manquer de vigueur*) perder

lanière [lanjɛʀ] nf correia, loro m

lanterne [lɑ̃tɛʀn] nf 1 (d'éclairage) lanterna 2 (de projection) projetor m

laper [1] [lape] vt-vi beber com a língua (cães, gatos)

lapidaire [lapidɛʀ] adj lapidar

lapider [1] [lapide] vt apedrejar

lapin, -e [lapɛ̃, -in] nm,f coelho, -lha
• **poser un lapin** dar o cano

laps [laps] nm lapso (de tempo), intervalo

lapsus [lapsys] nm lapso, erro

laquais [lakɛ] nm lacaio

laque [lak] nf laca, goma laca

laquelle [lakɛl] pron rel → lequel

larcin [laʀsɛ̃] nm 1 furto 2 (plagiat) plágio

lard [laʀ] nm 1 (graisse de porc) toucinho 2 (viande) porco 3 fam (d'une personne) gordura f, banha f

larder [1] [laʀde] vt 1 CUIS rechear com toucinho 2 fig (de coups) encher

lardon [laʀdɔ̃] nm CUIS toucinho em tira

large [laʀʒ] adj 1 (gén) largo, -ga: **un trottoir large** uma calçada larga 2 (vêtements) largo, -ga, folgado, -da 3 (étendu, important) amplo, -pla, vasto, -ta grande 4 (généreux) generoso, -sa, liberal
▸ nm 1 largura f: **le tissu mesure un mètre de large** o tecido tem um metro de largura 2 (en mer) largo, alto-mar
▸ adv a mais, com sobra, com folga
• **au large** ao largo
• **en long et en large** de um lado a outro
• **prendre le large** fam fig mandar-se, dar o fora

largement [laʀʒəmɑ̃] adv 1 (gén) largamente, amplamente 2 (payer) generosamente, liberalmente

largeur [laʀʒœʀ] nf 1 (dimension) largura 2 fig (d'esprit) largueza, abertura, liberalidade

larguer [2] [laʀge] vt 1 (amarres) largar, soltar 2 (bombe) lançar, soltar 3 fam (abandonner) largar, abandonar

larme [laʀm] nf lágrima
• **être en larmes** estar chorando
• **pleurer à chaudes larmes** debulhar-se em lágrimas

larmoyant, -e [laʀmwajɑ̃, -ɑ̃t] adj 1 (qui verse des larmes) choroso, -sa 2 MÉD lacrimejante

larve [laʀv] nf 1 (d'insecte) larva 2 fig (personne) verme m

laryngite [laʀɛ̃ʒit] nf MÉD laringite

larynx [laʀɛ̃ks] nm ANAT laringe f

las, lasse [la, las] adj 1 (fatigué) cansado, -da 2 fig (dégoûté) cansado, -da, farto, -ta

lascif, -ive [lasif, -iv] adj lascivo, -va

laser [lazɛʀ] nm laser

lassitude [lasityd] nf 1 (fatigue) cansaço m, moleza 2 (ennui) enfado m, aborrecimento m

lasso [laso] nm laço (para animais)

latent, -e [latɑ̃, -ɑ̃t] adj latente

latéral, -e [lateʀal] adj lateral

latex [latɛks] nm látex

latin, -e [latɛ̃, -in] adj latino, -na
▸ nm,f **Latin, -e** latino, -na
▸ nm **latin** (langue) latim

latino-américain, -e [latinoameʀikɛ̃, -ɛn] adj latino-americano, -na
▸ nm,f **Latino-américain, -e** latino-americano, -na

latitude [latityd] nf 1 GÉOG latitude 2 (liberté) liberdade 3 (région) região, clima m

latte [lat] nf ripa

lauréat, -e [lɔʀea, -at] adj-nm,f laureado, -da, premiado, -da

laurier [lɔʀje] nm BOT loureiro, louro
▸ nm pl **lauriers** louros, sucesso sing, glória f sing
• **s'endormir sur ses lauriers** dormir sobre os louros

lavable [lavabl] adj lavável

lavabo [lavabo] nm lavabo

lavage [lavaʒ] nm lavagem
■ **lavage d'estomac** lavagem gástrica

lavande [lavɑ̃d] nf BOT lavanda, alfazema

lavandière [lavɑ̃djɛʀ] nf lavadeira

lave [lav] nf lava

lave-glace [lavglas] nm (pl **lave-glaces**) limpador de para-brisa

lave-linge [lavlɛ̃ʒ] *nm inv* máquina *f* de lavar roupa

lavement [lavmɑ̃] *nm* MÉD clister

laver [1] [lave] *vt* lavar
▶ *vpr* **se laver** lavar-se

laverie [lavʀi] *nf* lavandaria
▶ **laverie automatique** lavandaria

lavette [lavɛt] *nf* 1 (*éponge*) esponja 2 *fam* (*homme mou*) molenga *mf*

laveur, -euse [lavœʀ, -øz] *nm,f* lavador, -ra
■ **laveur, -euse de carreaux** lavador, -ra de vidraças
■ **laveur, -euse de voitures** lavador, -ra de carros

lave-vaisselle [lavvɛsɛl] *nm inv* lava-louças *f*

lavoir [lavwaʀ] *nm* lavandaria *f*

laxatif, -ive [laksatif, -iv] *adj* laxante, laxativo, -va
▶ *nm* **laxatif** laxante

layette [lɛjɛt] *nf* enxoval *m* de bebê

le [lə] (l' diante de vogal e h mudo) *det* o, a: *l'oiseau* o pássaro; *l'hôpital* o hospital; *à trois euros le kilo* a três euros o quilo
▶ *pron pers* o, ∅: *je le sais* eu sei; *je l'ai vu hier* eu o vi ontem

leader [lidœʀ] *nm* líder

lécher [10] [leʃe] *vt* lamber
▶ *vpr* **se lécher** lamber-se
• **se lécher les babines** *fam fig* lamber os beiços
• **se lécher les doigts** lamber os dedos

lèche-vitrines [lɛʃvitʀin] *loc* **faire du lèche-vitrines** namorar as vitrines

leçon [ləsɔ̃] *nf* 1 (*gén*) lição 2 (*cours*) aula
• **faire la leçon à qqn** repreender alguém
• **servir de leçon** servir de lição
■ **leçons particulières** aulas particulares

lecteur, -trice [lɛktœʀ, -tʀis] *nm,f* leitor, -ra
▶ *nm* **lecteur** INFORM leitor
■ **lecteur de CD** leitor de CD

lecture [lɛktyʀ] *nf* leitura

légal, -e [legal] *adj* legal

légaliser [1] [legalize] *vt* legalizar

légalité [legalite] *nf* legalidade

légendaire [leʒɑ̃dɛʀ] *adj* lendário, -a

légende [leʒɑ̃d] *nf* 1 (*fable*) lenda 2 (*de diagramme, d'illustration, photo*) legenda

léger, -ère [leʒe, -ɛʀ] *adj* leve
• **à la légère** com leviandade, irrefletidamente

légèrement [leʒɛʀmɑ̃] *adv* 1 (*peu, doucement*) levemente, ligeiramente 2 (*sans gravité*) levianamente

légèreté [leʒɛʀte] *nf* 1 (*gén*) leveza 2 (*agilité*) ligeireza 3 (*désinvolture*) leviandade 4 (*d'un accident*) falta de gravidade, insignificância

légion [leʒjɔ̃] *nf* legião
■ **légion d'honneur** legião de honra

légionnaire [leʒjɔnɛʀ] *nm* legionário

législateur, -trice [leʒislatœʀ, -tʀis] *adj-nm,f* legislador, -ra

législation [leʒislasjɔ̃] *nf* legislação

légitime [leʒitim] *adj* legítimo, -ma

légitimer [1] [leʒitime] *vt* 1 (*union, enfant*) legitimar 2 *fig* (*acte, mauvaise action*) justificar

léguer [10] [lege] *vt* legar

légume [legym] *nm* hortaliça *f*, legume
■ **légumes secs** grãos, cereais
■ **légumes verts** verduras *f*, hortaliças *f*

leitmotiv [lajtmɔtif] *nm* leitmotiv

lendemain [lɑ̃dmɛ̃] *nm* 1 (*jour suivant*) dia seguinte: *il est arrivé le lendemain* chegou no dia seguinte 2 (*avenir*) amanhã, futuro
• **au lendemain de** logo depois de
• **du jour au lendemain** de um dia para outro
• **sans lendemain** sem futuro

lent, -e [lɑ̃, -ɑ̃t] *adj* lento, -ta

lenteur [lɑ̃tœʀ] *nf* lentidão, morosidade

lentille [lɑ̃tij] *nf* 1 (*légume*) lentilha 2 (*pour voir*) lente
■ **lentilles de contact** lentes de contato

léopard [leɔpaʀ] *nm* ZOOL leopardo

lèpre [lɛpʀ] *nf* MÉD lepra, hanseníase

lépreux, -euse [lepʀø, -øz] *adj-nm,f* leproso, -sa, hanseniano, -na

lequel, laquelle [ləkɛl, lakɛl] *pron rel* (*pl* **lesquels, lesquelles**) o qual, a qual, que: *le sourire avec lequel il l'a accueilli* o sorriso com que ele o recebeu

▶ *pron inter* qual: **lequel préférez-vous?** qual prefere?; **lesquels voulez-vous?** quais você/o senhor/a senhora quer?

les [le] *det-pron* os, as: **les hommes** os homens; **les filles** as moças; **je les ai vus** eu os vi; **je les ai vues** eu as vi

lesbienne [lɛzbjɛn] *nf* lésbica

léser [10] [leze] *vt* lesar

lésiner [1] [lezine] *vi* pechinchar, regatear

lésion [lezjɔ̃] *nf* lesão

lesquels, lesquelles [lekɛl] *pron* → lequel, laquelle

lessive [lesiv] *nf* **1** *(produit)* sabão *m* em pó, sabão *m* líquido para roupa **2** *(linge)* roupa para lavar
• **faire la lessive** lavar roupa

lest [lɛst] *nm* lastro
• **lâcher du lest** *fig* fazer concessões

leste [lɛst] *adj (personne)* ágil, lépido, -da

léthargique [letaʀʒik] *adj* letárgico, -ca

lette [lɛt] *nm (langue)* letão

letton, -onne [lɛtɔ̃, -ɔn] *adj* letão, -tã
▶ *nm,f* **Letton, -onne** letão, -tã
▶ *nm* **letton** *(langue)* letão

Lettonie [lɛtɔni] *nf* Letônia

lettre [lɛtʀ] *nf* **1** *(caractère)* letra **2** *(courrier)* carta **3** COMM letra
▶ *nf pl* **lettres** letras, literatura *sing*: **lettres modernes** letras modernas
• **au pied de la lettre** ao pé da letra
■ **lettre de change** letra de câmbio
■ **lettre majuscule** letra maiúscula
■ **lettre minuscule** letra minúscula
■ **lettre recommandée** carta registrada

leucémie [løsemi] *nf* leucemia

leur [lœʀ] *adj poss* seu, sua, deles, delas: **ils viendront dans leur voiture** virão no carro deles
▶ *pron poss* **le/la leur** o seu, a sua, o/a deles, o/a delas: **nos enfants ont le même âge, mais le leur est plus grand** nossos filhos têm a mesma idade, mas o deles é mais alto
▶ *pron pers* lhes: **je leur raconte cette histoire** conto-lhes essa história

leurrer [1] [lœʀe] *vt* enganar, engodar
▶ *vpr* **se leurrer** iludir-se

levain [ləvɛ̃] *nm* fermento, levedo, levedura *f*

levant, -e [ləvɑ̃] *adj* nascente: **soleil levant** sol nascente
▶ *nm* **levant** Levante, Oriente, Nascente

lever¹ [7] [ləve] *vt* **1** *(gén)* levantar, erguer, elevar: **lève le bras** levante o braço **2** *(les yeux)* erguer, levantar **3** *(tirer vers le haut)* subir, elevar, içar
▶ *vi* CUIS *(pâte)* subir, crescer
▶ *vpr* **se lever 1** *(gén)* levantar-se, erguer-se **2** *(le jour)* despontar, começar, nascer

lever² [ləve] *nm* **1** *(action de lever)* subida *f*, elevação *f* **2** *(action de sortir du lit)* despertar, levantar: **à son lever** ao despertar **3** *(d'un astre)* surgimento, despontar
■ **lever du rideau** quando o pano sobe

lève-tard [lɛvtaʀ] *nmf inv* dorminhoco, -ca

lève-tôt [lɛvto] *nmf inv* madrugador, -ra

levier [ləvje] *nm* alavanca *f*
■ **levier de vitesses** alavanca *f* de câmbio

lévitation [levitasjɔ̃] *nf* levitação

lèvre [lɛvʀ] *nf* lábio *m*
• **du bout des lèvres** *fig (parler)* de má vontade [manger] sem apetite

lévrier [levʀije] *nm* ZOOL galgo

levure [ləvyʀ] *nf* levedura, levedo *m*

lexique [lɛksik] *nm* léxico

lézard [lezaʀ] *nm* ZOOL lagarto

lézarde [lezaʀd] *nf* fenda, rachadura

lézarder [1] [lezaʀde] *vt* fender, rachar
▶ *vi fam* lagartear
▶ *vpr* **se lézarder** *(mur)* fender-se, rachar-se

liaison [ljɛzɔ̃] *nf* **1** *(gén)* ligação **2** *(contact)* interligação, vínculo *m* **3** *(amoureuse)* relação, relacionamento *m*

liane [ljan] *nf* BOT cipó *m*

liant, -e [ljɑ̃, -ɑ̃t] *adj* comunicativo, -va, sociável
▶ *nm* **liant** aglutinante

liasse [ljas] *nf (de papiers, de billets)* maço

Liban [libɑ̃] *nm* Líbano

libanais, -e [libanɛ, -ɛs] *adj* libanês, -esa
▶ *nm,f* **Libanais, -e** libanês, -esa

libellule [libelyl] *nf* ZOOL libélula

libéral, -e [libeʀal] *adj-nm,f* liberal

libération [libeʀasjɔ̃] *nf* **1** (*gén*) libertação, liberação **2** (*de taxes*) isenção **3** (*d'un soldat*) dispensa

libérer [10] [libeʀe] *vt* **1** (*gén*) libertar, liberar **2** (*prisonnier*) soltar, libertar **3** (*d'une charge*) livrar, descarregar **4** (*la conscience*) descarregar, aliviar **5** (*un soldat*) dispensar
▶ *vpr* livrar-se, libertar-se (**de**, de)

liberté [libeʀte] *nf* liberdade
• **en liberté** em liberdade
■ **liberté conditionnelle** liberdade condicional
■ **liberté d'expression** liberdade de expressão
■ **liberté provisoire** liberdade provisória
■ **liberté sous caution** liberdade sob fiança

libido [libido] *nf* libido

librairie [libʀeʀi] *nf* livraria

libre [libʀ] *adj* livre: *êtes-vous libre ce soir?* está livre esta noite?

libre-échange [libʀeʃɑ̃ʒ] *nm* (*pl* **libres-échanges**) livre-câmbio, livre comércio

libre-service [libʀəsɛʀvis] *nm* (*pl* **libres-services**) autosserviço, *self-service*

Libye [libi] *nf* Líbia

libyen, -enne [libjɛ̃, -ɛn] *adj* líbio, -a
▶ *nm,f* **Libyen, -enne** líbio, -a

lice [lis] *nf* HIST liça
• **entrer en lice** entrar na liça

licence [lisɑ̃s] *nf* **1** (*permis*) licença, autorização **2** (*universitaire*) licenciatura, diploma *m*

licencié, -e [lisɑ̃sje] *adj-nm,f* **1** (*à l'université*) licenciado, -da, diplomado, -da **2** SPORT profissional

licenciement [lisɑ̃simɑ̃] *nm* demissão *f*

licencier [12] [lisɑ̃sje] *vt* demitir, despedir

lichen [likɛn] *nm* BOT líquen

licite [lisit] *adj* lícito, -ta

licorne [likɔʀn] *nf* unicórnio *m*

lie [li] *nf* borra, lia

liège [ljɛʒ] *nm* cortiça *f*

lien [ljɛ̃] *nm* **1** (*attache*) elo, conexão *f* **2** *fig* (*relation*) laço, vínculo **3** INFORM *link*
■ **lien de parenté** laço/vínculo de parentesco

lier [1] [lje] *vt* **1** (*attacher*) atar, amarrar **2** (*relier*) unir, ligar **3** CUIS (*sauce*) engrossar **4** (*amitié, conversation*) travar
▶ *vpr* **se lier 1** (*s'attacher*) ligar-se, atar-se **2** (*d'amitié*) travar amizade (**avec**, com)

lierre [ljɛʀ] *nm* BOT hera *f*

lieu [ljø] *nm* lugar
• **au lieu de** em vez de
• **avoir lieu** ocorrer
• **avoir (tout) lieu de** ter boas razões para
• **donner lieu à** ocasionar, ensejar
• **en lieu sûr** em lugar seguro
• **en dernier lieu** por último, em último lugar
• **en haut lieu** nas altas esferas
• **en premier lieu** em primeiro lugar
• **il y a lieu de** há motivos para
• **tenir lieu de** funcionar como, fazer as vezes de
• **vider le lieux** desocupar o lugar
■ **lieu commun** lugar-comum
■ **lieu de naissance** lugar de nascimento
■ **lieu public** lugar público, espaço público

lieue [ljø] *nf* légua

lieutenant [ljøtnɑ̃] *nm* tenente

lièvre [ljɛvʀ] *nm* ZOOL lebre *f*

lifting [liftiŋ] *nm* lifting

ligament [ligamɑ̃] *nm* ANAT ligamento

ligature [ligatyʀ] *nf* MÉD ligadura

light [lajt] *adj* light, leve, suave

ligne [liɲ] *nf* linha
• **en ligne** [en file] em fila, enfileirado, -da [INFORM] *on line*, ligado, -da [tél.] em outra ligação
• **entrer en ligne de compte** ser levado em conta
• **point, à la ligne** ponto, parágrafo
• **restez en ligne!** fique na linha
• **sur toute la ligne** completamente, redondamente
■ **ligne d'arrivée** linha de chegada
■ **ligne de départ** linha de partida/largada

lignée [liɲe] *nf* linhagem

ligoter [1] [ligɔte] vt amarrar, prender

ligue [lig] nf liga, aliança

lilas [lila] adj-nm lilás

limace [limas] nf lesma

limaçon [limasɔ̃] nm caracol

limande [limɑ̃d] nf ZOOL espécie de linguado m

lime [lim] nf lima (ferramenta)
- **lime à ongles** lixa de unhas

limer [1] [lime] vt limar

limier [limje] nm 1 ZOOL sabujo 2 fig detetive, investigador

limitation [limitasjɔ̃] nf limitação
- **limitation de vitesse** limite m de velocidade

limite [limit] nf limite m
▶ adj limite
• **à la limite** em último caso, em última análise
• **sans limite** sem limite

limité, -e [limite] adj limitado, -da

limiter [1] [limite] vt limitar
▶ vpr **se limiter** limitar-se (**à**, a)

limitrophe [limitʀɔf] adj limítrofe
• **être limitrophe de** limitar com

limoger [4] [limɔʒe] vt fam despedir, demitir

limon [limɔ̃] nm (alluvion) limo, lodo

limonade [limɔnad] nf soda, soda limonada, gasosa

lin [lɛ̃] nm linho

linceul [lɛ̃sœl] nm mortalha f

linéaire [lineɛʀ] adj linear
▶ nm gôndola f (de supermercados)

linge [lɛ̃ʒ] nm 1 (de maison) roupa f de cama, mesa e banho 2 (à laver) roupa f 3 (sous-vêtements) roupa f íntima, roupa f de baixo 4 (tissu) pano
- **linge de table** toalha f de mesa e guardanapos

lingerie [lɛ̃ʒʀi] nf lingerie

lingot [lɛ̃go] nm lingote

linguiste [lɛ̃gɥist] nmf linguista

linguistique [lɛ̃gɥistik] adj linguístico, -ca
▶ nf linguística

linteau [lɛ̃to] nm lintel

lion, lionne [ljɔ̃, ljɔn] nmf leão, -oa

lionceau [ljɔ̃so] nm leãozinho

lipide [lipid] nm lipídio

liquéfier [12] [likefje] vt liquefazer
▶ vpr **se liquéfier** liquefazer-se

liqueur [likœʀ] nf licor m

liquidation [likidasjɔ̃] nf liquidação

liquide [likid] adj líquido, -da
▶ nm líquido
• **en liquide** em dinheiro
- **liquide vaisselle** lava-louças líquido

liquider [1] [likide] vt liquidar

lire[1] [66] [liʀ] vt ler: **lis le texte à haute voix** leia o texto em voz alta

lire[2] [liʀ] nf lira

lis [li] nm BOT lírio

lisible [lizibl] adj legível

lisière [lizjɛʀ] nf 1 (limite) borda, beira, orla 2 (d'un tissu) ourela

lisse [lis] adj 1 liso, -sa 2 (pneu) careca

lisser [1] [lise] vt alisar

liste [list] nf lista
- **liste d'attente** lista de espera
- **liste de mariage** lista de casamento
- **liste noire** lista negra

listing [listiŋ] nm INFORM listagem f

lit [li] nm 1 (pour dormir) cama f, leito 2 (de rivière) leito
• **faire son lit** fazer a cama
• **garder le lit** ficar de cama
• **se mettre au lit** deitar-se
- **lit double** cama de casal
- **lits gigognes** bicama
- **lits jumeaux** camas gêmeas
- **lits superposés** beliche

litanie [litani] nf ladainha

lithographie [litɔgʀafi] nf litografia

litige [litiʒ] nm litígio

litre [litʀ] nm litro

littéraire [liteʀɛʀ] adj literário, -a

littéral, -e [liteʀal] adj literal

littérature [liteʀatyʀ] nf literatura

littoral, -e [litɔʀal] adj litorâneo, -a
▶ nm **littoral** litoral

Lituanie [litɥani] nf Lituânia

lituanien, -enne [litɥanjɛ̃, -ɛn] adj lituano, -na
▶ nm,f **Lituanien, -enne** lituano, -na
▶ nm **lituanien** (langue) lituano

liturgie [lityʀʒi] *nf* liturgia

livide [livid] *adj* lívido, -da

livraison [livʀɛzɔ̃] *nf* entrega
• **livraison à domicile** entrega em domicílio

livre¹ [livʀ] *nm* (*ouvrage*) livro
■ **livre de bord** diário de bordo
■ **livre de poche** livro de bolso
■ **livre d'images** álbum, livro ilustrado

livre² [livʀ] *nf* (*monnaie, poids*) libra
■ **livre sterling** libra esterlina

livrer [1] [livʀe] *vt* **1** (*remettre*) entregar: *la marchandise sera livrée vendredi* a mercadoria será entregue sexta-feira; *ils l'ont livré à la police* eles o entregaram à polícia **2** (*bataille*) travar
▶ *vpr* **se livrer** entregar-se (à, a)

livret [livʀɛ] *nm* **1** MUS libreto **2** (*carnet*) caderneta *f*
■ **livret de caisse d'épargne** caderneta *f* de poupança
■ **livret de famille** caderneta *f* familiar (*de registro civil*)
■ **livret militaire** caderneta *f* militar
■ **livre scolaire** livro didático

livreur, -euse [livʀœʀ, -øz] *adj-nm,f* entregador, -ra

lobe [lɔb] *nm* ANAT lobo, lóbulo

local, -e [lɔkal] *adj* local
▶ *nm* **local** local
■ **local commercial** prédio/imóvel comercial

localiser [1] [lɔkalize] *vt* localizar

localité [lɔkalite] *nf* localidade

locataire [lɔkatɛʀ] *nmf* locatário, -a, inquilino, -na

location [lɔkasjɔ̃] *nf* (*de maison, automobile*) locação, aluguel *m*
• **prendre une location** alugar um imóvel

location-vente [lɔkasjɔ̃vɑ̃t] *nf* (*pl* **locations-ventes**) locação com opção de compra

locomotion [lɔkɔmosjɔ̃] *nf* locomoção

locomotive [lɔkɔmɔtiv] *nf* locomotiva

locution [lɔkysjɔ̃] *nf* locução

logarithme [lɔgaʀitm] *nm* logaritmo

loge [lɔʒ] *nf* **1** (*de concierge*) guarita **2** (*au théâtre-de spectateurs*) camarote *m* **3** (*d'acteurs*) camarim *m*
• **être aux premières loges** *fig* estar em ótima posição

logement [lɔʒmɑ̃] *nm* **1** (*action de loger*) alojamento, hospedagem *f* **2** (*appartement*) moradia *f* **3** MIL alojamento

loger [4] [lɔʒe] *vt* **1** (*une personne*) alojar, hospedar **2** (*introduire*) colocar, pôr, meter
▶ *vi* alojar-se, hospedar-se: *il va loger au meilleur hôtel* vai hospedar-se no melhor hotel
▶ *vpr* **se loger** **1** (*gén*) alojar-se, instalar-se **2** (*trouver un logement*) encontrar casa

logiciel [lɔʒisjɛl] *nm* INFORM programa, *software*, aplicativo

logique [lɔʒik] *adj* lógico, -ca
▶ *nf* lógica

logistique [lɔʒistik] *adj* logístico, -ca
▶ *nf* logística

logo [logo] *nm* logotipo

loi [lwa] *nf* lei
• **faire la loi** ditar as regras

loin [lwɛ̃] *adv* longe
• **aller loin** ir longe
• **au loin** ao longe
• **de loin** de longe
• **loin de** longe de, ao invés de

lointain, -e [lwɛ̃tɛ̃, -ɛn] *adj* longínquo, -a, distante, afastado, -da

loir [lwaʀ] *nm* ZOOL arganaz, rato silvestre

loisir [lwaziʀ] *nm* lazer, ócio, tempo livre, folga *f*
▶ *nm pl* **loisirs** lazer *sing*
• **avoir le loisir de** ter tempo/oportunidade de

lombaire [lɔ̃bɛʀ] *adj* ANAT lombar

long, -gue [lɔ̃, lɔ̃g] *adj* **1** (*gén*) longo, -ga, comprido, -da, extenso, -sa: *un long voyage* uma longa viagem **2** (*lent*) lento, -ta, vagaroso, -sa, demorado, -da: *c'est long à venir* está demorando para vir
▶ *nm* **long** comprimento: *d'un kilomètre de long* de um quilômetro de comprimento
▶ *adv* muito, muita coisa: *cela en dit long sur sa pensée* isso diz muita coisa sobre seu pensamento
• **de longue date** de longa data
• **à la longue** com o tempo, a longo prazo

- **de long en large** de ponta a ponta, em todos os sentidos
- **en long et en large** em todos os sentidos, de todos os pontos de vista
- **le long de** ao longo de
- **tomber de tout son long** estatelar-se
- **tout au long de** ao longo de, durante

longer [4] [lɔ̃ʒe] *vt* 1 *(aller le long de)* percorrer 2 *(côtoyer)* ladear, costear

longévité [lɔ̃ʒevite] *nf* longevidade

longitude [lɔ̃ʒityd] *nf* longitude

longtemps [lɔ̃tɑ̃] *adv* muito tempo, durante muito tempo: *il y a longtemps de cela* isso aconteceu há muito tempo
- **depuis longtemps** há muito *(tempo)*

longuement [lɔ̃gmɑ̃] *adv* 1 *(pendant longtemps)* durante muito tempo 2 demoradamente: *elle l'a regardé longuement* ela o olhou demoradamente 3 *(en détail)* minuciosamente 4 *péj* com prolixidade

longueur [lɔ̃gœR] *nf* 1 comprimento *m*: *la largeur et la longueur d'un terrain* a largura e o comprimento de um terreno 2 *(durée)* duração
- **à longueur de** ao longo de, no decorrer de
- **traîner en longueur** *fml* durar muito, arrastar-se
■ **longueur d'onde** comprimento *m* de onda

longue-vue [lɔ̃gvy] *nf* (*pl* **longues-vues**) luneta

look [luk] *nm* look, visual

lopin [lɔpɛ̃] *nm* pedaço de terra, gleba *f*

loquace [lɔkas] *adj* loquaz

loque [lɔk] *nf* andrajo *m*, trapo *m*, farrapo *m*
- **en loques** em frangalhos

loquet [lɔkɛ] *nm* tranca *f*, trinco

lorgner [1] [lɔʀɲe] *vt* 1 *(regarder)* olhar de soslaio 2 *(convoiter)* namorar, desejar

lors [lɔʀ] *adv* então
- **depuis lors** desde então
- **dès lors** *(à partir de là)* desde então *(en conséquence)* consequentemente, por conseguinte
- **lors de** durante, por ocasião de

lorsque [lɔʀsk] *conj* quando: *il est arrivé lorsque j'allais sortir* ele chegou quando eu ia sair

losange [lɔzɑ̃ʒ] *nm* losango

lot [lo] *nm* 1 *(part)* parte *f*, porção *f* 2 *(marchandise)* lote, partida *f* 3 *(prix)* prêmio 4 *fig (destin)* destino, quinhão
■ **le gros lot** a sorte grande

loterie [lɔtʀi] *nf* loteria

loti, -e [lɔti] *loc* **être bien/mal loti, -e** estar bem/mal aquinhoado, -da

lotion [losjɔ̃] *nf* loção
■ **lotion après-rasage** loção pós-barba

lotir [20] [lɔtiʀ] *vt* *(terrain)* lotear, dividir

lotissement [lɔtismɑ̃] *nm* loteamento

loto [lɔto] *nm* loto, bingo

lotte [lɔt] *nf* ZOOL peixe-pescador *m*

lotus [lɔtys] *nm* BOT lótus

louange [lwɑ̃ʒ] *nf* louvor *m*, elogio *m*

louche[1] [luʃ] *adj* *(acte; personne)* suspeito, -ta: *c'est une affaire louche* é um negócio suspeito

louche[2] [luʃ] *nf* *(cuillère)* concha

louer [1] [lwe] *vt* 1 *(maison, automobile)* alugar 2 *(complimenter)* louvar, gabar, elogiar
▶ *vpr* **se louer** 1 *(appartement)* ser alugado, -da 2 *fml (se réjouir)* congratular-se, gabar-se, felicitar-se *(de*, por)
- **à louer** aluga(m)-se
- **Dieu soit loué!** Deus seja louvado!, Graças a Deus!

loup [lu] *nm* 1 *(animal)* lobo 2 *(masque)* máscara *f* 3 *(poisson)* robalo
- **se jeter dans la gueule du loup** *fig* cair na boca do lobo, expor-se ao perigo
■ **loup de mer** lobo do mar

loupe [lup] *nf* 1 *(optique)* lupa 2 *(des arbres)* nó

louper [1] [lupe] *vt* 1 *(train)* perder 2 *(travail)* fazer mal, matar

loup-garou [lugaʀu] *nm* (*pl* **loups-garous**) lobisomem

lourd, -e [luʀ, luʀd] *adj* 1 *(qui pèse)* pesado, -da 2 *(temps)* carregado, -da, abafado, -da 3 *(rempli)* cheio, -a (**de**, de): *un regard lourd de rancune* um olhar cheio de rancor 4 *(erreur)* grave
- **peser lourd** pesar muito
- **n'en savoir pas lourd** não saber muita coisa

lourdaud, -e [luʀdo, -od] *adj* desajeitado, -da

lourdeur [luʀdœʀ] *nf* **1** *(gén)* peso *m* **2** *(d'un mouvement)* lentidão, vagareza **3** *(des gestes)* falta de graça **4** *(d'esprit)* lerdeza

loutre [lutʀ] *nf* ZOOL lontra

louve [luv] *nf* ZOOL loba

louveteau [luvto] *nm* ZOOL lobinho, lobato

loyal, -e [lwajal] *adj* leal

loyauté [lwajote] *nf* lealdade

loyer [lwaje] *nm* aluguel, locação *f*

lubie [lybi] *nf* capricho *m*, veneta

lubrifiant, -e [lybʀifjɑ̃] *adj* lubrificante
▸ *nm* **lubrifiant** lubrificante

lubrifier [12] [lybʀifje] *vt* lubrificar

lubrique [lybʀik] *adj* lúbrico, -ca, lascivo, -va

lucarne [lykaʀn] *nf* **1** *(fenêtre)* claraboia **2** SPORT canto *m* do gol

lucide [lysid] *adj* lúcido, -da

lucidité [lysidite] *nf* lucidez

lucratif, -ive [lykʀatif, -iv] *adj* lucrativo, -va

lucre [lykʀ] *nm* ganho, lucro

ludique [lydik] *adj* lúdico, -ca

lueur [lɥœʀ] *nf* **1** *(lumière)* clarão *m* **2** *(d'un éclair)* lampejo *m* **3** *fig (éclat)* brilho *m*, chama
• **à la lueur de** à luz de
■ **lueur d'espoir** raio *m* de esperança

luge [lyʒ] *nf snowboard m*

lugubre [lygybʀ] *adj* lúgubre

lui [lɥi] *pron pers* **1** *(complément)* lhe, para/a ele/ela: *je lui ai téléphoné hier* telefonei-lhe ontem **2** *(précédé d'une prép)* ele: *j'ai rêvé de lui* sonhei com ele; *elle pense à lui* ela está pensando nele **3** *(sujet)* ele: *c'est lui qui le dit* foi ele que disse isso; *elle court aussi vite que lui* ela corre tão depressa quanto ele **4** *(poss précédé de la préposition à)* dele, seu, sua: *ce pull est à lui* este pulôver é dele **5** *(réfléchi)* si *(mesmo)*: *il n'est vraiment pas content de lui* não está muito contente consigo

lui-même [lɥimɛm] *pron pers* ele mesmo, si mesmo

luire [58] [lɥiʀ] *vi* luzir, brilhar

luisant, -e [lɥizɑ̃, -ɑ̃t] *adj* brilhante, reluzente

lumbago [lɔ̃bago] *nm* MÉD lumbago

lumière [lymjɛʀ] *nf* luz
• **à la lumière de** *fig* à luz de
• **ce n'est pas une lumière** *iron* não é um gênio
• **faire la lumière sur** *fig* esclarecer

lumineux, -euse [lyminø, -øz] *adj* **1** *(gén)* luminoso, -sa **2** *(visage)* radiante

luminosité [lyminozite] *nf* luminosidade

lunaire [lynɛʀ] *adj* lunar

lunatique [lynatik] *adj-nmf* lunático, -ca

lundi [lœ̃di] *nm* segunda-feira *f*

lune [lyn] *nf* lua
• **être dans la lune** *fig* estar no mundo da lua
• **demander la lune** *fig* pedir o impossível
■ **lune de miel** lua de mel
■ **nouvelle lune** lua nova
■ **pleine lune** lua cheia

lunette [lynɛt] *nf* **1** *(d'astronome)* luneta **2** *(d'une voiture)* vidro *m* de trás
▸ *nf pl* **lunettes** óculos *m*
■ **lunettes de soleil** óculos *m* de sol
■ **lunettes de vue** óculos *m* de grau

lupin [lypɛ̃] *nm* BOT tremoço

lurette [lyʀɛt] *nf loc* **il y a belle lurette** *fam* faz uma data

lustre [lystʀ] *nm* **1** *(éclat)* lustro, brilho **2** *(lampe)* lustre

lustrer [1] [lystʀe] *vt* dar brilho, lustrar

luth [lyt] *nm* MUS alaúde

luthier [lytje] *nm* luthier

lutin [lytɛ̃] *nm* duende

lutte [lyt] *nf* luta
■ **lutte libre** luta livre

lutter [1] [lyte] *vi* lutar

lutteur, -euse [lytœʀ, -øz] *nm,f* lutador, -ra

luxation [lyksasjɔ̃] *nf* luxação

luxe [lyks] *nm* luxo
• **de luxe** de luxo
• **s'offrir le luxe de** dar-se ao luxo de

Luxembourg [lyksɑ̃buʀ] *nm* Luxemburgo

luxembourgeois, -e [lyksãbuʀʒwa, -az] *adj* luxemburguês, -esa
▶ *nm,f* **Luxembourgeois, -e** luxemburguês, -esa

luxueux, -euse [lyksɥø, -øz] *adj* luxuoso, -sa

luxure [lyksyʀ] *nf* luxúria

luxuriant, -e [lyksyʀjã, -ãt] *adj* luxuriante

luzerne [lyzɛʀn] *nf* BOT alfafa

lycée [lise] *nm* liceu, ensino médio

lycéen, -enne [liseɛ̃, -ɛn] *nm,f* aluno, -na do ensino médio

lycra® [likʀa] *nm* lycra *f*

lymphatique [lɛ̃fatik] *adj* ANAT linfático, -ca

lyncher [1] [lɛ̃ʃe] *vt* linchar

lynx [lɛ̃ks] *nm* ZOOL lince

lyre [liʀ] *nf* MUS lira

lyrique [liʀik] *adj* lírico, -ca

lyrisme [liʀism] *nm* lirismo

M

M *abr* (**Monsieur**) Sr.: *M Dupuis* Sr. Dupuis

m' *pron pers* → me

ma [ma] (diante de substantivo feminino iniciado por vogal ou *h* mudo usa-se **mon**) *adj poss* minha: *ma maison* minha casa; *mon amie* minha amiga

macabre [makabʀ] *adj* macabro, -bra

macaque [makak] *nm* ZOOL macaco, símio

macaron [makaʀɔ̃] *nm* **1** (*gâteau*) maçapão **2** (*vignette*) distintivo, bóton, adesivo

macaroni [makaʀɔni] *nm* macarrão

macédoine [masedwan] *nf* **1** (*de fruits*) salada de frutas **2** (*de légumes*) macedônia

macération [maseʀasjɔ̃] *nf* maceração

macérer [10] [maseʀe] *vt* macerar
• **faire macérer** macerar, deixar macerar

mâcher [1] [maʃe] *vt* **1** (*aliment*) mastigar **2** (*chewing-gum*) mascar
• **ne pas mâcher ses mots** *fig* não ter papas na língua

machin [maʃɛ̃] *nm* **1** *fam* (*objet*) coisa *f*, treco **2 Machin** *fam* (*personne*) Fulano

machinal, -e [maʃinal] *adj* (*geste*) maquinal

machination [maʃinasjɔ̃] *nf* maquinação, tramoia

machine [maʃin] *nf* máquina, mecanismo *m*, aparelho *m*
• **faire machine arrière** dar marcha a ré
▪ **machine à coudre** máquina de costura
▪ **machine à écrire** máquina de escrever
▪ **machine à laver** lavadora, máquina de lavar roupas
▪ **machine à sous** caça-níqueis
▪ **machine à vapeur** máquina a vapor

machisme [ma(t)ʃism] *nm* machismo

macho [matʃo] *adj-nm fam* macho, machista

mâchoire [maʃwaʀ] *nf* **1** ANAT maxilar *m*, mandíbula **2** (*de machine*) garra, mordente *m*

mâchonner [1] [maʃɔne] *vt* **1** (*mâcher*) mastigar, mascar **2** *fig* (*mots*) mastigar

maçon [masɔ̃] *nm* pedreiro

maçonnerie [masɔnʀi] *nf* **1** (*travaux*) alvenaria **2** (*construction*) construção, obra

macrobiotique [makʀɔbjɔtik] *adj* macrobiótico, -ca
▸ *nf* macrobiótica

madame [madam] *nf* (*pl* **mesdames**) senhora: *bonjour Madame* bom dia, senhora; *madame Récamier* a senhora Récamier

madeleine [madlɛn] *nf* CUIS madalena

mademoiselle [madmwazɛl] *nf* (*pl* **mesdemoiselles**) senhorita

maffia [mafja] *nf* máfia

magasin [magazɛ̃] *nm* **1** (*boutique*) loja *f* **2** (*entrepôt*) armazém, depósito **3** (*d'arme à feu*) arsenal, paiol
• **faire les magasins** correr as lojas
▪ **grands magasins** grandes lojas, hipermercados, lojas de departamentos

magazine [magazin] *nm* **1** (*publication*) revista *f* **2** (*de radio, télévision*) revista *f*, reportagem *f*

mage [maʒ] *nm* mago

magicien, -enne [maʒisjɛ̃, -ɛn] *nm,f* mágico, -ca

magie [maʒi] *nf* magia

magique [maʒik] *adj* mágico, -ca

magistrat [maʒistʀa] *nm* magistrado

magistrature [maʒistʀatyʀ] *nf* magistratura

magnat [magna] *nm* magnata

magnésium [maɲezjɔ̃] *nm* CHIM magnésio

magnétique [maɲetik] *adj* magnético, -ca

magnétisme [maɲetism] *nm* magnetismo

magnéto [maɲeto] *nm fam* gravador

magnétophone [maɲetɔfɔn] *nm* gravador

magnétoscope [maɲetoskɔp] *nm* vídeo, aparelho de vídeo

magnifique [maɲifik] *adj* magnífico, -ca

magnolia [maɲɔlja] *nm* BOT magnólia *f*

magot [mago] *nm* (*argent caché*) pé-de-meia, economias *f pl*

magouille [maguj] *nf fam* tramoia, mutreta, trambique *m*

mai [mɛ] *nm* maio

maigre [mɛgʀ] *adj* 1 (*personne*) magro, -gra 2 (*sans graisse-laitages*) desnatado, -da; (*viande*) magro, -gra 3 *fig* (*salaire, récolte*) minguado, -da, magro, -gra
▶ *nmf* magro, -gra
• **être maigre comme un clou** estar um palito

maigreur [mɛgʀœʀ] *nf* magreza

maigrir [20] [mɛgʀiʀ] *vt-vi* emagrecer

mailing [mɛliŋ] *nm* mala *f* direta

maille [maj] *nf* 1 (*d'un gilet*) malha, tricô *m* 2 (*tricot, crochet*) ponto *m*
• **avoir maille à partir avec qqn** ter um desentendimento com alguém

maillet [mɛjɛ] *nm* 1 malho 2 SPORT bastão

maillon [majɔ̃] *nm* elo, anel

maillot [majo] *nm* (*de sport*) malha *f* de ginástica
▪ **maillot jaune** camisa amarela (*do ciclista campeão*)
▪ **maillot de bain** maiô
▪ **maillot de corps** camiseta de baixo

main [mɛ̃] *nf* mão: *main droite*, *main gauche* mão direita, mão esquerda
• **à la main** à mão
• **à main armée** a mão armada
• **en sous-main** por baixo do pano
• **donner un coup de main** dar uma mão, dar uma ajuda
• **haut les mains!** mãos ao alto!
• **ne pas y aller de main morte** *fig* entrar de sola
• **prendre en main** encarregar-se de, assumir
• **prendre qqn la main dans le sac** pegar alguém com a boca na botija
• **se laver les mains** lavar as mãos

main-d'œuvre [mɛ̃dœvʀ] *nf* (*pl* **mains-d'œuvre**) mão de obra

mainmise [mɛ̃miz] *nf* 1 (*physique*) tomada, posse 2 (*psychologique*) influência, domínio *m*

maint, -e [mɛ̃, -ɛ̃t] *adj fml* diversos, -as, vários, -as, muitos, -tas
• **maintes fois** muitas vezes

maintenance [mɛ̃tnɑ̃s] *nf* manutenção

maintenant [mɛ̃tnɑ̃] *adv* agora

maintenir [35] [mɛ̃tniʀ] *vt* manter
▶ *vpr* **se maintenir** manter-se

maintien [mɛ̃tjɛ̃] *nm* 1 (*conservation*) manutenção *f*, conservação *f* 2 (*port*) porte, postura *f*, maneiras *f pl* 3 (*soutien*) suporte, sustentação *f*

maire [mɛʀ] *nm* prefeito, -ta

mairie [meʀi] *nf* prefeitura

mais [mɛ] *conj* 1 (*opposition, restriction*) mas: *mais pourquoi ne vient-il pas?* mas por que ele não vem?; *il l'a vue, mais il ne l'a pas appelée* ele a viu, mas não a chamou 2 (*dans une phrase négative*) mas (*sim*), e sim: *ce n'est pas de la neige mais de la grêle* não é neve, mas sim granizo
▶ *adv* (*pour insister*) sim, não, nada: *mais oui! je viendrai!* venho, sim!; *mais non! ce n'est pas comme ça!* nada disso, não é assim!
▶ *nm* mas, porém: *il y a un mais* há um porém
• **non mais!** ora essa!
• **non seulement... mais** não só... mas também

maïs [mais] *nm* BOT milho

maison [mɛzɔ̃] *nf* casa
▸ *adj inv* caseiro, -ra: *un gâteau maison* um doce caseiro
• **être à la maison** estar em casa
■ **maison d'arrêt** prisão, casa de detenção
■ **maison de campagne** casa de campo
■ **maison d'édition** editora
■ **maison de retraite** asilo *m* de idosos
■ **maison mère** matriz

maître, -esse [mɛtʀ, -tʀɛs] *adj* mestre, -tra, principal, essencial
▸ *nm,f* **1** (*d'un animal, de la maison*) dono, -na **2** (*génie*) mestre, -tra **3** (*instituteur, de musique, de danse*) professor, -ra **4** (*celui qui commande*) senhor, -ra
▸ *nm* **maître** (*titre*) senhor
• **être maître de** ser senhor de
• **être maître de soi** ter autocontrole
■ **maître chanteur** chantagista *mf*
■ **maître d'hôtel** *maître*
■ **maître nageur** professor, -ra de natação

maîtresse [mɛtʀɛs] *nf* amante
■ **maîtresse de maison** dona de casa

maîtrise [mɛtʀiz] *nf* **1** (*contrôle*) domínio *m*, controle *m* **2** (*habileté*) maestria **3** (*diplôme universitaire*) mestrado *m*

maîtriser [1] [mɛtʀize] *vt* dominar, controlar
▸ *vpr* **se maîtriser** dominar-se, controlar-se

majestueux, -euse [maʒɛstɥø, -øz] *adj* majestoso, -sa

majeur, -e [maʒœʀ] *adj* **1** (*gén*) maior: *la majeure partie* a maior parte **2** (*important*) importante, essencial **3** (*personne*) maior, maior de idade: *elle peut voter car elle est majeure* ela pode votar, pois é maior de idade **4** MUS maior
▸ *nm* **majeur** (*doigt*) dedo médio

major [maʒɔʀ] *nm* **1** (*dans l'armée*) major *m* **2** (*de la promotion*) primeiro, -ra colocado, -da

majordome [maʒɔʀdɔm] *nm* mordomo

majorette [maʒɔʀɛt] *nf* baliza (num desfile)

majoritaire [maʒɔʀitɛʀ] *adj* majoritário, -a

majorité [maʒɔʀite] *nf* **1** (*plupart*) maioria, a maior parte: *il a été élu à la majorité* foi eleito pela maioria **2** (*âge*) maioridade

majuscule [maʒyskyl] *adj* maiúsculo, -la
▸ *nf* (*letra*) maiúscula

mal [mal] *nm* **1** (*gén*) mal: *c'est la cause de tous les maux* é a causa de todos os males; *le bien et le mal* o bem e o mal **2** (*souffrance physique*) dor *f*: *avoir mal aux oreilles* estar com/ter dor de ouvidos
▸ *adv* mal: *je l'ai vu hier, il va vraiment mal* eu o vi ontem, ele vai mal mesmo; *ce pantalon ne te va pas mal* essa calça não fica mal em você
▸ *loc* **pas mal de** bastante, muito: *il y avait pas mal de monde* havia bastante gente
• **avoir du mal à faire qqch** ter dificuldade para fazer algo
• **avoir mal au cœur** estar com enjoo/náusea
• **ça tombe mal** é inoportuno
• **de mal en pis** de mal a pior
• **dire du mal de qqn** falar mal de alguém
• **faire mal** machucar, doer
• **mal prendre qqch** tomar algo a mal
• **se donner du mal pour** ter muito trabalho para
• **se faire mal** machucar-se
■ **mal de mer** enjoo

malade [malad] *adj-nmf* doente
• **tomber malade** ficar doente

maladie [maladi] *nf* **1** (*gén*) doença **2** (*manie*) obsessão

maladresse [maladʀɛs] *nf* inabilidade, falta de jeito

maladroit, -e [maladʀwa, -at] *adj-nm,f* desajeitado, -da, desastrado, -da

malaise [malɛz] *nm* mal-estar

malaisé, -e [maleze] *adj* difícil, penoso, -sa, árduo, -a

malappris, -e [malapʀi, -iz] *adj-nm,f* grosseiro, -ra, mal-educado, -da

malaria [malaʀja] *nf* MÉD malária

malchance [malʃɑ̃s] *nf* falta de sorte, azar *m*

mâle [mal] *adj* **1** (*enfant*) do sexo masculino **2** (*animal*) macho, -cha **3** (*hormone*) masculino, -na
▸ *nm* **1** (*animal*) macho **2** (*homme*) homem, varão

malédiction [malediksjɔ̃] *nf* maldição

maléfice [malefis] *nm* feitiço

malencontreux, -euse [malɑ̃kɔ̃tʁø, -øz] *adj* inoportuno, -na, malfadado, -da

malentendant, -e [malɑ̃tɑ̃dɑ̃, -ɑ̃t] *adj-nm,f* com deficiência auditiva

malentendu [malɑ̃tɑ̃dy] *nm* mal-entendido

malfaiteur, -trice [malfetœʁ, -tʁis] *nm,f* malfeitor, -ra

malfamé, -e [malfame] *adj* mal-afamado, -da

malformation [malfɔʁmasjɔ̃] *nf* malformação, má-formação

malgré [malgʁe] *prép* apesar de: *il est sorti malgré la pluie* saiu apesar da chuva
• **malgré tout** apesar de tudo

malhabile [malabil] *adj* desajeitado, -da, canhestro, -tra

malheur [malœʁ] *nm* infelicidade *f*, desgraça *f*
• **faire un malheur** *fam* cometer um desatino, cometer um crime
• **par malheur** por azar, por infelicidade
• **porter malheur** dar azar

malheureux, -euse [malœʁø, -øz] *adj* **1** (*amour, vie*) infeliz **2** (*air, visage*) triste, melancólico, -ca **3** (*incident, mot, rencontre*) desastroso, -sa, infeliz
▸ *nm,f* infeliz

malhonnête [malɔnɛt] *adj* desonesto, -ta

malice [malis] *nf* malícia

malicieux, -euse [malisjø, -øz] *adj-nm,f* malicioso, -sa

malin, -igne [malɛ̃, -iɲ] *adj* **1** (*personne*) astucioso, -sa, esperto, -ta **2** (*regard*) malicioso, -sa **3** (*tumeur*) maligno, -na
▸ *nm,f* esperto, -ta

malingre [malɛ̃gʁ] *adj* frágil, franzino, -na

malintentionné, -e [malɛ̃tɑ̃sjɔne] *adj-nm,f* mal-intencionado, -da

malle [mal] *nf* mala, baú *m*

malléable [maleabl] *adj* maleável

mallette [malɛt] *nf* maleta, pasta

malmener [7] [malməne] *vt* **1** (*brutaliser*) maltratar **2** (*ne pas avoir d'égards pour*) tratar mal **3** (*détériorer*) estragar, danificar **4** (*discréditer*) criticar, malhar

malnutrition [malnytʁisjɔ̃] *nf* desnutrição

malodorant, -e [malɔdɔʁɑ̃, -ɑ̃t] *adj* malcheiroso, -sa, fedido, -da

malotru, -e [malɔtʁy] *adj-nm,f* grosseiro, -ra, rude

malpoli, -e [malpɔli] *adj-nm,f* descortês

malpropre [malpʁɔpʁ] *adj* **1** (*sale*) sujo, -ja **2** *fig* (*mot*) obsceno, -na

malsain, -e [malsɛ̃, -ɛn] *adj* insalubre, doentio, -a

malt [malt] *nm* malte

maltraiter [1] [maltʁete] *vt* maltratar

malveillant, -e [malvɛjɑ̃, -ɑ̃t] *adj* malévolo, -la

malversation [malvɛʁsasjɔ̃] *nf* malversação

malvoyant, -e [malvwajɑ̃, -ɑ̃t] *adj-nm,f* com deficiência visual

maman [mamɑ̃] *nf* mamãe

mamelle [mamɛl] *nf* **1** (*de la vache*) teta **2** (*de la femme*) mama

mamelon [mamlɔ̃] *nm* ANAT mamilo

mamie [mami] *nf fam* vovó

mammifère [mamifɛʁ] *nm* mamífero

mammouth [mamut] *nm* mamute

manager [manadʒœʁ] *nm* **1** (*d'acteur, de chanteur*) empresário, -a, agente **2** (*d'entreprise*) gerente

manche¹ [mɑ̃ʃ] *nf* **1** (*de vêtement*) manga: *robe à manches courtes* vestido de mangas curtas **2** (*au jeu*) partida *f* **3** SPORT set *m*, assalto *m*
• **retrousser ses manches** arregaçar as mangas

manche² [mɑ̃ʃ] *nm* **1** (*d'un ustensile*) cabo **2** *fam* (*maladroit*) desajeitado, -da, desastrado, -da
▪ **manche à balai** cabo de vassoura

manchette [mɑ̃ʃɛt] *nf* **1** (*d'une chemise*) punho *m* **2** (*d'un journal*) manchete

manchon [mɑ̃ʃɔ̃] *nm* **1** (*vêtement*) regalo **2** (*pièce cylindrique*) luva *f*

manchot, -e [mɑ̃ʃo, -ɔt] *adj-nm,f* maneta
▸ *nm* **manchot** ZOOL pinguim

mandarine [mɑ̃daʀin] *nf* BOT tangerina

mandat [mɑ̃da] *nm* **1** (*pouvoir*) mandato **2** (*envoi*) ordem *f* de pagamento **3** (*procuration*) procuração *f* **4** DR (*décret*) mandado, ordem *f*
▪ **mandat d'arrêt** mandado de prisão
▪ **mandat postal** vale postal

mandataire [mɑ̃datɛʀ] *nmf* mandatário, -a

mandibule [mɑ̃dibyl] *nf* mandíbula

mandoline [mɑ̃dɔlin] *nf* MUS bandolim *m*

manège [manɛʒ] *nm* **1** (*attraction*) carrossel **2** (*lieu*) picadeiro, manejo **3** (*exercices d'équitation*) manejo, doma *f*

manette [manɛt] *nf* chave, alavanca, manete *m*

mangeable [mɑ̃ʒabl] *adj* comestível

manger[1] [mɑ̃ʒe] *nm* comida *f*, refeição *f*

manger[2] [4] [mɑ̃ʒe] *vt* **1** (*nourriture*) comer **2** (*mite, rouille*) roer, corroer **3** (*argent*) dilapidar, gastar
▸ *vi* comer
• **manger à sa faim** comer à vontade

mangue [mɑ̃g] *nf* BOT manga

maniable [manjabl] *adj* manejável, cômodo, -da, prático, -ca

maniaque [manjak] *adj-nmf* **1** (*méticuleux*) meticuloso, -sa **2** (*atteint d'une manie*) maníaco, -ca

manie [mani] *nf* mania

manier [12] [manje] *vt* manejar, manusear

manière [manjɛʀ] *nf* maneira
▸ *nf pl* **manières** maneiras, modos *m pl*
• **à la manière de** à maneira de
• **de cette manière** dessa maneira
• **de manière à ce que** de tal maneira que
• **de toute manière** de qualquer maneira, em todo caso
• **d'une manière générale** de maneira geral

maniéré, -e [manjeʀe] *adj* afetado, -da

manif [manif] *nf fam* manifestação, passeata

manifestant, -e [manifɛstɑ̃, -ɑ̃t] *nm,f* manifestante

manifestation [manifɛstasjɔ̃] *nf* manifestação

manifeste [manifɛst] *adj* manifesto, -ta, patente
▸ *nm* manifesto

manifester [1] [manifɛste] *vt* manifestar
▸ *vi* tomar parte de manifestação
▸ *vpr* **se manifester** manifestar-se

manigancer [3] [manigɑ̃se] *vt fam* maquinar, tramar

manioc [manjɔk] *nm* BOT mandioca *f*

manipulation [manipylasjɔ̃] *nf* manipulação

manipuler [1] [manipyle] *vt* manipular

manivelle [manivɛl] *nf* manivela

mannequin [mankɛ̃] *nm* **1** (*de vitrine*) manequim **2** (*personne*) modelo *mf*, manequim *mf*

manœuvre [manœvʀ] *nf* **1** (*d'un véhicule*) manobra **2** (*d'un appareil*) manejo *m*, manuseio *m*
▸ *nm* operário, trabalhador braçal

manœuvrer [1] [manœvʀe] *vt* **1** (*manier*) manobrar, manejar **2** *fig* (*manipuler*) manipular
▸ *vi* manobrar

manoir [manwaʀ] *nm* solar, palácio

manque [mɑ̃k] *nm* **1** (*absence*) falta *f*, ausência *f* **2** (*insuffisance*) carência *f*, insuficiência *f* **3** (*de drogue*) síndrome *f* de abstinência
• **par manque de** por falta de
▪ **manque à gagner** perda
▪ **manque de chance** falta *f* de sorte

manqué, -e [mɑ̃ke] *adj* fracassado, -da, frustrado, -da, falho, -lha

manquer [2] [mɑ̃ke] *vi* **1** (*faire défaut*) faltar **2** (*regretter l'absence*) sentir falta, ter saudade: *leur père leur manque* eles têm saudades do pai **3** (*rater*) falhar, perder **4** (*ne pas avoir assez*) não ter, estar sem: *les pâtes manquent de sel* o macarrão está sem sal; *il manque de dignité* não tem dignidade

■ **manquer de** (*dans des phrases négatives*) não deixar de: **je ne manquerai pas de lui transmettre le message** não deixarei de transmitir-lhe o recado
▶ *vt* **1** (*rater*) errar: **il a manqué son coup** errou o golpe **2** (*bus, avion, occasion*) perder **3** (*personne*) desencontrar: **tu l'as manqué de quelques minutes** você se desencontrou dele por alguns minutos **4** (*cours, école*) faltar a: **il a manqué le cours d'anglais** ele faltou à aula de inglês
▶ *v impers* faltar: **il manque deux pages** estão faltando duas páginas
• **il ne manquait plus que ça!** só faltava essa!
• **manquer à son devoir** faltar ao dever

mansarde [mɑ̃saʀd] *nf* mansarda, água-furtada

manteau [mɑ̃to] *nm* mantô, casacão
• **sous le manteau** *fig* por baixo do pano

manucure [manykyʀ] *nmf* manicure

manuel, -elle [manɥɛl] *adj* manual
▶ *nm* **manuel** manual

manufacture [manyfaktyʀ] *nf* manufatura

manuscrit, -e [manyskʀi, -it] *adj* manuscrito, -ta
▶ *nm* **manuscrit** manuscrito

mappemonde [mapmɔ̃d] *nf* **1** (*carte*) mapa-múndi *m* **2** (*sphère*) globo *m* terrestre

maquereau [makʀo] *nm* **1** ZOOL cavalinha *f* **2** *fam* (*personne*) proxeneta, cafetão

maquette [makɛt] *nf* maquete

maquillage [makijaʒ] *nm* maquilagem *f*, maquiagem *f*

maquiller [1] [makije] *vt* **1** (*visage*) maquilar, maquiar **2** *fig* (*truquer*) maquiar, falsificar, fazer passar por
▶ *vpr* **se maquiller** maquilar-se, maquiar-se

maquis [maki] *nm* **1** (*arbustes*) maquis, maqui **2** HIST (*résistance*) Resistência

maraîcher, -ère [maʀɛʃe, -ɛʀ] *adj-nm,f* horticultor, -ra

marais [maʀɛ] *nm* **1** (*eau stagnante*) pântano, brejo, charco **2** (*en bordure de mer*) marisma
■ **marais salant** salina *f*, marinha *f* de sal

marasme [maʀasm] *nm* marasmo

marathon [maʀatɔ̃] *nm* SPORT maratona *f*

marbre [maʀbʀ] *nm* mármore

marc [maʀ] *nm* **1** (*de raisin*) bagaço **2** (*de café*) borra *f*, sedimento

marchand, -e [maʀʃɑ̃, -ɑ̃d] *adj* **1** (*gén*) mercantil **2** (*marine*) mercante **3** (*valeur*) comercial, de mercado
▶ *nm,f* vendedor, -ra, comerciante

marchander [1] [maʀʃɑ̃de] *vt* pechinchar, regatear

marchandise [maʀʃɑ̃diz] *nf* mercadoria

marche [maʀʃ] *nf* **1** (*gén*) marcha **2** (*déplacement*) marcha, movimento *m* **3** (*d'escalier*) degrau *m*
• **faire marche arrière** dar marcha a ré
• **mettre en marche** pôr em marcha, pôr em funcionamento
• **se mettre en marche** pôr-se em marcha, começar a andar
■ **marche à pied** marcha, caminhada
■ **marche arrière** marcha a ré
■ **marche à suivre** procedimento *m*, trâmite *m*

marché [maʀʃe] *nm* **1** (*gén*) mercado **2** (*accord*) negócio, trato, contrato
• **être bon marché** ser barato, -ta
• **par-dessus le marché** *fig* além disso, ainda por cima
■ **marché aux puces** feira de objetos de segunda mão, mercado de pulgas
■ **marché du travail** mercado de trabalho
■ **marché noir** mercado negro

marchepied [maʀʃəpje] *nm* (*d'une voiture*) estribo

marcher [1] [maʀʃe] *vi* **1** (*à pied*) andar, caminhar, marchar **2** (*poser le pied*) pisar: **j'ai marché sur un chewing-gum** pisei num chiclete; **défense de marcher sur la pelouse** é proibido pisar na grama **3** (*se diriger*) ir, encaminhar-se, dirigir-se (**sur**, para) **4** (*machine, appareil*) funcionar: **la radio ne marche plus** o rádio não está mais funcionando **5** ir bem, andar: **les affaires, ça marche?** os negócios vão bem? **6** *fam* (*accepter*) aceitar, topar: **il a marché dans la combine** topou a tramoia
• **faire marcher qqn** *fig* levar alguém na conversa

- **marcher à quatre pattes** engatinhar

mardi [mardi] *nm* terça-feira *f*
- **mardi gras** terça-feira gorda, terça-feira de carnaval

mare [mar] *nf* 1 (*d'eau*) lagoa 2 (*de sang*) poça

marécage [mareka3] *nm* brejo

maréchal [mareʃal] *nm* marechal

marée [mare] *nf* maré
- **marée basse** maré baixa
- **marée haute** maré alta
- **marée noire** maré negra

marelle [marɛl] *nf* (*jeu*) amarelinha

margarine [margarin] *nf* margarina

marge [marʒ] *nf* margem
- **en marge de** à margem de
- **marge d'erreur** margem de erro

marginal, -e [marʒinal] *adj* marginal
▸ *nm,f* marginal

marguerite [margərit] *nf* BOT margarida

mari [mari] *nm* marido

mariage [marjaʒ] *nm* 1 (*sacrement*) casamento, matrimônio 2 (*cérémonie*) núpcias *f pl* 3 *fig* (*de choses*) casamento, combinação *f*
- **mariage civil** casamento civil

marié, -e [marje] *adj* casado, -da
▸ *nm,f* noivo, -va
- **jeunes mariés** recém-casados

marier [12] [marje] *vt* 1 (*personnes*) casar 2 *fig* (*choses*) combinar, emparelhar, casar
▸ *vpr* **se marier** casar-se

marin, -e [marɛ̃, -in] *adj* marinho, -nha, marítimo, -ma: **bleu marine** azul-marinho
▸ *nm* **marin** marinheiro

marinade [marinad] *nf* CUIS vinha-d'alhos, marinada, escabeche *m*

marine [marin] *nf* marinha
- **marine marchande** marinha mercante

marionnette [marjɔnɛt] *nf* marionete

maritime [maritim] *adj* marítimo, -ma

marjolaine [marʒɔlɛn] *nf* BOT manjerona

marketing [marketiŋ] *nm* marketing

marmelade [marməlad] *nf* compota, geleia

marmite [marmit] *nf* panela

marmonner [1] [marmɔne] *vt-vi* murmurar, resmungar

marmot [marmo] *nm fam* garoto, guri

marmotte [marmɔt] *nf* ZOOL marmota

Maroc [marɔk] *nm* Marrocos

marocain, -e [marɔkɛ̃, -ɛn] *adj* marroquino, -na
▸ *nm,f* **Marocain, -e** marroquino, -na

marquant, -e [markɑ̃, -ɑ̃t] *adj* marcante

marque [mark] *nf* 1 (*gén*) marca 2 (*signe, témoignage*) sinal *m*, mostra: **elle lui a donné de nombreuses marques d'amitié** ela lhe deu muitas mostras de amizade
- **à vos marques, prêts, partez!** (*esporte*) a postos, preparar, já!
- **de marque** de marca (*hôte*) ilustre
- **marque de fabrique** marca de fábrica
- **marque déposée** marca registrada

marquer [2] [marke] *vt-vi* marcar
- **marquer le coup** não deixar passar em branco

marqueterie [markɛtri] *nf* marchetaria

marqueur [markœr] *nm* marcador

marquis, -e [marki, -iz] *nm,f* marquês, -esa

marraine [marɛn] *nf* madrinha

marrant, -e [marɑ̃, -ɑ̃t] *adj* 1 (*amusant*) gozado, -da, cômico, -ca 2 (*bizarre*) esquisito, -ta, gozado, -da

marre [mar] *loc* **en avoir marre (de)** *fam* estar cheio, -a de

marrer (se) [1] [mare] *vpr fam* morrer de rir, rir às pampas

marron [marɔ̃] *adj inv* 1 (*couleur*) marrom 2 (*yeux*) castanho, -nha
▸ *nm* 1 BOT castanha *f* 2 (*couleur*) marrom

marronnier [marɔnje] *nm* BOT castanheiro, castanheira *f*

mars [mars] *nm* março

marsouin [marswɛ̃] *nm* ZOOL toninha *f*

marsupial, -e [marsypjal] *adj-nm* ZOOL marsupial

marteau [maʀto] *nm* martelo

marteler [9] [maʀtəle] *vt* 1 *(avec un marteau)* martelar 2 *(frapper)* bater, golpear 3 *(syllabes, phrase)* acentuar, destacar

martial, -e [maʀsjal] *adj* marcial

martien, -enne [maʀsjɛ̃, -ɛn] *adj-nm,f* marciano, -na

martinet [maʀtinɛ] *nm* 1 *(oiseau)* andorinhão 2 *(pour battre)* relho, açoite

martin-pêcheur [maʀtɛ̃peʃœʀ] *nm* (*pl* **martins-pêcheurs**) ZOOL martim-pescador

martre [maʀtʀ] *nf* ZOOL marta

martyr, -e [maʀtiʀ] *nm,f* mártir

martyre [maʀtiʀ] *nm* martírio

marxisme [maʀksism] *nm* marxismo

marxiste [maʀksist] *adj-nmf* marxista

mascarade [maskaʀad] *nf* 1 *(gén)* mascarada, baile *m* de máscara 2 *(simulacre)* farsa

mascotte [maskɔt] *nf* mascote *m*

masculin, -e [maskylɛ̃, -n] *adj* masculino, -na
▸ *nm* **masculin** masculino

masochisme [mazɔʃism] *nm* masoquismo

masochiste [mazɔʃist] *adj-nmf* masoquista

masque [mask] *nm* máscara *f*
■ **masque à gaz** máscara contra gases

massacre [masakʀ] *nm* 1 *(tuerie)* massacre 2 *fig (gâchis)* serviço malfeito, carregação *f* 3 *(destruction)* massacre, estrago

massacrer [1] [masakʀe] *vt* 1 *(tuer)* massacrar 2 *fam fig (abîmer)* destruir, estragar, arrasar

massage [masaʒ] *nm* massagem *f*

masse [mas] *nf* 1 *(gén)* massa 2 *(foule)* massa, povo *m* 3 *(maillet)* maça
• **de masse** de massa
• **en masse** em massa

masser [1] [mase] *vt* 1 *(le corps)* massagear 2 *(réunir)* concentrar, reunir
▸ *vpr* **se masser** 1 *(le corps)* massagear-se 2 *(personnes)* concentrar-se, reunir-se

masseur, -euse [masœʀ, -øz] *nm,f* massagista
▸ *nm* massageador

massif, -ive [masif, -iv] *adj* maciço, -ça
▸ *nm* **massif** maciço

massue [masy] *nf* maça, clava, porrete *m*

mastic [mastik] *nm* massa *f* de vidraceiro

mastiquer [2] [mastike] *vt* 1 *(les aliments)* mastigar 2 *(avec du mastic)* tapar, calafetar

mastodonte [mastɔdɔ̃t] *nm* mastodonte

masturber (se) [1] [mastyʀbe] *vpr* masturbar-se

mat, -e¹ [mat] *adj* 1 *(image)* mate, fosco 2 *(son, bruit)* abafado, -da

mat² [mat] *nm (aux échecs)* mate

mât [ma] *nm* 1 *(de bateau)* mastro 2 *(poteau)* poste
■ **grand mât** mastro grande
■ **mât de cocagne** pau de sebo, mastro de cocanha

match [matʃ] *nm* (*pl* **matches** ou **matchs**) SPORT partida *f*, jogo *m*, luta *f*
• **faire match nul** empatar
■ **match aller** SPORT jogo de ida
■ **match retour** SPORT jogo de volta

maté [mate] *nm* BOT CUIS mate

matelas [matla] *nm* colchão

matelot [matlo] *nm* marinheiro, marujo

mater [1] [mate] *vt* 1 *(animal)* domar 2 *(révolte)* reprimir, debelar 3 *fam (regarder)* espiar 4 *(aux échecs)* dar xeque-mate

matérialiser [1] [mateʀjalize] *vt* materializar
▸ *vpr* **se matérialiser** materializar-se

matérialisme [mateʀjalism] *nm* materialismo

matériau [mateʀjo] *nm* material
▸ *nm pl* **matériaux** *(de construction)* material de construção

matériel, -elle [mateʀjɛl] *adj* material
▸ *nm* **matériel** 1 *(équipement)* material 2 INFORM *hardware*

maternel, -elle [matɛʀnɛl] *adj* 1 *(langue, grands-parents)* materno, -na 2 *(instinct)* maternal

maternelle [matɛʀnɛl] *nf* escola maternal

maternité [matɛʀnite] *nf* maternidade
mathématicien, -enne [matematisjɛ̃, -ɛn] *nm,f* matemático, -ca
mathématique [matematik] *adj* matemático, -ca
▸ *nf pl* **mathématiques** matemática
maths [mat] *nf pl fam* matemática
matière [matjɛʀ] *nf* **1** (*gén*) matéria **2** (*sujet*) tema *m*, assunto *m* **3** (*d'enseignement*) disciplina, matéria **4** (*raison*) motivo *m*: **il n'y a pas matière à rire** não há motivo para rir
• **en matière de** em termos de
• **entrer en matière** entrar no assunto
▪ **matières premières** matérias-primas
matin [matɛ̃] *nm* manhã *f*
• **de bon matin** bem cedo
• **demain matin** amanhã de manhã
• **le matin** de/pela manhã
matinal, -e [matinal] *adj* **1** (*du matin*) matinal, matutino, -na **2** (*personne*) madrugador, -ra
matinée [matine] *nf* **1** (*matin*) manhã, a parte da manhã **2** (*théâtre, cinéma*) matinê
matraque [matʀak] *nf* cassetete *m*
matrice [matʀis] *nf* matriz
matricule [matʀikyl] *nf* (*d'hôpital, prison*) registro *m*
▸ *nm* número de registro
matrimonial, -e [matʀimɔnjal] *adj* matrimonial
maturation [matyʀasjɔ̃] *nf* maturação, amadurecimento *m*
maturité [matyʀite] *nf* maturidade
maudire [56] [modiʀ] *vt* maldizer, amaldiçoar
maudit, -e [modi, -it] *adj-nm,f* maldito, -ta, amaldiçoado, -da
mausolée [mozɔle] *nm* mausoléu
maussade [mosad] *adj* **1** (*revêche*) carrancudo, -da **2** (*temps*) sombrio, -a, feio, -a
mauvais, -e [movɛ, -ɛz] *adj* mau, má, ruim: **elle a une mauvaise mémoire** ela tem má memória; **j'ai passé un mauvais moment** passei um mau pedaço
▸ *adv* **mauvais** mal: **ça sent mauvais** cheira mal
• **il fait mauvais** o tempo está feio

mauve [mov] *adj-nm* (*couleur*) malva
mauviette [movjɛt] *nf* **1** *fam* (*personne maladive*) pessoa enfermiça **2** *fam* (*lâche*) indivíduo *m* frouxo, banana *m*
maxillaire [maksilɛʀ] *adj-nm* ANAT maxilar
maxime [maksim] *nf* máxima
maximum [maksimɔm] *adj* máximo, -ma
▸ *nm* máximo
• **au maximum** no máximo
mayonnaise [majɔnɛz] *nf* CUIS maionese
mazout [mazut] *nm* óleo combustível
me [m] (**m'** diante de vogal e *h* mudo) *pron pers* me, a mim: **il ne m'écrit plus** já não me escreve; **je me regarde dans la glace** olho-me no espelho
• **me voici** aqui estou, eis-me
méandre [meɑ̃dʀ] *nm* meandro
mec [mɛk] *nm* **1** *fam* (*garçon*) cara, sujeito **2** *fam* (*petit ami*) namorado, gato
mécanicien, -enne [mekanisjɛ̃, -ɛn] *nm,f* mecânico, -ca
▸ *nm* **mécanicien 1** (*d'un garage*) mecânico **2** (*de locomotive*) maquinista
mécanique [mekanik] *adj* mecânico, -ca
▸ *nf* mecânica
mécanisme [mekanism] *nm* mecanismo
mécène [mesɛn] *nm* mecenas
méchanceté [meʃɑ̃ste] *nf* maldade, ruindade, malvadeza
méchant, -e [meʃɑ̃, -ɑ̃t] *adj* **1** (*personne*) mau, má, malvado, -da **2** (*animal*) bravo, -va **3** (*enfant*) malcriado, -da **4** (*pitoyable*) ruim, ordinário, -a **5** *fam fig* tremendo, -da
▸ *nm,f* mau, má, malvado, -da
mèche [mɛʃ] *nf* **1** (*de bougie*) mecha, pavio *m* **2** (*d'arme à feu*) estopim *m* **3** (*de cheveux*) mecha **4** (*de vilebrequin*) broca
• **être de mèche avec qqn** *fam* estar de conchavo com alguém
méconnaissable [mekɔnɛsabl] *adj* irreconhecível
méconnu, -e [mekɔny] *adj* não reconhecido, -da, incompreendido, -da

mécontent, -e [mekɔ̃tɑ̃, -ɑ̃t] *adj-nm,f* descontente

mécontenter [1] [mekɔ̃tɑ̃te] *vt* descontentar

médaille [medaj] *nf* medalha

médaillon [medajɔ̃] *nm* medalhão

médecin [medsɛ̃] *nm* médico, -ca
- **médecin légiste** médico, -ca legista
- **médecin traitant** médico, -ca

médecine [medsin] *nf* medicina
- **médecine du travail** medicina do trabalho
- **médecines douces** medicina naturalista

média [medja] *nm* (*pl* **média** ou **médias**) meios de comunicação, mídia *f*

médian, -e [medjɑ̃, -an] *adj* médio, -a, mediano, -na

médiateur, -trice [medjatœʀ, -tʀis] *adj-nm,f* mediador, -ra

médiatique [medjatik] *adj* da mídia, midiático, -ca

médical, -e [medikal] *adj* médico, -ca, medicinal

médicament [medikamɑ̃] *nm* medicamento, remédio

médicinal, -e [medisinal] *adj* medicinal

médiéval, -e [medjeval] *adj* medieval

médiocre [medjɔkʀ] *adj* mediocre
▶ *nmf* mediocre

médire [55] [mediʀ] *vi* falar mal (**de**, de)

médisance [medizɑ̃s] *nf* maledicência

méditation [meditasjɔ̃] *nf* meditação

méditer [1] [medite] *vt-vi* meditar

méditerranéen, -enne [mediteʀaneɛ̃, -ɛn] *adj* mediterrâneo, -a

médius [medijys] *nm* dedo médio

méduse [medyz] *nf* ZOOL medusa, água-viva

méduser [1] [medyze] *vt fam* pasmar

meeting [mitiŋ] *nm* 1 comício 2 SPORT encontro

méfait [mefɛ] *nm* 1 (*acte*) delito, malfeitoria *f* 2 *fig* (*résultat*) malefício, dano

méfiance [mefjɑ̃s] *nf* desconfiança

méfiant, -e [mefjɑ̃, -ɑ̃t] *adj* desconfiado, -da

méfier (se) [12] [mefje] *vpr* desconfiar

mégaoctet [megaɔktɛ] *nm* INFORM megabyte

mégarde [megaʀd] *loc* **par mégarde** por descuido

mégot [mego] *nm* bituca *f*, ponta *f* de cigarro

meilleur, -e [mɛjœʀ] *adj* melhor: *il est bien meilleur* ele está bem melhor
▶ *nm,f* melhor: *c'est le meilleur* é o melhor
- *c'est la meilleure!* essa é a melhor!
- *il fait meilleur* o tempo melhorou

mélancolie [melɑ̃kɔli] *nf* melancolia

mélancolique [melɑ̃kɔlik] *adj* melancólico, -ca

mélange [melɑ̃ʒ] *nm* mistura *f*, mescla *f*, misto

mélanger [4] [melɑ̃ʒe] *vt* 1 (*gén*) misturar 2 (*cartes*) embaralhar
▶ *vpr* **se mélanger** misturar-se

mêlée [mele] *nf* 1 (*combat*) entrevero *m*, pega-pega *m* 2 (*bousculade*) empurra-empurra *m*

mêler [1] [mele] *vt* 1 (*gén*) misturar 2 (*les cartes*) embaralhar 3 (*compromettre*) implicar, envolver
▶ *vpr* **se mêler** 1 (*gén*) misturar-se 2 (*s'impliquer*) meter-se, intrometer-se: *il ne s'est pas mêlé à la discussion* não se intrometeu na discussão
- *mêle-toi de tes affaires* cuide da sua vida

mélèze [melɛz] *nm* BOT lariço

méli-mélo [melimelo] *nm* (*pl* **mélis-mélos**) *fam* confusão *f*, trapalhada *f*

mélo [melo] *nm fam* melodrama

mélodie [melɔdi] *nf* melodia

mélodieux, -euse [melɔdjø, -øz] *adj* melodioso, -sa

mélodrame [melɔdʀam] *nm* melodrama

melon [məlɔ̃] *nm* 1 (*fruit*) melão 2 (*chapeau*) chapéu-coco

membrane [mɑ̃bʀan] *nf* membrana

membre [mɑ̃bʀ] *nm* 1 (*du corps*) membro 2 (*d'une société, d'un club*) membro, sócio, -a

même [mɛm] *adj indéf* mesmo, -ma: *en même temps* ao mesmo tempo

▶ *pron indéf* **le/la même** o mesmo, a mesma, o próprio, a própria
▶ *adv* **1** *(y compris)* mesmo, até: *même les enfants* até as crianças; *il a même voyagé en Inde* viajou até para a Índia **2** *(exactement)* mesmo: *je l'ai vu aujourd'hui même* eu o vi hoje mesmo **3** *(sens négatif)* nem mesmo, nem sequer: *elle ne lui a même pas dit bonjour* nem sequer lhe disse bom-dia
▶ *loc* **à même** diretamente: *il boit à même la bouteille* bebe diretamente na garrafa
• **de même** do mesmo modo, igualmente, também
• **de même que** assim como
• **être à même de** estar em condições de
• **même si** mesmo que, ainda que
• **tout de même** de qualquer modo

mémoire [memwaʀ] *nf* **1** *(gén)* memória: *elle a des pertes de mémoire* ela tem lapsos de memória **2** *(souvenir)* lembrança: *la mémoire d'un bon moment* a lembrança de um bom momento
▶ *nm* **1** *(rapport)* relatório, memorando **2** *(à l'université)* dissertação *f*
▶ *nf pl* **mémoires** memórias
• **à la mémoire de** em memória de
• **de mémoire** de cor
■ **mémoire virtuelle** INFORM memória virtual
■ **mémoire vive** INFORM memória RAM

mémorable [memɔʀabl] *adj* memorável

mémoriser [1] [memɔʀize] *vt* **1** *(fixer dans la mémoire)* memorizar **2** INFORM armazenar

menaçant, -e [mənasɑ̃, -ɑ̃t] *adj* ameaçador, -ra

menace [mənas] *nf* ameaça

menacer [3] [mənase] *vt* ameaçar: *il l'a menacé d'un couteau* ameaçou-o com uma faca; *ce mur menace de tomber* este muro está ameaçando cair

ménage [menaʒ] *nm* **1** *(nettoyage)* limpeza *f*, faxina *f* **2** *(couple)* casal
• **faire bon ménage** dar-se bem com
• **faire le ménage** limpar/arrumar a casa

ménagement [menaʒmɑ̃] *nm* consideração *f*, atenção *f*, deferência *f*
• **sans ménagements** sem contemplação; sem-cerimônia

ménager [4] [menaʒe] *vt* **1** *(personne)* tratar bem **2** *(santé)* cuidar, preservar: *elle doit ménager sa santé* ela deve cuidar de sua saúde **3** *(susceptibilité)* não ferir, não ofender **4** *(pièce)* arrumar, pôr em ordem **5** *(forces)* poupar
▶ *vpr* **se ménager** cuidar-se, poupar-se

ménager, -ère [menaʒe, -ɛʀ] *adj* doméstico, -ca

ménagère [menaʒɛʀ] *nf* dona de casa

mendiant, -e [mɑ̃djɑ̃, -ɑ̃t] *adj-nm,f* mendigo, -ga

mendier [12] [mɑ̃dje] *vi* mendigar

mener [7] [məne] *vt* **1** *(conduire)* levar: *il mène sa fille à l'école tous les matins* ele leva a filha à escola todas as manhãs; *on mène une vie austère* levamos vida austera **2** *(diriger)* dirigir, conduzir **3** *(acheminer)* levar, conduzir (**à**, a)
▶ *vi* SPORT ganhar (**par**, de): *l'équipe A mène par 4 à 3* a equipe A está ganhando de 4 a 3
• **mener à bien** levar a bom termo

meneur, -euse [mənœʀ, -øz] *nm,f* chefe, líder

menhir [meniʀ] *nm* HIST menir

méninge [menɛ̃ʒ] *nf* ANAT meninge
• **faire travailler ses méninges** dar tratos à bola

méningite [menɛ̃ʒit] *nf* MÉD meningite

ménisque [menisk] *nm* ANAT menisco

ménopause [menɔpoz] *nf* MÉD menopausa

menottes [mənɔt] *nf pl* algemas

mensonge [mɑ̃sɔ̃ʒ] *nm* mentira *f*
■ **pieux mensonge** mentira piedosa

menstruation [mɑ̃stʀyasjɔ̃] *nf* menstruação

mensualité [mɑ̃sɥalite] *nf* mensalidade

mensuel, -elle [mɑ̃sɥɛl] *adj* mensal

mensurations [mɑ̃syʀasjɔ̃] *nf pl* medidas

mental, -e [mɑ̃tal] *adj* mental

mentalité [mɑ̃talite] *nf* mentalidade

menteur, -euse [mɑ̃tœʀ, -øz] *adj-nm,f* mentiroso, -sa

menthe [mɑ̃t] *nf* BOT menta

mention [mɑ̃sjɔ̃] *nf* **1** *(référence)* menção **2** *(texte)* nota, comentário *m* **3** *(école)* conceito *m*

- **avec mention** com boa nota, com louvor
- **faire mention de** fazer menção a
- ■ **mention bien** conceito bom
- ■ **mention très bien** conceito ótimo

mentionner [1] [mɑ̃sjɔne] *vt* mencionar

mentir [28] [mɑ̃tiʀ] *vi* mentir

menton [mɑ̃tɔ̃] *nm* ANAT queixo

menu, -e[1] [məny] *adj* miúdo, -da, pequeno, -na

menu[2] [məny] *nm* menu, cardápio
- ■ **menu gastronomique** menu degustação

menuiserie [mənɥizʀi] *nf* marcenaria

menuisier [mənɥizje] *nm* marceneiro

méprendre (se) [83] [mepʀɑ̃dʀ] *vpr* enganar-se, confundir-se

mépris [mepʀi] *nm* desprezo, menosprezo, desdém
- **au mépris de** sem levar em conta, desdenhando, ao arrepio de

méprisable [mepʀizabl] *adj* desprezível

méprisant, -e [mepʀizɑ̃, -ɑ̃t] *adj* desdenhoso, -sa

méprise [mepʀiz] *nf* engano *m*, equívoco *m*, confusão

mépriser [1] [mepʀize] *vt* desprezar, desdenhar, menosprezar

mer [mɛʀ] *nf* mar *m*

mercantile [mɛʀkɑ̃til] *adj* mercantil

mercenaire [mɛʀsənɛʀ] *adj* 1 (*gén*) mercenário, -a 2 (*travail*) remunerado, -da, pago, -ga
▸ *nm* mercenário

mercerie [mɛʀsəʀi] *nf* 1 (*articles*) aviamentos *m pl* 2 (*magasin*) bazar *m*, armarinho *m*

merci [mɛʀsi] *nm* obrigado, -da
▸ *nf* mercê
▸ *interj* obrigado, -da
- **Dieu merci!** graças a Deus!
- **dire merci** agradecer
- **être à la merci de** estar à mercê de
- **merci beaucoup** muito obrigado, -da
- **sans merci** sem dó, nem piedade

mercier, -ère [mɛʀsje, -ɛʀ] *nm,f* dono, -na de bazar/armarinho

mercredi [mɛʀkʀədi] *nm* quarta-feira *f*

mercure [mɛʀkyʀ] *nm* mercúrio

merde [mɛʀd] *nf fam* merda

mère [mɛʀ] *nf* 1 mãe 2 REL madre
- ■ **mère de famille** mãe de família

méridien, -enne [meʀidjɛ̃, -ɛn] *adj* meridiano, -na
▸ *nm* **méridien** meridiano

méridional, -e [meʀidjɔnal] *adj* meridional

meringue [məʀɛ̃g] *nf* CUIS merengue *m*, suspiro *m*

mérite [meʀit] *nm* mérito

mériter [1] [meʀite] *vt* merecer

merlan [mɛʀlɑ̃] *nm* ZOOL CUIS pescada *f*, pescadinha *f*

merle [mɛʀl] *nm* ZOOL melro

merlu [mɛʀly] *nm* ZOOL merlúcio

merveille [mɛʀvɛj] *nf* maravilha
- **à merveille** às mil maravilhas, maravilhosamente

merveilleux, -euse [mɛʀvejø, -øz] *adj* maravilhoso, -sa

mes [me] *adj poss* meus, minhas: **mes frères et mes sœurs** meus irmãos e minhas irmãs

mésange [mezɑ̃ʒ] *nf* ZOOL chapim *m*

mésaventure [mezavɑ̃tyʀ] *nf* desventura, desgraça

mesdames [medam] *nf pl* senhoras

mesdemoiselles [medmwazɛl] *nf pl* senhoritas

mesquin, -e [mɛskɛ̃, -in] *adj* mesquinho, -nha

message [mesaʒ] *nm* mensagem *f*, recado
- **laisser un message à qqn** deixar um recado para alguém

messager, -ère [mesaʒe, -ɛʀ] *nm,f* mensageiro, -ra

messagerie [mesaʒʀi] *nf* correio *m*, transporte *m* de encomendas
- ■ **messagerie électronique** correio *m* eletrônico
- ■ **messagerie vocale** serviço de correio *m* de voz

messe [mɛs] *nf* missa
- **aller à la messe** ir à missa

- **messe de minuit** missa do galo

messie [mesi] *nm* messias

messieurs [mesjø] *nm pl* senhores

mesure [məzyʀ] *nf* **1** (*gén*) medida, medição **2** (*rythme*) compasso *m*, cadência
- **à mesure que** à medida que
- **au fur et à mesure que** à medida que
- **dans la mesure du possible** na medida do possível
- **être en mesure de** estar em condições de
- **sur mesure** sob medida

mesurer [1] [məzyʀe] *vt* medir
▸ *vi* medir: *il mesure un mètre quatre-vingts* ele mede um metro e oitenta
▸ *vpr* **se mesurer** medir-se, avaliar-se
- **se mesurer à/avec qqn** medir-se com alguém

métabolisme [metabɔlism] *nm* metabolismo

métal [metal] *nm* metal
- **métaux précieux** metais preciosos

métallique [metallik] *adj* metálico, -ca

métallisé, -e [metallize] *adj* **1** metalizado, -da **2** (*couleur*) metálico, -ca

métallurgie [metallyʀʒi] *nf* metalurgia

métamorphose [metamɔʀfoz] *nf* metamorfose

métaphore [metafɔʀ] *nf* metáfora

météo [meteo] *nf* **la météo** *fam* a previsão do tempo

météore [meteɔʀ] *nm* meteoro

météorite [meteɔʀit] *nm* meteorito

météorologie [meteɔʀɔlɔʒi] *nf* meteorologia

météorologique [meteɔʀɔlɔʒik] *adj* meteorológico, -ca

méthode [metɔd] *nf* método *m*

méthodique [me] *adj* metódico, -ca

méthodologie [metɔdɔlɔʒi] *nf* metodologia

méticuleux, -euse [metikylø, -øz] *adj* meticuloso, -sa

métier [metje] *nm* **1** trabalho, ofício, profissão *f*: *métier manuel* trabalho braçal/manual **2** (*pour broder*) bastidor
- **avoir du métier** ter experiência, ter prática
- **métier à tisser** tear

métis, -isse [metis] *adj-nm,f* mestiço, -ça

métrage [metʀaʒ] *nm* metragem *f*
- **court métrage** curta-metragem, curta
- **long métrage** longa-metragem

mètre [mɛtʀ] *nm* metro
- **mètre carré** metro quadrado
- **mètre cube** metro cúbico

métro [metʀo] *nm fam* metrô

métropole [metʀɔpɔl] *nf* metrópole

métropolitain, -e [metʀɔpɔlitɛ̃, -ɛn] *adj* metropolitano, -na

mets [mɛ] *nm* prato, iguaria *f*

metteur [metœʀ, -øz] *nm loc* **metteur en scène** diretor

mettre [81] [mɛtʀ] *vt* **1** (*gén*) pôr, colocar: *il met ses mains sur la table* ele põe as mãos na mesa; *tu as mis l'eau à chauffer?* você pôs a água no fogo? **2** (*vêtement*) pôr, vestir, usar: *quelle robe tu mettras ce soir?* que vestido você vai pôr esta noite? **3** (*temps*) levar, gastar: *il a mis du temps pour venir* levou tempo para vir **4** (*penser*) supor: *mettons que cela soit vrai* suponhamos que isso seja verdade
▸ *vpr* **se mettre 1** pôr-se, começar: *ils se sont mis au travail* puseram-se/começaram a trabalhar **2** começar a fazer: *nous nous sommes mis au judo* nós começamos a fazer judô **3** vestir: *je n'ai rien à me mettre!* não tenho nada para vestir!
- **mettre au point** preparar; regular (*appareil photo*) focalizar (*affaire*) acertar, finalizar

meuble [mœbl] *adj* DR móvel: *biens meubles* bens móveis
▸ *nm* móvel

meubler [1] [mœble] *vt* **1** mobiliar **2** *fig* (*remplir*) encher

meugler [1] [møgle] *vi* mugir, berrar

meule [møl] *nf* **1** (*de moulin*) mó **2** (*pour aiguiser*) rebolo *m* **3** (*de foin, paille*) pilha, monte *m*

meunier, -ère [mønje, -ɛʀ] *nm,f* moleiro, -ra

meurtre [mœRtR] *nm* assassinato, homicídio

meurtrier, -ère [mœRtRije, -jɛR] *adj* mortal, mortífero, -ra
▶ *nm,f* assassino, -na, homicida

meurtrir [20] [mœRtRiR] *vt* **1** (*le corps*) machucar, contundir, ferir **2** *fig* (*les sentiments*) ferir, magoar

meute [møt] *nf* matilha

mexicain, -e [mɛksikɛ̃, -ɛn] *adj* mexicano, -na
▶ *nm,f* **Mexicain, -e** mexicano, -na

Mexique [mɛksik] *nm* México

mezzanine [mɛdzanin] *nf* mezanino *m*

mi[1] [mi] *nm* MUS mi

mi-[2] [mi] *adj inv* meio, -a, semi-: *à mi-chemin* a meio caminho; *travail à mi-temps,* trabalho de meio período
▶ *adv* meio, semi-, metade: *les yeux mi-clos* olhos semicerrados
• **à la mi-août** dia 15 de agosto

miaulement [mjolmɑ̃] *nm* miado

miauler [1] [mjole] *vi* miar

micmac [mikmak] *nm fam* tramoia *f*, rolo

micro [mikRo] *nm fam* microfone

microbe [mikRɔb] *nm* micróbio

microclimat [mikRoklima] *nm* microclima

microfilm [mikRofilm] *nm* microfilme

micro-ondes [mikRoɔ̃d] *nm inv* (forno de) micro-ondas

micro-organisme [mikRoɔRganism] *nm* (*pl* **micro-organismes**) micro-organismo

microphone [mikRofɔn] *nm* microfone

microprocesseur [mikRopRɔsesœR] *nm* INFORM microprocessador

microscope [mikRoskɔp] *nm* microscópio

microscopique [mikRoskɔpik] *adj* microscópico, -ca

midi [midi] *nm* **1** (*moitié de la journée; heure*) meio-dia: *il est midi* é meio-dia; *midi et demi* meio-dia e meia **3** (*région*) sul: *le midi de la France* o sul da França

mie [mi] *nf* miolo *m* de pão

miel [mjɛl] *nm* mel

mielleux, -euse [mjelø, -øz] *adj* meloso, -sa

mien, mienne [mjɛ̃, mjɛn] *pron poss* **le mien, la mienne** o meu, a minha: *ce stylo, c'est le mien* essa caneta é minha; *ta mère a rencontré la mienne chez le coiffeur* tua mãe se encontrou com a minha no cabeleireiro

miette [mjɛt] *nf* **1** (*de pain*) migalha **2** *fam fig* (*un peu*) pouquinho *m*, pingo *m*

mieux [mjø] *adv* melhor: *aller beaucoup mieux* ir muito melhor
▶ *adj* melhor: *celui-là est mieux* esse é melhor
▶ *nm* **1 le mieux** o melhor: *je veux le mieux pour toi* quero o melhor para você **2** (*sans déterminant*) coisa melhor, bem mais: *j'espérais mieux* eu esperava coisa melhor
• **aimer mieux** preferir
• **au mieux** no melhor dos casos
• **d'autant mieux** muito melhor, muito mais
• **de mieux en mieux** cada vez melhor
• **faire de son mieux** fazer o melhor possível
• **faute de mieux** na falta de coisa melhor
• **rien de mieux** nada melhor
• **tant mieux** melhor

mièvre [mjɛvR] *adj* **1** (*gén*) tolo, -la, pueril, piegas **2** (*chétif*) frágil, débil

mignon, -onne [miɲɔ̃, -ɔn] *adj* **1** (*joli*) bonito, -ta, mimoso, -sa **2** (*gentil*) amável, gentil
▶ *nm,f* (*mon chou*) meu bem, benzinho: *viens ici mon mignon* venha aqui, meu bem

migraine [migRɛn] *nf* enxaqueca

migrant, -e [migRɑ̃, -ɑ̃t] *adj-nm,f* (*personne*) migrante

migrateur, -trice [migRatœR, -tRis] *adj* migratório, -a, migrador, -ra

migration [migRasjɔ̃] *nf* migração

mijoter [1] [miʒɔte] *vt-vi* **1** (*un plat*) cozinhar em fogo lento **2** *fam* (*un complot*) tramar, maquinar, urdir

mil[1] [mil] *num* (*chiffre*) mil

mil[2] [mil] *nm* (*céréale*) painço

milicien, -enne [milisjɛ̃] *nm,f* miliciano, -na

milieu [miljø] *nm* **1** (*gén*) meio: **ils arrêtèrent la voiture au milieu de la route** pararam o carro no meio da estrada **2** (*centre*) centro, meio: **il plaça la balle au milieu du terrain** colocou a bola no centro do campo **3** (*moitié*) metade *f*: **le milieu d'un livre** a metade de um livro **4** (*mesure*) termo médio, meio-termo **5** (*entourage*) meio, ambiente: **adaptation au milieu** adaptação ao meio

- **au beau milieu de** bem no meio de
- **au milieu de** no meio de, em meio a
- **en plein milieu de** em pleno centro de
- **le milieu** o submundo

militaire [militɛʀ] *adj-nm* militar

militant, -e [militɑ̃, -ɑ̃t] *adj-nm,f* militante

militer [1] [milite] *vi* **1** (*dans la politique*) militar **2** (*agir*) atuar

mille¹ [mil] *num inv* (*chiffre*) mil
▸ *nm inv* **1** (*un millier*) milheiro, milhar **2** (*cible*) mosca *f*

mille² [mil] *nm* (*mesure de longueur*) milha *f*

mille-feuille [milfœj] *nm* (*pl* **mille-feuilles**) **1** (*gâteau*) mil-folhas *m* **2** (*plante*) milefólio, mil-folhas

millénaire [milenɛʀ] *adj* milenar
▸ *nm* milênio

mille-pattes [milpat] *nm inv* ZOOL centopeia *f*

millet [mijɛ] *nm* BOT painço

milliard [miljaʀ] *nm* bilhão, bilião

milliardaire [miljaʀdɛʀ] *adj-nmf* bilionário, -a

millième [miljɛm] *adj-nmf* milésimo, -ma
▸ *nm* milésimo

millier [milje] *nm* milhar, milheiro
- **des milliers de** milhares de
- **par milliers** aos milhares

milligramme [miligʀam] *nm* miligrama

millimètre [milimɛtʀ] *nm* milímetro

million [miljɔ̃] *nm* milhão

millionnaire [miljɔnɛʀ] *adj-nmf* milionário, -a

mime [mim] *nm* mímico

mimosa [mimoza] *nm* BOT mimosa *f*

minable [minabl] *adj* lastimável

minaret [minaʀɛ] *nm* minarete

mince [mɛ̃s] *adj* **1** (*chose*) delgado, -da, fino, -na **2** (*personne*) esbelto, -ta, esguio, -a **3** (*fortune, mérite*) escasso, -sa **4** (*salaire*) magro, -gra
▸ *interj* **mince!** droga!

mincir [20] [mɛ̃siʀ] *vi* afinar, adelgaçar

mine [min] *nf* **1** (*apparence*) cara, aparência, jeito *m*: **ce restaurant a bonne mine** este restaurante tem boa aparência **2** (*de crayon*) grafite, grafita **3** (*gisement, explosif*) mina

- **avoir mauvaise mine** parecer indisposto, -ta
- **être une mine de** ser una mina de
- **faire mine de** fazer menção de
- **mine de rien** não parece, mas...; como quem não quer nada
- **ne pas payer de mine** não ter boa cara, não ter boa aparência

minerai [minʀɛ] *nm* mineral

minéral, -e [mineral] *adj-nm* mineral

minet, -ette [minɛ, -ɛt] *nm,f* **1** *fam* (*petit chat*) gatinho, -nha **2** *fam* (*personne*) mauricinho *m*/patricinha *f*

mineur, -e¹ [minœʀ] *adj* **1** (*jeune*) menor **2** (*moindre*) menor, de pouca importância **3** MUS menor
▸ *nm,f* menor (*de idade*)

mineur² [minœʀ] *nm* **1** (*ouvrier*) mineiro **2** (*soldat*) sapador

miniature [minjatyʀ] *nf* miniatura
- **en miniature** em miniatura

minibar [minibaʀ] *nm* minibar

minibus [minibys] *nm* micro-ônibus

minichaîne [miniʃɛn] *nf* aparelho *m* de som portátil

minier, -ère [minje, -ɛʀ] *adj* mineiro, -ra

minijupe [miniʒyp] *nf* minissaia

minimal, -e [minimal] *adj* mínimo, -ma

minime [minim] *adj* mínimo, -ma
▸ *nm* SPORT infantil, júnior, mirim

minimiser [1] [minimize] *vt* minimizar

minimum [minimɔm] *nm* mínimo
- **au minimum** no mínimo
- **minimum vital** salário-mínimo

ministère [ministɛʀ] *nm* ministério: *ministère des Finances* Ministério da Fazenda

ministre [ministʀ] *nm* ministro, -tra

Minitel® [minitel] *nm* videotexto

minoritaire [minɔʀitɛʀ] *adj* minoritário, -a

minorité [minɔʀite] *nf* **1** *(petit nombre)* minoria **2** *(d'âge)* menoridade

minuit [minɥi] *nm* meia-noite

minuscule [minyskyl] *adj* minúsculo, -la
▸ *nf (lettre)* minúscula

minute [minyt] *nf* minuto *m*
▸ *interj* **minute!** um minuto!
• **d'une minute à l'autre** de um momento para o outro

minuter [1] [minyte] *vt* cronometrar

minuteur [minytœʀ] *nm* temporizador, regulador de tempo, *timer*

minutie [minysi] *nf* minúcia

minutieux, -euse [minysjø, -øz] *adj* minucioso, -sa

mirabelle [miʀabɛl] *nf* variedade de ameixa do nordeste da França

miracle [miʀakl] *nm* milagre
• **crier miracle** extasiar-se
• **par miracle** por milagre

miraculeux, -euse [miʀakylø, -øz] *adj* milagroso, -sa, miraculoso, -sa

mirage [miʀaʒ] *nm* miragem *f*

mire [miʀ] *nf* **1** *(règle)* mira **2** *(de télévision)* mira, imagem de controle

miroir [miʀwaʀ] *nm* espelho

miroiter [1] [miʀwate] *vi* brilhar, cintilar, refletir a luz
• **faire miroiter** seduzir com

misanthrope [mizɑ̃tʀɔp] *adj-nmf* misantropo, -pa

mise [miz] *nf* **1** *(gén)* colocação **2** *(au jeu)* aposta, parada **3** *fml (tenue)* traje *m*, toalete
■ **mise à la retraite** aposentadoria
■ **mise au point** *(photographie)* focalização *(de voiture)* regulagem *(explication)* explicação, esclarecimento *m*
■ **mise en liberté** libertação
■ **mise en place** colocação, instalação, implantação, instauração
■ **mise en scène** *(d'une pièce)* montagem, direção, encenação *(d'un événement)* encenação

miser [1] [mize] *vt* apostar
• **miser sur qqn** contar com alguém, confiar em alguém

misérable [mizeʀabl] *adj-nmf* miserável

misère [mizɛʀ] *nf* **1** *(pauvreté)* miséria **2** *(malheur)* desgraça, calamidade
• **faire des misères à qqn** atormentar alguém

miséricorde [mizeʀikɔʀd] *nf* misericórdia

misogyne [mizɔʒin] *adj-nmf* misógino, -na

missile [misil] *nm* míssil

mission [misjɔ̃] *nf* missão
• **partir en mission** ir em missão

missionnaire [misjɔnɛʀ] *nmf* missionário, -a

missive [misiv] *nf* missiva

mistral [mistʀal] *nm* mistral

mitaine [mitɛn] *nf* meia-luva

mite [mit] *nf* ZOOL traça

mité, -e [mite] *adj* roído pela traça

mi-temps [mitɑ̃] *nm inv* **1** SPORT *(intermède)* intervalo, pausa *f* **2** SPORT *(moitié, part)* primeiro ou segundo tempo
▸ *nm inv (emploi)* trabalho em meio período
• **à mi-temps** em meio período

miteux, -euse [mitø, -øz] *adj fam* miserável

mitiger [4] [mitiʒe] *vt* mitigar

mitonner [1] [mitɔne] *vi (plat)* cozer em fogo lento
▸ *vt (affaire)* tramar, premeditar

mitrailler [1] [mitʀaje] *vt* metralhar

mitrailleuse [mitʀajøz] *nf* metralhadora

mi-voix [mivwa] *loc* **à mi-voix** a meia-voz

mixage [miksaʒ] *nm* mixagem *f*

mixer¹ [1] [mikse] *vt* mixar, fazer mixagem

mixer² [miksœʀ] *nm* mixador, -ra

mixeur [miksœʀ] *nm* liquidificador

mixte [mikst] *adj* misto, -ta, misturado, -da

mixture [mikstyʀ] *nf* mistura

Mlle *abr* (**mademoiselle**) srta.

MM *abr* (**messieurs**) srs.

Mme *abr* (**madame**) sra.

mobile [mɔbil] *adj* móvel, movediço, -ça, movente
▶ *nm* móbil, motivo

mobilier, -ère [mɔbilje, -ɛʀ] *adj* mobiliário, -a
▶ *nm* **mobilier** mobiliário, mobília *f*

mobilisation [mɔbilizasjɔ̃] *nf* mobilização

mobiliser [1] [mɔbilize] *vt* mobilizar

mocassin [mɔkazɛ̃] *nm* mocassim

moche [mɔʃ] *adj* **1** *fam* (*laid*) feio, -a, feioso, -sa **2** *fam* (*mauvais*) ruim

modalité [mɔdalite] *nf* modalidade

mode [mɔd] *nm* modo, maneira *f*
▶ *nf* moda
• **à la mode** da/na moda
• **passé de mode** fora de moda
■ **mode d'emploi** instruções de uso
■ **mode de vie** modo de vida

modèle [mɔdɛl] *adj-nmf* modelo

modeler [9] [mɔdle] *vt* modelar, moldar
▶ *vpr* **se modeler** amoldar-se

modélisme [mɔdelism] *nm* modelismo

modem [mɔdɛm] *nm* modem

modérateur, -trice [mɔdeʀatœʀ, -tʀis] *adj-nm,f* moderador, -ra

modération [mɔdeʀasjɔ̃] *nf* moderação

modérer [10] [mɔdeʀe] *vt* moderar
▶ *vpr* **se modérer** moderar-se, conter-se

moderne [mɔdɛʀn] *adj* moderno, -na

moderniser [1] [mɔdɛʀnize] *vt* modernizar
▶ *vpr* **se moderniser** modernizar-se

modeste [mɔdɛst] *adj* modesto, -ta

modestie [mɔdɛsti] *nf* modéstia

modification [mɔdifikasjɔ̃] *nf* modificação

modifier [12] [mɔdifje] *vt* modificar
▶ *vpr* **se modifier** modificar-se

modique [mɔdik] *adj* módico, -ca

modiste [mɔdist] *nmf* chapeleiro, -ra

modulation [mɔdylasjɔ̃] *nf* modulação
■ **modulation de fréquence** frequência modulada

module [mɔdyl] *nm* módulo

moelle [mwal] *nf* **1** ANAT medula **2** (*des os*) tutano *m*
■ **moelle épinière** medula espinhal

moelleux, -euse [mwalø, -øz] *adj* macio, -a, fofo, -fa

mœurs [mœʀ(s)] *nf pl* costumes *m*

moi [mwa] *pron pers* **1** (*sujet*) eu: **moi seul** só eu; **moi non plus** nem eu **2** (*complément avec préposition*) mim: **pour moi** para mim **3** (*avec l'impératif*) me: **dis moi** diga-me
▶ *nm inv* eu: **le moi** o eu, o ego
• **avec moi** comigo

moignon [mwaɲɔ̃] *nm* **1** (*d'un membre*) coto **2** (*d'un arbre*) cepo

moi-même [mwamɛm] *pron pers* eu mesmo

moindre [mwɛ̃dʀ] *adj* **1** (*plus petit*) menor: **j'aime acheter au moindre prix** gosto de comprar pelo menor preço **2** (*minimum*) mínimo, -ma: **je n'en ai pas le moindre doute** não tenho a menor dúvida
• **c'est la moindre des choses** é o mínimo

moine [mwan] *nm* monge

moineau [mwano] *nm* ZOOL pardal

moins [mwɛ̃] *adv* **1** (*gén*) menos: **c'est moins cher** é menos caro; **il est moins riche que toi** ele é menos rico que você **2** **le/la moins** (*superlatif*) o menos, a menos: **il est le moins tolérant des professeurs** é o menos tolerante dos professores
▶ *prép* **1** (*avec soustraction*) menos: **six moins deux font quatre** seis menos dois são quatro **2** (*indiquant l'heure*) para: **dix heures moins cinq** cinco para as dez
▶ *nm* MATH menos, negativo(s): **à moins 5 °C** a menos 5 °C, 5 °C negativos
• **à moins de** a menos que
• **à moins que + subj** a menos que + *subj*
• **au moins** ao menos, pelo menos
• **de moins en moins** cada vez menos
• **en moins de rien** num piscar de olhos

- **plus ou moins** mais ou menos
- **tout au moins** no mínimo

moiré, -e [mwaʀe] *adj* achamalotado, -da

mois [mwa] *nm* mês

moisir [20] [mwaziʀ] *vi* 1 *(pourrir)* embolorar, mofar 2 *fam (languir)* ficar mofando
▸ *vt (pourrir)* mofar

moisissure [mwazisyʀ] *nf* mofo *m*, bolor *m*

moisson [mwasɔ̃] *nf* 1 *(de céréales)* colheita 2 *fig (de succès, résultats)* colheita, messe
- **faire la moisson** colher, fazer a colheita

moissonner [1] [mwasɔne] *vt* ceifar, colher

moissonneuse [mwasɔnøz] *nf* segadeira, ceifadeira

moissonneuse-batteuse [mwasɔnøzbatøz] *nf* ceifadeira-debulhadora

moite [mwat] *adj* levemente úmido, -da

moitié [mwatje] *nf* 1 *(gén)* metade, meio *f* 2 *fam (épouse)* metade, cara-metade
- **à moitié** meio, metade
- **à moitié chemin** no/pelo meio do caminho
- **à moitié prix** pela metade do preço
- **se mettre de moitié avec qqn** mear, fazer algo meio a meio com alguém

mol [mɔl] *adj* → **mou, molle**

molaire [mɔlɛʀ] *nf (dent)* molar *m*

molécule [mɔlekyl] *nf* molécula

molester [1] [mɔlɛste] *vt* maltratar, brutalizar

molle [mɔl] *adj* → **mou**

mollesse [mɔlɛs] *nf* 1 *(gén)* maciez, suavidade 2 *(indolence)* moleza, indolência

mollet, -ette [mɔlɛ, -ɛt] *adj* macio, -a, mole, fofo, -fa
▸ *nm* **mollet** panturrilha *f*, barriga *f* da perna

mollusque [mɔlysk] *nm* molusco

môme [mom] *nmf fam* guri, -a

moment [mɔmɑ̃] *nm* 1 *(espace de temps)* momento 2 *(occasion)* hora *f*, ocasião *f* 3 *(présent)* momento presente
- **au moment de** no momento de
- **à un moment donné** em dado momento
- **dans un moment** num instante
- **du moment que** desde que, dado que
- **par moments** de vez em quando, às vezes
- **pour le moment** por enquanto, por ora

momie [mɔmi] *nf* múmia

mon [mɔ̃] *adj poss (pl* **mes***)* meu (no feminino, antes de vogal ou h mudo: *mon père, ma mère, mes enfants et mon amie* meu pai, minha mãe, meus filhos e minha amiga

monacal, -e [mɔnakal] *adj* monástico, -ca

Monaco [mɔnako] *n pr* Mônaco

monarchie [mɔnaʀʃi] *nf* monarquia

monarque [mɔnaʀk] *nm* monarca

monastère [mɔnastɛʀ] *nm* mosteiro

monceau [mɔ̃so] *nm* monte, montão

mondain, -e [mɔ̃dɛ̃, -ɛn] *adj-nm,f* 1 *(vie de société)* de sociedade, social 2 *(terrestre)* mundano, -na

monde [mɔ̃d] *nm* 1 *(terre)* mundo: *il connaît le monde entier* conhece o mundo inteiro 2 *(société)* (alta) sociedade *f* 3 *(foule)* gente *f*: *il y a beaucoup de monde* há muita gente 4 *(domestiques)* pessoal, empregados *pl*: *congédier tout son monde* despedir todo o pessoal 5 *(milieu)* mundo, círculo: *le monde des finances* o mundo das finanças
- **noir de monde** cheio de gente
- **pour rien au monde** por nada neste mundo
- **se faire un monde de qqch** exagerar
- **se moquer du monde** não ser sério
- **tout le monde** todos
- **venir au monde** vir ao mundo, nascer
■ **le beau monde** alta sociedade *f*, alta roda *f*

mondial, -e [mɔ̃djal] *adj* mundial

mondialisation [mɔ̃djalizasjɔ̃] *nf* globalização

monégasque [mɔnegask] *adj* monegasco, -ca
▸ *nmf* **Monégasque** monegasco, -ca

monétaire [mɔnetɛʀ] *adj* monetário, -a

moniteur, -trice [mɔnitœʀ, -tʀis] *nm,f* monitor, -ra
▶ *nm* **moniteur** (*écran*) monitor

monnaie [mɔnɛ] *nf* **1** (*argent*) moeda, dinheiro *m* **2** (*pièces*) trocado *m*: **avez-vous de la monnaie?** tem trocado? **3** (*différence*) troco *m*: **la monnaie de cent euros** troco para cem euros

monogamie [mɔnɔgami] *nf* monogamia

monographie [mɔnɔgʀafi] *nf* monografia

monologue [mɔnɔlɔg] *nm* monólogo

monopole [mɔnɔpɔl] *nm* monopólio

monopoliser [1] [mɔnɔpɔlize] *vt* monopolizar

monoski [mɔnɔski] *nm* monoesqui

monospace [mɔnɔspas] *nm* (*auto*) monovolume

monosyllabe [mɔnɔsillab] *adj* monossílabo, -ba
▶ *nm* monossílabo

monotone [mɔnɔtɔn] *adj* monótono, -na

monotonie [mɔnɔtɔni] *nf* monotonia

monsieur [məsjø] *nm* (*pl* **messieurs**) **1** (*gén*) senhor: **bonjour monsieur** bom dia, senhor; **Monsieur Durant** Senhor Durant **2** (*devant un prénom*) senhor: **Monsieur Raymond Barre** Senhor Raymond Barre **3** (*patron*) dono, patrão: **monsieur est sorti** o patrão saiu **4** (*prince*) príncipe
• **cher monsieur** (*en tête d'une lettre*) prezado senhor

monstre [mɔ̃stʀ] *nm* monstro

monstrueux, -euse [mɔ̃stʀyø, -øz] *adj* monstruoso, -sa

mont [mɔ̃] *nm* monte, morro
• **promettre monts et merveilles** prometer mundos e fundos

montage [mɔ̃taʒ] *nm* montagem *f*

montagnard, -e [mɔ̃taɲaʀ, -aʀd] *adj-nm,f* montanhês, -esa

montagne [mɔ̃taɲ] *nf* montanha
• **se faire une montagne de qqch** fazer um bicho de sete cabeças de algo
▪ **montagnes russes** montanha-russa

montant, -e [mɔ̃tɑ̃, -ɑ̃t] *adj* ascendente
▶ *nm* **montant 1** (*somme*) total, montante, soma: **le montant des dépenses** o total das despesas **2** (*poteau, guide*) montante

mont-de-piété [mɔ̃dpjete] *nm inv* casa de penhores

monte-charge [mɔ̃tʃaʀʒ] *nm inv* monta-cargas

montée [mɔ̃te] *nf* subida, escalada, ascensão

monte-plats [mɔ̃tpla] *nm inv* elevador de comida

monter [1] [mɔ̃te] *vi* **1** (*grimper*) subir: **monter au grenier** subir ao sótão **2** (*dans un véhicule*) subir, entrar: **monter en voiture** entrar no carro **3** (*bicyclette, un animal*) montar: **monter à bicyclette** montar na bicicleta; **monter à cheval** montar a cavalo **4** (*s'élever*) elevar-se, erguer-se: **la tour monte à plus de cent mètres** a torre se eleva a mais de cem metros **5** (*un fleuve, la mer*) subir, elevar-se **6** (*augmenter*) subir, aumentar: **les prix montent sans cesse** os preços estão sempre aumentando
▶ *vt* **1** (*gravir*) subir, galgar: **monter une côte** subir uma encosta **2** (*être sur*) estar montado, -da: **monter un cheval** estar montado, -da em um cavalo **3** (*aménager*) montar, instalar: **elle a monté son studio** ela montou seu estúdio **4** (*machine*) montar, armar: **monter un amplificateur** montar um amplificador **5** (*préparer*) preparar, organizar: **monter une fête** organizar uma festa
▶ *vpr* **se monter 1** (*former un total*) montar: **la facture se monte à mille euros** a fatura monta a mil euros **2** (*se pourvoir*) abastecer-se: **se monter en draps** abastecer-se de lençóis
• **monter en grade** subir de posto, ser promovido
• **se monter la tête** exaltar-se, iludir-se

monticule [mɔ̃tikyl] *nm* montículo, montinho

montre [mɔ̃tʀ] *nf* relógio *m* (*de pulso, de bolso*)
• **contre la montre** contra o relógio
• **faire montre de** dar mostras de
• **montre à quartz** relógio de quartzo
• **montre en main** cronometrado, exatamente

montre-bracelet [mɔ̃tʀbʀaslɛ] *nf* relógio *m* de pulso

montrer [1] [mɔ̃tRe] vt 1 (*faire voir*) mostrar 2 (*désigner*) apontar, mostrar, designar 3 (*apprendre*) ensinar 4 (*prouver*) demonstrar
▶ *vpr* **se montrer** 1 (*se conduire*) mostrar-se: *se montrer prudent* mostrar-se prudente 2 (*s'exhiber*) exibir-se, mostrar-se

monture [mɔ̃tyR] *nf* 1 (*animal*) montaria, cavalgadura 2 (*châssis*) armação, moldura 3 (*d'un bijou*) engaste *m*

monument [mɔnymɑ̃] *nm* monumento
■ **monument aux morts** monumento aos mortos

monumental [mɔnymɑ̃tal] *adj* monumental

moquer (se) [2] [mɔke] *vpr* zombar, caçoar (**de**, de): *ils se moquaient de tout* zombavam de tudo
• **s'en moquer comme de l'an quarante** não dar a mínima a

moquerie [mɔkRi] *nf* zombaria, caçoada

moquette [mɔkɛt] *nf* carpete *m*

moqueur, -euse [mɔkœR, -øz] *adj-nm,f* zombeteiro, -ra

moral, -e [mɔRal] *adj* moral
▶ *nm* **moral** moral, ânimo
• **relever le moral** levantar o moral

morale [mɔRal] *nf* moral
• **faire la morale** dar uma lição de moral

moralité [mɔRalite] *nf* 1 (*mœurs*) moralidade 2 (*d'une fable*) moral

moratoire [mɔRatwaR] *nf* moratória

morbide [mɔRbid] *adj* mórbido, -da

morceau [mɔRso] *nm* 1 (*gén*) pedaço 2 (*littéraire, musical*) trecho, passagem *f*
• **aimer les bons morceaux** gostar de bons petiscos, gostar de coisas boas
• **manger un morceau** comer um bocado, um pedaço
• **pour un morceau de pain** por pouco dinheiro

morceler [5] [mɔRsəle] vt 1 (*partager*) fracionar, fragmentar 2 (*démembrer*) desmembrar

mordant, -e [mɔRdɑ̃, -ɑ̃t] *adj* 1 (*gén*) mordente 2 (*incisif*) mordaz
▶ *nm* **mordant** 1 (*vernis, teinture*) mordente 2 *fig* (*ironie, causticité*) mordacidade *f*

mordre [62] [mɔRdR] *vt* 1 (*gén*) morder 2 (*ronger*) roer, corroer 3 (*insecte*) picar
▶ *vi* 1 (*gén*) morder: *chien qui mord* cachorro que morde 2 (*eau-forte*) morder 3 *fam* (*se laisser prendre*) morder a isca
▶ *vpr* **se mordre** (*gén*) morder-se
• **s'en mordre les doigts** arrepender-se

mordu, -e [mɔRdy] *nm,f* apaixonado, -da

morfondre (se) [62] [mɔRfɔ̃dR] *vpr* mofar, aborrecer-se

morgue [mɔRg] *nf* 1 (*lieu*) necrotério *m* 2 (*attitude*) arrogância

moribond, -e [mɔRibɔ̃, -ɔ̃d] *adj-nm,f* moribundo, -da

morille [mɔRij] *nf* espécie de cogumelo *m*

morne [mɔRn] *adj* 1 (*caractère*) tristonho, -nha, sombrio, -a 2 (*objet*) insonso, -sa, apagado, -da 3 (*temps*) sombrio, -a, escuro, -ra

morose [mɔRoz] *adj* melancólico, -ca, lúgubre

morphine [mɔRfin] *nf* morfina

morphologie [mɔRfɔlɔʒi] *nf* morfologia

mors [mɔR] *nm* freio (para cavalos)

morse[1] [mɔRs] *nm* ZOOL morsa *f*

morse[2] [mɔRs] *nm* (*télégraphie, alphabet*) morse

morsure [mɔRsyR] *nf* mordedura, mordida

mort, -e [mɔR] *adj-nm,f* morto, -ta
▶ *nf* **mort** morte
▶ *loc* **être mort de + nom** estar morto de + *subst*: *je suis mort de fatigue* estou morto de cansaço
• **à mort** mortalmente
• **avoir la mort dans l'âme** estar acabrunhado, -da
• **faire le mort** fazer-se de morto
• **mort ou vif** vivo ou morto
• **se donner la mort** suicidar-se, matar-se

mortadelle [mɔRtadɛl] *nf* CUIS mortadela

mortalité [mɔRtalite] *nf* mortalidade

mortel, -elle [mɔRtɛl] *adj-nm,f* mortal

mortier [mɔRtje] *nm* 1 (*récipient*) pilão 2 (*arme*) morteiro 3 (*matériau*) argamassa *f*

mortifier [12] [mɔʀtifje] *vt* **1** *(affliger, humilier)* humilhar **2** *(la viande)* amaciar

mortuaire [mɔʀtɥɛʀ] *adj* mortuário, -a, fúnebre, funerário, -a

morue [mɔʀy] *nf* ZOOL CULIN bacalhau *m*

mosaïque [mɔzaik] *nf* mosaico *m*

mosquée [mɔske] *nf* mesquita

mot [mo] *nm* **1** *(gén)* palavra *f* **2** *(phrase)* frase *f* **3** *(message)* bilhete
- **à demi mot** com meias palavras
- **à mots couverts** com indiretas
- **avoir des mots avec qqn** bater boca com alguém
- **avoir le dernier mot** ter a última palavra
- **en un mot** numa palavra, em resumo
- **mot pour mot** palavra por palavra
- **ne pas mâcher ses mots** não medir as palavras
■ **gros mot** palavrão
■ **mots croisés** palavras *f* cruzadas
■ **mot de passe** senha *f*
■ **mot d'esprit** chiste, piada *f*
■ **mot d'ordre** palavra *f* de ordem
■ **mot savant** palavra *f* erudita
■ **petit mot** breve nota *f*, bilhetinho

motard, -e [mɔtaʀ] *nm,f (motocycliste)* motoqueiro, -ra, motociclista
▶ *nm* **motard** *(policier)* motociclista da polícia ou do exército, batedor

motel [mɔtɛl] *nm* motel

moteur, -trice [mɔtœʀ, -tʀis] *adj (propulseur)* motor, -triz
▶ *nm* **moteur** *(engin)* motor

motif [mɔtif] *nm* motivo

motion [mosjɔ̃] *nf* moção

motiver [1] [mɔtive] *vt* **1** *(inciter à agir; causer)* motivar **2** *(justifier)* justificar

moto [mɔto] *nf fam* moto, motoca, motocicleta

motocross [mɔtokʀɔs] *nm motocross*

motocyclette [mɔtɔsiklɛt] *nf* motocicleta

motocycliste [mɔtɔsiklist] *nmf* motociclista

motoriser [1] [mɔtɔʀize] *vt* motorizar

motricité [mɔtʀisite] *nf* motricidade

motte [mɔt] *nf* **1** *(de terre)* torrão *m* **2** *(de beurre)* bloco *m*

mou, molle [mu, mɔl] *adj* (**mol** diante de vogal ou **h** mudo) **1** *(au toucher)* mole, macio, -a, fofo, -fa **2** *(sans vigueur)* frouxo, -a, flácido, -da
▶ *adj m* **1** *(temps)* úmido e quente **2** *(efféminé)* maricas **3** *fam (homme)* covarde, frouxo
▶ *nm* **mou** **1** *(personne)* molenga, frouxo, -xa **2** *(d'animal)* bofe

mouchard, -e [muʃaʀ, -aʀd] *nm,f fam* dedo-duro *mf*

moucharder [1] [muʃaʀde] *vt fam* dedurar, dedar

mouche [muʃ] *nf* **1** *(insecte)* mosca *f* **2** *(barbe)* mosca **3** *(sur la peau)* pinta
- **faire la mouche du coche** agitar-se muito sem resultado
- **faire mouche** acertar na mosca
- **prendre la mouche** melindrar-se
■ **fine mouche** raposa, pessoa astuta

moucher [1] [muʃe] *vt* **1** *(gén)* assoar *(o nariz)* **2** *fam (réprimander)* repreender
▶ *vpr* **se moucher** assoar-se

moucheté, -e [muʃte] *adj* sarapintado, -da

mouchoir [muʃwaʀ] *nm* lenço

moudre [70] [mudʀ] *vt* moer

moue [mu] *nf* amuo *m*

mouette [mwɛt] *nf* ZOOL gaivota

moufle [mufl] *nf* **1** *(gant)* mitene **2** *(poulie)* polia, roldana **3** *(four)* mufla

mouflon [muflɔ̃] *nm* ZOOL carneiro selvagem

mouillage [mujaʒ] *nm* **1** *(action de mouiller)* molho, molhadela *f* **2** *(d'un bateau)* ancoragem *f* **3** *(plan d'eau)* ancoradouro **4** *(de vin etc.)* batismo

mouiller [1] [muje] *vt* **1** *(gén)* molhar **2** *(le vin etc.)* batizar **3** *(jeter l'ancre)* ancorar **4** *(une consonne)* palatalizar
▶ *vpr* **se mouiller** **1** *(gén)* molhar-se **2** *fam (se compromettre)* comprometer-se
- **mouiller l'ancre** lançar a âncora

moulant, -e [mulɑ̃, -ɑ̃t] *adj* colante, rente ao corpo

moule[1] [mul] *nm* **1** *(gén)* molde, forma *f* **2** *(pour les boutons)* forma *f* *(botão para ser forrado)*

moule[2] [mul] *nf* **1** *(mollusque)* mexilhão *m* **2** *fam (personne)* moloide, molenga

mouler [1] [mule] *vt* moldar, modelar

moulin [mulɛ̃] *nm* **1** (*gén*) moinho **2** (*appareil*) moedor **3** *fam* (*moteur*) motor
• **être un moulin à paroles** falar pelos cotovelos
■ **moulin à café** moedor de café
■ **moulin à vent** moinho de vento

moulinet [mulinɛ] *nm* **1** (*gén; de pêche*) molinete **2** (*tourniquet*) catraca *f*

Moulinette® [mulinɛt] *nf* espremedor *m* de legumes

moulu, -e [muly] *adj* **1** (*en poudre*) moído, -da, triturado, -da **2** *fig* (*de fatigue*) moído, -da

moulure [mulyʀ] *nf* ARCHIT moldura

mourant, -e [muʀɑ̃, -ɑ̃t] *adj-nm,f* **1** (*qui se meurt*) moribundo, -da, agonizante **2** (*languissant*) lânguido, -da: *regard mourant* olhar lânguido

mourir [32] [muʀiʀ] *vi* morrer
▶ *vpr* **se mourir** (*s'éteindre*) extinguir-se
• **mourir de rire** morrer de rir

mousse¹ [mus] *nf* **1** (*écume*) espuma **2** (*plante*) musgo *m* **3** CUIS musse
■ **mousse à raser** espuma de barbear
■ **mousse au chocolat** musse de chocolate

mousse² [mus] *adj* (*lame*) rombudo, -da

mousse³ [mus] *nm* (*marin*) grumete

mousseline [muslin] *nf* musselina

mousseux, -euse [musø, -øz] *adj* espumoso, -sa, espumante

mousson [musɔ̃] *nf* monção

moustache [mustaʃ] *nf* bigode *m*

moustiquaire [mustikɛʀ] *nf* mosquiteiro *m*

moustique [mustik] *nm* mosquito

moutard [mutaʀ] *nm fam* criança *f*

moutarde [mutaʀd] *nf* BOT CUIS mostarda

mouton [mutɔ̃] *nm* **1** ZOOL carneiro **2** *fig* (*homme*) cordeiro, carneirinho **3** (*masse*) bate-estacas
▶ *nm pl* **moutons 1** (*petites vagues*) carneirada *f sing* **2** (*poussière*) cotão *sing*, floco *sing* de poeira
• **faire comme les moutons de Panurge** ser maria vai com as outras
• **revenons à nos moutons** voltando à vaca-fria

mouvant, -e [muvɑ̃, -ɑ̃t] *adj* **1** (*en mouvement*) móvel, em movimento **2** (*sables*) movediço, -ça **3** (*instable*) instável **4** (*qui change d'aspect*) cambiante

mouvement [muvmɑ̃] *nm* **1** (*gén*) movimento, movimentação *f* **2** (*des prix*) variação *f*, flutuação *f* **3** (*de colère*) impulso

mouvementé, -e [muvmɑ̃te] *adj* movimentado, -da

mouvoir [41] [muvwaʀ] *vt* mover, movimentar
▶ *vpr* **se mouvoir** mover-se, movimentar-se

moyen, -enne [mwajɛ̃, -ɛn] *adj* **1** (*gén*) médio, -a, intermediário, -a **2** (*médiocre*) mediano, -na
▶ *nm* **moyen** (*instrument*) meio
▶ *nf* **moyenne** média
▶ *nm pl* **moyens** (*ressources*) meios, recursos
• **au moyen de** por meio de, com, mediante
• **employer les grands moyens** tomar medidas drásticas
• **en moyenne** em média
• **il n'y a pas moyen de** não há meio de, não há como
• **par le moyen de** mediante, por meio de
• **par tous les moyens** por todos os meios
■ **Moyen Âge** Idade *f* Média
■ **moyen de communication** meio de comunicação
■ **moyen terme** meio-termo

moyenâgeux, -euse [mwajɛnaʒø, -øz] *adj* medieval

moyennant [mwajɛnɑ̃] *prép* mediante, por
• **moyennant quoi** graças a que, por causa disso

mû, mue [my] *pp* movido, -da, movimentado, -da

mucosité [mykozite] *nf* mucosidade

mue [my] *nf* muda, mudança

muer [1] [mɥe] *vi* **1** (*animal*) trocar (*de pena, pelo*) **2** (*la voix*) mudar
▶ *vpr* **se muer** *fml* transformar-se (**en**, em)

muet, -ette [mɥɛ, -ɛt] *adj-nm,f* mudo, -da

mufle [myfl] *nm* **1** *(des animaux)* focinho **2** *fam (homme grossier)* grosseirão, brucutu

mugir [20] [myʒiʀ] *vi* **1** *(les bovidés)* mugir **2** *(le vent, les vagues)* bramar

muguet [mygɛ] *nm* **1** *(fleur)* lírio-do-vale **2** *fam (personne)* jovem elegante **3** MÉD sapinho

mulâtre, -tresse [mylatʀə, -tʀɛs] *adj-nm,f* mulato, -ta

mule [myl] *nf* **1** ZOOL mula **2** *(chaussures)* mule

mulet [mylɛ] *nm* ZOOL *(mammifère)* mulo **2** ZOOL *(poisson)* tainha *f*

mulot [mylo] *nm* ZOOL rato-do-mato

multicolore [myltikɔlɔʀ] *adj* multicolorido, -da, multicor

multilatéral, -e [myltilateʀal] *adj* multilateral

multimédia [myltimedja] *adj* multimídia

multinational, -e [myltinasjɔnal] *adj* multinacional

multinationale [myltinasjɔnal] *nf* multinacional

multiple [myltipl] *adj* múltiplo, -pla
▶ *nm* múltiplo

multiplication [myltiplikasjɔ̃] *nf* **1** *(augmentation)* multiplicação, aumento *m*, proliferação: *la multiplication des élèves* o aumento de alunos **2** MATH multiplicação

multiplier [13] [myltiplje] *vt* **1** multiplicar **2** *(augmenter)* aumentar
▶ *vpr* **se multiplier** multiplicar-se

multipropriété [myltipʀɔpʀijete] *nf* propriedade coletiva

multisalles [myltisal] *nm* cinema com várias salas

multitude [myltityd] *nf* **1** *(de choses)* monte *m*, miríade **2** *(de gens)* multidão

municipal, -e [mynisipal] *adj* municipal

municipalité [mynisipalite] *nf* município *m*, municipalidade

munir [20] [myniʀ] *vt* **1** *(gén)* munir **2** equipar, dotar: *voiture munie de phares antibrouillards* carro equipado com faróis de neblina

▶ *vpr* **se munir** munir-se, prover-se **(de,** de)

munition [mynisjɔ̃] *nf* munição

muqueuse [mykøz] *nf* ANAT mucosa

mur [myʀ] *nm* **1** *(d'une maison)* parede *f* **2** *(en dehors de la maison)* muro **3** *fig (obstacle)* muralha *f*, barreira *f*
▶ *nm pl* **murs** *(d'une ville)* muros, muralhas *f*
• **faire le mur** *fam* fugir
• **mettre qqn au pied du mur** encostar alguém na parede
■ **gros mur** parede mestra
■ **mur mitoyen** parede-meia

mûr, -e [myʀ] *adj* maduro, -ra

muraille [myʀaj] *nf* muralha

mural,e [myʀal] *adj* mural

mûre [myʀ] *nf* BOT amora
■ **mûre sauvage** amora silvestre

murer [1] [myʀe] *vt* **1** *(porte, fenêtre)* murar **2** *(personne)* isolar
▶ *vpr* **se murer** isolar-se

mûrier [myʀje] *nm* BOT amoreira *f*

mûrir [20] [myʀiʀ] *vt-vi* amadurecer

murmure [myʀmyʀ] *nm* murmúrio

murmurer [1] [myʀmyʀe] *vi-vt* murmurar, sussurrar, cochichar

musaraigne [myzaʀɛɲ] *nf* ZOOL musaranho *m*

musc [mysk] *nm* almíscar

muscade [myskad] *nf* noz-moscada

muscat [myska] *nm* moscatel

muscle [myskl] *nm* músculo

musclé, -e [muskle] *adj* **1** *(gén)* musculoso, -sa **2** *(énergique)* enérgico, -ca **3** *(vif)* vigoroso, -sa

muscler [1] [muskle] *vt* **1** tornar musculoso, -sa, desenvolver os músculos: *il a musclé son corps* ele desenvolveu seus músculos **2** *fig* fortalecer
▶ *vpr* **se muscler** desenvolver os músculos

musculaire [myskylɛʀ] *adj* muscular

muse [myz] *nf* musa

museau [myzo] *nm* **1** *(des animaux)* focinho **2** *fam (visage)* cara *f*, fuça *f*

musée [myze] *nm* museu

muselière [myzəljɛʀ] *nf* focinheira

muser [1] [myze] *vi (flâner)* zanzar

musette [myzɛt] *nf* **1** (*sac*) embornal *m* **2** (*instrument*) acordeão *m*

musical, -e [myzikal] *adj* musical

music-hall [myzikol] *nm* (*pl* **music-halls**) *music-hall*

musicien, -enne [myzisjɛ̃, -jɛn] *adj-nm,f* músico, -ca, musicista

musique [myzik] *nf* música
• **connaître la musique** *fam* conhecer a cantilena
■ **musique de chambre** música de câmara
■ **musique légère** música ligeira

musulman, -e [myzylkmɑ̃, -an] *adj-nm,f* muçulmano, -na

mutation [mytasjɔ̃] *nf* **1** BIOL mutação **2** (*de personnel, de fonctionnaires*) transferência **3** (*changement radical*) transformação

muter [1] [myte] *vt* transferir

mutiler [1] [mytile] *vt* mutilar

mutiner (se) [1] [mytine] *vpr* amotinar-se, rebelar-se

mutinerie [mytinʀi] *nf* **1** (*de soldats*) motim *m* **2** (*de prisonniers etc.*) rebelião

mutisme [mytism] *nm* mutismo

mutuel, -elle [mytɥɛl] *adj* mútuo, -a, recíproco, -ca

mutuelle [mytɥɛl] *nf* sociedade mútua

mycose [mykoz] *nf* MÉD micose

myope [mjɔp] *adj-nmf* míope

myopie [mjɔpi] *nf* miopia

myosotis [mjozɔtis] *nm* BOT miosótis

myriade [miʀjad] *nf* miríade

myrtille [miʀtij] *nf* BOT mirtilo *m*

mystère [mistɛʀ] *nm* mistério
• **faire mystère de qqch** fazer mistério de algo

mystérieux, -euse [mistɛʀjø, -øz] *adj* misterioso, -sa

mysticisme [mistisism] *nm* misticismo

mystique [mistik] *adj-nmf* místico, -ca
▶ *nf* mística

mythe [mit] *nm* mito

mythique [mitik] *adj* mítico, -ca

mythologie [mitɔlɔʒi] *nf* mitologia

mythologique [mitɔlɔʒik] *adj* mitológico, -ca

N

n' *adv* → ne

nacre [nakʀ] *nf* madrepérola

nage [naʒ] *nf* 1 (*gén*) nado *m*, natação 2 (*action de ramer*) remada
- **à la nage** a nado, nadando
- **être tout en nage** estar suando em bicas

nageoire [naʒwaʀ] *nf* nadadeira

nager [4] [naʒe] *vi* 1 (*gén*) nadar: *il nage 1000 mètres chaque jour* ele nada 1000 metros todos os dias; *les pommes de terres nageaient dans l'huile* as batatas estavam nadando em óleo 2 *fam* (*ignorer*) boiar 3 (*ramer*) remar
▸ *vt* (*crawl, brasse*) nadar
- **nager dans l'abondance** nadar em dinheiro
- **nager entre deux eaux** ficar em cima do muro

nageur, -euse [naʒœʀ, -øz] *nm,f* nadador, -ra

naguère [nagɛʀ] *adv fml* há pouco, recentemente

naïf, -ive [naif, -iv] *adj-nm,f* ingênuo, -a

nain, -e [nɛ̃, nɛn] *adj-nm,f* anão, -ã

naissance [nɛsɑ̃s] *nf* nascimento
- **de naissance** de nascença
- **donner naissance à** dar origem a

naître [84] [nɛtʀ] *vi* nascer

naïveté [naivte] *nf* ingenuidade

nana [nana] *nf fam* (*jeune fille*) mulher, namorada, menina

nanti, -e [nɑ̃ti] *adj-nm,f* rico, -ca, abastado, -da, abonado, -da

nappe [nap] *nf* 1 (*linge*) toalha de mesa 2 (*couche*) camada
■ **nappe d'eau** lençol aquífero
■ **nappe phréatique** lençol freático

narcisse [naʀsis] *nm* BOT narciso

narcotique [naʀkɔtik] *adj-nm* narcótico, -ca

narcotrafiquant, -e [naʀkɔtʀafikɑ̃, -ɑ̃t] *nm,f* traficante

narguer [2] [naʀge] *vt* desprezar, fazer pouco caso de

narine [naʀin] *nf* ANAT narina, fossa nasal

narquois, -e [naʀkwa, -az] *adj* sarcástico, -ca

narrateur, -trice [naʀatœʀ, -tʀis] *nm,f* narrador, -ra

narrer [1] [naʀe] *vt* narrar, contar, relatar

nasal, -e [nazal] *adj* nasal

nasillard, -e [nazijaʀ, -aʀd] *adj* fanhoso, -sa

natal, -e [natal] *adj* natal

natalité [natalite] *nf* natalidade

natation [natasjɔ̃] *nf* natação

natif, -ive [natif, -iv] *adj-nm,f* nativo, -va

nation [nasjɔ̃] *nf* nação

national, -e [nasjɔnal] *adj* nacional

nationaliser [1] [nasjɔnalize] *vt* nacionalizar

nationalisme [nasjɔnalism] *nm* nacionalismo

nationaliste [nasjɔnalist] *adj-nmf* nacionalista

nationalité [nasjɔnalite] *nf* nacionalidade
■ **double nationalité** dupla nacionalidade

natte [nat] *nf* **1** (*de cheveux, de fils etc.*) trança **2** (*de joncs*) esteira

naturaliste [natyralist] *adj-nmf* **1** (*gén*) naturalista **2** (*empailleur*) taxidermista

nature [natyr] *nf* **1** (*gén*) natureza **2** (*tempérament*) índole: *une nature violente* uma índole violenta
▸ *adj inv* simples: *un homme très nature* um homem muito simples
• **d'après nature** do natural (*desenho, pintura, cópia*)
• **payer en nature** pagar em espécie
• **grandeur nature** tamanho *m* natural
■ **nature morte** natureza-morta

naturel, -elle [natyrɛl] *adj* (*gén*) natural
▸ *nm* **naturel 1** (*tempérament*) índole *f*, natureza *f* **2** (*simplicité*) naturalidade *f*, simplicidade *f*
• **au naturel** ao natural

naturisme [natyrism] *nm* naturismo

naufrage [nofraʒ] *nm* **1** (*d'un bateau*) naufrágio **2** *fig* (*d'une entreprise, d'une fortune*) ruína *f*
• **faire naufrage** naufragar, afundar

nauséabond, -e [nozeabɔ̃, -ɔ̃d] *adj* nauseabundo, -da

nausée [noze] *nf* náusea
• **avoir la nausée** ter náuseas

nautique [notik] *adj* náutico, -ca, naval

naval, -e [naval] *adj* naval

navet [navɛ] *nm* **1** (*légume*) nabo **2** *fam* (*film, roman, spectacle*) droga *f*, porcaria *f*

navette [navɛt] *nf* **1** ARCHIT (*d'église*) nave **2** (*de métier à tisser; de machine à coudre*) lançadeira **3** (*véhicule*) transporte de ida e volta
• **faire la navette** *fam* ir e vir
■ **navette spatiale** nave espacial

navigateur, -trice [navigatœr, -tris] *nm,f* navegante, navegador, -ra
▸ *nm* **navigateur** INFORM navegador

navigation [navigasjɔ̃] *nf* navegação

naviguer [2] [navige] *vi* navegar

navire [navir] *nm* navio

navrant, -e [navrɑ̃, -ɑ̃t] *adj* doloroso, -sa, penoso, -sa

navré, -e [navre] *adj loc* **être navré, -e de qqch** estar consternado, -da com algo

navrer [1] [navre] *vt* entristecer, consternar

nazi, -e [nazi] *adj-nm,f* nazista

nazisme [nazism] *nm* nazismo

ne [n] (**n'** diante de vogal ou *h* mudo) *adv* **ne pas/rien/point/etc.** não: *je ne sais pas* não sei; *il ne rit jamais* ele não ri nunca/ele nunca ri; *je ne veux rien* não quero nada
■ **ne que** (*sauf*) só, somente, apenas: *elle ne boit que de l'eau* ela só bebe água

né, -e [ne] *adj* **1** (*gén*) nascido, -da **2 -né, -e** (*de naissance*) de nascimento, de nascença: *aveugle-né* cego de nascença **3 -né, -e** (*inné*) nato, -ta: *criminel-né* criminoso nato **4** (*femme mariée*) de solteira: *madame Leblanc, née Laroche* senhora Leblanc, em solteira Laroche

néanmoins [neɑ̃mwɛ̃] *adv* entretanto, porém, todavia

néant [neɑ̃] *nm* nada
• **réduire à néant** reduzir a nada

nécessaire [nesesɛr] *adj* necessário, -a
▸ *nm* **1** (*essentiel*) necessário: *il a fait tout le nécessaire* fez todo o necessário **2** (*de toilette, de voyage*) nécessaire
■ **nécessaire de couture** cesto de costura

nécessité [nesesite] *nf* necessidade

nécessiter [1] [nesesite] *vt* tornar necessário, requerer, exigir

nectar [nɛktar] *nm* néctar

nectarine [nɛktarin] *nf* BOT nectarina

nef [nɛf] *nf* **1** ARCHIT (*d'une église*) nave **2** (*navire*) nave, nau

néfaste [nefast] *adj* nefasto, -ta

nèfle [nɛfl] *nf* BOT nêspera

négatif, -ive [negatif, -iv] *adj* negativo, -va
▸ *nm* **négatif** (*pellicule*) negativo

négation [negasjɔ̃] *nf* negação, negativa

négative [negativ] *nf* (*refus*) negativa, negação, recusa

négligé, -e [negliʒe] *adj* (*tenue, style*) displicente, descuidado, -da
▸ *nm* **négligé 1** (*absence d'apprêt*) desmazelo **2** (*vêtement*) negligé

négligeable [negliʒabl] *adj* desprezível

• **non négligeable** não desprezível, considerável

négligence [negliʒɑ̃s] *nf* negligência

négligent, -e [negliʒɑ̃, -ɑ̃t] *adj-nm,f* negligente

négliger [4] [negliʒe] *vt* **1** *(devoirs, travail)* negligenciar, descuidar **2** *(conseils, avis)* desprezar, desconsiderar **3** *(occasion)* deixar passar, desperdiçar **4** *(amis)* abandonar

▸ *vpr* **se négliger** *(la tenue)* desleixar-se, desmazelar-se

négoce [negɔs] *nm* negócio, comércio

négociant, -e [negɔsjɑ̃, -ɑ̃t] *nm,f* negociante, atacadista

négociation [negɔsjasjɔ̃] *nf* negociação

négocier [12] [negɔsje] *vi-vt* negociar, pactuar, fazer acordo

• **négocier un virage** fazer bem uma curva

nègre, négresse [nɛgʀ, negʀɛs] *adj-nmf péj* preto, -ta

neige [nɛʒ] *nf* **1** *(gén)* neve **2** *fam (drogue)* cocaína, pó *m*
■ **neige fondue** neve derretida

neiger [4] [neʒe] *v impers* nevar

nénuphar [nenyfaʀ] *nm* BOT nenúfar

néologisme [neɔlɔʒism] *nm* neologismo

néon [neɔ̃] *nm* neon

nerf [nɛʀ] *nm* **1** ANAT nervo **2** *fig (vigueur)* energia *f*, vigor **3** *(facteur principal)* essência *f*, cerne: **l'intérêt est le nerf de son attitude** o interesse é o cerne de sua atitude

• **avoir ses nerfs** estar nervoso, -sa
• **être à bout de nerfs** estar à beira de um ataque de nervos
• **être sur les nerfs** estar esgotado
• **passer ses nerfs sur qqn** descarregar a agressividade em alguém
• **taper sur les nerfs** irritar, enervar

nerveux, -euse [nɛʀvø, -øz] *adj-nm,f* **1** *(gén)* nervoso, -sa **2** *(vigoureux)* enérgico, -ca, vigoroso, -sa

nervure [nɛʀvyʀ] *nf* nervura

net, nette [nɛt] *adj* **1** *(propre)* limpo, -pa **2** *(sans ajouts)* líquido, -da: **poids net** peso líquido **3** *(sans ambiguïté)* nítido, -da, claro, -ra: **idées nettes** ideias claras

▸ *adv* **net 1** *(soudain)* de repente: **s'arrêter net** parar de repente **2** *(franchement)* categoricamente: **refuser tout net** recusar categoricamente

• **en avoir le cœur net** saber de tudo, não ter dúvidas
• **mettre au net** passar a limpo

Net [nɛt] *nm* **le Net** INFORM internet *f*, rede *f*

• **surfer sur le Net** navegar na internet

nettement [nɛtmɑ̃] *adv* **1** *(distinctement)* claramente, nitidamente **2** *(beaucoup)* muito: **il cuisine nettement mieux** ele cozinha muito melhor

nettoyer [16] [nɛtwaje] *vt* **1** *(rendre propre)* limpar **2** *fam (quelqu'un)* depenar, limpar

neuf¹ [nœf] *num* nove

neuf, neuve² [nœf, nœv] *adj* novo, -va
• **quoi de neuf?** o que há de novo?
• **remettre à neuf** renovar, restaurar, reformar
• **rien de neuf** nada de novo
• **vêtu, -e de neuf** com roupa nova

neurologie [nøʀɔlɔʒi] *nf* neurologia

neurone [nøʀɔn] *nm* ANAT neurônio

neutraliser [1] [nøtʀalize] *vt* neutralizar

neutralité [nøtʀalite] *nf* neutralidade

neutre [nøtʀ] *adj* neutro, -tra

neutron [nøtʀɔ̃] *nm* PHYS nêutron

neuve [nœv] *adj* → neuf, neuve

neuvième [nœvjɛm] *num* nono, -na

neveu [nəvø] *nm* sobrinho

névrose [nevʀoz] *nf* MÉD neurose

nez [ne] *nm* **1** ANAT nariz **2** *(sens)* olfato, faro **3** *(d'un bateau)* proa *f* **4** *(d'un avion)* nariz

• **avoir du nez** ter bom faro, ser perspicaz
• **faire un pied de nez à** fazer fiau *(gesto)*
• **mener qqn par le bout du nez** dominar alguém
• **parler du nez** ser fanhoso
• **rire au nez de** rir na cara de
• **se trouver nez à nez** dar de cara com alguém
■ **nez aquilin** nariz aquilino
■ **nez retroussé** nariz arrebitado

ni [ni] *conj* nem

- **ni ni** nem… nem
- **niais, -e** [nje, -ɛz] adj-nm,f simplório, -a
- **Nicaragua** [nikaragwa] nm Nicarágua f
- **nicaraguayen, -enne** [nikaragwɛjɛ̃, -ɛn] adj nicaraguense
  ▸ nm,f **Nicaraguayen, -enne** nicaragüense
- **niche** [niʃ] nf 1 (*dans un mur*) nicho m 2 (*à chien*) casinha f 3 (*farce*) peça, trote m: **faire des niches à quelqu'un** pregar uma peça em alguém
- **nicher** [1] [niʃe] vi 1 (*les oiseaux*) aninhar, nidificar 2 (*couver*) chocar 3 *fam* (*loger*) alojar, acomodar
  ▸ vpr **se nicher** 1 (*les oiseaux*) aninhar-se 2 (*se loger*) acomodar-se, alojar-se
- **nickel** [nikɛl] nm níquel
- **nicotine** [nikɔtin] nf nicotina
- **nid** [ni] nm ninho
- **nièce** [njɛs] nf sobrinha
- **nier** [12] [nje] vt negar: **il nie la vérité** ele nega a verdade
- **nigaud, -e** [nigo, -od] adj-nm,f tonto, -ta, palerma
- **night-club** [najtklœb] nm (*pl* **night-clubs**) night club, casa f noturna
- **nipper** [1] [nipe] vt *fam* vestir
  ▸ vpr **se nipper** *fam* vestir-se
- **nique** [nik] loc **faire la nique à qqn** *fam* zombar de alguém
- **niveau** [nivo] nm nível
  • **au niveau de** no/em nível de
  ▪ **niveau de vie** nível de vida
- **niveler** [5] [nivle] vt nivelar
- **noble** [nɔbl] adj-nmf nobre
- **noblesse** [nɔblɛs] nf nobreza
- **noce** [nɔs] nf bodas pl, núpcias pl
  • **faire la noce** *fam* cair na farra
  ▪ **noces d'argent** bodas de prata
  ▪ **noces d'or** bodas de ouro
  ▪ **noces de diamant** bodas de diamante
- **nocif, -ive** [nɔsif, -iv] adj nocivo, -va
- **nocturne** [nɔktyrn] adj noturno, -na
  ▸ nm MUS noturno m
  ▸ nf (*d'un magasin*) abertura à noite
- **Noël** [nɔɛl] nf Natal
  • **joyeux Noël!** feliz Natal!
- **nœud** [nø] nm 1 (*gén*) nó, laço, laçada f 2 (*croisement*) cruzamento 3 (*d'un astre*) nodo 4 (*articulation*) nó
  ▪ **nœud coulant** nó corredio
  ▪ **nœud papillon** gravata-borboleta
- **noir, -e** [nwar] adj 1 (*couleur*) preto, -ta 2 (*foncé*) escuro, -ra 3 *fam* (*ivre*) bêbado, -da 4 *fig* (*mélancolique*) triste, melancólico, -ca 5 (*sale*) sujo, -ja 6 (*pervers*) perverso, -sa
  ▸ nm,f **Noir, -e** (*personne*) negro, -gra
  ▸ nm **noir** (*couleur*) preto
  • **broyer du noir** ficar na fossa
  • **il fait noir** está escuro
  • **noir sur blanc** preto no branco
  • **voir tout en noir** ver tudo preto
- **noircir** [20] [nwarsir] vt 1 (*rendre noir*) enegrecer, pretejar, escurecer 2 *fig* (*diffamer*) denegrir
  ▸ vi-vpr **(se) noircir** (*devenir noir*) ficar preto, -ta, ficar escuro, -ra
- **noisetier** [nwaztje] nm BOT aveleira f
- **noisette** [nwazɛt] nf BOT avelã
- **noix** [nwa] nf 1 BOT noz 2 (*écrou*) porca (de parafuso) 3 *fam* (*stupide*) tonto, -ta
  • **à la noix** *fam* ruim, ordinário, -a
  ▪ **noix de cajou** castanha-de-caju
  ▪ **noix de coco** coco m
  ▪ **noix de galle** noz-de-galha
  ▪ **noix de veau** miolo da alcatra
  ▪ **noix muscade** noz-moscada
- **nom** [nɔ̃] nm 1 (*gén*) nome 2 (*de famille*) sobrenome 3 GRAMM substantivo
  • **au nom de** em nome de
  • **se faire un nom** fazer nome
  ▪ **nom commun** substantivo comum
  ▪ **nom de baptême** nome de batismo
  ▪ **nom de famille** sobrenome
  ▪ **nom de jeune fille** nome de solteira
  ▪ **nom propre** substantivo próprio
- **nomade** [nɔmad] adj-nmf nômade
- **nombre** [nɔ̃br] nm número
  • **au nombre de** em número de
  • **elles étaient au nombre de 10** elas eram 10
  ▪ **nombre abstrait** número abstrato
  ▪ **nombre entier** número inteiro
  ▪ **nombre impair** número ímpar
  ▪ **nombre pair** número par
- **nombreux, -euse** [nɔ̃brø, -øz] adj numeroso, -sa

nombril [nɔ̃bʀi] *nm* ANAT umbigo

nominal, -e [nɔminal] *adj* nominal

nomination [nɔminasjɔ̃] *nf* **1** (*à un poste*) nomeação, designação **2** (*appellation*) denominação

nommé, -e [nɔme] *adj* chamado, -da, denominado, -da
- **à point nommé** na hora H

nommer [1] [nɔme] *vt* **1** (*appeler*) chamar, denominar, dar nome a: *ses parents l'ont nommé Jean* os pais lhe deram o nome de João **2** (*désigner*) indicar, dizer o nome de: *l'accusé nomma ses complices* o réu disse o nome dos seus cúmplices **3** (*instituer*) nomear: *on l'a nommé directeur* ele foi nomeado diretor
▶ *vpr* **se nommer** (*s'appeler*) chamar-se, denominar-se

non [nɔ̃] *adv* não: *oui ou non?* sim ou não?
▶ *nm* não: *un non catégorique* um não categórico
- **non moins** não menos
- **non pas que...** não (é) que...
- **non plus** tampouco, também não
- **non sans** não sem
- **non seulement** não só

non-agression [nɔnagʀesjɔ̃] *nf* não agressão

nonchalance [nɔ̃ʃalɑ̃s] *nf* negligência, displicência

non-conformiste [nɔ̃kɔ̃fɔʀmist] *adj-nmf* não conformista, contestador, -ra

non-fumeur, -euse [nɔ̃fymœʀ, -øz] *nm,f* não fumante

non-lieu [nɔ̃ljø] *nm* DR improcedência *f*

nonne [nɔn] *nf* freira

nonobstant [nɔnɔpstɑ̃] *prép fml* não obstante
▶ *adv* no entanto

non-sens [nɔ̃sɑ̃s] *nm inv* **1** (*phrase, parole*) disparate **2** (*absurdité*) contrassenso

non-violence [nɔ̃vjɔlɑ̃s] *nf* não violência

non-voyant, -e [nɔ̃vwajɑ̃, -ɑ̃t] *nm,f* deficiente visual

nord [nɔʀ] *nm* norte
- **perdre le nord** desnortear-se

nord-américain, -e [nɔʀameʀikɛ̃, -ɛn] *adj* norte-americano, -na
▶ *nm,f* **Nord-américain, -e** norte-americano, -na

nord-est [nɔʀɛst] *adj-nm* nordeste

nordique [nɔʀdik] *adj* nórdico, -ca

nord-ouest [nɔʀwɛst] *adj-nm* noroeste

normal, -e [nɔʀmal] *adj* normal

normalement [nɔʀmalmɑ̃] *adv* **1** (*habituellement*) normalmente, geralmente, **2** (*logiquement*) logicamente

norme [nɔʀm] *nf* norma

Norvège [nɔʀvɛʒ] *nf* Noruega

norvégien, -enne [nɔʀveʒjɛ̃, -ɛn] *adj-nm,f* norueguês, -esa
▶ *nm,f* **Norvégien, -enne** norueguês, -esa
▶ *nm* **norvégien** (*langue*) norueguês, -esa

nos [no] *adj poss* nossos, -sas

nostalgie [nɔstalʒi] *nf* nostalgia, saudade

nostalgique [nɔstalʒik] *adj* nostálgico, -ca, saudoso, -sa

notable [nɔtabl] *adj-nm* notável

notaire [nɔtɛʀ] *nm* notário, tabelião

notamment [nɔtamɑ̃] *adv* especialmente, principalmente, notadamente

notarial, -e [nɔtaʀjal] *adj* notarial

notation [nɔtasjɔ̃] *nf* notação

note [nɔt] *nf* **1** (*gén*) nota **2** (*addition*) conta, nota, fatura **3** (*d'études*) apontamento *m*, anotação **4** (*évaluation*) nota
- **prendre des notes** tomar notas, fazer anotações
- **prendre note de** tomar nota de
- **régler la note** pagar a conta

noter [1] [nɔte] *vt* **1** (*prendre en note*) anotar **2** (*faire ressortir*) marcar, ticar **3** (*remarquer*) notar, reparar, observar **4** (*estimer*) dar nota, avaliar

notice [nɔtis] *nf* **1** (*résumé*) nota **2** (*instructions*) instrução

notifier [12] [nɔtifje] *vt* notificar, comunicar

notion [nosjɔ̃] *nf* noção

notoire [nɔtwaʀ] *adj* notório, -a

notoriété [nɔtɔʀjete] *nf* notoriedade

notre [nɔtR] *adj poss* (*pl* **nos**) nosso, -sa

nôtre [notR] *pron poss* **le/la nôtre** o nosso, a nossa: *je préfère le nôtre* prefiro o nosso; *c'est un des nôtres* é um dos nossos

noué, -e [nwe] *adj* 1 (*attaché*) amarrado, -da 2 (*cheveux*) preso, -sa 3 *fig* (*enfant*) raquítico, -ca

nouer [1] [nwe] *vt* 1 (*attacher*) amarrar, atar 2 *fig* (*établir*) travar: *nouer une amitié* travar amizade 3 (*organiser*) urdir, tramar: *nouer une intrigue* urdir uma intriga

▸ *vpr* **se nouer** 1 (*s'attacher*) amarrar-se, entrelaçar-se 2 (*s'établir*) estabelecer-se, firmar-se

nougat [nuga] *nm* cuis nugá

nouille [nuj] *nf* 1 (*pâte*) macarrão *m* tipo espaguete ou talharim 2 *fam* (*idiot*) idiota

nourri, -e [nuRi] *adj* alimentado, -da, nutrido, -da

nourrice [nuRis] *nf* 1 (*qui allaite*) ama de leite 2 (*garde d'enfants*) babá

nourrir [20] [nuRiR] *vt* 1 (*gén*) alimentar 2 (*allaiter*) amamentar 3 *fig* (*espoir, illusion, esprit*) nutrir 4 (*faire subsister*) sustentar, alimentar

▸ *vpr* **se nourrir** (*s'alimenter*) alimentar-se, nutrir-se

nourrissant, -e [nuRisɑ̃, -ɑ̃t] *adj* nutritivo, -va, nutriente

nourrisson [nuRisɔ̃] *nm* lactente, bebê

nourriture [nuRityR] *nf* alimento *m*, comida, alimentação

nous [nu] *pron pers* 1 (*sujet*) nós: *nous sommes* (nós) somos 2 (*complément*) nos: *il nous regarde* ele nos olha 3 (*pluriel de majesté*) nós

• **à nous** nosso, -sa: *cette maison est à nous* esta casa é nossa

nous-mêmes [numɛm] *pron pers* nós, nós mesmos, -mas

nouveau, -elle [nuvo] *adj* (**nouvel** diante de masculino que começa por vogal ou *h* mudo) 1 novo, -va: *c'est une nouvelle méthode* é um método novo; *c'est une nouvel ami* é um novo amigo 2 outro, -tra: *acheter une nouvelle voiture* comprar outro carro

▸ *nm,f* (*élève, recrue*) novato, -ta, calouro, -ra

▸ *nm* **nouveau** (*nouveauté*) novo, novidade: *le nouveau plaît davantage* o novo agrada mais

▸ *adv* (*récemment*) recém-: *nouveaux mariés* recém-casados

• **à nouveau** de novo, novamente

• **de nouveau** de novo, outra vez

• **du nouveau** novidade, coisa nova

■ **nouveau riche** novo-rico

nouveau-né, -e [nuvone] *adj-nm,f* (*pl* **nouveau-nés, -es**) recém-nascido, -da

nouveauté [nuvote] *nf* novidade

nouvel [nuvɛl] *adj* → **nouveau, -elle**

nouvelle [nuvɛl] *nf* 1 (*information*) notícia: *dernières nouvelles* últimas notícias 2 (*récit*) novela

• **aller aux nouvelles** procurar notícias, procurar saber o que aconteceu

novembre [nɔvɑ̃bR] *nm* novembro

novice [nɔvis] *adj-nmf* 1 (*religieux*) noviço, -ça 2 (*débutant*) novato, -ta, iniciante

noyade [nwajad] *nf* afogamento *m*

noyau [nwajo] *nm* 1 (*d'un fruit*) caroço 2 (*centre*) núcleo, centro 3 *fig* (*milieu*) núcleo, meio

noyé, -e [nwaje] *adj-nm,f* afogado, -da

noyer¹ [16] [nwaje] *vt* 1 (*gén*) afogar 2 (*terrain*) alagar, inundar 3 (*vin, couleurs etc.*) diluir

▸ *vpr* **se noyer** afogar-se

• **noyer son chagrin** afogar as mágoas

• **se noyer dans un verre d'eau** afogar-se em copo de água

noyer² [nwaje] *nm* BOT nogueira *f*

nu, -e [ny] *adj* (diante de substantivo é invariável e liga-se a ele com hífen) nu, -a

▸ *nm* **nu** nu

• **pieds nus/nu-pieds** descalço, -ça

• **nu-tête** descoberto, -ta, sem chapéu

nuage [nɥaʒ] *nm* nuvem *f*

■ **nuage de lait** pingo de leite, um pouco de leite

nuageux, -euse [nɥaʒø, -øz] *adj* nublado, -da

nuance [nɥɑ̃s] *nf* nuance, matiz *m*

nucléaire [nykleɛR] *adj* nuclear

nudisme [nydism] *nm* nudismo

nudiste [nydist] *adj-nmf* nudista

nudité [nydite] *nf* nudez

nuée [nʋe] *nf* **1** (*nuage*) nuvem **2** *fig* (*multitude*) multidão, enxame *m*

nuire [58] [nʋiʀ] *vi* **nuire à** prejudicar, lesar
• **nuire à la réputation** difamar

nuisible [nʋizibl] *adj* nocivo, -va, prejudicial

nuit [nʋi] *nf* noite
• **à la nuit tombante** ao anoitecer
• **de nuit** à noite
• **il fait nuit** é noite
▪ **nuit noire** noite fechada

nul, nulle [nyl] *adj* **1** (*sans valeur*) nulo, -la: *testament nul* testamento nulo **2** (*résultat*) empatado, -da **3** (*aucun*) nenhum, -ma: *il ne garde nul espoir* ele não tem nenhuma esperança **4** (*mauvais*) péssimo, -ma: *ce film est nul* este filme é péssimo
▸ *pron indéf* **nul** (*personne*) ninguém: *nul n'a sonné à la porte* ninguém tocou a campainha
• **être nul en qqch** ser nulo em algo
• **match nul** empate

nullité [nyllite] *nf* nulidade

numéral, -e [nymeʀal] *adj* numeral: *adjectifs numéraux* adjetivos numerais

numération [nymeʀasjɔ̃] *nf* numeração

numérique [nymeʀik] *adj* **1** (*gén*) numérico, -ca **2** INFORM digital

numériser [1] [numeʀize] *vt* INFORM digitalizar

numéro [nymeʀo] *nm* **1** (*chiffre*) número, algarismo **2** (*de loterie*) número de bilhete **3** (*de voiture*) número de licença, da placa **4** (*spectacle, d'une revue*) número
• **c'est un numéro** é um número, é uma figura
• **faire/composer un numéro** discar, teclar
▪ **faux numéro** número errado
▪ **numéro de téléphone** número de telefone

numéroter [1] [nymeʀɔte] *vt* numerar

numismatique [nymismatik] *adj-nmf* numismático, -ca
▸ *nf* numismática

nu-pieds [nypje] *nm inv* sandália *f*

nuptial, -e [nypsjal] *adj* nupcial

nuque [nyk] *nf* nuca

nurse [nœʀs] *nf* babá, ama-seca

nutritif, -ive [nytʀitif, -iv] *adj* nutritivo, -va, nutricional

nutrition [nytʀisjɔ̃] *nf* nutrição

nylon® [nilɔ̃] *nm* náilon, *nylon*

nymphe [nɛ̃f] *nf* ninfa

nymphomane [nɛ̃fɔman] *nf* ninfomaníaca

O

ô! [o] *interj* oh!

oasis [ɔazis] *nf* oásis *m*

obéir [20] [ɔbeiʀ] *vt-vi* obedecer

obéissance [ɔbeisɑ̃s] *nf* obediência

obéissant, -e [ɔbeisɑ̃, -ɑ̃t] *adj* obediente

obélisque [ɔbelisk] *nm* obelisco

obèse [ɔbɛz] *adj-nmf* obeso, -sa

obésité [ɔbezite] *nf* obesidade

objecteur [ɔbʒɛktœʀ] *nm loc* **objecteur de conscience** objetor de consciência

objectif, -ive [ɔbʒɛktif, -iv] *adj* objetivo, -va
▸ *nm* **objectif 1** objetivo **2** PHOTO objetiva

objection [ɔbʒɛksjɔ̃] *nf* objeção
• **faire objection à** fazer objeção a

objectivité [ɔbʒɛktivite] *nf* objetividade

objet [ɔbʒɛ] *nm* objeto
• **être l'objet de** ser objeto de
■ **objets trouvés** perdidos e achados

obligation [ɔbligasjɔ̃] *nf* obrigação
• **être dans l'obligation de** ser obrigado a, ter a obrigação de

obligatoire [ɔbligatwaʀ] *adj* obrigatório, -a

obligé, -e [ɔbliʒe] *adj* **1** *(forcé)* obrigado, -da, forçado, -da **2** *(inévitable)* obrigatório, -a **3** *(reconnaissant)* reconhecido, -da, grato, -ta

obligeance [ɔbliʒɑ̃s] *nf fml* amabilidade, gentileza
• **avoir l'obligeance de** ter a bondade de, ter a gentileza de

obligeant, -e [ɔbliʒɑ̃, -ɑ̃t] *adj* amável, prestativo, -va

obliger [4] [ɔbliʒe] *vt* **1** *(forcer)* obrigar **2** *fml (rendre service)* tornar agradecido: **vous m'obligeriez si** eu ficaria muito agradecido se
▸ *vpr* **s'obliger** obrigar-se (**à**, a)

oblique [ɔblik] *adj* oblíquo, -a

oblitérer [10] [ɔbliteʀe] *vt* **1** *(billet)* obliterar **2** *(timbre)* carimbar

obscène [ɔpsɛn] *adj* obsceno, -na

obscénité [ɔpsenite] *nf* obscenidade

obscur, -e [ɔpskyʀ] *adj* **1** *(sombre)* escuro, -ra **2** *(incompréhensible, peu connu)* obscuro, -ra

obscurcir [20] [ɔpskyʀsiʀ] *vt* **1** *(priver de lumière)* escurecer **2** *(rendre confus)* obscurecer **3** *(un son)* tornar mais grave
▸ *vpr* **s'obscurcir** **1** *(devenir plus foncé)* ficar escuro, escurecer **2** *(devenir confus)* obscurecer-se

obscurité [ɔpskyʀite] *nf* **1** *(manque d'éclairage)* escuridão **2** *(caractère complexe; anonymat)* obscuridade

obsédé, -e [ɔpsede] *adj* obsedado, -da
▸ *nm,f* obsesso, -sa, maníaco, -ca

obséder [10] [ɔpsede] *vt* obsedar

obsèques [ɔpsɛk] *nf pl* exéquias, funerais *m*

observateur, -trice [ɔpsɛʀvatœʀ, -tʀis] *adj-nm,f* observador, -ra

observation [ɔpsɛʀvasjɔ̃] *nf* observação

observatoire [ɔpsɛʀvatwaʀ] *nm* observatório

observer [1] [ɔpsɛʀve] *vt* **1** *(gén)* observar **2** *(règles)* observar, respeitar
• **faire observer** observar, chamar a atenção para

obsession [ɔpsesjɔ̃] *nf* obsessão

obstacle [ɔpstakl] *nm* obstáculo
• **faire obstacle à qqch/qqn** servir de obstáculo a, obstar

obstination [ɔpstinasjɔ̃] *nf* obstinação

obstiner (s') [1] [ɔpstine] *vpr* obstinar-se, teimar

obstruction [ɔpstryksjɔ̃] *nf* obstrução

obstruer [1] [ɔpstrye] *vt* obstruir

obtenir [35] [ɔptənir] *vt* obter

obtention [ɔptɑ̃sjɔ̃] *nf* obtenção

obturer [1] [ɔptyre] *vt* obturar, tapar, obstruir

obtus, -e [ɔpty, -yz] *adj* obtuso, -sa

obus [ɔby] *nm* obus

occase [ɔkaz] *nf fam* ocasião

occasion [ɔkazjɔ̃] *nf* **1** (*possibilité*) ocasião, oportunidade: *elle a profité de l'occasion* ela aproveitou a oportunidade **2** (*circonstance*) ocasião **3** (*affaire*) boa oportunidade
• **à l'occasion** eventualmente, quando houver ocasião
• **à l'occasion de** por ocasião de
• **avoir l'occasion de** ter a oportunidade de
• **d'occasion** de ocasião, de segunda mão, seminovo, -va, usado, -da
• **saisir l'occasion de** aproveitar a oportunidade

occasionner [1] [ɔkazjɔne] *vt* ocasionar

occident [ɔksidɑ̃] *nm* ocidente

occidental, -e [ɔksidɑ̃tal] *adj* ocidental
▶ *nm,f* **Occidental, -e** ocidental

occlusion [ɔklyzjɔ̃] *nf* MÉD oclusão, obstrução

occulte [ɔkylt] *adj* oculto, -ta

occulter [1] [ɔkylte] *vt* ocultar, esconder

occupant, -e [ɔkypɑ̃, -ɑ̃t] *adj-nm,f* ocupante

occupation [ɔkypasjɔ̃] *nf* **1** (*gén*) ocupação **2** (*professionnelle*) ocupação, trabalho *m*, serviço *m*

occupé, -e [ɔkype] *adj* ocupado, -da
• **c'est occupé** (*au téléphone*) está ocupado

occuper [1] [ɔkype] *vt* ocupar

▶ *vpr* **s'occuper** **1** (*gén*) ocupar-se **2** (*avoir pour responsabilité*) cuidar de, tratar de: *laisse, je m'en occupe* deixe, que eu cuido disso
■ **s'occuper de qqn** **1** (*dans un magasin*) atender alguém: *on s'occupe de vous?* já foi atendido, -da? **2** (*prendre soin de*) cuidar

occurrence [ɔkyrɑ̃s] *nf* ocorrência
• **en l'occurrence** neste caso, no caso presente

océan [ɔseɑ̃] *nm* oceano

océanique [ɔseanik] *adj* oceânico, -ca

ocre [ɔkr] *adj-nf* ocre *m*

octane [ɔktan] *nm* octano, octana *f*

octet [ɔktɛ] *nm* INFORM byte

octobre [ɔktɔbr] *nm* outubro

octroyer [16] [ɔktrwaje] *vt* outorgar, conceder

oculaire [ɔkylɛr] *adj* ocular

oculiste [ɔkylist] *nmf* oculista

ode [ɔd] *nf* ode

odeur [ɔdœr] *nf* odor *m*, cheiro *m*

odieux, -euse [ɔdjø, -øz] *adj* odioso, -sa

odorant, -e [ɔdɔrɑ̃, -ɑ̃t] *adj* cheiroso, -sa

odorat [ɔdɔra] *nm* **1** (*de l'homme*) olfato **2** (*du chien*) faro

odyssée [ɔdise] *nf* odisseia

œil [œj] *nm* (*pl* **yeux**) olho
• **à l'œil** *fam* [gratis] de graça, grátis
• **à l'œil nu** a olho nu
• **avoir les yeux cernés** ter olheiras
• **avoir qqn à l'œil** *fig* vigiar alguém
• **à vue d'œil** a olhos vistos
• **baisser les yeux** baixar os olhos
• **faire de l'œil à qqn** piscar para alguém
• **lever les yeux** erguer os olhos
• **mon œil!** conta outra!
• **sauter aux yeux** saltar aos olhos
• **sous les yeux de qqn** debaixo das vistas de alguém

œil-de-bœuf [œjdəbœf] *nm* ARCHIT olho-de-boi

œillade [œjad] *nf* olhada, olhar *m* significativo

œillère [œjɛr] *nf* (*de cheval*) antolhos *m pl*

ŒILLET

- **avoir des œillères** *fig* ter viseiras

œillet [œjɛ] *nm* 1 BOT cravo 2 (*de chaussure*) ilhó

œsophage [ezɔfaʒ] *nm* ANAT esôfago

œuf [œf] (no plural, **œufs**, a pronúncia é [œ]) *nm* ovo
- **va te faire cuire un œuf!** vá catar coquinho
■ **œuf à la coque** ovo quente
■ **œuf dur** ovo cozido
■ **œuf au plat** ovo frito
■ **œuf poché** ovo *poché*
■ **œufs brouillés** ovos mexidos

œuvre [œvR] *nf* obra, construção
▶ *nm* (*d'un artiste*) obra *f*, trabalho
- **être à l'œuvre** estar em ação, estar em funcionamento
- **mettre en œuvre** pôr em ação, empregar, implantar, instaurar
- **se mettre à l'œuvre** pôr mãos à obra
- **gros œuvre** estrutura (*fundações, paredes e teto*)
■ **œuvre d'art** obra de arte

offense [ɔfɑ̃s] *nf* ofensa

offenser [1] [ɔfɑ̃se] *vt* ofender
▶ *vpr* **s'offenser** ofender-se (**de**, por, com)

offensif, -ive [ɔfɑ̃sif, -iv] *adj* ofensivo, -va

offensive [ɔfɑ̃siv] *nf* ofensiva

office [ɔfis] *nm* 1 (*bureau*) escritório, agência *f* 2 (*fonction publique*) cargo, função *f* 3 REL ofício
- **d'office** de ofício, por dever do cargo
- **faire office de** servir como
■ **office de tourisme** agência de turismo

officiel, -elle [ɔfisjɛl] *adj* oficial

officier¹ [ɔfisje] *nm* oficial

officier² [12] [ɔfisje] *vi* oficiar, celebrar

officieux, -euse [ɔfisjø, -øz] *adj* oficioso, -sa

offrande [ɔfRɑ̃d] *nf* oferenda

offre [ɔfR] *nf* oferta
■ **offre d'emploi** oferta de trabalho

offrir [21] [ɔfRiR] *vt* 1 (*gén*) oferecer 2 (*un cadeau*) dar, presentear: **elle lui a offert un pull** ela deu-lhe um suéter
▶ *vpr* **s'offrir** 1 (*se proposer*) oferecer-se 2 (*se faire un cadeau*) presentear-se

offusquer [2] [ɔfyske] *vt* ofender
▶ *vpr* **s'offusquer** ofender-se

ogival, -e [ɔʒival] *adj* ARCHIT ogival

ogre [ɔgR] *nm* ogro

oh! [o] *interj* oh!

oie [wa] *nf* ZOOL ganso *m*

oignon [ɔɲɔ̃] *nm* 1 (*pour manger*) cebola *f* 2 (*de tulipe*) bulbo 3 (*aux pieds*) joanete

oiseau [wazo] *nm* ave *f*, pássaro, passarinho
- **à vol d'oiseau** em linha reta
- **être un drôle d'oiseau** *fam péj* ser um tipo esquisito
■ **oiseau de proie** ave de rapina

oisif, -ive [wazif, -iv] *adj-nm,f* ocioso, -sa, inativo, -va, desocupado, -da

oisiveté [wazivte] *nf* ociosidade, inatividade

OK! [ɔke] *interj fam* ok!

oléoduc [ɔleɔdyk] *nm* oleoduto

olivaie [ɔlivɛ] *nf* olival

olive [ɔliv] *nf* BOT CUIS azeitona, oliva
▶ *adj* cor de oliva

olivier [ɔlivje] *nm* BOT oliveira *f*

olympiade [ɔlɛ̃pjad] *nf* olimpíadas *pl*, jogos olímpicos *m pl*

olympique [ɔlɛ̃pik] *adj* olímpico, -ca

ombilical, -e [ɔ̃bilikal] *adj* umbilical

ombragé, -e [ɔ̃bRaʒe] *adj* sombroso, -sa, sombreado, -da

ombrageux, -euse [ɔ̃bRaʒø, -øz] *adj* 1 (*animal*) espantadiço, -ça, arisco, -ca 2 (*personne*) suscetível, irritável

ombre [ɔ̃bR] *nf* sombra
- **faire de l'ombre** fazer sombra
- **sans l'ombre d'un doute** sem sombra de dúvida
■ **ombre à paupières** sombra para os olhos

ombrelle [ɔ̃bRɛl] *nf* sombrinha, guarda-sol *m*

omelette [ɔmlɛt] *nf* omelete
■ **omelette nature** omelete simples, sem recheio

omettre [81] [ɔmɛtR] *vt* omitir

omission [ɔmisjɔ̃] *nf* omissão

omnipotent, -e [ɔmnipɔtɑ̃, -ɑ̃t] *adj* onipotente

omniprésent, -e [ɔmnipʀezɑ̃, -ɑ̃t] *adj* onipresente

omnivore [ɔmnivɔʀ] *adj* onívoro, -ra

omoplate [ɔmɔplat] *nf* ANAT escápula

on [ɔ̃] *pron indéf* **1** (*quelqu'un, les autres; impersonnel*) 3ª pes pl ind, pron se (indet ou apassiv): **on dit qu'il est mort** dizem que morreu; **on n'arrive pas à guérir cette maladie** não se consegue curar essa doença; **on ne sait jamais** nunca se sabe **2** *fam* (*nous*) nós, a gente: **on a bien mangé** comemos bem; **on n'est jamais content** a gente nunca está contente
• **le qu'en dira-t-on** o que os outros vão dizer

once [ɔ̃s] *nf* (*poids*) onça

oncle [ɔ̃kl] *nm* tio

onctueux, -euse [ɔ̃ktɥø, -øz] *adj* untuoso, -sa, oleoso, -sa, cremoso, -sa

onde [ɔ̃d] *nf* onda

ondée [ɔ̃de] *nf* aguaceiro, pé-d'água

on-dit [ɔ̃di] *nm inv* boato, disse me disse

ondulation [ɔ̃dylasjɔ̃] *nf* ondulação

onduler [1] [ɔ̃dyle] *vt-vi* ondular, ondear

ongle [ɔ̃gl] *nm* **1** (*de personne*) unha *f* **2** (*des animaux*) garra *f*
• **se ronger les ongles** roer as unhas

onomatopée [ɔnɔmatɔpe] *nf* onomatopeia

ONU [ɔny] *abr* (**Organisation des Nations Unies**) ONU (*Organização das Nações Unidas*)

onyx [ɔniks] *nm* ônix

onze [ɔ̃z] *num* onze

onzième [ɔ̃zjɛm] *num* décimo primeiro
▶ *nm* undécimo, um onze avos

opacité [ɔpasite] *nf* opacidade

opaque [ɔpak] *adj* opaco, -ca

opéra [ɔpeʀa] *nm* ópera *f*

opérateur, -trice [ɔpeʀatœʀ, -tʀis] *nm,f* operador, -ra
▶ *nm* **opérateur** MATH operador

opération [ɔpeʀasjɔ̃] *nf* operação

opérer [10] [ɔpeʀe] *vt* **1** MÉD operar **2** (*exécuter, faire*) fazer, realizar
▶ *vpr* **s'opérer** ocorrer
• **se faire opérer de** ser operado, -da de

opérette [ɔpeʀɛt] *nf* opereta

ophtalmologiste [ɔftalmɔlɔʒist] *nmf* oftalmologista

opiner [1] [ɔpine] *vi* opinar

opiniâtre [ɔpinjatʀ] *adj* **1** (*personne*) teimoso, -sa, obstinado, -da **2** (*choses*) irredutível, persistente, renitente

opinion [ɔpinjɔ̃] *nf* opinião
• **se faire une opinion de** ter opinião sobre

opium [ɔpjɔm] *nm* ópio

opportun, -e [ɔpɔʀtœ̃, -yn] *adj* oportuno, -na

opportunisme [ɔpɔʀtynism] *nm* oportunismo

opportunité [ɔpɔʀtynite] *nf* conveniência, pertinência

opposant, -e [ɔpozɑ̃, -ɑ̃t] *adj* opositor, -ra,
▶ *nm,f* oponente

opposé, -e [ɔpoze] *adj* oposto, -ta
▶ *nm* **opposé** oposto
• **à l'opposé de** [côté] do lado oposto de [contrairement à] ao contrário de

opposer [1] [ɔpoze] *vt* opor
▶ *vpr* **s'opposer** opor-se

opposition [ɔpozisjɔ̃] *nf* oposição

oppresseur [ɔpʀesœʀ] *adj-nm* opressor, -ra

oppression [ɔpʀesjɔ̃] *nf* opressão

opprimer [1] [ɔpʀime] *vt* oprimir

opter [1] [ɔpte] *vi* optar (**pour,** por)

opticien, -enne [ɔptisjɛ̃, -ɛn] *nm,f* óptico, -ca

optimal, -e [ɔptimal] *adj* ideal, o/a melhor possível

optimisme [ɔptimism] *nm* otimismo

optimiste [ɔptimist] *adj-nmf* otimista

option [ɔpsjɔ̃] *nf* **1** (*gén*) opção **2** (*à l'université*) matéria optativa
• **être en option** (*accessoire*) ser opcional

optionnel [ɔpsjɔnɛl] *adj* opcional

optique [ɔptik] *adj* óptico, -ca
▶ *nf* óptica

opulence [ɔpylɑ̃s] *nf* opulência

opulent, -e [ɔpylɑ̃, -ɑ̃t] *adj* opulento, -ta

or¹ [ɔR] *nm* ouro *m*
• **en or** de ouro
■ **or massif** ouro maciço
■ **or noir** *fig* ouro negro, petróleo

or² [ɔR] *conj* ora

orage [ɔRaʒ] *nm* tempestade *f*

orageux, -euse [ɔRaʒø, -øz] *adj* tempestuoso, -sa

oral, -e [ɔRal] *adj* oral
▶ *nm* **oral** exame oral

orange [ɔRɑ̃ʒ] *nf (fruit)* laranja
▶ *adj-nm (cor de)* laranja

orangeade [ɔRɑ̃ʒad] *nf* laranjada

oranger [ɔRɑ̃ʒe] *nm* BOT laranjeira *f*

orang-outan [ɔRɑ̃utɑ̃] *nm (pl* **orangs-outans)** ZOOL orangotango

orateur, -trice [ɔRatœR, -tRis] *nm,f* orador, -ra

orbite [ɔRbit] *nf* órbita
• **mettre sur orbite** pôr em órbita

orchestre [ɔRkɛstR] *nm* orquestra *f*

orchidée [ɔRkide] *nf* BOT orquídea

ordinaire [ɔRdinɛR] *adj* ordinário, -a, comum
▶ *nm* o habitual, o comum
• **d'ordinaire** geralmente

ordinal, -e [ɔRdinal] *adj* ordinal

ordinateur [ɔRdinatœR] *nm* computador

ordonnance [ɔRdɔnɑ̃s] *nf* 1 *(du médecin)* receita, prescrição 2 *(du gouvernement)* ordem, decreto *m*, regulamento *m* 3 *(d'un juge)* despacho *m*, decisão 4 *(disposition)* ordem, organização, ordenação

ordonner [1] [ɔRdɔne] *vt* 1 *(agencer)* ordenar, organizar: **il doit ordonner ses idées** precisa organizar suas ideias 2 *(commander)* ordenar, mandar: **je vous ordonne de vous taire** ordeno-lhe que se cale 3 *(le médecin)* receitar, prescrever

ordre [ɔRdR] *nm* ordem *f*
• **à l'ordre de** à ordem de
• **jusqu'à nouvel ordre** até segunda ordem
• **mettre en ordre** pôr em ordem, organizar
■ **ordre chronologique** ordem *f* cronológica
■ **ordre du jour** ordem *f* do dia
■ **ordre public** ordem *f* pública

ordure [ɔRdyR] *nf* sujeira, imundície
▶ *nf pl* **ordures** lixo *m sing*

oreille [ɔRɛj] *nf* 1 ANAT orelha, ouvido *m* 2 *(sens)* audição
• **faire la sourde oreille** *fig* fazer ouvidos moucos

oreiller [ɔReje] *nm* travesseiro

oreillons [ɔRɛjɔ̃] *nm pl* MÉD caxumba *f sing*

ores [ɔR] *loc* **d'ores et déjà** a partir de agora

orfèvre [ɔRfɛvR] *nm* ourives

orfèvrerie [ɔRfɛvRəRi] *nf* ourivesaria

organe [ɔRgan] *nm* 1 ANAT órgão 2 *fml (voix)* voz *f*

organigramme [ɔRganigRam] *nm* organograma

organique [ɔRganik] *adj* orgânico, -ca

organisateur, -trice [ɔRganizatœR, -tRis] *adj-nm,f* organizador, -ra

organisation [ɔRganizasjɔ̃] *nf* organização

organiser [1] [ɔRganize] *vt* organizar
▶ *vpr* **s'organiser** organizar-se

organisme [ɔRganism] *nm* 1 BIOL organismo 2 *(institut)* órgão, entidade *f*

organiste [ɔRganist] *nmf* organista

orgasme [ɔRgasm] *nm* orgasmo

orge [ɔRʒ] *nf* BOT cevada

orgeat [ɔRʒa] *nm* orchata *f*, amendoada *f*

orgelet [ɔRʒəlɛ] *nm* MÉD terçol

orgie [ɔRʒi] *nf* orgia

orgue [ɔRg] *nm* MUS órgão

orgueil [ɔRgœj] *nm* orgulho

orgueilleux, -euse [ɔRgœjø, -øz] *adj-nm,f* orgulhoso, -sa

orient [ɔRjɑ̃] *nm* oriente, leste

oriental, -e [ɔRjɑ̃tal] *adj* oriental
▶ *nm,f* **Oriental, -e** oriental

orientation [ɔRjɑ̃tasjɔ̃] *nf* 1 *(gén)* orientação 2 direção: **il a le sens de l'orientation** ele tem senso de direção

orienter [1] [ɔRjɑ̃te] *vt* orientar
▶ *vpr* **s'orienter** orientar-se

orifice [ɔRifis] *nm* orifício

origan [ɔRigɑ̃] *nm* BOT CUIS orégano

originaire [ɔRiʒinɛR] *adj* originário, -a

original, -e [ɔRiʒinal] *adj* original
▸ *nm* **original** original

originalité [ɔRiʒinalite] *nf* originalidade

origine [ɔRiʒin] *nf* origem
• **à l'origine** no início, no princípio, na origem
• **d'origine** original

orme [ɔRm] *nm* BOT olmo, olmeiro

ornement [ɔRnəmɑ̃] *nm* ornamento

orner [1] [ɔRne] *vt* ornar, adornar

ornière [ɔRnjɛR] *nf* **1** sulco *m*, carreiro *m* **2** *fig* rotina

ornithologie [ɔRnitɔlɔʒi] *nf* ornitologia

orphelin, -e [ɔRfəlɛ̃, -in] *adj-nm,f* órfão, -ã

orphelinat [ɔRfəlina] *nm* orfanato

orteil [ɔRtɛj] *nm* dedo do pé

orthodoxe [ɔRtɔdɔks] *adj-nmf* ortodoxo, -xa

orthographe [ɔRtɔgRaf] *nf* ortografia

orthographique [ɔRtɔgRafik] *adj* ortográfico, -ca

orthopédique [ɔRtɔpedik] *adj* ortopédico, -ca

orthophoniste [ɔRtɔfɔnist] *nmf* fonoaudiólogo, -ga

ortie [ɔRti] *nf* BOT urtiga

os [ɔs] (no plural, **os**, pronuncia-se [o]) *nm* osso
• **tomber sur un os** *fig* topar com dificuldades

oscillation [ɔsilasjɔ̃] *nf* oscilação

osciller [1] [ɔsile] *vi* oscilar

osé, -e [oze] *adj* ousado, -da

oseille [ozɛj] *nf* BOT azeda, azedinha

oser [1] [oze] *vi* ousar

osier [ozje] *nm* BOT vime, vimeiro

ossature [ɔsatyR] *nf* **1** (*du corps*) esqueleto *m* **2** (*structure*) ossatura, estrutura

ossements [ɔsmɑ̃] *nm pl* ossada *f* sing

osseux, -euse [ɔsø, -øz] *adj* **1** (*tissu, cellule*) ósseo, -a **2** (*personne*) ossudo, -da

ostensible [ɔstɑ̃sibl] *adj* ostensivo, -va, patente

ostentation [ɔstɑ̃tasjɔ̃] *nf* ostentação

ostéopathie [ɔsteɔpati] *nf* MÉD osteopatia *f*

ostéoporose [ɔsteɔpɔRoz] *nf* MÉD osteoporose

ostracisme [ɔstRasism] *nm* ostracismo

otage [ɔtaʒ] *nm* refém *mf*

otarie [ɔtaRi] *nf* ZOOL leão-marinho *m*

ôter [1] [ote] *vt* **1** (*enlever*) tirar, retirar, remover **2** (*vêtement*) tirar: *il doit ôter son chapeau* ele tem de tirar o chapéu **3** (*soustraire*) tirar, subtrair: *5 ôté de 10 égale* dez, tira 5, ficam 5
▸ *vpr* **s'ôter** afastar-se, retirar-se

otite [ɔtit] *nf* MÉD otite

ou [u] *conj* ou: *tu préfères le pull rouge ou le jaune?* você prefere a malha vermelha ou a amarela?; *c'est l'un ou l'autre* é um ou outro
• **ou (bien) ou (bien)** ou ... ou então

où [u] *pron rel* **1** (*lieu-sans mouvement*) onde: *la ville où je suis né* a cidade onde nasci; *par où est-elle sortie?* por onde ela saiu? **2** (*avec mouvement*) aonde: *il ne sait pas où aller* ele não sabe aonde ir **3** (*état*) em que, no/na qual: *dans l'état où je suis, je ne ferai rien de bon* no estado em que estou, não vou fazer nada que preste **4** (*temporel*) em que: *au moment où le livre est publié* no momento em que o livro é publicado
▸ *adv* (*espace-sans mouvement*) onde: *d'où tu étais* de onde você estava; (*avec mouvement*) aonde: *je vais où je veux* vou aonde quero
• **d'où** donde, daí, por isso: *je le croyais parti, d'où ma surprise* pensei que ele tivesse ido embora, daí a minha surpresa

ouate [wat] *nf* algodão *m* em mechas

oubli [ubli] *nm* esquecimento
• **tomber dans l'oubli** cair no esquecimento

oublier [13] [ublije] *vt* esquecer
▸ *vpr* **s'oublier** esquecer-se

oubliette [ublijɛt] *nf* masmorra
• **jeter, mettre aux oubliettes** deixar de lado, largar de mão

ouest [wɛst] *nm* oeste

ouf! [uf] *interj* ufa!

oui [wi] *adv* sim: *oui ou non?* sim ou não?
▸ *nm* sim

- **pour un oui pour un non** por dá cá aquela palha

ouï-dire [widiʀ] *loc* **par ouï-dire** de ouvir dizer

ouïe [wi] *nf* audição, ouvido *m*
▸ *nf pl* **ouïes** (*de poisson*) guelras, brânquias
- **avoir l'ouïe fine** ter bom ouvido

ouragan [uʀagɑ̃] *nm* furacão

ourlet [uʀle] *nm* bainha *f*, barra *f*

ours [uʀs] *nm* ZOOL urso
■ **ours blanc** urso branco
■ **ours brun** urso pardo
■ **ours polaire** urso polar

ourse [uʀs] *nf* ZOOL ursa

oursin [uʀsɛ̃] *nm* ZOOL ouriço-do-mar

ourson [uʀsɔ̃] *nm* ZOOL ursinho, filhote de urso

outil [uti] *nm* ferramenta *f*, instrumento, utensílio

outillage [utijaʒ] *nm* ferramental, equipamento, material

outrage [utʀaʒ] *nm* ultraje

outrager [4] [utʀaʒe] *vt* ultrajar, insultar

outrance [utʀɑ̃s] *nf* excesso *m*, exagero *m*
- **à outrance** [avec excès] excessivamente [combat] total

outre[1] [utʀ] *prép* além de
- **en outre** além disso
- **passer outre** ir adiante, seguir em frente

outre[2] [utʀ] *nf* odre *m*

outré, -e [utʀe] *adj* indignado, -da, revoltado, -da

outre-mer [utʀəmɛʀ] *adv* ultramar, além-mar

outremer [utʀəmɛʀ] *nm* (*minéral*) lápis-lazúli, lazulita *f*

outrepasser [1] [utʀəpase] *vt* exceder, ultrapassar, abusar

outrer [1] [utʀe] *vt* indignar, revoltar

outre-tombe [utʀətɔ̃b] *adv* além-túmulo

ouvert, -e [uvɛʀ, -ɛʀt] *adj* aberto, -ta
- **porte/fenêtre grand ouverte** porta/janela escancarada
- **yeux grand ouverts** olhos arregalados

ouverture [uvɛʀtyʀ] *nf* 1 (*action d'ouvrir*) abertura 2 (*d'un local*) abertura, inauguração 3 (*d'un débat*) início *m* 4 (*entrée*) entrada, abertura, passagem 5 MUS abertura, *ouverture*
▸ *nf pl* **ouvertures** (*en vue de pourparlers*) propostas, ofertas
■ **ouverture d'esprit** abertura de mente, mente aberta
■ **ouverture de la chasse** abertura da caça

ouvrable [uvʀabl] *adj* (*jour*) útil

ouvrage [uvʀaʒ] *nm* 1 (*travail*) trabalho 2 (*de tricot*) trabalho, lavor 3 (*livre*) obra *f*

ouvre-boîtes [uvʀəbwat] *nm inv* abridor de latas

ouvre-bouteilles [uvʀəbutɛj] *nm inv* abridor de garrafas

ouvreur, -euse [uvʀœʀ, -øz] *nm,f* (*au cinéma*) lanterninha, vaga-lume

ouvrier, -ère [uvʀije, -jɛʀ] *adj-nm,f* operário, -a

ouvrière [uvʀijɛʀ] *nf* ZOOL (*abelha*) operária

ouvrir [21] [uvʀiʀ] *vt* abrir: *j'ai ouvert la porte* abri a porta
▸ *vi* 1 (*magasin, porte*) abrir 2 (*commencer*) começar, dar início 3 (*donner sur*) dar (**sur**, para)
▸ *vpr* **s'ouvrir** abrir-se: *il s'est ouvert à un ami* ele abriu-se com um amigo
- **s'ouvrir un passage** abrir passagem

ovaire [ɔvɛʀ] *nm* ovário

ovale [ɔval] *adj* oval
▸ *nm* oval, elipse *f*

ovation [ɔvasjɔ̃] *nf* ovação, aplausos *m pl*

overdose [ɔvɛʀdoz] *nf* superdose, *overdose*

ovin, -e [ɔvɛ̃, -in] *adj* ovino, -na

ovipare [ɔvipaʀ] *adj-nmf* ovíparo, -ra

ovni [ɔvni] *nm* óvni

ovule [ɔvyl] *nm* óvulo

ovuler [1] [ɔvyle] *vi* ovular

oxydation [ɔksidasjɔ̃] *nf* oxidação

oxyde [ɔksid] *nm* CHIM óxido

oxyder [1] [ɔkside] *vt* oxidar, enferrujar

oxygène [ɔksiʒɛn] *nm* CHIM oxigênio

ozone [ɔzon] *nm* CHIM ozônio: *couche d'ozone* camada de ozônio

P

pacemaker [pɛsmekœʁ] *nm* marca-passo

pachyderme [paʃidɛʁm] *nm* paquiderme

pacifier [12] [pasifje] *vt* pacificar

pacifique [pasifik] *adj* pacífico, -ca

pacifiste [pasifist] *adj-nmf* pacifista

pack [pak] *nm* 1 GÉOG banquisa 2 *(commerce)* caixa *f*

pacotille [pakɔtij] *nf* mercadoria barata
- **de pacotille** de carregação

pacte [pakt] *nm* pacto

pactiser [1] [paktise] *vi* pactuar (**avec**, com)

pagaie [pagɛ] *nf* remo *m* curto

pagaille o pagaïe [pagaj] *nf fam* bagunça: *quelle pagaille!* que bagunça!
- **en pagaille** *fam* aos montes
- **semer la pagaille** *fam* bagunçar

page¹ [paʒ] *nf* página
- **être à la page** estar atualizado, -da
- **mettre en pages** paginar
- **tourner la page** virar a página
- **page d'accueil** *(sur internet)* página principal, página, home page
■ **pages jaunes** páginas amarelas

page² [paʒ] *nm* pajem

pagne [paɲ] *nm* tanga *f*

pagode [pagɔd] *nf* pagode *m (templo oriental)*

paiement [pɛmɑ̃] *nm* pagamento

païen, -enne [pajɛ̃, -ɛn] *adj-nm,f* pagão, -gã

paillasse [pajas] *nf* 1 *(matelas)* colchão *m* de palha 2 *(d'évier)* bancada

paillasson [pajasɔ̃] *nm* capacho, esteira *f*

paille [paj] *nf* palha
- **être sur la paille** *fig* estar na miséria
■ **homme de paille** *fig* testa de ferro
■ **paille de fer** palha de aço

paillette [pajɛt] *nf* 1 *(sur vêtement)* lantejoula 2 *(poudre)* pó *f*, partícula 3 *(de savon)* lâmina

pain [pɛ̃] *nm* pão
- **avoir du pain sur la planche** *fig* ter muito que fazer
■ **pain complet** pão integral
■ **pain de mie** pão de forma
■ **pain d'épice** pão de especiarias
■ **pain grillé** torrada
■ **petit pain** pão doce, pãozinho

pair, -e [pɛʁ] *adj* par: *nombre pair* número par
▶ *nm* **pair** par
- **au pair** COMM ao par
- **aller de pair avec** acompanhar
■ **au pair** *(pour garder des enfants) (trabalho)* em troca de alojamento e alimentação

paire [pɛʁ] *nf* par *m*: *une paire de chaussures* um par de sapatos

paisible [pezibl] *adj* pacífico, -ca, calmo, -ma, plácido, -da

paître [84] [pɛtʁ] *vt-vi* pastar
- **envoyer paître qqn** *fam fig* mandar alguém plantar batatas

paix [pɛ] *nf* paz
- **faire la paix** fazer as pazes
- **ficher la paix à qqn** *fam* deixar alguém em paz

Pakistan [pakistɑ̃] *nm* Paquistão

pakistanais, -e [pakistanɛ, ɛz] *adj* paquistanês, -esa
▶ *nm,f* **Pakistanais, -e** paquistanês, -esa

palace [palaz] *nm* hotel de luxo

palais [palɛ] *nm* **1** (*édifice*) palácio **2** ANAT palato
- **palais de justice** palácio da Justiça

palan [palɑ̃] *nm* macaco, moitão (para fardos)

pale [pal] *nf* (*de rame, de roue, d'hélice*) pá

pâle [pal] *adj* pálido, -da

paléolithique [paleɔlitik] *nm* paleolítico

paléontologie [paleɔ̃tɔlɔʒi] *nf* paleontologia

Palestine [palɛstin] *nf* Palestina

palestinien, -enne [palɛstinjɛ̃, -ɛn] *adj* palestino, -na
▶ *nm,f* **Palestinien, -enne** palestino, -na

palet [palɛ] *nm* (*jeu*) malha, disco

palette [palɛt] *nf* **1** (*de peintre*) paleta, palheta **2** (*de chargement*) palete *m* **3** CUIS (*de mouton*) paleta

palétuvier [paletyvje] *nm* BOT mangue

pâleur [palœR] *nf* palidez

palier [palje] *nm* **1** (*d'escalier*) patamar **2** (*étape*) estágio, nível

pâlir [20] [paliR] *vi* empalidecer

palissade [palisad] *nf* cerca, paliçada

palliatif, -ive [paljatif, -iv] *adj* paliativo, -va
▶ *nm* **palliatif** paliativo

pallier [13] [palje] *vt* paliar, atenuar, abrandar

palmarès [palmaREs] *nm* quadro de honra

palme [palm] *nf* **1** (*feuille*) palma **2** SPORT (*de nageur*) pé de pato *m*, nadadeira

palmier [palmje] *nm* BOT palmeira *f*

palmipède [palmipɛd] *adj-nm* palmípede

palombe [palɔ̃b] *nf* ZOOL pombo *m* selvagem

pâlot, -otte [palo, -ɔt] *adj* um tanto pálido, -da

palourde [paluRd] *nf* ZOOL marisco *m*

palpable [palpabl] *adj* palpável

palper [1] [palpe] *vt* **1** (*toucher*) palpar, apalpar **2** *fam fig* (*de l'argent*) receber, embolsar

palpiter [1] [palpite] *vi* palpitar

paludisme [palydism] *nm* MÉD malária *f*

pâmer (se) [1] [pame] *vpr* pasmar-se, embasbacar-se

pamphlet [pɑ̃flɛ] *nm* panfleto

pamplemousse [pɑ̃pləmus] *nm* BOT toranja *f*

pan¹ [pɑ̃] *nm* **1** (*de mur*) lance, trecho, pedaço **2** (*de vêtement*) aba *f*, pano

pan!² [pɑ̃] *interj* pam! pah!

panacée [panase] *nf* panaceia

panache [panaʃ] *nm* **1** (*de plumes*) penacho **2** *fig* (*éclat*) estilo, verve *f* **3** (*bravoure*) brio

panaché [panaʃe] *nm* (*bière*) cerveja *f* misturada com refrigerante

Panama [panama] *nm* Panamá

panaméen, -enne [panameɛ̃, -ɛn] *adj* panamenho, -nha
▶ *nm,f* **Panaméen, -enne** panamenho, -nha

pancarte [pɑ̃kaRt] *nf* **1** placa (de trânsito) **2** (*dans une manifestation*) cartaz

pancréas [pɑ̃kReas] *nm* ANAT pâncreas

panda [pɑ̃da] *nm* ZOOL panda

pané, -e [pane] *adj* empanado, -da

panégyrique [paneʒiRik] *nm* louvor, panegírico

panier [panje] *nm* **1** (*gén*) cesto, cesta *f* **2** SPORT (*au basket*) cesta *f*
- **mettre au panier** jogar no lixo, desprezar
- **panier à provisions** cesta de compras
- **panier à salade** *fam* (*de police*) camburão, tintureiro

panique [panik] *nf* pânico *m*

paniquer [2] [panike] *vi* entrar em pânico

panne [pan] *nf* pane, avaria
- **être en panne** estar avariado, -da
- **tomber en panne** *fam* quebrar
- **tomber en panne d'essence** ficar sem combustível
- **panne de courant** corte *m* de energia elétrica

panneau [pano] *nm* **1** (*gén*) painel **2** (*surface plane*) placa *f*, chapa *f*, lâmina *f*

- **panneau d'affichage** quadro/painel de avisos
- **panneau de commande** painel de comandos
- **panneau indicateur** placa de sinalização

panoplie [panɔpli] *nf* **1** *(ensemble d'instruments)* conjunto *m*, jogo *m* **2** *fig* conjunto *m*, série

panorama [panɔʀama] *nm* **1** *(vue)* panorama **2** *fig (rétrospective)* panorâmica *f*

panoramique [panɔʀamik] *adj* panorâmico, -ca
▸ *nf* panorâmica

panse [pɑ̃s] *nf fam* pança, barriga

pansement [pɑ̃smɑ̃] *nm* **1** *(adhésif)* esparadrapo **2** *(compresse; sur une dent)* curativo

panser [1] [pɑ̃se] *vt* **1** *(plaie)* aplicar curativo **2** *(cheval)* tratar, escovar

pansu, -e [pɑ̃sy] *adj* pançudo, -da, barrigudo, -da

pantalon [pɑ̃talɔ̃] *nm* calças *f pl*

pantelant, -e [pɑ̃tlɑ̃, -ɑ̃t] *adj* **1** *(haletant)* ofegante **2** *(palpitant)* palpitante

panthéon [pɑ̃teɔ̃] *nm* panteão

panthère [pɑ̃tɛʀ] *nf* ZOOL pantera

pantin [pɑ̃tɛ̃] *nm* marionete *f*, fantoche

pantomime [pɑ̃tɔmim] *nf* pantomima

pantoufle [pɑ̃tufl] *nf* chinelo *m*, chinela

PAO [pao] *abr* (**publication assistée par ordinateur**) editoração eletrônica

paon [pɑ̃] *nm* ZOOL pavão

papa [papa] *nm* papai

papauté [papote] *nf* papado, pontificado

pape [pap] *nm* REL papa

paperasse [papʀas] *nf* papelada

papeterie [papetəʀi] *nf* **1** *(magasin)* papelaria **2** *(industrie)* indústria papeleira

papier [papje] *nm* papel
▸ *nm pl* **papiers** documentos, papéis: *vos papiers, s'il vous plaît!* documentos, por favor!
- **papier à cigarettes** papel de cigarro
- **papier à lettres** papel de carta
- **papier alu(minium)** papel-alumínio
- **papier buvard** mata-borrão
- **papier carbone** papel-carbono
- **papier de verre** lixa *f*
- **papier peint** papel de parede

papillon [papijɔ̃] *nm* ZOOL borboleta *f*

paprika [papʀika] *nm* **1** BOT pimentão-doce **2** CUIS páprica *f*

papyrus [papiʀys] *nm* papiro

paquebot [pakbo] *nm* transatlântico

pâquerette [pakʀɛt] *nf* BOT bonina

Pâques [pak] *nf pl* Páscoa *sing*

paquet [pakɛ] *nm* pacote, embrulho

paquet-cadeau [pakɛkado] *nm* embrulho para presente

par [paʀ] *prép* **1** *(cause, moyen, lieu)* por, de: *hâlé par le soleil* queimado de sol; *par écrit* por escrito **2** *(distribution dans le temps)* por, a: *par an* por/ao ano; *par jour* por/ao dia **3** *(temps atmosphérique)* com: *par un temps de pluie* com tempo chuvoso **4** *(pendant)* em, durante: *par un beau jour de printemps* num belo dia de primavera **5** *(distribution)* a, em, por: *deux par deux* de dois em dois, dois a dois; *il fait du sport quatre jours par semaine* ele pratica esporte quatro dias por semana
• **par contre** por outro lado, em compensação

parabole [paʀabɔl] *nf* parábola

parabolique [paʀabɔlik] *adj* parabólico, -ca

parachever [7] [paʀaʃve] *vt* completar, arrematar, concluir

parachute [paʀaʃyt] *nm* paraquedas

parachutiste [paʀaʃytist] *nmf* paraquedista

parade [paʀad] *nf* **1** *(spectacle)* parada, desfile *m* **2** *(étalage)* alarde, ostentação *f*

paradis [paʀadi] *nm* paraíso

paradisiaque [paʀadizjak] *adj* paradisíaco, -ca

paradoxal, -e [paʀadɔksal] *adj* paradoxal

paradoxe [paʀadɔks] *nm* paradoxo

paraffine [paʀafin] *nf* parafina

parages [paʀaʒ] *nm pl* paragens *f*

paragraphe [paʀagʀaf] *nm* parágrafo

Paraguay [paʀagwɛ] *nm* Paraguai

paraguayen, -enne [paʀagwejɛ̃, -ɛn] *adj* paraguaio, -a
▸ *nm,f* **Paraguayen, -enne** paraguaio, -a

paraître [82] [paʀɛtʀ] *vi* 1 (*sembler*) parecer 2 (*apparaître*) aparecer, surgir 3 (*faire semblant*) aparentar 4 (*sentiment*) manifestar-se
• **il paraît que** parece que
• **paraît-il** segundo parece, parece

parallèle [paʀalɛl] *adj* paralelo, -la
▸ *nm* 1 GÉOG paralelo; 2 *fig* paralelo, comparação *f*
▸ *nf* paralela

parallélisme [paʀalelism] *nm* paralelismo

paralyser [1] [paʀalize] *vt* paralisar

paralysie [paʀalizi] *nf* paralisia

paralytique [paʀalitik] *adj-nmf* paralítico, -ca

paramètre [paʀamɛtʀ] *nm* parâmetro

paranoïa [paʀanɔja] *nf* paranoia

parapente [paʀapɑ̃t] *nm* SPORT parapente

parapet [paʀapɛ] *nm* parapeito, peitoril

paraphe [paʀaf] *nm* rubrica *f*, iniciais *f pl*

paraphrase [paʀafʀaz] *nf* paráfrase

paraplégique [paʀaplezik] *adj-nmf* paraplégico, -ca

parapluie [paʀaplɥi] *nm* guarda-chuva

parasite [paʀazit] *adj* parasita
▸ *nm* parasita

parasol [paʀasɔl] *nm* guarda-sol

paratonnerre [paʀatɔnɛʀ] *nm* para-raios

paravent [paʀavɑ̃] *nm* guarda-vento, para-vento, biombo

parc [paʀk] *nm* parque
■ **parc à thème** parque temático
■ **parc automobile** número de automóveis (*em dada região*)
■ **parc d'attractions** parque de diversões
■ **parc national** parque nacional

parcelle [paʀsɛl] *nf* parcela

parce [paʀs] *loc* **parce que** porque *il ne viendra pas parce qu'il a des examens* ele não virá porque vai fazer exame

parchemin [paʀʃəmɛ̃] *nm* pergaminho

parcmètre [paʀkmɛtʀ] *nm* parquímetro

parcourir [24] [paʀkuʀiʀ] *vt* 1 (*pays, ville*) percorrer 2 (*livre, revue*) folhear

parcours [paʀkuʀ] *nm* percurso

par-dedans [paʀdədɑ̃] *adv* por dentro

par-dehors [paʀdəɔʀ] *adv* por fora

par-derrière [paʀdɛʀjɛʀ] *adv* por detrás, por trás

par-dessous [paʀdəsu] *adv* por debaixo, por baixo

par-dessus [paʀdəsy] *adv* por cima, sobre

pardessus [paʀdəsy] *nm* casaco, sobretudo, abrigo

par-devant [paʀdəvɑ̃] *adv* pela frente, diante

pardon [paʀdɔ̃] *nm* perdão
▸ *interj* **pardon!** desculpe!; como?; com/dá licença!
• **demander pardon** pedir perdão, pedir desculpas

pardonner [1] [paʀdɔne] *vt-vi* 1 (*péché*) perdoar 2 (*oublier-offense*) desculpar

pare-balles [paʀbal] *nm inv* colete à prova de balas
▸ *adj* à prova de balas

pare-brise [paʀbʀiz] *nm inv* para-brisa

pare-chocs [paʀʃɔk] *nm inv* para-choque

pareil, -eille [paʀɛj] *adj* 1 (*gén*) igual: *c'est toujours pareil* é sempre igual/a mesma coisa 2 (*tel*) semelhante, tal: *je n'ai jamais entendu une bêtise pareille!* nunca ouvi semelhante besteira
▸ *nm,f* igual, semelhante, a mesma coisa, o mesmo
▸ *adv fam* do mesmo jeito: *ils sont habillés pareil* estão vestidos do mesmo jeito
• **ce n'est pas pareil** não é a mesma coisa
• **sans pareil** sem igual, sem-par
• **rendre la pareille** pagar na mesma moeda, dar o troco

parent, -e [paʀɑ̃, -ɑ̃t] *nm,f* (*famille*) parente
▸ *nm pl* **parents** pais

parenté [paʀɑ̃te] *nf* parentesco *m*

parenthèse [paʀɑ̃tɛz] *nf* parêntese *m*

- **entre parenthèse** entre parênteses

parer [1] [paʀe] vt 1 fml (orner) ornar, adornar 2 (un coup) desviar, evitar, esquivar-se de
▸ vi **parer à** preparar-se para, proteger-se de, precaver-se contra
▸ vpr **se parer** arrumar-se bem, enfeitar-se
- **parer au plus pressé** cuidar do mais urgente

pare-soleil [paʀsɔlej] nm inv para-sol, guarda-sol

paresse [paʀɛs] nf preguiça

paresseux, -euse [paʀesø, -øz] adj-nm,f preguiçoso, -sa
▸ nm ZOOL preguiça f, bicho-preguiça

parfaire [85] [paʀfɛʀ] vt completar, aperfeiçoar, arrematar

parfait, -e [paʀfɛ, -ɛt] adj perfeito, -ta
▸ nm **parfait** (temps grammatical) perfeito

parfois [paʀfwa] adv às vezes

parfum [paʀfœ̃] nm 1 (senteur) perfume 2 (goût) sabor: *tu veux une glace à quel parfum?* quer sorvete de que sabor?

parfumer [1] [paʀfyme] vt perfumar

parfumeur, -euse [paʀfymœʀ] nm,f perfumista

parfumerie [paʀfymʀi] nf perfumaria

pari [paʀi] nm aposta f

paria [paʀja] nm pária

parier [12] [paʀje] vt apostar
- **je parie que** aposto que

parité [paʀite] nf paridade

parjure [paʀʒyʀ] nm perjúrio
▸ nmf perjuro, -ra

parka [paʀka] nf casaco m com capuz

parking [paʀkiɛ] nm estacionamento

parlant, -e [paʀlɑ̃, -ɑ̃t] adj 1 (qui parle) falante 2 fig (vivant) expressivo, -va, eloquente

parlement [paʀləmɑ̃] nm parlamento

parlementaire [paʀləmɑ̃tɛʀ] adj-nmf parlamentar

parler [1] [paʀle] vt falar (de): *il ne parle pas espagnol* ele não fala espanhol; *elles parlent affaires* elas falam de negócios
▸ vi falar: *on parle de la pluie et du beau temps* falamos de banalidades; *j'ai parlé du film à Pierre* falei do filme com Pierre
▸ vpr **se parler** falar-se
- **à proprement parler** propriamente, para ser exato, -ta
- **n'en parlons plus!** não se toca mais no assunto!
- **sans parler de** sem falar de
- **tu parles!** (exprimant l'admiration) e como! nem! (pas du tout) você 'tá brincando! absolutamente!

parloir [paʀlwaʀ] nm locutório

parmi [paʀmi] prép entre, dentre
- **parmi d'autres** entre outros, -as

parodie [paʀɔdi] nf paródia

parodier [12] [paʀɔdje] vt parodiar

paroi [paʀwa] nf parede, tabique m

paroisse [paʀwas] nf paróquia, freguesia

paroissien, -enne [paʀwasjɛ̃, -ɛn] nm,f paroquiano, -na

parole [paʀɔl] nf 1 (faculté) fala, palavra 2 (mot) palavra
▸ nf pl **paroles** (d'une chanson) letra sing
- **adresser la parole à qqn** dirigir a palavra a alguém
- **ma parole!** palavra (de honra)!
- **prendre la parole** tomar a palavra
- **tenir (sa) parole** cumprir a palavra
▪ **parole d'honneur** palavra de honra

paroxysme [paʀɔksism] nm paroxismo

parquer [2] [paʀke] vt 1 (bétail, moutons, prisonniers) confinar 2 (voitures) estacionar

parquet [paʀkɛ] nm 1 (sol) assoalho, parquê 2 DR ministério público 3 (bourse-lieu) pregão 4 (bourse-personnes) corretores

parrain [paʀɛ̃] nm 1 REL padrinho 2 (à l'Académie) patrono 3 (mafia) chefão

parrainer [1] [paʀene] vt 1 (enfant) ser padrinho 2 (entreprise) patrocinar

parricide [paʀisid] nm parricídio
▸ adj-nmf parricida

parsemer [7] [paʀsəme] vt 1 (terrain) espalhar, esparzir, salpicar 2 fig (texte) encher

part [paʀ] *nf* **1** (*dans un partage*) parte, porção **2** ÉCON quota, participação **3** (*côté*) lado *m* **4** (*lieu*) lugar *m*: **quelque part en France** em algum lugar da França **5** (*rôle*) papel *m*: **avoir sa part dans** desempenhar seu papel em
• **à part** à parte
• **autre part** (*sans mouvement*) em outro lugar (*avec mouvement*) a/para outro lugar
• **d'autre part** por outro lado
• **de la part de** da parte de, em nome de
• **de part en part** de um lado a outro
• **d'une part... d'autre part** por um lado... por outro (*lado*)
• **faire part de qqch à qqn** comunicar/informar algo a alguém
• **nulle part** em nenhum lugar, em parte alguma
• **prendre part à** tomar parte em
• **quelque part** em algum lugar

partage [paʀtaʒ] *nm* **1** (*gén*) partilha *f* **2** (*division*) divisão *f*

partager [4] [paʀtaʒe] *vt* **1** (*diviser*) dividir, repartir **2** (*avec d'autres*) compartilhar: *il partage l'opinion de Jean* ele compartilha da opinião de Jean
▸ *vpr* **se partager** repartir-se, dividir-se

partance [paʀtɑ̃s] *loc* **en partance pour** com destino a

partant, -e [paʀtɑ̃, -ɑ̃t] *adj* disposto, -ta, pronto, -ta
▸ *nm* SPORT que larga, que parte
• **être partant, -e pour** ter vontade de, topar

partenaire [paʀtənɛʀ] *nmf* (*au jeu; de danse; d'affaires*) parceiro, -ra

partenariat [paʀtənaʀja] *nm* parceria *f*

parterre [paʀtɛʀ] *nm* **1** (*de jardin*) canteiro **2** (*au théâtre*) plateia *f*

parti [paʀti] *nm* partido
• **être de parti pris** ser parcial
• **prendre le parti de** tomar o partido de, decidir-se por
• **prendre son parti (de)** resignar-se (a)
• **tirer parti de** tirar partido de
▪ **parti politique** partido político
▪ **parti pris** opinião *f* preconcebida

partial, -e [paʀsjal] *adj* parcial

participant, -e [paʀtisipɑ̃, -ɑ̃t] *adj-nm,f* participante

participation [paʀtisipasjɔ̃] *nf* participação

participe [paʀtisip] *nm* particípio
▪ **participe présent** particípio presente

participer [1] [paʀtisipe] *vi* **1** (*gén*) participar **2** (*aux frais*) contribuir

particularité [paʀtikylaʀite] *nf* particularidade

particule [paʀtikyl] *nf* partícula

particulier, -ère [paʀtikylje, -ɛʀ] *adj* **1** (*gén*) particular **2** (*original*) peculiar, próprio, -a, característico, -ca
▸ *nm* **particulier** pessoa, indivíduo
• **en particulier** em particular, em especial

partie [paʀti] *nf* **1** (*gén*) parte: *la partie adverse* a parte contrária **2** (*de jeux, chasse*) partida **3** (*domaine*) ramo *m*, especialidade
• **en partie** em parte
• **faire partie de** fazer parte de
• **prendre qqn à partie** DR processar alguém [fig] acusar alguém, culpar alguém

partiel, -elle [paʀsjɛl] *adj* parcial
▸ *nm* **partiel** (*examen*) prova *f* parcial

partir [28] [paʀtiʀ] *vi* **1** (*s'en aller*) partir, ir embora, viajar **2** (*prendre le départ*) partir, sair: *il est parti comme une flèche* saiu como uma flecha **3** (*commencer*) começar, ter início
• **à partir de** a partir de

partisan, -e [paʀtizɑ̃, -an] *adj* partidário, -a
▸ *nm* **partisan 1** (*adepte*) adepto, -ta, seguidor **2** (*combattant*) partisan, resistente

partition [paʀtisjɔ̃] *nf* **1** (*séparation*) divisão **2** MUS partitura

partout [paʀtu] *adv* por toda parte, em todo lugar

parure [paʀyʀ] *nf* **1** (*de linge*) jogo *m* **2** (*de bijoux*) joias *pl*

parution [paʀysjɔ̃] *nf* publicação

parvenir [35] [paʀvəniʀ] *vi* **parvenir à 1** (*arriver*) chegar a, atingir **2** (*réussir à*) conseguir

parvenu, -e [paʀvəny] *nm,f* emergente, *parvenu*

parvis [paʀvi] *nm* adro, praça *f*, esplanada *f*

pas¹ [pa] *nm* **1** *(gén)* passo, passada *f* **2** *(marche)* etapa *f*

- **d'un bon pas** depressa, a passos largos
- **faire le premier pas** dar o primeiro passo
- **faire les cent pas** andar de um lado a outro, ir para cá e para lá
- **faire un pas en avant** dar um passo à frente
- **pas à pas** passo a passo
- **tirer qqn d'un mauvais pas** livrar alguém de apuros

pas² [pa] *adv* **1** não: *tu me crois ou pas?* você acredita em mim ou não? **2 ne pas** não: *je ne crois pas* não acredito; *je n'aime pas ça* não gosto disso

- **même pas** nem mesmo, nem sequer
- **pas assez + adj** não + *adj* o bastante
- **pas beaucoup** não muito
- **pas du tout** em absoluto, absolutamente
- **pas encore** ainda não
- **pas un** nenhum

pascal, -e [paskal] *adj* pascal, da Páscoa

passable [pasabl] *adj* **1** *(gén)* passável **2** *(mention sur un devoir)* suficiente, sofrível

passage [pasaʒ] *nm* **1** *(gén)* passagem *f*: *le passage de la procession* a passagem da procissão **2** *(voie, rue)* caminho, passagem *f* **3** *(d'un livre, d'un discours)* trecho *m*

- **de passage** de passagem
- ■ **passage à niveau** passagem de nível
- ■ **passage clouté** passagem de pedestres

passager, -ère [pasaʒe, -ɛʀ] *adj* passageiro, -ra

▶ *nm,f* passageiro, -ra, viajante

■ **passager clandestin** passageiro clandestino

passant, -e [pasɑ̃, -ɑ̃t] *adj (fréquenté)* frequentado, -da, movimentado, -da

▶ *nm,f* transeunte

passe [pas] *nf* **1** *(de montagne)* desfiladeiro *m* **2** SPORT passe *m* (de bola)

passé, -e [pase] *adj* passado, -da

▶ *nm* **passé** passado

■ **passé composé** ≈ pretérito perfeito

passe-montagne [pasmɔ̃taɲe] *nm* (*pl* **passe-montagnes**) balaclava *f*

passe-partout [paspaʀtu] *nm inv* **1** *(clef)* chave *f* mestra **2** *(de tableau)* passe-partout

passeport [paspɔʀ] *nm* passaporte

passer [1] [pase] *vi* **1** *(gén)* passar: *l'autobus est passé* o ônibus passou **2** *(à la télé, la radio, au cinéma)* passar, ser exibido (à, em): *ce film passe depuis hier* este filme está sendo exibido desde ontem **3** *(oublier)* deixar passar, não levar em conta **4** *(s'écouler)* passar, transcorrer

▶ *vt* **1** *(traverser)* atravessar: *nous avons passé la rivière* atravessamos o rio **2** *(examen)* fazer **3** *(film)* apresentar, projetar **4** *(disque)* pôr, tocar **5** *(vêtement)* pôr **6** *(contrat)* lavrar **7** *(caprice)* satisfazer

▶ *vpr* **se passer 1** *(temps)* passar(-se) **2** *(événement, accident)* ocorrer, acontecer: *que se passe-t-il?* o que está acontecendo?

- **en passant** de passagem
- **ne faire que passer** estar só de passagem
- **passe encore** ainda passa
- **passer inaperçu** passar despercebido
- **passer pour** ser considerado como
- **se passer de** ficar sem, prescindir de

passerelle [pasʀɛl] *nf* passarela

passe-temps [pastɑ̃] *nm inv* passatempo

passif, -ive [pasif, -iv] *adj* passivo, -va

▶ *nm* **passif** passivo

passion [pasjɔ̃] *nf* paixão

passionnant, -e [pasjɔnɑ̃, -ɑ̃t] *adj* apaixonante

passionné, -e [pasjɔne] *adj-nm,f* apaixonado, -da

passionnel, -elle [pasjɔnɛl] *adj* passional

passionner [1] [pasjɔne] *vt* apaixonar, empolgar

▶ *vpr* **se passionner** apaixonar-se, empolgar-se (**pour**, por)

passivité [pasivite] *nf* passividade

passoire [paswaʀ] *nf* coador *m*, escorredor *m*

pastel [pastɛl] *adj (couleur)* pastel

▶ *nm (pigment)* pastel

pastèque [pastɛk] *nf* BOT melancia

pasteur [pastœʀ] *nm* pastor

pasteuriser [1] [pastœrize] vt pasteurizar

pastiche [pastiʃ] nm pastiche, pasticho

pastille [pastij] nf pastilha

pastis [pastis] nm anis, anisete

pastoral, -e [pastɔral] adj pastoral

patate [patat] nf 1 (pomme de terre) batata 2 fam (personne stupide) pateta
- **patate douce** batata-doce

pataud, -e [pato, -od] adj-nm,f desajeitado, -da

patauger [4] [patoʒe] vi 1 (dans l'eau) patinhar, chafurdar 2 fam (s'embrouiller) atrapalhar-se

patch [patʃ] nm MÉD adesivo medicamentoso

patchouli [patʃuli] nm BOT patchuli

pâte [pat] nf 1 CUIS massa 2 (mélange) pasta
▶ nf pl **pâtes** CUIS massas, macarrão m sing
• **mettre la main à la pâte** pôr a mão na massa, pôr mãos à obra
- **pâte brisée** CUIS massa podre
- **pâte à tarte** massa de torta
- **pâte dentifrice** creme dental

pâté [pate] nm CUIS patê
- **pâté de maisons** bloco

pâtée [pate] nf torta para animais

patelin [patlɛ̃] nm fam vila f, povoado

patent, -e [patɑ̃, -ɑ̃t] adj patente, evidente
▶ nf **patente** taxa, contribuição

patenté, -e [patɑ̃te] adj rematado, -da, completo, -ta

paternel, -elle [patɛrnɛl] adj paternal, paterno, -na

paternité [patɛrnite] nf paternidade

pâteux, -euse [patø, -øz] adj pastoso, -sa

pathétique [patetik] adj patético, -ca

pathologie [patɔlɔʒi] nf patologia

pathologique [patɔlɔʒik] adj patológico, -ca

patibulaire [patibylɛr] adj sinistro, -tra

patience [pasjɑ̃s] nf paciência
• **perdre patience** perder a paciência

patient, -e [pasjɑ̃, -ɑ̃t] adj-nm,f paciente

patienter [1] [pasjɑ̃te] vi esperar pacientemente
• **"Veuillez patienter"** "Espere, por favor"

patin [patɛ̃] nm patim
- **patin à glace** patim de lâmina, patim para gelo
- **patin à roulettes** patim de rodas

patinage [patinaʒ] nm patinação f, patinagem f

patine [patin] nf pátina

patiner [1] [patine] vi patinar
▶ vt (sculpture) cobrir de pátina

patineur, -euse [patinœr, -øz] nm,f patinador, -ra

patinoire [patinwar] nf pista de patinação

pâtir [20] [patir] vi padecer, sofrer

pâtisserie [patisri] nf 1 (boutique) confeitaria 2 (gâteau) bolo m, doce m

pâtissier, -ère [patisje, -ɛr] adj-nm,f confeiteiro, -ra

patois [patwa] nm patoá, dialeto

patraque [patrak] adj fam doentio, -a, enfermiço, -ça

patriarcal, -e [patrijarkal] adj patriarcal

patriarche [patrijarʃ] nm patriarca

patrie [patri] nf pátria

patrimoine [patrimwan] nm patrimônio

patriote [patrijɔt] adj-nmf patriota

patron, -onne [patrɔ̃, -ɔn] nm,f 1 (saint) padroeiro, -ra 2 (maître) dono, -na 3 (employeur) patrão, -oa, chefe, -fa
▶ nm **patron** (modèle) padrão

patronal, -e [patrɔnal] adj patronal

patronat [patrɔna] nm patronato

patrouille [patruj] nf patrulha

patte [pat] nf 1 (d'animal) pata, pé 2 (de barbe) suíças 3 fam (jambe) perna 4 fam (main) mão
• **à quatre pattes** de gatinhas, de quatro
• **graisser la patte à qqn** fam molhar a mão de alguém

patte-d'oie [patdwa] nf (pl **pattes-d'oie**) (ride) pé de galinha m

pâturage [patyraʒ] nm pasto, pastagem f

paume [pom] *nf* **1** *(de la main)* palma *f* **2** *(jeu)* pela

paumer [1] [pome] *vt fam (perdre)* perder
▸ *vpr* **se paumer** *fam* perder-se

paupière [popjɛʀ] *nf* ANAT pálpebra

pause [poz] *nf* **1** pausa **2** *(temps de repos)* intervalo *m*

pauvre [povʀ] *adj-nmf* pobre

pauvreté [povʀəte] *nf* pobreza

pavaner (se) [1] [pavane] *vpr* pavonear-se

pavé, -e [pave] *adj* pavimentado, -da, calçado, -da
▸ *nm* **pavé 1** *(ensemble des blocs de pierre)* calçamento **2** *(pierre)* pedra *f*, paralelepípedo **3** *fam (gros livre)* calhamaço, tijolão
• **être sur le pavé** estar na rua, estar sem teto
■ **pavé numérique** INFORM teclado numérico

pavillon [pavijɔ̃] *nm* **1** *(gén)* pavilhão **2** *(villa)* chalé, bangalô **3** *(drapeau)* bandeira *f*

pavot [pavo] *nm* BOT papoula *f*, dormideira *f*

payant, -e [pejã, -ãt] *adj* **1** *(qui paie)* pagante **2** *(spectacle)* pago, -ga **3** *fam (rentable)* lucrativo, -va, rentável

paye [pɛj] *nf* paga, pagamento *m*

paiement [pɛmã] *nm* pagamento

payer [18] [peje] *vt* pagar
▸ *vi* compensar
▸ *vpr* **se payer 1** *(gén)* pagar-se **2** *(se permettre)* dar-se, oferecer-se
• **se payer la tête de qqn** *fam* caçoar de alguém

pays [pei] *nm* **1** *(nation)* país **2** *(région)* região *f*, área *f* **3** *(agglomération)* cidadezinha *f* **4** *(region d'origine)* terra *f*, lugar
• **avoir le mal du pays** ter saudade de casa
• **voir du pays** viajar, correr mundo
■ **pays d'adoption** país de adoção
■ **pays de cocagne** país das maravilhas

paysage [peizaʒ] *nm* paisagem *f*

paysagiste [peizaʒist] *nmf* paisagista

paysan, -anne [peizã, -ãn] *nm,f* camponês, -esa

Pays-Bas [peiba] *nm pl* Países Baixos, Holanda *f*

PC [pese] *abr* INFORM *(personal computer)* PC, micro, microcomputador

PCV [peseve] *abr (à percevoir)* a cobrar (ligação telefônica)

PDG [pedeʒe] *abr (président-directeur général)* diretor-geral

péage [peaʒ] *nm* pedágio

peau [po] *nf* **1** *(de personne)* pele **2** *(de fruit)* casca, pele **3** *(du visage)* cútis, tez
• **être bien/mal dans sa peau** estar bem/mal consigo mesmo
• **risquer sa peau** *fam* arriscar a pele
• **sauver sa peau** salvar a pele
■ **peau de chamois** camurça

peaufiner [1] [pofine] *vt* polir

péché [peʃe] *nm* pecado

pêche¹ [pɛʃ] *nf* BOT pêssego *m*

pêche² [pɛʃ] *nf (activité)* pesca, pescaria
• **avoir la pêche** *fam* ter garra
■ **pêche à la ligne** pesca com linha
■ **pêche sous-marine** pesca submarina

pécher [10] [peʃe] *vi* pecar, errar

pêcher¹ [peʃe] *nm* BOT pessegueiro

pêcher² [1] [peʃe] *vt* pescar

pécheur, -eresse [peʃœʀ, -eʀes] *nm,f* pecador, -ra

pêcheur, -euse [peʃœʀ, -øz] *nm,f* pescador, -ra

pectoral, -e [pɛktɔʀal] *adj* peitoral

pécuniaire [pekynjɛʀ] *adj* pecuniário, -a

pédagogie [pedagɔʒi] *nf* pedagogia

pédagogique [pedagɔʒik] *adj* pedagógico, -ca

pédagogue [pedagɔg] *nmf* pedagogo, -ga

pédale [pedal] *nf* **1** *(gén)* pedal *m* **2** *péj (homosexuel)* pederasta *m*, bicha *m*

pédaler [1] [pedale] *vi* pedalar

pédalier [pedalje] *nm (de vélo)* pedaleiro

pédalo [pedalo] *nm* pedalinho

pédant, -e [pedã, -ãt] *adj-nm,f* pedante

pédé [pede] *nm pop* veado, bicha

pédestre [pedɛstʀ] *adj* pedestre

pédiatre [pedjatʀ] *nmf* pediatra

pédiatrie [pedjatʀi] *nf* pediatria

pédicure [pedikyʀ] *nmf* pedicuro, -ra

pègre [pɛgʀ] *nf* submundo *m*, criminalidade, marginalidade

peigne [pɛɲ] *nm* pente
- **se donner un coup de peigne** pentear-se

peigner [1] [peɲe] *vt* pentear
▸ *vpr* **se peigner** pentear-se

peignoir [peɲwaʀ] *nm* penhoar, robe

peindre [76] [pɛ̃dʀ] *vt* 1 (*avec de la peinture*) pintar 2 (*décrire*) descrever, retratar

peine [pɛn] *nf* 1 (*châtiment*) pena 2 (*tristesse*) pesar *m*, dor 3 (*effort*) esforço *m*, sacrifício *m* 4 (*difficulté*) trabalho *m*
- **à peine** (*presque pas*) quase nada, muito pouco (*tout juste*) apenas (*à l'instant*) agorinha (*aussitôt*) tão logo, mal, assim que
- **faire de la peine à qqn** afligir alguém
- **sans peine** facilmente, sem dificuldade
- **se donner de la peine** dar-se o trabalho, empenhar-se
- **valoir la peine** valer a pena
■ **peine de mort** pena de morte

peiner [1] [pene] *vt* afligir
▸ *vi* penar, padecer

peintre [pɛ̃tʀ] *nm* pintor, -ra
■ **"peintre en bâtiment"** pintor de paredes

peinture [pɛ̃tyʀ] *nf* pintura
- **"Peinture fraîche"** "Tinta fresca"

péjoratif, -ive [peʒɔʀatif, -iv] *adj* pejorativo, -va

pelage [pəlaʒ] *nm* pelagem *f*

pêle-mêle [pɛlmɛl] *adv* desordenadamente, de roldão

peler [9] [pəle] *vt-vi* pelar, descascar

pèlerin [pɛlʀɛ̃] *nm* peregrino, -na

pèlerinage [pɛlʀinaʒ] *nm* peregrinação *f*

pélican [pelikɑ̃] *nm* ZOOL pelicano

pelle [pɛl] *nf* pá
- **à la pelle** *fam* à beça

pelletée [pɛlte] *nf* pazada

pellicule [pɛlikyl] *nf* 1 (*gén*) película 2 (*d'appareil photo*) filme
▸ *nf pl* **pellicules** (*du cuir chevelu*) caspa *sing*

pelote [pəlɔt] *nf* (*de fil, de laine*) novelo *m*
■ **pelote basque** pelota basca

peloter [1] [pəlɔte] *vt* 1 (*laine*) enovelar, enrolar 2 *fam* (*caresser*) bolinar, ficar de agarramento

peloton [pəlɔtɔ̃] *nm* pelotão

pelotonner (se) [1] [pəlɔtɔne] *vpr* enrolar-se

pelouse [pəluz] *nf* grama, gramado *m*

peluche [pəlyʃ] *nf* pelúcia

pelure [pəlyʀ] *nf* (*de fruits, légumes*) pele, casca

pénal, -e [penal] *adj* penal
▸ *nm* **pénal** fórum criminal

pénalité [penalite] *nf* penalidade, pena

penalty [penalti] *nm* (*pl* **penaltys** ou **penalties**) SPORT pênalti

penaud, -e [pəno, -od] *adj* envergonhado, -da

penchant [pɑ̃ʃɑ̃] *nm* fig inclinação *f*, propensão *f*

pencher [1] [pɑ̃ʃe] *vt* inclinar
▸ *vi* inclinar-se, pender
▸ *vpr* **se pencher** 1 (*s'approcher*) inclinar-se 2 (*étudier*) debruçar-se (**sur**, sobre)

pendaison [pɑ̃dɛzɔ̃] *nf* enforcamento *m*

pendant[1] [pɑ̃dɑ̃] *prép* durante: *pendant ce temps, je lisais* durante esse tempo, eu estava lendo
- **pendant que** enquanto

pendant, -e[2] [pɑ̃dɑ̃] *adj* pendente
▸ *nm* **pendant** pingente
- **faire pendant à** corresponder a, ser contrapartida de
■ **pendant d'oreille** brinco

pendentif [pɑ̃dɑ̃tif] *nm* pingente

penderie [pɑ̃dʀi] *nf* guarda-roupa *m*, armário *m*

pendre [62] [pɑ̃dʀ] *vi* pender: *une lampe pend au plafond* uma lâmpada pende do teto
▸ *vt* 1 (*suspendre*) pendurar, suspender 2 (*un condamné*) enforcar
▸ *vpr* **se pendre** 1 (*se suspendre*) dependurar-se 2 (*se suicider*) enforcar-se

pendu, -e [pɑ̃dy] *nm,f* enforcado, -da
pendule [pɑ̃dyl] *nm* pêndulo
▶ *nf* relógio *m* de parede
pêne [pɛn] *nm* ferrolho, tranqueta *f*
pénétrant, -e [penetʀɑ̃, -ɑ̃t] *adj* penetrante
pénétrer [10] [penetʀe] *vi* penetrar
▶ *vt fig (mystère, secret)* desvendar, entender
▶ *vpr* **se pénétrer** 1 impregnar-se 2 *fig* interpenetrar-se
pénible [penibl] *adj* 1 *(difficile)* penoso, -sa 2 *fam (personne)* irritante
péniche [peniʃ] *nf* barcaça
pénicilline [penisilin] *nf* penicilina
péninsule [penɛ̃syl] *nf* península
pénis [penis] *nm* ANAT pênis
pénitence [penitɑ̃s] *nf* penitência
pénitencier [penitɑ̃sje] *nm* penitenciária *f*, prisão *f*
pénombre [penɔ̃bʀ] *nf* penumbra
pense-bête [pɑ̃sbɛt] *nm* (*pl* **pense-bêtes**) lembrete, pró-memória
pensée [pɑ̃se] *nf* 1 *(gén)* pensamento *m* 2 *(idée)* ideia
• **en pensée** em pensamento
penser [1] [pɑ̃se] *vi* pensar: *il pense à eux* está pensando neles
▶ *vt* 1 *(gén)* pensar, achar 2 *(se rappeler)* lembrar-se: *pense à prendre de l'essence* lembre-se de pôr gasolina
• **donner à penser** dar que pensar
• **je n'en pense pas moins** tenho cá minha opinião *(a respeito)*
• **penses-tu!** imagine!
• **sans penser à mal** sem más intenções
penseur, -euse [pɑ̃sœʀ, -øz] *nm,f* 1 pensador, -ra 2 *(pensif)* pensativo, -va
pensif, -ive [pɑ̃sif, -iv] *adj* pensativo, -va
pension [pɑ̃sjɔ̃] *nf* 1 *(argent)* pensão, aposentadoria 2 *(établissement)* pensão 3 *(pensionnat)* internato *m*, pensionato *m*
• **prendre pension chez qqn** hospedar-se em casa de alguém
■ **demi pension** meia pensão
■ **pension alimentaire** pensão alimentícia
■ **pension complète** pensão completa

pensionnaire [pɑ̃sjɔnɛʀ] *nmf (dans un collège)* interno, -na
pentagone [pɛ̃tagɔn] *nm* pentágono
pente [pɑ̃t] *nf* encosta
• **en pente** em declive
Pentecôte [pɑ̃tkot] *nf* Pentecostes *m*
pénurie [penyʀi] *nf* penúria
pépé [pepe] *nm* 1 *fam (grand-père)* vovô 2 *fam (personne âgée)* avô, tio
pépier [12] [pepje] *vi* piar
pépin [pepɛ̃] *nm* 1 semente 2 *fig* pepino, problema
pépinière [pepinjɛʀ] *nf* viveiro *m* de plantas, sementeira
pépite [pepit] *nf* pepita
percale [pɛʀkal] *nf* percal *m*
perçant, -e [pɛʀsɑ̃, -ɑ̃t] *adj* 1 *(vue, froid)* penetrante 2 *(voix)* estridente 3 *fig (esprit)* perspicaz
percepteur, -trice [pɛʀsɛptœʀ, -tʀis] *adj* perceptivo, -va
▶ *nm* **percepteur** *(d'impôts)* coletor, -ra, cobrador, -ra
perceptible [pɛʀsɛptibl] *adj* perceptível
perception [pɛʀsɛpsjɔ̃] *nf* percepção
percer [3] [pɛʀse] *vt* 1 *(mur, planche)* furar, transpassar, varar 2 *(fenêtre, tunnel)* abrir 3 *(lignes ennemies)* atravessar 4 *(secret)* desvendar
▶ *vi* 1 *(abcès, soleil)* aparecer, surgir 2 *(dent)* sair, nascer 3 *(acteur, chanteur)* fazer sucesso
perceuse [pɛʀsøz] *nf* furadeira
percevoir [42] [pɛʀsəvwaʀ] *vt* 1 *(discerner)* perceber 2 *(de l'argent)* receber
perche [pɛʀʃ] *nf* 1 *(poisson)* perca *f* 2 SPORT vara *(para salto)*
• **tendre la perche à qqn** dar a mão a alguém
percher [1] [pɛʀʃe] *vi* empoleirar
▶ *vpr* **se percher** empoleirar-se
percussion [pɛʀkysjɔ̃] *nf* percussão
percuter [1] [pɛʀkyte] *vt* 1 *(gén)* percutir 2 *(heurter)* bater em, chocar-se com
perdant, -e [pɛʀdɑ̃, -ɑ̃t] *adj-nm,f* perdedor, -ra
perdition [pɛʀdisjɔ̃] *nf* perdição
perdre [62] [pɛʀdʀ] *vt* perder

▶ vi perder: *je vous le vends, mais j'y perds* eu lhe vendo, mas saio perdendo
▶ vpr **se perdre** perder-se: *nous nous sommes perdus* nós nos perdemos
• **perdre la tête** *fig* perder a cabeça
• **s'y perdre** *fig* não entender nada, ficar boiando

perdreau [pɛʀdʀo] *nm* ZOOL perdigoto

perdrix [pɛʀdʀi] *nf* ZOOL perdiz

perdu, -e [pɛʀdy] *adj* perdido, -da

père [pɛʀ] *nm* 1 pai 2 REL padre
• **de père en fils** de pai para filho
■ **père de famille** pai de família

pérégrination [peʀegʀinasjɔ̃] *nf* peregrinação

péremptoire [peʀɑ̃ptwaʀ] *adj* peremptório, -a

perfection [pɛʀfɛksjɔ̃] *nf* perfeição

perfectionner [1] [pɛʀfɛksjɔne] *vt* aperfeiçoar

perfide [pɛʀfid] *adj* pérfido, -da

perforation [pɛʀfɔʀasjɔ̃] *nf* perfuração, furo *m*

perforer [1] [pɛʀfɔʀe] *vt* perfurar, furar

performance [pɛʀfɔʀmɑ̃s] *nf* 1 (*de machine*) rendimento *m* 2 (*d'athlète, de professionnel*) desempenho *m* 3 (*exploit*) façanha, proeza

performant, -e [pɛʀfɔʀmɑ̃, -ɑ̃t] *adj* 1 (*personne*) competente 2 (*machine*) eficiente

péridurale [peʀidyʀal] *nf* MÉD anestesia peridural/epidural

péril [peʀil] *nm* perigo
• **au péril de sa vie** arriscando a própria vida

périlleux, -euse [peʀijø, -øz] *adj* perigoso, -sa

périmé, -e [peʀime] *adj* 1 (*démodé*) obsoleto, -ta, ultrapassado, -da 2 (*expiré*) vencido, -da

périmer [1] [peʀime] *vpr* 1 (*aliment*) perder a validade 2 DR caducar

périmètre [peʀimɛtʀ] *nm* perímetro

période [peʀjɔd] *nf* período *m*

périodicité [peʀjɔdisite] *nf* periodicidade

périodique [peʀjɔdik] *adj* periódico, -ca

péripétie [peʀipesi] *nf* peripécia

périphérique [peʀifeʀik] *adj* periférico, -ca
▶ *nm* 1 (*dans une ville*) periferia *f* 2 INFORM periférico

périphrase [peʀifʀaz] *nf* perífrase

périple [peʀipl] *nm* périplo

périr [20] [peʀiʀ] *vi* 1 (*mourir*) perecer, morrer 2 (*finir*) desaparecer

périscope [peʀiskɔp] *nm* periscópio

perle [pɛʀl] *nf* 1 pérola 2 *fam* (*erreur*) pérola, asneira

permanence [pɛʀmanɑ̃s] *nf* permanência
• **en permanence** permanentemente

permanent, -e [pɛʀmanɑ̃, -ɑ̃t] *adj* permanente
▶ *nf* **permanente** (*des cheveux*) permanente

perméable [pɛʀmeabl] *adj* permeável

permettre [81] [pɛʀmɛtʀ] *vt* 1 (*donner son accord*) permitir, consentir 2 (*rendre possible*) possibilitar
▶ *vpr* **se permettre de** tomar a liberdade: *je me suis permis d'entrer* tomei a liberdade de entrar

permis, -e [pɛʀmi, -iz] *adj* permitido, -da
▶ *nm* **permis** licença *f*, autorização *f*
■ **permis de conduire** carteira *f* de motorista, carteira *f* de habilitação
■ **permis de séjour** cartão de residência
■ **permis de travail** carteira de trabalho

permission [pɛʀmisjɔ̃] *nf* permissão, licença: *il a demandé la permission de sortir* pediu licença para sair
• **être en permission** [un militaire] estar de licença

permuter [1] [pɛʀmyte] *vt-vi* permutar, trocar

pernicieux, -euse [pɛʀnisjø, -øz] *adj* pernicioso, -sa

Pérou [peʀu] *nm* Peru

perpendiculaire [pɛʀpɑ̃dikylɛʀ] *adj*-*nf* perpendicular

perpétrer [10] [pɛʀpetʀe] *vt* perpetrar, cometer

perpétuel, -elle [pɛʀpetɥɛl] *adj* perpétuo, -a

perpétuité [pɛʀpetɥite] *nf* perpetuidade
• **à perpétuité** para sempre, perpetuamente

perplexe [pɛʀplɛks] *adj* perplexo, -xa

perplexité [pɛʀplɛksite] *nf* perplexidade

perquisition [pɛʀkizisjɔ̃] *nf* busca (*domiciliar*)

perquisitionner [1] [pɛʀkizisjɔne] *vt* fazer uma busca domiciliar

perron [pɛʀɔ̃] *nm* escada *f* externa

perroquet [pɛʀɔke] *nm* ZOOL papagaio

perruche [pɛʀyʃ] *nf* ZOOL periquito *m*

perruque [pɛʀyk] *nf* peruca

persécuter [1] [pɛʀsekyte] *vt* perseguir

persécution [pɛʀsekysjɔ̃] *nf* perseguição

persévérance [pɛʀseveʀɑ̃s] *nf* perseverança

persévérer [10] [pɛʀseveʀe] *vi* perseverar

persienne [pɛʀsjɛn] *nf* persiana, veneziana

persil [pɛʀsil] *nm* salsa *f*, salsinha *f*

persistance [pɛʀsistɑ̃s] *nf* persistência

persistant, -e [pɛʀsistɑ̃, -ɑ̃t] *adj* **1** (*odeur, fièvre*) persistente **2** BOT perene

personnage [pɛʀsɔnaʒ] *nm* personagem

personnalisé, -e [pɛʀsɔnalize] *adj* personalizado, -da

personnalité [pɛʀsɔnalite] *nf* personalidade

personne [pɛʀsɔn] *nf* pessoa
▸ *pron indéf* ninguém: **personne ne le sait** ninguém sabe (*disso*)
• **en personne** em pessoa, pessoalmente
■ **personne âgée** idoso, -sa

personnel, -elle [pɛʀsɔnɛl] *adj* pessoal
▸ *nm* **personnel** pessoal, recursos humanos
■ **personnel enseignant** corpo docente

personnifier [12] [pɛʀsɔnifje] *vt* personificar

perspective [pɛʀspɛktiv] *nf* perspectiva

perspicacité [pɛʀspikasite] *nf* perspicácia

persuader [1] [pɛʀsɥade] *vt* persuadir, convencer

persuasif, -ive [pɛʀsɥazif, -iv] *adj* persuasivo, -va, convincente

persuasion [pɛʀsɥazjɔ̃] *nf* persuasão

perte [pɛʀt] *nf* perda
• **à perte** com prejuízo
• **à perte de vue** a perder de vista
• **en pure perte** em vão
■ **pertes et profits** perdas e lucros

pertinent, -e [pɛʀtinɑ̃, -ɑ̃t] *adj* pertinente

perturbation [pɛʀtyʀbasjɔ̃] *nf* perturbação

perturber [1] [pɛʀtyʀbe] *vt* perturbar

péruvien, -enne [peʀyvjɛ̃, -ɛn] *adj* peruano, -na
▸ *nm,f* **Péruvien, -enne** peruano, -na

pervenche [pɛʀvɑ̃ʃ] *nf* **1** BOT vinca **2** *fam* guarda *mf* de trânsito

pervers [pɛʀvɛʀ] *adj* perverso, -sa

perversion [pɛʀvɛʀsjɔ̃] *nf* perversão

perversité [pɛʀvɛʀsite] *nf* perversidade

pervertir [20] [pɛʀvɛʀtiʀ] *vt* perverter

pesant, -e [pəzɑ̃, -ɑ̃t] *adj* pesado, -da
▸ *nm* **pesant** peso
• **valoir son pesant d'or** *fig* valer seu peso em ouro

pesanteur [pəzɑ̃tœʀ] *nf* **1** (*gén*) peso *m* **2** *fig* (*d'esprit*) lentidão **3** PHYS gravidade

pèse-personne [pɛzpɛʀsɔn] *nm* (*pl* **pèse-personnes**) balança *f*

peser [7] [pəze] *vt* **1** (*mesurer le poids*) pesar **2** (*considérer*) avaliar, ponderar
▸ *vi* **1** (*avoir un certain poids*) pesar: **son chat pèse cinq kilos** o gato dele (-la) pesa cinco quilos **2** (*appuyer*) fazer força (**sur**, sobre), pressionar
▸ *vpr* **se peser** pesar-se
• **peser le pour et le contre** pesar os prós e os contras
• **peser ses mots** medir as palavras

pessimisme [pesimism] *nm* pessimismo

pessimiste [pesimist] *adj-nmf* pessimista

peste [pɛst] *nf* peste

pesticide [pɛstisid] *nm* pesticida

pestiféré, -e [pɛstifeʀe] *adj-nm,f* empestado, -da, pestilento, -ta

pet [pɛ] *nm fam* peido

pétale [petal] *nm* BOT pétala *f*

pétanque [petɑ̃k] *nf* pelota, jogo *m* da pelota

pétard [petaʀ] *nm* 1 (*explosif*) petardo, bomba *f* 2 *fam* (*tapage*) barulheira *f*, estardalhaço 3 *fam* (*arme*) revólver

péter [10] [pete] *vt fam* (*casser*) rebentar
▶ *vi fam* peidar

pétillant, -e [petijɑ̃, -ɑ̃t] *adj* 1 (*boisson, eau*) gasoso, -sa 2 (*vin*) espumante, frisante 3 (*esprit*) vivo, -va

pétiller [1] [petije] *vi* 1 (*boisson*) espumar 2 (*crépiter*) crepitar, estalar 3 (*yeux*) brilhar, cintilar

petit, -e [pəti, -it] *adj* 1 (*gén*) pequeno, -na 2 (*de taille*) baixo, -xa 3 *fig* (*gens*) humilde, modesto, -ta
▶ *nm,f* criança *f*
▶ *nm* **petit** (*d'animal*) filhote
• **petit à petit** pouco a pouco
• **un petit peu** um pouquinho
• **un petit chat, un petit mur etc.** um gatinho, uma mureta etc.

petit-beurre [pətibœʀ] *nm* (*pl* **petits-beurre**) bolacha *f*

petit déjeuner [pətideʒœne] *nm* (*pl* **petits déjeuners**) café da manhã, café, desjejum

petite-fille [pətitfij] *nf* (*pl* **petites-filles**) neta

petit-fils [pətitfis] *nm* (*pl* **petits-fils**) neto

pétition [petisjɔ̃] *nf* 1 DR petição, requerimento *m* 2 (*écrit adressé aux pouvoirs publics*) abaixo-assinado *m*

petits-enfants [pətizɑ̃fɑ̃] *nm pl* netos

pétoche [petɔʃ] *nf fam* medo *m*, pavor *m*

pétrifier [12] [petʀifje] *vt* petrificar

pétrin [petʀɛ̃] *nm* 1 (*du pain*) amassadeira *f* de pão 2 *fam* (*problème*) apuro, aperto

pétrir [20] [petʀiʀ] *vt* 1 (*une pâte*) amassar 2 *fig* (*façonner*) modelar, plasmar

pétrole [petʀɔl] *nm* petróleo

pétrolier, -ère [petʀɔlje, -ɛʀ] *adj* petroleiro, -ra
▶ *nm* **pétrolier** (*bateau*) petroleiro

pétulant, -e [petylɑ̃, -ɑ̃t] *adj* impetuoso, -sa, exuberante, fogoso, -sa

peu [pø] *adv* pouco
▶ *loc* **peu de** poucos, -as: *j'ai peu d'amis* tenho poucos amigos
• **à peu près** mais ou menos, cerca de
• **avant peu** dentro em pouco
• **de peu** por pouco, de pouco, com pouco
• **depuis peu** há pouco (*tempo*)
• **le peu de** o pouco de
• **peu à peu** pouco a pouco, aos poucos
• **pour un peu** por pouco, por um pouco
• **sous peu** dentro em pouco
• **un peu de** um pouco de

peuple [pœpl] *nm* 1 (*gén*) povo 2 *fam* (*foule*) multidão *f*

peupler [1] [pœple] *vt* povoar

peuplier [pøplije] *nm* BOT álamo, choupo

peur [pœʀ] *nf* medo *m*
• **avoir peur de qqch/qqn** ter medo de algo/alguém
• **avoir plus de peur que de mal** ser maior o susto que outra coisa
• **de peur de** por medo de, para evitar
• **de peur que** para que não
• **faire peur** dar medo, amedrontar

peureux, -euse [pœʀø, -øz] *adj* medroso, -sa

peut-être [pøtɛtʀ] *adv* talvez: *il viendra peut-être* talvez ele venha

phalange [falɑ̃ʒ] *nf* falange

pharaon [faʀaɔ̃] *nm* faraó

phare [faʀ] *nm* farol

pharmaceutique [faʀmasøtik] *adj* farmacêutico, -ca

pharmacie [faʀmasi] *nf* 1 (*boutique*) farmácia 2 (*armoire*) armário *m* de medicamentos

pharmacien, -enne [faʀmasjɛ̃, -ɛn] *nm,f* farmacêutico, -ca

pharyngite [faʀɛ̃ʒit] *nf* MÉD faringite

pharynx [faʀɛ̃ks] *nm* ANAT faringe *f*

phase [faz] *nf* fase

phénomène [fenɔmɛn] *nm* fenômeno
philanthropie [filɑ̃tRɔpi] *nf* filantropia
philatélie [filateli] *nf* filatelia
philippin, -e [filipɛ̃, -in] *adj* filipino, -na
▸ *nm,f* **Philippin, -e** filipino, -na
Philippines [filipin] *nf pl* Filipinas
philosophe [filɔzɔf] *nmf* filósofo, -fa
philosophie [filɔzɔfi] *nf* filosofia
philosophique [filɔzɔfik] *adj* filosófico, -ca
philtre [filtR] *nm* filtro, poção *f* mágica
phlegmon [flɛgmɔ̃] *nm* MÉD flegmão, fleimão
phobie [fɔbi] *nf* fobia
phonétique [fɔnetik] *adj* fonético, -ca
▸ *nf* fonética
phoque [fɔk] *nm* ZOOL foca *f*
phosphate [fɔsfat] *nm* CHIM fosfato
phosphore [fɔsfɔR] *nm* CHIM fósforo
phosphorescent, -e [fɔsfɔResɑ̃, -ɑ̃t] *adj* fosforescente
photo [fɔto] *nf* foto, fotografia
photocopie [fɔtɔkɔpi] *nf* fotocópia, xerox® *m*
photocopier [12] [fɔtɔkɔpje] *vt* tirar xerox, xerocar
photocopieur [fɔtɔkɔpjœR] *nm* máquina *f* xerox
photocopieuse [fɔtɔkɔpjøz] *nf* máquina xerox
photographe [fɔtɔgRaf] *nmf* fotógrafo, -fa
photographie [fɔtɔgRafi] *nf* fotografia
photographier [12] [fɔtɔgRafje] *vt* fotografar
photomaton® [fɔtɔmatɔ̃] *nm* cabine *f* de fotografia
photoreportage [fɔtɔRəpɔRtaʒ] *nm* fotorreportagem *f*
phrase [fRaz] *nf* frase
physicien, -enne [fizisjɛ̃, -ɛn] *nm,f* físico, -ca
physiologie [fizjɔlɔʒi] *nf* fisiologia
physionomie [fizjɔnɔmi] *nf* fisionomia
physique [fizik] *adj* físico, -ca

▸ *nf* física
▸ *nm* físico

piaffer [1] [pjafe] *vi* (*cheval*) bater as patas no chão
piailler [1] [pjaje] *vi* **1** *fam* (*oiseaux*) chilrear **2** *fam* (*crier*) gritar
pianiste [pjanist] *nmf* pianista
piano [pjano] *nm* piano
pianoter [1] [pjanɔte] *vi* **1** (*piano*) martelar o piano **2** (*tapoter*) tamborilar **3** *fam* (*clavier d'ordinateur*) teclar
piaule [pjol] *nf fam* quarto *m*
PIB [peibe] *abr* (***produit intérieur brut***) PIB (Produto Interno Bruto)
pic [pik] *nm* pico, cume
• **à pic** a pique
• **couler à pic** ir a pique
• **tomber à pic** *fam fig* vir a calhar
pichet [piʃɛ] *nm* jarra *f*
pickpocket [pikpɔkɛt] *nm* batedor de carteiras, punguista
picorer [1] [pikɔRe] *vt-vi* **1** (*oiseau*) ciscar **2** (*personne*) beliscar
picoter [1] [pikɔte] *vt* **1** (*démanger*) picar **2** (*becqueter*) bicar
pie [pi] *nf* **1** ZOOL pega **2** *péj* (*personne bavarde*) matraca
pièce [pjɛs] *nf* **1** (*élément*) peça **2** (*unité*) unidade, peça: *c'est 2 euros la pièce* custa 2 euros a unidade **3** (*argent*) moeda: *une pièce de vingt centimes* uma moeda de vinte centavos **4** (*document*) documento *m* **5** (*d'une maison*) cômodo *m*, aposento *m*: *un appartement de cinq pièces* um apartamento de cinco cômodos **6** (*de théâtre*) peça **7** (*sur un vêtement*) remendo *m*
• **mettre en pièces** despedaçar
▪ **pièce à conviction** DR prova material
▪ **pièce de collection** peça de coleção
▪ **pièce d'identité** documento de identidade
▪ **pièce de rechange** peça sobressalente
pied [pje] *nm* **1** (*gén*) pé **2** (*d'animal*) pata **3** (*de table*) pé
• **à pied** a pé
• **à pieds joints** de pés juntos
• **attendre qqn de pied ferme** esperar alguém sem desanimar

- **au pied de la lettre** ao pé da letra, literalmente
- **avoir pied** dar pé
- **casser les pieds à qqn** *fam* importunar alguém
- **c'est le pied!** é bom!
- **de pied en cap** da cabeça aos pés, de cabo a rabo
- **en pied** de corpo inteiro
- **nu-pieds** descalço
- **pieds nus** descalço
- **se lever du pied gauche** levantar-se com o pé esquerdo
- **sur pied** em pé
- **pied de porc** CUIS pé de porco
- **pied de vigne** cepa, videira

pied-à-terre [pjetatɛʀ] *nm inv* lugar para ficar

piédestal [pjedestal] *nm* pedestal

piège [pjɛʒ] *nm* **1** armadilha **2** *fig* cilada *f*
- **tendre un piège** montar uma armadilha

piéger [11] [pjeʒe] *vt* **1** (*animal, personne*) pegar em armadilha **2** (*voiture, lettre*) munir de carga explosiva: *la voiture piégée n'a pas explosé* o carro-bomba não explodiu

piercing [piʀsiŋ] *nm* piercing

pierre [pjɛʀ] *nf* pedra
- **faire d'une pierre deux coups** matar dois coelhos com uma só cajadada
- **pierre précieuse** pedra preciosa

piété [pjete] *nf* devoção

piétiner [1] [pjetine] *vt* sapatear, bater os pés
▸ *vi fig* (*ne pas progresser*) estagnar, patinar, marcar passo

piéton, -onne [pjetɔ̃, -ɔn] *adj* de pedestre
▸ *nm,f* pedestre
- **rue piétonne** calçadão

piétonnier, -ère [pjetɔnje, -ɛʀ] *adj* reservado para pedestres

piètre [pjɛtʀ] *adj* mísero, -ra, medíocre

pieu [pjø] *nm* **1** (*poteau*) estaca *f* **2** *fam* (*lit*) cama *f*

pieuvre [pjœvʀ] *nf* ZOOL polvo *m*

pieux, -euse [pjø, -øz] *adj* **1** (*dévot*) devoto, -ta **2** (*charitable*) piedoso, -sa

pigeon [piʒɔ̃] *nm* ZOOL pombo
- **pigeon voyageur** [oiseau] pombo-correio [fig] pato, otário, -a

pigeonnier [piʒɔnje] *nm* pombal

piger [4] [piʒe] *vt fam* entender, sacar, pegar

pigment [pigmɑ̃] *nm* pigmento

pignon [piɲɔ̃] *nm* ARCHIT BOT pinhão

pile [pil] *nf* **1** (*gén*) pilha, monte *m* **2** (*électrique*) pilha **3** (*côté*) reverso *m*
▸ *adv* **1** *fam* (*heure*) em ponto: *il est midi pile* é meio-dia em ponto **2** (*exact*) exatamente
- **arriver pile** acontecer na hora certa/na hora H
- **pile ou face** cara ou coroa

piler [1] [pile] *vt* moer
▸ *vi fam* pisar no freio

pilier [pilje] *nm* **1** (*gén*) pilar, pilastra *f* **2** *fig* (*soutien*) pilar, arrimo

pillage [pijaʒ] *nm* saque, pilhagem *f*

pillard, -e [pijaʀ, -aʀd] *adj* saqueador, -ra

piller [1] [pije] *vt* **1** (*ville*) pilhar, saquear **2** (*œuvre*) plagiar

pilon [pilɔ̃] *nm* **1** (*de mortier*) pilão **2** (*de poulet*) coxa *f* e sobrecoxa *f*

pilonner [1] [pilone] *vt* pilar, moer, triturar

pilori [piloʀi] *nm* pelourinho
- **mettre qqn au pilori** pôr alguém no pelourinho, expor ao desprezo público

pilotage [pilotaʒ] *nm* **1** pilotagem *f* **2** *fig* direção *f*

pilote [pilot] *nm* piloto
▸ *adj inv* modelo, piloto: *usine pilote* fábrica piloto
- **pilote de ligne** piloto de linha

piloter [1] [pilote] *vt* **1** (*avion*) pilotar **2** (*véhicule*) dirigir **3** *fig* (*personne*) guiar

pilotis [piloti] *nm* piloti

pilule [pilyl] *nf* pílula, comprimido *m*

piment [pimɑ̃] *nm* **1** BOT pimenteira, pimenta **2** *fig* (*piquant*) encanto, sedução *f*, atrativo

pimenter [1] [pimɑ̃te] *vt* apimentar

pin [pɛ̃] *nm* BOT pinho, pinheiro

pince [pɛ̃s] *nf* **1** (*gén*) pinça **2** (*outil*) alicate *m* **3** (*couture*) pence

■ **pince à linge** prendedor de roupas

pincé, -e [pɛ̃se] *adj* 1 (*dédaigneux*) desdenhoso, -sa 2 (*serré*) apertado, -da

pinceau [pɛ̃so] *nm* pincel

pincée [pɛ̃se] *nf* pitada: *une pincée de sel* uma pitada de sal

pincer [3] [pɛ̃se] *vt* 1 (*entre les doigts*) beliscar 2 (*instrument*) dedilhar, pontear 3 (*les lèvres*) contrair 4 *fam* (*prendre, arrêter*) agarrar
▶ *vpr* **se pincer** prender-se, apertar-se
• **en pincer pour qqn** estar gamado por alguém

pincettes [pɛ̃sɛt] *nf pl* pinça *sing*

pinçon [pɛ̃sɔ̃] *nm* marca *f* de beliscão

pingouin [pɛ̃gwɛ̃] *nm* ZOOL pinguim

ping-pong [piŋpɔ̃g] *nm* pingue-pongue

pingre [pɛ̃gʀ] *adj-nmf fam* avarento, -ta, sovina

pinson [pɛ̃sɔ̃] *nm* ZOOL tentilhão

pintade [pɛ̃tad] *nf* ZOOL galinha-d'angola

pioche [pjɔʃ] *nf* picareta

piocher [1] [pjɔʃe] *vt* 1 (*creuser*) cavar, cavoucar 2 (*aux cartes*) roubar

piolet [pjɔlɛ] *nm* picareta *f* de alpinista

pion [pjɔ̃] *nm* (*aux échecs; au jeu de dames*) peão

pionnier, -ère [pjɔnje, -ɛʀ] *nm,f* pioneiro, -ra

pipe [pip] *nf* cachimbo *m*
• **casser sa pipe** *fam* morrer, esticar as canelas

pipette [pipɛt] *nf* pipeta

pipi [pipi] *nm fam* pipi, xixi
• **faire pipi** fazer pipi/xixi

piquant, -e [pikɑ̃, -ɑ̃t] *adj* 1 (*qui pique*) espinhoso, -sa, pungente 2 (*sauce*) picante, apimentado, -da 3 *fig* (*caustique*) mordaz
▶ *nm* **piquant** 1 (*d'animal, de plante*) espinho *m* 2 *fig* (*d'une histoire*) sal, graça *f*

pique [pik] *nf* 1 (*arme*) lança 2 (*mot blessant*) alfinetada
▶ *nm* (*cartes*) espadas *f pl*
• **lancer des piques à qqn** dar alfinetadas em alguém

piqué, -e [pike] *adj* (*vin*) ácido, -da

pique-nique [piknik] *nm* (*pl* **pique-niques**) piquenique

pique-niquer [2] [piknike] *vi* fazer piquenique

piquer [2] [pike] *vt* 1 (*animal*) picar 2 (*froid*) pungir 3 (*fumée*) irritar 4 (*barbe, tissu*) pinicar 5 (*aiguille, épine*) espetar 6 MÉD (*faire une piqûre*) aplicar injeção 7 *fig* (*attraper*) pegar, pilhar 8 *fam* (*voler*) afanar
▶ *vi* 1 (*plante*) espinhar, espetar 2 (*animal, aliment*) picar 3 (*avion*) picar, descer em picada
▶ *vpr* **se piquer** 1 (*par accident*) picar-se 2 *fam* (*se droguer*) picar-se 3 *fig* (*se vexer*) ofender-se
• **piquer l'amour propre de qqn** ferir o amor próprio de alguém
• **piquer une crise** ter um chilique

piquet [pikɛ] *nm* (*petit pieu; de grève*) piquete
• **mettre un élève au piquet** mandar um aluno para o canto

piqûre [pikyʀ] *nf* 1 (*d'insecte*) picada 2 MÉD injeção 3 (*couture*) ponto *m*

piratage [piʀataʒ] *nm* pirataria *f*
■ **piratage informatique** pirataria *f* informática

pirate [piʀat] *adj-nm* pirata

pirater [1] [piʀate] *vt* piratear

pire [piʀ] *adj* pior: *rien de pire que ce silence* nada pior do que este silêncio
▶ *nm* **le pire** o pior: *le pire est à craindre* é de se temer o pior

pirogue [piʀɔg] *nf* piroga

pirouette [piʀwɛt] *nf* pirueta

pis¹ [pi] *nm* (*de vache*) úbere, teta *f*

pis² [pi] *adv* pior
• **de mal en pis** de mal a pior
• **tant pis** azar, pior

pisciculture [pisikyltyʀ] *nf* piscicultura

piscine [pisin] *nf* piscina

pissenlit [pisɑ̃li] *nm* BOT dente-de-leão

pisser [1] [pise] *vi fam* mijar, fazer xixi
▶ *vt fam* 1 mijar, urinar 2 (*laisser s'écouler*) pingar, verter, vazar
• **pisser le sang** *fam* sangrar

pistache [pistaʃ] *nf* BOT pistache *m*

piste [pist] *nf* pista

- **piste cyclable** ciclovia
- **piste d'atterrissage** pista de aterrissagem

pistil [pistil] *nm* BOT pistilo

pistolet [pistɔlɛ] *nm* pistola *f*, revólver

piston [pistɔ̃] *nm* 1 *(de moteur, d'instrument)* êmbolo, pistão 2 *fam (appui)* pistolão

pistonner [1] [pistɔne] *vt fam* apadrinhar
- **se faire pistonner** ter um pistolão

pitié [pitje] *nf* piedade, dó *m*
- **faire pitié** dar dó
- **sans pitié** sem piedade

pitoyable [pitwajabl] *adj* 1 *(digne de pitié)* lastimável 2 *(mauvais)* abominável, deplorável

pitre [pitʀ] *nm* palhaço

pittoresque [pitɔʀɛsk] *adj* pitoresco, -ca

pivert [pivɛʀ] *nm* ZOOL pica-pau-verde

pivoine [pivwan] *nf* BOT peônia

pivot [pivo] *nm* 1 *(pièce)* eixo 2 SPORT pivô 3 *fig (élément principal)* pivô, eixo

pivoter [1] [pivɔte] *vi* girar em torno de

pizza [pidza] *nf* pizza

pizzeria [pidzeʀja] *nf* pizzaria

placard [plakaʀ] *nm* 1 *(pour ranger)* armário embutido 2 *(affiche)* cartaz 3 *(publicitaire)* anúncio

place [plas] *nf* 1 *(de ville, village)* praça: *la place Vendôme* a praça Vendôme 2 *(au lieu de)* lugar *m*: *à ta place, je n'irais pas* em seu lugar, eu não iria 3 *(siège)* assento *m*, lugar *m*: *voiture à deux places* carro de dois lugares 4 *(au théâtre, cinéma)* lugar *m*, poltrona 5 *(emploi)* emprego *m* 6 *(espace)* espaço *m*: *la valise prend beaucoup de place* a mala ocupa muito espaço
- **à la place de** em lugar de
- **prendre place** tomar assento
- **sur place** no local

placement [plasmɑ̃] *nm* 1 *(d'argent)* investimento, aplicação *f* 2 *(d'employé)* colocação *f*

placenta [plasɛ̃ta] *nm* ANAT placenta *f*

placer [3] [plase] *vt* 1 *(installer)* colocar, instalar, situar 2 *(au théâtre)* acomodar 3 *(mettre)* pôr 4 *(argent)* investir, aplicar
▸ *vpr* **se placer** *(s'installer)* instalar-se, colocar-se

placidité [plasidite] *nf* placidez

plafond [plafɔ̃] *nm* teto
- **faux plafond** forro

plage [plaʒ] *nf* praia
- **plage arrière** *(de voiture)* prateleira *f* traseira

plagiat [plaʒja] *nm* plágio

plagier [12] [plaʒje] *vt* plagiar

plaid [plɛd] *nm* coberta *f* de viagem

plaider [1] [plede] *vt* pleitear, demandar
▸ *vi* defender, advogar
- **plaider en faveur de** defender

plaideur, -euse [plɛdœʀ, -øz] *nm,f* litigante, pleiteante, parte em ação

plaidoirie [plɛdwaʀi] *nf* DR defesa, arrazoado *m*

plaie [plɛ] *nf* 1 *(blessure)* ferida 2 *fig (fléau)* chaga, flagelo *m* 3 *fam (personne, travail pénible)* praga: *quelle plaie!* que praga!

plaignant, -e [plɛɲɑ̃, -ɑ̃t] *nm,f* queixoso, -sa, demandante, autor, -ra

plaindre [75] [plɛ̃dʀ] *vt* lastimar, sentir pena de
▸ *vpr* **se plaindre** queixar-se, reclamar

plaine [plɛn] *nf* planície

plainte [plɛ̃t] *nf* 1 *(mécontentement)* queixa 2 *(gémissement)* lamento *m*, gemido *m* 3 DR queixa
- **porter plainte (contre qqn)** mover ação (contra alguém)

plaintif, -ive [plɛ̃tif, -iv] *adj* queixoso, -sa, lamurioso, -sa

plaire [78] [plɛʀ] *vi* gostar, agradar: *il ne lui plaît pas du tout* ele não gosta nem um pouco dele; *cela me plaît* gosto disso/isso me agrada
▸ *v impers* querer, preferir: *comme il vous plaira* como preferir
▸ *vpr* **se plaire** gostar, sentir-se bem: *tu t'es plu en Bretagne?* gostou da Bretanha?
- **s'il vous/te plaît** por favor

plaisance [plɛzɑ̃s] *loc* **de plaisance** *(port, navigation)* de recreio, de lazer

plaisant, -e [plɛzɑ̃, -ɑ̃t] *adj* 1 *(agréable)* agradável 2 *(drôle)* esquisito, -ta, gozado, -da

plaisanter [1] [plɛzɑ̃te] vi brincar, gracejar
▶ vt brincar com, gozar de
• **je ne plaisante pas** não estou brincando

plaisanterie [plɛzɑ̃tʀi] nf 1 (*raillerie*) piada 2 (*acte amusant*) brincadeira
• **mauvaise plaisanterie** brincadeira de mau gosto

plaisir [pleziʀ] nm prazer
• **avec plaisir** com prazer
• **faire le plaisir de** fazer o favor de, ter a bondade de
• **faire plaisir à qqn** agradar alguém

plan, -e [plɑ̃, -an] adj plano, -na
▶ nm **plan** 1 (*surface plane, photographie*) plano 2 (*d'une ville*) mapa, planta f 3 fig (*projet*) plano
• **au premier plan** em primeiro plano
• **sur le plan de** no plano de
■ **gros plan** close
■ **plan d'eau** lago, tanque, reservatório

planche [plɑ̃ʃ] nf 1 (*de bois*) tábua, prancha 2 (*gravure*) gravura, prancha
▶ nf pl **planches** (*théâtre*) palco m sing, cena sing
• **faire la planche** boiar de costas
■ **planche à dessin** prancheta
■ **planche à repasser** tábua de passar roupa
■ **planche à voile** (*le sport*) windsurfe (*flotteur*) prancha de windsurfe
■ **planche de salut** tábua de salvação

plancher [plɑ̃ʃe] nm assoalho

plancton [plɑ̃ktɔ̃] nm plâncton, plancto

planer [1] [plane] vi 1 (*oiseau, avion*) planar, pairar 2 fig (*par la pensée*) sonhar, estar nas nuvens 3 fig (*danger, mystère*) rondar, pairar sobre

planétaire [planetɛʀ] adj planetário, -a

planète [planɛt] nf planeta m

planeur [planœʀ] nm planador

planifier [12] [planifje] vt planejar

planning [planiŋ] nm programa, planejamento
■ **planning familial** planejamento familiar

planque [plɑ̃k] nf fam esconderijo m

planquer [2] [plɑ̃ke] vt fam esconder
▶ vpr **se planquer** fam esconder-se

plantation [plɑ̃tasjɔ̃] nf plantação

plante [plɑ̃t] nf planta
■ **plante d'intérieur** planta de interior
■ **plante du pied** planta/sola do pé
■ **plante verte** planta verde

planter [1] [plɑ̃te] vt 1 (*une plante*) plantar 2 (*une borne, un pieux etc.*) cravar, fincar 3 (*une tente*) montar, armar
▶ vpr **se planter** 1 (*se poster*) postar-se 2 fam (*se tromper*) enganar-se
• **planter là qqn** deixar alguém plantado

plantureux, -euse [plɑ̃tyʀø, -øz] adj 1 (*repas*) abundante, lauto, -ta 2 (*sol*) fértil 3 (*personne*) corpulento, -ta, roliço, -ça

plaque [plak] nf 1 (*gén*) placa, chapa 2 (*lame*) lâmina: **plaque de blindage** lâmina de blindagem 3 (*insigne*) condecoração 4 (*photographie*) chapa
■ **plaque dentaire** placa dentária
■ **plaque minéralogique/d'immatriculation** placa (*de veículo*)
■ **plaque tournante** plataforma giratória

plaqué, -e [plake] adj folheado, -da

plaquer [2] [plake] vt 1 (*coller*) aplicar, colar 2 (*rugby*) derrubar o jogador que está segurando a bola 3 (*métal, bois*) folhear 4 fam (*abandonner*) largar, abandonar

plaquette [plakɛt] nf 1 (*petite plaque*) plaquinha 2 (*sanguine*) plaqueta 3 (*petit livre*) livrinho m

plasma [plasma] nm plasma

plastic [plastik] nm plástico

plastique [plastik] adj (*gén*) plástico, -ca
▶ nf (*art*) artes plásticas pl
▶ nm (*matière*) plástico: **sac en plastique** saco de plástico

plat, -e [pla, -at] adj 1 (*gén*) plano, -na: *un pays plat* uma região plana 2 (*aplati*) chato, -ta, achatado, -da: *nez plat* nariz achatado 3 (*calme*) calmo, -ma: *mer plate* mar calmo 4 fig (*sans attrait*) insosso, -sa, insípido, -da: *plat style* estilo insípido 5 (*cheveux*) liso, -sa
▶ nm **plat** 1 (*partie plate*) plano 2 (*vaisselle*) prato 3 (*repas*) prato
• **à plat** horizontalmente
• **à plat ventre** de bruços

• **faire du plat à qqn** bajular alguém
• **être à plat** [personne] estar deprimido, -da [pneu] estar vazio/murcho
• **mettre les petits plats dans les grands** oferecer uma refeição de arromba
▪ **plat cuisiné** pré-cozido
▪ **plat de résistance** prato principal
▪ **plat du jour** prato do dia
▪ **plat garni** prato principal com guarnição

platane [platan] *nm* BOT plátano

plateau [plato] *nm* **1** (*pour le service*) bandeja *f* **2** (*d'une balance*) prato **3** (*d'un tourne-disque*) prato **4** GÉOG planalto **5** (*au théâtre*) palco **6** (*au cinéma*) set

plateau-repas [platoʀəpas] *nm* (*pl* **plateaux-repas**) bandeja *f* com divisões, bandejão

plate-bande [platbãd] *nf* (*pl* **plates-bandes**) **1** (*de jardin*) canteiro *m* **2** (*moulure*) platibanda

plate-forme [platfɔʀm] *nf* (*pl* **plates-formes**) **1** (*gén*) plataforma **2** (*toit*) terraço *m*, mirante *m*
▪ **plate-forme pétrolière** plataforma petrolífera

platine [platin] *nm* (*métal*) platina *f*
▸ *nf* **1** (*pièce métallique*) placa, platina **2** (*haute fidélité*) aparelho *m*: *platine laser* aparelho de CD; *platine disque* (aparelho) toca-discos

platitude [platityd] *nf* **1** (*banalité*) banalidade **2** (*bassesse*) subserviência

platonique [platɔnik] *adj* (*idéal*) platônico, -ca

plâtre [platʀ] *nm* gesso

plâtrer [1] [platʀe] *vt* **1** (*un mur*) estucar, gessar **2** (*une fracture*) engessar

plausible [plozibl] *adj* plausível

play-back [plɛbak] *nm inv* playback

plein, -e [plɛ̃, -ɛn] *adj* **1** (*gén*) cheio, -a: *le sac est plein* a bolsa está cheia; *un chemisier plein de taches* uma blusa cheia de manchas; *elle est pleine d'amertume* está cheia de amargura **2** (*entier*) inteiro, -ra, integral: *un mois/un jour plein* um mês/um dia inteiro; *temps plein* tempo integral **3** (*chargé*) cheio, -a, ocupado, -da: *une journée pleine* um dia cheio **4** (*massif*) maciço, -ça **5** (*dodu*) rechonchudo, -da, cheio, -a: *des joues pleines* rosto cheio **6** (*absolu, total*) pleno, -na: *pleine conscience* plena consciência
▸ *nm* **plein 1** (*espace*) espaço ocupado, pleno **2** (*d'essence*) tanque cheio
• **à pleines mains** a mancheias
• **avoir de l'argent plein les poches** ter muito dinheiro
• **battre son plein** estar no auge
• **en avoir plein le dos** *fam* estar cheio, -a de
• **en avoir plein les bottes** *fam* estar saturado, -da
• **en plein** plenamente, totalmente, em cheio
• **en plein de** em pleno, -na
• **être plein aux as** estar nadando em dinheiro
• **être plein de soi** ser/estar cheio de si
• **y avoir plein de monde** haver muita gente
▪ **pleins pouvoirs** plenos poderes

plein-temps [plɛ̃tã] *nm inv* tempo integral

plénitude [plenityd] *nf* plenitude

pleur [plœʀ] *nm fml* pranto, choro

pleurer [1] [plœʀe] *vi-vt* chorar
• **pleurer à chaudes larmes** debulhar-se em lágrimas

pleurésie [plœʀezi] *nf* MÉD pleurisia

pleureur, -euse [plœʀœʀ, -øz] *adj* **1** (*personne*) chorão, -ona **2** BOT chorão, salgueiro-chorão

pleurnicher [1] [plœʀniʃe] *vi fam* choramingar

pleuvoir [37] [pløvwaʀ] *v impers* chover

plexus [plɛksys] *nm* ANAT plexo

pli [pli] *nm* **1** (*gén*) dobra *f*, prega *f* **2** (*du pantalon*) vinco **3** (*d'un vêtement*) prega *f*: *jupe à plis* saia de pregas **4** (*du visage*) ruga *f* **5** *fig* (*habitude*) hábito, costume: *il a pris un mauvais pli* pegou um mau costume **6** (*papier*) dobra *f*, dobradura *f* **7** (*du terrain*) dobra *f*
▪ **faux pli** ruga *f*

pliant, -e [plijã, -ãt] *adj* dobrável
▸ *nm* **pliant** cadeira dobrável

plie [pli] *nf* ZOOL solha

plier [13] [plije] *vt* **1** (*gén*) dobrar: *plier un drap* dobrar um lençol **2** (*courber*)

dobrar, curvar: **plier les genoux** dobrar os joelhos **3** *fig (soumettre)* dobrar, submeter: *elle le plia à sa volonté* ela o submeteu à sua vontade
▸ vi **1** *(fléchir, s'affaisser)* dobrar-se, curvar-se **2** *fig (céder)* ceder, sujeitar-se **3** *fig (se soumettre)* submeter-se, dobrar-se

plinthe [plɛ̃t] *nf* ARCHIT rodapé *m*

plissement [plismɑ̃] *nm* **1** *(gén)* enrugamento **2** *(géologique)* dobra *f*

plisser [1] [plise] *vt* preguear, franzir
▸ vi enrugar(-se)

plomb [plɔ̃] *nm* **1** *(métal)* chumbo **2** *(balle)* bala *f*, chumbo **3** *(électricité)* fusível

• **à plomb** a prumo, verticalmente

plombage [plɔ̃baʒ] *nm* **1** *(d'une dent)* obturação *f*, restauração *f* **2** *(avec sceau de plomb)* lacre

plomberie [plɔ̃bʀi] *nf* encanamento *m*

plombier [plɔ̃bje] *nm* encanador

plonge [plɔ̃ʒ] *nf* lavagem de louça, de pratos: *faire la plonge* lavar a louça

plongée [plɔ̃ʒe] *nf* **1** *(dans l'eau)* mergulho *m* **2** *(au cinéma)* plongée, câmera alta

plongeoir [plɔ̃ʒwaʀ] *nm* trampolim

plongeon [plɔ̃ʒɔ̃] *nm* **1** *(dans l'eau; de gardien de but)* mergulho **2** ZOOL mergulhão

plonger [4] [plɔ̃ʒe] *vt* **1** *(dans l'eau)* mergulhar **2** *(enfoncer)* enfiar: *plonger la main dans le panier* enfiar a mão no cesto **3** *fig (dans la tristesse, mélancolie etc.)* mergulhar, afundar, imergir: *il est complètement plongé dans sa tristesse* está completamente imerso na tristeza
▸ vi *(dans l'eau; de haut en bas)* mergulhar
▸ *vpr* **se plonger** *(se livrer)* cair, mergulhar: *se plonger dans un sommeil profond* cair em sono profundo

plongeur, -euse [plɔ̃ʒœʀ, -øz] *nm,f* **1** *(dans la mer)* mergulhador, -ra **2** SPORT praticante de saltos ornamentais **3** *(dans un restaurant)* lavador, -ra de pratos

ployer [16] [plwaje] *vt* **1** *(courber)* dobrar, curvar **2** *fig (faire céder)* dobrar, subjugar
▸ vi *(fléchir)* ceder, dobrar-se

pluie [plɥi] *nf* chuva

• **parler de la pluie et du beau temps** falar de banalidades

plumage [plymaʒ] *nm* plumagem *f*

plume [plym] *nf* pluma, pena

plumeau [plymo] *nm* espanador

plumer [1] [plyme] *vt* depenar

plumier [plymje] *nm* estojo (de lápis, canetas)

plupart [laplypaʀ] *nf* **la plupart** *(gén)* maior parte, maioria

• **la plupart du temps** na maioria das vezes

• **pour la plupart** na maioria

pluriel, -elle [plyʀjɛl] *adj-nm* plural *m*: *mettre au pluriel* pôr no plural

plus [ply, plys] (o *s* final não é pronunciado diante de consoante, nas comparações ou quando reforça uma negação; nos demais casos, é pronunciado) *adv* **1** *(gén)* mais: *il est plus jeune que moi* ele é mais jovem que eu; *une plaisanterie des plus drôles* uma brincadeira das mais engraçadas **2** **ne plus** *(négation)* não... mais, já não: *il n'existe plus* já não existe; *je n'ai plus soif* já não estou com sede
▸ *nm* **1** *(le maximum)* o mais: *qui peut le plus peut le moins* quem pode o mais pode o menos **2** *(signe)* mais, sinal de mais

• **au plus** no máximo

• **de plus en plus** cada vez mais

• **encore plus** mais ainda

• **ni plus ni moins** nem mais nem menos

• **non plus** também não, tampouco, nem

• **on ne peut plus** a mais não poder, extremamente

• **plus ou moins** em maior ou menor grau

• **tout au plus** no máximo

plusieurs [plyzjœʀ] *adj-pron* vários, -as, diversos, -sas

plus-que-parfait [plyskəpaʀfɛ] *nm* mais-que-perfeito

plus-value [plyvaly] *nf* (*pl* **plus-values**) ÉCON mais-valia

plutonium [plytɔnjɔm] *nm* CHIM plutônio

plutôt [plyto] *adv* **1** *(de préférence)* antes, melhor: *plutôt mourir que de se soumettre* antes morrer que submeter-se

2 (*assez bien*) razoavelmente, mais para, até que: **plutôt jolie** até que bonita
- **mais plutôt** mas sim
- **ou plutôt** ou melhor

pluvieux, -euse [plyvjø, -øz] *adj* chuvoso, -sa

pneu [pnø] *nm* pneu

pneumatique [pnømatik] *adj* pneumático, -ca

pneumonie [pnømɔni] *nf* MÉD pneumonia

poche [pɔʃ] *nf* **1** (*d'un vêtement*) bolso *m* **2** (*faux pli*) ruga **3** (*en papier, en plastique*) saco *m* **4** (*des yeux*) bolsa **5** (*des oiseaux*) papo *m* **6** (*pour les céréales*) saca
- **c'est dans la poche!** está no papo!, é canja!
- **connaître comme sa poche** conhecer como a palma da mão
- **de poche** de bolso
- **faire les poches de qqn** esvaziar os bolsos de alguém

pocher [1] [pɔʃe] *vt* escalfar, escaldar
- **pocher un œil à qqn** deixar alguém de olho roxo

pochette [pɔʃet] *nf* **1** (*de disque*) capa, envelope *m* **2** (*mouchoir*) lencinho (decorativo, de bolso) **3** (*en cuir*) bolsinha

podium [pɔdjɔm] *nm* pódio

poêle¹ [pwal] *nm* (*de chauffage*) aquecedor

poêle² [pwal] *nf* (*ustensile*) frigideira
- **tenir la queue de la poêle** *fig* ter as rédeas

poème [pɔem] *nm* poema

poésie [pɔezi] *nf* poesia

poète [pɔet] *adj-nm* poeta

poétesse [pɔetes] *nf* poetisa

poétique [pɔetik] *adj* poético, -ca

pognon [pɔɲɔ̃] *nm fam* grana *f*, dinheiro

poids [pwa] *nm* peso
- **faire le poids** estar no peso [commerce] acrescentar um contrapeso
- **perdre du poids** perder peso
- **prendre du poids** ganhar peso
- **poids lourd** (*véhicule*) veículo de carga pesada (*boxeur*) peso pesado

poignant, -e [pwaɲɑ̃, -ɑ̃t] *adj* pungente

poignard [pwaɲaʀ] *nm* punhal
- **coup de poignard** punhalada

poignarder [1] [pwaɲaʀde] *vt* apunhalar

poigne [pwaɲ] *nf* **1** (*gén*) punho *m*, força do punho **2** *fig* (*énergie*) pulso *m*

poignée [pwaɲe] *nf* **1** (*quantité*) punhado *m* **2** (*d'une épée*) punho *m*, empunhadura **3** (*de canne*) castão *m* **4** (*d'un couvercle*) cabo *m* **5** (*d'un pistolet*) coronha **6** (*d'une porte*) puxador *m*, maçaneta
- **poignée de main** aperto *m* de mão

poignet [pwaɲe] *nm* **1** (*articulation*) punho, munheca *f* **2** (*d'une chemise*) punho

poil [pwal] *nm* pelo
- **à poil** *fam* em pelo
- **avoir un poil dans la main** *fam fig* gostar de sombra e água fresca, ser preguiçoso, -sa
- **être de mauvais poil** *fam fig* estar de mau humor
- **reprendre du poil de la bête** *fam* recuperar-se

poiler (se) [1] [pwale] *vpr* rachar de rir

poilu, -e [pwaly] *adj* peludo, -da

poinçon [pwɛ̃sɔ̃] *nm* **1** punção *f*, ponteiro **2** (*d'une monnaie*) cunho

poinçonner [1] [pwɛ̃sɔne] *vt* **1** (*l'or, l'argent*) contrastar, aquilatar **2** (*billet de métro*) picotar, perfurar

poing [pwɛ̃] *nm* punho
- **coup de poing** soco
- **dormir à poings fermés** dormir como uma pedra

point¹ [pwɛ̃] *nm* ponto
- **à point** no ponto
- **être sur le point de** estar a ponto de, estar para
- **faire le point** determinar as coordenadas (*fig*) fazer um balanço da situação
- **mettre au point** (*texte à imprimer*) preparar (*discours, projet, rapport*) finalizar, dar os últimos retoques (*moteur*) regular, ajustar (*appareil photo*) focalizar (*affaire*) acertar
- **mettre les points sur les i** pôr os pingos nos ii
- **bon point** nota boa (*de aluno*)
- **point d'appui** ponto de apoio
- **point d'arrivée** ponto de chegada
- **point d'eau** fonte

- **point de côté** pontada f nas costas
- **point de mire** ponto de mira
- **point de vente** ponto de venda
- **point de vue** ponto de vista
- **point d'honneur** ponto de honra
- **point d'orgue** MUS fermata f (fig) pausa f prolongada, fermata
- **point du jour** amanhecer
- **point final** ponto final
- **point mort** ponto morto
- **point noir** cravo (na pele)
- **points de suspension** reticências

point² [pwɛ̃] *adv* **ne point** (*négation*) não: *je ne sais point* não sei
• **point du tout** em absoluto, de jeito nenhum

pointe [pwɛ̃t] *nf* **1** (*gén*) ponta **2** (*clou*) prego *m*
• **à la pointe de l'épée** de arma em punho
• **en pointe** em ponta
• **être à la pointe de** estar na vanguarda, na dianteira
• **sur la pointe des pieds** na ponta dos pés
• **une pointe de** uma pitada de

pointer [1] [pwɛ̃te] *vt* **1** (*sur une liste*) marcar, ticar **2** (*avec une arme*) apontar **3** (*oreilles*) empinar, aguçar **4** (*poils*) eriçar **5** (*employés*) bater ponto
▶ *vi* **1** (*le jour*) despontar, raiar **2** (*commencer à pousser*) brotar, surgir **3** (*s'élever*) erguer-se, elevar-se
▶ *vpr* **se pointer** *fam* (*quelque part*) aparecer, pintar

pointillé [pwɛ̃tije] *nm* pontilhado
• **en pointillé** subentendido, em segundo plano

pointilleux, -euse [pwɛ̃tijø, -øz] *adj* minucioso, -sa

pointu, -e [pwɛ̃ty] *adj* **1** (*objet*) pontiagudo, -da, pontudo, -da **2** (*évolué, avancé*) de ponta, especializado, -da **3** *fig* (*voix*) agudo, -da **4** (*perspicace*) perspicaz

pointure [pwɛ̃tyʀ] *nf* número *m* (de calçados etc.)

point-virgule [pwɛ̃viʀgyl] *nm* (*pl* **points-virgules**) ponto e vírgula

poire [pwaʀ] *nf* **1** BOT pera f **2** (*forme*) pera **3** *fam* (*figure*) cara **4** *fam* (*naïf*) bobo, -ba, otário, -a

• **garder une poire pour la soif** ser previdente, economizar
• **couper la poire en deux** fazer concessões, transigir

poireau [pwaʀo] *nm* BOT alho-porro
• **faire le poireau** *fam* ficar esperando, esperar em pé

poirier [pwaʀje] *nm* BOT pereira f

pois [pwa] *nm* **1** BOT ervilha f **2** (*imprimé*) bolinha f, poá
- **petit pois** ervilha f fresca
- **pois chiche** grão-de-bico
- **pois de senteur** ervilha-de-cheiro f

poison [pwazɔ̃] *nm* veneno

poisse [pwas] *nf fam* má sorte, azar
• **porter la poisse** dar azar

poisseux, -euse [pwasø, -øz] *adj* pegajoso, -sa

poisson [pwasɔ̃] *nm* peixe
• **comme un poisson dans l'eau** como um peixe na água, em seu elemento
• **engueuler qqn comme du poisson pourri** xingar muito alguém
- **poisson d'avril** primeiro de abril
- **poissons rouges** peixes-dourados

poissonnerie [pwasɔnʀi] *nf* peixaria

poissonnier, -ère [pwasɔnje, -ɛʀ] *nm,f* peixeiro, -ra

poitrine [pwatʀin] *nf* peito *m*

poivre [pwavʀ] *nm* BOT CUIS pimenta-do-reino f
- **poivre blanc** pimenta-branca
- **poivre noir** pimenta-preta

poivrer [1] [pwavʀe] *vt* temperar com pimenta-do-reino

poivrier [pwavʀije] *nm* BOT pimenteira f

poivrière [pwavʀijɛʀ] *nf* **1** BOT pimental *m* **2** (*récipient*) pimenteiro *m*

poivron [pwavʀɔ̃] *nm* BOT CUIS pimentão

poker [pɔkɛʀ] *nm* pôquer

polaire [pɔlɛʀ] *adj* polar

polar [pɔlaʀ] *nm fam* (*roman*) livro/filme de suspense

polariser [1] [pɔlaʀize] *vt* polarizar
▶ *vpr* **se polariser** polarizar-se

pôle [pol] *nm* polo
- **pôle Nord** polo Norte

- **pôle Sud** polo Sul

polémique [pɔlemik] *adj* polêmico, -ca
▸ *sf* polêmica

poli, -e [pɔli] *adj (surface; personne)* polido, -da

police¹ [pɔlis] *nf* polícia

police² [pɔlis] *nf* apólice: **police d'assurance** apólice de seguro

policier, -ère [pɔlisje, -ɛʀ] *adj* policial
▸ *nm* **policier** policial *mf*

polio [pɔljo] *nf* MÉD *fam* pólio

poliomyélite [pɔljɔmjelit] *nf* MÉD poliomielite

polir [20] [pɔliʀ] *vt* polir

polisson, -onne [pɔlisɔ̃, -ɔn] *nm,f* **1** *(enfant de la rue)* pivete *m* **2** *(enfant espiègle)* peralta, traquinas

politesse [pɔlitɛs] *nf* polidez

politicien, -enne [pɔlitisjɛ̃, -ɛn] *nm,f* político, -ca

politique [pɔlitik] *adj* político, -ca
▸ *nf* política

pollen [pɔlɛn] *nm* BOT pólen

polluer [1] [pɔlɥe] *vt* poluir

pollution [pɔlysjɔ̃] *nf* poluição

polo [pɔlo] *nm* SPORT polo

Pologne [pɔlɔɲ] *nf* Polônia

polonais, -e [pɔlɔnɛ, -ɛz] *adj* polonês, -esa
▸ *nm,f* **Polonais, -e** polonês, -esa
▸ *nm* **polonais** *(langue)* polonês

poltronnerie [pɔltʀɔnʀi] *nf* covardia

polychrome [pɔlikʀom] *adj* policromático, -ca, multicolorido, -da

polyester [pɔliɛstɛʀ] *nm* poliéster

polygamie [pɔligami] *nf* poligamia

polyglotte [pɔliglɔt] *adj-nmf* poliglota

polygone [pɔligɔn] *nm* polígono

polyphonie [pɔlifɔni] *nf* MUS polifonia

polystyrène [pɔlistiʀɛn] *nm* poliestireno

polytechnique [pɔlitɛknik] *adj* politécnico, -ca

polyvalent, -e [pɔlivalɑ̃, -ɑ̃t] *adj* polivalente

pommade [pɔmad] *nf* pomada

• **passer de la pommade à qqn** *fig* lamber as botas de alguém

pomme [pɔm] *nf* **1** *(fruit)* maçã **2** *(ornement)* pera, castão *m*, maçaneta **3** *(du chou, de la salade)* miolo *m* **4** *fam* cara, rosto *m*

• **tomber dans les pommes** *fam* desmaiar

- **pomme d'Adam** pomo de adão *m*
- **pomme d'arrosoir** ralo *m* de regador
- **pomme de discorde** pomo *m* da discórdia
- **pomme de pin** pinha
- **pomme de terre** batata

pommette [pɔmɛt] *nf* ANAT maçã do rosto

pommier [pɔmje] *nm* BOT macieira *f*

pompe [pɔ̃p] *nf* **1** *(cérémonial)* pompa **2** *(appareil)* bomba

- **pompe à essence** bomba de gasolina
- **pompes funèbres** funerária *sing*

pomper [1] [pɔ̃pe] *vt* **1** *(liquide, air)* bombear **2** *fam (fatiguer)* esfalfar, moer: **être pompé** estar moído **3** *fam (boire)* beber, emborcar **4** *(copier)* copiar, colar

pompeux, -euse [pɔ̃pø, -øz] *adj* pomposo, -sa

pompier [pɔ̃pje] *nm* bombeiro

pompiste [pɔ̃pist] *nmf* frentista

pompon [pɔ̃pɔ̃] *nm* pompom, borla *f*

ponce [pɔ̃s] *loc* **pierre ponce** pedra-pomes

poncer [3] [pɔ̃se] *vt* lixar, polir

ponceuse [pɔ̃søz] *nf* lixadeira

ponction [pɔ̃ksjɔ̃] *nf* MÉD punção

ponctualité [pɔ̃ktɥalite] *nf* pontualidade

ponctuation [pɔ̃ktɥasjɔ̃] *nf* pontuação

ponctuel, -elle [pɔ̃ktɥɛl] *adj* pontual

ponctuer [1] [pɔ̃ktɥe] *vt* pontuar

pondre [62] [pɔ̃dʀ] *vt* **1** *(ovipares)* pôr ovos **2** *fam fig (quelque chose)* produzir

poney [pɔnɛ] *nm* pônei

pont [pɔ̃] *nm* **1** *(construction)* ponte *f* **2** *(d'un bateau)* deque, convés

• **couper les ponts avec qqn** cortar relações com alguém

• **faire le pont** fazer ponte, emendar feriados

- **pont suspendu** ponte *f* pênsil
- **pont tournant** ponte *f* giratória
- **ponts et chaussées** obras *f* públicas

ponte[1] [pɔ̃t] *nf* (*des ovipares*) postura

ponte[2] [pɔ̃t] *nm* **1** (*jeu*) jogador que joga contra a banca **2** *fam* (*personnage*) mandachuva, figurão

pontife [pɔ̃tif] *nm* pontífice

pont-levis [pɔ̃ləvi] *nm* (*pl* **ponts-levis**) ponte *f* levadiça

ponton [pɔ̃tɔ̃] *nm* pontão, batelão, chata *f*

pop [pɔp] *adj-nm inv* pop

pop-corn [pɔpkɔʀn] *nm inv* pipoca *f*

popote [pɔpɔt] *nf fam* comida, rango *m*
▸ *adj fam* caseiro, -ra (que gosta de ficar em casa)

populaire [pɔpylɛʀ] *adj* popular

popularité [pɔpylaʀite] *nf* popularidade

population [pɔpylasjɔ̃] *nf* população
- **population active** população ativa

porc [pɔʀ] *nm* **1** ZOOL CUIS porco **2** *péj* porco, porcalhão

porcelaine [pɔʀsəlɛn] *nf* porcelana

porcelet [pɔʀsəlɛ] *nm* ZOOL leitão

porc-épic [pɔʀkepik] *nm* (*pl* **porcs-épics**) ZOOL porco-espinho

porche [pɔʀʃ] *nm* pórtico

porcin, -e [pɔʀsɛ̃, -in] *adj* suíno, -na

pore [pɔʀ] *nm* poro

poreux, -euse [pɔʀø, -øz] *adj* poroso, -sa

porno [pɔʀno] *adj-nm* pornô, pornográfico, -ca

pornographie [pɔʀnɔgʀafi] *nf* pornografia

port[1] [pɔʀ] *nm* **1** (*maritime, fluvial*) porto **2** *fig* (*lieu de repos*) porto, refúgio **3** (*action, prix du transport*) porte, transporte **4** (*allure d'une personne*) porte **5** INFORM porta
- **arriver à bon port** chegar são e salvo
- **port d'armes** porte de armas
- **port de pêche** porto de pesca
- **port de plaisance** marina

port[2] [pɔʀ] *nm* GÉOG garganta *f*, desfiladeiro

portable [pɔʀtabl] *nm* **1** (*ordinateur*) laptop, notebook **2** (*téléphone*) celular
▸ *adj* **1** (*vêtement*) usável **2** (*appareil*) portátil

portail [pɔʀtaj] *nm* ARCHIT INFORM portal

portant, -e [pɔʀtɑ̃, -ɑ̃t] *loc* **être bien/mal portant, -e** estar bem/mal de saúde

portatif, -ive [pɔʀtatif, -iv] *adj* portátil

porte [pɔʀt] *nf* porta
- **claquer la porte** bater a porta
- **de porte en porte** de porta em porta
- **frapper à la porte** bater à porta
- **fermer la porte au nez** fechar a porta na cara de alguém
- **mettre qqn à la porte** pôr alguém no olho da rua
- **porte dérobée** porta secreta

porté, -e [pɔʀte] *adj* inclinado, -da, propenso, -sa
- **être porté sur qqch** gostar muito de algo

porte-à-porte [pɔʀtapɔʀt] *nm inv* venda *f* de porta em porta

porte-avions [pɔʀtavjɔ̃] *nm inv* porta-aviões

porte-bagages [pɔʀtbagaʒ] *nm inv* bagageiro

porte-bonheur [pɔʀtbɔnœʀ] *nm inv* amuleto, talismã

porte-clés [pɔʀtkle] *nm inv* chaveiro

porte-clefs [pɔʀtkle] *nm inv* chaveiro

porte-documents [pɔʀtdɔkymɑ̃] *nm inv* pasta *f*

porte-drapeau [pɔʀtdʀapo] *nm* (*pl* **porte-drapeau** ou **porte-drapeaux**) porta-bandeira *mf*

portée [pɔʀte] *nf* **1** (*d'animaux*) barrigada, cria **2** (*de la vue, de la voix*) alcance *m* **3** (*fait, événement*) impacto *m*, repercussão **4** MUS pauta **5** (*de l'arche d'un pont*) vão *m* livre **6** (*charge*) carga
- **à la portée de** ao alcance de
- **hors de portée de** fora do alcance de

porte-fenêtre [pɔʀtfənɛtʀ] *nf* (*pl* **portes-fenêtres**) porta-balcão

portefeuille [pɔʀtəfœj] *nm* carteira *f*

porte-jarretelles [pɔʀtʒaʀtɛl] *nm inv* cinta-liga *f*

portemanteau [pɔʀmɑ̃to] *nm* cabide, porta-chapéu

porte-monnaie [pɔʀtmɔnɛ] *nm inv* porta-níqueis

porte-parapluies [pɔʀtpaʀaplɥi] *nm inv* porta-guarda-chuvas

porte-parole [pɔʀtpaʀɔl] *nm inv* porta-voz

porter [1] [pɔʀte] *vt* **1** (*gén*) usar: *elle porte une robe noire* ela está usando vestido preto **2** (*regards, pas*) dirigir **3** (*rapporter*) dar, produzir: *un travail qui porte ses fruits* um trabalho que dá frutos **4** (*sur un registre*) inscrever, registrar **5** (*causer*) dar, trazer: *porter chance* dar sorte
▸ *vi* **1** (*être soutenu*) apoiar-se (**sur**, em) **2** (*avoir pour objet*) tratar, versar (**sur**, de/sobre): *le livre porte sur la guerre* o livro trata da guerra **3** (*arme*) portar
▸ *vpr* **se porter 1** (*santé*) passar, ir: *comment vous portez-vous?* como está passando/como tem passado? **2** (*se diriger*) dirigir-se, encaminhar-se
• **être porté sur qqch** gostar de algo
• **porter un coup** aplicar um golpe
• **se faire porter malade** alegar doença
• **se porter candidat/volontaire** apresentar-se como candidato/voluntário

porte-savon [pɔʀtsavɔ̃] *nm* (*pl* **porte-savon** ou **porte-savons**) saboneteira *f*

porte-serviettes [pɔʀtsɛʀvjɛt] *nm inv* **1** (*pour les serviettes de toilette*) toalheiro **2** (*pour les serviettes de table*) porta-guardanapos

porteur, -euse [pɔʀtœʀ, -øz] *nm,f* **1** (*gén*) portador, -ra **2** (*de bagages*) carregador, -ra
▸ *adj* portador, -ra, que traz/dá: *porteur d'espoir* que dá esperanças
• **au porteur** ao portador

porte-voix [pɔʀtvwa] *nm inv* megafone

portier, -ère [pɔʀtje, -ɛʀ] *nm,f* porteiro, -ra

portière [pɔʀtjɛʀ] *nf* porta (*de veículo*)

portillon [pɔʀtijɔ̃] *nm* portão, porteira *f*
▪ **portillon automatique** portão automático

portion [pɔʀsjɔ̃] *nf* porção

portique [pɔʀtik] *nm* ARCHIT pórtico
▪ **portique de sécurité** (*aéroports*) detector de metais (*magasins*) sistema *m* antifurto

porto [pɔʀto] *nm* vinho do Porto

portrait [pɔʀtʀɛ] *nm* retrato
• **être tout le portrait de qqn** ser a cara de alguém

portrait-robot [pɔʀtʀɛʀɔbo] *nm* (*pl* **portraits-robots**) retrato falado

portuaire [pɔʀtɥɛʀ] *adj* portuário, -a

portugais, -e [pɔʀtygɛ, -ɛz] *adj* português, -esa
▸ *nm,f* **Portugais, -e** português, -esa
▸ *nm* **portugais** (*langue*) português

pose [poz] *nf* **1** (*action de poser*) colocação **2** (*attitude du corps*) pose, postura, posição **3** *fig* (*affectation*) pose **4** (*photographie*) exposição

posé, -e [poze] *adj* ponderado, -da: *ton posé* tom ponderado

poser [1] [poze] *vt* **1** (*placer*) pôr, colocar **2** (*arranger*) pôr, instalar **3** (*question*) formular, fazer: *il lui a posé une question difficile* fez-lhe uma pergunta difícil **4** (*mettre en valeur*) dar fama a, dar status a: *le succès du film posa son directeur* o sucesso do filme deu fama ao diretor
▸ *vi* **1** (*devant un peintre, un photographe*) posar **2** (*se donner des airs*) posar, fazer pose: *elle n'arrête pas de poser* não para de fazer pose
▸ *vpr* **se poser 1** (*avion, oiseau*) pousar **2** (*en qqch*) fazer-se, bancar: *se poser en victime* fazer-se de vítima
• **je pose 5 et je retiens 2** vinte e cinco, vão dois
• **poser les armes** depor as armas
• **poser sa candidature** apresentar candidatura
• **poser un lapin à qqn** dar bolo em alguém

poseur, -euse [pozœʀ, -øz] *adj* (*affecté*) convencido, -da, vaidoso, -sa
▸ *nm* (*ouvrier*) instalador, assentador, colocador

positif, -ive [pozitif, -iv] *adj* positivo, -va
▸ *nm* **positif** positivo

position [pozisjɔ̃] *nf* **1** (*gén*) posição **2** (*emploi*) emprego *m*
• **prendre position** tomar posição

posologie [pozɔlɔʒi] *nf* posologia

possédé, -e [pɔsede] *adj-nm,f* possesso, -sa

posséder [10] [pɔsede] *vt* possuir
• **se faire posséder** deixar-se enganar

possesseur [pɔsesœR] *nm* possuidor, -ra, proprietário, -a, dono, -na

possessif [pɔsesif] *adj* possessivo, -va
▸ *nm* possessivo

possession [pɔsesjɔ̃] *nf* **1** *(propriété)* posse, propriedade **2** *(surnaturelle; dépendance coloniale)* possessão
• **prendre possession de** tomar posse de

possibilité [pɔsibilite] *nf* possibilidade

possible [pɔsibl] *adj* possível
▸ *nm* possível
• **au possible** ao máximo, até dizer chega
• **dans la mesure du possible** na medida do possível
• **dès que possible** desde que seja possível
• **pas possible!** não é possível!

postal, -e [pɔstal] *adj* postal

poste [pɔst] *nf* **1** *(service public)* correio *m* **2** *(bureau)* agência de correio **3** *(relais)* posta
▸ *nm* **1** *(emploi)* posto, emprego **2** *(appareil)* aparelho
• **mettre une lettre à la poste** pôr uma carta no correio
▪ **poste d'essence** posto de gasolina
▪ **poste de pilotage** cabina *f* de comando
▪ **poste de police** delegacia *f* de polícia
▪ **poste de radio** aparelho de rádio, rádio
▪ **poste de secours** posto de primeiros socorros, pronto-socorro
▪ **poste de télévision** aparelho de televisão, televisor
▪ **poste restante** posta-restante

poster¹ [1] [pɔste] *vt* **1** *(placer)* pôr, colocar **2** *(lettre)* postar, pôr no correio
▸ *vpr* **se poster** *(se placer)* postar-se, colocar-se

poster² [pɔstɛR] *nm* pôster

postérieur, -e [pɔsteRjœR] *adj* posterior
▸ *nm* **postérieur** *fam (derrière)* traseiro

posteriori [pɔsteRjɔRi] *loc* **a posteriori** a posteriori

postérité [pɔsteRite] *nf* posteridade

posthume [pɔstym] *adj* póstumo, -ma

postiche [pɔstiʃ] *adj* postiço, -ça
▸ *nm* aplique, cabelo artificial

postier, -ère [pɔstje, -ɛR] *nm,f* funcionário, -a de correios

post-scriptum [pɔstkRiptɔm] *nm inv* post-scriptum

postuler [1] [pɔstyle] *vt* postular

posture [pɔstyR] *nf* **1** *(du corps)* postura, posição **2** *(état)* situação *m*, condição: **ils sont en bonne posture** estão em boa situação

pot [po] *nm* **1** *(vase)* vasilha *f* **2** *(de conserves, confitures etc.)* pote **3** *(marmite)* panela *f* **4** *(de fleurs)* vaso
• **avoir du pot** *fam fig* ter sorte
• **découvrir le pot aux roses** *fig* descobrir um segredo
• **payer les pots cassés** *fam fig* pagar o pato
• **prendre un pot** *fam* beber, tomar uns tragos
▪ **pot de chambre** urinol, penico
▪ **pot d'échappement** silencioso, silenciador (do escapamento)

potable [pɔtabl] *adj* potável

potage [pɔtaʒ] *nm* sopa *f*

potager [pɔtaʒe] *nm* horta *f*

potasser [1] [pɔtase] *vt fam (étudier avec acharnement)* rachar

potassium [pɔtasjɔm] *nm* CHIM potássio

pot-au-feu [pɔtofø] *nm inv* CUIS cozido

pot-de-vin [podvɛ̃] *nm (pl* **pots-de-vin**) suborno, propina *f*

pote [pɔt] *nm fam* amigo, chapa

poteau [pɔto] *nm* poste, mourão

potelé, -e [pɔtle] *adj* gordinho, -nha, rechonchudo, -da

potence [pɔtɑ̃s] *nf* **1** *(supplice)* forca, patíbulo *m* **2** *(pour suspendre)* cavalete *m*, escora, suporte *m*

potentiel, -elle [pɔtɑ̃sjɛl] *adj-nm* potencial

poterie [pɔtRi] *nf* **1** *(fabrication, art)* cerâmica **2** *(objet)* peça de cerâmica

potin [pɔtɛ̃] nm 1 fam (tapage) estardalhaço 2 (commérage) fofoca f, mexerico
- **faire du potin** (faire du bruit, du tapage) fazer barulho (causer un scandale) causar escândalo/celeuma

potion [posjɔ̃] nf poção

potiron [pɔtiʁɔ̃] nm BOT abóbora f

pot-pourri [popuʁi] nm (pl **pots-pourris**) pot-pourri

pou [pu] nm ZOOL piolho
- **chercher des poux à qqn** fig implicar com alguém
- **être laid comme un pou** ser feio de doer

pouah! [pwa] interj irra!, arre!

poubelle [pubɛl] nf lata de lixo, lixeira

pouce [pus] nm 1 (de la main) polegar 2 (du pied) dedão 3 (mesure) polegada f
▸ interj **pouce!** (dans un jeu) dá um tempo!, pare!
- **donner le coup de pouce à qqch** dar o último retoque em algo (déformer) deformar a realidade
- **donner un coup de pouce à qqn** favorecer, apadrinhar alguém

poudre [pudʁ] nf 1 (gén) pó m, poeira 2 (maquillage) pó de arroz m, pó m compacto 3 (explosif) pólvora
- **en poudre** em pó
- **jeter de la poudre aux yeux** jogar areia nos olhos
- **prendre la poudre d'escampette** dar no pé

poudrier [pudʁije] nm estojo de pó de arroz/de pó compacto

poudrière [pudʁijɛʁ] nf 1 (gén) paiol m (de pólvora) 2 fig barril m de pólvora

pouf [puf] nm pufe

pouffer [1] [pufe] loc **pouffer de rire** rachar de rir

poulailler [pulaje] nm galinheiro

poulain [pulɛ̃] nm 1 (cheval) potro 2 fig (protégé) protegido, -da

poule [pul] nf 1 (animal) galinha 2 fam (prostituée) galinha, piranha
- **quand les poules auront des dents** no dia de São Nunca, quando a galinha criar dente
■ **poule d'eau** frango-d'água
■ **poule mouillée** fig molenga, medroso, -sa

poulet [pulɛ] nm 1 (animal) frango 2 fam (policier) tira

pouliche [puliʃ] nf ZOOL potranca

poulie [puli] nf polia

poulpe [pulp] nm ZOOL polvo

pouls [pu] nm pulso, pulsação f

poumon [pumɔ̃] nm ANAT pulmão
■ **poumon d'acier** MÉD pulmão de aço

poupe [pup] nf popa
- **avoir le vent en poupe** fig ir de vento em popa

poupée [pupe] nf boneca

pouponnière [pupɔnjɛʁ] nf berçário

pour [puʁ] prép 1 (gén) para: *lire pour s'instruire* ler para instruir-se; *partir pour Madrid* viajar para Madri; *laissons cela pour demain* deixemos isso para amanhã; *j'en ai pour un an* tenho para um ano; *il était pour partir* estava para sair; *cet enfant est grand pour son âge* essa criança é grande para a idade 2 (en faveur de) para, para com: *bon pour ses inférieurs* bom para com os inferiores 3 (par rapport à) para, contra: *remède pour le rhume* remédio contra o resfriado 4 (à cause de) por, por causa de: *puni pour sa paresse* castigado por causa da preguiça; *ils se querellent pour des broutilles* brigam por bobagens 5 (pourcentage) por: *vingt pour cent* vinte por cento 6 (à la place de) por: *prendre un mot pour un autre* entender uma palavra por outra
▸ nm pró
- **pour ce qui est de...** quanto a..., com referência a...
- **pour de bon** de verdade
- **pour lors** no momento, então
- **pour que** para que, a fim de que
■ **le pour et le contre** os prós e os contras

pourboire [puʁbwaʁ] nm gorjeta f

pourcentage [puʁsɑ̃taʒ] nm porcentagem f

pourchasser [1] [puʁʃase] vt perseguir, não dar trégua a

pourparlers [puʁpaʁle] nm pl negociações f

pourpre [puʁpʁ] adj-nm púrpura f

pourquoi [puʁkwa] conj-adv por que: *pourquoi est-il parti?* por que ele foi

embora?; *je ne sais pas pourquoi il est parti* não sei por que ele foi embora
▸ *nm inv* porquê: *le pourquoi des choses* o porquê das coisas
• **c'est pourquoi** (é) por isso (que)

pourrir [20] [puRiR] *vt-vi* apodrecer

pourriture [puRityR] *nf* **1** (*gén*) podridão **2** (*partie pourrie*) podre *m*, parte podre

poursuite [puRsɥit] *nf* **1** (*gén*) perseguição **2** DR processo *m*

poursuivre [61] [puRsɥivR] *vt* **1** (*gén*) perseguir **2** (*continuer*) prosseguir **3** DR processar

pourtant [puRtã] *adv* no entanto, contudo

pourtour [puRtuR] *nm* perímetro

pourvoir [39] [puRvwaR] *vi* **pourvoir à** (*fournir*) prover: *l'État pourvoit à ses besoins* o Estado provê as suas necessidades
▸ *vt* **1** (*fournir*) fornecer **2** (*vacante*) prover **3** (*de qualités, de dons*) dotar (**de**, de)
▸ *vpr* **se pourvoir 1** (*se munir*) munir-se, equipar-se (**de**, de) **2** DR recorrer

pourvu [puRvy] *loc* **pourvu que 1** (*à condition que*) desde que, contanto que **2** (*souhait*) tomara: *pourvu que nous arrivions à temps!* tomara que cheguemos a tempo!

pousse [pus] *nf* **1** (*des végétaux*) broto *m* **2** (*des dents*) erupção **3** (*des cheveux*) nascimento *m*

poussée [puse] *nf* **1** (*pression*) impulso *m*, empuxo *m*, empurrão *m* **2** (*de fièvre*) acesso *m* **3** (*développement*) surto *m* **4** MÉD erupção **5** (*offensive*) ofensiva

pousser [1] [puse] *vt* **1** (*gén*) empurrar, impelir **2** (*voiture*) acelerar **3** *fig* (*protéger etc.*) favorecer, ajudar **4** (*cri, soupir*) dar, soltar, emitir **5** (*un bouton*) pressionar, apertar
▸ *vi* **1** (*cheveux, dents etc.*) nascer **2** *fam* (*aller trop loin*) exagerar
▸ *vpr* **se pousser 1** (*les uns les autres*) empurrar-se **2** (*s'écarter*) afastar-se, sair
▪ **pousser contre/sur** exercer pressão sobre
• **pousser à** incitar, incentivar
• **pousser plus loin** levar mais longe, desenvolver
• **pousser qqn du coude** cutucar alguém

poussette [pusɛt] *nf* carrinho *m* de bebê

poussière [pusjɛR] *nf* poeira, pó *m*
• **faire de la poussière** levantar poeira
• **faire la poussière** tirar o pó
• **mordre la poussière** beijar o chão

poussiéreux, -euse [pusjeRø, -øz] *adj* poeirento, -ta, empoeirado, -da

poussif, -ive [pusif, -iv] *adj* **1** (*personne*) ofegante **2** (*voiture*) que engasga, arfante

poussin [pusɛ̃] *nm* ZOOL pintinho

poutre [putR] *nf* viga

pouvoir¹ [39] [puvwaR] *vt* **1** (*gén*) poder **2** (*parvenir à*) conseguir, poder
• **il se peut que** pode ser que
• **ne plus en pouvoir** não aguentar mais

pouvoir² [puvwaR] *nm* poder
▸ *nm pl* **pouvoirs** poderes
▪ **pleins pouvoirs** plenos poderes
▪ **pouvoir d'achat** poder aquisitivo
▪ **pouvoir exécutif** Poder Executivo
▪ **pouvoir législatif** Poder Legislativo
▪ **pouvoirs publics** poderes públicos

pragmatique [pRagmatik] *adj* pragmático, -ca

prairie [pReRi] *nf* prado *m*

praline [pRalin] *nf* CUIS pralina, amêndoa confeitada

praliné [pRaline] *nm* pralinê

praticable [pRatikabl] *adj* **1** (*réalisable*) praticável, factível, exequível **2** (*chemin*) transitável

praticien, -enne [pRatisjɛ̃, -ɛn] *nm,f* profissional

pratiquant, -e [pRatikã, -ãt] *adj-nm,f* praticante

pratique [pRatik] *adj* prático, -ca
▸ *nf* **1** (*gén*) prática **2** (*usage*) uso *m*, praxe **3** (*expérience*) prática, experiência
• **mettre en pratique** pôr em prática

pratiquer [2] [pRatike] *vt-vi* praticar, exercer

pré [pRe] *nm* prado, pastagem *f*

préalable [pRelabl] *adj* prévio, -a, preliminar
▸ *nm* pré-requisito

- **au préalable** previamente

préambule [pʀeɑ̃byl] nm preâmbulo

préavis [pʀeavi] nm aviso prévio

précaire [pʀekɛʀ] adj precário, -a

précaution [pʀekosjɔ̃] nf precaução
- **prendre des précautions** tomar precauções

précédent, -e [pʀesedɑ̃, -ɑ̃t] adj anterior, precedente
▸ nm **précédent** precedente
- **sans précédent** sem precedentes

précéder [10] [pʀesede] vt preceder, anteceder

précepte [pʀesɛpt] nm preceito

précepteur, -trice [pʀesɛptœʀ, -tʀis] nm,f (professeur) preceptor, -ra

prêcher [1] [pʀeʃe] vt 1 (la parole de Dieu) pregar 2 (recommander) preconizar
- **prêcher dans le désert** pregar no deserto
- **prêcher d'exemple** dar o exemplo

précieux, -euse [pʀesjø, -øz] adj 1 (bijou, pierre) precioso, -sa 2 (style, langage etc.) rebuscado, -da, afetado, -da

précipice [pʀesipis] nm precipício

précipitation [pʀesipitasjɔ̃] nf precipitação
▸ nf pl **précipitations** precipitações (atmosféricas)

précipiter [1] [pʀesipite] vt precipitar
▸ vpr **se précipiter** 1 (se jeter de haut) atirar-se, jogar-se 2 (s'élancer) arremeter 3 (prendre un rythme accéléré) precipitar-se

précis, -e [pʀesi, -iz] adj 1 (net) claro, -ra, nítido, -da 2 (succinct) conciso, -sa, sucinto, -ta 3 (exact) exato, -ta, preciso, -sa
▸ nm **précis** 1 (livre) compêndio 2 (résumé) resumo

préciser [1] [pʀesize] vt 1 (clarifier) definir, esclarecer 2 (spécifier) especificar, explicitar

précision [pʀesizjɔ̃] nf 1 (exactitude) precisão, exatidão 2 (explication) esclarecimento m, explicação, definição 3 (netteté) clareza

précoce [pʀekɔs] adj precoce

préconçu, -e [pʀekɔ̃sy] adj preconcebido, -da

préconiser [1] [pʀekɔnize] vt preconizar

précurseur [pʀekyʀsœʀ] adj-nm precursor, -ra

prédateur, -trice [pʀedatœʀ, -tʀis] adj predador, -ra
▸ nm **prédateur** predador

prédécesseur [pʀedesesœʀ] nm predecessor

prédiction [pʀediksjɔ̃] nf predição, previsão

prédilection [pʀedilɛksjɔ̃] nf predileção, preferência

prédire [55] [pʀediʀ] vt predizer, prever

prédisposer [1] [pʀedispoze] vt predispor

prédominer [1] [pʀedɔmine] vi predominar

préfabriqué, -e [pʀefabʀike] adj pré-fabricado, -da

préface [pʀefas] nf prefácio m

préfecture [pʀefɛktyʀ] nf administração de departamento na França
- **préfecture de police** delegacia de polícia

préférable [pʀefeʀabl] adj preferível

préférence [pʀefeʀɑ̃s] nf preferência
- **de préférence** de preferência

préférentiel, -elle [pʀefeʀɑ̃sjɛl] adj preferencial

préférer [10] [pʀefeʀe] vt preferir

préfet [pʀefɛ] nm governador de departamento na França

préfixe [pʀefiks] nm prefixo

préhistoire [pʀeistwaʀ] nf pré-história

préhistorique [pʀeistɔʀik] adj pré-histórico, -ca

préjudice [pʀeʒydis] nm prejuízo, dano
- **au préjudice de** em prejuízo de, em detrimento de
- **sans préjudice de** sem prejuízo de

préjugé [pʀeʒyʒe] nm preconceito

prélasser (se) [1] [pʀelase] vpr refestelar-se

prélavage [pʀelavaʒ] nm lavagem f prévia

prélèvement [pʀelɛvmɑ̃] nm 1 (d'impôts) retenção f 2 MÉD coleta f

- **prélèvement à la source** retenção na fonte

prélever [7] [pRelve] *vt* **1** *(impôts)* reter **2** MÉD colher, coletar: ***prélever du sang*** colher sangue

préliminaire [pReliminɛR] *adj* preliminar
▸ *nm pl* **preliminaires** preparativos

prélude [pRelyd] *nm* prelúdio

prématuré, -e [pRematyRe] *adj-nm,f* prematuro, -ra

préméditation [pRemeditasjɔ̃] *nf* premeditação

premier, -ère [pRǝmje, -ɛR] *adj-nm,f* primeiro, -ra
▸ *nm* **premier 1** *(gén)* primeiro **2** *(étage)* primeiro andar **3** POL Premiê, Primeiro-Ministro *(britânico)*
• **en premier** em primeiro lugar
■ **le premier venu** qualquer um
■ **jeune premier, -ère** ator, atriz principal

première [pRǝmjɛR] *nf* **1** *(au théâtre)* estreia **2** *(classe)* primeira

prémisse [pRemis] *nf* premissa

prémonition [pRemɔnisjɔ̃] *nf* premonição

prémonitoire [premɔnitwaR] *adj* premonitório, -a

prémunir (se) [20] [pRemyniR] *vpr* prevenir-se, precaver-se

prenant, -e [pRǝnɑ̃, -ɑ̃t] *adj* **1** *(queue)* preênsil, preensor, -ra **2** *(qui émeut)* cativante **3** *(qui reçoit)* beneficiário, -a **4** *(qui prend du temps)* absorvente

prénatal, -e [pRenatal] *adj* pré-natal

prendre [83] [pRɑ̃dR] *vt* **1** *(saisir)* pegar **2** *(aller chercher)* buscar: ***j'irai vous prendre à la sortie du bureau*** vou te buscar na saída do escritório **3** *(se munir de)* levar: ***je prends ce parapluie*** vou levar este guarda-chuva **4** *(photo; notes)* tirar, bater **5** *(notes)* tomar **6** *(billet)* comprar **7** *(chambre d'hôtel, place de spectacle)* reservar **8** *(voler)* roubar, tirar **9** *(surprendre)* pegar, pilhar, flagrar: ***je vous y prends*** te peguei em flagrante **10** *(faire payer)* cobrar: ***combien vous a-t-il pris?*** quanto ele cobrou? **11** exigir, tomar: ***cela prend du temps*** isso toma tempo **12** *(dames, échecs)* comer **13** fam *(gifle, coup)* levar, receber, tomar
▸ *vi* **1** *(plante)* pegar **2** *(liquide)* espessar, dar pega/liga **3** *(rivière)* gelar, congelar **4** *(feu)* pegar
• **à tout prendre** em suma
• **prendre froid** tomar friagem
• **prendre qqn au mot** cobrar o cumprimento da palavra
• **prendre qqn pour** tomar alguém por, confundir alguém com
• **prendre sur soi** assumir a responsabilidade
• **prendre sur soi de** esforçar-se por
• **qu'est-ce qui te prend?** o que há com você?
• **savoir s'y prendre** saber como proceder, saber o que fazer
• **se faire prendre** deixar-se enganar
• **s'en prendre à qqn** culpar alguém, atacar alguém
• **se prendre pour** tomar-se por
• **s'y prendre bien/mal** proceder bem/mal, sair-se bem/mal

preneur, -euse [pRǝnœR, -øz] *adj-nm,f* **1** COMM tomador, -ra **2** *(à bail)* locatário, -a, arrendatário, -a **3** *(acheteur)* comprador, -ra

prénom [pRenɔ̃] *nm* nome

préoccupation [pReɔkypasjɔ̃] *nf* preocupação

préoccuper [1] [pReɔkype] *vt* preocupar
▸ *vpr* **se préoccuper** preocupar-se

préparatifs [pRepaRatif] *nm pl* preparativos

préparation [pRepaRasjɔ̃] *nf* preparação, preparo *m*

préparer [1] [pRepaRe] *vt* preparar
▸ *vpr* **se préparer** preparar-se
• **se préparer à + inf** preparar-se para + *inf*

prépondérant, -e [pRepɔ̃deRɑ̃, -ɑ̃t] *adj* preponderante

préposé, -e [pRepoze] *nm,f* encarregado, -da, empregado, -da, preposto, -ta

préposition [pRepozisjɔ̃] *nf* preposição

préretraite [pReRǝtRɛt] *nf* aposentadoria antecipada

prérogative [pReRɔgativ] *nf* prerrogativa

près [pʀɛ] *adv* perto
- **à cela près** exceto por isso, fora isso
- **à peu près** mais ou menos
- **à peu de chose(s) près** aproximadamente, com pouca diferença
- **de près** de perto
- **ne pas y regarder de trop près** não considerar os detalhes
- **près de** *(dans le voisinage de)* perto de *(presque)* quase
- **tout près** pertinho

présage [pʀezaʒ] *nm* presságio

presbytie [pʀɛsbisi] *nf* MÉD presbiopia

prescription [pʀɛʃkʀipsjɔ̃] *nf* prescrição

prescrire [60] [pʀɛskʀiʀ] *vt* 1 *(gén)* prescrever 2 *(médicament)* prescrever, receitar

présence [pʀezɑ̃s] *nf* presença
- **en présence de** na presença de
- **présence d'esprit** presença de espírito

présent, -e [pʀezɑ̃, -ɑ̃t] *adj* presente
▶ *nm* **présent** presente: *je ne veux penser qu'au présent* quero pensar apenas no presente
- **à présent** agora, no momento, atualmente
- **dès à présent** desde agora
- **jusqu'à présent** até agora

présentable [pʀezɑ̃tabl] *adj* apresentável

présentateur, -trice [pʀezɑ̃tatœʀ, -tʀis] *nm,f* apresentador, -ra

présentation [pʀezɑ̃tasjɔ̃] *nf* apresentação
- **faire les présentations** fazer as apresentações

présenter [1] [pʀezɑ̃te] *vt* apresentar
▶ *vpr* **se présenter** apresentar-se

présentoir [pʀezɑ̃twaʀ] *nm* gôndola *f*, prateleira *f*, banca *f*

préservatif [pʀezɛʀvatif] *nm* preservativo

préserver [1] [pʀezɛʀve] *vt* preservar

présidence [pʀezidɑ̃s] *nf* presidência

président, -e [pʀezidɑ̃, -ɑ̃t] *nm,f* presidente, -ta

présidentiel, -elle [pʀezidɑ̃sjɛl] *adj* presidencial

présider [1] [pʀezide] *vt* presidir
▶ *vi* **présider à** presidir, dirigir: *elle présidait aux célébrations* ela presidia as celebrações

présomption [pʀezɔ̃psjɔ̃] *nf* presunção

présomptueux, -euse [pʀezɔ̃ptɥø, -øz] *adj* presunçoso, -sa

presque [pʀɛsk] *adv* quase
- **presque pas** quase nada

presqu'île [pʀɛskil] *nf* GÉOG península

pressant, -e [pʀesɑ̃, -ɑ̃t] *adj* 1 *(urgent)* urgente, premente 2 *(qui insiste)* insistente

presse [pʀɛs] *nf* 1 *(journaux etc.)* imprensa 2 *(imprimerie)* impressora, prensa, prelo *m* 3 *(machine-pression)* prensa
- **avoir bonne/mauvaise presse** ter boa/má reputação, ter boa/pouca aceitação
- **sous presse** no prelo

pressé, -e [pʀese] *adj* 1 *(hâtif)* apressado, -da 2 *(urgent)* urgente 3 *(fruit)* espremido, -da
- **aller au plus pressé** tratar do mais urgente, tratar do principal
- **être pressé, -e** estar com pressa

presse-citron [pʀɛssitʀɔ̃] *nm inv* espremedor de limão/laranja

pressentiment [pʀesɑ̃timɑ̃] *nm* pressentimento

pressentir [28] [pʀesɑ̃tiʀ] *vt* 1 *(prévoir)* pressentir 2 *(sonder)* sondar

presse-papiers [pʀɛspapje] *nm inv* peso para papéis

presser [1] [pʀese] *vt* 1 *(fruit)* espremer 2 *(faire se hâter)* apressar 3 *(accélérer)* acelerar 4 *(serrer)* apertar, estreitar, comprimir 5 *(bouton)* apertar, pressionar 6 *(harceler)* pressionar: *il presse ses ouvriers sans relâche* ele pressiona os operários o tempo todo
▶ *vi* *(être urgent)* ser urgente, urgir
▶ *vpr* **se presser** 1 *(se hâter)* apressar-se 2 *(s'entasser)* apertar-se, apinhar-se
- **presser le pas** apertar o passo
- **presse-toi** ande/anda logo
- **sans se presser** sem pressa, calmamente

pressing [pʀesiŋ] *nm* tinturaria

pression [pʀesjɔ̃] *nf* pressão
- **faire pression** exercer pressão, pressionar

- **pression artérielle** pressão arterial
- **pression atmosphérique** pressão atmosférica

pressoir [pʀɛswaʀ] *nm* **1** *(machine)* prensa *f* de lagar **2** *(endroit)* lagar

prestance [pʀɛstɑ̃s] *nf* presença, boa aparência

prestataire [pʀɛstatɛʀ] *nmf (personne bénéficiant d'une prestation)* beneficiário, -a
- **prestataire de services** prestador, -ra de serviços

prestation [pʀɛstasjɔ̃] *nf* **1** *(allocation)* benefício *m*, ajuda, alocação **2** *(d'un artiste, d'un athlète)* desempenho *m* **3** *(action de fournir)* fornecimento *m*, provisão **4** DR prestação

prestidigitateur, -trice [pʀɛstidiʒitatœʀ, -tʀis] *nm,f* prestidigitador, -ra

prestige [pʀɛstiʒ] *nm* prestígio

prestigieux, -euse [pʀɛstiʒjø, -øz] *adj* prestigioso, -sa, prestigiado, -da

présumer [1] [pʀezyme] *vt-vi* presumir

prêt [pʀɛ] *nm* empréstimo
- **accorder un prêt** conceder um empréstimo

prêt, -e [pʀɛ, -ɛt] *adj* pronto, -ta, prestes a: *il est prêt à partir* está pronto para sair
- **prêt, -e à tout** disposto, -ta a tudo
- **prêts? partez!** [sport] preparados? já!

prêt-à-porter [pʀɛtapɔʀte] *nm* (*pl* **prêts-à-porter**) *prêt-à-porter*

prétendant, -e [pʀetɑ̃dɑ̃, -ɑ̃t] *nm,f* pretendente, candidato, -ta

prétendre [62] [pʀetɑ̃dʀ] *vt* **1** *(vouloir)* pretender, tencionar **2** *(soutenir)* afirmar, alegar
▸ *vi* **prétendre à** *(aspirer)* aspirar a, pretender

prétendu, -e [pʀetɑ̃dy] *adj* pretenso, -sa, suposto, -ta

prête-nom [pʀɛtnɔ̃] *nm* (*pl* **prête-noms**) testa de ferro

prétention [pʀetɑ̃sjɔ̃] *nf* pretensão

prêter [1] [pʀɛte] *vt* **1** *(argent)* emprestar **2** *(intentions, défauts etc.)* atribuir: *prêter aux autres ses propres défauts* atribuir aos outros os próprios defeitos
▸ *vi* **1** *(tissu etc.)* ceder **2** *(donner lieu à)* dar ensejo, dar margem, prestar-se (**a**, a): *cela prête à confusion* isso dá margem a confusões
▸ *vpr* **se prêter à** prestar-se a
- **prêter la main** ajudar, dar a mão
- **prêter l'oreille** aplicar os ouvidos, prestar atenção
- **prêter serment** prestar juramento

prétérit [pʀeteʀit] *nm* pretérito

prêteur, -euse [pʀɛtœʀ, -øz] *adj-nm,f* emprestador, -ra, credor, -ra
- **prêteur, -euse sur gages** prestamista, agiota

prétexte [pʀetɛkst] *nm* pretexto
- **sous aucun prétexte** em caso nenhum
- **sous prétexte de** a pretexto de, pretextando

prêtre [pʀɛtʀ] *nm* sacerdote, padre

prêtresse [pʀɛtʀɛs] *nf* sacerdotisa

preuve [pʀœv] *nf* prova
- **faire preuve de** dar mostras de
- **faire ses preuves** mostrar sua capacidade, mostrar seu valor

prévaloir [44] [pʀevalwaʀ] *vi* prevalecer
▸ *vpr* **se prévaloir de** prevalecer-se de

prévenant, -e [pʀevnɑ̃, -ɑ̃t] *adj* atencioso, -sa, gentil

prévenir [35] [pʀevniʀ] *vt* **1** *(informer)* prevenir, avisar **2** *(désir, besoin)* prover, atender antecipadamente **3** *(malheur)* prevenir, evitar
- **mieux vaut prévenir que guérir** é melhor prevenir do que remediar

préventif, -ive [pʀevɑ̃tif, -iv] *adj* preventivo, -va

prévention [pʀevɑ̃sjɔ̃] *nf* prevenção

prévenu, -e [pʀevny] *adj* prevenido, -da, indisposto, -ta: *il est prévenu contre les journalistes* está prevenido contra os jornalistas
▸ *nm,f* DR acusado, -da, réu, ré

prévisible [pʀevizibl] *adj* previsível

prévision [pʀevizjɔ̃] *nf* previsão
- **prévisions météorologiques** previsão do tempo

prévoir [38] [pʀevwaʀ] *vt* prever

prévoyant, -e [pʀevwajɑ̃, -ɑ̃t] *adj* previdente

prier [13] [pʀije] *vi* rezar, orar
▶ *vt* **1** (*supplier*) pedir, suplicar **2** RELIG rezar
• **je vous en prie** (*s'il vous plaît*) por favor [de rien] de nada, não há de quê
• **je vous prie de bien vouloir** peço-lhe a gentileza de...
• **se faire prier** fazer-se rogado, -da

prière [pʀijɛʀ] *nf* **1** REL oração, reza **2** (*demande*) pedido *m*, súplica
• **"Prière de"** "Pede-se....", "É favor..."

primaire [pʀimɛʀ] *adj* **1** (*école*) primário, -a **2** (*peu cultivé*) inculto, -ta, grosseiro, -ra

primate [pʀimat] *nm* ZOOL primata *m*

primauté [pʀimote] *nf* primazia

prime¹ [pʀim] *nf* (*somme*) prêmio *m*, bônus *m*
• **en prime** [cadeau] como brinde [en plus] além disso, ainda por cima
• **faire prime** ser muito requisitado, ter grande aceitação

prime² [pʀim] *adj* MATH plica, linha
• **de prime abord** à primeira vista

primer [1] [pʀime] *vi* **1** (*l'emporter sur*) prevalecer, preponderar, primar: *sa bonté primait sur son physique* sua bondade prevalecia sobre seu físico **2** (*accorder un prix*) premiar

primeurs [pʀimœʀ] *nf pl* primícias

primevère [pʀimvɛʀ] *nf* BOT prímula

primitif, -ive [pʀimitif, -iv] *adj-nm,f* primitivo, -va

primo [pʀimo] *adv* primeiro, em primeiro lugar

primordial, -e [pʀimɔʀdjal] *adj* primordial

prince [pʀɛ̃s] *nm* príncipe

princesse [pʀɛ̃sɛs] *nf* princesa
• **faire la princesse** fazer-se de importante

principal, -e [pʀɛ̃sipal] *adj* principal
▶ *nm* **principal 1** (*le plus important*) o principal **2** (*d'une dette*) principal **3** (*d'un collège*) diretor **4** (*d'un impôt*) base

principauté [pʀɛ̃sipote] *nf* principado *m*

principe [pʀɛ̃sip] *nm* princípio

• **en principe** em princípio
• **par principe** por princípio

printanier, -ère [pʀɛ̃tanje, -ɛʀ] *adj* **1** (*gén*) primaveril **2** (*de la jeunesse*) juvenil

printemps [pʀɛ̃tɑ̃] *nm* **1** (*saison*) primavera *f* **2** (*année*) ano, primavera *f*

priori [pʀijɔʀi] *loc* **a priori** a priori

prioritaire [pʀijɔʀitɛʀ] *adj* prioritário, -a

priorité [pʀijɔʀite] *nf* prioridade
• **"Vous n'avez pas la priorité"** "Dê a preferência", "Via preferencial"

pris, -e [pʀi, -iz] *adj* **1** (*emprunté*) tomado, -da **2** (*occupé*) ocupado, -da: *j'ai les mains prises* estou com as mãos ocupadas **3** (*liquide*) espesso, -sa, com liga **4** (*d'une maladie*) acometido, -da, atacado, -da
• **être pris, -se de vin** estar bêbado, -da

prise [pʀiz] *nf* **1** (*action de prendre*) preensão, tomada **2** (*chose prise*) presa **3** (*pour saisir*) pegador *m*, cabo *m* **4** (*dans la lutte*) chave **5** (*du ciment*) secagem
• **avoir prise sur qqn** ter ascendência sobre alguém
• **donner prise à** dar chance a, dar margem a
• **être aux prises avec** estar às voltas com
▪ **prise d'eau** torneira, entrada de água
▪ **prise de bec** bate-boca *m*, discussão
▪ **prise de courant** tomada
▪ **prise de sang** coleta de sangue
▪ **prise de son** tomada/registro *m* de som
▪ **prise de vues** tomada, filmagem
▪ **prise multiple** tomada múltipla, filtro *m* de linha

priser [1] [pʀize] *vt* **1** (*estimer*) prezar, apreciar **2** (*cocaïne*) cheirar

prisme [pʀism] *nm* prisma

prison [pʀizɔ̃] *nf* prisão

prisonnier, -ère [pʀizɔnje, -ɛʀ] *adj-nm,f* prisioneiro, -ra, preso, -sa

privation [pʀivasjɔ̃] *nf* privação

privatisation [pʀivatizasjɔ̃] *nf* privatização

privatiser [1] [pʀivatize] *vt* privatizar

privé, -e [pʀive] *adj* **1** (*gén*) particular, pessoal **2** (*non public*) privado, -da: *propriété privée* propriedade privada

▶ nm **privé 1** (vie intime) privacidade **2** (détective) detetive particular **3** ÉCON setor privado
• **en privé** em particular

priver [1] [pʀive] vt privar, despojar, destituir (**de**, de)
▶ vpr **se priver** privar-se (**de**, de)

privilège [pʀivilɛʒ] nm privilégio

privilégié, -e [pʀivileʒje] adj privilegiado, -da

prix [pʀi] nm **1** (valeur) preço **2** (récompense) prêmio
• **à moitié prix** pela metade do preço
• **à tout prix** a qualquer preço, custe o que custar
• **au prix de** ao preço de
• **hors de prix** caríssimo, -ma, inacessível
▪ **prix d'achat** preço de compra
▪ **prix de revient** preço de custo

probabilité [pʀobabilite] nf probabilidade

probable [pʀobabl] adj provável

problématique [pʀoblematik] adj problemático, -ca
▶ nf **problématique** problemática

problème [pʀoblɛm] nm problema
• **poser un problème** criar, suscitar um problema

procédé [pʀosede] nm **1** (méthode) procedimento, processo **2** (comportement) procedimento, conduta f

procéder [10] [pʀosede] vt-vi proceder

procédure [pʀosedyʀ] nf procedimento m, processo m

procès [pʀosɛ] nm DR processo
• **intenter un procès contre qqn** mover processo contra alguém

processeur [pʀosɛsœʀ] nm INFORM processador

procession [pʀosesjɔ̃] nf procissão

processus [pʀosesys] nm processo

procès-verbal [pʀosɛvɛʀbal] nm (pl **procès-verbaux**) **1** (contravention) autuação f, multa f **2** (compte rendu) ata f

prochain, -e [pʀoʃɛ̃, -ɛn] adj **1** (dans le temps, l'espace) próximo, -ma **2** (qui suit immédiatement) seguinte, que vem: *l'année prochaine* o ano que vem
▶ nm **prochain** próximo

prochainement [pʀoʃɛnmɑ̃] adv proximamente, em breve

proche [pʀoʃ] adj próximo, -ma
▶ nm pl **proches** parentes

Proche-Orient [pʀoʃoʀjɑ̃] nm Oriente Próximo

proclamation [pʀoklamasjɔ̃] nf proclamação

proclamer [1] [pʀoklame] vt proclamar

procréer [14] [pʀokʀee] vt procriar

procuration [pʀokyʀasjɔ̃] nf DR procuração
• **dresser une procuration** passar procuração
• **par procuration** por procuração

procurer [1] [pʀokyʀe] vt **1** (faire obtenir) proporcionar, fornecer **2** (occasionner) causar, ocasionar
▶ vpr **se procurer** obter, arranjar, conseguir

procureur [pʀokyʀœʀ] nm DR promotor
▪ **procureur de la République** procurador da República

prodige [pʀodiʒ] nm prodígio

prodigieux, -euse [pʀodiʒjø, -øz] adj prodigioso, -sa

prodiguer [2] [pʀodige] vt **1** (argent) desperdiçar **2** (éloges, compliments) prodigalizar

producteur, -trice [pʀodyktœʀ, -tʀis] adj-nm,f produtor, -ra

productif, -ive [pʀodyktif, -iv] adj produtivo, -va

production [pʀodyksjɔ̃] nf produção

productivité [pʀodyktivite] nf produtividade

produire [58] [pʀodɥiʀ] vt **1** (gén) produzir **2** (montrer) apresentar, exibir
▶ vpr **se produire 1** (événement) ocorrer **2** (acteur) apresentar-se

produit [pʀodɥi] nm produto
▪ **produit national brut** produto nacional bruto
▪ **produit intérieur brut** produto interno bruto
▪ **produits d'entretien** produtos de limpeza

prof [pʀof] nmf fam professor, -ra

profane [pʀɔfan] *adj-nmf* **1** (*gén*) profano, -na **2** (*non spécialiste*) leigo, -ga

profaner [1] [pʀɔfane] *vt* profanar

proférer [10] [pʀɔfeʀe] *vt* proferir

professer [1] [pʀɔfese] *vt* professar

professeur [pʀɔfesœʀ] *nm* professor, -ra

profession [pʀɔfesjɔ̃] *nf* profissão

professionnel, -elle [pʀɔfesjɔnɛl] *adj-nm,f* profissional

profil [pʀɔfil] *nm* perfil
• **de profil** de perfil

profiler [1] [pʀɔfile] *vt* perfilar
▸ *vpr* **se profiler** desenhar-se, destacar-se

profit [pʀɔfi] *nm* **1** (*avantage*) proveito, vantagem *f* **2** ÉCON lucro
• **au profit de** em benefício de
• **tirer profit de qqch** tirar proveito de algo

profiter [1] [pʀɔfite] *vi* aproveitar
• **en profiter** tirar partido, aproveitar
• **profiter de qqn** aproveitar-se de alguém

profiterole [pʀɔfitʀɔl] *nf* CUIS profiterole

profond, -e [pʀɔfɔ̃, -ɔ̃d] *adj* profundo, -da

profondeur [pʀɔfɔ̃dœʀ] *nf* profundidade, profundeza

profusion [pʀɔfyzjɔ̃] *nf* profusão

progéniture [pʀɔʒenityʀ] *nf* prole, progênie

progiciel [pʀɔʒisjɛl] *nm* INFORM pacote de programas

programmable [pʀɔgʀamabl] *adj* programável

programmation [pʀɔgʀamasjɔ̃] *nf* programação

programme [pʀɔgʀam] *nm* programa

programmer [1] [pʀɔgʀame] *vt* programar

programmeur, -euse [pʀɔgʀamœʀ, -øz] *nm,f* programador, -ra

progrès [pʀɔgʀɛ] *nm* progresso

progresser [1] [pʀɔgʀese] *vi* progredir

progressif, -ive [pʀɔgʀesif, -iv] *adj* progressivo, -va

progression [pʀɔgʀesjɔ̃] *nf* **1** (*avancée*) progressão, avanço *m* **2** (*développement*) progresso *m*, desenvolvimento *m*
• **être en progression** estar progredindo

prohibitif, -ive [pʀɔibitif, -iv] *adj* proibitivo, -va

proie [pʀwa] *nf* presa, vítima
• **être la proie de** ser presa de, ser vítima de
• **être en proie de** ser dominado por

projecteur [pʀɔʒɛktœʀ] *nm* projetor

projectile [pʀɔʒɛktil] *nm* projétil

projection [pʀɔʒɛksjɔ̃] *nf* projeção

projet [pʀɔʒɛ] *nm* projeto

projeter [6] [pʀɔʒte] *vt* projetar

prolétaire [pʀɔletɛʀ] *adj-nmf* proletário, -a

prolétariat [pʀɔletaʀja] *nm* proletariado

proliférer [10] [pʀɔlifeʀe] *vi* proliferar

prolifique [pʀɔlifik] *adj* prolífico, -ca

prologue [pʀɔlɔg] *nm* prólogo

prolongation [pʀɔlɔ̃gasjɔ̃] *nf* **1** (*continuation*) prolongamento *m* **2** (*de temps*) prorrogação
• **jouer les prolongations** jogar na prorrogação

prolongement [pʀɔlɔ̃ʒmɑ̃] *nm* prolongamento

prolonger [4] [pʀɔlɔ̃ʒe] *vt* prolongar
▸ *vpr* **se prolonger** prolongar-se

promenade [pʀɔmnad] *nf* passeio *m*
• **faire une promenade** dar um passeio

promener [7] [pʀɔmne] *vt* levar para passear
▸ *vpr* **se promener** passear
• **envoyer promener qqn** *fam fig* mandar alguém às favas

promesse [pʀɔmɛs] *nf* promessa

promettre [81] [pʀɔmɛtʀ] *vt-vi* prometer
• **ça promet!** isso promete!

promis, -e [pʀɔmi, -iz] *adj-nm,f* prometido, -da

promiscuité [pʀɔmiskɥite] *nf* promiscuidade

promontoire [pʀɔmɔtwaʀ] *nm* promontório

promoteur, -trice [pʀɔmɔtœʀ, -tʀis] *nm,f* incentivador, -ra

promotion [pʀɔmosjɔ̃] *nf* promoção
• **en promotion** em promoção, em oferta

promouvoir [41] [pʀɔmuvwaʀ] *vt* **1** (*gén*) promover **2** (*encourager*) incentivar

prompt, -e [pʀɔ̃, -ɔ̃t] *adj fml* pronto, -ta, rápido, -da

promulguer [2] [pʀɔmylge] *vt* promulgar

prôner [1] [pʀone] *vt* preconizar

pronom [pʀɔnɔ̃] *nm* pronome

pronominal, -e [pʀɔnɔminal] *adj* pronominal

prononcer [3] [pʀɔnɔ̃se] *vt* pronunciar
▶ *vpr* **se prononcer** pronunciar-se

prononciation [pʀɔnɔ̃sjasjɔ̃] *nf* pronúncia

pronostic [pʀnɔstik] *nm* prognóstico

pronostiquer [2] [pʀnɔstike] *vt* prognosticar

propagande [pʀɔpagɑ̃d] *nf* propaganda

propagation [pʀɔpagasjɔ̃] *nf* propagação

propager [4] [pʀɔpaʒe] *vt* propagar
▶ *vpr* **se propager** propagar-se

propension [pʀɔpɑ̃sjɔ̃] *nf* propensão

prophète, -tesse [pʀɔfɛt] *nm,f* profeta, -tisa

prophétie [pʀɔfesi] *nf* profecia

prophylaxie [pʀɔfilaksi] *nf* MÉD profilaxia

propice [pʀɔpis] *adj* propício, -a

proportion [pʀɔpɔʀsjɔ̃] *nf* proporção
• **toutes proportions gardées** guardadas as devidas proporções

proportionnel, -elle [pʀɔpɔʀsjɔnɛl] *adj* proporcional

propos [pʀɔpo] *nm* (*but*) propósito, intenção
▶ *nm pl* **palavras**
• **à propos** (*au fait*) a propósito [*opportunément*] a calhar, oportunamente

• **à propos de** a respeito de, sobre, a propósito de

proposer [1] [pʀɔpoze] *vt* propor
▶ *vpr* **se proposer 1** (*se fixer un but*) propor-se **2** (*offrir ses services*) oferecer-se, apresentar-se

proposition [pʀɔpozisjɔ̃] *nf* **1** (*offre*) proposta **2** (*d'une phrase*) oração, proposição

propre¹ [pʀɔpʀ] *adj* (*net*) limpo, -pa
• **nous voilà propres!** estamos fritos!
• **recopier au propre** passar a limpo

propre² [pʀɔpʀ] *adj* **1** (*personnel*) próprio, -a, pessoal: *je l'ai vu de mes propres yeux* vi com meus próprios olhos **2** (*approprié*) apropriado, -da, adequado, -da
▶ *nm* próprio: *c'est le propre de l'homme* é próprio do homem

propreté [pʀɔpʀəte] *nf* limpeza

propriétaire [pʀɔpʀijetɛʀ] *nmf* proprietário, -a, dono, -na

propriété [pʀɔpʀijete] *nf* **1** (*gén*) propriedade **2** (*maison*) imóvel

propulsion [pʀɔpylsjɔ̃] *nf* propulsão

proroger [4] [pʀɔʀɔʒe] *vt* prorrogar

proscrire [60] [pʀɔskʀiʀ] *vt* proscrever

prose [pʀoz] *nf* prosa

prosélytisme [pʀɔzelitism] *nm* proselitismo

prospecter [1] [pʀɔspɛkte] *vt* **1** (*mines*) prospectar **2** (*parcourir*) percorrer **3** COMM fazer estudo (*de mercado*), pesquisar, sondar

prospectus [pʀɔspɛktys] *nm* folheto, prospecto

prospérer [10] [pʀɔspeʀe] *vi* prosperar

prospérité [pʀɔspeʀite] *nf* prosperidade

prostate [pʀɔstat] *nf* ANAT próstata

prosterner (se) [1] [pʀɔstɛʀne] *vpr* prosternar-se

prostituée [pʀɔstitɥe] *nf* prostituta

prostituer (se) [1] [pʀɔstitɥe] *vpr* prostituir-se

prostration [pʀɔstʀasjɔ̃] *nf* prostração

protagoniste [pʀɔtagɔnist] *nmf* protagonista

protecteur, -trice [pʀɔtɛktœʀ, -tʀis] *adj-nm,f* protetor, -ra

protection [pʀɔtɛksjɔ̃] *nf* proteção

protectionnisme [pʀɔtɛksjɔnism] *nm* protecionismo

protège-cahier [pʀɔtɛʒkaje] *nm* (*pl* **protège-cahiers**) capa *f* de caderno

protéger [11] [pʀɔteʒe] *vt* proteger
▸ *vpr* **se protéger** proteger-se

protège-slip [pʀɔtɛʒslip] *nm* (*pl* **protège-slips**) protetor de calcinha

protéine [pʀɔtein] *nf* proteína

protestant, -e [pʀɔtɛstɑ̃, -ɑ̃t] *adj-nm,f* protestante

protestantisme [pʀɔtɛstɑ̃tism] *nm* protestantismo

protestation [pʀɔtɛstasjɔ̃] *nf* protesto *m*

protester [1] [pʀɔtɛste] *vt-vi* protestar

prothèse [pʀɔtɛz] *nf* prótese

protocole [pʀɔtɔkɔl] *nm* protocolo

prototype [pʀɔtɔtip] *nm* protótipo

protubérance [pʀɔtybeʀɑ̃s] *nf* protuberância

proue [pʀu] *nf* proa

prouesse [pʀuɛs] *nf* proeza, façanha, feito *m*

prouver [1] [pʀuve] *vt* demonstrar, provar, comprovar, evidenciar, revelar

provenance [pʀɔvnɑ̃s] *nf* proveniência
• **en provenance de** proveniente de, procedente de

provenir [35] [pʀɔvniʀ] *vi* provir

proverbe [pʀɔvɛʀb] *nm* provérbio

providence [pʀɔvidɑ̃s] *nf* providência

providentiel, -elle [pʀɔvidɑ̃sjɛl] *adj* providencial

province [pʀɔvɛ̃s] *nf* província, interior *m*

provincial, -e [pʀɔvɛ̃sjal] *adj* provincial, provinciano, -na
▸ *nm,f* provinciano, -na, interiorano, -na

proviseur [pʀɔvizœʀ] *nm* diretor, -ra de colégio

provision [pʀɔvizjɔ̃] *nf* provisão
▸ *nf pl* **provisions** provisões, mantimentos *m pl*
• **faire ses provisions** fazer compras
• **sans provision** sem fundos

provisionnel, -elle [pʀɔvizjɔnɛl] *adj* DR COMM provisional

provisoire [pʀɔvizwaʀ] *adj* provisório, -a

provocant, -e [pʀɔvɔkɑ̃, -ɑ̃t] *adj* provocante

provocation [pʀɔvɔkasjɔ̃] *nf* provocação

provoquer [2] [pʀɔvɔke] *vt* provocar

proxénète [pʀksenɛt] *nmf* proxeneta

proximité [pʀɔksimite] *nf* proximidade
• **à proximité de** perto de, nas proximidades de

prudence [pʀydɑ̃s] *nf* prudência

prudemment [pʀydamɑ̃] *adv* prudentemente

prudent, -e [pʀydɑ̃, -ɑ̃t] *adj* prudente

prune [pʀyn] *nf* BOT ameixa

pruneau [pʀyno] *nm* BOT ameixa-preta *f*

prunelle [pʀynɛl] *nf* **1** BOT abrunho *m* **2** ANAT pupila

prunier [pʀynje] *nm* BOT ameixeira *f*

psaume [psom] *nm* salmo

pseudonyme [psødɔnim] *nm* pseudônimo

psychanalyse [psikanaliz] *nf* psicanálise

psychiatre [psikjatʀ] *nmf* psiquiatra

psychiatrie [psikjatʀi] *nf* psiquiatria

psychique [psiʃik] *adj* psíquico, -ca

psychologie [psikɔlɔʒi] *nf* psicologia

psychologue [psikɔlɔg] *nmf* psicólogo, -ga

psychose [psikoz] *nf* psicose

psychosomatique [psikosomatik] *adj* psicossomático, -ca

puant, -e [pɥɑ̃, -ɑ̃t] *adj* fedorento, -ta

puanteur [pɥɑ̃tœʀ] *nf* fedor *m*

pub [pyb] *nf* **1** (*activité*) publicidade **2** (*message*) anúncio *m*, comercial *m*

puberté [pybɛʀte] *nf* puberdade

pubis [pybis] *nm* ANAT púbis *m*

public, -ique [pyblik] *adj* público, -ca

▶ *nm* **public** público
• **en public** em público
publication [pyblikasjɔ̃] *nf* publicação
publicité [pyblisite] *nf* **1** (*activité*) publicidade **2** (*message*) anúncio *m*, comercial *m*
publier [13] [pyblije] *vt* publicar
publipostage [pyblipɔstaʒ] *nm* mala *f* direta
puce [pys] *nf* **1** ZOOL pulga **2** INFORM chip *m*
■ **les puces** mercado das pulgas, feira de objetos usados
puceron [pysʀɔ̃] *nm* ZOOL pulgão
pudeur [pydœʀ] *nf* pudor *m*
pudique [pydik] *adj* pudico, -ca
puer [1] [pɥe] *vi-vt* feder
puériculteur, -trice [pɥeʀikylt)ʀ, -tʀis] *nm,f* puericultor, -ra
puéril, -e [pɥeʀil] *adj* pueril
pugilat [pyʒila] *nm* briga *f*, pega-pega
puis [pɥi] *adv* depois, em seguida
• **et puis** além disso
puiser [1] [pɥize] *vt* (*líquido*) tirar
• **puiser ses forces dans** haurir forças em
puisque [pɥisk] *conj* **1** (*étant donné que*) como, uma vez que: *puisque tu insistes, je vais te le dire* como você insiste, vou dizer **2** (*car*) pois
puissance [pɥisɑ̃s] *nf* **1** (*gén*) potência: *les grandes puissances* as grandes potências **2** (*pouvoir*) poder *m* **3** (*force*) força **4** MATH potência
• **en puissance** (*em*) potencial
puissant, -e [pɥisɑ̃, -ɑ̃t] *adj* **1** (*machine, moteur*) potente, possante **2** (*personne*) poderoso, -sa
puits [pɥi] *nm* poço
pull [pyl] *nm* pulôver
pull-over [pylɔvɛʀ] *nm* (*pl* **pull-overs**) pulôver
pulluler [1] [pylyle] *vi* pulular
pulmonaire [pylmɔnɛʀ] *adj* pulmonar
pulpe [pylp] *nf* polpa
pulsation [pylsasjɔ̃] *nf* pulsação
pulsion [pylsjɔ̃] *nf* PSYCH pulsão

pulvériser [1] [pylveʀize] *vt* pulverizar
puma [pyma] *nm* ZOOL puma
punaise [pynɛz] *nf* (*insecte; petit clou*) percevejo *m*
punch[1] [pɔ̃ʃ] *nm* (*boisson*) ponche
punch[2] [pɔ̃ʃ] *nm* (*énergie*) dinamismo, garra *f*
punir [20] [pyniʀ] *vt* punir, castigar
punition [pynisjɔ̃] *nf* punição, castigo *m*
pupille [pypil] *nf* (*de l'œil*) pupila
pupitre [pypitʀ] *nm* **1** (*bureau*) carteira *f*, escrivaninha *f* **2** (*pour partitions de musique*) estante *f*
pur, -e [pyʀ] *adj* puro, -ra
purée [pyʀe] *nf* purê *m*
▶ *interj* **purée!** puxa!, puxa vida!
pureté [pyʀte] *nf* pureza
purgatif, -ive [pyʀgatif, -iv] *adj* purgativo, -va
▶ *nm* **purgatif** purgante
purgatoire [pyʀgatwaʀ] *nm* purgatório
purge [pyʀʒ] *nf* **1** (*remède*) purgante *m* **2** (*évacuation d'un liquide*) drenagem, descarga
purification [pyʀifikasjɔ̃] *nf* purificação
purifier [12] [pyʀifje] *vt* purificar
puriste [pyʀist] *adj-nmf* purista
puritain, -e [pyʀitɛ̃, -ɛn] *adj-nm,f* puritano, -na
puritanisme [pyʀitanism] *nm* puritanismo
pur-sang [pyʀsɑ̃] *nm inv* puro-sangue
purulent, -e [pyʀylɑ̃, -ɑ̃t] *adj* purulento, -ta
pus [py] *nm* pus
pustule [pystyl] *nf* pústula
putain [pytɛ̃] *nf fam* puta
pute [pyt] *nf fam* puta
putois [pytwa] *nm* ZOOL doninha-fétida
putréfaction [pytʀefaksjɔ̃] *nf* putrefação
putréfier (se) [12] [pytʀefje] *vpr* putrefazer-se

putride [pytʀid] *adj* pútrido, -da, podre, putrefato, -ta
putsch [putʃ] *nm* golpe de Estado
puzzle [pœzl] *nm (jeu; problème)* quebra-cabeça
pyjama [piʒama] *nm* pijama
pylône [pilon] *nm* pilar, torre *f*

pyramide [piʀamid] *nf* pirâmide
pyromane [piʀɔman] *nmf* piromaníaco, -ca
pyrotechnie [piʀɔtɛkni] *nf* pirotecnia
python [pitɔ̃] *nm* ZOOL sucuri *f*, anaconda *f*

Q

qu' [k] *conj-pron rel* → que

quadrillage [kadʀijaʒ] *nm* **1** *(tracé)* quadriculado **2** *(division)* divisão *f*, zoneamento **3** *(contrôle)* controle, vigilância *f*, cerco

quadriller [1] [kadʀije] *vt (papier)* **1** quadricular **2** *(surveiller)* policiar, cercar, vigiar

quadrupède [kwadʀypɛd] *adj-nm* quadrúpede

quadruple [kwadʀypl] *adj-nm* quádruplo

quadrupler [1] [kwadʀyple] *vt* quadruplicar

quai [ke] *nm* **1** *(d'un port)* cais **2** *(de gare)* plataforma *f*

qualificatif, -ive [kalifikatif, -iv] *adj* qualificativo, -va
▸ *nm* **qualificatif** qualificativo

qualification [kalifikasjɔ̃] *nf* qualificação

qualifier [12] [kalifje] *vt* qualificar
▸ *vpr* **se qualifier** SPORT classificar-se

qualité [kalite] *nf* qualidade
• **de bonne qualité** de boa qualidade
• **de mauvaise qualité** de má qualidade
• **en qualité de** na qualidade de

quand [kɑ̃] *adv interr* quando: *quand partez-vous?* quando você vai?
▸ *conj (au moment où)* quando: *faites-moi signe quand vous serez arrivé* avise-me quando chegar
• **n'importe quand** a qualquer momento *(dia, hora)*
• **quand bien même** *fml* mesmo que
• **quand même** apesar de tudo, mesmo assim
• **quand même!** puxa!

quant [kɑ̃t] *loc* **quant à** quanto a

quantitatif, -ive [kɑ̃titatif, -iv] *adj* quantitativo, -va

quantité [kɑ̃tite] *nf* quantidade
• **en quantité** em quantidade

quarantaine [kaʀɑ̃tɛn] *nf* quarentena
• **avoir la quarantaine** ter uns quarenta anos
• **être en quarantaine** estar de quarentena

quarante [kaʀɑ̃t] *num* quarenta

quarantième [kaʀɑ̃tjɛm] *num* quadragésimo, -ma
▸ *nm* quadragésimo, a quadragésima parte *f*

quart [kaʀ] *adj-num* um, uma quarto, -ta
• **il est midi et quart** é meio-dia e quinze
• **quart de finale** SPORT quartas de final
• **un quart d'heure** quinze minutos, um quarto de hora

quartier [kaʀtje] *nm* **1** *(d'une ville)* bairro **2** *(de fruit)* gomo, pedaço **3** *(de viande)* quarto **4** *(portion)* pedaço **5** *(d'une armée)* quartel
• **avoir quartier libre** *(militaire)* estar de folga [civil] ter tempo livre, estar folgado

quart-monde [kaʀmɔ̃d] *nm (pl* **quarts-mondes***)* Quarto Mundo

quartz [kwaʀts] *nm* quartzo

quasi [kazi] *adv* quase

quasiment [kazimɑ̃] *adv* quase

quatorze [katɔʀz] *num* quatorze, catorze

quatorzième [katɔʀzjɛm] *num* décimo, -ma quarto, -ta

quatre [katʀ] *num* quatro
- **se mettre en quatre pour qqn** desdobrar-se por alguém

quatre-vingt-dix [katʀəvẽdis] *num* noventa

quatre-vingts [katʀəvẽ] *num* oitenta

quatrième [katʀijɛm] *adj-nmf* quarto, -ta

quatuor [kwatɥɔʀ] *nm* MUS quarteto

que [k] (**qu'** diante de vogal ou h mudo) *conj* **1** *(introduit une subordonnée)* que: *j'espère que vous serez heureux* espero que você seja feliz **2** *(introduit une hypothèse)* quer... ou: *que tu y croies ou pas* quer você acredite, quer não **3** *(indique un souhait ou un ordre)* que: *qu'il vienne!* que ele venha! **4** *(avec un présentatif)* que: *voilà qu'il est reparti!* eis que ele foi embora!
▶ *pron rel* que: *l'homme que nous avons vu* o homem que vimos; *il y a cinq ans que j'habite ici* faz cinco anos que moro aqui; *fais ce que tu voudras* faça o que quiser
▶ *pron interr* o que: *que fais-tu?* o que está fazendo?; *qu'est-ce qui se passe?* o que está acontecendo?
▶ *adv* como, que, quanto, -ta: *que c'est grand!* como é grande!/que grande!; *que de monde!* quanta gente!
■ **ne... que** só, somente, apenas: *il ne lui arrive que des malheurs* só lhe acontecem desgraças
• **aussi/autant... que** tão/tanto... como/quanto
• **qu'est-ce que** o que (objeto)
• **qu'est-ce qui** o que (sujeito)

quel, quelle [kɛl] *adj* **1** *(interrogatif)* que, qual: *quel est son nom?* qual é o nome dele, -la?; *quelle heure est-il?* que horas são? **2** *(exclamatif)* que: *quel dommage* que pena!
▶ *pron interr* **1** *(chose)* qual: *quel sera le plus intéressant de ces livres?* qual será o mais interessante desses livros? **2** *(personne)* quem, qual: *quel est le plus grand des deux?* quem é o mais alto dos dois?, qual dos dois é o mais alto?
• **quel/quelle que soit** seja qual for, qualquer que seja

quelconque [kɛlkɔ̃k] *adj indéf* qualquer: *sous un prétexte quelconque* com um pretexto qualquer
▶ *adj péj* ordinário, -a, qualquer

quelle [kɛl] *adj-pron* → quel, quelle

quelque [kɛlk] (**quelqu'** diante de *un* e *une*) *adj indéf* algum, -ma: *elle doit être quelque part* ela deve estar em algum lugar
▶ *adj indéf pl* **quelques** uns/umas quantos, -tas, alguns, -mas, poucos, -cas: *les quelques amis que j'avais sont partis* os poucos amigos que eu tinha se foram; *quelques instants plus tard* alguns instantes depois
▶ *adv* uns, umas: *cela vous coûtera quelque cent euros* isto vai lhe custar uns cem euros
■ **et quelques** e pouco: *il a cinquante ans et quelques* tem cinquenta e poucos anos
■ **quelque que** *fml* por mais: *quelque riche qu'il soit, il ne peut pas acheter son amour* por mais rico que seja, não pode comprar seu amor
• **quelque chose** algo, alguma coisa
• **quelque chose d'autre** outra coisa
• **quelque part** em algum lugar
• **quelque peu** um pouco

quelquefois [kɛlkəfwa] *adv* às vezes

quelques-uns, -unes [kɛlkəzœ̃, -yn] *pron indéf* alguns, -mas: *je peux t'en prêter quelques-unes* posso emprestar-lhe algumas; *quelques-uns sont venus* alguns vieram

quelqu'un [kɛlkœ̃] *pron indéf* alguém: *quelqu'un a appelé ce matin* alguém telefonou hoje de manhã; *il y a quelqu'un?* há alguém aí?

qu'en-dira-t-on [kɑ̃diʀatɔ̃] *nm inv* **le qu'en-dira-t-on** falatório, mexerico

quenelle [kənɛl] *nf* CUIS tipo de bolinho *m* de carne ou peixe

querelle [kəʀɛl] *nf* **1** briga, discussão **2** *(controverse)* querela, polêmica, controvérsia
• **chercher querelle à qqn** procurar briga com alguém, provocar alguém

quereller (se) [1] [kəʀele] *vpr* discutir, brigar

question [kɛstjɔ̃] *nf* **1** *(interrogation)* pergunta **2** *(thème)* questão

- **en question** em questão
- **il n'en est pas question!** está fora de cogitação, nem pensar!
- **poser une question à qqn** fazer uma pergunta a alguém
- **remettre qqch en question** questionar algo

questionnaire [kɛstjɔnɛʀ] *nm* questionário

questionner[1] [kɛstjɔne] *vt* interrogar

quête [kɛt] *nf* 1 *(recherche)* busca, procura 2 *(d'argent)* coleta
- **en quête de** em busca de, à procura de, à cata de

queue [kø] *nf* 1 *(gén)* cauda 2 *(file d'attente)* fila 3 *(d'animal)* rabo *m* 4 *(de cheveux)* rabo de cavalo *m* 4 *(d'une poêle)* cabo *m*
- **à la queue leu leu** em fila indiana
- **faire la queue** entrar na fila, fazer fila
- **faire une queue de poisson à qqn** dar uma fechada em alguém
- **sans queue ni tête** sem pé nem cabeça

queue-de-cheval [kødʃəval] *nf* (*pl* **queues-de-cheval**) rabo de cavalo *m*

qui [ki] *pron rel* 1 *(sujet)* que: *les choses qui m'intéressent* as coisas que me interessam; *toi qui le sais* você que sabe 2 *(complément)* quem: *appelle qui tu préfères* chame quem preferir
▶ *pron interr* 1 *(sujet)* quem: *qui est-ce?* quem é?; *qui sont ces gens?* quem são essas pessoas? 2 *(complément)* a quem, quem: *qui as-tu vu?* quem você viu? 3 *(après une préposition)* quem: *à qui pense-t-il?* em quem ele está pensando?; *à qui est la voiture rouge?* de quem é o carro vermelho?
- **n'importe qui** qualquer pessoa, qualquer um
- **qui est-ce que** quem? *(objeto)*
- **qui est-ce qui** quem? *(sujeito)*

quiche [kiʃ] *nf* CULIN quiche

quiconque [kikɔ̃k] *pron indéf* quem, aquele(s) que, qualquer um: *pour quiconque a l'habitude, c'est facile* para quem está acostumado, é fácil

quiétude [kjetyd] *nf* quietude

quille [kij] *nf* 1 *(de jeu)* pino *m* de boliche 2 *(de bateau)* quilha
▶ *nf pl* **quilles** boliche *m sing*

quincaillerie [kɛ̃kajʀi] *nf* 1 *(magasin)* loja de ferragens 2 *fam (bijoux)* quinquilharia

quinine [kinin] *nf* CHIM quinina

quinquennat [kɛ̃kena] *nm* quinquênio

quinte [kɛ̃t] *nf loc* **quinte de toux** acesso *m* de tosse

quintuple [kɛ̃typl] *adj* quíntuplo, -pla
▶ *nm* quíntuplo

quinzaine [kɛ̃zɛn] *nf* quinzena

quinze [kɛ̃z] *num* quinze

quinzième [kɛ̃zjɛm] *num* décimo, -ma quinto, -ta

quiproquo [kipʀɔko] *nm* quiproquó, equívoco

quittance [kitɑ̃s] *nf* recibo *m*, quitação

quitte [kit] *adj* quite
- **être quitte envers qqn** estar quite com alguém
- **quitte à** [au risque de] com o risco de [puisqu'il faut] já é preciso
- **quitte ou double** o dobro ou nada

quitter[1] [kite] *vt* 1 *(gén)* deixar, largar, abandonar 2 *(ville, pays, endroit)* ir embora de 3 *(vêtements)* tirar
▶ *vpr* **se quitter** separar-se: *ils se sont quittés à regret* separaram-se a contragosto
- **ne quittez pas!** *(au téléphone)* não desligue, aguarde na linha

qui-vive [kiviv] *loc* **être sur le qui-vive** estar alerta

quoi [kwa] *pron rel* que: *c'est ce à quoi je pense* é no que estou pensando; *il n'y a vraiment pas de quoi s'énerver* não há mesmo por que ficar nervoso
▶ *pron interr* 1 que: *à quoi pensez-vous?* em que está pensando?; *je ne comprends pas de quoi il parle* não entendo do que ele está falando 2 que, como: *quoi? tu n'en veux pas?* o quê?/como? você não quer?
▶ *interj* **quoi!** o quê!
- **après quoi** depois do que
- **à quoi bon?** para quê?
- **il n'y a pas de quoi** não há de quê
- **n'importe quoi** qualquer coisa
- **ou quoi?** ou não?
- **quoi qu'il arrive** aconteça o que acontecer

• **quoi qu'il en soit** seja como for

quoique [kwak] *conj* embora, ainda que, apesar de: ***quoique placé en plein soleil, il a froi*** apesar de estar no sol, sente frio

quota [kwɔta] *nm* cota, quota

quotidien, -enne [kɔtidjɛ̃, -ɛn] *adj* cotidiano, -na, diário, -a
▸ *nm* **quotidien 1** (*vie de chaque jour*) cotidiano **2** (*journal*) diário

quotient [kɔsjɑ̃] *nm* quociente, cociente

R

rabâcher [1] [ʀabɑʃe] *vt* repisar, bater na mesma tecla
▶ *vi* repetir-se

rabais [ʀabɛ] *nm* desconto
• **au rabais** *(artiste)* medíocre, barato *(travailler)* por uma miséria

rabaisser [1] [ʀabese] *vt* rebaixar
▶ *vpr* **se rabaisser** rebaixar-se

rabat [ʀaba] *nm* aba *f*

rabat-joie [ʀabaʒwa] *adj-nmf inv* desmancha-prazeres

rabattre [64] [ʀabatʀ] *vt* **1** *(mettre à plat)* assentar, rebater **2** *(rabaisser ce qui se replie)* baixar, fechar **3** *(replier)* dobrar, deitar, abrir (girando em torno de um eixo) **4** *(un clou)* rebitar **5** *(les manches)* desarregaçar **6** *(une couture)* pespontar **7** COMM fazer desconto, abater **8** *(diminuer)* diminuir, descontar **9** *(gibier)* espantar batendo o mato **10** *(client)* angariar, atrair
▶ *vpr* **se rabattre 1** *(siège)* dobrar-se, fechar-se **2** *(accepter)* conformar-se (**sur**, com)

rabbin [ʀabɛ̃] *nm* rabino

rabot [ʀabo] *nm* plaina *f*

raboter [1] [ʀabote] *vt* aplainar

rabougri, -e [ʀabugʀi] *adj* franzino, -na, mirrado, -da

raccommodage [ʀakɔmɔdaʒ] *nm* remendo

raccommoder [1] [ʀakɔmɔde] *vt* **1** *(vêtement)* consertar, remendar **2** *fam (deux personnes)* reconciliar
▶ *vpr* **se raccommoder** *fam* reconciliar-se

raccompagner [1] [ʀakɔ̃paɲe] *vt* acompanhar

raccord [ʀakɔʀ] *nm* **1** *(liaison)* emenda *f* **2** *(pièce)* luva *f*, junção *f*, conexão *f* **3** *(au cinéma)* continuidade *f* **4** *fig* ligação *f*, união *f*

raccorder [1] [ʀakɔʀde] *vt* unir, ligar
▶ *vpr* **se raccorder** ligar-se, unir-se

raccourci, -e [ʀakuʀsi] *adj* reduzido, -da, encurtado, -da
▶ *nm* **raccourci 1** *(chemin)* atalho **2** INFORM atalho

raccrocher [1] [ʀakʀɔʃe] *vt* **1** *(tableau)* pendurar, dependurar **2** *(wagon)* engatar **3** *(téléphone)* desligar, pôr no gancho
▶ *vpr* **se raccrocher** agarrar-se (**à**, a)

race [ʀas] *nf* raça
• **de race** de raça

racheter [8] [ʀaʃte] *vt* **1** *(acheter de nouveau)* tornar a comprar **2** *(d'occasion)* comprar **3** *(faute)* redimir, resgatar **4** *(prisonnier)* resgatar
▶ *vpr* **se racheter** redimir-se

rachitique [ʀaʃitik] *adj* raquítico, -ca

rachitisme [ʀaʃitism] *nm* MÉD raquitismo

racial [ʀasjal] *adj* racial

racine [ʀasin] *nf* raiz
■ **racine carrée** raiz quadrada
■ **racine cubique** raiz cúbica

racisme [ʀasism] *nm* racismo

raciste [ʀasist] *adj-nmf* racista

racket [ʀakɛt] *nm* extorsão *f*

racketter [1] [ʀakete] *vt* extorquir, achacar

raclée [ʀakle] *nf fam* surra

racler [1] [ʀakle] *vt* raspar
• **se racler la gorge** pigarrear

racontars [Rakɔ̃tar] nm pl mexericos, fofocas f

raconter [1] [Rakɔ̃te] vt contar, relatar, narrar
• **qu'est-ce que tu racontes?** o que há de novo?

radar [RadaR] nm radar

rade [Rad] nf baía, enseada

radeau [Rado] nm jangada f

radiateur [RadjatœR] nm 1 (auto) radiador 2 (appareil de chauffage) aquecedor

radiation [Radjasjɔ̃] nf 1 (rayonnement) radiação, irradiação 2 (d'un ordre, d'une profession) eliminação, expulsão

radical, -e [Radikal] adj radical
▸ nm **radical** radical

radier [12] [Radje] vt 1 (d'une liste) riscar, tirar, eliminar 2 (d'une profession) expulsar

radieux, -euse [Radjø, -øz] adj radioso, -sa, radiante

radin, -e [Radɛ̃] adj-nm,f fam avarento, -ta, pão-duro

radio [Radjo] nf 1 (station) rádio f 2 fam (radiographie) radiografia, chapa
• **passer une radio** tirar uma radiografia

radioactif, -ive [Radjɔaktif, -iv] adj radioativo, -va

radiocassette [Radjɔkasɛt] nf radiogravador m

radiodiffusion [Radjɔdifyzjɔ̃] nf radiodifusão, irradiação

radiographie [RadjɔgRafi] nf radiografia

radiologue [Radjɔlɔg] nmf radiologista

radiophonique [Radjɔfɔnik] adj radiofônico, -ca

radio-réveil [RadjoRevɛj] nm (pl **radios-réveils**) radiorrelógio

radis [Radi] nm bot rabanete
• **ne plus avoir un radis** estar sem um tostão

radium [Radjɔm] nm chim rádio

radoter [1] [Radɔte] vi disparatar, desatinar

radoucir (se) [20] [RadusiR] vpr suavizar-se, abrandar-se

rafale [Rafal] nf rajada

raffermir [20] [RafɛRmiR] vt fortalecer

raffiné, -e [Rafine] adj refinado, -da

raffinement [Rafinmɑ̃] nm refinamento

raffiner [1] [Rafine] vt refinar

raffinerie [RafinRi] nf refinaria

raffoler [1] [Rafɔle] vi ser louco, -ca (**de**, por)

rafistoler [1] [Rafistɔle] vt fam consertar de qualquer jeito, guaribar

rafle [Rafl] nf batida (policial)

rafler [1] [Rafle] vt fam 1 (voler) roubar, passar a mão em 2 (s'emparer) apoderar-se de, abiscoitar, arrebatar

rafraîchir [20] [RafRɛʃiR] vt 1 (aliments) resfriar 2 fig (mémoire) refrescar
▸ vi resfriar, esfriar
▸ vpr **se rafraîchir** 1 (temps) refrescar 2 fam (boire) tomar refresco, refrigerante

rafraîchissant, -e [RafRɛʃisɑ̃, -ɑ̃t] adj refrescante

rafraîchissement [RafRɛʃismɑ̃] nm 1 (du temps) queda f de temperatura 2 (boisson) refresco, refrigerante

rafting [Raftiŋ] nm canoagem f, rafting

rage [Raʒ] nf 1 (gén) raiva 2 (désir) sanha, gana
• **faire rage** assolar, devastar
▪ **rage de dents** dor de dente

rager [4] [Raʒe] vi fam ficar furioso, -sa

rageur, -euse [RaʒœR, -øz] adj raivoso, -sa, colérico, -ca

ragot [Rago] nm fam mexerico

ragoût [Ragu] nm cuis ragu, guisado, ensopado

rai [Rɛ] nm fml raio

raid [Rɛd] nm reide

raide [Rɛd] adj 1 (membre) rígido, -da 2 (cheveux) liso, -sa 3 (côte) íngreme, escarpado, -da 4 fam (incroyable) incrível 5 fam (café, alcool) forte
▸ adv (brusquement) abruptamente
• **tomber raide mort** cair morto, cair duro

raideur [RɛdœR] nf rigidez

raidir [20] [RɛdiR] vt endurecer, enrijecer

▸ *vpr* **se raidir** 1 (*gén*) enrijecer-se, retesar-se 2 (*volonté*) robustecer-se

raie [RE] *nf* ZOOL raia, arraia

rail [Raj] *nm* 1 (*de voie ferrée*) trilho 2 (*moyen de transport*) ferrovia *f*

railler [1] [Raje] *vt* zombar de

railleur, -euse [RajœR, -øz] *adj-nm,f* escarnecedor, -ra, zombeteiro, -ra

rainure [RenyR] *nf* ranhura

raisin [REzɛ̃] *nm* uva *f*
■ **raisins secs** passas *f pl*

raison [REzɔ̃] *nf* 1 (*gén*) razão 2 (*santé mentale*) juízo *m*, lucidez
• **à plus forte raison** com muito mais razão
• **à la raison de** à razão de
• **avoir raison** ter razão
• **en raison de** em razão de
• **perdre la raison** perder o juízo
• **raison de plus pour** mais uma razão para

raisonnable [REzɔnabl] *adj* 1 (*décision, prix*) razoável 2 (*doué de raison*) racional

raisonnement [REzɔnmã] *nm* 1 (*faculté*) raciocínio 2 (*arguments*) arrazoado, argumentação *f*

raisonner [1] [REzɔne] *vi* 1 (*penser*) raciocinar 2 (*discuter*) arrazoar, argumentar
▸ *vt* admoestar, chamar à razão

rajeunir [20] [RaʒœniR] *vt* rejuvenescer, remoçar
▸ *vpr* **se rajeunir** rejuvenescer, remoçar
• **rajeunir qqn de X ans** dar X anos a menos a alguém

rajouter [1] [Raʒute] *vi* acrescentar, juntar
• **en rajouter** exagerar, aumentar

rajuster [1] [Raʒyste] *vt* 1 (*salaire, prix*) reajustar 2 (*cravate*) arrumar, ajeitar

râle [Ral] *nm* estertor

ralenti, -e [Ralãti] *adj* lento, -ta, desacelerado, -da
▸ *nm* **ralenti** 1 (*de voiture*) marcha *f* lenta 2 (*de film*) câmera *f* lenta
• **au ralenti** em marcha lenta

ralentir [20] [RalãtiR] *vt* 1 (*pas*) desacelerar, diminuir 2 (*allure, rythme*) retardar
▸ *vi* desacelerar, reduzir a velocidade

ralentissement [Ralãtismã] *nm* 1 (*de vitesse*) redução *f*, desaceleração *f* 2 (*d'activité*) diminuição *f*, queda *f* 3 (*de la circulation*) lentidão *f*

râler [1] [Rale] *vi* 1 MÉD estertorar 2 *fam* resmungar, ficar zangado, -da

rallier [13] [Ralje] *vt* 1 (*rassembler*) reunir 2 (*à une cause*) obter adesão, congregar 3 (*rejoindre*) voltar a: **rallier son poste** voltar a seu posto
▸ *vpr* **se rallier** 1 (*se rassembler*) reunir-se 2 (*opinion*) aderir (**à**, a)

rallonge [Ralɔ̃ʒ] *nf* 1 (*gén*) alongamento *m* 2 (*électrique, tuyau*) extensão 3 *fam* dinheiro *m* extra

rallonger [4] [Ralɔ̃ʒe] *vt* alongar, encomprindar
▸ *vi* alongar-se, encomprindar-se

rallumer [1] [Ralyme] *vt* 1 (*lampe, feu*) acender 2 *fig* (*faire renaître*) reavivar

rallye [Rali] *nm* rali

RAM [Ram] *abr* (*random access memory*) RAM

ramadan [Ramadã] *nm* ramadã

ramassage [Ramasaʒ] *nm* 1 (*gén*) recolha *f*, coleta *f* 2 (*transport*) transporte
■ **ramassage scolaire** transporte escolar

ramasser [1] [Ramase] *vt* 1 (*gén*) reunir, ajuntar 2 (*prendre à terre*) recolher 3 (*champignons, fleurs*) colher 4 (*quelqu'un*) encontrar, topar com 5 *fam* (*claque*) levar 6 (*voleur*) pilhar, prender
▸ *vpr* **se ramasser** 1 *fam* (*des coups*) levar, receber 2 *fam* (*à un examen*) ser reprovado, levar pau 3 *fam* (*tomber*) levar um tombo

ramassis [Ramasi] *nm péj* amontoado

rambarde [RãbaRd] *nf* balaustrada, amurada

rame [Ram] *nf* 1 (*aviron*) remo *m* 2 (*papier*) resma 3 (*de chemin de fer, métro*) trem *m*, composição

ramener [7] [Ramne] *vt* 1 (*amener de nouveau-là-bas*) levar de volta 2 (*ici*) trazer de volta 3 (*raccompagner*) acompanhar, levar 4 (*de voyage*) trazer 5 (*paix, ordre*) restabelecer 6 (*réduire*) reduzir
▸ *vpr* **se ramener** *fam* vir, voltar
• **la ramener** exibir-se, mostrar-se

ramer [1] [Rame] vi remar

rameur, -euse [RamœR, -øz] nm,f remador, -ra

ramification [Ramifikasjɔ̃] nf ramificação

ramifier [12] [Ramifje] vt ramificar
▶ vpr **se ramifier** ramificar-se

ramollir [20] [RamɔliR] vt **1** (beurre, chocolat) amolecer **2** fig (personne) enfraquecer
▶ vpr **se ramollir** amolecer

ramoneur [RamɔnœR] nm limpador de chaminés

rampant, -e [Rãpã, -ãt] adj **1** (plantes) rasteiro, -ra **2** (animaux) rastejante **3** fig (personne) servil, subserviente

rampe [Rãp] nf **1** (plan incliné) rampa, declive m **2** (d'escalier) corrimão m **3** THÉÂTRE ribalta
■ **rampe de lancement** rampa de lançamento

ramper [1] [Rãpe] vi **1** (animal, personne) rastejar **2** (plantes) trepar

rancard [RãkaR] nm fam encontro

rance [Rãs] adj rançoso, -sa
▶ nm ranço

ranch [Rãtʃ] nm fazenda f, estância f

rancir [20] [RãsiR] vi ficar rançoso, -sa

rancœur [RãkœR] nf rancor m

rançon [Rãsɔ̃] nf **1** (argent) resgate m **2** fig (contrepartie) preço m

rancune [Rãkyn] nf rancor m, ressentimento m
• **sans rancune!** sem ressentimentos!

rancunier, -ère [Rãkynje, -ɛR] adj-nm,f rancoroso, -sa

randonnée [Rãdɔne] nf **1** (à pied) caminhada **2** (activité) trekking m **3** (en vélo) excursão, passeio m

randonneur, -euse [RãdɔnœR, -øz] nm,f caminhante, excursionista

rang [Rã] nm **1** (gén) fila f, fileira f **2** (place) posto, lugar, posição f **3** (social) categoria f, classe f
• **de haut rang** de alta categoria
• **en rang** em fila
• **en rang d'oignons** em fila, em linha
• **se mettre sur les rangs** concorrer, candidatar-se

rangé, -e [Rãʒe] adj sério, -a, bem comportado, -da

rangée [Rãʒe] nf fileira

rangement [Rãʒmã] nm arrumação f, organização f

ranger [4] [Rãʒe] vt **1** (pièce, objet) arrumar, organizar **2** (voiture) parar (junto ao meio-fio)
▶ vpr **se ranger 1** (élèves, soldats) pôr-se em fila **2** (piéton) afastar-se, dar passagem **3** fig (se placer) situar-se (**parmi**, entre) **4** fig (devenir sage) tomar juízo **5** (se rallier) alinhar-se (**à**, com)

ranimer [1] [Ranime] vt **1** (personne) reanimar **2** fig (feu, sentiment) reavivar

rap [Rap] nm MUS rap

rapace [Rapas] adj **1** (oiseau) de rapina **2** fig ávido, -da, rapace
▶ nm (oiseau) ave f de rapina

rapatrier [13] [RapatRije] vt repatriar

râpe [Rap] nf **1** (de cuisine) ralador m **2** (de menuisier) grosa

râpé, -e [Rape] adj ralado, -da
• **c'est râpé!** já era!

râper [1] [Rape] vt **1** (légumes, fromage) ralar **2** (bois, métal) limar **3** (gorge) raspar, arranhar

raphia [Rafja] nm ráfia f

rapide [Rapid] adj rápido, -da
▶ nm **1** (train) rápido **2** (fleuve) cachoeira f, corredeira f

rapidité [Rapidite] nf rapidez

rapiécer [10] [Rapjese] vt remendar

rappel [Rapɛl] nm **1** (souvenir) recordação f, lembrança f **2** (vaccin) reforço **3** (de paiement) aviso **4** (au spectacle) chamada f ao palco **5** MIL toque de reunir **6** (en alpinisme) rapel
■ **rappel à l'ordre** chamada à ordem

rappeler [5] [Raple] vt **1** (appeler de nouveau) chamar (de volta) **2** (souvenir) recordar, lembrar, rememorar: **cette maison me rappelle ma jeunesse** esta casa me recorda a juventude **3** (acteurs) chamar ao palco
▶ vpr **se rappeler** recordar-se, lembrar-se: **je ne me rappelle plus de rien** já não me lembro de nada
• **rappeler à l'ordre** chamar à ordem

rapport [RapɔR] *nm* **1** *(profit)* rendimento, ganho, renda *f* **2** *(compte rendu)* relatório **3** *(union, lien)* relação *f*
- **en rapport avec** em relação com
- **par rapport à** em relação a
- **rapport qualité-prix** relação custo-benefício
- **rapports sexuels** relações sexuais

rapporter [1] [RapɔRte] *vt* **1** *(apporter de nouveau)* trazer de volta **2** *(rendre)* devolver **3** *(d'un voyage)* trazer
▶ *vi* **1** *(être rentable)* render **2** *fam (répéter)* mexericar
▶ *vpr* **se rapporter** referir-se, dizer respeito (**à**, a)

rapporteur, -euse [RapɔRtœR, -øz] *nm,f fam* bisbilhoteiro, -ra, mexeriqueiro, -ra, fofoqueiro, -ra
▶ *nm* **rapporteur 1** POL relator, -ra **2** GÉOM transferidor

rapprochement [RapRɔʃmɑ̃] *nm* **1** *(réconciliation)* reaproximação *f*, reconciliação *f* **2** *(comparaison)* comparação *f*, paralelo

rapprocher [1] [RapRɔʃe] *vt* **1** *(mettre plus près)* aproximar **2** *fig (personnes)* reconciliar, reaproximar
▶ *vpr* **se rapprocher 1** *(se placer plus près)* aproximar-se (**de**, de) **2** *(être semblable)* parecer (**de**, a/com)

rapt [Rapt] *nm* rapto

raquette [Rakɛt] *nf* raquete

rare [RaR] *adj* **1** *(peu nombreux)* raro, -ra **2** *(cheveux, barbe)* ralo, -la **3** *(surprenant)* extraordinário, -ria

raréfier (se) [12] [RaRefje] *vpr* rarefazer-se

rarement [RaRmɑ̃] *adv* raramente

rareté [RaRte] *nf* **1** *(gén)* raridade **2** *(pénurie)* escassez

ras, -e [Ra, -az] *adj* **1** *(cheveux, poils)* rente **2** *(mesure)* raso, -sa
▶ *adv* **ras** *(cheveux)* rente
- **à ras bord** até a borda

rasage [Razaʒ] *nm* ato de fazer a barba

raser [1] [Raze] *vt* **1** *(barbe)* barbear, fazer a barba de **2** *(cheveux)* raspar **3** *(démolir)* arrasar, demolir **4** *(frôler)* roçar **5** *fam (ennuyer)* aborrecer, amolar
▶ *vpr* **se raser 1** *(barbe)* barbear-se, fazer(-se) a barba **2** *(cheveux)* raspar

ras-le-bol [Ralbɔl] *nm inv* **en avoir ras-le-bol** *fam* estar cheio/farto de algo

rasoir [RazwaR] *nm* **1** *(couteau)* navalha *f* **2** *(lame)* lâmina *f* de barbear **3** *(instrument)* barbeador
▶ *adj inv fam* chato, -ta: **qu'est-ce que c'est rasoir cette conférence!** que chata essa conferência!
- **rasoir électrique** barbeador elétrico

rassasier [13] [Rasazje] *vt* saciar
▶ *vpr* **se rassasier** saciar-se

rassemblement [Rasɑ̃bləmɑ̃] *nm* **1** *(de gens)* reunião *f*, ajuntamento, aglomeração *f* **2** *(parti)* agrupamento **3** *(d'objets)* coleção *f*, reunião *f*

rassembler [1] [Rasɑ̃ble] *vt* **1** *(gén)* reunir, juntar **2** *(idées)* reunir, ordenar
▶ *vpr* **se rassembler** reunir-se

rasseoir (se) [40] [RaswaR] *vpr* tornar a sentar-se

rasséréner [10] [RaseRene] *vt fml* serenar

rassurant, -e [RasyRɑ̃, -ɑ̃t] *adj* tranquilizador, -ra

rassurer [1] [RasyRe] *vt* tranquilizar, sossegar
▶ *vpr* **se rassurer** tranquilizar-se, sossegar

rat [Ra] *nm* rato
▶ *adj fam* avarento, -ta

ratatiner [1] [Ratatine] *vt fam* esmagar
▶ *vpr* **se ratatiner 1** *(se contracter)* enrugar-se, murchar **2** *(se ramasser sur soi-même)* encolher-se **3** *fam (heurter violemment)* esborrachar-se (**dans, sur**, contra)

ratatouille [Ratatuj] *nf* CUIS refogado *m* de legumes

rate [Rat] *nf* **1** ANAT baço *m* **2** *(rat femelle)* rata, ratazana

raté, -e [Rate] *nm,f* frustrado, -da, fracassado, -da
▶ *nm* **raté** *(de moteur)* falha *m*

râteau [Rato] *nm* rastelo, ancinho

râtelier [Ratəlje] *nm fam (dentier)* dentadura *f*

rater [1] [Rate] *vt* **1** *fam (train, bus, occasion)* perder **2** *(personne)* não encontrar, desencontrar-se de **3** *(cible)* errar **4** *(examen)* não passar
▶ *vi* fracassar

▸ *vpr* **se rater 1** (*suicide*) fracassar **2** (*avec une autre personne*) desencontrar-se

ratifier [12] [Ratifje] *vt* ratificar

ration [Rasjɔ̃] *nf* ração

rationnel, -elle [Rasjɔnɛl] *adj* racional

rationnement [Rasjɔnmɑ̃] *nm* racionamento

rationner [1] [Rasjɔne] *vt* racionar

ratisser [1] [Ratise] *vt* **1** (*avec un râteau*) rastelar **2** *fam* (*explorer*) explorar

raton [Ratɔ̃] *nm* ratinho
■ **raton laveur** ZOOL guaxinim

rattacher [1] [Rataʃe] *vt* **1** (*attacher de nouveau*) prender, amarrar de novo **2** (*région*) agregar, anexar **3** (*établir un lien*) vincular, ligar
▸ *vpr* **se rattacher** relacionar-se (**à**, com)

rattrapage [RatRapaʒ] *nm* **1** (*à l'école*) recuperação *f* **2** (*des salaires*) reajuste

rattraper [1] [RatRape] *vt* **1** (*animal, prisonnier*) recapturar **2** (*temps perdu*) recuperar, compensar **3** (*bus, train, qqn parti plus tôt*) alcançar **4** (*erreur*) corrigir **5** (*objet qui tombe*) agarrar
▸ *vpr* **se rattraper 1** (*se raccrocher*) agarrar-se (**à**, a) **2** (*temps, argent*) recuperar (o que perdeu) **3** (*erreur*) corrigir

rature [RatyR] *nf* rasura

rauque [Rok] *adj* rouco, -ca

ravager [4] [Ravaʒe] *vt* assolar, devastar

ravages [Ravaʒ] *nm pl* estragos, devastações *f pl*
• **faire des ravages** arrasar

ravaler [1] [Ravale] *vt* **1** (*salive*) engolir **2** (*façade*) reparar, dar acabamento **3** *fig* (*colère, larmes*) reprimir

rave[1] [Rav] *nf* BOT rábano *m*

rave[2] [Rɛv] *nf* (*fête*) rave *m*

ravi, -e [Ravi] *adj* encantado, -da, maravilhado, -da
• **ravi, -e de faire votre connaissance** muito prazer em conhecê-lo, -la

ravin [Ravɛ̃] *nm* barranco, ravina *f*

ravioli [Ravjɔli] *nm* CUIS ravióli

ravir [20] [RaviR] *vt* **1** (*charmer*) encantar, maravilhar **2** (*enlever de force*) arrebatar, arrancar
• **à ravir** às mil maravilhas

raviser (se) [1] [Ravize] *vpr* mudar de ideia

ravissant, -e [Ravisɑ̃, -ɑ̃t] *adj* encantador, -ra, deslumbrante

ravisseur-euse [RavisœR, -øz] *nmf* sequestrador, -ra, raptor, -ra

ravitaillement [Ravitajmɑ̃] *nm* abastecimento, reabastecimento

ravitailler [1] [Ravitaje] *vt* abastecer, reabastecer

raviver [1] [Ravive] *vt* avivar, reavivar

rayé, -e [Reje] *adj* **1** (*qui porte des rayures*) listrado, -da **2** (*éraflé*) riscado, -da

rayer [18] [Reje] *vt* **1** (*disque, vitre*) riscar **2** (*effacer*) riscar, apagar **3** (*tracer des lignes*) riscar, pautar

rayon [Rejɔ̃] *nm* **1** (*de lumière, du soleil; de roue*) raio **2** (*dans un grand magasin*) seção *f*, departamento **3** (*étagère*) estante *f*, prateleira *f* **4** ZOOL favo
• **dans un rayon de** num raio de
■ **rayon d'action** raio de ação
■ **rayon laser** raio *laser*
■ **rayons X** raios X

rayonnant, -e [Rejɔnɑ̃, -ɑ̃t] *adj* radiante

rayonnement [Rejɔnmɑ̃] *nm* **1** (*gén*) radiação *f* **2** *fig* (*éclat*) resplendor

rayonner [1] [Rejɔne] *vi* **1** (*chaleur*) irradiar **2** (*soleil*) resplandecer **3** *fig* (*de bonheur*) estar radiante

rayure [RejyR] *nf* **1** (*bande*) listra **2** (*sur du papier*) linha, pauta **3** (*griffure*) risco *m*

raz [Ra] *nm loc* **raz de marée** maremoto, tsunami

raz-de-marée [RadmaRe] *nm inv* maremoto, tsunami

razzia [Razja] *nf* pilhagem, incursão

ré [Re] *nm* MUS ré

réacteur [ReaktœR] *nm* reator
■ **réacteur nucléaire** reator nuclear

réaction [Reaksjɔ̃] *nf* reação

réactionnaire [ReaksjɔnɛR] *adj-nmf* reacionário, -a

réactiver [1] [Reaktive] *vt* reativar

réadapter [1] [Readapte] *vt* readaptar
▸ *vpr* **se réadapter** readaptar-se

réagir [20] [ReaʒiR] *vi* reagir

réalisateur, -trice [ʀealizatœʀ, -tʀis] *nm,f* **1** (*gén*) realizador, -ra **2** CINE diretor, -ra

réalisation [ʀealizasjɔ̃] *nf* realização

réaliser [1] [ʀealize] *vt* **1** (*faire*) realizar **2** (*s'apercevoir*) perceber
▸ *vpr* **se réaliser** realizar-se

réalisme [ʀealism] *nm* realismo

réalité [ʀealite] *nf* realidade
• **en réalité** na realidade

reality-show [ʀealitiʃo] *nm* (*pl* **reality-shows**) reality show

réaménagement [ʀeamenaʒmɑ̃] *nm* **1** (*gén*) reorganização *f*, reestruturação *f* **2** (*du territoire*) reordenamento **3** (*des taux d'intérêt*) reajuste **4** (*d'un bâtiment*) reforma *f*
■ **réaménagement urbain** revitalização *f* urbana, reurbanização *f*

réanimation [ʀeanimasjɔ̃] *nf* reanimação

réanimer [1] [ʀeanime] *vt* reanimar

réapparaître [82] [ʀeapaʀɛtʀ] *vi* reaparecer

réarmement [ʀeaʀməmɑ̃] *nm* rearmamento

rébarbatif, -ive [ʀebaʀbatif, -iv] *adj* (*personne*) rebarbativo, -va

rebâtir [20] [ʀəbatiʀ] *vt* reconstruir

rebattre [64] [ʀəbatʀ] *loc* **rebattre les oreilles à qqn** martelar a mesma coisa

rebelle [ʀəbɛl] *adj-nmf* rebelde

rebeller (se) [1] [ʀəbele] *vpr* rebelar-se

rébellion [ʀebeljɔ̃] *nf* rebelião

rebiffer (se) [1] [ʀəbife] *vpr fam* abespinhar-se, irritar-se (**contre**, com)

reboisement [ʀəbwazmɑ̃] *nm* reflorestamento

reboiser [1] [ʀəbwaze] *vt* reflorestar

rebond [ʀəbɔ̃] *nm* ressalto, rebote, ricochete

rebondi, -e [ʀəbɔ̃di] *adj* roliço, -ça, rechonchudo, -da

rebondir [20] [ʀəbɔ̃diʀ] *vi* **1** (*ballon*) rebotar, quicar, repicar **2** (*affaire*) revigorar-se, reavivar-se

rebondissement [ʀəbɔ̃dismɑ̃] *nm* **1** (*d'une balle*) rebote **2** (*d'une affaire*) revigoramento

rebord [ʀəbɔʀ] *nm* beira *f*, beirada *f*

rebours [ʀəbuʀ] *loc* **à rebours 1** (*à contre-sens*) ao contrário, às avessas **2** regressivo, -va: ***compte à rebours*** contagem regressiva

rebrousser [1] [ʀəbʀuse] *vt* (*cheveux, poil*) escovar a contrapelo
• **rebrousser chemin** arrepiar caminho, retroceder

rébus [ʀebys] *nm* **1** rébus **2** *fig* (*énigme*) enigma **3** *fig* (*écriture*) garatuja *f*

rebut [ʀəby] *nm* refugo, rebotalho
• **mettre qqch au rebut** jogar algo no lixo

rebuter [1] [ʀəbyte] *vt* **1** (*dégoûter*) chocar **2** (*décourager*) desanimar

récalcitrant, -e [ʀekalsitʀɑ̃, -ɑ̃t] *adj-nm,f* recalcitrante

recaler [1] [ʀəkale] *vt fam* reprovar (estudante)

récapituler [1] [ʀekapityle] *vt* recapitular

receler [9] [ʀəsəle] *vt* **1** (*mystère, vérité*) encerrar **2** DR (*objets*) receptar **3** (*personne*) homiziar, ocultar

récemment [ʀesamɑ̃] *adv* recentemente, ultimamente

recensement [ʀəsɑ̃səmɑ̃] *nm* **1** (*d'habitants*) recenseamento **2** (*de biens*) inventário

recenser [1] [ʀəsɑ̃se] *vt* **1** (*habitants*) recensear **2** (*biens*) inventariar, arrolar

récent, -e [ʀesɑ̃, -ɑ̃t] *adj* recente

réceptacle [ʀesɛptakl] *nm* receptáculo

récepteur, -trice [ʀesɛptœʀ, -tʀis] *adj* receptor, -ra
▸ *nm* **récepteur** receptor

réception [ʀesɛpsjɔ̃] *nf* recepção
■ **accusé de réception** protocolo de recebimento

réceptionniste [ʀesɛpsjɔnist] *nmf* recepcionista

récession [ʀesesjɔ̃] *nf* recessão

recette [ʀəsɛt] *nf* **1** (*rentrée d'argent*) receita **2** (*de cuisine, méthode*) receita **3** (*d'un spectacle*) bilheteria

receveur, -euse [ʀəsəvœʀ, -øz] *nm,f* **1** (*gén*) recebedor, -ra, arrecadador, -ra **2** (*dans les transports en commun*) cobrador, -ra **3** MÉD receptor, -ra

■ **receveur des impôts** coletor de impostos

recevoir [42] [RəsəvwaR] vt **1** (gén) receber **2** (à un examen) aprovar
▶ vi **1** (donner une réception) receber, dar recepção **2** (avocat, médecin etc.) atender

rechange [Rəʃɑ̃ʒ] nm loc **de rechange 1** (de secours) sobressalente, de reserva **2** (pour se changer) muda f de roupa **3** (alternative) alternativo, -va

réchapper [1] [Reʃape] vi escapar, sobreviver (**de**, **a**)

recharge [RəʃaRʒ] nf recarga

rechargeable [RəʃaRʒabl] adj recarregável

recharger [4] [RəʃaRʒe] vt recarregar

réchaud [Reʃo] nm **1** (chauffe-plat) réchaud **2** (à gaz, électrique) fogareiro

réchauffer [1] [Reʃofe] vt **1** (nourriture) esquentar, requentar **2** fig reavivar
▶ vpr **se réchauffer 1** (climat) esquentar **2** (personne) aquecer-se

recherche [RəʃɛRʃ] nf **1** (gén) busca, procura **2** (scientifique) pesquisa **3** (policière) investigação **4** (raffinement) rebuscamento m, requinte m
• **à la recherche de** em busca de, à procura de
• **faire de la recherche** fazer pesquisas, ser pesquisador, -ra
• **faire des recherches** (travaux) pesquisar (enquête) investigar

rechercher [1] [RəʃɛRʃe] vt **1** (gén) buscar, procurar **2** (une personne) buscar **3** (une cause) investigar

rechigner [1] [Rəʃiɲe] vi resmungar, reclamar

rechute [Rəʃyt] nf **1** MÉD recaída, recidiva **2** (dans un mal) reincidência

récidiver [1] [Residive] vi **1** (criminel) reincidir **2** MÉD ter recidiva

récif [Resif] nm recife

récipient [Resipjɑ̃] nm recipiente

réciprocité [ResipRɔsite] nf reciprocidade

réciproque [ResipRɔk] adj recíproco, -ca

récit [Resi] nm narrativa f, relato

récital [Resital] nm recital

récitation [Resitasjɔ̃] nf recitação

réciter [1] [Resite] vt recitar, declamar

réclamation [Reklamasjɔ̃] nf **1** (revendication) reivindicação, reclamação **2** (protestation) reclamação, queixa
• **déposer une réclamation** fazer uma reclamação

réclame [Reklam] nf propaganda, publicidade
• **être en réclame** estar em oferta, em promoção

réclamer [1] [Reklame] vt **1** (gén) pedir **2** (exiger) exigir, requerer **3** (revendiquer) reivindicar

réclusion [Reklyzjɔ̃] nf reclusão

recoin [Rəkwɛ̃] nm recanto

recoller [1] [Rəkɔle] vt colar de novo

récolte [Rekɔlt] nf **1** (des fruits de la terre) colheita **2** (d'information) coleta

récolter [1] [Rekɔlte] vt **1** (des fruits de la terre) colher **2** (informations, argent) coletar

recommandable [Rəkɔmɑ̃dabl] adj recomendável

recommandation [Rəkɔmɑ̃dasjɔ̃] nf recomendação

recommandé, -e [Rəkɔmɑ̃de] adj **1** (conseillé) recomendado, -da **2** (lettre) registrado, -da

recommander [1] [Rəkɔmɑ̃de] vt **1** (conseiller) recomendar: *je vous recommande d'être prudent* recomendo-lhe ser prudente **2** (lettre) registrar

recommencer [3] [Rəkɔmɑ̃se] vt-vi recomeçar

récompense [Rekɔ̃pɑ̃s] nf recompensa

récompenser [1] [Rekɔ̃pɑ̃se] vt recompensar

réconciliation [Rekɔ̃siljasjɔ̃] nf reconciliação

réconcilier [12] [Rekɔ̃silje] vt reconciliar
▶ vpr **se réconcilier** reconciliar-se

reconduire [58] [Rəkɔ̃dɥiR] vt **1** (visiteur) acompanhar (até a porta) **2** (politique) expulsar **3** DR renovar, prorrogar

réconfort [Rekɔ̃fɔR] nm reconforto, consolo

réconforter [1] [Rekɔ̃fɔRte] vt reconfortar

reconnaissance [ʀəkɔnɛsɑ̃s] *nf* reconhecimento *m*

reconnaissant, -e [ʀəkɔnɛsɑ̃, -ɑ̃t] *adj* reconhecido, -da, grato, -ta: *je vous serais reconnaissant de m'aider* ficaria grato se me ajudasse

reconnaître [82] [ʀəkɔnɛtʀ] *vt* reconhecer: *je ne reconnais pas sa voix* não estou reconhecendo sua voz
▸ *vpr* **se reconnaître** 1 (*coupable*) reconhecer-se 2 (*dans un endroit*) orientar-se, achar-se

reconquérir [34] [ʀəkɔ̃keʀiʀ] *vt* reconquistar

reconsidérer [10] [ʀəkɔ̃sideʀe] *vt* reconsiderar

reconstituant, -e [ʀəkɔ̃stituɑ̃, -ɑ̃t] *adj* reconstituinte
▸ *nm* **reconstituant** fortificante

reconstruction [ʀəkɔ̃stʀyksjɔ̃] *nf* reconstrução

reconstruire [58] [ʀəkɔ̃stʀuiʀ] *vt* reconstruir

reconversion [ʀəkɔ̃vɛʀsjɔ̃] *nf* 1 ÉCON reconversão 2 (*employé*) reciclagem, readaptação

reconvertir [20] [ʀəkɔ̃vɛʀtiʀ] *vt* 1 ÉCON reconverter 2 (*employé*) reciclar, readaptar

recopier [13] [ʀəkɔpje] *vt* 1 (*texte*) copiar 2 (*brouillon*) passar a limpo

record [ʀəkɔʀ] *nm* recorde
• **détenir un record** ter um recorde

recoupement [ʀəkupmɑ̃] *nm* 1 (*vérification*) cotejo, confrontação 2 (*de lignes etc.*) intersecção

recourber [1] [ʀəkuʀbe] *vt* recurvar, curvar

recourir [24] [ʀəkuʀiʀ] *vi* recorrer (**à**, a)

recours [ʀəkuʀ] *nm* recurso
• **avoir recours à** recorrer a
• **en dernier recours** como último recurso

recouvrer [1] [ʀəkuvʀe] *vt* 1 (*santé*) recobrar, recuperar 2 (*somme*) receber

recouvrir [21] [ʀəkuvʀiʀ] *vt* 1 (*surface*) recobrir, cobrir 2 (*fauteuil*) cobrir, revestir 3 (*livre*) encapar
▸ *vpr* **se recouvrir** (*surface*) recobrir-se

récréatif, -ive [ʀekʀeatif, -iv] *adj* recreativo, -va

récréation [ʀekʀeasjɔ̃] *nf* 1 (*à l'école*) recreio *m* 2 (*loisirs*) recreação, entretenimento *m*, lazer *m*

récréer [14] [ʀekʀee] *vt* recrear

recréer [14] [ʀəkʀee] *vt* recriar

récriminer [1] [ʀekʀimine] *vi* recriminar

récrire [60] [ʀekʀiʀ] *vt* reescrever

recroqueviller (se) [1] [ʀəkʀɔkvije] *vpr* enrugar-se, encolher-se

recrue [ʀəkʀy] *nf* recruta *m*

recrutement [ʀəkʀytmɑ̃] *nm* 1 (*de soldat*) recrutamento, alistamento 2 (*d'employé*) contratação *f*

recruter [1] [ʀəkʀyte] *vt* 1 (*soldat*) recrutar 2 (*employé*) contratar

rectangle [ʀɛktɑ̃gl] *nm* retângulo

rectangulaire [ʀɛktɑ̃gylɛʀ] *adj* retangular

recteur [ʀɛktœʀ] *nm* reitor

rectification [ʀɛktifikasjɔ̃] *nf* retificação

rectifier [12] [ʀɛktifje] *vt* retificar

rectiligne [ʀɛktiliɲ] *adj* retilíneo, -a

rectitude [ʀɛktityd] *nf* retidão

recto [ʀɛkto] *nm* anverso
• **recto verso** frente e verso

reçu, -e [ʀəsy] *adj* 1 (*gén*) recebido, -da 2 (*candidat*) aprovado, -da 3 (*consacré*) consagrado, -da, que constitui lugar--comum
▸ *nm* **reçu** recibo

recueil [ʀəkœj] *nm* coletânea *f*

recueillir [25] [ʀəkœjiʀ] *vt* recolher
▸ *vpr* **se recueillir** recolher-se

recul [ʀəkyl] *nm* 1 (*de canon, d'arme*) coice 2 (*pour mieux voir*) distanciamento 3 (*dans le temps*) tempo: *avec du recul, tu comprendras mieux* com o tempo, você entenderá melhor

reculé, -e [ʀəkyle] *adj* 1 (*isolé*) afastado, -da 2 (*dans le temps*) remoto, -ta

reculer [1] [ʀəkyle] *vt* 1 (*repousser*) recuar, afastar 2 (*date*) adiar, retardar
▸ *vi* retroceder, recuar
• **ne reculer devant rien** não recuar diante de nada

reculons [ʀkylɔ̃] *loc* **à reculons 1** (*en marche arrière*) recuando, retrocedendo **2** (*avec réticence*) com relutância

récupération [ʀekypeʀasjɔ̃] *nf* **1** (*gén*) recuperação **2** POL cooptação, aliciamento *m*

récupérer [10] [ʀekypeʀe] *vt* **1** (*gén*) recuperar **2** POL cooptar, aliciar
▸ *vpr* **se récupérer** recuperar-se

récurer [1] [ʀekyʀe] *vt* arear

récuser [1] [ʀekyze] *vt* **1** (*gén*) rejeitar **2** DR recusar

recyclable [ʀəsiklabl] *adj* reciclável

recyclage [ʀəsiklaʒ] *nm* reciclagem *f*

recycler [1] [ʀəsikle] *vt* reciclar

rédacteur, -trice [ʀedaktœʀ, -tʀis] *nm,f* redator, -ra
▪ **rédacteur en chef** redator-chefe

rédaction [ʀedaksjɔ̃] *nf* redação

reddition [ʀedisjɔ̃] *nf* rendição

rédemption [ʀedɑ̃psjɔ̃] *nf* redenção

redécouvrir [21] [ʀədekuvʀiʀ] *vt* redescobrir

redevable [ʀədvabl] *adj* devedor, -ra
• **être redevable de quelque chose à quelqu'un** [fig] dever algo a alguém

redevance [ʀədvɑ̃s] *nf* **1** (*d'un service public*) tarifa **2** (*sur l'utilisation de la propriété intellectuelle*) royalty *m* **3** (*somme versée périodiquement*) taxa, contribuição

redevenir [35] [ʀədəvniʀ] *vi* voltar a ser

rédhibitoire [ʀedibitwaʀ] *adj* **1** DR redibitório, -a **3** *fig* impeditivo, -va

rediffuser [1] [ʀədifyze] *vt* reprisar

rediffusion [ʀədifyzjɔ̃] *nf* reprise

rédiger [4] [ʀediʒe] *vt* redigir

redingote [ʀədɛ̃gɔt] *nf* **1** (*d'homme*) sobrecasaca, capote *m* **2** (*de femme*) casaco *m*

redire [55] [ʀədiʀ] *vt* repetir

redondance [ʀədɔ̃dɑ̃s] *nf* redundância

redonner [1] [ʀədɔne] *vt* **1** (*donner de nouveau*) dar de novo **2** (*rendre*) devolver

redoubler [1] [ʀəduble] *vt* **1** (*d'efforts*) redobrar **2** (*une classe*) repetir
▸ *vi* (*pluie, vent*) aumentar

redoutable [ʀədutabl] *adj* temível

redouter [1] [ʀədute] *vt* temer

redressement [ʀədʀɛsmɑ̃] *nm* **1** (*action de remettre droit*) endireitamento, retificação *f* **2** (*relèvement*) reerguimento, recuperação *f* **2** (*correction*) correção *f*, retificação *f*

redresser [1] [ʀədʀese] *vt* **1** (*remettre droit*) endireitar **2** *fig* (*économie*) recuperar
▸ *vpr* **se redresser 1** (*personne*) erguer-se (de novo) **2** (*économie*) recuperar-se, restabelecer-se

réduction [ʀedyksjɔ̃] *nf* redução

réduire [53] [ʀeduiʀ] *vt* reduzir
▸ *vpr* **se réduire** reduzir-se

réduit, -e [ʀedui, -it] *adj* reduzido, -da

réécrire [60] [ʀeekʀiʀ] *vt* reescrever

réédition [ʀeedisjɔ̃] *nf* reedição

rééducation [ʀeedykasjɔ̃] *nf* reeducação

réel, -elle [ʀeɛl] *adj* real
▸ *nm* **réel** real, realidade *f*

réélection [ʀeelɛksjɔ̃] *nf* reeleição

réexpédier [12] [ʀeɛkspedje] *vt* reexpedir, reenviar

refaire [85] [ʀəfɛʀ] *vt* refazer
▸ *vpr* **se refaire** refazer-se

réfectoire [ʀefɛktwaʀ] *nm* refeitório

référence [ʀefeʀɑ̃s] *nf* referência
▸ *nf pl* **références** referências
• **faire référence à** fazer referência a, referir-se a

référendum [ʀefeʀɛ̃dɔm] *nm* referendo

référer [10] [ʀefeʀe] *vt* referir
▸ *vpr* **se référer** referir-se (**à**, a)
• **en référer à qqn** recorrer a alguém, consultar alguém

refermer [1] [ʀəfɛʀme] *vt* fechar, tornar a fechar

réfléchi, -e [ʀefleʃi] *adj* **1** (*personne*) circunspecto, -ta **2** (*en grammaire*) reflexivo, -va **3** (*action*) pensado, -da, refletido, -da
• **c'est tout réfléchi** está decidido

réfléchir [20] [ʀefleʃiʀ] *vt* refletir
▸ *vi* **1** (*méditer*) refletir **2** (*examiner*) pensar, considerar
▸ *vpr* **se réfléchir** refletir-se

reflet [ʀəflɛ] *nm* reflexo

refléter [10] [Rəflete] vt (lumière) refletir
▶ vpr **se refléter** refletir-se

réflexe [Refleks] nm reflexo

réflexion [Refleksjɔ̃] nf reflexão
• **réflexion faite** pensando bem

refluer [1] [Rəflye] vi refluir

reflux [Rəfly] nm refluxo

réforme [Refɔrm] nf reforma

réformer [1] [Refɔrme] vt reformar
▶ vpr **se réformer** reformar-se

refouler [1] [Rəfule] vt 1 (envahisseur) rechaçar, repelir 2 (sentiment, instinct) reprimir, recalcar

réfractaire [Refrakter] adj refratário, -a

refrain [Rəfrɛ̃] nm refrão
• **c'est toujours le même refrain** fam é sempre a mesma lenga-lenga

refréner [10] [Rəfrene] vt refrear

réfrigérateur [Refriʒeratœr] nm refrigerador, geladeira f

réfrigérer [10] [Refriʒere] vt refrigerar

refroidir [20] [Rəfrwadir] vt resfriar, esfriar
▶ vi esfriar, refrescar
▶ vpr **se refroidir** resfriar-se, esfriar

refroidissement [Rəfrwadismɑ̃] nm 1 esfriamento, resfriamento 2 MÉD resfriado

refuge [Rəfyʒ] nm refúgio

réfugié, -e [Refyʒje] adj-nm,f refugiado, -da

réfugier (se) [12] [Refyʒje] vpr refugiar-se

refus [Rəfy] nm recusa f, rejeição f
• **ce n'est pas de refus** fam impossível recusar

refuser [1] [Rəfyze] vt 1 (repousser) recusar, repelir 2 (contester) contestar 3 (dire non) negar

réfuter [1] [Refyte] vt refutar

regagner [1] [Rəgaɲe] vt 1 (reprendre) recuperar 2 (sa maison) voltar a

régal [Regal] nm (pl **régals**) delícia f, regalo

régaler [1] [Regale] vt oferecer/pagar refeição ou bebida a alguém
▶ vpr **se régaler 1** (en mangeant) regalar-se 2 fig (s'amuser) deleitar-se

regard [Rəgar] nm olhar

regarder [1] [Rəgarde] vt 1 (gén) olhar 2 (concerner) dizer respeito 3 (bâtiment) estar voltado para
▶ vpr **se regarder** olhar-se
• **ça ne te regarde pas** fam isso não é da sua conta
• **y regarder à deux fois** observar com atenção, pensar duas vezes

régate [Regat] nf regata

régence [Reʒɑ̃s] nf regência

régénérer [10] [Reʒenere] vt regenerar
▶ vpr **se régénérer** regenerar-se

régie [Reʒi] nf 1 (à la radio, à la télé) produção 2 (lieu) sala de controle 3 (entreprise) empresa pública

régime [Reʒim] nm 1 (gén) regime: *régimes politiques* regimes políticos 2 (pour maigrir) regime, dieta f 3 (de bananes, de dattes) cacho, penca f
• **se mettre au régime** fazer regime, fazer dieta

régiment [Reʒimɑ̃] nm regimento

région [Reʒjɔ̃] nf região

régional, -e [Reʒjɔnal] adj regional

régir [20] [Reʒir] vt reger

régisseur [Reʒisœr] nm 1 gerente, administrador 2 CINE assistente de direção 3 THÉÂTRE diretor de cena, contrarregra

registre [Rəʒistr] nm registro

réglable [Reglabl] adj regulável, ajustável

réglage [Reglaʒ] nm regulagem f, ajuste

règle [Rɛgl] nf 1 (instrument) régua 2 (code, principe) regra, norma
▶ nf pl **règles** (menstruation) regras
• **en règle générale** como regra geral, em geral
• **être de règle** ser costume, ser norma
• **être en règle** estar em ordem
■ **règle du jeu** regra do jogo

règlement [Rɛgləmɑ̃] nm 1 (règle) regulamento 2 (de conflit) acerto, arranjo 3 (paiement) pagamento, quitação f
• **observer le règlement** observar o regulamento
■ **règlement de comptes** acerto de contas

réglementaire [ʀeɡləmɑ̃tɛʀ] *adj* regulamentar

réglementation [ʀeɡləmɑ̃tasjɔ̃] *nf* regulamentação

réglementer [1] [ʀeɡləmɑ̃te] *vt* regulamentar

régler [10] [ʀeɡle] *vt* **1** (*question, problème*) acertar, solucionar **2** (*facture*) pagar, quitar **3** (*dispositif, mécanisme*) ajustar, regular

réglisse [ʀeɡlis] *nf* BOT alcaçuz *m*

règne [ʀɛɲ] *nm* **1** (*d'un roi*) reinado **2** (*animal, végétal*) reino

régner [10] [ʀeɲe] *vi* reinar

regorger [4] [ʀəɡɔʀʒe] *vi* transbordar

régression [ʀeɡʀesjɔ̃] *nf* regressão

regret [ʀəɡʀɛ] *nm* **1** (*remords*) arrependimento **2** (*chagrin*) pesar, tristeza *f* **3** (*nostalgie*) saudade *f*
• **à regret** a contragosto
• **sans regrets** sem remorso

regrettable [ʀəɡʀɛtabl] *adj* lamentável

regretter [1] [ʀəɡʀete] *vt* **1** (*se repentir*) arrepender-se de **2** (*lamenter*) lamentar **3** (*le passé*) ter saudade de

regrouper [1] [ʀəɡʀupe] *vt* agrupar, reunir
▶ *vpr* **se regrouper** agrupar-se, reunir-se

régulariser [1] [ʀeɡylaʀize] *vt* **1** (*documents*) regularizar **2** (*fonctionnement*) regular

régularité [ʀeɡylaʀite] *nf* regularidade

régulation [ʀeɡylasjɔ̃] *nf* **1** (*gén*) regulação, regularização **2** (*d'un mécanisme*) regulagem **3** (*des naissances*) controle

régulier, -ère [ʀeɡylje, -ɛʀ] *adj* **1** (*gén*) regular **2** (*honnête*) legal

réhabilitation [ʀeabilitasjɔ̃] *nf* reabilitação

réhabiliter [1] [ʀeabilite] *vt* reabilitar
▶ *vpr* **se réhabiliter** reabilitar-se

rehausser [1] [ʀəose] *vt* **1** (*placer plus haut*) levantar, erguer **2** *fig* (*beauté*) realçar

réimpression [ʀeɛ̃pʀesjɔ̃] *nf* reimpressão

rein [ʀɛ̃] *nm* ANAT rim
• **avoir les reins solides** ser resistente, saudável [fig] ter situação financeira sólida

réincarnation [ʀeɛ̃kaʀnasjɔ̃] *nf* reencarnação

reine [ʀɛn] *nf* rainha

réinitialiser [1] [ʀeinisjalize] *vt* INFORM reiniciar

réinsertion [ʀeɛ̃sɛʀsjɔ̃] *nf* reinclusão, reintegração

réintégrer [10] [ʀeɛ̃teɡʀe] *vt* DR reintegrar

réitérer [10] [ʀeiteʀe] *vt* reiterar

rejaillir [20] [ʀəʒajiʀ] *vi* esguichar

rejet [ʀəʒɛ] *nm* rejeição *f*

rejeter [6] [ʀəʒəte] *vt* **1** (*offre, personne*) rejeitar, recusar, repelir **2** (*objet*) atirar, lançar **3** (*faute, responsabilité*) lançar (**sur**, sobre)

rejeton [ʀəʒtɔ̃] *nm* BOT broto

rejoindre [72] [ʀəʒwɛ̃dʀ] *vt* **1** (*retrouver*) reunir-se a **2** (*choses*) unir **3** (*regagner*) regressar a **4** (*rattraper-personne*) alcançar **5** (*route, chemin*) chegar a
▶ *vpr* **se rejoindre 1** (*personnes*) reunir-se, encontrar-se **2** (*routes*) confluir **3** (*opinions*) coincidir

réjouir [20] [ʀeʒwiʀ] *vt* alegrar
▶ *vpr* **se réjouir** alegrar-se, regozijar-se (**de**, com)

réjouissances [ʀeʒwisɑ̃s] *nf pl* festas, festividades, festejos *m*

réjouissant, -e [ʀeʒwisɑ̃, -ɑ̃t] *adj* divertido, -da, alegre

relâche [ʀəlɑʃ] *nf* **1** (*répit*) descanso *m*, pausa **2** (*au cinéma, théâtre*) dia de folga
• **sans relâche** sem parar

relâchement [ʀəlɑʃmɑ̃] *nm* relaxamento

relâcher [1] [ʀəlɑʃe] *vt* **1** (*muscles*) relaxar **2** (*libérer*) soltar
▶ *vpr* **se relâcher** relaxar

relais [ʀəlɛ] *nm* **1** (*auberge*) pousada *f*, hospedaria *f* **2** SPORT revezamento **3** (*d'électricité*) relé
• **prendre le relais** dar continuidade a algo, substituir, assumir
▪ **relais routier** posto de serviço

relance [ʀəlɑ̃s] *nf* ÉCON retomada

relancer [3] [ʀəlɑ̃se] *vt* **1** (*lancer de nouveau*) lançar de novo **2** (*personne*) insistir, reiterar pedido **3** ÉCON reativar, reaquecer 4 INFORM reiniciar 5 *(faire partir une nouvelle fois)* ligar/acender de novo 6 *(donner un nouvel élan)* reanimar, reavivar, revigorar

relater [1] [Rəlate] *vt* relatar

relatif, -ive [Rəlatif, -iv] *adj* relativo, -va

relation [Rəlasjɔ̃] *nf* relação
▸ *nf pl* **relations** relações
• **avoir des relations** ser muito relacionado, -da
• **mettre en relation avec** pôr em contato com
■ **relations sexuelles** relações sexuais

relativiser [1] [Rəlativize] *vt* relativizar

relativité [Rəlativite] *nf* relatividade

relax [Rəlaks] *adj fam* calmo, -ma, sossegado, -da

relaxation [Rəlaksasjɔ̃] *nf* relaxamento *m*

relaxer [1] [Rəlakse] *vt* 1 *(gén)* relaxar 2 *(prisonnier)* relaxar a prisão
▸ *vpr* **se relaxer** relaxar

relayer [18] [Rəleje] *vt* substituir, render, revezar
▸ *vpr* **se relayer** substituir-se, alternar-se, revezar-se

reléguer [10] [Rəlege] *vt* relegar

relève [Rəlɛv] *nf* revezamento *m*, substituição, troca

relevé, -e [Rələve] *adj (sauce)* condimentado, -da
▸ *nm* **relevé** 1 *(bancaire)* extrato 2 *(de compteur)* leitura *f* 3 *(de noms)* lista *f*, relação *f* 4 *(topographique)* levantamento

relever [7] [Rələve] *vt* 1 *(gén)* levantar 2 *(du sol)* erguer, recolher 3 *(store)* subir, erguer 4 *(adresse)* anotar 5 *(erreur)* assinalar 6 *(prix, salaires)* aumentar 7 *(remettre en état)* reerguer, restabelecer 8 *(remarquer)* notar, reparar em 9 *(d'une obligation)* liberar 10 CUIS condimentar 11 *(sentinelle, travailleur)* render, substituir
▸ *vi* **relever de** 1 *(dépendre de)* depender de, decorrer de 2 *(guérir)* restabelecer-se de 3 *(être de la compétence)* ser da alçada/da competência de 4 *(tenir de)* ser da natureza de
▸ *vpr* **se relever** 1 *(se lever)* levantar-se 2 *(se remettre)* reerguer-se 3 *(se remplacer)* revezar-se, alternar-se

relief [Rəljɛf] *nm* relevo

relier [12] [Rəlje] *vt* 1 *(joindre)* unir, ligar 2 *(livre)* encadernar 3 *fig (associer)* relacionar

religieux, -euse [Rəliʒjø, -øz] *adj-nm,f* religioso, -sa

religion [Rəliʒjɔ̃] *nf* religião

relique [Rəlik] *nf* relíquia

relire [66] [RəliR] *vt* reler

reliure [RəljyR] *nf* encadernação

reluire [58] [RəlɥiR] *vi* reluzir

reluisant, -e [Rəlɥizɑ̃, -ɑ̃t] *adj* reluzente

remâcher [1] [Rəmɑʃe] *vt* ruminar

remaniement [Rəmanimɑ̃] *nm* remanejamento, reestruturação *f*, remodelação *f*

remarier (se) [12] [Rəmarje] *vpr* tornar a casar-se

remarquable [Rəmarkabl] *adj* notável, marcante

remarque [Rəmark] *nf* observação

remarquer [2] [Rəmarke] *vt* 1 *(noter)* observar, notar, reparar em: **j'ai remarqué une certaine ironie** notei certa ironia 2 *(signaler)* observar, fazer uma observação, fazer notar: **elle lui a fait remarquer qu'il était aussi en retard** ela lhe observou que ele, além de tudo, estava atrasado
▸ *vpr* **se remarquer** ser percebido, -da, dar na vista
• **se faire remarquer** fazer-se notar, chamar a atenção

remblai [Rɑ̃blɛ] *nm* aterro, terraplanagem *f*

rembobiner [1] [Rɑ̃bɔbine] *vt* rebobinar

rembourrage [Rɑ̃buRaʒ] *nm* forro, estofo

rembourrer [1] [Rɑ̃buRe] *vt* estofar, acolchoar

remboursement [Rɑ̃buRsəmɑ̃] *nm* reembolso

rembourser [1] [Rɑ̃buRse] *vt* 1 *(dette)* pagar, quitar 2 *(somme d'argent)* reembolsar 3 *(personne)* reembolsar, pagar

rembrunir (se) [20] [Rɑ̃bRyniR] *vpr* anuviar-se, tornar-se sombrio, -a

remède [ʀəmɛd] *nm* remédio
• **sans remède** irremediável

remédier [12] [ʀəmedje] *vi* remediar (à, -)

remémorer [1] [ʀəmemɔʀe] *vt* rememorar
▸ *vpr* **se remémorer** recordar-se de

remerciement [ʀəmɛʀsimɑ̃] *nm* agradecimento

remercier [12] [ʀəmɛʀsje] *vt* agradecer
• **remercier qqn de qqch** agradecer algo a alguém

remettre [81] [ʀəmɛtʀ] *vt* 1 (*replacer*) pôr (de volta), repor: **remets la chaise à sa place** ponha a cadeira no lugar 2 (*vêtement*) vestir, vestir outra vez 3 (*rétablir*) restabelecer 4 (*donner*) entregar: **il lui a remis un paquet** entregou-lhe um pacote 5 (*rendez-vous*) adiar 6 (*ordre*) restabelecer
▸ *vpr* **se remettre** 1 (*recommencer*) voltar a, recomeçar: **il s'est remis à fumer** ele voltou a fumar 2 (*d'une maladie*) restabelecer-se, recuperar-se (**de**, de) 3 (*d'un choc*) recompor-se, recobrar-se (**de**, de): **nous avons du mal à nous remettre de l'accident** está sendo difícil recobrar-nos do acidente
• **remettre en question** voltar a examinar
• **s'en remettre à** recorrer a, deixar a cargo de

réminiscence [ʀeminisɑ̃s] *nf* reminiscência

remise [ʀəmiz] *nf* 1 (*action*) reposição 2 (*réduction*) desconto *m*, abatimento *m* 3 (*livraison*) envio *m*, remessa, entrega
■ **remise à jour** atualização

rémission [ʀemisjɔ̃] *nf* remissão
• **sans rémission** sem contemplação, inapelavelmente

remontant, -e [ʀəmɔ̃tɑ̃, -ɑ̃t] *adj* estimulante, reconstituinte
▸ *nm* **remontant** fortificante

remonte-pente [ʀəmɔ̃tpɑ̃t] *nm* (*pl* **remonte-pentes**) telesqui

remonter [1] [ʀəmɔ̃te] *vt* 1 (*escalier, objet*) subir, tornar a subir, subir de volta 2 (*machine*) montar, montar de novo 3 (*relever-store, vitre*) subir, levantar 4 (*col, chaussettes*) levantar, erguer 5 (*montre, pendule*) dar corda a 6 (*le moral*) levantar
▸ *vi* 1 (*gén*) subir, tornar a subir 2 (*dater*) remontar (**a**, a)

remontoir [ʀəmɔ̃twaʀ] *nm* (*d'horloge*) corda *f*

remords [ʀəmɔʀ] *nm* remorso, arrependimento

remorque [ʀəmɔʀk] *nf* reboque *m*

remorquer [2] [ʀəmɔʀke] *vt* rebocar

remous [ʀəmu] *nm* redemoinho

rempart [ʀɑ̃paʀ] *nm* muralha *f*

remplaçant, -e [ʀɑ̃plasɑ̃, -ɑ̃t] *nm,f* substituto, -ta

remplacer [3] [ʀɑ̃plase] *vt* substituir

remplir [20] [ʀɑ̃pliʀ] *vt* 1 (*gén*) encher 2 (*formulaire*) preencher 3 (*fonction*) desempenhar, exercer 4 (*condition*) atender a, satisfazer

remporter [1] [ʀɑ̃pɔʀte] *vt* 1 (*prix*) ganhar 2 (*succès*) obter, alcançar

remuant, -e [ʀəmɥɑ̃, -ɑ̃t] *adj* irrequieto, -ta, ativo, -va

remue-ménage [ʀəmymenaʒ] *nm* rebuliço

remuer [1] [ʀəmɥe] *vt* 1 (*meuble*) mudar (a posição) 2 (*jambes*) mover, movimentar 3 (*terre*) revolver 4 (*salade*) mexer 5 (*émouvoir*) comover, abalar
▸ *vi* (*bouger*) mexer-se, movimentar-se
▸ *vpr* **se remuer** mover-se, mexer-se

rémunération [ʀemyneʀasjɔ̃] *nf inv* remuneração

rémunérer [10] [ʀemyneʀe] *vt* remunerar

renâcler [1] [ʀənakle] *vi* bufar

renaissance [ʀənɛsɑ̃s] *nf* renascimento *m*

renaître [84] [ʀənɛtʀ] *vi* renascer

renard [ʀənaʀ] *nm* ZOOL raposa *f*

rencontre [ʀɑ̃kɔ̃tʀ] *nf* encontro *m*
• **aller à la rencontre de qqn** ir ao encontro de alguém

rencontrer [1] [ʀɑ̃kɔ̃tʀe] *vt* 1 (*ami, connaissance*) encontrar, encontrar-se com 2 (*faire la connaissance de*) conhecer 3 *fig* (*obstacle, opposition*) topar com, esbarrar em

▶ *vpr* **se rencontrer** 1 (*par hasard*) encontrar-se 2 (*se réunir*) reunir-se 3 (*faire connaissance*) conhecer-se 4 (*opinions*) coincidir 5 (*regards*) encontrar-se

rendement [Rɑ̃dmɑ̃] *nm* rendimento, produtividade *f*

rendez-vous [Rɑ̃devu] *nm inv* 1 (*gén*) encontro, reunião *f* 2 (*chez le médecin, le dentiste*) consulta *f*, hora *f* marcada 3 (*lieu*) lugar de encontro
• **prendre rendez-vous** marcar encontro, marcar hora, marcar reunião
• **se donner rendez-vous** marcar encontro, encontrar-se
• **sur rendez-vous** com hora marcada

rendormir (se) [30] [Rɑ̃dɔRmiR] *vpr* dormir de novo

rendre [62] [Rɑ̃dR] *vt* 1 (*restituer*) devolver, entregar 2 (*honneurs, hommage*) prestar 3 (*bénéfice*) render, produzir, dar 4 *fam* (*nourriture*) vomitar 5 (*mettre dans un état*) deixar, tornar: **elle va me rendre folle** ela vai me deixar louca; **ça m'a rendu heureux** isso me deixou feliz 6 (*un service*) prestar, fazer: **il est toujours prêt à rendre service** está sempre disposto a fazer favores
▶ *vi fam* (*nourriture*) vomitar
▶ *vpr* **se rendre** 1 (*se soumettre*) render-se 2 (*dans un endroit*) ir, dirigir-se a 3 (+ *adj*) tornar-se, ficar: **parfois il se rend insupportable** às vezes ele fica insuportável
• **se rendre malade** ficar doente, adoecer
• **se rendre utile** ser/tornar-se útil

rêne [REn] *nf* rédea

renégat, -e [Rənega, -t] *adj-nm,f* renegado, -da

renfermer [1] [Rɑ̃fERme] *vt* 1 (*contenir*) encerrar, comportar 2 (*cacher*) esconder
▶ *vpr* **se renfermer** fechar-se

renflouer [1] [Rɑ̃flue] *vt* 1 (*navire*) trazer à superfície 2 (*entreprise*) socorrer (com fundos)

renforcer [3] [Rɑ̃fɔRse] *vt* 1 (*gén*) reforçar, fortalecer 2 (*couleur, expression*) intensificar

renfort [Rɑ̃fɔR] *nm* reforço
• **en renfort** de reforço

renfrogner (se) [1] [Rɑ̃fRɔɲe] *vpr* amuar-se, ficar carrancudo, -da

rengaine [Rɑ̃gɛn] *nf* lenga-lenga
• **toujours la même rengaine** sempre a mesma ladainha

rengorger (se) [4] [Rɑ̃gɔRʒe] *vpr* empertigar-se, pavonear-se, encher-se

renier [12] [Rənje] *vt* renegar, negar

renifler [1] [Rənifle] *vt* cheirar, aspirar
▶ *vi* sungar o nariz

renne [REn] *nm* ZOOL rena *f*

renom [Rənɔ̃] *nm* fama *f*

renommé, -e [Rənɔme] *adj* afamado, -da, famoso, -sa

renommée [Rənɔme] *nf* fama
• **de renommée internationale** de fama internacional

renoncer [3] [Rənɔ̃se] *vi* 1 (*gén*) renunciar (**à**, a) 2 (*projet*) desistir (**à**, de)

renouer [1] [Rənwe] *vt* 1 (*nouer de nouveau*) amarrar (de novo) 2 (*amitié, conversation*) reatar
▶ *vi* reconciliar-se

renouveau [Rənuvo] *nm* 1 (*renaissance*) renovação *f*, ressurgimento, renascimento, retomada *f* 2 (*retour de vigueur*) revigoramento

renouveler [5] [Rənuvle] *vt* 1 (*abonnement*) renovar 2 (*appel, demande*) reiterar, repetir
▶ *vpr* **se renouveler** 1 (*gén*) renovar-se 2 (*recommencer*) recomeçar, repetir-se

renouvellement [Rənuvɛlmɑ̃] *nm* 1 (*gén*) renovação *f* 2 (*remplacement*) substituição *f*, reposição *f*

rénovation [Renɔvasjɔ̃] *nf* 1 (*gén*) reforma, restauração 2 (*urbaine*) revitalização

rénover [1] [Renɔve] *vt* 1 (*immeuble*) reformar, restaurar 2 (*système*) renovar, modernizar

renseignement [Rɑ̃sɛɲmɑ̃] *nm* informação *f*
▶ *nm pl* **renseignements** 1 (*service*) informações *f* 2 (*sécurité*) serviço de informações, serviço de inteligência
• **demander un renseignement** pedir uma informação

renseigner [1] [Rɑ̃sɛɲe] *vt* informar
▶ *vpr* **se renseigner** informar-se

rentabilité [Rɑ̃tabilite] *nf* rentabilidade
rentable [Rɑ̃tabl] *adj* rentável

rente [Rɑ̃t] *nf* renda, rendimento *m*
- **rente viagère** pensão vitalícia

rentrée [Rɑ̃tRe] *nf* 1 *(retour)* volta, retorno *m* 2 *(reprise des activités)* retomada das atividades (depois das férias, volta às aulas etc.) 3 *(d'un acteur)* retorno *m* 4 *(d'argent)* receita
- **rentrée des classes** volta às aulas

rentrer [1] [Rɑ̃tRe] *vi* 1 *(entrer)* entrar 2 *(revenir)* voltar, retornar: *je rentre chez moi* estou voltando para casa 3 *(élèves)* voltar às aulas 4 *(s'emboîter)* encaixar, entrar 5 *(être compris dans)* fazer parte de, integrar 6 *(frais, droits)* recuperar 7 *fam (heurter)* trombar, chocar-se (**dans**, com)
▸ *vt* 1 *(mettre à l'abri)* recolher, guardar: *as-tu rentré la voiture au garage?* você guardou o carro na garagem? 2 *(griffes, ventre)* encolher 3 *fig (sentiments)* reprimir
- **rentrer dans les attributions de qqn** fazer parte das atribuições de alguém

renversant, -e [Rɑ̃vɛRsɑ̃, -ɑ̃t] *adj* espantoso, -sa

renverse [Rɑ̃vɛRs] *loc* **à la renverse** de costas, para trás

renverser [1] [Rɑ̃vɛRse] *vt* 1 *(inverser)* inverter, virar 2 *(incliner en arrière)* inclinar, reclinar, deitar 3 *(liquide)* derramar, entornar 4 *(abattre)* derrubar 5 *(en voiture)* atropelar 6 *fig (étonner)* espantar
▸ *vpr* **se renverser** 1 *(dans un siège)* reclinar-se 2 *(objet)* cair, tombar, emborcar 3 *(liquide)* derramar-se, entornar 4 *(véhicule)* capotar 5 *(bateau)* virar

renvoi [Rɑ̃vwa] *nm* 1 *(licenciement)* demissão *f* 2 *(de colis)* devolução *f* 3 *(ajournement)* adiamento 4 *(à un autre chapitre)* remissão *f* 5 *(éructation)* arroto *m* 6 SPORT devolução (da bola)

renvoyer [17] [Rɑ̃vwaje] *vt* 1 *(rendre)* devolver 2 *(employé)* despedir, demitir 3 *(lumière, son)* refletir 4 *(à un autre chapitre)* remeter 5 SPORT devolver, mandar de volta

réorganiser [1] [ReɔRganize] *vt* reorganizar

réouverture [ReuvɛRtyR] *nf* 1 *(gén)* reabertura 2 *(reprise)* reinício *m*, retomada

repaire [RəpɛR] *nm* toca *f*, covil

répandre [62] [Repɑ̃dR] *vt* 1 *(liquide, larmes)* derramar 2 *(odeur)* exalar 3 *(nouvelle)* espalhar, divulgar 4 *(panique, terreur)* semear, disseminar
▸ *vpr* **se répandre** 1 *(liquide)* derramar-se 2 *(nouvelle, odeur)* espalhar-se
- **se répandre en** estender-se em, desfazer-se em, disseminar-se em

répandu, -e [Repɑ̃dy] *adj* difundido, -da

réparation [RepaRasjɔ̃] *nf* reparação

réparer [1] [RepaRe] *vt* 1 *(compenser)* reparar, indenizar, ressarcir 2 *(remettre en bon état)* consertar, reparar

repartir [28] [RəpaRtiR] *vi* partir, voltar, ir embora

répartir [20] [RepaRtiR] *vt* repartir, distribuir, dividir
▸ *vpr* **se répartir** repartir-se

répartition [RepaRtisjɔ̃] *nf* repartição, distribuição

repas [Rəpa] *nm* refeição *f*
- **prendre son repas** comer

repassage [Rəpasaʒ] *nm* ação de passar roupas

repasser [1] [Rəpase] *vt* 1 *(le linge)* passar 2 *(une leçon)* repassar, recordar
▸ *vi (passer de nouveau)* tornar a passar

repêchage [Rəpɛʃaʒ] *nm* 1 *(gén)* ação de retirar da água 2 *(école)* prova *f* de recuperação 3 SPORT repescagem *f*

repeindre [76] [RəpɛdR] *vt* pintar de novo

repentir [Rəpɑ̃tiR] *nm* arrependimento

repentir (se) [28] [Rəpɑ̃tiR] *vpr* arrepender-se

répercussion [RepɛRkysjɔ̃] *nf* repercussão

répercuter [1] [RepɛRkyte] *vt* 1 *(un son, la lumière)* refletir 2 ÉCON repassar 3 *fig* influenciar
▸ *vpr* **se répercuter** 1 *(gén)* repercutir 2 *fig* refletir-se

repère [RəpɛR] *nm* 1 *(pour s'orienter)* referência *f*, referencial 2 *(signal)* marco, ponto de referência

repérer [10] [RəpeRe] *vt* 1 *(ennemi, bateau)* localizar, detectar, descobrir 2 *(marquer)* marcar, demarcar 3 *fam (re-*

connaître) reconhecer, enxergar **4** *fam (apercevoir)* notar, reparar
▸ *vpr* **se repérer** orientar-se, situar-se, achar-se
• **se faire repérer** ser visto, -ta, ser descoberto, -ta

répertoire [ʀepɛʀtwaʀ] *nm* **1** *(gén)* repertório **2** *(liste)* catálogo, lista *f* **3** *(d'adresses)* agenda *f*, caderneta *f* **4** INFORM diretório

répéter [10] [ʀepete] *vt* **1** *(phrase, mot)* repetir **2** *(acteurs, musiciens)* ensaiar
▸ *vpr* **se répéter** repetir-se

répétitif, -ive [ʀepetitif, -iv] *adj* repetitivo, -va

répétition [ʀepetisjɔ̃] *nf* **1** *(gén)* repetição **2** *(au théâtre)* ensaio *m*
■ **répétition générale** ensaio geral

repiquer [2] [ʀəpike] *vt* **1** *(plante)* transplantar **2** *(disque, cassette)* regravar

répit [ʀepi] *nm* pausa *f*, descanso
• **sans répit** sem descanso, sem trégua

replacer [3] [ʀəplase] *vt* recolocar

replet, -ète [ʀəplɛ, -ɛt] *adj* gorducho, -cha, redondo, -da

repli [ʀəpli] *nm* **1** *(pli)* dobra *f* **2** *(d'une armée)* retirada *f*, recuo **3** *(introversion)* introversão *f*

replier [13] [ʀəplije] *vt* dobrar
▸ *vpr* **se replier** *(armée)* retirar-se, recuar
• **se replier sur soi-même** fechar-se em si mesmo, introverter-se

réplique [ʀeplik] *nf* **1** *(gén)* réplica **2** *(au théâtre)* deixa
• **sans réplique** indiscutível

répliquer [2] [ʀeplike] *vt* replicar

répondeur [ʀepɔ̃dœʀ] *nm* respondão, -ona
■ **répondeur automatique** secretária eletrônica

répondre [62] [ʀepɔ̃dʀ] *vt* responder: ***tu dois répondre quelque chose*** você precisa responder alguma coisa
▸ *vi* **1** *(gén)* atender: ***ça ne répond pas*** não atendem; ***répondre au téléphone*** atender ao telefone **2** *(correspondre)* corresponder **3** *(à un besoin)* corresponder, satisfazer

réponse [ʀepɔ̃s] *nf* **1** *(gén)* resposta **2** *(réaction)* reação

report [ʀəpɔʀ] *nm* **1** *(renvoi)* adiamento **2** *(transfert)* transferência *f* **3** *(par écrit)* transcrição *f* **4** *(en comptabilité)* transporte

reportage [ʀəpɔʀtaʒ] *nm* reportagem *f*

reporter[1] [ʀəpɔʀtɛʀ] *nm* repórter

reporter[2] [1] [ʀəpɔʀte] *vt* **1** *(porter de nouveau)* levar de novo **2** *(rendez-vous, réunion)* adiar **3** *(par écrit)* transportar, transcrever
▸ *vpr* **se reporter à** reportar-se a, remeter-se a

repos [ʀəpo] *nm* **1** *(gén)* descanso, repouso **2** *(période d'inactivité)* folga *f* **3** *(sommeil)* sono
• **de tout repos** garantido, -da, seguro, -ra

reposer [1] [ʀəpoze] *vt* **1** *(poser de nouveau)* repor, tornar a pôr **2** *(appuyer)* apoiar **3** *(question)* repetir **4** *(l'esprit)* acalmar
▸ *vi* repousar
▸ *vpr* **se reposer 1** *(se détendre)* descansar **2** *(compter sur)* confiar (**sur**, em)

repose-tête [ʀəpoztɛt] *nm inv* apoio para cabeça

repoussant, -e [ʀəpusɑ̃, -ɑ̃t] *adj* repulsivo, -va

repousser [1] [ʀəpuse] *vi* **1** *(barbe, poil)* voltar a crescer **2** *(plante)* brotar de novo
▸ *vt* **1** *(dégoûter)* repelir **2** *(personne)* fazer recuar **3** *(offre)* rejeitar **4** *(ennemi)* rechaçar **5** *(date)* adiar

répréhensible [ʀepʀeɑ̃sibl] *adj* repreensível

reprendre [83] [ʀəpʀɑ̃dʀ] *vt* **1** *(prendre de nouveau)* retomar, tomar/pegar de novo **2** *(nourriture)* repetir **3** *(activité, lutte, travail, route)* retomar, recomeçar, continuar **4** COMM *(marchandise)* trocar **5** *(corriger)* repreender **6** *(forces)* recobrar
▸ *vi* **1** *(vigueur, vie)* restabelecer-se **2** *(recommencer)* recomeçar
▸ *vpr* **se reprendre 1** recuperar-se, reagir **2** *(après une erreur)* emendar-se

représailles [ʀəpʀezaj] *nf pl* represálias

représentant, -e [ʀəpʀezɑ̃tɑ̃, -ɑ̃t] *nm,f* representante

représentation [ʀəpʀezɑ̃tasjɔ̃] *nf* representação

représenter [1] [ʀəpʀezɑ̃te] vt-vi representar
▶ vpr **se représenter 1** (*s'imaginer*) imaginar **2** (*occasion*) apresentar-se de novo **3** (*aux élections*) concorrer de novo

répression [ʀepʀesjɔ̃] nf repressão

réprimande [ʀepʀimɑ̃d] nf repreensão

réprimer [1] [ʀepʀime] vt reprimir

reprise [ʀəpʀiz] nf **1** (*recommencement*) reinício m, retomada **2** (*au cinéma, au théâtre*) reprise **3** (*d'une voiture*) arranque
• **à plusieurs reprises** diversas vezes, repetidamente

réprobation [ʀepʀɔbasjɔ̃] nf reprovação

reproche [ʀəpʀɔʃ] nm repreensão f

reprocher [1] [ʀəpʀɔʃe] vt repreender
▶ vpr **se reprocher** culpar-se, recriminar-se

reproduction [ʀəpʀɔdyksjɔ̃] nf reprodução

reproduire [58] [ʀəpʀɔdɥiʀ] vt reproduzir
▶ vpr **se reproduire** reproduzir-se

reprogrammer [1] [ʀəpʀɔgʀame] vt reprogramar

réprouver [1] [ʀepʀuve] vt reprovar

reptile [ʀɛptil] nm réptil

repu, -e [ʀəpy] adj farto, -ta, satisfeito, -ta

républicain, -e [ʀepyblikɛ̃, -ɛn] adj-nm,f republicano, -na

république [ʀepyblik] nf república

répudier [12] [ʀepydje] vt repudiar

répugnance [ʀepyɲɑ̃s] nf **1** (*répulsion*) repugnância **2** (*manque d'entrain*) relutância

répugnant, -e [ʀepyɲɑ̃, -ɑ̃t] adj repugnante

répugner [1] [ʀepyɲe] vi **1** (*inspirer de la répugnance*) repugnar (**a**, -) **2** (*éprouver de la répugnance*) sentir aversão (**à**, por), detestar (**a**, -)

répulsion [ʀepylsjɔ̃] nf repulsa, repugnância

réputation [ʀepytasjɔ̃] nf reputação

réputé, -e [ʀepyte] adj conceituado, -da

requérir [34] [ʀəkeʀiʀ] vt exigir

requête [ʀəkɛt] nf **1** DR requerimento m, petição **2** *fml* (*prière*) súplica

requiem [ʀekɥijɛm] nm réquiem

requin [ʀəkɛ̃] nm ZOOL tubarão

réquisition [ʀekizisjɔ̃] nf requisição

réquisitionner [1] [ʀekizisjɔne] vt requisitar

réquisitoire [ʀekizitwaʀ] nm DR libelo acusatório

rescapé, -e [ʀɛskape] nm,f sobrevivente

rescousse [ʀɛskus] *loc* **à la rescousse** em socorro

réseau [ʀezo] nm rede f
■ **réseau routier** malha f viária
■ **réseau téléphonique** rede f telefônica

réservation [ʀezɛʀvasjɔ̃] nf reserva

réserve [ʀezɛʀv] nf **1** (*d'animaux; de chasse, pêche*) reserva **2** (*d'aliments*) provisão, estoque m **3** (*dans un magasin*) depósito m **4** (*réticence*) ressalva
• **en réserve** (*de côté*) de reserva (*commerce*) em estoque
• **sans réserve** sem ressalvas, sem restrição
• **se tenir sur la réserve** manter-se reservado, -da
• **sous toutes réserves** feitas as devidas ressalvas
• **sous réserve d'erreur** salvo erro

réservé, -e [ʀezɛʀve] adj reservado, -da

réserver [1] [ʀezɛʀve] vt reservar
▶ vpr **se réserver 1** (*s'abstenir de*) preservar-se, poupar-se **2** (*garder pour soi*) guardar/reservar para si
• **avez-vous réservé?** o senhor/a senhora fez reserva?

réservoir [ʀezɛʀvwaʀ] nm **1** (*d'essence*) tanque **2** (*d'eau*) caixa f, reservatório

résidence [ʀezidɑ̃s] nf residência
■ **résidence secondaire** casa de campo/praia

résident, -e [ʀezidɑ̃, -ɑ̃t] nm,f residente

résidentiel, -elle [ʀezidɑ̃sjɛl] adj residencial

résider [1] [ʀezide] vi residir

résidu [ʀezidy] nm resíduo

résignation [ʀeziɲasjɔ̃] *nf* resignação

résigner [1] [ʀeziɲe] *vt* renunciar
▸ *vpr* **se résigner** resignar-se (à, a), conformar-se (à, com)

résilier [12] [ʀezilje] *vt* rescindir

résille [ʀezij] *nf* (*pour les cheveux*) rede, redinha

résine [ʀezin] *nf* resina

résistance [ʀezistɑ̃s] *nf* resistência

résistant, -e [ʀezistɑ̃, -ɑ̃t] *adj-nm,f* resistente

résister [1] [ʀeziste] *vi* resistir

résolu, -e [ʀezɔly] *adj* resoluto, -ta

résolument [ʀezɔlymɑ̃] *adv* decididamente, resolutamente

résolution [ʀezɔlysjɔ̃] *nf* resolução
■ **haute résolution** alta resolução

résonance [ʀezɔnɑ̃s] *nf* ressonância
■ **résonance magnétique** ressonância magnética

résonner [1] [ʀezɔne] *vi* ressoar

résorber [1] [ʀezɔʀbe] *vt* absorver

résoudre [74] [ʀezudʀ] *vt* (*problème*) resolver, solucionar
▸ *vi* resolver (à, -), decidir-se (à, a)

respect [ʀɛspɛ] *nm* respeito
• **manquer de respect à qqn** faltar ao respeito com alguém
• **tenir qqn en respect** manter alguém a distância

respectable [ʀɛspɛktabl] *adj* respeitável

respecter [1] [ʀɛspɛkte] *vt* respeitar

respectif, -ive [ʀɛspɛktif, -iv] *adj* respectivo, -va

respectueux, -euse [ʀɛspɛktɥø, -øz] *adj* respeitoso, -sa, respeitador, -ra

respiration [ʀɛspiʀasjɔ̃] *nf* respiração

respirer [1] [ʀɛspiʀe] *vi-vt* respirar

resplendissant, -e [ʀɛsplɑ̃disɑ̃, -ɑ̃t] *adj* resplandecente

responsabilité [ʀɛspɔ̃sabilite] *nf* responsabilidade

responsable [ʀɛspɔ̃sabl] *adj-nmf* responsável

resquiller [1] [ʀɛskije] *vi fam* **1** (*ne pas payer*) entrar/viajar sem pagar **2** (*ne pas attendre son tour*) furar a fila

ressac [ʀəsak] *nm* (*des vagues*) ressaca *f*

ressaisir (se) [20] [ʀəseziʀ] *vpr* dominar-se

ressemblance [ʀəsɑ̃blɑ̃s] *nf* semelhança

ressemblant, -e [ʀəsɑ̃blɑ̃, -ɑ̃t] *adj* semelhante, parecido, -da

ressembler [1] [ʀəsɑ̃ble] *vi* assemelhar-se (à, a), parecer-se (à, com): *elle ressemble beaucoup à sa mère* ela se parece muito com a mãe
▸ *vpr* **se ressembler** parecer-se

ressentiment [ʀəsɑ̃timɑ̃] *nm* ressentimento

ressentir [28] [ʀəsɑ̃tiʀ] *vt* sentir
▸ *vpr* **se ressentir** ressentir-se

resserrer [1] [ʀəseʀe] *vt* **1** (*boulon, lien*) apertar **2** (*amitié*) estreitar
▸ *vpr* **se resserrer** **1** (*chemin, route, lien*) estreitar-se **2** (*nœud, étreinte*) apertar-se

ressort [ʀəsɔʀ] *nm* **1** (*mécanisme*) mola *f* **2** *fig* (*énergie*) energia *f*, força *f*, causa *f* **3** (*compétence*) competência *f*, alçada *f*
• **en dernier ressort** DR em última instância (*fig*) como último recurso
• **être du ressort de** ser da alçada de

ressortir [28] [ʀəsɔʀtiʀ] *vi* **1** (*sortir de nouveau*) tornar a sair **2** (*se détacher*) destacar-se **3** (*résulter*) depreender-se

ressortissant, -e [ʀəsɔʀtisɑ̃, -ɑ̃t] *nm,f* (*d'un pays étranger*) natural, originário, -ria, oriundo, -da (de outro país)

ressource [ʀəsuʀs] *nf* (*secours*) recurso *m*
▸ *pl* **recursos** *m*, fundos *m*
• **sans ressource** sem remédio
• **sans ressources** sem recursos

ressurgir [20] [ʀəsyʀʒiʀ] *vi* ressurgir

ressusciter [1] [ʀesysite] *vt-vi* ressuscitar

restant, -e [ʀɛstɑ̃, -ɑ̃t] *adj* restante
▸ *nm* **restant** resto, restante

restaurant [ʀɛstɔʀɑ̃] *nm* restaurante

restaurateur, -trice [ʀɛstɔʀatœʀ, -tʀis] *nm,f* **1** (*d'oeuvres d'art*) restaurador, -ra **2** (*d'un restaurant*) dono

restauration [ʀɛstɔʀasjɔ̃] *nf* **1** (*art, histoire*) restauração **2** (*branche d'activité*) setor *m* de alimentação/de restaurantes
■ **restauration rapide** refeição rápida, *fast-food*

restaurer [1] [RɛstɔRe] *vt* restaurar
▸ *vpr* **se restaurer** comer, alimentar-se

reste [Rɛst] *nm* **1** (*gén*) resto, restante **2** MATH resto
▸ *nm pl* **restes 1** (*d'un repas*) sobras *f pl* **2** (*d'un mort*) restos mortais, despojos
• **au/du reste** além do mais

rester [1] [Rɛste] *vi* **1** (*demeurer*) ficar, permanecer, continuar: *il est resté au lit toute la matinée* ele ficou na cama a manhã toda **2** (*manquer*) restar, faltar: *il reste à savoir ce qui s'est passé* resta saber o que aconteceu
• **en rester là** ficar por aí
• **il n'en reste pas moins que** também é verdade que
• **y rester** morrer

restituer [1] [Rɛstitɥe] *vt* restituir, devolver

restitution [Rɛstitysjɔ̃] *nf* restituição, devolução

resto [Rɛsto] *nm fam* restaurante

restreindre [76] [RɛstRɛ̃dR] *vt* restringir
▸ *vpr* **se restreindre** restringir-se

restriction [RɛstRiksjɔ̃] *nf* restrição

restructurer [1] [RɛstRyktyRe] *vt* reestruturar

résultat [Rezylta] *nm* resultado

résulter [1] [Rezylte] *vi* resultar (**de**, de)
• **il en résulte que** daí decorre que

résumé [Rezyme] *nm* resumo
• **en résumé** em resumo

résumer [1] [Rezyme] *vt* resumir
▸ *vpr* **se résumer** resumir-se (**à**, a)

resurgir [20] [RəzyRʒiR] *vi* ressurgir

résurrection [RezyRɛksjɔ̃] *nf* ressurreição

rétablir [20] [Retablir] *vt* restabelecer
▸ *vpr* **se rétablir** restabelecer-se

rétablissement [Retablismɑ̃] *nm* restabelecimento

retaper [1] [Rətape] *vt* **1** (*maison*) consertar **2** (*texte*) bater/digitar de novo **3** *fam* pôr/deixar em forma

retard [RətaR] *nm* atraso
• **avoir du retard** estar atrasado
• **être en retard** atrasado
• **prendre du retard** atrasar-se

retardataire [RətaRdatɛR] *nmf* retardatário, -a

retardement [RətaRdəmɑ̃] *loc* **à retardement** de efeito retardado

retarder [1] [RətaRde] *vt* **1** (*gén*) atrasar, retardar **2** (*montre, horloge*) atrasar
▸ *vi* **1** (*montre, horloge*) atrasar **2** *fam* (*ne pas savoir*) estar por fora

retenir [35] [Rətənir] *vt* **1** (*garder*) ficar com **2** (*place*) guardar **3** (*en mémoire*) guardar **4** (*empêcher d'agir*) segurar, impedir **5** (*réserver*) reservar **6** (*déduire*) descontar **7** MATH ir: *je pose cinq et je retiens deux* vinte e cinco, vão dois **8** (*souffle, larmes*) conter, reprimir **9** (*attention, regard*) prender **10** (*prendre en considération*) levar em conta, aceitar, admitir
▸ *vpr* **se retenir 1** (*s'accrocher*) segurar-se **2** (*se contenir*) conter-se

retentissement [Rətɑ̃tismɑ̃] *nm* repercussão *f*

retenue [Rətəny] *nf* **1** (*punition à l'école*) castigo (*sem recreio*) *m* **2** MATH número *m* que se transfere (*para a outra coluna*) **3** (*prélèvement*) dedução, desconto *m* **4** (*mesure*) discrição, reserva
• **sans retenue** sem reservas
■ **retenue d'eau** represa, água represada

réticence [Retisɑ̃s] *nf* **1** (*omission*) omissão, reticência **2** (*hésitation*) hesitação, relutância

rétine [Retin] *nf* ANAT retina

retirer [1] [RətiRe] *vt* **1** (*gén*) retirar **2** (*vêtement*) tirar **3** (*parole*) cassar **4** (*candidature*) retirar **5** (*bénéfice*) obter, extrair
▸ *vpr* **se retirer** retirar-se

retombées [Rətɔ̃be] *nf pl* repercussões, consequências

retomber [1] [Rətɔ̃be] *vi* **1** (*tomber de nouveau*) cair de novo **2** (*malade*) recair

retordre [62] [RətɔRdR] *vt* retorcer, torcer

rétorquer [2] [Retɔrke] *vt* retorquir

retouche [Rətuʃ] *nf* retoque *m*

retoucher [1] [Rətuʃe] *vt* retocar

retour [RətuR] *nm* **1** (*gén*) volta *f*, retorno **2** (*trajet*) viagem *m* de volta **3** (*mouvement inverse*) movimento *m* inverso **4** (*d'un paquet*) devolução *f* **5** (*correspondance*) reciprocidade *f*
• **aller et retour** ida e volta

- **en retour** em troca
- **retour en arrière** volta atrás

retourner [1] [ʀətuʀne] *vt* **1** *(objet, carte)* virar **2** *(vêtement)* virar pelo avesso **3** *(rendre)* devolver **4** *fig (émouvoir)* perturbar, abalar
▸ *vi (revenir)* retornar, voltar
▸ *vpr* **se retourner** virar-se, voltar-se

retracer [3] [ʀətʀase] *vt* relatar, descrever

rétracter (se) [1] [ʀetʀakte] *vpr* **1** *(se contracter)* retrair-se, contrair-se **2** *(nier)* retratar-se, desdizer-se

retrait [ʀətʀɛ] *nm* **1** *(gén)* retirada *f* **2** *(d'argent)* saque
- **en retrait** [en arrière] para trás, atrás [écarté] afastado, -da

retraite [ʀətʀɛt] *nf* **1** *(cessation du travail)* aposentadoria **2** *(revenu)* aposentadoria, pensão **3** *(asile, refuge)* refúgio *m* **4** *(fuite)* retirada
- **battre en retraite** bater em retirada
- **prendre sa retraite** aposentar-se

retraité, -e [ʀətʀete] *adj-nm,f* aposentado, -da

retrancher [1] [ʀətʀɑ̃ʃe] *vt* **1** *(enlever, ôter)* tirar, cortar **2** *(quantité)* descontar, deduzir
▸ *vpr* **se retrancher** entrincheirar-se

retransmettre [81] [ʀətʀɑ̃smɛtʀ] *vt* retransmitir

retransmission [ʀətʀɑ̃smisjɔ̃] *nf* retransmissão

rétrécir [20] [ʀetʀesiʀ] *vt* **1** *(un pantalon, une jupe)* encurtar **2** *fig* reduzir, limitar
▸ *vi-vpr* **(se) rétrécir 1** *(tissue)* encolher **2** *(devenir plus étroit)* estreitar-se

rétribuer [1] [ʀetʀibɥe] *vt* **1** *(gén)* retribuir **2** *(employé)* pagar

rétribution [ʀetʀibysjɔ̃] *nf* **1** *(gén)* retribuição **2** *(employé, travail)* remuneração, pagamento *m*

rétro¹ [ʀetʀo] *adj inv* rétro, retrô

rétro² [ʀetʀo] *nm fam* retrovisor

rétroactif, -ive [ʀetʀoaktif, -iv] *adj* retroativo, -va

rétrograde [ʀetʀogʀad] *adj* retrógrado, -da

rétrospectif, -ive [ʀetʀɔspɛktif, -iv] *adj* retrospectivo, -va

rétrospective [ʀetʀɔspɛktiv] *nf* retrospectiva

retroussé, -e [ʀətʀuse] *adj* **1** *(manche)* arregaçado, -da **2** *(nez)* arrebitado, -da

retrousser [1] [ʀətʀuse] *vt* arregaçar
▸ *vpr* **se retrousser** arregaçar-se

retrouvailles [ʀətʀuvaj] *nf pl* reencontro *m*, volta

retrouver [1] [ʀətʀuve] *vt* **1** *(gén)* encontrar **2** *(de nouveau)* reencontrar **3** *(appétit)* recobrar **4** *(rejoindre)* rever, encontrar **5** *(reconnaître)* reconhecer
▸ *vpr* **se retrouver 1** *(gén)* estar, encontrar-se, estar de novo **2** *(s'orienter)* orientar-se, achar-se
- **ne pas s'y retrouver** estar perdido, -da
- **s'y retrouver** *fam* ganhar, obter vantagem, ser recompensado, -da

rétroviseur [ʀetʀɔvisœʀ] *nm* retrovisor

réunion [ʀeynjɔ̃] *nf* reunião

réunir [20] [ʀeyniʀ] *vt* reunir
▸ *vpr* **se réunir** reunir-se

réussir [20] [ʀeysiʀ] *vi* **1** *(affaire; personne)* ter sucesso **2** *(examen)* passar em, ser aprovado, -da em
▸ *vt* **1** *(plat)* fazer com sucesso, realizar bem **2** *(examen)* passar em
- **réussir à + inf** conseguir + *inf*

réussite [ʀeysit] *nf* **1** *(succès)* êxito *m*, sucesso *m* **2** *(jeu de cartes)* espécie de paciência

revanche [ʀəvɑ̃ʃ] *nf* desforra
- **en revanche** em compensação, em contrapartida
- **prendre sa revanche** desforrar-se

rêvasser [1] [ʀɛvase] *vi* sonhar acordado, -da

rêve [ʀɛv] *nm* sonho
- **de rêve** ideal, perfeito, -ta
- **faire un rêve** sonhar

revêche [ʀəvɛʃ] *adj* carrancudo, -da, mal-humorado, -da, rabugento, -ta

réveil [ʀevɛj] *nm* **1** *(action)* despertar **2** *(pendule)* despertador

réveille-matin [ʀevɛjmatɛ̃] *nm inv* despertador

réveiller [1] [Reveje] *vt* **1** (*gén*) despertar, acordar **2** *fig* (*courage*) estimular
▶ *vpr* **se réveiller** acordar

réveillon [Revejɔ̃] *nm* **1** (*de Noël*) ceia de Natal **2** (*du jour de l'An*) reveillon

révélateur, -trice [Revelatœr, -tris] *adj* revelador, -ra

révélation [Revelasjɔ̃] *nf* revelação

révéler [10] [Revele] *vt* revelar
▶ *vpr* **se révéler 1** (*apparaître*) revelar-se **2** (*être*) ser, mostrar-se

revenant, -e [Rəvnɑ̃, -ɑ̃t] *nm,f* aparição, fantasma *m*

revendeur, -euse [Rəvɑ̃dœr, -øz] *nm,f* revendedor, -ra

revendication [Rəvɑ̃dikasjɔ̃] *nf* reivindicação

revendiquer [2] [Rəvɑ̃dike] *vt* reivindicar

revendre [62] [Rəvɑ̃dr] *vt* revender
• **avoir qqch à revendre** ter algo para dar e vender

revenir [35] [Rəvnir] *vi* **1** (*gén*) voltar: *je reviens tout de suite* volto logo **2** (*à l'esprit*) lembrar: *ça me revient!* estou lembrando! **3** (*coûter*) sair (**à**, por/-): *à combien ça t'est revenu?* quanto saiu isso? **4** (*honneur, tâche*) caber: *c'est à toi qu'il revient de...* a você cabe...
• **faire revenir** CUIS dourar
• **ne pas en revenir** *fig* não acreditar, achar incrível
• **revenir au même** dar na mesma
• **revenir cher** sair caro
• **revenir à soi** voltar a si

revenu [Rəvəny] *nm* renda *f*, rendimento

rêver [1] [Reve] *vi-vt* sonhar
• **rêver de qqch/qqn** sonhar com algo/alguém

réverbère [Reverber] *nm* **1** (*lampe*) iluminação *f* pública **2** (*réflecteur*) refletor

révérence [Reverɑ̃s] *nf* reverência

rêverie [Revri] *nf* devaneio *m*

revers [Rəver] *nm* **1** SPORT (*au tennis*) revés **2** (*d'une médaille, d'une monnaie*) reverso **3** (*d'une veste*) avesso **4** *fig* (*contretemps*) revés

réversible [Reversibl] *adj* reversível

revêtement [Rəvetmɑ̃] *nm* revestimento

revêtir [33] [Rəvetir] *vt* **1** (*mur, surface*) revestir **2** (*vêtement*) vestir

rêveur, -euse [Revœr, -øz] *adj-nm,f* sonhador, -ra

réviser [1] [Revize] *vt* **1** (*gén*) revisar **2** (*leçon*) repassar

révision [Revizjɔ̃] *nf* **1** (*gén*) revisão **2** (*d'une leçon*) recordação, revisão

revivre [69] [Rəvivr] *vt-vi* reviver

revoilà [Rəvwala] *prép loc* **me revoilà!** estou de volta!

revoir [46] [Rəvwar] *vt* **1** (*personne, pays*) rever **2** (*réviser*) revisar
▶ *vpr* **se revoir** rever-se
• **au revoir!** até logo!
• **se dire au revoir** despedir-se

révoltant, -e [Revoltɑ̃, -ɑ̃t] *adj* revoltante

révolte [Revolt] *nf* revolta

révolter [1] [Revolte] *vt* revoltar
▶ *vpr* **se révolter** revoltar-se (**contre**, contra)

révolution [Revolysjɔ̃] *nf* revolução

révolutionnaire [Revolysjoner] *adj-nmf* revolucionário, -ria

révolutionner [1] [Revolysjone] *vt* revolucionar

revolver [Revolver] *nm* revólver

révoquer [2] [Revoke] *vt* **1** (*fonctionnaire*) demitir **2** (*dirigeant*) destituir, depor **3** DR revogar **4** POL revocar

revue [Rəvy] *nf* revista
• **passer en revue** passar em revista
▪ **revue de presse** resumo das notícias

révulser [1] [Revylse] *vt* **1** (*dégoûter*) repugnar **2** (*crisper*) crispar

rez-de-chaussée [Redʃose] *nm inv* andar térreo

rhabiller [1] [Rabije] *vt* vestir de novo
▶ *vpr* **se rhabiller** vestir-se de novo

rhétorique [Retorik] *nf* retórica

rhinocéros [Rinoseros] *nm* ZOOL rinoceronte

rhubarbe [Rybarb] *nf* BOT ruibarbo *m*

rhum [Rom] *nm* rum

rhumatisme [Rymatism] *nm* reumatismo

rhume [Rym] *nm* resfriado

riant, -e [Rjã, -ãt] *adj* risonho, -nha, sorridente

ribambelle [Ribãbɛl] *nf* **1** fileira, cortejo *m* **2** (*papier*) motivo *m* de papel recortado

ricaner [1] [Rikane] *vi* rir com sarcasmo

riche [Riʃ] *adj-nmf* rico, -ca

richesse [Riʃɛs] *nf* riqueza

ricochet [Rikɔʃɛ] *nm* ricochete
- **par ricochet** por tabela, indiretamente

ride [Rid] *nf* **1** (*sur le visage*) ruga **2** (*sur l'eau*) ondulação

rideau [Rido] *nm* **1** (*de fenêtre*) cortina *f* **2** (*au théâtre*) cortina *f*, pano

rider [1] [Ride] *vt* enrugar
▶ *vpr* **se rider** enrugar-se

ridicule [Ridikyl] *adj* ridículo, -la
▶ *nm* ridículo
- **tourner en ridicule** ridicularizar

ridiculiser [1] [Ridikylize] *vt* ridicularizar
▶ *vpr* **se ridiculiser** tornar-se ridículo

rien [Rjɛ̃] *pron indéf* nada: *ce n'est rien* não é nada; *je n'entends rien avec la radio* com o rádio, não ouço nada
▶ *nm* nada
■ **rien que** só de: *je tremble rien que d'y penser* tremo só de pensar
- **ça ne fait rien** não faz mal
- **de rien!** de nada!
- **en un rien de temps** num piscar de olhos
- **plus rien** mais nada, nada mais
- **pour rien** (*pas cher*) de graça (*en vain*) à toa
- **pour un rien** por uma bobagem, por um nada
- **rien de nouveau** nada de novo
- **tout ou rien** tudo ou nada

rigide [Riʒid] *adj* rígido, -da

rigidité [Riʒidite] *nf* rigidez

rigolade [Rigɔlad] *nf fam* brincadeira, risada, divertimento *m*

rigoler [1] [Rigɔle] *vi* **1** *fam* (*rire*) rir, divertir-se **2** (*plaisanter*) brincar

rigolo, -ote [Rigɔlo, -ɔt] *adj fam* divertido, -da, gozado, -da

rigoureux, -euse [RiguRø, -øz] *adj* rigoroso, -sa

rigueur [RigœR] *nf* rigor *m*
- **à la rigueur** em caso extremo
- **être de rigueur** ser obrigatório, -a, ser regra

rime [Rim] *nf* rima

rimer [1] [Rime] *vi* rimar

rinçage [Rɛ̃saʒ] *nm* **1** (*de vaisselle, du linge*) enxágue **2** (*des cheveux*) rinçagem

rincer [3] [Rɛ̃se] *vt* **1** (*vaisselle, linge*) enxaguar **2** (*cheveux*) fazer rinçagem

ring [Riŋ] *nm* SPORT ringue

ringard, -e [Rɛ̃gaR, -aRd] *adj fam péj* brega

riposte [Ripɔst] *nf* réplica, revide *m*

riposter [1] [Ripɔste] *vi* replicar, revidar

rire [53] [RiR] *vi* **1** (*gén*) rir **2** (*se moquer*) rir (**de**, de)
▶ *nm* riso
- **pour rire** por brincadeira
- **rire aux éclats** gargalhar
- **tu veux rire?** está brincando?

risée [Rize] *nf* zombaria
- **être la risée de** ser objeto de zombaria

risible [Rizibl] *adj* risível, ridículo, -la

risque [Risk] *nm* risco, perigo
- **prendre des risques** correr riscos, arriscar-se

risquer [2] [Riske] *vt* **1** (*engager*) arriscar **2** (*s'exposer à*) arriscar-se a **3** (*tenter*) arriscar
▶ *vpr* **se risquer** arriscar-se (**à**, a)
■ **risquer de** poder, ter a possibilidade de, correr o risco de, arriscar-se a

rissoler [1] [Risɔle] *vt* CUIS dourar

ristourne [RistuRn] *nf* **1** (*remboursement*) reembolso *m* **2** (*versement*) bônus *m*

rite [Rit] *nm* rito

rituel, -elle [Ritɥɛl] *adj* ritual
▶ *nm* **rituel** ritual

rivage [Rivaʒ] *nm* orla *f*, margem *f*, costa *f*

rival, -e [Rival] *adj-nm,f* rival

rivaliser [1] [Rivalize] *vi* rivalizar

rivalité [Rivalite] *nf* rivalidade

rive [Riv] *nf* margem, orla, beira

riverain, -e [RivRɛ̃, -ɛn] *adj-nm,f* ribeirinho, -nha

rivière [ʀivjɛʀ] *nf* rio *m* (*afluente*)

rixe [ʀiks] *nf* rixa

riz [ʀi] *nm* arroz
- **riz au lait** arroz-doce

rizière [ʀizjɛʀ] *nf* arrozal

robe [ʀɔb] *nf* **1** (*de femme*) vestido *m* **2** (*du vin*) cor **3** (*d'un magistrat*) toga, beca
- **robe de chambre** penhoar *m*, robe *m*
- **robe de mariée** vestido *m* de noiva

robinet [ʀɔbinɛ] *nm* torneira *f*

robot [ʀɔbo] *nm* robô

robuste [ʀɔbyst] *adj* robusto, -ta

roc [ʀɔk] *nm* rocha *f*

rocade [ʀɔkad] *nf* via marginal

rocaille [ʀɔkaj] *nf* (*pierres*) cascalho *m*

roche [ʀɔʃ] *nf* rocha, rochedo *m*

rocher [ʀɔʃe] *nm* rochedo

rocheux, -euse [ʀɔʃø, -øz] *adj* rochoso, -sa

rock [ʀɔk] *adj inv-nm* rock

rodage [ʀɔdaʒ] *nm* **1** (*d'une voiture*) amaciamento **2** (*d'une pièce*) retífica *f* **3** *fig* adaptação, prática

roder [1] [ʀɔde] *vt* **1** (*une pièce*) retificar **2** (*une voiture*) amaciar **3** *fig* adaptar-se, praticar

rôder [1] [ʀode] *vi* rondar

rogne [ʀɔɲ] *nf fam* raiva, bronca
- **être en rogne** *fam* estar nervoso, -sa, estar com raiva
- **se mettre en rogne** *fam* ficar nervoso, -sa, ficar com raiva

rogner [1] [ʀɔɲe] *vt* **1** (*ongles*) aparar **2** (*revenus*) cortar, reduzir

rognon [ʀɔɲɔ̃] *nm* CUIS rim

roi [ʀwa] *nm* rei

rôle [ʀol] *nm* **1** (*d'un acteur*) papel **2** (*d'un employé*) função *f* **3** (*catalogue*) lista *f*, catálogo, rol **4** (*d'un tribunal*) pauta *f*
- **à tour de rôle** alternadamente, um de cada vez
- **avoir le beau rôle** ficar com a melhor parte, levar vantagem
- **jouer un rôle** desempenhar um papel

ROM [ʀɔm] *abr* (**read-only memory**) ROM

roman[1] [ʀɔmɑ̃] *nm* romance
- **roman fleuve** folhetim
- **roman noir** romance negro, *roman noir*
- **roman policier** romance policial

roman, -e[2] [ʀɔmɑ̃, -an] *adj* românico, -ca

romancier, -ère [ʀɔmɑ̃sje, -ɛʀ] *nm,f* romancista

romanesque [ʀɔmanɛsk] *adj* romanesco, -ca

roman-photo [ʀɔmɑ̃fɔto] *nm* (*pl* **romans-photos**) fotonovela *f*

romantique [ʀɔmɑ̃tik] *adj-nmf* romântico, -ca

romantisme [ʀɔmɑ̃tism] *nm* romantismo

romarin [ʀɔmaʀɛ̃] *nm* BOT alecrim

rompre [63] [ʀɔ̃pʀ] *vt* **1** (*casser*) quebrar, romper, partir **2** (*faire cesser*) interromper, romper **3** (*dresser*) acostumar, habituar
▸ *vi* **1** (*se casser*) romper-se, quebrar-se, partir-se **2** (*se fâcher*) romper (**avec**, com): *ces fiancés ont rompu* aqueles noivos romperam
- **rompre le silence** romper/quebrar o silêncio
- **rompre qqn à travailler dur** acostumar alguém a trabalhar duro
- **se rompre le cou** machucar-se (*fig*) sair-se mal
- **rompez les rangs!** fora de forma!

rompu, -e [ʀɔ̃py] *adj* **1** (*cassé*) quebrado, -da, partido, -da **2** (*fourbu*) moído, -da, exausto, -ta **3** (*expérimenté*) acostumado, -da, habituado, -da: *il est rompu aux affaires* está habituado aos negócios

ronce [ʀɔ̃s] *nf* BOT espinheiro *m*

rond, -e [ʀɔ̃, -ɔ̃d] *adj* **1** (*gén*) redondo, -da **2** (*sincère*) franco, -ca **3** (*gros*) rechonchudo, -da **4** *fam* (*ivre*) de fogo
▸ *nm* **rond 1** (*cercle*) círculo **2** (*rondelle*) arruela *f* **3** (*anneau*) argola **4** *fam* (*argent*) dinheiro
- **ne pas avoir un rond** *fam* estar sem um tostão
- **tourner rond** ir bem, dar certo
- **rond de serviette** argola para guardanapo

ronde [ʀɔ̃d] *nf* **1** (*parcours*) ronda **2** (*danse*) dança de roda **3** MUS semibreve
- **à la ronde** num raio de

rondelle [Rɔ̃dɛl] *nf* **1** *(de métal)* arruela **2** *(de citron, saucisson etc.)* rodela

rondeur [Rɔ̃dœR] *nf* **1** *(gén)* redondeza, rotundidade **2** *fig (des sentiments, des actions)* franqueza, sinceridade

rond-point [Rɔ̃pwɛ̃] *nm* (*pl* **ronds-points**) largo (praça)

ronflement [Rɔ̃fləmɑ̃] *nm* ronco

ronfler [1] [Rɔ̃fle] *vi* roncar

ronger [4] [Rɔ̃ʒe] *vt* **1** *(gén)* roer **2** *(user lentement)* corroer **3** *fig (torturer)* atormentar

▶ *vpr* **se ronger** *(se tourmenter)* atormentar-se

• **se ronger les ongles** roer as unhas

rongeur, -euse [Rɔ̃ʒœR, -øz] *adj* roedor, -ra

▶ *nm* **rongeur** roedor

ronronner [1] [Rɔ̃Rɔne] *vi* ronronar

roquette [Rɔkɛt] *nf* foguete *m*

rosace [Rozas] *nf* rosácea

rosbif [Rɔsbif] *nm* CUIS rosbife

rose [Roz] *nf* BOT rosa

▶ *adj-nm (couleur)* rosa, cor-de-rosa

• **envoyer qqn sur les roses** *fam fig* mandar alguém às favas

• **voir tout en rose** *fig* ver tudo cor-de-rosa

■ **rose trémière** malva-rosa

rosé, -e [Roze] *adj* rosado, -da

▶ *nm* **rosé** *(vin)* vinho rosado, vinho *rosé*

roseau [Rozo] *nm* caniço

rosée [Roze] *nf* orvalho *m*

roseraie [RozRɛ] *nf* roseiral

rosier [Rozje] *nm* BOT roseira *f*

rosser [1] [Rɔse] *vt fam* surrar, dar uma surra

rossignol [Rɔsiɲɔl] *nm* **1** ZOOL rouxinol **2** *(pour ouvrir les serrures)* gazua *f*

rot [Ro] *nm* arroto

rotatif, -ive [Rɔtatif, -iv] *adj* rotativo, -va, rotatório, -a

rotative [Rɔtativ] *nf* rotativa

rotation [Rɔtasjɔ̃] *nf* rotação

roter [1] [Rɔte] *vi fam* arrotar

rôti [Roti] *nm* CUIS assado

rotin [Rɔtɛ̃] *nm* ratã

rôtir [20] [RotiR] *vt-vi* assar

▶ *vpr* **se rôtir** *fam (par la chaleur, le soleil)* queimar-se

• **faire rôtir** assar

rôtisserie [RotisRi] *nf (restaurant)* rotisseria

rôtissoire [RotiswaR] *nf (ustensile)* forno *m*, assador *m*

rotule [Rɔtyl] *nf* ANAT patela

rouage [Rwaʒ] *nm* engrenagem *f*

roucouler [1] [Rukule] *vi* arrulhar

roue [Ru] *nf* roda

■ **grande roue** roda-gigante

■ **la roue de la fortune** roda da fortuna

■ **roue de secours** estepe

rouer [1] [Rwe] *vt* espancar

• **rouer de coups** dar pauladas em alguém

rouge [Ruʒ] *adj* **1** *(gén)* vermelho, -lha **2** *(fer)* incandescente **3** *(vin)* tinto **4** *(viande)* cru, -a

▶ *nm* **1** *(couleur)* vermelho **2** *(du visage)* rubor **3** *(fard)* ruge

• **voir rouge** ficar cego de raiva

■ **gros rouge** *fam* vinho tinto

■ **rouge à lèvres** batom

rouge-gorge [RuʒgɔRʒ] *nm* (*pl* **rouges-gorges**) ZOOL pintarroxo

rougeole [Ruʒɔl] *nf* MÉD sarampo *m*

rouget [Ruʒɛ] *nm* ZOOL salmonete

rougeur [RuʒœR] *nf* **1** *(couleur)* vermelhidão **2** *(du visage)* rubor *m*

rougir [20] [RuʒiR] *vt (gén)* avermelhar

▶ *vi* **1** *(devenir rouge)* ficar vermelho, -lha **2** *(de honte, confusion)* ruborizar-se

rouille [Ruj] *nf* ferrugem

rouiller [1] [Ruje] *vt* **1** *(métal)* enferrujar **2** *fig (l'esprit)* embotar

▶ *vpr* **se rouiller** enferrujar-se, ficar enferrujado, -da

roulant, -e [Rulɑ̃, -ɑ̃t] *adj* rolante

■ **escalier roulant** escada *f* rolante

■ **feu roulant** tiroteio

rouleau [Rulo] *nm* **1** *(gén)* rolo, cilindro **2** *(de pièces de monnaie)* pacote **3** *(à pâtisserie)* rolo **4** *(pour les cheveux)* rolo, bobe

• **être au bout du rouleau** *(n'avoir plus rien à dire)* não ter mais o que dizer *(n'avoir plus d'argent)* estar a zero *(être*

épuisé) estar esgotado, -da *(être à la fin de sa vie)* estar com o pé na cova
- **rouleau compresseur** rolo compressor
- **rouleau de printemps** CUIS rolinho primavera

roulement [Rulmã] nm 1 *(mouvement)* ação f de girar, giro 2 *(d'argent)* circulação f 3 *(de tambour)* rufo 4 *(des fonctions)* escala f de serviço, rodízio 5 *(de anches)* requebro, rebolado, ginga f
- **roulement à billes** rolimã, rolamento
- **roulement de tonnerre** trovão

rouler [1] [Rule] vt 1 *(mouvoir)* girar 2 *(mettre en rouleau)* enrolar 3 fig *(dans l'esprit)* remoer: *rouler de sombres pensées* remoer pensamentos sombrios 4 fam *(duper)* enrolar, enganar, passar calote 5 *(tomber)* rolar 6 *(les manches)* arregaçar
▶ vi 1 *(se mouvoir)* rolar, girar 2 *(véhicule)* rodar, trafegar 3 *(avoir pour sujet)* girar, versar: *le débat roula sur l'avenir de l'industrie* o debate girou em torno do futuro da indústria
▶ vpr **se rouler** *(se tourner)* rolar: *se rouler par terre* rolar no chão
• **rouler de par le monde** correr mundo
• **rouler les anches** rebolar
• **rouler les épaules** dar de ombros, levantar os ombros
• **rouler les "r"** vibrar os erres
• **rouler sur l'or** nadar em dinheiro
• **rouler une cigarette** enrolar um cigarro

roulette [Rulɛt] nf 1 *(gén)* rodinha 2 *(jeu)* roleta 3 *(de dentiste)* broca
- **roulette russe** roleta russa

roulotte [Rulɔt] nf trailer m *(veículo)*

roumain, -e [Rumɛ̃, -ɛn] adj romeno, -na
▶ nm,f **Roumain, -e** romeno, -na
▶ nm **roumain** *(langue)* romeno m

Roumanie [Rumani] nf Romênia

round [Rawnd] nm SPORT round, assalto

rouquin, -e [Rukɛ̃, -in] adj-nm,f ruivo, -va

rouspéter [10] [Ruspete] vi fam resmungar, reclamar

rousse [Rus] adj → roux, rousse

roussi [Rusi] nm cheiro de queimado

roussir [20] [Rusir] vt 1 *(brûler)* queimar 2 CUIS tostar 3 *(rendre roux)* empardecer, tornar pardo, -da, escurecer
▶ vi *(devenir roux)* empardecer, tornar-se pardo, -da escurecer

route [Rut] nf 1 *(voie)* estrada, rodovia 2 fig *(ce qui mène à un résultat)* caminho m 3 *(d'un bateau)* rota f
• **en cours de route** no meio do caminho
• **en route!** em marcha!
• **être sur la bonne route** estar no bom caminho
• **faire fausse route** tomar o caminho errado
• **se mettre en route** pôr-se a caminho,
• **tenir la route** *[auto]* estar alinhado *(fig)* aguentar, durar
- **route nationale** rodovia nacional

routier, -ère [Rutje, -ɛR] adj rodoviário, -a, viário, -a
▶ nm **routier** 1 *(chauffeur)* caminhoneiro 2 *(restaurant)* restaurante à beira da estrada

routine [Rutin] nf rotina

rouvrir [21] [RuvRiR] vt reabrir

roux, rousse [Ru, Rus] adj 1 *(couleur)* castanho-avermelhado, -da 2 *(cheveux)* ruivo, -va
▶ nm,f ruivo, -va
▶ nm **roux** 1 *(couleur)* castanho-avermelhado, pardo 2 *(sauce)* molho feito com farinha tostada

royal, -e [Rwajal] adj real, régio, -a

royaume [Rwajom] nm reino

Royaume-Uni [Rwajomyni] nm Reino Unido

royauté [Rwajote] nf 1 *(dignité de roi)* realeza 2 *(régime monarchique)* monarquia

ruade [Ryad] nf 1 *(d'un animal)* coice m 2 fig *(attaque)* agressão

ruban [Rybã] nm fita f, faixa f, tira f

rubéole [Rybeɔl] nf MÉD rubéola

rubis [Rybi] nm rubi

rubrique [RybRik] nf 1 *(titre)* rubrica 2 *(dans les journaux)* seção

ruche [Ryʃ] nf colmeia

rude [Ryd] adj 1 *(au toucher)* áspero, -ra 2 *(manières)* rude 3 *(voix)* grosso, -sa

4 *(redoutable)* temível **5** *(dur)* rigoroso, -sa **6** *(pénible)* penoso, -sa **7** *fam* tremendo, -da

rudement [Rydmã] *adv* **1** *(brutalement)* rudemente, secamente **2** *fam (très)* tremendamente: **il est rudement intelligent** é tremendamente inteligente

rudesse [Rydɛs] *nf* **1** *(au toucher, à la vue)* aspereza **2** *(rusticité)* rudeza, grosseria **3** *(sévérité)* severidade **4** *(rigueur)* rigor *m*

rudimentaire [RydimãtɛR] *adj* rudimentar

rudiments [Rydimã] *nm pl* rudimentos

rue [Ry] *nf* rua
• **courir les rues** ser comum, ser corriqueiro, -ra
• **mettre à la rue** pôr no olho da rua
▪ **grande rue** rua principal

ruée [Rue] *nf* corrida, corre-corre *m*, correria

ruelle [Ruɛl] *nf* ruela

ruer [1] [Rue] *vi (le cheval)* escoicear
▶ *vpr* **se ruer** *(se jeter)* correr, precipitar-se

rugby [Rygbi] *nm* rúgbi

rugir [20] [RyʒiR] *vi* rugir

rugissement [Ryʒismã] *nm* rugido

rugueux, -euse [Rygø, -øz] *adj* rugoso, -sa, áspero, -ra

ruine [Ruin] *nf* ruína

ruiner [1] [Ruine] *vt* arruinar
▶ *vpr* **se ruiner** arruinar-se

ruineux, -euse [Ruinø, -øz] *adj* ruinoso, -sa

ruisseau [Ruiso] *nm* riacho

ruisseler [5] [Ruisle] *vi* escorrer

rumeur [RymœR] *nf* rumor *m*

ruminer [1] [Rymine] *vt-vi* ruminar

rupture [RyptyR] *nf* **1** *(cassure)* ruptura **2** *fig (d'union, de mariage)* ruptura, rompimento *m*

rural, -e [RyRal] *adj* rural
▶ *nm,f* camponês, -esa, caipira

ruse [Ryz] *nf* astúcia, ardil *m*

rusé, -e [Ryze] *adj-nm,f* astuto, -ta, esperto, -ta, matreiro, -ra

ruser [1] [Ryze] *vi* usar de astúcia

russe [Rys] *adj* russo, -sa
▶ *nmf* **Russe** russo, -sa
▶ *nm (langue)* russo *m*

Russie [Rysi] *nf* Rússia

rustique [Rystik] *adj* rústico, -ca

rustre [RystR] *adj-nmf péj* rude, grosseiro, -ra, bruto, -ta

rut [Ryt] *nm* cio
• **être en rut** estar no cio

rythme [Ritm] *nm* ritmo

rythmique [Ritmik] *adj* rítmico, -ca

S

s' [s] *pron pers* → se
▸ *conj* → se

sa [sa] *adj poss* → son, sa

sable [sabl] *nm* areia *f*
- **sables mouvants** areias *f* movediças

sablier [sablije] *nm* ampulheta *f*

sabot [sabo] *nm* 1 (*chaussure*) tamanco 2 (*des chevaux*) casco 3 (*de frein*) sapata *f*, tamanca *f* 4 (*instrument*) traste, geringonça *f*
- **sabot de Denver** bloqueador de roda

sabotage [sabɔtaʒ] *nm* sabotagem *f*

saboter [1] [sabɔte] *vt* 1 (*bâcler*) matar (*trabalho*) 2 (*train, avion etc.*) sabotar

sabre [sabʀ] *nm* sabre

sac¹ [sak] *nm* 1 (*gén*) saco 2 (*de femme*) bolsa *f* 3 (*à grains*) saca *f*
• **prendre qqn la main dans le sac** pegar alguém com a boca na botija
• **vider tout son sac** desabafar, desembuchar
- **sac à main** bolsa *f*
- **sac à dos** mochila *f*
- **sac de couchage** saco de dormir
- **sac de voyage** saco de viagem

sac² [sak] *nm* (*pillage*) saque, pilhagem *f*

saccade [sakad] *nf* sacudida, tranco *m*, solavanco *m*

saccadé, -e [sakade] *adj* 1 (*gén*) sacudido, -da, aos trancos, com/aos solavancos 2 (*voix, ton*) entrecortado, -da 3 (*style*) de frases entrecortadas

saccage [sakaʒ] *nm* saque, pilhagem *f*

saccager [1] [sakaʒe] *vt* 1 (*mettre à sac*) saquear, pilhar 2 *fam* (*mettre en désordre*) revirar

saccharine [sakaʀin] *nf* sacarina

sachet [saʃɛ] *nm* 1 (*petit sac; de thé*) saquinho 2 (*de sucre*) envelope 3 (*d'herbes*) sachê

sacoche [sakɔʃ] *nf* sacola, bolsa, mochila

sac-poubelle [sakpubɛl] *nm* (*pl* **sacs-poubelle**) saco de lixo

sacré, -e [sakʀe] *adj* 1 (*du culte, vénérable*) sagrado, -da, sacro, -cra: *les livres sacrés* os livros sagrados 2 *fam* (*maudit*) maldito, -ta: *sacré menteur!* maldito mentiroso!

sacrement [sakʀəmã] *nm* sacramento

sacrer [1] [sakʀe] *vt* 1 REL consagrar 2 (*souverain*) sagrar

sacrifice [sakʀifis] *nm* sacrifício

sacrifier [12] [sakʀifje] *vt* sacrificar
▸ *vpr* **se sacrifier** sacrificar-se (**à/pour**, a/por)

sacrilège [sakʀilɛʒ] *nm* sacrilégio
▸ *adj* sacrílego, -ga

sacristie [sakʀisti] *nf* sacristia

sadique [sadik] *adj-nmf* sádico, -ca

safari [safaʀi] *nm* safári

safran [safʀɑ̃] *nm* BOT CUIS açafrão

sage [saʒ] *adj* 1 (*prudent*) sensato, -ta 2 (*enfant*) bem-comportado, -da 3 (*pudique*) direito, -ta, recatado, -da
▸ *nm* (*savant*) sábio

sage-femme [saʒfam] *nf* (*pl* **sages-femmes**) parteira

sagesse [saʒɛs] *nf* 1 (*gén*) sabedoria 2 (*d'un enfant*) bom comportamento *m* 3 (*bon sens*) juízo *m*, bom-senso *m*

saignant, -e [sɛɲɑ̃, -ɑ̃t] *adj* 1 (*gén*) sangrento, -ta, ensanguentado, -da 2 (*viande*) malpassado, -da

saignée [seɲe] *nf* sangria

saignement [seɲmɑ̃] *nm* hemorragia *f*, sangramento

saigner [1] [seɲe] *vt-vi* sangrar

saillant, -e [sajɑ̃, -ɑ̃t] *adj* **1** (*gén*) saliente, proeminente **2** (*yeux*) saltado, -da, esbugalhado, -da

saillie [saji] *nf* **1** (*gén*) saliência, protuberância **2** (*d'un bâtiment*) projeção **3** (*des animaux*) cobertura **4** (*trait d'esprit*) agudeza, sagacidade

sain, -e [sɛ̃, -ɛn] *adj* são, -ã, sadio, -a, saudável

• **être sain et sauf** estar são e salvo

saindoux [sɛ̃du] *nm* banha *f* de porco derretida

saint, -e [sɛ̃, -ɛ̃t] *adj* **1** (*gén*) santo, -ta **2** (*traitement*) são, santo, -ta: *saint Jean* são João; *saint André* santo André; *sainte Anne* santa Ana **3** (*sacré*) sagrado, -da, santo, -ta
▸ *nm,f* santo, -ta

sainte-nitouche [sɛ̃tnituʃ] *nf* (*pl* **saintes-nitouches**) santinha do pau oco

sainteté [sɛ̃tte] *nf* santidade

saisie [sezi] *nf* **1** (*d'un bien*) embargo *m*, arresto *m* **2** (*d'un journal*) apreensão

▪ **saisie de données** INFORM entrada de dados

saisir [20] [seziʀ] *vt* **1** (*prendre*) pegar, tomar, apanhar, agarrar **2** (*occasion*) aproveitar **3** (*idée, pensée*) captar, apreender **4** CUIS tostar **5** (*bien*) embargar **6** (*passion, maladie*) apoderar-se de, tomar conta de **7** INFORM (*données*) inserir, dar entrada em

saisissant, -e [sezisɑ̃, -ɑ̃t] *adj* **1** (*qui surprend*) surpreendente **2** (*qui émeut*) comovente, emocionante

saison [sɛzɔ̃] *nf* **1** (*climat*) estação **2** (*période*) tempo *m*, temporada, época: *la saison des moissons* época de colheita **3** (*de théâtre, sportive, touristique*) temporada *f*

saisonnier, -ère [sɛzɔnje, -ɛʀ] *adj* sazonal
▸ *nm,f* (*employé*) temporário, -a

salade [salad] *nf* **1** (*mets*) salada **2** (*plante*) alface **3** *fam fig* (*mélange confus*) salada, confusão

▪ **salade de fruits** salada de frutas
▪ **salade russe** salada russa

saladier [saladje] *nm* saladeira *f*

salaire [salɛʀ] *nm* salário

▪ **salaire de base** salário-base

salami [salami] *nm* salaminho

salant [salɑ̃] *adj* salino, -na

salarié, -e [salaʀje] *adj-nm,f* assalariado, -da

salaud [salo] *nm pop* safado, -da

sale [sal] *adj* **1** (*malpropre*) sujo, -ja **2** (*malhonnête*) indecente: *un sale type* um tipo indecente **3** (*désagréable*) desagradável, chato, -ta: *une sale affaire* uma coisa chata

salé, -e [sale] *adj* **1** (*aliment*) salgado, -da **2** *fig* (*grivois*) picante **3** *fig* (*exagéré*) salgado, -da, exorbitante: *prix salé* preço salgado

saler [1] [sale] *vt* **1** (*aliment*) salgar, pôr sal **2** *fam fig* (*prix*) escorchar, esfolar

saleté [salte] *nf* **1** (*gén*) sujeira **2** *fam* (*action*) canalhice **3** (*mot*) obscenidade **4** (*chose de mauvaise qualité*) porcaria

salière [saljɛʀ] *nf* saleiro *m*

salir [20] [saliʀ] *vt* **1** (*gén*) sujar **2** *fig* (*réputation, honneur etc.*) macular, manchar
▸ *vpr* **se salir** sujar-se

salissant, -e [salisɑ̃, -ɑ̃t] *adj* **1** (*qui salit*) sujo, -ja: *travail salissant* trabalho sujo **2** (*qui se salit*) que se suja com facilidade

salive [saliv] *nf* saliva, cuspe *m*

salle [sal] *nf* **1** (*pièce*) sala *f* **2** (*occupants*) público *m*, plateia

▪ **salle à manger** sala de jantar
▪ **sale d'attente** sala de espera
▪ **salle d'eau** banheiro (*com chuveiro*)
▪ **salle de bains** banheiro (*com banheira*)
▪ **salle de classe** sala de aula, classe
▪ **salle de séjour** sala de estar, living
▪ **salle des fêtes** salão *m* de festas
▪ **salle des machines** sala de máquinas
▪ **salle d'opération** sala de operação/cirurgia

salon [salɔ̃] *nm* **1** (*d'une maison*) sala de visitas, sala *f* **2** (*d'œuvres d'art*) salão

salope [salɔp] *nf vulg* puta, biscate

saloperie [salɔpri] *nf fam* **1** *(chose sale; de mauvaise qualité)* porcaria **2** *(action méprisable)* canalhice, safadeza

salopette [salɔpɛt] *nf* **1** *(vêtement de travail)* macacão *m* **2** *(pantalon)* jardineira

saltimbanque [saltɛ̃bɑ̃k] *nm* saltimbanco

saluer [1] [salɥe] *vt* **1** *(gén)* saudar, cumprimentar **2** *(acclamer)* aclamar

salut [saly] *nm* **1** *(sauvetage)* salvação *f* **2** RELIG salvação *f* da alma, redenção *f* **3** *(salutation)* saudação *f*, cumprimento
▸ *interj* **salut!** **1** *fam (bonjour)* oi! **2** *(au revoir)* tchau!

salutaire [salytɛʀ] *adj* saudável, salutar

salutation [salytasjɔ̃] *nf* saudação, cumprimento *m*
• **avec mes sincères salutations** cordiais saudações, atenciosamente
• **veuillez agréer mes salutations distinguées** respeitosas saudações

Salvador [salvadɔʀ] *nm* El Salvador

salvadorien, -enne [salvadɔʀjɛ̃, -ɛn] *adj* salvadorenho, -nha
▸ *nm,f* **Salvadorien, -enne** salvadorenho, -nha

samedi [samdi] *nm* sábado

sanction [sɑ̃ksjɔ̃] *nf* sanção

sanctionner [1] [sɑ̃ksjɔne] *vt* sancionar

sanctuaire [sɑ̃ktɥɛʀ] *nm* santuário

sandale [sɑ̃dal] *nf* sandália

sandwich [sɑ̃dwitʃ] *nm* (*pl* **sandwichs** ou **sandwiches**) sanduíche

sang [sɑ̃] *nm* sangue
• **avoir du sang dans les veines** ter sangue nas veias
• **avoir le sang chaud** ter sangue quente
• **mon sang n'a fait qu'un tour** [*de rage*] meu sangue ferveu
• **se faire du mauvais sang** *fam* afligir-se
• **suer sang et eau** matar-se de trabalhar

sang-froid [sɑ̃fʀwa] *nm inv* sangue-frio
• **garder son sang-froid** manter o sangue-frio
• **perdre son sang-froid** perder o sangue-frio

sanglant, -e [sɑ̃glɑ̃, -ɑ̃t] *adj* **1** *(taché de sang)* ensanguentado, -da **2** *(qui saigne)* sangrante **3** *(qui a fait couler le sang d'autrui)* sanguinário, -a **4** *(qui s'accompagne de sang, qui est mêlé de sang)* sanguinolento, -ta: **sécrétion sanglante** secreção sanguinolenta **5** *(où le sang est/a été versé abondamment)* sangrento, -ta, cruento, -ta **6** *fig (propos, reproches)* cruel, impiedoso, -sa

sangle [sɑ̃gl] *nf* **1** *(bande plate)* faixa, correia **2** *(harnais)* barrigueira, cilha

sanglier [sɑ̃glije] *nm* ZOOL javali

sanglot [sɑ̃glo] *nm* soluço

sangloter [1] [sɑ̃glɔte] *vi* soluçar

sangsue [sɑ̃sy] *nf* sanguessuga

sanguin, -e [sɑ̃gɛ̃, -in] *adj* sanguíneo, -a

sanguinaire [sɑ̃ginɛʀ] *adj* sanguinário, -a

sanitaire [sanitɛʀ] *adj* sanitário, -a
▸ *nm pl* **sanitaires** instalações sanitárias *f*

sans [sɑ̃] *prép* sem
• **sans cesse** sem parar, incessantemente
• **sans doute** *(probablement)* provavelmente *(assurément)* sem dúvida
• **sans plus** nada mais
• **sans que** sem que
• **sans quoi** sem o que, caso contrário

sans-abri [sɑ̃sabʀi] *nmf inv* sem-teto

sans-emploi [sɑ̃sɑ̃plwa] *nmf inv* desempregado, -da

sans-gêne [sɑ̃ʒɛn] *nm inv* atrevido, -da, confiado, -da
▸ *nm* displicência *f*, descaso

sans-papiers [sɑ̃papje] *nmf inv* trabalhador, -ra ilegal

santé [sɑ̃te] *nf* saúde
• **à ta santé!** à saúde!
• **boire à la santé de qqn** beber à saúde de alguém
• **recouvrer la santé** recobrar a saúde
▪ **santé publique** saúde pública

saoul, -e [su, sul] *adj fam* bêbado, -da

saouler [1] [sule] *vt fam* embebedar
▸ *vpr* **se saouler** *fam* ficar de fogo, embebedar-se

sapeur-pompier [sapœʀpɔ̃pje] *nm* (*pl* **sapeurs-pompiers**) bombeiro

saphir [safiʀ] *nm* safira

sapin [sapɛ̃] *nm* BOT abeto

sarbacane [saʀbakan] *nf* zarabatana

sarcasme [saʀkasm] *nm* sarcasmo

sarcastique [saʀkastik] *adj* sarcástico, -ca

sarcophage [saʀkɔfaʒ] *nm* sarcófago

sardine [saʀdin] *nf* ZOOL sardinha

sarment [saʀmɑ̃] *nm* BOT sarmento, ramo de videira

satanique [satanik] *adj* satânico, -ca

satellite [satelit] *nm* satélite
• **par satellite** por satélite

satiété [sasjete] *nf* saciedade

satin [satɛ̃] *nm* cetim

satire [satiʀ] *nf* sátira

satirique [satiʀik] *adj* satírico, -ca

satisfaction [sətisfaksjɔ̃] *nf* satisfação

satisfaire [85] [satisfɛʀ] *vt* satisfazer
■ **satisfaire à 1** (*un devoir; une promesse; une norme*) cumprir **2** (*des conditions*) atender (a) **3** (*un désir*) realizar
▸ *vpr* **se satisfaire** satisfazer-se (**de**, com)

satisfaisant, -e [satisfəzɑ̃, -ɑ̃t] *adj* satisfatório, -a

satisfait, -e [satisfɛ, -ɛt] *adj* satisfeito, -ta
• **"Satisfait ou remboursé"** "Satisfação garantida ou seu dinheiro de volta"

saturation [satyʀasjɔ̃] *nf* saturação

saturer [1] [satyʀe] *vt* saturar

sauce [sos] *nf* molho *m*

saucière [sosjɛʀ] *nf* molheira

saucisse [sosis] *nf* **1** (*gén*) linguiça **2** (*hot dog*) salsicha
■ **saucisse cuite / de Francfort / de Strasbourg** salsicha
■ **saucisse sèche** linguiça seca

saucisson [sosisɔ̃] *nm* salame

saucissonner [1] [sosisɔne] *vt fam* (*tronçonner*) fatiar

sauf[1] [sof] *prép* salvo, exceto, menos: **ils ont tout acheté sauf le pain** compraram tudo, menos pão; **sauf erreur, les comptes sont clairs** salvo engano, as contas estão claras

sauf, sauve[2] [sof, sov] *adj* salvo, -va, ileso, -sa

sauf-conduit [sofkɔ̃dɥi] *nm* (*pl* **sauf-conduits**) salvo-conduto

sauge [soʒ] *nf* BOT salva, sálvia

saugrenu, -e [sogʀəny] *adj* esquisito, -ta

saule [sol] *nm* BOT salgueiro
■ **saule pleureur** chorão

saumon [somɔ̃] *nm* ZOOL salmão

sauna [sona] *nm* sauna *f*

saupoudrer [1] [sopudʀe] *vt* polvilhar, salpicar

saut [so] *nm* **1** (*gén*) salto, pulo **2** (*chute d'eau*) salto, cachoeira *f* **3** *fig* (*changement*) salto
• **faire un saut chez qqn** dar um pulo em casa de alguém
■ **saut à la perche** salto com vara
■ **saut en hauteur** salto em altura
■ **saut en longueur** salto em distância
■ **saut périlleux** salto mortal

sauté, -e [sote] *adj* CUIS sauté, salteado, -da

sauter [1] [sote] *vi* **1** (*gén*) saltar, pular **2** (*par une explosion*) explodir **3** ÉLECTR queimar
▸ *vt* **1** (*franchir*) pular **2** (*omettre*) saltar, pular
• **et que ça saute!** depressa!
• **faire sauter** CUIS saltear
• **faire sauter qqn** demitir alguém
• **sauter aux yeux** saltar aos olhos
• **sauter d'une idée à l'autre** pular de um assunto a outro
• **sauter le pas** tomar uma decisão

sauterelle [sotʀɛl] *nf* ZOOL gafanhoto *m*

sauteur, -euse [sotœʀ, -øz] *nm,f* saltador, -ra

sauvage [sovaʒ] *adj* **1** (*gén*) selvagem **2** (*plante*) silvestre, agreste **3** (*personne solitaire*) insociável, arredio, -a
▸ *nmf* selvagem, silvícola

sauvagerie [sovaʒʀi] *nf* **1** (*état*) selvageria **2** (*férocité*) ferocidade **3** (*asociabilité*) insociabilidade

sauvegarde [sovgaʀd] *nf* **1** (*protection*) salvaguarda **2** INFORM cópia de segurança, back-up

sauvegarder [1] [sovgaʀde] *vt* **1** (*protéger*) salvaguardar **2** INFORM gravar, salvar

sauver [1] [sove] *vt* **1** (*gén*) salvar **2** *fig* (*honneur, réputation*) preservar
▸ *vpr* **se sauver** fugir, escapar

• **sauver les apparences** salvar as aparências

sauvetage [sovtaʒ] *nm* salvamento, resgate
• **de sauvetage** salva-vidas, de salvamento

sauveteur [sovtœR] *nm* salvador, quem faz resgate

sauvette [sovɛt] *nf loc* **à la sauvette** 1 (*illégalement*) clandestinamente, ilicitamente 2 (*discrètement*) furtivamente

sauveur [sovœR] *nm* salvador

savane [savan] *nf* savana

savant, -e [savã, -ãt] *adj* 1 (*qui sait beaucoup*) erudito, -ta, douto, -ta, instruído, -da 2 (*qui est habile*) habilidoso, -sa
▸ *nm,f* (*érudit*) pensador, -ra, estudioso, -sa, erudito, -ta 2 (*scientifique*) cientista

saveur [savœR] *nf* sabor *m*

savoir¹ [savwaR] *nm* (*érudition*) saber, conhecimento

savoir² [48] [savwaR] *vt* 1 (*gén*) saber, conhecer: *sais-tu la vérité?* você sabe a verdade? 2 (*au conditionnel et en tour négatif*) poder: *rien ne saurait m'en empêcher* nada poderia me impedir
▸ *vi* (*avoir de l'expérience*) saber
▸ *vpr* **se savoir** saber que está, reconhecer-se: *il se sait perdu* ele sabe que está perdido
• **à savoir** a saber, isto é
• **en savoir long sur qqch** estar muito bem informado sobre algo
• **ne pas savoir de quoi il retourne** não saber o que está acontecendo
• **pas que je sache** não que eu saiba
• **savoir gré** ser grato, -ta, ser reconhecido, -da
• **savoir par cœur** saber de cor

savoir-faire [savwaRfɛR] *nm inv* 1 (*habilité*) habilidade *f* 2 (*compétence*) know how, prática

savoir-vivre [savwaRvivR] *nm inv* educação *f*, boas maneiras *f pl*

savon [savɔ̃] *nm* 1 (*pour la lessive*) sabão 2 (*pour les mains etc.*) sabonete
• **passer un savon à qqn** *fam* passar um sabão em alguém

savonner [1] [savɔne] *vt* 1 (*nettoyer*) ensaboar 2 *fam fig* (*réprimander*) passar um sabão

savonnette [savɔnɛt] *nf* sabonete *m*

savourer [1] [savuRe] *vt* saborear

savoureux, -euse [savuRø, -øz] *adj* saboroso, -sa, gostoso, -sa

saxophone [saksɔfɔn] *nm* MUS saxofone, sax

scalpel [skalpɛl] *nm* bisturi

scandale [skɑ̃dal] *nm* escândalo

scandaleux, -euse [skɑ̃dalø, -øz] *adj* escandaloso, -sa

scandaliser [1] [skɑ̃dalize] *vt* escandalizar
▸ *vpr* **se scandaliser** escandalizar-se

scanner¹ [skanɛR] *nm* escâner

scanner² [1] [skane] *vt* digitalizar, escanear

scaphandre [skafɑ̃dR] *nm* escafandro

scarabée [skaRabe] *nm* ZOOL escaravelho

scarlatine [skaRlatin] *nf* MÉD escarlatina

sceau [so] *nm* selo, sinete, carimbo

scélérat, -e [seleRa, -at] *adj-nm,f* facínora

sceller [1] [sele] *vt* 1 (*avec un sceau*) selar 2 (*fixer*) fixar, chumbar 3 *fig* (*union, promesse*) selar

scénario [senaRjo] *nm* roteiro

scénariste [senaRist] *nmf* roteirista

scène [sɛn] *nf* 1 (*gén*) cena 2 (*lieu*) cena, cenário *m*: *la scène du crime* a cena do crime
• **entrer en scène** entrar em cena
• **mettre en scène** encenar, dirigir, montar
• **sortir de scène** sair de cena

sceptique [sɛptik] *adj* cético, -ca

scepticisme [sɛptisism] *nm* ceticismo

sceptre [sɛptR] *nm* cetro

schéma [ʃema] *nm* esquema

schématique [ʃematik] *adj* esquemático, -ca

schisme [ʃism] *nm* cisma, cisão *f*, dissidência *f*

schizophrène [skizɔfRɛn] *adj-nmf* esquizofrênico, -ca

schizophrénie [skizɔfReni] *nf* MÉD esquizofrenia

sciatique [sjatik] *adj* ANAT nervo ciático, -ca, isquiático, -ca
▶ *nf* MÉD ciática

scie [si] *nf* 1 (*outil*) serra 2 (*poisson*) peixe-serra *m*

sciemment [sjamã] *adv* conscientemente, deliberadamente

science [sjãs] *nf* ciência

science-fiction [sjãsfiksjɔ̃] *nf* (*pl* sciences-fictions) ficção científica

scientifique [sjãtifik] *adj* científico, -ca
▶ *nmf* cientista

scier [12] [sje] *vt* serrar

scierie [siʀi] *nf* serraria

scinder [1] [sɛ̃de] *vt* cindir
▶ *vpr* **se scinder** cindir-se

scintiller [1] [sɛ̃tije] *vi* cintilar

scission [sisjɔ̃] *nf* cisão

sciure [sjyʀ] *nf* serragem

sclérose [skleʀoz] *nf* MÉD esclerose

scolaire [skɔlɛʀ] *adj* escolar

scoliose [skɔljoz] *nf* MÉD escoliose

scoop [skup] *nm* furo de reportagem

scooter [skutœʀ] *nm* vespa *f*, motoneta *f*
■ **scooter des mers** jet ski

score [skɔʀ] *nm* SPORT resultado, placar

scorpion [skɔʀpjɔ̃] *nm* ZOOL escorpião

scotch® [skɔtʃ] *nm* fita *f* adesiva

scotcher [1] [skɔtʃe] *vt* colar com fita adesiva

script [skʀipt] *nm* script

scripte [skʀipt] *nmf* continuísta

scrupule [skʀypyl] *nm* escrúpulo
• **sans scrupules** sem escrúpulos

scrupuleux, -euse [skʀypylø, -øz] *adj* escrupuloso, -sa

scruter [1] [skʀyte] *vt* escrutar, observar, examinar

scrutin [skʀytɛ̃] *nm* escrutínio
• **dépouiller le scrutin** fazer a apuração dos votos

sculpter [1] [skylte] *vt* esculpir

sculpteur [skyltœʀ] *nm* escultor, -ra

sculpture [skyltyʀ] *nf* escultura

SDF [ɛsdeɛf] *abr* (**sans domicile fixe**) sem domicílio fixo

se [s] (**s'** diante de vogal ou *h* mudo) *pron pers* se: *il se lave* ele se lava; *ils se détestent* eles se detestam; *elles se sont dit au revoir* elas se despediram

séance [seɑ̃s] *nf* 1 (*d'une assemblée*) sessão: *ouvrir/lever la séance* iniciar/encerrar a sessão 2 (*durée*) tempo *m*: *ils passaient de longues séances à jouer aux cartes* passavam muito tempo jogando cartas
• **séance tenante** sem demora

seau [so] *nm* balde
• **il pleut à seaux** *fam* chove a cântaros
■ **seau à glace** balde de gelo

sec, sèche [sɛk, sɛʃ] *adj* 1 (*gén*) seco, -ca 2 (*maigre*) enxuto, -ta, seco, -ca
▶ *nm* **sec** seca *f*
▶ *adv* (*rudement*) seco, secamente
• **à sec** [*cours d'eau, réservoir*] seco, -ca (*sans argent*) duro, -ra, pronto, -ta
• **"Tenir au sec"** "Manter em lugar seco"

sécateur [sekatœʀ] *nm* tesoura *f* de poda

sécession [sesesjɔ̃] *nf* secessão

sèche-cheveux [sɛʃʃəvø] *nm inv* secador de cabelos

sèche-linge [sɛʃlɛ̃ʒ] *nm inv* secadora *f* (*de roupas*)

sèche-mains [sɛʃmɛ̃] *nm inv* secador de mãos (*de jato de ar*)

sécher [10] [seʃe] *vt* 1 (*gén*) secar 2 *fam* (*cours*) matar
▶ *vi* 1 (*devenir sec*) secar 2 *fam* (*élève*) ir mal
• **sécher les larmes** *fig* consolar
• **sécher sur pied** *fig* definhar de tristeza

sécheresse [seʃʀɛs] *nf* 1 (*du climat*) seca 2 (*du caractère; du style*) secura

séchoir [seʃwaʀ] *nm* 1 (*support*) varal, estendal 2 (*local*) secadouro, enxugadouro 3 (*pour les cheveux*) secador

second, -e [səgɔ̃, -ɔ̃d] *adj* segundo, -da
▶ *nm* **second** 1 (*dans une hiérarchie*) assistente 2 (*étage*) segundo andar

secondaire [səgɔ̃dɛʀ] *adj* secundário, -a

seconde [səgɔ̃d] *nf* 1 (*temps, angle*) segundo *m* 2 (*vitesse, classe*) segunda

seconder [1] [səgɔ̃de] *vt* secundar, assistir, auxiliar

secouer [1] [səkwe] *vt* **1** *(agiter)* sacudir, agitar **2** *(ébranler)* abalar: **l'accident l'a beaucoup secoué** o acidente o abalou muito

▸ *vpr* **se secouer** *fam (ne pas se laisser aller)* decidir-se
- **secoue-toi!** mexa-se!
- **secouer la tête** sacudir a cabeça

secourir [24] [səkuRiR] *vt* socorrer

secourisme [səkuRism] *nm* socorrismo

secouriste [səkuRist] *nmf* socorrista

secours [səkuR] *nm* socorro
- **appeler au secours** pedir socorro
- **au secours!** socorro!
- **de secours** *(roue)* estepe, sobressalente *(sortie)* de emergência
- **porter secours à** socorrer
■ **premiers secours** primeiros socorros

secousse [səkus] *nf* **1** *(ébranlement)* abalo *m*, sacudida **2** *fig (émotive, politique)* convulsão, choque *m*

secret, -ète [səkRɛ, -ɛt] *adj* secreto, -ta
▸ *nm* **secret** segredo
- **au secret** incomunicável
- **en secret** em segredo
- **mettre au secret** tornar incomunicável
■ **secret de Polichinelle** segredo de polichinelo

secrétaire [səkReteR] *nmf (employé)* secretário, -a
▸ *nm (meuble)* escrivaninha *f*, secretária *f*

secrétariat [səkRetaRja] *nm* **1** *(bureau)* secretaria *f* **2** *(emploi)* secretariado

sécrétion [sekResjɔ̃] *nf* secreção

secte [sɛkt] *nf* seita

secteur [sɛktœR] *nm* setor
■ **secteur primaire** setor primário
■ **secteur secondaire** setor secundário
■ **secteur tertiaire** setor terciário

section [sɛksjɔ̃] *nf* seção

séculaire [sekylɛR] *adj* secular

sécurisant, -e [sekyRizɑ̃, -ɑ̃t] *adj* tranquilizador, -ra

sécuriser [1] [sekyRize] *vt* tranquilizar

sécurité [sekyRite] *nf* segurança
■ **securité de l'emploi** garantia de emprego
■ **sécurité sociale** seguridade social

sédatif, -ive [sedatif] *adj* sedativo, -va

▸ *nm* **sédatif** sedativo

sédentaire [sedɑ̃tɛR] *adj* sedentário, -a

sédiment [sedimɑ̃] *nm* sedimento

séduction [sedyksjɔ̃] *nf* sedução

séduire [58] [seduiR] *vt* seduzir

séduisant, -e [seduizɑ̃, -ɑ̃t] *adj* sedutor, -ra

segment [sɛgmɑ̃] *nm* segmento

ségrégation [segRegasjɔ̃] *nf* segregação

seiche [sɛʃ] *nf* ZOOL siba

seigle [sɛgl] *nm* BOT centeio

seigneur [sɛɲœR] *nm* senhor
- **vivre en grand seigneur** viver no luxo

sein [sɛ̃] *nm* **1** *(gén)* seio **2** *(poitrine)* peito
- **au sein de** em, dentro de, no interior de

séisme [seism] *nm* terremoto, sismo

seize [sɛz] *num* dezesseis

seizième [sɛzjɛm] *num (ordinal)* décimo, -ma sexto, -ta
▸ *nm (fraction)* um dezesseis avos

séjour [seʒuR] *nm* **1** *(dans un lieu)* estada *f*, permanência *f* **2** *(lieu)* sala *f* de estar

séjourner [1] [seʒuRne] *vi* passar uma temporada

sel [sɛl] *nm* sal
■ **gros sel** sal grosso

sélectif, -ive [selɛktif, -iv] *adj* seletivo, -va

sélection [selɛksjɔ̃] *nf* seleção

sélectionner [1] [selɛksjɔne] *vt* selecionar

self-service [sɛlfsɛRvis] *nm (pl* **self-services**) autosserviço, *self-service*

selle [sɛl] *nf* **1** *(gén)* sela **2** *(de bicyclette, moto)* selim *m* **3** *(viande)* lombo *m* *(de cordeiro)*
▸ *nf pl* **selles** fezes
- **aller à la selle** ir ao banheiro, defecar

seller [1] [sele] *vt* selar

selon [səlɔ̃] *prép* segundo, conforme, de acordo com
- **c'est selon** depende

semailles [səmaj] *nf pl* semeadura *f sing*

semaine [səmɛn] *nf* **1** (*gén*) semana *f* **2** (*rémunération*) salário *m* semanal
■ **Semaine sainte** Semana Santa

semblable [sãblabl] *adj-nm* semelhante, parecido, -da

semblant [sãblã] *nm* aparência *f*: *sous des semblants timides, il est très sympathique* por trás da aparência tímida, ele é muito simpático
• **faire semblant de + inf** fingir + *inf*, fazer de conta que + *ind*

sembler [1] [sãble] *vi* (*avoir l'air*) parecer: *ce lit semble confortable* esta cama parece confortável
• **ce me semble** parece(-me)
• **il me semble que** parece-me que
• **il semble que** parece que
• **quand bon vous semblera** quando lhe parecer melhor/conveniente

semelle [səmɛl] *nf* **1** (*d'une chaussure*) sola **2** (*à l'intérieur d'une chaussure*) palmilha **3** (*d'un bas*) sola
■ **semelle compensée** plataforma

semence [səmãs] *nf* **1** BOT semente **2** (*sperme*) esperma *m*, sêmen *m* **3** *fig* semente, germe *m*

semer [7] [səme] *vt* **1** (*gén*) semear **2** (*fig*) semear, disseminar **3** *fam* (*un importun*) livrar-se de

semestre [səmɛstʀ] *nm* semestre

séminaire [seminɛʀ] *nm* seminário

semi-remorque [səmiʀəmɔʀk] *nm* (*pl* **semi-remorques**) caminhão articulado, carreta *f*

semis [səmi] *nm* **1** (*de plantes*) semeadura *f* **2** (*terrain*) sementeira *f*

semoule [səmul] *nf* sêmola, semolina

sénat [sena] *nm* senado

sénateur [senatœʀ] *nm* senador, -ra

sénilité [senilite] *nf* senilidade

senior [senjɔʀ] *adj-nmf* sênior

sens [sãs] *nm* **1** (*gén*) sentido: *les cinq sens* os cinco sentidos **2** (*instinct*) senso **3** (*direction*) sentido **4** (*rue*) mão *f*: *rue à double sens* rua de mão dupla
• **sens dessus dessous** (*chambre, bureau*) de cabeça para baixo, de pernas para o ar (*personne*) transtornado, -da
• **"Sens interdit"** "Contramão"
■ **bon sens** bom senso
■ **sens de l'humour** senso de humor

sensation [sãsasjõ] *nf* sensação
• **faire sensation** causar sensação

sensationnel, -elle [sãsasjɔnɛl] *adj* sensacional

sensé, -e [sãse] *adj* sensato, -ta

sensibilité [sãsibilite] *nf* sensibilidade

sensible [sãsibl] *adj* **1** (*gén*) sensível **2** (*progrès, différence*) perceptível

sensiblement [sãsibləmã] *adv* **1** (*d'une manière perceptible*) visivelmente **2** (*presque*) praticamente **3** (*d'une manière appréciable*) consideravelmente

sensualité [sãsɥalite] *nf* sensualidade

sensuel, -elle [sãsɥɛl] *adj* sensual

sentence [sãtãs] *nf* sentença, provérbio *m*

sentier [sãtje] *nm* trilha *f*, vereda *f*
• **hors des sentiers battus** fora do costumeiro, com originalidade

sentiment [sãtimã] *nm* sentimento
• **avoir le sentiment que** ter a impressão de que
• **faire du sentiment** ser sentimental
• **prendre par les sentiments** apelar para os sentimentos

sentimental, -e [sãtimãtal] *adj* sentimental

sentinelle [sãtinɛl] *nf* sentinela

sentir [28] [sãtiʀ] *vt* **1** (*recevoir une impression; apprécier*) sentir: *je sens la proximité de la mer* estou sentindo a proximidade do mar; *sentir la beauté de* sentir a beleza de **2** (*prévoir*) sentir, pressentir: *je sens qu'il va être en retard* pressinto que ele vai se atrasar **3** (*exhaler une odeur*) cheirar a, ter cheiro de: *ce savon sent le jasmin* este sabonete tem cheiro de jasmim **4** (*avoir le goût de*) ter gosto de, ter sabor de: *ce gâteau sent la menthe* este doce tem sabor de menta
▸ *vpr* **se sentir** sentir-se: *se sentir mal* sentir-se mal
• **faire sentir** mostrar, fazer entender
• **ne pas pouvoir sentir qqn** não suportar alguém
• **sentir bon/mauvais** cheirar bem/mal

séparable [sepaʀabl] *adj* separável

séparation [separasjɔ̃] *nf* separação

séparément [separemɑ̃] *adv* separadamente

séparer [1] [separe] *vt* separar
▶ *vpr* **se séparer** separar-se

sept [sɛt] *num* sete

septembre [sɛptɑ̃br] *nm* setembro

septennat [sɛptena] *nm* período de governo, presidência (*de sete anos*)

septentrional, -e [sɛptɑ̃trijɔnal] *adj* setentrional, do Norte

septicémie [sɛptisemi] *nf* MÉD septicemia

septième [sɛtjɛm] *adj-nmf* (*ordinal*) sétimo, -ma
▶ *nm* (*fraction*) sétimo *m*, sétima parte *f*

sépulture [sepyltyr] *nf* sepultura

séquelle [sekɛl] *nf* 1 (*suite de choses*) série 2 MÉD sequela

séquence [sekɑ̃s] *nf* sequência

séquestrer [1] [sekɛstre] *vt* 1 DR sequestrar: *séquestrer les biens de qqn* sequestrar os bens de alguém 2 (*interner*) confinar, prender

serein, -e [sərɛ̃, -ɛn] *adj* sereno, -na

sérénade [serenad] *nf* serenata

sérénité [serenite] *nf* serenidade

sergent [sɛrʒɑ̃] *nm* sargento

série [seri] *nf* 1 (*gén*) série 2 SPORT categoria *f*, série, chave
• **en série** em série
• **hors série** fora de série

sérieux, -euse [serjø, -øz] *adj* sério, -a
▶ *nm* **sérieux** seriedade *f*
• **prendre au sérieux** levar a sério

serin [sərɛ̃] *nm* 1 ZOOL canário 2 *fam* (*niais*) bobão, -ona

seringue [sərɛ̃g] *nf* seringa

serment [sɛrmɑ̃] *nm* juramento
• **prêter serment** prestar juramento, jurar
• **sous serment** sob juramento

sermon [sɛrmɔ̃] *nm* sermão

séropositif, -ive [seropozitif, -iv] *adj-nm,f* soropositivo, -va

serpent [sɛrpɑ̃] *nm* serpente *f*, cobra *f*

serpenter [1] [sɛrpɑ̃te] *vi* serpentear, ziguezaguear

serpentin [sɛrpɑ̃tɛ̃] *nm* (*d'alambic; de papier*) serpentina *f*

serpillière [sɛrpijɛr] *nf* pano *m* de chão, esfregão *m*

serre [sɛr] *nf* 1 (*pour plantes*) estufa 2 GÉOG serra
▶ *nf pl* **serres** (*d'oiseau*) garras

serré, -e [sɛre] *adj* 1 (*compact*) apertado, -da, cerrado, -da, compacto, -ta 2 (*vêtement*) justo, -ta, apertado, -da
• **jouer serré** jogar pelo seguro, agir com segurança

serrer [1] [sɛre] *vt* 1 (*presser*) apertar, estreitar, comprimir 2 (*rapprocher*) cerrar, apertar: *serrer les rangs* cerrar fileiras 3 (*vêtement*) apertar, ser/estar apertado: *ces chaussures me serrent* estes sapatos estão apertados 4 (*aller très près*) seguir de perto, ir no encalço
▶ *vpr* **se serrer** (*se rapprocher*) apertar-se
• **serrer la main** apertar a mão
• **serrer la vis à qqn** trazer alguém num cortado
• **serrer le cœur** cortar o coração
• **serrer les dents** cerrar os dentes
• **serrer qqn de près** *fig* perseguir, ir ao encalço de alguém
• **"Serrez à droite"** "Mantenha a direita"

serrure [sɛryr] *nf* fechadura

serrurerie [sɛryrəri] *nf* serralheria

serrurier [sɛryrje] *nm* serralheiro, -ra

sertir [20] [sɛrtir] *vt* engastar, cravejar

sérum [serɔm] *nm* soro

servante [sɛrvɑ̃t] *nf* empregada doméstica

serveur, -euse [sɛrvœr, -øz] *nm,f* 1 (*dans un restaurant*) garçom, -nete 2 SPORT quem tem o serviço 3 (*aux cartes*) quem dá as cartas
▶ *nm* **serveur** INFORM servidor

serviable [sɛrvjabl] *adj* prestativo, -va

service [sɛrvis] *nm* 1 (*gén*) serviço 2 (*dans une entreprise*) departamento
• **à votre service** ao seu dispor
• **de service** de serviço
• **hors service** fora de uso
• **qu'y a-t-il pour votre service?** em que posso servi-lo?
• **rendre service à qqn** prestar serviço a alguém
• **service compris** serviço incluído

■ **service militaire** serviço militar

serviette [sɛʀvjɛt] *nf* **1** (*de table*) guardanapo *m* **2** (*de toilette*) toalha **3** (*à documents*) pasta

■ **serviette hygiénique** absorvente higiênico

servile [sɛʀvil] *adj* servil

servir [29] [sɛʀviʀ] *vt* **1** (*gén*) servir: *servir le dessert* servir a sobremesa **2** (*client*) atender **3** (*ambitions, passions etc.*) satisfazer **4** (*être bon à*) servir, ser útil (**à**, para) **5** (*tenir lieu de*) servir (**de**, de): *servir de père à ses neveux* servir de pai para os sobrinhos
▸ *vpr* **se servir 1** (*faire usage*) utilizar, usar **2** (*d'un mets*) servir-se
• **cela ne sert à rien** é inútil/não adianta
• **servir la messe** ajudar a missa
• **se servir de qqn** aproveitar-se de alguém

serviteur [sɛʀvitœʀ] *nm* servidor

servitude [sɛʀvityd] *nf* servidão

ses [se] *adj poss* → **son, sa**

sésame [sezam] *nm* BOT gergelim

session [sesjɔ̃] *nf* **1** (*d'une assemblée*) sessão *f* **2** (*d'un examen*) provas *pl*, exames *m pl*

set [sɛt] *nm* SPORT set
■ **set de table** jogo americano

seuil [sœj] *nm* limiar, umbral
• **au seuil de** no limiar de

seul, -e [sœl] *adj* **1** (*isolé*) só, sozinho: *il vit complètement seul* vive completamente só **2** (*unique*) único, -ca: *le seul danger* o único perigo **3** (*simple*) simples, mero, -ra: *la seule idée de travailler le rend malade* a simples ideia de trabalhar o deixa doente
• **cela va tout seul** é tranquilo/não apresenta dificuldade
• **tout, -e seul, -e** sozinho, -nha

seulement [sœlmɑ̃] *adv* **1** (*rien de plus*) somente, só, apenas: *ils sont seulement deux* eles são só dois; *je veux seulement un café* só quero um café **2** (*uniquement*) unicamente **3** (*pas plus tôt que*) nem bem, mal: *il vient seulement d'arriver* ele nem bem chegou **4** (*mais*) mas, só que: *il viendra, seulement il ne restera qu'un instant* ele virá, mas ficará só um instante

• **non seulement** não só
• **pas seulement** não só
• **si seulement** se pelo menos

sève [sɛv] *nf* seiva

sévère [sevɛʀ] *adj* **1** (*gén*) severo, -ra **2** (*maladie, accident*) grave **3** (*décor, style*) austero, -ra

sévérité [severite] *nf* severidade

sévices [seviz] *nm pl fml* sevícias, maus-tratos *m pl*

sévir [20] [seviʀ] *vi* **1** (*punir*) castigar, punir **2** *fig* (*épidémie, froid*) assolar

sevrer [7] [səvʀe] *vt* **1** (*bébé*) desmamar **2** (*d'un droit, d'un privilège*) privar (**de**, de)

sexe [sɛks] *nm* sexo

sexualité [sɛksualite] *nf* sexualidade

sexuel, -elle [sɛksuɛl] *adj* sexual

sexy [sɛksi] *adj* sexy

seyant, -e [sejɑ̃, -ɑ̃t] *adj* que cai bem

shampoing [ʃɑ̃pwɛ̃] *nm* **1** (*gén*) xampu **2** (*lavage*) lavagem com xampu

shampooing [ʃɑ̃pwɛ̃] *nm* → **shampoing**

shopping [ʃɔpiŋ] *nm* compras
• **faire du shopping** fazer compras

short [ʃɔʀt] *nm* short, shorts

si[1] [si] *conj* se, caso: *si tu viens nous sortirons ensemble* se você vier, sairemos juntos
• **si bien que** de tal modo que
• **si ce n'est** a não ser
• **si ce n'est que** a não ser que
• **si seulement** se pelo menos

si[2] [si] *adv* **1** (*affirmation après une négation*) sim: – *Vous ne me croyez pas* – *Si, je vous crois* – Você não acredita em mim – Acredito, sim **2** (*tellement, aussi*) tão: *c'est une fille si charmante!* é uma moça tão encantadora!; *ne mangez pas si vite* não coma tão depressa
• **mais si** claro que sim
• **si bien que** tão bem que

si[3] [si] *nm inv* MUS si

siamois, -e [sjamwa, -az] *adj-nm,f* siamês, -esa

sida [sida] *nm* aids *f*

side-car [sidkaʀ] *nm* (*pl* **side-cars**) sidecar

sidérer [10] [sidere] *vt fam* pasmar

sidérurgie [sideryrʒi] *nf* siderurgia

siècle [sjɛkl] *nm* século

siège [sjɛʒ] *nm* **1** (*pour s'asseoir*) assento **2** (*d'une administration*) sede *f* **3** (*d'une société*) sede *f* social **4** (*dans une assemblée*) cadeira *f* **5** (*d'une maladie, d'un phénomène*) sede *f*, centro, foco **6** (*militaire*) sítio, cerco **7** ANAT nádegas *f pl*

siéger [11] [sjeʒe] *vi* **1** (*assemblée*) fazer parte de **2** (*une société*) ter sede **3** *fig* (*se trouver*) estar, residir: *l'amertume siège au fond de son cœur* a amargura reside no fundo de seu coração

sien, sienne [sjɛ̃, sjɛn] *pron poss* **le sien, la sienne** (*à lui, à elle*) seu, sua, dele, -la: *cette robe est la sienne* este é o vestido dela

▶ *nm* **sien** seu: *à chacun le sien* a cada um o seu

▶ *nm pl* **les siens** (*sa famille*) os seus

sieste [sjɛst] *nf* sesta

sifflement [sifləmɑ̃] *nm* assobio

siffler [1] [sifle] *vi-vt* **1** (*gén*) assobiar **2** (*avec un sifflet*) apitar

▶ *vt* **1** (*un air*) assobiar **2** (*un acteur*) vaiar **3** *fam* (*un verre*) beber

sifflet [siflɛ] *nm* apito

sigle [sigl] *nm* sigla *f*

signal [siɲal] *nm* sinal

signalement [siɲalmɑ̃] *nm* descrição *f* física

signaler [1] [siɲale] *vt* **1** (*faire remarquer*) observar, indicar, chamar a atenção para **2** (*notifier*) notificar, informar **3** (*panneau indicateur*) sinalizar **4** (*dénoter*) indicar

▶ *vpr* **se signaler** distinguir-se

• **rien à signaler** sem nenhuma observação

signalisation [siɲalizasjɔ̃] *nf* sinalização

signataire [siɲatɛr] *nmf* signatário

signature [siɲatyr] *nf* assinatura

signe [siɲ] *nm* **1** (*gén*) sinal **2** LING ASTROL signo **3** (*indice*) indício, sinal

• **en signe de** em sinal de

• **ne pas donner signe de vie** não dar sinal de vida

■ **signe de ponctuation** sinal de pontuação

■ **signe du zodiaque** signo do zodíaco

signer [1] [siɲe] *vt* assinar

▶ *vpr* **se signer** persignar-se, fazer o sinal da cruz

signet [siɲɛ] *nm* marcador de livro

significatif, -ive [siɲifikatif, -iv] *adj* significativo, -va

signification [siɲifikasjɔ̃] *nf* significado *m*, significação

signifier [12] [siɲifje] *vt* **1** (*vouloir dire*) significar **2** (*exprimer*) expressar **3** (*faire connaître*) comunicar **4** DR notificar

silence [silɑ̃s] *nm* silêncio

silencieux, -euse [silɑ̃sjø, -øz] *adj* silencioso, -sa

▶ *nm* **silencieux** **1** (*d'une arme à feu*) silenciador **2** (*d'une voiture*) silencioso

silex [silɛks] *nm* sílex

silhouette [silwɛt] *nf* silhueta

silicium [silisjɔm] *nm* silício

silicone [silikon] *nf* silicone *m*

sillage [sijaʒ] *nm* sulco, esteira *f*

• **marcher dans le sillage de qqn** seguir na esteira/os passos de alguém

sillon [sijɔ̃] *nm* sulco

sillonner [1] [sijɔne] *vt* sulcar

silo [silo] *nm* silo

similaire [similɛr] *adj* similar, semelhante

similitude [similityd] *nf* semelhança

simple [sɛ̃pl] *adj* **1** (*facile*) simples, fácil: *c'est une méthode très simple* é um método muito simples **2** (*sans façon*) simples: *le directeur est un homme très simple* o diretor é homem muito simples **3** (*naïf*) simplório, -a **4** (*seul*) simples: *sa simple présence l'a calmé* sua simples presença o acalmou

▶ *nmf* simples

▶ *nm* SPORT (*au tennis*) individual

▶ *nf pl* **simples** BOT símplices *m*

■ **simple d'esprit** pobre de espírito

simplicité [sɛ̃plisite] *nf* simplicidade

simplifier [12] [sɛ̃plifje] *vt* simplificar

simulacre [simylakr] *nm* simulacro

simulation [simylasjɔ̃] *nf* simulação

simuler [1] [simyle] *vt* simular

simultané, -e [simyltane] *adj* simultâneo, -a

sincère [sɛ̃sɛʀ] *adj* sincero, -ra
sincérité [sɛ̃seʀite] *nf* sinceridade
singe [sɛ̃ʒ] *nm* ZOOL macaco
singer [4] [sɛ̃ʒe] *vt* **1** *(personne)* imitar, arremedar **2** *(sentiment)* fingir
singularité [sɛ̃gylaʀite] *nf* singularidade
singulier, -ère [sɛ̃gylje, -ɛʀ] *adj* singular
▸ *nm (nombre)* singular
sinistre [sinistʀ] *adj (gén)* sinistro, -tra
▸ *nm (incendie, accident)* sinistro
sinistré, -e [sinistʀe] *adj-nm,f* sinistrado, -da, acidentado, -da
sinon [sinɔ̃] *conj (autrement)* senão: *dépêche-toi, sinon tu vas rater ton train* ande logo, senão vai perder o trem
• **sinon que** exceto, salvo
sinueux, -euse [sinɥø, -øz] *adj* sinuoso, -sa
sinuosité [sinɥozite] *nf* sinuosidade
sinus [sinys] *nm* **1** ANAT seio **2** MATH seno
sinusite [sinyzit] *nf* MÉD sinusite
siphon [sifɔ̃] *nm* sifão
siphonné, -e [sifɔne] *adj fam* tantã, doido, -da
sirène [siʀɛn] *nf* **1** *(mythologique)* sereia **2** *(du pompier)* sirena, sirene
sirop [siʀo] *nm* **1** *(médicament)* xarope **2** *(de fruits)* xarope, calda *f*
• **au sirop** em calda
siroter [1] [siʀɔte] *vt fam* bebericar
sismique [sismik] *adj* sísmico, -ca
site [sit] *nm* **1** *(endroit)* lugar, local, sítio **2** *(paysage)* paragem *f*
■ **site archéologique** sítio arqueológico
■ **site Web** site, sítio
sitôt [sito] *adv* assim que: *sitôt arrivé, il avait envie de repartir* assim que chegou, já estava com vontade de ir embora
■ **pas de sitôt** não... tão cedo: *vous ne me reverrez pas de sitôt* você não vai me rever tão cedo
• **sitôt après** logo depois
• **sitôt dit, sitôt fait** dito e feito
situation [sitɥasjɔ̃] *nf* situação
situer [1] [sitɥe] *vt* situar, localizar
▸ *vpr* **se situer** situar-se, localizar-se
six [sis] (se pronuncia [si] diante de consoante ou *h* aspirado, [siz] diante de vogal ou *h* mudo) *num* seis
sixième [sizjɛm] *num* sexto, -ta
▸ *nm (étage)* sexto andar
▸ *nf* sexto ano primário
skate [skɛt] *nm* skate
skateboard [skɛtbɔʀd] *nm* skateboard
sketch [skɛtʃ] *nm (pl* **sketchs** *ou* **sketches)** esquete, *sketch*
ski [ski] *nm* esqui
• **faire du ski** esquiar
■ **ski de fond** esqui de fundo
■ **ski nautique** esqui aquático
skier [12] [skje] *vi* esquiar
skieur, -euse [skjœʀ, -øz] *nm,f* esquiador, -ra
skipper [skipœʀ] *nm* capitão de iate
slalom [slalɔm] *nm* **1** SPORT slalom **2** *fam* zigue-zague
■ **slalom géant** slalom gigante
■ **slalom spécial** slalom especial
slip [slip] *nm* **1** *(d'homme)* cueca *f* **2** *(de femme)* calcinha *f*
■ **slip de bain** sunga *f*
slogan [slɔgɑ̃] *nm* slogan
slow [slo] *nm* **1** *(danse)* dança *f* lenta **2** *(musique)* música *f* lenta, *fox-trot* lento
SMIC [smik] *abr (salaire minimum interprofessionnel de croissance)* salário-mínimo indexado
smoking [smokiŋ] *nm* smoking
snack [snak] *nm* lanchonete *f*
snack-bar [snakbaʀ] *nm (pl* **snack-bars)** lanchonete *f*
snob [snɔb] *adj-nmf* esnobe, *snob*
snobisme [snɔbism] *nm* esnobismo
snowboard [snobɔʀd] *nm* snowboard, surfe na neve
sobre [sɔbʀ] *adj* sóbrio, -a
sobriété [sɔbʀijete] *nf* sobriedade
sobriquet [sɔbʀikɛ] *nm* apelido
sociable [sɔsjabl] *adj* sociável
social, -e [sɔsjal] *adj* social
socialisme [sɔsjalism] *nm* socialismo
socialiste [sɔsjalist] *adj-nmf* socialista
sociétaire [sɔsjetɛʀ] *adj* societário, -a
▸ *nmf* **1** *(d'une association)* associado, -da **2** *(d'une société)* sócio, -a

société [sɔsjete] *nf* **1** (*gén*) sociedade **2** COM sociedade, empresa, firma **3** (*association*) associação
- **haute société** alta sociedade
- **société anonyme** sociedade anônima
- **société à responsabilité limitée** sociedade limitada

sociologie [sɔsjɔlɔʒi] *nf* sociologia

sociologue [sɔsjɔlɔg] *nmf* sociólogo, -ga

socle [sɔkl] *nm* soclo, base *f*, pedestal

soda [sɔda] *nm* soda *f*

sodium [sɔdjɔm] *nm* CHIM sódio

sœur [sœʀ] *nf* irmã

sofa [sɔfa] *nm* sofá

software [sɔftwɛʀ] *nm* software, programa

soi [swa] *pron pers* si, si mesmo, ele, ela
- **chez soi** em casa: *chacun chez soi* cada um em sua casa; *retourner chez soi* voltar para casa
• **avec soi** consigo
• **cela va de soi** é evidente, nem é preciso dizer
• **en soi** em si

soi-disant [swadizɑ̃] *adj inv* **1** (*qu'on prétend tel*) suposto, -ta, pretenso, -sa **2** (*qui se prétend tel*) autodenominado, -da
▸ *adv* supostamente, pretensamente

soie [swa] *nf* seda

soif [swaf] *nf* sede
• **avoir soif** estar com sede
• **étancher sa soif** matar a sede

soigner [1] [swaɲe] *vt* **1** (*travail, invités*) cuidar de **2** (*maladie*) tratar de, cuidar de
▸ *vpr* **se soigner 1** (*prendre soin de soi*) cuidar-se **2** (*malade*) medicar-se

soigneux, -euse [swaɲø, -øz] *adj* cuidadoso, -sa

soi-même [swamɛm] *pron pers* ele/ela mesmo, -ma, si mesmo, -ma

soin [swɛ̃] *nm* **1** (*sollicitude*) cuidado, atenção *f*, solicitude *f* **2** (*application*) aplicação *f*, capricho, esmero
▸ *nm pl* **soins** cuidados
• **avoir soin de** cuidar de
• **prendre soin de** cuidar de
- **premiers soins** primeiros socorros

soir [swaʀ] *nm* **1** (*fin d'après-midi*) tardinha *f*, fim de tarde *f* **2** (*nuit*) noite *f*

soirée [swaʀe] *nf* **1** (*soir*) noite **2** (*réunion*) noitada, sarau *m* **3** (*spectacle*) soirée, sessão noturna
• **de soirée** (*tenue*) de noite
• **en soirée** à noite

soit¹ [swa] *conj* **1** (*c'est-à-dire*) ou seja, isto é: *c'est 20 euros par personne, soit 100 euros en tout* são 20 euros por pessoa, ou seja, 100 euros ao todo **2** MATH seja: *soit une ligne A* seja uma linha A
• **soit... soit...** ou... ou...
• **soit que + subj... soit que + subj...** quer + *subj*...quer + *subj*

soit² [swa] *adv* está bem, tá, que seja

soixante [swasɑ̃t] *num* sessenta

soixante-dix [swasɑ̃tdis] *num* setenta

soixante-dixième [swasɑ̃tdizjɛm] *num* septuagésimo, -ma

soixantième [swasɑ̃tjɛm] *adj-nmf* sexagésimo, -ma
▸ *nm* um sessenta avos, a sexagésima parte *f*

soja [sɔʒa] *nm* soja *f*

sol¹ [sɔl] *nm* (*terre*) solo, terra *f*, chão

sol² [sɔl] *nm* MUS sol

solaire [sɔlɛʀ] *adj* solar

solarium [sɔlaʀjɔm] *nm* solário

soldat [sɔlda] *nm* soldado
- **simple soldat** soldado raso

solde [sɔld] *nm* **1** (*d'un compte*) saldo **2** (*d'un soldat*) soldo
▸ *nm pl* **soldes** liquidação *f sing*

solder [1] [sɔlde] *vt* **1** (*compte*) saldar **2** (*article*) liquidar
▸ *vpr* **se solder** terminar (**par**, com)

sole [sɔl] *nf* ZOOL linguado *m*

soleil [sɔlɛj] *nm* sol

solennel, -elle [sɔlanɛl] *adj* solene

solennité [sɔlanite] *nf* solenidade

solfège [sɔlfɛʒ] *nm* solfejo

solidaire [sɔlidɛʀ] *adj* **1** (*personnes*) solidário, -a **2** (*choses, pièces*) interligado, -da, interdependente

solidarité [sɔlidaʀite] *nf* **1** (*gén*) solidariedade **2** (*de choses, de processus*) interdependência, interligação

solide [sɔlid] *adj* 1 (*gén*) sólido, -da 2 (*personne*) robusto, -ta, forte, resistente 3 (*substantiel*) substancial
▶ *nm* sólido
• **être du solide** ser confiável, ser resistente

solidité [sɔlidite] *nf* solidez

soliste [sɔlist] *nmf* solista

solitaire [sɔlitɛʀ] *adj* 1 (*gén*) solitário, -a 2 (*isolé*) isolado, -da
▶ *nmf* solitário, -a
▶ *nm* 1 (*diamant*) solitário 2 (*jeu*) paciência *f*

solitude [sɔlityd] *nf* solidão

solliciter [1] [sɔlisite] *vt* 1 (*requérir*) solicitar 2 (*mettre en éveil*) chamar a atenção 3 (*faire fonctionner*) ativar, pôr em ação

sollicitude [sɔlisityd] *nf* solicitude

solo [sɔlo] *nm* MUS solo
• **en solo** em solo

solstice [sɔlstis] *nm* solstício

soluble [sɔlybl] *adj* 1 CHIM solúvel 2 (*problème*) solucionável

solution [sɔlysjɔ̃] *nf* solução

solvable [sɔlvabl] *adj* 1 (*qui peut payer*) solvente 2 (*qui peut être payé*) solvível

sombre [sɔ̃bʀ] *adj* 1 escuro, -ra: *couleur sombre* cor escura; *il fait sombre* está escuro 2 (*personne; pensée*) sombrio, -a, triste, taciturno, -na

sombrer [1] [sɔ̃bʀe] *vi* afundar, naufragar

sommaire [sɔmɛʀ] *adj* sumário, -a
▶ *nm* 1 (*résumé*) resumo, sumário 2 (*d'un livre*) índice, sumário

somme¹ [sɔm] *nf* soma
• **en somme** em suma
• **faire la somme de** somar
• **somme toute** em resumo, em suma

somme² [sɔm] *nm* soneca *f*, cochilo
• **faire un somme** tirar uma soneca

somme³ [sɔm] *nf loc* **bête de somme** besta de carga

sommeil [sɔmɛj] *nm* sono

sommelier, -ère [sɔməlje, -ɛʀ] *nm,f* sommelier, -ère

sommet [sɔmɛ] *nm* 1 (*gén*) cume 2 (*en géométrie*) vértice

sommier [sɔmje] *nm* somiê

somnambule [sɔmnɑ̃byl] *nmf* sonâmbulo, -la

somnifère [sɔmnifɛʀ] *nm* sonífero

somnolence [sɔmnɔlɑ̃s] *nf* sonolência

somptueux, -euse [sɔ̃ptɥø, -øz] *adj* suntuoso, -sa

son¹ [sɔ̃] *nm* (*bruit*) som
• **au son de** ao som de

son² [sɔ̃] *nm* (*céréale*) farelo

son, sa³ [sɔ̃, sa] *adj poss* (*pl* **ses**) seu, sua, dele, -la: *son frère* seu irmão/o irmão dele, -la; *sa valise* sua mala/a mala dele, -la; *ses livres* seus livros/os livros dele, -la

sonar [sɔnaʀ] *nm* sonar

sonate [sɔnat] *nf* MUS sonata

sondage [sɔ̃daʒ] *nm* sondagem *f*, prospecção *f*, pesquisa *f*
■ **sondage d'opinion** pesquisa de opinião

sonde [sɔ̃d] *nf* sonda

sonder [1] [sɔ̃de] *vt* 1 (*terrain*) sondar 2 (*opinion*) fazer sondagem, pesquisar 3 MÉD introduzir sonda

songe [sɔ̃ʒ] *nm* sonho

songer [4] [sɔ̃ʒe] *vt* pensar
▶ *vi* pensar (à, em)
• **n'y songez pas!** nem pensar!

songeur, -euse [sɔ̃ʒœʀ, -øz] *adj* pensativo, -va

sonnant, -e [sɔnɑ̃, -ɑ̃t] *adj* em ponto: *à six heures sonnantes* às seis em ponto

sonné, -e [sɔne] *adj* 1 (*heure*) exato, -ta 2 (*personne*) atordoado, -da

sonner [1] [sɔne] *vt* 1 (*cloche*) tocar, soar, dar: *la pendule a sonné six heures* o relógio deu seis horas 2 (*infirmière, serviteur*) chamar
▶ *vi* 1 (*cloche, réveil, téléphone*) tocar 2 (*personne*) chamar

sonnerie [sɔnʀi] *nf* 1 (*du téléphone, du réveil; de cloches; de clairon*) toque *m* 2 (*mécanisme-d'un réveil*) campainha, alarme *m* 3 (*d'une pendule*) carrilhão *m*

sonnet [sɔnɛ] *nm* soneto

sonnette [sɔnɛt] *nf* 1 (*clochette*) sineta 2 (*électrique*) campainha

sonore [sɔnɔʀ] *adj* sonoro, -ra

sonorité [sɔnɔʁite] *nf* sonoridade

sophistiqué, -e [sɔfistike] *adj* sofisticado, -da

soprano [sɔpʁano] *nmf* soprano

sorbet [sɔʁbɛ] *nm* CULIN sorvete (de frutas, sem leite)

sorcellerie [sɔʁsɛlʁi] *nf* bruxaria, feitiçaria

sorcier, -ère [sɔʁsje, -ɛʁ] *nm,f* bruxo, -xa, feiticeiro, -ra

sordide [sɔʁdid] *adj* sórdido, -da

sort [sɔʁ] *nm* **1** (*condition*) sorte *f* **2** (*avenir*) destino **3** (*maléfice*) feitiço
• **jeter un sort à qqn** pôr um feitiço em alguém
• **tirer au sort** sortear

sortant, -e [sɔʁtɑ̃, -ɑ̃t] *adj* **1** (*jeux*) sorteado, -da **2** que está de saída, que está terminando (*mandato, curso etc.*) **3** INFORM de saída

sorte [sɔʁt] *nf* **1** (*espèce*) espécie, tipo *m*: *c'est une sorte de chaise* é um tipo de cadeira **2** (*manière*) maneira
• **de la sorte** desse modo/dessa maneira
• **de (telle) sorte que** de (tal) modo/maneira que
• **en quelque sorte** de algum modo
• **faire en sorte que** agir de tal maneira que
• **toutes sortes de** todos os tipos de

sortie [sɔʁti] *nf* **1** (*gén*) saída **2** (*d'un film; de produit*) lançamento *m*
■ **sortie de secours** saída de emergência
■ **sortie imprimante** INFORM impressão

sortilège [sɔʁtilɛʒ] *nm* sortilégio

sortir [28] [sɔʁtiʁ] *vi* **1** (*gén*) sair **2** (*famille*) proceder, provir **3** (*film, livre, produit*) sair, ser lançado, -da **4** (*de l'ordinaire*) fugir, escapar (**de**, a)
▶ *vt* **1** (*mener dehors*) levar passear: *elle sort son chien le matin* ela leva o cachorro passear todas as manhãs **2** (*mettre dehors*) tirar: *sortir un mouchoir de sa poche* tirar um lenço do bolso **3** (*film, livre, disque, produit*) lançar **4** *fam* (*expulser*) mandar embora, expulsar **5** *fam* (*dire*) soltar
▶ *vpr* (*d'un problème*) livrar-se (**de**, de)
• **s'en sortir** [*d'une situation pénible*] sair-se, safar-se, escapar [*d'un travail difficile*] virar-se

SOS [ɛsoɛs] *abr* (*save our souls*) SOS

sosie [sozi] *nm* sósia

sot, sotte [so, sɔt] *adj-nmf* tolo, -la, bobo, -ba

sottise [sotiz] *nf* bobagem, asneira

sou [su] *nm fam* centavo, tostão
• **ne pas avoir un sou** não ter um tostão
■ **machine à sous** caça-níqueis

soubresaut [subʁəso] *nm* **1** (*secousse*) solavanco **2** (*mouvement involontaire*) estremecimento, estremeço

souche [suʃ] *nf* **1** (*d'un arbre*) cepo *m*, cepa **2** (*d'une famille*) tronco *m*, estirpe **3** (*d'un document*) canhoto *m*, toco *m*

souci [susi] *nm* **1** (*tracas*) preocupação *f* **2** (*fleur*) calêndula *f*
• **se faire du souci** preocupar-se

soucier (se) [12] [susje] *vpr* preocupar-se (**de**, com)

soucieux, -euse [susjø, -øz] *adj* preocupado, -da

soucoupe [sukup] *nf* pires *m*
■ **soucoupe volante** disco voador

soudain, -e [sudɛ̃, -ɛn] *adj* repentino, -na
▶ *adv* **soudain** de repente, subitamente

soude [sud] *nf* CHIM soda
■ **soude caustique** soda cáustica

souder [1] [sude] *vt* **1** (*métal*) soldar **2** *fig* (*personnes*) unir, ligar

soudure [sudyʁ] *nf* soldadura, soldagem, solda

souffle [sufl] *nm* **1** (*de l'air*) sopro **2** (*respiration*) respiração *f* **3** (*inspiration*) inspiração *f*
• **à bout de souffle** no limite das forças
• **avoir un second souffle** tomar novo alento
• **couper le souffle** tirar o fôlego
• **retenir son souffle** prender a respiração
■ **souffle au cœur** MÉD sopro no coração

soufflé [sufle] *nm* CULIN suflê

souffler [1] [sufle] *vt* **1** (*bougie, verre*) soprar, assoprar **2** (*idée*) soprar, sugerir **3** (*au théâtre*) apontar

▶ vi 1 (gén) soprar 2 (avec difficulté) resfolegar
• **ne pas souffler mot** não dar um pio

soufflet [suflɛ] nm bofetada f, bofetão

souffleur [suflœʀ] nm 1 (de verre) soprador, -ra 2 (au théâtre) ponto

souffrance [sufʀɑ̃s] nf sofrimento m

souffrant, -e [sufʀɑ̃, -ɑ̃t] adj 1 (malade) indisposto, -ta, doente 2 (malheureux) sofredor, -ra

souffrir [21] [sufʀiʀ] vi 1 (gén) sofrer 2 (du froid, de la chaleur) passar 3 (malade) sentir dor 4 (avoir mal pour une raison) sofrer: *souffrir du diabète* sofrer de diabetes
▶ vt 1 (supporter) sofrer 2 fam (personne) tolerar: *elle ne peut pas le souffrir* ela não o tolera

soufre [sufʀ] nm CHIM enxofre

souhait [swɛ] nm desejo
• **à souhait** a contento
• **à tes/vos souhaits!** (après un éternuement) saúde!

souhaitable [swɛtabl] adj desejável

souhaiter [1] [swete] vt desejar, querer

souiller [1] [suje] vt 1 (salir) sujar 2 fig (mémoire) manchar

soûl, -e [su, sul] adj fam bêbado, -da

soulagement [sulaʒmɑ̃] nm alívio

soulager [4] [sulaʒe] vt aliviar

soûler [1] [sule] vt fam embebedar
▶ vpr **se soûler** fam embebedar-se, encher a cara

soulever [7] [sulve] vt 1 (gén) levantar 2 (question) levantar, formular 3 (foule) sublevar
▶ vpr **se soulever** 1 (s'élever) levantar-se 2 (se révolter) sublevar-se

soulier [sulje] nm sapato

souligner [1] [suliɲe] vt 1 (mettre un trait sous) sublinhar 2 (accentuer) acentuar, realçar 3 (faire remarquer) ressaltar, enfatizar

soumettre [81] [sumɛtʀ] vt submeter
▶ vpr **se soumettre** submeter-se

soumission [sumisjɔ̃] nf submissão

soupape [supap] nf válvula
■ **soupape de sûreté** válvula de segurança

soupçon [supsɔ̃] nm suspeita f, desconfiança f

soupçonner [1] [supsɔne] vt suspeitar, desconfiar (**de**, de)

soupe [sup] nf sopa
■ **soupe populaire** sopa dos pobres

souper¹ [supe] nm jantar, ceia f

souper² [1] [supe] vi jantar, cear

soupeser [7] [supəze] vt 1 (gén) pesar, calcular o peso 2 fig ponderar

soupière [supjɛʀ] nf sopeira

soupir [supiʀ] nm suspiro
• **pousser un soupir** dar um suspiro

soupirail [supiʀaj] nm respiradouro

soupirer [1] [supiʀe] vi suspirar

souple [supl] adj 1 (gén) flexível, maleável 2 (pas) ágil, ligeiro, -ra

souplesse [suplɛs] nf flexibilidade, maleabilidade

source [suʀs] nf 1 (eau qui sort du sol) nascente, fonte 2 fig fonte
• **de source sûre** de fonte segura
• **prendre sa source à** nascer de, ter origem em

sourcil [suʀsi] nm sobrancelha
• **froncer les sourcils** franzir a testa

sourciller [1] [suʀsije] vi pestanejar: *sans sourciller* sem pestanejar

sourd, -e [suʀ, -uʀd] adj-nm,f surdo, -da
• **frapper comme un sourd** bater como um louco

sourdine [suʀdin] nf MUS surdina
• **en sourdine** em surdina

sourd-muet, sourde-muette [suʀmɥɛ, suʀdəmɥɛt] adj-nm,f (pl **sourds-muets, sourdes-muettes**) surdo, -da-mudo, -da

souriant, -e [suʀjɑ̃, -ɑ̃t] adj sorridente, risonho, -nha

souricière [suʀisjɛʀ] nf (piège) ratoeira

sourire¹ [suʀiʀ] nm sorriso

sourire² [53] [suʀiʀ] vi sorrir

souris [suʀi] nf 1 ratinho m, camundongo m 2 INFORM *mouse* m

sournois, -e [suʀnwa, -az] adj-nm,f 1 (personne) dissimulado, -da, sorrateiro, -ra 2 (douleur) surdo, -da, insidioso, -sa

sous [su] prép 1 (gén) sob, debaixo de: *sous la table* debaixo da mesa; *c'est sous*

ta responsabilité está sob tua responsabilidade 2 (*temps*) durante: *ça s'est passé sous la dictature* aconteceu durante a ditadura 3 (*point de vue*) sob, de: *considéré sous cet angle* considerado desse aspecto
- **sous Louis XIV** no reinado de Luís XIV
- **sous peine de** sob pena de
- **sous peu** dentro em pouco
- **sous prétexte de** a pretexto de

sous-alimenté, -e [suzalimɑ̃te] *adj* subnutrido, -da, desnutrido, -da

sous-bois [subwa] *nm inv* sub-bosque

souscription [suskripsjɔ̃] *nf* subscrição

souscrire [60] [suskrir] *vt* subscrever
▸ *vi* **souscrire** subscrever (**à**, -)

sous-cutané, -e [sukytane] *adj* subcutâneo, -a

sous-développé, -e [sudevlɔpe] *adj* subdesenvolvido, -da

sous-directeur, -trice [sudirɛktœr, -tris] *nm,f* (*pl* **sous-directeurs, -trices**) vice-diretor, -ra

sous-ensemble [suzɑ̃sɑ̃bl] *nm* (*pl* **sous-ensembles**) subconjunto

sous-entendu [suzɑ̃tɑ̃dy] *nm* (*pl* **sous-entendus**) subentendido

sous-estimer [1] [suzɛstime] *vt* subestimar

sous-jacent [suʒasɑ̃, -ɑ̃t] *adj* subjacente

sous-louer [1] [sulwe] *vt* sublocar

sous-marin, -e [sumarɛ̃, -in] *adj* submarino, -na
▸ *nm* **sous-marin** (*pl* **sous-marins**) submarino

sous-officier [suzɔfisje] *nm* (*pl* **sous-officiers**) suboficial

sous-produit [suprɔdɥi] *nm* (*pl* **sous-produits**) subproduto

soussigné, -e [susiɲe] *nm,f* abaixo-assinado, -da
- **je soussigné, -e** eu, abaixo assinado, -da

sous-sol [susɔl] *nm* (*pl* **sous-sols**) 1 (*terrain*) subsolo *m* 2 (*d'un immeuble*) porão, subsolo

sous-titre [sutitr] *nm* (*pl* **sous-titres**) 1 (*presse*) subtítulo 2 CINE legenda *f*

soustraction [sustraksjɔ̃] *nf* subtração

soustraire [73] [sustrɛr] *vt* subtrair

sous-traiter [1] [sutrete] *vi* terceirizar

sous-vêtement [suvɛtmɑ̃] *nm* (*pl* **sous-vêtements**) roupa íntima, roupa de baixo

soutane [sutan] *nf* batina, sotaina

soute [sut] *nf* 1 (*d'un bateau*) porão *m* 2 (*dans un avion*) compartimento *m* de bagagens

soutenable [sutənabl] *adj* 1 (*défendable*) defensável 2 (*supportable*) suportável

souteneur [sutənœr] *nm* proxeneta, cafetão

soutenir [35] [sutənir] *vt* 1 (*gén*) sustentar 2 (*personne*) apoiar 3 (*intérêt, effort*) manter 4 (*thèse*) defender 5 (*affirmer*) afirmar
▸ *vpr* **se soutenir** 1 (*se maintenir droit*) ficar em pé 2 *fig* (*durer*) manter-se, conservar-se

soutenu, -e [sutəny] *adj* (*style*) elevado, -da, formal

souterrain, -e [sutɛrɛ̃, -ɛn] *adj* subterrâneo, -a
▸ *nm* **souterrain** subterrâneo

soutien [sutjɛ̃] *nm* 1 (*gén*) suporte, sustentáculo, sustentação *f* 2 (*aide*) apoio 3 (*défenseur*) defensor, -ra

soutien-gorge [sutjɛ̃gɔrʒ] *nm* (*pl* **soutiens-gorge**) sutiã

soutirer [1] [sutire] *vt* 1 (*liquide*) transvasar 2 *fig* (*argent*) extorquir

souvenir [suvənir] *nm* lembrança
- **rappeler au bon souvenir** mandar lembranças

souvenir (se) [35] [suvnir] *vpr* lembrar-se: *je ne me souviens pas de son nom* não me lembro do nome dele, -la

souvent [suvɑ̃] *adv* muitas vezes, frequentemente

souverain, -e [suvərɛ̃, -ɛn] *adj-nm,f* soberano, -na

soyeux, -euse [swajø, -øz] *adj* sedoso, -sa

spacieux, -euse [spasjø, -øz] *adj* espaçoso, -sa

spaghetti [spageti] *nm* CUIS espaguete

sparadrap [sparadra] *nm* 1 (*gén*) esparadrapo 2 (*adhésif*) curativo adesivo

spasme [spasm] *nm* espasmo
spatial, -e [spasjal] *adj* espacial
spatule [spatyl] *nf* espátula
speaker, -kerine [spikœʀ, -kʀin] *nm,f* locutor, -ra
spécial, -e [spesjal] *adj* especial
spécialiste [spesjalist] *nmf* especialista
spécialité [spesjalite] *nf* especialidade
spécifier [12] [spesifje] *vt* especificar
spécifique [spesifik] *adj* específico, -ca
spécimen [spesimɛn] *nm* espécime
spectacle [spɛktakl] *nm* espetáculo
spectaculaire [spɛktakylɛʀ] *adj* espetacular
spectateur, -trice [spɛktatœʀ, -tʀis] *nm,f* espectador, -ra
spectre [spɛktʀ] *nm* espectro
spéculateur, -trice [spekylatœʀ, -tʀis] *nm,f* especulador, -ra
spéculation [spekylasjɔ̃] *nf* especulação
spéculer [1] [spekyle] *vi* especular
speeder [1] [spide] *vi fam* correr, apressar-se
spéléologie [speleɔlɔʒi] *nf* espeleologia
spermatozoïde [spɛʀmatozɔid] *nm* espermatozoide
sperme [spɛʀm] *nm* esperma
sphère [sfɛʀ] *nf* esfera
sphérique [sfeʀik] *adj* esférico, -ca
sphinx [sfɛ̃ks] *nm inv* esfinge *f*
spinal, -e [spinal] *adj* ANAT espinhal
spirale [spiʀal] *nf* espiral
spiritisme [spiʀitism] *nm* espiritismo
spirituel, -elle [spiʀitɥɛl] *adj* 1 (*gén*) espiritual 2 (*drôle*) espirituoso, -sa
spiritueux, -euse [spiʀitɥø, -øz] *adj* alcoólico, -ca
▶ *nm* **spiritueux** licor, bebida *f* alcoólica
splendeur [splɑ̃dœʀ] *nf* esplendor *m*
splendide [splɑ̃did] *adj* esplêndido, -da
spongieux, -euse [spɔ̃ʒjø, -øz] *adj* esponjoso, -sa
sponsor [spɔ̃sɔʀ] *nm* patrocinador, -ra
sponsoriser [1] [spɔ̃sɔʀize] *vt* patrocinar
spontané, -e [spɔ̃tane] *adj* espontâneo, -a

spontanéité [spɔ̃taneite] *nf* espontaneidade
sporadique [spɔʀadik] *adj* esporádico, -ca
sport [spɔʀ] *adj* (*voiture*) esporte, esportivo, -va
▶ *nm* esporte
• **faire du sport** praticar esporte
■ **sports d'hiver** esportes de inverno
sportif, -ive [spɔʀtif, -iv] *adj* 1 (*gén*) esportivo, -va 2 (*personne*) esportista
▶ *nm,f* esportista
spot [spɔt] *nm* 1 (*projecteur*) spot 2 (*publicité*) comercial, anúncio
sprint [spʀint] *nm* SPORT embalo
sprinter[1] [spʀintœʀ] *nm* SPORT sprinter, velocista
sprinter[2] [1] [spʀinte] *vi* SPORT embalar, pegar embalo
square [skwaʀ] *nm* praça *f*, jardim público
squash [skwaʃ] *nm* SPORT squash
squatter [skwatœʀ] *nm* invasor, -ra, ocupante
squelette [skəlɛt] *nm* esqueleto
squelettique [skəletik] *adj* esquelético, -ca
stabiliser [1] [stabilize] *vt* estabilizar
▶ *vpr* **se stabiliser** estabilizar-se
stabilité [stabilite] *nf* estabilidade
stable [stabl] *adj* estável
stade [stad] *nm* 1 (*terrain*) estádio 2 (*étape*) estágio
stage [staʒ] *nm* (*cours; en entreprise*) estágio
stagiaire [staʒjɛʀ] *adj* estagiário, -a
▶ *nmf* estagiário, -a
stagnant, -e [stagnɑ̃, -ɑ̃t] *adj* estagnado, -da
stagner [1] [stagne] *vi* estagnar
stalactite [stalaktit] *nf* estalactite
stalagmite [stalagmit] *nf* estalagmite
stand [stɑ̃d] *nm* (*de tir; dans une exposition*) estande
standard [stɑ̃daʀ] *adj inv* padrão
▶ *nm* 1 (*norme*) padrão 2 (*téléphonique*) central telefônica

standardiste [stãdaʀdist] *nmf* telefonista

star [staʀ] *nf (vedette)* astro *m*, estrela *f*

starter [staʀtɛʀ] *nm* 1 *(auto)* afogador 2 SPORT starter

station [stasjɔ̃] *nf* 1 *(arrêt)* pausa, parada 2 *(position)* posição: *il reste en station verticale* ele permanece em posição vertical 3 *(de métro)* estação 4 *(d'autobus, de taxis)* ponto *m* 5 *(de radio)* estação 6 *(de télévision)* canal
- **station de ski** estação de esqui
- **station spatiale** estação espacial
- **station thermale** estância hidromineral, estação de águas

stationnaire [stasjɔnɛʀ] *adj* estacionário, -a

stationnement [stasjɔnmɑ̃] *nm* estacionamento
• **"Stationnement interdit"** "Estacionamento proibido"

stationner [1] [stasjɔne] *vi* 1 *(un véhicule)* estacionar 2 *(une personne)* parar

station-service [stasjɔ̃sɛʀvis] *nf (pl* **stations-service)** posto *m* de gasolina

statique [statik] *adj* estático, -ca

statistique [statistik] *adj* estatístico, -ca
▶ *nf* estatística

statue [staty] *nf* estátua

statuer [1] [statɥe] *vt* DR julgar, sentenciar, decidir
• **statuer sur** julgar, proferir julgamento

stature [statyʀ] *nf* 1 *(taille)* estatura, altura 2 *fig (valeur)* estatura

statut [staty] *nm* 1 *(position)* estatuto, status 2 *(texte)* estatuto
▶ *nm pl* **statuts** estatutos

steak [stɛk] *nm* bife
- **steak frites** bife com fritas

stellaire [stelɛʀ] *adj* estelar

steppe [stɛp] *nf* GÉOG estepe

stéréo [steʀeo] *adj* estéreo, estereofônico
• **en stéréo** em estéreo

stéréotype [steʀeɔtip] *nm* estereótipo

stérile [steʀil] *adj* estéril

stérilet [steʀilɛ] *nm* DIU (dispositivo intrauterino)

stériliser [1] [steʀilize] *vt* esterilizar

stérilité [steʀilite] *nf* esterilidade

sternum [stɛʀnɔm] *nm* ANAT esterno

stéthoscope [stetɔskɔp] *nm* estetoscópio

steward [stiwaʀt] *nm* 1 *(d'avion)* comissário, -a de bordo 2 *(de bateau)* camaroteiro

stick [stik] *nm* 1 SPORT taco 2 *(déodorant)* roll-on 3 *(de colle)* bastão 4 *(pour les lèvres)* batom

stimulation [stimylasjɔ̃] *nf* 1 *(incitation)* estímulo *m* 2 *(de fonction organique)* estimulação

stimuler [1] [stimyle] *vt* estimular

stipuler [1] [stipyle] *vt* estipular

stock [stɔk] *nm* estoque
• **en stock** em estoque

stocker [1] [stɔke] *vt* estocar

stoïque [stɔik] *adj-nmf* estoico, -ca

stomacal, -e [stɔmakal] *adj* estomacal

stop [stɔp] *nm* 1 *(arrêt)* sinal de parada 2 *fam (pour voyager)* carona *f* 3 *(auto)* lanterna *f* de freio

stopper [1] [stɔpe] *vt* deter, fazer parar
▶ *vi (s'arrêter)* parar

store [stɔʀ] *nm* 1 *(de fenêtre)* persiana *f* 2 *(de magasin)* toldo

strabisme [stʀabism] *nm* estrabismo

strangulation [stʀɑ̃gylasjɔ̃] *nf* estrangulamento *m*

stratagème [stʀataʒɛm] *nm* estratagema

strate [stʀat] *nf* estrato *m*, camada

stratégie [stʀateʒi] *nf* estratégia

stratégique [stʀateʒik] *adj* estratégico, -ca

stress [stʀɛs] *nm* estresse

stressant, -e [stʀesɑ̃, -ɑ̃t] *adj* estressante

strict, -e [stʀikt] *adj* estrito, -ta

strident, -e [stʀidɑ̃, -ɑ̃t] *adj* estridente

strie [stʀi] *nf* estria

string [stʀiŋ] *nm* fio dental *(roupa de banho ou calcinha)*

strip-tease [stʀiptiz] *nm (pl* **strip-teases)** striptease

strophe [stʀɔf] *nf* estrofe

structure [stʀyktyʀ] *nf* estrutura

structurer [1] [stryktyre] *vt* estruturar
strychnine [striknin] *nf* estricnina
stuc [styk] *nm* estuque
studieux, -euse [stydjø, -øz] *adj* estudioso, -sa
studio [stydjo] *nm* **1** (*gén*) estúdio **2** (*appartement*) conjugado, quitinete *f*
stupéfait, -e [stypefɛ, -ɛt] *adj* estupefato, -ta, pasmo, -ma
stupéfiant, -e [stypefjɑ̃, -ɑ̃t] *adj* assombroso, -sa
▶ *nm* **stupéfiant** estupefaciente, entorpecente
stupéfier [12] [stypefje] *vt* assombrar, pasmar
stupeur [stypœʀ] *nf* estupefação, espanto *m*, assombro *m*
stupide [stypid] *adj* estúpido, -da, burro, -ra
stupidité [stypidite] *nf* estupidez, burrice
style [stil] *nm* estilo
stylo [stilo] *nm* caneta *f*
suaire [sɥɛʀ] *nm* mortalha *f*
subalterne [sybaltɛʀn] *adj-nmf* subalterno, -na
subconscient, -e [sypkɔ̃sjɑ̃, -ɑ̃t] *adj* subconsciente
▶ *nm* **subconscient** subconsciente
subdiviser [1] [sydivize] *vt* subdividir
subir [20] [sybiʀ] *vt* **1** (*gén*) sofrer **2** (*personne, situation*) suportar
• **faire subir** submeter
subit, -e [sybi, -it] *adj* súbito, -ta
subjectif, -ive [sybʒɛktif, -iv] *adj* subjetivo, -va
subjonctif [sybʒɔ̃ktif] *nm* subjuntivo
subjuguer [2] [sybʒyge] *vt* subjugar
sublime [syblim] *adj* sublime
submerger [4] [sybmɛʀʒe] *vt* **1** (*recouvrir*) submergir **2** *fig* (*de travail*) sobrecarregar
submersible [sybmɛʀsibl] *adj-nm* submergível, submersível
subordination [sybɔʀdinasjɔ̃] *nf* subordinação
subordonné, -e [sybɔʀdɔne] *adj-nm,f* subordinado, -da

subordonner [1] [sybɔʀdɔne] *vt* subordinar
subornation [sybɔʀnasjɔ̃] *nf* suborno *m* (*de testemunhas*)
subside [sypsid] *nm* subsídio
subsidiaire [sybzidjɛʀ] *adj* subsidiário, -a
subsistance [sybzistɑ̃s] *nf* subsistência
subsister [1] [sybziste] *vi* subsistir
substance [sypstɑ̃s] *nf* substância
• **en substance** substancialmente
substantiel, -elle [sypstɑ̃sjɛl] *adj* substancial
substantif [sypstɑ̃tif] *nm* substantivo
substituer [1] [sypstitɥe] *vt* substituir: *substituer un y à un x* substituir um x por um y
▶ *vpr* **se substituer** substituir (à, -)
substitut [sypstity] *nm* substituto
substitution [sypstitysjɔ̃] *nf* substituição
subterfuge [syptɛʀfyʒ] *nm* subterfúgio
subtil, -e [syptil] *adj* sutil
subtilité [syptilite] *nf* sutileza
subvenir [35] [sybvəniʀ] *vi* **1** (*gén*) prover **2** (*subventionner*) subvencionar
• **subvenir aux besoins de qqn** atender às necessidades de alguém
subvention [sybvɑ̃sjɔ̃] *nf* subvenção
subversif, -ive [sybvɛʀsif, -iv] *adj* subversivo, -va
suc [syk] *nm* sumo, suco
■ **suc gastrique** suco gástrico
succédané [syksedane] *nm* sucedâneo
succéder [10] [syksede] *vi* suceder (**à**/a): *le fils a succédé à son père* o filho sucedeu ao pai
▶ *vpr* **se succéder** suceder-se
succès [syksɛ] *nm* sucesso, êxito
• **avoir du succès** ter sucesso
■ **un succès fou** um enorme sucesso
successeur [syksesœʀ] *nm* sucessor
successif, -ive [syksesif, -iv] *adj* sucessivo, -va
succession [syksesjɔ̃] *nf* sucessão
succinct, -e [syksɛ̃, -ɛ̃t] *adj* **1** (*résumé*) sucinto, -ta **2** (*repas*) frugal
succion [syksjɔ̃] *nf* sucção

succomber [1] [sykɔ̃be] vi sucumbir

succulent, -e [sykylɑ̃, -ɑ̃t] adj suculento, -ta

succursale [sykyRsal] nf sucursal

sucer [3] [syse] vt 1 (gén) chupar, sugar 2 (un doigt) chupar

sucette [sysɛt] nf 1 (pour bébés) chupeta 2 (bonbon) pirulito m

sucre [sykR] nm açúcar
- **sucre de canne** açúcar de cana
- **sucre en morceaux** açúcar em torrões
- **sucre en poudre** açúcar em pó, açúcar refinado
- **sucre roux** açúcar mascavo

sucrer [1] [sykRe] vt açucarar, adoçar

sucrerie [sykRəRi] nf 1 (bonbon) doce m 2 (industrie) refinaria de açúcar

sucrette [sykRɛt] nf adoçante

sucrier, -ère [sykRije, -ɛR] adj açucareiro, -ra: *l'industrie sucrière* indústria açucareira
▶ nm **sucrier** (récipient) açucareiro

sud [syd] nm sul
▶ adj inv do sul, meridional

sud-africain, -e [sydafRikɛ̃, -ɛn] adj sul-africano, -na
▶ nm,f **Sud-Africain, -e** sul-africano, -na

sud-américain, -e [sydameRikɛ̃, -ɛn] adj sul-americano, -na
▶ nm,f **Sud-Américain, -e** sul-americano, -na

sud-est [sydɛst] adj-nm sudeste

sud-ouest [sydwɛst] adj-nm sudoeste

Suède [sɥɛd] nf Suécia

suédois, -e [sɥedwa, -az] adj sueco, -ca
▶ nm,f **Suédois, -e** sueco, -ca
▶ nm **suédois** (langue) sueco

suer [1] [sɥe] vi (transpirer) suar, transpirar: *il sue à grosses gouttes* está suando em bicas
- **ça sue l'ennui** é um tédio só
- **faire suer** fam aborrecer, perturbar

sueur [sɥœR] nf suor m, transpiração

suffire [57] [syfiR] vi bastar, ser suficiente
▶ vpr **se suffire** bastar-se a si mesmo, ser autossuficiente
- **ça suffit!** chega!
- **il suffit de...** basta...

suffisant, -e [syfizɑ̃, -ɑ̃t] adj suficiente, bastante

suffixe [syfiks] nm sufixo

suffocant, -e [syfɔkɑ̃, -ɑ̃t] adj sufocante

suffoquer [2] [syfɔke] vt sufocar
▶ vi sufocar(-se)

suffrage [syfRaʒ] nm sufrágio

suggérer [10] [sygʒeRe] vt sugerir: *je vous suggère d'aller le voir* sugiro que vá vê-lo

suggestion [sygʒɛstjɔ̃] nf sugestão

suicide [sɥisid] nm suicídio

suicider (se) [1] [sɥiside] vpr suicidar-se

suie [sɥi] nf fuligem

suinter [1] [sɥɛ̃te] vi ressumar, verter, gotejar

suisse [sɥis] adj suíço, -ça
▶ nmf **Suisse** suíço, -ça

Suisse [sɥis] nf Suíça

suite [sɥit] nf 1 (série) série, sucessão 2 (qui vient après) continuação, sequência: *la suite d'un roman* a continuação de um romance 3 (conséquence) consequência, resultado m 4 (dans un hôtel) suíte
- **et ainsi de suite** e assim por diante
- **par la suite** depois, em seguida
- **par suite de** por causa de, em consequência de
- **suite à votre lettre du...** em resposta à sua carta de...
- **tout de suite** em seguida, imediatamente

suivant, -e [sɥivɑ̃, -ɑ̃t] adj seguinte, próximo, -ma
- **au suivant!** o, a próximo, -ma

suivi, -e [sɥivi] adj 1 (gén) seguido, -da 2 (travail, relation) constante 3 (ordonné) estruturado, -da, coerente 4 (qui a la faveur du public) concorrido, -da, procurado, -da
▶ nm **suivi** acompanhamento

suivre [61] [sɥivR] vt 1 (gén) seguir, acompanhar 2 (succéder à) suceder a 3 (conversation) ouvir, acompanhar 4 (comprendre) entender, acompanhar: *je ne te suis plus* já não estou acompanhando
▶ vi seguir

▶ *vpr* **se suivre** seguir-se
• **"À suivre"** "Continua"

sujet, -ette [syʒɛ, -ɛt] *adj* sujeito, -ta
▶ *nm* **sujet 1** (*thème*) assunto, tema **2** (*en grammaire, philosophie*) sujeito
• **au sujet de** a respeito de

sultan [syltɑ̃] *nm* sultão

super [sypɛʀ] *adj fam* genial, joia
▶ *nm* gasolina azul, gasolina de tipo B

superbe [sypɛʀb] *adj* magnífico, -ca, esplêndido, -da

supercherie [sypɛʀʃəʀi] *nf* fraude, trapaça, embuste *m*

superficie [sypɛʀfisi] *nf* superfície

superficiel, -elle [sypɛʀfisjɛl] *adj* superficial

superflu, -e [sypɛʀfly] *adj* supérfluo, -a

supérieur, -e [sypeʀjœʀ] *adj* superior
▶ *nm,f* superior, -ra

supériorité [sypeʀjɔʀite] *nf* superioridade

superlatif, -ive [sypɛʀlatif, -iv] *adj* superlativo, -va
▶ *nm* **superlatif** superlativo

supermarché [sypɛʀmaʀʃe] *nm* supermercado

superposer [1] [sypɛʀpoze] *vt* sobrepor, superpor
▶ *vpr* **se superposer** sobrepor-se, superpor-se

supersonique [sypɛʀsɔnik] *adj* supersônico, -ca

superstitieux, -euse [sypɛʀstisjø, -øz] *adj* supersticioso, -sa

superstition [sypɛʀstisjɔ̃] *nf* superstição

superviser [1] [sypɛʀvize] *vt* supervisionar

supplanter [1] [syplɑ̃te] *vt* suplantar, superar

suppléant, -e [sypleɑ̃, -ɑ̃t] *adj-nm,f* **1** POL suplente **2** (*éducation*) substituto, -ta

supplément [syplemɑ̃] *nm* suplemento

supplémentaire [syplemɑ̃tɛʀ] *adj* suplementar
■ **heures supplémentaires** horas extras

supplice [syplis] *nm* suplício
• **être au supplice** sofrer muito

supplier [13] [syplije] *vt* suplicar

supplique [syplik] *nf* súplica

support [sypɔʀ] *nm* **1** (*physique*) suporte **2** *fig* (*aide morale*) apoio

supporter[1] [sypɔʀtɛʀ] *nm* SPORT torcedor, -ra

supporter[2] [1] [sypɔʀte] *vt* **1** (*gén*) suportar, aguentar **2** (*soutenir*) sustentar, suster **3** (*équipe*) torcer por
▶ *vpr* **se supporter 1** (*l'un l'autre*) suportar-se, tolerar-se **2** (*être supporté*) ser suportável

supposé, -e [sypoze] *adj* suposto, -ta, presumido, -da

supposer [1] [sypoze] *vt* supor
• **supposons que** suponhamos que

supposition [sypozisjɔ̃] *nf* suposição

suppositoire [sypozitwaʀ] *nm* supositório

suppression [sypʀesjɔ̃] *nf* eliminação, supressão, abolição

supprimer [1] [sypʀime] *vt* **1** (*enlever*) eliminar, suprimir, abolir **2** (*douleur*) eliminar, cortar **3** *fam* (*tuer*) matar, eliminar

suprématie [sypʀemasi] *nf* supremacia

suprême [sypʀɛm] *adj* supremo, -ma, sumo, -ma: *l'autorité suprême* a autoridade suprema
▶ *nm* CUIS suprema *f*

sur [syʀ] *prép* **1** (*dessus*) sobre, em cima, em: *pose le paquet sur la table* ponha o pacote na mesa; *elle est assise sur une chaise* ela está sentada numa cadeira; *écrire sur un papier* escrever num papel; *sur le trottoir* na calçada **2** (*à propos de*) sobre, de: *il a publié un livre sur les plantes* publicou um livro sobre plantas **3** (*proportion*) de, entre, em: *deux ou trois cas sur cent* dois ou três casos em cem; *trois personnes sur cinq* três entre cinco pessoas **4** (*direction*) para: *allez sur votre gauche* vá para a esquerda **5** (*dispersion, mouvement*) em, por: *le vin s'est répandu sur le sol* o vinho se espalhou pelo chão
• **avoir qqch sur soi** estar com algo, ter/carregar alguém

sûr, -e [syʀ] *adj* **1** (*gén*) seguro, -ra, certo, -ta **2** (*personne*) de confiança
• **à coup sûr** seguramente, infalivelmente
• **bien sûr** sem dúvida, é claro

surchargé, -e [syʀʃaʀʒe] *adj* **1** (*véhicule*) sobrecarregado, -da, superlotado, -da **2** (*de travail*) sobrecarregado, -da, assoberbado, -da **3** (*texte*) rasurado, -da

surchauffer [1] [syʀʃofe] *vt* superaquecer

surcroît [syʀkʀwa] *nm* aumento, acréscimo
• **de surcroît** *fml* ademais, além disso

surdité [syʀdite] *nf* surdez

surdoué, -e [syʀdwe] *adj-nm,f* superdotado, -da

sureau [syʀo] *nm* BOT sabugueiro

sûrement [syʀmɑ̃] *adv* **1** (*sans doute*) sem dúvida, claro **2** (*en sûreté*) em segurança

surestimer [1] [syʀɛstime] *vt* superestimar
▸ *vpr* **se surestimer** superestimar-se

sûreté [syʀte] *nf* **1** (*protection*) segurança **2** (*d'une arme*) dispositivo *m* de segurança **3** (*fiabilité*) confiabilidade **4** (*efficacité, fermeté*) firmeza, segurança
• **être en sûreté** estar a salvo

surexciter [1] [syʀɛksite] *vt* superexcitar

surf [sœʀf] *nm* surfe

surface [syʀfas] *nf* superfície, face

surfer [1] [syʀfe] *vi* **1** (*faire du surf*) surfar **2** INFORM navegar

surgelé, -e [syʀʒəle] *adj* congelado, -da
▸ *nm* **surgelé** congelado

surgir [20] [syʀʒiʀ] *vi* surgir

surhumain, -e [syʀymɛ̃, -ɛn] *adj* sobre-humano, -na

sur-le-champ [syʀləʃɑ̃] *adv* imediatamente

surlendemain [syʀlɑ̃dmɛ̃] *nm* dois dias depois: *il est venu le surlendemain* ele veio dois dias depois

surligneur [syʀliɲœʀ] *nm* marca-texto

surmenage [syʀmənaʒ] *nm* estafa *f*, esgotamento

surmener [7] [syʀməne] *vt* esfalfar, extenuar
▸ *vpr* **se surmener** esfalfar-se, extenuar-se

surmonter [1] [syʀmɔ̃te] *vt* **1** (*être situé au-dessus de*) sobrepujar, dominar **2** (*difficulté*) superar, vencer

surnaturel, -elle [syʀnatyʀɛl] *adj* sobrenatural

surnom [syʀnɔ̃] *nm* apelido

surnommer [1] [syʀnɔme] *vt* apelidar

surpasser [1] [syʀpase] *vt* **1** (*faire mieux que*) superar **2** (*aller au-delà de*) ultrapassar
▸ *vpr* **se surpasser** superar-se

surpeuplé, -e [syʀpœple] *adj* superpovoado, -da

surplomber [1] [syʀplɔ̃be] *vt* pairar sobre, encimar, dominar

surplus [syʀply] *nm* excedente, excesso, sobra *f*

surprenant, -e [syʀpʀənɑ̃, -ɑ̃t] *adj* surpreendente

surprendre [83] [syʀpʀɑ̃dʀ] *vt* surpreender

surprise [syʀpʀiz] *nf* surpresa

surréalisme [syʀʀealism] *nm* surrealismo

surréaliste [syʀʀealist] *nmf* surrealista

sursaut [syʀso] *nm* **1** (*saut*) sobressalto **2** (*d'énergie*) manifestação *f* repentina, ímpeto
• **se réveiller en sursaut** acordar sobressaltado, -da

sursauter [1] [syʀsote] *vi* sobressaltar-se

surtout [syʀtu] *adv* **1** (*plus particulièrement*) sobretudo, principalmente **2** (*avant tout*) acima de tudo **3** (*renforçant un conseil*) acima de tudo: *surtout, n'oublie pas les verres* acima de tudo, não esqueça os copos
• **surtout pas** de jeito nenhum

surveillance [syʀvɛjɑ̃s] *nf* **1** (*gén*) vigilância **2** (*contrôle de travaux*) inspeção, controle *m*, supervisão, monitoramento *m*

surveillant, -e [syʀvɛjɑ̃, -ɑ̃t] *nm,f* **1** (*gén*) vigilante **2** (*d'hôpital*) enfermeiro, -ra-chefe **3** (*garde*) guarda, vigilante **4** (*d'une prison*) carcereiro, -ra **5** (*ouvrier qualifié*) supervisor, -ra **6** (*éducation*) inspetor, -ra

surveiller [1] [syʀveje] *vt* **1** (*garder-bébé, personne etc.*) cuidar, tomar conta de **2** (*épier*) vigiar, observar **3** (*controler-travaux, ouvriers*) supervisionar

▶ *vpr* **se surveiller** controlar-se, conter--se, prestar atenção no que faz

survenir [35] [syrvənir] *vi* sobrevir, ocorrer

survêtement [syrvɛtmɑ̃] *nm* agasalho, *training*

survie [syrvi] *nf* sobrevivência, sobrevida

survivant, -e [syrvivɑ̃, -ɑ̃t] *adj-nm,f* sobrevivente

survivre [69] [syrvivr] *vi* sobreviver

survoler [1] [syrvɔle] *vt* **1** *(avion)* sobrevoar **2** *fig (texte)* dar uma lida, dar uma vista-d'olhos

susceptibilité [syseptibilite] *nf* suscetibilidade

susceptible [syseptibl] *adj (sensible)* suscetível

■ **susceptible de** *(apte, capable)* capaz de *(qui peut souffrir une action)* passível de

susciter [1] [sysite] *vt* suscitar, provocar

suspect, -e [syspɛ, -ɛkt] *adj* **1** *(gén)* suspeito, -ta **2** *(qualité)* duvidoso, -sa
▶ *nm,f* suspeito, -ta

suspecter [1] [syspɛkte] *vt* suspeitar de, desconfiar de

suspendre [62] [syspɑ̃dr] *vt* **1** *(gén)* suspender **2** *(tableau)* pendurar **3** *(séance)* interromper, suspender

suspendu, -e [syspɑ̃dy] *adj* **1** *(gén)* suspenso, -sa **2** *(pont)* pênsil

suspens [syspɑ̃] *loc* **en suspens** em suspenso, pendente

suspense [syspɑ̃s] *nm* suspense

suspension [syspɑ̃sjɔ̃] *nf* suspensão
• **points de suspension** reticências

sustenter (se) [1] [systɑ̃te] *vpr* sustentar-se, alimentar-se

susurrer [1] [sysyre] *vi* sussurrar

suture [sytyr] *nf* MÉD sutura *f*

svelte [svɛlt] *adj* **1** *(personnes)* esbelto, -ta, esguio, -a **2** *(choses)* esguio, -a

sveltesse [svɛltɛs] *nf* **1** *(personnes)* esbelteza **2** *(choses)* esguiez

SVP *abr (s'il vous plaît)* por favor

sweat-shirt [switʃœrt] *nm* (*pl* **sweat--shirts**) blusão de moletom

syllabe [silab] *nf* sílaba

symbole [sɛ̃bɔl] *nm* símbolo

symbolique [sɛ̃bɔlik] *adj* simbólico, -ca

symboliser [1] [sɛ̃bɔlize] *vt* simbolizar

symétrie [simetri] *nf* simetria

symétrique [simetrik] *adj* simétrico, -ca

sympa [sɛ̃pa] *adj fam* simpático, -ca

sympathie [sɛ̃pati] *nf* simpatia

sympathique [sɛ̃patik] *adj* simpático, -ca

sympathiser [1] [sɛ̃patize] *vi* simpatizar

symphonie [sɛ̃fɔni] *nf* MUS sinfonia

symphonique [sɛ̃fɔnik] *adj* sinfônico, -ca

symptomatique [sɛ̃ptɔmatik] *adj* sintomático, -ca

symptôme [sɛ̃tom] *nm* sintoma

synagogue [sinagɔg] *nf* sinagoga

synchrone [sɛ̃krɔn] *adj* sincrônico, -ca

synchroniser [1] [sɛ̃krɔnize] *vt* sincronizar

syncope [sɛ̃kɔp] *nf* MÉD MUS síncope

syndical, -e [sɛ̃dikal] *adj* sindical

syndicat [sɛ̃dika] *nm* sindicato

■ **syndicat d'initiative** departamento/secretaria de turismo

syndrome [sɛ̃drom] *nm* síndrome

synonyme [sinɔnim] *adj* sinônimo, -ma
▶ *nm* sinônimo

syntaxe [sɛ̃taks] *nf* sintaxe

synthèse [sɛ̃tɛz] *nf* síntese

synthétique [sɛ̃tetik] *adj* sintético, -ca

synthétiser [1] [sɛ̃tetize] *vt* sintetizar

synthétiseur [sɛ̃tetizœr] *nm* sintetizador

syphilis [sifilis] *nf* MÉD sífilis

systématique [sistematik] *adj* sistemático, -ca

système [sistɛm] *nm* sistema
• **taper sur le système** *fam* dar nos nervos
■ **système nerveux** sistema nervoso

T

t' [t] *pron pers* → te

ta [ta] *adj poss* → ton

tabac [taba] *nm* 1 *(plante, feuilles)* tabaco, fumo 2 *(magasin)* tabacaria, charutaria *f*
- **faire un tabac** fazer sucesso
- **passer qqn à tabac** *fam* dar uma surra em alguém
- **bureau de tabac** tabacaria
- **tabac à chiquer** fumo de mascar
- **tabac blond** fumo claro
- **tabac brun** fumo escuro

tabagisme [tabaʒism] *nm* tabagismo

tabasser [1] [tabase] *vt fam* dar uma sova

tabatière [tabatjɛʀ] *nf* tabaqueira

table [tabl] *nf* 1 *(meuble)* mesa 2 *(de logarithmes)* tábua 3 *(poids, mesures)* tabela 4 *(mets)* mesa, cozinha: *c'est une des meilleures tables de la ville* é uma das melhores cozinhas da cidade
- **à table!** vamos comer!
- **jouer cartes sur table** pôr as cartas na mesa
- **se mettre à table** sentar-se à mesa *(fig)* abrir o bico, dedurar
- **table à repasser** tábua de passar roupa
- **table de multiplication** tabuada de multiplicar
- **table de nuit** criado-mudo, mesa de cabeceira
- **table des matières** índice *m* *(analítico)*
- **table ronde** mesa-redonda
- **table roulante** carrinho *m*, carrinho *m* de chá

tableau [tablo] *nm* 1 *(peinture)* quadro 2 *fig (scène)* quadro, cena *f*: *par la fenêtre on apercevait un magnifique tableau* pela janela avistava-se um magnífico quadro 3 *fig (récit)* quadro, descrição *f* 4 *(d'école)* quadro-negro, lousa *f* 5 *(historique, chronologique)* quadro 6 *(au théâtre)* quadro
- **tableau d'affichage** quadro de avisos
- **tableau d'avancement** quadro de promoção
- **tableau de bord** *(de voiture)* painel *(d'avion)* painel de comando INFORM painel de controle
- **tableau vivant** quadro vivo

tablette [tablɛt] *nf* 1 *(planchette)* prateleira 2 *(d'aliment)* tablete *m*, barra

tableur [tablœʀ] *nm* INFORM programa de planilha

tablier [tablije] *nm* 1 *(vêtement)* avental 2 *(d'un pont)* tablado 3 *(d'échecs, de dames)* tabuleiro
- **rendre son tablier** *(démissioner)* pedir as contas *(renoncer)* jogar a toalha

tabou [tabu] *nm* tabu
► *adj* tabu, proibido, -da

tabouret [tabuʀɛ] *nm* tamborete, banco

tabulateur [tabylatœʀ] *nm* tabulador

tache [taʃ] *nf* 1 *(gén)* mancha 2 ZOOL malha 3 *fig (défaut)* nódoa, mácula
- **faire tache** *fig* destoar
- **tache de rousseur** sarda

tâche [taʃ] *nf* tarefa, dever *m*, missão
- **ne pas faciliter la tâche à qqn** não facilitar as coisas para alguém
- **travailler à la tâche** trabalhar por empreitada

tacher [1] [taʃe] *vt* 1 *(salir)* manchar 2 *fig (réputation, honneur)* manchar, macular
► *vpr* **se tacher** *(se salir)* sujar-se

tâcher [1] [taʃe] *vi* **tâcher de + inf** (*s'efforcer de*) procurar + *inf*, tentar + *inf*

tacheter [6] [taʃte] *vt* manchar, sarapintar

tachycardie [takikaʀdi] *nf* MÉD taquicardia

tacite [tasit] *adj* tácito, -ta

taciturne [tasityʀn] *adj* taciturno, -na

tact [takt] *nm* tato
• **manquer de tact** não ter tato

tactique [taktik] *adj* tático, -ca
▶ *nf* tática

tag [tag] *nm* INFORM *tag*

taie [tɛ] *nf* fronha

taillader [1] [tajade] *vt* talhar, cortar

taille [taj] *nf* 1 (*action de tailler*) talho *m*, corte *m* 2 (*hauteur*) altura, estatura 3 (*d'un vêtement*) tamanho *m*, número *m* 4 (*partie du corps*) cintura 5 (*d'un objet*) tamanho *m*, dimensão 6 (*des arbres*) poda
• **de taille** de envergadura
• **être de taille à** ser capaz de, ter condições de
• **par rang de taille** por ordem de tamanho, por ordem de altura
■ **taille de guêpe** cintura de vespa

taille-crayon [tajkʀɛjɔ̃] *nm* (*pl* **taille-crayon** ou **taille-crayons**) apontador de lápis

tailler [1] [taje] *vt* 1 (*gén*) cortar, talhar 2 (*arbre*) podar 3 (*crayon*) apontar
▶ *vpr* **se tailler** *fam* (*filer*) mandar-se, dar o fora
• **se tailler un beau succès** conseguir sucesso

tailleur [tajœʀ] *nm* 1 (*ouvrier*) alfaiate 2 (*vêtement*) tailleur
• **s'asseoir en tailleur** sentar-se em posição de lótus
■ **tailleur de pierres** canteiro *m* (*artífice*)

tain [tɛ̃] *nm* aço de espelho

taire [78] [tɛʀ] *vt* calar, silenciar
▶ *vpr* **se taire** calar-se
• **faire taire** silenciar, abafar

talc [talk] *nm* talco

talent [talɑ̃] *nm* talento

talisman [talismɑ̃] *nm* talismã, amuleto

talkie-walkie [tɔkiwɔki] *nm* (*pl* **talkies-walkies**) *walkie-talkie*

talon [talɔ̃] *nm* 1 (*du pied, d'un bas*) calcanhar 2 (*d'une chaussure*) salto 3 (*de cartes*) monte, mesa *f* 4 (*d'un carnet*) canhoto
• **tourner les talons** dar no pé
■ **talon d'Achille** calcanhar de aquiles
■ **talons hauts** saltos altos

talonner [1] [talɔne] *vt* 1 (*poursuivre*) perseguir, ir ao encalço de 2 *fig* (*harceler*) fustigar, atormentar

talus [taly] *nm* talude

tamarin [tamaʀɛ̃] *nm* BOT tamarindo

tambour [tɑ̃buʀ] *nm* tambor
• **mener qch tambour battant** levar algo a toque de caixa
• **sans tambour ni trompette** sem alarde

tambourin [tɑ̃buʀɛ̃] *nm* 1 (*à grelots*) pandeiro *m* 2 (*tambour*) tamborim

tamis [tami] *nm* peneira *f*

tamiser [1] [tamize] *vt* peneirar

tampon [tɑ̃pɔ̃] *nm* 1 (*bouchon*) tampão 2 (*pour frotter*) esfregador, esponja *f* 3 (*pour imprégner*) almofada *f* 4 (*cachet*) carimbo 5 (*de wagon, locomotive*) defensa *f* 6 (*cheville*) bucha *f*
• **tampon à récurer** palha de aço

tamponner [1] [tɑ̃pɔne] *vt* 1 (*avec un tampon*) tamponar 2 (*avec un cachet*) carimbar 3 (*heurter*) bater, colidir

tandem [tɑ̃dɛm] *nm* 1 (*vélo*) tandem 2 *fig par* (*figura*), dupla *f*

tandis que [tɑ̃dik] *loc conj* 1 (*pendant que*) enquanto: **elle est partie tandis qu'il dormait** ela foi embora enquanto ele estava dormindo 2 (*au lieu de*) quando, enquanto, ao passo que: **vous souriez tandis que vous devriez pleurer** você está sorrindo quando devia chorar

tangent, -e [tɑ̃ʒɑ̃, -ɑ̃t] *adj* tangente

tangente [tɑ̃ʒɑ̃t] *nf* tangente
• **prendre la tangente** *fam* sair pela tangente

tangible [tɑ̃ʒibl] *adj* tangível

tango [tɑ̃go] *nm* 1 MUS tango 2 (*couleur*) laranja

tanière [tanjɛʀ] *nf* 1 (*des animaux*) toca 2 (*logement*) toca, refúgio *m*

tank [tɑ̃k] *nm* 1 (*de combat*) tanque 2 (*réservoir*) reservatório, tanque

tanné, -e [tane] *adj* **1** (*cuir*) curtido, -da **2** (*visage, peau*) bronzeado, -da

tanner [1] [tane] *vt* **1** (*cuir*) curtir **2** *fam* (*ennuyer*) aborrecer, amolar

tant [tã] *adv* **1** (*tellement*) tanto: *il a tant plu que...* choveu tanto que... **2** (*telle quantité*) tantos, -ta, tantos, -tas: *il nous faudra tant de livres* precisaremos de tantos livros **3** (*aussi longtemps*) enquanto: *tant que je vivrai* enquanto eu viver
- **en tant que** na qualidade de, como
- **si tant est que** se é que
- **tant bien que mal** bem ou mal
- **tant et plus** muito, à beça, sem parar
- **tant il est vrai que** tanto é verdade que
- **tant mieux!** melhor!
- **tant pis!** pior!, azar!
- **tant pis pour lui!** pior para ele! azar dele!
- **tant qu'à faire** já que se há de fazer isso
- **tant que** enquanto
- **tant soit peu** por pouco que seja
- **tant s'en faut** muito longe disso, ainda falta muito para
- **un tant soit peu** pelo menos um pouco

tante [tãt] *nf* tia

tantôt [tãto] *adv* **1** (*bientôt*) daqui a pouco **2** (*il y a pas longtemps*) há pouco: *il est venu tantôt* veio há pouco
- **tantôt tantôt** ora...ora...: *tantôt il est fatigué, tantôt il est euphorique* ora está cansado, ora está eufórico

taon [tã] *nm* ZOOL mutuca *f*

tapage [tapaʒ] *nm* escarcéu, barulheira *f*
- **tapage nocturne** perturbação do sossego noturno

tape-à-l'œil [tapalœj] *adj inv* berrante, espalhafatoso, -sa

taper [1] [tape] *vt* **1** (*battre*) bater **2** (*donner un coup*) dar: *taper plusieurs coups à la porte* dar várias batidas na porta **3** (*dactylographier*) bater, datilografar, digitar **4** *fam* (*emprunter de l'argent*) dar uma facada
▶ *vi* **1** (*gén*) bater **2** (*dactylographier*) bater, datilografar, digitar
▶ *vpr* **se taper** *fam* (*manger, boire*) traçar
- **taper dans** servir-se de, pegar

tapis [tapi] *nm* **1** (*gén*) tapete **2** (*de mur*) forração *f*
- **tapis de sol** chão forrado (*de barraca*)
- **tapis de souris** almofada *f* de *mouse*
- **tapis de table** toalha de mesa
- **tapis roulant** esteira *f* transportadora
- **tapis vert** pano verde

tapis-brosse [tapibʀɔs] *nm* (*pl tapis-brosses*) capacho

tapisser [1] [tapise] *vt* **1** (*avec de la tapisserie*) atapetar, acarpetar **2** (*avec du papier*) forrar com papel **3** (*avec des fleurs, des photos*) cobrir, revestir

tapisserie [tapisʀi] *nf* **1** (*pour murs, fauteuils*) tapeçaria **2** (*œuvre d'art*) tapeçaria **3** (*papier peint*) papel *m* de parede

tapoter [1] [tapɔte] *vt* **1** (*gén*) dar pancadinhas, dar tapinhas **2** *fam* (*piano*) martelar

taquiner [1] [takine] *vt* **1** (*agacer*) irritar, amolar **2** (*inquiéter*) preocupar, afligir, apoquentar

tarabuster [1] [taʀabyste] *vt* importunar, apoquentar

tard [taʀ] *adv* tarde
- **au plus tard** o mais tardar
- **sur le tard 1** (*de la journée*) ao entardecer **2** (*de la vie*) em idade avançada

tarder [1] [taʀde] *vi* (*être long*) demorar
■ **il me tarde de + inf** não vejo a hora de + *inf*: *il me tarde d'y aller* não vejo a hora de ir
■ **il me tarde que + subj** não vejo a hora que + *subj*: *il me tarde qu'il vienne* não vejo a hora que ele venha
■ **tarder à + inf** (*différer de faire*) demorar para, custar a + *inf*

tardif, -ive [taʀdif, -iv] *adj* tardio, -a

tare [taʀ] *nf* tara

tarentule [taʀɑ̃tyl] *nf* ZOOL tarântula

tarif [taʀif] *nm* **1** (*liste des prix*) tabela *f* de preços **2** (*prix*) tarifa *f*

tarir [20] [taʀiʀ] *vt* **1** (*mettre à sec*) esgotar, estancar **2** (*le pleur, les larmes*) secar
▶ *vi* **1** (*être à sec*) secar-se **2** (*cesser*) esgotar-se
- **ne pas tarir sur** não parar de falar de

tarot [taʀo] *nm* tarô

tarte [taʀt] *nf* **1** CUIS torta: *tarte aux pommes* torta de maçãs **2** *fam* (*gifle*) tapa

▶ *adj fam* (*mièvre*) bobo, -ba

tartelette [taʀtəlɛt] *nf* tortinha

tartine [taʀtin] *nf* fatia de pão

tartiner [1] [taʀtine] *vt* passar manteiga

tartre [taʀtʀ] *nm* 1 (*des dents*) tártaro 2 (*des chaudières, des canalisations*) crosta *f*

tas [tɑ] *nm* 1 (*gén*) monte, montão: **avoir un tas d'amis** ter um monte de amigos 2 (*bande*) bando, cambada *f*: *tas d'ignorants!* cambada de ignorantes!
• **sur le tas** no local de trabalho, na prática

tasse [tɑs] *nf* (*vaisselle*) xícara
• **boire la tasse** *fam* engolir água (ao nadar)

tasser [1] [tɑse] *vt* 1 (*objets*) apertar, calcar, socar 2 (*personnes*) amontoar, apinhar
▶ *vi* (*plante*) engrossar o caule
▶ *vpr* **se tasser** 1 (*s'affaisser*) abater-se, descair, achatar-se 2 (*fondations, terrain*) baixar, sedimentar-se, ceder 3 (*personne*) alquebrar-se, encurvar-se 4 (*voyageurs, spectateurs*) apertar(-se) 5 *fam* (*problème*) arranjar-se, entrar nos eixos

tâter [1] [tɑte] *vt* 1 (*toucher*) tatear, apalpar 2 (*sonder*) sondar
▶ *vi* **tâter de** experimentar
▶ *vpr* **se tâter** (*réfléchir*) pensar bem
• **tâter le pouls** tomar o pulso
• **tâter le terrain** *fig* sondar o terreno
• **tâter qqn** sondar alguém
• **y tâter** ser bom em alguma coisa, entender de alguma coisa

tâtons [tɑtɔ̃] *loc* **à tâtons** às apalpadelas, às cegas

tatou [tatu] *nm* ZOOL tatu

tatouage [tatwaʒ] *nm* tatuagem *f*

tatouer [1] [tatwe] *vt* tatuar

taule [tol] *nf fam* 1 (*maison*) casa 2 (*prison*) cadeia, xilindró *m*

taupe [top] *nf* ZOOL toupeira

taureau [tɔʀo] *nm* ZOOL touro

tauromachie [tɔʀɔmaʃi] *nf* tauromaquia

taux [to] *nm* 1 (*gén*) taxa *f* 2 (*d'augmentation*) índice, nível
■ **taux de change** taxa de câmbio
■ **taux d'inflation** índice de inflação
■ **taux d'intérêt** taxa de juro
■ **taux de mortalité** índice de mortalidade
■ **taux de natalité** índice de natalidade

taverne [tavɛʀn] *nf* taverna

taxe [taks] *nf* 1 (*prix*) taxa 2 (*impôt*) imposto *m*
• **prix hors taxes** preço líquido (sem impostos)
• **produit hors taxes** produto isento de impostos
• **toutes taxes comprises** incluindo impostos
■ **taxe sur la valeur ajoutée** imposto sobre o valor agregado

taxi [taksi] *nm* táxi

taximètre [taksimɛtʀ] *nm* taxímetro

tchèque [tʃɛk] *adj* tcheco, -ca
▶ *nmf* **Tchèque** tcheco, -ca
▶ *nm* (*langue*) tcheco
■ **République Tchèque** República Tcheca

te [t] (**t'** diante de vogal ou *h* mudo) *pron pers* te, lhe: *je te dis quelque chose* digo-te algo

technicien, -enne [tɛknisjɛ̃, -ɛn] *nm,f* técnico, -ca, especialista

technique [tɛknik] *adj* técnico, -ca
▶ *nf* técnica

techno [tɛkno] *adj-nm* MUS música tecno

technologie [tɛknɔlɔʒi] *nf* tecnologia

technologique [tɛknɔlɔʒik] *adj* tecnológico, -ca

teck [tɛk] *nm* BOT teca *f*, tectona *f*

tee-shirt [tiʃœʀt] *nm* (*pl* **tee-shirts**) camiseta *f*

teigne [tɛɲ] *nf* 1 (*insecte*) traça 2 (*du cuir chevelu*) tinha 3 (*personne*) praga, peste

teigneux, -euse [tɛɲø, -øz] *adj* tinhoso, -sa

teindre [82] [tɛ̃dʀ] *vt* tingir
▶ *vpr* **se teindre** tingir os cabelos

teint [tɛ̃] *nm* tez *f*

teinte [tɛ̃t] *nf* 1 (*couleur*) cor 2 *fig* (*apparence*) tom *m*, laivos *m pl*: *une teinte d'ironie* um tom de ironia

teinter [1] [tɛ̃te] *vt* pintar, colorir

teinture [tɛ̃tyʀ] *nf* 1 (*couleur*) tinta, tintura 2 (*pharmacie*) tintura

teinturerie [tɛ̃tyRəRi] *nf* tinturaria

tel, telle [tɛl] *adj indéf* **1** (*semblable*) tal, semelhante: *une telle attitude est inadmissible* tal atitude é inadmissível **2** (*quantité*) tal: *je ne peux faire face à de telles dépenses* não posso assumir tais despesas **3** (*comme cela*) esse, -sa: *telle est mon opinion* essa é a minha opinião **4** (*indéfini*) tal: *tel jour, à telle heure* tal dia, a tal hora
▶ *pron indéf* (*quelqu'un*) alguém, quem: *tel rit aujourd'hui qui pleurera demain*, quem ri hoje chorará amanhã
• **rien de tel** nada como
• **tel père, tel fils** tal pai, tal filho
• **tel que** tal como, tal qual
• **tel... tel autre** este... aquele
• **un tel** um tal, fulano

télé [tele] *nf* televisão, TV

téléachat [teleaʃa] *nm* telecompra *f*

télécabine [telekabin] *nf* cabina teleférica

télécarte [telekaRt] *nf* cartão *m* telefônico

télécharger [4] [teleʃaRʒe] *vt* INFORM baixar, fazer *download*

télécommande [telekɔmɑ̃d] *nf* telecomando *m*, controle *m* remoto

télécommunication [telekɔmynikasjɔ̃] *nf* telecomunicação

télécopie [telekɔpi] *nf* fax *m*

télécopieur [telekɔpjœR] *nm* (aparelho de) fax

téléfilm [telefilm] *nm* telefilme

télégramme [telegRam] *nm* telegrama

télégraphe [telegRaf] *nm* telégrafo

téléguider [1] [telegide] *vt* teleguiar

téléobjectif [teleɔbʒɛktif] *nm* teleobjetiva *f*

télépathie [telepati] *nf* telepatia

téléphérique [teleferik] *nm* teleférico

téléphone [telefɔn] *nm* telefone
• **appeler au téléphone** telefonar
• **téléphone portable** celular
■ **téléphone sans fil** telefone sem fio

téléphoner [1] [telefɔne] *vi-vt* telefonar

téléphonique [telefɔnik] *adj* telefônico, -ca

télescope [telɛskɔp] *nm* telescópio

télescoper (se) [1] [telɛskɔpe] *vpr* **1** (*heurter*) bater, trombar, colidir **2** (*s'emboutir*) engavetar-se **3** *fig* interpenetrar-se

télésiège [telesjɛʒ] *nm* cadeira de teleférico

téléski [teleski] *nm* aparelhagem para transportar esquiadores até o alto da encosta

téléspectateur, -trice [telɛspɛktatœR, -tRis] *nm,f* telespectador, -ra

télétexte [teletɛks] *nm* teletexto

télétravail [teletRavaj] *nm* trabalho em casa, via internet

télévisé, -e [televize] *adj* televisionado, -da

téléviser [1] [televize] *vt* televisionar

téléviseur [televizœR] *nm* televisor

télévision [televizjɔ̃] *nf* televisão

télex [telɛks] *nm* telex

telle [tɛl] *adj* → tel, telle

tellement [tɛlmɑ̃] *adv* **1** (*de telle sorte*) tão, de tal maneira: *je suis tellement fatigué que je n'ai pas envie de sortir* estou tão cansado que não tenho vontade de sair **2** (*beaucoup*) tanto: *elle a tellement mangé!* ela comeu tanto!
■ **tellement de** tanto, -ta, tantos, -tas: *j'ai tellement de soucis* tenho tantos problemas
• **pas tellement** não muito, não tanto, não tão
• **tellement mieux** muito melhor
• **tellement que** tanto que

téméraire [temeRɛR] *adj* temerário, -a

témoignage [temwaɲaʒ] *nm* **1** DR testemunho **2** (*gage*) mostra *f*, demonstração *f*, prova *f*

témoigner [1] [temwaɲe] *vt* (*exprimer*) demonstrar, manifestar: *témoigner de l'affection* demonstrar afeição
▶ *vi* (*servir de témoin*) testemunhar: *témoigner contre l'accusé* testemunhar contra o réu

témoin [temwɛ̃] *nm* testemunha *f*
• **prendre à témoin** tomar por testemunha
■ **témoin à charge** testemunha de acusação
■ **témoin à décharge** testemunha de defesa

tempe [tɑ̃p] *nf* ANAT têmpora

tempérament [tɑ̃peʀamɑ̃] *nm* temperamento

température [tɑ̃peʀatyʀ] *nf* temperatura
- **avoir de la température** estar com febre

tempéré, -e [tɑ̃peʀe] *adj* temperado, -da

tempérer [10] [tɑ̃peʀe] *vt* temperar, abrandar, moderar

tempête [tɑ̃pɛt] *nf* tempestade

temple [tɑ̃pl] *nm* templo

temporaire [tɑ̃pɔʀɛʀ] *adj* temporário, -a

temporel, -elle [tɑ̃pɔʀɛl] *adj* temporal

temps [tɑ̃] *nm* 1 (*gén*) tempo: *il fait mauvais temps* o tempo está ruim; *j'ai besoin de davantage de temps* preciso de mais tempo 2 (*saison*) tempo, época *f*, temporada *f*: *c'est le temps des vendanges* é época das vindimas
- **à mi-temps** em meio período
- **à plein temps** em período integral
- **à temps** a tempo
- **avoir fait son temps** estar aposentado, -da (*coisas e pessoas*)
- **avoir le temps de** ter tempo para/de
- **dans le temps** antigamente
- **de temps à autre** de vez em quando
- **de temps en temps** de vez em quando
- **de tout temps** desde sempre
- **depuis le temps que** desde que
- **en même temps** ao mesmo tempo
- **en deux temps, trois mouvements** em dois tempos, depressa
- **en tout temps** sempre, em qualquer momento
- **être de son temps** ser atualizado
- **il était temps!** já era hora!
- **la plupart du temps** na maioria das vezes, quase sempre
- **voilà beau temps que** faz muito tempo que
- **gros temps** tempestade *f*
- **temps libre** tempo livre, folga *f*

tenable [tənabl] *adj* sustentável, suportável: *cette situation n'est plus tenável* essa situação já não é sustentável

ténacité [tenasite] *nf* tenacidade

tenailles [tənaj] *nf pl* tenazes, torquês *m sing*, pinça *sing*

tendance [tɑ̃dɑ̃s] *nf* tendência

tendancieux, -euse [tɑ̃dɑ̃sjø, -øz] *adj* tendencioso, -sa

tendeur [tɑ̃dœʀ] *nm* (*courroie*) tensor, esticador

tendinite [tɑ̃dinit] *nf* MÉD tendinite

tendon [tɑ̃dɔ̃] *nm* ANAT tendão

tendre[1] [tɑ̃dʀ] *adj* 1 (*mou*) tenro, -ra, macio, -a: *viande tendre* carne macia 2 (*sentiment*) terno, -na: *cœur tendre* coração terno 3 (*couleur*) suave, delicado, -da

tendre[2] [62] [tɑ̃dʀ] *vt* 1 (*tirer*) esticar 2 (*avancer*) estender: *tendre le bras* estender o braço 3 (*piège*) montar 4 (*offrir*) dar, oferecer
▸ vi **tendre à** 1 (*aboutir*) chegar a: *à quoi tend tout cela?* aonde vai chegar tudo isso? 2 (*avoir tendance à*) tender a 3 (*aspirer à*) aspirar a
▸ *vpr* **se tendre** (*rapports, liens*) tornar-se tenso, -sa
- **tendre la main** estender a mão

tendresse [tɑ̃dʀɛs] *nf* ternura, afeição

tendu, -e [tɑ̃dy] *adj* 1 (*gén*) tenso, -sa 2 (*corde etc.*) esticado, -da

ténèbres [tenɛbʀ] *nf pl* trevas

teneur [tənœʀ] *nf* 1 (*d'un écrit*) conteúdo *m*, teor *m* 2 (*d'un mélange*) teor *m*: *teneur en calcium* teor de cálcio

ténia [tenja] *nm* MÉD tênia *f*

tenir [35] [təniʀ] *vt* 1 (*retenir*) reter, segurar, conter: *tiens ta langue* segure a língua 2 (*garder*) manter: *il tint les yeux fermés* manteve os olhos fechados 3 (*s'emparer de*) ter, conseguir, possuir 4 *fam* (*serrer*) agarrar, segurar 5 (*connaître*) saber: *je le tiens de mon frère* sei disso por meu irmão 6 (*obtenir*) obter, conseguir: *de qui tenez-vous ce renseignement?* com quem conseguiu essa informação? 7 (*diriger*) dirigir, administrar: *il tient un restaurant* ele dirige um restaurante 8 (*renfermer*) conter: *cette bouteille tient un litre* esta garrafa contém um litro 9 (*respecter*) cumprir, honrar: *tenir sa parole* cumprir a palavra 10 (*réunion*) realizar 11 (*rôle*) desempenhar 12 (*dans un espace*) caber: *on tient à dix à cette table* nesta mesa cabem dez
▸ *vi* 1 (*gén*) estar preso, -sa, estar fixo, -xa: *la branche tient encore à l'arbre* o

galho ainda está preso à árvore 2 (*résister*) resistir, aguentar 3 (*provenir*) dever-se (à, a), decorrer (à, de): *cela tient à plusieurs motifs* isso se deve a vários motivos

▶ *vpr* **se tenir** 1 (*gén*) agarrar-se, segurar-se 2 (*rester*) ficar, permanecer, manter-se: *se tenir debout* ficar de pé 3 (*des choses*) sustentar-se, ser coerente: *dans cette affaire, tout se tient* neste assunto tudo é coerente

■ **tenir à + inf** (*vouloir absolument*) fazer questão de + inf: *j'ai tenu à les inviter* fiz questão de convidá-los

• **ne tenir qu'à** só depender de
• **ne pouvoir se tenir de** não se aguentar de
• **ne tenir à rien** não se prender a nada
• **qu'à cela ne tienne** não seja por isso
• **savoir à quoi s'en tenir** estar por dentro, saber do que se trata
• **savoir se tenir** saber comportar-se
• **se tenir tranquille** manter-se tranquilo
• **tenir bon** resistir, não fraquejar
• **tenir de qqn** parecer-se com alguém, ter saído a alguém
• **tenir pour** considerar como
• **tiens!** tome!/veja!; olhe!; puxa!; caramba!

tennis [tenis] *nm* SPORT tênis
■ **tennis de table** SPORT tênis de mesa

ténor [tenɔʀ] *nm* MUS tenor

tension [tɑ̃sjɔ̃] *nf* tensão, pressão
• **avoir de la tension** ter pressão alta
■ **tension artérielle** pressão arterial

tentacule [tɑ̃takyl] *nm* tentáculo

tentant, -e [tɑ̃tɑ̃, -ɑ̃t] *adj* tentador, -ra

tentative [tɑ̃tativ] *nf* tentativa

tente [tɑ̃t] *nf* 1 (*gén*) tenda 2 (*de camping*) barraca 3 (*de cirque*) lona

tenter [1] [tɑ̃te] *vt* 1 (*essayer*) tentar 2 (*séduire*) tentar, provocar
▶ *vi* **tenter de** tratar de, tentar

tenture [tɑ̃tyʀ] *nf* 1 (*d'étoffe, de tapisserie*) tapeçaria 2 (*papier peint*) papel *m* de parede

tenu, -e¹ [təny] *adj* (*soigné*) bem cuidado, -da: *enfant bien tenu* criança bem cuidada

■ **être tenu, -e de + inf** ser/estar obrigado, -da a + inf: *être tenu de travailler* ser obrigado a trabalhar

• **mal tenu, -e** descuidado, -da

ténu, -e² [teny] *adj* (*mince*) tênue

tenue [təny] *nf* 1 (*d'une assemblée*) realização 2 (*d'une personne*) aspecto *m*, porte *m* 3 (*d'une maison*) cuidado *m* 4 (*commerce*) administração 5 (*manières*) modos *m pl* 6 (*habits-gén*) traje *m*, roupa 7 (*de policier etc.*) farda, uniforme *m* 8 (*cohésion*) coesão, firmeza, consistência

• **en tenue** [militaire] fardado, -da
• **être en petite tenue** estar em trajes menores
• **un peu de tenue!** tenha modos!
■ **grande tenue** uniforme *m* de gala
■ **tenue de route** estabilidade (*de automóvel*)
■ **tenue de soirée** traje *m* de noite, traje a rigor
■ **tenue de ville** traje *m* (*de*) passeio

tergiverser [1] [tɛʀʒivɛʀse] *vi* tergiversar

terme [tɛʀm] *nm* 1 (*limite*) termo, término, fim: *le terme des vacances* o fim das férias 2 (*délai*) prazo 3 (*loyer*) aluguel, dia de pagamento do aluguel 4 (*mot*) termo
▶ *nm pl* **termes** termos *m pl*
• **à court terme** a curto prazo
• **à long terme** a longo prazo
• **à moyen terme** a médio prazo
• **arriver à terme** (*délai*) expirar, vencer (*travail*) chegar ao fim (*paiement*) vencer
• **avant terme** antes do prazo
• **mettre un terme à** pôr um termo a, pôr um fim a

terminaison [tɛʀminezɔ̃] *nf* terminação

terminal, -e [tɛʀminal] *adj* terminal
▶ *nm* **terminal** terminal

terminale [tɛʀminal] *nf* último ano *m* do ensino médio

terminer [1] [tɛʀmine] *vt* terminar
▶ *vpr* **se terminer** terminar, acabar-se

terminologie [tɛʀminɔlɔʒi] *nf* terminologia

terminus [tɛʀminys] *nm* ponto final, estação *f* terminal (*de transporte*)

termite [tɛʀmit] *nf* ZOOL cupim *m*

terne [tɛʀn] *adj* 1 (*sans éclat*) apagado,

-da 2 *fig (monotone)* monótono, -na, insípido, -da

ternir [20] [tɛʀniʀ] *vt* 1 *(tissu, peinture)* descorar 2 *fig (honneur, réputation)* manchar, arranhar

terrain [tɛʀɛ̃] *nm* 1 *(sol)* solo 2 *(construction)* terreno 3 *(situation)* terreno: *il préfère sonder le terrain avant de se décider* prefere sondar o terreno antes de se decidir 4 SPORT campo 5 *fig* campo, esfera *f*
- **être sur son terrain** estar em seu elemento
- **gagner du terrain** ganhar terreno
- **sur le terrain** em campo, *in loco*
- **tout terrain** *cross-country*
- **terrain à bâtir** terreno, lote
- **terrain de football** campo de futebol
- **terrain vague** terreno baldio

terrasse [tɛʀas] *nf* terraço *m*

terre [tɛʀ] *nf* 1 *(gén)* terra 2 *(sol)* chão *m*
- **à terre!** no chão!
- **être sur terre** estar no mundo, existir, viver
- **jeter par terre** jogar no chão
- **quitter la terre** deixar o mundo
- **terre à terre** terra a terra, prosaico, -ca
- **terre cuite** terracota
- **Terre sainte** Terra Santa

terreau [tɛʀo] *nm* adubo composto

terre-plein [tɛʀplɛ̃] *nm (pl* **terre-pleins**) terrapleno, terraplenagem *f*

terrestre [tɛʀɛstʀ] *adj* 1 *(de la terre)* terrestre 2 *(temporel)* terreno, -na

terreur [tɛʀœʀ] *nf* terror *m*

terreux, -euse [tɛʀø, -øz] *adj* terroso, -sa

terrible [tɛʀibl] *adj* terrível
- **pas terrible** *fam* nada de extraordinário

terriblement [tɛʀibləmɑ̃] *adv* terrivelmente

terrien, -enne [tɛʀjɛ̃, -ɛn] *adj* 1 rural: *propriétaire terrien* proprietário rural 2 *(de la terre)* terrícola
▸ *nm,f* terrícola *mf*, terráqueo, -a

terrier [tɛʀje] *nm* 1 *(du renard, du lapin)* toca *f* 2 *(chien)* terrier

terrifiant, -e [tɛʀifjɑ̃, -ɑ̃t] *adj* aterrorizador, -ra

terrifier [12] [tɛʀifje] *vt* aterrorizar

terrine [tɛʀin] *nf* CUIS terrina

territoire [tɛʀitwaʀ] *nm* território

territorial, -e [tɛʀitɔʀjal] *adj* territorial

terroir [tɛʀwaʀ] *nm* região *f* agrícola, região *f* rural

terroriser [1] [tɛʀɔʀize] *vt* aterrorizar

terrorisme [tɛʀɔʀism] *nm* terrorismo

terroriste [tɛʀɔʀist] *adj-nmf* terrorista

tertiaire [tɛʀsjɛʀ] *adj* terciário, -a

tes [te] *adj poss* → **ton, ta**

test [tɛst] *nm* teste, prova *f*
- **test de grossesse** teste de gravidez

testament [tɛstamɑ̃] *nm* testamento
- **Ancien Testament** Antigo Testamento
- **Nouveau Testament** Novo Testamento

tester [1] [tɛste] *vt* testar, experimentar
▸ *vi* DR testar, fazer testamento

testicule [tɛstikyl] *nm* ANAT testículo

tétanos [tetanos] *nm* MÉD tétano

têtard [tɛtaʀ] *nm* ZOOL girino

tête [tɛt] *nf* 1 *(gén)* cabeça: *tête de veau* cabeça de vitela; *la tête d'une épingle* cabeça de alfinete; *la tête du peloton* cabeça do pelotão 2 *(visage)* cara, rosto *m*: *une tête sympathique* uma cara simpática 3 *fig (esprit)* mente, cabeça: *je ne sais pas ce qu'il a en tête* não sei o que ele tem em mente 4 SPORT cabeçada
- **casser la tête** *fig* amolar, importunar
- **de la tête aux pieds** dos pés à cabeça
- **être à la tête de** estar à frente de, estar à testa de
- **faire la tête** fazer cara feia
- **la tête en bas** de cabeça para baixo
- **la tête la première** de cabeça
- **monter à la tête** *fig* subir à cabeça
- **perdre la tête** perder a cabeça
- **se payer la tête de qqn** gozar da cara de alguém
- **tenir tête à** *fig* resistir a, fazer frente a
- **tourner la tête à qqn** *fig* virar a cabeça de alguém
- **coup de tête** cabeçada
- **forte tête** rebelde
- **tête d'affiche** atração principal
- **tête de lecture** cabeça magnética, cabeçote

- **tête de linotte** desmiolado, -da
- **tête de liste** o primeiro nome da lista

tête-à-queue [tɛtakø] *nm inv* cavalo de pau

tête-à-tête [tɛtatɛt] *nm inv* tête-à-tête
- **en tête-à-tête** a sós

téter [10] [tete] *vt* mamar
- **donner à téter** dar de mamar

tétine [tetin] *nf* **1** *(mamelle)* teta, mama **2** *(d'un biberon)* bico *m* **3** *(sucette)* chupeta

têtu, -e [tety] *adj* cabeçudo, -da, teimoso, -sa

texte [tɛkst] *nm* texto

textile [tɛkstil] *adj* têxtil
▸ *nm* tecido

textuel, -elle [tɛkstɥɛl] *adj* textual

texture [tɛkstyʀ] *nf* textura

TGV [teʒeve] *abr* (*train à grande vitesse*) trem de alta velocidade, trem-bala

thaïlandais, -e [tajlɑ̃dɛ, -ɛz] *adj* tailandês, -esa
▸ *nm,f* **Thaïlandais, -e** tailandês, -esa

thalassothérapie [talasoteʀapi] *nf* talassoterapia

thé [te] *nm* chá

théâtral, -e [teatʀal] *adj* teatral

théâtre [teatʀ] *nm* **1** *(gén)* teatro *m* **2** *fig (d'un fait)* teatro, palco: **le sommet international fut le théâtre d'importants accords** a conferência de cúpula internacional foi palco de importantes acordos
- **faire du théâtre** trabalhar no teatro
- **coup de théâtre** golpe teatral
- **théâtre d'opérations** teatro de operações

théière [tejɛʀ] *nf* chaleira

thématique [tematik] *adj* temático, -ca

thème [tɛm] *nm* **1** *(gén)* tema *m* **2** *(traduction)* versão *f* **3** *(éducation)* exercício de composição
- **être fort en thème** ser caxias

théologie [teɔlɔʒi] *nf* teologia

théorème [teɔʀɛm] *nm* teorema

théoricien, -enne [teɔʀisjɛ̃, -ɛn] *nm,f* teórico, -ca

théorie [teɔʀi] *nf* teoria

théorique [teɔʀik] *adj* teórico, -ca

thérapeutique [teʀapøtik] *adj* terapêutico, -ca
▸ *nf* terapêutica

thérapie [teʀapi] *nf* terapia

thermal [tɛʀmal] *adj* termal

thermique [tɛʀmik] *adj* térmico, -ca

thermomètre [tɛʀmɔmɛtʀ] *nm* termômetro

Thermos® [tɛʀmos] *nf* garrafa térmica

thermostat [tɛʀmɔsta] *nm* termostato

thèse [tɛz] *nf* tese

thon [tɔ̃] *nm* ZOOL atum

thoracique [tɔʀasik] *adj* ANAT torácico, -ca

thorax [tɔʀaks] *nm* ANAT tórax

thym [tɛ̃] *nm* BOT tomilho

thyroïde [tiʀɔid] *adj* ANAT tireóideo, -a
▸ *nf* ANAT tireoide, tiroide

tibia [tibja] *nm* ANAT tíbia *f*

tic [tik] *nm* tique, cacoete

ticket [tikɛ] *nm* tíquete

ticket-repas [tikɛʀəpa] *nm* tíquete-refeição, tíquete-restaurante, vale-refeição

tiède [tjɛd] *adj* morno, -na, tépido, -da

tiédir [20] [tjediʀ] *vi* amornar

tien, -enne [tjɛ̃, -ɛn] *pron poss* **le/la tien, -enne** (qui est à toi) teu, tua (seu, sua): **ce livre est le tien** este livro é o teu
▸ *nm pl* **les tiens** (parents, amis) os teus (os seus): **tu préfères rester avec les tiens**, você prefere ficar com os seus

tiers, tierce [tjɛʀ, tjɛʀs] *adj* terceiro, -ra: **une tierce personne** uma terceira pessoa
▸ *nm* **tiers 1** *(partie d'un tout)* terço: **les deux tiers** dois terços **2** *(personne)* terceiro: **ils demandèrent l'avis d'un tiers** pediram o parecer de um terceiro

tiers-monde [tjɛʀmɔ̃d] *nm* Terceiro Mundo

tige [tiʒ] *nf* **1** *(d'une plante)* caule *m*, talo *m*, haste **2** *(d'une botte)* cano *m* **3** *(d'une colonne)* fuste *m* **4** *(barre)* barra **5** *(mécanique)* haste

tignasse [tiɲas] *nf fam* cabeleira

tigre, -esse [tigʀ, -gʀɛs] *nm,f* tigre, -esa
- **être jaloux, -ouse comme un tigre** ser extremamente ciumento, -ta

tilleul [tijœl] *nm* BOT tília *f*

timbale [tɛ̃bal] *nf* **1** MUS tímpano *m*, timbale *m* **2** (*mets*) timbale *f* **3** (*moule*) forma redonda **4** (*gobelet*) copo *m* de metal (sem pé)
• **décrocher la timbale** *fig* tirar a sorte grande

timbre [tɛ̃bʀ] *nm* **1** MUS timbre **2** (*pour la poste*) timbre, selo, estampilha *f* **3** (*sonnette*) sineta *f* **4** (*de porte*) campainha *f*

timbrer [1] [tɛ̃bʀe] *vt* selar, timbrar

timide [timid] *adj* tímido, -da

timidité [timidite] *nf* timidez

tintamarre [tɛ̃tamaʀ] *nm* alarido, gritaria *f*

tinter [1] [tɛ̃te] *vi* tilintar

tique [tik] *nf* ZOOL carrapato *m*

tir [tiʀ] *nm* tiro, disparo
■ **tir à blanc** tiro ao alvo
■ **tir à l'arc** tiro com arco
■ **tir au but** SPORT chute a gol
■ **tir au pigeon** tiro ao pombo

tirage [tiʀaʒ] *nm* **1** (*d'une cheminée*) tiragem *f* **2** (*d'exemplaires*) tiragem *f* **3** (*de photographies*) cópia *f* **4** (*de loterie*) extração *f*, sorteio
■ **tirage au sort** sorteio

tiraillement [tiʀajmɑ̃] *nm* **1** (*gén*) puxão *m* **2** (*du corps*) contração *f*, espasmo
▶ *nm pl* **tiraillements** *fig* (*désaccord*) conflito

tire-bouchon [tiʀbuʃɔ̃] *nm* (*pl* **tire-bouchons**) saca-rolhas
• **en tire-bouchon** em espiral

tirelire [tiʀliʀ] *nf* cofrinho *m*

tirer [1] [tiʀe] *vt* **1** (*allonger, étirer*) esticar: *tirer une courroie* esticar uma correia **2** (*déplacer*) puxar: *tirer une charrette* puxar uma carroça; *tirer quelqu'un par le bras* puxar alguém pelo braço **3** (*extraire*) puxar, tirar, sacar: *tirer l'épée* sacar a espada **4** (*fermer*) puxar, fechar: *tirer les rideaux* fechar as cortinas **5** (*ligne, plan*) traçar **6** (*livre*) imprimir, tirar **7** (*projectile*) disparar, atirar **8** (*faire sortir*) tirar, extrair **9** (*-la langue*) mostrar **10** *fig* (*délivrer*) livrar, tirar
▶ *vi* **1** (*exercer une traction*) puxar (**sur**, -): *tirer sur une corde* puxar uma corda **2** (*les couleurs*) puxar (**sur**, para) tender (**sur**, a): *la papier peint tire sur le bleu* o papel de parede puxa para o azul
▶ *vpr* **se tirer** *fam* (*s'en aller*) sair, ir embora
• **s'en tirer** sair-se bem
• **se faire tirer le portrait** ser retratado, -da
• **tirer à sa fin** estar por pouco, estar no fim
• **tirer au flanc** fazer corpo mole
• **tirer qqn d'embarras** tirar alguém de apuros

tiret [tiʀɛ] *nm* **1** (*petit trait*) traço de união, hífen **2** (*trait plus long*) travessão

tireur, -euse [tiʀœʀ, -øz] *nm,f* **1** (*avec une arme*) atirador, -ra **2** (*de traites*) sacador, -ra **3** (*de cartes*) cartomante

tiroir [tiʀwaʀ] *nm* gaveta *f*

tiroir-caisse [tiʀwaʀkɛs] *nm* (*pl* **tiroirs-caisses**) caixa *f* registradora

tisane [tizan] *nf* chá *m* de ervas medicinais, tisana

tisser [1] [tise] *vt* tecer

tissu [tisy] *nm* **1** (*gén*) tecido *m*, pano, fazenda **2** ANAT tecido *m*: *tissu osseux* tecido ósseo **3** *fig* (*enchaînement*) série *f*, sucessão *f*: *un tissu de mensonges* uma sucessão de mentiras

titre [titʀ] *nm* título
• **à ce titre** por essa razão
• **à juste titre** com toda a razão
• **à titre de** a título de, na qualidade de
• **au même titre que** pelas mesmas razões que, do mesmo modo que
• **en titre** titular
■ **faux titre** falso título, falsa folha de rosto
■ **gros titre** manchete *f*
■ **page de titre** página de rosto
■ **titre de transport** bilhete, cartão, tíquete

tituber [1] [titybe] *vi* titubear

titulaire [titylɛʀ] *adj-nmf* titular

toast [tost] *nm* **1** (*avant de boire*) brinde **2** (*pain*) torrada *f*
• **porter un toast** brindar

toc [tɔk] *nm* imitação *f*
• **c'est du toc** *fam* é falso, -sa, é imitação

toboggan [tɔbɔgɑ̃] *nm* tobogã

toi [twa] *pron pers* **1** *(sujet)* tu, você: *c'est toi qui l'as voulu* foi você que quis/foste tu que quiseste **2** *(complément indirect)* ti, você: *c'est pour toi* é para ti/você
- **à toi** teu, tua, seu, sua
- **avec toi** contigo, com você

toile [twal] *nf* **1** *(tissu)* tela, tecido *m*, pano *m* *(de fibra vegetal)* **2** *(peinture)* tela
- **toile cirée** oleado *m*
- **toile d'araignée** teia de aranha
- **toile de fond** pano *m* de fundo

toilette [twalɛt] *nf* **1** *(hygiène du corps)* toalete, asseio *m* **2** *(d'une femme)* traje *m*, vestido *m* **3** *(meuble)* toucador *m*, penteadeira
▸ *nf pl* **toilettes** *(lavabo)* toalete *m sing*
- **faire sa toilette** fazer a toalete

toi-même [twamɛm] *pron pers* tu mesmo, -ma, você mesmo, -ma

toit [twa] *nm* **1** *(gén)* telhado, teto **2** *(maison)* teto, lar

toiture [twatyʀ] *nf* telhhado *m*

tôle [tol] *nf* **1** *(de fer, d'acier)* chapa, placa, folha **2** *fam (prison)* cadeia, xadrez *m*
- **tôle ondulée** chapa ondulada

tolérable [tɔleʀabl] *adj* tolerável

tolérance [tɔleʀɑ̃s] *nf* tolerância

tolérant, -e [tɔleʀɑ̃, -ɑ̃t] *adj* tolerante

tolérer [10] [tɔleʀe] *vt* tolerar

tomate [tɔmat] *nf* BOT tomate *m*

tombe [tɔ̃b] *nf* tumba

tombeau [tɔ̃bo] *nm* túmulo, sepultura *f*
- **à tombeau ouvert** a mil por hora, a toda

tombée [tɔ̃be] *loc* **à la tombée du jour / de la nuit** ao anoitecer

tomber [1] [tɔ̃be] *vi* **1** *(gén)* cair: *le vase vient de tomber* o vaso acabou de cair; *il est tombé dans l'escalier* ele caiu na escada; *une robe qui tombe bien* um vestido que cai bem; *tomber dans la misère* cair na miséria; *la noce tombe un samedi* o casamento cai num sábado; *les cheveux lui tombent dans le dos* os cabelos lhe caem nas costas **2** *(en bataille)* tombar: *des milliers de soldats tombèrent glorieusement* milhares de soldados tombaram gloriosamente **3** *(se jeter)* cair, lançar-se: *il tomba aux pieds de son idole* caiu aos pés de seu ídolo **4** *(perdre de sa force)* decair **5** *(prix, fièvre)* baixar, cair **6** *(devenir)* ficar, cair: *tomber malade* cair doente
▸ *vt (jeter à terre)* tombar, derrubar
▸ *v impers (la pluie, la neige etc.)* cair: *il tombe de la neige* está caindo neve/está nevando
- **laisser tomber** deixar de lado, largar mão, desistir
- **tomber amoureux** apaixonar-se
- **tomber bien/mal** cair bem/mal
- **tomber sur qqn** topar com alguém
- **tomber une femme** seduzir uma mulher

tombola [tɔ̃bɔla] *nf* tômbola

tome [tɔm] *nm* tomo

ton¹ [tɔ̃] *nm* tom

ton, ta² [tɔ̃, ta] *adj poss (pl* **tes)** teu, tua; seu, sua: *j'ai invité ton frère, ta sœur et tes cousins* convidei teu *(seu)* irmão, tua *(sua)* irmã e teus *(seus)* primos

tonalité [tɔnalite] *nf* tonalidade

tondeuse [tɔ̃døz] *nf* **1** *(à cheveux)* máquina de cortar cabelos **2** *(pour animaux)* tosquiadeira **3** *(à gazon)* cortador *m* de grama

tondre [62] [tɔ̃dʀ] *vt* **1** *(cheveux)* rapar, raspar **2** *(laine, poil)* tosquiar **3** *(gazon)* cortar, aparar

tongs [tɔ̃g] *nf pl* sandálias de dedo

tonifier [12] [tɔnifje] *vt* tonificar, fortificar

tonique [tɔnik] *adj* tônico, -ca
▸ *nm* tônico

tonne [tɔn] *nf* tonelada

tonneau [tɔno] *nm* tonel
- **faire un tonneau** *(voiture)* capotar

tonner [tɔne] *v impers (tonnerre)* trovejar
▸ *vi* **1** *(canon)* troar, retumbar **2** *(contre)* bradar
- **il tonne** está trovejando

tonnerre [tɔnɛʀ] *nm* **1** *(foudre)* trovão **2** *fig (bruit)* estrondo
- **c'est du tonnerre** é genial

tonton [tɔ̃tɔ̃] *nm fam* titio

tonus [tɔnys] *nm* tônus

topaze [tɔpaz] *nf* topázio *m*

toper [1] [tɔpe] *vi fam* topar, aceitar
• **tope-là!** toque aqui!, topo!

topographie [tɔpɔgʀafi] *nf* topografia

toque [tɔk] *nf* **1** (*de magistrat*) barrete *m* **2** (*de cuisinier*) gorro *m*

torche [tɔʀʃ] *nf* **1** (*flambeau*) tocha **2** (*électrique*) lanterna, farolete *m*

torchon [tɔʀʃɔ̃] *nm* **1** (*gén*) trapo, pano de limpeza **2** *fam fig* (*saleté*) lixo, porcaria *f*

tordre [62] [tɔʀdʀ] *vt* **1** (*gén*) torcer, retorcer **2** *fig* distorcer, deformar
▸ *vpr* **se tordre** (*se tourner en tous sens*) torcer-se, contorcer-se
• **se tordre de rire** rachar de rir

tornade [tɔʀnad] *nf* tornado *m*, furacão *m*

torpeur [tɔʀpœʀ] *nf* torpor *m*

torpille [tɔʀpij] *nf* torpedo *m*

torrent [tɔʀɑ̃] *nm* torrente *f*

torrentiel, -elle [tɔʀɑ̃sjɛl] *adj* torrencial

torride [tɔʀid] *adj* tórrido, -da

tors, -e [tɔʀ, -ɔʀs] *adj* torcido, -da, retorcido, -da, torto, -ta

torse [tɔʀs] *nm* torso

torsion [tɔʀsjɔ̃] *nf* torção

tort [tɔʀ] *nm* **1** (*défaut*) defeito, erro, falha *f*: **il avait le tort de...** ele tinha o defeito de... **2** (*dommage*) dano, prejuízo: **on lui a fait beaucoup de tort** causaram-lhe muito prejuízo **3** (*part de responsabilité*) culpa *f*, responsabilidade *f*: **c'est lui qui a tous les torts** a culpa é toda dele
• **à tort** erroneamente
• **à tort et à travers** a torto e a direito
• **à tort ou à raison** com ou sem razão
• **avoir tort** não ter razão, estar errado, -da, estar enganado, -da
• **donner tort à qqn** discordar de alguém, dizer que alguém está errado

torticolis [tɔʀtikɔli] *nm* torcicolo

tortiller [1] [tɔʀtije] *vt* **1** (*tordre*) retorcer **2** (*les hanches*) rebolar
▸ *vi* (*chercher des détours*) usar (de) rodeios, ser sinuoso, -sa
▸ *vpr* **se tortiller** (*sur soi-même*) retorcer-se, contorcer-se, remexer-se

• **il n'y a pas à tortiller** nada de hesitação

tortionnaire [tɔʀsjɔnɛʀ] *nm* torturador, -ra

tortue [tɔʀty] *nf* ZOOL tartaruga
• **à pas de tortue** a passo de tartaruga

tortueux, -euse [tɔʀtɥø, -øz] *adj* tortuoso, -sa

torture [tɔʀtyʀ] *nf* tortura

torturer [1] [tɔʀtyʀe] *vt* torturar

tôt [to] *adv* cedo: **se lever tôt** levantar-se cedo; **il est encore trop tôt pour le dire** ainda é cedo demais para dizer
• **au plus tôt** quanto antes, o mais cedo possível
• **avoir tôt fait de** não demorar para
• **plus tôt** antes
• **tôt ou tard** cedo ou tarde

total, -e [tɔtal] *adj* total
▸ *nm* **total** total
• **au total** [*tout considéré*] em resumo, em suma [*somme*] ao todo

totalitaire [tɔtalitɛʀ] *adj* totalitário, -a

totalité [tɔtalite] *nf* totalidade
• **en totalité** totalmente

toubib [tubib] *nmf fam* médico

toucan [tukɑ̃] *nm* ZOOL tucano

touchant, -e[1] [tuʃɑ̃, -ɑ̃t] *adj* comovente

touchant[2] [tuʃɑ̃] *prép fml* (*concernant*) no tocante a

touche [tuʃ] *nf* **1** (*gén*) toque *m* **2** (*de pinceau*) pincelada **3** (*de clavier*) tecla **4** SPORT linha lateral
• **faire une touche** fazer sucesso
• **rester sur la touche** ser deixado, -da de lado

toucher[1] [1] [tuʃe] *vt* **1** (*gén*) tocar: **toucher un objet** tocar um objeto **2** (*atteindre*) alcançar: **toucher le but** alcançar o objetivo **3** (*recevoir*) receber: **toucher de l'argent** receber dinheiro **4** (*émouvoir*) tocar, comover **5** (*concerner*) referir-se a, dizer respeito a
▸ *vi* **toucher à 1** (*gén*) tocar em: **ne touche pas à cette bouteille** não toque nesta garrafa **2** (*être contigu*) estar vizinho, -nha, estar adjacente **3** (*atteindre*) chegar, estar chegando: **toucher à sa fin** estar chegando ao fim
• **toucher un mot de qqc à qqn** dizer uma palavrinha sobre algo com alguém

toucher² [tuʃe] *nm (sens)* tato

touffe [tuf] *nf* **1** *(d'herbe)* tufo *m*, moita **2** *(de cheveux)* tufo *m*, mecha **3** *(de fleurs, de brins etc.)* maço *m*

touffu, -e [tufy] *adj* **1** *(gén)* espesso, -sa **2** *(arbre, bois)* frondoso, -sa

toujours [tuʒuʀ] *adv* **1** *(gén)* sempre: *je m'en souviendrai toujours* hei de lembrar-me sempre **2** *(encore)* ainda: *travaillez-vous toujours là?* você ainda trabalha aí? **3** *(en attendant)* de qualquer modo: *signez toujours, on verra bien* de qualquer modo assine, depois veremos
- **de toujours** de sempre
- **pour toujours** para sempre
- **toujours est-il que** o fato é que

toupet [tupɛ] *nm* **1** *(de cheveux)* topete **2** *fam (effronterie)* descaramento

toupie [tupi] *nf* pião *m*

tour¹ [tuʀ] *nf* torre
- **tour d'ivoire** torre de marfim
- **tour de contrôle** torre de controle

tour² [tuʀ] *nm* **1** *(gén)* volta *f*, giro: *un tour de roue* um giro de roda; *faire le tour de la ville* dar a volta na cidade; *faire le tour du monde* dar a volta ao mundo; *je vais faire un tour* vou dar uma volta **2** *(circonférence)* perímetro, circunferência *f* **3** *(mécanique)* giro, rotação *f* **4** *(spectacle)* número: *faire un tour d'équilibre* fazer um número de equilíbrio **5** *(apparence)* forma *f*, jeito, rumo: *leur relation a pris un drôle de tour* a relação deles tomou um rumo estranho **6** *(rang)* vez *f*, turno: *c'est mon tour* é a minha vez **7** *(machine)* torno
- **à tour de bras** com toda a força
- **à tour de rôle** alternadamente, um por vez
- **en un tour de main** num piscar de olhos, num passe de mágica
- **jouer un mauvais tour** pregar uma peça
- **tour à tour** alternadamente
- **mauvais tour** brincadeira de mau gosto; safadeza
- **tour de cou** colar, echarpe *f*; colarinho (tamanho)
- **tour de force** proeza *f*, façanha *f*
- **tour de passe-passe** passe de mágica
- **tour de taille** *(perímetro da)* cintura *f*

tourbillon [tuʀbijɔ̃] *nm* turbilhão

tourisme [tuʀism] *nm* turismo

touriste [tuʀist] *nmf* turista

touristique [tuʀistik] *adj* turístico, -ca

tourmenter [1] [tuʀmɑ̃te] *vt* atormentar
▶ *vpr* **se tourmenter** atormentar-se

tournage [tuʀnaʒ] *nm* CINE filmagem *f*

tournant, -e [tuʀnɑ̃, -ɑ̃t] *adj* **1** *(gén)* giratório, -a **2** *(chemin)* sinuoso, -sa **3** *(escalier)* em caracol
▶ *nm* **tournant 1** *(d'une rue, d'un chemin etc.)* curva *f* **2** *fig (de l'histoire)* momento decisivo, virada *f*, guinada *f*

tourne-disque [tuʀnədisk] *nm (pl* **tourne-disques)** toca-discos

tournedos [tuʀnədo] *nm* CUIS turnedô

tournée [tuʀne] *nf* **1** *(d'un homme d'affaires; d'un fonctionnaire)* viagem **2** *(d'une troupe de théâtre)* turnê **3** *(du facteur)* percurso *m* **4** *(à boire)* rodada

tourner [1] [tuʀne] *vt* **1** *(gén)* girar, rodar, dar voltas: *le satellite tourne autour de l'astre* o satélite gira ao redor do astro **2** *(pages)* virar **3** *(tête, dos)* virar, voltar **4** *(film)* rodar **5** *(façonner au tour)* tornear **6** *(phrase, texte)* compor **7** *(yeux, regard)* dirigir, volver, voltar: *il tourna ses yeux vers lui* volveu os olhos para ele
▶ *vi* **1** *(gén)* girar, dar voltas: *le chien tournait autour de l'arbre* o cão dava voltas em torno da árvore **2** *(changer de direction)* virar: *la chance a tourné* a sorte virou **3** *(résulter)* sair: *l'affaire a mal tourné* o negócio saiu mal **4** *(lait)* talhar **5** *(vin)* azedar
▶ *vpr* **se tourner** *(devenir)* tornar-se, transformar-se: *son admiration se tourna en mépris* sua admiração se transformou em desprezo
- **se tourner contre qqn** voltar-se contra alguém
- **tourner de l'œil** desmaiar; morrer
- **tourner en dérision/ridicule** ridicularizar

tournesol [tuʀnəsɔl] *nm* **1** *(plante)* girassol **2** *(colorant)* tornassol

tournevis [tuʀnəvis] *nm* chave *f* de fenda

tourniquet [tuʀnikɛ] *nm* torniquete

tournoi [tuʀnwa] *nm* torneio

tournoyer [16] [tuʀnwaje] *vi* dar voltas

tournure [tuʀnyʀ] *nf* 1 *(apparence)* jeito *m*, rumo *m*: **les événements prirent une tournure surprenante** os acontecimentos tomaram um rumo surpreendente 2 *(formulation)* formulação, forma

tourte [tuʀt] *nf* CUIS torta salgada

tourteau [tuʀto] *nm* ZOOL caranguejo

tourterelle [tuʀtəʀɛl] *nf* ZOOL rola, pomba-rola

tous [tus] *adj-pron* → tout, -e

tousser [1] [tuse] *vi* tossir

tout, -e [tu, -t] *adj (pl* **tous**) 1 *(la totalité)* todo, -da, inteiro, -ra: **il travaille toute la journée** trabalha o dia inteiro 2 *(chaque)* cada: **elle prend ses vacances tous les dix mois** ela tira férias a cada dez meses 3 *(unique)* único, -ca, todo, -da: **ma famille est toute ma fortune** minha família é minha única riqueza 4 *(exceptionnel)* grande: **c'est une femme de toute beauté** é uma mulher de grande beleza 5 *(n'importe quel)* todo, -da, qualquer: **tout bruit nous inquiète** qualquer ruído nos preocupa
▸ *pron (pl* **tous**) 1 *(gén)* tudo 2 *pl (tout le monde)* todos, -das: **tous sont venus** vieram todos
▸ *adv* 1 *(très)* muito, -íssimo, -ma, -inho, -nha: **il est tout jeune** ele é muito jovem; **ses tout premiers mots** suas primeiríssimas palavras; **il était tout mouillé** ele estava molhadinho 2 *(quelque)* por mais que: **tout fort qu'il soit** por mais forte que ele seja
▸ *nm* **le tout** *(la totalité)* tudo: **risquer le tout pour le tout** arriscar tudo
• **après tout** afinal de contas
• **à tout à l'heure** até já, até logo
• **à tout prendre** pensando bem
• **avoir tout de** ser muito parecido com
• **c'est tout** só isso, mais nada
• **en tout et pour tout** ao todo; tão somente
• **je suis tout à vous** estou ao seu inteiro dispor
• **pas du tout** de modo algum, de jeito nenhum
• **tout à coup** de repente
• **tout à fait** inteiramente, absolutamente
• **tout à l'heure** *(dans un moment)* daqui a pouco *(il y a un moment)* agora há pouco
• **tout au plus** no máximo
• **tout de même** de qualquer modo, mesmo assim
• **tout le temps** sempre, o tempo todo
• **tous les deux** os dois, ambos
• **tous les deux jours** dia sim, dia não
• **tous les trente-six du mois** no dia de são Nunca

toutefois [tutfwa] *adv* todavia, contudo

toux [tu] *nf* tosse

toxicomane [tɔksikɔman] *adj-nmf* toxicômano, -na

toxine [tɔksin] *nf* toxina

toxique [tɔksik] *adj-nm* tóxico, -ca

trac [tʀak] *nm fam* nervosismo *(em público, em exames etc.)*
• **avoir le trac** ficar nervoso, -sa

tracas [tʀaka] *nm* problema, preocupação *f*

tracasser [1] [tʀakase] *vt* preocupar, afligir
▸ *vpr* **se tracasser** preocupar-se, afligir-se

trace [tʀas] *nf* 1 *(empreinte)* marca, pegada 2 *(signe)* vestígio *m* 3 *fig (impression)* impressão

tracer [3] [tʀase] *vt* traçar

trachée [tʀaʃe] *nf* ANAT traqueia

tract [tʀakt] *nm* folheto, panfleto

tracteur [tʀaktœʀ] *nm* trator

traction [tʀaksjɔ̃] *nf* tração

tradition [tʀadisjɔ̃] *nf* tradição

traditionnel, -elle [tʀadisjɔnɛl] *adj* tradicional

traducteur, -trice [tʀadyktœʀ, -tʀis] *nm,f* tradutor, -ra

traduction [tʀadyksjɔ̃] *nf* tradução

traduire [58] [tʀadɥiʀ] *vt* traduzir
traduire en justice DR mover ação

trafic [tʀafik] *nm* tráfico

trafiquant, -e [tʀafikɑ̃, -ɑ̃t] *nm,f* traficante

trafiquer [2] [tʀafike] *vt* falsificar, adulterar
▸ *vi* traficar

tragédie [tʀaʒedi] *nf* tragédia

tragique [tʀaʒik] *adj* trágico, -ca

trahir [20] [tʀaiʀ] *vt* trair

trahison [tʀaizɔ̃] *nf* traição

train [tʀɛ̃] *nm* 1 (*chemin de fer*) trem 2 (*d'un animal*) passo, marcha *f* 3 *fam* (*der-rière*) traseiro
■ **être en train de** + *inf* estar + *ger* (ou + a + *inf*): *il est en train de manger* ele está comendo
• **aller à fond de train** ir a toda velocidade, na disparada
• **aller bon train** ir depressa
• **être en train** (*en cours*) estar em andamento (*en plein allant*) estar em forma, estar bem disposto, -ta
■ **train d'atterrissage** trem de pouso
■ **train de vie** padrão de vida

traîne [tʀɛn] *nf loc* **être à la traîne** ficar para trás

traîneau [tʀɛno] *nm* trenó

traînée [tʀene] *nf* 1 (*trace*) traço *m*, rastro *m* 2 (*de poudre*) rastilho *m* 3 *fam* (*femme*) prostituta

traîner [1] [tʀene] *vt* 1 (*gén*) puxar, arrastar 2 *fig* (*mener*) conviver com, carregar: *traîner une terrible maladie* conviver com uma doença terrível
▸ *vi* 1 (*gén*) arrastar(-se): *sa robe traîne par terre* o vestido dela arrasta pelo chão 2 (*chose*) estar espalhado, -da: *ses vêtements traînaient partout* suas roupas estavam espalhadas por todo lado 3 (*s'attarder*) ficar para trás 4 (*errer*) perambular
▸ *vpr* **se traîner** 1 (*gén*) arrastar-se 2 (*ramper*) rastejar 3 (*dans le temps*) arrastar-se, não acabar nunca

train-train [tʀɛ̃tʀɛ̃] *nm inv fam* rotina *f*, ramerrão

traire [73] [tʀɛʀ] *vt* ordenhar

trait [tʀɛ] *nm* 1 (*action de tirer*) tiro, tração *f*: *le cheval est une bête de trait* o cavalo é um animal de tiro 2 (*ce qui caractérise*) traço, característica *f*: *c'est un trait de notre époque* é uma característica de nossa época 3 (*ligne*) linha *f*, traço
• **à grands traits** em linhas gerais
• **avoir les traits tirés** ter expressão cansada
• **avoir trait à** referir-se a, dizer respeito a
• **boire d'un trait** beber de um gole só
■ **trait d'union** traço de união, hífen

traite [tʀɛt] *nf* 1 (*d'une vache*) ordenha 2 (*parcours*) trecho *m* 3 (*document*) letra de câmbio
• **d'une seule traite** (*voyager*) numa puxada (*avaler*) num gole (*lire, réciter*) num só fôlego (*dormir; travailler*) sem interrupção
■ **traite des blanches** tráfico *m* de escravas brancas

traité [tʀete] *nm* tratado

traitement [tʀɛtmɑ̃] *nm* 1 (*gén*) tratamento 2 (*d'un fonctionnaire*) salário, vencimentos *pl*
■ **mauvais traitements** maus-tratos
■ **traitement de textes** INFORM processamento de textos

traiter [1] [tʀete] *vt* 1 (*gén*) tratar 2 INFORM processar
▸ *vi* (*discourir*) tratar (**de**, de)
• **traiter qqn de qqch** tratar alguém como

traître, -esse [tʀɛtʀ, -ɛs] *adj-nm,f* traidor, -ra
• **en traître** traiçoeiramente, à traição

traîtrise [tʀetʀiz] *nf fml* traição

trajectoire [tʀaʒɛktwaʀ] *nf* trajetória

trajet [tʀaʒɛ] *nm* trajeto

trame [tʀam] *nf* trama

tramer [1] [tʀame] *vt* tramar
▸ *vpr* **se tramer** ser tramado, -da

trampoline [tʀɑ̃pɔlin] *nm* cama *f* elástica

tramway [tʀamwɛ] *nm* bonde

tranchant, -e [tʀɑ̃ʃɑ̃, -ɑ̃t] *adj* 1 (*qui coupe*) cortante 2 *fig* (*ton, réponse*) incisivo, -va 3 (*lame*) afiado, -da
▸ *nm* **tranchant** fio, gume

tranche [tʀɑ̃ʃ] *nf* 1 (*de saucisson; de pain; de jambon*) fatia 2 (*d'un livre*) borda 3 (*de chiffres*) faixa 4 (*subdivision*) estágio *m*, fase 5 (*de loterie*) sorteio *m*
• **s'en payer une tranche** divertir-se muito
■ **tranche d'âge** faixa etária
■ **tranche de salaires** faixa salarial
■ **tranche de vie** episódio da vida real, cena/obra realista
■ **tranche horaire** faixa *f* horária

trancher [1] [tʀɑ̃ʃe] *vt* **1** *(couper)* cortar **2** *fig (question, difficulté)* resolver, decidir
▶ *vi* **1** *(décider)* decidir **2** *(couleurs)* ressaltar, contrastar
• **trancher dans le vif** empregar meios drásticos

tranquille [tʀɑ̃kil] *adj* tranquilo, -la

tranquilliser [1] [tʀɑ̃kilize] *vt* tranquilizar
▶ *vpr* **se tranquilliser** tranquilizar-se

tranquillité [tʀɑ̃kilite] *nf* tranquilidade

transaction [tʀɑ̃zaksjɔ̃] *nf* transação

transat [tʀɑ̃zat] *nm* espreguiçadeira *f*, cadeira *f* preguiçosa
▶ *nf* SPORT regata *f* transatlântica

transatlantique [tʀɑ̃zatlɑ̃tik] *adj* transatlântico, -ca
▶ *nm* transatlântico

transcendance [tʀɑ̃sɑ̃dɑ̃s] *nf* transcendência

transcription [tʀɑ̃skʀipsjɔ̃] *nf* transcrição

transcrire [60] [tʀɑ̃skʀiʀ] *vt* transcrever

transe [tʀɑ̃s] *nf* transe *m*

transférer [10] [tʀɑ̃sfeʀe] *vt* transferir

transfert [tʀɑ̃sfɛʀ] *nm* **1** *(de fonds)* transferência *f* **2** *(d'un joueur)* passe *f* **3** *(transport)* traslado **4** *(de droits)* transmissão *f*

transformateur [tʀɑ̃sfɔʀmatœʀ] *nm* transformador

transformation [tʀɑ̃sfɔʀmasjɔ̃] *nf* transformação

transformer [1] [tʀɑ̃sfɔʀme] *vt* transformar
▶ *vpr* **se transformer** transformar-se

transfusion [tʀɑ̃sfyzjɔ̃] *nf* transfusão

transgénique [tʀɑ̃sʒenik] *adj* transgênico, -ca

transgresser [1] [tʀɑ̃sgʀese] *vt* transgredir

transiger [4] [tʀɑ̃ziʒe] *vi* transigir

transistor [tʀɑ̃zistɔʀ] *nm* transistor

transit [tʀɑ̃zit] *nm (de marchandises, de touristes)* trânsito, circulação *f*

transitif, -ive [tʀɑ̃zitif, -iv] *adj* transitivo, -va

transition [tʀɑ̃zisjɔ̃] *nf* transição

transitoire [tʀɑ̃zitwaʀ] *adj* transitório, -a

translucide [tʀɑ̃slysid] *adj* translúcido, -da

transmettre [81] [tʀɑ̃smɛtʀ] *vt* transmitir

transmission [tʀɑ̃smisjɔ̃] *nf* transmissão

transparaître [82] [tʀɑ̃spaʀɛtʀ] *vi* transparecer

transparence [tʀɑ̃spaʀɑ̃s] *nf* transparência

transparent, -e [tʀɑ̃spaʀɑ̃, -ɑ̃t] *adj* transparente

transpercer [3] [tʀɑ̃spɛʀse] *vt* transpassar

transpiration [tʀɑ̃spiʀasjɔ̃] *nf* transpiração

transpirer [1] [tʀɑ̃spiʀe] *vi* transpirar

transplanter [1] [tʀɑ̃splɑ̃te] *vt* transplantar

transport [tʀɑ̃spɔʀ] *nm* transporte
■ **transports en commun** transportes coletivos

transporter [1] [tʀɑ̃spɔʀte] *vt* transportar
▶ *vpr* **se transporter** deslocar-se, locomover-se

transporteur [tʀɑ̃spɔʀtœʀ] *nm* **1** *(gén)* transportador **2** *(entreprise)* transportadora *f*

transvaser [1] [tʀɑ̃svaze] *vt* **1** *(gén)* transvasar **2** *fig* transferir, transportar

transversal, -e [tʀɑ̃svɛʀsal] *adj* transversal

trapèze [tʀapɛz] *nm* trapézio

trapéziste [tʀapezist] *nmf* trapezista

trappe [tʀap] *nf* **1** *(porte)* alçapão *m* **2** *(piège)* armadilha

trapu, -e [tʀapy] *adj* atarracado, -da

traquenard [tʀaknaʀ] *nm* armadilha *f*, cilada *f*

traquer [2] [tʀake] *vt* **1** *(animal)* acuar, encurralar **2** *(poursuivre sans relâche)* caçar, perseguir **3** *(harceler)* assediar

traumatiser [1] [tʀomatize] *vt* traumatizar

traumatisme [tʀomatism] *nm* traumatismo

travail [tʀavaj] *nm* **1** (*gén*) trabalho **2** (*ouvrage*) obra *f*, trabalho
▸ *nm pl* **travaux** (*chantiers*) obras *f*
• **être en travail** estar em trabalho de parto
■ **travail à la chaîne** trabalho na linha de produção
■ **travail saisonnier** trabalho temporário
■ **travail de Romain** trabalho hercúleo
■ **travaux forcés** trabalhos forçados
■ **travaux publics** obras públicas

travailler [1] [tʀavaje] *vi* **1** (*gén*) trabalhar: *il travaille en Allemagne* ele trabalha na Alemanha **2** (*à l'école*) estudar **3** (*vin*) fermentar **4** (*bois*) trabalhar, deformar-se
▸ *vt* **1** (*façonner*) trabalhar, modelar **2** (*faire souffrir*) atormentar
• **il travaille du chapeau** *fam* ele é biruta/tem um parafuso a menos
• **travailler à la tâche** trabalhar por empreitada

travailleur, -euse [tʀavajœʀ, -øz] *adj-nm,f* trabalhador, -ra

travelling [tʀavliŋ] *nm* CINE travelling

travers [tʀavɛʀ] *nm* defeito, imperfeição *f*
• **à tort et à travers** a torto e a direito
• **à travers** através
• **au travers de** (*en franchissant*) através de (*par l'intermédiaire de*) por meio de
• **de/en travers** de través

traversée [tʀavɛʀse] *nf* travessia

traverser [1] [tʀavɛʀse] *vt* (*transpercer*)

traversin [tʀavɛʀsɛ̃] *nm* **1** (*oreiller*) rolo para cama **2** (*pièce en bois*) travessa *f*, través

travesti [tʀavɛsti] *nm* travesti

travestir [20] [tʀavɛstiʀ] *vt* **1** (*déguiser*) disfarçar **2** (*pour une fête*) fantasiar **3** *fig* (*fausser*) distorcer, deturpar
▸ *vpr* **se travestir** **1** (*se déguiser*) disfarçar-se **2** (*pour une fête*) fantasiar-se **3** (*en homme/femme*) travestir-se

trébucher [1] [tʀebyʃe] *vi* tropeçar

trèfle [tʀɛfl] *nm* **1** BOT trevo **2** (*jeu de cartes*) paus *pl*

treille [tʀɛj] *nf* parreira, parreiral *m*

treize [tʀɛz] *num* treze

treizième [tʀɛzjɛm] *num* décimo, -ma terceiro, -ra
▸ *nm* um treze avos *m*, décima terceira parte *f*

tréma [tʀema] *nm* trema

tremblement [tʀɑ̃bləmɑ̃] *nm* tremor
• **et tout le tremblement** *fam* e todo o resto/e assim por diante/e tal
■ **tremblement de terre** terremoto, tremor de terra

trembler [1] [tʀɑ̃ble] *vi* tremer
• **trembler comme une feuille** tremer como vara verde

trembloter [1] [tʀɑ̃blɔte] *vi* **1** (*gén; voix; de peur*) tremer **2** (*vieillard*) tremelicar, tiritar, tremular **3** (*lueur*) tremular **4** (*de froid*) tiritar

tremper [1] [tʀɑ̃pe] *vt* **1** (*mouiller*) molhar **2** (*imbiber*) embeber **3** (*l'acier*) temperar **4** (*chiffon, vaisselle etc.*) pôr de molho
▸ *vi* **1** (*gén*) estar de molho **2** *fig* (*être complice*) estar implicado, -da
• **être trempé, -e** estar ensopado, -da
• **tremper son vin** aguar o vinho

tremplin [tʀɑ̃plɛ̃] *nm* trampolim

trentaine [tʀɑ̃tɛn] *nf* trinta *m pl*
• **avoir la trentaine** estar pelos trinta (*anos*)/estar na casa dos trinta

trente [tʀɑ̃t] *num* trinta
• **se mettre sur son trente et un** vestir a melhor roupa, endomingar-se

trépas [tʀepa] *nm fml* morte *f*, falecimento

trépidant, -e [tʀepidɑ̃, -ɑ̃t] *adj* **1** (*gén*) trepidante **2** *fig* (*d'une activité incessante*) frenético, -ca

trépied [tʀepje] *nm* tripé

trépigner [1] [tʀepiɲe] *vi* sapatear, bater os pés

très [tʀɛ] *adv* **1** (*superlatif*) muito, -íssimo, -ma: *très aimable* muito amável/amabilíssimo, -ma; *très petit* muito pequeno/pequeníssimo **2** (*quantité*) muito, -ta: *il fait très froid* está muito frio; *j'ai très soif* estou com muita sede

trésor [tʀezɔʀ] *nm* tesouro
■ **Trésor public** Tesouro Público

trésorerie [tʀezɔʀəʀi] *nf* tesouraria

trésorier, -ère [tʀezɔʀje, -ɛʀ] *nm,f* tesoureiro, -ra

tressaillir [27] [tʀesajiʀ] *vi* estremecer

tresse [tʀɛs] *nf* trança

tresser [1] [tʀese] *vt* trançar

tréteau [tʀeto] *nm* cavalete

treuil [tʀœj] *nm* guincho, cabrestante

trêve [tʀɛv] *nf* trégua
- **n'avoir ni trêve ni repos** não ter sossego
- **sans trêve** sem trégua

tri [tʀi] *nm* triagem *f*, seleção *f*

triangle [tʀijɑ̃gl] *nm* triângulo

triangulaire [tʀijɑ̃gylɛʀ] *adj* triangular

triathlon [tʀjatlɔ̃] *nm* triatlo, triátlon

tribord [tʀibɔʀ] *nm* boreste, estibordo

tribu [tʀiby] *nf* tribo

tribulations [tʀibylasjɔ̃] *nf pl* atribulações

tribunal [tʀibynal] *nm* tribunal: **comparaître devant les tribunaux** comparecer diante dos tribunais

tribune [tʀibyn] *nf* tribuna

tribut [tʀiby] *nm* tributo

tricher [1] [tʀiʃe] *vi* trapacear

tricherie [tʀiʃʀi] *nf* trapaça, embuste *m*

tricheur, -euse [tʀiʃœʀ, -øz] *nm,f* trapaceiro, -ra

tricolore [tʀikɔlɔʀ] *adj* tricolor

tricot [tʀiko] *nm* **1** (*tissu*) tricô *f* **2** (*vêtement*) malha *f*

tricoter [1] [tʀikɔte] *vt* (*gén*) tricotar, fazer tricô: **elle tricote un chandail** ela está tricotando um suéter
▶ *vi fam* (*marcher*) correr

tricycle [tʀisikl] *nm* triciclo

trier [13] [tʀije] *vt* selecionar, classificar
- **trier sur le volet** *fig* escolher a dedo

trigonométrie [tʀigɔnɔmetʀi] *nf* trigonometria

trilingue [tʀilɛ̃g] *adj-nmf* trilíngue

trimer [1] [tʀime] *vi fam* trabalhar como um burro de carga

trimestre [tʀimɛstʀ] *nm* trimestre

trimestriel, -elle [tʀimɛstʀijel] *adj* trimestral

tringle [tʀɛ̃gl] *nf* **1** (*d'un rideau*) vara **2** ARCHIT friso *m*

trinquer [2] [tʀɛ̃ke] *vi* **1** *fam* (*avec les verres*) brindar **2** (*boire*) beber **3** *fam* (*subir un préjudice*) pagar o pato, levar a pior, levar na cabeça **4** *fam* (*être sanctionné*) ser punido, -da **5** *fam* (*choses*) pifar, encangalhar-se

trio [tʀijo] *nm* trio

triomphe [tʀijɔ̃f] *nm* triunfo, vitória *f*

triompher [1] [tʀijɔ̃fe] *vi* triunfar, vencer
- **triompher de + qqch/qqn** vencer, superar algo/alguém

tripes [tʀip] *nf pl* **1** (*boyaux*) tripas **2** CUIS dobradinha *sing*
- **rendre tripes et boyaux** *fam* vomitar, destripar o mico

triple [tʀipl] *adj* triplo, tríplice

trisaïeul, -e [tʀizajœl] *nm,f* trisavô, -vó

triste [tʀist] *adj* triste

tristesse [tʀistɛs] *nf* tristeza

triturer [1] [tʀityʀe] *vt* triturar

trivial, -e [tʀivjal] *adj* **1** (*grossier*) vulgar **2** (*banal*) trivial

trivialité [tʀivjalite] *nf* **1** (*grossièreté*) vulgaridade *f* **2** (*banalité*) trivialidade

troc [tʀɔk] *nm* troca *f*, permuta *f*, barganha *f*

trois [tʀwa] *num* três

troisième [tʀwazjɛm] *num* terceiro, -ra
▶ *nm* terço, terça parte *f*
▶ *nf* terceira (marcha)

trombe [tʀɔ̃b] *nf* tromba

trombone [tʀɔ̃bɔn] *nm* **1** MUS trombone **2** (*agrafe*) clipe

trompe [tʀɔ̃p] *nf* (*d'un animal*) tromba
■ **trompe d'Eustache** ANAT tuba auditiva
■ **trompe de Fallope** ANAT tuba uterina

trompe-l'œil [tʀɔ̃plœj] *nm inv* **1** (*peinture*) trompe l'oeil **2** *fig* (*apparence*) fachada *f*, aparência *f*

tromper [1] [tʀɔ̃pe] *vt* **1** (*gén*) enganar **2** (*échapper*) burlar: **il trompa la police** ele burlou a polícia
▶ *vpr* **se tromper** enganar-se
- **si je ne me trompe** se não me engano

trompette [tʀɔ̃pɛt] *nf* **1** MUS trompete *m* **2** *(de guerre)* trombeta
• **en trompette** arrebitado, -da

trompettiste [tʀɔ̃petist] *nmf* MUS trompetista

trompeur, -euse [tʀɔ̃pœʀ, -øz] *adj* enganador, -ra, enganoso, -sa

tronc [tʀɔ̃] *nm* **1** *(gén)* tronco **2** *(dans une église)* cofre de esmolas

tronçon [tʀɔ̃sɔ̃] *nm* **1** *(morceau)* pedaço **2** *(de chemin)* trecho

tronçonneuse [tʀɔ̃sɔnøz] *nf* serra elétrica

trône [tʀon] *nm* trono
• **monter sur le trône** subir ao trono

trop [tʀo] *adv* **1** *(gén)* demais, demasiado, demasiadamente: *c'est trop cher* é caro demais **2** *(très)* muito: *vous êtes trop aimable* você/o senhor/a senhora é muito amável
▸ *nm (l'excès)* demasia *f*, excesso
• **c'en est trop** é demais
• **de trop** de mais, em excesso
• **en trop** a mais
• **trop de** demais, em demasia

trophée [tʀɔfe] *nm* troféu

tropical, -e [tʀɔpikal] *adj* tropical

tropique [tʀɔpik] *nm* trópico

trot [tʀo] *nm* trote
• **au trot** a toda pressa

trotter [1] [tʀɔte] *vi* **1** *(cheval)* trotar **2** *(personne)* andar depressa *(a passo miúdo)*

trotteuse [tʀɔtøz] *nf* ponteiro *m* de segundos

trottinette [tʀɔtinɛt] *nf* patinete *m*

trottoir [tʀɔtwaʀ] *nm* calçada *f*
• **faire le trottoir** virar bolsinha

trou [tʀu] *nm* **1** *(gén)* buraco, furo, orifício **2** *(des animaux)* toca *f*
• **avoir des trous de mémoire** ter lapsos de memória
• **boire comme un trou** *fam* beber como um gambá/como uma esponja
▪ **trou d'air** bolsa *f* de ar *(em aviação)*
▪ **trou de la serrure** buraco da fechadura

trouble [tʀubl] *adj* **1** *(eau, vin)* turvo, -va **2** *(question, affaire)* confuso, -sa, obscuro, -ra
▸ *nm* **1** *(agitation)* perturbação *f*, distúrbio, tumulto **2** *(émotion)* perturbação *f*, comoção *f* **3** *(anomalie)* transtorno, distúrbio: *trouble psychique* transtorno psíquico
▸ *nm pl* **troubles** distúrbios *m pl*

trouble-fête [tʀubləfɛt] *nmf inv* desmancha-prazeres

troubler [1] [tʀuble] *vt* **1** *(rendre trouble)* turvar **2** *(agiter; dérégler; inquiéter)* perturbar, transtornar
▸ *vpr* **se troubler 1** *(devenir trouble)* turvar-se **2** *(s'embarrasser)* perturbar-se

trouée [tʀue] *nf* **1** *(gén)* abertura, fenda **2** GÉOG desfiladeiro *m* **3** MIL brecha

trouer [1] [tʀue] *vt* furar, perfurar

trouille [tʀuj] *nf fam* medo *m*, paúra, pavor *m*

troupe [tʀup] *nf* **1** *(de gens)* bando *m*, grupo *m* **2** *(d'oiseaux)* bando *m* **3** *(de soldats)* tropa **4** *(de comédiens)* trupe, companhia

troupeau [tʀupo] *nm* **1** *(d'animaux)* rebanho *m*, manada *f* **2** *(de personnes)* multidão *f*

trousse [tʀus] *nf* estojo *m*
▪ **trousse de secours** caixa de primeiros socorros
▪ **trousse de toilette** *nécessaire m*

trousseau [tʀuso] *nm* **1** *(de clés)* molho **2** *(d'une fiancée, d'un collégien, d'un nouveau-né)* enxoval

trouvaille [tʀuvaj] *nf* achado *m*

trouver [1] [tʀuve] *vt* **1** *(gén)* encontrar, achar: *je ne trouve pas mes lunettes* não encontro meus óculos **2** *(avoir comme opinion)* achar: *je trouve que le vin est bon* acho que o vinho é bom; *comment le trouvez vous?* o que acha dele? **3** *fig (inventer)* descobrir, inventar
▸ *vpr* **se trouver 1** *(se rencontrer)* encontrar-se: *ils se sont trouvés à la plage* encontraram-se na praia **2** *(se sentir)* sentir-se: *je me trouve bien ici* eu me sinto bem aqui **3** *(être dans un lieu)* estar: *il se trouve à Rome* ele está em Roma
• **il se trouve que** acontece que, ocorre que
• **vous trouvez?** você acha?

truand [tʀyɑ̃] *nmf* bandido, -da, meliante

truc [tʀyk] *nm* **1** (*astuce*) truque **2** *fam* (*chose quelconque*) treco, coisa *f*
• **ce n'est pas mon truc** *fam* não é a minha praia

trucage [tʀykaʒ] *nm* trucagem *f*

truelle [tʀyɛl] *nf* **1** (*de maçon*) colher **2** (*pour servir*) espátula

truffe [tʀyf] *nf* trufa

truie [tʀyi] *nf* ZOOL porca

truite [tʀyit] *nf* ZOOL truta

truquage [1] [tʀykaʒ] *nm V* **trucage**

tsar [tsaʀ] *nm* tsar

T-shirt [tiʃœʀt] *nm* (*pl* **T-shirts**) camiseta *f*

tu [ty] *pron pers* tu, você

tuant, -e [tɥɑ̃, -ɑ̃t] *adj fam* cansativo, -va, de matar

tuba [tyba] *nm* **1** MUS tuba *f* **2** (*pour nager*) tubo de respiração

tube [tyb] *nm* **1** (*gén*) tubo **2** *fam* (*chanson*) sucesso
■ **tube à essai** tubo de ensaio
■ **tube de l'été** disco de sucesso
■ **tube digestif** tubo digestivo

tubercule [tybɛʀkyl] *nm* BOT tubérculo

tuberculose [tybɛʀkyloz] *nf* MÉD tuberculose

tuer [1] [tɥe] *vt* matar
▸ *vpr* **se tuer** matar-se
• **se tuer au travail** matar-se de trabalhar
• **tuer le temps** matar o tempo

tuerie [tyʀi] *nf* matança

tue-tête [atytɛt] *loc* **à tue-tête** a plenos pulmões, aos berros

tueur, -euse [tɥœʀ, -øz] *nm,f* (*assassin*) assassino, -na
▸ *nm* **tueur** (*dans un abattoir*) carniceiro
▸ **tueur, -euse à gages** matador, -ra profissional
▸ **tueur, -euse en série** assassino, -na em série

tuile [tɥil] *nf* **1** (*toiture*) telha **2** *fam* (*événement*) contratempo *m*, problema *m*

tulipe [tylip] *nf* BOT tulipa

tulle [tyl] *nm* tule

tuméfié, -e [tymefje] *adj* intumescido, -da

tumeur [tymœʀ] *nf* MÉD tumor *m*

tumulte [tymylt] *nm* tumulto

tumultueux, -euse [tymyltɥø, -øz] *adj* tumultuoso, -sa, tumultuado, -da

tunique [tynik] *nf* túnica

Tunisie [tynizi] *nf* Tunísia

tunisien, -enne [tynizjɛ̃, -ɛn] *adj* tunisiano, -na
▸ *nm,f* **Tunisien, -enne** tunisiano, -na

tunnel [tynɛl] *nm* túnel

turban [tyʀbɑ̃] *nm* turbante

turbine [tyʀbin] *nf* turbina

turbo [tyʀbo] *nm* turbo

turbot [tyʀbo] *nm* ZOOL linguado

turbulence [tyʀbylɑ̃s] *nf* turbulência

turbulent, -e [tyʀbylɑ̃, -ɑ̃t] *adj* turbulento, -ta

turc, turque [tyʀk] *adj* turco, -ca
▸ *nm,f* **Turc, Turque** turco, -ca
▸ *nm* **turc** (*langue*) turco

Turquie [tyʀki] *nf* Turquia

turquoise [tyʀkwaz] *nf* turquesa

tuteur, -trice [tytœʀ, -tʀis] *nm,f* tutor, -ra
▸ *nm* **tuteur** (*d'une plante*) estaca *f*

tutoyer [16] [tytwaje] *vt* tratar por tu

tutu [tyty] *nm* tutu (*saiote de bailarina*)

tuyau [tɥijo] *nm* **1** (*gén*) tubo, cano **2** (*de plume, de cheminée etc.*) cano **3** *fam* (*renseignement*) sopro
■ **tuyau d'arrosage** mangueira *f*
■ **tuyau d'échappement** tubo de escapamento

tuyauterie [tɥijotʀi] *nf* tubulação

TVA [tevea] *abr* (*taxe sur la valeur ajoutée*) imposto sobre valor agregado

tympan [tɛ̃pɑ̃] *nm* tímpano

type [tip] *nm* tipo
▸ **pauvre type** coitado, -da
▸ **sale type** safado, -da, sem-vergonha

typhoïde [tifɔid] *adj* MÉD tifoide

typhon [tifɔ̃] *nm* tufão

typhus [tifys] *nm* MÉD tifo

typique [tipik] *adj* típico, -ca

typographie [tipɔgʀafi] *nf* tipografia

tyran [tiʀɑ̃] *nm* tirano

tyrannie [tiʀani] *nf* tirania

tzar [tsaʀ] *nm V* **tsar**

U

UE [yø] *abr* (**Union européenne**) UE (União Europeia)

ulcère [ylsɛʀ] *nm* MÉD úlcera *f*

ULM [yelɛm] *abr* (**ultra-léger motorisé**) ultraleve

ultérieur, -e [ylteʀjœʀ] *adj* ulterior

ultimatum [yltimatɔm] *nm* ultimato

ultime [yltim] *adj* último, -ma, extremo, -ma, derradeiro, -ra

ultra [yltʀa] *adj-nmf* extremista

ultrason [yltʀazɔ̃] *nm* ultrassom

ultraviolet, -ette [yltʀavjɔlɛ, -ɛt] *adj-nm* ultravioleta

un, une [ɔ̃, yn] *art indéf* (*quelqu'un*) um, uma: ***c'est un écrivain qui a dit*** foi um escritor que disse
▶ *num* **1** (*nombre*) um, uma: ***j'ai acheté un litre de lait*** comprei um litro de leite **2** (*ordinal*) primeiro, -ra: ***livre un*** livro primeiro
▶ *pron indéf* **l'un, -e** (*chacun, aucun*) um, uma: ***le coupable est l'un d'eux*** o culpado é um deles
▶ *nm* **un** (*une unité*) um
• **c'est tout un** dá na mesma
• **l'un l'autre** um ao outro, mutuamente
• **l'un et l'autre** ambos
• **ne faire ni une ni deux** não vacilar
• **ne faire qu'un** ser uma coisa só
• **ni l'un ni l'autre** nem um nem outro
• **pas un** nenhum, nem um
• **un à un** um a um
▶ **la une** (*d'un journal*) primeira página

unanime [ynanim] *adj* unânime

unanimité [ynanimite] *nf* unanimidade
• **à l'unanimité** por unanimidade

uni, -e [yni] *adj* **1** (*gén*) unido, -da, junto, -ta **2** (*surface*) plano, -na, liso, -sa **3** (*vêtement, tissu*) liso, -sa: ***chemisier uni*** blusa lisa

unification [ynifikasjɔ̃] *nf* unificação

unifier [12] [ynifje] *vt* unificar

uniforme¹ [ynifɔʀm] *adj* uniforme, regular

uniforme² [ynifɔʀm] *nm* (*vêtement*) uniforme

uniformiser [1] [ynifɔʀmize] *vt* uniformizar

unilatéral, -e [ynilateʀal] *adj* unilateral

union [ynjɔ̃] *nf* união
■ **Union européenne** União Europeia

unique [ynik] *adj* único, -ca

unir [20] [yniʀ] *vt* unir
▶ *vpr* **s'unir** unir-se

unisexe [ynisɛks] *adj* unissex

unisson [ynisɔ̃] *loc* **à l'unisson** em uníssono

unitaire [ynitɛʀ] *adj* unitário, -a

unité [ynite] *nf* unidade

univers [ynivɛʀ] *nm* universo

universel, -elle [ynivɛʀsɛl] *adj* universal

universitaire [ynivɛʀsitɛʀ] *adj* (*gén*) universitário, -a
▶ *nmf* académico, -ca, professor, -ra universitário, -a

université [ynivɛʀsite] *nf* universidade

uranium [yʀanjɔm] *nm* urânio

urbain, -e [yʀbɛ̃, -ɛn] *adj* urbano, -na

urbanisation [yʀbanizasjɔ̃] *nf* urbanização

urbaniser [1] [yʀbanize] *vt* urbanizar

urbanisme [yʀbanism] *nm* urbanismo

urée [yʀe] *nf* ureia

urgence [yRʒɑ̃s] *nf* urgência
- **d'urgence** de urgência

urgent, -e [yRʒɑ̃, -ɑ̃t] *adj* urgente

urinaire [yRinɛR] *adj* ANAT urinário, -a

urine [yRin] *nf* urina

urinoir [yRinwaR] *nm* mictório

urne [yRn] *nf* urna

urticaire [yRtikɛR] *nf* MÉD urticária

Uruguay [yRygwɛ] *nm* Uruguai

uruguayen, -enne [yRygwɛjɛ̃, -ɛn] *adj* uruguaio, -a
▶ *nm,f* **Uruguayen, -enne** uruguaio, -a

usage [yzaʒ] *nm* uso
- **à l'usage** com o uso
- **à l'usage de** para uso de, para
- **"À usage externe"** "Uso externo"
- **d'usage** de costume, habitual
- **en usage** em uso
- **faire usage de** fazer uso de, utilizar
- **hors d'usage** fora de uso

usagé, -e [yzaʒe] *adj* **1** usado, -da: *vêtements usagés* roupa usada **2** *fig* repisado, -da, velho, -lha, rebatido, -da

usager, -ère [yzaʒe, -ɛR] *nm,f* usuário, -a

usé, -e [yze] *adj* **1** (*gén*) desgastado, -da, gasto, -ta **2** *fig* (*affaibli*) debilitado, -da **3** *fig* (*banal*) banalizado, -da, trivializado, -da, repisado, -da

user [1] [yze] *vi* **user de** (*faire usage*) usar, fazer uso de: *user d'un privilège* fazer uso de um privilégio
▶ *vt* **1** (*détériorer*) gastar, desgastar **2** (*santé, forces*) debilitar
▶ *vpr* **s'user** (*se détériorer*) gastar-se, desgastar-se
- **s'user à la tâche** esgotar-se

usine [yzin] *nf* fábrica, usina

usité, -e [yzite] *adj* (*employé*) usado, -da: *c'est une expression très usitée* é uma expressão muito usada

ustensile [ystɑ̃sil] *nm* utensílio

usuel, -elle [yzɥɛl] *adj* usual

usure¹ [yzyR] *nf* (*intérêt*) usura, agiotagem

usure² [yzyR] *nf* (*détérioration*) desgaste *m*

usurier, -ère [yzyRje, -jɛR] *nm,f* usurário, -a, agiota

usurpateur, -trice [yzyRpatœR, -tRis] *nm,f* usurpador, -ra

usurper [1] [yzyRpe] *vt* usurpar

utérus [yteRys] *nm* ANAT útero

utile [ytil] *adj* útil
- **en temps utile** em tempo hábil

utilisateur, -trice [ytilizatœR, -tRis] *nm,f* utilizador, -ra, usuário, -a

utilisation [ytilizasjɔ̃] *nf* utilização, uso *m*

utiliser [1] [ytilize] *vt* usar, utilizar

utilitaire [ytilitɛR] *adj* utilitário, -a
▶ *nm* INFORM utilitário

utilité [ytilite] *nf* **1** (*service*) utilidade **2** (*théâtre*) figurante

utopie [ytɔpi] *nf* utopia

utopique [ytɔpik] *adj* utópico, -ca

V

va! [va] *interj* vá!
- **va pour** que seja, pode ser

vacance [vakɑ̃s] *nf* (*d'une fonction*) vacância, vaga
▶ *nf pl* **vacances** férias
- **être en vacances** estar de férias
■ **grandes vacances** férias escolares de verão

vacancier, -ère [vakɑ̃sje, -ɛʀ] *nm,f* veranista

vacant, -e [vakɑ̃, -ɑ̃t] *adj* **1** (*poste, chaire*) vacante, vago, -ga **2** (*siège, logement*) desocupado, -da, livre

vacarme [vakaʀm] *nm* algazarra *f*, alvoroço

vaccin [vaksɛ̃] *nm* vacina *f*

vacciner [1] [vaksine] *vt* vacinar

vache [vaʃ] *nf* **1** ZOOL vaca **2** *fam fig* (*personne*) safado, -da **3** *fam fig* (*chose*) maldito, -ta
▶ *adj fam* (*dur*) duro, -ra, impiedoso, -sa
- **ah la vache!** [étonnement] caramba!, puxa! [indignation] droga!
- **manger de la vache enragée** *fig* comer o pão que o diabo amassou

vachement [vaʃmɑ̃] *adv fam* (*très*) muito, pra burro: *ce film est vachement bien* este filme é bom pra burro

vacherie [vaʃʀi] *nf* **1** (*établissement*) estábulo *m* **2** *fam* (*méchanceté*) safadeza

vaciller [1] [vasije] *vi* vacilar

va-et-vient [vaevjɛ̃] *nm inv* vaivém, vai e vem

vagabond, -e [vagabɔ̃, -ɔ̃d] *adj,nm,f* errante

vagabonder [1] [vagabɔ̃de] *vi* errar, vagar, perambular

vagin [vaʒɛ̃] *nm* ANAT vagina *f*

vague¹ [vag] *adj* vago, -ga, vazio, -a
▶ *nm* **1** (*imprécision*) vagueza *f*, imprecisão *f* **2** (*vide*) vazio
- **avoir du vague à l'âme** estar melancólico, -ca
- **rester dans le vague** ser evasivo, -va

vague² [vag] *nf* vaga, onda
■ **vague de chaleur** onda de calor

vain, -e [vɛ̃, -ɛn] *adj* vão, -ã, inútil
- **en vain** em vão, inutilmente

vaincre [65] [vɛ̃kʀ] *vt* vencer

vaincu, -e [vɛ̃ky] *adj,nm,f* vencido, -da
- **s'avouer vaincu, -e** dar-se por vencido, -da

vainqueur [vɛ̃kœʀ] *adj,nm* vencedor, -ra

vaisseau [vɛso] *nm* **1** (*navire*) navio **2** (*d'un édifice*) nave *f* **3** ANAT vaso
- **brûler ses vaisseaux** não poder voltar atrás
■ **vaisseau spatial** nave espacial

vaisselle [vɛsɛl] *nf* louça
- **faire la vaisselle** lavar a louça

val [val] *nm* (*pl* **vaux** o **vals**) vale

valable [valabl] *adj* **1** (*gén*) válido, -da **2** (*personne*) bom, boa, de valor

valet [valɛ] *nm* **1** (*domestique*) criado **2** (*aux cartes*) valete
■ **valet de chambre** camareiro
■ **valet d'écurie** cavalariço
■ **valet de pied** lacaio, escudeiro

valeur [valœʀ] *nf* valor *m*
- **mettre en valeur** (*terre*) explorar (*capital*) fazer render (*connaissances*) valorizar, fazer bom uso de (*taille, minceur*) realçar (*talent, qualités*) exibir, pôr em evidência

valeureux, -euse [valœRø, -øz] *adj* valoroso, -sa

valide [valid] *adj* válido, -da

valider [1] [valide] *vt* validar

validité [validite] *nf* validade

valise [valiz] *nf* valise, mala
▸ **valise diplomatique** mala diplomática

vallée [vale] *nf* vale *m*

valoir [44] [valwaR] *vi* 1 (*gén*) valer: *une fiche rouge vaut deux points* uma ficha vermelha vale dois pontos; *cette vue vaut le déplacement* esta vista vale a viagem 2 (*prix*) custar: *ça vaut 10 euros* custa 10 euros
▸ *vt* valer: *ses farces lui ont valu une mauvaise réputation* suas enganações lhe valeram má fama
• **à valoir** por conta, a deduzir
• **autant vaudrait** (*seria*) melhor
• **autant vaut** é o mesmo que
• **faire valoir** (*argument; opinion, raisons*) defender, fazer valer (*qualité*) pôr em evidência
• **il vaut mieux** é melhor, é preferível
• **rien qui vaille** nada que preste
• **se faire valoir** pôr-se em evidência, ganhar importância, valorizar-se
• **vaille que vaille** haja o que houver, seja o que for
• **valoir la peine de** valer a pena

valoriser [1] [valɔRize] *vt* valorizar

valse [vals] *nf* valsa

valve [valv] *nf* 1 (*de mollusque*) valva 2 (*soupape*) válvula

vampire [vɑ̃piR] *nm* vampiro

vandale [vɑ̃dal] *nm* vândalo

vandalisme [vɑ̃dalism] *nm* vandalismo

vanille [vanij] *nf* baunilha: *glace à la vanille* sorvete de baunilha

vanité [vanite] *nf* vaidade

vaniteux, -euse [vanitø, -øz] *adj-nm,f* vaidoso, -sa

vanne [van] *nf* 1 (*gén*) comporta 2 (*robinet*) registro *m*

vantard, -e [vɑ̃taR, -aRd] *adj-nm,f* fanfarrão, -ona

vanter [1] [vɑ̃te] *vt* gabar
▸ *vpr* **se vanter** gabar-se, vangloriar-se: *il se vante constamment de sa force* está sempre se gabando da força que tem

vapeur [vapœR] *nf* vapor *m*
▸ *nm* (*bateau*) vapor
• **à la vapeur** CUIS no vapor
• **à toute vapeur** a todo vapor

vaporisateur [vapɔRiztœR] *nm* vaporizador, nebulizador

vaporiser [1] [vapɔRize] *vt* 1 (*pulvériser*) vaporizar, pulverizar 2 (*évaporer*) evaporar

vareuse [vaRøz] *nf* 1 (*vêtement de marin*) blusão *m* de marinheiro *f* 2 (*uniforme*) uniforme *m* de marinheiro 3 (*veste*) blusão *m*, camisão *m*

variable [vaRjabl] *adj-nf* variável

variante [vaRjɑ̃, -ɑ̃t] *nf* variante

variation [vaRjasjɔ̃] *nf* variação

varice [vaRis] *nf* MÉD variz

varicelle [vaRisɛl] *nf* MÉD varicela, catapora

varier [12] [vaRje] *vt* variar
▸ *vi* 1 (*présenter des changements*) variar 2 (*présenter des différences*) divergir

variété [vaRjete] *nf* (*diversité, changement*) variedade
▸ *nf pl* **variétés** variedades

variole [vaRjɔl] *nf* MÉD varíola

vasculaire [vaskylɛR] *adj* ANAT vascular

vase¹ [vaz] *nm* 1 (*récipient*) vasilha *f* 2 (*à fleurs*) vaso
▪ **vase de nuit** urinol, penico
▪ **vases communicants** vasos comunicantes

vase² [vaz] *nf* limo *m*, lodo *m*

vaseline [vazlin] *nf* vaselina

vaseux, -euse [vazø, -øz] *adj* 1 (*boueux*) lodoso, -sa 2 *fam* (*fatigué*) esgotado, -da 3 *fam* (*peu clair*) confuso, -sa

vasistas [vazistas] *nm* vitrô

vaste [vast] *adj* vasto, -ta, amplo, -pla

va-tout [vatu] *nm inv loc* **jouer son va-tout** jogar a última cartada

vaudeville [vodvil] *nm* vaudevile

vaurien, -enne [voRjɛ̃, -ɛn] *nm,f* salafrário, -ria

vautour [votuR] *nm* ZOOL abutre

vautrer (se) [1] [votRe] *vpr* 1 (*sur l'herbe, le sol*) espojar-se, revirar-se 2 (*dans un fauteuil*) refestelar-se

veau [vo] *nm* **1** *(animal)* vitelo **2** *(viande)* vitela *f*
- **tuer le veau gras** dar um banquete

vedette [vədɛt] *nf* **1** *(bateau)* lancha, vedeta **2** *(artiste)* vedete
- **mettre en vedette** destacar, pôr em evidência

végétal, -e [veʒetal] *adj-nm* vegetal

végétarien, -enne [veʒetaʀjɛ̃, -ɛn] *adj-nm,f* vegetariano, -na

végétation [veʒetasjɔ̃] *nf* vegetação
▶ *nf pl* **végétations** **1** MÉD *(excroissances)* papiloma *m sing* **2** MÉD *(adénoïdes)* adenoides

végéter [10] [veʒete] *vi* vegetar

véhémence [veemɑ̃s] *nf* veemência

véhicule [veikyl] *nm* veículo

veille [vɛj] *nf* **1** *(privation de sommeil)* vigília **2** *(jour précédent)* véspera **3** *(d'une fête religieuse)* vigília
- **être à la veille de** *fig* estar na iminência de

veillée [veje] *nf* serão *m*, reunião noturna
■ **veillée funèbre** velório *m*

veiller [1] [veje] *vi* **1** *(rester sans dormir)* ficar acordado, -da **2** *(être de service)* vigiar
▶ *vt (malade, mort)* velar
■ **veiller à/sur + qqch/qqn** cuidar de, tomar conta de: *veiller sur ses enfants* cuidar dos filhos

veilleur, -euse [vejœʀ, -øz] *nm,f* vigia, vigilante
■ **veilleur, -euse de nuit** vigilante/guarda-noturno

veilleuse [vejøz] *nf* **1** *(petite flamme)* lamparina **2** *(petite lampe)* abajur *m* de parede **3** *(d'un appareil à gaz)* piloto *m*
- **mettre en veilleuse** [fig] reduzir o ritmo [pop] calar a boca

veinard, -e [vɛnaʀ, -aʀd] *adj-nm,f fam* sortudo, -da, felizardo, -da

veine [vɛn] *nf* **1** *(gén)* veia **2** *(d'un minéral)* veio *m*, filão *m* **3** *fam (chance)* sorte
- **être en veine** *fam* estar inspirado, -da
- **pas de veine!** azar!
■ **veine poétique** veia poética

veineux, -euse [vɛnø, -øz] *adj* **1** ANAT venoso, -sa **2** *(pierre, bois)* com veios

Velcro® [vɛlkʀo] *nm* velcro

véliplanchiste [veliplɑ̃ʃist] *nmf* windsurfista

vélo [velo] *nm fam* bicicleta *f*

vélodrome [velodʀom] *nm* velódromo

vélomoteur [velomotœʀ] *nm* ciclomotor

velours [vəluʀ] *nm* veludo
■ **velours côtelé** veludo cotelê

velouté, -e [vəlute] *adj* aveludado, -da
▶ *nm* **velouté** CUIS *velouté*

velu, -e [vəly] *adj* **1** *(gens)* peludo, -da **2** *(tissu)* felpudo, -da

vendange [vɑ̃dɑ̃ʒ] *nf* vindima

vendanger [4] [vɑ̃dɑ̃ʒe] *vt-vi* vindimar

vendeur, -euse [vɑ̃dœʀ, -øz] *nm,f* **1** *(commerçant)* vendedor, -ra **2** *(d'une boutique)* vendedor, -ra, balconista

vendre [62] [vɑ̃dʀ] *vt* vender
▶ *vpr* **se vendre** vender-se
- **"À vendre"** "Vende(m)-se"
- **vendre à terme** vender a prazo
- **vendre aux enchères** leiloar, vender em leilão
- **vendre la mèche** *fam* revelar um segredo

vendredi [vɑ̃dʀədi] *nm* sexta-feira *f*

vénéneux, -euse [venenø, -øz] *adj* venenoso, -sa (vegetal)

vénérable [veneʀabl] *adj* venerável, venerando, -da

vénérer [10] [veneʀe] *vt* venerar

Venezuela [venezɥela] *nm* Venezuela *f*

vénézuélien, -enne [venezɥeljɛ̃, -ɛn] *adj* venezuelano, -na
▶ *nm,f* **Vénézuélien, -enne** venezuelano, -na

vengeance [vɑ̃ʒɑ̃s] *nf* vingança

venger [4] [vɑ̃ʒe] *vt* vingar
▶ *vpr* **se venger** vingar-se

venimeux, -euse [vənimø, -øz] *adj* venenoso, -sa, peçonhento, -ta

venin [vənɛ̃] *nm* veneno, peçonha *f*

venir [35] [vəniʀ] *vi* **1** *(gén)* vir: *il est venu hier* ele veio ontem; *dites-lui de venir* diga-lhe que venha **2** *(arriver)* chegar: *le moment est venu de* chegou a hora de **3** *(apparaître-idée, inspiration)* ocorrer,

acudir 4 (*se former*) acontecer, ocorrer: ***c'est venu comme ça*** aconteceu assim
- **venir de 1** (*être originaire de*) vir, provir, proceder: ***ces oranges viennent de Valence*** estas laranjas vêm de Valência **2** (*être l'effet de*) decorrer **3** (+ *inf*) acabar de (+ *inf*): ***son père vient de mourir*** seu pai acaba de morrer
• **en venir aux mains** chegar às vias de fato
• **en venir (jusqu')à** chegar a (*ponto de*)
• **faire venir qqn** mandar chamar alguém
• **où veux-tu en venir?** aonde você quer chegar?

vent [vã] *nm* **1** (*mouvement de l'air*) vento **2** (*gaz intestinal*) ventosidade *f*
• **contre vents et marées** contra tudo e contra todos
• **être dans le vent** *fam* estar por dentro, estar atualizado, -da

vente [vãt] *nf* venda
- **vente à tempérament** venda a prazo, venda a crédito
- **vente au comptant** venda à vista
- **vente aux enchères** venda em leilão

ventilateur [vãtilatœʀ] *nm* ventilador

ventilation [vãtilasjɔ̃] *nf* ventilação

ventiler [1] [vãtile] *vt* **1** (*chambre, maison*) ventilar, arejar **2** (*compte*) desmembrar, dividir

ventouse [vãtuz] *nf* ventosa

ventre [vãtʀ] *nm* **1** (*abdomen*) ventre, barriga *f* **2** (*d'un objet*) barriga *f*, bojo
• **à plat ventre** de bruços, de barriga para baixo
• **à ventre déboutonné** até arrebentar
• **sur le ventre** de bruços, de barriga para baixo
• **ventre à terre** a toda velocidade

ventricule [vãtʀikyl] *nm* ANAT ventrículo

ventriloque [vãtʀilɔk] *adj-nmf* ventríloquo, -a

venu, -e [vəny] *adj* vindo, -da
• **être bien venu, -e** ser bem-vindo, ser bem recebido
• **être mal venu, -e** ser mal-vindo, ser mal recebido
- **le premier venu** o primeiro que aparecer, qualquer um

- **nouveau venu** recém-chegado

ver [vɛʀ] *nm* **1** (*gén*) verme **2** (*de viande, de fromage, de fruit*) bicho
• **tirer les vers du nez à qqn** *fam* arrancar algo de alguém, fazer alguém falar
- **ver à bois** caruncho
- **ver à soie** bicho-da-seda
- **ver luisant** vaga-lume, pirilampo
- **ver solitaire** solitária *f*
- **ver de terre** minhoca *f*

véranda [veʀɑ̃da] *nf* varanda

verbal, -e [vɛʀbal] *adj* verbal

verbe [vɛʀb] *nm* verbo

verdict [vɛʀdikt] *nm* veredicto, sentença *f*: ***verdict d'acquittement*** sentença de absolvição

verdure [vɛʀdyʀ] *nf* **1** (*des arbres, des plantes*) verde *m*, verdor *m* **2** (*herbe, feuillage*) vegetação **3** (*plantes potagères*) verdura, hortaliça

véreux, -euse [veʀø, -øz] *adj* **1** (*fruit, nourriture*) bichado, -da **2** (*personne, affaire etc.*) suspeito, -ta

verge [vɛʀʒ] *nf* **1** (*baguette*) vareta **2** (*pour frapper*) vara **3** (*sexe*) pênis *m*

verger [vɛʀʒe] *nm* pomar

vergeture [vɛʀʒətyʀ] *nf* estria

verglas [vɛʀgla] *nm* geada *m*, gelo

véridique [veʀidik] *adj* verídico, -ca

vérification [veʀifikasjɔ̃] *nf* verificação

vérifier [12] [veʀifje] *vt* verificar

vérin [veʀɛ̃] *nm* macaco (*para cargas*)

véritable [veʀitabl] *adj* verdadeiro, -ra

vérité [veʀite] *nf* verdade
• **dire à qqn ses quatre vérités** dizer umas verdades a alguém
• **en vérité** na verdade

vermicelle [vɛʀmisɛl] *nm* CUIS aletria, cabelo de anjo, fidelinho

vermine [vɛʀmin] *nf* **1** (*insecte*) bichos *m pl*, insetos *m pl* daninhos *m pl*, parasitas *m pl* **2** *fig* (*personne*) ralé, gentalha

verni, -e [vɛʀni] *adj* **1** (*meuble*) envernizado, -da **2** (*poterie*) vidrado, -da, brilhante **2** *fam fig* (*fortuné*) sortudo, -da, felizardo, -da
• **être verni, -e** *fam* ter sorte

vernir [20] [vɛʀniʀ] *vt* envernizar

vernis [vɛrni] *nm* verniz
- **vernis à ongles** esmalte para unhas

vernissage [vɛrnisaʒ] *nm* 1 (*d'un meuble*) envernizamento 2 (*d'une exposition*) vernissage

vérole [verɔl] *nf* MÉD sífilis
- **petite vérole** MÉD varíola

verre [vɛr] *nm* 1 (*vitre*) vidro 2 (*de lunettes*) lente *f* 3 (*à boire*) copo
- **prendre un verre** tomar alguma coisa, tomar um drinque
- **verre à pied** taça *f*
- **verres de contact** lentes *f* de contato
- **verres progressifs** lentes *f* progressivas

verrerie [vɛrəri] *nf* vidraria

verrière [vɛrjɛr] *nf* 1 (*gén*) teto *m* de vidro, divisória de vidro, vitral 2 (*aéronautique*) canopi *m*

verrou [vɛru] *nm* ferrolho
- **être sous les verrous** estar preso, -sa, estar trancafiado

verrouiller [1] [vɛruije] *vt* 1 (*fermer*) aferrolhar 2 (*enfermer*) trancafiar, prender

verrue [vɛry] *nf* MÉD verruga

vers¹ [vɛr] *nm* (*poésie*) verso

vers² [vɛr] *prép* 1 (*direction*) para, na direção de, rumo a: *se diriger vers la porte* dirigir-se para a porta 2 (*approximation*) por volta de: *vers six heures* por volta das seis horas

versant [vɛrsɑ̃] *nm* vertente *f*, encosta *f*

versatile [vɛrsatil] *adj* versátil

verse [vɛrs] *loc* **à verse** a cântaros

versement [vɛrsəmɑ̃] *nm* pagamento, depósito em conta

verser [1] [vɛrse] *vt* 1 (*liquide*) verter, derramar: *verser de l'eau sur la table* derramar água sobre a mesa 2 (*argent*) depositar: *verser une somme sur son compte* depositar uma importância em sua conta
▸ *vi* (*véhicule*) virar
- **verser des larmes** chorar, derramar lágrimas
- **verser le sang** derramar sangue

verset [vɛrse] *nm* versículo

version [vɛrsjɔ̃] *nf* versão
- **version originale** versão original

verso [vɛrso] *nm* verso, reverso

vert, -e [vɛr, -ɛrt] *adj* 1 (*gén*) verde 2 (*les légumes*) fresco, -ca 3 (*les gens âgés*) vigoroso, -sa, conservado, -da
▸ *nm* **vert** verde
- **en voir des vertes et des pas mûres** ver coisas do arco-da-velha
- **se mettre au vert** ir para o campo descansar

vertébral, -e [vɛrtebral] *adj* ANAT vertebral

vertèbre [vɛrtebr] *nf* ANAT vértebra

vertébré, -e [vɛrtebre] *adj* vertebrado, -da
▸ *nm* **vertébré** vertebrado

vertical, -e [vɛrtikal] *adj* vertical

vertige [vɛrtiʒ] *nm* vertigem *f*

vertigineux, -euse [vɛrtiʒinø, -øz] *adj* vertiginoso, -sa

vertu [vɛrty] *nf* virtude
- **en vertu de** em virtude de

vertueux, -euse [vɛrtɥø, -øz] *adj* virtuoso, -sa

verveine [vɛrvɛn] *nf* BOT verbena

vésicule [vezikyl] *nf* ANAT MÉD vesícula

vessie [vesi] *nf* ANAT bexiga

veste [vɛst] *nf* casaco *m* curto, paletó *m*, jaqueta

vestiaire [vɛstjɛr] *nm* vestiário

vestibule [vɛstibyl] *nm* vestíbulo

vestige [vɛstiʒ] *nm* vestígio

veston [vɛstɔ̃] *nm* casaco, paletó, jaquetão

vêtement [vɛtmɑ̃] *nm* vestuário, roupa *f*

vétéran [veterɑ̃] *nm* veterano

vétérinaire [veterinɛr] *adj-nmf* veterinário, -ria

vêtir [33] [vetir] *vt* vestir
▸ *vpr* **se vêtir** vestir-se

veto [veto] *nm* veto

veuf, veuve [vœf, vœv] *adj-nmf* viúvo, -va

vexer [1] [vɛkse] *vt* (*humilier*) vexar, humilhar
▸ *vpr* **se vexer** vexar-se, ofender-se

via [vja] *prép* por meio, passando por

viabilité [vjabilite] *nf* 1 (*d'un organisme*

vivant) viabilidade **2** (*d'un chemin*) trafegabilidade

viable [vjabl] *adj* viável

viaduc [vjadyk] *nm* viaduto

viager, -ère [vjaʒe, -ɛʀ] *adj* (*rente, pension etc.*) vitalício, -a
▶ *nm* **viager** (*revenu*) renda *f* vitalícia

viande [vjɑ̃d] *nf* CULS carne
- **viande blanche** carne branca
- **viande froide** frios *m pl*
- **viande rouge** carne vermelha

vibrant, -e [vibʀɑ̃, -ɑ̃t] *adj* vibrante

vibration [vibʀasjɔ̃] *nf* vibração

vibrer [1] [vibʀe] *vi* vibrar
- **faire vibrer** emocionar, comover

vicaire [vikɛʀ] *nm* vigário

vice [vis] *nm* vício

vice-président, -e [vispʀezidɑ̃, -ɑ̃t] *nm,f* (*pl* **vice-présidents, -tes**) vice--presidente

vice versa [visvɛʀsa] *adv* vice-versa

vicier [12] [visje] *vt* viciar

vicieux, -euse [visjø, -øz] *adj* **1** (*pervers*) perverso, -sa **2** (*cheval*) manhoso, -sa **3** (*qui a des moeurs déréglées*) depravado, -da **4** *fam* (*qui a des goûts bizarres*) que tem mau gosto **5** *fml* (*fautif, impropre*) vicioso, -sa

victime [viktim] *nf* vítima

victoire [viktwaʀ] *nf* vitória

victorieux, -euse [viktɔʀjø, -øz] *adj* vitorioso, -sa

victuailles [viktɥaj] *nf pl* víveres *m*, mantimentos *m*

vidanger [4] [vidɑ̃ʒe] *vt* **1** (*récipient*) esvaziar **2** (*voiture*) trocar o óleo

vide [vid] *adj* **1** (*gén*) vazio, -a **2** (*vacant*) vago, -ga, desocupado, -da **3** (*dénudé-mur*) nu, -a
▶ *nm* **1** (*physique*) vácuo **2** (*d'un mur*) vão
- **faire le vide autour de qqn** isolar alguém
- **vide de** desprovido, -da de, privado, -da de

vidéo [video] *adj inv* de vídeo
▶ *nf* vídeo *m*

vidéocassette [videokasɛt] *nf* videocassete *m*

vidéo-clip [videoklip] *nm* videoclipe

vidéoclub [videoklœb] *nm* videoclube

vidéodisque [videodisk] *nm* videodisco

vider [1] [vide] *vt* **1** (*rendre vide*) esvaziar **2** (*poisson, volaille*) limpar, destripar **3** (*question*) resolver **4** (*un lieu*) desocupar **5** *fam* (*expulser*) expulsar **6** *fam* (*épuiser*) esgotar
▶ *vpr* **se vider** (*devenir vide*) esvaziar-se, ficar vazio, -a

vie [vi] *nf* vida
- **être en vie** estar vivo, -va
- **être plein de vie** estar cheio de vida
- **faire la vie** viver na farra
- **faire sa vie** viver a vida
- **jamais de la vie** jamais; de jeito nenhum
- **la vie durant** por toda a vida
- **rendre la vie dure à qqn** infernizar a vida de alguém
- **voir la vie en rose** ver a vida cor-de--rosa
- **enterrer sa vie de garçon** fazer despedida de solteiro

vieil [vjɛj] *adj* → **vieux, vieille**

vieillard [vjɛjaʀ] *nm* velho, velhinho, velhote

vieille [vjɛj] *adj-nf* → **vieux, vieille**

vieillesse [vjɛjɛs] *nf* velhice

vieillir [20] [vjejiʀ] *vi* envelhecer
▶ *vt* (*avant l'heure*) envelhecer: *cette coiffure te vieillit* esse penteado te envelhece

vieillissement [vjejismɑ̃] *nm* envelhecimento

vieillot, -otte [vjejo, -ɔt] *adj* **1** (*gén*) envelhecido, -da **2** *fam* (*démodé*) antiquado, -da

vierge [vjɛʀʒ] *adj* virgem
▶ *nf* virgem
- **la sainte Vierge** Virgem Maria

vieux, vieille [vjø, vjɛj] *adj* (**vieil** diante de substantivo masculino iniciado por vogal ou *h* mudo) **1** (*gén*) velho, -lha, idoso, -sa: *un homme vieux* um homem velho/idoso; *un vieil homme* um velho **2** (*ancien*) antigo, -ga, ex-: *c'est un de mes vieux professeurs* é um ex-professor meu **3** (*usé*) velho, -lha
▶ *nmf* (*personne âgée*) velho, -lha, idoso, -sa

▶ nm **le vieux** (*ce qui est ancien*) o velho: *je préfère le vieux au neuf* prefiro o velho ao novo
• **ma vieille!** cara!, meu caro!, minha cara!
• **mon vieux!** meu caro!
■ **petite vieille** velhinha
■ **petit vieux** velhinho, velhote
■ **vieille fille** solteirona
■ **vieux garçon** solteirão

vif, vive [vif, viv] *adj* 1 (*vivant*) vivo, -va 2 (*brillant*) vivo, -va, vivaz 3 (*intense*) intenso, -sa, penetrante: *froid vif* frio penetrante
▶ nm **vif** 1 (*personne vivante*) vivo 2 (*d'une question*) cerne, nó, âmago
• **à vif** em carne viva
• **de vive voix** de viva voz
• **entre vifs** *inter vivos*
• **piquer au vif** tocar no ponto sensível
• **prendre sur le vif** copiar do natural
• **trancher dans le vif** ir direto ao ponto

vigie [viʒi] *nf* vigia, posto *m* de observação

vigilance [viʒilɑ̃s] *nf* vigilância

vigne [viɲ] *nf* 1 (*plante*) videira 2 (*champ*) vinha, vinhedo *m*
• **être dans les vignes du Seigneur** *fig* estar bêbado, -da

vigneron, -onne [viɲərɔ̃, -ɔn] *nm,f* viticultor, -ra

vignette [viɲɛt] *nf* 1 (*gravure*) vinheta 2 (*certificat*) selo *m*, rótulo *m*

vignoble [viɲɔbl] *nm* vinhedo

vigogne [vigɔɲ] *nf* vicunha

vigoureux, -euse [viguʀø, -øz] *adj* vigoroso, -sa

vigueur [vigœʀ] *nf* vigor *m*
• **en vigueur** vigorosamente
• **être en vigueur** estar em vigor, vigorar

vil, -e [vil] *adj* vil
• **acheter à vil prix** comprar por preço insignificante

vilain, -e [vilɛ̃, -ɛn] *adj-nm,f* 1 (*laid*) feio, -a: *il a un vilain nez* ele tem nariz feio 2 (*méchant*) mau, má, malvado, -da
• **il va y avoir du vilain** *fam* vai sair confusão

vilebrequin [vilbʀəkɛ̃] *nm* 1 (*outil*) furadeira *f* (*manual*) 2 (*d'un moteur*) virabrequim

villa [villa] *nf* vila, casa de campo

village [vilaʒ] *nm* aldeia *f*, povoado

villageois, -e [vilaʒwa, -az] *adj-nm,f* camponês, -esa, aldeão, -ã

ville [vil] *nf* cidade
• **à la ville** na cidade
• **aller en ville** ir à cidade
• **dîner en ville** comer fora de casa

villégiature [vileʒjatyʀ] *nf* veraneio *m*

vin [vɛ̃] *nm* vinho
• **cuver son vin** *fig* curar a bebedeira
• **être entre deux vins** *fig* estar alto/alegre
• **mettre de l'eau dans son vin** *fig* moderar as ambições
■ **vin blanc** vinho branco
■ **vin rosé** vinho rosado
■ **vin rouge** vinho tinto

vinaigre [vinɛgʀ] *nm* vinagre
• **tourner au vinaigre** piorar, deteriorar-se

vinaigrette [vinɛgʀɛt] *nf* CUIS vinagrete *m*

vinasse [vinas] *nf fam* vinhaça, vinho *m* ordinário

vingt [vɛ̃] *num* vinte

vingtaine [vɛ̃tɛn] *nf* por volta de vinte

vingtième [vɛ̃tjɛm] *adj-nm,f* vigésimo, -ma
▶ nm (*fraction*) vigésimo, um vinte avos, vigésima parte *f*

vinicole [vinikɔl] *adj* vinícola

vinyle [vinil] *nm* vinil

viol [vjɔl] *nm* 1 (*rapport sexuel*) estupro 2 (*transgression*) violação *f*

violation [vjɔlasjɔ̃] *nf* violação

violence [vjɔlɑ̃s] *nf* violência

violent, -e [vjɔlɑ̃, -ɑ̃t] *adj* violento, -ta

violer [1] [vjɔle] *vt* 1 (*personne*) estuprar 2 (*loi, règle*) infringir, transgredir, violar 3 (*sanctuaire*) violar

violet, -ette [vjɔlɛ, -ɛt] *adj-nm* (*couleur*) violeta

violette [vjɔlɛt] *nf* BOT violeta

violeur [vjɔlœʀ] *nm* estuprador

violon [vjɔlɔ̃] *nm* 1 MUS violino 2 *fam* (*prison*) cadeia *f*
■ **violon d'Ingres** passatempo favorito, *hobby*

violoncelle [vjɔlɔ̃sɛl] *nm* MUS violoncelo
violoncelliste [vjɔlɑ̃sɛlist] *nmf* violoncelista
violoniste [vjɔlɔnist] *nmf* violinista
vipère [vipɛʀ] *nf* víbora
virage [viʀaʒ] *nm* 1 *(action de tourner)* virada *f* 2 *(endroit où l'on tourne)* curva *f* 3 *fig (changement)* guinada *f*
• **négocier un virage** manobrar bem numa curva
• **"Virage dangereux"** "Curva perigosa"
virement [viʀmɑ̃] *nm* 1 *(d'un bateau)* mudança *f* de rumo 2 *(de fonds)* transferência *f*
▪ **virement postal** vale postal
virer [1] [viʀe] *vi* 1 *(gén)* girar 2 *(bateau)* mudar de rumo
▸ *vt* 1 *(transférer)* transferir 2 *fam (congédier)* despedir
• **virer de bord** *(bateau)* mudar de rumo *(personne)* mudar de ideia
virginité [viʀʒinite] *nf* virgindade
virgule [viʀgyl] *nf* vírgula
virtuel, -elle [viʀtɥɛl] *adj* virtual
virtuose [viʀtɥoz] *nmf* virtuose
virulence [viʀylɑ̃s] *nf* virulência
virus [viʀys] *nm* vírus
vis [vis] *nf* parafuso *m*
• **serrer la vis à qqn** tratar alguém com severidade
visa [viza] *nm* 1 *(sur le passeport)* visto 2 *(approbation)* aprovação *f*, aval
visage [vizaʒ] *nm* rosto
• **à visage découvert** abertamente, sem máscara
vis-à-vis [vizavi] *adv (en face)* em frente
▸ *nm (personne)* vizinho de frente
• **vis-à-vis de** *(en face de)* em frente de *(à l'égard de)* em relação a
viscéral, -e [viseʀal] *adj* visceral
viscère [visɛʀ] *nm* ANAT víscera *f*
visée [vize] *nf* 1 *(regard)* visada, olhada, mirada 2 *(d'une arme)* pontaria, mira 3 *fig (but)* meta, intenção, projeto *m*
• **avoir de hautes visées** ter grandes projetos
viser [1] [vize] *vt* 1 *(pointer)* visar, apontar para, mirar 2 *fig (chercher à atteindre)* visar a, ter em vista 3 *(document)* visar, apor o visto

▸ *vi* 1 *(pour tirer)* apontar, mirar 2 *(diriger ses efforts vers)* visar a
• **ne pas viser juste** fazer má pontaria
• **se sentir visé** sentir-se visado
• **viser haut** ter altas ambições
viseur [vizœʀ] *nm* visor
visibilité [vizibilite] *nf* visibilidade
visible [vizibl] *adj* 1 *(gén)* visível 2 *fig (erreur, injustice)* patente
visière [vizjɛʀ] *nf* viseira
vision [vizjɔ̃] *nf* visão
visionnaire [vizjɔnɛʀ] *adj-nmf* visionário, -a
visite [vizit] *nf* visita: *la visite du château* a visita ao castelo
• **rendre visite** visitar
▪ **visite de condoléances** visita de pêsames
▪ **visite de politesse** visita de cortesia
▪ **visite médicale** exame *m* médico
visiter [1] [vizite] *vt* visitar
visiteur, -euse [vizitœʀ, -øz] *nm,f* 1 *(invité)* visita *f* 2 *(d'un musée)* visitante 3 *(inspecteur)* inspetor, -ra
vison [vizɔ̃] *nm* vison
visqueux, -euse [viskø, -øz] *adj* viscoso, -sa
visser [1] [vise] *vt* 1 *(avec des vis)* parafusar 2 *(serrer)* apertar
visualiser [1] [vizɥalize] *vt* visualizar
visuel, -elle [vizɥɛl] *adj* visual
vital, -e [vital] *adj* vital
vitalité [vitalite] *nf* vitalidade
vitamine [vitamin] *nf* vitamina
vite [vit] *adj* rápido, -da, veloz
▸ *adv* 1 *(à la hâte)* depressa, rapidamente: *marcher vite* andar depressa 2 *(sans tarder)* logo: *viens vite!* venha logo!
• **au plus vite** o mais depressa possível
• **c'est vite dit** eu não teria tanta certeza
• **faire vite** andar logo
vitesse [vitɛs] *nf* 1 *(gén)* velocidade 2 *(promptitude)* rapidez, agilidade 3 *(auto)* marcha
• **à toute vitesse** a toda velocidade
• **em quatrième vitesse** *fam* com o pé na tábua, acelerado
• **en vitesse** rápido, depressa, sem demora

- **être en perte de vitesse** estar perdendo velocidade (*fig*) estar estagnado, -da
- **gagner qqn de vitesse** ultrapassar alguém

viticulteur, -trice [vitikyltœʀ, -tʀis] *nm,f* viticultor, -ra

vitrage [vitʀaʒ] *nm* 1 (*action*) envidraçamento 2 (*d'un bâtiment*) conjunto de vidraças 3 (*châssis vitré*) vidraça *f* 4 (*rideau*) estore interior

vitrail [vitʀaj] *nm* vitral

vitre [vitʀ] *nf* 1 (*d'une fenêtre*) vidro *m* 2 (*de train, voiture etc.*) janela
- **casser les vitres** *fam* armar um escarcéu

vitré, -e [vitʀeg] *adj* envidraçado, -da

vitrifier [12] [vitʀifje] *vt* vitrificar
▶ *vpr* **se vitrifier** vitrificar-se

vitrine [vitʀin] *nf* vitrina

vitrocéramique [vitʀɔseʀamik] *nf* vitrocerâmica

vivacité [vivasite] *nf* vivacidade

vivant, -e [vivɑ̃, -ɑ̃t] *adj* 1 (*qui vit*) vivo, -va 2 (*plein de vie*) vívido, -da: *tableau vivant* quadro vívido 3 (*plein d'animation*) animado, -da, movimentado, -da: *quartier vivant* bairro movimentado
▶ *nm* **vivant** (*celui qui vit*) vivo: *le monde des vivants* o mundo dos vivos
- **de son vivant** em vida
- **du vivant de qqn** (*dans le passé*) durante a vida de alguém (*dans le présent*) enquanto alguém viver
- **être le vivant portrait de qqn** ser o retrato vivo de alguém
- **moi vivant, -e** enquanto eu estiver vivo, -va
■ **un bon vivant** um *bon-vivant*

vive¹ [viv] *nf* ZOOL peixe-aranha *m*

vive!² [viv] *interj* viva!

vivement [vivmɑ̃] *adv* 1 (*avec vigueur*) veementemente 2 (*profondément*) vivamente, profundamente
▶ *interj* que chegue logo!, não vejo a hora!, que venha logo!; *vivement dimanche!* tomara que o domingo chegue logo!

vivier [vivje] *nm* viveiro

vivifier [12] [vivifje] *vt* vivificar

vivre [69] [vivʀ] *vi* 1 (*gén*) viver: *les tortues vivent très longtemps* as tartarugas vivem muito tempo 2 (*résider*) morar: *il vit en Espagne* ele mora na Espanha 3 (*durer*) viver, permanecer: *son souvenir vivra en nous* sua lembrança permanecerá em nós
▶ *vt* viver
- **être facile à vivre** ter bom gênio
- **qui vive?** quem vem lá?
- **vivre au jour le jour** viver o dia a dia
- **vivre d'amour et d'eau fraîche** viver de amor e uma cabana
- **vivre sa vie** levar a vida a seu modo

vivres [vivʀ] *nm pl* víveres

vocable [vɔkabl] *nm* vocábulo

vocabulaire [vɔkabylɛʀ] *nm* vocabulário

vocal, -e [vɔkal] *adj* vocal

vocaliser [1] [vɔkalize] *vi* vocalizar

vocation [vɔkasjɔ̃] *nf* vocação

vociférer [10] [vɔsifeʀe] *vi-vt* vociferar

vodka [vɔtka] *nf* vodca

vœu [vø] *nm* 1 (*promesse*) voto, juramento, promessa *f*: *vœu de pauvreté* voto de pobreza 2 (*souhait*) desejo, voto: *c'est mon vœu le plus cher* é o meu mais ardente desejo
▶ *nm pl* **vœux** votos
- **faire vœu de** fazer voto de
- **faire des vœux pour** fazer votos por
- **meilleurs vœux** com os melhores votos/Boas Festas
- **présenter ses vœux** desejar felicidade

vogue [vɔg] *nf* voga
- **être en vogue** estar na moda

voguer [2] [vɔge] *vi* vogar

voici [vwasi] *prép* 1 (*gén*) eis, chegou: *voici l'hiver* chegou o inverno 2 (*ici*) aqui está, aí está, aí: *voici qu'il arrive* aí vem ele 3 (*este*, -ta) aqui: *l'homme que voici* este homem aqui 4 (*déjà*) já: *nous voici arrivés* já chegamos 5 (*depuis*) há, faz: *voici une semaine que je l'attends* faz uma semana que o espero

voie [vwa] *nf* 1 (*gén*) via, caminho *m* 2 (*d'autoroute*) estrada, rodovia
- **être en voie de** estar em via de
- **mettre sur la voie** encaminhar

- **voie d'eau** curso de água, riacho
- **voie de garage** linha de estacionamento de trens *(fig)* condição de estagnação, de falta de progresso
- **voie ferrée** via férrea, ferrovia
- **voie publique** via pública

voilà [vwala] *prép* **1** *(présentation)* eis aí, eis ali, aí está: **le voilà** aí está ele/ei-lo **2** *(là)* aí: **le voilà qui vient** aí vem ele **3** *(ce que l'on vient de dire)* esse, -sa, isso: **voilà ses raisons** são essas as suas razões **4** *(il y a)* faz, há já: **voilà un mois qu'il est parti** já faz um mês que ele se foi
• **en voilà assez!** chega já!
• **ne voilà-t-il pas que!** e não é que!
• **voilà qui est bien** está bom assim
• **voilà tout** é só isso/isso é tudo

voile [vwal] *nm (gén)* véu
▶ *nf (d'un bateau)* vela
• **avoir un voile devant les yeux** [fig] estar cego, -ga
• **jeter un voile sur** lançar um véu sobre
• **mettre les voiles** *fam* dar no pé, safar-se
• **prendre le voile** entrar para a vida religiosa
- **voile du palais** ANAT palato mole/véu palatino

voiler [1] [vwale] *vt* **1** *(couvrir)* velar, cobrir **2** *(cacher)* velar, toldar: **les nuages voilaient le soleil** as nuvens toldavam o sol **3** *(fausser)* velar, mascarar
▶ *vpr* **se voiler** *(se couvrir)* cobrir-se com véu

voilier [vwalje] *nm* veleiro

voir [46] [vwaʀ] *vt* **1** *(percevoir les images par le sens de la vue)* enxergar: **il ne voit rien de l'œil droit** ele não enxerga nada com o olho direito **2** *(enregistrer l'image)* ver: **je ne l'avais jamais vu** nunca o tinha visto **3** *(observer)* observar, olhar: **voir au microscope** observar no microscópio **4** *(visiter)* ver, visitar **5** *(imaginer)* ver, imaginar: **je ne le vois pas marié** não o imagino casado
▶ *vi (percevoir)* ver, enxergar
▶ *vpr* **se voir** *(se fréquenter)* ver-se, encontrar-se
• **c'est à voir** *(être douteux)* veremos *(valoir la peine)* é digno de ser visto
• **faire voir** mostrar
• **on verra ça** veremos, vamos ver
• **se faire voir** mostrar-se, aparecer
• **voir à ce que** cuidar para que
• **voir d'un bon/mauvais œil** ver com bons/maus olhos
• **voyez-vous?** está vendo?, entendeu?
• **voyons!** vejamos!, vamos ver!, vamos lá
• **y voir clair** ver claro

voire [vwaʀ] *adv* até, até mesmo, mesmo: **il peut le faire en un jour, voire en une heure** ele pode fazer isso em um dia, até mesmo em uma hora

voisin, -e [vwazɛ̃, -in] *adj* **1** *(gén)* vizinho, -nha **2** *(semblable)* semelhante, parecido, -da: **des théories voisines** teorias semelhantes
▶ *nm, f* vizinho, -nha

voisinage [vwazinaʒ] *nm* **1** *(proximité)* vizinhança *f*, imediação *f* **2** *(ensemble des voisins)* vizinhança *f*

voiture [vwatyʀ] *nf* **1** *(véhicule)* carro *m*, automóvel *m* **2** *(de train)* vagão *m*
• **"En voiture!"** "Embarcar!"
- **voiture d'enfant** carrinho *m* de bebê
- **voiture à cheval** carruagem
- **voiture de course** carro *m* de corrida
- **voiture de tourisme** carro *m* de passeio

voix [vwa] *nf* **1** *(gén)* voz: **des voix aiguës** vozes agudas **2** *(vote)* voto *m*
• **à haute voix** em voz alta
• **avoir voix au chapitre** ter voz ativa
• **à voix basse** em voz baixa
• **de vive voix** de viva voz
• **mettre aux voix** pôr em votação
- **voix active** voz ativa
- **voix passive** voz passiva

vol[1] [vɔl] *nm* **1** *(gén)* voo **2** *(groupe d'oiseaux)* revoada *f*
• **à vol d'oiseau** [en regardant de très haut] visto, -ta de cima, do alto, de relance [en ligne droite] em linha reta
• **prendre son vol** levantar voo, decolar
• **saisir qqch au vol** pegar algo no ar/ não deixar algo escapar

vol[2] [vɔl] *nm (délit)* roubo
- **vol à main armée** assalto à mão armada

volaille [vɔlaj] *nf* aves *pl* domésticas

volant, -e [vɔlɑ̃, -ɑ̃t] *adj (qui vole)* voador, -ra, volante
▶ *nm* **volant 1** *(d'une robe)* babado **2** *(d'un véhicule)* volante

volatil, -e [vɔlatil] *adj* volátil
▶ *nm* **volatile** ave *f*

volatiliser (se) [1] [vɔlatilize] *vpr fam* evaporar; desaparecer

vol-au-vent [vɔlovɑ̃] *nm inv* CUIS volovã

volcan [vɔlkɑ̃] *nm* vulcão

volcanique [vɔlkanik] *adj* vulcânico, -ca

volée [vɔle] *nf* **1** (*d'un oiseau*) voo *m* **2** (*bande d'oiseaux*) bando *m*, revoada **3** (*de coups*) sova, surra **4** (*de projectiles*) rajada, descarga **5** (*d'une cloche*) repique *m*, bimbalhar *m* **6** (*d'un triptyque*) lance *m* **7** SPORT voleio *m*
• **à la volée** no ar
• **prendre sa volée** levantar voo (*fig*) bater asas

voler[1] [1] [vɔle] *vi* **1** (*oiseaux, avions*) voar **2** *fig* (*courir*) voar, correr

voler[2] [1] [vɔle] *vi-vt* (*dérober*) roubar
• **il ne l'a pas volé** *fam* ele mereceu

volet [vɔlɛ] *nm* (*d'une fenêtre, d'une porte; d'un triptyque*) folha *f*
• **trier sur le volet** escolher a dedo

voleur, -euse [vɔlœʀ, -øz] *adj-nm,f* ladrão, ladra
• **au voleur!** pega ladrão!
■ **voleur, -euse à la tire** batedor, -ra de carteira, punguista

volley-ball [vɔlebol] *nm* SPORT voleibol

volontaire [vɔlɔ̃tɛʀ] *adj* **1** (*de son gré*) voluntário, -a **2** (*qui ne fait que sa volonté*) voluntarioso, -sa
▶ *nmf* (*bénévole*) voluntário, -a

volonté [vɔlɔ̃te] *nf* vontade
• **à volonté** à vontade
• **faire les quatre volontés de qqn** fazer todas as vontades de alguém
• **feu à volonté** fogo cerrado
■ **dernières volontés** últimos desejos

volontiers [vɔlɔ̃tje] *adv* **1** (*de bon gré*) de bom grado, com prazer **2** (*souvent*) habitualmente

volt [vɔlt] *nm* volt

voltage [vɔltaʒ] *nm* voltagem *f*

voltige [vɔltiʒ] *nf* **1** (*acrobatie*) acrobacia **2** *fig* malabarismo *m* intelectual

voltiger [4] [vɔltiʒe] *vi* **1** (*virevolter*) fazer acrobacias **2** (*papillonner*) esvoaçar

volubile [vɔlybil] *adj* tagarela, falante

volubilité [vɔlybilite] *nf* loquacidade, tagarelice

volume [vɔlym] *nm* volume

volumineux, -euse [vɔlyminø, -øz] *adj* volumoso, -sa

volupté [vɔlypte] *nf* volúpia, voluptuosidade

voluptueux, -euse [vɔlyptɥø, -øz] *adj-nm,f* voluptuoso, -sa

vomir [20] [vɔmiʀ] *vt-vi* vomitar
• **faire vomir** dar engulhos

vomissement [vɔmismɑ̃] *nm* vômito

vorace [vɔʀas] *adj* voraz

voracité [vɔʀasite] *nf* voracidade

vos [vo] *adj poss* → **votre**

votant, -e [vɔtɑ̃, -ɑ̃t] *adj-nm,f* votante

vote [vɔt] *nm* **1** (*gén*) voto **2** (*action*) votação *f*

voter [1] [vɔte] *vi-vt* votar

votre [vɔtʀ] *adj poss* (*pl* **vos**) **1** (*à vous, avec tutoiement*) seu, sua, de vocês: *votre pays* seu país; *j'ai vu vos parents et vos enfants* vi os pais e os filhos de vocês **2** (*à vous, avec vouvoiement*) seu, sua, do senhor, da senhora: *votre chapeau Madame* seu chapéu, Senhora

vôtre [votʀ] *pron poss* **le/la vôtre 1** (*ce qui est à vous, avec tutoiement*) o seu, a sua, o/a de vocês: *notre professeur et le vôtre* nosso professor e o de vocês **2** (*à vous, avec vouvoiement*) o seu, a sua, o, a do senhor, da senhora
• **à la vôtre!** à sua (*saúde*)!

vouer [1] [vwe] *vt* **1** (*consacrer*) consagrar, votar: *vouer à Dieu* consagrar a Deus **2** (*destiner*) destinar, fadar: *cette entreprise est vouée à l'échec* essa empresa está fadada ao fracasso
▶ *vpr* **se vouer** (*se dédier*) consagrar-se, dedicar-se
• **ne pas savoir à quel saint se vouer** não saber a que santo recorrer

vouloir[1] [vulwaʀ] *nm* (*acte de volonté*) vontade *f*, querer
■ **bon vouloir** boa vontade
■ **mauvais vouloir** má vontade

vouloir[2] [47] [vulwaʀ] *vt* **1** (*gén*) querer: *veux-tu m'accompagner?* quer me acompanhar? **2** (*désirer*) querer, desejar:

elle fera ce qu'elle voudra ela fará o que quiser **3** *(avoir besoin)* precisar de: *les plantes veulent beaucoup de lumière* as plantas precisam de muita luz **4** *(attendre)* querer, pretender: *que veut-elle de plus?* o que mais ela quer?
- **s'en vouloir de** arrepender-se de, lamentar
- **vouloir bien** aceitar, estar de acordo
- **vouloir dire** querer dizer

voulu, -e [vuly] *adj* **1** *(désiré)* querido, -da, desejado, -da **2** *(intentionné)* deliberado, -da, intencional
- **en temps voulu** no tempo devido

vous [vu] *pron pers* **1** *(sujet, avec tutoiement)* vocês: *vous êtes mes meilleures amies* vocês são minhas melhores amigas **2** *(sujet, avec vouvoiement)* os senhores, as senhoras: *avez-vous votre passeport?* os senhores estão com o passaporte? **3** *(pour s'adresser à Dieu, à un saint, à un roi)* vós **4** *(complément, avec tutoiement)* a vocês, lhes: *je vous le dirai* eu lhes direi **5** *(complément, avec vouvoiement)* o, a: *monsieur, je vous invite à dîner* senhor, convido-o para jantar

vous-même [vumɛm] *pron pers* o senhor, a senhora (mesmo, -ma)

vous-mêmes [vumɛm] *pron pers* vós *(mesmos, -mas)*, vocês *(mesmos, -mas)*, os senhores, as senhoras *(mesmos, -mas)*

voûte [vut] *nf* ARCHIT abóbada
- **voûte céleste** abóbada celeste
- **voûte crânienne** abóbada craniana
- **voûte palatina** abóbada palatina, céu da boca

voûté, -e [vute] *adj* **1** *(gén)* abobadado, -da, arqueado, -da, abaulado, -da **2** *(courbé)* encurvado, -da: *il marche avec le dos voûté* ele anda com as costas encurvadas

vouvoyer [vuvwaje] *vt* tratar por vós *(o senhor, a senhora)*

voyage [vwajaʒ] *nm* viagem *f*
- **bon voyage!** boa viagem!
- **partir en voyage** viajar
- **voyage de noces** viagem de núpcias

voyager [4] [vwajaʒe] *vi* viajar

voyageur, -euse [vwajaʒœʀ, -øz] *nm,f* viajante

- **voyageur de commerce** representante comercial

voyagiste [vwajaʒist] *nmf* agente/agência de viagens

voyant, -e [vwajɑ̃, -ɑ̃t] *adj (qui attire la vue)* vistoso, -sa, berrante: *une couleur voyante* uma cor berrante
▸ *nm,f* **1** *(devin)* vidente **2** *(non aveugle)* quem enxerga bem
▸ *nm* **voyant** *(signal)* sinal luminoso, luz *f* de advertência
- **voyant d'essence** indicador *m* do nível de gasolina

voyelle [vwajɛl] *nf* vogal

voyou [vwaju] *nm* malandro

vrac [āvʀak] *nm loc* **en vrac 1** *(en désordre)* em desordem **2** COMM a granel

vrai, -e [vʀɛ] *adj* **1** *(authentique)* verdadeiro, -ra, autêntico, -ca, de verdade: *ce ne sont pas ses vrais cheveux* não são seus cabelos de verdade **2** *(non fictif)* verdadeiro, -ra, verídico, -ca: *une histoire vraie* uma história verídica **3** *(avant un nom)* verdadeiro, -ra: *c'est une vraie folie* é uma verdadeira loucura
▸ *nm (la vérité)* verdade
- **à vrai dire** na verdade, a bem da verdade
- **être dans le vrai** estar certo, -ta, estar com a razão
- **il est vrai que...** é verdade que...
- **il n'est que trop vrai** infelizmente é verdade, não deixa de ser verdade
- **pas vrai?** não é (verdade)?, né?
- **pour de vrai** a sério, no duro

vraisemblable [vʀɛsɑ̃blabl] *adj* **1** *(gén)* verossímil **2** *(supposable)* provável

vrille [vʀij] *nf* **1** *(outil)* verruma **2** *(d'une plante)* gavinha
- **descendre en vrille** *(avion)* descer em parafuso

vrombir [20] [vʀɔ̃biʀ] *vi* zunir, zumbir

vu, -e [vy] *adj (considéré)* visto, -ta, considerado, -da
▸ *prép* **vu** *(compte tenu)* em vista de: *vu le prix, je préfère ne pas l'acheter* em vista do preço, prefiro não comprar
▸ *nm (action de voir)* vista *f*: *au vu de tout le monde* à vista de todos
- **être bien/mal vu** ser bem visto/mal visto

- **vu que** visto que, uma vez que

vue [vy] *nf* **1** *(sens)* vista, visão **2** *(tableau)* vista, paisagem **3** *(avis)* ponto *m* de vista, visão
▶ *nf pl* **vues** *(projet)* projetos *m*, planos *m*: *il a des vues très ambitieuses* tem projetos muito ambiciosos
- **à perte de vue** a perder de vista
- **connaître qqn de vue** conhecer alguém de vista
- **en vue de** a fim de, com o objetivo de
- **perdre qqn de vue** perder alguém de vista

vulgaire [vylgɛʀ] *adj* vulgar

vulgarisation [vylgaʀizasjɔ̃] *nf* popularização, vulgarização

vulgarité [vylgaʀite] *nf* vulgaridade

vulnérable [vylneʀabl] *adj* vulnerável

vulve [vylv] *nf* ANAT vulva

W

wagon [vagɔ̃] *nm* vagão

wagon-lit [vagɔ̃li] *nm* (*pl* **wagons-lits**) vagão-leito, vagão-dormitório

wagon-restaurant [vagɔ̃li] *nm* (*pl* **wagons-restaurants**) vagão-restaurante

wallon, -onne [walɔ̃, -ɔn] *adj* valão, -ona
▸ *nm,f* **Wallon, -onne** valão, ona

water-polo [watɛRpɔlo] *nm* polo aquático

watt [wat] *nm* PHYS watt

W-C [vese] *abr* (*water closet*) WC

Web [wɛb] *nm* internet *f*, web *f*

webmestre [wɛbmɛstR] *nm* webmaster

week-end [wikɛnd] *nm* fim de semana

western [wɛstɛRn] *nm* faroeste, *western*

whisky [wiski] *nm* (*pl* **whiskies**) uísque

WWW *abr* (*World Wide Web*) www

X

xénophobe [gsenɔfɔb] *adj-nmf* xenófobo, -ba
xénophobie [gsenɔfɔbi] *nf* xenofobia
xérès [gseʀes] *nm* xerez
xylophone [gsilɔfɔn] *nm* xilofone

Y

y [i] *adv* (*dans cet endroit-là*) aí, ali, lá, ∅: ***allez-y à pied*** vá a pé; ***y est-il?*** ele está aí?
▶ *pron pers* (*à cela, à cette personne-là*) a isso, àquilo, nisso, naquilo: ***j'y pense*** estou pensando nisso; ***il ne faut pas s'y fier*** não se pode confiar nisso
• **ah!, j'y suis!** ah!, entendi!
• **y avoir** haver

yacht [jɔt, jot] *nm* iate

yankee [jɑ̃ki] *adj* ianque
yaourt [jauʀt] *nm* iogurte
yeux [jø] *nm pl* → œil
yoga [jɔga] *nm* ioga *m/f*
yogourt [jɔguʀt] *nm* iogurte
yoghourt [jɔguʀt] *nm* iogurte
Yo-Yo® [jojo] *nm* ioiô

Z

zapper [1] [zape] *vi* pular canais (*de TV*), zapear

zapping [zapiŋ] *nm* mudança de canais (*de TV*)

zèbre [zɛbʀ] *nm* **1** ZOOL zebra *f* **2** *fam* tipo estranho

zébu [zeby] *nm* ZOOL zebu

zèle [zɛl] *nm* zelo
• **faire du zèle** mostrar serviço

zélé, -e [zele] *adj-nm,f* zeloso, -sa

zénith [zenit] *nm* zênite

zéro [zeʀo] *nm* **1** (*chiffre*) zero: ***trois buts à zéro*** três a zero **2** *fam fig* (*homme nul*) zero à esquerda **3** *fig* (*absolument rien*) nada, zero
▸ *adj* (*aucun*) nenhum, -ma: ***zéro faute*** nenhum erro
• **repartir de zéro** recomeçar do zero, voltar à estaca zero

zeste [zɛst] *nm* **1** BOT zesto **2** *fig* pitada *f*

zézayer [18] [zezeje] *vi* cecear

zigzag [zigzag] *nm* zigue-zague

zigzaguer [2] [zigzage] *vi* zigueza-guear

zinc [zɛ̃g] *nm* **1** (*métal*) zinco *m* **2** *fam* (*d'un bar*) balcão

Zip® [zip] *nm* zíper

zizanie [zizani] *nf* joio *m*, cizânia
• **semer la zizanie** semear a discórdia

zizi [zizi] *nm fam* pipi, pintinho

zodiaque [zɔdjak] *nm* zodíaco

zone [zon] *nf* **1** zona **2** (*d'une grande ville*) periferia
▪ **zone bleue** zona azul
▪ **zone franche** zona franca

zoo [zoo] *nm* jardim zoológico

zoologie [zɔɔlɔʒi] *nf* zoologia

zoologique [zɔɔlɔʒik] *adj* zoológico, ca

zoom [zum] *nm* zoom

zut! [zyt] *interj fam* bolas!, droga!, dane-se!

Dicionário
Português – Francês

A

a *art def* (*f* do *art* o): **1** la: ***a música*** la musique **2** l': ***a ilha*** l'île

▶ *pron pess* la, l': ***há muito não a vejo*** il y a longtemps que je ne la vois pas; ***há poucos dias que a conheço*** je la connais depuis quelques jours

▶ *pron dem* celle: ***daquelas duas mulheres, minha mãe é a que está de vestido branco*** de ces deux femmes, ma mère est celle qui a une robe blanche

▶ *prep* **1** (*movimento para*) à, vers: ***foram a Santos*** ils sont allés à Santos; ***dirigiram-se a vários hospitais*** ils se sont dirigés vers plusieurs hôpitaux **2** (*tempo*) à: ***a que horas você chega?*** à quelle heure arrives-tu? **3** (*modo, meio, instrumento*) à, de: ***andar a pé*** marcher à pied; ***matar a sangue-frio*** tuer de sang-froid **4** (*lugar*) à, à la, au, aux: ***estar à mesa*** être à table; ***falar ao telefone*** parler au téléphone **5** (*preço*) à: ***vende bananas a três reais a dúzia*** il/elle vend des bananes à trois reals la douzaine **6** (*distância*) à: ***moro a dois quilômetros do centro*** j'habite à deux kilomètres du centre **7** (*matéria*) à, à la, au, aux: ***desenho feito a lápis*** dessin fait au crayon **8** (*condição*) si: ***a persistirem os sintomas, consulte o médico*** si les symptômes persistent, consultez un médecin

• **aos domingos, às segundas, às terças...** les dimanches, les lundis, les mardis…

• **um a um, dois a dois...** un à un, un par un, deux à deux, deux par deux

à *prep* a + *art* a à la, aux

▶ *prep* a + *pron* a: à celle: ***vestiu a blusa azul e não deu atenção à que lhe ofereci*** elle a mis son chemisier bleu et n'a pas fait attention à celui que je lui ai offert

aba *sf* **1** (*de vestuário*) pan **2** (*de chapéu*) bord **3** (*da mesa*) rallonge

abacate *sm* BOT avocat

abacaxi *sm* **1** ananas **2** *fig* (*coisa trabalhosa*) pépin

abafado, -da *adj* **1** (*irrespirável*) étouffant, -e **2** (*privado do ar; sufocado*) étouffé, -e, suffoqué, -e **3** (*contido, reprimido*) étouffé, -e **4** (*apagado, surdo*) assourdi, -e, étouffé, -e, sourd, -e, affaibli, -e: ***voz abafada*** une voix sourde; ***passos abafados*** des pas étouffés **5** (*que não se divulgou*) étouffé, -e

abafar *vtd* **1** (*cobrir*) couvrir **2** (*asfixiar*) asphyxier, étouffer **3** (*impedir a combustão*) étouffer **4** (*amortecer-ruído*) étouffer, assourdir, amortir **5** (*reprimir; esconder*) étouffer

abaixar *vtd-vi* baisser

▶ *vpr* **abaixar-se** se baisser

abaixo *adv* **1** (*em lugar menos elevado, em posição inferior*) en dessous (*embaixo*) au-dessous: ***a assinatura do presidente estava na terceira linha, e a do vice-presidente, abaixo*** la signature du président se trouvait sur la troisième ligne et celle du vice-président était au--dessous

▶ *loc prep* **abaixo de 1**: au-dessous de: ***uma saia abaixo do joelho*** une jupe au--dessous des genoux **2** (*menos*) moins: ***sete graus abaixo de zero*** -7 °C

▶ *interj* à bas: ***abaixo a guerra!*** à bas la guerre!

• **rolar escada abaixo** dégringoler dans l'escalier

• **vir abaixo** (*desmoronar*) s'effondrer, s'écrouler

abaixo-assinado (*pl* **abaixo-assinados**) *sm* pétition *f*

abajur sm lampe f (de chevet, de bureau)

abalar vtd 1 ébranler 2 (comover): émouvoir, bouleverser, secouer: *a catástrofe abalou a família* la catastrophe bouleversé la famille
▸ vpr **abalar-se** 1 (agitar-se) s'agiter, se secouer 2 (abater-se) s'affliger 3 (perturbar-se) se troubler

abalizado, -da adj balisé, -e

abalo sm 1 (tremor, trepidação) tremblement, trépidation f 2 (comoção) commotion f
■ abalo sísmico secousse f sismique

abalroamento sm choc, collision f, accrochage, accident

abalroar vtd heurter
▸ vpr **abalroar-se** se heurter, s'entrechoquer, s'accrocher

abanador sm éventail

abanar vtd 1 (para refrescar; para avivar fogo) éventer 2 (a cabeça) hocher 2 (o rabo-cão) remuer
▸ vpr **abanar-se** s'éventer

abandonar vtd abandonner
▸ vpr **abandonar-se** (entregar-se) s'abandonner, se laisser aller

abandono sm abandon
• **abandono de menores** abandon de mineurs
• **ao abandono** à l'abandon

abano sm éventail
▸ pl *orelhas* oreilles f en chou-fleur

abarcar vtd embrasser, englober

abarrotar vtd bourrer, gaver
▸ vpr **abarrotar-se** 1 (encher-se demais) se bourrer, se remplir, gonfler 2 (empanzinar-se) se goinfrer, s'empiffrer

abastecer vtd approvisionner, ravitailler
▸ vtd-vti fournir: *abasteceram-nos de víveres* ils leur ont fourni des vivres
▸ vpr **abastecer-se** s'approvisionner, se ravitailler, faire des provisions

abastecimento sm approvisionnement, ravitaillement

abate sm 1 (de animais) abat, abattage 2 (desconto) remise f, rabais, réduction f 3 (derrubada) abattage

abatedouro sm abattoir

abater vtd 1 (prostrar; desanimar; matar) abattre 2 (reduzir-preço) réduire, déduire, décompter
▸ vtdi (descontar) déduire, décompter
▸ vpr **abater-se** 1 (debilitar-se) s'affaiblir 2 (desanimar) se décourager, se laisser abattre

abatido, -da adj (pálido, debilitado) abattu, -e

abatimento sm 1 (desconto) remise, déduction, abattement 2 (desânimo; enfraquecimento) abattement, découragement

abaulado, -da adj incurvé, -e, concave, arqué, -e, voûté, -e

abdicar vtd-vti abdiquer

abdome sm ANAT abdômen

abdominal adj abdominal

abecedário sm 1 (cartilha) abécédaire 2 (alfabeto) alphabet

abelha sf ZOOL abeille

abelhudo, -da adj-sm, f curieux, -euse, fouineur, -euse

abençoar vtd bénir: *Deus te abençoe* que Dieu te bénisse

aberração sf aberration

aberto, -ta adj 1 ouvert, -e 2 (manifesto) clair, -e, net, -te, évident, -e 3 (não cicatrizado) ouvert, -e 4 (desabrochado) épanoui, -e, ouvert, -e 5 (franco) ouvert, -e, franc, -che 6 (céu, tempo) clair, -e, dégagé, -e: *o céu hoje está aberto* le ciel est dégagé aujourd'hui 7 (braços) ouvert, -e 8 (asas) déployé, -e 9 (trabalhos; prédio) inauguré, -e 10 (processo) instauré, -e
• **em aberto** en suspens, en attente, en souffrance
• **TV aberta** chaînes de télévision gratuite

abertura sf 1 ouverture 2 (tolerância) ouverture (d'esprit) 3 (franqueza) franchise
• **abertura do espetáculo** ouverture du spectacle
• **abertura política** ouverture politique

abismar vtd (pasmar) ébahir, hébéter, stupéfier
▸ vpr **abismar-se** 1 (ficar absorto) plonger 2 (assombrar-se) s'étonner

abismo *sm* **1** abîme **2** *fig* gouffre, fossé

abnegação *sf* abnégation

abnegado, -da *adj-sm,f* dévoué, -e, désintéressé, -e

abóbada ARQ *sf* voûte
- **abóbada celeste** voûte céleste
- **abóbada craniana** voûte crânienne

abóbora *sf* BOT courge, citrouille, potiron *m*
• **cor de abóbora** rouge-orangé

abobrinha *sf* **1** BOT courgette **2** *fig* bêtise, ânerie

abocanhar *vtd* **1** mordre **2** *fig* s'emparer par ruse, ravir

aboletar-se *vpr* se loger, s'installer

abolição *sf* abolition

abolir *vtd* abolir

abominar *vtd* abominer

abominável *adj* abominable

abonado, -da *adj* **1** (*afiançado*) cautionné, -e, garanti, -e, accrédité, -e **2** *fig* (*endinheirado*) riche, nanti, fortuné

abonar *vtd* **1** (*afiançar*) cautionner, garantir, avaliser, parrainer **2** (*confirmar*) confirmer **3** (*justificar falta*) justifier une absence

abono *sm* **1** (*bônus, pagamento*) prime *f* **2** (*ajuda financeira*) aide *f* financière **3** (*justificação de falta*) justification *f* d'une absence

abordagem *sf* **1** (*de barco*) abordage *m*, arraisonnement *m* **2** (*de assunto*) approche, démarche

abordar *vtd* aborder

aborrecer *v* (*abominar*) abhorrer, abominer, exécrer, détester
▶ *vtd-vi* **1** (*enfadar*) ennuyer **2** (*desgostar, contrariar*) déplaire, contrarier
▶ *vpr* **aborrecer-se** s'ennuyer

aborrecido, -da *adj* **1** (*enfadonho*) ennuyeux, -euse **2** (*entediado*) ennuyé, -e **3** (*contrariado*) contrarié, -e

aborrecimento *sm* **1** (*desgosto, contrariedade*) dégoût, contrariété *f* **2** (*tédio*) ennui, cafard, spleen

abortar *vi* avorter

aborto *sm* **1** MED avortement **2** *fig* (*monstruosidade*) avorton **3** *fig* (*insucesso*) avortement, échec, insuccès

• **aborto da natureza** aberration *f*/erreur *f* de la nature

abotoadura *sf* bouton *m*, bouton *m* de manchettes

abotoar *vtd* boutonner
▶ *vpr* **abotoar-se** se boutonner

abraçar *vtd* **1** (*estreitar*) étreindre: *o pai abraçou os filhos* le père a étreint ses enfants **2** *fig* (*adotar*) embrasser
▶ *vpr* **abraçar-se** s'étreindre, s'enlacer

abraço *sm* étreinte *f*, accolade *f*, embrassade *f*

abrandar *vtd* **1** (*amolecer*) amollir, adoucir **2** (*enfraquecer, atenuar*) amortir, affaiblir, atténuer **3** (*enternecer*) émouvoir
▶ *vpr* **abrandar-se 1** s'amollir, s'adoucir **2** s'affaiblir, s'atténuer **3** s'émouvoir

abrangência *sf* portée, amplitude, ampleur

abrangente *adj* complet, -ète, vaste, étendu, -e

abranger *vtd* **1** (*abarcar com a vista*) embrasser **2** (*incluir*) comprendre

abrasador, -ra *adj* brûlant, -e, ardent, -e

abrasar *vtd* **1** (*transformar em brasa*) embraser **2** (*aquecer em demasia*) surchauffer
▶ *vi* brûler
▶ *vpr* **abrasar-se** s'embraser

abreviação *sf* abréviation, sigle *m*, abrégé *m*

abreviar *vt* abréger

abreviatura *sf* abréviation, sigle

abridor *sm* **1** (*de garrafas*) décapsuleur, ouvre-bouteille **2** (*de latas*) ouvre-boîtes

abrigar *vtd* abriter
▶ *vpr* **abrigar-se** s'abriter

abrigo *sm* **1** (*cobertura, teto; refúgio, proteção*) abri **2** (*asilo*) refuge, foyer
• **abrigo de ônibus** abribus
• **pôr-se ao abrigo** se mettre à l'abri

abril *sm* avril

abrir *vtd* **1** (*descerrar*) ouvrir **2** (*desdobrar*) étendre, déplier: *abra totalmente a toalha* déplie complètement la serviette **3** (*destapar*) ouvrir, déboucher **4** (*desabotoar*) déboutonner **5** (*pernas*) écarter
▶ *vti* (*dar para*) s'ouvrir sur, donner sur

▶ vi 1 (*desabrochar*) éclore, s'épanouir, s'ouvrir 2 (*tempo*) se découvrir, se dégager, s'éclaircir 3 (*ceder*) en démordre: *estou com você e não abro* je suis de ton côté, et je n'en démords pas 4 (*farol*) passer au feu vert

▶ vpr **abrir-se** 1 s'ouvrir 2 (*flores*) s'épanouir, éclore 3 (*confiar-se*) s'ouvrir, se confier, s'épancher 4 (*confessar*) avouer

• **abrir-se de par em par** ouvrir tout grand, laisser grand ouvert

• **abrir um arquivo** INFORM ouvrir un fichier

• **num abrir e fechar de olhos** en un clin d'œil

• **o sinal abriu** le feu est passé au vert

abrupto, -ta *adj* 1 (*íngreme*) abrupt, -e 2 (*súbito*) brusque, soudain, -e

abscesso *sm* abcès

absolutamente *adv* 1 (*de modo absoluto*) absolument 2 (*de jeito nenhum*) pas du tout, certainement pas: – *Você se candidataria a presidente? – Absolutamente!* Vous présenteriez-vous aux présidentielles? – Certainement pas

absoluto, -ta *adj-sm* absolu, -e

• **em absoluto** (*de modo absoluto*) complètement, absolument [de jeito nenhum] certainement pas, pas du tout

absolver *vtd-vi* absoudre, acquitter

absolvição *sf* acquittement, absolution

absorto, -ta *adj* absorbé, -e

absorvente *adj-sm* absorbant, -e

■ **absorvente higiênico** serviette hygiénique/serviette périodique

absorver *vtd* absorber

▶ *vpr* **absorver-se** s'absorber

abstêmio, -a *adj-sm,f* abstème, abstinent, -e

abstenção *sf* abstention

abster-se *vpr* 1 (*privar-se*) s'abstenir (**de**, de) 2 (*deixar*) éviter: *não posso abster-me de ir* je ne peux pas éviter d'y aller

abstinência *sf* abstinence

abstração *sf* abstraction

abstrair *vtd* abstraire

abstrato, -ta *adj* abstrait, -e

absurdo, -da *adj* absurde

▶ *sm* absurdo absurde, absurdité *f*

abundância *sf* abondance

abundante *adj* 1 abondant, -e 2 (*farto-refeição*) copieux, -se, opulent, -e, plantureux, -euse 3 (*numeroso*) nombreux, -euse: *fez abundantes perguntas* il/elle a posé de nombreuses questions

abusado, -da *adj* (*atrevido, insolente*) insolent, -e, effronté, -e

abusar *vtdi-vi* abuser (**de**, de)

▶ *vi* (*tirar proveito da ocasião*) en profiter: *quando a mãe não está por perto, abusa* quand sa mère n'est pas là, il en profite

abusivo, -va *adj* 1 abusif, -ive 2 (*exorbitante*) exorbitant, -e

abuso *sm* abus

abutre *sm* 1 ZOOL vautour 2 *fig* rapace, vautour

acabado, -da *adj* 1 (*terminado*) fini, -e, terminé, -e 2 (*envelhecido*) vieilli, -e 3 (*enfraquecido, vencido*) vaincu, -e

• **o tipo acabado de...** (*perfeito*) le type même de...

acabamento *sm* finition *f*

acabar *vtd* 1 (*terminar*) finir, terminer, achever 2 (*romper*) rompre: *acabaram o noivado* ils ont rompu leurs fiançailles

▶ *vi* 1 (*ir dar em*) déboucher: *a rua acaba na praça* la rue débouche sur la place 2 (*terminar*) finir, ne plus avoir: *o açúcar acabou* il n'y a plus de sucre 3 (*extinguir-se*) être coupé, s'éteindre: *a luz acabou* l'électricité a été coupée; *o incêndio acabou* l'incendie s'est éteint 4 (*chegar ao orgasmo*) atteindre l'orgasme 5 (*morrer*) finir

▶ *vti* 1 (*pôr fim*) en finir (**com**, avec), mettre un terme (**com**, à) 2 (*destruir, vencer*) écraser (**com**, -) 3 (*romper*) finir, rompre (**com**, avec) 4 (*prejudicar*) avoir raison de: *a ferrugem acabou com o meu carro* la rouille a eu raison de ma voiture 5 (*esgotar; consumir até o fim*) achever (**com**, à) 6 (*vir de fazer*) venir (**de**, de): *a correspondência acabou de chegar* la correspondance vient d'arriver 7 (*ter desfecho*) se terminer (**em**, en) tourner (**em**, à)

▶ *vpred* (*vir a ser*) finir: *acabou ministro* il a fini ministre

▶ *vpr* **acabar-se** finir, terminer

• **acabou-se o que era doce** c'est fini la belle vie

academia *sf* académie
- **academia de ginástica** club de gym(-nastique)

acadêmico, -ca *adj* académique
▶ *sm,f* **1** (*estudante*) étudiant, -e **2** (*professor*) universitaire

açafrão *sm* BOT CUL safran

acalentar *vtd* **1** (*criança*) bercer **2** (*ideia*) caresser, nourrir

acalmar *vtd* calmer
▶ *vpr* **acalmar-se** se calmer

acalorado, -da *adj* **1** (*aquecido*) échauffé, -e, vif, -ve, excité, -e **2** (*exaltado*) animé, -e, exalté, -e

acamado, -da *adj* (*de cama*) alité, -e

acampamento *sm* **1** campement **2** (*camping*) camping

acampar *vi* camper

acanhado, -da *adj* **1** (*muito pequeno*) étroit **2** (*tímido*) timide

acanhamento *sm* **1** étroitesse, raccourcissement **2** (*timidez*) timidité

acanhar-se *vpr* mourir de/avoir honte

ação *sf* **1** action **2** DIR procès *m* **3** CINE ECON action
- **ação entre amigos** tombola
- **entrar em ação** entrer en action
- **ficar sem ação** rester sidéré, rester pantois
- **plano de ação** plan d'action
- **mover ação contra alguém** poursuivre quelqu'un (*en justice*)

acareação *sf* confrontation (*de témoins*)

acariciar *vtd* caresser

acarretar *vtd-vtdi* entraîner

acasalar *vtd* accoupler, apparier
▶ *vpr* **acasalar-se** s'accoupler

acaso *sm* hasard
▶ *adv* par hasard
- **ao acaso** au hasard
- **por acaso** par hasard

acatar *vtd* respecter, suivre

aceitação *sf* acceptation

aceitar *vtd* **1** accepter **2** vouloir: *aceita um chá?* vous voulez une tasse de thé?
▶ *vi* accepter

aceitável *adj* acceptable

aceleração *sf* accélération

acelerador *sm* accélérateur

acelerar *vtd* accélérer

acelga *sf* BOT blette, bette

acenar *vi-vti* **1** faire signe: *acenou com a mão* il/elle a fait un signe de la main **2** (*aludir*) faire allusion **3** (*seduzir*) faire miroiter, promettre
▶ *vtd* faire un signe de la main: *acenou um adeus* il/elle m'a fait au revoir de la main

acendedor *sm* allumeur
- **acendedor de gás** allume-gaz

acender *vtd* **1** (*fogo; luz*) allumer **2** *fig* exalter
▶ *vpr* **acender-se 1** s'allumer **2** *fig* s'exalter

aceno *sm* **1** (*sinal*) signe **2** (*alusão*) allusion

acento *sm* accent

acentuação *sf* accentuation

acentuar *vtd* (*pôr acento; tornar mais marcante*) accentuer
▶ *vpr* **acentuar-se** *fig* s'accentuer

acepção *sf* acception

acerca *loc adv* **acerca de** à propos de, au sujet de

acerola *sf* BOT cerise des Antilles, cerise de la Barbade

acertado, -da *adj* (*correto, adequado*) correct, -e

acertar *vtd* **1** (*achar*) trouver: *acertar o caminho* trouver le chemin **2** (*atingir*) atteindre, toucher: *acertar o alvo* atteindre la cible **3** (*ajustar, corrigir*) ajuster, rajuster **4** (*atinar*) faire/répondre correctement
▶ *vtd-vtdi* (*combinar*) régler: *acertei todos os pormenores com o arquiteto* j'ai réglé tous les détails avec l'architecte
▶ *vi* (*proceder com acerto*) avoir du succès, atteindre, toucher
▶ *vpr* **acertar-se** se mettre en règle, s'entendre avec
- **acertar em cheio** mettre dans le mille
- **acertar o relógio** mettre sa montre à l'heure

acerto *sm* **1** (*sensatez*) sagesse *f*, opportunité *f*, à-propos **2** (*acordo*) accord **3** (*respostas certas*) réponses *f pl* correctes: *50% de acertos* 50% de réponses correctes

ACERVO

- **acerto de contas** règlement de compte
- **fazer algo com acerto** faire quelque chose correctement

acervo *sm* (*arte*) collection *f*, fonds *m*

aceso, -sa *adj* **1** allumé, -e **2** *fig* (*excitado*) excité, -e, agité, -e

acessível *adj* accessible

acesso *sm* accès

- **ter acesso a** avoir accès à

acessório, -a *adj* accessoire
▸ *sm* **acessório** accessoire

acetona *sf* acétone

achado *sm* **1** (*descobrimento, achamento*) découverte *f*, trouvaille *f* **2** (*dito feliz*) formule *f* bien trouvée

- **achados arqueológicos** découvertes *f* archéologiques
- **não se dar por achado** faire l'ignorant

achaque *sm* indisposition *f*, maladie *f* chronique

achar *vtd* **1** (*encontrar; considerar; julgar*) trouver **2** (*pensar*) penser: *o que você acha do filme?* qu'est-ce que tu penses du film?; *o que você acha?* qu'en penses-tu?; *acha que sempre tem razão* il/elle pense qu'il/elle a toujours raison
▸ *vti* (*resolver*) résoudre (**de**, -), trouver bon (**de**, de)
▸ *vpr* **achar-se** (*estar; situar-se; considerar-se*) se trouver

- **achar que sim/não** trouver que oui/non

achatamento *sm* aplatissement

■ **achatamento salarial** écrasement des salaires

achatar *vtd* **1** (*tornar chato*) aplatir **2** *fig* (*diminuir*) rabaisser, déprécier
▸ *vpr* **achatar-se** s'aplatir

acidentado, -da *adj* **1** (*que se acidentou; irregular*) accidenté, -e **2** (*cheio de incidentes*) mouvementé, -e

acidental *adj* accidentel, -elle

acidentar *vtd* **1** (*ferir em acidente*) blesser **2** (*tornar acidentado*) rendre accidenté, -e
▸ *vpr* **acidentar-se** avoir un accident

acidente *sm* accident

■ **acidente de trânsito** accident de la route

■ **acidente de trabalho** accident du travail

acidez *sf* acidité

ácido, -da *adj-sm* acide

acima *adv* **1** (*mais para o alto*) plus haut: *João mora dois andares acima* João habite deux étages plus haut **2** *au--dessus*: *uma saia acima do joelho* une jupe au-dessus du genou **3** (*em lugar precedente*) plus haut, ci-dessus: *não me refiro ao autor acima* je ne fais pas référence à l'auteur ci-dessus
▸ *loc prep* **acima de** au-dessus de

- **acima de tudo** par-dessus tout
- **ver acima** (*nos textos*) voir plus haut, voir ci-dessus

acionar *vtd* **1** actionner **2** (*processar*) actionner, saisir (la justice)

acionista *smf* actionnaire

acirrar *vtd* provoquer, attiser, envenimer
▸ *vpr* **acirrar-se** s'envenimer, s'irriter

aclamação *sf* acclamation

aclamar *vtd* acclamer
▸ *vpr* **aclamar-se** se proclamer

aclimatar *vtd* acclimater
▸ *vpr* **aclimatar-se** s'acclimater

acne *sf* acné

aço *sm* acier

acobertar *vtd* **1** (*proteger*) couvrir **2** (*encobrir*) dissimuler, couvrir

acocorado, -da *adj* accroupi, -e

acolá *adv* là-bas

acolchoado, -da *adj* ouaté, -e, matelassé, -e
▸ *sm* édredon, couvre-lit

acolhedor, -ra *adj* accueillant, -e, chaleureux, -se

acolher *vtd* **1** (*receber*) accueillir **2** (*aceitar*) recevoir, accepter

acolhida *sf* **1** accueil, réception **2** (*aceitação*) approbation

acometer *vtd* **1** (*investir contra*) attaquer **2** (*doença*) frapper

acomodação *sf* **1** (*arrumação*) arrangement *m*, agencement *m*: *a acomodação dos móveis* l'agencement des meubles **2** (*lugar*) place, chambre: *não encontrei acomodações para três* je n'ai pas trouvé de place pour trois

acomodado, -da *adj* **1** *(arrumado)* rangé, -e **2** *(alojado)* logé, -e **3** *(conformado)* accommodé, -e

acomodar *vtd* **1** *(alojar)* loger **2** *(arrumar, organizar)* ranger, agencer, disposer **3** *(ajeitar, instalar)* accommoder, arranger **4** *(ter lugar)* contenir: *a sala não acomoda muita gente* la salle contient peu de monde
▶ *vtdi (os olhos)* habituer
▶ *vpr* **acomodar-se 1** *(instalar-se)* s'installer **2** *(alojar-se)* se loger, descendre **3** *(adaptar-se, conformar-se)* s'accommoder

acompanhamento *sm* **1** CUL accompagnement, garniture *f* **2** MÚS accompagnement

acompanhante *smf* personne accompagnant *f*, accompagnant *mf*

acompanhar *vtd* **1** *(estar junto)* accompagner **2** *(observar; entender)* suivre
• **acompanhar a visita até a porta** raccompagner un visiteur

acondicionar *vtd* conditionner

aconselhamento *sm* conseil

aconselhar *vtd-vtdi* conseiller
▶ *vpr* **aconselhar-se** prendre conseil (**com**, auprès de)

aconselhável *adj* conseillé, -e

acontecer *vi* **1** *(ocorrer, suceder)* arriver, survenir, se passer: *tudo aconteceu de repente* tout est arrivé soudain **2** *(ser fato)* se trouver: *acontece que você não sabe matemática* il se trouve que vous ne connaissez rien aux mathématiques **3** *fig (ter sucesso)* avoir du succès
▶ *vti* arriver
• **aconteça o que acontecer** quoi qu'il arrive

acontecimento *sm* événement

acordado, -da *adj (desperto)* éveillé, -e réveillé, -e

acordar *vtd* réveiller
▶ *vti-vtdi* **1** *(de sono)* réveiller **2** *(de desmaio)* reprendre ses esprits, revenir à soi
▶ *vi* se réveiller, se lever

acorde *sm* MÚS accord

acordeão *sm* MÚS accordéon

acordo *sm* accord
• **chegar a um acordo sobre algo** arriver/parvenir à un accord au sujet de quelque chose

• **de acordo com...** selon, d'après
• **de acordo!** d'accord
• **entrar em acordo com alguém** se mettre d'accord avec quelqu'un
• **estar de acordo com alguém** être d'accord avec qelqu'un
• **estar de acordo com os tempos** être en phase avec son époque/être en accord avec son temps
• **fazer um acordo com alguém** faire un accord avec quelqu'un

acorrentar *vtd* enchaîner

acostamento *sm* bas-côté, accotement

acostumar *vtdi-vti* habituer
▶ *vpr* **acostumar-se** s'habituer

acotovelar-se *vpr* **1** *(dar cotoveladas recíprocas)* coudoyer, se heurter du coude **2** *(empurrar-se)* se pousser, s'entrechoquer

açougue *sm* boucherie *f*

açougueiro, -ra *sm, f* boucher, -ère

acreditar *vtd (pensar)* croire, penser
▶ *vti (crer)* croire (**em**, en)
▶ *vpr* **acreditar-se** se croire, se considérer
• **acreditar piamente** croire sur parole, croire pieusement
• **não acredito!** c'est pas vrai!

acrescentar *vtd* ajouter

acréscimo *sm* ajout, augmentation *f*
• **de acréscimo** d'augmentation, d'ajout

acrílico, -ca *adj-sm* acrylique, plexiglas

acrobacia *sf* acrobatie

acrobata *smf* acrobate

acrobático, -ca *adj* acrobatique

acuar *vtd (encurralar)* acculer

açúcar *sm* sucre
▪ **açúcar branco** sucre blanc
▪ **açúcar cristal** sucre cristallisé
▪ **açúcar de beterraba** sucre de betterave
▪ **açúcar de cana** sucre de canne
▪ **açúcar de confeiteiro** sucre glace
▪ **açúcar em torrões/em cubos** sucre en morceaux
▪ **açúcar granulado** sucre granulé
▪ **açúcar mascavo** sucre roux, cassonade

- **açúcar refinado** sucre raffiné
- **calda de açúcar caramelado** (sauce) caramel
- **com açúcar** au sucre, sucré

açucarado, -da adj sucré

açucareiro sm sucrier

açude sm étang

acudir vtd-vti-vi (socorrer) porter secours, aider, secourir
▶ vti (vir à mente) assaillir, prendre: **acode-me uma dúvida** un doute m'assaille
- **não me acode** ça ne me revient pas

acumular vtd accumuler
▶ vpr **acumular-se** s'accumuler

acupuntura sf acuponcture

acusação sf accusation, réquisitoire m

acusado, -da sm, f accusé, -e

acusar vtd-vtdi accuser

acústico, -ca adj acoustique

adágio sm 1 (provérbio) adage 2 MÚS adagio

adaptação sf adaptation

adaptar vtd-vtdi 1 (transformar) adapter: **adaptar um romance para o cinema** adapter un roman au cinéma 2 (ajustar) ajuster: **adaptar a peça ao encaixe** ajuster la pièce à l'enchâssement
▶ vpr **adaptar-se** s'adapter

adega sf cave (à vins), cellier m

adentrar vtd (entrar) entrer

adentro adv à l'intérieur de, dans: **correu mato adentro** il courut dans le bois

adepto, -ta adj-sm, f adepte

adequação sf adéquation

adequado, -da adj adéquat, -e, approprié, -e

adequar vtdi adapter, ajuster
▶ vpr **adequar-se** s'adapter

adereço sm ornement, parure f
▶ pl **adereços** TEAT accessoires

aderência sf adhérence

aderente adj adhérent, -e

aderir vtd-vtdi-vi adhérer

adesão sf adhésion

adesivo, -va adj adhésif, -ive
▶ sm **adesivo** autocollant, adhésif

adestramento sm 1 (de animais) dressage, apprivoisement, domptage 2 (de pessoas) formation

adeus interj-sm adieu

adiamento sm ajournement

adiantado, -da adj 1 (avançado) avancé, -e: **um nível adiantado de francês** un niveau avancé de français 2 (desenvolvido) avancé, -e, développé, -e 3 (relógio) en avance 4 (à frente) en avant, devant, d'avance: **estar dez metros adiantado em relação ao segundo colocado** avoir dix mètres d'avance sur le deuxième 5 (com bom desempenho escolar) avancé, -e
▶ adv en avance: **pagar adiantado as prestações** payer ses traites en avance
- **em vista do adiantado da hora** en raison de l'horaire avancé

adiantamento sm 1 (progresso, avanço) avancement 2 ECON avance

adiantar vtd 1 (acelerar) accélérer 2 (antecipar) avancer 3 (relógio) avancer
▶ vtdi (pagar antecipadamente) avancer
▶ vi 1 (trazer vantagem) servir: **não adianta falar** il ne sert à rien de parler 2 (relógio) avancer
▶ vpr **adiantar-se** 1 (avançar) s'avancer 2 (fazer antes do tempo) se hâter 3 (acelerar-se) devancer, être en avant

adiante adv 1 (para a frente) de l'avant: **ninguém comentou o parágrafo, ele passou adiante** personne n'a commenté le paragraphe, il est allé de l'avant 2 (na frente, mais à frente) plus loin, plus avant: **um pouco adiante havia um bar** un peu plus loin, il y avait un bar 3 (na frente) devant; **sentei-me na fileira L, mas adiante ainda havia assentos vagos** je me suis assis rangée L, mais devant moi il y avait encore des places 4 (depois-em textos) plus bas, en dessous
- **levar adiante** (um trabalho, uma relação) donner suite
- **seguir adiante** (ir na frente) continuer tout droit (continuar) continuer

adiar vtd-vtdi ajourner, différer, reporter, retarder (**para**, à)

adição sf 1 (acréscimo) ajout m, addition 2 MAT addition

adicional adj 1 (a mais) additionnel, -le, supplémentaire 2 (mais) plus de: **procurei obter explicações adicionais** j'ai essayé d'obtenir plus d'explications

▶ sm (*gratificação extra*) prime *f*, bonus *m*, récompense *f*
adicionar *vtd* additionner
aditivado, -da *adj* additivé, -e
aditivo, -va *adj* additif, -ive
▶ sm **aditivo 1** QUÍM additif **2** DIR avenant
adivinhação *sf* devinette, divination
adivinhar *vtd* deviner
adivinho, -nha *sm, f* devin
adjacente *adj* adjacent, -e
adjetivo *sm* adjectif
adjunto, -ta *adj-sm* adjoint, -e
• **professor adjunto** maître de conférence
administração *sf* administration, gestion
administrador, -ra *sm, f* administrateur, -trice, gestionnaire
administrar *vtd* **1** (*gerir*) administrer, gérer **2** (*ministrar*) administrer
admiração *sf* **1** (*respeito*) admiration **2** (*espanto*) étonnement *m*
admirado, -da *adj* **1** (*surpreso*) surpris, -e, étonné, -e **2** (*alvo de admiração*) admiré, -e
admirador, -ra *sm, f* admirateur, -trice
admirar *vtd* **1** (*considerar com admiração*) admirer **2** (*causar admiração*) provoquer l'étonnement, s'étonner: **muito me admira que...** je m'étonne beaucoup que...
▶ *vi* (*causar admiração*) étonner, être étonnant: **não admira que...** il n'est pas étonnant que...
▶ *vpr* **admirar-se 1** (*surpreender-se*) s'étonner **2** (*sentir admiração recíproca*) s'admirer
admirável *adj* **1** (*digno de admiração*) admirable **2** (*surpreendente*) étonnant, -e
admissão *sf* **1** (*ingresso, entrada*) admission **2** (*reconhecimento*) reconnaissance
admitir *vtd* **1** (*aceitar; permitir, tolerar*) admettre **2** (*reconhecer*) reconnaître, admettre **3** (*contratar*) engager, embaucher, recruter
adoçado, -da *adj* sucré, -e
adoçante *sm* édulcorant, sucrette *f*

adoção *sf* adoption
adocicado, -da *adj* légèrement sucré
adoecer *vi* tomber malade
adoentado, -da *adj* malade
adolescência *sf* adolescence
adolescente *adj-smf* adolescent, -e
adorar *vtd* adorer
adorável *adj* adorable
adormecer *vi* **1** (*pegar no sono*) s'endormir **2** (*ficar dormente*) s'endormir, engourdir
▶ *vtd* (*fazer dormir*) endormir **2** (*deixar dormente*) engourdir
adormecido, -da *adj* **1** (*dormindo*) endormi, -e, assoupi, -e **2** (*entorpecido*) engourdi, -e, gourd, -e
adormecimento *sm* **1** (*chegada do sono*) endormissement **2** (*entorpecimento*) engourdissement
adornar *vtd* orner, parer, agrémenter
adorno *sm* ornement, parure *f*, décoration *f*
adotar *vtd* adopter
adotivo, -va *adj* adoptif, -ive
adquirir *vtd* **1** (*obter, conquistar*) conquérir, trouver **2** (*comprar*) acquérir, acheter **3** (*assumir*) acquérir, prendre: **adquirir novos hábitos** acquérir de nouvelles habitudes; **com o sol, o móvel adquiriu uma coloração mais escura** le meuble a pris une teinte plus sombre à cause du soleil
• **adquirir prática** gagner de l'expérience
adrenalina *sf* adrénaline
adubar *vtd* fertiliser, amender
adubo *sm* engrais
adulação *sf* adulation, dévotion
adular *vtd* aduler
adulterar *vtd* adultérer, altérer, falsifier
adultério *sm* adultère
adúltero, -ra *adj-sm, f* adultère
adulto, -ta *adj-sm, f* adulte
advérbio *sm* adverbe
adversário, -a *adj-sm, f* adversaire
advertência *sf* **1** avertissement *m* **2** avis *m*

advertir vtd avertir

advogado, -da sm, f avocat, -e

advocacia sf profession d'avocat
- **escritório de advocacia** cabinet d'avocat

aéreo, -a adj aérien, -ne

aeróbica sf aérobic

aerodinâmico, -ca adj aérodynamique

aeromoça sf hôtesse de l'air

aeronáutica sf aéronautique

aeronave sf avion m, aéronef m

aeroporto sm aéroport

aerossol sm aérosol

aeroviário, -a adj aérien, -ne (transport, personnel)
▶ sm **aeroviário** employé, -e de compagnie aérienne

afamado, -da adj fameux, -euse, célèbre

afanar vtd gíria voler, faucher, piquer, chiper

afastamento sm 1 éloignement 2 (desligamento de funcionário) licenciement

afastar vtd-vtdi 1 (apartar) écarter 2 (distanciar) éloigner 3 (afugentar) faire fuir 4 (impedir-perigo) empêcher
▶ vpr **afastar-se** s'éloigner

afável adj 1 affable 2 agréable

afazeres sm pl occupations, tâches
- **afazeres domésticos** travaux domestiques

afecção sf maladie, affection

afeição sf affection, tendresse, attachement m

afeiçoado, -da adj attaché, -e, dévoué, -e

afeiçoar-se vp se prendre d'affection (**a**, pour), s'attacher (**a**, à)

afeminado, -da adj efféminé, -e

aferição sf étalonnage m

aferventar vtd faire bouillir

afetação sf affectation

afetado, -da adj affecté, -e

afetar vtd 1 (fingir) affecter, afficher, faire montre de 2 (prejudicar) affecter 3 (atingir) toucher, atteindre

afeto sm (afeição) affect, affection f

afetuoso, -sa adj affectueux, -euse

afiado, -da adj 1 aiguisé, -e 2 (bem preparado) affûté, -e

afiador sm 1 (instrumento) aiguiseur, aiguisoir 2 (pessoa) aiguiseur, rémouleur

afiar vtd 1 (tornar cortante) aiguiser, affûter 2 (afinar, apontar) tailler 3 (aprimorar) aiguiser

afilar vtd amincir

afilhado, -da sm, f 1 (do padrinho) affilié, -e 2 fig (protegido) protégé, -e, chouchou, -oute, préféré, -e

afiliar-se vp s'affilier, adhérer (à)

afim adj affin-e, voisin, -e

afinal adv en fin de compte, en définitive, finalement

afinar vtd 1 MÚS accorder, harmoniser 2 (adelgaçar) affiner 3 (refinar) raffiner
▶ vpr **afinar-se** 1 (adelgaçar-se) s'amincir 2 (concordar, harmonizar-se) s'accorder

afinco sm ténacité f, persévérance f

afinidade sf affinité

afirmação sf affirmation

afirmar vtd 1 (tornar firme) affermir, fixer 2 (consolidar) affermir, consolider, renforcer 3 (declarar) affirmer, déclarer
▶ vpr **afirmar-se** (estabelecer-se; sentir-se seguro) s'affirmer

afirmativo, -va adj affirmatif, -ive

afixar vtd fixer, afficher

aflição sf anxiété, angoisse, peine
- **causar aflição em alguém** angoisser quelqu'un, provoquer de l'angoisse chez quelqu'un, chagriner/tourmenter quelqu'un

afligir vtd angoisser, affliger
▶ vpr **afligir-se** s'angoisser, s'affliger, se faire du mauvais sang

aflito, -ta adj angoissé, -e, affligé, -e

aflorar vtd 1 (abordar superficialmente) frôler, friser, effleurer 2 (tocar de leve) effleurer, frôler
▶ vi 1 (entremostrar-se) affleurer 2 (vir à tona) affleurer, émerger, (re)faire surface

afluência sf affluence

afluente sm (rio) affluent

afluxo sm afflux

afobação sf grande hâte, précipitation, empressement m

- **com afobação** précipitamment, en toute hâte

afobado, -da adj 1 (*com pressa*) pressé, -e 2 (*impaciente*) impatient, -e, excité, -e

afogamento sm noyade f

afogar vtd noyer
▶ vpr **afogar-se** se noyer
- **afogar-se em copo de água** se noyer dans un verre d'eau

afônico, -ca adj aphone

afora adv 1 (*para fora*) dehors: **saiu porta afora** il est sorti dehors 2 (*por toda a extensão*) à travers 3 (*durante*) au cours de, tout au long de
▶ prep 1 (*exceto*) à part, sauf, en dehors de, excepté: **afora os parentes, ninguém foi ao enterro** à part sa famille, personne n'est allé à son enterrement 2 (*além de*) outre, en plus de: **afora a doença, ainda perdeu a mulher** outre sa maladie, il a aussi perdu sa femme

África sf Afrique

africano, -na adj africain, -e
▶ sm,f Africain, -e

afronta sf affront m, insulte, vexation f

afrouxar vtd 1 (*soltar, desapertar*) relâcher, desserrer, détacher, détendre 2 (*abrandar-regras etc.*) relâcher
▶ vi 1 (*soltar-se, desapertar-se*) se relâcher, se libérer, se desserrer 2 (*abrandar-se*) s'amollir, s'apaiser, s'adoucir 3 (*acovardar-se*) s'intimider, battre en retraite
- **afrouxar o passo** ralentir le pas/l'allure

afugentar vtd faire fuir, mettre en fuite

afundar vtd 1 (*aprofundar*) approfondir 2 (*introduzir profundamente*) enfoncer
▶ vtd-vi (*pôr/ir a pique*) couler, sombrer
▶ vpr **afundar-se** (*entranhar-se*) s'adonner, se plonger

afunilado, -da adj 1 (*em forma de funil*) en entonnoir 2 (*estreitado*) qui se rétrécit: **rua afunilada** rue qui se rétrécit

afunilar vtd (*estreitar-passagem*) rétrécir
▶ vpr **afunilar-se** 1 (*assumir forma de funil*) prendre une forme d'entonnoir 2 (*estreitar-se*) se rétrécir

agachar-se vp (*acocorar-se*) s'accroupir

agarrado, -da adj 1 (*muito afeiçoado*) lié, -e, attaché, -e 2 (*a ideias*) attaché, -e, dévoué, -e

agarrar vtd 1 (*segurar com força*) saisir, retenir, agripper 2 (*capturar*) prendre, arrêter
▶ vpr **agarrar-se** 1 (*segurar-se*) se retenir, s'accrocher, s'agripper, se cramponner 2 (*a ideias*) s'accrocher
- **pneus que agarram bem** pneus qui adhèrent à la route

agasalhar vtd abriter, couvrir, emmitoufler
▶ vp **agasalhar-se** se couvrir, s'emmitoufler

agasalho sm 1 veste f, manteau 2 (*de ginástica*) maillot

agência sf agence
- **agência bancária** agence bancaire
- **agência de empregos** agence d'emploi privée

agenda sf 1 (*caderneta de endereços*) carnet d'adresse 2 (*registro de compromissos*) agenda 3 (*temário*) ordre du jour, programme

agendar vtd noter dans son agenda
- **agendar um encontro** prendre rendez-vous

agente sm agent
■ **agente alfandegário** douanier
■ **agente da passiva** complément d'agent
■ **agente secreto** agent secret

ágil adj 1 agile, souple 2 (*desembaraçado*) vif, -ve, prompt, -e 3 (*diligente*) diligent, -e, actif, -ive

agilidade sf agilité, souplesse, rapidité

agilizar vtd accélérer, activer, hâter

agiota smf agioteur, usurier

agir vi agir

agitado, -da adj 1 (*inquieto; tumultuado*) agité, -e: **é uma criança muito agitada** c'est un enfant très agité; **mar agitado** mer agitée 2 (*movimentado*) agité, -e, animé, -e: **vida agitada** vie agitée

agitador, -ra adj-sm,f agitateur, -trice

agitar vtd 1 (*mover*) agiter 2 (*excitar*) inquiéter, agiter, exciter 3 (*incitar*) enflammer, embraser, électriser
▶ vpr **agitar-se** 1 (*mexer-se*) s'agiter 2 (*ficar excitado*) s'exciter

agito *sm gíria (animação)* animation *f*, mouvement

aglomeração *sf* **1** agglomération **2** *(ajuntamento de pessoas)* rassemblement *m*, attroupement *m*

aglomerado *sm* **1** *(aglomeração)* agglomération **2** *(madeira)* aggloméré

aglomerar *vtd* agglomérer
▸ *vpr* **aglomerar-se** s'agglomérer

aglutinar *vtd* agglutiner, rassembler
▸ *vpr* **aglutinar-se** s'agglutiner

agonia *sf* **1** *(da morte)* agonie **2** *(aflição)* angoisse, affliction

agonizante *adj* agonisant, -e

agonizar *vi* agoniser

agora *adv* **1** *(neste momento)* maintenant **2** *(atualmente)* maintenant, actuellement, de nos jours
• **agora mesmo** *(imediatamente)* immédiatement, sur-le-champ *(faz pouco tempo)* il y a peu
• **ainda agora** il y a peu
• **até agora** *(até o presente)* jusqu'à nos jours *(até o momento)* jusqu'à présent
• **de agora** de maintenant
• **de agora em diante** désormais, dorénavant

agosto *sm* août

agouro *sm* augure

agraciado, -da *adj* décoré, -e, gracié, -e

agradar *vtd-vti (ser agradável)* plaire
▸ *vi (conquistar)* faire plaisir à, séduire: *por mais esforço que ela faça, não agrada* malgré tous ses efforts, elle ne fait plaisir à personne
▸ *vtd (fazer agrado)* plaire, faire plaisir à

agradável *adj* agréable
• **unir o útil ao agradável** joindre l'utile à l'agréable

agradecer *vtd-vtdi-vi* remercier

agradecido, -da *adj (grato; reconhecido)* reconnaissant, -e

agradecimento *sm* remerciement

agrado *sm* **1** *(gosto)* goût: *não é de meu agrado* ce n'est pas de mon goût **2** *(afago)* câlin, caresse *f* **3** *(gratificação, presente)* cadeau

agrário, -a *adj* agraire

agravamento *sm* aggravation *f*

agravante *adj* aggravant, -e
▸ *sm* circonstance *f* aggravante

agravar *vtd* aggraver
▸ *vpr* **agravar-se** s'aggraver

agredir *vtd* agresser, attaquer

agregar *vtd-vtdi* réunir, agréger, rassembler
▸ **agregar-se** s'agréger, se rattacher à

agressão *sf* agression

agressivo, -va *adj* agressif, -ive

agressor, -ra *adj-sm, f* agresseur, -euse

agreste *adj (campestre)* agreste, champêtre

agrião *sm* BOT cresson

agrícola *adj* agricole

agricultor, -ra *sm, f* agriculteur, -trice, paysan, -ne

agricultura *sf* agriculture

agridoce *adj* aigre-doux

agronomia *sf* agronomie

agrônomo, -ma *sm, f* agronome

agropecuária *sf* agriculture et élevage

agrupar *vtd* agrouper, réunir, grouper
▸ **agrupar-se** s'agrouper, se réunir, s'attrouper

água *sf* **1** eau **2** *(vertente de telhado)* versant
▸ *pl* **1 chuvas** pluies, précipitations **2** *(liquido amniótico)* eaux *pl*
■ **água com gás** eau gaseuse/pétillante
■ **água de chuva, água pluvial** eau de pluie, eau pluviale
■ **água de colônia** eau de Cologne
■ **água de torneira** eau du robinet
■ **água do mar** eau de mer
■ **água doce** eau douce
■ **água oxigenada** eau oxygénée
■ **água potável** eau potable
■ **água sanitária** *sf* eau de Javel
■ **água sem gás** eau plate
■ **águas servidas** eaux usées
■ **ficar com água na boca** avoir l'eau à la bouche
• **mandar por água abaixo** faire tomber à l'eau
• **ser águas passadas** être de l'histoire ancienne

aguaceiro *sm* averse *f*

aguado, -da *adj* **1** *(diluído em água)* coupé, -e: **leite aguado** lait coupé **2** *(insípido; sem graça)* insipide
• **ficar aguado, -da** avoir l'eau à la bouche

aguar *vtd (borrifar com água)* arroser, mouiller

aguardar *vtd* attendre, patienter

aguardente *sf* eau-de-vie

aguarrás *sm* essence *f* de térébenthine

água-viva *(pl* **águas-vivas)** *sf* méduse, gelée de mer

aguçar *vtd* aiguiser

agudo, -da *adj* aigu, -uë

aguentar *vtd (sustentar; manter; aturar; resistir)* supporter
▸ *vpr* **aguentar-se 1** *(manter-se firme)* se soutenir, se maintenir fermement **2** *(manter a calma)* se contenir, se dominer, se maîtriser **3** *(resistir)* résister
• **aguentar-se em pé** tenir debout
• **aguente firme!** tiens le coup! accroche-toi!
• **não aguentar mais** ne plus en pouvoir, ne plus supporter

águia *sf* aigle *m*

agulha *sf* aiguille
■ **agulha de tricô** aiguille à tricoter
■ **agulha de crochê** crochet
• **procurar agulha em palheiro** chercher une aiguille dans une botte/meule de foin

agulhada *sf* piqûre d'aiguille

agulheiro *sm* aiguiller

aí *adv* **1** *(nesse lugar)* là: **fique aí** reste là **2** *(para esse lugar)* y, là-bas: **espere mais um pouco, estou indo aí** attends encore un peu, j'y vais **3** *(nesse ponto)* là, voilà: **aí é que está o x da questão** voilà le hic **4** *(nesse momento; então)* là, alors: **aí ela entrou e disse…** là, elle est entrée et elle a dit…; **até aí eu não sabia de nada** jusqu'alors, je n'en savais rien **5** *(mais ou menos)* autour de: **aí pelos cinco mil** autour de/dans les cinq mille
▸ *interj (aprovação)* voilà
• **aí está ele** le voilà
• **aí vai o dinheiro que prometi** voici l'argent que je vous avais promis
• **e por aí afora** et ainsi de suite
• **por aí** *(lugar)* par là *(mais ou menos)* plus ou moins, environ

aidético, -ca *adj-sm,f* sidatique, sidéen, -ne

Aids *sf abrev (Síndrome de Imunodeficiência Adquirida)* Sida *m*

ainda *adv* **1** encore: **ainda não** pas encore **2** *(até então; até agora)* toujours **quando cheguei, ele ainda estava esperando** quand je suis arrivé, -e, il était toujours là **3** *(um dia)* un jour *(encore)*: **ainda verei sua vitória** un jour *(encore)* je verrai sa victoire **4** *(pelo menos)* encore, au moins: **se ainda cantasse bem…** si encore il chantait bien
▸ *loc conj* **ainda que** même si
• **ainda agora** à l'instant
• **ainda assim** malgré tout
• **ainda bem** encore heureux
• **ainda por cima** en/de plus, en outre
• **não só… mas ainda…** non seulement… mais aussi/encore

aipo *sm* BOT céleri

ajeitar *vtd (arrumar)* arranger, ajuster, rajuster, ranger
▸ *vtdi (conseguir)* obtenir
▸ *vpr* **ajeitar-se** *(acomodar-se)* se stabiliser

ajoelhado, -da *adj* agenouillé, -e, à genou

ajoelhar-se *vpr* s'agenouiller

ajuda *sf* aide
• **ajuda de custo** remboursement d'argent *m*, contrepartie en argent *f*

ajudante *smf* aide, commis
• **ajudante de cozinha** commis de cuisine

ajudar *vtd (auxiliar; dar apoio)* aider
▸ *vtdi (favorecer)* aider à: **o exercício ajuda a manter a saúde** les exercices aident à se maintenir en bonne santé
▸ *vi (resolver em parte)* dépanner, réconforter: **um pouco de boa vontade já ajuda** un peu de bonne volonté peut dépanner
▸ *vpr* **ajudar-se** *(mutuamente)* s'aider, s'entraider

ajuizado, -da *adj* avisé, -e, sensé, -e, prudent, -e

ajuntamento *sm* **1** *(coisas)* assemblage, regroupement **2** *(pessoas)* agglomération *f*

ajustar vtd-vtdi 1 (*apertar*) ajuster 2 (*combinar*) combiner, convenir, régler 3 (*acertar, regularizar*) ajuster, régulariser
▸ vpr **ajustar-se** 1 (*concordar*) s'entendre, se mettre d'accord 2 (*adaptar-se*) s'adapter, s'habituer 3 (*acomodar-se*) s'emboîter, s'adapter, s'ajuster

ajuste sm 1 (*acordo*) accord, entente *f* 2 (*acomodação*) adaptation *f*
• **ajuste de contas** arrêté de comptes (*fig*) règlement de comptes

ala sf 1 (*fila, fileira*) haie, file, rangée 2 (*agrupamento*) aile: *ala esquerda do partido* l'aile gauche du parti 3 (*parte de edifício*) aile
• **abrir alas** former/faire la haie

à la carte loc adv à la carte

alagar vtd inonder
▸ vpr **alagar-se** s'inonder

alambrado sm grillage

alameda sf allée, avenue

alaranjado, -da adj orangé, -e

alarde sm étalage, ostentation *f*
• **fazer alarde** faire étalage, afficher, se vanter

alargar vtd élargir
▸ vpr **alargar-se** s'élargir

alarmante adj alarmant, -e

alarmar vtd alarmer
▸ vpr **alarmar-se** s'alarmer

alarme sm 1 (*dispositivo de segurança*) alarme *f* 2 *fig* alarme *f*, trouble: *a notícia causou alarme* la nouvelle a jeté le trouble 3 (*de despertador*) sonnerie *f*
• **dar o alarme** donner l'alarme

alastrar vtd répandre, disséminer
▸ vpr **alastrar-se** 1 (*notícia etc.*) se répandre, se diffuser, se propager 2 (*epidemia*) se propager, se disséminer

alavanca sf levier *m*: *alavanca de câmbio* levier de (changement de) vitesse

albanês, -esa adj albanais, -e
▸ sm, f Albanais, -e

albergue sm 1 (*hospedaria*) auberge: *albergue da juventude* auberge de jeunesse 2 (*abrigo*) abri

albino, -na adj-sm, f albinos adj-s inv

álbum sm album

alça sf 1 (*de roupa*) bretelle 2 (*cabo, pegador*) poignée, manche, anse
▪ **alça de acesso** bretelle d'accès

alcachofra sf BOT artichaut *m*

alcançar vtd 1 (*chegar a; chegar com a mão*) atteindre 2 (*chegar até*) atteindre, (r)attraper 3 (*obter*) obtenir, atteindre 4 (*apanhar*) attraper, prendre: *alcance o saleiro, por favor?* attrape/donne-moi la salière, s'il te plaît?
• **quem espera sempre alcança** tout vient à point à qui sait attendre

alcance sm portée: *estar ao alcance de alguém* être à la portée de quelqu'un
• **fora de alcance** hors de portée

alçapão sm trappe *f*

alcaparra sf BOT câpre

alcatrão sm goudron

álcool (*pl* **alcoóis**) sm alcool

aldeia sf village *m*
• **aldeia global** village global

aleatório, -a adj aléatoire

alecrim sm BOT romarin

alegação sf allégation

alegar vtd alléguer

alegoria sf allégorie

alegórico, -ca adj allégorique
• **carro alegórico** char allégorique

alegrar vtd 1 (*tornar alegre*) égayer, réjouir 2 (*dar prazer*) réjouir
▸ vpr **alegrar-se** se réjouir, être ravi, -e (**com**, de)

alegre adj 1 (*contente, feliz*) joyeux, -euse, heureux, -euse, gai, -e, content, -e 2 *fig* (*quase bêbado*) gai, -e, gris, -e, éméché, -e
• **cor alegre** couleur gaie/vive
• **viúva alegre** veuve joyeuse

alegria sf joie, gaieté, allégresse
• **dar alegria** donner de la joie, égayer

aleijado, -da adj-sm, f infirme, handicapé, -e

aleijar vtd estropier, mutiler

além adv 1 (*mais adiante*) au-delà, derrière 2 (*ao longe*) au loin
▸ loc prep **além de** 1 au-delà de 2 (*afora*) non seulement mais en plus: *além de bonita é inteligente* non seulement elle est jolie, mais en plus elle est intelligente 3 (*mais do que*) autre que: *não*

havia ninguém na sala além dele il n'y avait personne d'autre que lui dans la salle
▸ *sm* **o além** (*o outro mundo*) l'au-delà
• **além disso/do mais** en outre, de surcroît
• **além-mar** outremer

Alemanha *sf* Allemagne

alemão, -ã *adj* allemand, -e
▸ *sm, f* Allemand, -e
▸ *sm* **alemão** l'allemand

alergia *sf* allergie

alérgico, -ca *adj-sm, f* allergique

alerta! *interj* alerte!
• **estar alerta** être vigilant/attentif

alertar *vtd* alerter, avertir

alfabético, -ca *adj* alphabétique

alfabetizar *vtd* alphabétiser
▸ *vpr* **alfabetizar-se** apprendre à lire et à écrire, s'instruire

alfabeto *sm* alphabet

alface *sf* BOT laitue

alfafa *sf* BOT luzerne

alfaiate *sm* tailleur

alfândega *sf* douane

alfandegário, -a *adj* douanier(ère)

alfazema *sf* BOT lavande

alfinetada *sf* **1** (*picada de alfinete*) piqûre d'aiguille **2** (*pontada*) sensation de piqûre **3** *fig* coup d'épingle

alfinete *sm* épingle *f*
■ **alfinete de fralda** épingle *f* de (à) nourrice
■ **alfinete de segurança** épingle *f* de sûreté

alga *sf* BOT algue

algarismo *sm* chiffre *f*: *algarismos arábicos/romanos* chiffres arabes/romains

algazarra *sf* vacarme *m*, raffut *m*: *fazer algazarra* faire du raffut

álgebra *sf* algèbre

algemar *vtd* menotter

algemas *sf pl* menottes

algo *pron* quelque chose
▸ *adv* (*um tanto*) un peu, assez
• **algo de novo?** quoi de neuf? du nouveau?

algodão *sm* coton

algodão-doce (*pl* algodões-doces) *sm* barbe à papa, *f*

algoz *sm* bourreau (*também fig*)

alguém *pron* quelqu'un
• **alguém aí?** il y a quelqu'un?
• **alguém mais** quelqu'un d'autre
• **ser alguém (na vida)** être quelqu'un (*dans la vie*)

algum, -ma *pron* **1** (*um; um entre vários*) un, -e: *ela saiu à procura de algum dos alunos* elle est partie à la recherche d'un de ses élèves **2** (*um qualquer*) quelque: *tenho alguns livros velhos que gostaria de doar* j'ai quelques vieux livres que j'aimerais donner **3** (*certo*) certain(e)s, quelques-un(e)s: *alguns autores acreditam nessa hipótese* certains auteurs croient à/en cette hypothèse **4** (*nenhum*) aucun, -e: *esse novo remédio não causa mal algum* ce nouveau médicament ne fait aucun mal
▸ *sm pl* **algumas pessoas** certains, d'aucuns
▸ *sm* **algum** (*algum dinheiro*) de l'argent
▸ *sf* **alguma** quelque chose: *alguma você fez!* y a quelque chose là-dessous!
• **alguma coisa** quelque chose
• **alguma outra pessoa** une autre personne, quelqu'un d'autre
• **alguns deles, algumas delas** certains d'entre eux, certaines d'entre elles

alhear-se *vpr* s'aliéner, s'égarer

alheio, -a *adj* **1** (*de outrem*) de l'autre, des autres, d'autrui **2** (*estranho*) étranger, -ère, distinct, -e, en dehors de: *questão alheia ao assunto* une question qui est en dehors du sujet **3** (*desconhecedor*) ignorant, -e, à l'écart: *ficar alheio às notícias* se tenir à l'écart des nouvelles
▸ *sm* **o alheio** (*o que é dos outros*) le bien d'autrui

alho *sm* BOT ail
• **confundir alhos com bugalhos** mélanger les torchons et les serviettes

alho-porró (*pl* alhos-porós) *sm* BOT poireau

ali *adv* **1** (*naquele lugar*) là, là-bas, y: *pus o livro na mesa, e ele ali ficou dois dias* j'ai mis le livre sur la table et il y est resté pendant deux jours **2** (*para/àquele lugar*) là-bas: *olhe ali* regarde là-bas **3** (*aquela hora*) là, alors: *até ali fiquei calado...* jusque-là, je m'étais tu...

- **ali pelas dez horas** vers dix heures
- **ali pelo km 32** aux alentours (*environs*) du km 32
- **você quer esta maçã ou aquela ali?** tu veux cette pomme-ci ou celle-là?

aliado, -da *adj-sm, f* allié, -e

aliança *sf* (*união; pacto; anel*) alliance

aliar *vtd-vtdi* allier
▶ *vpr* **aliar-se** s'allier

aliás *adv* 1 (*de outra maneira*) d'ailleurs: *não estava doente; aliás, gozava de boa saúde* il/elle n'était pas malade; il/elle était d'ailleurs en parfaite santé 2 (*além do mais*) en plus, d'ailleurs: *é um malandro; aliás, dos piores* c'est une canaille, et en plus une des pires 3 (*a propósito*) à propos: *o João vai se casar; aliás, trouxe até um convite* João va se marier; à propos, il nous a apporté un faire-part 4 (*ou melhor*) ou plutôt: *aquela é a loja de sapatos, aliás, de roupas* voilà le magasin de chaussures, ou plutôt, de vêtements

álibi *sm* alibi

alicate *sm* pince *f*

alicerce *sm* fondement, fondation *f*, base *f*

alienação *sf* aliénation, vente

alienado, -da *adj* 1 (*sem consciência política*) qui n'a aucune conscience politique 2 (*louco*) aliéné, -e

alienar *vtd* aliéner
▶ *vpr* **alienar-se** (*alhear-se dos acontecimentos*) s'aliéner

alienígena *adj-smf* 1 (*de outro país*) étranger 2 (*extraterrestre*) extraterrestre

alimentação *sf* 1 (*pessoas; animais*) nourriture, alimentation 2 (*em máquina*) alimentation

alimentar *vtd* 1 (*pessoas; animais*) nourrir, alimenter 2 (*máquina*) alimenter
▶ *vpr* **alimentar-se** s'alimenter, se nourrir
▶ *adj* alimentaire: *bolo alimentar* bol alimentaire; *cadeia alimentar* chaîne alimentaire

alimentício, -a *adj* alimentaire

alimento *sm* nourriture *f*, aliment
▶ *pl* **recursos** aliments, pension *f* alimentaire

alinhado, -da *adj* 1 (*posto na linha*) aligné, -e 2 (*elegante*) élégant, sur son trente et un

alinhamento *sm* alignement
- **alinhamento de direção** parallélisme

alinhar *vtd* aligner
▶ *vpr* **alinhar-se** 1 (*dispor-se em linha reta*) s'aligner 2 (*apurar-se no vestir*) s'habiller avec élégance 3 (*aderir, aliar-se*) s'aligner (**com, sur**)
- **alinhar a direção** vérifier le parallélisme

alinhavar *vtd* faufiler

alisar *vtd* 1 (*tornar liso*) lisser 2 (*desenrugar*) dérider 3 (*desamassar*) défroisser 4 (*acariciar*) caresser
- **alisar a cabeça** *fig* consoler
- **alisar os cabelos** lisser les cheveux

alistar-se *vpr* s'enrôler

aliviar *vtd-vtdi* 1 (*dor*) soulager, apaiser 2 (*sofrimento*) soulager, consoler 3 (*tornar mais leve*) alléger
▶ *vpr* **aliviar-se** 1 (*sentir alívio*) se sentir soulagé 2 *gíria* (*defecar*) évacuer, déféquer, faire caca

alívio *sm* soulagement

alma *sf* âme
- **alma gêmea** âme sœur
- **entregar a alma a Deus** rendre son âme à Dieu
- **sua alma, sua palma** que ta volonté soit faite

almanaque *sm* almanach

almeirão *sm* BOT chicorée *f*

almejar *vtd* viser, chercher, désirer

almirante *sm* amiral

almoçar *vi* déjeuner

almoço *sm* déjeuner
- **almoço comercial** menu du jour

almofada *sf* coussin *m*

almôndega *sf* CUL boulette de viande hachée

alô! *interj* allo!
▶ *sm* **alô** (*saudação breve*) salut, bonjour
- **é bom (lhe) dar um alô** (*lembrar*) il vaudrait mieux le (*lui*) rappeler

alojamento *sm* 1 (*acampamento*) baraquement 2 (*local de permanência*) lieu d'hébergement

alojar vtd 1 (*aquartelar*) encaserner 2 (*hospedar*) loger, héberger
▶ vpr **alojar-se** (*hospedar-se*) descendre, se loger

alongamento sm 1 (*ato de alongar*) allongement 2 (*exercício*) étirement

alongar vtd 1 (*encompridar*) (r)allonger 2 (*prolongar*) (r)allonger, prolonger 3 (*exercício*) faire des étirements
▶ vpr **alongar-se** (*encompridar-se; prolongar-se*) s'allonger

aloprado, -da adj (*amalucado*) retardé, -e, arriéré, -e, taré, -e

aloucado, -da adj foufou, -olle

alpendre sm 1 (*telheiro*) hangar 2 (*varanda*) porche

alpercata sf sandale à lanières de cuir ou de toile

Alpes sm (pl **Alpes**)

alpinismo sm alpinisme

alpinista smf alpiniste

alquimia sf alchimie

alta sf 1 (*de preços etc.*) hausse 2 (*hospitalar*) sortie de l'hôpital
• **dar alta** (*de hospital*) autoriser la sortie (*de l'hôpital*)

alta-costura (pl **altas-costuras**) sf haute couture

altar sm autel

alteração sf altération

alterado, -da adj 1 (*modificado*) modifié, -é, changé, -é 2 (*falsificado*) altéré, -e, falsifié, -é, faussé, -é 3 (*transtornado, nervoso*) énervé, -é, irrité, -e, agité, -e

alterar vtd changer, modifier, altérer
▶ vpr **alterar-se** 1 (*modificar-se*) se modifier 2 (*corromper-se, estragar-se*) s'altérer 3 (*transtornar-se, enfurecer-se*) se fâcher, se mettre en colère

alternado, -da adj alterné, -é
• **em dias alternados** un jour sur deux

alternar vtd alterner
▶ vpr **alternar-se** s'alterner

alternativa sf 1 (*duas coisas excludentes*) alternative 2 (*possibilidade, opção*) possibilité, option, choix m

alternativo, -va adj alternatif, -ive

alteza sf altesse: *Sua Alteza Real* Son Altesse Royale

altitude sf altitude: *a 800 m de altitude* à 800 m d'altitude

altivez sf 1 (*brio*) fierté, grandeur, hauteur 2 (*soberba*) arrogance, orgueil m, hauteur

altivo, -va adj hautain, -e, fier, -ère, suffisant, -e

alto, -ta adj 1 (*prédio, montanha etc.*) haut, -e 2 (*ser humano*) grand, -e: *um homem alto* un homme grand 3 (*elevado*) haut, -e, élevé, -e 4 (*voz, som*) haut, -e, fort, -e 5 (*agudo*) haut, -e, aigu, -uë 6 (*inteligência, qualidades*) supérieur, -e 7 (*em maior altitude*) haut, -e, élevé, -e 8 (*ao norte*) haut, -e: *alto Tocantins* le haut Tocantins 9 *gíria* (*quase bêbado*) gris, -e, éméché, -e, gai, -e
▶ sm **o alto** 1 (*ponto mais elevado*) le haut, le faîte m, la cime f, 2 (*ar, céu, cima*) le haut, les hauteurs, le ciel 3 (*Céu*) le Ciel
▶ adv haut: *voar, falar alto* voler, parler haut
▶ interj **alto!** halte!/halte-là!/stop!
• **alto custo de vida** coût de la vie élevé
• **altos e baixos** des hauts et des bas
• **de alto a baixo** de haut en bas
• **dizer alto e bom som** dire haut et clair
• **jogar para o alto** envoyer/jeter en l'air
• **no alto** en haut
• **noite alta** pleine nuit
• **por alto** environ, plus ou moins, en passant
• **saltos altos** talons hauts
• **vir do alto** venir d'en haut

alto-falante (pl **altos-falantes**) sm haut-parleur

alto-mar (pl **altos-mares**) sm haute mer f, pleine mer f

altruísmo sm altruisme

altura sf 1 hauteur: *medir a altura de um móvel* mesurer la hauteur d'un meuble 2 (*estatura*) haut: *ela tem 1,50 m de altura* elle mesure 1,50 m de hauteur 3 (*momento*) moment: *àquela altura do jogo* à ce moment-là du match 4 (*ponto, lugar*) endroit, hauteur: *em que altura da rodovia foi o acidente?* à quel endroit de l'autoroute l'accident a-t-il eu lieu?

ALUCINAÇÃO

▶ pl 1 (**momento**) moment 2 (céu) plus haut des cieux
• **cair das alturas** tomber de haut/des nues
• **estar à altura das exigências/da situação** être à la hauteur des exigences/de la situation
• **ganhar/perder altura** prendre/perdre de la hauteur
• **nessa altura do campeonato...** au point où on en est
• **pôr nas alturas** porter aux nues
• **responder à altura** répondre sur le même ton

alucinação sf hallucination

alucinado, -da adj 1 halluciné, -e 2 fig fasciné, -e, fou,folle de, obsédé, -e

alucinógeno, -na adj-sm hallucinogène

aludir vti faire allusion à, évoquer

alugar vtd-vtdi 1 (tomar em aluguel; dar em aluguel) louer 2 gíria (tomar o tempo) ennuyer, importuner, casser les pieds

aluguel sm loyer, location f
• **aluguel de veículos** location de voitures
• **casa de aluguel** logement loué
• **pagar/receber o aluguel** payer/percevoir le loyer

alumínio sm aluminium

aluno, -na sm,f élève, étudiant, -e

alusão sf allusion

alvará sm autorisation administrative, licence d'exploitation

alvejar vtd 1 (tornar branco) blanchir 2 (atingir) viser, atteindre

alvenaria sf maçonnerie

alvéolo sm ZOOL ANAT alvéole f

alvo, -va adj blanc, -he
▶ sm **alvo** 1 cible 2 fig (objetivo) cible, objectif, but
• **acertar o/no alvo** frapper/toucher au but, atteindre la cible
• **tiro ao alvo** tir à la cible

alvorada sf aube

alvorecer vi poindre (le jour)
▶ sm **alvorecer** aube f, lever du jour

alvoroço sm 1 (agitação) enthousiasme 2 (tumulto) tumulte

amabilidade sf amabilité

amaciante sm assouplissant, assouplisseur

amaciar vtd 1 (tornar macio) assouplir 2 (auto) roder
▶ vpr **amaciar-se** s'assouplir

amador, -ra sm,f amateur, -trice

amadorismo sm amateurisme

amadurecer vtd 1 faire mûrir: **o calor amadureceu depressa os frutos** la chaleur a fait mûrir les fruits rapidement 2 (aperfeiçoar) laisser mûrir: **amadurecer uma ideia** laisser mûrir une idée 3 (tornar experiente) mûrir
▶ vi 1 mûrir: **os frutos amadureceram** les fruits ont mûri 2 fig mûrir

âmago sm 1 (centro) cœur, centre, nœud 2 (íntimo) fond, intime

amainar vtd 1 MAR amener 2 (abrandar) modérer, adoucir, calmer
▶ vi-vpr (abrandar-se) s'apaiser, se calmer, s'adoucir

amaldiçoado, -da adj maudit, -e

amamentação sf allaitement m

amamentar vtd-vi allaiter

amanhã adv demain
▶ sm **o amanhã** le lendemain, le futur
• **amanhã pela manhã** demain matin
• **até amanhã!** à demain!
• **depois de amanhã** après-demain

amanhecer vi poindre, se lever (le jour)
▶ sm le lever du jour

amansar vtd 1 (domesticar) dresser, domestiquer, dompter, apprivoiser 2 (abrandar, acalmar) calmer, apaiser
▶ vpr **amansar-se** se calmer, s'apaiser,

amante adj 1 amant (fém maîtresse) 2 (apreciador) amateur, aficionado: **amante da boa música** amateur de bonne musique

amar vtd aimer
▶ vpr **amar-se** s'aimer

amarelar vtd-vi (tornar amarelo) jaunir
▶ vi pop avoir la pétoche, avoir la trouille, être vert de peur
▶ vpr **amarelar-se** devenir jaune

amarelinha sf (jogo infantil) marelle

amarelo, -la adj jaune

amargar vtd 1 (tornar amargo) rendre amer 2 (amargurar) rendre amer, causer

de l'amertume 3 *(suportar)* subir, endurer, essuyer
▸ *vpr* **amargar-se** se ronger *(de)*, se tourmenter
• **ser de amargar** être difficile à résoudre/à supporter

amargo, -ga *adj* amer, -ère *(também fig)*

amargura *sf (tristeza)* amertume, rancœur, tristesse

amargurado, -da *adj* amer, -ère

amargurar *vtd* causer de l'amertume, peiner, chagriner
▸ *vpr* **amargurar-se** s'affliger, se chagriner, se faire du mauvais sang

amarra *sf* MAR amarre
• **cortar as amarras com** couper le cordon ombilical avec

amarração *sf* 1 MAR amarres *pl*, ammarage *m* 2 *fig (casamento, ligação amorosa)* lien *m*, liaison, attache 3 *(paixão)* toquade, entichement *m*

amarrar *vtd-vtdi* 1 *(prender)* lier, attacher 2 *(atar com nó)* nouer, lacer 3 *(vincular moralmente)* lier, attacher 4 *(prender afetivamente)* enchaîner, engager 5 *(entravar)* entraver, obstruer
▸ *vpr* **amarrar-se** 1 *(atar-se)* s'attacher, se lier, se nouer 2 *(deixar-se cativar)* adorer **(em,** -), s'éprendre, s'amouracher **(em,** de) 3 *(tornar-se comprometido)* se ranger, s'assagir

amarrotar *vtd* chiffonner, froisser

amassar *vtd* 1 *(sovar massa)* pétrir 2 *(amarrotar)* chiffonner, froisser 3 *(deformar)* déformer, cabosser 4 *chulo (bolinar)* peloter, tripoter
▸ *vpr* **amassar-se** 1 *(amarrotar-se)* se froisser, se chiffonner 2 *(deformar-se)* se cabosser, s'enfoncer
• **amassar batatas** écraser des pommes de terre

amável *adj* aimable

Amazônia *sf* Amazonie

amazônico, -ca *adj* amazonien, -ne

âmbar *sm* ambre

ambição *sf* ambition

ambicionar *vtd* ambitionner, aspirer à

ambicioso, -sa *adj* ambitieux, -euse

ambiental *adj* environnemental, -e

ambientalista *adj-smf* environnementaliste, écologiste

ambientar *vtd-vtdi (cena, livro)* situer, se dérouler
▸ *vpr* **ambientar-se** s'acclimater

ambiente *sm* ambiance *f*, milieu, pièce, *f*

ambiguidade *sf* ambiguïté

ambíguo, -a *adj* ambigu, -uë

âmbito *sm* cadre, contexte

ambos, -bas *pron* tous *(toutes)* les deux, tous *(toutes)* deux, les deux

ambulante *adj* ambulant, -e
▸ *sm* **ambulante** vendeur ambulant

ambulância *sf* ambulance

ambulatório *sm* service de consultations externes

ameaça *sf* menace

ameaçador, -ra *adj* menaçant, -e

ameaçar *vtd-vtdi* menacer
▸ *vi (estar iminente)* menacer: *está ameaçando um temporal* la tempête menace

ameaço *sm* début: *um ameaço de febre* un début de fièvre

ameba *sf* amibe

amedrontador, -ra *adj* effrayant, -e, apeurant, -e, épouvantable

amedrontar *vtd* effrayer, apeurer
▸ *vpr* **amedrontar-se** 1 s'effrayer, s'apeurer 2 s'intimider

ameixa *sf* BOT prune, pruneau

amém *sm* amen

amêndoa *sf* BOT amande

amendoim *sm* BOT cacahouète *f*, arachide *f*

amenidade *sf* 1 aménité 2 *(do clima)* douceur
▸ *pl* **amenidades** banalités

amenizar *vtd* amenuiser, amoindrir, atténuer
▸ *vpr* **amenizar-se** s'amenuiser, s'amoindrir, s'estomper

ameno, -na *adj* 1 *(afável)* amène, affable 2 *(clima)* agréable, doux, -ce

América *sf* Amérique

americano, -na *adj* américain, -e
▸ *sm,f* Américain, -e

amianto *sm* amiante

amídala *sf* ANAT amygdale

amido *sm* amidon

amigável *adj* amical, -e

amigo, -ga *adj-sm,f* **1** ami, -e **2** (*amante*) ami, -e, amant (*fém.* maîtresse), compagnon, -pagne
- **amigo do alheio** voleur
- **amigo do peito** ami intime
- **fazer amigos** se faire des amis
- **[festa do] amigo secreto** fête de fin d'année, consistant à donner un cadeau à quelqu'un désigné par tirage au sort

amistoso, -sa *adj* amical, -e
▶ *sm* **amistoso** (*jogo*) match amical

amizade *sf* amitié
- **amizade colorida** amitié amoureuse

amnésia *sf* amnésie

amolação *sf fam* désagrément *m*, ennui *m*

amolador, -ra *sm,f* **1** (*afiador*) aiguiseur, -euse, rémouleur-euse **2** *fam* casse-pied, enquiquineur, -euse, emmerdeur, -euse

amolar *vtd-vi* **1** (*afiar*) aiguiser, affûter **2** (*contrariar*) ennuyer, contrarier **3** (*entediar*) ennuyer **4** (*importunar*) tourmenter, ennuyer, embêter, emmerder
▶ *vpr* **1** (*aborrecer-se*) s'irriter **2** (*entediar-se*) s'ennuyer

amolecer *vtd* **1** (*tornar mole*) (r)amollir **2** (*enternecer*) attendrir, émouvoir
▶ *vi* **1** (*ficar mole*) (se) (r)amollir **2** (*ceder*) s'attendrir, s'émouvoir **3** (*perder o ânimo*) (r)amollir, tiédir

amoníaco *sm* ammoniaque

amontoado, -da *adj* entassé, -e, amoncelé, -e, empilé, -e
▶ *sm* **amontoado** amas, tas, pile *f*

amontoar *vtd* entasser, empiler, amonceler
▶ *vpr* **amontoar-se** s'entasser, s'empiler, s'amonceler

amor *sm* amour
- **amor à primeira vista** coup de foudre
- **fazer amor** faire l'amour
- **pelo amor de Deus!** pour l'amour de Dieu!
- **ser um amor de** être un amour de

amora *sf* BOT mûre

amordaçar *vtd* bâillonner

amoreira *sf* BOT mûrier

amornar *vtd-vi* tiédir

amoroso, -sa *adj* amoureux, -euse

amor-perfeito (*pl* **amores-perfeitos**) *sm* BOT pensée *f*

amor-próprio (*pl* **amores-próprios**) *sm* amour-propre

amortecedor *sm* amortisseur

amortecer *vtd* amortir

amortizar *vtd* amortir

amostra *sf* échantillon *m*: **amostra grátis** échantillon gratuit

amparar *vtd* **1** (*escorar*) étayer, soutenir **2** (*ajudar*) aider

amparo *sm* **1** (*proteção*) protection *f*, abri **2** (*apoio, auxílio*) appui, aide *f* **3** (*pessoa que ajuda*) soutien

ampliação *sf* **1** agrandissement *m*, augmentation, extension **2** FOTO agrandissement *m*

ampliar *vtd* **1** (*aumentar área*) agrandir, élargir, augmenter **2** (*aumentar*) étendre, augmenter: **ampliar seus conhecimentos** augmenter ses connaissances **3** FOTO agrandir
▶ *vpr* **ampliar-se** s'agrandir, s'étendre

amplificador *sm* amplificateur

amplificar *vtd* (*aumentar som*) amplifier

amplitude *sf* amplitude

amplo, -pla *adj* **1** (*espaçoso*) ample, vaste, large: **um dormitório amplo** une chambre ample/une grande chambre **2** (*sentido*) large **3** (*irrestrito; abrangente*) ample, vaste

ampola *sf* ampoule

amputar *vtd* **1** (*membro etc.*) amputer **2** *fig* (*eliminar*) éliminer

amuar-se *vpr* bouder, faire la moue

amuleto *sm* amulette *f*

anágua *sf* jupon *m*, cotillon *m*

analfabetismo *sm* analphabétisme

analfabeto, -ta *adj-sm,f* analphabète

analgésico, -ca *adj-sm* analgésique

analisar *vtd* analyser

análise *sf* analyse

analogia *sf* analogie

análogo, -ga *adj* analogue

anão, -ã *adj-sm,f* nain, -e

anarquia *sf* anarchie

anatomia *sf* anatomie

anatômico, -ca *adj* anatomique

anca *sf* hanche

anchova *sf* ZOOL anchois *m*

ancião, -ã *adj-sm,f* ancien, -ne, vieillard, -e

âncora *sf* MAR ancre
▶ *smf* TV présentateur, -trice principal, -e

ancorar *vtd* ancrer, mouiller

andador *sm* 1 (*para crianças*) youpala, trotteur 2 (*para adultos*) déambulateur

andadura *sf* allure, démarche

andaime *sm* échafaudage

andamento *sm* 1 marche *f*, allure *f* 2 MÚS tempo

• **dar andamento a** donner suite

andar *vi* 1 marcher: *é muito pequeno, ainda não anda* il est tout petit, il ne marche pas encore 2 (*movimentar-se*) se mouvoir, avancer, reculer: *o carro saiu andando sozinho* la voiture s'est mise à avancer toute seule 3 (*funcionar*) marcher 4 (*comportar-se*) se comporter, se conduire, agir, se tenir: *trate de andar direito* essaie de bien te tenir 5 (*ter seguimento; ir adiante*) avancer
▶ *vtd* (*percorrer*) marcher, faire le tour de
▶ *vti* 1 (*fazer-se acompanhar*) fréquenter, avoir (**com**, -): *ele só anda em más companhias* il n'a que des mauvaises fréquentations 2 (*ter relações*) sortir (**com**, avec) 3 (*estar aproximando em*) tourner (**por**, autour) 4 (*ser transportado*) voyager en, être transporté: *você gosta de andar de trem?* aimez-vous voyager en train?
▶ *vpred* (*estar*) être: *ele andou doente* il était malade
▶ *sm* **andar** 1 (*modo de andar*) allure, démarche 2 (*andamento*) vitesse, rythme, pas 3 (*pavimento*) étage: *moro no sexto andar* j'habite au sixième étage

• **anda!** avance!

• **a quantas anda isso?** qu'est-ce que ça devient? où ça en est?

• **anda pela casa dos 30/40/50... (anos)** il doit avoir la trentaine, la quarantaine, la cinquantaine…

• **andar térreo** rez-de-chaussée

• **dize-me com quem andas, e te direi quem és** dis-moi qui tu hantes, je te dirai qui tu es

• **pelo andar da carruagem...** à ce rythme(-là)…

andarilho, -lha *sm,f* marcheur, -euse, vagabond, -e

andor *sm* allure *f*

Andes *sm pl* Andes *f pl*

andorinha *sf* ZOOL hirondelle

anedota *sf* anecdote

anel *sm* anneau, bague, boucle *f*

anemia *sf* anémie

anêmico, -ca *adj-sm,f* anémique

anestesia *sf* anesthésie

anestesiar *vtd* anesthésier

anexar *vtd-vtdi* annexer, joindre
▶ *vpr* **anexar-se** se joindre à, rejoindre

anexo, -xa *adj* annexe
▶ *sm* **anexo** annexe

• **documento anexo** (*a e.mail*) document en annexe, document ci-joint

anfiteatro *sm* amphithéâtre

anfitrião, -oa/ã *sm,f* amphitryon, hôte, -esse

angariar *vtd* engranger, amasser, attirer

angelical *adj* angélical, -e

angina *sf* MED angine

angu *sm* bouillie *f* de farine de maïs, de manioc ou de riz

angu de caroço (*pl* **angus de caroço**) *sm* confusion *f*, imbroglio, embrouille *f*

angular *adj* angulaire

ângulo *sm* 1 GEOM angle 2 (*canto*) angle, coin, arête *f* 3 (*ponto de vista*) angle, perspective *f*

▪ **ângulo agudo** angle aigu
▪ **ângulo obtuso** angle obtus
▪ **ângulo raso** angle plat
▪ **ângulo reto** angle droit

angústia *sf* angoisse

angustiar *vtd* angoisser, affliger, tourmenter
▶ *vpr* **angustiar-se** s'angoisser, se faire du mauvais sang, se tourmenter

anil adj (azul) indigo
▶ sm (corante têxtil) aniline f

animação sf animation

animado, -da adj animé, -e, enjoué, -e

animador, -ra adj (que dá ânimo) encourageant, -e
▶ sm, f **animador, -ra** (de programa) animateur, -trice

animal adj animal, -e, bestial, -e
▶ sm animal, bête f

animar vtd 1 (dar alma ou vida; alegrar) animer 2 (dar ânimo, coragem) animer, encourager, stimuler
▶ vtdi (estimular) encourager, stimuler, inciter, pousser (a, à)
▶ vpr **animar-se** 1 (adquirir ânimo, vida) s'animer, se réveiller 2 (resolver-se) se décider, se disposer (a, à)

ânimo sm courage
▶ interj courage!

aniquilar vtd annihiler, anéantir

anis sm BOT anis

anistia sf amnistie

aniversariante adj-smf (celui, celle) qui fête son anniversaire

aniversário sm anniversaire

anjo sm ange: *anjo da guarda* ange gardien

ano sm an, année f: *essas coisas ocorreram no ano 1000* ces choses se sont passées en l'an 1000; *passamos um ano péssimo* nous avons eu une mauvaise année
• **ano bissexto** année bissextile
• **dentro de um ano** dans un an
• **fazer anos** fêter son anniversaire
• **feliz ano-novo!** bonne année!
• **o ano que vem/o ano passado** l'année prochaine/l'année dernière (passée)
• **os anos trinta** les années trente

anoitecer vi tomber (la nuit) **anoiteceu cedo** la nuit est tombée de bonne heure
▶ sm **anoitecer** la tombée de la nuit

ano-luz (pl anos-luz) sm année-lumière f

anomalia sf anomalie

anonimato sm anonymat, incognito

anônimo, -ma adj-sm,f anonyme

ano-novo (pl anos-novos) sm nouvelle année f, nouvel an

anorexia sf anorexie

anormal adj anormal, -e

anormalidade sf anormalité

anotação sf note, annotation

anotar vtd noter, annoter

anseio sm désir véhément

ânsia sf 1 (náusea) nausée 2 (anseio) désir véhément/ardent

ansiar vtd-vti désirer ardemment

ansiedade sf désir m véhément, anxiété

ansioso, -sa adj impatiente, -e

anta sf 1 ZOOL tapir 2 gíria abruti, -e, andouille f

antagonista adj-smf adversaire, antagoniste

antártico, -ca adj antarctique

Antártida sf Antarctique

ante prep devant, face à, en présence de

antebraço sm avant-bras

antecedência sf antécédence, avance
• **com antecedência** à l'avance, préalablement

antecedente adj antécédent, -e, antérieur, -e
▶ sm antécédent
• **sem antecedentes criminais** sans antécédents criminels/sans casier judiciaire

anteceder vtd-vti (preceder) précéder, devancer

antecipação sf anticipation

antecipar vtd anticiper
▶ vtdi (comunicar antes) avancer, prévenir
▶ vpr **antecipar-se** 1 (agir antes) prendre le(s) devant(s), précéder, devancer: *antecipou-se à ofensiva do adversário* il a devancé l'offensive de son adversaire 2 (ir ou vir antes) arriver en avance

antemão adv loc **de antemão** à l'avance, préalablement, au préalable

antena sf antenne

anteontem adv avant-hier

antepassado, -da sm, f ancêtre, aïeul, -e

antepenúltimo, -ma *adj* avant-dernier, -ère

anterior *adj* 1 *(que vem antes)* précédent, -e, d'avant: *o mês anterior* le mois précédent/d'avant 2 *(que fica na frente)* avant: *a parte anterior do carro* la partie avant de la voiture

anteriormente *adv* antérieurement, auparavant, précédemment

antes *adv* 1 *(em tempo/lugar anterior)* avant 2 *(pelo contrário)* (bien) au contraire 3 *(mais, talvez mais)* plutôt: *não é muito alto; é antes baixo* il n'est pas grand, il est plutôt petit 4 *(melhor)* plutôt, mieux vaut: *antes comprar a casa nova que a velha* plutôt acheter la maison neuve que la vieille
▸ *loc prep* **antes de** 1 *(em tempo anterior)* avant de, avant que, avant: *o avião partiu antes de chegarmos* l'avion est parti avant que nous arrivions 2 *(à frente)* devant 3 *(mais próximo)* avant: *a igreja fica antes daquele morro* l'église est avant cette colline
▸ *loc conj* **antes que, antes de** avant que, avant de
• **antes assim** ça vaut mieux comme ça, tant mieux
• **antes de mais, antes de mais nada** avant tout, avant toute chose
• **antes tarde do que nunca** mieux vaut tard que jamais

antevéspera *sf* avant-veille

antiácido *sm* antiacide

antialérgico, -ca *adj-sm, f* MED antiallergique

antibiótico, -ca *adj* antibiotique
▸ *sm* **antibiótico** antibiotique

anticaspa *adj* antipelliculaire

anticoncepcional *adj* anticonceptionnel, -le
▸ *sm* **anticoncepcional** contraceptif, anticonceptionnel

anticorpo *sm* anticorps

antídoto *sm* antidote

antiferrugem *adj* antirouille, anticorrosion

antigamente *adv* autrefois, dans le temps

antigo, -ga *adj* ancien, -ne, vieux, vieille
▸ *pl* **os antigos** les anciens

antiguidade *sf* 1 antiquité 2 *(num cargo)* ancienneté
▸ *pl* **antiguidades** antiquités

anti-horário *adj* dans le sens inverse des aiguilles d'une montre

anti-inflamatório *sm* MED anti-inflammatoire

antipatia *sf* antipathie

antipático, -ca *adj* antipathique

antipatizar *vti* sentir de l'antipathie

antiquado, -da *adj* dépassé, -e, démodé, -e, désuet, -e

antiquário *sm* antiquaire

antirrábico, -ca *adj* antirabique

antirroubo *adj* antivol

antirrugas *adj* antirides

antisséptico, -ca *adj-sm* antiseptique

antivírus *sm* antivirus

antologia *sf* anthologie

antológico, -ca *adj* 1 anthologique 2 *fig* notable, admirable, mémorable

antro *sm* 1 antre 2 *(lugar mal frequentado)* antre, repaire 3 *(lugar sórdido)* gourbi, taudis

antropologia *sf* anthropologie

anual *adj* annuel, -le

anuidade *sf* annuité

anulação *sf* annulation, suppression

anular¹ *vtd* annuler
▸ *vpr* **anular-se** 1 *(ser invalidado)* être annulé 2 *(tornar-se ineficaz)* s'effacer

anular² *adj-sm* annulaire

anunciar *vtd* 1 annoncer 2 *(produto)* passer une (petite) annonce: *vou anunciar a casa* je vais passer une (petite) annonce de la maison 3 *(prenunciar)* annoncer, présager
▸ *vpr* **anunciar-se** s'annoncer

anúncio *sm* 1 *(notícia; prenúncio)* annonce 2 *(publicidade)* annonce publicitaire

ânus *sm* ANAT anus

anzol *sm* 1 hameçon 2 *fig* hameçon, appât

ao *prep* a + art o au, à: *não temos ido ao Rio* nous ne sommes pas allés à Rio, ces

derniers temps; *registrei tudo o que o médico disse ao paciente* j'ai noté tout ce que le médecin a dit au patient; *respondeu mal ao tio* il a (mal) répondu à son oncle;
▶ prep a + pron o à celui, aux: *vestiu o casaco azul e não deu atenção ao que lhe ofereci* il a mis le manteau bleu et n'a pas fait attention à celui que je lui ai offert

aonde *adv* où: *aonde foi?* où est-il allé?

aorta *sf* ANAT aorte

apagado, -da *adj* 1 éteint, -e 2 (*sem destaque; sem brilho, sem vida*) éteint, -e, morne, terne

apagador *sm* effaceur, brosse (à effacer)

apagão *sm* black-out, panne générale

apagar *vtd* 1 (*fogo, luz*) éteindre 2 (*lousa, lápis*) effacer 3 (*fazer perder o brilho*) effacer, ternir 3 (*suprimir*) effacer, supprimer: *não há o que apague essa lembrança* rien ne saurait effacer ce souvenir 4 *gíria* (*matar*) refroidir, bousiller, buter
▶ *vi* 1 (*de bebedeira*) s'écrouler 2 (*perder o ânimo*) refroidir 3 (*desmaiar*) s'évanouir, tomber dans les pommes 4 (*adormecer*) s'endormir
▶ *vpr* **apagar-se** (*extinguir-se; perder o brilho*) s'éteindre

apaixonado, -da *adj* 1 (*enamorado; arrebatado*) amoureux, -euse 2 passionné, -e, féru, -e: *é apaixonado por música* il est passionné de musique
• **fazer julgamentos apaixonados** juger sous le coup de la passion

apaixonante *adj* passionnant, -e

apaixonar *vtd* 1 (*inspirar amor*) inspirer de l'amour à 2 (*arrebatar*) passionner
▶ *vpr* **apaixonar-se** 1 (*arrebatar-se, entusiasmar-se*) se passionner 2 (*enamorar-se*) tomber amoureux, s'éprendre (**por**, de)

apalpar *vtd* tâter, palper

apanhado *sm* (*resumo*) résumé, abrégé

apanhar *vtd* 1 (*pegar*) prendre, ramasser 2 (*surpreender*) prendre 3 (*colher, recolher*) ramasser, cueillir 4 (*prender, capturar*) arrêter, appréhender, saisir, attraper 5 (*doença*) prendre, attraper
▶ *vi* 1 (*levar surra*) recevoir des coups 2 (*ser derrotado*) perdre, être écraser 3 (*ter grande dificuldade*) peiner, souffrir: *apanhei muito até aprender a ganhar a vida* j'ai beaucoup peiné avant d'apprendre à gagner ma vie
• **apanhar chuva** essuyer, recevoir une averse
• **apanhar no ar** [fig] attraper au vol

apara *sf* copeau, rognure, déchet

aparar *vtd* 1 (*papel*) rogner, massicoter 2 (*lápis*) tailler 3 (*segurar*) saisir, recevoir, attraper

aparato *sm* 1 appareil 2 (*ostentação*) apparat, pompe

aparecer *vi* apparaître, se montrer
• **aparecer de repente** surgir, apparaître soudainement
• **apareceu com uma história de...** il est arrivé avec une histoire de…

aparecimento *sm* apparition, surgissement

aparelhagem *sf* appareillage

aparelho *sm* 1 appareil 2 (*prótese*) appareil, prothèse 3 ANAT appareil 4 (*jogo*) service: *aparelho de jantar* service de table 5 (*médium*) médium 6 (*local de reuniões*) rendez-vous des militants communistes
■ **aparelho de barbear** rasoir
■ **aparelho de som** chaîne hi-fi/haute fidélité

aparência *sf* 1 (*configuração exterior, exterioridade*) apparence 2 (*aspecto*) air *m*
• **as aparências enganam** les apparences sont trompeuses
• **manter/salvar as aparências** garder/sauver les apparences
• **tem uma aparência estranha** il a un drôle d'air

aparentar *vtd* 1 (*simular*) donner l'impression de, avoir l'air de: *aparentar frieza* avoir l'air d'être froid (e) 2 (*parecer ter*) sembler avoir: *aparenta uns 40 anos* il semble avoir la quarantaine
▶ *vpr* **aparentar-se** 1 (*assemelhar-se*) se ressembler 2 (*tornar-se parente*) s'apparenter

aparente *adj* (*visível; fictício*) apparent, -e

aparição *sf* 1 (*aparecimento*) apparition, surgissement *m* 2 (*fantasma*) apparition, revenant *m*, lémure *m*

apartamento sm 1 appartement 2 (*em hotel*) chambre

apartar vtd-vtdi (*separar*) éloigner, séparer, écarter
▶ vpr **apartar-se** s'éloigner, s'écarter, se retirer

aparte sm interruption f

apatia sf apathie

apavorar vtd-vi épouvanter, effrayer
▶ vpr **apavorar-se** s'effrayer

apaziguar vtd apaiser, calmer
▶ vpr **apaziguar-se** s'apaiser, se calmer

apedrejar vtd 1 lapider 2 (*ofender, criticar*) offenser, insulter

apegar-se vpr s'attacher

apego sm attachement

apelação sf 1 (*recurso*) appel m, recours m 2 (*ardil*) escroquerie 3 (*falta de decoro*) obscénité, indécence: *não gostei do filme: tem muita apelação* je n'ai pas aimé ce film, il y trop d'indécence

apelar vti 1 faire appel (**para**, à) 2 DIR faire appel, appeler (**de**, de)
▶ vi 1 *gíria* (*usar de violência*) avoir recours à la violence, s'emporter 2 (*de vulgaridade*) être vulgaire, être obscène: *os programas humorísticos apelam* les programmes humoristiques sont obscènes/vulgaires
• **apelar para a ignorância** s'emporter, recourir à la violence

apelo sm appel

apenas adv seulement, uniquement

apêndice sm appendice

apendicite sf MED appendicite f

aperfeiçoar vtd perfectionner, améliorer, parfaire
▶ vpr **aperfeiçoar-se** se perfectionner, s'améliorer

aperitivo sm apéritif, amuse-gueule(s)

aperreado, -da adj tourmenté, -e, opprimé, -e molesté, -e

apertado, -da adj 1 (*nó, laço*) serré, -e 2 (*roupa*) moulant, -e, collant, -e 3 (*casa, aposento*) petit, -e, étroit, -e, exigu, -ë 4 (*em dificuldades financeiras*) serré, -e, gêné, -e 5 (*apinhado*) serré, -e, à l'étroit
▶ adv de peu, de justesse: *o time ganhou apertado* l'équipe a gagné de justesse

• **abraço apertado** étreinte serrée
• **com o coração apertado** (*avec*) le cœur serré/gros
• **estar apertado** (*querer ir ao banheiro*) avoir envie d'aller aux toilettes
• **passo apertado** pas redoublés, pas rapides
• **prazo apertado** délai court
• **tempo apertado** temps court

apertão sm serrement
• **dar um apertão** *fig* insister, presser

apertar vtd 1 (*comprimir, pressionar*) serrer, comprimer, agripper: *ele apertou o braço do menino* il a agrippé le bras de l'enfant; *ela apertou o filho ao peito* elle a pressé l'enfant contre sa poitrine 2 (*botão, tecla etc.*) appuyer sur 3 (*espremer*) tordre 4 (*ajustar-roupa*) ajuster 5 (*orçamento*) comprimer
▶ vi 1 (*apinhar-se*) se serrer 2 (*intensificar-se*) s'intensifier, augmenter 3 (*estreitar-se*) se resserrer
▶ vpr **apertar-se** (*estar em dificuldades financeiras*) se trouver/se mettre dans une mauvaise situation financière, se serrer la ceinture
• **apertar a mão** serrer la main
• **apertar a vigilância** redoubler de vigilance
• **apertar o cerco** ne laisser aucune issue
• **apertar o cinto** se serrer la ceinture
• **apertar o coração** serrer le cœur
• **apertar o passo** redoubler le pas

aperto sm 1 serrement, serrage 2 *fig* (*angústia*) serrement, pincement 3 (*multidão*) foule f, agglomération f 4 (*apuro*) gêne f, besoin
• **aperto de mão** poignée de main
• **dê um aperto aqui na cintura** ajustez ici, à la taille

apesar loc prep **apesar de** malgré, en dépit de

apetecer vti 1 (*comida*) aimer 2 *fig* attirer, faire envie, séduire

apetite sm appétit: *bom apetite* bon appétit

apetitoso, -sa adj appétissant, -e

apetrecho sm ustensiles pl

ápice sm 1 (*topo*) sommet, apogée, faîte 2 *fig* apogée, comble

apimentado, -da *adj* 1 poivré, -e, pimenté, -e, piquant, -e, relevé, -e 2 *fig* piquant, -e, mordant, -e, osé, -e

apinhado, -da *adj* 1 (*superlotado*) bondé, -e, comble, plein, -e 2 (*amontado*) entassé, -e, qui se chevauchent: *dentes apinhados* dents qui se chevauchent

apinhar *vtd* affluer: *o povo apinhava o estádio* la foule affluait dans le stade
▶ *vpr* **apinhar-se** s'entasser

apitar *vi* siffler
▶ *vtd* (*arbitrar jogo*) arbitrer

apito *sm* 1 (*objeto*) sifflet 2 (*ato*) sifflet, sifflement

aplacar *vtd* apaiser
▶ *vpr* **aplacar-se** s'apaiser

aplanar *vtd* aplanir

aplaudir *vtd-vi* applaudir

aplauso *sm* applaudissement

aplicação *sf* 1 application, usage *m*: *aplicação de uma pena* l'application d'une peine; *a aplicação de uma técnica* l'usage d'une technique 2 (*escolar*) application 3 (*investimento*) investissement *m*, placement *m*

aplicado, -da *adj* (*diligente*) appliqué, -e, diligent, -e

aplicar *vtd* 1 (*sobrepor*) appliquer 2 (*pôr em prática*) mettre en pratique, appliquer, utiliser 3 (*infligir*) appliquer 4 (*investir*) investir, placer
▶ *vtdi* 1 (*dar*) appliquer, donner: *aplicaram-lhe uns bofetões* on lui a donné quelques bonnes gifles
▶ *vpr* **aplicar-se** s'appliquer
• **aplicar injeção** donner/faire une injection
• **aplicar uma pomada** appliquer/passer une pommade

apneia *sf* apnée

apocalipse *sm* apocalypse *f*

apoderar-se *vp* s'emparer, se saisir

apodrecer *vtd* pourrir
▶ *vi* pourrir, se putréfier

apogeu *sm* apogée

apoiado, -da *adj* appuyé, -e
▶ *interj* **apoiado!** d'accord!, très bien!

apoiar *vtd* 1 (*ajudar*) appuyer, soutenir 2 (*aprovar*) approuver
▶ *vtdi* (*sustentar*) soutenir, appuyer: *apoiei a vassoura na mesa* j'ai appuyé le balai contre la table 2 prendre: *apoiou a cabeça nas mãos* il/elle a pris sa tête entre ses mains 3 (*fundamentar*) appuyer, fonder, baser (**em**, sur)
▶ *vpr* **apoiar-se** 1 (*encostar-se*) s'appuyer 2 (*fundamentar-se*) se baser 3 (*prestar-se auxílio*) se retenir, s'(entr)aider

apoio *sm* appui

apólice *sf* police
■ **apólice de seguro** police d'assurance

apontador *sm* (*de lápis*) taille-crayon

apontamento *sm* annotation *f*

apontar *vtd* 1 (*fazer a ponta*) tailler 2 (*indicar; sugerir*) désigner: *foi apontado como o melhor ator* il a été désigné meilleur acteur
▶ *vti-vtdi* 1 (*mostrar com o dedo, indicar*) indiquer, désigner, montrer du doigt: *apontou para ele e disse: "é esse o criminoso"* il/elle l'a montré du doigt et a dit: "c'est lui le criminel"; *todos os indícios apontavam para ele* tous les indices le désignaient 2 (*dirigir arma*) pointer (**para**, sur)
▶ *vi* 1 (*aparecer*) se montrer, viser 2 (*mirar*) viser

apoplexia *sf* apoplexie

aporrinhar *vtd* tourmenter, irriter
▶ *vpr* **aporrinhar-se** se tourmenter, se faire du mauvais sang, se faire un sang d'encre

após *prep* après, derrière
▶ *adv* après

aposentado, -da *adj-sm,f* 1 retraité, -e, pensionné, -e 2 *fig* (*fora de uso*) mis, -e à la retraite

aposentadoria *sf* 1 (*afastamento do trabalho*) retraite 2 (*remuneração*) pension
■ **aposentadoria por idade** retraite pour limite d'âge
■ **aposentadoria por invalidez** retraite pour invalidité

aposentar *vtd* 1 mettre à la retraite 2 *fig* mettre au placard, raccrocher
▶ *vpr* **aposentar-se** prendre sa retraite/sa pension

aposento *sm* appartement, logement, pièce *f*

▶ *pl* **chambre** *f*: *vou para meus aposentos* je me retire dans ma chambre

aposta *sf* 1 pari, *m* 2 (*valor apostado*) mise

apostar *vtd* parier, miser, gager
▶ *vtd-vtdi* parier, miser (**em**, sur)
▶ *vi* parier
• **apostar alto** parier gros
• **apostar no cavalo errado** miser sur le mauvais cheval
• **vamos apostar corrida?** on fait la course?

apostila *sf* méthode (*de cours*), syllabus *m*

apóstolo *sm* apôtre

apóstrofo *sm* apostrophe *f*

apreciação *sf* appréciation

apreciar *vtd* 1 (*prezar*) apprécier 2 (*avaliar*) évaluer, apprécier

apreciável *adj* appréciable

apreço *sm* estime *f*

apreender *vtd* 1 (*apropriar-se judicialmente*) appréhender, saisir 2 (*entender*) saisir, comprendre, appréhender

apreensão *sf* 1 (*receio*) appréhension 2 (*confisco*) appréhension, confiscation 3 (*compreensão*) compréhension

apregoar *vtd* annoncer, proclamer, déclarer

apreensivo, -va *adj* appréhensif, -ive

aprender *vtd-vtdi-vi* apprendre
• **aprender de cor** apprendre par cœur

aprendiz *sm* apprenti

aprendizado *sm* apprentissage

aprendizagem *sf* apprentissage *m*

apresentação *sf* 1 présentation 2 (*em sociedade*) connaissance: *este almoço é para a apresentação de meu namorado a meus pais* ce déjeuner est un prétexte pour que mon fiancé et mes parents fassent connaissance 3 (*aparência*) apparence, présentation 4 (*espetáculo*) re-présentation

apresentador, -ra *sm,f* présentateur, -trice

apresentar *vtd-vtdi* 1 (*mostrar*) présenter, montrer 2 (*pôr pessoas em contato*) présenter
▶ *vpr* **apresentar-se** 1 se présenter 2 (*participar de espetáculo*) représenter
• **apresentar-se como voluntário, -a** se porter volontaire

apresentável *adj* présentable

apressado, -da *adj* 1 pressé, -e, hâté, -e 2 (*precipitado*) pressé, -e, hâtif, -tive: *julgamento apressado* jugement hâtif
• **passo apressado** pas accéléré

apressar *vtd-vtdi* 1 (*dar pressa*) presser, hâter 2 (*aumentar a velocidade*) accélérer 3 (*antecipar*) hâter, avancer
▶ *vpr* **apressar-se** se presser, se hâter

aprimorar *vtd* améliorer, perfectionner, parfaire
▶ *vpr* **aprimorar-se** se perfectionner, s'améliorer

aprisionar *vtd* emprisonner

aprofundar *vtd* approfondir
▶ *vpr* **aprofundar-se** 1 (*entranhar-se; adentrar-se*) s'enfoncer 2 (*tornar-se mais fundo*) devenir plus profond 3 (*investigar a fundo*) approfondir: *nos últimos anos, aprofundou-se no estudo da genética* ces dernières années, il a approfondi ses études de génétique

aprontar *vtd* 1 préparer, apprêter 2 (*a mesa*) mettre
▶ *vi gíria* faire des siennes
▶ *vpr* **aprontar-se** se préparer, s'apprêter
• **o que vocês estão aprontando?** qu'est-ce que vous tramez?

apropriação *sf* appropriation

apropriado, -da *adj* approprié, -e

apropriar-se *vpr* s'approprier

aprovação *sf* 1 (*consentimento*) approbation, consentement *m* 2 (*escola, exame*) admission

aprovado, -da *adj* 1 (*aceito*) approuvé, -e 2 (*escola, exame*) reçu, -e, admis, -e

aprovar *vtd* 1 (*considerar bom*) approuver 2 (*dar consentimento*) permettre, autoriser 3 (*aluno*) recevoir, admettre

aproveitador, -ra *adj* (*explorador*) qui tire profit, qui exploite

aproveitamento *sm* profit

aproveitar *vtd* 1 (*tornar proveitoso*) profiter, mettre à profit 2 (*tirar proveito*) tirer profit
▶ *vi* profiter: *aproveita!* profites-en!
▶ *vpr* **aproveitar-se** profiter, tirer profit, abuser

aproximação sf approche, rapprochement m

aproximadamente adv environ, à peu près

aproximado, -da adj (não exato) approximatif, -tive

aproximar vtd-vti 1 (avizinhar) approcher, rapprocher 2 (unir) rapprocher, réunir
▶ vpr **aproximar-se** 1 (avizinhar-se) s'approcher, se rapprocher 2 (unir-se) se rapprocher, s'unir 3 (beirar) friser, frôler: *ele se aproximava dos sessenta quando morreu* il frisait la soixantaine quand il est mort
• **não se aproxime!** n'approche(z) pas!

aptidão sf aptitude

apto, -ta adj apte

apunhalar vtd 1 (ferir com punhal) poignarder 2 fig (atraiçoar) poignarder dans le dos

apuração sf 1 (exame, investigação) examen m, enquête 2 (de votos) dépouillement (du scrutin) m

apurado, -da adj 1 (esmerado) élégant, -e, recherché, -e 2 (requintado) raffiné, -e 3 (em apuros) à court (d'argent) 4 (apressado) pressé, -e

apurar vtd 1 (purificar) épurer, raffiner 2 (aperfeiçoar) perfectionner, parfaire, raffiner 3 (arrecadar) recueillir, recevoir 4 (averiguar) vérifier, découvrir 5 (tornar mais concentrado) réduire, épaissir
▶ vi (concentrar-se) (se) réduire, s'épaissir
▶ vpr **apurar-se** 1 (purificar-se) se purifier 2 (aprimorar-se) s'améliorer, se raffiner 3 (esmerar-se no trajar) se vêtir élégamment, se mettre sur son trente(-)et(-)un 4 (apressar-se) se presser 5 (ficar em apuros financeiros) être à sec, connaître des difficultés financières
• **apurar o passo** accélérer le pas
• **apurar votos** compter les votes

apuro sm 1 (requinte) élégance f, recherche f, raffinement 2 (situação difícil) difficultés f pl

aquarela sf aquarelle

aquário sm aquarium, bocal

aquático, -ca adj aquatique

aquecedor sm chauffage, radiateur, poêle

▪ **aquecedor central** chauffage central
▪ **aquecedor de água** chauffe-eau (inv)

aquecer vtd chauffer, échauffer, réchauffer 2 ECON reprendre
▶ vpr **aquecer-se** se réchauffer, s'échauffer

aquecimento sm 1 chauffage 2 ECON reprise f
▪ **aquecimento central** chauffage central
▪ **aquecimento global** réchauffement de la planète

aquele, -la pron 1 celui-là, celle-là, ce, cette, celui, celle, le second: *não quero estes tomates; prefiro aqueles ali* je ne veux pas ces tomates, je préfère celles-là; *esteve ontem aqui aquela mulher de que lhe falei* cette femme dont je t'ai parlé est venue ici hier; *João e Pedro riam: este, de felicidade; aquele, de nervosismo* João et Pedro riaient; le premier, de joie, le second, de nervosité 2 autre: *este ou aquele amigo, esta ou aquela história...* un ami ou un autre, une histoire ou une autre 3 (aquela pessoa) celui(-là), celle(-là): *ele é aquele que ganhou a corrida* lui, c'est celui qui a gagné la course
▶ contr prep a + aquele, aquela: **àquele, àquela** à celui(-là), à celle(-là), à ce, à cette

aquém adv de ce côté-ci, en deçà de
▶ loc prep **aquém de:** 1 (do lado de cá) de ce côté-ci, en deçà de 2 (abaixo de, menos de) au-dessous de

aqui adv 1 (neste/a este lugar/ponto) ici, là: *moro aqui há cinco anos* j'habite ici depuis cinq ans; *aqui é que as coisas se complicam* c'est là que les choses se compliquent 2 (até aqui) jusqu'ici: *veio da Lapa aqui a pé* il est venu de la Lapa jusqu'ici à pied
• **aqui embaixo** ci-dessous
• **aqui em cima** ci-dessus
• **aqui está** voici, voilà
• **aqui estou** me voici, me voilà

aquietar vtd tranquilliser, calmer
▶ vpr **aquietar-se** se tranquilliser, se calmer

aquilatar vtd (apreciar, julgar) évaluer

aquilo pron 1 cela, ça 2 pejor (aquela pessoa) celui-là, celle-là

▶ *contr* (*prep* a + aquilo) **àquilo** à cela, y: *referiu-se àquilo com muito humor* il y a fait référence avec beaucoup d'humour

aquisição *sf* acquisition

ar *sm* 1 air 2 (*aparência*) air, mine *f*, allure *f*
▶ *pl* clima; maneiras airs
■ **ar comprimido** air comprimé
■ **ar-condicionado** air conditionné
• **ao ar livre** en plein air
• **ar de família** air de famille
• **ar de poucos amigos** le visage fermé
• **assumir ares de...** prendre des airs de...
• **dar o ar da graça** apparaître
• **estar fora do ar** être hors antenne/service (*fig*) être dans les nuages/dans la lune
• **estar no ar** (*estar sem decisão*) être indéfini, -e (*na iminência*) être dans l'air
• **ir ao ar** être à l'antenne
• **ir pelos ares** voler en éclats
• **mudar de ares** changer d'air
• **tomar ar** prendre l'air/un bol d'air
• **sair do ar** être hors antenne/service

árabe *adj* arabe
▶ *sm,f* Arabe
▶ *sm* (*língua*) arabe

Arábia *sf* Arabie
• **ser das arábias** être extraordinaire

arado *sm* soc, araire

arame *sm* fil de fer
■ **arame farpado** (*fil de fer*) barbelé

aranha *sf* ZOOL araignée

araponga *sf* ZOOL araponga, oiseau cloche du Brésil

arapuca *sf* piège *m* (*também fig*)

araque *loc* **de araque** de pacotille, frelaté, -e, bidon

arar *vtd* labourer, sillonner

arara *sf* ZOOL ara *m*
• **ficar uma arara** monter sur ses grands chevaux/s'emporter/se mettre en rogne

arbitragem *sf* arbitrage *m*

arbitrar *vtd* arbitrer

arbitrariedade *sf* arbitraire *m*

arbitrário, -a *adj* arbitraire

arbítrio *sm* arbitre

árbitro *sm* arbitre

arborizado, -da *adj* arborisé, -e

arbusto *sm* arbuste

arca *sf* bahut *m*, arche
• **arca de Noé** arche de Noé

arcada *sf* ARQ arcade
• **arcada dentária** arcade dentaire

arcaico, -ca *adj* archaïque

arcanjo *sm* archange

arcar *vti* prendre en charge, financer, payer (**com**, -)

arcebispo *sm* archevêque

arco *sm* 1 (*arma, arquitetura, música*) arc 2 (*gol*) but
• **arco do triunfo** arc de triomphe

arco-da-velha (*pl* arcos-da-velha) *sm* arc-en-ciel
• **uma história do arco-da-velha** une histoire abracadabrante

arco-íris *sm* arc-en-ciel

ar-condicionado (*pl* ares-condicionados) *sm* air climatisé/conditionné

ardência *sf* 1 (*sensação no paladar*) piquant *m* 2 (*sensação de queimadura*) brûlure

ardente *adj* 1 (*em chamas*) ardent, -e 2 (*que queima*) brûlant, -e 3 (*picante*) piquant, -e 4 *fig* (*apaixonado, enérgico*) ardent, -e, fougueux, -euse

arder *vi* 1 (*queimar-se, estar em brasa*) brûler 2 (*produzir ardor*) être trop fort/piquant, brûler
▶ *vti* (*ansiar*) brûler (**de**, de)
• **arder de febre** brûler de fièvre

ardil *sm* astuce *f*, ruse *f*, stratagème

ardiloso, -sa *adj* astucieux, -euse, rusé, -e

ardor *sm* ardeur *f*

ardoroso, -sa *adj* fervent, -te, passionné, e

ardósia *sf* GEOL ardoise

árduo, -a *adj* ardu, -e

área *sf* 1 (*superfície*) aire 2 (*campo de ação*) domaine *m*, branche, métier *m*
• **área (de descanso, de emergência)** aire (*de repos*)/bande d'arrêt (*d'urgence*)
• **área de manobras** zone de manœuvres
• **área de serviço** aire de service

areia *sf* sable *m*
• **areias movediças** sables mouvants

arejar *vtd* aérer, ventiler

arena *sf* arène

arenga *sf* harangue

arenoso, -sa *adj* sablonneux, -euse, sableux, -euse

aresta *sf* arête

argelino, -na *adj* algérien, -enne
▶ *sm, f* Algérien, -enne

argentino, -na *adj* argentin, -ine
▶ *sm, f* Argentin, -ine

argila *sf* argile

argola *sf* **1** (*aro*) anneau *m* **2** (*brinco*) créole

argúcia *sf* argutie, finesse, subtilité

arguir *vtd* **1** (*alegar*) plaider, argumenter **2** (*interrogar*) interroger

argumentação *sf* argumentation

argumentar *vtd-vtdi-vi* argumenter

argumento *sm* argument

arguto, -ta *adj* sagace, perspicace

ária *sf* MÚS aria

aridez *sf* aridité

árido, -da *adj* aride (*também fig*)

Áries ASTRON *sm* Bélier

arisco, -ca *adj* farouche, sauvage, insociable

aristocrata *smf* aristocrate

aristocrático, -ca *adj* aristocratique

aritmética *sf* arithmétique

arlequim *sm* arlequin

arma *sf* arme
■ **arma branca** arme blanche
■ **arma de fogo** arme à feu
• **depor as armas** rendre/déposer les armes

armação *sf* **1** armature, monture **2** *fig* (*tramoia*) intrigue
• **armação de óculos** monture de lunettes

armadilha *sf* piège *m*

armado, -da *adj* armé, -e
• **andar armado** sortir armé(e)
• **cabelo armado** cheveux crépus
• **forças armadas** forces armées
• **tecido armado** tissu rigide

armadura *sf* armure

armamento *sm* armement

armar *vtd-vtdi* **1** (*prover de armas*) armer **2** (*montar*) dresser, monter, préparer **3** (*arquitetar*) préparer, tramer, monter
▶ *vpr* **armar-se** **1** s'armer **2** (*precaver-se*) se garantir, se prémunir **3** (*tempestade*) se préparer **4** (*briga, confusão*) éclater
• **brinquedo de armar** jouet à monter/maquette *f*

armarinho *sm* mercerie *f*

armário *sm* armoire *f*, placard *m*
■ **armário embutido** armoire encastrée

armazém *sm* entrepôt, hangar

armazenar *vtd* entreposer, stocker

armistício *sm* armistice

aro *sm* cercle, anneau

aroma *sm* arôme

aromático, -ca *adj* aromatique

aromatizante *adj* aromatisant, -e

aromatizar *vtd* aromatiser

arqueologia *sf* archéologie

arqueólogo, -ga *sm, f* archéologue

arquibancada *sf* gradins *mpl*

arquipélago *sm* archipel

arquiteto, -ta *sm, f* architecte

arquitetura *sf* architecture

arquivar *vtd* archiver

arquivo *sm* **1** archive *f* **2** INFORM fichier

arrabalde *sm* banlieue *f*, périphérie *f*, faubourg

arrancada *sf* **1** (*de auto*) accélération au démarrage **2** ESPORTE sprint *m*: *a arrancada final* le sprint final

arrancar *vtd-vtdi* **1** (*puxar com força; extirpar*) arracher **2** (*retirar puxando*) détacher: *arrancar o cheque do talão* détacher un chèque **3** (*retirar*) enlever, retirer: *arranque esse espinho do meu dedo* enlève-moi cette épine du doigt **4** (*segredo, confissão*) arracher
▶ *vi* (*partir com ímpeto*) partir, démarrer
• **arrancar aplausos** arracher des applaudissements
• **arrancar alguém da cama** tirer quelqu'un du lit

arranca-rabo (*pl* **arranca-rabos**) *sm* bagarre *f*, dispute *f*

arranha-céu (*pl* **arranha-céus**) *sm* gratte-ciel

arranhão *sm* **1** égratignure, écorchure **2** (*por unhas*) griffure

arranhar *vtd-vi* **1** (*a pele*) égratigner, écorcher **2** (*com unhas*) griffer **3** (*objetos*) érafler **4** *fig* (*reputação*) flétrir
▸ *vi* (*embreagem*) craquer
▸ *vpr* **arranhar-se** s'égratigner, s'écorcher
• **arranhar uma língua** se débrouiller dans une langue
• **arranhar um instrumento musical** gratouiller (*une guitarre*), tapoter (*du piano*)

arranjar *vtd* **1** (*pôr em ordem*) ranger, garder, arranger **2** (*consertar; restabelecer harmonia*) régler
▸ *vtdi* (*conseguir*) trouver, dénicher, procurer **4** MÚS arranger
▸ *vpr* **arranjar-se** se sortir d'affaire, s'en sortir, se débrouiller

arranjo *sm* **1** (*ordem*) arrangement, agencement **2** (*decoração*) aménagement **3** (*acordo*) accord, compromis **4** MÚS arrangement

arranque *sm* impulsion *f* violente

arrasar *vtd* **1** (*demolir*) démolir, raser **2** (*destruir*) anéantir, dévaster **3** (*humilhar, prostrar*) mortifier, démolir
▸ *vi gíria* (*abafar*) avoir/faire un succès fou
▸ *vpr* **arrasar-se** (*abater-se*) se laisser abattre

arrastado, -da *adj* **1** (*lento*) lent, -e **2** (*voz*) traînant, -e **3** (*demorado*) long, -gue

arrastão *sm* (*rede*) seine (*senne*) *f*, traîne *f*, traîneau

arrasta-pé (*pl* arrasta-pés) *sm* bal populaire

arrastar *vtd-vtdi* **1** (*fardos, pés etc.*) traîner **2** (*móveis*) déplacer **3** *fig* mener, entraîner, porter: *as más companhias o arrastaram ao crime* ses mauvaises fréquentations l'ont porté au crime
▸ *vpr* **1 arrastar-se** (*rastejar*) se traîner **2** (*ser lento*) se traîner, s'étirer **3** (*tempo*) ne pas passer **4** *fig* traîner: *os processos se arrastam* les procès traînent

arrazoado *sm* plaidoyer

arrebatamento *sm* emportement

arrebatar *vtd* (*arrancar*) arracher **2** (*encantar*) enchanter, ravir **3** (*enfurecer*) rendre furieux **4** (*conquistar*) conquérir, gagner, remporter: *o jogador arrebatou o prêmio* le joueur a remporté le prix
▸ *vpr* **arrebatar-se 1** s'emporter **2** se fâcher

arrebentado, -da *adj* **1** (*quebrado*) cassé, -e, crevé, -e **2** *fam* (*exausto*) crevé, -e, épuisé, -e, éreinté, -e

arrebitado, -da *adj* retroussé, -e, cambré, -e
• **nariz arrebitado** nez retroussé/en trompette

arrebitar *vtd* (*pregos etc.*) river
▸ *vpr* **arrebitar-se** se retrousser, se relever

arrecadar *vtd-vi* (*receber*) recevoir, percevoir

arredar *vtd-vtdi* **1** (*afastar*) éloigner, écarter **2** (*dissuadir*) dissuader, détourner
▸ *vi* (*afastar-se*) s'éloigner
▸ *vpr* **arredar-se** (*recuar*) s'éloigner, s'écarter

arredio, -a *adj* insociable

arredondar *vtd* arrondir

arredores *sm pl* environs, alentours
• **nos arredores de** dans les environs de, aux alentours de

arrefecer *vi* refroidir

arregaçar *vtd* retrousser, relever

arregalar *vtd* écarquiller

arreganhar *vtd* **1** (*os lábios*) montrer les dents **2** (*abrir em demasia*) ouvrir démesurément

arregimentar *vtd* enrégimenter, enrôler

arrego *sm loc* **pedir arrego** jeter l'éponge, baisser les bras

arrematar *vtd* **1** (*dar acabamento*) finir, finaliser, achever **2** (*concluir*) conclure **3** (*comprar em leilão*) acheter aux enchères

arremate *sm* **1** finition **2** conclusion

arremedar *vtd* imiter, singer, copier

arremedo *sm* imitation *f*, singerie, copie *f*

arremessar *vtd* lancer, jeter

arremesso *sm* lancement

arrepender-se *vpr* se repentir, regretter

arrependimento *sm* repentir, regret

arrepiado, -da *adj* hérissé, -e, hirsute
- **estar arrepiado** avoir la chair de poule/des frissons; être horrifié(e)

arrepiar-se *vpr* **1** (*a pele*) se hérisser, avoir la chair de poule **2** *fig* être horrifié(e), avoir des frissons

arrepio *sm* frisson, frémissement

arriar *vtd* **1** (*abaixar*) descendre, baisser **2** (*abater, prostrar*) abattre
▸ *vi* **1** (*cair*) plier (sous un poids), céder **2** (*ficar exausto*) s'effondrer, s'écrouler
- **arriar as velas** affaler les voiles

arriscado, -da *adj* risqué, e

arriscar *vtd* risquer
▸ *vpr* **arriscar-se** courir un risque, se hasarder, s'aventurer
- **quem não arrisca não petisca** qui ne risque rien n'a rien

arrocho *sm* **1** (*aperto*) pression *f* **2** (*situação difícil*) gêne *f*, besoin
- **arrocho salarial** blocage des salaires

arrogância *sf* arrogance

arrogante *adj-smf* arrogant, -e, hautain, -e

arrojado, -da *adj* hardi, -e, osé, -e, audacieux, -euse

arromba *sf* **ser de arromba** être du tonnerre, être extra

arrombamento *sm* effraction *f*, enfoncement

arrombar *vtd* enfoncer, facturer, forcer

arrotar *vi* roter

arroto *sm* rot

arroubo *sm* ravissement

arroz *sm* riz

arruaça *sm* émeute *f*, tumulte

arruaceiro, -ra *sm, f* émeutier, -ère

arruda *sf* BOT rue

arruinar *vtd* **1** (*levar à ruína*) ruiner **2** (*estragar, destruir*) ravager, anéantir, dévaster
▸ *vi* (*infeccionar*) s'infecter
▸ *vpr* **arruinar-se** se ruiner

arrumação *sf* rangement *m*, organisation

arrumadeira *sf* femme de chambre, bonne, domestique, femme de ménage

arrumado, -da *adj* **1** (*organizado*) rangé, -e, ordonné, -e **2** (*pronto, vestido*) prêt, e

arrumar *vtd* **1** (*pôr em ordem*) ranger, mettre de l'ordre **2** (*encontrar*) trouver, se procurer **3** (*ajeitar*) régler
▸ *vpr* **arrumar-se 1** (*conseguir boa situação*) se ranger, se caser **2** (*entrar nos eixos*) se régler, s'arranger **3** (*vestir-se, aprontar-se*) s'habiller, se préparer

arsenal *sm* arsenal

arsênico *sm* arsenic

arte *sf* **1** art *m* **2** (*travessura*) bêtises *f pl*

artefato *sm* artefact

arteiro, -ra *adj* rusé, -e, malin, -ligne

artéria *sf* ANAT artère

artesanal *adj* artisanal, -e

artesanato *sm* artisanat
- **feira de artesanato** foire artisanale/aux artisans

artesão, -ã *adj-sm, f* artisan, -ane

ártico, -ca *adj* arctique

articulação *sf* articulation

articulado, -da *adj* articulé, -e

articular¹ *vtd-vtdi* articuler
▸ *vpr* **articular-se** s'articuler

articular² *adj* articulaire

artificial *adj* artificiel, -elle, faux, fausse
- **pérolas artificiais** perles de culture, fausses perles
- **cílios artificiais** cils postiches, faux cils

artifício *sm* artifice

artigo *sm* article

artista *smf* artiste

artístico, -ca *adj* artistique

árvore *sf* arbre *m*

ás *sm* as (*também fig*)

asa *sf* **1** (*de ave, avião*) aile **2** (*de xícara etc.*) anse, poignée
- **aparar as asas de alguém** couper/rogner les ailes à quelqu'un
- **arrastar as asas para alguém** s'enticher pour quelqu'un
- **bater as asas** s'envoler
- **criar asas** disparaître sans laisser de traces
- **dar asa a alguém** calmer le jeu

- **dar asas à imaginação** avoir l'imagination fertile
- **ter alguém debaixo da asa** prendre quelqu'un sous son aile

asa-delta (*pl* **asas-deltas**) *sf* delta-plane *m*

ascendência *sf* **1** ascendance **2** (*influência*) ascendant *m*

ascendente *adj* ascendant, -e
▸ *smf* **ascendente** ascendant *m*

ascensão *sf* **1** ascension **2** (*festa*) Ascension

asco *sm* nausée *f*, dégoût
- **causar asco** écœurer, dégoûter
- **sentir asco** avoir la nausée, avoir mal au cœur, être dégoûté(e)

asfaltar *vtd* asphalter, goudronner, bitumer

asfalto *sm* **1** asphalte, goudron, bitume **2** *fig* ville

asfixia *sf* asphyxie

asfixiante *adj* asphyxiant, -e

asfixiar *vtd* asphyxier, étouffer
▸ *vpr* **asfixiar-se** s'asphyxier

asiático, -ca *adj* asiatique
▸ *sm,f* Asiatique

asilo *sm* **1** (*de velhos etc.*) hospice **2** *fig* (*proteção, acolhida*) foyer, asile
▪ **asilo político** asile politique

asma *sf* MED asthme *m*

asmático, -ca *adj-sm,f* asthmatique

asneira *sf* bêtise, sottise

asno, -na *sm,f* âne, -esse

aspargo *sm* BOT asperge *f*

aspas *sf pl* guillemets *m*
▪ **aspas simples** apostrophes

aspecto *sm* aspect, air

áspero, -ra *adj* âpre, rugueux, -euse

aspiração *sf* aspiration

aspirador *sm* aspirateur: *aspirador de pó* aspirateur

aspirante *adj-smf* aspirant, -e

aspirar *vtd* aspirer
▸ *vti* (*desejar*) aspirer à

asqueroso, -sa *adj* dégoûtant, -e

assadeira *sf* plat *m* à four

assado, -da *adj* **1** CUL rôti, -e **2** (*com assadura*) irrité, -e, enflammé, -e
▸ *sm* **assado** rôti

assadura *sf* irritation, inflammation

assalariado, -da *adj-sm,f* salarié, -e

assaltante *sm,f* braqueur, -euse, voleur, -euse

assaltar *vtd* **1** (*investir com ímpeto*) attaquer, prendre d'assaut **2** (*roubar*) attaquer à main armée, braquer **3** (*ocorrer dúvida, ideia*) tarauder, prendre

assalto *sm* **1** (*investida*) assaut **2** (*roubo*) attaque *f*/vol à main armée, braquage **3** ESPORTE reprise *f*, round

assanhado, -da *adj-sm,f* **1** (*alvoroçado*) excité, -e **2** (*namorador*) fougueux, -euse

assanhar *vtd* exciter, aguicher, allumer
▸ *vpr* **assanhar-se** s'exciter, s'enflammer

assar *vtd* **1** rôtir **2** (*causar assadura*) enflammer, irriter

assassinar *vtd* **1** assassiner **2** *fig* (*tocar mal*) massacrer **3** *fig* (*uma língua*) baragouiner

assassinato *sm* assassinat

assassino, -na *sm,f* assassin, -ne

asseado, -da *adj* propre, soigné, -e, net, -te

assediar *vtd* **1** (*cidade*) assiéger **2** (*pessoas*) assaillir **3** (*sexualmente*) harceler

assédio *sm* **1** (*cerco*) siège **2** (*sexual*) harcèlement

assegurar *vtd-vtdi* assurer, garantir, certifier
▸ *vpr* **assegurar-se** s'assurer, se certifier

assembleia *sf* assemblée

assemelhar *vtd-vtdi* assimiler, rendre semblable
▸ *vpr* **assemelhar-se** se ressembler

assentamento *sm* **1** (*estabelecimento*) établissement, campement, installation *f* **2** (*núcleo de povoamento*) colonie *f* **3** (*colocação*) pose *f*

assentar *vtd-vtdi* **1** (*fixar povoamento*) établir, installer, asseoir **2** (*fundamentar*) appuyer, baser (**em**, sur) **3** (*colocar tijolos, ladrilhos*) poser, appliquer
▸ *vti* **1** (*roupa*) aller: *esse vestido lhe assenta muito bem* cette robe lui va très bien **2** (*apoiar-se*) (s')appuyer (**em**, sur)
▸ *vi* **1** (*sedimentar-se*) se rasseoir **2** (*poeira*) retomber

assento *sm* siège: **tomar assento** prendre un siège

assessor, -ra *adj-sm,f* assesseur, adjoint, -e, assistant, -e

assíduo, -a *adj* assidu, -due

assim *adv* ainsi, comme cela/ça, de cette façon, de la sorte: *por que você se comporta assim comigo?* pourquoi te comportes-tu de la sorte avec moi?
▸ *conj* donc, alors
• **a praça estava assim de gente** la place était archicomble
• **assim, assim** comme ci, comme ça, couci-couça
• **assim como** ainsi que
• **assim está bom** comme ça, ça va
• **assim mesmo** *conj* malgré tout, cependant, néanmoins
• **assim mesmo!** c'est ça!
• **assim que** *conj* dès que, aussitôt/sitôt que
• **assim seja** qu'il en soit ainsi, ainsi soit-il
• **e assim por diante** et ainsi de suite

assimilação *sf* assimilation

assimilar *vtd* assimiler

assinalar *vtd* signaler, indiquer, désigner
▸ *vpr* **assinalar-se** (*distinguir-se*) se faire remarquer, se distinguer

assinante *sm,f* 1 (*jornal, revista*) abonné, -e, souscripteur, -trice, adhérent, -e 2 (*de tevê*) abonné, -e

assinar *vtd-vi* 1 (*subscrever*) signer 2 (*revistas etc.*) s'abonner à, souscrire à

assinatura *sf* 1 (*firma*) signature 2 (*em revistas etc.*) abonnement *m*, souscription
• **TV por assinatura** télévision payante

assistência *sf* 1 (*ajuda*) assistance, secours *m* 2 (*ambulância*) ambulance 3 (*público, plateia*) public *m*, assistance
• **assistência técnica** assistance technique

assistente *adj-smf* assistant, -e, adjoint, -e

assistir *vti* 1 (*filme, tevê*) regarder, voir 2 (*missa*) aller (**a**, à) 3 (*presenciar*) voir (**a**, -)
▸ *vtd-vti* (*auxiliar, cuidar*) assister, aider
• **assistir às aulas** suivre les cours, aller en classe

assoalho *sm* parquet, plancher

assoar *vtd* se moucher: **assoar o nariz** se moucher (*le nez*)
▸ *vpr* **assoar-se** se moucher

assoberbado, -da *adj* (*sobrecarregado*) débordé, -e

assobiar *vi-vtd* siffler

assobio *sm* 1 (*ato de assobiar*) sifflet, sifflement 2 (*apito*) sifflet

associação *sf* association

associado, -da *adj-sm,f* associé, -e, membre

associar *vtdi* associer
▸ *vpr* **associar-se** être associé, s'associer

assolar *vtd* ravager

assombração *sf* revenant *m*, fantôme *m*

assombrado, -da *adj* 1 (*espantado*) étonné, -e, surpris, -e 2 (*por fantasmas*) hanté, -e

assombro *sm* étonnement

assombroso, -sa *adj* étonnant, -e

assumido, -da *adj* déclaré, -e

assumir *vtd* 1 (*cargo etc.*) assumer 2 (*responsabilidade*) prendre en charge 3 (*ganhar, vir a ter*) prendre: *a crise assumiu proporções inimagináveis* la crise a pris des proportions inimaginables
▸ *vi* (*ser investido, empossado*) prendre/endosser ses fonctions

assuntar *vtd-vti-vi* observer, faire attention à, jeter un coup d'œil

assunto *sm* 1 (*tema*) sujet, thème 2 (*questão*) affaire: *não é assunto que te diga respeito* ce n'est pas ton affaire
• **dar o assunto por encerrado** considérer telle affaire conclue
• **estar sem assunto** ne pas avoir de sujet de conversation
• **fugir do assunto** [evitar o assunto] changer de sujet [não ter relação com o assunto] ne pas avoir de rapport avec le sujet

assustado, -da *adj* apeuré, -e, effrayé, e

assustador, -ra *adj* apeurant, -e, effrayant, e

assustar *vtd-vi* apeurer, effrayer
▸ *vpr* **assustar-se** prendre peur, s'effrayer

asterisco *sm* astérisque

astro *sm* astre

astrologia *sf* astrologie

astronauta *smf* astronaute

astronave *sf* astronef *m*, vaisseau *m* spatial

astronomia *sf* astronomie

astronômico, -ca *adj* astronomique

astrônomo, -ma *sm, f* astronome

astúcia *sf* astuce

astuto, -ta *adj* astucieux, -euse, malin, -igne, rusé, -e

ata *sf* procès-verbal, compte(rendu): **lavrar ata** dresser un procès-verbal (de réunion)

atabalhoado, -da *adj* brouillon, -ne, étourdi, -e

atacadista *sm, f* COM grossiste

atacado, -da *adj* (*de mau humor*) de mauvaise humeur, irrité, -e
▶ *sm* **atacado** COM en gros: **venda no atacado** vente en gros

atacante *smf* ESPORTE avant, attaquant, -e

atacar *vtd* **1** attaquer **2** (*criticar*) s'en prendre à **3** (*doença*) frapper, atteindre **4** (*combater*) combattre, lutter

atadura *sf* (*curativo*) bandage *m*, bande

atalho *sm* raccourci

atapetar *vtd* poser de la moquette

ataque *sm* **1** (*assalto, crítica*) attaque *f* **2** (*acesso*) accès, crise *f* **3** (*de tosse*) quinte *f* **4** *fig* **quando ele começou a me insultar eu tive um ataque!** quand il a commencé à m'insulter, j'ai eu un coup au coeur
• **ataque cardíaco** crise *f* cardiaque

atar *vtd-vti* attacher, lier
▶ *vpr* **atar-se** s'attacher, se lier
• **não ata nem desata** c'est faire du sur place/cela n'avance pas

atarantado, -da *adj* abasourdi, -e, interloqué, -e

atarefado, -da *adj* occupé, -e

atarracado, -da *adj* trapu, -e, boulot, -te

atazanar *vtd* tourmenter, tracasser, ennuyer

até *prep* jusque: **fui até a praça a pé** je suis allé(e) jusqu'à la place à pied; **a escravidão no Brasil durou até 1888** l'esclavage a duré jusqu'en 1888, au Brésil
▶ *conj* **até, até que** jusqu'à ce que
▶ *adv* **1** (*também, mesmo*) même, y compris **2** (*no máximo*) au maximum
• **até já!** à tout de suite!
• **até a vista!** au revoir!
• **até agora** jusqu'à présent, jusqu'ici, jusqu'à maintenant
• **até logo!** à bientôt!
• **até mesmo** y compris
• **até que enfim!** enfin! ce n'est pas trop tôt!

atear *vtd-vtdi* (*fogo*) mettre

ateísmo *sm* athéisme

ateliê *sm* atelier, studio

atemorizar *vtd* effrayer, intimider
▶ *vpr* **atemorizar-se** s'effrayer, s'intimider

atenção *sf* attention, soin *m*
▶ *interj* **atenção!** attention!
• **chamar a atenção** (*ser vistoso*) attirer l'attention!
• **chamar a atenção de alguém para algo** (*fazer observar*) faire remarquer qqc à qqn
• **chamar a atenção de alguém** (*repreender*) reprendre/réprimander quelqu'un
• **prestar atenção a** faire/prêter attention à
• **voltar a atenção para algo** diriger/fixer son attention sur

atenciosamente *adv* attentivement
• **subscrevo-me atenciosamente** je vous prie d'accepter mes sentiments les meilleurs/je vous prie d'agréer mes salutations distinguées

atencioso, -sa *adj* **1** (*atento*) attentif, -ive **2** (*amável*) prévenant, -e, gentil, -le, attentionné, -e

atender *vti* **1** (*dar atenção*) faire/prêter attention, écouter **2** (*a súplicas*) exaucer: **Deus atendeu às suas súplicas** Dieu a exaucé ses prières **3** (*deferir, aceitar pedido*) accepter **4** (*auxiliar, ajudar*) aider **5** (*telefone, campainha*) répondre
▶ *vtd* (*freguês*) servir
▶ *vi* **1** (*médico*) recevoir **2** (*restaurante, hotel*) servir, recevoir
• **chama-se Joaquim, mas atende por João** il s'appelle Joaquim, mais il ne répond que si on l'appelle João

atendimento *sm* service, attention *f*
atentado, -da *adj fam (endiabrado)* déchaîné, -e
▶ *sm* **atentado** attentat
atentar *vti* 1 *(prestar atenção)* faire attention (**a/em**, à) 2 *(cometer atentado)* porter atteinte, commettre/perpétrer un attentat (**contra**, contre)
atento, -ta *adj* attentif, -ive
atenuante *adj* atténuant, -e
▶ *sf* circonstance atténuante
atenuar *vtd* atténuer
▶ *vpr* **atenuar-se** s'atténuer
aterro *sm* terrassement, remblai
aterrissar *vi* atterrir
aterrissagem *sf* atterrissage *m*
aterrorizar *vtd* terroriser, effrayer, intimider
▶ *vpr* **aterrorizar-se** s'effrayer
ater-se *vp* s'attacher, s'en tenir à
atestado *sm* certificat, attestation *f*
ateu, -eia *adj-sm, f* athée *mf*
atiçar *vtd* 1 *(fogo)* attiser, aviver, ranimer 2 *(instigar)* attiser, enflammer 3 *(excitar)* exciter 4 *(estimular)* stimuler, ouvrir
▶ *vpr (estimular-se, excitar-se)* s'exciter
atinar *vti (perceber)* percevoir (**com**, -), se rendre compte (**com**, de)
atingir *vtd* 1 *(alcançar; chegar a)* atteindre, parvenir à, arriver a 2 *(dizer respeito a)* affecter, concerner 3 *(acertar)* atteindre, frapper, toucher: *a bala o atingiu no braço* la balle l'a touché au bras
• **o que vem de baixo não me atinge** la bave du crapaud n'atteint pas la blanche colombe
• **ser atingido por uma facada** recevoir un coup de couteau
atirado, -da *adj (ousado)* hardi, -e, osé, -e, audacieux, -euse
atirar *vtdi (arremessar)* lancer, jeter
▶ *vti-vi (disparar)* tirer (**em**, sur)
▶ *vpr* **atirar-se** 1 *(lançar-se)* se lancer, se jeter 2 *(arriscar-se)* prendre des risques, s'aventurer
atitude *sf* attitude
ativar *vtd* activer, intensifier
atividade *sf* activité

ativo, -va *adj* actif, -ive
atlântico, -ca *adj* atlantique
atlas *sm* atlas
atleta *smf* athlète
atlético, -ca *adj* athlétique
atletismo *sm* athlétisme
atmosfera *sf* 1 atmosphère 2 *fig* atmosphère, ambiance
atmosférico, -ca *adj* atmosphérique
ato *sm* acte
• **ato público** acte public
• **ato contínuo** immédiatement, sans interruption
• **no ato** tout de suite
• **fazer um ato de** faire œuvre de
à-toa *adj inv* 1 *(inútil)* (en) vain 2 *(fácil)* facile 3 *(desprezível)* méprisable, indigne → toa
atolado, -da *adj* 1 *(na lama)* embourbé, -e, enlisé, -e, envasé, -e 2 *fig (em dívidas)* plein, -e (**em**, de) 3 *(comprometido)* impliqué (**em**, dans)
atolar *vi* s'embourber, s'enliser, s'envaser
▶ *vpr* **atolar-se** s'embourber, s'enliser, s'envaser
atoleiro *sm* bourbier
atômico, -ca *adj* atomique
átomo *sm* atome
ator, atriz *sm, f* acteur, -trice
atordoar *vtd* étourdir, abrutir
▶ *vpr* **atordoar-se** s'abrutir, s'assommer
atormentar *vtd* tourmenter
▶ *vpr* **atormentar-se** se tourmenter
atração *sf* 1 attraction 2 *(de rádio, tevê)* émission
atracar *vi* MAR accoster, s'amarrer
▶ *vpr* **atracar-se** *(engalfinhar-se)* s'étreindre, s'empoigner, s'agripper
atraente *adj* attrayant, -e, attirant, -e, séduisant, -e: *é uma proposta atraente* c'est une proposition séduisante
atraiçoar *vtd* trahir
atrair *vtd-vtdi-vi* attirer
atrapalhado, -da *adj* 1 *(canhestro)* maladroit, -e 2 *(embaraçado)* gêné, -e 3 *(em situação difícil)* embarrassé, -e 4 *(confuso)* confus, -e

atrapalhar vtd-vi 1 (*confundir*) confondre, troubler 2 (*estorvar*) bloquer, gêner 3 (*incomodar*) importuner, ennuyer, gêner 4 (*anarquizar*) embrouiller
▶ vpr **atrapalhar-se** s'emmêler, s'embrouiller

atrás adv derrière
▶ loc prep **atrás de** 1 (*no espaço*) derrière 2 (*no tempo*) après: **uma morte atrás da outra** une mort après l'autre
• **dez anos atrás** il y a dix ans
• **estar atrás de algo** être derrière qqc [estar em busca] courir après qqc
• **estar atrás de alguém** (*estar perseguindo, à procura*) être aux trousses de qqn [estar interessado] courir après qqn
• **não ficar atrás de alguém** (*não ser mais que*) ne pas être en reste avec qqn
• **voltar atrás numa decisão** revenir sur une décision

atrasado, -da adj 1 (*retardatário*) en retard: **o trem está atrasado** le train est en retard 2 (*relógio*) en retard 3 (*pouco desenvolvido*) arriéré, -e 4 (*aluno*) en retard 5 (*pagamento*) arriéré, -e, en retard, impayé, -e
▶ sm, f rétrograde

atrasar vtd 1 (*fazer chegar tarde*) retarder, attarder 2 (*o relógio*) retarder 3 (*reter*) mettre en retard: **ande depressa: assim você me atrasa** marche plus vite sinon tu vas me mettre en retard
▶ vi 1 (*relógio*) retarder: **o relógio atrasou** ma montre retarde 2 (*chegar tarde*) être en retard, avoir du/un retard: **o trem atrasou meia hora** le train a eu un retard d'une demi-heure; **o pagamento atrasou** le paiement est en retard
▶ vpr **atrasar-se** être/se mettre en retard

atraso sm retard
• **atraso de vida** perte de temps
• **tirar o atraso** se mettre à jour, récupérer le retard/le temps perdu

atrativo, -va adj attrayant, -e, attractif, ive, attirant, -e
▶ sm **atrativo** 1 (*estímulo, incentivo*) attrait, attaction f 2 (*encanto pessoal*) charme

atravancar vtd obstruer, encombrer

através loc prep **através de** 1 (*atravessando*) au travers de 2 (*ao longo de*) à travers: **através dos séculos** à travers les siècles

atravessar vtd 1 (*passar de um lado para outro*) traverser 2 (*pôr de través*) mettre en travers 3 (*vender clandestinamente*) vendre à la sauvette
▶ vi MÚS perdre le rythme
▶ vpr **atravessar-se** (*cruzar-se*) se croiser

atrever-se vpr oser, avoir la hardiesse/l'audace
• **como se atreve?** comment oses-tu?

atrevido, -da adj osé, -e, audacieux, -euse

atrevimento sm hardiesse f, toupet, culot

atribuição sf attribution
▶ pl **atribuições** attributions

atribuir vtdi attribuer
▶ vpr **atribuir-se** s'attribuer, s'adjuger, s'arroger

atributo sm attribut

atrito sm 1 (*fricção*) friction f, frottement 2 (*conflito*) friction f, conflit

atriz sf actrice

atrocidade sf atrocité

atrofiar vtd atrophier
▶ vpr **atrofiar-se** s'atrophier

atropelamento sm écrasement, fait d'être renversé (*par une voiture*)

atropelar vtd renverser, écraser
▶ vpr **atropelar-se** se bousculer

atropelo sm (*confusão, tumulto*) bousculade f, ruée f, cohue f

atroz adj atroce

atual adj actuel, -le

atualidade sf actualité

atualização sf mise à jour, actualisation

atualizar vtd mettre jour, actualiser
▶ vpr **atualizar-se** se mettre à jour

atualmente adv actuellement, à présent

atuar vi opérer, jouer
▶ vpred faire fonction (**como**, de)

atum sm ZOOL thon

aturar vtd 1 (*tolerar*) endurer, tolérer 2 (*aguentar*) supporter, endurer
▶ vi (*perdurar*) durer, endurer

aturdir vtd abasourdir

audácia sf audace

audaz *adj* audacieux, -euse

audição *sf* **1** (*sentido*) audition, ouïe *m* **2** (*espetáculo*) audition

audiência *sf* DIR TV audience

audiovisual *adj* audiovisuel, -le

auditor *sm* ECON commissaire aux comptes

auditório *sm* auditorium, amphithéâtre

auge *sm* apogée

augúrio *sm* augure

aula *sf* cours
- **assistir às aulas** aller en classe, suivre un cours
- **aula inaugural** leçon inaugurale
- **dar aulas** donner des cours
- **matar aula** faire l'école buissonnière, sécher les cours

aumentar *vtd-vi* **1** (*ampliar*) augmenter, agrandir **2** (*imagens*) grossir **3** (*som; preços*) augmenter **4** (*intensificar, agravar, elevar*) intensifier, aiguiser
▶ *vi* augmenter

aumento *sm* augmentation *f*

aurora *sf* aurore, aube

ausência *sf* absence

ausentar-se *vpr* s'absenter

ausente *adj-smf* absent, -e

auspício *sm* auspices *pl*, augure, égide *f*
- **sob os auspícios de** sous les auspices de

australiano, -na *adj* australien, -ne
▶ *sm, f* Australien, -ne

austríaco, -ca *adj* autrichien, -ne
▶ *sm, f* Autrichien, -ne

autenticar *vtd* authentifier

autenticidade *sf* authenticité

autêntico, -ca *adj* authentique, vrai, -e

autobiografia *sf* autobiographie

autoconfiança *sf* confiance en soi

autocontrole *sm* contrôle/maîtrise *f* de soi

autocrítica *sf* autocritique

autodidata *smf* autodidacte

autoelétrico (*pl* **autoelétricos**) *sm* AUTO électricien auto(mobile)

autoescola (*pl* **autoescolas**) *sf* auto(-)école

autógrafo *sm* autographe

automático, -ca *adj* automatique

automatizar *vtd* automatiser
▶ *vpr* **automatizar-se** s'automatiser

autômato *sm* automate

automobilismo *sm* automobilisme

automobilista *smf* automobiliste, chauffeur, conducteur

automóvel *sm* automobile, auto, voiture

autonomia *sf* autonomie

autônomo, -ma *adj* autonome

autópsia *sf* autopsie

autor, -ra *sm, f* **1** auteur *m* **2** DIR demandeur, -deresse

autorretrato (*pl* **autorretratos**) *sm* autoportrait

autoridade *sf* autorité

autoritário, -a *adj* autoritaire

autorização *sf* autorisation, permission

autorizado, -da *adj* autorisé, -e, permis, -e

autorizar *vtd-vtdi* **1** (*dar permissão; tornar lícito*) autoriser, permettre **2** (*abonar, legitimar*) légitimer, valider

auxiliar¹ *vtd-vti* aider

auxiliar² *adj* auxiliaire
▶ *smf* auxiliaire

avacalhação *sf* **1** (*humilhação*) humiliation **2** (*crítica*) plaisanterie

avacalhar *vtd* **1** (*ridicularizar*) ridiculiser, humilier **2** (*censurar*) censurer, critiquer **3** (*fazer com desleixo*) bâcler, expédier

aval *sm* aval, caution *f*

avalanche *sf* avalanche

avaliação *sf* **1** évaluation **2** (*opinião*) opinion, avis *m*: **na sua avaliação...** à votre avis... **3** (*escolar*) évaluation

avaliar *vtd* évaluer

avalizar *vtd* **1** avaliser, cautionner **2** *fig* appuyer, soutenir

avançado, -da *adj* avancé, -e, d'avant-garde, de pointe

avançar *vtd* **1** (*levar para a frente*) avancer **2** (*o sinal*) passer

▶ *vti* s'avancer (**contra**, vers), se jeter (**contra**, sur)
▶ *vi* **1** (*ir adiante*) avancer **2** (*cão*) attaquer

avanço *sm* avancée *f*, progrès

avante! *interj* en avant!

avarento, -ta *adj* avare, radin, -e

avareza *sf* avarice

avaria *sf* avarie, panne

avariado, -da *adj* avarié, -e, endommagé, -e, gâté, -e

avariar *vtd* avarier, endommager, gâter
▶ *vpr* **avariar-se** s'avarier

ave *sf* oiseau *m*
• **ave de rapina** oiseau de proie

aveia *sf* BOT avoine

avelã *sf* BOT noisette

avenida *sf* avenue, boulevard *m*
■ **avenida periférica/perimetral** boulevard *m* périphérique

avental *sm* **1** (*doméstico*) tablier **2** (*de trabalho*) tablier, blouse *f*

aventar *vpr* proposer, avancer: *aventar uma hipótese* avancer une hypothèse

aventura *sf* aventure

aventurar-se *vpr* s'aventurer

aventureiro, -ra *sm, f* aventurier, -ière

averiguar *vtd* vérifier, s'assurer de

aversão *sf* aversion

avesso, -sa *adj* contraire: *ser avesso a…* être contraire à…
▶ *sm* **avesso** envers, verso, revers
• **do avesso** à l'envers

avestruz *sm* ZOOL autruche *f*

aviação *sf* aviation

aviamento *sm* **1** (*andamento*) expédition *f*, suite *f* **2** (*de receita*) préparation *f* **3** (*de roupas*) accessoires, fournitures *f pl*
• **loja de aviamentos** mercerie *f*

avião *sm* avion

ávido, -da *adj* avide

avisar *vtd-vtdi* aviser, prévenir, avertir

aviso *sm* **1** (*advertência*) avertissement **2** (*comunicado*) avis: *cole este aviso no mural* mets cet avis sur le tableau (d'affichage)
■ **aviso prévio** préavis

• **dar um aviso** communiquer, transmettre qqc

avistar *vtd* apercevoir, entrevoir
▶ *vpr* **avistar-se** s'entrevoir, se rencontrer par hasard

avivar *vtd* aviver
▶ *vpr* **avivar-se** s'aviver

avizinhar *vtd-vtdi* (r)approcher, avoisiner
▶ *vpr* **avizinhar-se** s'approcher, se rapprocher, s'avoisiner à

avô, avó *sm, f* grand-père, grand-mère

avoado, -da *adj* distrait, -e, écervelé, -e

avolumar *vtd* augmenter de volume, grossir
▶ *vpr* **avolumar-se** devenir plus volumineux, s'agrandir

avulso, -sa *adj* détaché, -e, séparé, -e

axila *sf* ANAT aisselle

azaleia *sf* BOT azalée

azar *sm* mauvais sort, malchance *f*, manque de bol, manque de pot
• **dar azar** (*causar azar*) porter malheur (*ter azar*) ne pas avoir de chance, jouer de malchance
• **que azar!** quel manque de chance!, quelle poisse!
• **não quer doce? Azar seu!** tu ne veux pas de sucrerie? Tant pis pour toi

azarado, -da *adj-sm, f* malchanceux, -euse, malheureux, -euse

azarento, -ta *adj-sm, f* malchanceux, -euse

azedar *vtd* **1** (*tornar azedo*) aigrir **2** *fig* (*deteriorar*) envenimer, détériorer
▶ *vi-vpr* **azedar(-se) 1** (*tornar-se azedo*) s'aigrir, devenir aigre **2** (*amargar-se*) s'aigrir **3** (*irritar-se*) s'irriter **4** (*deteriorar-se*) s'envenimer, se détériorer
• **o leite azedou** le lait a tourné/caillé

azedo, -da *adj* acide, aigre (*também fig*)

azeite *sm* huile d'olive
• **em azeite** à l'huile d'olive

azeitona *sf* olive

azia *sf* aigreur d'estomac

azul *adj* bleu, -e
▶ *sm* **azul** bleu

azulejo *sm* **1** (*peça*) carreau **2** (*revestimento*) carrelage

azul-marinho *adj inv* bleu marine

B

baba *sf* bave

babá *sf* nourrice, nounou

babaca *adj* con, -ne, conard, -asse

babado, -da *adj* 1 *(com baba)* bavé, -e 2 *fig (apaixonado)* passionné, -e, mordu, -e ▶ *sm* **babado** volant

babadouro *sm* bavoir, bavette *f*

babaquice *sf* ânerie, idiotie, imbécillité

babar *vi* baver
▶ *vpr* **babar-se** se passionner, s'enticher (**por**, de)

baby-sitter (*pl* **baby-sitters**) *smf* baby-sitter

bacalhau *sm* 1 ZOOL morue *f*, cabillaud *m*, aiglefin *m* 2 *(seco)* morue *f*

bacalhoada *sf* morue cuisinée au court-bouillon avec des olives, des pommes de terre etc.

bacana *adj* super, génial, -e, cool, sensas

bacharel *sm* licencié, -e *(étudiant)*
• **bacharel em direito** licencié(e) en droit

bacia *sf* GEOG ANAT bassin

bacilo *sm* bacille

bacon *sm* bacon, lardon

bactéria *sf* bactérie

badalação *sf gíria* mondanités *pl*

badalada *sf* coup *m*/son *m* de cloche

badalar *vi* 1 sonner, tinter, résonner 2 *gíria* aimer les mondanités

baderna *sf* pagaille

baderneiro, -ra *adj-sm, f* fauteur de désordre/trouble

badulaque *sm* 1 *(penduricalho)* pendeloque *f*, pendant 2 *(coisa de pouco valor)* bagatelle *f*, pacotille *f*

bafo *sm* haleine *f*

bafômetro *sm* ballon *(d'alccotest)*: *teste do bafômetro* alcootest

baforada *sf (exalação quente)* bouffée

bagaço *sm (resto de fruta)* marc, bagasse *f* (canne)
• **estar um bagaço** *(cansado)* être sur les genoux *(acabado)* être à bout

bagageiro *sm* 1 AUTO coffre, malle *f* 2 *(bicicletas, motos)* porte-bagages

bagagem *sf* 1 bagage *m* 2 *fig (cultural)* bagage *m*

bagatela *sf* bagatelle, broutille, enfantillage *m*

bago *sm* 1 *(de fruta)* grain, baie *f* 2 *(testículo)* couille *f*, boule *f*, rouston

bagre *sm* 1 ZOOL poisson-chat 2 *(pessoa feia)* épouvantail

baguete *sf* CUL baguette

bagulho *sm* 1 *(grão)* grain, graine *f* 2 *(pessoa feia)* épouvantail 3 *(cacareco)* babiole *f*, bricole *f*

bagunça *sf (desarrumação; baderna)* pagaille, fouillis *m*, bordel *m*

bagunçar *vtd-vi* mettre en désordre, semer la pagaille

baia *sf* stalle, box *m*

baía *sf* baie

baila *sf loc* 1 **trazer à baila** mettre sur le tapis/la sellette, remettre en question 2 **vir à baila** tomber à propos

bailarino, -na *sm, f* danseur, -euse

baile *sm* bal
• **baile de fantasia** bal costumé/masqué
• **dar um baile** faire un *(parcours)* sans-faute, jouer parfaitement

• **dar um baile em alguém** donner un travail fou

bainha *sf* 1 (*dobra da barra*) ourlet *m* 2 (*estojo de espada, invólucro*) étui *m*, fourreau *m*, gaine

baioneta *sf* baïonnette

bairro *sm* quartier (*d'une ville*)

baita *adj* (*enorme*) énorme

baiuca *sf* 1 (*taverna*) guinguette 2 *fig* bicoque, masure

baixa *sf* 1 (*depressão de terreno, lugar baixo*) dépression, effondrement *m* 2 (*queda de valor ou preço*) chute, baisse 3 MIL exemption, congé 4 MIL (*perda de soldados*) perte

• **dar baixa** MIL donner congé [excluir] exclure

baixada *sf* plaine côtière

baixar *vtd* 1 (*descer*) baisser, descendre 2 (*reduzir*) baisser, réduire 3 (*decreto*) prendre 4 (*ordem*) donner

▶ *vi* (*sofrer decréscimo, cair*) baisser, tomber, chuter

baixaria *sf* bassesse, infamie

baixela *sf* argenterie

baixeza *sf* bassesse

baixinho, -nha *sm,f* nabot, -ote, demi-portion *f*, gringalet *m*

▶ *adv* à voix basse, (*tout*) bas: *fale baixinho* parle (tout) bas, parle doucement

baixo, -xa *adj* 1 (*pessoa; objetos*) bas, -sse, petit, -e 2 (*perto do chão*) bas, -sse: *janelas baixas* fenêtres basses 3 (*inclinado*) bas, -sse, baissé, -e: *cabeça baixa* tête basse; *olhos baixos* les yeux baissés 4 (*raso*) peu profond, -e 5 (*reduzido*) bas, -sse, peu élevé, -e, réduit, -e, bon marché: *poder aquisitivo baixo* pouvoir d'achat réduit; *dólar baixo, preços baixos* dollar bas, bas prix 6 (*vil*) bas, -sse, vil, -e, infâme 7 (*volume do som*) bas, -sse, faible 8 (*grave*) bas, -sse, grave

▶ *sm* **baixo** (*instrumento e cantor*) MÚS (guitare) basse, (*voix de*) basse

▶ *adv* (tout) bas: *falar baixo* parler bas; *voar baixo* voler bas

• **cidade baixa** ville basse, basse ville
• **de baixo para cima** de bas en haut
• **estar por baixo** *fig* être en mauvaise posture, avoir le dessous
• **ir para baixo** descendre
• **olhar para baixo** regarder vers le bas
• **por baixo** (*debaixo*) sous (*pelo mínimo*) au minimum

baixo-relevo (*pl* **baixos-relevos**) *sm* bas-relief

bajulação *sf* flatterie basse, courbette

bajulador, -ra *sm,f* flatteur, -euse, lèche-bottes, adulateur, -trice

bajular *vtd* flatter, encenser, aduler

bala *sf* 1 (*projétil*) balle 2 (*doce*) bonbon *m*

■ **bala de goma** pastille/boule de gomme, bonbon *m*
• **bala perdida** balle perdue
• **estar em ponto de bala** être parfait/préparé, être prêt à tout
• **mandar bala** mettre du cœur à l'ouvrage

balaço *sm* 1 ballon 2 ESPORTE boulet (*de canon*)

balada *sf* 1 balade 2 *fig* sortie animée, bringue, beuverie

balaio *sm*

■ **balaio de gatos** (*rolo*) mêlée *f*, cohue *f*, bagarre *f* (*confusão*) embrouillement *m*, embrouillamini *m*, sac *m* d'embrouilles

balança *sf* balance

balançar *vtd* 1 (*oscilar*) balancer 2 (*comparar*) mettre en balance, peser 3 (*abalar, deixar hesitante*) ébranler, faire chanceler, faire hésiter 4 (*cabeça*) hocher 5 (*rabo-cachorro etc.*) remuer, agiter

▶ *vi* 1 (*oscilar*) balancer, osciller 2 (*dente*) bouger

▶ *vpr* **balançar-se** se balancer

balanceamento *sm* AUTO équilibrage

balanço *sm* 1 (*agitação oscilante*) balancement 2 (*do mar*) roulis, tangage 3 ECON bilan 4 *fig* bilan: *fazer um balanço da situação* faire le bilan de la situation 5 (*brinquedo*) balançoire *f*

balangandã *sm* amulette *f*, pendeloque *f*

balão *sm* 1 (*de borracha; de papel*) ballon 2 (*nos quadrinhos*) bulle 3 (*lugar de manobra*) rond-point, carrefour

• **balão de oxigênio** ballon d'oxygène

balão de ensaio (*pl* **balões de ensaio**) *sm* ballon d'essai (*também fig*)

balaústre *sf* balustre, balustrade

balbuciar *vtd* balbutier

balbucio *sm* balbutiement

balbúrdia *sf* confusion, tumulte *m*, vacarme *m*

balcão *sm* 1 ARQ balcon 2 *(de comércio)* comptoir 3 TEATRO balcon: *balcão nobre* premier balcon; *balcão simples* deuxième balcon

balde *sm* seau

baldeação *sf* transvasement *m*, correspondance, changement *m* *(de train etc.)*

baldio, -a *adj* vague *(terrain)*

balé *sm* ballet

balear *vtd* blesser/tuer par balles

baleia *sf* baleine

balela *sf* bobard *m*, canard *m* *(presse)*, canular *m*, boniment *m*

baliza *sf* 1 balise 2 *(auto)* créneau *m*

balneário *adj* balnéaire
▶ *sm* **balneário** station *f* balnéaire

balofo *adj* bouffi, boursouflé, empâté, gros

balsa *sf* bac *m* *(bateau)*, navette *f*

bálsamo *sm* baume

báltico, -ca baltique

baluarte *sm* 1 bastion, citadelle *f* 2 *fig* bastion

bamba *adj-smf* 1 *(valentão)* brave 2 *(forte, bom)* fort, -e, bon, ne

bambear *vi* 1 *(pernas)* chanceler, tituber 2 *(corda, varal)* relâcher, défaire

bambo, -ba *adj* 1 *(corda)* lâche, détendu, -e 2 *(dente)* qui bouge 3 *(móvel)* bancal, -e 4 *(perna)* mou, -olle

bambu *sm* bambou

banal *adj* banal, -e, ordinaire

banalidade *sf* banalité

banalizar *vtd* banaliser

banana *sf* banane

■ **banana de dinamite** bâton *m* de dynamite

bananal *sm* bananeraie

bananeira *sf* BOT bananier *m*

• **plantar bananeira** faire l'arbre droit, faire le poirier

banca *sf* 1 *(de feira)* étal 2 *(mesa de trabalho)* établi *m*

■ **banca de jornal** kiosque *m* *(à journaux)*

■ **banca examinadora** jury *m* *(d'examen, de soutenance)*

• **abafar a banca** faire sauter la banque

• **botar banca** se vanter, la ramener, crâner, faire l'important

bancada *sf* 1 *(banco comprido)* banc *m* 2 *(local de trabalho)* établi *m* 3 POL groupe *m*

bancar *vtd* *(fazer-se de)* se donner l'air de

banco *sm* 1 *(assento)* tabouret, banc 2 *(de veículo)* siège 3 *(de dinheiro)* banque *f* 4 ESPORTE banc: *ficar no banco* rester sur le banc (des remplaçants)

■ **banco de areia** banc de sable

■ **banco de dados** banque *f* de données

■ **banco dos réus** banc des accusés

• **não esquentar os bancos da escola** ne pas user ses fonds de culotte sur les bancs de l'école

banda *sf* 1 *(lado)* côté 2 MÚS bande 3 *(de rock)* groupe *m*, bande 4 *(faixa LP)* plage 5 *(de fita magnética)* piste
▶ *pl* côté *sing*: *mudou-se lá para as bandas da Lapa* il a déménagé du côté de Lapa

■ **banda de rodagem** voie

■ **banda larga** bande large

• **comer da banda podre** *(sofrer decepções)* enchaîner/connaître déception sur déception *(passar necessidades)* être dans la gêne/dans le besoin

• **sair de banda** partir/filer en douce

bandagem *sf* bandage *m*

bandalheira *sf* dévergondage, débauche

bandear-se *vpr* retourner sa veste

bandeira *sf* 1 drapeau *m* 2 *fig* étendard *m* 3 *(em táxis)* tarif *m*

• **bandeira branca** drapeau blanc

• **bandeira dois** tarif B

• **dar bandeira** manquer de discrétion/de tact

• **virar bandeira** retourner sa veste

bandeirinha *sm* ESPORTE arbitre assistant

bandeirola *sf* banderole

bandeja *sf* plateau *m*
- **dar de bandeja** servir qqch à qqn sur un plateau

bandejão *sm* (*restaurant*) self-service, restaurant universitaire, resto U

bandido, -da *adj* de bandit
▶ *sm* bandit

banditismo *sm* banditisme

bando *sm* bande *f*

bandoleiro, -ra *sm,f* bandit *m*, brigand *m*, truand *m*

bandolim *sm* MÚS mandoline *f*

banguela *adj-smf* édenté, -e
▶ *sf* point mort: *não desça na banguela* ne descendez pas au point mort

banha *sf* graisse
■ **banha de porco** graisse de porc, saindoux *m*

banhar *vtd-vtdi* 1 (*dar banho; mergulhar*) baigner 2 (*irrigar; molhar*) arroser, irriguer
▶ *vpr* **banhar-se** se baigner, prendre un bain

banheira *sf* 1 baignoire 2 (*auto*) limousine énorme

banheiro *sm* 1 (*sala de banho*) salle de bain *f*, lavabo 2 (*toalete*) toilettes, w.-c.

banhista *smf* baigneur, -euse

banho *sm* 1 (*de chuveiro*) douche *f* 2 (*de banheira; de mar; de sol*) bain 3 CUL mélange: *mergulhe a verdura em banho de água e vinagre* trempez les crudités dans un mélange d'eau et de vinaigre 4 (*vitória esmagadora*) raclée *f*, dérouillée, *f*, peignée, *f*
- **banho de assento** baignoire sabot
- **banho de loja** lèche-vitrine
- **banho de sangue** bain de sang
- **banho turco** bain turc, hammam
- **dar banho em alguém** baigner/laver quelqu'un
■ **mandar alguém tomar banho** envoyer quelqu'un paître/se faire voir/se faire foutre

banho-maria (*pl* **banhos-maria**) *sm* CUL bain-marie

banir *vtd-vtdi* bannir

banqueiro *sm* (*de banco; de jogo*) banquier

banqueta *sf* banquette

banquete *sm* banquet

baque *sm* 1 (*queda*) chute *f* 2 (*barulho da queda*) bruit de chute 3 (*revés*) revers, déconvenue *f*

bar *sm* bar

baralho *sm* jeu de cartes

barão, -onesa *sm,f* baron, -onne

barata *sf* ZOOL cafard *m*, blatte
- **estar feito barata tonta** être tout étourdi(e), perdre le nord

baratear *vtd* baisser le prix, vendre/ rendre moins cher

baratinado, -da *adj* 1 (*aturdido*) dérangé, détraqué 2 (*drogado*) drogué

barato, -ta *adj* 1 (*de preço baixo*) bon marché, pas cher, à bas prix 2 (*sem valor, ordinário*) bon marché, ordinaire
▶ *sm* **barato** 1 (*curtição*) divertissement 2 (*o que está na moda*) dernier cri 3 (*coisa, treco*) truc, machin 4 (*reação da droga*) trip, défonce *f*, pied *m*
▶ *adv* peu, à bas prix, bon marché: *custar barato* être bon marché, coûter peu
- **o barato sai caro** bon marché cher me coûte

barba *sf* barbe
- **fazer a barba** se raser
- **pôr as barbas de molho** prendre des précautions, attendre patiemment, se mettre au vert
- **nas barbas de** sous le nez/les yeux de quelqu'un

barbada *sf* chose facile, jeu *m* d'enfant

barbante *sm* ficelle *f*, cordelette *f*

barbaridade *sf* 1 (*ato cruel*) barbarie 2 (*disparate*) absurdité
▶ *interj* **barbaridade!** nom de Dieu!, ouh la la!

barbárie *sf* barbarie

bárbaro, -ra *adj* 1 barbare 2 (*muito bom*) super, génial, -e
▶ *adj-sm,f* barbare

barbatana *sf* 1 ZOOL aileron *m*, nageoire 2 (*haste delgada*) baleine

barbeado, -da *adj* rasé, -e

barbeador *sm* rasoir
- **barbeador elétrico** rasoir électrique

barbear *vtd* raser

▶ *vpr* **barbear-se** se raser

barbearia *sf* salon *m* de coiffure pour homme

barbeiragem *sf* 1 (*de motorista*) conduite de chauffard 2 (*bobagem, asneira*) idiotie, bêtise

barbeiro, -ra *sm,f* (*motorista*) chauffard ▶ *sm* **barbeiro** 1 (*cabeleireiro*) coiffeur pour homme 2 (*barbearia*) salon de coiffure pour homme 3 (*inseto*) triatome, réduve

barbicha *sf* barbiche

barbitúrico *sm* barbiturique

barbudo, -da *adj-sm,f* barbu, -e

barca *sf* barque

barcaça *sf* péniche, barcasse

barco *sm* bateau *m*, embarcation *f*, chaloupe *f*
■ **barco a vapor** (*bateau à*) vapeur
■ **barco pesqueiro** bateau de pêche
• **deixar o barco correr** laisser faire, laisser courir
• **tocar o barco (para a frente)** ne pas baisser les bras
• **estamos todos no mesmo barco** nous sommes tous logés à la même enseigne

barganha *sf* échange, *m*, troc *m*, marchandage *m*

barítono *sm* baryton

barman *sm* barman

barômetro *sm* baromètre

barqueiro *sm* batelier, -ière

barra *sf* 1 (*peça de metal*) barre, lingot *m* 2 (*de sabão*) cube *m*, barre, pain *m* 3 (*de chocolate*) barre 4 (*tira de pano em roupa*) (*faux*) ourlet *m* 5 (*bainha de roupa*) bordure, ourlet *m* 6 (*ornato em azulejo*) frise de carreaux 7 (*ginástica*) barre 8 (*sinal /*) barre oblique 9 *gíria* (*dificuldade*) galère: *é uma barra* c'est (la) galère 10 (*entrada de baía*) barre 11 (*sinal em celulares*) indicateur *m* de signal
■ **barra espaçadora** barre d'espacement
■ **barras paralelas** barres parallèles
• **aguentar a barra** tenir bon, tenir le choc/coup
• **forçar a barra** (*ir além dos limites*) passer les bornes

• **segurar a barra** tenir bon, tenir le choc/coup

barraca *sf* 1 (*de feira*) étal *m* 2 (*de acampamento*) tente

barracão *sm* hangar, remise *f*

barraco *sm* baraque *f*
• **armar o maior barraco** faire (*tout*) un scandale, faire du bordel/du foin

barrado *sm* (*em lençóis*) galon

barragem *sf* barrage *m*

barra-limpa (*pl* **barras-limpas**) *adj-smf* fiable, ami, -e

barranco *sm* talus, ravin, précipice

barra-pesada (*pl* **barras-pesadas**) *adj* louche, pas net, patibulaire

barrar *vtd* 1 (*atravessar com barras*) barrer 2 (*caminho*) barrer 3 (*ornar com barra*) ourler

barreira *sf* 1 (*obstáculo*) barrière 2 (*massa de barro*) bourbier *m*, gadoue

barrento *adj* boueux, -euse, bourbeux, -euse, fangeux, -euse

barrica *sf* 1 tonneau *m*, barrique 2 *fig* petit gros

barricada *sf* barricade

barriga *sf* 1 ventre *m* 2 (*saliência*) saillie, protubérance, relief *m*
• **barriga da perna** mollet *m*
• **dor de barriga** mal *m* au ventre
• **encher a barriga** se gaver, se goinfrer, s'empiffrer

barrigada *sf* 1 (*pancada com a barriga*) coup *m* de ventre 2 (*filhotes*) portée

barrigudo, -da *adj* bedonnant, -e, ventru, -e, pansu, -e

barril *sm* fût, futaille *f*, tonneau
■ **barril de pólvora** tonneau/baril de poudre (*fig*) situation explosive

barro *sm* 1 argile, glaise *f*, boue *f* 2 (*cerâmica*) terre cuite: *vaso, telha de barro* vase, tuile en/de terre (*cuite*)

barroco, -ca *adj* baroque
▶ *sm* **barroco** baroque

barulhento, -ta *adj* bruyant, -e

barulho *sm* bruit
• **fazer barulho** faire du bruit
• **ser do barulho** être du tonnerre

basbaque *adj-smf* ébahi, -e, baba, stupéfait, -e

basco, -ca adj basque
▶ sm f Basque mf

basculante adj 1 (oscilante) basculant, -e, de bascule, oscillant, -e: *movimento basculante* mouvement de bascule 2 (janela) pivotant, -e: *vitrô basculante* fenêtre pivotante

base sf 1 base 2 (tinta de base) apprêt m 3 MIL base, caserne 4 POL base
• **base aérea** base aérienne
• **base de maquiagem** base de maquillage
• **na base de** sur la base/les bases de
• **tremer nas bases** trembler sur ses bases

baseado sm (cigarro) joint

basear vtdi baser (**em**, sur)
▶ vpr **basear-se** se baser (**em**, sur)

básico, -ca adj 1 (basilar) de base 2 CHIM basique, alcalin, -e

basílica sf basilique

basquetebol sm ESPORTE basket-ball

basta sm loc **dar um basta** dire basta/ça suffit
▶ interj **basta!** basta!, ça suffit! assez!

bastante adj 1 (suficiente) suffisant 2 (numeroso) beaucoup de
▶ adv 1 (muito, suficientemente) suffisamment, assez: *está satisfeito? comeu bastante?* ça va, tu as assez mangé? 2 (consideravelmente) assez, plutôt: *ele canta bastante bem* il chante assez bien
• **o bastante** suffisamment, assez

bastão sm bâton

bastar vti-vi suffire
• **quanto baste** ce qui suffit, ce qui est assez
• **como se não bastasse...** comme si cela ne suffisait pas…

bastardo, -da adj bâtard, -e

bastidor sm (para bordado) métier à broder
▶ pl 1 TEATRO coulisse(s) f 2 fig coulisses f

bata sf (blusa larga) tunique

batalha sf bataille

batalhão sm bataillon

batalhar vi 1 lutter, combattre 2 fig batailler, se battre, lutter

batata sf 1 pomme de terre 2 (de flor) tubercule m 3 (erro) ânerie
• **batata quente** [fig] pépin m, tuile
• **batata da perna** mollet m
• **mandar plantar batatas** envoyer promener/balader/paître
• **ser batata** être assuré/garanti

batata-doce (pl batatas-doces) sf patate douce

bate-boca (pl bate-bocas) sm (briga) remue-ménage, engueulade f, discussion f

bate-bola (pl bate-bolas) sm (jogo informal) match de foot entre amis

batedeira sf 1 (de bolo) mixeur m, batteur m, robot m 2 (palpitação) palpitation, battements m pl

batedor sm 1 (soldado) motard (de l'armée ou de la gendarmerie) 2 (batedeira) batteur
• **batedor de carteiras** pickpocket, voleur à la tire
• **batedor de ovos** batteur, mixeur

batelada sf grande quantité, paquet m, tas m

batente sm 1 (rebaixo na ombreira; ombreira) battant 2 fig (trabalho) boulot *pegar no batente* aller/être au boulot

bate-papo (pl bate-papos) sm 1 bavardage, causerie f 2 INFORM chat

bater vtd-vtdi 1 (golpear) battre, taper 2 (percorrer) battre, parcourir, explorer: *bateu o matagal à procura do animal* il/elle a exploré le bois à la recherche de l'animal 3 (usar muito) éculer, élimer 4 (repetir) marteler 5 monter, battre, mélanger, fouetter: *bater claras em neve* monter les blancs (d'œufs) en neige; *bater um bolo* mélanger la pâte à gâteau; *bater ovos* fouetter des œufs
▶ vti-vtdi
▶ **bater em** 1 (surrar) taper (sur), frapper 2 (esbarrar) heurter 3 (chocar-se) (se) heurter: *o carro bateu no poste* la voiture a heurté le poteau 4 (chegar, ir parar em) aboutir, atterrir, se retrouver: *errei o caminho e fui bater em Santana* je me suis trompé(e) de chemin et je me suis retrouvé(e) à Santana 5 (concordar, combinar) être en accord, être conforme, avoir rapport: *o que você me diz não*

bate com o que vi ce que tu me dis n'a aucun rapport avec ce que j'ai vu

▶ *vi* **1** claquer: *a porta bateu* la porte a claqué **2** *(coração)* battre **3** *(à porta)* frapper **4** *(sinos; horas)* sonner **5** *(ganhar em carteado)* gagner **6** être exposé: *deste lado não bate sol* ce côté n'est pas exposé au soleil **7** *(conferir)* correspondre: *as contas não batem* les comptes ne correspondent pas **8** *(sobrevir)* prendre, envahir: *bateu a saudade* la nostalgie m'a envahi(e)

▶ *vpr* **bater-se** *(lutar)* se battre, lutter, combattre

• **bater à máquina** taper à la machine
• **bater a porta na cara** claquer la porte au nez
• **bater asas** gagner le large/prendre la clé des champs/prendre la poudre d'escampette/prendre ses jambes à son cou
• **bater carteira** piquer/faucher/barboter des portefeuilles
• **bater o pênalti** tirer le penalty
• **bater o tempo da música** suivre/marquer le tempo *(de la musique)*
• **bater os dentes de frio** claquer des dents *(de froid)*
• **bater na madeira** toucher du bois
• **bater palmas** *(para chamar)* frapper/claquer/taper des mains *(aplaudir)* applaudir
• **bater uma foto** prendre/faire une photo(graphie)
• **bater um recorde** battre un record
• **não bater bem** être dingue/cinglé/zinzin

bateria *sf* **1** MÚS MIL AUTO batterie **2** *(sucessão)* batterie, suite, séquence **3** *(de relógio)* pile **4** *(de cozinha)* batterie

• **carregar as baterias** *fig* recharger ses batteries

baterista *smf* batteur

batida *sf* **1** *(golpe)* coup *m*, choc *m*, heurt *m* **2** *(colisão de autos)* choc *m*, collision, télescopage *m*, carambolage *m* **3** *(amassadura de auto)* marque d'accident *m* **4** *(toque)* rythme *m*, son *m* **5** *(ritmo)* rythme *m* **6** *fig* rythme *m*: *nessa batida, não vamos muito longe* à ce rythme, nous n'irons pas plus loin **7** *(reconhecimento)* battue: *dar uma batida na mata* faire une battue dans le bois **8** *(diligência policial)* descente, rafle **9** *(bebida)* boisson alcoolisée à base de cachaça ou vodka avec des fruits mixés et des glaçons **10** *(do coração)* battement

batido, -da *adj* **1** *(muito usado)* usé, -e, défraîchi, -e, élimé, -e **2** *(velho, repetido)* dépassé, -e, démodé, -e, usagé, -e

batimento *sm* battement

batina *sf* soutane

batismo *sm* baptême

batizado, -da *adj* **1** baptisé, -e **2** *fig (leite)* coupé *(lait)* **3** *fig (vinho)* frelaté
▶ *sm* **batizado** baptême

batizar *vtd* **1** *(em cerimônia)* baptiser **2** *(adulterar com água)* couper, frelater **3** *(usar pela primeira vez)* inaugurer, étrenner
▶ *vtdi (dar nome)* baptiser

batom *sm* rouge (à lèvres)

batucada *sf* roulement de tambour *m*, tambourinement *m*

batucar *vtd-vi* **1** battre du tambour, tambouriner **2** *fig (tocar mal)* tapoter, jouer mal
▶ *vtd (tamborilar)* tapoter, tambouriner

batuque *sm* tam-tam, tambour

batuta *sf* MÚS baguette de chef d'orchestre
▶ *adj-smf* **1** *(camarada, bom)* ami, -e, cordial, -e **2** *(hábil)* habile **3** *(valente)* vaillant, -e

baú *sm* **1** bahut, coffre **2** *fig (homem rico)* richard, nabab, rupin

baunilha *sf* vanille

bazar *sm* bazar

beatificar *vtd* béatifier

beatitude *sf* béatitude

beato, -ta *adj-sm, f* **1** *(bem-aventurado)* béat, -e **2** *(carola)* bigot, -e, dévot, -e, grenouille de bénitier

bêbado, -da *adj-sm, f* soûl, -e, ivre, beurré, -e

• **bêbado de sono** mort de sommeil

bebê *sm inv* bébé

bebedeira *sf* ivresse, soûlerie, beuverie

bebedouro *sm* **1** *(de animais)* abreuvoir **2** *(de gente)* fontaine à eau

beber *vtd* boire

▶ vi **1** boire, s'enivrer **2** fig (*consumir-carro*) sucer, pomper, consommer

beberrão, -ona adj-sm,f ivrogne

bebida sf **1** (*refrigerante*) boisson fraîche/rafraîchissante **2** (*alcoólica*) boisson alcoolisée
• **bebida forte/fraca** boisson forte/peu alcoolisée

bebum adj-smf ivrogne, poivrot m, alcolo m

beça sf loc **à beça** en abondance, en grande quantité

beco sm ruelle f
• **beco sem saída** cul-de-sac, impasse f (fig) impasse f

bedelho sm loc **meter o bedelho** se mêler de tout, fourrer son nez partout

bege adj-sm beige

beicinho sm loc **fazer beicinho** faire la moue/lippe/grimace

beiço sm **1** (*lábios*) lèvres fpl, babines fpl, lippe f **2** (*rebordo*) saillie f, rebord
• **andar de beiço caído por alguém** être mordu de quelqu'un
• **fazer beiço** faire la moue/lippe
• **lamber os beiços** se lécher les babines

beija-flor (pl **beija-flores**) sm colibri, oiseau-mouche

beijar vtd embrasser
▶ vpr **beijar-se** s'embrasser

beijo sm baiser, bise f, bisou: *dar um beijo* donner un baiser/faire la bise/donner un bisou

beijoca sf baiser bruyant, gros bisou

beiju sm CUL (*biscoito enrolado*) biscuit de tapioca

beira sf **1** (*beirada*) bord m **2** (*margem*) bord m, rive, marge

beirada sf bord m, rive, marge

beiral sm avant-toit, auvent

beira-mar (pl **beira-mares**) sf loc **à beira-mar** au bord de la mer/en bord de mer

beirar vtd **1** (*caminhar à beira*) longer, border, côtoyer **2** (*estar perto de*) friser, frôler: *isso beira a loucura* cela frôle la démence
• **beirar os quarenta/cinquenta etc.** friser la quarantaine/cinquantaine

▶ vtd, vtdi (*estar à beira*) côtoyer, border, être à côté

beisebol sm base-ball

belas-artes sf (pl **beaux-arts**) m

beldade sf beauté

beleléu sm loc **ir para o beleléu** tomber à l'eau, rater son coup, faire um flop

beleza sf **1** (*formosura*) beauté **2** (*coisa boa*) super, génial: *o trabalho dele está uma beleza* son travail est super
• **cansar a beleza** gaver, soûler, ennuyer, fatiguer
• **ser uma beleza** être merveilleux, -euse/formidable/épatant, -e

belga adj belge
▶ smf Belge

belezoca sf beauté

Bélgica sf Belgique

beliche sm lits superposés pl

bélico, -ca adj belliqueux, -euse

beligerante adj-smf belligérant, -e

beliscão sm pincement, pinçage

beliscar vtd **1** (*dar beliscão*) pincer **2** (*comida*) grignoter, entamer
▶ vtd-vi (*comer pouco*) grignoter

belo, -la adj **1** beau,belle: *que belos olhos!* quels beaux yeux! **2** (*grande*) grand, -e, large: *ele tem uma bela fazenda no Oeste* il a une grande fazenda dans l'Ouest; *o time teve bela vitória sobre o adversário* l'équipe a obtenu une large victoire sur son adversaire **3** (*irônico*) bon, -ne, beau,belle
▶ sm **o belo** le beau: *o gosto pelo belo* le goût du beau

bel-prazer (pl **bel-prazeres**) sm gré: *a seu bel-prazer* à son gré

beltrano sm un tel, Tartempion
• **fulano ou beltrano** monsieur x ou monsieur y

bem sm bien
▶ adv **1** bien **2** (*muito*) bien, très **3** (*exatamente*) juste(ment), exactement, en plein: *chegamos bem na hora do almoço* nous sommes arrivé(e)s juste à l'heure du déjeuner **4** (*certamente*) vraiment: *ele bem que podia ter vindo antes* il pouvait vraiment être venu avant **5** (*aproximadamente*) environ: *ela tem bem quarenta anos* il a environ la quarantaine

▶ *interj* **bem!** *bien!*
• **a mulher mais bem vestida da festa** la femme la mieux habillée de la fête
• **bem como** *conj* ainsi que
• **bem de vida** à l'aise
• **bem-feito!** bien fait!
• **bem na hora** à temps, au bon moment
• **bem que eu disse/avisei!** je l'avais bien dit/je vous avais bien prévenu(e)s!
• **bem que podia chover** il pourrait vraiment pleuvoir
• **está bem!** d'accord!, ça va!, c'est bon!, c'est bien!
• **fazer bem** faire du bien
• **fazer bem (em)** bien faire de
• **fazer o bem** faire le bien
• **ficar bem** bien aller
• **ficar bem** faire la paix
• **gente/homem de bem** personnes/homme de bien
• **meu bem** mon chéri/ma chérie
• **nem bem...** *conj* dès que, aussitôt que, à peine
• **passe bem/passar bem** porte-toi bien
• **por bem ou por mal** bon gré, mal gré; que cela plaise ou non
• **se bem que** (*conj*) bien que, quoique

bem-estar (*pl* bem-estares) *sm* bien-être *inv*

bem-feito, -ta (*pl* bem-feitos) *adj* bien fait

bem-humorado, -da (*pl* bem-humorados) *adj* de bonne humeur

bem-intencionado, -da (*pl* bem-intencionados) bien intentionné, -e

bem-sucedido, -da (*pl* bem-sucedidos) *adj* couronné(e) de succès, heureux, -euse, réussi, -e

bem-te-vi (*pl* bem-te-vis)*sm* ZOOL tyran quiquivi

bem-vindo, -da (*pl* bem-vindos) *adj* bienvenu, -e: **seja bem-vindo** soyez le bienvenu

bem-visto, -ta (*pl* bem-vistos) *adj* bien vu, -e

bênção (*pl* bênçãos) *sf* bénédiction
• **tomar a bênção** recevoir la bénédiction
• **a bênção, madrinha** avec votre bénédiction, marraine

bendito, -da *adj* **1** béni, -e **2** (*irônico*) maudit, -e: *esse bendito ônibus que não chega!* et ce maudit bus qui n'arrive pas!

bendizer *vtd* **1** (*louvar*) louer, glorifier **2** (*abençoar*) bénir

beneficência *sf* bienfaisance, charité

beneficente *adj* bienfaisant, -e, charitable

beneficiar *vtd* **1** (*favorecer*) bénéficier à, être avantageux pour **2** (*cultivar*) bonifier, améliorer **3** (*processar-cereais etc.*) traiter
▶ *vpr* **beneficiar-se** profiter de, tirer profit de

benefício *sm* **1** (*bem*) bien: *fez um benefício a toda a família* il a fait du bien à toute la famille **2** (*vantagem*) bénéfice, avantage
• **em benefício de** au bénéfice de

benéfico, -ca *adj* bénéfique

benemérito, -ta *adj* digne, méritant, -e

benesse *sf* **1** (*dádiva, ajuda*) don *m*, offrande **2** (*vantagem*) avantage *m*

benevolência *sf* bienveillance, disposition favorable

benévolo, -la *adj* bienveillant, -e, bénévole

benfazejo, -ja *adj* bienfaisant, -e

benfeitor, -ra *sm, f* bienfaiteur, -trice

bengala *sf* **1** (*bastão*) canne **2** (*pão*) baguette

benigno, -na *adj* bénin, -igne

benjamim *sm* (*extensão elétrica*) multiprise *f*

benquisto, -ta *adj* bien-aimé, -e, chéri, -e, cher,chère

bento, -ta *adj* béni, -e: *água benta* eau bénie

benzer *vtd* bénir
▶ *vtd-vi* (*fazer benzeduras*) bénir
▶ *vpr* **benzer-se** (*fazer o sinal da cruz*) faire le signe de la croix

benzina *sf* benzine

berçário *sm* crèche *f*

berço *sm* **1** berceau (*também fig*) **2** (*nascente de rio*) source *f*
• **nascer em berço de ouro** naître dans une famille riche
• **ter berço** être bien né(e)

bereba *sf* pustule

berimbau *sm* berimbau, gunga

berinjela *sf* BOT aubergine

Berlim *sf* Berlin

berlinda *sf* berline
- **estar na berlinda** être sur la sellette

bermudas *sf pl* bermuda *m*

berne *sm* varron

berrante *adj (cor)* criard, -e
▸ *sm* **berrante** 1 *(revólver)* pétard, flingue, soufflant 2 *(chifre)* corne à souffler

berrar *vi* 1 *(animais)* mugir, meugler, beugler 2 *(gente)* crier, hurler
▸ *vti* crier: *não berre comigo!* ne me crie pas après!

berreiro *sm* hurlement, crierie *f*, criaillerie *f*
- **armar o maior berreiro** faire un scandale, crier comme un fou

berro *sm* 1 *(de animais)* mugissement, meuglement, beuglement 2 *(de gente)* cri, hurlement 3 *(revólver)* pétard, flingue, soufflard
- **aos berros** en criant, en hurlant

besouro *sm* ZOOL hanneton, scarabée, cétoine

besta¹ *sf* 1 *(animal)* animal, bête 2 *fig (burro)* idiot, -e, bête 3 *fig (mau-caráter, brutal)* malappris, malotru, rustre 4 *(à-toa; pretensioso)* idiot, -e: *é um errinho besta* c'est une faute/erreur idiote; *largue essa vaidade besta* oublie ta vanité idiote
- **fazer alguém de besta** tourner qqn en dérision, prendre qqn pour un idiot
- **fazer-se de besta** faire l'idiot
- **metido a besta** péteux, -euse, snob, chochotte *f*

besta² *sf (arma)* arbalète

bestar *vi* 1 *(dizer/fazer tolices)* dire/faire des bêtises 2 *(estar ocioso)* être oisif(ve)/désœuvré(e)

besteira *sf* 1 *(asneira)* bêtise, ânerie 2 *(erro)* erreur, boulette: 3 *(coisa à-toa)* bricole 4 *(pouca coisa)* bagatelle, rien *m* 5 *(suscetibilidade)* bêtise

bestial *adj* bestial, -e

bestialidade *sf* bestialité

besuntar *vtd* oindre, huiler

betume *sm* bitume

bexiga *sf* 1 ANAT vessie 2 *(balão)* ballon de (baudruche)

bezerro, -ra *sm,f* veau *m*, bouvillon *m*, taurillon *m*, génisse *f*
- **chorar como bezerro desmamado** pleurer comme un veau, brailler *(enfant)*

bibelô *sm* bibelot

bíblia *sf* Bible

bibliografia *sf* bibliographie

biblioteca *sf* bibliothèque

bibliotecário, -a *sm,f* bibliothécaire

biboca *sf (habitação pobre)* baraque, bicoque, masure

bica source, fontaine

bicada *sf* coup de bec *m*

bicão, -ona *sm,f* parasite *sm*, pique-assiette *sm*, resquilleur, -euse, écornifleur, -euse

bicar *vtd* 1 *(dar bicadas)* bécqueter, béqueter 2 *fam (beber)* boire une gorgée/un coup
▸ *vpr* **bicar-se** se bécqueter, se battre à coups de bec
- **aqueles dois não se bicam** ces deux-là ne peuvent pas se sentir/se voir

bicarbonato *sm* QUÍM bicarbonate

bíceps *sm* biceps

bicha *sf (lombriga)* ver *m* (parasite)
▸ *smf* **bicha** *(homossexual)* tante *f*, pédale *f*

bichado, -da *adj* véreux, -euse, pourri, -e

bicho *sm* 1 animal, bête 2 *fig (-papão)* (grand méchant) loup 3 *fig pejor* monstre 4 *fig (calouro)* bizut(h), nouveau, bleu 5 *(coisa)* truc, machin 6 ESPORTE prime (de victoire)
- **dar bicho** pourrir
- **e aí, bicho, tudo bem?** et alors mon vieux, ça va?
- **matar o bicho** boire
- **vamos ver que bicho dá** on va bien voir ce que ça va donner
- **virar bicho** s'emporter, éclater, fulminer

bicho-carpinteiro *(pl* **bichos-carpinteiros)** *sm* scarabée
- **ter bicho-carpinteiro** ne pas tenir en place

bicho-da-seda (pl **bichos-da-seda**) sm ver à soie

bicho-do-pé (pl **bichos-de-pé**) sm puce-chique f

bicho-papão (pl **bichos-papões**) sm ogre

bicicleta sf bicyclette, vélo m

bico sm 1 (de animal, de objetos) bec 2 fig bec, gueule f: **cale o bico** ferme ton bec, ta gueule 3 (ponta) pointe f 4 fig (biscate) travail au noir 5 (do seio) bout 6 (da mamadeira) tétine f 7 (do sapato) pointe f 8 (de gás) bec
• **abrir o bico** donner, dénoncer, balancer
• **meter o bico** se mêler (de), s'immiscer, s'ingérer
• **molhar o bico** se soûler, s'enivrer, se beurrer, se cuiter
• **não ser para o bico de alguém** ne pas être pour quelqu'un
• **fazer bico** faire la moue/lippe
• **rachar o bico** rire, se fendre la gueule/poire
• **ser bom de bico** (ser falador) avoir de la tchatche (ser hábil para convencer) avoir du bagou

bicudo, -da adj 1 muni, -e d'un bec 2 (pontiagudo) pointu, -e 3 (amuado) boudeur, -euse
• **tempos bicudos** temps difficiles

bidê sm bidet

bienal sf biennale

bife sm bifteck, steak
■ **bife à milanesa** escalopes à la milanaise/escalopes panées
■ **bife rolê** paupiettes, alouettes sans tête

bifurcação sf bifurcation

bifurcar-se vp se dédoubler, bifurquer

bigamia sf bigamie

bígamo, -ma sm,f bigame mf

bigode sm moustache f: **usar bigode** porter la/des moustache(s)

bigorna sf enclume

bijuteria sf bijoux m pl fantaisie, verroterie, clinquant m

bile sf MED bile

bilhão sm milliard

bilhar sm billard

bilhete sm 1 (escrito) billet, mot 2 (de loteria) billet
• **bilhete azul** renvoi, licenciement

bilheteria sf billetterie, guichet m

bilíngue adj-smf bilingue

bilionário, -a adj-sm,f milliardaire

bimensal adj bimensuel, -elle

bimestral adj bimestriel, elle

bimestre sm bimestre

binário, -a adj binaire

bingo sm bingo, loto

binóculo sm jumelles f pl

binômio sm binôme

biodegradável adj biodégradable

biografia sf biographie

biologia sf biologie

biombo sm paravent

biópsia sf MED biopsie

bípede sm bipède

biqueira sf (arremate na ponta) pointe, bout m

biquíni sm bikini, deux-pièces

birita sf verre m, pot m, godet m

birosca sf (botequim) troquet, buvette f

birote sm chignon

birra sf entêtement m
• **fazer birra** faire la moue/lippe/gueule

birrento, -ta adj de mauvaise humeur, capricieux, -euse

biruta adj toqué, -e, cinglé, -e, timbré, -e
▶ sf (indicador dos ventos) manche à air

bis sm bis, rappel: **a plateia pediu bis** le public a demandé un rappel
▶ interj **bis!** bis!

bisar vtd-vi demander un rappel

bisavô, -vó sm,f grand-père, grand-mère

bisbilhotar vtd-vi 1 (falar mal) médire, cancaner, jaser 2 (intrometer-se) fouiner, fureter

bisbilhoteiro, -ra adj-sm,f 1 (maldizente) cancanier, -ière, commère f (intrometido) 2 fouineur, -euse, fureteur, -euse

bisbilhotice sf 1 (maledicência) commérage m, cancan m, ragot m, potin m 2 (intrometimento) indiscrétion

biscate *sm* travail au noir

biscateiro, -ra *sm,f* homme *m* à tout faire

biscoito *sm* biscuit, gâteau sec

bisnaga *sf* **1** *(tubo)* tube, berlingot *m* **2** *(pão)* petit pain

bisneto, -ta *sm,f* arrière-petit-fils, arrière-petite-fille

bispo *sm* **1** évêque **2** *(no xadrez)* fou

bissexto *adj-sm* bissextile
▸ *adj-sm,f* **bissexto, -ta** *(esporádico)* sporadique, dilettante

bisteca *sf* côte de porc

bisturi *sm* bistouri

bitolado, -da *adj-sm,f* borné, -e, limité, -e

bituca *sf* mégot *m*

blasfemar *vi* blasphémer

blasfêmia *sf* blasphème *m*

blazer *sm* blazer, veste *f*

blecaute *sm* black-out

blefar *vi* bluffer

blefe *sm* bluff

blindado, -da *adj-sm,f* blindé, -e

blister (*pl* **blisters**) *sm* blister

blitz *sf* descente (de police), rafle *m*

bloco *sm* **1** *(de pedra, gelo etc.; de edifício)* bloc **2** *(parte separada)* catégorie *f* partie *f* **3** *(tijolo)* brique *f* en ciment **4** *(carnavalesco)* corso, parade *f* **5** POL bloc
• **bloco de anotações** bloc-notes
• **bloco de rascunho** bloc(de) brouillon

bloquear *vtd* bloquer

bloqueio *sm* **1** *(policial; viário; interrupção)* barrage **2** *(inibição)* inhibition *f* **3** *(do sistema elétrico)* blocage

blusa *sf* chemisier *m*

blush *sm* blush, fard à joue

boa *sf* **1** *(boazuda)* canon *m* **2** *(novidade interessante ou picante)* (une de ces) nouvelles **3** *(boa ideia, opção)* bonne idée
▸ *interj* **boa!** excellent(e)!
• **essa é boa!** elle est *(bien)* bonne celle-là!
• **dizer umas boas a alguém** en dire des vertes et des pas mûres *(à quelqu'un)*
• **escapar/sair de boa** échapper belle

• **estar numa boa** mener la belle vie, être dans une bonne période
• **voltar às boas** faire la paix, se réconcilier

boa-fé (*pl* **boas-fés**) *sf* bonne foi

boa-pinta (*pl* **boas-pintas**) *smf* beau garçon *m*/jolie fille *f*, beau/belle gosse

boa-praça (*pl* **boas-praças**) *adj* sympa(thique), amical, -e
▸ *smf* personne sympa(thique)

boas-vindas *sf pl* bienvenue: *dar boas-vindas* souhaiter la bienvenue

boate *sf* boite, discothèque

boateiro, -ra *adj-sm,f* commère *f*, cancanier, -ère

boato *sm* ragot, cancan, commérage

boa-vida (*pl* **boas-vidas**) *smf* fainéant, -e, paresseux, -euse

boazuda *sf* canon *m*

bobagem *sf* **1** *(asneira)* bêtise **2** *(erro, gafe)* bévue, gaffe, erreur **3** *(coisa modesta)* bagatelle **4** *(coisa supérflua)* bêtise, babiole **5** *(guloseima)* cochonnerie

bobe *sm* bigoudi

bobear *vi* faire l'idiot, faire l'andouille

bobeira *sf* bêtise, broutille, bricole
• **marcar bobeira** manquer/rater le coche

bobina *sf* bobine

bobo, -ba *adj-sm,f* idiot, -e, bête
• **bobo alegre** imbécile heureux

boboca *adj-sm,f* idiot, -e, imbécile

boca *sf* **1** bouche **2** GEOG embouchure, bouche, delta *m* **3** *(do fogão)* brûleur *m*
■ **boca de fumo** point de vente de drogues
■ **boca de lobo** bouche d'égout
■ **boca de sino** *(calça)* pattes d'éléphant *pl*
■ **boca de siri** motus et bouche cousue
■ **boca de urna** propagande pour un candidat près des bureaux de votes
• **à boca pequena** à voix basse, en sourdine, en cachette, en catimini
• **abrir a boca** *(bocejar)* bailler *(falar)* parler
• **bater boca** se disputer, se quereller, s'engueuler
• **boca da noite** tombée de la nuit, crépuscule *m*

- **boca do estômago** précordium *m*
- **botar a boca no mundo** crier, hurler,
- **botar a boca no trombone** réclamer, dénoncer
- **cair na boca do povo** être l'objet de ragots/de qu'en-dira-t-on
- **ficar de boca aberta** rester bouche bée
- **ter boca suja** dire des gros mots, jurer
- **falar da boca para fora** parler sans conviction/sincérité
- **tapar a boca de alguém** faire taire quelqu'un, *pop.* clouer le bec/rabattre le caquet de quelqu'un

bocado *sm* (*porção de alimento*) morceau, bout
- **um bocado** [um tanto] pas mal, assez [muito] beaucoup, *pop.* vachement
- **passar um mau bocado** passer un mauvais quart d'heure

boca do lixo *sf* quartier louche

bocal *sm* **1** (*de vaso*) ouverture *f* **2** (*de instrumento*) embouchure *f* **3** (*de lâmpada*) douille *f*

boçal *adj* grossier, -ère, crétin, -e, stupide
▶ *smf* abruti, -e

bocejar *vi* bâiller

bocejo *sm* bâillement

boceta *sf chulo* chatte, foufoune, minou

bochecha *sf* joue

bochicho *sm* **1** (*confusão*) mêlée *f*, cohue *f*, ruée *f* **2** (*boato*) ragot, cancan, commérage

bodas *sf pl* noces, fête de mariage
- **bodas de ouro** noces d'or
- **bodas de prata** noces d'argent

bode *sm* **1** ZOOL bouc **2** *fig* (*briga*) bagarre *f* **3** *fig* (*situação difícil*) mauvaise passe *f* **4** *fig* (*depressão*) cafard: *estar de bode* avoir le cafard
- **amarrar o bode** faire la moue
- **bode expiatório** bouc émissaire
- **dar bode** mal finir, échouer

boêmio, -a *adj-sm, f* bohème, marginal, -e

bofe *sm* **1** poumon, mou **2** *fig* (*pessoa feia*) épouvantail **3** *fig* (*homem*) mâle, *pop.* mec

bofetada *sf* gifle, claque, tape

- **bofetada com luva de pelica** réplique pleine d'ironie fine

bofetão *sm* bonne gifle, claque

boi *sm* ZOOL bœuf
- **dar nome aos bois** appeler un chat un chat
- **carne de boi** viande de bœuf

boia *sf* **1** bouée **2** (*comida*) bouffe

boiada *sf* manade, troupeau *m* de vaches/taureaux/bœufs, bétail *m*

boiadeiro *sm* gardien du bétail

boia-fria (*pl* boias-frias) *sm* ouvrier agricole journalier/saisonnier

boiar *vi* **1** (*na água*) flotter **2** *fig* (*não entender*) nager

boicotar *vtd* boycotter

boicote *sm* boycott

boina *sf* béret *m*

boiola *sm chulo* pédé

bojo *sm* **1** (*saliência*) panse *f* **2** *fig* (*interior*) sein *m*, cœur *m*
- **sutiã com bojo** soutien gorge balconnet

bojudo, -da *adj* renflé, -e, pansu, -e, ballonné, -e

bola *sf* **1** (*de bilhar, de cristal*) boule **2** (*inflável*) ballon *m* **3** (*de pingue-pongue*) balle **4** (*de sabão*) bulle **5** (*soporífero*) cachet *m* **6** (*pessoa engraçada*) pitre *m*, clown *m* **7** (*suborno*) pot-de-vin *m*, dessous de table *m* **8** (*veneno de cão*) nourriture empoisonnée pour tuer les chiens **9** (*estampa de tecido*) pois
▶ *interj pl* **bolas!** merde!, putain!
- **abaixar a bola de alguém** rabaisser/ rabattre le caquet à quelqu'un
- **bater bola** jouer au ballon/foot
- **bola da vez** personne ou chose en vue, sous les projecteurs
- **bola de gude** bille
- **bom de bola** judicieux, -euse, sensé, -e, intelligent, -e
- **comer bola** commettre une erreur par distraction
- **dar bola para alguém** s'intéresser à qqn/faire les yeux doux à qqn
- **dar/não dar bola para algo** (*ligar/ não ligar*) faire/ne pas faire attention à qqch
- **dar tratos à bola** peaufiner, fignoler

- **estar com a bola (toda)** avoir de la chance, avoir le contrôle de la situation
- **não ser bom da bola** être complètement toqué/cinglé/fada/avoir une araignée au plafond
- **pisar na bola** mettre les pieds dans le plat

bolacha *sf* 1 biscuit, gâteau sec 2 *fig (bofetada)* claque, gifle 3 *(descanso para copos)* dessous de verre

bolada *sf* 1 *(golpe com bola)* coup *m* de ballon 2 *(dinheiro)* jackpot *m*, gros lot *m*

bolar *vtd* manigancer, magouiller, mijoter

boleia *sf* cabine

bolero *sm* boléro

boletim *sm* bulletin
- **boletim escolar** carnet de notes, bulletin *(scolaire)*
- **boletim meteorológico** bulletin météorologique

boleto *sm (bancário)* fiche de paiement

bolha *sf* bulle
▸ *smf fig* casse-pieds, raseur, -euse

boliche *sm* bowling

bolinar *vtd-vi* peloter, tripoter

bolinho *sm* boulette *f*, croquette *f*

bolo *sm* 1 *(doce)* gâteau 2 *(confusão)* confusion *f*, mêlée *f* 3 *(falta a encontro)* lapin: *levei um bolo* on m'a posé un lapin

bolor *sm* moisi, moisissure *f*

bolsa *sf* 1 *(para dinheiro etc.)* bourse, sac *m*, sac *m* à main 2 *(de estudo)* bourse 3 ECON bourse
- **rodar bolsa/bolsinha** faire le trottoir, racoler *(les passants)*

bolsista *smf* boursier, -ière

bolso *sm* poche *f*
- **botar alguém no bolso** être très supérieur à quelqu'un
- **livro de bolso** livre de poche
- **tirar algo do bolso do colete** sortir qqch de son chapeau

bom, boa *adj* bon, -nne
▸ *sm* **bom** 1 bon 2 *(superior)* le meilleur: *ele acha que é o bom* il se prend pour le meilleur 3 *(coisa boa)* bon, bon côté, beau: *o bom da coisa é ser gratuita* le bon côté de la chose, c'est qu'elle est gratuite; *não há nada de bom neste texto* il n'y a rien de bon dans ce texte; *o que você anda fazendo de bom?* qu'est-ce que tu fais de beau?
▸ *interj* **bom!**, bien!
- **bom demais para ser verdade!** trop beau pour être vrai!
- **cheque bom para o dia 20** chèque encaissable le 20
- **do bom e do melhor** le dessus du panier
- **ficar bom de uma doença** se récupérer d'une maladie
- **ser bom** *(ser conveniente)* valoir mieux
- **tudo de bom para você** je te souhaite beaucoup de bonheur

bomba *sf* 1 MEC pompe 2 *(projétil)* bombe 3 *(pirotécnico)* pétard 4 *(notícia escandalosa)* bombe 5 *(coisa ruim)* navet *m*: *esse filme é uma bomba* ce film est un navet 6 *(reprovação)* mauvaise note 7 CUL éclair *m*
- **bomba de fumaça** fumigène *m*
- **bomba de gás lacrimogênio** grenade à gaz lacrymogène
- **bomba de gasolina** pompe à essence
- **cair como uma bomba** faire l'effet d'une bombe

bombardear *vtd* bombarder

bombardeio *sm* bombardement

bomba-relógio *(pl* **bombas-relógio**) *sf* bombe à retardement

bombástico, -ca *adj* pompeux, -euse, ampoulé, -e

bombear *vtd* 1 *(água)* pomper 2 *(ser reprovado)* doubler, redoubler

bombeiro *sm* 1 pompier 2 *(encanador)* plombier

bombinha *sf* pétard à mèche

bombom *sm* rocher au chocolat

bom-dia *(pl* **bons-dias**) *sm* bonjour

bonachão, -ona *sm, f* personne brave/bonasse

bondade *sf* bonté

bonde *sm* tram(way)
- **pegar o bonde andando** *fig* prendre le train en marche

- **tomar o bonde errado** *fig* faire fiasco, faire chou blanc

bondinho *sm* **1** petit tram(way) **2** téléphérique

bondoso, -sa *adj* bienveillant, -e, bon, -nne

boné *sm* casquette *f*

boneca *sf* **1** *(brinquedo)* poupée **2** *(mulher bonita)* poupée, pépée, nana

boneco *sm* **1** *(brinquedo)* poupon **2** *(fantoche)* marionnette *f*, fantoche, guignol **3** *fig* marionnette *f*, pantin

bonitão, -ona *adj-sm, f* beau gosse, belle fille

bonitinho, -nha *adj* mignon, -onne

bonito, -ta 1 beau *m*, bel *m*, belle *f*: *um dia bonito* une belle journée; *um homem bonito* un bel homme **2** *(bom, nobre)* beau, belle, bon, -nne: *um gesto bonito* un beau geste; *um jogo bonito* un bon match **3** *(correto)* beau, belle: *não é bonito pôr o dedo no nariz* ce n'est pas beau de mettre son doigt dans le nez
▸ *adv (bem)* bien: *falou pouco mas falou bonito* il/elle n'a pas dit grand-chose, mais il/elle a bien parlé
▸ *interj* **1** beau, belle: *que bonito!* que c'est beau! **2** *(irônico)* bravo: *bonito, hem! trafegando na contramão!* bravo, hein! vous circulez en sens interdit!
• **fazer bonito 1** être très bon, assurer **2** se montrer
• **hoje o tempo está bonito** il fait beau (temps), aujourd'hui

bônus *sm inv* bonus

boquiaberto, -ta *adj* bouche bée
• **ficar boquiaberto** rester bouche bée

boquinha *sf* **1** petite bouche **2** *fig* repas *m* léger, casse-croûte *m*, en-cas *m*

borboleta *sf* ZOOL papillon *m*

borbotão *sm* jet, giclée *f*, bouillon: *aos borbotões* à gros bouillon

borbulhante *adj* bouillonnant, -e, jaillissant, -e

borco *sm loc* **de borco** sens dessus dessous

borda *sf* bord *m*, pourtour, bordure *f*

bordado *sm* broderie *f*

bordar *vtd-vi* broder

bordel *sm* bordel

bordo *sm* MAR bord
• **a bordo** à bord

bordô *adj-sm* bordeaux

bordoada *sf* coup de bâton

borracha *sf* **1** caoutchouc *m* **2** *(para apagar)* gomme
• **passar uma borracha** *fig* effacer de sa mémoire/faire table rase

borracharia *sf* atelier de réparation de pneus

borrão *sm* tache *f*, bavure *f*

borrar *vtd-vi* tacher
▸ *vpr* **borrar-se** *chulo* se chier dessus

borrifar *vtd-vtdi* asperger

borrifo *sm* goutte *f*

bosque *sm* bois

bossa *sf* *(protuberância; tendência)* bosse

bosta *sf* bouse, excrément *m*

bota *sf* botte
• **bater as botas** casser sa pipe/partir les pieds devant
• **lamber as botas** cirer/lécher les bottes/lécher le cul

botânica *sf* botanique

botânico, -ca *sm, f* botaniste

botão *sm* bouton
• **estar em botão** bourgeonner
• **dizer com seus botões** se parler à soi-même

botar *vtd* **1** *(pôr, colocar)* mettre, placer **2** *(vestir, pôr)* mettre, vêtir **3** *(estabelecer)* ouvrir **4** *(investir)* placer, investir
▸ *vtd-vi (ovos)* pondre
• **botar para quebrar** employer les grands moyens

bote *sm* **1** *(barco)* canot, petit bateau
■ **bote salva-vidas** canot de sauvetage
■ **bote inflável** bateau gonflable
• **dar o bote** bondir (sur), s'élancer (sur)

boteco *sm* bistrot, troquet, bistroquet

botequim *sm* bistrot, troquet, bistroquet

botija *sf* cruche
• **pegar com a boca na botija** prendre la main dans le sac

botijão *sm* bouteille *f*, bombonne *f*

botina *sf* bottine

botocudo, -da *adj-sm,f* **1** Indien(ne) botocudo **2** *fig* bouseux *m*, péquenaud, -de, plouc *m*

bovino, -na *adj* bovin, -e
▶ *sm* **bovino** bovin

boxe *sm* **1** *(pugilismo)* boxe *f* **2** *(no banheiro)* cabine *(de douche)* **3** *(de estacionamento)* place *(de parking)*

boxeador *sm* boxeur

boy *sm* garçon de bureau

brabo, -ba *adj* **1** *(zangado)* fâché, -e: *ficar brabo* se fâcher **2** *(severo)* sévère, grave, dur, -e **3** *(venenoso)* amer, -e: *mandioca braba* manioc amer **4** *(difícil, ruim)* difficile, mauvais, -e **5** *(rigoroso, forte)* sévère, strict, -e **6** *(extremo)* extrême, violent, -e

braçada *sf* brassée

braçadeira *sf* brassard *m*

bracelete *sm* bracelet

braçal *adj* manuel, -elle: *trabalho braçal* travail manuel

braço *sm* **1** bras **2** *(de sofá)* accoudoir, accotoir, bras **3** *(contribuição, trabalho; mão de obra)* bras **4** GEOG bras **5** *(da balança)* fléau, joug **6** *(de candelabro)* branche **7** *(da cruz)* traverse *f*, branche *f*, bras
• **cruzar os braços** *(se)* croiser les bras *(também fig)*
• **dar o braço a alguém** donner le bras à quelqu'un
• **dar o braço a torcer** se plier, se rendre *(à)*
• **de braço dado** bras dessus, bras dessous
• **de braços abertos** à bras ouverts
• **descer/meter o braço em alguém** rouer quelqu'un de coups
• **estar a braços com um problema** être aux prises avec un problème
• **estar nos braços de** être dans les bras de
• **ser o braço direito de alguém** être le bras droit de quelqu'un

braço de ferro *(pl braços-de-ferro) sm* bras de fer

bradar *vtd-vi* crier, hurler

braguilha *sf* braguette

branco, -ca *adj* blanc, -che
▶ *sm,f* **branco, -ca** Blanc, -che: *brancos, negros e amarelos* Blancs, Noirs et Jaunes
▶ *sm* **branco** blanc: *você fica muito bem de branco* le blanc te va bien
• **branco do olho** blanc des yeux
• **assinar em branco** signer en blanc
• **dar um branco** avoir un trou *(de mémoire)*
• **folha em branco** feuille blanche
• **passar em branco** ne rien réaliser

brancura *sf* blancheur

brandir *vtd* brandir

brando, -da *adj* doux, -ce

branquear *vtd-vi* blanchir

brânquia *sf* ZOOL branchie

brasa *sf* braise
• **puxar a brasa para sua sardinha** amener/tirer la couverture à soi
• **em brasa** incandescent, -e, bouillant, -e, au rouge *(métal)*
• **mandar brasa** y aller de bon cœur
• **na brasa** sur le /au gril, grillé, -e
• **pisar em brasas** être sur des charbons ardents
• **ser uma brasa** être genial/sensationnel(le)

brasão *sm* blason

braseiro *sm* brasier

Brasil *sm* Brésil

brasileiro, -ra *adj* brésilien, -ienne
▶ *sm f* Brésilien, -ienne

brasiliense *adj-sm,f* habitant(e) de Brasilia

bravata *sf* bravade

bravo, -va *adj-sm,f* **1** *(valente)* brave, vaillant, -e **2** → brabo, -ba

brecar *vtd-vi* freiner

brecha *sf* **1** brèche **2** *(tempo livre)* trou *m*, créneau *m* **3** *(oportunidade)* brèche

brechó *sm* friperie *f*

brega *adj-smf* ringard, -e, tocard, -e

bregueço *sm* truc, machin

brejo *sm* marécage, marais
• **ir para o brejo** tomber à l'eau, tomber dans le lac

breque *sm* **1** *(freio)* frein **2** MÚS break

breu *sm* **1** *(betume)* brai **2** *fig* obscurité *f*, ténèbres *f pl*

- **escuro como breu** noir comme la nuit/noir comme un puits sans fond / noir comme du cirage

breve *adj* **1** (*rápido, curto*) bref, brève **2** (*leve*) léger, -ère
- **(dentro) em breve** sous/dans/avant peu

brevidade *sf* brièveté

bricolagem *sf* bricolage *m*

briga *sf* bagarre, lutte, combat *m*
- **briga de foice** dispute/lutte acharnée
- **comprar briga** chercher la bagarre
- **entrar na briga** se jeter dans la bataille

brigada *sf* brigade

brigadeiro *sm* MIL général de brigade

brigar *vi-vti* **1** (*corpo a corpo*) se battre, se bagarrer, lutter, combattre (**com**, contre) **2** (*verbalmente*) se disputer (**com**, avec)

briguento, -ta *adj* agressif, -ive, belliqueux, -euse, bagarreur, -euse

brilhante *adj* brillant, -e (*também fig*)
▸ *sm* (*diamante*) brillant

brilhantina *sf* brillantine

brilhar *vi* briller

brilho *sm* **1** (*de um metal, de uma superfície*) brillant, éclat **2** (*de estrelas*) lueur *f* **3** (*de móveis*) lustre **4** (*inteligência, talento, expressividade*) brio *f* **5** (*luxo, pompa*) pompe *f*, luxe, magnificence *f*
- **brilho para os lábios** brillant à lèvres, gloss

brincadeira *sf* **1** jeu *m*, divertissement *m*, distraction **2** (*gracejo, pilhéria*) plaisanterie **3** (*atividade sem seriedade*) récréation: *vamos parar com brincadeiras e voltar ao trabalho* la récréation est finie, on va reprendre le travail **4** (*coisa fácil*) jeu d'enfant **5** (*folia de carnaval*) fête de carnaval
- **brincadeira de roda** ronde (enfantine)
- **de/por brincadeira** pour rire
- **cair na brincadeira** faire la fête/noce
- **não estar para brincadeira(s)** ne pas être d'humeur à plaisanter
- **não ser brincadeira** ne pas être facile
- **não ser de brincadeira** être sérieux(euse)
- **nem de brincadeira** sous aucun prétexte, en aucun cas

brincalhão, -ona *adj* blagueur, -euse, farceur, -euse, rigolo, -te

brincar *vi-vti* **1** jouer, s'amuser: *brincar de médico* jouer au docteur; *vá brincar com o Joãozinho* va t'amuser avec Joãozinho **2** (*gracejar*) plaisanter, *pop.* déconner, charrier, chambrer: *não gosto que brinquem comigo* je n'aime pas qu'on me charrie
▸ *vtd* **1** (*o carnaval*) participer (à) **2** (*fingir*) faire semblant de

brinco *sm* boucle d'oreille
- **ficar/ser um brinco** laisser/être impeccable

brindar *vtd-vti-vi* (*beber à saúde*) trinquer, porter un toast (à)
▸ *vtd-vtdi* donner en cadeau, offrir

brinde *sm* **1** (*bebida*) toast **2** (*presente*) cadeau

brinquedo *sm* **1** jouet **2** (*brincadeira, coisa fácil*) tarte *f*, gâteau

brio *sm* dignité *f*, amour-propre, valeur *f*

brisa *sf* brise
- **viver de brisa** vivre de l'air du temps/vivre d'ámour et d'eau fraîche

britânico, -ca *adj* britannique
▸ *sm, f* Britannique *mf*

broa *sf* galette de maïs

broca *sf* **1** chignole, mèche, foret *m*, mandrin *m* **2** (*inseto*) charançon *m*
- **ser broca** être difficile (à obtenir ou à faire)

broche *sm* broche *f*

brochura *sf* brochure

brócolos *sm pl* brocolis

bronca *sf* **1** (*repreensão*) réprimande, savon *m*: *dar uma bronca em* passer un savon à **2** (*implicância*) antipathie, grippe: *ter bronca de alguém* avoir de l'antipathie pour quelqu'un; *fiquei com bronca desse carro* j'ai pris cette voiture en grippe
- **meter bronca** mettre du cœur à l'ouvrage,

bronco, -ca *adj* grossier, -ère, rustre, bouché, -e

brônquio *sm* ANAT bronche *f*

bronquite *sf* MED bronchite

bronze *sm* bronze
• **pegar um bronze** se *(faire)* bronzer

bronzeado, -da *adj* bronzé, -e
▸ *sm* **bronzeado** bronzage

bronzear-se *vpr* se *(faire)* bronzer

brotar *vi* 1 *(desabrochar)* bourgeonner, pousser, germer 2 *(manar, emanar)* sourdre, jaillir 3 *fig* surgir, germer
▸ *vti* venir: *brotaram-lhe lágrimas dos olhos* il/elle a eu les larmes aux yeux

broto *sm* 1 BOT pousse *f* 2 *fig (novo, jovem)* jeune 3 *(namorado)* petit(e) ami(e), copain, -ine

brotoeja *sf* éruption cutanée

broxa *sf* brosse
▸ *adj-sm chulo* impuissant

broxar *vi chulo* débander

bruços *sm loc* **de bruços** à plat ventre

brusco, -ca *adj* 1 *(ríspido)* brusque, rude 2 *(repentino)* brusque, soudain, -e, subit, -e

brutal *adj* 1 brutal, -e, bestial, -e 2 violent, -e, fou, folle, épouvantable: *uma dor de cabeça brutal* un mal à la tête épouvantable

brutalidade *sf* brutalité

bruto, -ta *adj* 1 *(como na natureza)* brut, -e, naturel, -elle, vierge 2 *(violento, brutal)* brut, -e, brutal, -e: *força bruta* force brute; *não seja assim bruto!* ne sois pas si brutal! 3 *(sem desconto ou dedução)* brut, -e 4 *(muito grande)* immense, énorme, bleu, -e *(peur)*
▸ *sm* **bruto** brute *f*

bruxaria *sf* sorcellerie, magie

Bruxelas *sf* Bruxelles

bruxo, -xa *sm, f* sorcier, -ère, magicien, -nne

bucha *sf* 1 *(de madeira)* tampon *m* 2 *(de banho)* éponge végétale, luffa *m*
• **na bucha** tout de suite, sur le champ, illico *(presto)*

bucho *sm* 1 estomac 2 *(barriga)* ventre, bedaine *f* 3 *(mulher feia)* laideron, boudin, cageot
• **estar de bucho** être en cloque

budismo *sm* RELIG bouddhisme

bueiro *sm* égout

búfalo *sm* buffle

bufante *adj* bouffant, -e

bufar *vi* 1 haleter 2 *fig (de raiva)* écumer, bouillir

bufê *sm* buffet
• **bufê frio** buffet froid

bugiganga *sf* babiole, bibelot

bugre *sm* 1 Indien bugre, Bugre 2 *fig* individu grossier

bujão *sm* bouteille *f* bombonne *f*: *bujão de gás* bombonne de gaz; *bujão de gasolina* bouteille d'essence

bula *sf* 1 MED notice 2 RELIG bulle

bule *sm* théière *f*, cafetière *f*, verseuse *f*

bulhufas *pron* rien, que dalle: *não entender bulhufas* n'y rien comprendre

bulir *vti* 1 *(mexer, tocar)* toucher 2 *(provocar)* provoquer 3 *(incomodar)* incommoder, importuner, déranger 4 *(sensibilizar)* toucher, remuer

bumbum *sm* fesses *f pl*, postérieur, fessier

bunda *sf* fesses *f pl*, postérieur *m*, fessier *m*
• **nascer com a bunda para a lua** être né(e) sous une bonne étoile

bunda-mole *(pl* **bundas-moles)** *sm f* dégonflé, -e, trouillard, -e, froussard, -e, peureux, -se

bundão *sm* dégonflé, -e, trouillard, -e, froussard, -e, peureux, -se

buquê *sm* bouquet *(fleurs etc.)*

buraco *sm* 1 trou 2 *fig (casa ruim)* taudis 3 *(dificuldade financeira)* difficulté *f* financière 4 *(jogo de cartas)* rami

burguês, -esa *sm, f* bourgeois, -e

burguesia *sf* bourgeoisie

burilar *vtd* buriner *(também fig)*

burlar *vtd* tromper, duper, leurrer, déjouer

burocracia *sf* bureaucratie

burocrata *smf* bureaucrate

burrada *sf* ânerie, bêtise

burrice *sf* ânerie, bêtise

burrico *sm* ânon, bourricot

burro, -ra *sm, f* âne, baudet

▶ *adj-sm,f* bête, idiot, -e, stupide
- **amarrar o burro** faire la gueule
- **burro de carga** bête de charge (*fig*) souffre-douleur, lampiste
- **dar com os burros na água** tomber à l'eau, tomber dans le lac
- **pra burro** vachement/bougrement/drôlement

busca *sf* **1** (*procura*) recherche **2** (*policial*) perquisition, recherche
- **em busca de** à la recherche de, en quête de

busca-pé (*pl* **busca-pés**) *sm* serpenteau, pétard

buscar *vtd* **1** (re)chercher **2** (*pegar*) chercher: *venho te buscar às quatro* je viens te chercher à quatre heures

bússola *sf* boussole

busto *sm* buste

butique *sf* boutique

buzina *sf* avertisseur, klaxon

buzinar *vi* **1** avertir, klaxonner **2** (*repisar*) remâcher

C

cá *adv* ici: ***venha cá* viens ici**
- **cá estamos** nous voilà
- **ir de cá para lá** aller et venir, aller/marcher de long en large
- **tenho cá para mim que...** j'ai pour moi que

cabana *sf* cabane

cabaré *sm* cabaret

cabeça *sf* 1 ANAT tête 2 *(mente)* esprit *m* 3 *(inteligência)* tête: ***tem boa cabeça*** il a une tête bien faite 4 *(indivíduo)* tête 5 *(de alfinete, de alho)* tête
- **abaixar a cabeça** baisser la tête *fig* céder, capituler
- **cabeça de vento** tête en l'air, tête de linotte
- **com a cabeça erguida** la tête haute
- **com a cabeça fresca** à tête reposée
- **da cabeça aos pés** de la tête aux pieds, de pied en cap
- **de cabeça para baixo** la tête en bas/sens dessus dessous
- **encher a cabeça** bourrer le crâne
- **estar à cabeça de** être à la tête de/être en tête de
- **fazer o que lhe vem à cabeça** faire ce que bon lui semble
- **perder a cabeça** perdre la tête
- **pôr alguma coisa na cabeça** se mettre qqch en tête/se mettre martel en tête
- **quebrar a cabeça** *fig* se casser/se creuser la tête
- **sem pé nem cabeça** sans queue ni tête
- **subir à cabeça** monter à la tête
- **ter a cabeça nas nuvens** avoir la tête dans les nuages
- **ter cabeça quente** avoir la tête près du bonnet
- **usar a cabeça** avoir la tête sur les épaules
- **vir à cabeça** venir à l'esprit

cabeçada *sf* 1 *(golpe)* coup *m* de tête 2 *(asneira)* bêtise, bourde

cabeça-dura (*pl* **cabeças-duras**) *smf* têtu, -e, entêté, -e, cabochard, -e

cabeçalho *sm* en-tête

cabeceira *sf* 1 *(de cama)* chevet *m* 2 *(da mesa)* bout *m* 3 *(de rio)* source

cabeçudo, -da *adj-sm,f* 1 *(com cabeça grande)* qui a une grosse tête 2 *(teimoso)* têtu

cabeleira *sf* chevelure

cabeleireiro, -ra *sm,f* coiffeur, -euse

cabelo *sm* cheveu, cheveux *pl*

cabeludo, -da *adj-sm,f* 1 *(com muito cabelo)* chevelu, -e, poilu, -e 2 *fig (complicado)* compliqué, -e

caber *vti* 1 *(entrar)* tenir, rentrer dans: ***toda essa gente não cabe na sala*** tous ces gens ne rentrent pas dans la pièce 2 *(competir)* incomber (**a**, à) 3 *(pertencer)* revenir (**a**, à)
▶ *vi (ter cabimento)* convenir

cabide *sm* cintre
- **cabide de empregos** vrai-faux emploi

cabimento *sm (razão, fundamento)* sens
- **ter cabimento** avoir du sens/avoir une raison d'être
- **não ter cabimento** n'avoir ni queue ni tête/être absurde

cabine *sf* 1 *(camarote)* compartiment *m*, loge 2 *(do piloto de avião)* cockpit *m* 3 *(provador)* cabine
- **cabine telefônica** cabine téléphonique

cabível *adj* envisageable, convenable, soutenable

cabo *sm* **1** MIL caporal, gradé **2** GEOG cap **3** *(fio)* câble **4** *(de objeto)* manche **5** *(corda)* corde *f*
- **ao cabo de dez anos** au bout de dix ans
- **cabo eleitoral** individu faisant campagne pour un candidat
- **de cabo a rabo** de bout en bout
- **dobrar o cabo da Boa Esperança** [envelhecer] entrer dans le troisième âge
- **levar a cabo** mener à bien

cabra *sf* ZOOL chèvre
▸ *sm* **1** *(cangaceiro)* homme du sertao **2** *(sujeito)* gars, type

cabra-cega *(pl* **cabras-cegas***) sf* colin-maillard *m*

cabreiro, -ra *adj-sm,f* **1** *(desconfiado)* méfiant, -e **2** *(com raiva)* farouche

cabrita *sf* ZOOL biquette, chevrette

cabrito *sm* ZOOL chevreau

caca *sf* caca *m*, crotte

caça *sf* **1** *(caçada)* chasse **2** *(animal caçado)* gibier *m* **3** *(perseguição)* chasse
▸ *sm* *(avião)* chasseur

caçada *sf* **1** *(ato de caçar)* partie de chasse **2** *(perseguição)* chasse

caçador, -ra *sm,f* chasseur

caçamba *sf* benne

caça-níqueis *sm* machine *f* à sous

cação *sm* ZOOL requin, chien de mer

caçapa *sf* **1** *(sinuca)* poche **2** *(basquetebol)* panier *m*

caçar *vtd* **1** chasser **2** *(perseguir)* pourchasser

cacareco *sm* babiole *f*

cacarejar *vi* caqueter

caçarola *sf* casserole, poêle

cacau *sm* cacao

cacetada *sf* **1** *(golpe)* coup *m* de massue **2** *(pancada)* coup *m* violent **3** *(batelada)* tas *m*
- **dois milhões e cacetada** deux millions et des poussières/et quelque

cacete *adj* *(maçante)* ennuyeux, barbant
▸ *sm* **cacete 1** *(porrete)* massue *f* **2** *(pênis)* bite *f* **3** *(cacetada)* coup **4** *(surra)* raclée *f*
▸ *interj* **cacete!** putain!
- **baixar o cacete** frapper
- **o cacete a quatro** en abondance, et cetera
- **pra cacete** en abondance

cachaça *sf* cachaça, eau de vie de canne à sucre

cacheado, -da *adj* bouclé, -e

cachecol *sm* cache-col, écharpe *f*

cachimbo *sm* pipe *f*

cacho *sm* **1** *(de cabelo)* boucle *f* **2** *(de uva)* grappe *f* **3** *(de banana)* régime **4** *(de flores)* chaton, inflorescence *f* **5** *fig (caso)* amant/maîtresse

cachoeira *sf* cascade, chute d'eau

cachola *sf* tronche

cachorrada *sf* **1** *(grupo de cachorros)* meute **2** *fig (safadeza)* crasse, saloperie

cachorro *sm* **1** ZOOL chien **2** *(canalha)* vaurien, voyou, chenapan
- **matar cachorro a grito** être dans une situation désespérée/avoir un mal de chien
- **pra cachorro** vachement, drôlement, bougrement
- **soltar os cachorros** faire preuve d'agressivité/se regarder en chien de faïence

cachorro-quente *(pl* **cachorros-quentes***) sm* hot-dog

caco *sm* débris
- **ficar um caco** être brisé, -e

caçoar *vti-vi* se moquer (**de**, de)

cacoete *sm* **1** *(contração muscular)* tic, rictus **2** *(mania)* manie *f*, habitude *f*

cacto *sm* BOT cactus

caçula *adj-smf* cadet, -te

cada *pron* **1** *(todo)* chaque: *cada participante ganhou um prêmio* chaque participant a reçu un prix **2** *(repetição)* tous les: *recebe o salário a cada quinze dias* il reçoit son salaire tous les quinze jours **3** *(indivíduo)* chacun: *receberam 10 reais cada um* ils ont gagné 10 reals chacun
- **5 de cada 100 estudantes** 5 étudiants sur 100
- **cada qual** chacun, -e
- **cada um** chacun, -e
- **cada uma!** vraiment!, franchement!

cadarço *sm* lacet

cadastro *sm* registre

cadáver *sm* cadavre

cadê *adv* où est?: *cadê meu anel?* où est ma bague?

cadeado *sm* cadenas

cadeia *sf* 1 (*corrente*) chaîne 2 (*prisão*) prison 3 (*série, sequência*) série 5 GEOG chaîne
• **em cadeia** en série
• **uma cadeia de estabelecimentos** une chaîne d'établissements
• **uma cadeia de televisão** une chaîne de télévision

cadeira *sf* 1 (*móvel*) chaise 2 (*cátedra*) chaire 3 (*anca*) hanche 4 (*assento em teatro, cinema*) fauteuil *m*
• **cadeira cativa** chaise attitrée
• **cadeira de balanço** rocking-chair *m*
• **cadeira de rodas** chaise roulante

cadela *sf* 1 ZOOL chienne 2 *fig* salope, pute

cadência *sf* cadence

caderneta *sf* carnet *m*
• **caderneta de endereços** carnet *m* d'adresse
• **caderneta de poupança** livret *m* de caisse d'épargne

caderno *sm* 1 (*para escrever*) cahier 2 (*de jornal*) supplément

caduco, -ca *adj* (*que perdeu a validade*) caduque
▶ *adj-sm,f* (*decrépito*) décrépit, -e, gâteux, -euse

cafajeste *sm* mufle, goujat, salaud

café *sm* café
• **café expresso** expresso
• **café forte** café fort
• **café com leite** café au lait
• **café da manhã** petit-déjeuner
• **café pequeno** petit café (*fig*) pas grand-chose
• **café preto** café noir

cafeeiro, -ra *adj* relatif au café, du café
▶ *sm* **cafeeiro** caféier

cafeína *sf* caféine

cafezal *sm* caféière *f*, plantation *f* de café

cafona *adj-smf* kitsch, ringard, -e

cafundó *sm* endroit difficile d'accès
• **cafundó de judas** Perpète-lès-Oies

cafuné *sm* (*carícia*) caresse sur la tête, câlin *m*

cagada *sf* 1 *pop* merde 2 (*asneira*) bourde, connerie

cagar *vi pop* chier
▶ *vti* (*não fazer caso*) s'en foutre (**para**, **de**)
▶ *vpr* **cagar-se** (*sentir medo*) avoir peur/la trouille

caiação *sf* chaulage *m*

caiar *vtd* 1 (*pintar de cal*) chauler 2 *fig* (*maquiar*) maquiller, camoufler

cãibra *sf* crampe

caibro *sm* solive *f*

caída *sf* chute, décadence

caído, -da *adj loc* **ficar caído por alguém** être fou amoureux de quelqu'un

câimbra → cãibra

caimento *sm* 1 (*inclinação*) pente *f* 2 (*de tecido, de roupa*) tenue *f*

caipira *smf* 1 (*do interior*) paysan, -e 2 *pej* plouc

caipirinha *sf* (*bebida*) caipirinha (boisson brésilienne à base de cachaça)

cair *vi* 1 (*precipitar-se*) tomber 2 (*ter caimento*) avoir de la tenue, bien/ne pas bien tomber: *essa roupa não me cai bem* ce vêtement ne tombe pas bien 3 (*ser oportuno*) bien tomber: *suas alusões não caíram bem naquele momento* ses allusions ne sont pas bien tombées à ce moment-là 4 (*reduzir-se*) baisser: *a temperatura caiu* la température a baissé 5 (*perder a validade*) tomber en désuétude 6 (*ser preso*) tomber 7 (*linha telefônica*) couper: *a linha caiu* ça a coupé
▶ *vti* 1 (*ocorrer*) tomber: *o Natal caiu numa sexta-feira* Noël est tombé un vendredi 2 (*atirar-se*) se jeter: *caí na piscina* je me suis jeté dans la piscine
• **cair de quatro** *fig* être étonné
• **cair doente** tomber malade
• **cair duro** (*morrer*) tomber raide mort (*ter surpresa*) être stupéfait
• **cair em si** revenir à soi, se rendre compte
• **cair fora** (*esquivar-se*) s'esquiver s'en aller, se barrer
• **cair na farra** faire la fête
• **cair no mundo** partir à l'aventure

cais *sm* quai

caixa *sf* **1** (*objeto*) boîte, caisse **2** (*fundos*) trésorerie **3** MÚS caisse claire
▶ *smf* (*de banco*) guichet *m*
• **caixa automático** guichet *m* automatique
• **caixa de descarga** chasse d'eau
• **caixa de música** boîte à musique
• **caixa de som** enceinte, haut-parleur *m*
• **caixa dois** caisse noire
• **caixa econômica** caisse d'épargne
• **caixa postal** boîte postale
• **caixa registradora** caisse enregistreuse
• **caixa torácica** cage thoracique
• **estar na caixa** (*recebendo pensão*) être pensionné, -e/être à la retraite

caixa-forte (*pl* **caixas-fortes**) *sf* coffre-fort *m*

caixão *sm* **1** (*caixa grande*) grande caisse *f* **2** (*de defunto*) cercueil

caixa-preta *sf* (*pl* **caixas-pretas**) boîte noire

caixilho *sm* châssis

caixinha *sf* **1** (*gorjeta*) pourboire *m* **2** (*coleta de dinheiro*) collecte **3** (*suborno*) bakchich *m*, pot-de-vin *m*, dessous-de-table *m*

caixote *sm* caisse *f*, boîte *f*

caju *sm* BOT cajou

cal *sf* chaux

calabrês, -esa *adj* calabrais, -e
▶ *sm, f* Calabrais, -e

calado, -da *adj* **1** (*silencioso*) muet, -te, silencieux, -euse **2** (*pouco falante*) réservé, -e: *é um sujeito calado* c'est un type réservé

calafrio *sm* frisson

calamidade *sf* calamité
• **que calamidade!** quel malheur!, quelle calamité!, quelle catastrophe!

calão *sm* argot
• **baixo calão** langage grossier/vulgaire

calar *vi* se taire
▶ *vtd* faire taire, passer sous silence
▶ *vpr* **calar-se** se taire
• **calar fundo** toucher profondément
• **quem cala consente** qui ne dit mot consent

calçada *sf* trottoir *m*

calçadão *sm* rue piétonne

calçado, -da *adj* chaussé, -e
▶ *sm* **calçado** chaussure *f*, soulier

calçamento *sm* pavement, pavage, revêtement

calcanhar *sm* ANAT talon
• **ter alguém nos calcanhares** avoir qqn à ses trousses

calção *sm* short
• **calção de banho** maillot/short de bain (pour homme)

calçar *vtd* **1** (*meias, luvas*) enfiler **2** (*sapatos*) chausser **3** (*pôr calçamento*) paver, poser un revêtement **4** (*pôr calço*) caler
▶ *vpr* **calçar-se** (*comprar sapatos*) se chausser
• **ele calça 38** il chausse du 38

calcar *vtd* **1** (*pisar*) fouler **2** (*apertar com força*) serrer **3** (*reprimir*) réprimer
▶ *vtdi* (*tomar como modelo*) calquer (**em**, **sur**)

calcário *sm* calcaire

calças *sf pl* pantalon *m*
• **cair das calças** tomber des nues
• **calças *jeans*** blue-jeans, jeans *sm pl*

calcinhas *sf pl* (*de mulher*) culotte, slip *m*

cálcio *sm* QUÍM calcium

calço *sm* cale *f*

calculadora *sf* calculatrice

calcular *vtd* **1** (*fazer cálculos*) calculer **2** (*avaliar*) évaluer **3** (*imaginar*) prévoir

cálculo *sm* MAT MED calcul

calda *sf* sirop *m*

caldeirão *sm* chaudron

caldo *sm* jus, bouillon
• **caldo de cultura** bouillon de culture
• **caldo verde** bouillon/potage de pomme de terres, chou vert, avec un filet d'huile d'olive
• **entornar o caldo** [fig] boire un bouillon, déjouer/contrecarrer qqch

calejado, -da *adj* calleux
• **ficar calejado, -da** (*experiente*) être expert, -e/experimenté, -e/chevronné, -e

calendário *sm* **1** (*folhinha*) calendrier **2** (*cronograma*) programmation *f*

calha *sf* gouttière

calhambeque *sm* guimbarde *f*, tacot

calhar *vi-vti* 1 (*acontecer*) arriver: *calhou de chover* il arrive qu'il pleuve 2 (*coincidir*) s'emboîter, bien tomber, se trouver: *calhou que foram ao mesmo cinema* il se trouva qu'ils sont aller au même cinéma
• **vir a calhar** tomber à point nommé, tomber à pic

calibrar *vtd* 1 (*dar calibre*) calibrer 2 (*pneu*) gonfler

calibre *sm* 1 calibre 2 *fig* carat

cálice *sm* calice, coupe *f*

caligrafia *sf* caligraphie

calma *sf* calme *m*
• **ter/não ter calma** être/ne pas être calme

calmante *adj* calmant, -e
▶ *sm* MED calmant

calmaria *sf* 1 (*falta de vento*) calme *m*, accalmie *f* 2 *fig* (*inércia*) tranquilité

calmo, -ma *adj* calme

calo *sm* cors

calombo *sm* bosse *f*, protubérance *f*

calor *sm* chaleur *f*
• **calor humano** chaleur *f* humaine
• **fazer calor** faire chaud
• **sentir calor** avoir chaud

calorento, -ta *adj* ne pas être frileux, -euse

caloria *sf* calorie

caloroso, -sa *adj* chaleureux, -euse

calota *sf* (*auto*) enjoliveur *m*
• **calota craniana** calotte crânienne
• **calota polar** calotte polaire

calote *sm* grivèlerie *f*, resquille *f*, non-paiement
• **dar calote** ne pas payer, griveler

calouro *sm* 1 (*novato*) nouveau, -elle, novice 2 (*artista amador*) nouveau talent, apprenti, -e: *programa de calouros* émission de nouveaux talents 3 (*primeiranista*) étudiant, -e de première année

calúnia *sf* calomnie

caluniar *vtd-vi* calomnier

calvície *sf* calvitie

calvo, -va *adj* chauve
▶ *sm* **calvo** chauve

cama *sf* 1 (*leito*) lit 2 (*de animal*) litière
• **cama de casal** lit à deux personnes, lit deux places
• **cama de solteiro** lit à une personne, lit une place
• **cair da cama** tomber du lit
• **cair de cama** tomber malade
• **cair na cama** aller se coucher
• **estar de cama** être alité, -e
• **fazer a cama** faire le lit
• **ir para a cama** aller se coucher
• **ir para a cama com alguém** coucher avec qqn

camada *sf* couche

camaleão *sm* 1 ZOOL caméléon 2 *fig* girouette *f*

câmara *sf* chambre
■ **Câmara de Comércio** Chambre de commerce
■ **Câmara de Compensação** Chambre de compensation
■ **Câmara de Deputados** Chambre des députés
■ **câmara de gás** chambre à gaz
■ **câmara escura** chambre noire
■ **Câmara Municipal** Conseil *m* municipal

camarada *smf* 1 (*companheiro*) camarade 2 *fig* (*sujeito*) gars
▶ *adj* 1 (*simpático, amigo*) amical, -e 2 (*acessível*) accessible: *preço camarada* prix accessible 3 (*benigno*) indulgent, -e: *uma nota camarada* une note indulgente

camaradagem *sf* camaraderie

câmara de ar (*pl* **câmaras de ar**) *sf* chambre à air

camarão *sm* ZOOL crevette *f*

camarim *sm* loge *f*

camarote *sm* 1 (*cabine*) cabine *f* 2 (*de teatro*) loge *f*

cambada *sf* (*corja*) clique, bande, ramassis *m*

cambalacho *sm* magouille *f*

cambaleante *adj* chancelant, -e

cambalear *vi* chanceler

cambalhota *sf* cabriole, pirouette, galipette

cambeta *adj-smf* boiteux, -euse, bancal, -e

cambial *adj* relatif au change

câmbio *sm* 1 *(dinheiro)* change 2 *(auto)* boîte *f* de vitesse
• **taxa de câmbio** taux de change
▪ **câmbio automático/hidramático** boîte *(de vitesse)* automatique
▪ **câmbio mecânico** boîte *(de vitesse)* mécanique
▪ **câmbio negro** marché au noir

cambista *smf* cambiste, changeur

cambraia *sf* cambrai *m*, cambrésine *f*

camburão *sm* voiture cellulaire *f*, panier à salade

camélia *sf* BOT camélia *m*

camelo *sm* ZOOL chameau

camelô *sm* camelot, vendeur ambulant

câmera *sf* chambre
▪ **câmera de televisão** caméra de télévision
▪ **câmera de vídeo** camescope *m*
▪ **câmera fotográfica** appareil *m* photo
▪ **câmera lenta** ralenti *m*

cameraman *smf* cadreur, caméraman

caminhada *sf* promenade à pied, marche

caminhão *sm* camion
• **caminhão basculante** camion à benne

caminhão-pipa (*pl* **caminhões-pipa**) *sm* camion-citerne (d'eau)

caminhão-tanque (*pl* **caminhões-tanque**) *sm* camion-citerne

caminhar *vi* 1 *(andar)* marcher 2 *fig (avançar)* aller de l'avant

caminho *sm* chemin
• **abrir caminho** ouvrir la voie
• **cortar caminho** prendre um raccourci
• **errar o caminho** se tromper de chemin
• **estar no bom/mau caminho** être sur la bonne/mauvaise voie
• **meio caminho andado** à moitié chemin,
• **pôr-se a caminho** se mettre en route

caminhoneiro *sm* camionneur

camionete *sf* camionnette

camisa *sf* chemise
• **suar a camisa** *fig* suer sang et eau/se donner de la peine
• **vestir a camisa** *fig* porter les couleurs

camiseira *sf (móvel)* commode

camiseta *sf* T-shirt *m*
• **camiseta regata** débardeur *m*

camisinha *sf* préservatif *m*, capote

camisola *sf* chemise de nuit

camomila *sf* BOT camomille

campainha *sf* 1 *(da porta)* sonnette, clochette 2 *(do relógio)* sonnerie 3 *(úvula)* luette 4 BOT clochette

campanário *sm* clocher

campanha *sf* campagne

campeão, -ã *sm, f* champion, -ne

campeonato *sm* championnat

campestre *adj* champêtre

camping *sm* camping

campista *smf (quem pratica* camping*)* campeur, -euse

campo *sm* 1 *(de esportes)* terrain 2 *(de refugiados; de concentração)* camp 3 *(plantação; interior)* campagne *f* 4 *(facção)* camp 5 *(esfera, âmbito)* domaine
• **campo de ação** champ d'action
• **campo de aviação** terrain d'aviation
• **campo de batalha** champ de bataille
• **campo minado** champ de mines *(fig)* terrain miné

camponês, -esa *sm, f* paysan, -ne

camuflagem *sf* camouflage *m*

camuflar *vtd* camoufler
▸ *vpr* **camuflar-se** se camoufler

camundongo *sm* souris *f*

camurça *sf* chamois *m*, peau de chamois

cana *sf* 1 BOT canne, roseau, bambou *m*, jonc *m* 2 *(cadeia)* taule: *entrar em cana* aller en taule

cana-de-açúcar (*pl* **canas-de-açúcar**) *sf* canne à sucre

Canadá *sm* Canada

canadense *adj* canadien, -ne
▸ *smf* Canadien, -ne

canal *sm* 1 GEOG canal 2 *(de TV)* chaîne *f* 3 *(de dente)* canal

- **canal da Mancha** canal de la Manche
- **canal navegável** canal navigable
- **canais competentes** agents/médiateurs compétents

canalha *sf* canaille
▶ *smf* canaille *f*

canalhice *sf* canaillerie, crapulerie

canalizar *vtd* canaliser
▶ *vtdi* canaliser, concentrer: *canalizou todas as suas energias naquele trabalho* il a canalisé toutes ses énergies pour/dans ce travail-là

canapé *sm* 1 CUL canapé 2 *(móvel)* canapé, divan, fauteuil, sofa

canário *sm* ZOOL canari

canastra *sf* 1 *(móvel)* manne, panier, *m* 2 *(em jogo)* pli *m*

canavial *sm* plantation *f* de canne à sucre

canção *sf* chanson

cancelamento *sm* annulation *f*

cancelar *vtd* annuler

câncer *sm* MED ASTROL cancer

cancerígeno, -na *adj* MED cancérigène

canceroso, -sa *adj* cancéreux, -euse

cancha *sf fig (experiência)* grande expérience

candelabro *sm* candélabre

candidatar-se *vpr* se porter candidat, poser sa candidature

candidato, -ta *sm, f* candidat, -e

candidatura *sf* candidature

cândido, -da *adj* candide

candura *sf* candeur, naïveté

caneca *sf* mug *m*, tasse

caneco *sm* chope *f*, bock
- **pintar o(s) caneco(s)** *fig* dépasser les bornes

canela *sf* 1 BOT CUL cannelle 2 ANAT tibia *m* 3 *(de linha)* cannelle
- **esticar as canelas** se retrouver six pieds sous terre/se retrouver entre quatre planches

caneta *sf* 1 *(-tinteiro)* stylo-plume *m* 2 *(esferográfica)* stylo *m* à bille
- **caneta marca-texto** surligneur *m*

caneta-tinteiro *(pl* **canetas-tinteiro***) sf* stylo-plume *m*

cangote *sm* nuque *f*

canguru *sm* ZOOL cangourou

cânhamo *sm* chanvre

canhão *sm* canon

canhestro, -tra *adj* maladroit, -e, lourdaud, -e

canhoto, -ta *adj-sm, f* gaucher, -ère
▶ *sm* **canhoto** souche *f*

canibal *smf* cannibale

caniço *sm* roseau

canil *sm* chenil

canino, -na *adj* canin, -e
▶ *sm* **canino** canine *f*

canivete *sm* canif
- **chover canivetes** pleuvoir des cordes/pleuvoir comme vache qui pisse

canja *sf* CUL soupe de riz cuit dans le jus de poulet
- **ser canja** être un jeu d'enfant

cano *sm* 1 *(tubo)* tube, tuyau 2 *(de arma de fogo)* canon 3 *fig (problema)* os, emmerde *f*, emmerdement
- **cano de bota** tige de botte
- **dar o cano** *(não pagar)* escroquer *(faltar a encontro)* poser un lapin
- **entrar pelo cano** se faire escroquer, se faire rouler dans la farine

canoa *sf* pirogue, canoë
- **embarcar em canoa furada** se faire avoir/embobiner

canônico, -ca *adj* canonique

canonizar *vtd* canoniser

cansaço *sm* fatigue *f*

cansado, -da *adj* 1 *(fatigado)* fatigué, -e 2 *(farto)* las, -se

cansar *vtd* 1 *(fatigar)* fatiguer 2 *(aborrecer, fartar)* lasser
▶ *vi (cansar-se)* se fatiguer, se lasser
▶ *vti (repetir)* ne cesser de: *cansei de dizer isso* je ne cesse pas de répéter ceci
▶ *vpr* **cansar-se** se fatiguer

cansativo, -va *adj* fatigant, -e

canseira *sf* 1 *(cansaço)* fatigue 2 *(trabalheira)* peine, travail *m*

cantada *sf* 1 *(lábia)* drague 2 *(galanteio, corte)* cour

cantar *vtd-vi* MÚS chanter
▶ *vtd* 1 *(ditar)* dicter, envoyer: *cante as respostas* dicte/envoie les réponses 2 *(cortejar)* draguer

cantarolar *vtd-vi* chantonner, fredonner

canteiro *sm* terre-plein
- **canteiro de obras** dépôt de chantier

cântico *sm* cantique

cantiga *sf* 1 MÚS ritournelle 2 *(poesia)* chanson, ballade 3 *fig (ladainha)* ritournelle, rengaine

cantil *sm* gourde *f*

cantilena *sf* 1 MÚS cantilène 2 *(ladainha)* rengaine

cantina *sf* 1 *(em escolas)* cantine 2 *(restaurante italiano)* restaurant *m* italien

canto *sm* 1 *(de voz humana, de galo, pássaros etc.)* chant 2 *(ângulo de aposento; quina)* coin 3 *(casa, recanto)* coin
- **canto do cisne** chant du cygne
- **olhar pelo canto do olho** regarder du coin de l'œil
- **por todo canto** partout

cantoneira *sf (armário de canto)* meuble d'angle

cantor, -ra *sm,f* chanteur, -euse

cantoria *sf* chant *m*

canudo *sm* 1 *(tubo pequeno)* tuyau de faible diamètre, paille 2 *(diploma)* diplôme, parchemin

cão *sm* chien
- **cão de caça** chien de chasse
- **cão de guarda** chien de garde
- **cão policial** chien policier

caolho, -lha *adj-sm,f* borgne

caos *sm* chaos

caótico, -ca *adj* chaotique

capa *sf* 1 *(vestuário)* cape 2 *(de livro, revista etc.)* couverture
- **capa de chuva** imperméable *m*, ciré *m*, imper *m*, gabardine
- **capa dura** couverture rigide
- **filme de capa e espada** film de cape et d'épée

capacete *sm* casque

capacho *sm* 1 *(tapete)* paillasson 2 *fig (pessoa servil)* flatteur, lèche-botte

capacidade *sf* 1 *(de carga)* capacité 2 *(de lotação)* contenance 3 *(aptidão)* aptitude 4 *fig (ousadia)* culot: *teve a capacidade de vir aqui pedir dinheiro!* il a eu le culot de venir demander de l'argent!

capacitar *vtdi* former

capanga *sm* homme de main, nervis
▶ *sf (bolsa de homem)* sacoche en bandoulière

capar *vtd* castrer

capataz *sm* contremaître

capaz *adj* 1 *(competente)* capable 2 *(com possibilidade de)* susceptible: *medidas capazes de superar a crise* des mesures susceptibles de surmonter la crise 3 *(com capacidade legal)* habile
- **é bem capaz de chover** il peut bien pleuvoir/il est bien possible qu'il pleuve

capenga *adj* 1 *(manco)* boiteux, -euse 2 *(defeituoso; precário)* bancal, -e

capeta *sm* diable

capilar *adj* capillaire

capim *sm* désignation commune à diverses espèces d'herbes fourragères, graminées et cypéracées
- **comer capim pela raiz** manger des pissenlits par la racine

capital *adj (principal)* capital, -e
▶ *sf (de província ou região)* capitale
▶ *sm* ECON capital
- **capital de giro** fonds de roulement

capitalismo *sm* capitalisme

capitalista *adj-smf* capitaliste

capitão, -ã *sm,f* capitaine

capitulação *sf* capitulation

capítulo *sm* 1 chapitre 2 TV épisode

capivara *sf* ZOOL capybara *m*

capô *sm (auto)* capot

capoeira *sf (luta)* capoeira

capota *sf* 1 *(de conversível)* capote 2 *(de não conversível)* carrosserie

capotar *vi* faire un tonneau, se renverser, se retourner

capote *sm* capote, manteau à capuchon
- **dar um capote** mettre une raclée

caprichar *vti (esmerar-se)* s'appliquer

capricho *sm* 1 *(desejo impulsivo, fantasia; obstinação)* caprice 2 *(esmero)* soin: *faça a lição com capricho* fais ta leçon avec soin
- **sai um bife no capricho!** et un steack bien soigné, un!

caprichoso, -sa *adj* 1 *(voluntarioso)* capricieux, -euse 2 *(esmerado)* soigneux, -euse

capricórnio *sm* ASTROL capricorne
caprino, -na *adj* caprin, -e
cápsula *sf* 1 MED capsule 2 *(nas armas)* douille
• **cápsula espacial** capsule spatiale
captar *vtdi* 1 *(granjear)* attirer 2 *(compreender)* capter 3 *(recursos)* obtenir 4 *(água)* capter
captura *sf* capture
capturar *vtd* capturer
capuz *sm* cagoule *f*
caqui *sm* BOT kaki
cara *sf* 1 *(rosto)* visage *m* 2 *(da moeda)* face: **cara ou coroa?** pile ou face? 3 *(semblante)* face, gueule, visage *m*, figure: **cara de bobo** tête d'abruti 4 *(aspecto)* tête: **esse doce não está com boa cara** ce gâteau n'a pas une bonne tête 5 *(ousadia)* culot: **será que ele ainda tem cara de aparecer?** aura-t-il encore le culot de se montrer?
▶ *smf* mon vieux, ma vieille: **cara, como você está elegante!** comme t'es élégant mon vieux/ma vieille
▶ *sm (sujeito)* type: **você conhece esse cara?** tu connais ce type?
■ **cara de pau** culotté, -e, gonflé, -e
• **amarrar/fechar a cara** faire la gueule/faire la tête
• **cara de tacho** bouche bée, l'air ébahi
• **com a cara e a coragem** avec courage/en prenant son courage à deux mains
• **com a cara no chão** honteux, -euse
• **dar as caras** apparaître
• **dar de cara com** tomber sur
• **dar na cara** *(ser óbvio)* être évident, -e
• **dar na cara de alguém** frapper quelqu'un/mettre des baffes à qqn
• **(logo) de cara** d'entrée de jeu/d'emblée
• **de cara cheia** ivre, soul, -e, grisé, -e, pompette
• **encher a cara** se saouler, se soûler
• **está na cara** c'est évident
• **ir/não ir com a cara de alguém** ne pas sentir quelqu'un
• **livrar a cara de alguém** innocenter qqn
• **quebrar a cara de alguém** casser la gueule à qqn
• **ser a cara de alguém** être la tête crachée de qqn
• **ter duas caras** être faux-jeton
caracol *sm* ZOOL escargot
característica *sf* caractéristique
característico, -ca *adj* caractéristique
caracterizar *vtd* 1 *(distinguir)* caractériser, distinguer 2 *(ator)* déguiser
▶ *vpr* **caracterizar-se** 1 se caractériser 2 *(ator)* se déguiser
caradura *adj-smf* impudent
caralho *sm* pop verge *f*, bite *f*, queue *f*
▶ *interj* putain!, enculé!
caramanchão *sm* pergola *f*, tonnelle *f*
caramba! *interj* fichtre!
carambola *sf* BOT carambole
caramelo *sm* CUL caramel
cara-metade *(pl* **caras-metades)** *sf* moitié
caramujo *sm* ZOOL gros escargot
carango *sm (carro)* bagnole *f*
caranguejo *sm* ZOOL crabe
carão *sm (bronca)* savon, engueulade *f*: **ele me passou um tremendo carão** il m'a passé un de ces savons
carapinha *sf* cheveux *mpl* crépus
carapuça *sf* chéchia
• **vestir a carapuça** se sentir visé
caratê *sm* karaté
caráter *sm* caractère
• **não ter caráter** être malhonnête
• **(vestido) a caráter** en tenue appropriée/adéquate
• **uma pessoa de caráter** un homme droit/de parole
caravana *sf* 1 *(grupo de peregrinos etc.)* caravane 2 *(reunião de pessoas)* cortège *m*
carbonizar *vtd* carboniser
▶ *vpr* **carbonizar-se** se carboniser
carbono *sm* 1 QUÍM carbone 2 *(papel)* papier carbone, carbone
carburador *sm* carburateur
carcaça *sf* carcasse
cárcere *sm* prison *f*
carcereiro, -ra *sm, f* geôlier, -ère, gardien, -enne de prison
cardápio *sm* menu, carte
cardeal *sm* RELIG cardinal
cardíaco, -ca *adj* cardiaque

▶ *sm,f* cardiaque, cardiopathe

cardinal *adj* cardinal

cardiologista *smf* cardiologue

cardume *sm* (*peixes*) banc

careca *adj* **1** (*calvo*) chauve **2** (*pneu*) lisse

carecer *vti* **1** (*não ter*) manquer (**de**, de) **2** (*precisar*) avoir besoin (**de**, de)

carência *sf* **1** (*falta*) manque **2** (*necessidade*) carence **3** ECON (*prazo*) différé d'amortissement

carente *adj* **1** (*necessitado*) en manque **2** (*pobre*) défavorisé

carestia *sf* pénurie

careta *sf* grimace
▶ *smf* (*conservador*) conservateur, -trice, ringard, -e

carga *sf* **1** (*o que pode ser transportado*) marchandise **2** *fig* (*fardo*) poids, *m* **3** (*elétrica; de celular*) charge
• **carga e descarga** livraison
• **carga horária** horaire de travail
• **com carga total** [fig] à plein
• **voltar à carga** revenir à la charge

cargo *sm* poste

cargueiro *sm* MAR cargo

cariar *vtd* carier
▶ *vi* se gâter

caricatura *sf* caricature

caricaturista *smf* caricaturiste

carícia *sf* caresse

caridade *sf* charité

caridoso, -sa *adj* charitable

cárie *sf* carie

carimbar *vtd-vtdi* **1** (*bater carimbo*) tamponner, apposer un tampon **2** *fig* (*qualificar*) étiqueter, classer

carimbo *sm* tampon, cachet

carinho *sm* **1** (*afeição*) tendresse, *f*, affection, *f*, câlin **2** (*carícia*) caresse *f*

carinhoso, -sa *adj* affectueux, -euse, caressant, -e

carismático, -ca *adj* charismatique

carnaval *sm* carnaval

carnavalesco, -ca *adj* carnavalesque
▶ *sm* **carnavalesco** directeur artistique du défilé d'une école de samba

carne *sf* **1** (*humana*) chair **2** (*alimento*) viande
• **carne cozida** viande cuite/bouillie
• **carne de vaca** viande boeuf [fig] monnaie courante/sens commun
• **em carne viva** écorché, -e vif, -ve
• **sofrer na própria carne** passer un mauvais quart d'heure

carnê *sm* carnet

carneiro *sm* **1** ZOOL mouton **2** ASTROL bélier

carne-seca *sf* (*pl* **carnes-secas**) viande séchée

carniça *sf* charogne

carniceiro, -ra *sm, f* charognard, -e

carnificina *sf* carnage *m*

carnívoro, -ra *adj* carnivore

caro, -ra *adj* (*querido; custoso*) cher, -ère
• **custar caro** coûter cher
• **pagar caro** payer cher

carochinha *sf* loc **história da carochinha** histoire de sorcière

caroço *sm* **1** (*de fruta*) noyau **2** (*tumor*) renflement **3** (*bolota de farinha*) grumeau

carola *smf* bigot, -e

carona *sf* (*transporte*) stop, autostop: *você me dá uma carona até o aeroporto?* tu me prends en stop jusqu'à l'aéroport?
▶ *smf* passager, -ère (*gratuit, -e*) autostopeur, -se
• **dar/oferecer carona a alguém** emmener qqn en stop
• **ir de carona** aller en stop/en autostop

carpa *sf* ZOOL carpe

carpete *sm* tapis, moquette *f*

carpinteiro *sm* **1** (*profissional*) charpentier **2** (*caruncho*) charançon

carpir *vtd-vi* (*o mato*) sarcler, désherber

carranca *sf* **1** (*cara fechada*) sale tête **2** (*busto de proa*) figure de proue

carrancudo, -da *adj* renfrogné, -e, grognon

carrapato *sm* **1** ZOOL tique **2** *fig* sangsue, pot-de-colle

carrapicho *sm* (*planta*) desmodium

carrasco *sm* bourreau

carregado, -da *adj* **1** (*veículo; celular, bateria*) chargé, -e **2** *fig* (*ambiente*) pesant, -e, lourd, -e 3 *(fisionomia)* sombre 4 *(forte-cor)* foncé, -e

carregador *sm* 1 *(de hotel etc.)* porteur 2 *(de baterias, celulares)* chargeur

carregamento *sm* chargement

carregar *vtd* 1 *(pôr carga em veículo)* charger 2 *(transportar)* transporter 3 *(celular, baterias)* mettre en charge, charger 4 *(máquina fotográfica)* charger 5 *(trazer consigo)* porter 6 *(levar para longe)* emporter: *a correnteza carregou o carro* le courant a emporté la voiture 7 *(arma)* charger
▶ *vti (exagerar)* forcer
▶ *vpr* **carregar-se** 1 *(tornar-se sombrio)* s'obscurcir 2 *(encher-se)* se charger (**de**, de)
• **carregar nas tintas** forcer le trait

carreira *sf* 1 *(profissional)* carrière 2 *(corrida)* course 3 *(fileira)* rang *m*
• **fazer carreira** faire carrière

carreta *sf* 1 *(carro pequeno)* chariot *m* 2 *(jamanta)* semirremorque *m*

carretel *sm* 1 *(de linha)* bobine *f* 2 CINE bobine *f* 3 FOTO rouleau

carreto *sm (transporte de carga)* transport, affrètement

carrinho *sm* 1 *(de bebê)* poussette *f*, landeau 2 *(de supermercado)* caddie, chariot 3 *(brinquedo; de mão)* chariot
■ **carrinho bate-bate** auto-tamponeuse *f*

carro *sm* 1 voiture *f*: **andar/ir de carro** aller en voiture 2 *(de máquina de escrever)* chariot 3 *(vagão)* char
■ **carro alegórico** char
■ **carro de passeio** voiture *f* de tourisme
■ **carro de praça** taxi
■ **carro do elevador** ascenseur
■ **carro popular** voiture *f* bas de gamme

carro-bomba (*pl* **carros-bomba**) *sm* voiture *f* piégée

carroça *sf* 1 *(carro tosco)* charette 2 *(calhambeque)* guimbarde, tacot *m*

carroceria *sf* carrosserie

carrocinha *sf (para cães)* voiture de la fourrière *(animaux)*

carro-forte *sm (pl* **carros-fortes**) véhicule blindé de transport de fonds

carrossel *sm* carrousel, manège forain

carta *sf* 1 *(correspondência)* lettre 2 *(mapa; de baralho)* carte 3 *(de motorista)* permis *m* de conduire
■ **carta aberta** lettre ouverte
■ **carta expressa** lettre express
■ **carta de vinhos** carte des vins
■ **carta fora do baralho** [fig] personne qui compte pour du beurre
■ **Carta Magna** Constitution
■ **carta patente** patente
■ **carta registrada** lettre recommandée
• **dar as cartas** donner les cartes *(fig)* être le maître du jeu
• **dar carta branca a alguém** *fig* donner carte blanche à qqn
• **pôr as cartas na mesa** *fig* jouer cartes sur table
• **ter as cartas na mão** *fig* avoir toutes les cartes en mains
• **ter uma carta na manga** *fig* avoir un atout dans la manche

cartada *sf* coup de carte
• **jogar a última cartada** *fig* donner un dernier coup de carte

cartão *sm (material)* carton
■ **cartão amarelo** carton jaune
■ **cartão de crédito** carte *f* de crédit
■ **cartão de embarque** carte *f* d'embarquement
■ **cartão de visita** carte *f* de visite
■ **cartão magnético** carte *f* magnétique
■ **cartão telefônico** carte *f* téléphonique
■ **cartão vermelho** carton rouge
• **marcar/bater cartão** pointer, badger

cartão-postal (*pl* **cartões-postais**) *sm* carte *f* postale

cartaz *sm* 1 *(anúncio)* affiche *f* 2 *(popularidade)* popularité *f*
• **ficar/estar em cartaz** être à l'affiche

carteira *sf* 1 *(de dinheiro)* portefeuille *sm* 2 *(de documentos)* serviette 3 *(de escola)* bureau *m* d'école 4 *(documento)* carte
• **bater carteira** dérober un portefeuille, faire le pickpocket/voler à la tire
• **carteira de identidade** carte d'identité
• **carteira de habilitação/motorista** permis de conduire
• **carteira de trabalho/profissional** carnet de travail/professionnel

carteirinha *sf loc fig* **de carteirinha** inconditionnel, -le

carteiro *sm* facteur

cartel *sm* ECON cartel

cartela *sf* 1 *(em jogos)* grille 2 *(blister)* emballage plastifié, blister

cartilagem *sf* ANAT cartilage *m*

cartilha *sf* 1 *(manual)* abécédaire *m* 2 *(rudimentos)* b.a.-ba *m* 3 *(padrão)* ligne de pensée

cartola *sf* haut-de-forme *m*, claque *m*, gibus *m*
▶ *sm (dirigente de clube)* dirigeant de club sportif

cartolina *sf* bristol *m*

cartomante *smf* catomancien, -ne, diseur, -se de bonne aventure

cartório *sm* notaire
■ **cartório de registro civil** registre de l'état civil

cartucheira *sf* cartouchière

cartucho *sm* 1 *(de papel)* cornet en papier 2 *(de arma de fogo)* cartouche
• **queimar o último cartucho** [fig] brûler sa dernière cartouche

cartunista *smf* dessinateur, -trice de bandes dessinée

carvalho *sm* BOT chêne

carvão *sm* charbon
■ **carvão vegetal** charbon de bois

casa *sf* 1 *(imóvel; lar)* maison 2 *(de formulário)* case 3 *(de botão)* boutonnière 4 *(empresa)* maison: *brinde da casa* cadeau de la maison
■ **casa da moeda** hôtel des monnaies
■ **casa civil** maison civile *(Ministère du 1ᵉʳ ministre)*
■ **casa de câmbio** bureau *m* de change
■ **casa de campo** maison de campagne
■ **casa de detenção** maison d'arrêt
• **casa de marimbondo** guêpier
• **casa de misericórdia** maison de bienfaisance, hôpital religieux
• **casa de saúde** maison de santé
• **casa noturna** boîte de nuit
• **casa popular** logement social
• **em (nossa) casa** chez nous
• **em tua casa** chez toi
• **entrar em casa** rentrer à la maison chez soi
• **entrar na casa** entrer dans la maison
• **estar na casa dos 30, 40 etc.** avoir la trentaine, la quarantaine etc.
• **feito, -ta em casa** fait, -e maison
• **ó de casa?** il y a qqn?
• **santa casa** hôpital religieux *m*/hôtel dieu *m*/dispensaire *m*
• **ser da casa** être un intime/être de la maison

casaco *sm* manteau, veste *f*

casado, -da *adj-sm, f* marié, -e

casal *sm* couple
• **um casal de filhos** deux enfants *(une fille et un garçon)*

casamento *sm* mariage
• **casamento civil** mariage civil
• **casamento religioso** mariage religieux

casar *vtd-vtdi* marier
▶ *vi-vpr* **casar(-se)** se marier
• **casar-se de novo** se remarier

casarão *sm* grande maison *f*, demeure *f*, villa *f*

casca *sf* 1 *(de fruta)* peau, écorce: *casca de maçã* peau de pomme; *casca de banana* peau de banane; *casca de laranja* écorce d'orange; *casca de abacaxi* écorce d'ananas 2 *(de ovo)* coquille 3 *(de ferida)* croûte 4 *fig (aparência)* écorce

cascalho *sm* 1 *(de pedra)* gravier 2 *fig (dinheiro)* pièces *f pl* de monnaie

cascão *sm* 1 *(crosta)* croûte 2 *(sujeira)* crasse

cascata *sf* 1 *(cachoeira)* cascade 2 *fig (mentira)* mensonge *m* 3 *fig (bravata)* fanfaronnade, vantardise

cascavel *sf* ZOOL crotale *m*, serpent *m* à sonnette

casco *sm* 1 *(de embarcação)* coque *f* 2 *(de animal)* sabot 3 *(garrafa)* bouteille *f*: *casco retornável/não retornável* bouteille consignée/sans retour

cascudo, -da *adj* calleux, -euse
▶ *sm* **cascudo** *(pancada na cabeça)* coup sur la tête

caseado *sm* boutonnière *f*

casebre *sm* baraque *f*, cabane *f*

caseiro, -ra *adj* 1 *(que gosta de ficar em casa)* casanier, -ère 2 *(feito em casa)* fait maison 3 *(de casa)* d'intérieur: *roupas caseiras* vêtements d'intérieur
▶ *sm, f (empregado)* gardien, -enne

caso *sm* **1** *(fato, situação)* cas **2** *(amoroso)* aventure *f* **3** *(história)* histoire *f* **4** *(desentendimento)* brouille *f* **5** *(de polícia, justiça)* affaire *f*
▶ *conj* **caso** si: *caso não seja possível...* si ce n'est pas possible
▶ *loc adv* **caso contrário** dans le cas contraire
• **criador de caso** faiseur d'histoire/enquiquineur
• **criar caso** faire des histoires/enquiquiner
• **de caso pensado** exprès
• **em caso de** en cas de, au cas où
• **em qualquer caso** dans tous les cas
• **em todo caso** de toute façon
• **fazer caso de** tenir compte de
• **fazer pouco caso de** faire peu de cas de
• **não fazer caso de** ne pas faire cas de
• **não ser o caso de/não vir ao caso** être/n'en être pas le cas
• **nesse caso** dans ce cas
• **no pior dos casos** dans le pire des cas
• **se for o caso** le cas échéant
• **ser um caso sério** être un cas grave *(pessoa ou coisa difícil)* être qqch ou qqn de difficile [pessoa ou coisa admirável] être qqch ou qqn de remarquable
• **ter um caso com alguém** avoir une aventure/liaison avec qqn
• **vir ao caso** être pertinent

casório *sm* mariage

caspa *sf* pellicule

casquinha *sf* **1** *(de sorvete)* cornet *m*
■ **casquinha de siri** coquille de crabe
• **tirar uma casquinha** profiter

cassar *vtd (direitos políticos)* casser, destituer
• **cassar a palavra de alguém** faire taire qqn

cassete *sm* cassette *f*

cassetete *sm* casse-tête, matraque *f*

cassino *sm* casino

casta *sf* **1** *(classe)* caste **2** *(de uva)* cépage *m*

castanha *sf* BOT chataîgne, noix, marron *m*

castanha-de-caju (*pl* **castanhas-de-caju**) *sf* BOT noix de cajou

castanheiro *sm* BOT chataîgner, marronier

castanho, -nha *adj* châtain *inv*

castelhano, -na *sm,f* castillan, -e, espagnol, -e

castelo *sm* château
• **castelo de cartas** château de cartes
• **castelo de areia** château en Espagne

castiçal *sm* chandelier

castidade *sf* chasteté

castigar *vtd* **1** *(punir)* punir, châtier **2** *(maltratar, causar estrago)* maltraiter, endommager

castigo *sm* châtiment, punition *f*

casto, -ta *adj* chaste

castor *sm* ZOOL castor

castrar *vtd* **1** *(capar)* castrer **2** *(reprimir)* réprimer

casual *adj* éventuel, -elle

casualidade *sf* éventualité

casulo *sm* cocon

cata *sf loc* **à cata de** à la recherche de, en quête de

cataclismo *sm* cataclysme

catador, -eira *adj-sm,f* ramasseur, -euse
• **catador de papelão** ramasseur de papier

catalão, -lã *adj* catalan, -ne
▶ *sm,f* Catalan, -ne

catalisador, -ra *adj* catalyseur
▶ *sm* **catalisador** *(auto)* *(pot)* catalytique

catálogo *sm* catalogue

cataplasma *sm* MED cataplasme

catar *vtd* **1** *(recolher)* ramasser **2** *(escolher)* trier: *catar arroz* trier le riz **3** *(piolhos)* épouiller

catarata *sf* GEOG MED cataracte, chute

catarro *sm* glaire *f*, mucus, crachat

catástrofe *sf* catastrophe

catastrófico, -ca *adj* catastrophique

catatau *sm* **1** *(livro grosso)* pavé **2** *(pessoa baixa)* petit, -e, nabot, -e

cata-vento *sm* éolienne *f*, girouette, *f*

catecismo *sm* catéchisme

cátedra *sf* chaire

catedral *sf* ARQ cathédrale

categoria *sf* **1** catégorie **2** *(qualidade)* bonne qualité: *de categoria* de bonne qualité

categórico, -ca *adj* catégorique

catequese *sf* catéchèse

catinga *sf* 1 (*vegetação*) caatinga *m* 2 (*cheiro desagradável*) puanteur, infection

cativante *adj* captivant, -e

cativar *vtd* captiver, charmer, séduire

cativeiro *sm* 1 captivité *f* 2 (*local*) lieu de captivité

cativo, -va *adj-sm, f* captif, -ive

catolicismo *sm* catholicisme

católico, -ca *sm, f* catholique
• **não ser muito católico** *fig* ne pas être très catholique

catorze *num* quatorze

catraca *sf* roulette, tourniquet

caubói *sm* cowboy

caução *sf* DIR caution

cauda *sf* 1 (*de animal; de avião*) queue 2 (*de roupa*) traîne

caule *sm* tige *f*

causa *sf* cause
• **demissão por justa causa** licenciement pour faute professionnelle
• **em causa** en cause
• **por causa de algo** à cause de qqch

causador, -ra *adj-sm, f* fauteur, -trice, instigateur, -trice

causar *vtd-vti* causer, susciter, entraîner, provoquer

cáustico, -ca *adj* caustique

cautela *sf* précaution, soin *m*
• **por medida de cautela** par précaution/par prudence

cauteloso, -sa *adj* prudent, -e

cava *sf* (*de blusa etc.*) échancrure

cavaco *sm* 1 (*lasca*) copeau 2 *fig* (*bate-papo*) conversation *f* à bâtons rompus

cavado, -da *adj* (*blusa etc.*) échancré, -e

cavalaria *sf* cavalerie

cavaleiro (*f amazona*) *sm* cavalier, -ère *m, f*

cavalete *sm* tréteau, chevalet

cavalgadura *sf* 1 (*animal de montaria*) monture 2 *fig* âne *m*, rustre *m*

cavalgar *vi* chevaucher

cavalheirismo *sm* galanterie *f*, courtoisie *f*

cavalheiro *sm* 1 (*homem educado*) gentleman 2 (*senhor*) monsieur: *o cavalheiro aceita um uísque?* monsieur accepte un whisky? 3 (*em dança*) cavalier, partenaire

cavalo *sm* 1 ZOOL cheval 2 (*indivíduo grosseiro*) malotru 3 (*peça de xadrez*) cavalier
■ **cavalo de batalha** *fig* cheval de bataille
■ **cavalo de pau** (*em ginástica cheval*) d'arceau (*derrapagem*) tête-à-queue
• **a cavalo** à cheval
• **cair do cavalo** tomber de cheval (*fig*) tomber des nues
• **tirar o cavalo da chuva** *fig* tirer son épingle du jeu

cavanhaque *sm* bouc

cavaquinho *sm* MÚS youkoulélé

cavar *vtd* 1 (*com pá*) creuser 2 (*manga*) échancrer 3 *fig* (*conseguir*) obtenir, décrocher

caveira *sf* 1 (*crânio*) tête de mort 2 (*pessoa magra*) squelette *m*
• **fazer a caveira de alguém** dénigrer qqn

caverna *sf* caverne

caviar *sm* CUL caviar

cavidade *sf* cavité

cavoucar *vtd* creuser

caxias *adj-smf* formaliste, pointilleux, -euse

caxumba *sf* MED oreillons *m pl*

cear *vtd-vi* souper

cebola *sf* BOT oignon *m*

ceder *vtdi-vti-vi* céder

cedilha *sf* cédille

cedo *adv* 1 (*não tarde*) tôt 2 (*de manhãzinha*) tôt, de bonne heure 3 (*depressa, logo*) vite
• **(mais) cedo ou (mais) tarde** tôt ou tard
• **o mais cedo possível** le plus tôt possible

cedro *sm* BOT cèdre

cédula *sf* 1 (*de votar*) bulletin *m* 2 (*de dinheiro*) billet *m*
• **cédula de identidade** pièce d'identité

cegar *vtd* aveugler

cego, -ga *adj* 1 *(sem visão)* aveugle 2 *fig* aveugle: **confiança cega** confiance aveugle 3 *(sem gume)* émoussé, -e
▶ *adj-sm, f* aveugle
• **às cegas** à tâtons

cegonha *sf* 1 ZOOL cigogne 2 *(caminhão)* semi-remorque *m* porte-voitures

cegueira *sf* cécité

ceia *sf* souper *m*
• **ceia de Ano-Novo** réveillon *m* du nouvel an

cela *sf* cellule

celebração *sf* célébration

celebrar *vtd* célébrer

célebre *adj* célèbre

celebridade *sf* célébrité

celebrizar *vtd* rendre célèbre
▶ *vpr* **celebrizar-se** devenir célèbre

celeiro *sm* grenier

celeste *adj* céleste

celestial *adj* célestial

celeuma *sf* tapage *m*, raffut *m*

celibato *sm* célibat

celofane *sm* cellophane *f*

célula *sf* cellule

celular *adj* cellulaire
▶ *sm* **celular** *(téléphone)* portable

celulite *sf* cellulite

celulose *sf* cellulose

cem *num* cent

cemitério *sm* cimetière

cena *sf* scène
• **entrar em cena** entrer en scène
• **estar em cena** être en scène
• **fazer cena** faire une scène
• **ir à cena** être mis, -e en scène
• **pôr em cena** mettre en scène
• **sair de cena** sortir de scène, d'affiche, *(fig)* se retirer

cenário *sm* 1 CINE TEATRO TV décor 2 *fig* scène *f*, cadre

cenógrafo *sm* décorateur

cenoura *sf* BOT carotte

censo *sm* recensement

censor *sm* censeur

censura *sf* 1 *(de obras; restrição)* censure 2 *(repreensão)* censure, blâme *m*, reproche *m*, critique

censurar *vtd* 1 *(proibir divulgação)* censurer 2 *(repreender)* censurer, blâmer, critiquer

censurável *adj* censurable, blâmable, condamnable

centavo *sm* centime
• **ficar sem (um) centavo** n'avoir plus un sou

centeio *sm* BOT seigle

centena *sf* centaine

centenário, -a *adj* centenaire
▶ *sm* **centenário** centenaire

centésimo, -ma *num-sm, f* centième

centígrado *sm* centigrade

centímetro *sm* centimètre

cento *num* cent
• **cem por cento** cent pour cent

centopeia *sf* ZOOL mille-pattes *m*

central *adj* central, -e
▶ *sf* central *m*, centrale: **central elétrica** centrale électrique; **central telefônica** central *m* téléphonique

centralizar *vtd* 1 *(concentrar)* centraliser, concentrer 2 *(centrar)* centrer
▶ *vpr* **centralizar-se** se concentrer

centrar *vtd* centrer

centrífuga *sf* centrifuge

centrifugar *vtd* centrifuger

centro *sm* 1 centre 2 *(de mesa)* napperon
• **centro comercial** centre commercial
• **centro de gravidade** centre de gravité

centuplicar *vtd* centupler

CEP Código de Endereçamento Postal Code Postal

cera *sf* cire
• **fazer cera** *(fingir que trabalha)* faire semblant de bosser *(atrasar o jogo)* gagner du temps

cerâmica *sf* 1 *(arte; peça)* céramique 2 *(argila cozida)* terre cuite: **telhas de cerâmica** tuiles en terre cuite

cerca *sf* haie, clôture
▶ **cerca de** *adv* près de
• **cerca viva** haie/clôture végétale
• **pular a cerca** faire le mur *(fig)* tromper son conjoint

cercado *sm* 1 *(espaço fechado)* enclos, clôture *f* 2 *(para crianças)* parc

cercanias *sf pl* alentours *m*

cercar *vtd* **1** *(rodear, circundar)* entourer **2** *(fazer cerca)* clôturer **3** *(sitiar)* encercler, faire le siège de
▶ *vpr* **cercar-se** s'entourer
• **cercar de atenções** être aux petits soins avec qqn

cerco *sm* siège

cerda *sf* *(de escova, de pincel)* poil *m*, soie

cereal *sm* céréale *f*

cerebral *adj* cérébral, -e

cérebro *sm* cerveau

cereja *sf* BOT cerise

cerejeira *sf* BOT cerisier *m*

cerimônia *sf* cérémonie
• **não faça cerimônia** mettez-vous à l'aise
• **não ter cerimônias** être sans façon/sans cérémonie
• **ser cheio de cerimônias** être cérémonieux

cerimonial *sm* cérémonial

cerimonioso, -sa *adj* cérémonieux, -euse

cerne *sm* *fig* cœur

cerração *sf* brouillard *m*, brume *f*

cerrado *sm* savane *f*

cerrar *vtd* **1** *(fechar)* fermer **2** *(apertar)* serrer

certame *sm* bagarre *f*, match

certeiro, -ra *adj* précis, -e

certeza *sf* certitude
• **com certeza** certainement
• **falar com certeza** être sûr de soi
• **ter certeza de algo** être certain, -e/ sûr, -e de qqch

certidão *sf* certificat *m*, constat *m*: **certidão de nascimento** certificat de naissance; **certidão de óbito** certificat/constat de décès

certificado *sm* certificat
• **certificado de depósito bancário** bordereau de versement

certificar *vtd-vtdi* certifier
▶ *vpr* **certificar-se** s'assurer

certo, -ta *adj* **1** *(correto)* juste, bon, -ne, correct, -e: **esta conta não está certa** ce calcul n'est pas bon/juste **2** *(pontual, relógio)* exact, -e, à l'heure: **meu relógio não está certo** ma montre n'est pas à l'heure **3** *(inevitável)* certain, -e: **comer este fruto é morte certa** manger ce fruit mène à une mort certaine **4** *(convencido, seguro)* sûr, -e: **ela está certa de que vai ganhar o prêmio** elle est sûre de gagner le prix
▶ *pron* **1** *(algum)* certain, -e: **certas pessoas não se incomodam com isso** certaines personnes ne se sentent pas gênées pour autant **2** *(um)* un, -e: **certo dia...** un jour **3** *(dado, determinado)* certain, -e
▶ *adv* correctement, comme il faut: **escreva certo** écris correctement
• **ao certo** exactement
• **dar certo** réussir, bien marcher
• **dar por certo que** *(considerar indubitável)* être sûr et certain que
• **ficou certo que** *(ficou combinado)* il a été convenu que

cerveja *sf* bière
• **cerveja preta** bière brune

cervejaria *sf* brasserie

cerzir *vtd* repriser

cesariana *sf* MED césarienne

cessão *sf* cession

cessar *vi-vti-vtd* cesser

cessar-fogo *sm inv* cessez-le-feu

cesta *sf* panier *m*
• **cesta básica** panier *m* de la ménagère
• **fazer cesta** ESPORTE faire un panier

cesto *sm* panier
• **cesto de costura** panier de couture

cetáceo *sm* ZOOL cétacé

ceticismo *sm* scepticisme

cético, -ca *adj* sceptique

cetim *sm* satin

céu *sm* ciel
• **céu da boca** palais
• **céu de brigadeiro** ciel bleu sans nuage

cevada *sf* BOT orge

cevar *vtd* *(engordar)* engraisser

chá *sm* thé, infusion *f*, tisane *f*
• **chá-preto** thé
• **tomar chá de cadeira** attendre longtemps (assis, -e)
• **tomar chá de sumiço** se cacher, s'enfuir

chabu *sm* (*de fogo de artifício*) explosion prématurée *f*
- **dar chabu** *fig* faire long feu, foirer

chácara *sf* **1** (*pequena propriedade rural*) petite propriété foncière, petit domaine *m*, fermette **2** (*plantação de hortaliças*) jardin *m* potager

chacina *sf* massacre *m*

chacoalhar *vtd* secouer

chafariz *sm* fontaine *f*

chafurdar *vti* se vautrer

chaga *sf* **1** (*ferida*) plaie **2** *fig* fléau *m*

chalé *sm* chalet

chaleira *sf* **1** (*de água*) bouilloire **2** (*de chá*) théière

chama *sf* flamme

chamada *sf* **1** (*ato de chamar*) appel *m* **2** (*repreensão*) réprimande

chamado, -da *adj* **1** (*convocado*) appelé, -e **2** (*designado*) nommé, -e
▶ *sm* **chamado** appel

chamar *vtd* **1** (*dizer o nome; convocar; fazer vir*) appeler **2** (*acordar*) réveiller: *pode me chamar às oito?* peux-tu me réveiller à huit heures? **3** (*ao telefone*) demander **4** (*convidar*) inviter **5** (*dar nome*) appeler, nommer
▶ *vi* (*telefone*) appeler
▶ *vpr* **chamar-se** s'appeler, se nommer
- **chamar a atenção** (*advertir*) faire un reproche (*ser vistoso*) attirer les regards
- **chamar a atenção para** (*fazer observar*) faire remarquer
- **chamar à parte** prendre à part
- **chamar o elevador** appeler l'ascenseur

chamariz *sm* tire l'oeil

chamativo, -va *adj* voyant, -e, attrayant, -e

chamego *sm* **1** (*afeição, namoro*) tendresse *f*, béguin **2** (*paixão intensa*) passion *f*

chaminé *sf* cheminée

champanha *sm* champagne

chamuscar *vtd* roussir
▶ *vpr* **chamuscar-se** se brûler légèrement, cramer

chance *sf* **1** (*probabilidade; oportunidade*) chance **2** (*ocasião propícia*) occasion

chanceler *sm* chancelier

chanchada *sf* vaudeville *m*, comédie bouffonne

chanfrar *vtd* chanfreiner

chantagear *vtd-vi* faire chanter

chantagem *sf* chantage *m*
- **fazer chantagem** faire du chantage

chantagista *adj-smf* maître-chanteur

chantili *sm* CUL chantilly *f*

chão *sm* **1** (*piso*) sol, terre *f*: *rente ao chão* au raz du sol; *ter os pés no chão* avoir les pieds sur terre; *as chaves caíram no chão* les clés sont tombées par terre **2** (*extensão*) route *f*: *ainda há muito chão até lá* il y a encore de la route/une longue route à faire
- **ter muito chão para** [faltar tempo, experiência] en être loin

chapa *sf* **1** (*metálica etc.*) plaque **2** (*eleitoral*) liste **3** (*radiografia*) radiographie **4** (*placa de carro*) plaque d'immatriculation **5** (*dentadura*) dentier *m*, râtelier *m*
▶ *sm* (*amigo, camarada*) pote *m*
- **bife na chapa** steack grillé
- **chapa fria** fausse immatriculation
- **de chapa** en plein

chapéu *sm* chapeau
- **de tirar o chapéu** chapeau!
- **na casa do chapéu** à Perpète-les-Oies/à Pétaouchnok/au fin fond/très loin

chapinhar *vi* barbotter

chapisco *sm* (*de cimento*) mortier

charada *sf* **1** (*jogo*) charade **2** *fig* (*enigma*) énigme
- **matar a charada** découvrir le pot-aux-roses

charge *sf* caricature

charlatão, -ona *sm, f* charlatan, -e

charme *sm* charme
- **fazer charme** se faire prier
- **jogar charme em alguém** essayer de séduire qqn

charmoso, -sa *adj* charmant, -e

charque *sm* viande *f* saleé

charrete *sf* charrette

charutaria *sf* boutique de cigarres

charuto *sm* cigarre

chassi *sm* MEC châssis

chateação *sf* 1 (*enfado*) ennui 2 (*contrariedade*) contrariété

chatear *vtd-vi* 1 (*apoquentar*) taquiner 2 (*incomodar, entediar*) ennuyer
▶ *vpr* **chatear-se** 1 (*apoquentar-se*) se chamailler 2 (*incomodar-se*) s'enquiquiner, s'empoisonner 3 (*entediar-se*) s'ennuyer, s'embêter

chatice *sf* 1 (*situação maçante*) emmerdement *m*, embêtement *m*, ennui *m* 2 (*coisa maçante*) chose pénible

chato, -ta *adj* 1 (*plano*) plat, -e 2 (*maçante*) ennuyeux, -euse, emmerdant, -e 3 (*desagradável*) pénible
▶ *sm,f* (*desagradável-pessoa*) enquiquineur, -euse
• **chato de galocha** casse-pieds, emmerdeur, -euse
• **o chato é que...** le problème c'est que…

chavão *sm* poncif, cliché

chave *sf* clé, clef
• **a sete chaves** à double tour
• **chave de contato** clé de contact
• **chave de fenda** tournevis
• **chave mestra** passe-partout
• **fechar com chave de ouro** finir/terminer/en beauté

chaveiro *sm* 1 (*porta-chaves*) porte-clefs 2 (*quem faz chaves*) serrurier

checar *vtd-vi* vérifier

check-in *sm inv* embarquement

check-up *sm* 1 MED chek-up 2 *fig* bilan

chef *sm inv* chef (de cuisine)

chefão *sm* caïd

chefe *sm* chef

chefia *sf* 1 (*cargo de chefe*) poste *m* de direction 2 (*liderança*) direction 3 *pop* chef: *fala aí, chefia!* alors, chef!

chefiar *vtd-vi* diriger

chega *sm* (*basta*) point final: *dar um chega* mettre un point final
▶ *interj* **chega!** ça suffit! un point c'est tout!

chegada *sf* arrivée
• **dar uma chegada em algum lugar** faire un saut quelque part

chegado, -da *adj* proche
• **ser chegado em algo** avoir un penchant pour qqch/être attiré par qqch

chega pra lá *sm loc* **dar um chega pra lá (em alguém):** 1 (*repreender*) houspiller qqn, passer une danse/un savon 2 (*não atender*) repousser qqn, éconduire qqn, envoyer paître qqn

chegar *vi* 1 (*vir; ter início; atingir*) arriver 2 (*aproximar, alcançar*) rejoindre: *suas terras chegam até a beira do rio* ses terres rejoignent le bord de la rivière 3 (*bastar*) suffire: *pensei que aquela quantia chegasse* je pensais que cette quantité suffirait 4 (*ir embora*) rentrer (chez soi): *já vou chegando; até logo* je rentre, à bientôt
▶ *vti* 1 (*atingir*) atteindre: *a indenização chega a dois milhões* l'indemnisation atteint les deux millions 2 (*conseguir*) parvenir: *ele não chegou a se fazer aprovado* il n'est pas parvenu à se faire admettre
▶ *vtd* (*aproximar*) approcher
▶ *vpr* **chegar-se** (*aproximar-se*) s'approcher (a, de)
• **chegamos!** nous voilà!
• **chegar ao fim** toucher à sa fin
• **não sei aonde você quer chegar** je ne sais pas où tu veux en venir

cheia *sf* crue

cheio, -a *adj* 1 plein, -e: *um copo cheio de água* un verre plein d'eau; *um carro cheio de acessórios* une voiture pleine d'accessoires; *o chão está cheio de sujeira* le sol est plein de saletés 2 (*lotado*) rempli 3 *fig* empli: *um lugar cheio de lembranças* un endroit plein de souvenirs 4 (*rechonchudo*) grassouillet, -te, trapu, -e 5 (*satisfeito*) repu, -e
• **cheio de si** arrogant, -e, présomptueux, -euse
• **dia cheio** une journée remplie
• **em cheio** en plein/dans le mille/en plein dedans
• **estar cheio** (*farto*) en avoir marre/en avoir ras-le-bol
• **estar cheio de dívidas** être criblé de dettes

cheirar *vtd* 1 (*sentir cheiro*) sentir 2 (*cocaína, rapé*) sniffer, priser 3 (*bisbilhotar*) renifler
▶ *vti-vi* (*exalar cheiro*) sentir (a, -)
▶ *vti* (*dar a impressão*) sentir (a, -)
• **não cheirar nem feder** être indifférent

cheiro sm 1 (*odor*) odeur f: **bom/mau cheiro** bonne/mauvaise odeur 2 fig (*indício*) indice

cheiroso, -sa adj qui sent bon, parfumé, -e

cheiro-verde (pl **cheiros-verdes**) sm bouquet garni (ail, persil, ciboulette)

cheque sm chèque
- **cheque administrativo** chèque administratif
- **cheque ao portador** chèque au porteur
- **cheque cruzado** chèque barré
- **cheque em branco** chèque en blanc
- **cheque especial** autorisation f de découvert
- **cheque frio** chèque sans fonds/chèque volé
- **cheque nominal** chèque nominal
- **cheque sem fundos** chèque sans fonds

chiado sm 1 (*ruído*) grésillement 2 (*em rádio etc.*) parasites pl

chiar vi 1 (*produzir som agudo*) grésiller 2 fig (*reclamar*) rouspéter

chicle → chiclete

chiclete sm chewing-gum

chicória sf BOT chicorée

chicotada sf coup m de fouet

chicote sm fouet, martinet

chicotear vtd fouetter

chifrada sf coup m de corne

chifrar vtd 1 (*ferir com chifre*) encorner 2 fig faire cocu, cocufier

chifre sm ZOOL corne
• **pôr chifres em alguém** fig tromper/cocufier qqn

Chile sm Chili

chileno, -na adj chilien, -enne
▶ sm, f Chilien, -enne

chilique sm 1 (*desmaio*) syncope 2 (*ataque nervoso*) crise (de nerfs)

chimarrão sm boisson chaude aux herbes

chimpanzé sm ZOOL chimpanzé

chinelo sm tongue f
• **botar/pôr no chinelo** avoir le dessus

China sf Chine

chinês, -esa adj chinois, -e
▶ sm, f Chinois, -e

chinfrim adj (*ordinário*) quelconque, piètre, insignifiant, -e

chique adj chic

chiqueirinho sm (*para crianças*) parc

chiqueiro sm porcherie

chocadeira sf couveuse

chocalho sm (*brinquedo*) hochet

chocante adj choquant

chocar vtd 1 (*causar impressão desagradável*) choquer, scandaliser 2 (*cobrir os ovos*) couver
▶ vpr **chocar-se** 1 (*colidir*) heurter (**contra**, -) 2 (*escandalizar-se*) être choqué (**com**, par)

chocolate sm 1 (*líquido*) boisson chocolatée/chocolat froid ou chaud 2 (*em tabletes*) chocolat en tablette
• **chocolate amargo** chocolat amer

chofre sm loc **de chofre**: (*de repente*) soudain, soudainement, tout à coup

chope sm demi-pression

choque sm 1 (*colisão; abalo psicológico*) choc 2 (*conflito*) combat 3 (*descarga elétrica*) décharge f: **levar um choque** prendre une décharge
• **estado de choque** état de choc

choradeira sf 1 (*choro ininterrupto*) pleurs m pl 2 (*pedido lamurioso*) lamentations pl, pleurnichages m pl

choramingar vi-vtd pleurnicher

chorão, -ona adj-sm, f pleurnichard, -e
▶ sm **chorão** BOT filao

chorar vi 1 (*verter lágrimas*) pleurer 2 (*pechinchar*) marchander 3 (*reclamar*) se plaindre

choro sm 1 (*pranto*) pleur 2 MÚS choro

choroso, -sa adj larmoyant, -e

choupana sf cabane, case

chouriço sm CUL boudin

chover vi 1 (*cair chuva*) pleuvoir: **chover a cântaros** pleuvoir des cordes 2 fig déferler, abonder, retentir: **chovem aplausos** les applaudissements retentissent
• **chover granizo** grêler
• **chover no molhado** pisser dans un violon/perdre son temps

chuchu *sm* **1** BOT chayote **2** *fig* chouchou, amour
- **pra chuchu** des tonnes/abondamment

chulé *sm* odeur *f* de pieds

chulo, -la *adj* grossier, -ère, vulgaire

chumaço *sm* (*de algodão*) étoupe *f*

chumbado, -da *adj* **1** (*preso por chumbo*) plombé, -e **2** (*na parede*) scellé, -e **3** *fig* (*prostrado*) prostré, -e **4** (*bêbado*) beurré, -e, saoul, -e

chumbar *vtd* **1** (*prender com chumbo*) plomber **2** (*fixar na alvenaria*) sceller

chumbo *sm* QUÍM plomb
- **levar chumbo** (*ser baleado*) se faire tirer dessus (*ser malsucedido*) se faire recaler/étendre

chupada *sf* **1** (*sugar*) sucée, suçon *m* **2** (*repreensão*) engueulade

chupado, -da *adj* **1** (*sugado*) sucé, -e **2** (*magro*) squelettique, sec

chupar *vtd* sucer

chupeta *sf* sucette

churrascaria *sf* restaurant *m* où l'on sert divers types de viande grillée

churrasco *sm* grillade *m*

churrasqueira *sf* barbecue *m*

churro *sm* CUL churro

chutar *vtd-vi* **1** (*dar pontapé*) donner un coup de pied, tirer **2** *fig* (*arriscar resposta*) dire au hasard
- **chutar alto** frapper fort (*fig*) donner un prix fou

chute *sm* **1** (*pontapé*) coup de pied **2** *fig* (*opinião infundada*) invention, *f*, blague, *f* craque *f*

chuteira *sf* chaussure à crampons
- **pendurar as chuteiras** *fig* prendre sa retraite

chuva *sf* pluie
- **chuva de pedra** giboulée
- **quem está na chuva é para se molhar** qui s'y frotte s'y pique

chuvarada *sf* trombe d'eau

chuveiro *sm* **1** (*ducha*) douche *f* **2** (*joia*) joyau formé d'une pierre précieuse sertie de brillants

chuvisco *sm* bruine *f*, crachin *m*, embrun *m*

chuvoso, -sa *adj* pluvieux, -euse

ciática *sf* MED sciatique

cicatriz *sf* **1** cicatrice **2** (*no rosto*) balafre

cicatrizar *vtd* cicatriser
▸ *vi-vpr* **cicatrizar(-se)** se cicatriser

cicerone *smf* guide, accompagnateur, -trice

ciclismo *sm* cyclisme

ciclista *smf* cycliste

ciclo *sm* cycle

ciclone *sm* cyclone

ciclovia *sf* piste cyclable

cidadania *sf* citoyenneté

cidadão, -dã *sm, f* citoyen, -ne

cidade *sf* ville, cité
- **cidade universitária** cité universitaire

ciência *sf* science
- **ter ciência de alguma coisa** connaître qqch, être au courant de qqch

ciente *adj* au courant: *estar ciente de alguma coisa* être au courant de qqch

científico, -ca *adj* scientifique

cientista *smf* scientifique, savant, -e

cifra *sf* chiffre *m*, nombre *m*

cifrado, -da *adj* chiffré, -é, codé, -é

cifrão *sm* S barré, symbole du dollar

cigano, -na *sm, f* gitan, -e

cigarra *sf* **1** ZOOL cigale **2** (*campainha*) sonnerie (à vibreur)

cigarrilha *sf* cigarillo *m*

cigarro *sm* cigarette *f*
- **cigarro de maconha** joint
- **cigarro de palha** cigarette de paille de maïs

cilada *sf* piège *m*

cilindro *sm* cylindre

cílio *sm* cil

cima *sf* (*cume*) sommet *m*
- **ainda por cima** par-dessus le marché
- **dar em cima de** draguer
- **de cima** d'en haut
- **de cima a baixo** entièrement, de haut en bas
- **em cima** au-dessus
- **em cima de** sur
- **estar por cima** avoir le dessus/reprendre du poil de la bête

- **por cima** (*em cima*) sur (*superficialmente*) superficiellement (*em situação superior*) d'en haut/de haut/du haut
- **pra cima de mim?** sur moi ça ne marche pas

cimentado, -da *adj* cimenté, -e
▸ *sm* **cimentado** dalle de ciment

cimentar *vtd* cimenter

cimento *sm* 1 (*material*) ciment 2 (*chão cimentado*) dalle de ciment
- **cimento armado** béton armé

cinco *num-sm* cinq

cineasta *smf* cinéaste, metteur en scène

cinema *sm* cinéma
- **cinema falado** cinéma parlant
- **cinema mudo** cinéma muet

cínico, -ca *adj-sm, f* cynique

cinismo *sm* cynisme

cinquenta *num-sm* cinquante

cinquentenário *sm* cinquantenaire

cinta *sf* 1 (*cinto*) ceinture 2 (*peça elástica*) gaine

cinta-liga (*pl* **cintas-ligas**) *sf* porte-jarretelles *m*

cintilante *adj* scintillant, -e

cintilar *vi* scintiller, étinceler

cinto *sm* ceinture *f*
- **apertar o cinto** *fig* se serrer la ceinture
- **cinto de segurança** ceinture *f* de sécurité

cintura *sf* 1 ANAT taille 2 (*do vestuário*) ceinture

cinturão *sm* ceinture *f*, ceinturon
■ **cinturão industrial** ceinture *f* industrielle
■ **cinturão verde** ceinture *f* verte/coulée *f* verte/promenade plantée

cinza *sf* cendre
▸ *adj* gris

cinzeiro *sm* cendrier

cinzento, -ta *adj-sm* gris

cio *sm* rut: *estar no cio* être en rut

cioso, -sa *adj* qui tient beaucoup à, jaloux, -euse

cipó *sm* BOT liane *f*

cipoal *sm* 1 BOT forêt de lianes 2 *fig* (*complicação*) labyrinthe

cipreste *sm* BOT cyprès

ciranda *sf* 1 (*roda infantil*) ronde 2 (*agitação*) manège *m*, tourniquet *m*

circo *sm* cirque
- **armar um circo** *fig* mettre/foutre la pagaille
- **ser de circo** *fig* être un(e) malin(e)
- **ver o circo pegar fogo** *fig* mettre de l'huile sur le feu

circuito *sm* circuit
■ **circuito integrado** circuit intégré

circulação *sf* circulation
- **sair de circulação** être hors de circulation [fig] se retirer

circular *vtd* 1 (*rodear*) tourner 2 (*circundar*) faire le tour de
▸ *vi* 1 (*mover-se circularmente*) tourner 2 (*ter curso*) avoir cours 3 (*transitar*) circuler
▸ *sm* (*ônibus*) bus
▸ *adj* circulaire

circulatório, -a *adj* circulatoire

círculo *sm* cercle
- **círculo literário** cercle littéraire
- **círculo vicioso** cercle vicieux

circuncisão *sf* circoncision

circundar *vtd* entourer, environner, ceindre
▸ *vpr* **circundar-se** s'entourer

circunferência *sf* circonférence

circunflexo, -xa *adj* circonflexe

circunscrição *sf* circonscription

circunstância *sf* circonstance

circunstanciado, -da *adj* circonstancié, -e

circunstancial *adj* circonstanciel, -elle

cirrose *sf* MED cirrhose

cirurgia *sf* chirurgie
- **cirurgia plástica** chirurgie esthétique

cirurgião, -ã *sm, f* chirurgien, -ne

cirúrgico, -ca *adj* chirurgical, -e

ciscar *vtd-vi* 1 (*aves*) picorer 2 *fig* (*procurar*) fureter

cisco *sm* grain de poussière

cisma *sm* (*divisão*) schisme
▸ *sf* 1 (*desconfiança*) suspicion 2 (*prevenção*) méfiance

cismar *vti* **1** (*obstinar-se*) s'obstiner (**de**, à) **2** (*implicar*) prendre en grippe (**com**, -)
▸ *vi* (*ficar absorto*) réfléchir
▸ *vtd* (*ficar convicto*) être persuadé de

cisne *sm* ZOOL cygne

cisterna *sf* citerne

cisto *sm* MED kyste

citação *sf* citation

citar *vtd* citer

cítrico, -ca *adj* citrique
• **fruto cítrico** agrume

ciúme *sm* jalousie *f*
• **sentir ciúmes** être jaloux

ciumento, -ta *adj-sm,f* jaloux, -se

cívico, -ca *adj* civique

civil *adj* **1** civil, -e **2** (*polido*) poli, -e
▸ *sm* **civil** (*não militar*) civil

civilização *sf* civilisation

civilizar *vtd* civiliser
▸ *vpr* **civilizar-se** se raffiner, devenir sociable

clã *sm* clan

clamor *sm* clameur *f*

clamoroso, -sa *adj* retentissant, -e, résonnant, -e

clandestinidade *sf* clandestinité

clandestino, -na *sm,f* clandestin, -e

clara *sf* (*do ovo*) glaire, blanc *m* d'œuf
• **às claras** en plein jour/à la lumière du jour/en pleine lumière

claraboia *sf* ARQ claire-voie

clarão *sm* éclair de lumière

clarear *vtd* (*iluminar*) éclairer
▸ *vi* **1** (*dia*) se lever **2** (*céu*) s'éclaicir

clareira *sf* clairière

clareza *sf* clarté

claridade *sf* clarté

clarineta *sf* MÚS clarinette

claro, -ra *adj* clair, -e
▸ *sm* **claro 1** (*clareira*) trouée *f* **2** (*em textos*) blanc
▸ *adv* **1** (*com clareza*) clairement **2** (*sem dúvida*) bien entendu: **claro que...** bien entendu...
▸ *interj* bien sûr!
• **está claro!** c'est clair!
• **noite em claro** nuit blanche

classe *sf* classe
• **de segunda classe** (*qualidade*) de seconde classe
• **viajar de primeira classe** voyager en première classe
• **ter classe** avoir de la classe

clássico, -ca *adj-sm* classique

classificação *sf* **1** (*ordenação; divisão em classes*) classement **2** (*aprovação em exame*) admission, classification **3** ESPORTE classification

classificador, -ra *adj* classeur, -euse
▸ *sm* **classificador** (*arquivo*) classeur

classificar *vtd* classer
▸ *vpr* **classificar-se** se classer

cláusula *sf* clause

clave *sf* MÚS clef, clé

clavícula *sf* ANAT clavicule

clemência *sf* clémence

clero *sm* clergé

clicar *vi* INFORM cliquer

clichê *sm* **1** (*tipográfico*) cliché **2** (*lugar-comum*) lieu commun

cliente *smf* client, -e

clientela *sf* clientèle

clima *sm* **1** (*meteorológico*) climat **2** *fig* ambiance *f*

climax *sm* climax

clínica *sf* clinique

clinicar *vi* pratiquer la médecine

clínico, -ca *adj* clinique
▸ **clínico** *sm* clinicien

clipe *sm* **1** (*de escritório*) trombone **2** (*joia*) clip **2** (*videoclipe*) clip vidéo

clique *sm* INFORM clic

clister *sm* MED clystère

clitóris *sm* ANAT clitoris

clonagem *sf* clonage *m*

clonar *vtd* (*células, -celular, carro*) cloner

clone *sm* clone

cloreto *sm* QUÍM chlorure

cloro *sm* QUÍM chlore

clorofila *sf* BOT chlorophyle

closet *sm* garde-robe *f*

clube *sm* club

coabitar *vti* cohabiter

coação sf contrainte, coercition

coadjuvante adj-smf 1 (auxiliar) adjuvant, -e 2 (ator) second rôle

coador sm filtre, passoire f, tamis

coagir vtd-vti contraindre

coagulação sf coagulation

coagular vtd 1 (sangue) coaguler, cailler, figer 2 fig (ficar imobilizado) figer
▸ vpr **coagular-se** 1 (sangue) se coaguler, se figer 2 fig se figer, se cailler

coágulo sm caillot

coalhada sf lait m caillé

coalhado, -da adj 1 (leite) caillé, -e, coagulé, -e 2 fig (apinhado) bondé, -e

coalhar vtd 1 (leite) coaguler, cailler 2 (encher, apinhar) bourrer, bonder
▸ vpr **coalhar-se** 1 (leite) coaguler 2 (encher-se) se remplir

coalizão sf coalition

coar vtd filtrer
• **coar o café** faire le café

coaxar vi coasser

cobaia sf zool fig cobaye

cobalto sm quím cobalt

coberta sf 1 (da cama) couverture 2 (de barco) pont m inférieur

coberto, -ta adj 1 (com cobertura; protegido) couvert, -e 2 (revestido) recouvert, -e
▸ sm **coberto** (telheiro) remise f, cagibi, appentis
• **bolo coberto de chantili** gâteau nappé de chantilly
• **céu coberto de nuvens** ciel couvert

cobertor sm couvre-lit
• **cobertor de orelha** personne avec qui on dort

cobertura sf 1 (revestimento) revêtement m 2 arq couverture 3 (proteção, defesa; reportagem; de seguro; de celular) couverture
• **cheque com/sem cobertura** chèque avec/sans provision

cobiça sf convoitise

cobiçar vtd convoiter

cobra sf serpent m
▸ smf (perito) aigle

cobrador sm recouvreur, guichetier

cobrança sf 1 (de dinheiro) recouvrement, facture 2 fig (de atitudes etc.) réclamation, revendication

cobrar vtd-vtdi 1 (pedir preço) prendre: **ele me cobrou só 20 reais** il ne m'a pris que 20 reals 2 (dívida) recouvrer 3 fig (exigir) exiger
• **encomenda a cobrar** colis en port dû
• **ligação/chamada a cobrar** appel en PCV

cobre sm quím cuivre

cobrir vtd couvrir
▸ vtdi (cumular) couvrir (**de**, de)
▸ vpr **cobrir-se** se couvrir
• **cobrir longas distâncias** parcourir de longues distances

cocada sf cul confiserie à base de pulpe de noix de coco rapée et de sucre

cocaína sf cocaïne

coçar vtd gratter
▸ vi démanger
▸ vpr **coçar-se** se gratter
• **comer e coçar é só começar** l'appétit vient en mangeant

cóccix sm anat coccyx

cócegas sf pl chatouilles, papouilles
• **fazer cócegas** faire des chatouilles/guilis-guilis

coceira sf démangeaison

cochichar vtd-vti-vi chuchoter

cochicho sm chuchotement

cochilar vi 1 (quase dormir) somnoler, s'assoupir 2 fig (distrair-se) louper, rater

cochilo sm 1 (soneca) somme 2 fig (descuido) inattention f

coco sm 1 bot noix de coco 2 fig (cabeça) tête

cocô sm caca
• **fazer cocô** faire caca

cócoras sf loc **de cócoras** accroupi, -e

cocuruto sm sommet

codificar vtd 1 (reunir em código) codifier 2 (cifrar) chiffrer

código sm 1 (coleção de leis) code 2 (cifra) chiffre 3 (senha) mot de passe
▪ **código civil** code civil
▪ **código de barras** code-barres
▪ **código de endereçamento postal (CEP)** code postal

- **código de trânsito** code de la route
- **código penal** code pénal

codorna sf ZOOL caille

coeficiente sm coefficient

coelho, -lha sm, f ZOOL lapin, -e
- **matar dois coelhos com uma cajadada** faire d'une pierre deux coups

coentro sm BOT coriandre f

coerção sf coercition

coerência sf cohérence

coerente adj cohérent, -e

coexistência sf coexistence

coexistir vti-vi coexister

cofre sm coffre

cofre-forte (pl **cofres-fortes**) sm coffre-fort

cofrinho sm coffret, tirelire f

cogitar vtd-vt-vi réfléchir

cogumelo sm BOT champignon

coice sm ruade f
- **dar coices** ruer

coifa sf (de chaminé) cheminée

coincidência sf 1 (concorrência de fatos) coincidence 2 (acaso) hasard m: *encontraram-se por coincidência* ils se sont rencontrés par hasard
- **que coincidência!** quelle coïncidence!, quel heureux hasard!

coincidir vti-vi coïncider

coisa sf 1 (ente, objeto etc.) chose 2 (objetos pessoais) affaire f: *pôr as coisas na mesa* poser ses affaires sur la table 3 (assunto) sujet m 4 (interesse, vida) truc m: *isso é coisa minha, não se meta* c'est un truc à moi, ne t'en mêle pas 5 (caso) chose, événement m
- **a coisa ficou preta** l'affaire a tourné au vinaigre
- **aí tem coisa** il y a anguille sous roche
- **alguma coisa** qqch
- **cheio de coisa** aux petits soins
- **coisa alguma** rien
- **coisa de** (cerca de) environ
- **não dizer coisa com coisa** dire n'importe quoi
- **não ser grande coisa** être peu de chose, n'être pas grand-chose
- **ter uma coisa** [passar mal] avoir un truc/un malaise

coitado, -da adj-sm, f pauvre, malheureux, -se
- **coitado do João** pauvre João
- **ser um pobre coitado** être un pauvre diable/type

coito sm coït

cola sf 1 (para grudar) colle 2 (cópia) pompe, antisèche
- **andar/estar na cola de alguém** être sur le dos de qqn

colaboração sf collaboration

colaborador, -ra adj-sm, f collaborateur, -trice

colaborar vti-vi collaborer

colagem sf collage m

colante sm justaucorps

colapso sm collapsus

colar¹ vtd-vtdi 1 (unir com cola) coller 2 (copiar) copier, pomper 3 (encostar) rapprocher 4 (unir) rapprocher, coller
▶ vti (aproximar) rapprocher (**em**, à)
▶ vi 1 (grudar-se) coller 2 (ser aceito) coller: *a desculpa não colou* l'excuse n'a pas collé 3 (copiar) copier
▶ vpr **colar-se** (encostar-se, unir-se) se rapprocher, coller
- **colar grau** obtenir un diplôme

colar² sm collier

colarinho sm 1 (em roupa) col 2 (em cerveja) mousse f

colarinho-branco (pl **colarinhos-brancos**) sm col blanc

colateral adj collatéral, -e

colcha sf couvre-lit m
- **colcha de retalhos** couvre-pieds m, couvre-lit en patchwork (fig) miscellanées

colchão sm matelas
- **colchão inflável** matelas pneumatique

colchete sm crochet
- **colchete de gancho** crochet
- **colchete de pressão** bouton-pression

colchonete sm matelas d'appoint

coleção sf 1 (de coisas) collection 2 (de textos) recueil m

colecionador, -ra sm, f collectionneur, -se

colecionar vtd 1 (coisas) collectionner 2 (textos) colliger, réunir en recueil

colega *smf* collègue, camarade

colegial *adj* collégial, -e
▶ *smf* collégien, -ne, lycéen, -ne

colégio *sm* collège, lycée
• **colégio eleitoral** collège électoral

coleira *sf* collier *m*, laisse

cólera *sf* colère
▶ *smf* MED choléra *m*

colesterol *sm* cholestérol

coleta *sf* 1 (*da natureza*) cueillette, récolte 2 (*de dinheiro*) collecte, quête 3 (*de sangue*) prélèvement *m* 4 (*de dados, informações*) collecte

coletar *vtd* 1 (*dinheiro*) collecter 2 (*da natureza*) cueillir, récolter 3 (*sangue*) prélever 4 (*dados, informações*) collecter, recueillir

colete *sm* gilet
• **colete salva-vidas** gilet de sauvetage

coletividade *sf* collectivité

coletivo, -va *adj* collectif, -ve
▶ *sm* **coletivo** (*transporte*) transport en commun

colhão *sm chulo* couilles *f pl*

colheita *sf* 1 (*de plantação*) récolte 2 *fig* moisson, récolte

colher *vtd* 1 (*flores etc.*) cueillir 2 (*coletar*) collecter 3 *fig* récolter: **colher os resultados de suas ações** récolter le résultat de ses actions 4 (*surpreender*) prendre, surprendre 5 MED prendre, prélever 6 (*atropelar*) renverser

colher *sf* cuillère
• **colher de pedreiro** truelle
• **dar uma colher de chá** *fig* pistonner/favoriser qqn, donner un coup de pouce à qqn
• **meter a colher** *fig* mettre son grain de sel

colherada *sf* cuillerée

cólica *sf* MED colique

colidir *vti* entrer en collision (**com**, avec), (*se*) heurter (**com**, contre)

coligar-se *vp* se liguer, former une ligue

colina *sf* colline

colírio *sm* MED collyre

colisão *sf* collision, heurt *m*

colmeia *sf* ruche

colo *sm* 1 ANAT gorge 2 (*regaço*) giron, sein
• **colo do útero** col de l'utérus

colocação *sf* 1 (*ato de colocar*) placement *m*, disposition, rangement *m* 2 (*emprego*) occupation, emploi *m*, travail *m*

colocar *vtd* 1 (*pôr*) placer 2 (*assentar*) poser: **colocar ladrilhos** poser le carrelage 3 (*empregar*) caser
▶ *vpr* **colocar-se** (*instalar-se; conseguir emprego; classificar-se*) se placer

cólon *sm* ANAT côlon

colônia *sf* colonie

colonial *adj* colonial, -e

colonizar *vtd* coloniser

coloquial *adj* cotidien, -ne, familier, -ère, vulgair, -e

colorido, -da *adj* coloré, -e
▶ *sm* **colorido** coloris, couleur *f*, teinte *f*

colorir *vtd* colorier
▶ *vpr* **colorir-se** se colorer

colossal *adj* colossal, -e

colosso *sm* colosse

coluna *sf* colonne
• **coluna vertebral** colonne vertébrale

colunista *smf* chroniqueur, -euse

com *prep* 1 (*companhia*) avec: **fui à festa com ele** je suis allé à la fête avec lui 2 (*conteúdo*) de: **um prato com comida** une assiette de nourriture 3 (*meio, instrumento*) avec, à la/au: **comer com a mão** manger avec les doigts; **limpar com sabão** nettoyer au savon 4 (*caracterização*) avec: **com tanto dinheiro, só pode mesmo ter essa casa** avec autant d'argent, il ne peut qu'avoir une telle maison 5 (*matéria*) avec: **um objeto feito com material reciclável** un objet fait avec un matériau recyclable 6 (*modo*) avec: **olhou-me com ódio** il m'a regardé avec haine 7 (*para com*) avec, envers: **é muito bondoso com as crianças** il est très bon avec les enfants 8 (*tempo*) sous: **saímos com chuva** on est sortis sous la pluie
• **estar/não estar com algo** (*portar*) avoir qqch (*usar-roupa*) porter (des vêtements)
• **estar com 1,70 m** avoir 1,70 m
• **estar com dez anos** avoir dix ans

coma *sm* MED coma

comadre *sf* **1** commère **2** (*urinol*) vase de nuit *m*

comandante *adj -sm* commandant

comandar *vtd* commander

comando *sm* **1** (*direção, liderança*) commandement: *invadiram a cidade sob o seu comando* ils ont envahi la ville sous son commandement **2** (*posto de comandante*) poste du commandant **3** (*ordem*) ordre **4** (*grupo militar*) commando

• **comando de polícia** commandement de police

combate *sm* combat

• **pôr fora de combate** mettre hors de combat

combatente *smf* combattant, -e

combater *vtd* **1** (*em guerra*) combattre **2** *fig* (*lutar*) lutter contre

combativo, -va *adj* combatif, -ve

combinação *sf* **1** (*harmonia*) accord *m* **2** (*acordo*) accord *m* **3** (*roupa íntima feminina*) combinaison, fonds *m* de robe

combinado, -da *adj* (*harmonizado; ajustado*) accordé, -e

▶ *sm* **combinado** ESPORTE équipe *f* sélectionnée

• **não foi isso o combinado** ce n'est pas ce qu'on a convenu

combinar *vtd-vtdi* **1** (*harmonizar*) accorder, assortir: *combinar cores* assortir les couleurs **2** (*ajustar*) convenir: *combinaram um almoço* ils ont convenu un déjeuner **3** (*dar-se*) s'entendre, s'accorder: *Pedro não combina com João* Pedro et João ne s'entendent pas

▶ *vti-vi* **1** (*harmonizar-se*) s'accorder **2** (*dar-se*) s'entendre

▶ *vpr* **combinar-se** (*harmonizar-se*) s'accorder

combustão *sf* combustion

combustível *sm* combustible, carburant

começar *vtd* (*dar início*) commencer, démarrer: *já começamos os trabalhos de construção* nous avons déjà démarré les travaux

▶ *vti* commencer (**a**, à/de): *começou a chorar sem motivo* il/elle a commencé à pleurer sans raison

▶ *vi* **1** (*ter início*) commencer, débuter: *o calor começou forte* la chaleur a débuté forte; *as aulas já começaram* les cours ont déjà commencé; *a sinfonia começa com um allegro* la symphonie débute par un allegro **2** (*iniciar*) débuter, démarrer: *a firma começou com um bom capital* l'entreprise/ la société a démarré avec un bon capital

começo *sm* début, commencement, démarrage

• **desde o começo** depuis le début, depuis le commencement

• **no começo** au début

• **no começo da noite** en début de soirée

comédia *sf* comédie

comediante *smf* comédien, -ne

comemoração *sf* commémoration

comemorar *vtd* fêter, célébrer, commémorer

comentar *vtd* commenter

comentário *sm* commentaire

comentarista *smf* commentateur, -trice, reporter

comer *vtd* **1** (*alimentar-se*) manger **2** (*no jogo*) éliminer **3** *chulo* (*copular*) baiser

• **come-se bem ali** on y mange bien

• **dar de comer** [na boca] donner à manger

comercial *adj* commercial, -e

▶ *sm* **comercial 1** (*prato a preço especial*) plat du jour **2** (*anúncio em rádio, TV*) publicité *f*, pub *f*, reclame *f*

comercializar *vtd* commercialiser

comerciante *smf* commerçant, -e

comércio *sm* **1** ECON commerce **2** (*estabelecimentos comerciais*) commerces *pl*

• **de fechar o comércio** extraordinaire

comes *sm pl* entrées *f*, amuse-gueule *m*

• **comes e bebes** collation *f*, cocktail *m*

comestível *adj-sm* comestible, mangeable

cometa *sm* comète *f*

cometer *vtd* commettre

comício *sm* meeting, réunion *f* publique

• **comício relâmpago** meeting/réunion spontanée et rapide sur la voie publique

cômico, -ca *adj* comique
▶ *sm,f (comediante)* comique

comida *sf* nourriture
• **com casa e comida** nourri, -e et logé, -e
• **fazer comida** faire à manger

comigo *pron* avec moi

comilança *sf* bouffe, festin *m*, gueuleton *m*.

comilão, -ona *adj-sm,f* goinfre

comissão *sf* **1** *(grupo de pessoas)* commission, comité *m* **2** *(gratificação)* commission
• **comissão de frente** compositeurs en première ligne d'une école de samba les jours de défilé

comissário, -a *sm,f* commissaire

comitê *sm* comité

comitiva *sf* cortège *m*, escorte, délégation: *o presidente nunca viaja sem comitiva* le président ne voyage jamais sans sa délégation

como *conj* **1** *(da mesma forma que; do modo que; conforme)* comme: *ele trabalha como eu* il travaille comme moi; *ela se veste como bem entende* elle s'habille comme elle l'entend; *como já lhe disse...* comme je l'ai déjà dit **2** *(porque)* comme, parce que, puisque: *como gostei da blusa, comprei duas* comme le chemisier m'a plu, j'en ai acheté deux **3** *(de que modo)* comment: *perguntei-lhe como havia conseguido aquelas fotos* je lui ai demandé comment il avait obtenu ces photos
▶ *loc conj* **como se** comme si
▶ *adv* **1** *(de que maneira)* comment: *como você veio?* comment es-tu venu? **2** *(até que ponto)* que: *como é bonita essa música!* que cette chanson est belle! **3** *(na qualidade de)* en tant que, en: *como dono da casa, vou ficar* en tant que maître de maison, je reste; *tratar alguém como amigo* traiter qqn en ami
▶ *pron* de: *não gostei do modo como ele me olhou* je n'ai pas aimé sa façon de me regarder
• **como assim?** comment?
• **como? Não entendi** pardon? Je n'ai pas compris

comoção *sf* commotion

cômoda *sf* commode

comodidade *sf* commodité

comodista *adj-smf* égocentrique, égoïste

cômodo, -da *adj* commode
▶ *sm* **cômodo** pièce *f*: *uma moradia de três cômodos* une maison trois pièces

comovente *adj* émouvant, -e

comover *vtd-vtdi-vi* émouvoir
▶ *vpr* **comover-se** s'émouvoir

comovido, -da *adj* ému, -e

compacto, -ta *adj* compact, -e

compadecer-se *vp* s'appitoyer (**de/com**, sur)

compadre *sm* compère

compaixão *sf* compassion

companheiro, -ra *adj-sm,f* compagnon, -gne

companhia *sf* **1** compagnie: *fazer companhia a alguém* tenir compagnie à qqn; *ele é ótima companhia* il est d'une excellente compagnie; *viver em companhia de alguém* vivre en compagnie de qqn **2** *(firma)* entreprise, compagnie **3** MIL compagnie
• **companhia teatral** troupe théâtrale

comparação *sf* comparaison
• **termo de comparação** des termes de comparaison

comparar *vtd-vtdi* comparer (**com**, à)
▶ *vpr* **comparar-se 1** *(confrontar-se)* se confronter (**com**, à) **2** *(equiparar-se)* se comparer

comparável *adj* comparable

comparecer *vi* **1** *(apresentar-se, ir)* aller, venir, se présenter: *por causa da chuva, muitos convidados não compareceram* à cause de la pluie, nombre d'inviter ne sont pas venus **2** *(perante um tribunal)* comparaître

comparecimento *sm* **1** *(presença, ida)* présence *f*: *agradeço a todos o comparecimento* je vous remercie de votre présence **2** *(perante um tribunal)* comparution

comparsa *smf* **1** TEATRO comparse **2** *(cúmplice)* complice

compartilhar *vtd-vti* partager: *compartilhar algo com alguém* partager qqch avec qqn; *ela compartilhou de minha dor* elle a partagé ma douleur

compartimento *sm* compartiment
- **compartimento de carga** wagon de marchandises

compasso *sm* **1** (*instrumento*) compas **2** MÚS mesure *f*
- **em compasso de espera** en attente *f*

compatível *adj* compatible

compatriota *smf* compatriote

compenetrar *vtdi* convaincre, persuader
▸ *vpr* **compenetrar-se** se convaincre

compensação *sf* compensation
- **em compensação** en revanche, par contre

compensado, -da *adj* compensé, -e
▸ *sm* (*madeira*) contre-plaqué
- **cheque compensado** chèque encaissé

compensar *vtd-vtdi* **1** (*contrabalançar; indenizar*) compenser **2** (*cheque*) encaisser
- **o crime não compensa** le crime ne paie pas

competência *sf* **1** (*capacidade, aptidão*) compétence, capacité, aptitude **2** (*alçada*) ressort *m*: *esse assunto não é de minha competência* cette question n'est pas de mon ressort DIR compétence

competente *adj* **1** (*capaz*) compétent, -e, habile, capable **2** (*juiz, jurisdição; autoridade*) compétent, -e

competição *sf* compétition

competir *vti* **1** (*entrar em competição*) entrer en compétition (**com**, avec) **2** (*caber, incumbir*) relever (**a**, de), ressortir (**a**, à)

competitivo, -va *adj* compétitif, -ve

complacente *adj* complaisant, -e

compleição *sf* complexion

complementar *vtd* compléter
▸ *vpr* **complementar-se** se compléter
▸ *adj* **complementar** complémentaire

complemento *sm* complément

completar *vtd* **1** (*tornar completo*) compléter, parfaire **2** (*terminar*) compléter, parachever **3** (*aniversário*) avoir: *hoje ele completa sete anos* il a sept ans aujourd'hui
▸ *vi* (*encher*) remplir, faire le plein
▸ *vpr* **completar-se** se compléter
- **completar (o tanque)** faire le plein

completo, -ta *adj* **1** (*total, inteiro*) complet, -e **2** (*perfeito*) total, -e: *um completo irresponsável* un irresponsable total
▸ *sm* **completo** (*terno*) complet, costume
- **lotação completa** (*autobus etc.*) complet

complexado, -da *adj-sm,f* complexé, -e

complexidade *sf* complexité

complexo, -xa *adj* complexe
▸ *sm* **complexo** complexe

complicação *sf* complication

complicar *vtd* compliquer, embrouiller
▸ *vpr* **complicar-se 1** (*tornar-se complicado*) se compliquer **2** (*pôr-se em situação difícil*) s'embrouiller

complô *sm* complot

componente *adj* composant, -e
▸ *smf* composante *f*

compor *vtd* composer
▸ *vi* (*escrever música*) composer
▸ *vpr* **compor-se 1** (*ser composto*) être composé, -e (**de**, de) **2** (*arrumar-se*) se rhabiller

comporta *sf* écluse, vanne

comportado, -da *adj* sage

comportamento *sm* comportement

comportar *vtd* **1** (*admitir*) admettre **2** (*conter, ter capacidade*) comporter, contenir
▸ *vpr* **comportar-se 1** se comporter (**como**, en/comme) **2** (*ser comportado*) être sage

composição *sf* **1** (*constituição*) composition **2** (*redação*) rédaction **3** (*musical*) composition

compositor, -ra *sm,f* compositeur, -trice

composto, -ta *adj* composé, -e
▸ *sm* **composto** composé

compostura *sf* retenue

compra *sf* (*aquisição; coisa comprada*) achat
- **fazer compras** faire ses courses [de mantimentos] faire des emplettes/faire ses provisions
- **compra e venda** achat et vente

comprador, -ra *sm, f* acheteur, -euse

comprar *vtd* acheter

compreender *vtd* (*entender; incluir*) comprendre

compreensível *adj* compréhensible

compreensivo, -va *adj* compréhensif, -ve

compressa *sf* compresse

compressão *sf* compression

comprido, -da *adj* long, -gue
• **ao/de comprido** en longueur

comprimento *sm* longueur *f*
• **ter** *x* **m de comprimento** avoir autant de mètre de long

comprimido, -da *adj* aplati, -e, compressé, -e, pressé, -e, serré, -e
▶ *sm* **comprimido** comprimé

comprimir *vtd* comprimer
▶ *vpr* **comprimir-se** se serrer

comprometer *vtd-vtdi* 1 (*obrigar a compromisso*) engager, obliger 2 (*expor a risco; pôr em má situação*) compromettre
▶ *vpr* **comprometer-se** 1 (*de casamento etc.*) se compromettre (**com**, avec) 2 (*assumir compromisso, prometer*) promettre (**a**, de), s'engager (**a**, à): **comprometeu-se a vir amanhã** il m'a promis de venir demain 3 (*arriscar-se*) se compromettre

comprometido, -da *adj* (*casado, noivo etc.*) engagé, -e, pris, -e, marié, -e, fiancé, -e

compromissar *vtd* → comprometer

compromisso *sm* 1 (*comprometimento*) engagement 2 DIR compromis

comprovante *sm* preuve *f*, récépissé, quittance *f*
• **comprovante de depósito bancário** reçu de virement bancaire

comprovar *vtd* prouver, confirmer

compulsório, -a *adj* obligatoire, d'office

computação *sf* informatique

computador *sm* ordinateur

computar *vtd* compter, calculer

cômputo *sm* calcul

comum *adj* commun, -e
▶ *sm* **comum** 1 (*maioria*) commun, plupart, plus grand nombre: **o comum dos brasileiros** la plupart des Brésiliens 2 (*costumeiro*) courant: **o comum é almoçarem ao meio-dia** le plus courant est qu'ils déjeunent à midi

comungar *vtd-vtdi* (*ter em comum*) communier, partager
▶ *vi* RELIG communier

comunhão *sf* 1 (*ato de ter em comum*) communauté 2 RELIG communion
■ **comunhão de bens** regime de la communauté universelle

comunicação *sf* communication
• **ministro das comunicações** ministre des télécommunications

comunicado *sm* communiqué

comunicador, -ra *sm, f* (*em rádio, TV*) présentateur, -trice, speaker, -krine

comunicar *vtd-vtdi* communiquer, transmettre
▶ *vpr* **comunicar-se** 1 (*dialogar*) dialoguer: **sente-se isolado porque não se comunica** il se sent isolé parce qu'il ne dialogue pas 2 (*entrar em contato*) contacter; entrer en contact: **para divulgar o fato, comunique-se com a imprensa** pour diffuser le fait, contactez la presse; **os dois exércitos não conseguiram se comunicar** les deux armées n'ont pas réussi à entrer en contact

comunicativo, -va *adj* communicatif, -ve

comunidade *sf* communauté

comunista *smf* communiste

comunitário, -a *adj* communautaire

côncavo, -va *adj* concave

conceber *vtd-vi* concevoir

conceder *vtd-vtdi* 1 (*dar, outorgar*) concéder, accorder
▶ *vi* (*fazer concessão*) concéder
• **conceder entrevistas** donner des interviews

conceito *sm* 1 (*noção*) concept 2 (*ponto de vista*) conception *f* 3 (*reputação*) réputation *f* 4 (*nota escolar*) note, appréciation *f*

conceituado, -da *adj* réputé, -e

conceituar *vtd* 1 (*formular conceito*) définir un concept 2 (*avaliar*) évaluer

concentração *sf* 1 concentration 2 (*reunião, encontro*) rassemblement *m*

concentrado, -da *adj* concentré, e

▶ *sm* **concentrado** concentré

concentrar *vtd-vtdi* 1 *(fazer convergir)* rassembler 2 *(tornar mais denso)* concentrer

▶ *vpr* **concentrar-se** 1 *(reunir-se)* se rassembler 2 *(aplicar atenção; tornar-se mais denso)* se concentrer

concepção *sf (ato de conceber; conceito)* conception

concerto *sm* concert

concessão *sf* concession

concessionário, -a *sm, f* concessionnaire

• **concessionária de automóveis** représentant automobile

concha *sf* 1 ZOOL coquille, coquillage *m* 2 *(para servir)* louche 3 ANAT conque

conchavar *vtd (combinar)* comploter, manigancer

▶ *vpr* **conchavar-se** *(conluiar-se)* se mettre d'accord

conchavo *sm (conluio)* complot, connivence *f*

conciliação *sf* conciliation

conciliador, -ra *adj* conciliateur, -trice

conciliar *vtd* 1 *(conseguir acordo)* mettre d'accord, concilier, accorder 2 COM *(contas)* accorder

▶ *vpr* **conciliar-se** se mettre d'accord
▶ *adj* **conciliar** conciliaire

• **conciliar o sono** trouver le sommeil

concílio *sm* concile

conciso, -sa *adj* concis, -e

conclave *sm* conclave

concluir *vtd* 1 *(terminar)* terminer 2 *(deduzir)* conclure

▶ *vtd-vtdi (acordo, tratado)* conclure

conclusão *sf (dedução; término; ajuste)* conclusion

• **em conclusão** pour conclure
• **tirar conclusões** tirer des conclusions

conclusivo, -va *adj* conclusif, -ve

concomitância *sf* concomitance, simultanéité

concordância *sf* concordance, accord *m*

concordar *vti-vi* être d'accord: *concordar com alguém* être d'accord avec qqn; *você concorda em viajar amanhã? – concordo!* tu es d'accord pour partir demain? – je suis d'accord!

concordata *sf* 1 COM mise en liquidation 2 POL concordat *m*, convention

concórdia *sf* entente, concorde

concorrência *sf* concurrence

• **concorrência pública** adjudication, attribution d'un marché public

concorrente *adj-smf* concurrent, -e

concorrer *vti* 1 *(competir)* concourir 2 *(apresentar-se como candidato)* concourir, se présenter à: *concorrer ao cargo* concourir/se présenter au poste 3 *(contribuir)* apporter sa contribution (**para**, à)

concorrido, -da *adj* demandé, -e, recherché, -e: *um exame concorrido* un examen très recherché

concretizar *vtd* concrétiser

▶ *vpr* **concretizar-se** se concrétiser

concreto, -ta *adj* concret, -ète
▶ *sm* **concreto** béton

■ **concreto armado** béton armé

concubino, -na *sm, f* concubin, -e

concurso *sm* concours

condão *sm* don, faculté *f*

conde, -essa *sm, f* comte, -esse

condecoração *sf* décoration

condecorar *vtd-vtdi* décorer

condenação *sf* condamnation

condenado, -da *adj-sm, f* condamné, -e

condenar *vtd* condamner

▶ *vpr* **condenar-se** *(trair-se)* se dénoncer, se trahir

condenável *adj* condamnable

condensação *sf* condensation

condensar *vtd (tornar mais denso; resumir)* condenser

• *vpr* **condensar-se** se condenser

condescendente *adj* condescendent, -e

condição *sf* condition

▶ *pl* **condições** 1 *(posição)* (être en) mesure/à même de: *ele não tem condições de ganhar o concurso* il n'est pas en mesure/il n'est pas à même de réussir le concours 2 *(estado)* état *m*: *não está em condições de sair* il n'est pas en état de sortir; *o carro está em péssimas condições* la voiture est en très mauvais

état 3 (*situação*) conditions, moyens *mpl*: *condições financeiras* moyens financiers
• **com a condição de** à (la) condition de
• **condições atmosféricas** conditions atmosphériques
• **condições de voo/decolagem/aterrissagem** conditions de vol/décollage/atterrissage
• **na condição de** en tant que
• **sem condição!** en aucune façon!

condicionador *sm* 1 (*de cabelo*) après-shampoing 2 (*de ar*) conditionneur, climatisation *f*

condicional *adj* conditionnel, -le

condicionamento *sm* conditionnement
• **condicionamento físico** culture *f* physique

condicionar *vtd-vtdi* (*determinar; impor condição*) conditionner
▸ *vtd* (*criar condicionamento*) conditionner

condimentar *vtd* assaisonner, épicer

condimento *sm* condiment, assaisonnement

condizente *adj* en accord, assorti, -e

condoer-se *vpr* témoigner/avoir de la compassion (**de**, pour)

condoído, -da *adj* touché, -é, compatissant, -e

condolências *sf pl* condoléances
• **dar condolências a alguém** présenter ses condoléances à qqn

condomínio *sm* 1 (*taxa mensal*) taxes *f pl* 2 (*residência*) résidence *f*, copropriété *f*
• **condomínio fechado** lotissement fermé

condômino, -na *sm, f* résident, -e

condução *sf* 1 (*direção*) moyen *m* de transport 2 (*transporte*) moyen *m* de transport 3 (*coletivo*) transport *m* en commun: *tomo duas conduções para ir ao trabalho* je prends deux transports en commun pour aller au boulot

conduta *sf* conduite

condutor, -ra *adj-sm, f* conducteur, -trice
▸ *sm* **condutor** (*de trem*) machiniste

conduzir *vtd-vti-vtdi* conduire
▸ *vpr* **conduzir-se** se conduire

cone *sm* cône

conectar *vtd* 1 ELETR connecter 2 (*ligar*) brancher
▸ *vpr* **conectar-se** 1 ELETR se connecter 2 (*ligar-se, interligar-se*) se brancher

conexão *sf* 1 ELETR branchement *m*, connexion 2 (*relação, nexo*) rapport *m* 3 (*baldeação*) correspondance

confecção *sf* confection

confeccionar *vtd* confectionner, fabriquer, faire

confederação *sf* confédération

confeitar *vtd* confire, agrémenter (une pâtisserie)

confeito *sm* confiserie *f*

conferência *sf* 1 (*palestra*) conférence 2 (*confronto, cotejo*) vérification

conferencista *smf* conférencier, -ère

conferir *vtd-vtdi* 1 (*cotejar*) vérifier, confronter, examiner 2 (*dar, conceder*) octroyer 3 (*imprimir*) accorder, donner: *aquele dado conferiu novo caráter à questão* cet élément a donné un nouvel aspect à la question
▸ *vti* (*estar de acordo*) être conforme, correspondre (**com**, à)
▸ *vi* (*estar certo*) être conforme: *as contas não conferem* les comptes ne sont pas conformes

confessar *vtd-vtdi* avouer
▸ *vpr* **confessar-se** se confesser

confesso, -sa *adj* qui s'est avoué, -e coupable
• **réu confesso** accusé qui plaide coupable

confessor *sm* RELIG confesseur

confete *sm* confetti

confiado, -da *adj-sm, f* (*atrevido*) effronté, -e

confiança *sf* 1 (*crédito; certeza*) confiance: *ter confiança em algo/alguém* avoir confiance en qqch/qqn; *confiança no futuro* confiance dans l'avenir 2 (*atenção*) attention: *não (lhe) dê confiança* ne lui prête pas attention 3 (*liberdade, atrevimento*) liberté: *não lhe dei essa confiança* je ne lui ai pas donné cette liberté; *ela não admite confianças* elle ne permet pas qu'on prenne des libertés avec elle

confiante adj confiant, -e

confiar vti se fier (**em**, à)
▸ vtdi (confidenciar; entregar em confiança) confier
▸ vpr **confiar-se** se confier

confiável adj fiable

confidência sf confidence

confidencial adj confidentiel, -le

confidente adj-smf confident, -e

configuração sf 1 (forma) configuration, forme 2 INFORM configuration

configurar vtd 1 (dar forma, feitio) former, façonner 2 INFORM configurer
▸ vpr **configurar-se** 1 (tomar forma, feitio) se former, se composer 2 (mostrar-se) se presenter, se montrer

confinar vtd (enclausurar) confiner, enfermer
▸ vti (limitar) confiner (**com**, avec)
▸ vtdi (restringir) confiner, restreindre
▸ vpr **confinar-se** se confiner

confirmar vtd confirmer
▸ vpr **confirmar-se** se confirmer

confiscar vtd confisquer

confisco sm saisie f, confiscation f

confissão sf aveu m

conflito sm conflit

conformação sf 1 (configuração) conformation 2 (resignação) résignation

conformado, -da adj-sm,f (resignado) résigné, -e

conformar vtd (configurar) rendre conforme à qqch
▸ vtdi (adequar; conciliar) conformer
▸ vpr **conformar-se** 1 (adequar-se) se plier, s'adapter (**a**, à) 2 (resignar-se) se résigner (**com**, à)

conforme adj conforme
▸ conj 1 (como) comme 2 (à medida que) à mesure que
▸ prep (de acordo com) conformément à
• **tudo dentro dos conformes** tout comme il faut
• **você vai ao baile hoje? – conforme...** iras-tu au bal ce soir? – c'est selon...

conformidade sf 1 (correspondência, identidade) conformité 2 (concordância, anuência) conformité, accord m
• **em conformidade com** en conformité avec/conformément à

conformista smf conformiste

confortador, -ra adj réconfortant, -e

confortar vtd réconforter
▸ vpr **confortar-se** se réconforter

confortável adj confortable

conforto sm 1 (consolo) réconfort 2 (comodidade) confort

confrade sm confrère

confraternização sf fraternisation

confraternizar vti-vi (manter relações de camaradagem) fraterniser (**com**, avec)
▸ vi (festejar) célébrer, commémorer

confrontação sf confrontation

confrontar vtd-vtdi 1 (comparar) confronter 2 (pôr frente a frente) affronter
▸ vpr **confrontar-se** s'affronter

confronto sm (comparação; enfrentamento) confrontation f

confundir vtd-vtdi confondre
▸ vpr **confundir-se** se confondre

confusão sf confusion
• **armar a maior confusão** provoquer un grand désordre/la panique

confuso, -sa adj confus, -e

congelado, -da adj 1 (solidificado pelo frio) congelé, -e 2 (enregelado) gelé, -e
▸ sm **congelado** (alimento) surgelé

congelador sm freezer, congélateur

congelamento sm gel, congélation f
• **congelamento dos preços** gel des prix
• **congelamento dos salários** gel des salaires

congelar vtd 1 congéler, geler 2 ECON geler

congênito, -ta adj congénital, -e

congestão sf congestion

congestionado, -da adj 1 MED congestionné, -e 2 (trânsito) embouteillé, -e, encombré, -e

congestionamento sm 1 congestion f 2 (de trânsito) embouteillage

congestionar vtd 1 congestionner 2 (trânsito) embouteiller

▶ *vpr* **congestionar-se** congestionner 2 (*trânsito*) embouteiller

congratulação *sf* compliment *m*, félicitation *f*, congratulations *pl*
• **congratulações!** mes compliments! mes félicitations!

congratular *vtd* féliciter, congratuler, complimenter
▶ *vpr* **congratular-se** 1 (*ficar feliz*) se féliciter *congratulo-me com você pelo prêmio recebido* je me félicite avec vous pour le prix reçu 2 (*cumprimentar-se reciprocamente*) se féliciter, se congratuler, se complimenter

congregação *sf* congrégation

congresso *sm* congrès

conhaque *sm* cognac

conhecedor, -ra *sm, f* connaisseur, -euse

conhecer *vtd* 1 (*ter conhecimento*) connaître 2 (*ter convivência*) rencontrer: *ontem fiquei conhecendo o novo chefe* hier j'ai rencontré le nouveau chef 3 (*reconhecer*) reconnaître: *ela não me conheceu* elle ne m'a pas reconnu 4 (*ter visitado*) connaître: *você conhece o Rio de Janeiro?* tu connais Rio de Janeiro?
▶ *vpr* **conhecer-se** 1 (*a si mesmo*) se connaître 2 (*serem apresentados, fazer conhecimento*) faire connaissance, être présenté à

conhecido, -da *adj* connu, -e
▶ *sm, f* personne *f* de connaissance, connaissance *f*

conhecimento *sm* 1 (*o saber*) connaissance *f* 2 (*domínio de um assunto*) connaissance *f*: *ele tem bons conhecimentos de informática* il a de bonnes connaissances en informatique 3 (*documento*) reconnaissance *f* (*de dette*), reçu, récépissé
• **com conhecimento de causa** en connaissance *f* de cause
• **conhecimentos gerais** connaissances *f*, culture *f* générale
• **tomar conhecimento de algo** prendre connaissance de qqch

cônico, -ca *adj* conique

conivência *sf* connivence, complicité

conivente *adj* complice: *um silêncio conivente* un silence complice

conjectura *sf* conjecture

conjugação *sf* conjugaison

conjugado, -da *adj* conjugué, -e
▶ *sm* **conjugado** (*apartamento*) studio

conjugal *adj* conjugal, -e

conjugar *vtd* conjuguer
▶ *vpr* **conjugar-se** se conjuguer

cônjuge *smf* conjoint, -e

conjunção *sf* conjonction

conjuntivite *sf* MED conjonctivite

conjunto, -ta *adj* conjoint, -e
▶ *sm* **conjunto** 1 MÚS ensemble, groupe 2 (*jogo*) ensemble, jeu, lot, série *f*: *um conjunto de panelas* une série de casseroles
• **conjunto de saia e blusa** un ensemble jupe chemisier
• **conjunto habitacional/residencial** ensemble/tour *f* d'habitation, HLM, ZUP
• **teoria dos conjuntos** théorie des ensembles

conjuntura *sf* conjoncture

conosco *pron* avec nous

conotação *sf* connotation

conquista *sf* conquête

conquistador, -ra *sm, f* 1 (*guerreiro*) conquérant, -e 2 *fam* (*namorador*) tombeur, -euse, séducteur, -trice

conquistar *vtd* conquérir

consagração *sf* consécration

consagrado, -da *adj* consacré, -e, sacré, -e

consagrar *vtd-vtdi* consacrer, sacrer
▶ *vpr* **consagrar-se** 1 (*dedicar-se*) se consacrer 2 (*afirmar-se, afamar-se*) être reconnu, -e

consanguíneo, -a *adj-sm, f* consanguin, -e

consciência *sf* conscience
• **em sã consciência** en toute conscience
• **perder a consciência** perdre connaissance
• **pôr a mão na consciência** faire qqch honnêtement, franchement
• **por desencargo de consciência** par acquit de conscience
• **recobrar a consciência** reprendre conscience

- **tomar consciência** prendre conscience

consciencioso, -sa *adj* consciencieux, -euse, appliqué, -e

consciente *adj* conscient, -e
▸ *sm* **consciente** PSIC conscient

conscientizar-se *vpr* prendre conscience

consecutivo, -va *adj* consécutif, -ve

conseguir *vtd* **1** *(ser capaz)* réussir: *não conseguiu entregar a prova em tempo* il n'a pas réussi à rendre l'examen à temps **2** *(obter)* obtenir: *ele conseguiu uma boa nota no exame* il a obtenu une bonne note à l'examen **3** *(arranjar)* trouver: *ainda não conseguiu emprego* il n'a pas encore trouvé de travail
▸ *vi* y parvenir, y arriver: *tenho certeza de que você vai conseguir* je suis sûr que tu y parviendras

conselheiro, -ra *adj-sm,f* conseiller, -ère

conselho *sm* **1** *(opinião)* conseil, avis **2** *(grupo administrativo, consultivo)* conseil
- **dar/pedir conselhos** donner/demander conseil

consenso *sm* consensus

consentimento *sm* consentement, agrément

consentir *vtd-vti-vi* consentir, agréer, accepter, permettre: *não consentiu que estampassem sua foto no jornal* il n'a pas permis qu'on mette sa photo dans le journal; *ela consentiu em fazer os exames de laboratório* elle a accepté de faire les examens au laboratoire

consequência *sf* conséquence
- **sofrer as consequências** en souffrir les conséquences

consertar *vtd* **1** *(fazer reparos)* réparer, raccommoder **2** *fig (corrigir)* corriger

conserto *sm* **1** *(reparo)* réparation *f*, raccommodage **2** *fig (correção)* correction *f*

conserva *sf* conserve

conservação *sf* conservation

conservado, -da *adj* conservé: *uma pessoa conservada* une personne conservée

conservador, -ra *sm,f* POL conservateur, -trice

conservante *sm* conservateur

conservar *vtd* conserver
▸ *vpr* **conservar-se** se maintenir

conservatório *sm* conservatoire

consideração *sf* **1** *(exame)* considération **2** *(respeito, estima)* considération, égard *m*, estime *f*: *ter consideração por alguém* avoir de l'estime pour quelqu'un
▸ *pl* **considerações** considérations
- **em consideração a alguém** par égard pour qqn
- **levar em consideração** prendre en considération, avoir égard à

considerar *vtd* **1** *(ponderar, examinar)* considérer, examiner, pondérer, examiner **2** *(julgar)* trouver, juger: *considerei melhor não comprar a casa* j'ai trouvé mieux de ne pas acheter la maison **3** *(ter em boa conta)* estimer: *os patrões o consideram muito* les patrons l'estiment beaucoup
▸ *vpr* **considerar-se** se considérer, se juger, se croire, se prendre pour

considerável *adj* considérable

consigo *pron* **1** *(em poder de)* sur soi/lui/elle/eux/elles: *trazia consigo uma carteira* il avait son portefeuille sur lui **2** *(em si)* en soi/lui/elle/eux/elles: *trazem consigo lembranças da infância* ils ont en eux des souvenirs d'enfance **3** *(para si)* pour lui-même/elle-même: *ela não gasta consigo, só com a família* elle ne dépense pas pour elle, uniquement pour sa famille
- **dizer consigo** se parler à soi-même

consistência *sf* consistance

consistente *adj* consistant, -e

consistir *vti* consister (**em**, en)

consoante *adj* consonant, -e
▸ *sf* consonne
▸ *conj* selon

consolar *vtd* consoler
▸ *vpr* **consolar-se** **1** *(confortar-se)* se consoler **2** *(resignar-se)* se rabattre (**com**, sur)

console *sm* console *f*

consolidação *sf* consolidation

consolidar *vtd* consolider
▸ *vpr* **consolidar-se** se consolider

consolo *sm* consolation *f*, soulagement

consórcio *sm* **1** *(união, casamento)* union *f*, mariage **2** COM consortium

conspiração *sf* conspiration

conspirar *vti-vi* conspirer

constância *sf* constance

constante *adj* **1** *(que consta)* figurant *inv*: *os nomes constantes na lista estão errados* les noms figurant sur la liste sont faux **2** *(imutável, invariável; incessante)* constant, -e
▸ *sf* **constante** MAT constante

constar *vi-vti* faire mention, inscrire, figurer: *consta que...* il est fait mention que...
▸ *vti* **1** *(fazer parte, estar)* faire partie: *meu nome não consta da lista* mon nom ne fait pas partie de la liste **2** *(ser constituído)* être composé, -e de, comprendre: *o apartamento consta de quatro cômodos* l'appartement comprend quatre pièces
• **nada consta** rien à signaler

constatação *sf* constat *m*

constatar *vtd* constater

constelação *sf* constellation

consternação *sf* consternation, accablement, désolation

constipação *sf* **1** *(prisão de ventre)* constipation **2** *(resfriado)* rhume *m*, refroidissement *m*

constipar *vtd* **1** *(dar prisão de ventre)* constiper **2** *(resfriar)* enrhumer, refroidir
▸ *vpr* **constipar-se 1** *(ter prisão de ventre)* se constiper **2** *(resfriar-se)* s'enrhumer, se refroidir

constitucional *adj* constitutionnel, -le

constituição *sf* constitution

constituinte *adj* constituant, -e
▸ *sf (assembleia)* constituante

constituir *vtd* constituer
▸ *vpr* **constituir-se 1** *(tornar-se)* se constituer (**em**, en) **2** *(compor-se)* être constitué, -e (**de**, de)

constitutivo, -va *adj* constitutif, -ve

constranger *vtd (embaraçar)* gêner
▸ *vtdi (obrigar, coagir)* contraindre
▸ *vpr* **constranger-se** se gêner

constrangido, -da *adj* gêné, -e

constrangimento *sm* **1** *(embaraço; acanhamento)* gêne *f* **2** *(coação)* contrainte *f*

construção *sf* construction
• **construção civil** construction
• **material de construção** matériaux *pl* de construction

construir *vtd-vi* bâtir, construire

construtivo, -va *adj* constructif, -ve

construtora *sf* entreprise du bâtiment, promoteur *m* immobilier

cônsul, -esa *sm, f* consul

consulado *sm* consulat

consular *adj* consulaire

consulente *adj-smf* consultant, -e

consulta *sf* consultation
• **dar consultas** donner des consultations
• **fazer uma consulta** consulter
• **ter uma consulta médica** aller en consultation

consultar *vtd* **1** *(especialista, médico, obra)* consulter **2** *(uma pessoa)* consulter, prendre un avis
▸ *vpr* **consultar-se 1** consulter (**com**, -) **2** *(mutuamente)* se consulter
• **consultar um médico** consulter un médecin

consultor, -ra *sm, f* consultant, -e

consultoria *sf* consultation, avis *m*

consultório *sm (médico, odontológico, veterinário)* cabinet

consumação *sf (em bares)* consommation

consumado, -da *adj* **1** *(fato)* consommé, -e **2** *(perfeito)* parfait, -e, accompli, -e, invééré, -e: *um canalha consumado* une crapule invétérée; *um escritor consumado* un écrivain accompli

consumar *vtd* **1** *(concluir)* consommer **2** *(cometer)* perpétrer **3** *(arrematar)* accomplir

consumidor, -ra *sm, f* consommateur, -trice

consumir *vtd* **1** *(destruir)* consumer, détruire: *o fogo consumiu tudo* le feu a tout détruit **2** *(ingerir)* consommer, ingérer **3** *(desgastar, gastar)* consommer, user **4** *(fazer uso)* consommer, dépenser: *este carro consome um litro de gasolina por dez quilômetros* cette voiture

consomme un litre d'essence aux dix kilomètres; ***consumimos pouca eletricidade*** nous dépensons peu d'électricité
▶ *vpr* **consumir-se** (*dissipar-se*) se consumer

consumo *sm* consommation *f*

conta *sf* **1** MAT compte *m* **2** (*de colar, de rosário*) grain *m* **3** (*de restaurante*) addition *f* **4** (*de luz, telefone etc.*) note, facture **5** (*crediário*) facture

• **abrir conta no banco** ouvrir un compte en banque

• **acertar as contas** régler un compte (**com alguém**) régler ses comptes à qqn

• **afinal de contas** en fin de compte, finalement

• **conta bancária** compte *m* courant

• **contas a pagar** factures à régler

• **dar conta** (*ser capaz*) pouvoir, être capable

• **dar conta de algo** (*dar fim*) mettre fin à qqch (*resolver*) rendre compte de qqchh

• **dar conta de algo a alguém** rendre compte de qqch à qqn

• **dar conta do recado** réussir (*qqch*)

• **dar-se conta de algo** se rendre compte de qqch

• **deixar algo por conta de alguém** se décharger de qqch sur qqn

• **demais da conta** trop

• **fazer conta de algo ou alguém** tenir compte de qqch ou de qqn

• **fazer de conta que** faire semblant de

• **ficar por conta** se fâcher

• **levar em conta** tenir compte de

• **não ser da conta de alguém** ne pas concerner qqn

• **no fim das contas** en fin de compte, tout compte fait

• **pedir as contas** donner sa démission

• **perder a conta** perdre le compte

• **por conta de** (*desconto*) à valoir sur

• **por conta própria** à son compte

• **prestar contas de algo a alguém** rendre compte de qqch à qqn

• **sem conta** sans fin

• **ser a conta** (*quantidade certa*) être le compte/calcul juste (*gota-d'água*) être la goutte d'eau

• **ser em conta** être bon marché

• **ter alguém em alta/pouca conta** avoir qqn en estime/en peu d'estime

• **ter na conta de** considérer

• **tomar conta de** (*cuidar*) s'occuper de (*dominar*) dominer

contábil *adj* comptable

contabilidade *sf* comptabilité

contabilista *smf* comptable

contador, -ra *sm, f* comptable

contagem *sf* comptage *m*, dénombrement *m*

contagiar *vtd* **1** (*contaminar*) contagionner, contaminer, transmettre par contagion **2** *fig* se transmettre, contagier: ***sua alegria contagiou as crianças*** ta joie a contagiée les enfants
▶ *vpr* **contagiar-se** acquerir par contagion, s'infecter

contágio *sm* contagion *f*

conta-gotas *sm* compte-gouttes

contaminação *sf* contamination

contaminar *vtd* **1** (*contagiar*) contaminer **2** (*poluir*) contaminer, souiller **3** *fig* corrompre
▶ *vpr* **contaminar-se 1** (*contagiar-se*) s'infecter **2** (*poluir-se*) se polluer, se dégrader

contanto que *loc conj* pourvu que

contar *vtd* **1** (*calcular*) compter **2** (*narrar, relatar*) raconter **3** (*ter esperança; tencionar*) espérer, prévoir: ***ele conta chegar antes das cinco*** il espère arriver avant cinq heures **4** (*ter-idade*) avoir: ***ele conta trinta anos*** il a trente ans
▶ *vti* **1** (*confiar*) compter, tabler (**com, sur**): ***conto com você*** je compte sur toi **2** (*dispor de*) posséder, contenir: ***o ônibus conta com bancos de couro*** le bus possède des sièges en cuir **3** (*imaginar*) s'attendre (**com, à**): ***eu não contava com tão boa acolhida*** je ne m'attendais pas à un bon accueil
▶ *vi* compter: ***já sei ler e contar*** je sait déjà lire et compter; ***somos cinco: o Joãozinho não conta*** nous sommes cinq: Joãozinho ne compte pas

• **sem contar que...** sans dire que

contatar *vtd-vti-vi* contacter

contato *sm* contact

• **entrar em contato com alguém** prendre contact avec qqn

• **fazer contato com alguém** contacter qqn

- **manter contato com alguém** garder contact avec qqn

contêiner *sm* conteneur, container

contemplação *sf* contemplation

- **sem contemplação** sans ménagement

contemplar *vtd* contempler
▶ *vtd-vtdi* (*dar, outorgar*) octroyer (**com**, -)
▶ *vpr* **contemplar-se** s'admirer

contemporâneo, -nea *adj-sm,f* contemporain, -e

contenção *sf* **1** (*redução*) réduction: *contenção de despesas* réduction des dépenses **2** (*apoio*) soutènement: *contenção de uma encosta* soutènement d'une pente

contentamento *sm* contentement

contentar *vtd* contenter
▶ *vpr* **contentar-se** se contenter (**com**, **de**)

contente *adj* content, -e

conter *vtd* **1** (*ter em si*) contenir **2** (*controlar, reter; deter*) contenir, retenir
▶ *vpr* **conter-se** se contenir, se retenir

conterrâneo, -nea *adj-sm,f* compatriote, de la même région

contestação *sf* contestation

contestar *vtd* contester
▶ *vi* (*protestar*) contester

conteúdo *sm* contenu

contexto *sm* contexte

contigo *pron* avec toi

contíguo, -a *adj* contigu, -uë

continência *sf* **1** (*controle, moderação*) mesure, modération, retenue **2** MIL salut militaire: *bater continência* rendre le salut militaire

continental *adj* continental, -e

continente *sm* continent

contingência *sf* contingence

continuação *sf* continuation, poursuite, suite

- **continuação** (*de capítulo anterior*) suite

continuador, -ra *adj-sm,f* continuateur, -trice

continuar *vtd* continuer, suivre, poursuivre, rester

▶ *vpred* **1** (*ser, estar ainda*) rester, être encore/toujours: *ela continua bonita* elle reste jolie **2** (*prosseguir*) poursuivre: *o carro continuou andando* la voiture a poursuivi sa route
▶ *vi* **1** (*prosseguir*) continuer, poursuivre: *"quero me casar com você"* – *continuou João* "je voudrais me marier avec toi" – a poursuivi João **2** (*permanecer*) rester: *o homem continuou no mesmo lugar* l'homme est resté au même endroit

- **continua no próximo capítulo** suite au prochain chapitre/épisode

continuidade *sf* continuité, suite

- **dar continuidade a algo** donner suite à qqch

contínuo, -a *adj* continu, -e
▶ *sm* **contínuo** (*office-boy*) commis

- **num contínuo** en continu

conto *sm* **1** (*narrativa; fábula*) conte **2** *fam* mille reals

contorção *sf* contorsion

contorcer-se *vpr* se tordre

contorcionista *smf* contorsionniste

contorno *sm* contour

contra *prep* contre
▶ *sm* **contra** contre: *o pró e o contra* le pour et le contre

- **contra pagamento/recibo** contre paiement/récépissé
- **dar o contra** nier, refuser
- **ser do contra** s'opposer systématiquement

contra-atacar *vtd-vi* contre-attaquer

contrabaixo *sm* MÚS contrebasse *f*

contrabalançar *vtd-vtdi* contrebalancer

contrabandear *vtd* passer qqch en contrebande
▶ *vi* se livrer à la contrebande

contrabandista *smf* contrebandier, -ière

contrabando *sm* contrebande *f*

- **mercadoria de contrabando** contrebande

contração *sf* contraction

contracorrente *sf* contre-courant *m*

- **à contracorrente** à contre-courant

contradição *sf* contradiction

- **cair em contradição** se contredire

contraditório, -a *adj* contradictoire

contradizer *vtd* contredire
▶ *vpr* **contradizer-se** se contredire

contrafilé *sm* contrefilet

contragosto *sm loc* **a contragosto** à contre-cœur

contraindicação (*pl* **contraindicações**) *sf* contre-indication

contrair *vtd* **1** (*apertar, comprimir*) contracter **2** (*doença*) attraper **3** (*empréstimo, matrimônio*) contracter
▶ *vpr* **contrair-se** se contracter

contralto *sm* MÚS alto, contralto

contramão *sf* **1** (*trânsito*) contresens *m*, sens interdit: *andar na contramão* rouler en sens interdit; *não entre na contramão* ne va pas à contresens **2** *fig* contresens *m*: *estar na contramão de algo* être à contresens de qqch
▶ *adj* (*afastado, fora de mão*) en dehors du chemin de qqn
• **rua contramão** une rue à sens interdit/à contresens

contrapartida *sf* contrepartie
• **em contrapartida** en contrepartie, en échange

contrapeso *sm* contrepoids

contraponto *sm* contrepoint

contrapor *vtd-vtdi* confronter
▶ *vpr* **contrapor-se** s'opposer

contraposição *sf* opposition

contraproposta *sf* contreproposition

contrarregra (*pl* **contraregras**) *smf* régisseur

contrariado, -da *adj* (*que sofreu oposição; desgostoso*) contrarié, -e

contrariar *vt* **1** (*contradizer*) contredire **2** (*ir contra; causar descontentamento*) contrarier, contrecarrer **3** (*atrapalhar*) s'opposer à, contrarier: *a chuva contrariou nossos planos* la pluie a contrarié nos projets
▶ *vpr* **contrariar-se 1** (*opor-se reciprocamente*) se contredire **2** (*desgostar-se*) se fâcher, se navrer

contrariedade *sf* (*desgosto, aborrecimento*) contrariété, embarras *m*, mécontentement *m*

contrário, -a *adj* contraire
▶ *sm* **contrário** contraire
• **(muito) pelo contrário!** au contraire!, absolument pas!
• **ao contrário** (*da frente para trás*) à l'inverse (*pelo avesso*) à l'envers [trocado] au contraire
• **ao contrário de...** contrairement à, à l'opposé de, à l'inverse de
• **caso contrário...** dans le cas inverse
• **do contrário...** à l'inverse
• **ser contrário a algo** s'opposer à qqch

contrassenso (*pl* **contrassensos**) *sm* contresens

contrastar *vti* (*estar em contraste, divergir*) contraster, trancher (**com**, avec)

contraste *sm* contraste
• **fazer contraste** contraster, trancher

contratar *vtd* **1** (*tratar, pactuar*) traiter, convenir **2** (*empregado*) engager, embaucher

contratempo *sm* contretemps

contrato *sm* contrat

contravenção *sf* DIR contravention

contribuição *sf* contribution
• **contribuição previdenciária** cotisations *pl* sociales

contribuinte *smf* contribuable

contribuir *vti* contribuer (**com/para**, avec/à)
▶ *vi* (*pagar impostos*) régler ses contributions

controlado, -da *adj* **1** (*sob controle*) contrôlé, -e **2** (*moderado*) retenu, -e, modéré, -e: *ela é uma pessoa muito controlada* elle est une personne très modérée

controlar *vtd* (*vigiar; restringir; dominar*) contrôler
▶ *vpr* **controlar-se** se contrôler
• **controlar uma empresa** prendre le contrôle d'une entreprise

controle *sm* contrôle
• **controle de segurança** contrôle de sécurité
• **controle remoto** télécommande *f*
• **manter sob controle** garder sous contrôle
• **perder o (auto)controle** perdre son sang-froid
• **sob controle** sous contrôle

controvérsia *sf* controverse

contudo *conj* néanmoins, toutefois, pourtant

contundente *adj* contondant, -e

contundido, -da *adj* contusionné, -e, blessé, -e

conturbação *sf* agitation, trouble *m*, bouleversement *m*

conturbar *vtd* troubler, bouleverser
▶ *vpr* **conturbar-se** se troubler,

contusão *sf* contusion

convalescença *sf* convalescence

convenção *sf* convention

convencer *vtd* convaincre, persuader
▶ *vpr* **convencer-se** se persuader

convencido, -da *adj* (*convicto*) convaincu, -e
▶ *adj-sm, f fam* (*presumido*) vaniteux, -euse, presomptueux, -euse, suffisant, -e

convencimento *sm* 1 (*persuasão*) persuasion *f* 2 *fam* (*presunção*) présomption *f*, suffisance *f*, prétention *f*

convencionado, -da *adj* (*ajustado, pactuado*) determiné, -e, fixé, -e

convencional *adj* conventionnel, -le

conveniência *sf* convenance
• **respeitar as conveniências** respecter les convenances sociales/les usages

conveniente *adj* 1 (*oportuno, apropriado*) convenable 2 (*decoroso*) convenant, -e

convênio *sm* convention *f*, accord

convento *sm* couvent

convergência *sf* convergence

conversa *sf* 1 (*conversação*) conversation, entretien *m* 2 (*mentira*) baratin *m*,
• **conversa fiada/mole/para boi dormir** conversation qui n'a ni queue ni tête
• **conversa vai, conversa vem...** au bout des discussions...
• **dar conversa a alguém** faire trop attention à qqn
• **deixe de conversa!** ne me raconte pas d'histoires!
• **ir na conversa de alguém** se laisser raconter des histoires
• **jogar conversa fora** bavarder, dire des banalités
• **passar a conversa em alguém** faire du baratin
• **puxar conversa com alguém** entamer la conversation avec qqn

conversação *sf* conversation

conversão *sf* 1 (*a uma ideia; transformação*) conversion 2 (*curva*) virage *m*
■ **conversão de moedas** conversion de devises
■ **conversão de medidas** conversion de mesures
• **é proibida a conversão à esquerda** il est interdit de tourner à gauche

conversar *vti-vi* 1 (*falar*) parler, discuter: *conversar com alguém sobre algo* discuter/bavarder avec qqn sur qqch 2 (*cavaquear*) bavarder
• **voltamos a conversar amanhã** nous poursuivrons notre discussion demain/nous en reparlerons demain

conversível *adj* convertible
▶ *sm* (*carro*) voiture décapotable *f*, cabriolet

converter *vtd-vtdi* 1 (*a uma ideia*) convertir 2 (*transformar*) transformer, transmuter, changer 3 ESPORTE transformer une pénalité en points (*buts etc.*) 4 (*virar*) tourner: *proibido converter à esquerda* il est interdit de tourner à gauche
▶ *vpr* **converter-se** se convertir

convés *sm* MAR pont

convexo, -xa *adj* convexe

convicção *sf* conviction

convicto, -ta *adj* convaincu, -e

convidado, -da *adj-sm, f* invité, -e

convidar *vtd-vtdi* inviter

convidativo, -va *adj* engageant, -e, attrayant, -e, attractif, -ve

convincente *adj* convainquant, -e, probant, -e, décisif, -ve

convir *vti-vi* 1 (*concordar*) convenir 2 (*ser conveniente*) être convenable

convite *sm* 1 (*ato de convidar*) invitation *f* 2 (*de papel*) faire-part *m*

conviva *smf* convive

convivência *sf* fréquentation

conviver *vti* 1 (*viver junto*) cohabiter, vivre (**com**, avec) 2 (*estar junto*) fréquenter (**com**, -), frayer (**com**, avec) 3 (*acostumar-se*) s'habituer (**com**, à)
▶ *vi* (*viver junto*) cohabiter, vivre ensemble

convívio *sm* fréquentation *f*
• **as pessoas de seu convívio** les gens de son/votre entourage

convocação sf 1 (*ato de chamar*) convocation, assignation 2 MIL conscription, recrutement *m*, appel *m* sous les drapeaux, enrôlement *m*

convocar vtd-vtdi 1 (*chamar*) convoquer, assigner 2 MIL enrôler

convosco pron avec vous

convulsão sf convulsion

cooperação sf coopération

cooperar vti-vi coopérer

cooperativa sf coopérative

coordenação sf coordination

coordenada sf coordonnée

coordenador, -ra sm,f coordinateur, -trice

coordenar vtd-vtdi coordonner

copa sf 1 ESPORTE coupe 2 (*parte da árvore*) cime 3 (*parte do chapéu*) forme 4 (*cômodo da casa; local para preparo de alimentos*) office *m*
▶ pl **copas** coeur *m*

copeiro, -ra sm,f domestique, serveur, -se

cópia sf copie

copiadora sf (*máquina*) photocopieur *m*

copiar vtd 1 (*transcrever; reproduzir; imitar*) copier 2 (*fotocopiar*) photocopier

copiloto (pl **copilotos**) sm copilote

copo sm verre
• **ser bom copo** être un bon buveur

cópula sf copulation

copular vti-vi copuler

coqueiro sm BOT cocotier

coqueluche sf (*doença; moda*) coqueluche

coquete sf coquette, séductrice

cor sf couleur
■ **cor firme** couleur solide
■ **cor fria/quente** couleur froide/chaude
■ **cor lisa** couleur unie
• **não ver a cor do dinheiro** (*não receber*) ne pas voir la couleur de l'argent/ du fric (*não ter dinheiro*) être fauché, -e
• **pano de cor** tissu en couleurs
• **ter boa cor** avoir bonne mine

cor sm loc adv **de cor** par cœur

coração sm (*órgão; centro; âmago*) cœur
• **abrir o coração** ouvrir le cœur
• **com o coração na mão** le cœur sur la main
• **de cortar o coração** à couper le cœur
• **do fundo do coração** du fonds du cœur
• **não ter coração** ne pas avoir de cœur

corado, -da adj 1 (*rosto*) coloré, -e 2 fig (*enrubescido*) rouge

coradouro sm buanderie f, laverie f

coragem sf 1 (*bravura, ânimo*) courage *m* 2 (*atrevimento*) hardiesse
• **coragem!** courage!
• **criar coragem** avoir du courage, s'enhardir

corajoso, -sa adj courageux, -euse

coral adj MÚS choral, -e: *canto coral* chant choral
▶ sm 1 (*secreção calcária*) corail 2 MÚS (*canto, composição*) choral 3 MÚS (*conjunto de cantores*) chorale f
▶ sf (*cobra*) serpent corail *m*

corante adj-sm colorant, -e

corar vtd (*colorir*) colorer
▶ vi 1 (*enrubescer*) rougir 2 CUL (*dourar*) dorer 3 (*roupa*) blanchir au soleil

corcunda adj-smf bossu, -e
▶ sf bosse

corda sf 1 (*de cânhamo; de instrumento*) corde 2 (*de relógio, brinquedo etc.*) ressort *m*
▶ pl **cordas** MÚS cordes
• **a corda e a caçamba** cul et chemise
• **dar corda a alguém** encourager qqn
• **estar (alguém) com a corda toda** (*estar muito entusiasmado*) être emballé, -e (*falar muito*) bavarder
• **estar com a corda no pescoço** avoir le couteau sous la gorge
• **estar na corda bamba** être assis entre deux chaises
• **pular corda** sauter à la corde

cordão sm 1 (*pequena corda*) cordon, cordelette f 2 (*cadarço*) lacet 3 (*de pescoço*) chaîne f 4 (*carnavalesco*) groupe de danseurs de rue
■ **cordão de isolamento** barrière f d'isolement
■ **cordão umbilical** cordon ombilical

cordato, -ta adj 1 (*que concorda*) avisé, -e 2 (*sensato*) sensé, -e

cordeiro sm ZOOL agneau

cor-de-rosa *adj* rose

cordial *adj* cordial, -e

cordilheira *sf* GEOG cordillère

Coreia *sf* Corée

coreano, -na *adj* coréen, -ne
▶ *sm,f* Coréen, -ne

coreografia *sf* chorégraphie

coriza *sf* coryza, rhume *m* de cerveau

corja *sf* racaille, pègre

córnea *sf* ANAT cornée

cornear *vtd* **1** *(golpear com chifres)* donner des coups de cornes **2** *pop* rendre cocu

corneta *sf* MÚS corne, trompette

corno *sm* corne
▶ *adj-sm chulo* cocu

cornudo, -da *adj-sm,f chulo* cocu, -e

coro *sm* chœur
• **dizer em coro** dire en chœur
• **fazer coro com** faire chœur avec

coroa *sf* couronne
▶ *smf* **coroa** *gíria (pessoa muito madura)* vieux, vieille

coroa-de-cristo *sf* BOT épine du Christ

coroar *vtd* couronner
▶ *vpr* **coroar-se** se couronner

coroinha *smf* enfant de chœur

corola *sf* BOT corolle

coronária *sf* ANAT artère coronaire

coronel *sm* **1** MIL colonel **2** POL chef local

coronha *sf* crosse

coronhada *sf* coup *m* de crosse

corpo *sm* **1** *(organismo; corporação; densidade)* corps **2** *(cadáver)* cadavre
• **corpo de baile** corps de ballet
• **corpo de bombeiros** caserne de pompiers
• **corpo de delito** corps du délit
• **corpo de jurados** jury
• **corpo diplomático** corps diplomatique
• **corpo estranho** corps étranger
• **corpo fechado** corps invulnérable
• **de corpo e alma** corps et âme
• **de corpo inteiro** *(foto)* en entier
• **fazer corpo mole** être partisan du moindre effort
• **ganhar/tomar corpo** prendre corps [fig] prendre de l'importance
• **tirar o corpo fora** *(omitir-se)* manquer à sa parole/se décharger de toute responsabilité

corporação *sf* corporation

corporativo, -va *adj* corporatif, -ve

corpulento, -ta *adj* corpulent, -e

corre-corre *(pl* **corre-corres)** *sm* **1** *(grande pressa)* agitation *f*, tohu-bohu, effervescence *f* **2** *(tumulto)* cohue *f*

corrediço, -ça *adj* coulissant, -e
• **porta corrediça** porte coulissante

corredor, -ra *sm,f* coureur, -euse
▶ *sm* **corredor** couloir

córrego *sm* ruisseau

correia *sf* **1** courroie, lanière **2** *(do relógio)* bracelet *m*

correio *sm* **1** poste *f*: **vou ao correio** je vais à la poste **2** *(mensageiro)* courrier **3** *(correspondência)* courrier, correspondance *f*
• **correio de voz** messagerie *f* vocale
• **correio eletrônico** courrier électronique, courriel

corrente *adj* **1** *(que corre ou flui; comum)* courant, -e: **água corrente** eau courante; **usos correntes no local** usages courants sur place **2** *(em curso)* en cours: **o mês corrente** le mois en cours
▶ *sf* **corrente 1** *(curso de água)* courant *m* **2** *(grilhão)* chaîne **3** *(de pescoço)* chaîne, chaînette **4** *(escola de pensamento)* courant *m*
▪ **corrente de ar** courant *m* d'air

correnteza *sf* courant *m*

correntista *smf (titular de conta-corrente)* titulaire d'un compte courant

correr *vi* **1** *(andar, fazer depressa)* courir **2** *(escorrer/circular-líquido)* couler: **o sangue corre pelas artérias** le sang coule dans les veines; **a água suja corria pela sarjeta** l'eau sale coulait dans le caniveau **3** *(deslizar)* glisser, couler: **a porta corre sobre trilhos** la porte glisse sur les rails **4** *(transcorrer)* avancer: **corria o ano de 1955** l'année 1955 avançait **5** *(ser dito)* dire, raconter: **corre que ele será expulso** on raconte qu'il sera expulsé **6** *(passar de mão em mão)* circuler
▶ *vtd* **1** *(percorrer)* parcourir: **corri todo o bosque** j'ai parcouru tout le bois **2** *(expulsar, afugentar)* chasser, faire fuir **3**

(*deslizar, passar*) passer: **correu a mão pelos cabelos do filho** il a passé la main dans les cheveux de son fils
• **as despesas correm por conta dele** les dépenses sont à sa charge
• **correr atrás de alguém** poursuivre qqn [*requestar*] courir après qqn
• **correr os olhos por** jeter un coup d'oeil
• **de correr** (*porta, cortina etc.*) coulissant, -e

correria *sf* 1 (*corrida*) débandade, course 2 (*pressa, agitação*) hâte, remue-ménage *m*, agitation

correspondência *sf* 1 (*equivalência; reciprocidade; troca de cartas*) correspondance 2 (*cartas*) courrier

correspondente *adj-smf* correspondant, -e

corresponder *vti* 1 correspondre (**a**, à) 2 (*adequar-se*) correspondre (**a**, -)
▸ *vp* **corresponder-se** 1 (*ter relação de analogia*) se correspondre 2 (*manter correspondência*) correspondre (**com**, avec)

correspondido, -da *adj* partagé, -e

corretagem *sf* courtage *m*

corretivo, -va *sm* 1 (*que corrige*) correcteur, -trice 2 (*castigo*) châtiment: **aplicar um corretivo** infliger une correction/un châtiment

correto, -ta *adj* correct, -e

corretor, -ra *adj* (*o que corrige*) correcteur, -trice
▸ *sm, f* COM courtier, -ère
▸ *sm* 1 INFORM correcteur: **corretor ortográfico** correcteur d'orthographe 2 (*cosmético*) correcteur, anticernes 3 (*líquido corretor*) liquide correcteur, effaceur

corrida *sf* course
• **fazer algo de/na corrida** faire qqch vite fait/en courant/à la hâte

corrigir *vtd* corriger
▸ *vpr* **corrigir-se** se corriger

corrimão *sm* rampe *f*, main *f* courante

corrimento *sm* écoulement

corriqueiro, -ra *adj* banal, trivial

corroer *vtd* ronger

corromper *vtd* corrompre
▸ *vpr* **corromper-se** se corrompre

corrosão *sf* corrosion

corrosivo, -va *adj* corrosif, -ve
▸ *sm* **corrosivo** corrosif

corrupção *sf* corruption

corrupto, -ta *adj-sm, f* corrompu, -e

cortado *sm* (*apuro*) situation *f* difficile

cortador *sm* coupeur
■ **cortador de unhas** coupe-ongles

cortante *adj* (*aguçado*) coupant, -e, tranchant, -e
• **frio cortante** froid coupant

cortar *vtd* 1 couper 2 (*suprimir*) radier, exclure, rayer, enlever: **cortei seu nome da lista** j'ai enlevé ton nom de la liste
▸ *vi* 1 (*ter gume*) tailler 2 (*costureira-fazer um corte*) faire une coupe
▸ *vpr* **cortar-se** se couper
• **cortar a frente** (*automóvel*) faire une queue de poisson
• **cortar a palavra** couper la parole
• **cortar caminho** prendre um raccourci
• **cortar o barato** couper les cartes
• **cortar uma blusa/um vestido etc.** couper un chemisier/une robe etc.

corte *sm* 1 (*ação de cortar*) coupe, taille *f* 2 (*ferimento*) coupure *f* 3 (*gume*) fil, tranchant 4 (*de costura*) coupe *f* 5 (*de plantas*) taille *f* 6 (*interrupção de abastecimento*) coupure *f* 7 (*censura*) coupe *f*
• **corte de tecido/fazenda** coupon
• **corte nas despesas/nos gastos** réduction *f*/baisse *f* des dépenses

corte *sf* (*do soberano; do tribunal*) cour
• **corte marcial** cour martiale
• **fazer a corte a alguém** faire la cour à qqn

cortejar *vtd* faire un compliment, faire la cour

cortejo *sm* 1 (*comitiva*) cortège, convoi 2 (*galanteio*) compliment

cortês *adj* courtois, -e

cortesia *sf* courtoisie
• **cortesia da casa** offert par la maison

cortiça *sf* liège *m*

cortiço *sm* (*moradia*) masure *f*

cortina *sf* rideau *m*, voilage *m*
• **cortina de ferro** rideau *m* de fer
• **cortina de fumaça** écran *m* de fumée

cortisona *sf* cortisone

coruja *sf* ZOOL chouette, hibou *m*

▶ adj-smf poule: **mãe/pai coruja** mère/père-poule

corvo sm ZOOL corbeau

cós sm ceinture f

cosmético, -ca adj cosmétique
▶ sm **cosmético** cosmétique

cósmico, -ca adj cosmique

cosmonauta sm cosmonaute

cosmonave sf vaisseau m spatial

cosmopolita smf cosmopolite

cosmos sm cosmos

costa sf (litoral) côte
▶ pl **costas** (do corpo; parte de trás; reverso; encosto) dos m
• **apunhalar pelas costas** poignarder sur le dos
• **carregar nas costas** porter sur le dos [fig] en avoir plein le dos
• **deitar-se de costas** se coucher sur le dos
• **estar de costas para** tourner le dos
• **querer ver alguém pelas costas** vouloir le départ de qqn
• **ter algo/alguém às/nas costas** fig avoir qqn/qqch sur le dos
• **ter costas largas** avoir le dos large
• **ter costas quentes** [fig] être pistonné par quelqu'un

costela sf 1 ANAT côte 2 CUL côte à l'os, côtelette

costeleta sf 1 CUL côtelette 2 (barba) favoris m pl

costumar vtd avoir l'habitude
▶ vi d'habitude + ind: **costuma chover muito em janeiro** d'habitude il pleut beaucoup en janvier

costume sm 1 (hábito) habitude f 2 (uso) coutume f, mœurs f pl
• **como de costume** comme d'habitude
• **um mau costume** une mauvaise habitude f

costumeiro, -ra adj habituel, -le, coutumier, -ère

costura sf couture

costurar vtd coudre
▶ vi (no trânsito) zigzaguer

cotação sf cotation

cotado, -da adj coté, -e: **ações bem cotadas** actions bien cotées; **um escritor bem cotado** un écrivain bien coté

cotar → quotar

cotejar vtd-vtdi confronter

cotidiano, -na adj quotidien, -enne
▶ sm **cotidiano** (jornal) quotidien

cotizar-se se cotiser

coto sm 1 (resto) bout, reste 2 (membro amputado) moignon

cotovelada sf coup m de coude

cotovelo sm (no braço; ângulo) coude

couraça sf cuirasse

couro sm cuir
• **artigos de couro** articles en cuir
• **couro cabeludo** cuir chevelu
• **dar/não dar no couro** servir/ne pas (plus) servir, être/ne plus être utile
• **tirar/arrancar o couro de alguém** (falar mal) dire du mal de quelqu'un/casser du sucre sur le dos de qqn (explorar) explorer qqn

couve sf BOT choux-vert m

couve-flor (pl **couves-flor**) sf BOT chou-fleur m

cova sf 1 (buraco) fosse 2 (para plantar) trou m 3 (sepultura) fosse, trou m
• **ter/estar com os pés na cova** avoir un pied dans la tombe

covarde adj-smf lâche

covardia sf lâcheté

coveiro, -ra sm fossoyeur

coxa sf cuisse
• **em cima da coxa/nas coxas** n'importe comment/sans attention/à la hâte

coxim sm MEC coussinet

coxo, -xa adj-sm, f boîteux; -euse

cozer vtd cuire, cuisiner

cozido, -da adj cuit, -e, bouilli, -e
▶ sm CUL **cozido** pot-au-feu
■ **cozido de carne** boeuf aux légumes

cozimento sm cuisson f

cozinha sf cuisine

cozinhar vtd (cozer) cuire, cuisiner
▶ vi 1 faire la cuisine: **ela cozinha muito bem** elle fait bien la cuisine 2 (cozer-se) cuire 3 fig (fazer hora) traîner
• **cozinhar o galo** ne pas se fouler la rate/avoir un poil dans la main

cozinheiro, -ra sm, f cuisinier, -ère

CPU sf processeur m, CPU m

crachá sm badge

crack sm crack

crânio sm ANAT crâne
▶ smf (sabido) génie m

crápula smf crapule f

crase sf crase

crasso, -sa adj (grosseiro) grossier, -ère, vil, -e
• **erro crasso** erreur f grossière

cratera sf cratère m

cravar vtd-vtdi enfoncer, fixer
▶ vpr **cravar-se** s'enfoncer

cravo sm 1 BOT œillet, giroflée f, clou de girofle 2 MÚS clavecin 3 (prego) clou

cravo-da-índia (pl **cravos-da-índia**) sm BOT œillet d'Inde, clou de girofle

crawl sm crawl

creche sf crèche

credenciais sf pl lettres de créance, accréditation sg

credenciar vtd-vtdi accréditer

crediário sm vente à crédit
• **abrir um crediário** faire un crédit

crediarista smf personne qui achète à crédit

credibilidade sf crédibilité

creditar vtd-vtdi 1 (dar crédito) garantir, assurer 2 (depositar) créditer 3 (atribuir) attribuer

crédito sm 1 (confiança) crédit 2 (boa reputação) considération f 3 COM crédit 4 CINE TV générique 5 (trabalho-aula) unité f de valeur dans l'enseignement primaire, secondaire et universitaire

credo sm croyance
▶ interj **credo!** ciel!, bon Dieu!, mon dieu!

credor, -ra sm,f créancier, -ère

credulidade sf crédulité

crédulo, -la adj-sm,f crédule, naïf, -ve

cremar vtd incinérer

crematório sm crématorium, four crématoire

creme sm crème f
• **creme de leite batido** crème f fraîche battue
• **creme de barbear** mousse f à raser
• **creme de ovos** crème f aux œufs
• **creme dental** dentifrice

• **creme hidratante** crème f hydratante

cremoso, -sa adj crémeux -euse

crença sf croyance

crendice sf superstition

crente adj 1 (convicto) convaincu, -e, persuadé, -e 2 (que tem fé) croyant, -e 3 (caxias) rigide, sérieux, se
▶ smf 1 croyant, -e 2 (protestante) protestant, -e

crepitar vi crépiter

crepúsculo sm crépuscule

crer vtd (confiar; julgar) croire
▶ vti (acreditar) croire (**em**, à)
▶ vpr **crer-se** se croire

crescente adj croissant, -e
▶ sm croissant

crescer vi 1 (aumentar em altura ou comprimento) grandir: *a criança está crescendo depressa* l'enfant grandit rapidement 2 (aumentar em volume) lever, gonfler: *a massa não cresceu* la pâte n'a pas levé 3 (aumentar em intensidade; em número) croître, augmenter, monter: *o medo cresce a cada dia que passa* la peur monte chaque jour; *cresceu a quantidade de empregos informais* le nombre d'emplois informels a augmenté 4 (plantas, dentes, cabelos etc.) pousser: *nesse solo não cresce esse tipo de capim* ce genre d'herbe ne pousse pas dans ce type de sol; *meus cabelos crescem devagar* mes cheveux poussent lentement

crescido, -da adj (adulto, amadurecido) grand, -e
• **depois de crescido** devenu, -e grand, -e

crescimento sm 1 (de pessoa) croissance f 2 (aumento) croissance f, accroissement, augmentation f 3 (progresso; multiplicação) croissance f, accroissement 4 (intensificação) croissance f, accroissement, grandissement

crespo, -pa adj 1 (cabelos) crépu, -e 2 (agitado) crispé, -e

cretino, -na adj-sm,f crétin, -e

cria sf 1 (de animal) petit m 2 fig (apadrinhado) poulain
• **cria da casa** disciple m, qqn influencé par les habitudes de la maison
• **dar/ter cria** mettre bas

criação *sf* **1** *(ato de criar)* création **2** *(fundação)* création, fondation **3** *(educação)* éducation **4** *(de animais)* élevage *m* **5** *(os animais)* animaux: *dê comida à criação* donne à manger aux animaux
• **filho, -lha de criação** fils, -lle adoptif, -ve

criado, -da *sm, f* employé, -e
• **seu criado** [expressão de cortesia] à votre service

criado-mudo *(pl* **criados-mudos)** *sm* table *f* de nuit

criador, -ra *sm, f* **1** *(inventor)* créateur, -rice **2** *(quem cria animais)* éleveur, -euse

criança *sf* enfant *m*, môme *m*

criancice *sf* enfantillage *m*

criar *vtd* **1** *(gerar, produzir)* créer **2** *(provocar)* produire, provoquer: *sua resposta criou um clima insustentável entre nós* ta réponse a provoqué un climat insoutenable entre nous **3** *(formar)* former, développer: *a passagem do barco criou um rastro de espuma* le passage du bateau a formé une trace d'écume **4** *(fundar)* créer, fonder: *ele criou a instituição filantrópica em 1947* il a créé l'institution philanthropique en 1947 **5** *(alimentar, educar)* élever, éduquer **6** *(ter animais)* élever **7** *(granjear, obter)* obtenir **8** *(passar a ter)* former: *os brotos criaram raízes* les bourgeons ont formé des racines; *a ferida criou pus* la blessure a formé du pus
▶ *vpr* **criar-se** *(educar-se)* s'élever, grandir

criativo, -va *adj* créatif, -ve

criatura *sf* créature

cricri *adj-smf (indivíduo maçante)* casse-pieds, raseur, -euse

crime *sm* crime
• **crime hediondo** crime grave
• **crime organizado** crime organisé

criminal *adj* criminel, -le

criminalidade *sf* criminalité

criminoso, -sa *adj-sm, f* criminel, -le
• **criminoso reincidente** criminel récidiviste

crina *sf* crin *m*

crioulo, -la *adj-sm, f* **1** créole **2** *(negro)* métis, -se, Noir, -e

crise *sf* crise

crisma *sf* RELIG confirmation

crista *sf* crête
• **levantar/baixar a crista** avoir/de pas avoir du culot
• **na crista da onda** *fig* sur la crête de la vague

cristal *sm* cristal

cristalino, -na *adj* cristallin, -e
▶ *sm* **cristalino** ANAT cristallin

cristalizado, -da *adj* cristallisé, -e

cristalizar *vtd* cristalliser
▶ *vpr* **cristalizar-se** se cristalliser

cristão, -ã *sm, f* chrétien, -ne

cristianismo *sm* christianisme

Cristo *sm* Christ
• **fazer alguém de cristo/pegar alguém para cristo** prendre quelqu'un pour un bouc émissaire/faire de qqn son souffre-douleur

critério *sm* critère

crítica *sf* critique

criticar *vtd-vi* critiquer

crítico, -ca *adj-sm, f* critique

crivar *vtd-vtdi* **1** *(furar)* cribler **crivar de balas** cribler de balles **2** *(encher, cobrir)* bombarder: *crivar de perguntas* bombarder de questions

crivo *sm* crible

crocante *adj* croquant, -e

crocodilo *sm* crocodile

croissant *sm* croissant

cromado, -da *adj* chromé, -e

cromo *sm* chrome

crônica *sf* chronique

crônico, -ca *adj* chronique

cronista *smf* chroniqueur, -euse

cronologia *sf* chronologie

cronômetro *sm* chronomètre

croquete *sm* CUL croquette *f*

crosta *sf* croute
• **crosta terrestre** croute terrestre

cru, crua *adj* cru, -e
• **estar cru em alguma coisa** être débutant/néophyte/novice en qqchh

crucial *adj* crucial, -e

crucificação *sf* crucifixion

crucificar *vtd* crucifier

cruel *adj* cruel, -le

crueldade *sf* cruauté

crustáceo *sm* ZOOL crustacé

cruz *sf* croix
- **Cruz Vermelha** Croix-Rouge
- **entre a cruz e a caldeirinha** être assis entre deux chaises

cruzada *sf* croisade

cruzado, -da *adj* croisé, -e
▸ *sm* **cruzado** 1 (*moeda*) cruzado 2 (*soco*) coup croisé 3 (*que foi às cruzadas*) croisé

cruzamento *sm* 1 (*ato de cruzar; transpor, mestiçar*) croisement 2 (*encruzilhada*) carrefour, croisement 3 (*acasalamento*) croisement

cruzar *vtd* 1 (*dois objetos longos*) croiser 2 (*ruas*) croiser, couper: *esta rua cruza a avenida principal* cette rue croise l'avenue principale 3 (*atravessar*) traverser: *cruze a rua no farol* traverse la rue au feu-rouge
▸ *vtdi* (*acasalar*) croiser
▸ *vti* (*deparar com*) croiser, rencontrer: *cruzei com ele no shopping* je l'ai croisé au centre commercial
▸ *vpr* **cruzar-se** se croiser
- **cruzar um cheque** barrer un chèque
- **cruzar as pernas/os braços/os dedos** croiser les jambes/les bras/les doigts
- **não cruzar com alguém** *fig* ne pas avoir de sympathie pour qqn/ne pas sentir qqn

cu *sm vulg* cul, trou du cul
- **ficar com o cu na mão** avoir les foies/avoir la trouille/les trousses
- **no cu do judas** endroit reculé, à perpète
- **tirar o cu da reta** prendre ses jambes à son cou

Cuba *sf* Cuba

cuba-libre (*pl* cubas-libres) *sf* Cuba libre

cubano, -na *adj* cubain, -e
▸ *sm, f* Cubain, -e

cúbico, -ca *adj* cubique

cubículo *sm* cellule *f*, loge *f*, cagibi

cubo *sm* MAT cube
- **cubo de gelo** glaçon

cuca *sf fam* 1 (*cabeça*) tête 2 (*cozinheiro*) cuisinier

- **dar na cuca** avoir une idée en tête
- **fundir a cuca** perdre/faire perdre la tête

cuco *sm* (*pássaro; relógio*) coucou

cucuia *sf loc fam* **ir para a cucuia** 1 (*morrer*) mourir 2 (*malograr*) échouer

cuecas *sf pl* slip *m*
- **cuecas samba-canção** caleçon *m*

cueiro *sm* lange
- **cheirar a cueiros** être encore un gamin
- **deixar os cueiros** grandir

cuia *sf* calebasse

cuíca *sf* MÚS petit tambour à friction avec une fine baguette attachée à la peau

cuidado, -da *adj* (*bem-feito; bem-arrumado, tratado*) soigné, -e
▸ *sm* **cuidado** soin
▸ *interj* **cuidado!** attention!
- **ficar aos cuidados de** être aux soins de
- **ter cuidado com algo** (*cuidar bem*) faire attention à qqch
- **tomar cuidado com algo/alguém** (*precaver-se*) faire attention à qqch/à quelqu'un

cuidadoso, -sa *adj* 1 (*minucioso-pessoa*) soigneux, -euse 2 (*esmerado-trabalho*) soigné, -e 3 (*cauteloso; solícito*) soucieux, euse

cuidar *vti* 1 (*zelar*) prendre garde (**de**, **à**), prendre soin (**de**, **de**) 2 (*tomar conta*) s'occuper, garder: *cuidou do meu cachorro enquanto eu estava na França* il s'est occupé de mon chien pendant que j'étais en France; *à tarde cuido das crianças da vizinha* je garde les enfants de ma voisine l'après-midi 3 (*responsabilizar-se*) prendre soin, s'occuper: *é ela que cuida da casa* c'est elle qui s'occupe de la maison 4 (*tratar*) s'occuper: *preciso cuidar do jantar* il faut que je m'occupe du dîner 5 (*tratar da saúde*) (se) soigner
▸ *vpr* **cuidar-se** 1 (*preocupar-se com a aparência*) bien se tenir 2 (*tomar cuidado*) prendre soin de soi
- **cuide da sua vida** occupe-toi de tes affaires/de tes oignons
- **cuide-se!** attention à toi!

cujo, -ja *pron* dont: *a garota cujo pai é professor* la fille dont le père est professeur

culatra *sf* culasse
- **sair o tiro pela culatra** *fig* être un arroseur arrosé

culinária *sf* culinaire

culminante *adj* culminant, -e

culpa *sf* **1** (*situação do culpado*) culpabilité **2** (*falta*) faute: **não é minha culpa** ce n'est pas ma faute
- **jogar a culpa sobre alguém** jeter la faute sur qqn
- **levar a culpa de algo** être accusé de qqch
- **sentimento de culpa** sentiment de culpabilité
- **ter culpa no cartório** [fig] avoir qqch à se reprocher/ne pas avoir la conscience tranquille

culpado, -da *sm, f* coupable

culpar *vtdi* **1** (*incriminar*) accuser, incriminer **2** (*responsabilizar*) culpabiliser, rendre responsable
▸ *vpr* **culpar-se** s'accuser, s'incriminer

cultivar *vtd* cultiver

cultivo *sm* culture *f*

culto, -ta *adj* cultivé, -e
▸ *sm* **culto** culte

cultuar *vtd* **1** (*dedicar culto*) vouer un culte à **2** *fig* vénérer, révérer, adorer

cultura *sf* culture

cultural *adj* culturel, -le

cumbuca *sf* calebasse avec un trou

cume *sm* sommet, cime *f*, faîte

cumeeira *sf* comble *m*, faîte *m*

cúmplice *smf* complice

cumprimentar *vtd* **1** (*saudar*) saluer **2** (*dar parabéns*) féliciter
▸ *vpr* **cumprimentar-se 1** (*saudar-se*) se saluer **2** (*dar-se parabéns*) se féliciter

cumprimento *sm* **1** (*saudação*) salutation *f* **2** (*congratulação, louvor*) compliment **3** (*execução*) accomplissement: *o cumprimento do dever* l'accomplissement d'un devoir

cumprir *vtd* (*executar; realizar; atender*) accomplir
▸ *vi* (*ser necessário*) falloir
▸ *vti* (*caber a*) appartenir (**a**, à)
▸ *vpr* **cumprir-se** s'accomplir
- **cumprir/não cumprir pena** purger/ne pas purger une peine
- **cumprir/não cumprir o dever** accomplir/ne pas accomplir son devoir
- **cumprir/não cumprir uma promessa** respecter/ne pas respecter une promesse

cúmulo *sm* **1** comble, apogée *m*: *chegar ao cúmulo de...* arriver au comble de **2** (*nuvem*) cumulus

cunha *sf* cale, coin *m*, taquet *m*

cunhado, -da *sm, f* beau-frère *m* → belle-soeur *f*

cunhar *vtd* **1** (*moedas*) frapper **2** *fig* (*criar, inventar*) former, créer

cunho *sm* **1** (*de moeda, medalha etc.*) coin, cachet **2** *fig* (*marca*) marque *f*, sceau, cachet **3** *fig* (*caráter*) caractère, qualité *f*

cupim *sm* **1** ZOOL termite **2** (*carne*) bosse *f* de graisse

cupincha *smf* camarade

cupom *sm* coupon

cúpula *sm* **1** coupole *f* **2** *fig* les dirigeants, les chefs
- **reunião de cúpula** réunion au sommet

cura *sf* **1** (*restabelecimento da saúde*) guérison **2** (*queijo*) affinage *m* **3** *fig* (*remédio*) remède *m*

curar *vtd-vti-vi* **1** MED guérir **2** *fig* (*corrigir, recuperar*) guérir
▸ *vtd* (*queijo*) affiner
▸ *vpr* **curar-se** guérir
- **curar a bebedeira** cuver son vin

curativo *sm* pansement
- **fazer um curativo** faire un pansement

curinga *sm* joker

curiosidade *sf* curiosité
- **despertar/aguçar a curiosidade** éveiller la curiosité

curioso, -sa *adj* (*que tem curiosidade; surpreendente; não profissional*) curieux, -se
▸ *sf* **curiosa** sage-femme sans autorisation légale
- **ficar curioso** être curieux
- **o curioso é que...** ce qu'il y a de curieux c'est que...

curra *sf* viol *m* collectif

curral *sm* étable *f*

currículo *sm* **1** (*curriculum*) curriculum **2** (*escolar*) les disciplines d'un cours, programme d'enseignement

cursar *vtd* suivre

cursinho *sm* boîte *f* à bachot

curso *sm* **1** (*estudo*) cours: *fazer um curso de inglês* suivre un cours d'anglais **2** (*percurso*) parcours **3** (*sequência, avanço*) cours: *seguir seu próprio curso* suivre son cours **4** (*circulação*) circulation *f*, vogue *f*: *esse termo tem grande curso entre os advogados* ce terme est très en vogue chez les avocats
• **ano/mês em curso** année/mois en cours
• **dar livre curso** donner libre cours
• **curso de atualização** formation de remise à niveau

cursor *sm* curseur

curtição *sf* gíria **1** (*prazer*) fête, bringue **2** (*da droga*) défonce **3** (*o que está na moda*) mode

curtir *vtd* **1** (*couro*) tanner **2** (*alimento, bebida*) couver **3** (*suportar, amargar*) souffrir, supporter **4** (*ter prazer em*) jouir de
• **curtir a ressaca** cuver son vin

curto, -ta *adj* **1** court, -e: *uma saia curta* une jupe courte; *um fio curto* un fil court; *um trajeto curto* un trajet court; *um filme curto* un film court **2** (*escasso*) limité, -e: *um salário curto* un salaire limité
▶ *sm* **curto** → curto-circuito
• **curto e grosso** *fig* tranchant, -e
• **um homem de ideias curtas/curto de ideias** un homme aux idées courtes/à court d'idées
• **vista curta** mauvaise vue

curto-circuito (*pl* **curtos-circuitos**) *sm* ELETR court-circuit

curva *sf* **1** (*forma; em gráfico*) courbe **2** (*em rua, estrada*) virage *m*
• **curva aberta/fechada** virage *m* large/serré
• **fazer uma curva** [a estrada] faire un virage [o veículo] prendre un virage

curvar *vtd* **1** (*tornar curvo; a cabeça*) courber **2** *fig* (*dominar*) faire courber
▶ *vpr* **curvar-se 1** (*tornar-se curvo; inclinar-se*) se courber **2** (*deixar-se dominar*) fléchir

curvatura *sf* courbure

curvo, -va *adj* courbe

cuspe *sm* crachat, salive *f*

cuspir *vtd-vti-vi* cracher
• **cuspir no prato em que come** cracher dans la soupe

custa *sf loc* **à custa de 1** (*à força de*) à force de: *à custa de muito sacrifício* à force de beaucoup de sacrifices **2** (*a expensas de*) aux dépens de: *vive à custa dos pais* il vit aux dépens/aux crochets de ses parents

custar *vtd-vtdi* coûter: *quanto custa o quilo de uva?* combien coûte un kilo de raisin?; *aquele desabafo custou-lhe o emprego* son franc-parler lui a coûté son poste
▶ *vti-vi* (*ser difícil, penoso*) coûter: *custa-lhe muito ler* lire lui coûte beaucoup
▶ *vi* (*demorar*) y mettre le temps, être long: *custou, mas consegui* cela a été long, mais j'y suis arrivé

custear *vtd* financer

custeio *sm* frais *m pl*

custo *sm* coût
■ **custo de vida** coût de la vie
• **a todo custo** coûte que coûte
• **vender abaixo do custo** vendre en dessous du prix de revient

custoso, -sa *adj* (*penoso; oneroso*) coûteux, -euse

cutâneo, -a *adj* cutané, -e

cutícula *sf* **1** (*nas unhas*) envies *pl* **2** ZOOL cuticule

cútis *sf* **1** (*pele*) peau **2** (*tez*) teint *m*

cutucão *sm* acte de toucher/d'appeler qqn avec le doigt

cutucar *vtd* (*tocar em alguém*) toucher, secouer

D

da → de

dádiva sf don m

dado, -da adj 1 (*presenteado*) donné, -e 2 (*habituado*) habitué, -e: **ser dado, -da a** être habitué à 3 (*afável*) aimable
▶ sm **dado** 1 (*peça de jogo*) dé 2 (*elemento*) donnée f
▶ pron donné, -e: **em dado momento** à un moment donné
• **dado que...** étant donné que
• **dados pessoais** données personnelles f

daí adv 1 (*desse lugar*) d'ici: *saia daí* sortez/sors d'ici 2 (*desse momento*) à partir de ce moment-là 3 (*por isso*) d'où, voilà pourquoi 4 (*então*) alors
• **e daí?** (*que me importa?; o que isso quer dizer?*) et alors? (*e depois?*) et après?

dali adv 1 (*daquele lugar*) de là(-bas) 2 (*daquele momento*) à partir de ce moment-là

dália sf BOT dahlia

daltônico, -ca sm, f daltonien, -enne

dama sf 1 dame 2 (*parceira de dança*) cavalière 3 (*no xadrez; no baralho*) reine, dame
• **primeira-dama** première dame
• **ser uma dama** être gentille/courtoise/élégante

damasco sm 1 BOT abricot 2 (*tecido*) damas

danado, -da adj 1 (*endiabrado*) damné, -e 2 (*furioso*) furieux, -euse, furibond, -e 3 (*grande, incrível*) sacré, -e
▶ adj 1 (*endiabrado*) endiablé, -e 2 (*habilidoso*) habile
▶ sm, f 1 (*endiabrado*) damné, -e 2 (*habilidoso*) dégourdi, -e, expert, -e

danar-se vpr (*sair-se mal*) se planter (en beauté)

dança sf danse
• **cair na dança** danser sans arrêt
• **dança de salão** danse de salon
• **entrar na dança** fig entrer dans la danse/en scène

dançante adj dansant, -e

dançar vi 1 danser 2 (*estar folgado*) flotter 3 (*sair-se mal, perder oportunidade*) mal s'en sortir, se faire avoir 4 (*gorar*) échouer 5 (*esforçar-se muito*) s'efforcer, s'exténuer

dançarino, -na sm, f danseur, -euse

danceteria sf boîte (*de nuit*)

danificar vtd endommager, détériorer
▶ vpr **danificar-se** se détériorer

daninho, -nha adj nocif, -ive, nuisible
• **erva daninha** mauvaise herbe

dano sm dommage, dégât

danoso, -sa adj nocif, -ive, nuisible

daquele, -la de + aquele → aquele
▶ pl de ces: *teve uma sorte daquelas!* il/elle a eu une de ces chances!

daqui adv (*deste lugar; deste momento*) d'ici (à)
• **daqui por diante** désormais, dorénavant
• **ir daqui para lá** marcher de long en large
• **ser/estar daqui, ó** être exquis(e)/délicieux(euse)

daquilo de + aquilo → aquilo

dar vtdi 1 donner 2 (*entregar*) livrer, remettre 3 (*pagar*) payer 4 (*oferecer-jantar, recepção*) donner, organiser 5 (*outorgar*) octroyer 6 (*considerar*) considérer:

deu o irmão por morto il a considéré que son frère était mort **7** (*proporcionar*) garantir, apporter, fournir: ***a empresa lhe dá um bom lucro*** l'entreprise lui apporte de bons profits **8** (*confiar*) donner, confier
▶ *vtd* **1** (*desfazer-se, doar*) donner **2** (*produzir*) produire: ***estas terras dão boa cana*** ces terres produisent une canne à sucre de bonne qualité **3** (*tornar-se*) devenir: ***ele vai dar um bom músico*** il va devenir un bon musicien **4** (*exalar, emitir*) donner **5** (*soar-horas*) sonner, être **6** (*apresentar-espetáculo*) donner, présenter
▶ *vti* **1** (*ter qualidades*) être fait, avoir tout (**para**, pour): ***ele dá para médico*** il a tout pour être docteur **2** (*estar voltado*) donner (**para**, sur) **3** (*ser suficiente*) suffire (**para**, à, pour) **4** (*sobrevir-dor*) donner **5** (*acertar*) trouver (**com**, -): ***de repente, dei com a rua*** tout à coup, j'ai trouvé la (bonne) rue
▶ *vi* **1** (*soar-horas*) sonner, être **2** (*manifestar-se-doença, epidemia etc.*) donner **3** *chulo* accepter de baiser
▶ *vpr* **dar-se 1** (*viver em acordo*) s'entendre **2** (*ocorrer*) avoir lieu, se passer **3** (*dedicar-se*) se dévouer (**a**, à)
• **assim não dá (pé)!** comme ça, ça ne va pas aller!
• **dar com alguém/algo** rencontrer quelqu'un/quelque chose
• **dar de/para** (*adquirir hábito*) prendre l'habitude de
• **dar em algum lugar** déboucher quelque part
• **dar em cima de** faire du plat/gringue (à), draguer
• **dar em nada** ne rien donner
• **dar na televisão/no rádio** passer à la télé(vision)/radio
• **dar o que falar** faire des remous/du bruit
• **dar para trás** faire machine/marche arrière
• **dar-se mal** mal s'en sortir, se faire avoir
• **dar-se mal com alguém** ne pas s'entendre avec quelqu'un
• **dei por mim/deu por si** je me suis rendu compte/il/elle s'est rendu compte
• **para dar e vender** à foison, à profusion, en abondance
• **quem me dera** ah! si je pouvais...

data *sf* **1** date **2** *fam* (*muito tempo*) paie
• **data comemorativa** date de commémoration
• **de longa data** de longue date

datar *vtd* dater

datilografar *vtd-vi* dactylographier

de *prep* [*de* + *a(s)* = *da(s)*; *de* + *o(s)* = *do(s)*] **1** de, d': ***veio de Milão*** il est venu de Milan; ***copo de água*** un verre d'eau; ***um de nós*** l'un de nous; ***de segunda a sábado*** de lundi à samedi; ***falei de você*** j'ai parlé de toi/vous; ***trinta metros de largura*** trente mètres de large; ***vestido dos anos 20*** une robe des années 20; ***tremer de frio*** trembler de froid; ***roupa de mulher*** vêtement de femme; ***olhar de um jeito estranho*** regarder d'une manière bizarre; ***um filme de Godard*** un film de Godard; ***o mais bonito de todos*** le plus beau de tous **2** (*posse*) à, à la, au, aux, de, d': ***carro de João*** la voiture de João; ***as meias são de minha irmã*** ces chaussettes sont à ma sœur **3** (*matéria*) de, d', en: ***vaso de cristal*** vase en cristal; ***anel de ouro*** bague *f* en or **4** (*característica*) à, à la, au, aux: ***menina de olhos verdes*** fille aux yeux verts **5** (*valor*) à: ***livro de 30 reais*** un livre à trente reals **6** (*transporte*) en: ***ir de avião/de ônibus/de navio*** voyager en avion/en bus/en bateau **7** (*agente da passiva*) par: ***queimado de sol*** brûlé par le soleil **8** (*roupa*) en: ***estar de pijama*** être en pyjama; ***ela veio de branco*** elle est venue (*habillée*) en blanc

debaixo *prep* sous, au-dessous de

debandada *sf* débandade

debate *sm* débat

debater *vtd* débattre
▶ *vpr* **debater-se** se débattre

debelar *vtd* (*doença, epidemia etc.*) éradiquer

débil *adj* (*fraco*) débile, frêle, faible
• **débil mental** débile

debilidade *sf* faiblesse, fragilité
• **debilidade mental** débilité mentale

debilitar *vtd* débiliter, affaiblir
▶ *vpr* **debilitar-se** s'affaiblir, se débiliter

debitar *vtd-vtdi* débiter

débito *sm* débit

debochar *vti* se moquer (**de**, de)

debruçar *vtd* incliner, pencher
▶ *vpr* **debruçar-se** se pencher (**sobre**, sur), retomber (**em**, en)

debulhar *vtd* éplucher

debutante *smf* débutant, -e

década *sf* décennie

decadência *sf* décadence

decadente *adj* décadent, -e

decair *vi* déchoir

decalcar *vtd* **1** décalquer **2** *fig* (*imitar servilmente*) singer, copier, plagier

decalque *sf* **1** (*em desenho*) décalque **2** *fig* (*cópia, plágio*) calque *m*

decapitar *vtd* décapiter

decência *sf* décence, bienséance

decênio *sm* décennie *f*

decente *adj* décent, -e

decepar *vtd* trancher, couper, démembrer

decepção *sf* déception

decepcionado, -da *adj* déçu, -e

decepcionar *vtd* décevoir
▶ *vpr* **decepcionar-se** se décevoir

decerto *adv* certainement

decidido, -da *adj* décidé, -e

decidir *vtd* (+ *inf*) décider
▶ *vpr* **decidir-se** se décider (**a** + *inf*, à + *inf*; **por** + *subst*, pour + *subst*)

decifrar *vtd* déchiffrer

decimal *adj* décimal, -e
▶ *sm* décimale *f*

décimo, -ma *num-sm, f* dixième

decisão *sf* décision

decisivo, -va *adj* décisif, -ive

declamação *sf* déclamation

declamar *vtd-vti-vi* déclamer, scander, réciter

declaração *sf* déclaration

declarar *vtd-vti* déclarer
▶ *vpr* **declarar-se** se déclarer

declinar *vtd* décliner

declínio *sm* déclin
• **em declínio** en déclin

declive *sm* pente *f*, déclive *m*

declividade *sf* déclivité

decolagem *sf* décollage *m*

decolar *vi* décoller

decompor *vtd* décomposer
▶ *vpr* **decompor-se** se décomposer

decomposição *sf* décomposition

decoração *sf* **1** (*ornamento; arranjo*) décoration, décor *m* **2** (*memorização*) mémorisation

decorador, -ra *sm, f* décorateur, -trice

decorar *vtd* **1** (*ornamentar; arranjar*) décorer **2** (*memorizar*) apprendre par cœur

decorativo, -va *adj* décoratif, -ive

decorrência *sf* conséquence
• **em decorrência de** en conséquence de

decorrente *adj* dû, due (à), issu, -e (*de*)

decorrer *vti* (*originar-se*) découler (**de**, de)
▶ *vi* (*transcorrer*) couler, s'écouler
▶ *sm loc* **no decorrer de...** au cours/long de...

decotado, -da *adj* décolleté, -e

decote *sm* décolleté

decrépito, -ta *adj* décrépit, -e

decrescente *adj* décroissant, -e

decréscimo *sm* décroissance *f*

decrescer *vi* décroître, baisser

decretar *vtd-vtdi-vi* décréter

decreto *sm* décret, arrêté: *baixar um decreto* émettre un décret
• **nem por decreto!** le jour où les poules auront des dents!

decurso *sm* cours

dedal *sm* dé (à coudre)

dedão *sm* pouce

dedar *vtd fam* moucharder, cafarder, rapporter

dedetizar *vtd* desinsectiser, dératiser

dedicação *sf* dévouement *m*

dedicado, -da *adj* (*devotado*) dévoué, -e **2** (*com dedicatória*) dédicacé, -e, dédié, -e **3** (*consagrado*) dédié, -e

dedicar *vtdi* dédier
▶ *vpr* **dedicar-se** se dédier, se dévouer

dedicatória *sf* dédicace

dedilhar *vtd* **1** (*ferir cordas; tocar ao piano*) gratouiller/gratter (*guitare*), pianoter

(*piano*) **2** (*marcar números de dedos*) indiquer le doigté
▶ *vi* (*tamborilar*) pianoter, tapoter

dedo *sm* doigt
■ **dedo anular** annulaire
■ **dedo indicador** index
■ **dedo médio** majeur, médius
■ **dedo mínimo** auriculaire, petit doigt
• **botar o dedo na ferida** mettre le doigt sur la plaie
• **cheio de dedos** hésitant(e), perplexe, maladroit(e)
• **de dedo em riste** en menaçant du doigt, de manière incisive
• **escolher a dedo** trier sur le volet, choisir soigneusement
• **não mover um dedo** ne pas lever/bouger le petit doigt

dedo-duro (*pl* **dedos-duros**) *smf fam* mouchard, -e, cafard, -e, rapporteur, -euse

dedução *sf* déduction

dedurar *vtd fam* moucharder, cafarder, rapporter

deduzir *vtd-vtdi* déduire

defasado, -da *adj fig* déphasé, -e décalé, -e

defasagem *sf fig* déphasage *m*, décalage *m*

defecar *vi* déféquer

defeito *sm* **1** (*físico; moral*) défaut
• **botar/pôr defeito em algo/alguém** avoir/trouver à redire à quelque chose, trouver de quoi critiquer quelqu'un

defeituoso, -sa *adj* défectueux, -euse

defender *vtd* **1** (*proteger; -réu; argumento*) défendre **2** (*tese acadêmica*) soutenir **3** FUT défendre
▶ *vtdi* défendre
▶ *vpr* **defender-se** **1** se défendre **2** *fig* (*ganhar a vida*) gagner de l'argent/sa vie

defensiva *sf* défensive

defensivo, -va *adj* défensif, -ive

defensor, -ra *sm* défenseur *m*

deferimento *sm* approbation *f*

defesa *sf* **1** défense **2** (*de tese acadêmica*) soutenance
• **legítima defesa** légitime défense

deficiência *sf* déficience, insuffisance, manque *m*

• **deficiência física ou psíquica** déficience/handicap physique ou psychique

deficiente *adj* (*falho*) déficient, -e
▶ *adj-smf* handicapé, -e
■ **deficiente auditivo, -va** handicapé(e) auditif(ive)
■ **deficiente visual** handicapé visuel(le)

déficit *sm* déficit

definhar *vi* se flétrir, se faner, s'atrophier, dépérir

definição *sf* **1** définition **2** (*decisão*) décision, résolution

definir *vtd* définir
▶ *vpr* **definir-se** se définir

definitivo, -va *adj* définitif, -ive

deflagrar *vi* **1** (*explodir*) exploser, déflagrer **2** (*provocar*) provoquer

deflorar *vtd* déflorer

deformação *sf* déformation

deformar *vtd* déformer
▶ *vpr* **deformar-se** se déformer

deformidade *sf* difformité

defrontar-se *vpr* (*enfrentar*) s'affronter (**com**, à)

defronte *adv* face à

defumar *vtd* **1** (*alimentos*) fumer **2** (*a casa*) encenser

defunto, -ta *adj* défunt, -e

degelar *vtd-vi* dégeler

degenerar *vtd* dégénérer
▶ *vpr* **degenerar-se** s'avilir, se dégrader

deglutir *vtd-vi* déglutir

degolar *vtd* décapiter, couper la tête/le cou, égorger

degradação *sf* dégradation

degradante *adj* dégradant, -e

degradar *vtd* dégrader
▶ *vpr* **degradar-se** se dégrader, s'avilir

dégradé *adj* dégradé, -e
▶ *sm* **dégradé** dégradé

degrau *sm* (*de escada*) marche *f*

degringolar *vi* (*decair, arruinar-se*) dégringoler, déchoir, se ruiner

degustação *sf* dégustation

degustar *vtd* déguster

deitar *vtd* **1** (*pôr na cama*) coucher, allonger **2** (*pôr na horizontal*) étendre **3** (*derramar*) renverser **4** (*verter*) verser

▶ vpr **deitar-se 1** (ir dormir) se coucher **2** (estender-se) s'allonger, s'étendre

deixa sf **1** TEATRO réplique **2** (oportunidade) chance, occasion: *aproveitar a deixa* profiter de l'occasion

deixar vtd **1** (sair de, retirar-se de) quitter, s'en aller (de) **2** (largar, abandonar) quitter **3** (soltar) lâcher **4** (permitir) laisser, permettre **5** (tornar) rendre: *sua chegada me deixou alegre* son arrivée m'a rendu(e) heureux(euse) **6** (esquecer) laisser: *onde você deixou os óculos?* où as-tu laissé tes lunettes? **7** (pôr, não tirar) laisser, mettre, poser: *deixei um bolo na geladeira* j'ai laissé un gâteau dans le frigidaire; *deixe a bolsa na mesa* laisse ton sac sur la table **8** (levar a um destino) laisser: *o ônibus me deixou na esquina* le bus m'a laissé(e) au coin de la rue **9** (omitir) arrêter, cesser: *deixe as descrições* arrête tes descriptions **10** (causar) laisser: *seus maus modos deixaram má impressão* son manque de manières a laissé une mauvaise impression
▶ vtdi **1** (legar) laisser **2** (reservar) garder, laisser: *deixei uma fatia para você* je t'ai gardé une tranche
▶ vti **1** (cessar) cesser (**de**, de) **2** (omitir, não fazer) abandonner (**de**, de)
▶ vpr **deixar-se 1** (não opor resistência) se laisser **2** (separar-se) se quitter, se séparer
• **deixa comigo!** laisse-moi faire!
• **deixar a desejar** laisser à désirer
• **deixar de lado** abandonner (pôr à parte) laisser de côté
• **deixar estar** laisser aller
• **deixar para lá** oublier

dele, -la pron **1** (posse) à lui, à elle, son, sa: *este carro é dele/dela* cette voiture est à lui/elle; *reconheço a caligrafia dele* je reconnais sa calligraphie **2** (sobre) de lui, d'elle: *não sei nada dele* je ne sais rien de lui
▶ pl **deles, -las 1** (posse) leur, leurs, à eux, à elles: *o cachorro delas se chama Bark* leur chien s'appelle Bark; *meu carro é como o deles* ma voiture est comme la leur; *estes sapatos são delas* ces chaussures sont à elles **2** (sobre) d'eux, d'elles: *não sei nada deles* je ne sais rien d'eux

delatar vtd délater

delator, -ra sm,f délateur

delegação sf délégation

delegacia sf (repartição) délégation
• **delegacia (de polícia)** commissariat de police

delegado, -da sm,f délégué, -e
• **delegado (de polícia)** commissaire (de police)

delegar vtd-vtdi déléguer

deleite sm plaisir

delgado, -da adj **1** (fino) fin, -e, mince **2** (intestino) grêle

deliberação sf délibération

delicadeza sf délicatesse

delicado, -da adj **1** délicat **2** (macio) suave, doux

delícia sf délice m

delicioso, -sa adj délicieux, -euse

delimitar vtd délimiter

delinear vtd esquisser, ébaucher, tracer les grandes lignes
▶ vpr **delinear-se** se dessiner, se détacher

delinquência sf délinquance

delinquente smf délinquant, -e

delirante adj délirant, -e

delirar vi délirer

delírio sm délire

delito sm délit
• **flagrante delito** flagrant délit

demagogia sf démagogie

demagogo, -ga sm,f démagogue

demais adv trop: *há gente demais* il y a trop de gens; *ela fala depressa demais* elle parle trop vite
▶ pron (outros) autre: *as grávidas saíram; as demais ficaram* les femmes enceintes sont sorties, les autres sont restées
• **você é demais!** tu es/vous êtes trop, toi/vous

demanda sf DIR COM demande

demão sf couche (de peinture)

demarcar vtd délimiter

demasia sf excès m
• **em demasia** en excès

demasiado, -da adj excessif, -ive: *tem ambições demasiadas* il/elle a trop d'ambition

▶ *adv* **demasiado** trop: *estava demasiado nervoso* il était trop nerveux

demência *sf* démence

demente *adj* dément, -e

demissão *sf* **1** (*por iniciativa do empregado*) démission: *pedir demissão* donner sa démission **2** (*por iniciativa do empregador*) licenciement *m*, renvoi *m*

demitir *vtd-vtdi* démettre, renvoyer, licencier, congédier
▶ *vpr* **demitir-se** se démettre, démissionner (**de**, de)

democracia *sf* démocratie

democrata *smf* démocrate

democrático, -ca *adj* démocratique

democratizar *vtd* démocratiser
▶ *vpr* **democratizar-se** se démocratiser

demolição *sf* démolition

demolir *vtd* démolir

demônio *sm* démon

demonstração *sf* **1** (*prova, mostra*) démonstration **2** (*manifestação*) manifestation
• **fazer a demonstração de um produto** faire la démonstration d'un produit

demonstrar *vtd-vtdi* **1** (*provar*) démontrer **2** (*manifestar, dar mostras de*) démontrer, témoigner

demora *sf* retard *m*, délai *m*

demorado, -da *adj* **1** (*tardio*) tardif, -ive **2** (*prolongado*) prolongé, -e, long, -ue

demorar *vti* (*tardar*) demeurer, tarder (**a** + *inf* à)
▶ *vi* **1** (*exigir tempo*) mettre du temps **2** (*ficar muito tempo*) demeurer **3** (*tardar a chegar*) mettre du temps, tarder
▶ *vpr* **demorar-se 1** mettre du temps (**a** + *inf* à) **2** (*ficar, permanecer*) demeurer, rester

dengoso, -sa *adj-sm, f* séducteur, -trice, pleurnicheur, -euse, maniéré, -e

denominação *sf* dénomination, appellation

denominado, -da *adj* dénommé, -e, nommé, -e

denominar *vtd* dénommer, appeler, nommer

denotar *vtd* dénoter

densidade *sf* densité

denso, -sa *adj* dense, épais, -se, serré, -e, dru, -e

dentada *sf* morsure

dentado, -da *adj* dentelé, -e (*objet*) denté, -e (*animal*)

dentadura *sf* **1** (*conjunto dos dentes*) dentition, denture **2** (*dentes artificiais*) dentier *m*

dental *adj* dentaire, dental, -e

dentar *vtd* **1** (*dentear*) denteler **2** (*morder*) mordre

dente *sm* dent *f*: *escovar(-se) os dentes* se brosser les dents; *os dentes da serra, do pente* les dents de la scie, du peigne
■ **dente de leite** dent *f* de lait
■ **dente do siso** dent *f* de sagesse
■ **dente permanente** dent *f* permanente
• **armado até os dentes** armé jusqu'aux dents
• **dente de alho** gousse d'ail
• **falar entre dentes** parler entre ses dents
• **mostrar os dentes** *fig* montrer les dents
• **nasceram os dentes** ses dents ont poussé

dentição *sf* dentition

dentista *smf* dentiste

dentre *prep* parmi

dentro *adv* dedans, à l'intérieur: *vamos esperar lá dentro* nous allons attendre dedans/à l'intérieur
▶ *loc prep* **dentro de** (*lugar; tempo*) dans
• **dentro em pouco** d'ici (à) peu
• **estar por dentro** être au courant/branché
• **por dentro** en dedans

dentuço, -ça *adj* aux dents avancées

denúncia *sf* dénonciation

denunciar *vtd-vtdi* dénoncer
▶ *vpr* **denunciar-se** se dénoncer

deparar *vtd-vti* rencontrer, tomber sur

departamento *sm* **1** (*divisão administrativa francesa*) département **2** (*em empresa ou repartição*) service, département, secteur

depenar *vtd* **1** (dé)plumer **2** (*deixar sem dinheiro*) plumer

dependência *sf* dépendance

▶ pl **dépendances**: *nas dependências da casa* dans (les dépendances de) la maison

dependente adj dépendant, -e
■ **dependente de drogas** dépendant des drogues

depender vti dépendre
• *– Você vai viajar? – Depende!* – Tu vas voyager? – Ça dépend

dependurar vtd pendre, suspendre
▶ vpr **dependurar-se** se pendre, se suspendre

depilação sf dépilation, épilation

depilar vtd dépiler, épiler
▶ vpr **depilar-se** se dépiler, s'épiler

deplorar vtd déplorer

deplorável adj déplorable

depoimento sm déposition f, témoignage

depois adv 1 après, ensuite, puis: *primeiro vamos ao cinema, depois jantar* nous allons d'abord au cinéma, ensuite nous irons souper; *primeiro há um ponto, depois um semáforo* il y a d'abord un arrêt de bus, puis un feu rouge 2 (*atrás*) après, derrière: *João era o terceiro da fila; depois dele vinha José* João était le troisième de la queue, derrière lui il y avait José 3 (*além disso*) en outre, en plus, de surcroît
▶ *loc prep* **depois de** après
▶ *loc conj* 1 **depois de** (+ *inf*) après (+ *inf*) 2 **depois que** (+ *ind*) après que (+ *ind*)
• **depois de amanhã** après-demain
• **depois de Cristo, d.C.** après Jésus-Christ, ap. J.-C.

depor vtd-vi (*declarar em juízo*) déposer, témoigner
▶ vtd-vti (*despojar do cargo*) destituer
▶ vti déposer, témoigner (**contra**, contre)
• **depor as armas** déposer les armes

deportar vtd déporter

deposição sf (*destituição*) destitution, renversement m

depositante adj-smf déposant, -e

depositar vtd déposer
▶ vpr **depositar-se** se déposer

depósito sm dépôt

depravação sf dépravation

depravado, -da adj dépravé, -e

depreciação sf dépréciation

depreciar vtd 1 (*desvalorizar*) déprécier 2 (*desdenhar*) dédaigner

depreciativo, -va adj dépréciatif, -ive

depredação sf déprédation

depredar vtd saccager, dévaster

depressa adv 1 (*rapidamente*) vite, rapidement: *faça isso depressa* fais/faites ça vite 2 (*logo*) tout de suite, immédiatement: *venha depressa* viens/venez tout de suite

depressão sf dépression

depressivo, -va adj dépressif, -ive

deprimente adj déprimant, -e

deprimido, -da adj-sm,f déprimé, -e

deprimir vtd déprimer
▶ vpr **deprimir-se** se déprimer

depuração sf dépuration épuration

depurar vtd-vti dépurer épurer

deputado, -da sm,f député, -e

derivação sf dérivation

derivar vtd-vti-vi (*ficar à deriva*) dériver

dermatologista smf dermatologiste

derradeiro, -ra adj denier, -ère, ultime

derramar vtd 1 (*entornar*) renverser 2 (*espalhar*) déverser, répandre
▶ vpr **derramar-se** 1 (*entornar-se*) se renverser 2 (*espalhar-se*) se déverser, se répandre
• **derramar lágrimas** verser des larmes
• **derramar notas falsas** écouler de faux billets

derrame sm 1 MED hémorragie cérébrale 2 (*de notas falsas*) écoulement

derrapagem sf dérapage m

derrapar vi déraper

derreter vtd-vi fondre
▶ vpr **derreter-se** 1 fondre 2 (*enternecer-se*) s'attendrir 3 (*apaixonar-se*) tomber amoureux, s'éprendre

derretido, -da adj 1 fondu, -e 2 (*apaixonado*) passionné, -e, mordu, -e

derretimento sm 1 fonte f 2 (*afetação, requebro*) affectation f, minauderie f 3 (*embevecimento*) ravissement, enchantement

derrota sf déroute, défaite

derrotar vtd défaire, vaincre

derrubada *sf* 1 (*destituição*) destitution, renversement *m* 2 (*de árvores*) abattage *m*

derrubar *vtd* 1 (*deixar cair*) renverser, faire/laisser tomber 2 (*fazer cair, abater*) abattre 3 (*demolir*) démolir 4 (*depor, destituir*) destituer, renverser

desabafar *vi* (*revelar o que sente*) s'épancher

desabafo *sm* épanchement

desabar *vi* 1 (*cair*) tomber, chuter 2 (*desmoronar*) s'effondrer, s'affaisser, s'écrouler, crouler 3 (*tempestade*) s'abbattre 4 *fig* (*preços, ações etc.*) chuter, baisser

desabitado, -da *adj* inhabité, -e

desabotoar *vtd* déboutonner
▸ *vpr* **desabotoar-se** se déboutonner

desabrigado, -da *adj-sm, f* sans abri *inv* sans logis *inv*

desabrochar *vi* s'épanouir

desacatar *vtd* 1 (*pessoa*) manquer de respect, outrager 2 (*lei, ordem*) enfreindre

desacato *sm* outrage, irrespect, manque de respect

desacelerar *vtd-vi* ralentir, freiner

desaconselhar *vtdi* déconseiller

desaconselhável *adj* déconseillé, -e

desacorçoar *vtd* décourager
▸ *vi* se décourager

desacordado, -da *adj* évanoui, -e

desacordo *sm* désaccord

desacostumar *vtd* déshabituer, désaccoutumer
▸ *vpr* **desacostumar-se** se déshabituer, se désaccoutumer

desafeto *sm* (*inimigo*) ennemi, rival, adversaire

desafiar *vtd* défier

desafinar *vi* MÚS jouer/chanter faux

desafio *sm* défi

desafogar *vtd* aérer, déboucher
▸ *vpr* **desafogar-se** se désobstruer, se libérer

desafogo *sm* désobstruction

desaforado, -da *adj-sm, f* insolent, -e, impudent, -e, grossier, -ère, effronté, -e

desaforo *sm* insolence *f*, impertinence *f*, effronterie, *f*, affront: ***fazer um desaforo a alguém*** faire un affront à quelqu'un

desagasalhado, -da *adj* découvert, -e, déshabillé, -e

desagradar *vti* déplaire

desagradável *adj* déplaisant, -e, antipathique, désagréable

desagrado *sm* (*desprazer*) déplaisir, mécontentement, désagrément
• **cair/incidir no desagrado de alguém** être/tomber dans les mauvaises grâces de quelqu'un

desagregar *vtd* désagréger
▸ *vpr* **desagregar-se** se désagréger

desaguar *vti* écoper, sécher, déboucher (*rivière, fleuve*)

desajeitado, -da *adj-sm, f* (*sem destreza*) maladroit, -e
▸ *adj* (*difícil de manejar*) difficile à manier

desajuizado, -da *adj* insensé, -e

desajustado, -da *adj* 1 désajusté, -e, déréglé, -e 2 PSIC inadapté, -e

desajuste *sm* 1 dérèglement 2 PSIC inadaptation *f*

desalento *sm* abattement, accablement, découragement

desalinhado, -da *adj* 1 (*desarrumado*) dérangé, -e, désordonné, -e, négligé, -e, débraillé, -e (habits) 2 (*fora do alinhamento*) désaligné 3 (*auto*) qui a un défaut de parallélisme

desalinhamento *sm* 1 désalignement 2 (*auto*) défaut de parallélisme

desalinhar *vtd* 1 (*tirar do alinhamento*) désaligner 2 (*desarrumar*) déranger 3 (*auto*) perdre son parallélisme
▸ *vpr* **desalinhar-se** (*desarrumar-se*) se débrailler

desalinho *sm* désordre, dérangement,
• **em desalinho** débraillé, -e

desalmado, -da *adj* insensible, inhumain, -e

desalojar *vtd* déloger, chasser, expulser

desamarrar *vtd* délier, détacher, dénouer
▸ *vpr* **desamarrar-se** se délier, se détacher, se dénouer

desambientado, -da *adj* déphasé, -e, inadapté, -e

desamparado, -da *adj* désemparé, -e, abandonné, -e, démuni, -e, délaissé, -e

desamparo *sm* abandon, désarroi, délaissement: *ao desamparo* à l'abandon

desancar *vtd* **1** provoquer ou sentir une lésion ou douleur hanche, être déhanché **2** *fig* avoir le dessus

desandar *vi* **1** (*deteriorar-se*) se détériorer **2** (*creme, maionese*) ne pas prendre

desanimado, -da *adj* **1** (*abatido*) découragé, -e, démoralisé, -e, démonté, -e, accablé, -e **2** (*sem animação*) mort, -e, (*sans activité*)

desânimo *sm* découragement, accablement

desanimador, -ra *adj* décourageant, -e, accablant, -e

desanimar *vtd* décourager, accabler, démoraliser, démonter
▶ *vi* renoncer, perdre l'envie (*de*)

desânimo *sm* découragement, accablement

desanuviar *vtd* **1** (*o céu*) dégager **2** *fig* éclaircir
▶ *vpr* **desanuviar-se 1** (*o céu*) se dégager **2** *fig* s'éclaircir

desaparecer *vi* disparaître

desaparecimento *sm* disparition *f*

desapego *sm* détachement

desapertar *vtd* **1** (*soltar*) desserrer **2** (*parafuso*) dévisser

desapontado, -da *adj* (*desiludido*) désappointé, -e, déçu, -e

desapontamento *sm* désappointement, déception *f*

desapontar *vtd* désappointer, décevoir
▶ *vpr* **desapontar-se** se désappointer, se décevoir

desapossar *vtdi* déposséder, dépouiller

desapropriação *sf* expropriation

desapropriar *vtd-vtdi* exproprier

desaquecimento *sm* refroidissement

desarmado, -da *adj* désarmé, -e
• **com o espírito desarmado** à brûle-pourpoint, au dépourvu

desarmamento *sm* désarmement

desarmar *vtd* **1** (*privar de armas; neutralizar bomba*) désarmer **2** (*desmontar*) démonter **3** *fig* désarmer

desarranjar *vtd* **1** (*desarrumar; transtornar*) déranger **2** (*avariar*) avarier, endommager

desarranjo *sm* **1** (*desordem*) désordre **2** (*avaria*) avarie *f* **3** (*contratempo*) contretemps

desarrumação *sf* désordre *m*

desarrumar *vtd* déranger

desarticular *vtd* (*desconjuntar*) désarticuler

desastre *sm* désastre

desastroso, -sa *adj* désastreux, -euse

desatar *vtd* dénouer, détacher, délier
▶ *vti* éclater, fondre: **desatar a rir** éclater de rire; **desatar no choro** fondre en larmes/pleurs
▶ *vpr* **desatar-se** se dénouer, se détacher, se délier

desatenção *sf* **1** inattention **2** (*descortesia*) discourtoisie, incivilité

desatento, -ta *adj* inattentif, -ive

desatinado, -da *adj-sm, f* écervelé, -e, étourdi, -e

desativação *sf* **1** QUÍM désactivation, inactivation **2** (*instituição*) désaffectation **3** (*mecanismo*) désactivation

desativar *vtd* désactiver, désaffecter

desatolar *vtd-vtdi* désembourber

desatualizado, -da *adj* dépassé, -e, démodé, -e, périmé, -e

desautorizado, -da *adj* non autorisé, -e

desavença *sf* discorde, querelle, mésentente

desavergonhado, -da *adj* effronté, -e

desbancar *vtd* (*levar vantagem*) supplanter, évincer

desbaratar *vtd* **1** (*esbanjar*) gaspiller, dissiper, dilapider **2** (*derrotar*) mettre en déroute

desbastar *vtd* **1** (*polir*) dégrossir **2** (*jardim*) tailler

desbloquear *vtd* débloquer
▶ *vpr* **desbloquear-se** se débloquer

desbocado, -da adj fig insolent, -e, impudent, -e, grossier, -ère

desbotar vtd délaver, décolorer
▶ vi-vpr **desbotar(-se)** se délaver, se décolorer

desbundar vi (ter comportamento libertino) débaucher

descabeçado, -da adj (desajuizado) sans jugeote

descabelar vtd écheveler
▶ vpr **descabelar-se** (desesperar-se) s'arracher les cheveux

descabido, -da adj inopportun, -e, déplacé, -e

descadeirado, -da adj 1 (com dor nas cadeiras) qui a mal aux hanches 2 (extenuado) crevé, -e, épuisé, -e

descafeinado, -da adj décaféiné, -e

descalabro sm 1 (ruína) délabrement 2 (caos) bouleversement, chaos

descalço, -ça adj (sem sapatos) pieds nus, nu-pieds

descampado, -da adj nu, -e, découvert
▶ sm **descampado** terrain nu/à découvert

descansado, -da adj 1 (repousado) reposé, -e 2 (tranquilo, -la) tranquille

descansar vi 1 (repousar) se reposer 2 (desistir) renoncer 3 (morrer) mourrir 4 (apoiar-se) reposer
▶ vtd 1 (apoiar) reposer 2 CUL (a massa) reposer

descanso sm 1 (repouso; folga do trabalho; tranquilidade) repos 2 (trégua) répit 3 (de copos) dessous-de-verre 4 CUL (da massa) repos
• **não dar descanso a alguém** ne pas donner de répit à quelqu'un

descarado, -da adj effronté, -e

descaramento sm effronterie

descarga sf 1 (de mercadorias etc.) déchargement m 2 (de sanitário) chasse (d'eau) 3 (de armamento) décharge
• **descarga elétrica** décharge électrique
• **dar/puxar a descarga** tirer la chasse

descarregado, -da adj 1 (veículo; bateria, pilha) déchargé, -e

descarregar vtd décharger
▶ vpr-vi **descarregar(-se)** (bateria, pilha) se décharger

descarrilar vi dérailler

descartar vtd 1 (jogar carta) se défausser 2 (pôr de lado) rejeter, écarter
▶ vpr **descartar-se** (livrar-se) se débarrasser (de)

descartável adj jetable

descarte sm défausse f, rejet

descascar vtd 1 (maçã, pera, banana, tomates) peler 2 (batata) éplucher 3 (vagens) écosser 4 (nozes, camarões) décortiquer 5 fig (falar mal de) descendre en flammes, attaquer
▶ vi (largar a casca) peler, muer

descaso sm négligence f, insouciance f

descendência sf descendance

descendente smf descendant, -e

descender vti descendre

descentralizar vtd-vi décentraliser

descentrar vtd décentrer

descer vtd 1 (caminhar/dirigir para baixo) descendre 2 (pender) tomber, pendre
▶ vti descendre (**de**, de)
▶ vi 1 (ir para baixo) descendre 2 (baixar) baisser

descida sf descente

desclassificar vtd 1 (tirar da classe anterior) déclasser 2 ESPORTE déqualifier

descoberta sf découverte

descoberto, -ta adj découvert, -e
• **a descoberto** à découvert

descobrimento sm découverte f

descobrir vtd découvrir
▶ vpr **descobrir-se** se découvrir

descolado, -da adj 1 décollé, -e 2 gíria malin, -igne, débrouillard, -e, dégourdi, -e

descolamento sm décollement
• **descolamento da retina** décollement de la rétine

descolar vtd 1 (desgrudar) décoller 2 gíria dénicher, dégoter, débusquer
▶ vtdi décoller (**de**, de)
▶ vpr **descolar-se** se décoller

descolorir vtd décolorer, teindre

descompasso sm (desacordo, desarmonia) décalage, déphasage, écart

descompor vtd 1 (desarranjar) déranger 2 (alterar, transtornar) bouleverser 3 (censurar) réprimander, gronder

▶ *vpr* **descompor-se** 1 (*desarranjar-se*) se déranger 2 (*transtornar-se*) se bouleverser

descomposto, -ta *adj* 1 (*desarranjado, desarrumado*) défait, -e: *cabelos descompostos* les cheveux défaits 2 (*transtornado*) décomposé, -e, troublé, -e

descompostura *sf* (*censura*) réprimande, *fam* savon *m*

descomprometido, -da *adj* sans compromis, libre de tout engagement

descomunal *adj* démesuré, -e, prodigieux, -se, colossal, -e

desconcertar *vtd* déconcerter
▶ *vpr* **desconcertar-se** se déconcerter

desconectar *vtd* débrancher, déconnecter
▶ *vpr* **desconectar-se** se déconnecter, se débrancher

desconfiado, -da *adj* méfiant, -e, soupçonneux, -euse, défiant, -e: *ele é um sujeito desconfiado* c'est une personne méfiante

desconfiança *sf* (*suspeita; falta de credulidade*) méfiance, défiance

desconfiar *vtd* 1 (*recear*) craindre que (+ *subj*, + ne explétif): *desconfio que você está me enganando* je crains que tu ne me trompes; *desconfio que o ônibus já passou* je crains que le bus ne soit déjà passé 2 (*supor*) penser, pressentir
▶ *vti* (*suspeitar*) soupçonner, suspecter (**de**, -)

desconfortável *adj* inconfortable, gênant, -e, incommode

desconforto *sm* gêne *f*, inconfort, désagrément

descongelar *vtd* 1 décongeler 2 ECON dégeler
▶ *vpr* **descongelar-se** se décongeler

descongestionar *vtd* 1 décongestionner 2 (*trânsito*) décongestionner, désembouteiller
▶ *vpr* **descongestionar-se** se décongestionner

desconhecer *vtd* 1 (*não conhecer*) méconnaître, ignorer 2 (*estranhar, não reconhecer*) ne pas reconnaître, trouver étrange

desconhecido, -da *adj* 1 (*não conhecido*) inconnu, -e 2 (*incógnito*) anonyme 3 (*sem notoriedade*) inconnu, -e, méconnu, -e
▶ *sm,f* inconnu, -e

desconhecimento *sm* ignorance, méconnaissance

desconjuntado, -da *adj* désarticulé, -e, déstructuré, -e

desconsideração *sf* déconsidération, dédain *m*, mépris *m*

desconsiderar *vtd* 1 (*não levar em conta*) dédaigner 2 (*desrespeitar*) manquer de respect (à) 3 (*fazer perder o crédito*) déconsidérer

desconsolado, -da *adj* inconsolable, consterné, -e, affligé, -e

desconsolo *sm* 1 (*desconsolação*) consternation *f*, désolation *f* 2 (*tristeza*) tristesse *f*

descontar *vtd* 1 (*letra, cheque*) encaisser 2 (*não levar em conta*) dédaigner 3 (*fechar os olhos para, desculpar*) fermer les yeux sur/à propos de 4 (*desforrar-se*) se venger, se dédommager: *descontou a raiva no irmão* il s'est vengé sur son frère
▶ *vtd-vtdi* (*deduzir*) décompter: *descontar 25% do total* décompter 25% du total

descontentamento *sm* mécontentement

descontentar *vtd* 1 (*não satisfazer*) mécontenter 2 (*contrariar*) fâcher

descontente *adj* 1 (*insatisfeito*) mécontent, -e 2 (*contrariado*) fâché, -e

desconto *sm* 1 ECON (*retenção*) retenue *f* 2 (*abatimento*) décompte, déduction *f*, escompte, remise
■ **desconto em folha** retenue *f* sur le salaire
• **dar desconto** faire/accorder/une remise (*desculpar*) faire une fleur à qqn

descontração *sf* décontraction

descontrair *vtd* décontracter, relâcher
▶ *vpr* **descontrair-se** se décontracter

descontrolar *vtd vtd* (*desgovernar, desajustar*) rendre incontrôlable
▶ *vpr* **descontrolar-se** perdre le contrôle/son sang-froid, s'énerver

descontrole *sm* manque de contrôle

desconversar *vi* (*mudar de assunto*) changer de sujet

descorado, -da adj 1 (sem tinta) décoloré, -e, déteint, -e 2 (pálido) pâle

descorar vtd décolorer, déteindre
▶ vi-vpr **descorar(-se)** 1 (perder a tinta) se décolorer, se déteindre 2 (ficar pálido) pâlir

descoroçoar → desacorçoar

descosturar vtd découdre
▶ vpr **descosturar-se** se découdre

descrédito sm discrédit, déconsidération f

descrença sf incroyance

descrente adj-smf incroyant, -e, mécréant, -e

descrever vtd-vtdi décrire

descrição sf description

descritivo, -va adj descriptif

descuidado, -da adj (desalinhado) négligé, -e
▶ adj 1 (desatento) inattentif, -ive, distrait, -e, étourdi, -e 2 (negligente) négligeant, -e
▶ sm, f 1 (desatento) étourdi, -e 2 (negligente) négligeant, -e

descuidar vti négliger (de, de)
▶ vi (distrair-se) se distraire

descuido sm 1 (desatenção) inattention f 2 (desmazelo) négligence f, relâchement

desculpa sf 1 (perdão) excuse, pardon m: **pedir desculpas por alguma coisa** demander pardon pour/de quelque chose 2 (pretexto) excuse

desculpar vtd excuser
▶ vpr **desculpar-se** s'excuser, demander pardon

desculpável adj excusable, pardonnable

desde prep 1 (tempo; lugar) depuis: **desde ontem** depuis hier; **desde a praça** depuis la place 2 (de) de: **li tudo: desde as obras mais simples até as mais complexas** j'ai tout lu: des œuvres les plus simples aux plus complexes
▶ loc conj **desde que** 1 (tempo) depuis que: **desde que partiu não soubemos mais dele** nous n'avons plus eu de nouvelles de lui depuis qu'il est parti 2 (condição) à condition que: **as crianças entram, desde que acompanhadas pelos pais** les enfants peuvent entrer à condition qu'ils soient accompagnés de leurs parents
• **desde então** depuis lors

desdém sm dédain

desdenhar vtd dédaigner

desdenhoso, -sa adj dédaigneux, -euse

desdentado, -da adj-sm, f édenté

desdobramento sm 1 (divisão em dois) dédoublement 2 fig (consequência) conséquence f

desdobrar vtd (dividir em dois) dédoubler
▶ vpr **desdobrar-se** 1 (dividir-se em dois) se dédoubler 2 (desenvolver-se) se développer, se déployer 3 (esforçar-se) se plier en quatre

desejar vtd (ambicionar, cobiçar; querer) désirer, souhaiter
▶ vtdi (fazer votos de) souhaiter: **desejo-lhe muita sorte** je vous souhaite bonne chance

desejável adj 1 (que desperta desejo) désirable 2 (aconselhável) souhaitable, conseillé, -e

desejo sm 1 (vontade) désir, souhait 2 (votos) vœu

desejoso, -sa adj désireux, -euse

deselegância sf déségance

deselegante adj inélégant, -e

desembaçar vtd désembuer

desembaçador sm dégivreur, essuie-glace

desembaraçar vtd (nó) dénouer, démêler
▶ vpr **desembaraçar-se** 1 (livrar-se) se débarrasser 2 (perder a timidez) perdre sa timidité

desembaraçado, -da adj 1 (sem nós) dénoué, -e, démêlé, -e 2 (desinibido) désinhibé, -e, désinvolte 3 (ágil, hábil) agile, habile

desembaraço sm 1 (desimpedimento) désobstruction f, désencombrement 2 (desenvoltura) désinvolture f, désinhibition 3 (agilidade, habilidade) adresse f

desembarcar vi débarquer
▶ vtd débarquer

desembarque sm débarquement

desembestar vi (correr desenfreadamente) courir sans s'arrêter

desembocar *vti* déboucher, aboutir
desembolsar *vtd* débourser
desembolso *sm* déboursement
desembrulhar *vtd* 1 *(desempacotar)* dépaqueter 2 *fig* démêler
desembuchar *vtd-vi* 1 *(vomitar)* vomir 2 *fam (falar)* parler, déballer, vider son sac
desempacotar *vtd* dépaqueter, déballer
desempatar *vtd* départager
desempate *sm* départage
desempenhar *vtd (papel, função)* jouer
desempenho *sm* 1 *(rendimento)* performance *f* 2 *(de ator)* jeu
desempregado, -da *adj-sm, f* chômeur, -euse, sans-emploi
• **estar desempregado** être au chômage
desemprego *sm* chômage
desencadear *vtd* déclencher
▶ *vpr* **desencadear-se** se déclencher
desencalhar *vtd* 1 *(carro)* remettre en état de marche 2 *(embarcação)* renflouer
▶ *vi fig* finir par se marier
desencaminhar *vtd (desviar do bom caminho)* détourner, dérouter
desencanar *vi gíria* laisser tomber
desencantar *vtd* 1 *(desiludir)* désenchanter 2 *fig (fazer andar)* faire fonctionner, faire se secouer
▶ *vpr* **desencantar-se** 1 *(desiludir-se)* se décevoir 2 *(começar a funcionar, aparecer)* commencer à fonctionner, surgir
desencanto *sm (desilusão)* désenchantement
desencargo *sm loc* **por desencargo de consciência** par acquit de conscience
desencontrado, -da *adj (discordante, contrário)* discordant, -e, divergent, -e, incompatible
desencontrar-se *vpr* se manquer
desencontro *sm* 1 rendez-vous manqué/râté 2 *(desacordo)* désaccord
desencorajar *vtd* décourager
desencostar *vtdi* éloigner
▶ *vpr* **desencostar-se** s'éloigner
desenfreado, -da *adj* effréné, -e, débridé, -e

desenganado, -da *adj* 1 *(desiludido)* désillusionné, -e, déçu, -e 2 *(doente)* incurable, condamné, -e
desengano *sm (desilusão)* désillusion *f*
desengonçado, -da *adj (desajeitado)* maladroit, -e
desenhar *vtd* dessiner
desenhista *smf* dessinateur, -trice
desenho *sm* dessin
■ **desenho animado** dessin animé
desenlace *sm* 1 *(desfecho)* dénouement 2 *(falecimento)* décès
desenrolar *vtd* dérouler
▶ *vpr* **desenrolar-se** *(novelos etc.; fatos)* se dérouler
desenroscar *vtd* 1 *(desparafusar)* dévisser, déboulonner 2 *(livrar, desemaranhar)* dérouler
▶ *vpr* **desenroscar-se** 1 *(desparafusar-se)* se dévisser 2 *(desemaranhar-se)* se libérer, se dégager
desentender-se *vpr* se brouiller, se fâcher, se disputer
desentendido, -da *adj loc* **fazer-se de desentendido!** faire l'idiot!
desentendimento *sm* mésentente *f*
desenterrar *vtd* déterrer
desentupidor *sm* 1 *(artefato)* débouchoir 2 *(produto químico)* déboucheur
desentupir *vtd* déboucher
desenvolto, -ta *adj (desembaraçado)* désinvolte
desenvoltura *sf* désinvolture
desenvolver *vtd* développer
▶ *vpr* **desenvolver-se** se développer
• **o carro desenvolve até 220 km por hora** cette voiture atteint les 220 km à l'heure
desenvolvido, -da *adj* développé, -e
desenvolvimento *sm* développement
desequilibrado, -da *adj-sm, f* déséquilibré, -e
desequilibrar *vtd* déséquilibrer
▶ *vpr* **desequilibrar-se** se déséquilibrer
desequilíbrio *sm* déséquilibre
deserdar *vtd* déshériter
desertar *vi* MIL déserter
deserto, -ta *adj* désertique

▶ **deserto** *sm* désert

desertor *sm* déserteur

desesperado, -da *adj* désespéré, -e

desesperador, -ra *adj* désespérant, -e
• **em estado desesperador** dans un état critique

desesperança *sf* désespoir *m*, désespérance

desesperar *vtd* désespérer
▶ *vi-vpr* **desesperar(-se)** se désespérer

desespero *sm* désespoir
• **em desespero de causa** en désespoir de cause

desestabilizar *vtd* déstabiliser

desestimular *vtd* décourager, dissuader

desfalcar *vtd* 1 (*roubar*) voler, dérober 2 (*reduzir, subtrair parte*) soustraire

desfalecer *vi* perdre connaissance, s'évanouir

desfalecimento *sm* évanouissement

desfalque *sm* 1 (*roubo*) larcin 2 (*redução*) réduction *f*, remise *f*

desfavorável *adj* 1 (*contrário*) défavorable 2 (*prejudicial*) préjudiciable, nocif, -ive 3 (*desaconselhável*) déconseillé, -e

desfavorecer *vtd* défavoriser

desfavorecido, -da *adj* (*prejudicado*) défavorisé, -e
▶ *adj-sm, f* (*pobre*) défavorisé, -e, démuni, -e

desfazer *vtd* 1 défaire 2 (*romper-noivado, casamento etc.*) rompre 3 (*desatar*) défaire, dénouer 4 (*anular*) annuler 5 (*dissipar*) dissiper 6 (*separar*) séparer 7 (*diluir*) diluer
▶ *vti* (*desdenhar*) dédaigner (**de**, de)
▶ *vpr* **desfazer-se** 1 (*desmanchar-se*) se défaire 2 (*dispersar-se*) se disperser 3 (*diluir-se*) se diluer 4 (*dissipar-se*) se dissiper 5 (*descartar-se*) se défaire, se débarrasser: *vou me desfazer desses móveis* je vais me défaire de ces meubles 6 (*dissolver-se*) dissoudre: *a sociedade se desfez* la société s'est dissoute
• **desfazer-se em lágrimas** fondre en larmes

desfechar *vtd* 1 (*um ataque*) déclencher, lancer 2 (*um tiro; um murro*) donner 3 (*uma flecha*) lancer

desfecho *sm* dénouement

desfeita *sf* (*ofensa*) affront *m*

desferir *vtd* 1 (*um ataque*) déclencher, lancer 2 (*um tiro; um murro*) donner 3 (*uma flecha*) lancer

desfiar *vtd* 1 (*tecido*) défiler, effiler, effilocher 2 (*carne etc.*) hacher gros 3 (*rosário*) égrener 4 *fig* (*narrar em sequência*) relater
▶ *vpr* **desfiar-se** s'effiler, s'effilocher, se franger

desfigurar *vtd* défigurer

desfiladeiro *sm* GEOG défilé, gorge *f*

desfilar *vi* 1 défiler 2 (*escola de samba*) défiler

desfile *sm* défilé

desfocado, -da *adj* flou, -e

desforra *sf* revanche

desforrar-se *vpr* prendre sa revanche, rendre la pareille

desfrutar *vtd-vti* (*usufruir*) jouir, profiter

desgarrado, -da *adj* égaré, -e, décroché, -e, séparé, -e
• **ovelha desgarrada** brebis égarée

desgastar *vtd* user
▶ *vpr* **desgastar-se** s'user

desgaste *sm* usure *f*

desgostar *vtd* (*contrariar*) fâcher
▶ *vpr* **desgostar-se** se fâcher

desgosto *sm* chagrin, peine *f*

desgostoso, -sa *adj* chagriné, -e

desgovernar-se *vpr* perdre le contrôle: *o carro desgovernou-se* la voiture a perdu le contrôle

desgraça *sf* 1 (*infelicidade*) malheur *m*, infortune, disgrâce 2 (*coisa ruim*) fléau *m*, désastre, catastrophe
• **cair em desgraça** tomber en disgrâce

desgraçado, -da *adj-sm, f* 1 (*infeliz*) malheureux, -euse 2 (*maldito*) maudit, -e 3 (*grande, excepcional*) sacré, -e

desgraçar *vtd* rendre malheureux, -euse, faire du tort à

desgrenhado, -da *adj* échevelé, -e, ébouriffé, -e, hirsute

desgrudar *vtd-vtdi* 1 (*descolar*) décoller 2 *fig* (*separar*) séparer

▶ vpr **desgrudar-se 1** (descolar-se) se décoller **2** (separar-se) se séparer

desidratado, -da adj déshydraté, -e

design sm design, conception f

designação sf désignation

designar vtd-vtdi désigner

designer smf designer, styliste

desigual adj **1** (diferente; variável) inégal, -e **2** (inconstante) inconstant, -e

desigualdade sf inégalité

desiludido, -da adj désillusionné, -e, déçu, -e, désenchanté, -e

desiludir vtd-vtdi désillusionner, décevoir, désenchanter

▶ vpr **desiludir-se** perdre ses illusions

desilusão sf désillusion, déception, déboire m

desimpedido, -da adj **1** (livre) libre **2** (liberado) libéré, -e **3** (solteiro, livre) célibataire

desinchar vtd désenfler, dégonfler

▶ vi-vpr **desinchar(-se)** se désenfler, se dégonfler

desincumbir-se vp décharger

desinfetante sm désinfectant

desinfetar vtd-vi désinfecter

▶ vi gíria (retirar-se) se casser, se tailler, se tirer

desinibido, -da adj désinhibé, -e

desintegrar vtd désintégrer

▶ vpr **desintegrar-se** se désintégrer

desinteressado, -da adj désintéressé, -e

desinteresse sm **1** (indiferença) désintérêt **2** (desprendimento) désintéressement

desistência sf renoncement m, désistement m

desistir vti désister (**de**, de), renoncer (**de**, à)

deslanchar vi **1** (auto) (re)démarrer, (re)partir **2** fig (tomar impulso) se mettre en route/en marche

desleal adj déloyal, -e

deslealdade sf déloyauté

desleixado, -da adj relâché, -e, négligé, -e

desleixo sm relâchement, négligence f

desligado, -da adj **1** (desconectado) déconnecté, -e, débranché, -e **2** (separado) séparé, -e

▶ adj-sm, f fam (distraído) distrait, -e

desligamento sm **1** (interrupção de fornecimento) interruption f, coupure f **2** (de empregado) destitution f licenciement **3** (distração) distraction

desligar vtd **1** (desconectar) débrancher, déconnecter **2** (fechar) fermer, éteindre: *desligue o gás* ferme le gaz; *desligue a luz* éteints la lumière **3** (interromper fornecimento) couper, interrompre **4** (pôr no gancho-tel.) raccrocher **5** (desunir) séparer

▶ vpr **desligar-se 1** (desconectar-se) se débrancher, se déconnecter **2** (afastar-se) s'éloigner, s'écarter (**de**, de)

deslizamento sm **1** (ato de deslizar) glissade f **2** (de terra) glissement

deslizar vtd-vi glisser

deslize sm **1** (falha moral) faiblesse f **2** (lapso) erreur f, lapsus

deslocamento sm **1** (mudança de lugar) déplacement **2** MED déplacement, déboîtement, luxation f

deslocado, -da adj **1** (fora de lugar) déplacé, -e **2** (inadaptado) inadapté, -e **3** (impróprio) déplacé, -e, malvenu, -e **4** (luxado) déplacé, -e, déboîté, -e, luxé, -e, démis, -e

deslocar vtd **1** (tirar do lugar; transferir) déplacer **2** (luxar) déboîter, luxer, démettre

▶ vpr **deslocar-se 1** (mudar de lugar) se déplacer **2** (luxar-se) se déplacer, se déboîter, se luxer, se démettre

deslumbramento sm éblouissement

deslumbrante adj éblouissant, -e

deslumbrar vtd éblouir

▶ vpr **deslumbrar-se** s'émerveiller

desmaiado, -da adj **1** (desbotado) terne, pâle **2** (desfalecido) évanoui, -e

desmaiar vi s'évanouir

desmaio sm évanouissement

desmamar vtd sevrer

desmancha-prazeres smf trouble-fête, rabat-joie inv

desmanchar vtd **1** (desfazer) défaire **2** (fragmentar; dissolver) fragmenter, fondre, dissoudre **3** (desmontar) démonter

4 (*namoro, casamento, sociedade*) rompre, annuler **5** (*dissipar*) dissiper
▶ *vpr* **desmanchar-se 1** (*desfazer-se*) se défaire **2** (*fragmentar-se*) se fragmenter **3** (*dissipar-se*) se dissiper **4** *fig* fondre
- **desmanchar-se em lágrimas** fondre en larmes
- **desmanchar-se em sorrisos** être tout sourire

desmanche *sm* (*oficina*) garage clandestin où les voitures volées sont démontées pour être vendues en pièces détachées

desmando *sm* excès, débauche *f*

desmantelar *vtd* démanteler, détruire
▶ *vpr* **desmantelar-se** s'effondrer, s'affaisser

desmarcar *vtd* (*encontro, reunião etc.*) annuler, décommander

desmascarar *vtd* démasquer

desmatamento *sm* déboisement, déforestation *f*

desmazelado, -da *adj* nonchalant, -e, insouciant, -e

desmazelo *sm* insouciance *f*, nonchalance *f*

desmedido, -da *adj* démesuré, -e

desmembrar *vtd* démembrer

desmentido *sm* démenti

desmentir *vtd* démentir
▶ *vpr* **desmentir-se** se démentir

desmilinguir-se *vpr* **1** (*desfazer-se*) se défaire **2** (*perder o vigor*) se faner, se flétrir

desmiolado, -da *adj* (*desajuizado*) écervelé, -e, étourdi, -e

desmontar *vtd* **1** (*tirar do cavalo*) faire descendre (de) **2** (*desarmar*) démonter, démanteler **3** *fig* (*derrotar*) battre, dérouter
▶ *vi* (*apear*) descendre

desmontável *adj* démontable

desmoralização *sf* **1** (*perda da moral*) démoralisation **2** (*perda da autoridade*) discrédit *m*

desmoralizar *vtd* (*vexar*) vexer, faire honte
▶ *vpr* **desmoralizar-se** se démoraliser, se discréditer

desmoronamento *sm* éboulement, affaissement, écroulement

desmoronar *vi* s'ébouler, s'affaisser, s'écrouler

desnatado, -da *adj* écrémé, -e

desnaturado, -da *adj* dénaturé, -e

desnecessário, -ria *adj* inutile, superflu, -e, vain, -e

desnível *sm* dénivellation *f*

desnorteado, -da *adj* désorienté, -e, déboussolé, -e

desnutrição *sf* malnutrition

desobedecer *vti-vi* désobéir

desobediência *sf* désobéissance

desobediente *adj-smf* désobéissant, -e

desobstruir *vtd* désobstruer, dégager, déboucher

desocupação *sf* **1** (*de casa*) départ *m*, sortie **2** (*de área conquistada*) évacuation **3** (*de lugar, assento*) libération **4** (*ociosidade*) inoccupation, désœuvrement *m*

desocupado, -da *adj* (*disponível*) libre, inoccupé, -e, vacant, -e
▶ *adj-sm, f* **1** (*ocioso*) inoccupé, -e, oisif, -ive **2** (*sem trabalho*) désœuvré, -e, chômeur, -euse

desocupar *vtd* **1** (*casa*) quitter (les lieux) **2** (*território*) évacuer, libérer **3** (*lugar, assento*) libérer **4** (*esvaziar*) vider: **desocupar uma gaveta** vider un tiroir

desodorante *sm* **1** (*corporal*) déodorant **2** (*de ambiente*) désodorisant

desolado, -da *adj* (*triste; deserto*) désolé, -e

desonesto, -ta *adj* malhonnête

desonra *sf* déshonneur *m*

desonrar *vtd* déshonorer

desordeiro, -ra *adj-sm, f* querelleur, -euse
▶ *sm, f* émeutier, -ière

desordem *sf* désordre *m*

desorganização *sf* **1** (*falta de organização*) désorganisation **2** (*desmantelamento*) démantèlement *m*

desorganizado, -da *adj* **1** (*caótico*) désorganisé, -e **2** (*pessoa*) confus, -e

desorganizar *vtd* **1** (*tornar caótico*) désorganiser **2** (*desfazer, desmantelar*) démanteler

desorientação *sf* désorientation
desorientar *vtd* désorienter
▶ *vpr* **desorientar-se** se désorienter
desova *sf* 1 ZOOL frai *m* 2 *gíria* fait de faire disparaître, de cacher un cadavre, une voiture volée etc.
despachado, -da *adj* 1 (*expedido*) expédié, -e 2 (*dispensado*) dispensé, -e, renvoyé, -e 3 (*assassinado*) assassiné, -e
▶ *adj-sm,f* 1 (*ágil, expedito*) expéditif, -ive 2 (*ousado, desenvolto*) brave, hardi, -e 3 (*franco*) franc, -che, direct, -e
despachar *vtd* 1 (*expedir*) expédier 2 (*dispensar, mandar embora*) dispenser, renvoyer 3 (*matar*) tuer, assassiner
▶ *vi* (*deliberar*) délibérer
▶ *vpr* **despachar-se** se dépêcher, se hâter
despacho *sm* 1 (*execução*) exécution *f* 2 DIR décision *f* 3 (*remessa*) envoi, colis 4 (*desenvoltura*) désinvolture *f* 5 RELIG dans les religions afro-brésiliennes, offrande à Exu ou aux Orixás
desparafusar *vtd* dévisser, déboulonner
▶ *vpr* **desparafusar-se** se dévisser
despedaçar *vtd* dépecer, mettre en pièces
▶ *vpr* **despedaçar-se** se déchirer, se mettre en pièces
despedida *sf* 1 (*ao separar-se*) adieu, au revoir 2 (*demissão*) renvoi, licenciement, congédiement
• **despedida de solteiro** enterrement de la vie de garçon
despedir *vtd* 1 (*mandar sair*) congédier 2 (*demitir*) renvoyer, licencier
▶ *vpr* **despedir-se** prendre congé, dire au revoir/adieu
despeitado, -da *adj-sm,f* dépité, -e
despeito *sm* dépit
• **a despeito de** en dépit de
despejar *vtd* 1 (*líquido*) (dé)verser 2 (*inquilino*) déloger, expulser 3 (*bombas*) lâcher, lancer, déverser
despejo *sm* 1 (*de esgotos etc.*) déversement 2 (*de inquilino*) expulsion *f*, éviction *f*
• **quarto de despejo** débarras, cagibi
despencar *vi* 1 (*cair*) tomber, s'affaisser, s'écrouler 2 *fig* (*preços*) chuter, baisser

despender *vtd* (*gastar*) dépenser
despensa *sf* garde-manger *m*, dépense
despentear *vtd* décoiffer
▶ *vpr* **despentear-se** se décoiffer
despercebido, -da *adj* inaperçu, -e: *passar despercebido* passer inaperçu
desperdiçar *vtd* gaspiller, dilapider, gâcher
desperdício *sm* gaspillage, gâchis
despertador *sm* réveil(-matin)
despertar *vtd* 1 (*acordar*) réveiller 2 *fig* (*apetite, interesse etc.*) éveiller
▶ *vi* (*acordar*) se réveiller
▶ *sm* **despertar** réveil
desperto, -ta *adj* éveillé, -e, réveillé, -e
despesa *sf* dépense
• **fazer a despesa do mês** faire les courses du mois
despido, -da *adj* déshabillé, -e, dévêtu, -e, nu, -e
despir *vtd* 1 (*roupa*) enlever, quitter, ôter 2 (*alguém*) déshabiller, dévêtir, dénuder
▶ *vpr* **despir-se** se dévêtir, se déshabiller
despistar *vtd* dépister
desplante *sm fig* toupet, culot, audace *f*
despojado, -da *adj* (*sem ornamentos*) simple, sobre, dépouillé, -e
despojar *vtd* dépouiller
▶ **despojar-se** 1 (*despir-se*) enlever, se dévêtir (**de**, de) 2 (*deixar de lado*) abandonner (**de**, -)
despojo *sm* 1 (*despojamento*) dépouillement 2 (*pele de animal etc.*) dépouille *f*
▶ *pl* **restes**
• **despojos mortais** dépouille mortelle *fsg*
despoluir *vtd* dépolluer
despontar *vi* (*começar a surgir*) éclore, poindre
desprender *vtd-vti* 1 (*desligar, soltar*) détacher, dénouer, délier 2 (*emitir*) émettre, pousser
▶ *vpr* **desprender-se** 1 (*soltar-se*) se détacher, se délier, se dégager (**de**, de) 2 (*afastar-se*) s'éloigner, s'écarter (**de**, de)
despreocupado, -da *adj* insouciant, -e, nonchalant, -e, indifférent, -e

despreparo *sm* impréparation *f*, manque de préparation *f*

despretensioso, -sa *adj* sans prétention, modeste

desprevenido, -da *adj* 1 *(desapercebido)* à l'improviste, au dépourvu 2 *(sem dinheiro)* démuni, -e, dépourvu, -e
• **pegar alguém desprevenido** prendre quelqu'un au dépourvu

desprezar *vtd* 1 *(tratar com desprezo)* mépriser, dédaigner 2 *(não levar em conta)* négliger, dédaigner

desprezível *adj* 1 *(vil)* méprisable 2 *(que pode ser negligenciado)* négligeable

desprezo *sm* mépris, dédain

desproporcional *adj* disproportionné, -e, sans commune mesure

despropósito *sm* 1 *(absurdo)* absurdité 2 *(grande quantidade)* démesure *f*

desprovido, -da *adj* 1 *(sem)* dépourvu, -e *(de,* de*)* 2 *(desabastecido)* démuni, -e

desqualificar *vtd* 1 déqualifier 2 ESPORTE éliminer, déclasser

desquitar-se *vpr* se séparer *(couple)*

desquite *sm* séparation *f (conjugale)*

desratização *sf* dératisation

desregrado, -da *adj* 1 *(imoderado)* démesuré, -e 2 *(imoral)* déréglé, -e, débauché, -e

desregramento *sm* 1 *(abuso, excesso)* abus, excès 2 *(devassidão)* dérèglement, débauche *f*, égarement

desregulado, -da *adj* déréglé, -e

desrespeitar *vtd* 1 *(faltar ao respeito)* manquer de respect 2 *(transgredir)* enfreindre

desrespeito *sm* manque de respect, irrespect

desse, -sa *pron (de + esse)* de ce, de cet, de cette
• **você não vai querer sair com um tempo desse!** tu ne vas pas vouloir sortir par un temps pareil!

destacado, -da *adj* 1 *(retirado, separado)* détaché, -e 2 *(proeminente)* saillant, -e, proéminent, -e

destacar *vtd* 1 *(dar destaque)* souligner 2 *(incumbir, designar)* détacher
▶ *vtd-vtdi (retirar, soltar)* détacher
▶ *vpr* **destacar-se** *(soltar-se; sobressair)* se détacher

destampar *vtd* 1 *(panela e sem.)* enlever le couvercle 2 *(garrafa e sem.)* déboucher, ouvrir, décapsuler

destaque *sm* relief
• **dar destaque** mettre en relief
• **destaque de escola de samba** protagoniste de l'école de samba

deste, -ta *pron (de + este)* de ce, de cet, de cette *(+ subst.-ci)*

destilado, -da *adj* distillé, -e

destilaria *sf* distillerie

destinação *sf* destination

destinado, -da *adj* 1 *(voltado)* dirigé, -e (**a**, à) 2 *(fadado)* voué, -e (**a**, à)

destinar *vtd* 1 *(dedicar)* destiner 2 *(endereçar)* adresser
▶ *vpr* **destinar-se** se destiner

destinatário, -a *sm, f* destinataire

destino *sm* 1 *(sina)* destin, destinée *f* 2 *(destinação)* destination *f*

destituição *sf* destitution

destituir *vtd-vtdi* destituer

destoar *vi-vti* détonner

destrambelhado, -da *adj* étourdi, -e, inattentif, -ve, insouciant, -e

destratar *vtd* maltraiter

destreza *sf* habileté

destro *adj* 1 *(que usa a mão direita)* droitier, -ère 2 *(hábil)* adroit, -e

destroçar *vtd* détruire, dépecer, mettre en morceaux

destroços *sm pl* **restes**, débris, décombres

destruição *sf* destruction

destruidor, -ra *sm, f* destructeur, -trice

destruir *vtd* détruire
▶ *vpr* **destruir-se** se détruire

destrutivo, -va *adj* destructif, -ve

desumanidade *sf* inhumanité, cruauté

desumano, -na *adj* inhumain, -e

desunião *sf* désunion

desunir *vtd* désunir

desuso *sm* désuétude *f*

desvairado, -da *adj* égaré, -e, hagard, -e, fou, -olle

desvalorização *sf* **1** *(perda do valor)* dévalorisation **2** *fig (menosprezo)* mépris *m*, dédain *m*

desvalorizar *vtd* **1** *(depreciar)* dévaloriser, déprécier, dévaluer **2** *fig (menosprezar)* déprécier, dénigrer
▸ *vpr* **desvalorizar-se** se dévaloriser, se dévaluer

desvanecer-se *vpr* **1** *(desaparecer)* s'évanouir **2** *(embevecer-se)* se pâmer, s'extasier

desvantagem *sf* **1** *(inferioridade)* désavantage *m*, handicap *m* **2** *(inconveniente)* inconvénient *m*
• **em desvantagem** en désavantage

desvantajoso, -sa *adj* désavantageux, -euse

desvario *sm* folie *f*, délire

desvelar-se *vpr* s'appliquer, s'acharner, s'atteler (**em**, à)

desvencilhar *vtd-vtdi* relâcher, détacher
▸ *vpr* **desvencilhar-se** se détacher, se dégager (**de**, de)

desvendar *vtd* **1** *(tirar a venda)* enlever (le bandeau) **2** *(revelar)* dévoiler, révéler **3** *(decifrar)* déchiffrer

desviar *vtd* **1** *(tirar do caminho)* dévier **2** *(esquivar)* détourner: **desviei a cabeça** j'ai détourné la tête **3** *(dinheiro)* détourner, soustraire
• **desviar da rota** *(avião etc.)* détourner

desvio *sm* **1** *(de rio, estrada etc.)* détour, écart, déviation *f* **2** *(atalho)* raccourci, détour **3** *(extravio fraudulento)* détournement **4** *(anomalia psíquica)* déviation *f* **5** *(de avião etc.)* détournement
▪ **desvio-padrão** déviation *f* standard

desvirtuar *vtd* dénaturer

detalhe *sm* détail
• **entrar em detalhes** entrer dans les détails

detalhista *adj-smf* pointilleux, -euse, tatillon, -onne, minutieux, -euse

detector *sm* détecteur

detenção *sf* détention

deter *vtd* **1** *(fazer parar; fazer demorar)* retenir **2** *(conter, refrear)* contenir, retenir, empêcher **3** *(conservar em seu poder)* détenir, retenir **4** *(prender)* détenir
▸ *vpr* **deter-se 1** *(parar)* se retenir, s'arrêter **2** *(conter-se)* se retenir, se contenir, se maîtriser **3** *(demorar-se)* s'étendre, se prolonger

detergente *adj* détergent, -e
▸ *sm* détergent, liquide vaisselle

deterioração *sf* détérioration

deteriorar *vtd* **1** *(estragar)* détériorer, endommager **2** *(degenerar)* détériorer, dégrader
▸ *vpr* **deteriorar-se 1** *(estragar-se)* se détériorer **2** *(degenerar)* se détériorer, se dégrader

determinação *sf* détermination

determinado, -da *adj (definido; resoluto; decidido)* déterminé, -e
▸ *pron.* donné, -e: **em determinado momento...** à un moment donné…

determinante *adj* **1** *(decisivo; gerador)* déterminant, -e
▸ *sm* déterminant

determinar *vtd-vtdi (definir, estabelecer; motivar)* déterminer

detestar *vtd* haïr, détester

detestável *adj* détestable, haïssable

detetive *smf* détective

detido, -da *adj-sm, f (preso)* détenu, -e

detonação *sf* détonation

detonador *sm* détonateur

detonar *vtd* **1** *(explosivo)* détoner **2** *fig (estragar, destruir)* détruire, ruiner, anéantir
▸ *vi (explodir)* détoner, faire exploser

detrás *adv* derrière

detrimento *sm loc* **em detrimento de** au détriment de

detrito *sm* détritus

deturpar *vtd* **1** *(desfigurar)* défigurer, dénaturer **2** *(deteriorar)* endommager, détériorer **3** *(corromper)* corrompre **4** *(interpretar mal)* défigurer, dénaturer

deus *sm* dieu

deus-dará *sm loc* **ao deus-dará** à la grâce de Dieu, au hasard

deus nos acuda *sm* tumulte, chahut

devagar *adv* doucement, lentement

devastar *vtd* dévaster, ravager

devedor, -ra *adj-sm, f* débiteur, -trice, obligé, -e

dever *vtd-vtdi* (*ter obrigação de; ser preciso, precisar*) devoir: **hoje devo fazer muitas coisas** je dois faire beaucoup de choses aujourd'hui; **devo-lhe esse favor** je te/vous dois cette faveur
▶ *vi* (*ser provável*) devoir, (être) sans doute: **ele deve estar lá, porque a luz está acesa** il est sans doute là car la lumière est allumée
▶ *sm* **dever** devoir

devido, -da *adj* dû, due
- **devido a** en raison de

devoção *sf* dévotion

devolução *sf* dévolution

devolver *vtd-vtdi* (*restituir*) rendre

devorar *vtd* dévorer

devotar-se *vpr* se dévouer, se vouer

devoto, -ta *adj* dévot, -e

dez *num-sm* dix
- **dez para as nove** neuf heures moins dix

dezembro *sm* décembre

dezena *sf* dizaine

dezenove *num-sm* dix-neuf

dezesseis *num-sm* seize

dezessete *num-sm* dix-sept

dezoito *num-sm* dix-huit

dia *sm* **1** (*data*) jour **2** (*período de 24 horas*) jour, journée *f* **3** (*futuro*) jour: **um dia seremos felizes** un jour, nous serons heureux
- **da noite para o dia** du jour au lendemain
- **de dia** le/de jour
- **de um dia para outro** d'un jour à l'autre
- **dentro de alguns dias** d'ici quelques jours
- **dia a dia** au quotidien/au jour le jour
- **dia das mães/dos pais** fête des mères/pères
- **dia de são Nunca** quand les poules auront des dents/à la Saint-Glinglin
- **dia de Todos os Santos** (*jour de la*) Toussaint
- **dia mais, dia menos** un jour ou l'autre/tôt ou tard
- **dia santo** jour férié
- **dia sim, dia não** un jour sur deux
- **dia útil** jour ouvré/ouvrable
- **estar com os dias contados** avoir ses jours comptés
- **estar em dia** (*a par*) être à jour (*sem atraso*) avoir qqch à jour
- **estar naqueles dias** (*menstruada*) avoir ses règles (*mal-humorado*) être de mauvaise humeur/être d'une humeur massacrante
- **hoje em dia** de nos jours/aujourd'hui
- **no outro dia** l'autre jour
- **o dia seguinte** le jour suivant, le lendemain
- **por dia** par jour
- **que dia (da semana)/(do mês) é hoje?** quel jour (*de la semaine*)/(*du mois*) sommes-nous?
- **todo santo dia** tous les jours
- **um dia destes** (*há poucos dias*) il y a quelques jours (*daqui a alguns dias*) un de ces jours

diabetes *smf* MED diabète *m*

diabo *sm* diable
- **mandar alguém para o diabo** envoyer quelqu'un se faire voir/*fam* foutre
- **o diabo a quatro** le diable à quatre
- **para diabo** diablement, bougrement
- **que diabo você está fazendo?** mais que diable fais-tu?/*fam* fous

diabólico, -ca *adj* diabolique

diabrura *sf* diablerie

diacho! *interj* diantre!

diadema *sm* diadème

diafragma *sm* diaphragme

diagnóstico *sm* diagnostique

diagonal *sf* diagonal, -e

dialeto *sm* dialecte

dialogar *vti-vi* dialoguer

diálogo *sm* dialogue

diamante *sm* diamant

diâmetro *sm* diamètre

diante *loc prep* **diante de** devant, en présence de
- **daqui por diante** (*tempo*) dorénavant, désormais (*espaço*) à partir de là
- **e assim por diante** et ainsi de suite

dianteira *sf* devant *m*, avant, *m*

- **tomar a dianteira** prendre le devant/les devants

dianteiro, ra adj avant, de devant: *o banco dianteiro* le siège avant

diária sf 1 *(preço por dia em hotéis etc.)* nuitée 2 *(pagamento diário)* paie journalière

diário, -a adj journalier, -ière
▶ sm **diário** journal
- **Diário Oficial** Journal Officiel. J.O.

diarista smf journalier, -ière
▶ sf femme de ménage journalière

diarreia sf diarrhée

dica sf truc m, tuyau m, piste

dicionário sm dictionnaire

didático, -ca adj didactique

diesel sm diesel

dieta sf diète

dietético, -ca adj diététique

difamar vtd diffamer

diferença sf différence
- **fazer diferença** faire une *(sacrée)* différence

diferenciar vtd différencier
▶ vpr **diferenciar-se** se différencier, se distinguer, différer

diferente adj différent, -e
▶ pron pl **diversos** plusieurs, divers, -es

diferir vtd *(adiar)* différer
▶ vti-vi *(divergir)* différer

difícil adj 1 difficile 2 *(embaraçoso)* gênant, -e
- **bancar o difícil/fazer-se de difícil** faire le/la difficile
- **falar difícil** employer les grands mots

dificuldade sf difficulté
- **passar dificuldades** connaître des moments difficiles

dificultar vtd-vtdi rendre difficile

dificultoso, -sa adj difficile, ardu, -e

difundir vtd *(espalhar; divulgar)* diffuser
▶ vpr **difundir-se** se diffuser

difusão sf diffusion

digerir vtd digérer

digestão sf MED digestion

digestivo, -va adj digestif

digitação sf dactylographie

digital adj 1 *(relativo a dedos)* digital, -e: *impressões digitais* impressions digitales 2 *(relativo a dígitos)* numérique

digitar vtd taper *(à la machine)*, dactylographier, digitaliser *(informatique)*

dignar-se vpr se daigner

dignidade sf dignité

digno, -na adj digne

dilacerar vtd 1 dilacérer 2 fig *(afligir, torturar)* affliger

dilapidar vtd *(dissipar)* dilapider, gaspiller, gâcher

dilatação sf dilatation

dilatar vtd 1 *(aumentar volume)* dilater 2 *(diferir, retardar)* différer, retarder 3 *(prolongar)* prolonger
▶ vpr **dilatar-se** 1 *(avolumar-se)* se dilater 2 *(demorar-se, estender-se)* s'étendre, s'attarder

dilema sm dilemme

diletante adj-smf dilettante

diligência sf 1 *(cuidado, zelo)* diligence 2 *(investigação)* enquête 3 *(carruagem)* diligence

diluição sf dilution

diluir vtd diluer
▶ vpr **diluir-se** se diluer

dilúvio sm déluge

dimensão sf dimension

dimensionar vtd 1 *(calcular as dimensões)* dimensionner 2 *(avaliar a importância)* calculer, estimer, mesurer

diminuição sf diminution

diminuir vtd-vi diminuer, réduire
▶ vtd-vtdi *(subtrair)* déduire: *diminuiu 10% do valor total* il a déduit 10% du total
▶ vpr **diminuir-se** *(humilhar-se, depreciar-se)* s'humilier
- **diminuir a velocidade** ralentir, réduire la vitesse, décélérer
- **diminuir de peso** perdre du poids
- **diminuir de tamanho** rétrécir, rapetisser
- **diminuir o fogo** baisser le feu

diminutivo sm diminutif

Dinamarca sf Denmark m

dinamarquês, -sa sm, f danois
▶ sm, f Danois, -e
▶ sm danois (*langue*)

dinâmica sf dynamique

dinâmico, -ca adj dynamique

dinamitar vtd dynamiter

dinamite sf dynamite

dinamizar vtd dynamiser

dínamo sm dynamo f

dinastia sf dynastie

dinheirama sf fortune, magot m

dinheirão sm fortune f, magot m

dinheiro sm argent
- **dinheiro em espécie** argent en espèces, cash
- **dinheiro miúdo/trocado** monnaie, petite monnaie
- **dinheiro sujo** argent sale
- **dinheiro vivo** argent comptant
- **ficar sem dinheiro** être à court d'argent/sans argent/sans le sou
- **lavar dinheiro** blanchir de l'argent
- **nadar em dinheiro** nager dans l'argent, *fam* être plein aux as
- **trocar dinheiro** (*por notas menores*) faire de la monnaie (*por outra moeda*) changer

dinossauro sm dinosaure

diocese sf diocèse m

diploma sm diplôme

diplomacia sf diplomatie

diplomar vtd diplômer
▶ vpr **diplomar-se** recevoir son diplôme

diplomata smf diplomate

diplomático, -ca adj diplomatique

dique sm digue f

direção sf 1 direction 2 (*volante*) volant m 3 TEATRO CINE mise en scène, réalisation
- **direção hidráulica** direction assistée
- **sob nova direção** changement m de propriétaire

direcionamento sm 1 (*ato de direcionar*) mise f en direction 2 (*direção*) direction, orientation, position

direcionar vtd donner une direction/orientation

direita sf droite
- **dobrar/virar à direita** tourner/prendre à droite
- **extrema-direita** extrême droite
- **ser de direita** être de droite

direitinho adv 1 (*diretamente*) directement 2 (*corretamente*) correctement 3 (*com perfeição*) parfaitement 4 (*exatamente*) exactement 5 (*bem*) bien

direito, -ta adj 1 (*honesto*) correct -e, honnête, *fam* réglo 2 (*de bons costumes*) honnête 3 (*justo, correto*) juste, équitable, correct, -e 4 (*arrumado*) rangé, -e 5 (*leal*) loyal, -e, *fam* réglo 6 (*reto, plano*) droit, -e 7 (*não esquerdo*) droit, -e
▶ sm **direito** (*leis; prerrogativas*) droit
▶ adv **direito** 1 (*em linha reta*) direct 2 (*devidamente, bem*) comme il faut 3 (*educadamente*) poliment, courtoisement 4 (*convenientemente*) convenablement, pertinemment 5 (*corretamente*) correctement
- **o direito e o avesso** l'endroit et l'envers
- **quem de direito** à qui de droit
- **uma moça direita** une fille honnête

direto, -ta adj direct, -e
▶ adv **direto** 1 (*sem desviar*) directement 2 (*sem parar*) sans arrêt, sans cesse 3 (*imediatamente*) immédiatement 4 (*sem interrupção*) sans interruption, sans relâche, sans dételer

diretor, -ra adj directeur, -trice
▶ sm, f 1 (*de escola, faculdade; administrador*) directeur, -trice 2 TEATRO CINE metteur *inv* en scène, réalisateur, -trice

diretoria sf direction

diretriz sf directive

dirigente adj-smf dirigeant, -e

dirigir vtd 1 (*administrar; orientar; liderar, comandar*) diriger 2 (*auto*) conduire, diriger 3 (*conduzir, guiar*) conduire, mener
▶ vtdi 1 (*encaminhar, endereçar*) guider, conduire, diriger 2 (*direcionar*) diriger
▶ vi (*auto*) conduire, diriger
▶ vpr **dirigir-se** (*encaminhar-se; tender; destinar-se; estar a caminho*) se diriger (**para**), vers
- **dirigir a palavra a alguém** adresser la parole à qqn
- **dirigir uma escola** diriger une école
- **dirigir um filme** réaliser un film

dirigível *sm* AERON dirigeable

discagem *sf* acte de composer un numéro
- **discagem direta a distância (DDD)** indicatif téléphonique régional

discar *vtd-vi* composer/faire un numéro

discente *adj* étudiant, -e: *corpo discente* corps étudiant

discernimento *sm* discernement

discernir *vtd-vi* discerner

disciplina *sf* discipline

disciplinado, -da *adj* discipliné, -e

disciplinar *vtd* discipliner

discípulo, -la *sm,f* disciple

disco *sm* 1 *(objeto circular; fonográfico)* disque 2 TEL cadran
- **disco a laser** disque compact
- **disco de vinil** disque noir, vinyle
- **disco flexível** disque souple, disquette *f*
- **disco rígido** disque dur
- **disco voador** soucoupe volante
- **virar o disco** *fig* changer de disque

discordância *sf* 1 *(falta de harmonia)* discordance 2 *(desacordo)* désaccord *m*, divergence

discordar *vti* diverger (**de**, de), être en désaccord (**de**, avec), ne pas être d'accord (**de**, avec)

discórdia *sf* 1 *(desacordo)* désaccord *m* 2 *(conflito)* discorde, dissension

discorrer *vi-vti* discourir

discoteca *sf* discothèque

discrepante *adj* différent, -e, discordant, -e

discreto, -ta *adj* discret, -ète

discrição *sf* discrétion
- **à discrição** à volonté

discriminação *sf* discrimination

discriminar *vtd-vti-vtdi* discriminer

discursar *vi-vti* faire un discours, discourir

discurso *sm* discours

discussão *sf* 1 *(troca de ideias)* discussion 2 *(briga)* dispute
- **em discussão** en discussion

discutir *vtd* *(debater; contestar; analisar)* discuter

▸ *vti-vi* *(brigar)* se disputer (**com**, avec)

discutível *adj* discutable

disenteria *sf* dysenterie

disfarçar *vtd* déguiser

▸ *vi* 1 *(dissimular)* dissimuler 2 faire mine de rien: *disfarça, o professor vem chegando* fais mine de rien, le prof arrive

▸ *vpr* **disfarçar-se** se déguiser (**de**, en)

disfarce *sm* déguisement

disforme *adj* difforme

disparada *sf* toute vitesse: *em disparada* à toute vitesse

disparar *vtd* 1 *(um mecanismo)* déclencher 2 *(uma mola)* détendre, lâcher 3 *(arma de fogo)* tirer 4 *(flechas)* tirer, décocher 5 *(palavras, injúrias etc.)* balancer
▸ *vi* 1 *(sair correndo)* décamper, *fam* déguerpir, se sauver, *fam* prendre ses jambes à son cou 2 *(funcionar sem controle)* se déclencher: *o alarme do carro disparou* l'alarme de la voiture s'est déclenchée

disparatado, -da *adj* 1 *(sem sentido)* absurde 2 *(descombinado)* disparate

disparate *sm* sottise *f*, bêtise *f*, ânerie *f*

disparo *sm* 1 *(de arma de fogo; de flecha)* tir 2 *(de mola etc.)* détente *f*

dispendioso, -sa *adj* coûteux, -euse, cher, -ère

dispensa *sf* 1 *(de aulas, trabalho, serviço militar)* dispense 2 *(demissão)* renvoi *m*, licenciement *m*

dispensar *vtd-vtdi* 1 *(dar dispensa; do serviço militar)* dispenser 2 *(conceder)* accorder: *dispensar muita atenção a alguém* accorder beaucoup d'attention à quelqu'un

dispensável *adj* superflu, -e, inutile

dispersão *sf* dispersion

dispersar *vtd* disperser
▸ *vpr* **dispersar-se** se disperser

dispersivo, -va *adj* 1 *(dispersante)* dispersif, -ive 2 *(desatento)* distrait, -e, étourdi, -e

disperso, -sa *adj* 1 *(espalhado)* dispersé, -e 2 *(dispersivo)* distrait, dispersé, -e

displicência *sf* négligence, nonchalance, insouciance

displicente *adj* négligent, -e, nonchalant, -e, insouciant, -e

disponível *adj* disponible

disponibilizar *vtd* mettre à (la) disposition

dispor *vtd* (*pôr, arrumar; organizar; estatuir*) disposer
▸ *vtdi* (*predispor, estimular*) disposer (**a**, à)
▸ *vti* **1** (*ter, conter; possuir; utilizar; contar com*) disposer (**de**, de): *disponha do meu carro quando quiser* tu peux disposer de ma voiture quand tu (*le*) veux **2** (*desfazer-se*) se défaire, se débarrasser (**de**, de)
▸ *vpr* **dispor-se 1** (*predispor-se, ter intenção, aceitar*) se disposer (**a**, à) **2** (*decidir-se*) se décider (**a**, à) **3** (*estar prestes, preparar-se*) se disposer (**a**, à)
▸ *sm* **dispor** diposition *f*: (*estou*) *a seu dispor* (je suis) à votre/ta disposition
• **disponha!** il n'y a pas de quoi!
• **o homem põe e Deus dispõe** l'homme propose, Dieu dispose

disposição *sf* disposition
• **estou à sua disposição** je suis à votre/ta disposition

dispositivo *sm* dispositif

disposto, -ta *adj* **1** (*colocado; preparado; predisposto, inclinado*) disposé, -e **2** (*em bom estado de saúde*) alerte, dispos, -e

disputa *sf* dispute

disputar *vtd-vtdi* disputer: *disputar o posto com alguém* disputer un poste avec quelqu'un

disquete *sm* disquette *f*

disseminação *sf* dissémination

disseminar *vtd* disséminer

dissertação *sf* dissertation

dissimular *vtd* dissimuler

dissipação *sf* dissipation

dissipar *vtd* dissiper
▸ *vpr* **dissipar-se** se dissiper

disso *pron* (*de + isso*) de cela, de ça

dissolução *sf* dissolution

dissolver *vtd* dissoudre
▸ *vpr* **dissolver-se** se dissoudre

distância *sf* distance
• **mantenha distância** gardez vos/garde tes distances

distanciar *vtd-vtdi* **1** (*espaçar*) distancer **2** (*afastar*) distancer, éloigner
▸ *vpr* **distanciar-se** s'éloigner

distante *adj* lointain, -e
▸ *adv* loin

distinção *sf* distinction

distinguir *vtd-vtdi* distinguer
▸ *vpr* **distinguir-se** se distinguer

distintivo, -va *adj* distinctif, -ive
▸ *sm* **distintivo** insigne

distinto, -ta *adj* **1** (*diferente; nítido*) distinct, -e **2** (*ilustre; fino, sóbrio*) distingué, -e

distorção *sf* (*de sons, de formas, de intenções*) distorsion

distorcer *vtd* **1** (*deformar*) déformer, distordre **2** (*palavras*) déformer

distração *sf* (*falta de atenção; divertimento*) distraction

distrair *vtd* distraire
▸ *vpr* **distrair-se** se distraire

distribuição *sf* distribution

distribuidor, -ra *sm, f* distributeur, -trice
▸ *sm* **distribuidor** AUTO COM distributeur

distribuir *vtd-vtdi* distribuer

distrito *sm* district

distúrbio *sm* trouble

ditado *sm* **1** (*escolar*) dictée *f* **2** (*provérbio*) dicton

ditador, -ra *sm, f* dictateur, -trice

ditadura *sf* dictature

ditar *vtd-vtdi* **1** (*em aula*) dicter **2** (*lei, decreto*) édicter

dito, -ta *adj* dit, -e
▸ *sm* **dito 1** (*palavras*) dit **2** (*provérbio*) dicton
• **dar o dito pelo não dito** se dédire
• **dito e feito** aussitôt dit, aussitôt fait
• **dito espirituoso** bon mot/mot d'esprit
• **dito popular** dicton populaire

diurno, -na *adj* diurne

divã *sm* divan

divagação *sf* divagation

divergência *sf* divergence

divergente *adj* divergent, -e

divergir *vi-vti* diverger

diversão sf diversion
diversidade sf diversité
diversificar vtd diversifier
diverso, -sa adj (diferente) divers, -e, différent, -e
▶ pron pl **diversos, -sas** plusieurs
divertido, -da adj amusant, -e, rigolo, -te, drôle
divertimento sm divertissement, amusement
divertir vtd divertir, amuser
▶ vpr **divertir-se** se divertir, s'amuser
dívida sf dette
dividendo sm MAT COM dividende
dividido, -da adj divisé, -e, partagé, -e
dividir vtd-vtdi 1 diviser 2 (repartir; compartilhar, ratear) partager
▶ vtd (criar discordância) diviser
▶ vpr **dividir-se** 1 (separar-se) se diviser 2 (repartir-se) se diviser, se partager
divino, -na adj divin, -e
divisa sf 1 (fronteira) frontière 2 ECON devise
divisão sf 1 (ato de dividir; discórdia; cisão) division 2 (divisória) cloison 3 (partilha; distribuição) partage m 4 (departamento) division, rayon m (magasin) 5 MAT division
divisor, -ra sm, f, MAT diviseur
• **divisor de águas** ligne f de partage
divisória sf cloison
divisório, -ria adj séparateur, -trice
divorciar-se vp divorcer
divórcio sm divorce
• **pedir/dar o divórcio** demander/accorder le divorce
divulgação sf 1 (publicação, revelação) divulgation 2 (propagação, disseminação) diffusion, propagation
divulgar vtd 1 (publicar, revelar) divulguer 2 (propagar, disseminar) diffuser, propager
dizer vtd-vtdi dire
• **a bem dizer** à vrai dire
• **até dizer chega** jusqu'à n'en plus pouvoir
• **bem que eu disse!** je (te/vous) l'avais bien dit!

• **como diz o outro** comme dirait l'autre
• **dizem que** on dit que
• **conversar com seus botões** se dire (à voix basse)
• **dizer respeito a** concerner
• **isso quer dizer que...** cela signifie/ veut dire que...
• **não me diga!** ça alors!
• **que dirá?** (et) encore moins
• **tenho dito** point final
dizimar vtd décimer
dízimo sm dîme f
do → de
dó sm 1 (pena) peine: **dar dó** faire de la peine 2 MÚS do
doação sf 1 (de bens) donation 2 (de órgãos) don m
doador, -ra sm, f 1 (de bens) donataire 2 (de órgãos) donneur, -euse
doar vtd-vtdi donner
dobra sf pli m
dobradiça sf charnière, gond m
dobradinha sf CUL tripes, gras-double
• **fazer/formar dobradinha com** aller de pair avec
dobrado, -da adj 1 (que se dobrou) plié, -e 2 (duplicado) doublé, -e
▶ sm MÚS type de marche
dobradura sf pli m, pliage m
dobrar vtd 1 (fazer dobra) plier, plisser 2 (curvar) courber 3 (dominar) dominer, maîtriser 4 (duplicar) doubler 5 (virar-esquina) tourner
▶ vi 1 (duplicar) doubler 2 (o sino) sonner
▶ vpr **dobrar-se** 1 (curvar-se) se courber, s'incliner 2 (ceder) s'affaisser, se courber
• **dobrar a língua** (reconsiderar) tourner sept fois sa langue dans sa bouche avant de parler (falar com respeito) tenir sa langue
dobrável adj pliable
dobro sm double
doca sf dock m
doce adj 1 doux, -ce 2 (açucarado) sucré, -e 3 (meigo, suave) doux, -ce, tendre, moelleux, euse
▶ sm sucrerie f, friandise f, confiserie f

docente *adj-smf* enseignant, -e: *corpo docente* corps enseignant

doceria *sf* pâtisserie, confiserie

dócil *adj* docile

documentário *adj-sm* documentaire

documento *sm* document
- **documento anexo** document en annexe
- **documentos pessoais** documents personnels/papiers d'identité

doçura *sf* douceur

dodói *sm* bobo: *ter dodói* avoir bobo
▶ *adj* malade: *estar dodói* être malade

doença *sf* maladie

doente *adj-smf* malade
- **ficar doente** tomber malade

doentio *adj* maladif, -ve

doer *vi* faire mal
▶ *vti* (*causar dó*) faire de la peine
▶ *vpr* **doer-se** (*ressentir-se*) se froisser, se vexer
- **ser de doer** faire mal au cœur/ventre

dogma *sm* dogme

doido, -da *adj* (*maluco; extravagante*) fou, -olle, toqué, -e, cinglé, -e
- **doido varrido** fou à lier

doído, -da *adj* douloureux, -se, endolori, -e

dois, -duas *num* deux

dois-pontos *sm pl* deux-points

dólar *sm* dollar

doleiro, -ra *sm, f* changeur *m*

dolorido, -da *adj* douloureux, -euse

doloroso, -sa *adj* douloureux, -euse

dom *sm* (*talento; forma de tratamento*) don

domador, -ra *sm, f* dompteur, -euse, dresseur, -euse

domar *vtd* dompter, dresser, apprivoiser

domesticar *vtd* domestiquer

doméstico, -ca *adj-sm, f* domestique

domiciliar¹ *vtd* domicilier
▶ *vpr* **domiciliar-se** avoir son domicile

domiciliar² *adj* domiciliaire

domicílio *sm* domicile

dominação *sf* domination

dominador, -ra *adj-sm, f* dominateur, -trice

dominar *vtd* **1** (*exercer domínio*) dominer **2** (*conhecer bem*) maîtriser **3** (*estar no alto*) dominer, surplomber
▶ *vpr* **dominar-se** se dominer, se maîtriser

domingo *sm* dimanche
▶ **domingo de ramos** dimanche des Rameaux

domingueiro, -ra *adj* dominicale
- **(motorista) domingueiro** chauffeur du dimanche

domínio *sm* **1** (*supremacia*) maîtrise *f*, domination *f* **2** (*controle*) domination *f*, mainmise *f*, emprise *f* **3** (*conhecimento*) maîtrise *f* **4** (*campo, área; propriedade*) domaine

dominó *sm* domino

dona *sf* **1** (*senhora*) madame **2** (*possuidora*) personne, femme: *dona de rara beleza* femme d'une rare beauté **3** (*tratamento*) madame: *Dona Maria* madame Maria **4** (*mulher*) femme
- **dona de casa** femme au foyer

donativo *sm* don, offrande *f*

dondoca *sf* femme du monde, mondaine

dono, -na *sm, f* propriétaire
- **sem dono** (*animal*) abandonné, -e

dopar *vtd* doper

dor *sm* douleur *f*
- **dor de cabeça** mal de/à la tête
- **dor de dentes** mal aux dents/rage *f* de dents
- **dores de parto** douleurs de l'accouchement

dormente *adj* (*parte do corpo*) endormi, -e engourdi, -e
▶ *sm* ARQ traverse *f*

dorminhoco, -ca *adj-sm, f* dormeur, -euse

dormir *vi* **1** (*descansar em estado de sono*) dormir **2** (*adormecer*) s'endormir: *depois de meia hora ele dormiu* il s'est endormi après une demi-heure **3** (*estar esquecido*) dormir **4** (*entorpecer-se*) s'engourdir

- **dormir a sono solto** dormir profondément/comme un loir
- **dormir acordado** dormir debout
- **dormir com alguém** (*em companhia de*) dormir avec quelqu'un (*ter relações sexuais*) coucher avec quelqu'un
- **dormir como uma pedra** dormir profondément/à poings fermés/comme un loir
- **dormir no ponto** perdre/rater une occasion
- **ir dormir** aller dormir/se coucher

dormitório *sm* chambre *f*, chambre à coucher *f*, dortoir
- **dormitório coletivo** dortoir

dorsal *adj* dorsal, -e

dorso *sm* dos

dosagem *sf* dosage *m*

dose *sf* dose
- **dose cavalar** forte dose
- **esse menino é dose!** ce gosse est infernal/insupportable/*fam* chiant
- **ser dose para elefante** être accablant(e)

dossiê *sm* dossier

dotar *vtd-vtdi* doter

dote *sm* dot *f*

dourado, -da *adj* doré, -e

doutor, -ra *sm,f* docteur *m*

doutorado *sm* doctorat

doutrina *sf* doctrine

download *sm* téléchargement
- **fazer** *download* télécharger

doze *num-smf* douze
- **cortar um doze** être dans une situation difficile/pénible

dragão *sm* dragon

drágea *sf* dragée, comprimé *m*

drama *sf* drame
- **fazer drama** faire un drame

dramático, -ca *adj* dramatique

dramatizar *vtd* dramatiser

drástico, -ca *adj* drastique

drenar *vtd* drainer

dreno *sm* drain

driblar *vtd* 1 FUT dribler 2 *fig* (*enganar*) tromper 3 *fig* (*esquivar-se*) s'esquiver, se dérober (à)

drible *sm* FUT drible

drinque *sm* boisson *f*

droga *sf* 1 (*substância química; entorpecente*) drogue 2 (*coisa ruim*) merde 3 (*coisa de pouco valor*) merde, camelote
▸ *interj* **droga!** merde!

drogado, -da *adj-sm,f* drogué, -e

drogar *vtd* droguer
▸ *vpr* **drogar-se** se droguer

drogaria *sf* droguerie, droguerie-pharmacie

dropes *sm* pastille *f*

dublador, -ra *adj-sm,f* doubleur, -euse

dublagem *sf* doublage

dublar *vtd* doubler

dublê *smf* doublure *f*, cascadeur, -euse

ducha *sf* 1 douche 2 *fig* douche froide

duelo *sm* duel

dueto *sm* MÚS duo, duetto

duna *sf* dune

dupla *sf* 1 MÚS duo *m* 2 (*par*) paire

duplicação *sf* duplication, dédoublement *m*, redoublement *m*

duplicar *vtd-vi* 1 (*dobrar*) doubler 2 (*repetir, replicar*) dupliquer 3 *fig* (*aumentar*) augmenter

duplicata *sf* 1 COM facture à payer 2 (*cópia, repetição*) duplicata *m*, copie conforme

duplo, -pla *adj* double
▸ *sm* **duplo** 1 (*dublê*) double, doublure *f* 2 (*sósia*) double, sosie

duque, -sa *sm* duc, -chesse

durabilidade *sf* durabilité

duração *sf* 1 (*continuidade; espaço de tempo*) durée: *a duração da guerra* la durée de la guerre 2 (*durabilidade*) durabilité

duradouro, -ra *adj* durable

durante *prep* pendant, durant

durar *vi* durer

durável *adj* durable

durex *sm* adhésif, scotch

dureza *sf* 1 (*qualidade do que é duro*) dureté 2 (*dificuldade*) difficulté 3 (*severidade*) dureté, sévérité 4 (*penúria*) pénurie, misère, pauvreté, *fam* mouise

duro, -ra *adj* 1 (*sólido; árduo; rigoroso; cruel*) dur, -e 2 (*sem dinheiro*) sans le sou, fauché, -e: *ficar duro* être sans un rond/être fauché, -e
▶ *adv* **duro** dur: *trabalhar duro* travailler dur
- **dar (um) duro** bosser dur
- **no duro** en vérité

dúvida *sf* doute *m*
- **estar em dúvida** être en doute
- **por via das dúvidas** par précaution/dans le doute
- **sem dúvida (alguma)** sans aucun doute/sans l'ombre d'un doute

duvidar *vti* douter (**de**, de)
▶ *vtd* douter: *duvido que ele venha* je doute qu'il vienne

duvidoso, -sa *adj* douteux, -euse

dúzia *sf* douzaine
- **meia dúzia** demi-douzaine

E

e *conj* et
ebulição *sf* ébullition
eclético, -ca *adj* éclectique
eclipse *sm* éclipse *f*
eclosão *sf* éclosion
eclusa *sf* écluse
eco *sm* écho
ecoar *vi* **1** *(ressoar)* résonner, retentir **2** *fig* retentir, avoir des répercussions
ecologia *sf* écologie
ecologista *adj-smf* écologiste
economia *sf* économie
▶ *pl* **economias** économies: ***ter umas economias*** avoir des économies
• **fazer economia de** faire l'économie de
• **fazer economia** épargner/mettre de l'argent de côté

econômico, -ca *adj* **1** *(relativo à economia)* économique **2** *(parcimonioso)* économe
economista *smf* économiste
economizar *vtd* économiser, ménager
▶ *vtd-vi (poupar)* économiser, épargner
ecossistema *sm* écosystème
ecumênico, -ca *adj* œcuménique
eczema *sm* eczéma
edema *sm* œdème
éden *sm* éden
edição *sf* édition
edícula *sf (casa)* maisonnette, cabane *(de cour ou jardin)*
edificação *sf* édification
edificar *vtd* **1** *(construir)* édifier, bâtir **2** *(induzir à virtude)* édifier
edifício *sm* édifice, bâtiment, immeuble

editado, -da *adj (livro etc.)* publié, -e, paru, -e
edital *sm* appel d'offre
editar *vtd* éditer, publier
editor, -ra *adj-sm,f* éditeur, -trice
editora *sf* maison d'édition
editorial *adj* éditorial, -e
▶ *sm* éditorial
edredom *sm* édredon
educação *sf* éducation
■ **educação física** éducation physique
• **falta de educação** manque d'éducation

educacional *adj* éducationnel, -elle
educado, -da *adj* **1** *(instruído)* cultivé, -e **2** *(de bons modos)* éduqué, -e, poli, -e, bien élevé, -e
educador, -ra *adj-sm,f* éducateur, -trice
educar *vtd* **1** *(instruir; ensinar bons modos)* éduquer **2** *(filhos)* éduquer, élever
educativo, -va *adj* éducatif, -ive
efeito *sm* effet
■ **efeito estufa** effet de serre
■ **efeitos especiais** effets spéciaux, trucage
• **com efeito** en effet
• **levar a efeito** mettre à effet
• **para esse efeito...** à cet effet…
• **para todos os efeitos** quoi qu'il arrive
• **produzir efeito** faire de l'effet

efeméride *sf (comemoração)* éphéméride
efêmero, -ra *adj* éphémère
efervescência *sf* effervescence
efervescente *adj* effervescent, -e

efetivação sf 1 (execução) mise à effet 2 (de funcionário) titularisation, affectation, nomination

efetivar vtd 1 (executar) rendre effectif, réaliser 2 (funcionário) affecter, nommer, désigner

efetividade sf effectivité, caractère m effectif

efetivo, -va adj 1 (real) effectif, -ive 2 (funcionário, professor) titulaire
▸ sm **efetivo** MIL effectif

efetuar vtd effectuer
▸ vpr **efetuar-se** s'effectuer, devenir effectif

eficácia sf efficacité

eficaz adj efficace

eficiência sf efficience

eficiente adj efficient, -e

efusivo, -va adj (expansivo, ardoroso) effusif, -ive

egípcio, -a adj égyptien, -ienne
▸ sm, f Egyptien, -ienne

Egito sm Égypte f

egocêntrico, -ca adj-sm, f égocentrique

egoísmo sm égoïsme

egoísta adj-smf égoïste

égua sf ZOOL jument
• **lavar a égua** avoir du succès, s'en donner à cœur joie

eira sf loc **sem eira nem beira** sans feu ni lieu

eis adv voici, voilà
• **ei-lo** le voici
• **eis-me** me voici
• **eis senão que/quando** (et) ne voilà-t-il pas que

eixo sm axe
• **entrar nos eixos/sair dos eixos** rentrer dans le droit chemin/sortir de ses gonds
• **pôr nos eixos** remettre sur le droit chemin

ejaculação sf éjaculation

ejeção sf éjection

ejetar vtd éjecter

ela pron pes f 3ª pes elle
▸ pl **elas** elles
• **elas por elas** un prêté pour un rendu
• **agora é que são elas** c'est leur tour?

elaboração sf élaboration

elaborar vtd 1 élaborer 2 (aperfeiçoar) perfectionner, améliorer

elasticidade sf élasticité

elástico, -ca sm élastique
▸ sm **elástico** élastique

ele pron pes m 3ª pes 1 (sujeito) il: *ele compra muitos livros* il achète beaucoup de livres 2 (objeto) lui: *ela fica com ele* elle reste avec lui
▸ pl **eles** 1 (sujeito) ils: *eles têm muitos livros* ils ont beaucoup de livres 2 (objeto) eux: *vou ao cinema com eles* je vais au cinéma avec eux
▸ pl **eles** 1 (sujeito) ils 2 (objeto) eux

elefante, -ta sm, f éléphant, -e mf

elegância sf élégance

elegante adj élégant, -te

eleger vtd élire

eleição sf élection

eleito, -ta adj-sm, f élu, -e

eleitor, -ra sm, f POL électeur, -trice

eleitorado sm électorat

eleitoral adj électoral, -e

elementar adj élémentaire

elemento sm élément
▸ pl **elementos** (noções) notions (premières)

elenco sm 1 (lista, rol) liste, dénombrement 2 TEATRO CINE TV distribution (artistique)

eletricidade sf électricité

eletricista smf électricien, -ienne

elétrico, -ca adj électrique

eletrocardiograma sm MED électrocardiogramme

eletrodo sm ELETRON électrode f

eletrodoméstico sm électroménager

eletroencefalograma sm MED électroencéphalogramme

eletrônica sf magasin d'électronique

eletrônico, -ca adj électronique

elevação sf 1 élévation 2 (ascensão a um cargo) élévation, promotion 3 (aumento de preços etc.) hausse

elevado, -da adj élevé, -e
▸ sm **elevado** (via urbana) sm autopont

elevador *sm* ascenseur
- **elevador de serviço** monte-charge
- **elevador social** ascenseur de service

elevar *vtd* 1 (*pôr em plano superior; dirigir para cima*) élever 2 (*preços*) hausser, augmenter 3 (*voz, som*) hausser 4 (*construir; erigir*) élever, ériger, bâtir
▶ *vtdi* (*promover*) promouvoir: *elevar alguém a um cargo* promouvoir quelqu'un à un poste
▶ *vpr* **elevar-se** 1 (*tornar-se mais alto*) s'élever 2 (*subir*) monter 3 (*enobrecer-se*) s'ennoblir

eliminação *sf* élimination

eliminar *vtd* 1 (*retirar*) éliminer 2 (*expulsar*) expulser

eliminatória *sf* ESPORTE éliminatoire

elipse *sf* ellipse

elite *sf* élite

elo *sm* 1 (*argola*) chaînon, anneau 2 *fig* (*vínculo*) maillon, lien, chaînon

elogiar *vtd* louer, faire l'éloge de qqn

elogio *sm* éloge, louange *f*

eloquente *adj* éloquent, -e

elucidar *vtd* élucider, éclaircir

em *prep* 1 (*lugar*) en, à: *morar em Paris* habiter à Paris *estar em casa* être à la maison; *ficar na cidade* demeurer en ville; *estar na escola* être à l'école 2 (*tempo*) en, dans, le: *em 1965* en 1965; *fez tudo em dois meses* il/elle a tout fait en deux mois; *em 10 de março de 1980* le 10 mars 1980; *no inverno* en hiver; *chegarão em dez minutos* ils/elles arriveront dans 10 minutes; *no Natal* à Noël 3 (*modo*) en: *casa em construção* maison en construction; *viver em paz* vivre en paix 4 (*finalidade*) en: *fiz aquilo em sinal de protesto* j'ai fait cela en signe de protestation

emagrecer *vtd-vi* maigrir

e-mail (*pl* **e-mails**) *sm* courriel

emanar *vti* 1 (*provir*) émaner 2 (*exalar*) exhaler

emancipação *sf* émancipation

emancipar *vtd* émanciper
▶ *vpr* **emancipar-se** s'émanciper

emaranhado *sm* entrelacement, embrouillamini

emaranhar *vtd* embrouiller, mêler, mélanger
▶ *vpr* **emaranhar-se** s'embrouiller,

embaçar *vtd* embuer
▶ *vpr* **embaçar-se** s'embuer

embaixada *sf* 1 ambassade 2 FUT jonglerie avec un ballon de foot(ball)

embaixador, -ra *sm, f* ambassadeur, -drice

embaixo *adv* 1 en bas: *embaixo, no jardim* en bas, dans le jardin 2 en dessous: *embaixo é de madeira e em cima é de plástico* en dessous c'est du bois et au dessus du plastique 3 (*em posição humilhante*) tout en bas
• **lá/ali embaixo** là-dessous

embalado, -da *adj* 1 (*embrulhado*) emballé, -e, empaqueté, -e 2 (*acelerado*) accéléré, -e 3 (*drogado*) speedé, -e

embalagem *sf* emballage *m*

embalar *vtd* 1 (*embrulhar*) emballer 2 (*acalentar*) bercer, balancer 3 (*acelerar*) accélérer
▶ *vi* (*adquirir velocidade*) accélérer, prendre de la vitesse

embalo *sm* 1 (*balanço*) balancement 2 (*acalanto*) bercement 3 (*aceleração*) accélération *f*, vitesse *f*: *pegar embalo* prendre de la vitesse 4 (*festa*) fête *f*, animation *f* 5 (*euforia causada pela droga*) défonce *f*

embalsamar *vtd* embaumer

embananado, -da *adj* confus, -e, embrouillé, -e

embandeirar *vtd* pavoiser
▶ *vpr* **embandeirar-se** (*entusiasmar-se*) s'enthousiasmer, s'enflammer

embaraçado, -da *adj* 1 (*constrangido; sem desenvoltura*) embrouillé, -e, gêné, -e 2 (*emaranhado*) embrouillé, -e, confus, -e, emmêlé, -e
• **sentir-se embaraçado** se sentir gêné(e)

embaraçar *vtd* 1 (*constranger; atrapalhar, obstruir*) embarrasser 2 (*emaranhar*) embrouiller, emmêler
▶ *vpr* **embaraçar-se** 1 (*constranger-se*) s'embarrasser, se gêner 2 (*emaranhar-se*) s'emmêler

embaraço *sm* 1 (*constrangimento*) embarras 2 (*emaranhamento*) emmêlement,

embrouillamini 3 (*atrapalhação, dificuldade*) embarras, difficulté *f*

embaraçoso, -sa *adj* **1** (*constrangedor*) embarrassant, -e **2** (*que perturba*) ennuyeux, -euse, gênant, -e

embaralhar *vtd* **1** (*confundir*) embrouiller **2** (*cartas*) mélanger

embarcação *sf* embarcation

embarcar *vtd* embarquer
▶ *vi* **1** embarquer, monter (*à bord*): *embarco às nove horas* j'embarque à neuf heures; *ela embarcou naquele táxi* elle montée dans ce taxi **2** *fig* tomber (*dans*)

embargar *vtd* **1** DIR interdire **2** POL décréter un embargo **3** (*a voz*) être sans, couper

embargo *sm* **1** DIR (*arresto*) interdiction *f* **2** POL embargo

embarque *sm* embarquement

embate *sm* **1** choc, heurt **2** *fig* choc, combat

embebedar *vtd* enivrer, *fam* soûler
▶ *vpr* **embebedar-se** s'enivrer, se soûler

embeber *vtdi* imbiber

embelezar *vtd* embellir
▶ *vpr* **embelezar-se** s'embellir, se faire beau/belle

embirrar *vti* (*antipatizar*) éprouver de l'antipathie (**com**, pour), prendre qqn en grippe (**com**)
▶ *vi* (*mostrar-se birrento*) faire la moue/lippe, bouder

emblema *sm* emblème

embolar *vtd* **1** (*enrolar*) rouler autour de qqch, faire une boule **2** (*confundir, misturar*) confondre, embrouiller
• **embolar o meio de campo** mettre le feu aux poudres

embolorar *vi* moisir

embolsar *vtd* toucher, percevoir, recevoir

embonecar-se *vpr* s'attifer, s'accoutrer

embora *conj* quoique, bien que
▶ *adv* en: *vou embora* je m'en vais
• **levar embora** emporter, emmener
• **mandar alguém embora** renvoyer qqn, mettre qqn à la porte

emborcar *vtd* renverser
▶ *vi* (*cair virado para baixo*) tomber à la renverse

emboscada *sf* embuscade, embûche

embotar *vtd* émousser
▶ *vpr-vi* **embotar(-se)** s'émousser

embreagem *sf* embrayage *m*

embrenhar-se *vpr* s'enfoncer

embriagado, -da *adj* enivré, -e, gris, -e

embriagar *vtd* enivrer
▶ *vpr* **embriagar-se** s'enivrer, se saouler

embriaguez *sf* ivresse, enivrement *m*

embrião *sm* embryon

embromação *sf* arnaque, tricherie

embromar *vtd* arnaquer, escroquer

embrulhada *sf* confusion, méli-mélo *m*, affolement *m*

embrulhar *vtd* **1** (*empacotar*) empaqueter, emballer **2** (*enganar*) tromper, leurrer **3** (*confundir, desordenar*) embrouiller **4** (*estômago*) retourner, soulever
▶ *vpr* **embrulhar-se** (*confundir-se*) s'embrouiller

embrulho *sm* **1** paquet, emballage, colis **2** (*embrulhada, confusão*) confusion *f*

emburrado, -da *adj* grognon, -onne, maussade

embuste *sm* mensonge, fourberie *f*, supercherie *f*

embutido, -da *adj* (*em muro*) encastré, -e
▶ *sm pl* **embutidos** charcuterie
• **armário embutido** armoire encastrée

embutir *vtd-vtdi* encastrer, emboîter, enchâsser

emenda *sf* **1** (*de lei*) amendement *m* **2** (*correção*) correction, amendement *m* **3** (*regeneração*) régénération **4** (*acréscimo*) (r)allonge *uma emenda na saia* une allonge à la jupe
• **pior a emenda que o soneto** le remède est pire que le mal

emendar *vtd* **1** (*corrigir, reparar*) corriger, raccommoder **2** (*acrescentar*) ajouter
▶ *vpr* **1** **emendar-se** (*corrigir engano*) se corriger **2** (*tomar juízo*) se ranger, s'assagir

emergência *sf* **1** (*urgência*) urgence **2** (*surgimento*) émergence, apparition, surgissement *m*

emergente *adj* **1** (*urgente*) urgent, -e **2** (*em ascensão*) ascendant, -e

emergir *vi* émerger

emigrante *adj-smf* émigrant, -e

emigrar *vi* émigrer

eminência *sf* **1** éminence **2** (*saliência*) saillie, protubérance
• **eminência parda** éminence grise
• **Sua Eminência** Son Éminence

eminente *adj* éminent, -e

emissão *sf* émission

emissário *sm* **1** émissaire **2** (*de esgotos*) émissaire (*d'évacuation*)

emissora *sf* TV canal *m*, chaîne

emitir *vtd* émettre

emoção *sf* émotion

emocionado, -da *adj* ému, -e

emocional *adj* émotionnel, -elle

emocionante *adj* émotionnant, -e

emocionar *vtd* émouvoir
▸ *vpr* **emocionar-se** s'émouvoir

empacar *vi* s'immobiliser, s'arrêter (*de fonctionner*), s'obstiner

empacotar *vtd* empaqueter
▸ *vi gíria* (*morrer*) passer l'arme à gauche

empada *sf* CUL tourte

empalidecer *vi* pâlir

empanar *vtd* **1** CUL paner **2** (*tirar o brilho*) dépolir

empanturrar-se *vpr* se goinfrer, s'empiffrer, se gaver (**de**, de)

empanzinar-se *vpr* se goinfrer, s'empiffrer, se gaver (**de**, de)

emparelhado, -da *adj* apparié, -e, assorti, -e

emparelhamento *sm* appariement

emparelhar *vtd-vti* assortir, apparier, accoupler
▸ *vpr* **emparelhar-se** égaler

empatado, -da *adj* égal, -e, ex aequo: *estamos empatados* nous sommes ex aequo

empatar *vtd* **1** (*atrapalhar*) gêner, entraver **2** (*dinheiro*) faire un mauvais placement
▸ *vti-vi* ESPORTE égaliser, faire match nul : *o Santos empatou com o Palmeiras* l'équipe de Santos a fait match nul contre celle de Palmeiras ; *os dois empataram* les deux ont égalisé

empate *sm* ESPORTE match nul

empatia *sf* empathie

empecilho *sm* obstacle, empêchement, entrave *f*

empedrar *vtd* (*pôr pedras*) empierrer, paver
▸ *vi-vpr* **empedrar(-se)** se pétrifier

empenar *vtd* **1** (*pôr penas*) emplumer **2** (*madeira*) travailler
▸ *vi* **1** (*madeira*) se courber, gauchir, se gondoler **2** (*criar penas*) s'emplumer

empenhar *vtd* **1** DIR engager, **2** (*a palavra*) engager
▸ *vpr* **empenhar-se** **1** (*comprometer-se*) s'engager, se consacrer **2** (*aplicar-se*) s'appliquer, s'efforcer, faire de son mieux

empenho *sm* **1** (*penhor*) engagement **2** (*afinco*) ténacité *f*, empressement

emperrar *vtdi* obstruer, mettre des entraves à qqch/qqn, coincer
▸ *vi* (*se*) coincer, se gripper

empertigado, -da *adj* raide, rigide

empestear *vtd* empester, puer

empetecar-se *vpr* se pomponner (*femme*), se faire beau (*homme*)

empilhar *vtd* empiler
▸ *vpr* **empilhar-se** s'empiler

empinar *vtd* **1** redresser, remonter **2** (*cavalo, moto etc.*) élever, hausser, cabrer **3** (*pipa*) élever, faire monter
▸ *vpr* **empinar-se** **1** (*endireitar-se*) se dresser **2** (*cavalo, moto etc.*) se pavoiser, se cabrer **3** (*mostrar-se presunçoso*) s'élever, monter

empipocar *vi* bourgeonner, fleurir

emplacamento *sm* (*de carro*) immatriculation

emplacar *vtd* (*carro*) immatriculer
▸ *vi* (*ter êxito, ser aceito*) réussir, prendre

emplastro *sm* **1** MED emplâtre, cataplasme **2** *fig* (*pessoa imprestável*) emplâtre

empobrecer *vtd* appauvrir
▸ *vi-vpr* **empobrecer(-se)** s'appauvrir

empobrecimento *sm* appauvrissement

empoçar *vi* former une flaque/des flaques d'eau

empoçado, -da *adj* qui forme une flaque d'eau

empoeirar *vtd* empoussiérer
▶ *vpr* **empoeirar-se** se couvrir de poussière

empoleirar-se *vpr* percher, jucher

empolgação *sf fig* animation, excitation, enthousiasme *m*

empolgante *adj* enthousiasmant, -e, exaltant, -e, passionnant, -e, excitant, -e

empolgar *vtd fig* enthousiasmer, exalter, passionner
▶ *vpr* **empolgar-se** s'enthousiasmer, s'exalter, se passionner

emporcalhar *vtd* salir, cochonner, *fam* se dégueulasser
▶ *vpr* **emporcalhar-se** se salir

empório *sm* magasin, épicerie fine *f*

empossar *vtd* introniser, installer dans une fonction

empreendedor, -ra *adj* entreprenant, -e, qui a l'esprit d'entreprise
▶ *sm, f* entrepreneur, -euse

empreender *vtd* entreprendre

empreendimento *sm* entreprise

empregado, -da *adj-sm, f* **1** (*administração, banco, empresa*) employé, -e **2** (*fábrica*) ouvrier, -ère **3** (*doméstico, -ca*) domestique
▶ *sf* **empregada** (*doméstica*) domestique, femme de chambre, bonne

empregar *vtd* **1** (*usar*) employer **2** (*colocar em emprego*) placer
▶ *vpr* **empregar-se** (*arranjar emprego*) se faire employer/engager

emprego *sm* **1** (*uso; ocupação*) emploi **2** (*local de trabalho*) bureau, travail
• **emprego fixo** emploi fixe
• **emprego formal/informal** travail déclaré/au noir

empreitada *sf* tâche, forfait *m*

empreiteira *sf* entrepreneur *m* en bâtiment

empreiteiro, -ra *adj* forfaitaire, à forfait
▶ *sm, f* entrepreneur, -euse, maître d'œuvre *inv*

empresa *sf* (*firma*) entreprise, société

empresarial *adj* d'entreprise

empresário, -ria *sm, f* **1** entrepreneur, chef d'entreprise **2** ESPORTE agent (*de jogador*) **3** (*artístico*) imprésario

emprestado, -da *adj* prêté, -e, emprunté, -e: *dinheiro emprestado* argent prêté
• **pedir algo emprestado** demander à ce qu'on prête qqch
• **tomar algo emprestado** emprunter qqch

emprestar *vtd-vtdi* prêter: *emprestar dinheiro a alguém* prêter de l'argent à quelqu'un

empréstimo *sm* prêt, emprunt: *pedir um empréstimo* demander un prêt; *tomar de empréstimo* faire un emprunt
• **empréstimo compulsório** emprunt obligatoire

empunhar *vtd* empoigner

empurra-empurra (*pl* **empurra-empurras**) *sm* bousculade *f*

empurrão *sm* **1** poussée *f*, bourrade *f* **2** (*estímulo*) encouragement, stimulation *f*

empurrar *vtd* pousser
▶ *vtdi* (*algo ruim*) refiler

emudecer *vtd* (*tornar mudo*) rendre muet, faire taire
▶ *vi* (*tornar-se mudo*) devenir muet, se taire

emulsão *sf* émulsion

enamorado, -da *adj-sm, f* amoureux, -euse

enamorar-se *vpr* tomber amoureux de, s'éprendre (**de**, de/pour)

encabulado, -da *adj* honteux, -euse, penaud, -e, gêné, -e

encabular *vtd* faire honte, gêner, embarrasser
▶ *vpr* **encabular-se** se gêner

encadernação *sf* reliure

encadernar *vtd* relier

encaixar *vtd-vtdi* **1** emboîter **2** *fig* (*inserir*) introduire
▶ *vpr* **encaixar-se** **1** s'emboîter **2** *fig* (*condizer, combinar*) combiner, être en accord

encaixe *sm* **1** (*ato de encaixar*) emboîtement **2** (*reentrância*) creux

encaixotar *vtd* emballer, empaqueter

encalacrar vtd mettre dans l'embarras ▶ vpr **encalacrar-se** se mettre dans l'embarras

encalço sm loc 1 **no encalço** à la trace, sur les traces 2 **ao encalço** dans le sillage, sur les traces

encalhar vi 1 échouer 2 (*não vender*) ne pas vendre 3 (*ficar solteiro*) rester célibataire, coiffer sainte Catherine (*femme*) 4 (*ficar parado*) s'arrêter, se paralyser, rester interdit(e)

encalhe sm 1 échouage, échouement 2 (*falta de venda*) manque de ventes 3 (*objeto não vendido*) invendu 4 (*paralisação*) paralysie f

encaminhar vtd-vtdi 1 (*conduzir*) acheminer, envoyer (*dossier etc.*) 2 (*orientar*) orienter ▶ vpr **encaminhar-se** s'acheminer (**para**, vers)

encanador sm plombier

encanamento sm tuyauterie f, canalisation f, conduite f, robinetterie f

encanar vtd 1 (*canalizar*) canaliser 2 gíria (*pôr na prisão*) boucler, coffrer, mettre à l'ombre

encantado, -da adj enchanté, -e, charmé, -e

encantador, -ra adj charmant, -e

encantar vtd enchanter, charmer ▶ vpr **encantar-se** s'enchanter

encanto sm 1 (*feitiço*) enchantement, charme 2 (*atração*) charme
• **como por encanto** comme par enchantement, d'un coup de baguette (*magique*)
• **ser um encanto** être charmant(e)

encapar vtd (re)couvrir, envelopper

encaracolar vtd (en)tortiller, boucler (*cheveux*) ▶ vi-vpr **encaracolar(-se)** s'entortiller, boucler (*cheveux*)

encarar vtd 1 (*olhar de frente*) dévisager 2 (*considerar*) envisager 3 (*enfrentar*) faire face, tenir tête à

encarcerar vtd incarcérer

encardido, -da adj encrassé, -e, crotté, -e

encardir vtd encrasser, crotter ▶ vi s'encrasser

encarecer vtd 1 (*tornar mais caro*) augmenter 2 (*recomendar*) recommander ▶ vi (*tornar-se caro*) devenir cher

encargo sm 1 (*incumbência*) charge f, obligation f 2 ECON charge f, dépense f

encarnar vtd 1 incarner 2 gíria (*assediar*) harceler

encarniçado, -da adj acharné, -e

encaroçar vi 1 CUL grumeler 2 (*encher-se de tumores*) bourgeonner, fleurir

encarquilhado, -da adj ridé, -e, plissé, -e, fripé, -e

encarregado, -da sm,f chargé, -e, responsable: *falei com o encarregado da seção* j'ai parlé au responsable de la section

encarregar vtdi charger ▶ vpr **encarregar-se** se charger

encarte sm encart, annonce f, insertion f

encavalar vtd (*sobrepor*) faire se chevaucher ▶ vpr **encavalar-se** se chevaucher

encenação sf 1 mise en scène 2 fig (*fingimento*) cinéma m

encenar vtd 1 mettre en scène 2 fig (*fingir*) faire du cinéma/théâtre

enceradeira sf cireuse

encerado, -da adj ciré, -e, encaustiqué, -e ▶ sm **encerado** bâche f, toile cirée f

encerar vtd 1 (*chão*) cirer, encaustiquer 2 (*carro*) polir

encerramento sm clôture f, fermeture f

encerrar vtd 1 (*concluir*) terminer, conclure, clôturer 2 (*conter*) contenir, renfermer ▶ vpr **encerrar-se** se terminer, se conclure

encharcado, -da adj (dé)trempé, -e

encharcar vtd 1 (*alagar*) inonder 2 (*ensopar*) tremper comme une soupe/jusqu'aux os ▶ vpr **encharcar-se** s'inonder, s'imbiber, se tremper

enchente sf crue

encher vtd-vtdi 1 remplir: *encher um copo com água* remplir un verre d'eau 2

ENCHIDO

(*saciar*) rassasier 3 (*sobrecarregar*) surcharger
▶ *vtd* (*lotar*) bourrer, remplir
▶ *vtd-vi* (*aborrecer*) ennuyer, enquiquiner, emmerder
▶ *vi* (*ficar cheio*) emplir, se remplir
▶ *vpr* **encher-se** 1 (*ficar cheio*) se remplir 2 (*saciar-se*) se rassasier 3 (*aborrecer-se*) s'ennuyer, s'emmerder, s'enquiquiner

enchido *sm* (*embutido*) charcuterie *f*, cochonnaille *f*

enchimento *sm* 1 (*de almofadas etc.*) bourre *f*, remplissage 2 (*de ombro*) épaulette *f*

enciclopédia *sf* encyclopédie

enciumar *vtd* rendre jaloux(se)
▶ *vpr* **enciumar-se** éprouver de la jalousie

encoberto, -ta *adj* 1 (*dissimulado*) couvert, -e 2 (*enevoado*) embrumé, -e, nuageux, -se

encobrir *vtd* 1 (*cobrir*) couvrir, recouvrir 2 (*disfarçar*) recouvrir, dissimuler
▶ *vpr* **encobrir-se** (*tempo*) se couvrir

encolher *vtd* 1 rétrécir, rapetisser, raccourcir 2 (*retrair*) replier: *encolheu o braço* il/elle a replié son bras 3 (*reduzir*) réduire
▶ *vi* rétrécir
▶ *vpr* **encolher-se** se replier, se renfermer (*sur soi*)

encomenda *sf* 1 commande, mesure: *feito por encomenda* fait sur mesure 2 (*pedido*) commande: *fazer uma encomenda* faire/passer une commande 3 (*objeto encomendado*) commande 4 (*por correio*) colis
• **de encomenda** *fig* à merveille/(*tombé*) du ciel

encomendar *vtd* (*compra, trabalho*) commander

encontrão *sm* choc, heurt

encontrar *vtd* 1 (*dar com*) rencontrer, tomber (*sur*) 2 (*achar*) trouver, rencontrer
▶ *vpr* **encontrar-se** 1 (*ter um encontro*) se rencontrer 2 (*estar*) se trouver

encontro *sm* 1 rendez-vous: *marcar encontro para as quatro* fixer un rendez-vous à quatre heures 2 (*descoberta*) découverte *f* 3 (*casual*) rencontre *f* 4 (*reunião*) entretien, entrevue *f* 5 (*jogo, partida*) rencontre *f*, match
• **ao encontro de** à la rencontre/recherche de
• **de encontro a** à l'encontre de

encorajar *vtd* encourager

encorpado, -da *adj* 1 (*pessoa*) corpulent, -e 2 (*tecido, papel etc.*) épais, -se

encosta *sf* versant *m*

encostado, -da *adj* 1 (*junto a*) appuyé, -e, adossé, -e 2 (*ao lado de*) proche 3 (*sem uso*) inutilisé, -e 4 (*sem trabalho*) désœuvré, -e
▶ *adj-sm, f fig* (*parasita*) parasite

encostar *vtd* 1 (*a porta*) fermer 2 (*deixar de lado*) mettre au rebut
▶ *vtd-vti* (*algo em algo*) appuyer
▶ *vpr* **encostar-se** 1 (*apoiar-se, aproximar-se*) s'appuyer (**a**, sur/contre), s'approcher (**a**, de), se rapprocher (de) 2 *fig* (*viver à custa de alguém*) vivre aux dépens/frais (**a**, de) 3 (*ficar ocioso*) se la couler douce

encosto *sm* 1 (*espaldar*) dossier, appui 2 RELIG esprit maléfique

encouraçado *sm* MAR cuirassé

encovado, -da *adj* (*olhos*) creux, -euse, enfoncé, -e

encravado, -da *adj* 1 (*embutido*) enfoncé, -e, enclavé, -e, sertie, -e 2 (*unha*) incarné, -e

encrenca *sf* 1 (*briga*) bagarre 2 (*dificuldade, problema*) difficulté, embarras *m*
• **meter-se em encrenca** se fourrer dans une sale affaire/se mettre dans la merde
• **procurar encrenca** chercher la bagarre/des embrouilles

encrencar *vti* (*brigar*) s'en prendre (**com**, à), prendre à partie
▶ *vi* (*enguiçar*) tomber/rester en panne/carafe
▶ *vpr* **encrencar-se** (*complicar-se*) s'embrouiller, s'enferrer, s'enliser

encrenqueiro, -ra *adj* bagarreur, semeur de pagaille

encrespado, -da *adj* 1 (*crespo*) frisé 2 (*mar*) gros, -sse

encrespar *vtd* (*cabelos*) friser
▶ *vpr* **encrespar-se** 1 se friser 2 (*mar*) s'agiter

encruzilhada *sf* carrefour *m*

encucado, -da *adj* 1 (*cismado, desconfiado*) soupçonneux, -euse, suspicieux, -euse, méfiant, -e 2 (*obsessivo*) obsessif, -ive, obsessionnel, -elle

encurralar *vtd* cerner, encercler

encurtar *vtd* raccourcir

encurvar *vtd* courber
▸ *vpr* **encurvar-se** se courber

endêmico, -ca *adj* endémique

endereçar *vtd* (*pôr endereço*) mettre une adresse
▸ *vtdi* (*enviar; dirigir*) adresser

endereço *sm* adresse *f*
• **ter endereço certo** [fig] viser quelqu'un en particulier

endiabrado, -da *adj* endiablé, -e

endinheirado, -da *adj* argenté, -e, riche

endireitar *vtd* 1 redresser 2 (*corrigir*) redresser, corriger
▸ *vi* 1 (*corrigir-se*) se corriger, se redresser 2 (*tomar boa direção*) se remettre sur les rails/dans la bonne voie

endividar *vtd* endetter
▸ *vpr* **endividar-se** s'endetter

endossar *vtd* 1 endosser 2 *fig* adhérer (idées etc.), se rallier (à)

endosso *sm* endossement, endos

endurecer *vtd* 1 durcir, endurcir 2 *fig* (*empedernir*) endurcir
▸ *vi-vpr* **endurecer(-se)** 1 s'endurcir 2 *fig* s'endurcir, se cuirasser

enduro *sm* ESPORTE enduro

energia *sf* énergie

enérgico, -ca *adj* 1 énergique 2 (*rigoroso, severo*) dur, -e, sévère, strict, -e

energúmeno, -na *sm* énergumène

enésimo, -ma *adj* énième

enervar *vtd* (*irritar*) énerver
▸ *vpr* **enervar-se** s'énerver

enfaixar *vtd* bander

ênfase *sf* emphase, accent *m*

enfático, -ca *adj* emphatique, positif, -ive, net, -ette, catégorique

enfatizar *vtd* mettre en relief, souligner, accentuer

enfeitar *vtd* parer, orner, enjoliver, embellir
▸ *vpr* **enfeitar-se** se parer

enfeite *sm* ornement, décoration *f*

enfeitiçar *vtd* ensorceler, envoûter

enfermagem *sf* 1 soins dispensés aux malades 2 profession d'infirmier

enfermaria *sf* infirmerie

enfermeiro, -ra *sm, f* infirmier, -ère

enfermidade *sf* maladie

enferrujado, -da *adj* rouillé, -e

enferrujar *vtd* rouiller
▸ *vi-vpr* **enferrujar(-se)** se rouiller

enfezado, -da *adj* 1 (*irritado*) furieux, -euse, furibond, -e 2 (*raquítico*) rachitique, rabougri, -e, malingre

enfezar *vtd* (*irritar*) énerver
▸ *vpr* **enfezar-se** s'énerver, devenir furieux, s'emporter

enfiar *vtd-vtdi* 1 (*linha, pérolas, contas*) enfiler 2 (*fincar*) enfoncer, ficher, planter 3 (*vestir*) mettre
▸ *vpr* **enfiar-se** 1 (*penetrar*) pénétrer 2 (*ir parar*) se mettre, se fourrer: **onde você se enfiou?** mais où est-ce que tu t'es fourré(e)?

enfileirar *vtd* aligner, mettre en rang
▸ *vpr* **enfileirar-se** s'aligner, se mettre en rang(s)

enfim *adv* enfin
• **até que enfim** finalement, enfin

enforcar *vtd* 1 pendre 2 (*aula*) faire l'école buissonnière, sécher les cours
▸ *vpr* **enforcar-se** 1 se pendre 2 *gíria* (*casar-se; meter-se em apertos*) se mettre la corde au cou

enfraquecer *vtd* 1 (*debilitar*) affaiblir 2 (*atenuar*) réduire, atténuer, émousser
▸ *vi-vpr* **enfraquecer(-se)** 1 (*debilitar-se*) s'affaiblir 2 (*atenuar-se*) s'atténuer

enfraquecimento *sm* 1 affaiblissement 2 (*atenuação*) atténuation, amoindrissement

enfrentar *vtd* faire face (à), affronter
▸ *vpr* **enfrentar-se** s'affronter

enfronhar-se *vpr* s'instruire, prendre connaissance

enfurecer *vtd* rendre furieux, faire enrager

▶ *vpr* **enfurecer-se** devenir furieux, enrager, s'emporter

enfurecido, -da *adj* furieux, -euse

enfurnar *vtd* fourrer
▶ *vpr* **enfurnar-se** se fourrer

engabelar *vtd* leurrer, duper, rouler

engaiolar *vtd* **1** mettre en cage **2** *fig (pôr na prisão)* encager, mettre au trou

engajado, -da *adj* engagé, -e

engajamento *sm* engagement

engajar-se *vpr* s'engager

engalfinhar-se *vpr* s'empoigner, se prendre à la gorge

enganado, -da *adj (equivocado)* trompé, -e

enganar *vtd* tromper
▶ *vi (aparentar o falso)* tromper
▶ *vpr* **enganar-se** *(equivocar-se)* se tromper, se leurrer

enganchar *vtdi* accrocher, raccrocher, atteler

engano *sm* **1** *(descuido)* erreur *f*, faute *f* **2** *(logro, falsidade)* tromperie *f*, fourberie *f*, arnaque *f*
• **desculpe, foi engano** [ao telefone] veuillez m'excuser, j'ai dû me tromper de numéro

enganoso, -sa *adj* trompeur, -euse, mensonger, -ère

engarrafado, -da *adj* **1** *(em garrafas)* mis, -e en bouteille **2** *fig (trânsito)* embouteillé, -e, bouché, -e

engarrafamento *sm* **1** mise *f* en bouteilles **2** *fig (trânsito)* embouteillage

engarrafar *vtd* **1** mettre en bouteille **2** *(trânsito)* embouteiller
▶ *vi (trânsito)* embouteiller

engasgado, -da *adj* **1** *(com algo na garganta)* étouffé, -e, étranglé, -e **2** *(entalado na garganta)* en travers de la gorge, pas digéré(e) **3** *fig (voz)* étouffé, -e, suffoqué, -e, étranglé, -e

engasgar *vtd* **1** étouffer, étrangler **2** *(impedir a fala)* étouffer, juguler
▶ *vi-vpr* **engasgar(-se) 1** s'étouffer **2** *fig (atrapalhar-se)* se troubler, s'embrouiller, s'entortiller

engasgo *sm* suffocation *f*, étouffement, étranglement

engastar *vtd* enchâsser, sertir

engaste *sm* enchâssure *f*, chaton *(bague)*

engatar *vtd-vtdi* **1** cramponner, atteler **2** *(marcha)* mettre

engate *sm* **1** MEC attelage **2** *(de marcha)* changement

engatilhar *vtd* armer, préparer

engatinhar *vi* **1** marcher à quatre pattes **2** *fig* débuter, faire ses premiers pas

engavetamento *sm* **1** *(ato de guardar na gaveta)* mise *f* au tiroir **2** *(de veículos)* carambolage *(en série)*, collision *f* en chaîne

engavetar *vtd* **1** *(guardar em gaveta)* mettre/ranger dans un tiroir **2** *fig* mettre en veilleuse/aux oubliettes, enterrer
▶ *vpr* **engavetar-se** *(veículos)* se caramboler, se rentrer dedans

engenharia *sf* ingénierie, génie *m*

engenheiro, -ra *sm, f* ingénieur

engenho *sm* **1** *(talento)* talent **2** *(de açúcar)* usine *f*, moulin **3** *(máquina, aparelho)* engin

engenhoso, -sa *adj* ingénieux, -euse

engessar *vtd* **1** plâtrer **2** *fig (enrijecer)* raidir, endurcir, figer

englobar *vtd* englober

engodo *sm* appât, leurre

engolir *vtd* avaler
• **engolir em seco** avaler la pilule
• **não engolir alguém** ne pas pouvoir sentir/blairer/pifer/souffrir quelqu'un

engomar *vtd* **1** engommer **2** *(passar roupa)* repasser

engordar *vtd* **1** faire grossir, engraisser **2** *(aumentar)* augmenter
▶ *vi* **1** grossir, engraisser **2** *(aumentar)* prospérer

engordurar *vtd* graisser, oindre, lubrifier
▶ *vpr* **engordurar-se** se salir *(de graisse)*

engraçado, -da *adj* amusant, -e, rigolo, marrant, -e, drôle
▶ *sm (curioso)* curieux, -euse, amusant, -e: **o mais engraçado é que...** le plus drôle, c'est que…

engraçar-se *vpr* **1** *(enamorar-se)* s'enti-

cher de, s'éprendre 2 (*simpatizar*) sympathiser

engradado *sm* caisse *f*, casier *m* à bouteille

engrandecer *vtd* agrandir, ennoblir

engravidar *vtd* mettre/rendre enceinte
▶ *vi* tomber enceinte

engraxar *vtd* **1** (*sapatos*) cirer **2** MEC graisser, lubrifier, huiler **3** *fig* (*subornar*) graisser la patte (à), soudoyer

engraxate *smf* cireur, -euse (*de souliers*)

engrenagem *sf* engrenage *m*

engrenar *vtd* **1** engrener **2** *fig* (*dar início*) engager (*conversation etc.*) **3** (*marcha de automóvel*)
▶ *vi* *fig* (*ajustar-se, adequar-se*) s'ajuster, s'adapter

engripar *vi* (*moteur*) gripper, coincer

engrossar *vtd* **1** (*espessar*) grossir, épaissir **2** (*aumentar volume*) grossir, enfler **3** (*a voz*) élever, enfler
▶ *vi* **1** (*espessar-se*) (s')épaissir **2** (*avolumar-se*) grossir **3** (*voz*) enfler **4** (*adensar-se*) (s')épaissir **5** (*crescer, aumentar*) croître, augmenter
▶ *vi-vti* (*ser grosseiro*) s'emporter (**com**, contre)

engrupir *vtd* leurrer, duper, tromper

enguiçar *vi* **1** (*avariar-se*) tomber en panne **2** (*ir mal*) péricliter, décliner
▶ *vi-vti* (*brigar, implicar*) se battre (**com**, avec), en vouloir (**com**, à), s'en prendre (**com**, à)

enguiço *sm* **1** (*avaria*) panne *f* **2** (*briga*) bagarre *f* **3** (*problema, obstáculo*) problème, obstacle

enigma *sm* énigme *f*

enigmático, -ca *adj* énigmatique

enjaular *vtd* **1** (*pôr em jaula*) mettre en cage, encager **2** (*pôr na cadeia*) encager, mettre au trou

enjeitado, -da *adj* rejeté, -e, abandonné, -e

enjoado, -da *adj* **1** (*nauseado*) écœuré, -e, nauséeux, -euse **2** (*enfadonho*) ennuyeux, -euse, emmerdant, -e **3** (*entediado, farto*) dégoûté, -e, écœuré, -e (**de**, de)

▶ *adj-sm,f* **1** (*exigente*) exigeant, -e, difficile **2** (*antipático*) antipathique

enjoar *vtd* **1** (*causar náusea*) donner la nausée/mal au cœur/des haut-le-cœur, dégoûter, écœurer **2** (*entediar*) ennuyer, emmerder
▶ *vti* **1** (*fartar-se*) se dégouter, s'écœurer (**de**, de) **2** (*enfadar-se*) s'ennuyer, (**de**, de)
▶ *vi* **1** (*ter náuseas*) avoir la nausée/mal au cœur/des haut-le-cœur, être dégoûté(e), être écœuré(e), avoir l'estomac soulevé **2** (*causar enjoo*) donner la nausée/mal au cœur/des haut-le-cœur, dégoûter, écœurer **3** (*entediar*) ennuyer, empoisonner, emmerder

enjoativo, -va *adj* **1** dégoûtant, -e, écœurant, -e **2** (*tedioso*) ennuyeux, -euse, emmerdant, -e

enjoo *sm* **1** (*náusea*) nausée *f* **2** (*em avião*) nausée *f*, mal de l'air **3** (*em navio*) nausée *f*, mal de mer **4** (*em carro*) nausée *f*, mal des transports **5** (*amolação*) désagrément, ennui

enlace *sm loc* **enlace matrimonial** union *f* conjugale

enlamear *vtd* **1** souiller, crotter **2** *fig* salir, diffamer, flétrir, traîner dans la boue
▶ *vpr* **enlamear-se 1** se souiller **2** *fig* se salir

enlatar *vtd* (*alimentos, bebidas etc.*) mettre en boîte

enlouquecer *vtd* (*deixar louco*) rendre fou(folle), perdre la tête
▶ *vi* (*ficar louco*) devenir fou(folle)

enluarado, -da *adj* baigné(e) de lune

enlutar *vtd* endeuiller
▶ *vpr* **enlutar-se** prendre/porter le deuil

enobrecer *vtd* anoblir, ennoblir

enojar *vtd* écœurer, soulever le cœur/l'estomac, dégoûter
▶ *vpr* **enojar-se** s'écœurer, se dégoûter

enorme *adj* énorme

enquadrar *vtd* **1** encadrer **2** CINE, TV cadrer **3** *gíria* (*punir*) punir, châtier

enquanto *conj* (*no tempo em que; ao passo que*) alors que
• **enquanto isso** pendant ce temps (*-là*), en attendant

• **por enquanto** pour l'instant

enquete sf enquête

enrabichado, -da adj entiché, -e, épris, -e

enraivecer vtd faire enrager, rendre furieux, -euse
▶ vpr **enraivecer-se** enrager, devenir furieux, -euse

enraizar vtd enraciner
▶ vi-vpr **enraizar(-se)** s'enraciner

enrascada sf sac m d'embrouilles/de nœuds, pétrin: *meter-se numa enrascada* se mettre dans un sac d'embrouilles/ se mettre dans le pétrin

enrascar-se vpr se mettre dans un sac d'embrouilles/de nœuds, se mettre le pétrin

enredar vtd 1 (*emaranhar*) emmêler, enchevêtrer 2 (*complicar; ludibriar*) embrouiller, entortiller 3 (*prender em rede*) prendre dans un filet
▶ vpr **enredar-se** 1 (*emaranhar-se*) s'emmêler, s'enchevêtrer 2 (*complicar-se*) s'embrouiller, s'entortiller

enredo sm 1 trame f, intrigue f 2 (*episódio confuso*) confusion f, embrouillement

enregelado, -da adj (con)gelé, -e, transi, -e (*de froid*)

enrijecer vtd 1 (en)durcir 2 fig figer
▶ vpr **enrijecer-se** 1 se durcir, s'endurcir 2 fig se figer

enriquecer vtd-vi enrichir

enriquecimento sm enrichissement

enrolado, -da adj (*confuso, complicado*) confus, -e, compliqué, -e, embrouillé, -e

enrolador, -ra adj-sm,f gíria embobineur

enrolar vtd 1 enrouler 2 (*cabelos*) friser, boucler 3 (*embrulhar*) envelopper, emballer 4 (*complicar*) compliquer, embrouiller 5 (*enganar*) embrouiller, mener qqn en bâteau
▶ vpr **enrolar-se** 1 s'enrouler 2 (*embrulhar-se*) s'envelopper 3 (*atrapalhar-se*) s'embrouiller, s'entortiller

enroscar vtd 1 (*enrolar*) enrouler, entortiller 2 fig (*confundir*) confondre 3 (*um parafuso*) visser, boulonner

enrugado, -da adj 1 (*rosto*) ridé, -e, flétri, -e 2 (*amarrotado*) froissé, -e

enrugar vtd rider, plisser, flétrir
▶ vi-vpr **enrugar(-se)** 1 (*ganhar rugas*) se rider, se flétrir 2 (*amarrotar-se*) se froisser

enrustido, -da adj 1 (*escondido*) occulté, -e, non déclaré, -e 2 (*dissimulado*) dissimulé, -e, renfermé, -e

enrustir vtd 1 (*esconder*) camoufler, cacher 2 (*dissimular*) occulter, dissimuler
▶ vpr **ensaboar-se** se savonner

ensacar vtd ensacher, mettre en sac/ sachet

ensaiar vtd 1 (*pôr à prova*) tester, essayer, expérimenter 2 (*peça, música etc.*) répéter 3 (*dirigir ensaio*) faire répéter 4 (*esboçar*) amorcer, ébaucher, esquisser

ensaio sm 1 (*experiência, prova*) essai, test, expérience f 2 (*tentativa*) tentative f 3 (*de peça, música etc.*) répétition f 4 (*gênero literário*) essai
• **ensaio geral** répétition f générale

ensanguentado, -da adj ensanglanté, -e, sanguinolent, -e

ensanguentar vtd ensanglanter

enseada sf anse, baie

ensebado, -da adj 1 graisseux, -euse, suiffeux, -euse 2 fig (*metido*) prétentieux, -euse

ensebar vtd graisser, suiffer
▶ vi fig (*complicar, demorar*) tarder, s'attarder, lambiner

ensejo sm occasion, chance: *dar ensejo a* donner l'occasion de; *aproveitar o ensejo para...* profiter de l'occasion pour

ensinamento sm enseignement, leçon f

ensinar vtd-vtdi 1 enseigner, apprendre: *ensinar algo a alguém* enseigner quelque chose à quelqu'un; *ensinar alguém a fazer algo* apprendre à quelqu'un comment faire quelque chose 2 (*caminho*) montrer 3 (*adestrar*) domestiquer, apprivoiser

ensino sm enseignement
• **ensino fundamental** (*primeiro ciclo*) enseignement primaire (école f maternelle)

- **ensino fundamental** (*segundo ciclo*) enseignement primaire (école élémentaire)
- **ensino médio** enseignement secondaire
- **ensino superior** enseignement supérieur

ensolarado, -da *adj* ensoleillé, -e

ensopado, -da *adj* trempé, -e
▶ *sm* **ensopado** CUL ragoût

ensopar *vtd* **1** (*embeber*) imbiber **2** (*molhar muito*) tremper
▶ *vpr* **ensopar-se** (*molhar-se muito*) se tremper

ensurdecedor, -ra *adj* assourdissant, -e

ensurdecer *vtd* assourdir

entabular *vtd* (*relações, conversa*) instaurer

entalado, -da *adj* **1** (*engasgado*) en travers de la gorge, pas digéré(e) **2** (*preso, apertado*) serré, -e, attelé, -e

entalar-se *vpr* **1** (*engasgar-se*) s'étouffer **2** (*ficar preso*) se coincer

entalhe *sm* entaille *f*

então *adv interj* alors

ente *sm* être
- **os entes queridos** les êtres chers, les proches

enteado, -da *sm, f* beau-fils, belle-fille

entediado, -da *adj* ennuyé, -e, lassé, -e

entediar *vtd* ennuyer
▶ *vpr* **entediar-se** s'ennuyer

entender *vtd* **1** (*compreender*) comprendre **2** (*julgar*) juger, évaluer: *as autoridades entendem que isso deve ser proibido* les autorités jugent que cela devrait être interdit
▶ *vti* s'(y) entendre, s'y connaître (**de**, en): *entender de matemática* s'y connaître en math, avoir la bosse des maths
▶ *vpr* **entender-se** (*dar-se bem; entrar em acordo*) s'entendre (**com**, avec)
▶ *sm* **entender** avis: *no meu entender...* à mon avis
- **dar a entender algo a alguém** laisser entendre qqch à qqn
- **desde que me entendo por gente...** autant que je me rappelle/souvienne
- **entender mal** (*equivocar-se*) se tromper, se méprendre (*interpretar erroneamente*) mal comprendre
- **levar a entender algo** mener/conduire à penser qqch

entendido, -da *adj-sm, f* (*conhecedor*) connaisseur, expert, grand clerc (**em**, en)

entendimento *sm* **1** (*compreensão*) compréhension *f*, entendement **2** (*acordo*) entente *f*

enternecer *vtd* attendrir
▶ *vpr* **enternecer-se** s'attendrir

enterrar *vtd* **1** (*pôr sob a terra*) enterrer **2** (*sepultar*) ensevelir **3** *fig* (*dar por encerrado*) clore, mettre un terme (à), mettre un point final **4** (*cravar*) enfoncer, planter **5** (*levar à ruína*) ruiner, mener à la ruine
▶ *vpr* **enterrar-se** (*arruinar-se*) se ruiner, s'enfoncer

enterro *sm* enterrement

entidade *sf* **1** entité **2** (*órgão, instituição*) organisme *m*, institution

entoar *vtd* entonner

entornar *vtd* **1** (*derramar*) renverser **2** (*despejar*) vider
▶ *vi* **1** (*extravasar*) déborder **2** (*beber demais*) écluser, pomper

entorpecente *sm* (*droga*) narcotique, stupéfiant

entorpecer *vtd* engourdir
▶ *vpr* **entorpecer-se** (*um membro*) s'engourdir

entorpecido, -da *adj* engourdi, -e

entortar *vtd* tordre

entra e sai *sm* allée et venue *f*, va-et-vient *m*

entrada *sf* **1** (*de alguém em algum lugar; de um edifício etc.*) entrée **2** (*introdução, estreia*) première, premiers pas *m pl* **3** (*bilhete, ingresso*) entrée, billet *m* **4** (*em crediário*) arrhes *pl*, acompte *m* **5** (*primeiro prato; de água, ar, gás*) entrée **6** (*de parágrafo*) alinéa *m*
▶ *pl* **na testa** tempes *pl* dégarnies
- **entrada do ano** début *m* de l'année
- **entrada proibida** entrée interdite

entrançar *vtd* tresser, natter

entranhar-se *vpr* s'enfoncer, s'engager, s'absorber

entranhas *sf pl* entrailles

entrante *adj* (*mês, ano etc.*) qui commence

entrar *vi-vti* 1 (*ingressar*) entrer, rentrer 2 (*dinheiro*) entrer 3 (*começar*) commencer: *o mês entrou com frio* le mois a commencé froid
• **entrar bem** (*irônico*) bien commencer
• **entrar com dinheiro** mettre de l'argent
• **entrar com uma ação/um recurso** engager des poursuites/se pourvoir en recours
• **entre!** entrez!

entravar *vtd* entraver

entrave *sm* entrave *f*

entre *prep* 1 (*duas coisas, dois momentos*) entre 2 (*várias coisas*) parmi 3 (*junto de; restrito a*) entre: *vivia entre amigos* il/elle vivait entre amis; *essa informação deve ficar entre nós* cette information doit rester entre nous 4 (*um povo, um grupo*) chez: *entre os gregos, esse era o costume* c'était la coutume chez les Grecs

entreaberto, -ta *adj* entrouvert, -e, entr'ouvert, -e

entreabrir *vtd* entrouvrir, entr'ouvrir
▶ *vpr* **entreabrir-se** s'entrouvrir, s'entr'ouvrir

entrega *sf* 1 livraison, remise: *entrega a/em domicílio* livraison à domicile 2 (*rendição*) reddition, capitulation 3 (*devotamento*) dévouement *m*

entregador, -ra *sm, f,* livreur, -euse

entregar *vtd-vti* 1 (*dar*) livrer, donner 2 (*mercadoria*) livrer 3 (*devolver*) rendre 4 (*delatar*) livrer, dénoncer
▶ *vpr* **entregar-se** 1 se livrer (**a**, à) 2 (*abater-se*) se laisser abattre

entregue *adj* 1 (*postos nas mãos de*) donné, -e, livré, -e 2 (*levado a domicílio*) livré, -e 3 (*devotado*) dévoué, -e, consacré, -e 4 (*prostrado, abatido*) prostré, -e, abattu, -e

entrelaçar *vtdi* entrelacer, enchevêtrer
▶ *vpr* **entrelaçar-se** s'entrelacer, s'enchevêtrer

entrelinha *sf* interligne *m*
• **ler nas entrelinhas** lire entre les lignes/en filigrane

entremear *vtdi* entremêler, enchevêtrer

entrementes *adv* entretemps, pendant ce temps-là

entreolhar-se *vpr* s'entreregarder, s'entrevoir

entressafra *sf* période entre deux moissons

entretanto *adv* (*entrementes*) entretemps, pendant ce temps-là
▶ *conj* cependant, pourtant

entretenimento *sm* divertissement, amusement, diversion *f*

entreter *vtd* (*distrair, recrear*) divertir, amuser
▶ *vpr* **entreter-se** (*distrair-se*) se divertir, s'amuser

entrevado, -da *adj* immobilisé, -e, cloué, -e, paralysé, -e

entrever *vtd* entrevoir

entrevero *sm* mêlée *f*

entrevista *sf* 1 (*encontro*) rendez-vous *m*, entretien *m*, entrevue 2 (*com a imprensa*) entrevue, interview 3 (*de trabalho*) entretien, rendez-vous
• **dar uma entrevista** donner une entrevue/interview
• **entrevista coletiva** conférence de presse

entrevistar *vtd* interviewer

entrincheirar-se *vpr* se retrancher

entristecer *vtd* attrister, peiner
▶ *vpr* **entristecer-se** s'attrister

entrosado, -da *adj* intégré, -e ajusté, -e, réglé, -e

entrosar *vtdi* intégrer, ajuster, régler
▶ *vpr* **entrosar-se** s'ajuster, se régler, s'entendre

entulhar *vtd* 1 (*encher de entulho*) remplir de décombres 2 (*abarrotar*) bourrer
▶ *vpr* **entulhar-se** s'entasser, s'empiler

entulho *sm* 1 (*material de demolição*) décombres *m pl* 2 (*lixo*) ordures *f pl*

entupimento *sm* engorgement, obstruction *f*, bouchon

entupir *vtd-vti* 1 (*obstruir*) boucher, encombrer 2 (*abarrotar*) bourrer 3 *fig* (*empanzinar*) gaver, bourrer, gorger
▶ *vi-vpr* **entupir(-se)** 1 (*obstruir-se*) se

bouchen 2 *(empanzinar-se)* se goinfrer, s'empiffrer, se gaver

enturmado, -da *adj* qui a fait des amitiés

entusiasmar *vtd* enthousiasmer
▶ *vpr* **entusiasmar-se** s'enthousiasmer

entusiasmo *sm* enthousiasme

entusiasta *adj* enthousiaste

enumerar *vtd* énumérer

enunciado *sm* énoncé

enunciar *vtd* énoncer

envaidecer *vtd* rendre orgueilleux, -se/fier, -ère
▶ *vpr* **envaidecer-se** être orgueilleux, -se/fier, -ère (de)

envelhecer *vtd-vi* vieillir

envelhecido, -da *adj* vieilli, -e

envelhecimento *sm* vieillissement, patine *f*

envelopar *vtd* envelopper

envelope *sm* enveloppe

envenenamento *sm* empoisonnement

envenenar *vtd* **1** empoisonner **2** *fig (amargurar)* envenimer **3** *(carro)* gonfler
▶ *vpr* **envenenar-se 1** s'empoisonner **2** *(amargurar-se)* s'aigrir

enveredar *vti* emprunter (**por**, -)

envergadura *sf* envergure

envergonhado, -da *adj* **1** *(vexado)* honteux, -euse, penaud, -e **2** *(tímido)* timide

envergonhar *vtd* **1** *(causar acanhamento)* faire honte à **2** *(desonrar)* déshonorer
▶ *vpr* **envergonhar-se** avoir honte

envernizado, -da *adj* verni, -e

enviado, -da *sm, f* envoyé, -e: **enviado especial** envoyé spécial

enviar *vtd-vtdi* envoyer

envidar *vtd* appliquer, concentrer
• **envidar esforços** faire des efforts

envidraçar *vtd* vitrer

envio *sm* envoi

enviuvar *vi* devenir veuf, -ve

envolto, -ta *adj* entouré, -e, enveloppé, -e

envoltório *sm* enveloppe *f*, couverture *f*

envolvente *adj* **1** *(que circunda)* enveloppant, -e **2** *(sedutor)* enveloppant, -e, captivant, -e

envolver *vtd-vtdi* **1** *(embrulhar)* envelopper **2** *fig (circundar)* entourer, envelopper **3** *(contornar)* ceindre **4** *(seduzir, encantar)* captiver, enchanter **5** *(comprometer, meter, implicar)* impliquer, mettre en jeu
▶ *vtd* **1** *(incluir)* inclure **2** *(implicar)* impliquer
▶ *vpr* **envolver-se 1** *(cercar-se)* s'entourer (**de**, de) **2** *(com alguém)* s'engager **3** *(comprometer-se)* s'engager (**com**, dans) **4** *(participar)* participer, prendre part (**em**, à)

envolvimento *sm* **1** *(relacionamento)* liaison *f* **2** *(comprometimento, implicação)* engagement, implication *f*

enxada *sf* bêche

enxadão *sm* hoyau

enxaguar *vtd* rincer

enxágue *sm* rinçage

enxame *sm* essaim

enxaqueca *sf* migraine

enxergar *vtd* **1** *(ver, avistar)* voir **2** *(perceber)* (a)percevoir
▶ *vi (ter capacidade de ver)* voir
▶ *vpr* **enxergar-se** *(no espelho)* se voir, se regarder
• **você não se enxerga!** tu t'es regardé/vu?

enxerido, -da *adj-sm, f (intrometido)* curieux, -euse, fouille-merde

enxerir-se *vp* se mêler, s'immiscer

enxertar *vtd-vtdi* **1** BOT greffer **2** *fig (introduzir)* introduire **3** MED greffer, transplanter

enxerto *sm* **1** BOT greffon, greffe *f* **2** MED greffon, transplant

enxofre *sm* QUÍM soufre

enxotar *vtd* chasser, éconduire, expulser

enxoval *sm* trousseau

enxugar *vtd* **1** *(secar)* essuyer **2** *fig (uma garrafa)* vider **3** *fig (reduzir ao essencial)* dépouiller, alléger
▶ *vi-vpr* **enxugar(-se)** (s')essuyer

enxurrada sf 1 torrent m 2 fig nuée

enxuto, -ta adj 1 (seco) sec, sèche 2 fig (apenas com o essencial) résumé, -e 3 (magro) mince 4 fig (elegante) élégant, -e

enzima sf enzyme

épico, -ca adj épique

epidemia sf MED épidémie

epilepsia sf MED épilepsie

epiléptico, -ca adj MED épileptique

epílogo sm épilogue

episcopal adj RELIG épiscopal, -e

episódio sm épisode

epístola sf épître, lettre

epitáfio sm épitaphe f

época sf époque

epopeia sf épopée

equação sf équation

equador sm équateur

equatorial adj équatorial, -e

equestre adj équestre

equidade sf équité

equilibrado, -da adj équilibré, -e

equilibrar vtd équilibrer
▶ vpr **equilibrar-se** s'équilibrer

equilíbrio sm équilibre

equilibrismo sm équilibrisme, funambulisme

equilibrista smf équilibriste, funambule

equimose sm MED ecchymose f

equino, -na adj équin, -e, chevalin, -e
▶ sm **equino** équidé

equipamento sm équipement

equipar vtd équiper
▶ vpr **equipar-se** s'équiper

equiparação sf comparaison, parallèle m, assimilation

equiparar vtd-vtdi comparer, assimiler
▶ vpr **equiparar-se** se comparer (**a**, à)

equipe sf équipe

equitação sf équitation

equitativo, -va adj équitable

equivalente adj-sm équivalent, -e

equivaler vti équivaloir (**a**, à)

equivocado, -da adj erroné, -e, faux, -sse, incorrect, -e

equivocar-se vpr 1 (errar) se tromper 2 (entender mal) mal comprendre

equívoco, -ca adj équivoque, ambigu, -ë
▶ sm **equívoco** erreur f

era sf ère

erário sm trésor public

ereção sf érection

eremita smf ermite m

ereto, -ta adj 1 (levantado) droit, -e, élevé, -e, dressé, -e 2 (em pé) debout 3 (pênis) en érection

erguer vtd 1 (levantar) élever 2 (erigir) ériger 3 (a voz) élever 4 (os olhos, a cabeça) lever
▶ vpr **erguer-se** 1 (levantar-se) s'élever 2 (revoltar-se) se soulever (**contra**, contre)

eriçado, -da adj hérissé, -e, ébouriffé, -e

erigir vtd ériger

erisipela sm MED érésipèle

ermitão, -ã sm, f ermite m

ermo, -ma adj désert, -e, solitaire, inhabité, -e
▶ sm **ermo** solitude f

erosão sf érosion

erótico, -ca adj érotique

erotismo sm érotisme

erradicar vtd 1 (arrancar pela raiz) déraciner 2 (eliminar) éradiquer

errado, -da adj 1 (não correto, equivocado) faux, -sse, erroné, -e, mauvais, -e 2 (caminho, escolha) mauvais, -e
• **pegar o ônibus/trem errado** se tromper de bus/train

errante adj errant, -e

errar vi (cometer erro) se tromper
▶ vtd (não acertar) manquer, rater: **errar o alvo** manquer/rater la cible/le coche
▶ vi (vaguear) errer

errata sf errata m

erro sm erreur f
• **erro de imprensa** erreur d'impression

errôneo, -a adj erroné, -e

erudição sf érudition

erudito, -ta adj-sm, f érudit, -e

erupção sf éruption

erva sf herbe

- **erva daninha** mauvaise herbe
erva-cidreira (*pl* **ervas-cidreiras**) *sf* BOT mélisse, citronnelle
erva-doce (*pl* **ervas-doces**) *sf* BOT fenouil *m*
ervilha *sf* BOT petit pois *m*
esbaforido, -da *adj* haletant, -e, essoufflé, -e, hors d'haleine
esbaldar-se *vpr* s'en donner à cœur-joie
esbanjador, -ra *adj-sm,f* dépensier, -ère, gaspilleur, -se
esbanjamento *sm* gaspillage
esbanjar *vtd* gaspiller
- **esbanjar saúde** déborder de santé
esbarrão *sm*
esbarrão *sm* heurt, coup
- **dar um esbarrão em algo** se donner un coup contre qqch
- **dar um esbarrão em algo/alguém** se retrouver nez à nez avec qqn
esbarrar *vti* 1 (*chocar-se contra*) heurter (**em**, -) 2 *fig* (*obstáculo físico*) se cogner (**em**, **sur**) 3 *fig* (*dificuldade*) heurter (**em**, **contre**)
esbelto, -ta *adj* svelte
esboçar *vtd* ébaucher, esquisser
esboço *sm* ébauche *f*, esquisse *f*
esbodegado, -da *adj* 1 (*estragado*) gâté, -e 2 (*cansado*) crevé, -e
esbofetear *vtd* gifler, claquer
esborrachado, -da *adj* étalé, -e, affalé, -e
esborrachar-se *vpr* s'étaler
esbranquiçado, -da *adj* blanchi, -e
esbravejar *vi-vtd* tempêter, fulminer, gueuler
esbugalhar *vtd* écarquiller
esbulhar *vtd* dépouiller, spolier, déposséder
esburacar *vtd* trouer
escabeche *sm* CUL escabèche *f*
escabroso, -sa *adj* 1 (*escarpado*) escarpé, -e 2 *fig* (*indecente*) scabreux, -euse
escada *sf* escalier *m*, échelle *f*
■ **escada de mão** échelle
■ **escada de incêndio** échelle d'incendie
■ **escada em caracol** escalier *m* en colimaçon

■ **escada rolante** escalier *m* mécanique/roulant, escalator *m*
escadaria *sf* grand escalier
escafandro *sm* scaphandre
escala *sf* 1 (*medida; musical*) échelle 2 (*voo*) escale
- **escala de valores** échelle de valeurs
- **em grande/pequena escala** sur une grande/petite échelle, à grande/petite échelle
escalada *sf* escalade
escalar *vtd* 1 (*montanhas etc.*) escalader, grimper 2 (*indicar*) choisir, indiquer, désigner: *ser escalado para um trabalho* être désigné(e) pour faire un travail
escaldante *adj* brûlant, -e
escaldar *vtd* 1 CUL (*carne*) échauder 2 CUL (*legumes, verduras*) blanchir 3 (*aquecer muito*) échauder
▶ *vi* (*estar muito quente*) brûler, bouillir
escalope *sm* CUL escalope *f*
escama *sf* écaille
escamar-se *vpr* s'écailler
escambau *sm fam* tout le tintouin
escamoso, -sa *adj* 1 (*com escamas*) écailleux, -euse, squameux, -euse 2 *fig* acariâtre, grincheux, -euse, acrimonieux, -euse
escamotear *vtd* (*encobrir*) escamoter
escâncaras *sf loc* **às escâncaras** ouvertement, au grand jour
escancarado, -da *adj* 1 grand(e) ouvert(e) 2 *fig* affiché, -e
escancarar *vtd* 1 (*abrir muito*) ouvrir grand 2 *fig* afficher, faire étalage de
escandalizar *vtd* scandaliser
▶ *vpr* **escandalizar-se** se scandaliser
escândalo *sm* scandale
escandaloso, -sa *adj* scandaleux, -euse
escandinavo, -va *adj-sm,f* scandinave
escanear *vtd* numériser, scanner
escâner *sm* numériseur, scanner
escangalhado, -da *adj* 1 (*muito avariado*) détruit, -e, brisé, -e 2 (*muito cansado*) crevé, -e, éreinté, -e, fourbu, -e
escangalhar *vtd* (*estragar*) détruire, briser

▶ vpr **escangalhar-se** se briser, se démantibuler

escanhoar-se vpr se raser de près

escaninho sm (*pequeno compartimento*) casier
▶ sm pl **escaninhos** (*lugar secreto*) cachette f, recoin, fam planque f

escanteio sm ESPORTE corner
• **chutar para escanteio** fig laisser de côté, laisser tomber

escapada sf escapade, échappée

escapamento sm (*de veículo*) échappement

escapar vti-vi échapper
• **escapar ao controle** échapper au contrôle

escapatória sf échappatoire, faux-fuyant m, issue

escape sm échappement

escápula sf ANAT omoplate

escapulir vti-vi 1 (*escapar*) échapper, glisser: *o prato me escapuliu das mãos* l'assiette m'a échappé des mains 2 (*fugir*) s'échapper, s'enfuir: *o ladrão escapuliu* le voleur s'est enfui

escarafunchar vtd fouiller, fourrager, fureter

escaramuça sf escarmouche

escaravelho sm ZOOL scarabée

escarcéu sm (*gritaria*) vacarme, chahut, tapage

escarlate adj-sm écarlate

escarlatina sf MED scarlatine

escarmentado, -da adj qui a appris à ses propres dépens

escarmentar vtd donner une leçon à

escarmento sm leçon: *que isso lhe sirva de escarmento* que cela luiserve de leçon

escarnecer vti railler, se moquer (**de**, de), chambrer

escárnio sm dérision f, moquerie f, raillerie f

escarola sf BOT (e)scarole

escarpado, -da adj escarpé, -e

escarranchar-se se mettre à califourchon, ouvrir les jambes

escarrar vi-vtd cracher

escarro sm crachat

escassez sf manque m, carence

escasso, -sa adj insuffisant, -e, court, -e, peu abondant, -e

escavação sf excavation

escavadeira sf pelle mécanique, pelleteuse

escavar vtd excaver, creuser, percer

esclarecedor, -ra adj éclairant, -e

esclarecer vtd 1 (*tornar compreensível*) éclaircir, élucider 2 (*informar*) éclairer
▶ vpr **esclarecer-se** s'éclaircir

esclarecido, -da adj (*dotado de saber*) éclairé, -e, averti, -e, instruit, -e

esclarecimento sm éclaircissement

esclerosado, -da adj sclérosé, -e

esclerose sf MED sclérose

escoamento sm écoulement

escoar vtd (*fazer escorrer*) écouler
▶ vi (*escorrer*) couler

escocês, -esa adj écossais, -e
▶ sm, f Écossais, -e

Escócia sf Écosse

escola sf école
• **escola noturna** école du soir
• **escola privada/pública** école privée/publique
• **ter/não ter escola** avoir/ne pas avoir d'instruction

escolado, -da adj vif, -ive, éveillé, -e

escolar adj scolaire
▶ smf **escolar** (*estudante*) élève, étudiant, -e

escolaridade sf scolarité

escolarização sf scolarisation

escolarizar vtd scolariser

escolha sf choix m
• **à escolha** au choix
• **múltipla escolha** (à) choix multiple

escolher vtd 1 choisir 2 (*arroz, feijão etc.*) trier

escolta sf escorte

escoltar vtd escorter

escombros sm pl décombres

esconde-esconde sm cache-cache/colin-maillard

esconder vtd cacher

▶ *vpr* **esconder-se** se cacher
esconderijo *sm* cachette *f*
escondidas *sf pl loc* **às escondidas** en cachette
escondido, -da *adj* caché, -e
esconjurar *vtd* **1** (*demônio*) invoquer, conjurer **2** (*males, apreensão*) conjurer **3** (*amaldiçoar*) abominer
escopo *sm* (*mira, objetivo*) dessein, but, finalité *f*
escora *sf* étai
escorar *vtd* **1** (*pôr escoras; apoiar*) étayer **2** (*amparar*) appuyer, soutenir
▶ *vpr* **escorar-se 1** s'étayer **2** *fig* s'appuyer (sur)
escorbuto *sm* MED scorbut
escorchante *adj* exorbitant, -e
escorchar *vtd* (*cobrar caro*) demander une fortune
escória *sf* **1** scorie **2** *fig* racaille, ordure
escoriação *sf* excoriation
escoriar *vtd* écorcher, égratigner, érafler, excorier
escorpião *sm* scorpion
escorraçar *vtd* chasser, éconduire, expulser
escorredor *sm* passoire *f*
■ **escorredor de macarrão** passoire (à pâtes)
■ **escorredor de pratos** égouttoir (à vaisselle)
escorregadio, -a *adj* glissant, -e
escorregador *sm* toboggan
escorregão *sm* **1** (*ato de escorregar*) glissade *f* **2** *fig* erreur *f*, maladresse *f*, quiproquo
escorregar *vi* glisser
▶ *vti* (*errar*) faire une erreur/un lapsus
▶ *vtdi* (*passar furtivamente*) (se)glisser, se faufiler
escorrer *vi* couler
escoteiro *sm* scout
escova *sf* brosse
escovar *vtd* brosser
escrachado, -da *adj* **1** débauché: **uma risada escrachada** un rire débauché **2** (*negligente*) négligé, -e, négligent, -e, relâché, -e

escrachar *vtd gíria* **1** (*desmoralizar*) démoraliser **2** (*passar descompostura*) humilier, bafouer
escracho *sm* **1** (*descompostura*) humiliation *f*, affront **2** (*bagunça, desleixo*) relâchement, laisser-aller **3** (*falta de compostura*) démesure *f*, excès
escravidão *sf* esclavage *m*
escravo, -va *adj-sm,f* esclave *mf*
escrever *vtd-vtdi-vi* écrire
• **escrever à mão** écrire à la main
• **escrever à máquina** écrire/taper à la machine
escrita *sf* (*escritura; letra*) écriture
escrito, -ta *adj* **1** écrit **2** *fig* tout craché *inv*: **é o pai escrito** c'est son père tout craché
▶ *sm* **escrito** écrit
escritor, -ra *sm, f* écrivain, -e
escritório *sm* bureau
escritura *sf* **1** (*em cartório*) acte *m* **2** (*Bíblia; escrita*) écriture
escriturar *vtd* tenir des actes de commerce
escriturário, -a *sm, f* clerc
escrivaninha *sf* bureau *m*
escrivão, -ã *sm, f* greffier, -ère *m, f*
escroto *sm, f*, ANAT scrotum
▶ *adj* **escroto, -ta** *chulo* con, -onne, dégueulasse
escrúpulo *sm* scrupule
escrupuloso, -sa *adj* scrupuleux, -euse
escrutínio *sm* **1** (*votação*) scrutin **2** (*apuração de votos*) dépouillement (des votes)
escudeiro *sm* écuyer
escuderia *sf* ESPORTE écurie
escudo *sm* **1** MIL bouclier **2** (*antiga moeda portuguesa*) escudo **3** (*brasão*) écu, écusson **4** *fig* (*proteção*) bouclier
esculachado, -da *adj* **1** (*desmoralizado*) démoralisé, -e **2** (*descuidado, relaxado*) négligé, -e, débraillé, -e **3** (*anarquizado*) mis, -e en pagaille
esculachar *vtd* **1** (*repreender rudemente*) sermonner, réprimander **2** (*desmoralizar, avacalhar*) ridiculiser, bafouer, humilier
esculacho *sm* **1** (*desmazelo*) noncha-

lance *f*, insouciance *f*, négligence *f* **2** (*repreensão rude*) engueulade *f*, savon

esculhambação *sf* **1** (*repreensão rude*) engueulade, savon *m* **2** (*anarquia, desordem*) anarchie, pagaille

esculhambar *vtd* **1** (*repreender rudemente*) engueuler (vertement) **2** (*bagunçar*) mettre en pagaille **3** (*estragar muito*) bousiller, abîmer

esculpir *vtd-vti-vi* sculpter

escultor, -ra *sm, f* sculpteur, -trice

escultura *sf* sculpture

escultural *adj* sculptural, -e

escumadeira *sf* écumoire

escuras *sf loc* **às escuras** dans le noir, à tâtons

escurecer *vtd* obscurcir
▶ *vi* s'obscurcir

escuridão *sf* obscurité, noir *m*

escurinho, -nha *adj-sm, f* (*mulato, negro*) métis, -isse, noir, -e
▶ *sm* **escurinho** (*penumbra*) pénombre *f*

escuro, -ra *adj* **1** (*pouco ou nada iluminado*) obscur, -e **2** (*cor*) foncé, -e
▶ *adj-sm, f* (*negro, mulato*) noir, -e, métis, -isse
▶ *sm* (*escuridão*) obscurité *f*

escuso, -sa *adj* suspect, -e, louche

escuta *sf* écoute
• **escuta telefônica** écoute téléphonique
• **ficar/estar à escuta** être à l'écoute

escutar *vtd* écouter
▶ *vi* **1** (*prestar atenção*) écouter **2** (*ter audição*) entendre

esdrúxulo, -la *adj fam* (*esquisito*) bizarre, extravagant, -e

esfacelar *vtd* détruire, anéantir
▶ *vpr* **esfacelar-se** s'anéantir, se corrompre

esfalfado, -da *adj* harassé, -e, éreinté, -e, fourbu, -e

esfalfar-se *vpr* s'épuiser

esfaquear *vtd* poignarder, donner un coup de couteau/poignard

esfarelar-se *vpr* s'effriter, s'émietter

esfarrapado, -da *adj* déchiré, -e, dépenaillé, -e

• **desculpa esfarrapada** mauvaise excuse

esfera *sf* sphère
• **esfera de influência** sphère/zone d'influence
• **esfera de relações** cercle de relations/d'amis

esférico, -ca *adj* sphérique

esferográfica *sf* stylo à bille

esfiapar *vtd* effilocher
▶ *vpr* **esfiapar-se** s'effilocher, s'effiler, se franger

esfinge *sf* sphinx *m*

esfoladura *sf* écorchure, égratignure, éraflure

esfolar *vtd* **1** (*tirar a pele*) écorcher **2** *fig* (*cobrar preço alto*) demander une fortune
▶ *vpr* **esfolar-se** (*escoriar-se*) s'écorcher, s'égratigner, s'érafler

esfomeado, -da *adj* affamé, -e

esforçado, -da *adj* appliqué, -e

esforçar-se *vpr* s'efforcer, s'évertuer

esforço *sm* effort
• **somar esforços** unir les efforts

esfregão *sm* torchon, serpillière *f*

esfregar *vtd* **1** (*roçar*) gratter **2** (*para limpar*) frotter **3** (*friccionar*) frictionner
▶ *vpr* **esfregar-se** *chulo* se toucher, se tâter
• **esfregar-se as mãos** se frotter les mains

esfriar *vtd* refroidir
▶ *vi-vpr* **esfriar(-se)** (se) refroidir

esfumaçar *vtd* enfumer

esganação *sf* **1** (*asfixia*) étouffement *m*, asphyxie, étranglement *m* **2** (*avidez*) avidité **3** (*gula*) gloutonnerie

esganado, -da *adj* **1** (*ávido*) avide **2** (*comilão*) glouton, -ne

esganar *vtd* (*asfixiar*) étouffer, asphyxier, étrangler
▶ *vpr* **esganar-se** être avide, avoir la dent longue

esganiçado, -da *adj* strident, -e, perçant, -e

esgarçar *vtd* rompre, déchirer
▶ *vpr* **esgarçar-se** se déchirer, s'effiler

esgoelar-se *vpr* s'époumoner, crier, s'égosiller

esgotado, -da *adj* épuisé, -e

esgotamento *sm* 1 *(drenagem)* écoulement, drainage 2 *(de estoques, víveres etc.; cansaço, exaustão)* épuisement
• **esgotamento nervoso** épuisement nerveux/dépression nerveuse

esgotar *vtd* 1 *(tirar líquido)* puiser 2 *(consumir até o fim; cansar, extenuar)* épuiser
▶ *vpr* **esgotar-se** s'épuiser
• **esgotar um assunto** faire le tour d'une question

esgoto *sm* égout

esgrima *sf* escrime

esguelha *sf loc* (**olhar**) **de esguelha** regarder de travers/en biais

esguichar *vtd-vtdi* arroser
▶ *vi* arroser

esguicho *sm* 1 *(jato)* jet 2 *(ponta de mangueira)* pistolet (de tuyau d'arrosage)

esguio, -a *adj* mince, élancé, -e, svelte

eslavo, -va *adj-sm, f* slave

esmagador, -ra *adj fig* écrasant, -e

esmagar *vtd* écraser

esmaltar *vtd* vernir

esmalte *sm* vernis

esmerado, -da *adj* achevé, -e, fini, -e, poli, -e

esmeralda *sf* émeraude

esmerar-se *vpr* peaufiner, fignoler

esmeril *sm* émeri

esmerilhar *vt* 1 polir (avec du papier-émeri) 2 *fig pop (carro)* déglinguer, esquinter

esmero *sm* recherche *f*, soin, perfection *f*

esmigalhar *vtd* émietter, effriter
▶ *vpr* **esmigalhar-se** s'émietter, s'effriter

esmiuçar *vtd* éplucher, examiner méticuleusement

esmo *sm loc* **a esmo** 1 au hasard, au petit bonheur, sans but: **andar a esmo** marcher sans but 2 inconsidérément, à la légère: *falar a esmo* parler à la légère

esmola *sf* aumône

esmorecer *vi (perder o ânimo)* se refroidir, se décourager

esmurrar *vtd* donner des coups de poings
▶ *vpr* **esmurrar-se** se taper dessus, se donner des coups de poing

esnobação *sf* action de snober *m*

esnobar *vtd-vi* snober

esnobe *smf* snob *inv*

esôfago *sm* ANAT œsophage

esoterismo *sm* ésotérisme

espaçar *vtd* espacer, distancer

espacial *adj* spatial, -e

espaço *sm* 1 espace 2 *(área; lugar)* place *f*: *o espaço da garagem é grande* il y a beaucoup de place dans le garage; *ocupar espaço* prendre de la place
• **abrir/dar espaço** faire de la place
▪ **espaço aéreo** espace aérien
▪ **espaço cultural** espace culturel
▪ **espaço sideral** espace sidéral

espaçonave *sf* vaisseau *m* spatial

espaçoso, -sa *adj* 1 *(amplo)* spacieux, -euse 2 *pop* qui prend ses aises

espada *sf* épée
▶ *pl* **espadas** *(naipe)* pique

espádua *sf* 1 *(escápula)* omoplate 2 *(ombro)* épaule

espaguete *sm* CUL spaghetti

espairecer *vi* prendre l'air/un bol d'air, se distraire

espaldar *sm* dossier

espalhafato *sm* remue-ménage, tapage

espalhafatoso, -sa *adj* scandaleux, -e, extravagant, -e

espalhar *vtd* 1 *(dispersar; divulgar; propagar)* répandre 2 *(creme, pomada)* étaler
▶ *vpr* **espalhar-se** 1 se répandre 2 *(no sofá, na cama etc.)* se vautrer, s'étaler, s'avachir

espanador *sm* plumeau, époussette *f*

espanar *vtd* épousseter

espancar *vtd* rouer de coups, passer à tabac, assommer

Espanha *sf* Espagne

espanhol, -la *adj* espagnol, -e
▶ *sm, f* Espagnol, -e

▶ *sm* **espanhol** espagnol

espantado, -da *adj* 1 (*assustado*) apeuré, -e, effrayé, -e 2 (*admirado, surpreso*) étonné, -e, surpris, -e

espantalho *sm* épouvantail

espantar *vtd* 1 (*assustar*) apeurer, effrayer 2 (*afugentar*) faire fuir, chasser 3 (*surpreender*) surprendre, étonner
▶ *vpr* **espantar-se** 1 (*assustar-se*) s'effrayer 2 (*surpreender-se*) se surprendre, s'étonner
• **não espanta que...** il n'est pas étonnant que…

espanto *sm* 1 (*pasmo*) étonnement, surprise *f* 2 (*susto*) peur *f*, frayeur *f*, effroi 3 (*admiração*) admiration
• **é um espanto!** c'est incroyable!, quelle surprise!

espantoso, -sa *adj* 1 (*assustador*) effrayant, -e, apeurant, -e 2 (*extraordinário*) extraordinaire 3 (*que causa indignação*) révoltant, -e, choquant, -e

esparadrapo *sm* sparadrap

espargir *vtd* répandre, asperger

esparramar *vtd* 1 (*dispersar, espalhar*) répandre, étaler 2 (*derramar*) verser
▶ *vpr* **esparramar-se** 1 (*espalhar-se*) se répandre 2 (*derramar-se*) se déverser 3 (*sentar-se à vontade*) se vautrer, s'avachir, s'étaler

esparrela *sf loc* **cair na esparrela** se laisser prendre, tomber dans le piège/panneau

esparso, -sa *adj* épars, -e, éparpillé, -e, dispersé, -e

espatifar *vtd* se briser en mille morceaux, (se) casser
▶ *vpr* **espatifar-se** 1 se briser *o prato caiu e se espatifou* l'assiette est tombée et s'est brisée 2 s'écraser: *o avião caiu e se espatifou* l'avion est tombé et s'est écrasé

especial *adj* spécial, -e
• **em especial** en particulier

especialidade *sf* spécialité

especialista *adj-smf* spécialiste

especializado, -da *adj* spécialisé, -e

especializar-se *vpr* se spécialiser

espécie *sf* espèce

• **pagar em espécie** payer comptant/en espèces/cash

especificação *sf* spécification
▶ *pl* **especificações** 1 (*veículo, máquina etc.*) caractéristiques 2 (*contratos*) cahier des charges

especificar *vtd* spécifier, stipuler, préciser

específico, -ca *adj* spécifique, propre, particulier, -ère

espécime *sm* spécimen

espectador, -ra *sm, f* spectateur, -trice

espectro *sm* spectre

especulação *sf* spéculation

especulador, -ra *sm, f* spéculateur, -trice

especular *vtd-vti-vi* spéculer

especulativo, -va *adj* spéculatif, -ive

espelhar *vtd* (*refletir*) refléter, miroiter
▶ *vpr* **espelhar-se** 1 (*refletir-se*) se refléter, se miroiter 2 (*tomar como exemplo*) s'inspirer (**em**, de), prendre pour modèle

espelho *sm* miroir, glace *f*

espelunca *sf* taudis *m*

espera *sf* attente

esperado, -da *adj* (*desejado*) attendu, -e, désiré, -e

esperança *sf* espoir *m*, espérance
• **a esperança é a última que morre** l'espoir fait vivre
• **dar esperanças a alguém** donner de l'espoir à qqn
• **perder as esperanças** perdre espoir
• **que esperança!** jamais de la vie!

esperançoso, -sa *adj* (*confiante*) confiant, -e

esperar *vtd-vti-vi* (*aguardar*) attendre
▶ *vtd* 1 (*imaginar*) s'attendre à: *ela não esperava que ele fosse fugir* elle ne s'attendait pas à ce qu'il fuie 2 (*ter esperança*) espérer: *espero que tudo dê certo* j'espère que tout va (*bien*) marcher
▶ *vtd-vi* (*filho*) attendre
• **espera aí** attends un peu
• **ser de esperar** falloir s'y attendre

esperma *sm* sperme

espermatozoide *sm* spermatozoïde

espernear *vi* 1 (*agitar as pernas*) taper

espertalhão, -ona *adj-sm,f* malin, -gne, roublard, -e

esperteza *sf* malice, débrouillardise, roublardise

esperto, -ta *adj* 1 (*sagaz*) sagace, rusé, -e 2 (*rápido, expedito*) rapide, prompt, -e, expéditif, -ive 3 (*vivaz*) vif, -ive
▶ *sm,f* (*espertalhão*) (petite, -e) malin, -igne, débrouillard, -e, roublard, -e

espessar *vtd* épaissir
▶ *vpr* **espessar-se** s'épaissir

espesso, -sa *adj* épais, -sse

espessura *sf* épaisseur

espetáculo *sm* spectacle

espetar *vtd* 1 (*enfiar no espeto*) embrocher 2 (*prego, espinho etc.*) enfoncer

espetinho *sm* CUL brochette *f*

espeto *sm* 1 CUL brochette *f* 2 *fig* (*coisa complicada*) pépin, tuile *f*

espevitado, -da *adj* (*vivaz*) vivace

espezinhar *vtd* 1 (*pisar*) piétiner, fouler aux pieds 2 (*humilhar*) humilier, bafouer, vexer

espião, -ã *sm,f* espion, -onne

espiar *vtd* 1 (*espionar*) espionner 2 (*olhar*) regarder, observer

espicaçar *vtd* aiguillonner

espichar *vtd* allonger, étendre
▶ *vpr* **espichar-se** s'allonger, s'étendre

espiga *sf* épi *m*

espigão *sm* 1 (*pico de serra*) aiguille *f*, pic 2 (*edifício alto*) tour *f*

espinafrar *vtd* tancer (*vertement*), engueuler

espinafre *sm* BOT épinard

espingarda *sf* fusil *m*, carabine

espinha *sf* 1 (*coluna vertebral*) épine (dorsale), colonne 2 (*de peixe*) arête 3 (*na pele*) bouton *m*

espinho *sm* BOT épine *f*, piquant, aiguille *f*

espinhoso, -sa *adj* épineux, -euse

espionagem *sf* espionnage *m*

espionar *vtd-vi* espionner

espiral *adj-sf* spirale

■ **espiral mata-mosquito** spirale antimoustique

espírita *adj-smf* spirite

espiriteira *sf* réchaud à alcool

espiritismo *sm* spiritisme

espírito *sm* esprit
• **espírito de porco** rabat-joie, trouble-fête

espiritual *adj* spirituel, -elle

espiritualismo *sm* spiritualisme

espirituoso, -sa *adj* (*inteligente, engraçado*) spirituel, -elle, qui a de l'esprit

espirrar *vtd* (*expelir*) expulser
▶ *vi* 1 (*jorrar*) jaillir, gicler 2 (*dar espirro*) éternuer

espirro *sm* 1 (*pelo nariz*) éternuement 2 (*esguicho, borrifo*) jet, giclée *f*

esplanada *sf* esplanade

esplêndido, -da *adj* splendide

esplendor *sm* splendeur *f*

espoleta *sf* (*em arma*) capsule, amorce
▶ *smf* (*pessoa irrequieta*) espiègle (*enfant*), polisson, -onne

espoliação *sf* spoliation

espoliar *vtd* spolier

espólio *sm* (*bens*) succession

esponja *sf* éponge
• **passar uma esponja em/sobre** *fig* passer l'éponge sur
• **ser uma esponja** (*beber muito*) être une éponge, boire comme une éponge/un trou

espontaneidade *sf* spontanéité

espontâneo, -a *adj* spontané, -e

espora *sf* éperon *m*

esporádico, -ca *adj* sporadique

esporão *sm* ergot

esporear *vtd* éperonner

esporro *sm* *chulo* 1 (*descompostura*) savon, engueulade *f* 2 (*arruaça*) tapage, raffut
• **dar um esporro** engueuler, rembarrer, crier dessus

esporte *sm* sport

esportista *smf* sportif, -ive

esportivo, -va *adj* sportif, -ive

esposo, -sa *sm,f* époux, -ouse

espreguiçadeira *sf* chaise longue, transat(lantique) *m*

espreguiçar-se *vpr* s'étirer

espreita *sf loc* **ficar/estar à espreita** rester/être à l'affût

espremedor *sm* **1** (*de laranja*) presse-agrumes *inv*, presse-citron, presse-fruits **2** (*de verdura*) presse-purée, presse-ail

espremer *vtd* presser
▶ *vpr* **espremer-se** s'entasser, se presser

espuma *sf* écume

espumante *adj* écumeux, -euse, écumant, -e, mousseux, -euse
▶ *sm* vin mousseux

espumar *vi* écumer

espumoso, -sa *adj* écumeux, -euse, écumant, -e, mousseux, -euse

espúrio, -a *adj* **1** (*filho*) bâtard, -e, illégitime **2** (*alterado*) faux, -ausse, frelaté, -e

esquadra *sf* MAR flotte, escadre

esquadrão *sm* MIL escadron

esquadria *sf* (*porta, janela etc.*) chambranle *m*, encadrement *m*

esquadrilha *sf* AERON escadrille

esquadro *sm* équerre *f*
• **estar no/fora de esquadro** être/ne pas être à l'équerre *f*

esquartejar *vtd* écarteler

esquecer *vtd-vi* oublier
▶ *vpr* **esquecer-se** oublier (**de**, de)

esquecido, -da *adj* **1** (*não lembrado*) oublié, -e **2** (*com má memória*) étourdi, -e

esquecimento *sm* oubli
• **cair no esquecimento** tomber dans l'oubli

esqueite *sm* skate-board

esquelético, -ca *adj* squelettique

esqueleto *sm* squelette

esquema *sm* **1** schéma, schème **2** *fam* (*plano*) combine *f*

esquemático, -ca *adj* schématique

esquentado, -da *adj* **1** (*irritado*) énervé, -e, irrité, -e **2** (*irritadiço*) irritable, chatouilleux, -euse

esquentar *vtd* **1** (*aquecer*) chauffer **2** *fig* (*animar*) animer
▶ *vi* **1** (*aquecer-se; tempo*) se réchauffer **2** (*ser quente-agasalho*) réchauffer, tenir chaud **3** (*animar-se*) s'animer **4** (*acalorar-se*) se réchauffer
▶ *vpr* **esquentar-se 1** se réchauffer **2** (*irritar-se*) s'irriter, s'énerver
• **esquentar a cabeça** se prendre/casser la tête
• **não esquenta!** laisse tomber!, ne te casse pas la tête!

esquerda *sf* gauche
• **dobrar/virar à esquerda** tourner à gauche
• **manter-se à esquerda** garder la gauche
• **ser de esquerda** être de gauche

esquerdo, -da *adj* gauche

esqui *sm* ski

esquiador, -ra *sm, f* skieur, -euse

esquiar *vi* skier

esquilo *sm* ZOOL écureuil

esquimó *adj-smf* esquimau, -aude

esquina *sf* coin *m*, angle *m*

esquisitice *sf* bizarrerie

esquisito, -ta *adj* bizarre

esquivar-se *vpr* s'esquiver, échapper, éviter

esquivo, -va *adj* fuyant, -e, insaisissable

esquizofrênico, -ca *adj-sm,f* schizophrène

esse, -sa *adj* ce, cet *m*, cette *f*

essência *sf* essence

essencial *adj* essentiel -elle
▶ *sm* **essencial** essentiel

estabanado, -da *adj* maladroit, -e

estabelecer *vtd* établir
▶ *vpr* **estabelecer-se** s'établir

estabelecimento *sm* établissement

estabilidade *sf* stabilité

estabilizar *vtd* stabiliser
▶ *vpr* **estabilizar-se** se stabiliser

estábulo *sm* étable *f*

estaca *sf* pieu *m*, piquet *m*

estação *sf* **1** (*lugar*) station, lieu *m* **2** (*local de embarque e desembarque*) gare **3** (*centro transmissor de rádio e TV*) station **4** (*período do ano, época*) saison

- **estação espacial** station spatiale
- **estação ferroviária** gare
- **estação meteorológica** station météorologique
- **estação rodoviária** gare routière
- **estação transmissora** station de transmission

estacar *vtd* *(fazer parar)* arrêter
▶ *vi* *(parar de repente)* piler, s'arrêter net

estacionamento *sm* 1 *(parada)* stationnement 2 *(local onde se estaciona)* parking, parc, stationnement
• **estacionamento a 45°** stationnement en épi

estacionar *vi* stationner, se parquer
• **proibido estacionar** stationnement interdit

estacionário, -a *adj* stationnaire, immobile

estada *sf* séjour *m*

estadia *sf* 1 MAR starie 2 *(estada)* séjour *m*

estádio *sm* ESPORTE stade

estadista *smf* homme/femme d'État

estado *sm* 1 état 2 *(poder, nação)* État
• **em bom/mau estado** en bon/mauvais état
- **estado civil** état civil, situation *f* de famille
- **estado de choque** état de choc
- **estado de espírito** état d'esprit
- **estado de sítio** état de siège

estadual *adj* relatif à un état d'une fédération

estafa *sf* épuisement *m*, éreintement *m*, exténuation

estafante *adj* épuisant, -e, éreintant, -e, exténuant, -e

estagiário, -a *sm, f* stagiaire

estágio *sm* 1 *(etapa)* étape *f* 2 *(profissional)* stage

estagnação *sf* stagnation

estagnar *vtd* stagner
▶ *vi-vpr* **estagnar(-se)** stagner

estalar *vi* *(crepitar)* craquer, crépiter
▶ *vtd* *(os dedos)* craquer

estalido *sm* claquement léger

estalo *sm* claquement

estaleiro *sm* MAR chantier naval

estampa *sf* 1 *(em metal; figura impressa)* étampe 2 *(em tecido)* motif imprimé

estampado *sm* *(tecido)* imprimé

estampar *vtd* 1 *(metais etc.)* estamper 2 *(tecido)* imprimer
▶ *vpr* **estampar-se** *(mostrar-se, transparecer)* se montrer, transparaître, s'afficher

estancar *vtd* 1 *(líquido, sede)* étancher 2 *(fazer cessar)* arrêter, mettre un terme
▶ *vi* *(deixar de correr)* s'arrêter

estância *sf* 1 *(estação)* station: **estância balnear** station balnéaire 2 *(propriedade rural)* estancia, fazenda

estandarte *sm* étendard, pavillon, bannière *f*

estande *sm* stand

estanho *sm* étain

estanque *adj* 1 *(compartimento)* étanche 2 *(que se esgotou)* étanché, -e, asséché, -e, tari, -e

estante *sf* étagère

estapafúrdio, -a *adj* bizarre, extravagant, -e, farfelu, -e

estar *vpred* être: **Maria está doente** Maria est malade
▶ *vi* 1 *(encontrar-se; situar-se)* être: **Paulo está (aí)?** Paulo est là?
▶ *vti*
- **estar com** 1 *(ter a companhia de)* être accompagné(e) (de, par) être en compagnie de, être avec qqn 2 *(morar com)* habiter avec 3 *(ter relações)* sortir avec 4 *(ter)* avoir: **estou com dor de cabeça** j'ai mal à la tête; **estou com fome** j'ai faim 5 *(vestir, usar)* porter: **estava com um terno azul** il portait un costume bleu
- **estar de** 1 *(encontrar-se)* avoir: **estar de ressaca** avoir la gueule de bois 2 *(encontrar-se em processo de)* être sur: **estar de saída** être sur le départ/le point de partir 3 *(vestir, usar)* être: **minha mãe está de preto** ma mère est en noir
- **estar em** 1 *(lugar, tempo)* être en, dans, au, à l', à la, aux: **Maria está no banheiro** Maria est aux toilettes; **estamos em novembro** nous sommes en novembre 2 *(fazer parte)* faire partie de: **não está nos meus planos** cela ne fait partie de mes intentions 3 *(depender)* dépendre (de): **não está em mim resol-**

ver isso il ne dépend pas de moi de résoudre cela **4** (*consistir*) consister (à): *a solução está em saber escolher* la solution consiste à savoir choisir **5** (*atingir*) s'élever, atteindre: *a dívida está em mais de dois milhões* la dette s'élève à plus de deux millions

■ **estar para 1** (*ser iminente*) être sur le point de **2** (*ter disposição*) avoir l'esprit à, être d'humeur à: *não estou para brincadeiras* je ne suis pas d'humeur à plaisanter

• **estar de mal/bem com alguém** être en bons/mauvais termes avec quelqu'un
• **estar fora de si** être hors de soi
• **estar para o que der e vier** être prêt(e) à tout
• **estar por acontecer/vir/ocorrer** être sur le point d'arriver
• **está por pouco/dias/horas** [para acontecer] il ne manque que quelques heures/jours pour... il ne lui reste que quelques heures/jours
• **estou com você e não abro** je suis indiscutablement de ton/votre côté
• **não estar com nada** ne rien valoir
• **não estar nem aí para algo/alguém** se foutre de quelque chose/quelqu'un
• **onde estávamos?** (*onde paramos?*) où en étions-nous?

estardalhaço *sm* tapage, vacarme

estarrecer *vtd* effarer, stupéfier, sidérer
▶ *vpr* **estarrecer-se** s'effarer

estarrecedor, -ra *adj* effarant, -e, stupéfiant, -e, sidérant, -e

estatal *adj* étatique
▶ *sf* (*empresa*) entreprise publique

estatelado, -da *adj* affalé, -e

estatelar-se *vpr* s'affaler

estático, -ca *adj* statique

estatística *sf* statistique

estatístico, -ca *adj* statistique

estatizar *vtd* étatiser, nationaliser

estátua *sf* statue

estatueta *sf* statuette

estatura *sf* stature, carrure

estatuto *sm* statut

estável *adj* **1** stable **2** (*funcionário*) permanent, -e

este → leste

este, -ta *pron* ce(-ci), cet(-ci) *m*, cette(-ci) *f*

esteira *sf* **1** (*espécie de tapete*) natte **2** MAR sillage *m*
• **esteira rolante** tapis roulant
• **seguir (n)a esteira de alguém** être dans le sillage de qqn

estelionato *sm* stellionat, escroquerie *f*

estelionatário, -a *sm, f* stellionataire, escroc *m*

estender *vtd* **1** (*abrir*) étendre, étaler **2** (*deitar*) étendre, allonger **3** (*alongar; prolongar*) allonger **4** (*a massa*) étaler
▶ *vtd-vtdi* **1** (*ampliar*) étendre: **estender o privilégio a todos** étendre le privilège à tous **2** (*entregar*) tendre
▶ *vpr* **estender-se** s'étendre
• **estender a roupa (no varal)** étendre le linge (*sur une corde, un étendoir*)
• **estender a mão** (*dar a mão; ajudar*) tendre la main

estenografia *sf* sténographie

estepe *sf* GEOG steppe
▶ *sm* AUTO roue *f* de secours

esterçar *vtd-vi* braquer, contrebraquer

esterco *sm* fumier

estereofônico, -ca *adj* stéréo(phonique)

estereotipado, -da *adj fig* stéréotypé, -e

estéril *adj* stérile

esterilidade *sf* stérilité

esterilizar *vtd* stériliser

esterlina *sf* sterling

esterno *sm* ANAT sternum

estética *sf* esthétique

esteticista *smf* esthéticien, -ienne

estético, -ca *adj* esthétique

estetoscópio *sm* MED stéthoscope

estiagem *sf* **1** (*parada das chuvas*) retour *m* du beau temps **2** (*seca*) sécheresse

estiar *vi* cesser de pleuvoir

estica *sf loc* **estar na estica 1** (*estar bem-vestido*) être sur son trente et un, être tiré à quatre épingles **2** (*estar na miséria*) être dans la mouise/le besoin

esticada *sf loc* **dar uma esticada** faire un détour (*par*)

esticar vtd 1 (*corda etc.*) allonger 2 (*braços, pernas etc.*) étendre, étirer, allonger, déployer 3 (*endireitar*) redresser 4 (*alisar*) lisser 5 (*prolongar*) prolonger
▶ vi (*espichar*) grandir
▶ vpr **esticar-se** 1 (*espreguiçar-se*) s'étirer 2 (*deitar-se, estender-se*) s'allonger, s'étendre, se coucher 3 (*prolongar-se*) s'étendre, se prolonger

estilete sm 1 (*punhal*) stylet 2 (*utensílio*) cutter

estilhaçar vtd éclater
▶ vpr **estilhaçar-se** se briser, s'éclater

estilhaço sm éclat

estilingue sm lance-pierre, fronde f

estilista smf styliste

estilizar vtd styliser

estilo sm style
• **em grande estilo** en grande pompe

estima sf estime

estimar vtd-vtdi (*avaliar, calcular*) estimer
▶ vtd 1 (*ter apreço*) estimer 2 (*alegrar-se com*) se réjouir de/pour qqch
▶ vpr **estimar-se** s'estimer
• **estimo as melhoras** rétablissez-vous vite

estimativa sf estimation

estimulante adj stimulant, -e

estimular vtd-vtdi stimuler, encourager, inciter

estímulo sm stimulus, stimulation f

estipular vtd stipuler

estirar vtd 1 (*alongar*) étirer, étaler 2 (*fazer cair ao comprido*) étaler
▶ vpr **estirar-se** s'allonger, s'étendre

estivador, -ra sm docker, débardeur

estocada sf 1 (*golpe de espada*) coup m d'épée, estocade 2 fig (*dito mordaz*) pointe

estocar vtd (*formar estoque*) stocker, emmagasiner, entreposer

estofado, -da adj recouvert, -e (*de tissu*), rembourré, -e, capitonné, -e, matelassé, -e
▶ sm **estofado** (*sofá*) canapé, divan

estofamento sm rembourrage, capitonnage, matelassure f

estofar vtd recouvrir (de tissu), capitonner, rembourrer, matelasser

estofo sm étoffe

estojo sm 1 (*em geral*) trousse f, étui 2 (*de lápis*) plumier, trousse f

estola sf étole, châle m

estômago sm estomac
• **é preciso ter estômago!** il faut avoir de l'estomac/du cran
• **enganar o estômago** tromper sa faim
• **forrar o estômago** se remplir l'estomac
• **virar o estômago** écœurer, dégoûter

estopa sf étoupe

estopim sm 1 (*em arma*) étoupille f 2 fig détonateur

estoque sm stock

estorno sm restorne f, contreposition f

estorvar vtd entraver, gêner

estorvo sm entrave, obstacle m

estourar vtd 1 vtd (*bomba, balão etc.*) éclater, exploser, crever 2 (*arrebentar*) éclater 3 (*o orçamento, as estimativas*) dépasser, excéder
▶ vi 1 (*rebentar; encolerizar-se; notícia; guerra*) éclater 2 fig (*fazer sucesso*) éclater, exploser 3 fig prendre d'assaut: ***a polícia estourou o esconderijo dos bandidos*** la police a pris d'assaut la planque des bandits 4 (*boiada*) débander 5 (*prazo*) dépasser, excéder, écouler: ***o tempo dado estourou*** le temps imparti est dépassé

estouro sm 1 (*explosão*) éclatement 2 fig (*sucesso repentino*) succès rapide/brutal, boum 3 (*raiva súbita*) explosion f 4 fig (*arrombamento*) action de défoncer, effraction 5 (*da boiada*) débandade f
• **dar um estouro na praça** se mettre en faillite frauduleuse
• **ser um estouro** faire un malheur

estrábico, -ca adj-sm, f strabique

estraçalhar vtd dilacérer, mettre en pièces, déchiqueter
▶ vpr **estraçalhar-se** 1 (*dilacerar-se*) se dilacérer 2 (*mutuamente*) s'entre-déchirer, s'entretuer

estrada sf route

- **estrada de ferro** chemin m de fer
- **estrada de rodagem** autoroute
- **estrada vicinal** route de campagne, chemin m vicinal
• **pôr o pé na estrada** prendre la route

estrado sm 1 estrade f 2 (da cama) sommier

estragado, -da adj 1 (alimento) gâté, -e, pourri, -e 2 (avariado) endommagé, -e, avarié, -e 3 fig (mimado) gâté, -e

estragão sm BOT estragon

estragar vtd 1 (deteriorar) détériorer, abîmer, endommager 2 (avariar, danificar) avarier, endommager 3 (perverter, deturpar) corrompre, pervertir, dévoyer
▶ vpr **estragar-se** 1 (alimento) pourrir, se gâter, s'avarier 2 (avariar-se) s'avarier

estrago sm 1 (dano, avaria) dommage, dégât 2 (destruição) ravage, dégât

estrambótico, -ca adj excentrique, bizarre, farfelu, -e

estrangeiro, -ra adj-sm, f étranger, -ère
▶ sm **estrangeiro** (exterior) étranger

estrangulamento sm étranglement

estrangular vtd étrangler
▶ vpr **estrangular-se** s'étrangler

estranhar vtd 1 (admirar-se) trouver étrange 2 (não reconhecer) ne pas reconnaître 3 (não se adaptar) ne pas s'adapter, être/se sentir dépaysé(e): *estranhar a nova casa* se sentir dépaysé(e) dans sa nouvelle maison

estranheza sf étrangeté

estranho, -nha adj étrange
▶ sm, f étranger, -ère

estratagema sm stratagème

estratégia sf stratégie

estratégico, -ca adj stratégique

estrato sm strate f, couche f

estratosfera sf stratosphère

estratosférico, -ca adj 1 stratosphérique 2 (preço) astronomique, faramineux

estreante adj-smf débutant, -e, nouveau, -elle

estrear vtd 1 (algo novo) étrenner 2 (peça teatral etc.) donner la première
▶ vi (iniciar) débuter, démarrer

estrebaria sf écurie

estrebuchar vi se démener, se débattre

estreia sf 1 (início de uma atividade) début(s) m 2 CINE TEATRO première

estreitamento sm 1 (ajustamento) ajustement, diminution f 2 (estrangulamento) rétrécissement, étranglement
• **estreitamento de relações** resserrement des relations

estreitar vtd 1 (ajustar-roupa) ajuster 2 (tornar estreito) rétrécir 3 (abraçar) enlacer, étreindre
▶ vpr **estreitar-se** se resserrer
• **estreitar laços (de amizade etc.)** resserrer les liens (d'amitié etc.)

estreiteza sf étroitesse

estreito, -ta adj étroit, -e
▶ sm **estreito** GEOG (desfiladeiro) défilé, gorge f 2 (canal) détroit

estrela sf 1 étoile 2 (atriz) étoile, vedette
• **estrela cadente** étoile filante
• **ver estrelas** [fig] voir trente-six chandelles

estrelado, -da adj 1 (cheio de estrelas) étoilé, -e 2 fig (protagonizado) ayant en vedette

estrelar vtd 1 (ovos) frire 2 (encher de estrelas) étoiler 3 fig (protagonizar) avoir/partager la vedette
▶ vpr **estrelar-se** (encher-se de estrelas) s'étoiler

estremecer vtd 1 (causar tremor) trembler 2 fig (relações) ébranler
▶ vi 1 (sofrer tremor) trembler 2 fig (ser abalado) être ébranlé 3 (tremer, arrepiar-se) trembler, frémir, frissonner

estremecido, -da adj (relações) ébranlé, -e

estremecimento sm 1 (tremor, calafrio) frisson, frémissement, tremblement 2 (vibração) tremblement 3 fig (de relações) ébranlement

estremunhar(-se) vi-vpr sursauter, réveiller en sursaut, trésaillir

estrepar-se vpr se planter, fam se casser la gueule

estressante adj stressant, -e

estressado, -da adj stressé, -e

estressar vtd stresser, angoisser

▶ *vpr* **estressar-se** se stresser, s'angoisser

estresse *sm* stress

estria *sf* strie

estribeira *sf loc* **perder as estribeiras** monter sur ses grands chevaux, sortir de ses gonds

estribo *sm* **1** (*de cavalo*) étrier **2** (*de veículo*) marchepied

estridente *adj* strident, -e

estrilar *vi* **1** (*grilo*) chanter **2** (*repreender*) reprendre, réprimander

estrito, -ta *adj* strict, -e

estrofe *sf* strophe

estrondo *sm* fracas, vacarme

estrondoso, -sa *adj* retentissant, -e

estropiar *vtd* estropier
▶ *vpr* **estropiar-se** s'estropier

estrovenga *sf* (*coisa esquisita*) bidule *m*

estrume *sm* fumier

estrupício *sm* (*coisa que atrapalha*) entrave *f*

estrutura *sf* structure

estrutural *adj* structurel, -e, structural, -e

estruturar *vtd* structurer
▶ *vpr* **estruturar-se** se structurer

estudado, -da *adj* **1** (*instruído*) instruit, -e **2** (*premeditado, artificial*) étudié, -e, calculé, -e

estudante *smf* **1** (*escolar*) écolier, ère **2** (*de escola média*) élève **3** (*universidade*) étudiant, -e

■ **estudante de ensino médio** lycéen, -enne, élève du secondaire

estudantil *adj* étudiant, -e

estudar *vtd-vi* étudier
▶ *vtd* **1** (*refletir; examinar*) étudier **2** (*decorar*) apprendre par cœur **3** (*afetar*) affecter
▶ *vi* (*ser estudioso*) étudier, s'appliquer, travailler

estúdio *sm* **1** (*de artista*) atelier **2** TV CINE studio

estudioso, -sa *adj* studieux, -euse
▶ *sm,f* (*pesquisador*) spécialiste, chercheur, -euse

estudo *sm* étude *f*

estufa *sf* **1** (*de fogão etc.*) étuve **2** (*de plantas*) serre

estufar *vtd* **1** (*pôr em estufa*) étuver **2** (*aumentar o volume*) enfler **3** (*encher de ar*) gonfler
▶ *vi* (*encher-se de ar*) gonfler

estupefaciente *sm* stupéfiant

estupendo, -da *adj* magnifique, merveilleux, -euse

estupidez *sf* **1** (*qualidade do estúpido*) stupidité **2** (*asneira*) bêtise, ânerie **3** (*grosseria*) grossièreté, impolitesse

estúpido, -da *adj-sm,f* **1** (*burro*) stupide, bête **2** (*grosseiro*) grossier, -ière, impoli, -e **3** (*exagerado*) formidable, exceptionnel, -elle

estupor *sm* MED stupeur *f*

estuporado, -da *adj* (*muito estragado*) délabré, -e, endommagé, -e

estuprador *sm* violeur

estuprar *vtd* violer

estupro *sm* viol

estuque *sm* stuc

esturricar *vtd* brûler, carboniser
▶ *vi-vpr* **esturricar(-se)** (se) brûler

esvair-se *vpr* s'évanouir

• **esvair-se em sangue** perdre tout son sang/se vider de son sang

esvaziar *vtd* **1** (*tirar o conteúdo; esgotar*) vider **2** (*murchar*) dégonfler **3** *fig* (*privar de importância*) dégonfler, minimiser
▶ *vpr* **esvaziar-se 1** (*descarregar-se*) se décharger **2** (*esgotar-se*) se vider, s'épuiser, se tarir **3** (*murchar*) se dégonfler **4** *fig* (*perder a importância*) perdre son importance

esverdeado, -da *adj* verdâtre

esvoaçar *vi* voleter, voltiger

etapa *sf* étape

etc. *abrev* etc.

éter *sm* éther

eternidade *sf* éternité

eternizar *vtd* éterniser
▶ *vpr* **eternizar-se** s'éterniser

eterno, -na *adj* éternel, -elle

ética *sf* éthique

ético, -ca *adj* éthique

etílico, -ca *adj* éthylique

etiqueta *sf* (*rótulo; regras de conduta*) étiquette

etiquetar *vtd* étiqueter

étnico, -ca *adj* ethnique

etnia *sf* ethnie

eu *pron* je, moi
- *sm* **eu** moi: **o eu** le moi
- **ela é mais bonita que eu** elle est plus belle que moi

eucalipto *sm* BOT eucalyptus

eucaristia *sf* RELIG eucharistie

eufemismo *sm* euphémisme

euforia *sf* euphorie

eufórico, -ca *adj* euphorique

euro *sm* euro

Europa *sf* Europe

europeu, -eia *adj* européen, -enne
- *sm, f* Européen, -enne

eutanásia *sf* euthanasie

evacuação *sf* évacuation

evacuar *vtd-vi* évacuer

Evangelho *sm* RELIG Évangile

evangélico, -ca *adj* évangélique
- *sm, f* (*membro do grupo evangélico*) évangéliste

evangelizar *vtd* évangéliser

evaporação *sf* évaporation

evaporar *vtd* évaporer
- *vi-vpr* **evaporar(-se)** s'évaporer

evasão *sf* évasion

evasê *adj* évasé, -e

evasiva *sf* faux-fuyant *m*, échappatoire

evasivo, -va *adj* évasif, -ive

evento *sm* évènement

eventual *adj* éventuel, -elle

eventualidade *sf* éventualité

eventualmente *adv* éventuellement

evidência *sf* évidence

evidente *adj* évident, -e

evidentemente *adv* évidemment

evitar *vtd* éviter

evocar *vtd* évoquer

evolução *sf* évolution

evoluído, -da *adj* évolué, -e

evoluir *vi* évoluer

ex *pref* ex, ancien, -enne: ***ex-presidente*** ex-président; ***ex-mulher*** ex(-femme)
- **meu ex-namorado** mon ancien petit ami

Exa. *abrev.* excelência Exc.

exacerbar *vtd* exacerber
- *vpr* **exacerbar-se** s'exacerber

exagerado, -da *adj* (*que exagera*) exagéré, -e

exagerar *vtd* exagérer
- *vi* exagérer: ***não exagere!*** n'exagérez/n'exagère pas!

exagero *sm* exagération *f*
- **que exagero!** n'exagérons rien!

exalação *sf* exhalation

exalar *vtd* exhaler

exaltação *sf* exaltation

exaltado, -da *adj* exalté, -e

exaltar *vtd* exalter
- *vpr* **exaltar-se** (*irritar-se*) s'exciter

exame *sm* examen: ***fazer um exame*** passer un examen; ***passar num exame*** réussir un examen
- ■ **exame de sangue/urina/médico** examen de sang/d'urine/médical

examinador, -ra *adj-sm, f* examinateur, -trice

examinar *vtd* examiner

exatamente *adv* exactement

exatidão *sf* exactitude

exato, -ta *adj* **1** (*correto; preciso*) exact, -e, précis, -e **2** (*meticuloso*) méticuleux, -euse

exaustão *sf* épuisement *m*

exaustivo, -va *adj* **1** (*extenuante*) épuisant, -e **2** (*abrangente*) exhaustif, -ive

exausto, -ta *adj* épuisé, -e, extenué, -e

exaustor *sm* **1** (*mecanismo em geral*) extracteur (d'air) **2** (*na cozinha*) hotte *f* aspirante

exceção *sf* exception
- **com exceção de** à l'exception de, hormis
- **fazer uma exceção** faire une exception

excedente *adj* excédent, -e
- *sm* excédent, surplus

exceder *vtd* excéder, dépasser
▶ *vpr* **exceder-se** 1 s'excéder 2 *(enfurecer-se)* s'emporter

excelência *sf* excellence
• **por excelência** par excellence
• **Sua/Vossa Excelência** Son/Votre Excellence

excelente *adj* excellent, -e

excelentíssimo, -ma *adj* excellentissime

excentricidade *sf* excentricité

excêntrico, -ca *adj-sm, f* excentrique

excepcional *adj* exceptionnel, -elle
▶ *smf* MED handicapé, -e, invalide

excessivo, -va *adj* excessif, -ive

excesso *sm* excès, trop-plein
▶ *pl (desregramento)* excès
• **em excesso** avec excès, outre mesure

exceto *prep* excepté, hormis

excitação *sf* excitation

excitante *adj* excitant, -e

excitar *vtd-vi* exciter
▶ *vpr* **excitar-se** s'exciter

exclamação *sf* exclamation

exclamar *vtd-vi* s'exclamer

excludente *adj* exclusif, -ive

excluído, -da *adj* exclu, -e
▶ *sm* **excluído** exclu

excluir *vtd-vtdi* 1 exclure 2 INFORM effacer

exclusão *sf* exclusion
• **com exclusão de** à l'exclusion de, sauf
• **exclusão social** exclusion sociale

exclusividade *sf* exclusivité

exclusivista *adj-smf* exclusiviste

exclusivo, -va *adj* exclusif, -ive

excomungar *vtd* RELIG excommunier

excomunhão *sf* RELIG excommunication

excremento *sm* excrément

excursão *sf* excursion

excursionista *smf* excursionniste

execrável *adj* exécrable, épouvantable, infernal, -e

execução *sf* exécution

executar *vtd* exécuter

executivo, -va *adj* exécutif, -ive
▶ *sm, f (profissional)* cadre
▶ *sm (Poder Executivo)* exécutif

exemplar *adj* exemplaire
▶ *sm* **exemplar** 1 *(de revista, livro etc.)* exemplaire 2 *(espécime)* exemplaire, spécimen: *esse pássaro é um exemplar raro* cet oiseau est un spécimen rare

exemplo *sm* exemple
• **a exemplo de** à l'exemple de
• **por exemplo** par exemple

exercer *vtd* exercer

exercício *sm* exercice

exercitar *vtd* exercer
▶ *vpr* **exercitar-se** s'exercer

exército *sm* MIL armée

exibição *sf* exhibition

exibicionismo *sm* exhibitionnisme

exibicionista *adj-smf* exhibitionniste

exibido, -da *adj (exibicionista)* exhibé, -e, exhibitionniste

exibir *vtd* exhiber
▶ *vpr* **exibir-se** 1 *(apresentar-se)* se montrer, se présenter 2 *(ostentar-se)* s'exhiber, s'afficher, parader, se pavaner

exigência *sf* exigence

exigente *adj* exigeant, -e

exigir *vtd* exiger

exilado, -da *adj-sm, f* exilé, -e
• **exilado político** exilé politique

exílio *sm* exil

exímio *adj* excellent, -e

eximir *vtd-vtdi* exempter
▶ *vpr* **eximir-se** s'exempter (**de**, de)

existência *sf* existence

existencial *adj* existentiel, -elle

existente *adj* existant, -e

existir *vi (ter existência; haver)* exister: *existem várias causas para isso* il existe plusieurs cause à cela
• **você não existe!** tu es incroyable, toi!

êxito *sm* succès

êxodo *sm* exode

exoneração *sf* exonération

exonerar *vtd-vtdi* 1 *(dispensar)* exonérer 2 *(destituir)* destituer
▶ *vpr* **exonerar-se** 1 *(eximir-se)* s'exempter, se dispenser 2 *(demitir-se)* se démettre, démissionner

exorbitância sf 1 (*excesso*) énormité 2 (*preço alto*) prix *m* exorbitant, fortune 3 (*arbitrariedade, abuso*) abritraire *m*, abus *m*

exorbitante adj exorbitant, -e, excessif, -ve

exorbitar vti abuser (**de,** de), dépasser, excéder (**de,** -)
▶ vi dépasser, abuser

exorcismo sm exorcisme

exorcista smf exorciste

exorcizar vtd exorciser

exortação sf exhortation

exótico, -ca adj exotique

expandir vtd 1 (*ampliar, estender*) étendre, se développer, dilater 2 (*espalhar, difundir*) diffuser, propager
▶ vpr **expandir-se** 1 (*dilatar-se*) s'étendre, se dilater, s'épancher 2 (*tornar-se expansivo*) s'épancher, s'abandonner

expansão sf expansion

expansivo, -va adj expansif, -ive

expatriação sf expatriation

expatriar vtd expatrier
▶ vpr **expatriar-se** s'expatrier

expectativa sf expectative, attente
• **expectativa de vida** esperance de vie

expectorante adj expectorant, -e
▶ sm **expectorante** expectorant

expedição sf expédition

expediente sm 1 (*desenvoltura*) désinvolture *f*, aisance *f* 2 (*solução*) expédient 3 (*horário de funcionamento*) horaire de travail 4 (*tarefa do dia a dia*) travail quotidien

expedir vtd-vtdi expédier

expelir vtd chasser, expulser

expensas sf pl loc **a expensas de** aux frais de, à la charge de, sur le compte de

experiência sf 1 (*vivência, prática*) expérience 2 (*experimento*) essai
• **período de experiência** période d'essai

experiente adj 1 (*com prática*) expérimenté, -e, chevronné, -e, éprouvé, -e 2 (*com experiência de vida*) averti, -e, exercé, -e, rompu, -e

experimentação sf expérimentation, observation

experimentado, -da adj (*calejado*) rompu, -e, exercé, -e

experimental adj expérimental, -e

experimentar vtd 1 (*pôr em prática; submeter a provas*) expérimenter 2 (*tentar*) essayer de 3 (*provar-roupa etc.*) essayer de 4 (*saborear*) goûter

experimento sm expérience *f*, épreuve *f*

expiação sf expiation

expiar vtd expier

expiração sf (*de ar; de prazo*) expiration

expirar vtd-vi expirer

explanação sf explication, éclaircissement *m*

explicação sf explication

explicar vtd expliquer
▶ vpr **explicar-se** s'expliquer

explicitar vtd expliciter

explícito, -ta adj explicite

explodir vtd faire exploser
▶ vi 1 (*detonar*) exploser 2 (*revolução, guerra*) éclater 3 (*de raiva*) exploser

exploração sf 1 (*extração; produção; abuso*) exploitation: *exploração de minérios, petróleo etc.* exploitation de minerais minéraux, de pétrole etc.; *exploração de uma propriedade rural* exploitation d'une terre; *a exploração do homem pelo homem* l'exploitation de l'homme par l'homme 2 (*observação, reconhecimento*) exploration: *exploração de uma região* exploration d'une région

explorador, -ra adj-sm,f 1 (*desbravador*) explorateur, -trice 2 (*aproveitador*) exploiteur, -euse

explorar vtd 1 (*percorrer região etc.; examinar*) explorer 2 (*extrair lucro; tirar proveito; abusar*) exploiter

explosão sf explosion

explosivo, -va adj-sm explosif, -ive
▶ sm **explosivo** explosif

expoente sm 1 (*pessoa insigne*) grand nom 2 MAT exposant

expor vtd-vtdi exposer
▶ vpr **expor-se** s'exposer

exportação sf exportation

exportador, -ra adj-sm,f exportateur, -trice

exportar *vtd* exporter

exposição *sf* exposition

expressão *sf* 1 *(fisionômica; manifestação)* expression 2 *(expressividade)* expressivité
- **expressão (idiomática)** expression (idiomatique)
- **liberdade de expressão** liberté d'expression

expressar *vtd-vtdi* exprimer
▶ *vpr* **expressar-se** s'exprimer

expressionismo *sm* expressionnisme

expressivo, -va *adj* expressif, -ive

expresso,-sa *adj* 1 *(manifesto; categórico)* exprès, -sse: *ordens expressas* ordres exprès 2 *(trem, ônibus etc.)* express *inv*
▶ *sm* **expresso** *(café)* express, expresso

exprimir *vtd* exprimer
▶ *vpr* **exprimir-se** s'exprimer

expulsão *sf* expulsion

expulsar *vtd-vtdi* 1 chasser: *expulsou a filha de casa* il/elle a chassé sa fille (de chez lui/elle) 2 *(de grupo, partido etc.; expelir)* expulser, renvoyer

expurgo *sm* 1 purgation *f*, expurgation *f* 2 *(de partido etc.)* épuration

êxtase *sm* extase *f*, transport

extasiar *vtd* extasier
▶ *vpr* **extasiar-se** s'extasier

extensão *sf* 1 *(tamanho; comprimento; duração)* étendue 2 *(ampliação)* extension 3 *(de fio elétrico)* rallonge 4 *(de telefone)* poste *m* supplémentaire

extensivo, -va *adj* extensif, -ive

extenso, -sa *adj* 1 *(com grande superfície; longo)* étendu, -e 2 *(de longa duração)* long, -gue
- **por extenso** en toutes lettres

extenuante *adj* exténuant, -e

extenuar *vtd* exténuer
▶ *vpr* **extenuar-se** s'exténuer

exterior *adj* 1 *(de fora)* extérieur, -e 2 *(internacional)* international, -e, extérieur, -e
▶ *sm* 1 *(parte de fora)* extérieur 2 *(estrangeiro)* étranger

exterminador, -ra *sm,f* exterminateur, -trice

exterminar *vtd* exterminer

extermínio *sm* extermination *f*

externa *sf* CINE extérieur *m*

externo, -na *adj* 1 *(de fora)* externe 2 *(internacional)* extérieur, -e: *política externa* politique extérieure; *dívida externa* dette extérieure

extinção *sf* extinction
- **em (via de) extinção** en (voie d') extinction

extinguir *vtd* 1 *(apagar)* éteindre 2 *(destruir)* exterminer
▶ *vpr* **extinguir-se** s'éteindre

extinto, -ta *adj* éteint, -e

extintor *sm* extincteur
- **extintor de incêndio** extincteur (d'incendie)

extirpar *vtd* extirper

extorquir *vtd-vtdi* extorquer

extorsão *sf* DIR extorsion

extorsivo, -va *adj* excessif, -ive, exorbitant, -e

extra *adj (extraordinário)* extra
▶ *smf* CINE figurant, -e

extração *sf* 1 *(ato de extrair)* extraction 2 *(sorteio de loteria)* tirage *m* 3 *(de dente)* extraction, arrachage *m*

extraconjugal *adj* extraconjugal, -e

extradição *sf* DIR extradition

extraditar *vtd* extrader

extrair *vtd-vtdi* extraire

extraordinário, -a *adj* extraordinaire

extrapolar *vtd* 1 MAT extrapoler 2 *(ir além de)* dépasser
▶ *vi (exceder-se)* s'emporter

extraterrestre *adj-smf* extraterrestre

extrato *sm* 1 extrait 2 BANCO relevé

extravagância *sf* extravagance

extravagante *adj* extravagant, -e

extravasar *vi* déborder

extraviar *vtd* 1 *(perder)* égarer, perdre 2 *(perverter)* corrompre, dépraver, pervertir
▶ *vpr* **extraviar-se** 1 *(perder-se)* s'égarer, se fourvoyer, se perdre 2 *(perverter-se)* se dévoyer

extravio *sm* perte *f*

extremado, -da *adj* extrême, démesuré, -e

extrema-unção (*pl* **extremas-unções**) *sf* extrême-onction

extremidade *sf* extrémité, bout *m*
▶ *pl* **membros** extrémités

extremista *adj-smf* extrémiste

extremo, -ma *adj* extrême
▶ *sm* **extremo** extrême
▶ *sm pl* **últimos recursos** extrémités: *chegar a extremos* en venir aux extrémités

extrovertido, -da *adj-sm, f* extroverti, -e

exuberância *sf* exubérance

exuberante *adj* exubérant, -e

exultante *adj* exultant, -e, jubilant, -e, débordant, -e (*de joie*)

exultar *vi* exulter

exumar *vtd* exhumer

F

fá sm MÚS fa

fã adj fan

fábrica sf usine, fabrique, manufacture

fabricação sf fabrication

fabricar vtd fabriquer

fábula sf fable
- **gastar uma fábula com algo** dépenser une fortune pour acheter quelque chose

fabuloso, -sa adj fabuleux, -euse
- **é fabuloso!** c'est fabuleux!

faca sf couteau m
- **entrar na faca** (ser operado) se faire opérer
- **estar com a faca e o queijo na mão** fig avoir tous les atouts dans son jeu
- **meter a faca** (cobrar caro) demander une fortune
- **ser uma faca de dois gumes** fig avoir un bon et un mauvais côté

facada sf 1 coup m de couteau 2 fig extorsion

facão sm coutelas

face sf face
- **a outra face da moeda** le revers de la médaille
- **em face de algo** en face de/face à qqch
- **estar face a face com alguém** être face à face/être en tête à tête avec qqn
- **fazer face a** (enfrentar) faire face à, affronter (custear) couvrir les frais de (ter fachada para) faire face à

fachada sf façade
- **de fachada** fig de façade

fácil adj 1 (sem dificuldade) facile, aisé, -e 2 (espontâneo; dócil) facile
▶ adv 1 (depressa) vite 2 (com fluência) aisément, facilement
- **vida fácil** vie facile, belle vie
- **uma moça fácil** une fille facile

facilidade sf facilité
▶ pl **facilidades** 1 (meios, recursos) facilités 2 (complacência) complaisance
- **ter facilidade para algo** avoir des dispositions pour quelque chose

facilitar vtd faciliter
▶ vi faciliter la vie: *facilitei demais, e ele abusou* je lui ai trop facilité la vie, et il en a abusé

fã-clube (pl **fã-clubes**) sm fan club

faculdade sf faculté

fada sf fée

faísca sf étincelle

faixa sf 1 bande 2 (de lutador) ceinture 3 (para ataduras) bande, bandage m 4 (em discos) plage 5 (porção) partie, parcelle: *uma grande faixa da população* une grande partie de la population 6 (publicitária) bandeau m, bannière 7 (de largada etc.) ligne
- **faixa de chegada** ligne d'arrivée
- **faixa de pedestre** passage clouté/pour piétons
- **faixa etária** tranche d'âge
- **faixa horária** tranche horaire
- **faixa para ônibus** couloir m d'autobus

fajuto, -ta adj 1 (malfeito) bâclé, -e, mauvais, -e 2 (falso) frelaté, -e, falsifié, -e

fala sf 1 (faculdade humana) parole 2 (alocução) paroles pl, discours m, propos, m pl 3 TEATRO texte m
- **chamar às falas** rappeler à la raison/à l'ordre

- **ficar sem fala** rester muet
- **perder a fala** perdre la parole

falado, -da *adj* 1 *(famoso)* fameux, -euse, renommé, -e 2 *(mal-afamado)* mal famé 3 *(cinema)* parlant, -e

falante *adj (falador)* parlant, -e
▶ *smf (quem fala)* locuteur, -trice

falar *vtd* parler
▶ *vti*
■ **falar de** 1 *(falar sobre)* parler de 2 *(falar mal)* médire de
■ **falar com** 1 *(comunicar-se com)* parler avec/à 2 *(ter amizade)* être ami, -e de
▶ *vi* parler
▶ *vpr* **falar-se** *(ter amizade; um ao outro)* se parler
- **e não se fala mais nisso!** et n'en parlons plus!
- **falar a sós** parler en tête à tête
- **falar bem/mal de alguém** dire du bien/du mal de quelqu'un
- **falar em particular** s'entretenir en aparté
- **falar mais alto** *(com mais volume)* parler plus haut *(prevalecer)* prévaloir *(impor-se)* avoir le dernier mot
- **falar sério/seriamente** parler sérieusement
- **falar sozinho** parler tout seul
- **fala-se inglês/alemão/francês** ici, on parle anglais/allemand/français
- **falou!** d'accord!, d'acc!
- **você falou, está falado** si tu le dis!/si vous le dites!

falecer *vi* décéder, s'éteindre

falecido, -da *adj* décédé, -e, mort, -e
- **o falecido meu tio** feu mon oncle

falência *sf* DIR faillite
- **ir à falência** faire faillite
- **levar à falência** mener à la faillite

falha *sf* 1 *(fenda)* faille 2 *(defeito)* défaut *m*, faute 3 *(erro, lacuna)* manque *m*, faute 4 *(no cabelo)* trou *m*

falhar *vtd* manquer, rater, louper: *falhar o alvo* rater la cible
▶ *vi* 1 *(não funcionar)* ne pas fonctionner, rater: *o revólver falhou* le revolver n'a pas fonctionné 2 *(malograr)* échouer
- **não falhar** *(não deixar de ocorrer)* ne pas manquer d'arriver
- **se não me falha a memória...** si j'ai bonne ma mémoire, si ma mémoire est exacte/bonne

falir *vi* faire faillite

falho, -lha *adj* 1 *(falhado)* fêlé, -e, fissuré, -e 2 *(carente)* en manque
- **ato falho** acte manqué

falsário, -ria *adj, sm, f* faussaire

falsidade *sf* fausseté

falsificação *sf* DIR falsification

falsificador, -ra *sm, f* falsificateur, -trice
■ **falsificador de dinheiro/moeda** faux-monnayeur, faussaire

falsificar *vtd* falsifier

falso, -sa *adj* 1 *(irreal, infundado; hipócrita; aparente)* faux, -ausse 2 *(falsificado)* falsifié, -e

falta *sf* 1 *(ausência)* absence, manque *m*, défaut *m*, faute: *sua falta foi muito comentada* son absence a soulevé de nombreux commentaires; *a falta de farinha no mercado fez o preço subir* le manque de farine sur le marché a fait monter les prix 2 *(pecado; erro; transgressão)* faute 3 ESPORTE faute
- **falta máxima** penalty
- **fazer falta** manquer, faire défaut
- **marcar falta** ESPORTE siffler une faute
- **na falta de...** faute de...
- **sem falta** sans faute, inmanquablement, infailliblement
- **sentir falta de algo** sentir le manque/l'absence de quelque chose, avoir le mal de/la nostalgie de qqch
- **sentir falta de alguém** se languir de/regretter quelqu'un

faltar *vi-vti* 1 *(fazer falta)* manquer 2 *(restar)* manquer, rester: *faltam ainda três quilômetros* il *(nous)* reste encore trois kilomètres 3 *(não comparecer)* manquer: *ela nunca falta às aulas* elle ne manque jamais les cours
▶ *vti (deixar de acudir)* faire défaut
- **era só o que faltava!** il ne manquait plus que ça!
- **faltar a uma promessa** faillir/manquer à sa promesse
- **faltar pouco para** manquer peu pour

fama *sf* 1 *(celebridade)* célébrité, renom *n*, renommée 2 *(reputação)* réputation:

não ter boa fama ne pas avoir une bonne réputation
• *levar a fama de* passer pour

família *sf* famille
• *ser da família* faire partie de la famille

familiar *adj* 1 *(digno/próprio da família)* familial, -e 2 *(conhecido)* familier, -ière: *seu rosto me é familiar* son visage m'est familier
▶ *smf (pessoa da família)* **familiar** parent, -e

familiaridade *sf* 1 *(falta de cerimônia)* familiarité 2 *(conhecimento)* connaissances: *ter familiaridade com algo* avoir des connaissances en quelque chose

familiarizar *vtdi* familiariser
▶ *vpr* **familiarizar-se** 1 *(perder o medo; ganhar prática)* se familiariser (**com**, **avec**)

famoso, -sa *adj* fameux, -euse, célèbre, renommé, -e

fanático, -ca *adj* 1 fanatique 2 *(adepto)* fou, -olle, dingue: *é fanático por futebol* il est fou/dingue de football

fanfarra *sf* fanfare

fanfarrão, -ona *sm, f* fanfaron, -onne

fanhoso, -sa *adj (som; pessoa)* nasillard, -e

fantasia *sf* 1 *(imaginação; capricho)* fantaisie 2 *(roupa de carnaval)* déguisement *m*, costume *m*
• *rasgar a fantasia* fig se montrer sous son vrai jour/faire tomber le masque

fantasiar *vtd-vi (imaginar, devanear)* imaginer
▶ *vtd (pôr fantasia)* déguiser
▶ *vpr* **fantasiar-se** se déguiser (**de**, **en**)

fantasma *sm* fantôme
▶ *adj* faux: *contas fantasmas* faux comptes *(bancaires)*, comptes ouverts sous un nom d'emprunt/un faux nom

fantástico, -ca *adj* fantastique

fantoche *sm* fantoche

faqueiro *sm* ménagère *f*

faquir *sm* fakir

farda *sf (de militar)* uniforme *m*

fardo *sm* fardeau

farejar *vtd* flairer

farelo *sm* son

faringe *sf* ANAT pharynx *m*

faringite *sf* MED pharyngite

farinha *sf* farine
• *farinha de mandioca* farine de manioc
• *farinha de rosca* panure, chapelure
• *ser farinha do mesmo saco* être du même acabit

farmacêutico, -ca *adj* pharmaceutique
▶ *sm, f* **farmacêutico, -ca** pharmacien, -enne

farmácia *sf (estabelecimento, curso)* pharmacie

faro *sm* flair

farofa *sf* CUL farine de manioc frite à laquelle l'on peut ajouter des œufs, du bacon etc.

farol *sm* 1 *(na costa)* phare 2 *(semáforo)* feu (rouge): *farol vermelho/verde/amarelo* feu rouge/vert/jaune; *farol fechado* feu rouge; *farol aberto* feu vert 3 *(luz de veículo)* phare 4 *fig (ostentação, falsa aparência)* épate: *fazer farol* faire de l'épate
• *faróis altos* plein phares
• *faróis baixos* (phares) codes, feux de croisement
• *farol de neblina* phare antibrouillard

farolete *sm* lampe de poche *f*, torche *f*

farpa *sf* 1 *(ponta metálica)* barbe, barbille 2 *(lasca de madeira)* écharde, épine 3 *fig* sarcasme *m*, trait *m*

farra *sf* foire, bringue, noce
• *cair na farra* faire la foire/bringue/noce
• *fazer farra* faire la fête

farrapo *sm* 1 *(trapo)* haillon, guenille *f* 2 *(pedaço, fragmento)* lambeau 3 *(pessoa maltrapilha)* personne *f* en haillons/guenilles *f*

farsa *sf* 1 farce 2 *(embuste)* tromperie, imposture, arnaque

farsante *adj-smf* 1 TEATRO histrion, -onne 2 *fig* farceur, -euse

farto, -ta *adj* 1 *(saciado)* rassasié, -e, comblé, -e, assouvi, -e 2 *(cansado, enfastiado)* las, -asse 3 *(em que há abundância)* riche, copieux, -euse, plantureux,

-euse, opulent, -e: *mesa farta* table riche
- **estar farto de algo** être las de quelque chose

fartura *sf* opulence, abondance

fascículo *sm* **1** ANAT faisceau **2** *(caderno)* fascicule

fascinação *sf* fascination

fascinante *adj* fascinant, -e

fascinar *vtd-vi* fasciner

fase *sf* **1** phase **2** *(etapa, estágio)* étape, stade *m*
- **fases da Lua** phases de la Lune

fatal *adj* fatal, -e

fatalidade *sf* fatalité

fatalismo *sm* fatalisme

fatia *sf* **1** CUL tranche **2** *(porção)* part, morceau *m*

fato *sm* fait
- **de fato** de fait, en effet, en fait
- **fato consumado** fait accompli
- **o fato de que...** le fait que…
- **vias de fato** voies de faits

fator *sm* facteur

fatura *sf* COM facture

faturar *vtd* **1** COM facturer **2** *fam (conseguir)* obtenir **3** *pop (copular)* se payer, se farcir, se taper
▶ *vi fam (ganhar dinheiro)* gagner gros

fauna *sf* faune

favela *sf* favela, bidonville *m*

favor *sm* **1** service: *faz-me um favor?* tu peux/vous pouvez me rendre service? **2** *(simpatia)* faveur *f*: *conquistar o favor de alguém* gagner la faveur de quelqu'un
- **por favor** s'il te/vous plaît
- **mas faça-me o favor!** arrête tesbêtises/conneries
- **fazer algo a/em favor de alguém** faire qqch pour/en faveur de qqn
- **ter algo de favor** obtenir qqch par faveur

favorável *adj* favorable (**a**, à)

favorecer *vtd* favoriser

favorito, -ta *adj* favori, -te, préféré, -e

fax *sm* fax, télécopie *f*
- **enviar/mandar/receber um fax** envoyer/recevoir un fax

faxina *sf (limpeza)* ménage *m*

faxineiro, -ra *sm, f* homme/femme de ménage

fazenda *sf* **1** *(grande propriedade rural)* fazenda **2** *(pano, tecido)* tissu *m* **3** ECON finances: *Ministério da Fazenda* Ministère des Finances

fazendeiro, -ra *sm, f* propriétaire d'une fazenda, grand exploitant terrien

fazer *vtd* **1** faire: *ele é rico, fez uma casa enorme* il est riche, il a fait bâtir une maison énorme; *o pedreiro fez o muro* le maçon a fait le mur; *a malharia faz camisetas* la filature fait des T-shirts; *a democracia faz sociedades melhores* la démocratie fait des sociétés meilleures **2** *(fingir)* faire semblant: *fez que ouvia* il/elle a fait semblant d'écouter **3** *(curso)* suivre **4** *(formar)* former: *quando sorri, faz uma covinha na face* comme elle sourit, une fossette se forme sur son visage **5** *(pontos)* marquer
▶ *vtdi (transformar)* transformer: *da sala fez um dormitório* il a transformé son salon en chambre à coucher
▶ *vtd pred* **1** *(tornar)* rendre: *a persistência o fez famoso* sa persistance l'a rendu célèbre **2** *(nomear)* nommer
▶ *vti* **fazer por** tout faire pour
▶ *vi (agir, comportar-se)* faire
▶ *vimpr* faire: *aqui faz muito calor no verão* ici, il fait très chaud en été; *faz dois meses que não o vejo* cela fait deux mois que je ne le vois pas
▶ *vpr* **fazer-se 1** *(tornar-se)* devenir **2** *(alcançar sucesso)* réussir **3** *(fingir)* faire: *ele se faz de bobo* il fait l'idiot **4** *(fazer crer)* se dire: *ele se faz de veterinário* il se dit vétérinaire
- **fazer (algo) por alguém** faire *(quelque chose)* pour quelqu'un
- **fazer e acontecer** faire ce qui nous plaît
- **fazer por merecer** tout faire pour mériter qqch
- **fazer por onde** *(empenhar-se)* s'efforcer (à), s'évertuer (à) *(dar motivo a)* tout faire pour
- **fez que não/sim com a cabeça** dire non/oui de la tête
- **não faz mal** cela ne fait rien
- **tanto faz** peu importe

- **ter mais o que fazer** avoir d'autres chats à fouetter

fé *sf* 1 *(crença)* foi 2 *(confiança)* confiance: ***tenho fé nesse trabalho*** j'ai confiance en ce travail
- **dar fé de** *(afirmar como verdade)* faire foi à *(perceber)* se rendre compte de
- **fazer fé** *(acreditar)* croire

febre *sf* fièvre: **ter/estar com febre** avoir *(de)* la fièvre

fechada *sf loc* **dar uma fechada em outro veículo** faire une queue de poisson à un autre véhicule

fechado, -da *adj* 1 *(cerrado)* fermé, -e 2 *(acertado, combinado)* combiné, -e, conclu, -e: **negócio fechado** marché conclu 3 *(mata, bosque)* dense, dru, -e, épais, -se 4 *(tempo)* mauvais, -e 5 *(farol)* (au) rouge 6 *(terreno, área)* clôturé, -e

fechadura *sf* fermeture, serrure

fechar *vtd* 1 *(cerrar)* fermer 2 *(tapar, obstruir)* boucher 3 *(cicatrizar)* se fermer, cicatriser 4 *(trancar-cofre)* fermer 5 *(trancar-pessoas)* enfermer 6 *(bloquear)* bloquer 7 *(limitar, cercar)* limiter, clôturer 8 *(concluir)* clore, conclure 9 *(firmar)* signer, conclure 10 *(no trânsito)* faire une queue de poisson: ***o carro azul me fechou*** la voiture bleue m'a fait une queue de poisson
▶ *vi* 1 *(encerrar expediente, atividades)* fermer, clore, arrêter 2 *(tempo escuro)* se couvrir 3 *(cicatrizar)* se (re)fermer, cicatriser
▶ *vpr* **fechar-se** 1 se fermer 2 *(trancar-se)* s'enfermer 3 *(ensimesmar-se)* se replier sur soi-même
- **fechar com alguém** être d'accord avec quelqu'un

fecho *sm* 1 *(qualquer objeto para fechar)* fermeture *f* 2 *(de roupa)* fermeture *f*, bouton 3 *(parte final, conclusão)* fin *f*
■ **fecho ecler** fermeture *f* éclair

fecundar *vtd* féconder

fedelho, -lha *sm, f* morveux, -euse, bêcheur, -se

feder *vi* puer
- **feder a** puer le/la

federação *sf* fédération

federal *adj* 1 fédéral 2 *fig* énorme

fedido, -da *adj* puant, -e

fedor *sf* puanteur, infection

feição *sf (forma, feitio)* forme, figure, apparence
▶ *pl* **feições** traits *m*

feijão *sm* haricot sec, flageolet

feijoada *sf* espèce de cassoulet fait avec des haricots noirs et différents morceaux de porc

feio, -a *adj* 1 *(não bonito)* laid, -e 2 *(grave)* grave: ***o acidente foi feio*** l'accident a été grave 3 *(desfavorável)* catastrophique: ***as coisas estão feias*** la situation est catastrophique 4 *(tempo)* mauvais, -e
- **fazer feio** mal s'en sortir
- **ficar/ser feio** *(ser inconveniente)* être gênant, -e
- **ficar/tornar-se feio, -a** enlaidir, devenir laid, -e

feira *sf* 1 marché *m*: **feira livre** braderie, marché *m* à ciel ouvert 2 *(salão)* foire
- **fazer feira** faire son marché
- **feira de amostras/feira industrial** foire d'échantillons/foire industrielle

feirante *smf* commerçant des marchés

feitiçaria *sf* sorcellerie

feiticeiro, -ra *sm, f* sorcier, -ière

feitiço *sm* charme
- **fazer feitiço** ensorceler
- **o feitiço virou contra o feiticeiro** c'est l'arroseur arrosé

feitio *sm* 1 *(modelo)* modèle: ***o feitio de um vestido, de um terno*** le modèle d'une robe, d'un costume 2 *(execução)* façon *f*, main d'œuvre, *f*, service: ***pagou cem reais pelo feitio*** il a payé cent reals pour le service 3 *(forma)* forme *f*, genre: ***louça de todos os feitios*** vaisselles en tous genres 4 *(jeito, qualidade, índole)* nature *f*, tempérament

feito, -ta *adj* 1 fait, -e 2 *(amadurecido, adulto)* mûr, -e
▶ *conj* **feito** comme: ***comeu feito um leão*** il/elle a mangé comme quatre/un ogre
▶ *sm* **feito** 1 *(ato)* acte 2 *(façanha)* exploit, prouesse *f*
- **bem-feito!** bien fait!

- **estar feito na vida** avoir une bonne situation

feiura *sf* laideur

feixe *sm* faisceau

fel *sm* fiel

felicidade *sf* joie, bonheur *m*
▸ *pl* **felicidades!** bonne chance!, félicitations!

felicitações *sf pl* félicitations

felicitar *vtd* féliciter, louer, complimenter
▸ *vpr* **felicitar-se** se féliciter

felino *sm* félin

feliz *adj* heureux, -euse

felizardo, -da *sm, f* chanceux, -euse, veinard, -e

felizmente *adv* heureusement

felpudo, -da *adj* peluché, -e, pelucheux, -euse

feltro *sm* (*tecido*) feutre

fêmea *sf* femelle

feminino, -na *adj* féminin, -e

fêmur *sm* ANAT fémur

fenda *sf* fente, crevasse, fissure

fender *vtd* fendre
▸ *vpr* **fender-se** se fendre

feno *sm* BOT foin

fenomenal *adj* phénoménal, -e

fenômeno *sm* phénomène

fera *sf* 1 (*animal feroz*) animal *m*/bête féroce, fauve *m* 2 *fig* (*pessoa cruel*) bourreau *m*, monstre *m* 3 *fig* bon, -onne, crack: *ele é fera em matemática* il est bon en math(ématique)s

feriado *sm* congé
- **feriado nacional** jour férié
- **feriados de Natal** congés de Noël

férias *sf pl* vacances

ferida *sf* blessure, plaie

ferido, -da *adj-sm, f* blessé, -e

ferir *vtd* 1 (*machucar*) blesser 2 (*normas etc.*) enfreindre, violer, transgresser
▸ *vpr* **ferir-se** se blesser

fermentar *vtd-vi* fermenter

fermento *sm* 1 CUL ferment, levure *f*, levain 2 *fig* ferment, levain, germe

feroz *adj* féroce

ferrado, -da *adj* 1 (*com ferradura*) ferré, -e 2 *fig* (*em péssima situação*) cuit, -e, fichu, -e, foutu, -e

ferragem *sf* (*peças de ferro*) ferrure
- **loja de ferragens** quincaillerie

ferradura *sf* fer *m*

ferramenta *sf* outil *m*

ferrão *sm* ZOOL aiguillon, dard

ferrar *vtd* 1 (*pôr ferraduras*) ferrer 2 *pop* (*prejudicar*) baiser la gueule (à)
▸ *vtdi* (*cravar*) planter, ficher, enfoncer
▸ *vpr* **ferrar-se** 1 (*cravar-se*) se planter, se ficher, s'enfoncer 2 *pop* (*sair-se mal*) se planter
- **ferrar no sono** s'endormir profondément

ferreiro *sm* forgeron

ferrenho, -nha *adj* (*obstinado*) acharné, -e, enragé, -e

ferro *sm* 1 fer 2 (*de passar roupa*) fer (*à repassar*)
■ **ferro elétrico** fer électrique
- **a ferro e fogo** à feu et à sang
- **levar ferro** (*ser malsucedido*) se planter
- **malhar em ferro frio** *fig* être peine perdue/un coup d'épée dans l'eau
- **não ser de ferro** *fig* ne pas être de bois
- **passar a ferro** repasser

ferroada *sf* 1 piqûre 2 *fig* critique virulente

ferro-velho (*pl* **ferros-velhos**) *sm* 1 (*sucata*) ferraille *f* 2 (*estabelecimento*) casse *f mandei meu carro para o ferro-velho* j'ai envoyé ma voiture à la casse

ferrovia *sf* voie ferrée, chemin *m* de fer

ferroviário, -a *adj* ferroviaire
▸ *sm* **ferroviário** cheminot, -e

ferrugem *sf* rouille

fértil *adj* fertile

fertilizante *adj-sm* fertilisant, -e
▸ *sm* fertilisant, engrais

fertilizar *vtd* fertiliser

fervente *adj* fervent, -e

ferver *vtd-vi* bouillir: *está fervendo* ça bout

fervor *sm* ferveur *f*

fervura *sf* ébullition, bouillonnement *m*

• **jogar água na fervura** *fig* calmer/apaiser les esprits

festa *sf* fête
▶ *pl* **festas** fêtes: **boas-festas** bonnes fêtes
• **fazer festa** faire la fête
• **no melhor da festa** *fig* quand la fête bat son plein

festejar *vtd* fêter

festejo *sm* réjouissance *f*

festim *sm* (*banquete*) festin
• **tiro de festim** balle à blanc

festival *sm* festival

festivo, -va *adj* festif, -ive; joyeux, -euse

feto *sm* 1 (*animal*) fœtus 2 BOT fougère

fevereiro *sm* février

fezes *sf pl* 1 (*excremento*) excréments *m*, fèces, selles 2 (*borra*) fèces

fiação *sf* filature

fiada *sf* (*carreira de tijolos*) rangée

fiado, -da *adj* à crédit
▶ *adv* **fiado**: **comprar/vender fiado** acheter/vendre à crédit

fiador, -ra *sm,f* garant, -e

fiança *sf* DIR caution

fiapo *sm* fil

fiar *vtd* 1 (*reduzir a fio*) filer 2 (*vender a crédito*) vendre à crédit
▶ *vpr* **fiar-se** se fier (**em**, à)

fiasco *sm* fiasco

fibra *sf* 1 fibre 2 *fig* estomac *m*, cran *m*

fibroso, -sa *adj* fibreux, -euse

ficar *vpred* 1 (*tornar-se*) devenir: **com o tratamento, ele ficou mais forte,** grâce au traitement, il est devenu plus résistant; **o clima ficou cada vez mais seco** le climat devient de plus en plus sec 2 tomber: **ficar doente** tomber malade 3 (*vir a ser, acabar*) arriver: **quero ver como ficam as coisas** je veux voir ce qui va arriver 4 (*continuar, permanecer*) rester: **ele ficou triste o tempo todo** il est resté triste tout le temps; **fiquei sentada duas horas** je suis restée assise deux heures
▶ *vi* 1 (*permanecer*) rester: **fique aqui** reste(z) ici 2 (*subsistir; sobrar*) rester
▶ *vti*

■ **ficar com** 1 (*permanecer junto*) rester ensemble 2 (*manter consigo*) garder: **fiquei com aquele livro** j'ai gardé ce livre 3 (*comprar*) acheter 4 (*contrair*) prendre, attraper: **ficar com gripe** attraper la/une grippe 5 (*tomar forma*) avoir: **quando ri, fica com rugas em torno dos olhos** quand il/elle rit, il/elle a des rides autour des yeux 6 (*namorar sem compromisso*) flirter (**com**, avec), draguer (**com**, -)

■ **ficar de** 1 (*manter-se*) garder: **ficar de sapatos** garder ses chaussures 2 (*restar*) rester: **do estoque ficou só isto** il ne reste que cela du stock 3 (*afirmar, prometer*) promettre, affirmer: **ele ficou de vir** il a promis de venir

■ **ficar em** 1 (*situar-se*) se situer 2 (*hospedar-se*) descendre: **vou ficar num hotel** je vais descendre dans un hôtel 3 (*não ir além*) se limiter à, ne pas dépasser le stade de: **tudo ficou em promessas** cela n'a pas dépassé le stade des promesses 4 (*custar*) coûter, faire

■ **ficar para** 1 (*ser adiado*) ajourner (*à*) 2 (*caber a*) appartenir (*à*), revenir (*à*)

■ **ficar por** valoir, coûter, faire

• **que isso fique entre nós** que cela reste entre nous
• **ficar por isso mesmo** (*ficar impune*) rester impuni(e) (*não se tomarem providências*) laisser passer
• **ficar sem algo** perdre quelque chose

ficção *sf* fiction
• **ficção científica** science-fiction

ficha *sf* 1 (*de telefone, jogos etc.*) jeton *m* 2 (*de papel*) fiche
• **só agora caiu a ficha** *fig* ça fait tilt seulement maintenant
• **dar a ficha de alguém** *fig* tuyauter quelqu'un sur une autre personne
• **ter ficha limpa/suja** avoir un/ne pas avoir de casier *m* judiciaire

fichário *sm* fichier

fidelidade *sf* fidélité

fieira *sf* rangée: **fieira de tijolos** rangée de briques

fiel *adj-smf* fidèle

figa *sf* (*amuleto*) amulette en forme de figue
• **de uma figa** de merde

fígado *sm* foie

- **desopilar o fígado** désopiler/dilater la rate

figo sm BOT figue f

figueira sf BOT figuier m

figura sf 1 figure 2 (*personalidade*) personnalité
- **fazer boa/má figura** faire bonne/mauvaise figure
- **mudar de figura** *fig* changer (complètement)
- **ser uma figura** être un personnage

figurado, -da *adj* figuré, -e

figurante sf CINE TEATRO TV figurant, -e

figurão, -ona sm personnage, personnalité f

figurar *vtd* (*representar, simbolizar*) figurer
▶ *vti* (*tomar parte, participar*) figurer (**em**, dans)

figurinha sf vignette
- **bater figurinhas** jouer à un jeu d'enfant qui consiste à taper avec la paume de sa main sur des images à l'envers pour essayer de les retourner.
- **figurinha difícil** *fig* personne compliquée

figurino sm (*revista de moda*) croquis de mode
- **como manda o figurino** *fig* selon les règles, comme il faut/se doit

fila sf 1 (*fileira*) file, rangée 2 (*sucessão de pessoas*) file, queue
- **fila de espera** liste/file d'attente
- **fila indiana** file indienne, queue leu leu
- **ficar/estar em fila** se mettre/être en ligne
- **fazer fila** faire la queue
- **furar fila** passer devant les autres

filantrópico, -ca *adj* philantropique

filão sm 1 (*veio*) filon, veine f 2 (*pão*) baguette f

filar *vtd* taper

filé sm 1 (*carne*) filet 2 *fig* (*melhor pedaço*) morceau de roi
- **filé de peixe** filet de poisson

fileira sf 1 rangée 2 MIL rangée 3 (*fila*) queue

filé-mignon (*pl* **filés-mignons**) sm 1 CUL filet mignon 2 *fig* morceau de roi

filete sm filet

filho, -lha sm, f fils, -fille, enfant: *meu filho é advogado, minha filha, dentista* mon fils est avocat, ma fille dentiste; *todos os meus filhos são casados* tous mes enfants sont mariés
- **filho adotivo** enfant adoptif
- **filho, -lha da mãe** fils/fille de garce
- **filho, -lha da puta** enfant/fils de putain, enculé(e)
- **filho/filhinho de papai** fils à papa
- **filho legítimo/ilegítimo** enfant légitime/illégitime
- **ter filho** (*dar à luz*) avoir un enfant

filhote sm 1 (*de animal*) petit 2 *fig* (*protegido*) protégé, -e
- **ter filhotes** (*parir*) avoir des petits, mettre bas

filiação sf filiation

filial *adj* filial, -e
- *sf* 1 (*de banco*) agence 2 (*de empresa*) filiale

filmadora sf caméra, caméscope m

filmagem sf filmage m, tournage m

filmar *vtd* CINE filmer, tourner

filme sm film

filosofia sf philosophie

filtrar *vtd* filtrer

filtro sm 1 (*de água; de papel*) filtre 2 (*elixir*) philtre

fim sm 1 (*final, termo; extremidade*) fin f 2 (*finalidade*) fin f, but
- **a fim/com o fim de** afin de, dans le but de
- **dar fim a algo** mettre fin/un terme à quelque chose
- **dar fim a alguém** en finir avec quelqu'un
- **estar a fim** (*de alguém*) désirer, convoiter (*de algo*) avoir envie de qqn/qqch
- **no fim do mundo** au bout du monde/à l'autre bout du monde/au diable
- **por fim** finalement, enfin
- **pôr um fim a** mettre un terme à/faire cesser/mettre fin à
- **ter/não ter fim** avoir une fin/ne pas avoir de fin
- **ter por fim** avoir pour but

finado, -da *adj-sm, f* mort, -e, défunt, -e

▶ sm pl **finados** morts: *dia de finados* jour des Morts
• **o finado meu tio** feu mon oncle

final *adj* final, -e
▶ sm **1** fin: *no final do mês* à la fin du mois **2** MÚS final m, finale
▶ sf ESPORTE finale

finalidade *sf* finalité, but m

finalista *adj-smf* ESPORTE finaliste

finalizar *vtd* achever, terminer, finir, parachever

finalmente *adv* finalement
▶ *interj* (*até que enfim*) finalement, encore heureux

finanças *sf pl* finances

financeira *sf* établissement financier m

financeiro, -ra *adj* financier, -ière

financiador, -ra *adj* qui finance
▶ *sm, f* financeur, -euse

financiamento *sm* financement

financiar *vtd* financer

fincar *vtd* ficher, enfoncer, planter
▶ *vpr* **fincar-se 1** s'enfoncer, se ficher, se planter, s'enfoncer **2** (*pessoa*) se camper, se poser, se poster

findar *vtd* **1** (*pôr fim*) mettre fin à, mettre un terme à **2** (*terminar*) terminer, finir **3** terminer, finir: *findou o mês sem dinheiro* il a fini le mois sans un sou
▶ *vi* (*acabar*) finir

findo, -da *adj* fini, -e
• **o mês/o ano findo** le mois/l'an dernier/passé

fineza *sf* finesse
• **faça a fineza de...** ayez/aie l'élégance de...

fingido, -da *adj* (*aparente, falso*) feint, -e, simulé, -e
▶ *adj-sm, f* (*hipócrita*) hypocrite

fingimento *sm* dissimulation f, hypocrisie f,

fingir *vtd* **1** (*aparentar, simular*) simuler **2** (*fazer conta*) feindre, faire semblant (de)
▶ *vpr* **fingir-se** faire: *fingir-se de morto* faire le mort

finlandês, -esa *adj* finlandais, -e, finnois, -e
▶ *sm, f* Finlandais, -e

▶ *sm* finnois (*langue*)

Finlândia *sf* Finlande

fino, -na *adj* **1** (*delgado; aguçado*) fin, -e: *ponta fina* pointe fine **2** (*refinado*) raffiné; -e **3** (*sagaz*) fin, -e

finura *sf* finesse

fio *sm* **1** fil: *um fio de seda* un fil de soie **2** (*linha; elétrico; gume*) fil
• **a fio** [seguidamente] d'affilée
• **bater um fio** passer un coup de fil
• **de fio a pavio** du début à la fin, d'un bout à l'autre
• **estar por um fio** ne tenir qu'à un fil
• **fio condutor** fil conducteur, fil d'Ariane, fil rouge
• **fio dental** (*para os dentes*) fil dentaire (*biquíni*) string brésilien
• **fio terra** fil de terre
• **perder/achar o fio da meada** perdre/trouver le fil conducteur
• **sem fio** (*telefone etc.*) sans fil

firma *sf* **1** (*assinatura*) signature **2** (*empresa*) compagnie, société
• **reconhecer firma** authentifier sa signature

firmamento *sm* firmament

firmar *vtd* **1** (*tornar firme, definitivo*) affermir, fixer **2** (*suster, escorar*) étayer **3** (*ajustar*) conclure, signer: *firmar um acordo* conclure un accord **4** (*assinar*) signer
▶ *vi* (*estabilizar-se*) se stabiliser
▶ *vpr* **firmar-se 1** (*tornar-se firme, definitivo*) se stabiliser **2** (*segurar-se, apoiar-se*) s'appuyer (**em**, sur) **3** (*tornar-se reconhecido*) s'établir

firme *adj* **1** ferme: *carnes firmes* chairs fermes; *mão firme* main ferme; *letra firme* écriture ferme; *voz firme* voix ferme; *uma pessoa firme* une personne ferme **2** (*estável*) stable, sérieux, -euse: *emprego firme* emploi stable; *namoro firme* flirt sérieux
• **aguente firme** tiens/tenez bon

firmeza *sf* fermeté

fiscal *adj* (*tributário*) fiscal, -e
▶ *sm* **fiscal** inspecteur, -trice, contrôleur, -se, percepteur, -trice

fisco *sm* fisc

fisgar *vtd* **1** (*capturar na pesca*) pêcher, harponner **2** (*apanhar, prender*) prendre, attraper 3 *(seduzir, conquistar)* séduire, conquérir, captiver

física *sf* physique

físico, -ca *adj* physique
▶ *sm, f* physicien, -ienne

fisionomia *sf* physionomie

fisionomista *smf* physionomiste

fisioterapia *sf* kinésithérapie

fissura *sf* 1 fissure 2 *fig (paixão)* désir *m* ardent

fissurar *vtd* fissurer
▶ *vi (apaixonar-se)* craquer *(pour)*, désirer ardemment

fita *sf* 1 *(de tecido)* ruban *m* 2 *(filme)* film *m* 3 *(cassete)* cassette 4 *(de máquina, impressora)* ruban *m*
■ **fita adesiva** scotch *m*, adhésif *m*
■ **fita isolante** ruban *m* isolant
■ **fita magnética** bande magnétique
■ **fita métrica** mètre *m* à ruban *m*
• **fazer fita** faire du cinéma

fiteiro, -ra *adj (fingidor)* comédien, -enne

fivela *sf* 1 *(de cintos, sapatos)* boucle 2 *(de cabelos)* barrette

fixação *sf* fixation

fixado, -da *adj* 1 *(firme)* fixé, -e 2 *(guardado na memória)* gravé, -e

fixar *vtd* 1 *(firmar)* fixer 2 *(gravar na memória)* graver
▶ *vpr* **fixar-se** 1 *(prender-se)* se fixer 2 *(apegar-se em demasia)* s'attacher

fixo, -xa *adj* 1 *(firme, preso)* fixe 2 *(emprego)* stable
▶ *sm* **fixo** *(salário)* salaire fixe

flã *sm* flan, crème *f* brûlée

flacidez *sf* flaccidité

flácido, -da *adj* flasque, mou, -olle

flagelado, -da *adj* 1 flagellé, -e 2 *(vítima de calamidade)* affligé, -e, victime

flagelo *sm* fléau

flagrante *adj (evidente)* flagrant, -e
▶ *sm* **flagrante** flagrant délit: *ser preso em flagrante* être pris en flagrant délit

flagrar *vtd* prendre en flagrant délit, surprendre

flamingo *sm* ZOOL flamant

flâmula *sf* flamme, banderole

flanela *sf* flanelle

flash *sm* CINE TV FOTO flash

flat *sm* appartement d'appart hôtel

flatulência *sf* flatulence

flauta *sf* flûte
■ **flauta doce** flûte douce/à bec
■ **flauta transversa** flûte traversière
• **levar a vida na flauta** se la couler douce

flecha *sf* flèche

flechada *sf* coup *m* de flèche

flertar *vi-vti* flirter (**com**, avec)

flerte *sm* flirt

flexão *sf* flexion

flexibilidade *sf* flexibilité

flexionar *vtd* fléchir

flexível *adj* flexible

floco *sm* flocon
• **sorvete de flocos** crème glacée aux pépites de chocolat

flor *sf* fleur
• **à flor da pele** à fleur de peau
• **na flor da idade** dans la fleur de l'âge
• **não ser flor que se cheire** être un individu peu recommandable
• **uma flor de pessoa** un amour de personne

flora *sf* flore

floral *sm (infuso de flores)* infusion *f* de fleurs

floreira *sf (vaso para flores)* bac à fleurs *m*

Florença *sf* Florence

florescer *vi* fleurir

floresta *sf* forêt

florestal *adj* forestier, -ière

floricultura *sf* floriculture, fleuriste *(chez le)*

florir *vtd* fleurir
▶ *vi* fleurir

fluência *sf* facilité, aisance

fluente *adj* coulant, -e, facile, naturel, -elle

fluentemente *adv* couramment

fluidez *sf* fluidité

fluido, -da *adj* fluide

▶ *sm* **fluido** fluide

fluir *vi-vti* (*escorrer*) couler, s'écouler
• **o trânsito flui** le trafic circule (normalement)
• **suas palavras fluem** les mots lui viennent facilement

flúor *sm* fluor

fluorescente *adj* fluorescent, -e

flutuação *sf* 1 flottement *m* 2 *fig* (*oscilação*) fluctuation

flutuante *adj* 1 flottant, -e 2 *fig* (*oscilante*) fluctuant, -e

flutuar *vi* 1 flotter 2 *fig* (*oscilar*) fluctuer

fluvial *adj* fluvial, -e

fluxo *sm* 1 flux, écoulement, débit 2 (*sequência*) séquence *f*, série *f*
■ **fluxo da maré** flux de la marée
■ **fluxo de caixa** flux de trésorerie
■ **fluxo nasal** écoulement nasal, sécrétion *f* nasale

foca *sf* 1 ZOOL phoque *m* 2 (*jornalista novato*) journaliste débutant(e)

focalizar *vtd* 1 FOTO mettre au point, faire une mise au point 2 *fig* se focaliser sur, se concentrer sur

focinho *sm* museau, groin

foco *sm* 1 FOTO mise *f* au point 2 (*de doença*) foyer 3 *fig* (*centro principal*) foyer
• **fora de foco** flou, -e
• **no foco** net, -ette, au point

foda *sf* *chulo* 1 (*coito*) baise 2 (*coisa desagradável*) merde

foder *vi chulo* (*copular*) baiser, niquer, tringler, enfiler
▶ *vtd-vti* (*prejudicar*) baiser
▶ *vpr* **foder-se** (*sair-se mal*) se planter, se mettre le doigt dans l'oeil
• **foda-se!** *não dar importância* je m'en fous, je m'en balance (*desejar o mal*) va te faire foutre

fodido, -da *adj chulo* baisé, -e, foutu, -e

fofo, -fa *adj* 1 (*macio*) pelucheux, -euse, moelleux, -euse 2 *fig* (*gracioso*) gracieux, -euse, mignon, -ne

fofoca *sf* potin *m*, cancan *m*, commérage *m*

fofocar *vi* cancaner, potiner

fofoqueiro, -ra *adj* rapporteur, -se, cancanier, commère *f*

fogão *sm* cuisinière *f*

fogareiro *sm* réchaud

fogo *sm* feu
▶ *pl* **fogos** feux d'artifice
• **abrir fogo** ouvrir le feu
• **estar de fogo** être soûl(e)/ivre/pété(e)/beurré(e)
• **fazer fogo** tirer
• **fogo alto/brando/baixo** grand feu, feu vif/feu doux/petit feu
• **fogo cruzado** feu/tir croisé
• **fogo de palha** *fig* feu de paille
• **negar fogo** *fig* se refuser à fonctionner
• **pegar fogo** (*incendiar-se*)] prendre feu (*ficar violento*) péter des flammes
• **ser fogo (na roupa)** (*ser difícil*) être difficile/coton (*ser exímio*) être excellent, -e/doué, -e

fogueira *sf* feu *m*, brasier *m*, bûcher *m*

foguete *sm* fusée *f*

foice *sf* faux, faucille

folclore *sm* folklore

folclórico, -ca *adj* folklorique

fole *sm* soufflet

fôlego *sm* 1 (*respiração*) souffle, haleine *f*: **ficar sem fôlego** être hors d'haleine; **tomar fôlego** reprendre haleine 2 (*ânimo*) courage
• **de fôlego** *fig* d'une (*seule*) haleine, d'un trait
• **ter fôlego de gato** être dur à la peine/tâche, avoir la vie dure

folga *sf* 1 (*intervalo*) relâche, repos *m*, pause 2 (*dia livre*) congé *m* 3 jeu *m*: **deixe um pouco de folga no parafuso** laisse un peu de jeu autour du boulon 4 *fig* (*financeira*) aisance 5 (*atrevimento*) toupet *m*, culot *m*, aplomb *m* 6 (*ociosidade*) désœuvrement *m*, inoccupation, oisiveté
• **é muita folga!** quel culot!
• **momentos de folga** moments de loisir

folgado, -da *adj* 1 (*com tempo livre*) libre, tranquille: **agora estou folgado** je suis libre, maintenant 2 (*largo-roupa*) ample, flottant, -e 3 (*abastado*) aisé, -e 4 (*confiado*) effronté, -e, insolent, -e, osé, -e 5 (*preguiçoso*) paresseux, -e, fainéant, -e

folgar vtd (*despertar*) relâcher, desserrer
▸ vi (*ter descanso*) être de repos: *ele folga às segundas-feiras* il est de repos les lundis

folha sf 1 (*de planta, de papel*) feuille 2 (*de janelas e portas*) battant m, vantail m
• **folha corrida** certificat de bonne vie et mœurs
• **novinho, -nha em folha** flambant neuf

folhado, -da adj 1 (*revestido*) plaqué, -e: *um relógio folhado de ouro* une montre en plaqué or 2 (*cheio de folhas*) feuillu, -e, touffu, -e 3 CUL feuilleté, -e: *massa folhada* pâte feuilletée

folhagem sf feuillage m

folhar vtd (*revestir de folha*) feuiller

folhear vtd feuilleter

folheto sm 1 (*prospecto*) livret 2 (*brochura*) brochure f, prospectus

folhinha sf (*calendário*) calendrier m

folia sf gaieté, réjouissance, divertissement m
• **fazer folia** s'amuser, se divertir

folião, -ona sm, f noceur, -euse, fêtard, -e (*pendant le carnaval*)

fome sf 1 (*sensação*) faim: *estou com fome!* j'ai faim! 2 (*falta total de alimentos*) famine
• **dar fome** (*ter fome*) avoir faim (*produzir fome*) donner faim
• **enganar a fome** tromper sa faim
• **estar morto, -ta de fome** être mort(e) de faim
• **ficar com/sem fome** avoir faim/perdre la faim
• **matar a fome** manger à sa faim
• **passar fome** ne pas manger à sa faim
• **ter/não ter fome/estar/não estar com fome** avoir/ne pas avoir faim

fomentar vtd fomenter

fominha adj-smf avare, radin, -e, pingre

fone sm 1 combiné 2 (*telefone*) téléphone
■ **fone de ouvido** écouteurs pl

fonético, -ca adj phonétique

fonte sf (*nascente; origem*) source
• **de fonte confidencial** de source confidentielle

fora adv 1 dehors, hors, au(-)dehors: *ele ficou lá fora* il est resté dehors; *o quartinho ficava fora da casa* la chambre se trouvait hors de la maison 2 (*face externa*) extérieurement, à l'extérieur: *por fora a caixa era envernizada* la boîte était vernie à l'extérieur 3 (*de casa, do trabalho*) dehors, ne pas là: *o chefe está fora* le chef n'est pas là; *jantamos fora esta noite?* on va dîner dehors ce soir? 4 (*no estrangeiro*) à l'étranger
▸ prep 1 (*com exceção de*) excepté, sauf, à l'exception de 2 (*sem contar*) hormis, hors, sauf, excepté, sans compter: *havia trinta pessoas, fora o professor* il y avait trente personne, sans compter le professeur
▸ interj **fora!** dehors!/ouste!
▸ sm 1 (*gafe*) gaffe, boulette, bévue 2 (*erro*) erreur
• **cair fora** s'en aller
• **dar o fora** (*romper um relacionamento*) casser (avec) (*fugir*) se sauver, déguerpir, décamper, ficher le camp
• **de fora** (*exposto*) dehors (*exterior*) de dehors (*forasteiro*) étranger, -ère, extérieur, -e (*não envolvido*) étranger, -ère, extérieur, -e
• **dinheiro por fora** argent extra
• **estar fora de si** être hors de soi
• **fora daqui!** hors d'ici!/fiche le camp!/fichez-moi le camp!
• **jogar fora** jeter
• **levar um fora de alguém** prendre une veste, ramasser/se prendre une pelle
• **para fora** dehors
• **por fora** (*pela parte exterior*) extérieurement, (*sem conhecimento*) pas au courant

foragido, -da adj-sm, f fugitif, -ive

foragir-se vpr 1 (*emigrar*) émigrer, s'expatrier, s'exiler 2 (*refugiar-se*) se réfugier 3 (*fugir*) s'évader

forasteiro, -ra adj-sm, f étranger, -ère

forca sf 1 potence, gibet m 2 (*jogo*) pendu m

força sf 1 force 2 (*energia elétrica*) électricité, courant m: *faltou força ontem* ils ont coupé le courant, hier
▸ pl **forças** (*tropas*) forces
• **à força** (*por meios violentos*) par la force, par force (*por meio de coação*) de force
• **à força de** à force de

- **com força** avec force
- **dar força** (*dar apoio*) épauler [reforçar] renforcer, fortifier
- **dar uma força** donner un coup de main
- **fazer força** (*aplicar força muscular*) forcer (*esforçar-se por*) s'efforcer (*de*)
- **força!** courage!
- **força aérea** armée de l'air, aviation
- **força bruta** force brute
- **força de expressão** la force de l'expression
- **força pública** force publique
- **forças armadas** forces armées, armée
- **por motivo de força maior** pour cause de force majeure
- **ter força** (*ter músculos*) avoir de la force (*ter poder*) avoir du pouvoir

forçar *vtd* 1 (*arrombar*) forcer, enfoncer, défoncer 2 (*obrigar*) forcer

forçoso, -sa *adj* forcé, -e, nécessaire
- **é forçoso** + *inf*, il faut + *inf*, il est nécessaire de + *inf*

forjar *vtd* (*metal; história*) forger

forma *sf* forme
- **de certa forma** d'une certaine manière/façon
- **de forma alguma** en aucune façon, en aucun cas
- **de forma que** de manière à
- **de qualquer forma** de toute façon/manière
- **estar em forma** (*em boas condições físicas*) être en (*pleine*) forme (*esbelto*) avoir la ligne/la pêche/la patate
- **estar fora de forma** (*em más condições físicas*) être en mauvaise forme (*sem habilidade*) être rouillé(e) (*gordo*) avoir perdu la ligne
- **manter-se em forma** garder la forme/la pêche/la patate

forma *sf* 1 (*modelo*) modèle 2 CUL moule
- **tirar da forma** démouler

formação *sf* formation
- **malformação** malformation

formado, -da *adj-sm, f* (*diplomado*) diplômé, -e

formal *adj* 1 (*relativo à forma*) formel, -elle 2 (*solene*) officiel, -elle, solennel, -elle 3 (*convencional, não espontâneo*) conventionnel, -elle, cérémonieux, -euse

formalidade *sf* formalité
▶ *pl* **formalidades** formalités

formalizar *vtd* 1 (*reduzir a caracteres formais*) formaliser 2 (*tornar formal, protocolar; oficializar*) officialiser, concrétiser

formão *sm* ciseau, burin

formar *vtd* 1 former 2 (*diplomar*) diplômer
▶ *vpr* **formar-se** 1 se former 2 (*diplomar-se*) recevoir son/un diplôme 3 (*instruir-se, educar-se*) se former

formatar *vtd* INFORM formater

formato *sm* format

formatura *sf* cérémonie de remise des diplômes

fórmica *sf* formica *m*

formidável *adj* formidable

formiga *sf* ZOOL fourmi

formigar *vti-vi* (*pulular; ter formigamento*) fourmiller

formigueiro *sm* 1 fourmilière *f* 2 (*multidão*) foule *f*

fórmula *sf* formule
- **fórmula 1 (um)** formule 1 (*un*)

formulação *sf* formulation

formular *vtd* formuler

formulário *sm* formulaire

fornada *sf* fournée

fornalha *sf* fournaise, fourneau *m*, four *m*

fornecedor, -ra *adj* qui fournit
▶ *sm, f* fournisseur, -euse

fornecer *vtd* fournir, approvisionner

fornecimento *sm* approvisionnement, fourniture *f*

forno *sm* four

forração *sf* 1 (*ato de forrar*) rembourrage *m* 2 (*tecido para forrar*) bourre

forragem *sf* fourrage *m*

forrar *vtd* 1 (*pôr forro em roupas*) doubler 2 (*revestir*) garnir, revêtir 3 (*cobrir com tapeçaria*) tapisser
- **forrar o estômago** (*se*) caler l'estomac

forro *sm* 1 (*de roupa*) doublure *f* 2 (*de móveis*) revêtement, garniture *f* 3 (*abai-

forró *xo do teto*) plafond **4** (*em paredes*) revêtement

forró *sm* danse et musique populaires du Nordeste du Brésil

fortalecer *vtd* fortifier, renforcer
▶ *vpr* **fortalecer-se** se renforcer

fortalecimento *sm* renforcement

fortaleza *sf* **1** (*força*) force, vigueur **2** (*construção militar*) forteresse

forte *adj* **1** fort, -e: *ele é forte em física* il est fort en physique; *um país forte* un pays fort; *forte sentimento de culpa* sentiment de culpabilité fort; *dor forte* forte douleur; *cor forte* couleur forte; *luz forte* lumière forte **2** (*som, ruído, voz*) fort, -e, élevé, -e, haut, -e **3** (*realista, cru*) cru, -e, choquant, -e, osé, -e
▶ *sm* **forte 1** fort: *a lei do mais forte* la loi du plus fort; *esse não é o meu forte* ce n'est pas mon fort **2** (*fortaleza*) fort
▶ *adv* **forte 1** (*com força*) fortement **2** (*muito, com intensidade*) beaucoup
• **chove forte** il pleut à verse

fortificante *sm* fortifiant, remontant

fortificar *vtd* fortifier

fortuito, -ta *adj* fortuit, -e

fortuna *sf* fortune

fórum *sm* forum

fosforescente *adj* phosphorescent, -e

fósforo *sm* **1** QUÍM phosphore **2** (*de madeira*) allumette *f*

fossa *sf* fosse
• **fossa nasal** fosse nasale
• **estar/ficar na fossa** être en pleine déprime/dans le trente-sixième dessous

fóssil *adj-sm* fossile

fossilizar-se *vpr* **1** se fossiliser **2** *fig* se pétrifier

fosso *sm* fossé

foto *sf* photo

fotocópia *sf* photocopie

fotogênico, -ca *adj* photogénique

fotografar *vtd* photographier

fotografia *sf* photographie
• **fotografia instantânea** instantané *m*
• **fotografia para documentos** photo d'identité
• **tirar fotografia** prendre une photo (graphie), photographier

fotógrafo, -fa *sm, f* photographe

fotonovela *sf* roman-photo *m*

foz *sf* embouchure, bouche

fração *sf* fraction

fracassar *vi* échouer

fracasso *sm* échec

fracionar *vtd* fractionner
▶ *vpr* **fracionar-se** se fractionner

fraco, -ca *adj* **1** (*sem força*) faible **2** (*ruim, deficiente*) mauvais: *um filme fraco* un mauvais film
▶ *sm* faible: *ter um fraco por algo ou alguém* avoir un faible pour qqch ou pour qqn

frade *sm* moine

frágil *adj* fragile

fragilidade *sf* fragilité

fragmentar *vtd* fragmenter
▶ *vpr* **fragmentar-se** se fragmenter

fragmento *sm* fragment

fragoroso, -sa *adj* bruyant, -e, assourdissant, -e
• **uma derrota fragorosa** une rude défaite/une défaite cuisante

fragrância *sf* arôme *m*, bouquet *m*

fralda *sf* couche

França *sf* France

francês, -esa *adj* français, -e
▶ *sm, f* Français, -e
▶ *sm* **francês** français

franco, -ca *adj* **1** (*sincero*) franc, -che **2** (*livre, gratuito*) libre, gratuit, -e, franc, -che: *zona franca* zone franche; *entrada franca* entrée gratuite **3** (*do povo franco*) franc, -que
▶ *sm* **franco 1** (*povo*) Franc, -que **2** (*moeda*) franc

frangalho *sm* **1** (*farrapo*) haillon, loque *f* **2** *fig* (*pessoa*) guenille *f*
• **estar em frangalhos** tomber en lambeaux

frango *sm* **1** ZOOL poulet **2** FUT but casquette: *engolir um frango* encaisser/prendre/un but casquette
• **frango caipira** poulet fermier
• **frango de granja** poulet d'élevage

frangote, -ta *sm, f* (*rapaz novo*) jeunot, -otte, jeunet, -ette

frangueiro *sm* FUT gardien/goal qui prend des buts casquettes

franja *sf* frange

franqueza *sf* franchise

franquia *sf* franchise
- **franquia postal** franchise postale

franzido, -da *adj* froncé, -e, plissé, -e
▶ *sm* **franzido** plissé

franzino, -na *adj* frêle, fluet, -ette

franzir *vtd* **1** (*tecido*) plisser **2** (*enrugar*) froncer, rider: *franzir a testa* froncer les sourcils

fraque *sm* queue-de-pie *f*, queue-de-morue *f*

fraquejar *vi* faiblir, mollir, se décourager

fraqueza *sf* faiblesse

frasco *sm* flacon, fiole *f*

frase *sf* phrase

frasqueira *sf* (*maleta*) vanity *m*

fraternidade *sf* fraternité

fraterno, -na *adj* fraternel, -elle

fratura *sf* fracture

fraturar *vtd* fracturer
▶ *vpr* **fraturar-se** se fracturer, se casser, se briser

fraudar *vtd* frauder

fraude *sf* fraude

fraudulento, -ta *adj* frauduleux, -euse

freada *sf* freinage *m*

frear *vtd* **1** freiner **2** (*refrear*) freiner, réfréner, brider
▶ *vi* freiner

freelance *smf* free-lance

frege *sm* démêlé, différend, dispute *f*

freguês, -esa *sm, f* client, -e, habitué, -e

freguesia *sf* **1** (*conjunto de fregueses*) clientèle **2** (*agrupamento*) paroisse

freio *sm* **1** frein **2** *fig* frein, bride *f*
- **freio de mão** frein à main

freira *sf* religieuse, sœur, nonne, bonne sœur

frenético, -ca *adj* frénétique

frente *sf* **1** (*parte anterior*) devant, avant: *a frente da blusa* le devant du chemisier **2** (*da casa*) façade **3** (*dianteira*) devant: *ele viajava na frente do carro* il voyageait devant **4** MIL POL front
■ **frente fria/quente** masse *f* d'air froid/chaud
- **estar à frente de** [*na vanguarda*] être à la pointe de [*no comando*] tenir les rênes de
- **frente a frente** face à face
- **daqui para a frente** dorénavant, désormais
- **de frente** (*defronte*) en face (*sem medo*) de front
- **em frente a** (*defronte*) face à, en face de
- **fazer frente a alguém/algo** (*enfrentar*) faire front/face à quelqu'un/quelque chose
- **fazer frente para** (*dar para*) être en face de
- **ir/seguir em frente** aller de l'avant
- **ir para a frente** (*progredir*) avancer, progresser
- **levar à frente** (*fazer progredir*) faire avancer/progresser/aller de l'avant
- **na frente de** (*defronte*) en face (*em presença de*) devant (*adiante*) devant (*antes de*) avant
- **tomar a frente** (*assumir o comando*) prendre le(s) devant(s)

frentista *smf* pompiste

frequência *sf* **1** (*de um lugar*) fréquentation **2** (*repetição*) fréquence **3** FÍS fréquence
- **com frequência** souvent, fréquemment

frequentador, -ra *adj-sm, f* habitué, -e
- **frequentador assíduo** habitué, -e

frequentar *vtd* **1** (*ir com frequência*) fréquenter **2** (*cursar*) suivre: *frequentar aulas* suivre les cours

frequente *adj* fréquent, -e

frequentemente *adv* souvent, fréquemment

fresco, -ca *adj* frais, -aîche
▶ *adj-sm, f* **1** (*suscetível, melindroso*) délicat, -e, susceptible, affecté, -e, maniéré, -e **2** (*afeminado*) efféminé, -e, féminin, -e

frescura *sf* **1** (*frescor*) fraîcheur **2** (*formalismo*) cérémonie, manière **3** (*comportamento de efeminado*) manières efféminées

- **deixe de frescura!** ne fais pas de manière!
- **ser cheio, -a de frescuras** faire des façons

fretar vtd 1 MAR fréter, noliser 2 *(ônibus, avião)* affréter, noliser, chartériser

frete sm fret

fria sf loc **entrar numa fria** se mettre dans le pétrin/de beaux draps

friagem sf froid m
- **pegar friagem** prendre froid

fricção sf friction

friccionar vtd frictionner

fricote sm manie f, marotte f, caprice: **ser cheio de fricote** être plein de manies; **fazer fricote** faire des caprices

frieira sf engelure, mycose

frieza sf froideur

frigideira sf poêle

frígido, -da adj frigide

frigobar sm minibar

frigorífico, -ca adj frigorifique
▶ sm **frigorífico** 1 *(aparelho)* frigidaire, chambre f froide/frigorifique 2 *(empresa)* entreprise f/société f/entrepôt frigorifique

frio, -a adj 1 froid, -e 2 *(roupa)* léger, -ère, d'été 3 *(calmo, impassível; reservado)* froid, -e 4 *(insensível ao sexo)* frigide 5 *(sem pimenta)* sans piment
▶ sm **frio** froid
▶ sm pl CUL *(em fatias)* fromages et charcuterie
- **estar com frio** avoir froid
- **fazer frio** faire froid
- **fazer uma operação a frio** faire une opération à froid
- **ficar frio** *(cair a temperatura)* se rafraîchir [manter-se calmo] garder son sang-froid
- **sentir um frio na espinha** faire froid dans le dos

friorento, -ta adj frileux, -euse

frisa sf TEATRO loge de rez-de-chaussée, baignoire

frisar vtd 1 *(encrespar)* friser 2 *(enfatizar)* souligner, insister sur

friso sm frise f

fritada sf CUL friture

fritar vtd-vi frire

fritas sf pl *(pommes de terre)* frites

frito, -ta adj 1 CUL frit, -e 2 fig frit, -e, cuit, -e, foutu, -e, fichu, -e: **estou frito** je suis foutu

fritura sf friture

frívolo, -la adj frivole

fronha sf taie

frontal adj frontal, -e
▶ sm *(osso) (os)* frontal

fronte sf front m

fronteira sf frontière

fronteiro, -ra adj qui est face, frontalier, -ère

frota sf 1 MAR flotte 2 *(de táxis, ônibus etc.)* flotte

frouxo, -xa adj 1 *(não apertado)* lâche 2 *(sem energia)* mou, -olle, indolent, -e
▶ adj-sm, f *(covarde)* lâche

fruir vtd-vti jouir

frustração sf frustration

frustrante adj frustrant, -e

frustrar vtd 1 *(fazer falhar)* faire échouer, déjouer, contrecarrer 2 *(decepcionar)* frustrer, décevoir
▶ vpr **frustrar-se** 1 *(malograr)* échouer 2 *(ficar frustrado)* se sentir frustré, -e

fruta sf fruit m
■ **frutas secas** fruits m secs/séchés

fruteira sf plateau de fruits

frutífero, -ra adj 1 *(árvore)* fruitier, -ière 2 fig *(proveitoso)* fructueux, -euse

frutificar vi fructifier

fruto sm fruit
- **dar frutos** produire des fruits *(fig)* porter des/ses fruits

fubá sm CUL farine f de maïs

fuça sf museau m, groin m, gueule, narines pl

fuçar vtd-vi 1 *(revolver)* fouiller 2 fig *(bisbilhotar)* fouiner, fureter

fuga sf 1 fuite, évasion 2 *(de criança, de menor)* fugue 3 *(da realidade)* évasion 4 MÚS fugue

fugidio, -a adj fugitif, -ive, fugace

fugir vti-vi fuir, échapper
- **fugir à memória** échapper à la mémoire

- **fugir da polícia** échapper à la police
- **fugir do assunto** s'écarter du sujet

fugitivo, -va *adj-sm,f* fugitif, -ive, fuyard, -e, évadé, -e

fujão, -ona *adj-sm, f* fugitif, -ive

fulano, -na *sm, f* un(e) tel(le), machin, -e: *fulano e sicrano* machin et truc
- **fulano de tal** machin chouette

fulgor *sm* lueur *f*, éclat

fulgurante *adj* fulgurant, -e

fuligem *sf* suie

fulminar *vtd* foudroyer

fulo, -la *adj* furieux, -euse, furibond, -e
- **ficar fulo** être furieux

fumaça *sf* fumée
- **e lá vai fumaça** *fig* et des poussières
- **soltar fumaça (pelas ventas)** devenir furieux, bouillir de colère

fumaceira *sf* fumée épaisse

fumante *smf* fumeur, -euse

fumar *vtd-vi* fumer
- **é proibido fumar** défense de fumer

fumê *adj* fumé, -e: *vidro fumê* verre fumé

fumegar *vi* fumer

fumo *sm* 1 (*tabaco*) tabac 2 (*vício*) tabagisme 3 (*luto*) crêpe

função *sf* 1 fonction 2 (*espetáculo*) spectacle
- **em função de...** en fonction de
- **exercer função de** exercer la fonction de

funcional *adj* fonctionnel. -elle

funcionamento *sm* fonctionnement
- **estar fora de funcionamento** être hors service
- **pôr algo em funcionamento** mettre qqch en marche/en fonctionnement

funcionar *vi* 1 (*máquina, mecanismo; intestinos*) fonctionner 2 (*ter utilidade, adiantar*) marcher, fonctionner: *aquilo não funcionou* cela n'a pas marché 3 être situé(e): *o escritório da empresa funciona nesse prédio* le bureau de l'entreprise est situé dans ce bâtiment
▶ *vpred* (*ter a função de*) servir (**como**, de)

funcionário *sm* 1 (*de empresa*) employé, -e 2 (*público*) fonctionnaire

fundação *sf* (*alicerce; instituição*) fondation

fundador, -ra *adj-sm, f* fondateur, -trice

fundamental *adj* fondamental, -e

fundamentar *vtd* baser, fonder (**em**, sur)

fundamento *sm* 1 (*alicerce*) fondation *f* 2 (*princípio, base*) fondement, principe

fundar *vtd* fonder
▶ *vtd* (*fundamentar*) fonder (**em**, sur)

fundição *sf* 1 (*de metais*) fonte, fusion 2 (*indústria, local*) fonderie

fundir *vtd* (*derreter*) fondre
▶ *vtd-vtdi* (*incorporar*) fondre, fusionner
▶ *vpr* **fundir-se** 1 (*derreter-se*) fondre 2 (*unir-se, confundir-se*) se fondre

fundo, -da *adj* 1 (*alto, profundo*) profond, -e 2 (*olhos*) enfoncé, -e
▶ *sm* **fundo** 1 fond 2 (*íntimo, âmago*) profondeur, fond, tréfonds: *do fundo da alma* du fond du cœur 3 *fig* rien: *um fundo de apreensão por trás da alegria* un rien d'inquiétude derrière sa joie 4 (*fundamento*) fondement: *suas suspeitas não têm fundo* ses soupçons sont sans fondements 5 (*tema, matéria*) fond 6 (*acervo*) fonds, collection *f* 7 ECON fonds: *fundo de investimento* fonds d'investissement 8 CINE FOTO TV TEATRO toile de fond 9 ESPORTE fond 10 (*orifício de agulha*) chas
▶ *pl* 1 arrière-maison: *moro na rua A, nº 25, fundos* j'habite au 25 rue A, arrière-maison 2 (*soma de dinheiro*) fonds
▶ *adv* **fundo** profondément: *respirar fundo* respirer profondément
- **a fundo** à fond
- **chegar ao fundo do poço** *fig* tomber au plus bas
- **fundo falso** double fond
- **Fundo Monetário Internacional** Fonds monétaire international
- **fundo musical** fond musical
- **ir fundo** [fig] aller jusqu'au bout
- **linha de fundo** ligne de but
- **no fundo de** au fond de
- **no fundo, no fundo...** en fin de compte

fúnebre *adj* funèbre

funerais *sm pl* funérailles

funerária *sf* pompes funèbres *pl*

funesto, -ta *adj* funeste

fungar *vi* **1** *(aspirar ruidosamente)* renifler, renâcler **2** *(resmungar)* grommeler, maugréer

fungo *sm* fongus, champignon

funil *sm* entonnoir

funilaria *sf* tôlerie

funileiro *sm* *(de carrocerias)* tôlier

furacão *sm* ouragan

furadeira *sf* **1** *(elétrica)* perceuse **2** *(manual)* chignole

furado, -da *adj* **1** troué, -e, percé, -e, perforé, -e **2** *fig (sem valor)* sans valeur, nul, -le **3** *fig (que não deu/dará certo)* à la manque, à la noix, à la gomme

furar *vtd* **1** *(abrir furo ou buraco)* trouer, percer, perforer **2** *(atravessar)* transpercer
▶ *vi* **1** percer **2** *(não dar certo, gorar)* manquer, rater **3** *(faltar a compromisso)* poser un lapin **4** FUT rater le ballon

furgão *sm* fourgonnette *f*

fúria *sf* furie

furioso, -sa *adj* furieux, -euse
• **ficar furioso** sortir de ses gonds, s'emporter, éclater, fulminer

furo *sm* **1** trou **2** *(notícia de primeira mão)* scoop, exclusivité, *f*

furor *sm* fureur *f*
• **fazer furor** faire fureur

furta-cor *adj inv* chatoyant, -e, moiré, -e, miroitant, -e

furtar *vtd-vtdi-vi* voler, dérober, cambrioler, dévaliser
▶ *vpr* **furtar-se** se dérober (a, à)

furtivo, -va *adj* furtif, -ive

furto *sm* vol, larcin

furúnculo *sm* furoncle

fusão *sf (derretimento; união)* fusion

fusca *sf (auto)* coccinelle

fuselagem *sf* fuselage *m*

fusível *adj-sm* fusible

fuso *sm (de fiar)* fuseau, quenouille *f*
• **fuso horário** décalage horaire

fustigar *vtd* **1** fustiger, cravacher, frapper **2** *(excitar, estimular)* stimuler

futebol *sm* football
• **futebol americano** football américain
• **futebol de praia** football de plage
• **futebol de salão** foot en salle
• **futebol totó** baby-foot, football de table

fútil *adj-smf* futile

futsal *sm* foot en salle

futuro, -ra *adj* futur, -e
▶ *sm* **futuro** *f* avenir, futur
• **ser uma pessoa de futuro** avoir de l'avenir
• **ter futuro** avoir un futur

fuxicar *vi (fazer intriga)* cancaner, jaser, commérer

fuzil *sm* fusil

fuzilamento *sm* fusillade *f*, exécution *f*

fuzilar *vtd* fusiller

fuzilaria *sf* fusillade

fuzuê *sm* chahut, tapage, boucan

G

g abrev (grama) g

gabar vtd louer
▸ vpr **gabar-se** se vanter

gabarito sm 1 (*modelo*) gabarit 2 (*tabela de respostas*) masque de correction, solution, réponse 3 fig (*idoneidade, capacidade*) stature f

gabinete sm (*aposento, escritório, ministério*) cabinet

gado sm troupeau, bétail, cheptel
■ **gado de corte** bétail de boucherie, filière f viande
• **conhecer o seu gado** fig connaître son monde

gafanhoto sm ZOOL sauterelle f

gafe sf gaffe

gafieira sf salon m de danse

gagá adj-smf gâteux, -euse

gago, -ga adj-sm,f bègue

gagueira sf bégaiement m, bégayement m

gaguejar vi bégayer

gaiola sf 1 (*de passarinho*) cage 2 fig (*prisão*) prison, taule

gaita sf 1 (*gaita de boca*) harmonica m 2 (*dinheiro*) fric m

gaivota sf ZOOL mouette

gala sf gala: *roupa de gala* tenue de gala *banquete de gala* dîner de gala

galã sm 1 CINE jeune premier 2 (*homem bonito*) beau garçon

galantear vtd faire la cour

galão sm 1 (*distintivo*) galon 2 (*medida de capacidade*) gallon

galáxia sf galaxie

galera sf 1 MAR galère 2 (*grupo de torcedores*) supporters m pl 3 (*grupo, turma*) bande

galeria sf ARQ ARTE galerie

galheteiro sm huilier

galho sm 1 (*ramo*) branche f 2 (*complicação*) pépin 3 (*relação extraconjugal*) affaire f, liaison f amoureuse, passade f
• **dar galho** faire/poser (un) problème
• **quebrar o galho** dépanner, rendre/un service

galinha sf 1 ZOOL poule 2 gíria (*pessoa volúvel*) dévergondé, -e, débauché, -e

galinheiro sm 1 (*no quintal*) poulailler 2 TEATRO poulailler, paradis

galo sm 1 ZOOL coq 2 (*calombo*) bosse f
• **galo de briga** coq de combat
• **cozinhar o galo** fig faire semblant de travailler
• **ouvir o galo cantar e não saber onde** être mal informé, -e

galopante adj (*doença; inflação*) galopant, -e

galope sm galop: *a galope* au galop

galpão sm hangar

gamação sf pop passion

gamado, -da adj mordu, -e
• **estar gamado por alguém** être mordu pour quelqu'un, kiffer (sur) qqn, avoir un oeil sur qqn

gambá sm ZOOL putois

gana sf 1 (*desejo*) envie 2 (*ímpeto*) fougue, fureur 3 (*raiva*) rage

ganância sf cupidité

ganancioso, -sa adj-sm,f cupide, rapace

gandaia sf fête, bringue: *cair na gandaia* faire la fête/faire la bringue

gânglio *sm* ANAT ganglion

gangorra *sf* tape(-)cul *m*

gangrena *sf* gangrène

gângster *sm* gangster

gangue *sf* gang *m*, bande

ganhador, -ra *adj-sm,f* vainqueur, lauréat, -e, gagnant, -e

ganha-pão (*pl* **ganha-pães**) *sm* gagne-pain

ganhar *vtd-vi* 1 (*vencer-jogo*) gagner, remporter 2 (*guerra*) vaincre, gagner 3 (*receber dinheiro; salário*) gagner 4 (*conquistar, granjear*) conquérir 5 (*tempo*) gagner 6 (*levar*) prendre: **ganhar uns tapas** se prendre des baffes 7 (*seduzir*) séduire 8 (*passar a ter*) recevoir: **as ruas vão ganhar novo asfalto** les rues vont recevoir un nouveau bitume 9 (*dar à luz*) accoucher
▶ *vtd-vtdi* 1 (*presente*) recevoir: **ganhei um presente de alguém** j'ai reçu un cadeau de quelqu'un 2 (*ser superior*) dépasser: **ele ganha do irmão em inteligência** il dépasse son frère en intelligence

ganho, -nha *adj* 1 (*tempo; dinheiro; jogo*) gagné, -e 2 (*presente*) reçu, -e
▶ *sm* **ganho** gain

ganido *sm* glapissement

ganso *sm* ZOOL oie *f*
• **afogar o ganso** *fig* tremper son biscuit, baiser

garagem *sf* 1 garage *m* 2 (*estacionamento*) garage *m*, parc gangrène de stationnement, parking *m*

garanhão *sm* 1 (*cavalo*) étalon 2 *fig* libertin, tombeur

garantia *sf* 1 (*fiança*) garantie, caution, aval *m*, gage *m* 2 (*promessa*) assurance: **deu-me a garantia de que viria** il m'a donné l'assurance qu'il viendrait 3 (*de produtos*) garantie: **estar na garantia** être sous garantie

garantir *vtd* 1 (*abonar*) cautionner, garantir 2 (*tornar certo*) certifier
▶ *vtd* (*afirmar com certeza*) garantir
▶ *vtdi* (*defender*) protéger (**de**, contre)
▶ *vpr* **garantir-se** se prémunir, être sûr de soi

garapa *sf* jus *m* de canne à sucre

garça *sf* ZOOL héron *m*, aigrette

garçom *sm* garçon, serveur

garçonete *sf* serveuse

garfo *sm* fourchette *f*
• **ser bom garfo** être une solide fourchette/avoir un bon/joli/ sacré coup de fourchette

gargalo *sm* 1 (*de garrafa etc.*) goulot 2 (*estreitamento de rio, rua etc.*) goulot d'étranglement

garganta *sf* ANAT GEOG gorge
▶ *adj-smf* (*fanfarrão*) fanfaron, -onne, mythomane
• **molhar a garganta** *fig* se rincer le gosier
• **não passar/descer pela garganta** *fig* rester coincé en travers de la gorge

gargantilha *sf* collier *m*

gargarejo *sm* gargarisme, bain de bouche
• **fila do gargarejo** premier rang

gari *sm* éboueur, balayeur

garimpeiro, -ra *sm,f* orpailleur, -se, chercheur, -euse d'or, prospecteur, -trice

garimpo *sm* 1 (*atividade do garimpeiro*) prospection *f*, orpaillage 2 (*local*) mine *f*

garoa *sf* crachin *m*, bruine

garoar *vi* pleuvoter, crachiner, bruiner

garoto, -ta *sm,f* gamin, -e, jeune homme/fille
• **garoto, -ta de programa** prostitué, -e

garra *sf* 1 ZOOL griffe 2 *fig* (*combatividade*) combativité: **ter garra** être combatif
• **cair nas garras de alguém** tomber entre les griffes de quelqu'un

garrafa *sf* bouteille
• **garrafa sem retorno** bouteille non consignée
• **garrafa térmica** bouteille isolante, thermos *m*

garrafão *sm* 1 (*garrafa grande*) bombonne 2 ESPORTE bouteille *f*, bidon

garrancho *sm* (*letra ruim*) gribouillis

garupa *sf* (*de cavalo, bicicleta, moto*) croupe

gás *sm* gaz
▶ *pl* **gases** MED gaz, flatulences *f pl*

- **gás lacrimogêneo** gaz lacrymogène
- **gás hilariante** gaz hilarant

gasolina *sf* essence

gastar *vtd-vtdi-vi* (*dinheiro*) dépenser
▶ *vtd* **1** (*desgastar-roupas, sapatos*) user **2** (*consumir*) dépenser, gaspiller **3** (*perder, usar mal-tempo*) perdre
▶ *vpr* **gastar-se** (*desgastar-se*) s'user, s'épuiser

gasto *sm* dépenses *f pl*, frais *pl*
- **gastos públicos** dépenses *f* publiques

gastrite *sf* MED gastrite

gastrônomo, -ma *sm, f* gastronome

gatilho *sm* **1** (*de arma*) détente *f* **2** *fig* détonateur, amorce *f*

gatinha *sf loc* **de gatinhas** à quatre pattes

gato, -ta *smf* **1** ZOOL chat, -te **2** (*homem bonito*) beau garçon **3** (*namorado*) petit, -e ami, -e **4** (*erro, engano, lapso*) erreur *f*
- **fazer de gato e sapato** mener qqn par le bout du nez
- **gato escaldado** chat échaudé
- **vender/comprar gato por lebre** rouler/ se faire rouler dans la farine
- **viver como gato e cachorro** vivre comme chien et chat

gato-pingado (*pl* gatos-pingados) *sm loc* **haver meia dúzia de gatos-pingados** y avoir trois pelés et un tondu qui se battent en duel

gaveta *sf* tiroir *m*

gaveteiro *sm* commode *f*

gavião *sm* **1** ZOOL faucon, épervier **2** (*indivíduo conquistador*) séducteur

gaze *sf* MED gaze

gazeta *sf* gazette
- **fazer gazeta** faire l'école buissonnière/sécher les cours

geada *sf* gelée, verglas *m*

gear *vi* geler, glacer, verglacer

gel (*pl* géis, geles) *sm* gel

geladeira *sf* réfrigérateur *m*, frigidaire *m*

gelado, -da *adj* glacé, -e, gelé, -e

gelar *vtd* geler
▶ *vi-vpr* **gelar(-se)** geler

gelatina *sf* gélatine

geleia *sf* confiture, gelée

gelo *sm* **1** gel, glace *f* **2** (*frio intenso*) gelée *f* **3** (*frieza, insensibilidade*) froideur *f*
▶ *adj* (*cor*) blanc casse
- **dar um gelo em alguém** éviter qqn
- **quebrar o gelo** rompre la glace

gema *sf* **1** (*de ovo*) jaune *m* **2** BOT bourgeon *m* **3** (*pedra preciosa*) gemme
- **da gema** *fig* pure souche

gemada *sf* jaunes d'œufs battus avec du sucre

gêmeo, -a *adj* jumeau, -elle
▶ *sm pl* (*signo*) Gémeaux

gemer *vi* gémir, geindre

gemido *sm* gémissement

geminado, -da *adj* jumelé, -e: *casas geminadas* maisons jumelées

gene *sm* gène

genealogia *sf* généalogie

general *sm* MIL général

genérico, -ca *adj* générique
▶ *sm* **genérico** MED (*medicament*) générique

gênero *sm* genre
- **gêneros alimentícios** denrées alimentaires
- **gêneros de primeira necessidade** articles de première nécessité
- **fazer gênero** plastronner, frimer

generosidade *sf* générosité

generoso, -sa *adj* généreux, -euse

gênese *sf* genèse

genético, -ca *adj* génétique

gengibre *sm* BOT gingembre

gengiva *sf* ANAT gencive

genial *adj* génial, -e

gênio *sm* **1** (*espírito; grande inteligência*) génie **2** (*temperamento*) caractère, tempérament: *ter bom/mau gênio* avoir bon/mauvais caractère

genioso, -sa *adj* irascible, colérique

genital *adj* génital, -e

genitália *sf* appareil génital, sexe

genitor, -ra *sm, f* géniteur, -trice

genocídio *sm* génocide

genro *sm* gendre

gentalha *sf* fripouille, racaille

gentarada *sf* foule

gente *sf* **1** (*ser humano*) personne, être *m* humain **2** (*pessoa[s]*) monde *m*, gens *pl*: **havia muita gente** il y avait beaucoup de monde; **aquela gente toda enchia a praça** tous ces gens remplissaient la place
▸ **a gente** (*eu, nós*) on, nous: **a gente sempre acha que as coisas vão melhorar** on pense toujours que ça va aller mieux
• **gente bem** personne de la haute (*société*)
• **gente boa/boa gente** braves gens
• **gente de casa** personne intime
• **gente fina** bonne personne/personne formidable
• **gente grande** adulte
• **pensar que é gente** se croire adulte/se prendre pour le pape
• **ser gente** être quelqu'un
• **tem gente!** il y a quelqu'un!, c'est occupé!

gentil *adj* gentil, -le

gentileza *sf* gentillesse
• **faça a gentileza de** fai(te)s-moi l'amabilité de

genuíno, -na *adj* **1** (*sem mistura*) pur, -e **2** (*autêntico*) véritable

geografia *sf* géographie

geologia *sf* géologie

geometria *sf* géométrie

geração *sf* génération

gerador, -ra *adj* producteur, -trice, générateur, -trice
▸ *sm* **gerador** (*de eletricidade*) générateur/groupe électrogène

geral *adj* général, -e
▸ *sm* **geral 1** (*a maior parte*) la plupart *f* **2** (*não particular, genérico*) général
▸ *sf* **geral** (*parte do estádio*) populaires *pl*
• **dar uma geral** [*passar em revista*] passer en revue [*fazer faxina*] faire un grand nettoyage
• **em/no geral** en général

geralmente *adv* généralement, en général

gerânio *sm* BOT géranium

gerar *vtd* **1** (*filho*) engendrer **2** (*provocar, causar*) produire, entraîner, provoquer

gerência *sf* **1** (*função de gerente*) gérance, direction **2** (*escritório do gerente*) direction

gerente *adj-smf* **1** (*de empresas*) gérant, administrateur, responsable **2** (*de bancos*) gestionnaire de compte

gergelim *sm* BOT sésame

geringonça *sf* camelote, pacotille

gerir *vtd* gérer, administrer

germe *sm* germe

germicida *adj-sm* germicide

germinar *vi* germer

gesso *sm* plâtre

gestação *sf* gestation

gestante *sf* femme enceinte

gestão *sf* **1** (*economia*) gestion **2** (*política*) mandat *m*
• **fazer gestão/gestões** intercéder

gesticular *vi* gesticuler

gesto *sm* geste

gibi *sm* album de bandes dessinées

gigante, -ta *sm, f* géant, -e
▸ *adj* **gigante** géant, -e *célula gigante* cellule géante

gigantesco, -ca *adj* gigantesque

gilete *sf* (*lâmina*) rasoir *m*, lame de rasoir
▸ *sm* (*bissexual*) bisexuel

gim *sm* gin

ginásio *sm* **1** (*escolar*) collège secondaire **2** (*esportivo*) gymnase, salle *f* omnisports

ginasta *smf* gymnaste

ginástica *sf* gymnastique

gincana *sf* gymkhana *m*

ginecologista *smf* gynécologiste

ginga *sf* déhanchement *m*, swing *m*

gingar *vi* remuer, se déhancher

gira *adj-smf* (*maluco*) fou, -olle, simplet, -ette

girafa *sf* ZOOL girafe

girar *vtd* (*rodar*) tourner: **girar a chave, a manivela** tourner la manivelle
▸ *vi* **1** (*rodar*) tourner: **a roda não estava girando** la roue ne tournait pas **2** (*circular*) circuler: **girar pela sala** circuler dans la pièce **3** (*estar gira*) être fou, -olle

- **girar em torno de** (*versar*) concerner, porter sur (*gravitar*) tourner autour, graviter (*valor-aproximado*) approcher

girassol *sm* BOT tournesol

giratório, -ria *adj* giratoire

gíria *sf* argot *m*

giro *sm* **1** (*rotação*) tour, rotation *f* **2** (*circulação de moeda*) circulation *f*, roulement **3** (*passeio, volta*) tour: *dar um giro* faire un tour

giz *sm* craie *f*

glacial *adj* glacial, -e

glândula *sf* glande

gleba *sf* (*terreno para cultura*) champ *m*

glicose *sf* glucose *m*

global *adj* **1** (*total, integral*) global, -e **2** (*mundial*) mondial, -e

globalização *sf* mondialisation, globalisation

globo *sm* globe

glóbulo *sm* globule

glória *sf* gloire

glorificar *vtd* glorifier
▶ *vpr* **glorificar-se** se vanter

glorioso, -sa *adj* glorieux, -euse

glossário *sm* glossaire

glutão, -ona *sm, f* glouton, -onne

glúten *sm* gluten

glúteo *sm* ANAT muscle fessier

godê *sm* godet

goela *sf* gorge, jabot *m*
- **molhar a goela** *fig* se rinser le gosier/boire un coup

gogó *sm* **1** (*pomo de adão*) pomme d'Adam **2** (*promessa vã*) promesse de Gascon **3** (*bravata*) fanfaronnade *f*

goiaba *sf* BOT goyave

goiabada *sf* CUL pâte de goyave

gol *sm* **1** (*tento*) but **2** (*baliza, rede*) buts *pl*
- **fazer um gol** marquer/réussir un but

gola *sf* col *m*
- **de gola alta** à collet *m* monté

gole *sm* gorgée *f*
- **dar um gole** boire une gorgée

goleada *sf* victoire écrasante (*au foot*)

goleiro, -ra *sm, f* gardien, -enne de but

golfe *sm* golf

golfinho ZOOL *sm* dauphin

golfo *sm* GEOG golfe

golpe *sm* **1** (*pancada*) coup **2** (*ardil, mentira*) imposture *f* **3** (*vigarice*) arnaque *f* **4** (*desfalque*) escroquerie *f* **5** (*choque, abalo*) coup
- **dar um golpe na praça** escroquer
- **golpe baixo** coup bas
- **golpe de ar/vento** courant d'air
- **golpe de Estado** coup d'Etat
- **golpe de mestre** coup de maître
- **golpe de misericórdia** coup de grâce
- **golpe de sorte** coup du sort/coup de chance
- **golpe de vista** coup d'œil
- **golpe do baú** mariage d'argent
- **golpe sujo** coup tordu

golpear *vtd* frapper

golpista *adj-smf* (*favorável a golpes de Estado*) putschiste
▶ *smf* (*vigarista*) escroc *m*

goma *sf* **1** BOT gomme **2** (*preparado de amido*) amidon *m*, empois *m*
- **goma de mascar** chewing-gum *m*

gomo *sm* BOT quartier

gôndola *sf* (*embarcação; prateleira de supermercado*) gondole

gongo *sm* gong
- **ser salvo pelo gongo** *fig* être sauvé par le gong

gonorreia *sf* MED gonorrhée, blennorragie

gorar *vi* **1** (*o ovo*) pourrir, (se) gâter **2** *fig* (*malograr*) échouer, mal tourner

gordo, -da *adj* **1** (*gorduroso-alimento*) gras, -sse **2** (*obeso; volumoso*) gros, -sse **3** (*cheio, roliço*) grassouillet, -ette, rondouillard, -e: *perna gorda* cuisse rondouillarde **4** (*grande*) gros, -sse: *uma gorda soma de dinheiro* une grosse somme d'argent **5** (*fértil-terra*) gras, -sse
▶ *sm, f* (*indivíduo obeso*) gros, -sse
- **domingo/sábado/terça-feira gordo, -da** dimanche/samedi/mardi gras

gorducho, -cha *adj-sm, f* grassouillet, -ette

gordura *sf* **1** (*substância gordurosa*) gras *m* **2** (*material untuoso*) graisse: **mancha**

de gordura tache de graisse 3 (*banha*) graisse 4 (*tecido adiposo*) lard *m*

gordurento, -ta *adj* 1 (*engordurado*) graisseux, -euse 2 (*com excesso de gordura; oleoso*) gras, -sse

gorduroso, -sa *adj* 1 (*relativo a gordura*) gras, -sse 2 (*gordurento*) graisseux, -euse

gorila *sm* 1 ZOOL gorille 2 (*militar de direita*) militaire réactionnaire

gorjeio *sm* gazouillement, gazouillis

gorjeta *sf* pourboire *m*

gororoba *sf* (*comida malfeita*) tambouille, rata *m*

gorro *sm* bonnet

gosma *sf* morve, glaire *m*, bave

gosmento, -ta *adj*, glaireux, -euse, baveux, -euse

gostar *vti* 1 aimer: *gostar de aventura* aimer l'aventure; *não gostar de pimenta* ne pas aimer le piment; *não gosto do meu vizinho* je n'aime pas mon voisin; *esta flor não gosta de sol* cette fleur n'aime pas le soleil 2 (*agradar*) plaire: *gosto muito disso* ça me plaît bien 3 (*aprovar*) approuver
▶ *vpr* **gostar-se** s'aimer

gosto *sm* 1 (*sabor*) saveur *f* 2 (*bom gosto*) goût 3 (*aroma*) goût, saveur *f*, parfum: *sabor morango* parfum fraise
▶ *pl* **preferências** goûts
• **a meu/seu gosto** à mon goût
• **com gosto** (*com prazer*) de bon cœur (*de bom grado*) volontiers (*com bom gosto*) avec bon goût
• **de fazer gosto** merveilleusement
• **fazer o(s) gosto(s) de alguém** faire tout ce que demande quelqu'un
• **ficar/estar a gosto** être à l'aise
• **gosto não se discute** les goûts et les couleurs, ça ne se discute pas
• **por gosto** (*por prazer*) par plaisir (*propositadamente*) exprès
• **sal/pimenta etc. a gosto** sel/poivre etc. à volonté
• **tomar gosto por algo** prendre goût à qqch

gostoso, -sa *adj* 1 (*saboroso*) bon, -nne, savoureux, -euse 2 (*agradável*) agréable 3 (*bonito, sensual*) sexy

• **fazer-se de gostoso** se faire prier, faire le difficile

gostosura *sf* 1 (*alimento gostoso; coisa agradável*) délice 2 (*guloseima*) friandise

gota *sf* 1 (*pingo*) goutte 2 MED goutte
• **estar com a gota** *fig* avoir la goutte
• **são parecidos como duas gotas** ils se ressemblent comme deux gouttes d'eau
• **ser a gota de água** être la goutte d'eau (*qui fait déborder le vase*)

goteira *sf* gouttière

gotejar *vi* goutter

gótico, -ca *adj* ARQ gothique

gourmê *sm* gourmet, gastronome

governador, -ra *sm, f* gouverneur *m*

governamental *adj* gouvernemental, -e

governanta *sf* gouvernante

governante *smf* gouvernant, -e, dirigeant, -e

governar *vtd* 1 (*país etc.*) diriger, gouverner 2 (*dominar, comandar*) maîtriser
▶ *vpr* **governar-se** se gouverner, se guider

governista *adj-smf* 1 (*favorável ao governo*) favorable au gouvernement 2 (*do governo*) du gouvernement

governo *sm* 1 gouvernement 2 (*controle*) maîtrise *f*

gozação *sf* moquerie, raillerie, plaisanterie

gozado, -da *adj* 1 (*engraçado*) drôle 2 (*estranho, esquisito, curioso*) bizarre, étrange
▶ *interj* bizarre

gozador, -ra *adj-sm, f* moqueur, -euse

gozar *vtd-vti* (*fruir*) jouir
▶ *vti* (*caçoar*) se moquer (**de**, de)
▶ *vi* (*sentir orgasmo*) jouir

gozo *sm* jouissance *f*

Grã-Bretanha *sf* Grande-Bretagne

graça *sf* 1 (*favor, auxílio*) service *m* 2 (*perdão*) grâce 3 (*elegância, leveza*) grâce 4 (*comicidade*) comique *m*, drôlerie
• **cair nas graças de alguém** être dans les bonnes grâces de quelqu'un
• **de graça** gratuit, -te/gratuitement
• **fazer graças** faire le pitre/le clown

- **ficar sem graça** (*deixar de ser engraçado*) cesser d'être drôle (*sentir-se constrangido*) se sentir gêné
- **graças a** grâce à
- **graças a Deus** Dieu merci
- **não ser de (muita) graça** être sérieux, -euse
- **qual é sua graça?** comment vous appelez-vous?
- **sem graça** ennuyeux, -euse/sans intérêt/pénible
- **ser uma graça** être un amour/ange
- **ter/não ter graça** (*encanto*) avoir du charme/ne pas avoir de charme (*comicidade*) être/ne pas être drôle

gracejo *sm* plaisanterie *f*, pitrerie *f*

gracinha *sf loc* **ser uma gracinha** être adorable

gracioso, -sa *adj* 1 (*encantador*) gracieux, -euse 2 (*gratuito*) gratuit, -e

grade *sf* (*de janela e porta*) grille
▸ *pl* **grades** (*cadeia*) barreaux *m*: *pôr atrás das grades* mettre derrière les barreaux

graduação *sf* 1 (*divisão em escala graduada*) graduation 2 (*formatura*) diplôme *m* 3 (*lugar na hierarquia*) rang *m*, grade *m*
- **curso de graduação** licence

graduado, -da *adj* 1 (*dividido em graus*) gradué, -e 2 (*elevado na hierarquia*) haut placé, -e
▸ *adj-sm, f* 1 (*formado em curso de graduação*) diplômé, -e, licencié, -e 2 MIL gradué, -e

gradual *adj* graduel, -elle

graduar *vtd* 1 (*dividir em graus*) graduer 2 (*dosar*) doser 3 (*atribuir graus de avaliação*) classer, classifier 4 (*diplomar*) diplômer 5 MIL donner un grade, prendre un grade
▸ *vpr* **graduar-se** (*formar-se*) obtenir son diplôme

gráfica *sf* imprimerie

gráfico, -ca *adj* graphique
▸ *sm* **gráfico** 1 (*representação gráfica*) graphique 2 (*quem trabalha em gráfica*) imprimeur

grã-fino, -na (*pl* grã-finos) *sm, f* richard, -e, rupin, -e, aisé, -e

grafite *sm* 1 (*tipo de lápis*) crayon gris 2 (*inscrição*) graffiti

grafito *sm* graffiti

gralha *sf* ZOOL geai *m*

grama *sm* gramme: *duzentos gramas de presunto* deux cents grammes de jambon
▸ *sf* BOT herbe, gazon, *m*

gramado, -da *adj* gazonné, -e
▸ *sm* **gramado** (*terreno coberto de grama; campo de futebol*) gazon

gramar *vtd* gazonner

gramática *sf* grammaire

grampeador *sm* agrafeuse *f*

grampear *vtd* 1 (*pregar com grampo*) agrafer 2 (*telefone*) mettre sur écoute

grampo *sm* 1 (*para cabelos*) épingle *f* (à cheveux) 2 (*para papéis*) agrafe *f* 3 (*interferência em telefone*) écoute *f*

grana *sf* (*dinheiro*) fric *m*, pognon *m*, blé *m*

granada *sf* MIL grenade

grandalhão, -ona *adj* colossal, -e
▸ *sm, f* colosse *m*

grande *adj* 1 grand, -e: *uma grande multidão* une grande foule; *uma casa grande* une grande maison; *um grande poeta* un grand poète; *grande velocidade* grande vitesse; *o grande segredo* le grand secret 2 (*bom, ótimo*) bon, bonne, grand, -e: *uma grande lição* une bonne leçon; *um grande remédio* un bon remède; *um grande amigo* un grand/bon ami 3 (*grave*) grave: *uma grande encrenca* une grave embrouille
▸ *sm* **grande** (*poderoso; adulto, mais velho*) grand
▸ *interj* **grande!** bravo!, chapeau!
- **Catarina, a grande** Catherine la Grande
- **grande João, como vai?** sacré João, comment tu vas?
- **Grande São Paulo** l'agglomération de São Paulo

grandeza *sf* grandeur

grandioso, -sa *adj* grandiose, grand, -e

granel *sm loc* **a granel** en vrac

graneleiro *sm* (*navio*) vraquier

granito *sm* granit(e)

granizo *sm* grêle *f*, grêlon

granja *sf* **1** *(pequena propriedade rural)* ferme **2** *(criatório de galinhas)* élevage *m*/ ferme avicole

granjear *vtd* attirer

granulado, -da *adj* granulé, -e

grão *sm* grain
▶ *adj* **grão, -grã** grand, -de: ***Grã-Bretanha*** Grande-Bretagne; ***grão-duque*** grand-duc

grão-de-bico (*pl* **grãos-de-bico**) *sm* BOT pois chiche

gratidão *sf* gratitude

gratificação *sf* prime, gratification

gratificante *adj* gratifiant, -e

gratificar *vtd-vtdi* **1** *(remunerar)* rémunérer, payer une prime **2** *(dar satisfação)* gratifier

gratinar *vtd* CUL gratiner

grátis *adj* gratuit, -e: ***comida grátis*** repas gratuit
▶ *adv* gratuitement: ***entrou grátis no show*** il est entré gratuitement au concert

grato, -ta *adj* **1** *(agradecido)* reconnaissant, -e **2** *(agradável)* agréable

gratuito, -ta *adj* gratuit, -e

grau *sm* **1** FÍS degré **2** *fig (nível)* niveau **3** *(posto hierárquico)* rang, grade **4** *(teor de álcool)* degré
• **colar grau** obtenir son diplôme universitaire
• **ensino de 1º/2º/3º graus** enseignement primaire/secondaire/universitaire
• **graus de comparação** degrés de comparaison
• **óculos de grau** lunettes *f* de vue

graúdo, -da *adj* **1** *(grande)* grand, -e **2** *(vultoso)* gros, -sse: ***dinheiro graúdo*** une grosse somme d'argent **3** *(influente)* influent, -e

gravação *sf* **1** *(incisão)* empreinte **2** *(registro de som; disco, fita gravados)* enregistrement *m*

gravador, -ra *adj-sm, f (quem faz gravuras)* graveur, -euse
▶ *sm* **gravador** *(de som)* magnétophone, enregistreur

gravadora *sf* maison de disques

gravar *vtd-vtdi* **1** *(som, disco)* enregistrer **2** CINE tourner **3** *(entalhar, esculpir)* graver **4** *(fixar na memória)* retenir **5** INFORM sauvegarder

gravata *sf (peça de vestuário; golpe)* cravate

gravata-borboleta (*pl* **gravatas-borboletas**) *sf* nœud *m* papillon

grave *adj* grave
▶ *sm (som)* grave ***graves e agudos*** graves et aigus

graveto *sm* bout de bois

grávida *adj* enceinte
▶ *sf* femme enceinte

gravidade *sf* gravité

gravidez *sf* grossesse

gravitar *vti* graviter

gravura *sf* gravure

graxa *sf* **1** QUÍM graisse **2** *(de sapato)* cirage *m*

graxo, -xa *adj* gras, -sse

Grécia *sf* Grèce

grego, -ga *adj* grec, grecque
▶ *sm, f* Grec, Grecque
▶ *sm* **grego** grec
• **para mim, isso é grego** *fig* pour moi, c'est du chinois

grelha *sf* grille, grill *m*

grelhado, -da *adj* grillé, -e

grêmio *sm* **1** *(associação esportiva)* club **2** *(em escola)* association *f* d'élèves

greve *sf* grève
• **entrar em greve** entrer en grève
• **fazer greve** faire grève
• **greve de fome** grève de la faim

grevista *adj-smf* gréviste

grid *sm* grille

grifar *vtd* souligner

grife *sf* griffe

grifo *sm (itálico)* italique

grilado, -da *adj* **1** *pop (encucado)* obsédé, -e, soupçonneux, -euse **2** *(terreno)* dont le titre de propriété a été falsifié

grilar *vtd* **1** *pop (deixar encucado)* rendre malade **2** *(terras)* falsifier le titre de propriété
▶ *vpr* **grilar-se** se fâcher

grilo *sm* **1** ZOOL grillon **2** *fig (preocupação, ansiedade)* souci

grinalda *sf* diadème *m*, coiffe de mariée

gringo, -ga *adj-sm, f (estrangeiro, americano)* gringo

gripado, -da *adj* grippé, -e

gripar *vtd* transmettre la grippe
▸ *vpr* **gripar-se** attraper la grippe

gripe *sf* grippe

grisalho, -lha *adj (cabelos)* gris, -e, grisonnant, -e, poivre et sel

gritante *adj* **1** *(clamoroso; evidente)* criant, -e **2** *(berrante-cor)* criard, -e

gritar *vi* **1** *(emitir gritos)* crier **2** *(reclamar)* protester
• **gritar com alguém** crier après quelqu'un

gritaria *sf* cri *m*, vacarme *m*

grito *sm* cri

grogue *sm* grog
▸ *adj* groggy, étourdi, -e, assommé, -e

grosa *sf* **1** *(doze dúzias)* grosse, deux douzaines **2** *(lima)* grosse lime, râpe

grosseiro, -ra *adj-sm, f* grossier, -ère

groselha *sf* **1** BOT groseille **2** *(xarope)* sirop de groseille

grosseria *sf* grossièreté

grosso, -sa *adj* **1** *(de grande diâmetro)* gros, -sse **2** *(espesso, denso; alto, largo)* épais, -se: *parede grossa* mur épais; *livro grosso* livre épais; *sola grossa* semelle épaisse **3** *(áspero)* rude, rêche: *mão grossa* main rêche **4** *(encorpado)* gros, -sse, grossier, -ière: *tecido, papel grosso* tissu, papier grossier **5** *(vultoso)* gros, -sse: *grossa soma de dinheiro* grosse somme d'argent **6** *(importante, grave)* gros, -sse: *briga grossa* grosse bagarre
▸ *adj-sm, f (grosseiro)* grossier, -ière
▸ *sm* **grosso** *(a maior parte)* la plupart *f*
• **falar grosso** [ter voz grave] avoir la voix grave [falar rudemente] parler rudement

grossura *sf* **1** *(diâmetro)* grosseur **2** *(espessura; altura, largura)* épaisseur **3** *(aspereza)* rudesse **4** *pop (grosseria)* grossièreté

grotesco, -ca *adj-sm, f* grotesque

grudar *vtdi* coller
▸ *vi* **1** *(ser grudento)* être pot de colle **2** *fig (ser aceito)* coller, passer
• **grudar-(se) a/em alguém** rester collé à qqn

grude *sf* **1** *(cola)* glu *f* **2** *(apego)* attachement *m* **3** *(comida ruim)* pâtée *f*

grudento, -ta *adj* collant, -e

grumo *sm* grumeau

grunhir *vi* grogner

grupo *sm* **1** *(de pessoas)* groupe **2** *(conjunto de coisas)* groupe, ensemble **3** *(de empresas)* groupe **4** *pop (mentira)* mensonge, bobard

gruta *sf* grotte

guache *sm* gouache *f*

guaraná *sm (fruta, bebida)* guarana

guarda *sf* **1** *(custódia, proteção)* garde *confiar a guarda de algo a alguém* confier la garde de quelque chose à quelqu'un **2** *(vigilância)* surveillance **3** *(corpo de guardas)* garde, police: *guarda municipal* police municipale
▸ *smf* **1** *(vigilante)* gardien, -enne, vigile **2** *(policial)* agent de police
• **baixar a guarda** baisser la garde
• **estar de guarda** être de garde
• **ter a guarda dos filhos** avoir la garde des enfants
• **jovem/velha guarda** jeune/vieille garde
• **montar guarda** monter la garde

guarda-chuva (*pl* **guarda-chuvas**) *sm* parapluie

guarda-costas (*pl* **guarda-costas**) *sm* garde du corps, gorille

guardador, -da *sm, f (de carros)* gardien de voitures

guarda-florestal (*pl* **guardas-florestais**) *sm* garde forestier

guardanapo *sm* serviette *f* de table

guarda-noturno (*pl* **guardas-noturnos**) *sm* gardien de nuit

guardar *vtd* **1** *(pôr em lugar apropriado)* ranger **2** *(tomar conta, vigiar)* garder, surveiller **3** *(reter na memória)* garder
▸ *vtd-vtdi (proteger, defender; reservar)* garder
• **guardar lugar** garder la place
• **guardar o leito** garder le lit
• **guardar segredo** garder un secret

- **guardar silêncio** garder le silence
guarda-roupa (pl **guarda-roupas**) sm 1 (móvel) penderie f 2 TEATRO garde-robe f
guarda-sol (pl **guarda-sóis**) sm 1 (sombrinha) ombrelle f 2 (de praia) parasol
guarda-volumes (pl **guarda-volumes**) sm consigne f (à bagages)
guardião, -ã (pl **guardiões/ães, -ãs**) sm,f gardien, -enne
guarita sf guérite, poste m de garde
guarnecer vtd garnir
guarnição sf 1 garniture 2 MIL garnison
gude sm (bolinha) bille f
guerra sf guerre
- **velho de guerra** vieux briscard
guerrear vi faire la guerre, guerroyer
guerreiro, -ra adj-sm,f 1 guerrier, -ère 2 fig (batalhador) bagarreur, -euse
guerrilha sf guérilla
guerrilheiro, -ra sm,f guérillero m
gueto sm ghetto
guia sf 1 (documento, formulário) formulaire m 2 (autorização) autorisation: *guia de internação* autorisation d'hospitalisation/d'internement 3 (trela) guide m, rêne f 4 (meio-fio) bord m de trottoir
▶ smf (cicerone; orientador) guide m
▶ sm 1 (manual; roteiro) guide m: *guia da cidade de São Paulo* guide de la ville de São Paulo 2 RELIG chapelet m des religions afro-brésiliennes
- **guia de turismo** guide m de tourisme/touristique
- **guia rebaixada** bateau (de trottoir)
guiar vtd-vtdi (mostrar o caminho; orientar) guider
▶ vtd-vi (dirigir veículo) guider, conduire
▶ vpr **guiar-se** (orientar-se) se guider
guichê sm guichet
guidom sm guidon
guilhotina sf (de execução; de tipografia) guillotine
guinada sf 1 (navio, carro) embardée 2 fig (mudança brusca) retournement m, revirement m, volte-face, virevolte
guinchar vi (animal) crier, hurler, grogner
▶ vtd (rebocar) remorquer
guincho sm 1 (som) grincement 2 (reboque) treuil
- **sujeito a guincho** passible de mise en fourrière
guindaste sm grue f
guirlanda sf guirlande
guisado sm CUL ragoût
guitarra sf (elétrica) guitare électrique
guitarrista smf guitariste
gula sf gourmandise
gulodice sf 1 (gula) gourmandise 2 (doce) friandise
guloseima sf friandise
guloso, -sa adj gourmand, -e
gume sm tranchant, -e
guri, -ia sm,f môme, gamin, -e
guru sm gourou
▶ smf (mentor) mentor
gutural adj guttural, -e

H

habeas corpus *sm* habeas corpus

hábil *adj* habile

habilidade *sf* habileté

habilidoso, -sa *adj* habile, adroit, -e

habilitação *sf* **1** *(capacidade)* habilitation, capacité **2** *(qualificação)* qualification **3** *(carteira de motorista)* permis *m* *(de conduire)*

habilitar *vtd-vtdi* habiliter

habitação *sf* habitation

habitacional *adj* d'habitation

habitante *sm, f* habitant, -e

habitar *vtd-vti* habiter

hábitat *sm* habitat

hábito *sm* **1** *(costume)* habitude, *f* **2** *(roupa)* habit

habitual *adj* habituel, -elle

habituar *vtdi* habituer, accoutumer
▸ *vpr* **habituar-se** s'habituer, s'accoutumer

hálito *sm* haleine *f*
• **mau hálito** mauvaise haleine

hall *sm* hall

haltere *sm* haltère *f*

halterofilismo *sm* haltérophilie *f*

hambúrguer *sm* hamburguer

handball *sm* ESPORTE hand(-)ball

hangar *sm* hangar

haras *sm inv* haras

harém *sm* harem

harmonia *sf* harmonie

harmônica *sf* *(sanfona)* accordéon *m*

harmonioso, -sa *adj* harmonieux, -euse

harmonizar *vtdi* harmoniser (**com**, avec)
▸ *vpr* **harmonizar-se** s'harmoniser

harpa *sf* MÚS harpe

hasta *sf loc* **hasta pública** enchères *pl*

haste *sf* **1** *(de bandeira)* hampe **2** *(caule)* tige **3** *(de óculos)* branche

hastear *vtd* arborer, hisser

havaiano, -na *adj* hawaïen, -enne
▸ *sm, f* Hawaïen, -enne

havana *adj inv (cor)* havane
▸ *sm* **Havana** *(charuto)* havane

haver *v imp* **1** y avoir: *não havia dinheiro na carteira* il n'y avait pas d'argent dans le portefeuille **2** *(fazer)* y avoir, faire: *há vários anos não o vejo* cela fait des années que je ne le vois plus
▸ *v aux* avoir: *a festa mal havia começado, e ele já estava bêbado* la fête avait juste commencé et il était déjà soul
▸ *vpr* **haver-se** avoir affaire (**com**, à)
• **haja o que houver...** quoi qu'il arrive…
• **haver/não haver como** y avoir un moyen de/ne pas y avoir moyen de
• **haver por bem** décider, daigner
• **hei de vencer** je vaincrai
• **não há de quê** il n'y a pas de quoi/de rien

haveres *sm pl* avoirs, biens

haxixe *sm* haschich

hebraico, -ca *adj* hébraïque
▸ *sm (língua)* hébreu

hebreu, -eia *adj* hébraïque, juif, -ve
▸ *sm, f* Hébreu *m*, Juif, -ve

hectare *sm* hectare

hediondo, -da *adj* horrible, odieux, -euse

hegemonia *sf* hégémonie
hélice *sf* hélice
helicóptero *sm* hélicoptère
heliporto *sm* héliport
hematoma *sm* hématome
hemisfério *sm* hémisphère
hemocentro *sm* banque *f* de sang
hemofilia *sf* hémophilie
hemorragia *sf* hémorragie
hemorroidas *sf pl* hémorroïdes
hepatite *sf* hépatite
hera *sf* BOT lierre *m*
herança *sf* héritage *m*
herbívoro, -ra *adj* herbivore
herdar *vtd-vti* hériter
herdeiro, -ra *adj-sm, f* héritier, -ère
hereditário, -a *adj* héréditaire
heresia *sf* hérésie
hermético *adj* hermétique
hérnia *sf* MED hernie
■ **hérnia de disco** hernie discale
■ **hérnia estrangulada** hernie étranglée
herói, -ína *sm, f* héros, -oïne
heroico, -ca *adj* héroïque
heroína *sf* (*droga*) héroïne
heroísmo *sm* héroïsme
herpes *sm* MED herpès
hesitação *sf* hésitation
hesitante *adj* hésitant, -e
hesitar *vi-vti* hésiter
heterogêneo, -a *adj* hétérogène
heterossexual *adj-smf* hétérosexuel, -elle
hiato *sm* hiatus
hibernar *vi* hiverner
híbrido, -da *adj* hybride
hidrante *sm* bouche *f* d'incendie
hidratação *sf* hydratation
hidratante *adj* hydratant -e
▶ *sm* crème *f* hydratante
hidráulico, -ca *adj* hydraulique
hidravião *sm* hydravion
hidrelétrica *sf* usine hydroélectrique

hidrofobia *sf* hydrophobie
hidrogênio *sm* hydrogène
hidromassagem *sf* hydromassage *m*
hidrômetro *sm* compteur d'eau
hiena *sf* ZOOL hyène
hierarquia *sf* hiérarchie
hieróglifo *sm* hiéroglyphe
hífen (*pl* **hifens**) *sm* trait d'union
higiene *sf* hygiène
higiênico, -ca *adj* hygiénique
hindu *adj-sm, f* hindou, -e
hino *sm* hymne
hipermercado *sm* hypermarché
hipertensão *sf* hypertension
hipismo *sf* hippisme *m*, équitation
hipnótico, -ca *adj* hypnotique
hipnotizar *vtd* hypnotiser
hipocondríaco, -ca *adj* hypocondriaque
hipocrisia *sf* hypocrisie
hipócrita *adj-smf* hypocrite
hipódromo *sm* hippodrome
hipófise *sf* ANAT hypophyse
hipopótamo *sm* hippopotame
hipoteca *sf* hypothèque
hipótese *sf* hypothèse
hippie *adj-smf* hippie
hispânico, -ca *adj* hispanique
histeria *sf* hystérie
histérico, -ca *adj* hystérique
história *sf* **1** (*geral, do Brasil etc. de crianças*) histoire **2** (*caso, anedota*) récit *m*, histoire **3** (*enredo*) scénario *m* **4** (*lorota*) histoire (à dormir debout)
• **chega de história!** arrête tes salades
• **história da carochinha** conte pour enfants
• **história em quadrinhos** bande dessinée
• **história pra boi dormir** histoire à dormir debout
historiador, -ra *sm, f* historien, -ienne
histórico, -ca *adj* historique
▶ *sm* **histórico** historique
hobby *sm* hobby, passe-temps

hoje adv 1 (*dia*) aujourd'hui 2 (*atualmente*) aujourd'hui, de nos jours
• **hoje em dia** de nos jours

Holanda sf Hollande

holandês, -esa adj hollandais, -e
▸ sm,f Hollandais, -e (*personne*)
▸ sm hollandais, -e (*langue*)

holerite sm feuille f de paie, bulletin de salaire

holofote sm spot

homem sm homme
• **de homem para homem** d'homme à homme

homem-rã (*pl* homens-rãs) sm homme-grenouille

homenagear vtd rendre hommage à

homenagem sf hommage m

homeopatia sf homéopathie

homérico, -ca adj 1 (*de Homero*) homérique 2 fig (*enorme, importante*) immense, démésuré, -e, cyclopén, -enne, gigantesque

homicídio sm homicide

homilia sf RELIG homélie

homogêneo, -a adj homogène

homologar vtd homologuer

homossexual adj-smf homosexuel -elle

honestidade sf honnêteté

honesto, -ta adj honnête

honorário, -a adj honoraire
▸ sm pl **honorários** honoraires

honra sf (*consideração; honraria*) honneur
▸ pl **honras** honneurs
• **em honra de** en l'honneur de
• **fazer as honras da casa** faire les honneurs de la maison
• **lugar de honra** place d'honneur

honrado, -da adj honoré, -e
• **sentir-se honrado por algo** se sentir honoré de qqch

honrar vtd honorer
• **honrar a palavra dada** tenir (sa) parole
• **honrar uma dívida** s'acquitter d'une dette

honraria sf honneur m

honroso, -sa adj honorable

hora sf 1 (*60 minutos*) heure 2 (*ocasião*) heure, temps m: **está na hora de ir embora** il est temps de s'en aller 3 (*momento*) moment m, coup m: **na hora, não percebi o engano** sur le coup, je ne me suis pas rendu compte de l'erreur 4 (*momento oportuno*) chance: **aproveite, chegou sua hora** c'est ta chance, essaie de la saisir
• **100 km por hora** 100 km à l'heure
• **a toda hora** à toute heure/à tout moment/tout le temps
• **altas horas** à une heure avancée
• **chegar/começar/terminar na hora** arriver/commencer/terminer à l'heure
• **de uma hora para outra** d'une heure à l'autre/d'un moment à l'autre
• **em boa/má hora** au bon/mauvais moment
• **em cima da hora** au dernier moment
• **estar pela hora da morte** être hors de prix
• **fazer algo antes da hora** faire qqch avant l'heure
• **fazer hora** passer le temps
• **fora de hora** COM en dehors des heures d'ouverture (*inoportunamente*) à une heure indue
• **hora de pico/do *rush*** heure de pointe
• **hora extra** heure supplémentaire
• **hora local** heure locale
• **horas e horas** pendant des heures
• **isto são horas?** est-ce que c'est une heure pour arriver?
• **já estava na hora!** il était temps!
• **marcar hora com alguém** fixer un rendez-vous à quelqu'un
• **meia hora** demi-heure
• **na hora certa/errada** au bon/mauvais moment
• **na hora H** à l'heure H
• **na primeira hora** à la première heure
• **não ver a hora de** brûler d'impatience de
• **nas horas vagas** aux heures de loisir/aux moments perdus
• **nas primeiras horas da tarde/da manhã/da noite** en début d'après-midi/de matinée/de soirée
• **que horas são?** quelle heure est-il?
• **ser da hora** être super/formidable

- **tem horas?** vous avez l'heure, s'il vous plaît?

horário, -a *adj* (*por hora*) horaire
▶ *sm* **horário** horaire
- **horário de verão** heure d'été
- **horário nobre** heure de grande audience
- **sentido horário** sens des aiguilles (*d'une montre*)

horizontal *adj* horizontal, -e
- **na horizontal** à l'horizontale (*deitado*) couché, -e

horizonte *sm* horizon

hormônio *sm* hormone *f*

horóscopo *sm* horoscope

horrendo, -da *adj* horrible

horripilante *adj* horripilant, -e

horrível *adj* horrible

horror *sm* horreur *f*

horrorizar *vtd-vi* faire horreur, épouvanter
▶ *vpr* **horrorizar-se** s'épouvanter, s'effrayer

horroroso, -sa *adj* horrible

horta *sf* potager *m*

hortaliça *sf* légume *m*, plante potagère

hortênsia *sf* BOT hortensia *m*

horto *sm* jardin, pépinière *f*

hospedagem *sf* 1 (*acolhida*) hospitalité 2 (*hospedaria*) hôtellerie

hospedar *vtd* recevoir, héberger
▶ *vpr* **hospedar-se** 1 se loger 2 (*em hotel*) descendre

hospedaria *sf* hôtellerie, auberge

hóspede *smf* hôte

hospedeiro, -ra *adj-sm,f* 1 *adj* hospitalier, -ière
▶ *sm,f* 1 hôte 2 BIOL hôte

hospício *sm* asile

hospital *sm* hôpital
■ **hospital de clínicas** centre hospitalier universitaire (*CHU*)

hospitaleiro, -ra *adj* hospitalier, -ière

hospitalidade *sf* hospitalité

hospitalização *sf* hospitalisation

hospitalizado, -da *adj* hospitalisé, -e

hospitalizar *vtd* hospitaliser

hóstia *sf* RELIG hostie

hostil *adj* hostile

hostilidade *sf* hostilité

hot dog *sm* hot-dog

hotel *sm* hôtel

hotelaria *sf* 1 (*conjunto de hotéis*) chaîne d'hôtels 2 (*gestão de hotéis*) hôtellerie

hoteleiro, -ra *adj* hôtelier, -ière
▶ *sm,f* hôtelier, -ière

humanidade *sf* humanité
▶ *pl* **humanidades** humanités

humanismo *sm* humanisme

humanitário, -a *adj* humanitaire

humano, -na *adj* humain, -e

humanizar *vtd* humaniser
▶ *vpr* **humanizar-se** s'humaniser

humildade *sf* humilité

humilde *adj* humble

humilhação *sf* humiliation

humilhante *adj* humiliant, -e

humilhar *vtd* humilier
▶ *vpr* **humilhar-se** s'humilier

humor *sm* 1 (*espirituosidade*) humour 2 (*estado de espírito*) humeur *f*: *estar de bom/mau humor* être de bonne/mauvaise humeur 3 (*humorismo*) humeur *f*, humour

humorismo *sm* humorisme

humorista *smf* humoriste

humorístico, -ca *adj* humoristique

húmus *sm* humus

húngaro, -ra *adj* hongrois, -e
▶ *sm,f* **húngaro** Hongrois, -e
▶ *sm* (*língua*) **húngaro** hongrois

I

ianque *smf* Yankee

iate *sm* yacht

ibérico, -ca *adj* ibérique

Ibope *abrev* (Fundação Instituto Brasileiro de Opinião Pública e Estatística) institut brésilien de sondage
▶ *sm* **ibope** bonne impression *f*, sensation *f*: ***dar/não dar ibope*** faire/ne pas faire sensation

ícone *sm* 1 icône *f* 2 INFORM icone

icterícia *sf* MED ictère *m*, jaunisse

ida *sf* aller *m*
- **ida e volta** aller-retour *m*
- **ida rápida** saut *m*

idade *sf* âge
- **Idade Média** Moyen(-)Âge

ideal *adj* idéal, -e
▶ *sm* idéal

idealismo *sm* idéalisme

idealista *smf* idéaliste

idealizar *vtd* idéaliser

ideia *sf* 1 idée 2 (*mente; cabeça*) tête
- **dar uma ideia** donner une idée
- **ideia fixa** idée fixe
- **ideia preconcebida** préjugé *m*
- **mudar de ideia** changer d'idée
- **ter uma ideia de alguém/algo** avoir une opinion sur qqn/qqch
- **trocar ideias** bavarder, causer

idem *pron* idem

idêntico, -ca *adj* identique

identidade *sf* identité

identificação *sf* identification

identificar *vtd-vtdi* (*tornar idêntico*) identifier
▶ *vpr* **identificar-se** s'identifier

ideologia *sf* idéologie

idílio *sm* idylle *f*

idioma *sm* langue *f*: ***escola de idiomas*** école de langues

idiota *adj-smf* idiot, -e

idiotice *sf* idiotie

idolatrar *vtd* idolâtrer

ídolo *sm* idole *f*

idôneo, -nea *adj* approprié, -e

idoso, -sa *adj* âgé, -e
▶ *sm, f* personne âgée, vieillard *m*

iglu *sm* igloo

ignição *sf* 1 ignition 2 (*peça de auto*) allumage *m*

ignorância *sf* ignorance

ignorante *adj-smf* 1 (*sem instrução; sem conhecimento*) ignorant, -e 2 (*grosseiro*) rustre, mufle

ignorar *vtd* ignorer

igreja *sf* église

igual *adj* 1 égal, -e 2 (*uniforme*) plan, -e, uniforme: ***uma superfície igual*** une surface uniforme
▶ *smf* égal, -e
- **de igual para igual** d'égal à égal
- **por igual** également
- **ser sem igual** être sans égal

igualar *vtd-vtdi* 1 (*tornar igual; equiparar, comparar*) égaler 2 (*uniformizar*) égaliser, uniformiser
▶ *vpr* **igualar-se** 1 (*tornar-se igual; equiparar-se, comparar-se*) s'égaler 2 (*tornar-se uniforme*) s'égaliser

igualdade *sf* égalité
- **em pé de igualdade** sur un pied d'égalité

igualmente *adv* également
• – **Prazer em conhecê-lo.** – **Igualmente** – Enchanté(e) de vous connaître – Moi de même

ilegal *adj* illégal, -e

ilegítimo, -ma *adj* illégitime

ilegível *adj* illisible

ileso, -sa *adj* sain, -e et sauf, -ve, intact, -e, indemne
• **sair ileso** (en) sortir sain(e) et sauf(ve)

ilha *sf* 1 GEOG île 2 (*em avenida*) terre-plein *m* central

ilhó *sm* œillet, petit trou

ilícito, -ta *adj* illicite

ilimitado, -da *adj* illimité, -e

Ilmo., Ilma. (Ilustríssimo, -ma) *abrev* illme

iludir *vtd* tromper, leurrer, duper
▸ *vpr* **iludir-se** s'illusionner, se leurrer, se tromper

iluminação *sf* illumination

iluminar *vtd* éclairer, illuminer
▸ *vpr* **iluminar-se** s'éclairer

ilusão *sf* illusion

ilusionista *smf* illusionniste

ilusório, -a *adj* illusoire

ilustração *sf* 1 (*conhecimento, saber*) connaissance, érudition, savoir *m* 2 (*esclarecimento, comentário; desenho, gravura*) illustration

ilustrar *vtd* 1 (*transmitir conhecimento*) enseigner, apprendre 2 (*exemplificar, esclarecer; inserir estampas*) illustrer

ilustrativo, -va *adj* illustratif, -ve

ilustre *adj* illustre

ilustríssimo *adj* cher, -ère *f*: **ilustríssimo senhor** cher monsieur

ímã *sm* aimant

imaculado, -da *adj* immaculé, -e

imagem *sf* image

imaginação *sf* imagination

imaginar *vtd* 1 (*formar imagem mental*) imaginer 2 (*conjecturar*) imaginer, se figurer: **imagine só se ele aparecesse agora** imagine ce qui se passerait s'il arrivait maintenant
▸ *vpr* **imaginar-se** 1 (*julgar-se*) se juger, se considérer 2 (*prefigurar-se*) s'imaginer

• **imagine!** imagine!, penses-tu!, mais non!
• **quem teria imaginado?** qui l'eut dit/cru?

imaginário, -a *adj* imaginaire

imaginativo, -va *adj* imaginatif, -ive

imaturo, -ra *adj* immature

imbatível *adj* imbattable, invincible

imbecil *adj-smf* imbécile

imbecilidade *sf* imbécillité

imberbe *adj* imberbe

imbuir *vtdi* (*convencer*) convaincre, persuader
▸ *vpr* **imbuir-se** (*convencer-se*) se convaincre, se persuader

imediações *sf pl* environs *m*, alentours *m*, abords *m*

imediatamente *adv* 1 immédiatement: *imediatamente depois de algo* immédiatement après quelque chose 2 (*já; logo*) tout de suite, sur-le-champ: *venha imediatamente* viens tout de suite

imediato, -ta *adj* 1 (*sem demora*) immédiat, -e 2 (*seguinte*) suivant, -e 3 (*direto*) immédiat, -e 4 (*contíguo*) adjacent, -e, contigu, -ë
• **de imediato** immédiatement, sur-le-champ, illico presto, tout de suite

imensidão *sf* immensité

imenso, -sa *adj* immense

imergir *vtd-vtdi-vi* immerger

imersão *sf* immersion

imerso, -sa *adj* 1 (*afundado, mergulhado*) immergé, -e 2 *fig* (*absorto*) absorbé, -e

imigração *sf* immigration

imigrante *adj-smf* immigrant, -e

imigrar *vi* immigrer

iminência *sf* imminence
• **estar na iminência de** être sur le point de

iminente *adj* imminent, -e

imiscuir-se *vpr* s'immiscer, s'ingérer (**em,** dans)

imitação *sf* imitation
• **à imitação de** à l'imitation de, à la façon de

imitador, -ra *adj-sm, f* imitateur, trice

imitar *vtd* **1** imiter **2** *(falsificar)* imiter: *imitar uma assinatura* imiter une signature **3** ressembler: *uma bijuteria que imita a pérola* une fantaisie qui ressemble à une perle

imobiliária *sf* agence immobilière

imobilidade *sf* immobilité

imobilizar *vtd* immobiliser

imolar *vtd* immoler

imoral *adj* immoral, -e

imoralidade *sf* immoralité

imortal *adj-smf* immortel, -le

imortalidade *sf* immortalité

imortalizar *vtd* immortaliser
▶ *vpr* **imortalizar-se** s'immortaliser

imóvel *adj* immobile
▶ *sm* **imóvel** *(prédio etc.)* immeuble
■ **imóvel rural** propriété *f* rurale
• **bens imóveis** biens immobiliers

impaciência *sf* impatience

impacientar *vtd* impatienter, énerver
▶ *vpr* **impacientar-se** s'impatienter, s'énerver

impaciente *adj* impatient, -e

impacto *sm* impact

impagável *adj (engraçado)* impayable

ímpar *adj* **1** *(não par)* impair, -e **2** *fig (sem igual)* sans égal, -e

imparcial *adj* impartial, -e

impasse *sm* impasse *f*

impassível *adj* impassible

impecável *adj* impeccable

impedido, -da *adj (tráfego)* interdit, -e

impedimento *sm* **1** *(empecilho)* empêchement, obstacle **2** FUT hors-jeu *inv*

impedir *vtd-vtdi* **1** *(dificultar)* empêcher **2** *(atrapalhar)* gêner, encombrer: *impedir a passagem* gêner le passage
• *isto não impede que* il n'empêche que

impelir *vtd* pousser

impenetrável *adj* impénétrable

impensado, -da *adj* irréfléchi, -e

impensável *adj* impensable, inconcevable

imperador, -atriz *sm, f* empereur, -ratrice

imperar *vi* régner

imperativo, -va *adj* impératif, -ive
▶ *sm* **imperativo** GRAM impératif

imperceptível *adj* imperceptible

imperdível *adj* incontournable

imperdoável *adj* impardonnable

imperfeição *sf* imperfection

imperfeito, -ta *adj* imparfait, -e
▶ *sm* **imperfeito** GRAM imparfait

imperial *adj* impérial, -e

imperialismo *sm* impérialisme

imperícia *sf* maladresse

império *sm* empire

imperioso, -sa *adj* impérieux, -euse

impermeável *adj-sm* imperméable

impertinência *sf* impertinence

impertinente *adj* impertinent, -e

imperturbável *adj* imperturbable, impassible

impessoal *adj* impersonnel, -elle

ímpeto *sm* **1** *(impetuosidade)* impétuosité *f* **2** *(impulso)* impulsion *f*

impetrar *vtd* DIR intenter, impétrer

impetuoso, -sa *adj* impétueux, -euse

impiedade *sf* **1** *(desumanidade)* cruauté **2** *(falta de religiosidade)* impiété

impiedoso, -sa *adj* impitoyable

impingir *vtdi* **1** *(mentiras)* faire avaler **2** *(mercadoria)* refiler **3** *(apelido, nome)* donner, attribuer, affubler

implacável *adj* implacable

implantação *sf* **1** MED implantation **2** *(instauração, estabelecimento)* implantation, mise en place

implantar *vtd* **1** MED implanter **2** *(estabelecer, instaurar)* implanter, mettre en place
▶ *vpr* **implantar-se** s'implanter

implante *sm* MED implant

implementar *vtd* mettre en œuvre

implemento *sm* instrument, outil
• **implementos agrícolas** outils agricoles

implicação *sf* implication

implicar *vtd* **1** *(acarretar)* impliquer,

entraîner 2 *(requerer)* demander, supposer
▶ vti 1 taquiner, provoquer, s'en prendre (à), prendre à partie: ***implicar com alguém*** prendre qqn à partie 2 *(envolver)* impliquer (**em**, dans)

implícito, -ta *adj* implicite

implodir *vtd-vi* imploser

implorar *vtd-vtdi-vi* implorer

implosão *sf* implosion

imponderável *adj* impondérable

imponente *adj* imposant, -e

impopular *adj* impopulaire

impor *vtd-vtdi* imposer
▶ *vpr* **impor-se** s'imposer

importação *sf* importation

importadora *sf* société d'importation

importância *sf* 1 importance 2 *(quantia)* somme
• **coisa de pouca importância** chose insignifiante

importante *adj* important, -e
▶ *sm* important: ***o importante é...*** l'important, c'est…

importar *vi-vti (ter importância; interessar)* importer (**para**, à)
▶ *vtd-vi (trazer para dentro do país)* importer
▶ *vti (somar)* s'élever (**em**, à)
▶ *vpr* **importar-se** accorder/attacher de l'importance (**com**, à)

importunar *vtd* importuner, gêner, ennuyer

importuno, -na *adj* 1 *(maçante)* importun, -e 2 *(inoportuno)* inopportun, -e

imposição *sf* imposition

impossibilidade *sf* impossibilité

impossível *adj* impossible

imposto, -ta *adj (obrigatório)* imposé, -e
▶ *sm* **imposto** impôt
■ **imposto de renda** impôt sur le revenu
■ **imposto predial e territorial urbano** taxe *f* foncière

impostor, -ra *sm, f* imposteur *m*

impotência *sf* impuissance

impotente *adj* impuissant, -e

impraticável *adj* impraticable

imprecisão *sf* imprécision

impreciso, -sa *adj* imprécis, -e

impregnar *vtd-vtdi* imprégner
▶ *vpr* **impregnar-se** s'imprégner

imprensa *sf* presse

imprensar *vtd* 1 *(apertar com prensa)* presser 2 *fig (forçar, constranger)* forcer, contraindre

impressão *sf* impression
▶ *pl* **impressões** *(opiniões)* impressions

impressionante *adj* impressionnant, -e, étonnant, -e, saisissant, -e

impressionar *vtd* impressionner
▶ *vpr* **impressionar-se** s'impressionner

impresso, -sa *adj* imprimé, -e
▶ *sm* **impresso** imprimé

impressora *sf* imprimante

imprestável *adj- smf* inutile

impreterível *adj* 1 *(forçoso)* inévitable 2 *(prazo)* dernier, -ère, final, -e, non ajournable

imprevisível *adj* imprévisible

imprevisto, -ta *adj* imprévu, -e
▶ *sm* **imprevisto** imprévu

imprimir *vtd (deixar marcas; em impressora)* imprimer
▶ *vpr* **imprimir-se** s'imprimer
• **imprimir impulso, velocidade etc. a algo** donner de l'impulsion, de la vitesse etc. à qqch

impropério *sm* outrage, affront

impróprio, -a *adj (inadequado; incorreto)* impropre
• **impróprio, -a para menores** déconseillé, -e/interdit, -e aux mineurs
• **momento/hora imprópria** mauvais moment/heure indue

improrrogável *adj* qui ne peut être prorogé, -e/prolongé, -e

improvável *adj* improbable

improvisação *sf* improvisation

improvisar *vtd-vi* improviser

improviso *sm* improvisation *f*
• **de improviso** *(sem preparo)* à l'improviste

imprudência sf imprudence

imprudente adj imprudent, -e

impulsionar vtd impulser, pousser

impulsivo, -va adj impulsif, -ive

impulso sm 1 impulsion f 2 (progresso) progrès
• **tomar impulso** prendre (son) élan

impune adj impuni, -e: *ficar impune* rester impuni, -e

impunidade sf impunité

impureza sf impureté
▶ pl **sujeira** saletés, souillures

impuro, -ra adj impur, -e

imputar vtdi imputer

imundície sf immondice

imundo, -da adj immonde

imune adj 1 (isento) exempt, -e 2 (dotado de imunidade) immunisé, -e

imunidade sf immunité

imunizar vtd-vtdi immuniser
▶ vpr **imunizar-se** s'immuniser

imutável adj immuable

inabalável adj inébranlable

inabitável adj inhabitable

inacabado, -da adj inachevé, -e

inaceitável adj inacceptable

inacessível adj inaccessible

inacreditável adj incroyable

inadequado, -da adj inadapté, -e, inapproprié, -e

inadiável adj non ajournable

inadimplente adj insolvable, défaillant, -e

inadmissível adj inadmissible

inadvertência sf inadvertance, inattention

inafiançável adj DIR n'admettant pas de libération sous caution

inalação sf MED inhalation

inalar vtd inhaler

inalterado, -da adj inaltéré, -e, intact, -e, inchangé, -e

inanição sf inanition

inaptidão sf inaptitude

inatingível adj inatteignable, inaccessible

inativo, -va adj 1 inactif, -ive 2 (aposentado) retraité, -e

inato, -ta adj inné, -e

inaudível adj inaudible

inauguração sf inauguration

inaugural adj inaugural, -e

inaugurar vtd inaugurer

incalculável adj incalculable

incandescente adj incandescent, -e
• **ferro incandescente** fer rouge/incandescent

incansável adj infatigable

incapacidade sf incapacité, inaptitude

incapacitar vtd-vtdi rendre incapable, mettre dans l'incapacité de
▶ vpr **incapacitar-se** se rendre incapable

incapaz adj incapable

incendiar vtd incendier
▶ vpr **incendiar-se** s'embraser, s'enflammer, prendre feu

incendiário, -a adj incendiaire
▶ sm, f incendiaire, pyromane

incêndio sm incendie f

incenso sm encens

incentivar vtd-vtdi 1 stimuler, encourager, inciter: *o governo incentiva a arte nacional* le gouvernement stimule l'art national 2 inciter, pousser: *incentivei-o a morar aqui* je l'ai poussé à habiter ici

incentivo sm encouragement, incitation f, stimulation f
■ **incentivo fiscal** dégrèvement fiscal

incerta sf loc **dar uma incerta** rendre visite à l'improviste

incerteza sf incertitude

incerto, -ta adj 1 (duvidoso; variável; indeciso) incertain, -e 2 (arriscado) risqué, -e: *um investimento incerto* un investissement risqué
• **estar em lugar incerto** se trouver dans un endroit inconnu

incessante adj incessant, -e

inchado, -da adj enflé, -e

inchar vtd enfler, gonfler
▶ vi-vpr **inchar(-se)** s'enfler

incidência sf incidence

incidente *adj* qui tombe sur, grevant: *imposto incidente sobre a renda* impôt grevant le revenu
▶ *sm* **incidente** incident

incidir *vti* **1** *(recair)* tomber sur, atteindre **2** *(impostos)* grever, accabler
• **incidir em erro** tomber dans l'erreur

incinerar *vtd* incinérer
▶ *vpr* **incinerar-se** se consumer

incisão *sf* incision

incisivo, -va *adj* incisif, -ive
▶ *sm* **incisivo** *(dente)* incisive *f*

incitar *vtd-vtdi* inciter

inclemente *adj* inclément, -e

inclinação *sf* **1** *(obliquidade; declive)* inclinaison, inclination **2** *fig (tendência)* inclination, penchant *m*

inclinado, -da *adj* **1** *(tombado)* incliné, -e, penché, -e: *a torre inclinada de Pisa* la tour penchée de Pise **2** *(pendente; tendente)* incliné, -e

inclinar *vtd (tirar da horizontal; tirar da vertical)* incliner, pencher
▶ *vtdi* incliner (**a**, à)
▶ *vpr* **inclinar-se** **1** *(sair da horizontal; sair da vertical; fazer mesuras)* s'incliner **2** *(curvar-se, dobrar-se)* se pencher, se courber **3** *fig (submeter-se)* s'incliner (**a**, devant) **4** *(tornar-se propenso)* s'incliner (**a**, à)

incluir *vtdi* inclure
▶ *vpr* **incluir-se** s'inclure

inclusão *sf* inclusion, insertion
• **inclusão social** insertion sociale

inclusive *adv* y compris

incluso, -sa *adj* inclus, -e, compris, -e: *serviço incluso* service compris

incoerência *sf* incohérence

incoerente *adj* incohérent, -e
▶ *smf* incohérent, -e

incógnita *sf* inconnue

incógnito, -ta *adj* incognito: *passar incógnito* passer incognito

incolor *adj* incolore

incólume *adj* sain, -e et sauf, -ve, intact, -e, indemne: *sair incólume* (s'en) sortir sain, -ne et sauf, -ve

incomodado, -da *adj* gêné, -e, ennuyé, -e, dérangé, -e
▶ *adj f (menstruada)* réglée, menstruée

incomodar *vtd-vi* **1** *(perturbar)* gêner, ennuyer, déranger **2** *(irritar, aborrecer)* irriter, énerver, agacer
▶ *vpr* **incomodar-se** **1** *(dar-se o trabalho)* se déranger: *não faça café, não se incomode!* ne faites pas de café, ne vous dérangez pas **2** *(aborrecer-se)* s'énerver, s'irriter, s'agacer
• **incomoda-se se eu fumar?** cela vous/te gêne si je fume?
• **não querer incomodar** ne pas vouloir gêner qqn

incômodo, -da *adj* **1** *(não confortável)* incommode, gênant, -e **2** *(desajeitado)* incommode, pas pratique: *um pacote incômodo de carregar* un paquet pas pratique à porter **3** *(inoportuno)* fâcheux, -euse, importun, -e **4** *(embaraçoso)* embarrassant, -e, gênant, -e: *situação incômoda* situation embarrassante
▶ *sm* **incômodo** **1** *(falta de comodidade)* incommodité *f*, embarras, désagrément **2** *(indisposição)* indisposition *f* **3** *(trabalho, canseira)* travail, peine *f* **4** *(transtorno)* ennui, dérangement **5** *(menstruação)* menstruation *f*, règles *f pl*

incomparável *adj* incomparable

incompatibilidade *sf* incompatibilité
• **incompatibilidade de gênios** incompatibilité d'humeurs

incompatível *adj* incompatible

incompetência *sf* incompétence

incompetente *adj* incompétent, -e

incompleto, -ta *adj* incomplet, -ète

incompreendido, -da *adj* incompris, -e

incompreensão *sf* incompréhension

incompreensível *adj* incompréhensible

incomum *adj* **1** *(pouco frequente)* insolite **2** *(extraordinário, notável)* extraordinaire

incomunicável *adj* **1** *(que não pode ser comunicado)* incommunicable **2** *(que não pode comunicar-se)* privé, -e de communication (avec le monde extérieur)

inconcebível *adj* inconcevable

incondicional *adj* inconditionnel, -elle

inconfessável *adj* inconfessable

inconformado, -da *adj* indigné, -e, outré, -e

inconfundível *adj* qui ne peut être confondu, -e

inconsciência *sf* inconscience

inconsciente *adj* inconscient, -e
▸ *sm* **inconsciente** PSIC inconscient

inconsequente *adj* inconséquent, -e

inconsistente *adj* inconsistant, -e

inconsolável *adj* inconsolable

inconstante *adj* inconstant, -e

inconstitucional *adj* inconstitutionnel, -elle

incontável *adj* innombrable, incalculable

incontrolável *adj* incontrôlable

inconveniência *sf* **1** (*inadequação*) inadéquation **2** (*indelicadez, indiscrição*) inconvenance

inconveniente *adj* **1** (*desvantajoso*) désavantageux, -se, défavorable **2** (*inadequado; indiscreto, inoportuno*) inconvenant, -e
▸ *sm* **inconveniente** (*empecilho; desvantagem, risco*) inconvénient
▸ *smf* malotru, -e, mufle *m*: *é um inconveniente* c'est un mufle

incorporar *vtd-vtdi* incorporer
▸ *vpr* **incorporar-se** s'incorporer

incorreção *sf* **1** (*impropriedade, falta de correção; grosseria*) incorrection **2** (*erro*) erreur **3** (*desonestidade*) malhonnêteté

incorreto, -ta *adj* incorrect, -e

incorrigível *adj* incorrigible
▸ *smf* obstiné, -e, entêté, -e

incrédulo, -la *adj* incrédule

incrementar *vtd* accroître, augmenter, enrichir

incremento *sm* accroissement, augmentation *f*, enrichissement

incriminar *vtd* incriminer

incrível *adj* incroyable

incubação *sf* incubation

incubadora *sf* couveuse

incubar *vtd* incuber

inculcar *vtdi* inculquer

inculto, -ta *adj* inculte

incumbência *sf* charge, mission

incumbir *vti-vtdi* incomber
▸ *vpr* **incumbir-se** se charger (**de**, de)

incurável *adj* incurable, inguérissable

incutir *vtd-vtdi* inspirer, insuffler

indagação *sf* question

indagar *vtd-vtdi* demander

indecente *adj* indécent, -e

indecifrável *adj* indéchiffrable

indecisão *sf* indécision

indeciso, -sa *adj* **1** (*irresoluto*) indécis, -e **2** (*indefinido*) indéfini, -e

indefeso, -sa *adj* sans défense

indefinido, -da *adj* indéfini, -e

indelével *adj* indélébile

indelicadeza *sf* indélicatesse

indelicado, -da *adj* indélicat, -e

indenização *sf* **1** (*ação de indenizar*) indemnisation **2** (*valor da indenização*) indemnité

indenizar *vtd-vtdi* indemniser

independência *sf* indépendance

independente *adj* indépendant, -e

indescritível *adj* indescriptible

indesejável *adj* indésirable

indestrutível *adj* indestructible

indeterminado, -da *adj* indéterminé, -e

indevido, -da *adj* **1** (*de que não há obrigação*) indu, -e **2** (*injusto*) injuste, injustifiable

Índia *sf* Inde

indiano, -na *adj* indien, -enne
▸ *sm, f* Indien, -enne

indicação *sf* **1** (*ato de indicar*) indication **2** (*para um prêmio, um cargo*) nomination

indicado, -da *adj* **1** (*apropriado; apontado; recomendado*) indiqué, -e **2** (*para um prêmio, um cargo*) désigné, -e, nommé, -e

indicador, -ra *adj* indicateur, -trice
▸ *sm* indicateur
▸ *adj-sm* (*dedo*) index *sm*

indicar *vtd-vtdi* **1** (*apontar, mostrar, aconselhar*) indiquer **2** (*para um cargo, um prêmio*) nommer, désigner

- **tudo indica que...** tout indique que

indicativo, -va *adj* indicatif, -ive
▸ *adj-sm* **indicativo** GRAM indicatif

índice *sm* **1** *(de livro etc.)* table *f* des matières, sommaire **2** *(indício)* indice **3** *(taxa)* taux, cours
- **índice da Bolsa** cours de la Bourse
- **índice de aceitação** indice d'acceptation
- **índice de audiência** indice d'audience
- **índice de preços ao consumidor** Indice des Prix à la Consommation, Indice des Prix de Détail, Indice du Coût de la Vie
- **índice de produção** indice de production

indiciar *vtd* *(submeter a inquérito)* enquêter *(sur)*

indício *sm* *(vestígios, pista; sinal)* indice, signe
- **dar indícios de** donner des signes de

indiferença *sf* indifférence

indiferente *adj* **1** *(desinteressado)* indifférent, -e **2** indifférent, -e, égal, -e, pareil, -le: *vermelho ou verde, é indiferente* rouge ou vert, c'est pareil

indígena *adj-smf* indigène

indigência *sf* indigence

indigente *adj* indigent, -e

indigestão *sf* indigestion

indigesto, -ta *adj* indigeste

indignação *sf* indignation

indignado, -da *adj* indigné, -e

indignar *vtd* indigner
▸ *vpr* **indignar-se** s'indigner

indignidade *sf* indignité

indigno, -na *adj* indigne

índio, -a *adj* indien, -enne
▸ *sm, f* Indien, -enne

indireta *sf* sous-entendu *m*: *falar por indiretas* parler par sous-entendus

indireto, -ta *adj* indirect, -e

indisciplina *sf* indiscipline

indisciplinado, -da *adj-sm, f* indiscipliné, -e

indiscreto, -ta *adj* indiscret, -ète

indiscrição *sf* indiscrétion

indiscutível *adj* indiscutable

indispensável *adj* indispensable

indispor *vtd* indisposer
▸ *vpr* **indispor-se** s'énerver, s'agacer, s'irriter (**com**, de)

indisposição *sf* indisposition

indisposto, -ta *adj* indisposé, -e

individual *adj* individuel, -elle

individualidade *sf* individualité

individualista *adj-smf* individualiste

indivíduo *sm* individu

indivisível *adj* indivisible

indócil *adj* indocile

índole *sf* **1** *(temperamento)* naturel *m*, caractère *m*, tempérament *m* **2** *(natureza)* nature

indolência *sf* indolence, nonchalance

indolente *adj* indolent, -e, nonchalant, -e

indolor *adj* indolore

indomável *adj* indomptable

indubitável *adj* indubitable, incontestable

indulgente *adj* indulgent, -e

indumentária *sf* vêtements *m pl*, tenue

indústria *sf* industrie

industrial *adj* industriel, -elle
▸ *smf* industriel, -elle, entrepreneur, -euse

industrialização *sf* industrialisation

industrializado, -da *adj* industrialisé, -e

induzir *vtd-vtdi* induire
- **induzir em erro** induire en erreur

inédito, -ta *adj-sm* inédit, -e

ineficaz *adj* inefficace

ineficiente *adj* inefficace

inegável *adj* indéniable, incontestable

inelutável *adj* inéluctable

inércia *sf* inertie

inerente *adj* inhérent, -e

inerte *adj* inerte

inescrupuloso, -sa *adj* sans scrupules

inesgotável *adj* inépuisable

inesperado, -da *adj* **1** *(não esperado)* inattendu, -e **2** *(repentino)* imprévu, -e

inesquecível *adj* inoubliable

inestimável *adj* inestimable
inevitável *adj* inévitable
inexperiência *sf* inexpérience
inexperiente *adj* inexpérimenté, -e
inexplicável *adj* inexplicable
inexpressivo, -va *adj* inexpressif, -ive
infalível *adj* infaillible
infame *adj* **1** (*canalha*) infâme **2** (*piada*) de mauvais goût
infâmia *sf* infamie
infância *sf* enfance
infantaria *sf* infanterie
infantil *adj* infantile, enfantin, -e
infantilidade *sf* infantilisme *m*, puérilité, enfantillage *m*
infarto *sm* MED infarctus
infecção *sf* infection
infeccionado, -da *adj* infecté, -e
infeccionar *vtd* infecter
vi-vpr **infeccionar(-se)** s'infecter
infeccioso, -sa *adj* infectieux, -euse
infectar *vtd* infecter
▸ *vpr* **infectar-se** s'infecter
infecto, -ta *adj* infect, -e
infelicidade *sf* malheur *m*
infelicitar *vtd* rendre malheureux
▸ *vpr* **infelicitar-se** devenir malheureux
infeliz *adj* malheureux, -euse
infelizmente *adv* malheureusement
inferior *adj* inférieur, -e
inferioridade *sf* infériorité
inferiorizar *vtd* inférioriser
▸ *vpr* **inferiorizar-se** se rabaisser
infernal *adj* infernal, -e
inferninho *sm* petite boîte de nuit
infernizar *vtd* tourmenter
inferno *sm* enfer
infertilidade *sf* infertilité
infestar *vtd* infester
infidelidade *sf* infidélité
infiel *adj* infidèle
infiltração *sf* infiltration
infiltrar *vtd* infiltrer
▸ *vpr* **infiltrar-se** s'infiltrer
ínfimo, -ma *adj* infime

infinidade *sf* infinité
infinito, -ta *adj* infini, -e
▸ *sm* **infinito** infini
inflação *sf* inflation
inflacionar *vtd* produire une inflation
inflacionário, -a *adj* inflationniste
inflamação *sf* inflammation
inflamado, -da *adj* enflammé, -e
inflamar *fig* enflammer
▸ *vpr* **inflamar-se** s'enflammer
inflamável *adj* inflammable
inflável *adj* gonflable, pneumatique
inflexão *sf* inflexion
inflexível *adj* inflexible
infligir *vtdi* infliger
influência *sf* influence
influenciar *vtd* influencer
influenciável *adj* influençable
influente *adj* influent, -e
influir *vti* influer (**sobre**, sur) influencer (**sobre**, -)
▸ *vi* avoir de l'influence: *para ela, dinheiro não influi* pour elle, l'argent n'a aucune influence
informação *sf* (*ato de informar, dado, indicação*) information, renseignement *m*
informal *adj* **1** informel, -elle **2** (*trabalho etc.*) au noir
informalidade *sf* décontraction, absence de formalités/cérémonie
• **viver na informalidade** vivre dans l'économie parallèle
informante *sf* **1** informateur, -trice **2** (*delator*) indicateur, -trice, indic
informar *vtd* **1** (*dar informações*) informer, renseigner **2** (*caminho*) indiquer
▸ *vpr* **informar-se** s'informer (**sobre**, de)
informática *sf* informatique
informativo, -va *adj* informatif, -ive
▸ *sm* **informativo** bulletin
informe *adj* (*disforme*) informe
▸ *sm* (*informativo*) bulletin
infortúnio *sm* infortune *f*, malheur
infra-assinado, -da *sm,f* BUR soussigné, -e
infração *sf* **1** DIR infraction **2** ESPORTE faute

infraestrutura *sf* infrastructure
infravermelho *adj-sm* infrarouge
infringir *vtd* transgresser, violer
infrutífero, -ra *adj* infructueux, -euse
infundado, -da *adj* infondé, -e, sans fondement(s), injustifié, -e
infundir *vtd-vtdi* infuser, inspirer
infusão *sf* infusion
ingenuidade *sf* ingénuité, naïveté
ingênuo, -a *adj* ingénu, -e, naïf, -ïve
ingerência *sf* ingérence
ingerir *vtd* (*engolir*) ingérer
▶ *vpr* **ingerir-se** (*intrometer-se*) s'ingérer
ingestão *sf* ingestion
Inglaterra *sf* Angleterre
inglês, -esa *adj, sm, f* anglais, -e
▶ *sm, f* Anglais, -e
▶ *sm* (*língua*) anglais
inglório, -a *adj* sans gloire
ingratidão *sf* ingratitude
ingrato, -ta *adj* ingrat, -e
ingrediente *sm* ingrédient
íngreme *adj* raide, abrupt, -e, escarpé, -e
ingressar *vti* entrer
ingresso *sm* **1** (*entrada*) entrée *f* **2** (*bilhete de entrada*) billet
inhame *sm* BOT colocase *f*, taro *f*
inibição *sf* inhibition
inibido, -da *adj* (*tímido*) inhibé, -e, complexé, -e
inibir *vtd* inhiber
iniciação *sf* initiation
iniciador, -ra *adj-sm, f* initiateur, -trice
inicial *adj-sf* initial, -e
▶ *sf pl* **iniciais** initiales
iniciante *adj-smf* débutant, -e, néophyte, novice
iniciar *vtd* (*começar*) commencer
▶ *vtd-vtdi* (*dar iniciação*) initier
▶ *vpr* **iniciar-se 1** (*começar, ter início*) commencer, débuter **2** (*instruir-se*) s'initier
iniciativa *sf* initiative
início *sm* début, commencement
• **dar início a algo** entreprendre/commencer qqch
• **de início** d'abord/au début/au départ
• **desde o início** dès/depuis le début
inimaginável *adj* inimaginable
inimigo, -ga *adj-sm, f* ennemi, -e
inimitável *adj* inimitable
inimizade *sf* inimitié
ininteligível *adj* inintelligible
ininterrupto, -ta *adj* ininterrompu, -e
injeção *sf* **1** (*ato de injetar*) injection **2** MED injection, piqûre: **tomar injeção** recevoir une injection
injetar *vtd-vtdi* injecter
injetável *adj* injectable
injúria *sf* injure, insulte
injuriar *vtd* injurier, insulter
injurioso, -sa *adj* injurieux, -euse
injustiça *sf* injustice
injustiçado, -da *adj* victime d'une injustice
injustificado, -da *adj* injustifié, -e
injusto, -ta *adj* injuste
inocência *sf* innocence
inocentar *vtd* innocenter
inocente *adj-smf* innocent, -e
• **inocente útil** innocent utile
inocular *vtd* inoculer
▶ *vpr* **inocular-se** *fig* s'enraciner, s'implanter
inócuo, -a *adj* inoffensif, -ive, anodin, -e
inodoro, -da *adj* inodore
inofensivo, -va *adj* inoffensif, -ive
inoportuno, -na *adj* inopportun, -e
inorgânico, -ca *adj* inorganique
inóspito, -ta *adj* inhospitalier, -ière
inovação *sf* innovation
inovador, -ra *adj* (in)novateur, -trice
inoxidável *adj* inoxydable
inquebrável *adj* incassable
inquérito *sm* DIR enquête *f*
• **instaurar um inquérito** ouvrir une enquête
inquietação *sf* **1** (*agitação*) agitation **2** (*ansiedade*) inquiétude
inquietar *vtd* **1** (*agitar, alvoroçar*) agiter, troubler **2** (*preocupar*) inquiéter
▶ *vpr* **inquietar-se** s'inquiéter

inquieto, -ta *adj* **1** *(agitado)* agité, -e, remuant, -e **2** *(preocupado)* inquiet, -ète

inquilino, -na *sm, f* locataire

insaciável *adj* insatiable

insalubre *adj* insalubre

insanidade *sf* insanité
- **insanidade mental** insanité

insatisfação *sf* insatisfaction

insatisfatório, -a *adj* insatisfaisant, -e

insatisfeito, -ta *adj* insatisfait, -e

inscrever *vtd* inscrire
▸ *vpr* **inscrever-se** s'inscrire

inscrição *sf* inscription

inscrito, -ta *adj* inscrit, -e

insegurança *sf* **1** *(nas grandes cidades)* insécurité **2** *(falta de autoconfiança)* manque *m* d'assurance

inseguro, -ra *adj* **1** *(local)* dangereux, -euse **2** *(sem autoconfiança)* incertain, -e, irrésolu, -e

inseminação *sf* insémination

insensatez *sf* démence, folie, imprudence

insensato, -ta *adj* insensé, -e

insensibilidade *sf* insensibilité

insensibilizar *vtd* **1** MED insensibiliser **2** *(tornar indiferente)* rendre indifférent(e)

insensível *adj* insensible

inseparável *adj* inséparable

inserção *sf* insertion

inserir *vtd* *(incluir; intercalar)* insérer

inseticida *sm* insecticide

inseto *sm* insecte

insígnia *sf* insigne

insignificante *adj* insignifiant, -e

insinuação *sf* insinuation

insinuar *vtd* *(sugerir, aludir; introduzir)* insinuer
▸ *vpr* **insinuar-se** s'insinuer

insípido, -da *adj* insipide

insistência *sf* insistance

insistente *adj* insistant, -e

insistir *vti* **1** *(instar)* insister: *insistir com alguém para fazer algo* insister auprès de quelqu'un pour qu'il fasse quelque chose **2** *(enfatizar)* insister (**em**, sur)

insociável *adj* insociable

insolação *sf* **1** *(incidência de sol)* insolation, ensoleillement *m* **2** MED insolation, coup *m* de soleil

insolência *sf* insolence

insolente *adj* insolent, -e

insolúvel *adj* insoluble

insônia *sf* insomnie

insosso, -sa *adj* fade, insipide

inspeção *sf* inspection

inspecionar *vtd* inspecter

inspetor, -ra *sm, f* inspecteur, -trice

inspiração *sf* inspiration

inspirador, -ra *sm, f* inspirateur, -trice

inspirar *vtd-vi-vtdu* inspirer
▸ *vpr* **inspirar-se** s'inspirer (**em**, de)

instabilidade *sf* instabilité

instalação *sf* installation
▸ *pl* **instalações** *(lugar, prédio)* installations

instalar *vtd-vtdi* installer
▸ *vpr* **instalar-se** s'installer

instância *sf* instance
- **em última instância** *fig (em último caso)* en dernière instance *(em última análise)* en dernière analyse/à la limite

instantâneo, -a *adj* instantané, -e
▸ *sm* **instantâneo** *(foto)* instantané

instante *sm* instant, moment
- **num instante** en un instant/en un clin d'œil/en un tour de main

instaurar *vtd* instaurer

instável *adj* instable

instigar *vtdi* inciter, encourager

instilar *vtd* instiller

instintivo, -va *adj* instinctif, -ive

instinto *sm* instinct

institucional *adj* institutionnel, -elle

instituir *vtd* instituer

instituto *sm* institut

instrução *sf* instruction
- **dar instruções a alguém** donner des instructions à qqn
- **instruções de uso** mode d'emploi

INSTRUÍDO

- **ter/não ter instrução** être/ne pas être instruit, -e/cultivé, -e

instruído, -da adj instruit, -e, cultivé, -e, averti, -e

instruir vtd-vi instruire

instrumental adj instrumental, -e
▶ sm **instrumental** 1 (*conjunto de instrumentos*) outillage 2 MÚS ensemble des instruments

instrumentista smf MÚS instrumentiste

instrumento sm instrument

instrutivo, -va adj instructif, -ive

instrutor, -ra sm,f instructeur, -trice, entraîneur, -euse

insubmisso, -ssa adj insoumis, -e
▶ adj-sm,f MIL insoumis, -e

insubordinação sf insubordination

insubstituível adj irremplaçable

insucesso sm échec, défaite f, insuccès

insuficiência sf insuffisance

insuficiente adj insuffisant, -e

insuflar vtd 1 insuffler 2 fig (*insinuar, inspirar*) inspirer

insulina sf MED insuline

insultar vtd insulter

insulto sm insulte f

insuperável adj 1 (*invencível*) imbattable, invincible 2 (*intransponível*) insurmontable, infranchissable

insuportável adj insupportable

insurgir-se vp s'insurger

insurreição sf insurrection

insustentável adj 1 (*insuportável*) insupportable 2 (*indefensável, sem fundamento*) insoutenable, indéfendable, injustifiable

intacto, -ta adj intact, -e

íntegra sf intégrité, totalité
- **na íntegra** intégralement/in extenso

integração sf intégration

integral adj-sm 1 (*total, inteiro*) intégral, -e 2 (*pão, trigo etc.*) complet, -ète

integrante adj intégrant, -e

integrar vtd-vtdi intégrer
▶ vpr **integrar-se** s'intégrer

integridade sf 1 (*inteireza*) intégrité, intégralité 2 fig (*honestidade*) intégrité

- **integridade física** intégrité physique

íntegro, -gra adj 1 (*inteiro, completo*) intégral, -e 2 fig (*honesto*) intègre

inteirar vtd (*completar*) compléter, achever
▶ vtdi (*informar*) informer, renseigner
▶ vpr **inteirar-se** s'informer, se renseigner (**de**, sur)

inteiriço, -ça adj (*sem emendas*) tout d'une pièce

inteiro, -ra adj-sm 1 (*completo; intacto*) entier, -ière 2 (*total, pleno*) total, -e, plein, -e 3 fig (*conservado-pessoa*) bien conservé, -e 4 (*em bom estado*) en bon état
- **por inteiro** totalement, complètement

intelecto sm intellect

intelectual adj-smf intellectuel, -elle

intelectualidade sf 1 intellectualité 2 (*conjunto dos intelectuais*) intelligentsia, intellectuels

inteligência sf intelligence

inteligente adj intelligent, -e

inteligível adj intelligible

intempéries sf pl intempéries

intencional adj intentionnel, -elle

intensidade sf intensité

intensificar vtd intensifier
▶ vpr **intensificar-se** s'intensifier

intensivo, -va adj intensif, -ive

intenso, -sa adj intense

interação sf interaction

interagir vti interagir

interativo, -va adj interactif, -ive

intercalar vtd intercaler

intercâmbio sm échange

interceder vti intercéder (**por,** pour)

interceptar vtd intercepter

interdição sf 1 (*proibição; de rua*) interdiction 2 (*de estabelecimento*) fermeture

interditar vtd 1 (*proibir*) interdire, défendre 2 (*estabelecimento*) fermer 3 (*rua*) interdire

interessado, -da adj-sm,f intéressé, -e

interessante adj intéressant, -e

interessar vtd-vti-vi intéresser

▶ *vpr* **interessar-se** s'intéresser (**por,** à)

interesse *sm* intérêt

interesseiro, -ra *adj* intéressé, -e

interferência *sf* **1** (*intromissão*) immixtion, ingérence, interférence **2** (*distorção de sinal*) interférence

interferir *vti* intervenir (**em,** dans)

interfone *sm* interphone

ínterim *sm loc* **nesse ínterim** pendant ce temps(-là)

interino, -na *adj* intérimaire, provisoire

interior *adj* **1** (*interno*) intérieur, -e, interne **2** (*íntimo*) intime **3** (*do país*) intérieur: **comércio interior** commerce intérieur
▶ *sm* **1** (*parte interna*) intérieur **2** (*íntimo*) intimité, for intérieur **3** (*região distante do litoral*) arrière-pays, campagne *f*

interiorano, -na *adj* provincial, -e

interjeição *sf* GRAM interjection

interligar *vtd* relier, raccorder
▶ *vpr* **interligar-se** se raccorder, se rattacher

interlocutor, -ra *sm, f* interlocuteur, -trice

intermediário, -a *adj* intermédiaire
▶ **intermediário, -a** *sm, f* **1** (*em negócios*) intermédiaire, médiateur, -trice **2** (*em questões amorosas*) entremetteur, -euse

intermédio, -a *adj loc* **por intermédio de** par l'intermédiaire de

interminável *adj* interminable

intermitente *adj* intermittent, -e

internação *sf* **1** (*em hospital*) hospitalisation **2** (*em colégio*) mise en internat **3** (*em manicômio*) internement *m*

internacional *adj* international, -e

internado, -da *sm, f* (*em hospital*) interné, -e

internamento *sm* internement

internar *vtd* **1** (*em colégio*) mettre en internat **2** (*em hospital*) hospitaliser **3** (*em manicômio*) interner

internauta *smf* internaute

internet *sf* internet *m*

interno, -na *adj* **1** (*do lado de dentro; interior*) intérieur, -e, interne **2** (*civil, nacional*) intestin, -e: **lutas internas** luttes intestines **3** (*do Estado*) intérieur, -e, interne: **política interna** politique intérieure; **dívida interna** dette interne/intérieure; **comércio interno** commerce intérieur **4** MED interne: **uso interno** usage interne
▶ *sm, f* (*aluno*) interne, pensionnaire

interpelar *vtd* interpeller

interpretação *sf* interprétation

interpretar *vtd* interpréter

intérprete *smf* interprète

inter-relação *sf* interrelation, corrélation

inter-relacionar *vtd* mettre en corrélation, lier étroitement

interrogação *sf* interrogation

interrogar *vtd* **1** (*perguntar*) poser une question **2** (*aluno, prisioneiro etc.*) interroger **3** (*examinar, sondar*) examiner, sonder

interrogatório *sm* DIR interrogatoire

interromper *vtd* interrompre
▶ *vpr* **interromper-se** s'interrompre

interrupção *sf* interruption
• **sem interrupção** sans interruption/sans arrêt/d'affilé

interruptor *sm* ELETR interrupteur

intersecção *sf* intersection

interurbano, -na *adj* interurbain, -e
▶ *sm* **interurbano** (*telefonema*) inter (*urbain*)

intervalo *sm* **1** intervalle **2** (*de escola*) récréation *f*

intervenção *sf* intervention
▪ **intervenção cirúrgica** intervention chirurgicale

intervir *vi* intervenir

intestinal *adj* intestinal, -e

intestino *sm* intestin
▪ **intestino delgado** intestin grêle
▪ **intestino grosso** gros intestin
▪ **intestino preso** constipation *f*
▪ **intestino solto** intestin dérangé, diarrhée *f*

intimação *sf* intimation

intimar *vtd* intimer

intimidade *sf* intimité

ÍNTIMO

- **não gostar de intimidades** ne pas aimer/apprécier les familiarités

íntimo, -ma adj intime
▶ sm **íntimo** 1 intime: **ser íntimo de alguém** être l'intime de quelqu'un 2 intimité f: **no íntimo, ele não é ruim** dans l'intimité, il n'est pas méchant

intitular vtd intituler
▶ vpr **intitular-se** s'intituler

intocável adj intouchable

intolerância sf intolérance

intolerante adj intolérant, -e

intolerável adj intolérable

intoxicação sf intoxication

intoxicar vtd intoxiquer
▶ vpr **intoxicar-se** s'intoxiquer

intraduzível adj intraduisible

intragável adj fig (insuportável) imbuvable, insupportable

intramuscular adj intramusculaire

intranquilo, -la adj agité, -e

intransferível adj intransférable

intransigente adj intransigeant, -e

intransitável adj impraticable

intransitivo, -va adj intransitif, -ive

intransponível adj infranchissable

intratável adj intraitable

intrauterino, -na adj intra-utérin, -e

intrépido, -da adj intrépide

intriga sf 1 (enredo) intrigue 2 (mexerico) ragot m, cancan m, commérage m

intrigante adj-smf intrigant, -e

intrigar vtd (causar perplexidade) intriguer
▶ vi (mexericar) cancaner
▶ vpr **intrigar-se** s'intriguer (**com**, de)

intrincado, -da adj 1 (entrelaçado) intriqué, -e, enchevêtré, -e 2 (complicado) embrouillé, -e

intrínseco, -ca adj intrinsèque

introdução sf introduction

introduzir vtd introduire
▶ vpr **introduzir-se** s'introduire

intrometer vtd (introduzir) introduire, interposer, faire intervenir
▶ vpr **intrometer-se** se mêler, s'immiscer

intrometido, -da adj-sm,f indiscret, -ète, fouineur, -euse

intromissão sf 1 (ingerência, intrometimento) ingérence, immixtion, intrusion 2 (introdução) intromission

introvertido, -da adj introverti, -e

intruso, -sa adj-sm,f intrus, -e

intuição sf intuition

intuir vtd-vi avoir l'intuition (de)

intuitivo, -va adj intuitif, -ive

intuito sm but, intention f, dessein

inúmeros, -ras adj pl innombrables

inundação sf inondation

inundar vtd inonder
▶ vpr **inundar-se** s'inonder

inusitado, -da adj inusité, -e

inútil adj-smf inutile

inutilidade sf inutilité

inutilizar vtd 1 (tornar inútil) rendre inutile 2 (destruir) détruire, endommager

invadir vtd envahir

invalidade sf manque m de validité

invalidar vtd invalider

invalidez sf invalidité

inválido, -da adj-sm,f invalide

invariável adj invariable

invasão sf invasion

invasor, -ra adj-sm,f envahisseur, -euse

inveja sf envie

invejar vtd envier

invejável adj enviable

invejoso, -sa adj envieux, -euse

invenção sf invention

invencionice sf fourberie, perfidie, sournoiserie

invencível adj invincible

inventar vtd inventer

inventariante adj qui fait l'inventaire
▶ smf personne chargée de faire l'inventaire

inventário sm inventaire

invento sm invention f

inventor, -ra adj-sm,f inventeur, -trice

inverno sm hiver

inversão sf inversion

inverso, -sa *adj* **1** (*ordem*) inverse **2** (*lado*) contraire
▸ *sm* **inverso** envers

invertebrado, -da *adj* invertébré, -e

inverter *vtd* **1** (*virar em sentido oposto*) inverser **2** (*emborcar*) renverser
▸ *vpr* **inverter-se** s'inverser

invés *sm loc* **ao invés de** au lieu de

investidor, -ra *adj-sm,f* investisseur, -euse

investigação *sf* **1** (*estudo, pesquisa*) étude, recherche **2** (*policial*) enquête, investigation

investigador, -ra *sm,f* (*policial*) enquêteur, -euse

investigar *vtd* **1** (*estudar, examinar*) étudier, examiner **2** (*crime etc.*) enquêter

investimento *sm* investissement

investir *vti-vi* (*arremeter*) attaquer, assaillir (**contra**, -)
▸ *vtdi* COM investir
• **investir alguém num cargo** investir qqn

inveterado, -da *adj* invétéré, -e

inviável *adj* infaisable, irréalisable

inviolável *adj* inviolable

invisível *adj* invisible

invocação *sf* **1** invocation **2** *pop* (*zanga, irritação*) rage, rogne, irritation

invocado, -da *adj* **1** invoqué, -e **2** *pop* (*zangado, irritado*) rageur, -euse, coléreux, -euse

invocar *vtd* **1** invoquer **2** *pop* (*irritar, zangar*) faire enrager, irriter
▸ *vti* s'en prendre à, prendre à partie: **ele invocou com o rapaz** il a pris le garçon à partie
▸ *vpr* **invocar-se** *pop* (*zangar-se*) se fâcher, s'emporter, s'irriter

invólucro *sm* involucre, enveloppe *f*

involuntário, -a *adj* involontaire

invulnerável *adj* invulnérable

iodo *sm* QUÍM iode

ioga *sm, sf* yoga *m*

iogurte *sm* yaourt, yogurt

ir *vti*
■ **ir a, para** (*dirigir-se*) aller (à, chez), se rendre (à, chez)
■ **ir para 1** (*destinar-se*) aller à, se diriger vers **2** (*perfazer*) faire: **vai para quatro anos que ele morreu** cela va faire quatre ans qu'il est mort
■ **ir até** (*estender-se, dar acesso*) aller jusqu'à
■ **ir a** (*atingir*) atteindre
■ **ir por** (*alguém: seguir, acatar*) suivre, croire
■ **ir com** (*copular*) coucher avec
▸ *vi* **1** aller, voyager, se déplacer, circuler, marcher: **ir depressa/devagar** aller vite/doucement; **ir de ônibus/de carro** (y) aller en bus/en voiture; **ir a pé** marcher à pied **2** (*passar, pôr-se a caminho*) aller, passer, partir: **não sei por onde ele foi** je ne sais pas où il est passé **3** (*ser expedido*) partir: **a carta foi ontem pelo correio** la lettre est partie hier par le courrier **4** (*ficar, ser conduzido, ser transportado*): **vou no banco de trás** je vais derrière **5** (*fazer*) faire: **já lá vão três anos que não nos vemos** cela fait environ trois ans que nous ne nous sommes pas rencontré(e)s **6** (*ocorrer*) se passer: **o que vai pela cidade?** qu'est-ce qui se passe en ville? **7** MAT retenir: **oito mais oito, dezesseis, vai um** huit et huit seize et je retiens un
▸ *vi-vpr* **ir(-se)** (*partir*) s'en aller
▸ *vpred* aller: **como vai teu pai?** comment va ton père?; **as coisas vão de mal a pior** les choses vont de mal en pis
▸ *vpr* **ir-se 1** (*desaparecer, dissipar-se, estragar-se*) s'en aller, disparaître **2** (*morrer*) décéder
• **ir andando** aller doucement
• **ir atrás de** (*seguir*) aller derrière, suivre (*confiar, acreditar*) croire (*perseguir, assediar*) poursuivre, harceler
• **ir dar a/em** arriver à/déboucher sur
• **ir e vir** aller et venir
• **ir embora** s'en aller
• **ir levando** ne pas s'en faire
• **ir longe** (*subir na vida; ter graves consequências*) aller loin (*estar distante, no passado*) remonter à longtemps
• **ir muito longe/ir longe demais** (*exceder-se*) aller trop loin
• **ir(-se) desta para a melhor** passer l'arme à gauche
• **ou vai, ou racha** ça passe ou ça casse
• **vá lá** (*de acordo*) d'accord (*ainda passa*) passe encore

- **vai ver que** peut-être que
- **vamos e venhamos** convenons-en

ira sf ire

Irã sm Iran

iraniano, -na adj iranien, -enne
▸ sm, f Iranien, -enne

íris sf 1 ANAT iris 2 (*pedra*) quartz irisé

Irlanda sf Irlande

irlandês, -esa adj irlandais, -e
▸ sm, f Irlandais, -e
▸ sm (*língua*) irlandais

irmã sf sœur

irmão sm frère

ironia sf ironie

irônico, -ca adj ironique

irracional adj irrationnel, -elle

irradiar vtd-vi (*emitir raios*) irradier, rayonner
▸ vtd 1 (*propagar, difundir*) propager, diffuser 2 (*transmitir por rádio*) diffuser
▸ vpr **irradiar-se** se diffuser, se propager

irreal adj irréel, -elle

irreconhecível adj méconnaissable

irrecuperável adj irrécupérable

irredutível adj irréductible

irrefutável adj irréfutable, incontestable

irregular adj irrégulier, -ère

irregularidade sf irrégularité

irrelevante adj insignifiant, -e, sans importance, dérisoire

irremediável adj irrémédiable

irreparável adj irréparable

irrepreensível adj irrépréhensible, irréprochable

irrequieto, -ta adj remuant, -e, agité, -e, turbulent, -e

irresistível adj irrésistible

irresoluto, -ta adj (*não resolvido*) irrésolu, -e
▸ adj-sm, f (*indeciso*) indécis, -e

irrespirável adj irrespirable

irresponsável adj irresponsable

irrestrito, -ta adj illimité, -e, sans restriction

irreverência sf irrévérence

irreverente adj irrévérent, -e

irreversível adj irréversible

irrevogável adj irrévocable

irrigação sf irrigation

irrigar vtd irriguer

irrisório, -a adj dérisoire

irritação sf 1 MED irritation 2 (*zanga*) irritation, énervement m

irritadiço, -ça adj irascible, irritable

irritado, -da adj irrité, -e
- **ficar irritado** s'irriter, s'énerver

irritante adj irritant, -e

irritar vtd irriter
▸ vpr **irritar-se** s'irriter
- **irritar-se com alguém** s'irriter contre qqn
- **irritar-se por/com alguma coisa** s'irriter de qqch

irromper vi faire irruption

irrupção sf irruption

isca sf hameçon: *morder a isca* mordre à l'hameçon

isenção sf exemption

isentar vtdi exempter

isento, -ta adj 1 (*desprovido*) exempt (**de**, de) 2 (*neutro*) impartial, -e, neutre
- **isento de impostos** exempt d'impôts

islâmico, -ca adj islamique

islamismo sm islam, islamisme

islandês, -esa adj islandais, -e
▸ sm, f Islandais, -e
▸ sm (*língua*) islandais

isolado, -da adj isolé, -e

isolamento sm 1 (*separação*) isolation f, isolement 2 (*estado de quem vive isolado*) isolement

isolante adj isolant, -e

isolar vtd-vtdi isoler
▸ vtd 1 boucler: *a polícia isolou a praça* la police a bouclé la place 2 isoler: *isolar um vírus* isoler un virus
▸ interj **isola!** touche(z) du bois!
▸ vpr **isolar-se** s'isoler

isopor sm 1 (*material*) polystyrène 2 (*caixa para transporte*) glacière f

isqueiro sm briquet

Israel sm Israël

israelense *adj* israélien, -enne
▸ *smf* Israélien, -enne

israelita *adj-smf* israélite

isso *pron* cela, ça
• **é isso aí!** c'est ça!
• **fica por isso mesmo** *(não se fala mais no assunto)* et on n'en parle plus
• **isso sim é que...** ça oui, c'est…
• **isso!** c'est ça!/voilà!
• **não por isso** il n'y a pas de quoi/de rien
• **por isso** *conj* voilà pourquoi
• **só isso** c'est tout

istmo *sm* isthme

isto *pron* ceci
• **isto é** c'est-à-dire

Itália *sf* Italie

italiano, -na *adj* italien, -enne
▸ *sm, f* Italien, -enne
▸ *sm* **italiano** *(língua)* italien

item *sm* **1** *(numa enumeração)* alinéa, point, unité *f* **2** *(artigo)* article

itinerário *sm* itinéraire

iugoslavo, -va *adj* yougoslave
▸ *sm, f* Yougoslave

J

já *adv* **1** *(antes)* déjà: *já comeu?* tu as déjà mangé? **2** *(não mais)* plus: *ela já não reconhece ninguém* elle ne reconnaît plus personne **3** *(imediatamente)* tout de suite, immédiatement: *venha já para cá* viens ici tout de suite **4** *(daqui a pouco)* tout de suite, dans un petit moment: *vou até ali e volto já* je vais là-bas et je reviens dans un petit moment **5** *(antigamente, uma vez)* déjà: *ela já foi bonita* elle a déjà été belle

- **desde já** à partir de maintenant/dès à présent
- **é para já** c'est pour tout de suite!
- **já chega!** ça suffit! basta!
- **já que** puisque
- **já, já** tout de suite
- **já vou** j'arrive
- **um, dois, três, já!** un, deux, trois, partez!

jabuti *sm* ZOOL tortue *f* de terre

jabuticaba *sf* BOT jamelongue *m*, prune de Java

jaca *sf* BOT jaque *m*

jacarandá *sm* BOT jacaranda (arbre, bois)

jacaré *sm* ZOOL caïman, alligator

jaguar *sm* ZOOL jaguar

jaguatirica *sf* ZOOL ocelot *m*, chat-tigre

jagunço *sm* tueur à gage, sbire, homme de main

jaleco *sm* tablier, blouse *f*

jamaicano, -na *adj* jamaïcain, -e
▶ *sm,f* Jamaïcain, -e

jamais *adv* jamais

jamanta *sf (carreta)* gros camion *m*

janeiro *sm* janvier

janela *sf* **1** fenêtre **2** *(de carro)* vitre **3** *(de avião)* hublot *m* **4** *fig (abertura, buraco)* trou *m* **5** *(no envelope)* fenêtre **6** *(intervalo entre aulas etc.)* créneau *m* horaire

jangada *sf* radeau

jantar *vtd-vi* dîner, souper
▶ *sm* dîner, souper

Japão *sm* Japon

japona *sf (agasalho)* caban *m*

japonês, -esa *adj* japonais, -e
▶ *sm,f* Japonais, -e
▶ *sm (língua)* japonais

jaqueta *sf* **1** *(de vestir)* veste **2** *(no dente)* couronne, jaquette

- **jaqueta acolchoada** veste matelassée
- **jaqueta impermeável** imperméable *m*

jaquetão *sm* veston

jararaca *sf* **1** ZOOL jararaca **2** *fig* vipère

jardim *sm* jardin

- **jardim botânico** jardin botanique
- **jardim zoológico (jardin) zoo(logique)**
- **jardim de infância** *sm* jardin d'enfant, garderie *f*, crèche *f*, maternelle *f*

jardinagem *sf* jardinage *m*

jardineiro, -ra *sm,f* jardinier, -ière

jargão *sm* jargon

jarra *sf* jarre

jarro *sm* **1** *(em geral)* cruche *f*, broc **2** *(de água)* carafe *f* **3** *(de vinho)* pichet

jasmim *sm* BOT jasmin

jato *sm* jet
- **avião a jato** avion à jet

- **ir/vir a jato** fig aller/venir en un clin d'œil
- **ir/vir de jato** aller/venir en jet

jaula sf cage

javali sm ZOOL sanglier

jazer vi gésir: *aqui jaz* ci-gît/ici gît

jazida sf gisement m, mine

jazigo sm (*sepultura*) caveau, tombeau

jazz sm inv jazz

jeans sm pl jeans

jegue sm ZOOL âne

jeitão sm air, apparence f, allure f

jeitinho sm 1 (*maneira de ser*) manière f d'être, nature f 2 (*estratagema*) débrouille f, système D

jeito sm 1 (*modo, maneira*) manière f, façon f, nature f: *ao jeito de* à la manière de 2 (*aparência, disposição*) allure f, apparence f 3 (*maneira de ser*) attitude f, manière f d'être 4 (*habilidade, cuidado*) manière f, prudence f, pincettes f pl, délicatesse: *é preciso jeito para lidar com ele* il faut le prendre avec des pincettes; *fale com jeito* parle avec délicatesse 5 (*correção, emenda, solução*) moyen: *você não tem jeito mesmo!* avec toi, il n'y a pas moyen
- **dar (um) mau jeito no braço, na perna etc.** se tordre le bras, la jambe etc.
- **dar um jeito em algo** (*consertar*) réparer qqch (*arrumar, organizar*) ranger qqch
- **de jeito nenhum** en aucun cas/pas du tout
- **de qualquer jeito** (*sem cuidado*) n'importe comment/sans soin (*haja o que houver*) quoi qu'il arrive
- **desculpe o mau jeito** excuse(z)-moi, mais
- **do/pelo jeito como as coisas vão…** du train où vont les choses…
- **ficar/estar sem jeito** rester/être gêné, -e
- **levar jeito para algo** avoir tout pour qqch
- **não ter jeito** ne pas (y) avoir moyen
- **pelo jeito…** apparemment…
- **tenha jeito!** tiens-toi bien!

jeitoso, -sa adj 1 (*conveniente, prático*) pratique 2 (*habilidoso*) habile 3 (*simpático, bonito*) sympa(thique), mignon, -ne

jejuar vi jeûner

jejum sm jeûne
- **estar em jejum** être à jeun
- **fazer jejum** jeûner
- **tomar o remédio em jejum** prendre le médicament à jeun

jérsei sm jersey

jesuíta adj-sm jésuite

Jesus sm Jésus

jiboia sf ZOOL boa m

jiló sm BOT aubergine f d'Afrique

jingle sm jingle, sonal

jipe sm jeep f

joalheiro, -ra sm, f bijoutier, -ière

joalheria sf bijouterie

joanete sm MED (*no pé*) oignon

joaninha sf ZOOL coccinelle

joão-de-barro (pl **joões-de-barro**) sm ZOOL fournier

joão-ninguém (pl **joões-ninguém**) sm nullité f, zéro

joça sf cochonnerie, saloperie

joelhada sf coup m de genou

joelheira sf genouillère

joelho sm genou
- **de joelhos** à genoux, agenouillé(e)

jogada sf 1 (*lance em jogo*) coup 2 fig (*estratagema*) stratagème
- **fazer uma jogada** jouer
- **morar na jogada** être au courant/se rendre compte (de)
- **tirar da jogada** éliminer, éloigner

jogador, -ra sm, f joueur, -euse

jogar vtd-vi 1 (*um jogo; esporte*) jouer à: *jogar futebol, tênis* jouer au foot(ball), tennis; *jogar bola* jouer au ballon 2 (*apostar*) jouer, miser, parier: *ele jogou a casa e perdeu* il a joué sa maison et l'a perdue 3 (*oscilar*) balancer, osciller: *ajustei a peça do motor que estava jogando* j'ai réglé la pièce du moteur qui avait du jeu
▶ vtd-vtdi 1 (*no lixo*) jeter 2 (*arremessar*) jeter, lancer
▶ vpr **jogar-se** (*atirar-se*) se jeter, sauter
- **de/para jogar fora** bon à jeter

- **jogar algo fora** (*descartar*) jeter qqch (*desperdiçar*) gaspiller qqch
- **jogar sujo** être déloyal

jogatina *sf* vice du jeu

jogging *sm* jogging, footing

jogo *sm* **1** (*brincadeira*) jeu **2** (*de cartas etc.*) jeu **3** (*partida-esporte*) match, rencontre *f* **4** (*aposta*) mise *f*, pari **5** (*peças de jogo de xadrez etc.*) pièce *f* **6** (*arrumação de peças ou cartas*) service: *dois jogos de chá* deux services à thé **8** *fig* (*estratégia, estratagema*) stratégie *f*, stratagème *f* **9** (*movimento, funcionamento*) mouvement **10** (*oscilação de barco, avião*) roulis, tangage
▶ *pl* **jogos** jeux: *jogos olímpicos* jeux olympiques
- **abrir o jogo** (*exibir as cartas*) abattre ses cartes/son jeu (*declarar intenções*) jouer cartes sur table (*futebol*) passer par les ailes
- **entrar no jogo de alguém** jouer le jeu de qqn
- **estar em jogo** être en jeu
- **jogo americano** set (*de table*)
- **jogo de cama** parure de lit
- **jogo de cintura** souplesse *f*, flexibilité *f*
- **jogo de empurra** acte de passer une responsabilité, un travail etc. de l'un à l'autre
- **jogo de palavras** jeu de mots
- **jogo de salão** jeu de société
- **jogo do bicho** loterie brésilienne clandestine
- **virar o jogo** renverser le score (*fig*) renverser la situation

jogo-da-velha (*pl* jogos-da-velha) *sm* morpion

joguete *sm fig* fantoche, marionnette *f*

joia *sf* **1** bijou *m* **2** *fig* perle

jóquei *sm* jockey, cavalier

jóquei-clube (*pl* jóqueis-clube) *sm* hippodrome

joqueta *sf* femme jockey

jornada *sf* **1** (*trajeto, caminhada*) trajet *m*, chemin *m* **2** (*duração do trabalho*) journée

jornal *sm* (*impresso; de TV ou rádio*) journal

jornaleiro, -ra *sm,f* (*vendedor de jornais*) marchand, -e de journaux, kiosquier, -ère

jornalismo *sm* journalisme

jornalista *smf* journaliste

jorrar *vtd* jaillir, gicler

jorro *sm* jaillissement, jet, giclée *f*

jovem *adj* jeune
▶ *smf* jeune homme *m*, jeune femme *f*

jovial *adj* jovial, -e

jovialidade *sf* jovialité

juba *sf* crinière

jubilar *vtd* **1** (*aposentar*) accorder/obtenir sa retraite, mettre à la retraite **2** (*expulsar*) expulser

jubileu *sm* jubilée

júbilo *sm* grande joie *f*

judaico, -ca *adj* juif, -ve, judaïque

judas *sm* **1** (*traidor*) Judas **2** (*boneco*) Caramentran, Carême: *malhar o judas* faire la crémation de Caramentran (cérémonie qui se tient le samedi saint au Brésil)

judeu, -a *adj* juif, -ve
▶ *sm,f* Juif, -ve

judiar *vti* se moquer (**de**, de), tourmenter (**de**, -)

judiciário, -a *adj* judiciaire
▶ *sm* **judiciário** pouvoir judiciaire

judô *sm* judo

jugo *sm* joug

juiz, -íza (*pl* juízes, -ízas) *sm* juge
■ **juiz de futebol** arbitre (de football)

juizado *sm* **1** (*cargo de juiz*) charge *f* de juge **2** (*repartição*) ressort, circonscription *f* (d'un juge)

juízo *sm* **1** (*julgamento, avaliação*) jugement, opinion *f*: *fazer mau juízo de alguém* avoir (une) mauvaise opinion de qqn **2** (*discernimento, siso*) sagesse *f*, discernement, raison *f*: *perder o juízo* perdre la raison **3** (*pensamento*) pensée *f* **4** DIR (*tribunal*) tribunal
- **juízo final** jugement dernier
- **tenha juízo!** sois sage!

julgamento *sm* jugement

julgar *vtd-vpred-vi* juger

▶ *vpr* **julgar-se** (*considerar-se*) se juger, se considérer
• **o tribunal julgou-o inocente** le tribunal l'a reconnu innocent

julho *sm* juillet

jumento *sm* ZOOL âne, mule *f*

junção *sf* jonction

junco *sm* BOT jonc

junho *sm* juin

junino, -na *adj* du mois de juin

junta *sf* **1** (*ponto de união*) jonction, joint *m* **2** (*parelha-de bois*) paire **3** (*articulação*) articulation
■ **junta médica** commission médicale/conseil médical

juntar *vtd-vtdi* **1** (*unir*) joindre **2** (*recolher*) (r)assembler **3** (*reunir*) réunir **4** (*acrescentar*) ajouter **5** (*anexar-documentos*) joindre, annexer
▶ *vtd* **1** (*aglomerar*) joindre **2** (*colecionar*) collectionner **3** (*dinheiro*) épargner, économiser, mettre de côté
▶ *vpr* **juntar-se 1** (*unir-se*) se joindre, s'unir **2** (*reunir-se*) se réunir **3** (*amasiar-se*) (*aller*) vivre en concubinage

juntinho, -nha *adj-adv* tout près

junto, -ta *adj* **1** (*unido*) joint, -e, uni, -e **2** (*anexo*) joint, -e **3** (*em contato, contíguo*) contigu, -ë, adjacent, -e **4** (*em companhia*) ensemble: *vieram juntos* ils/elles sont venu(es) ensemble
▶ *adv* **junto 1** (*juntamente*) ensemble **2** (*ao lado, perto*) à côté, près

Júpiter *sm* Jupiter

jura *sf* jurement *m*, promesse, serment *m*

jurado, -da *adj* (*de morte*) juré, -e, promis, -e
▶ *sm* (*de um júri*) **jurado** juré, -e

juramentado, -da *adj* assermenté, -e
• **tradutor juramentado** traducteur assermenté

juramento *sm* serment
• **prestar juramento** jurer sur l'honneur

jurar *vtd-vtdi-vi* jurer, promettre
• **jurar em falso** commettre un parjure
• **jurar por Deus** jurer par tous les dieux
• **juro!** je (le) jure!

júri *sm* jury

jurídico, -ca *adj* juridique

jurisdição *sf* juridiction

jurisprudência *sf* jurisprudence

jurista *smf* juriste

juro *sm* intérêt: *5% de juros* 5% d'intérêts

jururu *adj* triste, cafardeux, -euse, gnina gnian

jus *sm loc* **fazer jus a** mériter, faire honneur à

justamente *adv* justement

justapor *vtd-vtdi* juxtaposer

justiça *sf* justice

justiçar *vtd* faire justice

justiceiro, -ra *adj* justicier, ière
▶ *sm, f* justicier, ière

justificação *sf* justification

justificar *vtd* justifier
▶ *vpr* **justificar-se** se justifier

justificativa *sf* pièce justificative

justificável *adj* justifiable

justo, -ta *adj* **1** (*conforme à justiça; imparcial; merecido; legítimo; preciso, exato; certo; estreito*) juste **2** (*acertado, ajustado*) convenu, -e
▶ *adv* **justo** juste
• **dormir como um justo** dormir du sommeil du juste

juta *sf* jute *m* (*toile de*)

juvenil *adj* juvénile

juventude *sf* (*mocidade; os jovens*) jeunesse

K

kg *abrev* **quilograma** kilogramme
kit *sm* kit, lot, prêt-à-monter
kiwi *sm* kiwi

km *abrev* **quilômetro** km
know-how *sm* savoir-faire

L

la *pron* la, l': *mesmo sem ver a casa, decidiu comprá-la* sans même voir la maison, il a décidé de l'acheter

lã *sf* laine

lá¹ *adv* **1** là, là-bas, y: *Luís mora lá, naquela casa* Luis habite là-bas, dans cette maison; *meu pai é aquele lá* mon père, c'est celui-là **2** y: *estou chegando do Rio; moro lá há dez anos* je viens de Rio; j'y habite depuis 10 ans
▸ *loc adv* **lá por** aux environs de
- **de lá para cá** *(tempo)* depuis ce jour-là
- **lá se vai/foi...** et le voilà parti, et c'est parti
- **eu lá vou saber?** qu'est-ce que j'en sais?
- **lá adiante** plus loin
- **lá em cima** là-haut
- **lá embaixo** là en bas
- **lá fora** dehors
- **lá longe** là-bas
- **sabe-se lá** qui *(le)* sait
- **sei lá** qu'est-ce que j'en sais
- **veja lá o que vai fazer** pense bien à ce que tu vas faire

lá² *sm* MÚS la

labareda *sf* grande flamme

lábia *sf* tchatche, bagou *m*

lábio *sm* lèvre *f*

labirintite *sf* labyrinthite

labirinto *sm* labyrinthe

laboratório *sm* laboratoire

labuta *sf* labeur *m*, travail *m* pénible

laca *sf* (*pintura*) laque

laçada *sf* nœud *m* coulant

lacaio *sm* laquais

laçar *vtd* **1** *(fazer laço)* lacer **2** *(prender com laço)* prendre au lasso

laçarote *sm* nœud

laço *sm* **1** *(de sapato, de gravata etc.; decorativo)* nœud **2** *(armadilha)* collet, lacet **3** *fig* piège, panneau: *cair no laço* tomber dans le panneau **4** *(vínculo)* lien **5** *(corda para animais)* lasso

lacônico, -ca *adj* laconique

lacraia *sf* ZOOL mille-pattes *inv*

lacre *sm* scellé

lacrimejar *vi* larmoyer

lacrimogêneo, -a *adj* lacrymogène

lactação *sf* lactation

lactante *adj* qui donne ou produit du lait
▸ *sf* nourrice

lactente *adj-smf* nourrisson

lactose *sf* lactose

lacuna *sf* lacune

ladainha *sf* litanie
- **a mesma ladainha** *fig* la même chanson

ladeira *sf* montée, côte, pente

lado *sm* **1** côté: *os lados do triângulo* les côtés du triangle; *os lados da caixa* les côtés de la caisse; *os lados da rua* les côtés de la rue; *para que lado ele foi?* de quel côté est-il parti?; *veja as coisas por outro lado* vois les choses d'un autre côté **2** *(parte)* partie *f*: *o lado brasileiro da Amazônia* la partie brésilienne de l'Amazonie **3** *(partido, facção)* parti, faction
- **ao/do lado de** *(junto de)* à côté de *(a favor de)* aux côtés de [em comparação com] par rapport à

- **de lado** (*de viés; sobre o flanco*) de côté/sur le côté
- **de lado a lado** d'un côté à l'autre
- **de um lado para outro** d'un côté à l'autre
- **lado a lado** côte à côte
- **pôr/deixar algo de lado** (*separar*) mettre qqch de côté (*abandonar*) laisser qqch de côté
- **de todos os lados** de tous (les) côtés
- **do outro lado de** de l'autre côté de
- **por um lado..., por outro** d'un côté..., de l'autre (*côté*)
- **por todos os lados** de tous (les) côtés

ladrão, -dra *sm* 1 (*quem rouba*) voleur, -euse 2 (*de caixa de água*) tuyau de trop-plein

ladrilhar *vtd* carreler, poser le carrelage

ladrilho *sm* carrelage, faïence *f*, grés, verre mosaïque

ladroeira *sf* vol *m*, extorsion

lagarta *sf* ZOOL chenille

lagartixa *sf* lézard *m*

lagarto *sm* lézard géant

lago *sm* lac

lagoa *sf* lagune, mare

lagosta *sf* ZOOL langouste

lágrima *sf* larme
- **desfazer-se em lágrimas** fondre en larmes/pleurs *m*

laguna *sf* lagune

laia *sf* genre *m*, nature, acabit *m*

laico, -ca *adj* laïque
▶ *sm, f* personne laïque

laje *sf* 1 (*placa de pedra*) dalle 2 (*entre dois pavimentos*) plancher *m*

lajota *sf* carrelage de grande taille/dimension

lama¹ *sf* 1 (*barro*) boue, vase 2 *fig* bourbier *m*

lama² *sm* (*monge budista*) lama

lamaçal *sm* bourbier

lamacento, -ta *adj* boueux, -euse, vaseux, -euse

lambada *sf* 1 (*pancada*) coup *m* 2 (*descompostura*) réprimande, sermon *m* 3 MÚS lambada

lamber *vtd* 1 lécher 2 *fig* (*bajular*) lécher les bottes
▶ *vpr* **lamber-se** 1 se lécher 2 (*regalar-se*) se régaler

lambida *sf* lèchement *m*, coup *m* de langue

lambido, -da *adj* (*sem graça*) sans sel, insipide

lambiscar *vtd-vi* pignocher, bricoler, manger sans apétit

lambisgoia *sf* bêcheuse, pimbêche, mijaurée

lambri *sm* lambris

lambuja *sf* bénéfice, avantage

lambuzar *vtd* salir, souiller, barbouiller
▶ *vpr* **lambuzar-se** se barbouiller, se lécher les babines

lamentação *sf* lamentation

lamentar *vtd* 1 (*deplorar-algo ou alguém*) déplorer, regretter 2 (*manifestar pesar*) lamenter, être au regret, regretter: **lamentamos informar que...** nous sommes au regret de vous informer que...
▶ *vpr* **lamentar-se** se lamenter, se plaindre

lamentável *adj* regrettable, lamentable

lamento *sm* lamentation *f*

lâmina *sf* lame
■ **lâmina de barbear** lame de rasoir

lâmpada *sf* (*elétrica*) lampe (*électrique*), ampoule
■ **lâmpada piloto** lampe témoin

lampejo *sm* éclair

lampião *sm* lampion, lanterne *f*

lamúria *sf* lamentation

lamuriar-se *vpr* se lamenter, se plaindre

lança *sf* lance

lançamento *sm* lancement

lançar *vtd* 1 (*arremessar*) lancer, jeter 2 (*moda, livro, filme*) lancer 3 (*fumaça etc.*) émettre 4 (*registrar contas*) consigner, enregistrer
▶ *vpr* **lançar-se** 1 (*arremeter*) se lancer (**sobre**, sur), se jeter (**sobre**, sur) 2 (*promover-se*) se lancer, se promouvoir 3 (*desaguar*) déboucher, se jeter

lance *sm* 1 (*no jogo*) coup 2 (*de escada*) volée *f* 3 (*oferta em leilão*) enchère *f* 4 (*conjuntura, situação*) conjoncture *f*, situation f **5** *fig* intention f: *não entendi qual é o teu lance* je n'ai pas compris ton intention

lancha *sf* **1** *(barco)* bateau m **2** *(sapato folgado) fam* grande savate **3** *(pé grande)* grand pied m, *fam* grand panard m

lanchar *vi* faire/prendre un casse-croûte
▸ *vtd* mager: *lanchou um sanduíche* il/elle a mangé un sandwich

lanche *sm* en-cas, casse-croûte, goûter

lancheira *sf* boîte à tartine

lanchonete *sf* snack(-bar) m, cantine, cafétéria

lancinante *adj* lancinant, -e

lânguido, -da *adj* languide, languissant, -e

lanolina *sf* lanoline

lantejoula *sf* paillette

lanterna *sf* **1** *(portátil)* lanterne **2** *(de carro) (bloc)* phare m; feux m de position, lanterne, veilleuse

lanterninha *sm* **1** *(de cinema)* ouvreuse f **2** *(último colocado)* lanterne f rouge

lapela *sf* revers m *(d'une veste etc.)*

lapidação *sf* **1** *(apedrejamento)* lapidation **2** *(de diamantes)* taille

lapidar *vtd* **1** *(apedrejar)* lapider **2** *(diamantes)* tailler, polir

lápide *sf* pierre tombale/sépulcrale

lápis *sm* crayon (noir)

lapiseira *sf* porte-mine m, stylomine m

lapso *sm* **1** *(decurso de tempo)* laps **2** *(erro)* lapsus **3** *(de memória)* trou

laptop *sm* laptop, (ordinateur) portable

laquê *sm* laque f (à cheveux)

laquear *vtd* laquer

lar *sm* foyer

laranja *sf* BOT orange
▸ *smf fig (testa de ferro)* homme m de paille
▸ *adj-sm inv (cor)* orange

laranja-lima *sf* BOT orange lima

laranjada *sf* orangeade

laranjeira *sf* BOT oranger m

lareira *sf* cheminée

largada *sf* départ m

• **dar a largada** donner le départ

largado, -da *adj* **1** *(descuidado)* abandonné **2** *(desmazelado)* négligent, -e, nonchalant, -e

largar *vtd* **1** *(soltar)* lâcher **2** *(desapegar-se de)* abandonner, *fam* larguer
▸ *vtd-vi* **1** *(sair do serviço)* quitter
▸ *vtd-vti* **1** *(abandonar; interromper)* abandonner **2** *(vício)* arrêter, abandonner, quitter **3** *(desistir)* renoncer
▸ *vi-vti* **1** *(dar o arranque)* prendre le départ **2** *(navio)* larguer (les amarres)
▸ *vpr* **largar-se** *(tornar-se desleixado)* s'abandonner

largo *adj* large
▸ *sm* **1** *(praça)* place **2** MÚS largo
• **ao largo** au large

largura *sf* largeur, large m: *qual é a largura do rio neste trecho?* quelle est la largeur de la rivière à cet endroit?; *o corredor tem 1,5 de comprimento por 1,5 de largura* le couloir fait 1,5 m de long sur 1,5 m de large

laringe *sf* ANAT larynx m

laringite *sf* MED laryngite

larva *sf* ZOOL larve

lasanha *sf* CUL lasagne

lasca *sf* **1** *(estilhaço)* écharde **2** *(fatia fina)* tranche fine

lascar *vtd* **1** *(criar lascas)* écorner, rompre en éclats/copeaux **2** *fig (proferir, soltar)* proférer
▸ *vtd-vtdi fig (dar, aplicar)* donner, appliquer
▸ *vpr* **lascar-se** **1** *(soltar lascas)* écailler **2** *(sair-se mal)* échouer, se planter

laser *sm* laser

lasquinha *sf loc* **tirar uma lasquinha** **1** *(tirar proveito)* profiter **2** *(libidinosamente)* prendre des libertés

lástima *sf* **1** *(dó, pena)* pitié, compassion, peine **2** *(lamentação)* lamentation
• **estar uma lástima** être dans un état pitoyable
• **ser uma lástima** être dommage

lastimar *vtd* **1** *(lamentar)* regretter, déplorer **2** *(sentir dó)* compatir, avoir peine
▸ *vpr* **lastimar-se** se plaindre, se lamenter

lastimável *adj* regrettable, lamentable

lastro sm 1 *(matéria pesada)* lest 2 ECON réserve d'or 3 *fig* base f, fondement

lata sf 1 *(material)* fer m blanc 2 *(recipiente)* boîte 3 *(lataria-de carro)* carrosserie
- **em lata** en boîte
- **falar na lata** parler à brûle-pourpoint/de but en blanc
- **lata de conservas** boîte de conserve
- **lata de lixo** boîte à ordure/poubelle

latão sm 1 *(material)* laiton 2 *(recipiente em geral)* grande boîte f 3 *(de lixo)* boîte f à ordure, poubelle f

lataria sf 1 *(conjunto de latas)* tas m de boîtes 2 *(carroceria)* carrosserie

lata-velha (*pl* **latas-velhas**) sf tacot m, guimbarde

latejar vi 1 *(palpitar)* palpiter 2 *(doer)* lanciner

latente adj latent, -e

lateral adj latéral, -e
▶ sf côté m

látex sm latex

laticínios sm pl produits laitiers

latido sm aboiement

latifundiário, -a adj latifundiaire
▶ sm,f propriétaire d'une propriété latifundiaire, grand proprietaire terrien

latifúndio sm latifundium, grand domaine agricole/rural

latim sm latin
- **gastar/perder o latim** perdre son temps

latino, -na adj latin, -e

latino-americano, -na (*pl* **latino-americanos**) adj latino-américain, -e (*pl* latino-américains)
▶ sm,f Latino-américain, -e

latir vi aboyer

latitude sf latitude

latrina sf latrines pl

latrocínio sm vol suivi d'assassinat

lauda sf 1 *(folha padronizada)* feuille, page 2 *(folha datilografada)* feuillet m

laudo sm avis d'expert

lava sf lave

lavabo sm lavabo, toilettes f pl

lavadeira sf lavandière, blanchisseuse

lavado, -da adj *(desbotado)* délavé, -e

lavadora sf 1 *(de roupa)* lave-linge m inv, machine à laver 2 *(de louça)* lave-vaisselle m inv

lavagem sf 1 *(ato de lavar)* lavage m 2 MED lavage m, lavement m 3 *(comida para animais)* pâtée
- **lavagem cerebral** lavage m cérébral
- **lavagem de dinheiro** blanchissement m d'argent

lava-louça sf inv lave-vaisselle m inv

lavanda sf lavande

lavanderia sf 1 *(estabelecimento comercial)* teinturerie, pressing m 2 *(dependência da casa)* buanderie
■ **lavanderia a seco** pressing m

lavar vtd laver
▶ vpr **lavar-se** se laver
- **lavar a alma** prendre sa revanche/se racheter
- **lavar a égua** [fig] se rassasier/se repaître
- **lavar a honra** laver son honneur
- **lavar a roupa suja em casa** laver le linge sale en famille
- **lavar a seco** laver à sec
- **lavar e passar** laver et repasser

lava-rápido (*pl* **lava-rápidos**) sm lavage (automatique) de voiture, lavage auto

lavatório sm salle f de bains, lavabo

lavoura sf labour m, labourage m

lavrador, -ra sm,f laboureur m, paysan, -anne, cultivateur, -trice

lavrar vtd 1 *(a terra)* labourer 2 *(uma sentença, um ato)* dresser

laxante adj laxatif, -ive
▶ sm **laxante** laxatif

laxativo, -va adj laxatif, -ive
▶ sm **laxativo** laxatif

lazer sm loisir

leal adj loyal, -e

lealdade sf loyauté

leão, -oa sm,f ZOOL lion, -onne
- **leão de chácara** videur

leão-marinho (*pl* **leões-marinhos**) ZOOL sm lion de mer, otarie f à crinière

lebre sf ZOOL lièvre m, hase f

lecionar vtd-vtdi-vi enseigner, donner des cours

legal *adj* **1** *(de acordo com a lei)* légal, -e **2** *fig (bem-disposto, bem-humorado)* sympa(tique) **3** *fig (em ordem)* en ordre **4** *fig (ótimo, perfeito)* super, impeccable

legalidade *sf* légalité

legalizar *vtd* légaliser

legar *vtdi* DIR léguer

legenda *sf* **1** *(explicação)* légende **2** CINE TV sous-titres *m pl*

legião *sf* légion

legislação *sf* législation

legislador, -ra *sm, f* législateur, -trice

legislar *vtdi-vi* légiférer

legislativo, -va *adj* législatif, -ive

legitimar *vtd* légitimer

legitimidade *sf* légitimité

legítimo, -ma *adj* légitime

legível *adj* lisible

légua *sf* lieue

legume *sm* **1** *(fruto)* légume **2** *(hortaliça)* verdure *f*, plante *f* potagère

lei *sf* loi
• **fora da lei** hors-la-loi
• **lei do menor esforço** loi du moindre effort
• **lei seca** loi de la prohibition
• **madeira de lei** bois précieux, noble
• **prata de lei** argent de bon aloi

leigo, -ga *adj-sm, f* **1** *(profano)* profane, laïc, -que **2** *(desconhecedor)* profane

leilão *sm* vente *f* aux enchères

leiloar *vtd* vendre aux enchères

leiloeiro, -ra *sm, f* commissaire-priseur *m*

leitão, -oa *sm* **1** ZOOL pourceau, goret, cochon de lait **2** CUL cochon de lait

leite *sm* lait
▪ **leite condensado** lait condensé
▪ **leite de magnésia** lait de magnésium/hydroxyde de magnésium
▪ **leite desnatado** lait écrémé
▪ **leite em pó** lait en poudre
▪ **leite integral** lait entier
▪ **leite longa-vida** lait UHT
▪ **leite materno** lait maternel
▪ **leite semidesnatado** lait demi-écrémé
• **tirar leite de pedra** faire des miracles

leiteira *sf* bidon *m* de lait, pot *m* au lait

leiteiro, -ra *sm, f* laitier, -ière

leito *sm* **1** *(cama)* lit, couche *f* **2** *(fundo de rio, mar etc.)* lit **3** *(base de rua, estrada etc.)* assise *f*
▪ **leito (de hospital)** lit d'hôpital
• **guardar o leito** garder le lit

leitor, -ra *sm, f* lecteur, -trice

leitoso, -sa *adj (com aspecto de leite)* laiteux, -euse

leitura *sf* lecture

lema *sm* devise *f*

lembrado, -da *adj (recordado)* rappelé, -e
• **estar/não estar lembrado de algo** se rappeler/ne pas se rappeler quelque chose

lembrança *sf (recordação; presente)* souvenir *m*
• **dê lembranças à sua mãe** *(faites)* mes amitiés/compliments à votre mère
• **mandar lembranças a alguém** adresser/transmettre ses amitiés/compliments à qqn
• **não sair da lembrança** ne pas sortir de la tête

lembrar *vtd-vtdi* rappeler
▶ *vpr* **lembrar-se** se souvenir (**de**, de), se rappeler (**de**, de)

lembrete *sm* pense-bête, aide-mémoire *f*, memento

leme *sm* MAR gouvernail

lenço *sm* **1** *(para assoar-se)* mouchoir **2** *(para a cabeça)* foulard, bandana

lençol *sm* **1** *(de cama)* drap **2** *(camada)* nappe *f*, couche *f*
▪ **lençol freático** nappe *f* phréatique
• **estar em maus lençóis** être dans de beaux draps

lenda *sf* légende

lendário, -ria *adj* légendaire

lenga-lenga *sf* verbiage *m*, délayage *m*

lenha *sf* bois *m* (à brûler)
• **baixar/meter lenha** *(surrar)* passer à tabac/rouer de coups/tabasser *(criticar)* prendre à partie/allumer
• **jogar/deitar lenha na fogueira** jeter de l'huile sur le feu

lente *sf* lentille
• **lente de aumento** loupe

• **lente de contato** lentilles *pl* de contact

lentidão *sf* lenteur

lentilha *sf* BOT lentille

lento, -ta *adj* lent, -e

leonino, -na *adj* 1 (*abusivo*) léonin, -e 2 (*do signo de Leão*) du signe du Lion

leopardo *sm* ZOOL léopard

lépido, -da *adj* joyeux, -euse, enjoué, -e

lepra *sf* lèpre

leque *sm* éventail

ler *vtd-vi* lire
• **onde está x leia-se y** lire "y" là où il est écrit "x"

lerdo, -da *adj* lent, -e

lesão *sf* lésion

lesar *vtd* 1 (*contundir*) léser, blesser 2 (*prejudicar*) léser, faire du tort

lésbica *sf* lesbienne

lesma *sf* ZOOL limace

leste *sm* est

letal *adj* létal, -e

letargia *sf* léthargie

letivo, -va *adj* scolaire: *ano letivo* année scolaire

letra *sf* 1 (*sinal gráfico*) lettre 2 (*caligrafia*) écriture: *ter boa/má letra* avoir une belle écriture/une écriture de chat 3 (*de canção*) paroles
▸ *pl* **letras** lettres
• **ao pé da letra** à la lettre/au pied de la lettre/ipsis litteris
• **com todas as letras** clairement/en toutes lettres
• **letra de câmbio** lettre de change
• **letra de forma/de imprensa** caractère *m* d'imprimerie
• **letra maiúscula/minúscula** lettre majuscule/minuscule
• **tirar de letra** faire (*qqch*) les doigts dans le nez

letrado, -da *adj-sm,f* 1 (*que sabe ler*) alphabétisé, -e 2 (*erudito*) lettré, -e

letreiro *sm* enseigne *f*

letrista *sm,f* (*quem compõe letra de música*) parolier, -ière

léu *sm loc* **ao léu** au hasard

leucemia *sf* MED leucémie

leva *sf* 1 (*grupo*) bande, groupe *m* 2 (*recrutamento*) recrutement *m*

levado, -da *adj-sm,f* (*traquinas*) coquin, -e, polisson, -onne

levantamento *sm* 1 (*de objeto*) soulèvement *f* 2 (*pesquisa, sondagem etc.*) relevé, levé
• **levantamento de peso** haltérophilie *f*
• **levantamento topográfico** relevé/levé topographique

levantar *vtd* 1 (*pôr no alto*) soulever, élever 2 (*pôr em posição reta*) élever 3 (*ajudar a levantar-se*) lever 4 (*dar mais altura*) élever 5 (*erigir*) ériger 6 (*erguer do chão*) élever 7 (*elevar-volume*) élever, augmenter 8 (*questão, problema*) soulever 9 (*fazer levantamento*) relever, lever 10 (*olhos, rosto*) lever 11 (*arrecadar*) recueillir, recevoir
▸ *vpr-vi* **levantar(-se)** (*despertar*) se lever, se réveiller
▸ *vpr* **levantar-se** 1 (*pôr-se em pé*) se lever, se mettre debout 2 (*raiar-o sol*) se lever 3 (*rebelar-se*) se soulever 4 (*reabilitar-se*) s'en sortir, se racheter

levante *sm* 1 (*nascente*) levant 2 (*países do Mediterrâneo oriental*) Levant 3 (*motim*) mutinerie *f*, soulèvement, émeute *f*

levar *vtd* 1 (*conduzir-pessoa*) mener, emmener, conduire 2 (*possibilitar chegar*) mener: *todos os caminhos levam à praça* tous les chemins mènent à la place 3 (*transportar-pessoas*) emmener 4 (*transportar-carga, coisas*) transporter, emporter 5 (*portar*) emporter: *nunca leva o guarda-chuva* je n'emporte jamais mon parapluie 6 (*retirar*) enlever: *levem daqui este caixote* enlevez cette caisse d'ici 7 (*receber, sofrer*) prendre, porter: *levar um pontapé, um soco* prendre un coup de pied, un coup de poing; *levar a culpa por alguma coisa* porter le chapeau pour qqch; *levar uma surra* prendre une raclée 8 (*a vida*) mener 9 (*demorar*) mettre: *levou dois anos para conseguir emprego* il/elle a mis deux ans pour trouver du travail 10 (*obter*) gagner, obtenir, remporter: *levar um prêmio* gagner un prix 11 (*roubar*)

voler **12** (*requerer*) y avoir: ***este bolo leva ovos?*** il y a des œufs dans ce gâteau? **13** (*pôr em cena*) monter, mettre en scène
▶ *vtdi* **1** (*ir entregar, ir dar*) apporter: ***leve-lhe este prato de comida*** apporte-lui cette assiette de nourriture **2** (*induzir, fazer*) conduire: ***a falta de claridade levou-o a cometer aquele engano*** le manque de clarté l'a conduit à commettre cette erreur

• **deixar-se levar por alguém/algo** se laisser influencer para qqn, qqch
• **deixar-se levar por um sentimento** se laisser emporter par un sentiment
• **ir levando** se débrouiller
• **levar a mal** prendre mal
• **levar a melhor** gagner/bien s'en sortir/l'emporter
• **levar a pior** perdre/mal s'en sortir
• **levar algo adiante** poursuivre/continuer quelque chose
• **levar algo embora** emporter qqch
• **levar alguém embora** raccompagner qqn
• **levar de volta** (*devolver*) rendre [retomar] reprendre
• **não levar a nada** ne mener à rien

leve *adj* **1** (*não pesado*) léger, -ère **2** (*fácil de executar*) facile **3** (*ágil, desenvolto*) léger, -ère, leste **4** (*fresco-tecido, roupa*) léger, -ère, vaporeux, -euse
• **de leve** (*sem exercer pressão*) doucement (*superficialmente*) superficiellement
• **pega leve!** vas-y doucement!

levedura *sf* levure

leveza *sf* légèreté

leviandade *sf* légèreté, irréflexion, frivolité

leviano, -na *adj* **1** (*volúvel, frívolo*) léger, -ère, frivole **2** *pop* (*leve*) léger, -ère

levitar *vi* léviter

léxico *sm* lexique

lhama *sf* ZOOL lama *m*

lhe *pron* **1** (*a/para ele, a/para ela*) *pron* lui: ***vi sua irmã e dei-lhe a notícia*** j'ai vu sa sœur et je lui ai donné la nouvelle **2** (*a você, ao senhor, à senhora*) vous, te, t': ***Sra. Ramos, envio-lhe uma amostra*** Mme Ramos, je vous envoie un échantillon; ***você perguntou, e eu lhe disse a verdade*** tu m'as posé la question et je te t'ai dit la vérité
▶ *pl* **lhes 1** (*a/para eles, a/para elas*) leur: ***meus irmãos me procuraram e eu lhes telefonei ontem*** mes frères (*et sœurs*) m'ont fait demander et je leur ai téléphoné hier **2** (*a/para vocês, a/para os senhores, a/para as senhoras*) vous: ***apresento-lhes meu irmão*** je vous présente mon frère

Líbano *sm* Liban

libanês, -esa *adj* libanais, -e
▶ *sm, f* Libanais, -e

liberação *sf* **1** (*exoneração de compromisso*) libération, décharge **2** COM (*da alfândega*) dédouanement *m*, dédouanage *m*

liberal *adj* libéral, -e
• **profissão liberal** profession libérale
• **profissional liberal** professionnel libéral

liberalismo *sm* libéralisme

liberar *vtd-vtdi* **1** (*exonerar*) exonérer, libérer **2** (*libertar*) libérer **3** (*tornar disponível*) mettre à disposition, rendre disponible **4** (*autorizar*) libérer, autoriser **5** (*tornar livres-costumes*) libéraliser
▶ *vpr* **liberar-se** (*exonerar-se; tornar-se livre*) se libérer, se dégager

liberdade *sf* liberté
▶ *pl* **liberdades** (*intimidade*) libertés

libertação *sf* **1** (*de um país*) libération **2** (*soltura*) délivrance, affranchissement *m*

libertador, -ra *adj-sm, f* libérateur, -trice

libertar *vtd-vtdi* **1** (*livrar*) libérer **2** (*soltar*) affranchir, délivrer
▶ *vpr* **libertar-se 1** (*livrar-se*) se libérer **2** (*soltar-se*) se délivrer

libertinagem *sf* libertinage *m*

liberto, -ta *adj* (*livre*) libéré, -e, délivré, -e

libido *sf* libido

libra *sf* **1** (*medida; moeda*) libre **2** ASTROL Balance

lição *sf* **1** (*tarefa escolar*) devoirs *m pl* **2** (*aula*) leçon, cours, classe: ***tomar lições de matemática com alguém*** avoir des cours de maths avec qqn **3** *fig* leçon

licença *sf* **1** (*autorização*) permission: ***pedir licença para fazer algo*** deman-

der la permission de faire quelque chose 2 (*poética*) licence 3 (*permissão formal*) autorisation, permis *m*, licence: **licença de funcionamento de um imóvel** autorisation de fonctionnement d'un immeuble; **licença para dirigir** permis (de conduire); **licença de importação** licence d'importation 4 (*em emprego; militar*) congé *m*
• **com licença da (má) palavra** pardonnez-moi l'expression
• **com licença!** excuse(z) moi!, pardon!
• **estar de licença por motivo de saúde** être en arrêt maladie
• **tirar licença** prendre un congé

licença-maternidade (*pl* licenças-maternidade) *sf* congé maternité

licenciamento *sm* (*de veículo*) espèce de carte grise

licenciar *vtd* **1** (*conceder licença*) permettre, autoriser **2** MIL donner congé **3** (*conceder licenciatura*) diplômer (licence avec formation pédagogique) **4** (*veículo*) obtenir le *licenciamento* de son véhicule
▸ *vpr* **licenciar-se 1** (*obter licenciatura*) obtenir sa licence **2** (*tirar licença*) obtenir/prendre un congé

licenciatura *sf* licence (*avec formation pédagogique*)

licencioso, -sa *adj* licencieux, -euse, libertin, -e

lícito, -ta *adj* **1** (*legal*) licite **2** (*válido, admissível*) valable, admissible

licor *sm* liqueur *f*

lida *sf* **1** (*esforço, labuta*) labeur *m* **2** (*leitura rápida*) coup *m* d'œil, lecture en diagonale

lidar *vti-vi* (*esforçar-se, labutar*) besogner, peiner, trimer
▸ *vti* avoir affaire (**com**, à/avec) traiter (**com**, avec), négocier (**com**, avec)

líder *sm* leader, meneur, chef de file

liderança *sf* leadership *m*, commandement *m*

liderar *vtd* **1** (*grupos, equipes*) commander **2** (*pesquisas*) conduire, mener

lido, -da *adj* **1** (*que tem livros lidos*) lu, -e **2** (*instruído*) instruit, -e, cultivé, -e

liga *sf* **1** (*consistência*) consistance, prise: **um cimento que dá liga** un ciment qui a une bonne prise **2** (*aliança*) alliance **3** (*de metais*) alliage *m* **4** (*para meias*) jarretière

ligação *sf* **1** (*em geral*) liaison **2** (*de eletricidade; conexão elétrica*) branchement *m* **3** QUÍM liaison **4** (*telefonema*) communication, coup *m* de téléphone, fil: **ligação a cobrar** coup de téléphone en PCV; **fazer uma ligação** donner un coup de téléphone/de fil

ligado, -da *adj* **1** (*unido*) lié, -e **2** (*com conexão elétrica*) branché, -e **3** (*em comunicação*) connecté, -e **4** (*apegado*) attaché, -e, lié, -e **5** (*atento*) attentif, -ive **6** *pop* (*sob efeito de droga*) dopé, -e, chargé, -e **7** QUÍM MÚS lié, -e
• **'tá ligado?** tu me suis?

ligamento *sm* ANAT ligament

ligar *vtd-vtdi* **1** (*unir, prender*) lier **2** (*conectar*) brancher, connecter **3** (*pôr em comunicação*) connecter **4** (*associar*) associer **5** (*unir afetivamente*) lier **6** (*discar; telefonar*) appeler: **ligue para este número** appelle ce numéro; **você me ligou ontem?** tu m'as appelé(e) hier?
▸ *vtd* **1** (*propiciar liga*) faire prendre **2** (*ativar sistema ou aparelho elétrico*) allumer, brancher **3** (*veículo*) mettre en marche
▸ *vti* **1** (*telefonar*) appeler (**para**, -) **2** (*dar importância*) attacher/donner/accorder de l'importance (**para**, à)
▸ *vi* (*fazer liga*) prendre
▸ *vpr* (*apegar-se*) s'attacher
• **ligar por engano** (*telefone*) se tromper de numéro/faire un faux numéro
• **não estou nem ligando!** je m'en fous/fiche

ligeireza *sf* rapidité, prestesse

ligeiro, -ra *adj* **1** (*leve*) léger, -ère **2** (*rápido, superficial; sutil, delicado*) rapide, léger, -ère **3** (*ágil, veloz*) rapide, prompt, -e **4** (*sem importância*) anodin, -e, insignifiant, -e **5** (*frugal*) léger, -e **6** (*ameno, fácil*) léger, -e: **música ligeira** musique légère

lilás *adj-sm* lilas

lima *sf* **1** (*ferramenta*) lime **2** (*fruta*) cédrat *m*

limão *sm* BOT citron vert, lime *mf*

limão-galego (*pl* limões-galegos) *sm* BOT limette (*acide*)

limar *vtd* limer

limiar *sm* seuil

limitação *sf* **1** (*demarcação*) délimitation **2** (*restrição*) limitation
▸ *pl* **limitações** limitations, limites

limitado, -da *adj* limité, -e

limitar *vtd* **1** (*demarcar*) délimiter **2** (*restringir*) limiter
▸ *vti* (*fazer fronteira*) confiner (**com**, à/avec)
▸ *vpr* **1** (*restringir-se*) se limiter (**a**, à) **2** (*contentar-se*) se restreindre/se limiter (**a**, à)

limite *sm* limite *f*

limítrofe *adj* limitrophe

limoeiro *sm* BOT citronnier

limonada *sf* limonade

limpador, -ra *adj-sm, f* **1** (*produto*) nettoyant, -e **2** (*pessoa*) nettoyeur, -euse
■ **limpador de para-brisa** essuie-glace

limpar *vtd* **1** (*fazer limpeza*) nettoyer **2** *fig* (*purificar*) laver, purifier **3** *fig* (*nome, reputação*) réhabiliter **4** *fig* (*roubar, levar tudo*) dépouiller, piller **5** (*feijão, arroz etc.*) trier
▸ *vi* (*tempo*) s'éclaircir, se dégager, se remettre au beau
▸ *vpr* **limpar-se 1** (*purificar-se*) se laver **2** *fig* (*reabilitar-se*) se réhabiliter, se racheter

limpeza *sf* **1** (*asseio, alinho*) propreté, toilette **2** (*ato de limpar*) nettoyage *m*: *limpeza dos tapetes* nettoyage des tapis **3** (*de casa*) ménage *m*: *fazer uma limpeza na casa* faire le ménage **4** (*purificação*) purification, épuration **5** (*expurgo, expulsão*) nettoyage *m*, lessivage *m* **6** *fig* (*em texto*) correction, réécriture **7** *fig* (*roubo de vulto*) pillage *m*, sac *m* **8** *fig pop* (*coisa honesta*) réglo: *pode confiar: é limpeza* fais-moi confiance, c'est du réglo
• **(serviço de) limpeza urbana** (service de) nettoyage *m* urbain

límpido, -da *adj* limpide

limpo, -pa *adj* **1** (*sem sujeira*) propre **2** (*céu, tempo*) clair, -e, dégagé, -e **3** *fig* (*honesto*) honnête **4** *fig* (*desarmado*) désarmé, -e **5** *fig* (*não ilícito, confiável, sem perigo*) réglo, tranquille: *está limpo, podemos ir* tout est tranquille, on peut y aller **6** *fig* (*sem ficha na polícia*) sans casier judiciaire **7** *fig* (*sem deduções*) net, -tte: *dez mil reais limpos* dix mille reals net **8** (*sem dinheiro, duro*) fauché, -e, à sec **9** (*não poluente*) propre: *tecnologia limpa* technologie propre
▸ *adv* **limpo** loyal, -e, réglo: *jogar limpo* être réglo
• **ficar limpo, -pa** (*ficar sem dinheiro*) être fauché, e/à court d'argent (*ficar reabilitado*) se réhabiliter, se racheter
• **passar a limpo** mettre au propre (*fig*) résoudre/régler/faire (*toute*) la lumière sur
• **sair limpo, -pa** (*não dar motivo a queixas*) (s'en) sortir/être blanc comme neige (*ir embora sem dinheiro*) repartir fauché, e/sans fric
• **tirar a limpo** tirer au clair

limusine *sf* limousine

lince *sf* ZOOL lynx

linchar *vtd* lyncher

lindo, -da *adj* beau, -elle

linear *adj* linéaire

linfa *sf* lymphe

linfático, -ca *adj* lymphatique

lingerie *sf* lingerie

lingote *sm* lingot

língua *sf* (*órgão, idioma*) langue
■ **língua materna** langue maternelle
■ **língua de sinais** langage des signes
■ **língua franca** langue de communication universelle
• **bater/dar com a língua nos dentes** commettre une indiscrétion/vendre la mèche
• **dar/mostrar a língua** tirer la langue
• **dobre a língua!** surveille tes propos/ton langage
• **engolir a língua** avoir avalé sa langue
• **enrolar a língua** (*calar-se*) avoir avalé sa langue (*falar de modo incompreensível*) baragouiner
• **estar/ficar com a língua de fora** être crevé, e/épuisé, e
• **língua de trapo** mauvaise langue/langue vipérine
• **língua suja** personne ordurière
• **meter a língua** déchirer à belles dents/descendre en flammes/étriller
• **não falar a mesma língua** *fig* ne pas parler la même langue

- **na ponta da língua** (*bem-sabido*) sur le bout des doigts (*de imediato*) du tac au tac, sans attendre
- **ter língua comprida/de palmo e meio** avoir la langue bien pendue

linguado *sm* ZOOL limande *f*

linguagem *sf* langage *m*

linguajar *sm* parler, jargon, patois, dialecte

linguarudo, -da *adj-sm, f* jaseur, -euse, bavard, -e

lingueta *sf* languette

linguiça *sf* saucisse (*de Toulouse*)
- **encher linguiça** *fig* allonger la sauce

linguística *sf* linguistique

linha *sf* 1 (*fio para costura*) fil (*à coudre*) 2 (*traço, pauta, escrita*) ligne 3 (*elétrica*) ligne 4 (*comunicação telefônica*) ligne, appareil *m*, tonalité: *a linha está ocupada* la ligne est occupée; *quem está na linha?* qui est à l'appareil?; *qual é o número da linha?* quel est le numéro de la ligne?; *caiu a linha* la ligne a été coupée; *esperar na linha* attendre en ligne; *o telefone não está dando linha* il n'y a pas de tonalité 5 (*de transporte; de produtos; de um partido; para pescar*) ligne 6 (*correção, classe*) classe: *manter a linha* garder la classe 7 (*boa forma física*) ligne 8 (*trilho-de trem, de bonde*) ligne 9 *fig* (*bom comportamento*) borne: *ele saiu da linha* il a dépassé les bornes 10 (*parentesco*) ligne, lignée
▸ *pl* **linhas** (*formas*) lignes
- **andar na linha** *fig* marcher au pas
- **em linhas gerais** dans les grandes lignes
- **linha aérea** ligne aérienne
- **linha de conduta** ligne de conduite
- **linha de montagem** ligne/chaîne de montage
- **linha dura** ligne dure
- **pôr alguém na linha** mettre quelqu'un au pas/à la raison

linhaça *sf* graine de lin

linho *sm* lin

link *sm* lien

lipoaspiração *sf* lipoaspiration, liposuccion

liquefazer *vtd* passer à l'état liquide
▸ *vpr* **liquefazer-se** devenir liquide

liquidação *sf* 1 (*pagamento, quitação*) paiement *m*, acquittement *m*, règlement *m* 2 (*venda de mercadorias*) liquidation 3 (*extinção*) extinction 4 *fig* (*eliminação, morte*) liquidation

liquidar *vtd* 1 (*quitar, pagar*) liquider, régler, s'acquitter de: *liquidar uma dívida* s'acquitter d'une dette 2 (*vender a preços reduzidos; pôr fim*) liquider 3 (*consumir rapidamente*) dévorer, dissiper 4 (*assassinar*) liquider

liquidez *sf* liquidité

liquidificador *sm* mixeur

líquido, -da *adj* 1 (*não sólido*) liquide 2 (*não bruto*) net, -tte: *salário líquido* salaire net; *peso líquido* poids net
▸ *sm* **líquido** liquide
- **líquido, -da e certo, -ta** sûr, -e et certain, -e

lira *sf* 1 MÚS lyre 2 (*moeda*) lire

lírico, -ca *adj-sm, f* lyrique

lírio *sm* BOT lys, lis

Lisboa *sf* Lisbonne

liso, -sa *adj* 1 (*não rugoso*) lisse 2 (*não estampado*) uni: *tecido liso* tissu uni 3 (*honesto, íntegro*) honnête 4 *pop* (*sem dinheiro*) fauché, -e

lisonja *sf* flatterie

lisonjear *vtd* flatter

lisonjeiro, -ra *adj* flatteur, -euse

lista *sf* 1 (*rol*) liste 2 (*listra*) rayure
- **lista de casamento** liste de mariage
- **lista de espera** liste d'attente
- **lista de preços** liste des prix
- **lista eleitoral** liste électorale
- **lista telefônica** annuaire *m*, bottin *m*
- **fazer uma lista** faire/dresser une liste

listra *sf* rayure
- **de listras** rayé, -e

literal *adj* littéral, -e

literalmente *adv* 1 (*à letra*) littéralement, à la lettre 2 (*completamente*) totalement, complètement

literário, -a *adj* littéraire

literato, -ta *sm, f* lettré, -e

literatura *sf* littérature

litígio *sm* litige

litigioso, -sa *adj* litigieux, -euse

litoral *sm* littoral

litorâneo, -a *adj* littoral, -e

litro *sm* litre

liturgia *sf* liturgie

lívido, -da *adj* livide

livrar *vtd-vtdi* **1** (*libertar*) délivrer **2** (*desvencilhar*) libérer, dégager
▶ *vpr* **livrar-se 1** (*libertar-se*) se libérer, se délivrer **2** (*desvencilhar-se*) se libérer, se dégager
• **Deus me livre!** que Dieu m'em garde!/à Dieu ne plaise!

livraria *sf* librairie

livre *adj* **1** (*solto, liberto etc.*) libre **2** (*isento*) exempt, -e: **livre de impostos** exempt d'impôts **3** (*gratuito*) gratuit, -e, gratis **4** (*permitido*) tout public: *o filme é livre* le film est classé tout public

livre-arbítrio (*pl* **livres-arbítrios**) *sm* libre arbitre

livreiro, -ra *adj* du livre: *setor livreiro* secteur du livre
▶ *sm, f* libraire

livro *sm* livre
• **livro de bolso** livre de poche
• **livro de cabeceira** livre de chevet
• **livro de ponto** carnet de pointage

lixa *sf* papier *m* (d')émeri/de verre, toile (d')émeri
▪ **lixa de unha** lime à ongle

lixar *vtd* poncer, limer
▶ *vpr* **lixar-se** se foutre (**para**, de)

lixeira *sf* poubelle

lixo *sm* **1** (*o que se joga fora*) ordure *f* **2** (*lixeira*) poubelle *f* **3** *fig* (*coisa ruim, porcaria*) cochonnerie *f*, saloperie *f*

lo *pron* **1** le, l': *fui ver o carro, mas não pretendo comprá-lo* je suis allé(e) voir la voiture, mais je n'ai pas l'intention de l'acheter **2** te, t', vous: *venha cá, quero beijá-lo* viens ici que je t'embrasse

lobisomem *sm* loup-garou

lobo, -ba *sm, f* ZOOL loup, -ve

locação *sf* location

locador, -ra *sm, f* loueur, -euse

locadora *sf* (*de automóveis, de filmes*) location

local *adj* local, -e
▶ *sm* **local** endroit, lieu

• **local de encontro** lieu de rendez-vous
• **local de trabalho** lieu de travail

localidade *sf* localité

localização *sf* localisation

localizado, -da *adj* **1** (*não espalhado*) localisé, -e **2** (*situado*) localisé, -e, situé, -e

localizar *vtd* **1** (*detectar o lugar*) localiser **2** (*identificar*) localiser, repérer **3** (*colocar, instalar*) mettre
▶ *vpr* **localizar-se** (*situar-se*) se situer, se localiser

loção *sf* lotion
• **loção de limpeza** lotion de toilette

locar *vtd* louer

locatário, -ria *sm, f* locataire

locomoção *sf* locomotion

locomotiva *sf* locomotive

locomover-se *vp* se déplacer

locução *sf* GRAM locution

locutor, -ra *sm, f* **1** (*de rádio*) présentateur, -trice **2** LING locuteur, -trice

lodaçal *sm* bourbier

lodo *sm* boue *f*

logaritmo *sm* MAT logarithme

lógica *sf* logique
• **pela lógica...** selon toute logique...

lógico, -ca *adj* logique
• **lógico!** bien sûr!/certainement!

logística *sf* logistique

logo *adv* **1** (*em breve; imediatamente*) tout de suite: *volto logo* je reviens tout de suite **2** (*justamente*) juste: *logo comigo isso foi acontecer!* c'est juste à moi qu'il fallait que ça arrive!
▶ *conj* (*portanto*) donc
• **até logo** à plus tard, à bientôt
• **tão logo** dès que

logradouro *sm* aire *f* publique

lograr *vtd* **1** (*conseguir*) réussir à **2** (*enganar, tirar proveito*) leurrer
▶ *vi* (*dar certo*) réussir

logro *sm* **1** (*embuste*) leurre **2** (*trapaça, peça, partida*) tour

loiro, -ra *adj-sm, f* blond, -e

loja *sf* **1** (*comercial*) magasin *m* **2** (*maçônica*) loge

- **loja de conveniência** magasin 24 h (*généralement situés dans les stations service*)
- **loja de departamentos** grand magasin
- **loja de ferragens** quincaillerie
- **loja de miudezas** mercerie

lombada *sf* 1 (*de livro*) dos *m* 2 (*quebra-molas*) dos *m* d'âne, ralentisseur *m*

lombar *adj* ANAT lombaire

lombo *sm* 1 ANAT reins 2 CUL échine *f* 3 (*costas*) dos

lombriga *sf* ascaride *m*, ascaris *m*

lombrigueiro *sm* vermifuge

lona *sf* 1 (*para caminhões*) bâche 2 (*de pneus*) bande 3 (*de circo*) chapiteau *m* 4 (*de freio*) garniture de frein

Londres *sf* Londres

longa-metragem (*pl* **longas-metragens**) *sm* long métrage

longe *adv* 1 (*não perto*) loin 2 (*afastado de uma atividade*) loin, à l'écart: *estou longe da política* je reste à l'écart de la politique
- **ao longe** au loin/dans le lointain
- **de longe** de loin
- **ir longe** aller loin
- **ir muito longe** (*exagerar*) y aller fort

longínquo, -qua *adj* éloigné, -e, lointain, -e

longitude *sf* longitude

longitudinal *adj* longitudinal, -e
- **em sentido longitudinal** dans le sens de la longueur

longo, -ga *adj* long, -gue
▶ *sm* (*vestido*) robe *f* longue
▶ *loc adv* **ao longo de** (*tout*) au/le long de

lonjura *sf* (*lugar muito distante*) Perpète-lès-Oies: *foi morar numa lonjura inacreditável* il habite à Perpète-lès-Oies
- **não vou até aquela lonjura** je ne vais pas aussi loin
- **que lonjura!** comme c'est loin!

lontra *sf* ZOOL loutre

lordose *sf* MED lordose

lorota *sf* bobard *m*

los *pron* 1 les: *quis ficar com os meninos para criá-los* j'ai voulu la garde des enfants pour les élever 2 vous (*pl*): *venham cá, quero abraçá-los* venez, je veux vous prendre dans mes bras

losango *sm* losange

lotação *sf* 1 (*capacidade*) capacité 2 (*pequeno ônibus*) mini-bus *m* de transport

lotado, -da *adj* (*cheio*) plein, -e, bourré, -e

lotar *vtd* remplir, bourrer

lote *sm* 1 (*de mercadorias; de bens, de ações*) lot 2 (*terreno*) lot, lopin

loteca *sf* loto sportif *m*, loto foot *m*

loteria *sf* 1 (*jogo*) loterie 2 (*casa lotérica*) bureau *m* de loterie 3 fig loterie
- **loteria esportiva** loto *m* sportif

lotérico, -ca *adj* relatif, -ive à la loterie
- **casa lotérica** bureau *m* de loterie

loto *sf* loto (*de loterie publique*)

lótus *sm* BOT lotus
- **posição de lótus** position du lótus/en tailleur

louça *sf* 1 (*material*) porcelaine 2 (*conjunto de recipientes*) vaisselle: *lavar a louça* faire/laver la vaisselle
- **louça sanitária** appareils *m pl* **sanitaires**

louco, -ca *adj-sm, f* fou, -olle
- **estar louco, -ca por alguém** être fou, -lle de qqn
- **louco de pedra/varrido** fou à lier

loucura *sf* folie

louro, -ra *adj-sm, f* (*loiro*) blond, -e
▶ *sm* **louro** 1 BOT laurier 2 ZOOL perroquet

lousa *sf* tableau *m* (*noir*)

louva-deus *sm inv* ZOOL mante *f* religieuse

louvar *vtd* louer

louvável *adj* louable

louvor *sm* louange *f*

lua *sf* lune
- **lua minguante** lune décroissante
- **lua cheia** pleine lune
- **lua crescente** lune croissante
- **lua de mel** lune de miel
- **lua nova** nouvelle lune

luar *sm* clair de lune

lubrificante *adj* lubrifiant, -e
▶ *sm* lubrifiant

lubrificar *vtd* lubrifier

lucidez *sf* lucidité

lúcido, -da *adj* lucide

lucrar *vtd-vti-vi* faire des bénéfices/profits

lucrativo, -va *adj* lucratif, -ive
- **sem fins lucrativos** sans buts lucratifs

lucro *sm* profit, bénéfice

ludibriar *vtd* tromper, jouer

lufada *sf* rafale

lugar *sm* **1** (*porção do espaço; geográfico*) lieu: *é o lugar mais lindo do mundo* c'est le plus beau lieu du monde; *lugar de nascimento* lieu de naissance; *qual o lugar do encontro?* quel est le lieu du rendez-vous? **2** (*ordem*) lieu: *em primeiro lugar* en premier lieu **3** (*espaço não geográfico*) place *f*: *ele se levantou para ir à toalete e não voltou para seu lugar* il s'est levé pour aller aux toilettes mais il n'a pas repris sa place; *pôr cada coisa em seu lugar* mettre chaque chose à sa place **4** (*classificação*) place: *primeiro lugar* première place **5** (*parte bem determinada do espaço*) endroit: *está doendo em que lugar?* vous avez mal à quel endroit? **6** (*país, cidade, bairro etc.*) ici, coin: *não sou do lugar* je ne suis pas d'ici; *fui discriminado lá por não ser do lugar* là on m'a discriminé pour ne pas être du coin **7** (*hospedagem*) place *f* **8** (*situação*) place *f*: *ponha-se no meu lugar* mets-toi à ma place **9** (*posto, emprego*) emploi **10** (*trecho de livro, filme etc.*) passage, moment **11** (*momento oportuno*) occasion *f*, propos: *aquela sua intervenção estava fora de lugar* son intervention était hors de propos
- **dar lugar a** (*ensejar*) donner lieu à (*oferecer espaço*) céder sa place
- **em outro lugar** ailleurs
- **em primeiro lugar..., em segundo lugar...** en premier lieu, en second/deuxième lieu
- **em todo lugar** partout
- **enxergar o seu lugar** savoir se tenir à sa place/selon son rang
- **guardar o lugar para alguém** garder la place à qqn
- **não esquentar lugar** ne faire long feu nulle part
- **perder o lugar** perdre sa place
- **um lugar ao sol** une place au soleil

lugar-comum (*pl* **lugares-comuns**) *sm* lieu commun

lugarejo *sm* trou, bled

lúgubre *adj* lugubre

lula *sf* ZOOL calamar

luminária *sf* luminaire

luminoso, -sa *adj* lumineux, -euse

lunar *adj* lunaire

lunático, -ca *adj* lunatique

luneta *sf* lunette

lupa *sf* (*lente*) loupe

lusitano, -na *adj-sm,f* lusitain, -aine, lusitanien, -enne
▸ *sm,f* Lusitanien, -enne, Lusitain, -aine

lustra-móveis *sm inv* cire (pour les meubles)

lustrar *vtd* **1** (*polir*) polir **2** (*engraxar*) cirer

lustre *sm* **1** (*castiçal*) chandelier, lustre **2** → lustro

lustro *sm* brillant, éclat

lustroso, -sa *adj* lustré, -e, brillant, -e

luta *sf* lutte

lutador, -ra *adj-sm,f* **1** ESPORTE lutteur, -euse **2** *fig* lutteur, -euse, battant, -e

lutar *vti-vi* lutter
▸ *vtd-vi* pratiquer: *lutar judô* pratiquer le judo

luto *sm* deuil
- **estar de luto** être en deuil
- **luto fechado** grand deuil

luva *sf* (*peça de vestuário; no comércio*) gant

luxação *sf* MED luxation, dislocation

luxo *sm* **1** (*opulência; coisa supérflua*) luxe **2** *fig* (*denguice*) minauderie: *tem muito luxo: vive reclamando da comida* il fait beaucoup de minauderies: il n'arrête pas de se plaindre de la nourriture **3** *fig* (*cerimônia*) cérémonie, manières, façons, simagrées: *deixe de luxo, aceite logo esse dinheiro* arrête de faire des manières et accepte cet argent
- **dar-se ao luxo de** se permettre le luxe de

luxuoso, -sa adj luxueux, -euse
luxúria sf luxure
luz sf 1 lumière 2 (*claridade*) lumière, jour m
- **à luz de** à la lumière de
- **à luz do dia** en plein jour
- **acender a luz** allumer (*la lumière*)
- **ao apagar das luzes** *fig* au dernier moment/sur le fil/in extremis
- **dar à luz** donner le jour
- **lançar luzes sobre algo** jeter une lumière sur qqch
- **luz de freio** feux de stop
- **luzes do carro** feux de la voiture
- **trazer à luz** exposer/étaler au grand jour
- **vir à luz** (*nascer*) naître (*tornar-se conhecido*) devenir connu, -e (*ser editado*) être publié, -e/paraître

luzir vi (*brilhar*) (re)luire

M

maca *sf* brancard *m*

maçã *sf* BOT pomme
- **maçã do rosto** pommette

macaca *sf* ZOOL guenon
- **estar com a macaca** être d'humeur massacrante

macacada *sf* **1** (*grupo de macacos*) groupe *m* de singes **2** (*grupo de pessoas*) bande

macacão *sm* **1** (*de passeio*) salopette *f* **2** (*de trabalho*) combinaison *f*, bleu de travail

macaco, -ca *sm* **1** ZOOL singe **2** (*do carro*) cric **3** (*imitador; indivíduo feio*) singe

maçada *sf* (*amofinação*) chose ennuyeuse, corvée

maçaneta *sf* poignée (*de porte*)

maçante *adj* ennuyeux, -euse, emmerdant, -e

maçarico *sm* **1** (*aparelho de soldar*) chalumeau **2** ZOOL courlis

macarrão *sm* pâtes *f pl*

macerar *vtd* macérer

macete *sm* (*truque, artifício*) truc, astuce *f*, combine *f*, stratagème

machado *sm* hache *f*

machista *adj-smf* sexiste, machiste

macho *sm* **1** (*do sexo masculino*) mâle **2** (*valentão*) macho **3** (*amásio*) amant

machucado, -da *adj* (*ferido*) blessé, -e
▶ *sm* (*ferimento*) blessure *f*

machucar *vtd* **1** (*causar dor*) faire mal: *o sapato está me machucando* ma chaussure me fait mal **2** (*ferir*) blesser: *brincando com a faca, machucou o irmão* il a blessé son frère en jouant avec le couteau
▶ *vpr* **machucar-se** se blesser

maciço, -ça *adj* massif, -ive
▶ *sm* **maciço** GEOG massif

macieira *sf* BOT pommier *m*

maciez *sf* douceur, suavité

macio, -a *adj* **1** (*fofo*) doux, -ce, moelleux, -euse, suave, pelucheux, -euse **2** (*sem aspereza*) suave, lisse **3** (*que cede à mordida*) doux, -ce, moelleux, -euse: *fruta macia* un fruit doux **4** (*meigo, delicado*) doux, -ce, délicat, -e: *fala macia* propos doux; *o toque macio das mãos* le toucher délicat des mains

maço *sm* **1** (*feixe de plantas*) fagot **2** (*de cigarros*) cartouche *f* **3** (*de fósforos*) paquet **4** (*de papel, notas*) liasse *f*

maçom *sm* (franc-)maçon

maçonaria *sf* (franc-)maçonnerie

maconha *sf* marijuana, herbe

maconheiro, -ra *adj-sm,f* qui ou personne qui est dépendant à la marijuana ou en fume

má-criação (*pl* **más-criações**, **má-criações**) *sf* impolitesse, grossièreté, sans-gêne *m*

macular *vtd* maculer, tacher
▶ *vpr* **macular-se** maculer, se tacher

macumba *sf* religion afro-brésilienne qui célèbre les esprits du «mal»
- **fazer macumba para alguém** jeter un sort à qqn

madeira *sf* bois *m*
- **bater na madeira** toucher du bois

madeiramento *sm* boiserie *f*

madrasta *sf* marâtre, belle-mère

madre *sf* RELIG Mère

madrepérola sf nacre

madressilva sf BOT chèvrefeuille m

madrinha sf marraine

madrugada sf petit matin m

madrugador, -ra adj matinal, -e
▶ sm, f matinal, -e, lève-tôt

maduro, -ra adj mûr, -e

mãe sf mère

má-educação (pl **más-educações**) sf impolitesse, grossièreté, sans-gêne m

maestria sf maîtrise, maestria, brio m

má-fé (pl **más-fés**) sf mauvaise foi

máfia sf mafia

magazine sm 1 (loja) magasin 2 (revista) magazine

magia sf magie

mágica sf tour m de magie
• **fazer mágica** faire des tours de magie [fig] faire des miracles

mágico, -ca adj magique
▶ sm, f magicien, -ienne

magistério sm 1 (ação) enseignement 2 (professorado) professorat

magistrado sm magistrat, -e

magistral adj magistral, -e

magistratura sf DIR magistrature

magnata sm magnat

magnésia sf QUÍM magnésie

magnésio sm QUÍM magnésium

magnético, -ca adj magnétique

magnetizar vtd magnétiser

magnetismo sm magnétisme

magnífico, -ca adj magnifique
• **magnífico reitor** monsieur le (di)recteur, monsieur le Président de l'université

magnitude sf grandeur, amplitude, importance

magnólia sf BOT magnolia m, magnolier m

mago, -ga sm, f mage: *os Reis Magos* les Rois mages/Mages

mágoa sf blessure, meurtrissure, froissement m

magoado, -da adj blessé, -e, meurtri, -e, froissé, -e

magoar vtd blesser, meurtrir, froisser
▶ vpr **magoar-se** se blesser, se froisser, se vexer

magrelo, -la adj-sm, f maigrelet, -ette, maigrichon, -onne

magreza sf maigreur

magricela adj-smf maigrelet, -ette, maigrichon, -onne

magro, -gra adj 1 (pessoa; sem gordura) maigre 2 (pouco espesso, delgado) maigre, mince 3 (pequeno, minguado) maigre, de misère: *salário magro* salaire de misère
▶ sm, f maigre

maio sm mai

maiô sm maillot une pièce

maionese sf CUL mayonnaise

maior adj 1 (mais amplo, mais extenso, mais alto) plus grand, -e 2 (mais encorpado) plus gros, -osse 3 (mais longo, mais demorado) plus long 4 (mais intenso) plus intense 5 MÚS majeur, -e
• **a maior parte** la plupart
• **estar na maior** se la couler douce
• **maior (de idade)** majeur, -e
• **maior de 20 anos** de plus de 20 ans
• **o maior tempo possível** le plus de temps possible
• **ser o maior** être le meilleur

maioral smf chef, tête f

maioria sf majorité, plupart
• **na maioria das vezes** la plupart du temps
• **obter maioria no Senado/no Parlamento** obtenir la majorité au Sénat/Parlement

mais adv 1 (em maior quantidade) davantage: *você precisa ler mais* tu dois lire davantage 2 (comparativo) plus: *esta flor é mais bonita que cheirosa* cette fleur est plus belle que parfumée; *ele tem mais de vinte anos* il a plus de vingt ans 3 (ainda, outra vez) plus, encore: *não chore mais* ne pleure plus; *pegue ainda um doce* prenez encore un gâteau 4 (mais vezes) plus (souvent): *eu o via mais que ele* je le voyais plus (souvent) que lui 5 (melhor) mieux: *você enxerga mais que eu* vous voyez mieux que moi
▶ sm (restante) reste: *tudo o mais* tout le reste

▶ *pron (maior quantidade)* plus: **a sala tinha mais atores que espectadores** il y avait plus d'acteurs que de spectateurs dans la salle
▶ *prep* **1** *(com)* avec: **ele veio mais o irmão** il est venu avec son frère **2** MAT plus, et: **cinco mais cinco são dez** cinq et cinq font dix
• **a mais** en plus
• **ainda mais que...** d'autant plus que...
• **há mais de um mês** il y a plus d'un mois
• **mais dois quilômetros chegamos** encore deux kilomètres et on arrive
• **mais ou menos** plus ou moins/à peu près
• **por mais que...** pour autant que
• **quanto mais... mais...** plus... plus...
• **sem mais nem menos** sans raison, pour rien
• **sinal de mais** signe plus

maisena *sf* maïzena

maître sm maître *(d'hôtel)*

maiúsculo, -la *adj* majuscule
▶ *sf* **maiúscula** majuscule/caractère d'imprimerie

majestade *sf* majesté
• **Sua/Vossa Majestade** Sa/Votre Majesté

majestoso, -sa *adj* majestueux, -euse

major *sm* MIL major

majorar *vtd* augmenter

mal *adv* **1** *(de modo indesejável)* mal: **a empresa vai mal** l'entreprise va mal **2** *(sem saúde)* mal en point, malade: **o filho dela está mal** son fils est malade **3** *(de modo inadequado)* mal: **mal alojado** mal logé **4** *(pouco, insuficientemente)* mal, (ne) pas bien: **eu o conheço mal** je ne le connais pas bien **5** *(dificilmente)* à peine: **essa comida mal dá para três** cette nourriture suffit à peine pour trois personnes **6** *(quase nada)* à peine, guère: **ele mal me olha** c'est à peine s'il me regarde **7** *(indelicadamente)* de travers: **responder mal para alguém** répondre de travers à qqn
▶ *sm* **mal**
▶ *conj (assim que)* dès que: **mal chegava, tirava os sapatos** dès qu'il arrivait, il retirait ses chaussures
• **de mal a pior** de mal en pis
• **dos males, o menor** entre/de deux maux, il faut choisir le moindre
• **estar/ficar de mal com alguém** être fâché, -e avec qqn
• **falar mal** *(uma língua)* parler mal *(de alguém)* dire du mal de qqn
• **fazer mal a** *(ser indigesto)* faire mal à *(ser prejudicial)* être nocif à
• **ir mal em algo** aller mal en qqch
• **levar a mal** prendre mal qqch
• **mal e mal** modérément/à peine/guère
• **mal e porcamente** n'importe comment
• **menos mal** tant mieux/heureusement/encore heureux
• **não faz mal** ce n'est rien/ce n'est pas grave
• **passar/sentir-se mal** ressentir/éprouver/avoir un malaise
• **por bem ou por mal** bon gré mal gré
• **viver mal** *(com pouco dinheiro)* vivre mal *(sem concórdia)* vivre en désaccord

mala *sf* **1** *(de viagem)* valise **2** *(porta-malas)* malle, coffre *m*
▶ *adj-smf pop (chato)* emmerdant, -e, casse-pieds, enquiquinant, -e

malabarismo *sm* jonglerie *f*, acrobatie *f*, voltige *f*
• **fazer malabarismos** *fig* faire de la haute voltige

malabarista *smf* jongleur, -euse, acrobate

mal-acostumado, -da *(pl* **mal-acostumados, -das)** *adj* mal habitué, -e, mal accoutumé, -e

mal-afamado, -da *(pl* **mal-afamados, -das)** *adj* mal famé, -e

mal-agradecido, -da *(pl* **mal-agradecidos, -das)** *adj* ingrat, -e

mal-ajambrado, -da *(pl* **mal-ajambrados, -das)** *adj* **1** *(desajeitado)* engoncé, -e **2** *(deselegante)* débraillé, -e, mal vêtu, -e

malandragem *sf* **1** *(conjunto de malandros)* bande de roublards, -es/roués, -es **2** *(ato de malandro)* roublardise, ruse, rouerie

malandrice *sf* roublardise, ruse, rouerie

malandro, -dra *sm* roublard, -e, roué, -igne

malária sf MED malaria, paludisme m

mal-assombrado, -da (pl **mal-assombrados, -das**) adj hanté, -e

malcheiroso, -sa adj puant, -e

malcriado, -da adj-sm,f impoli, -e, mal élevé, -e

maldade sf méchanceté, malignité
- **fazer maldade** faire des méchancetés
- **fazer algo por maldade** faire qqch par méchanceté

maldição sf malédiction

maldito, -ta adj-sm,f maudit, -e

maldizer vtd 1 (amaldiçoar) maudire 2 (dizer mal) dire du mal

maldoso, -sa adj méchant, -e

maleável adj (elástico; dócil) malléable

maledicência sf médisance, commérage m

mal-educado, -da (pl **mal-educados, -das**) adj-sm,f mal élevé, -e, impoli, -e

malefício sm 1 (mal) tort, méfait, préjudice m 2 (feitiço) maléfice, envoûtement, sortilège

maléfico, -ca adj maléfique

mal-encarado, -da (pl **mal-encarados, -das**) adj 1 (de mau humor) renfrogné, -e, bourru, -e, de mauvaise humeur 2 (com aparência de má índole) ayant l'air méchant

mal-entendido (pl **mal-entendidos, -das**) adj (mal interpretado) mal compris, -e, mal interprété, -e
▸ sm malentendu

mal-estar (pl **mal-estares**) sm 1 (indisposição) malaise 2 (constrangimento) gêne f

maleta sf mallette, valise

malévolo, -la adj malveillant, -e

malfazejo, -ja adj malfaisant, -e, nuisible

malfeito, -ta adj mal fait, -e

malfeitor, -ra sm,f malfaiteur, -trice

malformação sf malformation

malha sf 1 (nó, volta em tecido, em rede) maille 2 (tecido) tissu m, jersey m, tricot m 3 (traje colante) justaucorps m, collant, m 4 (suéter) pull(-over), chandail m 5 fig spirale: **nas malhas do crime** dans la spirale du crime 6 (mancha em pelagem) maille, moucheture, maillure 7 (jogo) jeu des anneaux 8 (rede) réseau m: **malha rodoviária** réseau routier; **malha urbana** réseau urbain
- **malha de lã** pull en laine
- **malha fina (da Receita)** peigne fin (du fisc)

malhação sf 1 (surra) rossée, volée de coups, raclée 2 (crítica enérgica) démolissage m, éreintement m, éreintage m 3 (ginástica vigorosa) gymnastique, culturisme m, musculation

malhado, -da adj (com manchas na pelagem) moucheté, -e, tacheté, -e, maillé, -e

malhar vtd-vti 1 (bater com o malho) marteler 2 (espancar) rosser, tabasser
▸ vtd (falar mal) taper sur, éreinter, descendre en flamme sur
▸ vi (fazer ginástica) faire de la gymnastique
- **malhar em ferro frio** fig perdre sa peine

malharia sf filature

malho sm maillet
- **descer o malho em alguém** médire de qqn

mal-humorado, -da (pl **mal-humorados, -das**) adj-sm,f de mauvaise humeur

malícia sf 1 (malignidade) malice, malignité 2 (sagacidade) sagacité 3 (marotice; intenção maldosa, picante) malice

malicioso, -sa adj 1 (picante) malicieux, -euse, coquin. -e 2 (sagaz, esperto) sagace

maligno, -na adj 1 (malévolo) malveillant, -, méchant, -e 2 MED malin, -igne
▸ sm **maligno** (diabo) malin

mal-intencionado, -da (pl **mal-intencionados, -das**) adj malintentionné, -e

maloca sf 1 (aldeia indígena) village m indien 2 (casebre) taudis m

malograr vi échouer, rater, manquer

malogro sm échec, insuccès, avortement

maloqueiro, -ra smf 1 (andrajoso, malcriado) déguenillé, -e, haillonneux, -euse 2 (marginal) vaurien, -ienne

malote *sm* sacoche *f*, messagerie *f* express, courrier

malpassado, -da *adj* CUL bleu, -e, saignant, -e

malquisto, -ta *adj* impopulaire, mal vu, -e

malsucedido *adj* **1** *(projeto etc.)* vain, -e, infructueux, -euse **2** *(pessoa)* raté, -e

malte *sm* malt

maltrapilho, -lho *adj-sm,f* déguenillé, -e, haillonneux, -euse, loqueteux, -euse

maltratar *vtd* **1** *(tratar com aspereza; espancar)* maltraiter **2** *(danificar, avariar)* endommager, abîmer, détériorer

maluco, -ca *adj-sm,f (louco)* fou, -olle, farfelu, -e

maluquice *sf* folie

malvadeza *sf* méchanceté

malvado, -da *adj* méchant, -e

malvisto, -ta *adj* mal vu, -e

mama *sf* sein *m*, poitrine

mamadeira *sf* biberon *m*

mamãe *sf* maman

mamão *sm* BOT papaye *f*

mamar *vtd-vi* **1** *(sugar leite)* téter **2** *(colher benefícios ilícitos)* se sucrer, voler

mamata *sf* boulot *m* peinard, planque

mamífero, -ra *adj* mammifère
▶ *sm* **mamífero** mammifère

mamilo *sm* mamelon

mamoeiro *sm* BOT papayer

mamona *sf* BOT ricin *m*

maná *sm* manne *f*

manada *sf* troupeau *m*, manade *f*

manancial *sm* source *f*, point d'eau

manar *vtd (verter, dar origem)* verser, produire, découler
▶ *vti* **1** *(brotar)* jaillir, sourdre **2** *(provir)* provenir

mancada *sf* bévue, gaffe, bêtise
• **dar uma mancada** faire une gaffe

mancar *vi-vti* boiter
▶ *vpr* **mancar-se** gíria piger/faire gaffe
• **se manca!** fais gaffe!

mancha *sf* tache

manchar *vtd* tacher, salir
▶ *vpr* **manchar-se** se salir, se tacher

manchete *sf* gros titre *m*

manco, -ca *adj* boiteux, -euse

mancomunar-se *vpr* se concerter, avoir partie liée (**com,** avec)

mandachuva *smf* huile, *(grand)* manitou, mandarin

mandado, -da *adj* **1** *(enviado)* envoyé, -e **2** *(ordenado)* ordonné, -e
▶ *adj-sm,f (quem cumpre ordens)* sous-ordre
▶ *sm* **mandado 1** *(ordem, incumbência)* ordre: *o menino cumpre mandados* le garçon exécute des ordres **2** DIR mandat: *mandado de captura* mandat d'arrêt

mandamento *sm* RELIG commandement

mandante *sm* **1** *(quem comanda)* patron, -onne, chef **2** *(de crime)* cerveau

mandão, -ona *adj-sm,f* autoritaire, commandant, -e

mandar *vtd-vtdi* **1** *(dizer que vá)* envoyer: *mandei as crianças tomar banho* j'ai envoyé les enfants prendre un bain **2** *(ordenar)* ordonner: *ele mandou o empregado calar a boca* il a ordonné à son employé de se taire **3** *(encomendar)* commander, faire: *ele mandou construir uma casa nos fundos* il a fait construire une maison au fond de son terrain **4** *(expedir)* envoyer **5** *(ordenar a ida)* détacher, envoyer: *mandou aqui o menino com um bilhete* il a envoyé un garçon ici avec un billet **6** *(sugerir, pedir)* demander: *ele mandou dizer que gosta de você* il m'a demandé de te dire que tu lui plais
▶ *vti-vi (ter o comando)* commander
▶ *vtd* **1** *(soltar, emitir)* lâcher, lancer, mettre: *mandar um palavrão* lâcher un gros mot **2** *(trazer)* apporter: *garçom, manda um bife acebolado* garçon, apportez-moi un bifteck aux oignons
▶ *vtdi (desferir)* donner: *mandou-lhe um pontapé* il lui a donné un coup de pied
▶ *vpr* **mandar-se 1** *(ir)* aller, déménager (**para,** à) **2** *(ir embora)* s'en aller
• **mandar alguém embora** *(mandar sair; despedir do emprego)* renvoyer/congédier qqn
• **mandar chamar alguém** faire appeler qqn

mandar ver *fig* mettre du cœur à l'ouvrage/se donner

mandato *sm* mandat

mandíbula *sf* ANAT mandibule, maxillaire *m* inférieur, mâchoire inferieure

mandinga *sf* (*feitiço*) sortilège *m*, sort *m*

mandioca *sf* BOT manioc *m*

mandioquinha *sf* BOT pomme de terre céleri

mando *sm* commandement, autorité *f*
• **a mando de** sur les ordres de

mandruvá *sm* ZOOL espèce de chenille

maneira *sf* **1** (*modo, jeito*) manière, façon, mode *m* **2** (*possibilidade*) moyen: *não houve maneira de convencê-lo* il n'y a pas eu moyen de le convaincre
▶ *pl* **modo de comportar-se** manières
• **à maneira de** à la manière de/à la façon de
• **de alguma maneira** d'une manière/façon ou d'une autre
• **de maneira nenhuma** pas du tout/aucunement
• **de maneira que** en sorte que/de façon/manière à (+ *inf*)
• **de outra maneira** autrement
• **de toda maneira** de toute manière/de toute façon

maneirar *vtd* **1** (*contornar, resolver com habilidade*) contourner, régler **2** (*abrandar*) calmer, apaiser
▶ *vi* **1** (*abrandar-se*) se calmer, s'apaiser **2** (*agir com moderação*) modérer, mesurer: *maneirar nas despesas* mesurer les dépenses

maneiro, -ra *adj* **1** (*de fácil manejo*) facile à manier **2** (*leve, fácil*) léger, -ère, facile **3** (*hábil, jeitoso*) habile, adroit, -e **4** (*bacana, legal, ótimo*) cool, super

manejar *vtd* manier

manejo *sm* maniement, gestion *f*

manequim *sm* **1** (*boneco*) mannequin **2** (*tamanho de roupa*) taille *f*: *qual é seu manequim?* quelle est votre taille?
▶ *smf* (*modelo*) modèle *m*, mannequin *m*

manga *sf* **1** (*do vestuário*) manche **2** BOT (*fruta*) mangue
• **arregaçar as mangas** retrousser/relever ses manches
• **botar/pôr as mangas de fora** *fig* dévoiler son jeu/ses prétentions, s'affirmer
• **de manga curta/comprida** à/en manches longues/courtes
• **ter uma carta na manga** avoir un atout dans son jeu

mangue *sm* mangrove *f*

manha *sf* **1** (*choro sem motivo*) caprice *m* **2** (*habilidade, destreza*) adresse, habileté, dextérité **3** (*procedimento astucioso*) habileté, ruse, rouerie **4** (*mania, hábitos*) manie, coutume **5** (*segredo, meio oculto*) truc *m*, ficelles *pl*

manhã *sf* matin *m*, matinée
• **amanhã de manhã** demain matin
• **de manhã (bem) cedo** tôt le matin
• **de/pela manhã** le matin
• **durante a manhã** pendant la matinée
• **hoje pela manhã** ce matin

manhoso, -sa *adj* **1** (*desenvolto, destro*) désinvolte, habile, adroit, -e **2** (*ardiloso, malicioso*) rusé, -e, roublard, -e, roué, -e **3** (*que chora sem motivo*) capricieux, -euse

mania *sf* **1** PSIC manie **2** (*costume*) habitude, coutume

maníaco, -ca *adj-sm, f* maniaque

manicômio *sm* asile (*d'aliénés*)

manicure *sf* manucure

manifestação *sf* manifestation

manifestante *smf* (*de passeata*) manifestant, -e

manifestar *vtd-vtdi* manifester
▶ *vpr* **manifestar-se 1** (*fazer declarações; fazer-se sentir*) se manifester **2** (*em passeata*) manifester

manifesto, -ta *adj* manifeste
▶ *sm* manifesto

manilha *sf* (*tubo*) tuyau *m*, canalisation

manipulação *sf* manipulation

manipular *vtd* manipuler

manivela *sf* manivelle

manjar *vtd* (*observar, espionar*) observer, guetter, espionner
▶ *vtd-vti* **1** (*conhecer bem*) bien connaître **2** (*perceber*) se rendre compte, percevoir
▶ *sm* (*iguaria*) mets (*délicat*)

manjedoura *sf* mangeoire, auge

manjericão *sm* BOT basilic

mano, -na *sm, f* (*irmão*) frangin, -e

manobra *sf* manœuvre
▶ *pl* **manobras** MIL manœuvres

manobrar *vtd-vi* manœuvrer
▶ *vtd* (*influenciar vontade alheia*) manœuvrer, manipuler

manobrista *smf* voiturier *m*

mansão *sf* hôtel *m* particulier, palais *m*

mansinho, -nha *adj* (*muito manso*) très doux, très paisible
• **de mansinho** doucement, sans bruit

manso, -sa *adj* **1** (*afável*) aimable, affable **2** (*calmo*) calme, paisible **3** (*animal*) apprivoisé, -e

manta *sf* **1** (*de cama*) couverture (*de lit*) **2** (*manto*) plaid *m*, manteau *m*

manteiga *sf* beurre *m*

manteigueira *sf* beurrier *m*

manter *vtd-vpred* (*deixar ficar*) maintenir, garder
▶ *vtd* **1** (*conservar*) conserver, entretenir **2** (*promessa*) tenir **3** (*sustentar, suportar*) maintenir, supporter **4** (*sustentar, custear*) entretenir, nourrir, prendre en charge: *as crianças são mantidas pelos tios* les enfants sont pris en charge par leur oncle
▶ *vpr* **manter-se 1** (*ficar, permanecer*) se maintenir, rester, subsister **2** (*sustentar-se*) se maintenir **3** (*sobreviver*) se conserver, subsister

mantimentos *sm pl* vivres, aliments, provisions *f*, victuailles *f*
• **comprar mantimentos** faire des provisions

manto *sm* pardessus, cape *f*, veste *f*

mantô *sm* manteau de femme

manual *adj* manuel, -elle
▶ *sm* manuel
■ **manual de instruções** manuel d'instructions/mode d'emploi

manufatura *sf* **1** (*fabricação, elaboração*) fabrication, construction, confection **2** (*estabelecimento*) manufacture, usine

manufaturado, -da *adj* manufacturé, -e

manuscrito, -ta *adj* manuscrit, -e
▶ *sm* **manuscrito** manuscrit

manusear *vtd* manier, manipuler

manuseio *sm* maniement, manipulation *f*

manutenção *sf* **1** (*preservação*) préservation, maintien *m*, conservation **2** (*apoio, sustentação*) appui *m*, sustentation **3** (*sustento de pessoas*) charge **4** (*custeio; cuidado periódico*) entretien *m*: *manutenção de um carro* entretien d'une voiture; *manutenção elétrica de um prédio* l'entretien électrique d'un immeuble

mão *sf* **1** ANAT main **2** (*demão*) couche **3** (*sentido de tráfego*) sens *m*: *duas mãos ou mão única* double sens ou sens unique **4** (*rodada de jogo*) levée, pli *m*
■ **mão de obra** main-d'œuvre
• **à mão** (*ao alcance*) à portée de la main/sous la main (*manualmente*) à la main/main
• **à mão armada** à main armée
• **a quatro mãos** (*música e fig*) à quatre mains
• **abrir mão de algo** abandonner qqch, renoncer à qqch
• **aguentar a mão** tenir bom/s'accrocher
• **assentar/sentar a mão** porter la main sur
• **botar/pôr a mão na consciência** interroger/consulter sa conscience
• **botar/pôr a mão na massa** mettre la main à la pâte
• **com uma mão na frente e outra atrás** une main devant, une main derrière
• **dar a mão a alguém** (*apertar a mão*) serrer la main à qqn (*ajudar*) tendre la main à qqn/donner un coup de main à qqn
• **dar a mão à palmatória** convenir de/reconnaître ses torts
• **dar/receber de mão beijada** offrir/obtenir sur un plateau
• **dar-se as mãos** se donner la main
• **de mãos abanando** les mains vides
• **de/em segunda mão** (*usado*) de seconde main/d'occasion (*já sabido, divulgado*) de seconde main
• **de/em primeira mão** (*novo*) neuf, -euve (*inédito*) de première main
• **deixar alguém na mão** laisser qqn en plan
• **deixar de mão** renoncer/abandonner/laisser tomber

- **em boas mãos** entre de bonnes mains
- **estar de mãos atadas/amarradas** *fig* avoir les mains liées
- **estar de mãos limpas** *fig* avoir les mains nettes
- **estar nas mãos de alguém** être entre les mains de qqn
- **ficar na mão** se faire avoir
- **fora de mão** hors de son chemin/éloigné, -e/perdu, -e
- **lavar as mãos** *fig* se laver les mains (de)
- **meter a mão em** (*roubar*) faire main basse sur (*bater*) porter la main sur
- **pôr a mão à obra** mettre les mains à l'œuvre/à l'ouvrage
- **pôr/não pôr a mão no fogo por alguém** mettre/ne pas mettre sa main au feu/à couper pour qqn
- **ser pego com a mão na massa** être pris la main dans le sac
- **ter (boa) mão para algo** avoir le don de/avoir un don pour

mapa *sm* carte *f*
- **mapa rodoviário** carte *f* routière
- **mapa da mina** *fig* toutes les ficelles
- **não estar no mapa** *fig* être hors du commun/extraordinaire

mapa-múndi (*pl* **mapas-múndi**) *sm* mappemonde *f*

maquete *sf* maquette

maquiagem *sf* maquillage *m*

maquiar *vtd* maquiller
▸ *vpr* **maquiar-se** se maquiller

máquina *sf* machine
- **máquina caça-níqueis** machine/appareil *m* à sous
- **máquina de escrever** machine à écrire
- **máquina de lavar roupa** machine à laver (*le linge*)
- **máquina fotográfica** appareil *m* photo
- **máquina registradora** caisse enregistreuse
- **escrever à máquina** écrire à la machine

maquinação *sf* machination

maquinal *adj* machinal, -e

maquinar *vtd* manigancer, ourdir, tramer

maquinaria *sf* machinerie

maquinista *smf* machiniste

mar *sm* **1** mer *f* **2** *fig* océan *m*, marée: *um mar de gente* une marée humaine
- **mar de lama** bourbier
- **mar de rosas** bonheur parfait/bonheur sans nuage/pleine réussite
- **nem tanto ao mar nem tanto à terra** ni trop ni trop peu
- **por mar** par mer

maracujá *sm* BOT maracuja, fruit de la passion

maracutaia *sf* magouille

marajá *sm* **1** (maha)rajah, (maha)radja **2** *fig* fonctionnaire recevant un salaire extrêmement élevé

marasmo *sm* **1** (*apatia, abatimento*) apathie *f*, accablement **2** (*inatividade, estagnação*) marasme

maratona *sf* marathon *m*

maravilha *sf* **1** merveille **2** BOT belle-de-nuit
▸ *adj* (*cor*) carmin, écarlate
- **às mil maravilhas** à merveille, à la perfection

maravilhar *vtd* émerveiller
▸ *vpr* **maravilhar-se** s'émerveiller

maravilhoso, -sa *adj* merveilleux, -euse

marca *sf* **1** (*impressão; na pele; empresarial; sinal*) marque **2** *fig* (*laia*) espèce, nature, acabit *m*
- **de marca** de marque
- **de marca maior** hors du commun/extraordinaire
- **marca registrada** marque déposée

marcação *sf* marquage *m*

marcador *sm* (*de livro*) marque-page, signet

marcante *adj* marquant, -e

marca-passo (*pl* **marca-passos**) *sm* stimulateur

marcar *vtd* **1** (*pôr marca; ferretear; causar impressão; indicar*) marquer **2** (*pôr sob vigilância*) suivre
▸ *vtd-vi* **1** (*combinar*) fixer, prendre, donner: *marcar encontro* fixer un rendez-vous; *marcar consulta com o médico* prendre rendez-vous chez le médecin; *marquei com ele às duas* je lui ai donné

rendez-vous à deux heures **2** ESPORTE marquer
- **marcar falta** ESPORTE siffler une faute
- **marcar gol** marquer un but
- **marcar o ritmo** marquer le rythme
- **marcar posição** renforcer sa position
- **marcar presença** être présent

marca-texto (*pl* **marca-textos**) *sm* marqueur, surligneur

marcenaria *sf* menuiserie

marceneiro *sm* menuisier, -ière

marcha *sf* marche
- **marcha a ré** marche arrière
- **marcha forçada** marche forcée/accélérée
- **pôr em marcha** mettre en marche (*fig*) mettre en marche, mettre en train
- **pôr-se em marcha** se mettre en marche, s'ébranler, démarrer

marchar *vti-vi* **1** (*seguir em ritmo de marcha*) marcher **2** (*avançar, evoluir*) avancer, progresser

marcial *adj* martial, -e

marco *sm* **1** (*sinal*) borne *f* **2** *fig* (*coisa importante*) repère **3** ECON mark

março *sm* mars

maré *sf* marée: *maré alta* marée haute; *maré baixa* marée basse
- **a maré não está para peixe** la situation est grave mais pas désespérée
- **ir/nadar/remar contra a maré** aller/nager/naviguer à contre-courant

mareado, -da *adj* **1** (*enjoado-em barco*) qui a le mal de mer **2** (*em carro, em avião*) qui a mal au coeur

marechal *sm* MIL maréchal

maremoto *sm* raz-de-marée, tsunami

maresia *sf* air marin

marfim *sm* ivoire *f*

margarida *sf* BOT marguerite

margarina *sf* CUL margarine

margem *sf* **1** (*borda; espaço em branco na página*) marge **2** (*beira de rio ou lago*) rive, rivage *m*, berge, bord *m* **3** (*de ferida*) lèvre
- **margem de erro** marge d'erreur
- **margem de lucro** ratio *m*/marge bénéficiaire
- **margem de prejuízo** marge déficitaire
- **margem de tolerância** marge de tolérance
- **à margem** en marge
- **às margens de** sur les bords de (*fig*) en marge de
- **dar margem a** fournir l'occasion de/donner prise à/prêter à
- **por boa/pequena margem** largement/d'une courte tête

marginal *adj* marginal, -e
▶ *smf* délinquant, -e, hors-la-loi

marginalidade *sf* **1** (*condição de marginal*) marginalité, délinquance **2** (*conjunto de marginais*) délinquants

marginalização *sf* marginalisation

marginalizar *vtd* marginaliser
▶ *vpr* **marginalizar-se** se marginaliser

marginar → margear

maria-mole (*pl* **marias-moles**) *sf* CUL pâte de guimauve recouverte de noix de coco râpée

maricas *sm* **1** (*efeminado*) homme efféminé **2** (*covarde*) poule *f* mouillée, poltron

marido *sm* mari

marimbondo *sm* ZOOL espèce de grande guêpe *f*

marinha *sf* marine
- **marinha mercante** marine marchande

marinheiro *sm* marin
- **marinheiro de água doce** marin d'eau douce
- **marinheiro de primeira viagem** novice/apprenti/débutant

marinho, -nha *adj* marin, -ine
▶ *adj-sm, f* (*azul-marinho*) bleu marine

marionete *sf* marionnette, pantin *m*, fantoche *m*

mariposa *sf* **1** ZOOL papillon *m* de nuit **2** (*meretriz*) prostituée

marisco *sm* ZOOL coquillage comestible, moule *f*

maritaca *sf* ZOOL pione, espèce de petit perroquet

marítimo, -ma *adj* maritime

marketing *sm* marketing, mercatique *f*

marmelada *sf* **1** CUL pâte de coing **2** *fig* (*fraude*) fraude **3** *fig* (*negócio inescrupuloso*) magouille

marmelo sm BOT coing

marmita sf marmite

mármore sm marbre

maroto, -ta sm **1** (*travesso*) coquin, -e, chenapan m **2** (*malandro*) canaille f, fripouille f, crapule f

marquês, -esa sm,f marquis, -e

marqueteiro, -ra sm,f mercaticien, -ienne

marra sf loc **na marra 1** (*à força*) de force **2** (*com coragem*) sur le tas, à l'arrachée

marquise sf marquise

marreco, -ca sm ZOOL canard colvert

marreta sf masse

marreteiro, -ra sm,f (*camelô*) camelot, marchand, -e/vendeur, euse ambulant, -e, colporteur, -euse

marrom adj marron

marselhês, -esa adj marseillais, -e
▸ sm,f Marseillais, -e
▸ sf **marselhesa** (*hino*) la Marseillaise

martelada sf coup m de marteau

martelar vtd **1** (*bater com o martelo; repetir, repisar*) marteler **2** fig (*piano*) taper sur

martelo sm marteau

mártir smf martyr, -e

martírio sm martyre

martirizar vtd martyriser

marujo sm matelot

marulho sm houle f

marzipã sm massepain

mas conj mais
▸ sm (*inconveniente*) inconvénient
• **mas sim** mais
• **não só... mas também** non seulement... mais encore/aussi
• **nem mas nem meio mas** un point c'est tout

mascar vtd mâcher, chiquer

máscara sf masque m
▪ **máscara de oxigênio** masque à oxygène
▪ **máscara para gás** masque à gaz
• **deixar cair a máscara** fig lever/jeter/poser le masque

mascarar vtd masquer
▸ vpr **mascarar-se** se masquer

mascate sm camelot, marchand, -e ambulant, -e, colporteur, -euse

mascote smf mascotte f

masculino, -na adj masculin, -e
▸ sm masculin

másculo, -la adj mâle, viril, -e

masoquista adj-smf masochiste

massa sf **1** CUL (*de bolo, de pão*) pâte **2** (*grande quantidade*) masse, tas m **3** (*argamassa*) mortier m, gâchis m **4** (*preparado pastoso*) masse: **uma massa de papel molhado** une masse de papier mouillé **5** (*multidão*) masse, foule **6** FÍS masse
▸ sf pl **massas 1** CUL pâtisseries **2** (*povo*) masses
▪ **massa cinzenta** matière grise
▪ **massa corrida** apprêt m, enduit m
▪ **massa de tomate** concentré m de tomate
▪ **massa de vidraceiro** mastic m (*de vitrier*)
▪ **massa folhada** pâte feuilletée
▪ **massa podre** pâte brisée
▪ **massas alimentícias** pâtes alimentaires
• **cultura de massa** culture de masse
• **em massa** en masse

massacrante adj (*penoso; maçante*) pénible

massacrar vtd **1** (*matar*) massacrer **2** (*apoquentar, atormentar*) tourmenter, martyriser **3** (*cansar excessivamente*) exténuer, épuiser, éreinter **4** (*obter vitória esmagadora*) écraser

massacre sm **1** (*matança*) massacre **2** (*vitória esmagadora*) victoire écrasante/triomphale

massagear vtd masser
▸ vpr **massagear-se** se faire un massage

massagem sf massage m

massagista smf masseur, -euse

mastigar vtd **1** (*comer*) mastiquer, mâcher **2** fig (*dizer entre dentes*) mâcher **3** fig (*remoer, ponderar*) (re)mâcher

mastro sm mât

masturbar vtd masturber
▸ vpr **masturbar-se** se masturber

mata sf forêt, bois m
• **mata virgem** forêt vierge

matado, -da *adj* (*serviço, trabalho*) bâclé, -e, expédié, -e

matador, -ra *sm, f* (*profissional*) tueur, -euse (à gage)

matadouro *sm* abattoir

matagal *sm* broussailles *f pl*

mata-moscas *sm inv* papier tue-mouche

matança *sf* **1** (*abate*) abattage *m* **2** (*massacre*) tuerie, carnage *m*, massacre *m*

matar *vtd-vi* **1** (*pessoas*) tuer **2** (*abater animais*) abattre
▶ *vtd fig* (*destruir*) détruire
▶ *vpr* **matar-se 1** (*suicidar-se*) se tuer, se donner la mort **2** (*sacrificar-se*) se sacrifier (**por**, pour) **3** (*trabalhar muito*) se tuer
• **de matar** (*péssimo*) abominable/nul, -ulle/lamentable (*enorme*) énorme
• **matar a fome/a sede** rassasier sa faim/étancher sa soif
• **matar o serviço** (*fazer mal*) bâcler/expédier (*faltar*) manquer
• **matar o tempo** tuer le temps
• **matar uma charada** résoudre un problème
• **matar-se de chorar** pleurer à chaude larme/à fendre l'âme
• **matar-se de comer** se bourrer, s'empiffrer, se goinfrer
• **matar-se de rir** mourir de rire

mata-ratos *sm inv* mort-aux-rats *f*

mate *adj* mat, -e
▶ *sm* **1** (*chá*) maté, thé du Brésil **2** (*xeque-mate*) mat **3** (*remate*) finition *f*, dernière main

matemática *sf* mathématiques *pl*, *fam* maths

matemático, -ca *adj* mathématique
▶ *sm, f* (*estudioso de matemática*) mathématicien, -ienne

matéria *sf* **1** matière **2** (*material*) matériel, matériau *m* **3** (*teor, assunto, tema*) contenu *m*, sujet *m*, thème *m* **4** (*de jornal*) article *m* **5** (*disciplina de estudo*) matière
▪ **matéria plástica** matière plastique

material *adj* matériel, -elle
▶ *sm* **1** (*substância, matéria*) matériel **2** (*objetos, petrechos*) matériau **3** (*dados*) données *f pl*
• **material cirúrgico** matériel chirurgical
• **material de construção** matériel de construction
• **material de escritório** matériel de bureau
• **material escolar** matériel scolaire

materialismo *sm* matérialisme

materializar *vtd* matérialiser
▶ *vpr* **materializar-se** se matérialiser

matéria-prima (*pl* **matérias-primas**) *sf* matière première

maternal *adj* maternel, -elle
▶ *sm* (*escola infantil*) maternelle *f*

maternidade *sf* maternité

materno, -na *adj* maternel, -elle

matilha *sf* meute

matinal *adj* matinal, -e

matinê *sf* matinée

matiz *sm* nuance *f*, ton

mato *sm* **1** (*bosque*) bois **2** (*erva daninha, capim*) mauvaise herbe *f*, broussailles *f pl* **3** (*o interior*) cambrousse *f*, campagne *f*
• **estar no mato sem cachorro** être sans issue
• **nesse mato tem coelho** il y a anguille sous roche
• **que nem mato** comme des champignons
• **ser mato** être facile à trouver

matraca *sf* **1** (*peça barulhenta*) crécelle **2** (*tagarela*) moulin *m* à paroles
• **fechar/abrir a matraca** fermer/ouvrir la bouche

matraquear *vi* **1** (*tocar matraca*) jouer de la crécelle **2** (*tagarelar*) bavarder, tchatcher

matreiro, -ra *adj* roublard, -e, malin, -igne

matrícula *sf* **1** (*inscrição*) inscription, immatriculation **2** (*de automóvel; n.º de registro*) immatriculation
• **fazer matrícula na escola** s'inscrire à l'école
• **trancar matrícula** suspendre son inscription

matricular *vtd* immatriculer, inscrire
▶ *vpr* **matricular-se** s'immatriculer, s'inscrire

matrimonial *adj* matrimonial, -e

matrimônio *sm* mariage

matriz *sf* matrice
▸ *adj* (*igreja*) église principale

maturidade *sf* maturité

matutar *vti-vi* se creuser (*la tête*)
▸ *vtd* (*conceber, arquitetar*) élaborer, échafauder

matutino, -na *adj* matinal, -e

matuto, -ta *sm, f* péquenaud, -e, plouc *m*, paysan, -ne

mau, má *adj* 1 (*malvado*) méchant, -e, mauvais, -e: *um homem mau* un homme méchant 2 (*de má qualidade*) mauvais, -e: *um mau filho e mau amigo* un mauvais fils et un mauvais ami; *maus conselhos* mauvais conseils; *um mau funcionário* un mauvais fonctionnaire
▸ *sm, f* (*malvado*) méchant, -e

mau-caráter (*pl* **maus-caracteres**) *adj-smf* canaille, scélérat, -e

mau-olhado (*pl* **maus-olhados**) *sm* mauvais œil: *pôr mau-olhado em alguém* jeter le mauvais œil à qqn

mausoléu *sm* mausolée

maus-tratos *sm pl* maltraitance *f sg*, mauvais traitements

maxila *sf* ANAT maxillaire *m* (*supérieur*)

maxilar *adj* ANAT maxillaire

máxima *sf* maxime

máximo, -ma *adj* maximum, maximal, -e
▸ *sm* **máximo** maximum
• **no máximo** au maximum
• **o máximo possível** le plus possible
• **ser o máximo** être sensationnel/formidable

mazela *sf* 1 (*falha moral*) défaut *m*, tache *f* 2 (*aflição, infortúnio*) malheur *m*, misère

me *pron* 1 me, m': *você nem me olhou* tu ne m'as même pas regardé, -e; *vejo-me no espelho* je me vois dans la glace 2 (*a mim, em mim*) moi, m': *dê-me essa laranja* donne-moi cette orange 3 (*meu, minha*) moi: *lave-me os pés* lave-moi les pieds

meada *sf* écheveau *m*
• **perder o fio da meada** perdre le fil conducteur

meandro *sm* méandre

meca *sf* haut lieu *m*

mecânica *sf* 1 FÍS mécanique 2 *fig* (*mecanismo, funcionamento*) mécanisme

mecânico, -ca *adj* mécanique
▸ *sm* **mecânico** mécanicien, -ienne

mecanismo *sm* mécanisme

mecenas *sm* mécène

mecha *sf* (*pavio; estopim, madeixa*) mèche

medalha *sf* médaille

medalhão *sm* 1 médaillon 2 *fig* célébrité *f*, vedette *f*

média *sf* 1 moyenne 2 (*café com leite*) café au lait
• **em média** en moyenne
• **fazer média** chercher à plaire

mediação *sf* médiation

mediador, -ra *sm, f* médiateur, -trice

mediano, -na *adj* 1 (*médio*) moyen, -enne: *altura mediana* hauteur moyenne 2 (*do meio*) médian, -e: *linha mediana* ligne médiane

mediante *prep* moyennant, au moyen de

mediar *vtd-vti-vtdi* (*agir como mediador*) servir de médiateur
▸ *vti* (*estar entre*) être entre

medicação *sf* 1 (*tratamento*) médication 2 (*medicamento*) médicament *m*

medicamento *sm* médicament

medição *sf* mesure

medicar *vtd* donner une médication
▸ *vpr* **medicar-se** pratiquer l'automédication

medicina *sf* médecine

medicinal *adj* médicinal, -e

médico, -ca *adj* (*medicinal*) médicinal, -e
▸ *sm, f* **médico, -ca** médecin *m*, docteur *m*

médico, -ca-legista (*pl* **médicos, -cas-legistas**) *sm, f* (médecin *m*) légiste

medida *sf* 1 mesure 2 (*recipiente para medir*) mesure, (verre *m*) mesureur
▸ *pl* **medidas** 1 (*dimensões*) mesures 2 (*do corpo*) mensurations
• **à medida que** à mesure que

- **em certa medida** dans une certaine mesure
- **encher as medidas** casser les pied/faire chier
- **medida disciplinar** mesure disciplinaire
- **na medida do possível** dans la mesure du possible
- **sob medida** sur mesure
- **tirar/tomar a(s) medida(s) de algo** prendre les mesures de qqch

medido, -da *adj* (*calculado; ponderado*) mesuré, -e

medidor *sm* mesureur

médio, -dia *adj* **1** (*intermediário*) moyen, -enne **2** (*mediano*) médian, -e: **linha média** ligne médiane

medíocre *adj* médiocre

mediocridade *sf* médiocrité, médiocre *m*

medir *vtd* mesurer
▶ *vpr* **medir-se** se mesurer
- **medir alguém de alto a baixo** toiser qqn de la tête aux pieds

meditação *sf* méditation

meditar *vtd* méditer

mediterrâneo, -a *adj* méditerranéen, -enne
▶ *sm* **Mediterrâneo** Méditerranée *f*

médium *smf* médium

medo *sm* **1** (*acovardamento, pavor*) peur *f* **2** (*receio*) peur *f*, crainte *f*
- **dar/fazer medo** faire peur
- **de dar medo** faire peur

medonho, -nha *adj* effroyable, épouvantable

medroso, -sa *adj* peureux, -euse

medula *sf* ANAT moelle
- **medula espinal** moelle épinière

megafone *sm* mégaphone

megera *sf* mégère
- **a megera domada** la mégère apprivoisée

meia *sf* **1** (*de mulher*) bas *mpl* **2** (*de homem*) chaussette **3** (*meia-entrada*) entrée/billet *m*/place à moitié prix
■ **meia elástica** chaussettes *pl*/ bas *m pl*/collants *m pl* de contention
■ **meia soquete** socquette

■ **meias transparentes** bas *m* transparents
■ **meia três quartos** chaussettes hautes

meia-calça (*pl* **meias-calças**) *sf* collant *m*

meia-entrada (*pl* **meias-entradas**) *sf* entrée/billet *m*/place à moitié prix

meia-estação (*pl* **meias-estações**) *sf* demi-saison

meia-idade (*pl* **meias-idades**) *sf* âge *m* mûr

meia-noite (*pl* **meias-noites**) *sf* minuit *m*
- **meia-noite e meia** minuit et demie

meia-volta (*pl* **meias-voltas**) *sf* demi-tour

meigo, -ga *adj* tendre, câlin, -e, caressant, -e, doux, -ce

meiguice *sf* tendresse, douceur

meio, -a *adj* **1** demi: **dois pedaços e meio** deux morceaux et demi **2** (*mediano*) moyen, -enne **3** (*de hora*) demie: **são cinco e meia** il est cinq heures et demie
▶ *sm* **meio 1** (*parte média; parte central; intermediário*) milieu: **a porta do meio está aberta** la porte du milieu est ouverte; **fiquei no meio dos dois** je suis resté, -e au milieu des deux; **no meio daquela gente** au milieu de tout ce monde-là **2** (*modo, jeito*) manière *f*, façon *f* **3** (*ambiente*) milieu **4** (*instrumento*) moyen
▶ *pl* **meios** (*recursos*) moyens
▶ *adv* **1** (*na metade, não totalmente*) à moitié: **uma tigela meio quebrada** un bol à moitié cassé **2** (*um tanto*) un peu, plutôt: **estou meio chateado hoje** je suis plutôt ennuyé aujourd'hui
- **deixar algo pelo meio** (*sem ser concluído*) faire quelque chose à moitié
- **deixar as coisas no meio** (*sem guardar*) laisser les choses au milieu
- **em meio a** (*durante*) pendant/durant (*no meio de*) au milieu de
- **meio a meio** moitié-moitié/fifty-fifty
- **meio ambiente** environnement
- **meios de comunicação de massa** moyens de communication de masse
- **meio de transporte** moyen de transport
- **meio de vida** métier/travail/profession *f*

- **por meio de** au moyen de

meio-dia sm midi
- **meio-dia e meia** midi et demie

mel sm miel

melaço sm mélasse f

melado, -da adj 1 (adoçado com mel) miellé, -e 2 (doce demais) trop sucré, -e 3 (pegajoso) mielleux, -euse
▸ sm **melado** sirop épais de cassonade fondue

melancia sf BOT pastèque

melancolia sf mélancolie

melancólico, -ca adj mélancolique

melão sm BOT melon

melhor adj (comp e superl de bom) meilleur, -e: *esta companhia aérea é melhor que aquela* cette compagnie aérienne est meilleure que celle-là; *este é meu melhor amigo* c'est mon meilleur ami
▸ adv (comp e superl de bem) mieux: *agora estou enxergando melhor* maintenant je vois mieux
▸ smf meilleur, -e
▸ interj **melhor!** tant mieux!
- **é melhor.../ o melhor é...** il vaut mieux…/le mieux, c'est…
- **levar a melhor** avoir le dessus/se montrer supérieur/l'emporter
- **na falta de melhor** faute de mieux
- **no melhor da festa** quand la fête battait son plein
- **ou melhor** ou plutôt
- **passar desta para a melhor** passer de vie à trépas/passer l'arme à gauche

melhora sf amélioration
▸ pl **melhoras** prompt rétablissement sg: *(estimo as) melhoras!* (tous mes vœux de) prompt rétablissement

melhoramento sm (benfeitoria) améliorations f pl

melhorar vtd (beneficiar, introduzir melhorias) améliorer
▸ vti 1 (de vida) s'améliorer 2 (de saúde) se rétablir, guérir
▸ vi 1 (doente) se rétablir, guérir 2 (comportamento) s'améliorer 3 (tempo) s'améliorer 4 (progredir) progresser, avancer

melhoria sf (progresso) amélioration

meliante smf malfaiteur, -trice, délinquant, -e

melindrado, -da adj offensé, -e, blessé, -e, froissé, -e

melindrar vtd offenser, blesser, froisser
▸ vpr **melindrar-se** s'offenser, se blesser, se froisser

melindroso, -sa adj 1 (suscetível) susceptible, chatouilleux, -euse, ombrageux, -euse 2 (embaraçoso) gênant, -e 3 (arriscado) risqué, -e 4 (afetado) affecté, -e

melodia sf mélodie

melodioso, -sa adj mélodieux, -euse

melodrama sm mélodrame

meloso, -sa adj 1 (açucarado) miellé, -e 2 (piegas; meigo em excesso) mielleux, -euse

membrana sf membrane

membro sm membre

memorável adj mémorable

memória sf 1 mémoire: *ter boa/má memória* avoir bonne/mauvaise mémoire 2 (lembrança) souvenir m 3 INFORM mémoire
▸ pl **memórias** mémoires

memorial sm mémorial

memorizar vtd (guardar na memória) mémoriser

menção sf mention, évocation
- **fazer menção a algo** mentionner qqch

mencionar vtd (fazer alusão; citar) mentionner, évoquer

mendigar vtd-vti-vi mendier

mendigo, -ga sm, f mendiant, -e

menina sf 1 (criança) fille 2 (namorada) (petite) amie 3 (forma de tratamento) ma vieille: *menina, há quanto tempo!* hé ben ma vieille, ça faisait longtemps!
- **menina do olho** (pupila) pupille, prunelle
- **menina dos olhos** fig la prunelle des yeux de qqn

meninada sf bande de jeunes, les jeunes m pl

menina-moça (pl **meninas-moças**) sf fillette

meninge sf ANAT méninge

meningite sf MED méningite

meninice *sf* enfance

menino, -na *sm, f* **1** *(criança)* jeune enfant *m* **2** *(pré-adolescente)* enfant *m*

menisco *sm* ANAT ménisque

menopausa *sf* MED ménopause

menor *adj* **1** *(comp e superl de pequeno e baixo)* plus petit, -e: *um sapato menor que o outro* une chaussure plus petite que l'autre; *este é o menor sapato que já vi* c'est la plus petite chaussure que j'aie déjà vue; *ele é mais baixo que eu* il est plus petit que moi **2** *(mais novo)* cadet, ette: *é o irmão menor dele* c'est son frère cadet **3** *(reduzido-preço etc.)* réduit, -e **4** *(mínimo)* moindre: *não ter a menor vontade de fazer algo* ne pas avoir la moindre envie de faire quoi que ce soit **5** *(idade)* enfant de moins de: *menor de 12 anos* enfant de moins de 12 ans **6** *(com menos de 18 anos)* mineur, -e **7** MÚS mineur, -e

▶ *smf (com menos de 18 anos)* mineur, -e
• **não dar a menor** se ficher de

menoridade *sf* minorité

menos *pron* **1** *(quantidade menor)* moins (de): *cozinhe menos ovos* cuisine moins d'œufs; *ele ganha menos de dois mil por mês* il gagne moins de deux mille par mois **2** *(negativo)* moins: *menos dois graus* moins deux (degrés)

▶ *adv* moins: *falar menos* parler moins; *está menos nervoso agora* il est moins nerveux maintenant

▶ *sm* moins: *o menos que posso fazer* le moins que je puisse faire

▶ *prep* **1** *(exceto)* sauf: *todos vieram, menos ele* tout le monde est venu, sauf lui **2** MAT moins: *oito menos três são cinco* huit moins trois égal cinq

• **a menos que…** à moins que…
• **a/de menos** en moins
• **ao menos** *(tout)* au moins
• **menos mal** tant mieux, heureusement
• **não é para menos** c'est la moindre des choses
• **o menos possível** le moins possible
• **pelo menos** pour le moins/au moins/tout au moins
• **quanto menos…, mais** moins…, plus…
• **quanto menos…, menos** moins…, moins…
• **sinal de menos** signe moins

menosprezar *vtd* mépriser, dédaigner

menosprezo *sm* mépris, dédain

mensageiro, -ra *sm, f* messager, -ère

mensagem *sf* message *m*
• **mensagem eletrônica** message *m* électronique/courriel *m*

mensal *adj* mensuel, -elle

mensalidade *sf* mensualité

menstruação *sf* menstruation, règles *f pl*

menstruado, -da *adj* qui a ses règles

menta *sf* BOT menthe

mental *adj* mental, -e

mentalidade *sf* mentalité

mente *sf* esprit *m*, entendement *m*
• **ter algo em mente** avoir quelque chose en tête

mentir *vtd-vti-vi* mentir
• **minto!** non, je me trompe!

mentira *sf* mensonge *m*
• **de mentira** pour plaisanter/rigoler/*fam* déconner

mentiroso, -sa *adj-sm, f* menteur, -euse

mentolado, -da *adj* mentholé, -e

mentor, -ra *sm, f* mentor *m*

menu *sm* **1** *(cardápio)* menu, carte *f* **2** INFORM menu

mercado *sm* marché
■ **mercado a futuro** marché à terme
■ **Mercado Comum Europeu** Marché commun européen
■ **mercado de valores** marché des valeurs *(mobilières)*/bourse *f*
■ **mercado exterior** marché extérieur
■ **mercado interno/nacional** marché interne/national
■ **mercado negro** marché noir

mercadoria *sf* marchandise

mercantil *adj* commercial, -e, mercantile

mercearia *sf* épicerie

mercenário, -a *adj-sm, f* mercenaire

mercúrio *sm* QUÍM mercure

mercuriocromo *sm* mercurochrome

merda *sf* merde

- **mandar alguém à merda** envoyer qqn se faire foutre/enculer

merecedor, -ra *adj* digne

merecer *vtd* mériter

merecido, -da *adj* mérité, -e

merenda *sf* goûter *m*

merecimento *sm* mérite

meretriz *sf* prostituée, femme publique

mergulhador, -ra *sm, f* plongeur, -euse

mergulhar *vtdi* plonger
▶ *vti-vi* (*ave, avião*) plonger (*sur*), fondre (*sur*), s'abattre (*sur*)

mergulho *sm* plongeon

meridiano, -na *adj* méridien, -enne
▶ *sm* **meridiano** méridien

meridional *adj* méridional, -e

meritíssimo, -ma *adj* très digne

mérito *sm* mérite

- **entrar no mérito da questão** entrer dans le vif du sujet

meritório, -a *adj* méritoire

merluza *sf* ZOOL merlu *m*

mero, -ra *adj* 1 (*banal*) simple 2 (*fortuito*) pur: *por mero acaso* par un pur hasard

mês *sm* mois

mesa *sf* 1 table 2 (*de escola, escrivaninha*) bureau *m*

- **à mesa** à table
- **mesa de operação** table d'opération
- **mesa telefônica** standard *m*
- **pôr a mesa** mettre la table/le couvert *m*
- **sentar-se à mesa** se mettre à table/s'attabler
- **tirar a mesa** desservir/*fam* débarrasser (*la table*)
- **virar a mesa** *fig* renverser la vapeur

mesada *sf* argent *m* de poche

mescla *sf* (*mistura*) mélange *m*
▶ *adj* (*tecido*) bariolé, -e, bigarré, -e

mesclar *vtd-vtdi* mélanger
▶ *vpr* **mesclar-se** se mélanger

mesmice *sf* monotonie

mesmo, -ma *adj* 1 (*idêntico ou equivalente*) même 2 (*próprio*) même, en personne: *falei com ele mesmo* je lui ai parlé en personne
▶ *sm* 1 (*coisa igual*) de même, la même chose: *ele me disse o mesmo* il m'a dit la même chose 2 (*igualmente*) de même: *obrigado, o mesmo para você* merci, vous/toi de même
▶ *pron* même: *você continua o mesmo* tu continues le même
▶ *adv* 1 (*até*) même: *mesmo a mãe dele o achou esquisito* même sa mère l'a trouvé bizarre 2 (*exatamente*) même: *chegou agorinha mesmo* il est arrivé à l'instant même 3 (*de fato*) vraiment: *será que ele vem mesmo?* est-ce qu'il viendra vraiment? 4 (*apesar*) malgré: *mesmo chovendo, viajou* il est parti en voyage malgré la pluie
▶ *conj* même

■ **mesmo assim** malgré tout/tout de même/quand même

■ **mesmo que** même si

■ **mesmo porque** ne serait-ce que parce que

- **dar no mesmo/na mesma** être égal, -e
- **do mesmo jeito** de la même manière

mesquinharia *sf* 1 (*atitude*) mesquinerie 2 (*coisa insignificante*) broutille, bagatelle

mesquinhez *sf* mesquinerie

mesquinho, -nha *adj-sm, f* mesquin, -e

mesquita *sf* mosquée

messias *sm* messie

mestiço, -ça *adj-sm, f* métis, -isse

mestrado *sm* master, maîtrise *f*

mestre, -tra *sm, f* 1 (*professor; exímio conhecedor*) maître, -esse 2 (*quem tem mestrado*) titulaire d'un master/d'une maîtrise 3 (*chefe dos operários*) contremaître, -esse, chef d'équipe
▶ *adj* (*principal*) maître, -esse

- **mestre de obras** maître d'œuvres

mestre-cuca (*pl* **mestres-cucas**) *smf* maître queux

mestre-sala (*pl* **mestres-salas**) *sm* maître de cérémonies

mesura *sf* révérence

meta *sf* cible, but *m*, objectif *m*

metabolismo *sm* métabolisme

metade sf 1 (*porção*) moitié: *pela metade do preço* à moitié prix 2 (*meio*) milieu: *na metade da festa* au milieu de la fête
• **a outra metade** *fig* l'autre moitié

metáfora sf métaphore

metal sm métal

metaleiro, -ra *adj-sm, f* amateur(trice) de *heavy metal*

metálico, -ca *adj* métallique

metalurgia sf métallurgie

metalúrgico, -ca *adj* métallurgique
▸ *sm, f* **metalúrgico** métallurgiste

metamorfose sf métamorphose

metano sm QUÍM méthane

metástase sf MED métastase

meteórico, -ca *adj* météorique

meteorologia sf météorologie

meteorológico, -ca *adj* météorologique

meter *vtd-vtdi* mettre
▸ *vi* (*copular*) mettre, tringler
▸ *vpr* **meter-se** 1 (*esconder-se, enfiar-se; pôr-se*) se mettre 2 (*interferir*) se mêler (**em**, de), se fourrer (**em**, dans) 3 (*envolver-se*) s'engager (**em**, dans), se mêler (**em**, de) 4 (*atuar como*) *pej* se la jouer (**a**, -)
• **meter medo** faire peur

meticuloso, -sa *adj* méticuleux, -euse

metido, -da *adj* 1 (*intrometido, mexeriqueiro*) indiscret, -e, fouineur, -euse, fureteur, -euse 2 (*orgulhoso, arrogante*) fier, -ère, arrogant, -e, méprisant, -e

metódico, -ca *adj* méthodique

metodista *adj-smf* méthodiste

método sm méthode f

metragem sf métrage m

metralhadora sf mitraillette, mitrailleuse

metralhar *vtd* mitrailler

métrica sf mètre m, rythme m

métrico, -ca *adj* métrique

metro sm 1 (*unidade de medida*) mètre 2 (*fita métrica*) mètre (à) ruban
■ **metro cúbico** mètre cube
■ **metro quadrado** mètre carré

metrô sm métro

metrópole sf métropole

meu, minha *pron* 1 (*como adjetivo*) mon, ma: *este é meu filho* c'est mon fils 2 (*como substantivo*) mien, -enne, à moi: *este casaco é meu* cette veste est à moi; *pegue o seu casaco e deixe o meu* prend ta veste et laisse la mienne
▸ *sm pl* **meus** (*familiares*) miens
▸ *sm gíria* (*meu amigo*) mec, mon vieux

mexer *vtd* 1 (*agitar, revolver*) agiter, remuer 2 (*movimentar*) mettre en mouvement
▸ *vti* 1 (*tocar*) toucher (**em**, à) 2 (*bulir*) provoquer (**com**, -) 3 (*modificar*) modifier (**em**, -)
▸ *vpr* **mexer-se** 1 (*mover-se*) bouger, se déplacer 2 (*apressar-se*) se remuer, se bouger: *mexa-se!* bouge-toi! 3 (*tomar providências*) faire qqch
• **mexer com uma mulher** faire du plat/gringue à une femme

mexerica sf BOT mandarine, clémentine

mexerico sm ragot, cancan, commérage

mexeriqueiro, -ra *adj-sm, f* cancanier, -ère

mexicano, -na *adj* mexicain, -e
▸ *sm, f* Mexicain, -e

México sm Mexique

mexida sf 1 (*confusão*) confusion 2 (*modificação*) modification, retouche

mexilhão sm ZOOL moule f

mezanino sm mezzanine f

mi sm MÚS mi

miado sm miaulement

miar *vi* miauler

mica sf mica m

micagem sf singerie

miçanga sf perle de rocaille

micção sf miction

mico sm 1 ZOOL capucin, saï, sapajou 2 *fig* (*vexame*) ridicule: *pagar mico* se couvrir de ridicule

micose sf MED mycose

micro sm (*computador*) ordi, bécane f

micróbio sm microbe

microcomputador sm micro-ordinateur

microempresa sf micro-entreprise

microfilme sm microfilm

microfone sm micro(phone)

micro-ondas sm (forno) micro-ondes

micro-ônibus sm microbus, minibus

microscópio sm microscope

mídia sf **1** (meios de comunicação) médias m pl **2** INFORM support m

migalha sf miette

migração sf migration

migrar vti-vi migrer

mijão, -ona adj, smf pisseur, -euse

mijar vi pisser
▸ vpr **mijar-se** mouiller sa culotte, se pisser/se faire pipi dessus

mijo sm pisse f, pipi

mil adj mille: *um mil, dois mil* mille, deux mille
• **estar a mil** être survolté, -e/surexcité, -e

milagre sm miracle

milagroso, -sa adj miraculeux, -euse

milanês, esa adj milanais, -e
▸ smf Milanais, -e

Milão sf Milan

milenar adj millénaire

milênio sm millénaire

milésimo, -ma adj millième
▸ num (uma parte em mil) millième

milha sf mille

milhagem sf (para companhias aéreas) kilométrage m

milhão sm million

milhar sm **1** (conjunto de mil) millier **2** fig mille: *já lhe disse isso milhares de vezes* je le lui ai déjà dit mille fois **3** (na loteria) quatre derniers numéros gagnants

milharal sm champ/plantation f de maïs

milheiro sm millier

milho sm BOT maïs

milícia sf milice

miligrama sm milligramme

mililitro sm millilitre

milímetro sm millimètre

milionário, -a adj-sm, f millionnaire

militante adj-smf militant, -e

militar vti militer (**em**, à/dans)
▸ adj-sm militaire

mim pron moi

mimado, -da adj dorloté, -e, cajolé, -e, gâté, -e

mimar vtd dorloter, cajoler, gâter

mímica sf mimique, mime m

mímico, -ca adj mimique
▸ sm **mímico** mime

mimo sm **1** (carinho exagerado) dorlotement, cajolerie f **2** (presente) cadeau **3** (coisa graciosa) délice f

mimoso, -sa adj **1** (gracioso) gracieux, -euse **2** (carinhoso) câlin, -e **3** (delicado) délicat, -e

mina sf **1** (jazida natural; escavação para exploração; explosivo) mine **2** (nascente) source **3** fig (fonte de riquezas) mine **4** pop (garota) nana, gonzesse

minar vtd **1** (verter) filtrer, sourdre **2** fig (corroer, debilitar; solapar) miner **3** (lançar minas) miner
▸ vi (manar, ressudar) sourdre

mindinho sm (dedo) petit doigt

mineiro, -ra adj **1** (de mineração) minier, -ière **2** (de Minas Gerais) de l'état de Minas Gerais
▸ sm, f **1** (minerador) mineur inv **2** (de Minas Gerais) habitant, -e de l'état de Minas Gerais

mineração sf exploitation/activité minière

minerador, -ra adj minier, -ère
▸ sm **1** (mineiro) mineur **2** (proprietário de mina) propriétaire d'une mine

mineradora sf exploitation minière

mineral adj minéral, -e
▸ sm minerai

minério sm minerai

mingau sm bouillie f

míngua sf loc **estar à míngua** être dans la misère/le besoin

minguado, -da adj **1** (irrisório) modique, insuffisant, -e **2** (franzino) maigrelet, -ette, maigrichon, -onne

minguante adj décroissant, -e

minguar vi 1 (diminuir, escassear) décroître, diminuer 2 (rarear) se raréfier

minha adj → meu
• **entrar na minha** adhérer/se rallier à mon opinion, me suivre
• **ficar na minha** (manter a opinião) rester sur ses positions (não se envolver) rester neutre, ne pas se mêler (de qqch)
• **minha nossa!** nom de Dieu!

minhoca sf ZOOL ver m (de terre)
• **ter minhocas na cabeça** avoir une araignée au plafond

minhocão sm (viaduto comprido) autopont

miniatura sf miniature

minimizar vtd 1 (reduzir ao mínimo) minimiser 2 (subestimar) sous-estimer

mínimo, -ma adj minimal, -e, minimum
▶ sm **mínimo** 1 minimum: **fixar um mínimo por mês** fixer un minimum par mois 2 moins: **é o mínimo que...** c'est le moins que...]
• **no mínimo** au moins, pour le moins

minissaia sf minijupe

minissérie sf feuilleton m télévisé de courte durée, série

ministério sm ministère

ministrar vtd-vti 1 (medicamentos etc.; extrema-unção) administrer 2 (aulas) donner

ministro, -tra sm,f ministre m

minorar vtd amoindrir, diminuer, atténuer

minoria sf minorité

minoridade sf minorité

minoritário, -a adj minoritaire

minúcia sf minutie

minucioso, -sa adj minutieux, -euse

minúsculo, -la adj minuscule
• **escrever em minúsculas** écrire en minuscules

minuta sf minute, brouillon m

minuto sm minute f
• **15 minutos** un quart d'heure

miolo sm 1 (cérebro) cervelle f 2 fig (inteligência) cerveau 3 (parte interna do pão) mie f 4 (de alface, de alcachofra etc.) cœur 5 fig (âmago, cerne) cœur, centre
• **de miolo mole** le cerveau fêlé/dérangé
• **estourar os miolos** (se) faire sauter la cervelle
• **frigir os miolos** se creuser/se casser la tête

míope adj myope

miopia sf myopie

mira sf 1 (peça de arma) mire, viseur m 2 (pontaria) précision, justesse (d'un tir)
• **estar na mira de alguém** être dans le collimateur de qqn
• **ter algo em mira** viser qqch

mirabolante adj mirobolant, -e

miraculoso, -sa adj miraculeux, -euse

miragem sf mirage m

mirante sm belvédère, mirador, observatoire

mirar vtd (olhar, fitar) regarder, mirer, dévisager
▶ vtd-vti (ter em vista) envisager
▶ vtd-vti-vi (fazer pontaria) mirer, viser
▶ vpr **mirar-se** (olhar-se) se regarder, se contempler

miríade sf 1 (dez mil) dix mille 2 fig myriade

mirim adj 1 (infantil) junior 2 (pequeno) petit, -e 3 (para crianças) pour enfants

mirra sf BOT myrrhe

mirrado, -da adj 1 (planta) sec, -èche, flétri, -e 2 (pessoa) sec, -èche, décharné, -e

misantropo, -pa adj-sm,f misanthrope

miscigenação sf croisement m, métissage m

miserável adj 1 (pequeno, ínfimo) petit, -e, infime, minuscule 2 (mísero, infeliz) misérable, malheureux, -euse
▶ adj-smf 1 (muito pobre; canalha) misérable 2 (avarento) avare, pingre

miserê sm état de misère extrême, dénuement

miséria sf 1 (penúria, pobreza) misère 2 (desgraça) malheur m 3 (ninharia) misère, bagatelle, broutille: **ganhar uma miséria** gagner une misère

misericórdia sf miséricorde

misericordioso, -sa adj miséricordieux, -euse

mísero, -ra adj 1 (*miserável, pobre*) misérable 2 (*ínfimo, insignificante*) infime, insignifiant, -e

missa sf messe

missão sf mission

míssil sm missile

missionário, -a adj-sm, f missionnaire

missiva sf missive, lettre

mistério sm mystère

misterioso, -sa adj mystérieux, -euse

místico, -ca adj-sm, f mystique

misto, -ta adj 1 (*misturado*) mêlé, -e 2 (*escola, classe*) mixte
▶ sm **misto** mélange: *um misto de alegria e tristeza* un mélange de joie et de tristesse

misto-quente (*pl* mistos-quentes) sm sandwich jambon fromage chaud

mistura sf 1 mélange m 2 (*miscigenação*) métissage m

misturado, -da adj mélangé, e

misturar vtd-vtdi mélanger
▶ vpr **misturar-se** se mélanger

mítico, -ca adj mythique

mitigar vtd modérer, adoucir, tempérer

mito sm mythe

mitologia sf mythologie

mitológico, -ca adj mythologique

miudeza sf (*pequenez*) petitesse
▶ pl **miudezas** 1 (*quinquilharias*) quincailleries 2 (*detalhes*) détails m, minuties
• **loja de miudezas** bazar m

miúdo, -da adj 1 (*pequeno*) menu, -e, petit, -e 2 (*dinheiro*) monnaie
▶ pl **miúdos** abats

mixagem sf mixage m

mixar¹ vi (*acabar*) partir en fumée: *o dinheiro mixou* l'argent est parti en fumée

mixar² vtd (*fazer mixagem*) mixer

mixo, -xa adj insignifiant, -e, dérisoire, falot, -e

mixórdia sf 1 (*mistura confusa*) méli-mélo m, fatras m fouillis m 2 (*confusão, desentendimento*) désordre m, brouille 3 (*gororoba*) rata m

mixuruca adj insignifiant, -e, dérisoire

moagem sf mouture

mobília sf mobilier m

mobiliar vtd meubler

mobiliário, -a adj mobilier, -ière
▶ sm **mobiliário** mobilier

mobilidade sf mobilité

mobilização sf 1 (*movimentação*) mise en mouvement m 2 (*de pessoas, soldados*) mobilisation

moça sf fille, jeune fille

mocassim sm mocassin

mochila sf sac m à dos

mocidade sf 1 (*juventude*) jeunesse 2 (*conjunto de jovens*) les jeunes

moço, -ça adj 1 (*jovem*) jeune 2 (*novo*) cadet, -ette, jeune: *ele é o irmão mais moço* c'est le frère cadet
▶ sm **moço** (*rapaz*) garçon, jeune homme

mocotó sm pieds de veau ou de bœuf

moda sf 1 (*voga; confecção, roupa*) mode: *estar na moda* être à la mode; *cair de moda* passer de mode; *entrar na moda* devenir à la mode; *ela trabalha com moda* elle travaille dans la mode 2 MÚS air m, chanson
• **seção de modas** section mode

modalidade sf modalité

modelagem sf modelage m

modelar vtd modeler, façonner

modelismo sm modélisme

modelo sm modèle
▶ smf (*manequim; fotográfico; de pintura*) modèle

modem sm modem

moderação sf modération

moderador, -ra sm, f modérateur, -trice

moderar vtd 1 (*comedir*) modérer, tempérer 2 (*um debate*) animer
▶ vpr **moderar-se** se modérer

modernidade sf modernité

modernismo sm modernisme

modernizar vtd moderniser
▶ vpr **modernizar-se** se moderniser

moderno, -na adj moderne

modéstia sf modestie

modesto, -ta *adj* modeste

módico, -ca *adj* modique

modificação *sf* modification

modificar *vtd* modifier, changer
▸ *vpr* **modificar-se** se modifier

modista *smf* styliste

modo *sm* 1 *(maneira, jeito)* mode, façon *f*, manière *f* 2 *(possibilidade, meio)* moyen 3 GRAM MÚS mode
▸ *pl* **modos** manières
• **com maus modos** avec des mauvaises manières
• **de modo nenhum** pas du tout/en aucun cas
• **de modo que** de manière à/de sorte que
• **de qualquer/todo modo** de toute façon
• **modo de ser** façon/manière d'être
• **modo de usar** mode d'emploi
• **tenha modos!** tenez-vous!

modorra *sf* assoupissement *m*

modular *vtd* moduler
▸ *adj* modulaire

módulo *sm* module

moeda *sf* monnaie
• **a outra face da moeda** l'autre côté de la médaille
• **moeda corrente** monnaie en circulation
• **moeda falsa** fausse monnaie
• **na mesma moeda** la pareille/la monnaie de sa pièce

moedor *sm* moulin, broyeur
■ **moedor de café** moulin à café
■ **moedor de carne** hachoir
■ **moedor de pimenta** moulin à poivre

moela *sf* gésier *m*

moer *vtd* 1 moudre 2 *fig (deixar exausto)* éreinter, épuiser, crever

mofar *vtd-vi* moisir, pourrir
▸ *vi fig* moisir, pourrir, croupir: *mofar na cadeia* croupir en prison

mofo *sm* moisissure *f*

mogno *sm* BOT acajou

moído, -da *adj* 1 haché, -e 2 *(exausto)* éreinté, -e, crevé, -e, fourbu, -e

moinho *sm* moulin

moita *sf* buisson, touffe d'arbrisseau, fourré
• **na moita** *(à espreita)* à l'affût [às escondidas] en cachette [em silêncio] en silence

mola *sf* ressort *m*

molambo *sm* 1 *(pano velho)* lambeau, haillon, guenille *f* 2 *fig* loque *f*, chiffe *f*

molar *adj* QUÍM molaire
▸ *sm* **molar** ANAT molaire

moldar *vtd* mouler, façonner
▸ *vtd-vtdi* 1 *fig* modeler, mouler (**por**, sur) 2 *(adaptar)* adapter (**a**, à)
▸ *vpr* **moldar-se** 1 *(ter como exemplo)* se modeler (**por**, sur) 2 *(adaptar-se)* s'adapter (**a**, à)

molde *sm* 1 *(forma)* moule 2 *(de roupa)* patron 3 *fig (modelo, exemplo)* modèle

moldura *sf* 1 *(de quadro, foto etc.)* cadre *m* 2 ARQ moulure

mole *adj (não duro)* mou, -olle
• **dar mole para** *(flertar)* draguer qqn *(ser condescendente)* être complaisant, -e/indulgent, -e envers
• **isso é mole** *(fácil)* c'est du gâteau

molecada *sf* bande de gamins, les gamins

molecagem *sf* enfantillage *m*, gaminerie

molécula *sf* molécule

moleira *sf* ANAT fontanelle

moleirão, -ona *adj-sm,f* mou, -olle

molejo *sm* 1 *(de auto)* suspension *f* 2 *fig* déhanchement, roulement de hanches

molenga *adj-smf* 1 *(lerdo)* mou, -olle 2 *(fraco, condescendente)* complaisant, -e, indulgent, -e

moleque, -ca *sm,f* gamin, -e, gosse, morveux, -euse

molestar *vtd* 1 *(magoar)* vexer, froisser, offenser 2 *(importunar)* molester, importuner 3 *(assediar sexualmente)* harceler

moléstia *sf* maladie

molesto, -ta *adj (incômodo)* fâcheux, -euse, ennuyeux, -euse, importun, -e

moletom *sm* 1 *(tecido)* molleton 2 *(peça de vestuário)* survêtement, jogging

moleza *sf* 1 *(qualidade de mole; apatia)* mollesse 2 *(indulgência)* indulgence, complaisance, indolence
• **dar moleza** être coulant avec qqn

- **na moleza** sans (se) forcer
- **ser moleza** (ser fácil) être du gâteau

molhado, -da adj mouillé, -e
- **secos e molhados** épicerie fsg

molhar vtd 1 mouiller 2 (plantas) arroser
▶ vpr **molhar-se** 1 se mouiller 2 (urinar-se) se faire pipi dessus

molho sm 1 CUL (de macarrão) sauce f 2 CUL (para salada) vinaigrette f 3 (feixe) faisceau, botte f, fagot
- **ficar de molho** mariner, macérer [acamado] garder le lit [marginalizado] être marginalisé, -e
- **pôr algo de molho** laisser mariner/macérer qqch

molusco sm mollusque

momentâneo, -a adj momentané, -e

momento sm moment
- **a todo momento** à tout moment/à tous moments
- **de um momento para outro** d'un moment à l'autre

monarca sm monarque

monarquia sf monarchie

monárquico, -ca adj monarchique

monetário, -ria adj monétaire

monge, -ja sm, f moine m/religieuse f

mongol adj mongol, -e
▶ smf Mongol, -e

monitor, -ra sm, f moniteur, -trice
▶ sm **monitor** INFORM écran, moniteur

monitorar vtd surveiller, suivre

monogamia sf monogamie

monógamo, -ma adj monogame, monogamique
▶ sm, f monogame

monografia sf monographie

monologar vi monologuer

monólogo sm monologue

monopólio sm monopole

monopolizar monopoliser

monoquíni sm monokini

monossílabo, -ba adj monosyllabe, monosyllabique
▶ sm **monossílabo** monosyllabe

monoteísmo sm monothéisme

monotonia sf monotonie

monótono, -na adj monotone

monóxido sm QUÍM monoxyde

monsenhor sm monseigneur

monstrengo sm monstre

monstro sm monstre

monstruosidade sf monstruosité

monstruoso, -sa adj monstrueux, -euse

montadora sf (de automóveis) constructeur m (automobile)

montagem sf montage m

montanha sf montagne

montanha-russa (pl **montanhas-russas**) sf montagnes russes pl

montanhista smf alpiniste

montanhoso, -sa adj montagneux, -euse

montante sm 1 (peça de sustentação) montant, jambage, pied(-d)roit 2 (soma) montant

montão sm 1 (grande pilha) tas, amas, monceau 2 (grande quantidade) tas
- **de montão** par centaines/à foison/à la pelle

montar vti 1 (trepar, subir) monter (em, sur) 2 (atingir) monter, s'élever: *as despesas montam a dois milhões de reais* les dépenses s'élèvent à deux millions de reais
▶ vtd-vi (cavalgar) monter (à cheval)
▶ vtd 1 (barraca, brinquedos etc.; quebra-cabeças) monter 2 (negócio, casa etc.) ouvrir 3 TEATRO CINE monter

monte sm 1 (morro) mont 2 (amontoado) tas, amas, monceau 3 (grande quantidade) tas 4 (no jogo de cartas) tas

monturo sm tas d'ordures

monumental adj monumental, -e

monumento sm monument

morada sf résidence, habitation

moradia sf résidence, habitation

morador, -ra adj-sm, f habitant, -e

moral adj moral, -e
▶ sf **morale**: *moral da história* morale de l'histoire
▶ sm **moral**: *estar com o moral baixo* avoir le moral à zéro

moralidade sf moralité

moralista *smf* moraliste

moralizar *vtd* moraliser

moranga *sf* BOT (*abóbora*) potiron *m*

morango *sm* BOT fraise *f*

morar *vti* habiter, résider, vivre: ***moro na Av. Paulista*** j'habite Avenida Paulista; ***nunca morei na Bahia*** je n'ai jamais vécu dans l'état de Bahia
▶ *vti* **1** habiter (**com**, avec) **2** *pop* (*entender*) piger (**em**, -)
• **morou?** t'as pigé?

morbidez *sf* morbidité

mórbido, -da *adj* morbide

morcego *sm* ZOOL chauve-souris *f*

mordaça *sf* bâillon *m*

mordaz *adj* corrosif, -ive, piquant, -e, caustique

mordedura *sf* morsure

mordente *adj* **1** (*cáustico*) mordant, -e, caustique **2** *fig* mordant, -e
▶ *sm* mordant

morder *vtd-vtdi* **1** mordre **2** *fig* (*pedir dinheiro*) taper **3** (*corroer*) mordre

mordida *sf* morsure

mordomia *sf* **1** (*vantagens*) à-côtés *m pl* **2** (*regalias*) prérogative, privilège *m*, passe-droit *m*: ***que mordomia!*** quels privilèges!

mordomo *sm* majordome

moreno, -na *adj* **1** (*de cabelo escuro*) brun, -e **2** (*de pele escura*) basané, -e, bistré, -e

morfina *sf* morphine

moribundo, -da *adj-sm,f* moribond, -e

moringa *sf* (*bilha*) cruche (à eau)

mormaço *sm* temps lourd

mórmon *adj-smf* mormon, -e

morno, -na *adj* morne

moroso, -sa *adj* (*lerdo, lento*) lente, -e, mou, -olle

morrer *vi* **1** (*falecer*) mourir **2** (*extinguir-se*) mourir, s'éteindre: ***o fogo morreu*** le feu s'est éteint **3** (*não dar certo*) échouer, avorter, rater **4** (*carro*) caler
▶ *vti* **1** mourir: ***morrer de infarto*** mourir d'un infarctus **2** (*ser apaixonado*) mourir d'amour (**por**, pour) **3** *fig* (*pagar*) en être pour: ***morri com mil reais*** j'en ai été pour mille reals
• **de morrer** à mourir

morro *sm* colline *f*

morsa *sf* **1** (*ferramenta*) étau *m* **2** ZOOL morse *m*

mortadela *sf* CUL mortadelle

mortal *adj* mortel, -elle

mortalha *sf* linceul *m*

mortalidade *sf* mortalité

montandade *sf* tuerie, massacre *m*, carnage *m*

morte *sf* mort
• **morrer de morte morrida** mourir de mort naturelle
• **ser de morte** être insupportable/être impayable/tordant, -e

morteiro *sm* mortier

mortiço, -ça *adj* (*sem brilho, sem vivacidade*) faible, pâle, terne: ***luz mortiça*** lumière faible; ***olhar mortiço*** yeux ternes

mortífero, -ra *adj* mortifère

mortificar *vtd* mortifier

morto, -ta *adj* **1** (*por motivo natural*) mort, -e **2** (*por assassinato, abate, acidente*) tué, -e **3** (*sem movimento*) mort, -e: ***cidade morta*** ville morte **4** (*exausto*) mort, -e, crevé, -e, éreinté, -e **5** (*extinto, apagado*) éteint, -e **6** (*sem circulação, parado*) mort, -e: ***dinheiro morto*** argent mort
• **morto de fome** mort, -e de faim/crève-la faim
• **nem morto, -ta!** jamais de la vie!

mosaico *sm* mosaïque *f*

mosca *sf* mouche
• **acertar na mosca** mettre/taper dans le mille
• **comer mosca** (*não perceber*) nager, patauger (*deixar-se enganar*) mordre à l'hameçon/gober l'hameçon
• **estar (entregue) às moscas** ne pas y avoir un chat

mosca-morta (*pl* **moscas-mortas**) *sf* (vraie) bûche

Moscou *sm* Moscou

mosquiteiro *sm* moustiquaire *f*

mosquito *sm* moucheron, moustique

mostarda sf moutarde

mosteiro sm monastère

mostra sf 1 (*exposição*) exposition 2 (*de cinema*) festival m
- **dar mostras de** donner des signes de

mostrador sm 1 (*mostruário*) présentoir 2 (*visor*) cadran

mostrar vtd-vtdi montrer
▸ vpr **mostrar-se** se montrer

mostruário sm présentoir

mote sm devise f

motel sm 1 (*hotel à beira da estrada*) motel 2 (*para encontros amorosos*) hotel, hotel de passe

motim sm mutinerie f, émeute f

motivação sf 1 (*justificação; motivos*) motivation 2 (*estímulo*) stimulation, stimulus m

motivado, -da adj 1 (*causado*) motivé, -e 2 PSIC DIR motivé, -e 3 (*estimulado*) stimulé, -e

motivar vtd 1 (*causar*) causer 2 (*interessar, estimular*) motiver 3 PSIC DIR motiver

motivo sm 1 (*razão*) raison f 2 (*tema, assunto*) motif 3 (*causa, motivação*) motif, mobile
- **motivo pelo qual...** pour cette raison
- **por motivo de força maior** pour raison de force majeure
- **sem motivo** sans raison/mobile

moto sf (*motocicleta*) moto

motobói sm coursier à moto

motocicleta sf motocyclette

motociclista smf motocycliste

motoneta sf scooter m, vespa

motoqueiro, -ra sm, f motard, -e, motocycliste

motor, -ra, -triz adj moteur, -trice
▸ sm **motor** moteur
■ **motor de arranque** démarreur

motorista smf conducteur, -trice, chauffeur, -euse

motorizar vtd motoriser

mourão sm (*estaca*) pieu, poteau

mouro, -ra adj maure
▸ sm, f Maure

mouse sm INFORM souris f

movediço, -ça adj mouvant, -e
- **areias movediças** sables mouvants

móvel adj mobile
▸ sm **móvel** meuble
■ **móvel embutido** meuble encastré
■ **móvel modular** meuble modulaire

mover vtd 1 (*mexer, movimentar*) bouger, remuer, agiter 2 (*mudar de lugar, deslocar*) déplacer 3 DIR intenter: **mover uma ação** intenter une action
▸ vpr **mover-se** 1 (*mexer-se*) se remuer, bouger, s'agiter 2 (*locomover-se*) se déplacer

movimentação sf 1 (*movimento*) mouvement m 2 (*agitação*) agitation f, remue-ménage

movimentado, -da adj (*lugar*) agité, -e

movimentar vtd 1 (*pôr em movimento*) mettre en mouvement 2 (*agitar*) agiter 3 (*dinheiro*) brasser
▸ **movimentar-se** se mettre en mouvement, bouger

movimento sm 1 mouvement 2 (*agitação, alvoroço*) agitation 3 MÚS (*parte de composição*) mouvement
- **pôr em movimento** mettre en mouvement/marche

muamba sf 1 (*produto de contrabando*) contrebande 2 (*produto de roubo*) butin m

muambeiro, -ra sm, f contrebandier, -ière

muco sm mucus, mucosité f

mucosa sf muqueuse

mucoso, -sa adj muqueux, -euse

muçulmano, -na adj-sm, f musulman, -e

muda sf 1 (*troca*) échange m 2 BOT plant m 3 (*de roupa*) rechange

mudança sf 1 (*modificação*) changement m 2 (*de casa, de cidade; móveis, ao se mudar*) déménagement m 3 (*troca*) échange
- **estar de mudança** (*de casa*) (*être sur le point de*) déménager
- **fazer a mudança** (*de casa*) faire son déménagement m

mudar vtd 1 (*modificar*) changer, modifier 2 (*transferir*) muter, transférer 3 (*trocar; trocar de lugar*) changer: **mudar**

os móveis da sala changer les meubles du salon
▸ *vi* **1** *(transferir-se)* déplacer, déménager **2** *(modificar-se)* changer: *as pessoas mudam* les gens changent
▸ *vti* **1** *(trocar)* changer (**de**, de) **2** *(transferir-se)* se déplacer, déménager (**de**, de)
▸ *vpr* **mudar-se** déménager

mudo, -da *adj-sm, f* muet, -ette

mugir *vi* mugir

muito, -ta *adj* beaucoup de: *há muitas frutas na árvore* il y a beaucoup de fruits dans l'arbre
▸ *pron* beaucoup: *há muito que fazer* il y a beaucoup à faire
▸ *sm pl* beaucoup, nombreux: *muitos não acreditam nele* beaucoup n'ont pas cru en lui
▸ *sm* **muito** tout: *foi recompensado pelo muito que fez* il a été récompensé pour tout ce qu'il a fait
▸ *adv* **muito 1** beaucoup: *ele fala muito* il parle beaucoup **2** très: *estou muito cansada* je suis très fatiguée **3** beaucoup, bien: *é muito mais alto que Carlos* il est bien plus grand que Carlos **4** *(muito tempo)* longtemps: *há muito não nos vemos* il y avait longtemps que nous ne nous voyions pas
• **falta muito?** c'est pas fini?/ça va durer combien de temps encore?
• **quando muito** au maximum

mula *sf* **1** ZOOL mule **2** *gíria (que transporta droga)* mule

mulato, -ta *adj-sm, f* mulâtre, -esse, métis, -isse

muleta *sf* béquille

mulher *sf* **1** *(ser do sexo feminino; esposa)* femme **2** *(filha)* fille: *teve dois homens e duas mulheres* il/elle a eu deux garçons et deux filles

mulherengo *sm* coureur (de jupons), homme à femme

mulherio *sm (mulherada)* (bande de) femmes

mulherzinha *sf* **1** *(mulher pequena)* petite femme **2** *(mulher inferior)* femme de bas étage **3** *(maricas)* femmelette

mulo *sm* ZOOL mulet

multa *sf* **1** *(em geral)* amende **2** *(de trânsito)* contravention, procès-verbal *m*, p.v. *m*

• **aplicar uma multa** *(em geral)* appliquer une pénalité *(no trânsito)* dresser un procès-verbal

multar *vtd-vtdi* coller une amende

multidão *sf* foule

multimídia *adj inv* multimédia
▸ *sf* multimédia *m*

multinacional *adj* multinational, -e
▸ *sf* multinationale

multiplicação *sf* multiplication

multiplicar *vtd* multiplier

múltiplo, -pla *adj* multiple
▸ *sm* **múltiplo** multiple
■ **mínimo múltiplo comum** plus petit commun multiple *(p.p.c.m.)*

múmia *sf* momie

mumificar *vtd* momifier
▸ *vpr* **mumificar-se** se momifier

mundano, -na *adj* mondain, -e

mundial *adj* mondial, -e
▸ *sm* ESPORTE coupe du monde

mundo *sm* **1** monde **2** *fig (grande quantidade)* tas, multitude *f*
• **cair no mundo/ganhar o mundo** décamper, détaler
• **como veio ao mundo** nu comme un ver/nu à poil
• **mandar para o outro mundo** expédier/envoyer dans l'autre monde
• **meio mundo** le monde entier
• **mundos e fundos** monts et merveilles
• **no mundo da lua** dans la lune
• **primeiro/segundo/terceiro mundo** premier/deuxième monde, tiers-monde
• **ser do outro mundo** être incroyable
• **todo o mundo** tout le monde
• **vir ao mundo** venir au monde
• **vir o mundo abaixo** survenir une catastrophe/un désastre

munheca *sf* ANAT poignet *m*
▸ *smf fig (avarento)* pingre, radin, -e

munhequeira *sf* poignet *m* de force

municipal *adj* municipal, -e

município *sm* commune *f*

munição *sf* munition

munido, -da *adj* muni, -e, pourvu, -e, équipé, -e

munir *vtdi* munir

▶ *vpr* **munir-se** se munir

muque *sm* 1 (*bíceps, músculo*) biceps, biscoteaux *pl* 2 (*força*) force *f* (musculaire)
- **a muque** de force
- **nem a muque** jamais de la vie

muquirana *adj-smf* (*sovina*) radin, -e, pingre

mural *adj* mural, -e
▶ *sm* 1 (*pintura*) peinture *f* murale 2 (*quadro de avisos*) tableau d'affichage

muralha *sf* muraille

murar *vtd* murer

murchar *vtd* (*fazer fenecer*) faner, flétrir
▶ *vi* 1 (*fenecer*) se faner, se flétrir 2 (*pneu, bola*) se dégonfler 3 *fig* (*perder o ânimo*) se décourager

murcho, -cha *adj* 1 (*sem viço; flor*) fané, é, flétri, -e 2 (*pneu, bola*) dégonflé, -e 3 (*desanimado*) découragé, -e 4 (*caído, frouxo*) languide, résigné, -e
- **bola murcha** ballon *m* dégonflé [fig] (vraie) bûche

murmurar *vtd-vi* murmurer

murmúrio *sm* murmure

muro *sm* mur
- **ficar em cima do muro** nager entre deux eaux
- **muro das lamentações** mur des lamentations
- **muro de arrimo** mur d'appui/de soutènement

murro *sm* coup de poing

murundu *sm* (*montículo*) monticule, tas

musa *sf* muse

musculação *sf* musculation

muscular *adj* musculaire

musculatura *sf* musculature

músculo *sm* 1 ANAT muscle 2 CUL jumeau à bifteck/pot-au-feu

musculoso, -sa *adj* 1 (*dotado de músculos*) musclé, -e, musculeux, -euse 2 (*da natureza do músculo*) musculeux, -euse

museu *sm* musée

musgo *sm* BOT mousse *f*

música *sf* musique

musical *adj* musical, -e
▶ *sm* comédie *f* musicale

musicar *vtd* mettre en musique

musicista *smf* musicien, -enne

músico *sm* musicien, -enne

musse *sf* CUL mousse

mutação *sf* mutation

mutável *adj* mutable, changeant, -e

mutilação *sf* mutilation

mutilar *vtd* mutiler
▶ *vpr* **mutilar-se** se mutiler

mutirão *sm* groupe d'entraide

mutreta *sf* combine

mútuo, -a *adj* mutuel, -elle

N

na¹ *prep* **em** + *art* **a** → em

na² *pron* 3.ª *pes f* la, l'

nabo *sm* BOT navet
- **comprar nabos em sacos** acheter les yeux fermés

nação *sf* nation

nacional *adj* national, -e

nacionalidade *sf* nationalité

nacionalista *adj* nationaliste

nacionalizar *vtd* nationaliser

nada *pron* rien: *eu não disse nada* je n'ai rien dit
▶ *sm* rien
- **antes de mais nada** avant tout
- **como se nada fosse** come si de rien n'était
- **dar em nada** ne rien donner/n'avoir aucun résultat
- **de nada** (*insignificante*) de rien du tout (*resposta a "obrigado"*) de rien, je t'en prie/je vous en prie
- **nada de novo** rien de nouveau
- **nada disso** pas du tout
- **nada feito** pas d'accord du tout/en aucun cas
- **nada mal!** pas mal!
- **nada menos que** rien de moins que
- **nada de** pas de
- **não é por nada, mas...** je ne voudrais rien dire, mais...
- **não ser nada bobo/bonito etc.** ne pas être idiot, -e/beau, -elle etc.
- **quando nada** au minimum/au moins

nadadeira *sf* nageoire

nadador, -ra *sm, f* nageur, -euse

nadar *vi* nager
- **nadar em dinheiro** nager dans le luxe

nádega *sf* fesse

nado *sm* nage *f*
- **a nado** à la nage
■ **nado borboleta** papillon *m*
■ **nado** *crawl* crawl
■ **nado de costas** dos/dos crawlé
■ **nado de peito** brasse *f*

nafta *sf* naphte *m*

naftalina *sf* naphtaline

náilon *sm* nylon

namorado, -da *sm, f* (*petit, -e*) ami, -e, petit, -e copain, -ine, amoureux, -se

namorar *vtd-vi* **1** (*ter relações amorosas*) flirter avec, sortir avec **2** *fig* (*desejar*) rêver de: *estou namorando esse par de sapatos* je rêve de m'acheter cette paire de chaussures **3** *fig* (*sentir-se atraído*) être attiré, -e: *é um cineasta que agora está namorando a literatura* c'est un cinéaste qui est maintenant attiré par la littérature

namoro *sm* flirt, amourette *f*

nanico, -ca *adj* nain, -e, minuscule

nanquim *sm* (*tinta*) encre *f* de Chine

não *adv* non, ne pas, ne (+ *personne, rien etc.*): *não, não acredito!* non, je n'arrive pas à y croire!; *há quem está de acordo e quem não* certains sont d'accord, d'autres pas; – *Você vai conosco?* – *Não* – Tu viens avec nous? – Non; *não há ninguém* il n'y a personne; *não sei se vou ou não* je ne sais pas si j'y vais ou non
▶ *sm* non: *no referendo, venceu o não* le non a obtenu la majorité au référendum
- **claro que não** bien sûr que non
- **dizer que não** dire non
- **não é mesmo?** n'est-ce pas (*vrai*)?

- **não é?** n'est-ce pas?
- **não há de quê** il n'y a pas de quoi/je t'en prie/je vous en prie
- **parece que não** il semblerait que non/on dirait que non
- **pois não** oui

não me toques *sm inv* BOT balsamine des bois, n'y-touchez-pas
- **ser cheio de não me toques** faire plein de manières/faire des chichis

naquele, -la *prep* em + *pron* **aquele, -la**

naquilo *prep* em + *pron* **aquilo**

Nápoles *sf* Naples

narcótico *sm* narcotique, stupéfiant, *fam* stup

narcotráfico *sm* narcotrafic, trafic de drogue

narigudo, -da *adj-sm, f* qui a un grand nez

narina *sf* narine

nariz *sm* nez
- **bater/dar com o nariz na porta** (*encontrar fechado*) trouver porte fermée (*não encontrar em casa*) se casser le nez à la porte de qqn
- **meter o nariz em** *fig* fourrer son nez dans
- **nariz empinado** *fig* snob/hautain, -e
- **saber/não saber onde tem o nariz** être/ne pas être compétent, -e
- **torcer o nariz para algo** faire un long nez/un drôle de nez

narração *sf* narration

narrar *vtd-vti* narrer, raconter, conter

narrativa *sf* récit

nasal *adj* nasal, -e

nascença *sf* naissance
- **de nascença** de naissance

nascente *adj* naissant, -e
▶ *sf* (*fonte*) source
▶ *sm* (*leste*) levant

nascer *vi* 1 (*criança*) naître 2 (*planta*) germer 3 (*ter origem*) naître 4 (*unha, pelo etc.*) pousser 5 (*dente*) percer

nascimento *sm* 1 naissance f: *data de nascimento* date de naissance; *lugar de nascimento* lieu de naissance 2 (*origem*) origine

nata *sf* 1 (*no leite*) crème 2 *fig* crème, gratin *m*, dessus *m* du panier

natação *sf* natation
- **fazer natação** faire de la natation

natal *adj* natal, -e: *a casa natal* la maison natale; *terra natal* terre natale
▶ *sm* **Natal** Noël: *feliz Natal* joyeux Noël; *vou viajar no Natal* je vais voyager pour Noël

natalidade *sf* natalité

natalino, -na *adj* de ou relatif à Noël

nativo, -va *adj* natif, -ive
▶ *sm, f* autochtone, indigène

nato, -ta *adj* né, -e: *um escritor nato* un écrivain-né

natural *adj* 1 (*que é da natureza; normal; não afetado*) naturel, -elle 2 (*nato*) né, -e 3 (*nascido*) né, -e: *ele é natural da Bahia* il est né dans l'état de Bahia
▶ *sm* **natural** 1 (*nativo*) indigène, autochtone 2 (*tendência inata*) naturel
- **ao natural** au naturel

naturalidade *sf* naturel *m*, naturalité
- **com/sem naturalidade** naturellement/pas naturellement, avec/sans naturalité

naturalizar *vtd* naturaliser
▶ *vpr* **naturalizar-se** se naturaliser

naturalmente *adv* naturellement

natureza *sf* nature

natureza-morta (pl **naturezas-mortas**) *sf* nature morte

naufragar *vi* 1 (*imergir*) faire naufrage, couler, sombrer 2 *fig* échouer

naufrágio *sm* naufrage

náufrago, -ga *sm, f* naufragé, -e

náusea *sf* nausée
- **dar náuseas** donner la nausée/mal au cœur

naval *adj* naval, -e

navalha *sf* 1 (*para a barba*) canif *m*, rasoir *m* à main 2 *fig* (*motorista ruim*) chauffard, -e

nave *sf* vaisseau *m*, navire *m*
■ **nave espacial** vaisseau spatial

navegação *sf* navigation

navegante *sm* navigateur

navegar *vi* naviguer
▶ *vtd* naviguer

navio *sm* navire, bateau, vaisseau

- **ficar a ver navios** rester bredouille/en être pour sa peine
- **navio a vapor** bateau/navire à vapeur
- **navio de carga** cargo
- **navio mercante** navire/vaisseau marchand
- **navio quebra-gelo** brise-glaces

nazismo *sm* nazisme

nazista *adj-smf* nazi, -e

né *adv* n'est-ce pas

neblina *sf* brouillard *m*, brume

nebulosidade *sf* nébulosité

nebuloso, -sa *adj* nébuleux, -euse

nécessaire *sm* nécessaire (*de toilette*)/trousse de toilette

necessário, -ria *adj* nécessaire
▸ *sm* **necessário** nécessaire
- **fazer-se necessário** se rendre/devenir nécessaire

necessidade *sf* besoin *m*, nécessité: *ele não tem necessidade de muito para viver* il n'a pas besoin de grand-chose pour vivre; *comer é necessidade* manger est un besoin
- **de primeira necessidade** de première nécessité
- **em caso de necessidade** en cas de besoin/au besoin/en cas de nécessité/le cas échéant
- **fazer necessidades** faire ses besoins

necessitado, -da *adj-sm,f* nécessiteux, -se

necessitar *vti* (*precisar*) avoir besoin (**de**, de)

necrose *sf* nécrose

necrotério *sm* morgue *f*

néctar *sm* nectar

nectarina *sf* BOT brugnon *m*, nectarine

nefasto, -ta *adj* néfaste

nefrite *sf* MED néphrite

negação *sf* 1 (*ato de negar*) négation 2 (*recusa*) refus *m*
- **ser uma negação em/para algo** être nul, -ulle en qqch

negar *vtd* 1 (*dizer que não; contestar, não reconhecer*) nier 2 (*renegar*) renier
▸ *vtdi* 1 (*recusar*) refuser: *ele me negou o emprego* il m'a refusé cet emploi 2 (*contestar*) nier: *negar um direito a alguém* nier un droit à qqn
▸ *vpr* **negar-se** (*recusar-se*) se refuser (**a**, à)

negativo, -va *adj* négatif, -ive
▸ *sm* **negativo** FOTO négatif
▸ *adv* non: – *Você vai trabalhar hoje?* – *Negativo* – Tu vas travailler aujourd'hui? – Non

negligência *sf* négligence

negligenciar *vtd* négliger

negligente *adj* négligent, -e

negociação *sf* négociation

negociador, -ra *adj-sm,f* négociateur, -trice

negociante *sm* négociant, -e, marchand, -e

negociar *vtd* négocier
▸ *vti-vi* (*lidar com negócios*) négocier (**com**, avec)

negociata *sf* affaire véreuse, magouille, tripotage *m*

negociável *adj* négociable

negócio *sm* 1 (*comércio*) commerce, négoce 2 (*loja, empresa etc.*) affaire *f* 3 (*assunto, pendência*) affaire *f* 4 (*coisa*) truc, machin
▸ *pl* **negócios** affaires *f*

negra *sf* (*partida decisiva*) belle

negrito *sm* gras, caractères gras

negro, -gra *adj* (*preto; escuro*) noir, -e
▸ *adj-sm,f* (*da raça negra*) noir, -e

nele, -la *prep* **em** + *pron* **ele, ela**

nem *conj* 1 (*e não*) ni: *nem um nem outro* ni l'un ni l'autre 2 (*também não*) non plus: *ela me disse que não gosta dele; nem eu* elle m'a dit qu'elle ne l'aimait pas; moi non plus 3 (*sequer*) même pas, pas même: *não veio ninguém; nem ele veio* personne n'est venu, même pas lui/pas même lui
▸ *loc conj* **nem que** (*mesmo que*) même si: *nem que queira vou conseguir acabar isso cedo* même si je le voulais, je n'arriverais pas à finir ça tôt
▸ *adv* 1 (*de jeito nenhum*) surtout pas: *nem me fale em sair com esse frio* ne me parle surtout pas de sortir par ce froid 2 (*sequer*) même pas: *pedi dinheiro, e ele não me deu nem um tostão* je lui ai demandé de l'argent et il ne m'a même pas donné un sou

- **nem mais nem menos** sans plus ni moins
- **nem sempre** pas toujours
- **nem sequer** ni même
- **que nem** comme

neném *sm* bébé

nenhum, -ma *pron* aucun, -e: *não apareceu nenhum interessado no carro* aucun intéressé n'est venu voir la voiture; *o vendedor me ofereceu várias blusas, mas não comprei nenhuma* le vendeur m'a proposé plusieurs chemisiers mais je n'en ai acheté aucune
- **estar a/sem nenhum** ne pas avoir un sou/rond/centime

neófito, -ta *sm, f* néophyte

neon *sm* (*tube au*) néon

nervo *sm* nerf
- **estar com os nervos à flor da pele** avoir les nerfs à fleur de peau
- **ter nervos de aço** avoir des nerfs d'acier

nervosismo *sm* nervosisme

nervoso, -sa *adj-sm, f* nerveux, -euse
▶ *sm* (*irritação*) irritation *f*
- **ficar nervoso** s'énerver

nesga *sf* pointe

nêspera *sf* BOT nèfle

nesse, -sa *prep* **em** + *pron* **esse, -sa** → em; esse, -sa

neste, -ta *prep* **em** + *pron* **este, -ta** → em; este, -ta

neto, -ta *sm, f* petit-fils *m*, petite-fille *f*

neura *sm pop* (*neurose*) névrose

neurastênico, -ca *adj-sm, f* **1** MED neurasthénique **2** (*mal-humorado*) (personne) de mauvaise humeur

neurologista *smf* neurologiste

neurônio *sm* neurone

neurose *sf* névrose

neurótico, -ca *adj* névrosé, -e

neutralidade *sf* neutralité

neutralizar *vtd* neutraliser

neutro, -tra *adj* neutre

nevada *sf* chute de neige

nevado, -da *adj* **1** (*coberto de neve*) enneigé, -e **2** (*semelhante à neve*) neigeux, -euse

nevar *vi* neiger

nevasca *sf* tempête de neige

neve *sf* neige

névoa *sf* brume, brouillard *m*

nevoeiro *sm* bouillard, brume *f*

nevoento, -ta *adj* nébuleux, -euse, brumeux, -euse

nevralgia *sf* MED névralgie

nexo *sm* **1** (*ligação*) liaison *f* **2** (*coerência*) suite *f*, ordre, lien

nhoque *sm* CUL gnocchi

nicho *sm* niche *f*

Nicarágua *sf* Nicaragua *m*

nicotina *sf* nicotine

ninar *vtd* bercer
- **canção de ninar** berceuse

ninguém *pron* personne: *ninguém apareceu ontem por aqui* personne n'est venu ici, hier; *não há ninguém em casa* il n'y a personne à la maison

ninhada *sf* nichée

ninharia *sf* bagatelle, babiole, broutille

ninho *sm* nid
- **ninho de rato** *fig* fouillis, pagaille *f*

ninja *smf* ninja

nipônico, -ca *adj* nippon, -(n)e

níquel *sm* **1** QUÍM nickel **2** (*moeda, dinheiro*) monnaie *f*, argent

nisso *prep* **em** + *pron dem* **isso 1** (*algo já referido*) à cela, y: *pense nisso* pensez-y; *ele me propôs a venda, mas não vejo vantagem nisso* elle m'a proposé de vendre, mais je n'y vois aucun avantage **2** (*nesse/naquele momento*) à ce moment (-là): *nisso, ele apareceu* à ce moment-là, il est arrivé

nisto *prep* **em** + *pron dem* **isto** → em; isto

nitidez *sf* netteté

nítido, -da *adj* net, -ette

nitrogênio *sm* QUÍM azote

nitroglicerina *sf* nitroglycérine

nível *sm* niveau
- **nível de vida** niveau de vie

nivelar *vtd-vtdi* niveler
▶ *vpr* **nivelar-se** s'égaler

n.º *abrev* número nº

- **Av. Paulista, n.º 500** 500 Avenida Paulista

no¹ *pron 3ª pes m* le

no² *prep* **em** + *art* **o** dans le, au → **em; o¹**

nó *sm* **1** *(laço, laçada)* nœud **2** *fig (cerne)* cœur, centre **3** *fig (problema, dificuldade)* nœud, os, hic
- **dar um nó** *(ficar confuso)* confondre, déconcerter
- **não dar ponto sem nó** ne rien faire pour rien
- **nó cego** double nœud
- **o nó da questão** le cœur/nœud de l'affaire
- **ter um nó na garganta** avoir un nœud dans la gorge

nobre *adj-smf* noble

nobreak *sm* INFORM système d'alimentation sans interruption *(système UPS)*

nobreza *sf* noblesse

noção *sf* **1** *(percepção, conhecimento)* notion: ***perdi a noção do tempo*** j'ai perdu la notion du temps **2** *(ideia)* idée: ***você não tem noção do que está dizendo*** vous n'avez pas la moindre idée de ce que vous dites
▶ *pl* **noções** rudiments, abc, b.a.-ba

nocaute *sm* knock-out
- **pôr alguém em nocaute** mettre qqn knock-out/K.O.

nocivo, -va *adj* nocif, -ive

nódulo *sm* petit nœud, nodule

noitada *sf* **1** *(espaço de uma noite)* nuitée **2** *(farra noturna)* bordée, virée

noite *sf* **1** *(das 6 às 24h)* soir *m* **2** *(das 24h ao amanhecer)* nuit **3** *(período noturno)* soir *m*, soirée *f* **3** *fig (trevas)* ténèbres *m pl*, nuit **4** *(vida noturna)* vie nocturne
- **à/de noite** la nuit/de nuit/pendant la nuit/dans la soirée/dans le soir *m*
- **boa noite** *(chegada ou partida)* bonsoir *(antes de dormir)* bonne nuit
- **da noite para o dia** du jour au lendemain
- **hoje à noite** ce soir
- **noite alta** pleine nuit
- **noite e dia** jour et nuit
- **passar a noite em branco/claro** passer une nuit blanche

noitinha *sf* nuit tombante, début *m* de soirée

noivado *sm (cerimônia; período)* fiançailles *f pl*

noivo, -va *adj-sm, f* **1** *(prometido em casamento)* fiancé, -e **2** *(no dia das núpcias)* marié, -e
- **ficar noivo, -va** se fiancer

nojento, -ta *adj* **1** *(asqueroso)* dégoûtant, -e, écœurant, -e, *fam* dégueulasse **2** *(convencido)* suffisant, -e, vaniteux, -euse, prétentieux, -euse

nojo *sm* dégoût, écœurement, haut-le-cœur
- **dar/causar nojo** dégoûter, écœurer
- **sentir/ter nojo de algo** être dégoûté, -e/écœuré, -e par qqch
- **ser/estar um nojo** être dégoûtant, -e

nômade *adj-smf* nomade

nome *sm* **1** *(nome e sobrenome; título)* nom **2** *(prenome)* prénom: ***– Qual é seu nome? – Maria*** – Quel est votre prénom? – Maria
▪ **nome artístico** nom d'artiste
▪ **nome de batismo** nom de baptême
▪ **nome de guerra** nom de guerre
- **conhecer de nome** connaître de nom
- **dar nome aos bois** appeler les choses par leur nom/appeler un chat un chat
- **em nome de** au nom de
- **ser alguém de nome** avoir un nom honoré/connu

nomeação *sf* nomination

nomear *vtd* nommer

nomenclatura *sf* nomenclature

nominal *adj* GRAM COM nominal, -e

nonagésimo, -na *num* quatre-vingt-dixième

nono, -na *adj-sm, f-num* neuvième

nora *sf* belle-fille, bru

nordeste *sm inv* nord-est

nórdico, -ca *adj-sm, f* nordique

norma *sf* norme

normal *adj* normal, -e
▶ *sm* **normal** *(curso)* école *f* normale

normalidade *sf* normalité

normalmente *adv* normalement

noroeste *sm* nord-ouest

norte *adj* nord

• **perder o norte** perdre le nord

norte-americano, na (pl **norte-americanos**) adj-sm,f nord-américain

nortear vtd guider, orienter

Noruega sf Norvège

norueguês, -esa adj norvégien, -ienne
▸ sm,f Norvégien, -ienne
▸ sm norvégien (*langue*)

nos[1] pron 1.ª pes pl nous: *você nos leva à estação?* tu nous emmènes à la gare?

nos[2] pron 3.ª pes m pl les

nós pron 1.ª pes pl nous

nossa! interj nom de Dieu!

nosso, -sa pron 1 (*como adjetivo*) notre, à nous: *nosso filho tem 5 anos* notre fils a 5 ans; *o petróleo é nosso* le pétrole est à nous 2 (*como substantivo*) le/la nôtre: *esta é a casa dela; aquela é a nossa* voilà sa maison et voici la nôtre

nostalgia sf nostalgie

nostálgico, -ca adj nostalgique

nota sf 1 (*sinal, marca*) marque, signe m 2 (*bilhete; apontamento, remissão em texto; observação*) note 3 (*papel-moeda*) billet m 4 fig (*muito dinheiro*) fortune 5 (*conta*) note, addition 6 (*título de crédito*) bon m 7 (*notícia breve em jornal*) entrefilet m 8 MÚS note 9 (*avaliação escolar*) note

■ **nota fiscal** facture

■ **nota promissória** reconnaissance de dette

• **digno de nota** digne de note

• **nota destoante** fig fausse note

• **ser cheio, -a da nota** être plein, -e aux as

• **tome nota** prenez note

notar vtd 1 (*pôr marca ou nota em*) noter 2 (*observar, reparar*) remarquer: *notei que ele estava nervoso* j'ai remarqué qu'il était nerveux 3 (*comentar, chamar a atenção*) faire remarquer: *ele notou que não caberia aprovar aquele relatório* il m'a fait remarquer qu'il ne conviendrait pas d'approuver ce rapport.

• **cabe/é preciso notar que...** il faut/il est à noter que...

• **fazer-se notar** se faire remarquer

notável adj notable

notebook sm INFORM (*ordinateur*) portable

notícia sf nouvelle

• **notícias de jornal** informations de journal/faits divers m pl

noticiar vtd informer, faire savoir

noticiário sm journal, informations f pl, **infos** f pl

notificação sf notification

notificar vtd-vtdi notifier

notoriedade sf notoriété

notório, -a adj notoire

noturno, -na adj nocturne
▸ sm **noturno** MÚS nocturne

noutro, -a prep **em** + pron **outro, -tra** → em; outro, -tra

nova sf (*notícia*) nouvelle

novamente adv de nouveau, à nouveau, encore

novato, -ta adj-sm,f novice, débutant, -e

nove num neuf

• **vinte e cinco, noves fora sete** vingt-cinq divisé par neuf, il reste sept

novecentos num neuf cents

nove-horas sm chichi, manière: *ser cheio de nove-horas* faire plein de chichis

novela sf 1 (*narrativa ficcional*) nouvelle 2 (*de TV*) feuilleton (*télévisé*)

■ **novela policial** (*escrita*) roman policier (*de TV*) série policière

novelo sm pelote f, peloton (*de fios*)

novembro sm novembre

novena sf neuvaine

noventa num quatre-vingt-dix

noviço, -ça adj-sm,f novice

novidade sf 1 (*qualidade de novo*) nouveauté 2 (*notícia, nova*) nouvelle 3 (*imprevisto*) imprévu m

novilho, -lha sm,f veau, bouvillon m, génisse f

novo, -va adj 1 (*recente; que está no início; que é novidade; original*) nouveau, -elle 2 (*não usado*) neuf, -euve 3 (*de pouca idade; jovem*) jeune

• **de novo** de nouveau/à nouveau

• **irmão mais novo** frère plus jeune/frère cadet

- **ser mais novo que alguém** être plus jeune que qqn

noz *sf* BOT noix

noz-moscada (*pl* **nozes-moscadas**) *sf* BOT (noix) muscade

nu, -a *adj* nu, -e
▶ *sm* **nu** (*artístico*) nu
- **nu como veio ao mundo** nu comme un ver/dans le plus simple appareil
- **pôr a nu** mettre à nu
- **verdade nua** vérité (*toute*) nue/pure vérité

nuance *sf* nuance

nublado, -da *adj* nuageux, -euse

nuca *sf* ANAT nuque

nuclear *adj* nucléaire

núcleo *sm* 1 noyau 2 *fig* centre, cœur
- **núcleo habitacional** centre d'habitation

nudez *sf* nudité

nudismo *sm* nudisme, naturisme

nudista *adj-smf* nudiste, naturiste

nulidade *sf* nullité

nulo, -la *adj* nul, -ulle

num, -ma *prep* **em** + *art* **um, uma** → em; um, uma

numeração *sf* 1 (*sistema de representação numérica*) numération 2 (*atribuição de um número*) numérotation, numérotage *m*

numeral *adj* numéral, -e
▶ *sm* numéral

numerador *sm* MAT numérateur

numerar *vtd* (*pôr números em*) numéroter

numerário *sm* numéraire

numérico, -ca *adj* numérique

número *sm* 1 MAT nombre, numéro, chiffre 2 (*quantidade*) nombre: *é grande o número de desempregados* le nombre de chômeurs est élevé 3 (*exemplar impresso; apresentação*) numéro 4 (*tamanho-de roupa*) taille *f* 5 (*de sapato*) pointure *f*
- **número cardinal** nombre cardinal
- **número decimal** nombre décimal
- **número ímpar** nombre impair
- **número inteiro** nombre entier
- **número ordinal** nombre ordinal
- **número par** nombre pair
- **número primo** nombre premier
- **fazer número** faire nombre
- **ser um número** être un numéro

numeroso, -sa *adj* nombreux, -euse

nunca *adv* jamais
- **nunca mais** jamais plus/plus jamais

nupcial *adj* nuptial, -e

núpcias *sf pl* **noces**
- **segundas núpcias** secondes noces

nutrição *sf* nutrition

nutricional *adj* nutritionnel, -elle

nutricionismo *sf* nutritionnisme

nutriente *adj* nutritif, -ive
▶ *sm* substance nutritive

nutrir 1 *vtd* (*alimentar*) alimenter, nourrir 2 (*sentimento*) nourrir
▶ *vpr* **nutrir-se** se nourrir, s'alimenter

nutritivo, -va *adj* nutritif, -ive

nuvem *sf* 1 (*aglomerado de gotas*) nuage *m*, nue 2 (*de pássaros, de insetos*) nuage *m*, nuée
- **cair das nuvens** tomber des nues
- **ir às nuvens** monter au septième ciel
- **passar em brancas nuvens** (*sem acontecimentos relevantes*) bien se passer (*sem ser notado*) passer inaperçu
- **pôr nas nuvens** porter aux nues
- **ter a cabeça nas nuvens** avoir la tête dans les nuages

O

o *art m* **1** le, l': *o gato e o cachorro* le chat et le chien; *o iate* le yacht **2** l': *o árbitro* l'arbitre; *o homem* l'homme; *o tio* l'oncle
▶ *pl* **os** les: *os gatos* les chats; *os árbitros* les arbitres; *os homens* les hommes
▶ *pron pess* le, l', les: *Luís viajou; não sei se o verei mais* Luís est parti en voyage, je ne sais pas si je le reverrai; *perdi os óculos; não sei se os encontrarei* j'ai perdu mes lunettes, je ne sais pas si je vais les retrouver
▶ *pron* celui, ceux: *daqueles dois homens, meu pai é o que está de terno escuro* de ces deux hommes, mon père est celui qui est en costume foncé; *dos três irmãos, os que eram músicos já morreram* des trois frères, ceux qui étaient musiciens sont déjà morts
▶ *pron neutro* le: *ela me pediu que interviesse, e eu o farei assim que puder* elle m'a demandé d'intervenir et je le ferai dès que je le pourrai

oásis *sm* oasis

oba-oba (*pl* oba-obas) *sm* olé-olé

obcecar *vtd* obséder

obedecer *vti* obéir
▶ vi obéir, répondre: *o volante não está obedecendo* le volant ne répond pas

obediência *sf* obéissance

obediente *adj* obéissant, -e

obelisco *sm* obélisque

obesidade *sf* obésité

obeso, -sa *adj-sm, f* obèse

óbito *sm* décès

objeção *sf* objection

objetiva *sf* FOTO objectif *m*

objetividade *sf* objectivité

objetivo, -va *adj* objectif, -ive
▶ *sm* **objetivo** (*finalidade*) but, objectif

objeto *sm* objet
■ **objeto direto** objet direct
■ **objeto indireto** objet indirect
• **objetos pessoais** effets personnels

oblíquo, -a *adj* oblique

obra *sf* **1** (*texto, livro; execução de trabalho; artesanato*) ouvrage *m*: *executar um trabalho penoso* faire un ouvrage pénible; *obra de marcenaria* ouvrage d'ébéniste **2** (*obra de arte*) oeuvre (*d'art*): *uma obra de Victor Hugo, de Picasso, de Chopin* une oeuvre (d'art) de Victor Hugo, de Picasso, de Chopin; *as obras desse artista são monótonas* les oeuvres de ces artistes sont monotones **3** (*atividade, conjunto de trabalhos*) oeuvre: *uma obra de caridade* une oeuvre de bienfaisance/charité; *o roubo foi obra de funcionários da empresa* ce vol fut l'œuvre de fonctionnaires de l'entreprise **4** (*construção*) travaux *m pl*
• **em obras** en travaux *m*
• **obras públicas** travaux *m* publics
• **pôr em obra** mettre en œuvre
• **pôr mãos à obra** se mettre à l'oeuvre/l'ouvrage
• **por obra (e graça) de** grâce à

obra-prima (*pl* obras-primas) *sf* chef-d'œuvre *m*

obrigação *sf* **1** (*dever moral*) devoir *m*, obligation **2** (*tarefa, incumbência*) tâche, devoir *m*, engagement *m*: *fez todas as suas obrigações de hoje?* tu as rempli tous tes engagements pour aujourd'hui? **3** (*favor*) faveur: *devo-lhe muitas obrigações* je lui dois de nombreuses faveurs

4 *(título do poder público; vínculo jurídico)* obligation

obrigado, -da *adj (forçado)* contraint, -e, forcé, -e, obligé, -e
• **(muito) obrigado, -da** merci *(beaucoup)*

obrigar *vtdi* obliger, contraindre: *obrigar alguém a fazer algo* obliger qqn à faire qqch
▶ *vtd* DIR obliger

obrigatório, -a *adj* **1** *(forçoso, necessário; imposto por lei etc.)* obligatoire: *serviço militar obrigatório* service militaire obligatoire **2** *(inevitável)* obligé, -e: *presença obrigatória do doente* présence obligée du malade

obsceno, -na *adj* obscène

obscurecer *vtd* obscurcir
▶ *vpr* **obscurecer-se** s'obscurcir

obscuridade *sf* **1** *(falta de clareza; anonimato)* obscurité **2** *(esquecimento)* oubli m: *viver na obscuridade* vivre dans l'oubli

obscuro, -ra *adj* obscur, -e

obséquio *sm* déférence, politesse

observação *sf* **1** *(ato de observar)* observation **2** *(comentário oral, reparo)* remarque: *fiz várias observações sobre as mudanças climáticas* j'ai fait plusieurs remarques sur les changements climatiques; *sempre ouvi observações sobre meu modo de andar* j'ai toujours entendu remarques sur ma façon de marcher **3** *(comentário escrito, nota)* note, compte rendu m

observador, -ra *sm, f (quem observa)* observateur, -trice
▶ *adj* **1** *(arguto, perspicaz)* observateur, -trice **2** *(cumpridor)* respectueux, -euse

observância *sf* **1** *(respeito à regra)* observation **2** *(religiosa)* observance

observar *vtd* **1** *(estudar, examinar)* observer **2** *(notar, reparar)* remarquer: *observei que ele deixou de fumar* j'ai remarqué qu'il avait arrêté de fumer **3** *(comentar)* observer, signaler, remarquer: *o orador observou que era indispensável proceder à votação* l'orateur a signalé qu'il était indispensable de procéder à la votation **4** *(espreitar, espiar)* observer, guetter **5** *(cumprir)* observer
▶ *vtdi (chamar a atenção, mostrar)* faire remarquer, faire observer: *observei-lhe que seu vestido estava manchado* je lui ai fait remarqué que sa robe était tachée

observatório *sm* observatoire

obsessão *sf* obsession

obsessivo, -va *adj* obsessif, -ive

obsoleto, -ta *adj* désuet, -ette, tombé, -e en désuétude

obstáculo *sm* obstacle
• **salto de obstáculos** saut d'obstacles

obstante *sm loc conj* **não obstante** en dépit (de), malgré, cependant, néanmoins

obstar *vti* empêcher, faire obstacle, entraver

obstetra *smf* obstétricien, -ienne

obstetrícia *sf* obstétrique

obstinação *sf* obstination

obstinado, -da *adj* obstiné, -e, têtu, -e, entêté, -e

obstinar-se *vpr* s'obstiner, s'entêter **(em,** à)

obstrução *sf* obstruction

obstruir *vtd* **1** obstruer **2** *(votação)* faire obstruction

obter *vtd* obtenir

obturação *sf* obturation

obturar *vtd* obturer

obtuso, -sa *adj* obtus, -e

óbvio, -a *adj* évident, -e, clair, -e, manifeste

ocasião *sf* occasion
• **a ocasião faz o ladrão** l'occasion fait le larron
• **aproveitar a ocasião** profiter de l'occasion
• **dar ocasião a** fournir/offrir l'occasion de, donner lieu à
• **de ocasião** d'occasion
• **por ocasião de** à l'occasion de

ocasional *adj* occasionnel, -elle

ocasionar *vtd* occasionner, entraîner, provoquer

oceano *sm* océan
▪ **Oceano Atlântico** océan Atlantique
▪ **Oceano Índico** océan Indien
▪ **Oceano Pacífico** océan Pacifique

ocidental *adj* occidental, -e

ocidente *sm* occident

ócio *sm* 1 *(folga)* loisir, repos 2 *(ociosidade)* oisiveté *f*

ociosidade *sf* oisiveté

ocioso, -sa *adj* 1 oisif, -ive 2 *(paradomáquinas)* à l'arrêt 3 *(bens, dinheiro)* oisif, -ve 4 *(tempo)* perdu, -e, libre 5 *(pergunta, observação)* superflu, -e, inutile: *é ocioso dizer que...* il est inutile de dire que...

oclusão *sf* occlusion

oco, -ca *adj* creux, -euse
▸ *sm* **oco** *(parte oca)* creux

ocorrência *sf* 1 *(acontecimento)* occurrence 2 *(ocasião)* occasion

ocorrer *vi* 1 *(acontecer)* arriver, avoir lieu, prendre place, se passer 2 *(sobrevir)* survenir, se produire
▸ *vti (vir à mente)* venir à l'esprit: *ocorreu-me que era preciso pagar a conta* il m'est venu à l'esprit qu'il fallait payer la facture/l'addition

ocular *adj* oculaire

oculista *smf* oculiste

óculo *sm (luneta)* lunette *f*, longue-vue *f*, lorgnette *f*
▸ *pl* **óculos** lunettes

ocultação *sf* occultation
■ **ocultação de cadáver** recel *m* de cadavre

ocultar *vtd* 1 *(esconder)* cacher 2 *(dissimular; astr.)* occulter 3 *(cadáver)* receler
▸ *vtdi (omitir)* cacher: *ocultar algo de alguém* cacher qqch à qqn
▸ *vpr* **ocultar-se** se cacher, se dérober, disparaître

oculto, -ta *adj* 1 *(escondido)* caché, -é 2 *(misterioso, secreto)* occulte

ocupação *sf (ação de ocupar ou ocupar-se)* occupation
• **ter uma ocupação** avoir une activité

ocupacional *adj* occupationnel

ocupado, -da *adj* 1 *(cheio de atividades; telefone; assentos, lugares)* occupé, -e 2 *(preocupado, atento)* préoccupé, -e, absorbé, -e 3 *(tomado)* occupé, -e: *um país ocupado por tropas estrangeiras* un pays occupé par des troupes ennemies

ocupante *adj-smf* occupant, -e

ocupar *vtd* 1 *(preencher cargo, posto etc.; tomar à força, instalar-se)* occuper 2 *(durar)* durer: *o curso ocupou todo o mês* le cours a duré tout le mois 3 *(fazer trabalhar)* occuper
▸ *vpr* **ocupar-se** s'occuper (**de**, de)
• **ocupar o tempo** occuper son temps

ode *sf* ode

odiar *vtd-vi* 1 *(sentir ódio)* haïr 2 *(não gostar)* détester: *odeio carne de porco* je déteste la viande de porc
▸ *vpr* **odiar-se** se haïr, se détester

odiento, -ta *adj* haineux, -euse

ódio *sm* haine *f*: *sentir ódio de algo/de alguém* éprouver de la haine pour qqch/qqn, prendre qqch/qqn en grippe

odioso, -sa *adj* odieux, -ieuse

odisseia *sf* odyssée

odontológico, -ca *adj* odontologique
• **consultório odontológico** cabinet de dentiste

odor *sm* odeur *f*

oeste *sm* ouest

ofegante *adj* haletant, -e, essoufflé, -e, hors d'haleine

ofegar *vi* haleter

ofender *vtd* 1 *(ultrajar)* offenser 2 *(ferir, prejudicar)* blesser, porter préjudice à, nuire à
▸ *vpr* **ofender-se** s'offenser, se vexer

ofendido, -da *adj-sm* offensé, -e, vexé, -e

ofensa *sf* offense

ofensiva *sf* offensive

ofensivo, -va *adj* offensif, -ive

ofensor, -ra *adj* offensant, -e
▸ *sm, f* offenseur *m*

oferecer *vtd-vtdi* offrir
▸ *vpr* **oferecer-se** s'offrir (**para**, pour)

oferecido, -da *adj* 1 *(ofertado, dado)* offert, -e 2 *fig* facile, léger, -ère: *uma pessoa oferecida* une personne légère 3 *fig* pique-assiette, parasite: *não foi convidada, veio de oferecida* elle n'a pas été invitée, elle est venue en parasite

oferecimento *sm* 1 *(oferta)* offre *f* 2 *(dedicatória)* dédicace *f*

oferenda *sf* offrande

oferta *sf* 1 (*ato de oferecer*) offre 2 (*mercadoria com menor preço*) solde *m*
• **mercadorias em oferta** marchandises soldées

ofertar *vtd-vtdi* 1 (*oferecer*) offrir 2 RELIG offrir, faire l'offrande de

office boy *sm* garçon de bureau, coursier, garçon de courses

off road *sm inv* tout-terrains

oficial *adj* officiel, -elle
▶ *sm* MIL officier, -ière

oficializar *vtd* officialiser, rendre officiel, -elle

oficina *sf* 1 (*em geral; workshop*) atelier *m* 2 (*mecânica*) garage *m*, atelier *m* de reparações

ofício *sm* 1 (*profissão*) métier 2 (*comunicação*) lettre *f*, dépêche *f* officielle 3 (*cartório*) cabinet/étude *f* de notaire 4 (*missa*) office
▶ *pl* **ofícios**: *usar seus bons ofícios a favor de alguém* utiliser ses bons offices pour qqn
• **os ossos do ofício** les risques du métier

oftalmologista *smf* ophtalmologue, ophtalmologiste

ofuscante *adj* éblouissant, -e

ofuscar *vtd* 1 (*deslumbrar*) éblouir 2 (*toldar*) couvrir 3 fig (*suplantar*) supplanter
▶ *vpr* **ofuscar-se** 1 (*toldar-se*) se couvrir 2 (*ser suplantado*) être supplanté

ogiva *sf* ogive

oi! *interj* salut!

oitava *sf* MÚS octave

oitavo, -va *num* huitième

oitenta *num* quatre-vingt

oito *num* huit
• **você é ou oito ou oitenta** avec toi, c'est tout ou rien

oitocentos, -tas *num* huit cents

ojeriza *sf* aversion, antipathie

olá! *interj* ho!, holà!, salut!

olaria *sf* 1 (*arte; oficina*) poterie 2 (*lugar de fabricação de tijolos*) briqueterie

oleado *sm* huilé, -e

oleiro, -ra *adj-sm,f* 1 (*ceramista*) potier, -ière, céramiste 2 (*quem fabrica tijolos*) briquetier, -ère

óleo *sm* huile *f*
■ **óleo de fígado de bacalhau** huile *f* de foie de morue
■ **óleo diesel** diésel
• **trocar o óleo do carro** faire la vidange de la voiture

oleoduto *sm* oléoduc

oleoso, -sa *adj* huileux, -euse

olfato *sm* odorat

olhada *sf* coup *m* d'œil: *dar uma olhada em* jeter un coup d'œil à/dans/sur

olhar *vtd-vti-vi* 1 regarder: *olhe para mim* regarde-moi 2 (*tomar conta, vigiar*) surveiller 3 (*prestar atenção*) faire attention: *olhe bem o que vai fazer* fais attention à ce que tu vas faire
▶ *vti* 1 (*proteger*) faire attention (**por**, à): *olhe por ele* fais attention à lui 2 (*dar para*) donner (**para**, sur)
▶ *vtd-vti* (*analisar*) voir
▶ *vpr* **olhar-se** se regarder
▶ *sm* **olhar** regard
• **e olhe lá!** et encore! *o jantar hoje será uma salada, e olhe lá!* il y aura de la salade au dîner et encore!
• **olhando bem** en y regardant de plus près
• **olhar de peixe morto** les yeux ternes

olheiras *sf pl* cernes

olheiro, -ra *sm,f* (*quem observa a chegada da polícia*) taupe *f*

olho *sm* œil (*pl* yeux)
▶ *interj* **olho!** attention!
• **a olho** à vue d'œil
• **a olho nu** à l'œil nu
• **a olhos vistos** clairement
• **abra os olhos!** ouvre l'œil (*et le bon*)!
• **aos olhos de** aux yeux de
• **botar o olho em** désirer ardemment
• **correr os olhos por** jeter un coup d'œil à/dans/sur
• **custar o olho da cara** coûter les yeux de la tête
• **de olhos fechados** *fig* les yeux fermés
• **entrar pelos olhos** sauter aux yeux
• **estar de olho em algo/alguém** avoir qqch/qqn à l'œil
• **fechar os olhos para algo** fermer les yeux sur qqch
• **não conseguir pregar o olho** ne pas fermer l'œil de la nuit

- **não tirar os olhos de cima de alguém/algo** ne pas quitter qqn/qqch des yeux
- **num piscar de olhos** en un clin d'œil
- **o que os olhos não veem o coração não sente** loin des yeux, loin du cœur
- **olho de águia/de lince** yeux de lynx
- **olho de peixe morto** yeux de merlans frits
- **olho gordo** envie *f*, jalousie *f*, convoitise *f*
- **olho mágico** judas
- **olho por olho, dente por dente** œil pour œil, dent pour dent
- **olho vivo!** ouvre l'œil (*et le bon*)
- **pôr no olho da rua** jeter à la rue/sur le pavé
- **saltar aos olhos** sauter aux yeux
- **ser de encher os olhos** taper dans l'œil
- **ter bom olho para** avoir l'œil pour
- **ter diante dos olhos** avoir sous les yeux
- **ter olho clínico** avoir le compas dans l'œil
- **ver/não ver algo/alguém com bons olhos** voir/ne pas voir qqch/ qqn avec de bons yeux

olho de gato (*pl* olhos de gato) *sm* (*dispositivo de estrada*) catadioptre

olimpíadas *sf* olympiades, jeux *m* olympiques

olímpico, -ca *adj* olympique

oliva *sf* olive
- **azeite de oliva** huile *f* d'olive

oliveira *sf* olivier *m*

ombreira *sf* **1** (*peça do vestuário*) épaule, épaulette **2** (*peça da porta*) jambage *m* **3** (*entrada, limiar*) seuil *m*, entrée, pas *m*

ombro *sm* épaule *f*
- **carregar nos ombros** porter sur ses épaules
- **dar de ombros/encolher os ombros** hausser/lever les épaules
- **ombro a ombro** (au) coude(-)à(-)coude

ombudsman *smf* ombudsman *m*

omelete *sf* omelette

omissão *sf* omission

omisso, -sa *adj* **1** (*negligente*) négligent, -e, absent, -e *pais omissos* des parents négligents **2** (*com lacunas*) absent, -e *a lei é omissa* la loi est absente

omitir *vtd* omettre, négliger, passer sous silence
▶ *vpr* **omitir-se** ne rien faire, ne pas se prononcer

omoplata → escápula

onça *sf* **1** ZOOL jaguar *m* **2** (*antiga medida*) once

onda *sf* **1** (*vaga*) vague **2** FÍS onde **3** (*do cabelo*) onde **4** (*de boatos, de acidentes etc.*) vague, série **5** (*de frio, de calor*) front *m*
- **fazer onda** poser des problèmes/susciter des difficultés/faire problème
- **ir na onda** (*ser ludibriado*) se faire avoir/posséder (*seguir o que os outros fazem*) faire comme tout le monde
- **pegar uma onda** faire du surf

onde *adv* où
- **onde quer que** où que ce soit que, n'importe où

ondulado, -da *adj* ondulé, -e

ondular *vtd-vi* onduler

onerar *vtd* **1** (*pesar sobre*) charger, accabler **2** (*endividar*) endetter
▶ *vtdi* grever, accabler: *onerar a população com impostos* grever la population d'impôts

oneroso, -sa *adj* onéreux, -euse

ônibus *sm inv* (auto)bus, (auto)car
- **ônibus circular** bus navette, navette *f*
- **ônibus elétrico** bus électrique
- **ônibus espacial** navette *f* spatiale
- **ônibus interurbano** (auto)car interurbain

onipotente *adj* omnipotent, -e, tout-puissant, -e

onipresente *adj* omniprésent, -e

onisciente *adj* omniscient, -e

onívoro, -ra *adj* omnivore

onomatopeia *sf* onomatopée

ontem *adv* hier
▶ *sm* (*passado*) hier: *o ontem e o hoje* hier et aujourd'hui
- **antes de ontem** avant-hier
- **é para ontem** *fig* c'est pour tout de suite

ONU *sf abrev* **Organização das Nações Unidas** ONU

ônus *sm* charge *f*, fardeau
• **o ônus da prova** la charge *f* de la preuve

onze *num* onze

onze-horas *sf* BOT pourpier *m*

opaco, -ca *adj* opaque

opção *sf* 1 (*preferência*) option: *fazer opção por algo* faire une option pour qqch 2 (*escolha*) choix: *não temos opção* nous n'avons pas le choix

opcional *adj* optionnel, en option

ópera *sf* MÚS opéra *m*

operação *sf* opération

operacional *adj* opérationnel, -elle
• **sistema operacional** INFORM système d'exploitation

operador, -ra *sm, f* 1 opérateur, -trice 2 (*de máquinas, tratores etc.*) machiniste, conducteur
• **operador de pedágio** péagiste
• **operador de** *telemarketing* téléopérateur, -trice

operar *vi* (*agir, atuar*) opérer
▶ *vtd* 1 (*realizar*) opérer 2 (*máquinas*) conduire 3 (*telefones etc.*) opérer
▶ *vtd-vi* (*realizar cirurgia*) opérer
▶ *vti* (*lidar*) travailler (**com**, avec)
▶ *vpr* **operar-se** (*dar-se*) s'opérer, se produire

operário, -a *adj-sm, f* ouvrier, -ière
• **abelha operária** (abeille) ouvrière

opinar *vti-vi* donner son opinion/avis

opinião *sf* opinion, avis *m*
• **na minha/tua/sua opinião** à mon/ton/son avis
• **ter opinião** avoir son opinion

ópio *sm* opium

oponente *adj-smf* opposant, -e

opor *vtd-vtdi* opposer
▶ *vpr* **opor-se** s'opposer

oportunidade *sf* 1 (*caráter oportuno*) opportunité 2 (*ocasião propícia; momento*) chance, occasion
• **aproveitar a oportunidade** profiter de l'occasion/saisir l'occasion
• **dar oportunidade a alguém** donner une chance à qqn
• **deixar escapar uma boa oportunidade** laisser passer une bonne occasion
• **não deixar escapar a oportunidade** ne pas perdre l'occasion
• **ter oportunidade de fazer algo** avoir l'occasion de faire qqch

oportunista *adj-smf* opportuniste

oportuno, -na *adj* opportun, -e

oposição *sf* opposition

oposicionista *adj* d'opposition
▶ *smf* homme/femme d'opposition

opositor, -ra *adj-sm, f* opposant, -e

oposto, -ta *adj* 1 (*contrário*) opposé, -e 2 (*fronteiro*) opposé, -e, d'en face: *na calçada oposta* sur le trottoir d'en face
▶ *sm* **oposto** opposé

opressão *sf* 1 (*compressão*) compression 2 (*tirania*) oppression

opressivo, -va *adj* oppressant, -e

opressor, -ra *adj* oppressif, -ive, opprimant, -e
▶ *sm* **opressor** oppresseur

oprimir *vtd* 1 (*comprimir*) comprimer 2 (*tiranizar; afligir*) opprimer

optar *vti* opter (**por**, pour), choisir (**por**, -)
▶ *vi* opter

optativo, -va *adj* optionnel, -elle

óptica *sf* 1 FÍS optique 2 (*loja de óculos*) optique, lunetterie

óptico, -ca *adj* optique

opulência *sf* 1 (*luxo*) opulence 2 (*exuberância*) exubérance

opulento, -ta *adj* 1 (*luxuoso*) opulent, -e 2 (*fértil*) fertile 3 (*exuberante*) exubérant 4 (*corpulento*) opulent, -e

ora *adv* (*agora*) maintenant, à présent
▶ *conj* 1 (*mas*) mais, or: *ora, se não comeu foi porque não quis* or, si tu n'as pas mangé, c'est parce que tu ne l'as pas voulu 2 (*ou*) tantôt: *ele ora chorava, ora ria* tantôt il pleurait, tantôt il riait
▶ *interj* ça!/ah ça!
• **por ora** pour le moment

oração *sf* 1 (*prece*) oraison, prière 2 (*discurso*) discours 3 GRAM proposition

orador, -ra *sm, f* orateur, -trice

oral *adj* oral, -e: *por via oral* par voie orale; *exame oral* examen oral

orangotango *sm* ZOOL orang-outang

orar vi-vti **1** (*rezar*) prier **2** (*discursar*) faire un discours

órbita sf ANAT ASTRON fig orbite

orbitar vtd-vi **1** ASTRON orbiter **2** fig être dans la mouvance de

orçamento sm **1** (*avaliação de preço*) devis **2** (*cálculo de despesa e receita*) budget

orçar vtd-vtdi faire un devis
▸ vti (*atingir aproximadamente*) se monter (**em**, à)

ordeiro, -ra adj-sm, f ordonné, -e

ordem sf ordre m
- **em ordem** en ordre
- **estar às ordens de alguém** être aux ordres de qqn
- **fora de ordem** sans ordre
- **na ordem do dia** à l'ordre du jour
- **ordem de compra** ordre d'achat
- **ordem de pagamento** ordre de paiement
- **ordem de serviço** ordre de service
- **por ordem** [de forma ordenada] en ordre
- **por ordem de alguém** sur l'ordre de qqn

ordenação sf **1** (*organização*) ordonnance, ordonnancement m **2** RELIG ordination

ordenado, -da adj ordonné, -e
▸ sm **ordenado** (*salário*) salaire

ordenamento sm **1** (*organização*) ordonnancement **2** (*codificação de leis*) ordonnance **3** RELIG ordination f

ordenar vtd-vtdi ordonner

ordenha sf traite, mulsion

ordenhar vtd-vi traire

ordinal adj ordinal, -e

ordinário, -a adj **1** (*habitual*) ordinaire **2** (*de má qualidade-objeto*) médiocre **3** fig (*pessoa*) grossier, -ière, mal élevé, -e

orégano sm BOT CUL origan, marjolaine f

orelha sf **1** ANAT oreille **2** (*parte do livro*) rabat
- **até as orelhas** par-dessus la tête
- **de orelha** fig de vue
- **de orelha em pé** l'oreille dressée
- **puxar as orelhas de alguém** tirer les oreilles à qqn

orelhada sf (*pancada nas orelhas*) chiquenaude sur l'oreille
- **de orelhada** d'ouï-dire

orelhão sm **1** (*orelha grande*) grande oreille f **2** (*telefone*) cabine f téléphonique **3** (*caxumba*) oreillons

orfanato sm orphelinat

órfão, -fã adj-sm, f orphelin, -e

orfeão sm (*coro*) orphéon

orgânico, -ca adj organique

organismo sm organisme

organização sf **1** (*constituição, estrutura*) organisation **2** (*ordenação, arrumação*) aménagement m, ordre m, arrangement m **3** (*entidade, grupo*) organisation

organizado, -da adj organisé, -e: *não sou nada organizado* je ne suis pas du tout organisé

organizar vtd organiser
▸ vpr **organizar-se** s'organiser

órgão sm **1** ANAT organe **2** (*entidade*) organe, organisme **3** MÚS orgue, orgues f pl

orgasmo sm orgasme

orgia sf orgie

orgulhar vtd enorgueillir
▸ vpr **orgulhar-se** être fier, -ère (**de**, de)

orgulho sm **1** (*sentimento de dignidade; soberba*) orgueil, fierté f **2** orgueil: *ser o orgulho da família* être l'orgueil de la famille

orgulhoso, -sa adj orgueilleux, -euse, fier, ère

orientação sf **1** orientation **2** (*trabalho, tese etc.*) direction

orientador, -ra adj qui oriente, d'orientation
▸ sm, f (*de tese*) directeur, -trice

oriental adj oriental, -e

orientar vtd **1** (*voltar para uma direção; nortear*) orienter **2** (*trabalho, tese*) diriger **3** (*conduzir, encaminhar*) diriger, adresser
▸ vpr **orientar-se** (*dirigir-se*) s'orienter

oriente sm orient
- **Extremo Oriente** Extrême-Orient
- **Oriente Médio** Moyen-Orient
- **Oriente Próximo** Proche-Orient

orifício sm orifice, trou

origem sf origine

- **dar origem a algo** donner naissance à qqch
- **ser origem de algo** être à l'origine de qqch
- **ter origem em** avoir son origine dans

original *adj* original, -e
▶ *sm* original: *o original e a cópia* l'original et la copie

originalidade *sf* originalité

originar *vtd* être l'origine/la cause, occasionner
▶ *vpr* **originar-se** provenir (**de**, de)

originário, -a *adj* originaire

oriundo, -da *adj* issu, -e, venu, -e

orla *sf* (*de tecido etc.*) bord *m*, bordure
- **orla marítima** front *m* de mer, bord de mer

ornamentação *sf* ornementation, décoration

ornamental *adj* ornemental, -e, décoratif, -ve

ornamentar *vtd-vtdi* orner, décorer
▶ *vpr* **ornamentar-se** s'orner

ornamento *sm* ornement

ornar *vtd-vtdi* orner
▶ *vpr* **ornar-se** s'orner

orquestra *sf* orchestre *m*
■ **orquestra de câmara** orchestre *m* de chambre
■ **orquestra filarmônica** orchestre *m* philharmonique
■ **orquestra sinfônica** orchestre *m* symphonique

orquídea *sf* BOT orchidée

ortodontista *smf* orthodontiste

ortodoxo, -xa *adj-sm, f* orthodoxe

ortografia *sf* 1 GRAM orthographe: *um erro de ortografia* une faute d'orthographe 2 ARQ orthographie

ortopedista *smf* orthopédiste

orvalho *sm* rosée *f*

oscilação *sf* 1 (*vaivém*) oscillation 2 *fig* (*hesitação*) hésitation

oscilante *adj* 1 (*que vai e vem*) oscillant, -e 2 *fig* (*titubeante*) hésitant, -e, titubant, -e, chancelant, -e

oscilar *vtd-vi* (*balançar*) osciller
▶ *vi* 1 (*tremer, sofrer abalo; variar*) osciller 2 (*hesitar*) hésiter, tituber

oscilatório, -a *adj* oscillatoire

ossada *sf* ossement *m*

ósseo, -a *adj* osseux, -euse

osso *sm* os
- **até os ossos** *fig* jusqu'à l'os/jusqu'aux os
- **moer os ossos** (*dar uma surra*) casser les os (*trabalhar demais*) s'éreinter
- **ser de carne e osso** être de chair et de sang
- **ser osso duro de roer** ne pas être de la tarte
- **ser pele e osso** n'avoir que la peau sur les os

ostensivo, -va *adj* ostensible
- **policiamento ostensivo** déploiement de police

ostentação *sf* ostentation

ostentar *vtd-vtdi-vi* 1 (*alardear*) étaler, afficher 2 (*mostrar, revelar*) exhiber 3 (*mostrar com orgulho*) afficher, déployer
▶ *vpr* **ostentar-se** plastronner, s'afficher, se pavaner

ostra *sf* ZOOL huître

otário, -ria *adj* idiot, -e, poire

ótica *sf* → óptica

ótico, -ca *adj* 1 (*do ouvido*) auriculaire 2 → óptico, -ca

otimismo *sm* optimisme

otimista *adj-smf* optimiste

ótimo, -ma *adj* excellent, -e
▶ *sm* **ótimo** (*conceito escolar*) excellent
▶ *interj* **ótimo!** super!/cool!

otorrino *smf* oto-rhino

otorrinolaringologista *smf* oto-rhino-laryngologiste

ou *conj* ou
- **ou melhor** ou plutôt
- **ou seja** soit/c'est-à-dire

ouriçado, -da *adj* 1 hérissé, -e 2 *fig* (*irritado*) irrité, -e 3 *fig* (*excitado*) excité, -e

ouriço *sm* 1 ZOOL hérisson 2 *fig* (*grande animação, agito*) entrain *m*

ouriço-do-mar *sm* ZOOL oursin

ourives *smf* orfèvre

ouro *sm* or
▶ *pl* **ouros** (*naipe*) cœur
- **entregar o ouro (ao bandido)** (*contar segredo*) livrer/dévoiler un secret (*desistir*) renoncer/jeter l'éponge

- **nadar em ouro** rouler sur l'or
- **nem coberto de ouro** ni même pour tout l'or du monde
- **ser de ouro** être en or (*fig*) sans prix
- **valer (seu peso em) ouro** valoir de l'or/son pesant d'or

ousadia *sf* audace

ousado, -da *adj* osé, -e

ousar *vtd-vi* oser

outdoor *sm* panneau publicitaire

outono *sm* automne

outorgar *vtdi* octroyer

outrem *pron ind* autrui

outro, -tra *pron* **1** autre: *comeu um pedaço de torta e pediu outro* il a mangé un morceau de tarte et en a demandé un autre **2** (*anterior*) dernier, -ière: *no outro ano o lucro foi péssimo* l'année dernière, les bénéfices ont été épouvantables
- **um e outro** l'un et l'autre

outrora *adv* auparavant, dans le temps

outubro *sm* octobre

ouvido, -da *adj* entendu, -e
▶ *sm* **1** (*audição*) oreille *f*, ouïe *f*: *tem bom ouvido* il/elle a l'ouïe fine **2** (*orelha*) oreille *f*: *ter dor de ouvidos* avoir mal aux oreilles
- **ao (pé do) ouvido** à l'oreille
- **chegar aos ouvidos de alguém** venir aux oreilles de qqn
- **dar ouvidos a alguém** prêter l'oreille à qqn
- **de ouvido** d'ouï-dire
- **entrar por um ouvido e sair pelo outro** entrer par une oreille et sortir par l'autre
- **fazer ouvidos de mercador** faire la sourde oreille
- **ser todo(a) ouvidos** être tout yeux toutes oreilles

ouvinte *smf* auditeur
- **(aluno) ouvinte** auditeur libre

ouvir *vtd* **1** (*perceber pelo ouvido*) entendre: *ouvi um ruído na cozinha* j'ai entendu un bruit dans la cuisine **2** (*perceber com atenção*) écouter: *gosto de ouvir música à noite* j'aime écouter de la musique, le soir **3** (*dar ouvidos*) écouter, suivre: *ouvir os conselhos do pai* écouter les conseils de son père **4** (*atender*) entendre: *finalmente ouviram as reclamações do povo* ils ont fini par entendre les réclamations du peuple

ova *sf* ZOOL œufs *m pl* de poisson, frai *m*
▶ *interj* **uma ova!** pas du tout/mon cul

oval *adj* ovale

ovário *sm* ovaire

ovelha *sf* ZOOL brebis
- **ovelha negra** brebis galeuse

overdose *sf* surdose, overdose

ovino *sm* ovin
▶ *adj* ovin, -e: *gado ovino* bétail ovin

óvni *abrev* **Objeto Voador Não Identificado** OVNI (*Objet Volant Non Identifié*)

ovo *sm* œuf
▶ *pl* **ovos** (*testículos*) couilles
- **ovo duro** œuf dur
- **ovo escalfado** œuf mollet
- **ovo frito** œuf au/sur le plat
- **ovo mexido** œufs brouillés
- **ovo *poché*** œuf poché
- **ovo quente** œuf à la coque
- **ovos nevados** œufs en neige
- **no frigir dos ovos** en fin de compte
- **ovo de Colombo** l'œuf de Colomb
- **ovo de Páscoa** œuf de Pâques
- **pisar em ovos** marcher sur des œufs
- **ser um ovo** (*ser pequeno*) être minuscule

ovulação *sf* ovulation

óvulo *sm* ovule

oxidar *vtd* oxyder
▶ *vpr* **oxidar-se** s'oxyder

oxidável *adj* oxydable

óxido *sm* oxyde

oxigenado, -da *adj* oxygéné, -e
- **loira oxigenada** blonde oxygéné

oxigenar *vtd* oxygéner
▶ *vpr* **oxigenar-se** s'oxygéner

oxigênio *sm* QUÍM oxygène

ozônio *sm* QUÍM ozone: *camada de ozônio* couche d'ozone

P

P.S. *abrev* P.S.

pá *sf* 1 (*braço de hélice*) pale 2 (*de terra; de lixo*) pelle 3 (*grande quantidade*) tas *m*
• **ser da pá virada** être coquin, -e

PABX *sm* PABX

paca *sf* ZOOL agouti *m*, paca *m*
▸ *adv pop* (*muito*) beaucoup

pacato, -ta *adj* paisible, tranquille

pachorra *sf* flegme *m*, placidité

paciência *sf* 1 (*perseverança; resignação*) patience 2 (*jogo*) réussite, patience
▸ *interj* **paciência!** patience!
• **haja paciência!** qu'est-ce qu'il ne faut pas entendre!
• **perder a paciência** perdre patience/s'impatienter
• **tenha (a santa) paciência!** arrête ton char (*Ben-Hur*)!/ne dis pas n'importe quoi!/arrête ton baratin!
• **ter paciência** prendre patience
• **torrar a paciência** gonfler

paciente *adj-smf* patient, -e

pacificar *vtd* pacifier

pacífico, -ca *adj* 1 (*que vive em paz*) pacifique 2 (*sossegado, pacato*) paisible
• **ser ponto pacífico** être acquis, -e

pacifista *adj-smf* pacifiste

pacote *sm* 1 (*embrulho; embalagem*) paquet 2 (*por correio*) colis 3 (*de cigarros*) cartouche *f*
• **pacote econômico** plan économique
• **pacote turístico** forfait touristique

pacto *sm* pacte

pactuar *vtd-vti* pactiser

padaria *sf* 1 boulangerie 2 *pop* (*nádegas*) arrière-train

padecer *vtd-vti-vi* (*sofrer*) souffrir

padeiro, -ra *sm,f* boulanger, -ère

padiola *sf* brancard *m*, civière

padrão *sm* 1 (*modelo oficial*) étalon: *padrão métrico* mètre-étalon; **padrão--ouro** étalon-or 2 (*nível, tipo, qualidade*) niveau, qualité *f*

padrasto *sm* beau-père

padre *sm* RELIG prêtre, curé

padrinho *sm* parrain

padroeiro, -ra *adj-sm,f* RELIG patron

padronizar *vtd* normaliser, standardiser

paetê *sm* paillette *f*

pagador, -ra *adj* payant, -e, qui paie
▸ *sm,f* payeur, -euse
• **fonte pagadora** origine du paiement

pagamento *sm* 1 (*remuneração; de dívida*) paiement 2 (*salário*) paye *f*, paie *f* 3 (*prestação*) traite *f*
• **pagamento na entrega** payable à la livraison

pagão, -ã *adj-sm,f* païen, -enne

pagar *vtd* payer
▸ *vtdi* inviter: *pago-lhe um jantar* je t'invite à dîner/souper
▸ *vtd-vi* payer: *é uma empresa que paga mal* c'est une entreprise qui paie mal; *ele ainda me paga* il va me le payer

página *sf* page
• **página de rosto** page de titre
• **página de web** page web

pago, -ga *adj* payé, -e

pagode *sm* 1 (*templo indiano*) pagode *f* 2 (*divertimento*) divertissement 3 (*samba*) type de samba

pai *sm* père
• **meus/teus pais** mes/tes parents

- **pai de família** père de famille
- **tirar o pai da forca** *fig* être (*très*) pressé, -e

painel *sm* **1** tableau: *painel de controle* tableau de contrôle **2** ARQ panneau **3** AUTO tableau de bord **4** (*quadro, mural, cartaz*) tableau, panneau (d'affichage) **5** *fig* (*mostra, apanhado*) vision *f*, résumé, survol

pai-nosso *sm* Pater (*noster*), Notre Père

paio *sm* CUL espèce de gros saucisson sec ou fumé, typiquement brésilien

paiol *sm* **1** (*armazém, depósito*) entrepôt, dépôt de minition **2** (*de pólvora*) poudrière *f*

pairar *vi* **1** (*planar*) planer **2** (*estar iminente*) menacer (de)

pais *sm pl* **1** (*pai e mãe*) parents **2** (*mais de um pai*) pères

país *sm* pays

paisagem *sf* paysage *m*

paisagismo *sm* paysagisme

paisana *sf loc* **à paisana** en civil

paixão *sf* passion
- **paixão fulminante** coup *m* de foudre

pajear *vtd* **1** (*criança*) garder **2** (*adulto*) être au service de qqn, servir qqn

pajem *smf* **1** (*acompanhante de príncipe*) page *m* **2** (*babá*) nourrice *f*, nounou *f* **3** (*menino em casamento*) garçon *m* d'honneur

pala *sf* **1** (*viseira de boina*) visière **2** AUTO pare-soleil *inv* **3** (*em roupas*) empiècement *m*

palacete *sm* petit palais, hôtel particulier

palácio *sm* palais

paladino *sm fig* redresseur de torts

palafita *sf* pilotis *m*

palanque *sm* gradins *pl*

palatável *adj* **1** (*saboroso*) goûteux, -euse, succulent, -e **2** *fig* acceptable, tolérable

palato *sm* ANAT palais

palavra *sf* **1** (*vocábulo*) mot *m* **2** (*fala*) parole: *ter o dom da palavra* avoir le don de la parole **3** (*discurso*) déclaration, discours *m*, propos *m pl* **4** *fig* parole: *não acredito na palavra dele* je ne crois pas à sa parole; *cumprir/não cumprir a palavra* tenir/ne pas tenir sa parole

▶ *interj* **palavra!** (ma) parole (*d'honneur*)!

- **com perdão da (má) palavra** passez-moi l'expression
- **dar sua palavra (de honra)** donner sa parole (*d'honneur*)
- **dirigir a palavra a alguém** adresser la parole à qqn
- **engolir as palavras** ravaler ses mots
- **estar com/ter a palavra** avoir la parole
- **medir as palavras** peser ses mots
- **palavras cruzadas** mots croisés
- **pedir a palavra** demander la parole
- **ser a última palavra em** être le dernier mot en
- **ser de palavra/ter palavra** tenir sa parole
- **tirar a palavra da boca de alguém** ôter les mots de la bouche de qqn
- **tomar a palavra** prendre la parole
- **trocar duas palavras com alguém** dire deux mots à qqn

palavrão *sm* gros mot

palco *sm* **1** (*tablado*) estrade *f* **2** (*teatro*) scène *f* **3** *fig* théâtre *esta cidade foi palco de grandes lutas políticas* cette ville a été le théâtre de grandes luttes politiques
- **subir ao palco** monter sur scène

palerma *smf* imbécile, idiot (*du village*)

palestino, -na *adj* palestinien, -enne
▶ *sm, f* Palestinien, -enne

palestra *sf* conférence

paleta *sf* **1** (*de pintor*) palette **2** (*de animal*) épaule

paletó *sm* veste *f*

palha *sf* paille, chaume
- **palha de aço** laine d'acier
- **fogo de palha** feu de paille
- **não mover uma palha** ne pas lever/remuer le petit doigt
- **puxar uma palha** faire une petite sieste/un somme

palhaço *sm* clown, pitre, bouffon

palheta *sf* **1** (*lâmina de veneziana*) lame **2** MÚS (*plectro*) plectre *m*, médiator *m* **3**

MÚS *(para instrumento de sopro)* anche **4** *(do para-brisa)* essuie-glace m

palhinha sf **1** *(palha)* paille **2** *(junco)* jonc m **3** *(para arear panelas)* laine d'acier fine, tampon abrasif

palhoça sf paillotte, hutte, chaumière

paliativo, -va adj palliatif, -ive
▶ sm palliatif

pálido, -da adj **1** *(rosto)* pâle **2** *(cor)* pâle, clair, -e, déteint, -e

paliteiro sm *(utensílio)* porte cure-dents

palito sm bâtonnet
■ **palito de dente** cure-dent

palma sf **1** ANAT paume **2** BOT palmier m **3** *(aplauso)* applaudissement m
• **bater palmas** *(para chamar)* appeler en tapant dans ses mains *(para aplaudir)* applaudir
• **levar a palma** remporter la palme
• **ter alguém na palma da mão** manger dans la main de qqn signifie etre soumis et dépendant de quelqu'un

palmada sf claque, gifle, baffe

palmatória sf férule
• **dar a mão à palmatória** avouer/reconnaître ses torts

palmeira sf BOT palmier m

palmilha sf semelle

palmo sm palme: *dois palmos de largura* deux palmes de largeur

palpável adj palpable

pálpebra sf ANAT paupière

palpitação sf palpitation

palpitante adj **1** *(que palpita; emocionante)* palpitant, -e **2** fig *(atual)* actuel, -elle

palpitar vi palpiter

palpite sm **1** *(opinião infundada)* opinion f sans fondement **2** *(aposta)* tuyau

palpiteiro, -ra adj-sm, f personne qui des avis sans fondement

pamonha sf CUL pâte de maïs vert trituré et assaisonné avec du sel ou du sucre
▶ adj-smf fig idiot, imbécile

panaceia sf panacée

pança sf *(barriga)* panse, bedaine, bidon m

pancada sf **1** *(golpe, batida)* coup m **2** *(bordoada)* coup m de bâton **3** *(aguaceiro)* averse **4** fig *(grande quantidade)* tas m, tonnes pl
▶ adj-smf *(maluco)* cinglé, -e, débile

pancadaria sf bagarre, fam baston, fam castagne, coup m de torchon m

pâncreas sm ANAT pancréas

pandeiro sm **1** MÚS tambourin, tambour de basque **2** pop *(nádegas)* fessier, derrière

pane sf **1** MEC panne **2** fig trou m *(de mémoire)*, passage m à blanc

panela sf **1** *(utensílio de cozinha)* casserole, poêlon m **2** *(panelada)* potée **3** fig *(grupo)* clan m, coterie **4** fig *(dente cariado)* cavité, dent cariée
• **panela de pressão** cocotte-minute, autocuiseur m

panelinha sf **1** *(panela pequena)* petite casserole **2** fig *(grupo)* clan, coterie

panetone sm CUL panettone

panfleto sm **1** *(político)* pamphlet **2** *(folheto)* prospectus, tract

pânico sm panique f

panificadora sf **1** *(padaria)* boulangerie **2** *(fábrica de pães)* boulangerie industrielle

pano sm *(tecido)* tissu, étoffe f
■ **pano de chão** serpillière f
■ **pano de fundo** toile f de fond
■ **pano de pó** chiffon à poussière
• **botar/pôr panos quentes em algo** avoir recours à des palliatifs
• **dar pano para manga** faire du bruit/faire grand bruit/faire du tapage
• **por baixo do pano** à la dérobée/en catimini

panorama sm panorama

panorâmico, -ca adj panoramique

panqueca sf CUL crêpe épaisse

pântano sm marécage, marais

pantanoso, -sa adj marécageux, -euse, bourbeux, -euse

pantera sf ZOOL panthère

pantomima sf pantomime

panturrilha sf mollet m

pão sm **1** pain **2** fig *(homem bonito)* beau gars, beau mec

- **pão amanhecido/dormido** pain dur
- **pão ázimo** pain azyme
- **pão caseiro** pain fait maison
- **pão com manteiga** pain avec du beurre/tartine
- **pão de açúcar** pain de sucre
- **pão de centeio** pain de seigle
- **pão de forma** pain de mie
- **pão de ló** génoise *f*
- **pão de mel** pain d'épices
- **pão de queijo** petit pain au fromage
- **pão francês** petit pain
- **pão integral** pain complet
- **pão preto** pain noir
• **comer o pão que o diabo amassou** manger de la vache enragée
• **fatia de pão** tranche de pain
• **ganhar o pão de cada dia** gagner son pain/sa vie
• **pão, pão, queijo, queijo** sans ambages/clairement

pão-duro (*pl* **pães-duros**) *adj-smf* grippe-sou, radin, -e

papa *sm* **1** RELIG pape **2** *fig* pape ▶ *sf* CUL bouillie

papada *sf* double menton *m*

papado *sm* papauté

papagaio *sm* **1** ZOOL perroquet **2** (*pipa*) cerf-volant **3** *fig* perroquet: *repetir como papagaio* répéter comme un perroquet **4** *fig* (*nota promissória*) reconnaissance de dette

papai *sm* papa
- **Papai Noel** père Noël

papaia *sf* BOT papaye

papão *sm* (*monstro*) loup-garou

papar *vtd* manger

paparicar *vtd* (*mimar*) dorloter, cajoler, gâter

papear *vti-vi* (*bater papo*) bavarder, causer

papel *sm* **1** (*para escrever etc.*) papier **2** (*parte de ator; função*) rôle **3** *fig* truc: *isso é papel que se faça?* c'est des trucs qui se font, ça? **4** (*título, nota etc.*) papier ▶ *pl* **papéis** (*documentos*) papiers
- **papel almaço** papier ministre
- **papel de carta** papier à lettres
- **papel de embrulho** (*papier*) kraft
- **papel de parede** tapisserie *f*
- **papel higiênico** papier hygiénique
- **papel-ofício** papier ministre
- **papel sulfite** papier sulfite
- **papel timbrado** papier timbré
• **de papel passado** officiellement/légalement
• **desempenhar um papel** jouer un rôle
• **ficar no papel** laisser à l'état de projet
• **papel principal** rôle principal

papelada *sf* **1** (*grande quantidade de papéis*) tas *m* de papiers *m* **2** (*documentos*) paperasse

papel-alumínio (*pl* **papéis-alumínio**) *sm* papier d'aluminium

papelão *sm* (*tipo de papel*) carton
• **fazer um papelão** se rendre ridicule

papelaria *sf* papeterie

papel-carbono (*pl* **papéis-carbono**) *sm* (papier) carbone

papila *sf* ANAT papille

papo *sm* **1** ZOOL jabot **2** *pop* (*estômago, barriga*) bide, bedaine *f*, panse *f* **3** *fig* (*lorota*) boniment, salades *f pl*, baratin **4** *fig* (*conversa*) bavardage
• **bater (um) papo com alguém** bavarder/causer avec qqn
• **de papo pro ar** désœuvré, -e
• **estar em papos de aranha** être dans une impasse
• **estar no papo** (*estar superado*) être réglé, -e (*estar garantido*) être sûr, -e
• **papo-furado** (*conversa-fiada*) bavardage, verbiage (*mentira*) boniment, salades *f pl*, baratin
• **passar no papo** séduire/tomber
• **ser bom papo** être beau parleur/avoir de la tchatche

papoula *sf* BOT pavot

páprica *sf* CUL paprika *m*

papudo, -da *adj* (*fanfarrão*) vantard, -e, fanfaron, -onne, hâbleur, -euse

paquera *sf* drague

paquerar *vtd* draguer

par *adj* pair, -e
▶ *sm* **par 1** (*duas coisas que combinam; dupla*) paire **2** (*parceiro de dança*) partenaire, cavalier, -ère **3** (*alguns, vários*) quelques: *um par de vezes* quelques fois
• **de par em par** grand, -e ouvert, -e
• **estar a par de algo** être au courant de qqch

• **sem par** *(que perdeu o par)* sans paire *(sem igual)* sans pareil/sans pair/hors (de) pair
• **ser julgado por seus pares** être jugé par ses pairs
• **tirar par ou ímpar** jouer à pair ou impair

para *prep* **1** *(destino; sentido)* à: *ele veio para São Paulo* il est venu à São Paulo; *o carro foi para a direita* la voiture est allée à droite/a pris à droite **2** *(direção)* vers: *ele estendeu os braços para mim* il a tendu ses bras vers moi **3** *(finalidade)* pour, de: *ele veio para ficar* il est venu pour rester; *roupa para criança* habits d'enfants/pour enfants **4** *(como)* pour: *escolheu um ótimo moço para marido* elle a pris un excellent garçon pour mari **5** *(em vista de)* pour: *está conservado para a idade que tem* il est (bien) conservé pour son âge **6** *(duração)* pour: *trabalho para dois meses* travail pour deux mois **7** *(capaz, apto)* pour: *este é o empregado para esse serviço* voilà l'employé pour ce service **8** *(com)* pour: *é bondoso para os filhos* il est bon pour ses enfants **9** *(segundo, conforme)* pour: *para mim, isso está errado* pour moi, c'est faux
▶ *loc conj* **para que** pour que (+ subj), à fin de (+ inf)
• **para com** envers, à l'égard de

parabéns *sm* félicitations: *dar parabéns* donner ses félicitations

parabólica *sf* (*antena*) antenne parabole

para-brisa (*pl* **para-brisas**) *sm* AUTO pare-brise *inv*, parebrise

para-choque (*pl* **para-choques**) *sm* AUTO pare-chocs

parada *sf* **1** *(de movimento; de ônibus; de atividades)* arrêt *m* **2** *(de táxi)* station **3** *(desfile)* parade **4** *(valor de aposta)* mise **5** *fig (situação complicada)* défi *m*
• **parada cardíaca** arrêt cardiaque
• **parada de sucessos** palmarès *m*, hit-parade *m*
• **topar a parada** relever le défi *m*
• **uma pessoa que não tem parada** un, -e hyperactif, -ive

paradeiro *sm* domicile, demeure *m*
• **de paradeiro ignorado** de domicile inconnu/non localisé, -e

parado, -da *adj* **1** *(ar, águas)* stagnant, -e **2** *(sem atividades)* vide, lent, -e **3** *(paradão-pessoa)* mou, -olle **4** *(desempregado)* chômeur, -euse, désœuvré, -e **5** *(inerte)* inerte
• **ser parado em algo ou alguém** avoir un faible pour qqch /qqn

paradoxal *adj* paradoxal, -e

parafernália *sf* affaires *pl*, attirail *m*

parafina *sf* paraffine

parafusar *vtd* visser, boulonner
▶ *vti-vi fig* penser, méditer, réfléchir

parafuso *sm* vis *f*, boulon
▪ **parafuso de porca** boulon
• **entrar em parafuso** perdre les pédales/péter les plons
• **faltar um parafuso** (**a alguém**) être déréglé/être à côté de la plaque -e

paragens *sf pl* environs *m pl*, alentours *m pl*, abords *m pl*

parágrafo *sm* **1** paragraphe **2** *(de artigo lei)* alinéa
• **fazer parágrafo** commencer un (autre) paragraphe

Paraguai *sm* Paraguay

paraguaio, -a *adj* paraguayen, -enne
▶ *sm, f* Paraguayen, -enne

paraíso *sm* paradis
• **paraíso fiscal** paradis fiscal
• **paraíso terrestre** paradis terrestre

para-lama (*pl* **para-lamas**) *sm* AUTO pare-boue *inv*

paralela *sf* GEOM parallèle

paralelo, -la *adj* **1** GEOM parallèle **2** *fig (análogo)* semblable, analogue
▶ *sm fig (comparação, analogia)* parallèle
• **atividades paralelas** activités parallèles
• **mercado paralelo** marché noir/marché parallèle

paralisação *sf* **1** MED paralysie **2** *(de atividades)* débrayage *m*

paralisar *vtd* paralyser
▶ *vpr* **paralisar-se 1** MED devenir paralytique **2** *fig* stagner

paralisia *sf* MED paralysie

paralítico, -ca *adj-sm, f* MED paralytique

paramédico, -ca *adj* paramédical

parâmetro *sm* paramètre

paramilitar *adj* paramilitaire

paraninfo, -fa *sm, f (de formandos)* invité d'honneur

paranoico, -ca *adj-sm, f* paranoïaque

paranormal *adj* paranormal, -e

parapeito *sm* parapet, garde-corps

parapente *sm* ESPORTE parapente

paraplégico, -ca *adj-sm, f* MED paraplégique

paraquedas *sm inv* parachute

paraquedista *smf (pl para-quedistas)* parachutiste

parar *vtd 1 (interromper; deter)* arrêter
▸ *vti 1 (cessar; desistir)* arrêter (**de**, de) **2** *(limitar-se)* s'en tenir (**por**, -), se borner (**por**, à): *não pare por aí* ne t'en tiens pas là **3** *(restringir-se)* se borner (**em**, à) **4** *(ficar, permanecer)* s'arrêter (**em**, à)
▸ *vi 1 (deter-se)* s'arrêter **2** *(atividade: interromper, paralisar)* cesser, s'arrêter **3** *(extinguir-se)* tomber: *o vento parou* le vent est tombé **4** *(acabar)* cesser: *essa roubalheira não vai parar?* ces détournements de fonds ne cesseront donc jamais? **5** *(fazer escala, dar uma parada)* s'arrêter **6** *(encontrar-se)* être: *onde foram parar meus óculos?* où sont mes lunettes?
• **pare com isso!** arrête!
• **sem parar** sans arrêt/cesse

para-raios *sm* paratonnerre

parasita *adj-smf* parasite

parceiro, -ra *sm, f* **1** *(em geral)* partenaire **2** *(de dança)* partenaire, cavalier, -ière **3** *(cúmplice)* complice, acolyte

parcela *sf* **1** *(parte, fração)* parcelle **2** *(prestação)* traite

parcelar *vtd* parceller

parceria *sf* **1** *(sociedade)* partenariat *m* **2** MÚS collaboration

parcial *adj* **1** *(em parte)* partiel, -elle **2** *(injusto)* partial, -ale

parcialidade *sf* partialité

parcimônia *sf* parcimonie

parcimonioso, -sa *adj* parcimonieux, -euse

pardal *sm* ZOOL moineau

pardo, -da *adj* gris, -e
▸ *sm, f (mulato)* mulâtre, -esse

parecer *vpred* **1** *(ser semelhante)* ressembler: *você parece meu pai* tu ressembles à mon père **2** *(ter a aparência)* sembler, paraître: *ele parece feliz, mas não é* il semble heureux, mais il ne l'est pas
▸ *vpr* **parecer-se** ressembler (**com**, à)
▸ *sm* **parecer** **1** *(opinião)* avis, opinion *f* **2** *(relatório)* avis *(d'expert)*
• **ao/pelo que parece** à ce que tout semble indiquer
• **parece que...** *(tudo indica que)* il semblerait que *(tem-se a impressão de que)* il semblerait que/on dirait que
• **parece que sim/não** on dirait que oui/on ne dirait pas
• **parecer mais novo/mais velho do que é** avoir l'air plus jeune/vieux qu'on ne l'est *(en réalité)*

parecido, -da *adj* semblable, pareil, -le

parede *sf* mur
• **encostar alguém na parede** mettre le couteau sous/sur la gorge à qqn
• **subir pelas paredes** *fig* être hors de soi

parente, -ta *sm, f* parent, -e

parentesco *sm* parenté *f*

parêntese *sm* parenthèse *f*: *abrir/fechar parênteses* ouvrir/fermer une parenthèse; *fazer um parêntese* faire/ouvrir une parenthèse

páreo *sm* ESPORTE course *f*
• **não ser páreo para alguém** ne pas être à la hauteur de qqn
• **ser páreo duro** donner du travail/boulot

pária *smf* paria *m*

paridade *sf* parité

parir *vtd-vi* accoucher *(de)*

Paris *sf* Paris

parisiense *adj* parisien, -ienne
▸ *smf* Parisien, -ienne

parlamentar *adj-smf* parlementaire

parlamentarismo *sm* parlementarisme

parlamento *sm* POL parlement

parmesão, -ã *adj-sm* CUL parmesan: *à parmesã* au parmesan

pároco *sm* curé de paroisse

paródia *sf* parodie

paróquia *sf* paroisse

parque *sm* parc
• **parque de diversões** parc d'attractions/de loisirs
• **parque industrial** parc industriel
• **parque infantil** parc infantile/pour enfants

parreira *sf* vigne, treille

parrudo, -da *adj* trapu, -e

parte *sf* **1** (*porção*) partie, part **2** (*trecho*) passage, partie d'un texte **3** (*fração*) partie, morceau *m*, part **4** (*divisão de obra*) partie **5** (*lugar; zona, região*) endroit *m*, zone, région **6** (*papel, função*) rôle **7** (*participante de um contrato*) partie
• **à parte** (*separadamente; afora*) à part
• **da parte de alguém** de la part de qqn
• **dar parte de alguém/algo à polícia** dénoncer qqn/qqch à la police
• **de minha parte** pour ma part
• **em parte** en partie
• **em nenhuma parte** nulle part
• **fazer/ tomar parte de algo** participer à qqch
• **fazer sua parte** faire sa part
• **ficar com a parte do leão** se tailler la part du lion
• **ir por partes** y aller doucement
• **parte de trás/traseira** partie arrière
• **parte dianteira/da frente** partie avant
• **por parte de mãe/pai** du côté de sa mère/son père
• **por toda parte** partout
• **ter parte com alguém** être complice de qqn/avoir partie liée avec qqn

parteira *sf* sage-femme

participação *sf* **1** (*ação de tomar parte*) participation **2** (*comunicação*) communication, annonce
• **participação nos lucros** participation aux bénéfices, intéressement *m*

participante *adj-smf* participant, -e

participar *vti* participer (**de**, à)
▶ *vtd-vtdi* (*comunicar*) faire part, annoncer, communiquer (**a**, à)

particípio *sm* GRAM participe

partícula *sf* particule

particular *adj* particulier, -ière
▶ *sm* **1** (*assunto, aspecto*) question *f*, aspect **2** (*indivíduo*) particulier **3** (*conversa reservada*) aparté
▶ *pl* **detalhes** particularités
• **em particular** [em especial] en particulier [reservadamente] en privé

particularidade *sf* particularité

partida *sf* **1** (*saída, ida; largada em corrida*) départ *m* **2** (*encontro, jogo*) match *m*, rencontre **3** (*de cartas, xadrez etc.*) partie **4** (*de mercadorias*) lot *m*
• **dar partida** (*carro*) démarrer
• **dar sinal de partida a alguém/algo** donner le feu vert à qqn/qqch
• **estar de partida** être sur le départ
• **estar sem partida** (*carro*) ne pas démarrer

partidário, -a *adj* relatif à un parti
▶ *adj-sm, f* (*simpatizante; sectário*) partisan, -e

partido *sm* parti
• **casar-se com um bom partido** se marier avec un bon parti
• **tirar partido de algo/alguém** tirer profit de qqch/qqn
• **tomar o partido de alguém/algo** prendre le parti de qqn/qqch
• **tomar partido** prendre parti

partilha *sf* partage *m*

partilhar *vtd-vtdi* partager, répartir

partir *vtd* **1** (*dividir; repartir*) répartir **2** (*quebrar*) casser, briser **3** *fig* (*o coração*) briser, crever, fendre
▶ *vti* **1** (*ter início; tomar por base*) partir (**de**, de) **2** (*provir*) provenir (**de**, de) **3** (*dar início*) partir (**para**, pour)
▶ *vi* (*ir embora*) partir
▶ *vpr* **partir-se 1** (*dividir-se*) se diviser **2** (*quebrar-se*) se casser, se briser, se fendre
• **partir para cima de alguém** se jeter sur qqn

partitura *sf* MÚS partition

parto *sm* accouchement

parturiente *adj-sf* parturiente

Páscoa *sf* Pâques

pasmado, -da *adj* étonné, -e, stupéfait, -e, surpris, -e

pasmo *sm* étonnement, surprise *f*, stupéfaction *f*
▶ *adj* **pasmo, -ma** étonné, -e, stupéfait, -e, surpris, -e

• **ficar pasmo** être surpris, e/ stupéfait, -e

paspalhão, -ona *adj-sm,f* idiot, -e, imbécile

pasquim *sm* **1** *(jornal ruim)* canard **2** *(cartaz)* écrit/affiche *f* satyrique

passada *sf* **1** *(passo)* pas *m*, enjambée **2** *(visita rápida)* visite rapide, visite éclair: *dar uma passada pela cidade* faire une visite éclair de la ville

passadeira *sf* **1** *(espécie de tapete)* tapis *m* de couloir **2** *(engomadeira)* repasseuse, blanchisseuse

passado, -da *adj* **1** *(ido)* passé, -e: *histórias passadas* histoires passées **2** *(anterior)* passé, -e, dernier, -ère: *a semana passada* la semaine dernière **3** *(maduro demais)* avancé, -e, blet, -ette **4** *(um tanto velho)* avancé, -e **5** *(antiquado)* dépassé, -e, démodé, -e **6** *fig (perplexo)* perplexe **7** *(roupa)* repassé, -e
▶ *sm* passado passé
• **bem passado/malpassado** *(carne)* bien cuit, -e/saignant, -e

passageiro, -ra *adj (temporário)* passager, -ère
▶ *sm,f (em meio de transporte)* passager, -ère

passagem *sf* **1** *(ato de passar; trecho; transição)* passage *m* **2** *(valor de transporte)* prix *m* du billet *m* **3** *(bilhete de transporte)* billet *m*
▪ **passagem de nível** passage *m* à niveau
▪ **passagem de pedestres** passage *m* clouté/passage *m* pour piétons
▪ **passagem subterrânea** passage *m* souterrain
• **abrir passagem** se frayer un passage *m*
• **barrar a passagem** bloquer le passage *m*
• **dar passagem a alguém** céder le pas *m* à qqn
• **dar passagem a um carro** laisser passer une voiture
• **de passagem** *(que está passando)* de passage *(incidentemente)* en passant/au passage

passaporte *sm* passeport

passar *vtd* **1** *(transpor, ultrapassar)* dépasser **2** *(moer)* passer: *passar a carne no moedor* passer la viande à la moulinette **3** *(coar)* filtrer **4** *(fome, frio etc.)* avoir **5** *(ficar, permanecer)* passer, rester: *passou seis meses na Europa* il a passé six mois en Europe **6** *(atravessar, transcorrer)* passer: *passei a noite em claro* j'ai passé une nuit blanche **7** *(filme, programa de TV)* (re)passer: *ontem passaram a reprise do jogo* ils ont passé le match en différé hier **8** *(rememorar, estudar)* repasser **9** *(lição)* donner: *que lição o professor passou?* quelle leçon le prof a donné? **10** *(prescrever)* prescrire: *o médico passou um remédio* le docteur a prescrit un médicament **11** *(notas falsas)* écouler, mettre en circulation **12** *(pano: em móveis etc.)* passer
▶ *vti* **1** *(trafegar; visitar rapidamente)* passer (**por**, par) **2** *(ultrapassar)* dépasser (**por**, -) **3** *(penetrar, atravessar)* passer (**por**, par) **4** *(transferir-se, mudar-se)* déménager (**para**, à) **5** *(prescindir)* se passer (**sem**, de) **6** *(subsistir)* subsister (**com**, avec) **7** *(ser submetido, vivenciar; viver, atravessar)* passer (**por**, par) **8** *(ir além, superar)* dépasser, franchir (**de**, -) **9** *(ser promovido)* réussir, passer, être promu, -e: *passar de ano* réussir à l'école; *passar para a quarta série* passer en C.M.2; *ele passou a sargento* il a été promu sergent
▶ *vtdi* **1** *(transportar)* transporter (**para**, à) **2** *(entregar, fazer chegar)* livrer (**para**, à) **3** *(transferir)* transférer (**para**, à) **4** *(fazer correr)* faire passer: *passe o cinto pela fivela* fais passer la ceinture par la boucle **5** *(manteiga, pomada etc.)* passer, étaler **6** *(telegrama)* envoyer **7** *(transmitir-doença, característica)* transmettre **8** *(comunicar-recado, notícia)* donner **9** *(embrulhar)* envelopper: *passe um papel neste presentinho* enveloppe d'un papier ce petit cadeau **10** *(ser superior)* dépasser (**em**, de) **11** *(subir ou descer para)* passer *(dans)*
▶ *vi* **1** passer: *o trem está passando* le train passe; *a estrada passa por lá* la route passe par là-bas; *o sofrimento passou* la souffrance est passée; *todos os alunos passaram* tous les élèves sont passés; *o livro não é bom, mas passa* le livre n'est pas bon mais passons; *que filme está passando nesse canal?* quel film est en train de passer sur cette

chaîne?; **não jogo, passo** je ne joue pas, je passe **2** *(transcorrer)* passer, s'écouler; *o tempo está passando* le temps passe **3** *(sentir-se)* se sentir, aller: *como está passando?* comment te sens-tu? **4** *(ser provado-lei etc.)* sanctionner, passer **5** *(ser aceito, admitido)* être admis, réussir

▸ *vpred (ficar)* rester: *ele passou a manhã toda acamado* il est resté au lit toute la matinée

▸ *vpr* **passar-se** *(ocorrer; transcorrer)* se passer

• **deixar passar** *(dar passagem; não se importar)* laisser passer

• **dessa vez passa!** pour cette fois, ça passe!

• **não passar de** *(não ir além de)* ne pas dépasser *(não ser mais que)* n'être que

• **não passar de hoje, de uma semana etc.** au plus tard aujourd'hui, dans une semaine etc.

• **passar a vida** passer sa vie

• **passar da idade** avoir dépassé l'âge

• **passar desta para melhor** passer de vie à trépas

• **passar para trás** *(obter vantagem)* obtenir un avantage *(enganar)* tromper

• **passar por** *(lugar)* passer par *(experiência)* passer par *(ser tomado por)* passer pour

• **passar por cima de algo** *(não levar em conta, omitir)* passer outre

• **passar por cima de alguém** *fig* faire fi de qqn

• **passar roupa** repasser le linge

• **passar adiante** *(notícia, boato etc.)* repasser

• **passe bem!** porte-toi bien!

passarela *sf (ponte; da moda)* passerelle

passarinho *sm* oiseau, petit oiseau

pássaro *sm* oiseau

passatempo *sm* passe-temps

passável *adj* passable

passe *sm* **1** *(permissão de locomoção)* permis, laissez-passer **2** *(de transporte público)* titre de circulation **3** ESP *(de bola)* passe *f* **4** ESPORTE *(vínculo de atleta)* droits *pl* fédératifs **5** RELIG passe (spirite), imposition *f* (des mains)

• **passe de mágica** tour de magie

passear *vi* se promener, se balader

• **ir passear** aller se promener/balader, aller faire un tour

• **levar alguém para passear** emmener qqn se promener/se balader/faire un tour

• **mandar passear** *fig* envoyer promener/balader

passeata *sf* marche

passeio *sm* **1** promenade *f*, balade *f*, tour: *dar um passeio* faire une promenade **2** *(calçada)* trottoir

passional *adj* passionnel, -elle

passível *adj* susceptible, passible (**de**, de)

passivo, -va *adj* passif, -ive

passo *sm* **1** pas **2** *(pegada)* pas, trace *f* **3** *(etapa)* étape *f*

• **a passos largos/curtos** à grands/petits pas

• **acelerar/apertar o passo** doubler/allonger/presser le pas

• **ao passo que** alors que/tandis que

• **dar o passo maior que a perna** se prendre pour qqn d'important

• **dar o primeiro passo** faire le premier pas

• **dar um mau passo/um passo em falso** faire un faux pas

• **marcar passo** *fig* faire du surplace

• **nesse passo** à ce rythme

• **passo a passo** peu à peu/petit à petit/pas à pas

• **primeiros passos** *fig* premiers pas

• **seguir os passos de alguém** *fig* marcher sur les pas de qqn/emboîter le pas à qqn

pasta *sf* **1** *(matéria aglutinada)* pâte **2** *(para documentos)* chemise **3** *(espécie de bolsa)* sacoche, porte-documents *m* **4** *(posto de ministro)* portefeuille *m* **5** INFORM dossier *m*, répertoire *m*

• **pasta dental** dentifrice *m*

• **pasta suspensa** classeur *m*

pastar *vi* **1** *(animal)* paître, brouter, pâturer **2** *fig pop (padecer)* souffrir

pastel 1 *sm* CUL espèce de petit pâté farci frit **2** *(pintura)* pastel

pastelão *sm* **1** CUL tourte *f* **2** *(comédia)* bouffonnerie *f*

pastelaria *sf* **1** *(conjunto de iguarias de massa)* pâtisseries *pl* salées et sucrées **2**

(*loja do pasteleiro*) pâtisserie, magasin *m* du marchand de *pastel*

pasteleiro, -ra *sm, f* pâtissier, -ière, fabricant, -e ou vendeur, -euse de *pastel*

pasteurizado, -da *adj* pasteurisé, -e

pastilha *sf* **1** (*doce*) pastille, bonbon *m* **2** (*de freio*) plaquette **3** (*revestimento*) petit carreau *m*: **parede coberta de pastilhas** mur *m* couvert de petits carreaux

pasto *sm* **1** (*pastagem*) pâturage **2** (*comida*) nourriture *f*, pâture *f*

pastor, -ra *smf* **1** (*de animais*) berger, -ère **2** (*clérigo protestante*) pasteur
▶ *sm* (*cão*) chien *m* de berger
• **pastor-alemão** berger allemand
• **pastor-belga** berger belge

pastoso, -sa *adj* pâteux, -euse

pata *sf* **1** (*fêmea do pato*) cane **2** (*pé de animal*) patte

patacoada *sf* **1** (*disparate*) bêtise, absurdité, insanité **2** (*brincadeira*) farce, pitrerie

patada *sf* **1** (*golpe com a pata*) coup *m* de patte **2** *fig* (*grosseria*) muflerie, grossièreté

patamar *sm* **1** (*de escada*) palier **2** *fig* (*nível*) niveau

patavina *pron pop* dalle: **não entender patavina** n'y comprendre que dalle

patê *sm* CUL pâté

patela *sf* ANAT rotule

patente *adj* (*claro, manifesto*) patent, -e
▶ *sf* **1** (*título de invenção*) brevet *m* **2** (*posto militar*) grade *m*

patentear *vtd* **1** (*tornar claro*) manifester, montrer au grand jour **2** (*registrar com patente*) breveter
▶ *vpr* **patentear-se** devenir manifeste/clair, -e

paternidade *sf* paternité

paterno, -na *adj* paternel, -elle

pateta *adj, smf* idiot, -e, imbécile

patético, -ca *adj* pathétique

patife *smf* vaurien, -enne, fripouille *f*, canaille *f*

patim *sm* patin
▪ **patins de rodinhas** patins à roulettes/rollers

pátina *sf* patine

patinação *sf* ESPORTE patinage *m*

patinador, -ra *sm, f* patineur, -euse

patinar *vi* (*deslocar-se sobre patins; patinar*) patiner

patinete *sm* patinette *f*, trottinette *f*

patinhar *vi* **1** (*agitar a água*) barboter **2** (*locomover-se em água, lama*) patauger, patouiller, barboter **3** (*derrapar*) patiner

pátio *sm* **1** (*recinto murado*) cour *f* **2** (*átrio*) atrium

pato, -ta *smf* ZOOL canard *m*, cane *f*
▶ *sm fig* (*otário*) pigeon, dindon
• **pagar o pato por alguma coisa** être le dindon de la farce/payer les pots cassés/porter le chapeau

patológico, -ca *adj* pathologique

patota *sf* (*turma*) clan *m*, clique

patrão, -oa *sm, f* patron, -onne
▶ *sf* **patroa** (*esposa*) patronne, bourgeoise

pátria *sf* patrie
• **salvar a pátria** *fig* sauver les meubles

patriarca *sm* patriarche

patrício, -cia *sm, f* (*compatriota*) compatriote

patrimônio *sm* patrimoine
▪ **patrimônio cultural** patrimoine culturel

pátrio, -a *adj* **1** (*da pátria*) national, -e **2** (*paterno*) paternel, -elle
• **pátrio poder** puissance paternelle

patriota *smf* patriote

patriótico, -ca *adj* patriotique

patrocinar *vtd* parrainer, sponsoriser

patrocínio *sm* **1** (*apoio moral*) parrainage, sponsor **2** (*custeio*) appui
• **com o patrocínio de** parrainé/sponsorisé par

patrono *sm* **1** DIR (*advogado*) avocat, défenseur **2** (*padroeiro*) patron
▶ *sm, f* **patrono, -na** patron, -onne

patrulha *sf* patrouille

patrulhar *vtd* **1** (*fazer patrulha*) patrouiller **2** *fig* surveiller, inspecter

pau *sm* **1** (*madeira*) bois: **colher de pau** cuillère en bois **2** (*bastão, porrete*) bâton **3** (*surra*) raclée *f*, correction *f*: **dar um pau em alguém** flanquer une raclée à qqn 4 (*mastro*) mât 5 (*reprovação*) pelle f, veste f: **levar pau no exame** ramasser une pelle à l'examen 6 *pop* (*pênis*) queue f, pine f 7 (*dinheiro em geral*) balle: *custa cinco paus* ça coûte cinq balles 8 (*árvore*) arbre

- **a dar com pau** à foison, à profusion
- **a meio pau** (*bandeira*) à mi-mât/à mi-hampe/en berne
- **chutar o pau da barraca** (*entornar o caldo*) tout gâcher (*desistir*) laisser tomber
- **dar pau** (*computador*) bloquer
- **ficar pau da vida** être furax/furieux, -euse
- **meter o pau** (*trabalhar muito*) cravacher
- **meter o pau em alguém** (*falar mal*) casser du sucre sur le dos de qqn (*espancar*) flanquer une raclée a qqn
- **mostrar com quantos paus se faz uma canoa** donner une bonne leçon/ apprendre à vivre
- **nem a pau** pour rien au monde/jamais de la vie
- **pau a pau** sur un pied d'égalité
- **pau para toda obra** homme à tout faire
- **quebrar o pau** (*brigar*) se manger/se bouffer le nez

pau-brasil *sm* bois de braise, bois-brésil

paulada *sf* coup *m* de bâton

pausa *sf* pause

pauta *sf* 1 (*de caderno*) interligne 2 MÚS portée 3 (*ordem do dia*) ordre *m* du jour: *na pauta, a discussão sobre o aborto* une discussion sur l'avortement est à l'ordre du jour

- **em pauta** en discussion/à l'ordre du jour

pautar *vtd* 1 (*traçar pautas*) interligner, régler 2 (*pôr em pauta*) mettre en discussion

▶ *vtdi* calquer: *pauta suas ações pelas do pai* il calque ses actions sur celles de son père

▶ *vpr* **pautar-se** se guider (**por**, sur)

pauzinho *sm* bâtonnet

- **mexer os pauzinhos** faire jouer ses relations

pavão, -oa *smf* 1 ZOOL paon, -onne (*rare*) 2 *fig* frimeur, -euse

pavê *sm* CUL pavé

pavilhão *sm* (*construção; bandeira; orelha*) pavillon

pavimentar *vtd* revêtir (une rue, route etc.)

pavimento *sm* 1 (*revestimento do solo*) pavement, pavé 2 (*andar de uma edificação*) étage

pavio *sm* mèche f

pavonear-se *vpr* se pavaner

pavor *sm* épouvante f, frayeur f, effroi

pavoroso, -sa *adj* épouvantable, effroyable

paxá *sm* pacha

paz *sf* paix

- **deixar algo/alguém em paz** laisser qqch/qqn en paix
- **fazer as pazes** faire la paix

Pça. (praça) *abrev* Pl. (place)

pé *sm* 1 ANAT pied 2 (*pata*) patte f 3 (*de objeto; base, pedestal; planta*) pied: *um pé de couve* un pied de chou branchu/ vert 4 *fig* (*pretexto, desculpa*) prétexte, excuse f 5 (*medida-em versos*) pied

■ **pé de boi** (*trabalhador esforçado*) bourreau de travail (*pessoa conservadora*) traditionnaliste

■ **pé de cabra** (*ferramenta*) pied-de-biche/pied-de-chèvre

■ **pé de chinelo** (*reles*) va-nu-pieds

■ **pé de chumbo** (*pessoa vagarosa*) limace f, lanterne rouge f (*motorista que corre muito*) fou du volant (*motorista ruim*) chauffard

■ **pé de galinha** (*rugas*) patte-d'oie f

■ **pé-de-meia** (*dinheiro economizado*) bas de laine

■ **pé de pato** (*nadadeira*) palme f

■ **pés chatos** pieds plats

■ **pé de vento** tempête f de vent

- **ir/vir a pé** aller/venir à pied
- **ao pé da letra** au pied de la lettre/ ipsis litteris
- **ao pé de** au pied de
- **bater (o) pé** (*no chão*) taper du pied (*fig*) se buter/s'obstiner
- **botar o pé no mundo** jouer des jambes/prendre ses jambes à son cou/ fuir à toutes jambes
- **com/de pé atrás** sur ses gardes/sur le qui-vive

- **começar com o pé direito/esquerdo** *fig* partir du bon/mauvais pied
- **com um pé nas costas** dans un fauteuil/les doigts dans le nez
- **dar no pé** filer/se sauver/tirer sa révérence
- **dar pé** *(ter altura)* (y) avoir pied *(ser possível)* être faisable/jouable
- **dos pés à cabeça** des pieds à la tête
- **em/de pé** debout
- **em pé de guerra** sur le pied de guerre
- **em pé de igualdade** sur un pied d'égalité
- **em que pé estão as coisas?** où en est-on?
- **estar com o pé na cova** avoir un pied dans la tombe
- **ficar/pegar no pé de alguém** gonfler/faire chier qqn
- **ir num pé e voltar no outro/ir num pé só** revenir tout de suite/revenir immédiatement
- **largar do pé** lâcher les baskets/la jambe
- **meter os pés pelas mãos** *(atrapalhar-se)* faire tout de travers *(cometer deslizes)* mettre les pieds dans le plat
- **não arredar pé** *(não sair do lugar)* ne pas bouger d'un iota *(não ceder)* ne pas lâcher pied/rester sur ses positions
- **não chegar aos pés de** ne pas arriver à la cheville de
- **não ter nem pé nem cabeça** être sans queue ni tête
- **nas pontas dos pés/pé ante pé** sur la pointe des pieds
- **pé da página** pied de page
- **pé do cabelo** *(cheveux de la)* nuque
- **pé na tábua** pied au plancher
- **ter os pés no chão** avoir les pieds sur terre
- **um pé no saco** chiant, -e

peão *sm* **1** *(amansador de animais)* dompteur *(de chevaux etc.)* **2** *(empregado rural)* paysan, -anne **3** *(servente de obra)* aide *(maçon)* **4** *(peça do xadrez)* pion

pebolim *sm* football de table, baby-foot

peça *sf* **1** *(parte de um todo; de vestuário; de máquina; de jogo)* pièce **2** *fig (pessoa exótica)* phénomène *m* **3** MÚS TEATRO pièce
- **peça de museu** *fig* pièce de musée
- **peça de reposição** pièce de rechange
- **pregar uma peça** jouer un tour, faire une farce/blague

pecado *sm* péché

pecador, -ra *sm, f* pécheur, -eresse

pecaminoso, -sa *adj* coupable, scandaleux, -euse

pecar *vi-vti* pécher
▶ *vi (errar)* pécher: **pecar por excesso de zelo** pécher par excès de zèle

pechincha *sf (coisa barata, vantajosa)* occasion

pechinchar *vtd-vi* marchander

peçonha *sf* poison *m*

pecuária *sf* pastoralisme *m*

peculiar *adj* particulier, -ière

peculiaridade *sf* particularité

pecúlio *sm* pécule

pé-d'água *(pl* **pés-d'água***) sm* averse

pedaço *sm* **1** *(parte de um todo)* morceau **2** *(tempo)* moment: **esperei um bom pedaço** j'ai attendu un bon moment **3** *(pessoa bonita)* vénus *f*, beauté *f*, canon (femme), adonis, apollon, éphèbe (homme) **4** *(trecho)* morceau
- **estar aos pedaços** être en (mille) morceaux/être cassé, -e
- **estar caindo aos pedaços** *(estar exausto)* être moulu/rompu *(estar velho, ou em mau estado)* tomber en morceaux/ruine
- **passar um mau pedaço** passer un sale/mauvais quart d'heure

pedágio *sm* péage

pedagogia *sf* pédagogie

pedal *sm* pédale *f*

pedalar *vtd-vi* pédaler

pedalinho *sm* pédalo

pedante *adj-smf* pédant, -e

pederasta *sm* pédéraste

pedestal *sm* piédestal

pedestre *smf* piéton, -onne

pediatra *smf* MED pédiatre

pedicure *smf* pédicure

pedida *sf* commande, choix *m*: **uma boa pedida** un excellent choix

pedido *sm* **1** *(solicitação)* demande *f*: **pedido de dinheiro** demande d'argent

2 (*encomenda*) commande *f*: *fazer um pedido a um fornecedor* faire/passer une commande à un fournisseur; *chegou o meu pedido* ma commande est arrivée; *pedido nº...* commande nº…
- **a pedido de alguém** à la demande *f* de qqn
- **pedido de casamento** demande *f* en mariage
- **pedido de divórcio** demande *f* de divorce

pedinte *smf* mendiant, -e

pedir *vtd-vtdi-vi* **1** (*solicitar*) demander: *pedir algo a alguém* demander qqch à qqn **2** (*encomendar*) commander: *já pediu o café?* tu as déjà commandé le café? **3** (*cobrar*) prendre
▸ *vti* (*interceder*) demander (**por**, pour)
- **pedir de volta** réclamer/redemander

pé-direito (*pl* **pés-direitos**) *sm* hauteur *f* de plafond

pedofilia *sf* pédophilie

pedra *sf* **1** pierre **2** MED pierre **3** (*peça de jogo*) pion *m* **4** (*granizo*) grêle, grêlon *m*
▪ **pedra britada** gravier *m*, pierre concassée
▪ **pedra de isqueiro** pierre à briquet
▪ **pedra de sabão** pain *m* de savon
▪ **pedra preciosa** pierre précieuse
- **atirar a primeira pedra** jeter la première pierre
- **com quatro pedras nas mãos** de pieds fermes/agressivement
- **dormir como uma pedra** dormir comme un loir/une souche
- **não deixar pedra sobre pedra** ne pas laisser pierre sur pierre
- **ser/não ser de pedra** être/ne pas être de marbre
- **uma pedra no sapato** *fig* une épine dans le pied

pedrada *sf* coup de pierre

pedra-pomes (*pl* **pedras-pomes**) *sf* pierre ponce

pedra-sabão *sf* craie de Briançon, stéatite, pierre de lard

pedregulho *sm* (*seixo*) galet

pedreira *sf* carrière

pedreiro *sm* maçon

pedrisco *sm* (*brita*) gravier, pierre *f* concassée

pé-frio (*pl* **pés-frios**) *sm* malchanceux, -euse

pega *sm* (*briga*) bagarre *f*, castagne *f*, baston *f*
▸ *interj* **pega!** attrape!

pegada *sf* **1** (*de pés*) trace **2** (*de patas*) foulée, brisées *pl*

pegador *sm* **1** (*pique*) pince *f* **2** (*esconde-esconde*) cache-cache

pega-gelo (*pl* **pega-gelos**) *sm* pince *f* à glace

pegajoso, -sa *adj* gluant, -e, poisseux, -euse

pega-pra-capar *sm inv* bagarre *f*, castagne *f*, baston *f*

pegar *vtd* **1** (*segurar*) prendre: *pegou o caderno e saiu* il a pris son cahier et est sorti, -e **2** (*capturar*) arrêter: *a polícia pegou o ladrão* la police a arrêté le bandit **3** (*apanhar; adquirir*) prendre: *pegar um ônibus, um táxi* prendre un car, un taxi; *pegar frio, chuva* prendre froid/la pluie; *pegar um costume* prendre une habitude **4** (*doença*) prendre, attraper **5** (*piada*) comprendre, saisir, piger **6** (*chegar a tempo*) arriver à temps: *pegar a última sessão de cinema* arriver à temps pour la dernière séance de cinéma **7** (*estação de rádio, canal de TV*) capter **8** (*caminho*) prendre, emprunter
▸ *vi* **1** (*grudar; criar raízes-planta; ser aceito*) prendre **2** (*carro, motor-dar partida*) démarrer **3** (*fogo*) prendre **4** (*ser contagioso*) s'attraper: *essa doença pega* cette maladie s'attrape
▸ *vpr* **pegar-se 1** (*unir-se*) s'attacher **2** (*brigar*) en venir aux mains
- **é pegar ou largar** c'est à prendre ou à laisser
- **pegar bem/pegar mal** être/ne pas être de bon ton

peidar *vi* péter

peido *sm* pet

peitar *vtd* (*enfrentar*) affronter, braver, faire front à

peito *sm* **1** ANAT poitrine *f* **2** (*de mulher*) poitrine *f*, sein, buste **3** *fig* (*coragem*) tripe *f* **4** (*do pé*) cou-de-pied
- **amigo do peito** grand ami
- **de peito aberto** à cœur ouvert
- **meter os peitos** y aller de tout son cœur

- **no peito e na raça** à tout prix
- **passar nos peitos** baiser
- **pegar/levar/tomar a peito** prendre/avoir à cœur

peitoral *adj* pectoral, -e

peitoril *sm* (*parapeito*) parapet

peitudo, -da *adj-sm, f fig* (*corajoso*) courageux, -euse, vaillant, -e, culotté, -e

peixaria *sf* poissonnerie

peixe *sm* ZOOL poisson
▸ *pl* **peixes** ASTRON Poissons
- **não ter nada com o peixe** n'avoir rien à voir dans/n'y être pour rien
- **peixe fora d'água** pas dans son élément
- **vender o seu peixe** vanter sa marchandise

peixe-espada (*pl* peixes-espada) *sm* ZOOL espadon, poisson-épée

peixeira *sf* (*faca*) couteau *m* de poissonnier

peixeiro, -ra *sm, f* poissonnier, -ière, marchand, -e de poissons

pejorativo, -va *adj* péjoratif, -ive

pelada *sf* ESPORTE match *m* de foot entre amis

pelado, -da *adj* 1 (*sem pelos*) pelé, -e: *um gato pelado* un chat pelé 2 (*nu*), -e, à poil 3 *fig* (*sem dinheiro*) fauché, -e

pelanca *sf* 1 (*pele flácida*) chair/peau flasque 2 (*carne ruim*) barbaque, bidoche

pelar *vtd* 1 (*tirar o pelo*) raser, tondre 2 (*tirar a casca de frutas e cebolas*) peler 3 (*tirar a casca de legumes*) éplucher
▸ *vi* (*estar muito quente*) crever de chaleur
▸ *vpr* **pelar-se** (*ficar sem pele*) peler
- **pelar-se de medo** avoir la pétoche/être vert, -e de peur

pele *sf* peau
- **arriscar a pele** risquer sa peau
- **estar na pele de alguém** être à la place de qqn
- **salvar a pele** sauver sa peau
- **ser pele e osso** n'avoir que la peau sur les os

pelego *sm* 1 (*pele de carneiro*) toison *f* 2 *fig* (*agente do governo*) agent du gouvernement infiltré dans un syndicat 3 *fig* (*puxa-saco*) lèche-cul *m*, lécheur, -euse

pelejar *vti* (*obstinar-se*) s'entêter, s'obstiner (**para**, **à**)

pelica *sf* peau de chevreau

pelicano *sm* ZOOL pélican

película *sf* 1 (*camada de pele; membrana*) pellicule 2 (*filme*) film *m*

pelo *sm* poil
- **em pelo** à poil

pelo, -la *contr prep* **por** + **art o, a** par le, par la → **por**

pelotão *sm* MIL peloton

pelúcia *sf* peluche

peludo, -da *adj* poilu, -e, velu, -e

pelve *sf* ANAT pelvis *m*, bassin *m*

pena *sf* 1 (*punição; aflição, sofrimento; dó*) peine: *tenho muita pena de você* tu me fais beaucoup de peine 2 (*de ave; para escrever*) plume
- **a duras penas** à grand peine
- **que pena!** quel dommage!
- **ser uma pena** (*pesar pouco*) être léger comme une plume (*ser lamentável*) être regrettable/être dommage
- **valer a pena** valoir la peine/valoir le coup *m*

penacho *sm* panache, plumet, aigrette *f*

penal *adj* pénal, -e

penalidade *sf* pénalité

penalizar *vtd* 1 (*causar dó*) peiner 2 (*infligir pena*) pénaliser
▸ *vpr* **penalizar-se** s'affliger

pênalti *sm* penalty, coup de pied de réparation
- **cobrar um pênalti** tirer un penalty

penar *vi* 1 (*sofrer*) souffrir 2 (*fazer muito esforço*) se donner du mal

penca *sf* 1 (*de flores*) grappe 2 (*de banana*) régime *m*
- **às pencas** à foison, à profusion

pendência *sf* 1 (*litígio*) litige *m* 2 (*assunto pendente*) affaire en suspens/attente

pendente *adj* 1 (*dependurado*) pendant, -e, pendu, -e 2 (*não resolvido*) en suspens, en attente, en souffrance 3 (*inclinado*) penché, -e
- **com os braços pendentes** les bras ballants

pender *vi* 1 (*estar suspenso*) pendre 2 (*estar inclinado*) pencher

▶ *vti (ter propensão)* tendre (**para**, à)

pêndulo *sm* pendule

pendurar *vtd* **1** pendre **2** *(comprar fiado)* acheter à crédit
▶ *vpr* **pendurar-se** se suspendre

penduricalho *sm* breloque *f*, pendeloque *f*

peneira *sf* **1** passoire, tamis *m*, sas *m* **2** *fig* sélection *f*, tri *m*

peneirar *vtd* tamiser, sasser

penetra *adj-smf* pique-assiette *m*, parasite *m*

penetração *sf* pénétration

penetrante *adj* pénétrant, -e

penetrar *vtd* pénétrer
▶ *vti (introduzir-se)* pénétrer (**em**, dans)

penhasco *sm* GEOG rocher

penhoar *sm* peignoir

penhor *sm* gage
• **casa de penhor** mont-de-piété *m*, clou *m*

penhora *sf* DIR saisie

penhorar *vtd* DIR engager au mont-de-piété, mettre au clou

penicilina *sf* MED pénicilline

penico *sm* pot de chambre, vase de nuit

península *sf* GEOG péninsule

pênis *sm* ANAT pénis

penitência *sf* pénitence

penitenciar-se *vpr* se repentir

penitenciária *sf* prison, pénitencier *m*

penoso, -sa *adj* pénible

pensador, -ra *sm, f* penseur, -euse

pensamento *sm* pensée *f*

pensão *sf (renda; espécie de hotel)* pension

pensar *vi* penser
▶ *vti* **1** *(tencionar)* penser, avoir l'intention de **2** *(estar preocupado; lembrar-se; meditar)* penser, songer, réfléchir (**em**, à)
• **nem pensar!** jamais de la vie! pour rien au monde!
• **pensar alto** penser tout haut/à voix haute
• **pensar bem/mal de alguém** penser du bien/du mal de qqn
• **pense bem** réfléchis bien

pensativo, -va *adj* pensif, -ive

pênsil *adj* pendu, -e, suspendu, -e

pensionato *sm* pensionnat

pensionista *smf (que recebe pensão; que mora em pensão)* pensionnaire

pentágono *sm* GEOM pentagone

pente *sm* **1** *(de cabelo)* peigne **2** *(de arma automática)* chargeur

penteadeira *sf* coiffeuse

penteado, -da *adj* coiffé, -e
▶ *sm* **penteado** coiffure *f*

pentear *vtd* coiffer
▶ *vpr* **pentear-se** se coiffer

pente-fino (*pl* **pentes-finos**) *sm* peigne fin

pentelho *sm (pelo pubiano)* poil du pubis
▶ *sm, f* **pentelho, -lha** *gíria* emmerdeur, -euse, peigne-cul *m*

penugem *sf* duvet *m*

penúltimo, -ma *adj-sm, f* avant-dernier, -ière

penumbra *sf* pénombre

penúria *sf* pénurie, dénuement *m*

pepino *sm* **1** BOT concombre **2** *gíria (dificuldade, problema)* pépin

pequeno, -na *adj* petit, -e
▶ *sm, f (criança)* petit, -e

pé-quente (*pl* **pés-quentes**) *sm* chanceux, -euse, veinard, -e

pequinês, -esa *adj* pékinois, -e
▶ *sm (dialeto; cão)* pékinois
▶ *sm, f* Pékinois, -e

pera *sf* **1** BOT poire **2** *(tipo de interruptor)* poire électrique, olive

peralta *adj-smf (traquinas)* coquin, -e, polisson, -onne

perambular *vi* vagabonder, déambuler, errer

perante *prep* devant, face à

pé-rapado (*pl* **pés-rapados**) *sm* crève-la-faim, va-nu-pieds

percalços *sm pl (dificuldades, obstáculos)* contretemps

perceber *vtd* **1** *(entender)* percevoir, comprendre **2** *(notar, reparar)* se rendre compte de, remarquer **3** *(receber)* percevoir **4** *(ver, enxergar)* apercevoir

percentual *sm* ECON pourcentage

percepção *sf* perception

perceptível *adj* perceptible, sensible

percevejo *sm* (*inseto; tipo de tachinha*) punaise *f*

percorrer *vtd* parcourir

percurso *sm* parcours

percussão *sf* percussion

perda *sf* perte
- **perda de tempo** perte de temps
- **perda de vidas** pertes
- **perda do emprego** perte d'emploi
- **perda dos sentidos** perte de connaissance/évanouissement
- **perdas e danos** dommages-intérêts/dommages et intérêts
- **sem perda de tempo** sans perdre une seconde

perdão *sm* pardon
▶ *interj* **perdão!** pardon!, excuse(z)-moi!
- **pedir perdão** demander pardon

perdedor, -ra *adj-sm, f* perdant, -e

perder *vtd* 1 (*no jogo; objetos; saúde etc.; peso; tempo*) perdre 2 (*ônibus, avião etc.; filme, espetáculo*) rater
▶ *vtd-vi* (*ser derrotado*) perdre: **meu time perdeu o jogo** mon équipe a perdu le match
▶ *vpr* **perder-se** se perdre
- **não ter o que perder** n'avoir rien à perdre

perdição *sf* perdition

perdido, -da *adj* perdu, -e
- **achados e perdidos** objets trouvés
- **dado, -da por perdido, -da** considéré, -e comme perdu, -e

perdiz *sf* ZOOL perdrix

perdoar *vtd-vti-vi* 1 (*conceder perdão*) pardonner 2 (*poupar*) épargner

perdoável *adj* pardonnable

perdurar *vi* perdurer

perecível *adj* périssable
- **produtos perecíveis** denrées périssables

peregrinação *sf* pèlerinage *m*

peregrino, -na *sm, f* pèlerin, -e

pereira *sf* BOT poirier *m*

perene *adj* pérenne

perereca *sf* 1 ZOOL grenouille 2 *pop* (*vulva*) chatte

perfazer *vtd* compléter, totaliser

perfeccionista *adj-smf* perfectionniste

perfeição *sf* perfection

perfeito, -ta *adj* parfait, -e
▶ *adj-sm* GRAM temps verbal qui correspond généralement au passé simple ou au passé composé

pérfido, -da *adj* perfide

perfil *sm* profil

perfumar *vtd* parfumer
▶ *vpr* **perfumar-se** se parfumer

perfumaria *sf* 1 (*loja, fábrica*) parfumerie 2 (*conjunto de perfumes*) ensemble de parfums 3 *fig* (*coisa supérflua*) bêtise, bagatelle, gnognotte

perfume *sm* parfum

perfuração *sf* 1 (*ato de perfurar*) perçage *m*, forage *m*, perforation 2 (*furo*) trou *m*, perforation

perfurar *vtd* 1 (*furar*) percer, perforer 2 (*poço*) forer

pergunta *sf* question: *fazer uma pergunta* poser une question

perguntar *vtd-vtdi* (*informar-se*) demander: **perguntar o preço, o caminho a alguém** demander le prix, son chemin à qqn
▶ *vti* (*pedir informação*) demander: **perguntar por alguém** demander qqn
▶ *vpr* **perguntar-se** se demander

perícia *sf* 1 (*exame técnico; mestria*) expertise 2 (*grupo de peritos*) groupe d'experts

periclitante *adj* périclitant, -e

periferia *sf* 1 GEOM périphérie 2 (*subúrbio*) banlieue

periférico, -ca *adj* périphérique

perigar *vi* être en jeu/risque, péricliter

perigo *sm* danger, péril
- **estar a perigo** (*periclitando*) péricliter (*sem dinheiro*) être fauché, -e

perigoso, -sa *adj* dangereux, -euse

perímetro *sm* périmètre

períneo *sm* ANAT périnée

periódico, -ca *adj* périodique
▶ *sm* **periódico** périodique

período *sm* période *f*
• **período da manhã/da tarde/da noite** matinée *f*/l'après-midi/soirée *f*
• **trabalhar em período integral/meio período** travailler à plein temps/à mi-temps

peripécia *sf* **1** *(acontecimento inesperado)* péripétie **2** *(proeza)* prouesse

periquito *sm* ZOOL perruche *f*

perito, -ta *sm,f* expert

perjúrio *sm* parjure

permanecer *vpred-vti-vi* rester

permanência *sf* **1** *(persistência, constância)* permanence **2** *(estada)* séjour *m*: **visto de permanência** visa de séjour

permanente *adj* permanent, -e
▶ *smf (penteado)* permanente *f*
▶ *sm (documento para ingresso)* document d'adhérent-e/document d'associé

permear *vtd* traverser, envahir, pénétrer

permissão *sf* permission: *pedir permissão para fazer algo* demander la permission de faire qqch

permissível *adj* qui peut être permis, -e, licite

permissivo, -va *adj* permissif, -ive

permitir *vtd-vtdi-vi* permettre

permuta *sf* permutation *f*, échange, troc

permutar *vtd-vtdi* permuter, troquer, échanger

perna *sf* **1** ANAT jambe **2** ZOOL patte **3** *(da calça)* jambe **4** *(da mesa, da cadeira)* pied **5** *(do compasso)* jambe, branche
■ **pernas de pau** échasses *f pl*
• **bater perna** faire un tour/se dérouiller les jambes
• **em cima da perna** expédié/bâclé, -e
• **não estar/ir bem das pernas** ne pas aller bien
• **passar a perna em alguém** avoir/rouler/posséder/voler qqn
• **pernas, para que te quero** prendre ses jambes à son cou
• **trocar as pernas** *(estar bêbado)* être fin soûl, -e

pernada *sf* **1** *(pancada com a perna)* coup *m* de pied **2** *(rasteira)* croche-pied *m*, croc-en jambe *m* **3** *(caminhada longa)* bon bout *m* de chemin

pernalta *adj* haut, -te sur jambes

pernicioso, -sa *adj* pernicieux, -euse

pernilongo *sm* moustique

pernoitar *vi* passer la nuit

pernóstico, -ca *adj* affecté, -e, prétentieux, -euse, pédant, -e

pérola *sf* perle
■ **pérola cultivada** perle de culture
• **lançar pérolas aos porcos** jeter des perles aux pourceaux/cochons

perpendicular *adj-sf* perpendiculaire

perpetrar *vtd* perpétrer, commettre

perpetuar *vtd* perpétuer, éterniser

perpétuo, -a *adj* **1** perpétuel, -elle **2** *(vitalício)* à vie
• **neves perpétuas** neiges éternelles

perplexo, -xa *adj* perplexe

perseguição *sf* **1** *(caça)* poursuite **2** *(tratamento injusto)* persécution

perseguidor, -ra *adj-sm,f* **1** *(quem segue)* poursuivant, -e **2** *(quem vexa)* persécuteur, -trice

perseguir *vtd* **1** *(correr atrás)* poursuivre **2** *(vexar)* persécuter **3** *fig (objetivo, meta)* poursuivre

perseverança *sf* persévérance, constance

perseverante *adj* persévérant, -e

persiana *sf* persienne, volet *m*

persignar-se *vpr* se signer, faire le signe de la croix

persistência *sf* persistance

persistente *adj* persistant, -e

persistir *vti (perseverar)* persister (**em**, à)
▶ *vi (perdurar, continuar)* persister

personagem *smf* personnage *m*

personalidade *sf* personnalité

personalizar *vtd* personnaliser

personificar *vtd* personnifier

perspectiva *sf* perspective

perspicácia *sf* perspicacité

perspicaz *adj* perspicace

persuadir *vtd* persuader
▶ *vpr* **persuadir-se** se persuader

persuasão *sf* persuasion

persuasivo, -va *adj* persuasif, -ive

pertencente *adj* qui appartient *(à)*

pertencer *vti* appartenir (**a**, à)

pertences *sm pl* biens, affaires *f*

pertinente *adj* pertinent, -e

perto *adv* **1** (*que está nas proximidades*) près, proche **2** (*junto de*) près, auprès: *ficou perto da mãe* il est resté auprès de sa mère **3** (*próximo no tempo*) proche
- **pertinho** tout près/proche
- **de perto** de près

perturbação *sf* **1** (*alteração anormal*) perturbation, trouble *m* **2** (*incômodo*) dérangement *m*, trouble *m* **3** (*comoção, emoção*) bouleversement *m*, commotion

perturbador, -ra *adj* **1** (*desorganizador*) perturbateur, -trice **2** (*desconcertante*) troublant, -e, bouleversant, -e

perturbar *vtd* **1** (*incomodar*) déranger **2** (*agitar, desorganizar*) perturber, troubler **3** (*abalar, comover*) troubler, ébranler, bouleverser
▶ *vpr* **perturbar-se** (*abalar-se, comover-se*) se perturber, se troubler

Peru *sm* Pérou

peru *sm* ZOOL dindon *m*, dinde *f*

perua *sf* **1** ZOOL dinde **2** (*veículo*) familiale, break *m* **3** (*mulher espalhafatosa*) pétasse (*des beaux quartiers*)

peruano, -na [peruɐ̃nu, -na] *adj* péruvien, -ienne
▶ *sm, f* Péruvien, -ienne

peruca *sf* perruque

perueiro, -ra *sm, f* (*transportador*) chauffeur de minibus

perversão *sf* perversion

perversidade *sf* perversité

perverso, -sa *adj* pervers, -e

perverter *vtd* pervertir
▶ *vpr* **perverter-se** se pervertir

pervertido, -da *adj-sm, f* perverti, -e

pesadelo *sm* cauchemar

pesado, -da *adj* **1** (*com peso*) lourd, -e, pesant, -e **2** (*árduo*) lourd, -e, pesant, -e, pénible **3** (*opressivo*) lourd, -e, pesant, -e **4** (*difícil*) difficile **5** (*enfadonho*) ennuyeux, -euse **6** (*vagaroso*) lent, -e **7** (*excessivo*) excessif, -ive **8** (*grosseiro*) lourd, -e, pesant, -e, grossier, -ière **9** (*sono*) lourd, -e, profond, -e, pesant, -e
- **pegar no pesado** abattre de la besogne

pesagem *sf* pesage *m*

pêsames *sm pl loc* **dar os pêsames** présenter ses condoléances
- **meus pêsames** (*toutes*) mes condoléances

pesar *vtd-vpred* peser: *ele pesa setenta quilos* il pèse soixante-dix kilos
▶ *vti* **1** (*recair*) peser (**sobre**, sur) **2** (*influenciar*) peser (**em**, sur)
▶ *vi* (*ser pesado*) peser
▶ *vpr* **pesar-se** se peser
▶ *sm* chagrin, souci, tristesse *f*
- **apesar dos pesares** malgré tout
- **em que pese a** malgré, nonobstant

pesca *sf* pêche
■ **pesca submarina** pêche sous-marine

pescada *sf* ZOOL merlu *m* argenté

pescadinha *sf* ZOOL merlan *m*

pescador, -ra *sm, f* pêcheur, -euse

pescar *vtd-vi* **1** (*apanhar peixe; fisgar*) pêcher **2** *fig* (*perceber, entender*) comprendre, saisir **3** (*cochilar sentado*) s'endormir assis, -e
- **ir pescar** aller à la pêche

pescaria *sf* partie de pêche

pescoção *sm* (*tabefe*) claque sur la nuque, baffe *f*

pescoço *sm* cou

peso *sm* **1** FÍS poids **2** (*objeto pesado*) objet pesant/lourd: *carregar peso* porter des objets pesants **3** (*padrão de balança*) poids **4** (*de papel*) presse-papiers **5** *fig* (*prestígio*) prestige **6** (*azar*) malchance *f* **7** ESPORTE poids **8** (*moeda*) peso **9** MAT poids, coefficient pondérateur
■ **peso bruto/líquido** poids brut/net
■ **peso leve/médio/pesado** poids léger/moyen/lourd
- **em peso** en (*grand*) nombre
- **ter dois pesos e duas medidas** avoir deux poids, deux mesures

pesponto *sm* arrière-point

pesqueiro, -ra *adj* de pêche
▶ *sm* **pesqueiro** (*lugar em que se pesca*) pêcherie *f*

pesquisa *sf* recherche, étude
■ **pesquisa de mercado** étude de marché

pesquisador, -ra *sm, f* chercheur, -euse

pesquisar *vtd* (*estudar*) étudier, rechercher

▶ vtd-vi *(fazer pesquisas, enquetes)* faire une enquête

pêssego *sm* BOT pêche

pessegueiro *sm* BOT pêcher

pessimismo *sm* pessimisme

pessimista *adj-smf* pessimiste

péssimo, -ma *adj* extrêmement mauvais, -e, détestable

pessoa *sf* **1** personne: *uma pessoa importante* une personne importante **2** *(gente)* personne, gens *m pl*, monde: *quantas pessoas havia no elevador?* combien de personnes y avait-il dans l'ascenseur?; *vi muitas pessoas na praça* j'ai vu beaucoup de gens/monde sur la place **3** GRAM personne

■ **pessoa física/jurídica** personne physique/morale

• **em pessoa** en personne

pessoal *adj (particular)* personnel, -elle
▶ *sm* **1** *(de uma firma)* personnel **2** *(pessoas em geral)* les gens **3** *(turma)* les gars: *pessoal, vamos para a praia?* on va à la plage, les gars?

• **departamento de pessoal** secteur/gestion *f* du personnel

pessoalmente *adv* personnellement

pestana *sf* **1** ANAT cil *m* **2** *(no vestuário)* patte **3** *(de envelope)* repli *m*

• **tirar uma pestana** faire une sieste/piquer un somme *m*/un roupillon *m*

• **queimar as pestanas** étudier comme un fou

pestanejar *vi* ciller, sourciller
• **sem pestanejar** *fig* sans sourciller/sans tiquer/*fam* sans broncher

peste *sf* peste

pesticida *sm* pesticide

pétala *sf* pétale

peteca *sf* volant *m*
• **deixar/não deixar a peteca cair** [fig] ne pas baisser les bras

peteleco *sm* chiquenaude *f*, pichenette *f*

petição *sf (requerimento a um juiz)* requête

• **em petição de miséria** dans un état déplorable/lamentable

■ **petição de princípio** pétition de principe

petisco *sm* amuse-gueule, hors-d'œuvre

petrecho *sm* équipement

petroleiro, -ra *adj* pétrolier, -ière
▶ *sm* **1** *(navio-petroleiro)* pétrolier **2** *(trabalhador da indústria petroleira)* travailleur, -euse du pétrole

petróleo *sm* pétrole

petrolífero, -ra *adj* pétrolifère

petulância *sf* effronterie, impudence

petulante *adj* effronté, -e, impudent, -te

pia *sf* **1** *(de cozinha)* évier *m* **2** *(lavatório)* lavabo *m*

■ **pia batismal** fonts *mpl* baptismaux

piaçava *sf* piassava

piada *sf* **1** *(gracejo)* blague, plaisanterie **2** *fig (ideia ridícula)* bêtise, connerie

pianista *smf* pianiste

piano *sm* MÚS piano
■ **piano de cauda/de armário** piano à queue/piano droit

pião *sm* toupie *f*

piar *vi* piauler, piailler, pépier

pica *sf gíria (pênis)* bite, queue, pine

picada *sf* **1** *(de inseto; de agulha, etc.)* piqûre **2** *(de cobra)* morsure **3** *(trilha)* sentier *m*

• **ser o fim da picada** être la fin des haricots

picadinho *sm* CUL ragoût

picante *adj* piquant, -e

picão *sm* BOT bident

pica-pau *sm* ZOOL pivert, pic-vert, pic

picape *sf* camionnette, fourgonnette

picar *vtd* **1** *(inseto; agulha etc.)* piquer **2** *(cobra)* mordre **3** *(fragmentar)* hacher
▶ *vi* **1** *(produzir ardor)* piquer, brûler, cuire **2** *(produzir comichão)* gratter, démanger

picareta *sm (instrumento)* pioche *f*
▶ *adj-smf fig* magouilleur, -euse

picaretagem *sf gíria* combine, magouille, entourloupe

picas *sf (nada)* dalle

pichação *sf* **1** *(aplicação de piche)* goudronnage *m* **2** *(em muros, paredes)* bombage *m*, tag *m*, graffiti *m* **3** *fig (crítica, maledicência)* éreintement *m*, démolis-

pichar sage *m*, descente (*en flammes*), éreintage *m*

pichar *vtd* 1 (*aplicar piche*) goudronner 2 (*grafitar; escrever em muro*) graffiter, bomber, taguer 3 (*falar mal*) taper sur, casser du sucre sur le dos de, dire pis que pendre de

piche *sm* goudron

picles *sm pl* CUL pickles, conserves *f pl* au vinaigre

pico *sm* 1 GEOG pic 2 (*auge*) pic, sommet
• **horário de pico** heure de pointe/du rush/d'affluence

picolé *sm* esquimau glacé

picotar *vtd* picoter

piedade *sf* 1 (*compaixão*) pitié, compassion 2 (*devoção*) piété

piedoso, -sa *adj* 1 (*compassivo*) miséricordieux, -euse, compatissant, -te 2 (*devoto*) pieux, -eux

píer *sm* embarcadère, quai

pifar *vi* 1 (*avariar-se*) tomber en rade 2 (*fracassar*) échouer

pigarrear *vi* se racler la gorge

pigarro *sm* catarrhe

pigmento *sm* pigment

pijama *sm* pyjama
• **vestir pijama de madeira** être entre quatre planches

pilantra *adj* malhonnête, canaille
▸ *smf* escroc, fripouille *f*, canaille *f*, crapule

pilantragem *sf* fripouillerie, crapulerie

pilão *sm* pilon

pilar *sm* pilier

pilastra *sf* ARQ pilastre *m*

pileque *sm* cuite *f*, biture *f*

pilha *sf* 1 (*monte*) pile, tas *m*, monceau *m* 2 (*elétrica*) pile
• **ser uma pilha de nervos** être un paquet de nerfs

pilhagem *sf* pillage *m*

pilhar *vtd* 1 (*saquear*) piller 2 (*surpreender, apanhar*) prendre sur le fait, prendre la main dans le sac

pilotar *vtd* piloter

piloto *smf* pilote

▸ *sm* (*pequena lâmpada; bico de gás*) veilleuse *f*
• **piloto automático** pilote automatique
• **piloto de prova** pilote d'essai

pílula *sf* comprimé *m*, pilule
• **dourar a pílula** dorer la pilule (à)

pimenta *sf* BOT piment *m*
• **pimenta nos olhos dos outros não arde** le malheur des uns fait le bonheur des autres.

pimenta-do-reino *sf* (*pl* **pimentas-do-reino**) BOT poivre *m*

pimenta-malagueta *sf* (*pl* **pimentas-malaguetas**) BOT piment *m* rouge

pimentão *sm* BOT poivron

pinacoteca *sf* pinacothèque

pinça *sf* pince

pincel *sm* pinceau
▪ **pincel atômico** marqueur, feutre

pincelada *sf* coup *m* de pinceau

pincelar *vtd* 1 (*pintar*) peindre au pinceau 2 (*pôr com pincel*) passer au pinceau: *picelar ovo sobre a massa da torta* passer l'œuf au pinceau sur la pâte à tarte

pindaíba *sf* gíria mouise: **estar na pindaíba** être dans la mouise

pinel *smf* fou

pinga *sf* (*cachaça*) eau-de-vie de canne à sucre

pingadeira *sf* 1 CONSTR gouttière 2 (*coriza*) coryza, rhinite

pingado *sm* (*café*) café au lait

pinga-pinga *sm* 1 (*que rende aos poucos*) affaire qui donne de l'argent au compte-gouttes, mais régulièrement 2 (*avião, ônibus etc.*) avion, bus etc. qui s'arrête très souvent pour prendre des passagers

pingar *vi* 1 (*água*) tomber goutte à goutte, (dé)goutter 2 (*torneira, telhado etc.*) goutter 3 (*começar a chover*) commencer à pleuvoir 4 (*parar muito-ônibus etc.*) s'arrêter très souvent
▸ *vtd* (*borrifar*) vaporiser
▸ *vtd-vi* (*dinheiro-render aos poucos*) rapporter petit à petit

pingente *sm* 1 (*joia, enfeite*) pendant 2 (*passageiro*) passager, -ère qui voyage accroché, -e aux rampes des wagons de train

pingo sm 1 (gota; porção mínima) goutte f 2 (ponto) point
• **pingo de gente** un petit bout de chou
• **pôr os pingos nos ii** mettre les points sur les i

pinguço, -ça sm, f poivrot, -e, soûlard, -e

pinguela sf (ponte) pont suspendu

pingue-pongue (pl **pingue-pongues**) sm ESPORTE ping-pong, tennis de table

pinguim sm ZOOL pingouin

pinha sf BOT pomme de pin, pigne

pinhão sm BOT pignon (du pin du Paraná)

pinheiro sm BOT pin

pinho sm pin, bois de pin

pino sm fiche f
■ **pino de tomada** broche f, fiche f
• **bater pino** (mecânica) être déréglé, -e/mal réglé, -e (fig) être à plat

pinote sm (pirueta) cabriole f

pinta sf 1 (sinal da pele) tache de rousseur, envie, naevus m 2 pop (aparência) gueule 3 pop (jeito) allure, look m

pintar vtd 1 (paredes, quadros) peindre 2 (o rosto) se farder, se maquiller 3 (descrever, retratar) peindre, dépeindre
▶ vi 1 fig (aparecer) arriver, se pointer, s'amener 2 fig (ocorrer) arriver, y avoir: *pintou confusão!* il y a eu de l'agitation!
▶ vpr **pintar-se** (o rosto) se farder/maquiller
• **pintar e bordar** en faire des siennes

pintassilgo sm ZOOL chardonneret

pintinho sm ZOOL petit poussin

pinto 1 sm BOT poussin 2 gíria (pênis) bite f, queue f, pine f

pintor, -ra sm, f 1 (de paredes) peintre (en bâtiment[s]) 2 (de quadros) peintre

pintura sf 1 (de parede; artística; quadro) peinture 2 (maquiagem) maquillage, fard 3 fig (descrição) peinture
■ **pintura a óleo** peinture à l'huile

pínus sm BOT pin

pio sm piaulement, piaillement
• **não dar um pio** fig ne pas broncher

piolho sm ZOOL pou

pioneiro, -ra sm, f pionnier, -ère

pior adj (comp de mau, ruim) pire
▶ adv pire, pis
• **estar pior** empirer
• **estar na pior** être très mal en point/être au plus mal
• **ir de mal a pior** aller de mal en pis
• **levar a pior** perdre
• **o pior é que...** et le pire, c'est que…
• **pior impossível!** rien ne pourrait être pire!/il n'y a pas pire que ça
• **pior para você** tant pis pour toi
• **temer o pior** craindre le pire

piora sf (de situação; de doença) aggravation

piorar vtd (pessoa; doença, situação) empirer, aggraver
▶ vi (pessoa, situação, doença) empirer, s'aggraver

pipa sf 1 (barril) futaille, barrique, fût m 2 (brinquedo) cerf-volant m

pipi sm pipi

pipoca sf pop-corn m

pipocar vi 1 (arrebentar) éclater 2 (estalar) crépiter, grésiller 3 (surgir de repente) se pointer, se ramener

pique sm 1 (pequeno corte) piqûre f 2 (brincadeira de criança) trappe-trappe 3 (disposição) disposition f
• **a pique** à pic
• **estar no maior pique** être frais et dispos

piquenique sm piquenique

piquete sm (estaca; em greves) piquet

pira sf (fogueira) bûcher
• **dar o pira** se casser, se tirer, se tailler

pirado, -da adj fondu, -e

pirambeira sf précipice m, gouffre m

pirâmide sf pyramide

piranha sf 1 ZOOL piranha m 2 fig (prostituta) pute

pirão sm bouillon de poisson au manioc

pirar vi 1 (sair, sumir) disparaître, s'évanouir 2 (enlouquecer) devenir fou, -olle

pirata sm pirate
▶ adj (copiado ilegalmente) pirate

pirataria sf 1 (no mar) piraterie 2 (produção ilegal) piratage m

piratear vtd-vi pirater

pires *sm* soucoupe *f*

pirex *sm inv* pyrex

Pirineus *sm pl* Pyrénées *f pl*

pirotécnico, -ca *adj* pyrotechnique

pirraça *sf* caprice *m*

pirralho *sm* gamin, -e, gosse

pirueta *sf* pirouette

pirulito *sm* sucette *f*

pisado, -da *adj* **1** (*contundido*) contusionné, -e, meurtri, -e **2** *fig* (*humilhado*) piétiné, -e, foulé, -e aux pieds

pisão *sm* (*pisada*) action de marcher sur le pied de qqn

pisar *vtd* **1** (*andar em cima*) marcher sur **2** (*calcar*) fouler **3** *fig* (*humilhar*) piétiner, fouler
▶ *vi* (*acelerar*) appuyer (sur l'accélateur/le champignon)

piscadela *sf* clin *m* d'œil

pisca-pisca (*pl* **pisca-piscas**) *sm* clignotant

piscar *vi* **1** (*olho*) cligner **2** (*luz*) clignoter **3** (*fazer sinal com piscada*) faire un clin d'œil
• **num piscar de olhos** en un clin d'œil

piscina *sf* piscine

piso *sm* **1** (*chão*) sol **2** (*andar de prédio*) étage **3** (*pavimento*) revêtement de sol: *piso de mármore* revêtement en marbre **4** *fig* (*limite inferior*) plancher
• **piso de ladrilhos** carrelage

pisotear *vtd* piétiner

pista *sf* (*vestígio; indicação, dica; leito de estrada*) piste
■ **pista de aeroporto** piste d'aéroport
■ **pista de corrida** piste de course
■ **pista de dança** piste de danse
■ **pista de esqui** piste de ski
■ **pista de patinação** patinoire
■ **pista de rolamento** voie
■ **pista de turfe** champ de course
■ **pista sonora** plage sonore
• **estar na pista de alguém/algo** être sur la piste de qqn/qqch
• **perder a pista de alguém/algo** perdre la trace/piste de qqn/qqch

pistache *sm* pistache *f*

pistão *sm* MEC piston **2** MÚS piston, trompette *f* d'harmonie

pistolão *sm* (*recomendação*) piston

pistoleiro, -ra *sm, f* bandit, gangster, malfaiteur

pistonista *smf* joueur, -euse de trompette d'harmonie

pitada *sf* pincée

pitar *vtd-vi* fumer

piteira *sf* fume-cigarette

pito *sm* **1** (*cachimbo, cigarro*) pipe *f*, cigarette *f* **2** (*repreensão*) savon, engueulade *f*

pitoresco, -ca *adj* pittoresque

pitu *sm* ZOOL écrevisse *f*

pivete *sm* **1** (*moleque*) morveux, -euse, gamin, -e **2** (*moleque ladrão*) petit voleur

pivô *sm* pivot

pizza *sf* CUL pizza
• **terminar em pizza** *fig* finir bien

pizzaria *sf* pizzeria

placa *sf* **1** (*chapa, lâmina; tabuleta-de-rua, de automóvel*) plaque **2** (*de anúncio, casa de comércio*) écriteau *m* **3** (*mancha na pele*) plaque **4** INFORM carte
■ **placa bacteriana** plaque dentaire/tartre *m*

placenta *sf* ANAT placenta *m*

plácido, -da *adj* placide

plagiador, -ra *adj-sm, f* plagiaire

plagiar *vtd* plagier

plágio *sm* plagiat

plaina *sf* rabot *m*

planador *sm* planeur

planalto *sm* plateau
• **o Planalto** nom du Palais présidentiel brésilien

planar *vi* planer

planejamento *sm* planification *f*
■ **planejamento familiar** planning familial

planejar *vtd* **1** (*elaborar plano ou planta*) planifier **2** (*tencionar*) projeter de, avoir l'intention de

planeta *sm* planète *f*

planetário, -a *adj* planétaire
▶ *sm* planétarium

planície *sf* plaine

planilha *sf* tableau

• **planilha eletrônica** feuille de calcul

plano, -na *adj* plan, -e
▸ *sm* plan
■ **plano de saúde** assurance maladie

planta *sf* 1 BOT plante 2 ARQ plan *m* 3 (*do pé*) plante

plantação *sf* plantation, champ *m*

plantão *sm* MIL MED garde *f*
▸ **ficar de plantão** être de garde

plantar *vtd* 1 planter 2 (*deixar parado*) planter, camper
▸ *vpr* **plantar-se** se camper

plantio *sm* plantation *f*

plantonista *smf* fonctionnaire de garde

plasma *sm* MED plasma

plasmar *vtd* façonner, modeler, pétrir

plástica *sf* 1 (*formas*) plastique 2 (*cirurgia*) chirurgie esthétique, chirurgie plastique

plástico, -ca *adj* plastique
▸ *sm* **plástico** plastique

plataforma *sf* 1 plate(-)forme 2 (*de estação ferroviária*) quai 3 (*de sapato*) sandales *pl* compensées
■ **plataforma continental** plate(-)forme continentale

plateia *sf* 1 (*parte do teatro*) salle 2 (*espectadores*) public *m*, audience, spectateurs *m pl*

platina *sf* platine

platinado, -da *adj* platiné, -e
▸ *sm* **platinado** MEC vis *f pl* platinées

platônico, -ca *adj* platonique

playboy *sm* playboy

plebe *sf* plèbe

plebeu, -eia *adj-sm, f* plébéien, -ienne

plebiscito *sm* plébiscite

pleitear *vtd* 1 (*concorrer, disputar*) briguer 2 (*empenhar-se por conseguir*) s'efforcer d'obtenir 3 (*em juízo*) plaider

pleno, -na *adj* plein, -e
• **em pleno inverno/verão etc.** en plein hiver/été etc.

plissado, -da *adj* plissé, -e

plugado, -da *adj* 1 INFORM connecté, -e 2 *gíria* (*por dentro*) branché, é, câblé, -e

plugar *vtd* brancher, connecter
▸ *vpr* **plugar-se** *fig* se brancher

plugue *sm* prise *f*

pluma *sf* plume

plumagem *sf* plumage *m*
▸ **bater a bela plumagem** s'en aller/décamper/déguerpir

plural *adj-sm* pluriel, -elle

pluvial *adj* pluvial, -e
• **águas pluviais** eaux de pluie

pneu *sm* 1 (*de borracha*) pneu 2 *gíria* (*gordura*) bourrelet, poignées *f pl* d'amour

pneumático, -ca *adj* pneumatique

pneumonia *sf* MED pneumonie

pó *sm* 1 (*poeira*) poussière *f* 2 *gíria* (*cocaína*) poudre *f*
■ **pó de arroz** poudre *f* de riz
• **em pó** en poudre
• **tirar o pó** dépoussiérer/faire la poussière

pô! *interj* ben alors!

pobre *adj-smf* 1 (*sem recursos*) pauvre 2 (*escasso de*) pauvre (**de**, **en**)

pobretão, -ona *adj-sm, f* misérable

pobreza *sf* pauvreté

poça *sf* flaque

poção *sf* potion

poceiro *sm* puisatier

pochete *sf* pochette

poço *sm* 1 (*de água, petróleo; do elevador*) puits 2 (*da orquestra*) fosse
■ **poço artesiano** puits artésien
• **poço sem fundo** *fig* gouffre sans fond
• **um poço de conhecimentos** un puits de science/d'érudition

poda *sf* taille, élagage *m*

podar *vtd* 1 (*plantas*) élaguer 2 *fig* (*cercear*) couper, arrêter

poder *vtd* 1 pouvoir: *não pode comprar carro* il ne peut pas acheter de voiture; *esse caminhão pode carregar três toneladas* ce camion peut transporter trois tonnes; *vocês não podem entrar aqui* vous ne pouvez pas entrer ici; *você pode cair* tu peux tomber; *você já pode dizer que é doutor* tu peux déjà dire que tu es docteur 2 (*conseguir*) arriver à, réussir à, parvenir à: *não posso erguer esta mala* je n'arrive pas à soulever cette valise

▶ vi (*ter poder*) pouvoir
▶ vti 1 (*suportar*) supporter (**com**, -) 2 (*ter poder sobre*) avoir du pouvoir (**com**, **sur**)
▶ sm **poder** 1 (*autoridade, direito*) pouvoir, autorité *f* 2 (*governo*) gouvernement 3 (*capacidade, possibilidade*) capacité *f*, possibilité *f* 4 (*eficácia*) efficacité *f*, efficience *f* 5 (*força*) force *f*, fermeté *f*
▶ sm pl **poderes** pouvoirs: *dar poderes a alguém* donner les (*pleins*) pouvoirs à qqn
■ **Poder Executivo** pouvoir exécutif
■ **Poder Judiciário** pouvoir judiciaire
■ **Poder Legislativo** pouvoir législatif
■ **Poder público** pouvoir public
• **a mais não poder** à n'en plus pouvoir
• **plenos poderes** pleins pouvoirs
• **pode ser que** il se peut que
• **poder aquisitivo** pouvoir d'achat
• **ter algo/alguém em seu poder** avoir qqch/qqn en son pouvoir

poderio *sm* pouvoir, puissance *f*

poderoso, -sa *adj* puissant, -e
▶ sm pl **poderosos** puissants

pódio *sm* ESPORTE podium

podre *adj* pourri, -e
• **ser podre de rico** être bourré, -e de fric/être plein aux as

podridão *sf* pourriture

poeira *sf* 1 (*pó*) poussière 2 *gíria* (*cocaína*) poudre

poeirento, -ta *adj* poussiéreux, -euse

poema *sm* poème

poente *sm* ouest, couchant, occident

poeta, -isa *sm, f* poète, -esse

poético, -ca *adj* poétique

pois *conj* 1 (*porque*) car, puisque 2 (*portanto; então*) alors, donc: *pois viaje!* voyage donc! 3 (*no entanto*) mais: *você tem dinheiro? Pois eu não tenho!* tu as de l'argent? Mais moi je n'en ai pas
• **pois (que)** car, puisque
• **pois bem** eh bien, soit
• **pois é** eh oui
• **pois não** (*sim*) oui (*atendimento*) puis-je vous aider?
• **pois sim!** non!

polar *adj* polaire

polegada *sf* pouce *m*

polegar *sm* pouce

poleiro *sm* 1 (*de aves*) perchoir 2 TEATRO poulailler

polêmica *sf* polémique

polêmico, -ca *adj* polémique

pólen *sm* pollen

polenta *sf* polenta

polia *sf* poulie

polícia *sf* police
▶ *sm* (*policial*) policier, flic, agent de police
■ **polícia federal** police fédérale
■ **polícia militar** police militaire
■ **polícia rodoviária** police de la route

policial *adj* policier, -ère
▶ smf 1 (*profissional da polícia*) policier 2 (*cão*) chien *m* policier

policiamento *sm* ronde *f*/patrouille de police

policiar *vtd* 1 effectuer une patrouille 2 *fig* (*reprimir*) réprimer
▶ *vpr* **policiar-se** *fig* se surveiller, se tenir

polidez *sf* (*cortesia*) politesse

polido, -da *adj* (*lustroso; cortês*) poli, -e

poliéster *sm* polyester

poligamia *sf* polygamie

polígamo, -ma *sm, f* polygame

poliglota *adj-smf* polyglotte

poliomielite *sf* MED poliomyélite

polir *vtd* 1 (*lustrar*) polir 2 *fig* (*educar*) élever

politécnico, -ca *adj* polytechnique

politeísmo *sm* RELIG polythéisme

política *sf* 1 politique: *interessar-se por política* s'intéresser à la politique; *uma nova política educacional* une nouvelle politique d'éducation 2 *fig* (*habilidade, diplomacia*) diplomatie

político, -ca *adj-sm, f* politique
▶ *sm* **político** (*homem*) politique

politizar *vtd* politiser
▶ *vpr* **politizar-se** se politiser

polivalente *adj* polyvalent, -e

polo *sm* 1 pôle 2 ESPORTE polo
• **polo cultural** pôle culturel
• **polo aquático** polo aquatique
• **polo petroquímico** complexe pétrochimique

polonês, -esa adj sm, f polonais, -e
▶ sm, f Polonais, -e
▶ sm **polonês** (língua) polonais

polpa sf pulpe

polpudo, -da adj 1 (com muita polpa) pulpeux, -euse 2 fig (vultoso, grande) grand, e, important, -e: *um polpudo salário* un salaire important

poltrona sf (sofá; em teatro etc.) fauteuil m

poluente adj polluant, -e
▶ sm polluant

poluição sf pollution, nuisance
■ **poluição sonora** pollution sonore/ nuisance sonore
■ **poluição visual** pollution visuelle

poluído, -da adj pollué, -e

poluidor, -ra adj pollueur, -euse

poluir vtd polluer

polvilhar vtd saupoudrer

polvilho sm poudre, farine de manioc fine

polvo sm ZOOL poulpe

pólvora sf poudre
• **descobrir a pólvora** fig inventer la poudre/le fil à couper le beurre

pomada sf 1 (medicinal, cosmética) pommade 2 (para sapatos) cirage m

pomba sf ZOOL colombe
▶ interj **pombas!** merde (alors)!

pombal sm colombier, pigeonnier

pombo sm ZOOL pigeon

pombo-correio (pl **pombos-correio**) sm 1 ZOOL pigeon voyageur 2 fig messager, -ère

pompa sf pompe

pomposo, -sa adj pompeux, -euse

ponche sm punch

poncho sm poncho

ponderar vtd 1 MAT pondérer 2 fig pondérer, envisager

ponderável adj pondérable

ponta sf 1 (extremidade) bout m 2 (extremidade aguda; ângulo) pointe 3 (pequena quantidade) pointe, soupçon m 4 CINE TV TEAT (pequeno papel) (brève) apparition 5 (de cigarro) mégot m
• **aguentar/segurar as pontas** tenir le choc/le coup
• **de ponta a ponta** de bout en bout
• **fazer ponta (em lápis etc.)** tailler
• **na ponta da língua** sur le bout de la langue
• **ponta de estoque** fin/reste m de stock
• **sem ponta** épointé, -e, émoussé, -e

ponta-cabeça sf loc **de ponta-cabeça** sens dessus dessous

pontada sf (dor) élancement m

pontapé sm coup de pied

pontaria sf pointage m, précision, justesse (d'un tir)
• **fazer pontaria** viser
• **ter boa/má pontaria** savoir/ne pas savoir viser

ponte sf 1 ARQ pont m 2 fig pont m 3 (de dente) bridge
• **fazer ponte** (em feriado) faire le pont m
■ **ponte aérea** pont m aérien
■ **ponte de safena** pontage m coronarien
■ **ponte pênsil/suspensa** pont suspendu

ponteiro sm (de relógio etc.) cadran
• **acertar os ponteiros** fig régler les comptes

pontilhão sm petit pont

ponto sm 1 point: *o ponto e a reta* le point et la ligne; *ponto de costura, de bordado, de tricô* point de couture, de broderie, de tricot; *tire a vírgula e ponha um ponto* enlève la virgule et mets un point; *veja a que ponto chegamos* vois à quel point nous sommes arrivés; *ponto de ebulição* point d'ébullition; *ponto de exclamação* point d'exclamation; *ponto de interrogação* point d'interrogation *há vários pontos que precisamos discutir* nous devons discuter de plusieurs points 2 (registro de entrada no trabalho) pointage 3 (livro de ponto) pointeuse f 4 (de ônibus) arrêt 5 (de táxi) station f 6 (grau de cozimento) point: *estar/não estar no ponto* être/ne pas être à point 7 TEATRO souffleur 8 (de história, matemática etc.) leçon f 9 (local de estabelecimento comercial) local commercial: *passa-se o ponto* local commercial à louer
■ **ponto cardinal** point cardinal

- **ponto culminante** point culminant
- **ponto de encontro** (*lieu de*) rendez--vous
- **ponto de partida** point de départ
- **ponto de referência** point de référence/repère
- **ponto de venda** point de vente
- **ponto de vista** point de vue
- **ponto e vírgula** point-virgule
- **ponto final** (*sinal gráfico*) point final (*de ônibus*) terminus
- **ponto fraco** point faible
- **a tal ponto que...** à tel point que…
- **até certo ponto** jusqu'à un certain point
- **dar ponto** (*atingir consistência*) prendre
- **dormir no ponto** perdre/rater une occasion
- **em ponto** précisément/exactement
- **entregar os pontos** rendre les armes/ baisser les bras
- **estar a ponto de** être sur le point de
- **fazer ponto em um lugar** fréquenter assidûment un lieu

pontuação *sf* **1** (*classificação*) score *m* **2** (*de um texto*) ponctuation

pontual *adj* ponctuel, -elle

pontualidade *sf* ponctualité

pontuar *vtd-vi-vtdi* ponctuer

pontudo, -da *adj* pointu, -e

popa *sf* poupe

população *sf* population

populacional *adj* relatif, -ive à la population

popular *adj* populaire

popularidade *sf* popularité

populoso, -sa *adj* peuplé, -e, populeux, -euse

pôquer *sm* poker

por *prep* **1** (*através de*) par: *passar pela janela*; *mandar pelo correio* passer par la fenêtre, envoyer par la poste **2** (*ao longo de*) au bord de, le long de: *andar pela praia* marcher au bord de la plage **3** (*sobre, em*) par: *vieram por mar* ils sont venus par mer **4** (*em lugar indeterminado*) (*quelque part*) dans: *as crianças estão pelo jardim* les enfants sont dans le jardin **5** (*por causa de*) de: *calou--se por medo* de peur, il s'est tu **6** (*como*) pour: *tem por amigo um grande literato* il a un grand écrivain pour ami **7** (*indicador de unidade*) par, au, à la: *ele é pago por mês* il est payé au mois **8** (*com base em*) d'après: *pelo que dizem...* d'après ce qu'on dit **9** (*indicador de preço*) pour: *comprei um vestido por cem reais* j'ai acheté une robe pour cent reals **10** (*para*) à: *está tudo por fazer* tout reste à faire **11** (*sentimento*) de: *amor pela pátria* amour de la patrie; *ódio pelo inimigo* haine de l'ennemi **12** (*a*) à: *palavra por palavra* mot à mot **13** (*aproximadamente*) environ: *as despesas andam por quinhentos reais* les dépenses s'élèvent à environ cinq cent reals **14** (*agente da passiva*) par: *a lei foi promulgada por esse governo* la loi a été promulguée par ce gouvernement **15** (*de acordo com*) pour: *por ele, você pode viajar* pour lui, tu peux voyager
▶ **por que** pourquoi: *por que está correndo?* pourquoi cours-tu?; *diga por que fez isso* dis-moi pourquoi tu as fait ça
- **2 por 3 são 6** deux fois trois (*font/ égale à*) six
- **a 50 km por hora** à 50 km à l'heure
- **não sei por quê** je ne sais pas pourquoi
- **por entre** par, à travers (*de*)
- **por que não?** pourquoi pas?

pôr *vtd-vtdi* **1** (*colocar; introduzir*) mettre **2** (*pousar; descansar, assentar*) poser: *pôr as coisas na mesa* poser ses affaires sur la table; *pôr a cabeça no travesseiro* poser sa tête sur l'oreiller **3** (*instalar*) installer: *pôr um armário embutido no quarto* installer une armoire encastrée dans la chambre **4** (*depositar*) mettre: *pôr as economias no banco* mettre ses économies à la banque **5** (*incluir*) ajouter: *pôr alguém na lista de chamada* ajouter qqn sur la liste d'appel **6** (*virar, voltar*) (re)tourner: *ponha o travesseiro deste lado* retourne l'oreiller de l'autre côté **7** (*escrever*) mettre, rajouter: *ponha esta palavra na terceira linha* rajoute ce mot à la troisième ligne **8** (*despejar*) servir, mettre: *ponha o vinho na taça* sers le vin dans le verre; *ponha pimenta no molho* mets du poivre dans la sauce **9** (*investir-dinheiro*) investir, placer **10** (*aplicar*) passer, mettre: *ponha remédio na ferida* passe un remède sur la bles-

sure; *ponha colírio no olho* mets du collyre dans l'oeil **11** (*dar-nome, apelido*) donner, coller **12** (*avaliar*) mettre: *põe o amor em primeiro lugar* il met l'amour en premier lieu **13** (*apresentar*) annoncer: *pôr uma casa para alugar* annoncer la location d'une maison **14** (*apostar*) parier
▶ vtd **1** (*vestir*) (re)vêtir, enfiler, passer **2** (*calçar*) enfiler **3** (*ovos, a galinha*) pondre
▶ vpr **pôr-se 1** (*postar-se*) se mettre **2** (*começar*) se mettre (**a**, à) **3** (*o sol*) se coucher
• **pôr do sol** coucher de soleil

porão sm **1** (*de casa*) cave f **2** (*de navio*) cale f

porca sf **1** ZOOL truie **2** (*de metal*) écrou m
• **é aí que a porca torce o rabo** c'est là le hic

porção sf **1** (*parte*) partie, portion **2** (*quinhão; quantidade, parcela*) portion **3** (*grande quantidade*) tas m: *uma porção de coisas* un tas de choses

porcaria sf **1** (*imundície*) ordure, saleté **2** (*obscenidade; coisa nojenta*) cochonnerie, saloperie **3** (*coisa ruim*) merde **4** (*guloseima; bugiganga*) cochonneries pl **5** (*ninharia*) rien m

porcelana sf porcelaine

porcentagem sf pourcentage m

porco, -ca sm, f ZOOL porc m, truie f
▶ sm (*carne de porco*) porc
▶ adj **1** (*sujo*) sale **2** (*obsceno*) obscène **3** (*sem capricho*) cochonné, -e, salopé, -e

porém conj cependant, toutefois, néanmoins, mais, pourtant
▶ sm mais: *só há um porém* il n'y a qu'un mais

pormenor sm détail

pornô adj porno

pornográfico, -ca adj pornographique

poro sm pore

poroso, -sa adj poreux, -euse

porque conj parce que
• **porque sim/não** parce que oui/non

porquê sm pourquoi: *o porquê* le pourquoi

porra sf **1** pop (*esperma*) foutre **2** (*porcaria*) merde, putain: *vou jogar fora esta porra deste telefone* je vais jeter ce putain de téléphone
▶ interj **porra!** putain!

porrada sf **1** (*bordoada*) coup m de bâton m **2** (*grande quantidade*) tas m

porre sm **1** (*bebedeira*) cuite f, biture f **2** pop (*chatice*) merde f

porrete sm gourdin

porta sf porte
■ **porta corrediça** porte coulissante
■ **porta de enrolar** rideau de fer
■ **porta traseira** [de veículo] porte arrière/hayon m
• **a portas fechadas** à huis clos
• **dar com a porta na cara de alguém** fermer la porte au nez de qqn
• **estar às portas da morte** être sur le point de mourir

porta-aviões sm inv porte-avion

porta-bagagem (pl **porta-bagagens**) sm **1** (*bagageiro*) porte bagage **2** (*porta-malas*) soute f (à bagages), coffre

porta-bandeira (pl **porta-bandeiras**) smf MIL porte-drapeau

porta-estandarte smf porte-étendard

porta-joias sm inv coffret à bijoux, écrin

portal sm ARQ INFORM portail

porta-luvas sm inv boîte f à gants, vide-poche

porta-malas sm inv soute f (à bagages), coffre

porta-moedas sm inv porte-monnaie

portanto conj donc, alors

portão sm porte f principale

portar vtd (*ter consigo*) porter
▶ vpr **portar-se** se tenir

porta-retratos sm inv porte-photo

portaria sf **1** (*onde fica o porteiro*) conciergerie **2** (*norma*) ordonnance, règlement m

portátil adj portable

porta-voz (pl **porta-vozes**) sm porte-parole

porte sm **1** (*transporte*) port **2** (*aparência; postura, atitude*) allure f, maintien, port **3** (*dimensões*) taille f: *de grande/pequeno porte* de grande/petite taille
• **porte de armas** port d'armes

porteira *sf* 1 *(mulher da portaria)* concierge, portière 2 *(portão, cancela)* portail *m*

porteiro, -ra *sm, f* portier, -ière, concierge

• **porteiro eletrônico** interphone

pórtico *sm* ARQ portique

porto *sm* 1 *(atracadouro)* port 2 *(vinho)* (vin de) porto

Portugal *sm* Portugal

portuário, -a *adj* portuaire
▶ *sm* **portuário** *(trabalhador)* travailleur, -euse des ports

português, -esa *adj* portugais, -e
▶ *sm f* Portugais, -e
▶ *sm (língua)* portugais

posar *vti* poser (**para**, pour)
▶ *vpred* prendre des airs (**de**, de)

pose *sf* pose: *fazer pose* faire la pose/ prendre une pose; *filme de 24 poses* pellicule de 24 poses

• **por pose** *(para se mostrar)* pour se montrer

posição *sf* 1 *(em geral)* position 2 *fig (cargo, posto etc.)* poste *m*, charge, fonction

• **tomar uma posição** prendre position

posicionamento *sm* 1 *(ação de posicionar)* positionnement 2 *(opinião, posição)* opinion *f*, avis

posicionar *vtd-vtdi* positionner
▶ *vpr* **posicionar-se** 1 *(colocar-se)* se positionner 2 *(assumir opinião)* prendre position (en faveur de/contre)

positivo, -va *adj* positif, -ive
▶ *sm* FOTO positif
▶ *adv* **positivo** *(sim)* affirmatif

pós-operatório, -a *(pl* **pós-operatórios, -as)** *adj* postopératoire
▶ *sm* **pós-operatório** période *f* postopératoire

possante *adj* puissant, -e
▶ *sm gíria (carro)* tacot *m*, guimbarde

posse *sf* 1 *(propriedade; ato de possuir)* possession 3 *(num cargo)* investiture, intronisation

• **estar de posse de** être en possession de

• **ter posses** avoir des biens

• **tomar posse** *(de cargo)* être investi, -e/prendre ses fonctions *(de propriedade)* prendre possession

posseiro, -ra *sm, f (quem ocupa terra)* occupant, -e, squatter

possessão *sf* RELIG possession

possessivo, -va *adj* possessif, -ive

possesso, -sa *adj-sm, f* 1 *(endemoniado)* possédé, -e 2 *(encolerizado)* furieux, -euse, furax

possibilidade *sf* possibilité

possibilitar *vtdi* permettre, rendre possible

possível *adj* possible
▶ *sm* possible: *fazer o possível* faire *(tout)* le possible

• **será possível?!** il *(ne)* manquait plus que ça!

possuidor, -ra *smf* possesseur, -euse

possuir *vtd* posséder

posta *sf (de peixe)* darne, tranche

postal *adj* postal, -e
▶ *sm (cartão-postal)* carte *f* postale

postar *vtd (pôr, colocar; pôr no correio)* poster
▶ *vpr* **postar-se** se poster, se camper

poste *sm* poteau, pylône

pôster *sm* poster

posterior *adj* 1 *(traseiro; ulterior)* postérieur, -e 2 *(seguinte, subsequente)* suivant, -e, prochain, -e

postiço, -ça *adj* 1 *(que pode ser posto e tirado)* postiche 2 *(artificial)* postiche, factice, artificiel, -elle, faux, -ausse: *dentes postiços* fausses dents 3 *fig (sem naturalidade)* affecté, -é, feint, -e, forcé, -e

posto *sm* 1 *(lugar, cargo)* poste, fonction *f*, charge *f* 2 MIL *(grau hierárquico)* grade 3 MIL *(lugar das tropas)* poste
▶ *loc conj* **posto que** *(embora)* bien que, encore que

■ **posto avançado** poste avancé
■ **posto de gasolina/posto de serviço** station-service *f*/station *f* d'essence
■ **posto de informações** bureau/guichet d'informations
■ **posto de pedágio** péage
■ **posto de polícia** commissariat de police
■ **posto de saúde** centre de soins

- **posto de vacinação** centre de vaccination
- **posto de correio** bureau de poste
- **deixar o posto** quitter son poste
- **estar a postos** être dispos/être sur le qui-vive

póstumo, -ma *adj* posthume

postura *sf* 1 *(posição)* posture 2 *(ato de pôr ovos)* ponte 3 *(preceito municipal)* arrêté *m* municipal 4 *fig (ponto de vista)* position, opinion, avis *m*

posudo, -da *adj-sm,f* poseur, -euse

potássio *sm* QUÍM potassium

potável *adj* potable

pote *sm* pot

potência *sf* puissance

potencial *adj* potentiel, -elle
▶ *sm* potentiel

potro, -tra *sm,f* ZOOL poulain

pouco, -ca *adj* peu, pas beaucoup: *fiz pouca comida hoje* je n'ai pas fais beaucoup à manger aujourd'hui
▶ *pron* peu, peu nombreux: *são poucos os escolhidos* les élus sont peu nombreux
▶ *adv* 1 peu, pas très, pas beaucoup: *ela é pouco cuidadosa e trabalha pouco* elle n'est pas très soigneuse et elle ne travaille pas beaucoup 2 peu: *um pouco mais baixo* un peu plus bas; *fique um pouco comigo* reste un peu (plus) avec moi; *estou um pouco cansado* je suis un peu fatigué
▶ *sm* peu: *gastou o pouco que ganhou* il a dépensé le peu qu'il a gagné
- **aos poucos/pouco a pouco** petit à petit
- **daqui a pouco/dentro em pouco** d'ici peu/bientôt/sous peu
- **de pouco** *(recentemente)* il y a peu
- **dizer poucas e boas a alguém** en dire des vertes et des pas mûres à qqn
- **éramos poucos** nous étions peu
- **estar por pouco** être sur le point de *(finir, d'arriver etc.)*
- **faz pouco (tempo)** il y a peu
- **fazer pouco de alguém** faire fi/peu de cas de qqn, ne faire aucun cas de qqn
- **nem um pouco** pas du tout
- **por pouco não...** pour un peu… faillir à
- **pouco depois/antes de** un peu avant/après

poupador, -ra *adj-sm,f* 1 *(econômico)* ménager, -ère, économe 2 *(cliente de caderneta de poupança)* épargnant, -e

poupança *sf* 1 *(economia)* épargne, économies *f pl* 2 *(caderneta de poupança)* livret *m* d'épargne

poupar *vtd-vi (economizar-dinheiro)* épargner, économiser
▶ *vtd (deixar intacto; esforços; a vida)* épargner
▶ *vtdi* épargner, éviter: *poupe-me desse sofrimento* épargne-moi cette souffrance

pousada *sf* 1 *(hospedaria)* hôtellerie, auberge 2 *(permanência, estada)* séjour *m*

pousar *vtd-vtdi (pôr com cuidado)* poser
▶ *vi* 1 *(pássaro)* se poser 2 *(aterrissar)* se poser, atterrir 3 *(pernoitar)* descendre (dans)

pouso *sm* 1 *(para aves)* perchoir 2 *(aterrissagem)* atterrissage 3 *(refúgio)* refuge 4 *(permanência, estada)* séjour

povo *sm* 1 peuple 2 *(gente, pessoas)* gens *mf pl*
- **homem do povo** homme du peuple

povoado, -da *adj* peuplé, -e
▶ *sm* **povoado** village

povoar *vtd* peupler
▶ *vpr* **povoar-se** se peupler

poxa! *interj* putain!, purée!, zut!

praça *sf (logradouro; comércio)* place
▶ *sm (soldado de polícia)* agent *(de police)*, gardien de la paix
- **praça de alimentação** coin alimentation
- **sentar praça** s'enrôler, s'engager *(dans l'armée)*

prado *sm* pré, petite prairie *f*

praga *sf* 1 *(maldição) (mauvais)* sort *m*, imprécation: *rogar praga* jeter un (mauvais) sort 2 *(de gafanhotos etc.)* fléau *m* 3 *(moléstia de planta)* maladie 4 *(erva daninha)* mauvaise herbe, plante adventice 5 *fig* peste

praguejar *vti-vi* maudire, pester, fulminer

praia *sf* 1 *(faixa de terra)* plage 2 *fig* fort *m*, spécialité, tasse de thé: *matemática não é minha praia* les maths ne sont pas mon fort/ma tasse de thé

• **morrer na praia** rater/manquer le coche d'un rien

prancha *sf* (*tábua; de surfe; gravura*) planche

prancheta *sf* **1** (*mesa de desenhista*) table à dessin **2** (*tábua com suporte*) planchette, tablette

pranto *sm* pleurs *pl*, sanglots *pl*

prata *sf* argent
• **prata da casa** (*recursos próprios*) ses propres moyens (*pessoa da própria empresa*) le propre personnel
• **prata de lei** argent poinçonné/de bon aloi

prataria *sf* argenterie

prateado, -da *adj* argenté, -e

prateleira *sf* étagère
• **estar/ficar na prateleira** (*livro-não ser vendido*) rester en stock, être invendu

prática *sf* pratique
• **adquirir/pegar prática** apprendre son métier/acquérir de l'expérience
• **pôr em prática** mettre en pratique

praticante *adj* pratiquant, -e: *católico praticante* catholique pratiquant
▸ *smf* pratiquant, -e

praticar *vtd* **1** (*realizar, fazer*) pratiquer **2** (*exercer*) exercer, faire, pratiquer: *praticar a medicina* exercer la medicine; *praticar esportes* faire du sport **3** (*exercitar, treinar*) pratiquer, exercer

prático, -ca *adj* **1** (*não teórico*) pratique **2** (*experiente*) expérimenté, -e, compétent, -e (**em**, en/dans) **3** (*positivo-pessoa; funcional*) pratique: *um objeto prático* un objet pratique

prato *sm* **1** (*vasilha*) assiette *f* **2** (*iguaria*) plat **3** MÚS cymbale *f*
• **cuspir no prato em que comeu** cracher dans la soupe
• **lavar pratos** faire la vaisselle
• **pôr em pratos limpos** tout éclaircir
▪ **prato de resistência** plat de résistance
▪ **prato de sobremesa** assiette *f* à dessert
▪ **prato de sopa/fundo** assiette *f* creuse
▪ **prato do dia** plat du jour
▪ **prato raso** assiette *f* plate
▪ **prato pronto** plat préparé

praxe *sf* coutume, pratique

prazer *sm* plaisir
• **com muito prazer!** avec (*grand*) plaisir!/volontiers!
• **fazer algo por prazer** faire qqch par plaisir
• **prazer (em conhecê-lo/la)** enchanté, -e (*de vous connaître*)

prazeroso, -sa *adj* plaisant, -e

prazo *sm* **1** (*tempo em que algo deve ser feito*) délai **2** (*período*) terme
• **a curto/médio/longo prazo** à court/moyen/long terme
• **a longo prazo** (*com o passar do tempo*) à long terme/avec le temps
• **comprar/vender a prazo** acheter/vendre à crédit
• **prazo de vencimento** date *f* de péremption

preâmbulo *sm* préambule

precário, -a *adj* précaire

precaução *sf* précaution

precaver *vtd-vtdi* prévenir
▸ *vpr* **precaver-se** se prémunir, s'assurer, se garantir

precavido, -da *adj* averti, -e, prémuni, -e

prece *sf* prière

precedente *adj* (*anterior*) précédent, -e
▸ *sm* (*exemplo, fato anterior*) précédent
• **criar precedentes** créer des précédents

preceder *vtd-vti-vi* précéder

preceito *sm* précepte

precioso, -sa *adj* précieux, -euse

precipício *sm* précipice

precipitação *sf* **1** (*pluvial; sedimentação; irreflexão*) précipitation **2** (*radioativa*) pluies *pl*, retombées *pl*

precipitado, -da *adj* **1** (*lançado*) précipité, -e **2** (*gesto, ato*) précipité, -e, hâtif, -ive, imprudent, -e **3** (*pessoa*) imprudent, -e, inconséquent, -e, irréfléchi, -e
▸ *sm* **precipitado** QUÍM précipité

precipitar *vtd-vtdi* (*arremessar; acelerar*) précipiter
▸ *vpr* **precipitar-se** se précipiter
▸ *vi* QUÍM se précipiter

precisão *sf* **1** (*pontualidade; exatidão*) précision **2** (*necessidade*) besoin *m*, nécessité

precisar *vti (indicar com exatidão)* préciser
▸ *vti (ter necessidade)* avoir besoin (**de**, de)
▸ *vi* **1** *(ser preciso)* falloir: ***não precisa tanta preocupação*** il ne faut pas se soucier autant **2** *(ser precisado)* avoir besoin de: ***ele trabalha porque precisa*** il travaille, parce qu'il en a besoin

preciso, -sa *adj* précis, -e
▸ *loc* **ser preciso** falloir: ***é preciso ter cuidado*** il faut faire attention

preço *sm* prix
• **a preço de banana** pour une bouchée de pain
• **a preço de custo** à prix coûtant
• **a qualquer preço** à tout/n'importe quel prix
• **não ter preço** *fig* ne pas avoir de prix, être sans prix
• **preço fixo** prix fixe
• **ter em alto preço** avoir en haute/grande estime

precoce *adj* précoce

preconcebido, -da *adj* préconçu, -e, préjugé, -e

preconceito *sm* préjugé

precursor, -ra *sm, f* précurseur *m*

predador, -ra *adj-sm, f* prédateur, -trice

pré-datado, -da *adj* antidaté, -e

predecessor, -ra *sm* prédécesseur *m*

predestinação *sf* prédestination

predial *adj* foncier, -ière
• **imposto predial** impôt foncier

predicado *sm* **1** *(atributo)* attribut, prédicat **2** *(dote, virtude)* don, vertu *f* **3** GRAM prédicat

predileção *sf* prédilection
• **ter predileção por algo/alguém** avoir une prédilection pour qqn/qqch

predileto, -ta *adj* préféré, -e, favori, -te

prédio *sm* immeuble, bâtiment

predispor *vtd-vtdi* prédisposer
▸ *vpr* **predispor-se** se préparer (**a**, à)

predisposição *sf* prédisposition

predisposto, -ta *adj* prédisposé, -e

predizer *vtd-vtdi* prédire

predominante *adj* prédominant, -e

predominar *vti* prédominer

predomínio *sm* prédominance *f*

preencher *vtd* **1** *(encher; formulário etc.; cargo etc.)* remplir **2** *(tempo etc.)* tuer

pré-escola *sf* maternelle, jardin *m* d'enfants

preestabelecer *vtd* préétablir

pré-estreia *sf* CINE avant-première

pré-fabricado, -da *adj-sm, f* préfabriqué, -e

prefácio *sm* préface *f*

prefeito, -ta *sm, f* maire, -esse

prefeitura *sf* mairie

preferência *sf* préférence
• **de preferência a** de préférence à

preferido, -da *adj* préféré, -e

preferir *vtd-vtdi* préférer: ***preferir uma coisa a outra*** préférer une chose à une autre

preferível *adj* préférable

prefixo *sm* préfixe
• **prefixo musical** sonal, jingle

prega *sf* **1** *(de roupa)* pli *m* **2** *(ruga)* ride

pregação *sf* **1** RELIG prédication **2** *(discurso)* laïus *m*, harangue, sermon *m*

pregador, -ra *sm, f* prêcheur, -euse
▸ *sm* **pregador** *(prendedor de roupa)* épingle/pince à linge

pregão *sm* **1** *(de vendedores)* criée *f* **2** *(em leilões)* enchères *f pl* **3** *(local, na Bolsa)* parquet, corbeille *f*

pregado, -da *adj* **1** *(fixado com prego)* cloué, -e **2** *(exausto)* crevé, -e, rompu, -e, éreinté, -e

pregar *vtd* **1** *(cravar)* clouer **2** *(cansar, exaurir)* crever, éreinter, épuiser, claquer **3** *(fazer sermão; proclamar)* prêcher **4** *(coser)* coudre: ***pregar um bolso na calça*** coudre une poche à un pantalon
▸ *vi* **1** *(grudar)* coller **2** *(ficar exausto)* être crevé, -e, éreinté, -e, claqué, -e
• **pregar um susto em alguém** faire peur à qqn
• **pregar uma mentira** dire un mensonge

prego *sm* **1** *(utensílio)* clou **2** *(casa de penhor)* mont-de-piété, clou **3** *(cansaço, exaustão)* épuisement, éreintement

- **dar o prego** (*ficar exausto*) se crever, s'épuiser, s'éreinter

pregueado, -da *adj* plissé, -e
▶ *sm* **pregueado** plissage, plissé

preguear *vtd* **1** (*fazer pregas*) plisser **2** (*enrugar*) rider

preguiça *sf* **1** (*moleza*) paresse, flemme **2** ZOOL paresseux *m*, aï *m*
- **estar com/ter preguiça** avoir la flemme

preguiçoso, -sa *adj-sm,f* paresseux, -euse, flemmard, -e

prejudicar *vtd* **1** (*causar prejuízo*) porter préjudice à, causer du tort à **2** (*desfavorecer*) défavoriser **3** (*ser nocivo*) léser, nuire à
▶ *vpr* **prejudicar-se** se faire du tort, se porter préjudice

prejudicial *adj* nuisible

prejuízo *sm* **1** (*perda financeira*) préjudice matériel, perte *f* **2** (*perda em geral*) perte *f*

preliminar *adj* préliminaire

prelo *sm* presse *f*
- **no prelo** (*livro*) sous presse

prelúdio *sm* prélude

prematuro, -ra *adj-sm,f* prématuré, -e

premeditação *sf* préméditation

premeditar *vtd* préméditer

premente *adj* urgent, -e

premiação *sf* remise des prix

premiar *vtd* récompenser, attribuer un prix

premier *sm* POL premier-ministre

première *sf* première

prêmio *sm* **1** (*recompensa*) prix **2** (*de loteria ou aposta, de sorteio*) (gros) lot **3** (*de seguro*) prime *f*
- **prêmio de consolação** prix de consolation

premonição *sf* prémonition

prenda *sf* **1** (*mimo, dádiva*) cadeau *m*, présent *m* **2** (*dote, predicado*) don *m*, talent *m* **3** (*brinde, prêmio*) prime, cadeau *m*
- **prendas domésticas** travaux *m* domestiques

prendado, -da *adj* doué, -e, talentueux, -se

prendedor *sm* épingle *f*
■ **prendedor de cabelo** épingle *f* à cheveux
■ **prendedor de roupa** épingle/pince *f* à linge

prender *vtd* **1** (*atar, unir*) prendre, attacher, lier **2** (*aprisionar*) arrêter **3** (*respiração*) retenir **4** (*vincular*) lier, rattacher
▶ *vpr* **prender-se** (*ficar preso*) s'enfermer, être pris, -e/enfermé, -e **2** (*casar-se*) se marier **3** (*afeiçoar-se, apegar-se*) s'attacher (**a**, à) **4** (*ter relação a*) être lié, -e (**a**, à)

prensa *sf* presse

prensar *vtd* MEC presser, comprimer

prenunciar *vtd* prédire, annoncer, préluder à

preocupação *sf* **1** (*ansiedade*) inquiétude, souci *m* **2** (*pensamento dominante*) préoccupation

preocupado, -da *adj* **1** (*pensativo, absorto*) pensif, -ve, préoccupé, -e **2** (*apreensivo*) soucieux, -euse, inquiet, -ète

preocupante *adj* inquiétant, -e

preocupar *vtd* **1** (*absorver*) préoccuper: *ter casa própria é o que me preocupa* avoir une propre maison, voilà ce qui me préoccupe **2** (*inquietar*) inquiéter, préoccuper
▶ *vpr* **preocupar-se** se préoccuper, se soucier, se faire du mauvais sang
- **preocupar-se com alguém** se faire du mauvais sang pour qqn

preparação *sf* préparation

preparado, -da *adj* **1** (*pronto; prestes*) prêt, -e **2** (*arranjado antecipadamente; instruído*) préparé, -e
▶ *sm* **preparado** QUIM préparation

preparar *vtd-vtdi* préparer
▶ *vpr* **preparar-se 1** (*vestir-se, aprontar-se*) s'apprêter, se préparer **2** (*tornar-se apto; estudar, instruir-se*) se préparer

preparativo *sm* préparatif

preparo *sm* **1** (*preparação*) préparation *f* **2** (*instrução*) instruction *f*

preponderante *adj* prépondérant, -e

preposição *sf* GRAM préposition

prepotente *adj* autoritaire, suffisant, -e, arrogant, -e
▶ *smf* despote, tyran

prepúcio *sm* prépuce

prerrogativa *sf* prérogative, privilège *m*

presa *sf* 1 *(caça; despojo)* proie 2 *(dente canino)* croc *m*

prescindir *vi* se passer (**de**, de)

prescrever *vtd-vtdi (receitar, ordenar, determinar)* prescrire
▸ *vi* DIR prescrire

prescrição *sf* prescription

presença *sf* 1 présence 2 *(aparência)* allure, air *m*
- **livro de presença** feuille *f*/cahier de présence
- **marcar presença** être présent, -e
- **presença de espírito** présence d'esprit

presenciar *vtd* être présent, -e, assister à, témoigner

presente *adj* 1 *(que se encontra no local; atual)* présent, -e 2 *(interessado, atencioso)* attentif, -ve: *um pai muito presente* un père attentif
▸ *sm* 1 *(tempo atual)* présent 2 GRAM présent 3 *(mimo)* cadeau, présent
▸ *sm pl* présents: *todos os presentes assistiram ao filme* tous les présents ont vu le film

presentear *vtd-vtdi* donner un cadeau, faire un cadeau

presépio *sm* étable *f*, crèche *f (de Noël)*

preservar *vtd-vtdi* préserver
▸ *vpr* **preservar-se** se préserver

preservativo *sm* MED préservatif

presidência *sf* présidence

presidente, -ta *sm, f* président, -e
▪ **Presidente da República** Président de la République

presidiário, -a *sm* prisonnier, -ière

presídio *sm* prison *f*, pénitencier *m*

presidir *vtd-vti* présider

presilha *sf* 1 *(para cabelos)* barrette 2 *(de cinto etc.)* boucle

preso, -sa *adj* 1 *(atado)* lié, -e 2 *(travado)* coincé, -e, bloqué, -e, immobilisé, -e 3 *(aprisionado)* prisonnier, -ière, enfermé, -e 4 *(pregado)* cloué, -e, fixé, -e: *quadro preso à parede* tableau cloué au mur 5 *(vinculado, apegado)* lié, -e, attaché, -e 6 *(casado, comprometido)* marié, -e, fiancé, -e
▸ *sm, f* prisonnier, -ière
- **estar preso, -sa ao leito** être cloué, -e au lit/être alité, -e

pressa *sf* hâte, empressement *m*
- **estou com pressa** je suis pressé, -e
- **a toda a pressa** à toute vitesse/en toute hâte
- **às pressas** à la hâte/à la va-vite/vite fait
- **fazer algo com pressa/sem pressa** faire quelque chose à la hâte/sans hâte
- **ter pressa de fazer algo** avoir hâte de faire qqch

presságio *sm* présage

pressão *sf* pression
- **exercer pressão** faire pression
- **sob pressão** sous pression

pressentimento *sm* pressentiment

pressentir *vtd* pressentir

pressionar *vtd (calcar, apertar)* presser sur, appuyer sur
▸ *vtd-vtdi-vi (forçar, constranger)* faire pression sur

pressupor *vtd* présupposer

pressuposição *sf* présupposition

pressuposto, -ta *adj* présupposé, -e
▸ *sm* **pressuposto** présupposé

prestação *sf* 1 *(de serviço)* prestation 2 *(de contas)* reddition 3 *(parcela de crediário)* traite
- **compra à prestação** achat à crédit
- **pagar em suaves prestações** rembourser en douceur/payer en douceur/par petites traites

prestar *vtdi (dar, dispensar)* rendre, porter: *prestar um serviço* rendre un service; *prestar uma homenagem* rendre hommage; *prestar socorro a alguém* porter secours à qqn
▸ *vtd (realizar)* passer, faire: *prestar um exame* passer un examen; *prestar serviço militar* faire son service militaire
▸ *vi (servir)* servir: *esse televisor não presta* ce poste télé ne sert à rien
▸ *vti (ser útil)* servir (**para**, à)
▸ *vpr* 1 *(ser adequado)* servir (**a**, à) 2 *(estar disposto)* être prêt, -e (**a**, à)
- **não prestar** *(não ter caráter)* ne rien valoir
- **prestar atenção** faire attention
- **prestar depoimento** faire une déposition

prestativo, -va *adj* serviable, obligeant, -e

prestes *adj inv* prêt, -e (**a**, à), sur le point (**a**, de)

presteza *sf* **1** (*rapidez*) rapidité **2** (*solicitude*) sollicitude

prestigiar *vtd* **1** (*conferir prestígio*) donner du prestige **2** (*valorizar com sua presença*) faire l'honneur de sa présence

prestígio *sm* prestige

prestigioso, -sa *adj* prestigieux, -euse

préstimo *sm* **1** (*serventia*) usage, utilité *f* **2** (*auxílio, colaboração*) service: *vim oferecer meus préstimos* je suis venu offrir mes services

prestimoso, -sa *adj* serviable, obligeant, -e

presumido, -da *adj* **1** (*pressuposto*) présumé, -e **2** (*vaidoso, orgulhoso*) vaniteux, -euse, suffisant, -e, prétentieux, -euse

presumir *vtd* présumer

presumível *adj* présumable

presunção *sf* présomption

presunçoso, -sa *adj* présomptueux, euse

presunto *sm* **1** CUL jambon **2** *gíria* (*cadáver*) macchabée

pretendente *smf* prétendant, -e

pretender *vtd* **1** (*desejar, aspirar*) prétendre **2** (*tencionar*) avoir l'intention de
▸ *vtd-vti* (*exigir*) exiger (**de**, de)

pretensão *sf* prétention

pretensioso, -sa *adj* prétentieux, -euse

preterir *vtd* **1** (*desprezar, deixar de lado*) négliger **2** (*omitir*) exclure, omettre, ne pas faire mention de

pretérito, -ta *adj* passé, -e
▸ *sm* GRAM passé

pretexto *sm* prétexte
• **a pretexto de** sous prétexte de

preto, -ta *adj* **1** (*cor*) noir, -e **2** *fig* compliqué, -e: *a coisa está preta* la situation est compliquée
▸ *adj* (*negro-pessoa*) noir, -e
▸ *sm, f* (*negro-pessoa*) Noir, -e
▸ *sm* (*roupa preta*) noir: *ela estava de preto* elle était en noir

prevalecer *vi* (*predominar*) prévaloir
▸ *vti* (*impor-se, ter primazia*) prévaloir (**a**, sur/contre)
▸ *vpr* **prevalecer-se** se prévaloir (**de**, de)

prevenção *sf* **1** (*precaução*) prévention **2** (*opinião desfavorável*) préventions *pl*: *ter muita prevenção contra algo/alguém* nourrir de fortes préventions contre qqch/qqn

prevenido, -da *adj* **1** (*precavido*) prévenu, -e, avisé, -e **2** (*com dinheiro*) muni, -e d'argent
• **ter o espírito prevenido contra algo/alguém** être prévenu, -e contre qqch/qqn
• **um homem prevenido vale por dois** un homme prévenu en vaut deux

prevenir *vtd* (*deixar preparado; evitar*) prévenir
▸ *vtdi* (*avisar*) prévenir (**de**, de)
▸ *vi* (*acautelar-se*) se préparer, se tenir sur ses gardes
▸ *vpr* **prevenir-se 1** (*preparar-se*) se préparer (**para**, à), se tenir sur ses gardes (**para**, contre) **2** (*armar-se*) s'armer (**de**, de)

preventivo, -va *adj* préventif, -ive

prever *vtd* prévoir

previdência *sf* prévoyance
▪ **Previdência Social** Sécurité sociale

previdenciário, -a *adj* de la Sécurité Sociale

previdente *adj* prévoyant, -e

prévio, -a *adj* préalable, antérieur, -e

previsão *sf* (*antevisão; presságio*) prévision
• **previsão do tempo** prévision météorologique
• **previsão orçamentária** prévision budgétaire

previsível *adj* prévisible, envisageable

previsto, -ta *adj* (*esperado; pressagiado; em lei*) prévu, -e
• **como previsto** comme prévu

prezado, -da *adj* cher, -ère, estimé, -e
▸ *sm, f* (*em cartas*) cher, -ère: *prezado Senhor Garcia* cher Monsieur Garcia
• **prezados senhores** (*a uma empresa*) Mesdames et Messieurs

prezar *vtd* estimer, apprécier, aimer

primar *vti* briller (**por**, par)

primário, -a *adj* primaire
▶ *sm* **primário** *(ensino fundamental)* primaire

primavera *sf* **1** *(estação do ano)* printemps *m* **2** BOT bougainvillée, bougainvillier *m*

primaveril *adj* printanier, -ière

primazia *sf* primauté

primeira *sf* *(marcha-auto)* première

primeiro, -ra *adj-num* premier, -ière
▶ *adv* **1** *(antes)* auparavant, avant: *cheguei primeiro* je suis arrivé avant tout le monde **2** *(em primeiro lugar)* d'abord, en premier lieu: *primeiro como a salada, depois o peixe* d'abord je mange la salade et ensuite le poisson
▶ *sm,f* premier, -ière: *quem é o primeiro da fila?* qui est le premier de la queue?
■ **primeiro de abril** poisson d'avril

primeiro, -ra-ministro, -tra *(pl primeiros-ministros, primeiras-ministras)* *sm* POL premier ministre *m*

primitivo, -va *adj-sm,f* primitif, -ive

primo, -ma *sm* cousin, -e

primogênito, -ta *sm,f* aîné, -e, premier-né

primor *sm* perfection *f*, excellence *f*

primordial *adj* primordial, -e

primórdios *sm pl* début, origine *f*: *nos primórdios da civilização* au début de la civilisation

primoroso, -sa *adj* parfait, -e, excellent, -e

princesa *sf* princesse

principal *adj* principal, -e

principalmente *adv* surtout, principalement

príncipe *sm* prince

principiante *adj-smf* débutant, -e

principiar *vtd-vtdi-vi* commencer, débuter

princípio *sm* **1** *(começo)* début, commencement **2** *(causa, raiz; preceito)* principe
• **a princípio** au début/au départ
• **desde o princípio** dès le début
• **em princípio** en principe
• **no princípio** au début

prioridade *sf* priorité

prioritário, -a *adj* prioritaire

prisão *sf* **1** *(captura)* arrestation, capture, emprisonnement *m* **2** *(cativeiro; cadeia)* prison, détention
• **prisão perpétua** prison à perpétuité
• **prisão de ventre** constipation

prisioneiro, -ra *sm,f* prisonnier, -ière

prisma *sm* prisme

privação *sf* privation

privacidade *sf* vie privée, intimité
• **invasão da privacidade** violation de vie privée
• **política de privacidade** politique de confidentialité

privada *sf* **1** *(banheiro)* cabinet *m* **2** *(vaso sanitário)* cuvette

privado, -da *adj* **1** *(particular; pessoal)* privé, -e, particulier, -ière: *vida privada* vie privée **2** *(restrito)* privé, -e: *clube privado* club privé; *reunião privada* réunion privée

privar *vtdi* priver (**de**, de)
▶ *vpr* **privar-se** se priver (**de**, de)

privatização *sf* privatisation

privatizar *vtd* privatiser

privilegiado, -da *adj* privilégié, -e

privilegiar *vtd* privilégier

privilégio *sm* privilège

pró *sm* pour: *o pró e o contra* le pour et le contre

proa *sf* MAR proue
• **de proa** *fig* de proue

probabilidade *sf* probabilité

problema *sm* problème
• **criar problemas** faire/créer des problèmes/faire des histoires

problemático, -ca *adj* **1** *(complicado; duvidoso)* problématique **2** *(perturbado psiquicamente)* perturbé, -e

procedência *sf* **1** *(proveniência)* provenance **2** *(fundamento, razão de ser)* fondement *m*, bien-fondé *m*

procedente *adj* **1** *(proveniente)* provenant, -e, procédant, -e, issu, -e **2** *(fundamentado)* fondé, -e

proceder *vti* **1** *(provir)* procéder, provenir (**de**, de) **2** *(levar a efeito)* procéder (**a**, à)
▶ *vi* **1** *(comportar-se)* procéder, se conduire **2** *(ter fundamento)* être fondé,

-e: **essa afirmação não procede** c'est affirmation n'est pas fondée

procedimento sm 1 (*processo, método*) procédure f 2 (*comportamento*) conduite f, manière f d'agir, procédé 3 DIR procédure f

processador sm processeur
- **processador de alimentos** robot de cuisine

processamento sm 1 (*de materiais*) transformation f 2 (*de dados*) traitement

processar vtd 1 DIR poursuivre 2 INFORM traiter 3 (*materiais*) transformer

processo sm 1 (*seguimento*) cours, marche f 2 (*procedimento, método*) processus 3 DIR (*ação, pleito judicial*) procès 4 DIR (*autos*) procédure f, actes
• **mover um processo contra alguém** engager/ouvrir un procès contre qqn
• **perder/ganhar um processo** perdre/gagner un procès

procissão sf RELIG procession

proclamar vtd proclamer
▸ vpr **proclamar-se** se proclamer
• **proclamar a independência** proclamer l'indépendance

proclamas sm pl **bans** (*de mariage*)

procriar vtd-vi procréer

procura sf 1 (*busca*) recherche 2 (*demanda*) demande
• **à procura de** à la recherche de

procuração sf procuration, mandat m
• **casar-se por procuração** se marier par procuration
• **passar procuração** donner (*sa*) procuration

procurador, -ra sm,f 1 DIR (*mandatário*) mandataire 2 (*do Estado*) procureur

procurar vtd 1 (*buscar*) chercher 2 (*desejar falar*) aller trouver 3 (*tentar*) chercher à

prodígio sm prodige

pródigo, -ga adj prodige

produção sf production

produtividade sf productivité

produtivo, -va adj 1 (*relativo à produção; fértil*) productif, -ive 2 fig (*fecundo*) fécond, -e

produto sm produit

- **produto agrícola** produit agricole
- **produto de roubo** produit d'un vol, butin
- **produto interno bruto** produit intérieur brut
- **produto manufaturado** produit manufacturé
- **produto químico** produit chimique

produtor, -ra adj-sm,f producteur, -trice

produzido, -da adj fig pop (*bem-vestido*) pomponné, -e, bichonné, -é, qui est sur son trente-et-un

produzir vtd-vi produire
▸ vpr **produzir-se** 1 (*ocorrer*) se produire 2 gíria se pomponner, se bichonner, se mettre sur son trente-et-un

proeminente adj 1 (*saliente*) proéminent, -e 2 fig (*eminente*) éminent, -e

proeza sf prouesse, exploit m

profanar vtd profaner

profecia sf prophétie

proferir vtd 1 (*dizer oralmente*) proférer 2 DIR (*sentença, julgamento*) prononcer

professar vtd 1 (*defender, manifestar*) professer 2 (*exercer-profissão*) exercer, pratiquer

professor, -ra sm,f professeur m, enseignant, -e
- **professor, -ra primário, -a** maître, -esse, instituteur, -trice
- **professor, -ra universitário, -a** professeur universitaire
- **professor, -ra titular** professeur titulaire

profeta, -isa sm,f prophète, -tesse

profissão sf profession, métier m
- **profissão de fé** profession de foi
• **qual é sua profissão?** quelle est votre profession?/quel métier m faites-vous?
• **mudar de profissão** changer de métier m/de profession

profissional adj-sm,f professionnel, -elle

profissionalismo sm professionnalisme

profissionalizar vtd professionnaliser
▸ vpr **profissionalizar-se** se professionnaliser

profiterole sm CUL profiteroles

profundeza sf profondeur

profundidade *sf* profondeur
profundo, -da *adj* profond, -e
profusão *sf* profusion
prognóstico *sm* pronostic
programa *sm* 1 *(plano, sinopse)* programme 2 *(lista de disciplinas de um curso)* programme, cursus 3 *(planejamento; de partido, governo)* programme 4 *(de rádio, TV)* émission *f* 5 *(divertimento)* programme, plan 6 *(encontro sexual)* passe *f* 7 INFORM programme
• **isso não estava no programa** ce n'était pas prévu (au programme)
• **programa de índio** plan à la noix/à la gomme/à la con

programação *sf* programmation
programador, -ra *sm,f* INFORM programmeur, -euse
programar *vtd* programmer
progredir *vi-vti* progresser
progressão *sf* progression
progressista *adj* 1 *(avançado)* avancé, -e 2 POL progressiste
progressivo, -va *adj* progressif, -ive
progresso *sm* progrès
• **fazer progressos** faire des progrès

proibição *sf* 1 *(não permissão)* défense, interdiction 2 *(por lei)* prohibition
proibido, -da *adj* 1 *(não autorizado)* interdit, -e, défendu, -e 2 *(por lei)* prohibé, -e
• **entrada proibida** entrée interdite
• **proibido para menores de 18 anos** interdit aux moins de 18 ans

proibir *vtd-vti* 1 *(não autorizar)* interdire, défendre (**de**, de) 2 *(por lei)* prohiber
• **é proibida a entrada de pessoas estranhas ao serviço** entrée interdite aux personnes non autorisées
• **é proibido estacionar** défense de stationner/stationnement *m* interdit
• **é proibido fumar** défense de fumer

proibitivo, -va *adj* prohibitif, -ive
projeção *sf* 1 *(proeminência; estimativa; de sombra, luz etc.)* projection 2 *(prestigio)* prestige
projetar *vtd* 1 projeter 2 *(tornar famoso)* lancer

▶ *vpr* **projetar-se** 1 *(precipitar-se, arrojar-se)* se précipiter 2 *(luz, sombra etc.)* se projeter 3 *(ganhar fama)* se lancer
projétil *sm* projectile
projetista *smf* dessinateur, -trice industriel
projeto *sm* projet
■ **projeto de lei** projet de loi
• **fazer projetos para o futuro** faire des projets pour l'avenir

projetor *sm* FOTO CINE projecteur
prole *sf* 1 *(humana)* lignée, descendance, enfants *m pl* 2 *(animal)* portée
proletário, -a *adj-sm,f* prolétaire
proliferar *vi* proliférer
prolixo, -xa *adj* prolixe
prólogo *sm* prologue
prolongamento *sm* prolongement
prolongar *vtd* prolonger
▶ *vpr* **prolongar-se** se prolonger
promessa *sf* 1 *(compromisso)* promesse, serment *m*, parole 2 *(a santo)* vœu *m*
• **cumprir/não cumprir uma promessa** tenir/ne pas tenir sa promesse, être fidèle/manquer à sa promesse
• **promessa de compra e venda** avant-contrat *m* à la vente immobilière/compromis *m* de vente/convention de vente sous seing privé/promesse d'achat-vente

prometer *vtd-vti-vi* promettre
promiscuidade *sf* promiscuité
promíscuo, -a *adj* 1 *(confuso, misturado)* mêlé, -e, confus, -e 2 *(sem discriminação)* mélangé, -e, assorti, -e 3 *(pessoa)* dissolu, -e, dépravé, -e, déréglé, -e
promissor, -ra *adj* prometteur, -euse
promissória *sf* reconnaissance (de dette)
promoção *sf (publicidade; ascensão a cargo)* promotion
promocional *adj* promotionnel, -elle
promotor, -ra *adj-sm,f* 1 *(que promove)* promoteur, -trice 2 DIR procureur *inv*
promotoria *sf* DIR parquet *m*
promover *vtd-vti* promouvoir
▶ *vpr* **promover-se** se promouvoir
promulgação *sf* DIR promulgation
pronome *sm* GRAM pronom

prontidão *sf* 1 (*presteza*) promptitude, rapidité *f* 2 MIL (état d')alerte 3 (*falta de dinheiro*) gène, *fam* dèche

prontificar-se *vpr* offrir ses services, être prêt, -e (**a**, à)

pronto, -ta *adj* 1 (*terminado; disposto, preparado; arrumado*) prêt, -e 2 (*imediato, instantâneo*) prêt, -e, immédiat, -e, instantané, -e 3 *gíria* (*sem dinheiro*) fauché, -e, raide
▶ *interj* 1 (*feito, acabado*) **pronto!** et voilà! 2 (*alô!*) allo!

pronto-socorro (*pl* **prontos-socorros**) *sm* (services des) urgences

prontuário *sm* (*ficha*) fiche *f*, dossier
■ **prontuário médico** dossier médical
■ **prontuário policial** casier judiciaire

pronúncia *sf* prononciation

pronunciamento *sm* allocution *f*, adresse *f*

pronunciar *vtd* prononcer
▶ *vpr* **pronunciar-se** se prononcer

propagação *sf* propagation

propaganda *sf* pub(licité), réclame
• **fazer propaganda** faire de la pub(licité)

propagar *vtd* propager
▶ *vpr* **propagar-se** se propager

propensão *sf* propension, penchant *m*

propenso, -sa *adj* enclin, -e, porté, -e

propiciar *vtd-vtdi* (*possibilitar*) permettre, rendre possible

propício, -a *adj* 1 (*benevolente*) bon, -onne 2 (*adequado, favorável; auspicioso, encorajador*) propice

propina *sf* 1 (*gorjeta*) gratification, pourboire *m* 2 (*para obter vantagem*) pot-de-vin *m*, dessous-de-table *m*

propor *vtd-vtdi* 1 (*fazer proposta; apresentar; sugerir*) proposer 2 (*ação em juízo*) introduire, instituer, engager
▶ *vpr* **propor-se** se proposer de, avoir en vue, essayer de: *ele se propôs deixar de beber* il s'est proposé d'arrêter de boire

proporção *sf* proportion
▶ *pl* **proporções** (*dimensões*) proportions
• **à proporção que** à mesure que/dans la mesure où
• **guardadas/mantidas as devidas proporções...** toute(s) portion(s) gardée(s)

proporcional *adj* proportionnel, -elle

proporcionar *vtd-vtdi* (*oferecer, propiciar*) offrir, proposer, procurer

proposital *adj* intentionnel, -elle, voulu, -e

propósito *sm* dessein, propos, but, intention *f*
• **a propósito** à propos
• **a propósito de** à propos de/en ce qui concerne/pour ce qui est de
• **de propósito** exprès/intentionnellement
• **fora de propósito** hors de propos/mal à propos
• **ter/não ter propósito** [ter/não ter sentido] avoir/ne pas avoir de sens

proposta *sf* proposition

propriedade *sf* propriété
• **propriedade privada** propriété privée

proprietário, -a *sm, f* propriétaire

próprio, -a *adj* 1 (*particular*) à soi: *casa própria* maison à soi 2 (*apropriado*) propre, approprié, -e (**para**, à) 3 (*peculiar; autêntico*) propre (**de**, à) 4 (*em pessoa*) en personne, personnellement: *foi o próprio dono que abriu a porta* c'est le propriétaire en personne qui a ouvert la porte
▶ *pron* (*mesmo*) même: *ele próprio* lui-même

prorrogar *vtd* 1 (*adiar*) proroger, renvoyer 2 (*prolongar*) prolonger, proroger

prosa *sf* 1 (*literária*) prose 2 (*conversa*) bavardage *m*
▶ *adj inv* (*convencido*) suffisant, -e, glorieux, -euse, vaniteux, -euse

proscrição *sf* proscription

prospecto *sm* prospectus, tract

prosperar *vi* prospérer

prosperidade *sf* prospérité

próspero, -ra *adj* prospère

prosseguimento *sm* (pour)suite *f*, continuation *f*

prosseguir *vtd* poursuivre, continuer

próstata *sf* ANAT prostate

prostituição *sf* prostitution

prostituir *vtd* prostituer
▶ *vpr* **prostituir-se** se prostituer

prostituta *sf* prostituée

prostração *sf* prostration

prostrar *vtd* **1** *(derrubar)* renverser, jeter à terre **2** *(extenuar)* exténuer, épuiser **3** *(abater)* abattre
▸ *vpr* **prostrar-se 1** *(em súplica)* se prosterner **2** *(extenuar-se)* s'exténuer **3** *(abater-se)* se décourager, se laisser abattre

protagonista *smf* protagoniste

proteção *sf* protection

protecionismo *sm* ECON protectionnisme

proteger *vtd-vtdi* protéger
▸ *vpr* **proteger-se** se protéger

protegido, -da *sm, f (apadrinhado)* protégé, -e, poulain *m*

proteína *sf* protéine

protelar *vtd* ajourner, remettre, renvoyer

prótese *sf* MED prothèse

protestante *adj-smf* RELIG protestant, -e

protestar *vtdi-vi (reclamar)* protester
▸ *vtd (afirmar)* affirmer, soutenir

protesto *sm* protestation *f*
▸ *interj* **protesto!** je proteste!

protetor, -ra *adj* protecteur, -trice
▸ *sm, f* **1** *(santo)* patron **2** *(das artes etc.)* protecteur, -trice, bienfaiteur, -trice, mécène

protocolar *vtd* déposer, enregistrer
▸ *adj* **1** *(de acordo com o protocolo)* protocolaire **2** *fig (formal, cerimonioso)* officiel, -elle, cérémonieux, -euse

protocolo *sm* **1** *(registro)* protocole **2** *(cartão de registro)* enregistrement **3** *(seção de protocolo)* enregistrement **4** *(formalidade)* protocole, cérémonial, étiquette *f*: *quebrar o protocolo* manquer à l'étiquette

protótipo *sm* prototype

protuberante *adj* protubérant, -e

prova *sf* **1** *(demonstração)* preuve **2** DIR preuve **3** *(aprovação, verificação)* épreuve: *passar por uma prova* passer par une épreuve **4** *(teste escolar)* compo(sition) **5** *(experiência científica)* épreuve, essai *m* **6** *(ato de experimentar roupa)* essayage *m* **7** ESPORTE épreuve **8** *(gráfica)* épreuve
• **à prova de** à l'épreuve de
• **à prova d'água** étanche/waterproof
• **até prova em contrário** jusqu'à preuve du contraire
• **dar provas de** faire preuve de
• **pôr/submeter algo/alguém à prova** mettre qqn/qqch à l'épreuve
• **prova de fogo** épreuve de feu
• **prova de revezamento** relais *m*
• **prova dos nove** MAT preuve par neuf
• **prova escrita/oral** compo(sition)/interro(gation) écrite/orale
• **prova real** [MAT] preuve (par l'opération inverse)
• **tirar a prova** faire la preuve

provação *sf* épreuve

provador *sm (cabine)* cabine *f* d'essayage

provar *vtd-vtdi* **1** *(submeter a prova; demonstrar)* prouver **2** *(experimentar-bebida, comida)* goûter **3** *(roupa)* essayer

provável *adj* probable

provedor *sm* INFORM fournisseur d'accès *(à Internet)*, FAI

proveito *sm* profit, gain, avantage
• **faça bom proveito!** bon profit!/profite bien!/grand bien vous fasse
• **tirar proveito de algo** profiter de qqch

proveitoso, -sa *adj* profitable, avantageux, -euse

proveniência *sf* provenance

proveniente *adj* en provenance de

prover *vtd-vti (providenciar)* pourvoir, fournir
▸ *vtdi* **1** *(abastecer)* fournir **2** *(dotar)* doter, allouer
▸ *vpr* **prover-se** se munir (**de**, de)

provérbio *sm* proverbe

proveta *sf* MED éprouvette

providência *sf* **1** RELIG providence **2** *(disposições, medidas)* mesure: *tomar providências* prendre des mesures

providenciar *vtd* pourvoir à

provir *vti* provenir

provisão *sf* provision
▸ *pl* **provisões** *(mantimentos)* provisions

provisório, -a *adj* provisoire, temporaire

provocação *sf* provocation

provocar *vtd* 1 (*desafiar; incitar, excitar*) provoquer 2 (*ocasionar, causar*) susciter, causer, provoquer
▸ *vpr* **provocar-se** se provoquer

proximidade *sf* proximité
▸ *pl* **proximidades** alentours *m*, environs *m*, parages *m*: **nas proximidades da igreja** aux alentours de l'église

próximo, -ma *adj* 1 (*vizinho; iminente; parecido*) proche 2 (*seguinte*) prochain, -e
▸ *sm* **próximo** 1 prochain, -e: **amar o próximo** aimer son prochain 2 (*numa fila*) suivant, -e
▸ *adv* (*perto*) près, proche
• **parente próximo** proche parent

prudência *sf* prudence

prudente *adj* prudent, -e

prumo *sm* 1 (*instrumento de engenharia*) plomb 2 (*elegância*) élégance
• **perder o prumo** perdre les pédales

pseudônimo *sm* pseudonyme

psicanalista *smf* psychanalyste

psicólogo, -ga *sm, f* psychologue

psiquiatra *smf* MED psychiatre

psíquico, -ca *adj* psychique

puberdade *sf* puberté

púbis *sm* ANAT pubis

publicação *sf* 1 (*ação de publicar, de tornar público*) publication 2 (*de livro*) parution, publication

publicar *vtd* 1 (*divulgar*) publier, faire connaître 2 (*editar*) faire paraître, publier

publicidade *sf* 1 (*caráter público; divulgação*) publicité 2 (*propaganda*) pub(licité), réclame

publicitário, -a *adj-sm, f* publicitaire

público, -ca *adj* public, -que
▸ *sm* **público** public

pudico, -ca *adj* pudique

pudim *sm* CUL pouding, pudding

pudor *sm* pudeur *f*

pueril *adj* puérile

pugilismo *sm* ESPORTE boxe

pugilista *sm* ESPORTE boxeur, -euse, pugiliste

puído, -da *adj* usé, -é

pular *vi* 1 (*saltar*) sauter, bondir 2 (*sobressaltar-se*) sursauter, tressauter 3 (*pulsar*) palpiter
▸ *vti* sauter (**de**, de)
▸ *vtd* 1 (*transpor; omitir*) sauter 2 (*carnaval*) danser
• **pular corda** sauter à la corde

pulga *sf* puce
• **ficar com a pulga atrás da orelha** avoir la puce à l'oreille

pulmão *sm* ANAT poumon
• **a plenos pulmões** à pleins poumons

pulmonar *adj* pulmonaire

pulo *sm* 1 (*salto*) saut, bond 2 (*sobressalto*) sursaut 3 (*omissão*) omission
• **aos pulos** (*pulando*) à petits sauts
• **dar pulos de alegria** bondir de joie
• **dar um pulo** faire un saut (*crescer muito*) grandir beaucoup
• **dar um pulo em algum lugar** faire un saut quelque part

pulôver *sm* pull-over

púlpito *sm* chaire (à prêcher)

pulsação *sf* pulsation, pouls *m*
• **sentir a pulsação** prendre le pouls

pulsar *vi* battre, palpiter

pulseira *sf* bracelet *m*

pulso *sm* 1 (*batimento*) pouls 2 ANAT (*punho*) poignet 3 *fig* (*energia*) énergie
• **medir/tomar o pulso de alguém** prendre le pouls à qqn [fig] prendre/tâter le pouls de qqn, prendre la température de qqn

pulular *vi* pulluler

pulverizar 1 (*reduzir a pó*) pulvériser 2 (*polvilhar*) saupoudrer 3 *fig* (*destroçar*) pulvériser

pungente *adj* 1 (*penetrante*) pénétrant, -e 2 *fig* (*comovente*) émouvant, -e 3 *fig* (*odor, sabor*) pénétrant, -e

punguista *sm* pickpocket, voleur, -euse à la tire

punhado *sm* 1 (*pequena quantidade*) poignée *f* 2 (*grande quantidade*) tas

punhal *sm* poignard

punhalada *sf* 1 (*golpe de punhal*) coup de poignard 2 *fig* (*traição*) coup de couteau (dans le dos)

punho *sm* 1 ANAT poignet 2 (*mão fechada*) poing 3 (*cabo, empunhadura*) poi-

gnée *f*, manche 4 (*da camisa*) poignet, manchette *f*
• **de próprio punho** de sa propre main
punição *sf* punition
punir *vtd-vtdi* punir
pupila *sf* ANAT pupille
pupilo, -la *sm, f* DIR pupille
purê *sm* purée *f*
pureza *sf* pureté
purgante *sm* purgatif
purgatório *sm* purgatoire
purificar *vtd-vtdi* purifier, épurer
▶ *vpr* **purificar-se** se purifier
puritano, -na *adj-sm, f* puritain, -e
puro, -ra *adj* pur, -e
• **pura e simplesmente** purement et simplement
púrpura *sf* pourpre
purpurina *sf* (*pó metálico*) paillettes *pl*
pus *sm* MED pus
puta *sf* pute, putain
putaria *sf* 1 (*depravação*) dépravation, débauche 2 *pop* (*imoralidade*) saloperie 3 *pop* (*safadeza*) sournoiserie, fourberie
puteiro *sm* (*prostíbulo*) boxon, bordel, claque
puto *sm* 1 *pop* (*sacana*) salaud, -ope, enfoiré, -e 2 (*dinheiro*) sou, rond
▶ *adj* fou, -olle (de rage): ***estar puto da vida*** être fou de rage
putrefação *sf* putréfaction

puxa! *interj* putain!, zut!
• **puxa vida!** oh là là!
puxado, -da *adj* 1 CUL (*apurado*) raffiné, -e, épuré, -e 2 (*trabalhoso, árduo*) crevant, -e, fatigant, -e
▶ *sm* **puxado** (*acréscimo de cômodo*) appentis
puxador *sm* 1 (*espécie de maçaneta*) bouton 2 *gíria* (*ladrão de automóveis*) voleur de voitures 3 *gíria* (*maconheiro*) personne qui fume de la marijuana 4 (*de samba*) soliste qui "pousse la chansonnette" du groupe de danseurs
puxão *sm* poussée *f*, bourrade *f*
• **puxão de orelhas** action de tirer les oreilles [fig] engueulade *f*, savon
puxar *vtd* 1 (*atrair para si; tentar arrancar; mover para fora*) tirer 2 (*tracionar; rebocar*) tirer, remorquer 3 (*esticar*) (é) tirer 4 (*sacar-arma*) sortir, dégainer 5 (*reza*) entonner 6 (*provocar*) entraîner: ***uma coisa puxa a outra*** une chose en entraîne une autre 7 (*eletricidade*) consommer 8 *pop* (*roubar automóvel*) voler des voitures 9 *pop* (*fumar*) fumer (de la marijuana)
▶ *vti* 1 (*ter vocação*) avoir une prédisposition/un penchant (**para**, pour) 2 (*cortender*) tirer (**para**, sur) 3 (*exagerar*) exagérer: ***ele puxou no preço*** il a exagéré son prix 4 (*herdar*) tenir de: ***ele puxou à mãe*** il tient de sa mère
▶ *vi* (*adular*) aduler, lécher
puxa-saco (*pl* **puxa-sacos**) *smf* lèche-bottes, lèche-cul, lécheur, -euse

Q

quadra *sf* **1** (*série de quatro*) carré *m* **2** ESPORTE (*campo*) terrain *m* **3** (*tênis*) court *m* **4** (*de cemitério*) carré *m* **5** (*estrofe*) quatrain *m* **6** (*distância de esquina a esquina*) pâté *m* de maison

quadrado, -da *adj* **1** GEOM MAT carré, -e: *metro quadrado* mètre carré; **elevar ao quadrado** élever au carré **2** *fig* (*tradicional, conservador*) vieux jeu, conservateur, -trice
▶ *sm* **quadrado** carré

quadragésimo, -ma *num* quarantième

quadriculado, -da *adj* quadrillé, -e

quadril *sm* ANAT hanche *f*

quadrilha *sf* **1** (*grupo de bandidos*) bande *f* **2** (*dança*) quadrille *m*
• **crime de formação de quadrilha** crime d'association de malfaiteurs

quadringentésimo, -ma *num* quatre centième

quadro *sm* **1** (*pintura; tabela; quadro-negro*) tableau **2** (*estrutura de bicicleta*) cadre **3** *fig* (*cena*) scène *f* **4** *fig* tableau, cadre: *um quadro sucinto da situação* un tableau succinct de la situation **5** TEATRO TV scène *f* **6** MED état: *um quadro infeccioso* un état infectieux
▶ *pl* effectifs: *ele nunca fez parte de nossos quadros* il n'a jamais fait partie de nos effectifs
• **quadro clínico** tableau clinique
• **quadro de avisos** tableau d'affichage
• **quadro de luz** armoire électrique
• **quadro sinóptico** tableau synoptique

quadro-negro *sm* tableau noir

quadrúpede *adj-sm* quadrupède

quádruplo, -pla *adj* quadruple
▶ *sm* **quádruplo** quadruple

qual *pron int* quel, -elle: *qual é a cor do carro?* quelle est la couleur de la voiture?; *a qual dentista você foi?* chez quel dentiste êtes-vous allé, -e?
▶ *pron rel* **1** qui, dont: *vi o homem ao qual você se refere* j'ai vu l'homme à qui vous faites allusion; *a mulher da qual falamos* la femme dont nous avons parlé
▶ *conj* comme: *trabalhei qual um mouro* j'ai travaillé comme un bœuf
• **cada qual** chacun
• **qual é (a tua)?!** qu'est-ce qui te prends?!/quelle mouche te pique?!/halte là?!
• **qual nada** pas du tout
• **tal e qual** tel quel/tel que je te le dis

qualidade *sf* qualité
• **na qualidade de** en tant que

qualificação *sf* qualification
• **qualificação profissional** qualification professionnelle

qualificar *vtd* **1** (*classificar*) qualifier, classifier **2** (*avaliar*) évaluer **3** (*conferir qualidade; tornar apto*) qualifier
▶ *vpr* **qualificar-se** se qualifier

qualificativo, -va *adj* qualificatif, -ive
▶ *sm* **qualificativo** qualificatif

qualitativo, -va *adj* qualitatif, -ive

qualquer (*pl* **quaisquer**) *adj* **1** (*algum; um ou outro*) quelconque: *se surgir qualquer problema, ligue* s'il arrive un problème quelconque, appelle-moi; *não quero ouvir um pianista qualquer* je ne veux pas écouter un pianiste quelconque **2** (*todo, cada*) chaque, tout, -e, n'importe quel, -elle: *qualquer criança pode-*

rá ser vacinada chaque enfant pourra être vacciné; *pessoas de qualquer idade* des gens de tous âges
- **a qualquer custo** à tout prix
- **a qualquer hora/momento** à n'importe quelle heure/quel moment
- **qualquer pessoa** n'importe qui
- **qualquer que seja** quel, -elle que soit
- **qualquer um** [coisa] n'importe quoi (*pessoa*) n'importe qui

quando *adv* quand: *quando você nasceu?* quand êtes-vous né, -e?
▶ *conj* **1** *não sei quando ele volta* je ne sais pas quand il reviendra; *quando fui embora, ainda estava escuro* quand je suis parti, -e, il faisait encore nuit **2** (*enquanto*) alors que, quand: *encontrei-o quando saía de casa* je l'ai rencontré quand il sortait de chez lui
- **de vez em quando** de temps en temps
- **desde quando** depuis quand
- **quando de** lors de
- **quando muito** (*tout*) au plus/au maximum
- **sabe-se lá quando** va savoir quand
- **senão quando** tout à coup/tout d'un coup/soudain/brusquement

quantia *sf* COM somme

quantidade *sf* quantité

quanto, -ta *pron* **1** (*quantidade*) combien: *quantos irmãos você tem?* combien de frères et sœurs avez-vous?; *não sei quantas moedas há na carteira* je ne sais pas combien de pièces il y a dans le porte-monnaie **2** (*tanto quanto*) autant: *você tem muitos amigos; convide quantos quiser* vous avez beaucoup d'amis, invitez-en autant que vous voulez
▶ *adv* combien: *você não imagina quanto eu gosto dela* tu n'imagines pas combien je l'aime

- **não consegue isto... quanto mais aquilo** il n'arrive pas à faire ceci... que dire de cela/encore moins cela
- **não sei a quantas andam as coisas** je ne sais pas comment vont les choses
- **quanto a...** quant à/pour ce qui est de/en ce qui concerne
- **quanto antes... melhor/pior** plus tôt... mieux/pire
- **quanto custa/é?** combien ça coûte/fait?
- **quanto mais..., mais/menos** plus... plus/moins
- **quanto menos..., mais/menos** moins... plus/moins
- **quanto tempo fica aqui?** combien de temps resterez-vous ici?

quão *adv* que, combien

quarentão, -ona *adj-sm, f* quadragénaire

quarentena *sf* quarantaine
- **estar/pôr de quarentena** MED INFORM être/mettre en quarantaine

quaresma *sf* carême *m*

quarta-feira *sf* mercredi *m*

quartel *sm* caserne *f*, quartier
- **sem quartel** (*sem trégua*) sans quartier

quarteto *sm* MÚS quatuor, quartette

quarto, -ta *num* quatrième
▶ *sm* **quarto 1** (*de litro*) quart **2** (*de quilo*) demi-livre *f*: *um quarto de queijo* une demi-livre de fromage **3** (*dormitório*) chambre *f*
- **passar um mau quarto de hora** passer un mauvais/sale quart d'heure
- **quarto crescente** premier quartier de la lune
- **quarto de despejo** débarras, cagibi
- **quarto minguante** dernier quartier de la lune

quartzo *sm* quartz

quase *adv* **1** (*perto; pouco menos*) presque: *a tartaruga está quase em fase de desova* la tortue est presque en phase de ponte; *faz quase vinte anos que moro aqui* cela fait presque vingt ans que j'habite ici **2** (*por pouco não*) faillir, presque: *quase desmaiou* il s'est presque évanoui, -e; *quase caiu* il a failli tomber

quatorze *adj* quatorze, catorze

quatro *num* quatre

quatrocentos, -tas *adj-num* quatre cents

quê *sm* rien, zeste, je ne sais quoi: *um quê de ironia* un zeste d'ironie; *ela tem um quê da mãe* elle a un je ne sais quoi de sa mère
- **como quê** incomparablement
- **não há de quê** il n'y a pas de quoi

que *pron int* quel, -elle: *que contas você andou fazendo?* quels calculs est-ce

que tu as faits?; *não sei que livro escolher* je ne sais pas quel livre choisir; *que dia é hoje?* quel jour sommes-nous?; *em que andar você mora?* à quel étage habites-tu
▸ *pron excl* quel, -elle: *que dia lindo!* quelle belle journée!
▸ *adv* que bonita é esta cidade! que cette ville est belle!
▸ *pron rel* **1** (*sujeito*) qui: *este é o homem que comprou a casa* c'est l'homme qui a acheté la maison **2** (*objeto*) que: *esta é a cidade que a aviação bombardeou* c'est la ville que l'aviation a bombardé
▸ *conj* **1** (*comparativa*) que: *esta música é mais bonita (do) que a anterior* cette chanson est plus belle que celle d'avant **2** (*integrante*) que: *acho que você está enganada* je pense que tu te trompes **3** (*causal*) parce que, car: *não vou sair, que estou muito cansado* je ne vais pas sortir parce que je suis très fatigué **4** (*consecutiva*) que: *estou tão cansada que não consigo ficar em pé* je suis si fatiguée que je n'arrive pas à tenir debout
▸ **para que** (+ *subj*): pour que (+ *subj*)/pour (+ *inf*)
▸ **por que:** pourquoi: *por que você não escolheu outra camisa?* pourquoi n'as-tu pas choisi une autre chemise?; *não sei por que comprou esse computador* je ne sais pas pourquoi tu as acheté cet ordinateur; *enfim, ele não disse por quê* enfin, il n'a pas dit pourquoi
• **pelo que sei...** (*pour*) autant que je sache

quebra *sf* **1** (*rompimento*) rupture, cassure, casse **2** (*transgressão*) violation **3** (*falência*) faillite, banqueroute **4** (*desconto, abatimento*) rabais *m*
▸ *pl* **quebras** (*sobras*) restes
• **de quebra** [a mais] en plus [de sobra] de reste

quebra-cabeça (*pl* quebra-cabeças) *sm* puzzle, casse-tête

quebrada *sf* (*encosta, vertente*) versant, *m*, coteau *m*
▸ *pl* **quebradas** (*local distante*) coin *m* perdu, bled *m*, trou: *nas quebradas* dans un coin perdu

quebradeira *sf* **1** (*falência em massa*) faillite généralisée **2** (*sensação de moleza*) lassitude, abattement *m*, accablement *m*

quebradiço, -ça *adj* fragile, cassant, -e, cassable

quebrado, -da *adj* **1** (*em pedaços; fraturado; avariado*) cassé, -e **2** (*falido*) en faillite **3** (*cansado, esgotado*) crevé, -e, mort, -e, éreinté, -e
▸ *sm pl* **quebrados** (*pouco dinheiro*) (*petite/menue*) monnaie
• **e uns quebrados** et des poussières

quebra-galho (*pl* quebra-galhos) *sm* bouche-trou, succédané, substitut

quebra-molas *sm inv* dos d'âne, ralentisseur

quebranto *sm* sortilège, ensorcellement, envoûtement

quebra-pau (*pl* quebra-paus) *sm* baston, castagne *f*, grabuge

quebra-quebra (*pl* quebra-quebras) *sm* baston, castagne *f*, grabuge

quebrar *vtd* **1** (*reduzir a pedaços*) casser, briser: *quebrar um copo, um prato* casser un verre, une assiette **2** (*fraturar-osso*) casser **3** (*o silêncio*) rompre **4** (*arruinar, causar falência*) ruiner
▸ *vi* **1** (*romper-se, partir-se; fraturar-se*) se casser, se briser **2** (*avariar-se*) s'abîmer, se casser **3** (*enguiçar-mecânica*) tomber en panne: *no meio do caminho o ônibus quebrou* le bus est tombé en panne sur le chemin **4** (*dobrar-se, formar ângulo*) se plier **5** (*ondas*) se briser **6** (*arruinar-se, falir*) entrer en/faire faillite
▸ *vpr* **quebrar-se** (*partir-se*) se briser, se casser, se fêler

quebra-vento *sm* (*de automóvel*) déflecteur

queda *sf* **1** (*tombo; precipitação; decadência*) chute: *a queda produziu um grande hematoma* la chute lui a valu un énorme hématome; *a queda da monarquia* la chute de la monarchie **2** (*redução*) chute, baisse, perte: *queda nos preços* baisse des prix; *a queda do seu prestígio* la perte de son prestige **3** (*desvalorização*) chute, baisse **4** (*inclinação; simpatia*) penchant *m*: *ter certa queda por alguém* avoir un certain penchant pour qqn
■ **queda de braço** bras *m* de fer
• **ser duro na queda** avoir la peau dure

queda-d'água (*pl* quedas-d'água) *sf* chute (*d'eau*)

queijeira sf (recipiente) plateau m à fromage

queijo sm fromage
- **queijo em fatias** fromage en tranches
- **queijo fresco** fromage frais
- **queijo parmesão** parmesan
- **queijo prato** fromage de lait de vache brésilien
- **queijo de soja** tofu
- **queijo suíço** fromage suisse

queima sf 1 (incêndio) incendie m, brûlement m 2 (cremação) crémation 3 (de estoques) liquidation totale
• **queima de arquivo** [fig] liquidation de témoins (gênants)

queimação sf (na pele; estomacal) brûlure

queimada sf (incêndio de mato) incendie de forêt m, brûlis m

queimado-da adj 1 (que se queimou) brûlé, -e 2 fig brûlé, -e, grillé, -e: *ele está queimado com a chefia* il est grillé auprès de ses chefs 3 fig (bronzeado) bronzé, -e, hâlé, -e
▶ sm **queimado** brûlé: *gosto de queimado* goût de brûlé

queimador sm 1 (de incenso) encensoir 2 (de fogão) brûleur

queimadura sf brûlure
• **queimadura de primeiro/segundo/terceiro grau** brûlure du premier/deuxième/troisième degré

queimar vtd 1 (produzir queimadura; incendiar; causar ardor; ressequir) brûler 2 (bronzear) bronzer, brunir, hâler 3 (consumir) consommer, bouffer, pomper: *esse carro queima muito álcool* cette voiture consomme beaucoup d'alcool 4 (dissipar, esbanjar) dissiper, gaspiller 5 (estoque) liquider 6 (balear) toucher (par balle) 7 fig (desprestigiar) brûler, griller 8 (cerâmica) brûler
▶ vi 1 (abrasar; estar muito quente; arder) brûler 2 (lâmpada, fusível, tevê etc.) griller
▶ vpr **queimar-se** 1 (pegar fogo) prendre feu 2 (sofrer queimadura; ressequir-se) se brûler 3 (bronzear-se) se faire bronzer 4 (melindrar-se, zangar-se) se vexer 5 (perder o prestígio) se griller, se brûler

queima-roupa sf loc **à queima-roupa** à bout portant, à brûle-pourpoint

queixa sf plainte

queixa-crime (pl **queixas-crime**) sf plainte

queixar-se vpr se plaindre

queixo sm ANAT menton

queixoso, -sa adj plaintif, -ive
▶ sm, f DIR plaignant, -e

quejandos sm pl semblables, pareils

quem pron qui
▶ **a quem** à qui: *a noiva a quem demos o presente* la mariée à qui nous avons donné le cadeau
▶ **de quem** de qui, dont: *as pessoas de quem falamos* les gens dont nous parlons; *não sei de quem você está falando* je ne sais pas de qui tu parles
▶ **para quem** à qui: *a pessoa para quem foi endereçada a carta* la personne à qui la lettre a été adressée
• **quem de direito** (à) qui de droit
• **quem dera!** hélas non!
• **quem quer que** qui que ce soit qui/que
• **quem quer que seja** qui que ce soit

quentão sm grog à base de *cachaça* ou de vin

quente adj 1 (aquecido) chaud, -e 2 (picante) piquant, -e, épicé, -e, pimenté, -e 3 (ardente, entusiasmado) ardent, -e, passioné, -e, chaud, -e 4 (garantido) bon, -onne, sûr, -e: *esse cheque é quente?* ce chèque est bon?; *o negócio é quente* cette affaire est sûre 5 (sensual) chaud, -e
• **com um quente e dois fervendo** (irritado) furieux, -euse/furibard, -e/furibond, -e
• **estar quente** (estar próximo) être chaud

quepe sm képi

quer conj que, soit: *quer você venha, quer não* que tu viennes ou non

querer vtd 1 (ter vontade; tencionar; exigir) vouloir: *não quero sair hoje* je ne veux pas sortir aujourd'hui 2 (requerer) exiger, demander: *este prato quer um bom vinho* ce plat exige un bon vin 3 (ter a bondade) vouloir: *queira sentar-se* veuillez vous asseoir 4 (condescender) bien vouloir: *se quiser largar esse orgulho, poderemos conversar* si tu voulais bien laisser ton orgueil de côté, on pourrait discuter **5** (*ameaçar, estar para*) menacer (*de*), risquer (*de*): **está querendo chover** il risque de pleuvoir **6** (*conseguir*) vouloir: *o fogo não quer pegar* le feu ne veux pas prendre

▶ *vtdi* (*ter afeição*) vouloir: *quero-lhe muito bem* je te veux beaucoup de bien

▶ *vpr* **querer-se** (*bem*) s'aimer: *eles se querem bem* ils s'aiment bien

• **como queira** comme tu veux

• **não querer nada com algo/alguém** ne rien vouloir savoir de qqch/qqn

• **queira ou não queira** que tu le veuilles ou non/bon gré, mal gré

• **quer dizer** [isto é] c'est-à-dire

• **quer dizer que...** ça veut dire que

• **se Deus quiser** Dieu le veuille/plût à Dieu

• **sem querer** sans (le) vouloir/par mégarde/sans le faire exprès

querido, -da *adj* chéri, -e, cher, -ère
▶ *sm, f* chouchou, -te, favori, -e, préféré, -e: *o querido da professora* le chouchou du professeur

• **querido André**, cher André

querosene *sm* kérosène

quesito *sm* question *f*, point

questão *sf* **1** (*pergunta; assunto*) question **2** (*o que está em jogo*) question, enjeu *m* **3** (*divergência*) dispute, querelle, différend *m*

• **estar em questão** être en question/en cause

• **estar fora de questão** être hors de question

• **fazer questão de** tenir à/se faire un point d'honneur de/mettre un point d'honneur à

• **pôr em questão** (re)mettre en question/en cause

• **questão de ordem** point *m* de réglementation

• **ser questão de** être une question de

questionar *vtd* **1** (*pôr em questão, contestar*) (re)mettre en question/cause **2** (*interrogar*) questionner, interroger

questionário *sm* questionnaire

questionável *adj* discutable, douteux, -euse, contestable

quiabo *sm* BOT gombo

quibe *sm* CUL kebbé

quieto, -ta *adj* **1** (*parado; calmo*) calme, tranquille **2** (*sem ruído, silencioso*) paisible, calme

• **quieto!** tais-toi!/chut!

quilate *sm* **1** carat: *ouro 24 quilates* or à 24 carat **2** *fig* (*qualidade*) valeur *f*, qualité *f*

quilo *sm* **1** (*quilograma*) kilo **2** (*no intestino*) chyle

quilograma *sm* kilogramme

quilometragem *sf* kilométrage *m*

quilômetro *sm* kilomètre

quimera *sf* chimère

química *sf* chimie

químico, -ca *adj* chimique
▶ *sm, f* chimiste

quina *sf* **1** (*na loteria*) cinq numéros *m* gagnants **2** (*aresta*) coin *m*, angle *m* **3** BOT quinquina *m*

quinhão *sm* part *f*, portion *f*, lot

quinhentos, -tas *num* cinq cents

• **são outros quinhentos** c'est une autre histoire

quinquagésimo, -ma *num* cinquantième

quinquênio *sm* quinquennat

quinquilharia *sf* quincaillerie

quinta-feira *sf* jeudi *m*

quintal *sm* cour *f*, jardin

quinteto *sm* quintette

quinto, -ta *adj num* cinquième

• **mandar para os quintos dos infernos** envoyer chier/envier se faire foutre

quinze *num* quinze

• **quinze minutos** un quart d'heure

• **quinze para as nove** neuf heures moins le quart

quinzena *sf* quinzaine

quinzenal *adj* semi-mensuel, -elle, qui arrive tous les quinze jours

quiosque *sm* kiosque

quirera *sf* (*milho quebrado*) maïs concassé
▶ *pl* **pouco dinheiro**, **trocados** miettes *f pl*

quisto *sm* MED kyste

quitação *sf* COM quittance

quitado, -da *adj* acquitté

quitanda *sf* *(pequeno estabelecimento comercial)* boutique, échoppe

quitar *vtd* acquitter

quite *adj* **1** quitte: ***fiquei quite com ele*** je suis quitte avec/envers lui **2** *(igualado)* à égalité: ***os dois estão quites*** les deux sont à égalité

quitinete *sf* studio *m*, studette *f*

quitute *sm* mets délicat

quiuí *sm* BOT kiwi

quociente *sm* quotient

quórum *sm* quorum

quota *sf* quote-part, lot *m*, partie, portion

quota-parte (*pl* **quotas-partes**) *sf* quote-part

quotista *smf* actionnaire

quotizar-se *vpr* **se cotiser**

R

rã sf zool grenouille

rabada sf 1 (*pancada com o rabo*) coup m de queue 2 cul queue de bœuf en sauce

rabanada sf 1 (*pancada com o rabo*) coup m de queue 2 cul pain m perdu

rabanete sm bot radis

rabecão sm (*carro funerário*) corbillard, fourgon funéraire

rabeira sf 1 (*traseira de carro*) arrière m 2 (*último lugar*) dernière place, lanterne rouge: *estar na rabeira* être la lanterne rouge

rabicho sm 1 (*pequeno rabo de cabelo*) petite queue-de-cheval 2 (*paixão*) passade f, tocade f

rabino sm rabbin

rabiscar vtd 1 (*fazer desenho rápido*) griffonner, faire un croquis 2 (*garatujar; escrevinhar*) gribouiller

rabisco sm 1 (*esboço rápido*) croquis, ébauche f 2 (*garatuja*) gribouillis, pattes f de mouche

rabo sm 1 (*cauda*) queue f 2 (*cabo*) manche 3 pop (*bunda*) postérieur, cul, fesses f pl 4 pop (*ânus*) cul
- **rabo de cavalo** (*penteado*) queue-de-cheval f
- **rabo de foguete** (*problema*) pépin, tuile f
- **rabo de galo** (*aperitivo*) mélange de cachaça e de vermouth (*gasolina + álcool*) mélange d'essence et d'éthanol
- **rabo de saia** femme f
- meter o rabo entre as pernas fig mettre la queue entre les jambes/s'écraser
- olhar com o rabo dos olhos regarder du coin de l'œil
- ter o rabo preso avoir partie liée/être impliqué, -e

rabugento, -ta adj râleur, -euse, bourru, -e, grognon, -onne

raça sf race
- acabar com a raça de alguém en finir avec qqn
- de raça de race
- na raça avec son seul courage

ração sf 1 (*quantidade*) ration 2 (*alimento para animais*) nourriture pour animaux

racha sf 1 (*fenda*) fente, crevasse, faille 2 (*partilha*) partage m
▶ sm 1 (*cisão, divisão*) scission f 2 (*corrida de carros*) bourre f

rachadura sf fente, fissure

rachar vtd fendre, fissurer
▶ vtd-vtdi (*partilhar*) partager
▶ vi (*estudar muito*) potasser, bûcher
▶ vi-vpr **rachar(-se)** se fendre, se fissurer, se lézarder
- de rachar très intense/infernal, -e
- ou vai ou racha! ça passe ou ça casse!

racial adj racial, -e

raciocinar vi raisonner
▶ vtd réfléchir

raciocínio sm raisonnement

racional adj 1 (*que diz respeito à razão*) rationnel, -elle 2 (*que usa a razão*) rationnel, -elle, raisonnable 3 mat rationnel, -elle

racionar vtd rationner

racismo sm racisme

racista adj-smf raciste

radar sm radar
- radar de velocidade radar

radiador *sm (auto)* radiateur

radiante *adj* **1** *(que emite raios)* radiant, -e, rayonnant, -e **2** *(felicíssimo)* radieux, -euse

radical *adj* **1** *(da raiz; extremado)* radical, -e **2** ESPORTE extrême
▶ *sm* GRAM MAT radical

radicar-se *vpr (fixar residência)* s'établir, s'installer

rádio *sm* **1** ANAT radius **2** QUÍM radium **3** *(aparelho)* radio *f*, poste, transistor
▶ *sf (emissora)* radio

radioativo, -va *adj* radioactif, -ive

radiografia *sf* MED radiographie

radiopatrulha *sf* **1** *(policiamento)* patrouille radio **2** *(veículo)* voiture radio

radiorrelógio *sm* radio-réveil

radiotáxi *sm* radio-taxi

radiotransmissor, -ra *adj* émetteur, -trice
▶ *sm* émetteur radio

raia *sf* **1** *(arraia)* raie **2** *(linha, limite)* ligne, limite, raie **3** *(divisão de piscina)* ligne *(d'eau)*
• **chegar às raias de...** être à la limite de.../frôler...
• **fugir da raia** se dérober/se défiler/prendre la tangente

raiar *vi (surgir, nascer)* poindre, se lever

rainha *sf* reine

raio *sm* **1** *(radiação luminosa; de círculo; de roda)* rayon **2** *(relâmpago)* foudre *f*, éclair **3** *fig (com ideia de desagrado)* putain de, satané, -e: *o raio do ônibus não apareceu* ce satané bus n'est pas venu
▶ *interj* **raios!** merde!/zut!
• **num raio de x quilômetros** dans un rayon de x kilomètres
• **raio de ação** rayon d'action
• **raios o partam** (qu'il aille) au diable
• **raios X** rayon X

raiom *sm* rayonne *f*, viscose *f*

raiva *sf* **1** *(hidrofobia)* rage **2** *(cólera, ira)* colère
• **estar com raiva de alguém** en vouloir à qqn
• **fazer raiva a alguém** faire envie à qqn
• **ficar com raiva** se mettre en colère
• **ter raiva de alguém** [detestar] être en colère avec qqn/détester qqn

raivoso, -sa *adj (hidrófobo; encolerizado)* enragé, -e

raiz *sf* racine
• **criar raízes** prendre racine

rajada *sf (de vento; de tiros)* rafale

rajado, -da *adj* rayé, -e

ralador *sm* râpe *f*

ralar *vtd* râper
▶ *vi (trabalhar muito)* se tuer *(au travail)*

ralé *sf* racaille

ralhar *vti-vi* gronder (**com,** -)

rali *sm* rallye

ralo, -la *adj* **1** *(pouco denso)* clairsemé, -e: *mato ralo* forêt clairsemée; *cabelo ralo* cheveux clairsemés **2** *(sem consistência)* liquide, clair, -e, délayé, e-: *molho ralo* sauce *f* délayée
▶ *sm* **ralo 1** *(ralador)* râpe *f* **2** *(parte do encanamento)* bonde, siphon **3** *(peça do regador)* pomme *f*, aspersoir
• **ir pelo ralo** [fig] être à l'eau/tomber à l'eau/tomber dans le lac/être foutu, -e

ramal *sm* **1** *(de estrada)* ramification *f*, embranchement **2** *(de telefone)* extension *f*

ramalhete *sm* botte *f*, gerbe *f*

ramela *sf* → remela

ramerrão *sm* train-train

ramificação *sf* ramification

ramificar-se *vpr* se ramifier

ramo *sm* **1** BOT branche *f*, rameau **2** *fig (campo, esfera)* branche *f* **3** *(buquê)* bouquet, botte *f*, gerbe *f*

rampa *sf* rampe
• **rampa de lançamento** rampe de lancement

rancho *sm* **1** *(bloco de carnaval)* groupe de danseurs qui défilent lors du carnaval **2** *(refeição)* repas **3** *(choupana)* cabane *f*, cahute *f*, hutte *f*

ranço, -ça *adj (rançoso)* rance
▶ *sm* **ranço 1** *(cheiro desagradável de rançoso)* ranci: *ter cheiro de ranço* sentir le ranci **2** *fig (caráter obsoleto)* caducité *f* **3** *(caráter desagradável)* arrière-goût: *em sua carta havia um ranço de inveja* dans sa lettre, il y avait un arrière-goût de jalousie

rancor *sm* rancœur *f*, rancune *f*

rançoso, -sa *adj* 1 *(que tem ranço)* rance 2 *fig (obsoleto)* démodé, -e, dépassé, -e, désuet, -ette

ranger *vtd (os dentes)* grincer
▶ *vi* craquer

rangido *sm* craquement, grincement

rango *sm gíria* bouffe *f*

ranheta *adj-smf* grincheux, -euse

ranho *sm* morve *f*

ranhura *sf* rainure

ranzinza *adj-smf* grognon, -onne, râleur, -euse, rouspéteur, -euse

rapadura *sf* cassonade
• **entregar a rapadura** *(desistir)* baisser les bras, lâcher pied/la rampe/*(falecer)* lâcher la rampe

rapar *vtd* 1 *(ralar)* râper 2 *(cortar rente)* raser
▶ *vtd-vtdi (roubar)* voler, faucher

rapaz *sm* garçon, jeune homme

rapel *sm* ESPORTE rappel

rapidez *sf* rapidité, vitesse

rápido, -da *adj* rapide
▶ *adv (depressa)* vite

rapina *sf* rapine
• **aves de rapina** oiseaux de proie

raposa *sf* 1 ZOOL renard *m* 2 *fig* renard *m*

rapsódia *sf* rhapsodie

raptar *vtd-vtdi* kidnapper, enlever

rapto *sm* rapt, enlèvement

raquete *sf* raquette

raquítico, -ca *adj* rachitique

rarear *vi (rarefazer-se)* se raréfier

rarefeito, -ta *adj* raréfié, -e

raridade *sf* rareté

raro, -ra *adj* rare
• **não raro** *(com frequência)* souvent, volontiers

rascunho *sm* brouillon

rasgado, -da *adj* 1 *(que se rasgou)* déchiré, -e, fendu, -e 2 *fig (caloroso)* outré, -e: **elogios rasgados** des compliments outrés

rasgão *sm* accroc, déchirure *f*

rasgar *vtd* 1 *(romper, fender)* déchirer 2 *(lacerar)* dilacérer
▶ *vpr* **rasgar-se** se déchirer

rasgo *sm* 1 *(rasgão)* déchirure *f*, entaille *f* 2 *(laceração)* lacération *f* 3 *fig (ação nobre; manifestação súbita)* trait, brin: **um rasgo de heroísmo** un trait de bravoure; **um rasgo de imaginação** un brin d'imagination

raso, -sa *adj* 1 *(rente; não cheio)* ras, -e 2 *(não fundo)* peu profond, -e: **um balde raso** un seau peu profond; **aqui o rio é raso** ici la rivière est peu profonde
▶ *sm* où il y a pied: **fique no raso** reste où il y a pied
• **olhos rasos de lágrimas** des larmes plein les yeux

raspa *sf* 1 *(lasca)* râpure, raclure 2 *(comida do fundo da panela)* restes *m pl*
• **raspa de tacho** *fig* enfant que les parents ont sur le tard

raspão *sm* 1 éraflure *f*: **deu um raspão no carro estacionado** il a fait une éraflure sur une voiture garée 2 *(arranhão)* égratignure *f*, écorchure *f*, éraflure *f*
• **de raspão** en l'éraflant/de biais/en le(la) frôlant

raspar *vtd* 1 *(rapar; ralar)* râper 2 *(tocar de raspão)* effleurer, érafler, frôler 3 *(arranhar)* égratigner, écorcher, érafler

rasteira *sf* 1 *(golpe)* croche-pied *m* 2 *fig (ação desleal)* croc-en-jambe *m*

rasteiro, -ra *adj* 1 *(que se arrasta)* rampant, -e 2 *(rasante)* rasant, -e 3 *fig (subserviente)* obséquieux, -euse, rampant, -e 4 *fig (ignóbil)* vil, -e, ignoble

rastejar *vi* ramper

rastelo *sm* râteau

rastrear *vtd (investigar)* suivre la piste de, suivre la trace de

rastro *sm* 1 *(pegada)* piste *f*, trace *f* 2 *(de luz, de navio)* sillage

rasura *sf* rature

rata *sf* 1 *(ratazana)* rat *m* d'égout, surmulot *m* 2 *(erro)* gaffe, boulette, bévue

ratazana *sf* rat *m* d'égout, surmulot *m*

ratear *vtd (fazer rateio)* partager
▶ *vi* 1 *(não funcionar)* mal fonctionner 2 *(perder as forças)* s'essouffler

rateio *sm* partage

ratificar *vtd* ratifier

rato *sm* 1 ZOOL rat 2 *(camundongo)* souris *f*

- **rato de biblioteca** fig rat de bibliothèque
- **rato de igreja** fig punaise f de sacristie/grenouille f de bénitier

ratoeira sf souricière, piège à rats
- **cair na ratoeira** fig tomber dans le piège m/tomber dans le panneau m

ravióli sm CUL ravioli

ray-ban sm inv lunettes f pl Ray Ban

razão sf raison
- **à razão de** (ao preço de) au prix de (à taxa de) au taux d'intérêt de (na proporção de) à raison de
- **dar razão a alguém** donner raison à qqn
- **em razão de** en raison de
- **ter suas razões** avoir ses raisons
- **ter/não ter razão** avoir/ne pas avoir raison

razoável adj raisonnable

razoavelmente adv 1 (de modo razoável) raisonnablement 2 (medianamente) plutôt

ré sm MÚS ré
▶ sf 1 DIR accusée 2 (marcha a ré) marche f arrière
- **dar marcha a ré** faire marche arrière

reabastecer vtd réapprovisionner

reabastecimento sm réapprovisionnement

reabilitação sf réhabilitation

reabilitar vtd réhabiliter
▶ vpr **reabilitar-se** se réhabiliter

reação sf réaction

reacionário, -a adj réactionnaire

reagir vti réagir (**contra**, contre)

real adj 1 (verdadeiro) réel, -e 2 (régio) royal, -e
▶ sm (moeda) réal
- **cair na real** revenir sur terre

realçar vtd 1 (dar destaque) rehausser 2 (ressaltar) mettre en valeur
▶ vpr **realçar-se** se mettre en valeur

realce sm relief

realeza sf 1 (série de reis) rois 2 (monarquia) royauté

realidade sf réalité
- **na realidade** en réalité

realimentar vtd réalimenter

realismo sm réalisme

realista adj 1 (monarquista) royaliste 2 (prático; de acordo com a realidade; partidário do realismo em arte) réaliste

realização sf 1 (ato de realizar) réalisation 2 (feito, ato meritório) fait m, prouesse, performance

realizado, -da adj comblé, -e: **um homem realizado** un homme comblé

realizar vtd (tornar real; pôr em prática) réaliser
▶ vpr **realizar-se** se réaliser

realmente adv 1 (verdadeiramente) réellement, vraiment 2 (de fato) en fait, en réalité, réellement 3 (com efeito) en effet

reanimação sf MED réanimation

reaparecer vi réapparaître, reparaître

reaparição sf réapparition

reaproveitamento sm remise f à profit

reaproveitar vtd remettre à profit

reaproximação sf rapprochement m

rearmamento sm réarmement

reatamento sm renouement

reatar vtd renouer

reatividade sf réactivité

reator sm réacteur

reavaliar vtd réévaluer

reaver vtd ravoir, recouvrer, récupérer

rebaixamento sm 1 (diminuição de altura) (r)abaissement 2 (redução de valor) rabais, réduction f 3 (humilhação, aviltamento) avilissement, déchéance f, humiliation f 4 ESPORTE descente f

rebaixar vtd 1 (tornar mais baixo) (r)abaisser 2 (humilhar) rabaisser, humilier 3 ESPORTE descendre (dans une division inférieure)
▶ vpr **rebaixar-se** se rabaisser

rebanho sm 1 (grupo de animais) troupeau 2 (animais numa economia) cheptel

rebarba sf 1 (saliência, quina) arête, coin m 2 (excesso de material) ébarbure

rebate sm (som de sino) tocsin
- **rebate falso** fausse alerte f

rebater vtd 1 (bater de novo) battre de nouveau 2 (aparar, rechaçar) parer, repousser 3 (refutar, contestar) réfuter, contester 4 (repetir, repisar) rebattre

rebelar *vtd* inciter à la rébellion
▶ *vpr* **rebelar-se** se rebeller

rebelde *adj-smf* rebelle

rebeldia *sf* rébellion, résistance, obstination

rebelião *sf* rébellion, inssurrection

rebentação *sf* (*mar*) déferlement

rebentar *vtd* (*estourar*) exploser, éclater
▶ *vi* **1** (*estourar, explodir*) éclater **2** (*ondas*) déferler, se briser **3** (*romper-se, partir-se*) exploser, éclater **4** (*guerra*) éclater **5** (*brotar*) germer, bourgeonner

rebite *sm* rivet

rebobinar *vtd* rembobiner

rebocador *sm* remorqueur

rebocar *vtd* **1** (*puxar-auto, barco etc.*) remorquer **2** (*revestir de reboco*) enduire
▶ *vpr* **rebocar-se** (*maquiar-se demais*) s'enfariner, se grimer

reboco *sm* enduit

rebolado *sm* (*saracoteio*) déhanchement, dandinement
• **perder o rebolado** *fig* perdre la face

rebolar *vi* (*saracotear*) se déhancher, se dandiner, se tortiller

reboque *sm* **1** (*tração*) remorque *f* **2** (*guincho*) dépanneuse *f*, camion de la fourrière *f*
• **ir a reboque** être remorqué, -e

rebotalho *sm* **1** (*refugo*) rebut **2** (*ralé*) racaille *f*

rebote *sm* **1** ESPORTE rebond **2** (*ricochete*) ricochet

rebu *sm* tumulte, vacarme, chahut

rebuliço *sm* **1** (*confusão*) tumulte, chahut, tohu-bohu **2** (*ruído*) vacarme, boucan

rebuscado, -da *adj* (*requintado*) recherché, -e

recadastramento *sm* réinscription *f*, actualisation de cadastre

recado *sm* message: **mandar um recado para alguém** envoyer un message à qqn
• **dar o recado** donner un message (*fig*) se faire comprendre

recaída *sf* MED rechute

recair *vi* (*sofrer recaída*) rechuter
▶ *vti* **1** (*reincidir*) retomber (**em**, sur) **2** (*cair, incidir*) retomber, rejaillir: *a culpa recaiu sobre ele* c'est sur lui que la faute est retombée

recalcado, -da *adj-sm, f* PSIC refoulé, -e

recalcar *vtd* PSIC refouler

recalque *sm* PSIC refoulement

recapado, -da *adj* **1** (*pneu*) rechapé, -e **2** (*asfalto*) regoudronné, -e

recapitular récapituler

recarga *sf* (*de celular*) recharge

recatado, -da *adj* réservé, -e, modéré, -e, pudique

recato *sm* (*modéstia, pudor*) modestie *f*, pudeur *f*

recauchutagem *sf* rechapage *m*

recauchutar *vtd* **1** (*pneu*) rechaper **2** *fig* (*fazer plástica*) faire une chirurgie esthétique

recear *vtd* craindre
▶ *vti* craindre, trembler (**por**, pour)

receber *vtd-vtdi* **1** (*ganhar*) recevoir **2** (*salário*) recevoir, percevoir, toucher **3** (*cobrar-dívida, imposto etc.*) percevoir, recouvrer **4** (*notícia*) apprendre
▶ *vtd* **1** (*aceitar, admitir*) recevoir: *receber bem ou mal um pedido* bien/mal recevoir une demande **2** (*hospedar*) héberger, loger **3** (*acolher-visita*) recevoir **4** (*ser atingido*) recevoir: *recebeu uma pedrada* il a reçu un coup de pierre; *este lado da casa não recebe luz* ce côté de la maison ne reçoit pas la lumière du soleil
▶ *vi* (*recepcionar*) recevoir: *ela não recebe às quartas* elle ne reçoit pas les mercredis

recebimento *sm* réception *f*
• **aviso de recebimento** avis de réception/accusé de réception
• **favor acusar recebimento** veuillez accuser réception

receio *sm* crainte *f*

receita *sf* **1** CUL recette **2** (*de tricô, costura etc.*) modèle *m*, patron *m* **3** (*prescrição médica*) ordonnance, prescription **4** (*valor arrecadado*) recette **5** *fig* (*fórmula*) recette: *a receita do sucesso* la recette du succès

receitar *vtd* (*medicamentos*) prescrire, ordonner

receituário *sm* ordonnancier

recém-casado, -da (*pl* **recém-casados, -das**) *adj-sm, f* jeune marié, -e

recém-chegado, -da (*pl* **recém-chegados, -das**) *adj-sm, f* récemment arrivé, -e

recém-nascido, -da (*pl* **recém-nascidos, -das**) *adj-sm, f* nouveau-né, -e

recender *vtd* (*espargir odor*) exhaler
▶ *vtdi-vi* (*cheirar a*) sentir (**a**, -)

recenseamento *sm* recensement

recensear *vtd* recenser

recente *adj* récent, -e

recentemente *adv* récemment

recepção *sf* réception
• **dirija-se à recepção** veuillez vous adresser à la réception

recepcionar *vtd-vi* recevoir, accueillir

recepcionista *smf* réceptionniste, hôtesse *f* (*d'accueil*)

receptação *sf* recel *m*

receptáculo *sm* réceptacle

receptador, -ra *sm, f* receleur, -euse

receptivo, -va *adj* réceptif, -ive

receptor, -ra *adj* récepteur, -trice
▶ *adj-sm, f* MED recevur, -euse
▶ *sm* **receptor** ELETR récepteur

recessão *sf* ECON récession

recessivo, -va *adj* BIOL ECON récessif, -ive

recesso *sm* 1 (*lugar retirado, resguardado*) lieu de retraite, recoin 2 *fig* recoin, tréfonds 3 (*do Congresso etc.*) vacances *f pl*

rechaçar *vtd* chasser, repousser

rechear *vtd-vtdi* 1 CUL farcir 2 *fig* (*a carteira*) garnir 3 *fig* (*encher*) remplir

recheio *sm* CUL farce *f*

recibo *sm* reçu, récépissé, quittance *f*
• **passar recibo** donner un reçu (*revidar*) rendre la pareille/rendre la monnaie (*tornar manifesto*) exhiber, étaler

reciclagem *sf* recyclage *m*

reciclar *vtd* recycler

recidiva *sf* MED récidive

recife *sm* récif

recinto *sm* enceinte *f*

recipiente *sm* récipient
▪ **recipiente descartável** récipient jetable

▪ **recipiente graduado** récipient gradué

recíproca *sf* réciproque

recíproco, -ca *adj* réciproque

récita *sf* spectacle

recital *sm* récital, concert

recitar *vtd* réciter

reclamação *sf* 1 (*queixa, protesto*) réclamation 2 (*lamúria*) lamentation, pleurnicherie, plainte

reclamar *vti-vi* 1 (*protestar*) protester, réclamer 2 (*queixar-se, lamentar-se*) réclamer, se plaindre
▶ *vtd* (*reivindicar, exigir*) réclamer

reclinar *vtd* incliner, pencher
▶ *vpr* **reclinar-se** s'incliner, se pencher

reclinável *adj* inclinable

reclusão *sf* réclusion

recluso, -sa *adj-sm, f* reclus, -e

recoberto, -ta *adj* recouvert, -e

recobrar *vtd* recouvrer, retrouver
▶ *vpr* **recobrar-se** revenir
• **recobrar o juízo** recouvrer la raison
• **recobrar os sentidos** revenir à soi/reprendre conscience

recobrir *vtd* recouvrir

recolher *vtd-vtdi* (*abrigar*) recueillir, accueillir
▶ *vtd* 1 (*colher, catar*) recueillir, ramasser 2 (*colher, coligir*) recueillir, amasser 3 (*retirar de circulação*) retirer
▶ *vpr* **recolher-se** 1 (*voltar para casa*) rentrer 2 (*ir para o quarto, deitar-se*) aller se coucher 3 (*retirar-se*) se retirer, s'en aller 4 (*concentrar-se, refletir*) se recueillir, se replier sur soi

recomeçar *vtd-vi* recommencer
▶ *vti* recommencer (**a**, à)

recomendação *sf* 1 (*conselho, aviso*) recommandation: *fazer recomendações a alguém* faire des recommandations à qqn 2 (*qualidade*) qualité: *a atividade filantrópica é sua melhor recomendação* l'activité philanthropique est sa plus grande qualité
• **carta de recomendação** lettre de recommandation
• **dar boas/más recomendações de alguém** donner de bonnes/mauvaises recommandations de qqn

• **minhas recomendações à família** mes compliments à votre famille

recomendar *vtdi* recommander

recomendável *adj* recommandable

recompensa *sf* récompense

recompensar *vtd-vtdi* récompenser

reconciliação *sf* réconciliation

reconciliar *vtd-vtdi* réconcilier
▸ **reconciliar-se** se réconcilier

reconfortar *vtd* (*consolar*) consoler

reconhecer *vtd* reconnaître

reconhecido, -da *adj* (*grato*) reconnaissant, -e

reconhecimento *sm* reconnaissance *f*

reconquistar *vtd* reconquérir

reconstituição *sf* reconstitution

reconstituir *vtd* reconstituer

reconstrução *sf* reconstruction

recordação *sf* souvenir *m*, mémoire

recordar *vtd* 1 (*lembrar*) rappeler 2 (*lição*) revoir, repasser, réviser
▸ *vpr* **recordar-se** se rappeler (**de**, -)

recorde *sm* record: *bater um recorde* battre un record

recordista *adj-smf* détenteur, -trice d'un record, recordman, -woman

recorrência *sf* récurrence

recorrer *vti* 1 (*pedir auxílio*) recourir, avoir recours, s'adresser (**a**, à) 2 DIR recourir, faire appel, se pourvoir (*en justice/cassation*): *recorrer da sentença* faire appel d'un jugement

recortar *vtd* recouper, découper

recorte *sm* 1 (*ato de recortar*) découpage, découpure *f* 2 (*de jornal*) coupure

recostar *vtd-vtdi* incliner, pencher
▸ *vpr* **recostar-se** 1 (*apoiar-se*) se pencher (**em**, sur) 2 (*deitar-se por breve tempo*) s'étendre un peu

recosto *sm* dossier

recrear *vtd* distraire, divertir
▸ *vpr* **recrear-se** se distraire, se divertir

recreativo, -va *adj* récréatif, -ive

recreio *sm* 1 (*divertimento*) récréation *f*, divertissement, distraction *f* 2 (*intervalo escolar*) récréation *f* 3 (*local do intervalo escolar*) préau, cour *f* de récréation *f*

recriar *vtd* recréer

recriminar *vtd* récriminer, incriminer, accuser

recruta *sm* MIL recrue *f*

recrutamento *sm* recrutement

recrutar *vtd* recruter

recuar *vtd-vi* reculer

recuperação *sf* 1 (*ação de recuperar*) récupération, recouvrement *m* 2 (*restabelecimento da saúde*) rétablissement *m* 3 (*da economia*) récupération 4 (*escolar*) rattrapage *m*, soutien *m*
• **ficar de recuperação** devoir prendre des cours de rattrapage/soutien
• **prova de recuperação** examen de rattrapage

recuperar *vtd* 1 (*readquirir; saúde*) récupérer, recouvrer 2 (*restaurar*) restaurer: *recuperar um móvel velho* restaurer un vieux meuble 3 (*reabilitar*) réhabiliter: *recuperar um criminoso* réhabiliter un criminel 4 INFORM récupérer
▸ *vpr* **recuperar-se** 1 (*voltar a ter saúde*) récupérer 2 (*reabilitar-se*) se réhabiliter

recurso *sm* 1 (*auxílio, meio*) recours 2 DIR appel, recours
▸ *pl* **recursos** (*dotes; riquezas*) ressources *f pl*
• **como último recurso...** en dernier recours
• **uma pessoa de recursos** une personne de ressources

recusa *sf* refus *m*

recusar *vtd* refuser
▸ *vtdi* (*negar*) refuser: *recusou-lhe ajuda* il a refusé de l'aider
▸ *vpr* **recusar-se** (*negar-se*) se refuser (**a**, à)

redação *sf* rédaction

redator, -ra *sm, f* rédacteur, -trice

rede *sf* 1 (*de pescar; de bombeiros; de esportes*) filet *m* 2 (*de dormir*) hamac *m* 3 *fig* piège *m*: *cair na rede* tomber dans le piège 4 (*linhas entrecruzadas; internet*) réseau *m*
■ **rede bancária** réseau *m* bancaire
■ **rede de computadores** réseau *m* d'ordinateurs
■ **rede de esgotos** réseau *m* d'assainissement

- **rede de espionagem** réseau m d'espionnage
- **rede de televisão** réseau m de télévision
- **rede elétrica** réseau m électrique
- **rede viária** réseau m routier

rédea sf rêne

redemoinho sm tourbillon

redentor, -ra sm,f rédempteur, -trice

redigir vtd rédiger

redimir vtd racheter
▶ vpr **redimir-se** se racheter

redobrar vtd redoubler

redoma sf cloche

redondamente adv complètement: *estar redondamente enganado* se tromper complètement

redondo, -da adj 1 (forma) rond, -e 2 fig (bem-acabado, perfeito, harmonioso) parfait, -e, harmonieux, -euse 3 (conta, número) rond, -e

redor sm loc **ao redor de** autour de

redução sf 1 (diminuição) réduction 2 (luva de encanamento) raccord m réducteur

redundância sf redondance

redundante adj redondant, -e

redundar vti se solder, se terminer (**em**, par), aboutir (**em**, à)

reduto sm 1 MIL redoute f 2 fig lieu, repaire: *um reduto de marginais* un repaire de malfaiteurs

reduzir vtd (diminuir) réduire
▶ vtdi (converter) réduire (**a**, à/en)
▶ vpr 1 (converter-se, resumir-se) se réduire (**a**, à) 2 (diminuir) se réduire

reeducação sf rééducation

reeleger vtd réélire

reeleito, -ta adj réélu, -e

reembolsar vtd rembourser

reembolso sm remboursement
• **reembolso postal** remboursement postal

reencarnação sf réincarnation

reencontrar vtd retrouver
▶ vpr **reencontrar-se** se retrouver

reencontro sm retrouvailles f pl

reentrância sf renfoncement m

reestruturação sf restructuration

refazer vtd refaire
▶ vpr **refazer-se** se refaire

refeição sf repas m

refeitório sm réfectoire

refém smf otage m

referência sf 1 (referencial) référence, repère 2 (menção) mention: *fazer referência a alguma coisa* faire mention à qqch
▶ pl **referências** (indicação) références
• **com referência a** pour ce qui est de/ en ce qui concèrne
• **obra de referência** ouvrage de référence
• **referência bibliográfica** référence bibliographique

referendo sm POL référendum

referente adj relatif, -ive
▶ sm LING référent, référé

referir vtd-vtdi (relatar) rapporter
▶ vpr **referir-se** 1 (aludir) se référer (**a**, à) 2 (dizer respeito) concerner (**a**, -)
• **no que se refere a** en ce qui concerne/pour ce qui est de

refestelar-se vpr 1 (deleitar-se) se réjouir, jubiler 2 (estirar-se) s'étirer, s'étendre: *refestelou-se na poltrona* il s'est étendu sur le fauteuil

refinado, -da adj (requintado) raffiné, -e

refinamento sm 1 (de petróleo; de açúcar, sal etc.) raffinage f 2 (requinte) raffinement

refinar vtd 1 (petróleo; açúcar, sal etc.) raffiner 2 (aprimorar, requintar) affiner, raffiner
▶ vpr **refinar-se** s'affiner

refinaria sf raffinerie

refletir vtd 1 (espelhar) réfléchir, refléter 2 (revelar, traduzir) refléter
▶ vti-vi (meditar) réfléchir (**sobre**, sur)
▶ vpr **refletir-se** 1 (repercutir) se refléter 2 (espelhar-se) se réfléchir, se refléter

refletor sm réflecteur

reflexão sf 1 FÍS reflet m 2 (meditação) réflexion

reflexo, -xa adj réflexe: *ação reflexa* action réflexe; *gesto reflexo* geste réflexe
▶ sm 1 (imagem refletida) reflet 2 (reação) réflexe 3 fig (indício, resultado) reflet

reflorestamento sm reboisement, reforestation f

refluxo sm reflux

refogado, -da adj revenu, -e, rissolé, -e, sauté, -e
▶ sm **refogado** CUL sauté

refogar vtd CUL (faire) sauter, faire revenir, faire rissoler

reforçar vtd 1 (fortalecer) renforcer 2 (enfatizar) renforcer, souligner

reforço sm 1 (em roupa; novas tropas) renfort 2 (fortalecimento, auxílio) renforcement
• **aulas de reforço** cours de soutien/cours de rattrapage

reforma sf 1 (de roupa) retouche, reprisage m, racommodage m 2 (de casa, construção) rénovation, réhabilitation, restauration, modernisation 3 (de lei) réforme 4 (aposentadoria militar) retraite
• **reforma agrária** réforme agraire
• **reforma ministerial** remaniement m ministériel
• **reformas sociais** réformes sociales

reformado, -da adj (militar aposentado) retraité, -e

reformar vtd 1 (roupa) retoucher, repriser, racommoder 2 (casa, construção) rénover, réhabiliter, restaurer, moderniser 3 (lei) réformer 4 MIL retraiter
▶ vpr **reformar-se** MIL prendre sa retraite

reformular vtd reformuler

refrão sm 1 (em canção, poema) refrain 2 (provérbio) proverbe, adage, maxime f

refratário, -a adj réfractaire

refrear vtd réfréner, modérer, retenir
▶ vpr **refrear-se** se réfréner, se modérer, se retenir

refrescante adj rafraîchissant, -e

refrescar vtd rafraîchir
▶ vi (tempo) se rafraîchir
▶ vtd-vi fig sortir d'affaire: *esse dinheirinho não vai refrescar* ce peu d'argent ne va pas nous sortir d'affaire
▶ vpr **refrescar-se** se rafraîchir
• **refrescar a memória** rafraîchir la mémoire

refresco sm rafraîchissement

refrigeração sf réfrigération

refrigerador sm réfrigérateur, frigidaire, frigo

refrigerante sm boisson f gazeuse/pétillante

refrigerar vtd réfrigérer

refugiado, -da adj-sm, f réfugié, -e

refugiar-se vpr se réfugier

refúgio sm refuge

refugo sm rebut

refutar vtd réfuter

rega sf arrosage m

regador sm arrosoir

regalia sf privilège m

regar vtd 1 (irrigar) arroser 2 fig arroser: *regar o jantar com vinho* arroser le repas de vin

regata sf 1 régate 2 (blusa) débardeur m

regatear vtd-vtdi-vi 1 (pechinchar) marchander 2 (dar com parcimônia) lésiner sur

regateiro, -ra sm, f marchandeur, -euse

regato sm ruisseau, filet d'eau

regência sf 1 POL régence 2 GRAM régime m 3 MÚS direction

regeneração sf régénération

regenerar vtd régénérer
▶ vpr **regenerar-se** se régénérer

regente adj-smf 1 POL régent m 2 MÚS chef d'orchestre, maestro m

reger vtd 1 (governar, dirigir) gouverner, diriger 2 POL GRAM régir 3 MÚS diriger 4 fig (orientar) régir, orienter, diriger

região sf région

regime sm régime
• **estar de regime** faire/suivre un régime

regimento sm 1 (conjunto de normas) règlement, statuts mpl 2 MIL régiment

régio, -a adj royal, -e

regional adj régional, -e

registradora sf caisse enregistreuse, tiroir-caisse m

registrar vtd 1 (lançar em livro; consignar) enregistrer 2 (reter na memória) graver, sauvegarder 3 (criança) déclarer

registro sm 1 (lançamento contábil; lançamento em livro oficial) enregistrement

2 (livro em que se faz o registro) registre **3** (cartório de registro) registre d'état civil **4** (certidão) extrait: **registro de nascimento** extrait de naissance **5** (verificação por relógio ou outro aparelho) comptage **6** (o relógio, o aparelho) compteur: **registro de água** compteur à eau; **registro de gás** compteur à gaz **7** (torneira para isolar tubulações) robinet **8** INFORM registre

■ **registro de propriedade industrial** dépôt de propriété industrielle

rego sm **1** (no chão) sillon **2** (risca de cabelo) raie f

regra sf règle
▸ pl **menstruação** règles
■ **regra de três** règle de trois
• **cagar regras** pondre des règles
• **em regra** [em geral] en règle générale [completo, total] en règle
• **não há regra sem exceção** l'exception confirme la règle

regrado, -da adj (comedido, sensato) modéré, -e, mesuré, -e, pondéré, -e

regrar vtd **1** (submeter a regras) réglementer **2** (regular, moderar) modérer, tempérer
▸ vpr **regrar-se** se guider (**por**, sur)

regra-três (pl **regras-três**) sm **1** ESPORTE règle f qui, au football, permet de remplacer un joueur **2** fig remplaçant, -e, substitut, -e

regravável adj réenregistrable

regredir vi régresser, être en régression

regressar vti-vi revenir, retourner, rentrer

regressivo, -va adj (retroativo) régressif, -ive

regresso sm retour

régua sf règle
■ **régua de cálculo** règle de calcul

regulação sf régulation

regulado, -da adj **1** (comedido) mesuré, -e, modéré, -e, pondéré, -e **2** (motor) réglé, -e, au point

regulador sm régulateur

regulagem sf réglage m, mise au point

regulamentação sf réglementation

regulamentar vtd réglementer
▸ adj réglementaire

regulamento sm règlement

regular¹ vtd **1** (sujeitar a regras) réglementer **2** (comedir, moderar) modérer, tempérer **3** (ajustar-máquina, mecanismo) régler, mettre au point
▸ vti **1** (ser mais ou menos) tourner (**por**, autour de) **2** (ser quase igual) ressembler (**com**, à)
▸ vi avoir sa raison: **ela não regula muito bem** elle n'a pas toute sa raison
▸ vpr **regular-se** (guiar-se) se guider (**por**, sur)

regular² adj régulier, -ière

regularidade sf régularité

regularizar vtd régulariser

regurgitar vtd-vi régurgiter

rei sm roi
• **dia de Reis** fête des Rois, Épiphanie f
• **rei morto, rei posto** le roi est mort, vive le roi
• **ter um rei na barriga** se prendre pour le roi

reinado sm règne
• **no reinado de Luís XVI** sous le règne de Louis XVI

reinante adj régnant, -e

reinar vi **1** régner: **quem reinava na França em 1640?** qui régnait en France en 1640?; **nesta casa reina a desordem** le désordre règne dans cette maison **2** fam s'amuser, jouer, faire des siennes: **as crianças estão reinando** les enfants sont en train de jouer

reincidência sf récidive

reincidir vti retomber (**em**, sur)
▸ vi récidiver, retomber: **foi preso porque reincidiu** il a été arrêté car il a récidivé

reiniciar vtd recommencer

reino sm **1** (país) royaume **2** fig royaume, règne: **no reino da ficção** dans le règne de la fiction
• **reino animal/vegetal/mineral** règne animal/végétal/minéral

reintegrar vti **1** (no cargo) réintégrer, réadmettre **2** (na sociedade) réintégrer

reiterar vtd réitérer

reitor, -ra sm, f recteur, -trice

reivindicação sf revendication

reivindicar vtd revendiquer

rejeição sf rejet m

rejeitar *vtd* rejeter

rejuvenescer *vtd-vi* rajeunir

relação *sf* **1** (*elo, vínculo; relacionamento*) relation, rapport *m* **2** (*lista*) liste
▶ *pl* **relações** (*conhecidos, amigos*) relations: *ter muitas relações* avoir de nombreuses relations
• **em relação a...** (*relativamente a*) par rapport à/relativement à (*para com*) en ce qui concerne/pour ce qui est de
• **manter boas relações com alguém** avoir de bonnes relations avec qqn, être en bons termes avec qqn
• **relações exteriores** relations extérieures/affaires étrangères
• **relações humanas** relations humaines/rapports *m* humains
• **relações públicas** relations publiques

relacionado, -da *adj* **1** (*em lista*) listé, -e, répertorié, -e, dénombré, -e **2** (*referente*) lié, -e, relatif, -ive (**a/com**, à) **3** (*que tem relações de amizade*) qui a des connaissances

relacionamento *sm* **1** (*relação*) relation *f*, rapport **2** (*amigo etc.*) relation *f*, connaissance *f*

relacionar *vtd* **1** (*relatar*) rapporter, narrer **2** (*arrolar*) lister, rérpertorier, dénombrer
▶ *vtdi* **1** (*estabelecer elos de amizade*) mettre en relation: *minha tarefa era relacionar os alunos novos com os antigos* mon rôle était de mettre les nouveaux élèves en relation avec les anciens **2** (*estabelecer relação*) établir un rapport: *o médico relacionou minha insônia com o estresse* le médecin a établi un rapport entre mon insomnie et mon stress
▶ *vpr* **relacionar-se 1** (*ter ligação*) se lier, s'attacher (**com**, à) **2** (*dar-se*) s'entendre (**com**, avec)

relâmpago *sm* METEOR éclair
• **visita relâmpago** visite éclair

relance *sm* coup d'œil: *num relance* en un coup d'œil; *olhar de relance* jeter un coup d'œil

relapso, -sa *adj* négligent, -e, relâché, -e

relar *vtd* (*tocar de leve*) frôler, effleurer

relatar *vtd-vtdi* narrer, rapporter

relativamente *adv* (*não de todo, mais ou menos*) relativement, assez, plutôt: *uma temperatura relativamente baixa* une température plutôt basse
• **relativamente a...** en ce qui concerne, pour ce qui est de

relatividade *sf* relativité

relativo, -va *adj* **1** (*não absoluto*) relatif, -ive **2** (*referente*) relatif, -ive (**a**, à), concernant *inv* (**a**, -)

relato *sm* récit, narration *f*, exposé

relator, -ra *sm, f* rapporteur, -euse

relatório *sm* rapport, compte-rendu

relaxado, -da *adj* **1** (*não contraído*) relaxé, -e **2** (*desmazelado*) négligent, -e, nonchalant, -e
• **pena relaxada** peine relaxée

relaxamento *sm* **1** (*descontração*) relaxation *f* **2** (*negligência, desmazelo; abrandamento*) relâchement

relaxante *adj* relaxant, -e
▶ *sm* relaxant

relaxar *vtd* **1** (*soltar-nó*) relâcher, défaire **2** (*músculo*) relâcher, détendre **3** (*abrandar-pena, disciplina etc.*) relâcher
▶ *vi* **1** (*enfraquecer*) relâcher **2** (*corromper-se*) se corrompre **3** (*descansar; descontrair-se; tornar-se negligente*) se relâcher
▶ *vpr* **relaxar-se** (*distender-se*) se relâcher

relegar *vtdi* reléguer: *relegar algo a segundo plano* reléguer qqch au second plan

relembrar *vtd-vtdi* se rappeler

relento *sm* (*orvalho*) rosée *f*
• **dormir ao relento** coucher/dormir à la belle étoile
• **ficar/deixar ao relento** rester/laisser en plein air

reler *vtd* relire

reles *adj* bas, -asse, vil, -e, ordinaire

relevância *sf* importance, pertinence

relevante *adj* important, -e, pertinent, -e

relevo *sm* **1** (*saliência*) relief **2** (*importância*) importance *f* **3** GEOG relief
• **pôr em relevo** mettre en relief/relever/souligner

religião *sf* religion

religioso, -sa *adj-sm, f* religieux, -euse
▶ *sm* (*casamento religioso*) mariage religieux

relinchar vi hennir

relincho sm hennissement

relíquia sf relique

relógio sm 1 (*de pulso*) montre(-bracelet) f, bracelet-montre f 2 (*outros*) horloge f 3 (*de pêndulo*) pendule f 4 (*marcador*) compteur: *relógio de água, de gás, de eletricidade* compteur à eau, à gaz, à électricité
- **relógio de bolso** montre f de gousset/de poche
- **relógio de parede** horloge f, pendule f
- **relógio de ponto** pointeuse f
- **relógio de sol** cadran (*solaire*)
• **correr contra o relógio** courir contre la montre f

relojoaria sf horlogerie

relojoeiro, -ra sm, f horloger, -ère

relutância sf résistance, répugnance

relutante adj résistant, -e

reluzente adj reluisant, -e

relva sf gazon m, pelouse

reluzir vi reluire

remador, -ra sm, f rameur, -euse

remake sm remake, nouvelle version f

remanejar vtd remanier

remanescente adj restant, -e
▶ sm reste, restant

remar vi ramer

remarcar vtd 1 (*marcar de novo*) remarquer 2 (*atribuir novo preço*) changer le prix de

rematado, -da adj 1 (*acabado*) fini, -e, parachevé, -e, poli, -e 2 (*completo*) complet, -ète, fini, -e: *um rematado escroque* un escroc fini

rematar vtd (*terminar; dar acabamento*) finir, parachever, parfaire

remate sm finition f

remedar vtd imiter, singer

remediado, -da adj-sm, f (*nem rico nem pobre*) qui a de quoi vivre

remediar vtd remédier à

remédio sm 1 (*medicamento*) médicament, remède 2 (*solução*) remède 3 (*correção, emenda*) correction f, amélioration f

remela sf chassie

rememorar vtd remémorer, rappeler, remettre en mémoire

remendar vtd 1 (*pôr remendo*) rapiécer, raccommoder 2 (*consertar*) réparer 3 (*corrigir*) corriger

remendo sm 1 (*ação de remendar; parte remendada*) raccommodage, rapiéçage, rapiècement 2 (*peça usada para remendar*) rapiéçage 3 (*correção, emenda*) correction f

remessa sf 1 (*envio*) envoi m 2 (*objeto enviado*) colis m, remise

remetente smf expéditeur, -trice

remeter vtdi 1 (*mandar, enviar*) envoyer 2 (*a outro texto*) renvoyer
▶ vpr **remeter-se** (*referir-se*) renvoyer, faire référence (**a**, à)

remexer vtd 1 (*agitar, mexer bem*) agiter 2 (*revolver*) remuer
▶ vpr **remexer-se** 1 (*agitar-se*) se remuer, s'agiter, se démener 2 (*rebolar-se*) se déhancher, se dandiner, se tortiller

reminiscência sf réminiscence

remissão sf 1 (*em texto*) renvoi m 2 (*perdão*) rémission, pardon m

remo sm 1 rame f, aviron 2 ESPORTE aviron: *um campeão do remo* un champion d'aviron

remoção sf 1 (*retirada*) extraction, enlèvement m 2 (*transferência de empregado*) mutation

remoçar vtd-vi rajeunir

remodelar vtd remodeler

remoer vtd 1 (*moer de novo*) remoudre 2 fig ruminer, remâcher
▶ vpr **remoer-se**: s'affliger, se tracasser

remorso sm remords, regret

remoto, -ta adj éloigné, -e

removedor sm (*produto de limpeza*) détachant, nettoyant

remover vtd 1 (*retirar, afastar*) retirer, enlever 2 (*transferir funcionário*) muter

remuneração sf rémunération

remunerar vtd rémunérer

rena sf ZOOL renne m

renascer vi renaître

renascimento sm renaissance f

renda sf 1 (*rendimento; quantia recebida*) revenu m 2 (*resultado de aplicação*) rente, profit m, rapport m 3 (*tecido da rendeira*) dentelle
- **renda fixa** revenu m fixe
- **renda mensal** revenu m mensuel
- **renda per capita** revenu m par habitant/par tête

render vtd 1 (*dominar, vencer*) soumettre, dominer, vaincre 2 (*substituir*) relever: *o soldado rendeu o colega* le soldat a relevé son collègue
▶ vtd-vtdi 1 (*produzir, dar como resultado*) rendre: *toda aquela atividade não rendeu nada* toute cette activité n'a rien rendu 2 (*dar lucro*) rendre, rapporter: *a aplicação rendeu-lhe mil reais por mês* l'investissement lui a rapporté mille reals par mois
▶ vi 1 (*dar lucro*) rendre, rapporter 2 (*ter desempenho*) avoir un bon rendement: *o motor não rende com esse combustível* le moteur n'a pas un bon rendement avec ce carburant 3 (*ter consequências*) faire des vagues: *aquelas suas palavras renderam!* ces mots ont fait de vagues! 4 (*demorar*) se prolonger, s'étendre: *essa conversa está rendendo* cette conversation s'étend
▶ vpr **render-se** se rendre

rendição sf reddition, capitulation

rendimento sm 1 (*eficiência, desempenho de máquina, de pessoa*) rendement, performance f, efficacité f 2 (*renda*) revenu 3 ECON rapport, bénéfice
■ **rendimento bruto/líquido** revenu brut/net

renegar vtd (*abandonar; rejeitar*) renier

renitente adj résistant, -e, réfractaire

renovação sf rénovation, renouvellement m

renovar vtd 1 (*tornar novo*) renouveler, rénover 2 (*substituir*) renouveler: *renovar os estoques* renouveler les stocks 3 (*contrato, promissória; repetir-pedido etc.*) renouveler 4 (*rejuvenescer*) rajeunir
▶ vpr **renovar-se** 1 (*rejuvenescer, tornar-se novo*) rajeunir 2 (*aparecer, sobrevir de novo*) se renouveler, renaître

rentável adj rentable

rente adj (*curto*) ras
▶ adv (*pela raiz*) à ras: **cortar rente** couper à ras
- **rente à água** au ras de l'eau
- **rente à parede** au ras du mur
- **rente ao chão** au ras du sol

renúncia sf renonciation

renunciar vti-vi renoncer

reorganizar vtd réorganiser, remanier

reparação sf réparation

reparar vtd (*consertar; corrigir; compensar*) réparer
▶ vtd-vti (*perceber, notar*) remarquer, se rendre compte (de), s'apercevoir (de): *reparei que você está triste* j'ai remarqué que tu es triste
- **não repare** (*não ligue*) ne faites pas attention (*au désordre*)

reparo sm 1 (*reparação*) réparation f 2 (*comentário, correção*) observation f, remarque f

repartição sf 1 (*partilha*) répartition, partage m 2 (*divisão*) division 3 (*setor da administração pública*) division, bureau m, département m

repartir vtd-vtdi 1 (*partilhar*) répartir, partager 2 (*dividir*) diviser 3 (*distribuir*) répartir, distribuer

repassar vtd (*estudar, recordar*) repasser, réviser
▶ vtdi (*transferir*) transférer

repasse sm (*transferência de crédito*) transfert

repatriar vtd rapatrier
▶ vpr **repatriar-se** revenir/rentrer dans sa patrie

repelente adj (*repugnante*) répulsif, -ive, repoussant, -e, dégoutant, -e
▶ sm (*contra insetos*) répulsif

repelir vtd 1 (*rechaçar, repudiar; expulsar*) repousser, chasser 2 (*rejeitar*) rejeter

repente sm 1 (*lampejo*) éclair: **ter um repente** avoir un éclair 2 (*verso improvisado*) vers improvisé, saillie f
- **de repente** tout à/d'un coup, soudain, brusquement

repentino, -na adj soudain, -e, subit, -e, brusque

repercussão sf 1 (*reverberação*) répercussion 2 (*resultado, impressão*) répercussion, retentissement m

repercutir *vtd* répercuter
▶ *vi* **1** *(som)* répercuter **2** *fig (ter consequência)* avoir des répercussions

repertório *sm* répertoire

repeteco *sm* répétition *f*, reprise *f*

repetente *adj-smf (na escola)* redoublant

repetição *sf* répétition
• **arma de repetição** arme à répétition

repetir *vtd* **1** *(dizer de novo)* répéter **2** *(fazer de novo)* refaire **3** *(na escola)* redoubler
▶ *vpr* **repetir-se** se répéter

repetitivo, -va *adj* répétitif, -ive

repicar *vtd (os cabelos)* déséspaissir
▶ *vi (sinos)* carillonner, sonner

repisar *vtd* **1** *(repetir muito)* rabâcher **2** *(insistir, reiterar)* insister

replantar *vtd* replanter

repleto, -ta *adj* comblé, -é, bourré, -é

réplica *sf (resposta; cópia)* réplique

replicar *vtd-vti (refutar)* répliquer
▶ *vtd (fazer réplica, cópia)* reproduire

repolho *sm* BOT chou

repor *vtd* **1** *(recolocar)* remettre, replacer **2** *(restituir)* restituer, rendre

reportagem *sf* reportage *m*

repórter *sm* reporter

reposição *sf (restituição)* restitution
• **peças de reposição** pièces de rechange

repousar *vtd (pousar)* reposer: *repousou a cabeça no travesseiro* il a reposé sa tête sur l'oreiller
▶ *vi* se reposer
▶ *vti (basear-se)* reposer, se fonder (**em**, sur)

repouso *sm (descanso)* repos
• **deixar em repouso** [massa, madeira, solo etc.] laisser en repos

repreender *vtd-vtdi* reprendre, réprimander, gronder

repreensão *sf* répréhension, réprimande

repreensível *adj* répréhensible, blâmable, condamnable

represa *sf* lac *m*, retenue

represália *sf* représailles *pl*

represar *vtd* **1** *(rio etc.)* retenir les eaux **2** *fig* retenir, réprimer, contenir

representação *sf* **1** *(ação de representar outras pessoas; encenação)* représentation **2** *(atuação em cena)* jeu *m* (de scène), interprétation **3** *(reprodução)* reproduction
• **representação comercial** représentation commerciale

representante *smf* représentant, -e
▪ **representante comercial** représentant, -e de commerce, V.R.P.

representar *vtd* **1** *(outra pessoa; reproduzir; significar; encenar-companhia teatral)* représenter **2** *(ator)* jouer, interpréter

repressão *sf (policial; psicológica)* répression

reprimir *vtd* réprimer

reprise *sf* reprise

reprodução *sf (procriação; réplica)* reproduction

reprodutor, -ra *sm,f* reproducteur, -trice

reproduzir *vtd* reproduire
▶ *vpr* **reproduzir-se** se reproduire

reprovação *sf* **1** *(desaprovação)* réprobation **2** *(escolar)* fait *m* de ne pas passer, fait *m* de redoubler

reprovar *vtd* **1** *(desaprovar)* réprouver **2** *(em escola)* faire redoubler, ajourner

reprovável *adj* blâmable, condamnable

réptil *sm* ZOOL reptile

república *sf* **1** république **2** *(casa de estudantes)* maison d'étudiants

republicano, -na *adj-sm,f* républicain, -e

repudiar *vtd* répudier

repúdio *sm* répudiation *f*

repugnante *adj* répugnant, -e, dégoûtant, -e, écœurant, -e

repugnar *vtd* **1** *(causar aversão)* répugner, dégoûter, écœurer **2** *(censurar, repudiar)* blâmer, critiquer, condamner

repulsa *sf* répulsion

repulsivo, -va *adj* répulsif, -ive, écœurant, -e

reputação *sf* réputation

repuxão sm poussée f violente, bourrade f

repuxar vtd (esticar) tirer, étirer, allonger

requebrar vtd remuer (les hanches)
▶ vpr **requebrar-se** se déhancher, se dandiner

requebro sm 1 (expressão lânguida) expression f langoureuse, minauderie f 2 (rebolado) déhanchement, dandinement, tortillement

requeijão sm fromage fondu brésilien

requentar vtd 1 (esquentar) réchauffer 2 fig (notícia) reprendre

requerer vtd-vti 1 (solicitar por requerimento) requérir 2 (exigir) requérir, exiger, nécessiter

requerimento sm requête f, pétition f, demande f

requintado, -da adj raffiné, -e

requinte sm 1 (apuro) raffinement 2 (excesso calculado) excès: *requintes de crueldade* excès de cruauté

requisitado, -da adj fig (procurado, famoso) recherché, -e

requisito sm (condição) condition f

rês sf tête de bétail

rescaldo sm 1 (brasa) dernières braises f pl, charbons pl ardents 2 fig (saldo, resultado) conséquence f, résultat
• **trabalhos de rescaldo** travaux d'extinction du feu

rescindir vtd DIR résilier

rescisão sf rescision

resenha sf recension, compte rendu m, critique

reserva sf 1 (ato de pôr à parte) réserve, provision 2 (auto) réserve: *meu tanque está na reserva* je suis sur la réserve 3 (hotel, mesa) réservation 4 (discrição; ressalva; militar) réserve
■ **reserva florestal** réserve forestière
■ **reserva indígena** réserve indigène
■ **reservas cambiais** réserves de change
• **carro de reserva** [de seguradora] véhicule de remplacement
• **chave de reserva** double m des clés, passe m

reservado, -da adj 1 (discreto, calado) réservé, -e 2 (privado) privé, -e: *um aposento reservado* une salle privée

reservar vtd-vti (guardar; destinar) réserver, garder: *reservei uma hora para a ginástica* j'ai réservé une heure pour faire de la gym; *reservei cem reais para o cinema* j'ai gardé cents reals pour le cinéma
▶ vtd 1 (quarto em hotel) réserver 2 (mesa) réserver, retenir

reservatório sm réservoir

reservista smf MIL réserviste

resfriado, -da adj 1 (esfriado) refroidi, -e 2 MED enrhumé, -e: *fiquei resfriado* je suis enrhumé
▶ sm **resfriado** MED rhume

resfriamento sm refroidissement

resfriar vtd (esfriar) refroidir
▶ vpr **resfriar-se** 1 (esfriar-se) se refroidir 2 (ficar resfriado) s'enrhumer

resgatar vtd 1 (refém, prisioneiro) délivrer 2 (vítimas) sauver, secourir 3 (títulos, promissórias) recouvrer 4 (objeto penhorado; recuperar) récupérer 5 (culpas, pecados) racheter

resgate sm 1 (de sequestro) libération f 2 (extinção de débito) acquittement, règlement, amortissement 3 (de vítimas) sauvetage 4 (salvação) salut 5 (equipe de resgate) équipe f de secours: *chame o resgate* appelle l'équipe f de secours

resguardar vtdi (proteger) protéger, sauvegarder, préserver
▶ vpr **resguardar-se** se protéger (**de**, de)

resguardo sm 1 (proteção, defesa) protection f, défense f 2 (prudência) prudence f, circonspection f 3 (repouso pós-parto) repos postnatal

residência sf 1 (domicílio; casa) résidence 2 MED internat m

residencial adj résidentiel, -elle

residente adj résident, -e, résidant, -e
▶ smf 1 (morador) résidant, -e 2 (médico-residente) résident, -e, interne

residir vi (fixar residência) résider 2 (ter lugar) être, se trouver, se situer
▶ vti (consistir) résider (**em**, en)

resíduo sm résidu

resignação sf résignation

resignado, -da adj résigné, -e

resignar-se *vpr* se résigner (**com**, à)
resina *sf* résine
resistência *sf* résistance
resistente *adj* résistant, -e
resistir *vti* résister (**a**, à)
resistor *sm* résistor
resma *sf* ramette
resmungar *vi* grommeler, grogner, maugréer
resolução *sf* (*solução; decisão*) résolution
resoluto, -ta *adj* résolu, -e
resolver *vtd* (*solucionar*) résoudre
▶ *vi* (*adiantar*) servir: *gritar não resolve* il ne sert à rien de crier
▶ *vpr* **resolver-se** se résoudre
resolvido, -da *adj* **1** (*solucionado; decidido*) résolu, -e **2** (*combinado*) décidé, -e **3** *fam* (*não problemático*) sans problème
respaldo *sm* **1** (*de assento*) dossier **2** *fig* (*apoio*) appui, soutien
respectivo, -va *adj* respectif, -ive
respeitar *vtd* respecter
▶ *vti* (*dizer respeito a*) concerner (**a**, -)
respeitável *adj* respectable
respeito *sm* respect
▶ *pl* **respeitos** (*cumprimentos*) hommages: *meus respeitos* mes hommages
• **a respeito de** au sujet de/à propos de
• **dar-se ao respeito** faire en sorte de mériter le respect
• **dizer respeito a algo/alguém** concerner qqch/qqn
• **faltar ao respeito** manquer de respect
respeitoso, -sa *adj* respectueux, -euse
respingar *vtd-vi* éclabousser
▶ *vpr* **respingar-se** s'éclabousser, se salir
respingo *sm* éclaboussure *f*, tache *f*
respiração *sf* respiration
respiradouro *sm* soupirail, évent
respirar *vi* respirer
respiro *sm* (*respiradouro*) soupirail, évent
resplandecente *adj* resplendissant, -e
respondão, -ona *adj* répondeur, -euse
▶ *sm, f* personne qui aime à répliquer
responder *vtd-vtdi-vi* répondre
▶ *vti* (*ser reponsável*) répondre (**por**, pour)

responsabilidade *sf* responsabilité
responsabilizar *vtd-vtdi* responsabiliser
▶ *vpr* **responsabilizar-se** répondre (**por**, de)
responsável *adj* responsable
resposta *sf* réponse
ressabiado, -da *adj* méfiant, -e, soupçonneux, -euse
ressaca *sf* **1** (*movimento das ondas*) ressac *m* **2** (*efeito de bebida*) gueule de bois
ressaltar *vtd* (*destacar*) souligner, rehausser
▶ *vi* (*sobressair*) saillir
ressalto *sm* (*saliência*) saillie *f*
ressalva *sf* réserve
ressalvar *vtd* (*excluir*) excepter
ressarcimento *sm* indemnité *f*, dédommagement, remboursement
ressecar *vtd* dessécher
▶ *vpr* **ressecar-se** se dessécher
ressentido, -da *adj* vexé, -e, froissé, -e
ressentimento *sm* ressentiment
ressentir-se *vpr* **1** (*sentir os efeitos*) se ressentir (**de**, de) **2** (*magoar-se*) se vexer, se froisser (**com**, de/pour)
ressequido, -da *adj* desséché, -e
ressoar *vi* résonner, retentir
ressonância *sf* résonance
ressonar *vi* (*roncar*) ronfler
ressurreição *sf* résurrection
ressuscitar *vtd* ressusciter
▶ *vi* ressusciter
restabelecer *vtd* rétablir
▶ *vpr* **restabelecer-se** se rétablir
restabelecido, -da *adj* (*de doença*) rétabli, -e
restabelecimento *sm* (*restauração; cura*) rétablissement
restante *adj* restant, -e
▶ *sm* restant, reste
restar *vi-vti* rester: *restam-me dois reais na carteira* il me reste deux reals dans mon portefeuille; *restam-lhe dois minutos* il lui reste deux minutes
restauração *sf* **1** (*restabelecimento; de obras de arte; recuperação*) restauration **2** MED (*obturação*) obturation

restaurador, -ra *sm, f* restaurateur, -trice

restaurante *sm* 1 (*comercial*) restaurant 2 (*refeitório*) réfectoire

restaurar *vtd* 1 (*restabelecer*) rétablir 2 (*obra de arte; monarquia*) restaurer

restituição *sf* restitution

restituir restituer, rendre

resto *sm* reste
▸ *pl* **restos** (*destroços*) restes
• **de resto** au/du reste
• **restos mortais** restes mortels

restolho *sm* (*restos*) restes *pl*

restrição *sf* restriction

restringir *vtd-vtdi* restreindre
▸ *vpr* **restringir-se** se restreindre

restrito, -ta *adj* restreint, -e

resultado *sm* résultat

resultante *adj* résultant, -e

resultar *vti* 1 (*ser efeito; provir*) résulter (**de**, de) 2 (*redundar*) se solder, se terminer (**em**, par)

resumido, -da *adj* résumé, -e

resumir *vtd* résumer
▸ *vtdi* (*restringir, limitar*) restreindre, limiter
▸ *vpr* **resumir-se** se résumer

resumo *sm* résumé

resvalar *vi* 1 (*escorregar*) glisser, déraper 2 *fig* (*errar*) faire une erreur faute
▸ *vti* (*converter-se*) se transformer (**para**, en)

reta *sf* droite
• **estar na reta final** être dans la dernière ligne droite

retalhar *vtd* 1 (*cortar em pedaços, em retalhos*) découper, couper en morceaux 2 (*cortar em diversos lugares*) lacérer, mettre en lambeaux, entailler 3 (*fracionar, dividir*) diviser

retalho *sm* 1 (*fragmento de tecido*) coupon 2 (*pedaço, fração*) morceau

retaliação *sf* représailles *pl*

retangular *adj* rectangulaire

retângulo *sm* rectangle

retardado, -da *adj* 1 (*adiado*) retardé, -e, ajourné, -e 2 PSIC retardé, -e, attardé, -e

retardamento *sm* 1 (*atraso, adiamento*) retard, ajournement 2 PSIC retard mental, arriération *f*

retardar *vtd* 1 (*atrasar; desacelerar*) retarder 2 (*adiar*) ajourner, remettre

retardatário, -a *adj-sm, f* retardataire

retardo *sm* PSIC retard mental, arriération *f*

retenção *sf* 1 (*ação de reter*) rétention, retenue 2 MED rétention
• **retenção (de imposto) na fonte** retenue à la source

reter *vtd* 1 (*segurar; guardar; conter*) retenir 2 (*deter*) détenir 3 (*amparar, sustentar*) soutenir
▸ *vpr* **reter-se** se retenir

reticência *sf* (*omissão; reserva, hesitação*) réticence
▸ *pl* GRAM **reticências** points *m* de suspension

retífica *sf* 1 (*restauração de motores*) rectification 2 (*oficina*) atelier *m* de rectification

retificação *sf* rectification

retificar *vtd* rectifier

retina *sf* ANAT rétine

retinir *vi* résonner, retentir

retinto, -ta *adj* très foncé, -e, très noir, -e

retirada *sf* 1 (*ato de retirar; de dinheiro*) retrait *m* 2 (*emigração*) émigration 3 MIL (*recuo*) retraite, repli *m*: **bater em retirada** battre en retraite

retirado, -da *adj* (*isolado; afastado*) retiré, -e: **viver retirado** vivre retiré

retirante *adj-smf* migrant, -e

retirar *vtd-vtdi* 1 (*puxar para si*) tirer (à soi) 2 (*tirar*) enlever, sortir: **retirar um lenço do bolso** sortir un mouchoir de sa poche; **retirar uma cadeira do seu lugar** enlever une chaise de sa place 3 (*evacuar-pessoas; dinheiro; retratar-se*) retirer: **retire o que disse!** retire ce que tu as dit; **fui ao banco e retirei dez mil** je suis allé à la banque et j'ai retiré diz mille 4 MED enlever, prélever: **retirar sangue** prélever du sang
▸ *vpr* **retirar-se** se retirer

retiro *sm* retraite *f*, lieu retiré

reto, -ta *adj* droit, -e

▶ *adv* tout droit: **siga reto** allez tout droit
▶ *sm* ANAT rectum

retocar *vtd* retoucher

retomada *sf* **1** *(ação de retomar)* reprise **2** *(reinício)* recommencement *m*

retomar *vtd* reprendre

retoque *sm* retouche *f*

retorcer *vtd* retordre
▶ *vpr* **retorcer-se** se débattre, se démener

retórica *sf* rhétorique

retórico, -ca *adj* rhétorique

retornar *vi-vti* **1** *(regressar)* retourner, revenir, rentrer **2** *(voltar atrás; ir de novo; manifestar-se de novo)* retourner, revenir **3** *(retomar)* reprendre: **retornar ao trabalho** reprendre le travail

retorno *sm* **1** *(regresso; volta atrás; nova manifestação)* retour **2** *(retomada, reinício)* reprise *f* **3** *(em estrada)* demi-tour **4** *(lucro, ganho)* rapport **5** *(em médico)* retour de consultation

retração *sf* **1** *(encolhimento)* rétraction, raccourcissement *m*, rétrécissement *m* **2** *(de negócios etc.)* déclin *m*

retraimento *sm* *(acanhamento)* timidité *f*

retrair *vtd* **1** *(puxar para si)* tirer à soi **2** *(encolher)* rétrécir **3** *(intimidar)* intimider
▶ *vpr* **retrair-se** **1** *(tornar-se reservado)* se replier (sur soi), se renfermer **2** *(contrair-se, encolher-se)* se rétrécir

retranca *sf* **1** ESPORTE béton *m* **2** *fig* *(atitude defensiva)* défensive

retratação *sf* rétractation

retratar *vtd* **1** *(fazer retrato)* faire/peindre/dessiner/tirer un portrait **2** *(representar)* dépeindre
▶ *vpr* **retratar-se** *(desdizer-se)* se rétracter

retrato *sm* portrait
■ **retrato falado** portrait-robot

retribuição *sf* **1** *(reconhecimento, recompensa)* reconnaissance, récompense **2** *(remuneração)* rétribution

retribuir *vtd-vtdi* **1** *(recompensar; remunerar)* rétribuer **2** *(corresponder)* correspondre
▶ *vtd* *(cumprimento, visita)* rendre

retroativo, -va *adj* rétroactif

retroceder *vi* **1** *(voltar)* rebrousser chemin, revenir, retourner **2** *(andar para trás; desistir, voltar atrás)* reculer **3** *(decair, involuir)* décliner, décroître

retrocesso *sm* régression *f*

retrógrado, -da *adj-sm, f* rétrograde

retrós *sm* soie *f* torse, organsin

retrospectiva *sf* rétrospective

retrospecto *sm* regard/coup d'œil rétrospectif

retrovisor *sm* AUTO rétroviseur

retrucar *vtd-vtdi* répondre, répliquer

réu, ré *sm, f* DIR accusé, -e

reumatismo *sm* MED rhumatisme

reunião *sf* réunion
■ **reunião de cúpula** réunion au sommet
• **estar em reunião** être en réunion
• **marcar uma reunião** convoquer une réunion
• **ter uma reunião com alguém** avoir une réunion/entrevue avec qqn

reunificação *sf* réunification

reunir *vtd* **1** *(justapor)* réunir, joindre, assembler **2** *(agrupar)* rassembler, (re)grouper
▶ *vtdi* *(unir, anexar; aliar)* unir
▶ *vpr* **reunir-se** **1** *(juntar-se, aliar-se, somar-se)* s'ajouter, s'unir **2** *(encontrar-se em reunião)* se réunir **3** *(agrupar-se)* se rassembler, se (re)grouper

revanche *sf* revanche

réveillon *sm* réveillon

revelação *sf* **1** *(desvendamento)* révélation **2** FOTO développement *m*

revelador, -ra *adj* révélateur, -trice
▶ *sm* **revelador** FOTO bain révélateur

revelar *vtd-vtdi* **1** *(mostrar; relatar etc.)* révéler **2** FOTO développer

revelia *sf loc* **à revelia** **1** *(sem a presença)* par défaut/contumace **2** *(sem o conhecimento)* à l'insu

revenda *sf* revente

revendedor, -ra *adj* qui revend
▶ *sm* **revendedor** revendeur, -euse, détaillant, -e

revender *vtd-vtdi* revendre

rever *vtd* revoir
▶ *vpr* **rever-se** se revoir

reverberar *vtd* réverbérer
▶ *vi* (*brilhar, resplandecer*) briller, resplendir

reverência *sf* (*saudação; respeito*) révérence
• **fazer reverência** faire une/la révérence

reverenciar *vtd* 1 (*fazer reverência*) faire une/la révérence 2 (*venerar*) révérer

reverendíssimo *sm* RELIG révérendissime

reverendo *sm* RELIG révérend

reversível *adj* réversible

reverso *sm* 1 (*o outro lado*) revers, envers 2 (*de moeda, medalha*) envers

reverter *vti* 1 (*voltar, retroceder*) revenir, retourner (**a/para**, à) 2 (*redundar*) se solder, se terminer (**em**, par)
▶ *vtd* renverser: *reverter a situação* renverser la situation

revertério *sm* retournement, revirement

revés *sm* revers: *sofrer uma série de reveses* subir une série de revers

revestimento *sm* revêtement

revestir *vtd* (*cobrir*) revêtir

revezamento *sm* alternance *f*, rotation *f*
• **prova de revezamento** épreuve/course de relais
• **trabalhar em regime de revezamento** faire les trois-huit

revezar *vtd* relever, remplacer: *é preciso revezar a guarda* il faut relever la garde
▶ *vti* remplacer: *o porteiro revezou com o colega às dez da noite* le portier a remplacé son collègue à dix heures du soir
▶ *vi-vpr* **revezar(-se)** se relayer

revidar *vtd-vtdi-vi* 1 (*responder, replicar*) répondre, répliquer 2 (*reagir a ofensa*) riposter

revigorar revigorer, fortifier

revirado, -da *adj* 1 (*do avesso*) retourné, -e: *gola revirada* col retourné 2 (*em desordem*) sens dessus dessous, renversé, -e: *guarda-roupa revirado* armoire *f* sens dessus dessous; *entrei e encontrei as gavetas reviradas* je suis entré et j'ai trouvé les tiroirs renversés 3 (*olhos*) retourné, -e, révulsé, -e, renversé, -e

revirar *vtd* 1 (*virar do avesso*) retrousser: *revirar a manga* retrousser sa manche 2 (*remexer*) fouiller, mettre sens dessus dessous: *revirei o armário e não achei nada* j'ai fouillé l'armoire et je n'ai rien trouvé 3 (*revolver*) retourner: *revire a terra antes de pôr a semente* retourne la terre avant d'y mettre la graine 4 (*virar várias vezes*) retourner 5 (*desorganizar, desarrumar*) retourner, mettre sens dessus dessous 6 (*estômago*) soulever 7 (*olhos*) rouler
▶ *vpr* **revirar-se** se retourner

reviravolta *sf* 1 (*pirueta, cambalhota*) pirouette, cabriole, volte-face 2 (*guinada*) retournement *m*, renversement *m*, revirement *m*, volte-face

revisão *sf* révision

revisar *vtd* réviser

revisor, -ra *sm, f* réviseur *m*

revista *sf* 1 (*publicação*) revue, magazine *m* 2 MIL revue: *passar em revista* passer en revue 3 (*ato de revistar*) fouille: *faça uma revista na casa* fais une fouille dans la maison; *os passageiros precisaram passar por uma revista no aeroporto* les passagers ont dû subir une fouille à l'aéroport

revistar *vtd* fouiller

revitalizar *vtd* revitaliser

revoada *sf* volée, envolée

reviver *vtd-vi* revivre

revogação *sf* révocation

revogar *vtd* révoquer

revolta *sf* révolte

revoltado, -da *adj* révolté, -e

revoltante *adj* révoltant, -e

revoltar *vtd* 1 (*sublevar*) soulever 2 (*indignar*) révolter 3 (*causar repulsa*) révolter, dégoûter
▶ *vpr* **revoltar-se** se révolter

revolto, -ta *adj* 1 (*revolvido, remexido, revirado*) sens dessus dessous, en désordre 2 (*tempestuoso*) agité, -e: *mar revolto* mer *f* agitée

revolução *sf* révolution

revolucionar *vtd* révolutionner

revolucionário, -a *adj-sm,f* révolutionnaire

revolver *vtd* 1 *(remexer, esquadrinhar)* fouiller, remuer 2 *(revirar)* retourner, rouler: **revolver os olhos** rouler les yeux 3 *(a terra)* retourner
▶ *vpr* **revolver-se** *(revirar-se)* se (re)tourner

revólver *sm* revolver

reza *sf* prière

rezar *vtd* 1 prier, dire, réciter: *rezar um pai-nosso* dire/réciter un notre-père 2 *(ditar, dizer)* dire: *a lei reza que...* la loi dit que...; *reza o ditado que...* comme (le) dit le dicton
▶ *vti* prier, invoquer: *rezou para todos os santos* il/elle a invoqué tous les saints
▶ *vi* prier: *vai todos os dias rezar na igreja* il/elle va prier tous les jours à l'église

riacho *sm* ruisseau

ribanceira *sf* rive escarpée, berge

ribeirão *sm* petite rivière *f*

ricaço, -ça *adj-sm,f* richard, -e

rícino *sm* ricin: *óleo de rícino* huile de ricin

rico, -ca *adj-sm,f* riche

ricochete *sm* ricochet

ricochetear *vi* ricocher

ridicularizar *vtd* ridiculiser, tourner en ridicule, railler

ridículo, -la *adj* ridicule
• **não ter senso de ridículo** n'avoir pas le sens du ridicule

rifa *sf* tombola

rifar *vtd* mettre en tombola

rifle *sm* rifle

rigidez *sf* rigidité

rígido, -da *adj* 1 *(duro, rijo)* rigide, raide, dur, -e 2 *fig (severo, inflexível)* rigide 3 *(rigoroso)* rigide, strict: *não se atrase, o horário é rígido* n'arrive pas en retard, l'horaire est strict

rigor *sm* rigueur *f*

rigoroso, -sa *adj* rigoureux, -euse

rijo, -ja *adj* 1 *(rígido)* rigide, raide: *ficou lá, rijo, sem se mexer* reste là, raide, sans bouger 2 *(vigoroso)* vigoureux, -euse: *ainda está rijo e forte* il est encore vigoureux et fort

rim *sm* 1 ANAT rein 2 CUL rognon

rima *sf* rime

rimar *vtd-vtdi* rimer, faire rimer

rímel *sm* rimmel, mascara

rincão *sm* trou, bled, patelin

ringue *sm* ESPORTE ring

rinite *sf* MED rhinite

rinoceronte *sm* ZOOL rhinocéros

rinque *sm* ESPORTE piste *f* de patinage, patinoire *f*

rio *sm* rivière *f*
• **derramar rios de lágrimas** verser des flots de larmes
• **gastar rios de tinta** faire couler des flots d'encre

ripa *sf* bardeau *m*

riqueza *sf* richesse

rir *vi* rire
▶ *vti* 1 *(zombar)* (se) rire, se moquer (**de**, de) 2 *(sorrir)* sourire: *ela riu para mim* elle m'a sourit

risada *sf* rire *m*
• **dar uma risada amarela** rire jaune
• **dar uma risada gostosa** rire aux éclats/à gorge déployée

risca *sf* 1 *(risco; listra)* rayure, raie: *um tecido azul com riscas brancas* un tissu bleu avec des rayures blanches 2 *(no cabelo)* raie
• **à risca** à la lettre

riscar *vtd* 1 *(fazer riscas)* rayer 2 *(rasurar)* rayer, barrer, biffer, raturer: *riscou a palavra errada* il/elle a rayé le mauvais mot 3 *(apagar, retirar)* rayer: *risquei esse nome da lista* j'ai rayé ce nom de la liste 4 *(esboçar)* tracer, dessiner, esquisser: *risque rapidamente a planta da casa* trace rapidement un croquis de la maison; *riscar o molde de um vestido* dessiner le patron d'une robe *f*
• **riscar um fósforo** gratter/frotter/craquer une allumette

risco *sm* 1 *(perigo)* risque, danger 2 *(traço)* trait: *há um risco na parede* il y a un trait sur le mur 3 *(modelo)* modèle: *um risco de bordado* un modèle de broderie 4 *(projeto esboçado)* ébauche *f*, esquisse *f*, croquis

- **ele corre risco de vida** il est en danger de mort
- **estar em risco** être en danger
- **expor alguém a um risco** exposer qqn à un danger
- **por sua conta e risco** à ses risques et périls

riso *sm* rire
- **riso amarelo** rire jaune

risonho, -nha *adj* rieur, -euse, riant, -e
- **futuro risonho** futur prometteur

risoto *sm* CUL risotto

rispidez *adj* (*aspereza; rudeza*) âpreté, rigueur, sévérité

ríspido, -da *adj* âpre, rigoureux, -euse, sévère, rude

rítmico, -ca *adj* rythmique

ritmo *sm* rythme

ritual *adj* rituel, -elle
▸ *sm* rituel

rival *smf* rival, -e
- **sem rival no mercado** sans concurrent/sans rival sur le marché

rivalidade *sf* rivalité

rivalizar *vti* 1 (*competir*) rivaliser, lutter, concurrencer: *os dois colegas rivalizam pelo mesmo cargo* les deux collègues luttent pour le même poste 2 (*igualar-se*) se comparer: *este tecido não rivaliza com aquele* ce tissu ne se compare pas avec celui-là

rixa *sf* querelle, dispute, différend *m*

robe *sm* peignoir, robe de chambre

robô *sm* robot

robustecer *vtd* 1 (*revigorar*) revigorer, ragaillardir, remonter 2 *fig* (*corroborar, intensificar, enaltecer*) corroborer, renforcer, intensifier
▸ *vpr* **robustecer-se** 1 se remonter 2 (*intensificar-se*) s'intensifier

robustez *sf* 1 (*vigor, força; solidez*) robustesse 2 *fig* force: *um argumento de grande robustez* un argument d'une grande force

robusto, -ta *adj* 1 (*forte, vigoroso*) robuste 2 *fig* solide: *uma argumentação robusta* une argumentation solide

roça *sf* 1 (*terreno de lavoura*) champ *m* 2 (*mandiocal*) plantation de manioc 3 (*zona rural*) campagne

roçar *vtd* 1 (*cortar*) couper, tondre, défricher, sarcler 2 (*tocar de leve*) effleurer, frôler, raser
▸ *vti* (*atritar de leve*) effleurer (**em**, -)

roceiro, -ra *adj-sm,f* 1 (*caipira*) paysan, -e 2 *pej* péquenaud, -e 3 *pej* bouseux, -euse

rocha *sf* 1 (*pedra*) roche 2 (*rochedo*) rocher *m*

rochedo *sm* rocher

rochoso, -sa *adj* rocheux, -euse

roda *sf* 1 (*de veículo*) roue 2 (*de saia*) arrondi *m* 3 (*círculo de pessoas; ajuntamento*) cercle *m* 4 (*grupo*) cercle *m*, clan *m*
- **brincar de roda** faire la ronde
- **cantiga de roda** comptine
- **frequentar as altas rodas** fréquenter le beau/le grand monde/fréquenter les milieux huppés

rodada *sf* 1 (*giro completo*) tour *m* 2 ESPORTE journée 3 (*de bebida*) tournée

rodado, -da *adj* 1 (*saia*) arrondi, -e 2 (*veículo*) roulé, -e, parcouru, -e, au compteur: *um carro com sessenta mil quilômetros rodados* une voiture qui a soixante mille kilomètres au compteur 3 (*usado*) usé, -e: *esta moto está muito rodada* cette moto est très usée

rodapé *sm* 1 (*na parede*) plinthe *f* 2 (*na página*) bas de page
- **no rodapé [da página]** en bas de page
- **nota de rodapé** note en/de bas de page

rodar *vtd* 1 (*fazer girar*) faire tourner 2 (*percorrer*) sillonner, parcourir: *ele rodou todo o bairro* il a sillonné tout le quartier 3 (*filmar*) tourner: *rodou a última cena em externa* il a tourné la dernière scène en extérieur 4 (*andar*) rouler, parcourir: *quantos quilômetros esse carro já rodou?* combien de kilomètres cette voiture a-t-elle déjà parcourus?
▸ *vi* 1 (*girar*) tourner: *a hélice do ventilador não está rodando* l'hélice du ventilateur ne tourne pas 2 *fig* (*ser reprovado, demitido*) être recalé, -e, se faire virer

roda-viva (*pl* **rodas-vivas**) *sf* 1 (*atividade intensa*) activité sans relâche 2 (*desordem*) désordre *m*, confusion, remue-ménage *m inv*

rodear *vtd* 1 (*andar ao redor*) faire le tour: *ele rodeou o quintal* il a fait le

tour du jardin 2 (*cercar*) entourer: *um muro rodeia toda a casa* un mur entoure toute la maison
▸ *vpr* **rodear-se** s'entourer

rodeio *sm* 1 (*circunlóquio*) détours *pl*: *falar sem rodeios*, parler sans détours 2 (*competição rural*) rodéo

rodela *sf* rondelle

rodinha *sf* 1 roulette: *uma mesa com rodinhas* une table à roulettes 2 *fig* (*panelinha*) clan *m*, cercle *m*

rodízio *sm* 1 (*rodinha*) roulette *f* 2 (*alternância, revezamento*) roulement, rotation 3 (*sistema de restaurante*) défilé de brochettes de viandes/de pizza servi à volonté
• **rodízio de automóveis** régime de circulation alterné

rodo *sm* raclette *f*

rodopiar *vi* tournoyer

rodopio *sm* tournoiement

rodovia *sf* autoroute

rodoviária *sf* gare routière

rodoviário, -a *adj* routier, -ière

roedor, -ra *adj-sm, f* rongeur, -euse

roer *vtd* ronger
• *osso duro de roer* chose dure à digérer
• *roer as unhas* se ronger les ongles

rogar *vtd-vtdi-vti* prier, supplier

rojão *sm* fusée *f*, pétard: *soltar rojões* lancer des fusées/des pétards
• *aguentar/segurar o rojão* tenir bon/le coup/le choc

rol *sm* 1 (*lista*) liste 2 *fig* liste, rang *m*: *ele o pôs no rol dos malandros* il l'a mis au rang des roublards

rola *sf* ZOOL tourterelle

rolamento *sm* MEC roulement

rolar *vtd* faire rouler: *é preciso rolar o barril até a porta* il faut faire rouler le baril jusqu'à la porte
▸ *vi* 1 (*cair do alto*) rouler 2 (*virar-se, revirar-se*) se rouler: *rolar no gramado* se rouler dans le gazon 3 *gíria* (*acontecer*) se passer, y avoir 4 *gíria* (*circular*) y avoir, servir: *rolou muita bebida na festa* il y avait beaucoup de boissons alcoolisées à la fête
• **rolar a dívida** repousser l'échéance d'une dette

roldana *sf* poulie

rolé *sm loc* **dar um rolé** (*aller*) faire un tour

rolê *sm* CUL rouleau

roleta *sf* roulette

roleta-russa (*pl* **roletas-russas**) *sf* roulette russe

rolha *sf* bouchon *m*

roliço, -ça *adj* arrondi, -e, potelé, -e

rolimã *sm* MEC roulement
• *carrinho de rolimã* traineau à roulettes, kart

rolinha *sf* ZOOL petite tourterelle, colombe pygmée

rolo *sm* 1 (*cilindro; manuscrito antigo*) rouleau 2 (*almofada cilíndrica*) traversin, polochon 3 (*conflito, briga*) embrouille *f*, embrouillamini, querelle *f* 4 (*troca, transação*) échange, troc, trafic: *fez um rolo com o carro* il a fait du trafic en échange de sa voiture
■ **rolo** (*de pintor*) rouleau
■ **rolo compressor** rouleau compresseur
■ **rolo de estender massa** rouleau à pâtisserie
■ **rolo de filme** rouleau de film
■ **rolo de massa de pastel** rouleau à pâtisserie

romã *sf* BOT grenade

Roma *sf* Rome

romance *sm* 1 (*obra literária*) roman 2 (*caso de amor*) aventure *f*/liaison *f* amoureuse

romancista *smf* romancier, -ière

romano, -na *adj-sm, f* romain, -e

romântico, -ca *adj* 1 (*do Romantismo*) romantique 2 (*poético, sentimental*) romanesque, sentimental, -e, romantique

romantismo *sm* 1 (*movimento artístico*) romantisme 2 (*sentimentalismo*) sentimentalisme

romaria *sf* pèlerinage *m*

rombo *sm* 1 (*buraco*) ouverture *f*, trou 2 (*desfalque; déficit*) trou
▸ *adj* émoussé, -e, sans pointe: *este prego está rombo* ce clou est sans pointe

rombudo, -da *adj* mal aiguisé, -e, très émoussé, -e

romeiro, -ra *sm, f* pèlerin, -e

romeno, -na *adj* roumain, -e
▶ *sm, f* Roumain, -e
▶ *sm* roumain

romper *vtd* 1 (*despedaçar; infringir, rescindir; desfazer*) rompre 2 (*suspender*) lever: *romper o sigilo bancário* lever le secret bancaire
▶ *vti-vi* (*cortar relações; desligar-se*) rompre (**com**, avec)
▶ *vi* (*dia*) se lever, poindre, naître
▶ *vpr* **romper-se** 1 (*despedaçar-se*) se rompre, se briser, se casser 2 (*rasgar-se, fender-se*) se déchirer, se fendre 3 (*interromper-se*) s'interrompre

rompimento *sm* rupture
• **rompimento do sigilo bancário** levée *f* du secret bancaire

roncar *vi* 1 (*ressonar*) ronfler 2 (*vísceras*) gargouiller 3 (*motor, máquina*) ronfler, ronronner

ronco *sm* 1 (*de quem ressona*) ronflement 2 (*de motor*) ronflement, vrombissement, ronron, ronronnement 3 (*grunhido*) grognement, bougonnement, grommellement 4 (*ronrom*) ronron, ronronnement 5 (*de vísceras*) gargouillis 6 *fig* (*bravata*) bravade *f*, affront

rondar *vtd* 1 (*fazer a ronda*) faire la ronde 2 (*espreitar*) rôder: *um desconhecido esteve rondando a casa* un inconnu a rôdé autour de la maison

ronda *sf* ronde

rosa *sf* BOT rose
▶ *adj* rose: *dois cintos rosa* deux ceintures roses
• **viver num mar de rosas** nager dans le bonheur

rosado, -da *adj* rosé, -e

rosário *sm* rosaire, chapelet
• **desfiar o rosário** dire/réciter son rosaire

rosbife *sm* CUL rosbif, roastbeef

rosca *sf* 1 CUL pain, biscuit, gâteau rond évidé au milieu 2 (*em parafuso*) filetage *m*, vis: *rosca sem fim* vis sans fin

roseira *sf* BOT rosier *m*

róseo, -a *adj* rosé, -é

rosnar *vi* gronder, grogner
▶ *vtd-vi* (*resmungar*) grogner, grommeler, maugréer

rosto *sm* visage

rota *sf* route

rotação *sf* rotation, tour *m*
▪ **rotação da Terra** rotation de la Terre
▪ **rotação por minuto** tour par minute
• **plantar em regime de rotação** planter en régime de rotation

rotatividade *sf* rotation, roulement *m*

rotativo, -va *adj* 1 (*que gira*) rotatif, -ive 2 (*que reveza*) en roulement

roteiro *sm* 1 (*itinerário*) itinéraire, parcours, trajet 2 CINE TV scénario, script 3 (*plano, esquema*) plan, projet, programme

rotina *sf* 1 (*hábito*) routine, train-train *m* 2 (*praxe*) routine: *um tratamento de rotina* un traitement de routine 3 (*práticas de operação*) programme: *a rotina de manutenção das máquinas* le programme d'entretien des machines 4 INFORM routine
• **entrar na rotina** tomber dans la routine
• **quebrar a rotina** rompre la routine
• **sair da rotina** sortir des sentiers battus

rotineiro, -ra *adj* routinier, -ière

rotissaria *sf* rôtisserie

rotular *vtd* étiqueter

rótulo *sm* 1 (*etiqueta*) étiquette *f*, label 2 *fig* étiquette

roubada *sf* pop arnaque

roubado, -da *adj* 1 (*que sofreu roubo*) volé 2 *fig* (*frito, perdido*) perdu, -e, foutu, -e, cuit, -e

roubalheira *sf* 1 (*do Estado*) détournement *f* de fonds 2 (*preço exorbitante*) escroquerie, abus *m*

roubar *vtd-vti* 1 (*objetos*) voler 2 (*uma residência*) cambrioler, dévaliser: *roubar um apartamento* cambrioler un appartement 3 (*furtar*) voler, dérober, *fam* piquer, *fam* faucher 4 (*lograr*) voler, rouler, tondre, plumer: *acho que o açougueiro me roubou* je crois que le boucher m'a roulé, -e 5 (*consumir*) faire perdre, coûter: *aquela farra lhe roubou três dias de estudo* cette bringue lui a fait

perdre trois jours d'étude 6 (*conquistar, tomar*) voler, *fam* faucher, piquer: ***uma amiga me roubou o namorado*** une amie m'a piqué mon copain
▶ *vti* (*trapacear*) tricher, voler: ***roubar no jogo*** tricher au jeu; ***roubar no peso*** voler sur le poids

roubo *sm* **1** vol, cambriolage: ***roubo com arrombamento*** vol avec effraction *f* **2** (*furto*) vol **3** *fig* vol, arnaque *f*: ***esse negócio foi um roubo*** c'est affaire, c'était de l'arnaque **4** (*trapaça*) tricherie *f*, *fam* triche *f*

rouco, -ca *adj* rauque

round *sm* round

roupa *sf* **1** habit *m*, vêtement *m*, tenue: ***não sei com que roupa vou ao casamento*** je ne sais pas quelle tenue mettre pour le mariage; ***chegou com as roupas rasgadas*** il est arrivé avec ses habits en lambeaux **2** (*traje*) tenue, combinaison: ***roupa de astronauta*** combinaison de cosmonaute; ***roupa de esquiador*** tenue de ski; ***roupa de mergulho*** combinaison de plongée
■ **roupa de baixo/roupa íntima** sous-vêtement *m*/dessous *m*
■ **roupa de banho** maillot *m*
■ **roupa de cama** linge *m* de lit
■ **roupa feita** prêt-à-porter
• **lavar roupa** faire la lessive
• **roupa suja se lava em casa** le linge sale se lave en famille

roupão *sm* peignoir

rouquidão *sf* raucité

rouxinol *sm* ZOOL rossignol

roxo, -xa *adj* **1** (*cor*) violet, -ette **2** *fig* (*ansioso*) impatient, -e, désireux, -euse, avide: ***está roxo para se encontrar com ela*** il est impatient de la rencontrer **3** *fig* (*louco*) fou, -olle, ivre, vert, -e: ***está roxo de raiva*** il est vert de rage **4** *fig* (*perigoso, complicado, ruim*) pourri, -e, gâté, -e, compliqué, -e: ***a coisa ficou roxa*** la situation s'est pourrie

rua *sf* rue
• **estar na rua da amargura** être aux abois
• **ir para a rua** [ser demitido] être renvoyé, -e/viré, -e
• **morador de rua** sans-abri/SDF (*sans domicile fixe*)
• **pôr alguém na/no olho da rua** jeter qqn à la rue/mettre qqn sur le pavé (*demitir*) renvoyer/virer qqn
• **rua sem saída** voie sans issue/impasse

rubéola *sf* MED rubéole

rubi *sm* rubis

rubor *sm* rougeur *f*

rubrica *sf* **1** (*título*) rubrique **2** (*assinatura abreviada*) paraphe *m*

rubro, -bra *adj* rouge

ruço, -ça *adj* **1** (*pardacento*) grisâtre **2** (*grisalho*) grisonnant, -e **3** (*surrado, desbotado*) décoloré, -e, délavé, -e, pâle **4** *fig* (*complicado*) compliqué, -e: ***a coisa está ruça!*** la situation est compliquée!

rúcula *sf* BOT roquette

rude *adj* rude

rudimentar *adj* rudimentaire

ruela *sf* (*viela*) ruelle

ruga *sf* **1** (*na pele*) ride **2** (*prega*) pli *m*

ruge *sm* fard (à joues), blush

rugido *sm* rugissement

rugir *vi* rugir

rugoso, -sa *adj* rugueux, -euse

ruído *sm* **1** (*barulho*) bruit **2** (*interferência na comunicação*) interférence *f*

ruidoso, -sa *adj* **1** (*barulhento*) bruyant, -e **2** *fig* retentissant, -e, éclatant, -e: ***um caso ruidoso*** une affaire retentissante

ruim *adj* **1** (*malvado*) méchant, -e **2** (*de má qualidade*) mauvais, -e
• **ser ruim de** être difficile/dur, -e de

ruína *sf* ruine
▶ *pl* **escombros** ruines
• **uma casa em ruínas** une maison en ruines

ruindade *sf* **1** (*qualidade ruim*) mauvaise qualité **2** (*maldade*) méchanceté

ruir *vi* s'effondrer, s'écrouler

ruivo, -va *adj* roux, -sse

rulê *adj* roulé, -e: ***gola rulê*** col roulé

rum *sm* rhum

rumar *vti* se diriger (**para**, vers)

ruminante *adj-sm* ruminant, -e

ruminar *vtd* ruminer

rumo *sm* **1** (*direção*) direction *f*, orientation *f* **2** *fig* (*tendência*) chemin, ligne *f*, grande ligne *f*, ligne *f* de conduite: **tomar maus rumos** suivre/prendre un mauvais chemin; *o novo rumo da política brasileira* les nouvelles lignes de la politique brésilienne **3** (*comportamento*) comportement: *está tomando um rumo que não me agrada* il est en train d'adopter un comportement qui ne me plaît guère
- **perder o rumo** perdre le nord
- **rumo a** vers

rumor *sm* rumeur *f*

rumoroso, -sa *adj* **1** (*barulhento*) bruyant, -e **2** *fig* (*sensacional*) retentissant, -e

ruptura *sf* rupture

rural *adj* rural, -e

Rússia *sf* Russie

russo, -sa *adj* russe
▸ *sm, f* Russe
▸ *sm* russe

rústico, -ca *adj* rustique

S

sábado *sm* samedi
- **aos sábados** les samedis
- **sábado de aleluia** samedi saint
- **sábado de carnaval** samedi gras

sabão *sm* 1 *(para limpeza)* savon 2 *(bronca)* savon, réprimande: *passar um sabão em alguém* passer un savon à qqn
■ **sabão de coco** savon à lessive à base d'huile de coco
■ **sabão em pedra** pain de savon
■ **sabão em pó** lessive *f* en poudre
- **vá lamber sabão** casse-toi/ne m'embête pas

sabedoria *sf* sagesse

saber *vtd* 1 *(ter habilidade)* savoir: *ele não sabe resolver esse problema* il ne sait pas résoudre ce problème 2 *(ter conhecimentos)* connaître: *ele sabe muito inglês* il connaît bien l'anglais 3 *(ter certeza)* (en) être sûr: *eu sabia que isso não ia dar certo* j'étais sûr que cela ne marcherait pas 4 *(ter informação)* apprendre: *fiquei sabendo que você vai viajar amanhã* j'ai appris que tu pars demain en voyage; *ele ficou sabendo da novidade pelos jornais* il a appris la nouvelle par les journaux
▸ *vti (estar informado)* être au courant (**de**, de)
▸ *sm* savoir
- **a saber** à savoir
- **bem que eu sabia!** j'en étais sûr, -e!
- **pelo que sei** d'après ce que je sais
- **quem sabe** peut-être/qui sait

sabiá *sm* ZOOL merle à ventre roux, merle du Brésil

sabido, -da *adj* 1 *(conhecido)* su, -e
▸ *adj-sm,f (inteligente, conhecedor)* malin, -gne; rusé, -e

sábio, -a *adj* 1 *(erudito)* sage, savant, -e 2 *(prudente, sensato)* sage
▸ *sm,f* savant, -e, sage

sabonete *sm* savon de toilette, savonnette *f*

saboneteira *sf* porte-savon *m*

sabor *sm* 1 *(gosto)* saveur *f*, goût 2 *fig* saveur *f*
- **ao sabor de** au gré de
- **dar sabor** donner du goût
- **tomar sabor** prendre goût

saborear *vtd* savourer

saboroso, -sa *adj* savoureux, -euse

sabotagem *sf* sabotage *m*

sabotar *vtd* saboter

sabre *sm* sabre

sabugo *sm* *(espiga de milho sem grãos)* rafle *f*

saca *sf* sac *m*, grand sac *m*

sacada *sf* *(de janela)* balcon *m*

sacana *adj-smf* pop 1 *(sensual, libertino)* débauché, -e 2 *(cafajeste, finório)* salaud, -lope; crapule *f*

sacanagem *sf* 1 pop *(logro, deslealdade)* saloperie 2 pop *(ato libidinoso)* débauche, dévergondage *m*

sacanear *vtd* pop *(enganar, lograr)* duper, tromper

sacar *vtd* 1 *(tirar, puxar)* retirer, sortir 2 *(arma)* sortir, dégainer 3 COM retirer: *sacar dinheiro* retirer de l'argent
▸ *vtd-vti* 1 pop *(perceber, intuir)* deviner, piger 2 pop *(entender)* s'entendre (**de**, à)
▸ *vi* 1 ESPORTE servir, mettre la balle/le ballon en jeu 2 *(entender)* piger: *não quero sair, sacou?* je ne veux pas sortir, tu piges?

sacarina sf saccharine

saca-rolhas sm tire-bouchon

sacerdote sm prêtre

sacerdotisa sf prêtresse

sachê sm sachet aromatique

saciar vtd rassasier, assouvir
▶ vpr **saciar-se** être rassasié, -e, se repaître (litt)

saco sm **1** (receptáculo) sac **2** pop (chatice) embêtement, emmerdement **3** pop (paciência) patience: *não tenho mais saco para isso* je n'ai plus de patience pour ça **4** pop (escroto) boules f pl
• **encher o saco de alguém** emmerder qqn/casser les couilles à qqn
• **estar de saco cheio de alguém/algo** en avoir assez de qqn/qqch/en avoir ras le bol
• **pôr tudo no mesmo saco** mettre tous les oeufs dans le même panier/sac
• **puxar o saco de alguém** lécher les bottes à de/qqn
• **que saco!** quelle chierie!, quelle corvée, zut!
• **saco de dormir** sac de couchage
• **saco sem fundo** (que ou quem gasta muito) personne dépensière f/puits sans fond
• **ser saco de pancada** être le souffre-douleur de qqn

sacola sf sacoche, sac m

sacoleiro, -ra adj-sm, f vendeur, -se au porte-à-porte

sacolejar vtd (sacudir) secouer

sacolejo sm balancement, agitation f

sacramentar vtd **1** (tornar sagrado) sacraliser **2** (formalizar) légaliser

sacramento sm RELIG sacrément

sacrificar vtd-vtdi sacrifier
▶ vpr **sacrificar-se** se sacrifier

sacrifício sm **1** (imolação; renúncia; eutanásia de animal) sacrifice **2** (esforço penoso, dificuldade) chose f pénible: *que sacrifício subir aquela ladeira!* qu'il est pénible de monter cette colline!

sacrilégio sm sacrilège

sacristão sm sacristain

sacristia sf sacristie

sacro, -cra adj sacré, -e
▶ sm ANAT sacrum

sacudido, -da adj (saudável, disposto) agile, bien disposé, -e

sacudir vtd secouer
▶ vpr **sacudir-se** se secouer

sádico, -ca adj sadique

sadio, -a adj sain, -e

safadeza sf **1** (qualidade) bassesse **2** (ato) impudence, acte vil

safado, -da adj-sm **1** (desavergonhado) dévergondé, -e, impudent, -e **2** (obsceno) vil, -e

safanão sm **1** (bofetão) gifle f **2** (puxão) secousse f **3** (esbarrão) heurt

safári sm safari

safar-se vpr se sauver, se dégager, échapper

safira sf saphir m

safra sf **1** (colheita) récolte, moisson **2** (de vinho) vendanges pl, cru m

sagaz adj sagace

sagitário sm sagittaire

sagrado, -da adj sacré, -e

sagrar vtd sacrer

saguão sm **1** (de hotel) foyer **2** (de prédio) foyer, hall d'entrée

sagui sm ZOOL ouistiti

saia sf **1** (vestuário) jupe **2** AUTO (peça metálica) jupe auto **3** AUTO (peça pendente do para-lama) bavette
• **estar numa saia justa** [fig] avoir les pieds et les poings liés

saída sf **1** (acesso externo) issue, sortie: *onde é a saída do prédio?* où se trouve la sortie de l'immeuble? **2** (ato de sair) sortie: *esperei a saída dos noivos* j'ai attendu la sortie des mariés **3** (demissão) démission: *minha saída do emprego* ma démission du boulot **4** (fim do expediente) sortie: *qual é a hora da saída?* à quelle heure est la sortie? **5** (recurso, salvação; escapatória) issue **6** (venda de mercadoria) débit m: *um artigo com pouca saída* un article d'un faible débit
• **de saída** d'entrée en matière
• **não dar nem para saída** ne pas être suffisant, -e

saído, -da adj **1** (intrometido) indiscret, -ète **2** (atirado, atrevido) débrouillard, -e

saiote sm jupon, tutu

sair vi 1 (*ir para fora; passear*) sortir 2 (*escapar*) s'échapper, sortir: *o cano furou e está saindo muita água* le tuyau est percé et il en sort beaucoup d'eau 3 (*nascer-dentes, pelos etc.*) pousser 4 (*aparecer*) apparaître: *saiu o sol* le soleil est apparu 5 (*ser publicado, divulgado*) paraître 6 *fam* (*acontecer*) éclater **saiu um quebra-pau** une bagarre a éclaté 7 (*desaparecer*) sortir, partir: *a mancha não saiu* la tâche n'est pas sortie/partie 8 (*vender*) être prisé, -e 9 (*ser sorteado, escolhido*) sortir: *que número saiu?* quel est le numéro sorti?

▶ vti-vi

■ **sair com** (*manter relacionamento; passear*) sortir avec

■ **sair de** 1 (*provir; ser produto*) sortir de, provenir de, venir de 2 (*manar, brotar*) sortir de, jaillir de 3 (*vir, aparecer*) sortir de 4 (*deixar um lugar, uma situação*) sortir de, quitter: *ele está saindo de um casamento difícil* il sort d'un mariage difficile; *sair do emprego, da escola* quitter le travail, l'école 5 (*concluir*) terminer: *quanto tempo falta para você sair da faculdade?* combien de temps te manque-t-il pour terminer la fac?

▶ vpred (*ficar, resultar, aparecer*) devenir: *o quadro saiu feio* le tableau est devenu laid

▶ vpr **sair-se** s'en sortir: *como se saiu no exame?* comment tu t'en es sorti à l'examen?

• **não me sai da memória, da cabeça etc.** cela ne me sort pas de la mémoire, de la tête etc.

• **sai de baixo** [fig] sauve qui peut

• **sair ao pai/à mãe** ressembler au père/à la mère

• **sair por aí** flâner

sal sm sel

■ **sal amargo** sel d'Epsom

■ **sal grosso** gros sel

• **sem sal nem açúcar** [fig] fade

sala sf 1 (*em geral*) salle 2 (*classe*) classe

■ **sala de aula** salle de classe

■ **sala de cirurgia** salle de chirurgie

■ **sala de espera** salle d'attente

■ **sala de estar/de visitas** séjour *m*, salon *m*

■ **sala de jantar** salle à manger

■ **sala de reuniões** salle de réunion

■ **sala VIP** salon VIP

• **fazer sala a alguém** faire salon/recevoir qqn

salada sf 1 CUL salade 2 *fig* (*mistura confusa*) fatras *m*

■ **salada de frutas** salade de fruits

■ **salada russa** *fig* salade russe/mélange incongru

salame sm saucisson, salami

salão sm salon

■ **salão de baile** salon/salle *f* des fêtes

■ **salão de barbeiro** salon de coiffure/du barbier

■ **salão de beleza** soins de beauté/salon de coiffure

■ **salão de cabeleireiro** salon/salon de coiffure

■ **salão de jogos** salle *f* de jeux

■ **salão do automóvel** salon de l'auto

■ **salão nobre** salle *f* d'honneur

• **jogo de salão** jeu de société

• **limpar o salão** *fig* aller dans son nez

• **piada de salão** bon mot *m*/blague que l'on peut raconter à tous publics

salário sm salaire

• **décimo terceiro salário** treizième mois

• **salário-mínimo** SMIC (*Salaire minimum interprofessionnel de croissance*)

salário-família (*pl* **salários-família**) sm allocation familiale *f*

saldar vtd COM acquitter, régler, solder

saldo sm 1 (*diferença entre débito e crédito*) solde 2 (*resto a pagar*) solde débiteur 3 (*vantagem*) avantage: *um saldo de cinco pontos* un avantage de cinq points

■ **saldo credor** solde créditeur

■ **saldo de estoque** soldes *pl*

■ **saldo devedor** solde débiteur

■ **saldo líquido** solde net

• **tirar o saldo do banco** demander un extrait de compte bancaire

saleiro sm salière *f*

salgado, -da adj (*com sal; muito caro*) salé, -e

salgueiro sm BOT saule

saliência sf saillie

salientar vtd 1 (*evidenciar*) faire ressortir 2 (*destacar*) mettre en relief, mettre en évidence, faire valoir

▶ *vpr* **salientar-se** 1 (*evidenciar-se*) se mettre en évidence 2 (*destacar-se*) se détacher, ressortir

saliente *adj* 1 (*que sobressai*) saillant, -e 2 *fig* (*intrometido*) culotté, -e, effronté, -e

salino, -na *adj* salin, -e

salitre *sm* salpêtre

saliva *sf* salive

salivar *vi* saliver
▶ *adj* salivaire

salmão *sm* ZOOL saumon

salmo *sm* psaume

salmoura *sf* saumure

salobro, -bra *adj* saumâtre

salpicar *vtd* 1 (*espargir gotas*) asperger 2 (*polvilhar*) saupoudrer 3 (*respingar*) éclabousser, parsemer

salsa *sf* 1 BOT persil *m* 2 (*dança*) salsa

salsão *sm* BOT céleri

salseiro *sm* (*briga, escândalo*) scandale, désordre

salsicha *sf* 1 CUL saucisse (*cuite*) 2 (*bassê*) basset *m*

salsicharia *sf* charcuterie

salsinha *sf* BOT persil *m*

saltar *vi* 1 (*dar pulos*) sauter 2 (*brotar, irromper*) jaillir, gicler
▶ *vtd* 1 (*galgar*) sauter: **saltar a cerca** sauter la haie 2 (*atravessar*) franchir: **saltar o córrego** franchir le ruisseau 3 (*omitir*) sauter
▶ *vti* 1 (*pular*) sauter: **o gato saltou do muro** le chat a sauté du mur 2 (*do ônibus, do trem*) descendre
• **saltar à vista** sauter aux yeux

saltimbanco *sm* saltimbanque

saltitante *adj* sautillant, -e

saltitar *vi* sautiller

salto *sm* 1 (*pulo*) saut 2 (*ricochete*) ricochet 3 (*cascata*) cascade *f* 4 (*transformação abrupta*) bond 5 (*de sapato*) talon: **salto alto ou baixo** talon aiguille ou talon bas 6 (*omissão*) bourdon
• **de salto alto** (*com ar de superioridade*) d'un air hautain
• **salto com vara** saut à la perche
• **salto em altura** saut en hauteur
• **salto em distância** saut en longueur
• **salto mortal** saut périlleux
• **salto triplo** triple saut

salutar *adj* salutaire

salva *sf* 1 (*de tiros, de palmas*) salve 2 BOT sauge

salvação *sf* 1 salut *m*: **esse doente não tem salvação** pour ce malade il n'y a pas de salut 2 (*resgate, salvamento*) sauvetage *m* 3 (*socorro*) sauvetage *m*, salut *m*: **aquele dinheiro foi a minha salvação** cet argent a été mon salut

salvador, -ra *adj-sm, f* sauveur, -euse

salvaguardar *vtd* sauvegarder

salvamento *sm* sauvetage

salvar *vtd-vti* sauver: **ele me salvou da morte** il m'a sauvé de la mort
▶ *vtd* 1 (*conservar, reter*) garder: **salvei uma parte da comida** j'ai gardé une partie de la nourriture 2 (*salvaguardar*) sauver, sauvegarder 3 INFORM sauvegarder
▶ *vpr* **salvar-se** se sauver
• **salve-se quem puder** sauve qui peut

salva-vidas *sm* 1 (*nadador*) maître-nageur sauveteur (MNS) 2 (*dispositivo*) gilet/brassière *f* de sauvetage

salvo, -va *adj* 1 (*incólume*) sauf, -ve 2 (*resguardado*) sauvé, -e 3 RELIG sauvé, -e 4 INFORM sauvegardé, -e
▶ *prep* (*exceto*) sauf
• **a salvo** en sûreté
• **são e salvo** sain et sauf

samambaia *sf* BOT fougère

samba *sm* samba *f*

samba-canção (*pl* **sambas-canção**) *sm* style de samba *f* plutôt romantique
• **cuecas samba-canção** caleçons *m*

sambar *vi* 1 (*dançar samba*) danser la samba 2 *fig* (*ser posto de lado*) être écarté, -e 3 *fig* (*não dar certo*) échouer, rater

sambista *adj-smf* danseur, -euse/compositeur, -trice de samba

sanar *vtd* 1 (*curar*) guérir 2 (*reparar*) réparer, remédier

sanatório *sm* sanatorium, sana

sanção *sf* sanction

sandália *sf* sandale
• **sandália de dedo** tong, tongue

sândalo *sm* santal

sanduíche *sm* sandwich

saneamento *sm* assainissement

sanear *vtd* assainir

sanfona *sf* 1 MÚS (*acordeão*) accordéon *m* 2 (*remate de tricô*) point *m* de côtes 1 et 1

sangrar *vtd-vi* saigner

sangrento, -ta *adj* 1 (*que sangra*) sanglant, -e, saignant, -e 2 (*cruento*) sanglant, -e: **uma batalha sangrenta** une bataille sanglante 3 (*ensanguentado*) ensanglanté, -e

sangria *sf* 1 MED saignée 2 (*hemorragia*) saignement *m* 3 (*extração, extorsão*): déprédation: ***a sangria dos cofres públicos*** la déprédation des Caisses de l'État 4 (*bebida*) sangria

sangue *sm* sang
- **subir o sangue à cabeça** avoir le sang qui monte à la tête
- **ter sangue quente** avoir le sang chaud
- **ter/não ter sangue de barata** avoir/ne pas avoir du sang de navet

sangue-frio (*pl* **sangues-frios**) *sm* sang froid
- **ter/não ter sangue-frio** avoir/ne pas avoir du/de sang froid
- **fazer algo a sangue-frio** faire qqch de sang froid

sanguessuga *sf* ZOOL sangsue

sanguinário, -a *adj* sanguinaire

sanidade *sf* santé: **sanidade mental** santé mentale

sanitário, -a *adj* sanitaire
▶ *sm* **sanitário** lavabo, toilette *f*, cabinet

santidade *sf* sainteté

santificar *vtd* sanctifier

santinho *sm* 1 (*imagem religiosa*) image *f* religieuse 2 *pop* (*propaganda eleitoral*) tract de propagande électorale

santo, -ta *sm, f* saint, -e
▶ *adj* 1 (*santificado*) sanctifié, -e: **dia santo** jour sanctifié 2 *fig* miraculeux, -euse: **um santo remédio** un remède miraculeux
- **santo Antônio, santo André** Saint Antoine, Saint André
- **Todos os Santos** Toussaint *f*

santuário *sm* sanctuaire

são *sm* (*santo*) saint: **são Bernardo, são Bento** Saint Bernard, Saint Benoît

são, sã *adj* sain, -e

sapateado *sm* claquettes *f pl*

sapatear *vi* 1 (*dançar sapateado*) danser avec des claquettes *f* 2 (*bater o pé*) piétiner, frapper/taper du pied

sapateiro *sm* cordonnier

sapatilha *sf* chausson *m*

sapato *sm* chaussure *f*, soulier: **pôr/tirar os sapatos** mettre/enlever ses chaussures
- **saber onde aperta o sapato** *fig* savoir où le bât blesse
- **sapato anabela** sandale *f* compensée

sapeca *adj-smf* espiègle, coquin, -e

sapecar *vtd* 1 (*chamuscar*) flamber 2 *fam* donner, appliquer: **sapecou um tapa no moleque** il a donné une claque au gamin

sapinho *sm* MED muguet

sapo *sm* ZOOL crapaud
- **engolir sapo** avaler des couleuvres

saque *sm* 1 (*pilhagem*) pillage 2 ESPORTE service, mise *f* en jeu de la balle/du ballon 3 (*de dinheiro*) retrait bancaire

saquear *vtd* piller, mettre à sac, saccager

sarado, -da *adj* 1 (*curado*) guéri, -e 2 *fig fam* (*enxuto, malhado*) musclé, -e

sarampo *sm* MED rougeole *f*

sarar *vtd* (*curar*) guérir
▶ *vi* (*curar-se*) se guérir

sarcasmo *sm* sarcasme

sarcófago *sm* sarcophage

sarda *sf* MED tache de rousseur

Sardenha *sf* Sardaigne

sardento, -ta *adj* celui/celle qui a des taches de rousseur

sardinha *sf* ZOOL sardine
- **como sardinha em lata** comme des sardines en boîte

sargento *sm* sergent

sarjeta *sf* caniveau *m*
- **estar na sarjeta** *fig* se vautrer dans la boue

sarna *sf* 1 MED gale 2 *fig* (*pessoa impertinente*) impertinent, -e, pot *m* de colle
- **arranjar sarna para se coçar** avoir du fil à retordre

sarrafo *sm* (*madeira*) latte *f*
• **baixar o sarrafo em alguém** donner une raclée à qqn

sarro *sm* **1** (*sujeira nos dentes*) tartre, crasse *f* **2** (*saburra*) saburre *f* **3** *pop* (*coisa divertida*) rigolo: *que sarro!* c'est rigolo!; *esse filme é um sarro* c'est film est rigolo
• **tirar o sarro de alguém** [*zombar*] se moquer de qqn

Satã *sm* Satan

Satanás *sm* Satan

satânico, -ca *adj* satanique

satélite *sm* satellite

sátira *sf* satire

satírico, -ca *adj* satirique

satisfação *sf* **1** (*contentamento*) satisfaction, contentement *m* **2** (*explicação*) compte *m*: *não lhe peço satisfações por seus atos* je ne te demande pas de rendre compte de tes actes
• **tirar/tomar satisfações** demander des explications/comptes

satisfatório, -a *adj* satisfaisant, -e

satisfazer **1** (*desejos*) satisfaire, exaucer **2** (*contentar, agradar*) satisfaire, contenter **3** (*saciar*) rassasier **4** (*atender*) combler, satisfaire: *satisfazer a vontade do povo* satisfaire la volonté du peuple
▸ *vpr* **satisfazer-se 1** (*fartar-se*) se rassasier, s'assouvir **2** (*contentar-se*) se satisfaire, se contenter (**com**, de)

satisfeito, -ta *adj* **1** (*farto, saciado*) rassasié, -e **2** (*contente*) satisfait, -e **3** (*cumprido, executado*) satisfait, -e, accompli, -e, exécuté, -e

saturação *sf* **1** (*impregnação*) saturation **2** *fig* (*encheção de saco*) ras-le-bol

saturar *vtd* **1** (*impregnar*) saturer **2** *fig* (*fartar, aborrecer*) raser, ennuyer, barber

saudação *sf* salutation, salut *m*

saudade *sf* nostalgie, regret *m*, mal *m* du pays: *sentir saudade de algo/alguém* regretter qqn/qqch, (res)sentir le manque/l'absence de qqch/qqn

saudar *vtd* saluer
▸ *vpr* **saudar-se** se saluer

saudável *adj* **1** (*que tem saúde*) sain, -e **2** (*que proporciona saúde*) salubre, salutaire **3** (*benéfico*) salutaire

saúde *sf* santé
▸ *interj* **saúde!** (*quando alguém espirra*) à tes/vos souhaits!
• **de saúde delicada** d'une santé délicate
• **saúde de ferro** une santé de fer
• **saúde mental** santé mentale
• **vender saúde** avoir de la santé à revendre

saudoso, -sa *adj* **1** (*que tem saudade*) qui regrette l'absence de qqch/qqn **2** (*que inspira saudade*) regretté, -e **3** (*falecido*) regretté, -e: *meu saudoso irmão faleceu há dois anos* mon frère regretté est décédé il y a deux ans

sauna *sf* sauna *m*

saxofone *sm* MÚS saxophone

scanner *sm* scanner

script *sm* scénario

se *pron* **1** (*3ª pes sing e pl*) se, s', soi: *ela se feriu com a faca* elle s'est blessée avec le couteau; *eles se entreolharam* ils se sont regardés mutuellement **2** (*indeterminante*) on: *precisa-se de empregada* on demande une employée de maison; *naquele restaurante come-se muito bem* dans ce restaurant-là on mange très bien **3** (*apassivador*) on, être + *part passé*: *conta-se que...* on raconte que... *dispensam-se comentários* les remarques sont dispensées
▸ *conj* si: *se esperar mais um pouco, poderá almoçar* si tu attends un peu plus, tu pourras déjeuner; *não sei se leio ou se durmo* je ne sais pas si je lis ou si je dors
• **vendem-se casas** maisons à vendre

sé *sf* siège *m*, église (*patriarcale*)
• **Santa Sé** le Saint Siège *m*

sebo *sm* **1** (*gordura*) suif *f*, graisse *f*, sébum *f* **2** (*livraria*) bouquiniste, librairie *f* de livres d'occasion

seborreia *sf* séborrhée

seboso, -sa *adj* **1** (*sebáceo*) sébacé, -e **2** (*ensebado*) crasseux, -euse **3** *pop* (*metido*) crâneur, -euse, prétentieux, -euse

seca *sf* (*estiagem*) sécheresse

secador *sm* séchoir
■ **secador de roupa** sèche-linge
■ **secador de cabelo** sèche-cheveux

secagem *sf* séchage *m*

seção *sf* **1** *(corte; parte)* section **2** *(em jornais)* rubrique: *seção de esportes* rubrique sportive
• **seção de pessoal, almoxarifado etc.** *(em empresas)* section/division du personnel, section du matériel
• **seção de roupas, móveis etc.** *(em lojas)* rayon *m* de vêtements/de meubles etc.
• **seção eleitoral** bureau *m* électoral

secar *vtd* **1** *(enxugar)* sécher, essuyer **2** *(esgotar)* tarir, vider, épuiser: *secou o barril* il a vidé le barril
▶ *vtd-vi pop (dar azar)* être envieux, -se, regarder avec un air: *não fique aí me secando* ne me regarde pas avec cet air
▶ *vi* **1** *(enxugar-se)* se sécher, s'essuyer **2** *(perder água, evaporar)* s'assécher, sécher: *com a estiagem, a lagoa secou* avec la sécheresse, l'étang s'est asséché; *a água da chaleira secou* l'eau de la théière a séché **3** *(murchar)* faner, flétrir **4** *(tinta, cimento)* sécher

seco, -ca *adj* sec, -èche
• **estar seco por algo** rêver de qqch
• **a seco** *(sem dinheiro)* à sec, fauché, -e *(sem bebida)* (avoir) la gorge sèche
• **secos e molhados** épicerie *f sg*

secreção *sf* sécrétion

secretaria *sf* secrétariat *m*

secretária *sf* **1** *(pessoa)* secrétaire **2** *(móvel)* bureau *m*
• **secretária eletrônica** répondeur *m* téléphonique
• **serviço de secretária eletrônica** *(da companhia telefônica)* boîte *f* vocale *(de l'operateur téléphonique)*

secretário, -a *sm, f* secrétaire

secreto, -ta *adj-sm, f* secret, -ète

secular *adj* **1** *(de século)* séculaire **2** RELIG séculier, -ère

século *sm* siècle

secundário, -a *adj* secondaire

secura *sf* sécheresse

seda *sf* soie
• **rasgar seda** *fig* faire des politesses exagérées/faire des salamalecs

sedã *sm* AUTO berline *f*

sedar *vtd* donner un sédatif

sedativo, -va *adj-sm* sédatif, -ve

sede[1] *sf* siège *m*

sede[2] *sf* soif
• **matar a (própria) sede** se désaltérer
• **matar a sede de alguém** apaiser la soif de qqn
• **ter/não ter sede/estar/não estar com sede** avoir/ne pas avoir soif, être/ne pas être assoiffé, -ée

sedentário, -a *adj* sédentaire

sedento, -ta *adj* assoiffé, -e

sediar *vtd* siéger

sedimento *sm* sédiment

sedoso, -sa *adj* soyeux, -euse

sedução *sf* séduction

sedutor, -ra *adj-sm, f* séducteur, -trice

seduzir *vtd* séduire

segmento *sm* **1** segment **2** TV partie *f*

segredar *vtd-vtdi* chuchoter, souffler à l'oreille

segredo *sm* secret
• **segredo de polichinelo** secret de Polichinelle
• **em segredo** en secret/en sous-main

segregação *sf* ségrégation

segregar *vtd* **1** *(discriminar)* ségréguer **2** *(secretar)* secréter

seguida *sf loc adv* **em seguida** ensuite

seguido, -da *adj (contínuo; acompanhado; espionado)* suivi, -e

seguidor, -ra *sm* **1** *(defensor)* suiveur, -euse **2** *(perseguidor)* persécuteur, -trice

seguimento *sm (continuação)* suite *f*: *dar seguimento a algo* donner suite à qqch

seguinte *adj* suivant, -e
• **é o seguinte** voilà
• **o dia seguinte** le lendemain

seguir *vtd-vi* suivre
▶ *vpr* **seguir-se 1** *(vir depois)* suivre **2** *(decorrer)* s'ensuivre: *disto se segue que...* de ceci il s'ensuit que...
• **a seguir** [em seguida] ensuite
• **seguir adiante** poursuivre

segunda-feira (*pl* **segundas-feiras**) *sf* lundi *m*

segundo, -da *adj* second, -e, deuxième
▶ *sm* **segundo** seconde *f*
▶ *adv* **segundo** en deuxième lieu, deuxièmement: *primeiro porque é inútil,*

segundo porque é feio premièrement, parce que c'est inutile, deuxièmement, parce que c'est laid
▸ prep **segundo** selon, suivant, d'après: *segundo dizia minha avó...* d'après ma grand-mère; *Evangelho segundo são Mateus* l'Evangile selon saint Mathieu
▸ conj **segundo** *(à medida que; conforme)* d'après: *fiz tudo segundo me instruíram* j'ai tout fait d'après les instructions reçues

segurado, -da *adj (quem tem seguro; protegido por seguro)* assurée, -e

seguradora *sf* assureur *m*, compagnie d'assurances

segurança *sf* **1** *(autoconfiança)* assurance **2** *(confiabilidade)* sûreté, assurance **3** *(isenção de risco)* sûreté, sécurité: *esta casa não tem segurança nenhuma* cette maison n'a aucune sécurité
▸ *sm* agent de sécurité: *chame o segurança* appelle l'agent de sécurité
• **dispositivo de segurança** dispositif de sécurité

segurar *vtd* **1** *(prender)* tenir **2** *(manter, fixar)* tenir, fixer **3** *(amparar, sustentar)* soutenir, appuyer **4** *(pegar, conter na mão)* tenir, prendre **5** *(pôr no seguro)* assurer **6** *(conter)* contenir, réprimer, refréner
▸ *vpr* **segurar-se 1** *(agarrar-se)* se tenir (a, à) **2** *(conter-se)* se tenir
• **segurar alguém pelo braço/pela mão** tenir qqn par le bras/la main
• **segurar algo/alguém no colo** prendre qqch/qqn dans les bras
• **segure firme!** tiens-toi bien!

seguro, -ra *adj* **1** *(salvo, protegido)* en sûreté: *as crianças estão seguras* les enfants sont en sûreté **2** *(confiante)* sûr, -e de soi: *sempre mostrou ser uma pessoa segura* il a toujours montré qu'il est sûr de lui **3** *(certo, confiável)* sûre, -e, certain, -e: *a fonte da notícia é segura* la source de l'information est sûre; *estou seguro de que tem boas intenções* je suis certain qu'il a de bonnes intentions **4** *(garantido)* sûr, -e: *um negócio seguro* une affaire sûre **5** *(firme)* sûr, -e, stable, solide: *a estaca ficou segura* le pieux est solide **6** *(que não oferece perigo)* sûr, -e: *não é um lugar seguro* ce n'est pas un lieu sûr
▸ *sm* **seguro** assurance *f*: *pôr um carro no seguro* souscrire une assuranceauto; *pagar o seguro* payer l'assurance; *receber o seguro* être indemnisé par l'assurance
• **estar seguro de si** être sûr de soi
• **seguro de vida** assurance-vie *f*

seio *sm* sein

seis *num* six

seiscentos *num* six cents

seita *sf* secte

seiva *sf* BOT sève

seixo *sm* caillou, galet

seja *conj* soit: *seja este, seja aquele...* soit ceci, soit cela
▸ *interj* soit!
• **ou seja** c'est-à-dire

sela *sf* selle

selar *adj* **1** *(pôr selo)* timbrer, affranchir **2** *(confirmar, validar)* signer, ratifier, sceller: *selar um acordo* signer un accord; *selar uma amizade* sceller une amitié **3** *(pôr sela)* seller **4** *(fechar)* sceller

seleção *sf* **1** *(escolha)* sélection **2** *(antologia)* recueil *m*, anthologie **3** ESPORTE équipe, joueurs *m pl* sélectionnés
• **seleção natural** sélection naturelle

selecionado, -da *adj* sélectionné, -e, choisi, -e: *vinhos selecionados* vins sélectionnés; *frutas selecionadas* fruits sélectionnés

selecionar *vtd* sélectionner, choisir

seletivo, -va *adj* sélectif, -ve

seleto, -ta *adj* **1** *(selecionado)* sélectionné, -e, choisi, -e **2** *(de primeira qualidade)* de choix: *local seleto* lieu de choix

seletor *sm (de canais)* commande *f*

self-service *sm* self-service, libre-service

selim *sm (de moto, bicicleta)* selle *f*

selo *sm* **1** *(de metal)* sceau, cachet **2** *(estampilha)* timbre, cachet **3** *fig (marca)* sceau: *um ato marcado pelo selo da amizade* un acte marqué par le sceau de l'amitié

selva *sf* jungle, forêt vierge

selvagem *adj-smf* sauvage

sem *prep* sans

semáforo *sm* feu tricolore, feu rouge
• **semáforo intermitente** feu clignotant

semana *sf* semaine
■ **Semana Santa** Semaine sainte
• **fim de semana** week-end, fin de semaine

semanal *adj* hebdomadaire

semanário *sm* (*periódico*) hebdomadaire

semblante *sm* visage, apparence *f*

sem-cerimônia *sf* sans-gêne

semear *vtd* **1** (*jogar semente*) semer: *semear milho* semer le maïs **2** (*o solo*) ensemencer: *semear a terra* ensemencer la terre **3** *fig* (*propagar*) semer

semelhança *sf* ressemblance

semelhante *adj* **1** (*similar*) semblable, pareil, -le **2** (*parecido*) ressemblant, -e
▶ *sm* **semelhante** semblable: *respeita teus semelhantes* respecte tes semblables
▶ *pron* tel, -le: *semelhante atitude é inaceitável* une telle attitude est inacceptable

sêmen *sm* semence *f*, sperme

semente *sf* **1** BOT semence, grain *m*, graine **2** *fig* semence

semestral *adj* semestriel, -elle

semestre *sm* semestre

semifinal *sf* demi-finale

seminário *sm* **1** (*de religiosos; grupo de estudo*) séminaire **2** (*aula dada por aluno*) exposé

seminarista *sm* RELIG séminariste

seminu, -a *adj* demi-nu

semita *adj-smf* sémite

sêmola *sf* semoule

semolina *sf* farine de riz, semoule

sem-par *adj* sans égal, -e, unique

sempre *adv* toujours
• **a história de sempre** toujours la même histoire/comme d'habitude
• **desde sempre** depuis toujours
• **quero a bebida de sempre** je voudrais comme d'habitude

sem-terra *adj-smf* sans-terre

sem-teto *adj-smf* personne sans domicile fixe *f*, SDF

sem-vergonha *adj* dévergondé, -e

sem-vergonhice *sf* **1** (*canalhice*) débauche **2** (*falta de pudor*) libertinage *m*

sena *sf* **1** (*face do dado etc.*) carte à jouer /dé *m*/pièce de domino avec six points **2** (*loteria*) jeu *m* de hasard avec tirage au sort de six numéros désignant des billets gagnants

senado *sm* sénat

senador, -ra *sm,f* sénateur, -trice

senão *conj* **1** (*do contrário*) sinon, autrement, au contraire: *não corra, senão cai* ne cours pas, sinon tu tombes **2** (*mas sim*) plutôt, mais au contraire: *o noivo não era rico, senão um pobretão* le fiancé n'était pas riche, mais au contraire très pauvre
▶ *prep* (*a não ser*) sauf: *não comia nada, senão carne* il ne mangeait rien, sauf de la viande
▶ *sm* **senão** défaut: *não vejo nenhum senão nesse negócio* je ne vois aucun défaut dans cette affaire

senha *sf* **1** (*palavra secreta*) contremarque, mot *m* de passe **2** (*papel numerado*) ticket *m* numéroté: *pegue a senha* veuillez prendre un ticket numéroté **3** INFORM mot de passe

senhor, -ra *sm,f* **1** (*dono da casa; amo*) maître, -esse **2** (*dono de um negócio*) patron, -onne **3** *fig* maître, maîtresse: *não era senhora de seus atos* elle n'était plus maîtresse d'elle-même **4** (*nobre*) seigneur, dame **5** (*de meia-idade*) monsieur, dame: *ela já é uma senhora* elle est déjà une dame; *um senhor está à sua procura* il y a un monsieur qui vous demande **6** (*tratamento*) monsieur, madame: *Sr. Fernando, ligo mais tarde* Monsieur, je vous appellerai plus tard **7** (*pronome*) vous: *professor, o senhor já esteve na Inglaterra?* Monsieur le professeur, êtes-vous déjà allé en Angleterre?
▶ *sm* **Senhor** (*Deus*) Seigneur (*Dieu*)
▶ *adj* beau, -elle: *mora numa senhora casa* il habite dans une belle maison
• **– faça isso; – sim, senhor** – fais ceci; – oui, monsieur
• **(meus) senhores, (minhas) senhoras...** mesdames et messieurs
• **sim senhor, que pouca vergonha!** ça alors, quelle honte!

senhora *sf (mulher)* dame, femme: *toalete das senhoras* toilette des dames/femmes

senhorita *sf* **1** *(moça solteira)* mademoiselle, demoiselle **2** *(pronome)* vous: *a senhorita aceita uma bebida?* vous désirez une boisson? **3** *(forma de tratamento)* Mlle (mademoiselle): *Srta. (senhorita) Maria da Silva* Mlle Maria da Silva

senil *adj* sénile

sensação *sf* sensation

sensacional *adj* sensationnel, -elle

sensacionalismo *sm* sensationnalisme

sensatez *sf* sagesse, bon sens *m*

sensato, -ta *adj* sensé, -e, sage

sensibilidade *sf* sensibilité

sensibilizar *vtd* sensibiliser
▶ *vpr* **sensibilizar-se** se sensibiliser

sensitivo, -va *adj-sm,f (paranormal)* sensitif, -ve

sensível *adj* sensible

senso *sm* sens
• **bom-senso** bon sens
■ **senso comum** sens commun
■ **senso de dever** sens du devoir
■ **senso de humor** sens de l'humour
■ **senso de orientação** sens de l'orientation
■ **senso prático** sens pratique

sensor *sm* senseur

sensual *adj* sensuel, -elle

sensualidade *sf* sensualité

sentado, -da *adj* assis, -e

sentar *vtd* **1** asseoir: *sentei meu filho no muro* j'ai assis mon fils sur le mur **2** *(assentar)* flanquer, ficher: *sentou-lhe um bofetão* il lui a flanqué une gifle
▶ *vi-vpr* **sentar(-se)** s'asseoir
• **sente-se, por favor!** asseyez-vous, s'il vous plaît!

sentença *sf* **1** *(julgamento)* jugement *m* **2** *(provérbio)* sentence

sentenciar *vtd-vi (proferir sentença)* juger, prononcer un arrêt
▶ *vtd-vtdi (condenar)* condamner (**a**, à)

sentido, -da *adj* **1** *(magoado; ressentido)* froissé, -e **2** *(comovido)* navré, -e, douloureux, -euse **3** *(comovente)* émouvant, -e, touchant, -e

▶ *sm* **sentido** sens: *os cinco sentidos* les cinq sens; *ir no sentido São Paulo-Rio* prendre le sens São Paulo-Rio; *os sentidos de uma palavra* les sens d'un mot
• **em certo sentido** dans un sens
• **em sentido horário/anti-horário** en sens horaire/en sens antihoraire
• **estar sem sentidos** être évanoui, -e
• **fazer/não fazer sentido** avoir/ne pas avoir de sens
• **nesse sentido...** dans ce sens
• **perder os sentidos** perdre connaissance *f*/s'évanouir
• **sexto sentido** sixième sens
• **ter duplo sentido** *(ruas)* être à double sens *(palavras)* avoir double sens

sentimental *adj* sentimental, -e

sentimentalismo *sm* sentimentalisme

sentimento *sm* **1** *(ato ou efeito de sentir)* sentiment **2** *(emoção, entusiasmo)* émotion *f*, émoi: *falou com muito sentimento* il a parlé avec une grande émotion
▶ *pl* **pêsames** condoléances: *meus sentimentos!* mes condoléances!
• **sentimento de culpa** sentiment de culpabilité

sentinela *sf* sentinelle
• **estar de sentinela** être en sentinelle

sentir *vtd* **1** *(gosto, cheiro etc.)* sentir **2** *(experimentar sensações, desejos)* avoir: *sentir frio, fome e sede* avoir froid, faim et soif; *sinto vontade de rir* j'ai envie de rire **3** *(pressentir, conhecer por indícios)* sentir **4** *(ficar sentido, magoado)* avoir de la peine, être blessé, -e par/de: *sinto muito sua morte* j'ai beaucoup de peine qu'il soit mort; *senti muito o seu desprezo* j'ai été très blessé de ton mépris **5** *(sentimentos)* ressentir: *sentir tristeza, alegria* ressentir de la tristesse/joie **6** *(perceber)* sentir: *logo senti que havia feito bobagem* j'ai tout de suite senti que j'avais fait une bêtise
▶ *vi (ter pesar)* regretter, être désolé, -e: *sinto muito* je le regrette/je suis désolé, -e
▶ *vpr* **sentir-se** se sentir, être: *sentir-se bem/mal* se sentir bien/mal; *como se sente?* comment vous sentez-vous?; *sentir-se feliz* se sentir heureux, -euse/être heureux, -euse

separação *sf* **1** *(tabique, muro, parede etc.)* cloison, mur *m*, division **2** *(divisão; afastamento)* séparation

separado, -da adj-sm,f séparé, -e

separar vtd-vtdi séparer
▶ vpr **separar-se** 1 (destacar-se) se séparer 2 (apartar-se) se séparer, se quitter

sepultamento sm enterrement, inhumation f

sepultar vtd 1 (inumar) enterrer, inhumer 2 (soterrar) ensevelir 3 fig (extinguir) éteindre

sepultura sf sépulture, tombeau m, tombe

sequela sf séquelle, suite

sequência sf 1 (seguimento, continuidade) suite, séquence 2 (continuação) suite: *este texto não tem sequência* ce texte n'a pas de suite 3 (série, sucessão) série: *uma sequência de desgraças* une série de malheurs 4 (ordem) séquence: *a sequência dos temas musicais* la séquence des thèmes musicaux 5 (no pôquer) séquence

sequer adv même pas: *não quis sequer entrar na escola* il n'a même pas voulu entrer dans l'école

sequestrar vtd 1 DIR séquestrer 2 (raptar) kidnapper, enlever, prendre des otages 3 (desviar da rota) dérouter, détourner

sequestro sm 1 DIR séquestre 2 (rapto) kidnapping, kidnappage, prise d'otages 3 (desvio da rota) détournement

séquito sm suite f, cortège, escorte f

ser vpred 1 être: *é alto/baixo* c'est haut/bas; *é muito cedo/tarde* il est très tôt/tard; *ele é engenheiro* il est ingénieur; *quer ser piloto* il veut être pilote 2 (custar) être, coûter, valoir: *quanto é isto?* combien c'est ceci?/combien coûte ceci?/combien ça vaut?
▶ v aux être: *a população foi dizimada* la population a été décimée
▶ vti 1 (naturalidade, nacionalidade) être: *de onde você é?* d'où es-tu? 2 (proveniência): venir de: *estas frutas são da Argentina* ces fruits viennent d'Argentine 3 (posse) appartenir: *esta camisa é do meu irmão* cette chemise appartient à mon frère
▶ sm être: **ser humano** être humain
• **assim seja** ainsi soit-il
• **dois vezes três são seis** deux fois trois font six
• **era uma vez** il était une fois
• **isto é** c'est-à-dire/soit
• **já era** trop tard/cela n'est plus/cela n'a plus lieu
• **não é?** n'est-ce pas?
• **que é de...?** où est...?
• **seja como for/seja (lá) o que for** quoi qu'il en soit/en tout état de cause
• **seja (lá) quem for** qui qu'il soit/qui qu'elle soit
• **ser/não ser de** (ter propensão) avoir/ne pas avoir tendance à (ser capaz de) être/ne pas être capable de
• **ser com alguém** (dizer respeito a) concerner qqn (ser da alçada) être du ressort de qqn (ser do agrado) être du style de qqn

sereia sf sirène

serenar vtd 1 (acalmar) rasséréner, calmer 2 (pacificar) apaiser
▶ vi 1 (acalmar-se) se calmer 2 (aplacar-se) s'apaiser

serenata sf sérénade

serenidade sf sérénité

sereno, -na adj 1 (calmo, não agitado) serein, -e 2 (sensato, imparcial) paisible
▶ sm **sereno** (orvalho) rosée f

seresta sf sérénade

seriado, -da adj en série, à/en épisodes
▶ sm **seriado** TV CINE série f, film à/en épisodes

série sf 1 (sequência; vários) série 2 (grupo, lote) série, tranche 3 (ano escolar) classe 4 TV série télévisée
• **em série** en série
• **fora de série** hors série

seriedade sf sérieux m

seringa sf 1 MED seringue 2 (bomba portátil) poire en caoutchouc

seringueira sf BOT hévéa, arbre à caoutchouc

sério, -a adj sérieux, -euse
▶ adv sérieusement: *sério?!* sérieusement?!; *fale sério* sois sérieux
• **levar/tomar a sério** prendre au sérieux
• **sair do sério** (exceder-se) sortir de ses gonds

sermão sm 1 RELIG sermon, prêche f 2 (repreensão) semonce f

serpente sf ZOOL serpent m

serpentina sf (ducto metálico; fita de papel) serpentin m

serra sf 1 (ferramenta) scie 2 (montanhas) chaîne de montagnes
- **subir a serra** [irritar-se] monter sur ses grands chevaux

serragem sf sciure de bois

serralheiro sm serrurier

serralheria sf serrurerie

serrar vtd (cortar com serra) scier
- **filar cigarro** fumer à l'oeil
- **filar um almoço** manger à l'oeil

serraria sf scierie

serrote sm scie f à main

sertanejo, -ja adj-sm,f 1 (do sertão) habitant du sertão 2 (interiorano, caipira) paysan, -ne

sertão sm 1 (região semiárida) sertão, zone semi-aride du Brésil 2 (interior) région provinciale

servente smf (zelador de escola) gardien, -ne
- **servente de pedreiro** manœuvre/aide-maçon

serventia sf (utilidade) service m, usage m
- **sem serventia** hors d'usage

serviçal adj serviable, obligeant, -e
▸ smf employé, -e de maison

serviço sm 1 (trabalho) travail, service 2 (préstimo, favor) service: *preste-me esse serviço* rends-moi ce service 3 (local de trabalho) travail: *ele já foi para o serviço* il est parti à son travail 4 (em restaurante, hotel) service 5 ESPORTE service
▸ pl **serviços** services: *o setor de serviços* le secteur des services
- **área de serviço** surface affectée au service (domestiques et fournisseurs)
- **brincar/não brincar em serviço** perdre/ne pas perdre de temps au travail
- **dar o serviço** tout avouer/dénoncer les autres
- **entrada de serviço** porte/entrée de service
- **escada de serviço** escalier de service
- **estar de serviço** être de service
- **fazer serviço limpo/porco** travailler proprement/comme un cochon
- **serviço de carregação** service fait à la va-vite
- **serviço de utilidade pública** service d'intérêt général/service public
- **serviço militar** service militaire
- **serviço pesado** gros ouvrage
- **serviço secreto** service secret

servidão sf servitude
- **área de servidão** zone de servitude

servidor, -ra sm,f serviteur, -euse
▸ sm **servidor** INFORM serveur
■ **servidor público** agent public/fonctionnaire

servil adj servile

Sérvia sf Serbie

sérvio, -a adj serbe
▸ sm,f Serbe

servir vtd-vti 1 (trabalhar; ajudar; atender) servir 2 (prestar serviço militar) servir sous le drapeau/dans l'arme 3 (pôr à mesa; dar) servir: *o jantar já foi servido* le dîner est déjà servi 4 (oferecer) offrir: *serviu-me um cigarro* il m'a offert une cigarette
▸ vti-vpred (funcionar, agir como) servir: *esta peça serve de alavanca* cette pièce sert de levier
▸ vti (roupas, calçados) aller: *estes sapatos me servem* ces chaussures me vont
▸ vi ESPORTE servir
▸ vpr **servir-se** (pegar; utilizar) se servir

sessão sf 1 (período: parlamento, assembleias) session 2 (com terapeuta; em cinemas, teatros) séance

sessenta num-smf soixante

sesta sf sieste: *fazer a sesta* faire la sieste

set sm 1 ESPORTE, set, manche f d'un match de tennis ou de volley-ball 2 CINE plateau

seta sf flèche, trait m

sete num sept

setecentos num sept cents

setembro sm septembre

setenta num-smf soixante-dix, septante (Belgique, Suisse)

setentrional adj septentrional

sétimo, -ma num septième

setor sm secteur

■ **setor de informações** service d'informations

■ **setor de pessoal** service du personnel

■ **setor privado/público** secteur privé/public

seu, sua *pron poss* **1** (*2.ª pes – como adjetivo*) votre (*pl* **vos**), ton, ta (*pl* **tes**): *seu passaporte está vencido, senhor* votre passeport est périmé, monsieur **2** (*2.ª pes – como substantivo*) vôtre (*pl* **vôtres**), tien, -ne (*pl* **tiens, -nes**), à vous, à toi: *senhor, localizei todos os passaportes, menos o seu* Monsieur, j'ai localisé tous les passeports sauf le vôtre; *aquele brinquedo é do seu irmão, este é o seu* ce jouet est à ton frère, voilà le tien **3** (*3.ª pes sing – como adjetivo*) son, sa (*pl* **ses**): *gosto desse escritor e de suas novelas* j'aime cet écrivain et ses nouvelles **4** (*3.ª pes sing – como substantivo*) sien, -ne: *os capotes estão ali, cada um deve pegar o seu* les manteaux se trouvent là-bas, chacun doit prendre le sien **5** (*3.ª pes pl – como adjetivo e substantivo*) leur(s): *lá vêm os dois irmãos com seu cachorro* voilà les deux frères avec leur chien; *estou pensando neles e em seus primos* je pense à eux et à leurs cousins.

▶ *sm* (*Sr*) monsieur: *seu João* "monsieur" Jean

▶ *sm,f* espèce de: *seu malandro!* espèce de voyou!; *sua danada!* espèce de petite peste!

severidade *sf* sévérité

severo, -ra *adj* sévère

sevícias *sf pl* sévices *m*

sexagenário, -a *adj-sm,f* sexagénaire

sexagésimo, -a *num* soixantième

sexo *sm* sexe

sexta *sf* → sexta-feira

sexta-feira (*pl* **sextas-feiras**) *sf* vendredi *m*

■ **Sexta-feira Santa** Vendredi *m* saint

sexto, -ta *num-sm,f* sixième

sexual *adj* sexuel, -elle

sexy adj sexy

shopping center sm centre commercial

shorts sm pl short

show sm spectacle

• **dar um** *show* (*apresentar um espetáculo*) présenter un spectacle (*fazer escândalo*) faire une scène à qqn

• **ser um** *show* être du tonnerre

si *pron* soi, soi(-même), lui-même: *está falando de si (mesmo)* il parle de lui-même; *quer todo o dinheiro só para si* il ne veut l'argent que pour lui-même; *cada um por si e Deus por todos* chacun pour soi et Dieu pour tous

• **cair em si** revenir d'une erreur

• **estar cheio de si** être imbu de soi-même

• **estar fora de si** perdre le contrôle de soi-même

• **voltar a si** revenir à soi

siamês, -esa *adj-sm,f* siamois, -e

Sicília *sf* Sicile

sicrano, -na *sm,f* untel/un tel, unetelle/une telle: *fulano e sicrano* untel et untel

sideral *adj* sidéral, -e

siderurgia *sf* sidérurgie

siderúrgica *sf* usine sidérurgique

sidra *sf* (*vinho de maçã*) cidre *m*

sifão *sm* (*tubo de pia*) siphon, bonde *f* siphoïde

sífilis *sf* MED syphilis

sigilo *sm* (*segredo*) secret

sigiloso, -sa *adj* confidentiel, -elle, secret, -ète

sigla *sf* sigle *m*

significação *sf* signification

significado *sm* **1** signification *f* **2** LING signifié

• **isso tem grande significado para mim** ça signifie beaucoup pour moi

significar *vtd* signifier

significativo, -va *adj* significatif, -ve

signo *sm* LING ASTROL signe

sílaba *sf* syllabe

silenciador *sm* **1** (*de arma*) silencieux **2** AUTO pot d'échappement

silenciar *vtd* **1** (*impor silêncio*) imposer silence, faire taire **2** (*omitir*) faire silence sur, taire

▶ *vtd-vti* (*guardar silêncio sobre*) garder le silence sur/à propos de

SILÊNCIO

▶ vi (*calar-se*) faire silence, se taire

silêncio sm silence
▶ interj **silêncio!** silence!

silencioso, -sa adj silencieux, -euse
▶ sm **silencioso** AUTO pot d'échappement

silhueta sf silhouette

silício sm QUÍM silice

silicone sm QUÍM silicone

silkscreen sm sérigraphie f

silo sm silo

silvestre adj **1** BOT sylvestre, sauvage **2** ZOOL sylvestre

sim adv oui, si: *você quer vinho? – sim* voulez-vous du vin? – oui; *você não foi à escola? – sim, fui* tu n'as pas été à l'école? – si j'y suis allé
• **dizer que sim** dire oui
• **não é isto, e/mas sim aquilo** ce n'est pas ceci, mais cela
• **pelo sim, pelo não...** par mesure de sécurité/dans le doute/oui ou non

simbólico, -ca adj symbolique

simbolizar vtd symboliser, être le symbole de

símbolo sm symbole

simetria sf symétrie

simétrico, -ca adj symétrique

similar adj similaire

símio sm simien

simpatia sf **1** sympathie: *ter/sentir simpatia por alguém* avoir de la sympathie pour qqn **2** (*ritual*) sort, rituel: *fez uma simpatia para conquistar o namorado* elle a jeté un sort pour séduire son amoureux
• **ser uma simpatia** être très sympa

simpático, -ca adj **1** ANAT sympathique **2** (*pessoa, coisa*) sympathique, sympa

simpatizante adj sympathisant, -e

simpatizar vti sympathiser (**com**, avec)

simples adj-smf simple

simplicidade sf simplicité

simplificação sf simplification

simplificar vtd simplifier

simplório, -a adj niais, -e

simpósio sm symposium

simulação sf **1** (*disfarce, fingimento*) feinte, dissimulation **2** (*imitação; reconstituição*) simulation: *simulação de voo* simulation de vol; *simulação de um acidente* simulation d'un accident

simulacro sm simulacre

simulado, -da adj simulé, -e
▶ sm (*exame*) examen simulé, simulation f des épreuves

simular vtd (*fingir; fazer simulacro*) simuler

simultaneidade sf simultanéité

simultaneamente adv simultanément

simultâneo, -a adj simultané, -e

sina sf destin m, destinée, sort m

sinagoga sf synagogue

sinal sm **1** (*marca*) signe, marque f: *pôs um sinal na margem da folha* il a fait un signe dans la marge de la feuille **2** (*gesto, aceno*) signe: *fez um sinal para o amigo* il a fait signe à son ami **3** (*senha*) signal: *a cortina aberta era um sinal* le rideau ouvert était un signal **4** (*aviso de entrada ou saída*) sonnerie f: *sinal para entrada dos alunos* la sonnerie pour l'entrée des élèves **5** (*som de aviso*) signal: *o sensor emitiu um sinal* le senseur a émis un signal **6** (*sombra, vestígio*) signe, vestige: *não há nem sinal de vida* il n'y a aucun signe de vie; *nem sinal de festa* aucun vestige de fête **7** (*mancha, pinta*) pinçon, marque f/tache f de naissance **8** (*placa, aviso*) panneau: *não vi o sinal e entrei na contramão* je n'ai pas vu le panneau et je suis allée à contresens **9** (*prenúncio, presságio*) signe **10** (*dinheiro*) arrhes f pl, acompte: *dei um sinal para ficar com o carro* j'ai versé des arrhes pour réserver la voiture; *recibo de sinal e princípio de pagamento* un reçu de l'acompte et le début du paiement **11** (*penhor, demonstração*) gage: *o anel era um sinal de fidelidade* la bague représentait un gage de fidélité **12** fig (*mostra*) signe: *não deu sinais de comiseração* il n'a montré aucun signe de pitié **13** (*farol, semáforo*) feu de signalisation, feu rouge/tricolore **14** MED signe clinique/médical **15** (*de tevê*) signal cathodique

■ **sinal da cruz** signe de la croix
■ **sinal de alarme** signal d'alarme

- **sinal de mais, de menos, de dividir, de multiplicar** signe d'addition/de soustraction/de division/de multiplication
- **sinal de pontuação** signe de ponctuation
- **sinal aberto/fechado/amarelo** feu vert/rouge/orange
- **sinal de trânsito** panneau de signalisation
- **sinal luminoso intermitente** feu clignotant
• **avançar o sinal** passer au feu rouge [fig] dépasser les/des limites
• **dar/não dar sinal de vida** donner/ne pas donner signe de vie
• **por sinal...** d'ailleurs/à propos
• **ser bom/mau sinal** être bom/mauvais signe

sinalização *sf* (*ato de sinalizar*) signalisation, balisage *m*
- **sinalização de trânsito** signalisation des routes/de la circulation
- **sinalização refletora** balisage *m* réfléchissant

sinalizar *vtd* 1 (*pôr sinalização de trânsito*) signaliser, baliser 2 *fig* (*indicar*) signaler, avertir

sinceridade *sf* sincérité

sincero, -ra *adj* sincère

síncope *sf* MED MÚS syncope

sincronizar *vtd* synchroniser

sindical *adj* syndical, -e

sindicato *sm* syndicat

síndico, -ca *sm, f* (*em prédios de apartamentos*) syndic

síndrome *sf* syndrome *m*

sineta *sf* clochette

sinete *sm* cachet, sceau

sinfonia *sf* MÚS symphonie

sinfônico, -ca *adj* symphonique

singelo, -la *adj* simple, naturel, -elle

singular *adj-sm* singulier, -ière

sinistrado, -da *adj* sinistré, -e

sinistro, -tra *adj* sinistre
▶ *sm* **sinistro** sinistre

sino *sm* cloche *f*

sinônimo *sm* synonyme

sintaxe *sf* syntaxe

sinteco *sm* vernis imperméabilisant

síntese *sf* synthèse

sintético, -ca *adj* synthétique

sintetizar *vtd* synthétiser

sintoma *sm* symptôme

sintomático, -ca *adj* symptomatique

sintonia *sf* syntonie

sintonizar *vtd* (*rádio*) régler une station radio, syntoniser
▶ *vpr* **sintonizar-se** *fig* (*harmonizar-se*) être sur la même longueur d'ondes

sinuca *sf* (*jogo*) billard à 8 boules
• **estar numa sinuca** être perdu
• **estar numa sinuca de bico** être dans de beaux draps

sinuoso, -sa *adj* sinueux, -euse

sinusite *sf* MED sinusite

sirene *sf* sirène

siri *sm* ZOOL étrille *f*

sirigaita *sf* mijaurée, chipie, pimbêche

sírio, -ria *adj* syrien, -ne
▶ *sm, f* Syrien, -ne

sisal *sm* (*tecido*) sisal

sísmico, -ca *adj* sismique

sismo *sm* séisme

siso *sm* 1 (*juízo, prudência*) bon sens, sagesse *f* 2 (*dente do siso*) dent *f* de sagesse

sistema *sm* 1 système 2 (*hábito*) méthode *f*, habitude *f*
- **sistema circulatório** système circulatoire
- **sistema nervoso** système nerveux
- **sistema operacional** système opérationnel
- **sistema respiratório** système respiratoire
- **sistema solar** système solaire
- **sistema viário** système/réseau routier

sistemático, -ca *adj* 1 systématique 2 (*meticuloso, metódico*) méticuleux, méthodique

sisudo, -da *adj* (*sério, carrancudo*) sérieux, -euse, grave

site *sm* INFORM site

sitiar *vtd* assiéger

sítio *sm* 1 (*lugar*) lieu, local, site: *sítio arqueológico* site archéologique 2 (*fazendola, chácara*) fermette *f* 3 INFORM site 4 (*cerco*) siège

sito, -ta *adj* sis, -e

situação *sf* **1** (*localização*) situation, emplacement *m*: *a situação da casa não é das melhores* l'emplacement de la maison n'est pas des meilleurs **2** (*conjuntura, circunstância*) situation, contexte *m* **3** (*posição, condição*) condition, situation: *qual a situação social da família?* quelle est la situation sociale de la famille? **4** POL pouvoir en place

situar *vtd* situer
▶ *vpr* **situar-se** se situer

slide *sm* diapositive *f*

slogan *sm* slogan, devise *f*

smoking *sm* smoking

só *adj* (*sozinho; solitário; único*) seul, -e: *ele estava só na sala* il était seul dans le salon; *os dois ficaram sós* ils sont restés seuls tous les deux; *ele tem vivido muito só* il vit très seul dernièrement; *não houve um só dia sem chuva* il n'y a pas eu un seul jour sans pluie;
▶ *adv* (*somente*) seul, seulement, ne... que: *comprei um só* j'en ai acheté un seul; *estávamos só nós três* nous n'étions que tous les trois

• **antes só do que mal acompanhado** il vaut mieux être seul qu'en mauvaise compagnie
• **não só... mas também** non seulement... mais aussi/encore...
• **só que...** sauf que, mais

soalho *sm* plancher *m*

soar *vtd-vi* sonner
• **essa história não me soa bem** cette histoire me semble louche

sob *prep* **1** (*embaixo*) sous, en-dessous de: *sob a blusa, usava uma camiseta* elle portait un maillot de corps sous le chemisier **2** (*debaixo; por baixo; abaixo*) sous: *o cachorro deitou-se sob a mesa* le chien s'est couché sous la table; *nadou sob a superfície da água* il a nagé sous l'eau; *voar sob as nuvens* voler sous les nuages; *estar sob a autoridade de alguém* être sous l'autorité de qqn

soberania *sf* souveraineté

soberano, -na *adj-sm, f* souverain, -e

soberba *sf* superbe

soberbo, -ba *adj-sm, f* superbe

sobra *sf* reste *m*, surplus *m*
▶ *pl* **restes** *m pl*: *comer sobras* manger les restes

sobrado *sm* (*casa de dois pavimentos*) maison *f* à étage

sobrancelha *sf* sourcil *m*

sobrar *vi* **1** (*exceder; haver em demasia*) en avoir trop: *sobrou comida e faltou bebida* il y avait trop à manger et pas assez à boire **2** (*ser mais que suficiente*) être plus que suffisant, -e: *esse dinheiro sobra para o que precisamos* cette somme d'argent est plus que suffisante pour nos besoins **3** (*restar, ficar*) rester: *não lhe sobrava muito dinheiro* il ne lui restait pas beaucoup d'argent; *sobrou uma fatia de doce* il est resté une part de gâteau
▶ *vi* **1** (*ficar*) rester: *todos se foram, sobrei eu* ils sont tous partis, moi je suis resté **2** (*ser esquecido*) être de trop: *ela ficou sobrando na festa* elle était de trop dans la fête/soirée
▶ *vti fam* (*ficar com algo ruim*) retomber dessus: *sobrou para mim* ça m'est retombé dessus

sobre *prep* **1** (*em cima; por cima*) sur: *o copo estava sobre a mesa* le verre était sur la table; *a neblina se espalhou sobre a região* le brouillard s'est répandu sur toute la région **2** (*acima de*) par-dessus: *avistei a torre sobre os tetos* j'ai aperçu la tour par dessus les toits **3** (*acerca de*) sur, à propos de: *conversaram sobre esse assunto* ils ont parlé sur ce sujet **4** (*de preferência a*) par-dessus: *amar a Deus sobre todas as coisas* aimer Dieu par-dessus tout **5** (*por, em; com base em*) sur: *sobre o dinheiro aplicado, ganhou 10%* il a gagné 10% sur le montant investi; *não posso julgar sobre hipóteses* je ne peux pas juger sur des hypothèses

sobreaviso *sm loc* **estar/ficar de sobreaviso** être sur ses gardes

sobrecarga *sf* surcharge

sobrecarregar *vtd-vti* surcharger
▶ *vpr* **sobrecarregar-se** se surcharger

sobrecu *sm pop* ZOOL croupion

sobre-humano, -na *adj* surhumain, -e

sobreloja *sf* entresol *m*

sobremesa *sf* dessert *m*

sobrenatural *adj* surnaturel, -elle

sobrenome *sm* nom de famille
- **sobrenome de solteira** nom de jeune fille

sobrepor *vtdi* **1** *(pôr em cima, juntar por acréscimo)* superposer **2** *fig (dar prioridade)* faire passer avant: *sobrepor os interesses pessoais aos gerais* faire passer les intérêts personnels avant l'intérêt général
▶ *vpr* **sobrepor-se** *(colocar-se por cima)* se superposer, se mettre au dessus

sobrepujar *vtd* surpasser

sobressair *vi* **1** *(estar saliente)* ressortir, saillir: *na testa, sobressaia um galo* une bosse ressortait sur le front **2** *(distinguir-se como melhor)* se distinguer **3** *(destacar-se, contrastar)* ressortir, se détacher
▶ *vpr* **sobressair(-se)** se détacher

sobressalente *adj* de rechange: *peças sobressalentes* pièces de rechange

sobressaltar *vtd* faire sursauter, épouvanter
▶ *vpr* **sobressaltar-se** *(assustar-se)* sursauter

sobressalto *sm* sursaut

sobretudo *adv* surtout
▶ *sm (tipo de casaco)* pardessus

sobrevir *vi-vti* survenir

sobrevivência *sf* **1** *(continuação da vida)* survie, survivance **2** *(sustento)* subsistance, survie: *garantir a sobrevivência da família* assurer la subsistance de sa famille
- **instinto de sobrevivência** instinct de survie
- **sobrevivência da alma** survie de l'âme

sobrevivente *adj-smf* survivant, -e

sobreviver *vti* survivre (**a**, à)
▶ *vi* survivre

sobrevoar *vtd* survoler

sobriedade *sf* sobriété

sobrinho, -nha *sm, f* neveu, nièce

sóbrio, -a *adj* sobre

socar *vtd* **1** *(dar socos)* frapper, bourrer de coups **2** *(massa)* pétrir **3** *(grãos)* moudre, broyer **4** *(calcar)* concasser

social *adj* **1** *(referente à sociedade, a empresas)* social, -e **2** *(que não é de serviço)* principal, -e: *elevador social* ascenseur principal; *entrada social* entrée principale

socialismo *sm* POL socialisme

socialista *smf* socialiste

socializar *vtd* **1** *(tornar sociável)* sociabiliser, socialiser **2** *(tornar socialista)* socialiser **3** *(estatizar)* étatiser, nationaliser **4** *fig (repartir)* socialiser, collectiviser

sociável *adj* sociable

sociedade *sf* société
- **alta sociedade** haute société
- **entrar em sociedade com alguém** faire une société avec qqn
- **sociedade anônima/comercial** société anonyme (SA)/commerciale
- **sociedade de consumo** société de consommation

sócio, -a *sm, f* associé, -e

sociólogo, -ga *sm, f* sociologue

soco *sm* coup de poing: *dar/levar um soco* donner/prendre un coup de poing

socorrer *vtd* secourir

socorro *sm (ajuda, auxílio)* secours
▶ *interj* **socorro!** au secours!
- **ir em socorro de alguém** secourir qqn, porter secours à qqn
- **pedir socorro** appeler/crier au secours
- **prestar primeiros socorros** donner/prêter les premiers soins/secours
- **prestar socorro a alguém** prêter secours à qqn
- **material de primeiros socorros** trousse *f* de *(premiers)* secours
- **socorro mecânico** secours mécanique

soda *sf* **1** *(soda cáustica)* soude caustique **2** *(carbonato de sódio)* carbonate de sodium/soude **3** *(água gaseificada)* soda *m*

sódio *sm* QUÍM sodium

sofá *sm* canapé, sofa

sofá-cama *(pl* **sofás-camas***) sm* canapé-lit, convertible

sofisticado, -da *adj* sophistiqué, -e

sofrer *vtd* **1** *(experimentar, passar por)* subir: *o vinho sofreu alterações químicas* le vin a subi des altérations chimiques **2** *(ser vítima de)* essuyer: *as tropas sofreram mais um ataque inimigo* les troupes ont essuyé encore une attaque ennemie

▶ vti 1 *(sentir mal físico)* souffrir: ***ela sofre dos pulmões*** elle souffre des poumons 2 *(padecer)* pâtir, souffrir: ***o país sofreu com as guerras*** le pays a pâti des guerres; ***sofri pela criança*** j'ai souffert pour l'enfant
▶ vi *(padecer)* souffrir: ***é preciso socorrer os que sofrem*** il faut secourir ceux qui souffrent

sofrido, -da *adj* 1 subi, -e: ***males sofridos*** maux subis 2 *(sofredor)* souffrant, -e: ***expressão sofrida*** expression souffrante/air *m* souffrant 3 *(experimentado)* survenu, -e: ***a mudança sofrida*** le changement survenu 4 *(árduo)* difficile: ***que aumento sofrido!*** difficile, cette augmentation!

sofrimento *sm* souffrance *f*

sofrível *adj* médiocre, passable

software *sm* INFORM logiciel

sogro, -gra *sm, f* beau-père *m*, belle-mère *f*

soja *sf* soja *m*

sol *sm* 1 *(astro; luz do sol)* soleil 2 MÚS sol
• **de sol a sol** toute la journée
• **fazer sol** faire beau
• **pegar sol** prendre le soleil
• **sol a pino** le soleil au plus fort/le soleil au zénith
• **sol nascente** soleil levant/le lever du soleil
• **sol poente** soleil couchant/le coucher du soleil
• **tapar o sol com a peneira** faire l'autruche
• **tomar sol** se tenir au soleil/prendre le soleil
• **ver o sol nascer quadrado** aller en taule

sola *sf* 1 *(solado)* semelle 2 *(planta do pé)* plante du pied
• **entrar de sola** *fig* mettre les pieds dans le plat

solapar *vtd* saper, miner

solar *vtd (pôr sola)* ressemeler
▶ *vi (executar solo)* jouer en solo
▶ *adj (do sol)* solaire: ***luz solar*** lumière solaire
▶ *sm (palacete)* manoir

solavanco *sm* cahot

solda *sf* soudure

soldado *sm* MIL soldat
• **soldado raso** simple soldat

soldar *vtd (unir com solda)* souder

soleira *sf* 1 *(da porta)* seuil *m*, pas *m* de porte 2 *(sol forte)* grand soleil *m*

solene *adj* solennel, -elle

solenidade *sf* solennité

soletrar *vtd* épeler

solfejar *vtd-vi* solfier

solicitação *sf* demande, sollicitation

solicitado, -da *adj (requisitado)* sollicité, -e, recherché, -e, demandé, -e

solicitar *vtd-vtdi* 1 *(pedir)* demander, solliciter 2 *(encomendar)* commander, demander 3 *(exigir cuidado)* réclamer: ***o filho doente solicitava muito a mãe*** le fils malade réclamait beaucoup sa mère

solícito, -ta *adj* empressé, -e, dévoué, -e

solicitude *sf* sollicitude, empressement *m*

solidão *sf* solitude

solidariedade *sf* solidarité

solidário, -a *adj* solidaire

solidez *sf* solidité

solidificação *sf* solidification

solidificar *vtd* solidifier
▶ *vpr* **solidificar-se** se solidifier

sólido, -da *adj* solide
▶ *sm* **sólido** solide: ***sólidos e líquidos*** des solides et des liquides

solista *adj-smf* soliste

solitária *sf* 1 MED ver *m* solitaire 2 *(prisão)* cachot *m*

solitário, -a *adj-sm* solitaire

solo *sm* 1 *(terra)* sol, terre 2 MÚS solo
• **ginástica de solo** exercices au sol, sol

soltar *vtd* 1 *(desatar; deixar escapar)* (re)lâcher, laisser échapper: ***soltar o nó*** relâcher le noeud; ***soltei o copo, ele caiu*** j'ai lâché le verre, il est tombé; ***soltar um palavrão*** laisser échapper un gros mot 2 *(libertar)* libérer: ***soltar os prisioneiros*** libérer les prisonniers 3 *(libertar, desamarrando)* lâcher: ***soltar o cão*** lâcher le chien 4 *(afrouxar)* relâcher: ***solte um pouco a corda*** relâche un peu la corde 5 *(verter, exalar, emanar)* dégager

6 (*desinibir*) laisser libre cours: *soltar a imaginação* laisser libre cours à l'imagination **7** (*liberar, aprovar*) approuver: *o banco não soltou o financiamento* la banque n'a pas approuvé le prêt **8** (*dinheiro*) lâcher
▶ *vtd-vtdi* (*desprender*) détacher, dégager: *soltar a calota da roda* dégager l'enjoliveur du pneu
▶ *vpr* **soltar-se 1** (*desatar-se*) se lâcher **2** (*escapar*) se détacher: *o cachorro se soltou da corrente* le chien s'est détaché de la chaîne **3** (*desinibir-se*) se laisser aller
• **soltar a voz** faire résonner la voix/lâcher la voix
• **soltar o intestino** causer la diarrhée

solteirão, -ona *adj-sm, f* vieux garçon *m*, vieille fille *f*

solteiro, -ra *adj-sm, f* célibataire

solto, -ta *adj* **1** (*desatado*) dégagé, -e, délié, -e **2** (*livre de prisão*) délivré, -e, mis, -e en liberté **3** (*não colado, não soldado*) détaché, -e **4** (*frouxo*) lâche, desserré, -e: *cordão solto* lacet lâche/desserré **5** (*frouxo, folgado*) large: *vestido solto* robe large **6** (*sem controle*) libre **7** (*sem continuidade*) épars -e, discontinu, -e: *frases soltas* des phrases éparses/discontinues **8** (*arroz*) détaché, -e **9** (*avulso*) détaché, -e, epars, -e: *ler trechos soltos* lire des extraits épars **10** (*desinibido*) décontracté, -e
• **solto no mundo** lâché dans le monde/libre comme l'air

soltura *sf* **1** (*libertação*) élargissement *m*, mise en liberté **2** (*desenvoltura*) aisance, laisser-aller *m*, liberté

solução *sf* solution
• **solução de continuidade** solution de continuité

soluçar *vi* **1** (*involuntariamente*) hoqueter, avoir le hoquet **2** (*chorando*) sangloter

solucionar *vtd* solutionner, résoudre, trouver une solution

soluço *sm* **1** (*involuntário*) hoquet: *eu estava com soluço* j'avais le hoquet **2** (*chorando*) sanglot

solúvel *adj* soluble

solvente *sm* QUÍM solvant
▶ *adj* (*que paga*) solvable

som *sm* **1** (*que se pode ouvir*) son **2** (*aparelho de som*) chaîne *f*, chaîne *f* hi-fi **3** (*música*) musique *f*: *vou ouvir um som* je vais écouter de la musique
• **ao som de** au son de
• **dizer alto e bom som** déclarer au son de trompe

soma *sf* **1** (*conjunto, reunião; adição*) somme, addition **2** (*quantidade; dinheiro*) somme: *uma grande soma de riquezas* une grande somme de richesses; *recebeu uma pequena soma* il a reçu une petite somme
• **soma de esforços** somme des efforts

somar *vtd-vtdi* **1** (*números, quantidades*) additionner **2** (*juntar, acrescentar*) additionner, inclure: *some este dinheiro às suas economias* additionne ce montant à tes économies **3** (*totalizar*) atteindre: *os gastos somavam cem mil reais* les dépenses atteignaient cent mille réals

sombra *sf* **1** ombre: *à sombra* à l'ombre **2** (*para os olhos*) ombre à paupière, fard *m* à paupière **3** *fig* (*sinal, indício*) trace, indice *m*: *nem sombra do meu gato* pas la moindre trace de mon chat
• **fazer sombra a** *fig* faire de l'ombre à
• **na sombra** dans l'ombre
• **querer sombra e água fresca** *fig* vouloir vivre d'amour et d'eau fraîche

sombrear *vtd* **1** (*cobrir de sombra*) ombrager, faire ombre **2** (*desenho*) hachurer

sombrinha *sf* ombrelle

sombrio, -a *adj* **1** (*sem luz*) ombrageux, -euse **2** (*sem sol*) sombre: *dia sombrio* une journée sombre **3** (*lúgubre; tristonho*) sombre

somente *adv* seulement, ne... que: *há somente um queijo na geladeira* il n'y a qu'un fromage dans le frigo

sonâmbulo, -la *adj-sm, f* somnambule

sonata *sf* MÚS sonate

sonda *sf* sonde

sondagem *sf* sondage *m*

sondar *vtd* sonder

soneca *sf* somme *m*, sieste: *tirar uma soneca* faire une sieste

sonegar *vtd* **1** (*impostos*) frauder **2** (*informações*) cacher, occulter

soneto *sm* sonnet

sonhador, -ra *adj-sm, f* rêveur, -euse

sonhar *vti* rêver, songer (**com/em**, de)

▶ vi **1** (*dormindo*) rêver **2** (*acordado*) rêver éveillé, -e, rêvasser
▶ vtd (*imaginar*) imaginer

sonho *sm* **1** (*dormindo*) rêve **2** (*devaneio*) rêverie *f*, songe **3** CUL pet-de-nonne, beignet soufflé
• **nem por sonho** jamais de la vie

sonífero *sm* somnifère

sono *sm* sommeil
• **cair/ferrar no sono** tomber dans le sommeil/s'endormir
• **cair/morrer de sono** être accablé, -e de sommeil/tomber de sommeil
• **estar com/sem sono** avoir/ne pas avoir sommeil
• **pegar no sono** s'endormir
• **perder o sono** perdre le sommeil
• **ter/não ter sono** avoir/ne pas avoir sommeil
• **tirar o sono de alguém** faire perdre le sommeil à qqn (*fig*) inquiéter qqn

sonolência *sf* somnolence

sonolento, -ta *adj* **1** (*que está com sono*) somnolent, -e **2** (*que causa sono*) endormant, -e, assommant, -e

sonoridade *sf* sonorité

sonoro, -ra *adj* sonore

sonso, -sa *adj-sm,f* sournois, -e

sopa *sf* **1** CUL soupe, potage *m* **2** *fig* (*coisa fácil*) coton *m*
• **cair a sopa no mel** arriver comme mars en carême/arriver à propos
• **dar sopa** (*oferecer facilidade*) s'exposer (*dar confiança*) se montrer facile (*haver em abundância*) en avoir en abondance

sopapo *sm* **1** (*bofetão*) soufflet **2** (*murro*) coup de poing

soprano *smf* MÚS soprano *m*

soprar *vtd* **1** (*soltar ar pela boca*) souffler: *soprar uma ferida* souffler une blessure; *soprar o fogo* souffler sur le feu **2** (*encher de ar*) gonfler: *sopre o balão* gonfle le ballon
▶ vtd-vtdi (*cochichar solução*) souffler
▶ vi (*vento*) souffler

sopro *sm* souffle
• **instrumento de sopro** instrument à vent
• **sopro no coração** souffle au cœur

soquete¹ *sf* (*meia*) socquette, chaussette
soquete² *sm* ELETR culot

sórdido, -da *adj* sordide

soro *sm* **1** (*do leite*) lactosérum, petit-lait **2** (*do sangue*) sérum
■ **soro antiofídico** sérum antiophidien
■ **soro fisiológico** sérum physiologique

soropositivo, -va *adj* séropositif, -ve

sorridente *adj* souriant, -e

sorrir *vi* sourir
▶ *vti* sourir (**para/de**, à/de)

sorriso *sm* sourire
• **sorriso amarelo** rire jaune

sorte *sf* **1** (*destino*) sort *m* **2** (*boa estrela*) chance, veine: *ter sorte* avoir de la chance
• **boa sorte!** bonne chance!
• **dar sorte** (*funcionar como talismã*) porter chance/bonheur *m* (*dar-se bem*) avoir de la chance
• **de sorte que** de telle sorte que
• **ler a sorte de alguém** dire la bonne aventure
• **má sorte** malchance
• **por sorte** par chance
• **sorte sua!** quelle chance!, quel bol!
• **tentar a sorte** (*arriscar*) tenter sa chance
• **ter/não ter sorte** avoir de la chance/ ne pas avoir de chance
• **tirar a sorte** (*sortear*) tirer au sort *m*
• **tirar a sorte grande** (*ganhar na loteria*) gagner le gros lot *m* (*ser muito afortunado*) être chanceux, -euse/avoir du bol

sortear *vtd* tirer au sort

sorteio *sm* tirage au sort

sortido, -da *adj* assorti, -e

sortimento *sm* (*provisão, estoque*) assortiment

sortudo, -da *adj-sm,f* chanceux, -euse, veinard, -e

sorvete *sm* **1** (*de leite*) glace *f* **2** (*de frutas*) sorbet
• **sorvete com licor** glace *f* à la liqueur
• **sorvete de nata** glace *f* à la crème
• **virar sorvete** (*enregelar-se*) geler (*sumir*) se volatiliser

sorveteiro, -ra *sm,f* glacier, marchand, -e de glaces et de sorbets

sorveteria sf glacerie, glacier m

sósia smf sosie

soslaio sm loc **de soslaio** du coin de l'œil

sossegado, -da adj 1 (*quieto, tranquilo; despreocupado*) paisible 2 (*displicente*) fainéant, -e, indolent, -e 3 (*lerdo*) nonchalant, -e

sossegar vtd 1 (*aquietar*) apaiser, rasséréner 2 (*tranquilizar*) apaiser, rassurer ▶ vi 1 (*aquietar-se, serenar*) se rasséréner 2 (*acalmar-se*) s'apaiser

sossego sm 1 (*paz, quietude*) paix f, quiétude f 2 (*calma, despreocupação*) calme f, tranquillité f 3 (*descanso, serenidade*) repos, sérénité f 4 (*displicência*) nonchalance f

sótão sm grenier, sous-pente f

sotaque sm accent

soterrar vtd ensevelir

souvenir sm souvenir

sova sf 1 (*surra*) bastonnade, volée de coups 2 (*derrota fragorosa*) pelle, raclée

sovaco sm aisselle f

sovar vtd 1 (*a massa*) pétrir, malaxer 2 (*surrar*) bastonner, battre

soviético, -ca adj-sm, f soviétique

sovina adj-smf pingre

sozinho, -nha adj 1 (*só; a sós; solteiro etc.*) seul, -e 2 (*sem ajuda*) tout, -e seul, -e: *faça isso sozinha* fais-le toute seule
• **falar sozinho** se parler à soi-même

spa sm spa

spot sm spot

spray sm aérosol

status sm inv 1 (*situação, condição*) statut 2 fig prestige, allure f: *é uma família que tem status* c'est une famille qui a du prestige
• **esse carro dá status** cette voiture en jette

striptease sm strip-tease

sua pron → seu
▶ sf idée, but: *não entendi qual é a sua* je n'ai pas compris ton but

suado, -da adj 1 couvert, -e de sueur f 2 fig (*sofrido*) dur, -e, pénible, difficile: *tudo o que conseguiu foi muito suado* tout ce qu'il a acquis a été pénible

suadouro sm 1 (*suadeira*) suée f 2 (*lugar muito quente*) sauna 3 (*roubo de meretriz*) entôlage

suar vi 1 (*transpirar*) suer 2 (*verter umidade*) suinter
• **suar a camisa** se tuer à la tâche
• **suar em bicas** suer comme un bœuf/ suer à flots
• **suar frio** avoir des sueurs froides

suástica sf croix gammée, svastika m

suave adj 1 (*macio ao tato*) suave, doux, -ce 2 (*terno, meigo, benévolo*) tendre: *palavras suaves* des mots tendres 3 (*agradável, ameno, delicado*) doux, -ce, suave: *música suave* musique suave; *clima suave* climat doux; *voz suave* voix douce 4 (*sem solavancos*) tranquille 5 (*pouco íngreme; módico; sem contrastes*) doux, -ce
• **vinho suave** vin doux

suavidade sf douceur

suavizar vtd adoucir

subalterno, -na adj-sm, f subalterne, subordonné, -e

subcutâneo, -a adj sous-cutané, -e

subdesenvolvido, -da adj sous-développé, -e

subdividir vtd subdiviser
▶ vpr **subdividir-se** se subdiviser

subdivisão sf subdivision

subemprego sm sous-emploi

subentender vtd sous-entendre

subentendido, -da adj sous-entendu, -e
▶ sm **subentendido** sous-entendu

subestimar vtd sous-estimer
▶ vpr **subestimar-se** se sous-estimer

subida sf 1 (*ato de subir*) montée 2 (*de balão, avião etc.*) ascension, montée 3 (*ladeira*) pente, côte 4 (*alta, elevação*) hausse

subir vtd 1 monter: *subir uma escada* monter un escalier; *subir uma ladeira* monter une côte 2 (*escalar*) grimper, escalader: *subir a montanha* grimper sur la montagne 3 (*rio*) remonter
▶ vi 1 (*crescer, elevar-se*) monter, s'élever 2 (*encarecer*) devenir plus cher, s'élever 3 (*ascender socialmente*) grimper, monter, prendre l'ascenseur principal 4 (*ser promovido*) grimper, monter 5 (*rio, água*)

monter 6 (alçar-se, elevar-se no ar) s'élever 7 (elevador) monter
▶ vti 1 monter 2 (escalar) grimper
• **subir de volta** remonter

súbito, -ta adj soudain, -e

subjacente adj sous-jacent, -e

subjetivo, -va adj subjectif, -ve

subjugar vtd subjuguer

subjuntivo sm GRAM subjonctif

sublimar vtd sublimer

sublime adj sublime

sublinhado, -da adj souligné, -e
▶ sm **sublinhado** souligné

sublinhar vtd souligner

sublocação sf sous-location

submarino, -na adj sous-marin, -e
▶ sm **submarino** sous-marin

submergir vtd-vi submerger

submersão sf submersion

submerso, -sa adj submergé, -e

submeter vtd soumettre
▶ vtdi soumettre (**a**, à), assujettir (**a**, à)
▶ vpr **submeter-se** se soumettre (**a**, à)

submissão sf soumission

submisso, -sa adj soumis, -e

submundo sm marginalité f, délinquance f

subnutrição sf sous-alimentation, sous-nutrition

subordinação sf subordination

subordinar vtd-vtdi subordonner
▶ vpr **subordinar-se** se subordonner

subornar vtd soudoyer

suborno sm corruption f

sub-reptício, -a adj subreptice

subscrever vtd souscrire
▶ vpr **subscrever-se** souscrire

subscrição sf souscription

subscrito, -ta adj 1 (assinado) soussigné, -e 2 COM souscrite: *ações subscritas* actions souscrites

subsequente adj suivant, -e

subserviência sf servilité

subserviente adj servile

subsidiar vtd concéder une subvention

subsidiária sf COM subsidiaire, filiale

subsidiário, -a adj (secundário) subsidiaire
▶ sf **subsidiária** filiale

subsídio sm allocation f, subvention f, subsides pl
▶ pl **dados** informations, données f pl

subsistência sf (permanência; sustento) subsistance

subsistir vi (perdurar) subsister

subsolo sm 1 GEOL sous-sol 2 (parte do prédio) sous-sol, cave f

substância sf substance

substancial adj substantiel, -elle

substancioso, -sa adj substantiel, -elle

substantivo sm GRAM nom, substantif
• **substantivo comum** nom commun
• **substantivo próprio** nom propre

substituição sf substitution, remplacement m

substituir vtd 1 (ficar no lugar) remplacer, se substituer à: *ninguém substituiu a professora* personne n'a remplacé la prof; *a paz deve substituir a guerra* la paix doit se substituer à la guerre 2 (trocar) remplacer: *vai ser preciso substituir as polias* il faudra remplacer les poulies
▶ vtdi remplacer, substituer: *substitua esta pinça por aquela* remplacez cette pince par celle-là; *ela substituiu a carne por produtos vegetais* elle a substitué des produits végétaux à la viande

substituto, -ta adj-sm,f remplaçant, -e, substitut, -e

subterfúgio sm subterfuge

subterrâneo, -a adj souterrain, -e
▶ sm **subterrâneo** souterrain

subtítulo sm sous-titre

subtração sf soustraction

subtrair vtd soustraire
▶ vpr **subtrair-se** (esquivar-se) se soustraire

subúrbio sm banlieue f, faubourg, périphérie f

subvenção sf subvention

subversão sf bouleversement m, subversion

subverter vtd 1 (transtornar, desordenar) bouleverser, renverser l'ordre 2 (perverter) pervertir

sucata sf ferraille

sucatear *vtd* **1** (*transformar em sucata*) transformer en ferraille **2** *fig* laisser qqch pourrir/devenir hors d'usage

sucedâneo, -a *sm* succédané, -e
▶ *sm* **sucedâneo** succédané, substitut

suceder *vti-vi* (*acontecer*) arriver
▶ *vti* succéder, prendre la succession (**a**, de): *o filho sucedeu ao pai* le fils a pris la succession du père
▶ *vpr* **suceder-se** se succéder

sucessão *sf* succession

sucessivo, -va *adj* (*consecutivo*) successif, -ve

sucesso *sm* succès
• **fazer/ter sucesso** avoir du succès/faire un tabac

sucessor, -ra *sm, f* successeur

súcia *sf* clique, bande, pègre

sucinto, -ta *adj* abrégé, -e, concis, -e, succinct, -e

suco *sm* (*de fruta*) jus
• **suco gástrico** suc digestif

suculento, -ta *adj* succulent, -e

sucumbir *vti* (*não resistir*) succomber (**a**, à)
▶ *vi* **1** (*morrer*) succomber **2** (*abater-se*) être accablé, -e

sucuri *sf* ZOOL anaconda *m*, eunecte *m*

sucursal *sf* succursale

sudário *sm* suaire: *santo sudário* saint suaire

sudeste *sm* sud-est

súdito, -ta *sm, f* sujet, -te

sudoeste *sm* sud-ouest

Suécia *sf* Suède

sueco, -ca *adj* suédois, -e
▶ *sm, f* Suédois, -e
▶ *sm* **sueco** (*língua*) suédois

suéter *sm* sweater, chandail

suficiência *sf* suffisance

suficiente *adj* suffisant, -e
• **chega, é suficiente** ça suffit

sufixo *sm* suffixe

suflê *sm* CUL soufflé

sufocante *adj* suffocant, -e

sufocar *vtd* **1** (*fazer perder o ar*) suffoquer **2** (*matar por asfixia*) asphyxier, étouffer **3** (*reprimir*) réprimer, mater
▶ *vi* suffoquer, étouffer

sufoco *sm fam* **1** (*pressa*) bourre *f*, grande hâte *f* **2** (*dificuldade*) difficulté *f*, tracas **3** (*aperto, apuro*) pénurie *f*, mouscaille *f*
• **estar num/no sufoco** (*com pressa*) être à la bourre (*na miséria*) être très mal en point/être au plus mal

sufrágio *sm* suffrage
• **sufrágio universal** suffrage universel

sugar *vtd* **1** (*chupar*) sucer, suçoter **2** *fig* (*espoliar, extorquir*) extorquer

sugerir *vtd-vtdi* suggérer

sugestão *sf* **1** (*ação de sugerir*) conseil *m*, suggestion **2** (*sugestionamento*) suggestion

sugestionar *vtd* suggestionner
▶ *vpr* **sugestionar-se** s'influencer

sugestionável *adj* suggestionnable, suggestible

sugestivo, -va *adj* suggestif, -ve

Suíça *sf* Suisse

suicida *adj fig* suicidaire: *uma atitude suicida* une attitude suicidaire
▶ *smf* suicidé, -e

suicidar-se *vp* se suicider

suicídio *sm* suicide

suíço, -ça *adj* suisse
▶ *sm, f* Suisse

suíno, -na *adj* porcin, -e
▶ *sm* **suíno** porcin, porc

suíte *sf* **1** (*em hotéis e hospitais*) suite, appartement *m* **2** (*em residências*) chambre avec salle de bains **3** MÚS suite

sujar *vtd* (*emporcalhar; macular*) salir
▶ *vi pop* foirer: *aí vem a polícia, sujou* la police arrive, ça a foiré
▶ *vpr* **sujar-se** se salir

sujeira *sf* **1** (*estado de sujo*) saleté, malpropreté **2** (*dejetos, lixo*) ordure: *jogue a sujeira no lixo* jette les ordures à la poubelle **3** (*nódoa*) salissure, tache, crasse **4** (*excremento*) crotte, fiente, merde **5** (*canalhice*) saloperie **6** (*obscenidade*) cochonnerie
• **fazer sujeira** (*sujar*) faire des saletés (*cometer ato desonesto*) faire une crasse (*defecar*) faire caca

sujeitar *vtdi* (*submeter*) soumettre, faire subir: *ele sujeitava os filhos a maus-*

-tratos il faisait subir de mauvais traitements à ses enfants; *sujeitou os empregados a rigorosa disciplina* il a soumis ses employés à une disicpline rigoureuse
▸ *vpr* **sujeitar-se** 1 (*submeter-se*) se soumettre (**a**, **à**) 2 (*render-se*) se rendre, se soumettre

sujeito, -ta *adj* 1 (*subordinado; obediente*) sujet, -te 2 (*exposto*) sujet, -te, exposé, -e: *ali os animais estão sujeitos a muitas doenças* les animaux y sont exposés à plusieurs maladies 3 (*passível*) soumis, -e, susceptible: *suas decisões estão sujeitas a veto* ses décisions sont susceptibles de veto
▸ *sm, f* type, gars, mec, zigoto
▸ *sm* GRAM sujet

sujo, -ja *adj* 1 (*não limpo*) sale, malpropre 2 *fig* (*desonesto*) sale 3 (*malfeito, porco*) crasseux, -euse 4 (*indecente, obsceno*) salaud, salope 5 *fig* (*difamado*) souillé, -e: *nome sujo na praça* nom souillé/réputation souillée
• **ter ficha suja na polícia** avoir un casier judiciaire chargé

sul *sm* sud

sul-africano, -na (*pl* **sul-africanos, -nas**) *adj-sm, f* sud-africain, -e

sul-americano, -na (*pl* **sul-americanos, -nas**) *adj-sm, f* sud-américain, -e

sulco *sm* 1 (*do arado; fissura; nas águas*) sillon *m* 2 (*ruga, prega*) raie *f*

sultão, -ana *sm, f* sultan, -e

suma *sf loc* **em suma** en somme

sumário, -a *adj* sommaire
▸ *sm* **sumário** sommaire

sumiço *sm* disparition
• **dar sumiço em algo ou alguém** faire disparaître qqch ou qqn

sumidade *sf* sommité

sumido, -da *adj* 1 (*desaparecido; escondido*) disparu, -e 2 (*voz, som*) faible, débile
• **você anda sumida** tu as disparu

sumir *vi* disparaître

sumo, -ma *adj* (*supremo*) suprême: *sumo sacerdote* prêtre suprême
▸ *sm* **sumo** 1 (*suco*) jus 2 *fig* (*auge*) sommet

sunga *sf* slip, maillot *m* de bain masculin

suntuoso, -sa *adj* somptueux, -euse

suor *sm* sueur *f*
• **suor frio** sueurs froides *f pl*

superação *sf* dépassement *m*

superado, -da *adj* 1 (*vencido; solucionado*) dépassé, -e 2 (*percorrido*) surmonté, -e 3 (*ultrapassado, obsoleto*) démodé, -e

superar *vtd* 1 (*vencer; ultrapassar*) dépasser 2 (*sobrepujar*) surmonter
▸ *vpr* **superar-se** se dépasser

superdose *sf* surdose

superdotado, -da *adj-sm, f* surdoué, -e

superestimar *vtd* surestimer
▸ *vpr* **superestimar-se** se surestimer

superestrutura *sf* superstructure

superfaturamento *sm* surfacturation *f*

superficial *adj* superficiel, -elle

superficialidade *sf* superficialité

superfície *sf* 1 (*área; parte externa, face*) surface, superficie 2 (*da água; plano*) surface 3 *fig* (*aparência; exterior*) superficie: *suas análises não saem da superfície* ses analyses s'en tiennent à la superficie

supérfluo, -a *adj* superflu, -e

super-homem *sm* surhomme

superior *adj* supérieur, -eure
▸ *sm* (*chefe, autoridade*) supérieur

superioridade *sf* supériorité

superlativo, -va *adj* superlatif, -ve
▸ *sm* **superlativo** GRAM superlatif

superlotado, -da *adj* comble

superlotar *vtd* combler

supermercado *sm* supermarché

superpotência *sf* superpuissance

supersônico, -ca *adj* supersonique

superstição *sf* superstition

supersticioso, -sa *adj* superstitieux, -euse

supervisão *sf* contrôle *m*, supervision

supervisionar *vtd* superviser, contrôler

supervisor, -ra *sm, f* superviseur

supetão *sm loc adv* **de supetão** tout à tout, soudainement

suplantar *vtd* dépasser, surpasser, l'emporter sur

suplementar *vtd* suppléer
▶ *adj* supplémentaire

suplemento *sm* supplément
• **suplemento alimentar** supplément (alimentaire)
• **suplemento semanal** supplément hebdomadaire

suplente *adj-smf* suppléant, -e

supletivo *sm* (*ensino*) enseignement supplémentaire

súplica *sf* prière, supplique

suplicante *adj* suppliant, -e

suplicar *vtd-vtdi* supplier

suplício *sm* supplice

supor *vtd-vpred* supposer
▶ *vpr* **supor-se** se supposer
• **supondo-se que...** en supposant que...

suportar *vtd* 1 (*sustentar; aguentar; resistir*) supporter 2 (*tolerar*) supporter, souffrir, tolérer
▶ *vi* supporter, en pouvoir: *não suporto mais* je n'en peux plus

suporte *sm* 1 (*reforço, auxílio*) soutien, support, pivot: *suporte financeiro* soutien financier 2 (*sustentáculo*) support: *suporte de uma peça* le support d'une pièce
• **suporte para copo** sous-verre
• **suporte para vasos** soucoupe *f* pour pot/bac/jardinière

suposição *sf* supposition

supositório *sm* suppositoire
▪ **supositório vaginal** ovule gynécologique

suposto, -ta *adj* supposé, -e, présumé, -e: *o suposto assassino* le meurtrier présumé

suprassumo *sm* summum, sommet

supremacia *sf* suprématie

supremo, -ma *adj* suprême
▶ *sm* **Supremo** (*Supremo Tribunal Federal*) Cour fédérale suprême

supressão *sf* suppression

suprimento *sm* (*fornecimento*) approvisionnement

suprimir *vtd-vtdi* supprimer

suprir *vtd* (*substituir, completar*) suppléer
▶ *vtdi* (*fornecer, prover*) pourvoir

supurar *vi* MED suppurer

surdez *sf* surdité

surdina *sf* MÚS sourdine
• **cantar em surdina** chanter en sourdine
• **fazer algo na surdina** [*fig*] faire qqch en sourdine/à la dérobée

surdo, -da *adj-sm,f* sourd, -e
• **fazer-se de surdo, -da** faire le(la) sourd(e)
• **ficar surdo, -da** devenir sourd, -e

surdo, -da–mudo, -da (*pl* **surdos, -das-mudos, -das**) *adj-sm,f* sourd,-e-muet, -te

surfar *vi* 1 surfer 2 *fig* INFORM naviguer

surfe *sm* surf

surfista *adj-smf* surfiste

surgir *vi* 1 (*aparecer*) surgir, naître, apparaître 2 (*manifestar-se*) survenir: *surgiram dificuldades inesperadas* des difficultés inespérées sont survenues

surpreendente *adj* surprenant, -e

surpreender *vtd* surprendre
▶ *vpr* **surpreender-se** se surprendre
• **não surpreende que...** il n'est pas surprenant que.../il n'est pas étonnant que...

surpresa *sf* surprise
• **caixa de surpresas** boîte à surprises (*fig*) chose surprenante
• **demonstrar surpresa** se montrer surpris, -e
• **fazer algo de surpresa** faire qqch à l'improviste
• **fazer uma surpresa a alguém** faire une surprise à qqn

surpreso, -sa *adj* surpris, -e
• **ficar surpreso com algo/alguém** être surpris par qqch/qqn

surra *sf* raclée
• **dar uma surra em alguém** donner une raclée à qqn/rouer qqn de coups
• **levar uma surra** prendre une raclée

surrado, -da *adj* 1 (*espancado*) battu, -e 2 (*desgastado, velho; repisado*) usé, -e

surrar *vtd* 1 (*espancar*) casser les reins à 2 (*usar demais*) user

surrealismo *sm* surréalisme

surrealista *adj-smf* surréaliste

surripiar *vtd-vtdi* chiper, chaparder

surtar *vi pop* avoir une crise, *fam* péter les plomb

surtir *vtd* produire
- **surtir efeito** réussir

surto *sm* **1** (*aumento rápido, arrancada*) poussée *f*, flambée *f* **2** (*acesso*) poussée *f*, crise *f*: **um surto de febre** une poussée de fièvre **3** (*epidêmico*) poussée *f*, éclosion *f* **4** PSIC crise *f* psychotique

suscetibilidade *sf* susceptibilité
- **ferir a suscetibilidade de alguém** blesser la susceptibilité de qqn

suscetível *adj* susceptible

suscitar *vtd* susciter

suspeita *sf* soupçon *m*
- **despertar suspeitas** éveiller des soupçons
- **ter suspeita de algo** soupçonner qqch

suspeitar *vti* soupçonner (**de**, -)

suspeito, -ta *adj-sm, f* suspect, -e

suspeitoso, -sa *adj* (*desconfiado*) soupçonneux, -euse

suspender *vtd* **1** (*levantar; interromper temporariamente*) suspendre **2** (*interromper definitivamente*) arrêter, faire cesser, interrompre: **o árbitro suspendeu o jogo** l'arbitre a interrompu le match **3** (*cancelar-em geral*) annuler: **a partida do dia 5 foi suspensa** le match du 5 a été annulée **4** (*cancelar-encomenda*) décommander
▶ *vtd-vtdi* (*elevar; punir com suspensão*) suspendre
▶ *vpr* **suspender-se** se suspendre, se pendre

suspensão *sf* **1** (*interrupção temporária*) suspension **2** (*interrupção definitiva*) cessation **3** (*adiamento*) remise, sursis *m* **4** (*pena disciplinar*) suspension **5** MEC suspension

suspense *sm* suspens, suspense
- **estar em suspense** être en suspense
- **(filme de) suspense** film à suspens

suspenso, -sa *adj* **1** (*dependurado; interrompido temporariamente; punido*) suspendu, -e **2** (*interrompido definitivamente*) levé, -e, annulé, -e **3** (*cancelado-em geral*) annulé, -e **4** (*cancelado-encomenda*) décommandé, -e
- **em suspenso** en suspens

suspensórios *sm pl* bretelles *f*

suspirar *vi* soupirer
▶ *vti* (*desejar*) désirer (**por**, -)

suspiro *sm* **1** (*inspiração profunda*) soupir **2** CUL meringue *f* **3** (*respiradouro*) soupirail, évent

sussurrar *vi* murmurer
▶ *vtd* (*cochichar*) chuchoter

sussurro *sm* chuchotement, murmure

sustentação *sf* **1** (*sustentáculo*) soutien *m* **2** (*apoio*) appui *m* **3** (*manutenção*) maintien *m* **4** (*defesa*) défense

sustentar *vtd* **1** (*suportar*) soutenir, étayer **2** (*alimentar, manter*) nourrir, tenir, entretenir: **ele sustenta três crianças** il entretient trois enfants **3** (*afirmar*) soutenir, affirmer **4** (*resistir*) résister à, affronter, soutenir
▶ *vi* (*nutrir*) nourrir: **essa comida não sustenta** ces aliments ne nourrissent pas
▶ *vpr* **sustentar-se 1** (*segurar-se*) se tenir **2** (*alimentar-se, manter-se*) se nourrir, s'entretenir

sustentável *adj* durable: **desenvolvimento sustentável** développement durable

sustento *sm* **1** (*subsistência*) subsistance *f*, entretien: **cuidar do sustento da família** assurer l'entretien de la famille **2** (*alimento*) nourriture *f*, aliment

susto *sm* frayeur *f*, effroi, trouille *f*
- **dar um susto em alguém** faire peur à qqn
- **levar/tomar um susto** avoir peur/ une frayeur
- **passar susto** avoir la trouille
- **que susto!** quelle trouille!
- **sem susto** calmement

sutiã *sm* soutien-gorge

sutil *adj* subtil, -e

sutileza *sf* subtilité

sutura *sf* suture, points *m pl* de suture

T

tá *interj* **1** *(está bem)* OK, d'accord, ça marche **2** *(chega)* ça suffit, assez, basta

tabacaria *sf* bureau *m*/débit *m* de tabac, *(chez le)* buraliste

tabefe *sm* **1** CUL jaunes d'œufs battus avec du sucre et bouillis dans du lait **2** *(sopapo)* gifle *f*, claque *f*

tabela *sf* **1** tableau *m*, table **2** ESPORTE calendrier *m*
- **tabela de preços** tarif *m*/barème *m*
- **tabela periódica** tableau *m* périodique
- **cair pelas tabelas** tomber de fatigue/être crevé, -e
- **por tabela** indirectement/par ricochet *m*/par extension *f*

tabelamento *sm* tarification *f*: *tabelamento de preços* tarification *f* des prix

tabelar *vtd* **1** *(pôr em tabela)* mettre en tableau **2** *(submeter a tabela de preços)* tarifer

tabelião, -ã *sm,f* notaire

tablete *sm* tablette *f*

tabu *sm* tabou

tábua *sf* planche, table
- **tábua de cortar carne** planche à découper
- **tábua de passar roupa** planche à repasser
- **tábua de salvação** planche de salut
- **dar tábua** *(enganar)* berner, tromper *(recusar pedido de namoro)* évincer, éconduire
- **levar tábua** ramasser/prendre une veste

tabuada *sf* table de multiplication

tabulador *sm* tabulateur

tabuleiro *sm* **1** *(mesa de feirante)* étal **2** *(bandeja)* plateau **3** *(de jogos)* tablier
- **tabuleiro de xadrez** échiquier

tabuleta *sf* écriteau *m*

taça *sf* coupe, verre *m* à pied

tacada *sf* ESPORTE coup *m* de queue (de billard), coup *m* de batte, coup de canne

tacha *sf* *(pequeno prego)* broquette, semence

tachar *vtd* *(qualificar)* taxer (**de**, de)

tacho *sm* *(recipiente)* bassine *f*

taco *sm* **1** *(bastão)* canne *f*, queue *f*, batte *f* **2** *(espécie de piso)* lame *f*, latte: *chão de tacos* plancher de lattes
- **taco de bilhar** queue *f* de billard
- **taco de beisebol** batte *f* de baseball
- **taco de golfe** canne *f*/club de golf
- **confiar no seu taco** se fier à son instinct/croire en son flair
- **taco a taco** sur un pied d'égalité

tagarela *adj-smf* bavard, -e

tagarelar *vti-vi* bavarder
- **tagarelar com alguém sobre algo** bavarder de qqch avec qqn

tailleur *sm* tailleur

tal *pron* ce, -te, tel, -le, ledit, -ladite: *não faça tal coisa* ne fais pas cette chose-là; *este é o tal carro de que lhe falei* voici ladite voiture (dont je t'ai parlé); *tal é sua maneira de ser* telle est sa manière d'être; *disse que tinha comprado o livro tal, o disco tal etc.* j'ai dit que j'avais acheté tel livre, tel disque etc.; *a tal freguesa investiu contra o balconista* ladite cliente s'en est prise au vendeur
- **... e tal** et caetera, et le reste
- **em tais circunstâncias** dans de telles circonstances

- **João de Tal** João Untel
- **qual pai, tal filho** tel père, tel fils
- **que tal/tais** (*do mesmo tipo*) et consorts
- **que tal?** (*est-ce que*) ça vous/te dit/chante?, qu'en dites-vous/qu'en dis-tu?
- **ser o/a tal** être le/la meilleur, -e, être le/la plus fort, -e
- **tal... que** tel... que
- **tal qual/tal e qual** tel, -le quel, -le
- **tal/tais como** (*antes de exemplos*) tel, -le que (*assim como*) (*exactement*) comme
- **um(a) tal de** un(e) certain(e)/un(e) dénommé(e)

talão *sm* (*bloco de folhas destacáveis*) carnet
- **talão de cheques** chéquier/carnet de chèque

talco *sm* talc

talento *sm* talent
- **ter talento para algo** avoir du talent pour qqch

talentoso, -sa *adj* talentueux, -euse

talhar *vtd* 1 (*cortar; esculpir*) tailler 2 (*coalhar*) cailler
▶ *vi-vpr* **talhar(-se)** (*coalhar*) (se) cailler

talharim *sm* CUL nouille *f*

talhe *sm* 1 (*porte físico*) taille *f*, stature *f* 2 (*corte de roupa*) coupe *f*

talher *sm* (*utensílio; lugar à mesa*) couvert

talho *sm* (*corte, sulco*) entaille *f*

talismã *sm* talisman

talo *sm* tige *f*

talvez *adv* peut-être

tamanco *sm* sabot
- **subir nos tamancos** monter sur ses grands chevaux/s'emporter

tamanduá *sm* ZOOL tamanoir

tamanho *sm* taille *f*, grandeur *f*: *veja só o tamanho desse menino!* regarde la taille de ce garçon
▶ *adj* (*tão grande*) tel, -le, pareil, -le: *nunca vi tamanho disparate* je n'ai jamais vu telle effronterie
- **do tamanho de um bonde** énorme, gigantesque
- **em tamanho grande/pequeno** de grande/petite taille
- **em tamanho natural** grandeur *f* nature
- **estar de bom tamanho** [fig] suffire
- **isto é do tamanho daquilo** ceci est aussi grand que cela

tâmara *sm* BOT datte *f*

tamarindo *sm* BOT tamarinier, tamarin

também *adv* 1 (*igualmente, realmente*) aussi: *este tecido é azul, aquele também* ce tissu est bleu, et celui-là aussi; *você, também, é bem pão-duro, hem!* toi aussi, hein, tu es bien radin! 2 (*não é à toa*) il est vrai que: *não comi nada; também, não tinha dinheiro!* je n'ai rien mangé; il est vrai que je n'avais pas d'argent
■ **também não** non plus

tambor *sm* 1 MÚS tambour 2 (*recipiente*) baril 3 (*parte do revólver*) barillet

Tâmisa *sm* Tamise *f*

tampa *sf* couvercle *m*

tampão *sm* MED tampon
■ **tampão (ginecológico)** tampon (*hygiénico/periódico*)

tampar *vtd* boucher

tampo *sm* 1 (*tampa*) couvercle 2 (*superfície de mesa*) plateau

tampouco *adv* non plus

tanga *sf* 1 (*tapa-sexo*) cache-sexe *m* 2 (*calção de banho*) maillot (*de bain*) d'homme

tangente *sf* MAT tangente
- **sair/escapar pela tangente** [escapar de assunto] s'esquiver/se dérober

tangerina *sf* BOT mandarine, clémentine

tango *sm* (*dança*) tango

tanque *sm* 1 (*fonte*) fontaine *f*, bassin 2 (*cisterna, poço*) réservoir, tank 3 (*reservatório*) réservoir 4 (*pia de lavar roupa*) lavoir 5 (*de guerra*) char d'assaut, tank
- **tanque de gasolina** réservoir à essence

tantas *sf pl* certain moment *m sg*: *lá pelas tantas...* à un certain moment
- **às tantas** (*muito tarde*) en pleine nuit

tanto, -ta *pron* 1 (*tamanho, tal*) tellement, si, aussi: *tomei tanto cuidado, mesmo assim o copo se quebrou* j'ai pris tellement soin du verre, mais il s'est

cassé malgré tout **2** (*tamanha quantidade*) autant: *nunca vi tanta gente* je n'ai jamais vu autant de monde
▶ *adv* **tanto** tellement: *tanto insistiu que conseguiu o que queria* il a tellement insisté qu'il a obtenu ce qu'il voulait
▶ *sm* **tanto 1** (*certa quantia*) x: *suponhamos que ele desconte tantos por cento* supposons qu'il escompte x pour cent **2** (*volume, tamanho*) fois *f*: *o seu terreno tem três tantos do meu* son terrain fait trois fois le mien **3** (*igual, mesma quantidade*) quantité *f*: *eu queria ter o tanto de dinheiro que ele tem* j'aimerais avoir la quantité d'argent qu'il a **4** (*quantia*) autant: *dei a ela três peras, e ela me deu o mesmo tanto de maçãs* je lui ai donné trois poires, elle m'a donné autant de pommes
• **... e tanto** et quelque
• **nem tanto** pas tant que ça/pas autant
• **se tanto** au maximum
• **tanto (assim) que...** si bien que
• **tanto quanto/como** autant que
• **um tanto** (*um pouco*) un peu [*certa quantia*] une certaine quantité *f*

tão *adv* si, aussi: *falava tão devagar* il parlait si doucement; *estou tão cansado que não consigo ficar em pé* je suis si fatigué que je ne tiens plus debout; *não sabia que ele morava tão longe* je ne savais pas qu'il habitait aussi loin

tapa *sm* gifle *f*, claque *f*

tapado, -da *adj* **1** (*que se tapou*) fermé, -e, bouché, -e **2** (*ignorante*) bouché, -e

tapar *vtd* **1** (*cobrir com tampa*) fermer, boucher **2** (*vendar*) bander **3** (*fechar com rolha; entupir; fechar buraco; obstruir*) boucher: *tapar os ouvidos* boucher les oreilles **4** (*encobrir, esconder*) couvrir: *as nuvens tapáram o sol* les nuages ont couvert le soleil
• **tapar a boca de alguém** (*calar*) clouer le bec à qqn

tapeação *sf* tromperie, imposture, arnaque

tapear *vtd* tromper, arnaquer, avoir, posséder

tapeçaria *sf* **1** (*tecido, estofos; atividade*) tapisserie **2** (*estabelecimento*) atelier *m* de tapisserie

tapera *sf* (*residência em ruínas*) taudis *m*, baraque, bicoque

tapete *sm* tapis
• **puxar o tapete de alguém** glisser une peau de banane à qqn/savonner la planche à qqn
• **tapete voador** tapis volant

tapume *sm* palissade *f*

taquara *sf* BOT bambou *m*

taquigrafia *sf* tachygraphie

tara *sf* (*vício; peso de carroceria*) tare

tarado, -da *adj* taré, -e

taramela *sf* (*trava de madeira*) loquet *m*

tardar *vti* (*demorar*) tarder (**a**, à)
▶ *vi* (*chegar tarde*) être/arriver en retard
• **o mais tardar** au plus tard
• **sem mais tardar** sans plus attendre
• **tarda mas não falha** tarde, mais vient/arrive

tarde *adv* tard: *chegar tarde* arriver (*trop*) tard
▶ *sf* après-midi *mf*: *às duas horas da tarde* à deux heures de l'après-midi; *estudar à tarde* étudier l'après-midi
• **antes tarde do que nunca** mieux vaut tard que jamais
• **hoje à tarde** cet après-midi
• **já é tarde** il est trop tard
• **mais tarde** plus tard
• **no fim da tarde** en fin d'après-midi
• **tarde da noite** tard le soir/dans la nuit

tardinha *sf* fin d'après-midi
• **de tardinha** en fin d'après-midi

tardio, -a *adj* **1** (*depois do tempo*) tardif, -ive **2** (*lento*) lent, -e

tarefa *sf* **1** (*trabalho, missão*) tâche **2** (*lição de casa*) devoirs *m pl*

tarifa *sf* **1** (*taxa*) tarif *m* **2** (*lista de preços*) tarif *m*, barème *m*

tarimbado, -da *adj* chevronné, -e, rompu, -e, compétent, -e

tarja *sf* (*orla*) bande
• **tarja magnética** piste magnétique

tártaro *sm* **1** MED tartre **2** (*povo*) Tartare **3** (*creme*) sauce tartare

tartaruga *sf* ZOOL tortue

tataravô, -vó *sm,f* arrière-arrière-grand-père, -mère

tatear *vtd* tâter

tática *sf* tactique

tato *sm* tact

tatu *sm* ZOOL tatou

tatuagem *sf* tatouage *m*

taturana *sf* ZOOL chenille urticante

tatuzinho *sm* ZOOL (*crustáceo*) cloporte

taxa *sf* **1** ECON taxe **2** (*valor*) valeur **3** (*índice, porcentagem*) taux *m*: *taxa de glicose no sangue* taux de glucose dans le sang; *taxa de mortalidade infantil* taux de mortalité infantile
- **taxa de câmbio** taux de change
- **taxa de condomínio** charges *pl*
- **taxa de inscrição** taxe d'inscription

taxar *vtd* (*cobrar tributo*) taxer
▶ *vtdi* **1** (*fixar preço*) tarifer **2** (*acusar*) taxer

taxativo, -va *adj* (*categórico*) catégorique, formel, -elle

táxi *sm* taxi
• **táxi aéreo** taxi aérien

taxiar *vi* (*avião*) rouler (*sur la piste*)

taxímetro *sm* taximètre

taxista *smf* chauffeur *m* de taxi

tchau! *interj* ciao!, salut!, au revoir!, bye-bye!
• **dar tchau** dire au revoir

te *pron* te

tear *sm* métier (*à tisser*)

teatral *adj* théâtral, -e

teatro *sm* théâtre
• **fazer teatro** faire du théâtre/jouer sur les planches (*fig*) faire tout un/du cinéma
• **teatro de operações** théâtre d'opérations

tecelagem *sf* (*fabricação de tecidos; fábrica*) tissage *m*

tecelão, -ã *sm, f* tisseur, -e, tisserand, -e

tecer *vtd-vi* tisser
• **tecer comentários** faire des commentaires

tecido *sm* tissu

tecla *sf* (*máquina, computador, piano*) touche
• **bater sempre na mesma tecla** *fig* rabâcher/être toujours la même rengaine

teclado *sm* clavier

teclar *vi* pianoter: *de onde você está teclando?* tu pianotes d'où?
▶ *vtd* composer: *tecle o prefixo 55* composez l'indicatif 55

técnica *sf* technique

técnico, -ca *adj* technique
▶ *sm, f* **1** technicien, -enne **2** ESPORTE entraîneur, coach, technicien, -ienne

tecnologia *sf* technologie

teco-teco *sm* (*avião*) *fam* coucou, zinc

tédio *sm* ennui, spleen, cafard

teia *sf* **1** (*trama*) toile, trame **2** *fig* (*enredo*) trame
• **teia de aranha** toile d'araignée

teima *sf* entêtement *m*, obstination

teimar *vti* s'entêter, s'obstiner, se buter (**em**, à)
▶ *vi* s'entêter, s'obstiner, se buter

teimosia *sf* entêtement *m*, obstination

teimoso, -sa *adj-sm, f* entêté, -e, têtu, -e, obstiné, -e

tela *sf* **1** (*tecido; de pintura; quadro*) toile: *uma tela de Manet* une toile de Manet **2** (*de arame*) grillage *m* **3** (*de cinema, tevê, monitor*) écran *m* **4** (*o cinema*) (grand) écran *m*

telão *sm* (*grande tela*) écran géant, grand écran

telecomunicação *sf* télécommunication

teleconferência *sf* téléconférence

teleférico *sm* téléphérique

telefonar *vti* téléphoner (**para**, à)

telefone *sm* téléphone
• **estar ao telefone** être au téléphone
• **telefone de contato** téléphone de contact
• **telefone de utilidade pública** (*número de*) téléphone utile (*en cas d'urgence*)
• **telefones de urgência** (*número de*) téléphones d'urgence

telefonema *sm* coup de téléphone, coup de fil

telefônico, -ca *adj* téléphonique
• **companhia telefônica** compagnie de téléphone/téléphonique

telefonista *smf* téléphoniste, standardiste

telegráfico, -ca *adj* télégraphique

telegrama *sm* télégramme

teleguiado, -da *adj* télécommandé, -e

telejornal *sm* journal télévisé

telenovela *sf* feuilleton *m* télé

telepatia *sf* télépathie

telescópio *sm* télescope

telespectador, -ra *sm, f* téléspectateur, -trice

televenda *sf* téléachat *m*

televisão *sf* **1** télévision **2** *(televisor)* télévision, téléviseur *m*

televisionar *vtd* téléviser, télédiffuser

televisor *sm* téléviseur, télévision *f*

telha *sf* tuile

• **dar na telha de alguém de fazer algo** venir à l'idée de qqn de faire qqch/se mettre en tête de faire qqch

telhado *sm* toit

• **telhado de zinco** toit en zinc

• **ter telhado de vidro** *fig* être vulnérable

tema *sm* thème

temer *vtd* craindre, redouter
▸ *vti* craindre (**por**, pour)

temerário, -a *adj* téméraire

temeroso, -sa *adj* craintif, -ive

temível *adj* redoutable

temor *sm* peur *f*, crainte *f*

temperado, -a *adj* **1** *(clima)* tempéré, -e **2** *(vidro, metal etc.)* trempé, -e **3** *(condimentado)* assaisonné, -e, épicé, -e

• **muito temperado** relevé, -é

temperamento *sm* tempérament, naturel

temperar *vtd* **1** *(amenizar)* tempérer **2** *(condimentar)* assaisonner, épicer **3** *(vidro, metal etc.)* tremper

temperatura *sf* température

tempero *sm* condiment, assaisonnement, épice *f*

tempestade *sf* tempête

templo *sm* temple

tempo *sm* **1** temps: *o relógio mede o tempo* l'horloge mesure le temps; *do tempo de meus avós* du temps de mes grands-parents; *tempo feio/bonito/firme/instável* mauvais/beau temps, temps stable/instable **2** *(temporada)* temps, saison *f*: *agora é tempo de amoras* maintenant, c'est la saison des mûres **3** ESPORTE mi-temps *f*: *primeiro, segundo tempo* première/seconde mi-temps **4** GRAM temps **5** MÚS *(divisão do compasso)* temps

• **a tempo** *(no prazo)* à temps

• **a um só tempo** en même temps/à la fois

• **ao mesmo tempo** en même temps

• **com o passar do tempo** au long/fil du temps

• **como está o tempo?** quel temps fait-il?

• **dar um tempo** *(esperar um pouco)* attendre un peu/faire une pause

• **de tempos em tempos** de temps en temps

• **em tempo de...** *(expondo-se a)* au risque de/quitte à

• **em tempo hábil** en temps utile

• **em tempo integral** à temps complet/à plein temps

• **em tempo parcial** à mi-temps/à temps partiel

• **em tempo real** en temps réel

• **fazer algo com tempo** prendre son temps pour faire qqch

• **fazer tempo bom/ruim** faire beau/mauvais *(temps)*

• **fechar o tempo** se gâter

• **ganhar tempo** gagner du temps

• **há algum/muito tempo** il y a un certain temps/il y a longtemps

• **já não ser sem tempo** être *(plus que)* temps

• **matar o tempo** tuer le temps

• **nesse meio tempo** pendant ce temps-là

• **no tempo do Onça** dans le temps/autrefois/jadis

• **o tempo urge** le temps presse

• **passar o tempo** passer le temps

• **passar um tempo em algum lugar** séjourner quelque part

• **perder tempo** perdre du temps

• **previsão do tempo** prévision du temps/prévision météo

• **só o tempo dirá** seul l'avenir le dira

• **tempo de casa/de serviço** ancienneté

• **tempo livre** temps libre

• **tempo regulamentar/suplementar** ESPORTE temps règlementaire/prolongations *f pl*

- **ter/não ter tempo para algo** avoir/ne pas avoir le temps pour qqch

têmpora *sf* ANAT tempe

temporada *sf* **1** (*período, tempo*) séjour *m*: *passar uma temporada em algum lugar* faire un séjour quelque part **2** (*época, período do ano*) saison, époque **3** (*teatral*) saison
- **alta/baixa temporada** haute/basse saison

temporal *adj* temporel, -elle
▸ *sm* METEOR tempête *f*

temporário, -a *adj* temporaire

tencionar *vtd* compter, avoir l'intention de

tenda *sf* (*barraca de lona*) tente

tendão *sm* ANAT tendon

tendência *sf* tendance

tendencioso, -sa *adj* tendancieux, -ieuse

tendente *adj* tendant, -e

tender *vti* tendre (**para**, à)

tendinite *sf* MED tendinite, ténosite

tenebroso, -sa *adj* ténébreux, -euse

tenente *sm* MIL lieutenant

tênia *sf* MED ténia

tênis *sm* **1** (*calçado*) basket **2** ESPORTE tennis

tenista *smf* joueur, -euse de tennis, tennisman *m*

tenor *sm* MÚS ténor

tenro, -ra *adj* tendre

tensão *sf* tension

tenso, -sa *adj* tendu, -e

tentação *sf* tentation

tentar *vtd* **1** (*fazer tentativa*) tenter de, essayer de: *tente fazer isso* essaie de faire ça **2** (*experimentar*) tenter, essayer: *tente esta outra chave* essaie cette autre clé **3** (*despertar tentação, seduzir*) tenter: *essa proposta não me tenta* cette proposition ne me tente pas

tentativa *sf* **1** (*projeto*) tentative: *tentativa de matar alguém* tentative d'assassiner qqn **2** (*experiência*) tentative, essai: *depois de três tentativas, desistiu* après trois tentatives, il a laissé tomber

tênue *adj* **1** (*fino; débil; sutil*) ténu, -e **2** (*fugaz*) fugace

teologia *sf* théologie

teor *sm* teneur *f*

teorema *sm* MAT théorème

teoria *sf* théorie

teórico, -ca *adj* théorique

ter *vtd* **1** (*possuir, contar com; portar; passar por*) avoir: *só tenho três reais* je n'ai que trois reals; *tenho dois filhos* j'ai deux enfants; *aquele hotel tem garagem?* cet hôtel a-t-il un garage? **2** (*medir*) mesurer, faire, avoir: *a sala tem cinco por três* la salle fait cinq mètres sur trois; *ele tem 1,80 m de altura* il a 1,80 m **3** (*conter*) contenir: *quantos litros tem esse barril?* il contient combien de litres ce tonneau? **4** (*realizar*) faire: *a orquestra teve dois concertos no mês* l'orchestre a fait deux concerts ce mois-ci **5** (*presenciar*) avoir, suivre: *tive várias aulas com ele* j'ai suivi plusieurs cours avec lui; *você tem jantar da firma hoje?*

▸ *vtd-vtdi* **1** (*sentir*) avoir, nourrir, sentir: *ter ódio de alguém* nourrir une haine contre qqn; *ter amor por alguém* sentir de l'amour pour qqn; *ter medo de algo* avoir peur de qqch **2** (*considerar*) prendre, considérer, tenir: *ele o tem por democrata* il le prend pour un démocrate

▸ *vi* posséder: *quem tem deve ajudar os que não têm* ceux qui possèdent doivent aider ceux qui ne possèdent rien

▸ *vpr* **ter-se** se croire, se tenir: *tem-se por muito esperto* il se croit (*très*) malin
▸ *vaux* avoir: *não o tenho visto ultimamente* je ne l'ai pas vu récemment; *eu não tinha pensado nessa hipótese* je n'avais pas pensé à cette hypothèse
- **que Deus o tenha** que Dieu le garde
- **ter com/ter a ver com algo ou alguém** (*dizer respeito*) avoir à voir avec qqch ou qqn (*imiscuir-se*) se mêler de qqch/des affaires de qqn
- **ter com que** avoir de quoi
- **ter de fazer algo** devoir faire qqch
- **ter por onde** (*ter meios de*) avoir les moyens de (*ter razão para*) avoir des raisons pour
- **ter que fazer** (*estar ocupado*) avoir de quoi faire

- **ter que ver** (*dizer respeito*) avoir à voir
- **tido, -da e havido, -da como** tenu, -e pour
- **você tem que ver!** il faut que tu voies ça!

terapeuta *smf* thérapeute

terapêutico, -ca *adj* thérapeutique

terapia *sf* thérapeutique, thérapie
- **terapia intensiva** thérapeutique/thérapie intensive

terça-feira (*pl* terças-feiras) *sf* mardi *m*
- **terça-feira de carnaval** mardi gras *m*/mi-carême

terceiro, -ra *num* troisième
▶ *sm* **terceiro** (*terceira pessoa*) tiers/tierce personne
▶ *adv* **terceiro** tiers

terço *num* tiers: *um terço do capital* un tiers du capital
▶ *sm* RELIG chapelet: *rezar o terço* dire/réciter son chapelet

terçol *sm* MED orgelet

termas *sf pl* thermes

térmico, -ca *adj* thermique

terminal *adj* terminal
▶ *sm* **1** (*de transportes*) dépôt, garage **2** INFORM terminal, station de travail
- **doente terminal** patient en phase terminale

terminar *vtd-vi* terminer, finir
▶ *vtd-vti-vi* (*romper*) rompre: *terminar o namoro* rompre une liaison; *terminar com o noivo* rompre avec son fiancé
▶ *vti* **terminar em 1** (*acabar de certo modo*) terminer en **2** (*ir dar em*) aboutir: *o corredor termina na sala* le couloir aboutit dans le salon

término *sm* terme, fin *f*

termo *sm* terme
- **em termos** (*guardadas as devidas proporções*) relativement
- **em termos de...** en termes de
- **em termos gerais** en termes généraux
- **levar algo a termo** conduire qqch à bon terme
- **não ter termo de comparação** être incomparable
- **pôr termo a algo** mettre un terme à qqch

termômetro *sm* thermomètre

termostato *sm* thermostat

terno, -na *adj* tendre
▶ *sm* **terno 1** (*roupa*) costume **2** (*três*) trio, tierce *f*

ternura *sf* tendresse

terra *sf* terre
■ **terra firme** terre ferme
■ **terra natal** terre natale
■ **terra prometida** terre promise
- **debaixo da terra** sous terre
- **por terra** (*por via terrestre*) par voie terrestre
- **ser/não ser da terra** être/ne pas être du coin

terraço *sm* terrasse *f*

terraplanagem *sf* terrassement *m*

terreiro *sm* **1** (*quintal*) cour *f* **2** (*espaço ao ar livre*) place *f* **3** RELIG local où se célèbrent les rites des cultes africains

terremoto *sm* tremblement de terre, séisme

terreno, -na *adj* terrien, -enne, terrestre
▶ *sm* **terreno 1** (*lote; solo*) terrain **2** *fig* (*setor*) champ: *no terreno das ideias* dans le champ des idées
- **perder/ganhar terreno** *fig* perdre/gagner du terrain
- **sondar o terreno** *fig* tâter le terrain

térreo, -a *adj* terrestre, de plain-pied: *casa térrea* maison de plain-pied
▶ *sm* **térreo** (*andar térreo*) rez-de-chaussée

terrestre *adj* terrestre

terrina *sf* terrine

território *sm* territoire

terrível *adj* terrible

terror *sm* terreur *f*
- **filme de terror** film d'horreur

terrorismo *sm* terrorisme

terrorista *adj-smf* terroriste

tesão *sf* **1** *pop* (*excitação sexual*) envie *f*, désir **2** *pop* (*pessoa atraente*) apollon *m*, pin up *f*

tese *sf* thèse
- **defender tese** soutenir sa thèse
- **em tese** en thèse

teso, -sa *adj* tendu, -e, raide

tesoura sf ciseaux m pl
- **botar/meter a tesoura em alguém** casser du sucre sur le dos de qqn

tesouraria sf trésorerie

tesoureiro, -ra sm, f trésorier, -ière

tesouro sm 1 (*riquezas*) trésor 2 (*erário*) Trésor 3 (*compilação lexicográfica*) thésaurus

testa sf ANAT front m
- **estar à testa de algo** (*no comando de*) être à la tête de qqch
- **franzir a testa** froncer le sourcil
- **testa de ferro** prête-nom/homme de paille

testamento sm testament
- **fazer testamento** faire son testament
- **Antigo/Novo Testamento** Ancien/Nouveau Testament

testar vtd (*dispor em testamento; submeter a teste*) tester

teste sm 1 (*prova, ensaio*) test 2 (*exame escolar*) composition f 3 test, épreuve: *fazer um teste para um emprego* faire un test pour un emploi

testemunha sf témoin m
- **testemunha de casamento** témoin de mariage
- **testemunha ocular** témoin oculaire

testemunhar témoigner

testemunho sm (*depoimento; demonstração*) témoignage

testículo sm ANAT testicule

teta sf 1 (*de animal*) mamelle 2 (*de ser humano*) sein m, mamelle, téton m

tétano sm MED tétanos

teto sm 1 ARQ (*telhado*) toit 2 ARQ (*cobertura, forro*) plafond 3 fig (*casa*) toit, abri 4 (*altitude*) plafond: *o avião não decolou porque não havia teto* l'avion n'a pas décollé parce que le plafond était trop bas
- **teto salarial** plafond salarial

tetraplégico, -ca adj-sm, f tétraplégique

tétrico, -ca adj funèbre, lugubre, macabre

teu, tua pron 1 (*como adjetivo*) ton, ta (*pl* tes): *esta é tua prima?* c'est ta cousine?; *esses sujeitos são teus amigos?* ces gens-là sont tes amis? 2 (*como substantivo*) tien, -enne: *não encontro meu celular, posso usar o teu?* je ne trouve pas mon portable, je peux utiliser le tien?

tevê sf télé
- **tevê por assinatura** chaînes f pl payantes

têxtil adj textile

texto sm texte

textual adj textuel, -elle

textura sf texture

ti pron toi

tia sf 1 (*parente*) tante 2 pop (*mulher de meia-idade*) dame 3 (*tratamento carinhoso*) madame

tiara sf 1 (*do papa*) tiare 2 (*para os cabelos*) serre-tête m

tibetano, -na adj tibétain
▶ sm tibétain
▶ sm, f Tibétain, -e

tíbia sf ANAT tibia m

tição sm tison
- **preto como tição** noir comme du charbon

tico-tico (*pl* tico-ticos) sm 1 ZOOL bruant cingolo 2 (*velocípede*) tricycle d'enfant

tietê smf fan

tifo sm MED typhus

tigela sf écuelle, bol m, ramequin m

tigre, -esa sm, f ZOOL tigre, -esse

tijolo sm brique f
- **tijolo aparente** brique f apparente
- **tijolo refratário** brique f réfractaire

til sm (*sinal ~*) tilde

tilintar vi tinter, cliqueter

timão sm 1 MAR barre f 2 fig (*governo*) barre f 3 (*grande time*) grande équipe f

timbre sm (*em impresso; de voz etc.*) timbre

time sm équipe f
- **jogar no time de** fig avoir partie liée avec
- **tirar o time de campo** fig laisser le champ libre/déclarer forfait/jeter l'éponge

timer sm temporisateur, timer

timidez sf timidité

tímido adj timide

tímpano sm 1 ANAT tympan 2 MÚS timbale f

tina *sf* auge, baquet *m*

tingir *vtd* teindre
▶ *vpr* **tingir-se** (*colorir-se*) se teindre

tinir *vi* (*vidros, metais etc.; ouvido*) tinter
• **tinir de + adj** être extrêmement + *adj*
• **tinir de febre** brûler de fièvre
• **tinir de frio** trembler de froid
• **tinir de novo** être flambant neuf, -ve
• **estar tinindo** péter la forme

tinta *sf* 1 (*de escrever; de impressão*) encre 2 (*de parede; a óleo, de pintura*) peinture 3 (*de cabelo*) teinture
• **carregar nas tintas** exagérer les couleurs *fig* forcer la dose/note
• **ter tintas de** *fig* avoir une teinture de

tinteiro *sm* encrier

tintim *sm loc* **tintim por tintim** de point en point, point par point

tinto, -ta *adj* 1 (*tingido*) teint, -e, teinté, -e 2 (*vinho*) rouge

tintura *sf* teinture

tinturaria *sf* teinturerie

tio, -a *sm, f* oncle *m*, tante *f*

típico, -ca *adj* typique

tipo *sm* 1 (*espécie*) type, genre, sorte *f*: *não conheço esse tipo de tecido* je ne connais pas ce type de tissu 2 (*modelo*) modèle: 3 (*pessoa*) type: *ele é o tipo do canalha* c'est la canaille type; *um tipo esquisito* un type bizarre 4 (*pessoa excêntrica*) figure *f*, phénomène: *esse sujeito é mesmo um tipo* ce gars-là, c'est vraiment un phénomène 5 (*letra*) type
• **um carro último tipo** une voiture dernier cri

tipografia *sf* typographie

tipoia *sf* écharpe

tique *sm* 1 (*ruído; cacoete*) tic 2 (*sinal manuscrito*) coche

tiquetaque *sm* tic-tac

tíquete *sm* ticket, billet

tira *sf* 1 (*fita, faixa*) bande, bandelette 2 (*de história em quadrinhos*) bande
▶ *sm* (*policial*) flic

tiracolo *sf loc* **a tiracolo** en bandoulière

tirada *sf* tirade

tiragem *sf* (*número de exemplares*) tirage *m*

tira-gosto *sm* amuse-bouche, amuse-gueule

tirano, -na *sm, f* tyran

tirar *vtd-vtdi* 1 (*retirar*) enlever, retirer: *tire este móvel daqui* enleve ce meuble d'ici 2 (*subtrair*) retrancher: *de nove tiro três* je retranche trois de neuf 3 (*apagar*) retirer, rayer, effacer: *tire esse nome da lista* retire ce nom de la liste 4 (*eliminar*) faire sortir: *não consegui tirar a mancha do casaco* je n'ai pas réussi à faire sortir la tache du manteau 5 (*puxar*) tirer, sortir, extraire: *tirar o lenço do bolso* sortir un mouchoir de sa poche 6 (*arrebatar*) enlever, arracher 7 (*roubar*) voler, tirer 8 (*despir*) enlever, ôter, tirer: *tirar a blusa, a saia, as meias* enlever son chemisier, sa jupe, ses chaussettes 9 (*inferir*) trouver, tirer, extraire: *tirar uma solução a partir dos dados* trouver une solution à partir des données 10 (*libertar; fazer sair*) tirer, extraire: *tiro você daqui* je te tire d'ici; *tirar alguém da miséria* tirer qqn de la misère; *tirar o país da crise* tirer le pays de la crise 11 (*extinguir*) faire perdre: *tirar um costume, uma mania, uma má impressão* faire perdre une habitude, une manie, une mauvaise impression 12 (*contestar*) contester, nier: *não tiro sua razão, mas...* je ne nie pas vos raisons, mais… 13 (*afastar*) écarter, faire sortir: *tirar alguém do bom caminho* faire sortir qqn du droit chemin 14 (*nota*) avoir, obtenir 15 (*extrair*) tirer: *da uva se tira o vinho* du raisin on fait le vin 16 (*água de poço*) tirer, puiser 17 (*cópia, radiografia, fotografia etc.*) faire 18 (*impressões digitais*) prendre 19 MÚS reproduire: *tirar uma letra, uma melodia* reproduire des paroles, une mélodie; *tirar música de ouvido* reproduire une chanson à l'oreille 20 (*pagar*) décompter: *desse dinheiro, tire as contas de água e luz* de cet argent, décompte la facture d'eau et d'électricité
• **sem tirar nem pôr** tel quel/en l'état
• **tirar algo/alguém da cabeça** tirer un trait sur qqch/qqn/faire son deuil de qqch/qqn
• **tirar alguém para dançar** inviter qqn à danser

tirar algo do meio enlever qqch du milieu

tireoide sf ANAT thyroïde

tiririca sf BOT (*erva daninha*) herbe à oignon

• **ficar tiririca** être furax/fumasse

tiritar vi grelotter, trembler de froid

tiro sm 1 (*disparo*) tir, coup de feu 2 FUT tir, shoot
■ **tiro ao alvo** tir à la cible
■ **tiro de festim** tir à blanc
■ **tiro de guerra** école pour réservistes de l'armée
■ **tiro de meta** six mètres
■ **tiro de misericórdia** coup de grâce
• **animal de tiro** bête f de trait
• **dar um tiro em alguém** tirer un coup de feu sur qqn
• **levar um tiro** se prendre une balle/ essuyer un coup de feu
• **o tiro saiu pela culatra** fig c'est l'arroseur arrosé
• **ser tiro e queda** fig être immanquable/avoir un effet fulminant

tiroteio sm échange de coups de feu

títere sm marionnette f, pantin, guignol

titica sf caca m

titio, -a sm,f tonton m, tata f

titubear vi tituber, chanceler
• **sem titubear** sans hésiter

titular adj-smf titulaire

título sm titre
■ **título de eleitor** carte f d'électeur
• **a título de** (*na qualidade de*) à titre de (*no intuito de*) dans le but de
• **sem título** (*em obras artísticas*) sans titre

toa sf loc **à toa** 1 (*a esmo*) sans but (précis): *andar à toa* marcher sans but 2 (*sem razão; inutilmente*) pour un rien: *está me xingando à toa* tu m'insultes pour un rien 3 (*ocioso*) sans rien faire, les bras croisés: *ficar à toa* rester sans rien faire 4 (*sem mais nem menos*) sans plus ni moins, comme si de rien n'était: *foi embora, assim à toa* il est parti comme si de rien n'était
• **não é à toa que...** ce n'est pas pour rien que…

toada sf 1 MÚS chanson, air m 2 fig (*lengalenga*) ritournelle, rengaine, refrain m

toalete sf 1 (*traje; preparação de paciente*) toilette 2 (*banheiro*) toilettes f pl

toalha sf 1 (*de banho; de mão, de rosto*) serviette 2 (*de mesa*) nappe
• **jogar a toalha** fig jeter l'éponge

tobogã sm toboggan

toca sf gîte, repaire

toca-discos sm inv tourne-disque

tocado, -da adj (*meio embriagado*) gris, -e, éméché, -e

toca-fitas sm inv magnétophone

tocaia sf aguets m pl, affût m: *ficar de tocaia* être à l'affût

tocar vti 1 (*mexer*) toucher (**em**, à) 2 (*fazer menção*) évoquer, toucher: *tocar no assunto* toucher à un sujet 3 (*ir*) aller (**para**, à) 4 (*roçar, encostar*) effleurer, frôler, friser (**em**, -) 5 (*incumbir; caber a*) revenir, appartenir (**a**, à) 6 (*dizer respeito*) concerner (**a**, -)
▶ vtd 1 (*enxotar*) envoyer promener, envoyer balader 2 (*aproximar-se*) friser: *seu salário já está tocando a casa dos dez mil* son salaire frise les dix mille 3 (*emocionar*) toucher 4 (*levar adiante*) faire aller, faire avec
▶ vtd-vi 1 (*música*) jouer 2 (*instrumento*) jouer de 3 (*sinos, campainha etc.*) sonner
▶ vpr **tocar-se** 1 (*encostar-se*) se toucher, se rencontrer 2 (*melindrar-se*) s'offenser, se vexer, se fâcher 3 pop (*perceber*) atterrir, revenir sur terre, se rendre compte: *se ela, ela não quer nada com você* atterris, tu ne l'intéresses pas du tout; *não me toquei que ali era contramão* je ne me suis pas rendu compte que c'était en sens interdit
• **mal tocar na comida** manger à peine
• **toque aqui!** (*dar a mão*) tape m'en cinq!
• **tocar o barco** fig faire aller

tocha sf flambeau m, torche

toco sm 1 (*pau*) souche f, bûche f 2 (*canhoto*) talon

todavia conj toutefois, néanmoins, cependant, pourtant

todo, -da adj tout, -e
▶ sm **todo** tout: *a parte pelo todo* la partie pour le tout
▶ pron tout, -e: *todo homem é mortal* tout homme est mortel

- **a toda** à toute vitesse/à fond de train
- **ao todo** en tout
- **estar em todas** être dans/sur tous les coups
- **ser um todo** être entier

todo-poderoso, -sa (*pl* **todo-poderosos, -osas**) *adj* tout, -e–puissant, -e

toicinho *sm* lard

toldo *sm* banne *f*

tolerância *sf* tolérance

tolerante *adj* tolérant, -e

tolerar *vtd* tolérer

tolerável *adj* tolérable

tolher *vtd* (*embaraçar*) barrer, gêner, encombrer

tolice *sf* bêtise, sottise, ineptie

tolo, -la *adj* sot, -e, bête

tom *sm* 1 (*som, cor*) ton 2 *fig* ton, accent: *não fale comigo nesse tom* ne me parle pas sur ce ton

tomada *sf* 1 (*ação de tomar; dispositivo elétrico*) prise 2 CINE prise (*de vues*)

toma lá dá cá *sm inv* trafic d'influence

tomar *vtd-vtdi* prendre
- **tomar conta de** (*dominar*) dominer (*cuidar*) prendre soin de

tomara *interj* plût au ciel, pourvu que
- **tomara que caia** (*vestido, blusa*) sans bretelle

tomate *sm* BOT tomate *f*

tombar *vtd* 1 (*derrubar*) renverser, abattre, faire tomber 2 (*patrimônio*) classer: *este imóvel está tombado pelo Patrimônio Histórico* cet immeuble est classé monument historique
▶ *vi* (*cair*) tomber

tombo *sm* (*queda; cascata*) chute *f*
- **levar um tombo** faire une chute

tômbola *sf* tombola

tomilho *sm* BOT thym

tomo *sm* tome

tona *sf* (*superfície*) surface
- **vir à tona** (re)faire surface, ressurgir

tonalidade *sf* (*música; cor*) tonalité

tonel *sm* tonneau

tonelada *sf* tonne

tônico, -ca *adj* tonique
▶ *sm* **tônico** tonique
- **água tônica** tonic *m*

tonto, -ta *adj* 1 (*tolo*) idiot, -e, imbécile 2 (*com tontura*) étourdi, -e

tontura *sf* étourdissement *m*, vertige *m*

topada *sf* heurt *m*, choc *m*

topar *vti* 1 (*deparar*) tomber (**com**, sur) 2 (*tropeçar*) trébucher, buter (**em**, sur)
- **não topo esse sujeito** ce gars-là ne me revient pas
- **topa ir ao cinema?** ça te dit d'aller au cinéma?

topázio *sm* topaze

topete *sm* 1 (*no cabelo*) toupet, houppe *f*, touffe *f* 2 *fig* (*atrevimento*) toupet, culot, audace *f*

tópico, -ca *adj* MED topique: *uso tópico* usage topique
▶ *sm* **tópico** (*tema, assunto*) sujet, thème, question *f*

topless *sm* monokini

topo *sm* sommet, faîte, apogée, cime *f*

topografia *sf* topographie

toque *sm* 1 (*contato*) contact, toucher 2 (*som*) sonnerie *f*: *toque dos sinos* sonnerie des cloches 3 (*datilográfico*) signe: *uma lauda com 1200 toques* un feuillet de 1 200 signes 4 MED toucher 5 *fig* touche *f*: *um toque de elegância* une touche d'élégance
- **a toque de caixa** à toute vitesse/à fond de train/à fond la caisse
- **dar um toque em alguém** (*dar dica*) (en) toucher un mot à qqn
- **toque de recolher** couvre-feu
- **toque de silêncio** sonnerie d'extinction des feux
- **toque de bola** touche de balle/ballon

tórax *sm* ANAT thorax

torção *sf* torsion, entorce

torcedor, -ra *sm, f* supporter, -trice

torcer *vtd* (*fio; membro; roupa*) tordre 2 (*sentido das palavras*) déformer
▶ *vti* 1 ESPORTE supporter: *não torcemos pelo mesmo time* nous ne supportons pas la même équipe 2 (*fazer votos*) souhaiter: *estou torcendo por seu sucesso* je vous souhaite beaucoup de succès
▶ *vpr* **torcer-se** 1 (*retorcer-se; contorcer-se*) se tordre 2 (*dar voltas*) s'enrouler, se vriller

torcicolo sm MED torticolis

torcida sf 1 (*mecha*) mèche 2 (*conjunto de torcedores*) supporters m pl, groupe m de supporteurs 3 (*incentivo a jogadores*) encouragement m 4 (*voto, desejo*) souhait

tormenta sf tempête

tormento sm tourment

tornado sm tornade f

tornar vti (*voltar*) retourner, revenir
▸ vtd rendre: *o calor tornou a casa insuportável* la chaleur a rendu la maison insupportable
▸ vpr **tornar-se** devenir

torneado, -da adj 1 (*feito no torno*) tourné, -e 2 (*roliço*) galbé, -e, roulé, -e, tourné, -e
▸ sm **torneado** modelé

torneio sm (*competição, certame*) tournoi

torneira sf robinet m
• **torneira de gás** robinet à/du gaz

torno sm (*de oleiro, mecânico*) tour
• **em torno de** autour de

tornozelo sm ANAT cheville f

toró sm (*pancada de chuva*) saucée f, sauce f

torpe adj malhonnête, vil, -e

torpedear vtd 1 (*atacar com torpedos; tentar levar ao fracasso*) torpiller 2 (*atormentar*) harceler

torpedo sm 1 (*explosivo*) torpille 2 (*mensagem de celular*) s.m.s.

torrada sf biscotte, toast m

torradeira sf grille-pain m, toasteur m

torrão sm 1 (*pedaço de terra*) motte f 2 (*de açúcar*) morceau 3 fig terre f: *torrão natal* terre natale

torrar vtd 1 (*queimar, ressequir*) brûler, flamber 2 (*tostar*) griller, flamber 3 fig (*vender por preço baixo*) liquider 4 fig flamber: *torrou o dinheiro em bobagens* il a flambé son argent en bêtises 5 pop (*cansar, aborrecer*) abuser de: *torrar a paciência de alguém* abuser de la patience de qqn
▸ vpr **torrar-se** se griller
• **não torra!** fais pas chier!/m'emmerde pas!

torre sf 1 ARQ tour 2 ELETR pylône m 3 (*xadrez*) tour
■ **torre de alta tensão** pylône haute tension
■ **torre de Babel** tour de Babel
■ **torre de controle** tour de contrôle
■ **torre de marfim** fig tour d'ivoire

torrencial adj torrentiel, -elle

torrente sf torrent m

torresmo sm CUL lard frit et croustillant

tórrido, -da adj torride

torta sf CUL tarte, tourte

torto, -ta adj tordu, -e
• **a torto e a direito** (*sem discernimento*) à tort et à travers (*aos montes*) abondamment/copieusement

tortuoso, -sa adj tortueux, -euse

tortura sf torture

torturante adj torturant-, -e

torturar vtd torturer
▸ vpr **torturar-se** se torturer

tosa sf tonte
• **banho e tosa** bain et tonte

tosar vtd 1 (*tosquiar*) tondre 2 (*cortar o cabelo rente*) tondre, raser, fam ratiboiser

tosco, -ca adj grossier, -ère, brut, -e

tosquiar vtd tondre

tosse sf toux
■ **tosse comprida** coqueluche
• **ver o que é bom pra tosse** montrer de quel bois on se chauffe

tossir vi tousser

tostão sm teston, sou, rond

tostar vtd griller

total adj total, -e, complet, -e
▸ sm total, ensemble: *o total de alunos* l'ensemble des élèves; *o total da conta* le total de l'addition

totalidade sf totalité

totalizar vtd 1 (*calcular o total*) totaliser, additionner 2 (*realizar completamente; perfazer*) totaliser

touca sf 1 coiffe, bonnet m 2 (*de freira*) coiffe, cornette
• **dormir de touca** (*deixar-se enganar*) donner/tomber dans le panneau (*perder boa oportunidade*) laisser passer sa chance

touceira sf (*amontoado de caules*) touffe

toupeira *sf* 1 ZOOL taupe 2 *fig* croûte, imbécile

tourada *sf* corrida

toureiro *sm* torero

touro *sm* ZOOL ASTROL taureau
• **pegar o touro pelos chifres** prendre le taureau par les cornes

tóxico, -ca *adj* toxique
▶ *sm* **tóxico** 1 (*substância venenosa*) toxique 2 (*estupefaciente*) stupéfiant

toxicômano, -na *sm, f* toxicomane

toxina *sf* toxine

trabalhado, -da *adj* 1 (*lavrado*) travaillé, -e, labouré, -e 2 (*esmerado*) travaillé, -e, ouvragé, -e élaboré, -e
• **dias trabalhados** jours travaillés/ouvrés/ouvrables

trabalhador, -eira *adj* travailleur, -euse
▶ *sm, f* **trabalhador, -ra** travailleur, -euse
■ **trabalhador autônomo** travailleur indépendant
■ **trabalhador braçal** travailleur manuel

trabalhar *vi* 1 (*ocupar-se*) travailler 2 (*funcionar*) marcher, fonctionner: *o relógio está trabalhando* la montre marche 3 (*representar*) jouer: *sabe o nome do artista que trabalha nesse filme?* tu connais le nom de l'acteur qui joue dans ce film?
▶ *vtd* 1 (*manipular*) travailler: **trabalhar a madeira** travailler le bois 2 (*elaborar*) élaborer 3 (*preparar para o cultivo*) travailler, labourer
▶ *vti* (*comerciar*) travailler (**com**, avec)

trabalheira *sf* sacré boulot *m*, rude besogne

trabalho *sm* 1 (*atividade; emprego; local de trabalho; esforço*) travail 2 (*cargo*) travail, emploi, charge *f* 3 (*tarefa escolar*) devoir, travail 4 (*obra*) oeuvre *f*, travail 5 (*funcionamento, rendimento*) fonctionnement: *o trabalho de uma máquina* le fonctionnement d'une machine 6 RELIG charme, enchantement
• **dar-se o trabalho** se donner la peine
• **dar trabalho** (*oferecer emprego*) donner du travail (*exigir esforço*) donner du travail/boulot (*incomodar*) donner de la peine
• **dia de trabalho** jour de travail/jour ouvrable/jour ouvré

• **trabalho braçal/manual** travail manuel
• **trabalho de parto** travail d'accouchement
• **trabalho em grupo** travail en groupe
• **trabalhos forçados** travaux forcés

trabalhoso, -sa *adj* pénible, fatigant, -e, laborieux, -euse

traça *sf* ZOOL mite

traçado, -da *adj* 1 (*desenhado*) tracé, -e 2 *fig* tracé, -e, conçu, -e: *um plano mal traçado* un plan mal conçu
▶ *sm* **traçado** 1 (*ato de traçar*) tracé: *o traçado de uma linha* le tracé d'une ligne 2 (*esboço, projeto*) ébauche *f*, esquisse *f*, projet 3 (*percurso*) tracé

tração *sf* traction

traçar *vtd* 1 (*desenhar; pautar; esboçar; projetar*) tracer 2 *pop* (*comer tudo*) s'envoyer: *tracei a macarronada* je me suis envoyé les pâtes 3 *pop* (*conquistar, copular*) s'envoyer, se faire

tracejado, -da *adj* tracé, -e
▶ *sm* **tracejado** ligne pointillée

tracionar *vtd* 1 (*rebocar, puxar*) remorquer, tracter 2 MED mettre en traction

traço *sm* 1 (*risco ou linha; feição; característica*) trait 2 (*impressão, marca; vestígio*) trace *f*: *o sofrimento deixou traços indeléveis* la souffrance a laissé des traces indélébiles
■ **traço de união** trait d'union
■ **traço fisionômico** trait physionomique

tradição *sf* tradition

tradicional *adj* traditionnel, -elle

tradução *sf* traduction

tradutor, -ra *sm, f* traducteur, -trice

traduzir *vtd-vti* traduire: **traduzir um livro do francês para o português** traduire un livre du français vers le/en portugais
▶ *vtd fig* (*refletir*) traduire

trafegar *vi* conduire, rouler, circuler
• **trafegar pela contramão** circuler en sens interdit

trafegável *adj* carrossable, praticable

tráfego *sm* 1 (*trânsito*) trafic, circulation *f* 2 (*fluxo*) flux, écoulement

• **tráfego aéreo/marítimo** trafic aérien/maritime
• **tráfego intenso** circulation f intense

traficante smf trafiquant, -e
• **traficante de drogas** trafiquant de drogues/dealer
• **traficante de escravos** trafiquant d'esclaves

traficar vtd trafiquer
▶ vtd-vi (droga) trafiquer, dealer

tráfico sm trafic

tragada sf 1 (de cigarro) bouffée, taf 2 (gole) gorgée, coup m

tragar vtd 1 (engolir de um trago) avaler d'un coup 2 (engolir, fazer desaparecer) engloutir 3 (tolerar) souffrir, sentir, pouvoir voir: **não tragar alguém** ne pas sentir qqn
▶ vtd-vi (cigarro) fumer, griller

tragédia sf tragédie

trágico, -ca adj tragique

trago sm (gole) gorgée f
• **tomar uns tragos** boire un coup

traição sf trahison
• **à traição** sournoisement, perfidement

traiçoeiro, -ra adj 1 (ação) traître, -esse: **atitude traiçoeira** attitude traîtresse 2 (desleal; imprevisível) traître, -esse, sournois, -e: **animal traiçoeiro** animal sournois

traidor, -ra adj-sm, f traître, -esse

trair vtd trahir
▶ vpr **trair-se** se trahir

trajar vtd vêtir, porter: **trajava um terno escuro** il portait un costume foncé
▶ vpr **trajar-se** se vêtir, s'habiller

traje sm 1 (roupa) costume 2 (uniforme) tenue f, combinaison f: **traje de mergulhador** tenue de plongée
■ **traje a rigor/de gala** tenue f de gala
■ **traje de banho** maillot de bain
■ **traje de noite** tenue f de soirée
■ **traje de passeio** tenue de ville
■ **traje esportivo** tenue sportive
• **em trajes menores** en tenue f légère/en petite tenue

trajeto sm trajet

tralha sf attirail m, barda m

trama sf trame

tramar vtd fig tramer

trambique sm pop arnaque f

trambiqueiro, -ra adj-sm, f arnaqueur, -euse

trambolhão sm (queda espalhafatosa) dégringolade f, affalement

trambolho sm embarras

tramela sf → taramela

trâmites sm pl démarches f

trajetória sf 1 (de um corpo) trajectoire 2 fig cheminement m: **trajetória política** cheminement politique

tramoia sf (maquinação) machination, ruse, tripotage m

trampolim sm tremplin

tranca sf 1 (artefato de portas e janelas) verrou m 2 (barra para reforço de portas e janelas) bâcle

trança sf tresse, natte

trancafiar vtd enfermer

trancar vtd 1 (portas, janelas etc.) fermer, verrouiller, cadenasser 2 (alguém) enfermer, fam boucler
▶ vpr **trancar-se** s'enfermer, se verrouiller, se cadenasser

trançar vtd tresser

tranco sm 1 (solavanco) à-coup, saccade f, soubresaut, trépidation f 2 (empurrão) poussée f, bourrade f
• **aguentar o tranco** tenir bon/tenir le choc/tenir le coup
• **aos trancos (e barrancos)** (aos solavancos) par à-coups (com grande dificuldade) à grand-peine/péniblement

tranqueira sf 1 (tipo de porteira) portail m 2 (estorvo) entrave, embarras m 3 (porcaria, coisa ruim) merde, cochonnerie, saloperie 4 (tralha) fourbi m, attirail m, barda m 5 (congestionamento de trânsito) embouteillage m, bouchon m, encombrement m

tranquilidade sf tranquillité

tranquilizante adj tranquillisant, -e, rassurant, -e
▶ sm tranquillisant

tranquilizar vtd 1 (acalmar) tranquilliser, apaiser, calmer 2 (livrar de preocupações) rassurer
▶ vpr **tranquilizar-se** 1 (acalmar-se) se tranquilliser, s'apaiser, se calmer 2 (ficar despreocupado) se rassurer

tranquilo, -la adj 1 (*sereno, calmo*) tranquille, calme 2 (*sem preocupações, sem receios*) rassurré, -e 3 (*garantido*) assuré, -e, garanti, -e

transação sf COM transaction

transar vtd-vtdi (*transacionar*) faire des transactions
▶ vti pop (*copular*) baiser, niquer, tringler

transatlântico, -ca adj transatlantique
▶ sm **transatlântico** paquebot transatlantique

transbordamento sm débordement

transbordar vi déborder

transcorrer vi 1 (*decorrer*) se passer, s'écouler: *transcorreram dez anos* dix ans se sont passés 2 (*ocorrer*) avoir lieu, prendre place, se dérouler: *as festividades transcorreram calmamente* les festivités se sont déroulées dans le calme

transcrever vtd transcrire

transcrição sf transcription

transcurso sm cours

transe sm 1 (*estado de aflição*) angoisse f, tourment: *a família passa por difícil transe* la famille passe par une difficile période de tourments 2 (*êxtase*) transe f

transeunte smf passant, -e

transexual smf transsexuel, -elle

transferência sf 1 (*de coisas, dados, propriedade; psicanálise*) transfert m 2 (*bancária*) virement m

transferir vtd-vtdi 1 (*empregado*) muter, déplacer, réaffecter 2 (*fazer mudança; dados; propriedade*) transférer 3 (*delegar*) déléguer: *a diretoria transferiu-lhe essa responsabilidade* la direction lui a délégué cette responsabilité 4 (*adiar*) transférer, renvoyer, remettre 5 (*dinheiro entre bancos*) virer
▶ vpr **transferir-se** se tranférer

transfigurar vtd transfigurer

transformação sf transformation

transformador, -ra adj transformateur, -trice, transformant, -e
▶ sm **transformador** ELETR transformateur

transformar vtd-vtdi transformer
▶ vpr **transformar-se** se transformer

transfusão sf MED transfusion

transgredir vtd (*violar*) transgresser

transgressão sf transgression

transgressor, -ra sm,f transgresseur m, déviant, -e

transição sf transition, passage m

transigir vti transiger (**com**, avec)
▶ vi transiger

transitar vti circuler, passer

transitivo, -va adj GRAM MAT transitif, -ve

trânsito sm 1 (*passagem, afluência*) affluence f 2 (*tráfego*) trafic, circulation f
• **estar em trânsito por um lugar** être de passage/en transit quelque part
• **regulamentação do trânsito** code de la route
• **ter bom trânsito** avoir toutes les portes ouvertes

transitório, -a adj transitoire

translúcido, -da adj translucide

transmissão sf transmission

transmissor, -ra adj qui transmet, de transmission: *mosquito transmissor de doença* moustique qui transmet des maladies; *aparelho transmissor* appareil de transmission
▶ sm **transmissor** transmetteur

transmitir vtd-vtdi transmettre

transparecer vti transparaître

transparência sf transparence

transparente adj transparent, -e

transpassar vtd 1 (*furar, perfurar, passar através de*) transpercer 2 juponner, mettre un jupon: *transpassar uma saia* mettre un jupon

transpiração sf transpiration

transpirar vi transpirer
▶ vtd fig déborder de, irradier: *transpirar alegria* déborder de joie

transplantar vtd transplanter

transplante sm transplantation f

transpor vtd 1 (*passar além*) dépasser, franchir, outrepasser 2 fig (*superar*) dépasser, excéder, franchir 3 (*alterar ordem de colocação*) transposer 4 MÚS transposer

transportadora sf transporteur m

transportar vtd-vtdi transporter

transporte sm transport

transtornar vtd 1 (*incomodar*) déranger, gêner, importuner 2 (*perturbar, abalar*) bouleverser, troubler

transtorno sm 1 (*incômodo, contratempo*) dérangement, gêne f 2 (*perturbação, abalo*) bouleversement, trouble 3 PSIC trouble

transversal adj transversal, -e
▶ sf (*rua*) traverse

transverso, -sa adj transverse

transviado, -da adj 1 (*perdido*) égaré, -e, perdu, -e 2 fig dévoyé, -e: *juventude transviada* jeunesse dévoyée

transviar vtd 1 (*perder*) perdre, égarer 2 fig dévoyer

trapaça sf tricherie, tromperie, arnaque

trapacear vtd tricher, tromper, arnaquer

trapaceiro, -ra sm, f tricheur, -euse, arnaqueur, -euse, escroc m, filou m

trapalhada sf (*confusão*) confusion, méli-mélo m

trapalhão, -ona adj- sm, f (*confuso*) maladroit, -e, gaffeur, -euse

trapézio sm trapèze
▶ adj-sm ANAT (*músculo*) (muscle) trapèze

trapezista smf trapéziste

trapo sm 1 (*pano velho*) chiffon 2 fig (*pessoa debilitada*) haillon, guenille f

traqueia sf ANAT trachée

traquejado, -da adj (*experiente*) éprouvé, -e, expérimenté, -e, chevronné, -e

traquejo sm expérience f, pratique f, usage

traquinas adj-smf coquin, -e, espiègle, polisson, -onne

trás prep, adv arrière: *um rasgo na parte de trás da meia* une maille sur la partie arrière du bas
• **deixar para trás** laisser derrière
• **estar por trás de algo** se cacher derrière/sous qqch
• **ficar para trás** rester en arrière
• **para trás!** halte là! bas les pattes! pas touche!

traseira sf arrière m, derrière m

traseiro, -ra adj arrière
▶ sm **traseiro** derrière, postérieur, fessier

traste sm 1 (*cacareco*) truc, machin 2 (*indivíduo impresável*) vaurien, -enne, filou, voyou

tratado sm (*obra; acordo*) traité

tratamento sm 1 MED traitement, cure f 2 (*modo de lidar*) traitement: *dispensar tratamento cordial a alguém* réserver un traitement cordial à qqn
• **forma de tratamento** forme de traitement
• **tratamento de canal** traitement de canal
• **tratamento de choque** [fig] traitement de choc

tratante adj-smf tricheur, -euse, arnaqueur, -euse, escroc m, filou m

tratar vti 1 (*versar sobre*) traiter (**de**, de) 2 (*lidar*) traiter, négocier (**com**, avec) 3 (*nutrir, cuidar*) s'occuper, prendre soin (**de**, de), traiter, soigner (**de**, -) 4 (*começar a fazer*) tâcher de, s'empresser de: *trate de comer* tâche de manger; *ele chegou, tratei de sair* il est arrivé, je me suis empressée de sortir
▶ vtdi (*ajustar, acertar*) combiner: *tratei com o pedreiro o preço da obra* j'ai combiné le prix des travaux avec le maçon
▶ vtd 1 (*dispensar tratamento*) traiter: *trate bem crianças e animais* traite bien les enfants et les animaux 2 (*versar sobre*) traiter de, discourir sur 3 (*doente*) soigner, traiter
▶ vpred traiter: *ela me tratou de covarde* elle m'a traité de lâche
▶ vpr **tratar-se** 1 (*consistir*) s'agir: *trata-se de material delicado* il s'agit d'un matériel délicat 2 (*cuidar de si*) se soigner
• **tratar alguém por "tu"** tutoyer qqn
• **tratar bem/mal alguém** bien/mal traiter qqn
• **trate de sua vida!** occupe-toi/mêle-toi de tes oignons/affaires!

tratativa sf négociation, pourparler(s) m

trato sm 1 (*acordo*) accord, convention f, pacte, traité 2 (*convivência*) caractère, humeur f: *uma pessoa de trato difícil* une personne d'humeur difficile 3 ANAT appareil, tube
• **dar tratos à bola** se casser/creuser la tête
• **de fino trato** poli, -e/courtois, -e/distingué, -e

trator *sm* tracteur

tratorista *smf* tractoriste

trauma *sm* MED PSIC trauma

traumático, -ca *adj* traumatique

traumatismo *sm* MED traumatisme

traumatizar *vtd* MED PSIC traumatiser

trava *sf* solive, verrou *m*
■ **trava de direção** neiman *m*/bloque-volant *m*
■ **trava de segurança** barre antivol

travar *vtd* **1** (*impedir movimento*) bloquer, paralyser **2** (*guerra*) mener **3** (*conversa; amizade*) entamer, engager, commencer **4** (*obstruir*) entraver, obstruer, gêner **5** (*paladar*) racler, laisser un goût âpre: *fruta verde trava a boca* fruit vert qui racle la gorge
▶ *vi* **1** (*bloquear-se*) se bloquer **2** (*computador*) planter

trave *sf* **1** (*viga*) poutre, solive, chevron *m* **2** ESPORTE montant *m*, poteau *m*

travessa *sf* **1** (*madeira de través; rua*) traverse **2** (*prato*) plat *m*

travessão *sm* **1** GRAM tiret **2** ESPORTE (*barre*) transversale

travesseiro *sm* oreiller, traversin

travessia *sf* traversée

travesso, -ssa *adj-sm,f* coquin, -e, polisson, -onne, espiègle

travessura *sf* espièglerie, diablerie

travesti *sm* travesti

trazer *vtd-vtdi* **1** (*pessoas*) emmener: *quando vier, traga as crianças* quand tu viens, emmène les enfants **2** (*coisas*) apporter, emmener: *você me trouxe os documentos?* vous m'avez apporté les documents? *traga o carro até aqui* emmène la voiture ici **3** (*conduzir*) emmener, mener, traîner: *ela sempre trazia o filho consigo* elle emmenait toujours son fils avec elle; *chegou trazendo o cão pela coleira* il est arrivé en menant son chien par la laisse **4** (*em meio de transporte*) ramener, laisser, raccompagner: *ele me trouxe de carro até a porta* il m'a raccompagné jusque devant ma porte **5** (*carregar*) avoir, porter: *o que você traz aí no bolso?* qu'est-ce que tu as dans ta poche? **6** (*acarretar, causar*) entraîner

trecho *sm* **1** (*literário ou musical*) passage, morceau, extrait **2** (*espaço*) morceau, partie *f*, tronçon: *um trecho da estrada* un tronçon de la route; *um trecho do rio* une partie de la rivière

treco *sm* **1** (*coisa*) truc, machin **2** (*ataque*) crise *f*, accès, attaque *f* **3** (*mal-estar*) malaise

trégua *sf* trêve

treinador, -ra *sm, f* ESPORTE entraîneur, -euse, coach, technicien, -enne

treinamento *sm* **1** (*profissional etc.*) formation *f* **2** (*esportivo*) entraînement

treinar *vtd* **1** (*dar formação*) former, entraîner **2** ESPORTE entraîner
▶ *vi* **1** (*praticar, pegar prática*) pratiquer, s'entraîner **2** ESPORTE s'entraîner

treino *sm* **1** (*prática, experiência*) pratique *f*, expérience *f* **2** ESPORTE entraînement

trela *sf* (*de cão*) laisse
• **dar trela a alguém** (*dar confiança/conversa*) prêter l'oreille à qqn (*dar liberdade*) lâcher la bride à qqn

trem *sm* **1** (*transporte*) train **2** (*objeto; traste; coisa*) truc, machin **3** (*coisa ou pessoa ruim*) vaurien, -enne, voyou, moins que rien
■ **trem de alta velocidade** train à grande vitesse (*TGV*)
■ **trem de aterrissagem** train d'atterrissage
■ **trem de carga** train de marchandises
■ **trem de passageiros** train de voyageurs

tremedeira *sf* tremblement *m*

tremendo, -da *adj* **1** (*horripilante*) terrible, épouvantable **2** (*respeitável*) respectable, grand, -e **3** (*grande, impressionante*) énorme, gigantesque, monstrueux, -euse

tremer *vi* trembler

tremoço *sm* CUL lupin

tremor *sm* tremblement
■ **tremor de terra** tremblement de terre

tremular *vi* **1** (*agitar-se ao vento*) flotter **2** (*cintilar*) scintiller

trena *sf* (*fita métrica*) mètre ruban (rétractable)

trenó *sm* traineau

trepadeira *sf* BOT plante grimpante

trepar *vti* **1** (*subir*) grimper (**em**, sur) **2** *fig* (*fazer sexo*) baiser, niquer (**com**, -)

trepidação *sf* trépidation

trepidar *vi* trépider

trevas *sf pl* ténèbres

trevo *sm* **1** BOT trèfle **2** (*complexo viário*) échangeur
• **trevo de quatro folhas** trèfle à quatre feuilles

treze *num-sm* treize

triagem *sf* triage *m*, sélection, tri *m*
• **fazer triagem** faire le tri *m*

triangular *adj* triangulaire

triângulo *sm* triangle
■ **triângulo equilátero** triangle équilatéral
■ **triângulo retângulo** triangle rectangle

tribo *sf* tribu *f*

tribuna *sf* tribune

tribunal *sm* DIR tribunal, cour *f*
■ **tribunal de contas** Cour *f* des comptes
■ **tribunal de recursos** cour *f* d'appel
■ **tribunal do júri** jury
■ **tribunal eleitoral** tribunal électoral

tributar *vtd* ECON imposer, taxer

tributo *sm* **1** (*imposto*) impôt **2** (*homenagem*) hommage, tribut: *prestar tributo a alguém* rendre hommage à qqn

triciclo *sm* tricycle

tricô *sm* tricot
• **blusa de tricô** pull en laine
• **fazer tricô** faire du tricot/tricoter

tricolor *adj* tricolore

tridente *sm* trident

tridimensional *adj* tridimensionnel, -elle

trigêmeo, -a *adj-sm* **1** (*irmãos*) triplés, -es **2** ANAT (*nerf*) trijumeau

trigésimo, -ma *num* trentième

trigo *sm* BOT blé

trilha *sf* **1** (*caminho*) sentier *m* **2** (*rastro*) piste
■ **trilha sonora** bande sonore/bande-son

trilhar *vtd* **1** (*percorrer*) suivre, parcourir **2** *fig* (*guiar-se por*) se guider sur

trilho *sm* (*de trem etc.*) rail
• **andar nos trilhos** *fig* marcher droit/être dans le droit chemin
• **sair dos trilhos** sortir des rails/dérailler [fig] sortir du droit chemin/se dévoyer

trimestral *adj* trimestriel, -elle

trimestre *sm* trimestre

trinca *sf* **1** (*rachadura*) fente, crevasse, fissure **2** (*três coisas*) trio *m*, triplette **3** (*no jogo*) brelan *m*

trincado, -da *adj* fêlé, -e: *copo trincado* verre fêlé

trincar *vtd* (*cortar com os dentes*) croquer, couper (avec les dents)
▶ *vi* (*fender-se*) se fêler

trinchar *vtd* (*carne etc.*) découper

trincheira *sf* MIL tranchée

trinco *sm* **1** (*tranca de fechadura*) clenche *f* **2** (*tipo de fechadura*) loquet

trinta *num* trente

trio *sm* trio

tripa *sf* tripe
• **fazer das tripas coração** faire tous ses efforts/faire tout son possible/faire l'impossible

tripé *sm* trépied

triplicar *vtd* tripler
▶ *vp* **triplicar-se** tripler

triplo, -pla *adj* triple

tripulação *sf* (*navio; avião*) équipage *m*

tripulante *smf* (*navio; avião*) navigant, -e

triste *adj* **1** (*melancólico; soturno; lastimável*) triste **2** *fam* (*desagradável, ruim etc.*) terrible, désagréable: *esse menino é triste!* ce petit est désagréable!

tristeza *sf* tristesse

tristonho, -nha *adj* morne, triste, mélancolique

triturar *vtd* triturer

triunfal *adj* triomphal, -e

triunfo *sm* triomphe

trivial *adj* trivial, -e, commun, -e
▶ *sm* CUL plat simple

triz *sm loc* **por um triz** d'un rien, près, un peu, faillir: *passei por um triz* je suis passé près; *por um triz não caiu* il a failli tomber

troca sf 1 (*substituição*) remplacement m, changement m, substitution: *a troca de uma lâmpada* le remplacement d'une lampe 2 (*confusão; permuta*) échange m: *no aeroporto houve troca de malas* à l'aéroport, il y a eu un échange de valises; *troca de votos, cumprimentos* échange de vœux, de politesses; *troca de gentilezas* échange de gentillesses 3 (*permuta*) troc m, échange m
• **em troca (de algo)** en échange (*de qqch*)
• **troca de turno** relève

trocado sm (*dinheiro miúdo*) (petite) monnaie f
▶ pl *algum dinheiro* fric: *tem uns trocados para me emprestar?* tu peux me prêter un peu de fric?

trocador sm (*cobrador*) receveur

trocar vtdi 1 (*substituir*) changer, remplacer: *trocou o prato raso pelo fundo* il a remplacé l'assiette plate par une assiette creuse 2 (*permutar*) troquer, échanger, changer: *trocou a bicicleta por um rádio* il a troqué son vélo contre une radio; *trocar euros por libras esterlinas* changer des euros contre des livres sterling
▶ vtd 1 (*mudar*) changer: *trocar as fraldas de um bebê* changer les couches d'un bébé 2 (*confundir*) confondre, méprendre 3 (*olhares; palavras; presentes*) échanger 4 (*dinheiro*) changer: *troca cem euros?* pourriez vous changer cents euros, s'il vous plaît?
▶ vti changer (**de**, de)
▶ vpr **trocar-se** (*trocar de roupa*) se changer

troco sm monnaie f: *dei trinta, recebi dez de troco* j'ai donné trente, j'ai reçu dix de monnaie
• **a troco de algo** en échange de qqch
• **dar/receber o troco** fig rendre/recevoir la monnaie (*de sa pièce*)

troço sm 1 (*excremento*) étron, excrément 2 (*coisa*) truc, machin

troféu sm trophée

trólebus sm inv trolleybus

tromba sf ZOOL trompe
• **estar/ficar de tromba** faire la gueule/faire la moue

trombada sf 1 (*qualquer colisão*) choc m, collision 2 (*de carros*) accident m, accrochage m, télescopage m, collision f

tromba-d'água (*pl* **trombas-d'água**) sf trombe d'eau

trombadinha smf voleur, -euse á la tire, pickpocket

trombar vti-vi (*colidir*) heurter (**com**, -), se choquer (**com**, à)

trombeta sf MÚS trompette

trombone sm MÚS trombone

trombose sf MED thrombose

trompa sf MÚS cor m

trompete sm MÚS trompette f

tronco sm BOT ANAT tronc

troninho sm (*penico para crianças*) pot

trono sm trône

tropa sf troupe

tropeção sm 1 faux pas 2 fig (*equívoco*) équivoque f

tropeçar vti 1 (*dar topada*) trébucher (**em**, sur) 2 fig (*encontrar empecilho*) se heurter: *tropeçou na má vontade dos jurados* il s'est heurté à la mauvaise volonté du jury 3 (*errar, confundir*) buter: *tropecei no nome do presidente* j'ai buté sur le nom du président
▶ vi fig (*errar, hesitar*) hésiter

tropeço sm 1 (*tropeção*) faux pas 2 fig (*obstáculo*) obstacle, écueil

tropel sm 1 (*multidão correndo*) cohue f 2 (*barulho de pés ou patas*) bruit de pas 3 (*balbúrdia*) confusion f, vacarme

tropelia sf 1 (*tumulto*) tumulte m 2 (*travessura*) espièglerie, diablerie

tropical adj tropical, -e

trópico sm tropique

trote sm 1 (*passo da cavalgadura*) trot 2 (*ao telefone*) canular téléphonique: *passar um trote* faire un canular téléphonique 3 (*com calouros*) bizutage: *dia do trote* jour du bizutage

trouxa sf (*embrulho de roupa*) ballot m, balluchon m
▶ adj dupe
▶ sm pigeon m, poire f, dindon m

trovão sm tonnerre

trovejar vi tonner

trovoada sf tonerre m, coup m de tonnerre

trucidar vtd trucider

truco sm (jogo) jeu de cartes d'Amérique du Sud

trufa sf BOT CUL truffe

truncar vtd (mutilar; cortar) tronquer, mutiler

trunfo sm atout

trupe sf TEAT troupe

truque sm truc

truta sf ZOOL truite

tu pron 1 tu: *tu és maior que ele* tu es plus grand que lui 2 toi: *ele é maior que tu* il est plus grand que toi

tua pron → teu
• **qual é a tua?** qu'est-ce qui te prend?/quelle mouche t'as piqué(e)?

tuba sf 1 ANAT trompe: *tuba uterina* trompe utérine; *tuba auditiva* trompe d'Eustache 2 MÚS tuba m

tubarão sm 1 ZOOL requin 2 fig requin

tuberculose sf MED tuberculose

tuberculoso, -sa adj tuberculeux, -euse

tubo sm tube
■ **tubo de ensaio** tube à essai
• **gastar/ganhar os tubos** dépenser/gagner des milles et des cents

tubulação sf tuyauterie

tucano sm ZOOL toucan

tudo pron tout
• **tudo bem** (está certo, concordo) d'accord/ça va
• **tudo bem?** (você está bem?) ça va? (você concorda?) ça va?/d'accord?

tufão sm typhon

tufo sm (de pelos, capim etc.) touffe f

tule sm tulle

tulipa sf BOT tulipe

tumor sm MED tumeur f
■ **tumor benigno** tumeur f bénigne
■ **tumor maligno** tumeur f maligne

túmulo sm tombe f

tumulto sm tumulte

tumultuar vtd 1 (amotinar) faire du tumulte, ameuter 2 (desarrumar) déranger, bouleverser 3 (perturbar) gêner, déranger

túnel sm tunnel
• **ver/não ver a luz no fim do túnel** fig voir le bout du tunnel

túnica sf tunique

turbante sm turban

turbilhão sm tourbillon

turbina sf turbine
• **aquecer as turbinas** fig s'échauffer

turbinado, -da adj 1 (carro) turbiné 2 fig en forme: *hoje ele está turbinado* il est en forme, lui, aujourd'hui

turbulência sf (agitação; aeronáutica) turbulence

turco, -ca adj turc, -que
▶ sm, f Turc, -que
▶ sm (língua) turco turc

turfe sm turf

turismo sm tourisme

turista smf touriste

turístico, -ca adj touristique

turma sf 1 (grupo) groupe m, bande 2 (classe escolar) promo(tion), classe 3 (turno) équipe

turnê sf tournée

turno sm 1 (hora, vez) tour 2 (turma de trabalho) équipe f 3 (período de trabalho) roulement: *turno da noite* roulement de nuit 4 ESPORTE tour
• **primeiro/segundo turno** (eleições) premier/second tour

turquesa sf MIN turquoise
▶ adj turquoise: *vestido turquesa* robe turquoise

Turquia sf Turquie

turrão, -ona adj (teimoso) têtu, -e, entêté, -e

turvar vtd 1 (tornar opaco; embaciar olhos) troubler 2 (nublar) obscurcir, couvrir 3 fig (tornar triste) assombrir

turvo, -va adj 1 (opaco) trouble 2 (nublado) nuageux, -euse, couvert, -e 3 fig (sombrio) sombre

tutano sm 1 (medula) moelle f 2 fig (inteligência) cervelle f

tutela sf tutelle

tutelar vtd 1 (ser tutor) être le, -a tuteur, -trice de 2 fig (proteger) protéger
▶ adj **tutelar** tutélaire

tutor, -ra sm, f tuteur, -trice

tutu sm 1 (papão) ogre 2 CUL plat à base de haricots noirs 3 (dinheiro) fric, blé, oseille f

U

uísque *sm* whisky

uivar *vi* hurler

uivo *sm* hurlement

úlcera *sf* MED ulcère *m*
- **úlcera gástrica** ulcère *m* gastrique

ulna *sf* ANAT cubitus *m*

ulterior *adj* (*posterior*) ultérieur, -eure

ultimamente *adv* (*recentemente*) dernièrement, récemment

última *sf* dernière: *sabe da última?* tu connais la dernière?
- **estar nas últimas** être dans ses derniers soupirs

ultimato *sm* ultimatum

último, -ma *adj-sm, f* dernier, -ère

ultrajar *vtd* outrager

ultraje *sm* outrage

ultrapassado, -da *adj* dépassé, -ée: *dificuldades ultrapassadas* difficultés dépassées; *máquinas ultrapassadas* machines dépassées

ultrapassagem *sm* dépassement

ultrapassar *vtd* 1 (*exceder*) dépasser: *ultrapassar a marca dos 50 km/hora* dépasser les 50 km 2 *fig* (*sobrepujar*) surpasser: *ele ultrapassa o irmão em talento* il surpasse son frère en talent 3 (*transpor*) dépasser, franchir: *ultrapassar as fronteiras* franchir les frontières 4 (*no trânsito*) dépasser, doubler
- **proibido ultrapassar pelo acostamento** dépassement interdit par l'accotement

ultrassonografia (*pl* **ultrassonografias**) *sf* MED échographie

um, -uma *num* un, -e
▶ *art* un, -e
▶ *pl* **uns, umas** 1 (*alguns*) quelques, un peu: *trocamos umas palavras* nous avons échangé quelques mots; *tenho uns trocados aqui no bolso* j'ai un peu de monnaie dans ma poche 2 (*cerca*) quelque, environ: *custará uns 200 reais* cela coûtera quelques 200 réals; *um homem de uns quarenta anos* un homme d'environ quarante ans
- **almoço à uma** je déjeune à une heure
- **tomar umas e outras** boire quelques verres

umbigo *sm* ANAT nombril

umbral *sm* seuil

umedecer *vtd* humidifier, humecter
▶ *vpr* **umedecer-se** s'humecter

úmero *sm* ANAT humérus

umidade *sf* humidité
- **umidade relativa do ar** humidité relative de l'air

úmido, -da *adj* humide

unânime *adj* unanime

unanimemente *adv* à l'unanimité, unanimement

unanimidade *sf* unanimité

unguento *sm* onguent

unha *sf* ANAT ongle *m*
- **com unhas e dentes** *fig* avec acharnement
- **fazer algo à/na unha** *fig* faire qqch à la sueur de son front
- **fazer as unhas** donner soins aux ongles
- **mostrar as unhas** *fig* montrer les griffes
- **ser unha e carne com alguém** *fig* être cul et chemise avec qqn/être l'âme sœur de qqn

união sf 1 (*combinação; aliança; concórdia*) union 2 (*junção, contato*) raccord m: **união de dois canos** raccord de deux tuyaux
- **a união faz a força** l'union fait la force
- **União** (*governo federal*) Union (*gouvernement fédéral au Brésil*)
- **União dos Emirados Árabes** Emirats arabes unis
- **união estável** union stable
- **União Soviética** Union soviétique

único, -ca adj 1 (*só*) seul, -e, unique: **sobrou um único ingresso** il reste un seul billet d'entrée 2 (*um só; sem igual*) unique: **um fato único na história** un fait unique dans l'histoire
- **filho, -lha único, -ca** fils, -lle unique
- **você é o único que sabe disso** tu es le seul à savoir ça

unidade sf unité
- **unidade de terapia intensiva** unité/centre m de thérapie intensive

unido, -da adj 1 (*juntado*) raccordé, -e, joint, -e 2 (*em contato; solidário*) uni, -e

unificação sf unification

unificar 1 (*tornar único, unir*) unifier, fusionner: **unificar dois fios** fusionner deux fils 2 (*uniformizar, fazer convergir*) unifier
▶ vpr **unificar-se** s'unifier

uniforme adj uniforme: **chão uniforme** sol uniforme
▶ sm **uniforme** uniforme, tenue f

uniformidade sf uniformité

uniformizar vtd 1 (*tornar uniforme*) uniformiser, standardiser 2 (*fazer vestir uniforme*) faire porter un uniforme

unilateral adj unilatéral, -e

unir vtd-vtdi 1 (*unificar*) unir, réunir 2 (*pregar, aderir*) réunir, coller 3 (*juntar*) assembler, raccorder: **os dois azulejos não foram bem unidos** les deux carreaux n'ont pas été bien assemblés 4 (*ligar*) relier: **o corredor unia a sala aos quartos** le couloir reliait le séjour aux chambres 5 (*conciliar, solidarizar*) unir: **a tragédia uniu a família** la tragédie a uni la famille 6 (*ligar pelo casamento*) unir
▶ vpr **unir-se** 1 (*unificar-se*) s'unir 2 (*aderir, pregar-se*) coller 3 (*juntar-se*) s'unir, se rassembler, se raccorder 4 (*aproximar-se*) se relier 5 (*solidarizar-se, conciliar-se*) se réunir, s'unir 6 (*casar-se*) s'unir

uníssono, -na adj qui est à l'unisson
▶ sm **uníssono** unisson
- **em uníssono** à l'unisson

unitário, -a adj unitaire

universal adj universel, -elle

universidade sf université

universitário, -a adj universitaire
▶ sm, f universitaire

universo sm univers

uno, -na adj 1 (*único*) unique 2 (*indivisível*) un, -e 3 (*unido*) uni, -e

untar vtd 1 (*de óleo*) enduire, oindre 2 (*de manteiga*) enduire

urânio sm QUÍM uranium

urbanismo sm urbanisme

urbano, -na adj urbain, -e

urdir vtd ourdir

uretra sf ANAT urètre

urgência sf urgence

urgente adj urgent, -e

urgir vi 1 presser: **o tempo urge** le temps presse 2 être urgent: **urge tomar providências** il est urgent de prendre des mesures

urina sf urine

urinar vi uriner, pisser

urinol sm pot de chambre, vase de nuit, urinal

urna sf urne
- **urna eletrônica** urne électronique

urrar vi hurler

urro sm hurlement

urso, -sa sm, f ours, -e

urticária sf MED urticaire

urtiga sf BOT ortie

urubu sm ZOOL urubu

Uruguai sm Uruguay

uruguaio, -a adj uruguayen, -enne
▶ sm, f Uruguayen, -enne

usado, -da adj 1 (*usual*) usuel, -elle: **uma palavra muito usada** un mot très usuel 2 (*empregado*) utilisé, -e, employé, -e: **a tática usada por um exército** la tactique utilisée par une armée 3 (*moda*) à la mode: *a cor mais usada neste inverno* le coloris à la mode cet hiver **4** *(não novo)* d'occasion: *carro usado* voiture d'occasion **5** *(desgastado)* usé, -e

usar *vtd* **1** *(servir-se de)* utiliser: *usar a tesoura com destreza* utiliser les ciseaux avec habilité **2** *(empregar)* employer, utiliser: *usar uma palavra* employer un mot **3** *(tirar proveito)* se servir de: *está zangado porque acha que foi usado* il est fâché parce qu'il pense qu'on s'est servi de lui **4** *(roupas etc.)* porter, avoir, mettre: *usar óculos* porter des lunettes; *usar cabelos curtos* avoir des cheveux courts; *ela usava um vestido azul* elle portait une robe bleue; *ela não usa saltos altos* elle ne met pas de chaussures à talon

usina *sf* **1** *(estabelecimento industrial)* usine **2** *(engenho)* usine à canne-à-sucre

uso *sm* **1** *(emprego, utilização)* utilisation *f*, emploi **2** *(costume; utilidade)* usage: *era uso fazer sacrifício aos deuses* il était d'usage de faire des sacrifices aux dieux; *um utensílio com diversos usos* un ustensile avec divers usages
• **fazer bom/mau uso de algo** faire bon/mauvais usage de qqch
• **fazer uso de algo** faire usage de qqch
• **fora de uso** hors d'usage
• **pôr algo em uso** utiliser qqch/se servir de qqch
• **sair de uso** (être) hors d'usage
• **usos e costumes** les us et les coutumes

usual *adj* usuel, -elle

usuário, -a *sm, f* usager, -ère

usufruir *vtd-vti* **1** *(ter usufruto)* avoir la jouissance de **2** *(fruir, desfrutar)* jouir

usurpar *vtd* usurper

utensílio *sm* ustensile

útero *sm* ANAT utérus

UTI *sf* MED CTI, UTI

útil *adj* **1** *(proveitoso)* utile **2** *(dia-não feriado)* ouvrable
▶ *sm* utile: *unir o útil ao agradável* joindre l'utile à l'agréable

utilidade *sf* **1** *(qualidade)* utilité **2** *(uso)* usage *m*: *uma vasilha com várias utilidades* un récipient à plusieurs usages
• **de utilidade pública** d'utilité publique
• **que utilidade tem isso?** à quoi sert ça?
• **utilidades domésticas** articles pour la maison

utilitário, -a *adj* utilitaire
▶ *sm* **utilitário** AUTO INFORM utilitaire

utilização *sf* utilisation

utilizar *vtd* utiliser

utopia *sf* utopie

uva *sf* BOT raisin *m*
■ **uva moscatel** raisin *m* muscat
• **ser uma uva** être mignon, -onne

uva-passa (*pl* **uvas-passas**) *sf* raisin *m* sec

úvula *sf* ANAT uvule

V

vaca *sf* ZOOL vache
- **a vaca foi pro brejo** le projet a raté
- **vaca louca** vache folle

vacilante *adj* **1** *(cambaleante)* vacillant, -e, chancelant, -e **2** *(hesitante)* hésitant, -e, vacillant, -e

vacilar *vi* **1** *(balançar)* vaciller **2** *(cambalear)* vaciller, chanceler **3** *(hesitar)* hésiter, vaciller: **cometeu o crime sem vacilar** il a commis le crime sans hésiter

vacina *sf* vaccin *m*
- **vacina antitetânica** vaccin *m* antitétanique
- **vacina tríplice** vaccin *m* combiné anti diphtérie poliomyélite tétanos

vacinação *sf* vaccination

vacinar *vtd* vacciner
▸ *vpr* **vacinar-se** se faire vacciner

vácuo *sm* vide
- **a vácuo** sous vide

vadiar *vi* **1** *(ser preguiçoso)* fainéanter, paresser **2** *(vaguear)* vagabonder, errer

vadio, -a *adj-sm,f* vagabond, -e, fainéant, -e

vaga *sf* **1** *(de trabalho, escola; de carro)* place **2** *(onda)* vague
- **não há vagas** *(de trabalho)* il n'y a pas de postes à pourvoir *(de carro etc.)* stationnement complet

vagabundo, -da *adj-sm,f* **1** *(que leva vida errante)* vagabond, -e **2** *(preguiçoso)* paresseux, -euse, fainéant, -e **3** *(malandro, canalha)* truand, -e
▸ *adj* mauvais, -e, de mauvaise qualité

vaga-lume *(pl* **vaga-lumes)** *sf* ZOOL ver *m* luisant

vagão *sm* **1** *(de trem)* wagon **2** *(de metrô)* rame *f*

vagar *vi* **1** *(ficar vago)* être à pourvoir: *o cargo vagou* le poste est à pourvoir **2** *(perambular)* flâner, déambuler, vagabonder
▸ *sm (vagareza)* lenteur *f*
- **fazer algo com vagar** faire qqch lentement

vagaroso, -sa *adj* lent, -e

vagem *sf* BOT CUL haricot *m* vert

vagina *sf* ANAT vagin *m*

vago, -ga *adj* **1** *(posto de trabalho)* vacant, -e, libre, disponible **2** *(imóvel, assento)* vacant, -e, vide, libre, inoccupé, -e **3** *(indefinido, impreciso)* vague: **ter uma ideia vaga sobre algo** avoir une vague idée sur qqch
▸ *sm* ANAT (nerf) vague

vaia *sf* huée, sifflement *m*

vaiar *vtd* huer, siffler

vaidade *sf* vanité

vaidoso, -sa *adj* vaniteux, -euse

vai não vai *sm* vacillement *m*, hésitation *f*

vaivém *sm* **1** *(oscilação)* balancement, oscillation *f* **2** *(movimentação)* va-et-vient: *havia um vaivém infindável de pessoas na casa* il y avait un va-et-vient interminable de gens dans la maison

vala *sf* *(escavação para águas)* fosse, fossé *m*
- **vala comum** fosse commune

vale *sm* **1** GEOG val, vallée *f* **2** *(documento de adiantamento)* bon, à-valoir **3** *(recibo provisório)* reçu **4** *(documento-moeda)* bon
- **vale postal** mandat-postal

valente *adj-smf* vaillant, -e

valentia *sf* (*coragem*) vaillance, bravoure

valer *vtd* **1** (*custar*) valoir: *este computador vale uma fortuna* cet ordinateur vaut une fortune **2** (*merecer*) être digne, mériter: *aquele ingrato não vale o seu sacrifício* cet ingrat n'est pas digne de ton sacrifice
▶ *vti* **1** (*equivaler*) valoir, équivaloir **2** (*ser válido*) être valable: *um ingresso vale para dois espetáculos* une entrée est valable pour deux spectacles **3** (*servir*) valoir
▶ *vtdi* (*acarretar*) valoir: *o crime lhe valeu dez anos de prisão* le crime lui a valu dix ans de prison
▶ *vi* **1** (*ter valor*) valoir **2** (*ser válido; ter utilidade, servir*) être valable, valoir
▶ *vpr* **valer-se** se servir (**de**, de)
• **assim não vale!** pas comme ça!/ça n'est pas juste!
• **valeu!** super!
• **valha-me Deus!** que Dieu me vienne en aide!

vale-refeição (*pl* **vales-refeição**) *sm* ticket-restaurant, chèque-restaurant

valeta *sf* caniveau *m*

valete *sm* valet

vale-transporte (*pl* **vales-transporte**) *sm* ticket-transport, chèque-transport

validade *sf* validité
• **no/fora do prazo de validade** dans le/hors délai de validité

validar *vtd* valider

válido, -da *adj* **1** (*com saúde*) valide **2** (*com valor legal; no prazo de validade*) valable, valide

valioso, -sa *adj* précieux, -euse

valise *sf* valise

valor *sm* valeur *f*
▶ *pl* **valores** (*títulos, riquezas*) valeurs *f pl*
■ **valor nominal** valeur *f* nominale
■ **valor real** valeur *f* réelle
• **bolsa de valores** bourse de valeur
• **dar valor a algo ou alguém** valoriser qqch ou qqn
• **ser alguém de valor** être qqn de valeur
• **ser de valor para** représenter beaucoup pour

valorização *sf* valorisation

valorizar *vtd* **1** (*dar importância*) valoriser, mettre en valeur **2** (*aumentar o valor*) valoriser, faire monter la valeur
▶ *vpr* **valorizar-se 1** (*ganhar valor*) se valoriser, prendre de la valeur **2** (*dar-se valor*) se valoriser

valoroso, -sa *adj* valeureux, -euse

valsa *sf* MÚS valse

válvula *sf* **1** ELETR tube électronique *m* **2** (*registro*) valve, soupape **3** ANAT valve, valvule
• **válvula de escape** (*válvula de segurança*) soupape de sécurité *fig* soupape

vampiro *sm* vampire

vândalo, -la *sm, f* vandale

vangloriar *vtd* glorifier, vanter
▶ *vpr* **vangloriar-se** se vanter (**de**, de)

vanguarda *sf* avant-garde

vantagem *sf* avantage *m*
• **contar vantagem** se vanter
• **estar com x metros de vantagem sobre os competidores** avoir x mètres d'avance sur les autres
• **levar vantagem** (*ser superior*) avoir raison de (*tirar proveito*) tirer avantage de

vantajoso, -sa *adj* avantageux, -euse

vão, vã *adj* (*sem conteúdo; inútil*) vain, -e
• **em vão** en vain

vão *sm* **1** (*espaço vazio*) espace vide, creux **2** (*para janelas etc.*) embrasure *f*
• **vão de escada** (*arquitetura*) cage *f* d'escalier/cage *f* de l'escalier
• **vão livre** [arquitetura] portée *f* libre

vapor *sm* vapeur *f*
• **a todo vapor** à toute vapeur *f*/à pleine vapeur *f*

vaporizador *sm* (*nebulizador*) pulvérisateur, aérosol, atomiseur

vaporizar *vtd* (*converter em vapor; borrifar*) vaporiser
▶ *vpr* **vaporizar-se 1** (*converter-se em vapor*) se vaporiser **2** *fig* (*desaparecer*) s'évaporer

vaporoso, -sa *adj* vaporeux, -euse

vaquinha *sf* cagnotte, chapeau *m*: *fazer uma vaquinha* faire une cagnotte/passer le chapeau

vara *sf* **1** (*ramo, haste*) perche, tige **2** ESPORTE perche, saut *m* à la perche **3** (*açoite*)

bâton *m* **4** DIR juridiction **5** *(de pesca)* canne à pêche **6** *(de porcos)* troupeau *m* de porcs

varal *sm (de roupa)* séchoir à linge

varanda *sf (terraço, alpendre)* balcon *m*, véranda

varão *sm* **1** *(homem)* mâle, homme **2** *(peça de cortina)* tringle *f*

varar *vtd* **1** *(fustigar com vara)* bastonner **2** *(transpassar)* percer: *o punhal varou-lhe o peito* le poignard lui a percé la poitrine

• **varar a noite trabalhando** passer une nuit blanche à travailler

varejão *sm (estabelecimento comercial)* commerce de détail

varejeira *sf* ZOOL mouche grise de la viande

varejista *adj* **1** *(comerciante)* détaillant, -e **2** *(comércio)* de détail
▸ *smf* détaillant, -e

varejo *sm* détail: *venda a varejo* vente au détail

vareta *sf* **1** *(varinha)* baguette **2** *(jogo)* mikado *m*

variação *sf* variation

variante *sf* **1** *(o que difere)* variante **2** *(estrada)* tronçon *m* de déviation

variar *vtd (diversificar)* varier
▸ *vi (perder o uso da razão)* délirer

• **só para variar** juste pour changer un peu

variável *adj-sf* variable

variedade *sf* **1** *(diversidade; variação)* variété **2** *(multiplicidade)* série: *uma variedade de doenças* une série de maladies **3** *(espécie)* genre: *que variedade de música é essa?* quel genre de musique est celui-ci?
▸ *pl* **variedades** variétés

varinha *sf* baguette

• **varinha de condão** baguette magique

vários, -as *pron* plusieurs

• **em várias ocasiões** à plusieurs reprises

varíola *sf* ZOOL variole

variz *sf* MED varice

varredor, -ra *sm,f (de rua)* balayeur, -euse

varrer *vtd-vtdi-vi* **1** *(limpar com a vassoura; percorrer)* balayer **2** *fig (examinar atentamente)* parcourir attentivement **3** INFORM balayer, scanner

• **varrer algo do mapa** balayer qqch de la carte

várzea *sf* **1** *(vale)* vallée **2** FUT terrain *m* de foot amateur

• **time de várzea** équipe de foot amateur

vasculhar *vtd* fouiller

vaselina *sf* vaseline

vasilha *sf (qualquer recipiente)* récipient *m*

vasilhame *sm* **1** *(grupo de vasilhas)* ensemble assorti de plats, assiettes, saladiers etc. **2** *(vasilha)* récipient
▪ **vasilhame para devolução** emballage/bouteille *f* consigné, -e

vaso *sm* **1** *(vasilha; de flores)* vase, pot **2** ANAT MAR vaisseau
▪ **vaso de guerra** vaisseau de guerre
▪ **vaso linfático** vaisseau lymphatique
▪ **vaso noturno** pot de chambre
▪ **vaso sanguíneo** vaisseau sanguin
▪ **vaso sanitário** cuvette *f* des WC, siège d'aisances

vassalo *sm* vassal

vassoura *sf* balai *m*

vasto, -ta *adj* vaste

Vaticano *sm* Vatican

vazamento *sm* fuite *f*: *vazamento de água* fuite d'eau; *houve vazamento da notícia* il y a eu une fuite de l'information

vazão *sf* **1** *(de rio)* écoulement *m* **2** *(saída de mercadorias)* débit *m*

• **dar vazão a** *(mercadorias)* écouler *(sentimentos)* donner libre cours à

vazar *vi* **1** *(sair; deixar sair)* fuir: *a água vazou* l'eau a fui; *essa caçarola vaza* cette casserole fuit **2** *(refluir, baixar)* descendre: *a maré está vazando* la marée descend **3** *fig (notícia)* fuir
▸ *vtd* **1** *(despejar em molde)* couler **2** *(escavar, tornar oco)* vider, creuser **3** *(varar; furar)* percer, crever: *vazar um olho* crever un œil

vazio, -a *adj* **1** *(que não contém coisas ou gente)* vide **2** *(fútil, vão)* creux, -se: *palavras vazias* mots creux

▶ sm vazio (espaço vazio; vão) vide
• cair no vazio tomber dans le vide
• estar com o pneu vazio avoir un pneu dégonflé/être à plat

veado sm 1 ZOOL cerf 2 fig pop homosexuel, pédé

vedar vtd (obstruir, estancar) étancher
▶ vtd-vtdi fig (proibir) interdire: *vedar a entrada* interdire l'entrée

vedete sf 1 (atriz) actrice de variétés/music-hall 2 (pessoa que se destaca) vedette

veemente adj véhément, -e, vif, -ve

vegetação sf végétation

vegetal adj végétal, -e
▶ sm (planta) végétal

vegetar vi fig végéter

vegetariano, -na adj-sm, f végétarien, -enne

veia sf 1 ANAT veine 2 fig veine: *veia poética* veine poétique

veicular vtd (transportar) véhiculer
▶ adj vehiculaire

veículo sm 1 (meio de transporte) voiture f, véhicule 2 (meio; químico) véhicule

veio sm veine f

vela sf 1 (de cera) bougie, chandelle 2 (de filtro; de lâmpada; de auto) bougie 3 MAR voile
■ **vela de ignição** bougie d'allumage
• **barco a vela** bateau à voile
• **estar com a vela na mão** fig être moribond/être en train de mourir
• **largar velas** déployer/déferler les voiles
• **segurar/servir de vela** fig tenir la chandelle

velado, -da adj (dissimulado; foto) voilé, -e

velar vi (ficar de vigília, acordado) veiller
▶ vtd (encobrir; dissimular; toldar) voiler
▶ vtd-vti (vigiar; zelar) veiller
▶ adj velar GRAM vélaire

velcro sm velcro

veleiro sm (barco a vela) voilier

velejar vi faire de la voile

velhaco, -ca adj (patife) fripon, -ne

velharia sf 1 (coisas velhas) vieilleries pl 2 (grupo de velhos) vieillesse, les vieux m pl

velhice sf 1 (idade avançada) vieillesse 2 (antiguidade) ancienneté

velho, -lha adj 1 (pessoa) vieux, -eille, âgé, -e: *um homem velho* un homme vieux/âgé 2 (coisa) vieux, -eille 3 (antigo) ancien, -enne, vieux, -eille
▶ sm, f (idoso) vieux, -eille
• **ficar velho, -lha** [gente] vieillir/devenir âgé, -e [coisa] vieillir/devenir vieux, -eille
• **irmão, -mã mais velho, -lha** frère aîné/sœur aînée

velocidade sf vitesse

velocímetro sm (auto) compteur de vitesse

velocípede sm (veículo de três rodas) tricycle

velódromo sm vélodrome

velório sm veillée f funèbre

veloz adj véloce, rapide

veludo sm velours
■ **veludo cotelê** velours côtelé

venal adj vénal, -e

vencedor, -ra adj-sm, f 1 (vitorioso) vainqueur 2 (ganhador) vainqueur, gagnant, -e: *o vencedor de um concurso* le vainqueur/gagnant d'un concours

vencer vtd-vi vaincre
▶ vtd 1 (superar, sobrepujar) vaincre, dépasser, avoir raison de: *vencer dificuldades* vaincre des difficultés; *vencer uma paixão* avoir raison d'une passion 2 (subjugar) vaincre, accabler, abattre
▶ vi 1 (ter êxito) réussir: *lutou na vida, até que venceu* il a lutté dans la vie jusqu'à réussir 2 (ultrapassar o prazo) échoir: *o prazo da fatura já venceu* le délai de paiement est échu
• **vencer uma distância** vaincre une distance

vencido, -da adj 1 (derrotado; ganho) vaincu, -e 2 (fora do prazo) échu, -e, périmé, -e: *prazo vencido* délai échu; *remédio vencido* médicament périmé 3 (acabrunhado, abatido) abattu, -e
• **dar-se por vencido** s'avouer vaincu

vencimento sm (expiração de prazo; data de pagamento) échéance f
▶ pl **vencimentos** (remuneração) émoluments, traitement sg

venda *sf* 1 *(ato de vender)* vente 2 *(pequena mercearia)* épicerie 3 *(faixa de pano nos olhos)* bandeau *m*
- **venda a varejo/por atacado** vente au détail/en gros

vendado, -da *adj* 1 *(olhos)* bandé, -e 2 *(pessoa)* aux yeux bandés

vendagem *sf* 1 COM vente 2 *(ato de vendar)* bandage *m*
- **ter boa vendagem** bien vendre

vendar *vtd* bander

vendaval *sm (forte ventania)* rafale *f* de vent, bourrasque *f*

vendedor, -ra *adj-sm, f* 1 *(em geral)* vendeur, -euse 2 *(balconista)* réceptionniste, vendeur, -euse, commis
- **vendedor, -ra ambulante** marchand, -e ambulant, -e

vender *vtd-vtdi* vendre
▸ *vi* vendre: *mercadoria que vende bem/mal* marchandise qu'on vend bien/mal
▸ *vpr* **vender-se** se vendre

veneno *sm* poison

venenoso, -sa *adj* 1 *(vegetal)* vénéneux, -euse 2 *(animal)* vénimeux, -euse

venerar *vtd* vénérer

venéreo, -a *adj* MED vénérien, -enne

veneta *sf loc* **dar na veneta** venir à l'idée

Veneza *sf* Venise

veneziana *sf (janela)* persienne, volet *m*

venta *sf* vente
▸ *pl* **ventas** *(cara)* naseaux *m*

ventania *sf* coup *m* de vent

ventilação *sf* ventilation

ventilador *sm* ventilateur

ventilar *vtd* 1 *(arejar)* ventiler, aérer 2 *fig (mencionar, discutir)* évoquer

vento *sm* vent
- **aos quatro ventos** aux quatre vents
- **ir de vento em popa** [fig] avoir du vent dans les voiles
- **que bons ventos o/a trazem?** quel bon vent vous amène?

ventoinha *sf* 1 *(de carro, de computador)* ventilateur *m* 2 *(cata-vento)* girouette

ventosa *sf* MED ventouse

ventre *sm* ventre

ventrículo *sm* ANAT ventricule

ventríloquo, -qua *adj-sm, f* ventriloque

ver *vtd* 1 *(enxergar; perceber; visitar; verificar)* voir 2 *(atentar; considerar)* regarder: *veja se este vinho lhe agrada* regarde si ce vin te plaît; *veja bem as vantagens antes de fechar o negócio* regarde bien les avantages avant de conclure l'affaire
▸ *vtd-pred (considerar)* voir: *ele sempre o viu como inimigo* il l'a toujours vu comme un ennemi
▸ *vp* **ver-se** 1 *(enxergar-se; encontrar-se)* se voir 2 *(considerar-se)* se croire: *via-se perdido* il s'est cru perdu
- **... que só vendo...** qu'il faut avoir vu
- **estou vendo!** je vois!
- **não tem nada a ver** ça n'a rien à voir
- **não ter a ver com algo/alguém** n'avoir rien à voir avec qqch/qqn
- **não ver a hora de** ne pas pouvoir attendre
- **veremos!** nous verrons bien!
- **ver para crer** le voir pour le croire
- **ver/não ver com bons olhos** voir/ne pas voir avec de bons yeux

veraneio *sm* villégiature *f*

veranista *smf* estivant, -e, vacancier, -ère

verão *sm* été
- **no/durante o verão** en été/pendant l'été

verba *sf* somme d'argent: *falta de verbas* manque d'argent

verbal *adj* verbal, -e

verbete *sm* article, entrée *f*

verbo *sm* GRAM verbe

verdade *sf* vérité: *a verdade dos fatos* la vérité des faits
- **a bem da verdade** en vérité/à la vérité/à dire vrai
- **de verdade** pour de vrai
- **dizer a verdade** dire la vérité
- **dizer umas verdades a alguém** dire ses quatre vérités à qqn
- **é verdade!** c'est la vérité!/c'est vrai!
- **é verdade que...?** il est vrai que...?
- **faltar à verdade** trahir la vérité
- **não é verdade?** n'est-ce pas?

- **na verdade...** en fait...
- **para dizer/falar a verdade** à vrai dire

verdadeiro, -ra *adj* **1** *(veraz; autêntico)* vrai, -e: *afirmação verdadeira* une affirmation vraie; *um verdadeiro diamante* un vrai diamant **2** *(real; verídico; sincero; perfeito)* véritable: *qual é a verdadeira história?* quelle est la véritable histoire?; *esse caso é verdadeiro* cette affaire est véritable; *é um verdadeiro imbecil* c'est un véritable imbécile

verde *adj* vert, -e: *blusas verdes* chemisiers verts; *as maçãs ainda estão verdes* les pommes sont encore vertes; *área verde* espace vert
▶ *sm* vert

verdura *sf* **1** *(a cor verde)* vert *m* **2** *(vegetais)* légumes *m pl* verts: *fui à feira e comprei muitas verduras* je suis allée au marché et j'ai acheté plein de légumes verts

vereador, -ra *sm,f* conseiller, -ère municipal, -e

veredicto *sm* verdict

vergão *sm (marca na pele)* marque *f*, cicatrice *f*

vergar *vtd (encurvar; submeter)* plier
▶ *vi* se plier

vergonha *sf* honte
- **passar vergonha** avoir honte
- **que vergonha!** quelle honte!
- **ter/não ter vergonha na cara** avoir/ne pas avoir honte

vergonhoso, -sa *adj (desonroso; envergonhado)* honteux, -euse

verídico, -ca *adj* véridique

verificação *sf* **1** *(averiguação, exame)* vérification, contrôle *m*: *verificação das taxas de colesterol* contrôle *m* du taux de cholestérol **2** *(controle da veracidade)* vérification

verificar *vtd* vérifier
▶ *vpr* **verificar-se** *(acontecer, realizar-se)* se réaliser, avoir lieu, se passer

verme *sm* ver

vermelho, -lha *adj-sm* rouge
- **ficar vermelho, -lha** rougir/devenir rouge

vermífugo *sm* MED vermifuge

verminose *sf* MED affection vermineuse

vernáculo *adj* vernaculaire
▶ *sm* langue *f* vernaculaire

vernissage *sm* vernissage

verniz *sm* vernis

verruga *sf* MED verrue

versado, -da *adj* **1** *(tratado)* examiné, -e **2** *(exímio)* expérimenté, -e, expert, -e

versão *sf* version

versar *vti* traiter (**sobre**, de)

versátil *adj* **1** *(pessoa)* polyvalent, -e **2** *(coisa)* à multiples usages

versatilidade *sf* polyvalence

versículo *sm* RELIG verset

verso *sm* **1** *(o lado oposto)* verso **2** *(em poesia)* vers

vértebra *sf* ANAT vertèbre

vertebrado, -da *adj* vertébré, -e

vertebral *adj* vertébral, -e

verter *vtd* **1** *(entornar)* verser: *verter água no copo* verser de l'eau dans un verre **2** *(ressumar)* couler, suinter **3** *(expelir)* dégager
▶ *vtdi (traduzir)* traduire: *verter do italiano para o português* traduire de l'italien en portugais

vertical *adj* vertical, -e
- **na vertical** sur la verticale

vértice *sm* sommet

vertigem *sf* vertige *m*

vesgo, -ga *adj* louche

vesícula *sf* ANAT vésicule
- **vesícula biliar** vésicule biliaire

vespa *sf* **1** ZOOL guêpe **2** *(motoneta)* vespa

vespeiro *sm* guêpier

véspera *sf* veille: *na véspera* la veille
▶ *pl* **vésperas** quelques jours avant, à quelques jours de: *às vésperas do exame, desistiu* il a laissé tomber à quelques jours de l'examen

vesperal *sf (espetáculo à tarde)* matinée

vespertino, -na *adj* du soir, crépusculaire

veste *sf* vêtement *m*, habit *m*

vestiário *sm (lugar para trocar de roupa)* vestiaire

vestibular sm examen d'entrée à l'université

vestido, -da adj habillé, -e
▶ sm robe f
• **vestido de noiva** robe f de mariée

vestígio sm vestige

vestir vtd 1 (usar) porter: *o criminoso vestia camisa azul* le criminel portait une chemise bleue 2 (pôr) mettre: *vestir o pijama* mettre son pijama 3 (moda) habiller: *essa modista veste muitas mulheres elegantes* cette couturière habille nombre de femmes élégantes
▶ vtdi 1 (pôr) mettre: *a mãe vestiu na filha um casaco de lã* la mère a mis une veste en laine à sa fille 2 (fantasiar) habiller, travestir, déguiser: *a mãe vestiu a filha de odalisca* la mère a habillé sa fille en odalysque
▶ vpr **vestir-se** 1 (pôr roupa) s'habiller 2 (fantasiar-se) s'habiller, se travestir, se déguiser (**de**, en)

vestuário sm vêtement, habillement

vetar vtd interdire

veterano, -na adj ancien, -enne
▶ sm **veterano** (de guerra) vétéran

veterinário, -a sm, f vétérinaire

veto sm 1 DIR veto 2 (proibição) opposition f, refus

véu sm voile

vexame sm 1 (humilhação) vexation f 2 (vergonha) honte f
• **passar vexame** avoir honte de qqn/ qqch

vexar vtd 1 (humilhar) vexer 2 (envergonhar) confondre, déconcerter 3 (apressar) presser

vez sf 1 (momento) fois: *uma vez você me emprestou um livro* une fois tu m'as prêté un livre 2 (turno) tour: *fiquei na fila do banco, esperando minha vez* j'ai fait la queue à la banque, en attendant mon tour 3 MAT fois: *cinco vezes cinco* cinq fois cinq 4 (chance) chance: *ela nunca teve vez* elle n'a jamais eu de chance
• **a cada vez** chaque fois
• **às vezes** parfois
• **certa vez** une fois
• **de uma só vez** d'une/en une seule fois
• **de (uma) vez** (para sempre) une fois pour toutes (conjuntamente) d'une fois (logo, sem demora) sans se le faire dire deux fois (terminantemente) une bonne fois
• **de uma vez por todas** une fois pour toutes
• **de vez** (quase maduro) à point
• **de vez em quando** des fois/parfois/ de temps en temps
• **desta vez** cette fois(-ci)
• **em vez de** plutôt que/au lieu de
• **era uma vez** il était une fois
• **fazer as vezes de alguém** remplacer qqn
• **muitas vezes** (várias vezes) plusieurs fois (frequentemente) souvent
• **toda vez que** chaque fois que
• **uma coisa por vez** une chose à la fois
• **uma vez que** étant donné que

via sf 1 (rua, avenida etc.) voie, chemin m 2 fig (caminho, meio) voie 3 (exemplar) exemplaire m: *um contrato em três vias* un contrat en trois exemplaires
■ **via de regra** en règle générale
■ **via elevada** voie élevée
■ **via expressa** voie rapide
■ **via férrea** voie ferrée
■ **Via Láctea** Voie Lactée
■ **via marginal** rocade, périphérique m
■ **via pública** voie publique
■ **Via Sacra** chemin de Croix
■ **vias respiratórias** voies respiratoires
• **chegar às via de fato** en venir aux mains
• **estar em via de** être au point de
• **por via aérea/marítima/terrestre** par voie aérienne/ maritime/terrestre
• **por via de...** par l'intermédiaire de...
• **por via intravenosa/oral/parenteral** par voie intraveineuse/orale/parentérale

viação sf (serviço de transporte) entreprise de transports en commun

via-crúcis sf fig souffrance

viaduto sm viaduc

viagem sf voyage m
• **para viagem** (lanche etc.) à emporter
• **viagem de trabalho** voyage m d'affaires

viajado, -da *adj* qui a beaucoup voyagé: *uma pessoa viajada* une personne qui a beaucoup voyagé

viajante *smf* voyageur, -euse

viajar *vi-vti* **1** *(partir)* partir: *você viaja quando?* quand est-ce que tu pars? *viajar para a Europa* partir en Europe **2** *(visitar, percorrer lugares)* voyager: *gosto muito de viajar* j'aime beaucoup voyager; *viajar pela América do Sul* voyager en Amérique du Sud

viário, -a *adj* routier, -ère: *sistema viário* réseau routier

viatura *sf* voiture

viável *adj* **1** *(exequível)* faisable, réalisable, possible **2** MED viable: *feto viável* foetus viable

víbora *sf* vipère

vibração *sf* vibration

vibrante *adj* **1** *(vibrátil)* vibratoire **2** *fig (entusiástico)* enthousiaste

vibrar *vtd* **1** *(agitar, brandir)* brandir, agiter **2** *(fazer soar-cordas)* pincer
▶ *(desferir)* allonger, filer: *vibrou um bofetão na rival* elle a allongé une tarte à sa rivale
▶ *vi (estremecer; soar; comover-se)* vibrer

vibratório, -a *adj* vibratoire

vice- *pref* vice-

vice-versa *adv* vice versa

viciado, -da *adj* **1** *(corrompido; alterado)* vicié, -e: *ar viciado* air vicié **2** *(em bebida etc.)* qui a le vice de: *ele é viciado em álcool* il a le vice de l'alcool **3** *fig* mordu, -e: *sou viciado em teatro* je suis mordu de théâtre
• **viciado, -da em drogas** drogué, -e/intoxiqué, -e

viciar *vtd* **1** *(estragar, deteriorar)* vicier **2** *(tornar dependente)* droguer, vicier **3** *(acostumar mal)* mal habituer
▶ *vpr* **viciar-se** se vicier

vício *sm* vice

vicioso, -sa *adj* vicieux, -euse

viço *sm* vigueur *f*, vie *f*

vida *sf* vie
• **a vida toda** toute la vie
• **cair na vida** se prostituer
• **cuidar da própria vida** s'occuper de ses propres affaires
• **dar vida a algo** *fig* donner la vie à qqch
• **de longa vida** à longue vie
• **feliz da vida** très heureux, -euse
• **ganhar a vida** gagner sa vie
• **louco da vida** très fâché, -e/furieux, -euse/furax
• **meter-se na vida alheia** mettre/fourrer son nez dans les affaires de qqn
• **mudar de vida** changer de vie
• **mulher de vida fácil** femme de mauvaise vie/prostituée
• **sem vida** *(morto)* sans vie *(sem viço)* sans éclat/sans vie
• **ter a vida por um fio** tenir la vie par un fil
• **ter vida mansa** se la couler douce
• **vida noturna** vie nocturne

videira *sf* BOT vigne

vidente *smf* voyant, -e

vídeo *sm* **1** *(tela de tevê, computador)* écran **2** *(filme)* vidéo *f* **3** *(videocassete)* vidéocassette

videoamador, -ra *sm, f* amateur, -trice de vidéo

videocassete *sm* vidéocassette

videoclipe *sm* vidéo clip

videogame *sm* jeu vidéo

videolocadora *sf* vidéo club *m*

vidraça *sf* vitre, carreau *m*

vidraceiro *sm* vitrier

vidrado, -da *adj* **1** *(vitrificado)* vitrifié, -e **2** *(envidraçado)* vitré, -e **3** *(olhos)* sans éclat **4** *fig (fanático)* fou, -olle, épris, -e, mordu, -e: *ser vidrado em futebol* être fou de foot
▶ *sm* **vidrado** *(esmalte cerâmico)* enduit vitrifiable

vidro *sm* **1** *(material)* verre **2** *(recipiente)* pot: *comeu um vidro de compota* elle a mangé un pot de confiture **3** *(vidraça)* vitre *f*, baie *f* vitrée **4** *(do carro)* vitre *f*
• **vidro traseiro** *(auto)* lunette *f* (arrière)

viela *sf* ruelle

vienense *adj* viennois, -e
▶ *smf* Viennois, -e

viés *sm* *(tira cortada obliquamente; tendência)* biais
• **olhar de viés** regarder en biais/de travers

vietnamita *adj* vietnamien, -enne
▶ *smf* Vietnamien, -enne

viga *sf* ARQ poutre

vigarice *sf* escroquerie

vigarista *adj-sm, f* escroc

vigência *sf* **1** *(vigor)* vigueur, cours *m*: *durante a vigência de uma lei* pendant qu'une loi est en vigueur; *a vigência de uma moeda* une monnaie en cours **2** *(tempo)* durée: *durante a vigência da censura* pendant la durée de la censure

vigente *adj* *(em vigor)* en cours, en vigueur
• **ser/continuar vigente** avoir cours

vigésimo, -ma *num* vingtième

vigia *sf* *(orifício, janela)* hublot *m*
▶ *sm* *(guarda)* veilleur, surveillant, gardien
• **ficar de vigia** surveiller

vigiar *vtd-vi* surveiller

vigilância *sf* veille, surveillance
• **manter sob vigilância** garder sous surveillance
• **um local sem vigilância** un lieu sans surveillance

vigilante *adj* *(precavido, cuidadoso)* vigilant, -e
▶ *sm* vigile, gardien, veilleur de nuit
• **vigilante (particular)** vigile privé
• **vigilante de banco** vigile de banque
• **vigilante noturno** vigile nocturne

vigília *sf* veille
• **fazer vigília** veiller

vigor *sm* vigueur *f*
• **a lei em vigor** la loi en vigueur
• **entrar em vigor** entrer en vigueur

vigoroso, -sa *adj* vigoureux, -euse

vil *adj* vil, -e, ignoble, indigne

vila *sf* **1** *(pequeno povoado)* village **2** *(conjunto de casas; casa de campo)* villa
• **vila olímpica** village *m* olympique

vilão, -ã *sm, f* **1** *(malvado, em ficção)* méchant, -e: *os mocinhos e os vilões* les gentils et les méchants **2** *fig* fautif, -ve: *nesta crise, o vilão não é o preço do petróleo* dans cette crise, le fautif n'est pas le prix du pétrole

vime *sm* osier

vinagre *sm* vinaigre

vincar *vtd* **1** *(marcar tecido com vinco)* plisser, marquer avec un pli **2** *(marcar com rugas)* rider

vinco *sm* **1** *(marca em tecido)* pli **2** *(sulco, ruga na pele)* ride

vincular *vtd* **1** *(ligar)* lier **2** *(relacionar)* relier

vínculo *sm* **1** *(relação; laços)* lien **2** DIR *(gravame)* clause d'empêchement, charge sur un bien au bénéfice d'un tiers

vinda *sf* **1** *(chegada)* arrivée **2** *(regresso)* retour *m*

vindo, -da *adj* **1** *(chegado)* arrivé, -e **2** *(proveniente)* issu, -e, provenant, -e

vindouro, -ra *adj* prochain, -e

vingança *sf* vengeance

vingar *vtd-vtdi* venger
▶ *vi* **1** *(dar certo)* réussir: *meus planos de mudança não vingaram* mes projets de déménagement n'ont pas réussi **2** *(desenvolver-se)* se développer: *nem todos os ovos da chocadeira vingaram* les œufs de la couveuse ne se sont pas tous développés
▶ *vpr* **vingar-se** se venger

vingativo, -va *adj* vindicatif, -ve, rancunier, -ière

vinha *sf* vigne

vinhedo *sm* vignoble

vinheta *sf* **1** *(ornamento tipográfico)* vignette **2** TV bande annonce télé

vinho *sm* vin
■ **vinho branco** vin blanc
■ **vinho da casa** vin maison
■ **vinho de mesa** vin de table
■ **vinho frisante** vin mousseux
■ **vinho rosado** vin rosé
■ **vinho tinto** vin rouge
■ **vinho verde** vin vert

vinícola *adj* vinicole

vinte *num* vingt

vintém *sm* *(pouco dinheiro)* sou: *estar sem um vintém* ne pas avoir un sou

viola *sf* **1** *(instrumento de arco)* alto *m* **2** *(instrumento dedilhável)* espèce de guitare à cinq ou six cordes doubles
■ **viola da gamba** viole de gambe
• **meter a viola no saco** fermer sa gueule/ne pas pouvoir répondre

violação sf 1 (transgressão) violation 2 (estupro) viol m
- **violação de correspondência** violation de la correspondance
- **violação de túmulos** violation de tombes
- **violação do espaço aéreo** violation de l'espace aérien

violão sm guitare f

violar vtd violer

violência sf violence

violentar vtd 1 (estuprar) violer 2 (constranger, forçar) faire violence à
▶ vpr **violentar-se** se faire violence

violento, -ta adj violent, -e

violeta sf BOT violette
▶ adj inv (cor) violet m

violino sm MÚS violon

violoncelo sm MÚS violoncelle

vir vi-vti venir: *venho aqui todos os dias* je viens ici tous les jours 2 (chegar, advir) venir, arriver: *virá um tempo em que...* un temps viendra où...; *a primavera veio mais cedo este ano* le printemps est arrivé plutôt cette année
- **a semana/o mês/o ano que vem** la semaine prochaine/le mois prochain/l'année prochaine/l'an prochain
- **vir a saber** apprendre
- **vir a ser** [tornar-se] devenir
- **vir abaixo** s'écrouler

virada sf 1 (giro) tour m: *uma virada na chave* un tour de clé 2 (curva, esquina) virage m 3 (guinada) embardée f 4 fig retournement m: *uma virada na situação* un retournement m de situation
- **virada de volante** coup de volant

virado, -da adj 1 (invertido) tourné, -e 2 (às avessas) à l'envers 3 (de costas para alguém) le dos tourné 4 (dirigido para) tourné, -e 5 (revolvido) retourné, -e
▶ sm **virado** CUL plat préparé avec des haricots, des rillons, de la farine de manioc, avec des saucisses, des oeufs et des côtelettes

vira-lata (pl **vira-latas**) smf corniaud m, chien, -enne bâtard, -e

virar vtd-vi 1 (emborcar; revirar) retourner 2 (derrubar) renverser 3 (remexer) fouiller: *virar as gavetas à procura de um documento* fouiller les tiroirs à la recherche d'un document 4 (dobrar) plier, retrousser: *virar a ponta do lençol* plier le bout du drap; *virar a manga* retrousser les manches
▶ vtdi 1 (voltar) tourner: *virar o carro para a esquerda* tourner la voiture sur la gauche; *virar o rosto para o outro lado* tourner le visage de l'autre côté 2 (apontar) retourner: *virar a arma para alguém* retourner l'arme contre qqn
▶ vpred 1 (converter-se, transformar-se) tourner en, devenir, se transformer en: *um pequeno problema virou catástrofe* un petit problème a tourné en catastrophe; *a crisálida virou borboleta* la chrysalide s'est transformée en papillon 2 (ficar, tornar-se) devenir: *ele virou uma fera* il est devenu furax
▶ vi 1 (emborcar; entornar) se renverser 2 (mudar de direção) tourner: *o carro virou naquela esquina* la voiture a tourné au coin de cette rue 3 (transformar-se) changer: *de repente, a situação virou* tout à coup la situation a changé 4 (girar) tourner: *a manivela não está virando* la manivelle ne tourne pas
▶ vpr **virar-se** 1 (voltar-se; rebelar-se) se retourner 2 (girar) tourner 3 (arranjar-se) s'en tirer, se débrouiller: *sei me virar* je sais me débrouiller toute seule; *virou-se vendendo sucos* il s'en est tiré en vendant des jus de fruits; *vire-se!* débrouille-toi! 4 pop (exercer a prostituição) se prostituer
- **o tempo virou** le temps a changé
- **virar-se de costas** (dar as costas a alguém) tourner le dos à qqn (deixar de estar de bruços) se mettre sur le dos

virgem adj-smf vierge

virgindade sf virginité

vírgula sf virgule
- **rico, vírgula!** (expressão de ressalva) riche, mon œil!

viril adj virile

virilha sf ANAT aine

virilidade sm virilité

virose sf MED virose

virótico, -ca adj MED viral, -e

virtual adj virtuel, -elle

virtude sf vertu
- **em virtude de** en vertu de

virtuose *adj-smf* virtuose
virtuoso, -sa *adj-sm, f* vertueux, -euse
virulento, -ta *adj* virulent, -e
vírus *sm* MED INFORM virus
visão *sf* 1 (*sentido; ato de ver*) vue: *ter boa visão* avoir une bonne vue; *a visão da criança lhe deu alegria* la vue de l'enfant lui a donné de la joie 2 (*imagem*) vision: *as visões dos profetas* les visions des prophètes 3 (*ponto de vista*) point *m* de vue
• **visão de mundo** vision du monde
visar *vtd* (*dar visto; mirar*) viser
▶ *vti* (*ter em vista*) viser (**a**, à)
víscera *sf* ANAT viscère
▶ *pl* 1 (*tripas*) viscères 2 *fig* entrailles
viscoso, -sa *adj* visqueux, -euse
viseira *sf* 1 (*de capacete*) visière 2 (*pala de boné*) visière, garde-vue *m*
visgo *sm* glu *f*
visibilidade *sf* 1 visibilité 2 *fig* se faire voir: *ela só está procurando visibilidade* elle n'est cherche qu'à se faire voir
visionário, -a *adj-sm, f* visionnaire
visita *sf* 1 (*ato de visitar*) visite 2 (*visitante*) visiteur, -euse, visitant, -e, visite 3 (*vistoria, inspeção*) visite, inspection
• **estar de visita** être en visite
• **fazer uma visita a alguém** rendre visite à qqn
• **pagar uma visita** rendre une visite
• **visita de médico** [fig] visite très rapide
visitante *smf* visiteur, -euse, visitant, -e
visitar *vtd* visiter
visível *adj* visible
vislumbrar *vtd* entrevoir
vison *sm* vison
visor *sm* (*espia, mostrador*) viseur
vista *sf* 1 (*olho; visão; paisagem*) vue: *vista cansada* vue fatiguée; *a vista de uma cena desagradável* la vue d'une scène désagréable 2 (*parte do capacete*) visière
• **a perder de vista** à perte de vue
• **à primeira vista** à première vue
• **comprar/vender à vista** acheter/vendre comptant
• **dar na vista** (*dar a perceber*) se faire voir (*fazer-se notado*) se faire remarquer
• **em vista de** en vue de
• **estar ao alcance da vista** être/rester en vue
• **estar fora de vista** être hors de vue
• **fazer vista** attirer l'attention/être visible
• **fazer vista grossa** fermer les yeux/faire semblant de ne pas voir
• **haja vista** comme l'on peut voir
• **ponto de vista** point de vue
• **ter em vista** (*tencionar*) avoir l'intention (*atender*) prendre en compte
• **vista aérea** vue aérienne
vista-d'olhos (*pl* vistas-d'olhos) *sf* coup d'oeil
visto, -ta *adj* (*enxergado; considerado; examinado*) vu, -e
▶ *sm* **visto** 1 annotation *f*: *um visto do professor* une annotation du prof 2 (*endosso em passaporte*) visa
▶ *conj* **visto** vu que
• **pelo visto...** d'après ce qu'on voit
• **visto de permanência (para estrangeiros)** visa de séjour (*pour les étrangers*)
• **visto que** vu que
vistoria *sf* expertise, visite
vistoriar *vtd* expertiser, examiner
vistoso, -sa *adj* 1 (*atraente, bonito*) beau, -elle à voir 2 (*que chama a atenção*) voyant, -e
visual *adj* visuel, -elle
▶ *sm* 1 (*aparência*) apparence *f* 2 (*vista, panorama*) vue *f*
vital *adj* vital, -e
vitalício, -a *adj* à vie
vitalidade *sf* vitalité
vitamina *sf* 1 (*substância*) vitamine 2 (*batida de frutas*) fruits *m pl* frappés
vitela *sf* 1 (*novilha*) génisse 2 CUL veau *m*
vítima *sf* (*de acidente, maus-tratos etc.*) victime
• **fazer-se de vítima** jouer à la victime/se poser en victime
• **ser vítima de** [uma força moral] être en proie à
vitimar *vtd* 1 (*imolar*) sacrifier 2 (*matar, ferir*) faire une/des victime(s): *o acidente vitimou duas pessoas* l'accident a fait deux victimes 3 (*causar danos*) faire une victime

▶ *vpr* **vitimar-se 1** (*sofrer acidente ou catástrofe*) être victime **2** (*fazer-se de vítima*) se poser en victime

vitória *sf* victoire

vitória-régia (*pl* **vitórias-régias**) *sf* BOT nénuphar *m*

vitorioso, -sa *adj* victorieux, -euse
• **ser vitorioso na vida** réussir dans la vie

vitral *sm* vitrail

vitrificar *vtd* vitrifier

vitrina *sf* vitrine

viúvo, -va *adj-sm, f* veuf, -ve

viva! *interj* vive!, super!

vivacidade *sf* vivacité

vivalma *sf loc* âme qui vive: *não haver vivalma* ne pas y avoir âme qui vive

vivaz *adj* vivace

viveiro *sm* **1** (*de pássaros*) volière *f* **2** (*de peixes*) vivier **3** (*de plantas*) pépinière *f*

vivência *sf* **1** (*experiência vivida*) vécu *m*: *suas conclusões são fruto da vivência* ses conclusions sont le fruit de son vécu **2** (*prática, experiência*) expérience

vivenciar *vtd* vivre (*de près*)

viver *vi* vivre
▶ *vti* **1** (*alimentar-se*) se nourrir, vivre: *viver das frutas das árvores* se nourrir des fruits des arbres **2** (*subsistir*) vivre
▶ *vtd* vivre: *viver uma grande aventura* vivre une grande aventure
• **ir vivendo** vivoter
• **viver a vida** (*aproveitar a vida*) vivre sa vie
• **viver de brisa** vivre de l'air du temps
• **viver (uma) vida calma, agitada** etc. vivre/mener une vie calme, agitée etc.

víveres *sm pl* vivres

vívido, -da *adj* vif, -ve

vivo, -va *adj* **1** (*que está em vida*) vivant, -e: *seres vivos* êtres vivants; *o diretor do filme ainda está vivo* le directeur du film est encore vivant **2** (*vivaz; ágil; forte, intenso; vívido*) vif, -ve: *olhar vivo* regard vif; *ela é muito viva no trabalho* elle est très vive au boulot; *cores vivas* couleurs vives; *dor viva* une douleur vive **3** (*esperto, perspicaz*) malin, -gne: *ele foi vivo, não caiu na armadilha* il a été malin, il n'est pas tombé dans le piège
▶ *sm* **vivo 1** (*que está em vida*) vivant, -e **2** (*esperto*) malin, -gne
• **transmissão ao vivo** transmission en direct

vizinhança *sf* **1** (*proximidade*) proximité **2** (*vizinhos*) voisinage *m* **3** (*arredores*) environs *pl*: *ele mora na vizinhança* il habite dans les environs

vizinho, -nha *adj* **1** (*próximo*) à côté, proche, prochain, -e **2** (*encostado, adjacente*) voisin, -e: *casas vizinhas* maisons voisines **3** (*semelhante*) proche
▶ *sm, f* voisin, -e

voador, -ra *adj* volant, -e

voar *vi* **1** (*sustentar-se no ar*) voler **2** *fig* (*correr muito*) courir, se presser **3** *fig* sauter: *ele voou para cima do inimigo* il a sauté sur l'ennemi
• **voar alto** [fig] être très optimiste
• **voar pelos ares** sauter, éclater

vocabulário *sm* vocabulaire

vocábulo *sm* vocable, mot

vocação *sf* vocation

vocacional *adj* vocationnel, -elle
• **teste vocacional** test d'orientation vocationnelle

vocal *adj* vocal, -e

vocalista *smf* chanteur, -euse

você *pron* **1** (*sujeito*) tu: *você virá hoje?* viendras-tu aujourd'hui? **2** (*objeto*) toi, tu, te: *quero ir lá com você* je veux y aller avec toi; *trouxe este presente para você* je t'ai apporté ce cadeau; *amo você* je t'aime
▶ *pl* **vous**: *vocês virão hoje?* viendrez-vous aujourd'hui?; *quero ir lá com vocês* je veux y aller avec vous; *amo vocês* je vous aime

vociferar *vi-vtd* vociférer

vodca *sf inv* vodka

voga *sf loc* **em voga** en vogue

vogal *sf* voyelle

volante *sm* **1** (*de auto*) volant **2** (*prospecto*) feuille *f* volante **3** (*impresso com apostas de jogo*) récépissé

volátil *adj* volatile

volatilidade *sf* volatilité

voleibol *sm* ESPORTE volleyball

volta *sf* 1 *(regresso)* retour *m* 2 *(giro)* tour *m*: *as voltas de uma chave* les tours d'une clé 3 *(curva, curvatura)* virage *m*: *as voltas da estrada* les virages sur la route
- **dar a volta por cima** dépasser une situation difficile
- **dar uma volta** *(passear)* faire un tour
- **dar uma volta em torno do prédio** faire le tour de l'immeuble
- **estar às voltas com alguma coisa** être aux prises avec qqch
- **estar de volta** être de retour
- **por volta de** vers/environ/aux environs de
- **receber algo de volta** *(em restituição)* recevoir qqch en retour *(como troco ou recompensa)* recevoir la pareille
- **volta e meia** à tout bout de champ

voltagem *sf* ELETR voltage *m*

voltado, -da *adj* 1 *(virado; dirigido)* orienté, -e, tourné, -e 2 *(destinado, orientado)* destiné, -e: *um projeto voltado para as crianças carentes* un projet destiné aux enfants pauvres

voltar *vti-vi (regressar)* retourner, revenir: *voltar à antiga escola* retourner à son ancienne école; *depois que partiu nunca mais voltou* après son départ, il n'est plus jamais revenu
▸ *vi (repetir-se)* revenir: *aquela epidemia nunca mais voltou* cette épidémie n'est plus jamais revenue
▸ *vti* 1 *(ir pela segunda vez)* retourner, repartir: *voltou à Europa dois anos depois* il est reparti en Europe deux ans après; *voltei àquele bar um mês depois* je suis retourné dans ce bar un mois après 2 *(recomeçar; tratar novamente)* reprendre: *voltar a trabalhar* reprendre son travail; *voltar ao assunto* reprendre le sujet
▸ *vtdi* 1 *(dirigir; direcionar)* diriger, retourner, tourner: *voltar o refletor para o palco* diriger le projecteur vers la scène; *voltar a arma para alguém* retourner l'arme contre qqn; *voltar a planta para o sol* tourner la plante vers le soleil 2 *(devolver)* rendre: *dei dez, ele me voltou cinco* je lui ai donné dix, il m'a rendu cinq 3 *(virar)* tourner: *voltar as costas para alguém* tourner le dos à qqn
▸ *vpr* **voltar-se** 1 *(dirigir-se)* se tourner: *voltou-se para mim* il s'est tourné vers moi 2 *(virar-se)* se mettre: *voltou-se de bruços* elle s'est mise à plat-ventre 3 *(recorrer)* tourner: *voltou-se para os pais, mas não teve ajuda* il s'est tourné vers ses parents, mais il n'a pas obtenu de l'aide
- **voltar a si** revenir à soi
- **voltar atrás** revenir sur *(fig)* se rétracter de qqch
- **voltar-se contra alguém** se retourner contre qqn
- **voltar para casa** rentrer chez soi
- **voltar seus esforços para** concentrer ses efforts sur

volume *sm* 1 *(grandeza física; livro; de som)* volume 2 *(massa, quantidade)* volume, quantité *f* 3 *(unidade de produto)* paquet: *na perua cabem dez volumes no máximo* on ne peut mettre que dix paquets, maximum, dans la fourgonnette
- **volume de tráfego** quantité de circulation
- **volume de vendas** volume de ventes

volumoso, -sa *adj* volumineux, -euse

voluntário, -a *adj* 1 *(de boa vontade)* volontaire, bénévole: *trabalho voluntário* travail volontaire 2 *(não forçado)* volontaire
▸ *sm, f* volontaire, bénévole

voluntarioso, -sa *adj-sm, f* volontaire, opiniâtre

volúpia *sf* volupté

voluptuoso, -sa *adj* volupteux, -euse

volúvel *adj* volage, versatile

volver *vtd-vtdi (voltar, virar)* retourner, tourner
▸ *vti (regressar)* retourner
▸ *vpr* **volver-se** *(virar-se)* se retourner
- **direita/esquerda volver!** droite/gauche, demi-tour!

vomitar *vtd-vi* vomir

vômito *sm* 1 *(ato de vomitar)* vomissement 2 *(material vomitado)* vomi

vontade *sf* 1 *(capacidade de querer; firmeza)* volonté 2 *(desejo)* volonté, envie: *ter/não ter vontade de comer* avoir/ne pas avoir envie de manger; ***respeitar a vontade de alguém*** respecter la volonté de qqn **3** *(gosto)* plaisir, envie: ***comer com vontade*** manger avec envie; ***rir com vontade*** rire avec plaisir

▶ *pl* **vontades 1** *(capricho)* désirs *m* **2** *(deliberação)* volontés: ***as últimas vontades de alguém*** les dernières volontés de qqn

• **à vontade** *(com fartura)* à volonté/à discrétion *(sem constrangimento)* à l'aise

• **contra a minha vontade** contre mon gré/malgré moi

• **de boa vontade** avec bonne volonté/de bonne grâce

• **de má vontade** avec mauvaise volonté/de mauvaise grâce

• **fazer todas as vontades de alguém** faire les quatre volontés de qqn

• **matar a vontade** satisfaire l'envie

• **morrer de vontade de fazer algo** mourir d'envie de faire qqch

• **ser cheio, -a de vontades** être gâté, -e

• **vontade política** volonté politique

voo *sm* **1** *(de ave)* vol, volée *f*, envol **2** *(de avião)* vol, envol **3** *(viagem aérea)* vol

• **levantar/alçar voo** prendre son envol/voler

• **voo de imaginação** libre cours de l'imagination

• **voo livre** vol libre

• **voo por instrumentos** vol aux instruments

• **voo regular** vol régulier

voracidade *sf* voracité

vos *pron* vous

vós *pron* vous

vosso, -sa *pron* **1** *(como adjetivo)* votre *(pl* vos): ***vossa casa*** votre maison **2** *(como substantivo)* vôtre, à vous: ***esta propriedade é minha, aquela é a vossa*** cette propriété est à moi, la vôtre est celle-là

votação *sf* **1** *(ato de votar)* vote *m* **2** *(conjunto de votos)* votes *m pl*

votar *vtd* **1** *(dar seu voto)* voter **2** *(dedicar)* vouer

▶ *vi-vti* voter: ***votar em alguém*** voter pour qqn; ***votar para presidente*** voter pour élire le président; ***votar pelo desarmamento*** voter pour le désarmement

▶ *vtdi (devotar)* dévouer, vouer

▶ *vpr* **votar-se** *(consagrar-se, dedicar-se)* se dévouer

voto *sm* **1** *(promessa; oferenda)* vœu **2** *(sufrágio; aprovação)* vote

■ **voto direto** vote direct

■ **voto eletrônico** vote électronique

■ **voto secreto** vote secret

• **fazer votos** former/formuler des vœux

voucher *sm* bon, bon d'échange

vovô, -vó *sm,f* grand-papa *m*, grand-maman *f*

voz *sf* **1** *(humana)* voix **2** *(de animal)* voix, cri *m* **3** *fig (opinião)* voix **4** *(notícia, boato)* bruit *m*, rumeur: ***corre voz que...*** la rumeur court que...

• **de viva voz** de vive voix

• **dispositivo de viva voz** kit mains-libres

• **em voz alta** à voix haute

• **em voz baixa** à voix basse, doucement

• **reconhecimento de voz** reconnaissance *f* vocale

• **ter voz** *(poder cantar)* avoir de la voix [ter direito de falar] avoir droit à la parole

• **ter/não ter voz ativa** avoir/ne pas avoir voix au chapitre

• **voz ativa/voz passiva** GRAM voix active/voix passive

• **voz de comando** ordre *m* de commandement

• **voz de taquara rachada** voix de crécelle

• **voz grossa** *(grave)* voix grave *(rouca)* voix rauque

vozeirão *sm* grosse voix *f*

vulcão *sm* volcan

vulgar *adj* vulgaire

vulgaridade *sf* vulgarité

vulgarizar *vtd* vulgariser

vulgo *sm* *(povo)* vulgaire, populace *f*, le commun des mortels

▶ *adv* dit, -e, surnommé, -e: ***José, vulgo Zequinha*** José, dit/surnommé Zequinha

vulnerável *adj* vulnérable

vultoso, -sa *adj* **1** *(volumoso)* volumineux, -euse: ***uma quantia vultosa de mercadoria*** une quantité volumineuse de marchandises **2** *(grande, elevado)* important, -e: ***uma soma vultosa em dinheiro*** une somme d'argent importante

vulva *sf* ANAT vulve

W

waffle *sm inv* gaufre *f*
walkie-talkie *sm inv* talkie-walkie
walkman *sm inv* baladeur

water closet *sm inv* WC, cabinets *pl*, toilettes *pl*
watt *sm* ELETR watt

X

xá *sm* shah

xador *sm* tchador

xadrez *sm* **1** *(jogo)* échecs *pl* **2** *(em tecidos)* tissu écossais
▶ *adj* tissu écossais, -e: ***camisa xadrez*** une chemise en tissu écossais

xale *sm* châle, écharpe *f*, foulard

xampu *sm* shampooing, shampoing

xará *smf* **1** *(que tem o mesmo nome)* homonyme **2** *(camarada)* collègue, camarade: ***e aí, xará?*** ça va, camarade?

xarope *sm* *(calda de açúcar; medicamento)* sirop
▶ *adj-smf fig (chato, enfadonho)* casse-pieds *m*, raseur *m*

xaxim *sm* **1** BOT tronc fibreux de certaines fougères **2** *(vaso)* pot fait avec ce tronc fibreux

xenofobia *sf* xénophobie

xeque *sm* *(no xadrez)* échec *(au roi)*
• **pôr em xeque** *(pôr em dúvida)* (re)mettre en question/en cause *(pôr em perigo)* faire échec à

xeque-mate *sm* *(pl* **xeques-mate***)* échec et mat

xereta *smf* fouinard, -e

xerife *sm* shérif

xerocar *vtd* photocopier

xerocópia *sf* photocopie

xerox *smf* photocopie
• **fazer/tirar um xerox** faire une photocopie *f*
• **máquina xerox** photocopieur *m*

xícara *sf* tasse
■ **xícara de chá/café** tasse à thé/à café
• **acrescente duas xícaras de açúcar** ajoutez deux tasses de sucre

xilindró *sm pop* tôle *f*

xilofone *sm* MÚS xylophone

xilogravura *sf* gravure sur bois

xingar *vtd* engueuler, insulter
▶ *vpred* traiter de: ***ele me xingou de besta*** il m'a traité d'âne
▶ *vi* jurer, pester: ***ficou ali nervoso, xingando*** il est resté là énervé, en jurant

xixi *sm fam* pipi

xô! *interj* ouste!

xodó *sm* béguin, coup de coeur: ***ter xodó por algo/alguém*** avoir le béguin pour qqn/avoir un coup de coeur pour qqch

Z

zabumba *sf (tambor)* grosse caisse

zagueiro *sm* FUT arrière

zanga *sf* brouille, mécontentement *m*

zangado, -da *adj* fâché, -e: ***estar zangado com algo/alguém*** être fâché avec qqn/qqch

zangar *vtd* fâcher
▶ *vpr* **zangar-se** se fâcher

zanzar *vi (andar, passear ao acaso)* flâner, musarder, battre le pavé

zarolho, -lha *adj (estrábico)* borgne

zarcão *sm* QUÍM minium, oxyde de plomb

zarpar *vi* **1** MAR lever l'ancre **2** *fig* partir

zebra *sf* **1** ZOOL zèbre **2** *fig* résultat *m* inattendu, surprise: ***esse resultado foi uma zebra*** ce résultat fut une surprise
• **dar zebra** donner un résultat inattendu

zebu *adj-smf* ZOOL zébu

zelador, -ra *sm, f (de prédio)* concierge, gardien, -enne d'immeuble

zelar *vtd-vti (velar, cuidar de)* veiller, prendre garde de, avoir soin de
▶ *vti (defender, proteger)* veiller: ***zelar pela tranquilidade do país*** veiller sur la tranquillité du pays

zelo *sm* zèle

zeloso, -sa *adj* dévoué, -ée

zé-ninguém *(pl* **zés-ninguém)** *sm* pauvre diable

zerar *vtd* **1** *(levar ao zero)* réduire à zéro, faire tomber à zéro, ramener à zéro: ***impossível zerar o índice de inflação*** impossible de ramener les taux d'inflation à zéro **2** *(quitar, saldar)* acquitter **3** *(esgotar)* épuiser **4** *(dar nota zero)* donner un zéro *(note)*

zero *num* zéro
• **ser um zero à esquerda** être un zéro, ne pas compter
• **ficar/estar a zero** être sans un rond
• **zero hora** zéro heure, minuit

ziguezague *sm* **1** zigzag **2** *(tipo de costura)* passementerie *f* en zigzag
• **andar em ziguezague** zigzaguer

zilhão *num pop* milliard: ***já disse isso um zilhão de vezes*** je te l'ai dit des milliards de fois

zimbro *sm* BOT baies *f pl* de genièvre, genièvre *f*

zinco *sm* zinc

zipar *vtd* INFORM zipper *(un fichier)*

zíper *sm* fermeture *f* éclair

zoada *sf* **1** *(rumor forte, confuso)* bourdonnement *m*, brouhaha *m* **2** *(tumulto, desordem)* chahut *m*, tapage *m* **3** *(caçoada)* moquerie

zoar *vi* **1** *(produzir rumor forte, confuso)* bourdonner, vrombir **2** *(zumbir)* bourdonner
▶ *vti-vi (caçoar, gozar)* se moquer (**com**, de)
▶ *vi* **1** *(divertir-se)* s'amuser, s'éclater **2** *(causar tumulto)* chahuter, faire du tapage

zodíaco *sm* zodiaque

zoeira *sf* → zoada

zombar *vti* se moquer (**de**, de)

zombaria *sf* raillerie, moquerie

zombeteiro, -ra *adj-sm, f* moqueur, -euse

zona *sf* **1** *(área, espaço, região)* zone, secteur *m* **2** *(local de meretrício)* lieu *m*/

quartier *m* de prostitution **3** (*desordem, bagunça*) foutoir *m*, pagaille, bordel *m*: ***esta casa está uma zona*** cette maison est un foutoir
• **fazer a maior zona** [desarrumar] mettre de la pagaille [criar confusão, briga] se bagarrer, faire du tapage
• **zona azul** stationnement payant ou gratuit, mais limité dans la durée (anciennement zone bleue)
• **zona franca** zone franche (de franchise douanière)

zoneamento *sm* répartition ƒ par zones

zonear *vtd* **1** (*dividir em zonas*) zoner **2** (*desarrumar*) mettre le bordel/le désordre/la pagaille: ***você zoneou a sala*** tu as mis la pagaille dans le salon **3** (*criar tumulto, briga*) se bagarrer, faire du tapage

zonzo, -za *adj* étourdi, -e

zoologia *sf* zoologie

zoológico, -ca *adj* zoologique
▸ *sm* **zoológico** (*jardim*) zoo, jardin zoologique

zoom sm FOTO zoom

zumbido *sm* bourdonnement

zumbir *vi* bourdonner

zunir *vi* → zumbir

zunzum *sm* **1** (*zumbido*) bourdonnement **2** (*boato*) rumeur ƒ, bruit de couloir

Zurique *sf* Zurich

zurrar *vi* braire

zurro *sm* braiment